DROIT DU LICENCIEMENT DES SALARIÉS PROTÉGÉS

« *Il n'y a pas pire injustice que celle qui consiste à traiter également des choses inégales.* »

Renan

Céline BOETSCH   Alexandra CHALOYARD
Hubert ROSE   Yves STRUILLOU

DROIT DU LICENCIEMENT DES SALARIÉS PROTÉGÉS

7e édition

Préface de **Didier-Roland TABUTEAU**
Vice-Président du Conseil d'État

Postface de **Jean-Guy HUGLO**
Doyen de la Cour de cassation

ECONOMICA
49 rue Héricart, 75015 Paris

SOMMAIRE

TROISIÈME PARTIE

LA PROCÉDURE DE LICENCIEMENT DES SALARIÉS PROTÉGÉS : LA PROCÉDURE ADMINISTRATIVE

QUATRIÈME PARTIE

LA PROCÉDURE DE LICENCIEMENT DES SALARIÉS PROTÉGÉS : LE CONTRÔLE DE L'AUTORITÉ ADMINISTRATIVE

CINQUIÈME PARTIE
La procédure de licenciement des salariés protégés : la décision de l'inspecteur du travail

SIXIÈME PARTIE
Les voies de recours devant l'administration

SEPTIÈME PARTIE
Les voies de recours devant la justice

HUITIÈME PARTIE
LA MISE EN CAUSE DE LA RESPONSABILITÉ DE L'ÉTAT

CONCLUSION
QUEL BILAN DE LA PROTECTION ?

PRÉFACE À LA SEPTIÈME ÉDITION

« *Ce que nous avons appelé l'avènement du social coïncida historiquement avec la transformation en intérêt public de ce qui était autrefois une affaire individuelle concernant la propriété privée.* » C'est ainsi qu'Hannah Arendt analyse l'émergence de la notion de travail et sa distinction de l'œuvre et de l'action dans son ouvrage *Condition de l'homme moderne*.

Le monde du travail a progressivement trouvé une place originale et autonome dans les sociétés européennes depuis le XIXe siècle, notamment avec l'édification du salariat.

Des lois hygiénistes du milieu du XIXe siècle aux législations sur les assurances sociales de la première moitié du XXe siècle, la régulation des relations entre les employeurs et les salariés s'est imposée comme une nécessité collective.

Plusieurs courants ont alimenté l'édification du social.

D'abord la protection de la santé des travailleurs. Inspirée par les travaux des pères fondateurs de la santé publique, notamment du docteur Louis-René Villermé, la législation a posé les jalons d'un encadrement de l'accès au travail mais également du temps de travail. La loi du 22 mars 1841 a interdit le travail des enfants de moins de 8 ans « dans les manufactures, usines et ateliers à moteur mécanique ou à feu continu, et dans leurs dépendances » comme dans les fabriques « occupant plus de vingt ouvriers réunis en atelier » et limité le temps journalier de travail à huit heures pour les enfants de 8 à 12 ans et à douze heures pour ceux âgés de 12 à 16 ans.

Cette même loi instaurait le principe d'inspections pour assurer le respect de cette réglementation, principe véritablement mis en œuvre avec la création d'un service d'inspecteurs divisionnaires et départementaux par la loi du 19 mai 1874.

La protection des autres travailleurs passa ensuite par la loi du 12 juin 1893 concernant l'hygiène et la sécurité des travailleurs dans les établissements industriels et celle du 9 avril 1898 qui ouvrit la porte de l'indemnisation en cas de dommages causés par des machines dangereuses et incita les employeurs à les prévenir.

Parallèlement, les pouvoirs publics réglementèrent le temps de travail. On peut citer les premières lois emblématiques, après celle, déjà évoquée, de 1841 : la loi du 13 juillet 1906 établissant le repos hebdomadaire en faveur des employés et ouvriers, ou celle du 30 mars 1900 sur la limitation du temps de travail, fixant sa durée maximale à dix heures par jour, et celle du 23 avril 1919 réduisant cette durée à huit heures en 1919 avant l'établissement de la semaine de quarante heures par la loi du 21 juin 1936.

Le troisième mouvement a concerné la reconnaissance du mouvement syndical. Après l'autorisation des syndicats par la loi Waldeck-Rousseau du 21 mars 1884 relative à la création des syndicats professionnels, l'État chercha à garantir la négociation collective.

C'est à cette fin que se développa la protection des représentants des salariés. Pour garantir qu'ils puissent exercer leurs fonctions sans crainte de représailles, la Cour supérieure d'arbitrage, instituée par une loi du Front populaire du 4 mars 1938, décida dans une décision du 18 mai 1938 que le conflit né du licenciement d'un délégué du personnel lié à ses activités de délégué était d'intérêt collectif. Par conséquent, ces délégués bénéficiaient de sa protection et pouvaient être réintégrés en cas de licenciement lié à leurs fonctions. Cette protection fut encore renforcée, en particulier par l'ordonnance du 22 février 1945 instituant des comités d'entreprise et la loi du 16 avril 1946 fixant le statut des délégués du personnel dans les entreprises qui ont établi l'obligation de soumettre tout licenciement d'un membre du comité d'entreprise ou d'un délégué du personnel « à l'assentiment du comité » et, en cas de désaccord, de ne pouvoir y procéder que sur la décision conforme de l'inspecteur du travail.

L'administration était ainsi placée au cœur de cette protection, dans le but de garantir l'intérêt général associé à ces missions de représentation.

De cette histoire, nous héritons d'une procédure qui recèle inévitablement une forme de complexité pour tous les acteurs, du salarié protégé à l'inspecteur du travail, en passant par l'employeur et les syndicats, puisqu'elle entremêle les intérêts publics et privés et repose sur plusieurs étapes, qui font intervenir l'entreprise, l'administration, et parfois les tribunaux administratifs ou judiciaires.

Chaque étape est régie par des règles qu'il faut comprendre pour les appliquer correctement. Il est donc crucial de disposer d'une source fiable et rigoureuse permettant de résoudre chaque problème rencontré. C'est précisément ce que propose cet ouvrage de référence sur le droit du licenciement des salariés protégés, régulièrement actualisé, qui expose de manière exhaustive la procédure, sa logique et la manière de la respecter.

Les auteurs, juristes et praticiens, allient une connaissance concrète de la procédure à une compréhension approfondie de ses objectifs et de ses principes. Le parcours d'Yves Struillou, qui a été inspecteur du travail, membre du Conseil d'État, conseiller en service extraordinaire à la chambre sociale de la Cour de cassation, et directeur général du travail, le désignait incontestablement pour expliquer le contrôle administratif et juridictionnel mis en place pour le licenciement des salariés protégés. Hubert Rose, qui a été inspecteur du travail et chef du bureau de la direction générale du travail chargé de ces questions, apporte en outre la vision pédagogique de l'enseignant qu'il a été. Leurs plumes, mariées à celles de Céline Boetsch et d'Alexandra Chaloyard, qui sont aujourd'hui responsables de ce bien-nommé « bureau du statut protecteur », offrent une vision tout à la fois ancrée et juridique, réaliste et didactique, claire et complète, du droit du licenciement des salariés protégés.

En permettant de comprendre les ressorts d'une telle procédure, de maîtriser cette technique pour en respecter la lettre et l'esprit, ils font à n'en pas douter, œuvre d'intérêt général.

Didier-Roland Tabuteau
Vice-président du Conseil d'État

PRÉSENTATION DE LA SEPTIÈME ÉDITION

L'expression « *salariés protégés* » a été utilisée tant par le juge administratif que par le juge judiciaire et a été reprise par la doctrine pour désigner les salariés élus ou mandatés ainsi que les candidats et les anciens représentants du personnel dont la rupture du contrat de travail ou son transfert est subordonné à la délivrance d'une autorisation préalable par l'administration. De manière extensive, l'expression englobe tous les salariés exerçant des fonctions de représentation au sein de l'entreprise ou dans des organismes tels que les organes de direction des caisses de sécurité sociale ou les mutuelles.

Si cette expression est commode, elle n'est pas toutefois pleinement satisfaisante : elle laisse sous-entendre qu'il existerait deux catégories de salariés, l'une bénéficiant de la protection et l'autre en étant privée. Or, les salariés « *non protégés* » bénéficient fort heureusement de dispositions protectrices dont la violation peut entraîner la nullité de la rupture de leur contrat de travail. De leur côté, les salariés dits « *protégés* » sont exposés à des risques de représailles et, plus généralement, à des mesures discriminatoires en raison de l'exercice de leur mandat ou de leurs fonctions représentatives et la protection dont ils bénéficient présente un caractère relatif.

La consécration par le législateur de cette expression imposait définitivement aux auteurs du présent ouvrage de la reprendre. En effet, le livre IV de la deuxième partie législative du Code du travail issue de la recodification de 2008 et que l'ordonnance n° 2017-1386 du 22 septembre 2017 relative notamment à la nouvelle organisation du dialogue social et économique dans l'entreprise a maintenu, est intitulé « *Les salariés protégés* ».

Par ailleurs, parce que l'administration et le juge administratif sont amenés, dans leurs missions respectives, à faire application des règles de droit privé qui régissent le contrat de travail, les auteurs ont choisi une approche large du droit du licenciement des salariés protégés qui dépasse « *la frontière* » classique entre le droit privé et le droit public. La bonne compréhension et la maîtrise des interactions entre les règles de droit privé et celles du droit public par les principaux intéressés – représentants du personnel et employeurs en premier lieu ainsi que leurs organisations respectives – ainsi que par l'ensemble des « *acteurs de la protection* », notamment les membres des deux ordres de juridiction, impose une approche globalisante. Celle-ci présente, en outre, l'avantage de mettre en lumière et en perspective les évolutions jurisprudentielles de la Cour de cassation et du Conseil d'État qui jouent un rôle majeur dans l'évolution du contenu du statut protecteur. Une large place a donc été donnée à la jurisprudence sous une forme, qui, bien que n'étant pas académique, est de nature à rendre plus aisé un accès rapide et, directe et fidèle à cette source essentielle, le numéro de l'arrêt permettant d'accéder sur le site *Legifrance.gouv.fr* aux décisions des juridictions.

La diversification des modes de rupture du contrat de travail des salariés protégés, qui ne fait plus de l'autorisation administrative le point de passage obligé préalable à la cession des relations contractuelles, a rendu plus impératif encore d'appréhender de la manière la plus large possible le « *droit du licenciement des salariés protégés* », ce droit combinant de manière chaque jour plus étroite « *le droit commun* » du travail et le « *droit spécial* » ou exorbitant qui encadre la fin de la relation de travail des salariés bénéficiant du statut protecteur et qui est au cœur de ce statut. La réforme du droit du licenciement opérée par la loi du 14 juin 2013 relative à la sécurisation de l'emploi, en transférant au Directeur régional de l'économie, de l'emploi, du travail et des solidarités (DREETS) la compétence pour apprécier la conformité du plan de sauvegarde de l'emploi (PSE) aux exigences légales ainsi que pour apprécier la régularité de la consultation du comité social et économique (CSE), a modifié la répartition des compétences au sein de l'administration du travail et, par voie de conséquence, le contenu du contrôle opéré par l'inspecteur du travail en cas de demande d'autorisation de licenciement fondée sur un motif économique et s'inscrivant dans une procédure plus générale donnant lieu à l'élaboration d'un PSE. La jurisprudence du 19 juillet 2017 du Conseil d'État (*n° 391.849*) selon laquelle l'annulation de la décision administrative validant ou homologuant le PSE entraîne l'annulation de l'autorisation de licenciement accordée par l'inspecteur du travail à la suite de cette validation ou de cette homologation, est l'exemple le plus topique de l'imbrication entre les procédures de droit commun et la procédure spéciale qui justifie la « *focale large* » qui a été retenue.

Le plan de l'ouvrage, dont les deux premières éditions ont été réalisées en collaboration avec Michel Miné, se fonde sur une approche permettant d'appréhender les questions dans un ordre à la fois logique et chronologique :

- **la première partie** traite de l'ensemble des questions ayant trait au champ de la protection ;
- **la deuxième partie** expose les procédures internes à l'entreprise selon la nature du motif de la cessation des relations contractuelles qui est envisagée ;
- **la troisième partie** présente la procédure administrative proprement dite suivie par l'inspection du travail ;

- **la quatrième partie** est consacrée aux contrôles auxquels l'inspecteur du travail est tenu de procéder avant de statuer sur la demande dont il est saisi ; en raison de l'importance des procédures de licenciement économique donnant lieu à l'élaboration d'un PSE, des développements sont consacrés au contrôle opéré par le DREETS en amont de l'intervention de l'inspecteur du travail ;
- **la cinquième partie** détaille les effets de la décision de l'inspecteur du travail selon les différents cas de figure possibles ;
- **la sixième partie** est dédiée à l'exposé des recours devant l'autorité administrative, recours gracieux et recours hiérarchique, ce dernier occupant une place particulière ;
- **la septième partie** traite de l'ensemble des voies de recours ouvertes aux parties devant les deux ordres de juridiction selon les diverses situations possibles ;
- **la dernière partie regroupe** les questions relatives à la mise en cause de la responsabilité de l'État.

S'agissant des dispositions temporaires adoptées pendant l'état d'urgence sanitaire lié à l'épidémie de covid-19, il convient de se reporter à l'annexe I de la précédente (6e) édition.

Indications sur la numérotation

Les deux ou trois premiers chiffres placés avant le premier point renvoient à la partie du livre et au chapitre de ce livre, le nombre de chapitres pouvant dépasser la dizaine.

Les chiffres suivants, espacés d'un point, renvoient, dans l'ordre, à la section du chapitre puis au paragraphe de cette section et, le cas échéant, au sous-paragraphe.

À titre d'exemple,

- la numérotation **21.1.2** renvoie :
  à la deuxième partie (chiffre 2)
  au chapitre 1er de cette partie (1)
  à la section 1 de ce chapitre (1)
  au 2e paragraphe de la section (2)

- la numérotation **411.2.5.2** renvoie :
  à la quatrième partie (chiffre 4) ;
  au chapitre XI de cette partie (11)
  à la section 2 de ce chapitre (2)
  au paragraphe 5 de cette section (5)
  au deuxième sous-paragraphe de ce paragraphe (2)

INTRODUCTION GÉNÉRALE

1. – Extraits du préambule de la Constitution du 27 octobre 1946, repris par la Constitution du 4 octobre 1958.

« Tout homme peut défendre ses droits et ses intérêts par l'action syndicale et adhérer au syndicat de son choix » (6e al.)

« Tout travailleur participe, par l'intermédiaire de ses délégués, à la détermination collective des conditions de travail ainsi qu'à la gestion des entreprises » (8e al.)

À plusieurs reprises, le Conseil constitutionnel a été amené à rappeler les exigences découlant du 8e alinéa du Préambule, consacrant ainsi la notion de « *communauté de travail* », laquelle doit disposer de représentants aptes à la représenter et à défendre ses intérêts : « *le droit de participer par l'intermédiaire de leurs délégués à "la détermination collective des conditions de travail ainsi qu'à la gestion des entreprises" a pour bénéficiaires, sinon la totalité des travailleurs employés à un moment donné dans une entreprise, du moins tous ceux qui sont intégrés de façon étroite et permanente à la communauté de travail qu'elle constitue, même s'ils n'en sont pas les salariés* » *(décisions 2006- 545 DC du 28 déc. 2006 et 2008-568 DC du 7 août 2008).*

Mais la communauté de travail peut-elle disposer de représentants en mesure d'exprimer librement ses intérêts et ses aspirations alors même que le salarié est placé, à l'égard de son employeur, dans une position de subordination juridique dont la force est d'autant plus force qu'elle se double d'une subordination économique, l'employeur disposant de l'arme suprême : rompre le contrat de travail ? Autrement dit, les termes de « *salarié* » et de « *délégué* » ne constituent-ils pas un oxymoron ? Comment concevoir un salarié suffisamment indépendant de son employeur pour représenter auprès de lui « *la communauté de travail* » à laquelle il appartient dès lors que si « *dans le contrat civil, la volonté s'engage ; dans le contrat de travail, elle se soumet* » et que « *l'engagement manifeste la liberté, la soumission la nie* » (A. Supiot, *Critique du droit du travail*, 3e éd., PUF, 2015).

Le droit a cette vertu d'offrir les voies et moyens de résoudre en pratique une contradiction qui, en théorie, ne peut être dépassée : sur le contrat de travail conclu par le salarié se greffe un « *statut protecteur* » qui découle de l'exercice de la fonction de représentation de la « *communauté de travail* » et dont la clef de voûte est la protection contre le licenciement. L'employeur se voit ainsi privé de son droit de rompre le contrat de travail : il ne peut, en principe, prononcer le licenciement qu'après avoir obtenu l'autorisation de l'autorité publique chargée d'assurer « *l'ordre public social* » auquel les mesures de représailles prises par des employeurs en raison de l'action collective des salariés porteraient atteinte.

Cette protection, comme le rappellent les arrêts de la Cour de cassation et les décisions du Conseil d'État, est conférée au salarié, en sa qualité de représentant du personnel, « *dans l'intérêt de l'ensemble des travailleurs qu'ils représentent* ». Pour exercer en toute indépendance sa mission, le représentant ne doit pas avoir sur sa tête l'épée de Damoclès que constitue le licenciement. Elle constitue le socle du statut dont bénéficie le salarié en raison de l'exercice de fonctions représentatives. Son élaboration et sa mise en place ne peuvent donc pas être dissociées de l'histoire des institutions représentatives du personnel.

SECTION 1

Historique

§ 1. L'HISTORIQUE DES INSTITUTIONS REPRÉSENTATIVES DU PERSONNEL

2. – C'est en 1936 qu'est reconnu au plan général le droit des salariés à une représentation collective dans l'entreprise. Cependant, la revendication du « *contrôle ouvrier* », portée par les organisations syndicales, apparaît à la fin du XIXe siècle : l'objectif est la participation des travailleurs, par l'intermédiaire du syndicat, à l'élaboration des règles relatives aux conditions de travail ainsi qu'au contrôle de leur respect.

La forte augmentation du nombre de grèves qui accompagne cette revendication à partir des années 1880 nécessite, pour parvenir à une issue négociée de ces conflits, et si possible les prévenir, la reconnaissance d'une certaine expression collective des salariés. Il est le plus souvent recouru à l'arbitrage, notamment en raison de la volonté patronale de disposer d'interlocuteurs, sans pour autant légitimer une présence syndicale. La loi du 27 décembre 1892 sur la conciliation et l'arbitrage en matière de différends collectifs entre patrons et ouvriers ou employés, consacrant ces pratiques, prévoit la faculté d'y recourir, sans établir d'organes permanents.

3. – Aboutissement d'une revendication formulée dès 1881 à la suite de nombreux accidents du travail par la Chambre syndicale des mineurs de la Loire, la loi du 8 juillet 1890 sur les délégués à la sécurité des ouvriers mineurs, adoptée à l'issue de sept années de procédure parlementaire, crée les délégués dans les mines. Élus par les mineurs et rémunérés selon un tarif fixé par le préfet, ces délégués consacrent l'intégralité de leur temps de travail à l'exercice de leur mandat ; ils sont chargés de contrôler l'hygiène et la sécurité et de procéder à des enquêtes lors des accidents. La loi du 12 mars 1910 leur donne le droit de signaler aux ingénieurs des mines toutes les infractions à la législation du travail. Le patronat, craignant de voir son autorité remise en cause, se montre hostile à l'institution qui se voit, par ailleurs, reprocher son manque d'indépendance, du moins pendant les premières années. Des délégués à la sécurité seront également institués par la loi du 8 avril 1938 pour les poudreries et annexes, pyrotechnies, ateliers de chargement et cartoucheries dépendant de l'administration de la Défense nationale, dans le but exclusif d'examiner les conditions de sécurité du personnel et, en cas d'accident, les conditions de survenance de celui-ci.

4. – La volonté de désamorcer les conflits sociaux et d'intégrer la classe ouvrière conduit plusieurs gouvernements de tendance réformiste à proposer la mise en place, dans les autres secteurs de l'économie, de délégués disposant de compétences comparables. Toutefois, ces projets se heurtent à l'opposition du patronat, ainsi qu'à celle du mouvement syndical. Celui-ci, attaché à la revendication du « *contrôle ouvrier* », redoute la disparition de l'influence des syndicats au profit de ces délégués, ainsi que l'impact négatif que pourrait avoir la pratique de la délégation sur la mobilisation ouvrière. De ce fait, aucun des projets élaborés n'aboutit *(projets de délégués d'usine en 1900, de délégués ouvriers adjoints à l'inspection du travail en 1907)*. Des délégués élus sont toutefois institués dans les chemins de fer *(1910)*, dans certaines administrations publiques et dans les arsenaux *(1909)*.

5. – Certaines expériences de mise en place d'une représentation du personnel par des patrons désireux d'améliorer les conditions de travail et d'assurer la paix sociale voient cependant le jour, la plus connue étant l'instauration, en 1885, d'un conseil d'usine dans la filature de laine du Val des Bois, dirigée par Léon Harmel : l'institution joue un rôle notable dans le domaine de l'hygiène, de la sécurité et de la prévention des accidents, mais tout partage de l'autorité est exclu.

Une délégation ouvrière permanente naît d'une sentence arbitrale rendue en 1899 par le président du Conseil, Waldeck-Rousseau, mettant provisoirement fin à une longue grève des ouvriers de l'usine Schneider au Creusot, qui avait permis la création d'un syndicat. Cette institution, que la direction parviendra à contrôler, survivra à l'échec des grèves ultérieures et à la liquidation du syndicat. Eugène Schneider vantera en 1930 les mérites de cette « *institution de collaboration* », qui permet « *de prévoir et prévenir les désaccords et malentendus* » et « *fait disparaître l'esprit de guerre entre patrons et ouvriers* ».

En 1917, le ministre de l'Armement, Albert Thomas, invite, par circulaires, les industriels de l'armement à instituer des délégués d'atelier,

« *intermédiaires entre leurs compagnons de travail et la direction* ». Il s'agit de prévenir les conflits et d'enrayer le développement des grèves, observés notamment dans les usines d'armement. De nombreuses entreprises mettent en place cette institution, selon des modalités très diverses. Toutefois, l'hostilité d'une grande partie du patronat et l'opposition du mouvement syndical, d'ailleurs affaibli par ses divisions ainsi que par l'échec des grèves de 1919-1920, entraînent sa disparition une fois la guerre terminée.

6. – Pour mettre fin au mouvement de grèves sans précédent de mai-juin 1936 *(plus de 12 000 grèves, dont 9 000 avec occupation des lieux de travail)*, consécutives à la victoire électorale du Front Populaire le 3 mai 1936, les dirigeants du patronat proposent au gouvernement de Léon Blum, entré en fonction le 6 juin 1936, une négociation avec les syndicats qui s'engage dès le 7 juin. Afin d'éviter toute reconnaissance des syndicats comme porteurs des revendications ouvrières dans l'entreprise, ils proposent la création des délégués du personnel. L'article 5 de l'accord de Matignon *(8 juin 1936)*, reprenant cette proposition à laquelle la CGT se rallie, crée donc ces délégués élus dans les établissements de plus de dix salariés, avec pour mission de présenter les réclamations individuelles à l'employeur. La loi du 24 juin 1936, relative aux conventions collectives, fait obligation d'insérer, dans les conventions susceptibles d'extension, une clause prévoyant la mise en place de délégués. Paradoxalement, le décret-loi Daladier du 12 novembre 1938 portant statut des délégués du personnel, intervenant dans un contexte de remise en cause de certains acquis du Front Populaire, notamment une partie des effets de la loi des 40 heures, rend l'institution légalement obligatoire et étend sa mission aux réclamations collectives.

7. – La Seconde Guerre mondiale entraîne sa remise en cause. Le décret-loi du 10 novembre 1939 relatif au régime du travail pendant la période des hostilités, consécutif au décret du 26 septembre 1939 frappant d'interdiction le parti communiste français, met fin aux mandats des délégués du personnel en cours, tout en confiant aux organisations syndicales représentatives le soin de désigner des délégués dans les entreprises de plus de cent salariés.

8. – Le gouvernement de Vichy supprime l'institution en même temps que la liberté syndicale, puis crée, dans le cadre de la Charte du travail d'inspiration corporatiste *(loi du 4 octobre 1941 relative à l'organisation sociale des professions)*, le comité social d'entreprise. Cette instance rassemble, autour du chef d'entreprise, des représentants du personnel choisis selon une procédure qui doit recueillir son accord *(généralement l'élection)*. Elle a un triple rôle : aider la direction à résoudre les questions relatives au travail et à la vie du personnel dans l'établissement, provoquer un échange d'informations sur toutes les questions intéressant la vie sociale du personnel et des familles et réaliser les mesures d'entraide sociale. Elle ne peut toutefois pas intervenir dans la conduite et la gestion de l'entreprise. Le comité social d'entreprise assure donc une fonction sociale centrée sur le ravitaillement et l'entraide sociale, ce qui lui vaut la dénomination de « *comité patates* ». Par ailleurs, le décret du 4 août 1941 institue des comités de sécurité chargés de procéder à l'inspection des établissements en vue d'assurer l'application de la réglementation concernant la sécurité.

9. – Le programme adopté le 15 mars 1944 par le Conseil National de la Résistance prévoit notamment la participation des salariés aux décisions économiques et la restauration des libertés syndicales. Au cours des mois qui suivent la Libération, diverses instances de représentation, issues de la Résistance, fonctionnent durant une brève période *(comités locaux d'usine ou d'entreprise, notamment dans la région toulousaine, comités patriotiques, comités de gestion)* : il s'agit alors souvent de « *socialisations spontanées* », liées à la défaillance de directions d'entreprises compromises dans la collaboration avec l'occupant. Par ailleurs, le décret du 22 mai 1944 *(décret Grenier)* crée, dans l'industrie aéronautique, les comités mixtes à la production chargés d'étudier les suggestions émises sous des formes diverses par le personnel, dans le but d'améliorer le rendement de l'entreprise et de proposer l'application de celles qui auront été retenues. Ces comités sont ensuite étendus notamment aux arsenaux et établissements de la Marine *(janvier 1945)* et à l'industrie électrique et gazière *(juin 1945)*.

10. – L'ordonnance n° 45-280 du 22 février 1945 crée le comité d'entreprise, dont la double vocation, économique et sociale, correspond aux orientations du Conseil National de la Résistance *(quoique sensiblement en retrait par rapport à celles-ci)* et s'inspire notamment des expériences des comités sociaux d'entreprise et des comités mixtes à la production. Cette instance collégiale, qui réunit le chef d'entreprise et une délégation du personnel, concerne les entreprises d'au moins cent salariés. La loi du 16 mai 1946 abaisse ce seuil à cinquante salariés et renforce les attributions économiques du comité, reprenant l'essentiel du projet de texte voté à l'unanimité par l'Assemblée Consultative en décembre 1944. Les libertés syndicales *(ordonnance du 27 juillet 1944)*, ainsi que l'institution des délégués du personnel *(loi du 16 avril 1946)*, sont rétablies. En dépit de la préférence traditionnelle des syndicats à cette période pour une désignation directe de la représentation salariale, c'est le principe de l'élection qui est à nouveau retenu pour les deux instances représentatives, délégués du personnel et comité d'entreprise. Des garanties sont toutefois prévues en contrepartie :

– bénéfice d'un monopole de présentation des candidatures aux deux premiers tours de scrutin (puis au premier tour lorsque le nombre maximal de tours de scrutin sera ramené de trois à deux), réservé aux organisations syndicales les plus représentatives pour chaque catégorie de personnel ;

- possibilité de révocation des représentants élus du personnel en cours de mandat sur proposition de l'organisation syndicale qui les a présentés, approuvée par la majorité du collège d'appartenance de l'intéressé ;
- possibilité de désigner un représentant au comité d'entreprise avec voix consultative.

11. – La loi n° 47-1294 du 7 juillet 1947, survenant peu de temps après les grandes grèves d'avril-mai 1947, remplace le scrutin majoritaire par le scrutin proportionnel, au détriment de la CGT largement dominante.

Le décret n° 47-1430 du 1er août 1947 crée le comité d'hygiène et de sécurité, qui deviendra en 1982 le comité d'hygiène, de sécurité et des conditions de travail *(loi n° 82-1097 du 23 décembre 1982)*. La représentation salariale au sein de cette instance collégiale spécialisée est désignée par un collège composé des délégués du personnel et des élus du comité d'entreprise.

12. – La revendication relative à la reconnaissance de la présence syndicale dans l'entreprise se développe à partir de 1946, à l'occasion des négociations de conventions collectives. Elle se heurte à une fin de non-recevoir du patronat, exprimée en 1949 par l'Union des Industries Métallurgiques et Minières *(Fédération patronale de la métallurgie)*, puis dans une motion adoptée en 1963 par le Conseil National du Patronat Français *(CNPF)*, invoquant la nécessité de maintenir la neutralité des lieux de travail et d'éviter toute mise en cause de l'autorité patronale.

Les négociations sur le droit syndical se développent à partir des années 1960 et aboutissent, dans de nombreux accords d'entreprise, à l'adoption de dispositions relatives au statut des délégués syndicaux et aux moyens de l'activité syndicale dans l'entreprise. À partir de 1963, la CGT, puis la CFDT en revendiquent une reconnaissance légale. Un projet en ce sens est discuté mais repoussé de justesse par le Conseil Économique et Social en 1963.

Les grèves de mai-juin 1968 permettent l'aboutissement de cette revendication : le point 7 du projet de protocole (non signé) de Grenelle (mai 1968) prévoit des négociations ultérieures entre patronat et syndicats sur l'exercice du droit syndical dans l'entreprise et comporte l'engagement, pris par le gouvernement, de préparer un projet de loi. Le paragraphe 2 de l'annexe jointe au projet de protocole précise que « *la protection des délégués syndicaux sera assurée dans des conditions analogues à celle des délégués du personnel et des membres du comité d'entreprise* ». La loi n° 68-1179 du 27 décembre 1968 apporte la consécration légale. Dès lors, représentation élue et représentation désignée coexistent dans l'entreprise.

13. – Quoique en retrait par rapport au programme (« *110 propositions* ») de F. Mitterrand en 1981 qui prévoyait, en particulier, un pouvoir de décision du comité d'entreprise sur les embauches et les licenciements *(de même que pour le comité d'hygiène, de sécurité et des conditions de travail, le pouvoir d'arrêter une machine ou un atelier en cas de situation dangereuse)*, la loi n° 82-915 du 28 octobre 1982, relative au développement des institutions représentatives du personnel, répond à l'objectif de renforcer la représentation du personnel, élue ou désignée, notamment en facilitant les conditions de sa mise en place et en lui accordant des moyens supplémentaires. Par ailleurs, elle confie un rôle accru au comité d'entreprise dans le domaine économique *(information économique plus complète et plus accessible par la possibilité de recours à l'expertise, droit d'alerte en cas de difficultés de l'entreprise)*. Nombre de ces dispositions nouvelles correspondent à des propositions contenues dans le rapport établi en 1975 par le Comité d'étude pour la réforme de l'entreprise *(rapport Sudreau)*, qui proposait en outre d'instituer une cosurveillance par l'attribution du tiers des sièges des conseils d'administration ou de surveillance aux représentants des travailleurs. Par ailleurs, la loi n° 82-1097 du 23 décembre 1982 relative aux comités d'hygiène, de sécurité et des conditions de travail fusionne et remplace le comité d'hygiène et de sécurité et la commission d'amélioration des conditions de travail, commission dépendant du comité d'entreprise et créée par la loi n° 73-1195 du 27 décembre 1973 relative à l'amélioration des conditions de travail.

14. – La loi n° 85-98 du 25 janvier 1985, relative au redressement et à la liquidation judiciaires, crée les représentants des salariés, chargés notamment de contrôler l'établissement et le règlement des créances salariales. La loi n° 94-475 du 10 juin 1994 leur confie les attributions dévolues aux représentants du personnel en l'absence de ceux-ci.

15. – La loi quinquennale n° 93-1313 du 20 décembre 1993 sur le travail, l'emploi et la formation professionnelle offre aux chefs d'entreprises de moins de 200 salariés la possibilité de décider que les délégués du personnel « *constituent la délégation du personnel au comité d'entreprise* ». Cette réforme est censée favoriser l'implantation de ces institutions dans les petites et moyennes entreprises. Elle vise surtout à alléger leurs charges par la réduction du nombre global de sièges attribués ainsi que par la diminution, en deçà de certains seuils d'effectifs, des crédits d'heures de délégation, du nombre de réunions obligatoires du comité d'entreprise et du contenu et de la périodicité de l'information économique.

16. – L'accord national interprofessionnel du 31 octobre 1995 sur la politique contractuelle, signé par les trois confédérations patronales *(CNPF, CGPME, UPA)* et, côté syndical, par la CFDT, la CFE-CGC et la CFTC, prévoit l'ouverture de négociations de branche portant notamment sur les thèmes suivants :

– déroulement de carrière des salariés exerçant des responsabilités syndicales ;

- adaptations du système de représentation du personnel aux petites entreprises ;
- recherche paritaire de mécanismes permettant aux entreprises dépourvues de délégués syndicaux d'accéder à la négociation collective. Deux solutions sont envisagées : la conclusion d'accords, soit avec les représentants élus du personnel, soit avec un ou plusieurs salariés expressément mandatés pour une négociation déterminée par une ou plusieurs organisations syndicales représentatives. Dans les deux cas, l'entrée en vigueur de ces accords est subordonnée à leur validation par une commission paritaire de branche avec droit d'opposition ouvert à ce niveau aux organisations syndicales.

Compte tenu de leur « *caractère expérimental* », les accords négociés au niveau de la branche sur les deux derniers thèmes devaient être conclus avant le 31 octobre 1998 pour une durée d'application limitée à trois ans. La loi n° 96-985 du 12 novembre 1996 *(article 6)* légalise les nouvelles formes de négociation collective résultant de ces accords de branche. Ces accords doivent notamment déterminer le seuil d'effectifs en deçà duquel elles sont applicables, ainsi que, pour la négociation avec les représentants élus du personnel, la liste des thèmes ouverts à la négociation. Leur entrée en vigueur est subordonnée à l'absence d'opposition de la majorité des organisations syndicales représentatives de la branche, notifiée dans les quinze jours de la signature ; ce droit est réservé aux seules organisations non signataires.

Saisi d'un recours, le Conseil constitutionnel a admis, dans sa décision du 6 novembre 1996 *(n° 96-383 DC)* la conformité de ces dispositions, relevant « *que si ces dispositions [préambule de la Constitution] confèrent aux organisations syndicales vocation naturelle à assurer, notamment par la voie de la négociation collective, la défense des droits et intérêts des travailleurs, elles n'attribuent pas pour autant à celles-ci un monopole de la représentation des salariés en matière de négociation collective ; que des salariés désignés par la voie de l'élection ou titulaires d'un mandat assurant leur représentativité peuvent également participer à la détermination collective des conditions de travail dès lors que leur intervention n'a ni pour objet ni pour effet de faire obstacle à celle des organisations syndicales représentatives* ». Si l'accord conclu le 8 avril 1999 a reconduit les stipulations de l'accord du 31 octobre 1995 relatives à la négociation, aucune disposition législative n'a donné de base légale à cette reconduction.

17. – La volonté de relancer la négociation collective sur les modalités de la réduction du temps de travail à 35 heures conduit le législateur à élargir l'accès au mandatement pour la négociation d'entreprise. La loi n° 98-461 du 13 juin 1998 *(loi « Aubry I »)* ouvre cette possibilité aux entreprises dépourvues de délégués syndicaux qui n'entrent pas dans le champ d'application d'un accord de branche conclu dans le cadre de l'accord national du 31 octobre 1995 et de la loi du 12 novembre 1996. À la différence du précédent, ce mandat a un objet exclusif : la négociation d'un accord de réduction du temps de travail éligible aux aides publiques. En outre, il ne peut émaner que d'une organisation syndicale représentative au plan national. Ces dispositions ne sont pas modifiées par la loi n° 2000-37 du 19 janvier 2000 *(loi « Aubry II »)*, qui ajoute toutefois l'obligation pour l'employeur de prendre contact, au plan local, avec l'ensemble des organisations syndicales avant tout mandatement, ainsi que le principe de la ratification par le personnel de l'accord collectif conclu avec le salarié mandaté. La loi du 19 janvier 2000 prévoit également la possibilité d'étendre le mandat au suivi de l'accord pendant une période maximale de douze mois.

La loi n° 2004-391 du 4 mai 2004 relative à la formation professionnelle tout au long de la vie et au dialogue social élargit et pérennise le système du mandatement dans les entreprises dépourvues de délégué syndical et de représentants du personnel élus.

18. – La loi n° 2008-789 du 20 août 2008 portant rénovation de la démocratie sociale et réforme du temps de travail modifie profondément les règles régissant la représentativité des organisations syndicales et la conclusion des accords collectifs. Elle crée, en outre, une nouvelle institution représentative : le représentant de la section syndicale.

19. – La loi n° 2015-994 du 17 août 2015 relative au dialogue social et à l'emploi élargit à toutes les entreprises de moins de 300 salariés la possibilité de mettre en place une délégation unique du personnel intégrant le comité d'hygiène, de sécurité et des conditions de travail, cette possibilité de regroupement des instances étant ouverte aux entreprises de plus de 300 salariés par voie d'accord collectif, et simplifie les règles de fonctionnement de ces instances, et notamment les obligations d'information et de consultation ; elle institue les commissions paritaires régionales interprofessionnelles, destinées à assurer une représentation à tous les salariés et les employeurs en dehors de ceux qui sont couverts par des commissions créées par accords de branches ; enfin, afin de lutter contre les discriminations, elle crée un dispositif visant à valoriser leur expérience, y compris dans le cadre de leurs parcours professionnels.

20. – L'ordonnance n° 2017-1386 du 22 septembre 2017 relative notamment à la nouvelle organisation du dialogue social dans l'entreprise fusionne les instances de représentation du personnel en confiant à une instance unique nouvelle, le comité social et économique, à mettre en place au plus tard au 31 décembre 2019, l'ensemble des attributions dévolues jusqu'alors aux délégués du personnel, au comité d'entreprise et au comité d'hygiène, de sécurité et des conditions de travail. Elle crée également la possibilité de mettre en place par voie d'accord des représentants de proximité, en définissant conventionnellement les modalités de leur mise en place, leurs attributions et les modalités de leur fonctionnement. Peut également être créé par accord collectif le conseil d'entreprise, qui regroupe les attributions du conseil social et économique et des délégués syndicaux, et dispose dès lors de la capacité de signer des accords collectifs.

§ 2. L'HISTORIQUE DE LA PROTECTION

21. – De la création des diverses institutions représentatives du personnel résulte la nécessité d'aménager un statut protecteur, afin de garantir aux représentants du personnel l'indépendance nécessaire à l'exercice de leur mandat et de les protéger contre les mesures arbitraires, auxquelles leurs fonctions mêmes les exposent.

Cette nécessité a été reconnue tant au niveau international que national.

A. La reconnaissance de la nécessité de la protection au plan supranational

1. L'OIT

22. – L'Organisation Internationale du Travail *(OIT)* a adopté en 1971 la Convention n° 135 ayant pour objet la protection des représentants des travailleurs dans l'entreprise et les facilités à leur accorder. Cette convention, ratifiée par la France le 30 juin 1972, dispose dans son article 1er :

« Les représentants des travailleurs dans l'entreprise doivent bénéficier d'une protection efficace contre toutes mesures qui pourraient leur porter préjudice, y compris le licenciement, et qui seraient motivées par leur qualité ou leurs activités de représentants des travailleurs, leur affiliation syndicale, ou leur participation à des activités syndicales, pour autant qu'ils agissent conformément aux lois, conventions collectives ou autres arrangements conventionnels en vigueur » (Convention n° 135, publiée par la France par décret du 9 novembre 1973).

La Convention de l'OIT n° 158, relative à la cessation de la relation de travail à l'initiative de l'employeur, ratifiée par la France le 16 mars 1989, prévoit dans son article 5 :

« Ne constituent pas des motifs valables de licenciement, notamment... le fait de solliciter, d'exercer ou d'avoir exercé un mandat de représentation des travailleurs. »

2. Le droit européen

a) Droit non communautaire

23. – L'article 28 de la Charte sociale européenne *(révisée)* du 3 mai 1996, relatif au droit des représentants du personnel à la protection dans l'entreprise et aux facilités à leur accorder, fait obligation aux États membres de mettre en place « *afin d'assurer l'exercice effectif du droit des représentants des travailleurs de remplir leurs fonctions de représentant (...) une protection effective contre les actes qui pourraient leur porter préjudice, y compris contre le licenciement, et qui seraient motivés par leur qualité ou leurs activités de représentant des travailleurs dans l'entreprise* » *(décret n° 2000-110 du 4 février 2000 portant publication de la Charte sociale européenne (révisée) ; la Charte est jointe en annexe au décret et a été reproduite dans Dr ouvrier 2004, p. 63).*

b) Droit communautaire

24. – Le droit à la protection des représentants du personnel est affirmé par plusieurs directives communautaires.

L'article 6 (e2) de la directive 2001/23 du 12 mars 2001 *(codifiant les directives 77/187/CEE du 14 février 1977 et 98/50/CEE du 29 juin 1998)* concernant le rapprochement des législations des États membres relatives au maintien des droits des travailleurs en cas de transferts d'entreprises, d'établissements ou de parties d'établissements, précise que « *si le mandat des représentants des travailleurs concernés par un transfert au sens de l'article 1er paragraphe I expire en raison du transfert, ces représentants continuent à bénéficier des mesures de protection prévues par les dispositions législatives, réglementaires et administratives ou la pratique des États membres* ».

La directive n° 89/391/CEE du 12 juin 1989, concernant la mise en œuvre de mesures visant à promouvoir l'amélioration de la sécurité et de la santé des travailleurs au travail, énonce dans son article 11 *(consultation et participation des travailleurs)* que les représentants des travailleurs ne doivent pas subir de préjudice en raison de leurs activités.

Les membres du groupe spécial de négociation et du comité d'entreprise européen bénéficient « *de la même protection et des garanties similaires prévues pour les représentants des travailleurs par la législation et/ou la pratique nationale de leur pays d'emploi* », en application de l'article 10 de la directive n° 94-45 du 22 septembre 1994 relative à l'institution du comité d'entreprise européen.

L'article 10 de la directive 2001/86/CEE complétant le statut de la Société européenne (SE) pour ce qui concerne l'implication des travailleurs dispose que « *les membres du groupe spécial de négociation, les membres de l'organe de représentation, les représentants des travailleurs exerçant leurs fonctions dans le cadre d'une procédure d'information et de consultation et les représentants des travailleurs siégeant dans l'organe de surveillance ou d'administration d'une SE qui sont des travailleurs de la SE, de ses filiales ou établissements ou d'une société participante jouissent, dans l'exercice de leurs fonctions, des mêmes protections et garanties que celles prévues pour les représentants des travailleurs par la législation et/ou la pratique nationale en vigueur dans leur pays d'emploi. Cela s'applique en particulier à la participation aux réunions du groupe spécial de négociation ou de l'organe de représentation, à toute autre réunion organisée dans le cadre de l'accord visé à l'article 4, paragraphe 2, point f), ou à toute réunion de l'organe d'administration ou de surveillance, et le paiement de leur salaire pour les membres faisant partie du personnel d'une société participante ou de la SE ou de ses filiales ou établissements pendant la durée de l'absence nécessaire à l'exercice de leurs fonctions* ».

La directive 2002/14/CEE du 11 mars 2002 établissant un cadre général relatif à l'information et à la consultation des travailleurs dans la Communauté européenne prévoit, par son article 7, que « *les États membres veillent à ce que les représentants des travailleurs jouissent, dans l'exercice de leurs fonctions, d'une protection et de garanties suffisantes leur permettant de réaliser d'une façon adéquate les tâches qui leur ont été confiées* ». Il a été jugé par la Cour de justice de l'Union européenne que : « *49. Conformément à l'article 7 de ladite directive, les États membres doivent veiller à ce que les représentants des travailleurs jouissent, dans l'exercice de leurs fonctions, d'une protection et de garanties suffisantes leur permettant de réaliser d'une façon adéquate les tâches qui leur ont été confiées. / 50. Or, il ne ressort nullement du libellé et de l'esprit de cet article que, afin de se conformer aux exigences énoncées par celui-ci, une protection renforcée contre le licenciement devrait nécessairement être accordée aux représentants des travailleurs. / 51. Par ailleurs, il ressort tant du dix-huitième considérant que de l'article 1*er*, paragraphe 1, de la directive 2002/14 que celle-ci vise à établir un cadre général fixant des exigences minimales pour le droit à l'information et à la consultation des travailleurs dans les entreprises ou les établissements situés dans l'Union. / 52. Il résulte donc tant du libellé même de l'article 7 de la directive 2002/14 que du fait que celle-ci ne prévoit qu'un cadre général fixant des exigences minimales que le législateur de l'Union a laissé une large marge d'appréciation aux États membres et, sous réserve de l'obligation incombant à ces derniers de garantir les résultats imposés par cette directive, aux partenaires sociaux quant aux mesures de protection et aux garanties qu'il convient d'adopter à l'égard des représentants des travailleurs. / 53. Toutefois, si les États membres et, partant, les partenaires sociaux jouissent d'une large marge d'appréciation en ce qui concerne la protection accordée par ledit article 7, cette marge d'appréciation n'est pas illimitée (...) / 57. Si la directive 2002/14 n'exige donc pas que la protection accordée aux représentants des travailleurs par une loi de transposition ou par une convention collective adoptée pour transposer cette directive soit identique, il n'en demeure pas moins que ladite protection doit respecter le seuil minimal prévu à l'article 7 de la même directive. / 58. À cet égard, ainsi que la Commission le fait valoir, il est clair que le licenciement d'un représentant des travailleurs motivé par sa qualité ou par les fonctions exercées par celui-ci en cette qualité de représentant serait incompatible avec la protection exigée par ledit article 7. /59. Un représentant des travailleurs faisant l'objet d'une décision de licenciement doit donc être en mesure de vérifier, dans le cadre de procédures administratives ou juridictionnelles* *appropriées, que cette décision n'est pas motivée par sa qualité ou l'exercice de ses fonctions de représentant et les sanctions adéquates doivent être applicables dans l'occurrence où il s'avérerait qu'il existe une relation entre lesdites qualité ou fonctions et la mesure de licenciement prise à l'encontre de ce représentant. / 60. S'il est certes loisible aux États membres, ainsi qu'il ressort du point 39 du présent arrêt, de laisser aux partenaires sociaux le soin de mettre en place les dispositions nécessaires pour réaliser la transposition de la directive 2002/14, il n'en demeure pas moins que ces États doivent s'assurer que tous les travailleurs, et notamment leurs représentants, peuvent bénéficier, dans toute son étendue, de la protection qui leur est conférée par cette directive » (CJUE, 11 fév. 2010, aff. 405/08, Holst c./ Babcock & Wilcox Volund ApS, RJS 2010, p. 427, obs. B. Schmit, Dr ouvrier 2010, p. 456, note M. Bonnechère).*

La Charte des droits fondamentaux de l'Union européenne, adoptée le 7 décembre 2000, adaptée le 12 décembre 2007, stipule en son article 30 : « *Tout travailleur a droit à une protection contre tout licenciement injustifié, conformément au droit communautaire et aux législations et pratiques nationales.* » En vertu de l'article 6 du traité sur l'Union européenne signé le 13 décembre 2007, la Charte a la même valeur juridique que les traités.

La nécessité d'une protection des représentants du personnel contre le licenciement a ainsi été consacrée par le droit supranational.

B. Les principales étapes de la mise en place de la protection au niveau national

25. – Aucune mesure de protection n'est prévue par la loi du 24 juin 1936. En revanche, la Cour supérieure d'arbitrage, créée par la loi du 31 décembre 1936 et les décrets des 4 mars et 3 avril 1938, décide que le délégué étant l'organe élu de la collectivité de ses camarades, toute question relative à ses droits dans l'exercice de ses fonctions est d'intérêt collectif *(décision du 16 mai 1938)*. En conséquence, les délégués du personnel bénéficient obligatoirement de la protection de cette juridiction qui peut, le cas échéant, ordonner leur réintégration pour tout grief lié à cet exercice de leurs fonctions. Les tribunaux judiciaires demeurent compétents pour statuer sur les griefs ne se rattachant pas à l'activité de représentant du personnel.

26. – La loi du 2 mars 1944 prévoit que toute mesure individuelle portant atteinte à la nature ou aux conditions d'exercice des mandats des membres des différents organismes professionnels doit faire l'objet d'un examen préalable par une commission tripartite de stabilité des emplois *(loi tendant à assurer aux salariés membres des organismes professionnels et corporatifs institués par la loi du 4 octobre 1941 des garanties de stabilité d'emploi)*.

27. – À partir de 1945, il est acquis que le représentant du personnel, étant élu, doit jouir d'un statut particulier d'ordre public dans son intérêt, et surtout dans l'intérêt de ses mandants. Les articles 22 et 24 de l'ordonnance n° 45-280 du 22 février 1945 instituant des comités d'entreprise, ainsi que les articles 16 et 18 de la loi n° 46-730 du 16 avril 1946 fixant le statut des délégués du personnel dans les entreprises, instituent une procédure spéciale pour le licenciement des représentants du personnel et des sanctions pénales pour entrave au fonctionnement régulier de ces institutions. Tout licenciement, quel qu'en soit le motif, d'une personne protégée doit être obligatoirement soumis au comité d'entreprise et, en cas de désaccord, ne peut intervenir que sur décision conforme de l'inspecteur du travail : la distinction entre les motifs liés ou non à l'exercice du mandat a donc disparu.

28. – La loi n° 68-1179 du 27 décembre 1968, créant notamment le mandat de délégué syndical, lui accorde le bénéfice de la protection selon des modalités nouvelles, que la loi n° 82-915 du 28 octobre 1982, ainsi que les textes ultérieurs, généraliseront à l'ensemble des salariés protégés : le licenciement ne peut en tout état de cause intervenir que sur avis conforme de l'inspecteur du travail, qui se voit ainsi reconnaître une compétence exclusive. Une protection temporaire est également prévue pour les anciens délégués syndicaux, à condition qu'ils aient exercé ces fonctions pendant un an au moins ; cette restriction avait été introduite pour éviter une rotation excessive des délégués syndicaux. Est cependant rejeté l'amendement prévoyant l'obligation de réintégration en cas de refus de licenciement.

29. – Le bénéfice de la protection légale a été étendu à d'autres catégories de salariés dans l'entreprise :

– les anciens délégués du personnel et membres de comités d'entreprise, ainsi que les candidats présentés au premier tour par les organisations syndicales *(ordonnance n° 59-81 du 7 janvier 1959)* ;
– les représentants syndicaux au comité d'entreprise *(loi n° 66-427 du 18 juin 1966)* ;
– les représentants du personnel titulaires d'un contrat à durée déterminée *(loi n° 69-1 013 du 13 novembre 1969)* ;
– les membres du comité d'hygiène et de sécurité *(loi n° 73-1195 du 27 décembre 1973)*.

La loi n° 69-1013 du 13 novembre 1969 tendant à renforcer la protection des représentants du personnel engagés par un contrat à durée déterminée impose à l'employeur de saisir l'administration lorsque n'est pas envisagé le renouvellement du contrat à durée déterminée, non renouvellement subordonné à l'existence d'un « *motif sérieux et légitime* ».

30. – La loi n° 82-915 du 28 octobre 1982 modifie profondément le dispositif légal en renforçant les garanties des salariés protégés par :

– l'extension de la protection aux salariés ayant demandé à l'employeur l'organisation d'élections dans l'entreprise et aux représentants conventionnellement élus et désignés ;
– l'unification de la procédure protectrice en imposant l'autorisation préalable de l'inspecteur du travail pour tout salarié protégé ;
– la reconnaissance légale du droit à réintégration et l'indemnisation du salarié protégé dont l'autorisation administrative de licenciement est annulée sur recours hiérarchique ou contentieux ;
– le renforcement de la protection des salariés titulaires d'un contrat à durée déterminée ;
– l'application de la protection légale au transfert partiel d'entreprise, à l'arrivée du terme du contrat à durée déterminée, ainsi qu'en cas de rupture anticipée.

Toutes les instances représentatives créées ultérieurement, et notamment les représentants élus aux conseils d'administration et de surveillance des entreprises du secteur public *(loi n° 83-675 du 26 juillet 1983)* et les représentants des salariés prévus par la loi du 25 janvier 1985 précitée *(cf. introduction générale, n° **14**)*, bénéficient de la protection légale.

31. – Les salariés mandatés. Le droit à la protection est reconnu par la loi n° 96-985 du 12 novembre 1996 aux salariés mandatés en application d'un accord de branche conclu dans le cadre de l'accord national du 31 octobre 1995. Les modalités de cette protection, et notamment son point de départ et sa durée, doivent être définies par l'accord de branche ; cet accord peut « *prévoir que le licenciement des salariés mandatés ainsi que, pendant un délai [qu'il fixe] le licenciement de ceux dont le mandat a expiré [sont] soumis à la procédure à l'article L. 412-18* », applicable aux délégués syndicaux.

Contestée devant le Conseil constitutionnel au motif tiré de l'atteinte portée au principe d'indépendance du négociateur, d'une part, et, d'autre part, au principe d'égalité, la constitutionnalité de ce renvoi à la négociation collective pour déterminer les modalités de la protection a été admise sous la réserve suivante : « *Si le législateur a conféré compétence aux partenaires sociaux, dans le cadre de la négociation de branche, pour définir une protection conventionnelle particulière des salariés mandatés par les organisations syndicales représentatives, il ressort des travaux préparatoires de la loi qu'en faisant référence à la procédure prévue par l'article L. 412-18 du Code du travail, il a entendu que la protection à instituer assure, sous le contrôle du juge, des garanties au moins équivalentes à la garantie légale tenant à la mise en œuvre de cette dernière disposition* » *(décision n° 96-383 DC du 6 novembre 1996)*.

En pratique, la très grande majorité des accords a prévu d'accorder aux salariés mandatés le bénéfice de cette procédure.

La loi n° 98-461 du 13 juin 1998 *(« Aubry I »)* et la loi n° 2000-37 du 19 juin 2000 *(« Aubry II »)* définissent le régime de la protection accordée aux salariés mandatés pour négocier la réduction du temps de travail dans ce cadre légal, durant la période d'exercice de leur fonction puis, à titre temporaire, après celle-ci.

La loi n° 2004-391 du 4 mai 2004 relative à la formation professionnelle tout au long de la vie et au dialogue social a élargi et pérennisé le système du mandatement dans les entreprises dépourvues de délégué syndical et de représentants du personnel élus. La loi a étendu aux salariés mandatés la protection accordée aux délégués syndicaux.

La loi n° 2008-789 du 20 août 2008 a supprimé la condition préalable de conclusion d'une convention de branche ou d'un accord interprofessionnel étendu, et étendu la protection à l'imminence de désignation du salarié mandaté.

32. – L'extension de la protection aux salariés exerçant des missions à l'extérieur de l'entreprise.

La protection a notamment été étendue :

– aux conseillers du salarié ;
– aux conseillers prud'hommes ;
– aux membres des conseils d'administration des organismes du régime général de la sécurité sociale ;
– aux défenseurs syndicaux ;
– aux membres des commissions paritaires régionales interprofessionnelles.

33. – L'ordonnance n° 2017-1386 du 22 septembre 2017 relative à la nouvelle organisation du dialogue social et économique dans l'entreprise et favorisant l'exercice et la valorisation des responsabilités syndicales prévoit le bénéfice de la protection pour les instances qu'elle crée – comité social et économique, représentant de proximité (*supra*, **20**) –, en reprenant à droit constant les règles applicables aux précédentes instances représentatives du personnel.

34. – Pris en application de l'ordonnance n° 2021-484 du 21 avril 2021 relative notamment à la protection des représentants des travailleurs des plateformes, le décret n° 2022-650 du 25 avril 2022 subordonne à l'autorisation préalable de l'ARPE (Autorité des relations sociales des plateformes d'emploi, établissement public) toute rupture par une plateforme de son contrat commercial avec un travailleur élu représentant, cette protection s'appliquant également dans les 6 mois suivant l'expiration du mandat ; de même, est également prévue, avec un régime de la preuve aménagé, la possibilité d'un recours de ce représentant devant le tribunal judiciaire s'il estime subir, du fait de la plateforme, une baisse d'activité en rapport avec son mandat.

§ 3. LA CONSÉCRATION DU STATUT PROTECTEUR PAR LA JURISPRUDENCE

35. – La Cour de cassation, en 1974, le Conseil d'État, en 1976 et 1977, et le Conseil constitutionnel, en 1988 et en 1996, ont pleinement consacré par leurs jurisprudences le principe du statut protecteur.

36. – Dès le lendemain de la Seconde Guerre mondiale, le Conseil d'État a posé les principes du contrôle de l'inspecteur du travail sur les demandes d'autorisation de licenciement des salariés protégés, reconnaissant à l'administration la faculté de refuser l'autorisation « *pour des motifs d'intérêt général* » *(cf. concl. P. Dondoux, arrêt Safer d'Auvergne du 5 mai 1976, n° 98.647 et 98.820, Rec. p. 232, Dr soc 1976, p. 346).* Le contrôle du juge administratif était un contrôle réduit *(CE, section, 12 nov. 1949, n° 95.721, Société nancéenne d'alimentation, Rec. p. 483 ; CE, section, 30 juin 1950, n° 99.882, Sieur Quéralt, Rec. p. 413).*

Dès 1948, le Conseil d'État admettait que l'inspecteur refuse « *son agrément pour le licenciement d'un délégué du personnel pour que ledit licenciement ne puisse légalement être prononcé* » *(CE, 3 déc. 1948, section, n° 91.682, Sté des Établissements Mercier, Rec. p. 458).*

Cependant, l'effectivité du statut protecteur se heurtait à la jurisprudence des tribunaux judiciaires relative à l'action en résolution du contrat de travail du salarié protégé engagée par l'employeur et aux effets de la nullité du licenciement sans autorisation :

– en dépit du caractère d'ordre public de la procédure spéciale définie par le législateur, la chambre sociale de la Cour de cassation, en désaccord sur ce point avec la chambre criminelle *(Cass. crim. 2 août 1951 Garcia, D. p. 653),* a longtemps admis la possibilité pour l'employeur de saisir directement le juge d'une action en résolution du contrat de travail en se fondant sur l'article 1184 du Code civil, en vertu duquel la condition résolutoire est toujours sous-entendue dans les contrats synallagmatiques pour le cas où l'une des parties ne satisfait pas à ses engagements *(Cass. soc., 21 févr. 1952, Nicolas c. / Manufacture de caoutchouc Michelin, D. 1952 p. 290)* ;
– bien qu'ayant reconnu que le licenciement intervenu sans autorisation était nul *(Cass. 3 juin 1948, Sté des entrepôts Léon Raymondis, Bull. IV n° 557, D. 1948, p. 510),* la Cour de cassation se refusait à reconnaître un droit à réintégration au motif tiré de ce que l'obligation de réintégrer constitue une obligation de faire dont l'inexécution ne peut donner lieu qu'à l'allocation de dommages-intérêts *(cf. avis de l'avocat général à la Cour de cassation, J. Duplat, « Réintégration du salarié en cas de nullité du licenciement », RJS 2003, p. 557).*

La jurisprudence reconnaissant la possibilité pour l'employeur de saisir directement le juge d'une action en résolution du contrat de travail et permettant ainsi de faire échec aux dispositions légales fut abandonnée avec les arrêts Perrier *(Cass. Ch. mixte 21 juin 1974, n° 71-91.225, Bull. crim. n° 236, concl. Touffait, Dr soc 1974, p. 454)*. Selon ces arrêts de principe, « *les dispositions législatives soumettant à l'assentiment préalable du comité d'entreprise ou à la décision conforme de l'inspecteur du travail le licenciement des salariés légalement investis de fonctions représentatives, ont institué, au profit de ces salariés et dans l'intérêt de l'ensemble des travailleurs qu'ils représentent, une protection exceptionnelle et exorbitante du droit commun qui interdit par suite à l'employeur de poursuivre par d'autres moyens la rupture du contrat de travail* ».

37. – Dans ses conclusions, le commissaire du gouvernement P. Dondoux, s'adressant à l'Assemblée du contentieux du Conseil d'État, indiquait : « *Il existe désormais un vide, c'est à vous de le combler en renforçant votre contrôle* ». Il relevait également que la doctrine lançait un défi au Conseil d'État et à la juridiction administrative, citant le professeur Savatier selon lequel :

> « *l'arbitrage social auquel se livre l'inspecteur du travail, et qui peut toujours être remis en cause par le ministre, [ne donne pas] aux justiciables des garanties qu'ils pourraient attendre d'une juridiction. Ce n'est pas seulement parce que la juridiction administrative se refuse à contrôler l'opportunité de la décision de l'inspecteur ou du ministre, mais aussi parce que le recours pour excès de pouvoir vise l'annulation d'une décision administrative, et non à faire trancher un litige entre les particuliers que le contentieux administratif est inadapté à la solution des litiges entre les employeurs et les travailleurs protégés (...) Quelle que soit l'étendue du contrôle juridictionnel s'exerçant sur la décision administrative, elle ne permet pas de faire juger contradictoirement s'il existe ou non des motifs légitimes de rupture du contrat de travail (...)* » *(note D. 1975, p. 222)*.

Cette appréciation très critique quant à l'inadéquation et aux limites du recours pour excès de pouvoir n'a pas peu stimulé le Conseil d'État pour relever ce défi en opérant une redéfinition complète du contrôle juridictionnel sur les décisions administratives en matière de licenciement des représentants du personnel :

Pour le motif disciplinaire, par l'arrêt Safer d'Auvergne daté du 5 mai 1976 *(CE, assemblée, n° 98.647 et 98.820, Rec. p. 232, Dr soc 1976, p. 346, concl. P. Dondoux)* :

> « *Considérant... que les salariés légalement investis de fonctions représentatives bénéficient, dans l'intérêt de l'ensemble des travailleurs qu'ils représentent, d'une protection exceptionnelle ; que, lorsque le licenciement d'un de ces salariés est envisagé, ce licenciement ne doit pas être en rapport avec les fonctions représentatives normalement exercées ou l'appartenance syndicale de l'intéressé ; que, dans le cas où la demande est motivée par un comportement fautif, il appartient à*

l'inspecteur du travail ou à l'inspecteur des lois sociales en agriculture saisi et, le cas échéant au ministre compétent de rechercher, sous le contrôle du juge de l'excès de pouvoir, si les faits reprochés au salarié sont d'une gravité suffisante pour justifier son licenciement compte tenu de l'ensemble des règles applicables au contrat de travail de l'intéressé et des exigences propres à l'exécution normale du mandat dont il est investi ; qu'en outre, pour refuser l'autorisation sollicitée, l'autorité administrative a la faculté de retenir des motifs d'intérêt général relevant de son pouvoir d'appréciation de l'opportunité, sous réserve qu'une atteinte excessive ne soit pas portée à l'un ou l'autre des intérêts en présence… »

Pour le motif économique, par l'arrêt Abellan, daté du 18 février 1977 *(CE, section, n° 95.354, Rec. p. 96, Dr soc 1977, p. 166, concl. P. Dondoux)* :

« Considérant que… les salariés légalement investis d'un mandat de membre de comité d'entreprise bénéficient, dans l'intérêt de l'ensemble des travailleurs qu'ils représentent, d'une protection exceptionnelle ; que, lorsque le licenciement d'un de ces salariés est envisagé, ce licenciement ne doit pas être en rapport avec les fonctions représentatives normalement exercées ou l'appartenance syndicale de l'intéressé ; que, dans le cas où la demande de licenciement est fondée sur un motif de caractère économique, il appartient à l'inspecteur du travail et, le cas échéant, au ministre, de rechercher, sous le contrôle du juge de l'excès de pouvoir, si la situation de l'entreprise justifie le licenciement du salarié, en tenant compte notamment de la nécessité des réductions envisagées d'effectifs et de la possibilité d'assurer le reclassement du salarié dans l'entreprise ; qu'en outre, pour refuser l'autorisation sollicitée, l'autorité administrative a la faculté de retenir des motifs d'intérêt général relevant de son pouvoir d'appréciation de l'opportunité, sous réserve qu'une atteinte excessive ne soit pas portée à l'un ou l'autre des intérêts en présence. »

Le juge administratif a ainsi abandonné le contrôle réduit qu'il exerçait jusqu'alors sur les décisions de l'administration, ne sanctionnant que les erreurs manifestes d'appréciation, au profit d'un contrôle renforcé *(cf. P. Dondoux, « Études et documents » 1979-1980, Le contrôle du licenciement des salariés du secteur privé, p. 127)*.

Ces considérants de principe sont d'une grande portée :

– ils constituent la grille d'analyse utilisée par les inspecteurs du travail pour prendre leur décision ;
– ils sont repris dans toutes les décisions ultérieures du juge administratif.

38. – À plusieurs reprises, se fondant notamment sur les dispositions du 8e alinéa du préambule de la Constitution du 27 octobre 1946 (*supra,*

1), le Conseil constitutionnel s'est prononcé sur la nécessité d'assurer une protection à ces salariés.

En premier lieu, par sa décision relative à la loi d'amnistie du 20 juillet 1988 prévoyant un droit à réintégration des salariés protégés licenciés pour une faute couverte par l'amnistie *(décision n° 88-244 DC du 20 juill. 1988, Dr soc 1988, p. 755)*, le Conseil constitutionnel a estimé qu'il n'était pas interdit au législateur « *de tenir compte des difficultés que présente l'exercice des fonctions de représentant élu du personnel ou de responsable syndical dont la protection découle d'exigences constitutionnelles ; qu'ainsi les dispositions spécifiques édictées au profit de la catégorie des salariés protégés ne sont pas contraires au principe d'égalité* ».

En deuxième lieu, par sa décision du 6 novembre 1996, le Conseil constitutionnel a précisé « *que les modalités de protection des salariés pouvant être mandatés par des organisations syndicales représentatives afin de conclure des accords collectifs touchent à l'exercice même de leur mission de négociation par ces salariés ; que cette protection, qui n'est pas seulement mise en place dans l'intérêt de ceux-ci mais aussi dans l'intérêt même des institutions représentatives, doit assurer la nécessaire indépendance du négociateur à l'égard de l'employeur* » *(décision n° 96-383 du 6 nov. 1996, Dr soc 1997, p. 25, Dr ouvrier 1996, p. 479)*. Par suite, s'il a admis que le législateur puisse déléguer aux partenaires sociaux le soin de définir les modalités de la protection, il a néanmoins précisé que celle-ci doit assurer « *sous le contrôle du juge, des garanties au moins équivalentes à la garantie légale…* » définie par le Code du travail.

Par ailleurs, appelé à se prononcer, par voie de question prioritaire de constitutionnalité, sur la question de savoir si « *les dispositions des articles L. 2411-1, L. 2411-18 et L. 2411-3 du Code du travail méconnaissent […] les principes constitutionnels de liberté et d'égalité tels qu'issus des articles 1er, 4, 6 et 13 de la Déclaration des droits de l'homme et du citoyen du 26 août 1789 ?* », le juge constitutionnel a, par décision du 14 mai 2012, a affirmé « *qu'il est loisible au législateur d'apporter à la liberté d'entreprendre et à la liberté contractuelle, qui découlent de l'article 4 de la Déclaration des droits de l'homme et du citoyen de 1789, des limitations liées à des exigences constitutionnelles ou justifiées par l'intérêt général, à la condition qu'il n'en résulte pas d'atteintes disproportionnées au regard de l'objectif poursuivi* » ; de ce fait, « *en subordonnant la validité du licenciement de ces salariés* [les salariés exerçant un mandat extérieur à l'entreprise] *à l'autorisation de l'inspecteur du travail, les dispositions contestées n'ont porté une atteinte disproportionnée ni à la liberté d'entreprendre ni à la liberté contractuelle* », sauf s'il est établi que le salarié n'a pas informé son employeur de l'existence de son mandat au plus tard lors de l'entretien préalable au licenciement *(décision n° 2012-342 QPC du 14 mai 2012, JORF 15 mai 2012, p. 9096, RJS 2012 n° 642 ; chron. Y. Struillou, « Salarié investi d'un mandat extérieur à l'entreprise : une protection désormais soumise à condition », RJS 2012, p. 520)*.

L'existence de ce principe constitutionnel avait également été rappelée par le Conseil constitutionnel dans sa décision du 9 décembre 2011, déclarant contraires à la Constitution en raison de l'« *atteinte inconstitutionnelle aux exigences [...] du Préambule de 1946* » les dispositions de l'article L. 311-2 du Code du travail de Nouvelle-Calédonie, dans leur rédaction résultant de la loi du pays n° 2008-2 du 13 février 2008, selon lesquelles les dispositions dudit Code relatives aux salariés protégés n'étaient pas applicables aux agents des administrations publiques salariés dans les conditions du droit privé *(décision n° 2011-205 QPC du 9 déc. 2011, JORF 10 déc. 2011, p. 20991)*.

Par conséquent, la protection des représentants du personnel « *découle d'exigences constitutionnelles* » : elle est regardée par le juge constitutionnel comme se rattachant à la détermination par le législateur d'un statut de nature à permettre aux salariés, élus ou désignés, l'exercice de leurs fonctions en toute indépendance par rapport à leur employeur. La détermination de ce statut relève des « *garanties légales des principes constitutionnels* » *(DC n° 96-383 du 6 nov. 1996)* mais « *peut cependant faire l'objet d'une concertation appropriée entre les employeurs et les salariés ou leurs organisations représentatives* ».

De manière plus générale, selon le Conseil constitutionnel « *il incombe au législateur, dans le cadre de la compétence qu'il tient de l'article 34 de la Constitution pour déterminer les principes fondamentaux du droit du travail, d'assurer la mise en œuvre des principes économiques et sociaux du Préambule de la Constitution de 1946, tout en les conciliant avec les libertés constitutionnellement garanties ; que, pour définir les conditions et garanties de mise en œuvre du droit pour tout travailleur de participer, par l'intermédiaire de ses délégués, à la détermination collective des conditions de travail ainsi qu'à la gestion des entreprises, il peut apporter à la liberté d'entreprendre des limitations liées à cette exigence constitutionnelle à la condition qu'il n'en résulte pas d'atteinte disproportionnée au regard de l'objectif poursuivi* » *(décision n° 2001-455 DC du 12 janv. 2002, § 53)*.

C'est justement parce que la protection édictée par le législateur découle elle-même d'exigences constitutionnelles qu'il est légalement possible, en instituant cette protection, de porter atteinte au principe constitutionnel que constitue la liberté d'entreprendre.

Ce raisonnement sert au demeurant de ligne directrice à la jurisprudence du Conseil d'État relative aux pouvoirs du juge des référés saisi de conclusions aux fins d'injonction pour assurer la sauvegarde d'une « liberté fondamentale » : « *Le degré de gravité que peut revêtir une mesure affectant la liberté d'entreprendre ou la liberté du travail doit prendre en compte les limitations de portée générale apportées à ces libertés qui ont été introduites par le législateur pour permettre certaines interventions jugées nécessaires de la puissance publique, notamment dans les relations de travail* » et « *figure au nombre de ces limitations la protection dont bénéficient dans l'intérêt de l'ensemble des travailleurs qu'ils représentent, les délégués du personnel, dont le licenciement ne peut intervenir que sur autorisation de l'inspecteur du travail » (CE, 4 oct. 2004, n° 264.310, Rec. p. 362, Sté Mona Lisa Investissement, Dr soc 2005, p. 608, commentaire de F. Reneaud, Dr ouvrier 2005, p. 35 ; M.-C. Rouault, « Le référé-liberté et le droit du travail », Sem. soc. Lamy 2005 n° 1202, p. 7 ; cf. n°* ***74.9.2****).*

S'agissant des salariés qui ne sont pas représentants du personnel mais sont investis de « *fonctions particulières dans l'intérêt de l'ensemble des travailleurs* », comme le conseiller du salarié, le Conseil constitutionnel a estimé qu'il « *est loisible au législateur (...) de doter ces personnes d'un statut destiné à leur permettre un exercice normal de leurs fonctions ; que les règles que le législateur édicte à cette fin peuvent soumettre à certaines limites les droits et libertés des employeurs dès lors qu'il n'est pas porté atteinte à leur substance » (décision du 16 janv. 1991, n° 91-284 DC).*

§ 4. LES DISPOSITIFS DE PROTECTION DANS D'AUTRES PAYS EUROPÉENS

A. Le Royaume-Uni

39. – La loi britannique n'établit pas clairement les modes de représentation des salariés au sein des entreprises.

S'agissant des représentants syndicaux, il appartient aux syndicats eux-mêmes d'établir le mode d'accès aux fonctions de représentation du personnel. Le plus souvent, ils sont élus par les membres du syndicat auquel ils appartiennent pour exercer certaines fonctions. Ainsi, on dénombre les *shop stewards* (délégués à compétence générale, équivalant aux délégués du personnel), les *union health and safety representatives* (délégués chargés de l'hygiène et de la sécurité) et les *union learning representatives* (délégués chargés de la formation professionnelle), ces mandats pouvant être cumulés.

Des représentants des salariés peuvent également exister en dehors de tout cadre syndical. En l'absence de cadre défini par la loi pour l'accès à ces fonctions, ces représentants peuvent être élus par les salariés ou désignés par l'employeur.

Les moyens d'action, et notamment les crédits d'heures attribués aux représentants du personnel, sont déterminés par la négociation collective. Du fait de l'absence de précision légale, le *Code of practices* de l'ACAS *(Advisory, Conciliation and Arbitration Service, organe gouvernemental)*, qui est un guide de bonnes pratiques dépourvu de valeur normative, mais sur lequel les tribunaux appuient généralement leurs décisions, énumère un certain nombre d'activités pouvant être considérées comme étant de nature syndicale.

Le licenciement d'un représentant syndical ou d'un représentant du personnel est automatiquement considéré comme abusif si la raison de ce licenciement est à rechercher dans l'exercice de sa fonction représentative ou dans la nature même de son statut. De même, aucun traitement défavorable en raison de son statut ou de ses activités ne peut lui être infligé.

B. L'Allemagne

40. – La loi sur les conseils d'entreprise *(Betriebsverfassungsgesetz)* prévoit que les membres de ces instances bénéficient d'une protection contre le licenciement, celui-ci ne pouvant être envisagé que dans les cas suivants :

– la faute grave, dont les conditions sont appréciées strictement ;
– la fermeture de l'établissement ;
– tout autre licenciement économique : dans ce dernier cas, l'employeur doit recueillir le consentement du conseil d'entreprise dans un délai de 3 jours ; à défaut de celui-ci, il dispose d'un délai de deux semaines pour saisir le tribunal du travail.

Cette protection s'applique également après la perte du mandat pendant une période d'un an pour les titulaires et de 6 mois pour les suppléants.

Les « *gens de confiance* » *(vertrauensleute)*, délégués syndicaux élus par les membres du syndicat dans l'entreprise, ne sont pas une instance prévue par la loi et ne disposent donc d'aucune protection légale contre le licenciement. La plupart des fédérations syndicales les ont mis en place dans les années 1960 sur la base d'un règlement intérieur.

Ils cumulent généralement ces fonctions avec celles de membre du conseil d'entreprise et sont donc protégés à ce titre. Les conventions collectives prévoient souvent des dispositions protectrices. Ainsi, les gens de confiance de l'IG Metall bénéficient de dispositions protectrices contre les discriminations contenues dans une convention collective nationale spéciale signée en 1969. Certaines organisations patronales refusent cependant de signer une convention collective ayant pour objet de garantir une protection des gens de confiance. Dans ce cas, leur protection peut résulter des dispositions de la Constitution, laquelle garantit la liberté d'opinion, et de la convention n° 135 de l'OIT, ratifiée par la RFA en 1973.

C. L'Italie

41. – Le licenciement d'un salarié, motivé par son appartenance à une organisation syndicale, est prohibé.

La loi n° 108 de 1990 a prévu un régime particulier, une protection spéciale *(una tutela speciale)* en faveur des dirigeants syndicaux d'entreprise, des membres de la RSU *(rapprezentanze sindacali unitarie)* et des membres des commissions internes en matière de licenciement et de transfert d'entreprise. L'interdiction de les licencier s'applique également pendant une durée d'un an à compter de la cessation de leurs fonctions. Les candidats non élus sont protégés, quant à eux, pendant trois mois à compter de la date des élections.

La réintégration provisoire du salarié dans son emploi peut résulter d'une ordonnance prise, selon une procédure semblable au référé prud'homal français, par l'autorité judiciaire si celle-ci retient qu'à première vue les preuves du licenciement ne sont pas suffisantes, ou que les raisons du licenciement invoquées par l'employeur ne sont pas significatives ou en tout cas suffisantes pour motiver un licenciement.

Si l'employeur n'exécute pas l'ordre judiciaire de réintégration, il peut être condamné, d'une part, à payer la rétribution normale due au salarié et, d'autre part, à verser, pour chaque jour de retard, au fonds de gestion des retraites une somme égale à celle due au salarié *(article 18 al. 10 de la loi)*.

D. La Belgique

42. – La loi du 19 mars 1991 définit les règles de protection des représentants du personnel, titulaires et suppléants, au conseil d'entreprise (CE) et au comité pour la prévention et la protection au travail (CPPT), les candidats à ces fonctions, ainsi que les délégués syndicaux qui les exercent en plus de leur mandat syndical. Ces salariés ne peuvent être licenciés que pour un motif grave préalablement admis par le tribunal du travail ou pour des raisons d'ordre économique ou technique préalablement reconnues par la commission paritaire dont relève l'entreprise (ou, à défaut, le Conseil national du travail). Cette protection est d'ordre public. En bénéficient également les membres de la délégation syndicale qui exercent les missions dévolues au CPPT à défaut d'institution de celui-ci.

L'employeur qui envisage de licencier un salarié protégé pour motif grave en informe, par lettre recommandée, ce dernier et l'organisation interprofessionnelle qui a présenté sa candidature, en mentionnant les faits de manière détaillées L'envoi de ces lettres doit avoir lieu dans les trois jours ouvrables suivant le jour où l'employeur a eu connaissance des faits. Dans le même temps, il saisit par requête le tribunal du travail compétent.

La procédure devant le tribunal du travail comporte une phase de conciliation. À défaut de conciliation, le président du tribunal en fait mention dans l'ordonnance qu'il rend le même jour, et dans laquelle il se prononce sur la poursuite ou la suspension de l'exécution du contrat pendant la procédure de reconnaissance du motif grave. Si, au terme de la période de négociation de 5 jours ouvrables, l'employeur maintient son projet de licenciement du représentant du personnel, il doit saisir, par citation et dans les formes du référé, le président du tribunal du travail pour faire reconnaître ce motif grave.

L'organe paritaire saisi pour le licenciement d'un représentant du personnel pour raisons d'ordre économique ou technique dispose d'un délai de deux mois pour statuer sur la réalité de ce motif. Sa décision est susceptible d'un recours devant le tribunal du travail.

En cas de licenciement illicite, le salarié peut demander sa réintégration et a droit à une indemnisation *(indemnité de protection)*.

La protection des délégués syndicaux est définie par des dispositions conventionnelles, soit sectorielles, soit nationales *(Convention collective de travail n° 5, non étendue)*.

Selon cette convention, l'employeur qui envisage de licencier un délégué syndical doit, sauf motif grave, en informer préalablement tant la délégation syndicale que l'organisation qui a présenté la candidature de ce délégué. L'organisation dispose d'un délai de 7 jours pour notifier son refus d'admettre le licenciement envisagé. Dans cette hypothèse, la partie la plus diligente a la faculté de soumettre le cas à l'appréciation du bureau de conciliation de l'organe paritaire.

Le bureau peut, par décision prise à l'unanimité, décider d'admettre ou de refuser d'admettre le motif du licenciement. Cette décision s'impose aux parties. S'il n'arrive à aucune décision à l'unanimité dans un délai de 30 jours, le tribunal du travail peut être saisi. Dans la mesure où le délai de 30 jours est écoulé, l'employeur peut alors procéder au licenciement. Toutefois, si le tribunal est saisi et conclut à la non-validité du motif de licenciement par l'employeur, ce dernier sera redevable d'une indemnité de licenciement.

SECTION 2
La protection : nécessité et finalité

43. – Les enjeux de la protection ne se réduisent pas à de simples questions de procédure. Parce que le statut protecteur est un moyen au service d'une fin – le libre exercice des fonctions représentatives – la question de la protection constitue un enjeu majeur.

§ 1. LA NÉCESSITÉ DE LA PROTECTION

44. – Le salarié, investi de fonctions représentatives, reste subordonné à son employeur : si le statut protecteur a pour effet de « *relâcher* » ce lien de subordination, il ne le supprime pas. Les garanties qui découlent de ce statut, au nombre desquelles la protection, a pour objet et doit avoir pour effet d'éviter tout détournement du pouvoir de direction dont dispose l'employeur : celui-ci doit être exercé dans l'intérêt de l'entreprise et non dans le but de faire obstacle à l'organisation collective des travailleurs.

La nécessité d'instituer une protection ne découle pas du simple constat qu'il est impératif de limiter la subordination du salarié qui a accepté d'assumer des fonctions représentatives : elle est la condition nécessaire pour que « *la communauté de travail* » puisse s'organiser pour exprimer et défendre ses propres intérêts. La protection se rattache par conséquent à l'ensemble des conceptions de l'entreprise qui ont un point commun : la rupture avec la théorie classique et individualiste de l'entreprise. Dans le cadre de cette théorie, qui réduit l'entreprise à une juxtaposition de rapports contractuels individuels, il n'y a pas de place pour l'expression d'un intérêt distinct de celui de l'entrepreneur avec lequel se confond l'entreprise.

Si la théorie institutionnelle de l'entreprise, qui définit cette dernière comme une communauté fondée sur une solidarité évidente d'intérêts, et les théories socialistes divergent sur la nature plus ou moins antagonique des conflits d'intérêts au sein de l'entreprise, elles convergent sur un point : la reconnaissance de l'existence d'intérêts distincts. Que les représentants du personnel soient considérés comme « *le fer de lance du travail opposé au capital* » ou comme des partenaires d'une communauté, ils assument, en premier lieu, « *l'expression collective des salariés* » *(C. trav., art. L. 2312-8).* La protection n'est finalement que la conséquence logique de la reconnaissance par les acteurs sociaux et le législateur de l'existence d'un intérêt propre à la réalité collective que constituent les salariés.

45. – Les règles de droit garantissant la protection. Le Code du travail prévoit plusieurs catégories de dispositions pour assurer cette protection :

– les dispositions qui régissent la procédure spéciale au terme de laquelle un salarié protégé ne peut être licencié que si l'inspecteur du travail a donné une autorisation préalable *(cf. concl. Touffait, sur arrêts Perrier précités, Dr soc 1974, p. 454)* ;
– les dispositions qui sanctionnent pénalement les entraves à la libre désignation des représentants du personnel, au fonctionnement régulier des instances représentatives et au libre exercice des mandats *(cf. notamment C. trav., art. L. 2431-1 et s.)* ;
– les dispositions d'ordre général applicables à tous les salariés qui, d'une part, protègent l'exercice du droit syndical *(C. trav., art. L. 2141-1, L. 2141-4 et L. 2141-5)* et, d'autre part, interdisent les discriminations *(C. trav., art. L. 1132-1)*.

§ 2. LES ENJEUX DE LA PROTECTION

46. – La présence d'institutions représentatives du personnel et d'organisations syndicales dans les entreprises est un enjeu essentiel à plusieurs titres :

– sur le plan humain ;
– sur le plan social ;
– sur le plan de la démocratie sociale ;
– sur le plan économique ;
– sur le plan politique.

A. L'enjeu humain

47. – Les enjeux majeurs que soulève la question de la protection ne doivent pas occulter un aspect essentiel : l'enjeu humain.

La protection constitue un enjeu très concret pour les milliers de salariés investis de fonctions représentatives.

Le nombre de représentants du personnel était, selon les estimations du ministère du Travail, de l'ordre de 600 000 en 2011. Ce chiffre, du fait des cumuls de mandats, ne correspond pas au nombre de salariés élus et mandatés qui lui est inférieur. Il est à rapprocher du chiffre de 19 millions d'électeurs aux élections prud'homales de 2008 dans le collège salariés.

Le caractère parfois aride du droit et sa complexité ne doivent pas masquer que l'histoire des institutions représentatives du personnel est aussi l'histoire personnelle de ces représentants. Le contentieux, qui est un prisme déformant, jette parfois un éclairage cru sur la réalité des relations sociales dans certaines entreprises et sur l'acharnement dont peuvent être victimes des femmes et des hommes investis de fonctions représentatives *(cf. arrêt Fleurence, Cass. crim., 10 déc. 1970, n° 70-91045, Bull. crim. n° 336 : « attendu qu'il résulte des énonciations des juges du fond qu'étant chef d'entreprise, BOSC a cherché à se débarrasser de son employé Fleurence, représentant syndical au comité d'entreprise, dont l'activité dans cette fonction avait suscité son mécontentement ; qu'après avoir vainement sollicité du comité d'entreprise puis de l'inspecteur du travail l'autorisation de le licencier, et devant son refus de se démettre, il a finalement assigné pour seule tâche à ce salarié une besogne inutile, absurde, ridicule et fastidieuse ; que ce moyen de pression humiliant a eu pour résultat non seulement de décourager l'intéressé dont l'équilibre mental a été ébranlé, mais aussi de la déconsidérer et de saper son autorité »).*

B. L'enjeu social

48. – La protection constitue un enjeu essentiel, non seulement pour les bénéficiaires, mais également pour l'ensemble des salariés. La subordination, renforcée par la précarité de l'emploi et la menace du chômage, ne les place pas en position favorable pour faire valoir leurs droits et exprimer leurs intérêts. Le respect de ces droits ne résulte pas d'un phénomène mécanique ou naturel : il est le fruit de l'intervention consciente des hommes et des femmes. « *Le monde du travail, grâce à eux, a pu s'affirmer et progressivement obtenir le respect de sa dignité, la reconnaissance de ses aspirations* » *(extrait de l'allocution prononcée le 19 janvier 1993 par le président de la République, F. Mitterrand, à l'occasion du 100e anniversaire de l'Inspection du Travail).*

Le caractère effectif du droit du travail dépend pour une large part de la propre action des salariés et de celle de leurs « *porte-parole* » *(J.-M. Verdier, JCP 1971, L. 2422)*. L'action des représentants du personnel est elle-même conditionnée par l'efficacité du statut protecteur dont ils bénéficient. Il n'y a pas de protection du salariat sans une protection efficace de ses représentants. « *Les représentants du personnel sont protégés parce qu'ils incarnent des intérêts collectifs qui les dépassent et dont la gestion les expose L'accomplissement de leurs fonctions postule que leur soient garanties une certaine sécurité dans leur emploi, une certaine liberté dans leurs démarches* » *(N. Catala, L'Entreprise, p. 650).*

Les salariés élus ou mandatés jouent un rôle essentiel pour :

- l'application de la réglementation du travail ;
- la présentation des réclamations et des revendications du personnel ;
- l'organisation des salariés dans l'entreprise, l'expression et la prise en compte de leurs intérêts à tous les niveaux, notamment par la consultation et la négociation.

La mise en œuvre de certains droits collectifs reconnus aux salariés est, en outre, concrètement subordonnée à l'existence de représentants du personnel ; tel est le cas du droit à la négociation annuelle obligatoire reconnu dans toutes les entreprises où sont constituées une ou plusieurs sections syndicales *(C. trav., art. L. 2242-1)*, mais dont l'effectivité est liée à la désignation d'un représentant syndical.

L'évolution du droit de la négociation collective impulsée par la loi n° 2004-391 du 4 mai 2004 relative à la formation professionnelle tout au long de la vie et au dialogue social renforce l'intérêt d'une protection efficace dès lors qu'il importe :

- d'une part, que les délégués syndicaux mais également les représentants élus au comité social et économique ainsi que les salariés mandatés, qui peuvent désormais conclure des accords collectifs d'entreprise dérogeant aux accords collectifs de niveau supérieur, échappent à toute menace de leur employeur visant à obtenir leur signature au bas d'accords dérogatoires ;
- d'autre part, que les représentants syndicaux dans l'entreprise puissent librement exercer le droit d'opposition reconnu par la loi ou la convention de branche *(C. trav., art. L. 2232-2).*

Comme le souligne J.-M. Verdier, « *La protection de la fonction exige celle de l'emploi* » *(Les Syndicats, Vol. II, p. 349).*

Sans cette protection, la représentation du personnel se limiterait à deux catégories d'entreprises : celles où l'employeur est réellement convaincu de l'intérêt de l'existence de représentants du personnel et celles où les organisations syndicales sont assez puissantes pour imposer le maintien d'une telle représentation.

Une approche de nature sociologique du statut protecteur tend à souligner son importance dans le cadre de relations sociales marquées en France par la « *logique de l'honneur* » et la distinction du vil et du noble *(cf. P. d'Iribarne, La logique de l'honneur)* :

- l'acquisition d'un mandat permet au salarié d'accéder « *à un statut* » qui prime sur la logique contractuelle : son bénéficiaire est censé ainsi échapper à une subordination « *servile* » et est en quelque sorte « *anobli* » *(il est à souligner que dans l'industrie, les représentants du personnel sont fréquemment les ouvriers les plus qualifiés qui constituent « l'aristocratie ouvrière »)* ;

– ce statut confère une noblesse car il est justifié, dans son principe, par le fait que son bénéficiaire est censé représenter la collectivité des travailleurs et défendre en premier lieu les intérêts de cette collectivité, fût-ce au détriment de sa propre carrière ;

– par leur action, les représentants du personnel favorisent l'élaboration et l'application d'une protection statutaire dont bénéficient l'ensemble des salariés, contribuant ainsi à ce que ces derniers ne soient pas regardés comme de simples outils, mais considérés à la fois comme un collectif et comme des personnes humaines dignes de respect. Cette action est d'autant plus importante pour concilier logique de statut et logique de marché que « *perdre toute protection statutaire pour se sentir marchandise, voir sa place dans la société et le rang qu'elle confère sans cesse menacés, c'est être atteint dans sa dignité d'homme* » *(P. d'Iribarne, L'étrangeté française)*.

C. L'enjeu de démocratie sociale

49. – La loi n° 2008-789 du 20 août 2008 portant rénovation de la démocratie sociale, issue de la « *Position commune du 9 avril 2008 sur la représentativité, le développement du dialogue social et le financement du syndicalisme* », a modifié en profondeur les règles régissant la représentativité syndicale : désormais, cette dernière, aux niveaux de l'entreprise, de la branche professionnelle et national repose sur l'audience électorale des organisations syndicales. Cette mutation majeure, qui rompt avec un modèle où les organisations syndicales puisaient leur légitimité dans leur propre finalité, est à mettre en relation avec le déplacement du centre de gravité de la négociation collective vers l'entreprise : la négociation collective à ce niveau est promue comme une source « *normative* » à part entière, l'accord d'entreprise pouvant déroger, sous certaines conditions, aux stipulations de l'accord conclu à un niveau supérieur *(C. trav., art. L. 2253-3)*. En outre, le législateur, notamment dans les domaines de la durée et de l'aménagement du temps de travail, a multiplié les possibilités pour les acteurs de la négociation de conclure des accords permettant d'écarter les règles de droit commun. Il était difficilement concevable à terme que de tels accords, qui ont un impact direct sur les conditions de vie et de travail des salariés, puissent continuer à être valablement signés par des organisations syndicales à la légitimité syndicale défaillante faute d'implantation syndicale suffisante. De ce point de vue, la circonstance que dans la loi du 20 août 2008 figurent à la fois les dispositions relatives à la représentativité et celles portant sur l'encadrement du temps de travail est plus qu'une coïncidence du calendrier législatif.

La nouvelle hiérarchie des normes de droit du travail définie par la loi du 8 août 2016 puis par les ordonnances du 22 septembre 2017, qui consacrent la primauté de la norme élaborée dans le cadre de la négociation d'entreprise, renforce cet impératif.

Les nouvelles règles démultiplient les enjeux des élections professionnelles dans l'entreprise :

- ne peut désormais être désigné délégué syndical qu'un salarié candidat sur une liste présentée par une organisation syndicale ayant obtenu au premier tour des élections professionnelles au moins 10 % des suffrages exprimés, l'intéressé devant avoir recueilli personnellement au moins 10 % de ces suffrages *(C. trav., art. L. 2143-3)* ;
- pour être valide, un accord collectif d'entreprise doit être signé par une ou plusieurs organisations syndicales ayant recueilli au moins 30 % des suffrages exprimés *(C. trav., art. L. 2232-12)* ;
- la représentativité des organisations syndicales aux niveaux de la branche et interprofessionnel est appréciée au regard des résultats globaux des élections professionnelles *(C. trav., art. L. 2122-5 et L. 2122-9)*.

Eu égard à l'extrême variété de la nature des relations sociales et aux nouveaux enjeux que représentent les élections professionnelles, on ne peut tout à fait exclure le risque que des employeurs ne cherchent à influencer les résultats des élections en tentant d'évincer un candidat présenté par une organisation syndicale et/ou favoriser une organisation syndicale présumée plus accommodante aux dépens d'une autre. Dans ces conditions, l'effectivité de la protection accordée aux candidats peut être déterminante pour faire échec aux manœuvres de nature à altérer la sincérité du scrutin. Il ne peut y avoir effectivement de « *démocratie sociale* » dans l'entreprise sans statut protecteur dissuasif et effectif.

D. L'enjeu économique

50. – La représentation du personnel, notamment les comités sociaux et économiques, oblige l'employeur à donner des informations économiques, à répondre aux questions, à justifier certains choix. Elle constitue un contre-pouvoir qui ne décide pas mais est doté de moyens de connaître, de comprendre et d'influencer *(recours à des experts, accès aux documents économiques, présence dans les organes de direction…)*.

Ces attributions remettent en cause, en quelque sorte, « *le dogme de l'infaillibilité patronale* » en matière de gestion, notamment lors de licenciements économiques où l'intervention des représentants du personnel peut permettre la modification du projet initial dans ses aspects les plus préjudiciables pour les salariés et la société.

La représentation du personnel, dans le cadre du dialogue social, constitue « *le partenaire* » de l'employeur pour la modernisation et le développement de l'entreprise.

E. L'enjeu politique

51. – Les représentants du personnel qui exercent une mission d'intérêt général sont un rouage important d'une République qui se veut « *démocratique et sociale* » *(article 1er de la Constitution du 4 octobre 1958)*. Ils répondent au besoin de toute société civilisée de s'appuyer sur des corps intermédiaires.

Par leur action, ils font vivre dans l'entreprise les libertés publiques reconnues aux citoyens. La loi n° 92-1446 du 31 décembre 1992, qui avait donné au délégué du personnel le pouvoir de saisir l'employeur et le juge en cas « *d'atteinte aux droits des personnes ou aux libertés individuelles* », pouvoir désormais dévolu au comité social et économique, leur avait reconnu expressément ce rôle *(C. trav., art. L. 2312-59)*. Sans l'intervention des représentants du personnel, « *les libertés et les droits fondamentaux seraient tenus en lisière de l'entreprise* » *(J.-M. Verdier, « Du contrat au statut et du droit individuel aux libertés publiques », JCP 1971, L. 2422 ; « Les syndicats, Le statut protecteur des délégués syndicaux », p. 321 et s.)*.

Le rôle qu'ils peuvent jouer en matière de cohésion sociale, notamment par leurs interventions pour s'opposer aux mesures d'exclusion *(discriminations de toute nature, licenciement de salariés dont le reclassement est particulièrement difficile…)* et pour la mise en œuvre de propositions *(accès à la formation professionnelle, organisation du travail qualifiante, embauche des salariés au statut précaire, réduction du temps de travail)*, est déterminant pour faire reculer « l'exclusion » qui trouve sa source dans le monde du travail.

Ils jouent également un rôle dans le maintien de la cohésion de la communauté de travail, lieu essentiel contre l'isolement, et dans la possibilité qui doit être offerte à chacun d'exprimer sa dignité à travers le respect de ses droits individuels et collectifs. La communauté de travail « *s'affermit et prend forme sur le plan juridique avec l'instauration des représentants du personnel qui la mettent en scène. En cela la communauté de travail constitue, en même temps, un présupposé du droit en matière de représentation collective et la conséquence de l'application de ce droit. Elle en est le ciment autant que le résultat* » *(Maud Rivolier, La communauté de travail, étude juridique, Thèse, nov. 2023)*. Plus généralement, par leur action, les représentants du personnel sont ainsi les garants du « *contrat social* » et du « *pacte républicain* ».

Première partie

LE CHAMP DE LA PROTECTION

11. – Le champ de la protection. Pour déterminer si un salarié est protégé et si, par suite, son licenciement est subordonné à l'autorisation de l'administration, il est nécessaire de définir le champ matériel de la protection en étudiant les questions suivantes :

- les entreprises entrant dans le champ d'application de la réglementation relative aux représentants du personnel ;
- les fonctions représentatives dont l'exercice entraîne le bénéfice de la protection légale ;
- la durée de la protection ;
- les cas de mise en œuvre de la protection.

Sont également examinées dans ce chapitre les conditions dans lesquelles le contrat de travail d'un salarié protégé peut être rompu sans intervention de l'inspecteur du travail.

CHAPITRE I

LE CHAMP D'APPLICATION DES DISPOSITIONS LÉGALES

SECTION 1

Le champ d'application organique : les personnes morales incluses dans le champ d'application

§ 1. LE CHAMP D'APPLICATION GÉNÉRAL

Plan du paragraphe

A. L'homogénéisation du champ d'application du Code du travail

11.1.1.1. – Le champ d'application des dispositions relatives à la protection n'est pas défini en tant que tel : il est en effet déterminé par le champ d'application de chacune des institutions représentatives du personnel, lequel est défini par les articles suivants du Code du travail s'agissant des représentants syndicaux et des membres du comité social et économique (CSE).

L. 2111-1	Délégué syndical, représentant de la section syndicale
L. 2311-1	Comité social et économique et représentants de proximité

Le Code du travail résultant de la codification de 2008 a opéré une homogénéisation des champs d'application qui incluent :

- tous les employeurs de droit privé ;
- les établissements publics à caractère industriel et commercial et les établissements publics administratifs employant du personnel dans des conditions de droit privé *(cf. JCP S 2008 n° 18-19-20, p. 25, J.-Y. Kerbourc'h, « La recodification des dispositions relatives aux institutions représentatives du personnel et aux salariés protégés »).*

Les dispositions de l'article L. 2311-1 relatif au CSE, dans sa version résultant de l'ordonnance n° 2017-1386 du 22 septembre 2017, sont rédigées en termes identiques.

Sont donc également inclus dans ce périmètre les établissements publics, quelle que soit leur nature, qui emploient du personnel dans des conditions de droit privé, et notamment les personnes morales de droit public telles que certaines autorités administratives indépendantes *(Haute Autorité de santé, Autorité des marchés financiers).*

Le périmètre des dispositions relatives au droit syndical est plus large dès lors qu'il intègre le « *personnel des personnes publiques employé dans les conditions de droit privé sous réserve des dispositions particulières ayant le même objet résultant du statut qui régit ce personnel* ».

B. L'évolution des dispositions relatives à la fonction publique

11.1.1.2. – La loi n° 2019-828 du 6 août 2019 de transformation de la fonction publique instaure, comme ce qui a été fait dans le secteur privé par l'ordonnance n° 2017-1386 du 22 septembre 2017 relative à la nouvelle organisation du dialogue social dans les entreprises et favorisant l'exercice et la valorisation des responsabilités syndicales, une instance unique, dénommée comité social d'administration dans la fonction publique de l'État, comité social territorial dans la fonction publique territoriale et comité social d'établissement dans la fonction publique hospitalière, qui se substitue aux comités techniques et comités d'hygiène, de sécurité et des conditions de travail (CHSCT).

En principe, les membres de ces comités sociaux ne bénéficient pas du statut protecteur, sauf lorsque le législateur le prévoit expressément. Tel est le cas en ce qui concerne l'Autorité de sûreté nucléaire et de radioprotection (*cf.* n° **11.1.2.2**) et Voies Navigables de France (*cf.* n° **11.1.2.7**).

Ainsi, à la suite de la suppression des CHSCT dans les établissements de santé, le statut protecteur n'a pas été maintenu pour les salariés de droit privé (*cf.* n° **11.1.1.2.1**).

En revanche, La Poste, ayant fait le choix de remplacer les comités techniques et CHSCT par un CSE, les dispositions du Code du travail s'appliquent à ses agents contractuels de droit privé *(cf. n°* ***11.1.1.2.2*** *et* ***11.1.2.8****)*.

1. *Dispositions applicables aux établissements de santé*

11.1.1.2.1. – Entraient dans le champ d'application des dispositions relatives au CHSCT les établissements mentionnés à l'article 2 de la loi n° 86-33 du 9 janvier 1986 portant dispositions statutaires relatives à la fonction publique hospitalière *(C. trav., art. L. 4111-1)*.

Le décret n° 2021-1570 du 3 décembre 2021 a prévu la mise en place de comités sociaux d'établissement à la place des comités techniques d'établissement et des CHSCT dans les établissements publics de santé, sociaux et médico-sociaux et les groupements de coopération sanitaire de moyens de droit public.

Pendant la période transitoire, l'article 10 de l'ordonnance n° 2017-1386 du 22 septembre 2017 a maintenu en vigueur les dispositions de la partie IV du Code du travail portant sur le CHSCT aux établissements publics de santé, sociaux et médico-sociaux et aux groupements de coopération sanitaire de droit public sans toutefois étendre les dispositions du livre IV de la deuxième partie portant sur la protection des membres du CHSCT *(C. trav., art. L. 2411-13 anc.)*. En effet, en application des dispositions de l'article R.2411-1 du Code du travail, les membres non fonctionnaires du CHSCT étaient protégés *(CE, 1er déc. 1999, n° 189.556, Institut Médico-Éducatif de Fontenay – Fondation Hardy)*.

Au regard des nouveaux textes qui ne prévoient pas de protection pour les membres des comités sociaux d'établissement ni les membres des formations spécialisées, nous pensons que l'inspecteur du travail n'est pas compétent pour se prononcer sur une demande d'autorisation de licenciement les concernant.

2. *Dispositions applicables à « La Poste »*

11.1.1.2.2. – La loi n° 90-568 du 2 juillet 1990 relative à l'organisation du service public de La Poste, modifiée par la loi n° 2005-516 du 20 mai 2005, avait prévu l'application aux agents de l'exploitant public des dispositions du Code du travail relatives au CHSCT, sous réserve des adaptations prévues par décret pour tenir compte des dispositions particulières relatives aux fonctionnaires et à l'emploi d'agents contractuels *(art. 31-3)*.

La loi n° 2022-1449 du 22 novembre 2022 visant à accompagner la mise en place de comités sociaux et économiques à La Poste proroge les mandats des membres de ces instances à titre transitoire permettant leur fonctionnement jusqu'à la proclamation des résultats des élections aux CSE et au plus tard jusqu'au 31 octobre 2024 *(art. 1 et art. 31-3 de la loi n° 90-568)*.

L'applicabilité du statut protecteur est examinée au n° **11.1.2.8.2**.

§ 2. L'APPLICATION DES DISPOSITIONS À CERTAINES ENTREPRISES OU CERTAINS ÉTABLISSEMENTS

Plan du paragraphe

A. Les établissements publics administratifs

11.1.2.1. – Sur le fondement des dispositions du Code du travail antérieures à la recodification de 2008, il avait été jugé que la protection n'était pas acquise aux représentants mis en place par voie conventionnelle dans les établissements publics administratifs, ces derniers n'étant pas au nombre de ceux visés par le Code du travail *(CE, 7 juill. 1993, n° 92.563, Maaoui, RJS 1993 n° 995)*.

Cette jurisprudence reste valable mais uniquement pour les établissements publics qui n'emploient pas du personnel dans des conditions de droit privé. En effet, les dispositions en vigueur du Code du travail ont pour effet d'inclure dans le champ d'application des institutions représentatives du personnel les établissements publics qui emploient du personnel dans des conditions de droit privé, tels que les caisses nationales des régimes de sécurité sociale *(C. trav., art. L. 2311-1)*.

Sauf texte particulier permettant de l'étendre à d'autres mandats, la protection ne peut toutefois être accordée que pour les mandats prévus par le Code du travail *(Cass. soc., 14 oct. 2015, n° 14-14.196, Bull. 2016, n° 837, Soc., n° 322, pour le mandat d'un représentant des salariés au conseil d'administration d'un établissement public administratif d'enseignement et de formation professionnelle)*.

Par son arrêt du 6 février 2024, le Conseil d'État a précisé qu'un salarié de la direction de l'information légale et administrative (DILA), chargée d'un service public administratif eu égard à la nature de ses principales activités, a le statut d'agent public et ne bénéficie donc pas de la protection contre le licenciement malgré son mandat de membre du comité social *(CE, 6 févr. 2024, n° 464.184, M. A. c./ Direction de l'information légale et administrative, mentionné aux Tables)*.

B. Les autorités administratives indépendantes

11.1.2.2. – S'agissant de l'Autorité des marchés financiers, l'article R. 621-51 du Code des marchés financiers précise que « *les agents contractuels de droit public, les salariés de droit privé ainsi que les fonctionnaires détachés ou mis à disposition auprès de l'Autorité des marchés financiers, qui composent le personnel de ses services, sont électeurs et éligibles aux institutions représentatives du personnel dans les conditions prévues par le Code du travail. Ces institutions représentatives exercent leurs compétences à l'égard de l'ensemble de ces personnels* » *(codification par le décret n° 2018-572 du 3 juill. 2018 des dispositions antérieurement prévues par l'article 50 du décret n° 2003-1109 relatif à l'Autorité des marchés financiers).*

S'agissant de la Haute autorité de santé (HAS), le 4e alinéa de l'article L. 161-43 du Code de la sécurité sociale prévoit que « *les dispositions des articles L. 412-1, L. 421-1, L. 431-1 et L. 236-1 du Code du travail sont applicables au personnel des services de la Haute Autorité. Toutefois, ces dispositions peuvent faire l'objet, par décret en Conseil d'État, d'adaptations rendues nécessaires par les conditions de travail propres à la Haute Autorité et les différentes catégories de personnel qu'elle emploie* ». L'article R. 161-82 du Code de la sécurité sociale précise que « *le comité d'entreprise exerce les attributions dévolues au comité technique paritaire et à la commission consultative paritaire. Les modalités particulières de mise en œuvre du décret du 7 mars 2003 font, en tant que de besoin, l'objet d'une délibération du collège après avis du comité d'entreprise* ». L'article R. 161-83 dispose que « *les institutions mentionnées aux articles L. 421-1, L. 431-1 et L. 236-1 du Code du travail sont compétentes à l'égard de l'ensemble du personnel de la Haute Autorité. Tous les personnels sont électeurs et éligibles, dans les conditions fixées par le Code du travail, pour la désignation de ces institutions* ». Ainsi, la HAS a mis en place un CSE, même si les renvois aux anciennes dispositions du Code du travail n'ont pas été actualisés.

Pour l'Autorité de sûreté nucléaire et de radioprotection (ASNR), issue de la loi n° 2024-450 du 21 mai 2024 relative à l'organisation de la gouvernance de la sûreté nucléaire et de la radioprotection pour répondre au défi de la relance de la filière nucléaire, qui fusionne à compter du 1er janvier 2025 l'Autorité de sûreté nucléaire (ASN) et l'Institut de radioprotection et de sûreté nucléaire (IRSN), l'article L. 592-12-1 du Code des transports prévoit un comité social d'administration compétent pour l'ensemble du personnel, exerçant les compétences des comités sociaux d'administration prévues à la section 1 du chapitre III du titre V du livre II du Code général de la fonction publique ainsi que les compétences des CSE prévues au chapitre II du titre Ier du livre III de la deuxième partie du Code du travail, sous réserve des adaptations prévues par décret en Conseil d'État. L'article L. 592-12-2 du Code des transports précise que « *les salariés qui sont membres du comité ou des formations mentionnés à l'article L. 592-12-1 et les délégués syndicaux ou représentants des sections syndicales bénéficient de la protection prévue au livre IV de la deuxième partie du Code du travail* ».

C. Les chambres de commerce et d'industrie

11.1.2.3. – Les chambres de commerce et d'industrie sont regardées comme ayant la qualité d'établissement public industriel et commercial pour certaines de leurs activités : activités d'exploitation et de concession portuaires *(Cass. civ. 2e, 4 mai 2004, n° 02-31.196)*, activité d'enseignement destinée au personnel d'entreprises privées *(Cass. soc., 28 sept. 2011, n° 10-12.143, RJS 2011 n° 1013)*. Le cadre de la protection est donc applicable à ces secteurs d'activité, s'agissant des représentants du personnel titulaires de mandats prévus par le Code du travail.

La loi du 22 mai 2019 relative à la croissance et la transformation des entreprises (PACTE) *(L. n° 2019-486, art. 40)* a réformé de manière importante le réseau des chambres de commerce et d'industrie. Elle prévoit l'application des dispositions de la deuxième partie du Code du travail relatives aux relations collectives, y compris celles du livre IV relatives aux salariés protégés *(C. comm., art. L. 712-11)*. Ainsi, à l'issue de la période transitoire prévue par la loi, les chambres de commerce et d'industrie seront dotées d'institutions représentatives de droit commun. La rupture du contrat des agents devra faire l'objet d'une autorisation préalable de l'inspecteur du travail quel que soit leur statut. Pour les agents publics s'appliqueront toutefois également les dispositions statutaires spécifiques prévues par la loi n° 52-1311 du 10 décembre 1952 et précisées par arrêté *(arrêté du 25 juillet 1997 relatif au statut du personnel de l'assemblée des chambres françaises de commerce et d'industrie, des chambres régionales de commerce et d'industrie et des groupements interconsulaires ; cf. Guide DGT, Salariés protégés, sept. 2019, fiche n° 1a)*.

D. Les chambres d'agriculture

11.1.2.4. – Les chambres d'agriculture sont des établissements publics de l'État assurant tout à la fois une mission de service public à caractère administratif et à caractère industriel et commercial, et emploient du personnel dans des conditions de droit privé.

Elles entrent donc dans le champ d'application des dispositions de l'article L. 2311-1 et L. 2321-1 du Code du travail résultant de la recodification de 2008 et, désormais, de celles de l'article L. 2311-1 relatif au comité social et économique et aux représentants de proximité.

Ainsi, le bénéfice de la protection avait été admis par la Cour de cassation pour les représentants du personnel élus à la commission paritaire du « personnel de droit privé » mise en place au sein d'une chambre départementale d'agriculture, qui exercent, pour ce personnel, les missions des délégués du personnel *(Cass. soc., 9 oct. 2012, n° 11-22.350, 11-22.353 et*

11-22.355, Bull. V n° 255, RJS 2012, n° 955, Dr soc 2013, p. 282). Depuis la loi n° 2014-1170 du 13 octobre 2014 d'avenir pour l'agriculture, l'alimentation et la forêt, la protection contre le licenciement et le transfert du contrat de travail, dans le cadre d'un transfert partiel ou total d'activité, des représentants du personnel des chambres siégeant en commission nationale paritaire ou en commission nationale de concertation et de proposition a été intégrée au Code rural et de la pêche maritime *(C. rural et de la pêche maritime, art. L. 514-3-2).* Le statut protecteur s'applique sans distinction de la nature du contrat de travail des salariés titulaires de ces mandats. Les statuts du personnel administratif des chambres de l'agriculture, pris dans le cadre de la loi n° 52-1311 du 10 décembre 1952 relative à l'établissement obligatoire d'un statut du personnel administratif des chambres d'agriculture, de commerce et des métiers étendent les dispositions du Code rural et de la pêche maritime à tous les représentants du personnel des chambres de l'agriculture relevant du personnel administratif, y compris les membres des commissions autres que les commissions nationales, peu important la nature de leur contrat de travail.

En outre, les dispositions des articles L. 2411-1, L. 2412-1, L. 2413-1 et L. 2414-1 du Code du travail confèrent le bénéfice de la protection contre le licenciement, la rupture du contrat à durée déterminée, la rupture du contrat de mission et le transfert du contrat de travail aux représentants des salariés, mentionnés à l'article L. 515-1 du Code rural et de la pêche maritime, dans une chambre d'agriculture.

La procédure d'autorisation de licenciement est celle applicable aux délégués syndicaux *(C. rural et de la pêche maritime, art. L. 515-4)* ; outre les représentants des salariés pendant la période d'exercice de leurs fonctions, les candidats dès la publication de leur candidature et les anciens représentants des salariés bénéficient, en cas de licenciement, d'une protection d'une durée de six mois ; lorsque les salariés en cause sont titulaires d'un contrat à durée déterminée ou d'un contrat de travail temporaire, la durée de leur protection est celle prévue par l'article L. 2411-3 du Code du travail pour les délégués syndicaux titulaires de tels contrats *(art. L. 515-4, préc. ; pour la durée de protection des délégués syndicaux, cf. n°* ***13.3****).*

E. La Banque de France

11.1.2.5. – Le Conseil d'État a jugé que les dispositions du Code du travail étaient applicables aux agents de la Banque de France, laquelle n'a pas le caractère d'un établissement public mais revêt une nature particulière et présente des caractéristiques propres.

Ont été jugées notamment applicables les dispositions relatives :

– à l'élection des délégués du personnel et des membres élus du comité d'entreprise *(CE, 22 mars 2000, n° 203.854, 203.855 et 204.029, syndicat national autonome du personnel de la Banque de France, Rec. p. 125)* ; au comité d'entreprise *(CE, 20 déc. 2006,*

n° 292.327, comité central d'entreprise de la Banque de France, Tables p. 741, RJS 2007 n° 495) ;
- au CHSCT *(CE, section, 2 oct. 2002, n° 240.818, Banque de France, Rec. p. 321, AJDA 2002, p. 1345)* ;
- à la procédure de licenciement *(CE, 30 juill. 2003, n° 224.277, Banque de France c. / Alain E, Rec. p. 669, Dr ouvrier 2004, p. 176 ; CE, 17 avr. 2008, n° 301751, Banque de France, Tables p. 859)*.

La chambre criminelle de la Cour de cassation a adopté la même position *(Cass. crim., 3 juin 2003, n° 02-84.474, Bull. crim. n° 110, Besucco, RJS 2003 n° 1322, Dr ouvrier 2003, p. 498, note M. Richevaux)*.

F. Les entreprises publiques à statut

11.1.2.6. – Sont incluses dans le champ d'application les entreprises à statut quel que soit ce dernier. Il en est ainsi pour :
- la SNCF *(Cass. soc., 16 déc. 1997, n° 95-43.557 ; Cass. soc., 23 janv. 2001, n° 99-41.824, Bull V n° 20 et Cass. soc., 6 avr. 2005, n° 03-43.629, Bull. V n° 125 : dans les deux cas, mise à la retraite d'un salarié protégé sans autorisation)* ;
- EDF *(Cass. soc., 12 juill. 2006, n° 04-48.351, Bull. V n° 248, RJS 2006, n° 1089 : mise à la retraite d'un salarié protégé sans autorisation)* ;
- la RATP *(CE, 10 oct. 2018, n° 400.956, RATP, Tables p. 944)* ;
- les Charbonnages de France *(CE, 17 déc. 2008, n° 294.343, M. Zajac, Tables p. 954 : mise à la retraite avec autorisation)*.

G. France Télécom (Orange)

11.1.2.7. – L'article 1-1 de la loi n° 90-568 du 2 juillet 1990 dispose : « *L'entreprise France Télécom est soumise aux dispositions législatives applicables aux sociétés anonymes dans la mesure où elles ne sont pas contraires à la présente loi* ».

La société anonyme France Télécom, dénommée Orange depuis le 1er juillet 2013, emploie à la fois des salariés de droit privé et des fonctionnaires. Ces derniers peuvent exercer des fonctions représentatives.

S'agissant des fonctionnaires investis de fonctions représentatives, la primauté du statut protecteur de la fonction publique dont ils bénéficient aboutit à écarter la compétence de l'inspecteur du travail *(cf. Guide DGT, Salariés protégés, sept. 2019, fiche n° 1a ; CE, 24 févr. 2011, n° 335.453, Rec. p. 61, Laupretre)*.

Revenant sur sa jurisprudence antérieure *(Cass. soc., 5 mars 2008, n° 07-11.123, Bull. V n° 53, RJS 2008 n° 603, JCP S 2008 n° 22, p. 38, note J.-Y. Kerbourc'h)*, la Cour de cassation a par ailleurs jugé que seul le juge administratif est compétent, non seulement pour apprécier la régularité contestée d'une mutation imposée au fonctionnaire représentant du personnel et mettant fin à son mandat, mais également pour mettre fin, en référé, au trouble manifestement illicite qui en résulte *(Cass. soc., 17 mai 2011, n° 10-15.577, Bull. V n° 112, RJS 2011 n° 732).*

H. La Poste

1. Situation avant la loi du 22 novembre 2022

11.1.2.8.1. – À compter du 1er mars 2010, La Poste n'est plus un établissement public industriel et commercial et devient une société anonyme employant à la fois des fonctionnaires et des agents de droit privé.

L'article 31 de la loi n° 90-568 du 2 juillet 1990, dans sa rédaction issue de la loi n° 2010-123 du 9 février 2010, précisait que « *l'emploi des agents soumis au régime des conventions collectives n'a pas pour effet de rendre applicables à La Poste les dispositions du code du travail relatives aux comités d'entreprise, ni celles relatives aux délégués du personnel et aux délégués syndicaux. Un décret en Conseil d'État détermine les conditions dans lesquelles les agents de La Poste sont représentés dans des instances de concertation chargées d'assurer l'expression collective de leurs intérêts, notamment en matière d'organisation des services, de conditions de travail et de formation professionnelle. Il précise en outre, en tenant compte de l'objectif d'harmoniser au sein de La Poste les institutions représentatives du personnel, les conditions dans lesquelles la représentation individuelle des agents de droit privé est assurée, et établit les règles de protection, au moins équivalentes à celles prévues par le code du travail pour les délégués du personnel, dont bénéficient leurs représentants* ». Le Conseil constitutionnel a jugé que ces dispositions ne méconnaissaient pas le principe d'égalité *(décision n° 2010-601 DC du 4 février 2010, § 12).*

Le décret n° 2011-619 du 31 mai 2011 *(JORF 2 juin 2011)*, relatif à la santé et à la sécurité au travail à La Poste, a prévu le bénéfice de la protection pour les salariés représentants du personnel au CHSCT pendant l'exercice de leurs fonctions, ainsi que pendant les six premiers mois suivant l'expiration du mandat ou la disparition du comité *(art. 21).* Le champ de la protection et la procédure applicable, identique à la procédure de droit commun du Code du travail, étaient définis par les articles 22 à 26 du décret.

Le décret n° 2014-1426 du 28 novembre 2014 *(JORF 30 nov. 2014),* relatif à la représentation des agents contractuels et à la protection des agents contractuels de droit privé de La Poste exerçant un mandat de représentation, prévoit, en faveur de ces derniers, un statut protecteur analogue à celui prévu dans le Code du travail.

Bénéficiaient de cette protection :

– les agents contractuels de droit privé représentants du personnel, titulaires ou suppléants, élus ou désignés pour siéger au sein des commissions consultatives paritaires et des comités techniques ;
– les agents contractuels de droit privé représentants syndicaux mis à disposition d'une organisation syndicale représentative depuis

plus d'un an, et bénéficiant d'une décharge d'activité au moins égale à un mi-temps ;
- les agents contractuels de droit privé représentants du personnel au conseil d'administration.

2. *Situation à compter de la loi du 22 novembre 2022*

11.1.2.8.2. – La loi n° 2022-1449 du 22 novembre 2022 visant à accompagner la mise en place de CSE à La Poste rend applicable à l'ensemble des personnels de La Poste les dispositions du Code du travail relatives au droit syndical, à la négociation collective, aux institutions représentatives du personnel et à la protection des représentants du personnel sous réserve des adaptations particulières précisées par décret en Conseil d'État.

Sont ainsi supprimés les CHSCT, ainsi que les comités techniques du personnel de La Poste. Les mandats des membres des CHSCT et des comités techniques en cours à la date de son entrée en vigueur sont prorogés jusqu'à la proclamation des résultats des élections aux CSE à La Poste, et au plus tard jusqu'au 31 octobre 2024.

Le décret n° 2024-683 du 5 juillet 2024 pris pour l'application de la loi n° 2022-1449 du 22 novembre 2022 visant à accompagner la mise en place de CSE à La Poste modifie le décret n° 2014-1426 du 28 novembre 2014 relatif à la représentation des agents contractuels de droit privé de La Poste exerçant un mandat de représentation. Il n'existe désormais plus qu'un seul mandat particulier ouvrant droit à une protection contre le licenciement en dehors du droit commun, il s'agit du mandat de représentant du personnel aux commissions consultatives paritaires (CCP).

La procédure applicable aux membres des CCP reste calquée sur la procédure de droit commun résultant des dispositions du Code du travail *(décret n° 2014-1426 modifié, art. 7 à 13)*. Il est cependant prévu des dispositions spécifiques afin d'éviter une consultation de la CCP et du CSE lorsque le représentant est également titulaire d'un mandat pour lequel est prévue une consultation du CSE. Dans ce cas, seule la consultation du CSE est nécessaire *(décret n° 2014-1426 modifié, art. 8)*.

La loi aménage la période transitoire en précisant à son article 3 que :
- les salariés demandeurs d'organisation des élections et candidats aux fonctions de membre élu de la délégation du personnel du CSE bénéficient de la protection en cas de rupture ou de transfert du contrat de travail dans les conditions prévues au livre IV de la deuxième partie du Code du travail ;
- jusqu'à la mise en place des CSE à La Poste, la CCP compétente rend un avis sur la rupture ou le transfert du contrat de travail de ces salariés ;
- bénéficient également du statut protecteur les salariés anciens représentants du personnel élus au sein d'une instance de représentation du personnel propre à La Poste, pendant les six premiers

mois à compter de l'expiration de leur mandat, dans des conditions déterminées par décret en Conseil d'État.

I. France travail (anciennement « Pôle Emploi »)

11.1.2.9. – La loi n° 2008-126 du 13 février 2008 relative à la réforme de l'organisation du service public de l'emploi a précisé que les agents de cette institution nationale, qui sont chargés d'une mission de service public, sont régis par le Code du travail dans les conditions particulières prévues par une convention collective étendue agréée par les ministres chargés de l'emploi et du budget *(C. trav., art. L. 5312-9)*. Ces dispositions n'ont pas été modifiées par la loi n° 2023-1196 du 18 décembre 2023 pour le plein emploi qui crée au 1er janvier 2024 un nouvel opérateur dénommé « France Travail » en remplacement de « Pôle Emploi ».

La loi prévoit que les dispositions de la deuxième partie du Code du travail, au nombre desquelles figurent celles relatives à la protection, sont applicables à tous les agents de l'institution, « *sous réserve des garanties justifiées par la situation particulière de ceux qui restent contractuels de droit public. Ces garanties sont définies par décret en Conseil d'État* » *(C. trav., art. L. 5312-9, préc.)*.

Appelé à se prononcer sur le recours pour excès de pouvoir formé à l'encontre de la note du ministre du travail, de l'emploi, de la formation professionnelle et du dialogue social du 27 août 2012 relative au droit applicable à Pôle Emploi et à la compétence de l'inspection du travail, le Conseil d'État, par décision du 23 juillet 2014, a jugé que cet organisme, établissement public administratif, « *sauf en ce qui concerne les agents relevant du droit public, le législateur a entendu que les agents de Pôle Emploi soient soumis aux dispositions du Code du travail, sous la seule réserve des conditions particulières prévues par la voie d'une convention collective étendue agréée par les ministres compétents* » *(CE, 23 juill. 2014, n° 363.522, Syndicat Sud travail-affaires sociales, Tables p. 697, concl. A. Lallet)* et a, par suite, annulé sur ce seul point la note ministérielle.

La protection prévue par les dispositions du Code du travail est donc applicable aux seuls salariés de droit privé de France Travail exerçant un mandat de représentation du personnel.

J. Les agences régionales de santé (ARS)

11.1.2.10. – Les ARS sont des établissements publics administratifs, en vertu de l'article L. 1432-1 du Code de la santé publique, qui emploient des fonctionnaires, des agents contractuels de droit public et des agents de droit privé régis par les conventions collectives applicables au personnel des organismes de sécurité sociale *(C. santé publique, art. L. 1432-9)*.

En vertu de l'article L. 1432-11 du Code de la santé publique, les membres des comités d'agence, des CHSCT, les délégués syndicaux, les représentants de la section syndicale et les délégués du personnel bénéficient, pour ce qui concerne les salariés placés sous le régime des conventions collectives, de la protection instituée par le Code du travail. L'article 54 du décret n° 2010-341 du 31 mars 2010 relatif aux comités d'agence, à la représentation syndicale et aux délégués du personnel dans les ARS renvoie explicitement aux dispositions de l'article L. 2411-3 du Code du travail relatives à la protection du délégué syndical.

K. Les groupements d'intérêt public (GIP)

11.1.2.11. – Le décret n° 2012-91 du 26 janvier 2012 *(art. 4)*, pris en application de la loi n° 2011-525 du 17 mai 2011 *(art. 99)*, prévoit que la convention constitutive doit préciser le régime, de droit public ou privé, applicable au personnel directement recruté par le groupement. Les GIP existants à la date de parution des nouveaux textes devaient se conformer à ces obligations avant le 16 mai 2013. Dès lors, les salariés de droit privé exerçant des fonctions représentatives doivent bénéficier de la protection *(Guide DGT, Salariés protégés, sept. 2019, fiche n° 1a)*.

L. Voies navigables de France (VNF)

11.1.2.12. – VNF est un établissement public administratif placé sous la tutelle du ministre chargé des transports. La loi n° 2019-828 du 6 août 2019 de transformation de la fonction publique institue un comité social d'administration central, compétent pour l'ensemble des personnels de VNF. Ce comité exerce les compétences des comités sociaux d'administration prévues au II de l'article 15 de la loi n° 84-16 du 11 janvier 1984 portant dispositions statutaires relatives à la fonction publique de l'État ainsi que les compétences mentionnées au chapitre II du titre Ier du livre III de la deuxième partie du Code du travail, sous réserve des adaptations prévues par décret en Conseil d'État. Les membres de ces comités, les délégués syndicaux et les représentants des sections syndicales bénéficient des garanties prévues par leur statut respectif et, pour ce qui concerne les salariés régis par le Code du travail, de la protection prévue au livre IV de la deuxième partie du même code *(C. transports, art. L. 4312-3-2)*.

Le décret n° 2022-1142 du 9 août 2022 relatif aux comités sociaux d'administration de VNF précise ainsi que le comité social d'administration central est consulté, dans les conditions prévues par le livre IV de la deuxième partie du Code du travail, sur le projet de licenciement, de mise à retraite ou de rupture conventionnelle du contrat de travail d'un représentant du personnel, salarié de droit privé, membre de ce comité ou d'un comité social d'administration local *(C. Transports, art. R. 4412-34)*.

Il s'agit d'une spécificité concernant VNF n'existant pas pour les membres des autres comités sociaux d'administration prévus au II de l'article 15 de la loi n° 84-16 du 11 janvier 1984 portant dispositions statutaires relatives à la fonction publique de l'État.

§ 3. LES SITUATIONS PARTICULIÈRES

Plan du paragraphe

A. La reprise par des employeurs publics de salariés de droit privé à la suite d'un changement dans la situation juridique de l'employeur

1. L'évolution de la jurisprudence

11.1.3.1.1. – Dans sa jurisprudence antérieure, la Cour de cassation établissait une distinction selon que l'activité reprise était effectuée sous la forme d'un service public administratif ou d'un service public industriel et commercial, excluant l'application des dispositions de l'article L. 122-12 alinéa 2 *(devenu l'art. L. 1224-1)* du Code du travail dans le premier cas *(Cass. soc., 8 nov. 1978, n° 77-40.896, Bull. V n° 743 ; Cass. soc., 7 févr. 1980, n° 78-41.168, Bull. V n° 115 ; Cass. soc., 10 juill. 1985, n° 94-40.608)*.

Au contraire, le juge communautaire estimait que la directive du 14 février 1977 (modifiée ultérieurement par celle du 12 mars 2001) était applicable en cas de reprise par une personne morale de droit public des activités jusqu'alors exercées dans son intérêt par une personne morale de droit privé *(CJCE, 26 sept. 2000, aff. C-175/99)*.

Cette jurisprudence communautaire a conduit la Cour de cassation à opérer un revirement : dans l'arrêt rendu le 25 juin 2002, elle a jugé que « *la seule circonstance que le cessionnaire soit un établissement public à caractère administratif lié à son personnel par des rapports de droit public ne peut suffire à caractériser une modification dans l'identité de l'entité économique transférée* » *(Cass. soc., 25 juin 2002, n° 01-43.467, Bull. V n° 209 ; Cass. soc., 14 janv. 2003, n° 01-43.676, Bull. V n° 3 ; Cass. soc., 17 déc. 2003, n° 02-44.358, Bull. V n° 318 ; Cass. soc., 23 oct. 2007, n° 06-45.289, Bull. V n° 170, RJS 2008 n° 7 ; Cass. soc., 15 mars 2011, n° 09-67.825, RJS 2011 n° 395)*.

Le Conseil d'État s'est à son tour rallié à la position du juge communautaire *(CE, 22 oct. 2004, n° 245.154, Lamblin, Rec. p. 382, RJS 2005 n° 12 : dans cette affaire, relative à la reprise en régie par le département des activités d'une association reconnue d'utilité publique, la compétence du juge administratif résultait du fait que le salarié ayant accepté dans un premier temps sa titularisation, son contrat de travail se trouvait désormais régi par le droit public)*.

Il appartient alors à la personne publique de proposer à ces salariés un contrat de droit public, à durée déterminée ou indéterminée selon la nature du contrat dont ils sont titulaires. Sauf disposition légale ou conditions générales de rémunération et d'emploi des agents non titulaires de la personne publique contraires, le contrat qu'elle propose doit reprendre les clauses substantielles du contrat dont les salariés sont titulaires, en particulier celles qui concernent la rémunération.

Il ne saurait être proposé aux intéressés une rémunération inférieure à celle dont ils bénéficiaient avant leur transfert, au seul motif que cette rémunération excéderait celle des agents en fonctions dans l'organisme d'accueil, à niveaux de responsabilité et de qualification équivalents ; en revanche, ces dispositions font obstacle au maintien d'une rémunération dont le niveau, même corrigé de l'ancienneté, excéderait manifestement celui prévu pour les agents non titulaires des personnes publiques *(CE, 25 juill. 2013, n° 355.804, Centre hospitalier général de Longjumeau, Tables p. 649, RJS 2013 n° 724 ; CE, 21 mai 2007, avis n° 299.307, Manolis, RJS 2007 n° 1024).*

Justifie la résiliation du contrat aux torts de l'employeur le fait pour une commune, reprenant l'activité de centre de loisirs auparavant gérée par une association de refuser de reprendre le salarié qui occupait le poste de directeur, sans lui soumettre de contrat de droit public ou mettre en œuvre la procédure de licenciement. Le contrat de travail du salarié ayant été transféré de plein droit à la commune, celle-ci était tenue de payer les salaires à compter de la date à laquelle elle avait repris l'activité, peu important la circonstance que le salarié pouvait ne pas remplir les conditions réglementaires de qualification ou de diplôme pour occuper ses fonctions *(Cass. soc., 6 mars 2024 B, JSL 2024, n° 583, note J.-P. Lhernould ; D. actu., 12 mars 2024, Sort des contrats de travail en cas de transfert d'activité à une personne publique gérant un service public administratif : précisions sur l'article L. 1224-3 du Code du travail, S. Norval-Grivet).*

2. *Dispositions générales*

11.1.3.1.2. – Dans l'hypothèse où l'application de l'article L. 1224-1 du Code du travail *(anc. art. L. 122-12 al. 2)* conduit à la reprise par une collectivité publique de l'activité économique transférée dans le cadre d'un service public administratif, il appartient à cette dernière, en application des dispositions de l'article L. 1224-3 *(issu de l'art. 20 de la loi n° 2005-843 du 26 juillet 2005 portant diverses mesures de transposition du droit communautaire à la fonction publique)* : *« de proposer à ces salariés un contrat de droit public, à durée déterminée ou indéterminée selon la nature du contrat dont ils sont titulaires. Sauf disposition législative ou réglementaire ou conditions générales de rémunération et d'emploi des agents non titulaires de la personne publique contraires, le contrat qu'elle propose reprend les clauses substantielles du contrat dont les salariés sont titulaires, en particulier celles qui concernent la rémunération. (…). En cas de refus des salariés d'accepter les modifications de leur contrat, la personne* *publique procède à leur licenciement, dans les conditions prévues par le présent code et par leur contrat » (B. Boubli, « L. 122-12 dissout dans le service public », Sem. soc. Lamy, 28 nov. 2005, n° 1238 ; J.-B. Cottin, « Transfert d'une entité économique autonome vers un service public administratif », RJS 2006, p. 3 ; A. Mazeaud, « Reprise d'une entité économique par une personne publique dans le cadre d'un service public administratif », Dr soc 2006, p. 383 ; Cass. soc., 8 déc. 2016, n° 15-17.176 B., RJS 2017 n° 96).*

L'article 24 de la loi n° 2009-972 du 3 août 2009 *(modifié par la loi n° 2016-483 du 20 avril 2016, art. 40)* a modifié les dispositions de l'article L. 1224-3 du Code du travail pour préciser que, « *en cas de refus des salariés d'accepter le contrat proposé, leur contrat prend fin de plein droit. La personne publique applique les dispositions relatives aux agents licenciés prévues par le droit du travail et par leur contrat* ». La rupture ainsi prononcée produit donc les effets d'un licenciement *(Cass. soc., 10 janv. 2017, n° 15-14.775 B., RJS 2017 n° 187 ; Cass. soc., 1er févr. 2017, n° 15-18.481, B., RJS 2017 n° 254 ; chron. M. Morand : « La rupture automatique du contrat de travail », RJS 2017, p. 443).*

3. Champ d'application des dispositions

11.1.3.1.3. – La reprise par une commune d'une activité confiée par marché à une société privée ne peut relever de l'article L. 1224-1 du Code du travail qu'à la condition que cette activité soit exercée par une entité économique autonome et que les éléments d'exploitation corporels ou incorporels nécessaires à la poursuite de l'activité et mis en œuvre par le titulaire du marché soient transférés, directement ou indirectement, à la commune *(Cass. soc., 24 nov. 2009, n° 08-41.097, RJS 2010 n° 152 ; voir également : Cass. soc., 3 mai 2007, n° 05-45.722, RJS 2005 n° 812 : reprise en régie directe du service de restauration)*. Il en est de même en cas de reprise de l'activité gérée par une association *(Cass. soc., 10 mars 2010, n° 08-44.636, RJS 2010 n° 402 : reprise en régie directe de la gestion d'une crèche).*

4. Compétence du juge judiciaire

11.1.3.1.4. – Le juge judiciaire reste compétent pour connaître des litiges opposant le repreneur aux salariés, le transfert n'ayant pas pour effet à lui seul de transformer la nature juridique du contrat qui demeure de droit privé tant que le nouvel employeur public n'a pas placé le salarié dans un régime de droit public *(TC, 19 janv. 2004, n° 3.393, Mme Devun c. / Commune de Saint-Chamond, Rec. p. 509, Dr soc 2004, p. 433, AJDA 2004 p. 432, RJS 2004 n° 506 ; TC, 3 juill. 2017, n° 4091, mentionné aux Tables ; Cass. soc., 23 nov. 2005, n° 03-45.439, Bull. V n° 339, RJS 2006 n° 12, Dr soc 2006, p. 387, JCP S 2006 n° 7-8 p. 23 note P. Morvan ; Cass. soc., 23 déc. 2005, n° 03-45.439, Bull. V n° 339 ; TC, 26 juin 2006, n° 06-03.508, Bull. n° 19 ; Cass. soc., 12 juin 2007, n° 05-44.337, Bull. V n° 96, RJS 2007 n° 913, RDT 2007 p. 524 obs. P. Waquet, Dr soc*

2007 p. 1056 obs A. Mazeaud, JCP S 2007 n° 47 p. 25 note B. Bossu ; cf. P. Bailly : « Actualité jurisprudentielle du transfert d'entreprise, première partie », Sem. soc. Lamy, 10 mai 2010 n° 1445 ; TC, 9 févr. 2015, n° 3994, Tables p. 591).

Toutefois, si le juge judiciaire est compétent pour statuer sur tout litige relatif à l'exécution et à la rupture du contrat de travail tant que le nouvel employeur n'a pas placé les salariés dans un régime de droit public, il ne peut, ni se prononcer sur le contrat de droit public proposé par la personne morale de droit public, ni lui faire injonction de proposer un tel contrat ; il peut seulement, en cas de difficulté sérieuse, surseoir à statuer en invitant les parties à saisir le juge administratif d'une question préjudicielle portant sur la conformité des offres faites par le nouvel employeur public aux dispositions législatives et réglementaires *(Cass. soc., 1er juin 2010, n° 09-40.679, RJS 2010 n° 643).*

5. Licenciement du salarié

11.1.3.1.5. – Pour la chambre sociale, « *la cause particulière de rupture du contrat de travail prévue par l'article L. 1224-3 du Code du travail ne relève pas des dispositions de ce code applicables aux licenciements pour motif économique* » et « *si le licenciement d'un salarié qui refuse un contrat de droit public doit être prononcé dans les conditions prévues par le Code du travail, le refus de changer de statut opposé par le salarié repris constitue à lui seul une cause de licenciement* » *(Cass. soc., 30 sept 2009, n° 08-40.846, Bull. V n° 212, RJS 2009 n° 899, rapport P. Bailly, Dr soc 2010, p. 404 ; Rapport 2009 de la Cour de cassation « La loi de 2005 a en réalité introduit une nouvelle cause de licenciement* sui generis *prenant en compte le régime dérogatoire auquel est soumis le personnel de l'administration publique et les conséquences qui en résultent pour les salariés employés dans des conditions de droit privé. L'arrêt ajoute d'ailleurs que le refus du changement de statut constitue à lui seul une cause de rupture »).* Ce refus « *constitue pour l'employeur public une cause réelle et sérieuse de licenciement, ne relevant pas des dispositions relatives au licenciement économique, dès lors qu'il ne lui est pas possible, au regard des dispositions législatives ou réglementaires dont relève son personnel, de maintenir le contrat de travail de droit privé en cours au jour du transfert ou d'offrir à l'intéressé un emploi reprenant les conditions de ce contrat » (Cass. soc., 2 déc. 2009, n° 07-45.304, Bull. V n° 270, RJS 2010 n° 153, JCP S 2010 n° 6, p. 19, note P. Morvan).*

S'agissant de la procédure applicable, la chambre sociale a cependant jugé que les dispositions de l'article L. 1232-2 du Code du travail, relatives à la convocation à l'entretien préalable en cas de licenciement pour motif personnel, ne sont pas applicables *(Cass. soc., 10 janv. 2017, n° 15-14.775, B., RJS 2017 n° 187).* Le Conseil d'État a adopté une position contraire pour les salariés bénéficiaires de la protection *(cf. n° **11.1.3.1.6**).* Si, après le refus par le salarié d'accepter la modification de son contrat, le nouvel employeur ne procède pas à son licenciement, le salarié est fondé à prendre acte de la rupture *(Cass. soc., 16 déc. 2008, n° 07-43.419, RJS 2009 n° 229).*

6. *L'application du statut protecteur*

11.1.3.1.6. – La reprise de salariés de droit privé par un employeur de droit public à la suite d'un changement dans la situation juridique de l'employeur n'est pas soumise, pour les salariés protégés, à l'obtention d'une autorisation préalable de transfert. En revanche, appelé pour la première fois à se prononcer sur la question des salariés protégés concernés par un tel transfert, le Conseil d'État a jugé que la rupture du contrat de travail d'un salarié protégé résultant de son refus du contrat proposé par la personne publique, dès lors qu'elle devait être regardée comme intervenant du fait de l'employeur, nécessitait l'autorisation préalable de l'inspecteur du travail *(CE, 6 juin 2018, n° 391.860, Estéoule-Exel, Rec. p. 257 ; RDT 2018, p. 435, concl. S.-J. Lieber, RJS 2018 n° 526 ; chron. G. Dumortier, P. Fombeur, D. Piveteau, M. Vialettes, P. Adam, F. Canut, A. Fabre, P. Lokiec et A. Martinon : « Dialogues croisés autour de la jurisprudence du Conseil d'État 2017-2018 », Dr soc 2018, p. 901).* Selon les termes de cette décision, cette obligation incombe à toute personne publique, sans qu'il y ait donc lieu d'établir une distinction selon qu'elle emploie ou non du personnel dans des conditions de droit privé.

Par ailleurs, s'agissant de la procédure applicable aux salariés protégés, le Conseil d'État a estimé que cette rupture de leur contrat de travail était soumise à l'ensemble de la procédure prévue en cas de licenciement d'un salarié protégé *(CE, 6 juin 2018, n° 391.860, précité ; chron. G. Dumortier, P. Fombeur, D. Piveteau, M. Vialettes, P. Adam, F. Canut, A. Fabre, P. Lokiec et A. Martinon : « Dialogues croisés autour de la jurisprudence du Conseil d'État », Dr soc 2018, p. 901).* Il en résulte, que, à la différence de la position retenue en droit commun par le juge judiciaire *(cf. n° **11.1.3.1.5**)*, la personne publique doit, avant de présenter une demande d'autorisation à l'inspecteur du travail, convoquer le salarié protégé à un entretien préalable *(cf. n° **15.14**)*.

B. La gestion en régie par une commune d'un service public industriel et commercial

11.1.3.2. – En vertu de l'article L. 2221-1 du Code général des collectivités territoriales, les communes peuvent exploiter directement des services d'intérêt public à caractère industriel et commercial. Il est de jurisprudence constante que les rapports entre un service public industriel et commercial et ses agents relèvent du droit privé *(Cass. soc., 13 févr. 2002, n° 99-45.763)*. La chambre sociale a déduit de ces éléments qu'une commune, qui exploite en régie un golf, doit, en sa qualité d'employeur, respecter les obligations résultant du Code du travail et de la convention collective du golf relatives à l'élection des délégués du personnel *(Cass.*

soc., 19 sept. 2007, n° 06-60.203, Bull. V n° 133, RJS 2007 n° 1188, JCP S. 2007 n° 46, p. 31, note F. Dumont), ainsi que les dispositions légales relatives au statut protecteur *(Cass. soc., 6 déc. 2011, n° 10-20.058, RJS 2012 n° 261)*.

Cette solution repose sur l'idée selon laquelle la forme d'exploitation du service public industriel et commercial est indifférente et qu'il n'y a pas lieu de tenir compte notamment de l'absence de personnalité morale *(Cass. soc., 28 avr. 2005, n° 04-40.895)*.

De ce fait, en cas de transfert à une commune d'une entité économique, dont la gestion avait été confiée à une entreprise de droit privé en application d'une convention de gestion résiliée, dans des conditions qui n'empêchaient pas la continuation de son exploitation, cette commune est légalement tenue de poursuivre les contrats de travail *(Cass. soc., 4 févr. 2016, n° 14-28.005)*.

SECTION 2

Le champ d'application territorial

§ 1. LES REPRÉSENTATIONS OFFICIELLES DES ÉTATS ÉTRANGERS INSTALLÉES EN FRANCE

11.2.1. – « *Le principe de la souveraineté des États fait obstacle à ce qu'il soit fait application au sein de la représentation officielle d'un État étranger des règles du code du travail français relatives à la représentation du personnel et à celle des syndicats* » *(Cass. soc., 4 nov. 2009, n° 08-60.593, Bull. V n° 242, RJS 2010 n° 57, avis J. Duplat, Dr soc 2010, p. 177)*.

Il s'ensuit que le statut protecteur ne s'applique pas au personnel employé par la représentation officielle des États étrangers. Il en a été jugé ainsi pour les membres de la représentation du Québec à Paris *(Cass. soc., 4 nov. 2009, n° 08-60.593, Bull. V n° 242, préc.)*. La même solution a été retenue, s'agissant des règles régissant les licenciements pour motif économique, pour le personnel du consulat général des États-Unis d'Amérique en Martinique *(Cass. soc., 23 avr. 2013, n° 11-28.197, Bull. V n° 107, RJS 1997 n° 524)*.

Toutefois, le Conseil d'État a admis une exception en considérant que dans le cas particulier où la représentation diplomatique d'un État étranger en France décide de se soumettre, en ce qui concerne ses personnels de droit local, aux règles du Code du travail relatives aux relations collectives de travail et, en particulier, d'organiser la désignation de représentants du personnel selon les modalités prévues par ce code, les personnels investis à ce titre de fonctions représentatives bénéficient des dispositions de ce code prévoyant leur protection contre le licenciement. Le Conseil d'État précise que l'autorisation de licenciement ne peut être délivrée qu'après que l'inspecteur du travail, et le cas échéant, le ministre chargé du travail, ont procédé à l'ensemble des contrôles qui leur incombent pour autant que, dans leur mise en œuvre, ces contrôles ne se heurtent pas à l'exercice par la représentation officielle de l'État étranger de droits ou prérogatives que cet État tire de sa souveraineté *(CE, 9 déc. 2022, n° 433.766, publié au Recueil, note J.-M. Pastor, AJDA 2022 p. 2437).*

§ 2. LES DISPOSITIONS APPLICABLES À L'OUTRE-MER

11.2.2. – Les dispositions applicables en métropole le sont également dans les départements d'outre-mer, à Saint-Barthélemy, Saint-Martin et Saint-Pierre-et-Miquelon.

Pour les dispositions applicables dans les autres collectivités d'outre-mer, il convient de se reporter au tableau G en annexe de la précédente (6e) édition de cet ouvrage.

§ 3. LA SITUATION DES SALARIÉS EMPLOYÉS PAR DES CONTRATS DE TRAVAIL RÉGIS PAR LE DROIT D'UN AUTRE ÉTAT

11.2.3. – La circonstance que le contrat de travail d'un représentant du personnel soit régi par le droit d'un autre État ne fait pas obstacle au bénéfice de la protection dès lors que les dispositions de la loi française relatives à la protection présentent un caractère impératif : elles sont au nombre des dispositions qu'est tenue de respecter une société ayant son siège à l'étranger *(Cass. ass. plén., 10 juill. 1992, n° 88-40.672 et 88-40.673, Bull. AP n° 9, concl. Chauvy, Dr soc 1993 p. 67, RJS 1992 n° 1078 : licenciement d'un salarié désigné représentant syndical au comité d'établissement parisien de la compagnie Air Afrique, alors même que l'employeur soutenait que le contrat de travail était régi par le droit du travail ivoirien où la société avait son siège).*

§ 4. LA SITUATION DES SALARIÉS EMPLOYÉS PAR DES SOCIÉTÉS AYANT LEUR SIÈGE À L'ÉTRANGER

11.2.4. – Ces sociétés ne sont pas dispensées de respecter les dispositions relatives aux institutions représentatives du personnel. Il a été jugé par l'Assemblée du contentieux du Conseil d'État que la circonstance qu'une entreprise a son siège social à l'étranger, « *ne saurait la faire échapper à l'application de la législation sur les comités d'entreprise* », le législateur ayant entendu assurer à tout travailleur l'exercice des droits reconnus par la législation relative aux comités d'entreprise « *dont les dispositions doivent être appliquées par toute personne physique ou morale* *exerçant en France les responsabilités de l'employeur ».* Cette même décision précise que les dispositions selon lesquelles le comité d'entreprise se réunit au siège de l'entreprise doivent s'entendre comme visant « *le lieu principal de ses activités d'employeur en France » (CE, Ass., 29 juin 1973, n° 77.982, Syndicat général du personnel de la Cie des wagons-lits, Rec. p. 458, concl. N. Questiaux, Dr soc 1974, p. 42).*

Cette jurisprudence a également été appliquée dans le cas où la société ne dispose d'aucune implantation physique sur le territoire français : dès lors que la société emploie en France des salariés, « *cette antenne sur le territoire français d'une société étrangère constitue nécessairement un établissement, peu important la manière dont la société étrangère entend le diriger » (Cass. soc., 14 févr. 2001, n° 99-60355, Bull. V n° 55, M.-A. Moreau, « La représentation des salariés travaillant en France pour le compte d'une société établie à l'étranger », Dr soc 2001, p. 639).* Cette position a été confirmée, s'agissant de la même société, par un arrêt du 14 janvier 2004 jugeant que dès lors que « *le juge du fond ayant souverainement constaté que les salariés employés par la société AGIO en permanence sur le territoire français ne bénéficient d'aucune représentation du personnel sur ce territoire pour l'exercice de leurs droits collectifs et la sauvegarde des intérêts spécifiques défendus par les délégués du personnel, il en résulte que l'application immédiate de la loi française donnant le droit à ces salariés d'être représentés par des délégués du personnel au niveau le plus approprié permet d'apporter une solution au litige qui a pour seul objet la demande d'organisation d'élections à cette fin (...)* » et « *que la société AGIO, qui dispose d'une organisation économique implantée sur le territoire français, exerce les responsabilités de l'employeur sur une collectivité de travail formée sur ledit territoire par plus de 10 salariés en présence d'un directeur et ayant des intérêts communs, a exactement décidé qu'il existait un établissement au sens (...) du Code du travail et que l'employeur devait organiser les élections des délégués du personnel » (Cass. soc., 14 janv. 2004, n° 02-60119, Bull. V n° 17).*

Statuant sur un pourvoi de la même société, le Conseil d'État a jugé que la circonstance que la société ne dispose en France d'aucun établissement, au sens des dispositions qui déterminent l'inspecteur du travail compétent, ne saurait en tout état de cause priver le salarié de la protection exceptionnelle *(CE, 24 juill. 2009, n° 314.968, Sté Agio Sigaren Fabrieken NV, Tables p. 977, concl. Y. Struillou, Dr ouvrier 2009, p. 595 : en l'espèce le salarié était conseiller du salarié).* La décision du ministre par laquelle ce dernier se déclarait incompétent faute d'établissement situé en France de la société a donc été annulée *(sur la détermination dans ce cas de figure de l'inspecteur territorialement compétent, cf. n°* ***31.2.4.5****).*

SECTION 3

Les questions liées au bénéfice de la protection au regard de la situation particulière de certaines catégories de salariés

§ 1. LES SALARIÉS ÉTRANGERS EMPLOYÉS DE MANIÈRE IRRÉGULIÈRE AU REGARD DES RÈGLES D'EMPLOI DE LA MAIN-D'ŒUVRE ÉTRANGÈRE

11.3.1. – Les étrangers employés de manière irrégulière, au regard des règles d'emploi de la main-d'œuvre étrangère, se trouvent hors du champ d'application des dispositions relatives à la protection des représentants du personnel, compte tenu de la nullité de leur contrat de travail *(CE, 13 avr. 1988, n° 74.346, SARL Informatis, Rec. p. 140, concl. commissaire du gouvernement, Dr soc 1988, p. 773 ; Cass. soc., 9 oct. 1955, Bull. V n° 507 ; Cass. soc., 9 févr. 1966, Bull. V n° 156).* Il en est ainsi y compris en cas de refus de renouvellement de l'autorisation provisoire de travail *(Cass. soc., 5 nov. 2009 n° 08-40.923, RJS 2010 n° 96, JCP S 2010 n° 7, p. 41, note J.-Y. Kerbourc'h).* L'employeur n'a donc pas à solliciter l'autorisation de l'administration pour rompre leur contrat de travail *(Cass. soc. 10 oct. 1990, n° 88-43.683, Bull. V n° 453, RJS 1990 n° 884)* alors même que la rupture s'analyse comme un licenciement *(Cass. soc., 14 oct. 1997, n° 94-42.604, Bull. V n° 311, RJS 1997 n° 1293).*

L'irrégularité de la situation d'un travailleur étranger constitue nécessairement une cause objective justifiant la rupture de son contrat de travail exclusive de l'application des dispositions relatives aux licenciements *(Cass. soc., 13 nov. 2008, n° 07-40.689, Bull. V n° 221, RJS 2009 n° 70, Dr soc 2009, p. 495, obs. J Savatier ; Cass. soc., 4 juill. 2012, n° 11-18.840, Bull. V n° 209)* et la procédure de l'entretien préalable n'est alors pas requise *(Cass. soc., 29 janv. 2008, n° 06-44.983, Bull. V n° 27, RJS 2008 n° 611 ; Cass. soc., 1er oct. 2014, n° 13-17.745, RJS 2015 n° 222 ; C. Mangematin, « Rupture de la relation de travail du travailleur étranger en situation irrégulière », Dr soc 2013, p. 402).* De même, les dispositions tenant au transfert conventionnel du contrat de travail ne sont pas applicables *(Cass. soc., 17 avr. 2019 n° 18-15.321, B.).*

En revanche, l'employeur qui entend invoquer une faute grave distincte de la seule irrégularité de l'emploi doit donc en faire état dans la lettre de licenciement, et, s'étant placé sur le terrain disciplinaire, respecter les dispositions relatives à la procédure disciplinaire *(Cass. soc., 4 juill. 2012, n° 11-18.840, Bull. V n° 209).*

S'agissant d'un salarié de nationalité étrangère investi de mandats de représentation du personnel, dont la demande de renouvellement d'autorisation provisoire de travail n'avait pas reçu de suite favorable, il a été jugé que le risque pour l'employeur d'être poursuivi au pénal s'il continuait à l'employer dispensait ce dernier de l'obligation de consulter l'avis du comité d'entreprise et de solliciter l'autorisation de l'inspecteur du travail, le salarié se trouvant alors placé hors du champ de la protection *(CA Grenoble, ch. soc., 19 déc. 2007, n° 06/02952, M. N'Gaba)*.

La Cour de cassation a toutefois jugé que l'impossibilité de conserver un salarié étranger démuni d'autorisation de travail, qui, après avoir été autorisé à travailler, avait vu sa situation remise en cause, ne saurait constituer une cause réelle et sérieuse de licenciement dès lors que l'intéressé avait été autorisé à rester sur le territoire français en attendant que sa situation administrative soit définitivement réglée *(Cass. soc., 26 oct. 1995, n° 94-40.655)*.

L'employeur ne peut invoquer la force majeure, pour se soustraire à son obligation de payer au salarié une indemnité compensatrice de préavis non exécuté, que si l'inexécution était due à un événement indépendant de sa volonté et présentant les caractères d'insurmontabilité et d'irrésistibilité *(Cass. soc., 14 oct. 1997, n° 94-42.604, Bull. V n° 311, RJS 1997 n° 1293)*.

Toutefois, la chambre sociale a jugé que le juge du fond avait pu à bon droit condamner l'employeur à verser une indemnité de préavis dès lors que le salarié n'avait pu continuer à travailler exclusivement en raison du non-renouvellement de son titre de séjour et que ce non-renouvellement était lié au défaut de production du contrat de travail réclamé par le préfet *(Cass. soc., 20 juin 1995, n° 92-40.807)*.

Pour se dispenser de verser l'indemnité forfaitaire d'un montant égal à un mois de salaire due en application de l'article L. 8252-2, l'employeur ne peut se prévaloir de la nullité du contrat de travail *(Cass. soc., 3 juin 1998, n° 96-45.035, Bull. V n° 293, RJS 1998 n° 932)* ni de la circonstance qu'il ignorait la falsification des titres de séjour présentés par les salariés *(Cass. soc., 26 juin 2008, n° 07-40.434, RJS 2008 n° 1048)*.

§ 2. LES GÉRANTS NON SALARIÉS

11.3.2. – Les gérants non salariés des succursales de commerce de détail alimentaire, qui bénéficient en vertu des dispositions de l'article L. 7322-1 du Code du travail « *de tous les avantages accordés aux salariés par la législation nationale* », ne sont pas exclus de la « *participation aux institutions représentatives du personnel* » *(Cass. soc., 21 mai 1981, n° 80-60.251 et 80-60.252, Bull. V n° 447 ; Cass. soc., 9 janv. 1975, n° 74-60.131, Bull. V n° 6 ; Cass. soc., 2 juin 1977, n° 76-40.710, Bull. V n° 367)*. La position adoptée par l'administration du travail est identique *(circulaire DRT n° 03 du 1er mars 2000 [abrogée], Liaisons soc. n° 8076, 11 avr. 2000)*.

Il a été jugé que le représentant syndical non salarié, désigné sur le fondement de stipulations conventionnelles, bénéficie du statut protecteur afin d'être « *en mesure d'exprimer et de défendre librement les revendications de la collectivité des gérants qu'il représente* » *(Cass. soc., 8 déc. 2009, n° 08-42.089, Bull. V n° 277, RJS 2010 n° 222, rapport M. Ludet,*

RJS 2010 p. 111 ; Cass. soc., 13 janv. 2010, n° 09-60.107, Bull. V n° 8, RJS 2010 n° 294 ; Rapport 2009 de la Cour de cassation).

La chambre criminelle avait adopté la même position *(Cass. crim., 11 oct. 2011, n° 10-86.944, Bull. crim. n° 204, RJS 2012 n° 87).*

Par un arrêt rendu le 9 janvier 2015, la Cour de cassation en assemblée plénière a jugé « *qu'il résulte des textes susvisés [art. L. 2431-1, L. 2411-1, L. 7321-1 et L. 7322-1] du Code du travail, issus d'une recodification à droit constant, que les gérants non salariés de succursales de maisons d'alimentation au détail peuvent se prévaloir de l'ensemble des dispositions légales relatives aux institutions représentatives du personnel, sous réserve des aménagements expressément prévus par les dispositions particulières les concernant* » *(Cass. ass. plén., 9 janv. 2015, n° 13-80.967, Bull. crim. 2015, A.P. n° 1, RJS 2015 n° 223).*

La Cour de cassation a précisé que si les dispositions des articles L. 1226-10 et L. 1226-12 du Code du travail sont applicables, l'obligation de reclassement en cas d'inaptitude du gérant non salarié des succursales de commerce de détail alimentaire s'exécute néanmoins dans le cadre du statut défini par l'article L. 7322-2 du Code du travail, de sorte que l'entreprise propriétaire de la succursale n'est pas tenue d'étendre sa recherche aux emplois relevant d'un autre statut *(Cass. soc., 15 sept. 2021, n° 20-14.064, B., Dr soc 2021 p. 1038, note F. Héas).*

§ 3. LES FONCTIONNAIRES DÉTACHÉS

11.3.3. – Le détachement du fonctionnaire dans une entreprise privée n'est plus une situation exceptionnelle et la loi n° 2009-972 du 3 août 2009 relative à la mobilité et aux parcours professionnels dans la fonction publique vise très explicitement à l'encourager.

A. L'application des règles de droit privé en cas de détachement dans une entreprise privée

11.3.3.1. – Le fonctionnaire détaché dans une entreprise de droit privé est lié à cette dernière par un contrat de droit privé, qu'il s'agisse d'un fonctionnaire appartenant :

- à la fonction publique de l'État *(Cass. ass. plén., 20 déc. 1996, n° 92-40.641, Bull. A.P. n° 5 ; Cass. soc., 5 mars 1997, n° 96-60.041, Bull. V n° 99, RJS 1997 n° 564)* ;
- à la fonction publique territoriale *(TC, 10 mars 1997, n° 03.065, Préfet de la région Alsace, Préfet du Bas-Rhin c. / CA Colmar, Rec. p. 526, Dr soc 1997, p. 717 ; Cass., soc. 7 déc. 1999, n° 97-43.230)* ;
- à la fonction publique hospitalière.

Le tribunal des conflits a jugé également que le fonctionnaire détaché dans un organisme de droit privé est régi par les règles de droit privé *(TC, 24 juin 1996, n° 03.031, Préfet du Lot et Garonne, Rec. p. 547).*

De même, le Conseil d'État a considéré que les fonctionnaires détachés au sein d'une société de droit privé sont liés à cette société par un contrat de droit privé *(CE, 9 oct. 2002, n° 233.596, Sté GIAT Industries, Tables p. 622)*. Il a été également jugé qu'il n'appartenait pas au ministère de la Défense « *lorsqu'il accordait au militaire un détachement sur un emploi régi par le droit privé, d'y mettre des conditions ayant pour effet d'exclure l'application de certaines des règles, législatives, réglementaires ou conventionnelles, qui constituent le droit du travail régissant l'emploi de détachement* » *(CE, 28 mai 2008, n° 305.876, M. Genoux, Tables p. 612)*.

B. La non-applicabilité des dispositions des articles L. 1224-1 et L. 1224-3 du Code du travail au fonctionnaire détaché

11.3.3.2. – Les dispositions des articles L. 1224-1 et L. 1224-3 du Code du travail ne sont pas applicables au contrat de travail liant le fonctionnaire détaché et l'organisme d'accueil au profit duquel, seul, le détachement a été opéré, dans la mesure où la considération de la personne auprès de laquelle est détaché un fonctionnaire constitue un élément déterminant du détachement qui ne peut être modifié que par l'administration ayant pouvoir de nomination *(Cass. soc. 8 avr. 2014, n° 12-35.425, Bull. V n° 99)*.

C. L'exercice par le fonctionnaire détaché de fonctions représentatives

11.3.3.3. – Il a été jugé que le fonctionnaire détaché peut être désigné délégué syndical *(Cass. soc., 5 mars 1997, n° 96-60.041, Bull. V n° 99)*.

D. L'application des règles relatives à la protection

11.3.3.4. – Le fonctionnaire est en droit d'exercer des fonctions représentatives dans la structure d'accueil qui l'emploie. S'agissant de la protection, la jurisprudence conduit à distinguer les situations suivantes.

1. La fin du détachement avant son terme à l'initiative de l'organisme d'accueil

11.3.3.4.1. – Il a été jugé que la décision de l'organisme d'accueil de mettre fin au détachement avant son terme s'analyse comme un licenciement. L'organisme doit donc solliciter l'autorisation de l'administration *(Cass. soc., 27 juin 2000, n° 97.43.536, Bull. V n° 251, RJS 2000 n° 1016 ; Cass. soc., 19 juin 2007, n° 05-44.814, Bull. V n° 105, RJS 2007 n° 1129)*.

Cette solution s'appuie sur le raisonnement suivant :

– le fonctionnaire est soumis, de par la loi, aux règles régissant la fonction qu'il exerce par l'effet de son détachement,

– le fonctionnaire détaché, en position de subordination à l'égard de l'organisme d'accueil, est lié à ce dernier par un contrat de travail de droit privé,
– la procédure de licenciement doit être respectée à l'exception des dispositions du Code du travail expressément écartées par la loi.

2. *L'arrivée à son terme du détachement*

11.3.3.4.2. – Dans un premier temps, il avait été jugé que l'intervention de l'administration n'était pas requise *(Cass. soc., 23 mai 2006, n° 05-43.633, Bull. V n° 181, RJS 2006, n° 972, comm. J.-Y. Kerbourc'h, JCP S 2006 n° 30, p. 31, RDT 2007, p. 50, obs. M. Grévy).* Il en était également de même nonobstant le fait que l'agent avait demandé le renouvellement de son détachement *(Cass. soc., 19 juin 2007, n° 05-44.808, Bull. V n° 107, RJS 2007 n° 1129, JCP S 2007 n° 44-45, p. 31, note B. Gauriau).* La chambre sociale fondait sa jurisprudence sur la circonstance que l'entreprise d'accueil n'est pas à l'origine de la fin des relations contractuelles et qu'à l'expiration du terme prévu du détachement, le fonctionnaire est réintégré de droit dans son corps ou son cadre d'emploi.

Cette jurisprudence était cependant critiquée car elle laissait ouverte une « *brèche* » dans le statut protecteur dans l'hypothèse où, à l'expiration du détachement, l'entreprise d'accueil s'oppose au renouvellement du détachement souhaité par le fonctionnaire alors que l'autorité administrative est d'accord pour le renouveler. La décision de l'entreprise d'accueil ne peut être contestée devant le juge administratif, s'agissant d'une décision qui échappe à son contrôle, le fonctionnaire, en tout état de cause, n'ayant aucun droit à ce que son détachement soit renouvelé *(CE, 25 nov. 2002, Ministre de l'Outre-Mer c./ M. Bance, n° 249.336, Tables p. 864).* Dans ce cas de figure, aucune juridiction ne pouvait donc vérifier si le refus de renouvellement n'était pas effectivement en lien avec le mandat détenu par le fonctionnaire *(L. Pécaut-Rivolier et Y. Struillou, Chronique des jurisprudences sur la représentation du personnel, 3e trimestre 2009, Sem. soc. Lamy, 21 déc. 2009, n° 1426-1247).*

Pour combler cette « *brèche* », la chambre sociale a modifié sa jurisprudence :
– à l'expiration d'une période de détachement dans un organisme de droit privé, le fonctionnaire est obligatoirement réintégré dans son corps d'origine et affecté sur un emploi correspondant à son grade, la rupture du contrat de travail qui en résulte ne constituant pas un licenciement, nonobstant le fait que l'intéressé ait demandé le renouvellement du détachement *(Cass. soc., 23 sept. 2009, n° 08-40.406, Bull. V n° 193, RJS 2009 n° 961 ; Cass. soc., 13 nov. 2012, n° 11-22.940, Bull. V n° 288, RJS 2013 n° 76)* ;
– l'employeur n'est donc pas tenu de solliciter une autorisation administrative de mettre fin au contrat sauf « *lorsqu'il s'est opposé au renouvellement du détachement demandé par le fonctionnaire*

ou que ce non-renouvellement est dû à son fait » (Cass. soc., 23 sept. 2009, n° 08-40.406, Bull. V n° 193, préc. ; Cass. soc., 29 mai 2024, n° 22-17.667, B., RJS 2024 n° 530).

§ 4. LES FONCTIONNAIRES EN DISPONIBILITÉ

11.3.4. – *« Le fonctionnaire ou l'agent public mis en disponibilité est, dans ses rapports avec l'organisme de droit privé au sein duquel il exerce son activité, régi par les dispositions générales applicables au contrat de travail » (Cass. soc., 6 mai 2009, n° 07-44.449, Bull. V n° 144).*

§ 5. LES FONCTIONNAIRES MIS À DISPOSITION

11.3.5. – Les fonctionnaires mis à disposition d'un organisme de droit privé qui accomplissent un travail pour le compte de celui-ci se trouvent liés à cet organisme par un contrat de travail *(Cass. soc., 13 mars 2001, n° 99-40.139, Bull. V n° 91 ; Cass. soc., 15 juin 2010, n° 08-44.238, RJS 2010 n° 706, Bull. V n° 133).*

Ils sont électeurs et éligibles aux élections des membres du CSE *(Cass. soc., 23 mai 2006, n° 05-60.119, Bull. V n° 182, Dr soc 2006 p. 933, obs. M. Cohen, JCP S 2006 n° 46, p. 37, note P. Morvan).*

L'employeur privé n'est pas tenu à l'expiration de la mise à disposition à son terme normal de solliciter une autorisation administrative de mettre fin au contrat, sauf lorsqu'il s'est opposé au renouvellement de la mise à disposition ou que ce non-renouvellement est dû à son fait *(Cass. soc., 8 juill. 2024, n° 18-11.977 B., AJDA 2020 p. 2237).*

SECTION 4
Le statut des médecins du travail

11.4. – La loi n° 2002-73 du 17 janvier 2002 de modernisation sociale a aligné la protection dont bénéficient les médecins du travail sur celle des représentants du personnel : désormais, leur licenciement est subordonné dans tous les cas à l'autorisation de l'inspecteur du travail *(C. trav., art. L. 4623-5).* La jurisprudence avait déjà posé le principe selon lequel leur licenciement ne devait pas être en rapport avec l'exercice normal de leurs fonctions *(CE, 5 févr. 1988, n° 54.534, Boutillon, Rec. p. 44, Dr soc 1988, p. 449)* et que, si tel était le cas, l'administration était tenue de rejeter la demande *(CE, 6 mai 1996, n° 162.343, Oosterlynck).*

Si les médecins du travail bénéficient d'une protection dont les principes et les modalités sont désormais très proches de celle accordée aux représentants du personnel, ils n'entrent pas dans le champ d'étude de l'ouvrage. Au demeurant, dans le Code du travail, ils ne sont pas au nombre des salariés protégés mentionnés à l'article L. 2411-1 et les dispositions relatives à la protection dont ils bénéficient sont insérées non pas dans la deuxième partie du Code mais dans la quatrième partie consacrée à la santé et à la sécurité au travail.

Cependant, des évolutions significatives de la jurisprudence administrative ont eu lieu à l'occasion de litiges nés de la rupture du contrat de travail d'un médecin du travail. Ainsi, l'abandon de la perte de confiance comme motif autonome de nature à justifier l'autorisation de licencier fut décidé lors de l'examen du bien-fondé de l'autorisation de licencier un médecin du travail *(CE, sect., 21 déc. 2001, n° 224.605, M. Baumgarth, Rec. P 669).* Cette jurisprudence a été transposée aux représentants du personnel par la décision du 22 mai 2002 *(CE, n° 214.637, M. Zaugg, Tables p. 952).*

SECTION 5

Le statut des travailleurs des plateformes numériques

11.5. – L'ordonnance n° 2021-484 du 21 avril 2021 a précisé les modalités de représentation des travailleurs indépendants recourant pour leur activité aux plateformes et aux conditions d'exercice de cette représentation. Elle a introduit à l'article L. 7343-13 du Code du travail une protection spécifique pour les représentants désignés par les organisations reconnues représentatives auprès des travailleurs en application de l'article L. 7343-4 du Code du travail.

Ainsi lorsque ce représentant recourt, comme travailleur indépendant, à une plateforme pour l'exercice de son activité professionnelle, la rupture du contrat commercial ne peut intervenir à l'initiative de la plateforme qu'après autorisation de l'Autorité des relations sociales des plateformes d'emploi, établissement public national à caractère administratif, placé sous la tutelle du ministre chargé du travail et du ministre chargé des transports qui a pour mission la régulation du dialogue social entre les plateformes et les travailleurs qui leur sont liés par un contrat commercial.

Cette autorisation est également requise lorsque le travailleur indépendant a fait la preuve que la plateforme a eu connaissance de l'imminence de sa désignation en tant que représentant, ainsi que durant les six mois suivant l'expiration du mandat de représentant.

L'autorisation est délivrée lorsque la rupture envisagée n'est pas en rapport avec les fonctions représentatives exercées par le travailleur.

Si la protection dont ils bénéficient est inspirée de celle prévue pour les représentants des salariés, ils n'entrent toutefois pas dans le champ d'étude du présent ouvrage, l'autorisation ne relevant pas des services de l'inspection du travail.

CHAPITRE II

LES SALARIÉS BÉNÉFICIAIRES DU STATUT PROTECTEUR

SECTION 1 Généralités

§ 1. L'EXTENSION DES CATÉGORIES DE SALARIÉS BÉNÉFICIANT DE LA PROTECTION

12.1.1. – Depuis 1946, la liste des salariés bénéficiant de la protection légale s'est constamment étendue. Cette extension s'est faite dans deux directions :

– extension du nombre de salariés protégés en raison de leur activité au sein de l'entreprise ;
– extension de la protection aux salariés en raison de leur activité d'intérêt général.

Le bénéfice de la protection est subordonné à des conditions variables qui conditionnent la compétence de l'inspecteur du travail.

La liste complète des salariés protégés figure en annexe *(tableaux A et B)*. Le présent chapitre a pour but de répondre aux principales questions que peut soulever le bénéfice de la protection.

Le principe selon lequel, sauf dispositions expresses contraires, la recodification du Code du travail est intervenue à droit constant doit en outre être appliqué au champ des bénéficiaires de la protection : il y a donc lieu de retenir le champ tel que défini par l'ancien Code du travail, dans l'hypothèse où le bénéfice de la protection pour un mandat n'aurait pas été explicitement repris dans le Code du travail dans sa rédaction issue de l'ordonnance n° 2007-329 du 12 mars 2007 relative au Code du travail ratifiée par la loi n° 2008-67 du 21 janvier 2008 *(en ce sens : Cass. soc., 27 janv. 2010, n° 08-44.376, Bull. V n° 22 ; Cass. soc., 13 févr. 2012, n° 11-21.946 QPC, Bull. V n° 71, RJS 2012 n° 432 ; Cass. soc., 13 mars 2012, n° 10-21.785).* De même, les dispositions de l'article 2 de l'ordonnance n° 2017-1386 du 22 septembre 2017 relatives à la protection sont intervenues à droit constant. Ainsi, les dispositions de cette ordonnance portant sur la protection ont pour effet de conférer une protection aux salariés titulaires des mandats créés par celle-ci tout en maintenant, à titre transitoire, le bénéfice de la protection aux salariés détenteurs de mandats amenés à disparaître *(Guide DGT, Salariés protégés, sept. 2019, fiche n° 4).*

§ 2. LA CONNAISSANCE PAR L'EMPLOYEUR DE LA QUALITÉ DE SALARIÉ PROTÉGÉ

12.1.2. – La connaissance par l'employeur et l'administration de la qualité de salarié protégé découle, en règle générale, du respect des procédures d'élection ou de désignation aux fonctions représentatives. Le salarié titulaire d'un mandat n'est pas légalement tenu de le faire savoir au chef d'entreprise.

S'agissant des mandats extérieurs à l'entreprise, et notamment des mandats de conseillers prud'hommes ou de conseillers du salarié, le Code du travail n'organise pas de procédure par laquelle serait notifié directement à l'employeur le mandat acquis par l'un de ses salariés et l'employeur peut le découvrir au moment où il envisage de licencier le salarié ou après avoir procédé au licenciement. Le nombre de litiges nés dans de telles circonstances montre qu'il ne s'agit pas, loin de là, de cas d'école.

A. La jurisprudence antérieure

12.1.2.1. – Antérieurement, s'agissant du mandat de conseiller prud'homme, la chambre sociale jugeait nul le licenciement notifié sans autorisation de l'administration, sans qu'il puisse être reproché au salarié de n'avoir pas informé l'employeur de son mandat dès lors que la liste des conseillers prud'hommes était opposable à ce dernier, le Code du travail *(C. trav., art. D. 1141-164)* prévoyant qu'elle peut être consultée en préfecture et est publiée au recueil des actes administratifs de la préfecture *(Cass. soc., 9 juin 1998, n° 96-43.015, Bull. V n° 314, RJS 1998 n° 894 ; Cass. soc., 29 sept.2009, n° 08-43.848).*

Par suite, l'employeur ne pouvait donc plus utilement soutenir qu'il ignorait la qualité de conseiller prud'homme de son salarié pour justifier du non-respect de la procédure spéciale de licenciement.

De même, le Conseil d'État jugeait constamment que l'ignorance alléguée par l'employeur de la qualité de salarié protégé ne dispensait pas l'administration de se prononcer et ne pouvait avoir pour effet de priver le salarié des garanties qu'il tenait de son statut *(CE, 9 mars 1983, n° 40.052, Durand, Tables p. 887).* Il s'ensuivait que si l'inspecteur du travail n'avait pas été informé du mandat de conseiller prud'homme détenu par un délégué syndical, l'autorisation accordée était entachée de nullité, alors même que l'employeur aurait ignoré que le salarié exerçait ces fonctions, dès lors que l'administration n'avait pas été mis à même d'apprécier si des motifs d'intérêt général, en lien avec ces fonctions, rendaient inopportun le licenciement *(CE, 13 déc. 2005, n° 277.748, Agence nationale pour l'insertion et la promotion des travailleurs d'outre-mer, Tables p. 1123, RJS 2006 n° 365)*. Toutefois, l'existence d'un comportement frauduleux était retenue par le juge lorsque le salarié en charge, de par ses fonctions, d'organiser son propre licenciement, avait volontairement dissimulé à son employeur sa qualité de conseiller prud'homme *(Cass. soc., 29 mars 2005, n° 03-43.407 ; Cass. soc., 29 sept. 2009, n° 08-43.997 : salarié auquel incombait l'obligation de faire respecter la législation sociale française à sa direction suédoise)*.

Une solution identique avait été retenue, s'agissant du conseiller du salarié : sauf fraude, l'inscription sur la liste départementale des conseillers du salarié était opposable à tous, et notamment à l'employeur, dès lors que cette liste avait été régulièrement publiée au recueil des actes administratifs du département *(Cass. soc., 14 janv. 2003, n° 00-45.883, Bull. V n° 4)*, puis, après les arrêts du 22 septembre 2010, « *à compter du jour où cette liste est arrêtée dans le département par le préfet en application de l'article D. 1232-5 du même code, indépendamment des formalités de publicité prévues par ce dernier texte* » *(Cass. soc., 22 sept. 2010, n° 09-41.173, Bull. V n° 192, et n° 08-45.227 ; cf. n° **12.9.1.2.1.**)*. Le salarié n'avait donc pas à rapporter la preuve, pour bénéficier de la protection, que sa désignation avait été portée à la connaissance de son employeur.

B. La proposition de réforme de la Cour de cassation

12.1.2.2. – La situation d'ensemble avait été considérée par la Cour de cassation comme étant de nature à engendrer suffisamment de difficultés pour que figure, dans le rapport annuel 2007, une suggestion de modification législative par l'ajout, à l'article L. 1442-19 du Code du travail d'un alinéa ainsi rédigé :

– « *Le licenciement d'un salarié prononcé dans l'ignorance de sa qualité de conseiller prud'homme, d'ancien conseiller prud'homme ou de candidat aux fonctions de conseiller prud'homme est annulé si, dans les quinze jours à compter de sa notification, le salarié informe l'employeur par lettre recommandée avec accusé de réception de sa qualité en mentionnant auprès de quel conseil de prud'hommes il exerce ou il a exercé ses fonctions, ou il est candidat. Si l'employeur envisage toujours de licencier le salarié, il dispose d'un délai de quinze jours pour engager la procédure prévue à l'article [L. 2411-3].* »

C. L'incidence de la question prioritaire de constitutionnalité

12.1.2.3. – Saisi d'une question prioritaire de constitutionnalité sur l'existence d'une atteinte portée à la liberté d'entreprendre par les dispositions des articles L. 2411-3 al.13 et L. 2411-18, et par renvoi, de l'article L. 2411-3 du Code du travail, pour les membres du conseil ou les administrateurs d'une caisse de sécurité sociale, le Conseil constitutionnel a, par décision du 14 mai 2012, réaffirmé ce droit à la protection, en assortissant toutefois explicitement cette solution d'une réserve d'interprétation : lorsque le salarié exerce un mandat extérieur à l'entreprise, dont l'employeur peut par conséquent ignorer l'existence, il ne saurait se prévaloir de la protection attachée à un tel mandat s'il n'en a pas informé celui-ci, et ce, au plus tard, lors de l'entretien préalable au licenciement envisagé à son égard *(Cons. const., 14 mai 2012, n° 2012-242 DC, RJS 2012 n° 642, chron. Y. Struillou p. 520 ; cf. également Guide DGT, Salariés protégés, sept. 2019, fiche n° 4)*.

La Cour de cassation, puis le Conseil d'État se sont ralliés à cette solution *(Cass. soc., 14 sept. 2012, n° 11-21.307, Bull. V n° 230 ; Cass. soc., 26 mars 2013, n° 11-28.269, Bull. V n° 84, RJS 2013 n° 472, Dr soc 2013, p. 362 chron. G. Dumortier, P. Florès, A. Lallet et Y. Struillou ; CE, 23 déc. 2013, n° 354.856, Sté Lionel Dufour Investissement)*, laquelle doit être regardée comme étant applicable à tout mandat extérieur à l'entreprise, et notamment les mandats de conseiller prud'homme *(Cass. soc., 30 sept. 2015, n° 14-17.748, Bull., n° 836, soc., n° 255, Dr soc 2015, p. 1038, J. Mouly, Dr soc 2016, p. 93 D. Boulmier ; Cass. soc., 16 janv. 2019, n° 17-27.685 ; cf. n°* ***12.8****)*, de conseiller du salarié *(Cass. soc., 10 mai 2016, n° 14-26.249, RJS 2016 n° 476* ; *Cass. soc., 30 juin 2016, n° 15-12.982, B., Sem. soc. Lamy n° 1735, RJS 2016 n° 639, Dr ouvrier 2017, note B. Augier, p. 192* ; *cf. n°* ***12.9***) ou les fonctions d'administrateurs d'organismes extérieurs (*cf. n°* ***12.13***). La même règle s'applique aux défenseurs syndicaux *(Cass. soc., 16 nov. 2019, n° 17-27.685, B. ; RJS 2019 n° 169 ; Cass. soc., 29 juin 2022, n° 21-10.910 ; cf. n°* ***12.10***), ainsi que, jusqu'à la suppression de leur statut protecteur par la loi du 27 décembre 2019, aux élus locaux *(Cass. soc., 14 sept. 2016, n° 16-40.223, QPC, B., RJS 2016 n° 793 ; cf. n°* ***12.14****)*. En application de cette jurisprudence, la Cour de cassation a jugé qu'un employeur, informé de l'existence d'un mandat extérieur du salarié au plus tard lors du dernier entretien, préalable au licenciement, imposé par une disposition de la convention collective applicable, doit saisir l'inspecteur du travail d'une demande d'autorisation administrative de licenciement *(Cass. soc., 27 nov. 2024, n° 22-21.693, B.)*. En l'espèce, des auditions du salarié avaient eu lieu devant le conseil de discipline postérieurement à l'entretien préalable et ces auditions avaient, en vertu des dispositions conventionnelles applicables, le même objet que l'entretien préalable.

Selon la même logique, la chambre sociale a jugé que ne pouvait pas prétendre au bénéfice de la protection attachée à son mandat la salariée, réélue conseillère prud'homme, qui n'avait pas au plus tard au moment de la rupture conventionnelle informé l'employeur de cette réélection, ni établi que l'employeur avait été avisé par d'autres voies *(Cass. soc., 30 sept. 2015, n° 14-17.748, Bull. n° 836, soc., n° 255 ; Dr soc 2016, « Statut protecteur et non information de l'employeur du renouvellement d'un mandat », D. Boulmier, p. 93)*.

Toutefois, pour l'application de la procédure spéciale de licenciement à l'imminence de la désignation en qualité de conseiller du salarié, la Cour de cassation a récemment retenu que c'est au moment de l'envoi de la convocation à l'entretien préalable au licenciement que l'employeur doit en avoir connaissance et en conclut qu'une cour d'appel ne peut pas dire le licenciement nul en l'absence d'autorisation administrative de licenciement, alors qu'il résulte de ses constatations que l'employeur n'avait eu connaissance de l'imminence de la désignation de l'intéressé en qualité de conseiller du salarié que postérieurement à l'engagement de la procédure de licenciement *(Cass. soc., 13 janv. 2021 n° 19-17.489, B., RJS 2021 n° 159, Liaisons soc. 19 févr. 2021, n° 18248)*. Elle avait déjà jugé, à propos de salariés protégés au titre de l'imminence de leur désignation comme délégué syndical ou de leur candidature aux élections professionnelles, que l'employeur doit avoir connaissance de l'imminence de la désignation au plus tard à la date de l'envoi de la convocation à l'entretien préalable au licenciement *(Cass. soc., 1er mars 2005, n° 03-40.048, Bull. V n° 75)*. En l'espèce, elle aligne le régime précité sur la protection du salarié désigné conseiller du salarié.

En outre, aucune modification de son contrat de travail ou changement de ses conditions de travail ne peut être imposé à un salarié protégé. En cas de refus par celui-ci de cette modification ou de ce changement, l'employeur doit poursuivre le contrat de travail aux conditions antérieures ou engager la procédure de licenciement en saisissant l'autorité administrative d'une demande d'autorisation de licenciement. En application de cette jurisprudence constante, la Cour de cassation a retenu que dans la mesure où au moment où il a imposé une mutation à la salariée l'employeur avait connaissance de sa candidature aux élections professionnelles, il ne pouvait lui imposer de modification de ses conditions de travail sans son accord, peu important que cette candidature soit postérieure à la convocation de la salariée à l'entretien préalable à la sanction disciplinaire *(Cass. soc., 4 oct. 2023, n° 22-12.922, B., RJS 2023 n° 654)*.

Par ailleurs, le salarié détenteur d'un mandat extérieur ne pourra prétendre au bénéficie du statut protecteur que s'il en a informé le liquidateur judiciaire, quand bien même l'employeur en aurait été informé *(Cass. soc., 1er juin 2017, n° 16-12.221, B., Dr ouvrier, note J.-J. Perrin, 2017 p. 567 ; Cass. soc., 9 sept. 2020, n° 18-25.337, RJS 2020 n° 547)*. Il appartient au salarié protégé qui détient le mandat de prendre l'initiative d'en informer son employeur, ou le liquidateur judiciaire, au plus tard lors de l'entretien préalable, sauf à ce qu'il soit établi que ce dernier en ait eu autrement connaissance *(CE, 24 juill. 2019, n° 411.058, M. Pétavy, mentionné aux Tables)*.

En outre, dans la mesure où la seule poursuite du contrat de travail par application de l'article L. 1224-1 du Code du travail n'a pas pour effet de mettre le nouvel employeur en situation de connaître l'existence d'une protection dont bénéficie un salarié en raison d'un mandat extérieur à l'entreprise, il appartient au salarié qui se prévaut d'une telle protection d'établir qu'il a informé le nouvel employeur de l'existence de ce mandat au plus tard lors de l'entretien préalable au licenciement, ou, s'il s'agit d'une rupture ne nécessitant pas un entretien préalable, au plus tard avant la notification de l'acte de rupture, ou que le nouvel employeur en avait connaissance *(Cass. soc., 15 avr. 2015, n° 13-25.283, Bull. V n° 88, RJS 2015 n° 390 ; Cass. soc., 30 janv. 2019, n° 17-24.821)*. Néanmoins, lorsque à la suite du transfert l'entité économique conserve son autonomie juridique, ce qui emporte le maintien du mandat du salarié, le statut protecteur du salarié impose au cessionnaire de solliciter auprès de l'inspecteur du travail l'autorisation préalable de le licencier, peu important que l'acte de cession ne fasse pas mention de ce mandat et que le salarié n'en ait pas fait état auprès d'elle *(Cass. soc., 1er juin 2023, n° 21-21.191, B., RJS 2023 n° 430)*. La connaissance par l'employeur du mandat exercé par le salarié hors de l'entreprise peut en tout état de cause être établie par tout moyen de preuve, et notamment par la production des documents reçus au titre du remboursement relatif aux absences du salarié *(Cass. soc., 11 juin 2013, n° 12-12.738, Bull. V n° 150, RJS 2013 n° 622, pour un salarié administrateur d'une caisse d'allocations familiales)*, une demande de congé mentionnant comme motif d'absence l'exercice de fonctions de conseiller prud'homme *(Cass. soc., 7 févr. 2018, n° 16-10.955)* ou un procès-verbal de réunion de représentants du personnel mentionnant son mandat extérieur *(CE 24 juill. 2019, n° 411.058, mentionné aux Tables)*. Néanmoins, la Cour de cassation a jugé que la fraude du salarié peut le priver de la protection attachée à son mandat *(Cass. soc., 12 juill. 2017, n° 15-27.286, B. ; Dr soc 2017, p. 984, J. Mouly)*.

D. Licenciement du salarié pour motif disciplinaire au terme de la période de protection prononcé en raison de faits commis pendant cette période

12.1.2.4 – Cette question est étudiée au n° **79.3**.

§ 3. L'ACQUISITION D'UN MANDAT POSTÉRIEUREMENT À LA RÉINTÉGRATION ORDONNÉE PAR LE JUGE DES RÉFÉRÉS

12.1.3. – Le salarié qui engage une action en annulation de son licenciement au motif tiré de son caractère discriminatoire peut demander et obtenir sa réintégration devant le juge des référés. Cependant la décision de référé est dépourvue de l'autorité de chose jugée. Il s'ensuit que si l'ordonnance de réintégration est annulée par le juge du fond en appel, le licenciement est regardé comme validé et l'employeur est fondé à mettre fin au contrat de travail alors même que l'intéressé aurait été élu entre temps délégué du personnel *(Cass. soc., 1er avr. 2008, n° 07-40.114, Bull. V n° 79, RJS 2008 n° 653)*. La réintégration du salarié en exécution d'une décision judiciaire n'ayant pas pour effet de créer de nouvelles relations contractuelles entre les parties, l'employeur, après l'annulation de cette décision par la Cour de cassation, est fondé à considérer qu'il avait été mis fin aux fonctions de la salariée sans qu'il soit besoin d'une procédure de licenciement *(Cass. soc., 11 juill. 2016, n° 14-29.094, B.)*.

§ 4. L'INCIDENCE DE LA MISE À DISPOSITION DU SALARIÉ PROTÉGÉ

12.1.4. – Le prêt de main-d'œuvre à but non lucratif conclu entre entreprises requiert l'accord du salarié concerné. Ce dernier ne peut être sanctionné, licencié ou faire l'objet d'une mesure discriminatoire pour avoir refusé une proposition de mise à disposition *(cf. n°* ***45.1.11.2****)*. En outre, s'agissant d'un salarié protégé, cette mise à disposition ne peut affecter la protection dont il jouit en vertu de son mandat représentatif *(L. n° 2012-387 du 22 mars 2012, art. 56 ; C. trav., art. L. 8241-2)*.

SECTION 2

Les membres du comité social et économique et les représentants de proximité

12.2. – Le comité social et économique (CSE), instance créée par l'ordonnance n° 2017-1386 du 22 septembre 2017, s'est substitué au comité d'entreprise, aux délégués du personnel, ainsi qu'au CHSCT. Toutefois, tant la mise en place du CSE que, dans le cadre juridique antérieur à l'ordonnance de 2017, celle du comité d'entreprise ou des délégués du personnel ésultent d'un processus électoral.

Dès lors, l'essentiel des règles jurisprudentielles portant sur le champ de protection applicable aux anciennes instances peut être transposé au CSE, ainsi qu'aux représentants de proximité mis en place par la même ordonnance.

§ 1. LES CANDIDATS AUX FONCTIONS DE MEMBRE ÉLU DU COMITÉ SOCIAL ET ÉCONOMIQUE

Plan du paragraphe

12.2.1. – Les candidats bénéficient d'une protection d'une durée de six mois *(C. trav., art. L. 2411-7)*.

Le bénéfice de la protection est subordonné à plusieurs conditions cumulatives.

A. Le bénéfice de la protection n'est acquis que si la déclaration de candidature intervient après la signature du protocole d'accord préélectoral, sous réserve des dispositions relatives à l'imminence de candidature

*(cf. n° **12.2.2**)*

12.2.1.1. – Cette condition résulte de la jurisprudence traditionnelle de la Cour de cassation selon laquelle la notification de candidature ne peut valablement intervenir qu'après qu'il ait été procédé à la répartition des sièges et des salariés entre les collèges électoraux *(Cass. ass. plén., 27 oct. 1972, n° 70-92.627, Méhut c./ CFDT, Bull. A. P. n° 5)*. Elle a été confirmée *(Cass. soc., 27 oct. 2004, n° 02-60.631, RJS 2005 n° 61 ; sur le protocole d'accord préélectoral : F. Petit, « Droit électoral dans l'entreprise : le tourbillon législatif et jurisprudentiel de l'année 2008 », RJS 2009, p. 419)*.

Le Conseil d'État a adopté la même position *(CE, 5 déc. 1984, n° 48.143, Société Amram, Tables p. 761)*.

Cette règle peut souffrir des exceptions :

– lorsque, par une opposition injustifiée, l'employeur retarde la conclusion de l'accord préélectoral *(Cass. ass. plén., 27 oct. 1972, n° 70.92.627, Méhut c. / CFDT, Bull. A. P. n° 5 ; CE, 5 déc. 1984, n° 48.143, Sté Amram, Tables p. 761 ; Cass. soc., 3 déc. 1987, n° 86-60.476 et 86-60.477, Bull. V n° 704)* ;

– lorsque le salarié établit qu'il était dans l'impossibilité de présenter valablement sa candidature *(Cass. soc., 27 oct. 2004, n° 02-60.631, RJS 2005 n° 61)*.

B. Le salarié, au moment de sa désignation, doit être éligible

12.2.1.2. – Il en a été jugé ainsi par la chambre sociale *(Cass. soc., 4 juill. 1972, n° 71-60.001, Bull. V n° 485, s'agissant de la condition légale d'ancienneté)*. En outre, ne peuvent pas être désignés, et donc prétendre au bénéfice de la protection, les salariés titulaires d'une délégation particulière d'autorité permettant de les assimiler au chef d'entreprise *(Cass. soc., 5 déc. 2007, n° 06-43.980 ; Cass. soc., 16 avr. 2008, n° 07-60.382, Bull. V n° 92)*, ce qui n'est pas le cas du responsable du service de sécurité et des conditions de travail intervenant ponctuellement lors des réunions prévues à l'article L. 2314-3 du Code du travail *(Cass. soc., 19 janv. 2022, n° 19-25.982, B., RJS 2022 n° 144 et 149)*.

Le nombre de mandats successifs est limité à trois, sauf dans les entreprises de moins de 50 salariés et, lorsque le protocole d'accord préélectoral en stipule autrement dans les entreprises dont l'effectif est compris entre 50 et 300 salariés *(C. trav., art. L. 2314-33)*.

Cette limitation s'applique aux mandats de membres de la délégation du personnel du CSE, du CSE central et des comités sociaux et économiques d'établissement.

Les textes ne prévoient toutefois pas expressément que cette limitation constitue une cause d'inéligibilité supplémentaire.

C. Les candidatures doivent être portées à la connaissance de l'employeur et, en tout état de cause, avant l'engagement d'une procédure de licenciement

12.2.1.3. – Le Code du travail prévoit que la protection court à partir de l'envoi, par lettre recommandée à l'employeur, des candidatures *(C. trav., art. L. 2411-7, 1er al.)*.

La Cour de cassation a jugé que la formalité que constitue l'envoi de la lettre recommandée « *n'est prévue que pour faciliter la preuve de la candidature et non pour sa validité* » *(Cass. soc., 4 mars 1998, n° 95-42.040, Bull. V n° 119, RJS 1998 n° 491)*. Par suite, le salarié bénéficie de la protection en qualité de candidat, alors même que « *la candidature… dont l'existence n'était pas contestée, n'avait pas été faite par lettre recommandée mais avait été affichée par l'employeur le lendemain de la date limite de dépôt des listes de candidatures fixée par le protocole d'accord préélectoral* ».

Une preuve écrite de la candidature du salarié n'est pas exigée et le juge du fond doit examiner la valeur probante et la portée des attestations produites *(Cass. soc., 20 nov. 2001, n° 99-44.777)*.

Il importe peu que la candidature au premier tour soit notifiée non par le syndicat mais par le salarié lui-même *(Cass. soc., 19 déc. 2007, n° 07-60.087, RJS 2008 n° 306)*.

La protection est acquise dès lors que l'employeur a eu connaissance des candidatures avant d'engager la procédure de licenciement, c'est-à-dire avant l'envoi ou la remise au salarié de la lettre le convoquant à l'entretien préalable *(Cass. soc., 18 nov. 1998, n° 96-42.810, Bull. V, n° 508, RJS 1999 n° 69 ; Cass. soc., 6 déc. 2011, n° 10-18.440, RJS 2012 n° 168)*, peu importe la mention d'une date erronée d'élections, puisque l'employeur avait connaissance de l'imminence de sa candidature, ce qui conférait au salarié le bénéfice du statut protecteur *(Cass. soc., 27 nov. 2019, n° 18-16.975)*. En revanche, une candidature postérieure à la date d'envoi de la convocation à l'entretien préalable ne confère pas la protection, sauf connaissance par l'employeur de l'imminence de candidature *(Cass. soc., 14 févr. 2007 n° 05-43.407)*.

Lorsque la lettre de convocation à l'entretien préalable est confiée à un huissier, c'est la date de remise à l'huissier par l'employeur de la lettre de convocation qui doit être prise en compte : si elle est antérieure au dépôt de la liste de candidatures, le candidat ne bénéficie pas de la protection *(Cass. soc., 22 mars 2017, n° 15-23.103, RJS 2017 n° 417)*.

Un salarié élu bénéficiant de la protection depuis la date de sa candidature, il appartient à l'employeur qui conteste le bénéfice de cette protection d'établir que la convocation à l'entretien préalable a précédé la formalisation de la candidature *(Cass. soc., 12 juill. 2006, n° 04-47.724, Bull. V, n° 250, RJS 2006 n° 1201, Dr soc 2006, p. 1067, obs. G. Couturier)*.

Le bénéfice de la protection a été reconnu par la chambre sociale au salarié dont la candidature avait été présentée par le syndicat auquel il était affilié avant l'envoi de sa convocation à un entretien préalable au licenciement, motivé par son refus d'une mutation disciplinaire qui lui avait été notifiée à la suite d'un premier entretien préalable en vue d'une sanction : le juge judiciaire a déclaré nul le licenciement intervenu sans autorisation administrative, l'employeur étant informé de la qualité de salarié protégé au jour de l'envoi de la seconde convocation du salarié *(Cass. soc., 13 mai 2014, n° 13-14.537, Bull. V n° 115, RJS 2014 n° 578)*.

Si la procédure de licenciement ne nécessite pas d'entretien préalable, l'employeur doit requérir l'autorisation administrative de licencier un salarié candidat aux élections professionnelles lorsqu'il a été informé de cette candidature avant la date d'envoi de la lettre de licenciement *(Cass. soc., 6 avr. 2016, n° 14-12.724, B., RJS 2016 n° 438)*.

D. La candidature ne doit pas présenter un caractère frauduleux

1. Le principe

12.2.1.4.1. – La candidature d'un salarié est nulle lorsque tendant à assurer sa protection individuelle, elle revêt un caractère frauduleux *(Cass. soc., 24 nov. 1983, n° 83-60.876, Bull. V, n° 578)*. Les règles relatives au régime de la preuve et aux conditions de fond requises pour que la candidature soit reconnue comme frauduleuse sont identiques à celles applicables à la désignation des délégués syndicaux et sont exposées aux n° **12.4.16.2**, **12.4.16.3.1** et **12.4.16.3.2**.

Le juge du fond a le pouvoir de rechercher, sans ajouter aux conditions d'éligibilité fixées par la loi, si un salarié sollicite la fonction de membre du CSE dans l'intérêt de l'ensemble des salariés ou si sa candidature est une manœuvre frauduleuse destinée à assurer sa seule protection individuelle *(Cass. soc., 26 janv. 1977, n° 76-60.222, Bull. V n° 65)*.

Si la candidature est jugée frauduleuse, le juge judiciaire refuse de considérer que les salariés sont protégés, même si l'employeur a eu connaissance de leur candidature avant l'envoi de la lettre de convocation à l'entretien préalable *(Cass. soc., 12 juill. 1994, n° 92-41.411, 92-41.413 et 92-41.415, Bull. V n° 234, RJS 1994 n° 1009)*. Le juge sanctionne le détournement de procédure en refusant le bénéfice de la protection dès lors que « *les candidatures dont l'employeur avait connaissance de l'imminence, étaient frauduleuses* ».

Toutefois, le tribunal d'instance, saisi d'une demande de l'employeur tendant à ce qu'une candidature soit jugée frauduleuse, est en droit de se déclarer incompétent pour statuer sur cette demande en l'état d'une simple déclaration d'imminence de candidature n'équivalant pas à un dépôt de liste *(Cass. soc., 5 janv. 2005, n° 03-60.376, RJS 2005, n° 412)*. En outre, l'employeur qui n'a pas contesté la régularité de la candidature d'un salarié aux élections professionnelles devant le tribunal dans le délai de forclusion prévu par l'article R. 2324-24 du Code du travail, n'est pas recevable à alléguer le caractère frauduleux de cette candidature pour écarter la procédure d'autorisation administrative de licenciement prévue par l'article L. 2411-7 du même code *(Cass. soc., 18 oct. 2023 n° 22-11.339, B., RJS 2024 n° 42)*.

2. L'absence d'effet rétroactif sur le bénéfice du statut protecteur de l'annulation de la candidature frauduleuse

12.2.1.4.2. – La chambre sociale a jugé que l'annulation de la candidature comme frauduleuse n'entraîne la perte de la qualité de salarié protégé qu'à la date à laquelle le jugement d'annulation est prononcé *(Cass. soc., 28 nov. 2000, n° 98-42.019, Bull. V, n° 396, RJS 2001, n° 214 ; J.-M. Verdier, « La protection des représentants des salariés dans l'entreprise : une logique de statut », Dr soc 2001, p. 634)*.

Pour le passé, l'annulation est « *sans effet sur le statut protecteur* » et le licenciement intervenu en l'absence de l'autorisation administrative, antérieurement au jugement d'annulation, doit être regardé comme ayant « *été prononcé en violation du statut protecteur* » alors même qu'un jugement annulerait ultérieurement pour fraude l'élection ou la désignation. A ainsi été définie, pour donner toute sa portée à la protection, une exception au principe bien connu selon lequel la fraude corrompt tout.

En revanche, le Conseil d'État et la chambre criminelle considèrent que l'annulation de la désignation a pour effet de priver le salarié de la protection pour la période comprise entre la date de la désignation et le prononcé du jugement *(CE, 15 janv. 1982, n° 18.463, Sté Allard, Rec. p. 22 ; Cass. crim., 6 nov. 1979, n° 78-92.862, Bull. crim. n° 308).*

E. Le retrait de candidature

12.2.1.5. – Le retrait de candidature ne met pas fin à la protection légale *(Cass. soc., 11 mars 1971, n° 69-40.337, Bull. V n° 198)* : « *le législateur ayant entendu protéger ces anciens candidats contre toutes représailles de l'employeur [...] cette considération est valable pour tous les candidats qui ont retiré leur candidature avant le scrutin* ». Il en est ainsi notamment en cas de retrait ultérieur du salarié de la liste à l'occasion d'un report des élections *(Cass. soc., 26 sept. 2012, n° 11-14.339, Bull. V n° 235, RJS 2012 n° 968).*

En revanche, il a été jugé que la protection du salarié avait expiré le jour où le syndicat, qui seul avait le pouvoir de remplacer ou modifier une liste de candidats, avait annulé, avant même l'engagement de la procédure de licenciement, sa candidature présentée par un délégué syndical qui avait de ce fait outrepassé ses pouvoirs *(Cass. soc., 6 déc. 2011, n° 10-16.454, RJS 2012 n° 167).*

F. Le sort des candidatures présentées au 1er tour

12.2.1.6. – Les candidatures présentées par une organisation syndicale au premier tour de scrutin des élections professionnelles doivent être considérées comme maintenues lorsqu'un second tour est organisé, sans que l'organisation syndicale ait à les renouveler *(Cass. soc., 25 avr. 1984, n° 83-63.188, Bull. V n° 145).* Il en est de même nonobstant les stipulations contraires du protocole d'accord préélectoral *(Cass. soc., 18 juill. 2000, n° 99-60.111, Bull. V n° 298 ; Cass. soc., 15 mars 2006, n° 05-60.286, RJS 2006 n° 753).*

G. La candidature des salariés mis à disposition de l'entreprise

12.2.1.7. – Les salariés mis à disposition d'une entreprise ne sont pas éligibles dans l'entreprise utilisatrice *(C. trav., art. L. 2314-23)*, mais conservent la possibilité d'être élus dans leur entreprise d'origine *(Cass. soc., 28 sept. 2011, n° 10-27.374, Bull. V n° 201)*.

H. Protection des candidats et transfert

12.2.1.8. – La protection dont bénéficient les candidats aux élections joue également en cas de transfert partiel d'entreprise ou d'établissement par application des dispositions de l'article L. 1224-1 *(Cass. soc., 8 juin 1999, n° 96-45045, Bull. V, n° 272, RJS 1999, n° 943 ; cf.* n° **16.6.2.2***)*. L'objectif poursuivi par la Cour de cassation est de faire obstacle à l'affectation du salarié candidat sur un site faisant l'objet d'un transfert, permettant à l'employeur de se dispenser d'accomplir les formalités protectrices *(v. B. Boubli, « Bilan et perspectives du statut des salariés protégés », Sem. soc. Lamy, n° 967, 7 févr. 2000)*.

I. La candidature d'un salarié employé sous contrat à durée déterminée

12.2.1.9 – Cette question examinée au n° **16.2.1**.

J. Les effets de l'annulation de la candidature

12.2.1.10 – L'annulation de la candidature entraîne la perte de la protection mais uniquement à compter de la date du jugement *(Cass. soc., 5 mai 2009 n° 07-45.004, RJS 2009 n° 733)*. En l'espèce, la candidature avait été annulée pour un autre motif que la fraude.

K. Les effets de l'annulation des élections par le juge judiciaire

1. La perte de la qualité d'élu à compter du prononcé du jugement

12.2.1.11.1. – La Cour de cassation a jugé que l'annulation des élections professionnelles entraîne, à la date à laquelle le jugement est prononcé, la perte de la qualité d'élu *(Cass. soc., 9 avr. 1986, n° 83-41.856, Bull. V n° 117)*.

2. L'absence d'effet rétroactif de l'annulation sur le statut protecteur

12.2.1.11.2. – Cependant, l'annulation n'a pas d'effet rétroactif. Il s'ensuit que si le licenciement est prononcé avant l'annulation des élections, il doit être regardé comme étant intervenu en méconnaissance du statut protecteur dès lors qu'à la date de son prononcé le salarié bénéficiait de la protection légale en qualité d'élu *(Cass. soc., 17 mars 1998, n° 95-42.885, Bull. V n° 156, RJS 1998 n° 607)*.

Par une décision du 21 décembre 1994, le conseil d'État a adopté le même principe *(CE, 21 déc 1994, n° 105.313 et 105.316, ministre du Travail c./ Huard de Jorna, Rec. p. 1215, RJS 1995 n° 260 ; CE, 7 oct. 2009, n° 322.581, M. Ouahrirou, Rec. p. 358, concl. AJDA 2009 p. 2234 RJS 2010 n° 201, JCP S 2010 n° 6 p. 37 note J.-Y. Kerbourc'h)*. L'annulation n'a pas pour effet de remettre en cause la régularité de l'avis émis par le CSE sur le projet de licenciement du salarié protégé.

Cependant, le salarié conserve la protection qui s'attache à sa qualité de candidat *(Cass. soc., 11 mai 1999, n° 97-40.765, Bull. V n° 211, RJS 1999 n° 828)*. Dès lors, la candidature du salarié ayant été présentée le 11 mars 1996, l'intéressé bénéficiait de la protection accordée aux candidats aux élections à la date du licenciement, intervenu le 22 mai 1996, en dépit de l'annulation des élections prononcée le 24 avril 1996.

3. *La question du bénéfice de la protection complémentaire pour la période postérieure au prononcé du jugement d'annulation*

12.2.1.11.3. – Se pose la question du bénéfice de la protection complémentaire prévue par le Code du travail pour les anciens membres du CSE.

La chambre sociale a jugé qu'en cas d'annulation d'un jugement reconnaissant l'existence d'une unité économique et sociale, les salariés bénéficiaient de la protection complémentaire *(Cass. soc., 2 déc. 2008, n° 07-41.832, Bull. V n° 238, JCP S 2009 n° 10 p. 56, note F. Dumont ; Rapport 2008 de la Cour de Cassation)*. Cette jurisprudence a d'ailleurs été étendue en cas d'annulation de l'élection d'un conseiller prud'homme *(Cass. soc., 16 mars 2010, n° 08-44.094, Bull. n° 66)*. Cette jurisprudence est fondée sur la considération que les recours n'étant pas suspensifs, les salariés ont pu valablement siéger tant que le juge n'avait pas statué sur le recours.

Pour le Conseil d'État, le salarié dont l'élection a été annulée bénéficie de la protection en tant qu'ancien membre du CSE à compter du jugement d'annulation *(CE, 11 janv. 1995, n° 129.995, Comité Mosellan de Sauvegarde de l'enfance, de l'adolescence et des adultes, Rec. p. 20)*.

4. *L'absence d'incidence sur la régularité de la désignation du délégué syndical antérieurement à l'annulation*

12.2.1.11.4. – L'annulation des élections des membres du CSE ne fait perdre aux salariés élus leur qualité de membre de ces institutions représentatives du personnel qu'à compter du jour où elle est prononcée. Elle est donc sans incidence sur la régularité des désignations, en qualité de délégué syndical et de représentant syndical au comité, des salariés dont le mandat prend fin, lors des nouvelles élections renouvelant l'institution représentative du personnel *(Cass. soc., 11 mai 2016, n° 15-60.171 et*

15-60.172, B. ; Dr soc 2016, 871, F. Petit, « Les conséquences de l'annulation de l'élection des membres du comité d'entreprise », RDT 2016, p. 497, note I. Odoul-Asorey ; Cass. soc., 11 déc. 2019, n° 18-19.379, B., RJS 2020 n° 99).

5. Les conséquences de l'absence de contestation de la candidature ou des élections

12.2.1.11.5. – Si la candidature ou les élections n'ont pas été contestées dans les délais impartis par le Code du travail soit dans les trois jours suivant la publication de la liste électorale ou dans les quinze jours suivant l'élection *(art. R. 2314-24)*, il s'ensuit que :

– l'expiration des délais de recours entraîne la forclusion, sans qu'aucune exception puisse être admise, l'employeur ne pouvant se faire juge de la validité des élections *(Cass. crim., 22 oct. 1991, n° 89-85.768, Bull. crim. n° 367)* ;
– *« l'employeur ne peut, au motif que la candidature d'un salarié aurait été frauduleuse, se dispenser de respecter la procédure prévue par le Code du travail pour procéder à son licenciement » (Cass. soc., 4 avr. 2006, n° 04-42.898)* ;
– le juge du fond ne peut relaxer l'employeur, poursuivi pour ne pas avoir respecté le statut protecteur, au motif que le salarié n'avait obtenu son mandat que pour la seule protection de ses intérêts personnels *(Cass. crim., 22 oct. 1991, n° 89-85.768, Bull. crim. n° 367)*.

Si l'employeur n'a pas contesté les procès-verbaux des élections devant le tribunal d'instance [tribunal judiciaire] dans le délai de forclusion de quinze jours prévu à l'article R. 2122-93 du Code du travail, les résultats électoraux sont définitifs et l'employeur ne peut se dispenser de respecter la procédure protectrice vis-à-vis d'un salarié dont il conteste l'éligibilité au motif qu'il avait à l'égard du personnel les prérogatives et les pouvoirs de l'employeur auquel il était assimilé *(Cass. soc., 28 sept. 2016, n° 15-13.728, RJS 2016 n° 791)*. En l'absence de saisine du tribunal judiciaire dans les quinze jours suivant les élections professionnelles, celles-ci sont purgées de tout vice (*Cass. soc., 4 juill. 2018, n° 17-21.000, Bull. 2018, V, n° 135*). Il résulte de l'article R. 2314-24 du Code du travail que la contestation portant sur les résultats des élections, lorsqu'elle est la conséquence d'une contestation du périmètre dans lequel les élections ont eu lieu, lequel n'est pas un élément spécifique au premier tour, est recevable si elle est faite dans les quinze jours suivant la proclamation des résultats des élections *(Cass. soc., 19 janv. 2022, n° 20-17.286, B., RJS 2022 n° 150)*.

Si le tribunal d'instance [tribunal judiciaire] est compétent pour statuer sur la régularité d'une candidature aux élections, il ne peut statuer sur la protection du salarié candidat *(Cass. soc., 28 mars 2018, n° 17-60.071)*.

§ 2. L'IMMINENCE DE CANDIDATURE OU DE DÉSIGNATION

Plan du paragraphe

12.2.2. – Introduites par la loi n° 82-915 du 28 octobre 1982, les dispositions relatives à l'imminence de candidature avaient pour objet de faire échec aux manœuvres des employeurs visant à licencier les salariés qui avaient l'intention de se déclarer candidat ou qui avaient fait acte de candidature avant la conclusion du protocole d'accord électoral conditionnant le bénéfice de la protection. Elles avaient également pour but de limiter les effets de la jurisprudence de la Cour de cassation qui estimait que dès lors que la procédure de licenciement était engagée, la candidature ne pouvait entraver le cours de la procédure *(J. Mouly, « La fraude dans la désignation des délégués syndicaux et des candidats aux élections dans les entreprises », Dr soc 1987, p. 106 ; J.-M. Verdier, « Représentants syndicaux ou élus des salariés : un droit positif chargé d'équivoques », RJS 1999, p. 824-832 et « Protégés ou Exposés, Liberté fondamentale et logique de statut », Études offertes à J. Pelissier, Dalloz, 2004 ; J.-M. Verdier, « Un paradoxe en voie de disparition : délégué syndical désigné mais non protégé ? », Dr soc 2005, p. 283 ; P. Waquet, « Chronique d'une formation restreinte », RJS 2006, p. 85, commentaire sous Cass. soc., 26 oct. 1995, n° 04-40.737).*

Cas	Principe	Régime de la preuve	n°
la désignation ou la candidature est postérieure à l'envoi de la lettre de convocation à l'entretien préalable	la procédure de licenciement suit son cours sauf si le salarié établit que l'employeur avait eu connaissance de l'imminence de la candidature ou de la désignation avant qu'il ne soit convoqué à l'entretien préalable	le salarié doit établir que l'employeur a eu connaissance de l'imminence de sa candidature ou de sa désignation	**12.2.2.1.1**
l'envoi de la lettre de convocation à l'entretien préalable est postérieur à la date d'envoi de la candidature ou à la date de la réception de la désignation	la candidature ou la désignation confère la qualité de salarié protégé sauf si la candidature ou la désignation est frauduleuse	l'employeur doit établir la fraude	**12.2.1.4.1**

A. Les dispositions relatives à l'imminence : une exception à la règle de l'absence d'effet de la candidature ou de la désignation postérieure à l'engagement de la procédure de licenciement

1. Le principe : l'absence d'effet de la candidature ou de la désignation sur la procédure de licenciement en cours

12.2.2.1.1. – Une candidature ou une désignation ne peut pas faire obstacle à la poursuite de la procédure de licenciement en cours : engagée par la convocation du salarié à l'entretien préalable, elle poursuit son cours, y compris en l'absence de fraude *(Cass. soc., 13 févr. 1974, n° 73-60.142, Bull. V n° 109 ; Cass. soc., 22 juill. 1980, n° 80-60.230, Bull. V n° 660 ; Cass. soc., 31 mars 1981, n° 80-60.367, Bull. V n° 288 ; Cass. crim., 9 mars 1982, n° 81-92.086, Bull. crim. n° 74 ; Cass. soc., 17 mars 1983, n° 82-60.222, Bull. V n° 177 ; Cass. soc., 13 juin 1989, n° 88-60.536 et 88-60.677, Bull. V n° 436).*

La notification de la candidature ou de la désignation ne peut donc *« entraver le cours de la procédure » (Cass. soc., 8 juill. 1998, n° 96-42.099, RJS 1998 n° 1247 ; Cass. soc., 14 févr. 2007, n° 05-43.407, RJS 2007 n° 630)*. Il en est également ainsi lorsque la désignation a été jugée valable *(Cass. soc., 18 nov. 1998, n° 96-42.810, Bull. V n° 508, RJS 1999 n° 69)*.

Une protection acquise postérieurement à la date de l'envoi par l'employeur de la convocation à l'entretien préalable au licenciement ne saurait produire des effets sur la procédure de licenciement engagée par cet envoi *(CE, 27 mars 2015, n° 366.166, Sté Établissements Cuny, Tables p. 900, RJS 2015 n° 502)*.

Concrètement, la procédure de licenciement suit son cours et l'employeur peut notifier le licenciement sans l'autorisation de l'inspecteur du travail *(Cass. soc., 1er mars 2005, n° 03-40.048, Bull. V, n° 75)*, sauf preuve de la connaissance par l'employeur du caractère imminent de la candidature ou de la désignation *(CE, 23 déc. 2011, n° 338.607, Sté Lidl, Tables p. 1181 ; sur l'imminence, cf. n°* ***12.2.2.3****)*.

Si la candidature d'un salarié en cours de préavis est en principe valable *(Cass. soc., 13 févr. 1974, n° 73-60.142, Bull. V n° 109)*, sauf caractère frauduleux, elle n'emporte donc pas l'application de la procédure spéciale : la rupture du contrat interviendra à l'issue du préavis sans que l'entreprise ait à solliciter l'autorisation de l'administration.

De même, la désignation d'un salarié comme délégué syndical ne fait pas obstacle à sa mutation si cette dernière est intervenue avant cette désignation et qu'il n'est pas établi que l'employeur ait eu connaissance de son imminence *(Cass. soc., 23 févr. 1994, n° 92-43.976, Bull. V n° 65, RJS 1995 n° 435)*.

2. *Modalités d'application du principe*

12.2.2.1.2. – Pour apprécier si la candidature ou la désignation intervient en cours de procédure, il convient de comparer la date d'envoi de la lettre de convocation à l'entretien préalable et la date à laquelle la lettre informant l'employeur de la candidature ou de la désignation est parvenue à ce dernier *(Cass. soc., 28 janv. 2009, n° 08-41,633, RJS 2009 n° 377 ; cf. « Chronique des jurisprudences sur la représentation du personnel, 4e trimestre 2008 », L. Pécaut-Rivolier et Y. Struillou, Sem. soc. Lamy, 23 févr. 2009, n° 1388 ; O. Levannier-Gouël, « Délégué du personnel et pourtant salarié non protégé », Sem. soc. Lamy, 9 mars 2009, n° 1390, p. 13 ; JCP S 2009 n° 18, p. 38, note J.-Y. Kerbourc'h ; RDT 2009, p. 248 note M. Grévy)*.

Il en résulte que :

– si la date d'envoi de la lettre de convocation à l'entretien préalable est postérieure à la date à laquelle est parvenue à l'employeur la lettre l'informant de la désignation ou de la candidature du salarié, le statut protecteur s'applique *(schéma 1)* ;

– si la date d'envoi de la lettre de convocation à l'entretien préalable est antérieure à la date à laquelle est parvenue à l'employeur la lettre l'informant de la désignation ou de la candidature du salarié, le statut protecteur ne s'applique pas *(schéma 2).*

Schéma 1

Réception par l'employeur du courrier portant désignation ou candidature	⇨	Envoi de la lettre de convocation à l'entretien préalable
Le statut protecteur s'applique		

Schéma 2

Envoi de la lettre de convocation à l'entretien préalable	⇨	Réception par l'employeur du courrier portant candidature ou désignation
Le statut protecteur ne s'applique pas		

Si la désignation et la convocation à l'entretien préalable ont lieu le même jour, l'employeur n'est pas tenu de respecter la procédure spéciale s'il n'est pas établi qu'il avait eu connaissance de l'imminence de la candidature ou de la désignation avant l'envoi de la lettre de convocation et même si celle-ci n'a pas été contestée devant le tribunal d'instance *(Cass. soc., 19 juin 1985, n° 83-45.227, Bull. V n° 353)* ou a été contestée trop tardivement.

La circonstance que l'employeur ait reporté ultérieurement la date de l'entretien préalable au licenciement et envoyé une nouvelle convocation est sans incidence : c'est la date d'envoi du courrier convoquant le salarié au premier entretien qui est prise en compte *(Cass. soc., 2 déc. 2008, n° 07-45.540, Bull. V n° 240, RJS 2009 n° 191)*. En revanche, si l'employeur engage une nouvelle procédure de licenciement postérieurement à la date à laquelle il a eu connaissance de la désignation ou de la candidature, le statut protecteur s'applique.

Est sans incidence le fait que le salarié soit ultérieurement élu à des élections professionnelles auxquelles il s'est présenté postérieurement à l'envoi de la convocation à l'entretien préalable *(Cass. soc., 28 janv. 2009, n° 08-41.633, Bull. V n° 25, RJS 2009 n° 377)*. Le salarié exercera alors le mandat pour lequel il a été élu ou désigné jusqu'au terme de son contrat de travail, sans que le licenciement soit soumis à l'autorisation de l'inspecteur du travail, la désignation ou l'élection n'ayant d'effet que jusqu'au terme du contrat *(Cass. soc., 3 avr. 2001, n° 99-40.190, Bull. V n° 122, RJS 2001 n° 763)*.

3. *L'exception : la connaissance par l'employeur de l'imminence de la candidature ou de la désignation*

12.2.2.1.3. – La règle selon laquelle la candidature ou la désignation est sans incidence sur la procédure de licenciement en cours connaît une exception : lorsque le salarié établit que l'employeur, avant d'engager la procédure de licenciement, avait eu connaissance de l'imminence de sa candidature ou de sa désignation.

B. Le champ d'application des dispositions relatives à l'imminence de candidature ou de désignation

12.2.2.2. – Les dispositions de l'article L. 2411-7 du Code du travail s'appliquent aux candidats aux fonctions de membres du CSE.

Des dispositions similaires sont prévues pour :

- les délégués syndicaux *(C. trav., art. L. 2411-3, cf. n°* ***12.4.10****)* ;
- les salariés mandatés pour négocier un accord collectif *(C. trav., art. L. 2411-4, cf. n°* ***12.6****)* ;
- les représentants de proximité *(C. trav., art. L. 2411-9)* ;
- les membres du CSE interentreprises *(C. trav., art. L. 2411-10)* ;
- les conseillers prud'hommes *(C. trav., art. L. 2411-22, cf. n°* ***12.8.2****)*.

C. Le principe de la protection du salarié dont la candidature ou la désignation imminente a été portée à la connaissance de l'employeur

12.2.2.3. – Le salarié est protégé si l'employeur a eu connaissance de l'imminence de sa candidature ou de sa désignation avant la date à laquelle il a remis ou envoyé au salarié la lettre de convocation à l'entretien préalable au licenciement *(Cass. soc., 1er déc. 1993, n° 92-40.072 Bull. V n° 298, RJS 1994 n° 52 ; Cass. soc., 18 nov. 1998, n° 96-42.810, Bull. V n° 508, RJS 1999 n° 69 ; Cass. soc., 1er mars 2005, n° 03-40.048, Bull. V n° 75, RJS 2005 n° 531 ; a contrario : Cass. soc., 2 déc. 2008, n° 07-45.540, Bull. V n° 240 ; Cass. soc., 11 oct. 2017, n° 16-10.139, B., RJS 2017 n° 808 ; Cass. soc., 30 sept. 2020, n° 19-12.272, RJS 2020 n° 604)*. En revanche, il ne bénéficie pas de la protection s'il n'est pas démontré que la société a eu connaissance de l'imminence de candidature quand bien même aurait-il obtenu un mandat à la date du licenciement *(Cass. soc., 28 janv. 2009, n° 08-41.633, Bull. V 2009, n° 25)*.

Ne saurait se prévaloir du bénéfice du statut protecteur le salarié convoqué à un entretien préalable par lettre remise en main propre qu'il avait refusé de recevoir, la veille de l'annonce par le syndicat de sa candidature aux fonctions de délégué du personnel, la procédure de licenciement étant regardée comme étant engagée antérieurement à cette annonce *(Cass. soc., 18 mai 2011, n° 10-13.574, RJS 2011 n° 629)*.

Si le salarié ne se porte pas candidat, la protection n'est acquise que jusqu'au second tour des élections : si, passé la date de dépôt des candidatures pour le second tour, le salarié ne s'est pas déclaré candidat, il ne bénéficie plus de la protection et le licenciement peut lui être notifié sans autorisation de l'inspecteur du travail *(Cass. soc., 21 déc. 2006, n° 04-47.426, Bull. V n° 411, RJS 2007 n° 357, JCP S 2007 n° 36, p. 32, note J.-Y. Kerbourc'h).*

Bénéficie de la protection le salarié qui a informé son employeur, avant l'envoi de sa convocation à l'entretien préalable au licenciement, de sa volonté de présenter sa candidature au second tour des élections même avant le déroulement du premier, jusqu'au dépôt de sa candidature pour le second tour *(Cass. soc., 11 oct. 2017, n° 16-10.139, B.).*

Le bénéfice de la protection en cas de candidature imminente n'est pas subordonné à la conclusion préalable d'un protocole d'accord préélectoral *(Cass. soc., 18 nov. 1992, n° 88-44.905, Bull. V n° 556 ; Cass. crim., 18 nov. 1997, n° 96-80.942, Bull. crim. n° 391 ; Cass. soc., 25 oct. 2017, n° 16-13.844, RJS 2018 n° 50).*

D. Le tribunal compétent pour apprécier le caractère imminent

12.2.2.4. – Si le tribunal d'instance [tribunal judiciaire] est compétent pour se prononcer sur le caractère frauduleux de la candidature ou de la désignation, en revanche, le conseil de prud'hommes est seul compétent pour trancher le litige sur le caractère imminent ou non de la candidature ou de la désignation *(Cass. soc., 27 mai 1999, n° 98-60.385, RJS 1999 n° 945).*

En cas de litige sur le bénéfice de la protection, il appartient donc au salarié qui estime que l'employeur avait connaissance de l'imminence de sa candidature ou de sa désignation de saisir le conseil de prud'hommes statuant en référé.

En revanche, la lettre de l'inspecteur du travail accusant réception de la demande d'autorisation de licenciement et se déclarant incompétent constitue une décision administrative faisant obstacle à ce que le juge judiciaire se prononce sur la nécessité de l'autorisation et il appartient aux juges du fond, en présence d'une difficulté sérieuse sur le bénéfice du statut protecteur, d'inviter les parties à saisir la juridiction administrative *(Cass. soc., 4 oct. 2011, n° 10-18.023, Bull. V n° 225, RJS 2011 n° 1000).*

Si l'autorité administrative s'est reconnue compétente pour statuer sur la demande de licenciement, le juge judiciaire ne peut pas refuser le bénéfice de la protection, sous peine de violer le principe de séparation des pouvoirs, *« fût-ce en présence d'une allégation de fraude » (Cass. soc., 26 sept. 1989, n° 88-42.358, Bull. V n° 541, RJS 1989 n° 864).*

E. La charge de la preuve

1. La présomption du bénéfice de la protection pour le salarié élu liée à sa candidature aux élections

12.2.2.5.1. – « *Un salarié élu représentant du personnel bénéficie nécessairement de la protection accordée au candidat depuis la date de sa candidature et il appartient à l'employeur qui lui conteste le bénéfice de cette protection d'établir que la convocation à l'entretien préalable a précédé la formalisation de la candidature dont le chef d'entreprise est, en qualité d'organisateur des élections, destinataire et qu'il lui appartient d'enregistrer* » *(Cass. soc., 12 juill. 2006, n° 04-47724, Bull. V n° 250, RJS 2006 n° 1201, Dr soc, 2006 p. 1067, obs. G. Couturier, JCP S 2006 n° 39, p. 26, note J.-Y. Kerbourc'h).*

2. La preuve de la connaissance par l'employeur de l'imminence de la candidature ou de sa désignation

12.2.2.5.2 – Dès lors que la candidature intervient alors que la procédure de licenciement est en cours, la charge de la preuve incombe au salarié : « *la preuve de la connaissance par l'employeur de la désignation incombait au salarié ou au syndicat qui l'avait désigné* » *(Cass. soc., 23 juin 1999, n° 98-60.358, RJS 1999 n° 1086 ; Cass. soc., 20 sept. 2017, n° 16-15.652).* Par suite, « *l'antériorité de la convocation à l'entretien suffira à dispenser l'employeur de la preuve de la fraude* » *J. Mouly, « La fraude dans la désignation des délégués syndicaux et des candidats aux élections dans les entreprises », Dr soc 1987, p. 106).*

La jurisprudence du Conseil d'État est également en ce sens *(CE, 5 juill. 2006, n° 282.033, M. Julien, JCP S 12 sept. 2006 n° 1698, p. 31, note J.-Y. Kerbourc'h ; CE, 23 déc. 2011, n° 338.607, Sté Lidl, Tables p. 1181, préc.).*

Toutefois, si le salarié soutient que la mesure de licenciement revêt un caractère discriminatoire en raison de son activité syndicale, il nous semble que les règles légales qui ont aménagé la charge de la preuve doivent s'appliquer *(cf. n°* ***412.2.2.3*** et ***412.2.4****).*

F. Les circonstances de nature à établir la connaissance par l'employeur du caractère imminent de la candidature ou de la désignation

12.2.2.6. – La connaissance de l'imminence peut notamment résulter :

- d'une candidature en vue du second tour faite avant le premier tour dès lors que le caractère imminent de la candidature n'est pas subordonné à la conclusion préalable d'un protocole d'accord préélectoral *(Cass. soc., 18 nov. 1992, n° 88-44.905, Bull. V n° 556, RJS 1992 n° 1399)* ;

- du courrier adressé par le salarié à son employeur *(Cass. soc., 13 mai 2009, n° 07-44.671, RJS 2009 n° 645)* ; de la lettre du syndicat notifiant la candidature du salarié à l'employeur avant la signature du protocole d'accord préélectoral *(Cass. soc., 23 mai 1984, n° 83-61.130, Bull. V n° 223 ; Cass. soc., 17 oct. 1989, n° 87-41.174, Bull. V n° 596, RJS 1989 n° 947)*. La chambre criminelle de la Cour de cassation a adopté une position identique *(Cass. crim., 21 juin 1988, n° 87-80.738 ; Bull. crim., n° 283 ; Cass. crim., 18 nov. 1997, n° 96-80.942, Bull. crim. n° 391, RJS 1998 n° 182)* ;
- de l'entretien entre l'employeur et le salarié au cours duquel ce dernier avait convenu de mettre au point les modalités de l'élection des délégués du personnel et avait fait part de son intention de se porter candidat *(Cass. soc., 4 juill. 1990, n° 87-44.840, Bull. V n° 348, RJS 1990 n° 788)* ;
- de la présence du nom du salarié avec trois autres noms sur une lettre adressée à l'employeur par une union départementale demandant l'organisation des élections et annonçant que ces salariés s'y présenteraient *(Cass. crim., 21 juin 1988, n° 87-80.738, Bull. crim. n° 283)* ;
- de la confirmation par le syndicat à l'employeur que le salarié dont le licenciement avait été refusé par l'administration demeurait candidat aux élections alors même que leur date n'avait pas été fixée *(Cass. soc., 20 nov. 1991, n° 88-42.554, Bull. V n° 514)* ;
- du fait que la personne, qui avait eu connaissance de la candidature, avait reçu de l'employeur la délégation pour réunir les candidatures *(Cass. soc., 4 avr. 2006, n° 04-42.898)* ;
- de l'information par le salarié au cours d'une réunion portant sur l'organisation d'élections professionnelles de son intention de se porter candidat *(Cass. soc., 25 oct. 2017, n° 16-13.844, RJS 2018 n° 47)* ;
- de l'information par le salarié de sa candidature au moment de l'envoi de la convocation à l'entretien préalable au licenciement, peu important la mention d'une date erronée de l'élection *(Cass. soc., 27 nov. 2019, n° 18-16.975)*.

Les juges du fond apprécient souverainement les faits dont ils déduisent la connaissance par l'employeur de l'imminence de candidature ; cette appréciation échappe au contrôle de la Cour de cassation *(Cass. soc., 23 mai 1984, n° 83-61.130, Bull. V, n° 223)*.

Les juridictions du fond reconnaissent assez facilement qu'est rapportée par le salarié la preuve de la connaissance par son employeur de l'imminence de candidature, en se fondant, par exemple, sur les témoignages fournis par l'intéressé.

G. Caractère frauduleux et imminence de la candidature ou de la désignation

12.2.2.7. – Alors même que l'employeur a eu connaissance de l'imminence de la candidature, si le juge du fond estime, dans l'exercice de son pouvoir souverain d'appréciation, qu'elle présente un caractère frauduleux, le salarié ne bénéficie pas de la protection légale *(Cass. soc., 12 juill. 1994, n° 92-41.411, 92-41.413 et 92-41.415, Bull. V n° 234, RJS 1994 n° 1009).*

H. Les jurisprudences de la chambre criminelle de la Cour de cassation et du Conseil d'État

12.2.2.8. – Antérieurement, la chambre criminelle de la Cour de cassation et le Conseil d'État avaient adopté une interprétation restrictive des dispositions légales : une déclaration de candidature, dont l'employeur avait eu connaissance, ne suffisait pas à emporter le bénéfice de la protection si le salarié n'établissait pas que sa candidature avait été présentée par un syndicat. Cette interprétation était en contradiction avec celle retenue par la chambre sociale *(Cass. soc., 4 juill. 1990, n° 87-44.840, Bull. V n° 348, RJS 1990 n° 788 ; Cass. soc., 18 nov. 1992, n° 88-44.905, Bull. V n° 556, RJS 1992 n° 1399 ; Cass. soc., 8 févr. 2012, n° 10-23.881, RJS 2012 n° 367).*

Le Conseil d'État estimait que si, par un courrier, la salariée « *faisait part à l'employeur de son intention de se porter candidate aux élections dont elle demandait l'organisation, une telle démarche ne pouvait lui offrir la protection [...] dès lors d'une part qu'elle ne valait pas notification de candidature par un syndicat et que, d'autre part, elle ne pouvait établir l'imminence de la présentation de la candidature de l'intéressée par un syndicat, en l'absence d'éléments connus de l'employeur et tendant à faire présager que cette candidature serait présentée par une des organisations syndicales représentatives qui sont seules habilitées à établir des listes de candidature pour le premier tour de scrutin [...]* » *(CE, 5 nov. 1993, n° 100.132, Sté Socochare, Tables p. 1067, RJS 1994 n° 162).*

La position du Conseil d'État imposait donc que le salarié établisse deux éléments pour bénéficier de la protection :

- l'employeur devait avoir eu connaissance de l'imminence de sa candidature *(CE, Sté Decotec, 23 mars 90, n° 79.937)* ;
- l'employeur n'ignorait pas que sa candidature serait présentée par une organisation syndicale.

De son côté, la chambre criminelle avait jugé que la demande d'organisation d'élections et la déclaration de candidature ne suffisaient pas à établir l'imminence dès lors que cette dernière n'était pas présentée par un syndicat. Elle justifiait son raisonnement par le fait qu'un salarié non présenté par une organisation syndicale ne pouvait pas se porter candidat au premier tour des élections et ne pouvait, par conséquent, bénéficier de la protection en qualité de candidat imminent que si un second tour était organisé *(Cass. crim., 21 nov. 1989, n° 89-80.847, Bull. crim. n° 435, RJS 1990 n° 47).*

Par un arrêt en date du 3 décembre 1996, elle a opéré un revirement de jurisprudence, en jugeant que « *doit être considérée comme imminente la candidature d'un salarié aux fonctions de délégué du personnel, dont l'employeur a eu connaissance avant la convocation de ce dernier à l'entretien préalable au licenciement, alors même que cette candidature aurait été présentée avant l'organisation du premier tour des élections, pour lequel les syndicats représentatifs ont le monopole des candidatures* » *(Cass. crim., 3 déc. 1996, n° 94-82.953, Bull. crim. n° 444, RJS 1997 n° 170).*

Le Conseil d'État a, à son tour, modifié sa position par la décision rendue le 28 mars 2013, en considérant que la protection était acquise « *dans le cas où un salarié a adressé à son employeur une lettre lui demandant d'organiser des élections de délégués du personnel et l'informant de son intention de se porter candidat à ces élections, quand bien même sa candidature avait été présentée avant le premier tour de scrutin et ne figurait pas sur une liste établie par une organisation syndicale représentative* » *(CE, 28 mars 2013, n° 338.289, Sté Selling attitude, Tables p. 863, RJS 2013 n° 469).*

I. La portée du dispositif de protection institué au titre de l'imminence de candidature ou de désignation

12.2.2.9. – Ce dispositif est critiqué au motif pris que dès lors que l'envoi de la lettre de licenciement intervient avant que l'employeur ait eu connaissance de la candidature ou de la désignation, le salarié peut ne pas être protégé, alors même qu'il serait investi régulièrement d'un mandat *(cf. J.-M. Verdier, « Un paradoxe en voie de disparition : délégué syndical désigné mais non protégé ? », Dr soc 2005, p. 283 ; O. Levannier-Gouël, « Délégué du personnel et pourtant salarié non protégé », Sem. soc. Lamy, 9 mars 2009, n° 1390, p. 13 ; M. Grevy, « Un délégué du personnel élu mais sans protection », RDT 2009, p. 248 ; J.-M. Verdier, « Un paradoxe persistant : désignés, élus ou candidats, des représentants sans protection ! », Dr soc 2009 p. 966 ; J.-M. Verdier, « Une inégalité paradoxale de protection : délégué désigné ou élu et conseiller du salarié », Dr soc 2010, p. 174 ; J.-M. Verdier, « Vulnérabilité des représentants des salariés : des protections spéciales évincées par la jurisprudence », Dr soc 2010, p. 832).*

Ces critiques suggèrent que la candidature ou la désignation emporte le bénéfice de la protection alors même que la procédure de licenciement est en cours, à charge pour l'inspecteur du travail de vérifier si la candidature ou la protection est frauduleuse et, dans un tel cas, de décliner sa compétence.

Une telle évolution, qui romprait avec une jurisprudence bien établie et appellerait certainement une évolution des dispositions législatives, se heurte à de sérieuses objections :

- cette évolution rendrait sans objet les dispositions législatives relatives à l'imminence de candidature ou de désignation ;
- en tout état de cause, si la candidature ou la désignation intervient après le prononcé du licenciement, l'inspecteur du travail ne peut que se déclarer incompétent, le contrat de travail étant rompu ;
- la compétence de l'inspecteur du travail ne peut être à géométrie variable : soit l'autorité administrative est compétente, soit elle ne l'est pas ;
- l'appréciation du caractère frauduleux de la candidature ou de la désignation nous paraît plus relever de l'office du juge que de l'inspection du travail ;
- il est loin d'être certain que la seule perspective de l'intervention de l'inspecteur du travail dissuade les candidatures ou désignations ayant pour seul objet de faire échec à une procédure de licenciement ;
- la finalité même de la protection – faire échec à des représailles de la part de l'employeur – justifie que l'applicabilité du statut protecteur soit conditionnée par l'antériorité de la connaissance de la candidature ou de la désignation par rapport à l'engagement de la procédure de licenciement : autrement dit, pour qu'il y ait risque de représailles, encore faut-il que l'employeur ait eu connaissance de l'imminence de la candidature ou de la désignation.

Enfin, les limites du dispositif tiennent surtout aux incertitudes créées par les divergences de jurisprudence et aux difficultés de rapporter la preuve que l'employeur a bien été informé de l'imminence de la désignation ou de la candidature.

§ 3. LES SALARIÉS DEMANDANT L'ORGANISATION DES ÉLECTIONS

Plan du paragraphe

A. Le principe de la protection

12.2.3.1. – Destinées à faciliter la mise en place des institutions représentatives, ces dispositions introduites par la loi n° 82-915 du 28 octobre 1982 ont une portée limitée en raison, d'une part, de leur rédaction et, d'autre part, de l'interprétation jurisprudentielle qui en a été faite.

La protection joue dans deux hypothèses.

1. La protection du salarié mandaté par une organisation syndicale ayant demandé, la première, l'organisation des élections

12.2.3.1.1. – Est protégé le salarié mandaté par une organisation syndicale ayant demandé, la première, l'organisation des élections *(CE, 19 juill. 1991, n° 84.259, Delorme, Rec. p. 297 ; Cass. soc., 3 avr. 2019, n° 17-24.778, RJS 2019 n° 367).*

La protection ne peut s'appliquer qu'à un seul salarié par organisation syndicale *(Cass. soc., 16 avr. 2008, n° 07-40.252, RJS 2008 n° 773).*

Elle court à compter de la date d'envoi de la lettre recommandée par laquelle l'organisation syndicale a présenté sa demande *(Cass. soc., 15 févr. 2006, n° 03-41.166, Bull. V n° 73)* qu'autant que cette organisation syndicale remplit les conditions pour négocier le protocole électoral et présenter des candidats au premier tour des élections *(Cass. soc., 15 oct. 2015, n° 14-15.995, RJS 2016 n° 43).*

La chambre sociale a jugé que cette formalité « *n'est prévue que pour faciliter la preuve de la candidature et non pour sa validité* » *(Cass. soc., 4 mars 1998, n° 95-42.040, Bull. V n° 119, RJS 1998 n° 491).* La chambre criminelle de la Cour de cassation a adopté la même position : la formalité de la lettre recommandée n'a « *été édictée qu'à titre probatoire* » et peut « *dès lors être remplacée par tout autre mode d'information* » *(Cass. crim., 30 mars 1999, n° 97-85.963, Dr soc, p. 750).*

Est sans incidence l'annulation de la désignation du salarié comme délégué syndical *(Cass. soc., 24 mai 2006, n° 04-43.947, Bull. V n° 192, RJS 2006, n° 969, JCP S 2006 n° 31-35, p. 27, note J.-Y. Kerbourc'h).*

2. La protection du premier salarié, non mandaté par une organisation syndicale, qui a demandé l'organisation des élections

12.2.3.1.2. – Est également protégé le premier salarié, non mandaté par une organisation syndicale, qui a demandé l'organisation des élections *(Cass. soc., 16 avr. 2008, n° 07-40.252, RJS 2008 n° 773, préc.).*

Mais la protection ne commence à courir qu'à compter de la date d'envoi de la lettre par laquelle une organisation syndicale a demandé l'organisation des élections, et non à compter de la démarche effectuée par le salarié *(Cass. crim., 10 déc. 1985, n° 85-90.814, Bull. crim. n° 396 ; Cass. soc., 25 juin 1987, n° 84-41.600, Bull. V n° 425 ; Cass. crim., 21 nov. 1989, n° 89-80.847, Bull. crim. n° 435 ; Cass. crim., 30 mars 1993, n° 91-84.239, Bull. crim. n° 136, RJS 1993 n° 633 ; CE, 5 nov. 1993, n° 100.132, SA Socochare, Tables p. 1067, RJS 1994 n° 162 ; Cass. soc., 25 janv. 2006, n° 03-42.908, Bull. V n° 29, RJS 2006 n° 470 ; CE, 31 mars 2014, n° 363.967, Sté Nevatex, mentionné aux Tables, RJS 2014 n° 499 ; cf. également D. Boulmier : « La protection du salarié demandeur pour l'organisation des élections : deux réformes nécessaires », Dr soc 2014, p. 656).*

En outre, il résulte de l'arrêt de la chambre sociale rendu le 28 octobre 1996 que le salarié ne bénéficie pas de la protection dès lors que sa demande d'organisation des élections est postérieure à celle présentée par un syndicat *(Cass. soc., 28 oct. 1996, n° 94-45.426, Bull. V n° 351, RJS 1996 n° 1285 ; Cass. soc., 11 oct. 2000, n° 98-43.930, RJS 2000 n° 1264).*

La combinaison des positions prises par la jurisprudence conduit à limiter sérieusement la portée effective des dispositions introduites en 1982 ; en effet :

– si le salarié demande l'organisation des élections, alors qu'aucune organisation syndicale n'a envoyé de lettre en ce sens à l'employeur, il n'est pas protégé : la protection ne commence à courir qu'à compter de la date à laquelle une organisation syndicale intervient ;

– si le salarié demande l'organisation des élections après qu'une organisation syndicale ait présenté la même demande, il n'est pas protégé ;

– pour bénéficier de la protection, il faut donc que l'enchaînement soit le suivant :

- le salarié doit établir qu'il a personnellement demandé l'organisation des élections ;
- une organisation syndicale doit intervenir dans le même sens auprès de l'employeur mais postérieurement à la demande du salarié.

Cet enchaînement expose le salarié à un risque « *de représailles* » pendant toute la période séparant la date de sa demande et l'intervention du syndicat.

En outre, la protection n'est acquise que si l'employeur est tenu d'organiser les élections *(Cass. soc., 22 nov. 1988, n° 86-40.635, Bull. V n° 614).*

Il a été jugé que la date à laquelle la mise en place de l'institution est obligatoire est sans incidence sur la protection dès lors que le délai entre la demande du syndicat tendant à l'organisation des élections et le jour où l'institution doit être mise en place est « *raisonnable* » *(Cass. soc., 25 janv. 2006, n° 03-42.908, Bull. V n° 29, RJS 2006 n° 470, D. 2006 p. 211, obs. B. Lardy-Pélissier, JCP S 2006 n° 10, p. 31, note J.-Y. Kerbourc'h).*

B. L'exception : les circonstances faisant obstacle au bénéfice de la protection

12.2.3.2. – Sauf si la demande est manifestement dépourvue de tout caractère sérieux, le salarié qui a demandé l'organisation des élections pour la mise en place des délégués du personnel bénéficie, lorsqu'une organisation syndicale intervient aux mêmes fins, de la protection qui s'attache à sa demande. Tel est le cas, par exemple, lorsque n'est pas atteint le seuil légal, le salarié ayant pu se méprendre sur la nécessité d'organiser l'élection *(Cass. soc., 13 oct. 2010, n° 09-41.916, Bull. V n° 228, RJS 2010 n° 956 ; Cass. soc., 3 avr. 2019, n° 18-10.414, RJS 2019 n° 367)*.

En revanche, il a été jugé que dans certaines circonstances, le salarié ne peut pas bénéficier de la protection qui s'attache à la demande d'organisation des élections. Il en est ainsi lorsque :

- l'initiative d'organiser les élections a été prise par l'employeur *(Cass. soc., 9 oct. 1985, n° 85-60.326, Bull. V n° 445)* ;
- le salarié avait demandé l'organisation des élections de délégués du personnel deux mois après les opérations électorales organisées à l'initiative de la société, qui avaient abouti à un constat de carence, et alors qu'il avait appris qu'il allait être licencié : le juge administratif a estimé en l'espèce que la demande ne pouvait être regardée comme « *formulée en vue de faciliter la mise en place de l'institution des délégués* » *(CE, 19 juill. 1991, n° 108.754, SA Pizza Opéra, Rec. p. 296)*.

C. Demande d'organisation des élections ultérieure à un procès-verbal de carence

12.2.3.3. – Lorsque l'employeur a engagé le processus électoral et qu'un procès-verbal de carence a été établi, la demande d'élections du salarié ou de l'organisation syndicale ne peut intervenir qu'à l'issue d'un délai de 6 mois après l'établissement de ce procès-verbal *(C. trav., L. 2314-8)*.

D. La protection au titre de la demande d'organisation des élections et de la candidature

12.2.3.4. – Le salarié qui bénéficie de la protection résultant de sa demande tendant à l'organisation des élections peut bénéficier également de la protection qui s'attache à l'imminence de sa candidature *(Cass. crim., 18 nov. 1997, n° 96-80.942, Bull. crim. n° 391, RJS 1998 n° 182)* ou à sa candidature.

Le moyen tiré de la fraude est inopérant *(Cass. soc., 15 févr. 2006, n° 05-41.166, Bull. V n° 73, RJS 2006 n° 600 ; note F. Petit, « Droit électoral dans l'entreprise », RJS 2008, p. 483, JCP S. 2006 n° 11, p. 31 note J.-Y. Kerbourc'h)*.

E. La contestation du bénéfice de la protection

12.2.3.5. – En cas de litige, le salarié doit saisir le conseil de prud'hommes statuant en référé. Dans l'éventualité où le bénéfice de la protection lui est reconnu, le juge peut ordonner la réintégration, le licenciement prononcé sans autorisation constituant un trouble manifestement illicite qu'il convient de faire cesser immédiatement *(Cass. soc., 29 nov. 1989, n° 87-45.162, Bull. V n° 688).*

Cependant, dès lors que l'inspecteur du travail a refusé d'autoriser le licenciement d'un salarié qui avait demandé l'organisation des élections professionnelles dans son entreprise, lui reconnaissant ainsi la qualité de salarié protégé, la juridiction des référés ne peut se déclarer incompétente au motif que l'application des dispositions du Code du travail relatives à la protection spéciale se heurterait à une contestation sérieuse *(Cass. soc., 26 juin 2001, n° 99-41.019, Bull. V n° 230, RJS 2001 n° 1158 ; Cass. soc., 16 oct. 2013, n° 12-30.101, RJS 2014 n° 59).*

F. Le bilan du dispositif légal

12.2.3.6. – Le dispositif légal n'est pas satisfaisant : il existe une « *brèche* » dans la protection, que certains employeurs ont su exploiter aux dépens des salariés peu au fait des conditions cumulatives posées par la loi pour bénéficier de la protection *(J.-M. Verdier, « Représentants syndicaux ou élus des salariés : un droit positif chargé d'équivoques », RJS 1999, p. 824-832).* Il serait logique que la protection soit acquise à compter de la connaissance par l'employeur de la demande d'organisation des élections et ne dépende donc plus de l'intervention ultérieure d'une organisation syndicale.

§ 4. LES MEMBRES DU COMITÉ SOCIAL ET ÉCONOMIQUE EN FONCTION

12.2.4. – La protection est subordonnée à la condition que le salarié ait été élu dans le cadre des opérations électorales telles qu'elles sont définies par la loi. La jurisprudence conduit à distinguer deux types de situations :

- d'une part, l'élection inexistante ou en dehors des formes légales, qui ne peut ouvrir droit à la protection ;
- d'autre part, l'élection organisée régulièrement dans un établissement non assujetti en raison de son effectif et qui, dès lors qu'elle n'a pas été contestée dans les délais impartis alors que l'employeur en a été informé, a pour effet de protéger les salariés candidats ou élus.

A. Les élections inexistantes ou effectuées en dehors des formes légales

12.2.4.1. – Le statut protecteur a été refusé à un salarié élu lors d'élections informelles organisées à l'insu et en l'absence de l'employeur *(Cass. soc., 23 mars 1983, n° 81-40.329, Bull. V n° 189)* ou à un salarié désigné comme représentant du personnel sans observation des formalités légales, alors qu'il résultait des constatations qu'aucune élection n'avait été organisée *(Cass. soc., 13 juin 1990, n° 87-40.833, Bull. V n° 277, RJS 1990 n° 595).*

De même l'exercice du mandat représentatif au-delà de la durée du mandat ne confère pas le bénéfice de la protection au salarié *(Cass. soc., 28 sept. 2016, n° 16-16.984).*

B. Les élections organisées dans des entreprises ne remplissant pas les conditions d'effectifs posées par la loi

12.2.4.2. – La chambre criminelle de la Cour de cassation a estimé qu'une cour d'appel ne pouvait pas relaxer un employeur, poursuivi pour délit d'entrave, en raison du licenciement sans autorisation de deux salariés élus au cours d'élections organisées à l'initiative du personnel dans un établissement ne remplissant pas les conditions légales d'effectif alors que ces élections, dont l'employeur avait été informé, n'avaient pas été contestées en temps utile devant le tribunal d'instance *(Cass. crim., 9 mars 1982, n° 81-92.086, Bull. n° 74).* L'employeur ne pouvant se faire juge de la validité des opérations électorales dont il avait été informé, il ne pouvait pas licencier un représentant du personnel qu'il estimait irrégulièrement élu, sans observer la procédure légale.

§ 5. LES MEMBRES DU COMITÉ SOCIAL ET ÉCONOMIQUE CENTRAL, DU COMITÉ DE GROUPE ET DE LA COMMISSION SANTÉ, SÉCURITÉ ET CONDITIONS DE TRAVAIL

12.2.5. – Les membres du CSE central sont désignés parmi les membres élus ou désignés du CSE d'établissement *(C. trav., art. L. 2316-7)* et bénéficient donc de la protection spéciale.

Les représentants du personnel, membres du comité de groupe sont choisis parmi les membres élus des comités sociaux et économiques d'entreprise et d'établissements *(C. trav., art. L. 2333-2)* et bénéficient par conséquent de la protection spéciale *(P.-Y. Verkindt, « La représentation du personnel dans les groupes de sociétés », Dr soc 2010, p. 771).*

Il a été jugé qu'il résulte des dispositions de l'article L. 2333-2 du Code du travail que les représentants du personnel au comité de groupe sont désignés par les organisations syndicales représentatives parmi leurs élus aux comités sociaux et économiques d'entreprise ou d'établissement de l'ensemble des sociétés du groupe et qu'un syndicat ne peut donc désigner au comité de groupe qu'un représentant du personnel ayant été élu sur sa propre liste *(Cass. soc., 31 mars 2009, n° 08-60.482, Bull. V n° 97, RJS 2009 n° 550).*

De même, les membres de la commission santé, sécurité et conditions de travail sont désignés par le CSE parmi ses membres *(C. travail, L. 2315-39)* et bénéficient dès lors de la protection spéciale en leur qualité de membre du CSE, sans que les dispositions légales ne prévoient de protection spécifique au profit des membres de cette commission. La Cour de cassation a confirmé qu'il n'existe qu'un mode de désignation des membres de cette commission *(Cass. soc., 27 nov. 2019, n° 19-14.224, B., RJS 2020 n° 97).*

§ 6. LES REPRÉSENTANTS SYNDICAUX AU COMITÉ SOCIAL ET ÉCONOMIQUE

A. Le bénéfice de la protection

12.2.6.1. – Le représentant syndical au comité social et économique (RSCSE) bénéficie de la protection instituée pour les membres élus *(C. trav., art. L. 2411-5).*

B. Les conditions de la validité de la désignation

1. Les conditions tenant au salarié désigné

12.2.6.2.1. – Il a été jugé qu'il résultait de la combinaison des dispositions du Code du travail qu'un salarié élu représentant du personnel ou régulièrement élu à ces fonctions remplissait par là même les conditions d'ancienneté et de présence dans l'entreprise pour être désigné représentant syndical au comité *(Cass. soc., 4 févr. 2004, n° 03-60.138, Bull. V n° 38, RJS 2004 n° 626, 4e espèce).*

2. Les conditions dans les entreprises d'au moins 300 salariés

12.2.6.2.2. – Les dispositions introduites par la loi n° 2008-789 du 20 août 2008 avaient subordonné la possibilité pour une organisation de désigner un représentant syndical au comité d'entreprise à la circonstance qu'elle y dispose « *d'élus* » *(C. trav., art. L. 2324-2),* c'est-à-dire, d'au moins deux élus *(Cass. soc., 4 nov. 2009, n° 09-60.066, Bull. V n° 240, RJS 2010 n° 60).* Il avait été jugé que cette condition ne portait atteinte à aucun des droits et libertés garantis par la Constitution *(Cass. ass. plén., 18 juin 2010, QPC, n° 10-14.749, B., RJS 2010 n° 780 rectifié par un arrêt du 28 septembre 2010 n° 10-14.749).*

La loi n° 2014-288 du 5 mars 2014 a supprimé cette restriction et ouvert à chaque organisation syndicale représentative dans l'entreprise ou l'établissement la possibilité de désigner un représentant syndical au comité *(L. n° 2014-288 du 5 mars 2014, art. 30, modifiée par ord. n° 2017-1386 du 22 septembre 2017, art. 1er ; C. trav., art. L. 2314-2).* Seules peuvent procéder à cette désignation les organisations syndicales ayant recueilli **dans le périmètre de ce comité** au moins 10 % des suffrages exprimés lors des dernières élections professionnelles *(Cass. soc., 8 juill. 2015, n° 14-60.726, Bull. V n° 834).*

C'est à la date des dernières élections que s'apprécient les conditions d'ouverture, et notamment l'effectif requis, du droit pour un syndicat de désigner un représentant au comité *(Cass. soc., 15 avr. 2015, n° 14-19.197, Bull. V n° 84 ; Cass. soc., 22 mars 2023, n° 22-11.461, B.).*

En cas de constitution d'une liste commune pour les élections au CSE au niveau de l'entreprise ou de l'établissement, le nombre d'élus obtenu par chaque organisation syndicale s'apprécie sur la base indiquée par les organisations syndicales concernées lors du dépôt de leur liste et, à défaut, se répartit par parts égales entre les organisations concernées *(Cass. soc., 4 nov. 2009, n° 09-60.066, Bull. V n° 240, RJS 2010 n° 60, JCP S 2010 n° 6, p. 25, note J.-Y. Kerbourc'h).*

Dans sa rédaction antérieure à la loi n° 2008-789 du 2 août 2008, le Code du travail réservait le droit de désigner un représentant syndical au comité d'entreprise aux seules organisations représentatives. Cette condition de représentativité n'était plus exigée *(C. trav., art. L. 2324-2 anc.).* Toutefois, l'ordonnance n° 2017-1386 du 22 septembre 2017 a à nouveau introduit cette condition de représentativité *(C. trav., art. L. 2314-2).*

3. Les conditions dans les entreprises de moins de 300 salariés

12.2.6.2.3. – Le délégué syndical est de droit RSCSE *(C. trav., art. L. 2143-22).*

Il a été jugé que « *dans les entreprises de moins de trois cents salariés, un accord collectif peut autoriser les syndicats intéressés à désigner pour les représenter au comité d'entreprise des salariés autres que les délégués syndicaux, ni un usage de l'entreprise ni un engagement unilatéral de l'employeur non plus qu'une simple tolérance ne peuvent modifier les dispositions légales correspondantes ; qu'il s'ensuit que l'employeur qui fait participer aux réunions du comité d'entreprise en qualité de représentant syndical un salarié après que son mandat de délégué syndical lui a été retiré, peut unilatéralement décider de revenir à l'application des textes légaux qui n'ont pas cessé d'être applicables, sous réserve de ne pas méconnaître le principe d'égalité entre tous les syndicats concernés et, pour répondre à l'exigence de loyauté qui s'impose en la matière, de les en informer préalablement* » *(Cass. soc., 23 juin 2010, n° 09-60.408, RJS 2010 n° 781).* En outre, il résulte des dispositions des articles L. 2314-2, L. 2143-22, L. 2143-3 et L. 2143-6 du Code du travail, que le législateur n'a prévu la possibilité de désigner un RSCSE distinct du délégué syndical que dans les entreprises de plus de trois cents salariés et que, dans les entreprises de moins de cinquante salariés dans lesquelles la désignation d'un délégué syndical en application des dispositions de droit commun de l'article L. 2143-3 du Code du travail est exclue, les dispositions de l'article L. 2143-22 ne sont pas applicables. La désignation dérogatoire, maintenue par le législateur, d'un membre de l'institution représentative du personnel prévue dans les entreprises de moins de cinquante salariés comme délégué syndical, sans crédit d'heures de délégation supplémentaire, en application des dispositions de l'article L. 2143-6 du même code, n'a pas pour conséquence de rendre applicable la possibilité de désigner un RSCSE des entreprises de moins de cinquante salariés *(Cass. soc., 8 sept. 2021, n° 20-13.694, B., Dr soc 2021 p. 1048, « L'exclusion de toute représentation syndicale auprès des comités sociaux et économiques des entreprises de moins de cinquante salariés » Franck Petit ; Cass. soc., 20 mars 2024 n° 23-18.331, B., RJS 2024 n° 317).*

La désignation du délégué syndical en qualité de RSCSE est valide même si le syndicat désignataire n'a pas obtenu plusieurs élus aux élections à ce comité *(Cass. soc., 20 juin 2012, n° 11-15.558, Bull. V n° 192, RJS 2012 n° 813).*

En revanche, le représentant de la section syndicale ne peut pas être de droit RSCSE *(CE, 20 févr. 2013, n° 352.981, Confédération CGT-FO, Tables p. 860 : rejetant le recours formé contre la circulaire DGT n° 06 du 27 juillet 2011).*

4. *Les conditions tenant aux modalités de la désignation*

12.2.6.2.4. – À peine de nullité, la désignation doit préciser si le salarié est désigné soit en qualité de RSCSE, tant au niveau de l'entreprise que de l'établissement, soit en qualité de délégué syndical ou d'établissement *(Cass. soc., 29 mars 2005, n° 04-60.166, Bull. V n° 103, RJS 2005 n° 759).*

5. *Les conditions tenant au respect du principe constitutionnel d'égalité : les représentants syndicaux résultant d'une tolérance de l'employeur*

12.2.6.2.5. – En principe, comme pour le nombre de délégués syndicaux *(cf. n° **12.4.7**)*, le nombre de RSCSE, tel qu'il est fixé par la loi, ne peut pas être augmenté par un usage de l'entreprise ou un engagement unilatéral de l'employeur *(Cass. soc., 30 mai 2001, n° 00-60.150, Bull. V n° 199, RJS n° 1154).*

Toutefois, dès lors que l'employeur a accepté qu'une organisation désigne un second RSCSE le principe constitutionnel d'égalité lui interdit de refuser la désignation par une autre organisation d'un second représentant *(Cass. soc., 5 janv. 2005, n° 04-60.164, RJS 2005 n° 401 ; sur les modalités de remise en cause d'une tolérance, cf. n° **12.4.9**).*

C. La contestation de la validité de la désignation

12.2.6.3. – La contestation de la désignation du représentant syndical doit parvenir au secrétariat greffe du tribunal d'instance avant l'expiration du délai de quinze jours fixé par l'article R. 2314-24 du Code du travail *(Cass. soc., 18 déc. 2002, n° 01-60.806, RJS 2003 n° 476 : l'employeur ayant eu connaissance de la désignation le 2 octobre, sa contestation parvenue le 18 du même mois au secrétariat-greffe était tardive).*

La désignation peut être contestée par voie de demande reconventionnelle dès lors que cette dernière est présentée dans le délai *(Cass. soc., 28 févr. 2007, n° 06-60.150, Bull. V n° 39).*

Si, passé le délai prescrit, la désignation n'a pas été contestée, elle ne peut plus l'être postérieurement, y compris par voie d'exception *(L. Pécaut-Rivolier et Y. Struillou, « La remise en cause du mandat du salarié protégé à l'occasion de son licenciement : réflexions sur les arrêts du Conseil d'État du 21 décembre 2007 et de la chambre sociale de la Cour de cassation du 12 février 2008 », Dr soc 2008, p. 845).*

D. Les effets de l'annulation par le syndicat du mandat de représentant syndical au comité social et économique

12.2.6.4. – La décision du syndicat d'annuler la désignation d'un salarié comme RSCSE n'a pas d'effet rétroactif sur sa qualité de salarié protégé : si le licenciement est donc notifié sans autorisation avant la décision annulant sa désignation, il est nul car étant intervenu en méconnaissance du statut protecteur *(Cass. soc., 4 mars 2009, n° 08-41.408, Bull.. V n° 63, RJS 2009 n° 451).*

E. Le remplacement par le syndicat du représentant syndical au comité social et économique

12.2.6.5. – Est nulle la désignation d'un représentant syndical effectuée alors que n'avait pas été préalablement révoqué le mandat du représentant syndical désigné par un autre syndicat affilié à la même centrale syndicale, peu important la « *confirmation* » ultérieure par ce dernier syndicat de la désignation effectuée par le premier *(Cass. soc., 5 mars 2008, n° 07-60.060, Bull. V n° 51, RJS 2008 n° 558 ; cf. n°* ***13.4.6.2.2****).*

§ 7. LES REPRÉSENTANTS DE PROXIMITÉ ET LES MEMBRES DU COMITÉ SOCIAL ET ÉCONOMIQUE INTERENTREPRISES

A. Mise en place

12.2.7.1 – L'accord visant à définir le nombre et le périmètre des établissements distincts dans l'entreprise peut définir le nombre de représentants de proximité, ainsi que leurs modalités de désignation. Dans le cas où le nombre et le périmètre des établissements distincts ont été déterminés par décision unilatérale de l'employeur ou sur recours contre celle-ci, un accord d'entreprise conclu dans les conditions prévues au premier alinéa de l'article L. 2232-12 du Code du travail peut prévoir pour l'ensemble de l'entreprise la mise en place de représentants de proximité rattachés aux différents comités sociaux et économiques d'établissement *(Cass. soc. 1er juin 2023, n° 22-13.303, B., RJS 2023 n° 456 ; « Quel accord pour la mise en place des représentants de proximité ? », G. François, Dr soc 2023 p. 697).* Toutefois, les représentants de proximité ne peuvent être mis en place par accord d'établissement. Une telle situation emporte la caducité des mandats de ces représentants. Reste à trancher les conséquences de cette caducité sur le bénéfice du statut protecteur.

Ces représentants du personnel sont membres du CSE ou désignés par lui *(C. trav., L. 2313-7)*. La Cour de cassation reconnaissant la qualité de représentant du personnel aux représentants de proximité a retenu d'une part que, même si le directeur du magasin ne disposait pas d'une pleine liberté dans l'embauche, la discipline et le licenciement des salariés de son magasin à raison de son appartenance au groupe Carrefour et qu'il devait faire valider ses choix avant décision grave, licenciement notamment, il représentait l'employeur vis-à-vis des salariés à ces occasions et en exerçait alors tous les attributs – embauche, discipline, licenciement –, et d'autre part que le directeur de magasin représentait effectivement l'employeur devant les représentants de proximité, ne pouvait être désigné représentant de proximité *(Cass. soc., 31 mars 2021, n° 19-25.233, B., « Le représentant de proximité, une institution représentative du personnel ? », I. Odoul-Asorey, RDT, 2021, p. 460)*.

De même, lorsque la nature et l'importance de problèmes communs aux entreprises d'un même site ou d'une même zone le justifient, un accord collectif interentreprises conclu entre les employeurs des entreprises du site ou de la zone et les organisations syndicales représentatives au niveau interprofessionnel ou au niveau départemental peut mettre en place un CSE interentreprises. Cet accord définit notamment le nombre de membre de la délégation du personnel, ainsi que les modalités de désignation *(C. trav., L. 2313-9)*.

La mise en place de ces instances n'a pas de caractère obligatoire et repose sur un accord collectif.

B. Bénéfice du statut protecteur

12.2.7.2. – Tant les représentants de proximité que les membres du CSE interentreprises bénéficient du statut protecteur au titre de l'exercice du mandat *(C. trav., art. L. 2411-8 et L. 2411-10)*, de la candidature et de l'imminence de candidature *(C. trav., art. L. 2411-9 et L. 2411-10-1)*. La mise en place de ces instances n'étant pas obligatoire, les salariés ne bénéficient pas de la protection attachée aux demandeurs d'élections.

C. Contestation de la désignation des représentants de proximité

12.2.7.3. – La contestation des désignations de représentants de proximité, qui sont membres du CSE ou désignés par lui pour une durée qui prend fin avec celle du mandat des membres élus, doit être formée devant le tribunal judiciaire statuant sur requête, les parties étant dispensées de constituer avocat *(Cass. soc. 1er févr. 2023, n° 21-13.206, B.)*.

§ 8. LES MEMBRES DU COMITÉ D'ENTREPRISE EUROPÉEN ET DE L'ORGANE DE REPRÉSENTATION MIS EN PLACE DANS UNE SOCIÉTÉ EUROPÉENNE

A. Le comité d'entreprise européen et le groupe spécial de négociation

1. Règles de désignation des représentants

12.2.8.1.1. – S'agissant du groupe spécial de négociation, au sein duquel doit être négocié l'accord mettant en place le comité d'entreprise européen et de cette instance proprement dite, trois cas doivent être envisagés pour la désignation des représentants des entreprises ou des établissements situés en France :

- lorsqu'il n'existe pas d'organisation syndicale dans l'entreprise ou le groupe d'entreprises de dimension communautaire dont le siège social ou le siège de l'entreprise dominante est situé en France : les membres des deux instances sont élus selon les mêmes règles que celles fixées pour l'élection des membres du CSE (C. trav., art. L. 2344-5) ;
- lorsqu'il n'existe pas d'organisation syndicale dans la seule entreprise ou le seul établissement implanté en France, appartenant à une entreprise ou à un groupe de dimension communautaire : les membres des deux instances sont également élus selon les mêmes règles que celles fixées pour l'élection des membres du CSE (l'établissement ou l'entreprise doit comprendre au moins cinquante salariés ; C. trav., art. L. 2344-6) ;
- dans les autres cas, les membres de ces ceux instances sont désignés par les organisations syndicales parmi les membres élus aux comités sociaux et économiques ou leurs représentants syndicaux (C. trav., art. L. 2344-2).

La composition du groupe spécial de négociation ne peut être modifiée en fonction des résultats des scrutins intervenus postérieurement à sa mise en place *(Cass. soc., 21 oct. 2005, avis, Sté Stéria, n° 05-00.024, Bull. n° 8, RJS 2006 n° 363).* Il en est de même de la composition du comité d'entreprise européen dont les membres sont désignés pour quatre ans *(Cass. soc., 21 janv. 2009, n° 08-60.426, Bull. V n° 21, RJS 2009 n° 371).*

Le tribunal d'instance [tribunal judiciaire] ne statue pas en dernier ressort sur les contestations relatives à la désignation des membres du comité d'entreprise européen et du groupe spécial de négociation et la voie de l'appel est ouverte *(Cass. soc., 18 juin 2003, n° 02-60071, Bull. V n° 200, RJS 2003 n° 1187 ; Cass. soc., 24 sept. 2008, n° 07-60.350, Bull. V n° 182, RJS 2008 n° 1206).*

2. Bénéfice de la protection

12.2.8.1.2. – L'article L. 2411-1 précise que les membres du groupe spécial de négociation et du comité d'entreprise européen bénéficient de la protection spéciale.

En outre, l'article L. 2342-4 prévoit que les salariés qui demandent que soit engagée la procédure de constitution du groupe spécial de négociation ne peuvent pas être sanctionnés ou licenciés et que toute décision ou tout acte contraire est nul de plein droit.

La jurisprudence a étendu aux membres du comité d'entreprise européen les règles définies pour les délégués syndicaux en cas de licenciement sans autorisation *(Cass. soc., 16 mars 2005, n° 02-45.077, Bull. V n° 96, RJS 2005 n° 651 ; cf. n°* ***73.5.3.3.5****)*.

B. L'organe de représentation créé au sein de la société européenne (SE), de la société coopérative européenne, de la société issue d'une fusion transfrontalière et le groupe spécial de négociation

12.2.8.2. – L'article 10 de la directive 2001/86/CE du Conseil du 8 octobre 2001, complétant le statut de la Société européenne pour ce qui concerne l'implication des travailleurs, prévoit que les membres du groupe spécial de négociation, les membres de l'organe de représentation créé au sein de la société européenne (SE), les représentants des travailleurs exerçant leurs fonctions dans le cadre d'une procédure d'information et de consultation et les représentants des travailleurs siégeant dans l'organe de surveillance ou d'administration de la SE « *jouissent, dans l'exercice de leurs fonctions, des mêmes protections et garanties que celles prévues pour les représentants des travailleurs par la législation [...] en vigueur dans leur pays d'emploi* ».

Les dispositions de la directive ont été transposées en droit interne par la loi n° 2005-842 du 26 juillet 2005 pour la confiance et la modernisation de l'économie et codifiées aux articles L. 2351-1 et suivants du Code du travail. La loi n° 2008-89 du 30 janvier 2008 relative à la mise en œuvre des dispositions communautaires concernant le statut de la société coopérative européenne et la protection des travailleurs salariés en cas d'insolvabilité de l'employeur a étendu la protection aux membres du groupe spécial de négociation et de l'organe de représentation des salariés au sein de la société coopérative européenne *(C. trav., art. L. 2411-12)*.

La loi n° 2008-649 du 3 juillet 2008 portant diverses dispositions d'adaptation du droit des sociétés au droit communautaire a étendu le bénéfice de la protection au représentant au comité de la société issue d'une fusion transfrontalière.

§ 9. LES MEMBRES DU COMITÉ SOCIAL ET ÉCONOMIQUE MIS EN PLACE PAR VOIE CONVENTIONNELLE

Plan du paragraphe

A. Le principe de la protection

12.2.9.1. – L'extension de la protection aux salariés investis de fonctions représentatives sur le fondement d'une convention ou d'un collectif impose de concilier les considérations juridiques suivantes :

- en principe, un accord de droit privé ne peut avoir ni pour objet ni légalement pour effet d'étendre la compétence des agents publics, laquelle ne peut résulter que d'une disposition publique. Il s'ensuit qu'une convention ou un accord collectif ne peut pas accorder le bénéfice de la protection à des salariés qui légalement n'en bénéficient pas et, de ce fait, étendre la compétence des agents publics que sont les inspecteurs du travail ;
- le statut protecteur est considéré, tant par la Cour de cassation que par le Conseil d'État, comme relevant de l'ordre public absolu dès lors que « la protection exceptionnelle et exorbitante du droit commun des salariés investis de fonctions représentatives a été instituée, non dans le seul intérêt de ces derniers, mais dans celui de l'ensemble des salariés » *(Cass. soc., 10 juill. 2002, n° 00-40.301, Bull. V. n° 249)*.

B. L'extension jurisprudentielle de la protection aux représentants conventionnels

12.2.9.2. – Cette extension est le fruit de prises de positions successives et combinées de la Cour de cassation et du Conseil d'État *(L. Pécaut-Rivolier et Y. Struillou, « La protection des représentants "conventionnels" : le regard bienveillant de la Cour de cassation et du Conseil d'État », Sem. soc. Lamy, n° 1338, 28 janv. 2008)*.

Dans son avis n° 310.108 du 22 mars 1973 portant sur la notion d'ordre public, l'Assemblée générale du Conseil d'État, après avoir rappelé qu'une convention collective de travail ne pouvait modifier la compétence des agents publics, avait admis que la protection légale soit étendue à des représentants du personnel *(comité d'entreprise, délégués du personnel et délégués syndicaux)* mis en place par accord collectif dans des entreprises ou établissements comportant un nombre de salariés inférieur aux seuils légaux *(Les grands avis du Conseil d'État, 3e éd., n° 6).*

Pour le Conseil d'État, cette extension trouvait son fondement dans le principe énoncé par le Code du travail, dit « *principe de faveur* », selon lequel les accords collectifs peuvent « *comporter des dispositions plus favorables aux travailleurs que celles des lois et règlement en vigueur* » *(dispositions figurant à l'article L. 132-4 de l'ancien Code du travail et reprises à l'article L. 2251-1 du nouveau Code du travail).*

La Cour de cassation a repris ce raisonnement pour admettre, par un arrêt du 9 juillet 1976, la protection du délégué syndical suppléant conventionnel dont la désignation n'est pas prévue par la loi *(Cass. soc., 9 juill. 1976, n° 76-60.056 et n° 76-60.057, Bull. V n° 453).* La chambre sociale a fait reposer sa solution sur :

- la disposition du Code du travail relative au principe dit de faveur ;
- l'article du Code du travail en vertu duquel les dispositions légales relatives au droit syndical, au nombre desquelles figure la protection, ne faisaient pas obstacle aux conventions ou accords comportant des clauses plus favorables (disposition figurant à l'article L. 412-17 de l'ancien Code du travail et reprise à l'article L. 2141-10 du nouveau Code) ;
- le fait que le délégué syndical suppléant est appelé à exercer, en l'absence du titulaire, les mêmes fonctions, « l'exposant aux mêmes risques en cas de conflit avec l'employeur ».

Par une décision du 31 octobre 1980, l'Assemblée du contentieux du Conseil d'État a admis que les délégués syndicaux désignés, en vertu d'un accord collectif, dans les entreprises de moins de 50 salariés, bénéficiaient de la protection légale *(CE, 31 oct. 1980, n° 12.767, Sté Consortium viticole et vinicole de Bourgogne et ministre du Travail c. / Nivault, Rec. p. 404, concl. Mme Latournerie, Dr soc 1981, p. 158 ; AJDA 1980, chron., p. 643).* Il est à remarquer que la décision se fonde exclusivement sur la disposition spécifique à l'exercice du droit syndical dans l'entreprise ouvrant la possibilité de prévoir par accord collectif des clauses plus favorables que les dispositions légales alors que le Conseil d'État aurait pu, se fondant sur le principe de faveur, adopter une solution ayant une portée générale pour toutes les institutions représentatives.

En 1991, la chambre sociale a posé, pour la première fois par un arrêt du 20 février 1991, la règle selon laquelle « *les institutions représentatives du personnel créées par voie conventionnelle doivent, pour ouvrir à leurs membres le bénéfice de la procédure spéciale protectrice prévue en faveur des représentants du personnel et des syndicats, être de même nature que celles prévues par le Code du travail ; que tel n'est pas le cas des représentants syndicaux au comité d'hygiène, de sécurité et des conditions de travail, dont l'existence n'est pas prévue par le Code du travail » (Cass. soc., 20 févr. 1991, n° 89-42.288, Bull. V n° 85).*

Le Conseil d'État a adopté la même position *(CE, 8 avr. 2013, Lanteri, Tables p. 867, RJS 2013 n° 471 ; CE, 18 juill. 2018, n° 397.757, M. Brogniez).*

C. La reconnaissance par le législateur

12.2.9.3. – La loi n° 82-915 du 28 octobre 1982 a consacré la protection des représentants conventionnels par des dispositions législatives expresses relatives aux délégués syndicaux, aux délégués du personnel ainsi qu'aux membres des comités institués par voie conventionnelle. Ces dispositions sont désormais reprises dans un seul article du Code du travail *(C. trav., art. L. 2411-2).*

Les juridictions se sont bien évidemment appuyées sur ces dispositions législatives pour confirmer leur jurisprudence. Ainsi, par un arrêt du 15 mai 1990, se rapportant à des faits postérieurs à l'entrée en vigueur de la loi du 28 octobre 1982, la chambre criminelle de la Cour de cassation a admis le bénéfice de la protection pour les représentants conventionnels *(Cass. crim., 15 mai 1990, n° 87-90.814, Bull. crim. n° 198).*

D. Les cas de figure possibles

12.2.9.4. – Trois cas doivent être distingués.

	Nature de la stipulation conventionnelle	Solution
1	La convention ou l'accord prévoit un nombre de représentants du personnel supérieur à celui défini par le Code du travail	**La protection est acquise** *cf. n°* ***12.2.9.5***
2	La convention ou l'accord prévoit la mise en place d'une institution prévue par le Code du travail dans un établissement ou une entreprise disposant d'un nombre de salariés inférieur au seuil exigé par la loi.	**La protection est acquise**
3	La convention ou l'accord prévoit la mise en place d'une institution distincte de celles prévues par la loi :	La protection est acquise si l'institution a la même nature que l'une des institutions prévues par le Code du travail. *cf. n°* ***12.2.9.6.1***

Dans tous les cas de figure, la protection n'est pas subordonnée à l'existence d'un arrêté d'extension de la convention collective *(CE, 4 juill. 1984, n° 23.863, Humbert, Rec. p. 257).*

Il a été jugé par le Conseil d'État, sur le fondement des dispositions législatives antérieures à la nouvelle codification *(C. trav., ancien article L. 431-1)*, que ne bénéficiaient pas de la protection les représentants mis en place par voie conventionnelle dans les établissements publics administratifs, ces derniers n'étant pas au nombre de ceux alors visés par le Code du travail *(CE, 7 juill. 1993, n° 92.563, Maaoui, RJS 1993 n° 995 ; sur l'évolution du champ d'application : cf. n° **11.1.1.2**)*.

E. La convention ou l'accord prévoyant un nombre de représentants supérieur à celui défini par le Code du travail

12.2.9.5. – Il n'est pas exigé que l'accord augmentant le nombre de représentants soit signé par l'ensemble des organisations syndicales représentatives de l'entreprise *(Cass. soc., 8 déc. 2004, n° 03-60.508, Bull. V n° 325, RJS 2005 n° 399)*.

Si le nombre de délégués à élire, tel qu'il est fixé par la loi, peut être « *augmenté à la suite d'une négociation avec les syndicats représentatifs par un accord collectif, et spécialement par un accord préélectoral valable pour l'élection qu'il organise, ni un usage de l'entreprise, ni un engagement unilatéral de l'employeur* » ne peuvent accroître ce nombre *(Cass. soc., 20 juin 2000, n° 99-60.153, Bull. V n° 239, RJS 2000 n° 1108)*. Il en est de même du nombre de RSCSE *(Cass. soc., 30 mai 2001, n° 00-60.150, Bull. V n° 199, RJS 2001 n° 1154)*.

Le nombre des représentants des comités sociaux et économiques d'établissement au CSE central peut être augmenté par accord *(Cass. soc., 20 déc. 2006, n° 06-60.119, Bull. V n° 398, RJS 2007 n° 354)*.

F. La convention ou l'accord prévoyant la mise en place d'une institution distincte de celles prévues par la loi

1. *Lignes directrices de la jurisprudence*

12.2.9.6.1. – La Cour de cassation et le Conseil d'État utilisent le même critère pour déterminer si le représentant conventionnel bénéficie ou non de la protection légale : **la nature de l'institution créée par voie conventionnelle**.

Ainsi, pour la chambre sociale, « *les institutions représentatives du personnel créées par voie conventionnelle doivent, pour ouvrir à leurs membres le bénéfice de la procédure spéciale protectrice prévue en faveur des représentants du personnel et des syndicats, être de même nature que celles prévues par le Code du travail* ». La formulation du Conseil d'État est à dessein très proche : la protection ne peut être étendue dans le cas où les représentants institués par voie conventionnelle relèvent « *d'une catégorie de même nature que celle qui est prévue par la loi* ».

Le terme « *institution* » a un double sens : il s'agit non seulement de l'organisme au sein duquel siège le représentant mais également la nature même du mandat confié au représentant. Ainsi, alors même que le Code du travail ouvre la possibilité de prévoir des clauses plus favorables que celle définies par la loi s'agissant de l'exercice du droit syndical et que la loi prévoyait l'existence de comité d'hygiène, de sécurité et des conditions de travail (CHSCT), il avait été jugé que le représentant syndical au sein de ce comité n'était pas protégé dès lors que la loi n'avait pas prévu l'existence de ce type de représentant au sein de cette institution *(Cass. soc., 20 févr. 1991, n° 89-42.288, Bull. V n° 85, RJS 1991)*.

Le fondement de la jurisprudence est explicité par la décision du Conseil d'État du 29 décembre 1995 : la loi ne prévoyait une extension de la compétence de l'inspection du travail que pour les délégués du personnel, les délégués syndicaux et les membres du comité d'entreprise *(CE, 29 déc. 1995, ministre du Travail c. / Mme Bedda, n° 122.643, Rec. p. 482)*. Aller au-delà de ce cadre législatif aboutirait à admettre l'extension des interventions des agents publics sur le seul fondement d'accords de droit privé, ce qui n'est pas légalement possible dès lors que la compétence des agents de l'État relève de l'ordre public absolu. Par suite, si l'institution créée par accord n'est pas prévue par la loi, le juge doit en déduire qu'elle ne relève pas d'une « *catégorie de même nature que celle prévue par la loi* ».

Cependant, l'emploi de ce critère peut parfois s'avérer délicat : ainsi, dans l'affaire tranchée par la décision précitée du Conseil d'État du 29 décembre 1995, les missions du représentant du personnel élu par le personnel des bourses de valeur se rapprochaient de celles des délégués du personnel.

2. *Les solutions jurisprudentielles*

12.2.9.6.2. – Elles sont les suivantes.

Nature de la représentation	Arrêt ou décision	Solution
Membre élu d'un « *comité du personnel* » qui n'exerçait pas les fonctions dévolues aux délégués du personnel	*Cass. soc., 29 nov. 1989, n° 87-45.162, Bull. V n° 688*	**Absence de protection** : le « *comité du personnel* » n'est pas une institution de même nature que celles prévues par le Code du travail.
Membre d'un conseil de discipline	*Cass. soc., 19 juin 1991, n° 90-43.215, Bull. V n° 306 RJS 1991 n° 977* *Cass. soc., 22 janv. 2020, n° 18-21.206, B.*	**Absence de protection** : le conseil de discipline n'est pas une institution de même nature que celles prévues par le Code du travail.

Nature de la représentation	Arrêt ou décision	Solution
Administrateur du Fonds d'assurance formation (FAF)	*Cass. soc., 1er déc. 1993, n° 92-40.072, Bull. V n° 298, RJS 1994 n° 52*	**Absence de protection** : les organismes du FAF ne sont pas de même nature que les institutions représentatives prévues par la loi.
Représentant élu par le personnel d'une bourse de valeur de province	*CE, 29 déc. 1995, n° 122.643, ministre du Travail c./ Mme Bedda, Rec. p. 482, RJS 1996 n° 298*	**Absence de protection** : le représentant *« ne peut être regardé comme relevant d'une catégorie de même nature que les délégués du personnel prévus par la loi »*.
Membres des conseils d'unité créés au sein du Commissariat à l'énergie atomique	*Cass. soc., 7 juill. 1999, n° 97-43.231, RJS 1999 n° 1089*	**Absence de protection :** le *« conseil d'unité »* n'est pas une institution de même nature que celles prévues par le Code du travail.
Délégué syndical d'un comité de branche	*Cass. soc., 15 mars 2006, n° 04-45.247, Bull. V n° 111, RDT 2006 p. 144 note M. Grévy*	**Absence de protection :** le *« comité de branche »* n'est pas une institution de même nature que celles prévues par le Code du travail.
Membres du comité interétablissement chargé de la gestion des œuvres sociales	*Cass. soc., 12 juill. 2006, n° 04-45.893, Bull. V n° 258, RJS 2006 n° 1094, JCP S 2006 n° 38 p. 29 note J.-Y. Kerbourc'h*	**Absence de protection :** le comité interétablissement n'a pas les mêmes attributions que le que le comité central d'entreprise.
Délégué syndical suppléant de groupe	*Cass. soc., 23 oct. 2007, n° 06-44.438, Bull. V n° 174, RJS 2008 n° 51, Dr 2008 p. 256, obs. P.-Y. Verkindt, RDT 2008 p. 46 note M. Grévy, Dr ouvrier 2008.538*	**Protection :** le délégué syndical suppléant de groupe est une institution de même nature que celle du délégué syndical d'entreprise *cf. n°* ***12.4.7***

Nature de la représentation	Arrêt ou décision	Solution
Membres de la commission de coordination des comités d'hygiène, de sécurité et des conditions de travail	*Cass. soc., 19 déc. 1989, n° 89-42.800, Bull. V n° 719, RJS 1990 n° 52*	**Absence de protection :** la commission de coordination des CHSCT n'est pas une institution de même nature que celles prévues par le Code du travail.
Représentants syndicaux au comité d'hygiène, de sécurité et des conditions de travail	*Cass. soc., 20 févr. 1991, n° 89-42.288 Bull. V n° 85 Cass. soc., 29 janv. 2003, n° 00-45.961, Bull. V n° 34 CE, 8 avr. 2013, Lanteri, Tables p. 867, RJS 2013 n° 471 CE, 18 juill. 2018, n° 397.757, M. Brogniez*	**Absence de protection :** Le représentant syndical au CHSCT, dont l'existence n'est pas prévue par le Code du travail, n'est pas une institution de même nature que celle prévue par le Code du travail.
Secrétaire du CHSCT pris en dehors de la délégation du personnel	*Cass. soc., 25 janv. 1994, n° 92-40.139, Bull. V n° 23 Cass. soc., 18 mai 2005, n° 02-47.335, Bull. V n° 173, RJS 2005 n° 867, D. 2005, p. 1507*	**Absence de protection :** le salarié ne faisait pas partie de la délégation du personnel siégeant à ce comité.
Membres d'une représentation collective au niveau national des directeurs d'établissement	*Cass. soc., 20 sept. 2017, n° 15-25.968*	**Absence de protection :** cette délégation ne bénéficiant pas des attributions spécifiques des délégués du personnel, ces attributions étant incompatibles avec la fonction de direction assurée par ces représentants.
Membres des commissions internes à l'entreprise compétentes en matière de procédure disciplinaire	*Cass. soc., 22 janv. 2020, n° 18-21.206, B.*	**Absence de protection :** cette institution n'est pas de même nature que les commissions paritaires professionnelles, créées par accord collectif

G. L'application des dispositions de droit commun prohibant les mesures discriminatoires

12.2.9.7. – Les salariés qui ne peuvent prétendre au bénéfice de la protection exceptionnelle peuvent, le cas échéant, en cas de licenciement, invoquer les dispositions de l'article L. 1132-1 du Code du travail qui prohibe toute discrimination en raison de l'activité syndicale ainsi que de l'article L. 1132-4, qui frappe de nullité tout licenciement prononcé à raison de cette activité. En outre, sur le plan pénal, l'infraction est constituée s'il est établi que l'employeur a pris en compte l'activité syndicale pour arrêter sa décision de licenciement *(Cass. crim., 5 mars 1991, n° 90-82.113, Bull. crim. n° 112).*

§ 10. LES MEMBRES DU COMITÉ SOCIAL ET ÉCONOMIQUE MIS EN PLACE DANS LE CADRE D'UNE UNITÉ ÉCONOMIQUE ET SOCIALE

12.2.10. – Le Code du travail prévoit que lorsqu'une unité économique et sociale regroupant au moins onze salariés *(UES)* est reconnue par un accord, accord collectif signé selon les conditions de droit commun et non du protocole préélectoral *(Cass. soc., 14 nov. 2013, n° 13-12.712, Bull. V n° 266, RJS 2014 n° 54),* ou par décision de justice, un CSE commun est mis en place *(C. trav., art. L. 2313-8).*

Les critères de reconnaissance d'une unité économique et sociale sont identiques quelle que soit l'institution représentative mise en place *(Cass. soc., 3 mai 2007, n° 06-60.042 et n° 06.60.117, RJS 2007 n° 836).*

Il s'en suit que dès lors qu'a été reconnue l'existence d'une UES pour l'exercice du droit syndical :

– le juge peut décider que les élections doivent avoir lieu dans le périmètre de l'UES précédemment délimité dès lors qu'il n'est pas établi la survenance depuis lors de modifications susceptibles de remettre en cause cette UES *(Cass. soc., 3 mai 2007, n° 06-60.042 et n° 06.60.117, RJS 2007 n° 836, J. Savatier, « Le contentieux de la reconnaissance d'une unité économique et sociale », Dr soc 2007, p. 1248)* ;
– le juge ne peut rejeter la demande d'organisation des élections dans ce cadre sans s'expliquer sur les motifs justifiant le refus de la reconnaissance de l'UES à la date de cette demande *(Cass. soc., 13 févr. 2008, n° 07-60.182, Dr ouvrier 2008, p. 451, note P. Rennes).*

L'action judiciaire aux fins de reconnaissance d'une UES relève de la compétence d'attribution du tribunal d'instance [tribunal judiciaire] *(Cass. avis, 19 mars 2007, n° 06-00.020, RJS 2007 n° 753).*

L'annulation d'un jugement reconnaissant l'existence d'une unité économique et sociale ne fait perdre aux salariés élus leur qualité de membre de l'institution représentative mise en place dans ce cadre qu'à compter du jour où elle est prononcée *(Cass. soc., 2 déc. 2008, n° 07-41.832, Bull.*

V n° 238, JCP S 2009 n° 10 p. 56, note F. Dumont ; Rapport 2008 Cour de cassation ; cf. n° ***12.2.1.11.3****)*.

SECTION 3

Les mandats supprimés par l'ordonnance n° 2017-1386 du 22 septembre 2017 : les membres du comité d'entreprise, les délégués du personnel et les membres du CHSCT

12.3.1. – Le comité social et économique s'est substitué au comité d'entreprise, aux délégués du personnel et au CHSCT, au plus tard le 31 décembre 2019. L'article 11 de l'ordonnance n° 2017-1386 du 22 septembre 2017 prévoyait des dispositions transitoires visant à assurer le bénéfice du statut protecteur aux salariés détenant ou ayant détenu ces mandats ainsi qu'aux salariés s'étant portés candidats à de tels mandats, maintenant en vigueur les dispositions antérieures du Code du travail pendant la période transitoire *(C. trav., art L. 2411-1, L. 2411-2, L. 2411-5 à L. 2411-10, L. 2411-13, L. 2411-14, L. 2412-1, L. 2412-3, L. 2412-4, L. 2412-7, L. 2412-8, L. 2413-1, L. 2414-1, L. 2421-3 et L. 2421-4 anciens)*.

Ainsi, il appartenait à l'employeur de solliciter l'autorisation de l'inspecteur du travail préalablement à la rupture ou au transfert du contrat de travail d'un salarié détenteur d'un de ces mandats ou ayant exercé ces mandats, pendant les six mois suivants la fin du mandat *(cf. n°* ***13.1.1****)*.

De même, les dispositions tenant à la réintégration dans l'emploi et le mandat énoncées aux articles L. 2422-1 et L. 2422-2 du Code du travail sont restées applicables pendant la période transitoire aux salariés bénéficiant du statut protecteur au titre de ces mandats.

Quant aux représentants du personnel au comité d'hygiène, de sécurité et des conditions de travail (CHSCT), ils ont bénéficié de la protection légale y compris lorsqu'ils y avaient siégé pendant les six premiers mois suivant l'expiration de son mandat ou la disparition de l'institution *(C. trav., art. L. 2411-13 ; cf. G. Loiseau, L. Pécaut-Rivolier et P.-Y. Verkindt, « Le guide du comité d'hygiène, de sécurité et des conditions de travail (CHSCT) », D. 2015, n° 132.00 et s. ; cf. B. Teyssié, « L'organisation du CHSCT », JCP S 2007 n° 23, p. 9)*. De plus, dès lors que le juge du fond constatait que le salarié avait été désigné membre du CHSCT par un vote du collège désignatif et que l'employeur n'avait pas contesté ce vote dans le délai imparti *(C. trav., art. R. 4613-11 ancien : quinze jours)*, ce dernier ne pouvait soutenir que le salarié n'était pas protégé *(Cass. soc., 12 févr. 2008, n° 06-44.121, Bull. V n° 35, RJS 2008 n° 450* ; *cf. L. Pécaut-Rivolier et Y. Struillou, « La remise en cause du mandat du salarié protégé à l'occasion de son licenciement : réflexions sur les arrêts du Conseil d'État du 21 décembre 2007 et de la chambre sociale de la Cour de cassation du*

12 février 2008 », Dr soc 2008, p. 845). Toutefois, cette jurisprudence ne jouait pas en l'absence de toute élection ou de toute désignation. En effet, le salarié ne pouvait invoquer le bénéfice de la protection en l'absence de tout vote du collège désignatif *(Cass. soc., 15 juin 1994, n° 93-41.265 ; Cass. soc., 28 nov. 2006, n° 04-45.548, Bull. V n° 356, RJS 2007 n° 238, JCP S 2007 n° 36 p. 35 note J.-Y. Kerbourc'h ; Cass. soc., 16 janv. 2008, n° 06-15.679, Bull. V n° 7 ; Cass. soc., 28 sept. 2016, n° 15-16.984, RJS 2016 n° 792)*.

Entraient également dans le champ de la protection :

– le représentant du personnel d'une entreprise extérieure désigné au comité d'hygiène, de sécurité et des conditions de travail d'un établissement comprenant au moins une installation classée figurant sur la liste prévue au IV de l'article L. 515-8 du Code de l'environnement ou mentionnée à l'article 3-1 du Code minier ;
– le salarié membre d'une commission paritaire d'hygiène, de sécurité et des conditions de travail en agriculture.
– Les mandats de délégués du personnel, membres du comité d'entreprise et du CHSCT ayant été supprimés, les références complètes quant à la protection des membres de ces instances peuvent être consultées dans la 5e édition de cet ouvrage (nov. 2015).

SECTION 4
Le délégué syndical

§ 1. LES CONDITIONS DE DÉSIGNATION TENANT À L'EFFECTIF DE L'ENTREPRISE

12.4.1 – En vertu des dispositions de l'article L. 2143-3 du Code du travail, les organisations syndicales représentatives dans l'entreprise ou l'établissement peuvent désigner un délégué syndical (DS) :

– dans les entreprises de cinquante salariés et plus ;
– dans les établissements employant cinquante salariés et plus dans les entreprises dépassant ce seuil.

Il appartient à l'employeur de prouver que l'effectif est inférieur au seuil *(Cass. soc., 23 juin 1999, n° 98-60.311 ; Cass. soc., 24 sept. 2008, n° 08-60.238)*. Le juge d'instance [juge judiciaire] n'est pas tenu d'ordonner une mesure d'instruction *(Cass. soc., 27 janv. 2010, n° 09-60.249, RJS 2010 n° 352)*.

Sauf accord collectif en disposant autrement, le périmètre de désignation des DS est le même que celui retenu, lors des dernières élections, pour la mise en place du comité au niveau de l'entreprise ou de l'établissement ; ainsi, la reconnaissance d'un établissement distinct pour la mise en place d'un comité social et économique permet nécessairement la désignation d'un DS dans ce même périmètre *(Cass. soc., 10 nov. 2010, n° 10-60.104, RJS 2011 n° 58 ; Cass. soc., 18 mai 2011, n° 10-60.383, Dr soc 2011 p. 1005, note F. Petit ; dans le même sens : Cass. soc., 1er avr. 2015, n° 13-27.068)*. En revanche, ni un usage ni un engagement unilatéral de l'employeur ne peuvent modifier ces dispositions *(Cass. soc., 10 mai 2012, n° 11-21.388, Bull. V n° 144)*. En outre, ni un accord collectif de droit commun, ni l'accord d'entreprise prévu par l'article L. 2313-2 du Code du travail concernant la mise en place du comité social et économique et des comités sociaux et économiques d'établissement ne peuvent priver un syndicat du droit de désigner un DS au niveau d'un établissement au sens de l'article L. 2143-3 du Code du travail *(Cass. soc., 2 mars 2022, n° 20-18.442, B., RJS 2022 n° 259, Dr soc juin 2022 p. 562, « Le périmètre de désignation du délégué syndical », Franck Petit ; Cass. soc., 9 nov. 2022, n° 21-20.525, RJS 2023 n° 92)*.

De plus, la possibilité de désigner un représentant de proximité ne suffit pas à démontrer l'existence d'un établissement distinct. Il résulte de l'article L. 2143-3 du Code du travail que la désignation d'un DS peut intervenir au sein d'un établissement d'au moins cinquante salariés regroupés sous la direction d'un représentant de l'employeur et constituant une communauté de travail ayant des intérêts propres, susceptibles de générer des revendications communes et spécifiques. Le tribunal, qui a retenu que la possibilité prévue par l'accord collectif de désigner des représentants de proximité ne suffit pas à démontrer l'existence d'une communauté de travail ayant des intérêts collectifs distincts, a, par une décision motivée, légalement justifié sa décision. *(Cass. soc., 31 mars 2021 n° 19-26.234, RJS 2022 n° 396, Sem. soc. Lamy 28 août 2023, n° 2056)*.

§ 2. LES CONDITIONS DE DÉSIGNATION TENANT AU SYNDICAT

12.4.2. – En vertu du principe de spécialité, un syndicat ne peut désigner un DS que dans le champ d'application géographique et professionnel déterminé par ses statuts, peu important son adhésion à une organisation reconnue représentative au plan national et interprofessionnel *(Cass. soc., 11 févr. 2009, n° 08-60.440, Bull. V n° 46, RJS 2009 n° 374)*.

§ 3. LES CONDITIONS DE DÉSIGNATION TENANT AU SALARIÉ

12.4.3 – Les conditions d'âge et d'ancienneté auxquelles est subordonnée la validité de la désignation sont définies par le Code du travail *(C. trav., art. L. 2143-1)*. Elles sont les suivantes :

– le salarié doit être âgé de 18 ans révolus ;
– il doit travailler dans l'entreprise depuis un an au moins ; cette durée est ramenée à quatre mois en cas de création d'entreprise ou d'ouverture d'établissement ;

– il ne doit avoir fait l'objet d'aucune interdiction, déchéance ou incapacité relative à ses droits civiques.

Il appartient à l'organisation syndicale d'apprécier si un salarié est en mesure d'exercer son mandat *(Cass. soc., 9 avr. 1987, n° 86-60.190, Bull. V n° 225 : salarié ne travaillant pas en permanence dans l'entreprise ; Cass. soc., 27 mai 2009, n° 08-60.569, Bull. V n° 240, RJS 2009 n° 732, RDT 2009, p. 530 note E. Peskine : salarié employé par une société et détaché auprès du groupement d'intérêt économique dont elle est membre ; Cass. soc., 17 avr. 2013, n° 12-22.699, Bull. 2013, n° 104).*

§ 4. LES CONDITIONS DE DÉSIGNATION TENANT À L'EXISTENCE D'UNE SECTION SYNDICALE

A. L'état du droit avant l'entrée en vigueur de la loi n° 2008-789 du 20 août 2008

12.4.4.1. – Les dispositions de l'ancien article L. 412-11 du Code du travail précisaient que chaque syndicat représentatif « *qui constitue une section syndicale dans les entreprises et organismes visés par l'article L. 421-1, qui emploient au moins cinquante salariés, désigne… un ou plusieurs délégués syndicaux pour le représenter auprès du chef d'entreprise* ».

Cette disposition a donné lieu à un important contentieux, la désignation des DS étant contestée au motif tiré de ce qu'aucune section syndicale n'était constituée ou en voie de constitution à la date de cette désignation.

La position de principe adoptée en 1997 par la Cour de cassation, selon laquelle l'existence d'une section syndicale était établie par la seule désignation du DS dans l'entreprise mit un terme à ce type de contentieux *(Cass. soc., 27 mai 1997, n° 96-60.239, Bull. V n° 194, Dr soc 1997, p. 758, RJS 1997 n° 834)*. Cette jurisprudence fut étendue à la désignation du représentant syndical au comité d'entreprise, « *l'existence d'une section syndicale étant établie par cette seule désignation* » *(Cass. soc., 17 mars 1998, n° 96-60.396, Bull. V n° 157, RJS 1998 n° 606).*

B. Les dispositions introduites par la loi n° 2008-789 du 20 août 2008

1. Les dispositions relatives à la section syndicale

12.4.4.2.1 – Une section syndicale peut être constituée « *dès lors* » que le syndicat a « *plusieurs adhérents dans l'entreprise ou l'établissement* » *(C. trav., art. L. 2142-1).*

Cette nouvelle disposition est entrée en vigueur à compter du 22 août 2008, en l'absence de disposition expresse contraire de la loi du 20 août 2008.

2. *Les dispositions relatives à la désignation du délégué syndical*

12.4.4.2.2 – Aux termes de l'article L. 2143-3 du Code du travail, « *chaque organisation syndicale représentative dans l'entreprise ou l'établissement [...]* qui constitue une section syndicale, *désigne parmi les candidats aux élections professionnelles qui ont recueilli au moins 10 % des suffrages exprimés au premier tour des dernières élections au comité d'entreprise ou de la délégation unique du personnel ou des délégués du personnel, quel que soit le nombre de votants [...], un ou plusieurs délégués syndicaux pour la représenter auprès de l'employeur » (cf. L. Pécaut-Rivolier et Y. Struillou, « La représentation du personnel dans l'entreprise après la loi du 20 août 2008 », RDT 2009, p. 490).* Cette disposition est entrée en vigueur à compter des résultats des premières élections professionnelles pour lesquelles la date fixée pour la négociation du protocole préélectoral était postérieure au 21 août 2008 *(loi du 20 août 2008, art. 13, 2e al.).*

C. Les règles de constitution de la section syndicale

1. *L'articulation des dispositions*

12.4.4.3.1. – Les anciennes dispositions *(C. trav., art. L. 412-11)* comme les nouvelles *(C. trav., art. L. 2143-3)* relatives à la désignation du DS renvoient à la définition de la section syndicale. Or, comme il a été vu, la nouvelle définition de la section syndicale opérée par la loi du 20 août 2008 était d'application immédiate. Il s'ensuit depuis le 22 août 2008, un syndicat doit démontrer, pour désigner un DS, qu'il remplit les conditions de constitution d'une section syndicale : « *L'article L. 2142-1 dans sa rédaction issue de la loi du 20 août 2008 et applicable immédiatement conditionne désormais la création d'une section syndicale à la présence de plusieurs adhérents dans l'entreprise ou l'établissement ; qu'il en résulte [...] que le syndicat devait, pour établir la preuve de l'existence ou de la constitution d'une section syndicale, démontrer la présence de plusieurs adhérents dans l'entreprise » (Cass. soc., 8 juill. 2009, n° 09-60.011, 09-60.031 et 09-60.032, Bull. V n° 180).*

2. *L'interprétation jurisprudentielle*

12.4.4.3.2 – La lettre des nouvelles dispositions relatives à la section syndicale remet en cause la jurisprudence établie par la chambre sociale par son arrêt du 27 mai 1997 précité *(cf. n° **12.4.4.1** ; cf. G. Bonnefreund, « Le renouveau du droit syndical dans l'entreprise : entre faveur et défiance », Dr soc 2009, p. 700)*. Cependant, le retour à la jurisprudence antérieure à 1997 aurait relancé le contentieux et le débat sur la caractérisation du risque de représailles par le juge du fond de nature à permettre la dispense de communication à l'employeur du nom des adhérents de la section syndicale *(Cass. soc., 20 déc. 1988, n° 88-60.386 Bull. V* *n° 679, note J.-M. Verdier, Dr soc 1993, p. 866).* Au regard de l'importance de la question, la Cour de cassation a apporté une réponse rapide par un arrêt du 8 juillet 2009 *(Cass. soc., 8 juill. 2009, n° 09-60.011, 09-60.031 et 09-60.032, Bull. V n° 380 ; L. Pécaut-Rivolier, « Les premiers arrêts de la Cour de cassation relatifs à la loi du 20 août 2008 », Sem. soc. Lamy, n° 1408, 13 juill. 2009 ; RDT 2009, p. 729, note M. Grévy ; Rapport 2009 de la Cour de cassation).*

Se fondant sur les dispositions de l'article 6 du préambule de la Constitution du 27 octobre 1946 et de l'article 9 du Code civil ainsi que sur les stipulations de l'article 11 de la Convention européenne de sauvegarde des droits de l'homme et des libertés fondamentales, la chambre sociale, après avoir rappelé que l'adhésion du salarié à un syndicat relève de sa vie personnelle et ne peut être divulguée sans son accord, a jugé qu'en cas de contestation sur l'existence d'une section syndicale, le syndicat, à qui il incombe d'apporter la preuve de la présence d'au moins deux adhérents dans l'entreprise, doit le faire dans le respect de la procédure contradictoire, sauf en ce qui concerne « *les éléments susceptibles de permettre l'identification des adhérents du syndicat, dont seul le juge peut prendre connaissance* ».

La dérogation tout à fait exceptionnelle faite par la Haute juridiction au principe du contradictoire repose non plus sur un éventuel risque de représailles, mais exclusivement sur le droit dont bénéficie chaque salarié de ne pas voir divulguer des informations strictement personnelles le concernant, ce droit étant opposable tant à l'employeur comme au syndicat auquel le salarié a adhéré.

La création d'une section syndicale n'est pas réservée aux seuls syndicats représentatifs dans l'entreprise *(Cass. soc., 31 mars 2010, n° 09-60.115, Bull. V n° 84, RJS 2010 n° 530).*

La constitution d'une section syndicale impose la présence d'au moins **deux adhérents** du syndicat dans l'entreprise *(Cass. soc., 8 juill. 2009, n° 08-60.599, Bull. V n° 181, RJS 2009 n° 810 ; Cass. soc., 26 mai 2010, n° 09-60.278, Bull. V n° 117, RJS 2010 n° 687, obs. L. Pécaut-Rivolier ; Dr soc 2010, p. 861),* peu important les effectifs de celle-ci *(Cass. soc., 4 nov. 2009, n° 09-60.075, Bull. V n° 244, RJS 2010 n° 65, Rapport 2009 de la Cour de cassation).* Il appartient au syndicat de justifier que la section syndicale qu'il avait constituée comportait au moins deux adhérents *(Cass. soc., 8 déc. 2021, n° 20-16.696, B.).*

Pour désigner un DS dans un établissement distinct, le syndicat doit y avoir constitué une section syndicale comportant au moins deux adhérents *(Cass. soc., 23 juin 2010, n° 09-60.438, Bull. V n° 150, RJS 2010 n° 789).*

Si le syndicat procède à la désignation d'un délégué dans chacun des établissements, il doit compter au moins deux adhérents dans chaque établissement *(Cass. soc., 10 févr. 2010, n° 09-60.159, RJS 2010 n° 356).*

La constitution de la section syndicale n'a pas à précéder légalement la désignation : elle peut être concomitante *(Cass. soc., 8 juill. 2009, n° 08-60.599, Bull. V n° 181).*

L'affiliation d'un syndicat à une union permet à cette dernière de se prévaloir des adhérents du syndicat pour l'exercice des prérogatives prévues par la loi *(Cass. soc., 13 janv. 2010, n° 09-60.155, Bull. V n° 13, RJS 2010 n° 273, Dr soc 2010, p. 597, obs. F. Petit).*

§ 5. LA CONDITION TENANT À L'AUDIENCE ÉLECTORALE

12.4.5. – La loi n° 2008-789 du 20 août 2008 a introduit une innovation majeure qui s'inscrit en rupture par rapport au droit antérieur et à la tradition syndicale française : pour être désigné syndical dans une entreprise ou un établissement de cinquante salariés ou plus, un salarié doit avoir recueilli au moins « *10 % des suffrages exprimés au premier tour des dernières élections au comité d'entreprise ou de la délégation unique du personnel ou des délégués du personnel, quel que soit le nombre de votants […], un ou plusieurs délégués syndicaux pour la représenter auprès de l'employeur* » *(C. trav., art. L. 2143-3 ; cf. A. Bevort, « De la position commune sur la représentativité au projet de loi : renouveau et continuité du modèle social français », Dr soc 2008, p. 823).*

Ces dispositions sont entrées en vigueur, à compter des résultats des premières élections professionnelles pour lesquelles la date fixée pour la négociation du protocole préélectoral était postérieure au 21 août 2008 *(art. 13, second alinéa de la loi du 20 août 2008).*

Conformément aux dispositions de l'article L. 2122-1 du Code du travail, dans l'entreprise ou l'établissement, sont représentatives les organisations syndicales qui :

- satisfont aux critères de l'article L. 2121-1 tenant au respect des valeurs républicaines, à l'indépendance, à la transparence financière, à une ancienneté minimale de deux ans dans le champ professionnel et géographique couvrant le niveau de négociation, à l'audience, à l'influence et aux effectifs d'adhérents et des cotisations ;
- ont recueilli au moins 10 % des suffrages exprimés au premier tour des dernières élections des titulaires au comité social et économique, quel que soit le nombre de votants.

L'obligation faite aux syndicats de choisir le DS parmi les candidats ayant obtenu au moins 10 % des suffrages ne méconnaît pas les exigences découlant de l'article 11 de la Convention européenne de sauvegarde des droits de l'homme, des articles 5 et 6 de la charte sociale européenne, l'article 28 de la Charte des droits fondamentaux de l'Union européenne ni les Conventions n° 98 et 135 de l'Organisation internationale du travail *(Cass. soc., 14 avr. 2010, n° 09-60.426, Bull. V n° 100, rapport J.-M. Béraud, RDT 2010, p. 276, RJS 2010 n° 529 ; L. Pécaut-Rivolier, « La représentativité syndicale à la française n'est pas contraire aux textes européens », Dr soc 2010, p. 647 ; A. Braun et P. Rennes, « Un sens à la représentation syndicale », Dr ouvrier 2010, p. 405).*

Le Conseil constitutionnel a jugé « *qu'en prévoyant que, pour les organisations syndicales catégorielles, le seuil de 10 % est calculé dans les seuls collèges dans lesquels elles ont vocation à présenter des candidats, le législateur a institué une différence de traitement en lien direct avec l'objet de la loi* » qui ne méconnaît pas le principe constitutionnel d'égalité *(Décision n° 2010-42 QPC, 7 oct. 2010).*

L'article L. 2143-3 n'exige cependant pas l'exercice par l'intéressé de fonctions électives *(Cass. soc., 3 oct. 2018, n° 17-60.285).*

La Cour de cassation, amenée à se prononcer sur le périmètre d'appréciation de la représentativité syndicale, a retenu que lorsque la désignation d'un DS s'effectue au niveau d'une personne morale regroupant en partie trois établissements distincts au sens du comité social et économique d'établissement, le seuil de 10 % fixé par l'article L. 2121-1 du Code du travail se calcule en additionnant la totalité des suffrages obtenus lors des élections au sein de ces différents établissements *(Cass. soc., 14 déc. 2021, n° 21-15.585, B., « Périmètre d'appréciation de la représentativité syndicale », C. Wolmark, RDT 2023. 128, RJS 2023 n° 147).*

Par ailleurs, l'obligation de choisir le DS en priorité parmi les candidats qui ont recueilli au moins 10 % des suffrages exprimés au premier tour des dernières élections professionnelles ne peut avoir pour objet ou pour effet de priver cette organisation syndicale du droit de disposer d'un représentant dès lors qu'elle a présenté des candidats à ces élections dans le périmètre de désignation *(Cass. soc., 27 févr. 2013, n° 12-15.807, Bull. V n° 65).* Est donc valide la désignation par une organisation syndicale d'un adhérent non candidat aux dernières élections professionnelles comme DS lorsque cette organisation syndicale ne dispose plus de candidat en mesure d'exercer ce mandat à son profit *(Cass. soc., 26 mars 2014, n° 13-20.398, RJS 2014 n° 498 : candidats présentés aux dernières élections ne cotisant plus depuis plus d'une année ou ne figurant plus dans les effectifs de l'entreprise).*

Depuis l'entrée en vigueur de la loi n° 2008-789 du 20 août 2008, l'article L. 2143-3, alinéa 2, du Code du travail, modifié par la loi n° 2014-288 du 5 mars 2014, puis par la loi n° 2018-217 du 29 mars 2018, prévoit les conditions dans lesquelles, par exception, le syndicat peut élargir le cercle des personnes pouvant être désignées DS au-delà de ses candidats qui ont recueilli au moins 10 % des suffrages exprimés au premier tour des élections professionnelles. Il peut ainsi s'agir d'un candidat d'un autre syndicat et, à défaut, d'un adhérent ou d'un ancien élu.

La chambre sociale s'était déjà prononcée dans un arrêt du 8 juillet 2020 sur l'application de cet alinéa 2 retenant que ces dispositions n'impliquent pas de l'organisation syndicale qu'elle propose, préalablement à la désignation d'un DS à l'ensemble des candidats ayant obtenu au moins 10 %, toutes listes syndicales confondues, d'être désigné DS *(Cass. soc., 8 juill. 2020, n° 19-14.605, B., RJS 2020 n° 482).* Par un arrêt du 9 juin

2021, la Cour de cassation a précisé que, formellement, la renonciation de l'ensemble des candidats et élus à être désignés DS doit intervenir antérieurement à la désignation d'un non-candidat *(Cass. soc., 9 juin 2021, n° 19-24.678, B., RJS 2021 n° 461)*. En outre, la renonciation au droit d'être désigné DS, prévue par l'alinéa 2 de l'article L. 2143-3 susvisé, est celle des candidats présentés par l'organisation syndicale aux dernières élections professionnelles ayant recueilli au moins 10 % des suffrages exprimés *(Cass. soc., 5 avr. 2023, n° 21-24.752, B.)*.

De même, en cas d'absorption-fusion, un syndicat ayant présenté des candidats lors des dernières élections dans l'entreprise d'accueil a la possibilité d'y désigner en qualité de DS un salarié ayant obtenu au moins 10 % des suffrages lors des élections organisées dans son entreprise d'origine *(Cass. soc., 15 avr. 2015, n° 14-18.653, Bull. V n° 90, RJS 2015 n° 499)*. En effet, pour l'appréciation de la représentativité des organisations syndicales, l'audience électorale, critère décisif, est acquise pour toute la durée du cycle électoral, quels que soient les événements qui puissent se produire, notamment la fusion entre deux établissements *(Cass. soc., 5 janv. 2022, n° 21-13.141, B., RJS 2022 n° 145)*.

Par ailleurs, lorsqu'un DS, licencié sans autorisation, n'a pu être candidat aux élections professionnelles organisées dans l'entreprise postérieurement à son licenciement, le syndicat est en droit, si l'intéressé demande sa réintégration à la suite de l'annulation de la décision de l'autorité administrative, de le désigner de nouveau en qualité de DS sans que ces dispositions puissent y faire obstacle *(Cass. soc., 14 nov. 2013, n° 13-11.301, Bull. V n° 263, RJS 2014 n° 58)*.

Il a été jugé qu'un salarié élu sur une liste présentée par une organisation syndicale et ayant obtenu au moins 10 % des suffrages exprimés peut être désigné DS par une autre organisation *(Cass. soc., 13 janv. 2010, n° 09-60.108, Bull. V n° 12, RJS 2010 n° 275 Cass. soc., 15 nov. 2017, n° 16-25.668)*.

§ 6. LA DÉSIGNATION D'UN DÉLÉGUÉ SYNDICAL DANS UNE ENTREPRISE DE MOINS DE 50 SALARIÉS

A. Règles générales

1. Règles relatives au cadre de désignation

12.4.6.1.1. – Le Code du travail ouvre la faculté aux organisations syndicales représentatives de désigner, dans les établissements employant moins de 50 salariés, un membre de la délégation du personnel au comité social et économique comme DS *(C. trav., art. L. 2143-6)*.

Préalablement à la recodification issue de l'ordonnance du 12 mars 2007 relative au Code du travail, le terme d'« *entreprise* » et non celui d'« *établissement* » était utilisé. La question se posait donc de savoir si le remplacement du mot « *entreprise* » par celui « *d'établissement* » ne mettait pas à néant la jurisprudence traditionnelle de la Cour de cassation, selon laquelle ces dispositions n'étaient pas applicables dans les établissements occupant moins de 50 salariés mais dépendant d'une entreprise groupant, elle, plus de 50 salariés répartis en établissements distincts *(Cass. ass. plén., 14 juin 1985, n° 84-60.528, Bull. AP n° 3).*

En se référant implicitement au principe de la codification à droit constant, la chambre sociale, dans un arrêt du 29 avril 2009 *(n° 08-60.484, Bull. V n° 115)* a écarté toute modification de sa jurisprudence : le texte de l'article L. 2143-6 du Code du travail, « *qui n'a pas modifié le champ d'application du dernier alinéa de l'article L. 412-11 qu'il remplace, n'est pas applicable dans les entreprises dont l'effectif global est d'au moins 50 salariés* » *(L. Pécaut-Rivolier et Y. Struillou, Chronique des jurisprudences sur la représentation du personnel, 2e trimestre 2009, Sem. soc. Lamy, 2 nov. 2009, n° 1419, JCP S 2009 n° 37, p. 26, note J.-Y. Kerbourc'h ; RDT 2009, p. 529, note M. Grévy).* La Cour de cassation applique désormais la solution qu'elle avait dégagée pour les entreprises de plus de 50 salariés aux entreprises de moins de 50 salariés en retenant qu'« *en application des dispositions de l'article L. 2143-6 du Code du travail, dès lors qu'un salarié remplit les conditions prévues par la loi pour être désigné délégué syndical, il n'appartient qu'au syndicat désignataire d'apprécier s'il est en mesure de remplir sa mission, peu important que ce salarié ait précédemment exercé des fonctions de représentant d'un autre syndicat ou qu'il ait été élu lors des dernières élections sur des listes présentées par un autre syndicat* » *(Cass. soc. 19 avr. 2023, n° 21-17.916, B., Liaisons soc. n° 18796 15 mai 2023 ; « La liberté du syndicat de choisir son délégué syndical parmi les élus », F. Petit, Dr. soc. nov. 2023, p. 930).*

2. *Règles relatives à la qualité d'élu du salarié désigné*

12.4.6.1.2. – En l'absence de stipulations d'un accord collectif, les organisations syndicales ne peuvent pas désigner comme DS un salarié dépourvu de la qualité de membre du comité social et économique *(Cass. soc., 20 mars 2001, n° 99-60.496, Bull. V n° 101, RJS 2001 n° 762, Dr soc 2001, p. 568).*

Le représentant du personnel désigné doit être un membre **titulaire**. Par suite, la désignation d'un délégué du personnel suppléant en qualité de DS avait été annulée *(Cass. soc., 30 oct. 2001, n° 00-60.313, Bull. V n° 336, RJS 2002 n° 54).* Il nous semble que cette jurisprudence s'applique au DS membre du comité social et économique.

Cependant, il avait été jugé que dès lors que l'employeur avait accepté la désignation d'un DS qui n'était pas délégué du personnel dans son entreprise, dont l'effectif était inférieur à 50 salariés, « *le principe d'égalité, qui est de valeur constitutionnelle* », lui interdisait de refuser la désignation d'un DS par un autre syndicat représentatif *(Cass. soc., 5 mai 2004, n° 03-60.175, Bull. V n° 119, RJS 2004 n° 829, Dr soc 2004, p. 705, v. comm. P. Sargos, Rapport 2004 de la Cour de cassation, p. 115 ; Cass. soc., 19 nov. 2008, n° 08-60.395, RJS 2009 n° 189).*

Il avait été jugé que la désignation ne valait que pour la durée du mandat de délégué du personnel *(Cass. soc., 12 déc. 1990, n° 88-60.671, Bull. V n° 666 ; Cass. soc., 12 oct. 2004, n° 02-47.048, Bull. V n° 252).*

B. La portée des dispositions introduites par la loi du 20 août 2008 combinées à celles de l'ordonnance n° 2017-1386 du 22 septembre 2017

12.4.6.2. – Dès lors que ces dispositions réservent la faculté de membre du comité social et économique comme DS aux seules organisations représentatives, il s'ensuit que seules peuvent user de cette faculté les organisations syndicales ayant obtenu au moins 10 % des suffrages exprimés au premier tour des dernières élections de titulaires.

En revanche, ces dispositions n'imposent pas que le membre du comité social et économique désigné ait recueilli lui-même 10 % des suffrages exprimés.

C. La condition tenant à l'existence de la section syndicale

12.4.6.3. – Il avait été jugé que les syndicats représentatifs n'avaient pas à justifier de la constitution d'une section syndicale pour procéder à une telle désignation *(Cass. soc., 12 déc. 1990, n° 88-60.671, Bull. V n° 666, RJS 1991 n° 52).*

Les dispositions introduites par la loi du 20 août 2008 ont remis en cause cette jurisprudence : la désignation d'un membre du comité social et économique titulaire comme DS est subordonnée à l'existence d'une section syndicale *(cf. n° **12.4.4.1 et s.**).*

D. La condition tenant à l'ancienneté du salarié

12.4.6.4. – Il avait été jugé qu'il résultait de la combinaison des dispositions du Code du travail qu'un salarié élu délégué du personnel remplissait par là même les conditions d'ancienneté et de présence dans l'entreprise pour être désigné DS *(Cass. soc., 4 févr. 2004, n° 02-60.066, Bull. V n° 39, RJS 2004 n° 626, 2e espèce, Dr soc 2004 p. 565, obs. J. Savatier).*

La condition d'ancienneté d'un an étant nécessaire pour être désigné DS ou élu membre du comité social et économique, cette jurisprudence semble toujours trouver à s'appliquer.

E. La condition tenant à la candidature du membre du comité social et économique

12.4.6.5 – Un membre du comité social et économique ne peut valablement être désigné que par le syndicat ayant présenté sa candidature aux élections *(Cass. soc., 2 nov. 1994, n° 94-60.008, RJS 1994 n° 1400).*

En revanche, les syndicats peuvent désigner comme DS un membre du comité élu comme candidat « *libre* » *(Cass. soc., 6 juill. 1999, n° 98-60.329,*

Bull. V n° 336, Dr soc 1999 p. 1052, RJS 1999 n° 1088 ; Cass. soc., 14 mars 2000, n° 99-60.180, Bull. V n° 107, Dr soc 2000 p. 563, RJS 2000 n° 553).

F. Les difficultés d'application des dispositions : le lien entre le mandat de membre du comité social et économique et le mandat de délégué syndical

12.4.6.6. – En l'absence de précision, lorsqu'un salarié délégué du personnel était désigné comme DS, la question se posait de savoir s'il fallait considérer qu'il s'agissait d'une désignation indépendante du mandat du représentant du personnel ou d'une désignation qui suivait le sort du mandat du délégué du personnel *(v. « Chronique des jurisprudences sur la représentation du personnel, 3e trimestre 2008 », L. Pécaut-Rivolier et Y. Struillou, Sem. soc. Lamy, n° 1374, 10 nov. 2008, p. 4 ; F. Duquesne, « Autorité du mandat de l'élu désigné en qualité de syndicaliste au sein des entreprises de moins de cinquante salariés », Dr soc 2009, p. 445).*

En effet, les dispositions de l'article L. 2143-6 du Code du travail prévoient que : « *dans les établissements qui emploient moins de cinquante salariés, les syndicats représentatifs dans l'établissement peuvent désigner, pour la durée de son mandat, un membre de la délégation du personnel au comité social et économique comme délégué syndical* ». La rédaction de cet article était similaire antérieurement à l'entrée en vigueur de l'ordonnance n° 2017-1386 du 22 septembre 2017. Par conséquent, le principe dégagé par la jurisprudence, selon lequel le mandat de DS prend fin lors du renouvellement des institutions représentatives du personnel est applicable si le DS exerce le mandat de membre du comité social et économique *(Cass. soc., 22 sept. 2010, n° 09-60435, Bull. V n° 188).*

Pour apprécier si le salarié est encore protégé et si l'employeur est tenu, à ce titre, de solliciter l'autorisation préalable de le licencier auprès de l'inspection du travail, il importe de déterminer si le mandat de DS a ou non pris fin au terme du mandat électif.

Plusieurs cas de figure doivent être distingués.

1. Le salarié désigné délégué syndical est membre du comité social et économique titulaire à la date de la désignation

12.4.6.6.1. – Lorsqu'un membre du comité social et économique est désigné DS dans une entreprise de moins de cinquante salariés, cette désignation est présumée liée au mandat électif *(Cass. soc., 24 oct. 2007, n° 06-40.477, RJS 2007 n° 50).* Par suite, à l'issue de la période de protection de six mois dont il bénéficie à compter de la fin de son mandat de membre du comité social et économique, son licenciement n'est plus subordonné à l'autorisation administrative alors même qu'il aurait continué à être convoqué aux réunions en qualité de DS *(Cass. soc., 12 oct. 2004, n° 02-47.048, Bull V n° 252, RJS 2005 n° 57, Dr soc 2005, p. 112, obs. C. Masquefa-Neau-Leduc et J.-M. Verdier).*

En outre, un représentant du personnel suppléant assurant le remplacement du membre du comité titulaire momentanément absent peut, pour la durée de ce remplacement, être désigné comme DS dans ce cadre *(Cass. soc., 20 juin 2012, n° 11-61.176, Bull. V n° 193, RJS 2012 n° 823).*

2. Le salarié désigné délégué syndical n'est pas membre du comité social et économique titulaire à la date de la désignation

12.4.6.6.2. – Dès lors que le mandat de DS ne vient pas se superposer à celui de membre du comité titulaire en cours, le sort des mandats n'est pas lié.

Il en est ainsi en cas de désignation comme DS :

– d'un représentant du personnel **suppléant**, qui n'entre pas dans les prévisions de l'article L. 2143-6 *(Cass. soc., 24 sept. 2008, n° 06-42.269, Bull. V n° 184, RJS 2008 n° 1209, JCP S n° 11, p. 13, B. Gauriau « Variations sur le droit syndical », RDT 2009, p. 51, note F. Signoretto)* ;

– d'un salarié élu postérieurement à sa désignation *(Cass. soc., 14 janv. 2009, n° 07-44.894)* ;

– d'un salarié qui n'est pas membre du comité social et économique dont la désignation n'a pas été contestée dans les 15 jours *(Cass. soc., 7 nov. 2018, n° 17-14.743).*

Il s'ensuit qu'au terme du mandat de membre du comité social et économique, le mandat de DS ne prend pas fin et que le salarié demeure protégé en tant que DS en exercice.

Il en est de même, lorsque le mandat d'un DS, qui avait été désigné dans une entreprise comptant plus de cinquante salariés, n'est pas remis en cause en cas de réduction des effectifs, comme le permet le Code du travail *(art. L. 2143-11)* : le mandat du DS est considéré comme demeurant indépendant de celui de représentant élu, même si l'entreprise compte désormais moins de cinquante salariés *(Cass. soc., 28 mai 2008, n° 07-60.376).* L'employeur est alors regardé comme ayant accepté la poursuite du mandat de DS, même si le salarié est élu ultérieurement membre du comité social et économique, et ne peut, par suite, légalement refuser la désignation d'un DS par un autre syndicat en vertu du principe d'égalité.

Si l'employeur n'a pas contesté la désignation comme DS d'un salarié qui n'est pas membre titulaire du comité, il ne peut valablement contester une désignation ultérieure dès lors que « *le principe d'égalité, qui est de valeur constitutionnelle et que le juge doit appliquer, interdit à l'employeur de refuser la désignation d'un délégué syndical par un syndicat représentatif au motif que l'effectif est inférieur à cinquante salariés, dès lors qu'il a accepté la désignation dans les mêmes conditions d'un délégué syndical par un autre syndicat représentatif* » *(Cass. soc., 19 nov. 2008, n° 08-60.395, JCP S n° 11, p. 13, B. Gauriau, « Variations sur le droit syndical »).*

La jurisprudence, fondée sur les dispositions de la loi du 20 août 2008, selon laquelle le mandat du DS prend fin lors du renouvellement de l'institution devrait être de nature à simplifier les difficultés *(Cass. soc., 10 mars 2010, n° 09-60.347, RJS 2010 n° 440, Dr soc 2010, obs. L. Pécaut-Rivolier).*

§ 7. LES DÉLÉGUÉS SYNDICAUX INSTITUÉS PAR VOIE CONVENTIONNELLE

12.4.7. – Les DS institués soit en dessous des seuils législatifs d'assujettissement *(Cass. crim., 20 avr. 1982, n° 81-92962, Bull. crim. n° 96)*, soit au-dessus du nombre fixé par le Code du travail bénéficient de la protection spéciale *(C. trav., art. L. 2411-2 ; cf. n°* ***12.2.9.4****).*

Ni un usage de l'entreprise, ni un engagement unilatéral de l'employeur ne peuvent modifier les dispositions légales relatives à la désignation des DS *(Cass. crim., 4 avr. 1991, n° 89-83.204, Bull. crim. n° 410 ; Cass. soc., 20 mars 2001, n° 99-60.496, Bull. V n° 101, RJS 2001 n° 762, Dr soc 2001 p. 568 ; Cass. soc., 10 juill. 2002, n° 01-60.641, RJS 2002 n° 1254).*

Le Conseil d'État a adopté la même position : en l'absence d'accord collectif, le salarié désigné ne bénéficie pas de la protection *(CE, 8 janv. 1988, n° 71.131, Lorcy).*

La chambre sociale a jugé que le délégué suppléant de groupe désigné sur le fondement d'un accord d'entreprise bénéficie de la protection *(Cass. soc., 23 oct. 2007, n° 06-44.438, Bull. V n° 174, RJS 2008 n° 51, Dr 2008, p. 256, obs. P.-Y. Verkindt ; RDT 2008, p. 46, note M. Grévy, Dr ouvrier 2003, p. 538).* Elle a fondé sa décision sur les dispositions de l'article L. 412-21 de l'ancien Code du travail aux termes duquel : « *Les dispositions du présent chapitre ne font pas obstacle aux conventions ou accords comportant des clauses plus favorables, notamment celles qui sont relatives à l'institution de délégués syndicaux ou de délégués syndicaux centraux dans tous les cas où les dispositions législatives n'ont pas rendu obligatoire cette institution. […]* ». Au sein du chapitre mentionné par cet article figurait l'article L. 412-18 relatif à la protection du DS. Si les dispositions de l'article L. 412-21 sont reprises à l'article L. 2141-10, ce dernier renvoie non plus au chapitre mais au titre : « *L'exercice du droit syndical* ». Or les dispositions relatives à la protection du DS, reprises à l'article L. 2411-3, ne figurent pas au sein de ce titre.

La Cour de cassation a été amenée à préciser les conditions de désignation des DS suppléants, retenant que, malgré le silence de la convention collective, les délégués syndicaux suppléants devaient respecter la condition d'audience électorale conformément aux termes de l'article L. 2143-3 du Code du travail *(Cass. soc., 25 mars 2020, n° 19-11.581).*

En cas de transfert d'un ensemble organisé de personnes et d'éléments corporels ou incorporels permettant l'exercice d'une activité économique qui poursuit un objectif propre, le statut collectif continuant de produire effet jusqu'à signature d'un accord de substitution ou, au moins, pendant un an, les désignations intervenues en application de ce statut sont régulières *(Cass. soc., 31 janv. 2001, n° 99-60.378, Bull. V n° 31, Dr soc, p. 455).*

§ 8. LES DÉLÉGUÉS SYNDICAUX DÉSIGNÉS DANS LE CADRE D'UNE UNITÉ ÉCONOMIQUE ET SOCIALE

A. Le principe

12.4.8.1 – « *La reconnaissance conventionnelle ou judiciaire d'une unité économique et sociale entre des entités juridiques distinctes, ayant des activités complémentaires ou similaires et caractérisée par une concentration du pouvoir de direction économique et une unité sociale, a pour objet d'assurer la protection des droits des salariés appartenant à une même collectivité de travail, en permettant à cette fin une représentation de leurs intérêts communs ; (...) si la reconnaissance d'une UES permet l'expression collective de l'intérêt des travailleurs appartenant à cette collectivité, elle ne se substitue pas aux entités juridiques qui la composent, de sorte qu'elle n'a pas la personnalité morale » (Cass. soc., 16 déc. 2008, n° 07-43.875, Bull. V n° 875, Dr soc 2009, p. 500, obs. J. Savatier).*

B. Les modalités de désignation

12.4.8.2. – Trois situations doivent être distinguées. En tout état de cause, la demande en annulation présentée par l'unité économique et sociale qui est dépourvue de la personnalité juridique est irrecevable *(Cass. soc., 23 juin 2010, n° 09-60.363, RJS 2010 n° 790).*

1. Première situation : l'unité économique et sociale a déjà été reconnue par accord collectif ou par décision de justice

12.4.8.2.1. – La désignation doit alors être effectuée auprès de la personne habilitée à représenter toutes les sociétés de l'unité économique et sociale *(Cass. soc., 29 oct. 2003, n° 02-60.014, RJS 2004 n° 222)* et notamment au président commun des sociétés qui la composent. Dès cet instant, le statut protecteur du salarié s'impose aux représentants légaux de toutes les entités *(Cass. soc., 15 juin 2022 n° 21-10.509, B., RJS 2022 n° 458).*

En l'absence d'une telle personne ayant qualité pour représenter toutes les sociétés, la désignation doit être faite auprès de chacune d'elles *(Cass. soc., 26 nov. 2003, n° 02-60.388, Dr soc 2004, p. 216, obs. J. Savatier).*

Dans le cas où la désignation ne concerne qu'un établissement, elle ne doit être notifiée qu'à la personne qui remplit les fonctions de chef d'établissement *(Cass. soc., 30 mai 2001, n° 99-60.535, Bull. V n° 196, RJS 2001 n° 1036 ; Cass. soc., 24 nov. 2004, n° 03-60.112, Bull. V n° 302, Dr soc 2005, p. 232, obs. J. Savatier)*. Le délai commence à courir à compter de cette notification.

La reconnaissance d'une UES par décision de justice ne rend pas irrecevable la contestation de la désignation ultérieure d'un DS dans le périmètre de l'UES et il appartient au juge d'apprécier les éléments allégués à l'appui d'une telle contestation, en tenant compte du jugement de reconnaissance de l'unité économique et sociale *(Cass. soc., 16 avr. 2008, n° 07-60.373)*.

2. *Deuxième situation : la désignation vise à faire reconnaître l'existence d'une unité économique et sociale*

12.4.8.2.2. – Dans ce cas, le délai ne commencera à courir que si la désignation a été notifiée à chacune des sociétés composant l'unité économique et sociale *(Cass. soc., 12 janv. 2000, n° 98-60.516, Bull. V n° 19, RJS 2000 n° 185)*.

Toutefois, lorsque les deux entreprises formant l'unité économique et sociale ont le même président, la notification faite à cette personne est régulière *(Cass. soc., 18 déc. 2000, n° 99-60.456, Bull. V n° 431, Dr soc 2001, p. 327, RJS 2001 n° 473)*.

À peine de nullité de la désignation, le syndicat doit préciser à chacun des destinataires l'existence et la composition de l'unité économique et sociale revendiquée *(Cass. soc., 26 avr. 2000, n° 99-60.030, Bull. V n° 155, RJS 2000 n° 824 ; Cass. soc., 6 févr. 2002, n° 00-60.440, Bull. V n° 56, RJS 2002 n° 456 ; Cass. soc., 16 avr. 2008, n° 07-60.045, RJS 2008 n° 804)*.

3. *Troisième situation : unité économique et comité de groupe*

12.4.8.2.3. – Depuis son arrêt de principe du 20 octobre 1999 *(Cass. soc., n° 98-60.398, Bull. V n° 391)*, confirmé ultérieurement *(Cass. soc., 17 oct. 2018, n° 17-22.602)*, la Cour de cassation affirme que les notions d'unité économique et de comité de groupe sont incompatibles. Il ne peut donc y avoir reconnaissance d'une UES entre des sociétés formant déjà juridiquement un groupe.

Néanmoins, il peut y avoir reconnaissance d'une UES entre plusieurs sociétés faisant partie d'un groupe si le périmètre de l'UES et le périmètre du comité du groupe sont différents *(Cass. soc., 25 janv. 2006, n° 04-60.234, Bull. V n° 34, RJS 2006 n° 468, Dr soc 2006, p. 468, obs. J. Savatier, JCP S 2006 n° 14, p. 35, note R. Vatinet)*. Les périmètres qui doivent être comparés sont ceux existant à la date de la requête tendant à la reconnaissance de l'UES et le juge d'instance, saisi de cette requête, doit d'office rechercher si les périmètres coïncident.

Dans un arrêt du 16 avril 2008 (*n° 07-60.348, RJS 2008 n° 803*), la chambre sociale a voulu cependant mettre un terme aux pratiques, qualifiées de fraude consistant, dans la demande de reconnaissance de l'UES, à délimiter le périmètre de celle-ci en excluant délibérément l'une des sociétés pour faire échec à l'incompatibilité existant entre ce comité de groupe et une unité économique et sociale de même périmètre, a ainsi caractérisé l'existence d'une fraude.

4. *Incidence sur la protection de l'annulation d'un jugement reconnaissant l'existence d'une UES*

12.4.8.2.4. – Cette annulation n'a pas d'effet rétroactif sur la protection *(Cass. soc., 2 déc. 2008, n° 07-41.832, Bull. V n° 238, RJS 2009 n° 192).*

Le salarié bénéficie, à compter du prononcé du jugement, de la protection prévue par le Code du travail pour les salariés ayant cessé d'exercer leurs fonctions représentatives.

§ 9. LES DÉLÉGUÉS SYNDICAUX RÉSULTANT D'UNE TOLÉRANCE DE L'EMPLOYEUR

12.4.9. – Il est de jurisprudence constante que légalement « *si le nombre de délégués syndicaux tels qu'il est fixé par la loi peut être augmenté par accord collectif, ni un usage de l'entreprise ni un engagement unilatéral de l'employeur ne peuvent modifier les dispositions légales correspondantes » (Cass. soc., 20 mars 2001, n° 99-60.496, Bull. V n° 101, RJS n° 762 ; Cass. soc., 10 juill. 2002, n° 01-60641, RJS 2002 n° 1254).*

En pratique, des syndicats peuvent obtenir, hors accord collectif, la possibilité de désigner des DS supplémentaires au nombre prévu par la loi, soit que l'employeur le tolère, soit qu'il n'ait tout simplement pas contesté la désignation supplémentaire dans les délais légaux devant le tribunal d'instance [tribunal judiciaire]. En ce cas, en vertu du principe d'égalité de valeur constitutionnelle, tous les syndicats de l'entreprise peuvent désigner le même nombre de DS supplémentaires *(Cass. soc. 5 mai 2004, n° 03-60175, Bull. V n° 119).*

L'employeur, qui a toléré la désignation de DS en nombre supérieur à celui fixé par la loi et la convention collective applicable, a le droit de décider unilatéralement de revenir à l'application des textes légaux, à la condition de respecter le principe d'égalité à l'égard des syndicats concernés *(Cass. soc., 5 mars 2008, n° 07-60.032 et 07-60.305, RJS 2008 n° 565, Bull. V n° 52 ; L. Pécaut-Rivolier et Y. Struillou, Chronique des jurisprudences sur la représentation du personnel, 1er trimestre 2008, Sem. soc. Lamy, 2 juin 2008 n° 1356 ; Cass. soc., 25 janv. 2012, n° 11-14.151, Bull. V n° 30).*

Il doit également répondre à l'exigence de loyauté qui s'impose en la matière et, par suite, informer préalablement les syndicats *(Cass. soc., 4 mars 2009, n° 08-60.436, Bull. V n° 62 RJS 2009, n° 449, L. Pécaut-Rivolier et Y. Struillou, Chronique des jurisprudences sur la représentation du personnel, 1er trimestre 2009, Sem. soc. Lamy, 25 mai 2009, n° 1401,*

JCP 2009 n° 25, p. 33, note J.-Y. Kerbourc'h, RDT 2009, p. 459, note H. Tissandier ; Cass. soc., 25 janv. 2012, préc.).

§ 10. L'IMMINENCE DE LA DÉSIGNATION

12.4.10 – Les dispositions légales introduites par la loi du 28 octobre 1982 concernant l'imminence de désignation des DS sont identiques à celles prévues pour les candidats aux fonctions de membres du comité social et économique *(cf. n°* ***12.2.2 et s.****).*

À supposer que le salarié ne bénéficie pas de la protection, en tout état de cause, l'employeur ne peut le licencier pour des raisons liées à son activité syndicale *(Cass. crim., 9 févr. 1993, n° 91-84.309 ; cf. n°* ***412.7.1.3****).*

§ 11. LES MODALITÉS DE LA DÉSIGNATION

A. La formalité prévue par le Code du travail

12.4.11.1. – Si l'article D. 2143-4 prévoit que la désignation doit être faite par lettre recommandée avec demande d'avis de réception ou lettre remise au chef d'entreprise contre récépissé, il a été jugé que « *ces formalités ne sont prévues que pour faciliter la preuve de la désignation et non pour sa validité... il suffit dès lors que la preuve soit rapportée que l'employeur en a eu connaissance de façon certaine* » *(Cass. soc., 9 juill. 1996, n° 95-60.777, Bull. V n° 274 ; Cass. soc., 9 sept. 2020 n° 18-23.897).*

Cette preuve peut ainsi être rapportée par la production d'un courrier adressé par l'inspecteur du travail à l'employeur faisant état de la désignation *(Cass. soc., 21 oct. 1998, n° 97-60.041, RJS 1998 n° 1507), par une information orale non contestée par l'employeur (Cass. soc., 11 mars 2020, n° 18-23.893)* ou par l'envoi d'une télécopie *(Cass. soc., 3 mars 2021 n° 19-20.290, RJS 2021 n° 322 : en l'espèce envoyé le matin alors que le salarié a été convoqué à un entretien préalable au licenciement par lettre postée le même jour en soirée).*

En revanche, la chambre criminelle avait jugé que la désignation n'est opposable à l'employeur que si elle est portée à sa connaissance soit par lettre recommandée avec demande d'avis de réception ou lettre remise au chef d'entreprise contre récépissé. Elle avait, par suite, approuvé le juge du fond qui avait relaxé l'employeur poursuivi pour avoir licencié sans autorisation un salarié qui soutenait que son employeur avait été informé de sa désignation en qualité de DS *(Cass. crim., 5 mars 1991, n° 90-82.113, Bull. crim. n° 112).* L'arrêt rendu le 30 mars 1999 par la chambre criminelle, reconnaissant le bénéfice de la protection au salarié qui avait demandé l'organisation des élections en dehors des formes légales, nous paraît de nature à remettre en cause cette jurisprudence *(Cass. crim., 30 mars 1999, n° 97-85.963, Dr soc 1999, p. 750).*

Si la jurisprudence se montre donc peu formaliste, il est toutefois fortement conseillé au syndicat de procéder à la désignation par lettre recommandée avec avis de réception afin que puisse être établie avec précision la date à laquelle l'employeur a eu connaissance de la désignation, cette date faisant courir le délai de forclusion *(cf. n°* ***12.4.12.1.2****)*.

La circonstance que la lettre de notification ne soit pas signée n'a pas d'influence sur sa validité *(Cass soc., 5 mars 2008, n° 07-60.305, Bull. V n° 52, RJS 2008 n° 565)*.

B. La personne habilitée pour procéder à la désignation

12.4.11.2. – La désignation doit être opérée par une personne ayant mandat pour procéder à cette dernière. Le juge du fond peut être amené à vérifier ce point *(pour un exemple : Cass. soc., 23 juin 1999, n° 98-60.134, Bull. V n° 299, RJS 1999 n° 1266)*.

C. Les indications relatives au cadre de la désignation

1. Règles générales

12.4.11.3.1 – À peine de nullité, la désignation doit préciser si le salarié est désigné soit en qualité de représentant syndical au comité d'entreprise ou d'établissement, soit en qualité de DS ou d'établissement *(Cass. soc., 18 juill. 2000, n° 99-60.431, Bull. V n° 303 ; Cass. soc., 29 mars 2005, n° 04-60.166, Bull. V n° 103, RJS 2005 n° 759 ; Cass. soc., 24 oct. 2007, n° 06-60.310, RJS 2008 n° 47)*.

Si la désignation est imprécise, il n'appartient pas au tribunal d'instance de rechercher, pour le déterminer, l'établissement concerné par la désignation *(Cass. soc., 30 janv. 2008, n° 07-60.066)*.

Le syndicat qui a désigné un DS au niveau de l'entreprise ne peut procéder à la désignation d'un délégué d'établissement qu'après avoir transformé le mandat du DS d'entreprise et fait de ce dernier un DS d'établissement *(Cass. soc., 16 avr. 2008, n° 07-60.414, Bull. V n° 94)*.

2. Règles générales applicables en cas de remplacement

12.4.11.3.2. – « *Sauf indications contraires contenues dans la lettre de notification, la désignation d'un nouveau délégué syndical en remplacement d'un précédent est réputée faite pour un périmètre identique à celui au sein duquel avait été effectuée la désignation de la personne remplacée ; la mention du remplacement suffit à rendre la seconde désignation précise dès lors que le périmètre de la désignation du premier délégué n'est pas contesté* » *(Cass. soc., 19 nov. 2008, n° 08-60.392, RJS 2009 n° 187 ; Cass. soc., 21 janv. 2009, n° 08-60.452, Bull. V n° 19, RJS 2009 n° 373 ; Cass. soc., 11 févr. 2009, n° 08-60.490, Bull. V n° 44, JCP S 2009 n° 19, p. 31, note J.-Y. Kerbourc'h ; Dr ouvrier 2009, p. 254, note P. Rennes)*.

Sur les conditions de remplacement des DS, il convient de se reporter *au n°* **13.4.6.2.2**.

3. *Règles particulières applicables en cas de remplacement du délégué désigné dans une UES*

12.4.11.3.3. – « *Sauf indications contraires contenues dans la lettre de notification, la désignation d'un nouveau délégué syndical en remplacement d'un précédent est réputée faite pour un périmètre identique à celui au sein duquel avait été effectuée la désignation de la personne remplacée* » et « *la mention du remplacement suffit à rendre la seconde désignation précise dès lors que le périmètre de la désignation du premier délégué n'est pas contesté* » *(Cass. soc., 19 nov. 2008, n° 08-60.392, JCP S n° 11, p. 13, B. Gauriau, « Variations sur le droit syndical »).*

§ 12. LA CONTESTATION DE LA DÉSIGNATION DU DÉLÉGUÉ SYNDICAL

A. Le délai imparti pour contester la désignation

12.4.12.1. – L'article L. 2143-8 du Code du travail dispose que, passé le délai de quinze jours courant à compter de la date de réception de la lettre portant désignation, celle-ci est réputée purgée de tout vice « *sans que l'employeur puisse exciper ultérieurement d'une irrégularité pour priver le délégué désigné du bénéfice des dispositions* » légales.

La Cour de cassation a jugé que le délai de quinze jours concerne toutes les contestations relatives aux conditions de désignation des DS quels que soient les motifs allégués à l'appui du recours *(Cass. soc., 21 juill. 1986, n° 85-60.500, Bull. V n° 452).*

En application de ce principe, le salarié, dont l'employeur avait demandé le licenciement le 12 janvier 1981 et qui avait été désigné le lendemain comme DS, bénéficiait de la protection spéciale dès lors que l'employeur n'avait pas contesté cette désignation devant le juge compétent *(CE, 21 mars 1984, n° 45.040, SA Entreprise de bâtiment et de construction industrielle, Rec. p. 761).* Il en a été jugé de même dans le cas où la désignation était postérieure de plus d'un mois à la demande d'autorisation présentée au directeur départemental du travail et de l'emploi dans le cadre de la procédure d'autorisation des licenciements pour motif économique alors en vigueur *(CE, 7 mars 1990, n° 73.745, Sté des grands travaux de Marseille bâtiment et travaux publics, Rec. p. 1015).* La conciliation de cette jurisprudence avec celle de la Cour de cassation selon laquelle la désignation intervenue alors que la procédure de licenciement a déjà été engagée ne produit aucun effet sur celle-ci est délicate *(cf. n°* ***12.2.2.1.1****).*

En outre, il nous semble que si le salarié n'est pas protégé au titre d'autres mandats, cette jurisprudence pourrait être remise en cause par la décision du Conseil d'État du 23 novembre 2016, figeant le bénéfice du statut protecteur à la date d'engagement de la procédure de licenciement

(CE, 23 nov. 2016, n° 392.059, Thieulent, Rec. p. 517, Sem. soc. Lamy, n° 1752 et 1767).

1. *Le point de départ du délai de quinze jours à l'égard de l'employeur*

12.4.12.1.1. – Le délai ne court à son égard que si, s'agissant de la désignation d'un DS d'établissement, la désignation a été faite au chef d'établissement *(Cass. soc., 24 nov. 2004, n° 03-60.112, Bull. V n° 302, RJS 2005 n° 291 : en l'espèce, la désignation avait été faite au directeur d'une agence incluse dans l'établissement et le délai de forclusion n'avait donc pas couru).*

S'agissant du point de départ du délai lorsque la désignation s'inscrit dans le cadre d'une unité économique et sociale, il convient de se reporter aux n° **12.4.8. et s**.

La chambre sociale a jugé que le délai ne pouvait courir à compter de la réception de la lettre se bornant à informer l'employeur de l'imminence d'une désignation et qui n'était qu'une « *déclaration d'intention* » *(Cass. soc., 28 mai 2008, n° 07-60.342).* La contestation de la désignation présentée dans les quinze jours suivant la réception ultérieure du courrier désignant nommément le DS a donc été jugée à bon droit recevable par le juge d'instance.

La preuve de la connaissance par l'employeur de la désignation incombe au salarié ou au syndicat qui l'a désigné *(Cass. soc., 23 juin 1999, n° 98-60.358, RJS 1999 n° 1086).*

L'employeur qui n'a pas retiré la lettre recommandée lui annonçant la désignation, ne peut se voir opposer le délai de forclusion, alors même qu'il aurait fait preuve de négligence *(Cass. soc, 13 févr. 2008, n° 07-60.312).* L'employeur qui a mis en place un service qui oriente ou filtre ses courriers ne peut pas arguer de ce qu'il n'a pas personnellement accusé réception de la lettre de désignation pour faire échec à la forclusion résultant de l'expiration du délai de contestation. Il en est ainsi lorsque la lettre est reçue par le service du courrier *(Cass. soc., 27 juin 2001, n° 00-60.037)* et, le cas échéant, que cette réception prend la forme d'un cachet apposé sur le récépissé *(Cass. soc., 29 oct. 2008, n° 08-60.016, Bull. V n° 208, RJS 2009 n° 55).*

Lorsque l'employeur a pris connaissance de la désignation à réception d'un courrier électronique, le délai de forclusion démarre à cette date *(Cass. soc., 12 juin 2013, n° 12-19.575).*

2. *Le point de départ du délai de quinze jours à l'égard des organisations syndicales et des salariés de l'entreprise*

12.4.12.1.2. – Ce délai court du jour où le nom du DS a été porté à leur connaissance, par affichage sur les panneaux réservés aux communications syndicales ou par tout autre moyen *(Cass. soc., 21 févr. 1995, n° 94-60.130 ; Cass. soc., 4 févr. 1997, n° 95-60.982, Bull. V n° 51, RJS*

1997 n° 435 ; Cass. soc., 24 mai 2006 n° 05-60.246, Bull. V n° 194, JCP S 2006 n° 36, p. 29, note J.-F. Césaro).

Le délai commence à courir le lendemain de la notification *(Cass. soc., 29 oct. 2003, n° 02-60.705, Bull. V n° 273, RJS 2004 n° 230).*

La charge de la preuve de la date de l'affichage pèse sur la partie qui invoque la forclusion *(Cass. soc., 17 sept. 2003, n° 01-60.895, RJS 2004 n° 75).*

Si la lettre de désignation a été reçue par le service du courrier de l'entreprise à la date mentionnée sur le cachet porté par ce service sur l'avis de réception, le délai court à compter de cette date *(Cass. soc., 29 oct. 2008, n° 08-60.016, Bull. V n° 208, RJS 2009 n° 55).*

S'agissant de la désignation du DS au comité central d'entreprise [devenu le comité social et économique central], il a été jugé que : « *l'affichage de la désignation d'un délégué syndical central sur des panneaux destinés aux communications syndicales situés au siège de l'entreprise fixe le point de départ du délai de contestation pour les organisations syndicales représentées dans l'entreprise et les salariés qui y sont employés* » *(Cass. soc., 23 sept. 2009, n° 08-60.520, Bull. V n° 199, RJS 2009 n° 959 ; Cass. soc., 15 févr. 2006, n° 05-60.178, Bull. V n° 74, JCP S 2006 n° 15, p. 40, note J.-Y. Kerbourc'h).*

3. *L'appréciation de la forclusion du délai*

12.4.12.1.3. – La contestation doit parvenir au secrétariat greffe du tribunal d'instance [tribunal judiciaire] avant l'expiration du délai *(Cass. soc., 26 mars 2003, n° 01-60.809, RJS 2003 n° 774 : l'employeur ayant eu connaissance de la désignation le 2 octobre, sa contestation parvenue le 18 du même mois au secrétariat-greffe était tardive).*

B. La procédure de contestation de la désignation

12.4.12.2. – La contestation de la désignation doit être portée devant le tribunal judiciaire.

Si l'instance est engagée dans le délai devant un tribunal territorialement incompétent, ce dernier ne peut rejeter la demande comme tardive et doit désigner le tribunal compétent devant lequel se poursuivra l'instance *(Cass. soc., 2 mars 2004, n° 02-60.828, Bull. V n° 72, RJS 2004 n° 568).* La forclusion ne peut être opposée si l'employeur a saisi dans le délai un tribunal incompétent puis s'est désisté de sa demande avant de saisir le tribunal compétent *(Cass. soc., 9 juill. 2008, n° 07-60.468, Bull. V n° 158, RJS 2008 n° 1010).*

Le tribunal peut être saisi par télécopie mais le demandeur doit régulariser sa contestation dans le délai pour éviter la forclusion *(Cass. soc., 16 janv. 2008, n° 06-60.289, RJS 2008 n° 456, Bull. V n° 4 ; Cass. soc., 18 nov. 2009, n° 09-60.047, Bull. V n° 262, JCP S 2010 n° 6, p. 36, note J.-Y. Kerbourc'h).*

S'agissant d'une demande en annulation introduite au nom d'une association, la personne saisissant le tribunal doit justifier d'un pouvoir lui donnant qualité à agir, soit en vertu des statuts, soit en vertu d'une délibération de l'organe compétent *(Cass. soc., 16 janv. 2008, n° 07-60.126, Bull. V n° 1, RJS 2008 n° 449).*

Le tribunal doit statuer dans un délai de dix jours *(C. trav., art. R. 2143-5).* Le dépassement de ce délai n'entraîne pas la caducité de la demande d'annulation (*Cass. soc., 6 juill. 1999, n° 98-60.329, Bull. V n° 336, RJS 1999 n° 1088*). Tant qu'il n'a pas été statué sur la contestation de la désignation, le salarié bénéficie de la protection *(Cass. soc., 29 oct. 1998, n° 97-44.269, Bull. V n° 468, 1998 n° 1515, Dr ouvrier 1999, p. 133).*

L'action en contestation ne suspend pas le délai d'un mois dont dispose l'employeur prévu par l'article L. 1332-2 du Code du travail *(Cass. soc., 23 sept. 2008, n° 07-42.786, Bull. V n° 169, RJS 2008 n° 1212, JCP S n° 11, p. 13, B. Gauriau, « Variations sur le droit syndical »).*

Le tribunal compétent pour statuer sur la régularité des désignations contestées est également compétent pour apprécier la validité de l'accord collectif sur la base duquel elles ont été effectuées *(Cass. soc., 16 janv. 2008, n° 07-60.163, Bull. V n° 9, RJS 2008 n° 448).*

Le tribunal statue en dernier ressort. La voie de l'appel est donc fermée et seul peut être formé, dans le délai dix jours, un pourvoi en cassation *(C. trav., art. R. 2143-5 ; cf. Cass. soc., 11 févr. 2009, n° 08-60.490, Bull V n° 44, RJS 2009 n° 375).*

Le périmètre de désignation du DS précédemment reconnu par une décision de justice ne peut être remis en cause qu'au vu d'éléments nouveaux *(Cass. soc., 21 janv. 2009, n° 08-60.452, Bull. V n° 19, RJS 2009 n° 373).*

§ 13. LES EFFETS DE L'EXPIRATION DU DÉLAI IMPARTI POUR CONTESTER LA DÉSIGNATION

A. Le principe : l'impossibilité de contester la validité de la désignation et le bénéfice du statut protecteur

1. Les effets directs de l'absence de contestation

12.4.13.1.1. – Tant la Cour de cassation que le Conseil d'État ont entendu tirer toutes les conséquences des dispositions de l'article L. 2143-8 du Code du travail, selon lesquelles la désignation du DS, passé le délai de quinze jours, « *est purgée de tout vice sans que l'employeur puisse exciper ultérieurement d'une irrégularité pour priver le délégué désigné du bénéfice des dispositions* » relatives notamment à la protection *(cf. L. Pécaut-Rivolier et Y. Struillou, « La remise en cause du mandat du salarié protégé à l'occasion de son licenciement : réflexions sur les arrêts du Conseil d'État du 21 décembre 2007 et de la chambre sociale de la Cour de cassation du 12 février 2008 », Dr soc 2008, p. 845).*

Dès 1976, la chambre criminelle a admis que le Code du travail imposait au chef d'entreprise, à peine de forclusion, un délai pour contester la désignation, tout en précisant que ce délai ne saurait régir les contestations motivées par des évènements postérieurs à son expiration *(Cass. crim., 6 oct. 1976, n° 75-92.893, Bull. crim. n° 284).*

La chambre sociale a jugé que le délai de quinze jours « *est un délai de forclusion qui ne souffre, hors le cas de fraude, ni suspension, ni interruption* » *(Cass. soc., 17 janv. 1989, n° 87-60.311, Bull. V n° 31).*

« *La validité de la désignation ne peut plus, en principe, être contestée, fût-ce par voie d'exception* » *(Cass. soc., 3 mai 2007, n° 05-43.863, Bull. V n° 67, RJS 2007 n° 876, JCP S 2007 n° 27, p. 27, note B. Gauriau).*

Dès lors que la désignation d'un DS est purgée de tout vice à l'expiration du délai de contestation, elle emporte, par elle-même, tous les effets que le syndicat a voulu lui faire acquérir. Ainsi, le salarié ne peut plus – sauf le cas particulier de la fraude – voir remettre en cause son statut et la protection qui lui est accordée « *quels que soient les motifs allégués à l'appui du recours* » par l'employeur, tels que :

– le fait que l'intéressé ne serait pas employé par l'entreprise dans laquelle il a été désigné *(Cass. soc., 21 juill. 1986, n° 85-60.500 Bull. V n° 452)* ;
– la circonstance que le DS désigné dans une entreprise de moins de 50 salariés n'était pas élu représentant du personnel *(Cass. soc., 10 oct. 1990, n° 88-44.268, Bull. V n° 451, RJS 1990 n° 882 ; Cass. soc., 4 mars 2009, n° 08-40.500, RJS 2009 n° 555).*

De son côté, le Conseil d'État, dès 1987, avait jugé que, tant que la désignation n'avait pas été contestée, l'employeur ne pouvait utilement invoquer le moyen tiré de ce que l'entreprise occupait moins de cinquante salariés pour soutenir que son salarié n'était pas protégé comme DS *(CE, 29 mai 1987, n° 60.711, Société de construction du Rhin, Rec. p. 173, marquant l'abandon de la jurisprudence Tilleman, 12 mai 1982, n° 19.725, Rec. p. 766).*

Les conséquences, s'agissant de la protection, qui s'attachent à l'absence de contestation dans le délai fixé par la loi de la désignation du DS, sont donc fixées de longue date par les jurisprudences judiciaire et administrative. Lors d'un licenciement d'un DS, en l'absence de contestation de sa désignation, un employeur ne saurait remettre en cause le bénéfice de la protection qui s'attache au mandat ni devant l'inspecteur du travail, ni devant le juge d'instance.

2. *Les effets indirects de l'absence de contestation*

12.4.13.1.2. – Sur le fondement des dispositions antérieures à celles introduites par la loi du 20 août 2008, il avait été jugé que la désignation non contestée suffisait à établir :

– l'existence d'une section syndicale *(Cass. soc., 27 mai 1997, n° 96-60.239, Bull. V n° 194),*

– la représentativité de l'organisation syndicale ayant procédé régulièrement à la désignation *(Cass. soc., 3 mai 2007, n° 06-60.072)*.

La Cour de cassation ne s'est pas encore prononcée sur le maintien de cette jurisprudence dans le cadre des nouvelles dispositions, lesquelles subordonnent la représentativité dans l'entreprise à des conditions tenant à l'audience électorale.

Dès lors que la désignation au sein d'un l'établissement de l'entreprise n'a pas été contestée, le caractère distinct de l'établissement ne peut plus être remis en cause pour cette désignation et l'organisation syndicale y ayant procédé.

De même il a été jugé que la désignation d'un DS au sein d'une unité économique et sociale était purgée de tout vice passé le délai de quinze jours alors même, qu'antérieurement à cette désignation, l'unité économique et sociale n'avait pas été reconnue par décision de justice ni par accord collectif *(Cass. soc., 26 janv. 2000, n° 98.-60.572, RJS 2000 n° 293 ; Cass. soc., 3 mai 2007, n° 06-60.042)*. Toutefois, la désignation n'établit pas à elle seule l'existence de l'UES *(Cass. soc., 4 mars 2009, n° 08-60.497, Bull. V n° 61, RJS 2009 n° 448, RDT 2009, p. 392, note E. Peskine)*. La situation est identique si l'employeur n'a pas contesté dans les 15 jours la désignation comme DS d'un salarié qui n'est pas membre du comité social et économique dans les entreprises dont l'effectif est inférieur à 50 salariés : ce salarié bénéficie du statut protecteur, sa désignation étant purgée de tout vice *(Cass. soc., 7 nov. 2018, n° 17-14.743)*.

B. L'exception : la possibilité de contester la désignation après l'expiration du délai imparti

12.4.13.2. – La contestation de la désignation postérieurement à l'expiration du délai de quinze jours a été admise dans les cas suivants :

– si l'employeur n'a eu connaissance que postérieurement à l'expiration du délai de quinze jours d'un fait nouveau de nature à vicier la désignation, comme par exemple la condamnation pénale du salarié la forclusion peut être écartée *(Cass. soc., 29 oct. 1986, n° 86-60.041, Bull. V n° 498)*. Dans ce cas, le délai de contestation court à compter de la date à laquelle l'employeur a eu connaissance du fait nouveau. Passé ce nouveau délai, la désignation ne peut plus être contestée *(Cass. soc., 29 oct. 1986, n° 86-60.041, Bull. V n° 498)* ;

– si le salarié est de nationalité étrangère et se trouve illégalement employé en France *(cf. n° **11.3.1**)*.

§ 14. LES EFFETS DU REJET DE LA DEMANDE D'ANNULATION

12.4.14. – Deux cas de figure sont possibles :

– la demande est rejetée comme irrecevable : la désignation est alors purgée de tout vice et le salarié est protégé à compter de la date à laquelle l'employeur a reçu la lettre de désignation *(Cass. soc., 19 sept. 2007, n° 06-41.227, RJS n° 1191)* ;

– la désignation a été reconnue comme régulière par le tribunal d'instance : le salarié bénéficie de la protection.

Il en a été jugé ainsi alors même que le licenciement avait été envisagé dans le cadre d'un licenciement pour motif économique *(CE, 22 avr. 1992, n° 108.220, Le Denmat : la désignation ayant été regardée comme régulière par un jugement du tribunal d'instance du 8 février 1988, devenu définitif, le salarié bénéficiait de la protection attachée à sa qualité de délégué syndical à la date à laquelle l'inspecteur du travail a statué, soit le 18 février).*

§ 15. L'ANNULATION DE LA DÉSIGNATION POUR UN MOTIF AUTRE QUE LA FRAUDE

12.4.15. – L'annulation de la désignation n'a pas pour effet de priver le salarié du bénéfice de la protection pour la période comprise entre sa désignation et le prononcé du jugement *(CE, 7 oct. 2009, n° 322.581, M. Ouahirou, Rec. p. 358, concl. Y. Struillou, AJDA 2009, p. 2234, RJS 2010 n° 201, JCP S 2010 n° 6, p. 36, note J.-Y. Kerbourc'h ; Cass. soc., 16 déc. 2014, n° 13-15.081, Bull. V n° 290, RJS 2015 n° 117 ; Cass. soc., 11 oct. 2017, n° 16-11.048, B.)*. Il en va de même lorsque l'annulation de la désignation émane du syndicat demandant à l'employeur de considérer comme nulle et non avenue la désignation qu'il avait opérée *(Cass. soc., 30 nov. 2011, n° 10-21.120, RJS 2012 n° 167)*. À la date du jugement d'annulation le mandat du salarié cesse et la protection due au titre de ce mandat continue à courir pendant une durée de douze mois, s'il a exercé ces fonctions pendant au moins un an *(Cass. soc., 3 avr. 2019, n° 17-28.880, RJS 2019 n° 366)*.

§ 16. L'ANNULATION DE LA DÉSIGNATION POUR FRAUDE

A. L'appréciation souveraine du juge du fond sur le caractère frauduleux de la désignation

12.4.16.1. – Le juge judiciaire annule la désignation d'un DS qui revêt « *un caractère frauduleux* » quand « *elle est destinée à assurer uniquement sa protection personnelle en prévenant une menace de licenciement même si celle-ci ne s'est pas encore traduite par une convocation à l'entretien préalable* » *(Cass. soc., 22 juill. 1981, n° 81-60.034, Bull. V, n° 755).*

L'appréciation du caractère frauduleux de la désignation relève du pouvoir souverain du juge du fond *(Cass. soc., 9 déc. 1997, n° 96-60.233, Bull. V n° 428, RJS 1998 n° 65 ; Cass. soc., 7 mai 2002, n° 00-60.407, Bull. V n° 155, RJS 2002 n° 845, Dr ouvr. 2002, p. 466 ; Cass. soc., 13 juill. 2004, n° 03-60.432, Bull. V n° 220, RJS 2004 n° 1166, Dr soc 2005, p. 283 J.-M.*

Verdier, « Un paradoxe en voie de disparition : délégué syndical désigné, mais sans protection ? »).

La jurisprudence de la Cour de cassation témoigne de son souci « *de se montrer d'une particulière vigilance dans un domaine très délicat dans lequel il y a lieu aussi bien de déjouer la manœuvre trop facile du salarié qui, au moment où il craint un licenciement disciplinaire, cherche à bénéficier d'un statut de personnel protégé mais aussi de ne pas laisser l'employeur peu scrupuleux, qui veut se débarrasser d'un salarié défendant les intérêts de ses collègues de travail, s'opposer à ce qu'il acquière le statut de représentant du personnel et décourager ainsi les salariés de moins en moins nombreux à accepter de prendre des risques pour représenter et assister leur camarades de travail » (concl. de l'avocat général sous arrêt du 16 mars 1999, n° 97-60.458, Bull. V, n° 123, Dr soc 1999, p. 488).*

« Le mouvement de renforcement du contrôle que la Cour régulatrice entend exercer » (commentaire J.-M. Verdier sous Cass. soc., 16 nov. 1999, n° 98-60.347, Bull. V n° 442, Dr soc 2000, p. 193, RJS 2000 n° 69) s'est concrétisé par l'affirmation par la Cour de cassation de principes relatifs à la règle de la preuve du caractère frauduleux de la désignation et aux conditions requises pour que le juge du fond puisse valablement juger qu'une désignation est frauduleuse.

Cependant, ce mouvement n'a pas été jusqu'à remettre en cause la position adoptée par la chambre sociale quant à l'appréciation souveraine du juge du fond sur l'existence de la preuve *(cf. note sous Cass. soc., 7 mai 2002, n° 00-60.407, Bull. V n° 407 et avis de l'avocat-général P. Lyon-Caen, Dr ouvrier 2002, p. 466 ; Cass. soc., 15 mars 2006, n° 05-60.215 ; Cass. soc., 10 déc. 2007, n° 07-60.014, RJS 2008 n° 305 ; J.-M. Verdier, « Protégés ou exposés, liberté fondamentale et logique de statut », dans Études offertes à J. Pelissier, Dalloz, 2004).*

B. Le régime de la preuve du caractère frauduleux de la désignation

12.4.16.2. – Par son arrêt en date du 16 novembre 1999, la chambre sociale a posé le principe que le tribunal d'instance [tribunal judiciaire] ne peut retenir « *l'existence d'un soupçon de fraude* » alors qu'il appartient à l'employeur « *d'établir la fraude qui ne peut être présumée* » *(Cass. soc., 16 nov. 1999, n° 98-60.347, Bull. V n° 442, Dr soc 2000, p. 193, RJS 2000 n° 69).*

Cette solution découle du principe selon lequel « *c'est la bonne foi qui est présumée et que la fraude doit être établie par celui qui l'allègue* » *(Cass. soc., 13 oct. 2004, n° 03-60.406, Bull. civ. V, n° 261, Dr ouvrier 2005, p. 64).* Ce principe implique que l'employeur établisse que le salarié avait connaissance de son licenciement immédiat, cherchant ainsi à se protéger par sa désignation.

C. Les conditions requises pour que la désignation soit jugée frauduleuse

Deux conditions doivent être remplies :

1. Le salarié doit être exposé à une menace effective de licenciement

12.4.16.3.1. – Si tel n'est pas le cas, la désignation ne peut présenter un caractère frauduleux. Il s'agit donc d'une condition nécessaire *(commentaire J.-M. Verdier sous Cass. soc., 16 nov. 1999, n° 98-60.347, Bull. V, n° 442, Dr soc 2000, p. 190, RJS 2000 n° 69).*

En application de cette règle, la Cour de cassation a censuré les jugements qui avaient conclu au caractère frauduleux de la désignation dans les circonstances suivantes :

- dans l'affaire ayant donné lieu à l'arrêt du 16 mars 1999, le tribunal d'instance avait jugé que la désignation était frauduleuse au motif qu'elle était intervenue alors qu'une procédure de licenciement était pendante. La chambre sociale a annulé le jugement en se fondant sur le fait qu'à la date à laquelle le salarié avait été désigné, plus d'un mois s'était écoulé depuis l'entretien préalable sans que l'employeur notifiât à l'intéressé son licenciement ; par suite, le dépassement du délai d'un mois prévu par l'article L. 1332-2 *(art. 122-41 de l'ancien Code du travail)* faisant légalement obstacle à la notification du licenciement, la désignation se trouvait privée de tout caractère frauduleux *(Cass. soc., 16 mars 1999, n° 97-60.458, Bull. V n° 123, Dr soc 1999, p. 488)* ;
- dans l'affaire ayant donné lieu à l'arrêt du 16 novembre 1999, la chambre sociale avait relevé que le licenciement avait été refusé par l'inspecteur du travail, même si l'employeur avait contesté ce refus devant le tribunal administratif *(Cass. soc., 16 nov. 1999, n° 98-60.347, Bull. V, n° 442, Dr soc 2000, p. 190, RJS 2000 n° 69).*

De même, la Cour de cassation censure les jugements qui retiennent des motifs inopérants pour annuler la désignation tels que :

- la circonstance que le contrat de travail avait été déjà rompu *(Cass. soc., 2 déc. 2003, n° 02-60.759)* ;
- l'absence d'implication réelle dans l'exercice d'un mandat de délégué du personnel *(Cass. soc., 27 mars 2007, n° 06-60.144, RJS 2007 n° 758).*

2. La désignation doit viser exclusivement à assurer la protection du salarié

12.4.16.3.2. – En application de ce principe, la Cour de cassation a annulé le jugement par lequel le tribunal d'instance avait estimé la désignation comme frauduleuse au motif que le juge du fond n'avait pas répondu aux conclusions du salarié faisant valoir que cette désignation trouvait sa cause dans son activité antérieure au profit de la communauté des travailleurs *(Cass. soc., 9 déc. 1997, n° 97-60.078, Bull. V n° 427, RJS 1998 n° 65 ; Cass. soc., 24 juin 1998, n° 97-60.061, RJS 1998 n° 1027).*

La circonstance que le salarié a mené antérieurement à sa désignation une action en faveur des salariés, dans un cadre syndical ou non, fait légalement obstacle à ce que la désignation soit annulée, le juge du fond ne pouvant sans contradiction déclarer la désignation frauduleuse et constater l'activité du salarié désigné en faveur de ses collègues de travail *(Cass. soc., 16 nov. 1999, n° 98-60.347, Bull. V n° 442, comm. J.-M. Verdier, Dr soc 2000, p. 190).*

À supposer que l'employeur n'ait pas eu connaissance de cette activité en faveur de l'ensemble du personnel, ce fait est en tout état de cause sans incidence *(Cass. soc., 14 mai 1997, n° 96-60.213, Bull. V n° 178, Dr soc 1997, p. 753, RJS 1997 n° 709).*

Comme le souligne le professeur Gérard Couturier dans son commentaire de l'arrêt précité du 14 mai 1997 : « *La Cour de cassation juge que lorsque le candidat était déjà engagé dans l'action collective la fraude à la loi ne saurait être caractérisée* » *(Dr soc 1997, p. 753).*

Toutefois, même si le juge du fond ne relève pas que le salarié ait eu une activité syndicale antérieurement à sa désignation, il peut légalement estimer que la fraude n'est pas établie *(Cass. soc., 26 sept. 1984, n° 84-60.009).*

D. Les effets de l'annulation de la désignation

1. *Les effets pour la période antérieure au prononcé du jugement d'annulation*

12.4.16.4.1. – Les juridictions ont adopté des solutions divergentes.

Le Conseil d'État a jugé que l'autorisation administrative n'était pas requise et a annulé l'autorisation *(CE, 15 janv. 1982, n° 18.463, Sté Allard, Rec. p. 22 ; en l'espèce, l'autorisation avait été accordée le 20 décembre 1978 et la désignation avait été annulée par un jugement du 20 décembre 1980).*

La chambre criminelle a adopté la même position : le salarié ne peut invoquer la protection, y compris au titre de la période antérieure à l'annulation de sa désignation, dans la mesure où la fraude ne peut être créatrice de droits pour son auteur et où le salarié est réputé n'avoir jamais été investi de la fonction de DS *(Cass. crim. 18 oct. 1977, n° 76-92.524, Bull. crim. n° 308 ; Cass. crim. 6 nov. 1979, n° 78-92.862, Bull. crim. n° 308).*

La chambre sociale a adopté une position divergente : l'annulation de la candidature comme frauduleuse n'entraîne la perte de la qualité de salarié protégé qu'à la date à laquelle le jugement d'annulation est prononcé *(Cass. soc., 28 nov. 2000, n° 98-42019, Bull. V, n° 396, RJS 2001 n° 214 ; cf. J.-M. Verdier, « La protection des représentants des salariés dans l'entreprise : une logique de statut », Dr soc 2001, p. 634).* Elle a confirmé sa jurisprudence *(Cass. soc, 28 févr. 2007, n° 05-42.553, RJS 2007 n° 609, Bull. V n° 36 ; Cass. soc., 16 déc. 2014, n° 13-15.081, Bull. V n° 290, RJS 2015 n° 117, préc.).* Il s'ensuit que si le salarié a été licencié sans l'autorisation de l'inspecteur du travail avant le prononcé du jugement, son licenciement est jugé comme étant néanmoins intervenu en méconnaissance du statut protecteur alors même qu'un jugement annulerait ultérieurement pour fraude l'élection ou la désignation. A ainsi été définie, pour donner toute sa portée à la protection, une exception au principe bien connu selon lequel la fraude corrompt tout.

Pour contourner l'obligation résultant de la position adoptée par la chambre sociale, un employeur, qui estimait que la désignation d'un salarié comme DS était frauduleuse, avait suspendu la procédure de licenciement après la convocation à l'entretien préalable jusqu'à ce que le tribunal d'instance statue sur la validité de cette désignation. Le tribunal avait annulé la désignation et le licenciement avait été alors prononcé. Cependant, la saisine du tribunal d'instance [tribunal judiciaire] pour contester la désignation n'avait pas eu pour effet de suspendre le délai d'un mois prévu par l'article L. 1332-2 du Code du travail entre l'entretien préalable et la notification du licenciement. Dès lors, il a été jugé que le fait pour l'employeur de ne pas avoir notifié le licenciement dans ce délai rendait le licenciement sans cause réelle et sérieuse *(Cass. soc., 23 sept. 2008, n° 07-42.786, Bull. V n° 169, RJS 2008 n° 1212).*

En toute hypothèse, si l'annulation de la désignation intervient avant l'envoi de la lettre de licenciement, le salarié ne bénéficie pas de la protection *(Cass. soc., 3 déc. 2002, n° 99-44.583, Bull V n° 363, RJS 2003 n° 215).*

2. *Les effets pour la période courant à compter du prononcé du jugement d'annulation*

12.4.16.4.2. – Il avait été jugé par un arrêt du 3 décembre 2002 que postérieurement à l'annulation de la désignation, le licenciement n'était pas subordonné à l'autorisation, ce qui sous-tendait que le salarié ne bénéficiait pas de la protection en tant qu'ancien DS *(Cass. soc., 3 déc. 2002, n° 99-44.583, Bull. V n° 363).* Au demeurant, on voit mal comment le salarié pourrait satisfaire, pour bénéficier de cette protection complémentaire, à la condition d'avoir exercé son mandat pendant un an.

E. Les effets de l'annulation du jugement annulant la désignation

12.4.16.5. – Si la décision par laquelle la désignation est annulée est cassée, « *les parties étant replacées dans l'état où elles se trouvaient avant le jugement cassé* », le salarié est protégé et, par suite, s'il a été licencié sans autorisation, le licenciement est irrégulier *(Cass. soc., 28 oct. 1996, n° 95-40.994, Bull. V, n° 354, RJS 1996 n° 1286).*

SECTION 5

Le représentant de la section syndicale

§ 1. L'INSTITUTION

12.5.1. – Créée par la loi n° 2008-789 du 20 août 2008, l'institution du *« représentant de la section syndicale »* (RSS) a un double *objet (C. travail, art. L. 2142-1-1 ; circulaire DGT n° 20 du 13 nov. 2008, Fiche n° 4)* :

– permettre à une organisation syndicale **qui n'a pas été encore été reconnue représentative dans l'entreprise** ou l'établissement d'y mener une action syndicale, notamment en vue de la préparation des élections professionnelles suivantes de sorte qu'elle puisse atteindre, lors de cette échéance, le seuil de 10 % des suffrages exprimés qui conditionne la reconnaissance de sa représentativité ;

– permettre à une organisation syndicale **qui n'est plus représentative** de continuer à mener une action syndicale dans l'entreprise ou l'établissement *(cf. F. Duquesne, « Un délégué syndical en devenir : le nouveau représentant de la section syndicale », Dr soc 2008 p. 1085 ; G. Borenfreund « Le renouveau du droit syndical dans l'entreprise : entre faveur et défiance », Dr soc 2009, p. 700).*

Les dispositions sont entrées en vigueur à compter du 22 août 2008.

Elles sont applicables dans les entreprises ou établissements d'au moins cinquante salariés et, à certaines conditions, dans les autres entreprises ou établissements *(Cass. soc., 8 juill. 2015, n° 14-60.691, Bull. n° 834, Soc., n° 90 ; Cass. soc., 25 janv. 2016, n° 15-16.502)*. Depuis le 1er janvier 2018, date d'entrée en vigueur de l'ordonnance n° 2017-1718 du 20 décembre 2017, ce seuil doit avoir été atteint pendant douze mois consécutifs *(Cass. soc., 29 mai 2019, n° 18-19.890, B.)*.

Le RSS bénéficie de la protection applicable aux délégués syndicaux *(C. trav., art. L. 2142-1-2)*. De même, l'annulation de la désignation d'un représentant de section syndicale n'ayant pas d'effet rétroactif, la perte du statut protecteur n'intervient qu'à la date à laquelle le jugement d'annulation est prononcé, de sorte que l'autorisation administrative de licenciement est requise lorsque le salarié bénéficie de la protection à la date d'envoi de la convocation à l'entretien préalable au licenciement *(Cass. soc., 11 oct. 2017, n° 16-11.048, RJS 2017 n° 809)*. De même lorsque la Cour de cassation annule le jugement du tribunal d'instance [tribunal judiciaire] ayant annulé la désignation du salarié en tant que représentant de section syndicale, les parties sont replacées dans l'état où elles se trouvaient avant le jugement casse et il se déduit qu'à la date d'engagement de la procédure de licenciement, le salarié bénéficiait du statut protecteur, ce dont il résultait que l'employeur ne pouvait le licencier sans autorisation préalable de l'inspecteur du travail *(Cass. soc., 1er juill. 2020 n° 17-27.274, RJS 2020 n° 481 et 484)*.

§ 2. LES CONDITIONS TENANT À LA DÉSIGNATION DU REPRÉSENTANT DE LA SECTION SYNDICALE

A. Les conditions générales

12.5.2.1. – L'article L. 2142-1-2 du Code du travail renvoie aux dispositions applicables à la désignation du délégué syndical s'agissant :

- des conditions de désignation *(C. trav., art. L. 2143-1 et L. 2143-2 ; cf. n°* ***12.4.1 et s.****)* ;
- aux modalités de désignation *(C. trav., art. L. 2143-7, D. 2143-4 ; cf. n°* ***12.4.11.1****)* ;
- à la contestation de la désignation *(C. trav., art. L. 2143-8 et R. 2143-5 ; cf. n°* ***12.4.12.1****)*.

Les conditions d'âge, d'ancienneté dans l'entreprise et de jouissance des droits civiques sont celles applicables au délégué syndical *(cf. n°* ***12.4.3****)*.

B. Les conditions tenant au syndicat procédant à la désignation

12.5.2.2. – Il résulte des dispositions de l'article L. 2142-1-1 renvoyant aux dispositions de l'article L. 2142-1 du Code du travail que le syndicat procédant à la désignation doit satisfaire aux conditions suivantes :

- le respect des valeurs républicaines ; la charge de la preuve du non respect de ce critère incombe au demandeur *(Cass. soc., 8 juill. 2009, n° 08-60.599, Bull. V n° 181)* ;
- l'indépendance ;
- une ancienneté d'au moins de deux ans *(la date s'appréciant à compter de la date de dépôt légal des statuts ; Cass. soc., 8 juill. 2009, n° 08-60.599, Bull. V, n° 181)* ;
- l'inclusion de l'entreprise dans les champs professionnel et géographique du syndicat tels que définis par ses statuts.

Toutefois, le syndicat qui désigne un RSS dans un établissement n'a pas à faire la preuve de son implantation dans tous les sites composant l'établissement *(Cass. soc., 8 juill. 2009, n° 09-60.048, Bull. V n° 178 ; v. L. Pécaut-Rivolier, « Les premiers arrêts de la Cour de cassation relatifs à la loi du 20 août 2008 », Sem. soc. Lamy, 13 juill. 2009, n° 1408)*. Un syndicat qui est représentatif au niveau de l'entreprise et qui, de ce fait, a désigné un délégué syndical central peut désigner un RSS dans un établissement où il n'est pas représentatif *(Cass. soc., 13 févr. 2013, n° 12-19.662, Bull. V n° 43 ; Cass. soc., 4 déc. 2013, n° 13.10.754. Cass. soc., 14 déc. 2015, n° 14-26.517, B. ; Cass. soc., 21 juin 2016, n° 15-24.438)*. Il a été jugé que l'organe interne de l'organisation habilité à désigner des représentants syndicaux dans les entreprises est, tant que les statuts ne l'ont pas expressément exclu, habilité à désigner un RSS *(Cass. soc., 18 nov. 2009, n° 09-65.639, Bull. V n° 263, RJS 2010 n° 198)*. Une union de syndicats peut procéder à la désignation d'un RSS *(Cass. soc., 8 juill. 2009, n° 09-60.012, Bull. V n° 182, RJS 2009 n° 866 ; Cass. soc., 18 mai 2015, n° 14-60.538)*.

La Cour de cassation a ajouté le critère de la transparence financière qui doit être respecté par tout syndicat représentatif ou non afin de pouvoir exercer des prérogatives dans l'entreprise *(Cass. soc., 22 févr. 2017, n° 16-60.123, B.)*. Le syndicat peut prouver cette transparence par tout document comptable publié au jour de la désignation, sans qu'il soit nécessaire qu'il s'agisse de documents à établir en application de disposition légales *(Cass. soc., 17 oct. 2018, n° 17-19.732, B.)*, ces documents devant néanmoins être accompagnés de pièces justificatives et approuvés par l'organisme statutaire compétent *(Cass. soc., 13 juin 2019, n° 18-24.814)*.

C. Les conditions tenant à l'existence d'une section syndicale

12.5.2.3. – Aux termes de l'article L. 2142-1-1 du Code du travail, « *chaque syndicat qui constitue, conformément à l'article L. 2142-1, une section syndicale au sein de l'entreprise ou de l'établissement de 50 salariés ou plus peut, s'il n'est pas représentatif dans l'entreprise ou l'établissement, désigner un représentant de la section pour le représenter au sein de l'entreprise ou de l'établissement [...]* ».

La section syndicale peut être constituée « *dès lors* » que le syndicat a « *plusieurs adhérents dans l'entreprise ou l'établissement* » *(C. trav., art. L. 2142-1)*. La constitution d'une section syndicale impose la présence d'au moins **deux adhérents** du syndicat dans l'entreprise *(Cass. soc., 26 mai 2010, n° 09-60.278, Bull. V n° 117, obs. L. Pécaut-Rivolier, Dr soc 2010, p. 861 ; cf. n° **12.3.4.3.2**)*, peu important qu'ils soient titulaires d'un contrat de mission au jour de la désignation *(Cass. soc., 11 mai 2016, n° 15-17.200, Bull. 2016, n° 850, V, n° 1335)*.

Le niveau de désignation du RSS correspond à celui de l'implantation de la section syndicale et doit coïncider avec celui des délégués syndicaux *(Cass. soc., 29 nov. 2017, n° 17-10.295)*.

D. Les conditions particulières

12.5.2.4. – En vertu des dispositions de l'article L. 2142-1-1, si le syndicat qui a désigné le RSS n'est pas reconnu représentatif dans l'entreprise à l'issue des premières élections professionnelles suivant sa désignation, le salarié qui avait été désigné perd son mandat et ne peut pas être désigné à nouveau comme représentant au titre d'une section syndicale jusqu'aux six mois précédant la date des élections professionnelles suivantes dans l'entreprise *(Cass. soc., 4 juin 2014, n° 13-60.205, Bull. V n° 136, Dr soc 2014, p. 862, note F. Petit)*. Cette interdiction est opposable à toutes les organisations syndicales non représentatives. Celle-ci ne vise donc pas uniquement le syndicat auteur de la désignation initiale *(Cass. soc., 19 avr. 2023, n° 21-23.483, B., Liaisons soc. n° 18794, 11 mai 2023)*. En revanche, elle n'est pas opposable au syndicat dès lors que le périmètre de ces élections est différent de celui retenu lors des élections précédentes *(Cass. soc., 9 sept. 2020 n° 19-13.926, RJS 2020 n° 603)* ou lorsque la nouvelle désignation intervient à la suite des élections professionnelles organisées en exécution d'un jugement ayant procédé à l'annulation des élections professionnelles à l'issue desquelles le salarié avait précédemment été désigné en cette qualité *(Cass. soc., 4 nov. 2020 n° 19-13.151, B., RJS 2021 n° 98)*.

La désignation, après la perte de représentativité d'un syndicat, du salarié anciennement titulaire d'un mandat représentatif comme représentant de section syndicale est possible *(Cass. soc., 4 nov. 2009, n° 09-60.039, Bull. V n° 243, RJS 2010 n° 67, Dr soc 2010, p. 247, obs. F. Petit)*. Cette solution est transposable s'agissant du représentant syndical au comité d'entreprise ayant perdu son mandat, faute pour son organisation de disposer encore d'élus au sein de cette instance. En revanche, un syndicat, qui a désigné un délégué syndical dans plusieurs établissements distincts dans lesquels il est représentatif, ne peut désigner, au niveau de l'entreprise où il n'est pas représentatif, un représentant de section syndicale *(Cass. soc., 22 sept. 2021, n° 20-16.981, B.)*.

E. La désignation d'un représentant de la section syndicale dans les entreprises de moins de cinquante salariés

12.5.2.5. – En vertu des dispositions de l'article L. 2142-1-4 du Code du travail, les syndicats non représentatifs peuvent désigner, pour la durée de son mandat, un membre titulaire du comité social et économique comme RSS. Antérieurement à l'entrée en vigueur de l'ordonnance n° 2017-1386 du 22 septembre 2017, seul un délégué du personnel titulaire pouvait être désigné RSS *(Cass. soc., 27 mars 2013, n° 12-20.369, Bull. V, n° 94 ; Cass. soc., 2 juill. 2014, n° 13-25.493)*.

Toutefois, sous réserve de conventions ou d'accords collectifs plus favorables, seul un membre titulaire, disposant d'un crédit d'heures à ce titre, peut être désigné *(Cass. soc., 2 juill. 2014, n° 13-25.493)*.

Il a été jugé que l'article 8 de la convention collective nationale des établissements et services pour personnes inadaptées et handicapées ne déroge à la condition d'effectif de cinquante salariés que pour la désignation des délégués syndicaux et ne peut s'appliquer à la désignation d'un RSS *(Cass. soc., 26 mai 2010, n° 90-60.243, RJS 2010 n° 686, obs. F. Petit, Dr soc 2010, p. 1002)*.

SECTION 6

Les salariés mandatés en vue de la signature d'un accord collectif

§ 1. HISTORIQUE

12.6.1. – Par un arrêt rendu le 25 janvier 1995, la chambre sociale de la Cour de cassation avait admis que des accords puissent être valablement négociés et signés dans les entreprises qui ne remplissent pas les conditions légales pour avoir des délégués syndicaux « par des salariés titulaires d'un mandat donné par un syndicat représentatif » *(Cass. soc., 25 janv. 1995 n° 90-45.796, Mme Charre, Bull. V n° 40, Dr soc 1995, p. 274).*

Le législateur a ultérieurement mis en place plusieurs cadres juridiques distincts offrant la possibilité aux organisations représentatives au niveau national de désigner un salarié en vue de conclure un accord ayant valeur d'accord collectif :

– loi n° 96-985 du 12 novembre 1996 relative à l'information et à la consultation des salariés dans les entreprises et les groupes d'entreprises de dimension communautaire, ainsi qu'au développement de la négociation collective ;
– loi n° 98-461 du 13 juin 1998 d'orientation et d'incitation relative à la réduction du temps de travail dite « loi Aubry I » ;
– loi n° 2000-37 du 19 janvier 2000 relative à la réduction négociée du temps de travail dite « loi Aubry II » ;
– loi n° 2004-391 du 4 mai 2004 relative à la formation professionnelle tout au long de la vie et au dialogue social ;
– loi n° 2005-596 du 31 mars 2005 portant réforme de l'organisation du temps de travail dans l'entreprise ;
– loi n° 2008-789 du 20 août 2008 portant rénovation de la démocratie sociale et réforme du temps de travail.

Les références complètes quant à ces différents dispositifs peuvent être consultées dans la 6e édition de cet ouvrage (août 2020).

Le dispositif de mandatement actuel repose sur les dispositions de l'ordonnance n° 2017-1385 du 22 septembre 2017 et de la loi n° 2018-217 du 29 mars 2018.

§ 2. LE DISPOSITIF DU MANDATEMENT ISSU DE L'ORDONNANCE N° 2017-1385 DU 22 SEPTEMBRE 2017 ET DE LA LOI N° 2018-217 DU 29 MARS 2018

12.6.2. – L'ordonnance n° 2017-1385 relative au renforcement de la négociation collective, ainsi que la loi de ratification du 29 mars 2018 ont modifié les dispositions tenant à la négociation collective en entreprise en l'absence de délégués syndicaux ou de conseil d'entreprise. Les conditions du mandatement sont mentionnées aux articles L. 2232-23-1 à L. 2232-29-2 du Code du travail. Les salariés mandatés, dans les conditions prévues aux articles L. 2232-23-1 et L. 2232-26, bénéficient du statut protecteur *(C. trav., art. L. 2411-4)*.

A. Lorsque l'effectif de l'entreprise est compris entre 11 et 50 salariés

12.6.2.1 – Les dispositions de l'article L. 2232-23-1 du Code du travail prévoient que les accords peuvent notamment être négociés par un ou plusieurs salariés expressément mandatés par une ou plusieurs organisations syndicales représentatives dans la branche ou, à défaut, par une ou plusieurs organisations syndicales représentatives au niveau national et interprofessionnel, étant membre ou non de la délégation du personnel du comité social et économique. Une même organisation ne peut mandater qu'un seul salarié. Cette négociation peut aussi être organisée avec les membres titulaires du comité social et économique. En l'absence de cette instance, l'employeur peut soumettre aux salariés un projet d'accord *(C. trav., art. L. 2232-23)*.

B. Lorsque l'effectif de l'entreprise est au moins égal à 50 salariés

12.6.2.2 – Il ressort des dispositions des articles L. 2232-24, L. 2232-25 et L. 2232-26 du Code du travail que la négociation des accords collectifs peut être organisée avec :

– les membres titulaires du comité social et économique expressément mandatés à cet effet par une ou plusieurs organisations syndicales représentatives dans la branche dont relève l'entreprise ou, à défaut, par une ou plusieurs organisations syndicales de salariés représentatives au niveau national et interprofessionnel. Une même organisation ne peut mandater qu'un seul salarié *(C. trav., art. L. 2232-24)* ;

– les membres titulaires du comité social et économique, en l'absence de membre de ce comité expressément mandaté *(C. trav., art. L. 2232-25)* ;

– si aucun membre de la délégation du personnel du comité social et économique n'a manifesté son souhait de négocier, avec un ou plusieurs salariés expressément mandatés par une ou plusieurs organisations syndicales représentatives dans la branche ou, à défaut, par une ou plusieurs organisations syndicales représentatives au niveau national et interprofessionnel si aucun membre du comité social et économique n'a manifesté son souhait de négocier. Une même organisation syndicale ne peut mandater qu'un seul salarié *(C. trav., art. L. 2232-26)*.

Les salariés amenés à négocier au titre des deux premières hypothèses énoncées bénéficient du statut protecteur au titre de leur mandat de membre du comité social et économique.

SECTION 7

Le représentant des salariés dans le cadre des procédures de sauvegarde, de redressement et de liquidation judiciaire

§ 1. LA DÉSIGNATION D'UN REPRÉSENTANT DES SALARIÉS

A. Règles générales de désignation

12.7.1.1. – Le Code de commerce prévoit la désignation d'un représentant des salariés dans le cadre des procédures de sauvegarde *(C. com., art. L. 621-4)*, de redressement judiciaire *(C. com., art. L. 631-9)* et de liquidation judiciaire *(C. com., art. L. 641-1)*.

La désignation de ce représentant des salariés doit intervenir dans le délai de dix jours à compter du jugement prononçant l'ouverture de la procédure *(C. com., art. R. 621-14)*.

Le représentant est désigné par le comité social et économique.

Le salarié choisi n'est pas nécessairement un représentant du personnel. Il suffit pour être élu d'être salarié de l'entreprise au jour de l'ouverture de la procédure collective *(Cass. soc., 16 janv. 1991, n° 89-61.542, Bull. V n° 22)*.

En l'absence de représentants du personnel dans l'entreprise, le représentant des salariés est choisi par les salariés par vote secret au scrutin uninominal à un tour *(C. com., art. R. 621-14)*. Il doit être élu par l'ensemble du personnel de l'entreprise et non par une partie employée sur site ou dans un établissement *(Cass. soc., 28 sept. 2005, n° 04-60.484)*.

Le comité social et économique ou, à défaut, les salariés de l'entreprise peuvent seuls procéder à son remplacement *(C. com., art. L. 621-7)*.

B. La contestation de la désignation

12.7.1.2. – Le tribunal d'instance est compétent pour connaître en dernier ressort des litiges nés de cette désignation *(C. com., art. L. 621-6)*.

En application de l'article R. 621-15 du Code de commerce, la contestation n'est recevable que si elle est faite dans les deux jours suivant la désignation du représentant des salariés. Dans les cinq jours de sa saisine, le tribunal d'instance statue en dernier ressort. Le délai du pourvoi en cassation est de cinq jours.

La forclusion ne peut toutefois pas être opposée en cas de non-respect des formalités légales de désignation *(Cass. soc., 15 juin 2011, n° 10-60.392, RJS 2011 n° 715, s'agissant en l'espèce de la contestation par un représentant des salariés de son remplacement, non effectué dans le respect de ces règles).*

Il a par ailleurs été jugé que la contestation d'une élection antérieure à l'ouverture de la procédure collective, non prévue par le texte légal, relève des règles de procédure de droit commun ; le jugement, qui statue sur une telle contestation, est susceptible d'appel et le pourvoi, formé contre cette décision, est irrecevable *(Cass. soc., 12 nov. 1996, n° 95-61.000 ; Bull. V n° 74 ; Cass. soc., 6 févr. 2002, n° 00-60.204).*

§ 2. L'APPLICATION DU STATUT PROTECTEUR

12.7.2. – Seul le salarié désigné dans les conditions prévues par le Code de commerce bénéficie de la protection *(Cass. soc., 12 févr. 2003, n° 00-45.764, RJS 2003 n° 649 : en l'espèce, le salarié avait joué le rôle de représentant des salariés sans avoir été désigné dans les conditions légales).*

Conformément aux dispositions de l'article L. 621-6 du Code du commerce, les contestations relatives à la désignation du représentant des salariés sont de la compétence du tribunal judiciaire qui statue en dernier ressort. La Cour de cassation a affirmé que le licenciement d'un représentant des salariés dont la désignation n'a pas été annulée préalablement par le juge d'instance [tribunal judiciaire] doit être autorisé par l'inspecteur du travail si sa mission n'a pas pris fin *(Cass. soc., 29 sept. 2009, n° 08-40.603, Bull. V n° 197, RJS 2009 n° 966, RDT 2009 p. 733, note F. Paraiso).* Dans le cadre de cet arrêt, la Cour de cassation a retenu que même si le salarié a été élu avant le jugement plaçant l'entreprise en redressement judiciaire, il bénéficie de la protection.

Le licenciement du salarié qui s'est porté candidat à l'exercice des fonctions de représentant des salariés n'est pas soumis à l'autorisation de l'administration *(Cass. soc., 1er mars 2005, n° 02-44.293, Bull. V n° 74, RJS 2005 n° 549).* Le licenciement de ce représentant est soumis à l'avis du comité social et économique et à l'autorisation de l'inspecteur du travail *(C. com., art. L. 662-4 ; C. trav., art. L. 2411-1-11° ; Cass. soc., 5 mai 1993, n° 92-40.835, Bull. V n° 127).*

La procédure de licenciement est régie par les dispositions des articles R. 2421-8 à R. 2121-14 du Code du travail *(C. com., art. R. 621-16).*

Le législateur n'a pas prévu de période de protection pour les salariés ayant cessé d'exercer ces fonctions.

§ 3. LA MISSION DU REPRÉSENTANT DES SALARIÉS

12.7.3. – Le représentant des salariés a pour mission de vérifier le relevé des créances résultant des contrats de travail *(C. com., art. L. 625-2 ; cf. Y.*

Chagny, « Un organe des procédures collectives : le représentant des salariés », Dr soc 2008, p. 1003 ; RDT 2008, p. 47, note Y. Chagny).

Disposant d'attributions limitées aux seuls actes relatifs à la procédure collective ouverte à l'égard de l'entreprise qui l'emploie, il n'est pas considéré comme une institution représentative du personnel au sens du Code du travail *(Cass. soc., 27 juin 2002, n° 00-41.893, Bull. V n° 223 ; Cass. soc., 4 févr. 2003 n° 00-45.820, Bull. V n° 39, RJS 2003 n° 431).*

Lorsque l'entreprise est dépourvue de représentants du personnel, le représentant des salariés exerce les fonctions dévolues à ces institutions *(C. com., art. L. 621-4 et L. 631-9)* et doit, à ce titre, être consulté sur :

- le plan de sauvegarde *(C. com., art. L. 626-9)* ;
- les licenciements envisagés pendant la période d'observation *(C. com., art. L. 631-17)*, prononcés en application du jugement de liquidation *(C. com., art. L. 641-4)* ou pendant la période de maintien en activité postérieure à ce jugement *(C. com., art. L. 641-10)* ;
- le plan de redressement prévoyant des licenciements pour motif économique *(C. com., art. L. 631-19).*

Le mandat du représentant des salariés licencié avec autorisation de l'inspecteur du travail prend fin à l'expiration du préavis *(Cass. soc., 4 juill. 2007, n° 05-19.112, Bull. V n° 115, RJS 2007 n° 1093, obs. P.-Y. Verkindt, Dr soc 2007, p. 1186, RDT 2008, p. 47, note Y. Chagny).*

SECTION 8

Les conseillers prud'hommes

12.8. – En application des dispositions de l'article L. 2411-22, le licenciement des conseillers prud'hommes est subordonné à l'autorisation de l'inspecteur du travail. La procédure applicable est celle prévue pour le licenciement des délégués syndicaux *(Dr soc 2017, « Le statut des conseillers prud'hommes », F. Héas, p. 588).*

§ 1. LES BÉNÉFICIAIRES DE LA PROTECTION

12.8.1. – La protection s'applique à tous les conseillers prud'hommes titulaires d'un contrat de travail sans qu'il y ait à rechercher s'ils appartiennent au collège « salariés » ou « employeurs ». Elle est donc applicable au conseiller prud'homme nommé dans le collège des employeurs, dès lors qu'il n'est pas contesté qu'il a la qualité de salarié et peu important qu'il exerce des fonctions de direction dans l'entreprise *(Cass. crim., 22 avr. 1986, n° 85-93.671, Bull. crim. n° 133 ; Cass. soc., 14 sept. 2012, n° 11-21.307, Bull. 2012, V, n° 230).* Le Conseil d'État a adopté la même position *(CE, 10 juin 1994, n° 105.765, SA Compagnie Française de Thermalisme, Rec. p. 314 ; CE, 27 juin 1997, n° 150.477, M. Embser).*

Cette protection court à compter de la date de signature de l'arrêté de nomination, pris conjointement par le garde des Sceaux, et le ministre chargé du travail en application de l'article L. 1441-1 du Code du travail.
Cette protection court à compter de la date de signature de l'arrêté de nomination, pris conjointement par le garde des Sceaux, et le ministre chargé du travail en application de l'article L. 1441-1 du Code du travail.

Ces fonctions prennent fin à la date d'installation des conseillers prud'hommes nouvellement nommés *(Cass. soc., 12 nov. 1997, Bull. V n° 373, p. 269)*. À partir de cette date, il bénéficie de la protection de six mois accordée après la cessation de ses fonctions *(cf. Guide DGT, Salariés protégés, sept. 2019, fiche n° 4)*.

Le conseiller prud'homme dont la demande de résiliation judiciaire est accueillie a droit, au titre de la violation de son statut protecteur, au paiement d'une indemnité égale à la rémunération qu'il aurait dû percevoir depuis la date de prise d'effet de la résiliation jusqu'à l'expiration de la période de protection résultant du mandat en cours à la date de la demande, dans la limite de deux ans, durée minimale légale du mandat des représentants élus du personnel, augmentée de six mois *(Cass. soc., 3 févr. 2016, n° 14-17.000, Bull. n° 844, RJS 2016 n° 243 ; Cass. soc., 1er févr. 2017, n° 15-18.244)*.

§ 2. CANDIDATURE ET IMMINENCE DE CANDIDATURE

12.8.2. – Le candidat aux fonctions de conseiller prud'homme bénéficie de la protection spéciale jusqu'à l'expiration d'un délai de trois mois suivant la date de signature de l'arrêté de nomination des conseillers prud'hommes :

– dès que sa candidature a été notifiée à son employeur par le mandataire de la liste en application de l'article L. 1441-22 du Code du travail ;
– ou lorsque le salarié fait la preuve que l'employeur a eu connaissance de l'imminence de celle-ci *(C. trav., art. L. 2411-22)*.

Dans tous les cas, la protection ne peut être invoquée que par le salarié qui figure sur les listes déposées.

§ 3. CONTESTATION DE LA CANDIDATURE OU DE LA NOMINATION

12.8.3. – Il ressort des dispositions de l'article L. 1441-24 du Code du travail que « *les contestations relatives à la nomination sont portées par tout candidat ou mandataire de liste dans un délai de dix jours à compter de cette nomination, devant le tribunal administratif qui statue en premier et dernier ressort* ». L'employeur n'est pas reconnu comme pouvant être auteur d'une telle contestation.

§ 4. CONNAISSANCE PAR L'EMPLOYEUR DE LA QUALITÉ DE CONSEILLER PRUD'HOMME

12.8.4. – Cette question a été examinée au n° **12.1.2.**

§ 5. L'ANNULATION DE LA NOMINATION

12.8.5. – Le recours n'étant pas suspensif, le salarié a pu valablement siéger tant qu'il n'avait pas été statué sur le recours. Dès lors, il nous semble que l'annulation de l'arrêté de nomination est sans effet rétroactif et le salarié bénéficie de la protection complémentaire en tant qu'ancien conseiller prud'homme *(Cass. soc., 16 mars 2010, n° 08-44.094, Bull. V n° 66).*

§ 6. LES CAS DE MISE EN ŒUVRE DE LA PROTECTION

12.8.6. – La protection au bénéfice des conseillers prud'hommes joue également en cas de mise à la retraite d'un salarié *(Cass. soc., 2 déc. 1998, n° 96-44.668, Bull. V n° 534, RJS 1999 n° 101).*

L'autorisation est également requise en cas de redressement ou de liquidation judiciaire *(Cass. crim., 25 mai 2004, n° 02-86.937, Bull. crim. n° 137, Dr soc 2004, p. 920, obs. F. Duquesne).*

§ 7. LA DÉCHÉANCE

12.8.7. – En application des dispositions des articles L. 1442-13 et L. 1442-14 du Code du travail, le conseiller prud'homme, en cas de manquement grave à ses devoirs dans l'exercice de ses fonctions, peut être déchu.

La déchéance est prononcée par une commission nationale de discipline. Le Conseil d'État a jugé que peuvent justifier une mesure de déchéance les faits commis par le conseiller prud'homme dans l'exercice même des fonctions ainsi que ceux « *commis en dehors de ce cadre, [révélant] un comportement incompatible avec les qualités attendues d'une personne investie d'une fonction de juger et qui sont susceptibles de jeter le discrédit sur la juridiction à laquelle elle appartient* » *(CE, 5 juill. 2004, n° 253.663, M. Bource, Tables p. 892).*

Le conseiller prud'homme ne peut pas être déchu de son mandat au seul motif qu'il aurait perdu la qualité requise pour être nommé dans un collège *(Cass. soc., 26 oct. 2005, n° 03-46.766, Bull. V n° 305 ; Cass. soc., 3 mars 2009, n° 07-43.173, Bull. civ. V n° 55, RJS 2009 n° 463).*

SECTION 9
Les conseillers du salarié

§ 1. L'APPLICATION DU STATUT PROTECTEUR

A. Le principe

12.9.1.1. – La loi n° 91-72 du 18 janvier 1991, qui a institué le conseiller du salarié, avait subordonné son licenciement au respect de la procédure prévue pour les délégués syndicaux. Le bénéfice de cette protection est prévu par les articles L. 2411-1-16 et L. 2411-21 du Code du travail.

La protection est indépendante de l'accomplissement effectif de la mission dont la mise en œuvre n'appartient pas à l'intéressé mais résulte du choix individuel des salariés souhaitant être assistés *(Cass. soc., 14 janv. 2003, n° 00-45.883, Bull. V n° 4, RJS 2003 n° 365, Dr soc 2003, p. 445, obs. F. Duquesne).*

Le licenciement d'un salarié exerçant les fonctions de conseiller du salarié, intervenu sans l'autorisation de l'inspecteur du travail, est nul, nonobstant la circonstance que l'autorité administrative a, postérieurement au licenciement, délivré son autorisation. Le juge des référés peut à bon droit ordonner la réintégration du salarié *(Cass. soc., 4 avr. 1995, n° 93-44.617, Dr soc, p. 512).* En application du principe de recodification à droit constant, l'autorisation de l'inspecteur du travail est aussi requise pour la rupture du contrat à durée déterminée d'un salarié exerçant les fonctions de conseiller du salarié *(Cass. soc., 7 juill. 2021 n° 19-23.989, B., RJS 2021 n° 553, Dr soc. 2021 « la protection statutaire du conseiller du salarié », F. Petit ; Cass. soc., 10 juill. 2024, n° 22-21.856, B.).*

Il a été jugé que le tribunal d'instance [tribunal judiciaire] n'avait pas compétence pour se prononcer sur la qualité de conseiller du salarié, ni pour statuer sur le bénéfice du droit à la protection *(Cass. soc., 12 janv. 2005, n° 03-60.440).* Ces litiges relèvent de la compétence du conseil de prud'hommes.

B. Les conditions du bénéfice de la protection

1. *L'inscription sur la liste départementale des conseillers du salarié*

12.9.1.2.1. – Avant septembre 2010, le bénéfice de la protection était ouvert au conseiller du salarié à compter de la publication de la liste des conseillers du salarié au Recueil des actes administratifs du département *(Cass. soc., 13 juill. 2004, n° 02-42.681, Bull. V n° 212, RJS 2004 n° 1063, Dr soc 2004, p. 1153, obs. J. Savatier ; Rapport 2004 de la Cour de cassation, p. 251 ; Cass. soc., 24 sept. 2008, n° 07-40.436, Bull. V n° 185, RJS 2008 n° 1211).*

L'employeur était également tenu de solliciter l'autorisation dès lors qu'il avait été informé lors de l'entretien préalable de l'inscription sur la liste établie par le préfet, « *peu important qu'elle n'ait pas encore été publiée » (Cass. soc., 5 mai 2009, n° 08-40.540, J.-M. Verdier, « Une inégalité paradoxale de protection : délégué désigné ou élu et conseiller du salarié », Dr soc 2010, p. 174).*

Les difficultés récurrentes ont conduit la chambre sociale à modifier sa jurisprudence en jugeant que désormais « la protection du conseiller du salarié inscrit sur la liste prévue par l'article L. 1232-7, alinéa 2, du Code du travail court à compter du jour où cette liste est arrêtée dans le département par le préfet en application de l'article D. 1232-5 du même code, indépendamment des formalités de publicité prévues par ce dernier texte » *(Cass. soc. 22 sept. 2010, n° 09-41.173, Bull. V n° 192, et n° 08-45.227 ; Cass. soc. 23 mars 2011, n° 10-13.700)*. La protection bénéficie en outre au futur conseiller du salarié s'il apporte la preuve que son employeur a eu connaissance de l'imminence de son inscription sur la liste départementale *(Cass. soc., 19 janv. 2011, n° 10-13.972)*.

2. La connaissance par l'employeur des fonctions de conseiller du salarié exercées par le salarié

12.9.1.2.2. – Cette question a été examinée au n° **12.1.2**.

3. Le bénéfice de la protection au titre de l'imminence de désignation

12.9.1.2.3. – La Cour de cassation a récemment réaffirmé que même lorsqu'un salarié n'est pas encore inscrit sur la liste des conseillers du salarié, il peut bénéficier du statut protecteur attaché à cette fonction au titre de l'imminence de cette désignation. Toutefois, pour prétendre au bénéfice de la protection, l'employeur doit avoir eu connaissance de l'imminence de cette désignation au moment de l'envoi de la convocation à l'entretien préalable au licenciement *(Cass. soc., 13 janv. 2021, n° 19-17489, B., Liaisons soc., 19 févr. 2021, n° 18248)*.

4. Le bénéfice de la protection résiduelle

12.9.1.2.4. – Bien que le Code du travail ne le mentionne pas expressément, la Cour de cassation a retenu que dès lors que le conseiller du salarié a exercé ses fonctions pendant plus de 12 mois, il ne peut être licencié pendant les 12 mois suivant la fin de son mandat sans l'autorisation préalable de l'inspecteur du travail *(Cass. soc., 27 janv. 2010, n° 08-44.376, Bull. V n° 22)*.

C. Le droit à réintégration

12.9.1.3 – L'article L. 2422-1 dresse la liste des salariés protégés bénéficiant du droit à réintégration après annulation de l'autorisation de licenciement. Mais cette liste n'est pas exhaustive. En effet, le conseiller du salarié ne figure pas sur cette liste, mais « *l'article L. 1232-14 du*

Code du travail soumettant le licenciement d'un conseiller du salarié à la procédure prévue par le livre IV de la deuxième partie de ce code, il en résulte que les dispositions de l'article L. 2422-1 lui sont applicables ». En conséquence, « *à la suite de l'annulation de l'autorisation administrative de licenciement, le conseiller du salarié avait droit à réintégration dans son emploi ou dans un emploi équivalent » (Cass. soc., 17 mai 2017, n° 16-14.979, B., RJS 2017 n° 590).*

Il nous semble que cette règle peut être étendue à l'ensemble des salariés bénéficiant du statut protecteur.

SECTION 10

Les défenseurs syndicaux

§ 1. LES SALARIÉS BÉNÉFICIAIRES DE LA PROTECTION

12.10.1. – La loi n° 2015-990 du 6 août 2015 pour la croissance, l'activité et l'égalité des chances économiques prévoit la création du mandat de défenseur syndical, exerçant des fonctions d'assistance ou de représentation devant les conseils de prud'hommes et les cours d'appel en matière prud'homale et inscrit sur une liste arrêtée par l'autorité administrative sur proposition des organisations représentatives de salariés au niveau national *(C. trav., art. L. 1453-4 et s.)*. Le Conseil constitutionnel a été saisi par le Conseil d'État d'une question prioritaire de constitutionnalité portant sur les mots « *représentatives au niveau national et interprofessionnel, national et multiprofessionnel ou dans au moins une branche* » figurant au deuxième alinéa de l'article L. 1453-4 du Code du travail dans sa rédaction résultant de l'ordonnance du 20 décembre 2017. Par une décision du 14 septembre 2021, il a déclaré les dispositions contestées contraires à la Constitution en ce qu'elles méconnaissent le principe d'égalité devant la loi *(Cons. const., DC. n° 2021-928, QPC 14 sept. 2021, Dr soc. 2021 p. 1045, « Pour un élargissement des conditions de désignation des défenseurs syndicaux », F. Petit, « Le défenseur syndical : la représentation sans la représentativité », Y. Ferkane, RDT 2021, 723)*.

Le licenciement du défenseur syndical est soumis à la procédure d'autorisation administrative *(C. trav., art. L. 1453-9)*.

Le défenseur syndical, selon les dispositions de ce texte, bénéficie de la protection légale contre le licenciement *(C. trav., art. L. 2411-24)* ou la rupture du contrat de travail à durée déterminée avant son terme ou à l'arrivée de celui-ci *(C. trav., art. L. 2412-15)*.

§ 2. LA CONNAISSANCE PAR L'EMPLOYEUR DES FONCTIONS DE DÉFENSEUR SYNDICAL

12.10.2. – Dans la mesure où le défenseur syndical exerce un mandat extérieur, se pose la question de la connaissance de ce mandat par l'employeur. Dès lors, il y a lieu de se reporter aux principes évoqués (*cf. n° **12.1.2***).

Conformément aux dispositions de l'article D. 1453-2-7 du Code du travail, le DREETS informe l'employeur du salarié inscrit, de l'acquisition et du retrait de la qualité de défenseur syndical. Toutefois, l'information obligatoire de l'employeur de cette nomination par la Direccte ne crée pas de présomption de connaissance du mandat opposable et il appartient au salarié d'informer son employeur de l'existence de ce mandat *(Cass. soc., 16 janv. 2019, n° 17-27.685, B.)*.

SECTION 11

Les assesseurs maritimes

12.11. – Les articles L. 2411-1-18° et L. 2411-23 du Code du travail *(Ord. n° 2012-1218 du 2 nov. 2012, art. 3)* subordonnent le licenciement d'un salarié assesseur maritime à l'autorisation préalable de l'inspecteur du travail.

Cette autorisation est également requise :

– pour l'assesseur maritime ayant cessé ses fonctions depuis moins de six mois ;

– pour le salarié candidat aux fonctions d'assesseur maritime dès que l'employeur a reçu notification par l'autorité administrative de la candidature du salarié ou lorsque le salarié a fait la preuve que l'employeur a eu connaissance de l'imminence de sa candidature, et pendant une durée de six mois après établissement de la liste des assesseurs maritimes mentionnée à l'article 7 de la loi du 19 décembre 1926 relative à la répression en matière maritime. Le bénéfice de cette protection ne peut être accordé que par le candidat qui a déposé sa candidature auprès de l'autorité administrative.

Conformément à l'article 21 de l'ordonnance précitée du 2 novembre 2012, les dispositions de l'article L. 2411-23 sont entrées en vigueur selon des modalités fixées par décret, et au plus tard à compter du 1er janvier 2015.

SECTION 12

Les délégués de bord

12.12. – Tout licenciement d'un délégué de bord envisagé par l'armateur ne peut intervenir qu'après autorisation administrative *(D. n° 78-389 modifié du 17 mars 1978, art. 17, abrogé ; CE, Ass., 20 nov. 1981, n° 12.644, Fédération générale des transports et de l'équipement CFDT, Rec. p. 432 ; Cass. soc., 21 nov. 1990, n° 89-10.124, Bull. V n° 583).*

L'article 17 du décret n° 78-389 du 17 mars 1978 portant application du Code du travail maritime prévoyait la nécessité d'une autorisation administrative préalable au licenciement d'un délégué de bord. À la date de parution de ce décret, il existait une inspection du travail spécialisée dans les affaires maritimes. En juin 2008, la révision générale des politiques publiques (RGPP) a abouti à la fusion, devenue effective fin 2009, de l'inspection du travail avec les inspections spécialisées de l'agriculture, des transports et des transports maritimes *(D. n° 2008-1503 et n° 2008-1510 du 30 décembre 2008 relatifs à la fusion des services de l'inspection du travail)* de sorte que seule l'inspection du travail de droit commun était compétente pour se prononcer sur la demande d'autorisation de licenciement d'un délégué de bord.

L'article L. 5543-3-1 du Code des transports, créé par la loi n° 2013-619 du 16 juillet 2013, dispose clairement que : « *L'article L. 2421-3 du Code du travail est applicable au délégué de bord* ». Le renvoi à l'article L. 2421-3 du Code du travail emporte la compétence de l'inspecteur du travail de droit commun pour se prononcer sur la demande d'autorisation de licenciement d'un délégué de bord.

En application de cette loi, le décret du 17 mars 1978 a été abrogé et remplacé depuis le 1er janvier 2016 par le décret n° 2015-1674 du 15 décembre 2015 relatif au délégué de bord sur les navires dont l'article 20, pris pour l'application de l'article L. 5543-3-1 du Code des transports, renvoie à la procédure de droit commun de licenciement des salariés protégés prévue aux articles R. 2421-8 à R. 2421-17 du Code du travail.

SECTION 13

Les salariés exerçant des fonctions d'administrateur d'organismes extérieurs

§ 1. LES SALARIÉS ADMINISTRATEURS BÉNÉFICIAIRES DE LA PROTECTION

A. Les salariés membres du conseil ou administrateurs d'une caisse de sécurité sociale du régime général

12.13.1.1. – Le Code de la sécurité sociale (art. L. 231-11) et le Code du travail (L. 2411-18) leur étendent la protection prévue pour les délégués syndicaux *(pour un exemple : Cass. soc., 22 juin 2004, n° 01-41.780, Bull. V n° 179, RJS 2004 n° 1083)*.

Toutefois, si les membres du conseil d'administration et les administrateurs des Urssaf sont protégés, les salariés élus en qualité de représentants du personnel auprès du conseil d'administration ne bénéficient pas du statut protecteur *(Cass. soc., 1er juin 2016, n° 14-26.928, B., RJS 2016, n° 574)*.

B. Les administrateurs salariés des entreprises du secteur public

12.13.1.2. – La loi n° 83-675 du 26 juillet 1983 relative à la démocratisation du secteur public a prévu que le licenciement des administrateurs salariés, après avis du conseil d'administration, est subordonné à l'autorisation de l'inspecteur du travail. Cette obligation est reprise à l'article L. 2411-17 du Code du travail.

L'assemblée générale d'une société anonyme appartenant au secteur public, qui a fixé le nombre d'administrateurs à huit pour une durée de cinq ans, dont quatre représentants des salariés, ne peut pas réduire le nombre de sièges à pourvoir par ces représentants à l'occasion d'une élection partielle *(Cass. soc., 28 nov. 1995, n° 95-60.049, Bull. V n° 318, RJS 1996 n° 47)*.

C. Les administrateurs salariés des sociétés anonymes

12.13.1.3. – L'article L. 225-27 du Code de commerce dispose que les statuts des sociétés anonymes peuvent prévoir la participation au conseil d'administration de salariés élus par le personnel. Le licenciement de ces administrateurs est subordonné à l'autorisation de l'inspecteur du travail *(C. trav., art. L. 2411-17)*. Au préalable, il est soumis pour avis au conseil d'administration ou de surveillance dont il est membre *(C. trav., art. L. 2421-5)*.

La révocation de leur mandat pour faute est prononcée par décision du président du tribunal de grande instance statuant en la forme des référés *(C. com., art. L. 225-32)*.

Le mandat d'administrateur salarié est incompatible avec les fonctions de « *permanent syndical* » *(Cass. soc., 30 sept. 2005, n° 04-10.490, Bull. V n° 281 ; Rapport 2005 Cour de cassation, p. 258)*.

D. Les administrateurs salariés des mutuelles

12.13.1.4. – Le licenciement des salariés membres du conseil d'administration d'une mutuelle est soumis, en vertu de l'article L. 114-24 du Code de la mutualité et de l'article L. 2411-19 du Code du travail, à la procédure applicable pour le licenciement des délégués syndicaux *(pour* *un exemple : Cass. soc., 1er juin 2010, n° 09-41.507, Bull. V n° 123, RJS 2010 n° 700).*

E. Les administrateurs salariés du conseil d'administration et de surveillance d'une Caisse d'Épargne

12.13.1.5. – Le licenciement des salariés membres du conseil d'orientation et de surveillance d'une Caisse d'Épargne était soumis à l'autorisation de l'inspecteur du travail *(art. 11 de la loi n° 83-557 du 1er juillet 1983 complété par l'article 56 de la loi n° 84-575 du 9 juillet 1984 ; CE, 6 mai 1996, n° 153.102, Caisse d'Épargne d'Alsace, RJS 1996 n° 807)*. Les dispositions de l'article 11 de la loi du 1er juillet 1983 ont été abrogées à compter du 1er août 2000 par l'article 33-II de la loi n° 99-532 du 25 juin 1999 relative à l'épargne et à la sécurité financière *(JO n° 148 du 29 juin 1999, p. 9487)*.

§ 2. LA CONNAISSANCE PAR L'EMPLOYEUR DES FONCTIONS D'ADMINISTRATEUR EXTÉRIEURES À L'ENTREPRISE

12.13.2. – Cette question a été examinée au n° **12.1.2**.

SECTION 14

Les salariés exerçant certaines fonctions d'élu local

12.14. – Étaient considérés comme des salariés protégés au sens du Code du travail les élus locaux suivants, lorsqu'ils n'avaient pas cessé leur activité professionnelle, en application de la loi n° 2015-366 du 31 mars 2015 :

- les maires *(C. gén. coll. territoriales, art. L. 2123-9)* ;
- les adjoints aux maires de communes de plus de 10.000 habitants *(C. gén. coll. territoriales, art. L. 2123-9)* ;
- les salariés membres d'un conseil d'arrondissement des communes de Paris, Marseille et Lyon *(C. gén. coll. territoriales, art. L. 2511-33)* ;
- les salariés présidents ou vice-présidents ayant délégation de l'exécutif du conseil départemental *(C. gén. coll. territoriales, art. L. 3123-7)* ;
- les salariés présidents ou vice-présidents ayant délégation de l'exécutif du conseil régional *(C. gén. coll. territoriales, art. L. 4135-7)*.

Ces salariés ne sont plus protégés depuis l'entrée en vigueur de la loi n° 2019-1461 du 27 décembre 2019 relative à l'engagement dans la vie locale et à la proximité de l'action publique *(art. 86)*. En effet, constatant que la reconnaissance d'un statut de salarié protégé aux élus ne leur assurait pas de protection effective, et que, par ailleurs, elle pouvait contribuer à dissuader les employeurs d'embaucher des candidats titulaires de mandats locaux, la Commission des lois a proposé de plutôt reconnaître aux élus à l'article L. 1132-2 du Code du travail une protection contre toute discrimination en matière d'embauche, de formation, de licenciement, de rémunération, d'intéressement, de reclassement, de promotion ou de mutation professionnelle, cette disposition devant ainsi permettre d'améliorer la sécurité des élus, sans toutefois présenter de contrainte pour l'employeur *(cf. rapport de la commission des lois n° 2401 B. Questel du 7 novembre 2019)*. A aussi été évoquée lors des débats la Charte d'Amiens du 13 octobre 1906, qui établit une distinction stricte entre le syndicalisme et l'engagement politique. Cette question ressurgit néanmoins régulièrement lors des réformes relatives au statut des élus locaux.

SECTION 15
Les membres des commissions paritaires régionales interprofessionnelles

12.15. – La loi n° 2015-994 du 17 août 2015 relative au dialogue social et à l'emploi prévoit la mise en place de commissions régionales paritaires interprofessionnelles pour représenter les salariés et les employeurs des entreprises de moins de 11 salariés *(art. 1er ; C. trav., art. L. 23-111-1 nouveau)*.

Le licenciement ou la rupture du contrat de travail à durée déterminée des salariés membres de ces commissions ne pourront intervenir qu'après autorisation de l'inspecteur du travail. Cette procédure s'appliquera également pendant une durée de six mois pour les salariés dont l'identité figurera sur la propagande électorale des organisations syndicales de salariés à compter de la notification aux employeurs et pendant les six mois suivant l'expiration de leur mandat, des salariés y ayant siégé. Il en sera de même en cas de connaissance par l'employeur de l'imminence de leur désignation sur la propagande électorale *(art. 1er ; C. trav., art. L. 23-114-2, L. 2411-25 et L. 2412-16)*.

SECTION 16
Les membres des commissions paritaires professionnelles ou interprofessionnelles locales

12.16. – La loi n° 2010-1215 du 15 octobre 2010 complétant les dispositions relatives à la démocratie sociale issues de la loi n° 2008-789 du 20 août 2008 a créé les commissions paritaires professionnelles ou interprofessionnelles. Elles peuvent être instituées au niveau local, départemental ou régional, par accord et concourent à l'élaboration et à l'application de conventions et accords collectifs de travail, négocient et concluent des accords d'intérêt local, examinent les réclamations individuelles et collectives et toute autre question relative aux conditions d'emploi et de travail des salariés intéressés *(C. trav., art. L. 2234-1 et L. 2234-2)*.

En application des dispositions de l'article L. 2234-3 du Code du travail des salariés membres de ces commissions représentant tant les organisations syndicales que les organisations patronales peuvent bénéficier du statut protecteur si les accords les instituant le prévoient et selon les modalités définies par ceux-ci.

Le Conseil d'État a étendu le bénéfice de la protection aux membres de commissions paritaires nationales *(CE, 4 mai 2016, n° 380.954, Garroux, Tables p. 978, RDT 2016, p. 393)*. La Cour de cassation partage cette analyse *(Cass. soc., 1er févr. 2017, n° 15-24.310, B. ; Dr soc 2017, « L'extension du statut protecteur à tout membre d'une commission paritaire professionnelle », F. Petit, p. 577, RJS 2017 n° 274)*. Elle estime que ces dispositions, qui sont d'ordre public en raison de leur objet, s'imposent, en vertu des principes généraux du droit du travail, à toutes les commissions paritaires professionnelles créées par accord collectif, y compris celles créées par des accords antérieurs à l'entrée en vigueur de la loi du 4 mai 2004. Ainsi, l'ensemble des membres de ces commissions bénéficient du statut protecteur, sans qu'il soit nécessaire que l'accord les instituant le prévoie.

SECTION 17

Les assesseurs des tribunaux judiciaires

12.17. – La loi n° 2019-222 du 23 mars 2019 de programmation et de réforme pour la justice a modifié la loi n° 2016-1547 du 18 novembre 2016 de modernisation de la justice du XXIe siècle. Les assesseurs des tribunaux judiciaires ont ainsi remplacé les assesseurs des tribunaux de grande instance. Le licenciement d'un salarié titulaire de ce mandat est soumis à la procédure applicable aux conseillers prud'hommes *(Code de l'organisation judiciaire, art. L. 218-7)*.

SECTION 18

Les membres des commissions paritaires des chambres d'agriculture

12.18. – Depuis la loi n° 2014-1170 du 13 octobre 2014 d'avenir pour l'agriculture, l'alimentation et la forêt, la protection contre le licenciement et le transfert du contrat de travail, dans le cadre d'un transfert partiel ou total d'activité, des représentants du personnel des chambres siégeant en commission nationale paritaire ou en commission nationale de concertation et de proposition a été intégrée au Code rural et de la pêche maritime *(Code rural et de la pêche maritime, art. L. 514-3-2)*. Le statut protecteur s'applique sans distinction de la nature du contrat de travail des salariés titulaires de ces mandats. Les statuts du personnel administratif des chambres d'agriculture, pris dans le cadre de la loi n° 52-1311 du 10 décembre 1952 relative à l'établissement obligatoire d'un statut du personnel administratif des chambres d'agriculture, de commerce et des métiers étendent les dispositions du Code rural et de la pêche maritime à tous les représentants du personnel des chambres d'agriculture relevant du personnel administratif, y compris les membres des commissions autres que les commissions nationales, peu important la nature de leur contrat de travail.

CHAPITRE III

LA DURÉE DE LA PROTECTION

SECTION 1
Règles générales

§ 1. LES DURÉES DE LA PÉRIODE DE PROTECTION

13.1.1. – En principe, le salarié acquiert pendant une période donnée le bénéfice de la protection en raison :

– de sa candidature à certaines fonctions électives ;
– ou de son élection ou de sa désignation à des fonctions représentatives.

En outre, à compter de la date à laquelle le salarié cesse juridiquement d'exercer ses fonctions représentatives, il bénéficie, quand le Code du travail le prévoit, pendant une durée variable, d'une période de protection afin de dissuader l'employeur de prendre des mesures de représailles.

Le CSE, instance créée par l'ordonnance n° 2017-1386 du 22 septembre 2017, s'est substitué, au plus tard le 31 décembre 2019, au comité d'entreprise, aux délégués du personnel, ainsi qu'au CHSCT. Toutefois les règles jurisprudentielles portant sur la durée de la protection applicables à ces anciennes instances peuvent être transposées aux membres du comité social et économique.

La durée de la période de protection est précisée pour chacune des catégories de représentants du personnel dans les tableaux A et B joints en annexe.

§ 2. LA QUESTION DE LA DATE D'APPRÉCIATION DE LA QUALITÉ DE SALARIÉ PROTÉGÉ

13.1.2. – La réponse à cette question détermine :

- d'une part, si l'autorité administrative est compétente pour autoriser le licenciement du salarié ;
- et, d'autre part, si la rupture du contrat de travail est intervenue pendant la période de protection en l'absence d'autorisation administrative, donc en méconnaissance du statut protecteur.

A. Le lien entre la qualité de salarié protégé et la compétence de l'autorité administrative

13.1.2.1. – Il est essentiel d'apprécier si le salarié est protégé car l'autorité administrative n'est compétente que si l'intéressé bénéficie du statut protecteur. Si tel n'est plus le cas, elle doit décliner sa compétence.

La question est d'autant plus essentielle que l'incompétence de l'autorité administrative constitue un moyen d'ordre public que le juge administratif du fond doit relever d'office *(cf.,* ***n° 74.7.2.4****)* et qui entraîne automatiquement l'annulation de la décision prise.

B. La date d'appréciation de la qualité de salarié protégé et la compétence de l'autorité administrative

1. Le principe

13.1.2.2.1. – Il est de principe que la légalité d'une décision administrative s'apprécie en fonction des circonstances de fait et de droit existant à la date à laquelle l'autorité prend sa décision.

Ainsi, le Conseil d'État a longtemps considéré que c'était à la date à laquelle l'inspecteur du travail se prononçait sur la demande d'autorisation de licenciement, et non à la date de présentation de celle-ci, que s'appréciait la qualité de salarié protégé. Si l'entreprise présentait une demande d'autorisation alors que le salarié était encore protégé, mais que la période de protection expirait avant que l'inspecteur du travail ne statue, l'inspecteur du travail devait se déclarer incompétent *(CE, 31 janv. 1986, n° 46.926, S^{té} Sobest c. / Jean)*.

Par sa décision *Thieulent* du 23 novembre 2016, le Conseil d'État, se ralliant à la Cour de Cassation, a posé le principe selon lequel la qualité de salarié protégé doit être appréciée à la date de l'engagement de la procédure de licenciement, c'est-à-dire à la date d'envoi de la convocation à l'entretien préalable *(CE, 23 nov. 2016, n° 392.059, Rec. p. 517, Dr soc 2017, p. 65, M. Vialettes, RJS 2017 n° 129, AJDA 2016, p. 2302)*. L'expiration de la période légale de protection à la date de la décision administrative est donc désormais sans incidence sur la compétence matérielle de l'inspecteur du travail qui reste compétent pour statuer sur la demande d'autorisation.

2. *Application du principe : l'acquisition d'un nouveau mandat après le dépôt de la demande*

13.1.2.2.2. – Les dispositions du Code du travail ne sauraient permettre à une protection acquise postérieurement à la date de l'envoi par l'employeur de la convocation à l'entretien préalable au licenciement de produire des effets sur la procédure de licenciement engagée par cet envoi *(CE, 23 déc. 2011, n° 338.607, Sté Lidl ; CE, 27 mars 2015, n° 366.166, Sté Établissements Cuny, aux Tables p. 900, RJS 2015 n° 502 ; Guide DGT, Salariés protégés, sept. 2019, fiche n° 4)*. L'inspecteur doit toutefois prendre en compte le nouveau mandat acquis postérieurement au dépôt de la demande dans son appréciation de l'opportunité du licenciement *(cf.* n° ***413** et **51.2.1**)* ; à défaut, sa décision est entachée d'illégalité *(CE, 21 avr. 1997, n° 161.714, Patouma ; CE, 27 mars 2015, n° 366.166, préc.)*.

3. *Application du principe : l'incidence du jugement prononçant la résiliation judiciaire du contrat de travail*

13.1.2.2.3. – Il convient de se reporter au n° **14.5.5.1.2**.

4. *Application du principe : l'incidence de la prise d'acte de la rupture du contrat de travail*

13.1.2.2.3. – Il convient de se reporter au n° **14.6.2.2**.

C. La date d'appréciation de la qualité de salarié protégé pour le juge judiciaire

13.1.2.3. – Pour la Cour de cassation, l'application des mesures spéciales protectrices s'apprécie à la date d'engagement de la procédure de licenciement *(Cass. soc., 3 avr. 2001, n° 99-40.190, Bull. V n° 122 ; Cass. soc., 26 mars 2013, n° 11-27.964 et 11-27.996, Bull. V, n° 83, RJS 2013 n° 468)*.

SECTION 2

Le point de départ de la protection

§ 1. LE POINT DE DÉPART DE LA PROTECTION DES CANDIDATS AUX FONCTIONS DE MEMBRES DU COMITÉ SOCIAL ET ÉCONOMIQUE (CSE)

13.2.1. – L'article L. 2411-7 dispose que la durée de la protection de six mois pour les candidats aux fonctions de membres élus de la délégation du personnel au CSE court à partir de la date d'envoi, par lettre recommandée, de la candidature à l'employeur.

Cette protection court également à compter du dépôt de la candidature pour le candidat aux fonctions de représentant de proximité *(C. trav., art. L. 2411-9)* et le candidat aux fonctions de membre de la délégation du personnel du CSE interentreprise *(C. trav., art. L. 2411-10-1)*.

Sur la portée de cette obligation, il convient de se référer au n° **12.2.1.3**.

Il appartient à l'employeur qui conteste le bénéfice de la protection d'établir que la convocation à l'entretien préalable a précédé la formalisation de la candidature dont le chef d'entreprise est, en qualité d'organisateur des élections, destinataire et qu'il lui appartient d'enregistrer *(Cass. soc. 12 juill. 2006, n° 04-47.724, Bull. civ. V n° 250, JCP S. n° 39, 26.09.2006, 1756, note Kerbourc'h)*. La chambre sociale estime que seule la notification à l'employeur de la liste des candidatures postérieurement à la signature du protocole d'accord préélectoral ouvre la période de protection des anciens candidats à l'élection *(Cass. soc., 22 mars 1995, n° 93-41.678, RJS 1995 n° 529 ; cf. n° **12.2.1.1**)*.

Il s'ensuit que si une première notification avant la conclusion du protocole électoral est intervenue et si ces candidatures ont été renouvelées après sa conclusion, la période de protection ne commence à courir qu'à compter de la date d'envoi des candidatures après la signature de l'accord *(Cass. soc. 24 mars 1988, n° 86-40.624, Bull. V n° 216)*. Pendant la période comprise entre les deux envois, les candidats sont protégés au titre de l'imminence de leur candidature.

La chambre criminelle a jugé que le délai de protection avait recommencé à courir à compter de la publication d'une seconde liste de candidats, le comportement de l'employeur ayant fait obstacle à l'organisation des élections à la suite de la publication d'une première liste *(Cass. crim. 31 janv. 1967, n° 65-93.934, Bull. crim. n° 49 ; cf. n° **13.3.1**)*.

Si la date à laquelle la candidature a été présentée ne ressort pas des pièces du dossier, le Conseil d'État considère que la période de protection dont bénéficient les candidats non élus court à compter de la date de l'élection *(CE, 25 avr. 1994, n° 77.732, M. Boure)*.

§ 2. LE POINT DE DÉPART DE LA PROTECTION DES SALARIÉS PROTÉGÉS AU TITRE DE L'IMMINENCE DE LEUR CANDIDATURE AUX ÉLECTIONS DU CSE

13.2.2. – Le point de départ est la date à laquelle l'employeur a eu connaissance de l'imminence de la candidature. C'est à compter de cette date que commence à courir la période de protection prévue pour les candidats.

Ce point de départ peut être constitué, par exemple, par la date à laquelle l'employeur a reçu une lettre du syndicat demandant l'organisation des élections et lui annonçant la candidature d'un salarié, avant que le protocole préélectoral ne soit signé, ou bien par la date à laquelle un salarié a fait part de son intention de se porter candidat *(cf. n° **12.2.2.1**)*.

Tant les représentants de proximité que les membres du CSE interentreprises bénéficient du statut protecteur au titre de l'imminence de candidature *(C. trav., art. L. 2411-9 et L. 2411-10-1)*.

§ 3. LE POINT DE DÉPART DE LA PROTECTION DES SALARIÉS DEMANDANT L'ORGANISATION DES ÉLECTIONS DU CSE

13.2.3. – La protection court à compter de la date d'envoi de la lettre par laquelle une organisation syndicale a, la première, demandé l'organisation des élections. Le point de départ de la protection n'est pas la date d'envoi de la lettre du salarié non mandaté par une organisation syndicale *(cf. n°* ***12.2.3.1.2****)*.

§ 4. LE POINT DE DÉPART DE LA PROTECTION DES MEMBRES DU CSE EN FONCTION (TITULAIRES ET SUPPLÉANTS)

13.2.4. – Le point de départ est la date de proclamation des résultats des élections, quand celles-ci sont les premières ou quand les élections ont été organisées postérieurement à l'expiration du mandat précédent. Cette date coïncide nécessairement avec le jour des élections *(Cass. soc., 24 mai 1972, n° 71-60.281, Bull. V n° 375 ; Cass. soc., 26 mai 1977, n° 77-60.001, Bull. V n° 351 ; Cass. soc., 16 juill. 1987, n° 86-60.441, Bull. V n° 511 ; Cass. soc., 25 mai 2011, n° 10-12.200, RJS 2011 n° 678)*, quelle que soit la date d'affichage du procès-verbal ; en cas de contestation devant le juge d'instance, celui-ci n'a pas qualité pour fixer le point de départ du mandat à la date du jugement et ainsi le proroger *(Cass. soc., 24 mai 1972, préc.)*.

§ 5. LE POINT DE DÉPART DE LA PROTECTION DU DÉLÉGUÉ SYNDICAL, DU REPRÉSENTANT SYNDICAL AU CSE ET DU REPRÉSENTANT DE LA SECTION SYNDICALE (RSS)

13.2.5. – La protection court à compter de la date à laquelle l'employeur a reçu la lettre de désignation *(C. trav., art. L. 2411-3 pour les délégués syndicaux et art. L. 2411-10 pour les représentants syndicaux)*.

La lettre doit être adressée par courrier recommandé avec demande d'avis de réception ou être remise au chef d'entreprise contre récépissé *(C. trav., art. D. 2443-4 ; cf. n°* ***12.4.11.1****)*.

Sur les conditions de validité de la désignation du représentant syndical au CSE, il convient de se reporter au n° **12.2.6.2** et suivants.

Les mêmes dispositions sont applicables au RSS *(C. trav., art. L. 2142-1-2, cf. n°* ***12.5.2****)*.

§ 6. LE POINT DE DÉPART DE LA PROTECTION DES SALARIÉS MANDATÉS

13.2.6. – Les dispositions du paragraphe III de l'article 3 de la loi du 13 juin 1998 *(loi Aubry I)* et du paragraphe VII de l'article 19 de la loi du 19 janvier 2000 *(loi Aubry II)* prévoyaient que le salarié mandaté était protégé *« dès que l'employeur aura eu connaissance de l'imminence de leur désignation »*.

Cette disposition a été reprise s'agissant des salariés mandatés dans le cadre des procédures mises en place ultérieurement par le législateur et en particulier celles prévues par les articles L. 2232-23-1 et L. 2232-26 du Code du travail *(cf. n°* ***12.6.2****)*.

§ 7. LE POINT DE DÉPART DE LA PROTECTION DES CONSEILLERS PRUD'HOMMES

13.2.7. – Le point de départ de la protection du conseiller prud'homme durant la période d'exercice de ses fonctions est la date de signature de l'arrêté de nomination, pris conjointement par le garde des Sceaux, ministre de la Justice, et le ministre chargé du travail en application de l'article L. 1441-1 du Code du travail. Ces fonctions prennent fin à la date d'installation des conseillers prud'hommes nouvellement nommés. À partir de cette date, il bénéficie de la protection de six mois accordée après la cessation de ses fonctions *(cf. Guide DGT, Salariés protégés, sept. 2019, fiche n° 4 ; La protection des anciens conseillers prud'hommes, JSL 2022, n° 553-554, G-P. Quetant et R. de Breuvant)*.

Aux termes de l'article L. 2411-22 du Code du travail la protection est par ailleurs acquise au candidat jusqu'à l'expiration d'un délai de trois mois suivant la date de signature de l'arrêté de nomination des conseillers prud'hommes dès que sa candidature a été notifiée à son employeur par le mandataire de la liste en application de l'article L. 1441-22 du Code du travail ou lorsque le salarié fait la preuve que l'employeur a eu connaissance de l'imminence de celle-ci.

§ 8. LE POINT DE DÉPART DE LA PROTECTION DES CONSEILLERS DU SALARIÉ

13.2.8. – La liste des conseillers du salarié est arrêtée par le préfet du département et publiée au Recueil des actes administratifs du département *(C. trav., art. D. 1232-5)*.

Il a été jugé par deux arrêts du 22 septembre 2010 que « *La protection du conseiller du salarié inscrit sur la liste prévue par l'article L. 1232-7, alinéa 2, du Code du travail court à compter du jour où cette liste est arrêtée dans le département par le préfet en application de l'article D. 1232-5 du même code, indépendamment des formalités de publicité prévues par ce dernier texte » (Cass. soc., 22 sept. 2010, n° 09-41.173, Bull. V n° 192, et n° 08-45.227 ; Cass. soc., 23 mars 2011, n° 10-13.700).*

La protection est également acquise s'il est établi que l'employeur a eu connaissance de l'imminence de la désignation avant la publication de la liste *(Cass. soc., 5 mai 2009, n° 08-40.540 ; Cass. soc., 19 janv. 2011, n° 10-13.972).*

§ 9. LE POINT DE DÉPART DE LA PROTECTION DES DÉFENSEURS SYNDICAUX

13.2.9. – La protection du défenseur syndical court à compter du jour où la liste prévue par l'article L. 1453-4 du Code du travail est arrêtée par le préfet de région.

Comme pour le conseiller du salarié, il y a lieu de considérer que la protection lui est également acquise s'il établit que l'employeur a eu connaissance de l'imminence de sa désignation avant la publication de la liste *(cf. n° **13.2.8** ; Guide DGT, Salariés protégés, sept. 2019, fiche n° 4).*

§ 10. LE POINT DE DÉPART DE LA PROTECTION DES SALARIÉS ADMINISTRATEURS DES ORGANISMES DE SÉCURITÉ SOCIALE

13.2.10. – La protection est acquise dès la publication de la liste au Recueil des actes administratifs du département, la publicité rendant l'inscription sur la liste opposable à tous *(Cass. soc., 22 mai 2002, n° 00-42.213, Bull. civ. V n° 175, RJS 2002 n° 1017, Dr soc 2002, p. 917, obs. J. Mouly, Dr ouvrier 2003, p. 157 ; Cass. soc., 19 mars 2003, n° 00-44.953, Bull. V n° 106, RJS 2003 n° 929).*

SECTION 3

La durée de la protection

13.3. – Elle est précisée pour chacune des catégories de salariés dans les **tableaux A et B joints en annexe**. La durée de la protection de certains salariés est soumise à des règles spécifiques.

§ 1. LA DURÉE DE LA PROTECTION DES CANDIDATS AUX FONCTIONS DE MEMBRES DU CSE

13.3.1. – La période de protection est de six mois pour les candidats aux fonctions de membres élus de la délégation du personnel du CSE *(C. trav., art. L. 2411-7)*, ainsi que pour les candidats aux fonctions de représentant de proximité *(C. trav., art. L. 2411-9)* et les candidats aux fonctions de membre de la délégation du personnel du CSE interentreprise *(C. trav.*

art. L. 2411-10-1). Elle peut être prorogée lorsque l'employeur tente par tous les moyens de retarder les élections *(Cass. crim., 31 janv. 1967, n° 65-93.934, Bull. crim. n° 49)*.

Un retrait ultérieur du candidat de la liste à l'occasion du report des élections est sans incidence sur la durée de cette protection *(Cass. soc., 26 sept. 2012, n° 11-14.339, Bull. V n° 235, RJS 2012 n° 968, préc.)*.

§ 2. LA DURÉE DE LA PROTECTION DES MEMBRES ÉLUS DU CSE EN FONCTION

13.3.2. – Les dispositions relatives à la durée et la fin du mandat des membres de la délégation du personnel du CSE sont prévues à l'article L. 2314-33 du Code du travail : ils sont élus pour quatre ans. Le nombre de mandats successifs est limité à trois, excepté pour les entreprises de moins de cinquante salariés et pour les entreprises dont l'effectif est compris entre cinquante et trois cents salariés, si l'accord prévu à l'article L. 2314-6 en stipule autrement. Le nombre maximal de mandats successifs s'applique dans les mêmes conditions aux membres du CSE central et aux membres des CSE d'établissement.

Un accord de branche, un accord de groupe ou un accord d'entreprise peut fixer une durée du mandat comprise entre deux et quatre ans *(C. trav., art. L. 2314-34)*.

L'article L. 2411-5 du Code du travail prévoyant la protection du membre élu du comité, il convient de considérer qu'en cas de renouvellement de l'instance, que ce renouvellement ait eu lieu avant ou après l'arrivée du terme des mandats précédents, les nouveaux membres bénéficient de la protection en qualité de membres élus à partir de la date de la proclamation des résultats, quand bien même, l'exercice du mandat ne débutera qu'à la date d'expiration des mandats précédents si le renouvellement est antérieur à celle-ci *(cf. Guide DGT, Salariés protégés, sept. 2019, fiche n° 4, point 3.2. ; cf. n° **13.9.1** sur la prorogation des mandats)*.

Les fonctions de ces membres prennent fin par le décès, la démission, la rupture du contrat de travail, la perte des conditions requises pour être éligible. Ils conservent leur mandat en cas de changement de catégorie professionnelle.

Le mandat de membre du comité expire, en tout état de cause, à l'arrivée de son terme, que le renouvellement de l'instance ait lieu antérieurement ou postérieurement à cette date.

§ 3. LA DURÉE DE LA PÉRIODE DE PROTECTION DES MEMBRES DU COMITÉ D'ENTREPRISE EUROPÉEN EN FONCTION

13.3.3. – « *Les membres du comité d'entreprise européen sont désignés pour quatre ans par les organisations syndicales représentatives parmi* *leurs élus ou représentants syndicaux, en fonction des résultats aux dernières élections* » et « *la composition du comité d'entreprise européen ne peut pas, dès lors, être modifiée en fonction d'élections postérieures à sa mise en place* » *(Cass. soc., 21 janv. 2009, n° 08-60.426, Bull. V n° 21, RJS 2009 n° 371).*

§ 4. LA DURÉE DE LA PÉRIODE DE PROTECTION DU REPRÉSENTANT SYNDICAL AU CSE

13.3.4.1. – Dans les entreprises de moins de 300 salariés, le délégué syndical est de droit représentant syndical au CSE *(C. trav. art. L. 2143-22)*. La durée du mandat est donc subordonnée au respect des conditions auxquelles la désignation d'un délégué syndical est subordonnée *(cf. n°* ***12.4.1 et s.****)*, notamment quant à l'audience du syndicat et aux suffrages recueillis par le DS lors des élections. Le mandat prend fin au plus tard lors du premier tour des élections du CSE *(C. trav., art. L. 2143-11)*.

13.3.4.2. – Dans les entreprises d'au moins 300 salariés, l'article L. 2314-2 du Code du travail dispose que chaque organisation syndicale représentative peut désigner un représentant syndical *(cf. n°* ***12.2.6.2.2****)*.

Antérieurement à l'entrée en vigueur des dispositions de la loi du 20 août 2008, il avait été jugé qu'il n'existait aucune corrélation entre les élections et la durée du mandat du représentant syndical *(Cass. crim., 30 oct. 2006, n° 05-82.447, Bull. crim. n° 259, RJS n° 239)*. Ensuite, la durée du mandat étant conditionnée par le respect de conditions liées aux élections *(cf. n°* ***12.2.6.2.2****)*, il a été jugé que le mandat prenait fin lors du renouvellement des membres du comité *(Cass. soc., 10 mars 2010, n° 09-60.347, Dr soc 2010, p. 601, obs. L. Pécaut-Rivolier, RJS 2010 n° 440, RDT 2010, p. 453, obs. F. Signoretto)*. Dans les cas où, à l'issue des élections, les conditions légales ne sont plus remplies et dès lors que le mandat a pris fin lors du renouvellement de l'institution, la seule circonstance que le salarié continue de siéger *de facto* comme représentant syndical ne saurait lui conférer le bénéfice de la protection. Le salarié, toutefois, bénéficie, s'il a siégé au moins deux ans *(C. trav., art. L. 2411-5)* de la protection en sa qualité d'ancien représentant syndical pendant une période de six mois.

§ 5. LA DURÉE DE LA PÉRIODE DE PROTECTION DU DÉLÉGUÉ SYNDICAL (DS)

A. La règle générale

13.3.5.1. – Le DS est protégé pendant l'exercice de ses fonctions.

Un salarié peut être désigné DS par son organisation syndicale pour une durée très brève *(Cass. soc., 16 mai 1990, n° 89-60.690, Bull. V n° 233)*. Cependant, à l'expiration de son mandat, il ne sera pas protégé s'il n'a pas exercé ses fonctions pendant au moins un an *(C. trav., art. L. 2411-3, cf. n° **13.3.5.4**)*.

Pour être désigné, le salarié doit avoir obtenu 10 % au moins des suffrages exprimés au premier tour des élections professionnelles *(C. trav., art. L. 2143-3)*.

L'article L. 2143-11 du Code du travail dispose que « *Le mandat de délégué syndical prend fin au plus tard lors du premier tour des élections de l'institution représentative du personnel renouvelant l'institution dont l'élection avait permis de reconnaître la représentativité de l'organisation syndicale l'ayant désigné* », reprenant ainsi la règle énoncée par la Cour de cassation *(Cass. soc., 22 sept. 2010, n° 09-60.435, Bull. V n° 188)*.

Il subsiste une incertitude sur la question du devenir du mandat de DS dans le cas d'un retard ou d'une absence d'élections, en l'absence de signature d'un accord de prorogation de mandat (*cf. n° **13.9***). Il peut être considéré, soit que le mandat de DS cesse comme celui des membres du comité pour lesquels une durée de quatre ans maximale est fixée *(cf. C. trav., art. L. 2414-33)*, soit qu'il résulte de l'article L. 2143-11 du Code du travail que le mandat ne prend pas fin tant que l'élection n'a pas lieu.

En revanche, dans les cas où, à l'issue des élections, les conditions légales ne sont plus remplies et dès lors que le mandat a pris fin lors du renouvellement de l'institution, la seule circonstance que le salarié continue *de facto* à exercer les fonctions de DS ne saurait lui conférer, selon nous, le bénéfice de la protection.

B. La situation du membre du CSE désigné DS dans les entreprises de moins de 50 salariés

13.3.5.2. – Il convient de se reporter au n° **12.4.6.1.1**.

Les syndicats représentatifs dans l'établissement peuvent désigner, pour la durée de son mandat, un membre de la délégation du personnel au CSE comme DS *(C. trav., art. L. 2143-6)*. La cessation de la fonction de membre de la délégation du personnel au CSE entraînant dans ce cas celle de délégué syndical, il s'ensuit que la protection « post-mandat » est celle accordée aux membres du CSE d'une durée de six mois, et non la protection « post-mandat » de douze mois accordée aux DS ayant exercé cette fonction pendant au moins douze mois *(Cass. soc., 24 oct. 2007, n° 06-40.477 ; Cass. soc., 4 nov. 2020, n° 19-12.279 B., RJS 2021 n° 25 ; Guide DGT, Salariés protégés, sept. 2019, fiche n° 4)*.

C. La durée de la protection du DS supplémentaire

13.3.5.3. – En vertu des dispositions de l'article L. 2143-4 du Code du travail, dans les entreprises de cinq cents salariés et plus, un syndicat représentatif peut désigner un DS supplémentaire s'il a obtenu un ou plusieurs élus dans le collège des ouvriers et employés lors de l'élection du CSE et s'il compte au moins un élu dans l'un des deux autres collèges.

Ce mandat répond aux mêmes règles que celui de DS. Ainsi, il a été jugé que « *le mandat du délégué syndical supplémentaire désigné par un syndicat compte tenu des résultats qu'il a obtenus à une élection cesse lors de l'élection suivante* » *(Cass. soc., 18 nov. 2008, n° 08-60.397, Bull. V n° 227).*

D. La protection de l'ancien DS

13.3.5.4. – Les anciens DS sont protégés pendant une période d'un an, courant à compter de la cessation de leurs fonctions mais uniquement si ces fonctions ont été exercées pendant **au moins un an** *(C. trav., art. L. 2411-3 ; Cass. soc., 3 avr. 2019, n° 17-28.880, JSL n° 475-24).*

Dès lors que cette condition est remplie, le salarié bénéfice de la protection :

– lorsqu'aux élections professionnelles organisées après sa désignation, il ne recueille pas 10 % des suffrages exprimés et que, de ce fait, son mandat prend fin en vertu des dispositions de l'article L. 2143-11 alinéa 1 ;
– en cas de décision du DREETS supprimant le mandat de DS en raison d'une réduction importante et durable de l'effectif de l'entreprise en vertu des dispositions de l'article L. 2143-11 *(Cass. soc., 25 janv. 2006, n° 04-41.240, Bull. V n° 36, RJS 2006 n° 471 ; sur la procédure à respecter par l'administration : CAA, 18 déc. 2008, n° 07MA00728, RDT 2009 p. 175, note F. Dieu)* ;
– en cas de perte de la qualité d'établissement distinct *(cf. n° **13.6.3.1**).*

Ne bénéficiait pas de cette protection un salarié désigné comme DS le 3 avril 2006, ayant démissionné de ce mandat le 17 mars 2009, puis exercé cette même fonction pour un autre syndicat entre le 3 avril et le 6 novembre 2009 : l'intéressé, licencié pour faute grave le 29 octobre 2010, a été regardé comme ne remplissant pas le 20 septembre 2010, date d'engagement de la procédure de licenciement, la condition d'exercice de ces fonctions pendant au moins un an *(Cass. soc., 9 juill. 2014, n° 12-29.438, Bull. V n° 190).*

La démission du salarié de son mandat de DS prend effet, à l'égard de l'employeur, à la date à laquelle cette démission est portée à sa connaissance. Dès lors que l'information n'est parvenue à l'employeur que le jour de la réception de la lettre du syndicat désignant un nouveau DS en remplacement du salarié, ce dernier, qui avait exercé son mandat moins d'un an, a bénéficié du statut protecteur jusqu'à cette date *(Cass. soc., 14 juin 2023, n° 21-18.599).*

§ 6. LA DURÉE DE LA PÉRIODE DE PROTECTION DU REPRÉSENTANT DE LA SECTION SYNDICALE (RSS)

13.3.6. – Le mandat de RSS prend fin en vertu des dispositions de l'article L. 2142-1-1 du Code du travail :

– lorsque le syndicat ayant désigné le salarié est reconnu représentatif à l'issue des élections organisées postérieurement à sa désignation ;
– lorsque le syndicat ayant désigné le salarié n'est pas reconnu représentatif.

Dès lors que les dispositions relatives à la protection du RSS renvoient à celles relatives à la protection du DS *(C. trav., art. L. 2142-1-2)*, le RSS, au terme de son mandat, n'est protégé que s'il a exercé ses fonctions pendant au moins un an. Il convient de souligner que cette condition ne pourra pas être satisfaite lorsque le salarié avait déjà été désigné RSS avant les précédentes élections et que son syndicat n'avait pas été reconnu représentatif : dans ce cas, en effet, le dernier alinéa de l'article L. 2142-1-1 dispose que ce salarié ne peut être désigné de nouveau rRSS que dans les six mois qui précèdent la prochaine élection *(Cass. soc., 4 juin 2014, n° 13-60.205, Bull. V n° 136, Dr soc 2014 p. 862, obs. F. Petit)*.

§ 7. LA DURÉE DE LA PÉRIODE DE PROTECTION DES SALARIÉS MANDATÉS

13.3.7. – Le salarié mandaté au titre des articles L. 2232-23-1 et L. 2232-26 du Code du travail est protégé dès que l'employeur a connaissance de l'imminence de sa désignation, pendant l'exercice de son mandat et, à l'expiration de ce dernier, pendant une période de douze mois *(C. trav., art. L. 2411-4)*. Dans ce cas, lorsqu'aucun accord n'a été conclu à l'issue de la négociation au titre de laquelle le salarié a été mandaté, le délai de protection court à compter de la date de la fin de cette négociation, matérialisée par un procès-verbal de désaccord.

§ 8. LA DURÉE DE LA PÉRIODE DE PROTECTION DES CANDIDATS AUX FONCTIONS DE CONSEILLER PRUD'HOMME ET DES ANCIENS CONSEILLERS PRUD'HOMMES

A. Les candidats aux fonctions de conseiller prud'homme

13.3.8.1. – Le 2° de l'article L. 2411-2 du Code du travail modifié par l'ordonnance n° 2016-388 du 31 mars 2016 relative à la désignation des conseillers prud'hommes dispose que le salarié candidat aux fonctions de conseiller prud'homme est protégé dès que l'employeur a reçu notification de la candidature du salarié ou lorsque le salarié fait la preuve que l'employeur a eu connaissance de l'imminence de sa candidature, et pendant une durée de trois mois à compter de la nomination des conseillers prud'hommes par l'autorité administrative. Le bénéfice de cette protection ne peut être invoqué que par le candidat dont le nom figure sur la liste déposée.

B. Les anciens conseillers prud'hommes

13.3.8.2. – Les anciens conseillers prud'hommes bénéficient de la protection pendant une période de six mois courant à compter de la cessation de leurs fonctions *(C. trav., art. L. 2411-22,1° et L. 2412-13)*.

En cas de démission, cette période commence à courir à compter du jour où la démission a acquis un caractère définitif, c'est-à-dire un mois après l'envoi de la lettre informant le président du conseil de prud'hommes de la démission compte tenu des dispositions de l'article D.1442-17 du Code du travail *(Cass. crim., 6 mai 2008, n° 07-80.530, Bull. crim. n° 106, RJS 2008 n° 923)*.

L'article L. 1442-3 du Code du travail précise que leur mandat prend fin de plein droit à la fin de l'année civile au cours de laquelle ils ont atteint l'âge de soixante-quinze ans ou en cas de perte de la nationalité française, pour quelque cause que ce soit.

§ 9. LA DURÉE DE LA PÉRIODE DE PROTECTION DU CONSEILLER DU SALARIÉ

13.3.9. – Le conseiller du salarié est protégé jusqu'à l'expiration de sa mission, qui peut résulter soit de sa démission, soit de sa radiation de la liste préfectorale.

Le ministère du Travail estime que la protection prévue pour les anciens DS est également applicable aux anciens conseillers du salarié, pendant l'année qui suit la cessation de leurs fonctions, s'ils les ont exercées plus d'un an *(Guide DGT, Salariés protégés, sept. 2019, fiche n° 4)*. Cette solution nous paraît également résulter de l'arrêt du 2 mai 2001 de la chambre sociale relatif à l'indemnisation du conseiller du salarié licencié sans autorisation *(Cass. soc., 2 mai 2001, n° 98-46.055, Bull. V n° 144, Dr soc 2001, p. 774, obs. J. Savatier, RJS 2001 n° 893)*. Elle a été confirmée explicitement par un arrêt se fondant sur les dispositions de l'ancien Code du travail *(Cass. soc., 19 juin 2007, n° 05-46.017, Bull. V n° 106, RJS 2007 n° 933, JCP S 2007 n° 37, note J.-Y. Kerbourc'h)* puis par un arrêt se fondant sur les dispositions du nouveau Code *(Cass. soc., 27 janv. 2010, n° 08-44.376, Bull. V n° 22, RJS 2010 n° 322, JCP S 2010 n° 23, p. 35, note A. Martinon)*.

§ 10. LA DURÉE DE LA PÉRIODE DE PROTECTION DU REPRÉSENTANT DES SALARIÉS DANS LE CADRE DES PROCÉDURES DE SAUVEGARDE, DE REDRESSEMENT ET DE LIQUIDATION JUDICIAIRE

13.3.10. – La protection prend fin quand le salarié élu représentant cesse d'exercer sa mission de vérification du relevé des créances des salariés et que toutes les sommes dues aux salariés leur ont été reversées par le représentant des créanciers *(C. com., art. L. 662-4 ; Cass. soc., 29 sept. 2009, n° 08-40.603, Bull. V n° 197, RJS 2009 n° 966 ; Y. Chagny, « Un organe des procédures collectives : le représentant des salariés », Dr soc 2008, p. 1003)*.

Le juge doit constater, pour apprécier si le salarié était protégé à la date de son licenciement, à quelle date toutes les sommes versées par l'AGS au représentant des créanciers ont été reversées aux salariés *(Cass. soc., 5 déc. 2007, n° 06-44.073, RJS 2008 n° 210)*.

Si le représentant des salariés exerce les fonctions dévolues au comité social et économique ou s'il a été élu dans une entreprise dont l'effectif est inférieur à onze salariés, ses fonctions cessent au terme de la dernière audition ou consultation prévue par la loi *(C. com., art. L. 662-4 ; Cass. soc., 30 janv. 2013, n° 11-22.979, Bull. V n° 23, RJS 2013 n° 310, JCP S 2013 n° 14 p. 36 ; Y. Chagny, « Un organe des procédures collectives : le représentant des salariés », Dr soc 2008, p. 1003)*.

En cas de modification substantielle du plan de continuation ou de cession de l'entreprise, d'autorisation d'aliéner des biens cédés ou de cession d'unités de production dans le cadre d'une liquidation, le tribunal de commerce doit entendre le représentant des salariés *(C. com., art. L. 626-26, L. 631-19 et L. 642-6)* ; par suite, à la date à laquelle interviennent ces modifications, le représentant des salariés, qui exerce les fonctions dévolues au comité social et économique, doit être regardé comme bénéficiaire de la protection.

Tant que la condition posée par l'article L. 662-4 du Code de commerce n'est pas accomplie, le licenciement du représentant reste subordonné à l'autorisation de l'administration *(Cass. soc., 5 mai 1993, n° 92-40.835, Bull. V n° 127)*.

En revanche, il a été jugé que les dispositions légales ne faisaient pas obstacle à la délivrance d'une autorisation de licenciement avant la fin de la cessation des fonctions du représentant des salariés. Dès lors, le juge du fond qui annule une autorisation au seul motif que la mission d'un représentant des salariés n'était pas achevée entache sa décision d'erreur de droit *(CE, 9 nov. 2005, n° 257.126, Ministre des Affaires sociales c. / Sté Les Amis Verts, RJS 2006 n° 255)*.

§ 11. LA DURÉE DE LA PÉRIODE DE PROTECTION DES REPRÉSENTANTS DU PERSONNEL TRAVAILLANT DANS LES BRANCHES D'ACTIVITÉS SAISONNIÈRES

13.3.11. – Sont protégés :

- les DS *(C. trav., art. L. 2412-2)* ;
- les membres élus du CSE, représentants syndicaux, représentants de proximité et membres de la délégation du personnel au CSE interentreprises employés par contrat à durée déterminée *(C. trav., art. L. 2412-3, L. 2412-4, L. 2412-5)* ;
- les représentants du personnel d'une entreprise extérieure désignés à la commission santé, sécurité et conditions de travail *(C. trav., L. 2412-8)* ;
- les membres des commissions paritaires d'hygiène, de sécurité et des conditions de travail en agriculture *(C. trav., art. L. 2412-9)* ;
- les membres des conseils d'administration d'organismes de sécurité sociale *(C. trav., art. L. 2412-11, C.S.S., art. L. 231-11)* ;
- les conseillers prud'hommes salariés *(C. trav., art. L. 2412-13)* ;
- les représentants salariés aux chambres d'agriculture *(C. trav., art. L. 2412-12, C. rural, art. L. 515-4)*.

Les durées de protection prévues pour les membres de ces institutions, les anciens membres et les candidats à ces fonctions sont prorogées d'une durée égale à la période habituelle d'interruption de l'activité.

SECTION 4
Les effets sur la protection de la modification de la situation du salarié

13.4. – La modification de la situation du salarié peut avoir des effets sur la protection. La loi a expressément énuméré plusieurs circonstances qui mettent fin ou non au mandat du salarié protégé. D'autres situations sont régies par la jurisprudence.

En ce qui concerne les membres de la délégation du CSE, l'article L. 2314-33 du Code du travail indique que leurs fonctions prennent fin par le décès, la démission, la rupture du contrat de travail, la perte des conditions requises pour être éligible. Cet article précise par ailleurs qu'ils conservent leur mandat en cas de changement de catégorie professionnelle *(CE, 10 juill. 2019, n° 416.273, mentionné aux Tables)*.

§ 1. LA DÉMISSION DU MANDAT

13.4.1. – En cas de démission du salarié de son mandat, le salarié bénéficie-t-il de la protection instituée par le législateur pour les salariés ayant exercé des fonctions représentatives ?

Le Conseil d'État a répondu par l'affirmative à cette question : il a jugé que la démission des fonctions ne privait pas le salarié de la protection prévue par le Code du travail pour les anciens délégués du personnel et les anciens membres du comité d'entreprise. Le même principe vaut, par conséquent, pour les anciens membres du CSE *(CE, 27 janv. 1982, n° 36.582, Marcian, Rec. p. 766)*.

À notre connaissance, la question n'a jamais été explicitement tranchée par la Cour de cassation. Les juridictions judiciaires du fond se sont prononcées en faveur du bénéfice de la protection *(CA Aix-en-Provence, 3 janv. 1989, SA Farledis, RJS 1999 n° 355, CA Versailles, 26 juin 1990, Sa Dianto Centre Leclerc c. / Yvon, RJS 1990 n° 883)*. Ces arrêts s'appuyaient sur une interprétation littérale des dispositions du Code du travail qui n'écartaient pas expressément la protection dans cette hypothèse en visant, sans distinction, les « *anciens* » délégués du personnel ou les « *anciens membres* » du comité d'entreprise *(pour un avis en sens contraire : P. Waquet, « Coup de vent sur la jurisprudence Perrier », RJS 2005, p. 419)*.

La démission du mandat, l'accord de résiliation amiable et le licenciement intervenu à sa suite ont été jugés nuls dans les cas suivants :

– lorsque « *la chronologie des faits démontrait que l'employeur avait organisé, par la procédure qu'il avait mise en place, la rupture du contrat de travail en dehors du cadre légal* » *(Cass. soc., 1er juin 1994 n° 93-40.040, Dr soc 1994, p. 783, concl. Y. Chauvy, Dr ouvrier 1994, p. 348)*. Dans le cas d'espèce, le salarié protégé avait été convoqué à un entretien préalable à un éventuel licenciement pour faute ; le lendemain, il démissionnait de ses mandats ; le surlendemain, il recevait une lettre de licenciement pour motif économique et signait une transaction, le licenciement intervenant sans autorisation ;
– lorsqu'avait été conclu un « *accord verbal de résiliation du contrat* », concomitant à la démission du salarié de son mandat de représentant du personnel « *qui avait pour but et pour effet d'organiser la rupture du contrat de travail en dehors du cadre légal* » *(Cass. soc., 16 mars 1999, n° 96-44.551, Bull. V n° 125, RJS 1999 n° 700)* ;
– lorsqu'avait été conclu avant le licenciement un accord prévoyant la démission du mandat et le versement d'indemnités transactionnelles *(Cass. soc. 10 juill. 2002, n° 00-40.301, Bull. V n° 249, RJS 2002 n° 1255)*.

§ 2. L'ABSENCE D'INCIDENCE DE LA CESSATION D'EXERCICE EFFECTIF DES FONCTIONS

13.4.2. – Tant qu'il n'a pas été mis fin au mandat par l'organisation syndicale qui a procédé à la désignation, le DS est protégé même s'il n'exerce pas dans les faits sa mission *(Cass. soc., 15 nov. 1994, n° 91-43.976, RJS 1994 n° 1402 ; Cass. soc., 18 juill. 2000, n° 98-42.625, Bull. V n° 304,*

RJS 2000 n° 1112) ou a partagé l'exercice du mandat dont il était titulaire avec un autre salarié *(Cass. soc., 27 mai 1997, n° 94-42.414, Bull. V n° 191, RJS 1997 n° 835)* ou n'a pas exercé ses fonctions en raison d'une inaptitude médicale *(Cass. soc., 4 mars 1998, n° 95-41.642, Bull. V n° 118, RJS 1998 n° 493)*.

Le principe selon lequel « *la protection est indépendante de l'exercice* » du mandat est également applicable aux anciens DS *(Cass. soc. 17 mars 1998, n° 95-42.536, Bull. n° 144, RJS 98 n° 612)* et a été étendue aux conseillers du salarié *(Cass. soc., 14 janv. 2003, n° 00-45.883, Bull. V n° 4, RJS 2003 n° 365, Dr soc 2003, p. 445, obs. F. Duquesne)*.

§ 3. L'EFFET DE LA SUSPENSION DU CONTRAT DE TRAVAIL SUR LA DURÉE DE LA PROTECTION

13.4.3. – Les périodes de suspension n'ont pas pour effet de proroger la protection *(Cass. crim., 25 juin 1985, n° 84-91.111, Bull. crim. n° 248)*.

Pendant la suspension du contrat de travail, la protection demeure applicable.

§ 4. LA MISE AU CHÔMAGE PARTIEL TOTAL DU SALARIÉ

13.4.4. – La mise en chômage partiel total du salarié et la suspension de son contrat de travail ne lui font pas perdre sa qualité de salarié protégé *(CE, 13 nov. 1987, n° 68.104, Fonderies et aciéries de électriques de Feurs, Rec. p. 369)*.

§ 5. L'ANNULATION DU MANDAT

13.4.5. – L'annulation par un syndicat du mandat de représentant syndical au CSE n'a pas d'effet rétroactif sur la qualité de salarié protégé et le salarié béneficie du statut protecteur si la rupture du contrat de travail intervient antérieurement à l'annulation de son mandat, peu important qu'il n'en ait pas effectivement exercé les fonctions *(Cass. soc., 4 mars 2009, n° 08-41.408, Bull. V n° 63, RJS 2009 n° 451, L. Pécaut-Rivolier et Y. Struillou, Chronique des jurisprudences sur la représentation du personnel, 1er trimestre 2009, Sem. soc. Lamy, 25 mai 2009, n° 1401, JCP 2009 n° 25, p. 37, note J.-Y. Kerbourc'h)*.

§ 6. LA RÉVOCATION DU MANDAT

13.4.6. – Elle peut intervenir à tout moment *(Cass. soc., 25 oct. 2005, n° 04-16089, Bull. V n° 304, RJS 2006 n° 238, Dr soc 2006, p. 239, obs. P.-Y. Verkindt)*.

A. L'action en révocation par l'employeur

13.4.6.1. – Une action en révocation du mandat du DS, engagée par l'employeur et fondée sur la disparition de la section syndicale, peut être engagée ; le jugement rendu sur une telle action par le tribunal d'instance n'est pas rendu en dernier ressort et, par suite, est susceptible d'être frappé d'appel et non d'un pourvoi direct en cassation *(Cass. soc., 24 janv. 1996, n° 95-60.072, Bull. V n° 30, RJS 1996 n° 297 ; Cass. soc., 17 mars 2004, n° 03-60.116, RJS 2005 n° 719).*

L'action en révocation peut être engagée par l'employeur quand les organisations syndicales refusent de ramener le nombre de leurs délégués à celui fixé par la loi à la suite de la remise en cause d'une tolérance de l'employeur *(Cass. soc., 10 oct. 2000, n° 98-60.484, Bull. V n° 319, cf. n°* ***12.4.9****).*

B. La révocation par l'organisation syndicale

1. *Principe*

13.4.6.2.1. – En application de l'article 2004 du Code civil, le mandant est libre de révoquer à tout moment le mandat *(Cass. soc., 25 oct. 2005, n° 04-16089, Bull. V n° 304, JCP S n° 1-2, p. 27, note B. Gauriau).*

En principe, seule l'organisation syndicale ayant désigné le salarié comme délégué syndical, représentant syndical au comité social et économique ou représentant de la section syndicale peut procéder à sa révocation.

Toutefois, il en va autrement lorsque, en présence d'un conflit avec un autre syndicat affilié à la même organisation syndicale, cette dernière a, en application de ses statuts, tranché le conflit en attribuant compétence à cet autre syndicat *(Cass. soc., 16 déc. 2009, n° 09-60.118, Bull. V n° 288, RJS 2010 n° 277, JCP S. 2010 n° 8, p. 38, note B. Gauriau).*

La Cour de cassation a jugé que l'affiliation confédérale sous laquelle un syndicat a présenté des candidats au premier tour des élections des membres titulaires des comités d'entreprise ou d'établissement constitue un élément essentiel du vote des électeurs. Il s'ensuit que, en cas de désaffiliation d'un syndicat ayant recueilli au moins 10 % des suffrages au premier tour des dernières élections professionnelles, la confédération ou l'une de ses fédérations ou unions à laquelle ce syndicat était auparavant affilié peut désigner un représentant syndical au comité social et économique. Cette désignation met fin au mandat du salarié désigné par ce syndicat avant sa désaffiliation. Dans cette hypothèse, une révocation expresse du premier mandat n'est pas nécessaire *(Cass. soc., 6 mars 2019 ; n° 18-15.238 B., JSL n° 474-5, note H. Nasom-Tissandier).*

À l'égard de l'employeur, les fonctions de DS et de représentant syndical au CSE d'un salarié cessent à la date à laquelle il reçoit la notification du syndicat qui l'a désigné de la cessation de ses fonctions, peu importante, dans les rapports entre le syndicat et le salarié, la régularité de la révocation intervenue *(Cass. soc., 7 nov. 2007, n° 06-13.702, Bull. V n° 186, RJS 2008 n° 49, JCP S 2008 n° 8, p. 31, note B. Gauriau, RDT 2008, p. 118, note M. Grévy).*

En revanche, la chambre sociale a jugé que le changement d'affiliation d'un élu au comité d'entreprise, désigné par son syndicat d'appartenance d'origine pour siéger au comité de groupe, n'autorise pas ce syndicat à mettre fin au mandat de l'intéressé au sein du comité de groupe en cours d'exercice *(Cass. soc., 9 juillet 2014, n° 13-20.614, Bull. V, n° 187).* Dès lors, le mandat de membre du comité européen du groupe n'est pas un mandat de représentant syndical, en sorte que le changement d'affiliation syndicale du représentant du personnel élu qu'elle a désigné n'autorise pas une organisation syndicale à mettre fin à son mandat *(Cass. soc., 17 avr. 2019, n° 17-17.986, B.).*

2. *Conséquence pour le remplacement d'un représentant syndical*

13.4.6.2.2. – En l'absence de révocation du mandat toute autre désignation, opérée par ce syndicat ou par tout autre affilié à la même confédération n'emporte pas caducité du premier mandat. Le syndicat désignataire doit donc, pour remplacer le salarié qui a été désigné, procéder au préalable à la révocation de son mandat *(Cass. soc. 2 oct. 2003, n° 02-60.562, RJS 2004 n° 229 ; Cass. soc., 8 déc. 2004, n° 03-60.445, Bull. V n° 327, RJS 2005 n° 171, Dr soc 2005, p. 347, obs. J. Savatier ; Cass. soc., 6 avr. 2005, n° 04-60.323, Bull. V n° 127, RJS 2005 n° 645).* Il en est ainsi alors même que deux organisations sont affiliées à la même confédération *(Cass. soc., 22 juin 2005 n° 04-60.391, Bull. V n° 214, RJS 2005 n° 1119, Dr soc 2005, p. 1062, obs. P.-Y. Verkindt).*

Si le syndicat n'a pas révoqué le premier mandat, toute nouvelle désignation doit être annulée *(Cass. soc., 5 mars 2008, n° 07-60.060, Bull. V n° 51, RJS 2008 n° 558, RDT 2008 p. 468 note G. Borenfreund : en l'espèce, représentant syndical au comité d'entreprise).*

§ 7. LA MUTATION DU SALARIÉ

13.4.7. – La mutation d'un salarié protégé, expressément acceptée par ce dernier, d'un établissement dans lequel il exerçait des mandats représentatifs, dans un autre établissement de la même entreprise, met fin à ses mandats. Il perd en effet la condition d'appartenance à l'établissement dans le cadre duquel il est élu *(Cass. soc., 26 janv. 1972, n° 71-40.194 ; Cass. soc., 18 mars 2015, n° 13-23.742 ; Cass. soc., 3 nov. 2016, n° 15-16.026, RJS 2017, n° 40, D. actualité 30 nov. 2016, note J. Cortot ; L'intégration étroite et permanente à la communauté de travail, O. Levannier-Gouël, Rev. trav. 2017, p. 19).*

Toutefois, une mutation provisoire n'entraîne pas la fin du mandat *(Cass. soc., 11 mars 1982, n° 80-41.252, Bull. V n° 164).*

SECTION 5

Les incidences de l'annulation prononcée par le juge de l'élection ou de la désignation

13.5. – L'annulation par le juge d'une élection ou d'une désignation pose deux questions quant à la protection :

– le salarié est-il protégé entre la date à laquelle il a été élu ou désigné et la date du prononcé du jugement d'annulation : autrement dit, l'annulation a-t-elle pour effet de remettre en cause pour le passé le bénéfice du statut protecteur ?
– le salarié bénéficie-t-il, à compter du prononcé du jugement, de la protection complémentaire au titre des fonctions qu'il a exercées ?

Les jurisprudences judiciaire et administrative tendent à exclure toute remise en cause rétroactive du bénéfice du statut protecteur dès lors que les recours judiciaires n'étant pas suspensifs, le salarié a exercé les fonctions représentatives. La jurisprudence judiciaire s'est engagée dans le sens du bénéfice de la protection complémentaire pour éviter les mesures de représailles. Les deux ordres de juridiction divergent s'agissant des effets de l'annulation pour fraude d'une désignation.

Les solutions jurisprudentielles sont illustrées par le tableau suivant. Celles concernant les délégués du personnel (DP) et membres du comité d'entreprise (CE) sont transposables aux membres du CSE.

S'agissant de l'annulation de l'élection de conseiller prud'homme, il a été jugé que c'est à la date de la notification de l'arrêt de la Cour de cassation qui statue définitivement sur le recours que le salarié cesse ses fonctions, le pourvoi étant suspensif *(Cass. soc., 16 mars 2010, n° 08-44.094 et 08-45.013, Bull. V n° 66, RJS 2010 n° 545).*

Les incidences sur la protection de l'annulation de la candidature, de l'élection ou de la désignation

Catégorie de salariés	Motif	§	Juridiction	Situation du salarié pour la période comprise : Entre la désignation ou l'élection et le prononcé du jugement	Situation du salarié pour la période comprise : Postérieure au prononcé du jugement d'annulation
Candidats aux élections de DP et CE (CSE)	Autre motif que la fraude	12.2.1.10	Chambre sociale	**Le salarié est protégé** : *Cass. soc., 5 mai 2009 n° 07-45.004, RJS 2009 n° 733*	
	Fraude	12.2.1.4.2	Chambre sociale	**Le salarié est protégé** : *Cass. soc., 28 nov. 2000, n° 98-42.019, Bull V n° 396, RJS 2001, n° 214*	
			Chambre criminelle	**Le salarié n'est pas protégé** : *Cass. crim., 6 nov. 1979, n° 78-92.862, Bull. crim. n° 308*	
			Conseil d'Etat	**Le salarié n'est pas protégé** : *CE, 15 janv. 1982, n° 18.463, Sté Allard, Rec. p. 22*	
Élections		12.2.1.11.2	Chambre sociale	**Le salarié est protégé** : *Cass. soc., 17 mars 1998, n° 95-42.885, Bull. V n° 156, RJS 1998 n° 607*	
			Conseil d'État	**Le salarié est protégé** : *CE, 21 déc 1994, n° 105.313 et 105.316, Ministre du Travail c. / Huard de Jorna, Rec. p. 1215, RJS 1995 n° 260 ; CE, 7 oct. 2009, n° 322.581, M. Ouahirou, Rec. p. 358, AJDA 2009 p. 2234, RJS 2010 n° 201*	**Le salarié est protégé** : *CE, 11 janv. 1995, n° 129.995, Comité mosellan de sauvegarde de l'enfance, de l'adolescence et des adultes, Rec. p. 20*

Les incidences sur la protection de l'annulation de la candidature, de l'élection ou de la désignation

Catégorie de salariés	Motif	§	Juridiction	Situation du salarié pour la période comprise	
				Entre la désignation ou l'élection et le prononcé du jugement	Postérieure au prononcé du jugement d'annulation
Jugement reconnaissant l'existence d'une UES		12.2.1.11.3 12.2.10 13.7	Chambre sociale		**Le salarié est protégé** : *Cass. soc., 2 déc. 2008, n° 07-41832, Bull. V n° 238*
DS (ou RSS)	Autre motif que la fraude	12.3.15	Conseil d'État	**Le salarié est protégé** : *CE, 7 oct. 2009, n° 322.581, M. Ouahirou, Rec. p. 358*	
			Chambre sociale	**Le salarié est protégé** : *Cass. soc., 11 oct. 2017, n° 16-11.048, Bull. civ. V, RJS 2017 n° 809 ; Cass. soc., 26 juin 2024, n° 23-13.564 B., RJS 2024 n° 532*	**Le salarié est protégé** : *Cass. soc., 3 avr. 2019, n° 17-28.880, RJS 2019 n° 366*
	Fraude	12.2.1.4.2 12.3.16.4.1 12.3.16.4.2	Chambre sociale	**Le salarié est protégé** : *Cass. soc., 28 nov. 2000, n° 98-42.019, Bull. V, n° 396, RJS 2001, n° 214*	**Le salarié n'est pas protégé** : *Cass. soc., 3 déc. 2002, n° 99-44583, Bull. civ. V n° 363*
			Chambre criminelle	**Le salarié n'est pas protégé** : *Cass. crim., 18 oct. 1977, n° 76-92.524, Bull. crim. n° 308*	
			Conseil d'État	**Le salarié n'est pas protégé** : *CE, 15 janv. 1982, n° 18.463, Sté Allard, Rec. p. 22*	

Les incidences sur la protection de l'annulation de la candidature, de l'élection ou de la désignation

Mandat	**§**	**Juridiction**	**Situation du salarié pour la période comprise**	
			Entre la désignation ou l'élection et le prononcé du jugement	**Postérieure au prononcé du jugement d'annulation**
Salarié mandaté	**12.5.3**	Chambre sociale	**Le salarié est protégé** : *Cass. soc., 28 févr. 2007, n° 05-42.553, Bull. V n° 36*	
Nomination de conseiller prud'homme	**12.2.1.11.3** **12.8.5** **13.5**	Chambre sociale		**Le salarié est protégé** : *Cass. soc., 16 mars 2010, n° 08-44.094 et 08-45.013, Bull. civ. V n° 66*

SECTION 6

Les incidences des modifications internes à l'entreprise : la reconnaissance ou la perte du caractère distinct de l'établissement

§ 1. LA DÉFINITION DE LA QUALITÉ D'ÉTABLISSEMENT DISTINCT

A. Les modalités de reconnaissance de la qualité d'établissement distinct

13.6.1.1. – L'établissement distinct est défini par la jurisprudence, de manière variable et évolutive pour chaque institution représentative du personnel, en fonction de la finalité de l'institution, pour qu'elle puisse remplir efficacement sa mission.

Pour le CSE d'établissement, la qualité d'établissement distinct est reconnue :

– soit par un accord d'entreprise, conclu dans les conditions prévues au premier alinéa de l'article L. 2232-12, par l'employeur, avec les organisations syndicales ayant recueilli la majorité des suffrages exprimés lors des dernières élections professionnelles *(C. trav., art. L. 2313-2)* ;
– en l'absence d'accord conclu dans les conditions mentionnées à l'article L. 2313-2 et en l'absence de DS, par un accord entre l'employeur et le CSE, adopté à la majorité des membres titulaires élus de la délégation du personnel du comité *(C. trav., art. L. 2313-3)* ;
– en l'absence d'accord conclu dans les conditions mentionnées aux articles L. 2313-2 et L. 2313-3, l'employeur fixe le nombre et le périmètre des établissements distincts, compte tenu de l'autonomie de gestion du responsable de l'établissement, notamment en matière de gestion du personnel *(C. trav., art. L. 2313-4)*.

En cas de litige portant sur la décision de l'employeur prévue à l'article L. 2313-4, le nombre et le périmètre des établissements distincts sont fixés par l'autorité administrative du siège de l'entreprise (DREETS). La décision de l'autorité administrative peut faire l'objet d'un recours devant le juge judiciaire, à l'exclusion de tout autre recours administratif ou contentieux (*C. trav., art. L. 2313-5 ; Cass. soc. 24 avr. 2020, n° 20-40.001 QPC, B., RJS 2020, n° 422*). Lorsqu'il est saisi d'une contestation de la décision de l'autorité administrative quant à la fixation du nombre et du périmètre des établissements distincts, il appartient au juge de se prononcer sur la légalité de cette décision au regard de l'ensemble des circonstances de fait dont il est justifié à la date de la décision administrative et, en cas d'annulation de cette dernière décision, de statuer à nouveau, en fixant ce nombre et ce périmètre d'après l'ensemble des circonstances de fait à la date où le juge statue *(Cass. soc., 19 déc. 2018, n° 18-23.655, B., RJS 2019 n° 165 ; Cass. soc., 8 juill. 2020, n° 19-11.918, B., RJS 2020, n° 476)*.

En l'absence de reconnaissance de l'existence d'établissements distincts, l'élection doit être organisée au niveau de l'entreprise *(Cass. soc., 4 mars 2009, n° 07-20.627, RJS 2009 n° 447)*.

Pour les DS, l'appréciation du caractère distinct de l'établissement continue de relever de la compétence du tribunal d'instance.

Pour la perte de la qualité d'établissement distinct, il convient de se reporter au n° **13.6.3.1**.

B. La prorogation légale des mandats

13.6.1.2. – La saisine de l'autorité administrative suspend le processus électoral jusqu'à la décision administrative et entraîne la prorogation des mandats des élus en cours jusqu'à la proclamation des résultats du scrutin *(C. trav., art. L. 2313-5 ; Cass. soc., 26 sept. 2012, n° 11-60.231, Bull. V n° 241, RJS 2012 n° 889, cf.* ***n° 13.9.2****)*.

§ 2. LA DIVISION DE L'ENTREPRISE EN ÉTABLISSEMENTS DISTINCTS

13.6.2. – La division de l'entreprise en établissements distincts opérée par la voie d'un accord collectif s'impose à tous les salariés et syndicats *(Cass. soc. 3 oct. 2007, n° 06-60.254, RJS 2007 n° 1307)*, y compris les syndicats non signataires *(Cass. soc. 24 nov. 2004, n° 03-60112, Bull. V n° 302, RJS 2005 n° 29)*. La chambre criminelle avait jugé que la division de l'entreprise en établissements distincts par accord avec les organisations syndicales n'avait pas pour effet de mettre fin au mandat du DS *(Cass. crim., 17 déc. 1996, n° 94-85.783, Bull. crim. n° 471, RJS 1997 n° 436)*. En l'espèce, elle avait approuvé le juge du fond qui avait estimé que la désignation d'un nouveau DS dans l'établissement n'avait pas pour effet d'annuler implicitement la désignation effectuée antérieurement à l'accord, laquelle n'avait pas à être confirmée.

Cette position pourrait être remise en cause par l'obligation de procéder à une nouvelle désignation de DS à la suite des élections *(cf. n°* ***13.3.5.1****)*.

§ 3. LA RECONNAISSANCE DE LA PERTE DE LA QUALITÉ D'ÉTABLISSEMENT DISTINCT

A. Les modalités de reconnaissance de la perte de la qualité d'établissement distinct

13.6.3.1. – La perte de la qualité d'établissement distinct dans les cas prévus aux articles L. 2313-2 à L. 2313-5 du Code du travail *(cf. n°* ***13.6.1.1****)* emporte la cessation des fonctions des membres de la délégation du personnel du CSE de cet établissement, sauf si un accord contraire, conclu entre l'employeur et les organisations syndicales représentatives dans les conditions prévues au premier alinéa de l'article L. 2232-12, ou à défaut d'accord d'entreprise, un accord entre l'employeur et le CSE concerné, permet aux membres de la délégation du personnel du comité d'achever leur mandat *(C. trav., art. L. 2313-6)*.

L'employeur est alors tenu d'organiser les élections pour mettre en place les comités en conformité avec la décision administrative *(Cass. soc., 23 mai 2005, n° 04-60.446, Bull. V n° 338, RJS 2006 n° 233, Dr soc 2006, p. 237, obs. J. Savatier)*.

Si l'autorité administrative reconnaît la perte du caractère distinct de l'un des deux établissements de l'entreprise, l'employeur doit nécessairement mettre en place un CSE unique pour représenter l'ensemble des salariés *(Cass. soc. 20 juin 2007, n° 07-60.027, RJS 2007 n° 1080)*.

Pour la reconnaissance de la qualité d'établissement distinct, il convient de se reporter au n° **13.6.1.1**.

B. La prorogation légale des mandats

13.6.3.2. – Il est fait application des mêmes règles qu'en cas de saisine de l'autorité administrative en vue de la reconnaissance de la qualité d'établissement distinct *(cf. n° **13.6.1.2**)*.

C. Les effets sur la protection

13.6.3.3. – Lorsque le salarié perd son mandat à l'occasion du transfert, il bénéficie de la protection en sa qualité d'ancien représentant *(art. 6 de la directive 2001-23/CE du 12 mars 2001 : « 2. Si le mandat des représentants des travailleurs concernés par le transfert expire en raison du transfert, les représentants continuent à bénéficier des mesures de protection prévues par les dispositions législatives, réglementaires et administratives ou la pratique des États membres »)*.

§ 4. LA FERMETURE D'UN ÉTABLISSEMENT

13.6.4. – En l'absence d'accord conclu avec les organisations syndicales ayant pour effet de supprimer un comité d'établissement *(cf. n° **13.6.3.1**)*, la fermeture d'un établissement ne peut par elle-même mettre un terme au mandat des membres élus du comité *(CE, n° 95.699, 18 janv. 1991, Gornet, Rec. p. 1228 ; Cass. soc., 27 nov. 2013, n° 12-26.155 et 12-26.373 B., RJS 2014 n° 143)*. Il en est également ainsi lorsque le caractère distinct de l'établissement a été initialement reconnu par un accord collectif *« quelles que fussent ses modalités de gestion »* ultérieures *(CE, 12 oct. 2006, n° 287.489, Sté Sidel Filling Aseptic, Tables p. 1091, concl. Y. Struillou, RDT 2006, p. 370, RJS 2007 n° 245)*.

Cette position est également celle de l'administration *(Rép. min. n° 16910, JOAN du 10 oct. 1994, p. 5068, Liaisons Soc. n° 7141)*.

SECTION 7

La reconnaissance de l'unité économique et sociale (UES)

13.7. – La reconnaissance judiciaire d'une UES imposant la mise en place des institutions représentatives du personnel qui lui sont appropriées, les mandats en cours **cessent au jour des élections organisées au sein de l'unité** quelle que soit l'échéance de leur terme *(Cass. soc., 26 mai 2004, n° 02-60.935, Bull. V n° 142, RJS 2004 n° 936, Dr soc 2004, p. 915, obs. J. Savatier, cf. comm. du Pt Sargos, Rapport 2004 de la Cour de cassation, p. 113 et 242 ; J. Daniel et A. Teissier, « UES et instances représentatives du personnel », JCP S 2006 n° 40, p. 12).*

Il en est de même pour le mandat du délégué syndical devenu caduc par suite de la reconnaissance de l'UES et il appartient aux organisations syndicales de désigner de nouveaux représentants *(Cass. soc. 29 avr. 2009, n° 07-19.880, RJS 2009 n° 644).*

Le jugement reconnaissant l'existence d'une UES ayant un caractère déclaratif à la date introductive d'instance, doivent être annulées les élections au comité social et économique organisées au sein de la structure faisant partie de l'UES après la date de la requête introductive à l'instance ayant abouti au jugement constatant l'existence de l'UES *(Cass. soc., 19 déc. 2007, n° 07-60.022, RJS 2008 n° 300).*

L'annulation d'un jugement reconnaissant l'existence d'une UES ne fait perdre aux salariés élus leur qualité de membre de l'institution représentative mise en place dans ce cadre qu'à compter du jour où elle est prononcée *(Cass. soc., 2 déc. 2008, n° 07-41832, Bull. V n° 238, JCP S 2009 n° 10, p. 56, note F. Dumont).* Les salariés bénéficient, à partir de cette date, du délai de protection de six mois.

SECTION 8

Les incidences sur la protection de la modification de la situation juridique de l'employeur

§ 1. LE PRINCIPE LÉGAL

A. Les modifications de la situation de l'employeur entrant dans le champ d'application de l'article L. 1224-1 du Code du travail

13.8.1.1. – Le principe posé par le Code du travail et qui est applicable aux DS *(C. trav., art. L. 2143-10)*, aux membres du CSE *(C. trav., art. L. 2314-35)* et du CSE central *(C. trav., art. L. 2316-12)*, est le suivant :

– en cas de modification dans la situation juridique de l'employeur telle que prévue à l'article L. 1224-1, si l'entreprise ou l'établissement concerné conserve « *son autonomie juridique* », le mandat des représentants du personnel se poursuit jusqu'à son terme. Toutefois, la durée du mandat peut être réduite ou prorogée par accord collectif pour tenir compte de la date habituelle des élections dans l'entreprise d'accueil ;

– si l'entreprise ou l'établissement perd « *son autonomie juridique* », le mandat prend fin. Le salarié est alors protégé en tant qu'ancien délégué syndical ou ancien membre du CSE.

La poursuite des mandats est donc subordonnée au respect de deux conditions cumulatives :

1°) le transfert d'une entité économique conservant son identité et dont l'activité est poursuivie ou reprise *(cf. n°* ***16.6.4.2)*** ;

2°) le maintien de « *l'autonomie* » de l'entité transférée *(cf. n°* ***16.6.4.3)***.

Pour apprécier s'il y a ou non maintien de l'autonomie, le juge doit se placer au jour du transfert. Si à cette date cette condition est satisfaite, le moyen tiré de ce que, postérieurement, l'autorité administrative a reconnu la perte de la qualité d'établissement distinct est inopérant *(Cass. soc., 3 févr. 1998, n° 95-41.423, Bull. V n° 62, RJS 1998 n° 327 ; Cass. soc., 13 nov. 2007, n° 06-41.800, RDT 2008, p. 35, note P. Waquet)*.

Il convient de noter que l'ordonnance n° 2017-1386 du 22 septembre 2017 relative à la nouvelle organisation du dialogue social et économique dans l'entreprise et favorisant l'exercice et la valorisation des responsabilités syndicales *(art. 9, IV)* prévoit des dispositions spécifiques en cas de modification dans la situation juridique de l'employeur prévue à l'article L. 1224-1 lorsque n'a pas encore été mis en place un CSE au sein de l'entreprise absorbée :

– si cette entreprise devient un établissement distinct, en l'absence d'un accord collectif en disposant autrement, il est procédé à des élections en son sein pour la mise en place du CSE d'établissement, sauf si le renouvellement du CSE central dans l'entreprise absorbante doit intervenir dans un délai de moins de douze mois suivant la modification dans la situation juridique ;

– si la modification porte sur un ou plusieurs établissements qui conservent ce caractère, en l'absence d'un accord collectif en disposant autrement, il est procédé à des élections au sein de chaque établissement concerné pour la mise en place du CSE d'établissement, sauf si le renouvellement du CSE central dans l'entreprise absorbante doit intervenir dans un délai de moins de douze mois suivant la modification dans la situation juridique.

B. Les modifications de la situation de l'employeur n'entrant pas dans le champ d'application de l'article L. 1224-1 du Code du travail

13.8.1.2. – Si le transfert ne donne pas lieu à l'application des dispositions de l'article L. 1224-1, alors même que des stipulations conventionnelles l'imposeraient, le mandat des représentants du personnel ne se poursuit pas *(Cass. soc., 7 oct. 1992, Syndicat CGT Atochem c. / Barbier, n° 91-60.353)*, sauf stipulation conventionnelle applicable en disposant autrement *(cf. n°* ***16.6.5.1****)*.

Toutefois aucune modification du contrat ou aucun changement des conditions de travail ne pouvant être imposé à un salarié protégé, si ce dernier refuse d'être rattaché administrativement à un établissement distinct de celui où il exerce ses mandats, le rattachement est nul et le salarié conserve ses mandats *(Cass. soc., 30 mai 2001, n° 00-60.194, Bull. V n° 197, Dr soc 2001, p. 9001, commentaire J. Savatier)*.

Le salarié est protégé, à compter de la date du transfert, au titre de ses anciennes fonctions représentatives *(directive européenne 77 / 187. CEE du 14 févr. 1977, art. 5, JOCE, n° L. 615.0. / 1977 ; Cass. soc., 6 avr. 1994, n° 92-41.250 ; Cass. soc., 28 nov. 2007, n° 06-42.379, Bull. V n° 200, RJS 2008 n° 144, Dr soc 2008, p. 391, obs. A. Mazeaud ; Cass. soc., 17 déc. 2008, n° 07-42.839, JCP E n° 11, 10 mars 2009, 1117, note Kerbourc'h)*.

§ 2. LES INTERPRÉTATIONS DONNÉES PAR LES DEUX ORDRES DE JURIDICTION

A. La position des juridictions judiciaires

13.8.2.1. – La Cour de cassation a jugé que le mandat des représentants du personnel se poursuit dès lors qu'il y avait transfert d'une entité économique autonome, conservant son identité et dont l'activité s'est poursuivie, et alors même que l'entité transférée n'a pas conservé son autonomie juridique *(Cass. soc., 28 juin 1995, n° 94-40.362, Bull. V n° 219, RJS 1995 n° 904)*.

Elle a maintenu sa jurisprudence en se fondant sur les dispositions de la directive CEE n° 98/50 du 29 juin 1998 modifiant la directive 77/187/ CEE (codifiée par la directive 2001/23 CE du 12 mars 2001), laquelle a notamment pour objet de « *clarifier les circonstances dans lesquelles la fonction et le statut des représentants des travailleurs doivent être maintenus*[1] ». Le juge a estimé que « *le mandat du délégué syndical concerné par*

1 La directive 2001/23 CE du 12 mars 2001 (JOCE n° L. 082 du 22 mars 2001, p. 16- 20) a codifié les dispositions des directives 77/187/CEE et 98-50 CE du 29 juin 1998. L'article 6 de la directive du 12 mars 2001 est rédigé comme suit : *« 1. Si l'entreprise ou la partie d'entreprise ou d'établissement conserve son autonomie, le statut et la fonction des représentants ou de la représentation des travailleurs concernés par le transfert subsistent, selon les mêmes modalités et suivant les mêmes conditions qu'avant la date du transfert en vertu d'une disposition législative, réglementaire, administrative ou d'un accord, sous réserve que les conditions nécessaires pour la formation de la représentation des travailleurs soient réunies... Si l'entreprise ou la partie d'entreprise ou d'établissement ne conserve pas son autonomie, les États membres prennent les mesures nécessaires pour que les travailleurs transférés qui étaient représentés avant le transfert continuent à être convenablement représentés durant la période nécessaire à une nouvelle formation ou désignation de la représentation des travailleurs conformément à la législation ou à pratique nationale. »*

le transfert d'une entité économique subsiste dès l'instant que cette entité conserve son autonomie » (Cass. soc., 10 oct. 2000, n° 99-60.235, Bull. V n° 320, RJS 2001 n° 63, Dr soc 2001, p. 326, obs. J. Savatier). Il importe peu qu'elle ait perdu son autonomie juridique *(Cass. soc., 18 déc. 2000, n° 99-60.381, Bull. V n° 433, RJS 2001 n° 310, Dr soc 2001, p. 326, commentaire J. Savatier).*

Cette jurisprudence a été confirmée à de nombreuses reprises *(Cass. soc., 15 mai 2002, n° 00-42.989, RJS 2002 n° 833 ; Cass. soc., 31 mars 2004, n° 03-60.048, Bull. V n° 102, RJS 2004 n° 711 ; Cass. soc., 30 nov. 2004, n° 02-13.837, Bull. V n° 311, RJS 2005 n° 287 ; Cass. soc., 21 oct. 2009, n° 08-41.764, RJS 2010 n° 58 ; cf. P.-Y. Verkindt, « L'incidence des transferts d'entreprise sur les instances de représentation du personnel », Dr soc 2005, p. 752).*

La chambre criminelle de la Cour de cassation a adopté la même position dans le cas d'une fusion-absorption, le juge du fond devant rechercher si l'entreprise absorbée n'est pas devenue un établissement de l'entreprise absorbante et si son comité d'entreprise n'était pas demeuré en fonction comme comité d'établissement de cette société *(Cass. crim., 25 févr. 2003, n° 02-83.040, Bull crim. n° 52, RJS 2003 n° 301).*

Cette jurisprudence repose sur la conception selon laquelle dès lors que la collectivité de travail conserve son autonomie au sein de la nouvelle structure, elle doit continuer de disposer d'une représentation propre.

L'article 6 de directive précise que le maintien des mandats des représentants du personnel doit être assuré « *sous réserve que les conditions nécessaires pour la formation de la représentation des travailleurs soient réunies* ».

B. La position de la juridiction administrative

13.8.2.2. – Se fondant sur une lecture stricte des dispositions légales, le Conseil d'État a jugé que lorsque, dans le cadre d'une absorption, l'entreprise perd son autonomie juridique sans devenir un établissement distinct de l'entreprise qui l'a reprise, le mandat des membres du comité de l'entreprise absorbée cesse de plein droit à la date de la reprise ; dans ce cas, le comité compétent pour émettre un avis sur le projet de licenciement des représentants du personnel est celui de l'entreprise absorbante « *à laquelle les droits et obligations du contrat de travail de l'intéressé ont été transférés » (CE, 8 janv. 1997, n° 154.728, Société Melitta, Rec. p. 1106, RJS 1997 n° 171).*

On peut penser que la juridiction administrative sera amenée à infléchir sa jurisprudence, notamment pour prendre en compte les dispositions de la directive 2001/23 CE du 12 mars 2001.

§ 3. LES PRINCIPAUX CAS DE FIGURE

A. La cession de certaines activités de l'entreprise

13.8.3.1. – Deux questions doivent être distinguées *(Cass. soc., 13 nov. 2007, n° 06-41.800, RJS 2008 n° 5)* :

– la première tient à la caractérisation de l'existence d'une entité économique autonome conservant son identité qui s'apprécie à la date du transfert et entraîne ou non l'application des dispositions d'ordre public de l'article L. 1224-1 du Code du travail ;
– la seconde tient au maintien de l'autonomie de l'entité qui conditionne la poursuite des mandats.

Plusieurs situations doivent être examinées.

1. Le transfert partiel d'activités qui ne constituent pas un établissement distinct de l'entreprise doté d'institutions propres

13.8.3.1.1. – Il emporte la cessation des mandats des représentants du personnel dont le contrat s'est poursuivi avec le nouvel employeur à la date du transfert *(Cass. soc., 22 févr. 1995, n° 93-14.105, Bull. V n° 64 ; Cass. soc., 17 déc. 2008, n° 07-42.839, JCP S 2009 n° 11, p. 1117, note J.-Y. Kerbourc'h).*

2. La cession porte sur une entité économique qui n'a pas conservé son autonomie

13.8.3.1.2. – Le mandat des représentants du personnel affectés à l'activité cédée ne subsiste pas postérieurement à la cession *(Cass. soc. 7 déc. 2005, n° 04-41.010 ; Cass. soc. 13 nov. 2007, n° 06-41.800, RJS 2008 n° 5).*

L'action en justice introduite pour voir juger que les mandats des représentants du personnel n'ont pas subsisté postérieurement à la modification doit être regardée comme tendant à la révocation des mandats et, par suite, relève du tribunal d'instance en premier ressort, le jugement de ce dernier étant susceptible d'appel *(Cass. soc. 29 oct. 1998, n° 97-60.479, RJS 1998 n° 1510).*

3. La cession porte sur une entité économique ayant conservé son autonomie

13.8.3.1.3. – Les mandats se poursuivent *(Cass. soc., 24 mai 2006, n° 05-60244, Bull. V n° 191, RJS 2006 n° 1193, JCP S 2006 n° 30, p. 28, note J.-F. Césaro).* Il en est ainsi, que la cession soit partielle ou totale *(Cass. soc., 21 oct. 2009, n° 08-41.764, RJS 2010 n° 58).*

Ainsi, la Cour de cassation estime, dans ce cas, que le mandat du délégué syndical concerné par le transfert subsiste alors même que la nouvelle société ayant repris les activités cédées occupe moins de cinquante salariés *(Cass. soc., 10 oct. 2000, n° 99-60.235, Bull. V n° 320, Dr soc 2001, p. 104).* Les mandats se poursuivent également lorsque, à la suite de la scission, l'entreprise créée reprend les activités de l'établissement et que le CSE n'est que la continuation de l'ancien CSE d'établissement *(Cass. soc., 30 nov. 2004, n° 02-13.837, Bull. V n° 311, RJS 2005 n° 287 ; Cass. soc. 28 mai 2008, n° 07-40.904, Bull. V n° 119, RJS 2008 n° 911 ; P.-Y. Verkindt, « L'incidence des transferts d'entreprise sur les instances de représentation du personnel », Dr soc 2005, p. 752).*

Il en avait été jugé de même s'agissant du mandat du délégué du personnel en cas de cession du fonds de commerce, dès lors que l'entreprise cédée conserve son autonomie *(Cass. soc., 22 nov. 2000, n° 99-60.434).*

Pour tenir compte de la date habituelle des élections dans l'entreprise d'accueil, la durée des mandats peut être réduite ou prorogée par accord entre le nouvel employeur et les organisations syndicales représentatives existant dans le ou les établissements absorbés sans que cet accord soit conclu à l'unanimité desdites organisations *(Cass. soc., 17 déc. 2014, n° 14-14.917 B., RJS 2015 n° 110 ; cf. également note F. Petit : « L'abandon de la condition d'unanimité pour la conclusion d'un accord de réduction ou de prorogation des mandats », Dr soc 2014, p. 378).*

B. L'absorption-fusion

1. *L'impact au niveau de l'entreprise absorbée*

13.8.3.2.1. – Le juge du fond doit rechercher si l'entreprise absorbée n'est pas devenue un établissement de l'entreprise absorbante *(Cass. crim., 25 févr. 2003, n° 02-83.040, Bull. crim. n° 52, RJS 2003 n° 301).* Si la fusion entre deux sociétés n'a pas pour effet de remettre en cause l'autonomie de l'entreprise :

– le mandat du DS subsiste alors même que l'entreprise aurait perdu son autonomie juridique *(Cass. soc., 18 déc. 2000, n° 99-60.381, Bull. V n° 433, Dr soc 2001, p. 326, commentaire J. Savatier, RJS 2001 n° 310)* ;
– *« le comité central de l'entreprise absorbée demeure en fonction si l'entreprise conserve en fait son autonomie peu important qu'elle ait perdu son autonomie juridique » (Cass. soc., 15 mai 2002, n° 00-42.989, RJS 2002 n° 833).*

Il a été jugé que dans le cas où l'absorption des filiales par une société mère, opérée par apports de fonds de commerce, n'avait affecté ni l'organisation du travail, ni l'organisation économique, le mandat des membres du comité d'entreprise de la société-mère était maintenu jusqu'à son terme, nonobstant la conclusion avec certaines organisations syndicales d'un accord préélectoral prévoyant l'organisation de nouvelles élections avant ce terme *(Cass. soc., 14 févr. 1989, n° 88-60.016, Bull. V n° 122).*

En revanche, dès lors que l'opération de fusion a entraîné la disparition de l'entité au sein de laquelle le salarié avait été désigné DS, le mandat de l'intéressé prend fin à la date de cette fusion. Si à cette date, le salarié a exercé son mandat depuis moins d'un an avant son licenciement, il ne bénéficie pas de la protection légale *(Cass. soc., 25 oct. 2005, n° 02-45.158, Bull. V n° 301, RJS 2006 n° 62).*

La demande de l'employeur tendant à ce qu'il soit mis fin aux fonctions représentatives n'est pas soumise au délai de forclusion prévu uniquement pour la contestation des désignations *(Cass. soc., 10 janv. 1989, n° 87-60.209, Bull. V n° 7 ; Cass. soc., 28 mars 1989, n° 88-60.548, Bull. V n° 268).*

2. *L'impact au niveau des établissements*

a) L'établissement conserve son caractère distinct

13.8.3.2.2.1. – Dans le cas où les établissements conservent leur caractère distinct, le mandat de ses membres se poursuit jusqu'à son terme *(C. trav., art. L. 2314-35 ; Cass. soc., 28 juin 1995, n° 94-40.362, Bull. V n° 219).*

La durée du mandat peut être réduite ou prorogée par accord collectif pour tenir compte de la date des élections dans l'entreprise d'accueil.

L'article L. 2316-12 du Code du travail prévoit que les représentants du comité social et économique d'établissement au CSE central de l'entreprise absorbée continuent de siéger au CSE central de l'entreprise absorbante pendant un délai au plus égal à un an. Dans les cas où le mandat est maintenu, le statut protecteur demeure applicable. Le mandat de délégué syndical se poursuit également si l'entreprise conserve son autonomie *(Cass. soc., 31 mars 2004, n° 03-60.048, Bull. V n° 102, RJS 2004 n° 711, cf. commentaire du Pt Sargos, Rapport 2004 de la Cour de cassation, p. 113 ; Cass. soc., 10 oct. 2000, n° 99-60.325).*

b) L'établissement perd son caractère distinct

13.8.3.2.2.2. – Si l'exploitation de l'établissement est confondue dans l'ensemble des activités du nouvel employeur, les mandats cessent à la date du transfert *(Cass. soc., 18 nov. 2009, n° 08-42.920, RJS 2010 n° 192).*

C. La reprise d'un marché de prestation de service

13.8.3.3. – Dès lors que l'exploitation du service est confondue dans l'ensemble des activités du repreneur, le salarié perd son mandat à la date du transfert *(Cass. soc., 18 nov. 2009, n° 08-42.920, RJS 2010 n° 192).*

D. Les accords collectifs de branche prévoyant la poursuite des mandats

13.8.3.4. – Des conventions de branche peuvent prévoir que le salarié transféré conserve son mandat jusqu'à son terme *(Cass. soc., 10 juill. 2002, n° 01-60.681, Bull. V n° 248, RJS 2002 n° 1207 : convention collective nationale des entreprises de sécurité et de prévention).*

En l'absence de stipulations conventionnelles, le mandat prend fin au jour du changement d'employeur, le salarié étant protégé pendant la durée prévue par le Code du travail au titre de ses anciennes fonctions *(Cass. soc., 28 nov. 2007, n° 06-42.379, Bull. V n° 200, RJS 2008 n° 144, Dr soc 2008, p. 391, obs. A. Mazeaud, JCP S 2008 n° 11-12, p. 38, RDT 2008, p. 176, note P. Waquet).*

E. La survie des accords collectifs conclus dans l'entité avant le transfert

13.8.3.5. – Il a été jugé que l'accord conclu dans le cadre d'une unité économique et sociale avait vocation à s'appliquer après le transfert d'un établissement de cette unité vers une autre en vertu des dispositions du Code du travail prévoyant la survie des accords à la suite d'une cession *(C. trav., art. L. 2261-14)* ; sur le fondement des stipulations de cet accord, un syndicat a pu valablement procéder à la désignation de délégués syndicaux *(Cass. soc. 31 janv. 2001, n° 99-60378, Bull. V n° 31 ; Cass. soc., 21 oct. 2008, n° 08-60.008, Bull. V n° 195, RJS 2009 n° 58).*

En outre lorsque l'entreprise cédée en application de l'article L. 1224-1 du code du travail conserve son autonomie, la carence de représentant du personnel, constatée avant la cession par un procès-verbal, subsiste dans la nouvelle entité. Le nouvel employeur peut donc se prévaloir de ce procès-verbal, pour justifier d'une absence de consultation des représentants du personnel sur les propositions de reclassement d'un salarié inapte *(Cass. soc., 6 mars 2019, n° 17-28.478 B.).*

SECTION 9
La prorogation des mandats

13.9. – Il est nécessaire de souligner qu'il n'y a pas de prorogation implicite du mandat, et par conséquent, de la protection.

§ 1. LA PROROGATION PAR ACCORD

13.9.1. – La prorogation est admise si elle résulte d'**un accord conclu avec l'ensemble des organisations syndicales représentatives dans l'entreprise** *(Cass. soc. 27 mai 1999, n° 98-60327, Bull. V n° 241 ; Cass. soc., 12 mars 2003, n° 01-60.771, Bull. V n° 96, RJS 2003 n° 625 ; Cass. soc., 12 juill. 2006, n° 05-60.331, Bull. V n° 259, RJS 2006, n° 1081).* Une délibération unanime de l'institution en cause ne peut légalement avoir pour effet de proroger le mandat *(Cass. soc. 16 janv. 2008, n° 06-40.710).* La Cour de cassation a cependant jugé qu'un employeur ne pouvait pas contester le statut protecteur dont se prévalait un salarié membre du comité d'entreprise en vertu de trois accords successifs de prorogation conventionnelle des mandats au motif que le premier de ces accords n'aurait pas été signé à l'unanimité, alors qu'il avait signé et mis en œuvre sans réserve ces accords *(Cass. soc., 4 févr. 2014, n° 11-27.134, Bull. V n° 46, RJS 2014 n° 331)*.

Lorsque la prorogation résulte d'un accord, celui-ci doit être écrit à peine de nullité *(Cass. crim., 6 janv. 2009, n° 08-82.736, RJS 2009 n° 368)*. Il doit intervenir avant le terme du mandat, qu'il ne saurait faire vivre rétroactivement *(Guide DGT, Salariés protégés, sept. 2019, fiche n° 4)*. Dans le même sens, le Conseil d'État a considéré qu'un tel accord, intervenu plus de trois mois après l'expiration du mandat de délégué du personnel, était sans effet sur la compétence de l'inspectrice du travail à la date à laquelle celle-ci se prononçait, et que le salarié ne relevait plus de la protection exceptionnelle au titre de ce mandat *(CE, 3 juill. 2013, n° 342.291, M. B., Rec. p. 188, RJS 2013 n° 701, Dr soc 2013, p. 1004, concl. G. Dumortier)*.

Si l'autorité administrative constate que le mandat du salarié a été prorogé en dehors des formes légales et que la protection dont l'intéressé bénéficiait est expirée à la date d'engagement de la procédure de licenciement, il doit donc se déclarer incompétent *(Guide DGT, Salariés protégés, sept. 2019, préc.)*.

Le juge n'a pas compétence pour décider d'une telle prorogation en l'absence d'accord *(Cass. soc., 13 juin 1989, n° 88-60.556, Bull. n° 435 ; Cass. soc., 24 nov. 1992, n° 92-60.008 Bull. V n° 570 ; Cass. soc., 21 mai 2003, n° 01-60.742, Bull. V n° 170, RJS 2003 n° 1293)*.

§ 2. LA PROROGATION EN CAS DE SAISINE DE L'ADMINISTRATION DANS LE CADRE DU PROCESSUS ÉLECTORAL

13.9.2. – En cas de litige concernant la détermination, du nombre et du périmètre des établissements distincts *(cf. n° **13.6.3.1**)* ou la répartition des sièges entre les différentes catégories de personnel et la répartition du personnel dans les collèges électoraux, la DREETS peut être saisie.

Cette saisine a pour effet de suspendre le processus jusqu'à la décision administrative et entraîne la prorogation des mandats des élus en cours jusqu'à la proclamation des résultats du scrutin *(C. trav., art. L. 2313-5, L. 2313-8 et L. 2314-13 sur la mise en place du CSE ; pour les anciens mandats : art. L. 2314-11, L. 2324-13, L. 2314-31 et L. 2322-5 et L. 2327-7)*. Il en va ainsi même si la DREETS a refusé de statuer du fait de l'absence, de la part de l'employeur, d'une tentative loyale de négociation d'un protocole d'accord préélectoral *(Cass. soc. 8 nov. 2023, n° 22-22.524 B., RJS 2024 n° 39 ; D. actu., 15 nov. 2023, note L. Malfettes)*.

La Cour de cassation a précisé qu'en cas de contestation de la décision de l'autorité administrative fixant la répartition des sièges entre les différentes catégories de personnel et la répartition du personnel dans les collèges électoraux, il appartient au tribunal judiciaire d'examiner l'ensemble des contestations, qu'elles portent sur la légalité externe ou la légalité interne de la décision de la DREETS, et, s'il les dit mal fondées au regard de l'ensemble des circonstances de fait dont il est justifié à la date de la décision administrative, de confirmer la décision, ou s'il les accueille partiellement ou totalement, d'annuler la décision administrative et de statuer à nouveau, par une décision se substituant à celle de l'autorité administrative, sur les questions demeurant en litige d'après l'ensemble des circonstances de fait à la date où le juge statue. à cet égard, il résulte des articles L. 2313-8 et L. 2314-13 du Code du travail que, dès lors que la détermination du périmètre des établissements distincts est préalable à la répartition des salariés dans les collèges électoraux de chaque établissement, il incombe à l'autorité administrative, sous le contrôle du juge judiciaire à qui sa décision peut être déférée, de procéder à la répartition sollicitée par application de l'accord collectif définissant les établissements distincts et leurs périmètres respectifs. Il appartient ensuite au tribunal judiciaire, saisi du recours formé contre la décision rendue par la DREETS, d'apprécier la légalité de cette décision, au besoin après l'interprétation de l'accord collectif en cause, d'abord en respectant la lettre du texte de l'accord collectif, ensuite, si celui-ci manque de clarté, au regard de l'objectif que la définition des périmètres des établissements distincts soit de nature à permettre l'exercice effectif des prérogatives de l'institution représentative du personnel *(Cass. soc., 14 déc. 2022, n° 21-19.551 B., Dr. soc. 2021. 847, obs. C. Radé).*

§ 3. LA PROROGATION DES MANDATS PRÉVUE DANS LE CADRE DE LA PÉRIODE TRANSITOIRE PRÉCÉDANT LA MISE EN PLACE DU CSE

13.9.3. – L'ordonnance n° 2017-1386 du 20 septembre 2017 relative à la nouvelle organisation du dialogue social et économique dans l'entreprise et favorisant l'exercice et la valorisation des responsabilités syndicales a prévu la mise en place du CSE à partir du 1er janvier 2018 et au plus tard le 31 décembre 2019, au terme du mandat des délégués du personnel ou des membres élus du comité d'entreprise, de la délégation unique du personnel, de l'instance regroupée mise en place par accord du CHSCT, lors du renouvellement de l'une de ces institutions.

L'article 9 de l'ordonnance n° 2017-1386 prévoyait des dispositions spécifiques concernant la prorogation ou la réduction de la durée des mandats ayant vocation à disparaître *(cf. 6e éd. du présent ouvrage).*

§ 4. LA PROROGATION DES MANDATS PRÉVUE DANS LE CADRE DE L'ÉTAT D'URGENCE SANITAIRE LIÉ À L'ÉPIDÉMIE DE COVID-19

13.9.4. – Afin de prendre en compte la situation exceptionnelle tenant à l'état d'urgence sanitaire lié à l'épidémie de covid-19, déclaré par l'article 4 de la loi n° 2020-290 du 23 mars 2020 et prorogé jusqu'au 10 juillet 2020 par l'article 1 de la loi n° 2020-546 du 11 mai 2020, l'ordonnance n° 2020-389 du 1er avril 2020 *(parue au Journal Officiel du 2 avril 2020)* portant mesures d'urgence relatives aux instances représentatives du personnel, modifiée par l'ordonnance n° 2020-560 du 13 mai 2020 *(parue au Journal Officiel du 14 mai 2020)* et l'ordonnance n° 2020-737 du 17 juin 2020 *(parue au Journal Officiel du 18 juin 2020)*, reporte les élections professionnelles et proroge les mandats en cours. De même, l'ordonnance n° 2020-388 du 1er avril 2020 (*parue au Journal officiel du 2 avril 2020*) relative au report du scrutin de mesure de l'audience syndicale auprès des salariés des entreprises de moins de onze salariés et à la prorogation des mandats des conseillers prud'hommes et membres des commissions paritaires régionales interprofessionnelles, modifié par la loi n° 2020-734 du 17 juin 2020 relative à diverses dispositions liées à la crise sanitaire, à d'autres mesures urgentes ainsi qu'au retrait du Royaume-Uni de l'Union européenne proroge les mandats en cours de ces deux instances.

Sont également prorogés les mandats des représentants des salariés au sein des organes collégiaux d'administration, de surveillance ou de direction des personnes morales de droit privé, lorsque ces représentants sont élus par les salariés et les mandats des représentants des salariés actionnaires au sein desdits organes.

Sur les modalités de ces prorogations, il convient de se reporter à l'annexe I de la précédente édition (6e) de cet ouvrage.

CHAPITRE IV

LES CAS DE RUPTURE DU CONTRAT DE TRAVAIL DU SALARIÉ PROTÉGÉ SANS INTERVENTION DE L'AUTORITÉ ADMINISTRATIVE

14. – L'extension du champ de la protection à partir de 1974 résulte de la convergence des évolutions jurisprudentielles suivantes :

- l'interdiction faite à l'employeur de poursuivre par la voie judiciaire la résiliation du contrat de travail *(cf.* ***Introduction n° 25****)* ;
- l'impossibilité pour le salarié protégé de demander au juge de résilier son contrat de travail *(Cass. soc., 18 juin 1996, n° 94-44.653, Bull. V n° 248, RJS 1996 n° 944)* ;
- l'interdiction faite aux deux parties de mettre d'un commun accord un terme contrat de travail en l'absence d'autorisation accordée préalablement par l'administration ;
- l'obligation pour l'employeur de mettre en œuvre la procédure spéciale, quel que soit le motif de la rupture du contrat de travail dès lors que cette rupture ne résulte pas clairement de la volonté du salarié de quitter l'entreprise *(Cass. soc., 12 juill. 2006, n° 04-48.351, Bull. V n° 248, RJS 2006 n° 1089)*, notamment en cas de refus par le salarié d'un changement de ses conditions de travail *(Cass. soc., 12 déc. 1990 n° 87-43.988, Bull. V n° 667 ; Cass. soc., 30 avril 1997, n° 95-40.573, Bull. V n° 154)* ;
- la nécessité de solliciter l'autorisation de l'administration pour mettre à la retraite un salarié protégé, alors que les dispositions du Code du travail ne la prévoient pas expressément *(CE, 8 févr. 1995, ministre du Travail et Crédit Lyonnais, n° 134.963, Rec. p. 63 ; Cass. soc. 5 mars 1996, n° 92-42.490, Bull. V n° 84).*

À la veille des évolutions jurisprudentielles de l'année 2005, était ainsi consacré « *l'exclusivisme* » de la procédure d'autorisation administrative : en dehors des cas de la démission ou du départ à la retraite du salarié, la rupture du contrat de travail du salarié protégé ne pouvait légalement résulter que d'une autorisation délivrée par l'autorité compétente *(Cass. soc., 19 juill. 1990, n° 88-40.189, Bull. V n° 686 : « sauf manifestation de volonté non équivoque du salarié de donner sa démission, le contrat de travail d'un salarié protégé ne peut être rompu que par un licenciement »).*

Les évolutions jurisprudentielles majeures intervenues à compter de 2005 ont remis en cause cet « *exclusivisme* » de la procédure administrative dès lors que la rupture du contrat de travail du salarié protégé peut intervenir sans autorisation lorsque le salarié :

- soit saisit le juge judiciaire pour que soit prononcée la résiliation de son contrat,
- soit décide de prendre acte de la rupture de son contrat.

Ces évolutions majeures ont également affecté la démission à un double titre :

- si le juge estime que la prise d'acte par le salarié n'est pas fondée, cette dernière produit alors les effets d'une démission,
- sous certaines conditions, qui seront examinées dans ce chapitre, une démission peut être requalifiée par le juge en prise d'acte par le salarié. S'agissant des salariés protégés, cette requalification peut déboucher sur un licenciement jugé nul car intervenu en méconnaissance du statut protecteur.

SECTION 1
La démission de l'entreprise

§ 1. LA RÈGLE GÉNÉRALE : L'ABSENCE D'AUTORISATION ADMINISTRATIVE

A. Le principe

14.1.1.1. – Le contrat de travail peut être rompu à l'initiative du salarié par sa démission de l'entreprise *(C. trav., art. L. 1231-1 et L. 1237-1).* Dans ce cas, l'employeur n'a pas à saisir l'autorité administrative pour obtenir une autorisation.

Un salarié démissionnaire ne peut donc pas invoquer l'inobservation de la procédure spéciale *(Cass. soc., 8 janv. 1981, n° 79-41.102, Bull. n° 7).*

Un salarié ne peut renoncer par une clause contractuelle au bénéfice de dispositions d'ordre public et accepter d'être déclaré démissionnaire *(Cass. soc., 10 oct. 1984, n° 82-42.694, Bull. V n° 365).*

B. Les modalités

14.1.1.2. – La validité de la démission n'est pas subordonnée à un écrit *(cf. n° **14.1.3.1**)*.

Il n'est pas exigé que la démission soit remise à un supérieur hiérarchique ayant reçu délégation du chef d'entreprise *(Cass. soc., 15 mars 2006, n° 03-43.102, Bull. V n° 105, RJS 2006 n° 700)*.

La démission n'a pas à être acceptée par l'employeur *(Cass. soc., 27 nov. 1968, Bull. V n° 533)*.

La démission entraîne la rupture du contrat de travail alors même qu'elle serait suivie ultérieurement d'un licenciement *(Cass. soc., 9 mai 2007, n° 05-42.983, RJS 2007 n° 822)*.

Une fois donnée, la démission ne peut être déclarée non avenue qu'avec l'accord de l'employeur.

La démission peut être privée d'effet par la poursuite des relations contractuelles *(Cass. soc., 28 mars 2006, n° 04-42.228, RJS 2006 n° 701)*.

§ 2. LE PRINCIPE : LA DÉMISSION RÉSULTANT D'UNE MANIFESTATION CLAIRE ET NON ÉQUIVOQUE

A. Le droit commun

14.1.2.1. – Une démission ne peut résulter que d'une manifestation claire et non équivoque de la volonté du salarié et doit être dépourvue de tout vice de consentement *(Cass. soc., 20 oct. 1982, n° 80-41.215, Bull. V n° 559 ; Cass. soc., 5 déc. 2007, n° 06-43.871, RJS 2008, n° 148 ; P. Waquet, RJS 2007, p. 903 : « Réflexions sur la démission et la prise d'acte dans le contrat de travail à durée indéterminée »)*.

« *Si la démission est admise sans la moindre difficulté lorsqu'elle est expresse et qu'elle intervient dans un contexte dépourvu de contestation, sa validité est sévèrement contrôlée dès lors que la volonté du salarié est teintée d'équivoque* » *(P. Waquet, RJS 2004, p. 675 : « Les ruptures du contrat de travail et le droit du licenciement »)*.

La manifestation d'une volonté claire et non équivoque de démissionner est regardée comme établie :

– lorsque le salarié n'invoque pas un vice de consentement,
– lorsque la lettre de démission ne comporte aucune réserve et que les conditions de la rupture ne sont contestées que tardivement par le salarié qui ne justifie pas qu'un différend antérieur ou contemporain de la rupture l'avait opposé à son employeur.

B. La situation des salariés protégés

14.1.2.2. – Le principe vaut également s'agissant de la démission des salariés protégés : « *sauf volonté non équivoque de démissionner, le contrat de travail d'un tel salarié ne peut être rompu que par un licenciement soumis aux formalités protectrices* » ; il s'ensuit que le juge du fond, qui n'a pas constaté que le salarié avait démissionné, ne peut le débouter de ses demandes au motif qu'il aurait été d'accord pour « *un licenciement ordinaire* » *(Cass. soc., 21 févr. 1996, n° 92-44.842, Bull. V n° 63)*.

Par un arrêt du 13 juillet 2010, la chambre sociale a jugé qu'il incombait au juge du fond de rechercher si, dans le cas d'une démission suivie d'une transaction, ce procédé n'avait pas eu pour objet d'éluder l'obligation pour l'employeur de solliciter l'autorisation administrative *(Cass. soc., 13 juill. 2010, n° 09-41.490, RJS 2010 n° 791)*.

Le fait pour l'employeur d'amener ou de contraindre le salarié à démissionner pour rompre son contrat de travail en dehors de la procédure protectrice constitue une infraction susceptible d'être relevée par procès-verbal.

§ 3. LES CIRCONSTANCES ÉTABLISSANT LA DÉMISSION ÉQUIVOQUE OU NON ÉQUIVOQUE

A. Les circonstances exprimant une volonté claire et non équivoque

14.1.3.1. – L'absence d'écrit ne fait pas obstacle à lui seul à ce que la démission soit regardée comme non équivoque. La jurisprudence admet la démission orale *(Cass. soc., 13 juin 2007, n° 06-40.365 : le salarié avait expressément déclaré ne plus vouloir travailler « dans cette maison de fous » avant de quitter les lieux sur le champ en remettant les clefs et, ne s'était plus présenté à son travail durant 10 jours suite à cette déclaration sans fournir aucune explication)*.

La manifestation d'une volonté claire et non équivoque peut résulter du comportement adopté par le salarié tel que :

- l'engagement au service d'un autre employeur en l'absence de contrainte de l'ancien employeur n'ayant pas méconnu ses obligations *(Cass. soc., 2 déc. 2003, n° 01-45.551 RJS 2004 n° 178 ; Cass. soc., 27 sept. 2007, n° 04-40.550, RJS 2007 n° 1257)* ;
- le départ du chantier et l'absence de reprise du travail malgré l'invitation de son employeur, le salarié s'étant inscrit comme demandeur d'emploi auprès de l'ASSEDIC *(Cass. soc., 10 mars 2004, n° 02-40.652, RJS 2004 n° 512)* ;
- le règlement au moment de la démission du différend né entre les parties antérieurement *(Cass. soc., 12 janv. 2010, n° 08-43.482, RJS 2010 n° 243)* ;
- la demande de radiation des effectifs présentée par un salarié afin de bénéficier de l'allocation des travailleurs de l'amiante, dont le bénéfice est subordonné à la démission de l'intéressé *(Cass. soc., 26 nov. 2008, n° 07-43.650, Bull. V n° 232, RJS 2009 n° 148, Dr soc 2009, p. 238, obs. P. Chaumette)* ;
- l'absence de réclamation préalable adressée à l'employeur avant de saisir le conseil de prud'hommes, le salarié ayant manifesté

son intention de ne pas réintégrer l'entreprise par acte d'avocat alors qu'il n'était pas établi que son employeur ait fait obstacle à l'exécution de son contrat de travail *(Cass. soc., 12 juill. 2007, n° 06-42.582, JCP S 2007 n° 21 p. 32 note J.-Y. Frouin).*

B. Les circonstances ne caractérisant pas une volonté claire et non équivoque

1. Jurisprudence de droit commun

14.1.3.2.1. – Dans les circonstances suivantes, la manifestation d'une volonté claire et non équivoque n'a pas été reconnue :

- la signature d'une lettre de démission par un salarié qui ne savait ni lire ni écrire et qui ne mesurait ni ne comprenait sa portée *(Cass. soc., 30 nov. 1994, n° 93-42.770)* ;
- la recherche d'un emploi par un salarié, dont l'entreprise avait été mise en liquidation judiciaire, dans l'attente de son licenciement *(Cass. soc., 13 avr. 2005, n° 03-42.467, Bull. V n° 136, Dr soc 2005, p. 931, obs. J. Mouly)* ;
- la non reprise de travail après un arrêt de travail, accompagnée de deux lettres adressées à l'employeur pour demander des attestations Assedic faisant mention de son licenciement *(Cass. soc., 13 nov. 2008, n° 07-42.497, RJS 2009 n° 20)* ;
- l'absence du salarié à la suite d'un arrêt de travail pour maladie *(Cass. soc., 25 oct. 1989, n° 87-42.668, Bull. V n° 616).*

Plus généralement, certaines circonstances conduisent le juge à considérer que la démission n'est pas le fruit d'une volonté claire et non équivoque lorsque :

- la démission est intervenue à la suite de pressions de l'employeur *(Cass. soc., 8 déc. 1999, n° 97-44.097 : menace d'un licenciement pour faute lourde et d'un dépôt de plainte pénale ; Cass. soc., 4 févr. 2004, n° 01-47.093 : démission rédigée dans le bureau du directeur ; Cass. soc., 27 oct. 2004, n° 01-46.413 : « pression excessive et déstabilisante de l'employeur » ; Cass. soc., 14 juin 2005, n° 02-47.246 : tensions dues à l'inexécution par l'employeur de ses obligations, ainsi qu'une tentative de licenciement antérieure ; Cass. soc., 5 juin 2008, n° 06.45.779 ; Cass. soc., 2 juill. 2008, n° 07-41.325 : lettre de démission rédigée dans les locaux de l'entreprise et en présence de sa hiérarchie par un salarié ayant été convoqué à plusieurs entretiens au cours desquels il avait été informé de sa mise en cause dans des vols commis au sein de l'entreprise et menacé d'un dépôt de plainte à son encontre)* ;
- l'état psychologique est altéré au moment de sa démission *(Cass. soc., 7 avr. 1999, n° 97-40.689 : démission sous le coup de la colère ; Cass. soc., 19 oct. 2005, n° 04-41.628 : départ précipité de l'entreprise sous le coup de l'énervement ; ou de troubles psychiques ; Cass. soc., 19 juin 1996, n° 93-43.609 : salarié victime d'une dépression ayant*

nécessité son hospitalisation ; Cass. soc., 26 sept 2006, n° 05-40.752 ; Cass. soc., 2 juill. 2008, n° 07-40.942 : syndrome dépressif antérieur et postérieur à la démission ayant conduit à une hospitalisation ; Cass. soc. 26 mai 2010, n° 08-44.923 : le salarié avait démissionné après avoir quitté l'entreprise à la suite de reproches qui lui avaient été faits par son chef de service, avant de se rétracter sept jours plus tard, en invoquant les pressions qu'il subissait de la part de ce dernier, et le jour même de sa démission, il avait été placé en arrêt maladie puis avait dû être hospitalisé en service psychiatrique onze jours après pour dépression nerveuse) ;

– le salarié rétracte sa démission dans un délai rapproché *(Cass. soc., 6 nov. 1996, n° 93-45.150, RJS 1996 n° 1243 : rétractation le lendemain de la démission ; Cass. soc., 26 sept 2002, n° 00-45.684, RJS 2002 n° 1369 : le salarié a rétracté sa démission 3 jours après l'avoir présentée ; Cass. soc., 12 févr. 2016, n° 14-18.888)* ;
– la salariée a dénoncé à l'inspecteur du travail, cinq jours avant sa démission, le caractère dangereux de ses conditions de travail, ce qui caractérisait l'existence d'un différend rendant la démission équivoque *(Cass. soc., 14 oct. 2009, n° 08-41.019)*.

2. *Jurisprudence applicable aux salariés protégés*

14.1.3.2.2. – La chambre criminelle a jugé que si « *le seul fait d'inviter un salarié investi d'un mandat représentatif à choisir entre la démission et le licenciement pour faute grave ne caractérise pas nécessairement le délit d'entrave à l'exercice de ses fonctions, les juges ont pu estimer qu'en sollicitant (...) la démission de Dame X, le prévenu, agissant dans son seul intérêt, avait voulu se soustraire à la procédure d'ordre public instituée [par le Code du travail] qui accorde une protection exceptionnelle en soumettant leur licenciement à l'autorisation préalable de l'inspecteur du travail* » *(Cass. crim., 9 mai 1979, n° 78-92.076, Bull. crim. n° 170)*.

§ 4. LA DÉMISSION NULLE

14.1.4. – La nullité de la démission efface la rupture du contrat de travail et les parties sont tenues de respecter leurs obligations *(J. Pélissier RJS 2007, p. 591 « La remise en cause des démissions »)*.

La nullité de la démission d'un salarié peut être reconnue par le juge dans les circonstances suivantes *(P. Waquet RJS 2007 p. 903 : « Réflexions sur la démission et la prise d'acte dans le contrat de travail à durée indéterminée »)*.

A. L'inanité d'esprit

14.1.4.1. – En vertu du principe posé par l'article 489 du Code civil selon lequel un acte ne peut être valable si la personne qui l'effectue n'est pas saine d'esprit, au moment où le salarié démissionne, il ne doit pas être atteint d'un trouble mental. Il lui appartient de prouver l'existence d'un trouble mental au moment précis de sa démission *(Cass. soc., 8 juill. 1980, n° 79-40.238, Bull. V n° 618).*

B. Le vice de consentement

1. *Jurisprudence de droit commun*

14.1.4.2.1. – Les arrêts de la chambre sociale du 9 mai 2007 ont rappelé que le vice de consentement est de nature à entraîner l'annulation de la démission *(Cass. soc., 9 mai 2007, n° 05-40.315, 05-40.518, 05-41.324, 05-42.301, Bull. V n° 70, RJS 2007 n° 823 ; sur les vices du consentement en droit du travail, cf. chron. S. Tournaux, RJS 2022, p. 15).*

Le vice de consentement peut résulter de l'erreur, du dol ou de la violence. Une situation intimidante et comportant un élément émotionnel de nature à mettre le salarié en position d'infériorité peut caractériser une violence morale exercée à l'égard de ce dernier génératrice d'un vice du consentement *(Cass. soc., 13 nov. 1986, n° 84-41.013, Bull. V n° 520 ; solution a contrario : Cass. soc., 20 févr. 2007, n° 05-41.721 RJS 2007 n° 562).*

Le juge peut également déduire des violences physiques subies par le salarié, y compris si ces dernières sont faites en dehors des lieux et du temps de travail, le caractère équivoque de la démission *(Cass. soc., 29 janv. 2003, n° 00-45.476, RJS 2003 n° 424).*

Le salarié ne peut tout à la fois invoquer un vice du consentement de nature à entraîner l'annulation de sa démission et demander que cet acte de démission soit analysé en une prise d'acte, par lui, de la rupture de son contrat de travail *(Cass. soc., 17 mars 2010, n° 09-40.465, Bull. V n° 68).* Cette solution s'impose dès lors que la nullité a pour effet de replacer les parties dans la situation antérieure à la rupture du contrat alors que la prise d'acte a pour effet d'entraîner la cessation immédiate des relations contractuelles.

2. *Jurisprudence applicable aux salariés protégés*

14.1.4.2.2. – La transaction conclue à la suite d'une démission nulle en raison d'un vice de consentement est également frappée de nullité *(Cass. soc., 22 mai 2002, n° 00-41.708).* Il en a été jugé ainsi pour une transaction conclue dans une affaire où « *pour éviter les difficultés inhérentes au licenciement de M. X, salarié protégé, dont elle voulait se séparer, la direction s'était employée à rendre l'exercice de ses fonctions de plus en plus difficile et l'avait acculé à la démission pour organiser par la procédure ainsi mise en place la rupture du contrat de travail en dehors du cadre légal* » *(Cass. soc., 3 nov. 1994, n° 91-43.004, Dr ouvrier 1995, p. 221).*

§ 5. LA REQUALIFICATION DE LA DÉMISSION EN PRISE D'ACTE DE LA RUPTURE DU CONTRAT DE TRAVAIL PAR LE SALARIÉ

A. Le principe

14.1.5.1 – La reconnaissance par la jurisprudence de la prise d'acte comme nouveau mode de rupture du contrat de travail à l'initiative du salarié a conduit la chambre sociale à articuler ce mode de rupture avec la démission par des arrêts du 9 mai 2007 reprenant l'attendu de principe suivant : « *lorsque le salarié, sans invoquer un vice du consentement de nature à entraîner l'annulation de sa démission, remet en cause celle-ci en raison de faits ou manquements imputables à son employeur, le juge doit, s'il résulte de circonstances antérieures ou contemporaines de la démission qu'à la date à laquelle elle a été donnée, celle-ci était équivoque, l'analyser en une prise d'acte de la rupture qui produit les effets d'un licenciement sans cause réelle et sérieuse si les faits invoqués la justifiaient ou dans le cas contraire d'une démission* » *(Cass. soc., 15 mars 2006, n° 03-45.031, Bull. V n° 109 ; Cass. soc., 9 mai 2007, n° 05-40.315, 05-40.518, 05-41.324, 05-42.301 et n° 05-45.613 Bull. V n° 70, RJS 2007 n° 823, RJS 2007 n° 843 ; H. Gosselin, RJS 2007, p. 603, « Démission et prise d'acte de la rupture du contrat de travail par le salarié : deux régimes juridiques autonomes ? » et J. Pélissier, RJS 2007, p. 591 « La remise en cause des démissions » ; Sem. soc. Lamy n° 1307, rapport A. Martinel, J.-Y. Frouin, « Une démission sans réserve peut-elle être remise en cause » ; J.-Y. Frouin, « Les ruptures du contrat de travail à durée déterminée à l'initiative du salarié (démission, prise d'acte et demande en résolution judiciaire) », RDT 2007 p. 150 ; J.-Y. Frouin, « Les ruptures à l'initiative du salarié et le droit de la rupture du contrat de travail », JCP S 2008 n° 29 p. 13 ; P. Masanovic et S. Baradel, « Les nouveaux modes de rupture du contrat de travail », Dr ouvrier 2009, p. 182).*

Cette jurisprudence a été confirmée à de nombreuses reprises *(Cass. soc., 30 mai 2007, n° 05-45.583, RJS 2007 n° 923 ; Cass. soc., 30 oct. 2007, n° 06-43.327, Bull. V n° 177, RJS 2008 n° 14 ; Cass. soc., 20 janv. 2010, n° 08-43.471, Bull. V n° 17, RJS 2010 n° 318, G. Couturier, « Prise d'acte et préavis », Dr soc 2010, p. 412 ; JCP S 2010 n° 14, p. 38, note J.-Y. Frouin ; Cass. soc., 20 janv. 2010, n° 08-43.476, Bull. V n° 22, RJS 2010 n° 318 ; JCP S 2010 n° 14, p. 38, note J.-Y. Frouin ; Cass. soc., 20 nov. 2019, n° 18-25.155, RJS 2020 n° 82 ; J. Pélissier, RJS 2007, p. 591 : « La remise en cause des démissions » ; P. Waquet, RJS 2007, p. 903 : « Réflexions sur la démission et la prise d'acte dans le contrat de travail à durée indéterminée »).*

En revanche, le salarié ne peut tout à la fois invoquer un vice du consentement de nature à entraîner l'annulation de sa démission et demander que cet acte de démission soit analysé en une prise d'acte *(Cass. soc., 17 mars 2010, n° 09-40.465, Bull. V n° 68, RJS 2010 n° 405).* De ce fait, le juge ne saurait se placer sur le terrain de la prise d'acte alors que le demandeur a choisi de contester sa démission en raison d'un vice du consentement *(Cass. soc., mars 2012, n° 09-73.050, Bull. V n° 88, RJS 2012 n° 427 ; Cass. soc., 6 juill. 2022, n° 21-12.223, RJS 2022 n° 504 ; H. Cavat, A. Fabre et B. Geniaut, RDT 2022, p. 637)*.

Deux situations peuvent être distinguées :

- celle où le salarié accompagne sa démission de reproches adressés à son employeur,
- celle où le salarié conteste ultérieurement devant le juge sa démission.

B. La requalification en cas de démission assortie de contestations ou de réserves

14.1.5.2. – La démission est considérée comme équivoque lorsque la lettre de démission est assortie de réserves ou de contestation *(Cass. soc., 9 mai 2007, n° 05-40.315, Bull. V n° 70, RJS 2007 n° 823 : lettre de démission accompagnée d'un décompte des sommes que le salarié prétendait lui être dues ; Cass. soc., 5 mars 2014, n° 12-29.850 : lettre de démission suivie d'une autre lettre expliquant cette décision en invoquant divers griefs à l'encontre de l'employeur)*.

C. La requalification en cas de litiges antérieurs ou contemporains à la démission

14.1.5.3. – La démission est requalifiée en prise d'acte si le salarié justifie de l'existence de litiges avec son employeur antérieurs ou contemporains de sa démission de nature à rendre équivoque sa démission *(C. Radé, « Nouvelles précisions sur l'articulation entre prise d'acte par le salarié de la rupture du contrat de travail et démission », Dr soc 2008, p. 454 ; Rapport 2007 de la Cour de cassation ; J.-Y. Frouin, « Une démission sans réserve peut-elle être remise en cause ? », Sem. soc. Lamy n° 1307, 14 mai 2007 ; Cass. soc., 18 janv. 2011, n° 09-41.073 ; Cass. soc., 24 sept. 2014, n° 12-29.224)*.

La preuve de l'existence de tels litiges peut être rapportée par la production de courriers adressés à l'employeur par le salarié dans les jours qui suivent la démission *(Cass. soc., 9 mai 2007, 05-42.301, Bull. V n° 70, RJS 2007 n° 823 ; Cass. soc., 9 mai 2007, 05-40.315)* ou par l'inspection du travail *(Cass. soc., 9 mai 2007, 05-41.324, Bull. V n° 70, RJS 2007 n° 823)*.

À elle seule l'existence de litiges antérieurs ou contemporains de la démission ne suffit pas pour la requalifier en prise d'acte : les litiges doivent révéler le caractère équivoque de la démission *(note J.-Y. Frouin, JCP S 2008 n° 21 p. 30, sous Cass. soc., 19 déc. 2007, n° 06-42.550, Bull. V n° 218)*.

Un délai excessivement long entre la démission et la contestation fait obstacle à ce que les différends existants puissent être regardés comme ayant altéré la manifestation de volonté *(Cass. soc. 9 mai 2007, 05-40.518 et 05-41.324, Bull. V n° 70, RJS 2007 n° 823 : 17 mois ; Cass. soc., 5 déc. 2007, n° 06-43.871, Bull. V n° 148, RJS 2008 n° 148 ; Cass. soc., 19 déc. 2007, n° 06-42.550, Bull. V n° 218, RJS 2008, n° 257, JCP S 2008 n° 21 p. 30 note P.-Y. Frouin, RDT 2008, p. 254 note S. Bernard et T. Grumbach : 14 mois ; Cass. soc., 29 sept. 2009, n° 08-40.363, RJS 2009 n° 902 : 6 mois).*

D. La situation des salariés protégés

14.1.5.4. – Si la démission est requalifiée en prise d'acte et si le juge considère que les motifs avancés par le salarié sont de nature à justifier cette dernière, celle-ci doit alors s'analyser comme un licenciement qui est nul car intervenu en violation du statut protecteur *(cf. n°* ***73.1.1.1****).*

§ 6. LA PRÉSOMPTION DE DÉMISSION EN CAS D'ABANDON DE POSTE VOLONTAIRE DU SALARIÉ

A. Le principe

14.1.6.1. – La loi n° 2022-1598 du 21 décembre 2022 (JO, 22 déc.), dite loi « Marché du travail », instaure une présomption de démission en cas d'abandon de poste volontaire du salarié. L'article L. 1237-1-1 nouveau du Code du travail *(art. 4 de la loi)* dispose que le salarié qui a abandonné volontairement son poste et ne reprend pas le travail après avoir été mis en demeure de justifier son absence et de reprendre son poste, par lettre recommandée ou par lettre remise en main propre contre décharge, dans le délai fixé par l'employeur, est présumé avoir démissionné à l'expiration de ce délai ; le salarié qui conteste la rupture de son contrat de travail sur le fondement de cette présomption peut saisir le conseil de prud'hommes ; l'affaire est directement portée devant le bureau de jugement, qui se prononce sur la nature de la rupture et les conséquences associées ; il statue au fond dans un délai d'un mois à compter de sa saisine. Le délai fixé par l'employeur au salarié, qui ne peut être inférieur à 15 jours, court à compter de la présentation de la mise en demeure *(C. trav., art. R. 1237-13, issu du décret n° 2023-275 du 17 avril 2023, JO, 18 avr.)*.

Dans le cas où le salarié entend se prévaloir auprès de l'employeur d'un motif légitime de nature à faire obstacle à une présomption de démission, tel que, notamment, des raisons médicales, l'exercice du droit de retrait prévu à l'article L. 4131-1, l'exercice du droit de grève prévu à l'article L. 2511-1, le refus d'exécuter une instruction contraire à une réglementation ou la modification du contrat de travail à l'initiative de l'employeur, il doit indiquer le motif qu'il invoque dans la réponse à la mise en demeure précitée *(C. trav., art. R. 1237-13)*. Précédée du terme *« notamment »*, cette liste n'a pas un caractère limitatif.

Ces dispositions sont applicables depuis le 19 avril 2023 *(sur la démission présumée, P. Adam, RJS 2023, p. 7 ; F. Pinatel, RJS 2023, p. 12 ;*

C. Radé, Dr. soc 2022, p. 857 ; A. Fabre, JCP S 2023, n° 1000 ; P. Lokiec, Liaisons sociales Magazine, 01.12.2022, n° 237, p. 44 ; G. Bargain, J. Porta et T. Sachs, RDT 2022, p. 685).

Jusqu'alors, l'employeur ne pouvait pas considérer comme démissionnaire un salarié au seul motif qu'il avait abandonné son poste de travail : la démission nécessitait, selon une jurisprudence constante *(notamment : Cass. soc., 25 oct. 1989, n° 87-42.668, Bull. V n° 616, RJS 1989, n° 914 ; Cass. soc., 24 janv. 1996, n° 92-43.868, Bull. V n° 26, RJS 1996, n° 255 ; Cass. soc., 10 juill. 2002, n° 00-45.566, Bull. V n° 240 ; Cass. soc., 16 nov. 2022, n° 21-15.713, RJS 2023, n° 117)*, une volonté claire et non équivoque de rompre le contrat de travail *(cf. n° **14.1.3.1 et s.**)*. De ce fait, et compte tenu, par ailleurs, de l'impossibilité pour lui de prendre acte de la rupture du contrat par le salarié *(cf. n° **14.4**)*, il ne pouvait qu'engager une procédure de licenciement pour faute *(cf. n° **45.1.9**)*.

Saisi d'un recours formé sur la conformité à la Constitution de l'article 4 de la loi, le Conseil constitutionnel avait jugé, dans la décision rendue le 15 décembre 2022 *(n° 2022-844 DC, RJS 2023, n° 181)*, que ces dispositions, en ce qu'elles ne s'appliquaient qu'en cas d'abandon volontaire de son poste par le salarié, ne portaient pas, notamment au regard de l'accès à l'indemnisation du chômage, une atteinte inconstitutionnelle aux exigences du préambule de la Constitution (droit d'obtenir un emploi ; droit d'obtenir de la collectivité des moyens convenables d'existence ; égalité de traitement entre les salariés).

L'institution de la présomption de démission n'interdit pas pour autant à l'employeur d'opter pour l'engagement d'une procédure de licenciement pour faute, comme précédemment, pour conjurer tout risque juridique. Le document *« Questions-réponses »*, publié le 18 avril 2023 par le ministère du Travail sur son site internet, qui excluait pour l'avenir cette option du licenciement, a été retiré le 29 mai 2023. Ce retrait est intervenu alors qu'un recours venait d'être introduit par la CGT-FO devant le Conseil d'État en mai 2023 contre ce document, ainsi que contre le décret du 17 avril 2023, contesté comme contraire aux dispositions de l'article 3 de la convention 158 de l'OIT sur le licenciement.

B. L'application aux salariés protégés

14.1.6.2. – La loi du 21 décembre 2022 ne comporte aucune disposition pour les salariés protégés, à la différence de textes antérieurs, tels que la loi n° 2008-596 du 25 juin 2008 relative à la rupture conventionnelle individuelle *(cf. n° **17.1.3**)*.

Les règles de la démission présumée en cas d'abandon volontaire de poste semblent devoir s'appliquer également à ces salariés, pour lesquels l'application de la procédure protectrice ne serait dès lors pas mise en œuvre.

Toutefois, dans la mesure où l'engagement d'une procédure disciplinaire est possible, cette voie nous semble préférable, compte tenu du risque de violation du statut protecteur auquel s'exposerait l'employeur en cas de démission non reconnue comme valable.

SECTION 2

Le départ à la retraite

14.2. – Tout salarié quittant volontairement l'entreprise pour bénéficier du droit à une pension de vieillesse doit remplir la condition d'âge pour pouvoir valablement mettre fin à son contrat de travail par ce mode de rupture. La loi n° 2023-270 du 14 avril 2023, entrée en application le 1er septembre 2023, prévoit un relèvement progressif de 62 à 64 ans, à raison de 3 mois par génération, de l'âge légal pour bénéficier d'une pension de vieillesse de la Sécurité sociale *(CSS, art. L. 161-17-2).*

Cet âge légal est abaissé pour certaines catégories de salariés, qui peuvent ainsi bénéficier d'un départ anticipé : les salariés ayant accompli des carrières longues *(CSS, art. L. 351-1-1)* ; les assurés handicapés atteints d'une incapacité permanente d'au moins 50 % *(CSS, art. L. 351-1-3)* ; les assurés qui justifient d'une incapacité permanente reconnue au titre d'une maladie professionnelle ou au titre d'un accident de travail ayant entraîné des lésions identiques à celles indemnisées au titre d'une maladie professionnelle *(CSS, art. L. 351-1-4).*

Si la condition d'âge de liquidation de la pension de retraite n'est pas remplie, sous réserve des cas particuliers de départ anticipé, le départ à l'initiative du salarié constitue une démission.

Cette loi accélère également le relèvement progressif de la durée de cotisations requise pour une pension de vieillesse à taux plein, résultant de la loi n° 2014-40 du 20 janvier 2014 (« loi Touraine »).

Ces nouvelles dispositions s'appliquent aux salariés nés après le 1er septembre 1961.

Le tableau ci-dessous précise, selon la date de naissance des salariés et en application du nouveau régime légal, l'âge légal minimal pour partir en retraite, hors cas de départ anticipé, ainsi que la durée d'assurance requise pour bénéficier d'une pension de vieillesse à taux plein :

Année de naissance	Âge légal (hors cas de départ anticipé)	Durée d'assurance requise pour une pension à taux plein
1960	62 ans	167 trimestres
01.01.1961-31.08.1961	62 ans	168 trimestres
01.09.1961-31.12.1961	62 ans et 3 mois	169 trimestres
1962	62 ans et 6 mois	169 trimestres
1963	62 ans et 9 mois	170 trimestres
1964	63 ans	171 trimestres
1965	63 ans et 3 mois	172 trimestres
1966	63 ans et 6 mois	172 trimestres
1967	63 ans et 9 mois	172 trimestres
1968 et suivantes	64 ans	172 trimestres

Le départ à la retraite du salarié protégé *(sur cette notion, cf. n° **15.13.1**)* n'est pas légalement subordonné à l'autorisation de l'administration *(Cass. soc., 11 févr. 2009, n° 07-44.909, RJS 2009 n° 378)*.

S'agissant de salariés non protégés, il a été jugé que le départ volontaire à la retraite, intervenant dans le cadre d'un plan social, « *constitue une rupture à l'initiative du salarié* » *(Cass. soc., 25 juin 2002, n° 00-18.907, Bull. V n° 214, RJS 2002 n° 1154 ; Cass. soc., 9 juill. 2003, n° 01-43.298)*.

§ 1. DÉPART À LA RETRAITE ET PRISE D'ACTE

14.2.1. – Le salarié doit exprimer une volonté claire et non équivoque de partir en retraite. En cas de litige portant sur la qualification de départ à la retraite, il revient à l'employeur d'apporter la preuve que l'initiative de la rupture du contrat de travail trouve bien son origine dans une décision du salarié *(CA Paris, pôle 6, ch. 8, 10 déc. 2015, RG n° 14/14358)*. Cette preuve peut notamment résulter d'un courrier du salarié informant son employeur de son intention de quitter l'entreprise en raison de son départ à la retraite dans un délai de 3 mois et lui demandant de lui faire connaître ses intentions au sujet des droits et obligations de chacun *(Cass. soc., 7 juill. 2009, n° 08-42.905 ; a contrario : Cass. soc., 21 janv. 2014, n° 12-22.565)*. À défaut, la rupture du contrat de travail peut être imputée à l'employeur *(Cass. soc., 15 déc. 2009, n° 08-43.612, RJS 2010* *n° 256).* Sauf dans les hypothèses où le départ à la retraite s'analyse en une prise d'acte par le salarié *(cf. n° **14.6.1**)*, la rupture s'analyse alors en une mise à la retraite si les conditions en étaient réunies *(cf. n° **15.13.2**)* ou, à défaut, en un licenciement.

Lorsque le salarié, sans invoquer un vice du consentement de nature à entraîner l'annulation de son départ à la retraite, remet en cause celui-ci en raison de faits ou manquements imputables à son employeur, le juge doit, s'il résulte de circonstances antérieures ou contemporaines de son départ qu'à la date à laquelle il a été décidé, celui-ci était équivoque, l'analyser en une prise d'acte de la rupture qui produit les effets d'un licenciement sans cause réelle et sérieuse si les faits invoqués la justifiaient ou dans le cadre contraire d'un départ à la retraite *(Cass. soc., 15 mai 2013, n° 11-26.784 et 11-26.930, Bull. V n° 120, RJS 2013 n° 531, D. 2013. 1284 ; Cass. soc., 9 oct. 2013, n° 12-18.829 ; Cass. soc., 4 déc. 2013, n° 12-22.089, RJS 2014 n° 148 pour un salarié protégé s'étant engagé à partir volontairement à la retraite à une date déterminée sous peine de devoir rembourser des sommes exorbitantes, empêché de ce fait d'effectuer un choix libre ; Cass. soc., 20 oct. 2015, n° 14-17.473, Bull. 2016, n° 838, Soc., n° 356, RJS 2016 n° 24 ; Cass. soc., 15 juin 2017, n° 15-29.085).* Le salarié dont le départ à la retraite a été requalifié en prise d'acte et dont les griefs portent sur des faits illicites ne peut pas demander sa réintégration dans l'entreprise, contrairement à ce qui se passe en matière de licenciement nul. Dès lors que le départ à la retraite est un acte unilatéral à son initiative et par lequel il manifeste, de façon claire et non équivoque, sa volonté de mettre fin au contrat de travail, cela rend impossible sa réintégration, et il a alors seulement droit à l'indemnisation prévue en cas de licenciement nul *(Cass. soc., 17 oct. 2018, n° 16-27.597, RJS 2019 n° 13).*

§ 2. L'ADHÉSION DU SALARIÉ À UNE CONVENTION DE PRÉRETRAITE

14.2.2. – L'adhésion à un dispositif de préretraite mis en place par l'employeur dans le cadre d'un plan de réduction d'effectifs, en vue d'une cessation totale et immédiate d'activité, ne dispense pas ce dernier de son obligation d'obtenir l'autorisation de l'administration du travail avant la rupture du contrat de travail du salarié protégé *(Cass. soc., 6 juill. 2011, n° 10-15.406 Bull. V n° 188, RJS 2011 n° 820).*

En revanche, dans un litige concernant un salarié non protégé, n'a pas été regardée comme constituant une mise à la retraite la rupture du contrat de travail de l'intéressé, qui avait pris l'initiative de demander le bénéfice de la convention de préretraite signée avec l'employeur, ouverte aux salariés volontaires et avait signé un avenant à son contrat de travail prévoyant la diminution de son temps de travail et la cessation de son activité à une date à laquelle ses droits à la retraite à taux plein devaient être liquidés, en application de dispositions antérieures à l'entrée en vigueur de la loi n° 2003-775 du 21 août 2003 *(Cass. soc., 15 oct. 2013, n° 05-45.670, RJS 2007 n° 1308 ; sur la loi n° 2003-775 du 21 août 2003).*

SECTION 3
La résiliation judiciaire du contrat de travail à l'initiative de l'employeur

14.3. – Cette possibilité est formellement exclue par la Cour de cassation depuis les arrêts Perrier *(Cass. Ch. mixte, 21 juin 1974, n° 71-91.225, Bull. Ch. mixte n° 3, concl. Touffait, Dr soc 1974, p. 454 ;* ***Intro. n° 36****).*

À deux reprises, dans la même affaire, la Cour de cassation, d'abord par la chambre criminelle *(Cass. crim., 15 janv. 1980, Soler et Syndicat CFDT de l'Aube, n° 79-90.005, Bull. crim. n° 13)*, puis en assemblée plénière *(Cass. ass. plén., 28 janv. 1983, n° 80-93511, Bull. civ. AP, n° 1)*, a rappelé la portée du principe dégagé par les arrêts de 1974, précisant en outre que se rendait coupable du délit d'entrave l'employeur qui, n'ayant pu obtenir l'accord de l'inspecteur du travail, avait poursuivi par la voie judiciaire la résiliation du contrat de travail d'un délégué syndical *(voir également, Cass. crim., 21 févr. 1984, n° 83-91.709, Bull. crim. n° 66).*

SECTION 4
La prise d'acte par l'employeur de la rupture du contrat de travail

14.4 – Cette voie est également exclue :

– par les arrêts Perrier *(Cass. Ch. mixte, 21 juin 1974, concl. Touffait, n° 71-91.225, Bull. Ch mixte n° 3, Dr soc 1974, p. 454 ;* ***intro. n° 36****)* ;
– par la logique de la jurisprudence applicable aux salariés non protégés selon laquelle *« l'employeur qui prend l'initiative de rompre le contrat de travail ou qui le considère comme rompu du fait du salarié doit mettre en œuvre la procédure de licenciement » (Cass. soc., 25 juin 2003, n° 01-41.150, Bull. V n° 208, RJS 2003 n° 994 ; Cass. soc., 20 avr. 2005, n° 03-42.436, RJS 2005 n° 717, Rapport 2003 de la Cour de cassation p. 323 ; cf. chron. J.-Y. Frouin, RJS 2003, p. 647, « Rupture du contrat de travail : prise d'acte par l'employeur ou par le salarié » et P. Waquet, RJS 2004, p. 675, « Les ruptures du contrat de travail et le droit du licenciement » ; « Les grands arrêts du droit du travail », § 83-84 ; Cass. soc., 19 mai 2009, n° 07-44.435).*

L'employeur doit donc solliciter l'autorisation administrative requise pour pouvoir licencier son salarié. La prise d'acte par l'employeur est assimilée à un licenciement intervenu en méconnaissance du statut protecteur et constitue une infraction pénale *(Cass. crim., 31 janv. 1989, n° 88-81.623, Bull. crim n° 41).*

SECTION 5

La résiliation judiciaire du contrat de travail à l'initiative du salarié

§ 1. LA RÉSILIATION JUDICIAIRE DU CONTRAT DE TRAVAIL : DÉFINITION ET EFFETS

A. Définition

14.5.1.1. – La résiliation judiciaire est une action en justice tendant à obtenir du conseil de prud'hommes qu'il prononce la résiliation du contrat de travail aux torts de l'employeur *(cf. P. Waquet, RJS 2004, p. 675, « Les ruptures du contrat de travail et le droit du licenciement » ; J.-Y. Frouin, « Les ruptures du contrat de travail à durée déterminée à l'initiative du salarié (démission, prise d'acte et demande en résolution judiciaire) », RDT 2007, p. 150 ; J.-Y. Frouin, « Les ruptures à l'initiative du salarié et le droit de la rupture du contrat de travail », JCP S 2008 n° 29, p. 13 ; P. Masanovic et S. Baradel, « Les nouveaux modes de rupture du contrat de travail », Dr ouvrier 2009, p. 182).* Le juge des référés n'a pas le pouvoir d'ordonner la résiliation d'un contrat de travail ni de prendre une mesure entraînant la rupture de celui-ci *(Cass. soc., 15 mai 2007, n° 06-43.110).*

L'employeur, à l'occasion de la demande en résiliation judiciaire du contrat de travail présentée par un salarié, n'est pas recevable à déposer une demande reconventionnelle tendant à ce que la résiliation soit prononcée aux torts de celui-ci *(Cass. soc., 29 juin 2005, n° 03-41.966, Bull. V n° 224, RJS 2005 n° 961 ; Cass. soc., 3 nov. 2005, n° 03-43.345, Bull. V n° 308, RJS 2006 n° 39).* Cette solution est justifiée par la volonté de la Cour de cassation d'éviter tout risque de contournement des dispositions impératives du licenciement *(avis de l'avocat général J. Duplat, RJS 2005, p. 673).*

B. Les effets de la résiliation aux torts de l'employeur

14.5.1.2. – Dès lors qu'elle est prononcée aux torts de l'employeur :

– elle prend effet à la date de la décision judiciaire dès lors qu'avant cette date le salarié est toujours au service de son employeur *(Cass. soc., 11 janv. 2007, n° 05-40.626, Bull. V n° 6, RJS 2007 n° 328, JCP 2007 n° 11, p. 29, note P.-Y. Verkindt, RDT 2007, p. 237, obs. J. Pélissier ; D. 2007, p. 913, note J. Pélissier ; D. 2007, p. 2266, note J. Pélissier ; Dr soc 2007, p. 498, obs. J. Savatier ; Rapport 2007 de la Cour de cassation ; Cass. soc., 14 oct. 2009, n° 07-45.257, RJS 2009 n° 924 : le juge d'appel avait par erreur fixé la date de résiliation à la date du jugement d'ouverture de la liquidation judiciaire ; Cass. soc., 24 janv. 2013, n° 11-28.629, Bull. V n° 113 ; Cass. soc. 29 janv. 2014, n° 12-24.951, Bull. V n° 37, RJS 2014, n° 314 ; Cass. soc., 21 sept. 2016, n° 14-30.056, B. ; Cass. soc., 22 juin 2022, n° 20-21.411, B., RJS 2022, n° 429, RDT 2022, p. 419)* ; si, en cas de confirmation en appel du jugement prononçant la résiliation, la date de la rupture est celle fixée par le jugement, il en va autrement lorsque l'exécution du contrat de travail s'est poursuivie après cette décision *(Cass. soc. 21 janv. 2014, n° 12-28.237, Bull. V n° 26)* ; si le contrat a été rompu avant le jugement devant prononcer la résiliation, celle-ci remonte à la date de sa rupture *(cf. n°* ***14.5.4.2.1****)* ;

– elle produit les effets d'un licenciement sans cause réelle et sérieuse *(Cass. soc. 20 janv. 1998, n° 95-43.350, Bull. V n° 26 ; Cass. soc. 10 déc. 2003, n° 01-45.093 ; Cass. soc. 30 oct. 2007, n° 06-44.187, RJS 2008 n° 175)* et ouvre donc droit pour le salarié au versement de dommages-intérêts et aux indemnités de licenciement et de préavis calculées en fonction de l'ancienneté acquise au jour du prononcé du jugement. Le montant de l'indemnité octroyée est déterminé selon le barème fixé par l'article L. 1235-3 du Code du travail, sauf lorsque cette rupture produit les effets d'un licenciement nul *(C. trav., art. L. 1235-3-1 et L. 1235-3-2)*, la date à apprécier pour l'application de ce barème étant la date d'effet de la rupture et non celle de la demande *(Cass. soc., 16 févr. 2022, n° 20-16.184, B. ; Cass. soc., 29 mars 2023, n° 21-14.993)*. Lorsque cette résiliation judiciaire est prononcée postérieurement au constat d'une inaptitude consécutive à un accident du travail ou une maladie professionnelle, le salarié a droit à l'indemnité spéciale de licenciement prévue par l'article L. 1226-14 du Code du travail *(Cass. soc., 20 févr. 2019, n° 17-17.744, B., RJS 2019, n° 281 ; Cass. soc., 8 sept. 2021, n° 19-25.146, RJS 2021, n° 594)* ; il en est de même lorsque cette résiliation judiciaire produit les effets d'un licenciement nul *(Cass. soc., 15 sept. 2021, n° 19-24.498, B., RJS 2021, n° 639 pour une inaptitude résultant d'une situation de harcèlement moral subi par le salarié)*. L'indemnité de préavis est toujours due en cas de résiliation aux torts de l'employeur, même si le salarié était dans l'incapacité d'exécuter son préavis, par exemple pour invalidité *(Cass. soc., n° 09-40.708)*. En revanche, ce dernier ne peut pas prétendre à une indemnité pour non-respect de la procédure de licenciement *(Cass. soc., 20 oct. 2010, n° 08-70.433)*.

C. Les effets du rejet de la demande de résiliation aux torts de l'employeur

14.5.1.3. – Si la résiliation judiciaire n'est pas reconnue comme fondée par le juge, le salarié est débouté de sa demande et le contrat de travail doit se poursuivre ; le juge ne peut pas prononcer la résiliation du contrat de travail aux torts du salarié et lui faire produire les effets d'une démission *(Cass. soc., 26 sept. 2006, n° 04-48.588 et 04-48.587, RJS 2006 n° 1273, RDT 2007, p. 28, obs. T. Grumbach et J. Pélissier ; Cass. soc. 7 juill. 2010, n° 09-42.636, Bull. V n° 160, RJS 2010 n° 749).*

§ 2. LE DROIT DU SALARIÉ PROTÉGÉ À ENGAGER UNE ACTION EN RÉSILIATION JUDICIAIRE DE SON CONTRAT DE TRAVAIL : L'ÉVOLUTION DE LA JURISPRUDENCE

14.5.2. – La jurisprudence a évolué à deux reprises sur cette question.

Dans un premier temps, les tribunaux judiciaires ont reconnu au salarié protégé la possibilité d'obtenir la résolution judiciaire de son contrat de travail *(Cass. soc., 9 déc. 1985, n° 83-41.847).*

Dans un deuxième temps, cette possibilité a été remise en cause par un arrêt rendu le 18 juin 1996 par la Cour de cassation *(Cass. soc., 18 juin 1996, n° 94-44.653, Bull. V n° 248, RJS 1996 n° 944 : demande d'un salarié protégé motivée par une mise en chômage partiel imposée par l'employeur).*

La Haute juridiction avait ainsi entendu écarter toute possibilité de résiliation, formulant un principe de portée générale opposable au salarié et qu'elle a confirmé par la suite : « *le salarié titulaire d'un mandat qui lui assure une protection n'est pas recevable à poursuivre la résiliation judiciaire de son contrat de travail* » *(Cass. soc., 31 janv. 2001, n° 98-41.260 ; Cass. soc., 4 avr. 2001, n° 99-44.095).* Elle en avait logiquement déduit que le salarié protégé se voyant imposer une modification de son contrat de travail ou un changement de ses conditions de travail ne pouvait demander au juge de prendre acte de la rupture aux torts de l'employeur *(Cass. soc., 4 avr. 2001, n° 99-44.095, préc.).*

Dans un troisième temps, la chambre sociale est revenue à sa jurisprudence antérieure : « *si la procédure de licenciement du salarié représentant du personnel est d'ordre public, ce salarié ne peut être privé de la possibilité de poursuivre la résiliation judiciaire de son contrat de travail aux torts de l'employeur en cas de manquement, par ce dernier, à ses obligations* » *(Cass. soc., 16 mars 2005, n° 03-40.251, Bull. V n° 94, RJS 2005 n° 534, JCP n° 10125, note M. Miné ; chron. P. Waquet, RJS 2005, p. 419, « Coup de vent sur la jurisprudence Perrier » ; J. Mouly, « "Coup de vent" sur le statut des salariés protégés », Dr soc 2005, p. 861 ; D. 2005, p. 2506, commentaire B. Lardy-Pélissier et J. Pélissier).* La résiliation judiciaire à la demande du salarié titulaire d'un contrat à durée déterminée également a été admise *(Cass. soc., 14 janv. 2004,* *n° 01-40.489, Bull. V n° 8, RJS 2004 n° 291, D. 2004, p. 1473, commentaire J. Mouly ; Cass. soc., 22 juin 2022, n° 20-21.411, B., RJS 2022, n° 429).*

§ 3. LES HYPOTHÈSES JUSTIFIANT LA RÉSILIATION JUDICIAIRE DU CONTRAT

A. Le droit commun

14.5.3.1. – L'appréciation de la matérialité et de la gravité des manquements reprochés à l'employeur relève du pouvoir souverain des juges du fond *(Cass. soc., 15 mars 2005, n° 03-42.070, Bull. V n° 91, RJS 2005 n° 625, Dr soc 2005 p. 824 obs. C. Radé ; Cass. soc., 15 mars 2007, n° 03-42.070, Bull. V n° 91 ; Cass. soc., 1er juill. 2009, n° 07-44.198, RJS 2009 n° 789 ; Cass. soc., 8 avr. 2010, n° 09-41.134, RJS 2010 n° 535).* Les trois arrêts rendus le 26 mars 2014 par la chambre sociale marquent toutefois la volonté de celle-ci de généraliser, tant pour les demandes de résiliation judiciaire que pour les prises d'acte de la rupture du contrat de travail, un contrôle *a minima* sur l'appréciation des juges du fond quant à la qualification de « *manquement suffisamment grave empêchant la poursuite du contrat de travail* » *(Cass. soc., n° 12-23.634, Bull. V n° 85, RJS 2014 n° 470 [pour la prise d'acte de la rupture du contrat de travail] ; n° 12-21.372, Bull. V n° 86 ; n° 12-35.040, Bull. V n° 87 ; A. Fabre, « Prise d'acte et résiliation judiciaire : un an après », Sem. soc. Lamy, 31 août 2015, n° 1687, p. 8 ; pour la prise d'acte de la rupture du contrat de travail, cf. n°* ***14.6.1.7****).*

L'appréciation du juge du fond doit porter sur :

1) **la matérialité des faits invoqués par le salarié à l'appui de sa demande de résiliation judiciaire** *(Cass. soc., 19 oct. 2004, n° 02-43.545, RJS 2005 n° 34, Rapport 2004 de la Cour de cassation, p. 253)* ;
2) **le caractère de gravité de l'inexécution par l'employeur de ses obligations** *(Cass. soc., 15 mars 2005, n° 03-41.555, Bull. V n° 90, RJS 2005 n° 625). « La jurisprudence n'exige pas que la faute de l'employeur soit grave : il suffit qu'elle soit suffisamment grave pour entraîner la rupture du contrat de travail. Autrement dit, un manquement léger ou occasionnel ne peut entraîner une rupture imputable à l'employeur » (P. Waquet, RJS 2004, p. 675, « Les ruptures du contrat de travail et le droit du licenciement »).*

Les juges sont fondés à prendre en compte tous les éléments intervenus jusqu'au jour de leur décision *(Cass. soc., 1er juill. 2009, n° 07-44.198, RJS 2009 n° 789)* et, à ce titre, toute régularisation opérée par l'employeur et survenant jusqu'à la date à laquelle ils statuent *(Cass. soc., 22 mars 2006, n° 03-44.750, RJS 2006, n° 722 ; Cass. soc., 29 janv. 2014, n° 12-24.951, Bull. V n° 37, RJS 2014, n° 314 ; Cass. soc., 2 mars 2022, n° 20-14.099, B., RJS 2022, n° 238).* En revanche, il ne peut être tenu compte de la régularisation opérée après la rupture du contrat de travail *(Cass. soc.,*

2 mars 2022, n° 20-14.099, B.). Doivent être examinés l'ensemble des griefs invoqués au soutien de la demande de résiliation judiciaire, quelle que soit leur ancienneté *(Cass. soc., 30 juin 2021, n° 19-18.533, B., RJS 2021, n° 533 ; Cass. soc., 27 sept. 2023, n° 21-25.973)*. La chambre sociale reprend ainsi la solution retenue en matière de prise d'acte par le salarié de la rupture du contrat de travail *(Cass. soc. 27 nov. 2019, n° 17-31.258, RJS 2020, n° 83 ; cf. n° **14.6.1.5.2**)*.

Ont ainsi été regardés comme justifiant la résiliation du contrat de travail à la demande du salarié :

- le fait que l'employeur n'a pas satisfait à son obligation de fournir du travail *(Cass. soc., 12 juill. 1999, n° 97-43.103 ; Cass. soc., 14 janv. 2004, n° 01-40.489, Bull. V n° 8, RJS 2004 n° 291 ; Cass. soc., 4 déc. 2019, n° 18-15.947, RJS 2020 n° 84)* ;
- le défaut de paiement du salaire *(Cass. soc., 20 juin 2006, n° 05-40.662, Bull. V n° 217)* ;
- la réduction de salaire imposée au salarié *(Cass. soc., 22 mars 2006, n° 04-47.516, RJS 2006 n° 722)* ;
- un manquement de l'employeur à l'exécution de bonne foi du contrat de travail *(Cass. soc., 10 mai 2006, n° 05-42.210, Bull. V n° 169, RJS 2006 n° 803, Dr soc 2006, p. 803, obs. J. Savatier : en l'espèce, le manquement résultait de la décision prise par l'employeur de supprimer l'avantage dont bénéficiait un salarié depuis plus de dix ans, pris à son domicile par un véhicule de l'entreprise en raison de l'horaire exceptionnel de prise de service, la remise en cause de cet avantage mettant le salarié « dans l'impossibilité de travailler »)* ;
- l'impossibilité pour une salariée d'exercer son droit individuel à la formation par le fait de son employeur, lequel ne l'avait pas mise en mesure de solliciter le bénéfice d'une action de bilan de compétence, de validation des acquis de l'expérience ou de formation, ce qui lui avait occasionné une perte de chance *(Cass. soc., 19 mai 2010, n° 08-45.090)* ;
- le retrait des fonctions du salarié mis à l'écart du salarié sans bureau ni vestiaire *(Cass. soc., 24 janv. 2007, n° 05-41.913)* ;
- le retrait d'une large part des responsabilités d'un salarié, directeur technique *(Cass. soc., 10 mai 2012, n° 10-21.690, RJS 2012, n° 726)* ;
- le retrait des fonctions du salarié, directeur marketing, et une réduction de moitié de sa rémunération, mise en œuvre unilatéralement par l'employeur, en application de l'avis d'aptitude avec réserves délivré par le médecin du travail, cette décision reposant en outre expressément sur la prise en compte de l'état de santé du salarié et revêtant de ce fait un caractère discriminatoire *(Cass. soc., 24 mai 2023, n° 21-23.941, RJS 2023, n° 427 ; cf. n° **14.6.1.7.2** pour une solution identique retenue à propos de faits semblables*

dans le cadre d'une prise d'acte par un salarié de la rupture de son contrat de travail : Cass. soc. 29 mai 2013, n° 12-14.754) ;

- l'incapacité d'un salarié, en arrêt maladie en raison d'un syndrome dépressif réactionnel reconnu comme maladie professionnelle, de reprendre son travail du fait de l'attitude de son employeur *(Cass. soc., 10 déc. 2008, n° 07-42.328)* ; l'affectation au retour d'arrêt maladie, bien qu'ayant été déclaré apte à son poste de travail par le médecin du travail, à l'exécution de tâches subalternes qu'il n'avait jamais exercées auparavant, le salarié ayant subi une rétrogradation ayant un impact sur sa rémunération caractérisant une modification de son contrat de travail *(Cass. soc., 26 mai 2010, n° 08-43.152, Bull. V n° 111)* ;
- les propos indélicats, non contestés par l'employeur, tenus à l'égard de la salariée, au cours d'un entretien, aux termes desquels il lui reprochait de dégager des odeurs nauséabondes, ce qui constituait une atteinte à la dignité de la salariée *(Cass. soc., 7 févr. 2012, n° 10-18.686, Bull. V n° 58)* ;
- la mesure de suspension prise à l'encontre d'un salarié, directeur d'une caisse d'assurance mutuelle, en l'absence de toute disposition légale *(Cass. soc., 26 mars 2014, n° 12-21.372, Bull. V n° 86, préc.)* ;
- le discrédit jeté par un supérieur hiérarchique sur la salariée, l'affectant personnellement et portant atteinte à son image, à sa fonction et à son autorité *(Cass. soc., 15 mars 2000, n° 97-45.916)* ;
- la dégradation de l'état de santé d'une salariée résultant du manquement à son obligation de sécurité par l'employeur, celui-ci n'ayant pas pris toutes les mesures utiles pour régler avec impartialité par sa médiation le conflit persistant qui l'opposait à une collègue et permettre ainsi à la salariée de réintégrer son poste ou, à défaut, séparer les deux protagonistes *(Cass. soc., 22 juin 2017, n° 16-15.507 ; Cass. soc., 25 nov. 2015, n° 14-24.444, Bull. 2016, n° 840, Soc., n° 504, RJS 2016, n° 123 ; Cass. soc., 12 juill. 2022, n° 20-23.367)* ;
- la décision unilatérale de l'employeur imposant à un salarié en télétravail depuis plusieurs années, en l'absence de formalisation de l'accord des parties sur la mise en place du télétravail, de revenir travailler dans les locaux de l'entreprise 2 jours par semaine, ce qui contraignait l'intéressé, qui ne résidait pas dans le même département, à dormir à l'hôtel 2 nuits par semaine et à voyager le dimanche *(CA Orléans, 7 déc. 2021, n° 19/01258, RJS 2022, n° 164)* ;
- le délai trop long entre le transfert du contrat de travail et la définition précise de la mission commerciale du salarié, la mise à disposition de moyens défaillants pour l'exercice de ses fonctions et le refus de traiter une affaire apportée par celui-ci *(Cass. soc., 8 janv. 2020, n° 18-17.966, RJS 2020, n° 132)*.

En revanche, ne justifient pas une résiliation judiciaire :

– l'absence de visite médicale de reprise, procédant d'une erreur des services administratifs de l'employeur qui n'avait pas été commise lors des trois précédents arrêts de travail et qui n'avait pas empêché la poursuite du contrat de travail pendant plusieurs mois *(Cass. soc., n° 12-35.040, Bull. V n° 87, préc.)* ;
– une modification de rémunération appliquée par l'employeur en dépit du refus du salarié, mais qui n'avait pas exercé d'influence défavorable sur le montant de la rémunération perçue par le salarié pendant plusieurs années et, qui, de ce fait, n'était pas de nature à empêcher la poursuite du contrat de travail *(Cass. soc., 12 juin 2014, n° 12-29.063 et 13-11.448, Bull. V n° 140, RJS 2014 n° 626)* ;
– la nullité d'une convention de forfait annuelle en jours dès lors que le salarié ne démontre pas en quoi cette nullité faisait obstacle à la poursuite de la relation contractuelle *(Cass. soc., 2 mars 2022, n° 20-11.092)* ;
– une démission sans réserve du salarié, postérieurement à la demande de résiliation judiciaire de son contrat de travail, et sans demande de requalification de la démission en prise d'acte de la rupture *(Cass. soc., 30 avr. 2014, n° 13-10.772, Bull. V n° 108)*.

L'action judiciaire du salarié tendant à la rupture du contrat de travail ne constitue pas une cause de licenciement *(Cass. soc., 13 janv. 2004, n° 01-47.178, Bull. V n° 4, RJS 2004 n° 392)*.

B. La jurisprudence applicable aux salariés protégés

14.5.3.2. – Par un arrêt du 27 mai 2009, la chambre sociale a jugé que le juge « *saisi par un représentant du personnel d'une demande de résiliation judiciaire de son contrat de travail apprécie les manquements reprochés à l'employeur compte tenu de l'ensemble des règles applicables au contrat de travail de l'intéressé et des exigences propres à l'exécution du mandat dont il est investi* » *(Cass. soc., 27 mai 2009, n° 08-42.555, Bull. V n° 136, RJS 2009 n° 688)*.

De même que pour la prise d'acte par le salarié de la rupture *(cf. n° **14.6.2.1**)*, le manquement doit être suffisamment grave pour empêcher la poursuite du contrat de travail du salarié protégé.

De même, dès lors que la résiliation judiciaire à la demande du salarié titulaire d'un contrat à durée déterminée a été admise s'agissant d'un salarié non protégé *(cf. n° **14.5.2**)*, elle devrait également l'être pour les salariés protégés.

1. Les manquements à l'ensemble des règles applicables au contrat de travail

14.5.3.2.1. – La jurisprudence exposée ci-dessus vaut donc également lorsque le salarié protégé invoque à l'appui de la prise d'acte un manquement de l'employeur à ses obligations générales.

Confronté à une modification de son contrat de travail imposée par son employeur, nonobstant son refus, le salarié protégé peut désormais demander et obtenir du conseil de prud'hommes qu'il prononce la résiliation du contrat de travail aux torts de l'employeur dès lors qu'il a été jugé, s'agissant de salariés non protégés, que la poursuite de la modification après le refus du salarié constituait une voie de fait valant rupture du contrat de travail et s'analysant en un licenciement *(Cass. soc., 31 mars 2004, n° 02-41.235, RJS 2004 n° 655 ; Cass. soc., 28 nov. 2001, n° 00-40.260, RJS 2002 n° 144).*

Il en est de même en cas de mise en œuvre par l'employeur d'un changement des conditions de travail en dépit du refus du salarié protégé : il a été jugé que, dans ce cas, la demande en résiliation judiciaire du contrat de travail est *« nécessairement justifiée » (Cass. soc., 15 févr. 2006, n° 03-42.510, Bull. V n° 74, RJS 2006 n° 602, JCP S 2006 n° 11, p. 31, note J.-Y. Kerbourc'h ; Cass. soc., 21 nov. 2006 n° 04-47.068, Bull. V n° 350, JCP S 2007 n° 36, p. 34, note J.-Y. Kerbourc'h).*

2. Les manquements de l'employeur aux exigences propres à l'exécution du mandat dont le salarié est investi

14.5.3.2.2. – Le salarié peut, sur le fondement de la jurisprudence du 27 mai 2009 mentionnée ci-dessus *(cf. n°* ***14.5.3.2.****)*, invoquer une méconnaissance par l'employeur des droits que lui confèrent ses fonctions représentatives *(par cet arrêt, la chambre sociale a rejeté le pourvoi reprochant à une cour d'appel d'avoir prononcé une telle résiliation après avoir constaté que, du jour où un élu au comité d'entreprise avait bénéficié d'un congé sans solde, l'employeur l'avait rayé de la liste des membres du comité et ne l'avait plus convoqué aux réunions de cet organisme, le mettant ainsi, par des manquements répétés, dans l'impossibilité d'exercer ses fonctions représentatives).*

Comme l'a souligné la Cour de cassation dans son rapport annuel, cette *« réponse n'allait pas de soi. Comment admettre en effet, juridiquement, qu'il puisse être procédé à la résiliation d'un contrat aux torts d'une partie alors que les manquements reprochés à cette partie, l'employeur, ne s'inscriraient pas du tout dans l'exécution même du contrat de travail ? C'est d'ailleurs sur le fondement de l'article 1184 du Code civil que se fondait le moyen de l'employeur. C'est sur le principe même du droit à la protection du représentant du personnel que la chambre sociale rejette ce pourvoi (...). Ainsi, de même que la rupture initiée par l'employeur ne doit pas avoir de lien avec l'exercice par le salarié d'un mandat représentatif ou syndical, de même la rupture à l'initiative du salarié peut-elle être en lien avec les manquements de l'employeur dans le cadre de l'exercice du mandat. La vulnérabilité de celui qui exerce un mandat légitime une protection qui transcende le cadre de ce simple mandat pour irradier la relation de travail elle-même » (Rapport annuel 2009, « Les personnes vulnérables dans la jurisprudence de la Cour de cassation »).*

§ 4. L'ARTICULATION DE LA RÉSILIATION JUDICIAIRE AVEC LES AUTRES MODES DE RUPTURE DU CONTRAT DE TRAVAIL

Cas de figure	§	Analyse
Demande de résiliation suivie d'une autorisation administrative accordée avant le prononcé du licenciement	**14.5.4.2.2**	Le juge judiciaire ne peut sans violer le principe de la séparation des pouvoirs, se prononcer sur une demande de résiliation judiciaire formée par le salarié même si sa saisine était antérieure à la rupture *(Cass. soc., 29 sept. 2010, n° 09-41.127, Bull. V n° 201 ; Cass. soc., 11 juill. 2016, n° 14-29.870, RJS 2022, n° 24).*
Demande en résiliation judiciaire puis prise d'acte	**14.5.4.3**	La prise d'acte cette dernière la cessation immédiate du contrat de travail et il n'y a plus lieu de statuer sur la demande de résiliation judiciaire *(Cass. soc., 31 oct. 2006, n° 04-46.280 et 04-48.234, Bull. V n° 321, RJS 2007 n° 46 ; Cass. soc., 19 déc. 2007, n° 06-44.873, RJS 2008, n° 258).* Il appartient alors au juge de se prononcer sur la seule prise d'acte et il doit fonder sa décision sur les manquements de l'employeur invoqués par le salarié tant à l'appui de la demande de résiliation judiciaire qu'à l'appui de la prise d'acte *(Cass. soc., 15 mars 2006, n° 05-41.376, Bull. V n° 108, RJS 2006, n° 699 ; Cass. soc., 31 oct. 2006, n° 04-46.280 et 04-48.234, Bull. V n° 321, RJS 2007, n° 4).*
Demande en résiliation judiciaire suivie d'une demande d'autorisation de licenciement	**14.5.5.1.1**	L'autorité administrative est compétente pour statuer sur la demande d'autorisation tant que la résiliation n'a pas été prononcée.
Demande en résiliation judiciaire suivie d'une demande d'autorisation de licenciement Jugement prononçant la résiliation avant que l'inspecteur n'ait statué sur la demande	**14.5.5.1.2**	La compétence de l'autorité administrative est déterminée par l'exercice des voies de recours contre le jugement prononçant la résiliation judiciaire.

A. Résiliation et mise à la retraite

14.5.4.1. – Il a été jugé que la demande de résiliation devenait sans objet si le salarié était mis à la retraite postérieurement au dépôt de sa demande *(Cass. soc., 12 avr. 2005, n° 02-45.923, Bull. V n° 131 n° 79, RJS 2005 n° 732 ; B. Gauriau, « Résiliation judiciaire et mise à la retraite », Dr soc 2005, p. 844, Rapport 2005 de la Cour de cassation, p. 270)*. Cependant, le salarié conserve la faculté de demander réparation de son préjudice si les griefs présidant à la demande de résiliation sont justifiés *(Cass. soc., 21 févr. 2007, n° 05-43.438, RJS 2007 n° 590, RDT 2007, p. 310, obs. J. Pélissier, D. 2007, p. 2266, note J. Pélissier)*.

B. Résiliation et licenciement

1. La jurisprudence applicable aux salariés non protégés

14.5.4.2.1. – Deux cas de figure peuvent être distingués, s'agissant des salariés non protégés :

1. **la demande de résiliation est présentée après le prononcé du licenciement** : elle est nécessairement sans objet dès lors que le contrat est rompu. Le juge doit toutefois prendre en compte les griefs invoqués par le salarié à l'appui de sa demande *(Cass. soc., 20 déc. 2006, n° 05-42539, Bull. V n° 397, RJS 2007 n° 327, JCP 2007 n° 11, p. 29 note P.-Y. Verkindt, Rapport 2006 de la Cour de cassation)* ;
2. **le salarié a été licencié postérieurement à sa demande de résiliation** : le juge doit d'abord se prononcer sur la demande de résiliation *(Cass. soc., 7 nov. 2006, n° 05-41.509 RJS 2007 n° 47 : licenciement pour inaptitude ; Cass. soc., 7 déc. 2011, n° 07-45.689, Bull. V n° 290, RJS 2012 n° 111 ; Cass. soc., 2 mars 2022, n° 20-14.099, B., RJS 2022, n° 238)*, peu important que l'employeur ait engagé la procédure de licenciement avant l'introduction de cette demande *(Cass. soc., 10 mai 2012, n° 10-21.690, RJS 2012, n° 726)*.

Deux hypothèses sont alors possibles :

- si la demande de résiliation est jugée fondée, le juge doit fixer la date d'effet de cette demande au jour d'envoi de la lettre de licenciement *(Cass. soc. 15 mai 2007, n° 04-43.663, Bull. V n° 76, RJS 2007 n° 836 ; JCP S 2007 n° 26 note P.-Y. Verkindt ; Rapport 2007 de la Cour de cassation)* ;
- dans le cas contraire, il doit alors se prononcer sur le bien-fondé du licenciement *(Cass. soc., 16 févr. 2005, n° 02-46.649, Bull. V n° 54, RJS 2005 n° 509, Dalloz 2005 p. 2505, commentaire B. Lardy-Pélissier et J. Pélissier ; Cass. soc., 12 juill. 2005, n° 03-43.603, Bull. V n° 246, RJS 2005 n° 972 ; avis de l'avocat général J. Duplat, RJS 2005 n° 961, D. 2005 p. 2342 ; Cass. soc., 22 mars 2006,*

n° 04-43.933, Bull. V n° 121, RJS 2006 n° 719, JCP S 2006 n° 26 p. 30 note P.-Y. Verkindt ; Cass. soc., 26 avr. 2006, n° 05-43.591, Bull. V n° 147, RJS 2006 n° 831, JCP S 2006 n° 25 p. 33 note J.-Y. Frouin ; Cass. soc., 21 juin 2006, n° 05-44.020, Bull. V n° 225, JCP S n° 40 § 1780, note J.-Y. Frouin, RJS 2006 n° 1058 ; Cass. soc. 7 févr. 2007, n° 06-40.250, Bull. V n° 20, RJS 2007 n° 427). Lorsqu'un salarié demande la résiliation judiciaire de son contrat de travail et la nullité de son licenciement au cours d'une même instance, le juge ne peut pas faire droit à sa demande de réintégration *(Cass. soc., 27 janv. 2021, n° 19-21.200, B., RJS 2021, n° 203, solution conforme à celle retenue par l'arrêt rendu le 3 octobre 2018 dans le cas d'un salarié protégé : cf. n°* ***14.5.5.2****)*. Il en va autrement si le salarié renonce à sa demande initiale de résiliation judiciaire en cours d'instance : le juge qui constate la nullité du licenciement est alors tenu d'examiner la demande de réintégration et ne peut l'écarter que si celle-ci est impossible *(Cass. soc., 11 mai 2023, n° 21-23.148, Bull., RJS 2023, n° 367).*

Avait été décidé en représailles le licenciement prononcé à l'encontre d'un salarié après la saisine par celui-ci de la juridiction prud'homale dès lors qu'il résultait du compte-rendu de la séance du conseil paritaire devant émettre un avis sur la décision de licenciement que l'employeur avait déclaré qu'il avait perdu toute confiance dans le salarié ayant demandé la rupture de son contrat de travail par voie judiciaire et avait décidé de le mettre à pied dans la foulée *(Cass. soc., 8 sept. 2021, n° 19-20.770).*

La prononciation de la résiliation du contrat aux torts de l'employeur rend sans effet le licenciement notifié après le jugement de résiliation ; si le licenciement est notifié avant la décision de la cour d'appel saisie d'un recours contre ce jugement, la cour doit d'abord se prononcer sur le bien-fondé de la résiliation *(Cass. soc., 5 avr. 2005, n° 02-46.634, Bull. V n° 122, RJS 2005 n° 624).*

2. *La jurisprudence applicable aux salariés protégés*

14.5.4.2.2. – La question de l'incidence d'une décision administrative autorisant le licenciement sur la procédure de résiliation judiciaire a été tranchée par la Cour de cassation : « *lorsqu'un licenciement a été notifié à la suite d'une autorisation administrative de licenciement accordée à l'employeur, le juge judiciaire ne peut sans violer le principe de la séparation des pouvoirs, se prononcer sur une demande de résiliation judiciaire formée par le salarié même si sa saisine était antérieure à la rupture* » ; si le juge judiciaire reste compétent pour allouer des dommages-intérêts au salarié au titre des fautes commises par l'employeur, pendant la période antérieure au licenciement, il ne peut faire droit à une telle demande lorsque les manquements invoqués par le salarié ont nécessairement été pris en considération par l'autorité administrative dans le cadre de la procédure d'autorisation *(Cass. soc., 29 sept. 2010, n° 09-41.127, Bull. V n° 201, RJS 2010, n° 958 ; Cass. soc., 8 avr. 2014, n° 13-10.969, Bull. V n° 101, RJS 2014 n° 579 ; Cass. soc., 15 juin 2021, n° 20-22.430, B., RJS 2022, n° 531)*.

Cette solution est déterminée et fondée par la convergence des considérations suivantes :

– tant que le contrat de travail liant le salarié protégé à son employeur n'est pas rompu, l'employeur conserve la faculté d'engager une procédure de licenciement et de saisir l'autorité administrative, laquelle ne peut légalement décliner sa compétence au seul motif que le salarié aurait saisi le juge judiciaire d'une demande en résiliation dès lors, d'une part, que cette demande, à la différence de la prise d'acte, n'entraîne pas de plein droit la rupture du contrat de travail et que, d'autre part, le juge peut la rejeter ;
– le juge judiciaire avait déjà admis qu'il n'y avait plus lieu de statuer sur la demande de résiliation judiciaire introduite avant une prise d'acte entraînant la rupture du contrat de travail *(Cass. soc. 31 oct. 2006, n° 04-46.280 et 04-48.234, Bull. V n° 321, RJS 2007, n° 4, Dr soc 2007, p. 113, obs. J. Savatier)* : le maintien du contrat de travail à la date à laquelle le juge judiciaire statue sur la demande de résiliation conditionne la compétence du juge pour se prononcer sur son bien-fondé ;
– enfin, l'arrêt de la Cour de cassation tient compte de la situation particulière des salariés protégés et fait application du principe de la séparation des pouvoirs. Si elle admet en effet, s'agissant des salariés non protégés que « *lorsqu'un salarié a demandé la résiliation judiciaire de son contrat de travail et que son employeur le licencie ultérieurement, le juge doit d'abord rechercher si la demande de résiliation était justifiée. C'est seulement s'il ne l'estime pas fondée qu'il doit statuer sur le licenciement* » *(Cass. soc. 7 févr. 2007, n° 06-40.250, Bull. V n° 20)*, le raisonnement est nécessairement différent lorsque le licenciement, prononcé avant la décision du juge judiciaire, l'a été conformément à une autorisation administrative de licenciement. En effet, dans cette hypothèse, l'autorité administrative a nécessairement contrôlé que, d'une part, le licenciement était fondé, en tenant compte des griefs que le salarié de son côté pouvait exprimer contre l'employeur et, d'autre part, sans lien avec l'exercice normal de ses fonctions. Le principe de la séparation des pouvoirs fait obstacle à ce que la juridiction judiciaire mît en cause l'appréciation ainsi portée par l'autorité administrative, fût-ce par le biais d'une action résiliation judiciaire du contrat de travail.

Toutefois, dans le cas où l'autorisation de licenciement accordée a été demandée en raison d'une inaptitude médicale, l'impossibilité pour le juge judiciaire de se prononcer alors sur une demande de résiliation judiciaire du salarié ne fait toutefois pas obstacle à ce que ce dernier fasse valoir devant les juridictions judiciaires tous les droits résultant de l'origine de l'inaptitude lorsqu'il l'attribue à un manquement de l'employeur à ses obligations *(Cass. soc., 17 oct. 2018, n° 17-17.985, RJS 2019 n° 37 ; Cass. soc., 15 juin 2022, n° 20-22.430, B., RJS 2022, n° 531 ; cf. n°* ***15.12.1.2****)*.

L'annulation définitive d'une autorisation de licenciement, si elle ouvre droit à indemnisation et, le cas échéant, au paiement des indemnités de rupture du contrat pour le salarié qui ne demande pas sa réintégration *(cf. n°* ***77.7****)*, ne permet pas davantage au juge judiciaire de se prononcer sur la demande de résiliation judiciaire du salarié protégé, même si sa saisine est antérieure à la rupture, le contrat ayant été rompu par l'effet du licenciement *(Cass. soc., 11 oct. 2017, n° 16-14.529, Bull., RJS 2017, n° 810 ; Cass. soc., 10 nov. 2021, n° 20-12.604, RJS 2022, n° 24 ; RDT 2022, p. 682)*.

Par ailleurs, l'existence d'une autorisation administrative de transfert d'un contrat de travail accordée à l'employeur ne prive pas le juge judiciaire du pouvoir de se prononcer sur une demande de résiliation judiciaire formée antérieurement à cette autorisation *(Cass. soc., 24 janv. 2018, n° 16-12.733, RJS 2018 n° 249)*.

C. Résiliation et prise d'acte de la rupture du contrat de travail

14.5.4.3. – Une demande de résiliation judiciaire ne peut être assimilée à une prise d'acte *(Cass. soc., 21 mars 2007, n° 05-45.392, Bull. V n° 52, Dr soc 2007, p. 773, obs. J. Savatier, D. 2007, p. 2265, note J. Pélissier)*.

Si le salarié, après avoir envisagé l'action en résiliation, prend acte de la rupture, cette dernière entraîne la cessation immédiate du contrat de travail et il n'y a plus lieu de statuer sur la demande de résiliation judiciaire *(Cass. soc., 31 oct. 2006, n° 04-46.280 et 04-48.234, Bull. V n° 321, RJS 2007 n° 46, Dr soc 2007, p. 113, obs. J. Savatier, J.-Y. Frouin, « L'office du juge en cas de demande de résiliation judiciaire par le salarié suivie d'une prise d'acte de la rupture », RJS 2007 p. 3 ; Rapport 2006 de la Cour de cassation ; Cas. soc., 13 déc. 2006, n° 05-44.080, RJS 2006 n° 216 ; Cass. soc., 19 déc. 2007, n° 06-44.873, RJS 2008 n° 258)*.

Il appartient alors au juge de se prononcer sur la seule prise d'acte et il doit fonder sa décision sur les manquements de l'employeur invoqués par le salarié tant à l'appui de la demande de résiliation judiciaire qu'à l'appui de la prise d'acte *(Cass. soc., 15 mars 2006, n° 05-41.376, Bull. V n° 108, RJS 2006 n° 699, RDT 2006 p. 24 note J. Pélissier, JCP S 2006 n° 19 p. 25 note J.-Y. Frouin ; Cass. soc., 31 oct. 2006, n° 04-46.280 et 04-48.234, Bull. V n° 321, RJS 2007, n° 4, Dr soc 2007 p. 113 obs. J. Savatier ; Cass. soc., 19 déc. 2007, n° 06-44.873, RJS 2008 n° 258)*.

§ 5. LES EFFETS DE LA RÉSILIATION JUDICIAIRE DU CONTRAT DE TRAVAIL DES SALARIÉS PROTÉGÉS

A. Les effets sur la compétence de l'autorité administrative

1. Avant le prononcé du jugement

14.5.5.1.1. – Tant que la résiliation judiciaire n'a pas été prononcée, le contrat de travail se poursuit *(Cass. soc., 14 oct. 2009, n° 07-45.257, Bull. V n° 222 ; cf. également avis de l'avocat général à la Cour de cassation J. Duplat, RJS 2005, p. 673).*

Il s'ensuit que :

- l'employeur peut saisir l'administration d'une demande d'autorisation de licenciement ; l'autorité administrative est compétente pour statuer sur cette demande tant que la résiliation n'a pas été prononcée ;
- le salarié peut prendre acte de la rupture du contrat de travail *(cf. n° **14.5.4.3**).*

2. À compter du jugement prononçant la résiliation judiciaire du contrat

14.5.5.1.2. – À compter du prononcé de la résiliation du contrat, pour apprécier si l'autorité administrative est encore compétente pour statuer sur une demande d'autorisation de licenciement, il convient de distinguer les cas suivants *(cf. JCP S 2008 n° 6 p. 43, note B. Boubli sous CA Metz, 21 août 2007, n° 07-00.445)* :

1er cas : le jugement prononçant la résiliation du contrat n'est pas frappé d'appel. Dès lors que le contrat est rompu à compter du prononcé du jugement, l'autorité administrative n'est plus compétente à compter de cette date pour statuer sur la demande d'autorisation de licenciement alors même qu'elle aurait été saisie avant le prononcé.

2e cas : le jugement prononçant la résiliation du contrat n'est pas assorti de l'exécution provisoire sur ce point et est frappé d'appel : l'appel étant suspensif, le contrat ne peut être regardé comme rompu et l'autorité administrative reste compétente pour statuer sur la demande d'autorisation dans l'attente de la décision du juge d'appel.

3e cas : le jugement prononçant la résiliation du contrat est assorti de l'exécution provisoire sur ce point et est frappé d'appel. Plusieurs hypothèses peuvent se présenter :

- **l'employeur ne demande pas la levée de l'exécution provisoire** : le contrat est rompu et, par suite, l'autorité administrative n'est plus compétente à compter du prononcé du jugement pour statuer sur la demande d'autorisation de licenciement ;
- **l'employeur demande la levée de l'exécution provisoire et l'autorité administrative se prononce avant la décision du juge d'appel** : le contrat étant rompu à la date de la

décision de l'autorité administrative, cette dernière doit se déclarer incompétente ;
- **l'autorité administrative se prononce après la levée de l'exécution provisoire** : le contrat est en cours donc l'autorité administrative est compétente pour statuer sur la demande d'autorisation de licenciement ;
- **la demande de levée de l'exécution provisoire est rejetée** : le contrat est rompu et l'autorité administrative doit se déclarer incompétente.

Si le jugement de résiliation est ultérieurement infirmé par la cour d'appel, le juge administratif doit alors annuler la décision de l'inspecteur du travail ayant rejeté la demande d'autorisation de l'employeur *(CE, 14 nov. 2004, n° 219.365, SA Carto Rhin dans cette affaire, l'inspecteur du travail avait été saisi postérieurement au jugement du conseil de prud'hommes prononçant la rupture du contrat de travail et avait alors estimé qu'il n'y avait plus lieu à statuer. Ultérieurement, le jugement prononçant la résiliation fut annulé par la cour d'appel de Paris qui jugea que les parties devaient être regardées comme placées dans la situation antérieure à la rupture du contrat).*

B. Les effets de la résiliation judiciaire prononcée aux torts de l'employeur

14.5.5.2. – Si la résiliation judiciaire est prononcée aux torts de l'employeur, elle a les effets d'un licenciement nul pour violation du statut protecteur *(Cass. soc., 26 sept. 2006, n° 05-41.890)*, ouvrant ainsi le droit pour le salarié de demander réparation du dommage subi en raison de la violation du statut protecteur *(cf. n°* ***73.5.3.1*** *; chron. P. Waquet, RJS 2005, p. 419, « Coup de vent sur la jurisprudence Perrier »)*. En revanche, sa demande de réintégration ne peut dès lors qu'être rejetée *(Cass. soc., 3 oct. 2018, n° 16-19.836, B., RJS 2018 n° 754)*.

L'indemnité due à ce titre est égale à la rémunération qui aurait été perçue jusqu'à la date de l'expiration **de la protection en cours** au jour de la demande, laquelle inclut la période instituée à l'expiration du mandat, et non celle du prononcé de la résiliation si celle-ci est antérieure *(Cass. soc., 4 mars 2009, n° 07-45.344, Bull. V n° 58, RJS 2009 n° 452, D. 2009, p. 878, note L. Perrin ; Cass. soc., 13 févr. 2013, n° 11-26.913, RJS 2013 n° 397)*. Si le salarié est réélu pendant la procédure qui devait aboutir au prononcé de la résiliation judiciaire de son contrat, ce nouveau mandat n'est pas pris en considération dans la fixation du montant de l'indemnité : c'est au jour de la demande visant au prononcé de la résiliation judiciaire qu'il convient de se placer pour apprécier la période de protection restant à courir, laquelle détermine le montant de l'indemnisation. Cette décision est cohérente avec celle du 2 mai 2001 par laquelle il avait été jugé que l'indemnité due pour la méconnaissance du statut protecteur est au moins égale à la rémunération que le salarié aurait perçue depuis la date de son éviction jusqu'à l'expiration de la période de protection résultant du seul mandat en cours à la date de la rupture, « *peu important sa réélection ultérieure » (Cass. soc., 2 mai 2001, n° 98-46.319, Bull. V n° 147)*. Cette indemnisation est toutefois due dans la limite de deux ans, durée minimale légale du mandat des représentants élus du personnel, augmentée de six mois, soit un maximum de trente mois : dans son arrêt du 3 février 2016 *(Cass. soc., 3 févr. 2016, n° 14-17.000, Bull. 2016, n° 844, Soc. n° 880, RJS 2016 n° 243 ; Cass. soc., 12 oct. 2016, n° 15-21.536)*, concernant un conseiller prud'homme dont la résiliation judiciaire avait été accueillie, la chambre sociale a fait application de la règle posée dans son précédent arrêt du 14 octobre 2015 *(Cass. soc., 14 oct. 2015, n° 14-12.193, Bull 2016, n° 837, Soc., n° 321 ; cf. n°* ***73.5.3.2.4****)*. Elle est calculée sans tenir compte du fait que le salarié apparaît susceptible, avant l'expiration de la période de protection en cours, de partir à la retraite (*Cass. soc., 25 sept. 2019, n° 18-15.952*). Elle n'est pas due toutefois lorsque cette période a expiré à la date du prononcé de la résiliation judiciaire *(Cass. soc., 23 mars 2016, n° 14-26.105)*, l'obtention d'un nouveau mandat en cours de procédure étant sans incidence sur la durée de la période de protection *(Cass. soc., 7 mars 2017, n° 15-24.484)*.

Saisie d'une question prioritaire de constitutionnalité, la chambre sociale a jugé que le principe selon lequel la reconnaissance d'une résiliation judiciaire en raison des manquements de l'employeur, en lien ou non avec le mandat, produisait les effets d'un licenciement nul pour violation du statut protecteur ne portait pas une atteinte disproportionnée à la liberté d'entreprendre, au droit de propriété et au droit au maintien de l'économie des contrats légalement formés *(Cass. soc., 4 févr. 2016, n° 15-21.536 QPC, Bull. 2016, Soc., n° 857, RJS 2016 n° 271)*. Si le salarié ne bénéficie pas d'un statut protecteur au jour de la demande de résiliation judiciaire, cette résiliation aux torts de l'employeur doit donc s'analyser en un licenciement sans cause réelle et sérieuse *(Cass. soc., 28 oct. 2014, n° 13-19.527, RJS 2015 n° 47 ; Cass. soc., 26 oct. 2016, n° 15-15.923, B., RJS 2017 n° 41 ; Cass. soc., 20 sept. 2017, n° 15-24.999)*, et ne lui pas ouvre pas droit au versement de l'indemnité forfaitaire pour violation du statut protecteur *(Cass. soc, 7 mars 2017, n° 15-24.484, RJS 2017 n° 350)*, sauf si le retard ne lui est pas imputable *(Cass. soc., 16 déc. 2014, n° 13-15.081, Bull. V n° 290, RJS 2015 n° 117)*.

§ 6. APPRÉCIATION DE LA JURISPRUDENCE DE LA CHAMBRE SOCIALE

14.5.6. – Cette jurisprudence ouvrant la faculté au salarié protégé de saisir le juge aux fins de résiliation de son contrat a été critiquée aux motifs qu'elle serait inutile, qu'elle mettrait à mal l'édifice construit depuis la jurisprudence « *Perrier* » et permettrait aux salariés protégés peu délicats de monnayer leur départ *(chron. P. Waquet, RJS 2005, p. 419, « Coup de vent sur la jurisprudence Perrier » ; cf. également A. Ronzier*

Joly, « Résolution judiciaire et prise d'acte de la rupture du contrat de travail du salarié protégé : de la séparation des pouvoirs au conflit de juridiction », JCP S 2006 n° 19 p. 17). Pour les raisons exposées par le professeur J. Mouly *(« "Coup de vent" sur le statut des salariés protégés », Dr soc 2005, p. 861)*, ces critiques ne nous paraissent pas totalement justifiées *(cf. également, J.-M. Verdier, « Le "coup de vent" sur la jurisprudence Perrier : un coup de pouce à la logique du statut protecteur », Dr soc 2008, p. 113)*.

En effet, en premier lieu, elle peut offrir une « *porte de sortie* » honorable aux représentants du personnel, confrontés à un harcèlement de longue durée, qui, de guerre lasse, renoncent à saisir le juge pour faire valoir leurs droits alors que l'employeur s'est placé délibérément en position « *d'attente* ». Sachant qu'une demande d'autorisation de licenciement se heurterait probablement à un – nouveau ? – refus de l'administration, l'employeur espère ainsi récolter les « *fruits d'une stratégie* » d'usure : la démission du salarié. Cette « *stratégie* » peut déboucher sur une situation de blocage lorsque le salarié se refuse à démissionner par volonté de ne pas céder et/ou par crainte de perdre ses droits à l'assurance chômage. Dans un tel cas de figure, la résiliation judiciaire constitue *« une porte de sortie »* permettant au salarié à la fois de quitter l'entreprise et de faire reconnaître par la justice que ce départ est imputable au comportement de l'employeur.

En deuxième lieu, elle a plus pour objet et pour effet de combler un « *angle mort* » de la protection des représentants des travailleurs que de saper ses fondements dès lors, d'une part, que la voie de la résiliation judiciaire à l'initiative de l'employeur reste fermée et, d'autre part, que la voie ouverte au salarié peut lui permettre de faire sanctionner par le juge les manœuvres de contournement du statut protecteur visant à acculer à moyen terme le salarié à la démission.

Enfin, nonobstant la jurisprudence, il n'était pas rare que le salarié monnayât son départ en acceptant, par exemple, de renoncer par un courrier antidaté à ses mandats en contrepartie du versement d'une indemnité. En outre, l'engagement d'une procédure de résiliation judiciaire n'est pas sans risques pour le salarié, le juge pouvant estimer que le comportement de son employeur ne justifiait pas la rupture du contrat de travail.

SECTION 6

La prise d'acte par le salarié de la rupture du contrat de travail

§ 1. LA JURISPRUDENCE APPLICABLE AUX SALARIÉS NON PROTÉGÉS

Plan du paragraphe

A. Le principe de la prise d'acte

14.6.1.1. – Par ses arrêts du 25 juin 2003, la chambre sociale de la Cour de cassation a posé le principe selon lequel « *lorsqu'un salarié prend acte de la rupture de son contrat de travail en raison des faits qu'il reproche à son employeur, cette rupture produit les effets soit d'un licenciement sans cause réelle et sérieuse si les faits la justifiaient, soit dans le cas contraire, d'une démission » (Cass. soc., 25 juin 2003, n° 01-42.335, Bull. V n° 209, RJS 2003 n° 994, chron. J.-Y. Frouin, RJS 2003, p. 647, « Rupture du contrat de travail : prise d'acte par l'employeur ou par le salarié » et P. Waquet, RJS 2004, p. 675, « Les ruptures du contrat de travail et le droit du licenciement » ; avis de l'avocat général P. Lyon-Caen, Dr soc 2003, p. 814 ; J.-E. Ray et G. Couturier, « Auto-licenciement : dérives et revirement », Dr soc 2003, p. 817 ; J. Mouly, « Démission ou licenciement : une alternative très convenable », Dr soc 2004, p. 90 ; J.-Y. Frouin, « Les ruptures du contrat de travail à durée déterminée à l'initiative du salarié (démission, prise d'acte et demande en résolution judiciaire) », RDT 2007, p. 150 ; J.-Y. Frouin, « Les ruptures à l'initiative du salarié et le droit de la rupture du contrat de travail », JCP S 2008 n° 29, p. 13 ; « Les grands arrêts du droit du travail », § 83-84 ; Rapport 2003 de la Cour de cassation, p. 323 ; F. Géa, « La prise d'acte et la rupture », RJS 2010, p. 559).*

La jurisprudence est constante depuis les arrêts du 25 juin 2003.

La qualification de prise d'acte de la rupture peut également être retenue par le juge lorsque le salarié remet en cause sa démission en raison de faits ou manquements imputables à l'employeur donnant à celle-ci un caractère équivoque *(cf. n° **14.1.5.1**)*. Il en va autrement lorsqu'un salarié argue du caractère équivoque de sa démission, non à raison de l'existence d'un différend, antérieur ou concomitant, qui permettrait de l'analyser en une prise d'acte de la rupture, mais au motif de la contrainte ayant vicié son consentement *(Cass. soc., 29 mars 2023, n° 21-13.628)*.

B. Demande de résiliation judiciaire du contrat et prise d'acte

14.6.1.2. – Modifiant sa jurisprudence, la chambre sociale a admis que le salarié était en droit, pendant le cours de l'instance, de prendre acte de la rupture du contrat à raison des faits dont il avait saisi le conseil de prud'hommes, même s'il avait :

– présenté une demande de résiliation judiciaire *(Cass. soc. 31 oct. 2006, n° 04-46.280 et 04-48.234, Bull. V n° 321, RJS 2007, n° 4, RDT 2007, p. 28, obs. T. Grumbach et J. Pélissier, Dr soc 2007, p. 113, obs. J. Savatier ; Cass. soc. 19 déc. 2007, n° 06-44.873, RJS 2008 n° 258)* ;

– ou engagé une action contre son employeur tendant à l'exécution d'une obligation de son contrat (*Cass. soc. 21 déc. 2006, n° 04-43.886, Bull. V n° 413, RJS 2007, n° 315, JCP 2007 n° 11, p. 29, note P.-Y. Verkindt, Dr soc 2007, p. 370, obs. J. Savatier ; Rapport 2006 de la Cour de cassation)*.

La prise d'acte de la rupture par le salarié entraîne la cessation immédiate du contrat de travail en sorte qu'il n'y a plus lieu de statuer sur la demande de résiliation judiciaire introduite auparavant *(Cass. soc. 25 févr. 2009, n° 06-46.436)*.

Lorsqu'elle intervient au cours d'une instance en résiliation judiciaire de ce contrat et produit les effets d'un licenciement, les intérêts au taux légal des indemnités de rupture courent du jour de cette prise d'acte *(Cass. soc., 3 févr. 2010, n° 07-42.144, Bull. V n° 34, RJS 2010 n° 407)*.

C. Les modalités de la prise d'acte

14.6.1.3. – La jurisprudence est peu formaliste et n'impose pas des conditions de forme précises. La prise d'acte n'est soumise à aucun formalisme : elle n'est pas subordonnée à une mise en demeure préalable de l'employeur *(Cass. avis, 3 avr. 2019, n° 15.003)* et peut être présentée par le conseil d'un salarié *(Cass. soc., 4 avr. 2007, n° 05-42.847, RJS 2007 n° 710)*, à condition d'être adressée directement à l'employeur *(Cass. soc., 14 sept. 2016, n° 15-18.189 ; Cass. soc., 29 mars 2017, n° 15-28.992)*.

Toutefois, il est recommandé, pour éviter tout litige sur la matérialité de la prise d'acte, de signifier celle-ci par courrier à l'employeur.

Cette formalité est d'autant plus opportune que cet écrit ne fixe pas les limites du litige. Par conséquent, le salarié a la possibilité de faire valoir devant le juge d'autres manquements de l'employeur, même s'il ne les a pas mentionnés dans cet écrit *(Cass. soc., 29 juin 2005, n° 03-42.804, Bull. V n° 223 et jurisprudence mentionnée ci-dessous).*

Lorsque le conseil de prud'hommes est saisi d'une demande de qualification de la rupture du contrat de travail à l'initiative du salarié en raison de faits que celui-ci reproche à son employeur, l'affaire est directement portée devant le bureau de jugement, qui statue au fond dans un délai d'un mois suivant sa saisine *(L. n° 2014-743 du 1er juillet 2014, art. unique ; C. trav., art. L. 1451-1 ; Cass. soc., 1er juin 2017, n° 17-40.031 QPC, B. : dispositions conformes à la Constitution ; chron. J. Mouly, Dr soc 2017, p. 782).*

Les dispositions législatives protectrices des victimes d'un accident du travail ne font pas obstacle à ce qu'un salarié déclaré inapte prenne acte de la rupture du contrat de travail en raison des faits qu'il reproche à son employeur *(Cass. soc., 21 janv. 2009, n° 07-41.822, Bull. V n° 18, RJS 2009 n° 338, Dr Soc 2009, p. 492, obs. J. Savatier, JCP 2009 n° 24, p. 23, note P.-Y. Verkindt).* Il appartient à l'employeur qui considère injustifiée cette prise d'acte de la rupture par un salarié qui, étant victime d'un accident du travail, invoque une inobservation des règles de prévention et de sécurité, de démontrer que la survenance de cet accident est étrangère à tout manquement à son obligation de sécurité de résultat *(Cass. soc., 12 janv. 2011, n° 09-70.838, Bull. V n° 14).*

Une démission provoquée par le comportement de l'employeur peut être également requalifiée en prise d'acte *(cf. n° **14.1.5.1**).* Il peut en être de même d'un départ en retraite *(cf. n° **14.2.1**).*

D. Les effets de la prise d'acte sur le contrat de travail

1. La rupture immédiate du contrat de travail

14.6.1.4.1. – Le contrat de travail est regardé comme rompu **immédiatement** par la prise d'acte de la rupture *(Cass. soc., 30 janv. 2008, n° 06-14.218, Bull. V n° 28).* Il importe peu que le salarié ait fait valoir ensuite ses droits à la retraite *(Cass. soc., 25 juin 2007, n° 06-40.667, RJS 2007 n° 1167)* ou que l'entreprise soit l'objet d'une procédure collective *(Cass. soc., 30 juin 2010, n° 09-41.456, Bull. V n° 155, RJS 2010 n° 730).*

Dès lors qu'elle est réputée entraîner une rupture immédiate du contrat de travail, le juge ne peut qualifier de prise d'acte la demande du salarié de faire constater par le juge son licenciement à une date donnée alors que la relation contractuelle s'est poursuivie après cette date *(Cass. soc., 16. déc. 2008, n° 07-40.103, RJS 2009 n° 149).*

Le salarié n'est pas tenu d'exécuter un préavis. Mais la circonstance que l'intéressé a spontanément accompli ou offert d'accomplir celui-ci est sans incidence sur l'appréciation de la gravité des manquements invoqués à l'appui de la prise d'acte *(Cass. soc., 2 juin 2010, n° 09-40.215, RJS 2010 n° 650, Bull. V n° 128 ; F. Champeaux, « Le préavis et la justification de la prise d'acte », Sem. soc. Lamy, n° 1451, 21 juin 2010).*

Le salarié qui a pris acte de la rupture est en droit d'obtenir du juge des référés qu'il ordonne à l'employeur de lui délivrer immédiatement un certificat de travail et l'attestation destinée à Pôle Emploi *(Cass. soc., 4 juin 2008, n° 06-45.757, Bull. V n° 122, RJS 2008 n° 875, Dr soc 2008, p. 1143, obs. G. Couturier, JCP S 2008 n° 31-35, p. 38, note J.-Y. Frouin).* L'employeur doit faire figurer sur l'attestation qu'il doit remplir pour Pôle Emploi le motif exact de la rupture du contrat de travail, tel qu'il ressort de la prise d'acte du salarié *(Cass. soc., 27 sept.2006, n° 05-40.414, Bull. V n° 290, Dr soc 2006, p. 1195, obs. J. Savatier).*

Il n'y a pas lieu pour le juge d'ordonner à l'employeur de délivrer une lettre de licenciement *(Cass. soc., 3 févr. 2010, n° 08-40.338, Bull. V n° 33).* Les droits à congés payés vont jusqu'à la date de la prise d'acte alors même que le salarié aurait travaillé postérieurement à cette date *(Cass. soc., 4 avr. 2007, n° 05-43.406, Bull. V n° 61, RJS 2007 n° 711, JCP S 2007 n° 26, p. 26).*

2. *L'impossibilité de rétracter la prise d'acte*

14.6.1.4.2. – La prise d'acte ne peut être rétractée *(Cass. soc., 14 oct. 2009, n° 08-42.878, Bull. V n° 221, RJS 2009 n° 904, RDT 2009, p. 712, note J. Pélissier, Rapport 2009 de la Cour de cassation ; H. Gosselin, « À propos de la rétractation de la prise d'acte », RDT 2009, p. 688 ; F. Géa, « La prise d'acte est une rupture de droit », RDT 2009, p. 690 ; Cass. soc., 23 juin 2015, n° 14-13.714).*

Le salarié pourrait cependant, à l'instar de ce qui a été jugé pour la démission *(Cass. soc., 9 mai 2007, n° 05-40.518, Bull. V, n° 70)*, invoquer un vice du consentement de nature à entraîner l'annulation de sa prise d'acte.

3. *L'absence d'effet du licenciement notifié après la prise d'acte*

14.6.1.4.3. – La lettre adressée ultérieurement par l'employeur pour imputer la rupture au salarié est sans incidence *(Cass. soc., 19 janv. 2005, n° 02-41.113, Bull. V n° 11 et 12, Dr soc 2005, p. 473, obs. F. Favennec-Héry, D. 2005, p. 2504, commentaire B. Lardy-Pélissier et J. Pélissier ; de manière générale sur l'articulation entre licenciement et prise d'acte, cf. « tableau de jurisprudence sur la prise d'acte des salariés ordinaires », F. Champeaux, Sem. soc. Lamy, 26 oct. 2009 n° 1418).* Il en a été jugé de même en cas d'envoi au salarié de la lettre de convocation à l'entretien préalable au licenciement avant la prise d'acte *(Cass. soc., 16 nov. 2005, n° 03-45.392, Bull. V n° 324, RJS 2006 n° 174 ; Cass. soc., 28 juin 2006, n° 04-43.431, Bull. V n° 232, RJS 2006 n° 1038, RDT 2006, p. 240, note J. Pelissier, JCP S 2006 n° 39, p. 23, note J.-Y. Frouin ; Cass. soc., 12 juill. 2006, n° 05-40.239, RJS 2006 n° 1038).*

Le licenciement notifié postérieurement à la prise d'acte par le salarié est donc jugé « *non avenu* » *(Cass. soc., 19 janv. 2005, n° 03-45.018, Bull. V n° 12, RJS 2005 n° 254 ; comm. B. Lardy-Pélissier et J. Pelissier, D. 2005, p. 2504 ; Cass. soc., 20 déc. 2006, n° 05-44.791),* y compris lorsque l'entreprise a fait l'objet d'une procédure collective *(Cass. soc., 30 juin 2010, n° 09-41.456, Bull. V n° 155, RJS 2010 n° 730).*

4. La clause de non-concurrence

14.6.1.4.4. – Dans le cas de prise d'acte de la rupture du contrat de travail par un salarié tenu à l'observation d'une clause de non-concurrence, l'employeur doit, en l'absence de fixation par le contrat ou la convention collective des modalités de renonciation au bénéfice de cette clause, notifier dans un délai raisonnable qu'il renonce à son application. Ce délai court à compter de la date à laquelle l'employeur a eu connaissance de la prise d'acte *(Cass. soc., 13 juin 2007, n° 04-42.740, Bull. V n° 98, Rapport 2007 de la Cour de cassation).*

E. L'office du juge judiciaire

1. La saisine directe du bureau de jugement du conseil de prud'hommes

14.6.1.5.1 – Lorsque le conseil de prud'hommes est saisi d'une demande de qualification de la rupture du contrat de travail à l'initiative du salarié en raison de faits que celui-ci reproche à son employeur, l'affaire est directement portée devant le bureau de jugement, qui statue au fond dans un délai d'un mois suivant sa saisine *(C. trav., art. L. 1451-1).* Le bureau de jugement est alors compétent, le cas échéant, pour se prononcer directement, sans préliminaire de conciliation, sur l'exception d'incompétence tirée de la qualification de contrat de travail *(Cass. soc., 14 juin 2023, n° 21-19.445, RJS 2023, n° 431).*

2. La double appréciation

14.6.1.5.2 – En cas de prise d'acte de la rupture par le salarié, le juge doit apprécier :

– d'une part, si les faits avancés par le salarié pour justifier sa prise d'acte sont matériellement exacts *(Cass. soc., 17 déc. 2003, n° 01-45.286, RJS 2004 n° 293 ; Cass. soc., 12 oct. 2004, n° 02-44.883, Bull. V n° 249, RJS 2004 n° 1252 ; Cass. soc., 19 oct. 2004, n° 02-45.742, Bull. V n° 263, RJS 2005 n° 18, Dr soc 2005, p. 106 ; Cass. soc., 13 déc. 2006, n° 05-44.073, Bull. V n° 374, RJS 2007 n° 316)* ; en cas de doute sur la réalité des faits invoqués par le salarié, la prise d'acte produit les effets d'une démission *(Cass. soc., 19 déc. 2007, n° 06-44.754, Bull. V n° 219, RJS 2008 n° 259 ; C. Radé, « Nouvelles précisions sur l'articulation entre prise d'acte par le salarié de la rupture du contrat de travail et démission », Dr soc 2008, p. 454 ; JCP S 2008 n° 21, p. 32, note J.-Y. Frouin)* ;

– d'autre part, si ces faits sont suffisamment graves pour justifier une rupture aux torts de l'employeur *(Cass. soc., 4 nov. 2003, n° 01-44.740, RJS 2004 n° 14 ; Cass. soc., 19 janv. 2005, n° 03-45.018, Bull. V n° 12, Dr soc 2005, p. 473, obs. F. Favennec-Héry)*. Ces faits doivent être de nature à empêcher la poursuite du contrat de travail *(cf. n°* ***14.6.1.7****)*. Doivent être examinés l'ensemble des griefs invoqués dans le cadre de la prise d'acte de la rupture du contrat de travail *(Cass. soc. 27 nov. 2019, n° 17-31.258, RJS 2020, n° 83)*. Cette solution a été reprise par la chambre sociale en matière de résiliation judiciaire du contrat de travail *(Cass. soc., 30 juin 2021, n° 19-18.533, B., RJS 2021, n° 533 ; cf. n°* ***14.5.3.1****)*.

S'agissant d'un salarié lié par un contrat de travail à durée déterminée, la prise d'acte doit être justifiée par des faits constitutifs d'une faute grave de l'employeur *(Cass. soc., 26 nov. 2006, n° 05-40.619 ; Cass. soc., 30 mai 2007, n° 06-41.240, Bull. V n° 89, RJS 2007 n° 919, Sem. soc. Lamy, n° 1313, RJS 2007 n° 919, Dr soc 2008 p. 1126 obs. J. Mouly, « Prise d'acte de rupture du contrat de travail à durée déterminée : nécessité d'une faute grave de l'employeur », D. 2007, p. 1640 ; J.-Y. Frouin, « Un salarié en contrat à durée déterminée peut-il prendre acte de la rupture de son contrat de travail ? », RJS 2007, p. 795)*.

Les éléments de fait sont souverainement appréciés par le juge du fond *(Cass. soc., 26 janv. 2005, n° 03-40.564 ; Cass. soc., 20 janv. 2010, n° 08-45.498, RJS 2010 n° 319)*. L'appréciation selon laquelle ces faits sont ou non de nature à justifier la sanction est également souveraine *(Cass. soc., 16 nov. 2004, n° 02-46.048, Bull. V, n° 287 ; Cass. soc., 14 oct. 2009, n° 08-40.723, Bull. V n° 218)*.

Le juge des référés n'a pas le pouvoir de se prononcer sur l'imputabilité de la rupture *(Cass. soc., 11 mai 2005, n° 03-45.228, Bull. V n° 158, RJS 2005 n° 1079)*.

3. Les éléments de fait pouvant être pris en compte

14.6.1.5.3 – Pour porter ces appréciations, le juge ne doit prendre en compte que les faits invoqués par le salarié à l'appui de la prise d'acte *(Cass. soc., 19 oct. 2004, n° 02-45.742, Bull. V n° 263, Dr soc 2005, p. 106, commentaire F. Favennec-Héry ; Dr ouvrier 2005, p. 71, commentaire F. Saralito et A. de Senga)*.

Toutefois, l'écrit par lequel le salarié prend acte de la rupture ne fixe pas les termes du litige et le juge est tenu d'examiner également les manquements invoqués par le salarié en cours d'instance même si ces manquements n'étaient pas mentionnés dans son écrit *(Cass. soc., 29 juin 2005, n° 03-42.804, Bull. V n° 223, RJS 2005 n° 959, Dr soc 2005, p. 1058, obs. G. Couturier, D. 2005, p. 2723, note P. Lokiec ; Rapport 2005 de la Cour de cassation, p. 263 ; Cass. soc., 5 juill. 2006, n° 04.40.134, Bull. V n° 236, RJS 2006 n° 1091 ; note J.-Y. Frouin, JCP S n° 39 § 1757 : en l'espèce, le salarié était un représentant du personnel ; Cass. soc., 16 janv. 2007, n° 05-44.977, RJS 2007 n° 416 ; Cass. soc. 24 janv. 2007, n° 05-41.670, RJS 2007 n° 416).*

En tout état de cause, le comportement du salarié postérieur à la prise d'acte est sans incidence sur l'appréciation que le juge doit porter *(Cass. soc., 19 oct. 2005, n° 03-45.374, RJS 2006 n° 20).*

F. Les effets de la prise d'acte sur la qualification de la rupture du contrat et les droits et obligations des parties

14.6.1.6. – Si l'action du salarié est jugée fondée, elle produit les effets d'un licenciement sans cause réelle et sérieuse. En revanche, si elle n'est pas fondée, elle produit les effets d'une démission.

1. *La prise d'acte est jugée justifiée*

14.6.1.6.1. – Si le juge estime que les faits avancés justifient la rupture, le salarié a droit :

– à des dommages-intérêts pour licenciement sans cause réelle et sérieuse ; le montant de l'indemnité octroyée est déterminé selon le barème fixé par l'article L. 1235-3 du Code du travail *(Cass. soc., 15 sept. 2021, n° 19-25.528)*, sauf lorsque cette rupture produit les effets d'un licenciement nul *(Cass. soc., 16 févr. 2022, n° 20-16.184, B.)* ; cette nullité ne peut toutefois être prononcée que si le salarié l'a demandée *(Cass. soc., 25 mai 2022, n° 20-18.433)* ;

– à l'indemnité compensatrice des congés payés acquis à la date de la rupture *(Cass. soc., 4 avr. 2007, n° 05-43.406, Bull. V n° 61, RJS 2007 n° 711)* ;

– à l'indemnité de licenciement ;

– à l'indemnité compensatrice de préavis *(Cass. soc., 19 déc. 2007, n° 05-41.554, RJS 2008 n° 260 ; Cass. soc., 14 sept. 2016, n° 14-16.663)* alors même que le salarié aurait été dispensé d'effectuer celui-ci *(Cass. soc., 20 janv. 2010, n° 08-43.471, Bull. V n° 17, RJS 2010 n° 318, G. Couturier, « Prise d'acte et préavis », Dr soc 2010, p. 412 ; JCP S 2010 n° 14, p. 38, note J.-Y. Frouin)* ou serait malade *(Cass. soc., 20 janv. 2010, n° 08-43.476, Bull. V n° 22, RJS 2010 n° 318 ; JCP S 2010 n° 14, p. 38, note J.-Y. Frouin).*

Le salarié peut également prétendre à des dommages-intérêts en raison d'un comportement fautif de l'employeur à l'occasion de la rupture du contrat de travail *(Cass. soc., 16 mars 2010, n° 08-44.094, Bull. V n° 66, RJS 2010 n° 545).* En revanche, il ne peut prétendre à une indemnité pour non-respect de la procédure de licenciement *(Cass. soc., 4 avr. 2007, n° 05-42.847, RJS 2007 n° 710).*

2. *La prise d'acte n'est pas jugée justifiée*

14.6.1.6.2. – Si la rupture n'est pas jugée fondée, le salarié peut être condamné à indemniser l'employeur pour non-respect du préavis *(Cass. soc., 19 déc. 2007, RJS 2008 n° 260 ; Cass. soc., 2 juill. 2008, n° 07-42.299, RJS 2008 n° 1169 ; Cass. soc., 8 juin 2011, n° 09-43.208, Bull. V n° 141, RJS 2011, n° 695 ; Cass. soc., 15 avr. 2015, n° 13-25.815, RJS 2015, n° 477)* ; cette indemnité ne peut cependant pas être mise à la charge du salarié s'étant trouvé, du fait de sa maladie, dans l'incapacité d'effectuer le préavis *(Cass. soc., 15 janv. 2014, n° 11-21.907, Bull. V n° 18, RJS 2014, n° 203 ; Cass. soc., 24 nov. 2021, n° 20-13.502, RJS 2022, n° 57)* ou si ce dernier a proposé à son employeur, qui l'a refusé, d'effectuer le préavis *(Cass. soc., 14 déc. 2022, n° 21-16.074)*.

G. Les faits de nature à justifier la prise d'acte

14.6.1.7. – *« La prise d'acte permet au salarié de rompre le contrat de travail en cas de manquement suffisamment grave de l'employeur qui empêche la poursuite du contrat de travail » (Cass. soc., 30 mars 2010, n° 08-44.236, Bull. V n° 80, JCP S 2010 n° 23, p. 25, note J.-Y. Frouin ; Cass. soc., 5 juill. 2017, n° 16-11.520)*. L'employeur doit, par son attitude, avoir rendu impossible pour le salarié la poursuite de l'exécution de son contrat de travail *(Cass. soc., 30 mars 2010, n° 08-44.236, précité ; Cass. soc., 14 nov. 2018, n° 17-18.890)*. Le plus souvent, l'action du salarié sera jugée fondée dans les cas où l'employeur méconnaît les obligations définies par la loi, les conventions collectives, l'usage ou le contrat de travail ou lorsque l'employeur entend imposer à son salarié une modification de son contrat de travail *(cf. P. Waquet, RJS 2004, p. 675, « Les ruptures du contrat de travail et le droit du licenciement »)*.

Si l'appréciation de la matérialité et de la gravité des manquements reprochés à l'employeur relève du pouvoir souverain des juges du fond, la chambre sociale a entendu marquer, à l'occasion des trois arrêts rendus le 26 mars 2014, sa volonté de généraliser, de même que pour les demandes de résiliation judiciaire, un contrôle *a minima* sur l'appréciation de la qualification de *« manquement suffisamment grave empêchant la poursuite du contrat de travail » (Cass. soc., n° 12-23.634, Bull. V n° 85, RJS 2014 n° 470 ; pour la résiliation judiciaire : n° 12-21.372, Bull. V n° 86 ; n° 12-35.040, Bull. V n° 87 ; A. Fabre, « Prise d'acte et résiliation judiciaire : un an après », Sem. soc. Lamy, 31 août 2015, n° 1687, p. 8 ; pour la résiliation judiciaire, cf. n°* ***14.5.3.1****)*.

Il a été jugé que sont de nature à justifier la prise d'acte de la rupture par le salarié les manquements suivants.

1. *Le non-respect de dispositions légales*

14.6.1.7.1. – Sont notamment de nature à justifier la prise d'acte de la rupture par le salarié les manquements suivants :

- le non-respect du repos hebdomadaire ayant donné lieu au paiement de dommages-intérêts *(Cass. soc., 7 oct. 2003, n° 01-44.635, RJS 2003 n° 1372)* ;
- le non-respect par l'employeur de l'obligation de sécurité *(Cass. soc., 29 juin 2005, n° 03-44.412, Bull. V n° 219, D. 2005, p. 1965, note A. Bugada, D. 2005, p. 2565 : protection contre le tabagisme dans l'entreprise ; Cass. soc., 17 oct. 2012, n° 11-18.208, et Cass. soc., 11 mars 2015, n° 13-18.603, Bull. V n° 43 : harcèlement moral de la part d'un collègue de travail ; Cass. soc., 3 févr. 2010, n° 08-44.019, Bull. V n° 30, obs. M. Vericel, RDT 2010, p. 303 : harcèlement ; Cass. soc., 3 févr. 2010, n° 08-40.144, Bull. V n° 30, obs. M. Vericel, RDT 2010, p. 303 et Cass. soc., 15 déc. 2010, n° 09-41.099 : violences physiques ; Cass. soc., 6 oct. 2010, n° 09-65.103, Bull. V n° 215 ; Cass. soc., 4 juill. 2012, n° 11-13.346, Bull. V n° 212, RJS 2012 n° 824, Dr soc 2012, p. 949-951, obs. J. Mouly : affectation d'un salarié à certaines tâches, contrairement aux préconisations du médecin du travail)* ; dans ce cas, par dérogation à la règle relative à la charge de la preuve, il appartient à l'employeur de justifier qu'il a bien pris les mesures pour satisfaire à son obligation *(Cass. soc., 14 oct. 2009, n° 08-42.878, Bull. V n° 221, RJS 2009 n° 904, RDT 2009, p. 712, note J. Pélissier)* ;
- des agissements de l'employeur constitutifs de violences morales et psychologiques *(Cass. soc., 26 janv. 2005, n° 02-47.296, Bull. V n° 23, RJS 2005 n° 339 ; Cass. soc., 30 oct. 2007, n° 06-43.327, Bull. V n° 177, RJS 2008 n° 14 : violences physiques ; Cass. soc., 30 nov. 2011, n° 10-23.060, RJS 2012 n° 163 : discrédit jeté par l'employeur, par le biais du responsable des ressources humaines et de la directrice salariée, sur les déléguées syndicales de l'entreprise)* ;
- le fait de ne pas fournir à une salariée à l'issue de son congé maternité un emploi similaire à celui qu'elle occupait avant son départ *(Cass. soc., 3 févr. 2010, n° 08-40.338, Bull. V n° 33)* ;
- le non-paiement de l'intégralité des heures de travail effectuées *(Cass. soc., 20 janv. 2010, n° 08-43.476, Bull. V n° 22, RJS 2010 n° 318 ; JCP S 2010 n° 14, p. 38, note J.-Y. Frouin)* ;
- le non-versement du salaire à l'issue du délai d'un mois prévu par l'article L. 1226-11 du Code du travail en cas d'inaptitude prononcée par le médecin du travail *(Cass. soc., 9 juin 2010, n° 09-40.553, RJS 2010 n° 662)* ;
- la notification et la mise à exécution d'une sanction de rétrogradation, emportant modification du contrat de travail, sans que le salarié ait été informé de sa faculté de l'accepter ou de la refuser *(Cass. soc., 22 juin 2011, n° 09-43.321, RJS 2011 n° 794)* ;
- l'utilisation illicite, à d'autres fins que celles qui avait été portées à sa connaissance d'un système de géo-localisation pour un salarié disposant d'une liberté dans l'organisation de son temps de travail *(Cass. soc., 3 nov. 2011, n° 10-18.036, Bull. V n° 247, RJS 2012*

n° 4, Dr soc 2012, p. 29-34, note L. Pécaut-Rivolier, « Prise d'acte et résiliation judiciaire », et p. 61-69, note J.-E. Ray, « De la géolocalisation à la télélocalisation » ; a contrario : Cass. soc., 20 déc. 2017, n° 16-12.569) ;

– le non-respect par l'employeur des dispositions relatives au repos hebdomadaire, ayant nécessairement causé un préjudice au salarié sur le plan de la santé, compte tenu de la durée de son travail continu au sein du salon professionnel, ce dont il justifiait par la production d'un arrêt de travail *(Cass. soc., 31 oct. 2012, n° 11-20.136, RJS 2013 n° 13)* ;
– l'affectation d'un salarié, lors de la reprise de son travail dans un bureau de l'entreprise, conformément à l'avis du médecin du travail, mais sans respecter l'obligation contractuelle de lui fournir une prestation de travail suffisante *(Cass. soc., 9 juin 2015, n° 13-26.834)*.

2. La modification du contrat de travail

14.6.1.7.2. – Est de nature à justifier la prise d'acte de la rupture par le salarié une modification du contrat de travail intervenue sans son accord exprès, laquelle constitue un manquement de l'employeur à ses obligations contractuelles *(Cass. soc., 3 avril 2007, n° 05-43.008, RJS 2007 n° 702 ; Cass. soc., 12 janv. 2010, n° 08-43.128, RJS 2010 n° 242 : en l'espèce, le contrat était un contrat à durée déterminée ; Cass. soc., 26 mai 2010, n° 08-44.995, RJS 2010 n° 641 : diminution des responsabilités ; Cass. soc., 2 juin 2010, n° 09-40.215, RJS 2010 n° 650 : modification des attributions ; Cass. soc., 22 juin 2011, n° 09-43.321, RJS 2011 n° 794 : notification et la mise à exécution d'une sanction de rétrogradation, emportant modification du contrat de travail, sans que le salarié ait été informé de sa faculté de l'accepter ou de la refuser ; Cass. soc. 29 mai 2013, n° 12-14.754 : modification des fonctions et baisse de la rémunération du salarié, mises en œuvre unilatéralement par l'employeur, en application de l'avis d'aptitude avec réserves délivré par le médecin du travail – cf. n°* ***14.5.3.1*** *pour une solution identique retenue à propos de faits semblables dans le cadre d'une demande de résiliation judiciaire par le salarié de son contrat de travail : Cass. soc., 24 mai 2023, n° 21-23.941, RJS 2023, n° 427)*.

3. Le non-respect des obligations contractuelles

14.6.1.7.3. – Il a été jugé que sont de nature à justifier la prise d'acte de la rupture par le salarié les manquements suivants :

– le non-respect par l'employeur de l'exclusivité d'un secteur *(Cass. soc., 25 janv. 2006, n° 04-41.205, RJS 2006 n° 472 : arrêt concernant un salarié protégé)* ;

– le défaut de fourniture de travail *(Cass. soc., 31 oct. 2006, n° 05-41.773, RJS 2007 n° 122 ; Cass. soc., 3 nov. 2010, n° 09-65.254, Bull. V n° 252 ; Cass. soc., 9 juin 2015, n° 13-26.834)* ;

– la modification de ses fonctions imposée à un salarié *(Cass. soc., 16 juin 2006, n° 15-12.134 : arrêt concernant un salarié protégé)* ;

– la modification profonde de l'exécution du contrat de travail résultant de méthodes nouvellement adoptées par la société, dépossédant le salarié d'une part essentielle de ses prérogatives *(Cass. soc., 7 mars 2018, n° 15-27.458, RJS 2018, n° 320)* ;

– le manquement de l'employeur qui, sans mettre fin à la délégation de pouvoirs dont dispose le salarié, s'immisce dans l'exécution de celle-ci, le privant ainsi d'une partie de ses prérogatives contractuelles et l'empêchant de mener à bien ses missions *(Cass. soc., 1er déc. 2021, n° 20-16.851, RJS 2022, n° 129).*

4. *Le non-respect des obligations en matière de rémunération*

14.6.1.7.4. – Il a été jugé que sont de nature à justifier la prise d'acte de la rupture par le salarié les manquements suivants :

– la modification de la rémunération contractuelle sans l'accord du salarié *(Cass. soc., 18 janv. 2012, n° 10-23.332 ; Cass. soc., 27 oct. 2009, n° 08-41.458)*, alors même qu'elle serait plus avantageuse *(Cass. soc., 5 mai 2010, n° 07-45.409, Bull. V n° 102, RJS 2010 n° 583, obs. S. Tournaux, RDT 2010, p. 437 ; Cass. soc., 18 mai 2011, n° 09-69.175, Bull. V n° 117 ; Cass. soc., 10 févr. 2016, n° 14-14.477 – a contrario : Cass. soc., 12 juin 2014, n° 13-11.448, Bull. V n° 139 : modification unilatérale de la grille de calcul des commissions d'un attaché commercial, sans influence défavorable sur la rémunération perçue, cette décision relative à une demande de résiliation judiciaire étant transposable à la prise d'acte de la rupture du contrat de travail)* ;

– l'absence de règlement de la totalité des sommes dues en exécution du contrat de travail et la modification du taux de commissionnement appliqué *(Cass. soc., 9 avr. 2008, n° 07-40.668, RJS 2008 n° 645)* ;

– le non-paiement des heures supplémentaires pendant un an *(Cass. soc., 11 févr. 2009, n° 07-44.687 : arrêt concernant un salarié protégé ; Cass. soc., 21 juin 2017, n° 17-11.227 ; a contrario : Cass. soc., 14 nov. 2018, n° 17.18.890 pour un salarié ayant attendu 5 ans pour solliciter de manière officielle une régularisation salariale d'heures supplémentaires effectuées)* ;

– le non-paiement du salaire garanti par la convention collective *(Cass. soc., 6 juill. 2004, n° 02-42.642 ; Cass. soc., 8 févr. 2017, n° 15-26.867 : paiement du salaire pendant 2 mois consécutifs)* ;

- le non-versement de la prime de transport prévue par la convention collective *(Cass. soc., 24 avr. 2003, n° 01-40.377, RJS 2003 n° 857)* ;
- l'impossibilité pour le salarié de vérifier la justesse de sa rémunération faute pour l'employeur de lui communiquer l'ensemble des bases de calcul, la société n'avait jamais appliqué, dans la réalité, le coefficient multiplicateur unique de marge qu'elle indiquait avoir retenu *(Cass. soc., 18 juin 2008, n° 07-41.910, Bull. V n° 134)* ;
- le non-paiement des heures de délégation pendant une période de cinq mois *(Cass. soc., 17 déc. 2014, n° 13-20.703, RJS 2015 n° 178)*.

H. Les faits n'étant pas de nature à justifier la prise d'acte

14.6.1.8. – Ne sont pas jugées de nature à justifier la prise d'acte les circonstances suivantes :

- le seul décalage d'une journée ou deux de certains paiements s'expliquant par des jours fériés *(Cass. soc., 19 janv. 2005, n° 03-45.018, Bull. V n° 12, RJS 2005 n° 254 ; commentaire B. Lardy-Pélissier et J. Pélissier, D. 2005, p. 2504)* ;
- une proposition de modification de contrat de travail à laquelle l'employeur a renoncé à la suite du refus du salarié *(Cass. soc., 2 juill. 2008, n° 07-42.299, RJS 2008 n° 1169 ; Cass. soc. 4 févr. 2009, n° 07-44.142, RJS 2009 n° 325)* ;
- la création d'un niveau hiérarchique intermédiaire, non constitutive en soi d'une rétrogradation *(Cass. soc. 12 juill. 2006, n° 04-47.175 ; Cass. soc., 6 févr. 2008, n° 06-45.863)* ;
- l'absence de modification du contrat de travail résultant d'une nouvelle affectation *(Cass. soc., 2 juill. 2008, n° 07-40.225 ; Cass. soc., 25 janv. 2023, n° 21-18.141)* ;
- une simple erreur de calcul sur le calcul d'une majoration du taux horaire *(Cass. soc., 30 mai 2007, n° 06-41.240, Bull. V n° 87, RJS 2007 n° 919 : rupture d'un contrat à durée déterminée)* ;
- la carence fautive de l'employeur dans le paiement des salaires entre le 30 mars et le 7 avril 2003 dès lors qu'était mise en œuvre la garantie des créances salariales liées à l'insolvabilité de l'employeur *(Cass. soc., 14 oct. 2009, n° 08-40.723, Bull. V n° 218)* ;
- un retard dans le paiement du salaire, limité à deux mensualités *(Cass. soc., 29 janv. 2020, n° 17-13.961 ; jugé en sens inverse, pour le non-paiement au 10 juin du salaire exigible le 31 mai : Cass. soc., 6 juill. 2022, n° 20-21.690)* ;
- l'absence de réponse de l'employeur dans le délai prévu par le plan à la demande de validation du projet de reclassement externe de la salariée *(Cass. soc., 30 mars 2010, n° 08-44.236 Bull. V n° 80, RJS 2010 n° 491)* ;
- des manquements anciens n'ayant pas empêché la poursuite du contrat de travail *(Cass. soc., 26 mars 2014, n° 12-23.634,*

Bull. V n° 85, RJS 2014 n° 470, précité ; Cass. soc., 13 avr. 2016, n° 15-13.447 ; Cass. soc., 14 nov. 2018, n° 17-18.890).

Toutefois la prise d'acte ne saurait s'analyser en une démission pour des motifs exclusivement tirés de l'ancienneté d'un manquement grave *(Cass. soc., 11 déc. 2015, n° 14-15.670 ; Cass. soc., 28 sept. 2022, n° 21-12.546)* et de son défaut de contemporanéité, alors même que celui-ci perdurait *(Cass. soc., 4 nov. 2021, n° 20-16.706).*

De même, en l'absence de rétractation de la convention de rupture conventionnelle, un salarié ne peut acter de la rupture du contrat de travail, entre la date d'expiration du délai de rétractation et la date d'effet prévue par la rupture conventionnelle, que pour des manquements survenus ou dont il a eu connaissance au cours de cette période *(Cass. soc., 6 oct. 2015, n° 14-17.539, Bull 2016, n° 837, Soc., n° 297 : sur la rupture conventionnelle, cf. n°* ***17.1.1 et s.****).*

§ 2. LA JURISPRUDENCE APPLICABLE AUX SALARIÉS PROTÉGÉS

A. La possibilité pour le salarié protégé de prendre acte de la rupture de son contrat de travail

14.6.2.1. – La chambre sociale de la Cour de cassation a reconnu la possibilité, pour le salarié bénéficiant de la protection, de prendre acte de la rupture de son contrat de travail, l'intéressé pouvant saisir le juge d'une demande tendant à ce que la rupture soit imputée à son employeur avec toutes les conséquences de droit *(Cass. soc., 21 janv. 2003, 00-44.502 et 00-44.697, Bull. V n° 13, RJS 2003 n° 367, Dr soc 2003, p. 449, obs. J. Mouly ; Cass. soc., 13 juill. 2004, n° 02-42.681, Bull. V n° 212, RJS 2004 n° 1063 ; Cass. soc., 5 juill. 2006, n° 04-46.009, Bull. V n° 237, RJS 2006 n° 1090, D. 2007, p. 182, note ED, RDT 2006, p. 327, note M. Grévy, Dr soc 2006, p. 1069, JCP S 2006 n° 39, p. 27, note J.-Y. Frouin ; J. Mouly, « Prise d'acte de la rupture du contrat de travail par un représentant du personnel et violation du statut protecteur », D. 2007, p. 54 ; J.-E. Rey, « L'autolicenciement nul du représentant du personnel », Dr soc 2006, p. 815 ; cf. chron. P. Waquet, RJS 2005, p. 419 : « Coup de vent sur la jurisprudence Perrier » ; P. Lointier, « La prise d'acte de la rupture du contrat d'un salarié protégé devant le juge administratif », RJS 2006 p. 197 ; Cass. soc., 12 avr. 2012, n° 10-28.807).*

Le manquement doit être suffisamment grave pour empêcher la poursuite du contrat de travail du salarié protégé *(Cass. soc., 4 juill. 2012, n° 11-13.346, Bull. V n° 212, RJS 2012 n° 824, Dr soc 2012, p. 949-951, obs. J. Mouly ; Cass. soc., 16 juin 2016, n° 15-12.134).*

B. Les effets de la prise d'acte sur la compétence de l'autorité administrative

14.6.2.2. – L'incidence de la prise d'acte sur la compétence de l'autorité administrative est conditionnée par le fait que « *la prise d'acte de la rupture de son contrat par le salarié protégé a pour effet de rompre le contrat de travail* » *(Cass. soc., 25 janv. 2006, n° 04-41.204, RJS 2006 n° 472 ; sur l'articulation entre licenciement et prise d'acte, cf. « Tableau de jurisprudence sur la prise d'acte des salariés protégés », F. Champeaux, Sem. soc. Lamy, 26 oct. 2009 n° 1418).*

Cas de figure	§	Analyse
Prise d'acte Suivie d'une demande d'autorisation de l'employeur	**14.6.2.2.1**	Dès lors que le contrat de travail du salarié protégé est rompu dès la prise d'acte, l'administration est tenue de se déclarer incompétente pour statuer sur la demande d'autorisation de licenciement *(CE, 17 déc. 2008, n° 310.889, M. Hoyeau c. / centre chirurgical des peupliers de la Croix-Rouge, Rec. p. 461 et CE, 17 déc. 2008, n° 303.904, M. Jaeck, RJS 2009 n° 261).*
Présentation d'une demande d'autorisation de l'employeur Suivie d'une prise d'acte avant que l'administration ne statue	**14.6.2.2.2**	Dès lors que la légalité de la décision de l'administration doit s'apprécier en fonction des circonstances de fait et de droit qui prévalent à la date à laquelle elle est prise, l'autorité administrative doit également se déclarer incompétente pour statuer sur la demande d'autorisation si la prise d'acte est intervenue entre la réception de cette demande et la décision à prendre *(X. Magina, Sem. soc. Lamy n° 1383, 19 janv. 2009).*

1. *La demande d'autorisation de licenciement présentée après la prise d'acte*

14.6.2.2.1. – Le juge administratif a adopté le même raisonnement quant aux effets de la prise d'acte sur le contrat et, par suite, sur la compétence de l'autorité administrative pour se prononcer sur la demande d'autorisation de licenciement : « *le contrat de travail d'un salarié protégé est rompu dès la prise d'acte, par ce dernier, de la rupture de ce contrat, sans que puissent avoir une incidence sur cette rupture les agissements ultérieurs de l'employeur ; que l'administration est, dès lors, tenue de se déclarer incompétente pour statuer sur la demande d'autorisation de licenciement de ce salarié sollicitée par l'employeur postérieurement à la* *prise d'acte » (CE, 17 déc. 2008, n° 310.889, M. Hoyeau c. / centre chirurgical des peupliers de la Croix-Rouge, Rec. p. 461, et CE, 17 déc. 2008, n° 303.904, M. Jaeck, RJS 2009 n° 261 ; concl. Y. Struillou, Dr soc 2009, p. 268 ; F. Duquesne, RJS 2009, p. 259 : « La prise d'acte par le salarié protégé de la rupture de son contrat de travail : une voie originale mais périlleuse » ; « Le Conseil d'État prend acte… des effets de la prise d'acte », X. Magina, Sem. soc. Lamy, 19 janv. 2009, n° 1383).*

La jurisprudence s'était déjà engagée dans le même sens dans une affaire où un salarié avait adressé à son employeur un courrier le rendant responsable de la rupture à la suite de sa non réintégration plus de quatre mois après la notification d'une mise à pied conservatoire, le Conseil d'État ayant jugé que l'employeur avait rompu de son fait les relations contractuelles avec son salarié et que l'inspecteur du travail était tenu pour ce motif de refuser l'autorisation sollicitée *(CE, 15 déc. 2004, Biheng, Tables, p. 898, RJS 2005 n° 293).*

De manière plus générale, dès lors que le contrat de travail est regardé comme rompu par la prise d'acte de la rupture, il s'ensuit nécessairement que l'administration ne peut que se déclarer incompétente *(cf. sur cette question : P. Lointier, « La prise d'acte de la rupture du contrat d'un salarié protégé devant le juge administratif », RJS 2006, p. 197 ; TA Dijon, 29 déc. 2005, Bureau, RJS 2006 n° 366).*

Le contrat étant rompu par la prise d'acte, toute demande d'autorisation présentée ultérieurement par l'employeur devient sans objet, l'administration ne pouvant pas accorder l'autorisation demandée.

2. *La prise d'acte intervenant après la présentation de la demande d'autorisation de licenciement*

14.6.2.2.2. – Il convient de souligner que dès lors que la légalité de la décision de l'administration doit s'apprécier en fonction des circonstances de fait et de droit qui prévalent à la date à laquelle elle est prise, l'autorité administrative doit également se déclarer incompétente pour statuer sur la demande d'autorisation si la prise d'acte est intervenue entre la réception de cette demande et la décision à prendre *(X. Magina, Sem. soc. Lamy n° 1383, 19 janv. 2009).*

Le rejet par le Conseil d'État du pourvoi formé contre un arrêt de la cour administrative d'appel qui a annulé un jugement du tribunal administratif annulant l'autorisation de licenciement d'un salarié protégé a pour effet de restituer à l'autorisation toute sa validité. Il en résulte que la prise d'acte de la rupture du salarié licencié, intervenue postérieurement au jugement du tribunal administratif et antérieurement à l'arrêt de la cour administrative d'appel annulant le jugement est sans effet *(Cass. soc., 20 mai 2020, n° 18-23.444).*

3. *Modalités d'instruction de la demande d'autorisation de licenciement*

14.6.2.2.3. – Il appartient donc à l'autorité administrative, saisie d'une demande d'autorisation, d'apprécier si le salarié a effectivement pris acte de la rupture du contrat de travail. En revanche, il ne lui appartient pas de se prononcer ni sur la matérialité, ni sur la gravité des manquements reprochés par le salarié à son employeur.

La prise d'acte n'étant pas soumise à des conditions de forme *(cf. n°* ***14.6.1.3****)*, en cas de doute, l'autorité administrative peut utilement interroger le salarié pour s'assurer de sa volonté lors de l'enquête contradictoire qu'il doit conduire.

C. La qualification de la rupture du contrat de travail

14.6.2.3. – Dès lors que le contrat est rompu en raison de la prise d'acte et que l'administration doit se déclarer incompétente pour statuer sur une éventuelle demande d'autorisation de licenciement, le juge judiciaire ne méconnaît pas le principe de la séparation des pouvoirs en statuant sur les effets de la rupture *(Cass. soc., 25 janv. 2006, n° 04-41.204, RJS 2006 n° 472)*. Il en est de même lorsque le licenciement est notifié après la prise d'acte sur le fondement d'une autorisation annulée ultérieurement car devenue sans objet *(Cass. soc., 25 janv. 2006, n° 04-41.205, RJS 2006 n° 472)*.

L'écrit par lequel le salarié titulaire d'un mandat représentatif prend acte de la rupture du contrat de travail en raison de faits qu'il reproche à son employeur ne fixe pas les limites du litige : le juge est tenu d'examiner les manquements de l'employeur invoqués devant lui par ce salarié, même si celui-ci ne les a pas mentionnés dans cet écrit *(Cass. soc., 5 juill. 2006, n° 04-40.134, Bull. V n° 236, L. Millet, « Le double usage par le représentant du personnel de la prise d'acte de la rupture de son contrat de travail », Dr ouvrier 2007, p. 75)*. Si le juge judiciaire estime que les faits invoqués sont de nature à justifier la rupture du contrat, celle-ci s'analyse **comme un licenciement qui est nul car intervenu en violation du statut protecteur** *(Cass. soc., 21 janv. 2003, n° 00-44.502 et 00-44.697, Bull. V n° 13, Rapport 2003 de la Cour de cassation, p. 343)*. Cette solution a été confirmée par un arrêt ultérieur *(Cass. soc., 5 juill. 2006, n° 04-46.009, Bull. V n° 237, RJS 2006 n° 1090, Dr soc 2006, p. 1069, obs. Favennec-Héry ; J.-E. Rey, « L'auto-licenciement nul du représentant du personnel », Dr soc 2006, p. 815 ; note J.-Y. Frouin, JCP S n° 39, p. 1757, L. Millet, « Le double usage par le représentant du personnel de la prise d'acte de la rupture de son contrat de travail », Dr ouvrier 2007, p. 75 ; Cass. soc. 21 nov. 2007, n° 06-41.700 : modification du contrat de travail imposée par l'employeur ; Cass. soc., 11 févr. 2009, n° 07-44.687)*.

Il en est ainsi, quand bien même les manquements de l'employeur relèvent d'une période où le salarié n'exerçait pas encore de mandat représentatif *(Cass. soc., 21 juin 2017, n° 17-11.227)*.

Le salarié a alors droit à une indemnité forfaitaire pour violation du statut protecteur égale à la rémunération qu'il aurait dû percevoir depuis la date de la rupture jusqu'à l'expiration de la période de protection en cours, dans la limite de deux ans, durée minimale légale de son mandat, augmentée de six mois *(Cass. soc., 15 avr. 2015, n° 13-27.211 et 14-19.197, Bull. V n° 87 ; Cass. soc., 14 oct. 2015, n° 14-12.193, Bull. 2016, n° 837, Soc., n° 321, RJS 2016 n° 47 ; Cass. soc., 21 sept. 2017, n° 15-28.932, B., RJS 2018 n° 28)*, ainsi qu'aux indemnités légales ou conventionnelles de rupture et à l'indemnisation du préjudice subi *(Cass. soc., 27 janv. 2010, n° 08-44.897, RJS 2010 n° 359 ; Cass. soc., 12 mars 2014, n° 12-20.108, Bull. V n° 72, RJS 2014 n° 415)*. Il en est ainsi quand bien même l'administration du travail, saisie antérieurement à la prise d'acte du salarié, a autorisé le licenciement prononcé ultérieurement à cette prise d'acte *(Cass. soc., 12 nov. 2015, n° 14-16.369, Bull. 2016, n° 839, Soc., n° 427, RJS 2016 n° 44, chron. J. Mouly, Dr soc 2016, p. 91)*.

En revanche, compte tenu du caractère immédiat de la rupture résultant de la prise d'acte et de l'impossibilité de la rétracter, le salarié protégé ne peut ultérieurement solliciter sa réintégration dans son emploi *(Cass. soc., 29 mai 2013, n° 12-15.974, Bull. V n° 138, et 12-11.756, RJS 2013 n° 623, Dr soc 2013, p. 647, obs. J. Mouly)*.

Dans le cas contraire, la prise d'acte produit les effets d'une démission.

D. Les éléments susceptibles de rendre la rupture du contrat de travail imputable à l'employeur

14.6.2.4. – Sont de nature à rendre la rupture imputable à l'employeur :

- les manquements de l'employeur à ses obligations légales et contractuelles exposées ci-dessus, de nature à justifier la prise d'acte *(cf. n° **14.6.1.7**)* ;
- le changement des conditions de travail imposé au salarié nonobstant son refus alors que dans un tel cas il appartient à l'employeur d'engager la procédure de licenciement *(Cass. soc., 5 mai 2010, n° 08-44.895, RJS 2010 n° 608 ; cf. n° **43.1.1.1.2**)* ;
- la discrimination fondée sur son mandat ou son appartenance syndicale *(Cass. soc., 13 juill. 2004, n° 02-42.681, Bull. V n° 212, RJS 2004 n° 1063)* ; à cet effet, le salarié peut faire état, à l'appui de sa demande, des conclusions de l'inspecteur du travail qui avait refusé l'autorisation de licenciement demandée par l'employeur ;
- le refus opposé à la réintégration du salarié protégé *(Cass. soc., 25 janv. 2006, n° 04-40.789, Bull. V n° 28, Sem. soc. Lamy n° 1248 ; L. Millet, « Le double usage par le représentant du personnel de la prise d'acte de la rupture de son contrat de travail », Dr ouvrier 2007, p. 75)*.

§ 3. APPRÉCIATION DE LA JURISPRUDENCE DE LA CHAMBRE SOCIALE

14.6.3. – Elle offre à notre sens une *« porte de sortie »* au représentant du personnel :

– victime d'une discrimination et dont le licenciement a été refusé par l'administration pour ce motif *(Cass. soc., 13 juill. 2004, n° 02-42.681, Bull. V n° 212, RJS 2004 n° 1063)* ;

– ou qui n'a pu obtenir sa réintégration, la rupture du contrat du fait de l'employeur ne permettant pas à l'administration d'accorder l'autorisation de licenciement *(pour un exemple, Cass. soc., 25 janv. 2006, n° 04-40.789, Bull. n° 28, RJS 2006 n° 475 : le salarié avait obtenu judiciairement sa réintégration mais l'employeur avait persisté à refuser de le réintégrer ; cf. L. Millet, « Le double usage par le représentant du personnel de la prise d'acte de la rupture de son contrat de travail », Dr ouvrier 2007, p. 75)*.

SECTION 7

La force majeure

§ 1. LA JURISPRUDENCE GÉNÉRALE

14.7.1. – Lorsqu'elle est rendue inévitable par la force majeure, c'est-à-dire par un événement imprévisible, irrésistible et insurmontable, la rupture du contrat de travail par l'employeur n'est pas considérée comme un licenciement. La cessation de l'entreprise pour cas de force majeure libère l'employeur de l'obligation de respecter le préavis et de verser l'indemnité de licenciement *(C. trav., art. L. 1234-12)*. Toutefois, lorsque la rupture du contrat de travail à durée indéterminée résulte d'un sinistre relevant d'un cas de force majeure, le salarié a droit à l'indemnité compensatrice de préavis, et à l'indemnité de licenciement *(C. trav., art. L. 1234-13)*. Le sinistre s'entend de la réalisation du risque prévu au contrat de nature à entraîner la garantie de l'assureur *(Circ. DRT n° 2002-08, 2 mai 2002)*.

Dans ses arrêts rendus le 12 février 2003, la chambre sociale a défini restrictivement la force majeure, laquelle s'entend de la survenance d'un événement extérieur irrésistible ayant pour effet de rendre impossible la poursuite du contrat de travail *(Cass. soc., 12 févr. 2003, 3 arrêts, Bull. V n° 50 : Sté La belle créole, RJS 2003 n° 445 ; n° 99-42.985 ; n° 00-46.660)*.

La destruction doit être totale et avoir un caractère durable, voire définitif *(Cass. crim., 4 oct. 1977, n° 76-93.433, Bull. crim., n° 285* ; *Cass. soc., 30 avr. 1997, n° 94-42.194)*.

Le juge judiciaire a ainsi admis la force majeure en cas d'incendie dans une entreprise de travail du bois, nonobstant l'existence d'un risque connu *(Cass. soc., 2 mai 1978, n° 77-40.406, Bull. V n° 313 ; cf. en sens contraire, si l'événement est provoqué en partie par une faute de l'employeur, Cass. soc., 7 mars 1985, n° 83-45.688, Bull. V n° 157).*

Tel n'était pas le cas :

– de la destruction partielle du village-hôtel occasionnée par le passage du cyclone, qui ne rendait pas impossible la reprise de l'exploitation de l'hôtel, après remise en état *(Cass. soc., 12 févr. 2003, Sté La belle créole, Bull. V n° 50, RJS 2003 n° 445 ; Cass. crim., 21 déc. 1982, n° 81-94.752)* ;
– lorsque l'employeur, qui appartenait à un groupe, n'établissait nullement que la destruction par l'incendie des bâtiments de production rendait impossible la reprise de l'exploitation *(Cass. soc., 7 déc. 2005, n° 04-42.907, RJS 2006 n° 201 ; Cass. soc., 10 mai 2006, n° 04-46.067).*

De même, le juge judiciaire a admis que le fait du prince, résultant d'une décision administrative, prise dans le cadre des prérogatives de la puissance publique, puisse créer une situation de force majeure, dès lors qu'elle est imprévisible et insurmontable.

Il en a été jugé ainsi :

– pour un refus de renouvellement de l'autorisation de travail d'un salarié étranger *(Cass. soc., 4 juill. 1978, n° 77-41.091, Bull. V n° 545)* ;
– pour le retrait, par décision du ministre de l'Intérieur, de l'agrément d'un salarié employé par un casino, contraignant son employeur à s'en séparer sans délai *(Cass. soc., 5 mai 1993, n° 90-41.639, Bull. V n° 126).*

Par contre, ne constituent pas un cas de force majeure du fait du prince :

– l'expropriation du fonds de commerce d'un employeur *(Cass. soc., 22 juin 1994, n° 89-44.891)* ;
– le retrait d'une autorisation administrative provisoire d'exploiter une résidence pour personnes âgées *(Cass. soc., 11 déc. 1997, n° 96-44.675 ; Cass. soc. 1er févr. 2005, n° 02-18.357, RJS 2005 n° 377, pour la fermeture administrative de l'établissement hébergeant des personnes âgées justifiée par le fait qu'il n'avait pas été déféré aux exigences de la commission de sécurité).*

En outre, la force majeure n'a pas été retenue :

– en cas de décès de l'employeur *(Cass. soc., 10 févr. 1982, n° 80-40.044, Bull. V n° 78 ; Cass. soc., 24 févr. 1983, n° 80-41.779, Bull. V n° 117)* ;
– en cas de décès de l'acteur principal d'une production cinématographique, laquelle pouvait être poursuivie avec un autre acteur, ce qui n'empêchait pas la poursuite des contrats de travail en cours *(Cass. soc., 12 févr. 2003, n° 99-42.985, Bull. V n° 50)* ;

- en cas de cessation d'activité *(Cass. soc., 2 déc. 1970, n° 69-40.596, Bull. V n° 679)* ;
- en cas d'incarcération du salarié *(Cass. soc., 15 oct. 1996, n° 93-43.668, Bull. V n° 326)*.

§ 2. LA JURISPRUDENCE RELATIVE AUX SALARIÉS PROTÉGÉS

14.7.2. – La force majeure justifie la rupture du contrat de travail des salariés protégés sans autorisation administrative. Elle est toutefois admise de manière restrictive par le juge judiciaire.

N'ont pas été considérés comme valant à leur égard situation de force majeure :

- l'opposition de certains sociétaires et l'état de tension régnant dans l'entreprise, invoqués comme obstacle à la réintégration de représentants du personnel mis à pied *(Cass. soc., 10 mai 1977, n° 75-93.330 Bull. crim. n° 168 ; Cass. crim., 9 déc. 1986, n° 86-90.552, Bull. crim. n° 368 : opposition d'une partie du personnel à la réintégration)* ;
- un incendie qui n'avait endommagé que partiellement les installations et l'outillage, un délai de quelques jours ayant été suffisant pour permettre à la direction de disposer de nouveaux locaux et de décider la reprise d'activité de certains secteurs ; « *la rupture de travail, loin d'avoir été imposée aux employeurs par un empêchement insurmontable, a été la conséquence d'un choix délibéré défavorable aux salariés investis de fonctions représentatives* » *(Cass. crim., 4 oct. 1977, n° 76-93.433, Bull. crim. n° 285)* ;
- un incendie ayant entièrement détruit les locaux et machines du service de production d'une usine en juin, les activités ayant été reprises sur un autre site avant la résiliation des contrats de travail et s'étant poursuivies normalement et définitivement au mois de mars de l'année suivante *(Cass. soc., 22 févr. 1995, n° 93-43.964)*.

En revanche, la force majeure avait été admise pour justifier la non-application de la procédure spéciale pour la rupture du contrat de travail d'un salarié inapte physiquement et classé en invalidité par la Sécurité sociale *(Cass. crim., 20 nov. 1979, n° 79-90.358)*. Cette jurisprudence de la chambre criminelle de la Cour de cassation ne correspond plus à celle adoptée par :

- le Conseil d'État *(CE, 11 juin 1990, n° 84.650, Sté Pornichet-Distribution, RJS 1990, n° 696)* ;
- la chambre sociale *(Cass. soc., 17 mars 1993, n° 90-44.445 ; Cass. soc., 1er juill 1998, n° 96-42.409, Bull. V n° 360 ; Cass. soc., 12 juill. 1999, n° 97-41.131, Bull. V n° 344, Dr soc 1999, p. 952, commentaire J. Savatier ; Cass. soc., 12 févr. 2003, n° 00-46.660, Bull. V n° 50, Dr soc 2003, p. 394 ; Cass. soc., 18 nov. 2003, n° 01-44.280, Bull.*

V n° 285, Dr soc 2004, p. 302, obs. C. Roy-Loustaunau ; Cass. soc., 8 juin 2005, n° 03-44.913, Bull. V n° 193, Dr soc 2005, p. 918 ; Cass. soc., 10 mars 2009, n° 08-40.033, Bull. V n° 68, RJS 2009 n° 480, Dr soc 2009, p. 744, obs. P. Chaumette : marin devenu inapte ; cf. n° ***15.12.1.1****)*.

CHAPITRE V

LES CAS DE MISE EN ŒUVRE DE LA PROTECTION POUR UN MOTIF EN RAPPORT AVEC LA PERSONNE DU SALARIÉ

15. – La jurisprudence s'est attachée à étendre le champ de la protection en imposant à l'employeur de mettre en œuvre la procédure spéciale, quel que le soit le motif de la rupture du contrat de travail dès lors que cette rupture ne résulte pas clairement de la volonté du salarié de quitter l'entreprise : « *sauf dispositions légales contraires, la protection exorbitante du droit commun, conférée à un salarié investi de mandats représentatifs ou électifs instaurée par les dispositions d'ordre public (...) du Code du travail, oblige l'employeur à soumettre à la procédure administrative d'autorisation toute rupture, à son initiative, du contrat de travail d'un tel salarié quel qu'en soit le motif et quel que soit le statut de l'entreprise qui l'emploie » (Cass. soc., 12 juill. 2006, n° 04-48.351, Bull. V n° 248, RJS 2006 n° 1089).*

SECTION 1

La rupture du contrat pendant la période d'essai

§ 1. LA NATURE ET L'OBJET DE LA PÉRIODE D'ESSAI

15.1.1. – Par un arrêt du 5 mars 1975, la chambre sociale a jugé que les parties sont liées par un contrat de travail déjà pendant la période d'essai et a cassé l'arrêt par lequel la cour d'appel avait jugé que le contrat de travail à l'essai s'analysait comme un contrat préliminaire sous condition résolutoire qui peut devenir définitif si l'essai se révèle satisfaisant. La rupture pendant la période d'essai rompt le contrat en cours d'exécution *(Cass. soc. 5 mars 1975, n° 73-40.552, Bull. V n° 112).*

La doctrine analyse la rupture en cours d'essai non pas comme la réalisation d'une condition mais plus simplement l'exercice d'un droit de résiliation unilatéral *(Les grands arrêts du droit du travail, § 43)*. Elle a pour objet de permettre à l'employeur d'apprécier la valeur professionnelle du salarié *(Cass. soc. 20 nov. 2007, n° 06-41.212, Bull. V n° 194, avis J. Duplat, Sem. soc. Lamy n° 1331, 3 déc. 2007)* et se situe nécessairement au commencement de l'exécution de la relation de travail *(Cass. soc., 25 févr. 1997, n° 93-44.923, Bull. V n° 83)*.

L'article L. 1221-20 du Code du travail, issu de la loi n° 2008-596 du 25 juin 2008 portant modernisation du marché du travail, a défini pour la première fois l'objet de la période d'essai dans le Code du travail. Elle *« permet à l'employeur d'évaluer les compétences du salarié dans son travail au regard de son expérience, et au salarié d'apprécier si les fonctions occupées lui conviennent » (J. Mouly, « Une innovation ambiguë : la réglementation de l'essai », Dr soc 2008, p. 288 ; A. Mazeaud, « Un nouveau droit de la formation du contrat de travail dans la perspective de la modernisation du marché du travail », Dr soc 2008, p. 626 ; J.-Y. Frouin, « La période d'essai après la loi 2008-596 du 25 juin 2008 », RJS 2010, p. 419).*

La finalité de la période d'essai justifie donc que les règles de droit commun relatives à la rupture du contrat de travail à durée indéterminée ne s'appliquent pas pendant la période d'essai. L'article L. 1231-1 du Code du travail précise que les règles qui régissent la rupture du contrat de travail à durée indéterminée ne s'appliquent pas pendant la période d'essai, sauf exception *(cf. n° **15.1.2.2**)*.

§ 2. LE DROIT COMMUN

A. Les dispositions du Code du travail

15.1.2.1. – Les articles L. 1221-19 et L. 1221-20 du Code du travail fixent la durée maximale de la période d'essai :

	Ouvriers et employés	**Agents de maîtrise**	**Cadre**
Période initiale maximale	2 mois	3 mois	4 mois
Période maximale renouvellement inclus	4 mois	6 mois	8 mois

La période d'essai peut être renouvelée si un accord collectif de branche étendu le prévoit.

L'article L. 1221-22 précise que ces durées ont un caractère impératif à l'exception :

- de durées plus longues fixées par les accords de branche conclus avant la date de publication de la loi n° 2008-596 du 25 juin 2008 portant modernisation du marché du travail ;
- de durées plus courtes fixées par des accords collectifs conclus après la date de publication de la loi n° 2008-596 du 25 juin 2008 précitée ;
- de durées plus courtes fixées dans la lettre d'engagement ou le contrat de travail.

B. La jurisprudence relative à l'application des règles de droit commun du Code du travail pendant la période d'essai

15.1.2.2. – Par exception à la règle selon laquelle les règles de droit commun relatives à la rupture du contrat de travail à durée indéterminée ne s'appliquent pas pendant la période d'essai *(C. trav., art. L. 1231-1)* sont applicables :

1°) les dispositions relatives protectrices contre le licenciement des salariés victimes d'un accident du travail ou d'une maladie professionnelle, le juge du fond devant vérifier si l'employeur était dans l'impossibilité de reclasser le salarié *(Cass. soc., 25 févr. 1997, n° 93-40.185, Bull. V n° 80)* ;

2°) les dispositions relatives à la procédure disciplinaire lorsque la rupture pendant la période d'essai est justifiée par un motif disciplinaire *(Cass. soc., 10 mars 2004, n° 01-44.750, Bull. V n° 80 ; Cass. soc., 14 mai 2014, n° 13-13.975, RJS 2014 n° 533)* ;

3°) les dispositions relatives à l'interdiction des discriminations, notamment en raison de l'état de santé *(Cass. soc., 16 févr. 2005, n° 02-43.402, Bull. V n° 52)*.

C. La jurisprudence relative à la période d'essai

15.1.2.3. – La période d'essai ne se présume pas et doit être fixée dans son principe et dans sa durée, dès l'engagement du salarié *(Cass. soc., 19 févr. 1997, n° 93-44.053, Bull. V n° 69, RJS 1997 n° 368)*. Cette règle a été reprise par la loi : « *La période d'essai et la possibilité de la renouveler ne se présument pas. Elles sont expressément stipulées dans la lettre d'engagement ou le contrat de travail* » *(C. trav., art. L. 1221-23)*.

Elle peut être fixée par une convention collective la rendant de plein droit applicable *(Cass. soc., 28 juin 2005, n° 03-44.347, RJS 2005 n° 943)*.

L'employeur ne peut se prévaloir de la période d'essai prévue par la convention collective que si le salarié a été informé au moment de son engagement de l'existence de la convention et mis en demeure d'en prendre connaissance *(Cass. soc., 3 juill. 2001, n° 99-42.363, Dr soc 2001, p. 1020, obs. Roy-Loustaunau ; Cass. soc., 6 nov. 2001, n° 99-42.363, arrêt rectificatif, Dr soc 2002, p. 108 ; Cass. soc., 26 sept. 2002, n° 00-43.874, Bull. V n° 282, Dr soc 2002, obs. F. Duquesne).*

En outre, dès lors que la convention collective stipule que la période d'essai ne peut être prévue par les parties qu'au moment de l'embauche et que la lettre d'embauche, en vertu de laquelle le salarié avait pris ses fonctions avant la signature du contrat de travail, ne prévoyait aucune période d'essai, la rupture du contrat doit s'analyser comme un licenciement dépourvu de cause réelle et sérieuse *(Cass. soc., 25 janv. 2006, n° 04-45.429, Bull. V n° 24, RJS 2006 n° 388 ; Cass. soc., 28 juin 2005, n° 03-44.347, RJS 2005 n° 943).*

Dès lors que les capacités professionnelles du salarié ont pu être appréciées, une période d'essai ne peut être valablement stipulée lors d'un nouvel engagement par le même employeur *(Cass. soc., 28 sept. 2005, n° 03-47.214, Bull. V n° 273, RJS 2005 n° 1164).*

Une période probatoire n'est pas une période d'essai ; il s'ensuit que *« si, en cours de contrat, les parties peuvent convenir, à l'occasion d'un changement d'emploi, d'une période probatoire, la rupture de celle-ci ne peut concerner le contrat de travail et a pour effet de replacer le salarié dans ses fonctions antérieures » (Cass. soc., 30 mars 2005, n° 02-46.103, Bull. V n° 107, RJS 2005 n° 594, chr. J.-Y. Frouin, RJS 2005 p. 423 ; avis de l'avocat général J. Duplat, Sem. soc. Lamy n° 1210, p. 5 ; commentaire B. Lardy-Pélissier et J. Pelissier, D. 2005, p. 2501 ; Rapport 2005 de la Cour de cassation, p. 229).*

La période d'essai exprimée en jours se décompte en jours calendaires *(Cass. soc., 29 juin 2005, n° 02-45.701, Bull. V n° 220, D. 2005, p. 1959, Dr soc 2005 p. 1036, obs. J. Savatier ; Rapport 2005 de la Cour de cassation, p. 230).* Des clauses conventionnelles peuvent prévoir un autre mode de décompte.

La date de la rupture de la période d'essai est la date à laquelle l'employeur a envoyé le courrier notifiant au salarié la rupture du contrat *(Cass. soc., 11 mai 2005, n° 03-40.650 et n° 03-40.651, Bull. V n° 159, obs. J. Mouly, Dr soc 2005, p. 920, Rapport 2005 de la Cour de cassation, p. 225).*

§ 3. LE BÉNÉFICE DE LA PROTECTION PENDANT LA PÉRIODE D'ESSAI

A. L'évolution de la jurisprudence

15.1.3.1. – La chambre sociale avait jugé en 1985 que la protection ne jouait pas en faveur d'un conseiller prud'homme dès lors qu'il résulte des dispositions de l'article L. 1231-1 du Code du travail que les règles relatives au licenciement ne sont pas applicables pendant la période d'essai *(Cass. soc., 13 mars 1985, n° 82-40.506, Bull. V n° 160).* Elle avait écarté l'application de la procédure spéciale, s'agissant d'un médecin du travail *(Cass. soc., 9 févr. 1966, Bull. V n° 162 ; Cass. soc., 20 juill. 1987, n° 85-44.534)*.

La chambre criminelle avait, en revanche, jugé applicables les dispositions protectrices pour un membre du comité d'entreprise qui avait conclu avec son employeur un contrat comportant une clause relative à une « *période probatoire* » d'une durée d'un an, une clause du contrat de travail ne pouvant dispenser l'employeur de respecter la procédure d'autorisation *(Cass. crim., 5 nov. 1974, n° 74-90.085, Bull. crim. n° 313)*.

En tout état de cause, il avait été jugé que la « *période d'essai* » introduite pendant l'exécution du contrat, par avenant ou dans un second contrat, ne pouvait faire échec à la protection dès lors qu'un salarié « *ne peut valablement renoncer pendant la durée du contrat, par avance, au droit de se prévaloir des règles légales de licenciement* » et que cette « *période d'essai (...) ne peut être regardée que comme une période probatoire dont la rupture a pour effet de replacer le salarié dans ses fonctions antérieures* » *(Cass. soc., 30 mars 2005, n° 03-41.797, Bull. V n° 109, Dr soc 2005, p. 810, obs. J. Mouly, D. 2005, p. 2499, commentaire B. Lardy-Pélissier et J. Pélissier)*.

La doctrine avait souligné l'intérêt général s'attachant à la reconnaissance de l'application du statut protecteur pendant la période d'essai, l'absence de protection et la crainte de mesures de rétorsion ne pouvant que faire obstacle à l'acquisition par un salarié d'une fonction représentative *(J. Mouly, « La résiliation de l'essai fondé sur un motif étranger aux résultats », Dr soc 2005, p. 614)*. En outre, les salariés exerçant des fonctions en dehors du cadre de l'entreprise *(conseiller prud'homme ou conseiller du salarié par exemple)* se trouvent plus particulièrement exposés lorsqu'ils occupent un nouvel emploi au cours de leur mandat.

Par un arrêt du 26 octobre 2005, la chambre sociale a jugé que « *les dispositions légales qui assurent une protection exceptionnelle et exorbitante du droit commun à certains salariés, en raison du mandat ou des fonctions qu'ils exercent dans l'intérêt de l'ensemble des travailleurs, s'appliquent à la rupture du contrat de travail à l'initiative de l'employeur pendant la période d'essai* » *(Cass. soc., 26 oct. 2005, n° 03-44.751, Bull. V n° 306, RJS 2006 n° 63, D. 2005, p. 2769, obs. E. Chevrier, JCP S 2005 n° 1444, obs. J.-Y. Frouin : en l'espèce, était en cause la rupture du contrat de travail d'un conseiller du salarié)*. Par un arrêt du même jour *(Cass. soc., n° 03-44.585, Bull. V n° 306)*, elle a fait application de la même solution à la rupture du contrat d'un médecin du travail pendant sa période d'essai.

La chambre sociale a, par sa nouvelle jurisprudence, fait prévaloir la logique de la protection du mandat sur celle de l'essai *(« Période d'essai et procédures de licenciement des salariés protégés », M.-L. Morin, RJS 2006, p. 9 ; J. Duplat, « Le statut protecteur prime sur le principe de la libre rupture de l'essai », Sem. soc. Lamy, 7 nov. 2005, n° 1235 ; J. Mouly, « Le statut des salariés protégés est applicable à la période d'essai », D. 2006, p. 115 ; Rapport 2005 Cour de cassation, p. 261)*.

Toutefois, ne peut bénéficier du statut protecteur, le salarié qui au jour de la rupture de sa période d'essai n'a pas informé son employeur de l'existence du mandat extérieur à l'entreprise qu'il détenait *(pour un mandat de défenseur syndical : Cass. soc., 16 janv. 2019, n° 27.685 B., D. actu. Note W. Fraisse) (cf. n°* ***12.1.2****)*.

B. Les questions posées par la jurisprudence

1. Quelle est l'incidence éventuelle du respect de la procédure exorbitante sur la période d'essai ?

15.1.3.2.1. – L'employeur doit saisir en temps utile l'autorité administrative de telle sorte que cette dernière dispose d'un délai suffisant pour instruire sa demande. Toutefois, on ne peut exclure que la décision de l'administration n'intervienne qu'après l'expiration de la période d'essai. Dans cette hypothèse, il nous semble que cette période devrait être regardée comme nécessairement prorogée de telle sorte qu'en cas d'autorisation, la rupture du contrat soit regardée comme étant intervenue avant l'expiration de la période d'essai.

2. Quelle est l'étendue du contrôle exercé par l'administration sur le motif invoqué par l'employeur pour rompre le contrat ?

15.1.3.2.2. – Le contrôle exercé par l'autorité administrative pourrait être borné à la vérification que la cessation du lien contractuel n'est pas en rapport avec le mandat exercé ou brigué. Serait ainsi transposée la solution adoptée lorsque l'administration est saisie d'une demande d'autorisation concernant un salarié ayant conclu un contrat à durée déterminée sans clause de renouvellement ou de report du terme *(cf. n°* ***16.2.5.1*** *; voir sur ce point : « Période d'essai et procédures de licenciement des salariés protégés », M.-L. Morin, RJS 2006 p. 9)*.

Ce contrôle peut-il s'étendre à la vérification de l'absence d'abus de la part de l'employeur dans l'exercice de son droit de résiliation, un tel abus étant, s'agissant des salariés non protégés, sanctionné par le juge judiciaire par l'octroi de dommages-intérêts *(cf. J. Pélissier, A. Lyon-Caen, A. Jeammaud et E. Dockès, Les grands arrêts du droit du travail, D. 2004, § 40-41)* ? La réponse à cette question nous paraît dépendre de l'étendue de la compétence que se reconnaît le juge judiciaire. Si ce dernier s'estime compétent pour, en cas d'autorisation administrative, se prononcer sur le caractère abusif de la rupture, il nous semble que le contrôle exercé par l'administration devrait alors se borner à la vérification de l'absence de lien entre les fonctions représentatives et la rupture du contrat *(cf. n°* ***412-1 et s.****)*.

3. *L'administration a-t-elle la faculté de refuser l'autorisation demandée en se fondant sur un motif tiré de l'intérêt général ?*

(sur ce motif, cf. n° ***413.1****)*

15.1.3.2.3. – Reconnaître cette faculté à l'administration – alors même que la rupture ne serait ni abusive ni en lien avec le mandat – pourrait être jugé contradictoire avec la jurisprudence consacrant le caractère quasi discrétionnaire de la rupture de l'essai et porter une atteinte jugée excessive au droit du chef d'entreprise de choisir ses collaborateurs qui découle, selon le juge constitutionnel, de la liberté d'entreprendre *(Cons. const., 20 juill. 1988, n° 88-244 DC, loi portant amnistie)*. Cependant, dans son avis sur le pourvoi ayant donné lieu à l'arrêt du 26 octobre 2005, l'avocat général avait mis en évidence l'intérêt qui s'attache à ce qu'un tel motif puisse être retenu s'agissant, notamment, de salariés qui exercent des fonctions représentatives extérieures à l'entreprise *(J. Duplat, Sem. soc. Lamy, 7 nov. 2005, n° 1235, p. 6)*.

SECTION 2
La faute

15.2. – Le contrôle à opérer par l'inspecteur du travail porte, en application des principes dégagés par la jurisprudence Bernette c./ Safer d'Auvergne *(CE, Assemblée, 5 mai 1976, Rec. p. 232, Dr soc 1976, p. 346)*, sur les points suivants :

– le respect de la procédure interne à l'entreprise ;
– la réalité des faits fautifs invoqués ;
– la gravité suffisante de ces faits fautifs ;
– l'absence de lien avec le mandat ou l'appartenance syndicale ;
– l'absence d'un motif d'intérêt général *(même si la référence à ce motif n'est pas systématiquement reprise par le Conseil d'État dans ses considérants)*.

Pour l'étude approfondie de la portée de ce contrôle, il convient de se reporter aux n° **44**, **45** et **46**.

SECTION 3
La rupture du contrat à durée déterminée pour faute grave

15.3. – L'autorisation de licenciement ne peut être accordée que si :

– la procédure prévue a été respectée ;
– le salarié a commis une faute d'une gravité suffisante pour justifier le licenciement ;

– le licenciement est sans rapport avec le mandat ;
– aucun motif d'intérêt général ne s'y oppose.

En cas de refus de la part de l'autorité administrative, le contrat se poursuit normalement jusqu'à son terme, avant lequel l'employeur pourra demander une autorisation à l'inspecteur du travail selon les règles exposées ci-dessous.

§ 1. LES SALARIÉS BÉNÉFICIAIRES DE LA PROTECTION

15.3.1. – Il convient de se reporter au n° **16.2.1**.

§ 2. LA PROCÉDURE

15.3.2. – La procédure est proche de celle applicable en cas de demande d'autorisation de licenciement d'un salarié protégé titulaire d'un contrat à durée indéterminée pour faute.

A. L'entretien préalable

15.3.2.1. – Sont applicables en tout état de cause les dispositions relatives à la procédure disciplinaire *(C. trav., art. L.1332-1 à L.1332-5)* qui imposent notamment un entretien préalable *(Cass. soc., 27 mai 1992, n° 88-44.605, Bull. V n° 341 ; Cass. soc., 11 avr. 1996, n° 93-42.632, Bull. V n° 151, RJS 1996 n° 523 ; Cass. soc., 23 janv. 1997, n° 95-40.526, Bull. V n° 32, RJS 1997 n° 281 ; Cass. soc., 12 nov. 2003, n° 01-42.130, Bull. V n° 278, Dr soc 2004, p. 304, obs. C. Roy-Loustaunau ; Cass. soc., 4 juin 2008, n° 07-40.126, Bull. V n° 121, RJS 2008 n° 872 ; Cass. soc., 14 mai 2014, n° 13-12.071, Bull. V n° 118)*.

La question de l'application, pour les salariés protégés, des dispositions des articles L. 1232-2 à L. 1232-5 reste posée.

S'agissant des salariés non protégés, il a été jugé que ces dispositions n'étaient pas applicables : l'article L. 1242-14 précise en effet que les dispositions concernant la rupture du contrat de travail à durée indéterminée ne sont pas applicables aux salariés liés par un contrat à durée déterminée *(Cass. soc., 20 nov. 2013, n° 12-30.100, B., RJS 2014 n° 104)*. Il en est ainsi des dispositions de l'article L. 1232-4 relatives à l'assistance par un conseiller du salarié *(Cass. soc. 25 oct. 2000, n° 98-43.760, RJS 2001 n° 417)*. Il s'ensuit que le délai fixé par l'article L. 1232-2 n'est pas applicable, la Cour de cassation ayant toutefois posé le principe que le salarié doit être suffisamment averti à l'avance *« pour pouvoir y réfléchir et recourir éventuellement à l'assistance d'un membre du personnel » (Cass. soc., 14 déc. 1995, n° 94-41.785, Bull. V n° 347, Dr soc 1996, p. 197, RJS 1996 n° 103)*.

Cependant, les dispositions réglementaires applicables en cas de rupture du contrat de travail des salariés protégés prévoient que l'entretien prévu à l'article L. 1232-2 précède, soit la demande d'autorisation *(C. trav., art. R. 2421-3)*, soit la consultation du comité social et économique *(C. trav., art. R. 2421-8)*. Il a été jugé, tant par la Cour de cassation que par le Conseil d'État, que ces dispositions imposaient dans tous les cas que soit organisé un entretien préalable, y compris dans les hypothèses où cet entretien n'est pas obligatoire pour les salariés non protégés *(Cass. soc., 10 mai 1999, n° 97-40.510, Bull. V n° 207, RJS 1999 n° 831, Dr ouvrier octobre 2000, p. 56 et CE, 28 sept. 2005, n° 266.023, Sté Soinne et associés, RJS 2005 n° 1230)*. Il nous semble, dès lors, que sont applicables les dispositions des articles L. 1232-2 à L. 1232-5 du Code du travail, notamment celles relatives au délai séparant la convocation à l'entretien et ce dernier *(cf. n° **21.3.3.1** et **21.3.3.2**)* ainsi qu'à l'assistance par un conseiller du salarié *(cf. n° **21.3.1.2**)*.

B. La consultation du comité social et économique

15.3.2.2. – Il convient de se reporter au n° **21.6**.

§ 3. L'EXIGENCE LÉGALE D'UNE FAUTE GRAVE

15.3.3. – Le Code du travail dispose que « … *le contrat à durée déterminée ne peut être rompu avant l'échéance du terme qu'en cas de faute grave…* » *(C. trav., art. L. 1243-1)*.

Selon le ministère du Travail, « *la faute grave… doit s'entendre comme étant la faute d'une gravité suffisante pour justifier le licenciement d'un représentant du personnel telle qu'elle est définie par la jurisprudence du conseil d'État (arrêt Safer d'Auvergne du 5 mai 1976)* » *(circulaire ministérielle du 25 oct. 1983, 5.2.3.4, abrogée)*.

Il nous semble cependant que la « *faute d'une gravité suffisante* » doit nécessairement être une « *faute grave* ». La solution adoptée par le Conseil d'État s'agissant du licenciement du salarié gréviste, qui ne peut être licencié que pour « *faute lourde* » *(cf. n° **46.3.3.2**)*, doit conduire à combiner les règles de droit commun et celles régissant le statut protecteur des salariés protégés.

L'article 11 de la convention n° 119 de l'OIT concernant la cessation de la relation de travail à l'initiative de l'employeur, publiée par le décret n° 90-140 du 9 février 1990, stipule que la faute grave est « *une faute d'une nature telle que l'on ne peut raisonnablement exiger de l'employeur qu'il continue à occuper le salarié pendant la période de préavis* ».

N'a pas été regardé comme une faute grave le fait pour un salarié de refuser l'accroissement de l'amplitude de l'horaire de nuit, portée de 8 h 45 à 10 h 15 *(Cass. soc., 7 sept. 2004, n° 02-42.657, Bull. V n° 223, RJS 2004 n° 1125, Dr ouvrier 2005 p. 212, Dr soc 2004 p. 1022, obs. C. Roy-Louastanau)*. De même, le refus par le salarié d'un changement de ses conditions de travail ne constitue pas à lui seul une faute grave *(Cass. soc., 20 nov. 2013, n° 12-16.370, Bull. V n° 273)*.

En revanche, a été regardé comme constitutif d'une faute grave le fait pour un footballeur professionnel de refuser de façon réitérée, sans motif légitime, de se soumettre à l'examen du médecin du travail rendant impossible son maintien dans le club jusqu'à l'arrivée du terme du contrat *(Cass. soc., 11 mai 2017, n° 16-14570)*.

La Cour de cassation a précisé que la faute de nature à justifier la rupture anticipée du contrat à durée déterminée doit avoir été commise durant l'exécution de ce contrat. En cas de contrats à durée déterminée successifs, l'employeur ne peut se fonder sur des fautes commises antérieurement à la prise d'effet du dernier contrat conclu pour justifier la rupture de celui-ci *(Cass. soc., 15 mars 2023, n° 21-17.227 B., D. actu., note F. Gabroy)*.

Le contrat à durée déterminée ne peut pas valablement être rompu pour un motif économique, quelle que soit la situation :

– les circonstances économiques ne constituent pas un cas de force majeure *(Cass. soc., 28 avr. 1986, n° 84-40.538, Bull. V n° 179, D. 1987, p. 475, Dr ouvrier 1987, p. 66 ; CE, 19 nov. 1986, n° 39.517, Thire, Rec. p. 262, Dr ouvrier 1987, p. 66 ; Cass. soc., 20 févr. 1996, n° 93-42.663, Bull. V n° 59)* ;
– « *la liquidation judiciaire, quand bien même elle entraîne la disparition de l'entreprise, ne constitue pas un cas de force majeure* » permettant la rupture anticipée d'un contrat à durée déterminée *(Cass. soc., 20 oct. 1993, n° 91-43.922, Bull. V n° 240, RJS n° 1225 ; Cass. soc., 5 juin 1996, n° 92-40.942)* ;
– il en va de même en cas d'incendie de l'entreprise *(Cass. soc., 2 févr. 1994, n° 90-42.104, Bull. V n° 37, CSB 1994, 113)*.

Si la demande repose sur un motif économique, l'administration du travail doit refuser l'autorisation sollicitée.

SECTION 4
La perte de confiance et le licenciement reposant sur des éléments objectifs se rattachant au comportement du salarié

§ 1. LA PERTE DE CONFIANCE COMME MOTIF JUSTIFIANT LA RUPTURE DU CONTRAT DE TRAVAIL

15.4.1. – Après avoir admis que l'employeur puisse invoquer, comme cause réelle et sérieuse de licenciement, « *la perte de confiance* », la Cour de cassation a posé le principe selon lequel elle ne constitue pas en soi un motif légitime de rupture du contrat de travail et que le licenciement pour une cause inhérente au salarié doit reposer sur des éléments objectifs *(Cass. soc., 29 nov. 1990, n° 87-40.184, Bull. V n° 597, RJS 1991 n° 16, Dr soc 1992, p. 32 ; Cass. soc., 29 mai 2001, n° 98-46.341, Bull. V n° 183,*

D. 2002, p. 921, note A. Gardin ; Cass. soc., 13 janv. 2004, n° 01-47.178, Bull. V n° 4, RJS 2004 n° 392 ; Cass. soc., 30 mars 2005, n° 03-41.380, RJS 2005 n° 610).

Nonobstant l'évolution de la jurisprudence de la Cour de cassation, le Conseil d'État avait admis que la perte de confiance soit considérée comme un motif pouvant fonder, en tant que tel, une autorisation de licenciement *(CE, 1er avr. 1992, n° 118.580, Sté Ladbroke Hôtels France, Rec. p. 149)*. Comme l'admettait le commissaire du gouvernement dans ses conclusions *(Dr soc 1992, p. 833-836)*, cette jurisprudence avait ouvert « *une brèche* » dans le dispositif de contrôle construit par le législateur et le juge.

Le Conseil d'État, qui avait précisé la nature du contrôle exercé par l'administration dans le cas où l'employeur alléguait une perte de confiance à l'appui de sa demande, s'était efforcé par sa jurisprudence de « *limiter l'ampleur de la brèche* ».

A. La nature du contrôle opéré par l'administration

15.4.1.1. – L'autorité administrative était tenue de s'assurer que « *les éléments à l'appui de la demande justifient une telle allégation compte tenu des fonctions exercées par le salarié, de l'ensemble des règles applicables à son contrat de travail et des exigences propres à l'exécution du mandat dont il est investi » (CE, 1er avr. 1992, n° 118.580, Sté Ladbroke Hôtels France, Rec. p. 149)*.

Le contrôle opéré par l'autorité administrative portait, en premier lieu, sur la réalité des faits invoqués à l'appui de la perte de confiance : cette dernière ne pouvait résulter de simples soupçons *(CE, 21 déc. 1994, n° 120.469, Touaty)*. Mais le contrôle opéré par l'administration ne se bornait pas à la vérification de la matérialité des faits : elle devait apprécier si ces faits étaient de nature à justifier la perte de confiance, en prenant en compte notamment le caractère des fonctions exercées par le salarié *(CE, 1er févr. 1995, n° 138.922, URSSAF de Gironde, Tables p. 1063, RJS 1995 n° 399 ; CE, 31 janv. 2001, n° 212.015, Gendre, RJS 2001 n° 891)*.

L'administration, comme pour les autres motifs, devait également vérifier l'absence de lien avec le mandat représentatif et pouvait invoquer un motif d'intérêt général pour refuser une autorisation de licenciement.

La jurisprudence du Conseil d'État avait bien ouvert une « *brèche* » : l'inspecteur du travail ne devait pas se prononcer sur la gravité de la faute commise mais sur le caractère justifié ou non de la perte de confiance, compte tenu des faits allégués par l'employeur. Le licenciement pouvait être autorisé si la perte de confiance était regardée comme établie, même en l'absence d'un comportement gravement fautif *(CE, 1er avr. 1992, n° 118.580, Sté Ladbroke Hôtels France, Rec. p. 149 ; CE, 29 juill. 1994, n° 121.212, Beautheac, Rec. p. 1216, RJS 1994 n° 1153)*. Il pouvait être ainsi tentant, en alléguant la perte de confiance, de contourner les règles jurisprudentielles définies par le juge pour contrôler le licenciement pour faute. Le Conseil d'État avait voulu prévenir un tel *« détournement de motif »*, d'une part, en limitant les catégories de salariés à l'égard desquels l'employeur pouvait invoquer la perte de confiance et, d'autre part, en estimant que ce dernier motif n'était pas interchangeable avec le licenciement pour faute.

B. L'impossibilité d'invoquer la perte de confiance à l'égard de tous les salariés

15.4.1.2. – Dans son commentaire de la décision du Conseil d'État, Sté Ladbroke Hôtels France, l'*Actualité Juridique de Droit Administratif* précisait que cette jurisprudence *« ne peut être appliquée, semble-t-il, qu'aux emplois supérieurs d'une entreprise, ceux qui mettent en cause sa direction stratégique. Il s'agit non pas d'emplois ordinaires de cadres, mais sans doute des emplois de collaboration directe du chef d'entreprise » (AJDA 1992, p. 339-340)*.

La jurisprudence du Conseil d'État avait confirmé la pertinence de cette appréciation :

– la perte de confiance avait été admise comme motif d'une demande d'autorisation de licenciement concernant un directeur de société *(CE, 29 juill. 1994, n° 121.212, Beautheac, Rec. p. 1216, RJS 1994 n° 1153)* ou le secrétaire général d'une association *(CE, 31 janv. 2001, n° 212.015, Gendre, RJS 2001 n° 891)* ;

– elle ne pouvait pas être alléguée à l'égard d'un salarié dont le poste de travail ne comportait que des tâches d'exécution *(CE, 19 oct. 1988, n° 81.812, Ministre du Travail c. / Coopérative d'exploitation et de répartition pharmaceutique, Rec. p. 346)* ;

– elle ne pouvait pas non plus être invoquée à l'encontre d'un cadre, responsable du service comptable, qui n'exerçait pas des fonctions de direction *(CE, 16 juin 1995, n° 153.861, Comité d'amélioration du logement [CAL] Pact Arim de Seine et Marne, Rec. p. 1062, RJS 1995 n° 910, AJDA 1995, p. 854)* ;

– la perte de confiance ne pouvait être alléguée à l'égard d'un croupier-chef de tables d'un casino *(CE, 21 août 1996, n° 161.909, Guelfucci, Rec. p. 1192, RJS 1996 n° 1192) ;*

– et encore moins à l'encontre d'un portier de l'entreprise *(CE, section, 11 juin 1999, n° 189.219, Sté Les grands moulins de Strasbourg, RJS 1999 n° 1093 et conclusions du commissaire du gouvernement, RJS 1999 p. 638 et Rec. p. 179, AJDA 1999, p. 793 et 843).*

Il convient de souligner que le juge de cassation contrôle l'appréciation portée par le juge du fond sur la question de savoir si les fonctions exercées par le salarié sont des fonctions de responsabilité de nature à justifier l'allégation de la perte de confiance. Ce contrôle témoignait de la volonté du Conseil d'État de veiller à l'unité de la jurisprudence des juges du fond sur cette question.

C. Le caractère non substituable de la perte de confiance et du motif disciplinaire

15.4.1.3. – Le contrôle opéré par l'administration n'était pas de même nature quand l'administration était saisie d'une demande d'autorisation de licenciement fondée sur la perte de confiance et d'une demande reposant sur un motif disciplinaire. Les deux motifs ne pouvaient être confondus. Ce principe avait des conséquences importantes :

- si l'inspecteur du travail était saisi d'une demande motivée par la perte de confiance, il ne pouvait refuser l'autorisation au motif que les faits reprochés au salarié n'étaient pas d'une gravité suffisante *(CE, 10 juin 1994, SA Compagnie française du thermalisme, Rec. p. 314, RJS 1994 n° 1012)* ; dans un tel cas, le ministre, saisi d'un recours hiérarchique, était tenu d'annuler la décision de l'inspecteur *(CAA Nantes, 9 mars 2000, n° 96NT02292)* ;
- réciproquement, l'inspecteur du travail commettait une erreur de droit s'il autorisait le licenciement au motif que la perte de confiance était établie alors qu'il était saisi sur la base de motifs disciplinaires : *(CE, 16 juin 1995, n° 126.960, Sevestre, RJS 1995 n° 911, conclusions du commissaire du gouvernement, RJS 1995 p. 569 ; CE, 29 mai 1996, n° 161.068, Sté Grands garages de Provence)* ;
- le moyen tiré de la perte de confiance invoqué devant le juge devait être regardé comme inopérant dès lors que la demande d'autorisation de licenciement était fondée sur un motif disciplinaire *(CE, 4 nov. 1992, n° 82.749, Sté Set-Oi : en l'espèce, il était reproché au salarié un détournement de clientèle ; CE, 10 juill. 1995, n° 147.636, Sté La Redoute Catalogue)*.

Ce motif, invoqué pour la première fois devant le juge d'appel, ne pouvait pas être substitué au motif retenu par l'employeur *(CE, 30 nov. 1994, n° 124.904, SARL Keep service, RJS 1995 n° 267)* et celui-ci ne pouvait utilement invoquer à l'appui de son appel, contre le jugement du tribunal administratif ayant annulé l'autorisation délivrée par l'administration sur le terrain de la perte de confiance, de nouveaux griefs tirés des fautes professionnelles graves qu'aurait commises le salarié *(CE, 8 janv. 1997, n° 160.903, Centre de recherches biologiques, RJS 1997 n° 178)*.

Si le motif disciplinaire et la perte de confiance n'étaient pas substituables, ils pouvaient être invoqués simultanément par l'employeur ; le juge d'appel ne pouvait donc pas annuler le jugement du tribunal administratif, qui avait annulé le refus d'autorisation de l'administration, au seul motif que la faute commise n'était pas de nature à justifier le licenciement sans examiner si le comportement du salarié était de nature à entraîner la perte de confiance *(CE, 27 juin 2001, n° 202.701, SARL des Câbleries Lapp, Tables p. 1215)*.

§ 2. L'ABANDON DE LA PERTE DE CONFIANCE COMME MOTIF JUSTIFIANT LA RUPTURE DU CONTRAT DE TRAVAIL D'UN SALARIÉ PROTÉGÉ

A. L'évolution de la jurisprudence du Conseil d'État

15.4.2.1. – En raison de la résistance des juridictions du fond, la chambre sociale a, à plusieurs reprises, confirmé sa jurisprudence selon laquelle, d'une part, la perte de confiance ne constituait pas en soi un motif de licenciement et, d'autre part, le licenciement pour une cause inhérente au salarié doit reposer sur des éléments objectifs imputables à celui-ci *(par exemple, Cass. soc., 9 mars 1999, n° 96-44.080, Bull. V n° 105)*. Cette résistance l'a incitée à affirmer, par un arrêt du 29 mai 2001, que « *la perte de confiance de l'employeur ne peut jamais constituer en tant que telle une cause de licenciement même quand elle repose sur des éléments objectifs* » *(Cass. soc., 29 mai 2001, n° 98-46.341, Bull. V n° 183, RJS 2001 n° 999)*. Cet arrêt a conduit le Conseil d'État à modifier sa jurisprudence, abandonnant « *la perte de confiance* » comme motif de nature à justifier le licenciement d'un représentant du personnel.

La décision du 21 décembre 2001 du Conseil d'État, rendue à l'occasion du litige né du licenciement d'un médecin du travail, a en effet une portée générale : par cet arrêt, la section du contentieux a censuré l'erreur de droit commise par le juge d'appel, qui avait estimé que les faits reprochés étaient de nature à entraîner la perte de confiance, et a posé le principe que « *la perte de confiance de l'employeur envers le salarié ne peut jamais constituer par elle-même un motif pouvant servir de base à une autorisation de licenciement* » *(CE, section, 21 déc. 2001, n° 224.605, Baumgarth, Rec. p. 669, RJS 2002 n° 304, Dr ouvrier 2002, p. 457)*. La jurisprudence a été transposée aux salariés protégés *(CE, 22 mai 2002, n° 214.637, Zaugg, Tables p. 952, RJS 2002 n° 999 ; CE, 27 juill. 2012, n° 329.294, Sté Medica France, RJS 2012 n° 885)*.

Lorsqu'une demande d'autorisation de licenciement d'un salarié bénéficiant d'une protection particulière est fondée sur des éléments qui se rattachent au comportement de l'intéressé et qui, sans caractériser l'existence d'une faute, rendraient impossible, selon l'employeur, la poursuite du contrat de travail, il appartient à l'inspecteur du travail et, éventuellement, au ministre compétent de rechercher, sous le contrôle du juge de l'excès de pouvoir, si ces éléments présentent un caractère objectif et si, en raison du niveau élevé des responsabilités exercées par le salarié, ils peuvent, eu égard à l'ensemble des règles applicables au contrat de travail, et compte tenu des atteintes susceptibles d'être portées au fonctionnement de l'organisme en cause, justifier légalement l'octroi d'une autorisation de licenciement ; qu'en revanche, la perte de confiance de l'employeur envers le salarié ne peut jamais constituer par elle-même un motif pouvant servir de base à une autorisation de licenciement

Cette évolution de la jurisprudence est d'autant plus remarquable que la section du contentieux avait confirmé, le 11 juin 1999, qu'elle entendait maintenir la « *perte de confiance* » comme motif de nature à justifier une autorisation *(CE, section, 11 juin 1999, n° 189.219, Sté Les grands moulins de Strasbourg, RJS 1999 n° 1093 et conclusions du commissaire du gouvernement, RJS 1999 p. 638 et Rec. p. 179)*. Il ne fait pas de doute que l'arrêt de la chambre sociale du 29 mai 2001 précité a été déterminant dans cette évolution : dans ses conclusions, le commissaire du gouvernement, Mme Prada-Bordenave, après en avoir fait mention, estimait que si le Conseil d'État conservait sa « *jurisprudence sans tenir compte de l'évolution de celle qui concerne le licenciement des salariés de droit commun, la doctrine (...) ainsi que les praticiens et les salariés protégés eux-mêmes risquent de considérer que le Conseil d'État chargé de veiller à la mise en œuvre de la protection exceptionnelle des représentants du personnel, fait pourtant application aux salariés protégés d'un régime juridique moins favorable que celui qui est désormais appliqué aux salariés ordinaires* ».

Suivant les conclusions du commissaire du gouvernement, le Conseil d'État n'a cependant pas entendu abandonner, s'agissant des cadres ayant un niveau élevé de responsabilités, la possibilité pour l'employeur d'obtenir l'autorisation de les licencier pour un motif tiré du désaccord sur les orientations stratégiques de la société.

B. Convergence et divergence avec la jurisprudence judiciaire

15.4.2.2. – La jurisprudence du Conseil d'État se rapproche ainsi de celle de la chambre sociale, mais s'en sépare néanmoins quant à son champ d'application.

La chambre sociale rejette la perte de confiance comme cause de licenciement mais admet que « *des éléments objectifs peuvent, le cas échéant, constituer une cause de licenciement* » *(Cass. soc., 29 mai 2001, n° 98-46.341, Bull. V n° 183, RJS 2001 n° 999 ; Cass. soc., 12 janv. 2005, n° 02-47.323, RJS 2005 n° 364)*.

Pour le juge administratif, les éléments allégués par l'employeur doivent « *présenter un caractère objectif* » *(pour un exemple, CAA Nantes, 12 nov. 2004, n° 03NT00142, Meheust, AJDA 2005, p. 893)*.

Au demeurant, la jurisprudence antérieure ne permettait pas « *le licenciement de représentants du personnel pour de simples motifs psychologiques se rattachant à l'intime conviction de l'employeur. La rédaction [des] décisions, au contraire, relève avec soin les désaccords et leurs manifestations et met en évidence le blocage du fonctionnement de l'entreprise qui en est résulté (...). À leur lecture on a du mal à trouver la moindre place laissée à une appréciation subjective et l'existence de la perte de confiance [est déduite] du fait que le comportement du salarié a, compte tenu de ses responsabilités, gravement perturbé le fonctionnement de l'équipe de direction ou bien la mise en œuvre d'orientations stratégiques* » *(conclusions du commissaire du gouvernement)*. Dans ces conditions, l'abandon du détour par la perte de confiance pouvait se faire sans dommage, alors que le maintien de la jurisprudence antérieure eût exposé le Conseil d'État à des critiques récurrentes.

Toutefois, la jurisprudence du Conseil d'État se distingue de celle de la chambre sociale dans la mesure où la Haute assemblée a volontairement décidé de circonscrire ce nouveau chef de demande aux cadres « *ayant un niveau élevé de responsabilités* ». De ce point de vue, la continuité avec la jurisprudence antérieure est certaine. La section du contentieux a refusé sur ce point de la faire évoluer, suivant ainsi les conclusions de son commissaire qui estimait qu'une telle évolution, qui eût consisté à admettre que ce nouveau motif pût être allégué à l'encontre de tous les salariés quel que soit leur niveau hiérarchique, « *aurait un effet d'annonce particulièrement regrettable puisqu'elle ouvrirait pour les salariés protégés autres que les salariés dirigeants un motif de licenciement autre que ceux que votre jurisprudence avait jusqu'à présent admis et l'on aboutirait à ce résultat paradoxal qu'après avoir supprimé la référence à la perte de confiance de l'employeur pour affirmer votre souci de veiller au respect de la protection exceptionnelle des représentants du personnel, vous pourriez apparaître comme ayant diminué pour l'ensemble des salariés cette protection* ». Admettre que le nouveau chef de demande puisse être invoqué à l'encontre de tous les salariés eût ouvert une voie permettant de contourner le contrôle que doivent exercer l'administration et le juge, en cas de licenciement disciplinaire d'un salarié protégé, sur l'existence d'une « *faute d'une gravité suffisante* », notion distincte à la fois de la faute grave et de la cause réelle et sérieuse *(cf. n°* ***44.4.1****)*. C'est la spécificité de la grille d'analyse de la cause disciplinaire du licenciement du salarié protégé, qui résulte elle-même de la situation particulière du salarié détenteur d'un mandat, qui conduit nécessairement à cantonner ce chef de demande aux cadres « *ayant un niveau élevé de responsabilités* », alors que, s'agissant des autres salariés, le bien-fondé du licenciement est apprécié, dans tous les cas, en utilisant un concept identique, celui tiré de l'existence d'une « *cause réelle et sérieuse* ».

Dans ces conditions, gardent toute leur utilité les règles dégagées par la jurisprudence antérieure, exposées ci-dessus, relatives aux comportements de nature à justifier la rupture du contrat de travail, aux catégories de salariés à l'encontre desquels le motif peut être valablement invoqué, à l'absence de caractère interchangeable entre le motif disciplinaire et le motif tiré du comportement du salarié, à la nécessité pour l'administration et le juge de vérifier l'absence de lien avec le mandat représentatif et la possibilité d'invoquer un motif d'intérêt général pour refuser une autorisation de licenciement. De même, il ne fait guère de doute que le Conseil d'État, en tant que juge de cassation, contrôlera l'appréciation portée par le juge du fond sur la question de savoir si les fonctions exercées par le salarié sont des fonctions de responsabilité de nature à justifier l'autorisation de licenciement.

SECTION 5
L'insuffisance professionnelle

§ 1. LA NATURE DU CONTRÔLE DE L'AUTORITÉ ADMINISTRATIVE

15.5.1. – L'insuffisance professionnelle peut motiver le licenciement d'un salarié protégé, même en l'absence de faute de sa part *(CE, 27 sept. 1989 n° 91.613, Association pour la Formation Professionnelle dans le Bâtiment et les Travaux Publics, Rec. p. 469 ; CE, 29 juill. 1994, n° 112.119, Foupa, RJS 1994, n° 1156).*

Fondée sur l'appréciation de la compétence du salarié, elle se distingue de la faute professionnelle *(cf. n°* ***45.3****)* qui constitue un motif disciplinaire : « *l'insuffisance professionnelle ne présente pas un caractère fautif* » *(Cass. soc., 9 mai 2000, n° 97-45.163, Bull. V n° 170, RJS 2000 n° 639 ; Cass. soc., 19 nov. 2008, n° 07-43.521 ; dans le même sens, pour des erreurs ne relevant pas d'une mauvaise volonté délibérée : Cass. soc., 17 févr. 2004, n° 01-45.643, RJS 2004 n° 521 ; Cass. soc., 30 sept. 2014, n° 13-11.901 ; a contrario : Cass. soc., 9 juill. 2008, n° 07-42.041 pour le défaut de pointage, le non-respect de consignes et l'absence de remise de comptes rendus d'activité, malgré deux sanctions disciplinaires antérieures, ce comportement relevant de la négligence ou da mauvaise volonté délibérée et caractérisant un comportement fautif ; Cass. soc., 9 janv. 2019, n° 17-20.568, RJS 2019 n° 153 ; note P. Lokiec, « Le licenciement pour insuffisance professionnelle », Dr soc 2014, p. 38 ; Cass. soc., 15 févr. 2023, n° 22-10.398, JSL 2023 n° 561 note H. Nasom-Tissandier).*

Les dispositions de l'article L. 1332-4 relatives à la prescription des fautes ne sont donc pas applicables *(Cass. soc., 13 nov. 1996, n° 94-44.922 ; CAA Bordeaux, 24 juin 1998, n° 96BX01023, Rec. p. 1203 ; cf. n°* ***21.2****).* Toutefois, en pratique, cette distinction peut s'avérer difficile *(ainsi, à titre d'exemples : Cass. soc., 26 nov. 2008, n° 07-43.633 ; Cass. soc., 3 déc. 2008, n° 07-43.927 ; Cass. soc., 27 janv.2009,n° 07-43.809)* et nombre de décisions juridictionnelles n'échappent pas à cette confusion. Or, la qualification donnée par l'employeur, faute ou insuffisance professionnelle, ne peut pas être modifiée ultérieurement par le juge *(Cass. soc., 9 mai 2000, n° 97-45.163, Bull. V n° 170, préc.)*, ni s'agissant des salariés protégés, par l'autorité administrative *(cf. n°* ***51.3.2.2****)*.

Le prononcé d'une mise à pied à titre conservatoire n'implique pas nécessairement que le licenciement prononcé ultérieurement présente un caractère disciplinaire, l'employeur pouvant finalement décider de licencier pour insuffisance professionnelle *(Cass. soc., 3 févr. 2010, n° 07-44.491, Bull. V n° 32).* Il en est de même, pour des faits nouveaux de même nature, alors que des avertissements disciplinaires antérieurs ont été notifiés au salarié pour des faits liés à l'exercice de ses fonctions *(Cass. soc., 15 sept. 2009, n° 07-43.478, RJS 2009 n° 908).* De même, le refus d'une rétrogradation disciplinaire par le salarié n'empêche pas l'employeur de prononcer un licenciement pour insuffisance professionnelle *(Cass. soc., 9 mars 2022, n° 20-17.005 B., Dr soc 2022 p. 470, note J. Mouly).*

Depuis sa décision du 27 septembre 1989 le Conseil d'État considérait que l'insuffisance professionnelle devait être clairement établie « *compte tenu de l'ensemble des règles applicables au contrat de travail... des caractéristiques de l'emploi exercé... des exigences propres à l'exécution normale du mandat... et de la possibilité d'assurer le reclassement de l'intéressé dans l'entreprise* » *(CE, 27 sept. 1989 n° 91.613, Association pour la Formation Professionnelle dans le Bâtiment et les Travaux Publics, Rec. p. 469 ; CE, 7 déc. 2009, n° 315.588, Grece ; CE, 23 déc. 2010, n° 333.169, Mme A. ; CE, 25 nov. 2019, n° 418.025, M. Freund c. / Sté Continental Automotive France).*

L'obligation d'une recherche de reclassement résultait uniquement de cette jurisprudence du Conseil d'État et n'était pas reconnue par le juge judiciaire pour les salariés non protégés. En effet, aucune disposition législative ou réglementaire ni aucun principe général du droit n'impose d'obligation de reclassement à un employeur qui souhaite licencier un salarié auquel il reproche une insuffisance professionnelle, les dispositions du Code du travail ne prévoyant une telle obligation que dans les hypothèses où le licenciement est justifié par un motif économique ou par l'inaptitude médicale du salarié.

Par une décision du 2 décembre 2024, le Conseil d'État a abandonné cette obligation de reclassement dans l'entreprise et adopté une nouvelle grille de contrôle : « *Dans le cas où la demande de licenciement est motivée par l'insuffisance professionnelle, il appartient à l'inspecteur du travail et, le cas échéant, au ministre, de rechercher, sous le contrôle du juge de l'excès de pouvoir, si cette insuffisance est telle qu'elle justifie le licenciement. À ce titre, il appartient à l'administration de prendre en considération, outre les exigences propres à l'exécution normale du mandat dont le salarié est investi, l'ensemble des règles applicables au contrat de travail de l'intéressé et de s'assurer que l'employeur a pris les mesures propres à satisfaire à son obligation d'assurer l'adaptation du salarié à son poste de travail et envisagé, le cas échéant, de lui confier d'autres tâches susceptibles d'être mieux adaptées à ses capacités professionnelles* » *(CE, 2 déc. 2024, M. Poirier c. / Sté Tours Evénements, n° 487.954, mentionné aux Tables).*

Le contrôle de l'inspecteur du travail doit porter sur :

– le respect de la procédure interne dans l'entreprise ;
– la réalité des faits invoqués ;
– la réalité de l'insuffisance professionnelle, compte tenu des règles applicables au contrat de travail et des mesures prises pour adapter le salarié à son poste de travail (*C. trav., art. L. 6321-1*) ;
– l'absence de lien avec le mandat ou l'appartenance syndicale.

§ 2. L'APPRÉCIATION DE LA RÉALITÉ DE L'INSUFFISANCE PROFESSIONNELLE

A. Les exigences précises du poste de travail au regard des obligations habituelles dans l'entreprise et la profession et des objectifs fixes

15.5.2.1. – La référence aux objectifs pour invoquer l'insuffisance de résultats ou l'insuffisance professionnelle est toutefois assortie de certaines réserves.

1. *Les objectifs n'ont pas nécessairement un caractère contractuel*

15.5.2.1.1. – Dans un premier temps, le juge judiciaire avait estimé que « *si l'employeur n'apporte pas la preuve d'un engagement contractuel du salarié sur un objectif précis dont la non-réalisation peut lui être opposée… l'insuffisance de résultats reprochée n'est pas établie* » *(Cass. soc., 25 janv. 2000, n° 97-45.044, RJS 2000 n° 259 ; Cass. soc., 18 avr. 2000, n° 97-43.743, Bull. V n° 138, Liaisons soc., jurisp. n° 673).*

Par l'arrêt rendu le 14 novembre 2000, la chambre sociale avait cependant jugé qu'« *il appartient au juge d'apprécier… si les objectifs,* fussent-ils définis au contrat, *étaient réalistes…* » *(Cass. soc., 14 nov. 2000, n° 98-42.371, Bull. V n° 367, préc.).* Cette décision avait laissé apparaître une évolution du juge judiciaire : celui-ci semblait admettre que la fixation des objectifs ne résultait pas nécessairement d'une clause contractuelle pour être opposable aux salariés, mais puisse également relever du pouvoir de direction de l'employeur, en contrepartie d'un contrôle juridictionnel approfondi sur le motif du licenciement pour insuffisance de résultat *(chron. V. Renaux-Personnic, « De la contractualisation obligatoire à la décontractualisation possible des objectifs », RJS 2001, p. 99 ; Cass. soc., 26 nov. 2008, n° 07-43.633).* L'arrêt rendu le 2 mars 2011 a confirmé cette évolution : l'employeur peut définir et modifier unilatéralement les objectifs dans le cadre de son pouvoir de direction, dès lors qu'ils sont réalistes et ont été portés à la connaissance du salarié en début d'exercice *(Cass. soc., 2 mars 2011, n° 08-44.977, Bull. V n° 55, Liaisons soc. jurisp. n° 15814 du 14 mars 2011).*

En tout état de cause, aucune clause contractuelle ne peut prévoir que la non-réalisation d'un objectif constituera un motif de rupture du contrat *(Cass. soc., 14 nov. 2000, n° 98-42.371, Bull. V n° 367, préc.).*

2. *Mais leur pertinence ne doit pas être contestable*

15.5.2.1.2. – La Cour de cassation a également jugé que « *la seule insuffisance de résultats au regard des objectifs fixés ne constitue pas une cause de rupture privant le juge de son pouvoir d'appréciation de l'existence d'une cause réelle et sérieuse* » *(Cass. soc., 3 févr. 1999, n° 97-40.606, Bull. V n° 56, RJS 1999 n° 351).* Pour le juge judiciaire, l'insuffisance de résultats, si elle constitue un motif précis, matériellement vérifiable, de licenciement *(Cass. soc., 13 déc. 1994, n° 93-43.945, Bull. V n° 339, RJS 1995 n° 365)*, ne peut pas résulter d'une appréciation arbitraire et subjective de ceux-ci.

Les objectifs doivent être « *raisonnables et compatibles avec le marché* » *(Cass. soc., 30 mars 1999, n° 97-41.028, Bull. V n° 143, RJS 1999 n° 641 ; Cass. soc., 13 janv. 2009, n° 06-46.208, Bull. V n° 12, Dr soc 2009, p. 611)*.

Tel n'était pas le cas dès lors que « *les objectifs étaient très difficiles à atteindre compte tenu des conditions d'exploitation du magasin et de la faible marge de manœuvre du salarié* » *(Cass. soc., 3 févr. 1999, préc., n° 97-40.606, Bull. V n° 56, RJS 1999 n° 351)*. De même, « *après avoir observé que les quotas de vente ne peuvent constituer une clause substantielle du contrat de travail et légitimer un licenciement, lorsqu'ils ne sont pas atteints, qu'à la condition de correspondre à des normes sérieuses et réalisables, la Cour d'appel, qui s'en est référée au premier contrat que pour souligner la légèreté de l'étude prospective de marché d'après laquelle ont été réalisés les quotas successifs, a relevé que M. Martin Du Bosc avait une situation particulière par rapport à ses collègues, ce qui exclut toute comparaison…* » *(Cass. soc., 12 déc. 1983, n° 81-42.065)*.

Le juge a également relevé le détournement de pouvoir commis par un employeur qui avait unilatéralement majoré dans d'importantes proportions les quotas imposés au salarié, agent technico-commercial, pour constater ensuite qu'il n'avait pu les respecter *(Cass. soc., 9 oct. 1986, n° 83-45070, Bull. V n° 486)*.

En outre, la mission doit être confiée à un salarié capable de l'assumer et à qui les moyens nécessaires sont donnés *(Cass. soc., 11 juill. 2000, n° 98-41.132 ; chron. préc. P. Waquet, « Les objectifs », Dr soc 2001, p. 120 ; Cass. soc., 14 juin 2007, n° 06-41.248 : pour un salarié âgé de 29 ans et sans expérience professionnelle, l'employeur ayant su dès son embauche qu'il n'avait pas les aptitudes lui permettant d'exercer le poste de directeur marketing)*.

Il a par ailleurs été jugé que le salarié pouvait se prévaloir de l'inopposabilité de documents rédigés en anglais, fixant les objectifs nécessaires à la détermination de la rémunération variable contractuelle, notamment les éléments établissant que l'intéressé avait accepté la lettre d'objectifs précédente rédigée dans la même langue et qu'il travaillait dans les deux langues *(Cass. soc., 2 avr. 2014, n° 12-30.191)*.

En cas d'insuffisance de résultats, il appartient aux juges d'apprécier « *d'une part, si les objectifs fixés étaient réalistes et, d'autre part, si le salarié était en faute de ne pas les avoir atteints* » *(Cass. soc., 13 mars 2001, n° 99-41.812, Bull. V n° 86, RJS 2001 n° 581 ; Cass. soc., 6 nov. 2008, n° 07-43.363 : l'employeur, qui s'était placé sur le terrain disciplinaire, n'avait pas établi le caractère réaliste des objectifs et du caractère fautif de leur non-atteinte ; a contrario : Cass. soc., 13 janv. 2004, n° 01-45.931 et n° 01-45.932, Bull. V n° 3, RJS 2004 n° 294, pour une insuffisance professionnelle caractérisée par la non-atteinte d'objectifs réalistes)*.

Toutefois, la chambre sociale a infléchi sa jurisprudence : la recherche des juges du fond doit porter non seulement sur l'existence d'une faute expliquant l'insuffisance de résultats mais également sur l'existence **d'une éventuelle insuffisance professionnelle** *(Cass. soc., 3 avr. 2001, n° 98-44.069, Bull. V n° 117, RJS 2001 n° 729).*

Dès lors que l'insuffisance de résultats reprochée au salarié est due à la conjoncture difficile, le licenciement ne repose pas sur un motif inhérent à la personne et est donc dépourvu de cause réelle et sérieuse *(Cass. soc., 4 avr. 2001, n° 99-41.651, RJS 2001 n° 729).*

De même, il appartient au juge, lorsqu'il est saisi de conclusions du salarié soutenant que le motif réel est économique, de rechercher le motif exact du licenciement *(Cass. soc., 22 oct. 2008, n° 07-42.892 ; Cass. soc., 9 juill. 2008, n° 07-41.623).*

B. La comparaison du travail fourni par le salarié avec celui d'autres salariés de même qualification occupant le même poste

15.5.2.2. – Elle constitue un élément d'appréciation de la réalité de l'insuffisance professionnelle alléguée tant pour le juge administratif que pour le juge judiciaire : « *les résultats obtenus par M. Uhl, tant pour l'année 1991 que pour les quatre premiers mois de l'année 1992, n'étaient pas, contrairement à ce que soutient le Crédit Commercial de France, notoirement inférieurs à ceux de l'équipe commerciale de l'établissement…* » *(CE, 29 déc. 1995, n° 153.452, Crédit Commercial de France, RJS 1996 n° 303 ; CAA Paris, 24 mai 2006, n° 03PA04548, Boivin).*

La Cour de cassation retient également ce critère *(Cass. soc., 6 janv. 1999, n° 96-45.782, RJS 1999 n° 173 : insuffisance professionnelle caractérisée par la faiblesse des résultats obtenus au cours de l'année par la salariée, attachée technico-commerciale, comparés aux réalisations de ses autres collègues, même les moins anciens ; qualification retenue alors même qu'aucun objectif chiffré n'avait été fixé par l'employeur ; a contrario, Cass. soc., 4 févr. 2009, n° 07-43.806 : insuffisance professionnelle et carence fautive non établies, notamment du fait de l'impossibilité de faire une comparaison utile avec les autres salariés, dont les objectifs et résultats personnels étaient ignorés).*

Toutefois, la seule comparaison des résultats du salarié avec ceux de ses collègues ne peut caractériser une insuffisance professionnelle *(Cass. soc., 5 févr. 2003, n° 00-46.169).*

Les difficultés de comparaison inhérentes au poste – par exemple les différences de potentiel entre les secteurs de vente confiés aux VRP au sein d'un réseau commercial – doivent en effet être prises en compte. Ainsi, l'insuffisance professionnelle ne peut pas être regardée comme établie pour une employée récemment affectée comme vendeuse unique dans une boutique, nouvellement implantée, et ne vendant, à la différence des autres points de vente, que des articles soldés *(Cass. soc., 6 mars 1985, n° 83-44.741, Bull. V n° 146)*. S'agissant de salariés protégés, elle ne peut, en outre, être effectuée qu'en neutralisant l'incidence des heures de délégation prises. Il doit en effet être tenu compte du temps effectivement nécessaire à l'exercice du ou des mandats *(Guide DGT, Salariés protégés, sept. 2019, fiche n° 8)*.

C. L'examen de l'activité professionnelle du salarié

15.5.2.3. – L'appréciation de l'insuffisance professionnelle doit être fondée sur des éléments précis et vérifiables mettant en évidence les insuffisances du salarié *(Cass. soc., 9 avr. 2008, n° 06-46.159)*. Elle peut reposer sur plusieurs indices.

1. L'importance et la persistance des carences

15.5.2.3.1. – Une ou plusieurs erreurs bénignes, sans conséquence sur l'activité de l'entreprise, ne peuvent suffire à caractériser l'insuffisance professionnelle *(Cass. soc., 22 oct. 1991, n° 90-42.422 ; Cass. soc., 9 avr. 1992, n° 91-40.649)*.

Si des résultats très inférieurs aux objectifs fixés justifient le licenciement pour insuffisance de résultats *(Cass. soc., 14 mai 1981, n° 79-41.682, Bull. V n° 431)*, tel n'est pas le cas du licenciement prononcé alors que le chiffre d'affaires réalisé par le salarié est très proche de l'objectif contractuel *(Cass. soc., 18 avr. 1991, n° 89-45.471)*.

L'insuffisance professionnelle a, en revanche, été retenue :

– pour un salarié, ingénieur commercial *(ingénierie informatique)*, compte tenu du caractère établi de l'insuffisance de ses résultats, de rapports de visites manifestement sommaires et incomplets et témoignant du caractère globalement superficiel des observations fournies par le rédacteur et d'une préparation insuffisante de ses ventes *(Cass. soc., 27 mars 2008, n° 06-44.487)* ;
– pour une salariée, cadre d'une association, pour des reproches relatifs à des méthodes de management inappropriées à un travail en équipe et de nature à nuire à l'efficacité de l'association et une incapacité à se remettre en cause malgré le délai dont elle avait bénéficié pour le faire *(Cass. soc., 24 sept. 2008, n° 06-45.772)* ;
– pour un responsable commercial chargé de recruter et de former une équipe, et dont l'incapacité était la cause directe de nombreux départs *(Cass. soc., 22 oct. 2008, n° 07-42.193)*.

De même, le juge administratif a admis l'insuffisance professionnelle invoquée à l'encontre d'un salarié protégé, vendeur responsable d'une boutique, qui n'avait accompli aucun inventaire pendant trois mois et, de ce fait, transmis des inventaires théoriques non fiables *(CAA Paris, 20 juill. 1999, n° 97PA2450)*. La réalité des carences invoquées doit par ailleurs être appréciée sur une période suffisamment longue *(Cass. soc., 6 janv. 1999, n° 96-45.782, précité, RJS 1999 n° 173 ; Cass. soc., 22 oct.*

2008, n° 07-43.194 : pas d'insuffisance professionnelle établie pour une insuffisance ponctuelle de résultats constatée sur un seul mois ; Cass. soc., 29 sept. 2009, n° 07-45.722, RJS 2009 n° 906 : impossibilité de reprocher une insuffisance de résultats annuels par une projection en cours de période). En outre, n'est pas justifié le licenciement opéré avant la fin du délai accordé au salarié pour améliorer ses performances *(CA Versailles, 15 janv. 1997, 21e ch., RJS 1997 n° 899).*

2. *Les appréciations diverses portées sur le salarié ainsi que l'évolution de carrière et l'ancienneté dans l'entreprise*

15.5.2.3.2. – L'insuffisance professionnelle n'a pas été considérée comme établie pour un salarié ayant bénéficié, antérieurement au licenciement, d'une augmentation de salaire ou d'une prime exceptionnelle *(Cass. soc., 2 juill. 1981, n° 79-41.970, Dr ouvrier 1982 p. 182)*, voire d'une évaluation professionnelle positive *(CA Paris, 17 sept. 1996, 21e ch., RJS 1997 n° 903)*. S'agissant de la valeur probante du compte rendu d'évaluation, il a toutefois été jugé que les manquements et insuffisances du salarié devaient être établis par d'autres documents que celui émanant de l'employeur, qui ne saurait se constituer de preuves à lui-même, et que de ce fait le seul entretien d'évaluation du salarié ne pouvait suffire à établir la réalité de ses manquements professionnels *(CA Versailles, 12 sept. 2006, n° 05-5546, RJS 2007 n° 531)*.

De même, l'insuffisance professionnelle n'a pas été retenue pour un salarié, agent de sécurité, dont le client *(en l'espèce, l'Ambassade des États-Unis)* demandait l'éviction du site, alors que cette position était loin de faire l'unanimité au sein de l'Ambassade elle-même, compte tenu de nombreuses marques d'estime et de sympathie manifestées à l'intéressé *(CA Paris, 2 avr. 1997, 22e ch., RJS 1998 n° 1118)*.

La circonstance que la salariée, qui n'avait pas fait l'objet d'observations de son employeur sur ses capacités professionnelles et sa manière de servir, n'ait pas critiqué la diminution progressive de ses responsabilités pendant trois ans, ne saurait être regardée comme équivalent à la reconnaissance tacite de son insuffisance professionnelle *(CE, 28 janv. 1991, n° 105.735, Lebental)*.

Les résultats des tests d'aptitude organisés par l'employeur ne peuvent suffire à établir l'insuffisance professionnelle d'un salarié, dont les méthodes de travail antérieures n'ont par ailleurs fait l'objet d'aucune sanction ou observation *(TA Lyon. 25 mars 1992, Sté Lejaby)*.

§ 3. L'IMPUTABILITÉ DE L'INSUFFISANCE PROFESSIONNELLE

15.5.3. – L'insuffisance professionnelle, lorsqu'elle est établie, n'est pas toujours imputable au salarié. C'est alors au juge du fond d'exercer son pouvoir souverain d'appréciation sur cette imputabilité *(Cass. soc.,*

26 mai 2004, n° 02-43.594, RJS 2004 n° 894 ; Cass. soc., 14 juin 2007, n° 06-42.907).

Elle peut être le résultat de la carence de l'employeur, à qui incombe l'obligation d'assurer l'adaptation des salariés à leur poste de travail et de veiller au maintien de leur capacité à occuper un emploi, au regard notamment de l'évolution des emplois, des technologies et des organisations *(C. trav., art. L. 6321-1 ; note P. Lokiec, « Le licenciement pour insuffisance professionnelle », Dr soc 2014, p. 38).* Ainsi n'est pas caractérisée l'insuffisance professionnelle du salarié lorsque l'insuffisance de résultats est imputable au caractère irréaliste des objectifs fixés par l'employeur *(cf. n°* ***15.5.2.1.2****)* ainsi qu'au défaut de conseil et d'accompagnement apportés au salarié *(Cass. soc., 16 mai 2018, n° 16-25.689, RJS juill. 2018 n° 481).*

Il en est de même lorsque les réserves du médecin du travail étaient de nature à expliquer l'insuffisance de résultats reprochée au salarié et que l'employeur, qui ne pouvait ignorer les difficultés qu'il rencontrait, n'avait pas cherché à lui fournir un poste compatible avec les recommandations de ce médecin *(Cass. soc., 19 déc. 2007, n° 06-43.918, Bull. V n° 216, RJS 2008 n° 295).* La Cour de cassation a récemment confirmé que l'insuffisance professionnelle ne peut être caractérisée si elle est liée à l'état de santé du salarié *(Cass. soc., 17 avr. 2019, n° 18-10.035).*

De même, l'insuffisance professionnelle n'est pas fondée lorsqu'elle n'est pas imputable aux capacités de la salariée, mais à des absences de personnels au sein du bureau dont elle avait la responsabilité et au fait qu'elle-même, après son congé maternité, n'avait repris son activité qu'à temps partiel *(Cass. soc., 22 févr. 2017, n° 15-25.023).*

A. L'affectation du salarié à des tâches d'un niveau supérieur à celui de sa qualification

15.5.3.1. – L'insuffisance professionnelle n'a pas été jugée imputable au salarié dans les cas suivants :

- pour un salarié affecté à un poste sans que l'employeur ne lui permis de bénéficier d'une formation appropriée, et ait exercé sur son travail une surveillance particulière *(Cass. soc., 26 oct. 1989, n° 87-41.073)* ;
- pour un salarié maintenu dans un emploi, alors que l'employeur le savait incapable de le tenir *(Cass. soc., 29 mai 2002, n° 00-40.996, RJS 2002 n° 1120)* ;
- pour une salariée, titulaire d'un brevet de technicien, ayant bénéficié d'une formation personnalisée d'une quinzaine de jours, insuffisante pour lui permettre l'exercice des fonctions de seule comptable de l'entreprise qui lui étaient en réalité imparties *(Cass. soc., 29 nov. 2007, n° 05-42.004)* ;

– pour une salariée nommée chef de produit marketing sans son accord exprès *(Cass. soc., 5 mai 2009, n° 08-40.397, Liaisons soc. Jurisp. Théma n° 203 / 2009 du 2 oct. 2009)*.

B. Sous certaines conditions lorsque le licenciement intervient à la suite d'une modification de l'emploi

15.5.3.2. – La cause première étant le changement dans la nature de l'emploi, le licenciement répond à un motif économique *(Cass. crim., 5 juill. 1983, n° 82-91.445, Jurisp. soc. UIMM n° 83-446, p. 420 ; cf. n° **48.3.3**)*, et non à un motif personnel, lié à l'incompétence du salarié. Il en va de même pour le licenciement d'un salarié qui n'a pas su s'adapter aux nouvelles exigences technologiques de son emploi après sa transformation, ni aux autres postes qui lui ont été proposés *(Cass. soc., 15 oct. 1992, n° 91-43.632, Bull. V n° 513, CSB 1993 A50)*. Il a en outre été jugé par le Conseil d'État qu'un employeur ne pouvait pas invoquer l'insuffisance professionnelle d'un salarié protégé, dès lors qu'elle était partiellement due à l'inadaptation de la formation, lors de la reconversion des activités de l'entreprise *(CE, 6 nov. 1989, n° 85.537, Simon)*.

À l'inverse, le juge judiciaire a estimé que le changement d'activité d'un magasin et le manque d'expérience d'une salariée relativement à cette nouvelle activité ne constituait pas une cause économique de licenciement *(Cass. soc., 10 mai 2000, n° 98-42.869, RJS 2000 n° 645)*.

En outre, il a été jugé que l'obligation légale précitée d'assurer l'adaptation des salariés, au besoin par une formation complémentaire, n'impliquait cependant pas l'obligation pour l'employeur d'assurer la formation initiale qui leur fait défaut *(Cass. soc., 3 avr. 2001, n° 99-42.188, n° 99-42.189 et n° 99-42.190, Bull. V n° 114, RJS 2001 n° 731)*.

Par ailleurs, le caractère de motif économique apparaît moins évident dans l'hypothèse où l'insuffisance professionnelle est invoquée par l'employeur, alors qu'un délai important s'est écoulé depuis le moment où le salarié a accepté la modification d'emploi.

C. Insuffisance professionnelle et formation

15.5.3.3. – N'est pas justifié le licenciement motivé par des erreurs d'une salariée « *commises sur une courte période [10 mois] après la mise en place d'un nouveau logiciel [paie]* », alors que « *l'employeur n'avait pas satisfait à son obligation d'adapter la salariée à l'évolution de son emploi* [formation courte de 2 jours] » *(Cass. soc., 21 nov. 1998, n° 96-44.109, RJS 1998 n° 1454)*.

Il en est de même :

– pour un salarié de retour d'un congé parental et licencié pour insuffisance professionnelle, dès lors que celle-ci était liée à l'absence d'une action de formation, à laquelle lui ouvrait droit l'article L. 1225-59 du Code du travail en cas de changement de techniques

ou de méthodes de travail *(Cass. soc., 29 oct. 2002, n° 00-40.630, RJS 2003 n° 51)* ;
– pour un salarié ayant bénéficié, en vue d'un reclassement consécutif au constat de son inaptitude physique, d'une formation au poste pendant 45 jours qui s'était révélée inefficace, dans la mesure où c'est une formation initiale qui faisait défaut à l'intéressé *(Cass. soc., 7 mars 2012, n° 11-11.311, Bull. V n° 87)*.

Au contraire, l'argument tiré de l'absence de formation adéquate pour tenir le poste et d'un encadrement insuffisant n'a pas été retenu par le juge administratif pour écarter l'insuffisance professionnelle, dès lors que le salarié protégé, vendeur responsable d'une boutique, n'avait, à aucun moment, fait part à ses supérieurs de difficultés rencontrées *(CAA Paris, 20 juill. 1999, n° 97PA2450, préc.)*.

De même a été regardé comme justifié le licenciement pour insuffisance professionnelle d'un salarié qui avait bénéficié d'un plan de retour à la performance fixant des objectifs de façon concertée, et n'arrivait pas à mener ses missions en faisant preuve d'un manque total d'autonomie *(Cass. soc., 16 mai 2018, n° 16-25.552, RJS 7/18 n° 480 ; Cass. soc., 6 mars 2019, n° 17-20.886)*.

Le Conseil d'État a par ailleurs estimé que justifiaient le licenciement :

– le refus d'un salarié de suivre un stage de formation en vue de remédier à des insuffisances professionnelles, ce refus revêtant un caractère fautif *(CE, 16 déc. 1991, n° 96.610, Martet, Jurisp. soc. UIMM n° 92-549, p. 201)* ;
– l'incapacité d'un salarié à tenir son emploi, constatée après l'échec des tentatives effectuées par son employeur en vue de faciliter son intégration professionnelle (changement d'établissement, encouragement à prendre des cours de français ; *CE, 29 juill. 1994, n° 112.119, Foupa, RJS 1994, n° 1156, préc.)*.

SECTION 6

Les faits se rattachant à la vie personnelle du salarié

15.6. – Il convient de se reporter au n° **46.2**.

SECTION 7

L'incarcération

15.7. – Selon la Cour de cassation, l'incarcération du salarié ne constitue pas un cas de force majeure *(Cass. soc., 15 oct. 1996, n° 93-43.668, Bull. V n° 326, Dr soc 1997, p. 248)*, ni une cause automatique de licenciement

(Cass. soc., 8 févr. 2000, n° 97-45.553, RJS 2000 n° 273 ; Cass. soc., 14 mai 1997, n° 95-42.245 ; Cass. soc., 2 mars 1978, n° 76-40.706, Bull. V n° 145). Celui-ci peut toutefois être, le cas échéant, prononcé en cas de détention pour une durée indéterminée (détention provisoire) ou de condamnation à un emprisonnement de longue durée. Il appartient alors à l'employeur de mettre en œuvre la procédure de licenciement, fondée sur le préjudice causé au fonctionnement de l'entreprise par l'absence du salarié *(Cass. soc., 30 avr. 1987, n° 84-42.554, Bull. V n° 243 ; CA Paris, 2 juill. 1997, 22e ch., Sté Chomette Favor c./ Babaci, RJS 1998, n° 1112 : absence de trouble sérieux causé par la détention provisoire, durant six semaines, d'un salarié, magasinier).* Ne peut pas, en tout état de cause, être analysé comme une démission le fait, pour un salarié en détention provisoire, d'avoir laissé son employeur sans information pendant plus de six mois *(Cass. soc., 30 oct. 1996, n° 94-41083, Bull. V n° 362, Dr soc 1997 p. 97).*

S'agissant des salariés protégés, la procédure spéciale de licenciement est applicable *(Cass. soc., 19 déc. 1990, n° 88-40.189, Bull. V n° 686, Jurisp. soc. UIMM n° 91-537 p. 147, à propos d'une incarcération pour une durée indéterminée).*

Pour sa part, le juge judiciaire examine désormais avec attention le caractère réel et sérieux du motif du licenciement.

Ainsi, a été jugé comme justifié le licenciement motivé par :

– la condamnation à deux ans d'emprisonnement *(dont 18 mois avec sursis)* d'un salarié qui s'était rendu coupable de blessures volontaires avec préméditation *(Cass. soc., 12 oct. 1983, n° 81-41.533, Bull. V n° 485)* ;

– une incarcération *(en détention provisoire)* de près de deux mois et demi d'un salarié « *qui avait cessé... de fournir sa prestation de travail, et omis de notifier cette absence à son employeur, bien qu'il eût pu correspondre avec celui-ci* » *(Cass. soc., 30 avr. 1987, n° 84-42.554, Bull. V n° 243, préc.)* ;

– une incarcération *(en détention provisoire)* d'un salarié qui n'avait fait aucune démarche pour aviser son employeur de sa situation dans le délai d'un mois qui s'était écoulé entre son placement en garde à vue et son licenciement, sans apporter la preuve qu'il lui était impossible de contacter son employeur de son lieu d'incarcération, cette carence ayant désorganisé le fonctionnement de l'entreprise et étant de ce fait constitutive d'une faute grave *(Cass. soc., 20 mai 2015, n° 14-10.270, RJS 2015 n° 550).*

Par contre, ne constituent pas une cause réelle et sérieuse :

– la brève incarcération d'un salarié placé sous mandat de dépôt et libéré le lendemain *(Cass. soc., 9 oct. 1980, n° 78-41.567, Bull. V n° 725)* ;

– l'unique absence de courte durée d'un salarié au passé irréprochable [incarcéré pendant quelques jours pour port d'arme] et qui avait eu le souci d'en informer, tout de suite, l'employeur *(Cass. soc., 25 juin 1980, n° 79-40.292, Bull. V n° 557)*.

Les critères d'appréciation de la légitimité du licenciement lié à l'incarcération du salarié ont été clairement formulés, pour les salariés non protégés, par la chambre sociale de la Cour de cassation dans l'arrêt du 17 mars 1993 *(Cass. soc., 17 mars 1993, n° 89-41.974)*. En l'espèce, le salarié, deux jours après avoir informé son employeur de son incarcération, se voyait convoqué par celui-ci à l'entretien préalable, suivi de la notification de la rupture du contrat de travail de son fait. Les juges ont estimé que, « *l'employeur ne s'étant pas enquis des causes de la détention, ni de sa durée prévisible et n'ayant pas, non plus, indiqué les conséquences de l'absence de l'intéressé sur le fonctionnement de l'entreprise... le licenciement ne procédait pas d'une cause réelle et sérieuse* ».

Dans un arrêt rendu le 21 novembre 2000, la Cour de cassation a, par ailleurs, estimé, s'agissant d'un salarié mis en détention provisoire, que l'incarcération n'ayant causé aucun trouble dans l'organisation et le fonctionnement de l'entreprise, ce fait de vie personnelle ne constituait pas une cause de licenciement. Le contrat de travail est alors suspendu, dans la mesure où le salarié présumé innocent n'est pas responsable de l'inexécution de ses obligations contractuelles *(Cass. soc., 21 nov. 2000, n° 98-41.788, Bull. V n° 383, RJS 2001 n° 26 ; J.-Y. Frouin, « L'incarcération du salarié et la relation de travail », RJS 2001, p. 3 ; Cass. soc., 16 sept. 2009, n° 08-42.816)*.

SECTION 8

Le défaut de titre ou d'autorisation requis pour exercer une activité professionnelle

§ 1. LA NATURE DU MOTIF

15.8.1. – L'exécution de la prestation de travail peut parfois s'avérer impossible, le salarié ne remplissant pas une ou plusieurs conditions indispensables pour tenir son poste de travail. Il en est ainsi, par exemple, du défaut de titre professionnel requis, considéré en soi comme cause réelle et sérieuse de licenciement par le juge judiciaire *(Cass. soc., 13 avr. 1999, n° 96-44.217, RJS 1999 n° 801 : salariée ne pouvant justifier notamment du diplôme d'État de doctorat en pharmacie et de son inscription à l'Ordre des pharmaciens ; Cass. soc., 2 avr. 1997, n° 95-42.320 et n° 95-42.329, Bull. V n° 135, RJS 1997 n° 555 ; Cass. soc., 3 févr. 2004, n° 01-44.448, RJS 2004 n° 389 : salarié n'étant plus en mesure de s'acquitter de ses fonctions, faute de satisfaire à la détention du diplôme d'expert en automobile nouvellement imposée pour l'accomplissement de certaines expertises)*. Le licenciement n'est pas regardé comme reposant sur une cause économique *(cf. n° **48.3.6**)*, mais comme fondé sur un motif inhérent à la personne du salarié *(Cass. soc., 3 févr. 2004, préc.)*.

Toutefois, par une décision du 15 juin 2005, le Conseil d'État a jugé que constituait un licenciement pour cause économique le licenciement motivé par un changement dans la législation ayant pour effet de subordonner la poursuite par le salarié de son contrat de travail à la détention d'un diplôme dont l'intéressé n'était pas titulaire *(CE, 15 juin 2005, n° 254.728, Elisabeth, Tables p. 1125, RJS 2005 n° 1003, Dr ouvrier 2006, p. 48)*.

Le licenciement n'est pas jugé justifié dès lors que l'employeur connaissait la situation dès l'embauche *(CA Toulouse, 31 oct. 1997, Sté Bruguières Carcy c. / Campourcy, RJS 1998 n° 1126)*.

§ 2. LA NATURE DU CONTRÔLE DE L'AUTORITÉ ADMINISTRATIVE

15.8.2. – La procédure spéciale de licenciement doit être mise en œuvre, sous peine de nullité du licenciement *(Cass. soc., 6 juin 2000, n° 98-42.867, Bull. V n° 217, RJS 2000 n° 827)*.

A. Les cas où la législation subordonne l'activité à la possession d'un titre professionnel ou d'une autorisation

15.8.2.1. – Dans sa jurisprudence antérieure, le juge administratif limitait le pouvoir de l'autorité administrative à la vérification de la seule réalité du motif invoqué. Il en était ainsi en cas :

– d'absence de titres professionnels légalement exigés pour l'exercice de l'emploi *(exercice de la profession d'infirmière par une salariée s'étant prévalue, lors de son embauche, de la qualité d'infirmière puéricultrice diplômée, alors qu'elle ne détenait qu'un diplôme d'aide-puéricultrice : CE, 18 nov. 1988, n° 49.844, Association Laïque pour la Formation Professionnelle des Adolescents, Rec. p. 411)* ;
– de non-respect des conditions légalement exigées pour remplir un emploi *(CE, 19 juin 1996, n° 139.752, Sté Cannes Balnéaire, Rec. p. 700, RJS 1996 n° 945, pour l'employé de jeux d'un casino, délégué du personnel et membre du comité d'entreprise, privé d'agrément par une décision du ministre de l'Intérieur ; solution identique retenue par le juge judiciaire pour des faits similaires : Cass. soc., 6 juin 2000, préc., n° 98-42.867, Bull. V n° 217, RJS 2000, n° 827)*.

Rompant avec sa jurisprudence antérieure, le Conseil d'État a jugé, dans sa décision du 15 décembre 2010, que le contrôle de l'autorité administrative, saisie d'une demande d'autorisation de licenciement d'un salarié protégé fondée sur la circonstance que le salarié ne remplit pas les conditions légalement exigées pour l'exercice de l'emploi pour lequel il a été embauché ou auquel il a été promu, ne doit pas se limiter au contrôle de la réalité de ce motif : il lui appartient de vérifier également que le licenciement est justifié, compte tenu de l'ensemble des règles applicables au contrat de travail de l'intéressé, des caractéristiques de l'emploi exercé et des exigences propres à l'exécution normale du mandat dont il est investi, et qu'il n'est pas en rapport avec les fonctions représentatives normalement exercées ou l'appartenance syndicale de l'intéressé ; elle dispose en outre de la faculté de retenir le motif d'intérêt général *(CE, 15 déc. 2010, n° 329.674, ministre d'État, ministre de l'Écologie, de l'Énergie, du Développement durable et de la Mer, Tables p. 1005, RJS 2011 n° 350).*

Sont ainsi soumises à la procédure spéciale les ruptures du contrat de travail des salariés protégés résultant de l'un des motifs suivants :

– Le non-renouvellement de l'autorisation requise pour l'exploitation de jeux :

Les dispositions des articles R. 321-36-2 et R. 321-36-3 du Code de la sécurité intérieure prévoient que le retrait de l'agrément, délivré par le ministre de l'Intérieur à toute personne employée dans les salles de jeux, fait obstacle à la poursuite des fonctions de l'intéressé à l'intérieur de la salle de jeux ou à la poursuite de ses fonctions de caissier.

Si le retrait d'agrément est susceptible de justifier la résiliation du contrat de travail d'un salarié protégé employé dans un casino, l'employeur doit mettre en œuvre la procédure spéciale de licenciement pour les salariés protégés *(Cass. soc., 6 juin 2000, n° 98-42.867, Bull. V n° 217).*

– Le retrait de l'habilitation pour travailler dans une zone aéroportuaire :

S'agissant d'un tel retrait, il a été jugé que la situation résultant de ce retrait, opéré en raison du comportement du salarié titulaire de l'habilitation ne constitue pas, en soi, un cas de force majeure *(Cass. soc., 13 nov. 2007, n° 06-41.717 ; Cass. soc., 19 oct. 2017, n° 15-23.854, RJS 2017 n° 17).*

Cependant, un tel retrait rend impossible l'exécution du contrat de travail par le salarié et, dans de telles circonstances, aucune obligation légale de reclassement ne pèse sur l'employeur *(Cass. soc., 28 nov. 2018, n° 17-13.199 B., RJS 2019 n° 92).*

De même, la Cour de cassation a considéré qu'indépendamment du processus de certification, l'échec du salarié, embauché en qualité d'agent d'exploitation de sûreté aéroportuaire, aux tests ayant suivi la formation périodique dont l'obligation est imposée par le règlement 185/2010 du 4 mars 2010 et l'arrêté du 21 septembre 2012 qui vise à maintenir les compétences des agents et à les adapter, constitue une cause réelle et sérieuse de licenciement *(Cass. soc., 5 juin 2019, n° 18-10.050).*

– Le retrait d'agrément :

L'exercice d'une activité privée de surveillance et de gardiennage est soumis à des conditions dont le respect est attesté par la détention d'une carte professionnelle. Cette carte professionnelle peut être retirée lorsque son titulaire cesse de remplir l'une des conditions prévues à l'article L. 612-20 du Code de la sécurité intérieure. L'employeur n'est pas soumis à une obligation de reclassement et le recours formé par le salarié devant le Conseil national des activités privées de sécurité (CNAPS) n'a pas d'effet suspensif *(CAA Marseille, 1er oct. 2021, n° 20MA0104, pas de pourvoi)*.

De même, l'exercice des fonctions de contrôleur technique est soumis à un agrément préfectoral dont la suspension peut entraîner la rupture du contrat de travail *(Cass. soc., 14 nov. 2018, n° 17-11.448)*.

Il convient de noter que la loi n° 2017-1510 du 30 octobre 2017 renforçant la sécurité intérieure et la lutte contre le terrorisme a renforcé l'impact des enquêtes administratives destinées à vérifier la compatibilité du comportement des personnes avec l'exercice d'emplois relevant du domaine de la sécurité ou de la défense, d'emplois privés ou activités privées réglementées relevant des domaines des jeux, paris et courses, l'accès à des zones protégées en raison de l'activité qui s'y exerce, ou l'utilisation de matériels ou produits présentant un caractère dangereux. Lorsque le résultat de l'enquête fait apparaître que le comportement de la personne bénéficiant d'une décision d'autorisation, d'agrément ou d'habilitation est devenu incompatible avec le maintien de cette décision, il est procédé à son retrait ou à son abrogation. Ces décisions de retrait ou d'abrogation peuvent être contestées devant le juge administratif dans un délai de quinze jours à compter de leur notification et faire l'objet d'un appel et d'un pourvoi en cassation dans le même délai. Les juridictions saisies au fond statuent dans un délai de deux mois. En cas de recours, la décision contestée ne peut prendre effet tant qu'il n'a pas été statué en dernier ressort sur ce litige *(C. Sécurité intérieure, art. L. 114-1)*.

B. Le cas du permis de conduire

15.8.2.2. – Aucune clause du contrat de travail ne peut valablement mentionner qu'une circonstance quelconque, telle que le retrait du permis de conduire, constitue en elle-même une cause de licenciement *(Cass. soc., 12 févr. 2014, n° 12-11.554, Bull. V n° 49)*.

Le fait de commettre dans sa vie personnelle, hors du temps de travail, une infraction entraînant la suspension ou le retrait du permis de conduire, ne saurait être regardé comme une méconnaissance des obligations découlant du contrat de travail et ne peut donc justifier un licenciement pour motif disciplinaire *(Cass. soc., 3 mai 2011, n° 09-67.464, Bull. V n° 105 ; Cass. soc., 4 oct. 2023, n° 21-25.421, B.)*.

Toutefois, l'employeur peut procéder à un licenciement personnel non disciplinaire, fondé sur le trouble objectif dans le fonctionnement de l'entreprise, lorsque le retrait de permis rend impossible l'exécution du contrat de travail *(Cass. soc., 9 nov. 2017, n° 16-14.407 ; Cass. soc., 28 févr. 2018, n° 17-11.334)*. Ainsi, s'agissant d'un salarié ayant fait l'objet d'une suspension du permis de conduire pour une durée de trente mois, il a été jugé que celle-ci n'avait pas pour effet de rendre impossible l'exécution du contrat de travail dès lors que la possession du permis de conduire n'avait été ni une cause déterminante de l'embauche, ni une clause substantielle de son contrat. Au surplus, la qualification de l'intéressé, telle que définie par la convention collective, n'impliquait pas la conduite habituelle de véhicules *(CE, 4 déc. 1987, n° 62.715, Sté Entreprise Industrielle, Rec. p. 978)*.

Le juge judiciaire a adopté une position similaire pour un préparateur en voitures neuves non titulaire du permis de conduire, dès lors que le salarié n'avait pas besoin de conduire pour exécuter des tâches excluant toute intervention mécanique et le déplacement des véhicules hors de l'entreprise *(CA Paris, 10 nov. 1995, Sté Paris Nation Automobiles c. / Guechtoum, RJS 1996 n° 9)*.

À l'inverse, dès lors que la possession d'un véhicule est exigée par le contrat de travail du salarié, qu'elle est nécessaire à son activité professionnelle et que le salarié ne dispose plus de son véhicule, notamment à la suite d'une saisie, ce manquement à son obligation contractuelle rend impossible la poursuite du contrat *(Cass. soc., 28 nov. 2018, n° 17-15.379, B.)*.

Le contrôle de l'autorité administrative doit porter sur :

- le respect de la procédure interne à l'entreprise ;
- la matérialité du défaut de titre ou de qualité et son incidence sur l'emploi exercé ;
- les possibilités de reclassement du salarié dans l'entreprise ;
- l'absence de lien avec le mandat ou l'appartenance syndicale ;
- l'absence d'un motif d'intérêt général.

Par ailleurs, le retrait de permis pour des infractions commises pendant le temps de travail peut justifier un licenciement pour motif disciplinaire *(cf. n° **44.1 et s.**)*. Ainsi, l'employeur peut licencier pour faute le salarié dont le permis a été retiré pour des faits de conduite en état d'ébriété pendant le temps de travail *(Cass. soc., 30 sept. 2013, n° 12-17.182)*.

§ 3. LA PORTÉE D'UNE DÉCISION DE REFUS DE LICENCIEMENT

15.8.3. – S'agissant du retrait de l'habilitation pour travailler dans une zone aéroportuaire, il a été jugé que « *l'employeur est tenu non seulement de conserver le salarié dans l'entreprise, mais encore de le rémunérer jusqu'à l'obtention de l'autorisation de licenciement délivrée par l'inspecteur du travail* » *(Cass. soc., 2 déc. 2009, n° 08-42.037, Bull. V n° 271 et n° 08-43.466, Bull. V n° 272, RJS 2010 n° 203, Dr ouvrier 2010, p. 221, avis J. Duplat et note P. Waquet, JCP S 2010 n° 7, p. 41, note J.-Y. Kerbourc'h ; Rapport 2009 de la Cour de cassation : « la chambre sociale affirme pour la première fois très clairement que le salarié protégé qui a* *été mis dans l'impossibilité de fournir sa prestation de travail en raison d'une décision prise par l'administration, doit, lorsque l'autorisation de licenciement a été refusée par l'inspecteur du travail, non seulement être conservé dans l'entreprise, mais aussi continuer à percevoir sa rémunération. Elle fait ainsi prévaloir le statut du salarié protégé, qui est investi d'une mission qu'il exerce dans l'intérêt de l'ensemble des travailleurs : tant que le contrat de travail de ce salarié n'a pas été rompu selon le dispositif mis en place pour garantir la protection de son statut, l'employeur doit le conserver dans l'entreprise, et continuer à lui payer son salaire, car l'en priver porterait atteinte à l'exercice même de son mandat »).*

SECTION 9

La nécessité de remplacement définitif du salarié absent pour maladie

§ 1. LES PRINCIPES GÉNÉRAUX

15.9.1. – En l'absence de caractère fautif – sur le licenciement pour faute pendant la maladie *(cf. n° **45.2.4**)* – la maladie suspend le contrat de travail. Elle peut toutefois constituer un motif de licenciement lorsque celui-ci est motivé, non par l'état de santé, ce qu'interdit l'article L. 1132-1 du Code du travail, mais par de graves perturbations causées au fonctionnement de l'entreprise par la prolongation ou la répétition de l'absence, qui rendent indispensable le remplacement définitif du salarié *(Rép. ministérielle n° 17326, JOAN du 15 mars 1999, p. 1578, Liaisons soc. 1er avr. 1999, n° 625, p. 17 ; cf. également S. Bourgeot et J.-Y. Frouin, « Maladie et inaptitude du salarié », RJS 2000, p. 3).*

Lorsque les éléments objectifs qui constituent ce motif de licenciement ne sont pas remplis, le licenciement est dépourvu de cause réelle et sérieuse, mais pas nul, sauf à apporter la preuve d'une discrimination liée à l'état de santé de l'intéressé *(Cass. soc. 27 janv. 2016, n° 14-10.084, Bull. V, n° 86, RDT 2016, 423, obs. Moizard ; Dr soc 2016, 384, note J. Mouly ; RJS 4/16 n° 235 ; JCP S 2016, 1086, obs. B. Gauriau ; Cass. soc., 22 sept. 2016, n° 14-29.974, RJS 2016 n° 754).*

§ 2. LA NATURE DU CONTRÔLE DE L'AUTORITÉ ADMINISTRATIVE

15.9.2. – Par ses décisions du 6 mars 1987 et du 13 mars 1992, le Conseil d'État a défini la nature du contrôle de l'inspecteur du travail saisi d'une demande de licenciement motivée par les absences du salarié pour maladie *(CE, 6 mars 1987, n° 72.341, Sté Les Terreaux de France, Tables p. 977, AJDA 1987, p. 613 ; CE, 13 mars 1992, n° 100.756,*

Association L'Hôpital Belle Isle, Rec. p. 1347, RJS 1992 n° 889 ; CE, 9 mars 2016, n° 378.129, Mme Legros, Tables p. 942, RJS 2016 n° 351, AJDA 2016, p. 1104).

Ce contrôle doit porter sur :

- la régularité de la procédure interne à l'entreprise ;
- la matérialité des faits ;
- le respect des clauses conventionnelles de garantie d'emploi ;
- l'importance des absences et la gravité des perturbations apportées au bon fonctionnement de l'entreprise et impliquant la nécessité de remplacer définitivement le salarié ;
- l'absence de lien avec le mandat ou l'appartenance syndicale ;
- l'absence d'un motif d'intérêt général.

Il convient de préciser que l'employeur n'est pas tenu à une recherche de reclassement avant d'engager une procédure de licenciement justifiée par des absences prolongées ou répétées pour maladie, aucune disposition du Code du travail n'imposant une telle obligation *(CE, 9 mars 2016, n° 378.129, Mme Legros, Tables p. 942, RJS 2016 n° 351, AJDA 2016, p. 1104 revenant sur la position antérieure : CE, 21 oct. 1996, n° 111.961, Maube, RJS 1996 n° 1287).*

A. Le respect des clauses conventionnelles en cas de maladie

15.9.2.1. – Lorsqu'une convention collective prévoit une garantie d'emploi *(interdiction du licenciement avant l'expiration d'un délai minimal, licenciement autorisé à l'issue d'une période déterminée en cas de nécessité justifiée de remplacement, etc.),* cette clause doit recevoir application *(CE, 13 mars 1992, n° 100.756, Association L'Hôpital Belle Isle, Rec. p. 1347, RJS 1992 n° 889 ; cependant pour une solution en sens contraire : CE, 12 juill. 1995, n° 126.875, Gobber, RJS 1995 n° 1031).*

Il en a été jugé de même, par le juge judiciaire, pour une mise en demeure préalable, prévue par la convention collective, de reprendre le travail à une date déterminée *(Cass. soc., 8 mars 2006, n° 04-43.668, Bull. V n° 95 ; Cass. soc., 18 déc. 2019, n° 18-18.864, B.).*

De même, la Cour de cassation considère que les périodes d'absences répétées pour maladie ne peuvent justifier un licenciement que si leur total excède la durée du délai de garantie d'emploi prévu par la convention collective *(Cass. soc., 26 sept. 1990, n° 87-44.076, Bull. V n° 393 ; Cass. soc., 7 nov. 1990, n° 86-43.767, Bull. V n° 523 ; Cass. soc., 20 nov. 1991, n° 90-41.699, Bull. V n° 518).* Il en est ainsi également en cas d'absence prolongée pour maladie *(Cass. soc., 14 nov. 1991, n° 88-44.094, Bull. V n° 494 ; Cass. soc., 26 avr. 2007, n° 06-41.625 ; Cass. soc., 18 déc., 2019, n° 18.864, Dr soc 2020 p. 187, obs. J. Mouly, RJS 2020 n° 125).* Toutefois, au cas où, par leur totalisation, de courtes absences dépassent cette durée de garantie d'emploi, le juge judiciaire détermine sa position en fonction d'une interprétation littérale de la convention collective *(Cass. soc., 7 nov. 1990, n° 86-43.767, Bull. V n° 523 ; Cass. soc., 20 mars 1990, n° 87-43.057, Bull. V n° 123 ; Cass. soc., 7 oct. 1992, n° 89-40.083, Bull. V n° 504).*

L'expiration du délai d'application de la garantie d'emploi, fixé par la convention collective, ne suffit toutefois pas à elle seule pour permettre la rupture du contrat de travail du salarié protégé *(Cass. soc., 19 juin 2001, n° 99-41.677 ; Guide DGT, Salariés protégés, sept. 2019, fiche n° 10).*

Enfin, des dispositions conventionnelles peuvent limiter la possibilité de licencier en alignant les conditions de licenciement des salariés en arrêt pour maladie non professionnelle sur celles des salariés en arrêt pour maladie professionnelle *(Cass. soc., 27 mars 2019, n° 17-27.047 B., RJS 2019 n° 342), cf. n°* ***15.10 et s***.

B. L'existence de perturbations suffisamment graves au fonctionnement de l'entreprise

1. Le principe

15.9.2.2.1. – Les absences prolongées et/ou répétées pour maladie d'un salarié protégé ne peuvent en outre constituer un motif de licenciement lorsqu'elles n'occasionnent pas pour l'entreprise de perturbations suffisamment graves *(CE, 21 sept. 1990, n° 95.026 et 96.496, Sté Stein Fasel et Ministre des Affaires sociales c./ Piglialepre, Rec. p. 1017, Jurisp. soc. UIMM, n° 91-535, p. 66 ; CE, 9 mars 2016, n° 378.129, Mme Legros, Tables p. 982, RJS 2016 n° 351, AJDA 2016, p. 1104).*

En outre, l'article L. 1226-5 *(article 14 de la loi n° 2000-37 du 19 janvier 2000 relative à la réduction négociée du temps de travail)* prévoit que tout salarié atteint d'une maladie grave, au sens du 3° et du 4° de l'article L. 322-3 du Code de la sécurité sociale, bénéficie d'autorisations d'absence pour suivre les traitements médicaux rendus nécessaires par son état de santé.

2. L'appréciation de la gravité des perturbations

15.9.2.2.2. – L'autorité administrative doit apprécier la gravité des perturbations invoquées par l'employeur en tenant compte :

- des conditions de fonctionnement de l'entreprise au regard notamment de l'effectif ;
- de la nature et de l'importance des attributions exercées par le salarié ;
- de la possibilité de le remplacer provisoirement, par le recours à des salariés employés temporairement ou par une modification de la répartition des tâches.

Ainsi, il a été jugé :

- que n'était pas justifiée la demande d'autorisation de licenciement d'un ouvrier qui pouvait être remplacé, durant ses absences répétées, par un autre ouvrier spécialisé affecté dans le même atelier, y compris pour certaines tâches accessoires, telles que l'enregistrement des heures de travail en l'absence du responsable *(CE, 6 mars 1987, n° 72.341, Sté Les Terreaux de France, Rec. p. 977, AJDA 1987, p. 613)* ;

– qu'il en était de même dès lors que l'entreprise avait pu pallier l'absence du salarié protégé par l'embauche de salariés sur la base de contrats à durée déterminée, d'une part, et par la modification de l'organisation du travail (modification du service de vente du carburant), d'autre part *(CE, 10 févr. 1993, n° 132.039, Sté Technic Auto, RJS 1993 n° 424)* ;

– qu'au contraire, les absences répétées et prolongées d'un électro-mécanicien, responsable de la bonne marche de l'outil de production, occasionnaient de graves perturbations, compte tenu du niveau de qualification des tâches et de l'impossibilité de remplacer le salarié par d'autres *(CE, 27 mars 1992, n° 104.460, Loiseau, Rec. p. 1347, RJS 1992 n° 890)*. La même solution a été retenue pour le chef d'un atelier d'une trentaine de salariés, absent pour maladie pendant une durée ininterrompue d'une année *(CE, 12 juill. 1995, Gobber, n° 126.875, RJS 1995 n° 1031)*, ainsi que pour la sous-directrice d'une association, « *dont les absences fréquentes et prolongées... étaient de nature... à perturber le fonctionnement de l'association et à nécessiter son remplacement définitif pour assurer la cohérence des actions de l'institution* » *(CAA Lyon, 15 mars 1999, n° 98LY01429)*.

Pour sa part, le juge judiciaire a jugé sans cause réelle et sérieuse un licenciement pour maladie prolongée dans la mesure où la perturbation affectait, non l'entreprise, mais seulement l'établissement du salarié *(Cass. soc., 23 janv. 2013, n° 11-28.075, RJS 2013, n° 362)*, son service *(Cass. soc., 2 déc. 2009, n° 08-43.486, RJS 2010, n° 171 ; Cass. soc., 27 janv. 2016, n° 13-27.979, RJS 2016, n° 234 ; Cass. soc., 23 mai 2017, n° 14-11.929, RJS 2017, n° 552 ; Cass. soc, 6 juill. 2022, n° 21-10.261)* ou son secteur d'activité *(Cass. soc., 13 mai 2015, n° 13-21.026)*.

3. *La nécessité d'assurer le remplacement du salarié malade*

15.9.2.2.3. – Le juge judiciaire apprécie la nécessité de remplacement du salarié selon le niveau de qualification et l'emploi de celui-ci *(Cass. soc., 19 déc. 1991, n° 91-40.966, Bull. V n° 601 ; Cass. soc., 11 janv. 2012, n° 10-15.548)*, ainsi que la taille et la nature de l'entreprise *(Cass. soc., 16 juill. 1987, n° 85-40.075, Bull. V n° 496)*, en se plaçant à la date du licenciement *(Cass. soc., 19 déc. 2007, n° 06-45.301, RJS 2008 n° 268 ; Cass. soc., 19 mars 2008, n° 06-46.501, RJS 2008 n° 656)*. Le simple fait de recourir à un remplaçant pour la durée de l'absence n'implique pas la nécessité de remplacement définitif *(Cass. soc., 5 janv. 1999, n° 96-44.606, RJS 1999, n° 191 ; Cass. soc., 20 mai 2009, n° 08-40.432, RJS 2009* *n° 707 ; sur la nécessité d'un remplacement définitif : Cass. soc., 10 avr. 2019, n° 17-25.931).* Ainsi, le licenciement est considéré sans cause réelle et sérieuse dès lors que l'employeur ne justifie pas de l'impossibilité de recourir à des contrats précaires *(Cass. soc., 27 janv. 2009, n° 07-43.942).*

Il en est de même si l'employeur remplace le salarié malade par un salarié sous contrat à durée déterminée et qu'à la demande de ce dernier et sans caractériser la nécessité de remplacement définitif, il procède au licenciement du salarié malade pour conclure un contrat à durée indéterminée avec le remplaçant *(Cass. soc., 26 sept. 2007, n° 06-44.146, RJS 2007 n° 1173).*

La nécessité de remplacement est admise en cas de remplacement « *en cascade* » *(Cass. soc., 26 sept. 2007, n° 06-43.029, RJS 2007 n° 1173 : salarié malade remplacé par voie de promotion interne, le salarié promu étant lui-même remplacé par un salarié embauché pour un contrat à durée indéterminée ; Cass. soc., 15 janv. 2014, n° 12-21.179, Bull. V n° 17, RJS 2014 n° 210)* ; il en va autrement si l'embauche est effectuée sur la base d'un contrat à durée déterminée *(Cass. soc., 9 juill. 2003, n° 01-42.737, RJS 2003 n° 1148)* ; les absences du salarié ne sauraient donc être invoquées à l'appui d'un licenciement à un moment où elles ont cessé *(Cass. soc., 5 janv. 1999, n° 96-44.356, RJS 1999 n° 166 ; Cass. soc., 6 févr. 2008, n° 07-40.065, RJS 2008 n° 409).*

Pour que le licenciement soit justifié, le remplacement définitif du salarié doit intervenir dans un délai raisonnable apprécié en tenant compte des spécificités de l'entreprise et de l'emploi concerné, ainsi que des démarches faites par l'employeur en vue d'un recrutement *(Cass. soc., 10 nov. 2004, n° 02-45.156, Bull. V n° 283, RJS 2005 n° 30, Dr soc 2005 p. 226, obs. Savatier ; pour un délai de 6 mois : Cass. soc., 24 mars 2021, n° 19-13.188 B., RJS 2021 n° 294)* ; il appartient à ce dernier d'en rapporter la preuve *(Cass. soc., 15 nov. 2006, n° 04-48.192, Bull. V n° 343 ; Cass. soc., 20 févr. 2008, n° 06-44.712).*

A été jugé sans cause réelle et sérieuse le licenciement d'une salariée dont l'absence prolongée perturbait le fonctionnement de l'entreprise, alors que la décision de la remplacer définitivement avait été prise avec une hâte excessive, liée à la tension grave et persistante entre elle et son responsable direct et à la dégradation continue de son comportement *(Cass. soc., 30 oct. 2007, n° 06-42.482, RJS 2008 n° 166)* ou lorsque le remplacement définitif, motivé par des absences répétées, résultait en fait d'une embauche intervenue plus de 16 mois avant le licenciement du salarié malade *(Cass. soc., 16 sept. 2009, n° 08-41.879, Bull. V n° 186, RJS 2008 n° 849)* ou effectuée par une autre société du groupe *(Cass. soc., 25 janv. 2012, n° 10-26.502, Bull. V n° 21, RJS 2012 n° 332).*

Ne constituent pas un remplacement définitif :

– une embauche effectuée selon un horaire correspondant à la moitié du temps de travail du salarié licencié *(Cass. soc., 6 févr. 2008, n° 06-44.389, RJS 2008 n° 408)* ;

– le recours à une société prestataire de services *(Cass. soc., 18 oct. 2007, n° 06-44.251, Bull. V n° 163, RJS 2007 n° 1272)* ou à un contrat d'entreprise *(Cass. ass. plén., 22 avr. 2011, n° 09-43.334, Bull. AP n° 3, RJS 2011 n° 595)* ;
– une embauche effectuée sur la base d'un contrat de travail à durée déterminée *(Cass. soc., 2 mars 2005, n° 03-42.800, RJS 2005 n° 503).*

Si l'autorisation d'un licenciement d'un salarié protégé a été accordée par l'autorité administrative en raison de la nécessité de procéder à son remplacement définitif, le juge judiciaire ne peut, sans violer le principe de la séparation des pouvoirs, apprécier le caractère réel et sérieux du licenciement *(Cass. soc., 4 juill. 2007, n° 06-40.159).*

C. Maladie et faute de l'employeur

15.9.2.3. – Le juge judiciaire a en outre admis la nullité du licenciement d'un salarié dont la maladie, ayant entraîné son absence prolongée et une perturbation du fonctionnement de l'entreprise nécessitant son remplacement définitif, était la conséquence d'un harcèlement moral au travail *(Cass. soc., 11 oct. 2006, n° 04-48.314, Bull. V n° 301, RJS 2006 n° 1272 ; Cass. soc., 30 janv. 2019, n° 17-31.473 B., RJS 2019 n° 203, Dr soc 2019, p. 265, obs. J. Mouly)* ou d'une exposition à un stress permanent et prolongé à raison de l'existence d'une surcharge de travail conduisant à un épuisement professionnel et caractérisant un manquement de l'employeur à son obligation de sécurité *(Cass. soc., 13 mars 2013, n° 11-22.082, Bull. V n° 71, RJS 2013 n° 361).*

Dès lors que sont constatés des agissements susceptibles d'altérer la santé physique ou mentale du salarié et permettant de présumer l'existence d'un harcèlement, c'est à l'employeur d'établir que le licenciement pour absences répétées du salarié liées à une maladie est justifié par des éléments objectifs étrangers à tout harcèlement *(Cass. soc., 15 janvier 2014, n° 12-20.688, Bull. V n° 16).*

Sur les questions que pose la transposition de cette jurisprudence aux salariés protégés, il convient de se reporter au n° **15.12.1.2**.

SECTION 10

La situation des salariés victimes d'un accident du travail ou d'une maladie professionnelle

§ 1. LES DISPOSITIONS GÉNÉRALES APPLICABLES

15.10.1. – Ces salariés bénéficient d'une protection renforcée, à caractère légal, contre le licenciement pendant et à l'issue de leurs arrêts de travail :

– Article L. 1226-9 :

« Au cours des périodes de suspension du contrat de travail, l'employeur ne peut rompre ce dernier que s'il justifie soit d'une faute grave de l'intéressé, soit de son impossibilité de maintenir ce contrat pour un motif étranger à l'accident ou à la maladie. »

– Article L. 1226-18 :

« Lorsque le salarié victime d'un accident ou d'une maladie professionnelle est titulaire d'un contrat de travail à durée déterminée, l'employeur ne peut rompre le contrat au cours des périodes de suspension du contrat que s'il justifie soit d'une faute grave de l'intéressé, soit d'un cas de force majeure. »

La Cour de cassation a également reconnu le bénéfice de cette protection aux salariés « *fragilisés par un accident de travail antérieur* » au service d'un précédent employeur, dès lors « *que les lésions constatées lors de la rechute étaient partiellement imputables aux conditions de travail* » *(Cass. soc., 16 févr. 1999, n° 97-42.903, Bull. V n° 71, Dr soc 1999, p. 538)*. En revanche, en l'absence de lien entre les nouvelles fonctions du salarié au service d'un nouvel employeur et la rechute, réserve faite des dispositions de l'article L. 1224-1 du Code du travail, l'intéressé ne peut prétendre au bénéfice des dispositions légales applicables en cas d'accident du travail *(C. trav., art. L. 1226-6 ; Cass. soc., 9 juin 2010, n° 09-40.253, RJS 2010 n° 663)*.

La Cour de cassation a jugé que pendant la période de suspension du contrat de travail consécutive à un accident du travail ou une maladie professionnelle, l'employeur peut seulement, dans le cas d'une rupture pour faute grave, reprocher au salarié des manquements à l'obligation de loyauté *(Cass. soc., 20 févr. 2019, n° 17-18.912, B.)*.

Ces règles protectrices s'appliquent dès lors que l'inaptitude du salarié, quel que soit le moment où elle est constatée ou invoquée, a, au moins partiellement, pour origine cet accident ou cette maladie et que l'employeur a connaissance de cette origine professionnelle au moment du licenciement *(Cass. soc., 9 mai 1995, n° 91-44.918, Bull. V n° 148 ; Cass. soc., 16 févr. 2005, n° 03-40.755)* ; il en est ainsi, alors même qu'au jour du licenciement, l'employeur a été informé d'un refus de prise en charge au titre du régime des accidents du travail ou des maladies professionnelles *(Cass. soc., 29 juin 2011, n° 10-11.699, Bull. V n° 169, RJS 2011 n° 779)*.

En revanche, leur bénéfice n'est pas reconnu au salarié victime d'un accident de trajet *(Cass. soc., 16 sept. 2009, n° 08-41.879, Bull. V n° 186, RJS 2009 n° 849 ; Cass. soc., 22 sept. 2016, n° 14-28.869, RJS 2016 n° 756)*.

Faute pour l'employeur d'avoir fait passer au salarié arrêté pendant au moins 8 jours en raison d'un accident ou d'une maladie professionnelle une visite de reprise, le contrat demeure suspendu et le salarié bénéficie de la protection résultant des dispositions de l'article L. 1226-9 du Code du travail *(Cass. soc., 25 mars 2009, n° 07-44.408, Bull. V n° 82, RJS 2009 n° 626 ; Cass. soc., 13 juill. 2010, n° 09-40.984, Bull. V n° 175, RJS 2010 n° 752).*

– Article L. 1226-13 :

« Toute rupture du contrat de travail prononcée en méconnaissance des dispositions des articles L. 1226-9 et L. 1226-18 est nulle. »

Ce principe de nullité s'applique même si la résiliation du contrat de travail intervient pendant la période d'essai *(Cass. soc., 19 avr. 1989, n° 86-44.656, Bull. V n° 295 ; Cass. soc., 12 mai 2004, n° 02-44.325, Bull. V n° 132, RJS 2004 n° 808).*

Est nulle une mise à la retraite décidée par l'employeur au cours de ces périodes de suspension du contrat de travail *(Cass. soc., 7 mars 2007, n° 05-42.279, Bull. V n° 42).*

En revanche, sauf en cas de fraude ou de vice de consentement, une rupture conventionnelle peut être valablement conclue au cours de la période de suspension consécutive à un accident du travail ou une maladie professionnelle *(Cass. soc., 30 sept. 2014, n° 13-16.297, Bull. V, n° 219, RJS 2014 n° 855, Rapport 2014 de la Cour de cassation).* Cette position marque un revirement de la chambre sociale par rapport à sa jurisprudence antérieure en matière de rupture d'un commun accord *(Cass. soc., 4 janv. 2000, n° 97-44.566, Bull. V n° 3 ; sur la rupture conventionnelle, cf. n°* ***17.1.1.2.2****).*

– Article L. 1226-8 :

« À l'issue des périodes de suspension définies à l'article L. 1226-7, le salarié retrouve son emploi ou un emploi similaire assorti d'une rémunération au moins équivalente, sauf dans les situations mentionnées à l'article L. 1226-10.

Les conséquences de l'accident ou de la maladie professionnelle ne peuvent entraîner pour l'intéressé aucun retard de promotion ou d'avancement au sein de l'entreprise. »

§ 2. LES ÉLÉMENTS CARACTÉRISANT L'IMPOSSIBILITÉ DE MAINTENIR LE CONTRAT

15.10.2. – Pour le juge judiciaire, « *ni l'existence d'une cause économique de licenciement ni l'application des critères de l'ordre des licenciements ne suffisent à caractériser l'impossibilité de maintenir le contrat pour un motif non lié à l'accident* » *(Cass. soc. 21 nov. 2000, n° 98-42.509, Bull. V n° 381, Liaisons soc. jurisp. n° 697 ; Cass. soc., 21 mai 2008, n° 07-41.179, Bull. V n° 110, Liaisons soc. jurisp. n° 130/2008 du 2 juin 2008, Dr ouvrier 2008, p. 538 : la salariée, enceinte, bénéficiait également, en l'espèce, de la protection légale liée à son état de grossesse ; Cass. soc., 28 oct. 2009, n° 08-42.803, RJS 2010 n° 31).*

L'impossibilité n'est caractérisée, en cas de suppression pour motif économique de l'emploi du salarié, que si son reclassement n'est pas possible ; le refus par ce dernier d'un poste de reclassement n'implique pas, à lui seul, une telle impossibilité *(Cass. soc., 21 janv. 2009, n° 07-41.347, RJS 2009 n° 336).*

§ 3. L'OBLIGATION DE RECLASSEMENT

15.10.3. – L'article L. 1226-10 du Code du travail relatif à l'obligation de reclassement de ces salariés prévoit que celui-ci peut être réalisé par la mise en œuvre de mesures :

– de mutations, aménagements, adaptations ou transformations de postes comme pour tous les autres salariés reconnus inaptes ;
– d'aménagement du temps de travail.

La question de l'obligation de reclassement du salarié inapte est examinée au n° **15.12.6**.

SECTION 11

La protection de la maternité et de la paternité

§ 1. LES DISPOSITIONS DE DROIT COMMUN

A. Les dispositions protégeant la maternité

15.11.1.1. – L'article L. 1225-4 du Code du travail, dans sa rédaction issue de la loi n° 2016-1088 du 8 août 2016 relative au travail, à la modernisation du dialogue social et à la sécurisation des parcours professionnels, dispose : « *Aucun employeur ne peut rompre le contrat de travail d'une salariée lorsqu'elle est en état de grossesse médicalement constaté, pendant l'intégralité des périodes de suspension du contrat de travail auxquelles elle a droit au titre du congé de maternité, qu'elle use ou non de ce droit, et au titre des congés payés pris immédiatement après le congé de maternité ainsi que pendant les dix semaines suivant l'expiration de ces périodes. Toutefois, l'employeur ne peut rompre le contrat qu'en cas de faute grave, non liée à l'état de grossesse, ou d'impossibilité, pour un motif étranger à la grossesse ou à l'accouchement, de maintenir le contrat. Dans ce cas, la rupture du contrat de travail ne peut prendre effet ou être notifiée pendant les périodes de suspension du contrat de travail mentionnées au premier alinéa* ».

La loi n° 2016-1088 du 8 août 2016 a allongé la période de protection de l'emploi de la salariée à son retour de congé maternité, le délai passant de quatre à dix semaines. Elle a également entériné la jurisprudence selon laquelle la période de protection suivant le congé de maternité est suspendue par la prise des congés payés suivant immédiatement le congé de maternité, son point de départ étant alors reporté à la date de la reprise du travail par la salariée *(Cass. soc., 30 avr. 2014, n° 13-12.321, Bull. V n° 111, RJS 2014 n° 557 ; Cass. soc., 14 sept 2016, n° 15-15.943, RJS 2016 n° 685).* En revanche, lorsqu'un accord collectif autorise la salariée à prendre un congé supplémentaire rémunéré, ces dispositions n'instaurent pas une période de protection de la salariée interdisant ou limitant le droit, pour l'employeur, de procéder à un licenciement *(Cass. soc., 14 déc. 2016, n° 15-21.898, B.).*

Ainsi, pendant le congé maternité et les congés payés pris immédiatement après, la salariée bénéficie d'une protection dite « absolue » et l'employeur ne peut alors pas la licencier sous peine de nullité. Pendant la période de dix semaines qui suit, la salariée bénéficie d'une protection « relative » et l'employeur ne peut rompre le contrat que pour faute grave non liée à sa maternité ou à sa grossesse ou une impossibilité de maintenir le contrat étranger à la grossesse ou à l'accouchement. Dans ce cas, la rupture ne peut prendre effet ou être notifiée pendant les périodes de suspension du contrat *(C. trav., art. L. 1225-4, al. 2 ; Cass. soc., 1er déc. 2021, n° 20-13.339 B., JSL 2022 n° 534, RJS 2022 n° 53).* Ces dispositions ne font toutefois pas obstacle à l'échéance du contrat de travail à durée déterminée *(C. trav., art. L. 1225-6).*

À défaut de respect de ces dispositions, le licenciement est nul et la salariée peut obtenir sa réintégration si elle la demande *(Maternité : quelle protection contre le licenciement ?, LSQ 8 nov. 2019 n° 17935 ; Cass. soc., 10 mai 1995, n° 92-40.038, Bull. V n° 152, RJS 1995 n° 641 ; Cass. soc., 30 avr. 2003, n° 00-44.811, Bull. V, n° 152, Dr soc 2003, p. 827, commentaire Gauriau ; Cass. soc., 18 avr. 2008, n° 06-46.119, Bull. V n° 98, RJS 2008 n° 773 ; Cass. soc., 21 janv. 2009, n° 07-41.841, Bull. V n° 22, CSB Paris 2009 n° 210).*

La Cour de cassation a précisé qu'il résulte de l'article L. 1225-4 du Code du travail, interprété à la lumière de l'article 10 de la directive 92/85 du 19 octobre 1992, qu'il est interdit à un employeur, non seulement de notifier un licenciement, quel qu'en soit le motif, pendant la période de protection absolue visée à ce texte, mais également de prendre des **mesures préparatoires** à une telle décision *(Cass. soc. 10 févr. 2016, n° 14-17.576, RJS 2016 n° 238 ; Cass. soc., 6 nov. 2019, n° 18-20.909).* Par son arrêt du 29 novembre 2023, la Cour de cassation a indiqué que l'employeur ne pouvait engager la procédure de licenciement pendant la période de protection, notamment en envoyant la lettre de convocation à l'entretien préalable, un tel envoi constituant une mesure préparatoire au licenciement, peu important que l'entretien ait lieu à l'issue de cette période *(Cass. soc., 29 nov. 2023, n° 22-15.794, B. ; Sem. soc. Lamy, 18 déc. 2023, n° 2072, M. Szwarcberg, RJS 2024 n° 84).*

Il en va de même lorsque l'employeur ignore que la salariée est enceinte, dans la mesure où elle n'est pas tenue de lui révéler cet état *(C. trav., art. L. 1225-2)* : dans ce cas, le licenciement est annulé si, dans les quinze jours à compter de sa notification, elle envoie à son employeur un certificat médical justifiant qu'elle est enceinte *(C. trav., art. L. 1225-5 ; Cass. soc., 20 nov. 2001, n° 99-41.507, Bull. V n° 351)*. Les dispositions de l'article L. 1225-5 ne sont cependant pas applicables à la rupture en période d'essai *(Cass. soc., 21 déc. 2006, n° 05-44.806, Bull. V n° 415, RJS 2007 n° 325 ; cf. A. Gardin, « Maternité et rupture du contrat de travail. Retour sur quelques évolutions marquantes », RJS 2007, p. 975)*.

L'existence d'un motif économique ne caractérise pas, à elle seule, l'impossibilité de maintenir le contrat de travail *(Cass. soc., 21 mai 2008, n° 07-41.179, Bull. V n° 110, Liaisons soc. jurisp. n° 130/2008 du 2 juin 2008, Dr ouvrier 2008, p. 538 ; Cass. soc., 25 mai 2011, n° 09-72.613)*. L'employeur doit donc établir, outre l'existence du motif économique invoqué, la preuve de l'impossibilité de maintenir le contrat de travail de l'intéressée *(Cass. soc., 24 oct. 2012, n° 11-21.500)*. De même, le refus de l'application d'un accord de mobilité interne ne caractérise pas, par lui-même, l'impossibilité dans laquelle se trouve l'employeur de maintenir le contrat de travail d'une salariée enceinte pour un motif étranger à la grossesse ou à l'accouchement *(Cass. soc., 4 mars 2020, n° 18-19.189 B., Dr. soc. 2020 p. 565 note J. Mouly, RJS 2020 n° 248)*.

Il convient de noter que même si les États membres ont la faculté de garantir une protection plus élevée aux travailleuses enceintes, la Cour de justice de l'Union européenne écarte toute protection particulière de la femme enceinte dans le contexte d'un licenciement collectif *(CJUE 22 févr. 2018, aff. 103/16, RJS 2018, p. 551, chron. A. Gardin)*. S'agissant du travail de nuit, la loi du 9 mai 2001 comporte des dispositions protectrices pour la salariée en état de grossesse médicalement constatée ou venant d'accoucher : il lui est possible d'être affectée à un poste de jour, à sa demande ou si le médecin du travail constate par écrit l'incompatibilité du poste de nuit avec son état ; ce changement, qui ne doit entraîner aucune réduction de la rémunération, est subordonné à son accord en cas d'affectation dans un autre établissement *(C. trav., art. L. 1225-9)*. En cas d'impossibilité de proposer un autre poste, l'employeur lui fait connaître par écrit, ainsi qu'au médecin du travail, les motifs qui s'opposent à cette affectation ; le contrat de travail est alors suspendu jusqu'à la date de début du congé de maternité et, éventuellement, pendant la période complémentaire qui suit la fin du congé, avec une garantie de rémunération partiellement à la charge de l'employeur *(C. trav., art. L. 1225-10)*.

Par l'arrêt rendu le 25 mars 2015, la chambre sociale a jugé que ces dispositions, applicables à la résiliation unilatérale du contrat de travail par l'employeur, n'étaient pas de nature à faire obstacle à la rupture conventionnelle : celle-ci peut intervenir durant ces périodes, sauf en cas de fraude ou de vice de consentement *(Cass. soc., 25 mars 2015, n° 14-10.149 B., RJS 2015 n° 407 ; sur la rupture conventionnelle, cf. n°* ***17.1.1.2.2****)*.

B. Les dispositions protégeant également la paternité

15.11.1.2. – Depuis la loi n° 2014-873 du 4 août 2014 pour l'égalité réelle entre les femmes et les hommes, la mère comme le père bénéficient d'une protection à l'occasion de la naissance d'un enfant. Ainsi, l'article L. 1225-4-1 du Code du travail modifié par la loi n° 2016-1088 précitée dispose qu'« *aucun employeur ne peut rompre le contrat de travail d'un salarié pendant les dix semaines suivant la naissance de son enfant. Toutefois, l'employeur peut rompre le contrat s'il justifie d'une faute grave de l'intéressé ou de son impossibilité de maintenir ce contrat pour un motif étranger à l'arrivée de l'enfant* ».

La Cour de cassation a refusé de transmettre au Conseil constitutionnel une question prioritaire de constitutionnalité concernant la conformité à la Constitution de cet article au motif que l'interdiction de licencier, qui comporte des exceptions et est limitée dans le temps, répond à des motifs d'intérêt général et n'apporte pas une atteinte disproportionnée à la liberté d'entreprendre *(Cass. soc., 2 mars 2022, QPC n° 21-40.032 B., D. 2022. 709 ; RDT 2022. 326, obs. F. Guiomard ; RJS 2022 n° 237)*.

Est nul le licenciement intervenu pendant cette période dès lors que les griefs énoncés dans la lettre de licenciement ne caractérisent pas l'impossibilité de maintenir le contrat de travail du salarié *(Cass. soc., 27 sept. 2023, n° 21-22.937, RJS 2023 n° 629)*.

Toutefois, contrairement aux dispositions protégeant les mères, la Cour de cassation a refusé d'étendre cette protection aux mesures préparatoires au licenciement au motif que l'article L. 1225-4-1 du Code du travail ne met pas en œuvre l'article 10 de la directive 92/85 du 19 octobre 1992 concernant la mise en œuvre de mesures visant à promouvoir l'amélioration de la sécurité et de la santé des travailleuses enceintes, accouchées ou allaitantes au travail *(Cass. soc., 30 sept. 2020, n° 19-12.036 B. ; D. actu., 5 nov. 2020, obs. L. de Montvalon ; D. 2020. 1957 ; Dr. soc., 2020. 929, A.-M. Grivel ; RDT 2020. 672, obs. L. de Montvalon ; RJS 2020, n° 580 ; JSL 2021, n° 509, obs. H. Nassom-Tissandier ; RJS 2020 n° 580)*.

Enfin, le père de l'enfant qui bénéficie du congé postnatal pour cause de décès de la mère est couvert par la même protection que cette dernière *(C. trav., art. L. 1225-28)*.

C. Autres dispositions protégeant les parents

15.11.1.3. – D'autres dispositions protectrices ont été prévues par le législateur. Ainsi, pendant le congé d'adoption, la salariée ou le salarié bénéficie de la même protection qu'en cas de maternité *(C. trav., art. L. 1225-38)*.

La loi n° 2020-692 du 8 juin 2020 visant à améliorer les droits des travailleurs et l'accompagnement des familles après le décès d'un enfant prévoit qu'aucun employeur ne peut rompre le contrat de travail d'un salarié pendant les treize semaines suivant le décès de son enfant âgé de moins de vingt-cinq ans ou de la personne âgée de moins de vingt-cinq ans dont le salarié a la charge effective et permanente. Toutefois, l'employeur peut rompre le contrat s'il justifie d'une faute grave de l'intéressé ou de son impossibilité de maintenir ce contrat pour un motif étranger au décès de l'enfant *(C. trav., art. L. 1225-4-2)*.

Par ailleurs, depuis la loi du n° 2023-567 du 7 juillet 2023 visant à favoriser l'accompagnement psychologique des femmes victimes de fausse couche, le Code du travail prévoit qu'aucun employeur ne peut rompre le contrat de travail d'une salariée pendant les dix semaines suivant une fausse couche ayant eu lieu entre la 14e et la 21e semaine d'aménorrhée incluses ; l'employeur peut toutefois rompre le contrat de travail s'il justifie d'une faute grave de l'intéressée ou de son impossibilité de le maintenir pour un motif étranger à l'interruption spontanée de grossesse. Ces dispositions ne font pas obstacle à l'échéance du contrat de travail à durée déterminée *(C. trav., art. L. 1225-4-3 et L. 1225-6)*.

La loi n° 2023-622 du 19 juillet 2023 visant à renforcer la protection des familles d'enfants atteints d'une maladie ou d'un handicap ou victimes d'un accident d'une particulière gravité ajoute qu'aucun employeur ne peut rompre le contrat de travail d'un salarié pendant un congé de présence parentale prévu à l'article L. 1225-62 ni pendant les périodes travaillées si le congé de présence parentale est fractionné ou pris à temps partiel. Toutefois, l'employeur peut rompre le contrat s'il justifie d'une faute grave de l'intéressé ou de son impossibilité de maintenir ce contrat pour un motif étranger à l'état de santé de l'enfant de l'intéressé *(C. trav., art. L. 1225-4-4)*.

§ 2. LA SITUATION DES SALARIÉS PROTÉGÉS

15.11.2. – Revenant sur sa position antérieure *(CE, 9 déc. 1988, n° 69.581, Chantalou, Rec. p. 972 et 1052)*, le Conseil d'État estime que, lorsqu'elle est saisie d'une demande d'autorisation de licenciement d'une salariée protégée, l'autorité administrative doit également, s'agissant d'une femme enceinte, tenir compte des dispositions de l'article L. 1225-4 *(CE, 6 déc. 1996, n° 167.847, Riou, Rec. p. 477, RJS 1997 n° 60)*. Les dispositions légales de protection de la maternité doivent donc constituer un élément d'appréciation pour l'autorité administrative.

Il en est de même pour les dispositions spécifiques protégeant la paternité.

SECTION 12

L'impossibilité de reclassement du salarié en inaptitude médicale

§ 1. LA NATURE DU CONTRÔLE DE L'AUTORITÉ ADMINISTRATIVE

A. Les points de contrôle

15.12.1.1. – Le licenciement pour inaptitude médicale d'un salarié protégé doit faire l'objet d'une autorisation préalable de l'inspecteur du travail *(CE, 11 juin 1990, n° 84.650, Sté Pornichet-Distribution, RJS 1990 n° 696 ; Cass. soc., 17 mars 1993, n° 90-44.445)*. L'obtention de l'autorisation administrative est subordonnée aux conditions suivantes *(CE, 11 juin 1990, préc.)* :

– le respect de la procédure interne à l'entreprise ;
– l'existence d'une inaptitude médicale ;
– le caractère réel et sérieux des efforts de reclassement du salarié ;
– l'absence de lien avec le mandat ou l'appartenance syndicale ;
– l'absence d'un motif d'intérêt général *(même si la référence à ce motif n'est pas systématiquement reprise par le Conseil d'État dans ses considérants)*.

L'autorisation fondée uniquement sur le souhait du salarié de ne pas contester son licenciement et sur la difficulté de maintenir les relations contractuelles est illégale *(CE, 1er févr. 1995, n° 143.661, Sté Midica c./ Izquierdo, Rec. p. 1062, Jurisp. soc. UIMM n° 95-585, p. 225, RJS 1995 n° 263)*.

Par un avis du 21 octobre 2013, la chambre sociale de la Cour de cassation a considéré qu'en cas de rupture anticipée du contrat à durée déterminée pour inaptitude constatée par le médecin du travail conformément à l'article L. 1243-1 du Code du travail, il n'incombe pas à l'employeur de respecter la procédure du licenciement et notamment de convoquer le salarié à un entretien préalable, cette procédure étant exclue par les articles L. 1242-14 et R. 1226-20 du Code du travail *(Cass., avis, 21 oct. 2013, n° 13-70.006, chron. E. Wurtz, D. 2014 p. 302)*. Toutefois, lorsque la rupture anticipée pour inaptitude concerne un salarié protégé, le ministère du Travail considère que l'entretien préalable doit être prévu, l'article L. 2421-7 du Code du travail, portant sur la procédure applicable à la rupture du contrat à durée déterminée d'un salarié protégé, renvoyant à la procédure applicable pour le licenciement *(cf. Guide DGT, Salariés protégés, sept. 2019, fiches n° 5 et 13a)*.

B. L'absence de contrôle de la cause de l'inaptitude

15.12.1.2. – Pour les salariés non protégés, la Cour de cassation admet la possibilité d'un contrôle de l'origine de l'inaptitude. Ainsi le licenciement pour inaptitude est dépourvu de cause réelle et sérieuse lorsqu'il est démontré que l'inaptitude est consécutive à un manquement préalable de l'employeur qui l'a provoquée *(Cass. soc., 13 déc. 2007, n° 06-45.818, Bull. V n° 209, RJS 2008, n° 414 : harcèlement moral caractérisé de la part de l'employeur, à l'origine de l'inaptitude physique, ce qui rendait le licenciement sans cause réelle et sérieuse ; idem, pour des agissements caractérisant le harcèlement sexuel : Cass. soc., 3 mars 2009, n° 07-44.082 ; Cass. soc., 29 mai 2013, n° 12-18.485, RJS 2013, n° 596 ; pour une violation de l'obligation de sécurité : Cass. soc., 3 mai 2018, n° 16-26.850 et n° 17-10.306 B., RJS 2018 n° 475)*.

La question de la transposition de cette jurisprudence aux salariés protégés se pose : peut-on admettre que, constatant l'inaptitude totale du salarié, l'inspecteur du travail puisse légalement autoriser son licenciement alors même que ce dernier serait frappé de nullité dès lors que l'inaptitude serait consécutive à des agissements constitutifs de harcèlement, dans la mesure où il doit prendre en compte l'ensemble des règles s'appliquant au contrat de travail ? À l'inverse, l'inspecteur du travail n'est-il pas tenu, constatant l'inaptitude du salarié, d'en tirer les conséquences, le salarié demandant parfois lui-même la résiliation de son contrat de travail ?

La chambre sociale avait jugé que le salarié protégé dont le licenciement avait été autorisé par l'inspecteur du travail ne pouvait saisir la juridiction prud'homale afin d'obtenir la nullité de ce licenciement au motif qu'il trouverait sa cause dans le harcèlement moral dont il avait été victime *(Cass. soc., 15 nov. 2011, 3 arrêts : n° 10-10.687, Bull. V n° 259, n° 10-18.417, Bull. V n° 260 et n° 10-30.463, Bull. V n° 261, D. 2011.2874, Dr soc 2012.103, obs. C. Radé)*, mais qu'en revanche elle ne le privait pas du droit de demander réparation du préjudice qui en était résulté *(Cass. soc., 29 nov. 2011, n° 10-19.435, Bull. V n° 275, RJS 2012 n° 110)*.

Par deux décisions rendues, l'une le 20 novembre 2013, l'autre le 27 novembre 2013, à l'issue d'une concertation préalable, le Conseil d'État, puis la chambre sociale de la Cour de cassation ont retenu une solution originale : dans ces décisions rédigées en termes identiques, le juge administratif et le juge judiciaire ont certes estimé qu'il n'appartient pas à l'inspecteur du travail, dans l'exercice de ce contrôle, de rechercher la cause de l'inaptitude, y compris dans le cas où la faute invoquée résulte d'un harcèlement moral dont l'effet, selon les dispositions combinées des articles L. 1152-1 à L. 1152-3 du Code du travail, serait la nullité de la rupture du contrat de travail, mais que la décision de l'inspecteur du travail ne fait pas obstacle à ce que le salarié, s'il s'y estime fondé, fasse valoir devant les juridictions compétentes les droits résultant de l'origine de l'inaptitude lorsqu'il l'attribue à un manquement de l'employeur *(CE,*

20 nov. 2013, n° 340.591, Mme Capbern, Rec. p. 298, concl. G. Dumortier, Dr soc 2014, p. 25, obs. C. Radé, Dr soc 2014, p. 24 ; Cass. soc., 27 nov. 2013, n° 12-20.301, Bull. V n° 286, concl. N. Sabotier, Dr soc 2014, p. 29, chron. Y. Struillou, « Le dialogue des juges en matière d'inaptitude physique du salarié protégé », RJS 2014, p. 71 ; CE, 7 nov. 2014, n° 371.116, Opéra de Toulon-Provence-Méditerranée ; Cass. soc., 15 avr. 2015, n° 13-21.306 et 13-22.469, Bull. V n° 78, RJS 2015 n° 383 ; Cass. soc., 29 juin 2017, n° 15-15.775 B., RJS 2017 n° 688 ; Cass. soc., 17 oct. 2018, n° 17-17.985, B., RJS 2019, n° 37 ; Cass. soc., 19 avr. 2023, n° 21-21349, B. ; en ce qui concerne la recherche de l'origine professionnelle de l'inaptitude : Cass. soc., 11 sept. 2019, n° 17-31.321 B., LSQ 403, p. 1, RJS 2019 n° 644 ; Cass. soc., 19 avr. 2023, n° 21-21.349 B., D. 2024 p. 373, chron. S. Ala, M.-P. Lanoue, M.-A. Valéry).

Cette position constitue une réponse au dilemme de l'administration face à l'inaptitude d'un salarié protégé victime de harcèlement moral. La délivrance de l'autorisation permet de faire cesser *de facto* la situation de harcèlement à laquelle est exposé le salarié protégé et de répondre au souhait généralement exprimé par ce dernier. Mais il est également mis fin à la disparité de traitement en défaveur du salarié protégé dès lors que celui-ci dispose ensuite de la possibilité de faire valoir, dans les conditions du droit commun devant le conseil de prud'hommes, les droits qui découlent de la nullité de son licenciement, y compris une éventuelle réintégration, et non plus un simple recours à des fins indemnitaires.

En tout état de cause, l'inspecteur du travail conserve la faculté de refuser l'autorisation lorsque le licenciement – et donc le harcèlement en amont – lui paraît en lien avec les fonctions représentatives exercées *(CE, 21 sept 2016, avis n° 396.887, Plessis, Rec. p. 393, AJDA 2016, p. 1777, Dr soc 2016, p. 785, obs. C. Radé ; CE 29 mai 2017, n° 393.280, Sté Financière Honoré ; cf. n° **412.6**).*

§ 2. L'EXISTENCE ET LE CONSTAT DE L'INAPTITUDE MÉDICALE

A. La procédure de constat de l'inaptitude par le médecin du travail

15.12.2.1. – Le licenciement en raison d'une inaptitude non médicalement constatée constitue une discrimination en raison de l'état de santé du salarié *(C. trav., art. L. 1132-1 et L. 1132-4)*. L'article L. 1133-3 du Code du travail dispose que « *les différences de traitement fondées sur l'inaptitude constatée par le médecin du travail en raison de l'état de santé ou du handicap ne constituent pas une discrimination lorsqu'elles sont objectives, nécessaires et appropriées* ».

Seule la déclaration médicale d'inaptitude par le médecin du travail peut fonder un licenciement pour raisons de santé, y compris lorsque le salarié a fait l'objet d'une mise en invalidité sans toutefois manifester la volonté de ne pas reprendre le travail *(Cass. soc., 19 mars 2008, n° 07-40.122 ; Cass. soc., 25 janv. 2011, n° 09-42.766, Bull. V n° 30 ; Cass. soc., 15 févr. 2011, n° 09-43.172, Bull. V n° 47 ; Cass. soc., 7 déc. 2011, n° 10-15.222, Bull. V n° 294).* De même, en dehors d'une inaptitude médicalement constatée, l'employeur ne peut décider seul de la réaffectation du salarié dont l'état de santé est altéré *(Cass. soc., 30 mars 2011, n° 09-71.542, Bull. V n° 81).* Toutefois, la constatation de l'inaptitude peut également être opérée par le collaborateur médecin lorsque le protocole déterminé par le médecin du travail le prévoit *(C. trav., art. L. 4623-1)*, ou encore par l'interne en médecine du travail opérant le remplacement d'un médecin du travail *(C. trav., art. R. 4623-28)*.

La procédure de constatation de l'inaptitude a été réformée par la loi n° 2016-1088 du 8 août 2016 relative au travail, à la modernisation du dialogue social et à la sécurisation des parcours professionnels et le décret n° 2016-1908 du 27 décembre 2016 relatif à la modernisation de la médecine du travail *(La réforme du régime de l'inaptitude suite à la loi du 8 août 2016, F. Héas, Dr ouvrier 2017, p. 103 ; La loi Travail : aspects concernant la médecine du travail, F. Meyer, RDT 2016, p. 821)*.

La loi n° 2016-1088 du 8 août 2016 a supprimé la nécessité d'une double visite médicale et a posé le principe d'une constatation de l'inaptitude à partir d'un seul examen médical *(C. trav., art. L. 4624-1)*.

Le médecin du travail doit organiser une concertation et des échanges avec le travailleur et l'employeur conformément aux dispositions prévues par l'article R. 4624-42 du Code du travail :

« *Le médecin du travail ne peut constater l'inaptitude médicale du travailleur à son poste de travail que :*

1° *S'il a réalisé au moins un examen médical de l'intéressé, accompagné, le cas échéant, des examens complémentaires, permettant un échange sur les mesures d'aménagement, d'adaptation ou de mutation de poste ou la nécessité de proposer un changement de poste ;*

2° *S'il a réalisé ou fait réaliser une étude de ce poste ;*

3° *S'il a réalisé ou fait réaliser une étude des conditions de travail dans l'établissement et indiqué la date à laquelle la fiche d'entreprise a été actualisée ;*

4° *S'il a procédé à un échange, par tout moyen, avec l'employeur. Ces échanges avec l'employeur et le travailleur permettent à ceux-ci de faire valoir leurs observations sur les avis et les propositions que le médecin du travail entend adresser. (...)* »

Si le médecin du travail estime un second examen nécessaire pour rassembler les éléments permettant de motiver sa décision, il réalise ce second examen dans un délai qui n'excède pas quinze jours après le premier examen. La notification de l'avis médical d'inaptitude intervient au plus tard à cette date.

Avant d'émettre son avis, le médecin du travail peut consulter le médecin inspecteur du travail *(C. trav., art. R. 4624-43)*. Après avoir procédé ou fait procéder par un membre de l'équipe pluridisciplinaire à une étude de poste et après avoir échangé avec le salarié et l'employeur, le médecin du travail qui constate qu'aucune mesure d'aménagement, d'adaptation ou de transformation du poste de travail occupé n'est possible et que l'état de santé du travailleur justifie un changement de poste déclare le travailleur inapte à son poste de travail *(C. trav., art. R. 4624-43)*.

B. L'avis d'inaptitude

15.12.2.2. – Les motifs de l'avis d'inaptitude doivent figurer dans le dossier médical du salarié *(C. trav., art. R.4624-44)*.

L'avis d'inaptitude rendu par le médecin du travail est éclairé par des conclusions écrites, assorties d'indications relatives au reclassement du travailleur *(C. trav., art. L. 4624-4, cf. n°* ***15.12.3.2****)*.

Le médecin du travail peut mentionner dans l'avis médical d'inaptitude que tout maintien du salarié dans un emploi serait gravement préjudiciable à sa santé ou que l'état de santé du salarié fait obstacle à tout reclassement dans un emploi *(C. trav., art. R. 4624-42)*.

L'avis médical d'aptitude ou d'inaptitude émis par le médecin du travail est transmis au salarié ainsi qu'à l'employeur par tout moyen leur conférant une date certaine. L'employeur le conserve pour être en mesure de le présenter à tout moment, sur leur demande, à l'inspecteur du travail et au médecin inspecteur du travail. Une copie de l'avis est versée au dossier médical en santé au travail du travailleur (*C. trav., art. R. 4624-55*).

Lorsque le médecin du travail constate que l'inaptitude du salarié est susceptible d'être en lien avec un accident ou une maladie d'origine professionnelle, il remet à ce dernier le formulaire de demande prévu à l'article *D.* 433-3 du Code de la sécurité sociale *(C. trav., art. R. 4624-56)*.

Le modèle d'avis d'aptitude ou d'inaptitude est fixé par arrêté du ministre chargé du travail *(C. trav., art. R. 4624-57 ; arrêté du 16 octobre 2017 fixant le modèle d'avis d'aptitude, d'avis d'inaptitude, d'attestation de suivi individuel de l'état de santé et de proposition de mesures d'aménagement de poste)*.

S'agissant de l'incidence des dispositions du décret n° 2020-410 du 8 avril 2020 adaptant temporairement les délais de réalisation des visites et examens médicaux par les services de santé au travail à l'urgence sanitaire (épidémie de covid-19), il convient de se reporter à l'annexe I de la précédente (6e) édition de cet ouvrage.

C. La portée de l'avis du médecin du travail

15.12.2.3. – L'employeur, tenu d'une obligation de sécurité de résultat en matière de protection de la santé et de la sécurité des travailleurs dans l'entreprise, doit en assurer l'effectivité en prenant en considération les préconisations du médecin du travail telles que mutations ou transformations de postes et, en cas de refus, faire connaître les motifs qui s'opposent à ce qu'il y soit donné suite *(C. trav., art. L. 4624-4)*. À défaut, il commet une faute en exécutant de façon déloyale le contrat de travail *(Cass. soc., 7 juill. 2009, n° 08-42.300)*.

En l'absence de contestation *(cf. n°* ***15.12.3****)*, l'avis d'aptitude délivré par le médecin du travail s'impose aux parties *(Cass. soc., 16 sept. 2009, n° 08-42.212, Bull. V n° 185, RJS 2009 n° 848 ; Cass. soc., 13 avr. 2016, n° 15-10.400, Bull. V, n° 75, RJS 2016 n° 403 ; Cass. soc., 21 sept. 2017, n° 16-16.549 B., RJS 2017 n° 787)*.

Un avis d'aptitude assorti de multiples contre-indications ne peut être regardé comme un avis d'inaptitude *(Cass. soc., 4 juin 2009, n° 08-40.071, pour un salarié agent de maintenance-piscine, reconnu, à l'issue de la seconde visite de reprise, « apte au poste de travail si en équipe (non isolé) – poste isolé déconseillé – conduite automobile professionnelle déconseillée » ; Cass. soc., 10 nov. 2009, n° 08-42.674, Bull. V n° 253, RJS 2010 n° 30 ; Cass. soc., 28 janv. 2010, n° 08-42.616, Bull. V n° 27)*. Le juge ne saurait substituer son appréciation à celle du médecin du travail *(Cass. soc., 10 nov. 2009, n° 08-42.674, Bull. V n° 253, RJS 2010 n° 30, préc.)*.

La réalité et le sérieux du motif de licenciement s'appréciant à la date de la rupture du contrat, dès lors que, postérieurement à la déclaration d'inaptitude d'un salarié, l'employeur a eu connaissance d'un nouvel avis d'aptitude à l'encontre duquel il n'a pas formé de recours devant l'inspecteur du travail, le licenciement intervenu après ce dernier avis ne procède pas d'une cause réelle et sérieuse *(Cass. soc., 28 mai 2014, n° 12-35.096, RJS 2014 n° 621)*.

Par ailleurs, dès lors que le salarié a été déclaré inapte, l'employeur ne peut en principe pas procéder à un licenciement pour un autre motif *(cf. n°* ***15.12.8****)*.

§ 3. LA CONTESTATION DE L'AVIS DU MÉDECIN DU TRAVAIL

15.12.3. – La procédure de contestation a été profondément réformée par :

– la loi n° 2016-1088 du 8 août 2016 relative au travail, à la modernisation du dialogue social et à la sécurisation des parcours professionnels et le décret n° 2016-1908 du 27 décembre 2016 relatif à la modernisation de la médecine du travail ;
– l'ordonnance n° 2017-1387 du 22 septembre 2017 relative à la prévisibilité et la sécurisation des relations de travail et le décret n° 2017-1698 du 15 décembre 2017 portant diverses mesures relatives à la procédure suivie devant le conseil de prud'hommes ;
– l'ordonnance n° 2017-1718 du 20 décembre 2017 visant à compléter et mettre en cohérence les dispositions prises en application de la loi n° 2017-1340 du 15 septembre 2017 d'habilitation à prendre par ordonnances les mesures pour le renforcement du dialogue social ;

– la loi n° 2018-217 du 29 mars 2018 ratifiant diverses ordonnances prises sur le fondement de la loi n° 2017-1340 du 15 septembre 2017 d'habilitation à prendre par ordonnances les mesures pour le renforcement du dialogue social.

Ces dispositions ont mis fin à la procédure spécifique de contestation devant l'inspecteur du travail qui existait jusqu'alors pour la confier directement au conseil de prud'hommes.

A. La procédure applicable du 1er janvier 2017 au 31 décembre 2017

15.12.3.1. – Du 1er janvier 2017 au 31 décembre 2017, seuls les éléments de nature médicale justifiant les avis, propositions, conclusions écrites ou indications émis par le médecin du travail en application des articles L. 4624-2, L. 4624-3 et L. 4624-4 du Code du travail pouvaient être contestés devant la formation de référés dans un délai de 15 jours à compter de la notification. Les autres éléments (tels que le respect de la procédure) devaient faire l'objet d'un recours de droit commun devant le conseil de prud'hommes *(C. trav., art. L. 1471-1)*.

L'employeur ou le salarié devait demander au conseil de prud'hommes la désignation d'un médecin-expert inscrit sur la liste des experts près la cour d'appel. Ce médecin-expert pouvait demander au médecin du travail la communication du dossier médical en santé au travail du salarié. La formation de référé ou, le cas échéant, le conseil de prud'hommes saisi au fond pouvait en outre charger le médecin inspecteur du travail d'une consultation relative à la contestation, dans les conditions prévues aux articles 256 à 258 du Code de procédure civile. Le demandeur devait informer le médecin du travail de l'existence de la contestation.

La chambre sociale de la Cour de cassation a considéré qu'il n'y avait pas lieu de renvoyer la question prioritaire de constitutionnalité mettant en cause cette procédure estimant qu'étaient respectés le droit au secret médical du salarié, les droits de la défense de l'employeur et le principe du contradictoire *(Cass. soc. QPC, 11 juill. 2018, n° 18-40.020, JSL 2018, n° 463-6, obs. G. Hilger)*.

Cette procédure complexe était mal comprise par les différents protagonistes *(La réforme du constat et de la contestation de l'inaptitude en questions, Sem. soc. Lamy n° 1772, p. 4 ; S. Fantoni Quinton, La contestation des avis du médecin du travail aux prud'hommes – Le mystère s'épaissit et les risques s'accumulent, Sem. soc. Lamy n° 1776, p. 7 ; M. Babin, La contestation des avis du médecin du travail devant le conseil de prud'hommes, JCP S 2017, 1139 ; J.-M. Chonnier, Les impasses de la contestation de l'avis du médecin du travail, Sem. soc. Lamy n° 1837, p. 7)*. Elle a dès lors fait l'objet de plusieurs ajustements.

B. La procédure applicable depuis le 1er janvier 2018

15.12.3.2. – À compter du 1er janvier 2018, s'applique l'article R. 4624-45 du Code du travail qui dispose qu'« *en cas de contestation portant sur les avis, propositions, conclusions écrites ou indications reposant sur des éléments de nature médicale émis par le médecin du travail mentionnés à l'article L. 4624-7, le conseil de prud'hommes statuant en la forme des référés est saisi dans un délai de quinze jours à compter de leur notification. Les modalités de recours ainsi que ce délai sont mentionnés sur les avis et mesures émis par le médecin du travail* ».

L'ordonnance n° 2019-738 du 17 juillet 2019 prise en application de l'article 28 de la loi n° 2019-222 du 23 mars 2019 de programmation 2018-2022 et de réforme pour la justice modifie les dispositions régissant les procédures en la forme des référés devant les juridictions judiciaires aux fins de les unifier et d'harmoniser le traitement des procédures au fond à bref délai. Cette ordonnance clarifie la procédure dite « *en la forme des référés* » en la renommant « *procédure accélérée au fond* » de manière à mettre en évidence le fait qu'il s'agit d'une décision statuant au fond, obtenue rapidement. Le décret n° 2019-1419 du 20 décembre 2019 relatif à la procédure accélérée au fond devant les juridictions judiciaires en vigueur au 1er janvier 2020 ne modifie pas les principes posés depuis 2018 en matière de contestation des avis d'inaptitude.

L'objet de la contestation a été élargi aux éléments non médicaux : ainsi peuvent être contestés « *les avis, propositions, conclusions écrites ou indications reposant sur des éléments de nature médicale émis par le médecin du travail* » et non plus seulement « *les éléments de nature médicale justifiant les avis, propositions, conclusions écrites ou indications émis par le médecin du travail* ».

Le Code du travail indique clairement que la décision du conseil de prud'hommes se substitue aux avis, propositions, conclusions écrites ou indications contestés.

Il est également précisé que le médecin du travail n'est pas partie au litige, mais doit être informé de la contestation. Depuis le 1er avril 2018 cette information doit être délivrée par l'employeur.

L'intervention du médecin-expert est remplacée par la possibilité pour le conseil de prud'hommes de confier toute mesure d'instruction au médecin inspecteur du travail territorialement compétent pour l'éclairer sur les questions de fait relevant de sa compétence. Celui-ci peut, le cas échéant, s'adjoindre le concours de tiers. À la demande de l'employeur, les éléments médicaux ayant fondé les avis, propositions, conclusions écrites ou indications émis par le médecin du travail peuvent être notifiés au médecin que l'employeur mandate à cet effet. Le salarié est informé de cette notification. La Cour de cassation a précisé que « *le droit à un procès équitable à l'occasion de l'exécution de la mesure d'instruction confiée au médecin inspecteur du travail est garanti par les textes qui la régissent* »

(Cass. soc., 10 janv. 2024, n° 22-13.464, D. actu., 25 janv. 2024, obs. F. Mélin ; RDT 2024 p. 121, chron. Dorian Mellot).

En cas d'indisponibilité du médecin inspecteur du travail ou en cas de récusation de celui-ci, notamment lorsque ce dernier a émis un avis dans le cadre de l'élaboration de l'avis d'inaptitude par le médecin du travail dans les conditions prévues à l'article R. 4624-43, le conseil de prud'hommes statuant selon la procédure accélérée au fond peut désigner un autre médecin inspecteur du travail que celui qui est territorialement compétent *(C. trav., art. R. 4624-45-2).*

La Cour de cassation a précisé que le point de départ du délai de quinze jours pour la saisine du conseil de prud'hommes court à compter de la notification de l'avis d'inaptitude émis par le médecin du travail *(Cass. soc., 2 juin 2021, n° 19-24.061 B., RJS 2021, n 453).*

Saisie d'une demande d'avis par un conseil de prud'hommes dans une affaire où l'employeur contestait la déclaration d'inaptitude en invoquant l'absence d'échange préalable entre le médecin du travail et lui (échange requis par l'article R. 4624-42 du Code du travail), et demandait que cette déclaration lui soit déclarée inopposable motif pris de cette irrégularité, la chambre sociale de la Cour de cassation n'exclut pas tout examen de la procédure suivie par le médecin du travail, mais elle considère que cette question s'insère dans l'appréciation, par le juge saisi d'une contestation sur l'avis lui-même, des éléments ayant conduit le médecin du travail à conclure à l'inaptitude du salarié et c'est sur cette question de fond, l'aptitude du salarié à occuper son poste de travail, que le juge saisi de la contestation en application de l'article L. 4624-7 du Code du travail doit se prononcer, sa décision se substituant sur ce point à celle du médecin du travail *(Cass. soc., 17 févr. 2021, n° 21-70.002 B., avis, RJS 2021, n° 272).*

Ont ainsi été considérées comme sans influence sur la validité de l'avis d'inaptitude :

- l'erreur mentionnée dans l'avis d'inaptitude sur la dénomination du poste occupé par le salarié alors que le médecin du travail s'était rendu dans l'entreprise et y avait réalisé une étude de poste du salarié, dont il avait vérifié concrètement les conditions d'exercice des fonctions, et échangé avec l'employeur qui avait pu faire des observations *(Cass. soc. 16 juin 2021, n° 20-10.386, RJS 2021, n° 454)* ;
- l'absence d'étude du poste ou des conditions de travail récentes alors que l'inaptitude de l'intéressé ne résultait pas des conditions de travail mais d'une dégradation des relations entre les parties pendant l'arrêt de travail et des conséquences psychiques qui en sont résultées *(Cass. soc. 7 déc. 2022, n° 21-17.927 B., RJS 2023, n° 87).*

La Cour de cassation a précisé qu'est recevable la contestation formée en vertu de l'article L. 4624-7 du Code du travail portant sur la mention dans l'avis d'inaptitude que tout maintien du salarié dans un emploi serait gravement préjudiciable à sa santé ou que son état de santé fait obstacle à tout reclassement dans un emploi, une telle mention constituant une indication émise par le médecin du travail reposant sur des éléments de nature médicale *(Cass. soc. 3 juill. 2024, n° 23-14.227 B., D. actu. 18 sept. 2024, note F. Mélin, RJS 2024 n° 521)*.

Méconnaît l'étendue de ses pouvoirs le juge qui se contente d'annuler l'avis du médecin du travail déclarant le salarié inapte à son poste, alors qu'il lui appartenait de substituer à cet avis sa propre décision après avoir, le cas échéant, ordonné une mesure d'instruction *(Cass. soc., 25 oct. 2023, n° 22-18.303, RJS 2024, n° 33)*.

En l'absence de recours à la procédure accélérée au fond, l'avis d'inaptitude s'impose aux parties et sa régularité ne peut plus être remise en question devant le juge du fond dans le cadre de la contestation du licenciement pour inaptitude prononcé à la suite de cet avis *(à propos d'une erreur du médecin du travail sur l'intitulé du poste occupé par le salarié : Cass. soc., 25 oct. 2023 n° 22-12.833 B., RJS 2024 n° 34)*.

§ 4. L'ARTICULATION ENTRE LA PROCÉDURE DE CONTESTATION DE L'AVIS DU MÉDECIN DU TRAVAIL ET LA PROCÉDURE SPÉCIALE

15.12.4. – L'avis d'inaptitude s'impose aux parties et aux juges sauf à ce qu'il soit contesté selon la procédure prévue à l'article L. 4624-7 du Code du travail *(Cass. soc., 18 févr. 2015, n° 13-15.660 ; Cass. soc., 21 sept. 2017, n° 16-16.549 B., RJS 2017 n° 787)*. Depuis le 1er janvier 2018, le jugement du conseil de prud'hommes se substitue à l'avis contesté *(C. trav., art. L. 4624-7)*.

Cet avis s'impose également à l'inspecteur du travail. Lorsqu'il est saisi d'une demande d'autorisation de licenciement d'un salarié protégé parallèlement à la saisine par l'une des parties d'une contestation devant le conseil de prud'hommes, il lui appartient de rejeter la demande et d'inviter l'employeur à présenter une nouvelle demande, une fois que le conseil de prud'hommes aura statué sur la contestation. L'existence ou l'absence d'une telle contestation doit de ce fait être vérifiée par l'inspecteur du travail lors de son enquête contradictoire *(cf. Guide DGT, Salariés protégés, sept. 2019, fiche n° 4)*.

Lorsque le conseil de prud'hommes statue selon la procédure accélérée au fond (en la forme des référés avant le décret n° 2019-1419 préc.), le jugement est exécutoire à titre provisoire *(C. trav., art. R. 1455-12)* : par conséquent, en cas d'appel, il appartient à l'inspecteur du travail d'instruire la demande d'autorisation de licenciement, à charge pour lui de vérifier que la décision de la cour d'appel ne soit pas intervenue durant son délai d'instruction.

§ 5. LE CONTRÔLE DE L'INSPECTEUR DU TRAVAIL SUR LA PROCÉDURE DE CONSULTATION DU CSE

A. Le principe de la consultation

15.12.5.1. – La loi n° 2016-1088 du 8 août 2016 a étendu l'obligation de consultation des délégués du personnel qui était prévue en cas d'inaptitude d'origine professionnelle sur la proposition de reclassement du salarié *(C. trav., art. L. 1226-10)* au cas de l'inaptitude non professionnelle à compter du 1er janvier 2017. À compter du 1er janvier 2020 au plus tard, cet avis doit être rendu par le CSE.

Cet avis constitue une formalité substantielle avant l'engagement de la procédure de licenciement, dont l'omission entache d'illégalité la décision d'autorisation *(CE, 22 mai 2002, n° 221.600, Sté civile Darbonne, Tables p. 951, RJS 2002 n° 1000 ; Cass. soc., 30 sept. 2020, n° 19-11.974 et 19-16.488 B., D. actu., 15 déc. 2020, obs. L. Malfette)*, ***sauf dans les cas d'exonération de reclassement mentionnés au n° 15.12.6.1*** *(Cass. soc., 8 juin 2022, n° 20-22.500 B., RJS 2022, n° 430, D. actu., 1er déc. 2022, obs. C. Couëdel ; Cass. soc., 16 nov. 2022, n° 21-17.255 B., RJS 2023, n° 8).*

L'employeur ne peut se soustraire à cette obligation dès lors que la mise en place du CSE est obligatoire et qu'aucun procès-verbal de carence établi à l'issue du second tour n'a été établi *(Cass. soc., 23 sept. 2009, n° 08-41.685, Bull. V n° 192, RJS 2009 n° 921, CSB Paris 2009, n° 215 p. 277 ; Cass. soc., 20 oct. 2016, n° 14-13.986, RJS, 2016, n° 318).* En l'absence de comité, il lui appartient, s'il soutient ne pas être tenu de procéder à la consultation de cette instance, d'établir la réalité des effectifs de son entreprise *(Cass. soc., 21 sept. 2011, n° 10-14.563).*

Cette consultation est également imposée en cas d'impossibilité de reclassement invoquée par l'employeur *(Cass. soc., 22 juin 1994, n° 91-41.610 ; Cass. soc., 11 juin 2008, n° 06-45.537)*, et même si l'inaptitude du salarié est temporaire *(Cass. soc., 7 juill. 1988, n° 86-12.530, Bull. V n° 424).*

Le sens de l'avis rendu est sans conséquence sur le respect par l'employeur de son obligation de reclassement *(CE, 6 mai 1996, n° 169.573, Sté Stradal Industries ; Cass. soc., 6 mai 2015, n° 13-25.727, RJS 2015 n° 481 : en l'espèce, avis favorable au licenciement donné par les délégués du personnel).*

B. Les modalités de la consultation

15.12.5.2. – L'employeur est tenu de fournir toutes les informations nécessaires concernant les préconisations du médecin du travail et la recherche de reclassement. À défaut de mettre à même le comité d'être en possession de tous les éléments nécessaires pour lui permettre de donner un avis en connaissance de cause, la consultation est irrégulière *(Cass. soc., 13 juill. 2004, n° 02-41.046, Bull. V n° 209, RJS 2004 n° 1138 ; Cass. soc., 7 déc. 2017, n° 16-19.890).* La consultation ne peut porter sur un poste insusceptible d'être proposé à titre de reclassement *(Cass. soc., 23 nov. 2016, n° 15-21.711 et 15-21.791)*.

L'administration ne peut légalement accorder l'autorisation de licenciement que si le comité a été mis à même, avant que soient adressées au salarié des propositions de postes de reclassement, d'émettre son avis en toute connaissance de cause sur les postes envisagés, dans des conditions qui ne sont pas susceptibles de fausser cette consultation *(CE, 27 févr. 2019, n° 417.249, Sté Eurovia Grands Travaux, mentionné aux Tables, RJS 2019 n° 306, AJDA 2019, p. 1432, JSL 7 mai 2019, n° 475)*.

Le recueil de l'avis ne peut intervenir qu'après constatation de l'inaptitude du salarié dans les conditions prévues par l'article R. 4624-42 du Code du travail *(Cass. soc., 15 oct. 2002, n° 99-44.623, Bull. V n° 310, Dr soc 2002, p. 1150, obs. Savatier, RJS 2003 n° 27 ; Cass. soc., 16.02.2005, n° 03-40.721, Bull. V n° 56, RJS 2005 n° 507 ; Cass. soc., 8 avr. 2009, n° 07-44.307, Bull. V n° 109 x ; Cass. soc., 25 mars 2015, n° 13-28.229, Bull. V n° 61, RJS 2015 n° 404 ; Cass. soc., 30 nov. 2016, n° 15-12.255)*.

L'avis doit être recueilli avant la proposition à l'intéressé d'un poste de reclassement approprié à ses capacités *(Cass. soc., 28 oct. 2009, n° 08-42.804, Bull. V n° 235 ; Cass. soc., 25 mars 2015, n° 13-28.229, préc.)*. Une nouvelle consultation n'est cependant pas obligatoire lorsque, après le refus par le salarié d'une première offre de reclassement, l'employeur lui présente une nouvelle proposition *(Cass. soc., 3 juill. 2001, n° 98-43.326, RJS 2001, n° 1134 ; Cass. soc., 21 sept. 2011, n° 10-30.129, RJS 2011 n° 869)*. L'employeur qui ne consulte pas le comité lors de la première proposition de reclassement, refusée par le salarié, puis le consulte avant la seconde proposition (elle aussi refusée) ne faillit pas à ses obligations *(CE, 27 févr. 2019, n° 417.249, Sté Eurovia Grands Travaux, mentionné aux Tables, RJS 2019 n° 306, AJDA 2019, p. 1432, JSL 7 mai 2019, n° 475 ; Cass. soc., 15 janv. 2020, n° 18-24.328)*.

La consultation doit intervenir avant que la procédure de licenciement ne soit engagée *(Cass. soc., 8 avr. 2009, n° 07-44.307, Bull. V n° 109)*, c'est-à-dire avant la convocation du salarié inapte à l'entretien préalable *(Cass. soc., 16 mars 2016, n° 14-13.986, RJS 2016 n° 318 ; Cass. soc., 10 avr. 2019, n° 18-11.930)*. En cas d'impossibilité de reclassement, la consultation du comité peut être postérieure au courrier informant le salarié des motifs s'opposant à son reclassement dès lors que la consultation a eu lieu avant l'engagement de la procédure de licenciement *(Cass. soc., 5 oct. 2016, n° 15-16.782 ; Cass. soc., 22 nov. 2017, n° 16-19.437)*.

§ 6. LE CONTRÔLE DE L'INSPECTEUR DU TRAVAIL SUR LE RESPECT PAR L'EMPLOYEUR DE SON OBLIGATION DE RECLASSEMENT

15.12.6. – L'autorité administrative doit apprécier si les possibilités de reclassement ont été suffisamment explorées par l'employeur *(CE, 3 févr. 1992, n° 113.890, Sté Bonny)*.

Le Conseil d'État a précisé à quelle date l'autorité administrative doit apprécier la démarche de reclassement opérée par l'employeur *(CE, 13 avr. 2018, n° 401.767, Leroux, mentionné aux Tables ; CE, 21 mars 2023, n° 453.558 Natness, mentionné aux Tables)* :

– L'inspecteur du travail doit apprécier les possibilités de reclassement du salarié à compter du moment où le licenciement est envisagé et jusqu'à la date à laquelle il statue sur la demande de l'employeur.
– Le ministre saisi d'un recours hiérarchique doit, lorsqu'il statue sur la légalité de la décision de l'inspecteur du travail, apprécier le sérieux des recherches de reclassement jusqu'à la date de cette décision. Si le ministre annule la décision de l'inspecteur du travail et se prononce de nouveau sur la demande d'autorisation de licenciement, il doit alors, en principe, apprécier le sérieux des recherches de reclassement jusqu'à la date à laquelle il statue. Cependant, dans ce dernier cas, si l'inspecteur du travail a autorisé le licenciement demandé et que le salarié a été licencié par l'employeur avant que le ministre ne se prononce sur son recours hiérarchique ou sur le recours formé en son nom, il n'y a lieu, pour le ministre qui a annulé la décision de l'inspecteur du travail, d'apprécier les possibilités de reclassement du salarié que jusqu'à la date de son licenciement.

La loi n° 2016-1088 du 8 août 2016 instaure des cas dans lesquels l'employeur est exonéré de rechercher un reclassement et aménage les modalités de la recherche de reclassement quelle que soit l'origine, professionnelle ou non, de l'inaptitude.

A. Les cas d'exonération de l'obligation de reclassement

15.12.6.1. – Depuis le 1er janvier 2017, l'employeur est dispensé de rechercher un reclassement dès lors que le médecin du travail mentionne expressément dans l'avis d'inaptitude une des mentions prévues par le Code du travail :

– pour l'aptitude d'origine non professionnelle *(art. L. 1226-2-1)* : « *que tout maintien du salarié dans un emploi serait gravement préjudiciable à sa santé ou que l'état de santé du salarié fait obstacle à tout reclassement dans un emploi* » ;
– pour l'aptitude d'origine professionnelle *(art. L. 1226-12)* : « *que tout maintien du salarié dans l'emploi serait gravement préjudiciable à sa santé ou que l'état de santé du salarié fait obstacle à tout reclassement dans l'emploi* ».

L'employeur est alors dispensé de l'obligation de consulter le CSE sur les possibilités de reclassement et de notifier au salarié les motifs s'opposant à son reclassement *(Cass. soc., 8 févr. 2023, n° 21-19.232 B., RJS 2023, n° 193 ; Cass. soc., 12 juin 2024, n° 23-13.522 B., D. actu., 12 juill.*

2024, note F. Mélin). L'employeur ne peut pas décider de faire malgré cet avis d'inaptitude des propositions de reclassement au salarié et le licencier au motif de son refus de reclassement, un tel licenciement étant sans cause réelle et sérieuse *(Cass. soc., 12 juin 2024, n° 22-18.138 B., RJS 2024 n° 505)*.

La différence de rédaction des articles L. 1226-2-1 et L. 1226-1 n'emporte pas de conséquence, la mention par le médecin du travail d'un obstacle à tout reclassement « dans l'emploi » au lieu de « dans un emploi » pour une inaptitude d'origine non professionnelle vaut exonération de reclassement *(Cass. soc., 12 juin 2024, n° 23-13.522 B.)*.

Ce principe d'exonération ne vaut pas si le médecin du travail a entendu modifier la portée de l'une de ces mentions légales, par exemple en limitant l'exonération au seul périmètre de l'entreprise lorsque celle-ci appartient à un groupe *(Cass. soc., 8 févr. 2023, n° 21-11.356, RJS 2023, n° 193 ; Cass. soc., 13 sept. 2023, n° 22-12.970 B., RJS 2023, n° 569)*. Il en va de même lorsque le salarié est déclaré inapte à tout poste dans l'entreprise *(CE, 13 juin 2018, n° 402.914, Sté Aldi)*. Dans ces deux cas, une recherche de reclassement doit être effectuée au sein du groupe *(cf. Guide DGT, Salariés protégés, sept. 2019, fiche n° 9)*.

De même, aucune exonération ne peut être retenue, lorsque le médecin du travail, qui a coché la case mentionnant que « *l'état de santé du salarié fait obstacle à tout reclassement dans un emploi* », a précisé que l'inaptitude faisait obstacle à tout reclassement dans un emploi « *sur le site* », l'entreprise étant composée de plusieurs établissements *(Cass soc. 13 déc. 2023, n° 22-19.603 B., RJS 2024, n° 79, RDT 2024. 104, chron. M. Abry-Durand, Sem. soc. Lamy 2024, n° 2080, p. 101, note M. Swarcberg)*.

B. Les règles applicables au reclassement

15.12.6.2. – La recherche de reclassement s'impose à l'employeur. Cette obligation de proposer au salarié un autre emploi approprié à ses capacités est prévue par l'article L. 1226-2 du Code du travail *(cf. également CE, 30 déc. 1996, n° 163.746 et 164.472, Porras, Tables p. 1190, RJS 1997, n° 172)* et, pour les salariés dont l'inaptitude médicale à leur poste de travail est liée à un accident du travail ou à une maladie professionnelle, par l'article L. 1226-10 du Code du travail. Cette proposition doit prendre en compte les conclusions écrites du médecin du travail et les indications formulées par ce dernier sur l'aptitude du salarié à exercer l'une des tâches existant dans l'entreprise *(Cass. soc., 2 juin 2010, n° 08-45.020, RJS 2010 n° 664)*. La recherche de reclassement doit être sérieuse, précise et personnalisée *(Cass. soc., 10 déc. 2002, n° 00-46.231, Bull. V n° 375 ; Cass. soc., 11 mai 2017, n° 16-10.021, RJS 2017 n° 469)*.

L'emploi proposé est aussi comparable que possible à l'emploi précédemment occupé, au besoin par la mise en œuvre de mesures telles que :

– des mutations ;

– l'aménagement, l'adaptation ou la transformation des postes de travail ;
– l'aménagement du temps de travail.

L'employeur doit apporter la preuve de la recherche effective de solutions de reclassement et de l'impossibilité de reclassement *(Cass. soc., 7 juill. 2004, n° 02-45.350, Bull. V n° 198, RJS 2004 n° 1030 ; Cass. soc., 17 mai 2016, n° 14-25.738)*. Si le fait de ne pas proposer au salarié les postes par écrit ne suffit pas à en déduire que l'employeur n'a pas respecté son obligation de reclassement *(Cass. soc., 31 mars 2016, n° 14-28.314, Bull. V n° 1111, RJS 2016 n° 405 ; Cass. soc., 8 juin 2017, n° 15-29.419)*, il lui appartient en tout état de cause de démontrer la réalité de la proposition de poste.

Comme en matière de licenciement économique, l'obligation de reclassement en cas d'inaptitude médicale constitue donc une obligation de moyen renforcée *(cf. B. Lardy-Pélissier, « L'obligation de reclassement », D. 1998 p. 399 ; G. Couturier, « Vers un droit du reclassement ? », Dr soc. 1999, p. 504 ; Béal, JCP E n° 24, 11 nov. 2009, p. 44 ; cf. n°* ***411.2.1.1****)*.

La même obligation de reclassement s'impose en cas d'inaptitude médicalement constatée au travail de nuit, en application des dispositions de la loi du 9 mai 2001 : le salarié doit bénéficier d'un transfert sur un poste de jour correspondant à sa qualification et aussi comparable que possible à l'emploi précédemment occupé ; son licenciement n'est possible qu'en cas de justification écrite de l'impossibilité de proposer un tel poste ou à la suite du refus du salarié de l'occuper *(C. trav., art. L. 3122-45)*.

Enfin, lorsque l'employeur a connaissance de la qualité de travailleur handicapé du salarié déclaré inapte, l'inspecteur du travail est tenu de vérifier qu'il a satisfait à une obligation de recherche de reclassement renforcée en s'assurant que l'employeur a mis en place des mesures complémentaires au sens de l'article L. 5213-6 du Code du travail telles que la consultation du service d'appui au maintien dans l'emploi des travailleurs handicapés (SAMETH), ou des mesures d'adaptation plus importantes *(Cass. soc., 3 juin 2020, n° 18-21.993 B., RJS 2020 n° 329)*.

1. L'obligation de prendre en compte les préconisations du médecin du travail

15.12.6.2.1. – Afin de loyalement exécuter son obligation de reclassement, l'employeur est tenu de prendre en considération les propositions du médecin du travail :

– réalisation d'une étude ergonomique *(Cass. soc., 28 oct. 1998, n° 96-44.395, Bull. V n° 464, RJS 1998, n° 1473)* ;
– transformation du poste de travail *(Cass. soc., 21 mai 2008, n° 07-41.269, RJS 2008, n° 885 ; Cass. soc., 11 mars 2009, n° 07-44.816, Liaisons soc. jurisp. n° 83/2009 du 14 mars 2009)* ;
– aménagement de l'emploi dans le cadre d'un travail à domicile *(Cass. soc., 15 janv. 2014, n° 11-28.898)* ;

– interdiction de maintenir des liens avec certaines personnes *(Cass. soc., 15 déc. 2015, n° 14-11.858, Bull. V n° 596, RJS 2016 n° 103)* ;
– préconisation d'un essai *(Cass. soc., 14 juin 2016, n° 14-17.032)* ;
– préconisation de postes de type administratifs interdisant toute manutention *(Cass. soc., 23 nov. 2016, n° 15-18886)* ;
– indication d'un périmètre excluant des établissements de l'entreprise *(Cass. soc., 22 mars 2018, n° 16-24.482, RJS 2018 n° 402)* ;
– évaluation d'un poste (*Cass. soc., n° 20-20.369 B., RJS 2024, n° 261)* ;
– télétravail *(Cass. soc., 29 mars 2023 n° 21-15.472 B., RJS 2023 n° 50 ; CA Paris, 18 mai 2022, n° 19/02933, RJS 2022, n° 558, JSL 022, n° 551, obs. D.-J Paturle)*.

En cas de refus des avis, indications et préconisations du médecin du travail, l'employeur doit faire connaître par écrit les motifs qui s'opposent à ce qu'il y soit donné suite *(C. trav., art. L. 4624-6 ; Cass. soc., 19 déc. 2007, n° 06-43.918, Bull. V n° 216 ; Cass. soc., 24 mars. 2021, n° 19-21.263 B., Dr soc 2021 p. 669, note P.-Y. Verkindt)*. Au besoin, il doit solliciter ces propositions *(Cass. soc., 27 mars 1990, n° 87-41.391 ; Cass. soc., 19 juill. 1995, n° 91-44.544, Bull. V n° 254, RJS 1995 n° 1016 ; Cass. soc., 18 juill. 2000, n° 97-44.897, Bull. V n° 25, RJS 2000 n° 1118 ; Cass. soc., 24 avr. 2001, n° 97-44.104, Bull. V n° 127, RJS 2001 n° 857 ; Cass. soc., 7 déc. 2017, n° 16-21.814, RJS 2018, n° 167)*. Lorsqu'après son constat d'inaptitude, le médecin du travail apporte des précisions quant aux possibilités de reclassement du salarié protégé, ses préconisations peuvent, s'il y a lieu, être prises en compte pour apprécier le caractère sérieux de la recherche de reclassement de l'employeur *(CE, 16 avr. 2021, n° 433.905, Assoc. pour l'accompagnement et le maintien à domicile, mentionné aux Tables, RJS 2021 n° 397, AJDA 2021 p. 1600)*. L'employeur n'a cependant pas l'obligation d'attendre les précisions du médecin du travail pour engager ses recherches de reclassement *(Cass. soc., 27 mars 2024, n° 22-16.096, RJS 2024, n° 354)*.

En cas de contestation par le salarié de la compatibilité du poste de reclassement proposé avec les préconisations du médecin du travail, celui-ci doit être à nouveau consulté sur la nouvelle affectation envisagée *(Cass. soc., 6 févr. 2008, n° 06-44.413, Bull. V n° 33, RJS 2008 n° 440 ; Liaisons soc. jurisp. hebdo n° 105/2008 du 28 avr. 2008 ; Cass. soc., 23 sept. 2009, n° 08-42.525, Bull. V n° 206, RJS 2009 n° 918, CSB Paris 2009 n° 215 p. 275 ; Cass. soc., 22 juin 2017, n° 16-10.267)*. Ainsi, l'employeur qui n'a pas sollicité du médecin du travail de précisions sur les possibilités d'aménager ou d'adapter un poste afin qu'il corresponde à « *un environnement de travail différent* » n'a pas procédé à une recherche sérieuse de reclassement *(Cass soc., 10 juill. 2019, n° 18-15.081, RJS 2019 n° 555)*.

En revanche, lorsque l'employeur propose au salarié un poste de reclassement préalablement validé par le médecin du travail, et que le salarié le refuse en contestant la compatibilité de ce poste avec son état de santé, l'employeur n'est pas tenu de saisir à nouveau le médecin du travail *(Cass. soc., 27 mars 2019, n° 17-27.986, RJS 2019, n° 343 ; Cass. soc., 2 oct. 2019, n° 18-10.684)*.

Si les réponses apportées par le médecin du travail postérieurement au constat d'inaptitude, sur les possibilités éventuelles de reclassement du salarié déclaré inapte, concourent à la justification par l'employeur de l'impossibilité de remplir cette obligation, elles ne le dispensent pas de toute recherche de reclassement *(Cass. soc., 11 janv. 2017, n° 15-22.485 ; Cass. soc., 24 oct. 2018, n° 17-17.836)*.

Si l'employeur doit prendre en considération, au besoin en les sollicitant, les propositions du médecin du travail en vue du reclassement du salarié déclaré inapte, il lui appartient de tirer les conséquences du refus de ce médecin de donner lui-même son avis sur le poste de reclassement envisagé *(Cass. soc., 9 janv. 2019, n° 17-21.516)*. Le refus du médecin du travail d'émettre un avis sur les postes de reclassement n'invalide donc pas le licenciement.

Manque à son obligation de sécurité l'employeur qui, à la suite de l'inaptitude médicale du salarié, ne justifie pas, pour décider du placement de l'intéressé en position de détachement, s'être préalablement rapproché du médecin du travail pour savoir si les recommandations faites par celui-ci concernant notamment l'examen médical complémentaire avaient été suivies et pour solliciter éventuellement son avis sur le changement de poste envisagé, ce qui rend le licenciement sans cause réelle et sérieuse *(Cass. soc., 26 sept. 2012, n° 11-14.742, Bull. V n° 236)*.

2. *Le périmètre de l'obligation de reclassement*

15.12.6.2.2. – L'ordonnance n° 2017-1387 du 22 septembre 2017 relative à la prévisibilité et la sécurisation des relations de travail a défini le périmètre de reclassement du salarié déclaré inapte par le médecin du travail sur le même modèle que celui retenu pour le reclassement en matière de licenciement pour motif économique *(cf. n° **411.3 et s.**)*. La Cour de cassation juge que l'obligation pour l'employeur de rechercher un reclassement naît à la date de la déclaration d'inaptitude par le médecin du travail. C'est à cette date qu'est déterminé le droit applicable et notamment la nouvelle définition du périmètre de reclassement *(Cass. soc., 5 juill. 2023, n° 21-24.703 et n° 22-10.158 B., RJS 2023, n° 503 et 504)*.

Comme le précise le ministère du Travail *(cf. Guide DGT, Salariés protégés, sept. 2019, fiche n° 23)*, les nouvelles dispositions entrant en vigueur le 24 septembre 2017, si l'avis d'inaptitude émis par le médecin du travail a été établi antérieurement, les recherches de reclassement interne s'apprécient au niveau de l'entreprise ou si celle-ci appartient à un groupe, parmi les entreprises dont l'activité, l'organisation ou le lieu d'exploitation permettent d'effectuer la permutation de tout ou partie du personnel, sans pouvoir se limiter au territoire national *(Cass. soc. 9 janv. 2008, n° 06-44.407 ; Cass. soc., 3 juill. 2019, n° 17-15.884 B. ; CE, 7 avr. 2011, n° 334.211, Weleda, Rec. p. 159)*. En outre, le groupe de reclassement était étendu aux réseaux de franchise *(Cass. soc., 25 mai 2011, n° 10-14.897)*, aux fédérations *(Cass. soc., 6 janv. 2010, n° 08-44.177, Bull. V n° 1, RJS 2010 n° 253 ; Cass. soc., 15 mars 2017, n° 15-24.392, RJS 2017 n° 321 et chron. C. Courcol-Bouchard, p. 368)* et aux réseaux de distribution *(Cass. soc., 22 sept. 2016, n° 15-13.849, RJS 2016 n° 757)*.

À compter du 24 septembre 2017, les articles L. 1226-2 et L. 1226-10 du Code du travail disposent : « *l'employeur lui propose un autre emploi approprié à ses capacités, au sein de l'entreprise ou des entreprises du groupe auquel elle appartient le cas échéant, situées sur le territoire national et dont l'organisation, les activités ou le lieu d'exploitation assurent la permutation de tout ou partie du personnel* ».

Lorsque l'entreprise n'appartient pas à un groupe, le reclassement doit être recherché parmi les emplois disponibles dans l'entreprise, dans tous les secteurs de l'entreprise, au sein de tous les établissements de l'entreprise situés sur le territoire national.

Conformément à l'article L. 1233-3 du Code du travail, la notion de groupe désigne le groupe formé par une entreprise appelée entreprise dominante et les entreprises qu'elle contrôle dans les conditions définies à l'article L. 233-1, aux I et II de l'article L. 233-3 et à l'article L. 233-16 du Code de commerce *(cf. n°* ***411.3.3.3.3.3****)*.

La méconnaissance de l'obligation de saisir une commission de reclassement régionale ou nationale qui, en application d'un accord collectif, est associée à la recherche d'un reclassement au bénéfice du salarié déclaré inapte à son emploi par le médecin du travail, n'est pas de nature à priver de cause réelle et sérieuse le licenciement pour inaptitude physique et impossibilité de reclassement *(Cass. soc., 18 déc. 2019, n° 18-18.431 B.)*.

3. L'obligation de rechercher toutes les possibilités de reclassement

15.12.6.2.3. – La recherche de reclassement doit porter sur tous les postes disponibles dans l'entreprise, y compris ceux qui ont un caractère temporaire.

Ainsi, est dépourvu de cause réelle et sérieuse le licenciement pour impossibilité de reclassement d'un salarié qui pouvait être affecté à un poste de bureau, lequel ne lui avait pas été proposé, peu important que ce soit par voie de contrat à durée déterminée *(Cass. soc., 23 sept. 2009, n° 08-44.060, RJS 2009 n° 920 ; dans le même sens, pour le poste d'une salariée en congé de maternité : Cass. soc., 5 mars 2014, n° 12-24.456, RJS 2014 n° 395)*.

Dans l'hypothèse où l'employeur recourt au travail temporaire dans des conditions telles qu'elles révèlent l'existence d'un ou plusieurs postes disponibles dans l'entreprise, peu important qu'ils soient susceptibles de faire l'objet de contrats à durée indéterminée ou déterminée, il lui appartient de proposer ces postes au salarié, pour autant qu'ils soient appropriés à ses capacités *(CE, 29 juill. 2022, n° 438.076, M. Kolliker c. / Sté Delacre, mentionné aux Tables, RJS 2022, n° 528)*.

En revanche, l'employeur n'est pas tenu de proposer des postes qui ne sont que momentanément vacants par suite de l'indisponibilité de leur titulaire *(Cass. soc., 28 avr. 2011, n° 10-13.864)*. Ne constituent pas non plus un poste disponible pour le reclassement d'un salarié déclaré inapte l'ensemble des tâches confiées à des stagiaires qui ne sont pas des salariés de l'entreprise, mais suivent une formation au sein de celle-ci *(Cass. soc., 11 mai 2017, n° 16-12.191, RJS 2017, n° 467)*.

En tout état de cause, il ne peut, quelle que soit la position prise par le salarié, limiter ses propositions de reclassement en fonction de la volonté présumée de l'intéressé de les refuser *(Cass. soc., 16 sept. 2009, n° 08-42.301, RJS 2009 n° 847)*. L'employeur peut toutefois tenir compte de la position du salarié pour restreindre le périmètre des recherches de reclassement *(Cass. soc., 23 nov. 2016, n° 14-26.398 et 15-18.092 B., RJS 2017 n° 10, obs. C. Courcol-Boudard, p. 15 ; D. Chapellon-Liedhart et C. Fournet, « La clé du reclassement : la volonté du salarié ? », Sem. soc. Lamy 2016 n° 1748, p. 10)*.

Seules les recherches de reclassement postérieures à l'avis émis par le médecin du travail au cours de la dernière visite de reprise peuvent être prises en considération pour apprécier le respect par l'employeur de son obligation *(Cass. soc., 28 mars 2007, n° 06-40.563, RJS 2007 n° 729 ; Cass. soc., 26 nov. 2008, n° 07-44.061, Bull. V n° 231, RJS 2008 n° 982 ; Cass. soc., 21 mars 2012, n° 10-30.895, RJS 2012 n° 541)*.

Lorsqu'un poste compatible avec les capacités du salarié s'est libéré à l'occasion des recherches de reclassement, il doit être proposé au salarié, sauf si l'employeur démontre que ce poste ne correspond ni à sa qualification ni à ses capacités *(Cass. soc., 25 févr. 2009, n° 07-42.412)*.

L'obligation de notification par écrit par l'employeur des motifs s'opposant au reclassement, prévue par les articles L. 1226-2-1 et L. 1226-12 du Code du travail, ne s'impose que lorsqu'aucune offre de reclassement n'a été proposée et non pas quand le salarié a refusé les offres qui lui ont été présentées ; cette formalité doit être accomplie avant que soit engagée la procédure de licenciement *(CE, 22 avr. 1992, n° 96.412, M. Bettache ; Cass. soc., 20 mars 2013, n° 12-15.633 ; Cass. soc., 28 nov. 2018, n° 17-20.068)*.

Selon le ministère du Travail, le constat de l'absence de notification au salarié des motifs s'opposant au reclassement doit conduire l'inspecteur du travail à refuser le licenciement sollicité au motif de l'insuffisance de l'effort de reclassement *(Guide DGT, Salariés protégés, sept. 2019, fiche n° 9)*.

4. Le nombre et la nature des postes proposés

15.12.6.2.4. – Depuis la loi n° 2016-1088 du 8 août 2016, le Code du travail précise que l'obligation de reclassement est « *réputée satisfaite lorsque l'employeur a proposé un emploi (...) en prenant en compte l'avis et les indications du médecin du travail* » *(C. trav., art. L. 1226-2-1 et L. 1226-12)*. Les contours de cette présomption de conformité seront précisés par la jurisprudence qui sera sans doute amenée à se prononcer sur la validité de la proposition d'un seul poste conforme aux préconisations du médecin du travail sans que toutes les possibilités de reclassement ne soient envisagées.

Par un arrêt du 13 mars 2024, la chambre sociale tire, pour la première fois, les conséquences de cette rédaction en jugeant que l'employeur a respecté son obligation de reclassement dès lors qu'il avait proposé à la salariée un poste conforme aux préconisations du médecin du travail et que celle-ci l'avait refusé. Il n'appartient plus à l'employeur, si le salarié refuse le poste, d'établir qu'il ne dispose d'aucun autre poste compatible avec l'état de santé du salarié. Cette solution a été retenue alors que le poste proposé en l'espèce entraînait une diminution substantielle de la rémunération de la salariée avec un passage à temps partiel *(Cass. soc. 13 mars 2024, n° 22-18.758, B., D. actu., 27 mars 2024, obs. F. Mélin)*.

Le poste de reclassement proposé au salarié doit être aussi comparable que possible au précédent et adapté aux nouvelles capacités de l'intéressé, au besoin par la mise en œuvre de mesures telles que mutations, aménagements, adaptations ou transformations de postes ou aménagement du temps de travail *(Cass. soc., 7 mars 2012, n° 11-11.311, Bull. V n° 87 ; Cass. soc., 26 sept. 2012, n° 10-16.307)*.

Dans ce cadre, l'employeur n'est pas tenu :

– d'imposer à un autre salarié une modification de son contrat de travail à l'effet de libérer son poste pour le proposer en reclassement à un salarié *(Cass. soc., 15 nov. 2006, n° 05-40.408, Bull. V n° 339 ; Cass. soc., 8 févr. 2017, n° 15-22.992, RJS 2017 n° 251)* ;
– de créer un nouvel emploi *(CE, 23 oct. 2002, n° 238.691, Sté des établissements Eches ; Cass. soc., 21 mars 2012, n° 10-30.895, RJS 2012 n° 541)*. Toutefois, s'il décide de le faire, il se doit, comme pour toute proposition de reclassement, de respecter les recommandations du médecin du travail et, si besoin, de solliciter son avis *(Cass. soc., 21 juin 2023, n° 21-24.279 B., RJS 2023, n° 502)*.

De plus, s'il appartient à l'employeur d'assurer l'adaptation du salarié à son poste, il n'est par contre pas tenu d'organiser à son intention une formation qualifiante dont il ne dispose pas ou une formation de base différente de la sienne et relevant d'un autre métier *(Cass. soc., 16 mars 2016, n° 13-25.927, RJS 2016 n° 404 ; Cass. soc., 11 mai 2016, n° 14-12.169, Bull. V n° 1322)*.

La seule circonstance que des emplois disponibles relèvent d'une catégorie d'emploi supérieure à celle à laquelle appartient le salarié protégé dont le licenciement est envisagé, alors même qu'il peut en être tenu compte, parmi d'autres éléments, pour apprécier la comparabilité des postes disponibles aux fonctions jusqu'alors exercées, ne saurait, par elle-même, faire obstacle à ce que ces postes soient au nombre de ceux qui doivent être proposés par l'employeur au salarié au titre de ses obligations en matière de reclassement *(CE, 21 juill. 2023, n° 457.196, Sté LIDL, publié au Recueil, RJS 2023, n° 590)*.

Si le manquement de l'employeur à son obligation d'assurer l'adaptation du salarié à son emploi, au regard notamment de l'évolution des emplois, des technologies et des organisations en application de l'article L. 6321-1 du Code du travail, cause au salarié un préjudice spécifique, cela n'a pas pour effet de priver de cause réelle et sérieuse le licenciement *(Cass. soc., 5 juin 2013, n° 11-21.255, Bull. V n° 146 ; Cass. soc., 12 sept. 2018, n° 17-14.257)*. Par conséquent, le ministère du Travail considère qu'un tel manquement ne pourra pas fonder une décision de refus d'autorisation de licenciement *(cf. Guide DGT sept. 2019, fiche n° 9)*.

Dès lors que le reclassement proposé n'est pas accessible en raison du défaut de la formation initiale nécessaire, le poste ne peut être regardé comme étant approprié aux capacités du salarié, et aucune insuffisance professionnelle ne peut le cas échéant lui être ultérieurement imputable *(Cass. soc., 7 mars 2012, n° 11-11.311, Bull. V n° 87, préc.)*.

Tout en rappelant que dans le cadre de son obligation de reclassement l'employeur doit rechercher toutes solutions de reclassement, y compris les transformations de poste, la cour d'appel de Paris a précisé qu'il ne peut lui être imposé d'engager des frais non adaptés à la taille de l'entreprise *(CA Paris, 4 sept. 2018 n° 15/01956, Sem. soc. Lamy 2019 n° 1879, chron. R. Dalmasso)*.

La Cour de cassation a précisé que le salarié déclaré inapte à son poste de travail par le médecin du travail peut être reclassé sur un poste assorti d'une période probatoire. Si celle-ci est rompue avant son expiration, le salarié est replacé dans ses fonctions antérieures auxquelles il a été déclaré inapte *(Cass. soc., 7 mai 2024 n° 22-20.857, RJS 2024 n° 361)*.

5. *Le refus du salarié d'accepter la proposition de reclassement*

15.12.6.2.5. – Le salarié est en droit de refuser les propositions de reclassement *(Cass. soc., 9 juin 2010, n° 09-40.553, RJS 2010 n° 662)*.

Au cas où l'employeur allègue l'existence d'un refus opposé par le salarié à une proposition de reclassement qui lui a été faite, l'inspecteur du travail doit vérifier la réalité de ce refus *(CE, 11 mars 1994, n° 136.597, Sté Moore Paragon, RJS 1994 n° 728)*.

Dès lors que l'offre de reclassement entraîne une modification du contrat de travail du salarié, celui-ci peut refuser l'offre, ce qui ne constitue pas en soi, selon le juge judiciaire, une cause réelle et sérieuse de licenciement *(Cass. soc., 9 avr. 2002, n° 99-44.678, Bull. V n° 121, RJS*

2002 n° 807 ; Cass. soc., 26 janv. 2011, n° 09-43.193, Bull. V n° 32, RJS 2011 n° 286). Si elle intervient sans son accord, une telle modification constitue un manquement aux obligations contractuelles de l'employeur et la prise d'acte de la rupture, pour laquelle le salarié peut opter, produit les effets d'un licenciement sans cause réelle et sérieuse *(Cass. soc., 9 avr. 2008, n° 06-44.724, RJS 2008 n° 763).*

En présence d'une proposition de reclassement ne modifiant pas le contrat de travail, l'employeur peut procéder à un licenciement en cas de refus du salarié ; toutefois, ce licenciement ne peut être fondé sur un motif disciplinaire, mais sur la cause première que constituent alors l'inaptitude médicale et l'impossibilité démontrée du reclassement *(Cass. soc., 9 avr. 2002, n° 99-44.192, Bull. V n° 122, RJS 2002 n° 807 ; Cass. soc., 30 nov. 2010, n° 09-66.687, préc.).*

Il a été jugé, dans cette hypothèse, que le refus sans motif légitime d'un salarié d'un poste approprié à ses capacités et comparable à l'emploi précédemment occupé peut revêtir un caractère abusif et entraîner la privation du bénéfice des indemnités spécifiques de rupture prévues par l'article L. 1226-14 du Code du travail en cas d'inaptitude d'origine professionnelle *(Cass. soc., 20 févr. 2008, n° 06-44867, Bull. V n° 40, RJS 2008 n° 540, F. Champeaux, « Le refus opposé par un salarié protégé aux reclassements proposés peut être jugé abusif », Sem. soc. Lamy, 3 mars 2008, n° 1343 p. 11 ; Cass. soc., 25 mai 2011, n° 09-71.543, RJS 2011 n° 781).* Toutefois, le refus par le salarié du poste de reclassement proposé ne peut pas être abusif dès lors qu'il entraîne une modification de son contrat de travail *(Cass. soc., 15 juill. 1998, n° 95-45.362, RJS 1998 n° 1208 ; Cass. soc., 25 nov. 2020, n° 19-21.881).*

6. La méconnaissance de l'obligation de reclassement

15.12.6.2.6. – Il a été jugé que l'employeur ne satisfaisait pas à son obligation de reclassement dans les situations suivantes :

- lorsque « *la société avait adressé au salarié une proposition imprécise de reclassement, ne lui avait finalement offert qu'un emploi à temps très partiel, qu'elle n'avait donné aucune indication sur la structure de son effectif, la nature des postes existant dans l'entreprise, ainsi que sur les possibilités de mutations ou de transformations de postes de travail* » *(Cass. soc., 6 févr. 2001, n° 98-43.272, Bull. V n° 40, RJS 2001 n° 433)* ;
- lorsque la procédure de licenciement a été engagée avant même que soient connues les réponses des sociétés auxquelles l'employeur s'est adressé en vue du reclassement qu'elles pouvaient offrir *(Cass. soc., 28 mars 2007, n° 06-41.088, RJS 2007 n° 724)* ;
- lorsque, en l'absence de poste disponible, il n'a pas été procédé à la recherche de la possibilité de mettre en œuvre des mesures telles que la transformation de postes de travail ou un aménagement du

temps de travail *(Cass. soc., 30 mai 2007, n° 06-43.006, RJS 2007 n° 1048)* ;

- lorsque l'unique offre de poste faite au salarié était assortie d'une période d'essai injustifiée, d'une diminution substantielle du salaire, d'une clause de mobilité à l'international et d'une clause de non-concurrence non limitée dans le temps et dans l'espace, ce qui caractérisait l'absence de bonne foi de l'employeur dans l'exécution de son obligation de reclassement du salarié inapte *(Cass. soc., 21 janv. 2009, n° 07-41.173, RJS 2009 n° 337, CSB Paris 2009 n° 210)* ;
- lorsque l'employeur s'est borné à adresser aux sociétés du groupe un courriel circulaire ne comportant aucune indication relative notamment à l'ancienneté, au niveau et à la compétence du salarié *(Cass. soc., 21 nov. 2012, n° 11-23.629 ; sur le défaut d'exécution loyale de l'obligation de reclassement, cf. également Cass. soc., 30 nov. 2010, n° 09-41.918)* ;
- lorsque le poste d'un technicien candidat au départ volontaire n'a pas été proposé au salarié en raison de son état de santé, alors que celui-ci s'estimait apte à l'occuper et que l'employeur n'a pas à nouveau sollicité l'avis du médecin du travail sur la compatibilité de ce poste avec ses préconisations initiales *(Cass. soc., 23 oct. 2013, n° 12-20.596, Bull. V n° 244)*.

Il en est de même lorsque l'employeur, qui n'a pas rapporté la preuve du refus par le salarié de tout poste extérieur au département, ne justifie d'aucune recherche effective et vérifiable de reclassement, ni avant ni après l'entretien préalable au licenciement, l'évocation de postes à créer dans l'avenir dans un établissement à créer étant insuffisante *(Cass. soc., 24 avr. 2006, n° 04-40.487)*.

§ 7. LES RÈGLES COMMUNES RELATIVES AU MAINTIEN DE LA RÉMUNÉRATION

15.12.7. – Lorsque l'inaptitude est déclarée à l'issue de périodes de suspension du contrat de travail consécutives à une maladie ou un accident, à caractère professionnel *(C. trav., art. L. 1226-10)* ou non professionnel *(C. trav., art. L. 1226-2)*, l'employeur est tenu de payer sa rémunération (ou de verser le complément de salaire en cas d'indemnisation versée par un régime de prévoyance) au salarié reconnu inapte à reprendre son emploi et qui n'aurait été ni reclassé ni licencié à l'expiration d'un délai d'un mois à compter de l'examen médical *(C. trav., art. L. 1226-4 ; Cass. soc., 13 juill. 2012, n° 12-13.058 QPC, Bull. V n° 222)*.

Ces dispositions s'appliquent de manière stricte, même en cas d'inaptitude à tout emploi dans l'entreprise constatée par le médecin du travail *(Cass. soc., 1er mars 2023, n° 21-19.956 B., Dr soc 2023 p. 556, obs. J. Mouly)* et peu important que le salarié ait retrouvé un nouvel emploi à temps plein *(Soc. 4 mars 2020, n° 18 -10.719 B., D. 2020. 606 ; Dr soc 2020 p. 567, obs. J. Mouly ; RJS 2020, n° 281).*

La circonstance que l'employeur est présumé avoir respecté son obligation de reclassement en proposant au salarié déclaré inapte un emploi prenant en compte l'avis et les indications du médecin du travail ne le dispense pas de verser au salarié, qui a refusé cette proposition de reclassement et qui n'a pas été reclassé dans l'entreprise à l'issue du délai d'un mois à compter de la date de l'examen médical de reprise ou qui n'a pas été licencié, le salaire correspondant à l'emploi qu'il occupait avant la suspension du contrat de travail *(Cass. soc., 10 janv. 2024, n° 21-20.229 B., D. actu., 17 janv. 2024, obs. L. Malfettes).*

Ce délai ne peut être ni prorogé ni suspendu *(Cass. soc., 25 mars 2009, n° 07-44.748, Bull. V n° 84).* Il en est de même en cas de contestation de l'avis médical déclarant le salarié apte *(Cass. soc., 9 avr. 2008, n° 07-41.141, Bull. V n° 81).*

L'envoi d'une demande d'autorisation de licenciement du salarié protégé à l'inspecteur du travail ne suspend pas ce délai d'un mois *(Cass. soc., 18 janv. 2000, n° 97-44.939, Bull. V n° 26, RJS 2000 n° 272 ; Cass. soc., 10 janv. 2024, n° 22-13.464 B.).* L'employeur doit donc maintenir la rémunération de son salarié jusqu'à l'intervention de la décision de l'administration. L'action en reprise du versement des salaires au salarié inapte court à compter de chaque mois dû. L'action en paiement des salaires dont le versement doit être repris à l'issue du délai d'un mois suivant le constat d'inaptitude est soumise à la prescription des créances salariales. Le délai court à chaque échéance de paie, et non à compter de l'expiration du délai d'un mois suivant la déclaration d'inaptitude *(Cass. soc., 7 mai 2024, n° 22-24.394 B., RJS 2024 n° 378, D. actu., 29 mai 2024, note L. Malfette).*

La reprise par l'employeur du paiement des salaires, en application de l'article L. 1226-2, ne le dispense pas pour autant de l'obligation de proposer un poste de reclassement *(Cass. soc., 3 mai 2006, n° 04-40.721, Bull. V n° 159, Dr soc 2006, p. 802, RJS 2006 n° 830).*

Durant cette période, le salarié, dont le contrat de travail n'est pas suspendu, est soumis au pouvoir de direction de l'employeur et doit déférer à toute convocation de celui-ci dans le cadre de la recherche d'un poste approprié à ses capacités *(Cass. soc., 22 juin 2011, n° 10-30.415, RJS 2011 n° 776).*

En cas de non-reprise du paiement du salaire au terme du délai d'un mois, le salarié peut prendre acte de la rupture du contrat de travail *(Cass. soc., 17 févr. 2010, n° 08-45.320, RJS 2010 n° 417).*

§ 8. LA PRIMAUTÉ DU MOTIF DE LICENCIEMENT POUR INAPTITUDE SUR LES AUTRES MOTIFS

15.12.8. – Lorsque le salarié a été déclaré inapte, l'employeur ne peut en principe pas procéder à un licenciement pour un autre motif.

Ainsi, le licenciement pour motif disciplinaire est sans cause réelle et sérieuse *(Cass. soc., 20 déc. 2017, n° 16-14.983, B., D. 2018, p. 15)* et le licenciement ne peut être prononcé au motif de perturbations apportées à l'entreprise par l'absence prolongée du salarié *(Cass. soc., 5 déc. 2012, n° 11-17.913, Bull. V, n° 320)*. Il en est de même pour un employeur procédant au licenciement pour motif économique du salarié sans mener à terme l'obligation de reclassement lui incombant à la suite de l'avis d'inaptitude prononcé par le médecin du travail *(Cass. soc., 20 déc. 2017, n° 16-11.201)*.

La Cour de cassation admet toutefois une exception lorsque le licenciement économique résulte d'une cessation totale de l'activité d'une entreprise n'appartenant pas à un groupe, le reclassement du salarié déclaré inapte étant dès lors impossible *(Cass. soc., 9 déc. 2014, n° 13-12.535, Bull. V n° 280 ; Cass. Soc., 4 oct. 2017, n° 16-16.441, B., RJS 2017, n° 788 ; Cass. soc. 15 sept. 2021, n° 19-25.613, B., D. 2021 p. 1677 ; JCP S 2021. 12262, note M. Babin ; JSL 2021, n° 529, p. 4, obs. J.-P. Lhernould ; sur la nécessité pour le juge de rechercher la véritable cause de licenciement : Cass. soc., 26 oct. 2022, n° 20-17.501, B., D. actu., 16 nov. 2022, obs. C. Couëdel ; D. 2023 p. 408, chron. S. Ala, M.-P. Lanoue, D. Le Corre et M.-A. Valéry ; Dr soc 2023 p. 91, obs. J. Mouly ; RDT 2022 p. 704, chron. Oriane Guillemo)*.

Par ailleurs, une convention de rupture conventionnelle peut être valablement conclue par un salarié déclaré inapte à son poste à la suite d'un accident du travail sauf cas de fraude ou de vice du consentement *(Cass. soc., 9 mai 2019, n° 17-28.767, B., D. actu., 20 mai 2019, obs. W. Fraisse)*.

Par son arrêt du 8 février 2023 la Cour de cassation met particulièrement en avant cette primauté du motif de licenciement tiré de l'inaptitude médicale en indiquant que les dispositions d'ordre public du Code du travail font obstacle à ce que l'employeur prononce le licenciement d'un salarié déclaré inapte par le médecin du travail pour un motif autre que l'inaptitude, peu important que l'employeur ait engagé antérieurement une procédure de licenciement pour une autre cause *(Cass. soc., 8 févr. 2023, n° 21-16.258, B. ; L'impossible licenciement pour motif personnel en cas de déclaration d'inaptitude du salarié, Romain Porcher, Rev. trav. 2023 p. 327, D. actu., 22 févr. 2023, obs. E. Maurel)*.

Le Conseil d'État s'est aligné sur cette position en indiquant que lorsqu'un salarié est déclaré inapte à son poste de travail par un avis du médecin du travail, l'inspecteur du travail ne peut, en principe, postérieurement à cet avis, autoriser le licenciement pour un motif autre que l'inaptitude *(CE, 12 avr. 2023, n° 458.974, L'Anneau, mentionné aux Tables)*.

Toutefois, le Conseil d'État n'exclut pas que des circonstances particulières puissent faire exception, telles qu'un comportement du salarié mettant son employeur dans l'impossibilité de s'acquitter de son obligation de reclassement *(CE, 12 avr. 2023, n° 458.974, préc. ; sur renvoi, la cour administrative d'appel de Paris a admis ce motif disciplinaire : CAA*

Paris, 23 oct. 2023, n° 23PA01581), rejoignant là aussi la jurisprudence de la Cour de cassation *(Cass. soc., 16 mars 2016, n° 14-21.304, RJS 2016, n° 317)*.

SECTION 13
La mise à la retraite

§ 1. LES RÈGLES GÉNÉRALES

15.13.1. – La mise à la retraite du salarié s'entend de la possibilité donnée à l'employeur de rompre, sous certaines conditions, le contrat de travail d'un salarié remplissant une condition d'âge et pouvant bénéficier d'une pension de retraite à taux plein au sens de la Sécurité sociale *(C. trav., art. L. 1237-5)*.

Cette situation se distingue du départ volontaire du salarié, qui prend alors l'initiative de la rupture du contrat en raison de son âge et de son droit à une pension à taux plein *(C. trav., art. L. 1237-9 et L. 1237-10)*.

La mise à la retraite, dont les modalités sont précisées par les articles L. 1237-5 à L. 1237-8 du Code du travail, ne constitue ni une démission, ni un licenciement mais un mode autonome de rupture du contrat.

Saisi d'une question prioritaire de constitutionnalité, le Conseil constitutionnel a jugé, le 4 février 2011, que la possibilité de mettre à la retraite un salarié ayant atteint l'âge auquel il peut prétendre à une pension à taux plein ne portait pas atteinte au droit d'obtenir un emploi *(5e alinéa du préambule de la Constitution de 1946, repris par la Constitution de 1958)* et ne constituait pas une discrimination fondée sur l'âge *(Cons. const., 4 févr. 2011, n° 2010-98 QPC, JORF 05.02.2011, p. 2355)*.

Par ailleurs, l'article 6 de la directive européenne n° 2000/78 du 27 novembre 2000 portant création d'un cadre général en faveur de l'égalité de traitement en matière d'emploi et de travail dispose que les États membres peuvent prévoir que des différences de traitement fondées sur l'âge ne constituent pas une discrimination lorsqu'elles sont objectivement et raisonnablement justifiées, dans le cadre du droit national, par un objectif légitime, notamment par des objectifs légitimes de politique de l'emploi, du marché du travail et de la formation professionnelle, et que les moyens de réaliser cet objectif sont appropriés et nécessaires. Par un arrêt rendu le 16 octobre 2007, la CJCE a jugé qu'une clause de mise à la retraite, contenue dans une convention collective, était justifiée dans la mesure où elle visait à réguler le marché national de l'emploi, notamment aux fins d'enrayer le chômage *(CJCE 16 oct. 2007, aff. C-411/05)*. La chambre sociale s'est prononcée dans le même sens *(Cass. soc., 26 nov. 2013, n° 12-21.758, Bull. V n° 283)*.

La mise à la retraite peut également être prononcée à l'occasion de difficultés économiques, nonobstant l'obligation pour l'employeur de respecter notamment les dispositions relatives aux licenciements économiques, notamment en ce qui concerne la consultation des représentants du personnel *(Cass. soc., 18 mars 2008, n° 07-40.269, Bull. V n° 63, RJS 2008 n° 532, CSB Paris n° 202 ; Cass. soc., 14 mai 2008, n° 06-45.158).*

En revanche, si les conditions de licéité ne sont pas remplies, la rupture constitue, non pas une mise à la retraite, mais un licenciement *(C. trav., art. L. 1237-8 ; Cass. soc., 28 mars 1995, n° 91-44.345, Bull. V n° 113).*

Ce licenciement doit alors reposer sur une cause réelle et sérieuse : il ne peut pas être justifié par le seul âge du salarié dès lors qu'aucune diminution de la capacité professionnelle de celui-ci n'est alléguée *(Cass. soc., 25 févr. 1992, 2 décisions : n° 90-45.494 et 91-40.479, Bull. V, n° 213 ; Cass. soc., 24 nov. 1998, n° 96-42.786, Bull. V n° 514, RJS 1999 n° 31 ; Cass. soc., 4 avr. 2012, n° 11-10.706, Bull. V n° 118).* Un tel licenciement encourt la nullité dès lors qu'il constitue une mesure discriminatoire fondée sur l'âge, prohibée par l'article L. 1132-1 du Code du travail *(Cass. soc., 21 déc. 2006, n° 05-12.816, Bull. V n° 412, RJS 2007 n° 326, D. 2007. 217, obs. J. Cortot ; RDT 2007. 238, obs. I. Desbarats ; JCP S 2007. 1244, obs. B. Bossu ; Dr soc 2007. 243, obs. P. Chaumette ; RDT 2007. 360, obs. M. Mercat-Bruns ; Dr soc 2006. 155, note P. Langlois ; CA Paris, 27 janv. 2004, n° 03-36.026, RJS 2004, n° 686, Dr ouvrier 2004, p. 563).*

A également été jugée nulle une mise à la retraite décidée par l'employeur au cours d'une période de suspension du contrat de travail consécutive à un accident du travail *(Cass. soc., 7 mars 2007, n° 05-42.279, Bull. V n° 42 ; Cass. soc., 27 janv. 2009, n° 07-45.290).*

§ 2. LES CONDITIONS DE MISE À LA RETRAITE

15.13.2. – La loi du 30 juillet 1987 avait consacré l'existence de la mise à la retraite comme mode autonome de rupture du contrat de travail. Ce cadre juridique initial a été modifié à plusieurs reprises, notamment par la loi n° 2003- 775 du 21 août 2003, puis la loi de financement de la sécurité sociale n° 2008-1130 du 30 décembre 2008, ainsi que des lois n° 2010-1330 du 9 novembre 2010 portant réforme des retraites et n° 2011-1906 du 21 décembre 2011 de financement de la sécurité sociale pour 2012. L'objectif commun de ces modifications législatives a été de favoriser, à l'occasion des réformes des régimes de retraite, l'allongement des carrières, en limitant de plus en plus cette possibilité de rupture du contrat de travail en raison de l'âge, moyennant des dispositions transitoires.

L'appréciation des conditions à réunir est effectuée à la date d'expiration du contrat de travail *(Cass. soc., 10 oct. 2007, n° 06-42.781, RJS 2007 n° 1280 ; Cass. soc., 22 oct. 2008, n° 07-43.394 et n° 07-43.627).* En revanche, le régime légal applicable est celui en vigueur à la date de notification de la mise à la retraite *(Cass. soc., 14 mai 2008, n° 06-43.564,*

Bull. V n° 104, RJS 2008 n° 774 ; Cass. soc., 3 mars 2009, n° 08-41.112), sauf fraude *(Cass. soc., 10 mai 2012, n° 11-11.768, RJS 2012, n° 625 ; Cass. soc., 15 janv. 2013, n° 11-15.646, Bull. V n° 8, RJS 2013 n° 202 : employeur ayant, en prononçant la mise à la retraite du salarié, agi précipitamment et dans le but de se soustraire aux nouvelles conditions de mise à la retraite alors en discussion devant le Parlement)*. Il appartient à l'employeur se prévalant de la possibilité donnée à l'entreprise de rompre le contrat de travail d'un salarié qui peut bénéficier d'une pension de vieillesse à taux plein de rapporter la preuve de ce que les conditions de sa mise à la retraite sont remplies *(Cass. soc., 2 juill. 2003, n° 01-43.950 RJS 2003, n° 1154)*.

Il en est de même pour les salariés protégés.

A. L'âge minimal pour la mise à la retraite

15.13.2.1. – L'âge auquel le salarié a droit, en application des dispositions de l'article L. 351-8 du Code de la sécurité sociale, à une liquidation dite « à taux plein », quelle que soit la durée d'assurance a été porté à 67 ans pour les générations nées postérieurement au 1er janvier 1955 par les lois précitées du 9 novembre 2010 (n° 2010-1330), du 21 décembre 2011 (n° 2011-1906) et du 14 avril 2023 (n° 2023-270). Une mise à la retraite ne peut pas intervenir avant cet âge.

B. La procédure de mise à la retraite

15.13.2.2. – L'employeur doit interroger le salarié par écrit, trois mois avant qu'il atteigne l'âge minimal légal précité, sur son accord pour quitter l'entreprise en bénéficiant d'une pension de vieillesse. Le salarié dispose d'un mois pour répondre. S'il indique accepter de prendre sa retraite, l'employeur peut procéder à sa mise à la retraite au cours de l'année. En revanche, en cas de réponse négative ou si l'employeur n'a pas respecté son obligation de le questionner, aucune mise à la retraite ne peut être prononcée pendant une année *(C. trav., art. L. 1237-5 et D. 1237-2-1)*.

La même procédure s'applique ensuite les années suivantes jusqu'au 69e anniversaire inclus du salarié. C'est seulement lorsque l'âge de 70 ans est atteint que l'employeur peut prononcer la mise à la retraite sans l'accord de l'intéressé. Une rétractation de la mise à la retraite notifiée par l'employeur à son salarié ne peut intervenir qu'avec l'accord de ce dernier *(Cass. soc., 28 févr. 2006, n° 04-40.303, Bull. V n° 90)*.

Une mise à la retraite effectuée en inobservation de cette procédure constitue un licenciement pouvant être frappé de nullité, en application des dispositions précitées de l'article L. 1132-1 du Code du travail.

§ 3. LE DROIT APPLICABLE AUX SALARIÉS PROTÉGÉS

A. Les cas dans lesquels la rupture du contrat constitue un licenciement

15.13.3.1. – Le contrôle de l'inspecteur du travail doit alors porter sur les points suivants :

– le respect de la procédure interne à l'entreprise ;
– l'existence d'un motif de nature à justifier le licenciement ;
– l'absence de lien avec le mandat ou l'appartenance syndicale ;
– l'absence d'un motif d'intérêt général.

Dans sa décision du 8 février 1995 *(CE, 8 févr. 1995, Crédit Lyonnais, n° 135.249, 134.963 et 254.364, Rec. p. 63, RJS 1995 n° 266, p. 187)*, le Conseil d'État, suivant les conclusions du commissaire du gouvernement J. Arrighi de Casanova *(RJS 1995, p. 148)*, a repris, pour les salariés protégés, la solution retenue par la Cour de cassation dans ses décisions du 25 février 1992 *(cf. n°* ***15.13.1****)*. Pour le juge administratif, l'âge ne peut donc pas, à lui seul, justifier le licenciement dès lors que le salarié n'est pas empêché de remplir convenablement ses fonctions.

B. Les cas dans lesquels la mise à la retraite est licite

15.13.3.2. – Par sa décision du 8 février 1995, le Conseil d'État a estimé en outre que la procédure spéciale de licenciement était également applicable lorsque l'ensemble des conditions relatives à la licéité de la mise à la retraite étaient remplies *(CE, 8 févr. 1995, n° 135.249, 134.963 et 254.364, Crédit Lyonnais, Rec. p. 63, concl. J. Arrighi de Casanova, RJS 1995, p. 148 ; CE, 8 juin 2015, n° 374.303, KPMG, Tables p. 539)*.

Cette solution se fonde sur le caractère exceptionnel et exorbitant du droit commun de la protection accordée aux salariés légalement investis de fonctions représentatives et sur l'impossibilité, établie depuis les arrêts Perrier *(Cass. Ch. mixte 21 juin 1974, n° 71-91.225, Bull. Ch mixte n° 3)*, pour l'employeur de poursuivre par d'autres moyens que cette procédure spéciale le licenciement de ces salariés. Le Conseil d'État a ainsi entendu affirmer que l'autorité administrative est compétente pour apprécier le caractère discriminatoire éventuel d'une mise à la retraite. Le ministère du Travail avait jusqu'alors estimé que l'administration n'avait pas compétence pour autoriser une mise à la retraite *(cf. circulaire DRT n° 87 / 10 du 8 septembre 1987, paragraphe 1.1)*.

La Cour de cassation s'est ralliée à cette solution *(Cass. soc., 5 mars 1996, n° 92-42.490, Bull. V n° 84, Dr soc 1996, p. 537, RJS 1996 n° 422 ; Cass. soc., 2 déc. 1998, n° 96-44.668, Bull. V n° 534, RJS 1999 n° 101 ; Cass. soc., 23 mai 2000, n° 97-45.204, Bull. V n° 200, RJS 2000 n° 826 ; Cass. soc., 10 déc. 2003, n° 01-43.876, Bull. V n° 314, RJS 2004 n° 234 ; Cass. soc., 27 oct. 2004, n° 01-45.902, Bull. V n° 275, RJS 2005 n° 58 ;*

Cass. soc., 12 juill. 2006, n° 04-48.351, Bull. V n° 248, JCP S n° 40, année 2006, § 1782 ; Cass. soc., 26 sept. 2012, n° 11-13.374).

La validité de la mise à la retraite est subordonnée :

– au respect de l'entretien préalable *(CE, 17 juin 2009, n° 304.027, Crédit du Nord, Tables p. 977, concl. Y. Struillou, Dr ouvrier 2009, p. 370, RJS 2009 n° 868)* ;
– au respect de la consultation préalable du comité économique et social si le mandat le justifie *(CE, 26 oct. 2011, n° 335.755, Sté Total, Tables p. 1179-1182, RJS 2012 n° 58)* ;
– au respect des conditions légales et conventionnelles de mise à la retraite *(Cass. soc., 23 mai 2000, n° 97-45.204, Bull. V n° 200, RJS 2000 n° 826 ; Cass. soc. 27 juin 2018, n° 17-10.372 et 17-11.500, Bull. V, RJS 10/18 n° 593 ; CE, 20 mars 2017, n° 392.296, Rec. p. 101 ; CE, 13 févr. 2019, n° 403.890, Agefos-PME, mentionné aux Tables, RJS 2019 n° 232)* ;
– à l'absence de lien avec le mandat ou l'appartenance syndicale *(CE, 20 mars 2017, précité ; CE, 13 févr. 2019, préc.)* ;
– à l'absence d'un motif d'intérêt général *(CE, 20 mars 2017, préc. ; CE, 13 févr. 2019, préc.)*.

À défaut d'autorisation administrative, la mise à la retraite est requalifiée en licenciement frappé de nullité *(cf. arrêts préc.)*.

SECTION 14

Le licenciement à la suite du refus d'un transfert de contrat de travail en application de l'article L. 1224-3 du Code du travail

15.14. – Lorsque l'activité d'une entité économique employant des salariés de droit privé est, par transfert de cette entité, reprise par une personne publique dans le cadre d'un service public administratif, il appartient à celle-ci de proposer à ces salariés un contrat de droit public, à durée déterminée ou indéterminée, selon la nature du contrat dont ils sont titulaires *(C. trav., art. L. 1224-3 ; Cass. soc., 8 déc. 2016, n° 15-17.176 B.)*. Le refus par ces derniers entraîne la rupture de plein droit du contrat, laquelle produit les effets du licenciement *(Cass. soc., 10 janv. 2017, n° 15-14.775, B. ; Cass. soc., 1er févr. 2017, n° 15-18.481, B.)*.

La rupture du contrat de travail d'un salarié protégé faisant suite à son refus d'accepter le contrat qui lui est proposé en application de l'article L. 1224-3 est soumise à l'ensemble de la procédure prévue en cas de licenciement d'un salarié protégé et, dès lors, subordonnée à l'obtention de l'autorisation administrative préalable *(CE, 6 juill. 2018, n° 391.860, Esteoule-Excel, Rec. p. 257, RDT 6/18, p. 435, concl. S.-J. Lieber, Sem.*

soc. Lamy n° 1821, note F. Champeaux ; cf. Guide DGT, Salariés protégés, sept. 2019, fiche n° 10).

Il appartient dès lors à l'inspecteur du travail de vérifier :

– que la procédure interne préalable au licenciement a été respecté par l'employeur ;
– que les conditions légales de cette rupture sont remplies, notamment le respect par le nouvel employeur de son obligation de proposer au salarié une offre reprenant les clauses substantielles de son contrat antérieur, sauf si des dispositions régissant l'emploi des agents publics y font obstacle ;
– que la mesure envisagée n'est pas en rapport avec les fonctions exercées par l'intéressé ou avec son appartenance syndicale.

Le motif d'intérêt général peut en outre être retenu pour refuser le licenciement.

S'agissant du niveau de la rémunération proposée, la personne publique ne peut justifier l'offre d'une rémunération inférieure à celle dont le salarié bénéficiait précédemment au seul motif que celle-ci dépasserait, à niveaux de responsabilité et de qualification équivalents, celle des agents en fonction dans l'organisme d'accueil à la date du transfert ; en revanche, les dispositions légales font obstacle à ce que soient reprises des clauses impliquant une rémunération dont le niveau, même corrigé de l'ancienneté, excéderait manifestement celui que prévoient les règles générales fixées, le cas échéant, pour les agents non titulaires de la personne publique *(CE, 25 juill. 2013, n° 355.804, Centre hospitalier général de Longjumeau, Tables p. 648).*

Il convient également de se reporter au n° **11.1.3.1**.

CHAPITRE VI

LES CAS DE MISE EN ŒUVRE DE LA PROTECTION POUR UN MOTIF SANS RAPPORT AVEC LA PERSONNE DU SALARIÉ

SECTION 1

L'inapplicabilité de la protection à la force majeure

16.1. – Il convient de se reporter au n° **14.7.1** et suivants.

SECTION 2

La fin du contrat à durée déterminée (CDD)

16.2. – Prenant en compte le développement de la précarité de l'emploi, le législateur, par la loi n° 69-1013 du 13 novembre 1969 tendant à renforcer la protection des représentants du personnel engagés par CDD, a prévu des règles particulières protégeant les salariés exerçant un mandat et titulaires d'un CDD. Ces règles protectrices sont particulièrement importantes pour les salariés dans certaines professions où le recours à des contrats précaires est généralisé *(formation, audiovisuel, spectacle, tourisme, etc.)*.

Le législateur s'est efforcé de concilier deux principes :

– d'une part, l'arrivée du terme prévu dans un CDD entraîne, en principe, la cessation automatique des relations contractuelles ;

- d'autre part, les représentants du personnel doivent être protégés contre les discriminations.

La difficulté résulte du fait que la rupture d'un CDD n'est pas assimilable au licenciement. Pour autant, le statut particulier des représentants du personnel implique qu'une protection leur soit garantie.

Prenant en compte ces exigences, le législateur a aménagé, pour les salariés protégés, un régime de rupture du CDD qui renvoie largement à la protection applicable en matière de licenciement.

§ 1. LES SALARIÉS BÉNÉFICIAIRES DE LA PROTECTION

16.2.1. – Le Code du travail prévoit que la protection concerne les catégories suivantes de salariés :

- les délégués syndicaux *(C. trav., art. L. 2412-1 et L. 2412-2)* ;
- les membres ou anciens membres élus de la délégation du personnel du CSE ou les candidats à ces fonctions, ainsi que les représentants syndicaux et anciens représentants syndicaux *(C. trav., art. L. 2412-1 et L. 2412-3)* ;
- les représentants de proximité et anciens représentants de proximité, ainsi que les candidats à ces fonctions *(C. trav., art. L. 2412-1 et L. 2412-4)* ;
- les membres et anciens membres de la délégation du personnel au CSE interentreprises, ainsi que les candidats à ces fonctions *(C. trav., art. L. 2412-1 et L. 2412-5)* ;
- les membres du groupe spécial de négociation et membres du comité d'entreprise européen *(C. trav., art. L. 2412-1 et L. 2412-6)* ;
- les membres du groupe spécial de négociation et représentant au comité de la société européenne, les membres du groupe spécial de négociation et représentant au comité de la société coopérative européenne, les membres du groupe spécial de négociation et représentant au comité de la société issue de la fusion transfrontalière *(C. trav., art. L. 2412-1 et L. 2412-7)* ;
- les représentants du personnel d'une entreprise extérieure, désignés à la commission santé, sécurité et conditions de travail d'un établissement comprenant au moins une installation classée figurant sur la liste prévue à l'article L. 515-36 du Code de l'environnement ou mentionnée à l'article L. 211-2 du Code minier *(C. trav., art. L. 2412-1 et L. 2412-8)* ;
- les membres d'une commission paritaire d'hygiène, de sécurité et des conditions de travail en agriculture prévue à l'article L. 717-7 du Code rural et de la pêche maritime *(C. trav., art. L. 2412-1 et L. 2412-9)* ;
- le salarié mandaté dans les conditions prévues aux articles L. 2232-23-1 et L. 2232-26 dans les entreprises dépourvues de délégué syndical *(C. trav., art. L. 2412-1 et L. 2412-10)* ;

– le conseiller prud'homme *(C. trav., art. L. 2412-1 et L. 2412-13),* y compris 6 mois après la cessation de leur mandat par application du principe du droit constant *(Cass. soc. 13 mars 2012, n° 10-21.785 B.)* ;
– l'assesseur maritime mentionné à l'article 7 de la loi du 17 décembre 1926 relative à la répression en matière maritime *(C. trav., art. L. 2412-1 et L. 2412-14)* ;
– le défenseur syndical mentionné à l'article L. 1453-4 *(C. trav., art. L. 2412-1 et L. 2412-15)* ;
– les membres de la commission mentionnée à l'article L. 23-111-1 *(C. trav., art. L. 2412-1 et L. 2412-16).*

Conformément à l'article 11 de l'ordonnance n° 2017-1386 du 22 septembre 2017, bénéficient de la protection :
– les membres et anciens membres du comité d'entreprise ;
– les délégués et anciens délégués du personnel ;
– les membres et anciens membres du CHSCT.

La procédure spéciale est également applicable aux salariés suivants employés sous CDD :
– les salariés membres du conseil ou administrateurs d'une caisse de sécurité sociale *(C. trav., art. L. 2412-1 et L. 2412-11 ; C.S.S., art. L. 231-11)* ;
– les représentants des salariés dans les chambres d'agriculture *(C. trav., art. L. 2412-1 et L. 2412-12 ; C. rural, art. L. 515-4)* et les salariés désignés en qualité de membres du conseil de direction des offices agricoles *(C. rural, art. L. 621-10)* ;
– les conseillers du salarié par application du principe du droit constant après la recodification du Code du travail *(Cass. soc., 7 juill. 2021 n° 19-23.989 B. ; Cass. soc., 10 juill. 2024, n° 22-21.856 B.).*

La procédure spéciale est applicable pendant les mêmes délais pour les salariés en CDD que pour les salariés en contrat à durée indéterminée (*ex. : pendant l'exercice du mandat et pendant six mois pour les candidats aux élections de membre du CSE ou pour les anciens membres de ce comité*).

Dans les branches d'activité à caractère saisonnier, ces délais de protection sont prolongés d'une durée égale à la période habituelle d'interruption de l'activité du salarié *(Cass. soc., 4 juin 1969, n° 68-40.376 : condamnation de l'employeur pour avoir refusé de continuer à embaucher un travailleur saisonnier du fait de son activité syndicale, JCP 1970.16208, chron. J.-M. Verdier).*

§ 2. LES CAS DE MISE EN ŒUVRE DE LA PROTECTION

16.2.2. – Les articles L. 1243-1 à L. 1243-13-1 du Code du travail précisent les conditions de droit commun de rupture anticipée, échéance et renouvellement des CDD. Pour les salariés protégés, les articles L. 2412-2 à L. 2412-16, dans leur rédaction modifiée en dernier lieu par l'ordonnance n° 2017-1386 du 22 septembre 2017, prévoient que « *la rupture du contrat de travail à durée déterminée (...) avant l'échéance du terme en raison d'une faute grave ou de l'inaptitude constatée par le médecin du travail, ou à l'arrivée du terme lorsque l'employeur n'envisage pas de renouveler un contrat comportant une clause de renouvellement, ne peut intervenir qu'après autorisation de l'inspecteur du travail* ».

La protection spéciale doit ainsi s'appliquer dans les situations suivantes :

– la rupture du contrat avant l'arrivée du terme en raison d'une faute grave du salarié *(cf. n° **15.3**)* ;
– la rupture du contrat avant l'arrivée du terme en raison de l'inaptitude du salarié (*cf., n° **15.12***) ;
– le non-renouvellement du contrat comportant une clause de renouvellement (*cf. n° **16.2.4***).

En revanche, la Cour de cassation a considéré par son arrêt du 10 juillet 2024 que le statut protecteur n'a plus lieu de s'appliquer à l'arrivée du terme du CDD sans clause de renouvellement *(cf. n° **16.2.5***).

Les contrats conclus sur le fondement du 3° de l'article L. 1242-2 du Code du travail, c'est-à-dire les contrats saisonniers et CDD d'usage, sont soumis à un régime particulier *(cf. n° **16.2.6**)*.

§ 3. LA RUPTURE DU CONTRAT AVANT L'ÉCHÉANCE DU TERME EN CAS DE FORCE MAJEURE

16.2.3. – En cas de force majeure *(événement imprévisible, insurmontable et extérieur)*, invoquée par l'employeur pour rompre le contrat de travail, la rupture du contrat, légalement possible en vertu de l'article L. 1243-1 du Code du travail, pourra intervenir sans l'autorisation préalable de l'inspecteur du travail. En effet, les articles L. 2412-2 à L. 2412-16 du Code du travail prévoient qu'est soumise à autorisation préalable de l'inspecteur du travail la rupture du contrat avant son terme qu'en raison d'une faute grave du salarié ou de l'inaptitude constatée par le médecin du travail.

N'ont pas été regardés comme des cas de force majeure :

– la suppression du poste du salarié remplacé *(Cass. soc., 26 mars 2002, n° 00-40.652, Bull. V n° 103, RJS 2002 n° 658, Dr soc 2002, p. 889, obs. C. Roy-Loustaunau, D. 2002, p. 1322)* ;
– la destruction partielle ou provisoire des locaux de l'entreprise par un sinistre *(cf. n° **14.7.2**)* ;

– la liquidation judiciaire de l'entreprise *(Cass. soc., 16 oct. 2002, n° 00-40.869, RJS 2003 n° 16)* ;
– la décision des membres d'un groupe de musique de continuer sans le salarié *(Cass. soc., 3 juill. 2019, n° 18-20.778)*.

§ 4. LE NON-RENOUVELLEMENT DU CONTRAT COMPORTANT UNE CLAUSE DE RENOUVELLEMENT

16.2.4. – L'autorisation administrative est requise dès lors que le contrat comporte une clause de renouvellement et que l'employeur décide de ne pas renouveler le CDD.

A. Le contrôle exercé par l'autorité administrative

16.2.4.1. – L'autorisation de non-renouvellement du contrat ne pourra être accordée que si :
– la procédure prévue a été respectée ;
– le CDD ne présente pas les apparences d'un contrat à durée indéterminée (*cf. n°* ***16.2.4.2***) ;
– le licenciement est sans rapport avec le mandat ;
– aucun motif d'intérêt général ne s'y oppose.

L'existence d'une obligation de procéder à un entretien préalable soulève une interrogation sérieuse dans la mesure où elle n'est légalement prévue que par l'article L. 1332-2 en cas de procédure disciplinaire, ou par les articles L. 1232-2 à L. 1232-5 en cas de licenciement, mais non pour la fin du CDD *(C. trav., art. L. 1242-14)*.

Le ministère du Travail en a retenu le principe *(Guide DGT, Salariés protégés, sept. 2019, fiche n° 13a)*. Cette interprétation extensive se fonde sur la nécessité de recodification à droit constant et, par voie de conséquence, en référence aux articles L. 425-2 et L. 436-2 de l'ancien Code du travail, relatifs à la rupture anticipée ou au non-renouvellement du CDD comportant une clause de renouvellement. Ces dispositions renvoyaient à celles des articles L. 425-1 et L. 436-1, et de fait à celles de l'article R. 436-1 prévoyant l'obligation de réaliser cet entretien préalable. Le tribunal administratif de Melun ne partage pas cette analyse et considère qu'aucune disposition de la section à laquelle fait référence l'article L. 2421-7 du Code du travail ni aucune autre disposition législative ou réglementaire ne prévoit qu'un entretien préalable doive avoir lieu lorsque l'employeur envisage de ne pas renouveler le CDD *(TA Melun, 10 mars 2023, n° 1911140)*.

Si la nature du mandat le justifie, le CSE doit être consulté *(cf. tableau A)*.

B. Le contrôle de la nature du contrat

16.2.4.2. – L'inspecteur du travail doit s'assurer qu'il a été valablement saisi et, par suite, que le salarié n'est pas, du fait du non-respect de la législation par l'employeur, devenu titulaire d'un contrat à durée indéterminée *(CE, 6 mai 1996, n° 146.161, ministre du Travail c. / Todisco, Rec. p. 1191, concl. commissaire du gouvernement G. Bachelier, Dr soc 1996, p. 943, RJS 1996 n° 811, Dr ouvrier 1996, p. 500 ; sur la question : chron. A. Martinel, conseiller référendaire à la Cour de cassation, « L'action en requalification des contrats de travail précaires », RJS 2005, p. 575)*.

L'autorisation doit être refusée quand le motif invoqué par l'employeur à l'appui de sa demande n'est pas un « *motif sérieux et légitime* » : il en est ainsi quand la demande de l'employeur repose sur sa volonté de faire échec à la législation en matière de CDD et son souci d'éviter que les CDD soient transformés en contrats à durée indéterminée *(CE 13 févr. 1987, n° 48.832, SA des Folies Bergère, Tables p. 979, Dr soc 1987, p. 694, art. D. Chelle et X. Prétot, décision rendue sous l'empire des dispositions antérieures à la loi du 28 octobre 1982 qui prévoyaient que « l'employeur ne peut refuser (au salarié protégé) le renouvellement de son contrat que pour un motif sérieux et légitime »)*.

De même, l'employeur ne peut, au cours des périodes de suspension du contrat de travail consécutives à un accident du travail ou à une maladie professionnelle, refuser le renouvellement que s'il justifie d'un motif « *réel et sérieux* » étranger à l'accident ou à la maladie *(C. trav., art. L. 1226-19)*.

Pour vérifier la nature réelle du contrat dont il lui est demandé le non-renouvellement, l'inspecteur du travail peut se référer à la jurisprudence judiciaire. Les principales situations de requalification d'un CDD en contrat à durée indéterminée sont les suivantes :

– le recrutement du salarié appelé à remplacer un salarié déterminé, mais dans le cadre général du remplacement du personnel absent, l'employeur pouvant mettre un terme à son contrat à tout moment *(Cass. soc., 24 févr. 1998, n° 95-41.420, Bull. V n° 98)* ; en revanche, un salarié peut valablement être recruté par des contrats successifs, chacun d'eux ayant eu pour objet de remplacer un salarié nommément désigné *(Cass. soc., 13 déc. 1995, n° 92-41.743)*. La Cour de cassation a assoupli sa jurisprudence relative aux CDD de remplacement successifs en retenant qu'il ne peut être déduit de la systématicité du recours aux contrats à durée déterminée leur caractère abusif sans « *prendre en compte les circonstances de la cause* » *(Cass. soc., 14 févr. 2018, n° 16-17.966, B., Sem. soc. Lamy n° 1805, RJS 2018 n° 240 ; chron. J.-J Perrin : « CDD : revirement sur les modalités de détermination d'un besoin structurel de main-d'œuvre », RJS 2018, p. 371-374)*. De plus, l'article 53 de la loi n° 2018-771 dite loi « Avenir professionnel » du 5 septembre 2018 autorise, à titre expérimental (du 1er janvier 2019 au 31 décembre 2020), la conclusion d'un unique CDD ou d'un unique contrat de travail temporaire pour remplacer plusieurs salariés absents soit successivement ou sur deux mi-temps par exemple. Cette possibilité légale permet de déroger à l'article L. 1242-2, 1° du Code du travail qui prévoit la conclusion de contrat à durée déterminée pour le remplacement d'un seul salarié en cas d'absence. Cette possibilité est reconduite jusqu'au 13 avril 2025 par l'article 6 de la loi n° 2022-1598 du 21 décembre 2022 portant mesures d'urgence relatives au fonctionnement du marché du travail en vue du plein emploi ;

- le recrutement de salariés pour pallier les aménagements du terme de la mission des travailleurs temporaires *(Cass. soc., 21 mars 2000, n° 97-45.167, RJS n° 506)* ;
- l'affectation sur des emplois considérés comme permanents *(Cass. soc., 7 avr. 1998, n° 95-43.091, Bull. V n° 199 ; Cass. soc., 1er févr. 2000, n° 98-41.624, Bull. V n° 52, RJS 2000 n° 381 ; Cass. soc., 21 mars 2000, n° 97-45120, Bull. V n° 108, Dr soc 2000, p. 767, RJS 2000 n° 505)* ;
- le recours au CDD érigé en mode normal de gestion de la main-d'œuvre *(Cass. soc., 26 janv. 2005, n° 02-45.342, Bull. V n° 21, Dr soc 2005, p. 573, obs. C. Roy-Loustaunau, D. 2005, p. 2499, comm. B. Lardy-Pélissier et J. Pélissier, RJS 2005 n° 350 : 104 contrats conclus avec le même salarié du 17 mai 1997 au 30 mai 1999 pour pourvoir le même emploi de receveuse ; Cass. soc., 23 janv. 2019, n° 17-21.796)* ; l'absence de contrat écrit *(Cass. soc., 21 mai 1996, n° 92-43.874 et 92-43.875, Bull. V n° 190)* signé par les deux parties *(Cass. soc., 26 oct. 1999, n° 97-41.992, Bull. V n° 401, Dr soc 2000, p. 201, comm. C. Roy-Loustaunau ; Cass. soc., 30 nov. 2004, n° 02-42.284, Bull. V n° 306, RJS 2005 n° 128)* ;
- l'absence de signature du contrat par le salarié *(Cass. soc., 30 oct. 2002, n° 00-45.677, Dr soc 2003, p. 329, obs. C. Roy-Loustaunau ; Cass. soc., 19 févr. 2003, n° 00-46.065, RJS 2003 n° 710)* ou de l'employeur *(Cass. soc., 6 oct. 2016, n° 15-20.304, RJS 2017 n° 17 ; Cass. soc., 14 nov. 2018, n° 16-19.038 B. ; Cass. soc., 10 avr. 2019, n° 18-10.614)* ; il en va autrement lorsque le salarié a délibérément refusé de signer le contrat de travail de mauvaise foi ou dans une intention frauduleuse *(Cass. soc., 22 mai 2019, n° 18-11.350)* ; la date de conclusion du CDD n'est en revanche pas une mention obligatoire *(Cass. soc., 20 déc. 2017, n° 16-25.251)* ;
- le contrat ne comportant pas la définition précise de son motif *(Cass. soc., 4 janv. 2000, n° 97-41-374, Bull. V n° 2 ; Cass. soc., 10 avr. 2019, n° 17-31.712)*, la qualification du salarié remplacé *(Cass. soc., 26 oct. 1999, n° 97-40.894, Bull. V n° 402 ; Cass. soc., 28 mars 2018, n° 16-27.019)* ou son nom et sa qualification *(Cass. soc., 1er juin 1999, n° 96-43.617, Bull. V n° 249, Dr soc 1999, p. 838 ; Cass. soc., 30 avr. 2003, n° 01-40.937, Bull. V n° 149, Dr soc 2003, p. 716, RJS 2003 n° 854, avis de l'avocat général P. Lyon-Caen ;*

Cass. soc., 15 mars 2017, n° 15-26.077 ; Cass. soc., 15 janv. 2020, n° 18-16.399 B.) ; la requalification joue alors même que le motif aurait été précisé dans la lettre postérieure prolongeant le contrat *(Cass. soc., 31 mai 2000, n° 98-41.812, RJS 2000 n° 909 ; Cass. soc., 2 mars 2017, n° 16-10.038, RJS 2017 n° 317)*. En revanche, l'absence de la qualification alors qu'étaient mentionnées sur les contrats les fonctions de la salariée remplacée et que ces mentions renvoyaient à une qualification professionnelle issue de la grille de classification des emplois annexée à la convention d'entreprise, ne conduit pas à une requalification *(Cass. soc., 3 mai 2018, n° 16-20.636 B.)* ; de même la seule omission de la convention collective applicable n'entraîne pas la requalification du contrat *(Cass. soc., 26 oct. 1999, n° 97-42.255, Bull. V n° 399, Dr soc 2000, p. 203)* ;

– l'absence de durée minimale dans un contrat de travail sans terme précis conclu pour remplacer un salarié absent *(Cass. soc. 28 sept. 2005, n° 03-44.757, RJS 2005 n° 1179)* ;
– le non-respect du délai de carence imposé par la loi entre deux contrats conclus pour pourvoir le même poste *(Cass. soc., 28 févr. 1996, n° 93-42.007, Bull. V n° 71 ; Cass. soc., 10 oct. 2018, n° 17-18.294)* ou entre deux contrats reposant sur des motifs distincts *(Cass. soc., 30 sept. 2014, n° 13-18.162, Bull. V n° 217)*. Ce principe a été assoupli par l'ordonnance n° 2017-1387 du 22 septembre 2017 qui prévoit qu'une convention ou un accord de branche étendu peut fixer la durée du délai de carence qui doit séparer deux contrats conclus sur le même poste *(C. trav., art. L. 1244-3)* ;
– la conclusion d'un contrat sans terme précis en dehors des cas prévus par le Code du travail *(Cass. soc., 22 janv. 1992, n° 88-42.842, Bull. V n° 20 ; Cass. soc., 30 sept. 2014, n° 13-13.522, Bull. V n° 218)* ;
– la poursuite du contrat à l'échéance du terme *(Cass. soc., 14 févr. 1996, n° 93-42.035, Bull. V n° 55 ; Cass. soc., 1er févr. 2000, n° 98-41.624, Bull. V n° 52, RJS 2000 n° 381 ; Cass. soc., 30 mars 2005, n° 03-42.667, Bull. V n° 106, RJS 2005 n° 606 ; Cass. soc., 13 déc. 2007, n° 06-44.004, Bull. V n° 207)*.

Les effets de la requalification de CDD en contrat à durée indéterminée remontent à la date de la conclusion du premier CDD irrégulier *(Cass. soc., 23 mars 2016, n° 14-22.250, Bull. n° 848, soc. n° 1160, RJS 2016 n° 434)* et le salarié est réputé avoir occupé un emploi à durée indéterminée depuis le jour de son engagement par un CDD irrégulier *(Cass. soc., 3 mai 2016, n° 15-12.256, Bull. civ. V n° 1282, RJS 2016 n° 480 ; Cass. soc., 27 avr. 2017 n° 15-25.204 B., Dr ouvrier 2017, notes M. Poirier et J. Jardonner, p. 559)*.

C. Le non-renouvellement pour un motif discriminatoire

16.2.4.3. – Le non-renouvellement discriminatoire du contrat de travail peut être équivalent à un refus d'embauchage, dans certaines circonstances, et entraîner la condamnation de l'employeur, tant au civil qu'au pénal, sur le fondement des dispositions de l'article L. 2141-5 *(cf. infra Cass. soc., 4 juin 1969, n° 68-40.376, Bull. n° 378)*. Le non-renouvellement est frappé de nullité *(C. trav., art. L. 1132-4)*.

D. Les conséquences de l'absence de saisine de l'administration

16.2.4.4. – Dans ce cas, il nous semble qu'il convient de transposer la jurisprudence de la chambre sociale applicable en l'absence de saisine de l'administration au terme du contrat *(Cass. soc., 16 oct. 2001, n° 98-44.269, Bull. V n° 320, Dr soc 2002 p. 124, obs. Roy-Loustaunau, RJS 2002 n° 57)*.

La Cour de cassation a considéré que « *la disposition subordonnant la rupture, à l'arrivée de son terme, du CDD d'un salarié investi d'un mandat de représentant du personnel ou d'un syndicat à l'autorisation préalable de l'inspecteur du travail trouve son fondement dans l'exigence constitutionnelle de participation des travailleurs à la gestion des entreprises, de sorte que la poursuite de la relation contractuelle dans le cadre d'un contrat à durée indéterminée qui, pour cette raison, résulte nécessairement de la méconnaissance de cette disposition et se traduit par un droit à indemnisation réparant l'intégralité du préjudice subi pendant tout le temps de la protection conférée par le mandat, ne constitue pas une sanction au sens de l'article 8 de la Déclaration de 1789* » *(Cass. soc., QPC, 22 mars 2018, n° 17-24.193 B., RJS 2018 n° 430)*.

E. Les conséquences du refus de l'administration

16.2.4.5. – En cas de refus par l'autorité administrative, le contrat se poursuit au-delà de son terme et devient un contrat à durée indéterminée, conformément aux dispositions de l'article L. 1243-11 du Code du travail. Selon le ministre du Travail, « *Le refus de l'inspecteur du travail entraînera une modification de la nature juridique du contrat qui, se poursuivant au-delà de son terme, deviendra un contrat à durée indéterminée* » *(circulaire ministérielle préc.)*. Le juge administratif a adopté la même position *(TA Paris, 7 juin 1995, Association pour les fouilles archéologiques nationales (AFAN) Dr ouvrier 1996, p. 500)*.

La cessation du lien contractuel par l'employeur constitue un délit d'entrave *(par analogie avec Cass. crim., 19 juin 2001, n° 00-84.075, Bull. crim., n° 151, Dr ouvrier, sept. 2001, somm 8)*.

F. Les conséquences de l'autorisation de l'administration

16.2.4.6. – Si l'autorité administrative autorise la rupture du CDD comportant une clause de renouvellement, le juge judiciaire ne pourra, sans violer le principe de séparation de pouvoirs, se prononcer sur la demande de requalification en contrat à durée indéterminée *(Cass. soc., 9 mai 2018, n° 16-20.423 B. ; Dr soc 2018, p. 674, J. Mouly, RJS 2018 n° 489)*. En revanche, le juge judiciaire pourra toujours se prononcer sur la requalification du CDD si la décision administrative rejette une demande d'autorisation de transfert du salarié protégé *(Cass. soc., 24 janv. 2018, n° 16-13.589 B., RJS 2018 n° 248)*.

§ 5. L'ARRIVÉE DU TERME DU CDD EN L'ABSENCE DE CLAUSE DE RENOUVELLEMENT OU SI CETTE CLAUSE A ÉTÉ MISE EN ŒUVRE

16.2.5. - La loi n° 2018-217 du 29 mars 2018 ratifiant diverses ordonnances prises sur le fondement de la loi n° 2017-1340 du 15 septembre 2017 d'habilitation à prendre par ordonnances les mesures pour le renforcement du dialogue social a modifié les dispositions relatives à l'arrivée à terme du CDD, de sorte que l'inspecteur du travail n'est plus compétent en l'absence de clause de renouvellement ou si cette clause a été mise en œuvre.

A. Le droit antérieur à la loi du 29 mars 2018

16.2.5.1. – L'article L. 2421-8 du Code du travail dans sa version issue de la recodification applicable du 1er mai 2008 au 1er avril 2018 disposait que « *l'arrivée du terme du contrat de travail à durée déterminée n'entraîne sa rupture qu'après constatation par l'inspecteur du travail, saisi en application de l'article L. 2412-1, que le salarié ne fait pas l'objet d'une mesure discriminatoire. / L'employeur saisit l'inspecteur du travail un mois avant l'arrivée du terme. / L'inspecteur du travail statue avant la date du terme du contrat* ». Ces dispositions ayant été séparées de celles consacrées aux principes de protection et insérées sans une partie relative à la procédure, elles ont suscité des incertitudes quant à l'existence d'une protection pour la situation de l'arrivée à terme du CDD sans clause de renouvellement, d'autant plus que certains bénéficiaires ne figuraient plus dans la liste des salariés concernés.

Ainsi la Cour de cassation a été amenée plusieurs fois à affirmer le bénéfice de cette protection :

– Elle a indiqué que « *les dispositions du deuxième alinéa de l'article L. 436-2 du Code du travail ont, peu important qu'elles aient été insérées dans une section intitulée "Procédure applicable au salarié titulaire d'un contrat à durée déterminée", été reprises à l'article L. 2421-8 et imposent que, lorsque le contrat à durée déterminée arrive à son terme, l'inspecteur du travail autorise préalablement la cessation du lien contractuel, y compris dans le cas où le contrat ne peut être renouvelé » (Cass. soc., 23 oct. 2012, n° 11-19.210 B.).*

– Elle a jugé qu'il résultait du principe de recodification à droit constant que l'article L. 2421-8 du Code du travail selon lequel l'arrivée du terme du contrat à durée déterminée n'entraîne sa rupture qu'après constatation, par l'inspecteur du travail saisi par l'employeur, que le salarié ne fait pas l'objet d'une mesure discriminatoire, bénéficie aux conseillers prud'hommes pendant la période de six mois suivant la cessation de leur mandat et aux conseillers du salariés *(Cass. soc., 13 mars 2012, n° 10-21.785 B. ; Cass. soc., 7 juill. 2021, n° 19-23.989 B.).*

B. Le droit issu de la loi du 28 mars 2018

16.2.5.2. – L'article 22 de la loi n° 2018-217 du 29 mars 2018 a modifié l'article L. 2421-8 du Code du travail qui dispose : « *Pour l'application de la protection prévue au dernier alinéa des articles L. 2412-2, L. 2412-3, L. 2412-4, L. 2412-5, L. 2412-8, L. 2412-9 et L. 2412-13, l'arrivée du terme du contrat de travail à durée déterminée n'entraîne sa rupture qu'après constatation par l'inspecteur du travail, saisi en application de l'article L. 2412-1, que le salarié ne fait pas l'objet d'une mesure discriminatoire. / L'employeur saisit l'inspecteur du travail avant l'arrivée du terme. / L'inspecteur du travail statue avant la date du terme du contrat.* »

Ces dispositions concernent désormais le cas spécifique des contrats conclus sur le fondement du 3° de l'article L. 1242-2, c'est-à-dire les contrats saisonniers et les CDD d'usage, par ailleurs également régis par les dispositions de l'article L. 2421-8-1 du Code du travail.

Avant l'entrée en vigueur du nouveau Code du travail au 1er avril 2008, les dispositions applicables précisaient : « *L'arrivée du terme du contrat n'entraîne la cessation du lien contractuel qu'après constatation par l'inspecteur du travail (...) que le salarié ne fait pas l'objet d'une mesure discriminatoire. Un mois avant l'arrivée du terme du contrat, l'employeur doit saisir l'inspecteur du travail qui doit statuer avant la date du terme du contrat* » (anc. art. L.436-2). À compter de l'entrée en vigueur du nouveau code, le premier alinéa des articles L. 2412-2, L. 2412-3, L. 2412-4, L. 2412-5, L. 2412-8, L. 2412-9 et L. 2412-1 disposait que « *la rupture du contrat de travail à durée déterminée (...) avant l'échéance du terme en raison d'une faute grave, ou à l'arrivée du terme lorsque l'employeur n'envisage pas de renouveler un contrat comportant une clause de renouvellement, ne peut intervenir qu'après autorisation de l'inspecteur du travail* ». La nouvelle rédaction a donc restreint le champ de l'intervention administrative implicitement lors de l'arrivée à son terme d'un CDD ne comportant pas de clause de renouvellement.

La Cour de cassation, par son arrêt du 10 juillet 2024, constate qu'il résulte de ces modifications législatives que la rupture du CDD avant l'échéance du terme en raison d'une faute grave ou de l'inaptitude constatée par le médecin du travail, ou à l'arrivée du terme lorsque l'employeur n'envisage pas de renouveler un contrat comportant une clause de renouvellement, ne peut intervenir qu'après autorisation de l'inspecteur du travail. En revanche, elle a jugé qu'il n'y a pas lieu de saisir l'inspecteur du travail dans le cas de l'arrivée du terme d'un CDD ne relevant pas des contrats conclus sur le fondement du 3° de l'article L. 1242-2 du même code et ne comportant pas de clause de renouvellement *(Cass. soc., 10 juill. 2024, n° 22-21.856 B., RJS 2024 n° 531)*. Elle précise par ailleurs que le conseiller du salarié bénéficie cependant de la protection alors qu'il ne figure toujours pas sur la liste des salariés protégés en cas de rupture d'un contrat de travail à durée déterminée figurant à l'article L. 2412-1 du Code du travail, la recodification étant intervenue le 1er mai 2008 à droit constant.

Aucune autorisation préalable de l'inspecteur du travail n'est désormais requise lorsqu'un CDD arrive à son terme, qu'il soit précis ou non, en l'absence de clause de renouvellement. Ce principe est applicable à tous les CDD ne relevant pas du 3° de l'article L. 1242-2 (*cf. n°* ***16.2.6***).

Il convient de préciser qu'est assimilable à un CDD sans clause de renouvellement un contrat qui ne peut être renouvelé, la clause ayant déjà été mise en œuvre une première fois *(Cass. soc., 23 oct. 2012, n° 11-19.210, Bull. V n° 270)*.

§ 6. LA FIN DU CONTRAT DE TRAVAIL SAISONNIER OU DU CDD D'USAGE

16.2.6. – Les contrats conclus sur le fondement du 3° de l'article L. 1242-2 font l'objet d'un régime spécifique de protection. Il s'agit des emplois à caractère saisonnier, dont les tâches sont appelées à se répéter chaque année selon une périodicité à peu près fixe, en fonction du rythme des saisons ou des modes de vie collectifs ou emplois pour lesquels, dans certains secteurs d'activité définis par décret ou par convention ou accord collectif de travail étendu, il est d'usage constant de ne pas recourir au contrat de travail à durée indéterminée en raison de la nature de l'activité exercée et du caractère par nature temporaire de ces emplois.

Le processus de simplification concernant les CDD saisonniers a été engagé par la loi n° 2015-994 du 17 août 2015 relative au dialogue social et à l'emploi qui avait déjà prévu la suppression de l'obligation pour l'employeur de demander l'autorisation de mettre fin au contrat de travail saisonnier d'un salarié protégé en cas de reconduction la saison suivante *(art. 49 de la loi ; C. trav., art. L. 2421-8-1)*.

La loi du 29 mars 2018 a poursuivi ce processus.

Les dispositions concernant les salariés protégés titulaires de ces contrats sont précisées aux derniers alinéas des articles L. 2412-2, L. 2412-3, L. 2412-4, L. 2412-5, L. 2412-8, L. 2412-9 et L. 2412-1 du Code du travail qui disposent : « *Lorsque le contrat est conclu sur le fondement du 3° de l'article L. 1242-2, le salarié bénéficie de la protection lorsque l'employeur envisage soit de rompre le contrat de travail avant l'échéance du terme, soit de ne pas le renouveler en non-respect d'une clause de reconduction prévue dans le contrat de travail, ou par accord d'entreprise ou accord de branche mentionné à l'article L. 1244-2-2. Les délais de protection sont prolongés d'une durée égale à la période habituelle d'interruption de l'activité du salarié.* »

Ces dispositions sont complétées par les articles L. 2421-8 et L. 2421-8-1 du Code du travail :

– Article L. 2421-8 : « *Pour l'application de la protection prévue au dernier alinéa des articles L. 2412-2, L. 2412-3, L. 2412-4, L. 2412-5, L. 2412-8, L. 2412-9 et L. 2412-13, l'arrivée du terme du contrat de travail à durée déterminée n'entraîne sa rupture qu'après constatation par l'inspecteur du travail, saisi en application de l'article L. 2412-1, que le salarié ne fait pas l'objet d'une mesure discriminatoire. / L'employeur saisit l'inspecteur du travail avant l'arrivée du terme. / L'inspecteur du travail statue avant la date du terme du contrat* » ;
– Article L. 2421-8-1 : « *Pour les salariés saisonniers définis au 3° de l'article L. 1242-2 pour lesquels, en application d'une convention ou d'un accord collectif étendu ou du contrat de travail, l'employeur est engagé au terme du contrat à reconduire le contrat pour la saison suivante, l'article L. 2421-8 ne s'applique pas lors de l'arrivée du terme du contrat à durée déterminée.* »

Il résulte de la combinaison de ces textes que l'autorisation de l'inspecteur du travail n'est requise que dans deux cas :

– soit à la rupture du contrat saisonnier à durée déterminée avant l'échéance du terme ;
– soit à l'arrivée du terme du contrat saisonnier lorsque l'employeur n'envisage pas de renouveler un contrat comportant une clause de renouvellement.

L'autorisation de l'inspecteur du travail n'est pas requise lorsque le CDD saisonnier arrive à son terme, en l'absence de clause de renouvellement.

L'inspecteur du travail saisi d'une demande d'autorisation de rupture du contrat saisonnier lorsque l'employeur n'envisage pas de renouveler un contrat comportant une clause de renouvellement, doit vérifier qu'elle ne présente pas un caractère discriminatoire, ainsi que l'absence d'un motif d'intérêt général. Il doit également s'assurer qu'il a été valablement saisi et, par suite, que le salarié n'est pas, du fait du non-respect de la législation par l'employeur, devenu titulaire d'un contrat à durée indéterminée *(CE, 6 mai 1996, n° 146.161, ministre du Travail c. / Todisco, Rec. p. 1191, concl. commissaire du gouvernement G. Bachelier, Dr soc 1996, p. 943, RJS 1996 n° 811, Dr ouvrier décembre 1996, p. 500).* En outre, en présence d'une clause de reconduction pour la même saison de l'année suivante sauf motif réel et sérieux, il lui appartient de vérifier l'existence d'un tel motif s'il est allégué par l'employeur à l'appui de sa demande.

SECTION 3

La fin du contrat de travail temporaire

Plan de la section

16.3. – Prenant en compte le développement de la précarité de l'emploi, le législateur a prévu des règles particulières protégeant les salariés exerçant un mandat et titulaires d'un contrat de travail temporaire. Ces règles sont essentielles pour permettre le maintien d'une représentation du personnel dans les entreprises de travail temporaire.

L'entreprise de travail temporaire *(ETT)* doit conclure avec chacun de ses salariés un contrat de travail *(C. trav., art. L. 1251-16 et L. 1251-17)* pour chaque mission effectuée chez une entreprise utilisatrice et, parallèlement, avec chaque client (entreprise utilisatrice) un contrat de mise à disposition *(C. trav., art. L. 1251-42 et L. 1251-43)*.

La protection spéciale doit s'appliquer dans deux situations : l'interruption ou la notification du non-renouvellement de la mission d'un salarié temporaire par l'entrepreneur de travail temporaire.

Par une décision du 11 septembre 2019, la Cour de cassation a considéré que les hypothèses légales de mise en œuvre du statut protecteur pour les travailleurs temporaires s'entendent strictement et se limitent à l'interruption d'un contrat de mission en cours, à la notification du non-renouvellement de la mission alors qu'un tel renouvellement était prévu au contrat de mission et lorsque l'entreprise de travail temporaire notifie à l'intérimaire sa décision de ne plus faire appel à lui par de nouveaux contrats de mission. En revanche, l'entreprise n'est pas tenue de saisir l'inspecteur du travail dans l'hypothèse d'une simple fin de mission non assortie d'une proposition d'en effectuer d'autres ultérieurement *(Cass. soc., 11 sept. 2019, n° 18-12.293, B.)*. Une démarche active de l'employeur tendant à se séparer du salarié est donc nécessaire.

§ 1. LES SALARIÉS BÉNÉFICIAIRES DE LA PROTECTION

16.3.1. – L'article L. 2413-1 du Code du travail prévoit que la protection doit s'appliquer pour les catégories suivantes de salariés :

- les délégués syndicaux et anciens délégués syndicaux, y compris lorsque l'entrepreneur de travail temporaire leur a notifié sa décision de ne plus faire appel à eux pour de nouveaux contrats, en application de l'article L. 2314-18 ;
- les membres ou anciens membres élus du CSE ou les candidats à ces fonctions, ainsi que les représentants syndicaux et les anciens représentants syndicaux ;
- les représentants de proximité, anciens représentants de proximité ou candidats à ces fonctions ;
- les membres ou anciens membres élus du comité social et économique interentreprises ou les candidats à ces fonctions ;
- les salariés mandatés au titre des articles L. 2232-23-1 et L. 2232-26 du Code du travail par une organisation syndicale représentative dans la branche pour négocier et conclure des accords d'entreprise ou d'établissement dans les entreprises dépourvues de délégué syndical ;
- les conseillers prud'hommes ;
- les membres du groupe spécial de négociation et les membres du comité d'entreprise européen ;
- les membres du groupe spécial de négociation, les représentants au comité de la société européenne, les représentants au comité de la société coopérative européenne et les représentants au comité de la société issue de la fusion transfrontalière ;
- les représentants du personnel d'une entreprise extérieure, à la commission santé, sécurité et conditions de travail d'un établissement comprenant au moins une installation classée figurant sur la liste prévue à l'article L. 515-36 du Code de l'environnement ou mentionnée à l'article L. 211-2 du Code minier ;
- les salariés membres d'une commission paritaire d'hygiène, de sécurité et des conditions de travail en agriculture prévue à l'article L.717-7 du Code rural.

La procédure spéciale est également applicable aux salariés suivants employés par une entreprise de travail temporaire :

- les salariés membres du conseil ou administrateurs d'une caisse de sécurité sociale *(C. trav., art. L. 2413-1 ; C.S.S., art. L. 231-11)* ;
- les représentants des salariés dans les chambres d'agriculture *(C. trav., art. L. 2413-1 ; C. rur., art. L. 515-4)* et les salariés désignés en qualité de membres du conseil de direction des offices agricoles *(C. rur., art. L. 621-10)* ;
- les assesseurs maritimes mentionnés à l'article 7 de la loi du 17 décembre 1926 relative à la répression en matière maritime, ou ancien assesseur maritime ou candidat à ces fonctions ;

– le défenseur syndical mentionné à l'article L. 1453-4 ;
– le conseiller du salarié *(Cass. soc., 12 juill. 2017, n° 15-27.286, B.)*.

Conformément à l'article 11 de l'ordonnance n° 2017-1386 du 22 septembre 2017, bénéficient de la protection :
– les membres et anciens membres du comité d'entreprise,
– les délégués et anciens délégués du personnel,
– les membres et anciens membres du CHSCT.

En revanche, à la différence du régime applicable aux salariés intérimaires, le licenciement des salariés liés par un contrat à durée indéterminée à l'ETT est soumis aux règles de droit commun du statut protecteur. En cas de licenciement pour motif économique, il a été jugé que le salarié lié par un contrat à durée indéterminée à l'ETT et qui exerçait auparavant des missions de travail temporaire dans les entreprises clientes, devait bénéficier d'une recherche de toute possibilité de reclassement y compris, le cas échéant, dans des emplois existant au siège ; à défaut d'une telle recherche, le licenciement ne pouvait être autorisé *(CE, 30 sept. 1994, n° 123.826, Sté Manpower France, Dr ouvrier 1995, p. 134)*.

§ 2. LA MISE EN ŒUVRE DE LA PROTECTION EN CAS D'INTERRUPTION DE LA MISSION

A. Les règles de droit commun

16.3.2.1. – Le Code du travail prévoit que l'entrepreneur de travail temporaire qui rompt le contrat de travail du salarié avant le terme prévu au contrat doit lui proposer, sauf faute grave du salarié ou force majeure, un nouveau contrat prenant effet dans un délai maximum de trois jours ouvrables *(C. trav., art. L. 1251-26)*. Ce nouveau contrat ne doit pas comporter de modification substantielle en matière de qualification, de rémunération, d'horaire de travail et de temps de transport. À défaut d'une telle proposition, ou si le nouveau contrat proposé est d'une durée inférieure à celle restant à courir du contrat précédent, l'ETT doit assurer au salarié une rémunération équivalente à celle qu'il aurait perçue jusqu'au terme du contrat rompu.

La rupture du contrat de mise à disposition ne constitue pas un cas de force majeure *(C. trav., art. L. 1251-27)*.

B. Les règles relatives au statut protecteur

16.3.2.2. – En cas d'interruption de la mission, sauf proposition d'un autre contrat de travail répondant aux conditions exposées ci-dessus et acceptée par le salarié, la procédure spéciale s'applique *(Cass. soc., 13 févr. 2012, n° 11-21.946 QPC, Bull. V n° 71, RJS 2012 n° 432)*, avec la consultation du CSE si la nature du mandat le requiert, et la demande d'autorisation à l'inspecteur du travail.

À notre sens, l'organisation d'un entretien préalable n'est légalement imposée que dans le cas où une faute grave est alléguée *(C. trav., art. L. 1332-2)*.

L'autorisation de rompre le contrat de travail ne pourra être accordée que si les conditions suivantes sont respectées :

- la régularité de la procédure ;
- l'existence d'un motif pour justifier l'interruption de la mission ;
- l'absence de discrimination ;
- l'absence de motif d'intérêt général.

En cas de refus par l'autorité administrative, le contrat se poursuit normalement jusqu'à son terme. En cas de non-renouvellement de la mission, l'employeur pourra demander une autorisation à l'inspecteur du travail selon les règles exposées ci-dessous.

Par transposition de la jurisprudence Todisco du 6 mai 1996, relative au contrôle de l'administration sur les demandes d'autorisation concernant des salariés employés sous contrat à durée déterminée *(supra, CE, 6 mai 1996, n° 146.161, ministre du Travail c. / Todisco, Rec. p. 1191, concl. commissaire du gouvernement G. Bachelier, Dr soc 1996, p. 943, RJS 1996 n° 811, Dr ouvrier 1996, p. 500)*, il nous semble que l'autorité administrative est compétente pour examiner si elle a été valablement saisie et si le salarié concerné n'est pas lié par un contrat de travail à durée indéterminée avec l'entreprise utilisatrice. En effet, le manquement aux principales règles qui encadrent le recours à l'intérim est sanctionné par la requalification du contrat liant le salarié à l'ETT en contrat à durée indéterminée avec l'utilisateur *(C. trav., art. L. 1251-40)*.

Si l'administration estime que le salarié est lié par un contrat à durée indéterminée avec l'entreprise utilisatrice, elle doit rejeter la demande d'autorisation sollicitée, dès lors qu'elle n'est pas valablement saisie ; en effet l'ETT, qui n'est plus l'employeur du salarié, n'a plus en tout état de cause qualité pour solliciter une telle autorisation. En cas de recours pour annulation, le juge administratif doit, le cas échéant, surseoir à statuer jusqu'à ce que le juge judiciaire réponde à la question préjudicielle sur la nature du contrat.

Par ailleurs, le non-respect de la réglementation en matière de travail temporaire expose l'ETT et l'entreprise utilisatrice à des sanctions pénales *(C. trav., art. L. 1254-1 à L. 1254-10 ; art. L. 8234-1 et 8243-1)*.

C. La mise en œuvre de la protection en cas de non-renouvellement de la mission

16.3.2.3. – Dans ce cas également, la procédure spéciale s'applique *(Cass. soc., 13 févr. 2012, n° 11-21.946 QPC, Bull. V n° 71, RJS 2012 n° 432)*, avec la consultation du CSE, si la nature du mandat le requiert, et demande d'autorisation à l'inspecteur du travail.

À notre sens, aucune disposition n'impose que soit organisé un entretien préalable : l'article L. 1332-2 ne joue qu'en cas de procédure disciplinaire et les dispositions des articles L. 1232-2 à L. 1232-5 ne sont pas applicables.

L'autorisation de ne pas renouveler le contrat ne pourra être accordée que si les conditions suivantes sont respectées :

– la régularité de la procédure ;
– l'existence d'un motif pour justifier le non-renouvellement de la mission ;
– l'absence de discrimination ;
– l'absence de motif d'intérêt général.

Pour les mêmes raisons que celles indiquées ci-dessus, il nous semble que l'autorité administrative est compétente pour examiner si elle a été valablement saisie et si le salarié concerné n'est pas lié par un contrat de travail à durée indéterminée avec l'entreprise utilisatrice.

En cas de refus, l'ETT doit prendre toute disposition pour :

– proposer au salarié une mission comparable à la précédente ;
– lui assurer sa rémunération ;
– lui permettre d'exercer son mandat.

D. La mise en œuvre de la protection en cas de décision de ne plus confier de nouvelle mission

16.3.2.4. – Saisie d'une question prioritaire de constitutionnalité, la Cour de cassation avait jugé que la protection devait également être mise en œuvre dans ce cas, non prévu par l'article L. 2413-1 du Code du travail, en application du principe de recodification à droit constant *(Cass. soc., 27 janv. 2010, n° 08-44.376, Bull. V n° 22, RJS 2010 n° 359, précité)*, et *« des dispositions de l'ancien article L. 112-14-16 du Code du travail renvoyant à l'article L. 412-18 de ce même code, renvoyant lui-même en partie à l'article L. 423-10 de ce code » (Cass. soc., 13 févr. 2012, n° 11-21.946 QPC, Bull. V n° 71, RJS 2012 n° 432).*

La procédure spéciale s'applique donc selon les mêmes modalités que dans les deux cas précédents *(cf. n°* ***16.3.2.2*** *et* ***16.3.2.3****)*.

SECTION 4
Le licenciement pour un motif d'ordre économique

16.4 – Pour l'étude approfondie de la portée de ce contrôle, il convient de se reporter au chapitre VIII de la quatrième partie *(cf. n°* ***48.1 et s.****)*.

SECTION 5

Le licenciement pour fin de chantier ou de spectacle

§ 1. LE LICENCIEMENT POUR FIN DE CHANTIER OU D'OPÉRATION

A. Les règles de droit commun

16.5.1.1. – Ces règles de droit commun, à l'origine jurisprudentielles, ont été définies par l'ordonnance n° 2017-1387 du 22 septembre 2017 *(C. trav., art. L. 1236-8 et L. 1236-9 ; dispositions applicables aux contrats conclus après le 23 septembre 2017)*.

1. *Les conditions du recours au contrat de chantier ou d'opération*

16.5.1.1.1. – Le Code du travail prévoit la possibilité de conclure un contrat de travail pour la durée d'un chantier ou d'une opération *(Cass. soc., 22 nov. 2000, Dr soc. 2001, p. 239, note C. Roy-Loustaunau ; Cass. soc., 8 avr. 2009, n° 07-42.942, Bull. V n° 103, D. 2009, p. 1283, obs. S. Maillard)* . Ce contrat de chantier constitue en principe un contrat à durée indéterminée *(C. trav., art. L. 1236-8 ; Cass. soc., 29 oct. 1996, n° 93-44.829, Bull. V n° 357)*, sauf lorsqu'il est conclu dans l'un des cas énumérés à l'article L. 1242-2 du Code du travail *(Cass. soc., 2 juin 2010, n° 09-41.416, RJS 2010 n° 645)*.

Le recours à ce contrat de travail à durée indéterminée est soumis aux conditions fixées par une convention ou un accord collectif de branche étendu, lequel doit mentionner *(C. trav., art. L. 1223-9)* : la taille des entreprises concernées ; les activités concernées ; les mesures d'information du salarié sur la nature de son contrat ; les contreparties accordées en termes de rémunération et d'indemnité de licenciement, ainsi que les garanties en termes de formation pour les salariés concernés ; les modalités adaptées de rupture du contrat dans l'hypothèse où le chantier ou l'opération pour lequel ce contrat a été conclu ne peut pas se réaliser ou se termine de manière anticipée ; à défaut d'un tel accord, ce contrat peut être conclu dans des secteurs où son usage est habituel et conforme à l'exercice régulier de la profession qui y recourait au 1er janvier 2017 *(C. trav., art. L. 1223-8)*.

2. *La justification du licenciement pour fin de chantier ou d'opération*

16.5.1.1.2. – La rupture du contrat de chantier ou d'opération qui intervient à la fin du chantier ou une fois l'opération réalisée repose sur une cause réelle et sérieuse ; elle n'est pas soumise aux dispositions légales relatives au licenciement pour motif économique *(C. trav., art. L. 1236-8)*.

La validité du licenciement prononcé en raison de la survenance de la fin fin du chantier est subordonnée à l'existence, dans le contrat de travail ou la lettre d'embauche, d'une clause précisant que le contrat est conclu pour un ou plusieurs chantiers déterminés *(Cass. soc., 2 juin 2004, n° 01-46.891, Bull. V n° 149 ; Cass. soc., 22 juin 2016, n° 15-14.740).*

S'il ne met pas fin automatiquement au contrat, l'achèvement du chantier constitue la cause du licenciement si le contrat a bien été conclu pour la durée du chantier *(Cass. soc., 12 févr. 2002, n° 99-41.239, Bull. V n° 64, RJS 2004 n° 411 ; Cass. soc., 2 juin 2004, n° 01-46.891, Bull. V n° 149 ; Cass. soc., 18 déc. 2013, n° 12-25.042)*, cette cause étant alors une cause réelle et sérieuse *(Cass. soc., 11 oct. 2000, n° 98-44.981). A contrario*, est dépourvu de cause réelle et sérieuse le licenciement intervenu alors que le chantier n'était pas achevé au jour de la fin du contrat de travail du salarié et que les tâches pour lesquelles il avait été engagé s'étaient poursuivies *(Cass. soc., 8 avr. 1992, n° 91-40.838 ; Cass. soc., 17 janv. 2018, n° 16-16.991).* Ne constitue pas une fin du chantier une simple réduction de l'activité d'un chantier qui subsiste *(Cass. soc., 4 oct. 1989, n° 86-43.832).*

Sous réserve d'adaptations pouvant résulter de la convention ou de l'accord collectif étendu et applicables aux contrats conclus après le 23 septembre 2017, l'existence d'une cause réelle et sérieuse de licenciement est admise nonobstant le fait que :

– la durée estimée mentionnée dans le contrat de travail a été dépassée *(Cass. soc., 15 nov. 2006, n° 04-48.672, Bull. V n° 342, RDT 2007, p. 34, obs. Ph. Waquet)* ;
– la durée d'engagement initialement prévue était inférieure à la durée d'exécution du marché et que les tâches d'autres salariés employés dans d'autres secteurs se sont poursuivies ultérieurement *(Cass. soc., 16 déc. 2008, n° 07-43.395).*

Dès lors que le chantier est achevé, le contrat peut être rompu alors même que le contrat est suspendu en raison de la maladie et le juge du fond n'a pas à procéder à l'examen des perturbations nées de l'absence sur le bon fonctionnement de l'entreprise *(Cass. soc., 12 févr. 2002, n° 99-41.239, Bull. V n° 64, RJS 2004 n° 411).*

Sauf dispositions conventionnelles, l'employeur n'est pas tenu d'une obligation de recherche de réemploi du salarié *(Cass. soc., 11 avr. 2018, n° 17-10.899, B.).*

3. *La procédure de licenciement applicable*

16.5.1.1.3. – Ce type de licenciement n'est pas soumis à la procédure de licenciement pour motif économique. Les dispositions des articles L. 1232-2 à L. 1232-6 du Code du travail, relatives à l'entretien préalable et à la notification du licenciement, lui sont en revanche applicables *(C. trav., art. L. 1236-8).*

Dans certaines branches d'activité, des stipulations conventionnelles prévoient des obligations spécifiques, et notamment l'information et la consultation des représentants du personnel sur les licenciements pour fin de chantier, au regard notamment de l'achèvement des travaux et des possibilités de réemploi. Le non-respect de cette obligation ouvre droit pour le salarié à une indemnité qui ne peut être supérieure à un mois de salaire *(C. trav., art. L. 1235-2)*.

B. La procédure applicable au licenciement des salariés protégés

16.5.1.2. – Le licenciement pour fin de chantier ou d'opération d'un salarié protégé est subordonné à l'autorisation préalable de l'inspecteur du travail *(CE, 25 mars 1983, n° 36.037, Sté générale d'entreprise pour les travaux publics, Rec. p. 143)*. La demande d'autorisation de licenciement doit être présentée avant la date effective d'achèvement du chantier ou de l'opération.

L'inspecteur du travail doit vérifier :

– le respect de la procédure spécifique pour les salariés protégés : entretien préalable ; consultation du comité social et économique lorsque la nature du mandat le requiert ;
– le respect par l'employeur de ses obligations conventionnelles, le cas échéant ;
– la réalité de l'achèvement du chantier ou de la réalisation de l'opération ;
– l'absence de lien avec le mandat détenu, brigué ou précédemment exercé.

Le motif d'intérêt général peut être retenu pour refuser le licenciement *(CE, 25 mars 1983, n° 36.037, Sté générale d'entreprise pour les travaux publics, Rec. p. 143)*.

Par transposition de la jurisprudence Todisco du 6 mai 1996, relative au contrôle de l'administration sur les demandes d'autorisation concernant les salariés employés sous contrat à durée déterminée *(CE, 6 mai 1996, n° 146.161, Ministre du Travail c./ Todisco, Rec. p. 1191, concl. commissaire du gouvernement G. Bachelier, Dr soc 1996 p. 943, RJS 1996 n° 811, Dr ouvrier décembre 1996 p. 500 ; cf. n° **16.2.4.2**)*, il y a lieu de considérer que l'autorité administrative doit vérifier que le contrat de travail du salarié concerné est bien un contrat de chantier ou d'opération est compétente pour examiner si elle a été valablement saisie et si le contrat du salarié concerné est bien un contrat de chantier *(cf. Guide DGT, Salariés protégés, sept. 2019, mise à jour, déc. 2021, fiche n° 13b)*.

En revanche, il ne lui appartient pas de se prononcer sur les possibilités de reclassement du salarié *(CE, 25 mars 1983, Sté générale d'entreprise pour les travaux publics, Rec. p. 143 ; CE, 14 oct. 1983, n° 36.039, Sté générale d'entreprises pour les travaux publics et industriels)*.

§ 2. LE LICENCIEMENT POUR FIN DE SPECTACLE

16.5.2. – Les mêmes règles sont applicables aux licenciements intervenant **en fin de spectacle** *(CE, 25 oct. 1985, n° 35.996, Sté Théâtre des Folies Bergère, Rec. p. 302).*

SECTION 6
Le transfert

§ 1. LES PRINCIPES GÉNÉRAUX

A. Le principe de l'autorisation avant transfert

16.6.1.1 – Le salarié protégé bénéficie d'une protection contre toute discrimination, en cas de transfert partiel d'activité intervenant dans le cadre du deuxième alinéa de l'article L. 1224-1, qui dispose : « *Lorsque survient une modification dans la situation juridique de l'employeur, notamment par succession, vente, fusion, transformation du fonds, mise en société, tous les contrats de travail en cours au jour de la modification subsistent entre le nouvel employeur et le personnel de l'entreprise* » *(cf. P.-Y. Verkindt, « L'incidence des transferts d'entreprise sur les instances de représentation du personnel », Dr soc 2005, p. 752).*

Deux conditions doivent donc être remplies pour entraîner la mise en œuvre des dispositions légales :

– le salarié doit être concerné par un transfert partiel ;
– ce transfert doit donner lieu à l'application de l'article L. 1224-1.

L'administration doit contrôler *(CE, 15 juin 2005, n° 250.747, Sté Cogecom, Tables p. 1126, RJS 2005 n° 1004)* :

– si le contrat du salarié est toujours en cours ;
– si le salarié est rattaché à l'activité transférée ;
– si ce transfert est un transfert partiel ;
– si, enfin, ce transfert donne bien lieu, selon le cadre juridique retenu par le demandeur, soit à l'application de l'article L. 1224-1, soit à celles de dispositions conventionnelles organisant un transfert « *conventionnel* », lorsque les dispositions de l'article L. 1224-1 ne sont pas applicables.

Le transfert du salarié protégé, qui ne constitue pas un licenciement, ne peut donc intervenir que si l'inspecteur du travail donne son autorisation et, postérieurement à la réception de celle-ci. Le salarié ne peut renoncer au bénéfice des dispositions instituant la protection en cas de transfert *(Cass. soc., 6 avr. 2004, n° 02-41.953, RJS 2004 n° 831).*

La Cour de cassation adopte une distinction entre les droits acquis par le salarié au titre d'un transfert légal et ceux acquis au titre d'un transfert conventionnel et a considéré qu'il n'y avait pas lieu de renvoyer au Conseil constitutionnel la question prioritaire de constitutionnalité relative à l'existence d'un traitement différencié du personnel transféré selon qu'il s'effectue dans les conditions de la loi ou d'une convention collective, notamment en matière de protection des accidentés du travail *(Cass. soc., 20 mars 2019, n° 18-40.048, B., Sem. soc. Lamy, n° 1855)*.

B. Transfert et licenciement

16.6.1.2 – Il est important de souligner que le motif économique et le transfert constituent deux chefs de demande distincts et qui ne sont pas substituables :

- l'employeur ne peut ainsi demander le licenciement pour motif économique d'un salarié alors qu'il avait omis de solliciter en temps voulu la demande de transférer l'intéressé *(CE, 28 févr. 1997, n° 164.235, Caisse d'allocations familiales de la Haute-Saône, RJS 1997 n° 573)* ;
- dès lors que les dispositions de l'article L. 1224-1 ne sont pas applicables, le salarié ne peut soutenir que l'administration aurait commis une erreur de droit en s'abstenant de faire application des dispositions prévues en cas de transfert *(CE, 10 mars 1997, n° 169.829, Dias, Rec. p. 1109, AJDA 1997 p. 706, RJS 1997 n° 568)*. De même, dès lors que le juge judiciaire a estimé que les dispositions de l'article L. 1224-1 n'avaient pas trouvé application, l'administration n'a pu légalement refuser l'autorisation de licenciement au motif que les contrats de travail devaient être transférés *(CE, 29 mai 1996, n° 155.144, ministre du Travail c. / Schroder, RJS 1996 n° 806)*.

§ 2. LES CATÉGORIES DE SALARIÉS BÉNÉFICIAIRES

A. Les dispositions du Code du travail

16.6.2.1 – La protection en cas de transfert s'applique *(C. trav., art. L. 2414-1)* :

- aux délégués syndicaux, ainsi qu'aux anciens délégués syndicaux ayant exercé leurs fonctions pendant au moins un an ;
- aux membres et anciens membres du comité social et économique, ainsi qu'aux candidats à ces fonctions ;
- au représentant syndical au comité social et économique et ancien représentant syndical au comité social et économique ;
- au représentant de proximité et ancien représentant de proximité ou candidat à ces fonctions ;
- aux membres et anciens membres de la délégation du personnel du comité social et économique interentreprises ou candidats à ces fonctions ;

- aux salariés mandatés dans les conditions prévues par les articles L. 2232-23-1 et L. 2232-26 du Code du travail dès que l'employeur a connaissance de l'imminence de leur désignation, et aux anciens salariés mandatés durant les 12 mois suivant la date à laquelle leur mandat a pris fin (ou, si aucun accord n'a été conclu, suivant la date de fin de cette négociation matérialisée par un procès-verbal de désaccord) ;
- aux membres du groupe spécial de négociation et aux membres du comité d'entreprise européen, au comité de la société européenne, au comité de la société coopérative européenne et au comité de la société issue de la fusion transfrontalière ;
- aux représentants du personnel d'une entreprise extérieure, désignés à la commission santé, sécurité et conditions de travail d'un établissement comprenant au moins une installation classée figurant sur la liste prévue à l'article L. 515-36 du Code de l'environnement ou mentionnée à l'article L. 211-2 du Code minier ;
- aux membres d'une commission paritaire d'hygiène, de sécurité et des conditions de travail en agriculture prévue à l'article L. 717-7 du Code rural ;
- aux représentants des salariés dans une chambre d'agriculture mentionnée à l'article L. 515-1 du Code rural ;
- à l'assesseur maritime mentionné à l'article 7 de la loi du 17 décembre 1926 relative à la répression en matière maritime ;
- au défenseur syndical mentionné à l'article L. 1453-4.

En application des dispositions transitoires prévues à l'article 11 de l'ordonnance n° 2017-1786 du 22 septembre 2017, les délégués du personnel, membres du comité d'entreprise, membres du CHSCT, ainsi que les anciens membres de ces instances, bénéficient du statut protecteur en cas de transfert de leur contrat de travail.

Toutefois, s'agissant d'un mandat extérieur à l'entreprise, il appartient au salarié qui se prévaut d'une telle protection d'établir qu'il a informé le nouvel employeur de l'existence de ce mandat au plus tard lors de l'entretien préalable au licenciement, ou, s'il s'agit d'une rupture ne nécessitant pas un entretien préalable, au plus tard avant la notification de l'acte de rupture, ou d'établir que le nouvel employeur en avait connaissance *(Cass. soc., 15 avr. 2015, n° 13-25.283, Bull. civ. V n° 88, RJS 2015 n° 390, Dr soc 2015, p. 561, J. Mouly ; cf. n°* ***12.1.2.3****)*.

B. L'extension jurisprudentielle de la protection aux demandeurs d'élections et aux candidats aux élections

16.6.2.2. – La Cour de cassation a jugé que la protection dont bénéficient les candidats aux élections joue également, en cas de transfert partiel d'entreprise ou d'établissement par application des dispositions de l'article L. 1224-1, dès lors que ces salariés sont exposés au risque d'être victimes d'une mesure discriminatoire *(Cass. soc., 8 juin 1999, n° 96-45.045, Bull. V n° 272, RJS 1999 n° 943 : en l'espèce, le salarié était candidat aux élections des délégués du personnel).*

De même, en application du principe de recodification à droit constant, la Cour de cassation a étendu la protection en cas de transfert aux demandeurs d'élections (*Cass. soc., 28 oct. 2015, n° 14-12.598, Bull. n° 838, soc., n° 355, RJS 2016 n° 48*). Selon le même principe, l'autorisation de l'inspecteur du travail est aussi requise pour la rupture du contrat à durée déterminée d'un salarié exerçant les fonctions de conseiller du salarié *(Cass. soc., 7 juill. 2021 n° 19-23.989, B.).* Il nous semble que le même raisonnement pourrait s'appliquer en matière de transfert.

§ 3. LE CHAMP D'APPLICATION : LA NOTION DE TRANSFERT PARTIEL

16.6.3. – Le transfert partiel se définit comme le transfert d'une partie des activités d'un établissement ou d'une entreprise, accompagné du transfert du personnel affecté à ces activités. Si un établissement, doté d'un comité social et économique d'établissement, est transféré, ce transfert ne peut être regardé comme partiel.

L'autorisation de l'inspecteur du travail est en revanche requise lorsque l'entité économique transférée ne constitue pas un établissement au sein duquel a été mis en place un comité d'établissement ou un comité social et économique d'établissement *(Cass. soc., 15 nov. 2011, n° 10-15.294, Bull. V n° 265, RJS 2012 n° 274).*

Le transfert partiel à l'intérieur d'un même groupe de sociétés est soumis également à cette procédure.

L'opération qui consiste, pour une entreprise, à transférer l'ensemble de son personnel dans plusieurs filiales créées dans le cadre de sa restructuration, doit s'analyser comme un transfert partiel soumis à l'autorisation préalable de l'inspecteur du travail *(Guide, Salariés protégés, sept. 2019, fiche n° 15 mise à jour, déc. 2021).*

Il en est de même quand plusieurs transferts partiels aboutissent à une cession totale de l'entreprise à plusieurs repreneurs et à la cessation d'activité de l'entreprise. Dans cette situation, l'autorité administrative doit apprécier les conditions de transfert d'un salarié protégé, notamment pour s'assurer de l'absence de volonté d'entraver l'action du représentant du personnel ou même de lui nuire *(Guide, Salariés protégés, sept. 2019, fiche n° 15 mise à jour, déc. 2021).*

Lorsqu'une entreprise intégrée dans une unité économique et sociale est cédée dans sa totalité, la chambre sociale a retenu que « *le transfert de la totalité des salariés employés dans une entité économique doit être regardé comme un transfert partiel d'établissement, imposant l'autorisation préalable de l'inspecteur du travail pour le transfert d'un salarié titulaire d'un mandat représentatif, dès lors que l'entité économique transférée ne constitue pas un établissement au sein duquel a été mis en place un comité d'établissement » (Cass. soc., 15 nov. 2011, n° 10-15.294, Bull. V n° 294 ; Cass. soc., 23 mars 2017, n° 15-24.005, B., RJS 2017, n° 425 RDT 2017, « La cession d'une société appartenant à une UES : un transfert partiel nécessitant une autorisation administrative pour les salariés protégés ? », E. Clément, p. 495).*

En revanche, est exclue du champ de compétence de l'inspecteur du travail la mutation, au demeurant acceptée par le salarié, entre deux établissements de la même entreprise *(Cass. soc., 18 mars 2015. n° 13-23.742, RJS 2015 n° 506).*

De même, en cas de transmission universelle de patrimoine en application de l'article 1844-5 du Code civil, la première société ayant été totalement absorbée par la seconde dans le cadre de cette opération de fusion, le transfert du contrat de travail du salarié n'est pas soumis à l'autorisation préalable de l'inspecteur du travail *(Cass. soc., 5 déc. 2018, n° 17-14.571).*

§ 4. LE CHAMP D'APPLICATION : L'APPLICATION DES DISPOSITIONS DE L'ARTICLE L. 1224-1 DU CODE DU TRAVAIL

Plan du paragraphe

A. Les dispositions de l'article L. 1224-1

16.6.4.1. – L'article L. 1224-1 du Code du travail dispose :

« *Lorsque survient une modification dans la situation juridique de l'employeur, notamment par succession, vente, fusion, transformation du fonds, mise en société de l'entreprise, tous les contrats de travail en cours au jour de la modification subsistent entre le nouvel employeur et le personnel de l'entreprise.* »

Ces dispositions sont d'ordre public et ont pour objet de garantir la stabilité de l'emploi. Elles font l'objet d'une jurisprudence abondante et en pleine évolution, du fait notamment de la directive communautaire du 14 février 1977, modifiée par les directives du 29 juin 1998 et du 12 mars 2001, et de la lecture large qu'en fait la Cour de justice de l'Union européenne.

Elles s'appliquent dès lors qu'est transférée une entité économique, conservant son identité et dont l'activité est poursuivie ou reprise, même en l'absence d'un lien de droit entre les employeurs successifs *(Cass. ass. plén. 16 mars 1990, n° 89-45.730 et 86-40.686, Bull. AP n° 4, Dr soc 1990, p. 399 ; CJCE 14 avr. 1994, Schmidt, Dr soc 1994, p. 931, art. P. Pochet, RJS 1994 n° 630, Dr ouvrier 1995, p. 38, note M. Bonnechère ; Cass. soc., 13 mai 2009, n° 08-40.368, RJS 2009 n° 606)*. « *Le maintien de cette identité résulte notamment de la poursuite effective ou de la reprise par le nouveau chef d'entreprise des mêmes activités économiques ou d'activités analogues* » *(arrêt Schmidt préc., point 17 : pour une analyse de la question : chron. J.-P. Lhernould, « Transfert d'entreprise : état des relations entre le droit communautaire et le Code du travail », RJS 2002, p. 799 ; P. Bailly, « Le flou de l'article L. 122-12, al. 2 du Code du travail », Dr soc 2004, p. 366 ; J.-F. Cesaro, « La notion de transfert d'entreprise », Dr soc 2005, p. 718)*.

B. La définition de l'entité économique autonome

16.6.4.2. – L'autorité administrative doit s'assurer qu'elle est valablement saisie d'une demande de transfert et, par suite, vérifier que ce transfert porte bien sur une « *entité économique autonome* » et est de nature à entraîner, en application des dispositions de l'article L. 1224-1, le transfert des contrats de travail des salariés affectés à cette entité.

L'entité économique est définie comme « *un ensemble organisé de moyens, en vue de la poursuite d'une activité économique, que celle-ci soit essentielle ou accessoire* » *(article 1er-1-b de la directive 2001 / 23 / CE du 12 mars 2001 codifiant la directive du 14 février 1977 modifiée ; Cass. soc., 14 juin 2017, n° 16-12.348)*.

Selon la Cour de cassation, « *constitue une entité économique, un ensemble organisé de personnes et d'éléments corporels ou incorporels permettant l'exercice d'une activité économique qui poursuit un objectif propre* » *(Cass. soc., 7 juill. 1998, n° 96-21.451, Bull. V n° 363, Dr soc*

1998, p. 948, RJS 1998 n° 1346 ; Cass. soc., 16 nov. 1999, n° 98-41.782 et 98-41.786, Bull. V n° 439, RJS 2000 n° 16 ; Cass. soc., 28 juin 2000, n° 98-43.692, RJS 2000 n° 1225 ; cf. P. Bailly, « Actualité jurisprudentielle du transfert d'entreprise, première partie », Sem. soc. Lamy, 10 mai 2010 n° 1445).

L'entité économique peut être une branche d'activité disposant de moyens et d'un personnel propres et tendant à des résultats spécifiques *(Cass. soc., 8 oct. 2003, n° 01-43.106, RJS 2003 n° 1366 ; Cass. soc., 31 mai 2005, n° 03-44.849, RJS 2005 n° 806 : branche des transports de marchandises ; Cass. soc., 2 févr. 2006, n° 04-41.089, RJS 2006 n° 398).*

Constitue une entité économique autonome un ensemble organisé de personnes et d'éléments corporels et incorporels permettant l'exercice d'une activité qui poursuit un objectif propre, conservant son identité, et dont l'activité est poursuivie par le nouvel employeur, peu important à cet égard que cet ensemble soit issu de plusieurs parties d'entreprises distinctes d'un même groupe *(CE, 28 oct. 2022, n° 454.355, 454.356 et 454.360, M. A c. / Intel Mobile Communications France SAS, mentionné aux Tables, « L'entité économique autonome inter-sociétaire », S. Vernac, RDT 2023. 18, RJS 2023 n° 10).* La Cour de cassation a adopté une position identique *(Cass. soc., 28 juin 2023, n° 22-14.834, B., RJS 2023 n° 507, Sem. soc. Lamy, 10 juill. 2023, n° 2054 ; « Transfert d'entreprise : une entité économique autonome peut résulter de deux parties d'entreprises distinctes d'un même groupe », J. Mouly, Dr soc 2023 p. 730).*

Si le transfert porte sur une activité, qui ne peut être caractérisée comme une « *entité économique autonome* », il n'emporte pas de plein droit transfert des contrats de travail des salariés relevant de cette activité et est inopposable aux salariés. Dans un tel cas, à notre sens, l'autorisation de transfert doit être rejetée et il appartient au juge administratif, après le cas échéant renvoi de l'examen de la question de l'application de l'article L. 1224-1 devant le juge judiciaire, de confirmer ou non le bien-fondé de la position de l'administration. Pour le juge communautaire, l'autonomie s'entend de pouvoirs accordés aux responsables de cette entité d'organiser, de manière relativement libre et indépendante, le travail de cette entité pour la poursuite de l'activité économique qui lui est propre, sans intervention directe de la part d'autres structures d'organisation de l'employeur *(CJCE, 29 juill. 2010, Aff. n° C-151/09, Federación de Servicios Públicos de la UGT [UGT-FSP], RJS 2010, p. 807 ; Cass. soc., 15 nov. 2011, n° 10-23.609, Bull. V n° 264).*

Ce critère de l'autonomie fonctionnelle a été repris par la chambre sociale *(Cass. soc., 30 oct. 2013, n° 12-60.575 : transfert d'un marché d'assistance en escale sur une plateforme aéroportuaire, à l'occasion duquel l'entité transférée n'avait pas conservé son autonomie au sein de l'entité cessionnaire).*

C. Le maintien de l'entité économique autonome

16.6.4.3. – Ce maintien est une condition nécessaire de l'application de l'article L. 1224-1.

Pour la CJUE, la circonstance que l'entité économique garde son identité, ce qui résulte notamment de la poursuite effective de l'exploitation ou de sa reprise, est le critère décisif pour établir l'existence d'un transfert *(CJUE, 9 sept. 2015, aff. C-160/14, Ferreira da Silva e Brito e. a., RJS 2016 n° 83 et chron. H. Tissandier, p. 16)*. Afin de déterminer si cette condition est remplie, il convient de prendre en considération l'ensemble des circonstances de fait qui caractérisent l'opération concernée, aux nombres desquelles figurent notamment le transfert des éléments corporels, des éléments incorporels et de l'essentiel des effectifs par le nouveau chef d'entreprise, le transfert ou non de la clientèle, ainsi que le degré de similarité des activités exercées avant et après le transfert. Selon la CJUE, ces éléments ne constituent que des aspects partiels de l'évaluation d'ensemble qui s'impose et ne sauraient être appréciés isolément. La Cour apporte une importance respective à ces critères en fonction de l'activité exercée.

Le respect de cette condition s'apprécie au jour du transfert *(Cass. soc., 28 mai 2003, n° 01-41.263, Bull. V n° 177 ; Cass. soc., 2 nov. 2005, n° 03-47.216, RJS 2006 n° 14 : le changement du lieu d'exercice de l'activité intervenu postérieurement au transfert est donc sans incidence)*, c'est-à-dire « *à la date à laquelle le nouvel exploitant est mis en mesure d'assurer la direction de cette entité* » *(Cass. soc., 19 mai 2010, n° 08-45.638, RJS 2010 n° 585 ; Cass. soc., 23 juin 2021, n° 18-24.597, B., RJS 2021 n° 529)*.

Cette condition n'est pas regardée comme remplie lorsque seulement une partie des activités de l'entité est reprise, l'autre partie continuant à être exploitée par la société d'origine *(Cass. soc., 7 mai 2003, n° 01-41.473, RJS 2003 n° 852)* ou lorsque l'activité en cause est répartie entre plusieurs entreprises *(Cass. soc., 28 mai 2003, n° 01-41.263, Bull. V n° 177, RJS 2003 n° 984 ; Cass. soc., 12 janv. 2016, n° 14-22.216, B., RJS 2016 n° 165)*. Il en est de même si dans le cadre d'une cession du fonds de commerce d'une société spécialisée dans le secteur d'activité bricolage-jardinage, le cessionnaire reprend les seuls stocks de la société cédante, dont il se débarrasse en les bradant, et impose aux salariés repris une totale permutabilité avec les autres salariés de l'hypermarché *(Cass. soc., 24 mars 2021 n° 19-12.208, B., RJS 2021 n° 298)*.

La CJUE a précisé que la dissolution par décision de l'organe exécutif d'une entreprise municipale, dont l'unique actionnaire est une municipalité, et dont les activités sont transférées en partie à ladite municipalité, et en partie à une autre entreprise municipale reconstituée à cette fin, dont cette même municipalité est également l'unique actionnaire, relève du champ d'application de ladite directive, à condition que l'identité de l'entreprise en cause soit maintenue après le transfert, ce qu'il appartient à la juridiction de renvoi de déterminer *(CJUE, 20 juill. 2017, aff.*

C-416/16, R. c./ Portimao Urbis EM SA, RJS 2017, p. 811-812 : notions de transfert d'entreprise et de travailleur : un arrêt pédagogique).

En revanche, l'entité économique autonome conserve son identité lorsque les moyens nécessaires et significatifs ont été transférés *(Cass. soc., 30 nov. 2017, n° 16-15.587 : en l'espèce, absence de transfert des panneaux de signalisation qui n'étaient qu'accessoires à l'exploitation de l'activité, transfert d'une partie du système informatique d'exploitation des déchets et de l'ensemble du fichier de clients, élément essentiel au fonctionnement du système ; CJUE 27-2-2020 aff. 298/18, G. c./ Südbrandenburger Nahverkehrs GmbH, OSL Bus GmbH, RJS 2020 n° 235).* Ainsi, le seul fait que deux salariées encadrant l'activité n'aient pas été repris par le nouvel employeur ne suffit pas à exclure l'existence d'un transfert d'une entité économique autonome au sens de l'article L. 1224-1 *(Cass. soc., 31 janv. 2024, n° 21-25.273, B., RJS 2024 n° 204, D. 2024. 216).* Il en va autrement lorsque le département ne reprend que trois salariées, ainsi qu'une partie du matériel d'une association qui a cessé son activité, alors même que les deux principales activités de cette association avaient été reprises en tout ou partie par une autre association et une société coopérative *(CE, 5 juill. 2023, n° 448.572, mentionné aux Tables).*

D. Les cas dans lesquels le transfert ne porte pas sur une entité économique autonome

16.6.4.4. – Ces cas sont les suivants :

- la dénonciation d'un contrat de sous-traitance portant sur des activités techniques distinctes (nettoyage, manutention, assistance technique), suivie d'appels d'offres conduisant au choix de deux nouveaux prestataires, en l'absence de tout transfert d'ensembles organisés de personnes et d'éléments corporels et incorporels *(Cass. soc., 21 nov. 2000, n° 98-45.837, Bull. V n° 380, Dr soc 2001 p. 318, RJS 2001 n° 170)* ;
- la reprise, par une société, de l'exploitation d'un service technique, jusque-là assuré en sous-traitance dans ses propres locaux et avec son matériel, par des salariés d'une entreprise extérieure, en raison de l'absence d'éléments d'actifs corporels et incorporels significatifs d'une entité économique autonome *(Cass. soc., 19 juill. 2000, n° 98-42.506, RJS 2000 n° 1064 ; Cass. soc., 10 juill. 2007, n° 06-41.158, RJS 2007 n° 1026, pour la gestion d'un nouvel entrepôt de marchandises, en l'absence de transfert de la propriété des locaux et des moyens utilisés, ainsi que des marchandises ; Cass. soc., 31 mars 2010, n° 09-40.693 et n° 09-40.849, RJS 2010 n° 490)* ;
- le transfert à une société extérieure de l'entretien des locaux, jusqu'alors assuré par des salariés de l'entreprise, alors que ceux-ci effectuaient d'autres travaux qui n'avaient pas été repris *(Cass. soc., 22 janv. 2008, n° 06-44.033, RJS 2008 n° 251)* ;

– l'attribution par un établissement hôtelier à un prestataire extérieur du marché de nettoyage de ses chambres, en l'absence de transfert d'élément d'exploitation significatif, autre que la main-d'œuvre *(Cass. soc., 25 avr. 2007, n° 04-47.710, RJS 2007 n° 814)* ; la seule mise à disposition de salariés *(Cass. soc., 1er avr. 2003, n° 02-14.680, Bull. V n° 128, RJS 2003 n° 708 ; Cass. soc., 15 mars 2005, n° 03-41.371, Bull. V n° 88, RJS 2006 n° 601 ; Cass. soc., 22 mars 2007, n° 05-44.975, RJS 2007 n° 704)* ;
– *la cession d'un immeuble à usage locatif (Cass. soc., 31 janv. 2001, n° 98-42.070, Bull. V n° 27, RJS 2001 n° 415)* ou d'une propriété immobilière *(Cass. soc., 23 janv. 2002, n° 99-45.350, RJS 2002 n° 394 ; Cass. soc., 28 févr. 2012, n° 11-15.507 ; a contrario : entité économique autonome reconnue lorsque la cession porte, non seulement sur l'ensemble immobilier, mais également sur la reprise du service de gardiennage et d'entretien qui en relevait, et des contrats nécessaires à l'exploitation de la résidence : Cass. soc., 14 févr. 2007, n° 04-47.110, Bull. V n° 22, RJS 2007 n° 411 ; Cass. soc., 28 janv. 2015, n° 13-16.719, Bull. V n° 11)* ;
– la cession de participations de l'employeur dans d'autres sociétés *(Cass. soc., 29 oct. 2002, n° 00-45.166, Bull. V n° 321, RJS 2003 n° 11)* ou la prise de participations *(Cass. soc., 2 janv. 2002, n° 00-40.787, Bull. V n° 24, RJS 2002 n° 396 ; Cass. soc., 21 sept. 2005, n° 05-40.224, RJS 2005 n° 1075)* ;
– le transfert d'un service, chargé d'assurer la fabrication et la réparation des palettes de bois, qui ne « *constituait qu'un simple démembrement des services centraux de l'entreprise, ne disposait pas au sein de l'établissement d'une autonomie, tant dans ses moyens en personnel, en raison de la polyvalence de la plupart des salariés, que dans l'organisation de sa production* » et ne « *possédait pas de moyens particuliers tendant à des résultats spécifiques et à une finalité économique propre* » *(Cass. soc., 18 juill. 2000, n° 98-18.037, Bull. V n° 285, RJS 2000 n° 1063 ; Dr soc 2000, p. 845, G. Couturier, « L'article L. 122-12 et les pratiques de l'externalisation » ; P. Waquet, « Libres propos sur l'externalisation », Sem. soc. Lamy n° 999 du 16 oct. 2000 ; Cass. soc., 21 févr. 2006, n° 03-46.652, RJS 2006 n° 531)* ;
– l'expiration d'un contrat de concession exclusive de vente de véhicules automobiles d'une marque dans un secteur géographique en l'absence de reprise ou de poursuite de l'activité par le concédant *(Cass. soc., 28 mai 2003, n° 02-41.999, Bull. V n° 177, RJS 2003 n° 984 ; pour une solution en sens contraire en cas de poursuite de l'activité ayant conservé son identité : Cass. soc., 11 juin 2002, n° 01-43.051, Bull. V n° 197, RJS 2002 n° 947, Dr soc 2002, p. 914, obs. A. Mazeaud, Rapport 2002 de la Cour de cassation, p. 358 ; Cass. soc., 12 févr. 2003, n° 00-46.187, RJS 2003 n° 418)* ;

- la fermeture par une clinique de son service de maternité, aucun des moyens nécessaires à l'exploitation de ce service n'ayant été repris par le centre hospitalier qui avait proposé d'employer les salariés et l'activité du service ayant été répartie entre plusieurs établissements de santé, publics ou privés, de la région *(Cass. soc., 3 mars 2009, n° 07-45.641, RJS 2009 n° 413)* ;
- la cession séparée à deux repreneurs distincts, du fait de l'application des règles du droit européen antitrust, de deux activités jusque-là organisées au sein d'un département de l'électronique médicale et assurées indistinctement par les mêmes salariés, aucune des structures cédées n'ayant eu de ce fait une activité économique autonome antérieure *(Cass. soc., 3 mars 2009, n° 07-44.653, RJS 2009 n° 412 ; Cass., soc., 21 juin 2006, n° 05-42.418, Bull. V n° 224, RJS 2006 n° 922)* ;
- la cession ne portant que sur une partie de la clientèle d'un cabinet immobilier *(Cass. soc., 29 avr. 2009, n° 08-40.175, RJS 2009 n° 604)* ;
- la substitution à la fourniture de plats préparés par un traiteur extérieur d'un service de restauration intérieur assuré par un atelier d'apprentissage professionnel destiné aux travailleurs handicapés et encadré par des éducateurs spécialisés, ce qui constituait une modification de la nature et de l'objet de l'entité dont relevaient les salariés *(Cass. soc., 12 juill. 2010, n° 09-41.403 à 09-41.405, Bull. V n° 164, Dr soc 2010, p. 1128, obs. Mazeaud)* ;
- la réorganisation, décidée avant la date du transfert, de l'activité de gestion du marché d'approvisionnement d'une halle attribuée à la société, l'activité de nettoyage étant reprise par la commune en régie tandis que les activités de placement et de conventions d'occupation précaire étaient externalisées *(Cass. soc., 10 déc. 2014, n° 13-20.890)* ;
- la seule transmission de la licence d'exploitation du titre, laquelle conditionnait la ligne éditoriale du magazine, sans transmission d'élément corporel alors qu'aucun salarié du service fabrication, chargé de coordonner les équipes fournissant le contenu de chaque magazine et les prestataires extérieurs n'était spécialement affecté au titre, lequel bénéficiait également dans des conditions indifférenciées des prestations fournies par le service des achats et le département de la diffusion *(Cass. soc., 22 févr. 2017, n° 15-29.001)* ;
- la résiliation du contrat de location-gérance prononcée par le liquidateur judiciaire entraînant *de facto* le retour du fonds de commerce entre les mains du propriétaire bailleur et ainsi le transfert des contrats de travail en application de l'article L. 1224-1 du Code du travail sans que la circonstance que le propriétaire bailleur n'ait pas été en capacité de jouir du fonds de commerce à la date de résiliation du contrat de location-gérance ait un effet sur ce principe

et seule la ruine du fonds est de nature à faire échec à sa mise en œuvre *(Cass. soc., 3 avr. 2024, n° 22-10.261, B.)*.

E. Les cas dans lesquels le transfert porte sur une entité économique autonome : les opérations d'externalisation

16.6.4.5. – Peuvent être mentionnés les cas suivants :

– l'externalisation d'un service possédant des moyens particuliers en personnel et en matériel, tendant à des résultats spécifiques et ayant une finalité propre *(Cass. soc., 23 janv. 2002, n° 99-46.245, RJS 2002 n° 533 ; Cass. soc., 26 mai 2004, n° 02-17.642, RJS 2004 n° 888 : externalisation des services généraux assurant la gestion et la maintenance des immeubles)* ;

– l'externalisation du service de restauration des malades et du personnel d'un hôpital, la prestation étant effectuée indépendamment des règles d'organisation et de gestion du service au sein duquel s'exerce cette activité économique *(Cass. soc., 27 mai 2009, n° 08-40.393, Bull. V n° 366, RJS 2009 n° 687 ; cf. P. Bailly, « Actualité jurisprudentielle du transfert d'entreprise, deuxième partie », Sem. soc. Lamy, 17 mai 2010 n° 1446)* ; cette décision marque un revirement important de la Cour de cassation par rapport à sa jurisprudence antérieure, qui écartait en l'espèce toute reconnaissance d'une entité économique autonome, en application des dispositions du Code de la santé publique, selon lesquelles il appartient aux établissements de santé de développer toute action concourant à une prise en charge globale du malade *(Cass. soc. 24 oct. 2000, n° 97-45.944, Bull. n° 342, RJS 2001 n° 14, Dr soc 2001, p. 13, commentaire P.-H. Antonmattei ; Cass. soc., 29 juin 2005, n° 02-46.119, RJS 2005 n° 1170)* ;

– l'externalisation du département « clients » d'une compagnie aérienne dans un aéroport *(Cass. soc., 19 déc. 2007, n° 06-18.442, RJS 2008 n° 252)* ;

– l'externalisation du service informatique d'une entreprise, disposant de moyens spécifiques et jouissant d'une autonomie de gestion *(Cass. soc., 8 juill. 2009, n° 08-44.396, RJS 2009 n° 834)*.

F. Les cas dans lesquels le transfert porte sur une entité économique autonome : les opérations de reprise d'activité dans le secteur marchand

16.6.4.6. – Peuvent être mentionnés les cas suivants :

– la reprise d'une activité comprenant une clientèle, l'usage de portions de la voie publique et la perception de droits de place a été jugé comme constituant le transfert d'une entité économique autonome *(Cass. soc., 16 nov. 1999, n° 98-41.782 et 98-41.786, Bull. V n° 439, RJS 2000 n° 16)* ;

- la reprise de l'activité d'un rayon de grandes surfaces *(Cass. soc. 24 nov. 2002, n° 00-44.923, RJS 2002 n° 1356)* ;
- la reprise de l'activité d'un restaurant situé dans un ensemble immobilier par le propriétaire de cet ensemble à qui avaient été transmis l'ensemble des moyens matériels nécessaires à l'exploitation du restaurant *(Cass. soc., 12 oct. 2004, n° 02-44.309, RJS 2004 n° 1249 ; a contrario, Cass. soc., 12 déc. 2013, n° 12-20.081 à 12-20.098, RJS 2014 n° 101 : la reprise de l'activité de nettoyage dans une clinique, en l'absence d'éléments permettant d'établir l'existence d'une entité économique autonome non plus que le transfert d'éléments corporels et incorporels significatifs et nécessaires à l'exploitation)* ;
- la reprise de l'activité de commercialisation des produits d'une marque sur le même territoire *(Cass. soc., 14 mai 2003, n° 01-40.597, RJS 2003 n° 985, Dr soc 2003, p. 1130, note J. Mouly ; Cass. soc., 18 févr. 2004, n° 00-45.331, RJS 2004 n° 590 ; Cass. soc., 12 juin 2007, n° 06-41.554, RJS 2007 n° 914 ; Cass. soc., 12 nov. 2008, n° 07-43.256, RJS 2009 n° 13)* ;
- la reprise d'une activité de distribution de boissons et de denrées alimentaires dans un établissement accueillant des pensionnaires *(Cass. soc., 28 nov. 2001, n° 99-45.593, RJS 2002 n° 395 ; Cass. soc., 13 mai 2009, n° 07-45.516, RJS 2009 n° 605, pour le transfert d'un débit de boissons, après deux mois et demi d'interruption, avec la même licence et dans les mêmes lieux, par un autre concessionnaire)* ;
- la cession par une société exploitant une fromagerie de sa branche d'activité de fabrication de produits laitiers à une autre société *(Cass. soc., 13 nov. 2007, n° 06-41.800, RJS 2008 n° 5)* ;
- le transfert de l'activité livraison ou logistique à une autre société *(Cass. soc., 13 mai 2008, n° 07-40.256 et 07-40.276, RJS 2008 n° 758)* ;
- la reprise de la clientèle et d'une partie des camions d'une entreprise de transport (*Cass. soc., 25 oct. 2006, n° 04-47.784, RJS 2007 n° 14)* ;
- la cession par un avocat du traitement de tous ses dossiers contentieux en cours à un autre avocat, à charge de les terminer *(Cass. soc., 25 sept. 2007, n° 06-41.892, RJS 2007 n° 1246)* ;
- la constitution, après scission et moyennant d'importants transferts d'actifs, d'une société ayant pour vocation de regrouper l'ensemble du personnel affecté à la production avec maintien du même processus de fabrication selon les mêmes modalités d'exploitation et le même fonctionnement hiérarchique, ainsi que d'assurer, hormis le service de la paie, la gestion des ressources humaines, tout en conservant au sein du groupe une autonomie lui permettant de conclure des accords d'intéressement *(Cass. soc., 12 nov. 2008, n° 07-42.088 et 07-42.089, RJS 2009 n° 14)* ;

– la reprise par une autre société, en vue de la même activité de production télévisuelle, dans les mêmes locaux, de l'ensemble des moyens en matériel et en personnel spécialement affecté par une société de production à la réalisation d'une émission de télévision *(Cass. soc., 27 nov. 2007, n° 06-41.091, RJS 2008 n° 143)* ;
– la reprise de l'activité de nettoyage dans une clinique, en l'absence d'éléments permettant d'établir l'existence d'une entité économique autonome non plus que le transfert d'éléments corporels et incorporels significatifs et nécessaires à l'exploitation *(Cass. soc., 12 déc. 2013, n° 12-20.081 à 12-20.098, RJS 2014 n° 101)* ;
– le changement du concessionnaire chargé par une communauté d'agglomération de la gestion de l'aire d'accueil des gens du voyage, avec la reprise indirecte des moyens d'exploitation nécessaires, mis à disposition de la collectivité territoriale *(Cass. soc., 21 janv. 2015, n° 13-24.206 ; Cass. soc., 12 mai 2015, n° 14-11.534)* ;
– la reprise de l'activité accessoire de transport aérien d'une entreprise dont l'activité principale était la location d'aéronefs *(Cass. soc., 14 juin 2017, n° 16-12.348)* ;
– la reprise par deux prestataires d'un marché de deuxième transformation de viandes pour lequel la société sortante avait affecté, depuis de nombreuses années et de manière exclusive et permanente, un personnel disposant d'un savoir-faire et des compétences particulières en boucherie sur le site de la société donneur d'ordre qui mettait à leur disposition l'essentiel des moyens matériels et spécifiques à l'exploitation de cette activité, cette reprise étant réalisée avec les mêmes moyens matériels spécifiques mis à leur disposition par la société donneuse d'ordre et avec des besoins identiques en personnel disposant de compétences en boucherie propres à cette activité, puisqu'il n'était relevé aucune distinction avérée entre la nature des prestations anciennement accomplies par la société sortante, seuls les horaires d'occupation des lignes permettaient de distinguer les prestations de chacune des sociétés ayant repris le marché *(Cass. soc., 14 sept. 2017, n° 16-14.374, RJS 2017 n° 728)*.

G. Les cas dans lesquels le transfert porte sur une entité économique autonome : les opérations de reprise d'activité dans le secteur associatif ou mutualiste

16.6.4.7. – Peuvent être mentionnés les cas suivants :
– la reprise des activités de communication pour une municipalité *(Cass. soc., 3 avr. 2002, n° 00-40.299, Bull. V n° 114, RJS 2002 n° 655 ; Cass. soc., 16 déc. 2008, n° 07-43.419, RJS 2009 n° 229)* ;
– la reprise d'un service médical d'une mutuelle disposant d'un personnel et de matériel et jouissant d'une autonomie budgétaire

et comptable *(Cass. soc., 26 févr. 2003, n° 00-22.026, RJS 2003 n° 571)* ;
- la reprise par une association des activités de formation, dans un secteur géographique, d'une association placée en liquidation judiciaire, la nouvelle association ayant bénéficié du transfert des contrats de formation *(Cass. soc., 25 juin 2003, n° 01-42.994 ; Cass. soc., 2 juill. 2003, n° 01-42.995, RJS 2006 n° 1123)* ;
- la reprise de la gestion de centres de vacances auxquels était affecté un ensemble organisé de personnes et d'éléments corporels ou incorporels *(Cass. soc., 29 oct. 2003, n° 01-43.719, RJS 2004 n° 7 ; Cass. soc., 20 avr. 2022 n° 20-12.444, B., RJS 2022 n° 364)* ;
- la reprise par une association, créée à l'initiative d'une association placée en liquidation judiciaire, des missions de cette dernière auprès du même public, la nouvelle structure ayant bénéficié du transfert des subventions versées à l'ancienne *(Cass. soc., 14 déc. 2005, n° 03-47.993, RJS 2006 n° 171)* ;
- le transfert de gestion et des capacités d'un centre de soins géré par une association au profit d'un autre centre de soins, également géré par une association, opéré et effectué par la fermeture d'un site et l'ouverture d'une structure de 30 lits de façon concomitante, le transfert des autorisations d'exploitation ayant par ailleurs été accordé par l'autorité administrative *(Cass. soc., 18 mars 2009, n° 07-44.891, RJS 2009 n° 501)* ;
- la reprise par une association de l'animation de l'accueil périscolaire et de gestion des centres de loisirs municipaux, confiées par la commune, avec la poursuite d'un objectif propre et des moyens spécifiques en personnel et en matériel, les moyens mis à la disposition de la première association ayant été repris par la seconde *(Cass. soc., 19 janv. 2010, n° 08-45.002, RJS 2010 n° 314)* peu important qu'elle soit de nature non lucrative *(Cass. soc., 14 mars 2018, n° 16-23.715)* ou que les moyens nécessaires à l'activité de l'entité aient été quasi exclusivement subventionnés *(Cass. soc., 11 févr. 2015, n° 13-27.518)*.

H. Les cas dans lesquels le transfert porte sur une entité économique autonome : la reprise d'une activité par un employeur public

16.6.4.8. – Il convient de se reporter aux n° **11.1.3.1.1** et suivants.

I. Les cas dans lesquels le transfert porte sur une entité économique autonome : le cas des entreprises en redressement ou en liquidation judiciaire

1. *L'application des dispositions de l'article L. 1224-1 dans le cadre du plan de redressement*

16.6.4.9.1. – Il convient de se reporter au n° **23.4.9.1**.

2. *L'application des dispositions de l'article L. 1224-1 dans le cadre de la liquidation judiciaire*

16.6.4.9.2. – Il convient de se reporter aux n° **23.5.6** et **23.5.7**.

J. La jurisprudence sur l'application de l'article L. 1224-1 en cas de perte d'un marché

16.6.4.10. – En principe, la seule perte d'un marché, en l'absence de reprise par le cessionnaire de moyens d'exploitation, corporels ou incorporels nécessaires à l'exploitation de l'entité économique, n'entraîne pas à elle seule l'application de l'article L. 1224-1 *(Cass. soc., 30 avr. 2002, 00-41.997, RJS 2002 n° 789 ; Cass. soc., 25 juin 2002, n° 01-41.848, Bull. V n° 216, RJS 2002 n° 1079 : service médical d'urgence ; Cass. soc., 13 mai 2009, n° 08-40.368, RJS 2009 n° 606 ; sur cette question : A. Devers, « La doctrine de la Cour de cassation sur le transfert d'entreprise », D. 2006, p. 279, note sous Cass. soc., 13 sept. 2005).*

La reprise de moyens d'exploitation peut, en revanche, entraîner l'application de l'article L. 1224-1 *(Cass. soc., 12 juin 2002, n° 00-40.991, RJS 2002 n° 1080 ; CJCE, 20 nov. 2003, aff. C 304/01, RJS 2004 n° 474 ; Cass. soc., 20 avr. 2005, n° 03-41.594, RJS 2005 n° 714 ; solution en sens contraire ; Cass. soc., 9 nov. 2005, n° 03-47.188, Bull. V n° 313, RJS 2006 n° 13, AJDA 2006, p. 1227, note A. Mazières ; Cass. soc., 9 juin 2021 n° 19-23.250).* Il peut en être ainsi, y compris dans le cadre d'un contrat de délégation de service public *(Cass. soc., 9 nov. 2005, n° 03-47.188, préc.).*

Il convient de souligner que la Cour de justice de l'Union européenne ne fait pas dépendre l'application des dispositions de la directive communautaire relative aux transferts de la cession d'éléments d'actifs, corporels ou incorporels, lorsque l'entité économique peut fonctionner sans ces éléments. Elle juge que « *dans certains secteurs dans lesquels l'activité repose essentiellement sur la main-d'œuvre, une collectivité de travailleurs que réunit durablement une activité commune peut correspondre à une entité économique* » et qu'une « *telle entité est susceptible de conserver son identité par-delà son transfert quand le nouveau chef d'entreprise ne se contente pas de poursuivre l'activité en cause, mais reprend également une partie essentielle, en termes de nombre et de compétences, des effectifs que son prédécesseur affectait spécialement à cette tâche* », la circonstance que la reprise d'une partie du personnel a été imposée par un accord collectif étant « *sans incidence sur le fait que le transfert porte sur une entité économique* ». Pour la Cour, « *la directive s'applique à une situation dans laquelle un donneur d'ordre, qui avait confié par contrat le nettoyage de ses locaux à un premier entrepreneur, lequel faisait exécuter ce marché par un sous-traitant, met fin à ce contrat et conclut, en vue de l'exécution des mêmes travaux, un nouveau contrat avec un second entrepreneur, lorsque l'opération ne s'accompagne d'aucune cession d'éléments d'actif, corporels ou incorporels, entre le premier entrepreneur ou le sous-traitant et le nouvel entrepreneur, mais que le nouvel entrepreneur reprend, en vertu d'une convention collective de travail, une partie des effectifs du sous-traitant, à condition que la reprise du personnel porte sur une partie essentielle, en termes de nombre et de compétences, des effectifs que le sous-traitant affectait à l'exécution du marché sous-traité* » *(CJCE, 24 janv. 2002, Aff. 51/00, 6e ch., Temco service industries SA c. / Imzilyen, RJS 2002 n° 511, chron. N. Moizard, RJS 2002 p. 300 ; CJUE 19 oct. 2017, aff. C-200/16, – Serviços e Technologia de Segurança SA c. / ICTS Portuga, RJS 2018 p. 198-199 : pour la perte d'un client par un opérateur à la suite de l'attribution d'un marché de services à un autre opérateur)*.

De même, la Cour a considéré que dans les secteurs qui reposent essentiellement sur la main-d'œuvre, un transfert d'entreprise peut être caractérisé par la reprise, organisée par une convention collective, d'une partie essentielle en termes de nombre et de compétences, des effectifs que la première entreprise affectait à l'exécution de la prestation de service *(CJUE, 11 juill. 2018, aff. n° C-60/17, Somoza Hermo, Sem. soc. Lamy, n° 1841)*, sans qu'une interruption de l'activité de quelques mois et l'absence de transfert de propriété des moyens matériels de l'activité n'excluent nécessairement l'existence d'un transfert d'activité *(CJUE, 7 août 2018, aff. n° C-472-16, Colino Sigüenza, Sem. soc. Lamy, n° 1841)*.

Par un arrêt du 20 novembre 2003, la Cour a jugé que la restauration ne constitue pas une activité reposant essentiellement sur la main-d'œuvre dès lors qu'elle exige des équipements importants et que, par suite, l'absence de reprise du personnel ne suffit pas à elle seule pour conclure à l'absence de transfert d'une entité *(CJCE, 20 nov. 2003, Abler c. / Sodexh, aff. C 304/01, RJS 2004 n° 474 ; J.-P. Lhernoud et N. Moizard, « Actualité du droit de l'harmonisation sociale en matière de rapport d'emploi », Dr soc 2005, p. 518, CJUE, 26 nov. 2015, aff. n° 509/14, Aira Pascual : pour un service de manutention d'unités de transport dans un terminal)*. En outre, la circonstance que les éléments corporels repris par le nouvel entrepreneur n'appartenaient pas à son prédécesseur, mais étaient mis à disposition par le donneur d'ordre ne peut conduire à elle seule à exclure l'existence d'un transfert d'entreprise *(CJCE, 20 nov. 2003, aff. C 304/01, préc. ; CJCE, 15 déc. 2005, aff. 232/04, Nurten Güney-Gôrres, Gul Demir c. / Securité Aviation Germany, note J.-P. Lhernoud, RJS 2006, p. 261)*.

Cette approche, fondée sur la prise en compte de la notion d'« entreprise de main-d'œuvre », n'est pas reprise par la Cour de cassation, qui exige que le changement de prestataire s'accompagne du transfert d'autres moyens d'exploitation, corporels ou incorporels repris, directement ou indirectement, par le nouvel exploitant *(Cass. soc., 14 mars 2012, n° 10-27.809, RJS 2012 n° 419 ; Cass. soc., 4 févr. 2016, n° 14-26.291, RJS 2016 n° 240),* sauf si les salariés apportent un savoir-faire spécifique *(Cass. soc., 11 juin 2008, n° 07-41.394).* Ainsi, la seule reprise d'une partie significative du personnel, en application d'un accord collectif, ne suffit pas à entraîner l'application des dispositions de l'article L. 1224-1 du Code du travail *(Cass. soc., 12 déc. 2013, n° 12-20.081 à 12-20.088, RJS 2014 n° 101).*

K. L'absence de caractère frauduleux de l'opération de transfert

16.6.4.11. – À supposer que les conditions d'application de l'article 1224-1 soient réunies, l'opération ne doit pas présenter un caractère frauduleux *(Cass. soc., 2 mars 1999, n° 97-20.535, RJS 1999 n° 479 : en l'espèce, le caractère non frauduleux de la filialisation a été reconnu, la Cour de cassation ayant pris soin de relever qu'elle « répondait à la nécessité d'une gestion plus claire des interventions sur le marché financier et aux exigences des investisseurs institutionnels », P. Waquet, « Libres propos sur l'externalisation », Sem. soc. Lamy n° 999 du 16 oct. 2000 ; chron. F. Géa, « De la référence à la fraude en matière de transfert d'entreprise », RJS 2017, p. 719-724).*

La Cour de cassation a retenu le caractère frauduleux d'une opération de transfert visant à éluder les règles du licenciement économique en l'absence de perspective réaliste, faute, d'une part, de la transmission de tous les éléments incorporels nécessaires à la poursuite de son activité, d'autre part, de la mise en liquidation de la société prononcée deux mois après l'immatriculation de celle-ci *(Cass. soc., 23 nov. 2022, n° 21-11.776 21-11.777 21-11.781, B., RJS 2023 n° 69, D. 2022. 842).* Le juge judiciaire est compétent pour connaître de l'action exercée par les salariés licenciés aux fins de voir constater une violation des dispositions de l'article L. 1224-1 du Code du travail, de nature à priver d'effet les licenciements économiques prononcés à l'occasion du transfert d'une entité économique autonome, et de demander au repreneur la poursuite des contrats de travail illégalement rompus ou à l'auteur des licenciements illégaux la réparation du préjudice en résultant *(Cass. soc., 10 juin 2020, n° 18-26.229, B., RJS 2020 n° 409).*

§ 5. LE CHAMP D'APPLICATION : LE TRANSFERT CONVENTIONNEL

A. Le transfert en exécution d'un accord collectif en cas de perte d'un marché

16.6.5.1. – Certaines professions ont conclu des accords collectifs prévoyant le transfert, sous certaines conditions, des contrats de travail en cas de perte de marché *(cf. A. Mazeaud, « La négociation collective en cas de restructuration consécutive à un transfert », Dr soc 2004, p. 290)*.

Principaux accords relatifs au maintien du personnel en cas de perte d'un marché

Convention collective nationale – entreprises de propreté	Accord du 29 mars 1990 modifié par la CCN étendue du 23 juillet 2011
Convention collective nationale – entreprises de restauration de collectivités	Avenant n° 3 du 26 février 1986 modifié le 1er décembre 1989
Manutention ferroviaire	Accord du 24 février 1986 modifié le 10 mars 2008
Prévention et sécurité	Accord du 5 mars 2002 Avenant du 28 janvier 2011
Service des eaux et assainissement	Accord du 12 avril 2000
Personnel de l'industrie, de la manutention et du nettoyage sur les aéroports ouverts à la circulation publique	Accord du 16 juin 1987 modifié : • le 8 octobre 1998, • le 21 mai 2002, • le 16 avril 2009 (non étendu)
Convention collective nationale des activités de déchet	Avenant du 15 décembre 2003
Convention collective nationale des entreprises de transport routier et activités auxiliaires du transport	Accord du 7 juillet 2009 modifié le 20 septembre 2013
Personnel des entreprises de transport aérien	CCN du 22 mai 1989
Voies ferrées d'intérêt local	Accord du 18 avril 2002, annexé à la CCN du 26 septembre 1974

B. L'application de la protection en cas de transfert en exécution d'un accord collectif

16.6.5.2. – En cas de mise en œuvre des clauses de ces accords, l'autorisation de l'administration est-elle requise pour le transfert des représentants du personnel ?

Par son arrêt rendu le 16 mars 1999, la chambre sociale de la Cour de cassation a répondu par l'affirmative en jugeant que le Code du travail, en disposant que le transfert partiel du salarié protégé est soumis à l'autorisation préalable de l'inspecteur du travail, « *énonce un principe général applicable non seulement lorsque les conditions de l'article L. 122-12 [article L. 1224-1 nouveau] sont réunies, mais aussi lorsque le salarié est transféré en exécution d'un accord collectif, en cas de perte d'un marché* » *(Cass. soc., 16 mars 1999, n° 96-44.570, Bull. V n° 124, RJS n° 699 ; Cass. soc., 30 mars 1999, n° 97-40.578).*

Ainsi, la chambre sociale a fait prévaloir l'esprit des textes protecteurs sur leur lettre, permettant ainsi de faire échec à des transferts ayant eu pour effet, si ce n'est pour objet, de transférer des représentants du personnel jugés trop actifs. Elle a confirmé par la suite sa jurisprudence *(Cass. soc., 20 nov. 2002, n° 00-44.498, Bull. V n° 349, RJS 2003 n° 216, Dr ouvrier 2003, p. 250)*, y compris dans le cas où seule une partie de l'activité du salarié a été transférée au repreneur *(Cass. soc., 28 mai 2003, n° 01-40.512, Bull. V n° 181, rapport 2003 de la Cour de cassation, p. 342, RJS 2003 n° 1037).*

Si une entreprise perd un marché et que les dispositions de l'article L. 1224-1 ne sont pas applicables, le refus par l'entreprise de conserver les salariés protégés affectés à ce marché constitue un trouble manifestement illicite que les juges du fond peuvent faire cesser en ordonnant la réintégration de ces salariés *(Cass. soc., 7 nov. 1989, n° 85-40.636, RJS 1990 n° 49).*

C. L'application de la protection en cas de transfert consécutif à la perte d'un marché ne portant que sur une partie de l'activité du salarié

16.6.5.3. – Il est fréquent que dans certaines activités, telles que le nettoyage, le salarié soit occupé sur plusieurs chantiers correspondant à des marchés distincts. La perte de l'un de ces marchés entraîne l'obligation pour l'employeur de saisir l'autorité administrative *(cf. A. Mazeaud, « Sur le refus du représentant du personnel d'accepter le transfert de son contrat en cas de transfert partiel d'entreprise », Dr soc 2005, p. 560).*

D. Modalités de mise en œuvre

16.6.5.4. – Le marché dévolu au nouveau prestataire doit avoir le même objet et concerner les mêmes locaux *(convention collective nationale* *des entreprises de propreté : Cass. soc., 9 mars 2022, n° 20-18.563 ; Cass. soc., 29 juin 2022 n° 20-17.021, B., RJS 2022 n° 503).*

Lorsque le marché est divisé en lot, l'affectation du salarié au marché transféré s'apprécie par rapport au marché initial et non par rapport aux nouveaux marchés et chaque prestataire est tenu d'assurer, chacun pour sa part, la continuité de son contrat de travail *(Cass. soc., 2 févr. 2022, n° 18-15.735 ; CE, 27 déc. 2022, n° 453.709, Sté Véga conseil sécurité, mentionné aux Tables, RJS 2023 n° 130).* L'obligation de reprise des contrats de travail ne s'impose pas au nouveau prestataire lorsque le renouvellement ne porte pas sur le marché auquel les salariés étaient affectés *(Cass. soc., 23 mars 2022, n° 20-18.681, B., RJS 2022 n° 285).*

La Cour de cassation juge qu'il résulte des articles 7.2 II B et 7.3 II B de la convention collective des entreprises de propreté que l'affectation partielle d'un salarié par l'entreprise sortante sur le marché repris n'emporte transfert de son contrat de travail à l'entreprise entrante qu'au prorata des heures de travail effectuées sur le marché repris *(Cass soc., 19 avr. 2023, n° 20-21.506).*

En outre, la Cour de cassation s'est prononcée sur les dispositions de l'article 7-2-1 de la CCN des entreprises de propreté, considérant que la condition d'affectation depuis plus de 6 mois sur le marché faisant l'objet de la reprise n'est pas subordonnée à une présence effective du salarié *(Cass. soc., 17 avr. 2019, n° 17-31.339, B., RJS 2019 n° 416).* Il en est de même concernant la convention collective des entreprises de manutention ferroviaire *(Cass. soc., 31 janv. 2024, n° 22-15.516, B., RJS 2024 n° 207).*

Un manquement de l'entreprise sortante à son obligation de communiquer à l'entreprise entrante les documents prévus par l'accord ne peut empêcher un changement d'employeur qu'à la condition qu'il mette l'entreprise entrante dans l'impossibilité d'organiser la reprise effective du marché. Il appartient dans ce cas au juge d'apprécier si l'éventuelle insuffisance des éléments fournis rendait impossible la reprise effective du marché *(Cass. soc., 29 sept. 2021, n° 19-18.562).*

La Cour de cassation a jugé que le transfert conventionnel effectué en application de l'article 15 *ter* de la convention collective nationale du personnel des entreprises de manutention ferroviaire et travaux connexes, interprété à la lumière de la directive 2001/23/CE du Conseil du 12 mars 2001 concernant le rapprochement des législations des États membres relatives au maintien des droits des travailleurs en cas de transferts d'entreprise, qui a codifié la directive 77/187/CEE du Conseil du 14 février 1977, impose à l'entreprise entrante de maintenir aux salariés qui en bénéficient le niveau de rémunération octroyé avant leur transfert, nonobstant l'existence d'une substitution immédiate de statut collectif, afin que ceux-ci ne soient pas placés, du seul fait du transfert, dans une position globalement défavorable par rapport à leur situation immédiatement antérieure au transfert *(Cass. soc., 6 mars 2024 n° 21-23.962, B., RJS 2024, n° 264).*

§ 6. LA PROCÉDURE À SUIVRE PAR L'EMPLOYEUR

16.6.6. – L'employeur qui projette de transférer un salarié protégé doit avoir consulté le comité social et économique sur le projet de transfert d'activité et de salariés au titre des attributions générales de celui-ci *(C. trav., art. L. 2323-6 et L. 2323-24)*. Toutefois, les irrégularités de la procédure générale de consultation sont sans incidence sur la légalité de la décision autorisant le transfert d'un salarié protégé qui est compris dans ce transfert partiel *(CE, 22 mai 2013, n° 340.111, Stamm, Tables p. 864, Dr soc. 2012, p. 747, concl. G. Dumortier, RJS 2013 n° 626)*. Par ailleurs, à la différence de la procédure spéciale prévue en cas de licenciement des salariés protégés, aucune disposition légale n'impose de recueillir l'avis du comité social et économique sur le transfert du salarié protégé.

La demande d'autorisation de transfert doit être présentée à l'administration, par voie électronique ou par lettre recommandée avec demande d'avis de réception, au moins quinze jours avant la date arrêtée pour le transfert *(C. trav., art. R. 2421-17)*. Pour autant, la société cédante doit être regardée comme restant l'employeur du salarié protégé tant que l'inspecteur du travail n'a pas délivré l'autorisation de transfert requise, et une demande d'autorisation d'un tel transfert ne peut donc être légalement rejetée au seul motif que l'opération de transfert d'activité étant réalisée à la date à laquelle il s'est prononcé, le contrat du salarié aurait été automatiquement transféré que cette société n'aurait donc plus qualité pour demander une autorisation *(CE, 24 juin 2013, n° 340.128, 340.433 et 340.434, ministre de l'Écologie, du Développement durable, des Transports et du Logement c. / Sté DHL Express, Tables p. 867)*. En effet, si les dispositions de l'article R 2421-17 du Code du travail prévoient que la demande d'autorisation administrative de transfert du contrat de travail d'un salarié protégé doit être adressée à l'inspecteur du travail 15 jours avant la date arrêtée pour le transfert de l'entreprise, ce délai n'est pas prescrit à peine de nullité de la demande d'autorisation et, par conséquent, une demande d'autorisation tardive peut être regardée comme valablement formée, de sorte que l'administration peut se prononcer au fond *(CAA Versailles 15 déc. 2020 n° 16VE02658, Sté Checkport France c. / Sté Securitas Transport Aviation Security, absence de pourvoi, RJS 2021 n° 300)*.

L'employeur, en l'absence d'autorisation de licenciement ou de transfert, ne peut imposer au salarié une mutation de poste ou de fonctions contre son gré dès lors qu'il ne rapporte pas la preuve de la pleine justification de cette mutation, laquelle équivaut à un licenciement intervenu en méconnaissance des dispositions protectrices du Code du travail *(Cass. crim., 22 nov. 2005, n° 04-87.021, Bull. crim. n° 306)*.

§ 7. LE CONTRÔLE DE L'INSPECTEUR DU TRAVAIL

A. La procédure

16.6.7.1 – Sur le plan procédural, l'inspecteur du travail doit effectuer une enquête et prendre une décision comme en matière de demande d'autorisation de licenciement *(C. trav., art. R. 2421-17 et R. 2421-11, cf. n° **34** et **51**).* Pour le juge administratif, cette procédure, qui est instituée aux seules fins de s'assurer que le salarié protégé dont le transfert est demandé ne fait pas l'objet d'une mesure discriminatoire, ne concerne que l'employeur qui demande l'autorisation et le salarié intéressé et, s'il est loisible à l'inspecteur du travail de recueillir, au cours de son enquête, les observations de l'entreprise destinée à devenir l'employeur du salarié protégé en cas d'autorisation du transfert, aucune disposition réglementaire ni aucun principe ne lui impose de recueillir de telles observations avant de rendre sa décision *(CE, 28 mars 2013, n° 350.436, Sté Challançin, Tables p. 868).*

B. Le contrôle au fond

16.6.7.2. – Sur le fond, l'inspecteur du travail doit s'assurer :

– de la matérialité du transfert partiel *(article de MM. Chelle et Prétot, Dr soc 1987, p. 690)* ;

– de l'applicabilité des dispositions, soit légales, soit conventionnelles, sur la base de la qualification retenue par le demandeur :
  - soit l'applicabilité des dispositions de l'article L. 1224-1, en cas de transfert d'une entité économique autonome ; à défaut de l'existence d'une telle entité, l'autorisation doit être refusée et le salarié ne peut se voir imposer de passer au service d'un autre employeur, ce qui constitue une modification du contrat de travail *(Cass. soc., 2 févr. 2006, n° 04-41.073, RJS 2006 n° 399)*,
  - soit l'applicabilité des dispositions conventionnelles, en l'absence de transfert d'une entité économique autonome ;

– du fait que le salarié concerné par la demande exécute effectivement son contrat dans l'entité transférée *(CE, 15 juin 2005, n° 250.747, Sté Cogecom, RJS 2005 n° 1004, Tables p. 1126)* ; si tel n'est pas le cas, son contrat de travail ne saurait faire l'objet du transfert *(Cass. soc., 12 mars 2008, n° 06-45.778, RJS 2008 n° 516 ; Cass. soc., 21 sept. 2016, n° 14-30.056, B., RJS 2016 n° 761)* ;

– de l'absence de discrimination : le transfert ne doit pas avoir été décidé ou utilisé pour se séparer du salarié protégé concerné *(CE 12 oct. 1990, n° 87.204 et 87.617, Frisone et Catherine, RJS 1991 n° 214).* La discrimination peut notamment consister dans le fait de projeter le transfert d'une activité pour se séparer d'un ou de plusieurs salariés protégés : « *le législateur a voulu éviter que les représentants du personnel (ou syndicaux) en cours de mandat ne fassent l'objet d'une mutation discriminatoire dans une partie d'établissement ou d'entreprise destinée à être transférée par application de l'article L. 1224-1 » (Guide DGT, Salariés protégés, sept. 2019, fiche n° 15 mise à jour, déc. 2021).*

Le ministère du Travail avait estimé que l'administration pouvait également refuser l'autorisation de transfert pour un motif d'intérêt général *(circulaire ministérielle DRT n° 13 du 25 oct. 1983 [abrogée])*. Le Conseil d'État a adopté une position contraire *(CE, 20 mai 1988, n° 74.863, Sté Goulet-Turpin, Rec. p. 201, concl. Dr soc 1990, p. 198)*. Le ministre s'est rallié ultérieurement à cette position *(Circ. DRT n° 93/23 du 4 oct. 1993 [abrogée] ; Guide DGT, salariés protégés, sept. 2019, fiches n° 15 mise à jour, déc. 2021 et 17)*.

Néanmoins, il n'appartient pas à l'inspecteur du travail, de porter une appréciation sur l'origine de l'opération de transfert *(Cass. soc., 23 nov. 2022, n° 21-15.510, RJS 2023 n°69)*.

1. Sur la notion d'exécution effective du contrat de travail au sein de l'entité transférée

16.6.7.2.1. – Le fait que le salarié exerce à plein temps ses mandats ne remet pas en cause son appartenance à l'entité économique autonome transférée à laquelle il est rattaché contractuellement *(CAA de Paris 16 avr. 2019, n° 18PA00429, absence de pourvoi)*. De même, la Cour de cassation a considéré que le salarié en position de détachement demeurait salarié de la société et que, dès lors son contrat de travail s'était poursuivi avec l'entreprise cessionnaire *(Cass. soc. 14 mai 1997, n° 94-41814, B.)*. Par un arrêt du 28 octobre 2022, le Conseil d'État a retenu que l'autorité administrative doit *« s'assurer, d'une part, que le contrat de travail du salarié protégé est en cours au jour de la modification intervenue dans la situation juridique de l'employeur, d'autre part, que ce salarié exerce ses fonctions dans l'entité transférée à la date du transfert de l'activité en cause, sans que la circonstance que son contrat du travail soit alors suspendu y fasse obstacle » (CE, 28 oct. 2022, n° 454.338, Intel Mobile Communications, mentionné aux Tables)*.

2. Sur la question du sort du contrat du salarié affecté, au sein d'une même entreprise, à deux entités dont l'une est transférée

16.6.7.2.2. – Par un arrêt du 30 septembre 2020, la Cour de cassation a opéré un revirement de jurisprudence majeur en admettant le principe de la scission du contrat de travail du salarié transféré. La Cour de cassation retenait jusqu'alors que le salarié devait consacrer l'essentiel de ses fonctions à l'activité cédée *(Cass. soc., 2 mai 2001, n° 99-41.960, Bull. V n° 145 ; dans le même sens : Cass. soc., 30 mars 2010, n° 08-42.065, Bull. V n° 78, RJS 2010 n° 489 : salarié dont le contrat s'exécutait pour l'essentiel* *dans le secteur d'activité repris ; cf. également P. Bailly, « Actualité jurisprudentielle du transfert d'entreprise, première partie », Sem. soc. Lamy, 10 mai 2010 n° 1445).*

Par sa décision du 1er août 2013, le Conseil d'État considère que le salarié doit exercer l'essentiel de ses fonctions sur l'acticité transférée *(CE, 1er août 2013, n° 358.257, Clinique de l'Alma, RJS 2013 n° 750)* et n'a pas été amené à statuer à nouveau sur ce point depuis l'arrêt de la Cour de cassation.

Si en application de la jurisprudence judiciaire le principe est désormais celui selon lequel le contrat doit être transféré pour la partie de l'activité que le salarié consacre au secteur cédé, il n'y a en revanche pas lieu de procéder à un tel fractionnement du contrat lorsque celui-ci *« est impossible, entraîne une détérioration des conditions de travail [du salarié] ou porte atteinte au maintien de ses droits garantis par la directive 2001/23/CE du Conseil du 12 mars 2001 relative au maintien des droits des travailleurs en cas de transfert d'entreprise » (Cass. soc., 30 sept. 2020 n° 18-24.881 B., RJS 2020 n°582).* L'arrêt s'aligne ainsi sur la solution récemment dégagée par la jurisprudence européenne *(CJUE, 26 mars 2020, aff. C-344/18, ISS Facility Services NV, RJS 2020 n°338 « Le transfert d'une entité économique à deux cessionnaires : de quel emploi la Cour de justice préserve-t-elle la stabilité ? », N. Mihman, RDT 2020. 401).*

Plusieurs questions restent néanmoins en suspens :

- Le salarié peut-il refuser le fractionnement de son contrat de travail *(Dr. soc. 2024, 499 « L'autorisation de transfert du salarié investi d'un mandat protecteur », P. Bailly)* ?
- Quels sont les effets sur le contrat de travail lorsque le fractionnement de celui-ci est impossible ?

C. La portée du contrôle en cas de demande d'autorisation de transfert en exécution d'un accord collectif

16.6.7.3. – À la différence du transfert opéré par application de l'article L. 1224-1 du Code du travail, le transfert conventionnel se caractérise par l'absence du critère relatif à l'entité économique autonome. Il constitue donc, à la différence de ce transfert « légal », une novation du contrat de travail que le salarié a la possibilité de refuser, nonobstant l'existence de clauses conventionnelles restreignant ce droit *(Cass. soc., 9 nov. 2005, n° 03-45.483, Bull. V n° 315).* Les trois arrêts rendus par la chambre sociale le 3 mars 2010 ont confirmé cette jurisprudence *(Cass. soc., 3 mars 2010, n° 08-41.553 et 08-41.599 ; n° 08-41.600 et 08-44.120, Bull. V n° 51, RJS 2010 n° 404, Dr soc 2010, p. 606, obs. Y. Struillou).*

Se posait alors la question de savoir si la vérification de l'accord du salarié protégé constituait un des points que l'autorité administrative devait contrôler lorsqu'elle était saisie de la demande d'autorisation de transfert conventionnel.

Dans deux des arrêts rendus le 3 mars 2010, la chambre sociale de la Cour de cassation, pour la première fois, s'est prononcée clairement sur ce point, énonçant « *qu'en cas d'application de dispositions conventionnelles prévoyant et organisant le transfert des contrats de travail hors application de ce texte [article L. 1224-1], l'accord exprès du salarié est nécessaire au changement de l'employeur et échappe au contrôle de l'inspecteur du travail » (Cass. soc., 3 mars 2010, n° 08-41.553 et 08-44.599 ; Cass. soc., 3 mars 2010, n° 08-41.600 et 08-44.120, Bull. V n° 51, Dr soc 2010, obs. Y. Struillou)*. Cette position a été récemment confirmée *(Cass. soc. 5 janv. 2022, n° 20-22.898)*.

Légalement, rien ne s'oppose donc à ce que le salarié puisse exprimer son refus après la délivrance de l'autorisation, alors même qu'il aurait exprimé son accord avant cette dernière.

Pour sa part, le juge administratif ne s'est pas prononcé, à ce jour, sur l'obligation pour l'inspecteur du travail de vérifier, lors de l'enquête contradictoire sur la demande d'autorisation de transfert, l'accord du salarié protégé concerné par l'opération.

§ 8. LES EFFETS DE LA DÉCISION

16.6.8. – Suivant la décision prise par l'inspecteur du travail, deux situations sont possibles *(sans préjudice des recours hiérarchiques et / ou contentieux pouvant être engagés comme en matière de licenciement)*.

A. L'autorisation de transfert est accordée et le salarié accepte son transfert

16.6.8.1. – Le salarié change d'employeur.

En cas de transfert partiel d'un fonds de commerce incluant un salarié partiellement affecté à l'activité cédée, l'obligation pour le cessionnaire de maintenir le contrat de travail ne s'applique que dans la limite du temps effectué antérieurement par le salarié au service de la partie de l'entreprise cédée *(Cass. soc., 8 juill. 2009, n° 08-42.912, RJS 2009 n° 835)*.

L'article L. 1224-1 du Code du travail ne fait pas obstacle à ce que le nouvel employeur, sous réserve de fraude, convienne avec le salarié « *de nover* » le contrat de travail, c'est-à-dire de conclure un nouveau contrat *(Cass. soc., 17 sept. 2003, n° 01-43.687, Bull. V n° 232, Dr soc 2003, p. 1132, note J. Mouly)*.

Toutefois, il ne saurait, par un contrat signé le jour même du transfert et comportant diverses modifications dont celle de la rémunération, éluder les dispositions d'ordre public de l'article L. 1224-1 du Code du travail en mettant ainsi une condition à leur application *(Cass. soc., 9 mars 2004, n° 02-42.141, RJS 2004 n° 656 ; Cass. soc., 18 sept. 2007, n° 06-42.263, RJS 2007 n° 1164)*.

B. L'autorisation de transfert est accordée et le salarié refuse son transfert

16.6.8.2. – Il convient de distinguer selon que le transfert est intervenu en application de l'article L. 1224-1, en vertu d'accords collectifs *(transferts dits « conventionnels »)* ou sur le fondement d'une application volontaire par l'employeur.

1. *Transfert intervenu en application de l'article L. 1224-1 du Code du travail*

a) La jurisprudence applicable aux salariés non protégés

16.6.8.2.1.1. – À la date de la cession, le cédant perd la qualité d'employeur et le cessionnaire prend cette qualité *(Cass. soc., 28 mars 2006, n° 03-43.995, Bull. V n° 124, RJS 2006 n° 696).*

Il a été jugé de longue date que le changement d'employeurs, qui s'impose de plein droit, par l'effet de la loi, s'impose « *tant aux employeurs successifs qu'aux salariés concernés* » et il ne peut être subordonné à l'accord du salarié *(Cass. soc., 14 déc. 2004, n° 03-41.713, Bull. V n° 331, RJS 2005 n° 126 Dr soc 2005 p. 229, obs. A. Mazeaud, Rapport 2004 de la Cour de cassation, p. 216 ; Cass. soc., 20 avr. 2005, n° 03-42.096, RJS 2005 n° 712 ; cf. également A. Supiot, « Les salariés ne sont pas à vendre : en finir avec l'envers de l'article L. 122-12 alinéa 2 [article L. 1224-1 nouveau] », Dr soc 2006 p. 264),* ni à une condition de notification particulière à l'égard du cessionnaire de la part du cédant ou des salariés *(Cass. soc., 27 mai 2015, n° 14-12.139, RJS 2015 n° 543).* Le licenciement notifié par le cédant à l'occasion du transfert d'une entité économique est dépourvu d'effet et le cessionnaire est tenu de poursuivre le contrat de travail *(Cass. soc., 20 mars 2002, n° 00-41.651, Bull. V n° 94, RJS 2002 n° 656 ; Cass. soc., 15 févr. 2006, n° 04-43.923, Bull. V n° 67, RJS 2006 n° 533).*

Dans l'une des deux décisions rendues le 10 octobre 2006 sur l'application de l'article L. 1224-1, la chambre sociale, appelée à se prononcer sur les conséquences du refus par le salarié d'une application de plein droit de l'article L. 1224-1, a jugé que « *le refus individuel... de la poursuite* [du] *contrat de travail avec le nouvel employeur lors du transfert effectif de l'entité économique..., s'il est établi, produit les effets d'une démission* » *(Cass. soc., 10 oct. 2006, n° 04-40.325, Bull. V n° 295, Sem. soc. Lamy n° 1279 du 23 oct. 2006, RJS 2006 n° 1251).* Ce refus doit toutefois être individuel et ne peut se déduire « *d'une opposition collective de salariés* » *(arrêt préc. du 10 oct. 2006).*

En revanche, si le transfert entraîne une modification du contrat de travail autre que le changement d'employeur, le salarié est en droit de refuser et ne peut faire l'objet d'un licenciement pour motif disciplinaire *(Cass. soc., 23 janv. 2019, n° 17-27.200)* ; le cessionnaire, s'il n'est pas en mesure de maintenir les conditions antérieures ou de formuler de nouvelles propositions, doit alors engager une procédure de licenciement

(Cass. soc., 30 mars 2010, n° 08-44.227, Bull. V n° 79, RJS 2010 n° 489 ; Cass. soc., 4 mai 2017, n° 15-27.584). Le refus du salarié d'accepter la modification de son contrat de travail, autre que le changement d'employeur, ne peut constituer à lui seul un motif de rupture du contrat de travail. Ainsi le transfert du contrat ne peut impliquer une diminution de responsabilités *(Cass. soc., 9 nov. 2022, n° 21-13.066 Liaisons soc. n° 18681).* Le nouvel employeur ne peut pas faire signer aux salariés, avant le transfert, un avenant contractuel comportant une clause de mobilité afin de les priver des droits qu'ils tiennent de l'article L. 1224-1 du Code du travail : en l'occurrence, la clause de mobilité avait ensuite été appliquée pour imposer un changement de secteur géographique. Cette manœuvre a été analysée comme déloyale *(Cass. soc., 5 janv. 2022, n° 20-17.599, « La modification du contrat de travail par anticipation en vue d'un transfert : une manœuvre déloyale », RDT 2022 p. 99).* Par ailleurs, l'entreprise cessionnaire ne peut invoquer les difficultés économiques du cédant pour justifier le licenciement d'un salarié protégé transféré refusant d'accepter une modification de son contrat de travail mais uniquement ses propres difficultés économiques ou celles de sociétés du groupe auquel elle appartient et relevant du même secteur d'activité *(CE, 14 juin 2021, n° 438.431, mentionné aux Tables).* En outre, si le nouvel employeur est tenu, en cas de transfert en application des dispositions de l'article L. 1224-1 du Code du travail, de vérifier que le principe d'égalité de traitement en matière de rémunération ou de non-discrimination en raison des activités syndicales du salarié transféré est respecté, au regard de la situation des salariés exerçant un travail égal ou de valeur égale, en tenant compte de l'ancienneté acquise au titre du même contrat de travail auprès des précédents employeurs du salarié transféré, et, le cas échéant, d'accorder à ce salarié un indice de rémunération supérieur à celui dont il bénéficiait avant le transfert de son contrat de travail, l'existence d'une discrimination quant aux conditions de l'évolution de carrière du salarié transféré chez ses précédents employeurs ne saurait être présumée *(Cass. soc., 20 déc. 2023 n° 22-12.381, B., RJS 2024 n° 148).*

Toutefois, lorsque le transfert partiel de l'entité économique à laquelle était rattachée la salariée entraîne par lui-même une modification de son contrat de travail, la chambre sociale retient que le licenciement repose sur une cause réelle et sérieuse *(Cass. soc., 1er juin 2016, n° 14-21.143, B., Dr ouvrier 2016, p. 667, « Les mystères attachés à la notion de modification du contrat de travail entraînée par le transfert d'entreprise », D. Baugard ; RDT 2017, p. 302, « Vers un déclin de la règle de maintien des contrats de travail en cas de transferts d'entreprise ? », A.-L. Mazaud et A. Mazeaud).* Néanmoins, elle a considéré que si cette modification est liée à une volonté de l'entreprise, la rupture envisagée par l'employeur pour un motif non inhérent à la personne du salarié constitue un licenciement pour motif économique *(Cass. soc., 17 avr. 2019, n° 17-17.880 à 886, B. : en l'espèce, il existait une volonté de l'entreprise de ne conserver qu'un seul site de production en vue de réaliser des économies, de pérenniser son activité internet et de réorganiser la société cessionnaire à la suite du rachat d'une branche d'activité de l'entreprise cédante).*

La question de savoir si le droit communautaire impose aux États membres de reconnaître au salarié un droit d'opposition au transfert est discutée. La Cour de justice des Communautés européennes ne paraît pas s'être engagée dans cette voie *(CJCE, 24 janv. 2002, Aff. 51/00, 6e ch., Temco service industries SA c. / Imzilyen, préc., RJS 2002 n° 511, chron. N. Moizard, RJS 2002 p. 300 ; V. Ionescu, « Le droit d'opposition des salariés au transfert de leur contrat de travail : mythe ou réalité », Dr soc 2002, p. 507 ; rapport du conseiller P. Bailly sous Cass. soc., 11 mars 2003, n° 01-41.842, Bull. V n° 86, Dr soc 2003, p. 474 ; P. Rémy, « Quelle signification donner au droit d'opposition du salarié au transfert de son contrat de travail », Dr soc 2004 p. 155 ; J.-P. Lhernoud et N. Moizard, « Actualité du droit de l'harmonisation sociale en matière de rapport d'emploi », Dr soc 2005, p. 519 ; A. Mazeaud, « Le sort des contrats de travail lors des transferts d'entreprise », Dr soc 2005, p. 737 ; A. Supiot, préc., Dr soc 2006, p. 264).*

La chambre sociale reconnaît toutefois au salarié licencié par le cédant la possibilité de se prévaloir de la rupture de son contrat de travail pour refuser son transfert : le licenciement intervenu alors que l'activité était poursuivie par le cessionnaire est jugé « *privé d'effet* ». Le salarié peut alors, selon son choix, soit demander au repreneur la poursuite de son contrat, soit demander au cédant réparation du préjudice subi *(Cass. soc., 20 mars 2002, n° 00-41.651, Bull. V n° 94, RJS 2002 n° 656, Dr soc 2002, p. 516, note A. Mazeaud, Dr ouvrier 2002, p. 372, note P. Moussy ; Cass. soc., 15 févr. 2006, n° 04-43.923, Bull. V n° 67, Dr soc 2006, p. 572 obs. A. Mazeaud ; cf. P. Bailly, « "Licenciement" et L. 122-12 "Nullité ou inefficacité" », Sem. soc. Lamy 2005 n° 1211, p. 7).*

Cette faculté d'option ne joue pas, cependant, lorsque le cessionnaire informe le salarié avant l'expiration du préavis de son intention de poursuivre le contrat de travail sans modification *(Cass. soc., 11 mars 2003, n° 01-41.842, Bull. V n° 86, RJS 2003 n° 573, rapport P. Bailly, Dr soc 2003, p. 474, A. Mazeaud, « Licenciements économiques à l'occasion du transfert d'entre- prise », Dr soc 2003, p. 482, Dr ouvrier 2003, p. 349 note P. Darves-Bornoz).*

Dans le cas où l'acte de cession exclut la poursuite du contrat de travail, le salarié peut demander l'indemnisation du préjudice subi au cédant ou au cessionnaire *(Cass. soc., 21 mars 2006, n° 04-42.243, RJS 2006 n° 693).*

b) La jurisprudence applicable aux salariés protégés

16.6.8.2.1.2. – La chambre sociale a fait application de sa jurisprudence aux salariés protégés en jugeant que « *par l'effet de l'article L. 122-12, alinéa 2 [article L. 1224-1 nouveau], c'est le même contrat de travail qui se poursuit de plein droit avec le nouvel employeur auquel sont transmis tous les droits et obligations de l'ancien employeur, peu important le* *refus du transfert par le salarié » (Cass. soc., 27 juin 2002, n° 00-44.006, Bull. V n° 221, RJS 2002 n° 1257)*. Dès lors, les demandes tendant au versement de l'indemnité de licenciement dirigées contre le cédant ne peuvent qu'être refusées.

Selon la chambre sociale, c'est la notification de la décision d'autorisation de transfert qui entraîne automatiquement et immédiatement le transfert du contrat de travail du salarié protégé *(Cass. soc., 27 juin 2002, n° 00-44.006 Bull. V n° 221, RJS 2002 n° 1257)*.

Le Conseil d'État a adopté la même position : l'autorisation de transfert du contrat de travail d'un salarié protégé « *entraîne de plein droit ce transfert à compter de la date de notification de la décision de l'administration* » *(CE, 27 juin 2005, n° 277.048, Association Établissement régional Léo Lagrange de Rhônes-Alpes Auvergne, RJS 2005 n° 1005 ; CE, 5 avril 2006, n° 286.493, Sté B&W marketing et ministre de l'Emploi c. / Mme Petit ; cf. n°* ***74.9.1.5****)*. Le juge judiciaire ne peut alors remettre en cause l'appréciation de l'autorité administrative sans violer le principe de la séparation des pouvoirs *(Cass. soc., 3 mars 2010, n° 08-40.895, Bull. V n° 53, RJS 2010 n° 404)*. En revanche, l'existence d'une autorisation administrative de transfert d'un contrat de travail accordée à l'employeur ne prive pas le juge judiciaire du pouvoir de se prononcer sur une demande de résiliation judiciaire formée par la salariée antérieurement à cette autorisation *(Cass. soc., 24 janv. 2018, n° 16-12.733, RJS 2018, p. 249)*.

Si le représentant du personnel refuse d'exécuter les obligations résultant de son contrat, il incombe au repreneur d'en tirer les conséquences et de saisir, le cas échéant, l'administration d'une demande d'autorisation en se plaçant sur le terrain disciplinaire.

En tout état de cause, dès lors que la chambre sociale juge sans effet le licenciement prononcé par le cédant confronté à un refus du salarié de changer d'employeur *(Cass. soc., 14 déc. 2004, n° 03-41.713, Bull. V n° 331, obs. A. Mazeaud, Dr soc 2005, p. 229, RJS 2005 n° 126)*, il nous semble que le cédant ne justifie pas d'un intérêt lui donnant qualité pour présenter une demande d'autorisation de licenciement, l'employeur du salarié étant le cessionnaire par le transfert de plein droit du contrat de travail.

Dans le cas où le salarié n'était occupé que pour partie de son temps de travail par l'activité faisant l'objet du transfert, l'application de l'article L. 1224-1 du Code du travail peut conduire au « *démembrement* » du contrat du salarié : la chambre sociale a admis que « *le salarié devait passer au service de la seconde société pour la partie de l'activité qu'il consacrait au secteur cédé » (Cass. soc., 22 juin 1993, n° 90-44.705, Bull. V n° 171, Dr soc 1993, p. 769 ; Cass. soc., 2 mai 2001, n° 99-41.960, Bull. V n° 145, Dr soc 2001, p. 769, obs. G. Couturier)*. Dans une telle hypothèse, le salarié pourrait refuser la modification de son contrat *(cf. A. Mazeaud, « Sur le refus du représentant du personnel d'accepter le transfert de son contrat en cas de transfert partiel d'entreprise », Dr soc 2005, p. 560)*.

2. *Transfert intervenu en exécution d'un accord collectif*

a) La jurisprudence applicable aux salariés non protégés

16.6.8.2.2.1. – Lorsque le transfert ne donne pas lieu à l'application de l'article L. 1224-1 du Code du travail mais est opéré en application de stipulations conventionnelles, le refus du salarié :

– ne peut être regardé comme fautif dès lors que l'employeur ne peut imposer à son salarié le transfert de son contrat de travail *(Cass. soc., 30 mars 1999, n° 97-40.578, RJS 1999 n° 699 ; Cass. soc., 12 déc. 2001, n° 99-45.921, RJS 2002 n° 398)* ;

– ne constitue pas une cause de licenciement *(Cass. soc., 9 nov. 2005, n° 03-45.483, Bull. V n° 315, RJS 2006 n° 16, Dr soc 2006, p. 273, A. Mazeaud, « Le refus du salarié d'accepter le transfert de son contrat prévu par accord collectif en cas de perte de marché », Dr soc 2006, p. 518)*.

Ce transfert constitue en effet une novation du contrat qui ne peut intervenir sans l'accord du salarié *(Cass. soc., 5 mai 2004, n° 02-42.580, Bull. V n° 120, Dr soc 2004 p. 793, obs. A. Mazeaud, RJS 2004 n° 794 ; Cass. soc., 29 juin 2005, n° 02-46.119, RJS 2005 n° 1170)*. Cet accord doit être exprès et ne peut résulter de la seule poursuite de son contrat de travail sous une autre direction *(Cass. soc., 26 juin 2013, n° 12-18.201, RJS 2013 n° 655 ; Cass. soc., 19 mai 2016, n° 14-26.556 à 14-26.588, B., RJS 2016, p. 550 ; Cass. soc. 16 déc. 2020, n° 19-14.824)*. Cette règle ayant été édictée dans le seul intérêt du salarié, l'employeur ne peut faire échec à un transfert conventionnel du contrat de travail au motif de l'absence d'accord exprès donné par le salarié *(Cass. soc., 12 juin 2019, n° 17-21.013)*.

Il en est ainsi, même si la société d'accueil est une filiale contrôlée à 100 %, exerçant la même activité que la société d'origine et appliquant la même convention collective *(Cass. soc., 28 mars 2000, n° 97-44.410, Bull. V n° 128, RJS 2000 n° 494 : tentative de reclassement opérée dans le cadre d'un plan social ; Cass. soc., 5 mai 2004, n° 02-42.580, précité : solution identique, « peu important que ces deux sociétés aient à leur tête le même dirigeant » ; Cass. soc., 2 févr. 2006, n° 04-41.073, RJS 2006 n° 399)*. Le refus de changement d'affectation rendu nécessaire par la perte d'un marché, qui ne modifie pas le contrat de travail, constitue, en revanche, un motif de licenciement *(Cass. soc., 9 nov. 2005, n° 03-45.483, Bull. V n° 315)*.

En tout état de cause, le salarié ne peut être regardé comme ayant démissionné, alors même que les stipulations conventionnelles auraient prévu le transfert du contrat de travail de plein droit à l'entreprise « *entrante* » sur le marché de nettoyage et l'imputabilité de la rupture du contrat de travail au salarié refusant ce transfert *(Cass. crim., 26 nov. 1996, n° 94-86.016, Bull. crim. n° 428, RJS 1997 n° 304)*.

La loi n° 2016-1088 du 8 août 2016 a intégré une garantie d'emploi et le cessionnaire est tenu de maintenir les avantages dont les salariés bénéficiaient auprès de leur ancien employeur, ce qui justifie que lorsque les contrats de travail sont, en application d'un accord de branche étendu, poursuivis entre deux entreprises prestataires se succédant sur un même site, les salariés employés sur d'autres sites de l'entreprise nouvellement prestataire et auprès de laquelle les contrats de travail sont poursuivis ne peuvent invoquer utilement les différences de rémunération résultant d'avantages obtenus avant cette poursuite avec les salariés dont les contrats de travail ont été poursuivis *(C. trav., art. L. 1224-3-1)*. La rédaction de cet article a été modifié par l'ordonnance n° 2017-1387 du 22 septembre 2017, en ces termes : « *Lorsqu'un accord de branche étendu prévoit et organise la poursuite des contrats de travail en cas de succession d'entreprises dans l'exécution d'un marché, les salariés du nouveau prestataire ne peuvent invoquer utilement les différences de rémunération résultant d'avantages obtenus, avant le changement de prestataire, par les salariés dont les contrats de travail ont été poursuivis* ».

De même, la Cour de cassation a retenu que la différence de traitement entre les salariés dont le contrat de travail a été transféré en application d'une garantie d'emploi instituée par voie conventionnelle par les organisations syndicales représentatives investies de la défense des droits et intérêts des salariés et à l'habilitation desquelles ces derniers participent directement par leur vote et les salariés de l'employeur entrant, qui résulte de l'obligation à laquelle est tenu ce dernier de maintenir au bénéfice des salariés transférés les droits qui leur étaient reconnus chez leur ancien employeur au jour du transfert, n'est pas étrangère à toute considération de nature professionnelle et se trouve dès lors justifiée au regard du principe d'égalité de traitement *(Cass. soc., 30 nov. 2017, n° 16-20.532 à 16-20.549, B., RDT 2018, « Transfert conventionnel : le principe d'égalité meurt chaque jour un peu plus », A. Fabre, p. 56 ; Cass. soc., 20 mars 2019, n° 17.19280 à 17-19.292 ; Cass. soc., 10 avr. 2019, n° 17-20.864*). Néanmoins, une différence de traitement peut être justifiée en cas de changement de prestataire par la volonté de réduire les disparités entre des salariés dont les contrats de travail se sont poursuivis en application de la garantie d'emploi et ceux recrutés postérieurement sur le même site et placés dans une situation identique *(Cass. soc., 23 juin 2021, n° 19-21.771, B., RJS, 2021 n° 523 et 532 : CCN des entreprises de propreté et services associés*).

Lorsque la poursuite du contrat de travail résulte de la seule application des dispositions conventionnelles, le nouveau prestataire n'est pas tenu aux obligations qui incombaient à l'ancien au moment du transfert du contrat de travail lorsque ces dispositions ne le prévoient pas *(Cass. soc., 27 mai 2015, n° 14-11.155, Bull. V n° 107, RDT 2015, p. 463, « Clarification sur les obligations des employeurs successifs en cas de transfert conventionnel », N. Moizard)*.

b) La jurisprudence applicable aux salariés protégés

16.6.8.2.2.2. – Certains accords collectifs organisent, à certaines conditions, la possibilité au représentant du personnel de se maintenir au sein de l'entreprise qui a perdu le contrat commercial, notamment lorsque le mandat dépasse le cadre du marché faisant l'objet du transfert *(exemple : article 5 de l'accord collectif conclu le 29 mars 1990 dans le secteur de la propreté)* ; dans cette hypothèse, alors même que le transfert a été autorisé, le salarié peut opter pour le maintien dans l'entreprise.

Ces restrictions conventionnelles ne peuvent toutefois pas faire obstacle au droit de portée générale pour le salarié protégé de refuser ce transfert, y compris lorsque celui-ci a été autorisé par l'autorité administrative *(Cass. soc., 9 nov. 2005, n° 03-45.483, Bull. V n° 315, précité ; Cass. soc., 3 mars 2010, n° 08-40.395 ; n° 08-41.553 et 08-44.599 ; n° 08-41.600 et 08-44.120, Bull. V n° 51)*. Comme il a été vu, l'accord exprès du salarié échappe au contrôle de l'inspecteur du travail *(Cass. soc., 3 mars 2010, n° 08-41.553 et 08-44.599 ; Cass. soc., 3 mars 2010, n° 08-41.600 et 08-44.120, Dr soc 2010, obs. Struillou, cf. n°* ***16.6.7.3****)*.

Deux cas de figure sont alors possibles :

– si l'entreprise « sortante » ne peut plus employer le salarié protégé, elle peut alors solliciter une autorisation administrative de licenciement *(Cass. soc., 11 janv. 2005, n° 02-42.961 et 02-43.222, Bull. V n° 3, RJS 2005 n° 347, Dr soc 2005, p. 563)* ;
– si l'employeur ne demande pas cette autorisation, il est tenu de rémunérer son salarié *(Cass. soc., 11 janv. 2005, n° 03-46.840, Bull. V n° 4, RJS 2005 n° 347 ; A. Mazeaud, « Sur le refus du représentant du personnel d'accepter le transfert de son contrat en cas de transfert partiel d'entreprise », Dr soc 2005, p. 560)*.

Au cas où il se verrait imposer, malgré son refus du transfert conventionnel, une modification de son contrat ou de ses conditions de travail, ou une modification des conditions d'exercice de son mandat, il appartient au salarié en conséquence de saisir le juge judiciaire pour obtenir la réparation du préjudice lié à la rupture irrégulière de son contrat de travail *(Cass. soc., 3 mars 2010, n° 08-41.553 et 08-44.599, préc.)* ou la résiliation judiciaire de celui-ci *(Cass. soc., 3 mars 2010, n° 08-41.600 et 08-44.120, préc.)*, voire, par une action en référé, la cessation d'un trouble manifestement illicite, sans préjudice des conséquences pénales éventuelles.

3. *Transfert intervenu sur la base d'une application volontaire par l'employeur*

16.6.8.2.3. – Ce transfert, qui a pour conséquence un changement d'employeur en dehors du champ d'application des dispositions de l'article L. 1224-1 du Code du travail, constitue une novation du contrat de travail du salarié, soumise de ce fait « *à son accord exprès* » *(Cass. soc., 2 avr. 1998, n° 96-40.383, RJS 1998 n° 572)* ; cet accord « *ne peut résulter* *de la seule poursuite du travail » (Cass. soc., 10 oct. 2006, n° 04-46.134, Bull. V n° 294, RJS 2007 n° 13, Sem. soc. Lamy du 23 oct. 2006 ; Cass. soc., 24 mai 2023, n° 21-12.066 Jurisp. soc. Lamy n° 568 24 juillet 2023).* Le défaut de consentement ne peut être invoqué que par le salarié *(Cass. soc., 12 déc. 2001, n° 99-45.921, RJS 2002 n° 398 ; Cass. soc., 10 avr. 2008, n° 06-45.839, JCP E n° 28-29, 10 juill. 2008).* Son refus ne peut pas en outre constituer en soi un motif de licenciement *(Cass. soc., 10 avr. 2008, n° 06-44.379 à 06-44.384, RJS 2008 n° 255).*

C. L'autorisation de transfert est refusée ou la demande est rejetée

16.6.8.3. – Le ministre du Travail estime que « *l'employeur doit proposer au salarié un emploi similaire, assorti d'une rémunération équivalente, dans une autre partie de l'établissement ou un autre établissement de l'entreprise* » *(Guide DGT, salariés protégés, sept. 2019, fiche n° 15 mise à jour, déc. 2021).*

Cette position est également celle qui avait été adoptée par la Cour de cassation : que l'autorisation de transfert soit refusée ou que l'autorisation accordée soit annulée, l'employeur a « *l'obligation de proposer au salarié un emploi similaire* » *(Cass. soc., 12 janv. 1999, n° 97-45.209, Bull. V n° 16, RJS 1999 n° 237).* Le manquement à cette obligation constitue un trouble manifestement illicite auquel la formation de référé de la juridiction prud'homale peut mettre fin en ordonnant la réintégration du salarié concerné.

La chambre criminelle a jugé que le délit d'entrave était constitué dès lors que l'employeur, après le refus de transfert, avait maintenu délibérément le salarié en état d'inactivité, sans outil de travail, ni tâche à exécuter alors qu'il avait l'obligation de maintenir l'intéressé dans son emploi *(Cass. crim., 22 nov. 2005, n° 04-87.021, Bull. crim n° 306, Dr soc 2006, p. 693, obs. F. Duquesne).* La « *mutation de poste ou de fonctions* » imposée au salarié contre son gré, sans que l'employeur n'apporte la preuve de sa « *pleine justification* », constitue un délit d'entrave *(même arrêt).*

Si le salarié refuse les propositions de reclassement de l'employeur, celui-ci peut saisir l'inspecteur du travail d'une demande d'autorisation de licenciement.

Si l'inspecteur du travail rejette la demande d'autorisation de transfert, se déclarant incompétent, au motif que les dispositions de l'article L. 1224-1 du Code du travail ne trouvaient pas à s'appliquer, le juge judiciaire ne peut considérer, à défaut de volonté commune des parties, que le contrat de travail a été transféré de plein droit en application des dispositions de l'article L. 1224-1 du Code du travail *(Cass. soc., 18 janv. 2018, n° 16-21.213).*

Par ailleurs, si la violation des dispositions de l'article L. 1224-1 du Code du travail, ayant pour objet le maintien des droits des travailleurs en cas de transfert de leur contrat de travail, porte atteinte à l'intérêt collectif de la profession représentée par le syndicat, de sorte que l'intervention de ce dernier au côté du salarié à l'occasion d'un litige portant sur l'applicabilité de ce texte est recevable, l'action en revendication du transfert d'un contrat de travail est un droit exclusivement attaché à la personne du salarié *(Cass. soc., 12 juill. 2017, n° 16-10.460, B., Dr soc 2017, p. 879, « Action de revendication du transfert d'un contrat : ne peut pas être exercée par un syndicat », J. Mouly)*.

§ 9. LE TRANSFERT SANS AUTORISATION

A. Date du transfert et compétence de l'autorité administrative

16.6.9.1. – Selon les dispositions de l'article L. 2414-1 du Code du travail, le transfert du salarié protégé ne peut intervenir qu'après autorisation de l'inspecteur du travail. La société cédante doit être regardée comme restant l'employeur du salarié protégé tant que l'inspecteur du travail n'a pas délivré l'autorisation de transfert requise, ce qui implique qu'une demande d'autorisation de transfert ne peut donc être légalement rejetée au seul motif que l'opération de transfert d'activité étant réalisée à la date à laquelle il s'est prononcé, le contrat du salarié aurait été automatiquement transféré que cette société n'aurait donc plus qualité pour demander une autorisation *(CE, 24 juin 2013, n° 340.128, 340.433 et 340.434, ministre de l'Écologie, du Développement durable, des Transports et du Logement c. / Sté DHL Express, Tables p. 867, concl. G. Dumortier)*. Dans ce cas, il appartient alors à l'inspecteur du travail de statuer sur la demande.

En revanche, la Cour de cassation juge qu'à défaut d'autorisation préalable, le transfert d'un salarié protégé compris dans un transfert partiel d'activité est nul, même si une autorisation administrative a été demandée et obtenue après le transfert « *pour régularisation* » *(Cass. soc., 24 nov. 1992, n° 89-44.977, Bull. V n° 571, RJS 1993 n° 54)*. Il ne s'en déduit pas que le transfert interviendrait tout de même en l'absence d'autorisation mais seulement que si le salarié se trouvait, dans les faits, placé sous la subordination du nouvel employeur en dépit de l'absence d'autorisation, il serait en droit de réclamer sa réintégration dans l'ancienne entreprise et l'indemnisation correspondante *(Cass. soc., 28 mai 2003, n° 01-40.512, Bull V n° 181)*. Seul le salarié protégé concerné peut se prévaloir de l'absence d'autorisation de transfert *(Cass. soc., 29 avr. 2009, n° 07-45.653 ; Cass. soc., 22 juin 2011, n° 09-73.032, RJS 2011 n° 823)*.

Un transfert opéré sans autorisation préalable ne saurait être validé par une autorisation obtenue ultérieurement *(Cass. soc., 24 nov. 1992, n° 89-44.977, Bull. V n° 571, RJS 1993 n° 54 ; cf. n°* ***73.1.2.1****)*.

A été regardé comme intervenu sans autorisation le transfert d'un salarié protégé inclus dans la cession d'une unité de production en application d'un acte de cession signé à une date à laquelle il n'était plus protégé, dans la mesure où l'opération avait pris effet à une date à laquelle il l'était encore *(Cass. soc. 18 juin 2014, n° 13-10.204, Bull. V n° 150, RJS 2014 n° 709)* ou dans la cession d'une société de restaurant de l'enseigne McDonald's appartenant à une unité économique et sociale *(Cass. soc., 23 mars 2017, n° 15-24.005, B., RDT 2017, p. 495, « La cession d'une société appartenant à une UES : un transfert partiel nécessitant une autorisation administrative pour les salariés protégés ? », E. Clément).*

B. Le droit à réintégration

16.6.9.2. – Cette nullité ouvre droit pour le salarié à sa réintégration dans son emploi aux mêmes conditions de travail et de rémunération *(Cass. soc., 6 avr. 2004, n° 02-41.953, RJS 2004 n° 831 ; Cass. crim., 22 nov. 2005, n° 04-87.021, Bull. crim. n° 306, Dr soc 2006, p. 693, obs. F. Duquesne cf. n°* ***73.3.4.1****).*

Il en est de même en cas de transfert en vertu d'un accord collectif *(Cass. soc., 20 nov. 2002, n° 00-44.498, Bull. V n° 349, RJS 2003, n° 216)*, y compris dans le cas où seule une partie de l'activité du salarié a été transférée au repreneur *(Cass. soc., 28 mai 2003, n° 01-40.512, Bull. V n° 181, RJS 2003 n° 1037).*

La nullité ouvre également droit à indemnisation sous réserve que le salarié ait fait valoir cette nullité pour apprécier le préjudice subi *(Cass. soc., 24 nov. 1992, n° 89-44.977, Bull. V n° 571, RJS 1993 n° 54 ; cf. n°* ***73.6****).*

Dès lors que le transfert n'a pas été autorisé, le salarié ne peut être tenu de fournir une prestation de travail au profit de la société à laquelle il avait été *de facto* transféré *(Cass. soc., 5 mai 1998, n° 95-45.326, Bull. V n° 222).*

Le cessionnaire ne peut invoquer le défaut d'autorisation pour refuser d'employer le salarié dès lors qu'est caractérisé le transfert d'une entité économique autonome : le contrat de travail doit être regardé comme se poursuivant avec le cessionnaire même si l'inspecteur du travail n'a pas été saisi d'une demande d'autorisation de transfert ; le juge judiciaire peut condamner le cessionnaire pour licenciement sans cause réelle et sérieuse, alors même que le mandataire liquidateur a sollicité et obtenu de l'inspection du travail l'autorisation de licencier le salarié *(Cass. soc., 10 mai 2001, n° 99-41.391, Bull. V n° 162, RJS 2001 n° 1037).*

C. Le droit à indemnisation

16.6.9.3. – La nullité ouvre également droit à indemnisation sous réserve que le salarié ait fait valoir cette nullité pour apprécier le préjudice subi *(cf. n°* ***73.3.6****).*

Dès lors que le transfert n'a pas été autorisé, le salarié ne peut être tenu de fournir une prestation de travail au profit de la société à laquelle il avait été *de facto* transféré *(Cass. soc., 5 mai 1998, n° 95-45.326, Bull. V n° 222).*

§ 10. LE LICENCIEMENT OPÉRÉ AVANT LE TRANSFERT

16.6.10. – En cas de licenciement opéré avant le transfert :

– si le licenciement a été effectué sans autorisation, ce licenciement est nul et le contrat de travail est transféré au cessionnaire, en application de l'article L. 1224-1 *(Cass. soc., 26 sept. 1990, n° 87-43.524, RJS 1990 n° 842)* ; la Cour de justice des Communautés européennes a adopté la même solution concernant quatre représentants du personnel *(CJCE, 24 janv. 2002, précité, Aff. 51/00, 6e ch., Temco service industries SA c./ Imzilyen, RJS 2002 n° 511)* ;

– si le licenciement a été autorisé, mais que cette autorisation est annulée, le contrat de travail est transféré au second employeur, en application de l'article L. 1224-1 *(Cass. soc., 10 oct. 1990, n° 88-41.347, Bull. V n° 441, RJS 1990 n° 843 ; Cass. crim., 15 oct. 1991, n° 89-83.551, Bull. crim. n° 349, RJS 1992 n° 54 ; Cass. soc., 10 juill. 1995, n° 93-46.399, Bull. V n° 240, RJS 1995 n° 916 ; Cass. soc., 26 févr. 2003, n° 01-41.482, Bull. V n° 68, RJS 2003 n° 574 ; Cass. soc., 28 nov. 2007, n° 06-42.379, Bull. V n° 200, RJS 2008 n° 144, JCP E n° 11, 11 mars 2008, p. 1171, note Kerbourc'h)*. Il en est de même en cas d'application volontaire de l'article L. 1224-1, dès lors que le salarié demande sa réintégration au service du nouvel employeur *(Cass. soc., 25 oct. 2007, n° 06-43.130, RJS 2008 n° 10)*. Le salarié peut néanmoins, à son choix, demander au repreneur la poursuite du contrat de travail illégalement rompu ou demander à l'auteur du licenciement la réparation du préjudice en résultant *(Cass. soc., 20 mars 2002, n° 00-41.651, Bull. V n° 94 ; Cass. soc., 17 nov. 2011, n° 10-10.513, RJS 2012 n° 112)*.

En matière de transfert conventionnel du contrat de travail d'un salarié non protégé, la Cour de cassation a retenu la même solution : le salarié licencié en méconnaissance de ce dispositif conventionnel relatif à la poursuite du contrat de travail peut, à son choix, demander au repreneur, nonobstant le licenciement dont il a fait l'objet lors de la perte du marché, la reprise de son contrat de travail, le licenciement étant alors privé d'effet, ou demander à l'entrepreneur sortant qui a pris l'initiative de la rupture du contrat la réparation du préjudice en résultant *(Cass. soc., 10 nov. 2021, 19-24.302 et 20-15.096, B., RJS 2022 n° 7 « Transfert conventionnel et licenciement : la reconnaissance d'un droit d'option du salarié licencié », M. Kocher, RDT 2022. 103, RJS 2022 n° 7)*.

La loi n° 2016-1088 du 8 août 2016 a ouvert, pour les entreprises de plus de 1 000 salariés, celles appartenant à un groupe d'au moins 1 000 salariés, ainsi que les entreprises de dimension communautaire ou appartenant à un groupe de dimension communautaire, la possibilité de procéder à des licenciements pour motif économique préalablement au transfert à la double condition qu'un plan de sauvegarde de l'emploi comporte le transfert d'une ou de plusieurs entités économiques afin de sauvegarder une partie des emplois et qu'une offre de reprise par l'entreprise cédante, à la suite de l'accomplissement de son obligation de rechercher un repreneur, soit acceptée. Dans ces conditions, le transfert des contrats de travail dans le cadre de l'article L. 1224-1 du Code du travail se fera dans la limite des emplois qui n'auront pas été supprimés à la date d'effet du transfert *(C. trav., art. L. 1233-61 ; RDT 2016, p. 341, « Quand transférer rime avec liquider », F. Géa ; Dr soc 2016, p. 738, « L'article 94 (loi Travail) sur les licenciements antérieurs au transfert de l'entreprise », J. Mouly)*.

L'article 19 de l'ordonnance n° 2017-1387 du 22 septembre 2017 a étendu cette possibilité aux entreprises dont l'effectif atteint cinquante salariés.

§ 11. LES EFFETS DU TRANSFERT

A. Les effets du transfert sur le mandat et la protection

16.6.11.1. – En cas de transfert partiel autorisé par l'inspecteur du travail, le salarié change d'employeur.

Le mandat du salarié peut subsister si le transfert partiel concerne un établissement et ne remet pas en cause son autonomie *(cf. n°* ***13.8.1.1 et s.****)*. Par ailleurs, à supposer un tel maintien, et pour tenir compte de la date habituelle des élections dans l'entreprise d'accueil, la durée de ces mandats peut être réduite ou prorogée par accord entre le nouvel employeur et les organisations syndicales représentatives existant dans le ou les établissements absorbés sans que cet accord soit conclu à l'unanimité desdites organisations *(Cass. soc., 17 déc. 2014, n° 14-14.917, Bull. civ. V n° 300, RJS 2015 n° 110)*.

Dans le cas contraire, le salarié perd son mandat. Mais il conserve la protection en sa qualité d'ancien représentant du personnel pendant les délais de droit commun *(directive européenne 77/187. CEE du 14 févr. 1977, art. 5, JOCE, n° L. 61 5.0./1977 ; Cass. soc., 6 avr. 1994, n° 92-41.250 ; Cass. soc., 28 nov. 2007, n° 06-42.379, Bull. n° 200, RJS 2008 n° 144, Dr soc 2008, p. 391, obs. A. Mazeaud ; Cass. soc., 17 déc. 2008, n° 07-42.839, JCP E n° 11, 10 mars 2009, 1117, note J.-Y. Kerbourc'h)*. Le transfert partiel d'activités, qui ne constituent pas un établissement distinct de l'entreprise doté d'institutions propres, emporte cessation des mandats des représentants du personnel dont le contrat s'est poursuivi avec le nouvel employeur à la date du transfert *(Cass. soc., 14 févr. 2024, n° 22-19.940 ; Dr. soc. 2024. 499 « L'autorisation de transfert du salarié investi d'un mandat protecteur », P. Bailly)*.

Lorsque l'opération concerne un établissement constitué de deux sites cédés chacun à des sociétés distinctes, celui-ci ne peut être considéré comme ayant conservé son identité et les mandats ne sont de ce fait pas maintenus *(Cass. soc., 30 oct. 2013, n° 12-35.013)*.

Tant que le salarié demeure protégé, le licenciement, ainsi que tout nouveau transfert, sont soumis à l'autorisation préalable de l'administration.

Dès lors qu'à la suite du transfert de l'entité économique l'entreprise avait conservé son autonomie juridique, ce qui emportait le maintien du mandat de délégué du personnel, le statut protecteur du salarié imposait au cessionnaire de solliciter auprès de l'inspecteur du travail l'autorisation préalable de le licencier, peu important que l'acte de cession ne fasse pas mention de ce mandat et que le salarié n'en ait pas fait état auprès d'elle *(Cass. soc. 1er juin 2023, n° 21-21.191, B., RJS 2023 n° 430).*

Les mêmes règles prévalent en cas de transfert des contrats de travail effectué en application de stipulations conventionnelles *(Cass. soc., 7 oct. 1992, n° 91-60.353, RJS 1992 n° 1230, dans le cadre d'un marché de prestation de service ; Cass. soc., 28 nov. 2007, n° 06-42.379, Bull. V n° 200, RJS 2008 n° 144, JCP E n° 11, 11 mars 2008, 1171, note J.-Y. Kerbourc'h)* : en principe, les mandats ne sont pas maintenus dans cette hypothèse, à moins qu'une clause conventionnelle ne prévoie cet effet.

Par ailleurs, un salarié dont le contrat de travail est transféré peut être désigné délégué syndical en cours de cycle par une organisation syndicale ayant présenté des candidats dans l'entreprise transférée, dans la mesure où les dispositions de l'article L. 2143-3 du Code du travail n'ont pas pour objet ou pour effet de priver cette organisation syndicale du droit de disposer du nombre de représentants syndicaux prévus par le Code du travail ou les accords collectifs dès lors qu'elle a présenté des candidats à ces élections dans le périmètre de désignation *(Cass. soc., 19 févr. 2014, n° 13-14.608, Bull. V n° 57, Dr soc 2014, p. 486, note F. Petit).* Par ailleurs, les organisations syndicales représentatives au sein de l'entreprise d'accueil se maintiennent à l'issue du transfert, peu important la variation de la collectivité de salariés incluse dans le périmètre auquel se rapporte leur représentativité *(Cass. soc., 14 avr. 2015, n° 14-18.653, Bull. V n° 90, RDT 2018, p. 765, « La désignation des délégués syndicaux à l'épreuve du transfert d'entreprise », I. Odoul-Asorey).*

La question de la connaissance par le nouvel employeur des mandats extérieurs à l'entreprise est examinée aux n° **12.1.2.3** et **16.6.2.1**.

B. Les autres effets du transfert

16.6.11.2. – Le règlement intérieur s'imposant aux salariés avant le transfert de plein droit de leurs contrats de travail, aux termes de l'article L. 1224-1 du Code du travail, vers une société nouvellement créée n'est pas transféré avec ces contrats de travail *(Cass. soc., 17 oct. 2018, n° 17-16.645, B.).* La Cour de cassation a étendu cette solution au transfert des contrats de travail à toute entreprise, qu'elle soit nouvellement créée ou non *(Cass. soc., 31 mars 2021, n° 19-12.289, B., RJS 2021 n° 299, « Le règlement intérieur et le transfert d'entreprise », P. Adam, RDT 2021. 388).*

Le procès-verbal de carence des institutions représentatives du personnel établi antérieurement à la modification de la situation juridique de l'employeur continue de produire ses effets après la date du transfert d'entreprise *(Cass. soc., 6 mars 2019, n° 17-28.478, B.)*.

En outre, seul le nouvel employeur est tenu au paiement des créances de salaires et congés payés nées postérieurement à la date du transfert du contrat de travail *(Cass. soc., 27 mai 2020, n° 19-12.471, B., RJS 2020 n° 339, Dr soc 2020 « En cas de transfert d'entreprise, le cédant n'est pas tenu des dettes nées postérieurement à ce transfert », J. Mouly)*. De même, le salarié est fondé à revendiquer le bénéfice d'un accord collectif en vigueur dans l'entreprise absorbante, les dispositions plus favorables de l'accord mis en cause continuant cependant à lui bénéficier dans les conditions prévues par l'article L. 2261-14 du Code du travail *(Cass. soc., 6 déc. 2023, n° 23-11.303, RJS 2024 n° 106)*. L'employeur ne peut refuser aux salariés transférés le bénéfice, dans l'entreprise d'accueil, des avantages collectifs, qu'ils soient instaurés par voie d'accords collectifs, d'usages ou d'un engagement unilatéral de l'employeur, au motif que ces salariés tiennent des droits d'un usage ou d'un engagement unilatéral en vigueur dans leur entreprise d'origine au jour du transfert ou des avantages individuels acquis en cas de mise en cause d'un accord collectif *(Cass. soc., 22 mai 2024, n° 22-14.984 et n° 23-10.214, B.)*.

En revanche, le transfert volontaire du salarié n'emporte pas la transmission au nouvel employeur de l'ensemble des obligations qui incombaient à l'ancien employeur *(Cass. soc., 23 mars 2022, n° 20-21.518, B., RJS 2022 n° 282, Dr soc. 2022, p. 467 « Le transfert de salariés n'emporte pas de plein droit le transfert des obligations de l'ancien au nouvel employeur » J. Mouly)*.

CHAPITRE VII

LES CAS DE MISE EN ŒUVRE DE LA PROTECTION : LES RUPTURES D'UN COMMUN ACCORD

17.1. – La rupture d'un commun accord entre un employeur et un salarié est admise par le juge judiciaire comme l'une des modalités de rupture du contrat de travail, laquelle peut intervenir non seulement par un licenciement ou par une démission, mais aussi à la suite d'un accord entre les parties, sur le fondement des dispositions combinées des articles L. 1221-1 du Code du travail et de l'article 1134 du Code civil *(pour un exemple : Cass. soc., 21 janv. 2003, n° 00-43.568, Bull. V n° 11, RJS 2003 n° 425 ; cf. Les grands arrêts du droit du travail, 3*[e] *éd., § 87-89 ; C. Radé, « Retour sur une espèce en voie de disparition : la rupture amiable du contrat de travail », Dr soc 2009, p. 557 ; F. Gaudu, « Les ruptures d'un commun accord », Dr ouvrier 2008, p. 595 ; F. Favennec-Héry, « La rupture conventionnelle, mesure phare de l'accord », Dr soc 2008, p. 311 ; V. Roulet, « La rupture amiable du contrat de travail : les ruptures amiables », Dr ouvrier 2017, p. 449).*

Cependant, les arrêts Perrier *(Cass. Ch. mixte, 21 juin 1974, n° 71-91.225, Bull. Ch. mixte n° 3, concl. Touffait, Dr soc 1974, p. 454)* ont posé comme principe que le licenciement des salariés protégés ne peut intervenir qu'après autorisation de l'inspecteur du travail *(cf.* ***Intro n° 25****).*

Il s'ensuit que la rupture d'un commun accord entre un employeur et un salarié protégé est exclue par le juge judiciaire en l'absence de l'autorisation de l'inspecteur du travail.

C'est ce principe essentiel qui a conduit le législateur à prévoir que la rupture conventionnelle, créée par l'article 5 de la loi n° 2008-596 du 25 juin 2008, du contrat de travail d'un salarié protégé devait être autorisée par l'inspecteur du travail.

Le mode de rupture amiable du contrat de travail s'est développé avec l'intégration, par l'ordonnance n° 2017-1387 du 22 septembre, de nouveaux dispositifs de rupture amiable reposant sur des accords collectifs tels que la rupture conventionnelle collective ou le congé de mobilité *(P. Morvan, « La salade des ruptures conventionnelles », Dr soc 2018, p. 26)*.

SECTION 1

La rupture conventionnelle individuelle

17.1. – La rupture conventionnelle, créée par l'article 5 de la loi n° 2008- 596 du 25 juin 2008 *(C. trav., art. L. 1237-11 à L. 1237-16 ; cf. également circulaire DGT n° 2008-11 du 22 juill. 2008)*, résultant de l'accord national interprofessionnel du 11 janvier 2008, constitue un mode de rupture exclusif de la démission et du licenciement.

Ainsi, une rupture amiable du contrat de travail imposée par l'employeur en dehors du cadre légal de la rupture conventionnelle s'analyse en un licenciement sans cause réelle et sérieuse *(Cass. soc., 21 déc. 2017, n° 16-12.780, RJS 2018 n° 181)*.

§ 1. DÉFINITION ET CHAMP D'APPLICATION

A. La définition

17.1.1.1. – L'article L. 1237-11 du Code du travail permet à un employeur et à un salarié de rompre, à leur initiative et d'un commun accord, le contrat à durée indéterminée qui les lie.

Trois conditions principales cumulatives s'imposent aux deux parties :

- la liberté du consentement de chacune d'elles, qu'il s'agisse de la rupture ou de ses conditions ;
- le respect de règles légales de forme et de fond *(assistance des parties, délais, indemnités spécifiques de rupture)* ;
- l'homologation de la convention de rupture par le directeur régional de l'économie, de l'emploi, du travail et des solidarités *(DREETS)*, ou par délégation le directeur départemental de l'emploi, du travail, et des solidarités ou le départemental de l'emploi, du travail, des solidarités et de la protection des populations *(DDETS/DDETSPP)*.

B. Le champ d'application

1. Les principes généraux

17.1.1.2.1. – La rupture conventionnelle n'est applicable qu'au contrat à durée indéterminée *(C. trav., art. L. 1237-11)*.

a) l'absence d'incidence de l'existence d'un différend entre les parties

17.1.1.2.1.1. – L'existence d'un différend entre les parties au contrat de travail n'affecte pas par elle-même la validité de la convention de rupture conventionnelle *(Cass. soc., 23 mai 2013, n° 12-13.865, Bull. V n° 128, RJS 2013 n° 534 ; chron. Y. Leroy, « La Cour de cassation à la rencontre de la rupture conventionnelle », RJS 2013, p. 579 ; obs. B. Ines, D. 2013, p. 1355 ; chron. P. Flores, S. Mariette, F. Ducloz, E. Wurtz, C. Sommé et A. Contamine, D. 2014.1768 ; obs. P. Lokiec et J. Porta, D. 2014, p.1115 ; H. Gosselin, « Un litige n'exclut pas la rupture conventionnelle », Sem. soc. Lamy, 27 mai 2013, n° 1586, p. 11 ; Cass. soc., 26 juin 2013, n° 12-15.208, Bull. V n° 167, RJS 2013 n° 674 ; Cass. soc., 3 juill. 2013, n° 12-19.268, Bull. V n° 178 ; Cass. soc., 15 janv. 2014, n° 12-23.942, Bull. V n° 19, RJS 2014 n° 216 ; Cass. soc., 19 nov. 2014, n° 13-21.979, RJS 2015 n° 94 ; G. Loiseau, « Rupture du troisième type : la rupture conventionnelle », Dr soc 2010, p. 297 ; situation d'un salarié, qui s'était vu offrir le choix entre un licenciement pour faute et une rupture conventionnelle et n'avait pas usé de son droit de rétractation, Cass. soc. 15 nov. 2023, n° 22-16.957, RJS 2024 n° 13)*. Par cette position, qui diffère de celle adoptée jusqu'alors en matière de rupture amiable, la chambre sociale a mis fin aux divergences observées dans les décisions des juridictions d'appel, judiciaires et administratives et opéré un revirement par rapport à sa jurisprudence antérieure en matière de rupture d'un commun accord *(Cass. soc., 26 oct. 1999, n° 97-42.846, Bull. V n° 411 ; Cass. soc., 11 févr. 2009, n° 08-40.095, Bull. V n° 43, RJS 2009 n° 322 ; Cass. soc., 11 janv. 2011, n° 09-66.843 ; Cass. soc., 13 juin 2012, n° 11-13.971)*.

Par ailleurs, lorsque le contrat de travail a été rompu par l'exercice par l'une ou l'autre des parties de son droit de résiliation unilatérale, la signature postérieure d'une rupture conventionnelle vaut renonciation commune à la rupture précédemment intervenue *(Cass. soc., 3 mars 2015, n° 13-20.549, Bull. V n° 35 ; Cass. soc., 11 mai 2023, B., n° 21-18.117, Liaisons soc. n° 18483 du 4 février 2022, « L'articulation entre licenciement verbal et rupture conventionnelle consécutifs », Juliette Brunie, RDT 2023. 473)*.

b) l'incidence d'un vice du consentement

17.1.1.2.1.2. – La convention de rupture est nulle en cas de vice de consentement *(Cass. soc., 12 févr. 2014, n° 12-29.208, RJS 2014 n° 399)*. Il en est ainsi notamment :

– lorsque l'employeur convoque une salariée le lendemain d'un arrêt- maladie pour lui proposer une rupture conventionnelle sans l'informer de l'objet de l'entretien et sans lui laisser la possibilité de se faire assister *(CA Amiens, 11 janv. 2012, n° 11/00555)* ;
– dès lors qu'il est constaté une situation de violence morale résultant du harcèlement moral et ayant entraîné des troubles psychologiques *(Cass. soc., 30 janv. 2013, n° 11-22.332, Bull. V n° 24, RJS 2013 n° 279 ; Cass. soc., 23 mai 2013, n° 12-13.865, L. Lerouge,*

« Rupture conventionnelle du contrat à durée indéterminée : quelle protection pour le salarié en situation de vulnérabilité psychologique ? », Dr soc 2015, p. 406 ; Cass. soc., 29 janv. 2020, n° 18-24.296) ou du harcèlement sexuel *(Cass. soc., 4 nov. 2021, n° 20-16.550, RJS 2022 n° 58 ; Cass. soc., 1er mars 2023, n° 21-21.345, RJS 2023 n° 244).* En revanche, l'existence de faits de harcèlement moral n'affecte pas en elle-même la validité de la convention de rupture, sauf à prouver que le harcèlement moral que le salarié subissait a altéré son consentement *(Cass. soc., 23 janv. 2019, n° 17-21.550, B., Sem. soc. Lamy, n° 1848 ; note J. Mouly, Dr soc 2019, p. 268 ; RJS 2019 n° 208 ; note H. Gosselin, Dr ouvrier 2019, p. 255)* ;

– si l'employeur a donné une information erronée sur le calcul de l'allocation chômage à laquelle le salarié pouvait prétendre *(Cass. soc., 5 nov. 2014, n° 13-16.372)* ;
– en cas d'exercice abusif par l'employeur de son pouvoir disciplinaire ou l'existence de manœuvres ou menaces pour inciter le salarié à choisir une rupture amiable *(Cass. soc., 16 sept. 2015, n° 14-13.830 : non caractérise en l'espèce, note D. Chenu, Dr soc 2015, p. 941)* ;
– en cas d'existence d'une altération des facultés mentales du salarié, lors de la signature de la convention de rupture *(Cass. soc., 16 mai 2018, n° 16-25.852, RJS 2018 n° 476)* ;
– en cas de situation de violence morale subie par le salarié *(Cass. soc., 30 janv. 2013, n° 11-22.332, Bull. V n° 24 ; Cass. soc., 9 juin 2015, n° 14-10.192 ; CA Lyon 21 janv. 2022 n° 19/04124, RJS 2022 n° 286 : l'employeur ne payait plus le salarié depuis plusieurs mois et avait contraint celui-ci à accepter la rupture par la promesse du versement de l'arriéré de salaire)* ;
– lorsque l'employeur a dissimulé au salarié l'existence, à la date de conclusion de la convention de rupture, d'un plan de sauvegarde de l'emploi en cours de préparation prévoyant la suppression de son poste et que cette dissimulation a été déterminante dans le consentement de celui-ci *(Cass. soc. 6 janv. 2021 n° 19-18.549, RJS 2021 n° 301 ; a contrario si elle n'est pas déterminante : Cass. soc., 6 oct. 2017, n° 16-21.202 ; Cass. soc., 17 mars 2021 n° 19-25.313, RJS 2021 n° 301)* ;
– lorsque l'employeur fait pression sur la salariée dont la compétence n'avait auparavant jamais été mise en cause, en lui délivrant deux avertissements successifs et injustifiés, qu'il la dévalorise et dégrade ses conditions de travail, ce qui a eu des conséquences sur son état de santé, et qu'il l'incite, par les pressions ainsi exercées, à accepter la voie de la rupture conventionnelle *(Cass. soc., 8 juill. 2020, n° 19-15.441, RJS 2020 n° 459).* Il en est de même lorsque l'employeur exerce son pouvoir disciplinaire, créant un climat conflictuel, avant la signature d'une rupture amiable *(Cass. soc., 16 sept. 2015, n° 14-13.830, B.).*

En revanche, une rupture conventionnelle du contrat de travail pour dol, au motif que le salarié avait invoqué un projet fallacieux de reconversion professionnelle pour obtenir l'accord de l'employeur à la rupture, ne peut pas être annulée sans constater que ce projet a déterminé le consentement de ce dernier à la rupture conventionnelle *(Cass. soc., 11 mai 2022 n° 20-15.909, RJS 2022 n° 433)*. En revanche, le dol du salarié, s'il est déterminant dans le consentement de l'employeur, entraîne la nullité de la rupture conventionnelle et lorsque le contrat de travail est rompu en exécution d'une convention de rupture ensuite annulée en raison d'un vice du consentement de l'employeur, la rupture produit les effets d'une démission *(Cass. soc., 19 juin 2024, n° 23-10.817, B.)*.

La chambre sociale a jugé que les dispositions de l'article L. 1237-11 du Code du travail relatives à la rupture conventionnelle entre un salarié et son employeur ne sont pas applicables à une convention tripartite conclue entre un salarié et deux employeurs successifs ayant pour objet d'organiser, non pas la rupture, mais la poursuite du contrat de travail *(Cass. soc., 8 juin 2016, n° 15-17.555, B.)*.

2. *Rupture conventionnelle et suspension du contrat de travail*

17.1.1.2.2. – Dans la circulaire du 17 septembre 2008, le ministère du Travail a précisé que si rien n'interdit aux parties de conclure une rupture conventionnelle dans les cas de suspension ne bénéficiant d'aucune protection particulière *(congé parental d'éducation, congé sabbatique, congé sans solde…)*, il en va autrement des situations dans lesquelles l'existence d'une volonté de contourner des procédures et garanties légales *(périodes de protection de l'emploi liées à un accident du travail, une maladie professionnelle, une maternité, une maladie de droit commun ; procédures de rupture pour inaptitude médicale ; procédure de licenciement engagée…)* peut justifier un refus d'homologation en fonction des renseignements fournis par les parties *(Circulaire DGT du 17 sept. 2008 « Questions-réponses » relative à la rupture conventionnelle)*.

Opérant un revirement avec sa jurisprudence antérieure en matière de rupture d'un commun accord *(Cass. soc., 4 janv. 2000, n° 97-44.566, Bull. V n° 3)*, la chambre sociale a, pour sa part, jugé que, sauf en cas de fraude ou de vice de consentement, une rupture conventionnelle peut être valablement conclue :

- au cours de la période de suspension consécutive à un accident du travail ou une maladie professionnelle *(Cass. soc., 30 sept. 2014, n° 13-16.297, Bull. civ. V n° 219, Rapport 2014 de la Cour de cassation, RJS 2014 n° 855, D. 2014.2002 ; obs. B. Lardy-Pélissier, RDT 2014.684 ; note G. Loiseau, JCP S 2014.1436 ; Cass. soc., 16 déc. 2015, n° 13-27.212, B.)* ;
- lorsque la salariée, placée en arrêt de travail à la suite d'un accident du travail, a été déclarée apte avec réserves à la reprise du

travail *(Cass. soc., 28 mai 2014, n° 12-28.082, Bull. V n° 129, RJS 2014 n° 627)* ;
– au cours des périodes de suspension du contrat de travail auxquelles la salariée a droit au titre de son congé de maternité, ainsi que pendant les 4 semaines suivant l'expiration de ces périodes *(Cass. soc., 25 mars 2015, n° 14-10.149, Bull. V n° 58, RJS 2015 n° 407, note J. Mouly ; Dr soc 2015, p. 399)* ;
– avec un salarié déclaré inapte à son poste *(Cass. soc. 9 mai 2019, n° 17-28.767, B.)*.

Cette évolution jurisprudentielle semble indiquer que, pour le juge judiciaire, ces procédures et garanties légales sont dès lors destinées à protéger les salariés contre la seule résiliation unilatérale du contrat par l'employeur.

3. *Rupture conventionnelle et motif économique*

17.1.1.2.3. – L'article L. 1237-16 du Code du travail exclut l'application de la rupture conventionnelle aux ruptures résultant :
– des accords collectifs de gestion prévisionnelle des emplois et des compétences dans les conditions définies par l'article L. 2242-15 ;
– et des plans de sauvegarde de l'emploi dans les conditions définies par les articles L. 1233-61 à L. 1233-64 *(cf. n° **410.1.2.3**)*.

L'instruction ministérielle du 23 mars 2010 précise qu'il peut y avoir rupture conventionnelle même si une entreprise rencontre des difficultés économiques, mais que ce mode ne doit pas être utilisé comme un moyen de contourner les règles du licenciement économique, notamment lorsqu'elle visait un nombre important de salariés *(Instruct. DGT n° 02 du 23 mars 2010 relative à l'incidence d'un contexte économique difficile sur la rupture conventionnelle d'un contrat de travail à durée indéterminée)*. Par l'arrêt rendu le 15 octobre 2014, la chambre sociale a jugé qu'il résultait de la combinaison des articles L. 1231-1 et L. 1237-11 du Code du travail que « *sauf dispositions légales contraires, la rupture du contrat de travail par accord des parties ne peut intervenir que dans les conditions prévues par le second relatif à la rupture conventionnelle* » *(Cass. soc., 15 oct. 2014, n° 11-22.251, Bull. V n° 241, Rapport 2014 de la Cour de cassation, RJS 2014 n° 854 ; note J. Mouly, « La résiliation conventionnelle, voie exclusive de la rupture négociée du contrat de travail à durée indéterminée », Dr soc 2014, p. 1066 ; G. Couturier, « Il n'est de résiliation d'un commun accord que la rupture conventionnelle », Dr soc 2015, p. 32)*.

La Cour de cassation a ainsi entendu affirmer nettement le principe de l'application des règles de la rupture conventionnelle à toutes les ruptures amiables, y compris celles qui résultent d'un motif économique, à l'exception de celles intervenues dans le cadre des dispositions spécifiques, et notamment les dispositions précitées de l'article L. 1237-16 du Code du travail *(accords de GPEC ou PSE)*.

Toutefois, pour le juge judiciaire, les ruptures conventionnelles, lorsqu'elles ont une cause économique et s'inscrivent dans un processus de réduction des effectifs dont elles constituent la ou l'une des modalités, doivent être prises en compte pour déterminer la procédure d'information et de consultation des représentants du personnel applicable ainsi que les obligations de l'employeur en matière de plan de sauvegarde de l'emploi *(Cass. soc., 9 mars 2011, n° 10-11.581, Bull. V n° 70, RJS 2011 n° 408 ; Cass. soc., 19 janv. 2022, n° 20-11.962, RJS 2022 n° 131)*. Ne sont toutefois pris en compte que les contrats rompus après l'homologation des conventions par l'administration du travail *(Cass. soc., 29 oct. 2013, n° 12-15.382, Bull. V n° 253, RJS 2014 n° 25)*.

4. Rupture conventionnelle et procédure disciplinaire

17.1.1.2.4. – La signature par les parties au contrat de travail d'une rupture conventionnelle, après l'engagement d'une procédure disciplinaire de licenciement, n'emporte pas renonciation par l'employeur à l'exercice de son pouvoir disciplinaire ; dès lors, si le salarié exerce son droit de rétractation de la rupture conventionnelle, l'employeur est fondé à reprendre la procédure disciplinaire par la convocation du salarié à un nouvel entretien préalable dans le délai de prescription des fautes prévu par l'article L. 1332-4 du Code du travail et à prononcer une sanction, y compris un licenciement pour faute grave *(Cass. soc., 3 mars 2015, n° 13-15.551, Bull. V n° 36, RJS 2015 n° 337 ; cf. également note J. Mouly, « La neutralité de la rupture conventionnelle à l'égard du pouvoir disciplinaire de l'employeur », Dr soc 2015, p. 376)*.

Toutefois, dans ce cas, la signature de la convention de rupture ne constitue pas un acte interruptif de ce délai de prescription *(Cass. soc., 3 mars 2015, n° 13-23.348, Bull. V n° 34, note J. Mouly Dr soc 2015, p. 376 ; sur le délai de prescription, cf. n°* ***21.2.3.4****)*.

§ 2. LA PROCÉDURE DE DROIT COMMUN

17.1.2. – La rupture conventionnelle du contrat de travail d'un salarié non protégé est subordonnée, d'une part, au respect d'une procédure préalable à la signature de la convention, puis d'un délai de rétractation et, d'autre part, à l'obtention d'une homologation accordée par le DREETS, ou par délégation le DDETS/DDETSPP.

A. La tenue d'un ou plusieurs entretiens préparatoires

17.1.2.1. – Pour convenir du principe d'une rupture conventionnelle, il est nécessaire que les parties au contrat procèdent au moins à un entretien préparatoire *(Cass. soc., 1er déc. 2016, n° 15-21.609, B.)*, dont les modalités sont précisées par l'article L. 1237-12 du Code du travail :

– le salarié peut, à l'instar de l'entretien préalable au licenciement, se faire assister par un membre du personnel, et, dans le cas où il n'existe pas de représentation du personnel dans l'entreprise, par un conseiller du salarié ; il doit alors en informer l'employeur ; la prise en charge de l'assistance du salarié par un conseiller du salarié dans le cadre d'une rupture conventionnelle s'effectue dans les conditions de droit commun relatives à cette mission ;
– l'employeur peut également se faire assister, quand le salarié en fait lui-même usage, par un membre de l'entreprise ou, dans les entreprises de moins de 50 salariés, par une personne appartenant à son organisation syndicale d'employeurs ou par un autre employeur relevant de la même branche ; il doit en informer à son tour le salarié. Néanmoins, si l'employeur se fait assister alors que le salarié ne l'est pas, la méconnaissance de cette exigence légale ne conduit pas à l'annulation de la convention de rupture en l'absence de vice du consentement liée à l'existence d'une contrainte ou de pression exercée de ce fait sur le salarié *(Cass. soc., 5 juin 2019, n° 18-10.901, B.)*.

De ce fait, aucune des deux parties ne peut se faire assister par un avocat *(Circulaire DGT n° 2008-11 du 22 juillet 2008 relative à l'examen de la demande d'homologation d'une rupture conventionnelle d'un contrat à durée indéterminée)*.

À la différence de l'entretien préalable au licenciement, la loi ne prévoit toutefois aucun formalisme particulier pour la tenue de ce ou ces entretiens préparatoires, notamment pour les modalités d'information de l'autre partie *(forme, délai)* sur l'assistance à l'entretien. Même si l'entretien prévu n'est soumis à aucun formalisme *(Cass. soc., 29 janv. 2014 n° 12-27.594, Bull. V n° 39 ; Cass. soc., 3 juill. 2013, n° 12-19.268, Bull. V n° 178)*, il doit avoir lieu, et cela à peine de nullité de la rupture conventionnelle. L'entretien doit être antérieur à la signature de la convention, sans que les dispositions du Code du travail ne prévoient de délai à respecter *(Cass. soc., 13 mars 2023, n° 22-10.551, B., RJS 2024 n° 266)*.

Pour garantir la liberté de consentement du salarié, il est essentiel que celui-ci sache qu'il peut au cours de la discussion recueillir les informations et avis nécessaires à sa décision *(Circulaire DGT n° 2008-11 du 22 juillet 2008 préc.)*.

L'accord national interprofessionnel étendu du 11 janvier 2008 fait en outre obligation à l'employeur de lui rappeler qu'il a la possibilité, à cet effet, de contacter notamment le service public de l'emploi.

Toutefois, n'ont pas été regardées comme affectant la liberté de son consentement :

– l'inobservation de cette obligation pour un salarié ayant conçu un projet de création d'entreprise *(Cass. soc., 29 janv. 2014, n° 12-25.951, Bull. V n° 38, RJS 2014 n° 316)* ;

– l'absence d'information sur la possibilité de se faire assister lors de l'entretien au cours duquel la rupture avait été convenue, la salariée ayant pris l'initiative dans le but de créer une entreprise *(Cass. soc., 19 nov. 2014, n° 13-21.207).*

De même, n'entraînent pas la nullité de la convention de rupture le défaut d'information du salarié d'une entreprise ne disposant pas d'institution représentative du personnel sur la possibilité de se faire assister par un conseiller du salarié, ni son choix de se faire assister, lors de cet entretien, par son supérieur hiérarchique, titulaire d'actions de l'entreprise *(Cass. soc., 29 janv. 2014, n° 12-27.594, Bull. V n° 39, RJS 2014 n° 316).*

Par ailleurs, l'article L. 1237-12 du Code du travail n'instaure pas de délai entre, d'une part, l'entretien au cours duquel l'accord intervient entre les parties et, d'autre part, la signature de la convention de rupture *(Cass. soc., 3 juill. 2013, n° 12-19.268, Bull. V n° 178, RJS 2013 n° 674 ; Cass. soc., 19 nov. 2014, n° 13-21.979, préc.).*

B. La signature d'une convention de rupture

17.1.2.2. – La convention doit définir, en tout état de cause, la date de la rupture, qui ne peut intervenir avant le lendemain du jour de son homologation, ainsi que, notamment, le montant de l'indemnité spécifique de rupture conventionnelle, laquelle ne peut pas être inférieure à l'indemnité légale de licenciement, fixée par l'article L. 1234-9 du Code du travail *(C. trav., art. L. 1237-13).*

Si la volonté de chaque partie doit se concrétiser par la signature de la convention de rupture, l'absence de la mention « *lu et approuvé* » n'est pas constitutive d'une irrégularité *(Cass. soc., 6 févr. 2013, n° 11-27.000, Bull. V n° 29).*

En revanche, la rupture conventionnelle est nulle si la date de signature de la convention de rupture, non mentionnée sur la convention, est incertaine *(Cass. soc., 27 mars 2019, n° 17-23.586, RJS 2019 n° 343).*

La remise d'un exemplaire de la convention de rupture au salarié est nécessaire pour que chacune des parties puisse demander l'homologation, et pour garantir le libre consentement du salarié en lui permettant d'exercer ensuite son droit de rétractation en connaissance de cause *(Cass. soc., 6 févr. 2013, n° 11-27.000, Bull. V n° 29, RJS 2013 n° 280 ; Cass. soc., 26 sept. 2018, n° 17-19.860, RJS 2018 n° 321).* L'exemplaire remis au salarié doit comporter la signature de l'employeur *(Cass. soc., 3 juill. 2019, n° 17-14.232, B.).* Cette remise ne se présume pas *(Cass. soc. 3 juill. 2019, n° 18-14.414, B.).* En cas de contestation, il appartient à celui qui invoque cette remise d'en rapporter la preuve *(Cass. soc., 23 sept. 2020, n° 18-25.770, B., RJS 2020 n° 529).*

C. Le respect du délai de rétractation

17.1.2.3. – À compter de la date de la signature de la convention par les deux parties, chacune d'elles dispose d'un délai de 15 jours calendaires pour exercer son droit de rétractation, sans obligation de la motiver. Ce droit est exercé sous la forme d'une lettre adressée par tout moyen attestant de sa date de réception par l'autre partie *(C. travail, art. L. 1237-13)*.

Le délai, qui doit être respecté, démarre au lendemain de la date de signature et se termine au quinzième jour à 24 heures *(Circulaire DGT n° 2008-11 du 22 juillet 2008 préc.)*. Les dispositions de l'article 642 du Code de procédure civile, qui prévoit une prorogation jusqu'au jour ouvrable suivant en cas d'expiration du délai un samedi, un dimanche ou un jour férié ou chômé, sont applicables.

Si le délai de rétractation doit être impérativement respecté *(Cass. soc., 6 déc. 2017, n° 16-16.851)*, une erreur commise dans la convention de rupture sur la date d'expiration du délai de quinze jours ne peut toutefois entraîner la nullité de la convention que si elle a eu pour effet de vicier le consentement de l'une des parties ou de la priver de la possibilité d'exercer son droit à rétractation *(Cass. soc., 29 janv. 2014, n° 12-24.539, Bull. V n° 40, RJS 2014 n° 316)*. Dans un arrêt ultérieur, la Cour de cassation a invalidé la convention s'attachant au fait que le salarié n'avait pas pu bénéficier de son délai de rétractation *(Cass. soc., 19 oct. 2017, 15-27.708, date erronée fixant la fin du délai de rétraction avant la date de signature)*.

La date d'envoi du courrier de rétractation détermine si le salarié a exercé son droit de rétractation dans le délai imparti par l'article L. 1237-13 du Code du travail *(Cass. soc., 14 févr. 2018, n° 17-10.035, B., RJS 2018 n° 254)*. Il en est de même pour l'employeur *(Cass. soc., 19 juin 2019, n° 18-22.897, Liaisons soc. n° 17849)*.

En outre, lorsque la première convention avait fait l'objet d'un refus d'homologation par l'autorité administrative, le salarié doit bénéficier d'un nouveau délai de rétractation. À défaut, la seconde convention de rupture est nulle *(Cass. soc., 13 juin 2018, n° 16-24.830, B., RJS 2018 n° 527)*.

D. L'homologation par l'autorité administrative

17.1.2.4. – Dès le lendemain de l'expiration du délai de rétractation, la demande d'homologation peut être adressée par la partie la plus diligente au directeur régional DREETS, ou par délégation au DDETS/DDETSPP, dont relève l'établissement *(X. Prétot, « L'homologation de la rupture conventionnelle par l'autorité administrative », Dr soc 2008, p. 316)*.

Le formulaire de demande d'homologation annexé à l'arrêté du 18 juillet 2008 fixant les modèles de la demande d'homologation d'une rupture conventionnelle d'un contrat à durée indéterminée *(JORF du 19 juill.*

2008) doit lui être adressé. Ce document, signé par les deux parties, comporte notamment les informations suivantes :

– noms des parties ;
– emploi, qualification et ancienneté du salarié à la date de la rupture ;
– convention collective applicable ;
– rémunération mensuelle brute des 12 derniers mois ;
– dates et nombre d'entretiens ; nom, prénom et qualité des personnes ayant éventuellement assisté le salarié et l'employeur ;
– modalités de la convention de rupture : date envisagée de la rupture (sous réserve des délais prévus par la loi), montant de l'indemnité spécifique de rupture conventionnelle, date de fin du délai de rétractation ;
– date et signatures des parties.

Les modalités d'instruction de cette demande sont précisées dans la circulaire précitée du 22 juillet 2008.

À réception de la demande, le DREETS ou par délégation le DDETS/DDETSPP, doit adresser aux deux parties un accusé de réception *(modèle figurant en annexe de la circulaire DGT n° 2008-11 du 22 juillet 2008 précitée)* mentionnant la date d'arrivée de la demande ainsi que la date à laquelle le délai d'instruction expire. L'autorité administrative dispose d'un délai de 15 jours ouvrables à compter de la date de réception. Au-delà, l'homologation est réputée acquise et l'autorité administrative est dessaisie *(C. trav., art. L. 1237-14)*. Aucune homologation implicite ne peut toutefois naître si la demande est incomplète.

La décision de refus d'homologation d'une convention de rupture conclue en application des dispositions des articles L. 1237-11 et suivants du Code du travail ne crée de droits acquis ni au profit des parties à la convention, ni au profit des tiers et peut, par suite, être légalement retirée par son auteur *(Cass. soc., 12 mai 2017, n° 15-24.220, B. ; note J. Mouly, « Rupture conventionnelle : validité du retrait d'un refus d'homologation », Dr soc 2017, p. 680)*. Le salarié doit donner son consentement à la rupture conventionnelle établie après la décision de refus de l'autorité administrative *(Cass. soc. 24 juin 2020, n° 18-17.262, RJS 2020 n° 458)*.

Le contrôle du DREETS, ou par délégation du directeur de l'unité départementale DDETS/DDETSPP, pour établir la validité de cette demande doit porter sur le respect des garanties prévues par la loi, la liberté de consentement des parties *(Cass. soc., 30 janv. 2013, n° 11-22.332, Bull. V n° 24, RJS 2013 n° 279 : nullité d'une rupture conventionnelle liée à une situation de violence morale subie par la salariée ; Cass. soc., 9 juin 2015, n° 14-10.192, RJS 2015 n° 563)* et l'absence de démarche visant à contourner les procédures et garanties légales *(Circulaire DGT n° 2008-11 du 22 juillet 2008 préc. ; voir cependant l'évolution de la jurisprudence de la Cour de cassation, cf. n°* ***17.1.1.2****)*.

L'autorité administrative doit en outre s'assurer que la cause de la rupture répond à l'objet défini pour la rupture conventionnelle. Il lui appartient donc de refuser l'homologation pour toute rupture résultant de l'un des cas exclus par l'article L. 1237-16 *(accords collectifs de gestion prévisionnelle des emplois et des compétences dans les conditions, plans de sauvegarde de l'emploi)*.

Par ailleurs, peuvent, selon la circulaire ministérielle *(Circulaire DGT n° 2008-11 du 22 juillet 2008 préc.)*, être considérés comme substantiels les éléments suivants :

- les informations relatives aux parties : identités et adresses des parties à la convention de rupture ;
- l'ancienneté du salarié, exactement calculée, en années et en mois, à la date présumée de la rupture du contrat de travail ;
- le montant des 12 derniers salaires bruts versés au salarié, afin de permettre la détermination de la base de calcul de l'indemnité spécifique de rupture conventionnelle ;
- la tenue d'au moins un entretien ;
- le ou les assistants à l'entretien ;
- la signature de la convention de rupture ;
- la vérification de l'indemnité spécifique de rupture conventionnelle. Toutefois, le non-respect du montant de l'indemnité légale ne constitue pas à lui seul une irrégularité justifiant le refus de rupture du contrat *(cf. n°* ***17.1.2.6****)* ;
- la date envisagée de rupture du contrat de travail, qui ne peut en aucun cas être antérieure à celle de l'expiration du délai d'instruction par le DREETS ou par délégation DDETS/DDETSPP, ce qui justifierait un refus d'homologation ; *a contrario*, rien n'interdit aux parties de prévoir une date éloignée *(Circulaire DGT du 17 sept. 2008 « Questions-réponses » relative à la rupture conventionnelle)* ;
- le droit de rétractation.

Une clause de renonciation à tout recours contenue dans une convention doit être réputée non écrite, comme contraire à l'article L. 1237-11 du Code du travail, sans qu'en soit affectée la validité de la convention elle-même *(Cass. soc., 26 juin 2013, n° 12-15.208, Bull. V n° 167, RJS 2013 n° 674)*.

E. Les voies de recours contre la décision de l'autorité administrative

17.1.2.5. – L'homologation ne peut pas faire l'objet d'un litige distinct de celui relatif à la convention. Tout litige relatif à la convention, à l'homologation ou au refus d'homologation relève de la compétence du conseil des prud'hommes, à l'exclusion de tout autre recours contentieux ou administratif, gracieux ou hiérarchique. Le recours doit être formé, à peine d'irrecevabilité, dans un délai de 12 mois à compter de la date d'homologation de la convention *(C. trav., art. L. 1237-14)* quand bien même serait-elle implicite *(Cass. soc., 6 déc. 2017, n° 16-10.220, B.)*. En cas de recours contre un refus d'homologation, le conseil de prud'hommes est compétent pour dire que la convention de rupture réunissait toutes les conditions pour être homologuée, mais il n'entre pas dans les pouvoirs du juge judiciaire de prononcer, en lieu et place de l'autorité administrative, l'homologation d'une convention de rupture conclue en application des articles L. 1237-11 et suivants du Code du travail *(Cass. soc., 14 janv. 2016, n° 14-26.220, B. ; note J. Mouly, Dr soc 2016, p. 291 ; A. Fabre-C. Radé, « Le juge et la rupture conventionnelle du contrat de travail », Dr soc 2017, p. 20)*.

Le recours juridictionnel doit être formé, à peine d'irrecevabilité, avant l'expiration d'un délai de douze mois à compter de la date d'homologation de la convention *(C. trav., art. L. 1237-14)*. Toutefois, une fraude dans le recours à la rupture conventionnelle a pour effet de reporter le point de départ du délai de prescription prévu à l'article L. 1237-14 du Code du travail au jour où celui qui l'invoque en a eu connaissance *(Cass. soc., 22 juin 2016, n° 15-16.994, B., RJS 2016 n° 620)*. En outre, lorsque le contrat de travail est rompu en exécution d'une convention de rupture ensuite annulée, la rupture produit les effets d'un licenciement sans cause réelle et sérieuse *(Cass. soc., 30 mai 2018, n° 16-15.273, B., RJS 2018 n° 528 ; note H. Ciray, Dr ouvrier 2018, p. 524 ; note L. Bento de Carvalho, « Nullité de la rupture conventionnelle homologuée : prime à l'employeur fraudeur ? », RDT 2018, p. 594)*.

F. L'indemnité spécifique de rupture conventionnelle due au salarié

17.1.2.6. – L'article L. 1237-13 dispose que « *la convention de rupture définit les conditions de celle-ci, notamment le montant de l'indemnité spécifique de rupture conventionnelle qui ne peut pas être inférieur à celui de l'indemnité prévue à l'article L. 1234-9* », c'est-à-dire de celui de l'indemnité légale de licenciement. Le ministère du Travail estimait que le montant de l'indemnité spécifique due ne pouvait être inférieur à celui de l'indemnité légale *(Circulaire DGT n° 2008-11 du 22 juillet 2008)*.

Sur ce point, la loi paraissait s'écarter de la lettre de l'accord national interprofessionnel du 11 janvier 2008 sur la modernisation du marché du travail tel qu'interprété par le procès-verbal d'interprétation du 15 décembre 2008 (*signé par le Medef, la CGPME, l'UPA, la CFDT et la CFE-CGC*).

Pour mettre un terme à cette situation, un nouvel avenant a été conclu le 18 mai 2009 et a été étendu par arrêté du 26 novembre 2009 *(JORF du 27 nov. 2009)*, lequel stipule que l'employeur doit verser l'indemnité conventionnelle de licenciement dès lors qu'elle est supérieure au montant de l'indemnité légale Cet avenant ne s'applique pas aux entreprises qui ne sont pas membres d'une des organisations signataires de cet accord et dont l'activité ne relève pas du champ d'application d'une convention collective de branche signée par une fédération patronale adhérente du Mouvement des entreprises de France (le MEDEF), de l'Union professionnelle artisanale (l'UPA) ou de la Confédération des petites et moyennes entreprises (la CGPME) *(Cass. soc., 27 juin 2018, n° 17-15.948)*.

La chambre sociale a toutefois jugé que c'est par rapport au montant de celle-ci, telle que définie par les articles L. 1234-9, R. 1234-1 et R. 1234-2 du Code du travail, que doit s'apprécier le montant minimum de l'indemnité spécifique de rupture conventionnelle *(Cass. soc., 3 juin 2015, n° 13-26.799, B., RJS 2015 n° 564)*. Même lorsque l'accord collectif applicable dans l'entreprise n'ouvre le droit à une indemnité de licenciement plus favorable que l'indemnité légale que relativement à certains motifs de licenciement l'indemnité spécifique de rupture conventionnelle ne peut être d'un montant inférieur à l'indemnité conventionnelle de licenciement plus favorable prévue par cet accord collectif *(Cass. soc., 5 mai 2021 n° 19-24.650, B., RJS 02021 n° 381)*. Par une décision du 10 janvier 2024, la Cour de cassation confirme que l'indemnité de rupture conventionnelle ne peut pas être inférieure à l'indemnité conventionnelle de licenciement et apporte des éléments quant aux modalités de calcul (*Cass. soc., 10 janv. 2024, n° 22-19.165, B., RJS 2024 n° 149)*.

Toutefois, le non-respect du montant de l'indemnité légale ne constitue pas à lui seul une irrégularité justifiant le refus de rupture du contrat. Il s'agit d'une composante du libre consentement. Ainsi, une indemnité inférieure à l'indemnité légale n'est pas un obstacle à une autorisation sauf si le consentement du salarié a été vicié sur ce point *(Cass. soc., 8 juil. 2015 n° 14-10.139, Bull. V n° 834, note J. Mouly, Dr soc 2015, p. 1036)*.

Les contributions payées par l'employeur sur les indemnités versées à l'occasion d'une rupture conventionnelle et d'une mise à la retraite sont unifiées à compter du 1er septembre 2023 *(loi de financement rectificative de la sécurité sociale n° 2023-270, 14 avril 2023, article 4 ; Sem. soc. Lamy 28 août 2023, n° 2056)*.

§ 3. LA PROCÉDURE APPLICABLE AUX SALARIÉS PROTÉGÉS

17.1.3. – La rupture conventionnelle peut s'appliquer aux salariés protégés ; par dérogation au droit commun, elle est alors soumise, non à l'homologation du DREETS, ou par délégation du directeur DDETS/DDETSPP, qui vaut homologation. La procédure spécifique prévue en cas de licenciement des salariés protégés est applicable *(C. trav., art. L. 1237-15)*, selon le déroulement suivant.

A. Les salariés protégés concernés

17.1.3.1. – À la lecture de l'article L. 1237-15 du Code du travail, la procédure d'autorisation de la rupture conventionnelle ne vise que les salariés bénéficiant d'une protection au titre des articles L. 2411-1 et L. 2411-2.

Toutefois, en application du principe de recodification à droit constant de la protection attachée aux mandats existants *(Cass. soc., 27 janv. 2010, n° 08-44.376, Bull. V n° 22 ; Cass. soc., 13 févr. 2012, n° 11-21.946 QPC, Bull. V n° 71, RJS 2012 n° 432)*, cette protection ne peut être limitée aux seuls salariés détenteurs de mandats en cours et excluant ceux ayant demandé l'organisation d'élections professionnelles, les candidats à ces mandats ou les anciens détenteurs de mandats. Est donc soumise à la procédure d'autorisation devant l'inspecteur du travail la rupture conventionnelle du contrat de tout salarié bénéficiant d'une protection contre le licenciement au titre d'un mandat, mentionné aux articles L. 2411-1 et L. 2411-2 du Code du travail, ainsi qu'en application des dispositions transitoires de l'ordonnance n° 2017-1386 du 22 septembre 2017, les mandats supprimés par celle-ci *(Guide DGT, Salariés protégés, sept. 2019, fiche n° 4)*.

Cette protection est également applicable au représentant de la section syndicale bénéficiant d'un régime de protection équivalent à celui du délégué syndical, par renvoi général de l'article L. 2142-1-2 du Code du travail aux dispositions du Livre IV sur les salariés protégés.

B. La tenue d'un ou plusieurs entretiens préparatoires

17.1.3.2. – Il convient de se reporter au n° **17.1.2.1**.

C. La consultation du comité social et économique

17.1.3.3. – Conformément aux dispositions de l'article R. 2421-20 du Code du travail, le comité social et économique doit être consulté sur le projet de rupture conventionnelle du salarié protégé, si cette consultation est requise par le ou les mandats en cause *(v. tableau A en annexe)*, selon la procédure prévue par l'article R. 2421-9 du Code du travail *(audition du salarié, vote à bulletins secrets ; cf. n°* ***21.6.3****)*.

Son avis doit précéder la signature de la convention de rupture *(Circ. DGT n° 2008-11 du 22 juillet 2008 précitée)*. Si elle n'est pas signée, la convention soumise à l'avis du comité social et économique doit toutefois être finalisée.

D. La signature de la convention de rupture

17.1.3.4. – Il convient de se reporter au n° **17.1.2.2**.

E. Le respect du délai de rétractation

17.1.3.5. – Il convient de se reporter au n° **17.1.2.3**.

F. L'indemnité spécifique de rupture conventionnelle due au salarié

17.1.3.6. – Il convient de se reporter au n° **17.1.2.6**.

G. La demande d'autorisation à l'inspecteur du travail

17.1.3.7. – À l'expiration du délai de rétractation, la demande d'autorisation de la rupture conventionnelle est adressée à l'inspecteur du travail compétent pour le lieu de travail principal du salarié *(C. trav., art. R. 2421-18 et R. 2421-21 ; L. 2421-3)*, accompagnée du formulaire de demande de rupture conventionnelle spécifique aux salariés protégés, qui contient la convention de rupture *(Circ. DGT n° 2008-11 du 22 juill. 2008 précitée)*. Une rupture conventionnelle d'un salarié protégé homologuée par la DREETS encourt la nullité pour violation du statut protecteur *(CA Nîmes, ch. soc., 17 janv. 2017, n° 13/04880, RJS 2017 n° 276)*.

De même que la demande d'homologation au DREETS, ou par délégation au DDETS/DDETSPP *(C. trav., art. L. 1237-14)*, elle peut être adressée à l'autorité administrative par la partie la plus diligente, employeur ou salarié protégé concerné *(Guide DGT, Salariés protégés, sept. 2019, fiche n° 14)*.

L'arrêté du 18 juillet 2008 fixe les modèles de la demande d'homologation d'une rupture conventionnelle d'un contrat à durée indéterminée *(JORF 19 juillet 2008)*, et notamment le modèle de formulaire à utiliser pour les salariés protégés.

Ce document, signé par les deux parties, comporte notamment les informations suivantes :

– emploi, qualification et ancienneté du salarié à la date de la rupture ;
– convention collective applicable ;
– rémunération mensuelle brute des 12 mois précédents et rémunération mensuelle brute moyenne ;
– déroulement des échanges pour convenir de la rupture conventionnelle : date du premier entretien, ainsi que des autres entretiens éventuels, noms des personnes ayant éventuellement assisté le salarié et l'employeur ;
– modalités de la convention de rupture : date envisagée de la rupture *(sous réserve des délais prévus par la loi)*, montant de l'indemnité spécifique de rupture conventionnelle, date de fin du délai de rétractation.

H. La décision de l'inspecteur du travail

17.1.3.8. – Comme pour tout licenciement, l'inspecteur du travail doit procéder à une enquête contradictoire et sa décision doit être prise dans le délai de 2 mois suivants la réception de la demande *(C. trav.,* *art. R. 2421-19 et R. 2421-22)*. L'inspecteur du travail peut opter pour la procédure contradictoire aménagée telle que prévue par les dispositions des articles R. 2421-18 et R.2421-22 du Code du travail. Cette procédure est détaillée au n° **34.3.2.2.2**. L'inspecteur du travail n'a pas à apprécier la validité de la pertinence d'un motif. Les vérifications auxquelles il doit procéder sont les mêmes que celles qui doivent être effectuées par le DREETS, pour l'homologation des ruptures conventionnelles des salariés non protégés *(cf. n° **17.1.2.4**)*. À ce titre, il doit donc s'assurer de l'absence de toute pression de l'employeur qui se rattacherait notamment à l'exercice du mandat par le salarié. Toute décision autorisant la rupture conventionnelle doit constater l'absence de lien avec le mandat *(C. trav., art. R. 2421-7 ; Circ. DGT n° 2008-11 du 22 juillet 2008 précitée)*. Pour la première fois, le Conseil d'État s'est prononcé sur l'étendue du contrôle que doit opérer l'inspecteur du travail saisi d'une demande d'autorisation de rupture conventionnelle du contrat de travail d'un salarié protégé. Il confirme la position administrative appliquée jusqu'à présent. Par ailleurs, le Conseil d'État reprend le principe posé par la Cour de cassation selon lequel l'existence de faits de harcèlement moral n'est pas de nature, par elle-même, à faire obstacle à ce que l'inspection du travail autorise une rupture conventionnelle, et l'applique également à l'existence d'une discrimination syndicale. Il précise qu'il incombe à l'inspecteur du travail « *de vérifier qu'aucune circonstance, en rapport avec les fonctions représentatives normalement exercées par le salarié ou à son appartenance syndicale, n'a été de nature à vicier son consentement* » *(CE, 13 avr. 2023, n° 459.213, Mme A. c. / CPAM de la Côte d'Or, mentionné aux Tables)*.

S'agissant de la clause de renonciation, parfois insérée dans la convention de rupture à la demande de l'employeur, à exercer toute instance ou action quelconque à l'encontre de la société, à la suite de la conclusion, de l'exécution et de la rupture du contrat de travail, le ministre du Travail estime qu'une telle clause ne saurait en aucun cas empêcher la salariée d'exercer un recours pour vice de consentement ou pour non validité d'une règle légale et conventionnelle et qu'en conséquence, elle ne peut fonder un refus d'autorisation de la rupture conventionnelle par l'administration.

Le contrat de travail peut être rompu dès le lendemain du jour de la notification de l'autorisation accordée par l'inspecteur du travail.

I. Les voies de recours contre la décision de l'inspecteur du travail

17.1.3.9. – À la différence de l'homologation accordée par le DREETS, ou par délégation le DDETS/DDETSPP *(cf. n° **17.1.2.5**)*, la décision de l'inspecteur du travail, motivée et notifiée par lettre recommandée avec avis de réception à l'employeur, au salarié, ainsi qu'à l'organisation syndicale intéressée lorsqu'il s'agit d'un délégué syndical *(C. trav., art. R. 2421-19 et R. 2421-22)*, doit être assortie des voies de recours administratif ou contentieux applicables à toute décision administrative relative aux salariés protégés. La décision de l'inspecteur du travail ne peut être contestée devant le conseil des prud'hommes même si le litige porte sur la validité de son consentement *(Cass. soc., 26 mars 2014, n° 12-21.136, B. ; Cass. soc., 20 déc. 2017 n° 16-14.880, B.)*.

En cas d'annulation de la décision administrative autorisant la rupture conventionnelle du contrat de travail d'un salarié protégé, ce dernier, s'il le demande, doit être réintégré dans son emploi ou dans un emploi équivalent (*Cass. soc., 15 mai 2019, n° 17-28.547, B.*).

SECTION 2

La rupture conventionnelle collective

17.2. – La rupture conventionnelle collective créée par l'ordonnance 2017-1387 du 22 septembre 2017 est un dispositif ouvrant la possibilité d'un nouveau mode de rupture amiable du contrat de travail fondée sur un accord collectif majoritaire validé par l'autorité administrative, et exclusif de la démission et du licenciement *(M. Gadrat, « De l'avantage du recours à la rupture conventionnelle collective », Dr soc 2019, p. 239 ; chron. P.-H. Antonmattei, V. Bardin, F. Canut, D. Chenu et G. Vachet, « Réforme du Code du travail : analyse des nouvelles règles sur la rupture du contrat de travail », RJS 2018, p. 91-102 ; R. Dalmasso, « La rupture conventionnelle collective : une chimère ? », Dr ouvrier 2017, p. 617)*.

§ 1. DÉFINITION ET CHAMP D'APPLICATION

17.2.1.1. – Le dispositif de rupture conventionnelle collective a pour finalité d'encadrer des départs volontaires, exclusifs du licenciement ou de la démission. Elle repose sur la combinaison d'un accord collectif entre l'employeur et les organisations syndicales ou les organismes signataires habilités et d'un accord individuel des parties. Elle est encadrée par les dispositions des articles L. 1237-19 à L. 1237-19-14 du Code du travail. Le décret n° 2017-1724 du 20 décembre 2017 relatif à la mise en œuvre des ruptures d'un commun accord dans le cadre d'un accord collectif prévoit les modalités de mises en œuvre de ce dispositif *(C. trav., art. D. 1234-6 à D. 1237-12)*. Ce dispositif est ouvert à toute entreprise sans condition d'effectifs ou de nombre de suppressions d'emplois envisagé.

Trois conditions principales cumulatives s'imposent :

- la validation de l'accord par la DREETS *(C. trav., art. L. 1237-19-3)* ;
- la liberté du consentement des parties tant sur la rupture que ses conditions ;
- le respect de règles légales et conventionnelles de forme et de fond.

A. Les principes généraux

17.2.1.1. – La rupture conventionnelle collective est un régime nouveau qui ne se substitue pas aux régimes antérieurs *(Sem. soc. Lamy, n° 1788, « Quelques observations sur les ruptures collectives d'un commun accord » ; chron. D. Baugard, « L'impact de la rupture conventionnelle collective sur les plans de départs volontaires dits autonomes ; quelques observations », RJS 2018, p. 687-695)*. Ainsi, la création du régime de rupture conventionnelle collective, distinct de celui des plans de sauvegarde de l'emploi, ne fait obstacle ni à la possibilité de mettre en place un plan de départ volontaire autonome par accord ou document unilatéral *(cf. n° **48.8**)*, ni au maintien du régime jurisprudentiel actuel applicable aux plans de sauvegarde de l'emploi prévoyant des départs volontaires et des licenciements contraints.

La rupture conventionnelle collective est applicable aux salariés dans les conditions définies par l'accord qui la fonde et selon les modalités qu'il définit *(cf. n° **17.2.2.1**)*.

La rupture du contrat de travail sur le fondement d'une rupture conventionnelle collective repose sur la liberté de consentement des deux parties, dans des conditions similaires à celles de la rupture conventionnelle individuelle *(cf. n° **17.1.1.2.1**)*.

B. Rupture conventionnelle et suspension du contrat de travail

17.2.1.2. – Il convient de se reporter, au n° **17.1.1.2.2**.

C. Rupture conventionnelle et motif économique

17.2.1.3. – La rupture conventionnelle collective n'a pas à être justifiée par un motif économique au sens de l'article L. 1233-3 du Code du travail. Si l'accord prévoit des suppressions d'emplois, il doit expressément exclure tout licenciement pour atteindre l'objectif fixé de suppression *(C. trav., art. L. 1237-19)*. Par ailleurs, la durée de mise en œuvre de la rupture conventionnelle collective, qui doit figurer dans l'accord au titre du 2° de l'article L. 1237-19-1 du Code du travail, fixe le délai en-deçà duquel des licenciements pour motif économique ne pourront être envisagés. S'il s'avérait que l'employeur détourne la mesure de sa finalité afin de contourner l'obligation de mettre en place un plan de sauvegarde de l'emploi, les juges pourraient considérer qu'il s'agit en réalité d'un licenciement économique déguisé et l'employeur pourrait se voir infliger des sanctions civiles (nullité du licenciement) et pénales telles que prévues à l'article L. 1238-4 du Code du travail *(A. Ghenim, « Rupture conventionnelle collective et révision des règles du licenciement : la fin du licenciement pour motif économique ? », Dr ouvrier 2018, p. 145)*.

En outre, la rupture conventionnelle collective ne peut pas être proposée dans un contexte de difficultés économiques aboutissant de manière certaine à une fermeture de site, ce qui aurait pour effet de fausser le caractère volontaire de l'adhésion au dispositif. Néanmoins, la seule circonstance que les suppressions de postes envisagées dans le cadre de l'accord collectif reposent sur un motif économique, ne fait pas obstacle à la mise en œuvre d'une rupture conventionnelle collective *(CAA Versailles, 14 mars 2019, n° 18VE4158, Téléperformance France, Sem. soc. Lamy 25 mars 2019, n° 1854)*. Si la rupture conventionnelle collective ne peut être mise en œuvre simultanément à un plan de sauvegarde de l'emploi pendant la période définie par l'accord, la juxtaposition de la période de validité de l'accord supérieur à la période d'engagement à ne procéder à aucun licenciement, ne suffit pas à elle seule, à considérer qu'un plan de sauvegarde de l'emploi doit être mis en œuvre *(CAA Versailles, 14 mars 2019, n° 18VE4158, Téléperformance France, Sem. soc. Lamy 25 mars 2019, n° 1854 : en l'espèce, le nombre de candidats au départ volontaire était supérieur au nombre de postes supprimés, ce qui ne permettait pas de caractériser un contournement du plan de sauvegarde de l'emploi)*.

De même, la circonstance qu'un accord de rupture conventionnelle collective a été conclu dans une entreprise ne fait pas obstacle par elle-même à ce que celle-ci établisse et mette en œuvre un plan de sauvegarde de l'emploi, dès lors que ce dernier respecte les stipulations de cet accord qui lui sont applicables *(CAA Paris 14 mars 2022 n° 21PA06607, Syndicat autonome des personnels d'Aéroports de Paris c. / Sté Aéroports de Paris, absence de pourvoi, RJS 2022 n° 239)*.

Se prononçant sur la légalité d'une décision d'homologation de l'accord de rupture conventionnelle collective, le Conseil d'État a retenu que ce type d'accord doit être exclusif de toute rupture du contrat de travail imposée au salarié. Tel n'est pas le cas lorsque l'entreprise a annoncé son intention de fermer définitivement l'établissement, car les salariés qui n'auront pas adhéré à la rupture conventionnelle collective se verront proposer une modification de leur contrat de travail par un transfert géographique *(CE, 21 mars 2023, n° 459.626, Paragon Transaction c. / Union Départementale des syndicats FO, publié au Recueil, Liaisons soc. n° 18768)*. Le Conseil d'État a ainsi rejeté le recours formé par la société contre l'arrêt de la CAA de Versailles *(CAA Versailles, 20 oct. 2021, n° 21VE02220, RJS 2022 n° 12, Dr soc 2022, p. 957 « L'arrêt Paragon Transaction : un coup d'arrêt aux ruptures conventionnelles collectives ? » R. Dalmasso, « L'intelligence de la rupture conventionnelle collective », F. Géa, RDT 2021. 712)*.

Si une entreprise engage des négociations en vue de la conclusion d'un accord de rupture conventionnelle collective, et qu'au regard de sa situation économique, elle entend finalement mettre en œuvre un plan de sauvegarde de l'emploi, elle sera tenue de reprendre la procédure afférente au plan de sauvegarde de l'emploi.

L'accord peut prévoir un nombre de départs volontaires supérieur au nombre des suppressions d'emploi qui leur sont associées dans la perspective de procéder à des recrutements sur les emplois non supprimés devenus vacants à la suite du départ volontaire de leurs titulaires. En effet, à l'inverse du licenciement pour motif économique, il n'existe pas de priorité de réembauchage et l'employeur peut donc procéder à des recrutements sur les postes devenus vacants.

§ 2. LA PROCÉDURE DE DROIT COMMUN

A. La négociation d'un accord collectif

1. Principe

17.2.2.1.1. – Conformément aux dispositions de l'article L. 1237-19 du Code du travail, la rupture conventionnelle collective peut être mise en œuvre uniquement sur le fondement d'un accord collectif, et non unilatéralement par l'employeur. Il s'agit d'un accord collectif conclu dans les conditions de droit commun, quelle que soit la taille de l'entreprise et, le cas échéant, soumis à information du comité social et économique.

2. Conditions de validité de l'accord

17.2.2.1.2. – Les conditions de validité d'un accord collectif dans les entreprises pourvues de délégués syndicaux sont prévues à l'article L. 2232-12 du Code du travail et sont applicables depuis le 1er mai 2018. Ainsi, l'accord doit être signé par une ou plusieurs organisations syndicales représentatives ayant recueilli plus de 50 % des suffrages exprimés en faveur des organisations syndicales représentatives au premier tour des dernières élections professionnelles. Un accord qui n'a pas été signé dans ces conditions peut néanmoins être approuvé par référendum s'il a été signé par une ou plusieurs organisations syndicales représentatives ayant recueilli plus de 30 % des suffrages exprimés au premier tour des élections professionnelles en faveur des organisations représentatives et qu'il est approuvé à la majorité des suffrages exprimés par les salariés. Dans le cadre d'une validation d'un accord par référendum, sauf accord catégoriel, tous les salariés ayant la qualité d'électeurs au sein de l'entreprise ou de l'établissement concerné peuvent participer au référendum *(Cass. soc., 9 oct. 2019, n° 19-10.816, B.)*.

Dans les entreprises dépourvues de délégués syndicaux ou de conseil d'entreprise, les conditions de validité de l'accord diffèrent selon l'effectif de l'entreprise :

– si l'effectif habituel est inférieur à onze salariés, l'employeur peut proposer un projet d'accord et organiser une consultation du personnel *(C. trav., art. L. 2232-21)*. L'accord est valide s'il est approuvé à la majorité des deux tiers du personnel *(C. trav., art. L. 2232-22)* ;

– les conditions sont identiques si l'effectif est compris entre onze et vingt salariés, en l'absence de membre élu de la délégation du personnel du comité social et économique *(C. trav., art. L. 2232-23)* ;
– si l'effectif est compris entre onze et cinquante salariés, les accords d'entreprises sont valablement négociés soit par un ou plusieurs salariés expressément mandatés par une ou plusieurs organisations syndicales représentatives dans la branche ou, à défaut, représentatives au niveau national et interprofessionnel, et sous réserve d'approbation par les salariés à la majorité des suffrages exprimés, soit par un ou des membres titulaires de la délégation du personnel du comité social et économique représentant la majorité des suffrages exprimés en faveur des membres du comité social et économique lors des dernières élections professionnelles *(C. trav., art. L. 2232-23-1)* ;
– si l'effectif est au moins égal à cinquante salariés, l'accord peut être signé par :
  - les membres titulaires de la délégation du personnel du comité social et économique expressément mandatés à cet effet par une ou plusieurs organisations syndicales représentatives dans la branche dont relève l'entreprise ou, à défaut, par une ou plusieurs organisations syndicales de salariés représentatives au niveau national et interprofessionnel. Il doit être approuvé par les salariés à la majorité des suffrages exprimés *(C. trav., art. L. 2232-24)* ;
  - les membres titulaires de la délégation du personnel du comité social et économique qui n'ont pas été expressément mandatés *(C. trav., art. L. 2232-25)*. La validité de ces accords est subordonnée à leur signature par des membres de la délégation du personnel du comité social et économique représentant la majorité des suffrages exprimés en faveur des membres du comité social et économique lors des dernières élections professionnelles ;
  - un ou plusieurs salariés expressément mandatés par une ou plusieurs organisations syndicales représentatives dans la branche ou, à défaut, par une ou plusieurs organisations syndicales représentatives au niveau national et interprofessionnel *(C. trav., art. L. 2232-26)*. L'accord signé par un salarié mandaté doit avoir été approuvé par les salariés à la majorité des suffrages exprimés.

3. *Contenu de l'accord*

17.2.2.1.3. – Le contenu de l'accord de rupture conventionnelle collective est fixé par l'article L. 1237-19-1 du Code du travail. Il détermine ainsi :

- les modalités et conditions d'information du comité social et économique, s'il existe ;
- le nombre maximal de départs envisagés, de suppressions d'emplois associées, et la durée pendant laquelle des ruptures de contrat de travail peuvent être engagées sur le fondement de l'accord ;
- les conditions que doit remplir le salarié pour en bénéficier ;
- les modalités de présentation et d'examen des candidatures au départ des salariés, comprenant les conditions de transmission de l'accord écrit du salarié au dispositif prévu par l'accord collectif ;
- les modalités de conclusion d'une convention individuelle de rupture entre l'employeur et le salarié et d'exercice du droit de rétractation des parties ;
- les modalités de calcul des indemnités de rupture garanties au salarié, qui ne peuvent être inférieures aux indemnités légales dues en cas de licenciement ;
- les critères de départage entre les potentiels candidats au départ ;
- des mesures visant à faciliter l'accompagnement et le reclassement externe des salariés sur des emplois équivalents, telles que le congé de mobilité dans les conditions prévues aux articles L. 1237-18-1 à L. 1237-18-5, des actions de formation, de validation des acquis de l'expérience ou de reconversion ou des actions de soutien à la création d'activités nouvelles ou à la reprise d'activités existantes par les salariés ;
- les modalités de suivi de la mise en œuvre effective de l'accord portant rupture conventionnelle collective.

Un accord portant rupture conventionnelle collective peut définir les types d'activités et postes sur lesquels les mesures de départs volontaires sont envisagées.

Les dispositions législatives n'imposent pas une consultation impliquant un avis du comité social et économique mais une information. Pour autant une consultation peut être prévue.

Il ne résulte pas des dispositions du Code du travail que l'accord portant rupture conventionnelle collective doive comporter des mesures pour assurer la sécurité et protéger la santé physique et mentale des travailleurs, ni que le contrôle de l'administration porte sur la présence de clauses traitant de ces questions *(CAA Paris, 26 mai 2021, n° 21PA01244, absence de pourvoi)*.

B. La validation de l'accord

17.2.2.2. – L'accord collectif de rupture conventionnelle est transmis au DREETS pour validation *(C. trav., art. L. 1237-19-3)*. Dans ce cadre, le DREETS vérifie sa conformité aux dispositions de l'article L. 1237-19 du Code du travail, la présence des clauses obligatoires fixées à l'article L. 1237-19-1 du Code du travail, ainsi que la régularité de la procédure d'information consultation du comité économique et social *(C. trav., art. L. 1237-19-3)*. Le DREETS compétent est déterminé selon les modalités du décret n° 2017-1723 du 20 décembre 2017 relatif à l'autorité administrative compétente pour valider l'accord collectif portant rupture conventionnelle collective *(C. trav., art. R. 1237-6 et R. 1237-6-1)*. L'autorité administrative notifie sa décision à l'employeur, aux signataires de l'accord et au comité social et économique dans un délai de 15 jours à compter de la réception de l'accord *(C. trav., art. L. 1237-19-4)*. Le silence gardé par l'administration à l'issue du délai de 15 jours vaut décision d'acceptation de validation.

L'autorité administrative ne peut valider un accord collectif portant rupture conventionnelle collective que s'il est conforme à l'article L. 1237-19, qu'il comporte les clauses prévues à l'article L. 1237-19-1, qu'il contient des mesures, prévues au 7° du même article L. 1237-19-1, précises et concrètes et, que, le cas échéant, la procédure d'information du comité social et économique a été régulière. En outre, il résulte des mêmes dispositions qu'elle ne peut valider un tel accord s'il est entaché de nullité, notamment en raison de ce que des vices, propres à entacher l'accord de nullité, ont affecté les conditions de sa négociation *(CE, 21 mars 2023, n° 446.492, mentionné aux Tables, « Validation de la rupture conventionnelle collective : mode d'emploi », AJDA 2023. 591)*.

C. Les voies de recours contre la décision administrative

17.2.2.3. – La décision du DREETS peut être contestée dans le délai de deux mois suivant sa notification devant le tribunal administratif qui dispose d'un délai de trois mois pour statuer *(C. trav. art., L. 1235-7-1)*.

D. La signature d'une convention de rupture

17.2.2.4. – L'acceptation par l'employeur de la candidature du salarié dans le cadre de la rupture conventionnelle collective emporte rupture du contrat de travail d'un commun accord des parties *(C. trav., art. L. 1237-19-2)*. Les modalités de conclusion d'une convention individuelle de rupture et d'exercice du droit de rétractation des parties sont prévues par l'accord. Ainsi aucun entretien préparatoire préalable à la signature de la convention de rupture n'est légalement requis. Toutefois, l'accord peut en disposer autrement.

E. L'indemnité spécifique de rupture conventionnelle due au salarié

17.2.2.5. – Les dispositions de l'article L. 1237-19-1 du Code du travail prévoient que le montant de l'indemnité de rupture est fixé par l'accord sans pouvoir être inférieur à celui de l'indemnité légale de licenciement. Toutefois, le non-respect du montant de l'indemnité légale ne constitue pas à lui seul une irrégularité justifiant le refus de rupture du contrat. Il s'agit d'une composante du libre consentement. Ainsi, par analogie avec la rupture conventionnelle individuelle, une indemnité inférieure à l'indemnité légale n'est pas un obstacle à la délivrance d'une autorisation de rupture du contrat sauf si le consentement du salarié a été vicié sur ce point *(Cass. soc., 8 juill. 2015, n° 14-10.139, Bull. V, n° 834)*.

§ 3. PROCÉDURE APPLICABLE AUX SALARIÉS PROTÉGÉS

17.2.3. – Conformément aux dispositions de l'article L. 1237-19-2 du Code du travail, l'autorisation de l'inspecteur du travail est requise préalablement à la rupture du contrat de travail d'un salarié protégé, fondée sur un accord portant rupture conventionnelle collective.

A. Les salariés protégés concernés

17.2.3.1. – L'article L. 1237-19-2 du Code du travail vise les salariés bénéficiant d'une protection mentionnée au chapitre Ier du titre Ier du livre IV de la deuxième couvrant le champ d'application de la protection dans le cadre d'un licenciement, applicable aux seuls salariés détenteurs de mandats en cours, ceux ayant demandé l'organisation d'élections professionnelles, les candidats à ces mandats ou les anciens détenteurs de mandats, ainsi qu'en application des dispositions transitoires de l'ordonnance n° 2017-1386 du 22 septembre 2017, les mandats supprimés par celle-ci.

B. La tenue d'un entretien préparatoire

17.2.3.2. – Il convient de se reporter au n° **17.2.2.4**.

C. La consultation du comité social et économique

17.2.3.3. – Conformément aux dispositions de l'article R. 2421-20 du Code du travail, le comité social et économique doit être consulté sur le projet de rupture conventionnelle du salarié protégé dans le cadre d'un accord de rupture conventionnelle collective, si cette consultation est requise par le ou les mandats en cause *(v. tableau A en annexe)*, selon la procédure prévue par l'article R. 2421-9 du Code du travail *(cf. n° **21.6.3**)*.

D. La signature de la convention de rupture

17.2.3.4. – Il convient de se reporter au n° **17.2.2.4**.

E. Le respect du délai de rétractation

17.2.3.5. – Les modalités d'exercice du droit de rétractation des parties sont prévues par l'accord collectif portant rupture conventionnelle collective. Si l'accord ne définit pas l'ensemble de ces modalités, il semble que les principes énoncés au n° **17.1.2.3**, soient applicables à la rupture conventionnelle collective.

F. La demande d'autorisation à l'inspecteur du travail

17.2.3.6. – À l'expiration du délai de rétractation, la demande d'autorisation de la rupture conventionnelle est adressée à l'inspecteur du travail en charge du contrôle de l'établissement doté d'un comité social et économique disposant des attributions prévues à la section 3, du chapitre II, du titre I, du livre III du Code du travail *(C. trav., art. R. 2421-18 et R. 2421-21 ; L. 2421-3)*.

Par analogie aux règles applicables à la rupture conventionnelle individuelle, la demande peut être adressée à l'autorité administrative par la partie la plus diligente, employeur ou salarié protégé concerné.

G. La décision de l'inspecteur du travail

17.2.3.7. – Comme pour toute rupture du contrat de travail, l'inspecteur du travail doit procéder à une enquête contradictoire et sa décision doit être prise dans le délai de deux mois suivant la réception de la demande *(C. trav., art. R. 2421-19 et R. 2421-22)*. L'inspecteur du travail peut opter pour la procédure contradictoire aménagée telle que prévue par les dispositions des articles R. 2421-18 et R. 2421-22 du Code du travail. Cette procédure est détaillée au n° **34.3.2.3**.

Par analogie, sur l'articulation entre une décision d'homologation ou de validation d'un plan de sauvegarde de l'emploi et le licenciement des salariés protégés, l'inspecteur du travail n'a à vérifier ni la procédure générale d'information du comité social et économique, ni les conditions de validité de l'accord portant rupture conventionnelle collective, ce dernier étant validé par la DREETS, en charge de ce contrôle. Toutefois, il doit s'assurer de l'existence d'une telle décision de validation de l'accord collectif et, le cas échéant, de son absence d'annulation par le juge administratif avant de rendre sa décision sur l'autorisation de rupture du contrat de travail du salarié protégé *(CE, 19 juill. 2017, n° 391.849, Milonga, Rec. p. 250, concl. S.-J. Lieber reproduites dans Sem. soc. Lamy n° 1802 du 12 février 2018 p. 32, RJS 2017 n° 686 ; chron. G. Dumortier, P. Fombeur, D. Piveteau, M. Vialettes, P. Adam, F. Canut, A. Fabre, P. Lokiec et A. Martinon, « Dialogues croisés autour de la jurisprudence du Conseil d'État 2017-2018 », Dr soc 2018, p. 901 ; cf. n°* ***47.4.1*** *et* ***47.4.2****)*.

Par ailleurs, l'inspecteur du travail n'a pas à apprécier la validité de la pertinence d'un motif, notamment l'existence d'une cause économique. Au contraire, une rupture conventionnelle collective, proposée dans un contexte de difficultés économiques aboutissant de manière certaine à une fermeture de site, pourrait avoir pour effet de fausser le caractère volontaire de l'adhésion au dispositif et de ne pas permettre le maintien dans l'emploi des salariés non candidats à un départ. De même, eu égard à la finalité de l'accord, l'inspecteur du travail n'a pas à faire porter son contrôle sur la réalité des recherches de reclassement, l'employeur n'étant pas tenu à une telle obligation.

L'inspecteur du travail doit s'assurer de l'existence d'un accord libre et éclairé des parties, dénué de toute pression *(cf. n° **17.1.1.2.1**)*, sans qu'une indemnité inférieure au montant de l'indemnité légale fasse à elle seule obstacle à une autorisation de rupture du contrat de travail *(Cass. soc., 8 juill. 2015 n° 14-10.139, Bull. 2016, n° 834, Soc., n° 39)*.

En outre, il lui appartient de vérifier l'application des clauses de l'accord aux parties, en contrôlant que :

- le nombre de ruptures conventionnelles prévues dans l'accord n'est pas dépassé ;
- la durée pendant laquelle des ruptures de contrats sur le fondement d'un accord de rupture conventionnelle collective peuvent être engagées a été respectée ;
- le salarié remplit les conditions prévues par l'accord pour bénéficier du dispositif ;
- l'accord écrit du salarié a été recueilli ;
- une convention individuelle de rupture entre l'employeur et le salarié a été établie ;
- les parties n'ont pas exercé leur droit à rétractation, tel que défini par l'accord collectif ;
- l'inspecteur du travail contrôle l'absence de lien entre le mandat détenu par le salarié et la mesure mise en œuvre ;
- le contrat de travail peut être rompu dès le lendemain du jour de la notification de l'autorisation accordée par l'inspecteur du travail.

H. Les voies de recours contre la décision de l'inspecteur du travail

17.2.3.8. – La décision de l'inspecteur du travail, motivée et notifiée par lettre recommandée avec avis de réception à l'employeur, au salarié, ainsi qu'à l'organisation syndicale intéressée lorsqu'il s'agit d'un délégué syndical *(C. trav., art. R. 2421-19 et R.2421-22)*, doit être assortie des voies de recours administratif ou contentieux applicables à toute décision administrative relative aux salariés protégés.

SECTION 3
Le congé de mobilité

17.3. – L'ordonnance n° 2017-1387 du 22 septembre 2017 a introduit un dispositif de rupture d'un commun accord reposant sur un accord collectif portant gestion prévisionnelle des emplois et des compétences ou un accord de rupture conventionnelle collective. Il s'agit de la rupture du contrat de travail reposant sur un congé de mobilité dont les modalités de mise en œuvre sont fixées aux articles L. 1237-17 et suivants du Code du travail. Ce type de rupture du contrat de travail n'est pas nécessairement lié à un contexte de difficultés d'ordre économique.

§ 1. DÉFINITION ET CHAMP D'APPLICATION

17.3.1. – Les ruptures reposant sur un congé de mobilité, exclusives du licenciement ou de la démission, ne peuvent être imposées par l'une ou l'autre des parties. Aucune condition d'effectif de l'entreprise n'est requise. Le nombre de départs à ce titre n'est pas limité, peu important l'accord sur lequel ces départs sont fondés.

Le congé de mobilité repose soit sur un accord de rupture conventionnelle collective validé par le Dreets, soit sur un accord de gestion prévisionnelle des emplois et des compétences, non validé par celle-ci.

Ce dispositif permet au salarié de s'engager dans une démarche de mobilité en lui proposant des mesures d'accompagnement, des actions de formation et des périodes de travail au sein ou hors de l'entreprise.

Le congé de mobilité est facultatif. Si le salarié accepte la proposition de congé de mobilité, son contrat de travail est rompu d'un commun accord avec son employeur à l'issue du congé *(C. trav., art. L. 1237-18-4)*. Les périodes de travail du congé de mobilité peuvent être accomplies au sein ou en dehors de l'entreprise qui a proposé le congé. Elles peuvent prendre soit la forme d'un contrat de travail à durée indéterminée, soit celle d'un contrat de travail à durée déterminée conclu en application du 1° de l'article L. 1242-3 dans une limite fixée par l'accord collectif. Dans ce dernier cas, le congé de mobilité est suspendu et reprend à l'issue du contrat pour la durée du congé restant à courir *(C. trav., art. L. 1237-18-1)*.

Trois conditions principales cumulatives s'imposent :

- la validation de l'accord par la Dreets, si le congé de mobilité repose sur un accord de rupture conventionnelle collective *(C. trav., art. L. 1237-19-3)* ;
- la liberté du consentement de chacune d'elles, qu'il s'agisse de la rupture ou de ses conditions ;
- le respect de règles légales et conventionnelles de forme et de fond.

§ 2. LA PROCÉDURE DE DROIT COMMUN

A. La négociation d'un accord collectif

1. Principe

17.3.2.1.1. – Le congé de mobilité repose nécessairement sur un accord collectif et ne peut être mis en œuvre unilatéralement par l'employeur. Il s'agit d'un accord collectif conclu dans les conditions de droit commun, quelle que soit la taille de l'entreprise et, le cas échéant, soumis à information du comité social et économique.

2. Conditions de validité de l'accord

17.3.2.1.2. – Que le congé de mobilité repose sur un accord de rupture conventionnelle collective ou de gestion prévisionnelle des emplois et des compétences, il convient de se conférer au n° **17.2.2.1.2**.

3. Contenu de l'accord

17.3.2.1.3. – Conformément aux dispositions de l'article L. 1237-18-2 du Code du travail, l'accord collectif détermine :

- la durée du congé de mobilité ;
- les conditions que doit remplir le salarié pour en bénéficier ;
- les modalités d'adhésion du salarié à la proposition de l'employeur, comprenant les conditions d'expression de son consentement écrit, et les engagements des parties ;
- l'organisation des périodes de travail, les conditions auxquelles il est mis fin au congé et les modalités d'accompagnement des actions de formation envisagées ;
- le niveau de la rémunération versée pendant la période du congé de mobilité ;
- les conditions d'information des institutions représentatives du personnel ;
- les indemnités de rupture garanties au salarié, qui ne peuvent être inférieures aux indemnités légales dues en cas de licenciement pour motif économique.

B. Le contrôle du juge judiciaire

17.3.2.2. – Saisi d'une contestation de l'accord de gestion prévisionnelle des emplois et des compétences dans les deux mois à compter de sa notification ou de sa publication dans les conditions des articles L. 2262-13 et L. 2262-14 du Code du travail ou par la voie de l'exception d'illégalité dans le cadre de la contestation de la rupture du contrat de travail, le juge judiciaire doit opérer un contrôle tant sur le contenu l'accord, que sur son application. Toutefois, au regard de l'évolution de la jurisprudence de la Cour de cassation, il s'agit d'un contrôle restreint *(Cass. soc., 27 janv. 2015, n° 13-22.179, Bull. V n° 9)*.

C. La validation de l'accord

17.3.2.3. – Si le congé de mobilité repose sur un accord de rupture conventionnelle collective, il convient de se reporter au n° **17.2.2.2**.

Si le congé de mobilité repose sur un accord de gestion prévisionnelle des emplois et des compétences, la Dreets est informée par l'employeur des ruptures prononcées dans le cadre du congé de mobilité sans qu'une validation ne soit prévue par les textes *(C. trav., L. 1237-18-5, D. 1237-18-4 et D. 1237-18-5)*.

D. Les voies de recours contre la décision administrative

17.3.2.4. – Si le congé de mobilité repose sur un accord de rupture conventionnelle collective, il convient de se reporter au n° **17.2.2.3**.

E. Le montant de la rémunération et de l'indemnité de rupture

17.3.2.5. – Pendant le congé de mobilité, le salarié perçoit son salaire habituel. Cependant, le congé de mobilité peut durer plus longtemps que la période de préavis. Si c'est le cas, la rémunération versée est fixée par l'accord collectif relatif à la GPEC. Elle doit correspondre, au minimum, à 65 % de la rémunération brute moyenne des 12 derniers mois et à 85 % du salaire minimum de croissance *(C. trav., art. R. 5123-2)*. En effet, le montant de la rémunération versée pendant la période du congé de mobilité est au moins égal au montant de l'allocation de conversion prévue au 3° de l'article L. 5123-2 *(C. trav., art. L. 1237-18-3)*. Le salarié qui adhère au congé de mobilité a droit, au moment de la rupture du contrat, à une indemnité dont le montant ne peut être inférieur au montant de l'indemnité légale due en cas de licenciement économique.

§ 3. PROCÉDURE APPLICABLE AUX SALARIÉS PROTÉGÉS

17.3.3. – Conformément aux dispositions de l'article L. 1237-18-4 du Code du travail, l'autorisation de l'inspecteur du travail est requise préalablement à la rupture du contrat de travail d'un salarié protégé dans le cadre du congé de mobilité. Elle ne peut intervenir qu'à compter du lendemain du jour de l'autorisation.

La saisine de l'inspecteur du travail intervient lorsque le salarié adhère au dispositif de congé de mobilité, et donc préalablement à sa mise en œuvre concrète, quand bien même la rupture du contrat de travail ne sera effective qu'à l'issue de ce congé.

A. Les salariés protégés concernés

17.3.3.1. – L'article L. 1237-18-4 du Code du travail vise les salariés bénéficiant d'une protection mentionnée au chapitre Ier du titre Ier du livre IV de la deuxième couvrant le champ d'application de la protection dans le cadre d'un licenciement, applicable aux seuls salariés détenteurs de mandats en cours, ceux ayant demandé l'organisation d'élections professionnelles, les candidats à ces mandats ou les anciens détenteurs de mandats. En application des dispositions transitoires de l'ordonnance n° 2017-1386 du 22 septembre 2017, l'autorisation de l'inspecteur du travail est requise pour les salariés détenteurs des mandats de membre du comité d'entreprise, membre du CHSCT, ou délégué du personnel, ainsi que les salariés ayant exercé ces fonctions.

B. La tenue d'un entretien

17.3.3.2. – Les dispositions légales n'imposent pas la mise en œuvre d'entretien préparatoire ou préalable à la rupture du contrat de travail. Toutefois, les dispositions de l'accord mettant en place le congé de mobilité peuvent en disposer autrement.

C. La consultation du comité social et économique

17.3.3.3. – Conformément aux dispositions de l'article L. 2431-3 du Code du travail, le comité social et économique doit être consulté sur le projet de rupture du contrat de travail du salarié protégé, si cette consultation est requise par le ou les mandats en cause *(cf.* ***tableau A en annexe****)*, selon la procédure prévue par l'article R. 2421-9 du Code du travail *(cf. n°* ***21.6.3****)*.

D. La demande d'autorisation à l'inspecteur du travail

17.3.3.4. – Sur les règles de détermination de l'inspecteur territorialement compétent, il convient de se reporter au n° **31.2.2**.

E. La décision de l'inspecteur du travail

17.3.3.5. – Comme pour toute rupture du contrat de travail d'un salarié protégé, l'inspecteur du travail doit procéder à une enquête contradictoire et sa décision doit être prise dans le délai de deux mois suivant la réception de la demande *(C. trav., art. R. 2421-4 et R. 2421-11)*.

Par analogie, sur l'articulation entre une décision d'homologation ou de validation d'un plan de sauvegarde de l'emploi et le licenciement des salariés protégés, l'inspecteur du travail n'a à vérifier ni la procédure générale d'information du comité social et économique, ni les conditions de validité de l'accord si le congé de mobilité repose sur un accord portant rupture conventionnelle collective, ce dernier étant validé par la Dreets, en charge de ce contrôle. Toutefois, il doit s'assurer de l'existence d'une telle décision de validation de l'accord collectif et, le cas échéant, de son absence d'annulation par le juge administratif avant de rendre sa décision sur l'autorisation de rupture du contrat de travail du salarié protégé *(CE, 19 juill. 2017, n° 391.849 Milonga, Rec. p. 250, concl. S.-J. Lieber reproduites dans Sem. soc. Lamy n° 1802 du 12 févr. 2018 p. 32, RJS 2017 n° 686 ; chron. G. Dumortier, P. Fombeur, D. Piveteau, M. Vialettes, P. Adam, F. Canut, A. Fabre, P. Lokiec et A. Martinon, « Dialogues croisés autour de la jurisprudence du Conseil d'État 2017-2018 », Dr soc 2018, p. 901 ; cf. n°* ***47.4.1*** *et* ***47.4.2****).*

En revanche, si le congé de mobilité repose sur un accord de gestion prévisionnelle des emplois et des compétences, l'autorité administrative ne saurait autoriser le licenciement d'un salarié protégé sur le fondement d'un accord illégal *(CE, 22 juill. 2015, n° 385.816, Heinz France, Rec. p. 261)*. Dès lors, il lui appartient de contrôler les modalités de conclusion de l'accord *(cf. n°* ***17.3.2.1.2****)*, ainsi que, la présence des clauses obligatoires *(cf. n°* ***17.3.2.1.3****)*. Sur ce dernier point, il s'agit d'un contrôle formel n'impliquant pas une appréciation de la pertinence des mesures mises en œuvre au regard du fonctionnement de l'entreprise, l'accord bénéficiant d'une présomption de conformité sur ce point.

Il appartient à l'inspecteur du travail de s'assurer de l'existence d'un consentement libre et éclairé des parties, selon les modalités définies par l'accord, dont le contenu obligatoire est précisé à l'article L. 1237-18-2 du Code du travail.

Il nous semble que, par analogie avec la rupture conventionnelle du contrat de travail, que le montant des indemnités de rupture garanties au salarié qui équivaut au moins aux indemnités légales dues en cas de licenciement pour motif économique ne constitue pas un point de contrôle propre mais est une composante du libre consentement *(Cass. soc., 8 juill. 2015 n° 14-10.139, Bull. 2016, n° 834, Soc., n° 39)*.

L'inspecteur du travail contrôle l'application des clauses de l'accord aux parties en vérifiant que :

- le salarié remplit les conditions prévues par l'accord pour bénéficier du dispositif ;
- les modalités d'adhésion du salarié à la proposition de l'employeur, comprenant les conditions d'expression de son consentement écrit et les engagements des parties, sont respectées ;
- le niveau de la rémunération versée pendant la période du congé de mobilité est au moins équivalent au montant de l'allocation de conversion prévue au 3° de l'article L. 5123-2 du Code du travail *(C. trav., art. L. 1237-18-3)*.

Enfin, il s'assure de l'absence de lien entre le mandat détenu par le salarié et la mesure mise en œuvre.

F. Les voies de recours contre la décision de l'inspecteur du travail

17.3.3.6. – La décision de l'inspecteur du travail, motivée et notifiée par lettre recommandée avec avis de réception à l'employeur, au salarié, ainsi qu'à l'organisation syndicale intéressée lorsqu'il s'agit d'un délégué syndical *(C. trav., art. R. 2421-4 et R. 2421-11)*, doit être assortie des voies de recours administratif ou contentieux applicables à toute décision administrative relative aux salariés protégés.

SECTION 4

Le plan de départ volontaire

17.4. – Sur l'absence de contrôle de l'inspecteur du travail de l'existence d'une cause économique, il convient de se reporter au n° **48.8**. Quant au respect de l'obligation relative au plan de sauvegarde de l'emploi, et l'étendue de l'obligation de reclassement, il convient de se référer au n° **411.3**.

SECTION 5

La rupture d'un commun accord sans autorisation de l'administration

17.5. – « *Ni l'employeur, à qui il est interdit de résilier le contrat de travail d'un représentant du personnel sans observer les formalités édictées en faveur de ce salarié, ni celui-ci, qui ne saurait renoncer à une protection qui lui est accordée pour l'exercice de sa mission, ne peuvent conclure un accord pour mettre fin au contrat en dehors des règles légales* » *(Cass. crim., 26 nov. 1985, n° 83-90.199, Bull. crim. n° 379).*

En conséquence, en cas de licenciement résultant d'une rupture d'un commun accord, sans autorisation administrative :

– le licenciement est nul ;
– le licenciement constitue une infraction *(délit d'entrave)* ;
– le salarié peut demander et obtenir sa réintégration.

La rupture négociée, correspond à la faculté pour l'employeur et le salarié de mettre fin par consentement mutuel au contrat de travail les unissant. Cette rupture du contrat de travail par accord des parties ne peut intervenir que dans des conditions légales *(Cass. soc. 15 oct. 2014, n° 11-22.251, Bull. V n° 241, Rapport 2014 de la Cour de cassation, RJS 2014 n° 854 ; note J. Mouly, « La résiliation conventionnelle, voie exclusive de la rupture négociée du contrat de travail à durée indéterminée », Dr soc 2014, p. 1066 ; G. Couturier, « Il n'est de résiliation d'un commun accord que la rupture conventionnelle », Dr soc 2015, p. 32 ; cf. n°* ***17.1****)*. La transaction, quant à elle, se définit comme un contrat par lequel les parties terminent ou préviennent une contestation en faisant des concessions.

Ainsi, il a été jugé que constituait un délit la proposition de conclusion d'un accord de résiliation du contrat de travail moyennant le versement d'une somme égale à dix-huit mois de salaire *(Cass. crim., 6 janv. 2004, n° 02-88.240, Bull. crim. n° 4).*

La jurisprudence avait posé logiquement la règle selon laquelle la transaction était subordonnée à l'obtention de l'autorisation administrative ainsi que l'adhésion du salarié protégé, inclus dans un licenciement économique :

– à une convention d'allocations spéciales du Fonds national de l'emploi *(Cass. soc., 8 juin 1999, n° 97-41.498, Bull. V n° 267, RJS 1999 n° 942, Dr soc 1999, p. 750, obs. J. Savatier ; Cass. soc., 23 mai 2000, n° 97-42.145, Bull. V n° 202)* ;
– ou à une convention de conversion *(Cass. soc., 4 avr. 1990, n° 89-42.193, Bull. V n° 159, RJS 1990 n° 395 ; CE 3 mai 1993, n° 116-061, Di Chiaro, RJS 1993 n° 762)*.

Il en est également ainsi lorsque le salarié protégé, licencié sans autorisation administrative, a obtenu sa réintégration : le contrat de travail se poursuivant, il ne peut faire l'objet d'une résiliation amiable, et l'acte qualifié de transaction, qui a en réalité pour objet de résilier le contrat de travail, est nul *(Cass. soc. 3 avr. 2001, n° 98-46.419, Bull. V n° 118)*.

En revanche, postérieurement à la délivrance de l'autorisation, le contrat de travail peut être résilié amiablement *(Cass. soc. 22 févr. 2006, n° 04-42.464, RJS 2006 n° 601 ; Cass. soc., 27 mars 2007, n° 05-45.310, RJS 2007 n° 760, Bull. V n° 58, note J.-Y. Kerbourc'h, JCP S 2007 n° 44-45, p. 33 ; note L. Millet, Dr ouvrier 2007, p. 436 ; note A. Fabre, D. 2007 p. 1143 : dans les deux cas, la convention de résiliation était intervenue dans le cadre d'un accord collectif mis en œuvre après consultation du comité d'entreprise)*.

De même, un salarié protégé et un employeur ayant signé une convention de rupture peuvent valablement conclure une transaction d'une part, si celle-ci intervient postérieurement à la notification aux parties de l'autorisation, par l'inspecteur du travail, de la rupture conventionnelle, et d'autre part, si cette transaction a pour objet de régler un différend relatif non pas à la rupture du contrat de travail mais à son exécution sur des éléments non compris dans la convention de rupture *(Cass. soc., 26 mars 2014, n° 12-21.136, Bull. V n° 91, RJS 2014 n° 501 ; Cass. soc., 25 mars 2015, n° 13-23.368, Bull. V n° 59, RJS 2015 n° 408 ; dans le même sens, pour un salarié non protégé, après l'homologation de la convention de rupture : Cass. soc., 5 nov. 2014, n° 12-28.260, RJS 2015 n° 25)*.

SECTION 6
La transaction

§ 1. LA TRANSACTION CONCLUE EN L'ABSENCE D'AUTORISATION DE L'ADMINISTRATION

Plan du paragraphe

17.6.1. – La transaction suppose l'existence d'un litige entre les parties ou d'une situation conflictuelle *(Cass. soc., 25 mars 2009, n° 07-44.657, RJS 2009 n° 504, chron. C. Jacquelet et E. Coulombel, « La transaction en droit social », RJS 2019, p. 345-351).*

La conclusion d'une transaction avec un salarié protégé est strictement encadrée :

– par le statut protecteur : dès lors que la transaction a pour objet ou pour effet d'éluder le statut protecteur, elle est frappée de nullité *(Cass. soc., 12 avr. 2005, n° 03-40.752, Bull. V n° 130)* ;
– par les règles de droit commun qui précisent « *qu'une transaction ne peut être valablement conclue qu'une fois la rupture devenue définitive par la réception, par le salarié, de la lettre de licenciement* » *(Cass. soc., 6 mai 1998, n° 96-40.610, Bull. V n° 236).*

Si la transaction intervient en méconnaissance de ces règles,

– elle est nulle ;
– le licenciement est nul ;
– le licenciement constitue une infraction *(délit d'entrave)* ;
– le salarié peut demander et obtenir sa réintégration.

A. La nullité de la transaction

17.6.1.1. – La transaction est frappée de nullité lorsqu'elle est conclue :

– avant l'obtention de l'autorisation administrative ;
– en l'absence d'autorisation qu'elle soit conclue avant ou après le prononcé du licenciement ;
– dans le cadre d'une procédure visant à organiser le licenciement en dehors des formes légales ;
– avant la réception par le salarié de la lettre de licenciement.

1. Le principe de la nullité

17.6.1.1.1. – « *Les salariés protégés ne peuvent, en signant une transaction antérieure au licenciement, renoncer par avance aux dispositions d'ordre public instituées pour protéger leur mandat* » *(Cass. soc., 2 déc. 1992, n° 91-42.326, Bull. V n° 578, Dr soc 1993, rapport P. Waquet, p. 152, RJS 1993 n° 53 ; Cass. soc., 17 mars 1993, n° 89-44.738 ; Cass. soc., 1er juin 1994, n° 93-40.040, concl. Chauvy, Dr soc 1994, p. 783, RJS 1994 n° 880).*

La Cour de cassation a réaffirmé constamment la règle selon laquelle « *la protection exceptionnelle et exorbitante du droit commun des salariés investis de fonctions représentatives [ayant] été instituée non dans leur seul intérêt mais dans celui de l'ensemble des salariés (...) est atteinte d'une nullité absolue d'ordre public la transaction conclue avec l'employeur avant la notification du licenciement* », celui-ci ne pouvant avoir lieu qu'après l'obtention de l'autorisation administrative *(Cass. soc., 23 janv. 2002, n° 00-40.597 ; Cass. soc., 10 juill. 2002, n° 00-40.301, Bull.*

civ. V n° 249, RJS 2002 n° 1255, Rapport 2002 de la Cour de cassation, p. 385 ; Cass. soc., 16 mars 2005, n° 02-45.293, Bull. V n° 98, RJS 2005 n° 533 ; Cass. soc., 12 avr. 2005, n° 02-46.323 et n° 03-40.752, Bull. V n° 130 ; Cass. soc., 30 juin 2015, n° 13-28.437 ; Cass. soc. 3 mars 2021, n° 19-20.265).

Cette fermeté de la jurisprudence découle du principe clairement affirmé par l'avocat général Y. Chauvy en 1994 selon lequel « *le statut protecteur des représentants du personnel des entreprises n'est pas dans le commerce* ».

La nullité frappant la transaction présente un caractère absolu, ni le salarié, ni l'employeur ne pouvant s'en prévaloir *(Cass. soc., 10 juill. 2002, n° 00-40.301, Bull. V n° 249, RJS 2002 n° 1255)* alors que la chambre sociale a jugé que, s'agissant des salariés ne bénéficiant pas de la protection légale, la nullité présentait un caractère relatif et ne pouvait être invoquée par l'employeur *(Cass. soc., 28 mai 2002, n° 99-43.852 et n° 99-43.853, Bull. V n° 182, RJS 2002 n° 970, Dr soc 2002, p. 783, obs. G. Couturier, Rapport 2002 de la Cour de cassation, p. 371 ; Cass. soc., 14 janv. 2003, n° 00-41.880, Bull. V n° 6, obs. J. Mouly, Dr soc 2003, p. 441 ; Cass. soc., 6 avr. 2004, n° 02-41.630, RJS 2004 n° 687).*

Dès lors que la transaction est nulle, le salarié peut être contraint de restituer la somme perçue en exécution de la transaction *(Cass. soc., 10 juill. 2002, n° 00-40.301, Bull. V n° 249, RJS 2002 n° 1255 ; Cass. soc., 10 nov. 2009, n° 08-43.805, Bull. V n° 251, RJS 2010 n° 35 ; A. Chiez, « La restitution de l'indemnité transactionnelle en cas de nullité de l'acte », Dr ouvrier 2010, p. 125).*

2. *La nullité de la transaction conclue après la notification du licenciement prononcé sans autorisation administrative*

17.6.1.1.2. – Par un arrêt du 16 mars 2005, la chambre sociale a posé le principe selon lequel, dès lors que la notification du licenciement sans autorisation est nulle, toute transaction conclue l'est également quelle que soit la date à laquelle elle est signée, y compris postérieurement à la notification du licenciement *(Cass. soc., 16 mars 2005, n° 02-45.293, Bull. V n° 98, Rapport 2005 Cour de cassation, p. 260 : en l'espèce, la date de la conclusion de la transaction était incertaine).* La chambre sociale a ainsi suivi le raisonnement exposé par l'avocat général Y. Chauvy, qui estimait que la nullité du licenciement sans autorisation « *entraîne avec elle la nullité de la transaction antérieure comme postérieure : antérieure parce qu'elle tend à remplacer une autorisation administrative indispensable, postérieure parce qu'elle cherche à effacer ce qui est indélébile, l'absence d'autorisation* » *(Cass. soc., 1er juin 1994, n° 93-40.040, Dr soc 1994, p. 783, concl. Y. Chauvy, Dr ouvrier 1994, p. 348).*

Par conséquent, en l'absence d'autorisation, la transaction conclue est nulle quelle que soit la date de sa conclusion, y compris si elle est postérieure à la notification du licenciement.

3. *La nullité de la transaction conclue dans le cadre d'une procédure organisant la rupture du contrat en dehors des formes légales*

17.6.1.1.3. – La transaction conclue a ainsi été regardée comme nulle dans les cas suivants :

- lorsque « *la chronologie des faits démontrait que l'employeur avait organisé, par la procédure qu'il avait mise en place, la rupture du contrat de travail en dehors du cadre légal* » (*Cass. soc., 1er juin 1994, n° 93-40.040, Dr soc 1994, p. 783, concl. Y. Chauvy, Dr ouvrier 1994, p. 348).* Dans le cas d'espèce, le salarié protégé avait été convoqué à un entretien préalable à un éventuel licenciement pour faute ; le lendemain, il démissionnait de ses mandats ; le surlendemain, il recevait une lettre de licenciement pour motif économique et signait une transaction, le licenciement intervenant sans autorisation ;
- quand l'employeur avait acculé le salarié protégé à la démission *(Cass. soc., 3 nov. 1994, n° 91-43.004, Dr ouvrier 1995, p. 221)* ;
- quand avait été conclu un « *accord verbal de résiliation du contrat* », concomitant à la démission du salarié de son mandat de représentant du personnel « *qui avait pour but et pour effet d'organiser la rupture du contrat de travail en dehors du cadre légal* » ; il a été jugé que cet accord ne pouvait faire obstacle à ce que le salarié demande que soit prononcée la nullité de son licenciement *(Cass. soc., 16 mars 1999, n° 96-44.551, Bull. V n° 125, RJS 1999 n° 700).*

La nullité a également été prononcée dans une situation où le salarié, à qui son employeur reprochait une faute lourde, souhaitait que « *la rupture prenne la forme d'un licenciement ordinaire dans un souci de discrétion et de rapidité pour occuper un nouvel emploi* » *(Cass. soc., 21 févr. 1996, n° 92-44.842, Bull. V n° 63).*

4. *La nullité de la transaction conclue sous la condition suspensive d'obtention de l'autorisation*

17.6.1.1.4. – Est nul et constitutif d'un trouble manifestement illicite l'accord transactionnel ayant pour objet d'organiser, sous condition suspensive d'obtention de l'autorisation administrative et de notification du licenciement, la rupture du contrat de travail du salarié protégé *(Cass. soc., 28 févr. 2007, n° 06-41.381 : en outre, ce dernier s'était engagé à tout mettre en œuvre pour favoriser une décision de l'inspecteur du travail autorisant son licenciement).*

B. Le droit à réintégration

17.6.1.2. – Dès lors que la transaction, conclue avant que le licenciement ne soit intervenu, n'avait pour but et pour effet que d'organiser la rupture du contrat de travail en dehors du cadre légal, le salarié peut saisir le juge des référés pour obtenir que soit ordonnée la poursuite de son contrat de travail *(Cass. soc., 2 déc. 1992, n° 91-42.326, Bull. V n° 578, Dr soc 1993, p. 152, rapport P. Waquet, RJS 1993 n° 53)* ou saisir le conseil des prud'hommes pour obtenir des dommages-intérêts.

Le salarié peut prétendre à la rémunération qu'il aurait perçue jusqu'à sa réintégration *(Cass. soc., 11 déc. 2001, n° 99-42.476, Bull. V n° 381, RJS 2002 n° 200, D. 2002, p. 255 : annulation d'un « protocole de résiliation conventionnelle »).*

Réciproquement, la transaction, dépourvue de toute validité, ne fait pas obstacle à ce que l'employeur saisisse l'inspecteur du travail d'une demande d'autorisation de licenciement *(CE, 30 déc. 1996, n° 167.278, M. Le Gayic, RJS 1996 n° 299).*

C. Le délit d'entrave

17.6.1.3. – Ont été jugés comme constituant le délit d'entrave :

– le fait pour l'employeur de signer une transaction avec le salarié protégé, même en accord avec l'inspecteur du travail, et de le licencier sans autorisation administrative *(Cass. crim., 19 oct. 1993, n° 91-85.795, RJS 1994 n° 53)* ;

– la seule proposition faite au salarié de mettre fin au contrat de travail par un accord de résiliation moyennant le versement d'une somme égale à 18 mois de salaire *(Cass. crim., 6 janv. 2004, n° 02-88.240, Bull. crim. n° 4, RJS 2004 n° 434, Rapport 2004 de la Cour de cassation, p. 418 : pour prononcer la relaxe, la cour d'appel avait relevé qu'une telle offre n'était pas en soi discriminatoire et était « plus généreuse que les usages » ; cf. P. Waquet, « Les ruptures du contrat de travail et le droit du licenciement », RJS 2004, p. 675)* ;

– les négociations engagées par des cadres d'une entreprise avec les salariés protégés afin d'obtenir la résiliation des contrats de travail sans observer les prescriptions légales et, pour les salariés, le bénéfice d'avantages obtenus en méconnaissance du statut protecteur *(Cass. crim., 28 janv. 2004, n° 02-85141, Bull. crim. n° 22, Rapport 2004 de la Cour de cassation p. 418)* ;

– la transaction conclue postérieurement à l'annulation de la décision de licenciement et avant que le salarié ait été réintégré alors qu'il a demandé à l'être, la transaction, ainsi portant sur un *« futur licenciement »,* est nulle *(Cass. crim., 31 janv. 2006, n° 05-83.089, obs. F. Duquesne, Dr soc 2006, p. 573, note J.-Y. Kerbourc'h, JCP S 2006 n° 17, p. 28).*

De manière générale, il a été jugé que « *si les salariés investis de fonctions représentatives ne peuvent renoncer par avance aux dispositions protectrices exorbitantes du droit commun instituées en leur faveur, rien ne les empêche, lorsqu'un licenciement leur a été notifié sans que la procédure légale ait été observée, de conclure avec l'employeur un accord librement consenti (...) en vue de régler les conséquences pécuniaires de la rupture du contrat de travail, (...) un tel accord n'est pas une cause justificative de la méconnaissance de dispositions d'ordre public et ne fait pas obstacle à ce que l'employeur puisse être poursuivi pour l'atteinte aux fonctions des délégués du personnel résultant de l'inobservation de la procédure de licenciement » (Cass. crim., 4 févr. 1992, n° 90-82.330, Bull. crim. n° 50, RJS 1992 n° 1129).*

D. La validité d'un engagement de l'employeur à verser une indemnité

17.6.1.4. – Un salarié protégé, convoqué à un entretien préalable à un licenciement pour motif économique, avait signé le même jour avec les représentants de l'employeur un acte prévoyant le versement à son profit, en conséquence de son licenciement économique, d'une somme de 152 000 euros. Postérieurement à l'autorisation de licenciement, il avait saisi la juridiction administrative d'un recours en annulation de la décision d'autorisation de son licenciement et formé devant la juridiction prud'homale une demande en paiement du complément de la somme prévue dans l'acte du 25 juillet 2003. La chambre sociale a jugé que l'acte en cause n'était pas une transaction dès lors qu'il n'avait pas pour objet de mettre un terme à un litige né ou à naître et devait s'analyser comme un « *engagement de l'employeur* », la demande relative au versement de cette « *indemnité contractuelle* » relevant de la seule compétence de la juridiction judiciaire, peu important l'issue du litige sur la validité de l'autorisation de l'inspecteur du travail chargé de contrôler la régularité de la procédure et de la cause économique du licenciement d'un salarié protégé *(Cass. soc., 19 déc. 2007, n° 06-43.538).*

§ 2. LA TRANSACTION CONCLUE APRÈS L'AUTORISATION MAIS AVANT LE PRONONCÉ DU LICENCIEMENT

A. La jurisprudence

17.6.2.1. – La transaction ne peut avoir pour double objet de rompre le contrat de travail et de transiger *(Cass. Ch. mixte, 12 févr. 1999, n° 96-17.468, Bull. Ch. mixte n° 1).*

La chambre sociale en déduit que la transaction « *ne peut porter sur l'imputabilité* » de la rupture, « *laquelle conditionne l'existence de concessions réciproques* » *(Cass. soc., 16 juill. 1997, n° 94-42.283, Bull. V n° 278 ; RJS 1997 n° 1089 ; Cass. soc., 16 mai 2000, n° 98-44.629).*

Il résulte de la jurisprudence générale de la Cour de cassation applicable aux transactions conclues avec les salariés non protégés que :

– *« la transaction ayant pour objet de mettre fin au litige résultant d'un licenciement ne peut valablement être conclue qu'une fois la rupture intervenue et définitive » (Cass. soc., 29 mai 1996, n° 92-45.115, Bull. V n° 215, Dr soc 1996, p. 689)* ;

– la signature d'une transaction mettant fin au contrat de travail avant le licenciement est illicite, dès lors *« qu'au moment de la signature de la transaction aucun licenciement n'était encore intervenu, ce dont il découlait que la transaction qui avait pour but et pour effet d'organiser la rupture du contrat de travail en dehors du cadre légal, était nulle » (Cass. soc., 14 oct. 1997, n° 94-43.623, RJS 1997 n° 1257).*

Il a été fait application de cette jurisprudence aux salariés protégés *(Cass. soc., 10 juill. 2002, n° 00-40.301, Bull. V n° 249, RJS 2002 n° 1255).*

La transaction ne peut valablement être conclue par le salarié licencié que lorsqu'il a eu connaissance effective des motifs du licenciement par la réception de la lettre de licenciement.

B. L'appréciation de la date de la conclusion de la transaction

17.6.2.2. – S'agissant des salariés non protégés, il a été jugé qu'elle ne peut être conclue que postérieurement à la réception par le salarié de la notification de son licenciement, les parties ne pouvant *« transiger sur les conséquences d'une mesure de licenciement prise par l'employeur qu'une fois ce licenciement intervenu et définitif » (Cass. soc., 15 janv. 1997, n° 93-44.010, Bull. V n° 22, RJS 1997 n° 141 ; Cass. soc., 28 mai 2002, n° 99-43.852 et n° 99-43.853, Bull. V n° 182, RJS 2002 n° 970 ; Cass. soc., 16 nov. 2004, n° 02-43.427, Bull. V n° 291, RJS 2005 n° 150).*

La transaction ne peut être conclue qu'après la notification au salarié par pli recommandé avec demande d'avis de réception de sa lettre de licenciement *(Cass. soc., 26 oct. 1999, n° 97-42.846, Bull. V n° 411, RJS 1999 n° 1461 ; Cass. soc., 18 févr. 2003, n° 00-42.948, Bull. V n° 61, RJS 2003 n° 604, Dr soc 2003, p. 546, obs. G. Couturier, Dr ouvrier 2003, p. 442 : envoi d'une lettre simple ; Cass. soc., 25 sept. 2013, n° 12-21.557).* Si la notification d'un licenciement peut se faire par lettre remise en main propre contre récépissé, la lettre recommandée avec avis de réception demeure indispensable pour transiger *(Cass. soc., 10 oct. 2018, n° 17-10.066, B., RJS 2018 n° 725).*

Doit être prise en compte la date à laquelle le salarié a retiré la lettre recommandée avec demande d'avis de réception de licenciement *(Cass. soc., 14 juin 2006, n° 04-43.123, Bull. n° 215, JCP S 2006 n° 31-35, p. 21, note D. Asquinazi-Bailleux).* À défaut, la transaction est nulle *(Cass. soc. 18 févr. 2003, n° 00-42.948, Bull. V n° 61, RJS 2003 n° 604).*

Si le juge du fond constate que la date portée sur le protocole transactionnel n'est pas celle à laquelle il avait été signé, il lui appartient de rechercher à quelle date la transaction a été conclue précisément et, à défaut de pouvoir la déterminer, d'en déduire que l'employeur ne rapporte pas la preuve qui lui incombe que la transaction a bien été conclue postérieurement au licenciement *(Cass. soc., 1er juill. 2009, n° 08-43.179, Bull. V n° 171, RJS 2009 n° 795)*. Dès lors que le licenciement a été prononcé irrégulièrement *(par lettre remise en mains propres par exemple)*, la transaction, signée postérieurement à l'envoi en courrier recommandé d'une seconde lettre de licenciement, est nulle dès lors que l'employeur ne peut revenir sur le licenciement, prononcé irrégulièrement sans l'accord du salarié *(Cass. soc., 2 mars 2005, n° 02-43.980, RJS 2005 n° 512)*. Ces règles nous paraissent transposables à la situation des représentants du personnel : dès lors que la notification par l'administration au salarié de la décision d'autorisation ne vaut pas notification du licenciement, la transaction ne pourra être valablement conclue qu'après la réception par le salarié du courrier lui notifiant son licenciement.

C. La nullité relative de la transaction

17.6.2.3. – Si la transaction intervient avant le licenciement, elle est entachée d'une nullité relative qui ne peut être invoquée que par le salarié *(Cass. soc., 28 mai 2002, n° 99-43.852 et n° 99-43.853, Bull. V n° 182, RJS 2002 n° 970, Dr soc 2002, p. 783, obs. G. Couturier ; Cass. soc., 6 avr. 2004, n° 02-41.953, RJS 2004 n° 687)*.

§ 3. LA TRANSACTION CONCLUE APRÈS L'AUTORISATION ET LE PRONONCÉ DU LICENCIEMENT

Plan du paragraphe

17.6.3. – Dès lors que le licenciement a été prononcé, le salarié peut conclure avec son employeur un accord « *librement consenti en vue de régler les conséquences pécuniaires de la rupture du contrat de travail* » *(Cass. soc., 10 janv. 1995, n° 90-42.943, Légis. Soc. n° 7209, RJS 1995 n° 137 ; Cass. crim., 4 févr. 1992, n° 90-82.330, Bull. crim. n° 50, CSB n° 41, RJS 1992 n° 1129 ; Cass. crim., 3 mai 1994, n° 91-86.047, RJS 1994 n° 1010 ; Cass. soc., 19 mai 1998, n° 96-40.461, RJS 1998 n° 882)*.

Le salarié protégé peut donc conclure une transaction qui est subordonnée aux règles générales de validité des transactions *(Cass. soc.,*

9 mars 1998, n° 96-40.461 ; cf. S. Niel, « Comment négocier une transaction sur le licenciement d'un salarié protégé », Les cahiers du DRH n° 66, 27 sept. 2002).

A. Les conditions auxquelles est subordonnée la validité de la transaction

17.6.3.1. – La transaction doit être librement consentie, comporter des concessions réciproques et ne pas être entachée d'une erreur sur l'objet même de la contestation. Elle doit avoir pour objet de mettre fin à toute contestation née ou à naître résultant de la rupture du contrat de travail. Elle ne peut être conclue qu'une fois la rupture du contrat de travail intervenue et définitive.

1. La date de la conclusion de la transaction

17.6.3.1.1. – Il convient de se reporter au n° **17.6.2.2**.

2. La liberté de consentement

17.6.3.1.2. – Elle constitue une condition essentielle. Elle n'est pas remplie si le juge estime que le salarié n'a pas compris la signification et la portée de la transaction *(Cass. soc., 14 janv. 1997, n° 95-40.287, RJS 1997 n° 142 : en l'espèce, le salarié ne savait ni lire, ni écrire le français)*. La volonté du salarié de résilier son contrat de travail doit être claire et dépourvue d'équivoque *(Cass. soc., 15 mars 2006, n° 03-45.875, Bull. V n° 112, RJS 2006 n° 648)*.

En revanche, le juge du fond ne peut déduire un vice de consentement du salarié du fait que le motif économique du licenciement n'était pas réel, dès lors que l'autorité de la chose jugée qui s'attache à la transaction fait obstacle à ce qu'il tranche le litige, que la transaction avait pour objet de clore, en se livrant à un examen des éléments de fait et de preuve pour déterminer le bien fondé du licenciement *(Cass. soc., 14 juin 2000, n° 97-45.065, Bull. V n° 230, Dr soc 2001, p. 27, analyse G. Couturier)*.

3. L'absence d'erreur sur l'objet même de la contestation

17.6.3.1.3. – Une telle erreur affecte la validité de la transaction *(Cass. soc., 24 nov. 1998, n° 95-43.523, Bull. V n° 515, Dr soc p. 358, RJS 1999 n° 198 ; en l'espèce, les deux parties croyaient que le salarié pouvait seulement prétendre à l'indemnité légale de licenciement ; A. Jeammaud, « Retour sur une transaction en quête de stabilité », Dr soc 1999, p. 351)*.

4. L'absence d'attitude dolosive

17.6.3.1.4. – Le dol est une cause de nullité des conventions lorsque les manœuvres pratiquées par l'une des parties sont telles qu'il est évident que, sans ces manœuvres, l'autre partie n'aurait pas contracté *(C. civil, art. 1130)*. Le dol ne se présume pas et doit être prouvé.

L'employeur qui avait donné une information erronée, ayant déterminé le salarié à conclure la transaction, a été condamné à lui verser des dommages-intérêts pour attitude dolosive *(Cass. soc., 7 juin 1995, n° 91-44.294, Bull. V n° 183)*. Des mensonges reprochés au salarié et qui avaient amené l'employeur à des concessions plus avantageuses ne sont susceptibles de justifier l'annulation de la transaction que si, sans ces mensonges, il est évident que l'employeur n'aurait pas signé la transaction *(Cass. soc., 12 févr. 1997, n° 93-44.042, Bull. V n° 61, Dr soc 1997, p. 421)*. Cette recherche incombe au juge du fond.

5. *La motivation de la lettre de licenciement conformément aux exigences légales*

17.6.3.1.5. – « *Si la juridiction appelée à statuer sur la validité d'une transaction réglant les conséquences d'un licenciement n'a pas à se prononcer sur la réalité et le sérieux du ou des motifs énoncés dans la lettre de licenciement, elle doit, pour apprécier si des concessions réciproques ont été faites et si celle de l'employeur n'est pas dérisoire, vérifier que la lettre de licenciement est motivée conformément aux exigences légales* » *(Cass. soc., 23 janv. 2001, n° 98-41.992, Bull. V n° 21, Dr soc 200,1 p. 320, RJS 2001 n° 440 ; Cass. soc., 18 déc. 2001, n° 99-40.649, Bull. V n° 391, RJS 2002 n° 283)*.

L'ordonnance n° 2017-1718 du 20 décembre 2017, complétée par le décret n° 2017-1702 du 15 décembre 2017, a créé la possibilité pour l'employeur de préciser les motifs énoncés dans la lettre de licenciement après la notification de celui-ci *(C. trav., art. L1232-5 ; C. trav., art. R. 1233-2-2 ; Liaisons soc. n° 17801 ; « La motivation du licenciement », A. Fabre, Dr soc 2018, p. 4)*. Le juge devra donc prendre en compte les éléments éventuellement ajoutés par l'employeur après la notification, pour vérifier si la lettre de licenciement est suffisamment motivée. Cette modification devrait avoir des conséquences sur la jurisprudence en matière de transaction. En effet, cette dernière retenait que si la lettre de licenciement était insuffisamment motivée, le licenciement était sans cause réelle et sérieuse et la transaction était invalidée. Dorénavant, le licenciement ne sera pas systématiquement sans cause réelle et sérieuse. Si le salarié n'a pas effectué de demande de précisions des motifs, l'irrégularité tirée de l'absence de motivation ne prive pas à elle seule le licenciement de cause réelle et sérieuse.

La jurisprudence relative à la motivation de la lettre de licenciement est exposée au n° **52.1.2**.

6. *L'existence de concessions réciproques*

17.6.3.1.6. – « *L'existence de concessions réciproques, qui conditionne la validité d'une transaction, doit s'apprécier en fonction des prétentions* *des parties au moment de la signature* » de la transaction *(Cass. soc., 27 mars 1996, n° 92-40.448, Bull. V n° 124, RJS 1996 n° 541 ; Cass. soc., 15 nov. 2007, n° 06-42.305 et 06-41.224, RJS 2008 n° 179)*.

La loi n° 2016-1547 du 18 novembre 2016 de modernisation de la justice du XXIe siècle a consacré cette jurisprudence, intégrant la nécessité de concessions réciproques à l'article 2044 du Code civil. L'article 2048 du Code civil précise que « *la renonciation qui y est faite à tous droits, actions et prétentions, ne s'entend que de ce qui est relatif au différend qui y a donné lieu* ».

Pour apprécier le caractère réel de ces concessions, si le juge ne peut rechercher si les prétentions sont justifiées et trancher le litige auquel la transaction a pour objet de mettre fin « *en se livrant à l'examen des éléments de fait et de preuve* » (*Cass. soc., 21 mai 1997, n° 95-45.038, Bull. V n° 185, RJS 1997 n° 813 ; Cass. soc., 6 janv. 2021, n° 18-26.109, RJS 2021 n°140*), il « *peut néanmoins se fonder sur les faits invoqués lors de la signature de l'acte, indépendamment de la qualification juridique qui leur a été donnée* » *(Cass. soc., 27 mars 1996, n° 92-40.448, Bull. V n° 124)* et « *sans heurter l'autorité de la chose jugée attachée à la transaction, restituer aux faits énoncés dans la lettre de licenciement leur véritable qualification* » *(Cass. soc., 6 avr. 1999, n° 96-43.467, Bull. V n° 162, RJS 1999 n° 662 ; Cass. soc. 26 janv. 2017, n° 15-29.233)*.

L'absence de concessions réciproques entraînant la nullité de la transaction a été reconnue dans les circonstances suivantes :

- lorsque le montant de l'indemnité transactionnelle était dérisoire *(Cass. soc., 11 oct. 1994, n° 90-46.017, note P. H. Antonmattei, Dr soc 1994, p. 982 ; Cass. soc., 18 mai 1999, n° 96-44.628, Bull. civ. V n° 223, Dr soc 1999, p. 749 ; Cass. soc., 28 nov. 2000, n° 98-43.635, Bull. V n° 399, RJS 2000 n° 197 ; Cass. soc. 5 oct. 2016, n° 15-16.324)* ;
- lorsque l'employeur s'est borné à dispenser le salarié d'effectuer son préavis sans lui verser une indemnité compensatrice *(Cass. soc., 23 avr. 1997, n° 94-40.349, RJS 1997 n° 689)* ;
- lorsque le salarié a renoncé, sans contreparties, aux indemnités conventionnelles auxquelles il pouvait prétendre *(Cass. soc., 3 avr. 1990, n° 86-45.189, Bull. V n° 153, RJS n° 376)* ;
- lorsque l'employeur, qui n'a pas allégué la faute grave, s'est engagé à verser une indemnité transactionnelle inférieure à l'indemnité conventionnelle de licenciement *(Cass. soc., 18 févr. 1998, n° 95-42.500, Bull. V n° 98)*, ou une indemnité correspondant aux sommes que le salarié aurait perçues au titre des indemnités de préavis, de licenciement et de congés payés *(Cass. soc., 17 oct. 1996, n° 93-43.874)* ;
- lorsque le juge du fond a constaté que le motif allégué à l'appui de la faute grave ne pouvait être constitutif d'une faute grave privative de l'indemnité de préavis, le salarié ayant accepté de renoncer à toute prétention en contrepartie du versement d'une indemnité de

préavis et d'une indemnité compensatrice de congés payés *(Cass. soc., 27 mars 1996, n° 92-40.448, Bull. V n° 124, RJS 1996 n° 541)* ;
- lorsque l'insuffisance professionnelle invoquée par l'employeur dans la lettre de licenciement ne présentait pas un caractère fautif *(Cass. soc., 6 avr. 1999, n° 96-43.467, Bull. V n° 162, RJS 1999 n° 662)* ;
- lorsque le versement de l'indemnité transactionnelle était subordonné à un événement incertain, alors que les concessions réciproques doivent avoir un caractère certain *(Cass. soc., 28 janv. 1998, n° 95-45.029 : en l'espèce, le versement était subordonné au fait que le salarié ne soit pas embauché par une entreprise concurrente)*.

En revanche, une transaction comportant de réelles concessions est regardée comme parfaite *(Cass. soc., 19 mai 1998, n° 96-40.461, RJS 1998 n° 882 : en l'espèce, l'employeur arguait d'une faute grave du salarié et avait accepté de lui régler une indemnité forfaitaire en contrepartie d'une renonciation à toute action et à toute instance en relation avec la qualité d'ancien salarié ; Cass. soc., 18 déc. 2001, n° 99-40.649, Bull. V n° 391, obs. B. Gauriau, Dr soc 2002, p. 360)*.

Par ailleurs, la transaction avec un salarié protégé peut porter sur un litige relatif à l'exécution du contrat, tel que celui relatif à un rappel de salaire et à la modification du contrat de travail *(Cass. soc., 29 janv. 2013, n° 11-23.743)*.

B. La portée de la transaction

17.6.3.2. – La transaction valablement conclue a l'autorité de la chose jugée entre les parties.

Dès lors, le juge « *ne peut, sans heurter l'autorité de la chose jugée attachée à la transaction, trancher le litige que cette transaction avait pour objet de clore en se livrant à l'examen des éléments de fait et de preuve* » *(Cass. soc., 15 nov. 2007, n° 06-41.224 ; Cass. soc., 20 févr. 2019, n° 17-21.073)*. Dès lors que la transaction a été valablement conclue, le salarié ne peut plus se rétracter *(Cass. soc., 9 janv. 2019, n° 17-22.788)*.

Selon les dispositions du décret n° 2017-1008 du 10 mai 2017, la partie la plus diligente ou l'ensemble des parties à la transaction peut saisir le bureau de conciliation et d'orientation du conseil de prud'hommes aux fins d'homologation de la transaction *(C. trav., art. R. 1471-1)*. Une telle homologation rend la transaction exécutoire *(C. procédure civile, art. 1565)*.

Le non-paiement de la somme convenue dans la transaction rend celle-ci non opposable au salarié *(Cass. soc., 11 mai 2005, n° 03-40.421, RJS 2005 n° 736)*. Sa nullité peut être invoquée par l'une ou l'autre des parties *(Cass. soc., 24 oct. 2000, n° 98-41.192, Bull. civ. V n° 344, Dr soc 2001, p. 27, RJS 2000 n° 1249)*.

Une transaction « *forfaitaire et définitive* » par laquelle le salarié « *renonce à toutes réclamations de quelque nature qu'elles soient à l'encontre [de l'autre partie] relatives tant à l'exécution qu'à la rupture de son contrat de travail* » fait obstacle à ce que le salarié obtienne du juge condamnation de son employeur à lui verser une somme au titre d'une prime d'intéressement *(Cass. ass. plén. 4 juill. 1997, n° 93-43.375, Bull. AP n° 10)*, sous réserve que le montant dû au titre de l'intéressement soit au moins déterminable lors de la transaction *(Cass. soc., 9 mars 1999, n° 96-43.602, Bull. V n° 107)*.

« *Les clauses contractuelles destinées à trouver application postérieurement à la rupture du contrat de travail ne sont pas, sauf dispositions expresses contraires [de la transaction] affectées par la transaction* » ; par suite dès lors que « *la renonciation à un droit ne se présume pas* », le juge du fond « *qui a constaté qu'il résultait de l'exposé préliminaire de l'acte transactionnel comme de son texte lui-même que les parties n'avaient pris en considération que leurs divergences sur la rupture et les indemnités afférentes, sans faire la moindre référence à la clause de non-concurrence et à sa contrepartie, a pu en déduire que cette clause n'entrait pas dans l'objet de la transaction* » *(Cass. soc., 6 mai 1998, n° 96-40.234, Bull. V n° 228, RJS 1998 n° 729)*.

La renonciation par le salarié à la priorité de réembauchage, qui constitue un droit futur éventuel, doit résulter d'une mention expresse de la transaction *(Cass. soc., 14 mai 1997, n° 94-44.690, RJS 1997 n° 1091 ; Cass. soc., 29 nov. 2000, n° 98-43.518, RJS 2001 n° 198)*.

Une transaction en termes généraux empêche les contestations futures *(Cass. soc. 5, nov. 2014, n° 13-18.984, Bull. V. n° 260 ; Cass. soc. 20 févr. 2017, n° 17-19676, B.)* y compris à une indemnisation du préjudice d'anxiété lié à une exposition à l'amiante *(Cass. soc., 11 janv. 2017, n° 15-20.040, B. ; Cass. soc., 21 févr. 2017, n° 15-28.376)* à des droits à la retraite supplémentaire *(Cass. soc., 22 juin 2017, n° 16-13.447)* ou au paiement de la contrepartie de la clause de non-concurrence (*Cass. soc., 17 févr. 2021, n° 19-20.635, B., RJS 2021 n°260, Dr. Soc. 2021.371 « La transaction rédigée en termes généraux emporte renonciation du salarié à la contrepartie financière de la clause de non- concurrence » J. Mouly*).

La nullité de la transaction prive d'effet libératoire le reçu pour solde de tout compte qui a été établi pour son exécution *(Cass. soc., 21 mars 2000, n° 97-45.245)*.

C. Accord du salarié et décision de l'administration

17.6.3.3. – Le ministre du Travail considère que quel que soit le motif de la demande, « *la décision prise ne doit jamais faire référence à l'accord exprès du salarié ou à sa volonté de quitter l'entreprise* » pour fonder une autorisation de licenciement *(Guide DGT, Salariés protégés, sept. 2019, fiche n° 18)*.

Le juge administratif a adopté la même position *(CE, 16 mars 1998, n° 167.396, Oultaf : dans cette affaire, le Conseil d'État a répondu au moyen tiré de ce que l'inspecteur se serait fondé sur l'existence d'une transaction ; CE, 2 juill. 2014, n° 368.590, Sté Pace Europe, Rec. p. 206, concl. G. Dumortier, RJS 2014 n° 796).*

D. Transaction et recours pour excès de pouvoir

17.6.3.4. – Le Conseil d'État a jugé que le protocole en vertu duquel le représentant du personnel, en contrepartie du versement d'une indemnité transactionnelle, s'engageait à renoncer à toute action en justice contre la décision du ministre du Travail ayant autorisé son licenciement, ne faisait pas obstacle à ce que le salarié puisse former un recours contentieux contre la décision ministérielle dès lors que « *les salariés investis de fonctions représentatives ne peuvent renoncer par avance aux dispositions protectrices d'ordre public instituées en leur faveur* » *(CE, 2 févr. 1996, Sté Établissement Croquet, n° 152.406, Rec. p. 26, RJS 1996 n° 299).*

En revanche, il a été admis par le juge judiciaire que, par une transaction le salarié renonce à un recours contentieux déjà engagé. Ainsi, la transaction, conclue postérieurement à l'autorisation de licenciement accordée par l'inspecteur du travail, qui avait été saisi de nouveau à la suite du jugement du tribunal administratif annulant un précédent refus, et par laquelle le salarié renonçait à toute action et à toute instance en relation avec la qualité d'ancien salarié, s'appliquait également à l'appel formé par l'intéressé contre le jugement du tribunal administratif *(Cass. soc., 19 mai 1998, n° 96-40.461, RJS 1998 n° 882 et commentaire M. Hautefort, Les Échos, 30 juin 1998).*

E. La transaction conclue après l'annulation de la décision d'autorisation

17.6.3.5. – Est nulle et constitutive du délit d'entrave la transaction conclue, après l'annulation contentieuse de son licenciement et le refus opposé à sa demande de réintégration, avec un salarié protégé sur un futur licenciement, ni ce dernier ni l'employeur ne pouvant pas renoncer à la procédure protectrice *(Cass. crim., 31 janv. 2006, n° 05-83.089, note Kerbourc'h, JCP S n° 17, 25 avr. 2006, 1335).*

Deuxième partie

LA PROCÉDURE DE LICENCIEMENT DES SALARIÉS PROTÉGÉS : LA PROCÉDURE INTERNE À L'ENTREPRISE

CHAPITRE I

LA PROCÉDURE APPLICABLE AUX LICENCIEMENTS REPOSANT SUR UN MOTIF INHÉRENT À LA PERSONNE DU SALARIÉ

21. – « *Il n'appartient qu'à l'autorité administrative saisie d'une demande d'autorisation de licenciement d'un salarié protégé d'apprécier, sous le contrôle du juge administratif, si les règles de procédure préalable à sa saisine ont été observées » (Cass. soc., 13 juill. 2004, n° 01-42.943, Bull. V n° 211, RJS 2004 n° 1068 ; Cass. soc., 13 juill. 2004, n° 02-43.538, Bull. V n° 210 ; cf. également, Cass. soc., 30 avr. 1997, Bull. V n° 149, Dr soc 1997, p. 645)*. Il s'ensuit logiquement qu'en l'état d'une autorisation administrative accordée à l'employeur de licencier un salarié protégé, le juge judiciaire ne peut, sans violer le principe de la séparation des pouvoirs, apprécier la régularité de la procédure suivie *(pour un exemple où était contestée la régularité de la procédure de consultation du comité d'entreprise : Cass. soc., 2 juin 2004 n° 03-40.071, Bull. V n° 159, RJS 2004 n° 904)*.

Faisant écho à cette jurisprudence, le Conseil d'État a jugé que « *l'autorité administrative doit s'assurer de la régularité de la procédure de licenciement avant de délivrer l'autorisation demandée par l'employeur à l'encontre d'un salarié protégé » (CE, section, 22 mai 2002, Sté civile d'Arbonne, n° 221.600, RJS 2002 n° 1000 ; CE, section, 2 mars 2011, Mme Malidor, n° 325.754, Tables p. 1182)*.

Il convient, dans un premier temps, de présenter de manière générale la procédure à respecter en distinguant, d'une part, la procédure « *normale* » et, d'autre part, la procédure applicable en cas de mise à pied.

Dans un second temps, les règles applicables aux principales étapes de la procédure *(entretien préalable, consultation du CSE)* seront étudiées séparément.

SECTION 1
Présentation générale des procédures de licenciement

21.1. – La chambre sociale a jugé que, s'agissant des procédures légales ou conventionnelles internes à l'entreprise, l'employeur est tenu de respecter les modalités procédurales lorsqu'il a décidé de les mettre en œuvre, alors qu'elles n'étaient pas obligatoires *(Cass. soc., 9 oct. 2019, n° 18-15.029, B.)*.

§ 1. LES PROCÉDURES DISCIPLINAIRES PRÉVUES PAR LES CONVENTIONS OU LES ACCORDS COLLECTIFS, LES CLAUSES DU RÈGLEMENT INTÉRIEUR, DES STATUTS OU DU CONTRAT

A. La position du juge judiciaire

1. La jurisprudence de la Cour de cassation sur les garanties de fond avant 2017

21.1.1.1.1. – En application de stipulations conventionnelles ou de dispositions figurant dans le règlement intérieur, le statut ou le contrat de travail, les entreprises peuvent être tenues de respecter des règles spécifiques, telles que la convocation d'une instance disciplinaire ou des modalités procédurales particulières destinées à accroître les droits de la défense. En revanche, la méconnaissance d'une prescription d'un guide d'entreprise relative au contenu de la lettre de convocation à l'entretien préalable n'est pas de nature à affecter la validité de la procédure de licenciement disciplinaire *(Cass. soc., 27 mai 2021 n° 19-16.117, B., RJS 2021 n° 498, B. ; Mise en œuvre de la procédure de licenciement disciplinaire et valeur d'un guide RH d'entreprise, C. Couëdel, D. actu., 15 juin 2021)*.

Antérieurement à l'arrêt du 23 mars 1999 de la chambre sociale de la Cour de cassation, le non-respect de la procédure disciplinaire conventionnelle ne pouvait avoir pour effet de rendre le licenciement abusif *(Cass. soc., 28 nov. 1995, n° 92-41.995, Bull. V n° 316 ; Cass. soc., 18 févr. 1998, n° 95-42.500, Bull. V n° 95)*.

Par un arrêt du 23 mars 1999, la chambre sociale a jugé « *que le licenciement décidé sans que la commission [instituée par la convention collective] ait statué au préalable, ne peut avoir de cause réelle et sérieuse* » *(Cass. soc., 23 mars 1999, n° 97-40.412, Bull. V n° 134, Dr soc 1999, p. 634, RJS 1999 n° 657)*. Pour la Cour de cassation, « *l'intervention de cette commission constitue une* ***garantie de fond*** *pour le salarié* » *(Cass. soc., 11 juill. 2000, n° 97-45.781, Bull. V n° 272 ; Cass. soc., 16 janv. 2001, n° 98-43.189, Bull. V n° 9, RJS 2001 n° 431 ; Cass. soc., 16 sept. 2008,* *n° 07-41.532, Bull. V n° 159, RJS 2005 n° 1078 ; Cass. soc., 17 mars 2015, n° 13-24.252 et 13-23.983, Bull. V n° 49, obs. J. Mouly, Dr soc 2015, p. 467, note C. Varin, RDT 2015, p. 333 ; S. Tournaux, « Les garanties procédurales fondamentales », Dr soc 2015, p. 389).* Par son arrêt du 6 avril 2022, la Cour de cassation a précisé que l'irrégularité commise dans le déroulement de la procédure disciplinaire conventionnelle n'est pas de nature à entacher le licenciement de nullité. Le conseil de discipline, ayant un rôle purement consultatif, ne constitue pas un tribunal au sens de l'article 6, § 1, de la Convention de sauvegarde des droits de l'homme et des libertés fondamentales, de sorte que les dispositions de ce texte ne lui sont pas applicables *(Cass. soc., 6 avr. 2022, n° 19-25244, B., D. 2022. 709, Dr. soc 2022, p. 556 J. Mouly, RDT 2022, p. 326 F. Guiomard).*

La jurisprudence a été étendue dans le cas où la consultation de l'instance disciplinaire est prévue par le **règlement intérieur** de l'entreprise, même si ce dernier n'a pas été communiqué à l'inspecteur du travail *(Cass. soc., 28 mars 2000, n° 97-43.411, Bull. V n° 136, Dr soc 2000 p. 653, RJS 2000 n° 530).* Il en est de même si la consultation est prévue par les dispositions du **contrat de travail** *(Cass. soc., 30 nov. 2017, n° 16-16.083).*

Toutefois, le non-respect des dispositions n'est pas automatiquement sanctionné par l'absence de cause réelle et sérieuse du licenciement. Il convient de vérifier concrètement la portée des irrégularités commises.

Ainsi, le non-respect d'un délai conventionnel de saisine d'un organisme consultatif ne constitue pas la violation d'une garantie de fond, sauf si cette irrégularité a eu pour effet de priver le salarié de la possibilité d'assurer utilement sa défense devant cet organisme *(Cass. soc., 3 juin 2009, n° 07-42.432 Bull. V n° 142, D. 2009. 1699 ; RJS 2009, n° 716 ; JCP S 2009. 1307, obs. I. Beyneix).*

Si le salarié n'a pas été informé de la faculté de saisir l'instance consultative et que cette dernière n'a pas été réunie à l'initiative de l'employeur, le licenciement est sans cause réelle et sérieuse *(Cass. soc., 8 janv. 2002, n° 99-46.070, RJS 2002 n° 281, Dr soc 2002, p. 467, obs. J. Savatier ; Cass. soc., 31 janv. 2006, n° 03-43.300, Bull. V n° 45, RJS 2006 n° 405).* En revanche, aucune garantie de fond n'est méconnue lorsqu'un conseil de discipline a été saisi par l'employeur conformément aux dispositions conventionnelles, mais que la lettre de convocation à l'entretien préalable comporte un délai erroné sur la faculté offerte au salarié de saisir cette instance *(Cass. soc., 6 avr. 2016, n° 14-21.530, Bull. V, n° 850, RJS 2016 n° 417).*

Par son arrêt du 8 septembre 2021, la Cour de cassation rappelle que « *la consultation d'un organisme chargé, en vertu d'une disposition conventionnelle ou d'un règlement intérieur, de donner son avis sur un licenciement envisagé par un employeur constitue une garantie de fond, en sorte que le licenciement prononcé sans que cet organisme ait été consulté ne peut avoir de cause réelle et sérieuse* », mais elle précise que « *l'irrégularité commise dans le déroulement de la procédure disciplinaire prévue par une disposition conventionnelle ou un règlement intérieur, est assimilée à la violation d'une garantie de fond et rend le licenciement sans cause réelle et sérieuse lorsqu'elle a privé le salarié de droits de sa défense ou lorsqu'elle est susceptible d'avoir exercé en l'espèce une influence sur la décision finale de licenciement par l'employeur* ». Elle censure ainsi la cour d'appel qui n'a pas recherché si l'irrégularité constatée, relative à la communication du dossier à l'instance, a privé le salarié de la possibilité d'assurer utilement sa défense *(Cass. soc., 8 sept. 2021, n° 19-039, B., RDT 2021 p. 642, note A. Fabre ; même raisonnement pour une disposition du règlement intérieur prévoyant une information du salarié sur les griefs retenus contre lui dans la convocation à l'entretien préalable : Cass. soc., 13 sept. 2023, n° 21-25.830).*

2. L'impact de l'ordonnance du 22 septembre 2017

21.1.1.1.2. – La construction jurisprudentielle de la Cour de cassation est remise en question par les dispositions de l'article L. 1235-2 du Code travail issues de l'ordonnance n° 2017-1387 du 22 septembre 2017 selon lesquelles « *lorsqu'une irrégularité a été commise au cours de la procédure, notamment si le licenciement d'un salarié intervient sans que la procédure requise aux articles L. 1232-2, L. 1232-3, L. 1232-4, L. 1233-11, L. 1233-12 et L. 1233-13 ait été observée ou sans que la procédure conventionnelle ou statutaire de consultation préalable au licenciement ait été respectée, mais pour une cause réelle et sérieuse, le juge accorde au salarié, à la charge de l'employeur, une indemnité qui ne peut être supérieure à un mois de salaire » (Procédure conventionnelle de licenciement et violation d'une garantie de fond : reculer pour mieux sauter ?, A. Fabre, RDT 2021 p. 642).*

Ainsi, dans nombre d'hypothèses, l'irrégularité de procédure ne pourra plus être sanctionnée par un licenciement sans cause réelle et sérieuse. Ces dispositions sont applicables aux licenciements prononcés depuis le 18 décembre 2017, date d'entrée en vigueur du décret n° 2017-1702 du 15 décembre 2017 relatif à la procédure de précision des motifs énoncés dans la lettre de licenciement *(Cass. soc., 22 sept. 2021, n° 19-21.605 B., RJS 2021 n° 648).*

Néanmoins, en dehors de la consultation d'instances ou de la procédure relative à l'entretien préalable, plusieurs autres garanties de fond peuvent être prévues par les dispositions conventionnelles ou statutaires, le règlement intérieur ou le contrat de travail.

Ainsi, la méconnaissance des stipulations d'une convention collective ou des dispositions d'un règlement intérieur subordonnant une mesure de licenciement à la notification préalable de deux sanctions de moindre importance prive le licenciement de cause réelle et sérieuse *(Cass. soc, 21 janv. 1992, n° 90-46.104, Bull. V n° 17, RJS 1992 n° 259 ; Cass. soc., 15 janv.2002, n° 99-43.982, Bull. V n° 13, RJS 2004 n° 435 : dispositions du règlement intérieur ; Cass. soc., 30 juin 2004, n° 02-41.993, Bull. V n° 184, Dr soc 2004, p. 1035, obs. J. Savatier : l'annulation judiciaire des avertissements rend le licenciement sans cause réelle et sérieuse ; Cass. soc., 22 sept. 2021, n° 18-22.204, D. 2021. 1770).*

Des stipulations conventionnelles peuvent également limiter les possibilités de licenciement de l'employeur à des causes déterminées par les conventions ou les accords collectifs. Ces clauses sont licites dès lors qu'elles ne rendent pas impossible la rupture du contrat de travail *(Cass. soc., 10 juill. 2002, n° 00-41.496, Bull. V n° 236, RJS 2002 n° 1088 ; Cass. soc., 3 déc. 2002, n° 00-46.055, 01-40.182 et 01-44.021, Bull. V n° 362, RJS 2003 n° 163, obs. J. Savatier, Dr soc 2003, p. 325)* et le licenciement intervenu en méconnaissance est dépourvu de cause réelle et sérieuse *(Cass. soc., 14 oct. 1997, n° 97-40.033, Bull. V n° 310, RJS 1997 n° 1229 ; Cass. soc., 25 oct. 2005, n° 02-45.158, Bull. V n° 301, RJS 2006 n° 62, obs. J. Savatier, Dr soc 2006, p. 110 ; Cass. soc., 10 janv. 2024, n° 22-19.857, B. : convention collective des réseaux de transports publics urbains de voyageurs ne permettant pas un licenciement pour insuffisance professionnelle).*

En tout état de cause, le juge conserve le droit d'apprécier si le licenciement repose sur une cause réelle et sérieuse alors même qu'il est prononcé pour une cause prévue par la convention collective *(Cass. soc., 13 oct. 2004, n° 02-45.285, Bull. V n° 256, RJS 2004 n° 1260).*

Cependant, la Cour de cassation a jugé que la seule méconnaissance de la règle imposant de recueillir l'avis conforme de l'instance disciplinaire, lorsque l'employeur entend invoquer la faute grave, ne prive pas le licenciement de cause réelle et sérieuse *(Cass. soc., 3 déc. 2002, n° 00-46.055, 01-40.182 et 01-44021, Bull. V n° 362, obs. J. Savatier, Dr soc 2003, p. 235, RJS 2003 n° 165).*

B. La position du juge administratif

21.1.1.2. – Antérieurement à l'arrêt du 23 mars 1999 de la chambre sociale, la juridiction administrative pouvait estimer sans inconvénient qu'en tout état de cause le non-respect de la procédure conventionnelle était sans incidence sur la légalité de la décision de l'inspecteur du travail lorsque le motif de la demande n'était pas d'ordre économique *(CE, 11 mai 1990, n° 90.979, Grignon, Jurisp. soc. UIMM n° 90-530, p. 328 ; CE, 12 mars 1993, n° 99.580, Guittard, RJS 1993 n° 634 ; CE, 28 juin 1996, n° 156.427, Caisse régionale de crédit agricole de la Vendée, RJS 1996 n° 947).*

L'évolution opérée par cet arrêt du 23 mars 1999 soulevait une question délicate dès lors que la Cour de cassation avait jugé que le « *juge judiciaire ne peut, en l'état de l'autorisation administrative accordée à l'employeur de licencier un salarié protégé et, sans violer le principe de séparation des pouvoirs, apprécier le caractère réel et sérieux du licenciement* » et se refusait dorénavant à connaître des questions se rapportant à la régularité de la procédure de licenciement d'un salarié protégé préalable à la saisine de l'inspecteur du travail au motif que le contrôle « *de la régularité de la procédure… relève du contrôle de ce dernier » (Cass. soc., 30 avr. 1997, n° 94-45.418, Bull. V. n° 149, Dr soc 1997, p. 645 ; Cass. soc., 4 mars 2009, n° 08-40.005, CSB Paris 2009 n° 211, p. 155).*

La nécessité d'une vérification de la régularité de la procédure conventionnelle par l'autorité administrative était d'autant plus évidente que la chambre sociale avait expressément affirmé qu'il appartient à cette autorité de s'assurer de la régularité de la procédure suivie devant une commission paritaire *(Cass. soc., 13 juill. 2004, n° 01-42.943, Bull. V n° 211, RJS 2004 n° 1068).*

Cette solution a été consacrée par le Conseil d'État dans la décision rendue le 21 mai 2008, qui marque un revirement net de sa jurisprudence *(CE, 21 mai 2008, n° 304.394, Ministre de l'Emploi, de la Cohésion sociale et du Logement c. / . M. R., Rec. p. 183, concl. Y. Struillou, Dr soc 2008, p. 851, RJS 2008 n° 916 ; JCP E n° 26, 26.06.2008 ; Liaisons soc. jurisp. hebdo 30 juin 2008 n° 151 / 2008 ; Dr ouvrier octobre 2008, p. 538).*

Appelée à se prononcer sur l'incidence du non-respect de règles de procédure prévues par une convention collective, la Haute assemblée a jugé que cette irrégularité entachait d'illégalité l'autorisation de licenciement accordée par l'autorité administrative *(CE, 22 oct. 2008, n° 307.821 ; CE, 14 nov. 2008, n° 303.394 ; CE, 29 juin 2016, n° 387.412, M. Pigal, Tables p. 979, AJDA 2016, p. 2142, D. actu. 20 / 07 / 16, note M. Peyronnet ; pour une procédure de mise à la retraite, CE, 13 févr. 2019, n° 403.890, AGEFOS-PME, mentionné aux Tables).*

Cependant, en tout état cause, la seule circonstance que la convention collective subordonne le licenciement pour faute grave à l'avis conforme d'une commission disciplinaire ne fait pas obstacle à ce que l'employeur saisisse l'administration d'une demande d'autorisation sans avoir obtenu l'accord de ladite commission dès lors que la faute de nature à justifier le licenciement d'un salarié protégé n'est pas nécessairement une faute grave *(cf. n° **44.4.1**).*

Par une décision du 22 juillet 2015, le Conseil d'État a précisé qu'il incombait à l'autorité administrative, saisie d'une demande d'autorisation de licenciement d'un salarié protégé pour motif disciplinaire, d'apprécier, sous le contrôle du juge administratif, si les **stipulations du contrat de travail** relatives à la rupture du contrat par licenciement, notamment celles posant des règles procédurales particulières, étaient respectées *(CE, 22 juill. 2015, n° 369.223, Grand conseil de la mutualité, Tables p. 900).*

Enfin, le Conseil d'État a étendu ce contrôle à « l'**ensemble des règles applicables au sein de l'entreprise** », dont les dispositions particulières des **statuts** du personnel *(CE, 10 oct. 2018, n° 400.956, Régie autonome des transports parisiens, Tables p. 934, AJDA 2019, p. 149).*

Par analogie avec la jurisprudence applicable en matière de consultation du CSE *(CE, 4 juill. 2018, n° 397.059, Sté Véron International ; CE, 4 juill. 2018, n° 410.904, Mr X c. / Association des Cités du secours catholique, mentionnés aux Tables)*, le Conseil d'État considère que l'autorité administrative doit vérifier si le non-respect de la procédure de consultation conventionnelle a été de nature à empêcher l'organe consultatif d'émettre son avis en toute connaissance de cause ou dans des conditions ayant faussé la consultation *(CE, 13 oct. 2023, n° 459.314, Caisse régionale du Crédit agricole mutuel Toulouse 31, mentionné aux Tables).*

C. L'articulation avec la procédure légale « normale »

21.1.1.3. Se pose régulièrement en pratique la question de l'articulation des dispositions conventionnelles ou statutaires avec les dispositions légales.

Ainsi, concernant les modalités de convocation à l'entretien préalable, la Cour de cassation a jugé que l'article 27, alinéa 2, de la convention collective nationale des ingénieurs et cadres de la métallurgie du 13 mars 1972 prévoyant la faculté pour le salarié d'être entendu, sur sa demande, par l'employeur avant que son licenciement ne lui soit confirmé par écrit n'institue pas une protection des droits de la défense supérieure à celle prévue par la loi n° 73-680 du 13 juillet 1973 qui a institué l'obligation pour l'employeur envisageant de licencier un salarié de le convoquer, avant toute décision, à un entretien préalable. Doit dès lors être cassé l'arrêt qui retient que l'employeur devait mentionner dans la lettre de convocation à un entretien préalable à licenciement la faculté pour le salarié d'être entendu, sur sa demande, en application de l'article 27, alinéa 2, de la convention collective applicable *(Cass. soc., 11 juill. 2016, n° 14-22.651 B., RJS 2016 n° 62).*

Concernant la RATP, dont les statuts édictent une procédure spécifique de réforme médicale sans qu'un entretien préalable ne soit expressément prévu, la cour administrative d'appel de Paris a considéré qu'un tel statut « *n'est pas par lui-même inconciliable avec la règle de valeur législative posée par l'article L. 1232-2 du Code du travail et que ni les nécessités du service public confié à l'entreprise, ni la procédure particulière prévue par le statut en cas d'inaptitude ou de réforme ne sont susceptibles de dispenser la RATP de respecter la règle de l'entretien préalable prévue par cet article* » *(CAA Paris, 21 mars 2018, n° 16PA02868, pas de pourvoi).*

Le Conseil d'État a par ailleurs été amené à se prononcer sur l'articulation des procédures avec la saisine de l'autorité administrative. Ainsi, une clause conventionnelle prévoyant que, lorsque son licenciement est envisagé, un salarié doit être mis à même de demander dans le délai qu'elle fixe la saisine d'un conseil de discipline avant qu'il ne soit licencié n'implique pas nécessairement, s'agissant d'un salarié protégé, l'obligation d'accomplir cette procédure avant la saisine de l'inspecteur du travail, mais de la mettre en œuvre avant que ce dernier n'autorise le licenciement (*CE, 29 mai 2020, n° 418.488, Sté Vietnam Airlines, mentionné aux Tables*).

En l'absence de dispositions statutaires dérogeant à l'article R. 2421-6 du Code du travail, la demande de licenciement doit être adressée dans les huit jours à compter de la consultation du conseil de discipline, au cas où un agent de la SNCF ayant la qualité de représentant d'une section syndicale est susceptible d'être radié à l'issue d'une période de suspension conservatoire *(CE, 20 juin 2022, n° 435.266, M. Dezegue c. / SNCF Mobilités, mentionné aux Tables)*.

§ 2. LA PROCÉDURE « NORMALE »

21.1.2. – Elle est différente selon que le licenciement doit être soumis ou non à l'avis du CSE. La liste des salariés dont le licenciement est soumis ou non à cet avis est précisée dans les *tableaux A et B*.

Le tableau suivant précise les différentes hypothèses possibles :

	Entreprise sans représentant du personnel	**Entreprise avec CSE disposant d'attributions consultatives restreintes ***	**Entreprise avec CSE**
Salariés dont le licenciement est soumis au comité	Cas n° 1	Cas n° 2	Cas n° 3
Salariés dont le licenciement n'est pas soumis au comité	Cas n° 1	Cas n° 2	Cas n° 2

* La formulation « CSE disposant d'attributions consultatives restreintes » désigne le CSE ne disposant pas des attributions consultatives prévues par les articles L. 2312-8 et suivants du Code du travail.

A. Cas n° 1 : licenciement d'un salarié protégé dans une entreprise sans représentation du personnel

21.1.2.1. – Cette hypothèse n'est pas un cas d'école : les conseillers prud'hommes ou les conseillers du salarié peuvent travailler dans des entreprises sans représentation du personnel.

La procédure à respecter est la suivante :

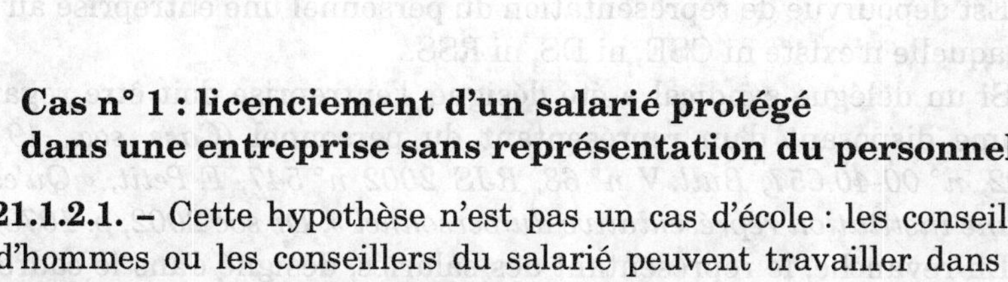

5 jours ouvrables minimum
entre la date de présentation de la lettre
de convocation et la date de l'entretien
(C. travail, art. L. 1232-2)

1. *Le délai minimal de cinq jours ouvrables*

21.1.2.1.1. – Dans les entreprises sans représentant du personnel, un délai minimal de cinq jours ouvrables doit s'écouler entre la date à laquelle la convocation à l'entretien est remise en mains propres au salarié ou présentée par lettre recommandée avec accusé de réception et la date de l'entretien, afin de permettre au salarié de se faire assister par un conseiller du salarié *(C. trav., art. L. 1232-2)*. Cette disposition n'est pas applicable aux employés de maison *(Cass. soc., 5 janv. 1999, n° 96-45.202, RJS 1999 n° 311)*.

Le salarié ne peut renoncer au bénéfice de ce délai de cinq jours *(Cass. soc., 28 juin 2005, n° 02-47.128, Bull. V n° 215, RJS 2005 n° 967, D. 2005 p. 2662, note H. Kobina Gaba, Rapport 2005 de la Cour de cassation, p. 265)*.

Toutefois, quand le report de l'entretien préalable intervient à la demande du salarié, l'employeur est simplement tenu de l'aviser, en temps utile et par tous moyens, des nouvelles date et heure de cet entretien *(Cass. soc., 28 janv. 2014, n° 12-19.872, Bull. V n° 36)*.

2. *La notion d'entreprise sans représentation du personnel*

21.1.2.1.2. – Selon le ministère du Travail *(Guide DGT, Salariés protégés, sept. 2019, fiche n° 5)*, l'absence de représentants du personnel doit s'apprécier au niveau de l'entreprise : si un établissement ne comporte pas de représentants du personnel alors que l'entreprise en dispose, les dispositions relatives à l'assistance par un conseiller du salarié ne sont pas applicables. Cette position est également celle de la Cour de cassation *(Cass. soc., 26 nov. 1996, n° 95-42.457, Bull. V n° 404, Dr soc 1997, p. 200, RJS 1997 n° 20)*.

Est dépourvue de représentation du personnel une entreprise au sein de laquelle n'existe ni CSE, ni DS, ni RSS.

Si un délégué syndical a été désigné, l'entreprise doit être regardée comme disposant d'un représentant du personnel *(Cass. soc., 19 févr. 2002, n° 00-40.657, Bull. V n° 68, RJS 2002 n° 547, F. Petit, « Qu'est-ce qu'une institution représentative du personnel », Dr soc 2002, p. 1073)*.

En revanche, le représentant des salariés, désigné dans le cadre des procédures collectives de sauvegarde, de redressement ou de liquidation judiciaires *(cf. n° **12.7.1**)*, ne peut être regardé comme une institution représentative eu égard au caractère limité de ses attributions *(Cass. soc., 27 juin 2002, n° 00-41.893, Bull. V n° 223, RJS 2002, n° 1097, Dr soc 2002, p. 1029, obs. B. Bossu, F. Petit, « Qu'est-ce qu'une institution représentative du personnel », Dr soc 2002, p. 1073, Dr ouvrier 2003, p. 247, Rapport 2002 de la Cour de cassation, p. 381 ; Cass. soc., 4 févr. 2003, n° 00-45.820, Bull. V n° 39, RJS 2003 n° 431)*.

L'existence ou non d'une institution représentative du personnel doit, le cas échéant, s'apprécier dans le cadre de l'unité économique et sociale dont relève l'employeur *(Cass. soc., 21 sept. 2005, n° 03-44810, Bull. V n° 263, RJS 2005 n° 1082, Dr soc 2006, p. 105, obs. J. Savatier)*.

3. *Le mode de calcul du délai de 5 jours entre la date de présentation de la lettre de convocation et la date de l'entretien*

21.1.2.1.3. – Ce délai est calculé de la manière suivante :

– **Le point de départ du délai** : en application des dispositions de l'article 641 du nouveau Code de procédure civile, selon lesquelles, lorsqu'un délai est exprimé en jours, celui de l'acte de la notification ne compte pas, le délai de 5 jours commence à courir le lendemain de la remise de la convocation en mains propres ou de la présentation de la lettre recommandée, et non à partir de la date à laquelle le salarié a retiré le courrier *(Cass. soc., 20 févr. 2008, n° 06-40949, Bull. V n° 41, RJS 2008 n° 530 ; JCP S n° 17, 22 avr. 2008.1252, note Kerbourc'h ; Cass. soc., 6 sept. 2023, n° 22-11.661 B. ; CE, 4 avr. 2024, n° 475.386, Sté Centre d'hémodialyse)*. En outre, le jour de l'entretien doit être exclu du décompte *(Cass. soc., 9 juin 1999, n° 97-41.349, Bull. V n° 273, RJS 1999 n° 905 ; Cass. soc., 23 mai 2006, n° 05-40.597, Bull. V n° 180 ; Cass. soc., 20 déc. 2006, n° 04-47.853, Bull. V n° 396, RJS 2007 n° 319 ; Cass. soc., 3 juin 2015, n° 14-12.245 B., RDT 2015, p. 761)*. Lorsque la date de présentation de la convocation à entretien préalable est illisible, celle-ci ne doit être regardée que comme étant intervenue au jour de la réexpédition par la poste de l'accusé de réception. Par conséquent, dans un tel cas de figure, ce n'est qu'à compter du lendemain de cette dernière date qu'il convient d'apprécier si le délai de cinq jours ouvrables prévu par l'article L. 1232-2 du Code du travail a bien été respecté *(Guide DGT, Salariés protégés, sept. 2019, fiche n° 5 ; en ce sens, pour la convocation d'un salarié devant le conseil de discipline, Cass. soc., 18 mai 2011, n° 09-72.787, Bull. V n° 115, RJS 2011 n° 687)*.

– **La notion de jours ouvrables** : tous les jours de la semaine sont regardés comme ouvrables, sauf le dimanche *(Cass. soc., 3 juin 2015, n° 14-12.245 B., RJS 2015 n° 554)* même si le salarié est occupé ce jour-là *(Cass. soc., 20 déc. 2006, n° 04-47.853, Bull. V n° 396, RJS 2007 n° 319, préc.)* et les jours fériés légaux *(Cass. soc., 14 mai 1997, n° 95-45.238, Bull. V n° 176, RJS 1997 n° 1076)*.

– **L'expiration du délai** : en application des dispositions de l'article R. 1231-1 du Code du travail, dans le cas où le délai expire un samedi, un dimanche *(Cass. soc., 9 juin 1999, n° 97-41.349, Bull. V n° 273, RJS 1999 n° 905 ; Cass. soc., 20 déc. 2006, n° 04-47.853, Bull. V n° 396, RJS 2007 n° 319)*, un jour férié ou chômé, le délai est prorogé jusqu'au premier jour ouvrable suivant. Le délai expire le dernier jour à 24 heures.

Ainsi, si la lettre de convocation a été présentée le 5 septembre 1995, le délai a commencé à courir le 6. Il comprend donc les 6, 7, 8, 9 et 10 septembre. Le 10 septembre étant un dimanche, le délai expire le lundi 11 à 24 heures. L'entretien ne pouvait donc avoir lieu qu'à compter du

12 septembre *(Cass. soc., 9 juin 1999, n° 97-41.349, Bull. V n° 273, RJS 1999 n° 905)*. Dans le cas d'une lettre de convocation présentée le mercredi 9 novembre 1994, l'entretien ne pouvait avoir lieu avant le jeudi 17 novembre 1994 *(le délai a couru à compter du 10, le vendredi 11 était férié et le 13 était un dimanche : Cass. soc., 14 mai 1997, n° 95-45.238, Bull. V n° 176, RJS 1997 n° 1076)*.

En cas de report, à la demande du salarié, de l'entretien préalable au licenciement, le délai de cinq jours ouvrables court à compter de la présentation de la lettre recommandée ou de la remise en mains propres de la lettre initiale de convocation *(Cass. soc., 24 nov. 2010, n° 09-66.616, Bull. V n° 267, RJS 2011 n° 115)*.

Il a été jugé que la méconnaissance du délai de cinq jours constitue une irrégularité entachant d'illégalité l'autorisation accordée par l'administration *(CE, 20 mars 2009, n° 312.258, Sté Armor, Tables p. 977, concl. Y. Struillou, Dr soc 2009, p. 711)*.

B. Cas n° 2 : licenciement d'un salarié protégé quand la consultation du CSE n'est pas requise ou en l'absence de CSE disposant des attributions consultatives

21.1.2.2. – La procédure est la suivante :

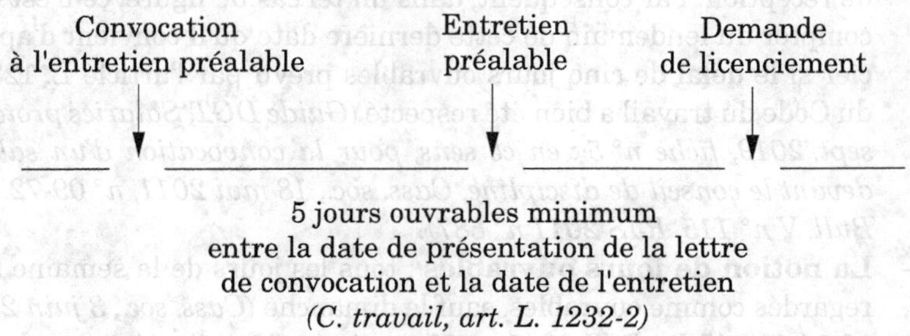

C. Cas n° 3 : licenciement d'un salarié protégé soumis à l'avis du CSE et qui travaille dans une société dotée de cette institution

21.1.2.3. – La procédure est la suivante :

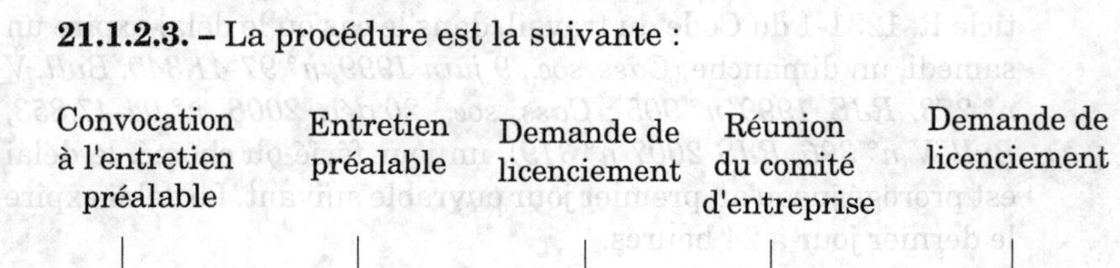

La question de la consultation du CSE à l'occasion de la rupture du contrat d'un salarié protégé titulaire d'un contrat à durée déterminée ou d'un contrat de travail temporaire a été examinée aux n° **16.2** et **16.3**.

§ 3. LA PROCÉDURE APPLICABLE EN CAS DE MISE À PIED

A. Les dispositions générales

21.1.3.1. – L'employeur a la possibilité, en cas de faute grave, de prononcer à titre provisoire la mise à pied immédiate du représentant du personnel *(C. trav., art. L. 2421-1, 2e alinéa et L. 2421-3, 4e alinéa ; cf. chron. J.-Y. Kerbourc'h, « Mise à pied d'un représentant du personnel et intangibilité du mandat », RJS 2004, p. 535)*.

Dans sa jurisprudence antérieure, la chambre sociale estimait que la mise à pied conservatoire était nécessairement à durée indéterminée, la mise à pied prononcée pour un temps déterminé présentant, dès lors, un caractère disciplinaire *(Cass. soc., 6 nov. 2001, n° 99-43.012, Bull. V n° 338, RJS 2002 n° 176 ; Cass. soc., 31 oct. 2006, n° 04-48.682)*.

Par un arrêt rendu le 18 mars 2009 *(Cass. soc., 18 mars 2009, n° 07-44.185, Bull. V n° 81, RJS 2009 n° 534, CSB Paris, juillet-août 2009 n° 212)*, elle a modifié son analyse, écartant désormais ce critère de distinction. La mise à pied conservatoire peut, dès lors, être prononcée pour une durée déterminée ou indéterminée.

Pour avoir ce caractère conservatoire, elle doit, en principe être *« concomitante au déclenchement de la procédure de licenciement et faire référence à l'éventualité d'un licenciement » (Cass. soc., 19 juin 2002, n° 00-43.684, cf. P. Waquet, « Petite chronique du droit disciplinaire », Dr soc 2002, p. 865 ; Cass. soc., 17 mars 2009, n° 07-44.185, Bull. V n° 81, précité ; Cass. soc., 28 oct. 2014, n° 12-21.830)*. Par suite, la mise à pied notifiée sans référence à l'engagement d'une procédure disciplinaire a le caractère d'une sanction *(Cass. soc., 18 févr. 1998, n° 96-40.219, Bull. V n° 89 ; Cass. soc., 30 oct. 2013, n° 12-22.962, Bull. V n° 256, RJS 2014 n° 35, note J. Mouly, Dr soc 2014.83)*.

Toutefois, lorsque les faits reprochés au salarié donnent lieu à l'exercice de poursuites pénales, l'employeur peut, sans engager immédiatement une procédure de licenciement, prendre une mesure de mise à pied conservatoire si les faits le justifient *(Cass. soc., 4 déc. 2012, n° 11-27.508, Bull. V n° 313, RJS 2013 n° 119 : pour une salariée interpellée et placée en garde à vue dans le cadre d'une enquête préliminaire pour abus de confiance)*.

Présente un caractère conservatoire la mise à pied, prise à l'issue de l'entretien préalable et qualifiée de conservatoire par l'employeur, notifiée en faisant référence à la procédure de licenciement disciplinaire en cours *(Cass. soc., 4 mars 2015, n° 13-23.228, RJS 2015 n° 333)*. La mise à pied prononcée par l'employeur dans l'attente de sa décision dans la procédure de licenciement engagée dans le même temps a un caractère conservatoire. Le fait pour l'employeur de renoncer à la mise à pied conservatoire, en demandant au salarié de reprendre le travail, n'a pas pour effet de requalifier la mesure en mise à pied disciplinaire *(Cass. soc., 18 mai 2022, n° 20-18.717, RDT 2022.511, note P. Adam).*

Par ailleurs, la chambre sociale a jugé que le prononcé d'une mise à pied à titre conservatoire n'implique pas nécessairement que le licenciement prononcé ultérieurement présente un caractère disciplinaire et que l'employeur avait donc la possibilité de décider finalement de licencier le salarié pour insuffisance professionnelle *(Cass. soc., 3 févr. 2010, n° 07-44.491, Bull. V n° 32, Liaisons soc. Jurisp. Hebdo 16 févr. 2010, n° 34/2010 ; Cass. soc., 4 mars 2015, n° 13-26.945, RJS 2015 n° 320).*

La lettre notifiant la mise à pied peut fixer un terme postérieur à la notification de la lettre de licenciement *(Cass. soc., 30 sept. 2004, n° 02-44.065, Bull. V n° 241 : en l'espèce, la lettre de convocation à l'entretien préalable notifiait une mise à pied « jusqu'à la décision définitive qui découlera de l'entretien, soit au maximum jusqu'au 7 novembre 1997 » et le licenciement avait été notifié par lettre datée du 4 novembre 1997).*

La lettre autorisant une **absence rémunérée** dans l'attente d'une décision définitive, adressée de manière concomitante à la lettre déclenchant la procédure de licenciement, a été regardée comme constituant une mise à pied conservatoire *(Cass. soc., 30 sept. 2004, n° 02-43.638, Bull. V n° 240, RJS 2004 n° 1264 ; Cass. soc., 6 mars 2007, n° 05-44.307 ; pour une dispense d'activité prononcée après l'entretien préalable dans l'attente de la décision à venir : Cass. soc., 13 déc., 2011, n° 10-20.503).*

La mise à pied à titre conservatoire, décidée dans l'attente de la décision de l'inspecteur du travail, ne constitue pas une sanction ; elle ne doit donc pas être précédée d'un entretien préalable *(CE, 22 juin 1990, n° 88.608 et 89.790, Baudoin, RJS 1990 n° 887).*

Le Conseil d'État a estimé que le salarié protégé, qui avait refusé d'accepter de son supérieur la copie d'une décision de mise à pied dont il avait été l'objet et de quitter son poste de travail tant que cette mesure ne lui serait pas notifiée par lettre recommandée, n'avait pas commis une faute d'une gravité suffisante pour justifier son licenciement *(CE, 30 janv. 1981, n° 15.452, Sté nouvelle idéal standard).*

Pour éviter toute contestation ultérieure, il est préférable que la mise à pied conservatoire soit notifiée par écrit au salarié. Toutefois, ne constitue pas une rupture abusive une mise à pied conservatoire notifiée verbalement au salarié et confirmée le lendemain par écrit, en même temps que ce dernier était convoqué à un entretien préalable *(Cass. soc., 1er juin 2004, n° 02-44.929).*

En cas de mise à pied conservatoire d'un représentant des salariés au conseil d'administration ou de surveillance, celui-ci doit être convoqué sans délai et donner un avis sur le projet de licenciement *(C. trav., art. L. 2421-5).*

B. Les dispositions applicables en cas de mise à pied du délégué syndical

21.1.3.2. – L'article L. 2421-1 *(3e alinéa)* dispose que la mise à pied d'un délégué syndical ou d'un ancien délégué syndical doit être motivée et notifiée à l'inspecteur du travail dans le délai de 48 heures à compter de sa prise d'effet, sous peine de nullité.

La notification à l'inspecteur du travail s'impose également quand le délégué syndical est aussi représentant syndical au CSE ; dans ce cas, le comité devra ensuite être saisi dans un délai de dix jours à compter de la date de la mise à pied *(CE, 6 mai 1996, n° 151.585, Marchand, mentionné aux Tables, RJS 1996 n° 812).*

La violation de cette disposition entraîne la nullité de la mise à pied et non l'irrégularité de l'ensemble de la procédure de licenciement *(CE, 2 juin 1989, n° 68.320, Compagnie française d'Azote, Tables p. 966, RJS 1989 n° 696 ; CE, 15 nov. 1996, n° 160.601, Coracin).*

Les délais prévus par les articles R. 2421-6 et R. 2421-14 du Code du travail ne sont pas prescrits à peine de nullité sauf s'ils apparaissent excessifs au regard des circonstances de l'espèce *(CE, 29 juin 2016, n° 381.766, M. Weiler, Rec. p. 263 ; CE, 27 févr. 2019, n° 413.556, Sté Vacation Rental, mentionné aux Tables).*

C. Les différents cas de figure

21.1.3.3. – Les cas suivants doivent être distingués :

	Entreprise sans représentant du personnel	**Entreprise avec CSE disposant d'attributions consultatives restreintes ***	**Entreprise avec CSE**
Salariés dont le licenciement est soumis au comité	Cas n° 4	Cas n° 5	Cas n° 6
Salariés dont le licenciement n'est pas soumis au comité	Cas n° 4	Cas n° 5	Cas n° 5

* La formulation « CSE disposant d'attributions consultatives restreintes » désigne le CSE ne disposant pas des attributions consultatives prévues par les articles L. 2312-8 et suivants du Code du travail.

Cas n° 4 : mise à pied d'un salarié protégé travaillant dans une entreprise sans représentant du personnel

21.1.3.3.1. – La procédure à respecter est la suivante :

Date de mise à pied	Convocation à l'entretien préalable	Entretien préalable	Demande de licenciement
↓	↓	↓	↓

5 jours ouvrables minimum
entre la date de présentation de la lettre
de convocation et la date de l'entretien
(C. travail art. L. 1232-2)

Délai maximal de huit jours entre la date de la mise à pied
et la date de présentation de la demande de licenciement
(C. travail, art. R. 2421-6 et R. 2421-14)

Cas n° 5 : mise à pied d'un salarié protégé quand la consultation du CSE n'est pas requise ou en l'absence de comité doté des attributions consultatives

21.1.3.3.2. – La procédure est la suivante :

Date de mise à pied	Convocation à l'entretien préalable	Entretien préalable	Demande de licenciement
↓	↓	↓	↓

5 jours ouvrables minimum
entre la date de présentation de la lettre
de convocation et la date de l'entretien
(C. travail art. L. 1232-2)

Délai maximal de huit jours entre la date de la mise à pied
et la date de présentation de la demande de licenciement
(C. travail, art. R. 2421-6 et R. 2421-14)

L'incidence du non-respect du dépassement du délai de huit jours entre la mise à pied et la date de présentation de la demande est examinée au n° **33.1.2**.

Cas n° 6 : mise à pied d'un salarié protégé dont le licenciement est soumis à l'avis du CSE dans une entreprise dotée de cette institution

21.1.3.3.3. – La procédure est la suivante :

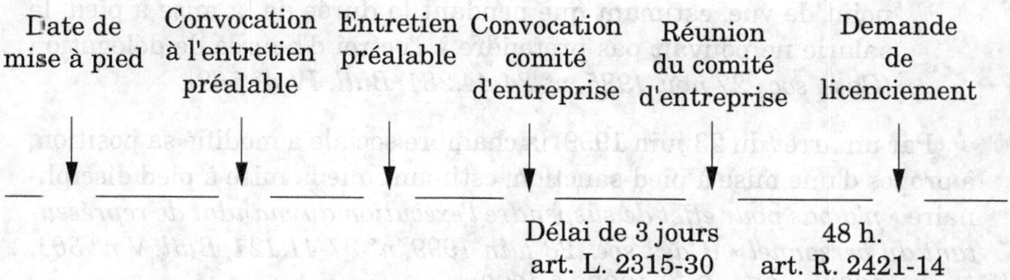

5 jours ouvrables minimum
entre la date de présentation de la lettre
de convocation et la date de l'entretien
(C. travail art. L. 1232-2)

Délai maximal de 10 jours entre la date de la mise à pied
et la date de consultation du comité
(C. travail, art. R. 2421-6 et R. 2421-14)

Délai maximal de 48 h entre la délibération et la demande d'autorisation
(C. travail, art. R. 2421-6 et R. 2421-14)

L'incidence du non-respect du dépassement du délai de dix jours entre la mise à pied et la consultation du CSE est examinée au n° **21.5.5.1.2**.

L'article R. 2421-14 impose que la demande de licenciement soit présentée au plus tard 48 heures après la consultation du CSE *(sur l'incidence du dépassement du délai, cf. n° **33.1.2**)*.

L'article L. 2315-30 du Code du travail prévoit un délai de trois jours avant la réunion du comité pour la communication de l'ordre du jour *(sur l'incidence du dépassement du délai, cf. n° **21.5.2**)*.

D. Mise à pied et exercice du mandat

21.1.3.4. – Jusqu'à très récemment, la jurisprudence distinguait la situation des représentants du personnel élus de celle des salariés mandatés par une organisation syndicale :

1) **Les salariés mandatés par une organisation syndicale** : la mise à pied ne suspendait pas leur mandat *(Cass. crim. 12 févr. 1958, Dr ouvrier 1958, p. 188)*. Le ministre du Travail, J. Auroux, avait, lors des travaux parlementaires de la loi du 28 octobre 1982, soutenu cette position *(JOAN, 28 mai 1982, p. 2692)*.
2) **Les représentants du personnel élus** : pour la chambre criminelle de la Cour de cassation, la mise à pied avait pour effet de suspendre l'exercice du mandat *(Cass. crim., 9 nov. 1982, n° 81-94.802, Bull. crim. n° 249)*. La chambre criminelle avait jugé

que l'employeur est en droit d'interdire à un membre titulaire du comité d'entreprise de pénétrer dans l'entreprise ou de participer à une réunion du comité pendant la durée de la mise à pied, sauf pour se rendre à l'entretien préalable ou pour être entendu par le comité d'entreprise. La chambre sociale avait adopté le même point de vue, estimant que pendant la durée de la mise à pied, le salarié ne pouvait pas prétendre à l'octroi d'heures de délégation *(Cass. soc., 27 nov. 1985, n° 84-44.281, Bull. IV n° 562)*.

Par un arrêt du 23 juin 1999, la chambre sociale a modifié sa position, à propos d'une mise à pied-sanction, estimant que la mise à pied disciplinaire « *n'a pas pour effet de suspendre l'exécution du mandat de représentant du personnel* » *(Cass. soc., 23 juin 1999, n° 97-41.121, Bull. V n° 301, Dr soc 1999, p. 971, RJS 1999 n° 1090)*.

Par un arrêt du 2 mars 2004, elle a en outre posé le principe selon lequel « *la mise à pied d'un représentant du personnel, qu'elle soit de nature conservatoire ou disciplinaire, n'a pas pour effet de suspendre l'exécution de son mandat* » *(Cass. soc. 2 mars 2004, n° 02-16.554, Bull. V n° 71, RJS 2004 n° 557 ; chron. J.-Y. Kerbouc'h, « Mise à pied d'un représentant du personnel et intangibilité du mandat », RJS 2004, p. 535 ; D. 2004, p. 2186, obs. J.-F. Paulin ; Rapport 2004 de la Cour de cassation, p. 248)*.

Opérant le même revirement de jurisprudence, la chambre criminelle s'est ralliée à cette nouvelle position, d'abord par un arrêt rendu dans le cas d'un litige relatif à une mise à pied conservatoire *(Cass. crim., 30 oct. 2006, n° 05-86.380, Bull. crim n° 260, RJS 2007 n° 247)*, puis par une décision du 11 septembre 2007 écartant, dans les mêmes termes que l'arrêt de la chambre sociale du 2 mars 2004, tout effet suspensif en cas de mise à pied, que celle-ci soit de nature conservatoire ou disciplinaire *(Cass. crim., 11 sept. 2007, n° 06-82.410, Bull. crim. n° 199, RJS 2007 n° 1311)*.

E. Bien-fondé de la mise à pied

21.1.3.5. – Les tribunaux judiciaires considèrent que seule peut justifier une mise à pied conservatoire la faute grave rendant impossible le maintien du salarié dans l'entreprise *(Cass. soc., 27 sept. 2007, n° 06-43.867, Bull. V n° 146, RJS 2007 n° 1261)*. Toutefois, même justifiée, cette mesure ne préjuge pas de la gravité de la faute commise par le salarié *(Cass. soc., 5 juill. 2006, n° 03-46.361, Bull. V n° 235, RJS 2006 n° 1180 ; Cass. soc., 4 juill. 2007, n° 05-45.293)*.

La chambre criminelle vérifie si les juges du fond ont recherché et caractérisé la faute grave du salarié protégé *(Cass. crim., 12 déc. 1978, n° 77-92.926, Bull. n° 353)*. Une mise à pied d'une durée excessive peut constituer un trouble manifestement illicite auquel le juge du fond peut mettre fin en ordonnant la réintégration du salarié *(Cass. soc., 29 oct.*

1998, n° 97-44.269, Bull. V n° 468, RJS 1998 n° 1515 : en l'espèce, mise à pied d'une durée de 22 mois). Le caractère excessif du délai de la mise à pied conservatoire peut conduire à sa requalification en mise à pied disciplinaire *(Cass. soc., 17 oct 2018, n° 16-28.773, RJS 2019 n° 1 ; Cass. soc., 15 mai 2019, n° 18-11.669 ; pour une durée non excessive au regard de la complexité des investigations diligentées : Cass. soc., 6 oct. 2016, n° 15-15.465, RJS 2016 n° 745).* Dans le cas où l'autorisation de licenciement est refusée, la mise à pied est annulée et ses effets supprimés de plein droit, ce qui fait obstacle à ce que le juge judiciaire se prononce sur son bien fondé *(Cass. soc., 23 juin 1999, n° 97-42.202, Bull. V n° 300, RJS 1999 n° 1092 ; cf. n°* ***72.2.1.2****)*.

F. Refus du salarié d'exécuter la mise à pied

21.1.3.6. – La chambre sociale semble avoir infléchi sa position.

Elle avait approuvé la cour d'appel qui avait estimé que l'attitude du salarié, qui avait écrit à son employeur pour lui faire part de sa résolution de ne pas accepter la mise à pied et s'était effectivement rendu à son service, caractérisait un acte d'insubordination de nature à constituer une cause réelle et sérieuse de licenciement *(Cass. soc, 4 févr. 1993, n° 89-43.986)*.

Toutefois, elle avait confirmé l'arrêt par lequel le juge d'appel a écarté la qualification de faute grave, eu égard à l'ancienneté du salarié et à l'absence de remarques antérieures de l'employeur à son encontre avant les faits ayant conduit à la mise à pied *(Cass. soc., 13 juin 1990, n° 88-42.919)*.

Elle a posé la règle selon laquelle, dès lors que le juge du fond estime qu'aucune faute ne pouvait être reprochée au salarié et que la mise à pied conservatoire était injustifiée, le refus de se soumettre à une mise à pied conservatoire ne pouvait être qualifié de faute grave *(Cass. soc., 12 oct. 2005, n° 03-43.935, Bull. V n° 284, RJS 2006 n° 46)*.

SECTION 2
Le délai dans lequel la procédure disciplinaire doit être engagée : le respect des dispositions de l'article L. 1332-4 du Code du travail

21.2. – L'applicabilité de ces dispositions aux procédures de licenciement pour faute n'est pas contestée. C'est leur application qui, en pratique, soulève le plus de difficultés.

L'article L. 1332-4 du Code du travail instaure une prescription des fautes :

« Aucun fait fautif ne peut donner lieu à lui seul à l'engagement de poursuites disciplinaires au-delà d'un délai de deux mois à compter du

jour où l'employeur en a eu connaissance, à moins que ce fait ait donné lieu dans le même délai à l'exercice de poursuites pénales. »

Ces dispositions ne sont applicables qu'en cas de licenciement pour faute et non aux procédures de licenciement pour insuffisance professionnelle *(Cass. soc., 13 juin 1996, n° 94-44.922 ; CAA Bordeaux, 24 juin 1998, n° 96BDX02023, Rec. p. 1203).*

L'administration doit s'assurer du respect de ces dispositions *(CE, 31 janv. 1990, n° 75.265, Fromholtz, Tables p. 1017, RJS 1990 n° 325).*

Ni pour le juge administratif, ni pour le juge judiciaire *(Cass. soc., 31 mai 2005, n° 03-40.439, RJS 2005 n° 816)*, le moyen tiré de la violation de l'article L. 1332-4 ne doit être relevé d'office par le juge : il doit être invoqué par les parties.

S'agissant de l'incidence des dispositions de l'article 2 de l'ordonnance n° 2020-306 du 25 mars 2020 relative à la prorogation des délais échus pendant la période d'urgence sanitaire (épidémie de covid-19) et de l'article 1er de l'ordonnance 2020-560 du 13 mai 2020, il convient de se reporter à l'annexe I de la précédente (6e) édition de cet ouvrage.

§ 1. LA NOTION D'ENGAGEMENT DES POURSUITES DISCIPLINAIRES

21.2.1. – La Cour de cassation a estimé que, par engagement de poursuites disciplinaires, il faut entendre, en principe, la date d'envoi de la lettre de convocation à l'entretien préalable *(Cass. soc., 5 févr. 1997, n° 94-44.538, Bull. V, n° 52 ; Cass. soc., 14 sept. 2016, n° 14-22.225).* Cette position a été adoptée par le Conseil d'État *(CE, 12 févr. 1990, n° 88.256, Oberlander, Rec., p. 1016, RJS 1990 n° 325).* Il a été également admis que le prononcé d'une mise à pied conservatoire *(Cass. soc., 13 janv. 1993, n° 90-45.046, RJS 1993 n° 277)* ou la suspension du contrat avec maintien de la rémunération *(Cass. soc., 15 avr. 1996, n° 93-40.113, RJS 1996 n° 792)* peuvent constituer l'engagement des poursuites disciplinaires. En revanche, la lettre par laquelle l'employeur notifie au salarié le retrait de ses pouvoirs dans l'attente d'une décision définitive n'interrompt pas la prescription *(Cass. soc., 7 janv. 1992, n° 87-44.014, Bull. V n° 3, RJS 1992 n° 148).*

Si la convocation à l'entretien préalable interrompt le délai de prescription, un nouveau délai de deux mois commence à courir à compter de la date de la convocation *(Cass. soc., 9 déc. 2003, n° 01-44.501, RJS 2004 n° 206, Dr soc 2004, p. 315, obs. P. Waquet).* Une nouvelle convocation dans le délai de deux mois interrompt la prescription *(Cass. soc., 9 déc. 2003, n° 01-46.056, Dr soc 2004, p. 316, obs. P. Waquet).*

La maladie du salarié n'a pas pour effet de suspendre le délai *(Cass. soc., 9 oct. 2001, n° 99-41.217, Bull. V n° 304, RJS 2001 n° 1430).*

Les dispositions de l'article L. 1332-4 ont donc pour effet de fixer une date butoir au-delà de laquelle l'employeur ne peut valablement engager la procédure disciplinaire en convoquant son salarié à l'entretien préalable.

§ 2. L'INCIDENCE DES POURSUITES PÉNALES SUR LA PRESCRIPTION

21.2.2. – Il résulte des dispositions mêmes de la loi que le délai de deux mois n'est pas applicable lorsque le fait fautif a fait l'objet de poursuites pénales dès lors que celles-ci ont été engagées dans le délai imparti *(CE, 8 juin 1990, n° 76.102, Dehon, Rec. p. 154, RJS 1990 n° 697 ; Cass. soc., 29 janv. 2003, n° 01-40.412, RJS 2003 n° 457, Dr soc 2003, p. 540, obs. J. Mouly)*.

L'interruption du délai de deux mois par la mise en mouvement de l'action publique joue, que cette action ait été déclenchée sur l'initiative du ministère public, par une plainte avec constitution de partie civile, ou par une citation directe de la victime *(Cass. soc., 12 janv. 1999, n° 98-40.020, Bull. V n° 8, RJS 1999 n° 200 ; Cass. soc., 6 déc. 2000, n° 98-45.772, Bull. V n° 411, RJS 2001 n° 206 ; Cass. soc., 15 mai 2008, n° 07-41.362)*. Il en est de même si l'engagement des poursuites pénales ne résulte pas d'une plainte de l'employeur *(CE, 10 juill. 2019, n° 408.644, mentionné aux Tables)*. Le délai est interrompu alors même que la plainte, avec constitution de partie civile, ne vise pas nommément le salarié *(CE, 30 déc. 1996, n° 167.278, Le Gayic)*. Lorsque les faits reprochés au salarié donnent lieu à l'exercice de poursuites pénales, l'employeur peut, sans engager immédiatement une procédure de licenciement, prendre une mesure de mise à pied conservatoire si les faits le justifient *(Cass. soc., 6 oct. 2016, n° 15-15.465)*.

Le délai de deux mois est interrompu :

- jusqu'à la décision définitive de la juridiction pénale lorsque l'employeur est partie à la procédure pénale *(Cass. soc., 15 juin 2010, n° 08-45.243, Bull. V n° 132, RJS 2010 n° 758)* ; la décision définitive du jugement pénal, laquelle s'entend de celle portant sur la culpabilité du salarié, peu important l'issue des litiges sur les intérêts civils *(Cass. soc., 30 janv. 2008, n° 05-45.612, RJS 2008 n° 780)* ;
- dans les autres cas jusqu'au jour où l'employeur a eu connaissance de l'issue définitive de la procédure pénale, ce qu'il lui appartient d'établir *(Cass. soc., 15 juin 2010, n° 08-45.243, préc.)*.

Un jugement ne devient définitif qu'à l'expiration du délai d'appel dont disposent les parties au procès, le procureur de la République disposant d'un délai de deux mois. L'employeur doit alors engager les poursuites disciplinaires dans le délai de deux mois courant à compter de la date à laquelle le jugement est devenu définitif *(Cass. soc., 6 déc. 2000, n° 98-45.772, Bull. V n° 411, RJS 2001 n° 206 : en l'espèce, le jugement avait été prononcé le 14 novembre 1995, était devenu définitif le 14 janvier*

1996 à l'expiration du délai d'appel dont disposait le procureur général et l'employeur disposait jusqu'au 14 janvier 1996 pour engager la procédure disciplinaire).

Un arrêt de cour d'appel devient définitif soit à l'expiration du délai pour se pourvoir en cassation, soit, en cas de pourvoi, à la date du rejet du pourvoi.

Le Conseil d'État a jugé également que le délai de deux mois commence à courir à nouveau à compter de l'intervention de la décision définitive mettant un terme à la procédure pénale *(CE, 30 avr. 2004, Sté Rapides Côte Azur, Rec. p. 187, RJS 2004 n° 1170).*

Cependant, pour que la prescription soit interrompue par l'engagement de poursuites pénales il faut que ces dernières « *concernent le fait reproché au salarié et susceptible de justifier contre lui une sanction disciplinaire… tel n'est pas le cas dans l'hypothèse où les poursuites pénales concernent une infraction commise en dehors de l'entreprise et dans le cadre de la vie personnelle du salarié, l'employeur n'entendant invoquer que l'altération portée à son image de marque par cette infraction* ». Par suite, « *l'incarcération du salarié n'entraînait aucune interruption ni suspension du délai prévu par l'article L. 122-44* » *(Cass. soc., 10 mars 1998, n° 95-42.715, Bull. V n° 123, Dr soc 1998, p. 501).*

En revanche, n'ont aucun effet interruptif de la prescription ni le seul déclenchement d'une enquête préliminaire à la suite du dépôt d'une main courante par l'employeur auprès des services de police *(CE, 27 juin 2013, n° 337.814, Sté Hôtel Régina ; CE, 5 déc. 2011, n° 328.380, Collège libre de Juilly ; Cass. soc. 13 oct. 2016, n° 15-14.006, B., RJS 2016, n° 745),* ni le dépôt d'une plainte auprès du procureur de la République *(CE, 19 déc. 2018, n° 416.709, SEMMINN).*

§ 3. LES CIRCONSTANCES SANS INCIDENCE SUR LA PRESCRIPTION

A. La maladie du salarié

21.2.3.1. – La maladie du salarié *(Cass. soc., 13 juill. 1993, n° 91-42964, Bull. V n° 202, RJS 1993 n° 985 ; Cass. soc., 9 oct. 2001, n° 99-41.217, Bull. V n° 304),* même si elle résulte d'un accident du travail ou d'une maladie professionnelle *(Cass. soc., 17 janv. 1996, n° 92-42031, Bull. V n° 14, RJS 1996 n° 285),* ne suspend pas le délai de deux mois.

Dès lors, lorsque l'employeur, après une première convocation, décide, à la demande du salarié, de reporter l'entretien, il doit reprendre la procédure dans les deux mois qui suivent cette convocation *(Cass. soc., 25 oct. 2007, n° 06-42.493, RJS 2008 n° 27).*

B. L'incarcération du salarié

21.2.3.2. – L'incarcération du salarié ne suspend pas davantage le délai de prescription *(Cass. soc., 10 mars 1998, n° 95-42715, Bull. V n° 123, Dr soc 1998, p. 501).*

C. La comparution devant une instance disciplinaire

21.2.3.3. – La comparution devant une instance disciplinaire ne dispense pas l'employeur de convoquer le salarié à un entretien préalable dans le délai de deux mois *(Cass. soc., 29 juin 1995, n° 92-40932 et 92-41364, Bull. V n° 224, Dr soc 1995, p. 833).*

D. La signature d'un accord de rupture conventionnelle

21.2.3.4. – Si le salarié exerce son droit de rétractation de la rupture conventionnelle, l'employeur est fondé à reprendre la procédure disciplinaire par la convocation du salarié à un nouvel entretien préalable dans le délai de deux mois *(Cass. soc., 3 mars 2015, n° 13-15.551, B., RJS 2015 n° 337).*

Toutefois, dans ce cas, la signature de la convention de rupture ne constitue pas un acte interruptif de ce délai de prescription *(Cass. soc., 3 mars 2015, n° 13-23.348, B. ; sur la rupture conventionnelle, cf. n° **17.1.1.2.4**).*

E. Le licenciement du salarié sans autorisation administrative

21.2.3.5. – Le Conseil d'État a jugé que le licenciement sans autorisation administrative d'un salarié protégé n'interrompt pas le délai de prescription *(CE, 30 avr. 2004, Sté Rapides Côte Azur, Rec., p. 187, RJS 2004 n° 1170).*

F. L'incidence de stipulations d'une convention collective

21.2.3.6. – Dès lors que les poursuites disciplinaires ont été engagées dans le délai de deux mois, le salarié ne peut utilement invoquer le moyen tiré de ce que l'action disciplinaire aurait été prescrite par application des stipulations de la convention collective, les accords collectifs ne pouvant déroger aux dispositions d'ordre public des lois et règlements au nombre desquelles figurent les dispositions de l'article L. 1332-4 *(CE, 22 juin 1992, n° 117.834, Caisse régionale d'assurance maladie du Nord-Est).*

G. Les suites d'une annulation contentieuse de l'autorisation administrative

21.2.3.7. – Cette question est examinée au n° **74.12.1.2.2**.

§ 4. LE POINT DE DÉPART DU DÉLAI DE DEUX MOIS

A. La connaissance des faits par l'employeur

21.2.4.1. – La Cour de cassation estime que le point de départ doit s'apprécier au jour où l'employeur a eu une connaissance *« exacte de la réalité, de la nature et de l'ampleur des faits reprochés » (Cass. soc., 17 févr. 1993, n° 88-45.539, Bull. V n° 55, RJS 1994 n° 394 ; Cass. soc., 13 oct. 2015, n° 14-21.296 ; Cass. soc., 2 juin 2017, n° 15-29.234)*. Ce point de départ peut notamment être constitué par :

- les conclusions d'un audit *(Cass. soc., 13 déc. 1995, n° 94-43.137, RJS 1996 n° 121)* ;
- la décision de l'instance sportive disciplinaire *(Cass. soc., 5 juill. 2000, n° 98-43.547 rejetant le pourvoi formé contre l'arrêt de la cour d'appel de Limoges, Dr soc 1998, p. 1009, commentaire J. Mouly, Dr soc 1998, p. 1003 ; Cass. soc., 7 déc. 2005, n° 03-42.685, Dr soc 2006, p. 461, obs. F. Duquesne)* ;
- la connaissance de la condamnation pénale prononcée à l'encontre du salarié *(Cass. soc., 18 nov. 2009, n° 08-41.243, Bull. V n° 257, RJS 2010 n° 182)* ;
- la transmission d'un rapport écrit de la caisse d'allocation familiale mettant en lumière de nombreuses anomalies de gestion imputables à la salariée *(Cass. soc., 17 juin 2015, n° 14-10.865)* ;
- le compte rendu d'enquête du CHSCT [CSE] *(Cass. soc., 7 déc. 2016, n° 16-24.420, RJS 2017, n° 77)*.

Dans le cadre de l'enquête interne, l'employeur qui a connaissance de faits répréhensibles, susceptibles d'être disciplinairement sanctionnés, peut recueillir les explications de ses salariés, sans que ne puisse lui être reprochés des actes de séquestration en l'absence d'actes matériels qui auraient privé le salarié de sa liberté d'aller et de venir *(Cass. crim. 28 févr. 2018, n° 17-81.929, B., J.B. Thierry, « L'employeur enquêteur : pression n'est pas séquestration », RDT 2018, p. 382)*. La juridiction administrative partage la position tenant au point de départ du délai de prescription au jour de la connaissance des faits par l'employeur :

- le délai ne commence à courir qu'à compter de la date à laquelle l'employeur a eu connaissance des faits *(CE, 28 juin 1996, n° 156.427, Caisse régionale de crédit agricole de Vendée, RJS 1996 n° 947 ; CE, 20 avr. 2005 n° 254.909, Sté International Metal Service, RJS 2005 n° 869)* ou de la date à laquelle l'auteur des faits a été identifié à la suite d'une enquête diligentée par l'employeur *(TA Paris, 5 mai 1990, Costedoat et Fédération générale des transports et de l'équipement des cheminots CFDT, RJS n° 1990 n° 506 ; CE, 20 mars 1996, Perrier, Rec. p. 1192, RJS 1996 n° 571)* ;
- dès lors qu'une accusation de fraude portée par un représentant du personnel à l'encontre de son entreprise était nécessairement infondée le jour même où elle avait été portée auprès de la

direction départementale de la concurrence, de la consommation et des fraudes, le délai de deux mois courait à compter de ce même jour, qui coïncidait dans l'espèce avec celui où l'employeur avait eu connaissance de la démarche de son salarié, et non à compter de la date de réception de la lettre du service départemental confirmant à la société qu'aucune infraction n'avait été relevée à son encontre à la suite du contrôle opéré en raison de la plainte *(CE, 16 juin 1995, Compagnie européenne de diffusion de produits lactés Cedilac-Candia, Rec. p. 1061, RJS 1995 n° 912)* ;

– dans le cas d'un refus persistant opposé par un représentant du personnel à une modification de ses conditions de travail, il a été jugé que l'employeur avait respecté le délai de deux mois, ayant été informé le 7 octobre de la position du salarié, dès lors que par deux courriers il l'avait invité à accepter la modification et qu'il l'avait convoqué à l'entretien préalable le 19 décembre, au lendemain du courrier par lequel le représentant avait réitéré son refus *(CE, 10 mars 1997, n° 170.114, Vincent, Rec. p. 76, RJS 1997 n° 567)* ;
– dans le cas d'une demande de licenciement fondée sur les seuls faits mentionnés dans un jugement, il a été jugé que le délai commençait à courir à compter de la date à laquelle l'employeur avait eu connaissance de ce jugement *(CE, 9 mars 2005, n° 253.458, Sté CGEA-Onyx, Tables p. 1124, RJS 2005 n° 762)*.

En revanche, il n'y a ni interruption, ni suspension du délai initial de prescription si l'état d'information de l'employeur n'est pas différent à l'échéance de la période supplémentaire qu'il prétend nécessaire pour parfaire cette information *(CE, 5 mai 2006, n° 259957, Sté Mullerhof, Rec. p. 232, JCP S n° 27, 4 juill. 2006, 1543, note J.-Y. Kerbourc'h ; CE, 5 mai 2010, n° 325.726, Sté Mona Lisa investissements : « dans le cas où des investigations complémentaires ont été diligentées par l'employeur, elles ne sont de nature à justifier un report du déclenchement de ce délai que si elles sont nécessaires à la connaissance exacte de la réalité, de la nature et de l'ampleur des faits reprochés au salarié ; qu'il appartient au juge du fond d'apprécier cette nécessité et, dans le cas où il estime ces investigations inutiles, de déclarer la poursuite pour motif disciplinaire prescrite » ; CAA Lyon, 14 juin 2017, n° 15LY02803 ; Cass. soc., 29 mai 2024, n° 22-18.887)*.

L'appréciation portée par le juge du fond de la date à laquelle l'employeur a eu connaissance des faits relève de son pouvoir souverain d'appréciation *(CE, 9 mars 2005, n° 253.458, Sté CGEA-Onyx, Tables p. 1124, RJS 2005 n° 762 ; CE, 5 mai 2010, n° 325.726, Sté Mona Lisa investissements, préc.)*.

B. La notion d'employeur au sens des dispositions légales

21.2.4.2. – La Cour de cassation a jugé que par « *employeur* » il convenait d'entendre non le représentant légal de la personne morale mais la personne exerçant le pouvoir hiérarchique sur le salarié *(Cass. soc., 30 avr. 1997, n° 94-41.320, Bull. V n° 148, RJS 1997 n° 693, Dr soc 1998, p. 28, commentaire A. Cœuret, p. 25 : dans cette affaire, la Cour relève que l'incident avait eu lieu devant « le supérieur hiérarchique direct » qui en avait donc eu connaissance ; Cass. soc., 8 juill. 1998, n° 96-41.856, RJS 1998 n° 1217 : la chambre sociale censure la cour d'appel qui avait estimé que le délai commençait à courir à la date à laquelle le directeur général de la caisse avait informé son conseil d'administration, et non à compter de la date à laquelle le directeur général avait eu connaissance des faits)*. Dès lors que le supérieur hiérarchique a connaissance des faits, le délai commence à courir *(Cass. soc., 12 janv. 2012, n° 10-16.793, RJS 2012 n° 246, pour un chef de chantier chargé du contrôle des chantiers)*, et ce, alors même que ce supérieur aurait tardé à en informer la direction *(Cass. soc., 23 févr. 2005, n° 02-47.272, RJS 2005 n° 514)*. Par son arrêt du 23 juin 2021, la Cour de cassation précise que l'employeur s'entend « *non seulement du titulaire du pouvoir disciplinaire mais également du supérieur hiérarchique du salarié, même non titulaire de ce pouvoir* » *(Cass. Soc., 23 juin 2021, n° 20.13.762 B. et 19-50.020 B. ; Dr soc., 2021 p. 958, obs. P. Adam ; K. Meiffret-Delsanto, « Droit disciplinaire : les deux visages de l'employeur », RDT 2022. 42 ; J.-P. Lhernould, « Connaissance des faits fautifs par le supérieur hiérarchique et délai d'engagement de la procédure disciplinaire », JSL, 9 sept. 2021, n° 525 ; cas d'un DRH ne remplissant pas ces conditions : Cass. soc., 26 juin 2024, n° 23-12.475)*.

Il a été jugé que la connaissance par un employeur de l'existence éventuelle de faits de harcèlement moral et sexuel reprochés au salarié dès sa convocation devant le bureau de conciliation, dont il s'était borné à dénier la réalité dans le cadre de l'instance prud'homale et pour lesquels il avait omis d'effectuer les enquêtes et investigations qui lui auraient permis d'avoir, sans attendre l'issue de la procédure prud'homale l'opposant à la victime, la connaissance exacte de la réalité, de la nature et de l'ampleur des faits marquait le point de départ du délai de deux mois *(Cass. soc., 29 juin 2011, n° 09-70.902, Bull. V n° 172 ; a contrario : Cass. soc., 7 déc. 2016, n° 15-24.420, RJS 2017 n° 77)*.

La date à laquelle l'avocat d'un employeur avait eu, à l'occasion d'un litige prud'homal, connaissance des faits reprochés au salarié a été retenue comme départ du délai de prescription dans un arrêt rendu le 25 février 2008 par la cour d'appel de Limoges *(CA Limoges, 25 févr. 2008, n° 07-592, ch. soc., RJS 2008 n° 671)*. Le Conseil d'État a jugé que l'employeur devait être entendu « *comme pouvant être non seulement le représentant légal de l'entreprise investi du pouvoir disciplinaire mais également le représentant de ce dernier ayant qualité pour prendre l'initiative d'une action disciplinaire » (CE, 9 mars 2005, n° 253.458, Sté CGEA-Onyx, Tables p. 1124, RJS 2005 n° 762).*

En cas de transfert d'entreprise, il a été jugé que « *le nouvel employeur peut invoquer à l'appui du licenciement du salarié des manquements commis par le salarié alors qu'il se trouvait sous l'autorité de l'ancien employeur, dès lors qu'aucun des deux employeurs n'a laissé écoulé un délai de deux mois après avoir eu connaissance desdits manquements » (Cass. soc., 6 mars 2002, n° 00-41.388, RJS 2002 n° 535 ; Cass. soc., 27 mai 2009, n° 06-46.293, Bull. V n° 137, RJS 2009 n° 689 ; JCP E n° 36, 3 sept. 2009, p. 48 ; Liaisons soc. Jurisp. Quot. n° 15.385, 18 juin 2009, Dr ouvrier p. 462, obs. M. Desrues ; Cass. soc., 4 févr. 2014, n° 11-27.900, RJS 2014 n° 299).*

§ 5. LA RÉOUVERTURE DU DÉLAI DE DEUX MOIS

21.2.5. – Il a été vu précédemment que la décision définitive intervenue dans l'instance pénale a pour effet de rouvrir le délai de deux mois pendant lequel la procédure disciplinaire peut être reprise *(cf. n°* ***21.2.2****).*

Dans le cadre d'une procédure civile, il a été jugé que, lorsque le jugement prononçant la résiliation judiciaire du contrat de travail est annulé par la cour d'appel, l'action disciplinaire peut être reprise dans le délai de deux mois suivant la notification de l'arrêt, sous réserve évidemment que les faits en cause aient donné lieu initialement à l'engagement de poursuites disciplinaires dans le délai de deux mois *(CE, 28 sept. 2005, SARL Carto Rhin et Me Mulhaupt, Tables p. 1124).*

De même, lorsque le délai de deux mois a été régulièrement interrompu préalablement à une annulation d'une décision l'autorisant à licencier un salarié protégé, l'employeur dispose, après cette annulation, d'un délai de deux mois à compter de la réintégration du salarié, si celui-ci la demande, pour poursuivre la procédure disciplinaire pour les mêmes faits *(CE, 15 déc. 2010, n° 318.698, Sté Amadeus, Tables p. 1004 ; CE, 28 juin 2019, n° 423.360, association Organisation pour la santé et l'accueil).* Le refus de l'autorisation de licenciement par l'autorité administrative fondé sur un vice de procédure substantiel a pour effet d'interrompre le délai de prescription. Dès lors que la procédure initiale était viciée, l'employeur ne pouvait procéder au licenciement sans avoir engagé une nouvelle procédure, dans un nouveau délai de deux mois suivant la notification de la décision de l'inspecteur du travail *(Cass. soc., 29 sept. 2014, n° 12-28.679, Bull. V n° 215 ; CAA Bordeaux, 25 juin 2018, n° 16BX00878).* Toutefois, le retrait de la demande d'autorisation de licenciement n'a pas pour effet d'interrompre le délai de prescription *(CAA Nancy, 27 mai 2017, n° 16NC00151).* Dès lors, si la demande d'autorisation de licenciement est retirée, et à défaut d'engagement d'une nouvelle procédure dans le délai de deux mois suivant la convocation au premier entretien, la prescription des faits fautifs peut être opposée à l'appui d'une décision de refus de licenciement.

Il y a également réouverture d'un délai de deux mois lorsque le salarié refuse une mesure de rétrogradation disciplinaire notifiée après un premier entretien préalable : la notification par l'employeur, après l'engagement de la procédure disciplinaire, d'une proposition de modification du contrat de travail soumise au salarié interrompt le délai de prescription qui court depuis la convocation à l'entretien préalable, et ce délai est à nouveau interrompu par le refus du salarié, de sorte que la convocation par l'employeur à un nouvel entretien préalable en vue d'une autre sanction disciplinaire doit intervenir dans les deux mois de ce refus *(Cass. soc., 28 avr. 2011, n° 10-13.979, Bull. V n° 98, RJS 2011 n° 610 ; Cass. soc., 15 janv. 2013, n° 11-28.109, Bull. V n° 7, RJS 2013 n° 203, RJS 2013 n° 203, Dr soc 2013, p. 277 obs. J. Mouly ; Cass. soc., 27 mai 2021, n° 19 17.587, B., Dr soc., 2021, p. 755 obs. J. Mouly).*

§ 6. LA PORTÉE DE LA PRESCRIPTION DES FAUTES

21.2.6. – Les jurisprudences judiciaire et administrative sur la portée exacte du délai de prescription des fautes sont très nuancées. La difficulté réside dans le fait que la loi mentionne qu'« *aucun fait fautif ne peut donner lieu à lui seul à l'engagement de poursuites disciplinaires* ».

Nous présenterons ce que l'article L. 1332-4 autorise et ce qu'il prohibe.

A. Les situations dans lesquelles l'article L. 1332-4 du Code du travail ne fait pas obstacle à la prise en compte de faits antérieurs

21.2.6.1. – L'employeur peut légalement prendre en compte :

– un fait antérieur à deux mois dans la mesure où le comportement du salarié s'est poursuivi dans ce délai *(Cass. soc., 7 mai 1991, n° 87-43.737, Bull. V n° 218 ; Cass. soc., 1er avr. 2003, n° 01-40.507, RJS 2003 n° 782 : cumul d'emplois ; Cass. soc., 13 janv. 2004, n° 01-46.592, Bull. V n° 6, RJS 2004 n° 308 : absence injustifiée se prolongeant ; Cass. soc., 5 déc. 2007, n° 06-44.123, pour une situation similaire ; Cass. soc., 19 janv. 2017, n° 15-24.404)* ;

– des faits antérieurs à deux mois dès lors que le comportement du salarié s'est poursuivi ou s'est réitéré dans ce délai *(Cass. soc., 5 déc. 2018, n° 17-27.128 ; Cass. soc., 15 juin 2022, n° 20-23.183).*

Le Conseil d'État a adopté la même position *(CE, 2 déc. 1990, Oberlander, Rec. p. 1016 ; CE, 25 mai 2007, n° 294.276, Bouzahar : absences et non-respect des horaires de travail ; CE, 23 févr. 2009, n° 305.831, Sté Adrec : agissements de harcèlement ; CE, 14 oct. 2009, n° 309344, Sté Rapides gâtinais, Tables p. 978).*

Toutefois, l'abandon de poste présente un caractère instantané et ne peut donner lieu à des poursuites disciplinaires au-delà du délai de deux mois *(Cass. soc., 29 janv. 2003, n° 01-40.036, RJS 2003 n° 458, Dr soc 2003, p 443, obs. F. Duquesne)*. Il en va de même en cas de refus fautif par un salarié d'une nouvelle affectation *(Cass. soc., 31 oct. 2006, n° 04-45.342)*.

« *Un fait antérieur de plus de deux mois à l'engagement de poursuites disciplinaires peut être invoqué à l'appui de la sanction d'un fait commis dans le délai de deux mois* » *(Cass. soc., 12 janv. 1993, n° 87-42.164)*. En l'espèce, la Cour de cassation avait censuré l'arrêt par lequel la cour d'appel de Caen avait écarté l'existence d'une faute grave au motif que les faits, qui n'avaient pas fait l'objet de sanction dans le délai de deux mois, à compter du jour où l'employeur en avait été informé, ne pouvaient être retenus. Dans cette affaire, les faits commis pendant le délai de deux mois étaient de nature différente des fautes antérieures à ce délai.

Le Conseil d'État a adopté le même raisonnement : dans ses conclusions sur l'affaire URSSAF de Gironde *(CE, 1er févr. 1995, Rec., p. 1063, RJS 1995 n° 399, p. 242-243)*, le commissaire du gouvernement précisait : « *toute nouvelle faute permet à l'employeur de se prévaloir des fautes commises antérieurement et qui n'ont fait l'objet d'aucun engagement des poursuites disciplinaires dans le délai de deux mois, sauf si les faits sont amnistiés... Seule une nouvelle faute permet de retenir des manquements antérieurs pour caractériser la gravité suffisante pour justifier un licenciement...* ».

L'employeur peut par conséquent invoquer des précédents, survenus en dehors du délai de deux mois, qu'ils aient été sanctionnés *(Cass. soc., 9 mars 1999, n° 96-44.643, RJS 1999 n° 509 ; Cass. soc., 30.09.2004, n° 02-44.030, Bull. V n° 243, Rapport 2004 de la Cour de cassation, p. 255)* ou non *(Cass. soc., 4 nov. 1988, n° 85-45.112, Bull. V n° 565)*, pour apprécier la gravité de la dernière faute commise par le salarié.

L'arrêt rendu le 19 mars 1998 pose le principe que ces précédents ne peuvent être pris en compte que s'ils procèdent « *d'un comportement fautif identique* » *(Cass. soc., 19 mars 1998, n° 96-40.079, Bull. V n° 159, Dr soc 1998, p. 717 : dans cette affaire, la chambre sociale approuve la position adoptée par la cour d'appel qui s'était « abstenue de prendre en considération les agissements antérieurs prescrits, qui ne procédaient pas d'un comportement fautif identique »)*. Cette évolution de la jurisprudence a été confirmée ultérieurement *(Cass. soc., 13 févr. 2001, n° 98-46.482, RJS 2001 n° 444 ; Cass. soc., 5 févr. 2002, n° 99-43.896, Bull. V n° 53, RJS 2002 n° 459 ; Cass. soc., 17 mai 2023, n° 21-21.019)*. « *Seule cette identité des comportements fautifs successifs est de nature à caractériser une "récidive" disciplinaire* » comme le souligne P. Waquet.

Le Conseil d'État s'est rallié à cette interprétation *(CE, 14 oct. 2009, n° 309.344, Sté Rapides Gâtinais, Tables p. 978, concl. R. Keller : « pour annuler, par l'arrêt attaqué, le jugement du tribunal administratif et la décision de l'inspecteur du travail, la cour administrative d'appel de Bordeaux s'est fondée, d'une part, sur ce que ce dernier ne pouvait prendre en compte le motif tiré de ce que M. P. imposait aux collégiennes de lui "faire la bise" en montant dans le car, dès lors que ces faits étaient prescrits en application de l'article L. 122-44 du Code du travail, d'autre part, sur ce que le comportement violent envers certains élèves transportés, faits non prescrits en application de ce même article, n'était pas d'une gravité suffisante pour justifier le licenciement ; qu'en statuant ainsi, sans rechercher si les faits prescrits relevaient d'un comportement fautif identique à celui dont relevaient les faits non prescrits, et pouvaient, par voie de conséquence, légalement être retenus par l'inspecteur du travail pour caractériser l'existence d'une faute d'une gravité suffisante pour justifier le licenciement, la cour a commis une erreur de droit » ; CE, 1er oct. 2012, n° 345.252, Panoux, Tables p. 953).*

Les sanctions qui peuvent être invoquées à l'appui d'une nouvelle sanction sont les sanctions disciplinaires et non les sanctions pénales *(CE, 30 avr. 2004, Sté Rapides Côte Azur, Rec. p. 187, RJS 2004 n° 1170).*

B. Les situations dans lesquelles l'article L. 1332-4 du Code du travail fait obstacle à la prise en compte de faits antérieurs

21.2.6.2. – L'employeur ne peut pas légalement :

- fonder sa demande uniquement sur un fait porté à sa connaissance plus de deux mois avant la date à laquelle il a convoqué le salarié à un entretien préalable ;
- invoquer à l'appui de sa demande des fautes commises plus de deux mois avant l'engagement des poursuites disciplinaires, dès lors que le fait reproché à l'intéressé dans ce délai ne présentait pas un caractère fautif *(CE, 1er févr. 1995, URSSAF de Gironde, n° 138.922, RJS 1995 n° 399)*. Par conséquent, si l'inspecteur du travail estime que le dernier grief n'est pas établi ou ne présente pas un caractère fautif, il est tenu d'écarter les faits portés à la connaissance de l'employeur plus de deux mois avant l'engagement des poursuites disciplinaires. Dans l'affaire précitée, le commissaire du gouvernement précisait dans ses conclusions *(RJS 1995, p. 242-243)* : « *Aucune faute ne pouvait être reprochée au salarié de sorte que le comportement fautif qui n'avait pas fait l'objet de poursuites disciplinaires dans le délai de deux mois ne pouvait être à lui seul à l'origine d'une demande de licenciement* ». En application de ce principe, dès lors que le fait reproché au salarié dans le délai de deux mois ne présentait pas un caractère fautif, l'employeur ne pouvait utilement invoquer un comportement fautif dont il n'était pas établi qu'il se soit poursuivi pendant ce délai *(CAA Nantes, 6 mai 1999, n° 97NT00289, Mme Chrétien)* ;
- invoquer à l'appui d'un fait survenu dans le délai de deux mois des agissements antérieurs qui ne procèdent pas d'un comportement identique à ce fait *(Cass. soc., 19 mars 1998, n° 96-40.079, Bull. V n° 159, Dr soc 1998, p. 717 ; Cass. soc., 13 févr. 2001, n° 98-46.482, RJS 2001 n° 444).*

Le bilan de la jurisprudence peut sembler à première vue satisfaisant pour les salariés. Néanmoins, la frontière, en pratique, entre ce qui est admis et interdit est fragile : l'employeur peut être tenté de « *raccrocher* » des fautes commises, sanctionnées ou non, plus de deux mois avant l'engagement de poursuites disciplinaires pour établir que le salarié a commis une faute d'une gravité suffisante pour justifier son licenciement.

§ 7. LA CHARGE DE LA PREUVE DU RESPECT DU DÉLAI DE DEUX MOIS

21.2.7. – La Cour de cassation estime que, dès lors qu'un fait fautif a été commis plus de deux mois avant l'engagement des poursuites disciplinaires, il appartient à l'employeur de rapporter la preuve qu'il n'a eu connaissance desdits faits que dans les deux mois ayant précédé l'engagement de ces poursuites *(Cass. soc., 24 mars 1988, n° 86-41.600, Bull. V n° 203 ; Cass. soc., 19 mars 1998, n° 96-40.079, Bull. V n° 159, Dr soc 1998, p. 717 : « après avoir fait ressortir que trois des faits fautifs avaient été commis plus de deux mois avant l'engagement des poursuites disciplinaires, la cour d'appel a exactement décidé que la salariée était fondée à opposer la prescription dès lors que l'employeur ne rapportait pas la preuve qui lui incombe de la connaissance des faits dans les deux mois ayant précédé l'engagement des poursuites » ; Cass. soc., 13 oct. 2015, n° 14-21.926)*.

Le seul changement de dirigeant social ne suffit pas à établir que l'employeur n'était pas en mesure de connaître les faits lors de leur survenance *(Cass. soc., 24 avr. 2013, n° 12-16.038)*.

Si le salarié invoque à l'appui de son recours devant le juge administratif que son employeur a méconnu le délai de prescription, il doit établir, en raison des règles particulières qui régissent le contentieux administratif, le bien-fondé de son affirmation *(CE, 31 janv. 1990, Fromholtz, Rec., p. 1017, RJS 1991 n° 25, AJDA p. 575)*.

En revanche, si l'employeur conteste devant la juridiction administrative la décision de refus motivée par la méconnaissance de l'article L. 1332-4, il lui incombe d'établir qu'il n'a eu connaissance des faits fautifs que dans les deux mois ayant précédé l'engagement de la procédure disciplinaire. Dans cette hypothèse, la charge de la preuve n'incombe pas à l'administration.

SECTION 3
La convocation à l'entretien préalable

21.3. – Au-delà du respect des dispositions conventionnelles exposées au n° **21.1.1**, l'employeur doit avoir engagé la procédure de licenciement par la convocation du salarié à l'entretien préalable dans les deux mois à compter du jour où il a eu connaissance des faits *(C. trav., art. L.1332-4 ; cf. n° **21.2.4.1**)*.

§ 1. LE CONTENU DE LA LETTRE DE CONVOCATION

21.3.1. – La lettre doit mentionner impérativement les éléments suivants *(cf. D. Corrignan-Carsin, « L'entretien préalable au licenciement », RJS 1997, p. 582-591)*.

A. Les mentions de la date, de l'heure et du lieu de l'entretien *(C. travail, art. R. 1232-1)*

21.3.1.1. – L'absence de mention de l'heure sur la convocation constitue une irrégularité de procédure, ouvrant droit à une réparation du préjudice subi par le salarié *(Cass. soc., 25 sept. 2007, n° 05-45.592, RJS 2007 n° 1266)*. Cette omission est donc de nature à vicier la procédure préalable à la demande d'autorisation de licenciement dès lors qu'elle a fait obstacle à ce que le salarié puisse se rendre à l'entretien.

De même, le Conseil d'État a approuvé le juge du fond qui avait jugé que l'omission de l'indication du lieu où devait se dérouler l'entretien était de nature à justifier légalement le rejet de la demande d'autorisation, le juge du fond ayant souverainement apprécié que l'entretien n'avait pas eu lieu *(CE, 28 sept. 2005, n° 266.023, Sté Soinne et associés, Rec. p. 397, RJS 2005 n° 1230)*.

B. La mention du droit pour le salarié de se faire assister

21.3.1.2. – La lettre de convocation doit rappeler « *que le salarié peut se faire assister pour cet entretien par une personne de son choix appartenant au personnel de l'entreprise ou, en l'absence d'institutions représentatives dans l'entreprise, par un conseiller du salarié* » *(C. trav., art. R. 1232-1)*.

La seule mention de la possibilité pour un salarié de se faire assister par un conseiller du salarié ne peut dispenser l'employeur de préciser qu'il a la faculté de se faire assister par un membre de l'entreprise : cette faculté doit toujours être mentionnée *(Cass. soc., 6 févr. 2001, n° 98-43.597, Bull. V n° 44, RJS 2001 n° 423)*.

Lorsque l'employeur relève d'une unité économique et sociale dotée d'institutions représentatives de son personnel, la faculté pour le salarié de se faire assister par une personne de son choix appartenant au personnel d'une entité de l'unité économique et sociale doit être mentionnée dans la lettre de convocation *(Cass. soc., 8 juin 2011, n° 10-14.650, Bull. V n° 140, RJS 2011 n° 672)*. Toutefois, il a été jugé que l'absence de cette mention n'entache pas la procédure d'irrégularité s'il est établi que le salarié a été pleinement informé, en temps utile, des modalités d'assistance auxquelles il avait droit, en fonction de la situation de l'entreprise, pour son entretien préalable *(CE, 12 juin 2019, n° 408.970, Sté Véolia Eau, mentionné aux Tables)*. En dehors de ces conditions, la procédure suivie par l'entreprise est entachée d'une illégalité faisant obstacle à la délivrance d'une autorisation de licenciement, et l'autorité administrative est tenue, pour ce seul motif, de refuser l'autorisation sollicitée *(CAA Marseille, 3 mars 2015, n° 14MA01423, ministre du Travail, de l'Emploi, de la Formation professionnelle et du Dialogue social c. / Groupe Pizzorno Environnement, RJS 2015 n° 503)*.

Dans ce cas, il n'y a pas lieu de mentionner la faculté pour le salarié de se faire assister d'un conseiller extérieur à l'entreprise *(Cass. soc., 21 sept. 2005, n° 03-44.810, Bull. V n° 263)*.

La Cour de cassation estime que la mention de la possibilité de se faire assister constitue « *une formalité indispensable pour la défense des intérêts* » du salarié ; si cette formalité a été omise, l'entretien doit être regardé comme n'ayant pas eu régulièrement lieu *(Cass. soc., 9 fév. 1977, n° 75-41.053, Bull. V n° 90)*. L'irrégularité subsiste, y compris dans le cas où l'entretien a effectivement eu lieu en présence de deux employés de l'entreprise *(Cass. soc., 3 mai 1978, n° 77-40.129, Bull. V n° 318)*, ou dans l'hypothèse où l'entretien n'a pas eu lieu du fait du salarié.

Le Conseil d'État, dans le cadre du contentieux du régime des autorisations de licenciement pour motif économique des salariés non protégés, avait jugé que si la lettre de convocation ne mentionnait pas le droit de se faire assister, la procédure était entachée d'irrégularité *(CE, 19 déc. 1984, n° 48.460, Mapac, Rec. p. 439)*.

Cette jurisprudence a été transposée au contentieux des salariés protégés *(CE, 29 mars 1991, n° 90.200, Sté des Établissements Leclerc c. / Pavy)*. Par une décision du 13 octobre 2023, le Conseil d'État a précisé que lorsque le salarié concerné est le seul représentant du personnel dans l'entreprise, cette situation étant assimilable pour l'intéressé à celle d'une entreprise dépourvue de représentant du personnel, elle doit mentionner la possibilité pour le salarié convoqué de se faire assister par une personne de son choix appartenant au personnel de l'entreprise ou par un conseiller du salarié. Toutefois, la procédure n'est pas entachée d'irrégularité s'il est établi que le salarié a été pleinement informé, en temps utile, des modalités d'assistance auxquelles il avait droit, en fonction de la situation de l'entreprise, pour son entretien préalable *(CE, 13 oct. 2023, n° 467.113, Sté Chaumeil, mentionné aux Tables. En l'espèce, le fait que le salarié se soit présenté à l'entretien accompagné d'un conseiller du salarié ne permettait pas de régulariser la procédure, le salarié n'ayant obtenu l'information quant à la possibilité de se faire assister par un conseiller du salarié que la veille de son entretien)*.

Il avait par ailleurs été jugé par les juges judiciaires que constituait une irrégularité de procédure la lettre de convocation mentionnant cette possibilité d'assistance pour le salarié, alors qu'elle ne lui était pas ouverte, nonobstant le fait que le salarié ne s'était pas présenté à l'entretien *(Cass. soc., 19 nov. 2008, n° 07-43.191, RJS 2009 n° 237)*. Le Conseil d'État ne s'est pas prononcé sur ce point mais l'évolution de sa jurisprudence quant à l'appréciation du caractère substantiel des irrégularités de procédure tend à prendre en compte les circonstances de l'espèce.

La lettre de convocation doit préciser l'adresse des services où la liste des conseillers est tenue à la disposition des salariés *(C. trav., art. L. 1232-4)*. La liste des conseillers du salarié est disponible dans les sections d'inspection du travail et les mairies.

La procédure n'est pas régulière lorsque la convocation à l'entretien se borne à faire état du droit pour le salarié de se faire assister par un conseiller du salarié sans préciser, comme l'impose le Code du travail, l'adresse de chacun des deux services où la liste des conseillers est tenue à la disposition des salariés *(Cass. soc., 20 juin 2000, n° 98-41.386, RJS 2000 n° 926 ; Cass. soc., 29 avr. 2003, n° 01-41.364, Bull. V n° 145, RJS 2003 n° 860 ; Cass. soc., 21 janv. 2009, n° 07-42.985, Bull. V n° 16, RJS 2009 n° 329 ; Cass. soc., 9 nov. 2010, n° 09-41.578)*. Il en est ainsi, peu important que le salarié se soit fait assister par un conseiller lors de l'entretien *(Cass. soc., 24 sept. 2008, n° 07-40.061, RJS 2008 n° 1275 ; Cass. soc., 21 janv. 2009, n° 07-42.985, Bull. V n° 81, préc.)*.

L'employeur ne peut pas restreindre la liberté des salariés de se faire assister par un autre membre de l'entreprise :

- le Conseil d'État a jugé que l'employeur, qui avait mentionné sur la lettre de convocation à l'entretien préalable que le choix du salarié ne pouvait pas se porter sur l'une des autres personnes également convoquées à l'entretien préalable, avait « *porté à la liberté de choix reconnue par la loi aux salariés… une atteinte qui entachait d'irrégularité les procédures de licenciement* » *(CE, 16 juin 1995, n° 145.278, Sté Sarreguemines Bâtiment, RJS 1995 n° 914)*. La circonstance que, dans cette affaire, les salariés ne se soient pas rendus à l'entretien a été jugée sans influence sur l'irrégularité constatée ;
- le juge judiciaire a estimé que la procédure de l'entretien préalable était irrégulière dès lors que la lettre de convocation précisait que le salarié devait se faire assister d'un délégué du personnel nominativement désigné *(CA Poitiers, 6 janv. 1993, RJS 1993 n° 383)*.

C. La mention que la mesure envisagée peut être un licenciement

21.3.1.3. – Si la lettre de convocation ne comporte pas cette mention, la procédure est irrégulière et l'inspecteur du travail est tenu de refuser l'autorisation. En cas d'autorisation, celle-ci sera regardée comme illégale par le juge administratif *(CE, 12 oct. 1990, Démoléon, Rec., p. 1016* ; *CE, 17 avr. 1992, n° 106.686, De Almeida Silva)*.

La Cour de cassation estime également que cette mention est « *substantielle* » et que son omission rend la procédure irrégulière *(Cass. soc.,*

19 mars 1998, n° 95-43.618, Bull. V n° 160, RJS 1998 n° 581 ; Cass. soc., 16 janv. 2007, n° 05-43.443).

La seule précision *« sanction disciplinaire »* est insuffisante *(Cass. soc., 14 nov. 1990, n° 87-45.327 ; Cass. soc., 20 févr. 1991, n° 88-42.574, Bull. V n° 84 ; Cass. soc., 31 janv. 2007, n° 05-40.540).*

Si le salarié a été convoqué à un premier entretien en vue d'une mise à pied disciplinaire et que, à l'issue de l'entretien, l'employeur envisage de le licencier, l'intéressé doit être convoqué à un nouvel entretien *(Cass. soc., 28 nov. 2001, n° 99-44.209, RJS 2002 n° 156).*

L'employeur n'est pas tenu d'indiquer dans la lettre de convocation à l'entretien les griefs allégués contre le salarié *(Cass. soc., 4 nov. 1992, n° 91-41.189, Bull. V n° 530, Dr soc, p. 1002, RJS 1992 n° 1372 ; Cass. soc., 14 nov. 2000, n° 98-44.117)* ou les motifs du licenciement *(Cass. soc., 17 déc. 1992, n° 89-44.651, Bull. V n° 603 ; Cass. soc., 6 avr. 2016, n° 14-23.198, Bull. V 2016 n° 849, n° 1248, RJS 2016 n° 415).* Dans sa décision du 19 décembre 2007, la chambre sociale a considéré que l'exigence de loyauté et de respect des droits du salarié, résultant notamment de l'article 7 de la convention 158C de l'OIT sur le licenciement était satisfaite par la seule indication de l'objet de l'entretien.

Il semble préférable cependant d'indiquer la nature du motif invoqué *(économique, disciplinaire, etc.).*

§ 2. LA NOTIFICATION DE LA LETTRE DE CONVOCATION

21.3.2. – Elle peut prendre deux formes :

– soit par remise en mains propres contre décharge ;
– soit par lettre recommandée avec accusé de réception.

Est valable la convocation à l'entretien préalable remise en mains propres au salarié peu important l'absence de remise d'un récépissé dès lors qu'il est établi qu'il a été régulièrement convoqué à l'entretien *(Cass. soc., 28 févr. 2018, n° 16-19.934, RJS 2018 n° 310).*

En cas d'envoi par lettre recommandée, la vaine présentation du pli non accompagnée de la remise d'un avis de passage ne peut être prise en compte pour apprécier si le délai minimum devant séparer la présentation du pli contenant la convocation à l'entretien préalable au licenciement et cet entretien a été respecté *(CE, 9 oct. 2020, n° 427.115, Sté Wantzl, RJS 2021, n° 26, RJS 2021, n° 26).*

Par ailleurs, la chambre sociale de la Cour de cassation a jugé que ces modes de convocation à l'entretien préalable au licenciement n'étaient qu'un moyen légal de prévenir toute contestation sur la date de la convocation, et qu'en conséquence, la remise par voie d'huissier de justice ne constituait pas une irrégularité de la procédure de licenciement *(Cass. soc., 30 mars 2011, n° 09-71.412, Bull. V n° 83, RJS 2011 n° 511).* Il en est de même pour l'envoi de la convocation par le système de transport rapide de courrier « chronopost », lequel permet de justifier des dates d'expédition et de réception de la lettre *(Cass. soc., 8 fév. 2011, n° 09-40.027,*

Bull. V n° 45, RJS 2011 n° 309, Liaisons soc. Jurisp. Quot. 16.12.2011 n° 15.796).

En revanche, l'employeur ne peut pas convoquer le salarié à un entretien préalable par télécopie *(Cass. soc., 13 sept. 2006, n° 04-45.698, Bull. V n° 267)*, ni oralement, une telle convocation ne pouvant valablement déclencher le délai prévu par l'article L. 1232-2 du Code du travail *(CE, 30 déc. 2015, n° 384.290, Tables p. 899)*.

S'agissant de l'envoi de la convocation par courrier électronique, rejeté par un arrêt de la cour administrative d'appel de Douai *(CAA Douai, 24 mai 2012, n° 11DA00067, Crédit du Nord)*, il semble que cette modalité puisse être admise selon les conditions fixées par l'article L. 100 du Code des postes et télécommunications, lequel dispose que « *l'envoi recommandé électronique est équivalent à l'envoi par lettre recommandée, dès lors qu'il satisfait aux exigences de l'article 44 du règlement (UE) n° 910/2014 du Parlement européen et du Conseil du 23 juillet 2014 sur l'identification électronique et les services de confiance pour les transactions électroniques au sein du marché intérieur et abrogeant la directive 1999/93 CE* ». Le salarié doit toutefois avoir exprimé à l'expéditeur son consentement à recevoir des envois recommandés électroniques et le prestataire doit assurer une preuve du dépôt de la lettre.

Il peut aussi être considéré que la convocation à l'entretien préalable par simple message électronique constitue une convocation régulière à cet entretien dès lors qu'elle est accompagnée de garanties équivalentes à celles des articles L. 1232-2 et R. 1232-1 du Code du travail permettant de s'assurer de l'absence de toute ambiguïté quant à la date de remise au destinataire ainsi que de l'objet, la date, l'heure, le lieu de l'entretien, et la possibilité pour le salarié de se faire assister au cours de celui-ci *(TA Strasbourg, 2 nov. 2021, n° 2007933 ; CAA Paris, 17 mars 2023, n° 22PA00459)*.

La convocation envoyée à une adresse à laquelle le salarié n'habite plus n'est pas régulière dès lors que l'employeur était informé de la nouvelle adresse *(Cass. soc., 23 mars 2005, n° 02-46.105, Bull. V n° 100, RJS 2005 n° 611)*.

Le refus par le salarié de prendre connaissance de la convocation à l'entretien ne peut fonder un licenciement *(Cass. soc., 18 fév. 2004, n° 01-46.124, RJS 2004 n° 538)*.

Toutefois, l'autorité administrative ne saurait se fonder sur le motif tiré de ce que, en raison de ce refus, le délai de cinq jours ouvrables n'avait pas été respecté pour refuser le licenciement *(CAA Versailles, 17 juin 2014, n° 13VE01636)*.

§ 3. LE DÉLAI ENTRE LA DATE DE LA PRÉSENTATION DE LA LETTRE DE CONVOCATION ET L'ENTRETIEN

21.3.3. – L'article L. 1232-2 du Code du travail, dans sa rédaction issue de l'ordonnance n° 2004-602 du 24 juin 2004 (publiée au *JORF* le

26 juin) a généralisé le délai de cinq jours à toutes les entreprises, avec ou sans représentants du personnel *(cf. n° **21.1.2.1**)*.

Il a été jugé que la méconnaissance du délai de cinq jours constitue une irrégularité entachant d'illégalité l'autorisation accordée par l'administration *(CE, 20 mars 2009, n° 312.258, Sté Armor, Tables p. 977, concl. Y. Struillou, Dr soc 2009, p. 711)*.

SECTION 4
Le déroulement de l'entretien préalable

§ 1. LES CONDITIONS MATÉRIELLES DE L'ENTRETIEN

A. L'heure et le lieu de l'entretien

21.4.1.1. – La Cour de cassation a jugé que « *la convocation du salarié à l'entretien préalable en dehors du temps de travail ne constitue pas une irrégularité de procédure* » et le salarié peut prétendre seulement au paiement du temps passé à l'entretien et, le cas échéant, de ses frais de transport, au titre de la réparation du préjudice subi *(Cass. soc., 7 avr. 2004, n° 02-40.359, Bull. V n° 110, RJS 2005 n° 670, Dr ouvrier 2005, p. 35, D. 2004 IR, p. 1210, Rapport 2004 de la Cour de cassation, p. 253 ; Cass. soc., 24 sept. 2008, n° 07-42.551)*.

La chambre sociale a, en outre, précisé que « *le lieu de l'entretien préalable est en principe celui ou s'exécute le travail ou celui du siège social de l'entreprise* » *(Cass. soc., 9 mai 2000, n° 97-45.294, Bull. V n° 171, RJS 2000 n° 650)*. Une convocation au siège de l'entreprise est donc valable *(Cass. soc., 3 oct. 1995, n° 94-40.995, Dr soc 1995, p. 933 ; Cass. soc., 24 janv. 1996, n° 92-45.287, RJS 1996 n° 261)*. Si l'entretien se déroule dans un lieu distinct du lieu d'exécution du travail ou du siège social, le choix de l'entreprise doit être justifié *(Cass. soc., 9 mai 2000, n° 97-45.294, préc.)*.

Le lieu de l'entretien peut être modifié si le salarié en est informé dans un délai raisonnable *(Cass. soc., 24 janv. 2007, n° 05-44.098)*.

B. L'incidence sur la rémunération et la prise en charge des frais de déplacement

21.4.1.2. – L'incidence pour le salarié et la personne qui l'assiste doit obéir aux principes suivants.

1. Pour le salarié

21.4.1.2.1. – L'entretien ne doit entraîner aucune perte de rémunération. Il a été jugé que, lorsque pour des raisons légitimes, le lieu de l'entretien préalable n'est pas celui ou s'exécute le travail ou le siège social, le salarié a droit au remboursement des frais de déplacement *(Cass. soc., 28 janv. 2005, n° 02-45.971, Bull. V n° 38, RJS 2005 n° 363, Dr soc 2005, p. 476, obs. C. Radé, D. 2005, p. 387)*.

Il nous semble que, même si le salarié est convoqué sur son lieu de travail, dès lors que la date ou l'heure fixées pour l'entretien lui imposent d'engager des frais de déplacement, ceux-ci doivent être pris en charge par l'employeur sur la demande du salarié en vertu du principe énoncé par la jurisprudence selon lequel les frais engagés par le salarié pour les besoins de son activité professionnelle ne doivent pas être supportés par l'intéressé *(Cass. soc., 9 janv. 2001, n° 98-44.833, Bull. V n° 1, RJS 2001 n° 604)*.

2. *Pour la personne assistant le salarié*

21.4.1.2.2. – Il convient de distinguer selon les hypothèses suivantes :

- **le salarié est assisté par le conseiller du salarié** : les modalités de rémunération sont fixées par le Code du travail *(C. trav., art. L. 1232-10 et D. 1232-9 et s.)* ;
- **le salarié est assisté par un représentant du personnel** : le temps consacré par le représentant du personnel peut être rémunéré au titre du crédit d'heures de délégation. Le représentant a droit au remboursement des frais qu'il expose pour assister son collègue *(Cass. soc., 3 mars 2004, n° 01-43.579, RJS 2004 n° 525)*. Il doit être fait application du principe selon lequel le représentant du personnel ne doit subir aucune perte de rémunération du fait de l'exercice de sa mission *(Cass. soc., 3 mars 2010, n° 08-44.859, Bull. V n° 52, note J.-Y. Kenbourc'h, JCP 2010 S n° 24, p. 39)* ;
- **le salarié est assisté par un membre de l'entreprise qui n'est pas représentant du personnel** : le salarié qui assiste « *ne doit, du fait de l'assistance qu'il prête, subir aucune perte de rémunération* » *(Cass. soc., 12 févr. 1991, n° 87-45.259, Bull. V n° 61, RJS 1991 n° 323 ; Cass. soc., 26 mars 2013, n° 12-15.707, 11-22.148 et 11-22.190, RJS 2013 n° 451)*. La formulation retenue par la Cour de cassation laisse entendre que le temps de déplacement doit également être indemnisé. Il en va de même des frais de transport *(Cass. soc., 25 oct. 2000, n° 98-42.260)*.

§ 2. LA REPRÉSENTATION ET L'ASSISTANCE DU SALARIÉ

21.4.2. – L'entretien est par principe individuel : l'employeur ne peut donc organiser un seul entretien auquel seraient convoqués plusieurs salariés.

La représentation du salarié a été admise par des juges du fond, notamment en cas d'incarcération *(CA Bourges 23 avr. 1976, Dr ouvrier 1997, p. 148 ; CA Montpellier, 27 juin 1985, Escudéro c. / Sté Sobea)*.

L'employeur ne peut pas s'opposer à la présence du salarié choisi par la personne convoquée ou à la présence du conseiller du salarié, quand cette dernière est prévue par la loi. Une telle opposition aurait sans nul doute pour effet d'entacher d'irrégularité la procédure. Il est toutefois possible d'exiger du conseiller du salarié qu'il justifie de sa qualité, et de refuser sa présence si cette demande n'est pas satisfaite *(Cass. soc., 25 sept. 2012, n° 11-10.684, Bull. V n° 231, RJS 2012 n° 924)*.

Si le salarié n'a pu se faire assister et que ce fait n'est pas imputable à l'employeur, la procédure est regardée comme régulière *(Cass. soc., 8 nov. 1983, n° 81-41.858, Bull. V n° 537 ; Cass. soc., 5 juin 1985, n° 84-43.023, Bull. V n° 325 ; CE, 11 juill. 1990, n° 80.940, M. Boughanmi)*.

L'arrivée tardive du conseiller sollicité par le salarié pour l'assister lors de l'entretien préalable n'a pas pour effet de rendre la procédure irrégulière *(Cass. soc., 26 janv. 2010, n° 08-40.333, Liaisons soc. Jurisp. Hebdo 16 févr. 2010, n° 34/2010)*. De même, l'employeur n'est pas tenu d'accepter une demande de report de l'entretien de la part du salarié au motif que la représentante du personnel devant l'assister est dans l'impossibilité d'être présente à la date fixée dans la convocation *(Cass. soc., 24 juin 2009, n° 08-41.681)*. Il en est de même si les dispositions conventionnelles applicables n'obligent pas l'employeur à faire droit à la demande de report du salarié *(Cass. soc., 6 avr. 2016, n° 14-28.815, RJS 2016 n° 416)*.

§ 3. LA REPRÉSENTATION ET L'ASSISTANCE DE L'EMPLOYEUR

A. La représentation de l'employeur

21.4.3.1. – La Cour de cassation a admis que l'employeur puisse se faire représenter et que « *la faculté de représenter l'employeur à l'entretien préalable n'est pas réservée au seul délégataire du pouvoir de prononcer le licenciement* » *(Cass. soc. 14 juin 1994, n° 92-45.072, RJS 1994 n° 851 ; cf. A. Cœuret, « Les titulaires du pouvoir disciplinaire », Dr soc 1998, p. 25)*. Cette jurisprudence apparaît contradictoire avec le souci manifesté par la Cour de cassation de faire de l'entretien préalable un véritable dialogue : ce dernier est-il possible dès lors que l'interlocuteur du salarié n'est pas celui qui en définitive prendra la décision de le licencier ?

En tout état de cause, l'employeur ne peut donner mandat à une personne étrangère à l'entreprise ni pour procéder à l'entretien préalable ni pour notifier le licenciement *(Cass. soc., 26 mars 2002, n° 99-43.155, Bull. V n° 105, RJS 2002 n° 669, Dr soc 2002, p. 784, obs. J. Mouly, Dr ouvrier 2002, p. 415, D. 2002 p. 1323, Rapport 2002 de la Cour de cassation p. 365 ; Cass. soc., 7 déc. 2011, n° 10-30.222, Bull. V n° 289, RJS 2012 n° 124 ; Cass. soc., 26 avr. 2017, n° 15-25.204, B., RDT 2017, « Qui pour conduire la procédure de licenciement ? », G. Auzéro, p. 409, RJS 2017 n° 476 : concernant un expert-comptable)*.

Toutefois, le président de la société-mère du groupe dont dépend l'entreprise n'est pas une personne étrangère à celle-ci et peut conduire l'entretien préalable *(Cass. soc., 6 mars 2007, n° 05-41.378, RJS 2007 n° 570)*, tout comme le directeur général de la société-mère *(Cass. soc., 13 juin 2018, n° 16-23.701, B.)*. Il en avait été jugé précédemment de même pour un directeur du personnel engagé par la société mère pour exercer ses fonctions au sein de la société et de ses filiales, lequel peut recevoir mandat pour procéder à un entretien préalable au licenciement d'un salarié de l'une de ces filiales sans qu'il soit besoin que la délégation de pouvoir soit donnée par écrit *(Cass. soc., 19 janv. 2005, n° 02-45.675, Bull. V n° 10, RJS 2005 n° 255, D. 2005 p. 313 ; Cass. soc., 23 sept. 2009, n° 07-44.200, Bull. V n° 191, RJS 2009 n° 898, Liaisons soc. Jurisp. Quot. n° 15457, 8 oct. 2009, JCP E n° 49, 3 déc. 2009, p. 34, note Ayache-Revah et Langot, CSB Paris 2009, n° 215 p. 268)*.

La Cour de cassation a considéré que la DRH d'une filiale du groupe ne pouvait pas être mandatée pour mener la procédure de licenciement d'un salarié d'une autre filiale où elle n'exerce pas les fonctions de DRH, car devant alors être considérée comme une personne étrangère à l'entreprise *(Cass. soc., 20 oct. 2021, n° 20-11.485 B., RJS 2022, n° 63)*. En revanche, elle a admis l'intervention d'un dirigeant d'une autre société filiale, appartenant au même groupe que la société employeur, qui avait, en exécution d'une mission de consultant externe, confiée par le groupe, contrôlé l'efficacité du système de contrôle interne et imposé une réorganisation des processus, et avait pu en conséquence mener la procédure de licenciement en exécution du mandat donné par l'employeur pour agir en son nom et pour son compte dans le cadre de la gestion opérationnelle administrative et financière de la société, comprenant notamment la gestion des ressources humaines *(Cass. soc., 28 juin 2023, n° 21-18.142, B., L. Malfettes, D. actu., 7 juill. 2023, RJS 2023 n° 509)*.

B. L'assistance de l'employeur

21.4.3.2. – L'employeur s'est vu reconnaître, par la Cour de cassation, le droit de se faire assister par une, voire deux personnes, à certaines conditions. Les personnes doivent appartenir au personnel de l'entreprise *(Cass. soc., 20 juin 1990, n° 87-41.118, Bull. V n° 302, RJS 1990 n° 664 ; Cass. soc., 27 mai 1998, n° 96-40.741, Bull. V n° 284, RJS 1998 n° 839)*. Ainsi, la Cour de cassation a admis que l'employeur puisse se faire assister d'un conseiller juridique, dès lors que celui-ci était salarié de l'entreprise *(Cass. soc., 12 mars 1986, n° 83-41.908, Bull. V n° 88)*.

En revanche, a été jugée irrégulière la présence du fils du dirigeant, lui-même actionnaire de la société et de la société mère, ancien salarié de l'entreprise et actuel salarié du groupe, destiné à prendre la succession de son père *(Cass. soc., 28 oct. 2009, n° 08-44.241, Bull. V n° 234, RJS 2010 n° 28 ; Cass. soc., 27 janv. 2009, n° 07-43.547, CSB Paris 2009 n° 211, p. 154 pour l'administrateur d'une association, présent en sa qualité de représentant du président du conseil d'administration).*

Si l'assistance de l'employeur par plusieurs personnes – notamment par des témoins et des responsables hiérarchiques – transforme l'entretien en enquête, la procédure est jugée irrégulière car l'entretien préalable est détourné de son objet *(Cass. soc., 10 janv. 1991, n° 88-41.404, Bull. V n° 5, RJS 1991 n° 325 ; Cass. soc., 12 déc. 2013, n° 12-21.046 ; a contrario : Cass. soc., 5 mai 2010 n° 09-40.737, Bull. V n° 103, RJS 2010 n° 590, obs. F. Dumont, JCP n° 29 juillet 2010 p. 29 : le salarié était intervenu en une seule occasion ; Cass. soc., 20 janv. 2016, n° 14-21.346 : présence de la responsable d'établissement, du responsable de la boutique et du chef du personnel, la salariée soutenant s'être retrouvée face à un jury et avoir été incapable de se défendre).*

La présence de plusieurs personnes ne doit pas faire « *grief aux intérêts du salarié* » *(Cass. soc., 11 janv. 1984, n° 81-42.693)*, c'est-à-dire ne doit pas avoir pour effet d'empêcher le salarié de se défendre. A été jugé régulier l'entretien préalable conduit en présence d'une salariée assistant l'employeur pour être confrontée au salarié dont la rupture du contrat de travail était envisagée, et qui « *est intervenue en une seule occasion pour confirmer les faits reprochés à M. X... que celui-ci a aussitôt niés* » *(Cass. soc., 5 mai 2010, n° 09-40.737, Bull. V n° 103, précité ; a contrario : Cass. soc., 21 juin 2011, n° 10-11.690, RJS 2011 n° 863).*

Le Conseil d'État a jugé que « *la présence de deux membres de la direction de la banque... lors de l'entretien avec M. Besnainou, membre du CHSCT, n'a pas constitué en elle-même, contrairement à ce que soutient le requérant, un vice de nature à entacher d'irrégularité la procédure de son licenciement* » *(CE, 16 janv. 1987, n° 65.315, M. Besnainou, Tables p. 978).*

Si la présence d'une ou deux personnes lors de l'entretien ne suffit pas, à elle seule, à vicier la procédure, elle peut la rendre irrégulière dès lors que cette situation a fait grief au salarié, qui n'a pas été en mesure de présenter sa défense. Dans ce cas, le salarié a intérêt à contester immédiatement le bon déroulement de la procédure.

§ 4. LA PRÉSENCE D'AUTRES SALARIÉS

21.4.4. – « *L'entretien préalable au licenciement d'un salarié revêt un caractère strictement individuel qui exclut que celui-ci soit entendu en présence de collègues contre lesquels il est également envisagé de prononcer une mesure de licenciement, quand bien même les faits reprochés seraient identiques* » *(Cass. soc., 23 avr. 2003, n° 01-40.817, Bull. V n° 138, RJS 2003 n° 861, Dr soc 2003, p. 777, obs. F. Favennec-Héry : en l'espèce, le salarié avait été entendu en présence de deux autres collègues et la Cour de cassation a refusé d'assimiler cette présence à l'assistance prévue par les dispositions du Code du travail).*

§ 5. LA PRÉSENCE D'UN INTERPRÈTE

21.4.5. – Dès lors que « *l'entretien préalable doit permettre au salarié de connaître les motifs du licenciement envisagé et de s'expliquer à leur sujet... il doit être mené dans une langue compréhensible par les deux parties... à défaut il doit être fait appel à un interprète accepté par les deux parties » (Cass. soc., 8 janv. 1997, n° 95-41.085, Bull. V n° 4, Dr soc 1997, p. 317, RJS 1997 n° 129 ; Cass. soc., 6 mars 2007, n° 05-41.378, RJS 2007 n° 570 : régularité d'un entretien tenu en anglais dès lors que les deux parties pratiquaient couramment cette langue).*

§ 6. L'ENREGISTREMENT DE L'ENTRETIEN

21.4.6. – Dans l'hypothèse où le salarié enregistrerait l'entretien sans l'accord de l'employeur afin de s'en prévaloir pour assurer sa défense, ce moyen de preuve déloyal ne pourrait être recevable que s'il était indispensable à l'exercice du droit de la preuve et que l'atteinte portée aux intérêts en présence soit proportionnée au but poursuivi conformément à la jurisprudence de la Cour de cassation *(Cass. ass. plén., 22 déc. 2023, n° 20-20.648 B., RJS 2024 n° 72, Dr soc 2024. 293, obs. C. Radé ; cf. n°* ***44.2.1.4****)*. Lorsque le salarié est assisté lors de l'entretien, le caractère indispensable d'une telle preuve sera difficilement admis dès lors que les propos tenus pendant l'entretien peuvent être rapportés par d'autres moyens licites, en l'espèce le témoignage des personnes qui y assistaient *(par analogie, pour des enregistrements lors d'une réunion d'un CHSCT : Cass. soc., 17 janv. 2024, n° 22-17.474, B., D. 2024. 171 ; Sem. soc. Lamy, n° 2077, 29 janv. 2024, entretien J.-G. Huglo)*.

En matière pénale, il a été jugé qu'un tel enregistrement n'était pas de nature à porter atteinte à l'intimité de la vie privée au sens de l'article 226-1 du Code pénal *(Cass. crim., 12 avr. 2023, n° 22-83.581, RSC 2023 p. 567, obs. E. Dreyer)*.

§ 7. LE CONTENU DE L'ENTRETIEN

21.4.7. – L'employeur doit, lors de l'entretien, faire connaître au salarié le ou les motifs du licenciement envisagé ; il est en outre tenu de recueillir les explications du salarié *(C. trav., art. L. 1232-3 ; Cass. soc., 14 nov. 1985, n° 82-42.582, Bull. IV n° 538)* et de lui fournir des explications *(Cass. soc., 5 févr. 1992, n° 88-43.248, Bull. V n° 67, Dr soc 1992, p. 267)*.

Le respect des droits de la défense n'impose toutefois pas que le salarié ait accès au dossier avant l'entretien préalable *(Cass. soc., 27 févr. 2013, n° 12-23.213, QPC, Bull. V n° 63, RJS 2013 n° 359, G. Dumortier, P. Florès, A. Lallet, M. Vialettes et Y. Struillou, « Actualité des questions prioritaires de constitutionnalité du premier semestre 2013 », Dr soc 2013, p. 968)*. Néanmoins, la Cour de cassation a pu considérer que la procédure était irrégulière alors que, d'une part, le licenciement avait été prononcé sur la base des rapports des agents assermentés, extérieurs à l'entreprise, embarqués dans le véhicule sans révéler leur présence, ce qui constitue un procédé de preuve déloyal, et que, d'autre part, ces rapports n'avaient pas été présentés au salarié lors de l'entretien préalable, malgré sa demande, ce dont il résultait que l'intéressé avait été mis dans l'impossibilité de se défendre *(Cass. soc., 18 oct. 2017, n° 16-16.402, RJS 2018 n° 4)*.

Le salarié doit avoir la possibilité d'exposer librement sa défense. Ce principe est essentiel et a été consacré par :

- le Conseil constitutionnel, par sa décision n° 2006-535 DC du 30 mars 2006, s'agissant des licenciements envisagés pour un motif disciplinaire : « *le principe des droits de la défense qui résulte de l'article 16 de la Déclaration de 1789 impose le respect d'une procédure contradictoire dans les cas de licenciement prononcé pour un motif disciplinaire* » *(cf. X. Prétot, « Les garanties du salarié face au licenciement ont-elles une base constitutionnelle ? », Dr soc 2006, p. 494)* ;
- la Cour de cassation, qui fait explicitement référence à ce principe *(Cass. soc., 13 juin 1991, n° 89-45.843, Bull. V n° 296, RJS 1991 n° 958)* ;
- le Conseil d'État, qui a jugé que « *l'obligation de respecter une procédure contradictoire dans le cas de licenciement prononcés pour un motif disciplinaire a le caractère d'un principe général du droit du travail* » *(CE, section, 19 oct. 2005, n° 283.471 CGT et autres, publié au Recueil ; Dr soc 2006, p. 503)*.

La personne assistant le salarié n'est pas cantonnée dans un rôle passif : elle peut présenter la défense du salarié et émettre un avis. Elle peut intervenir le cas échéant comme témoin pour confirmer le contenu des déclarations des parties *(Déclaration Sec. d'État, JO Débats Sénat, 20 juin 1973, p. 837 et 847)*. La Cour de cassation a jugé qu'il appartient au juge prud'homal d'apprécier librement la valeur et la portée de l'attestation établie par le conseiller du salarié *(Cass. soc., 27 mars 2001, n° 98-44.666, Bull. V n° 108, RJS 2001 n° 732, Dr soc 2001, p. 679, commentaire J. Savatier ; Cass. soc., 30 oct. 2002, n° 00-46.314, RJS 2003 n° 174)*. Naturellement, le conseiller ne doit pas remettre au salarié un compte rendu dans lequel il relate sciemment un fait matériellement inexact *(Cass. crim., 28 mars 2002, Dr ouvrier 2002, p. 415)*.

Sauf abus, les propos tenus par le salarié au cours de l'entretien ne peuvent pas constituer une cause de licenciement *(Cass. soc., 19 juin 1991, n° 89-40.843, Bull. V n° 310, RJS 1991 n° 959 ; Cass. soc., 27 févr. 2013, n° 11-26.432)*. A été jugé comme constituant une faute d'une gravité suffisante le comportement d'un salarié qui avait, lors de l'entretien, insulté et menacé d'un couteau un chef de chantier assistant à l'entretien, ces violences n'ayant pas été provoquées par une agression dont il aurait été victime *(CE, 11 juill. 1990, n° 80.940, M. Boughanmi)*. En principe, il est interdit d'enregistrer l'entretien à l'insu de l'autre partie. Cependant, l'enregistrement effectué par le salarié à l'insu de son employeur ne constitue pas le délit prévu par l'article 368-1° du Code pénal dès lors que les propos tenus par l'employeur entrent dans le cadre de leur seule activité professionnelle et n'étaient pas de nature à porter atteinte à sa vie privée *(Cass. crim., 16 janv. 1990, n° 89-83.075, Bull. crim. n° 25, RJS 1990 n° 277)*.

Il a été jugé par le Conseil d'État que, dès lors que la lettre de convocation à l'entretien précisait les motifs conduisant l'employeur à envisager le licenciement d'un salarié et qu'il avait pu « *en conséquence préparer cet entretien et fournir à l'employeur ses explications sur les faits qui lui étaient reprochés* », l'entretien avait été régulier alors même que l'intéressé n'avait pas eu communication du rapport d'expertise commandé par l'employeur *(CE, 17 oct. 2003, n° 247.701, Sté Smurfit Lembacel, RJS 2004 n° 2003)*.

§ 8. L'ABSENCE DU SALARIÉ À L'ENTRETIEN

A. L'absence du salarié non imputable à l'employeur

21.4.8.1. – L'entretien préalable n'est pas une obligation pour le salarié qui n'est pas obligé de s'y rendre. En s'abstenant, il ne commet aucune faute puisque l'entretien est organisé dans son seul intérêt *(Cass. soc., 15 mai 1991, n° 89-44.670, Bull. V n° 235, RJS 1991 n° 740, Dr soc 1991, p. 513 ; Cass. soc., 28 nov. 2000, n° 98-41.308, Bull. V n° 394, Dr soc 2001, p. 200, RJS 2001 n° 205 ; Cass. soc., 28 nov. 2001, n° 99-46.031, RJS 2002 n° 157)* et constitue « *une garantie pour le salarié en cas de procédure disciplinaire* » *(CE, 28 avr. 1997, n° 147.625, Mmes Brasnu et Pourraz)*. Si le salarié refuse de se rendre à l'entretien, il ne peut ultérieurement invoquer le moyen tiré du non-respect de la procédure préalable *(CE, 6 janv. 1992, n° 102.906, SA Faïenceries de Salins)*.

Si l'absence du salarié à l'entretien préalable n'est pas imputable à l'employeur, la procédure n'est pas entachée d'irrégularité *(CE, 28 juin 1996, n° 156.427, Caisse régionale de crédit agricole de la Vendée, RJS 1996 n° 947)*.

B. L'absence du salarié imputable à l'employeur

21.4.8.2. – Si la lettre de convocation n'est pas parvenue à son destinataire parce que ce dernier a communiqué une adresse erronée *(Cass. soc., 19 déc. 1978, n° 77-40.904, Bull. V n° 884)*, ou n'a pas pris les dispositions nécessaires pour l'acheminement du courrier à sa nouvelle adresse *(Cass. soc., 5 mars 1987, n° 85-43.126)*, ou encore n'a pas signalé son changement d'adresse *(Cass. soc., 26 févr. 1992, n° 88-44.441, Bull. V n° 132, RJS 1992 n° 471)*, la procédure n'est pas irrégulière et peut suivre son cours.

Un mouvement de grève à la poste ne permet pas à l'employeur de s'exonérer de son obligation de respecter son obligation de respecter le délai de convocation de 5 jours ouvrables *(Cass. soc., 6 oct. 2015, n° 14-18.067)*.

Dès lors que l'erreur d'adresse n'est pas imputable au salarié, il est donc nécessaire de convoquer une nouvelle fois le salarié à un entretien.

C. La maladie du salarié

21.4.8.3. – L'employeur doit convoquer à un entretien préalable le salarié malade, y compris si le motif du licenciement est la maladie prolongée du salarié *(Cass. soc., 29 juin 1977, n° 76-40.750, Bull. V n° 430)*.

Si le salarié malade est autorisé à sortir quelques heures par jour, l'entretien préalable doit être fixé pendant les heures de sortie *(Cass. soc., 12 juin 1980, n° 78-41.330, Bull. V n° 517)*. Dès lors que l'employeur a fixé l'entretien à une heure compatible avec les heures d'autorisation de sortie accordées au salarié, la procédure doit être regardée comme régulière *(CE, 11 déc. 1991, n° 101.920, Moussu, Tables p. 1229)*.

Dans le cas où le salarié ne peut assister à l'entretien, le ministère du Travail estime que l'intéressé doit pouvoir se faire représenter *(lettre DGTE, Bull. Doc. TE n° 66, 1974)*. La Cour de cassation a jugé que l'employeur n'est pas tenu de faire droit à la demande d'une nouvelle convocation présentée par le salarié *(Cass. soc., 7 oct. 1997, n° 94-44.306, RJS 1997 n° 1223 ; Cass. soc., 26 mai 2004, n° 02-40.681, RJS 2004 n° 898)*.

Toutefois, la Cour de cassation a jugé que constituait une intention dolosive le comportement de l'employeur qui, sachant que le salarié allait subir une grave opération, l'a volontairement mis dans l'impossibilité de se présenter à l'entretien préalable et s'est abstenu de lui laisser le temps de présenter ses observations *(Cass. soc., 1er févr. 2001, n° 98-45.784, RJS 2001 n° 425)*.

Il est conseillé, dans le cas où le salarié répond qu'il ne peut se présenter à l'entretien pour des raisons médicales, soit de fixer un nouvel entretien après l'expiration de la période d'arrêt de travail, soit de lui adresser un courrier lui précisant les motifs du licenciement envisagé et l'invitant à présenter par écrit ses observations dans un délai suffisant.

§ 9. LES PRINCIPALES IRRÉGULARITÉS POUVANT ENTACHER D'ILLÉGALITÉ L'AUTORISATION ADMINISTRATIVE

A. L'annonce publique du licenciement avant toute convocation à un entretien préalable

21.4.9.1. – Est entachée d'illégalité l'autorisation accordée alors que l'association employant le salarié protégé avait fait connaître publiquement qu'avait été décidé son licenciement, en méconnaissance des dispositions de l'article L. 122-14 alors applicable *[article L. 1232-2 nouveau]* qui imposent avant toute décision la convocation de l'intéressé à un entretien préalable *(CE, 7 juill. 2010, n° 318.139, Association ajaccienne d'aide aux handicapés, Tables p. 1004)*.

B. L'absence d'entretien imputable à l'employeur

21.4.9.2. – Dans le cadre de sa jurisprudence sur le contrôle des licenciements économiques, le Conseil d'État avait déjà jugé que « *le défaut d'entretien préalable de l'employeur avec le salarié, dans le cas où il est obligatoire… entraîne la nullité de la décision administrative autorisant le licenciement* » *(CE, 7 mars 1986, n° 39.277, Jallabert)*. Cette jurisprudence a été confirmée pour les représentants du personnel *(CE, 5 juin 1987, n° 76.589, Richter, Tables p. 978)*.

Ce vice de procédure ne peut pas être régularisé et l'inspecteur du travail est tenu de refuser le licenciement.

Si le salarié protégé, régulièrement convoqué, refuse de se rendre à l'entretien préalable, il ne peut pas soutenir par la suite que la procédure a été irrégulière *(CE, 16 mars 1990, n° 98.054, Sté Comatec c. / Kada, Tables p. 1015 ; CE, 28 juin 1996, n° 156.427, Caisse régionale de crédit agricole de la Vendée, RJS 1996, n° 947 ; CAA Lyon, 14 juin 1999, n° 97LY01450, M. Serpolet)*.

C. L'entretien organisé après la consultation du CSE

21.4.9.3. – Dans ce cas, la procédure est entachée d'irrégularité *(CE, 3 avr. 1991, n° 107.079, SA des Nouvelles Galeries)*, l'article R. 2421-8 du Code du travail imposant que la consultation du comité intervienne postérieurement à l'entretien.

D. L'entretien organisé après le dépôt de la demande d'autorisation

21.4.9.4. – Le Conseil d'État a estimé que, dans ce cas, la procédure était irrégulière *(CE, 5 juin 1987, n° 69.014, Sté Décor Diffusion Peinture, Tables p. 978 ; CE, 15 mai 1995, n° 148.320, Sté Cise-Réunion)*. Si l'entretien préalable a lieu après que l'inspecteur a été saisi, celui-ci est tenu de refuser l'autorisation sollicitée pour ce seul motif *(CE, 30 nov. 1998, Sté nouvelle des Fonderies Nicolas, RJS 1999 n° 236 ; CE, 11 déc. 2006, n° 282.699, ministre de l'Emploi c. / Sté Avenance équipement, RJS 2007 n° 358)*.

E. Le remplacement de l'entretien par des rencontres informelles

21.4.9.5. – La tenue de rencontres entre le salarié et sa direction, au cours desquelles celui-ci a été informé des griefs retenus à son encontre, ne dispense pas l'employeur de convoquer le salarié à un entretien préalable dans les formes légales ; à défaut la procédure est irrégulière : *« la circonstance que l'intéressé ait été informé des griefs qui lui étaient reprochés au cours de plusieurs rencontres avec les membres de la direction ne dispensait pas la société de le convoquer à un entretien préalable dans les formes prévues par l'article L. 122-14 [art. L. 1232-2 nouveau] du Code du travail » (CE, 15 mai 1995, n° 148.320, Sté Cise-Réunion ; CE, 16 mars 1984, SA Karcher Vaporapid : dans le cadre du contrôle des autorisations administratives de licenciement pour motif économique)*. La Cour de cassation a adopté la même position *(Cass. soc., 21 mai 1992, n° 91-40.989, Bull. V n° 334, RJS 1992 n° 855)*.

F. L'invocation de nouveaux faits survenus postérieurement à l'entretien

21.4.9.6. – L'employeur qui entend invoquer des faits postérieurs à l'entretien doit convoquer le salarié à un nouvel entretien *(Cass. soc., 30 mars 1994, n° 89-43.716, Bull. V n° 113, RJS 1994 n° 677)*. À défaut, la procédure est irrégulière.

Toutefois, la chambre sociale estime que la circonstance qu'un grief énoncé dans la lettre de licenciement n'a pas été indiqué au salarié lors de l'entretien préalable *« caractérise une irrégularité de forme (...) qui n'empêche pas le juge de décider que ce grief peut fonder le licenciement » (Cass. soc., 16 nov. 2005, n° 03-46.655, RJS 2006 n° 327 ; Cass. soc., 28 mai 1997, n° 94-42.835, Bull. V n° 196, RJS 1997 n° 801 ; Cass. soc., 28 juin 2000, n° 98-43.070, RJS 2000, n° 927)*. Une telle circonstance n'a pas pour effet de priver le licenciement de cause réelle et sérieuse *(Cass. soc., 29 oct. 2003, n° 01-44.354, RJS 2004 n° 19 : en l'espèce, la décision s'était manifestée par une note interne)*.

Le juge judiciaire prend donc en considération :

- un manquement du salarié découvert postérieurement à l'entretien *(Cass. soc., 2 juill. 2003, n° 01-41.629, RJS 2003 n° 1130)* ;
- un fait postérieur à la convocation à l'entretien préalable et énoncé dans la lettre de licenciement *(Cass. soc., 18 févr. 2004, n° 01-47.207, RJS 2004 n° 526)*.

Pour sa part, l'inspecteur du travail ne peut pas retenir des griefs qui n'ont pas été indiqués au salarié lors de l'entretien préalable *(CE, 11 juin 2014, n° 365.135, Sté Transports du Val d'Oise, RJS 2014 n° 795)*.

G. L'absence d'énonciation des motifs du licenciement

21.4.9.7. – L'entretien préalable doit permettre au salarié de connaître les motifs du licenciement envisagé et de s'expliquer à leur sujet *(Cass. soc., 8 janv. 1997, n° 95-41.085, Bull. V n° 4, Dr soc 1997, p. 317, RJS 1997 n° 129)*.

La chambre sociale a jugé que lorsque l'employeur omet d'indiquer au salarié le ou les motifs de licenciement, la procédure est irrégulière dès lors que « *la formalité visée à l'article L. 122-14 [nouvel article L. 1232-3] impose à l'employeur au cours de l'entretien préalable d'indiquer le ou les motifs de sa décision envisagée et de recueillir les explications du salarié* » *(Cass. soc., 14 nov. 1985, n° 82-42.582, Bull. V n° 538)*. Cependant, cette omission n'a pas pour effet de priver à elle seule le licenciement de cause réelle et sérieuse ; elle constitue « *une irrégularité de forme* » *(Cass. soc., 28 mai 1997, n° 94-42.835, Bull. V n° 196, RJS 1997 n° 801)*.

Le Conseil d'État a jugé que le défaut d'indication des motifs à l'entretien préalable, établi sur la base d'une attestation du conseiller du salarié dont la teneur n'était pas contestée, constitue un vice de procédure entachant d'illégalité l'autorisation de licenciement accordée par l'autorité administrative *(CE, 19 mars 2008, n° 289.433, Coette, Tables p. 954, concl. R. Keller, Sem. soc. Lamy 2008 n° 1355 ; RJS 2008 n° 807 ; JCP S n° 21, 20 mai 2008, 1291, note Kerbourc'h ; Liaisons soc. Jurisp. 30 juin 2008 n° 151/2008 ; Dr ouvrier 2008, p. 538)*. Ces griefs ne peuvent pas être retenus par l'inspecteur du travail *(CE, 11 juin 2014, n° 365.135, Sté Transports du Val d'Oise)*.

En revanche, l'employeur n'a pas l'obligation de communiquer au salarié les pièces susceptibles de justifier la sanction *(Cass. soc., 6 avr. 2004, n° 01-47.153 ; Cass. soc., 18 févr. 2014, n° 12-17.557, Bull. V n° 52, RJS 2014 n° 387)*.

H. L'énonciation de nouveaux motifs du licenciement s'ajoutant à ceux évoqués lors de l'entretien

21.4.9.8. – Cette question est traitée aux n° **32.3.6.2.1** et **32.3.7**.

§ 10. DEMANDE CONFIRMATIVE, NOUVELLE DEMANDE ET ENTRETIEN PRÉALABLE

21.4.10. – Si l'entreprise présente, après une première demande qui a été rejetée par l'administration ou après l'annulation contentieuse d'une autorisation, une seconde demande, est-elle tenue de convoquer à nouveau le salarié à un entretien préalable ?

Pour répondre à cette question, il convient de distinguer deux situations :

– **Soit la seconde demande est présentée après le refus de l'administration et repose sur le même motif que la première** : dans ce cas, l'employeur n'est pas tenu de convoquer à nouveau le salarié à un entretien préalable.

  Dans sa décision du 13 novembre 1991, le Conseil d'État s'était fondé sur le fait que les deux demandes étaient fondées sur le même motif, sans évolution alléguée de la situation, mais également sur la brièveté du délai écoulé entre ces demandes pour écarter l'obligation d'un nouvel entretien préalable *(CE, 13 nov. 1991, n° 91.226, Lasala)*.

Appelé à se prononcer à la suite de l'annulation contentieuse de l'autorisation accordée par l'autorité administrative, le Conseil d'État a en revanche jugé que l'écoulement d'un délai de deux ans entre les deux demandes d'autorisation ne constituait pas à lui seul une circonstance de fait nouvelle imposant que soit organisé un nouvel entretien préalable *(CE, 19 sept. 2014, n° 362.660, Cezilly-Guichard, Tables p. 889, RJS 2014 n° 874, Dr soc. 2015, p. 25, concl. G. Dumortier)*.

– **Soit la seconde demande constitue une nouvelle demande en raison de la modification du motif avancé par l'employeur ou des changements intervenus dans la situation de l'entreprise** : dans ce cas, l'employeur doit alors convoquer le salarié à un nouvel entretien *(CAA Bordeaux, 18 nov. 2004, n° 03BX00355, Fléreau, RJS 2005 n° 295)*.

Si l'employeur forme un recours gracieux contre une décision de refus, il n'est pas tenu de convoquer à nouveau le salarié à un entretien préalable *(CE, 11 mai 1990, n° 71.324, ministre du Travail c./ Kroepfle et Lodico)*.

SECTION 5

La convocation du CSE pour consultation sur le projet de licenciement du salarié protégé

21.5. – La liste des catégories de salariés protégés dont le licenciement doit être soumis pour avis au CSE figure en annexe *(tableau A)*.

La consultation du CSE n'est pas requise pour les salariés liés par un contrat à durée déterminée ne comportant pas de clause de renouvellement ou de report du terme ou dont le contrat à durée déterminée arrive à son terme normal, que celui-ci soit précis ou non *(CE, 10 juin 1992, n° 94.626, Sté nationale de radio-diffusion de France, RJS 1992 n° 1133 ; cf. n° **16.2.5** et **16.2.6**)*.

§ 1. LES PERSONNES DEVANT ÊTRE CONVOQUÉES

21.5.1. – L'employeur est tenu de convoquer :

– **le salarié concerné**. Si, en raison de l'absence de convocation, le salarié n'a pas été entendu par le comité, la procédure est irrégulière et l'inspecteur du travail doit refuser l'autorisation *(CE, 29 juin 1990, n° 87.944, SA Maris et compagnie, RJS 1990 n° 793 ; CE, 18 oct. 1991, n° 83.934, Kaba, Rec., p. 1229, Dr ouvrier 1992, p. 84 ; CAA Lyon, 3 avr. 2001, n° 99LY02050, ministre de l'Équipement et Sté Transmontagne)*. En revanche, si le salarié refuse de se rendre à la réunion du CSE, il ne peut ultérieurement invoquer le moyen tiré du non respect de la procédure préalable *(CE, 6 janv. 1992, n° 102.906, SA Faïenceries de Salins)*. Par ailleurs, un salarié n'ayant pas sollicité le déplacement de l'horaire la réunion n'est pas fondé à soutenir que les contraintes horaires mentionnées sur le certificat médical mentionné faisaient obstacle à ce qu'il puisse assister à cette réunion, d'autant qu'il ne démontre pas qu'il n'aurait pas pu s'y rendre et ne peut donc utilement soutenir que le comité n'aurait pas été mis à même de se prononcer en toute connaissance de cause ou que son avis devrait être regardé comme émis dans des conditions ayant faussé cette consultation *(CAA Douai, 4 avr. 2019, n° 18DA00945, Sanofi Pasteur)*. Si le salarié a bien été entendu par le CSE, le seul fait qu'il n'ait pas été convoqué n'entache pas d'irrégularité la procédure ;

– **les élus titulaires, ainsi que les représentants syndicaux au comité** *(CE, 12 avr. 1999, n° 160.654 et 160.655, SA Création organisation de supermarché (COS) Champion ; CE, 3 oct. 2008, n° 306.430, Sté UPC France, concl. Y. Struillou, Dr ouvrier 2009, p. 95)*.

S'agissant des élus suppléants, les dispositions légales issues de l'ordonnance n° 2017-1386 du 22 septembre 2017 ne font plus obligation à l'employeur de les convoquer : l'article L. 2314-1 alinéa 2 nouveau du Code du travail dispose en effet que le suppléant n'assiste aux réunions qu'en l'absence du titulaire. Il semble toutefois que le maintien de la présence des suppléants pourrait être envisagé sur le fondement de l'article L. 2315-2 nouveau, lequel dispose que les dispositions du présent chapitre ne font pas obstacle aux dispositions plus favorables relatives au fonctionnement ou aux pouvoirs du CSE résultant d'accords collectifs de travail ou d'usages *(cf. A. Stocki, « Le mécano du comité social et économique », Sem. soc. Lamy n° 1798, 15.01.2018)*.

L'ordre du jour de la réunion doit être communiqué aux suppléants, de même qu'à l'ensemble des membres du comité *(C. trav., art. L. 2315-29)* : cette transmission a pour objet de les informer du contenu de la réunion de sorte que, le cas échéant, ils puissent remplacer des élus titulaires empêchés.

Les modalités de la suppléance peuvent être organisées par le règlement intérieur du CSE ; ainsi, de même qu'un accord collectif, un accord conclu avec la majorité des membres titulaires du comité peut prévoir que la communication de l'ordre du jour vaut convocation des suppléants aux réunions du comité *(Ministère du travail, Questions-réponses, avril 2018)*.

Il appartient à l'employeur de convoquer régulièrement les participants, dans des formes régulières les mettant à même d'assister effectivement à la séance, sauf à entacher d'illégalité la décision par laquelle l'administration autorise le licenciement d'un salarié protégé *(CE, 23 juin 2014, n° 367.378, société Les petites affiches, concl. R. Keller)*.

Le Conseil d'État a jugé que la non-convocation des suppléants, obligatoirement convoqués sous l'empire des dispositions antérieures à l'ordonnance n° 2017-1386 du 22 septembre 2017, et des représentants syndicaux au comité constitue un vice substantiel de procédure si elle entraîne l'absence de ces participants. L'inspecteur du travail, dans ce cas, est tenu de refuser l'autorisation demandée *(CE, 24 mai 1991, n° 68.272, Union départementale des sociétés mutualistes de la Gironde, RJS 1991 n° 860)*. Si l'autorisation est accordée, le juge administratif doit la déclarer illégale *(CE, 23 déc. 2010, n° 323.318, St La Brosse et Dupont, RJS 2011 n° 250)*. Il en va autrement lorsque ces membres, bien que non convoqués, ont, en fait, assisté à la séance *(CE, 3 oct. 2008, n° 306.430, société UPC France, concl. Y. Struillou, Dr ouvrier 2009, p. 95)*.

L'avis ne saurait pour autant être irrégulièrement émis du seul fait du défaut de production par l'employeur de la preuve de réception de la convocation d'un des membres, alors que le procès-verbal attestait que celui-ci avait été régulièrement convoqué et que la requérante se bornait à affirmer que les convocations n'étaient pas produites, sans étayer ses allégations d'aucune autre précision *(CE, 23 juin 2014, n° 367.378, préc.)*.

§ 2. LE DÉLAI ENTRE LA CONVOCATION ET LA RÉUNION

21.5.2. – En application de l'article L. 2315-30 du Code du travail, l'ordre du jour doit être communiqué par le président aux membres du comité trois jours au moins avant la séance. Cette communication, obligatoirement écrite, lui incombe personnellement *(Cass. crim., 27 sept. 1988, n° 87-91.324, Bull. crim., n° 325)*. Il convient de préciser que si le salarié protégé est membre du CSE, l'ordre du jour doit lui être communiqué alors même qu'il est mis à pied à titre conservatoire, laquelle n'a pas pour effet de suspendre le mandat *(cf. n° **21.1.3.4**)*.

La méconnaissance du délai de trois jours n'entache pas d'irrégularité la consultation du CSE si ce dernier a donné son avis en connaissance de cause *(CE, 27 juin 1986, n° 61.506, Hermida ; CE, 7 nov. 1990, n° 105.026, Sté d'exploitation des établissements généraux de mécanique de l'Ouest)*.

En revanche, si du fait du non-respect du délai de trois jours, le comité n'a pas été en mesure d'apprécier la réalité des griefs formulés à l'encontre du salarié *(absence de communication de certaines pièces par exemple)*, la procédure devrait être regardée comme irrégulière.

§ 3. L'ÉTABLISSEMENT DE L'ORDRE DU JOUR

21.5.3. – L'ordre du jour doit être fixé conjointement par l'employeur et le secrétaire du CSE, y compris dans le cas où le comité est consulté lors d'une réunion extraordinaire, dès lors que l'élaboration conjointe s'impose pour « *chaque réunion* » *(Cass. soc., 25 juin 2003, n° 01-12.990, Bull. V n° 210, RJS 2003 n° 1411)*.

En cas de désaccord, l'article L. 2315-29 ouvre toutefois la possibilité à l'employeur ou au secrétaire du comité d'inscrire à l'ordre du jour « *de plein droit* » la consultation du comité sur le projet de licenciement du salarié protégé dès lors que cette consultation est rendue obligatoire par la loi *(cf. M. Cohen, « Le fonctionnement du comité d'entreprise et les licenciements économiques après la loi du 18 janvier 2005 », Dr soc 2005, p. 394)*. L'élaboration conjointe de l'ordre du jour demeurant toutefois la règle, la Cour de cassation avait jugé que cette disposition nouvelle ne dispensait pas l'employeur qui entend faire inscrire une question à l'ordre du jour de la réunion du CSE de la soumettre préalablement au secrétaire du comité *(Cass. soc., 12 juill. 2010, n° 08-40.740 à 08-40.821, Bull. V n° 169, RJS 2010 n° 736)*. Le Conseil d'État a cependant considéré que la fixation unilatérale de l'ordre du jour par l'employeur dans ce cas était sans incidence sur la régularité de la procédure de licenciement *(CE, 4 déc. 2013, n° 362.142, M.D. et autres c. / ministre du Travail et Sté Ardennaise d'Essieux)*.

Par ailleurs, le refus du secrétaire du CSE de signer l'ordre du jour n'est pas de nature à empêcher la direction de mettre en œuvre les mesures envisagées *(Cass. soc., 13 févr. 2013, n° 11-26.783)*.

§ 4. LE CONTENU DE LA CONVOCATION

21.5.4. – L'ordre du jour doit mentionner les éléments suivants :

- le nom du salarié concerné par la procédure de licenciement ;
- l'objet de la réunion : il doit être clairement indiqué que l'avis du comité sera sollicité sur le licenciement du représentant du personnel ;
- les mandats du représentant du personnel concerné.

Le comité doit être informé de l'intégralité des mandats détenus par le salarié *(CE, 3 juill. 2013, n° 348.979, ministre du Travail, de l'Emploi et de la Santé c. / . Sté Agralia)* : il émet, en effet, un avis compte tenu des motifs avancés par l'employeur, mais également du nombre et de la nature des mandats détenus.

Ainsi, on peut considérer que l'avis du comité n'a pas été régulièrement émis si l'employeur n'a pas porté à la connaissance des membres du comité le fait que le salarié exerce un mandat de conseiller prud'homme, par exemple. Ce principe souffre une exception quand les membres du CSE ne peuvent ignorer la nature de la protection du salarié dont le licenciement est envisagé. Dans ce cas, la circonstance que l'ordre du jour ne précise pas le mandat du salarié est sans influence sur la régularité de la procédure *(CE, 2 oct. 1991, ministre du Travail c. / Tellez, n° 105.749, RJS 1991 n° 1341 : en l'espèce, six des sept membres du comité d'entreprise avaient participé à la désignation du salarié concerné comme membre du comité d'hygiène, de sécurité et des conditions de travail ; dans le même sens : CE, 3 juill. 2013, n° 348.979, préc.)*.

Il est donc préférable de mentionner les mandats dont est titulaire le salarié dans l'ordre du jour pour éviter toute contestation sur ce point.

§ 5. LES DÉLAIS DANS LESQUELS DOIT INTERVENIR LA CONSULTATION

21.5.5. – La consultation du CSE est encadrée par trois types de délais :

- le délai entre l'engagement de la procédure de licenciement et la consultation du comité ;
- le délai entre l'entretien préalable et la consultation du comité ;
- le délai entre la convocation du comité et la réunion.

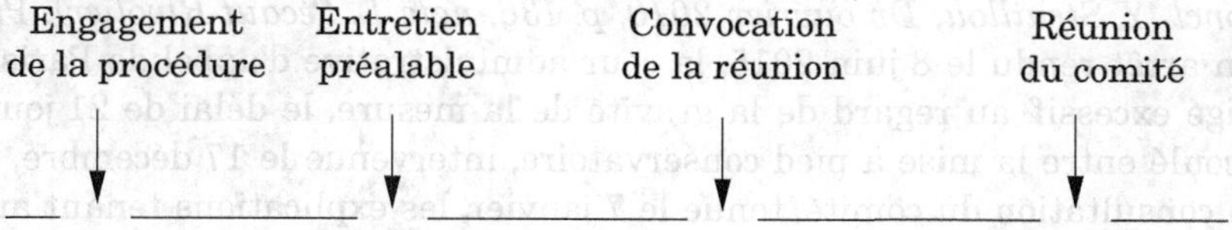

A. Le délai entre l'engagement de la procédure et la réunion du CSE

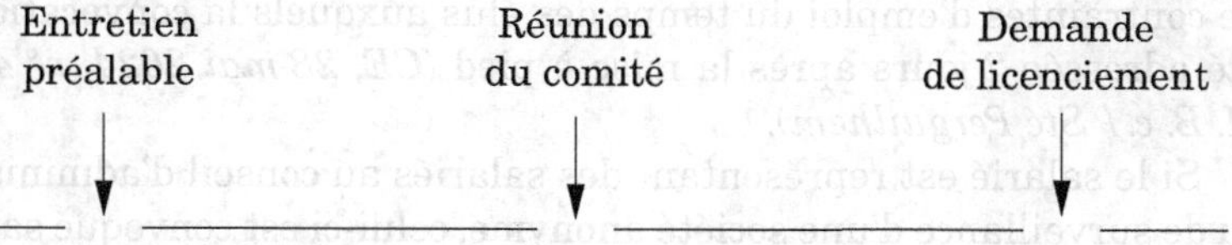

1. *En l'absence de mise à pied du salarié*

21.5.5.1.1. – Dans le cadre de la procédure normale, le délai dans lequel doit intervenir la consultation du comité n'est pas précisé par le Code du travail.

La consultation du comité doit intervenir après l'entretien préalable et avant le dépôt de la demande d'autorisation. Si la consultation du comité est organisée après le dépôt de la demande, la procédure doit être considérée comme irrégulière.

2. *En cas de mise à pied du salarié*

21.5.5.1.2. – En cas de **mise à pied conservatoire**, la réunion doit se tenir dans les dix jours à compter de la date de la mise à pied *(C. travail, art. R. 2421-6 et R. 2421-14)*.

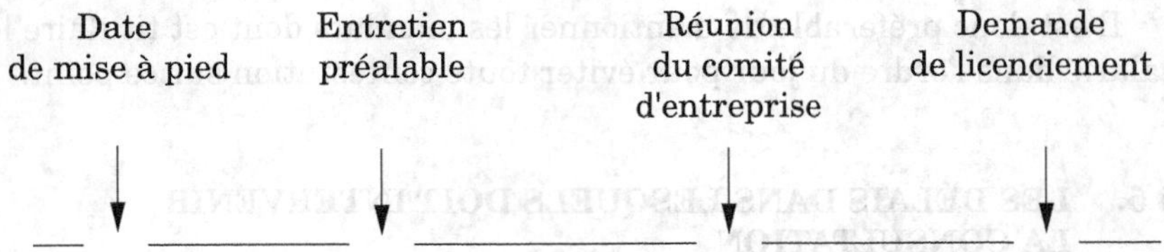

Si le salarié détient à la fois un mandat de délégué syndical et un mandat de représentant du personnel élu, le CSE doit être consulté *(CE, 6 mai 1996, n° 151.585, Marchand)*.

Par sa décision du 16 décembre 2009, le Conseil d'État a précisé que le dépassement du délai, non prescrit à peine de nullité, ne devait toutefois pas être excessif et que ce point relevait de l'appréciation souveraine des juges du fond *(CE, 16 déc. 2009, Weiler, n° 327.032, Lutmann, concl. Y. Struillou, Dr ouvrier 2010, p. 136, note L. Pécaut-Rivolier)*. Par un arrêt rendu le 8 juin 2015, la cour administrative d'appel de Paris a jugé excessif, au regard de la gravité de la mesure, le délai de 21 jours écoulé entre la mise à pied conservatoire, intervenue le 17 décembre, et la consultation du comité, tenue le 7 janvier, les explications tenant aux jours de congé et des jours fériés de fin d'année et à la circonstance que la salariée était en arrêt-maladie étant inopérantes *(CAA Paris, 8 juin 2015, n° 14PA05237 et 14PA05238, société Les Boutiques Longchamp)*. En revanche n'a pas été considéré comme excessif un délai de 15 jours entre la date de mise à pied et la consultation du CSE du fait de l'existence de contraintes d'emploi du temps des élus auxquels la convocation avait été adressée 2 jours après la mise à pied *(CE, 28 mai 2024, n° 472.007, M. B. c. / Sté Perguilhem)*.

Si le salarié est représentant des salariés au conseil d'administration ou de surveillance d'une société anonyme, celui-ci est convoqué sans délai pour donner un avis sur le projet de licenciement *(C. trav., art. L. 2421-5)*.

B. Le délai entre l'entretien préalable et la réunion du CSE

21.5.5.2. – Le Code du travail ne fixe aucun délai précis sur ce point. Le Conseil d'État a cependant estimé qu'un délai suffisant doit exister entre l'entretien et la consultation du comité afin que le salarié puisse préparer son audition. Il apprécie les circonstances de chaque espèce pour déterminer si le salarié a été en mesure concrètement de préparer sa défense.

Ainsi, il avait été jugé que, dans un cas ou l'entretien préalable et l'audition devant le comité se tenaient le même jour, dans des lieux distants de plus de 150 kilomètres, la procédure était irrégulière dès lors que le salarié, qui n'avait eu connaissance des motifs de son licenciement que le jour de l'entretien, n'avait pas disposé d'un délai de réflexion suffisant *(CE, 10 juin 1988, n° 70.871, Sté Casadéi, Tables p. 1051)*.

A contrario, le salarié convoqué à l'entretien le jour même de la réunion du CSE, avait eu le temps matériel de préparer sa défense dès lors que les motifs du licenciement lui avaient été communiqués quinze jours auparavant dans la lettre de mise à pied *(CE, 2 juin 1993, n° 107.508, Sawadogo, Rec., p. 1068)*.

Il a été jugé qu'un refus d'autorisation motivé par l'absence d'un délai suffisant laissé au salarié protégé pour préparer sa défense entre l'entretien préalable et la réunion du comité d'établissement ne pouvait être regardé comme constitutif d'une atteinte grave et manifestement illégale à une liberté fondamentale et ne pouvait donc pas faire l'objet d'un référé-injonction *(CE, 8 août 2011, n° 351.543, Sté Meubles Ikéa France)*.

Appelée à se prononcer sur l'existence d'un délit d'entrave au fonctionnement du comité d'établissement résultant de la privation du salarié d'un délai suffisant pour préparer son audition et se rendre à la réunion du comité d'établissement, la chambre criminelle de la Cour de cassation avait retenu l'existence de ce délit, adoptant un raisonnement identique à celui du Conseil d'État *(Cass. crim., 5 mars 2002, n° 01-81.049, Bull. crim. n° 56, RJS 2002 n° 695)*.

Par la décision société Véron International, rendue le 4 juillet 2018, le Conseil d'État a cassé l'arrêt de la cour administrative d'appel qui avait retenu l'existence d'un délai insuffisant laissé à la salariée, convoquée le matin à l'entretien préalable, pour préparer sa défense en vue de son audition par le comité l'après-midi du même jour. Le juge d'appel aurait dû, selon le Conseil d'État, « *rechercher si la brièveté du délai dans lequel Mme B… avait préparé son audition avait été, en l'espèce, soit de nature à empêcher que le comité d'entreprise se prononce en toute connaissance de cause, soit de nature à faire regarder son avis, unanimement défavorable, comme émis dans des conditions ayant faussé cette consultation* » *(CE, 4 juill. 2018, société Véron International, n° 397.059, Tables p. 945, concl. F. Dieu, Sem. soc. Lamy n° 1829, 24.09.2018, RJS 2018 n° 617)*. Cette décision, de même que l'autre décision rendue le même jour sur un autre contentieux relatif à la régularité de la consultation du comité *(CE, 4 juill. 2018, n° 410.904, Tables p. 945, concl. F. Dieu, Sem. soc. Lamy n° 1829, 24.09.2018, RJS 2018 n° 617 ; cf. n° **21.6.3.3.4**)*, illustre la nouvelle approche du Conseil d'État sur les critères d'appréciation de la validité de cette procédure *(cf. n° **21.6.4**)*.

C. Le délai entre la convocation et la réunion du CSE

21.5.5.3. – En application de l'article L. 2315-30 du Code du travail, l'ordre du jour doit être communiqué aux membres du comité trois jours au moins avant la séance.

Ce point de procédure a été examiné au n° ***21.5.2***.

S'agissant plus particulièrement du délai dont doit disposer le salarié pour préparer sa défense, il avait été jugé :

– qu'aucun délai n'est fixé par le Code *(Cass. crim., 5 mars 2002, n° 01-81.049, Bull. crim. n° 56, RJS 2002 n° 695)* ;
– qu'un représentant du personnel ayant reçu sa convocation le 26 septembre pour une réunion devant se tenir le surlendemain avait pu disposer d'un délai suffisant *(CE, 7 févr. 1992, n° 116.346, M. Fusco)*.

En tout état de cause, les critères d'appréciation résultant de la jurisprudence Véron International – avis du comité prononcé en toute connaissance de cause, et émis dans des conditions n'ayant pas faussé sa consultation, y compris en cas d'avis défavorable – nous semblent désormais devoir également s'appliquer.

§ 6. L'ARTICULATION ENTRE LA CONVOCATION DU CSE ET L'ENTRETIEN PRÉALABLE

21.5.6. – En principe, la convocation du CSE ne doit intervenir que postérieurement à l'entretien préalable.

Le Conseil d'État a toutefois jugé que si les dispositions de l'article R. 2421-8 du Code du travail imposent que la réunion du CSE appelé à se prononcer sur le projet de licenciement d'un salarié protégé ait lieu après l'entretien préalable, elles n'interdisent pas que la convocation des membres du CSE soit envoyée antérieurement à l'entretien préalable *(CE, 8 avr. 2013, n° 348.559, Schintu, Rec. p. 59, RJS 2013 n° 551)*.

Par ailleurs, il a été jugé que la tenue le même jour de l'entretien préalable et de la consultation du CSE ne constituait pas nécessairement une irrégularité de procédure si le salarié, qui était très précisément informé des faits avant même son entretien préalable, avait pu disposer d'un délai suffisant pour préparer son audition devant le comité *(CAA Versailles, 16 déc. 2008, n° 07VE01649 ; CE, 8 avr. 2013, n° 348.559)*.

Le salarié doit disposer d'un délai suffisant pour organiser convenablement sa défense lors de son audition devant le CSE, et n'a en principe connaissance des motifs du projet de licenciement qu'au stade de l'entretien dès lors que l'employeur n'est pas obligé de préciser ces motifs dans la lettre de convocation à l'entretien préalable.

Cependant, en tout état de cause, les critères d'appréciation résultant de la jurisprudence Véron International – avis du comité prononcé en toute connaissance de cause, et émis dans des conditions n'ayant pas faussé sa consultation, y compris en cas d'avis défavorable – nous semblent désormais devoir également s'appliquer.

SECTION 6

La consultation du CSE sur le projet de licenciement du salarié protégé

§ 1. UNE COMPÉTENCE RÉSERVÉE AU CSE DISPOSANT DES ATTRIBUTIONS CONSULTATIVES

21.6.1. – Seul le CSE disposant des attributions consultatives prévues à la section 3, du chapitre II, du titre I, du livre III, de la partie II du Code du travail est consulté sur le projet de licenciement du salarié protégé, lorsque le mandat de celui-ci requiert une telle consultation *(C. trav., art. L. 2421-3 et L. 2421-4)*. Ce sont les attributions dévolues par les articles L. 2312-8 et suivants du Code du travail au CSE mis en place dans les entreprises d'au moins cinquante salariés.

De même, lorsque, postérieurement à la mise en place du comité, l'effectif d'au moins cinquante salariés est atteint pendant douze mois consécutifs, le CSE doit être également consulté sur ce projet de licenciement au titre des dispositions des articles L. 2312-37 (consultations « ponctuelles »), L. 2421-3 et L. 2421-4 du Code du travail, sauf s'il doit être renouvelé dans une période inférieure à douze mois *(C. trav., art. L. 2312-2 ; guide DGT, Salariés protégés, sept. 2019, fiche n° 5, mise à jour déc. 2021)*.

Par un avis du 29 décembre 2021, le Conseil d'État a confirmé que dans les entreprises comptant entre onze et quarante-neuf salariés, le CSE n'a pas à être consulté sur le projet de licenciement d'un membre élu à la délégation du personnel au CSE titulaire ou suppléant ou d'un représentant syndical au CSE ou d'un représentant de proximité du CSE, sauf si une telle consultation a été prévue par un accord collectif conclu en application de l'article L. 2312-4, d'autre part, que dans les entreprises comptant au moins cinquante salariés, une telle consultation est requise dans tous les cas *(CE, avis 29 déc. 2021, n° 453.069, publié au Recueil ; AJDA 2022. 1432 ; DS 2022. 365, obs. G. François)*.

§ 2. LA DÉTERMINATION DU COMITÉ COMPÉTENT POUR ÉMETTRE UN AVIS

21.6.2. – La question ne se pose pas dans les entreprises dotées d'un seul comité. Elle peut se poser dans les entreprises comptant plusieurs établissements dotés de leur propre comité, et dans les cas suivants :

– **lorsque le salarié travaille dans plusieurs établissements ayant chacun leur propre comité disposant des attributions consultatives prévues à la section 3, du chapitre II, du titre I, du livre III, de la partie II du Code du travail.** Dans cette éventualité, le comité compétent est en principe celui de l'établissement où le salarié est occupé à titre principal *(CE, 3 oct. 1994, n° 120.749, Tournant, Rec. p. 1215)* ;

- **lorsque le salarié n'est pas rattaché à un établissement distinct disposant des attributions consultatives prévues à la section 3, du chapitre II, du titre I, du livre III, de la partie II du Code du travail.** Il appartient, dans ce cas particulier, à l'employeur de consulter le CSE central *(CAA Marseille, 16 mars 2017, n° 16MA00807, société Distribution Casino France).*

La fermeture d'un établissement ne saurait mettre fin aux mandats des membres du comité *(CE, 18 janv. 1991, n° 95.699, Gornet, Rec. p. 1228)*. S'agissant de la suppression du comité en cours de mandat, la loi n° 2015-994 du 17 août 2015 relative au dialogue social et à l'emploi avait supprimé la possibilité antérieurement ouverte à l'autorité administrative de la décider en cas de baisse importante et durable de l'effectif et avait ouvert cette prérogative à l'employeur. Cette dernière disposition a été abrogée par l'ordonnance n° 2017-1386 du 22 septembre 2017, qui ne prévoit, comme seule modalité, que la perte des attributions consultatives prévues à la section 3, du chapitre II, du titre I, du livre III, de la partie II du Code du travail lors du renouvellement du comité lorsque l'effectif de cinquante salariés n'a pas été atteint pendant les douze mois précédant le renouvellement de l'instance *(C. trav., art. L. 2312-3 nouveau)*. Le CSE d'établissement appelé à disparaître à terme reste donc compétent pour se prononcer sur le licenciement des représentants du personnel.

En revanche, si le CSE d'établissement a été régulièrement supprimé et que les salariés ont été rattachés à un autre établissement par la direction, c'est le comité de ce dernier qui est compétent pour émettre un avis *(CE, 24 juin 1994, Laborie, n° 143.927, RJS 1994 n° 1011)*.

Lorsque, dans le cadre d'une absorption, l'entreprise perd son autonomie juridique sans devenir un établissement distinct de l'entreprise qui l'a reprise, le mandat des membres du comité de l'entreprise absorbée cesse de plein droit à la date de la reprise *(sur cette question, cf. n°* ***13.8.1 et s.****)* ; dans ce cas le comité compétent est celui de l'entreprise absorbante « *à laquelle les droits et obligations du contrat de travail de l'intéressé ont été transférés* » *(CE, 8 janv. 1997, Sté Melitta, Rec. p. 1106, RJS 1997 n° 171)*.

§ 3. LA RÉUNION

Plan du paragraphe

21.6.3.1 L'information des membres du comité par l'employeur sur les motifs de la procédure
21.6.3.2 L'audition du salarié par le CSE
21.6.3.3 Le vote du CSE
21.6.3.4 La rédaction du procès-verbal

21.6.3. – La Cour de cassation a estimé que l'avis du comité peut être demandé aussi bien au cours d'une réunion ordinaire qu'au cours d'une réunion extraordinaire consacrée à ce seul sujet *(Cass. soc., 8 juin 1979, n° 77-40.671, Bull. V n° 512)*.

Les étapes suivantes doivent être respectées :

– l'information des membres du comité sur la nature des motifs de la procédure de licenciement,
– l'audition du salarié concerné,
– le vote du comité,
– la rédaction du procès verbal.

A. L'information des membres du comité par l'employeur sur les motifs de la procédure

21.6.3.1. – Pour que le comité puisse émettre un avis en connaissance de cause, l'employeur doit lui exposer les motifs qui le conduisent à engager une procédure de licenciement.

Il avait été jugé que si l'employeur n'était pas tenu de fournir à chacun des membres du comité un dossier sur le licenciement envisagé *(CE, 16 mars 1990, n° 98.054, S.A. Consortium de maintenance et de technologie (C.O.M.A.T.E.C.), Tables p. 1015)*, il devait en revanche lui transmettre des informations précises et écrites sur les motifs *(CE, 26 oct. 2011, n° 335.755, Sté Total, Tables p. 1179 ; CAA Bordeaux, 17 févr. 2014, n° 13BX01397, M. Ploujoux)*.

Le non-respect de cette obligation entachait d'illégalité la procédure de licenciement, à moins qu'il ne soit établi, au regard des circonstances, que les membres du comité ne pouvaient ignorer ces informations *(CE, 3 juill. 2013, n° 348.979, ministre du Travail, de l'Emploi et de la Santé c. / Sté Agralia)*. Cette obligation avait été antérieurement énoncée, de manière incidente, par la chambre criminelle de la Cour de cassation, appelée à se prononcer sur l'existence d'un délit de diffamation publique invoqué à l'encontre de l'employeur auteur d'une note communiquée au comité sur les motifs d'un projet de licenciement d'un salarié protégé *(Cass. crim., 6 avr. 1993, n° 92-80.864, Bull. crim. n° 148 ; Cass. crim., 3 déc. 2002, n° 02-81.452, RJS 2003 n° 1038)*.

Par une décision rendue le 27 mars 2015, le Conseil d'État a toutefois jugé que l'absence de transmission par l'employeur, lors de la convocation du comité, des informations requises pour cette consultation n'entache pas celle-ci d'irrégularité si celui-ci a tout de même disposé de ces informations dans des conditions lui permettant d'émettre un avis en toute connaissance de cause *(CE, 27 mars 2015, n° 371.852, société Den Hartogh, RJS 2015 n° 501 ; guide DGT, Salariés protégés, sept. 2019, fiche n° 5)*. Les décisions rendues le 4 juillet 2018 par le Conseil d'État *(cf. n° **21.6.4**)*, liant la validité de procédure de consultation à l'émission d'un avis par le comité en toute connaissance de cause, dans des conditions non susceptibles d'avoir faussé sa consultation, s'inscrivent dans le fil de cette jurisprudence.

Le comité doit être informé de l'ensemble de l'intégralité des mandats détenus par le salarié, l'absence de mention d'un mandat viciant substantiellement la procédure sauf s'il ne pouvait l'ignorer *(cf. n°* ***21.5.4****)*.

Au stade de la consultation du comité, deux questions délicates sont susceptibles de se poser :

– L'employeur peut-il invoquer devant le CSE d'autres motifs que ceux présentés au cours de l'entretien préalable ?
– L'employeur peut-il invoquer, après la consultation du comité, de nouveaux motifs ?

L'arrêt rendu le 11 juin 2014 par le Conseil d'État *(CE, 11 juin 2014, n° 365.135, Sté Transports du Val-d'Oise, RJS 2014 n° 795)*, écartant la possibilité pour l'inspecteur du travail de retenir des griefs qui n'auraient pas été présentés au salarié lors de l'entretien préalable, apporte une réponse clairement négative à chacune de ces deux questions *(cf. n°* ***32.3.6.2.1****)*. De même si le comité s'est prononcé en toute connaissance de cause sur les griefs qui lui ont été soumis et qu'il ne ressort pas des pièces du dossier que, s'ils avaient été informés des autres griefs reprochés au salarié et mentionnés dans la demande d'autorisation de licenciement, les membres de ce comité auraient rendu un avis différent de l'avis favorable qu'ils ont émis sur le projet de licenciement au regard des seuls griefs qui ont été portés à leur connaissance, la procédure de consultation du comité est régulière *(CAA Marseille 12 juillet 2019, n° 18MA03168, société Pellenc SA)*.

B. L'audition du salarié par le CSE

21.6.3.2. – L'article R. 2421-9 du Code du travail dispose : « *L'avis du comité social et économique est exprimé au scrutin secret après audition de l'intéressé* ».

L'audition constitue une formalité substantielle : en dehors du cas où le salarié, par sa propre volonté, s'est abstenu de se présenter devant le comité, le fait que le représentant du personnel n'a pas été entendu constitue une irrégularité substantielle de procédure, l'avis du comité n'ayant pas, dans ces conditions, été valablement émis *(CE, 29 juin 1990, n° 87.944, SA Maris et compagnie, RJS 1990 n° 793 ; CE, 18 oct. 1991, n° 83.934, Kaba, Tables p. 1229)*.

Si le salarié, régulièrement convoqué, s'abstient d'assister à la réunion, il ne pourra plus soutenir que la procédure a été irrégulière *(CE, 16 mars 1990, n° 98.054, S.A. Consortium de maintenance et de technologie (C.O.M.A.T.E.C.), Tables p. 1015)*. Il en va de même s'il a été convoqué à une heure compatible avec ses horaires de sortie pendant un arrêt de travail *(CE, 11 déc. 1991, n° 101.920, Moussu, Tables p. 1229)*.

Pour assurer le respect du principe du contradictoire, le salarié doit être présent dès l'exposé des motifs du projet par l'employeur *(CAA Paris, 10 nov. 2011, n° 10PA05005, M. A.)*.

Appelée à se prononcer sur l'existence d'une rupture d'égalité, contraire à l'article 1er de la Déclaration des droits de l'homme et du citoyen, entre le salarié non protégé, qui ne peut pas accéder au dossier constitué contre lui par l'employeur, lequel est alors seulement tenu de lui indiquer les motifs lors de l'entretien préalable, et le salarié protégé dont le licenciement est soumis à l'avis du CSE et qui peut avoir connaissance de son dossier lors de la consultation du comité, la chambre sociale de la Cour de cassation a rejeté cette question prioritaire de constitutionnalité. Elle a en effet relevé que, à la différence du salarié protégé, la décision que l'employeur peut être amené à prendre ultérieurement pour le salarié non protégé ou les éléments dont il dispose pour la fonder ont vocation, le cas échéant, à être ultérieurement discutés devant les juridictions de jugement, et que dès lors, le respect des droits de la défense n'impose pas qu'il ait accès au dossier avant l'entretien préalable *(Cass. soc., 27 févr. 2013, n° 12-23.213, QPC, Bull. V n° 63, RJS 2013 n° 359)*.

C. Le vote du CSE

21.6.3.3. – L'avis du CSE est émis à la majorité des membres présents *(C. trav., art. L. 2315-32)*.

S'agissant de l'incidence des dispositions à caractère temporaire de l'ordonnance n° 2020-321 du 25 mars 2020 **portant adaptation des règles de réunion et de délibération des assemblées et organes dirigeants des personnes morales et entités dépourvues de personnalité morale de droit privé en raison de l'épidémie de covid-19**, il convient de se reporter à l'annexe I de la précédente (6e) édition de cet ouvrage.

1. Le principe d'un vote distinct par salarié

21.6.3.3.1. – Si le CSE doit se prononcer sur le cas de plusieurs salariés, un vote distinct doit être organisé pour chacun d'entre eux, y compris si les motifs de la demande sont identiques. La circonstance que le comité se soit prononcé dans un sens favorable au licenciement de plusieurs salariés par un vote unique entache d'irrégularité la procédure et doit conduire l'administration à rejeter la demande d'autorisation *(CE, 2 févr. 1996, M. Cornut et autres, Rec., p. 1189, RJS 1996 n° 300)*. En revanche, si le vote global a été défavorable à l'unanimité, la procédure est regardée comme régulière *(CAA Lyon, 28 juin 2001, n° 97LY01172, ministre du Travail c. / Mme Marion)*.

Si le salarié est titulaire de plusieurs mandats, un seul vote est exigé *(CE, 1er févr. 1985, n° 39.385, SA Giblin-Lavault)*.

2. La participation de l'employeur au vote

21.6.3.3.2. – Elle est exclue par principe, le président du comité consultant les membres élus en tant que représentation du personnel *(C. trav., art. L. 2315-32)*.

Le Conseil d'État a jugé que la participation de l'employeur ne constitue pas une irrégularité substantielle si cette participation a été sans influence sur le sens de l'avis émis *(CE, 31 oct. 1990, n° 42.488, SARL Escobois, RJS 1991 n° 218)*. Il en est ainsi si le comité a émis un avis défavorable.

A contrario, la participation de l'employeur au vote serait de nature à constituer une irrégularité substantielle si elle avait pour effet de rendre favorable au licenciement l'avis émis.

3. La participation au vote du salarié concerné par le licenciement

21.6.3.3.3. – Aucune disposition n'interdit au salarié concerné par le licenciement de participer au vote sur son propre cas. Par conséquent, l'employeur n'est pas en droit de lui refuser de participer au vote.

La chambre sociale de la Cour de cassation l'a admis implicitement *(Cass. soc., 28 janv. 1988, n° 85-41.558, Bull. V n° 82)*.

La cour d'appel de Paris a condamné pour délit d'entrave l'employeur qui avait empêché un élu titulaire de prendre part au vote sur son licenciement *(CA Paris, 5 oct. 1990, Dr ouvrier 1991)*.

En tout état de cause, le salarié concerné est jugé sans intérêt à invoquer comme constitutive d'une irrégularité sa participation au vote du CSE sur le projet de son propre licenciement *(Cass. soc., 5 nov. 1986, n° 84-41.466, Bull. V n° 505)*.

Le Conseil d'État n'a jamais pris de position explicite sur la question. La cour administrative d'appel de Nantes a admis la participation au vote dans un cas où le représentant du personnel était le dernier salarié de l'entreprise *(CAA Nantes, 8 mars 2001, n° 98TN00077, Mme Pelvin)*.

S'agissant de la possibilité pour un salarié protégé concerné par une procédure de licenciement individuel de participer au vote concernant un autre salarié, la cour administrative d'appel de Bordeaux a opté pour une réponse positive au motif qu'« *aucune disposition législative ou réglementaire ne fait interdiction à un membre titulaire du comité d'entreprise, alors qu'il est concerné par une mesure de licenciement individuel, de prendre part au scrutin portant sur le projet de licenciement d'un autre salarié* » *(CAA Bordeaux, 18 nov. 1999, n° 96BX32214, Sté Sodexho-Guyane)*.

4. Le vote à bulletin secret

21.6.3.3.4. – Le Conseil d'État avait jugé que l'absence de vote à bulletin secret ne constitue pas un vice de procédure substantiel s'il était établi que cette omission n'avait pas eu d'influence sur le sens du vote.

Tel était le cas quand le comité avait émis un avis défavorable à l'unanimité *(CE, 22 mars 1991, n° 84.280, Sté Gedial, Tables p. 1234, RJS 1991 n° 609 ; CE, 30 avr. 1997, n° 155.294, Rec. p. 1105, RJS 1997 n° 837)*.

A contrario, si le comité avait émis un avis favorable, alors que le scrutin n'a pas été organisé à bulletin secret, le vice de procédure devait être considéré comme substantiel.

Pour sa part, la chambre criminelle avait jugé que l'absence de vote à bulletin secret constituait une entrave commise par le président, celui-ci n'étant pas en droit de laisser les membres du comité agir à leur guise *(Cass. crim., 18 oct. 1983, n° 83-90.419, Bull. crim. n° 255)*.

Le seul fait que le procès-verbal de la réunion mentionne que l'avis du comité a été émis à l'unanimité ne suffisait à établir que le vote n'a pas eu lieu à bulletin secret *(CE, 31 mars 1989, n° 74.242, M. Legat)*.

Dans sa récente décision Association des cités du secours catholique *(CE, 4 juill. 2018, n° 410.904, Tables p. 945, concl. F. Dieu, Sem. soc. Lamy n° 1829, 24.09.2018, RJS 2018 n° 617)*, le Conseil d'État, modifiant sa grille d'analyse, a remis en cause la portée « *automatiquement neutralisante* », selon les termes de son rapporteur public, du sens du vote du comité sur le caractère ou non substantiel de l'irrégularité constatée. En l'espèce, l'arrêt de la cour administrative d'appel qui avait retenu l'existence d'une irrégularité substantielle résultant d'un vote unanimement défavorable à mains levées a été annulé au motif que le juge d'appel n'avait pas recherché « *si le vice affectant la tenue de ce vote avait été, en l'espèce, compte tenu notamment du caractère unanimement défavorable de l'avis émis par le comité d'entreprise, susceptible de fausser sa consultation* ». S'il doit être pris en compte comme « élément de contexte », ce vote unanimement défavorable ne peut donc plus commander à lui seul l'appréciation de la validité de la consultation et conduire automatiquement à juger celle-ci régulière. Ce raisonnement nous semble susceptible de recevoir application, quel que soit le sens du vote *(cf. guide DGT, Salariés protégés, sept. 2019, fiche n° 5)*.

Dans ses conclusions, le rapporteur public observe que « *l'intérêt du salarié est non d'obtenir un résultat défavorable mais de bénéficier d'un examen de sa situation et d'un examen qui soit mené par le comité* (d'entreprise) *en toute connaissance de cause et dans le cadre d'une consultation sincère (…). L'avis émis en toute connaissance de cause et dans le cadre d'une consultation sincère, même s'il n'est pas unanimement défavorable, aura un poids important pour le salarié et pour l'inspecteur du travail* » *(concl. F. Dieu, Sem. soc. Lamy n° 1829, 24.09.2018)*.

5. *La consultation par visioconférence*

21.6.3.3.5. – Le recours à la visioconférence pour réunir le CSE peut être autorisé par accord entre l'employeur et les membres élus du comité ; en l'absence d'accord, ce recours est limité à trois réunions par année civile *(C. trav., art. L. 2315-4)*.

Les modalités de ce recours à la visioconférence sont définies par les articles D. 2315-1 et D. 2315-2 du Code du travail *(D. n° 2017-1819 du 29 décembre 2017, art. 1)* :

– le dispositif technique mis en œuvre garantit l'identification des membres du comité et leur participation effective, en assurant la retransmission continue et simultanée du son et de l'image des délibérations, sans qu'il soit fait obstacle à la tenue de suspensions de séance ;
– lorsqu'il est procédé à un vote à bulletin secret en application des dispositions de l'article L. 2315-4, le dispositif de vote garantit que l'identité de l'électeur ne peut à aucun moment être mise en relation avec l'expression de son vote ;
– lorsque ce vote est organisé par voie électronique, le système retenu doit assurer la confidentialité des données transmises ainsi que la sécurité de l'adressage des moyens d'authentification, de l'émargement, de l'enregistrement et du dépouillement des votes ;
– le vote a lieu de manière simultanée ; à cette fin, les participants disposent d'une durée identique pour voter à compter de l'ouverture des opérations de vote indiquée par le président du comité.

6. *La sincérité de la consultation du comité*

21.6.3.3.6. – La sincérité du vote ne doit pas être altérée par les conditions de déroulement du scrutin. Aucune pression de l'employeur ou de son représentant n'est admise sur les membres du comité. Le Conseil d'État a ainsi jugé qu'« *au vu de l'avis défavorable émis par le comité à l'issue d'un premier vote, le président* (…) *sans invoquer aucune irrégularité, a décidé de procéder à un second scrutin auquel ont d'ailleurs participé un nombre plus élevé de votants et à l'issue duquel le comité a émis un avis favorable ; que dans ces conditions le comité* (…) *ne s'est pas prononcé dans des conditions de nature à assurer la sincérité de la consultation* » *(CE, 1er févr. 1995, n° 136.334, Mme Coulibaly)*.

À l'inverse, le Conseil d'État a estimé que la désignation d'un membre non titulaire comme secrétaire de la réunion ne vicie pas la procédure de consultation dès lors qu'elle est restée sans influence sur l'avis *(CE, 29 juill. 1983, Syndicat CGT de la SA « Les Établissements Jacques » et autres, Rec. p. 359)*.

De même si les membres du comité ont quitté la séance avant la délibération, cette circonstance n'est pas de nature à vicier l'avis émis « *alors qu'aucune condition de quorum n'est exigée et qu'il n'est ni établi, ni même allégué que l'incident… résultait de manœuvres destinées à altérer la sincérité de la consultation* » *(CE, 31 mars 1989, n° 74.242, M. Legat)*.

7. *L'absence d'avis émis par le CSE*

21.6.3.3.7. – Si le défaut d'avis est imputable à l'employeur, le vice de procédure doit être regardé comme substantiel

En revanche, la procédure doit être considérée comme régulière dès lors que le CSE a été régulièrement mis en mesure d'émettre son avis *(CE, 22 oct. 2008, n° 301.603, Sté Ferro Couleurs de France)*. Il en va de même si l'absence d'avis est imputable aux représentants du personnel (refus de prendre part au vote par exemple) : le Conseil d'État considère que l'inspecteur du travail se trouve alors valablement saisi *(CE, 21 mars 1984, n° 33.369, Sté L.M.T. Rec., p. 764)*. Ainsi, si le comité n'a pas pu se réunir en raison d'un important mouvement de grève auquel plusieurs membres du comité ont participé, l'absence de consultation n'entache pas d'irrégularité la procédure *(CE, 11 mars 1988, n° 73.067, Sté Serca)*.

8. *Le sens de l'avis émis par le CSE*

21.6.3.3.8. – L'avis est émis à la majorité des membres présents *(C. trav., art. L. 2315-32)*. Il n'y a pas de règle de quorum imposée par la loi *(Cass. soc., 30 sept. 2009, n° 07-20.525, Bull. V n° 217, RJS 2009 n° 915, JCP E n° 49, 3 déc. 2009, p. 35, note Béal et Terrenoire)*. En cas de partage des voix, l'avis doit être regardé comme négatif *(Cass. soc., 17 nov. 1983, n° 81-40.149, Bull. civ. V n° 562)*.

D. La rédaction du procès-verbal

21.6.3.4. – Elle est régie par les règles habituelles : à défaut d'accord prévu par l'article L. 2315-34, le procès-verbal est établi et transmis à l'employeur par le secrétaire du CSE *(C. trav., art. R. 2315-25 et R. 2315-26)*. Aucune disposition n'impose que le procès-verbal soit approuvé par les membres du CSE *(CE, 31 mars 1989, n° 74.242, M. Legat ; CAA Nancy, 17 nov. 2011, n° 11NC00221)*.

Il a été jugé que, bien que la désignation comme secrétaire de séance d'un membre suppléant du comité ait méconnu les dispositions du Code du travail, cette désignation n'a pas été de nature à vicier la procédure dès lors qu'elle a été sans influence sur l'avis émis et qu'il n'était pas allégué que le procès-verbal ne constituait pas un compte rendu fidèle de la séance *(CE, 29 juill. 1983, n° 24.665 et 24.673, SA « Les Établissements Jacques » et autres, Rec. p. 359)*.

Les conditions dans lesquelles il peut être recouru à l'enregistrement ou à la sténographie des séances du CSE sont définies par l'article D. 2315-27 du Code du travail *(D. n° 2017-1819 du 29 décembre 2017, art. 1)*.

L'article R. 2421-10 du Code du travail précise que le procès-verbal de la réunion du CSE doit être joint à la demande d'autorisation de licenciement.

Si tel n'est pas le cas, le juge administratif s'attache à vérifier que l'inspecteur du travail était bien en possession de ce document au moment où il a pris sa décision *(CE, 6 mars 2002, n° 214.656, M. Mvondo, Tables p. 952)*.

§ 4. LA PORTÉE DE LA NOUVELLE JURISPRUDENCE DU CONSEIL D'ÉTAT SUR LA RÉGULARITÉ DE LA CONSULTATION DU CSE

21.6.4. – Les deux arrêts rendus le 4 juillet 2018 soulignent la volonté du Conseil d'État de revisiter une jurisprudence éparse, qui, d'une part, se fondait, avec une cohérence parfois discutable, sur la distinction entre les vices substantiels, entraînant nécessairement le refus de l'autorisation administrative, et les vices non substantiels, dont il convenait d'apprécier l'impact qu'ils avaient eu sur la consultation du comité et, d'autre part, tendait à neutraliser un vice substantiel du seul fait de l'existence d'un vote unanimement ou, du moins, clairement défavorable *(CE, 4 juill. 2018, n° 397.059, Sté Véron International ; CE, 4 juill. 2018, n° 410.904, Mr X c. / Association des Cités du secours catholique, mentionnés aux tables comme abandonnant la jurisprudence antérieure).*

Entrevue dans l'arrêt rendu le 23 mars 2015 *(CE, 27 mars 2015, n° 371.852, société Den Hartogh, RJS 2015 n° 501 ; cf. n° **21.6.3.1**)*, l'approche nouvelle se veut pragmatique et unificatrice : la seule question qui doit désormais se poser est de savoir si le vice de procédure a empêché le comité de se prononcer en toute connaissance de cause ou d'émettre son avis dans des conditions ayant faussé sa consultation. Il s'agit de redonner toute sa portée à celle-ci en s'assurant, dans l'intérêt du salarié, de la qualité de l'examen de sa situation à cette occasion, au prix d'une plus grande incertitude sur l'appréciation portée par l'autorité administrative et le juge administratif sur la régularité de la consultation.

Par décision rendue le 22 mai 2019, le Conseil d'État a étendu la portée de cette jurisprudence à l'appréciation de la régularité des procédures d'information et de consultation du CSE à l'occasion de l'examen par l'autorité administrative des demandes d'homologation ou de validation des plans de sauvegarde de l'emploi *(CE, 22 mai 2019, n° 413.342, M. A. c. / Sté Tim, mentionné aux Tables).*

§ 5. QUESTIONS PARTICULIÈRES RELATIVES À LA CONSULTATION DU CSE

A. L'incidence de l'acquisition d'un nouveau mandat avant la décision de l'inspecteur du travail

21.6.5.1. – Le Conseil d'État avait jugé que si le salarié obtenait un nouveau mandat de nature différente de celui précédemment exercé entre le moment où le comité avait été consulté et le moment où l'inspecteur du travail prenait sa décision, l'employeur était tenu de convoquer une nouvelle fois le comité d'entreprise, y compris dans le cas où le comité avait émis un avis défavorable *(CE, 18 mai 1979, n° 5.222 et 5.284, Sté Thompson Médical Telco. et autres, Rec. p. 217 ; CE, 9 févr. 2011, n° 329.471, Sté Télélangue, Tables p. 1182, RJS 2011 n° 349).*

À défaut de cette nouvelle saisine du comité, le juge administratif considérait que l'autorité administrative n'était pas en mesure de se prononcer *(CE, 9 févr. 2011, n° 329.471, préc.)*.

L'ordonnance n° 2017-1386 du 22 septembre 2017 a écarté cette règle d'origine jurisprudentielle : l'article L. 2421-3 du Code du travail dispose que l'avis du comité est réputé acquis nonobstant l'acquisition d'un nouveau mandat postérieurement à cette consultation. La disposition nouvelle ne s'applique toutefois que lorsque l'instance consultée est le CSE mis en place dans le cadre de l'ordonnance de 2017 ; la règle jurisprudentielle est maintenue pour la consultation du comité d'entreprise maintenu pendant la période transitoire, en application de l'article 9 de l'ordonnance précitée.

B. L'impossibilité de régulariser une consultation irrégulière du CSE

21.6.5.2. – Si la procédure suivie devant le CSE a été entachée d'une irrégularité substantielle *(absence d'audition du salarié concerné par la demande, par exemple)*, il n'est plus possible de régulariser la procédure en procédant à une nouvelle consultation du comité dès lors que la demande d'autorisation a été déposée *(CE, 29 juin 1990, n° 87.944, SA Maris et compagnie, RJS 1990 n° 793)*. Même si le comité est consulté une nouvelle fois dans des conditions régulières, l'inspecteur du travail est tenu de refuser

L'entreprise devra alors reprendre la procédure en saisissant à nouveau le comité puis en présentant une nouvelle demande. Elle n'est cependant pas tenue de convoquer le salarié à un nouvel entretien préalable si la nouvelle demande est présentée dans un délai bref et si le motif invoqué est le même *(CE, 13 nov. 1991, n° 91.226, Lasala)*.

C. L'obligation de consulter le CSE en cas de projet de licenciement d'un délégué syndical représentant de droit au comité

21.6.5.3. – Le délégué syndical est de droit représentant syndical au CSE dans les entreprises de moins de 300 salariés *(C. trav., art. L. 2143-22)*. De ce fait, le défaut de consultation du CSE sur son licenciement constitue un vice de procédure entachant d'illégalité l'autorisation accordée par l'autorité administrative, peu important que le courrier de désignation envoyé par l'organisation syndicale n'ait pas mentionné la qualité de représentant syndical *(CAA Bordeaux, 3 avr. 2008, n° 06BX00313, Sté Mitjavila)*.

D. L'incidence sur la régularité de la consultation de l'expiration du mandat du CSE

21.6.5.4. – Il peut arriver que le CSE continue de fonctionner alors que son mandat est expiré. En l'absence d'accord conclu avec les organisations syndicales, et ayant pour effet de proroger la durée du mandat, les membres n'ont plus qualité pour siéger *(cf. n° **13.9**)*. En conséquence, l'avis émis est irrégulier et la procédure est regardée comme substantiellement viciée *(CE, 9 mai 2011, n° 333.241, 333.244, 333.245 et 333.246, Sté Donatien Bahuaud)*. Cette position est conforme à la jurisprudence antérieurement élaborée pour le contrôle des licenciements économiques *(CE, 29 juin 1990, SA Creusot-Loire Entreprise, Rec., p. 197, RJS 1990 n° 762)*.

Pour sa part, la Cour de cassation estime que la consultation d'un CSE irrégulièrement composé, le comité ayant été consulté à une date à laquelle le mandat de ses membres était expiré, « *équivalait à une absence de consultation* » constitutive « *d'une irrégularité de forme* » *(Cass. soc., 3 mars 1998, n° 95-45.201 et 95-45.203, Bull. V n° 112, RJS 1998 n° 439)*. S'agissant d'un contentieux de droit commun concernant un salarié non protégé, elle avait jugé que cette irrégularité n'entraînait pas la nullité de la procédure de licenciement économique, mais devait être sanctionnée par une indemnité *(Cass. soc., 29 avr. 1998, n° 95-44.236, Bull. V n° 214, RJS 1998 n° 716)*.

E. L'incidence d'une carence du CSE imputable à l'employeur

21.6.5.5. – Appelé à se prononcer sur la légalité de la décision d'un directeur départemental du travail autorisant, sous l'empire des dispositions alors en vigueur, le licenciement pour motif économique de salariés non protégés, le Conseil d'État avait rejeté le recours formé contre l'annulation de cette décision par le tribunal administratif, au motif que l'absence de délégués du personnel, qui avait rendu impossible la consultation légale, était imputable à la seule carence de l'employeur, qui avait preuve d'une volonté délibérée d'empêcher leur élection *(CE, 30 nov. 1979, n° 07085, ministre du Travail et Sté mantoise de précontrainte)*.

Au demeurant, le même raisonnement avait été retenu par la Cour de cassation, s'agissant de l'impossibilité de consulter, en application de l'article L. 1226-10 du Code du travail, les délégués du personnel sur les possibilités de reclassement d'un salarié inapte physiquement à son emploi à la suite d'un accident du travail, l'employeur ne pouvant se prévaloir de l'absence de cette instance, dès lors qu'il n'avait pas rempli ses obligations en ne prenant aucune initiative, attestée par l'établissement d'un procès-verbal de carence, pour organiser une élection *(Cass. soc., 7 déc. 1999, n° 97-43.106, Bull. V n° 470, RJS 2000 n° 35 ; Cass. soc., 22 mars 2000, n° 98-41.166, Bull. V n° 119, RJS 2000 n° 525)*.

Cette solution nous semble donc devoir s'appliquer à tout défaut de consultation du CSE, lorsque celle-ci est légalement requise, sur le projet de licenciement d'un salarié protégé, dès lors que l'absence de cette instance résulte de la carence de l'employeur.

De même, est irrégulière et constitutive d'un vice substantiel de procédure rendant illégale l'autorisation de licenciement la consultation d'un CSE ayant fait l'objet d'une prorogation non écrite *(CE, 29 juin 1990, n° 85.254, Sté Creusot-Loire Entreprise, Rec. p. 197)*.

F. L'incidence de l'annulation de l'élection du CSE

21.6.5.6. – L'annulation n'a pas pour effet de remettre en cause la régularité de l'avis émis par le CSE sur le projet de licenciement du salarié protégé avant le jugement prononçant l'annulation *(CE, 21 déc. 1994, n° 105.313 et 105.316, ministre du Travail c. / Huard de Jorna, Tables p 1215, RJS 1995 n° 260)*.

L'impossibilité de consulter le CSE, en raison de la dissolution de celui-ci consécutive à l'annulation des élections, ne peut pas être regardée comme constituant une irrégularité de procédure *(CE, 3 sept. 2009, n° 303.393, Haumont, concl. R. Keller, Tables p. 976)*.

G. Consultation du CSE et nouvelle demande

21.6.5.7. – Si l'employeur présente une nouvelle demande *(sur cette notion, cf. n°* ***61.1.2.2****)*, il est tenu de consulter à nouveau le CSE. Ainsi, si postérieurement à un refus d'autorisation motivé par la circonstance que la matérialité des faits reprochés au salarié n'est pas établie, ce dernier est reconnu coupable par le tribunal correctionnel, la demande d'autorisation présentée à nouveau par l'employeur constitue une nouvelle demande, fondée sur une modification des données juridiques du litige, imposant une nouvelle consultation du CSE *(CE, 17 mars 1989, n° 82.161, Ministre des Affaires sociales et de l'Emploi c. / Mme Delaporte, Tables p. 964, concl. du commissaire du gouvernement au recueil Dalloz Sirey 1990, 35e cahier)*. Cette jurisprudence a été transposée au licenciement des salariés protégés pour motif économique, eu égard « *aux changements intervenus dans l'environnement économique et financier de la société et dans les conditions d'emplois de M. dans les deux années séparant les demandes de licenciement* » *(CE, 12 juin 1995, n° 114.170, M. Collerais)*.

En revanche, si l'employeur forme un recours gracieux contre une décision de refus, il n'est pas tenu de convoquer à nouveau le CSE *(CE, 11 mai 1990, n° 71.324, ministre du Travail c. / Mme Kroepfe et M. Lodico)*.

De même, en cas de demande confirmative d'autorisation après annulation contentieuse de l'autorisation administrative pour un motif tel qu'une insuffisance de motivation, il a été jugé, s'agissant d'un motif disciplinaire, que l'employeur n'avait pas l'obligation de refaire l'entretien préalable et la consultation du CSE, dès lors que la demande était fondée sur des faits identiques et en l'absence de changement dans les circonstances de fait et de droit *(CAA Douai, 25 juin 2009, n° 07DA01918)*.

CHAPITRE II

LA PROCÉDURE GÉNÉRALE DE LICENCIEMENT POUR MOTIF ÉCONOMIQUE

22. – La procédure à suivre en cas de licenciement pour motif économique collectif résulte de la combinaison de trois procédures :

- **dans les entreprises d'au moins 50 salariés, la procédure générale définie par le Code du travail et relative aux attributions générales en matière économique du comité social et économique** *(C. trav., art. L. 2312-8 ; cf. n°* ***22.6.2****)* ;
- **la procédure propre au licenciement pour motif économique** *(cf. notamment C. trav., art. L. 1233-8 et suivants ainsi que L. 1233-28 et suivants ; cf. n°* ***22.4*** *à* ***22.11****)* ;
- **la procédure spéciale prévue pour le salarié protégé** au regard de son mandat *(C. trav., art. L. 2421-1 et suivants ; cf. n°* ***22.14****)*.

Par ailleurs, depuis la loi du n° 2013-504 du 14 juin 2013 relative à la sécurisation de l'emploi, transposant l'accord national interprofessionnel sur la compétitivité et la sécurisation de l'emploi du 11 janvier 2013, le projet de licenciement économique collectif devant donner lieu à un plan de sauvegarde de l'emploi *(cf. n°* ***22.6.1****)* peut être mis en œuvre de plusieurs façons, sachant que le contenu de celui-ci est identique :

- soit intégralement par la voie négociée aboutissant à un accord majoritaire soumis à la validation de l'autorité administrative, cet accord devant comprendre au minimum le PSE ;
- soit intégralement dans le cadre d'un document unilatéral élaboré par l'employeur puis soumis à l'homologation de l'autorité administrative ;

– soit dans le cadre d'un accord majoritaire partiel, portant à minima sur le PSE et complété par un document unilatéral, ce projet étant soumis pour partie à validation, et pour partie à homologation de l'autorité administrative.

Ces nouvelles règles s'appliquent aux procédures de licenciement économique engagées à compter du 1er juillet 2013.

En outre, le cas échéant, doivent être respectées les procédures prévues par des conventions et accords collectifs de branche et/ou d'entreprise *(cf. n°* ***22.11****)*.

La question de la compétence de l'autorité administrative, chargée de statuer sur la demande d'autorisation de licenciement du salarié protégé, pour vérifier le respect par l'employeur des dispositions qui régissent la procédure de concertation avec les représentants du personnel en cas de licenciement pour motif économique, qu'il s'agisse des procédures prévues par le Code du travail ou d'une procédure particulière prévue par les stipulations d'une convention collective, est examinée au chapitre VII de la quatrième partie *(cf. n°* ***47.1 et s.****)*.

SECTION 1

Le champ d'application de la procédure de licenciement pour motif économique

§ 1. LA DÉFINITION LÉGISLATIVE DE LA NOTION DE LICENCIEMENT POUR MOTIF ÉCONOMIQUE

22.1.1. – La procédure de licenciement pour motif économique n'est applicable que si la cause du licenciement est économique, ce qui impose de vérifier que le motif allégué pour rompre le contrat de travail du salarié protégé entre bien dans le champ d'application du licenciement pour motif économique défini par la loi et la jurisprudence.

A. Les dispositions antérieures à la loi du 8 août 2016

22.1.1.1. – L'article L. 1233-3 (article L. 321-1 avant la recodification de 2008) du Code du travail, dans sa version issue de la loi n° 89-549 du 2 août 1989 relative à la prévention de licenciement économique et au droit à la conversion, et modifiée par la loi n° 92-722 du 29 juillet 1992 contre la pauvreté et l'exclusion, la loi n° 2005-32 du 18 janvier 2005 de programmation de la cohésion sociale et la loi n° 2008-596 du 25 janvier 2008 de modernisation du marché du travail était rédigé comme suit :

« Constitue un licenciement pour motif économique le licenciement effectué par un employeur pour un ou plusieurs motifs non inhérents à

la personne du salarié résultant d'une suppression ou transformation d'emploi ou d'une modification, refusée par le salarié, d'un élément essentiel du contrat de travail, consécutives notamment à des difficultés économiques ou à des mutations technologiques.

Les dispositions du présent chapitre sont applicables à toute rupture du contrat de travail à l'exclusion de la rupture conventionnelle visée aux articles L. 1237-11 et suivants, résultant de l'une des causes énoncées au premier alinéa. »

B. Les dispositions légales en vigueur

22.1.1.2. – Aux termes de l'article L. 1233-3 du Code du travail dans sa rédaction issue de la loi n° 2016-1088 du 8 août 2016 relative au travail, à la modernisation du dialogue social et à la sécurisation des parcours professionnels :

« Constitue un licenciement pour motif économique le licenciement effectué par un employeur pour un ou plusieurs motifs non inhérents à la personne du salarié résultant d'une suppression ou transformation d'emploi ou d'une modification, refusée par le salarié, d'un élément essentiel du contrat de travail, consécutives notamment :

1° À des difficultés économiques caractérisées soit par l'évolution significative d'au moins un indicateur économique tel qu'une baisse des commandes ou du chiffre d'affaires, des pertes d'exploitation ou une dégradation de la trésorerie ou de l'excédent brut d'exploitation, soit par tout autre élément de nature à justifier de ces difficultés.

Une baisse significative des commandes ou du chiffre d'affaires est constituée dès lors que la durée de cette baisse est, en comparaison avec la même période de l'année précédente, au moins égale à :

a) Un trimestre pour une entreprise de moins de onze salariés ;

b) Deux trimestres consécutifs pour une entreprise d'au moins onze salariés et de moins de cinquante salariés ;

c) Trois trimestres consécutifs pour une entreprise d'au moins cinquante salariés et de moins de trois cents salariés ;

d) Quatre trimestres consécutifs pour une entreprise de trois cents salariés et plus ;

2° À des mutations technologiques ;

3° À une réorganisation de l'entreprise nécessaire à la sauvegarde de sa compétitivité ;

4° À la cessation d'activité de l'entreprise.

La matérialité de la suppression, de la transformation d'emploi ou de la modification d'un élément essentiel du contrat de travail s'apprécie au niveau de l'entreprise.

Les dispositions du présent chapitre sont applicables à toute rupture du contrat de travail à l'exclusion de la rupture conventionnelle visée aux articles L. 1237-11 et suivants, résultant de l'une des causes énoncées au présent article. »

L'ordonnance n° 2017-1387 du 22 septembre 2017 relative à la prévisibilité et la sécurisation des relations de travail a défini le cadre d'examen de la cause économique, notamment en le limitant désormais au territoire national, par trois alinéas ainsi rédigés :

« Les difficultés économiques, les mutations technologiques ou la nécessité de sauvegarder la compétitivité de l'entreprise s'apprécient au niveau de cette entreprise si elle n'appartient pas à un groupe et, dans le cas contraire, au niveau du secteur d'activité commun au sien et à celui des entreprises du groupe auquel elle appartient, établies sur le territoire national.

Pour l'application du présent article, le groupe est défini, lorsque le siège social de l'entreprise dominante est situé sur le territoire français, conformément au I de l'article L. 2331-1° et, dans le cas contraire, comme constitué par l'ensemble des entreprises implantées sur le territoire français.

Le secteur d'activité permettant d'apprécier la cause économique du licenciement est caractérisé, notamment, par la nature des produits biens ou services délivrés, la clientèle ciblée, les réseaux et modes de distribution, se rapportant à un même marché. »

Elle a par ailleurs ajouté à la liste des ruptures exclues du champ d'application de ces dispositions la rupture conventionnelle collective :

« Les dispositions du présent chapitre sont applicables à toute rupture du contrat de travail résultant de l'une des causes énoncées au présent article, à l'exclusion de la rupture conventionnelle visée aux articles L. 1237-11 et suivants et de la rupture d'un commun accord dans le cadre d'un accord collectif visée aux articles L. 1237-17 et suivants. »

La loi n° 2018-217 du 29 mars 2018, ratifiant notamment l'ordonnance n° 2017-1387 du 22 septembre 2017, a réservé le cas de la fraude pour l'application de la limitation au territoire national de l'examen de la cause économique.

§ 2. LE CHAMP D'APPLICATION DE LA PROCÉDURE DE LICENCIEMENT POUR MOTIF ÉCONOMIQUE

Plan du paragraphe

A. Le principe

22.1.2.1. – Se fondant sur les dispositions de l'article L. 321-1, dans sa rédaction antérieure à la loi du 17 janvier 2002, la Cour de cassation avait jugé « *qu'en vertu de l'article L. 321-1, alinéa 2, du Code du travail, les dispositions d'ordre public des articles L. 321-1 à L. 321-15 sont applicables à toute rupture de contrat de travail pour motif économique* » *(Cass. soc., 10 mai 1999, n° 96-19.828, Bull. V n° 202, RJS 1999 n° 806).*

Il s'ensuit que dès lors que le licenciement repose sur un motif économique, la procédure définie par le Code du travail doit être respectée.

B. Les résiliations amiables pour motif économique

1. L'application de la procédure aux ruptures amiables pour motif économique

22.1.2.2.1. – La possibilité pour le salarié concerné par un projet de licenciement pour motif économique de proposer à son employeur une rupture amiable de son contrat de travail, s'il estime y avoir intérêt, a été admise par la chambre sociale *(Cass. soc., 2 déc. 2003, n° 01-46.176, Bull. V n° 308, Dr ouvrier 2004 p. 237 : commentaire F. Héas, Dr soc 2004, p. 318, obs. J. Savatier, Rapport 2003 de la Cour de cassation, p. 315).*

Par suite, il est admis que la rupture d'un contrat de travail pour motif économique puisse résulter d'un départ volontaire dans le cadre d'un accord collectif mis en œuvre après consultation du comité social et économique (CSE), cette rupture constituant une résiliation amiable du contrat de travail. Il a ainsi été jugé que tel était le cas du départ volontaire de salariés entrant dans le champ d'application d'un accord collectif soumis au comité d'entreprise (CSE) et qui contenait des mesures destinées à favoriser une réorientation professionnelle *(Cass. soc., 2 déc. 2003, n° 01-46.540, Bull. V n° 309, rapport P. Bailly, Sem. soc. Lamy, 16 févr. 2004 n° 1156, p. 22, RJS 2004 n° 179, Dr ouvrier 2004, p. 237, D. 2004 p. 390, note A. Lyon-Caen ; Cass. soc. 13 sept. 2005, n° 04-40.135, Bull. V n° 252, RJS 2005 n° 1083, Dr soc 2005, p. 1059, obs. G. Couturier, D. 2005, p. 2409 ; Cass. soc., 16 déc. 2008, n° 07-15.019, Bull. V n° 254, RJS 2009 n° 151).*

La rupture amiable peut également être envisagée dans le cadre du plan de sauvegarde de l'emploi.

Dès lors que l'employeur envisage des suppressions d'emplois, le comité d'entreprise [CSE] doit être consulté au titre de la procédure prévue par le livre II de la première partie du Code du travail, et pas seulement au titre de ses attributions générales *(Cass. soc. 5 mai 2004, n° 02-40.702, RJS 2004 n° 802).* Cette modalité de rupture du contrat de travail ne peut donc justifier que la procédure de consultation des instances représentatives prévue par le Code du travail ne soit pas respectée par l'employeur.

2. *L'exception : les ruptures amiables pour motif économique soumises aux règles de la rupture conventionnelle individuelle*

22.1.2.2.2. – La loi n° 2008-596 du 28 juin 2008 de modernisation du marché du travail a introduit une exception *(cf. n° **17.1.1.2.3**)* en excluant les ruptures conventionnelles dont le régime est défini par les articles L. 1237-11 et suivants du Code du travail *(J. Pélissier, « La modernisation de la rupture du contrat de travail », RJS 2008, p. 683 ; A. Fabre, « Rupture conventionnelle et champ du licenciement pour motif économique : une exclusion troublante », RDT 2008, p. 653)*. L'article L. 1237-16 précise que le régime dérogatoire de la rupture conventionnelle n'est pas applicable aux ruptures de contrats de travail résultant d'accords collectifs de gestion prévisionnelle des emplois et des compétences *(circulaire DGT n° 2009-07 du 17 mars 2009, cf. n° **17.1.1.2.3** et **22.1.2.3.2**)* ou de plans de sauvegarde de l'emploi.

En revanche, les règles de la rupture conventionnelle s'appliquent aux autres ruptures amiables intervenant pour un motif économique *(Cass. soc., 15 oct. 2014, n° 11-22.251, Bull. V n° 241, RJS 2014 n° 854 ; note J. Mouly, « La résiliation conventionnelle, voie exclusive de la rupture négociée du contrat de travail à durée indéterminée », Dr soc 2014, p. 1066)*.

Ces ruptures conventionnelles, procédant d'une cause économique et s'inscrivant dans un processus de réduction des effectifs dont elles constituent la ou l'une des modalités, doivent toutefois être prises en compte pour déterminer la procédure d'information et de consultation des représentants du personnel applicable ainsi que les obligations de l'employeur en matière de plan de sauvegarde de l'emploi *(Cass. soc., 9 mars 2011, n° 10-11.581, Bull. V n° 70, RJS 2011 n° 408, chron. G. Couturier RJS 2011 p. 347 ; Cass. soc., 19 janv. 2022, n° 20-11.962, RJS 2022 n° 134)*, à la condition toutefois que la convention de rupture ait été homologuée *(Cass. soc., 29 oct. 2013, n° 12-15.382, Bull. V n° 253, RJS 2014 n° 25)*.

Le champ d'application de la rupture conventionnelle individuelle est examiné aux n° **17.1.1.2.1 et suivants**.

C. L'application de la procédure aux départs volontaires

1. *Les départs volontaires prévus dans le cadre de suppressions d'emplois envisagées par l'employeur*

22.1.2.3.1. – La procédure de licenciement économique est applicable aux ruptures du contrat de travail résultant **de départs volontaires prévus dans le cadre de suppressions d'emplois envisagées par l'employeur** *(Cass. soc. 10 mai 1999, n° 96-19.828, Bull. V n° 202 ; Cass. soc. 10 avr. 1991, n° 89-18.485 Bull. V n° 179, D. 1992 Somm. 290, obs. M.-A. Souriac, Dr ouvrier 1991, note P. Moussy ; Cass. soc., 5 mai 2004, n° 02-40.702, RJS 2004 n° 802)*.

La rupture du contrat de travail des salariés qui ont exprimé l'intention de quitter l'entreprise constitue un licenciement de nature économique et non une rupture amiable du contrat de travail dès lors que :

- il est prévu de notifier un licenciement pour motif économique *(Cass. soc., 6 juin 2007, n° 05-42.025, RDT 2007 p. 519, obs A. Fabre)* ;
- le licenciement est notifié pour motif économique *(Cass. soc., 25 sept. 2007, n° 05-41.725, RJS 2007 n° 1267)*.

L'inobservation des prescriptions légales par l'employeur constitue un trouble manifestement illicite, y compris lorsque les emplois sont supprimés par la voie de départs volontaires dans le cadre d'un accord collectif d'entreprise *(Cass. soc. 22 févr. 1995, n° 92-11.566, Bull. V n° 68, Dr soc. 1995, p. 390, obs. J.-E. Ray, AJ juill. 1995 ; à propos des « arrêts IBM », M. Keller, « Vers un droit spécifique de l'entreprise qui entre en période de licenciement économique », Dr soc 1994, p. 870, et M.-A. Souriac, D. som. com. 1994, p. 310)*.

Il a ainsi été jugé que toute « *politique de réduction des effectifs* » *(plan de « départs volontaires », « départs naturels »...)* constitue un projet de compression des effectifs qui doit être soumis à la consultation du comité d'entreprise [CSE] *(Cass. crim., 28 sept. 1993, n° 92-86.615, RJS 1994 n° 138 ; Cass. crim., 29 nov. 1994, n° 93-81.321, Bull. crim. n° 385, D. 1995, som. 366, obs. de Launay-Gallot ; Cass. crim., 4 nov. 1997, n° 96-84.594, Bull. crim. n° 370, p. 1244, Rapport 1997 de la Cour de cassation, Dr ouvrier 1998 p. 367, RJS 1998 n° 487 ; F. Duquesne, « Départs volontaires et procédures de licenciement économique », Dr soc 1995, p. 576 ; M. Richevaux, « Le dégraissage par petits paquets sans consultation préalable du comité d'entreprise constitue un délit d'entrave », Dr ouvrier 1997, p. 278 ; M. Bonnechère, « Les plans de départs volontaires », Dr ouvrier 2010, p. 229)*.

2. Les départs volontaires prévus dans le cadre de mesures n'entraînant pas la rupture du contrat de travail

22.1.2.3.2. – « *Le projet qui consiste à rechercher parmi les salariés ceux qui seraient candidats à des mesures n'entraînant pas la rupture du contrat de travail... constitue une mesure de gestion prévisionnelle du personnel qui ne donne lieu qu'à la consultation prévue par l'article L. 432-1 [L. 2323-6] du Code du travail* » *(Cass. soc., 12 janv. 1999, n° 97-12.962 Bull. V n° 17, RJS 1999 n° 158, Rapport 1999 de la Cour de cassation, Dr ouvrier 2000, p. 332, Dr ouvrier nov. 1999, p. 431, concl. Y. Chauvy, « La consultation du comité d'entreprise sur la modification des contrats de travail avant licenciement économique », Dr soc 1999, p. 298, obs. F. Favennec-Héry, RJS 1999 n° 158 ; P. Lokiec, « Départs volontaires, GPEC et licenciement pour motif économique », Dr soc 2008, p. 1238)*.

Cette jurisprudence a été confirmée : si la procédure prévue par les dispositions des articles L. 1233-3 et suivants du Code du travail est applicable à toute rupture des contrats de travail reposant sur un motif économique, peu important que les emplois soient supprimés par voie de départ volontaire, les mesures de gestion prévisionnelles des emplois qui n'impliquent pas la rupture des contrats de travail sont exclues du champ d'application de ces textes *(Cass. soc., 12 juill. 2004, n° 02-19.175, RJS 2004 n° 1014 : mesure de dispense d'activité jusqu'à l'âge de la retraite* ; *Cass. soc., 4 avr. 2006, n° 04-48.055, RJS 2006 n° 709).*

3. *Les départs volontaires intervenant dans le cadre des accords collectifs mettant en place un dispositif de gestion prévisionnelle des emplois et des compétences* *(C. travail, art. L. 1237-17)*

22.1.2.3.3. – L'obligation de consulter le CSE n'est pas applicable en cas d'accord collectif portant gestion prévisionnelle des emplois et des compétences *(C. trav., art. L. 2312-39).*

D. L'application de la procédure au refus opposé par un salarié d'une modification de son contrat de travail

22.1.2.4. – La loi n° 2005-32 du 18 janvier 2005 de programmation pour la cohésion sociale a modifié l'article L. 321-1 du Code du travail, de telle sorte que n'est expressément qualifié de licenciement pour motif économique que le refus par le salarié d'une modification d'un élément essentiel de son contrat de travail *(cf. C. Radé, « Feu la jurisprudence Framatome et Majorette », Dr soc 2005, p. 386).*

Dans sa rédaction issue de la loi du 18 janvier 2005, le premier alinéa de l'article L. 321-1 disposait :

> *« Constitue un licenciement pour motif économique le licenciement effectué par l'employeur pour un ou plusieurs motifs non inhérents à la personne du salarié résultant d'une suppression ou d'une transformation d'emploi ou d'une modification, refusée par le salarié, d'un élément essentiel du contrat de travail, consécutives notamment à des difficultés économiques ou à des mutations technologiques. »*

Le nombre de salariés auxquels la modification « *d'un élément essentiel* » est proposée est de ce fait inopérant.

Cette modification ne heurte pas la jurisprudence en tant que cette dernière a toujours qualifié de licenciement économique le licenciement consécutif à un refus du salarié d'accepter une modification de son contrat justifiée par un motif économique. En revanche, elle a pour objet et pour effet de ne pas tenir compte du nombre de salariés ayant accepté une modification de leur contrat de travail pour apprécier si l'employeur est tenu d'établir un plan de sauvegarde de l'emploi *(cf. n°* ***410.1.3.2****).*

Ces dispositions sont reprises à l'article L. 1233-25 du Code du travail.

E. L'application de la procédure aux mises à la retraite intervenant pour un motif économique

22.1.2.5. – La procédure de consultation des représentants du personnel est applicable :

– en cas de mise à la retraite *(Cass. soc., 18 avr. 2000, n° 97-45.434, Bull. V n° 142, Dr soc 2000, p. 790, RJS n° 652 ; Cass. soc. 18 mars 2008, n° 07-40.269, Bull. V n° 63, RJS 2008 n° 532, RDT 2008 p. 527 note Fabre ; Rapport 2008 de la Cour de cassation)* ;

– en cas de départ à la retraite *(Cass. soc. 25 juin 2002, n° 00-18.907, Bull. V n° 214, Dr soc 2002, p. 1023, obs. J. Savatier, Dr ouvrier 2003, p. 30, Rapport 2002 de la Cour de cassation, p. 367 ; cet arrêt précise que si « la rupture du contrat de travail pour motif économique est soumise pour sa mise en œuvre aux dispositions sur le licenciement économique (...) il n'en résulte pas que toute rupture d'un contrat de travail procédant d'un motif économique entraîne les effets d'un licenciement »)*. L'application de la procédure consultative aux départs à la retraite ne s'impose donc qu'à la condition que ces départs s'inscrivent dans le cadre d'une réduction d'effectifs pour motif économique. Le départ à la retraite qui se produirait en même temps que des licenciements économiques mais qui n'interviendrait pas sur l'incitation de l'employeur ne relèverait pas de la procédure de licenciement économique ;

– aux préretraites mises en œuvre en raison de difficultés économiques lorsqu'elles entraînent la rupture du contrat de travail *(Cass. soc., 1er févr. 2011, n° 09-70.121, RJS 2011 n° 311 ; sur l'application de la procédure de licenciement des salariés protégés en cas d'adhésion aux dispositifs de préretraite, cf. n°* ***14.2.2****)*.

F. L'inapplicabilité de la procédure aux ruptures conventionnelles collectives

22.1.2.6. – Créée par l'ordonnance n° 2017-1387 du 22 septembre 2017 relative à la prévisibilité et la sécurisation des relations de travail, la rupture conventionnelle collective exclut tout licenciement pour atteindre les objectifs qui lui sont assignés en termes d'emplois *(C. trav., art. L. 1237-19)*. La procédure de consultation des représentants du personnel n'est pas applicable aux ruptures d'un commun accord conclues dans le cadre d'un accord collectif portant rupture conventionnelle collective et conclu selon les modalités prévues par les articles L. 1237-19 à L. 1237-19-8 du Code du travail. Elle est donc déconnectée du régime du licenciement économique et n'a pas à être justifiée par un motif économique au sens de l'article L. 1233-3 *(Ministère du Travail, Questions-réponses sur la rupture conventionnelle collective, 19 avr. 2018)*. La procédure d'information et de consultation du CSE relative au licenciement économique ne s'applique donc pas ; le comité doit toutefois être informé selon les modalités et conditions à déterminer par l'accord collectif *(C. trav., art. L. 1237-19-1, 1°)*, quel que soit l'effectif de l'entreprise *(Questions-réponses, préc.)*.

Toutefois, la circonstance qu'un accord de rupture conventionnelle collective a été conclu dans une entreprise ne fait pas obstacle par elle-même à ce que celle-ci établisse et mette en œuvre un plan de sauvegarde de l'emploi, dès que ce dernier respecte les stipulations de cet accord qui lui sont applicables *(CAA Paris, 14 mars 2022, n° 21PA06607, Syndicat autonome des personnels d'Aéroports de Paris, RJS 2022 n° 239)*.

Les modalités de la rupture conventionnelle collective sont examinées aux n° **17.2 et suivants**.

SECTION 2

Les paramètres de la procédure de licenciement pour motif économique

22.2. – La procédure que l'employeur doit respecter avant de demander à l'inspecteur du travail l'autorisation de licencier un salarié protégé dépend de plusieurs paramètres :

- le nombre de salariés dont le licenciement est envisagé sur une période de trente jours ;
- l'effectif de l'entreprise ;
- la présence de représentants du personnel *(CSE disposant ou non des attributions consultatives)* ;
- la structure de l'entreprise *(entreprise à établissement unique ou à établissements multiples avec intervention ou non du CSE central)* ;
- le recours du CSE à un expert-comptable.

Plusieurs situations peuvent donc être envisagées. Il convient de se reporter, pour une présentation précise des procédures aux *tableaux C et D* figurant en annexe qui présentent les cas de figure les plus fréquents.

§ 1. LE CADRE D'APPRÉCIATION

22.2.1. – « *C'est au niveau de l'entreprise ou l'établissement concerné par les mesures de licenciement économique envisagées, au moment où la procédure de licenciement collectif est engagée que s'apprécient les conditions déterminant la consultation des instances représentatives du personnel et l'élaboration d'un plan de sauvegarde de l'emploi, la cour d'appel a violé les textes susvisés* » *(Cass. soc., 16 janv. 2008, n° 06-46.313, Bull. V n° 8, RJS 2008 n° 395 ; Cass. soc., 2 arrêts : 12 juill. 2010, n° 09-14.192, Bull. V n° 165 et 13 juill. 2010, n° 09-65.182, RJS 2010 n° 738)*.

L'effectif à prendre en compte ne peut être celui du groupe *(Cass. soc., 26 févr. 2003, n° 01-41.030, Bull. V n° 70, RJS 2003 n° 589)* ou de l'unité économique et sociale *(Cass. soc., 16 janv. 2008, n° 06-46.313, préc. ; Cass.*

soc., 28 janv. 2009, n° 07-45.481, Bull. V n° 26, RJS 2009 n° 331). Il en va autrement lorsque, dans le cadre d'une unité économique et sociale, la décision de licencier a été prise au niveau de celle-ci *(Cass. soc., 16 nov. 2010, n° 09-69.485 à 09-69.489, Bull. V n° 258, RJS 2011 n° 117 ; Cass. soc., 9 mars 2011, n° 10-11.581, Bull. V n° 70, RJS 2011 n° 408).* De même, le Conseil d'État a admis qu'un plan de sauvegarde de l'emploi soit mis en place de l'unité économique et sociale par accord collectif majoritaire *(CE, 2 mars 2022, n° 438.136, mentionné aux Tables, RJS 2022 n° 246, RDT 2022, p. 240 note M. Kocher)* ou par un document unilatéral établi par l'employeur *(CE, 13 déc. 2019, n° 404.556, mentionné aux Tables, RJS 2019 n° 213).* L'existence d'une unité économique et sociale ne fait toutefois pas obstacle à ce que des projets de réorganisation fassent l'objet de plans de sauvegarde de l'emploi mis en œuvre en parallèle dès lors que ces deux plans résultent de motifs distincts *(CE, 29 déc. 2023, n° 463.794, Stés L'Equipe et Presse Sport Investissement, mentionné aux Tables, RJS 2024 n° 156).*

Les salariés d'un GIE distinct de l'employeur ne doivent pas être pris en compte *(Cass. soc., 30 juin 2004, n° 02-42.672, Bull. V n° 186).*

Seuls doivent être pris en compte les salariés relevant des établissements implantés en France eu égard à l'application territoriale de la loi française *(Cass. soc., 23 sept. 2008, n° 07-42.862, Bull. V n° 171, RJS 2008 n° 1181).*

§ 2. LA DÉTERMINATION DU NOMBRE DE LICENCIEMENTS ENVISAGÉS EN CAS DE REFUS DE MODIFICATION DU CONTRAT DE TRAVAIL

22.2.2. – Lorsqu'au moins dix salariés ont refusé la modification d'un élément essentiel de leur contrat de travail, proposée par leur employeur pour l'un des motifs économiques énoncés à l'article L. 1233-3 et que leur licenciement est envisagé, celui-ci est soumis aux dispositions applicables en cas de licenciement collectif pour motif économique *(C. trav., art. L. 1233-25).*

Les règles du licenciement collectif sont toutefois également applicables au cas où le nombre de salariés refusant la modification de leur contrat de travail est compris entre deux et neuf salariés.

§ 3. LA PÉRIODE PRISE EN COMPTE POUR DÉTERMINER LE NOMBRE DE LICENCIEMENTS

A. Le seuil de dix salariés sur une période de 30 jours

22.2.3.1. – Dès lors que l'employeur envisage au moins dix licenciements sur une période de trente jours, il est tenu de respecter la procédure d'information et de consultation fixée par les dispositions des articles L. 1233-28 et L. 1233-30 du Code du travail.

Sont pris en compte non seulement les licenciements, mais également toute rupture de contrats de travail reposant sur un motif économique, peu important que les emplois soient supprimés par voie de départ volontaire *(Cass. soc., 2 mars 1999, n° 97-13.115, Bull. V n° 265 ; Cass. soc., 4 avr. 2006, n° 04-48.055).*

Pour apprécier le nombre de licenciements envisagés par l'employeur « *le juge doit tenir compte du projet tel qu'il est définitivement présenté* » : en application de cette règle, la Cour de cassation a approuvé la cour d'appel qui avait ajouté aux neuf licenciements initialement prévus le 25 septembre, les six licenciements résultant d'un projet annoncé le 25 octobre, pour conclure que l'employeur était tenu d'élaborer un plan de sauvegarde de l'emploi, la procédure devant alors être reprise depuis l'origine *(Cass. soc., 10 juill. 2001, n° 99-43.330, Bull. V n° 256, RJS 2001 n° 1278 ; Cass. soc., 4 juill. 2000, n° 98-18.885, Bull. V n° 265).*

Pour déterminer le nombre de licenciements envisagés sur une « *période de trente jours* », la chambre sociale prend en compte la date de consultation du comité sur les premiers licenciements et la date à laquelle celui-ci a été convoqué pour être consulté sur les licenciements ultérieurs *(Cass. soc., 19 mars 2003, n° 01-12.094, Bull. V n° 105, RJS 2003 n° 588).*

La même date doit être prise en compte pour la détermination de l'effectif de l'entreprise *(Cass. soc., 19 mai 2015, n° 13-26.669 à 13-26.677, Bull. 2015 n° 5, V, n° 98 ; Cass. soc., 10 juin 2015, n° 14-10.031, B.).*

B. Les dispositions visant à faire échec au contournement du seuil (entreprises ou établissements d'au moins cinquante salariés)

22.2.3.2. – L'article L. 1233-26 du Code du travail prévoit, pour éviter le contournement de la procédure de consultation, que, dès lors que l'employeur a licencié plus de dix salariés pendant trois mois consécutifs, sans que le seuil de dix salariés pendant une période de 30 jours ne soit franchi, tout nouveau licenciement est soumis aux dispositions régissant les projets de licenciement d'au moins dix salariés.

Par ailleurs, dès lors qu'un établissement ou une entreprise a procédé au cours d'une année civile à plus de dix-huit licenciements pour motif économique sans avoir présenté de « *plan de sauvegarde de l'emploi* », tout nouveau licenciement économique envisagé au cours du premier trimestre de l'année suivante est soumis aux dispositions applicables aux projets de licenciement d'au moins dix salariés *(C. trav., art. 1233-27).* Sont prises en compte les ruptures conventionnelles lorsqu'elles constituent une modalité de réduction des effectifs pour motif économique, à la condition que les contrats de travail aient été rompus après l'homologation des conventions par l'administration du travail *(Cass. soc., 29 oct. 2013, n° 12-15.382, Bull. V n° 253, RJS 2014 n° 25).*

Ces dispositions sont applicables aux procédures de licenciement économique engagées dans les entreprises ayant mis en place un CSE *(Ord. n° 2017-1387 du 22 sept. 2017, art. 40-VI)*.

§ 4. LE CHAMP DES ATTRIBUTIONS DU COMITÉ SOCIAL ET ÉCONOMIQUE

22.2.4. – Sauf dispositions plus favorables résultant d'accords collectifs ou d'usages *(C. trav., art. L. 2312-4)*, le CSE dispose des attributions consultatives générales sur les questions intéressant l'organisation, la gestion et la marche générale de l'entreprise *(C. trav., art. L. 2312-8 et s.)*, et notamment en matière économique, dans les cas suivants *(C. trav., art. L. 2312-1 et L. 2312-2 ; Guide DGT, Salariés protégés, sept. 2019, fiche 1b)* :

- lorsque l'entreprise qui met en place un CSE était préalablement dotée d'un comité d'entreprise et que son effectif atteignait 50 salariés ;
- lorsqu'en cours de mandat, l'effectif de l'entreprise augmente pour atteindre au moins 50 salariés pendant 12 mois consécutifs, à l'issue de ce délai de 12 mois ;
- lorsque l'entreprise dépourvue d'instance représentative du personnel a atteint le seuil de 50 salariés pendant 12 mois consécutifs précédent la mise en place du CSE, à l'issue d'un délai de 12 mois à compter de la mise en place du comité.

SECTION 3

La procédure de licenciement économique individuel

22.3. – Le Code du travail ne prévoit pas de consultation des représentants du personnel sur le projet de licenciement économique d'un seul salarié : cette consultation n'est prévue qu'en cas de licenciement collectif *(jugé dans ce sens : Cass. soc., 5 avr. 2023, n° 21-10.391, B., en application de l'article L. 1233-8 du Code du travail dans sa version antérieure à l'ordonnance n° 2017-1387 du 22 septembre 2017)*. Cette disposition de l'article L. 1233-8 du Code du travail n'a pas été modifiée par l'ordonnance précitée du 22 septembre 2017.

Toutefois, l'employeur doit prendre en compte, dans le choix du salarié, les critères prévus à l'article L. 1233-5 *(C. trav., art. 1233-7)*. Il doit à cet effet consulter préalablement sur cette seule question les représentants du personnel *(Guide DGT, Salariés protégés, sept. 2019, fiche n° 7a ; jugé en ce sens : Cass. soc., 21 juin 1994, n° 93-40.670 ; CAA Paris, 23 mars 1999, n° 97PA00800, Seriee SA)*. Cette consultation doit précéder l'entretien préalable au licenciement, prévu par l'article L. 1233-11 du Code du travail.

SECTION 4

La procédure de licenciement économique collectif de moins de 10 salariés sur 30 jours

§ 1. ENTREPRISES DE MOINS DE 11 SALARIÉS

22.4.1. – Dans ces entreprises non assujetties à l'obligation légale de mise en place des instances représentatives du personnel, la procédure est identique à celle du licenciement individuel.

§ 2. ENTREPRISES D'AU MOINS 11 SALARIÉS

22.4.2. – Avant de convoquer, en application des dispositions de l'article L. 1233-11 du Code du travail, les salariés à l'entretien préalable, l'employeur doit réunir et consulter, dans le cadre d'une seule réunion, le comité économique et social (CSE) dans les entreprises d'au moins onze salariés *(C. trav., art. L. 1233-8)* sur le projet de licenciement collectif. La convocation doit être accompagnée des informations prévues à l'article L. 1233-10.

Le CSE rend son avis dans un délai qui ne peut être supérieur, à compter de la date de la première réunion au cours de laquelle il est consulté, à un mois. En l'absence d'avis rendu dans ce délai, il est réputé avoir été consulté *(C. trav., art. L. 1233-8)*.

Dans les entreprises d'au moins cinquante salariés, le comité, dès lors qu'il dispose des attributions consultatives générales prévues par les articles L. 2312-8 et suivants du Code du travail, doit en outre être consulté au titre de ces attributions sur le projet de restructuration et de compression des effectifs *(C. trav., art. L. 2312-39)*.

SECTION 5

La procédure de licenciement économique collectif de 10 salariés ou plus sur 30 jours (entreprises de moins de 50 salariés)

22.5. – Dans les entreprises et établissements employant habituellement moins de cinquante salariés, l'employeur doit réunir et consulter le comité social et économique (CSE). Ce dernier tient deux réunions, séparées par un délai qui ne peut être supérieur à quatorze jours *(C. trav., art. L. 1233-29)*.

L'employeur doit adresser par écrit au comité, avec la convocation, tous renseignements utiles sur le projet de licenciement collectif *(C. trav., art. L. 1233-31)*, ainsi que les mesures de reclassement envisagées *(C. trav., art. L. 1233-32)*.

SECTION 6

La procédure de licenciement économique collectif de 10 salariés ou plus sur 30 jours (entreprises d'au moins 50 salariés)

§ 1. L'ARTICULATION ENTRE LA PROCÉDURE DE LICENCIEMENT COLLECTIF POUR MOTIF ÉCONOMIQUE ET LA PROCÉDURE DE CONSULTATION PRÉVUE AU TITRE DES ATTRIBUTIONS GÉNÉRALES DU CSE

Plan du paragraphe

A. Les dispositions de la loi du 14 juin 2013 modifiée par les ordonnances du 22 septembre 2017 et du 20 décembre 2017

22.6.1.1. – La loi n° 2013-505 du 14 juin 2013, relative à la sécurisation de l'emploi, transposant l'accord national interprofessionnel sur la compétitivité et la sécurisation de l'emploi, applicable aux procédures engagées à compter du 1er juillet 2013 et modifiée par les ordonnances n° 2017-1387 du 22 septembre 2017 et n° 2017-1718 du 20 décembre 2017, a instauré de nouvelles règles applicables aux entreprises soumises à l'obligation d'établir un plan de sauvegarde de l'emploi : les deux procédures d'information et de consultation portant, l'une, au titre des attributions économiques générales du CSE, sur le projet de restructuration et, l'autre, sur le projet de licenciement collectif *(C. trav., art. L. 2312-40 et L. 1233-30)*, menées ou non concomitamment, sont enserrées dans le délai fixé par l'article L. 1233-30 en fonction de l'ampleur du projet de licenciement collectif.

Le délai maximal imparti au CSE pour rendre ses deux avis ne commence à courir qu'à compter de la date de sa première réunion au cours de laquelle il est consulté à ces deux titres *(C. trav., art. L. 1233-30)*.

Lorsque le projet de licenciement collectif fait l'objet d'un document unilatéral, sans qu'un accord majoritaire ait été signé, le comité rend un avis sur chacune des deux procédures d'information et de consultation *(C. trav., art. L. 1233-30 ; instruction DGEFP/DGT n° 2013-13 du 19 juillet 2013, fiche 1)*. En revanche, les éléments du projet de licenciement collectif résultant de la conclusion de l'accord collectif majoritaire ne sont pas soumis à consultation *(C. trav., art. L. 1233-30)*.

B. L'articulation entre la procédure de consultation en cas de licenciement économique et la gestion prévisionnelle des emplois et des compétences *(GPEC)*

22.6.1.2. – Cette consultation sur la gestion prévisionnelle des emplois et compétences fait partie intégrante de la consultation sur les orientations stratégiques que l'employeur doit mettre en œuvre chaque année, à défaut d'accord collectif d'entreprise ou, en l'absence de délégué syndical, d'accord adopté à la majorité des membres titulaires de la délégation du personnel du CSE *(C. trav., art. L. 2312-22 et L. 2312-24)*.

L'article L. 2242-2 institue, pour ces mêmes entreprises, l'obligation d'engager tous les quatre ans une négociation sur la gestion des emplois et des parcours professionnels, l'ancien article L. 2242-15 prévoyant antérieurement une négociation triennale.

Par un arrêt du 30 septembre 2009, la chambre sociale avait jugé que « *la régularité de la consultation du comité d'entreprise sur un projet de licenciement économique n'est pas subordonnée au respect préalable par l'employeur de l'obligation de consulter le comité d'entreprise sur l'évolution annuelle des emplois et des qualifications prévue par l'article L. 2323 56 du Code du travail ni de celle d'engager tous les trois ans une négociation portant sur la gestion prévisionnelle des emplois et des compétences imposée par l'article L. 2242-15 du même code* » *(Cass. soc., 30 sept. 2009, n° 07-20.525, Bull. V n° 217, RJS 2009 n° 915, Dr ouvrier 2010, p. 147 notes P. Tillie et T. Katz, RDT 2009, p. 715, note F. Géa)*.

§ 2. LES PRINCIPALES PHASES DE LA PROCÉDURE GÉNÉRALE DE CONSULTATION DES REPRÉSENTANTS DU PERSONNEL AU TITRE DE LEURS ATTRIBUTIONS GÉNÉRALES

Plan du paragraphe

A. Les règles générales

22.6.2.1. – Les décisions de l'employeur sont précédées de la consultation du CSE *(C. trav., art. L. 2312-14)*.

La Cour de cassation a en outre dégagé les règles suivantes :

– « ***La décision... s'entend d'une manifestation de volonté du chef d'entreprise emportant... des effets obligatoires et concrets*** » *(Cass. soc., 12 nov. 1997, n° 96-12.314, Bull. V n° 375, D. som. com., p. 245, obs. A. Lyon-Caen, RJS 1997, p. 818, rapport J.-Y. Frouin, concl. Y. Chauvy, Dr ouvrier 1998, p. 49)* ; toutefois, une décision n'implique « *pas nécessairement des mesures précises et concrètes* » et « *un projet ou des orientations, même formulées en des termes généraux, doivent être soumis à consultation du comité d'entreprise lorsque leur objet est assez déterminé pour que leur adoption ait une incidence sur l'organisation, la gestion et la marché générale de l'entreprise, peu important qu'ils ne soient pas accompagnés de mesures précises et concrètes d'application dès lors que la discussion ultérieure de ces mesures n'est pas de nature à remettre en cause dans son principe le projet ou les orientations adoptés* » *(Cass. soc., 18 juin 2003, n° 01-21.424, Dr ouvrier 2003, p. 424)* ;
– l'avis du comité ne peut être exprimé que par ses membres et non par les organisations syndicales auxquelles ils appartiennent *(Cass. soc. 5 déc. 2006, n° 05-21.641, Bull. V n° 371, RJS 2007 n° 355, RDT 2007, p. 329, obs. E. Peskine, Dr soc 2007, p. 184, « Les modes d'expression de l'avis du comité d'entreprise » : en l'espèce, il était d'usage que l'avis du comité soit recueilli sous la forme d'une prise de position de chaque organisation syndicale).*

B. Le délai dont dispose le CSE

22.6.2.2. – L'avis rendu par le CSE, au titre de ses attributions économiques générales, sur le projet de restructuration et ses modalités ne peut l'être dans un délai supérieur à celui fixé par l'article L. 1233-30 pour la procédure d'information et de consultation sur le projet de licenciement économique *(C. trav., art. L.1233-30)*.

Pour l'articulation entre les deux procédures d'information et de consultation, se reporter au n° ***22.6.1.1***.

À l'expiration du délai, l'absence d'avis du CSE régulièrement consulté ne suspend pas la procédure et le comité est réputé avoir été consulté *(C. trav., art. L. 1233-30)*.

§ 3. LA NÉGOCIATION D'UN ACCORD MAJORITAIRE SUR LE CONTENU DU PLAN DE SAUVEGARDE DE L'EMPLOI

Plan du paragraphe

22.6.3.3 La possibilité de recourir à un expert assistant les organisations syndicales

22.6.3.4 L'issue de la négociation

A. Le principe général

22.6.3.1. – Le projet de licenciement économique collectif peut faire l'objet d'une négociation en vue d'un accord collectif **majoritaire** sur le contenu du plan de sauvegarde l'emploi *(C. trav., art. L. 1233-24-1)*. L'accord collectif peut également porter sur les modalités d'information et de consultation du CSE, la pondération et le périmètre d'application des critères d'ordre des licenciements, le calendrier des licenciements, le nombre de suppressions d'emploi et les catégories professionnelles concernées, ainsi que les modalités de mise en œuvre des mesures de formation, d'adaptation et de reclassement *(C. trav., art. L. 1233-24-2)*.

L'article L. 1233-24-3 écarte la possibilité pour l'accord de déroger :

- à l'obligation d'effort de formation, d'adaptation et de reclassement incombant à l'employeur *(C. trav., art. L. 1233-4)* ;
- aux règles générales d'information et de consultation du CSE *(C. trav., art. L. 2323-2, L. 2323-4 et L. 2323-5)*, sauf lorsque l'accord est conclu par le conseil d'entreprise ;
- à l'obligation de proposer aux salariés le contrat de sécurisation professionnelle *(C. trav., art. L. 1233-65)* ou le congé de reclassement *(C. trav., art. L. 1233-71)* ;
- aux règles de consultation applicables lors d'un redressement ou d'une liquidation judiciaire *(C. trav., art. L. 1233-58)*.

Négocié avec les organisations syndicales représentatives dans l'entreprise, l'accord ne peut l'être au niveau de l'établissement. Néanmoins, son périmètre d'application peut être l'établissement *(instruction DGEFP/DGT n° 2013-13 du 19 juillet 2013)*.

Il peut en revanche être conclu au niveau de l'unité économique et sociale ; celle-ci n'ayant pas la personnalité morale, il doit alors être conclu, outre par une ou plusieurs organisations syndicales de salariés représentatives au niveau de l'UES, soit par chacune des entreprises constituant l'UES, soit par l'une d'entre elles, sur mandat exprès préalable des entreprises membres de l'UES *(CE, 2 mars 2022, n° 438.136, Sté Pierre Fabre Santé Information, mentionné aux Tables, RJS 2022 n° 246, RDT 2022, p. 240 note M. Kocher)*.

Il peut être total ou partiel ; dans ce cas, les autres thèmes doivent figurer dans le document unilatéral établi par l'employeur *(cf. n° **410.1.5**)*.

B. L'ouverture de la négociation

22.6.3.2. – Elle peut intervenir à trois moments *(instruction DGEFP/ DGT n° 2013-13 du 19 juillet 2013, fiche n° 1)* :

– préalablement à la procédure d'information et de consultation du CSE, avant la première des réunions prévues par l'article L. 1233-30 du Code du travail ;
– parallèlement à la procédure d'information et de consultation du CSE, l'annonce de cette ouverture étant faite lors de la première réunion précitée ; le DREETS en est informé au plus tard le lendemain de l'ouverture de négociations, dans le cadre de la notification du projet de licenciement économique prévue par l'article L. 1233-46 ;
– alors que cette procédure d'information et de consultation est en cours, l'employeur pouvant décider de donner suite à une demande susceptible d'être présentée à tout moment par les organisations syndicales représentatives ; le DREETS doit alors en être informé sans délai *(C. trav., art. L. 1233-24-1)*.

C. La possibilité de recourir à un expert assistant les organisations syndicales

22.6.3.3. – Le CSE peut mandater un expert-comptable afin qu'il apporte toute analyse utile aux organisations syndicales pour mener la négociation *(C. trav., art. L. 1233-34)*. Les délais relatifs à la demande d'informations à l'employeur et de réponse de l'employeur prévus à l'article L. 1233-35 s'appliquent.

Si les documents fournis par l'employeur sont incomplets, les organisations syndicales peuvent demander au DREETS de lui enjoindre de les communiquer *(C. trav., art. L. 1233-57-5 ; cf. n°* ***22.12.3.2.3.2****)*.

Le rapport de l'expert doit être remis au comité et, le cas échéant, aux organisations syndicales au plus tard 15 jours avant l'expiration du délai prévu par l'article L. 1233-30 pour l'émission de l'avis du CSE sur le plan de sauvegarde de l'emploi *(C. trav., art. L. 1233-34)*.

D. L'issue de la négociation

22.6.3.4. – L'accord doit être signé par une ou plusieurs organisations syndicales représentatives ayant recueilli au moins 50 % des suffrages exprimés en faveur d'organisations reconnues représentatives au premier tour des dernières élections des titulaires du CSE, ou par le conseil d'entreprise *(C. trav., art. L. 1233-24-1)*. Le projet d'accord collectif ne donne pas lieu à une consultation du comité *(C. trav., art. L. 2312-14)*.

Une autre consultation doit être ensuite organisée, conformément aux dispositions de l'article L. 2323-15, sur l'opération projetée et ses modalités d'application, ainsi que le projet de licenciement collectif à l'exception des éléments qui ont fait l'objet de l'accord collectif majoritaire *(C. trav., art. L. 1233-30)*, et sans que le comité puisse alors obtenir la prorogation du délai mentionné à l'article L. 1233-30 *(instruction DGEFP/DGT n° 2013-13 du 19 juillet 2013, fiche n° 1)*.

En cas d'échec de la négociation, susceptible d'être constaté à tout moment, il appartient à l'employeur d'engager la procédure d'information et de consultation du comité social et économique. Dans cette hypothèse, le PSE prévu par document unilatéral de l'employeur n'est pas tenu de reprendre les mesures initiales figurant dans le projet d'accord collectif majoritaire *(CE, 13 déc. 2022, n° 454.491, CSE central de la Sté Janssen-Cilaq France et autres, mentionné aux Tables, RJS 2023 n° 137).*

§ 4. LA PROCÉDURE SPÉCIFIQUE DE CONSULTATION PRÉVUE PAR LE LIVRE II DE LA PREMIÈRE PARTIE DU CODE DU TRAVAIL

Plan du paragraphe

A. Le principe général

22.6.4.1. – Cette procédure, dont le contenu est déterminé par le nombre de licenciements envisagés *(cf. n°* ***22.2.3****)*, doit permettre « *aux représentants du personnel de connaître le projet grâce à une procédure où toutes les pièces nécessaires doivent leur être communiquées, où ils bénéficient de l'assistance d'un expert-comptable, puis d'émettre un avis. Ce n'est qu'au vu de celui-ci que le chef d'entreprise adoptera sa décision. Il ne s'agit pas de simples formalités : ce sont, en réalité, des garanties essentielles pour les salariés qui ont le droit de n'être pas placés devant le fait accompli* » *(P. Waquet, « Quelques réflexions sur l'arrêt SAT en particulier et sur le licenciement économique en général », RJS 2001, p. 567).*

La directive 98/59/CE du Conseil du 20 juillet 1998 concernant le rapprochement des législations des États membres relatives aux licenciements collectifs précisait que « *lorsqu'un employeur envisage d'effectuer des licenciements collectifs, il est tenu de procéder, en temps utile, à des consultations avec les représentants des travailleurs en vue d'aboutir à un accord* » *(art. 2 § 1.).*

La loi du 14 juin 2013 a sensiblement modifié les règles de procédure pour les « grands » licenciements collectifs, selon trois orientations essentielles : accorder une place plus importante à la négociation collective, encadrer le temps de la procédure et redéfinir le rôle dévolu à l'administration *(G. Couturier, « Un nouveau droit des (grands) licenciements collectifs », Dr soc 2013, p. 814)*.

Les étapes de cette consultation sont présentées de manière schématique par les *tableaux C et D* situés en annexe.

B. L'objet de la procédure de consultation

22.6.4.2. – La consultation doit porter sur les différents éléments du projet de licenciement collectif : le nombre de suppressions d'emploi, les catégories professionnelles concernées, les critères d'ordre et le calendrier prévisionnel des licenciements, les mesures sociales d'accompagnement prévues par le plan de sauvegarde de l'emploi et, le cas échéant, les conséquences des licenciements projetés en matière de santé, de sécurité ou de conditions de travail *(C. trav., art. L. 1233-30)*.

Sur le champ de la consultation en cas d'accord collectif majoritaire, il convient de se reporter au n° ***22.6.3.4***.

C. Le déclenchement de la procédure de consultation

22.6.4.3. – La procédure de consultation doit être engagée par l'employeur dès lors que ce dernier *« envisage de procéder à un licenciement » (C. trav., art. L. 1233-28)*.

La Cour de justice des Communautés européennes, s'agissant de l'interprétation qu'il convenait de donner des dispositions de la directive 98/59 du 20 juillet 1998 concernant le rapprochement des législations des États membres relatives aux licenciements collectifs, a jugé que *« la raison d'être et l'efficacité des consultations avec les représentants des travailleurs supposent que soient arrêtés les facteurs à prendre en compte au cours de celles-ci, étant donné qu'il est impossible de mener des consultations de manière appropriée et en conformité avec leurs objectifs à défaut de détermination des éléments pertinents relatifs aux licenciements collectifs envisagés. Ces objectifs sont, selon les termes de l'article 2, paragraphe 2, de la directive 98/59, d'éviter des résiliations de contrats de travail ou d'en réduire le nombre ainsi que d'en atténuer les conséquences. Or, lorsqu'une décision censée conduire à des licenciements collectifs n'est qu'envisagée et que, dès lors, de tels licenciements ne sont qu'une probabilité et que*[1] *les facteurs pertinents pour des consultations ne sont pas connus, lesdits objectifs ne sauraient être atteints. En revanche, le fait de lier la naissance de l'obligation de consultation prévue à l'article 2 de la directive 98/59 à l'adoption d'une décision stratégique ou commerciale rendant nécessaires des licenciements collectifs apparaît de nature à priver partiellement cette obligation de son effet utile. En effet, (...), les consultations doivent porter, notamment, sur la possibilité d'éviter ou de réduire les licenciements collectifs envisagés.*

Or, une consultation qui débuterait alors qu'une décision rendant nécessaires de tels licenciements collectifs a déjà été prise ne pourrait plus utilement porter sur l'examen d'alternatives envisageables en vue d'éviter ceux-ci. Il convient par conséquent de considérer que (...) la procédure de consultation doit être déclenchée par l'employeur au moment où a été adoptée une décision stratégique ou commerciale le contraignant à envisager ou à projeter des licenciements collectifs. Dans ces conditions, (...) l'adoption, au sein d'un groupe d'entreprises, de décisions stratégiques ou de modifications d'activités qui contraignent l'employeur à envisager ou à projeter des licenciements collectifs fait naître pour cet employeur une obligation de consultation des représentants des travailleurs » (CJCE, 10 sept. 2009, n° 44/08, Akavan c./ Fujitsu Siemens, RJS 2009, p. 785).

D. L'incidence de la participation de personnes étrangères au comité

22.6.4.4. – L'employeur peut se faire assister par trois collaborateurs ayant voix consultative *(C. trav., art. L. 2315-23)*. Ces collaborateurs sont obligatoirement des salariés de l'entreprise *(Circ. DGT n° 94/9 du 21 juin 1994)*. Toutefois, il n'est pas exclu dans un groupe de sociétés que l'employeur soit assisté du chef du personnel, salarié d'une autre société du groupe, lequel ne peut être considéré comme extérieur à l'entreprise *(Rép. min. n° 22.508, JOAN Q. 1er avr. 1996, p. 1810)*.

La présence aux réunions d'une personne étrangère non visée par le Code du travail est subordonnée à un accord entre la majorité des membres et le président du comité *(Cass. soc., 22 nov. 1988, n° 86-13.368, Bull. V n° 613)*. Appelée à se prononcer sur l'incidence de la participation de personnes étrangères à une réunion consacrée à l'information et la consultation du comité d'entreprise [devenu le CSE] sur un projet de plan de sauvegarde de l'emploi, la chambre sociale avait, par deux arrêts rendus le 8 juillet 2014, admis la régularité de la procédure.

1 L'article 2 de la directive précise que : « *1. Lorsqu'un employeur envisage d'effectuer des licenciements collectifs, il est tenu de procéder, en temps utile, à des consultations avec les représentants des travailleurs en vue d'aboutir à un accord. 2. Les consultations portent au moins sur les possibilités d'éviter ou de réduire les licenciements collectifs ainsi que sur les possibilités d'en atténuer les conséquences par le recours à des mesures sociales d'accompagnement visant notamment l'aide au reclassement ou à la reconversion des travailleurs licenciés.* »

Dans la première affaire, elle avait relevé que la présence de l'avocat de l'employeur n'avait fait l'objet d'aucune contestation de la part des membres du comité d'entreprise [devenu le CSE] et qu'il n'était pas établi que cette personne s'était substituée à l'employeur dans la conduite des débats *(Cass. soc., 8 juill. 2014, n° 13-18.217 à 13-18.265)*. Dans la seconde espèce, elle avait approuvé la cour d'appel qui avait constaté que la présence de deux personnes étrangères à l'entreprise, et notamment l'administrateur judiciaire, avait été acceptée par les membres du comité, qui les avaient d'ailleurs interrogées, et que cette présence n'avait pas porté atteinte à l'équilibre de la procédure consultative *(Cass. soc., 8 juill. 2014, n° 13-15.470, Bull. V n° 179, RJS 2014 n° 703)*.

E. Le délai dont dispose le CSE

22.6.4.5. – L'avis du CSE sur le projet de licenciement économique collectif doit, de même que celui relatif au projet de restructuration, au titre de ses attributions générales (*cf. n°* ***22.6.2.2***), ne peut être rendu dans un délai supérieur à celui fixé, en fonction de l'ampleur du licenciement, par l'article L. 1233-30 du Code du travail.

Une convention ou un accord collectif peut prévoir des délais différents *(C. trav., art. L. 1233-30)*.

Pour l'articulation entre les deux procédures d'information et de consultation, se reporter au n° **22.6.1**.

À l'expiration du délai, l'absence d'avis du CSE régulièrement consulté ne suspend pas la procédure et le comité est réputé avoir été consulté *(C. trav., art. L. 1233-30)*.

Lorsque la demande d'homologation du document unilatéral fixant le contenu du PSE est accompagnée des avis rendus par le comité social et économique, la circonstance que ce dernier ait rendu ses avis au-delà des délais prévus par le Code du travail est par elle-même sans incidence sur la régularité de la procédure d'information et de consultation *(CE, 16 avr. 2021, n° 426.487, Confédération générale du travail de Guadeloupe, mentionné aux Tables, RJS 2021 n° 388)*.

L'employeur peut en outre, après avis favorable du comité, mettre en œuvre de façon anticipée des mesures de reclassement interne, en cours de procédure d'information et de consultation et avant même que le plan de sauvegarde de l'emploi soit finalisé *(C. trav., art. L. 1233-45-1)*.

F. La procédure de consultation dans un groupe

22.6.4.6. – « *Dans le contexte d'un groupe* (…), *une décision de la société mère ayant pour effet direct de contraindre une de ses filiales à résilier les contrats des travailleurs concernés par des licenciements collectifs ne saurait être prise qu'à l'issue de la procédure de consultation au sein de cette filiale et ce, sous peine d'exposer celle-ci, en tant qu'employeur, aux conséquences du non-respect de cette procédure* » *(CJCE, 10 sept. 2009,* *n° 44/08, Akavan c./ Fujitsu Siemens, RJS 2009 p. 785, obs. S. Vernac, RDT 2010, p. 285).*

L'article 2-4 de la directive européenne 98/59/CE du 20 juillet 1998 prévoit au demeurant que l'obligation de consultation s'applique même si la décision concernant les licenciements émane d'une entreprise qui contrôle l'employeur *(directive 98/59/CE du Conseil du 20 juillet 1998 concernant le rapprochement des législations des États membres relatives aux licenciements collectifs, Journal officiel des Communautés européennes, 12 août 1998).*

G. La procédure de consultation dans les entreprises à établissements multiples

22.6.4.7. – Dans les entreprises à établissements multiples, il convient de rappeler que :

– le CSE central doit être consulté sur le projet de licenciement économique « *dès lors que les mesures envisagées excèdent le pouvoir du ou des chefs d'établissement concernés ou visent plusieurs établissements simultanément* » *(C. trav., art. L. 1233-36).* Par suite, le CSE central doit être consulté dès lors que la décision a été prise au niveau de l'entreprise et affecte plusieurs de ses établissements *(Cass. soc. 27 mai 1997, n° 95-17.264, RJS 1997 n° 805)* et de ce fait dans tous les cas de licenciement collectif, à de rares exceptions près, compte tenu du motif du licenciement ou des efforts de reclassement à mettre en œuvre ;
– le DREETS, ou par délégation le directeur départemental de l'emploi, du travail et des solidarités compétent pour le siège de l'entreprise doit être informé par l'employeur de la consultation du CSE central et, le cas échéant, de la désignation d'un expert-comptable *(C. trav., art. L. 1233-51 et D. 1233-5)* ;
– le DREETS compétent pour un établissement concerné par le projet de licenciement doit recevoir une notification par l'employeur de ce projet *(C. trav., art. L. 1233-46 et D. 1233-4).*

H. La procédure spécifique de consultation en cas de fermeture de site dans les entreprises de 1 000 salariés et plus *(C. trav., art. L. 1233-57-9 à L. 1233-57-22)*

22.6.4.8. – La loi n° 2014-384 du 29 mars 2014 visant à reconquérir l'économie réelle prévoit l'obligation pour l'employeur, dans les entreprises *in bonis* d'au moins 1 000 salariés, lorsqu'il envisage la fermeture d'un établissement qui aurait pour conséquence un projet de licenciement collectif, de rechercher un repreneur et d'en informer le CSE au plus tard à l'ouverture de la procédure d'information et de consultation prévue par l'article L. 1233-30 *(C. trav., art. L. 1233-57-9 et L. 1233-57-10).*

L'expert désigné par le CSE est compétent pour analyser le processus et la méthodologie de recherche du repreneur, ainsi que les projets de reprise *(C. trav., art. L. 1233-57-17)*.

Le comité est informé par l'employeur des offres de reprise formalisées au plus tard huit jours après leur réception. Les informations qui lui sont communiquées à ce titre sont réputées confidentielles. Il peut émettre un avis, participer à la recherche d'un repreneur et formuler des propositions dans les délais prévus à l'article L. 1233-30 *(C. trav., art. L. 1233-57-9 et L. 1233-57-15)*.

L'employeur consulte le comité sur toute offre de reprise à laquelle il souhaite donner suite et indique les raisons qui le conduisent à accepter cette offre, notamment au regard de la capacité de l'auteur de l'offre à garantir la pérennité de l'activité et de l'emploi de l'établissement. Le comité social et économique émet un avis sur cette offre dans un délai fixé en application de l'article L. 2323-3 *(C. trav., art. L. 1233-57-19)*.

Avant la fin de la procédure d'information et de consultation sur le projet de licenciement collectif, si aucune offre de reprise n'a été reçue ou si l'employeur n'a souhaité donner suite à aucune des offres, celui-ci réunit le comité social et économique et lui présente un rapport, qui est communiqué à l'autorité administrative *(C. trav., art. L. 1233-57-20)*. Ce rapport indique :

– les actions engagées pour rechercher un repreneur ;
– les offres de reprise qui ont été reçues ainsi que leurs caractéristiques ;
– les motifs qui l'ont conduit, le cas échéant, à refuser la cession de l'établissement.

Ces dispositions sont applicables aux procédures de licenciement collectif engagées depuis le 1er avril 2014.

I. Les accords collectifs dérogeant aux dispositions du Code du travail relatives à la consultation du CSE

22.6.4.9. – La loi du 14 juin 2013 a, compte tenu de la création de la possibilité de négocier sur le contenu du plan de sauvegarde de l'emploi, supprimé la possibilité pour l'accord de méthode, signé dans des conditions de droit commun, d'anticiper le contenu de ce plan. Ce thème de négociation relève désormais du champ du seul accord majoritaire prévu par les articles L. 1233-24 à L. 1233-24-3 *(cf. n°* ***22.6.3.1****)*.

Les accords de méthode antérieurs à la loi du 14 juin 2013 restent applicables exclusivement en ce qui concerne l'aménagement de la procédure d'information et de consultation.

Par ailleurs, les dispositions relatives à la procédure auxquelles l'accord de méthode ainsi redéfini dans son objet ne peut déroger sont, en application de l'article L. 1233-24-3 modifié :

– les règles générales d'information et de consultation du CSE, sauf lorsque l'accord est conclu par le conseil d'entreprise *(C. trav., art. L. 2312-14 à L. 2312-16)* ;
– les règles relatives à la communication aux représentants du personnel des renseignements utiles sur le projet de licenciement collectif, tels que prévus aux articles L. 1233-31 à L. 1233-33 du Code du travail ;
– les règles de consultation applicables lors d'un redressement ou d'une liquidation judiciaire *(C. trav., art. L. 1233-58)*.

SECTION 7
Les principales irrégularités pouvant affecter la procédure générale de consultation des représentants du personnel

22.7. – Les jurisprudences judiciaire et administrative mettent en lumière les irrégularités de nature à entacher d'irrégularité la procédure générale de licenciement à ses différents stades.

Dans le cadre du régime juridique défini par la loi du 13 juin 2013, qui a eu pour effet de transférer le contrôle de la validité du PSE à l'autorité administrative (DREETS) et au juge administratif *(cf. n° **410.2**)*, la jurisprudence porte une appréciation d'ensemble sur la régularité de la procédure de consultation du CSE *(cf. n° **410.2.1.1.2** et n° **410.2.1.2.2.1**)*.

§ 1. L'ÉTABLISSEMENT DE L'ORDRE DU JOUR

22.7.1. – Le Code du travail prévoit que l'ordre du jour doit être arrêté conjointement par le chef d'entreprise et le secrétaire du comité *(C. trav., art. L. 2315-29)*. Le chef d'entreprise et le secrétaire du comité doivent signer l'ordre du jour *(Cass. soc., 25 avr. 2007, n° 06-40.267, RJS 2007 n° 828)*.

Ces dispositions impliquent une concertation et une élaboration en commun, l'une des parties ne pouvant unilatéralement arrêter l'ordre du jour, ni imposer à l'autre de le ratifier et de le signer *(Cass. crim., 4 nov. 1997, n° 96-85.631, Bull. crim. n° 371)*. Leur méconnaissance constitue une irrégularité de procédure *(Cass. soc., 25 avr. 2007, n° 06-40.267, RJS 2007 n° 828 ; Cass. soc., 11 juin 2008, n° 07-40.403, RJS 2008 n° 869)*.

La chambre sociale avait jugé :
– que le comité central d'entreprise (CSE central) ne pouvait valablement se réunir et délibérer en raison de la rédaction par le seul employeur de l'ordre du jour, « *quel que soit l'objet de la réunion* », notamment en cas de procédure de licenciement pour motif économique *(Cass. soc., 23 juin 1999,* n° *97-17.860, Bull. V n° 298, RJS 1999 n° 1081)* ;

– que le refus du secrétaire du comité de signer l'ordre du jour ne permettait pas à l'employeur d'arrêter unilatéralement cet ordre du jour *(Cass. soc., 8 juill. 1997, n° 95-13.177, Bull. V n° 256, « si un accord ne peut s'établir sur les questions à porter à l'ordre du jour, il appartient au plus diligent d'entre eux de saisir le juge des référés »).*

La loi n° 2005-32 du 18 janvier 2005 de programmation pour la cohésion sociale, qui a modifié l'ancien article L. 434-3 du Code du travail *(art. L. 2315-29),* a ouvert la possibilité à l'employeur ou au secrétaire du comité d'inscrire à l'ordre du jour « *de plein droit* » la consultation du comité sur le projet de licenciement économique dès lors que cette consultation est rendue obligatoire par la loi *(cf. M. Cohen, « Le fonctionnement du comité d'entreprise et les licenciements économiques après la loi du 18 janvier 2005 », Dr soc 2005, p. 394).*

Ces dispositions ne dispensent cependant pas l'employeur qui entend faire inscrire une telle question à l'ordre du jour de la soumettre préalablement au secrétaire du comité *(Cass. soc., 12 juill. 2010, n° 08-40.740 à 08-40.821, Bull. V n° 169 ; Cass. soc., 13 févr. 2013, n° 11-26.783).*

Le Conseil d'État a, pour sa part, jugé que « *si l'ordre du jour de la réunion du comité d'établissement sur le projet de licenciement collectif pour motif économique avait été fixé unilatéralement par l'employeur, cette circonstance était sans incidence sur la régularité de la procédure de licenciement, dès lors que la consultation du comité d'établissement sur le projet de licenciement devait être inscrite de plein droit à l'ordre du jour de cette réunion par application des dispositions précitées du Code du travail » (CE, 4 déc. 2013, n° 362.142, Jamiot et autres, Tables p. 867 ; CE, 21 oct. 2015, n° 382.633, Syndicat CFDT santé sociaux de la Seine-Saint-Denis, délégation unique du personnel de la clinique Vauban 2020, RJS 2016 n° 21).*

§ 2. LA CONSULTATION DU COMITÉ SOCIAL ET ÉCONOMIQUE (CSE) CENTRAL

22.7.2. – Le défaut de consultation du comité social et économique central, avant la réunion des CSE d'établissement, constitue une irrégularité *(cf. C. trav., art. L. 1233-36 ; Cass. soc., 27 mai 1997, n° 95-17.264).* Le contrôle du DREETS sur la régularité de la procédure d'élaboration du PSE est détaillé au n° **410.2.1**.

§ 3. LA NATURE DES INFORMATIONS COMMUNIQUÉES AUX REPRÉSENTANTS DU PERSONNEL

22.7.3. – L'employeur doit adresser au CSE tous les éléments utiles pour qu'il formule ses deux avis en toute connaissance de cause et dans des conditions insusceptibles de fausser sa consultation *(CE, 22 mai 2019, n° 407.401 et 413.342, Sté Avenir Telecom, mentionné aux Tables).*

Constituent des irrégularités :

A. L'insuffisance des informations relatives aux raisons économiques, financières ou techniques du projet de licenciement

22.7.3.1. – Elle est constituée par :

- le caractère incomplet des informations fournies lors de la première réunion du CSE central ; toutefois, l'absence de transmission par l'employeur d'un document au comité n'est pas de nature à entraîner nécessairement l'irrégularité de la procédure d'information et de consultation mais doit être pris en compte dans l'appréciation globale que doit porter l'administration sur la régularité de cette procédure *(CAA Douai, 10 sept. 2019, n° 19DA01375, Fédération CGT des personnels du commerce, de la distribution et des services)* ;
- l'absence d'information sérieuse du CSE sur les causes des suppressions d'emploi ;
- l'absence de communication par l'employeur des informations nécessaires à la consultation *(Cass. soc., 8 juill. 1997, n° 95-13.177, Bull. V n° 256 ; CE, 21 oct. 2015, n° 382.633, Syndicat CFDT santé sociaux de la Seine-Saint-Denis, délégation unique du personnel de la clinique Vauban 2020, RJS 2016 n° 21)*.

Lorsque l'entreprise appartient à un groupe et que l'employeur est, par suite, amené à justifier son projet au regard de la situation économique du secteur d'activité dont relève l'entreprise au sein de ce groupe, les éléments d'information qu'il adresse au CSE doivent porter non seulement sur la situation économique du secteur d'activité qu'il a lui-même pris en considération, mais aussi sur les raisons qui l'ont conduit à faire reposer son analyse sur ce secteur d'activité *(CE, 22 juill. 2015, n° 385.816, ministre du Travail, de l'Emploi et de la Formation professionnelle c. / CCE de la société Heinz, Rec. p. 261, concl. G. Dumortier, annulant l'arrêt CAA Versailles, 4e ch., 16 sept. 2014, n° 14VE01826, CCE Heinz et syndicat CGT Bénédicta, RJS 2015 n° 630, Dr ouvrier 2015.44, note J. Krivine, chron. M. Morand, « Contrôle par l'administration des licenciements avec PSE », RJS 2015, p. 715 ; CE, 7 févr. 2018, n° 403.001, Comité d'établissement de Bernouville de la société Altuglas International et autres, Rec. p. 24)* ; il n'est toutefois pas tenu d'adresser des éléments d'information relatifs à la situation économique d'un autre secteur d'activité que celui qu'il a retenu *(arrêts préc. du 22 juill. 2015 et du 7 févr. 2018 et arrêt CE, 15 nov. 2022, n° 444.480 ; cf. également n° **410.2.1.2.2.2**)*.

B. L'absence ou l'insuffisance des informations relatives au nombre de travailleurs dont le licenciement est envisagé

22.7.3.2. – « *Le nombre des salariés concernés par la mesure de compression des effectifs doit être porté à la connaissance du comité* » *(Cass. soc., 2 mars 1999, n° 97-13.115, Bull. V n° 90, Rapport 1999 de la Cour de cassation, Dr ouvrier 2000, p. 332, RJS 1999 n° 495).*

En cas d'augmentation de ce nombre de nature à modifier le type de procédure à mettre en œuvre, la consultation doit être reprise depuis l'origine *(Cass. soc., 4 juill. 2000, n° 98-18.885, Bull. V n° 265, RJS 2000 n° 932 ; cf. n°* ***22.2.3.1****).*

C. L'insuffisance des informations relatives aux catégories professionnelles concernées

22.7.3.3. – Cette question est examinée au n° **410.2.3**.

D. L'insuffisance des informations relatives aux critères proposés pour l'ordre des licenciements

22.7.3.4. – Cette question est examinée au n° **410.2.4**.

E. La mission de l'expert-comptable

22.7.3.5. – La question est examinée :
- au n° **410.2.1.1** si le PSE est déterminé par accord collectif ;
- au n° **410.2.1.2** si le PSE est fixé par un document unilatéral de l'employeur.

SECTION 8

L'incidence de l'absence de représentation du personnel résultant de l'absence d'organisation des élections

22.8. – « *Est irrégulière toute procédure de licenciement dans une entreprise où le comité social et économique n'a pas été mis en place alors qu'elle est assujettie à cette obligation et qu'aucun procès-verbal de carence n'a été établi. Le salarié a droit à une indemnité à la charge de l'employeur qui ne peut être inférieure à un mois de salaire brut, sans préjudice des indemnités de licenciement et de préavis* » *(C. trav., art. L. 1235-15 ; cf. également Cass. soc., 9 juin 2021, n° 20-11.798, RJS 2021 n° 436).* Cette disposition, introduite par la loi de modernisation sociale du 17 janvier 2002, reprend, en l'élargissant, la solution adoptée par la chambre sociale qui avait condamné l'employeur, ayant licencié un salarié victime d'un accident du travail, à verser à l'intéressé l'indemnité prévue par l'article L. 1226-15 du Code du travail, au motif tiré de ce que la procédure de consultation des délégués du personnel n'avait pas été respectée ; l'employeur ne pouvait utilement faire valoir l'absence de délégués du personnel dès lors que leur mise en place était obligatoire et qu'aucun procès-verbal de carence n'avait été établi *(Cass. soc., 7 déc. 1999, n° 97-43.106, Bull. V n° 470, Dr soc 2000, p. 226 ; Cass. soc., 17 oct. 2018, n° 17-14.392, B. ; Guide DGT, Salariés protégés, sept. 2019, fiche n° 5).*

En revanche, si la validité du procès-verbal de carence n'a pas été contestée dans le délai prévu par le Code du travail *(15 jours)* à compter du jour où les parties intéressées en ont eu connaissance, la procédure ne peut pas être jugée irrégulière *(Cass. soc., 6 juin 2007, n° 06-42.444, Bull. V n° 94, RJS 2007 n° 937).* Il en est de même lorsque les circonstances, non imputables à l'employeur, ont rendu impossible la consultation des représentants du personnel *(CE, 26 janv. 2011, n° 326.123, Me Theeten, Tables p. 1181 : obstruction de salariés de l'entreprise à la tenue de la réunion de consultation du comité).*

La disposition légale doit être prise en compte, s'agissant des procédures concernant des anciens élus du personnel, quand l'institution n'a pas été renouvelée, des anciens délégués et représentants syndicaux, et des salariés exerçant des mandats en dehors de l'entreprise *(conseiller prud'homme, conseiller du salarié).*

Il n'appartient pas à l'autorité administrative, lorsque le mandat des membres des institutions représentatives du personnel dans l'entreprise a été prorogé par la voie d'un accord collectif, d'apprécier si ce mandat a été valablement prorogé par cet accord, à moins que l'autorité judiciaire dûment saisie à cet effet ait jugé que tel n'était pas le cas *(CE, 19 juill. 2022, n° 436.401, ministre du Travail c. / Syndicat CFDT des entreprises agroalimentaires et agricoles de Seine-Maritime, mentionné aux Tables).*

S'agissant d'une demande d'autorisation de licenciement d'un salarié protégé, cette irrégularité de procédure doit être regardée comme substantielle et impose à l'autorité administrative de refuser l'autorisation pour ce seul motif *(Guide DGT, Salariés protégés, sept. 2019, fiche n° 5).*

Les modalités d'application de cette règle ont été assouplies pour les entreprises en redressement ou en liquidation judiciaire *(cf. n°* ***23.3.4, 23.4.3*** *et* ***23.5.2.1****).*

SECTION 9
L'articulation entre la procédure de licenciement économique et la procédure prévue par l'article L. 1222-6 du Code du travail en cas de modification du contrat de travail

§ 1. LA PROCÉDURE PRÉVUE PAR L'ARTICLE L. 1222-6 DU CODE DU TRAVAIL

A. La procédure spécifique prévue par le Code du travail

22.9.1.1. – Introduit par la loi du 20 décembre 1993 pour faire échec à la jurisprudence de la Cour de cassation, selon laquelle l'acceptation par un salarié de la modification de son contrat de travail ne pouvait résulter de la seule poursuite de la relation de travail *(Cass. soc., 8 oct. 1987, n° 84-41.902, Raquin, Bull. V n° 511, Dr soc 1988, p. 140, note J. Savatier)*, l'article L. 1222-6 du Code du travail prévoyait une procédure spécifique lorsque l'employeur envisageait une « *modification substantielle des contrats de travail* » :

– le salarié doit être informé par lettre recommandée avec accusé de réception ; le courrier doit préciser les nouvelles conditions d'emploi comme des éventuelles mesures accompagnant ces modifications afin de permettre au salarié de prendre position en mesurant les conséquences de son choix (*Cass. soc., 30 janv. 2008, n° 06-42.000, RJS 2008 n° 369*) ;
– le salarié dispose d'un délai d'un mois pour faire connaître son refus. En l'absence de réponse dans ce délai, le salarié est « *réputé avoir accepté la modification proposée* » ; le délai est de quinze jours si l'entreprise est en redressement judiciaire ou en liquidation judiciaire *(Ord. n° 2014-326 du 12 mars 2014, art. 109, modifiant l'article L. 1222-6)*.

La loi du 18 janvier 2005 a modifié l'article L. 321-1-2 en substituant la notion de « *modification d'un élément essentiel du contrat de travail* » à celle de « *modification substantielle des contrats de travail* ».

Eu égard à l'évolution de la jurisprudence de la Cour de cassation *(cf. n°* ***42.1.2****)*, les notions de « *modification substantielle des contrats de travail* » et de « *modification d'un élément essentiel du contrat de travail* » doivent être regardées, pour l'application de ce texte, comme équivalentes à celle de « *modification du contrat de travail* » employée par la chambre sociale *(C. Radé, « Feu la jurisprudence Framatome et Majorette », Dr soc 2005, p. 386)*.

Les dispositions de l'article L. 321-1-2 ont été reprises à l'article L. 1222-6 du Code du travail lors de la recodification.

Si doit être regardée comme constituant un licenciement pour motif économique toute rupture résultant du refus par le salarié d'une modification de son contrat de travail pour un motif non inhérent à sa personne *(Cass. soc., 11 déc. 2001, n° 99-42.906, Bull. V n° 104, RJS 2002 n° 365 ; Cass. soc., 1er juin 2017, n° 14-26.186, RJS 2017 n° 185)*, la mise en œuvre de la procédure spécifique de l'article L. 1222-6 ne s'impose que lorsque la modification proposée procède de l'une des causes économiques expressément visées par l'article L. 1233-3 du Code du travail *(C. trav., art. L. 1222-6 ; Cass. soc., 17 nov. 2010, n° 09-42.120 ; Cass. soc., 13 sept. 2017, n° 15-28.569, B. ; Cass. soc., 11 juill. 2018, n° 17-12.747, RJS 2018 n° 601)*.

Cette procédure prévue par l'article L. 1222-6 du Code du travail ne s'applique pas davantage en cas de novation du contrat de travail résultant d'un changement d'employeur n'entrant pas dans le champ d'application des dispositions de l'article L. 1224-1 du Code du travail : celui-ci ne peut résulter que d'un accord express du salarié *(Cass. Soc., 8 avr. 2009, n° 08-41.046, Bull. V n° 104, RJS 2009 n° 498 : en l'espèce, le changement d'employeur résultait de la décision de l'employeur de confier la gestion d'un service à un tiers ; cf. A. Mazeau, « L'accord du salarié au transfert de son contrat en cas d'application volontaire de l'article L. 1224-1 du Code du travail », Dr soc 2009, p. 813, n° 498, JCP 2009 n° 30, p. 25, note P. Morvan ; A. Chirez, « Le changement "volontaire" d'employeur : une novation exigeant l'acceptation expresse du salarié en cours de contrat », Dr ouvrier 2010 ; Cass. soc., 24 mai 2018, n° 16-22.465)*.

B. La mise en œuvre de la procédure

22.9.1.2. – La mise en œuvre de la procédure vaut reconnaissance de la part de l'employeur que la proposition faite constitue une modification du contrat de travail du salarié, qualification que ni l'employeur, ni le juge ne peuvent remettre ultérieurement en cause *(Cass. soc., 12 juill. 1999, n° 97-41.738, Bull. V n° 346 ; Cass. soc., 18 juin 2008, n° 07-43.562)*.

1. Le contenu du courrier

22.9.1.2.1. – Le courrier doit préciser les nouvelles conditions d'emploi comme des éventuelles mesures accompagnant ces modifications afin de permettre au salarié de prendre position en mesurant les conséquences de son choix *(Cass. soc., 30 janv. 2008, n° 06-42.000, RJS 2008 n° 369)*.

2. Le délai dont dispose le salarié

22.9.1.2.2. – Les précisions suivantes ont été apportées quant au délai d'un mois :

– il expire à minuit le jour du mois suivant qui porte le même quantième que le jour de la réception de la lettre recommandée contenant la proposition de modification *(Cass. soc., 3 mars 2009, n° 07-42.580,*

RJS 2009 n° 499 : si la proposition de modification a été reçue le 20 novembre, le délai expire le 20 décembre à minuit) ;

- pour déterminer si le salarié a répondu dans le délai, il convient de prendre en compte la date d'envoi de sa réponse et non la date de sa réception par l'employeur *(Cass. soc., 23 sept. 2008, n° 07-42.602, RJS 2008 n° 1163, Dr ouvrier 2009, p. 83, note A. Mazières)* ;
- c'est la date de la convocation à l'entretien préalable et non à la date de l'entretien qui doit être prise en compte pour apprécier son respect *(Cass. soc. 25 juin 2008, n° 07-40.841, RJS 2008 n° 958)*.

C. Les effets du non-respect de la procédure spécifique

22.9.1.3. – Si la procédure n'a pas été respectée, il a été jugé que :

- le licenciement est sans cause réelle et sérieuse *(Cass. soc., 29 janv. 2003, n° 00-45.134, RJS 2003 n° 414 : le salarié avait refusé une modification de son contrat de travail qui lui avait été imposée, l'employeur engageant ultérieurement la procédure avant de notifier le licenciement)* ;
- l'employeur ne peut se prévaloir ni d'un refus, ni d'une acceptation de la modification du contrat de travail par le salarié *(Cass. soc., 25 janv. 2005, n° 02-41.819, Bull. n° 18, RJS 2005 n° 344 : absence d'envoi de la lettre recommandée ; Cass. soc., 27 mai 2009, n° 06.46.293, RJS 2009 n° 689, Bull. V n° 137 ; Cass. soc., 28 sept. 2016, n° 15-16.775, RJS 2016 n° 760)*.

Si le délai de réflexion imposé par l'employeur est inférieur à un mois, le licenciement, notifié au salarié à la suite de son refus, est privé de cause réelle et sérieuse *(Cass. soc., 10 déc. 2003, n° 01-44.745, Bull. V n° 313, RJS 2004 n° 174, rapport 2003 de la Cour de cassation, p. 313 ; Cass. soc. 28 oct. 2008, n° 07-42.718, RJS 2009 n° 10)*.

Il en est de même si le salarié est convoqué à l'entretien préalable avant l'expiration du délai d'un mois *(Cass. soc., 10 déc. 2003, n° 01-40.225, Bull. V n° 312, RJS 2004 n° 174 ; Cass. soc., 3 mars 2009, n° 07-42.850, RJS 2009 n° 499)*, y compris si le salarié a fait part de son refus dans le délai *(Cass. soc., 22 nov. 2006, n° 05-42.619, RJS 2007 n° 311, JCP S n° 12, p. 30, note B. Bossu)*.

§ 2. L'ARTICULATION DE LA PROCÉDURE DE L'ARTICLE L. 1222-6 AVEC LES AUTRES PROCÉDURES

A. L'articulation avec les dispositions générales relatives à la consultation des représentants du personnel

22.9.2.1. – La procédure doit être mise en œuvre après la procédure de consultation des représentants sur la cause économique à l'origine de la proposition de modification du contrat de travail. « *La continuation de la procédure de modification du temps de travail par l'employeur, sans* *avoir régulièrement consulté le comité central d'entreprise, constitue un trouble manifestement illicite » (cf. TGI Lyon, référé 21 mars 1994, CCE Sté CCMC Managix, Dr ouvrier 1994, p. 436).*

B. L'articulation avec les règles relatives à l'élaboration du plan de sauvegarde de l'emploi

22.9.2.2. – Sur le fondement des dispositions antérieures à la loi du 18 janvier 2005, il avait été jugé que l'employeur ne pouvait adresser la proposition de modification du contrat sans avoir « **préalablement établi un plan social** » dès lors qu'il proposait au moins à dix salariés une modification de leur contrat et envisageait, par suite, de rompre leur contrat de travail pour un motif économique *(Cass. soc., 6 mars 2001, n° 98-46.479, Bull. civ. V n° 71, RJS 2001 n° 586, Dr soc 2001, p. 562, commentaire G. Couturier : en l'espèce, l'entreprise avait d'abord suivi la procédure prévue par l'article L. 321-1-2 puis, compte tenu du refus opposé par 32 salariés, avait engagé la procédure prévue en cas de licenciement collectif et avait établi un plan social).*

Les dispositions introduites par la loi du 18 janvier 2005 *(cf. n° **22.1.2.4**)* ont eu pour objet et légalement pour effet de remettre en cause cette jurisprudence : la mise en œuvre de la procédure n'est plus subordonnée à l'élaboration d'un plan de sauvegarde de l'emploi. Seuls doivent être pris en compte les refus opposés par les salariés à leur modification de leur contrat pour déterminer si l'employeur est tenu ou non d'établir un tel plan.

C. L'articulation avec les règles relatives au respect par l'employeur de son obligation de reclassement

22.9.2.3. – La Cour de cassation a jugé que la procédure prévue par l'article L. 321-1 de l'ancien Code du travail [devenu l'article L. 1222-6] n'est pas applicable lorsque la proposition de modification du contrat de travail a été faite au salarié *« dans l'exécution par l'employeur de son obligation de reclassement » (Cass. soc., 9 juill. 1998, n° 96-42.805, RJS 1998 n° 959, Sem. soc. Lamy 21 sept. 1998 n° 901, p. 12 ; Cass. soc., 13 avr. 1999, n° 97-41.934, Bull. V n° 170, RJS 1999 n° 793, Dr soc 1999, p. 639, obs. G. Couturier ; Cass. soc., 27 nov. 2001, n° 99-41.723 Bull. V n° 359, Dr soc 2002, p. 221, obs. J. Mouly ; Cass. soc., 6 sept. 2023, n° 21-21.259, RJS 2023 n° 570 ; Guide DGT, Salariés protégés, sept. 2019, fiche n° 7b).*

Par suite, si l'employeur propose au salarié une modification de son contrat dans le cadre de la mise en œuvre du plan de sauvegarde de l'emploi, la procédure définie par l'article L. 1222-6 n'est pas applicable.

SECTION 10

La consultation sur les conséquences en matière de santé, sécurité et conditions de travail

22.10. – En vertu des dispositions de l'article L. 4121-2 du Code du travail, l'employeur doit mettre en œuvre les mesures prévues à l'article L. 4121-1 sur le fondement des principes généraux de prévention, le document unilatéral et le PSE devant être conformes à ces exigences ; la consultation du comité social et économique sur le projet de licenciement collectif doit porter, **le cas échéant**, sur les conséquences des licenciements projetés en matière de santé, de sécurité ou de conditions de travail *(C. trav., art. L. 1233-10 et L. 1233-30 ; CE, 19 déc. 2023, n° 465.656, CSE de la Sté Sealants Europe, mentionné aux Tables, RJS 2024 n° 156 ; RDT 2023, p. 377, chron. L. de Montvalon, P. Rozec et T. Le Gall)*. Elle ne s'impose que si l'opération modifie de manière importante les conditions de santé et de sécurité et les conditions de travail des salariés de l'entreprise *(pour des faits antérieurs à l'ordonnance n° 2017-1387 du 22 septembre 2017 : CE, 7 sept. 2016, n° 394.243, Sté GSE, RJS 2016 n° 772)*.

Sous l'empire des dispositions antérieures aux ordonnances du 22 septembre 2017 et du 20 décembre 2017, il avait été jugé que la consultation du CHSCT s'imposait et que le défaut de consultation ou une consultation irrégulière de cette instance affectait la régularité de l'ensemble de la procédure de consultation sur le projet de licenciement et entachait d'illégalité la décision administrative de validation ou d'homologation du plan de sauvegarde de l'emploi :

– pour le défaut de remise d'informations suffisantes au CHSCT, saisi d'un projet de plan d'économie impliquant une réorganisation et d'un projet de licenciement pour motif économique d'au moins 50 salariés *(CAA Versailles, 22 oct. 2014, n° 14VE02351, Ballavenne, RJS 2015 n° 89, Sem. soc. Lamy, 23 févr. 2015 n° 1665, p. 7 ; envoi d'un simple Power Point ne détaillant nullement les conséquences sociales du projet, et notamment les risques psychosociaux liés au changement)* ;
– pour le défaut de consultation du CHSCT sur un projet de réorganisation de plusieurs établissements, dont le siège social, avec le transfert ou la suppression d'un nombre important d'emplois *(CE, 21 oct. 2015, n° 386.123, Syndicat CGT SKF-Montigny, concl. G. Dumortier, Tables p. 896, RJS 2016 n° 20 ; CE, 29 juin 2016, n° 386.581, Sté Asterion France, Rec. p. 265, RJS 2016 n° 627)*.

En revanche, tel n'était pas le cas d'un projet lié à une offre de reprise de l'activité, l'ensemble des postes de l'entreprise devant être supprimé *(CE, 13 févr. 2019, n° 404.556, X. et autres c. / Sté HRD, mentionné aux Tables, RJS 2019 n° 213)*.

S'agissant de l'appréciation du respect de l'obligation, la Haute Assemblée a jugé que répondait à celle-ci l'employeur qui avait, avec l'accompagnement d'un cabinet spécialisé pour identifier précisément les risques encourus, complété le document unique d'évaluation des risques, établi une note d'impact soumise au CSE pour consultation et pris des mesures complètes et précises, telles que la présence sur le site d'un psychologue et d'une assistante sociale, la création d'une cellule psychologique dans la prévention des risques psychosociaux, la formation des encadrants et le recrutement d'un expert en matière d'hygiène, de santé et de sécurité *(CE, 19 déc. 2023, n° 458.434, Fédération générale des mines et de la métallurgie CFDT, publié au Recueil, RJS 2024 n° 86)*.

SECTION 11

Les procédures conventionnelles

22.11. – Certaines conventions collectives et, parfois des accords d'entreprise, prévoient des dispositions particulières en matière de procédure. Ces stipulations doivent être prises en compte et respectées *(Cass. soc., 12 nov. 2008, n° 07-43.242, RJS 2009 n° 26)*. Sur la question de l'étendue du contrôle de l'autorité administrative sur le respect par l'employeur des stipulations conventionnelles, il convient de se reporter au chapitre VII de la quatrième partie *(cf. n° **47.5**)*.

§ 1. LES PROCÉDURES CONVENTIONNELLES DE BRANCHE

22.11.1. – Par un arrêt du 2 mai 2001, la chambre sociale a jugé qu'était sans cause réelle et sérieuse le licenciement notifié par l'employeur qui n'avait pas respecté les stipulations d'une convention collective prévoyant, en l'absence de poste de reclassement dans l'entreprise, la saisine de l'organisation professionnelle devant s'efforcer de reclasser le salarié *(Cass. soc., 2 mai 2001, n° 98-44.945, Bull. V n° 146 : convention collective nationale du caoutchouc)*. Elle a confirmé sa jurisprudence s'agissant du non-respect des stipulations, abrogées à ce jour, de l'accord national sur l'emploi dans la métallurgie du 12 juin 1987 qui imposait à l'employeur qui envisageait de prononcer des licenciements pour motif économique de « *rechercher les possibilités de reclassement à l'extérieur de l'entreprise, en faisant appel à la commission territoriale de l'emploi* » *(Cass. soc., 28 mai 2008, n° 06-46.009, Bull. V n° 116, RJS 2008 n° 877 ; JCP S 2009 n° 14, p. 14, P. Morvan, « L'obligation irréelle de reclassement "extérieur" et les commissions paritaires de l'emploi fantômes » ; Dr ouvrier 2008, p. 492, note X. Médeau ; RDT 2008, p. 529, note F. Héas)*.

L'obligation de saisir la commission paritaire de l'emploi ne s'impose toutefois qu'à la condition que l'employeur relève de l'accord de branche ayant institué cette commission *(Cass. soc., 27 mai 2015, n° 13-26.968, à paraître au Bulletin)* et que si cette dernière s'est vu attribuer, aux termes de cet accord collectif, une compétence en matière de reclassement externe *(Guide DGT, Salariés protégés, sept. 2019, fiche n° 7b ; Cass. soc., 11 juill. 2016, n° 15-12.752, B., RJS 2016 n° 626 : convention collective nationale des entreprises de prévention et de sécurité ; Cass. soc., 16 nov. 2017, n° 16-14.572 : convention collective nationale de la fabrication de l'ameublement ; cf. n°* ***47.5.3****)*.

§ 2. LES PROCÉDURES PRÉVUES PAR ACCORD D'ENTREPRISE

22.11.2. – La loi n° 2005-32 du 18 janvier 2005 a consacré la possibilité de conclure « *des accords d'entreprise, de groupe ou de branche* » fixant « *par dérogation aux dispositions* » du Code du travail « *les modalités d'information et de consultation du comité d'entreprise* » *(C. trav., art. L. 1233-21 ; F. Gaudu, « Les accords de méthode », Dr soc 2008 p. 915 ; cf. n°* ***22.6.4.9****)*.

§ 3. LES RÈGLES COMMERCIALES

22.11.3. – Il a été jugé que les salariés concernés par un pacte d'actionnaires prévoyant que leur licenciement doit être autorisé par le conseil de surveillance à une majorité déterminée de ses membres peuvent se prévaloir de cette clause dont le non-respect rend leur licenciement sans cause réelle et sérieuse *(Cass. soc., 18 mars 2009, n° 07-45.212, RJS 2009 n° 516)*.

SECTION 12
Le contrôle de la régularité des procédures de consultation par l'administration

§ 1. LA NATURE DES CONTRÔLES

22.12.1. – Plusieurs contrôles sont susceptibles d'être opérés.

A. Le contrôle opéré par les services déconcentrés du ministère du Travail

22.12.1.1. – Le directeur régional de l'économie, de l'emploi, du travail et des solidarités (DREETS), ou par délégation le directeur départemental de l'emploi, du travail et des solidarités (DDETS), est seulement informé des projets de licenciement collectif pour motif économique.

S'agissant des licenciements de dix salariés et plus dans une même période de trente jours, il lui appartient de contrôler la régularité de la procédure de consultation des représentants du personnel ainsi que, pour les entreprises assujetties à l'obligation d'élaborer un plan de sauvegarde de l'emploi, la conformité de celui-ci aux exigences légales et conventionnelles *(cf. n° **410.2.1 et s.**)*.

B. Le contrôle opéré par l'inspecteur du travail au titre de ses attributions générales

22.12.1.2. – Au titre de ses attributions générales *(C. trav., L. 8112-1)*, l'inspecteur du travail a compétence pour relever par procès-verbal les délits d'entrave au fonctionnement régulier du comité social et économique *(C. trav., art. L. 2317-1)*.

§ 2. LES SITUATIONS POSSIBLES

22.12.2. – Il convient de se reporter aux tableaux figurant dans l'annexe C du présent ouvrage.

A. Le projet de licenciement de 2 à 9 salariés sur une période de 30 jours dans une entreprise de moins de cinquante salariés

22.12.2.1. – L'employeur est tenu d'informer le DREETS *(C. trav., art. L. 1233-19)*. Le contenu de cette information est précisé par l'article D. 1233-3. Si un CSE existe, le procès-verbal de la réunion au cours de laquelle il a été consulté est transmis au DREETS *(C. trav., art. L. 1233-30)*.

B. Le projet de licenciement d'au moins 10 salariés sur une période de 30 jours dans une entreprise de moins de cinquante salariés

22.12.2.2. – Ce projet donne lieu à une notification au DREETS *(C. trav., art. L. 1233-46)*. Le contenu de cette notification est précisé par l'article D. 1233-4 du Code du travail.

Si l'entreprise dispose d'un CSE, cette notification a lieu au plus tôt le lendemain de la première réunion et « *est accompagnée de tout renseignement concernant la convocation, l'ordre du jour et la tenue de cette réunion* ».

Dans un délai de 21 jours, le DREETS vérifie en application de l'article L. 1233-53 d Code du travail que :

– le CSE a été informé, réuni et consulté conformément aux dispositions légales et conventionnelles en vigueur ;

– les obligations relatives à l'élaboration des mesures prévues par l'article L. 1233-32 – à savoir, selon les dispositions de cet article, les mesures que l'employeur « *envisage de mettre en œuvre pour éviter les licenciements ou en limiter le nombre et pour faciliter le reclassement du personnel dont le licenciement ne pourrait être évité* » – ainsi que ces mesures prévues par les dispositions conventionnelles applicables ont été respectées ;

– les mesures prévues à l'article L. 1233-32 seront effectivement mises en œuvre.

Si le DREETS observe une irrégularité de procédure, il adresse un avis à l'employeur précisant l'irrégularité en cause (*C. trav., art. L. 1233-56*). Une copie de cet avis est envoyée au CSE.

Le DREETS peut également formuler des « observations » sur les mesures sociales. Si l'employeur n'a pas répondu à ces observations dans le délai de 30 jours courant à compter de la notification, l'envoi des lettres de licenciement est reporté jusqu'à la date de la réponse *(C. trav., art. L. 1233-56)*.

C. Le projet de licenciement de moins de 10 salariés sur une période de 30 jours dans une entreprise d'au moins cinquante salariés

22.12.2.3. – L'article L. 1233-53 du Code du travail prévoyait l'obligation pour l'administration, dans le cas d'un projet d'un projet de licenciement de moins de 10 salariés dans une même période de 30 jours dans une entreprise de 50 salariés et plus, de vérifier notamment, dans le délai de 21 jours à compter de la date de notification du projet de licenciement, que les représentants du personnel avaient été informés, réunis et consultés conformément aux dispositions légales et conventionnelles en vigueur.

La loi n° 2015-990 du 6 août 2015 pour la croissance, l'activité et l'égalité des chances économiques a supprimé cette obligation *(art. 289)*.

Dès lors, le Code du travail ne prévoit pas de procédure spécifique de contrôle de la régularité de la procédure dans cette situation.

Toutefois, l'inspecteur du travail a compétence, au titre de ses attributions générales *(C. trav., art. L. 8112-1, 3e al.)*, pour vérifier la conformité de la procédure, formuler des observations à l'employeur et, le cas échéant, relever par procès-verbal les irrégularités commises, lesquelles peuvent être sanctionnées par le juge pénal.

D. Le projet de licenciement de 10 salariés et plus sur une période de 30 jours dans une entreprise de moins de 50 salariés

22.12.2.4. – Le DREETS, ou par délégation le DDETS, doit « *s'assurer que les représentants du personnel ont été informés, réunis et consultés conformément aux dispositions légales et conventionnelles en vigueur (...)* », dans le cas d'un projet de licenciement d'au moins dix salariés sur trente jours *(C. trav., art. L. 1233-53)*.

Il dispose à cet effet d'un délai de 21 jours à compter de la date de notification du projet de licenciement par l'employeur *(C. trav., art. L. 1233-53)*.

Il peut adresser à ce dernier, avec copie aux représentants du personnel, un avis portant sur les irrégularités de procédure. L'employeur est tenu de répondre à ces observations et d'adresser copie de sa réponse aux représentants du personnel *(C. trav., art. L. 1233-56)*.

La nature de cet avis a été discutée. Le Conseil d'État a jugé que les avis de l'autorité administrative « *n'ont par eux-mêmes ni pour objet, ni pour effet d'empêcher le licenciement et n'obligent l'entreprise qu'à une simple réponse ; qu'ainsi... ces avis ne constituent pas des décisions susceptibles de faire l'objet d'un recours pour excès de pouvoir* » *(CE, 26 mars 1997, n° 106.471, ministre du Travail c. / Sté Bostik, Rec. p. 113, concl. M. Lamy, Dr soc 1997, p. 460)*.

Le silence de l'administration n'a pas pour effet de valider la procédure en cours. L'abstention de l'autorité administrative ne fait pas obstacle à ce que le tribunal de grande instance, saisi par voie de référé par une organisation syndicale ou un comité social et économique, ordonne la suspension de la procédure *(cf. n° **22.13.1.2**)*.

E. Le projet de licenciement de 10 salariés et plus sur une période de 30 jours dans une entreprise d'au moins 50 salariés

22.12.2.5. – S'agissant de ces entreprises assujetties à l'obligation de mettre en œuvre un plan de sauvegarde de l'emploi, le contrôle exercé par le DREETS doit porter sur la régularité de la procédure de consultation et la conformité du plan aux exigences légales et conventionnelles *(cf. n° **410.2.1**)*.

§ 3. LES MODALITÉS DU CONTRÔLE EXERCÉ PAR LE DREETS SUR UN PROJET DE LICENCIEMENT DE 10 SALARIÉS ET PLUS SUR UNE PÉRIODE DE 30 JOURS DANS UNE ENTREPRISE D'AU MOINS 50 SALARIÉS

22.12.3. – La loi n° 2013-504 du 14 juin 2013, relative à la sécurisation de l'emploi, transposant l'accord national interprofessionnel sur la compétitivité et la sécurisation de l'emploi du 11 janvier 2013, a sensiblement renforcé le rôle de l'autorité administrative, « *qui devient garant de la qualité du dialogue social mais également de la qualité des mesures sociales du plan de sauvegarde de l'emploi* » dans la mesure où elle est amenée à se prononcer sur le projet de licenciement économique collectif dans la cadre de la procédure de validation, en cas d'accord collectif majoritaire, ou d'homologation, dans le cas d'un document unilatéralement par l'employeur *(instruction DGEFP / DGT n° 2013-13 du 19 juillet 2013 relative à la mise en œuvre de la procédure de licenciement économique collectif, fiche n° 2)*.

A. Les procédures engagées avant le 1er juillet 2013

1. L'information de l'administration

22.12.3.1.1. – L'employeur devait notifier à l'administration tout projet de licenciement d'au moins dix salariés dans une même période de trente jours. Lorsque l'entreprise dotée de représentants du personnel, la notification est faite au plus tôt le lendemain de la date prévue pour la première réunion de consultation des représentants du personnel ; elle est accompagnée de tout renseignement concernant la convocation, l'ordre du jour et la tenue de cette réunion *(C. trav., art. L. 1233-46)*.

Cette notification marquait le point de départ :

– du délai pour établir un constat des mesures de reclassement ;

– du délai de vérification dont disposait l'administration ;

– du délai d'attente avant l'envoi des lettres de licenciement.

En cas de recours à l'expert-comptable par le comité d'entreprise, la notification ne faisait pas courir le délai imparti à l'administration pour le constat de carence ni le délai de vérification. Ces délais couraient à compter de la deuxième réunion *(C. trav., art. L. 1233-46 préc.)*.

Par ailleurs, les procès-verbaux des deux réunions du comité d'entreprise étaient adressés à l'administration. Ces procès-verbaux devaient comporter les avis, suggestions et propositions du comité d'entreprise *(C. trav., art. L. 1233-48)*.

Enfin, à l'issue de la deuxième réunion (la troisième en cas de recours à l'expert-comptable), l'employeur devait envoyer à l'administration la liste nominative des salariés dont le licenciement était envisagé *(C. trav., art. D. 1233-5)*.

2. Les vérifications opérées par l'administration

22.12.3.1.2. – L'administration disposait d'un pouvoir de contrôle et de propositions sur le plan de sauvegarde de l'emploi et la mise en œuvre de celui-ci, ainsi que sur la régularité des procédures *(C. trav., art. L. 1233-53)*. À ce titre, elle devait notamment s'assurer que le comité d'entreprise ou, à défaut, les délégués du personnel, avait été informé, réuni et consulté conformément aux dispositions légales et conventionnelles en vigueur *(Circ. CDE/DRT n° 89-46 du 1er octobre 1989)*.

Elle disposait à cet effet d'un délai fixé en fonction de l'importance du licenciement *(C. trav., art. L. 1233-54 abrogé)*.

En revanche, il ne lui appartenait pas de contrôler le motif économique, ce qui relevait de la compétence du juge judiciaire.

B. Les procédures engagées après le 1er juillet 2013

1. *L'autorité administrative compétente*

22.12.3.2.1. – L'autorité administrative compétente (le DREETS) est celle du lieu où l'entreprise ou l'établissement est établi. Si le projet de licenciement collectif porte sur des établissements relevant de la compétence d'autorités administratives différentes, l'autorité compétente est le DREETS du siège de l'entreprise *(C. trav., art. L. 1233-57-8)*. Si le projet de licenciement collectif ne concerne qu'un seul établissement, l'employeur n'est tenu de consulter le CSE central de l'entreprise, ce dont la DREETS du siège de l'entreprise doit être informée, que lorsque le projet excède le pouvoir du chef d'établissement ; la DREETS compétente pour prendre la décision d'homologation est dans ce cas celle dans laquelle se situe cet établissement *(CE, 13 déc. 2022, n° 454.491, CSE central de la Sté Janssen-Cilaq France et autres, mentionné aux Tables, RJS 2023 n° 137)*.

Ces règles sont sans incidence sur la détermination de l'inspecteur du travail territorialement compétent pour instruire les demandes d'autorisation de licenciement de salariés protégés éventuellement inclus dans le projet de licenciement collectif, qui obéit aux principes énoncés au n° **31.2.2**.

2. *Information de l'administration*

22.12.3.2.2. – La loi du 14 juin 2013 a maintenu l'obligation de notification du projet de licenciement pour motif économique, prévue par l'article L. 1233-46 du Code du travail, ainsi que celle, résultant de l'article L. 1233-48, de lui communiquer l'ensemble des informations communiquées aux représentants du personnel lors de leur convocation et les procès-verbaux des réunions.

De même, lorsque l'entreprise est dépourvue de CSE, le plan de sauvegarde de l'emploi, ainsi que les informations précitées, doivent être communiquées à l'administration *(C. trav., art. L. 1233-49)*.

En outre, lorsque le CSE recourt à l'assistance d'un expert-comptable, l'employeur doit en informer l'autorité administrative et lui transmettre le rapport de celui-ci et les modifications éventuelles du projet de licenciement *(C. trav., art. L. 1233-50)*.

En cas de consultation du comité social et économique central, l'autorité administrative du siège de l'entreprise doit être informée de cette consultation et, le cas échéant, de la désignation d'un expert-comptable *(C. trav., art. L. 1233-51)*.

3. Intervention de l'autorité administrative pendant la procédure d'information et de consultation

a) La possibilité d'émettre des observations et des propositions

22.12.3.2.3.1. – À tout moment en cours de procédure, l'autorité administrative peut faire toute observation ou proposition à l'employeur concernant le déroulement de la procédure ou le contenu du plan de sauvegarde de l'emploi. Elle envoie simultanément copie de ses observations au comité social et économique et, lorsque la négociation de l'accord majoritaire sur le plan de sauvegarde de l'emploi est engagée, aux organisations syndicales représentatives dans l'entreprise. L'employeur répond à ces observations et adresse copie de sa réponse aux représentants du personnel et, le cas échéant, aux organisations syndicales *(C. trav., art. L. 1233-57-6)*. Pour la chambre sociale, les décisions prises à ce titre ainsi que la régularité de la procédure de licenciement collectif ne peuvent faire l'objet d'un litige distinct de celui relatif à la décision de validation ou d'homologation relevant de la compétence, en premier ressort, du tribunal administratif, à l'exclusion de tout autre recours administratif ou contentieux *(Cass. soc., 14 déc. 2022, n° 21-14.304, B.)*. Le Conseil d'État en a toutefois jugé autrement dans le cas d'un litige relatif à la contestation d'une décision de l'administration portant sur le montant des honoraires prévisionnels de l'expert mandaté par le CSE *(CE, 31 oct. 2023, n° 467.870, Sté Kookaï, mentionné aux Tables)*.

L'absence de transmission par l'employeur au comité de la copie de sa réponse aux observations du DREETS, s'il n'est pas de nature à entraîner nécessairement l'irrégularité de la procédure d'information et de consultation, doit cependant être pris en compte dans l'appréciation globale que doit porter l'administration sur la régularité de la procédure *(CE, 7 déc. 2015, n° 381.307, SAS Call Expert c./ Union locale des syndicats CGT d'Alès et région, Tables p. 896, RJS 2016 n° 119)*.

La procédure consultative n'a pas été regardée comme entachée d'irrégularité du fait de l'absence d'envoi par l'administration au comité de son courrier d'observations, dès lors que l'employeur avait pour sa part communiqué ce courrier aux organisations syndicales, en même temps que la réponse qu'il y avait apportée et que les délégués syndicaux, destinataires de ce document, avaient pris part aux réunions du comité dans des conditions permettant à ce dernier de tenir compte des éléments ainsi transmis *(CE, 23 mars 2016, n° 389.158, Association Eclaireuses, éclaireurs de France, mentionné aux Tables, RJS 2016 n° 420)*.

b) Le pouvoir d'injonction

22.12.3.2.3.2. – En outre, l'autorité administrative peut, si elle est saisie d'une demande du comité social et économique ou, dans l'hypothèse de la négociation précitée, des organisations syndicales parties à la négociation, enjoindre à l'employeur de fournir les éléments d'information relatifs à la procédure en cours, ou de se conformer à une règle de procédure. Elle doit se prononcer dans un délai de cinq jours à compter de la réception de la demande *(C. trav., art. L. 1233-57-5 et D. 1233-12)*. Passé ce délai, un courrier adressé par l'administration à l'employeur à la suite d'une demande d'injonction d'une organisation syndicale peut, eu égard à son contenu et à son absence de caractère impératif, être regardé comme ayant le caractère d'observations au sens des dispositions de l'article L. 1233-57-6 *(CE, 23 mars 2016, n° 389.158, préc.)*.

L'administration peut ne pas répondre ou ne répondre que partiellement à une demande d'injonction s'il ressort des pièces du dossier que l'expert-comptable et le CSE ont été mis à même de rendre leurs avis en toute connaissance de cause *(CE, 31 janv. 2022, n° 435.888, Fédération CGT des personnels du commerce, de la distribution et des services, mentionné aux Tables)*.

Les décisions prises au titre de ce pouvoir d'injonction ainsi que la régularité de la procédure de licenciement collectif ne peuvent faire l'objet d'un litige distinct de celui relatif à la décision de validation ou d'homologation relevant de la compétence, en premier ressort, du tribunal administratif, à l'exclusion de tout autre recours administratif ou contentieux *(Cass. soc., 30 sept. 2020, n° 19-13.714, B., RJS 2020 n° 588 ; Cass. soc., 29 ept. 2021, n° 19-23.248, B., RDT 2021, p. 647 note F. Géa et S. Vernac)*.

L'article L. 1233-57-5 du Code du travail n'impose cependant pas que l'employeur adresse aux représentants du personnel ou au syndicat ayant saisi l'autorité administrative d'une demande d'injonction les observations en réponse envoyées à celle-ci *(CAA Versailles, 4e ch., 24 juin 2014, n° 14VE00884, syndicat CGT Darty Île-de-France, RJS 2014 n° 673)*.

Par ailleurs, la demande d'injonction ne peut avoir pour effet de reporter le terme de l'information et de la consultation *(instruction DGEFP/ DGT n° 2013-13 du 19 juillet 2013 préc., fiche n° 2)*.

SECTION 13

Les recours contentieux relatifs à la procédure de licenciement économique

22.13. – Depuis la loi n° 2013-504 du 14 juin 2013 relative à la sécurisation de l'emploi, une distinction doit être faite, s'agissant des recours contentieux, entre les licenciements économiques sans mise en œuvre d'un plan de sauvegarde de l'emploi, quelle que soit la taille de l'entreprise, d'une part, et les licenciements de plus de dix salariés dans une même période de trente jours dans les entreprises d'au moins cinquante salariés, où la mise en œuvre d'un plan de sauvegarde de l'emploi est obligatoire, d'autre part.

§ 1. LES VOIES DE RECOURS OUVERTES POUR LES PROCÉDURES DE LICENCIEMENT COLLECTIF SANS MISE EN ŒUVRE D'UN PLAN DE SAUVEGARDE DE L'EMPLOI

22.13.1. – Le contentieux du licenciement économique relève exclusivement du juge civil, qu'il s'agisse :

– du conseil de prud'hommes ;
– ou du tribunal judiciaire.

A. La compétence du conseil de prud'hommes

22.13.1.1. – Le conseil de prud'hommes est compétent pour statuer sur la contestation du salarié licencié, qu'elle soit fondée sur la régularité de la procédure, le caractère réel et sérieux du motif économique ou le respect de l'obligation de reclassement *(CAA Paris, 2 oct. 2014, Syndicat CGT-HPE et Comité d'entreprise de l'hôtel Lutetia, n° 14PA02909 et 14PA03253, concl. F. Roussel, Dr soc 2015, p. 221)*.

Le juge prud'homal peut également être saisi par les organisations syndicales, agissant soit dans le cadre de l'action en substitution *(C. trav., art. L. 1235-8, D. 1235-18 à D. 1235-20)* soit pour défendre leurs intérêts propres *(C. trav., art. L. 2132-3)*.

L'action se prescrit par douze mois à compter de la dernière réunion du comité social et économique (CSE) ou, dans le cadre de l'exercice par le salarié de son droit individuel à contester le licenciement pour motif économique, à compter de la notification de celui-ci *(C. trav., art. L. 1235-7 ; cf. également Cass. soc., 8 juill. 2020, n° 18-25.352 B., RJS 2020 n 460)*.

Avant que son licenciement ne soit notifié, le salarié est jugé sans intérêt à agir en nullité de la procédure de licenciement en cours *(Cass. soc., 15 janv. 2003, n° 00-45.644, Bull. civ. n° 8, RJS 2003 n° 333 ; G. Couturier, « Des limites aux nullités de l'article L. 321-4-1 du Code du travail », Dr soc. 2003 , p. 726)*.

Lorsqu'il est saisi d'un litige portant sur des licenciements pour motif économique, le conseil de prud'hommes doit statuer en urgence selon des modalités et dans des délais fixés par les articles R. 1456-1 à R. 1456-5 du Code du travail *(C. trav., art. L. 1456-1)*.

B. La compétence du tribunal judiciaire

22.13.1.2. – Le tribunal judiciaire, saisi en référé par les représentants du personnel en cas d'irrégularité de la procédure d'information et de consultation, peut la suspendre et contraindre l'employeur à la reprendre là où l'irrégularité a été commise, sous réserve que les licenciements n'aient pas déjà été notifiés *(Cass. soc., 6 avr. 1994, n° 92-44.695)*.

Les actions en contestation portant sur la régularité de la procédure se prescrivent par douze mois à compter de la dernière réunion du CSE ou de la notification du licenciement pour le salarié *(C. trav., art. L. 1235-7)*.

L'accord de méthode peut être contesté dans un délai de trois mois à compter de la date de son dépôt *(C. trav., art. L. 1233-24)*.

§ 2. LES VOIES DE RECOURS OUVERTES POUR LES PROCÉDURES DE LICENCIEMENT COLLECTIF NÉCESSITANT LA MISE EN ŒUVRE D'UN PLAN DE SAUVEGARDE DE L'EMPLOI

A. Les procédures de licenciement engagées avant le 1er juillet 2013

22.13.2.1. – Les voies de recours pour irrégularité de procédure étaient identiques à celles existant pour les procédures de licenciement collectif de moins de dix salariés sur une même période de trente jours, le juge civil disposant d'une compétence exclusive *(cf. n°* ***22.13.1.1 et s.****)*.

B. Les procédures de licenciement engagées après le 1er juillet 2013

22.13.2.2. – Le juge administratif est le juge principal en cas de contestation de la procédure de licenciement collectif soumis à l'exigence du plan de sauvegarde de l'emploi.

Les motifs de contentieux sont regroupés dans une action en justice unifiée : l'accord collectif majoritaire, le document unilatéral, le contenu du plan de sauvegarde de l'emploi, les injonctions administratives en cours de procédure et la régularité de la procédure de licenciement collectif ne peuvent faire l'objet d'un litige distinct de celui relatif à la décision administrative de validation ou d'homologation. Ces litiges relèvent de la compétence, en premier ressort, du tribunal administratif, à l'exclusion de tout autre recours administratif, notamment hiérarchique, ou contentieux *(C. trav., art. L. 1235-7-1 ; instruction DGEFP/DGT n° 013-13 du 19 juillet 2013 précitée, fiche n° 3 ; chron. H. Nasom-Tissandier, « Le PSE entre juge administratif et juge judiciaire », RJS 2020, p. 177)*. En revanche, le salarié peut, au soutien de demandes salariales ou indemnitaires formées contre l'employeur, se prévaloir devant le juge judiciaire du défaut de validité du PSE, résultant de l'annulation contentieuse de la décision administrative d'homologation ou de validation *(Cass. soc., 27 mai 2021, n° 18-26.744, B., Dr soc. 2021, p. 954 note M. Galy)*.

Le recours formé contre la décision administrative d'acceptation ou de refus de validation ou d'homologation doit être présenté devant le tribunal administratif, dans un délai de deux mois par l'employeur à compter de la date de la notification de la décision, et par les organisations syndicales, ainsi que les salariés à compter de la date à laquelle la décision a été portée à leur connaissance *(C. trav., art. L. 1235-7-1)*. Ce délai de deux mois ne peut pas courir à l'égard d'un salarié s'il n'est pas établi qu'il a été informé des voies et délais de recours *(CE, 7 févr. 2018, n° 399.838,*

Sté Girus et Sté Bauland, Carboni, Martinez et associés, mentionné aux Tables). Toutefois, faisant application au PSE de la règle générale posée par le Conseil d'État, selon laquelle le principe de sécurité juridique s'oppose à l'exercice du recours juridictionnel au-delà d'un délai raisonnable *(CE, 13 juill. 2016, n° 387.763, RJS 2016 n° 744)*, déjà appliquée au contentieux relatif à la protection des représentants du personnel *(CE, 7 févr. 2018, n° 397.247, Sté Recylex, RJS 2018 n° 270)*, une cour d'appel a décidé que, sauf circonstances particulières dont se prévaudrait le requérant, le délai de recours ne saurait excéder un an à compter de la date à laquelle une décision expresse lui a été notifiée ou de la date à laquelle il est établi qu'il en a eu connaissance *(CAA Douai, 22 avr. 2021, n° 21DA00161, RJS 2021 n° 441)*.

Le comité social et économique a également intérêt à agir *(instruction DGEFP / DGT n° 2013-13 du 19 juillet 2013 préc., fiche n° 3 ; CE, 13 avr. 2018, n° 386.376, Sté Moncigale)*.

Le tribunal administratif doit statuer dans un délai de 3 mois. Si, à l'issue de ce délai, il ne s'est pas prononcé ou en cas d'appel, le litige est porté devant la cour administrative d'appel qui statue dans un délai de 3 mois. Si, à l'issue de ce délai, elle ne s'est pas prononcée ou en cas de pourvoi en cassation, le litige est porté devant le Conseil d'État, qui statue alors en premier et dernier ressort *(C. trav., art. L. 1235-7-1 ; instruction DGEFP / DGT n° 2013-13 du 19 juillet 2013 préc., fiche 3)*.

La suspension de l'exécution de la décision administrative peut par ailleurs faire l'objet d'une demande de référé-suspension, selon les modalités résultant de l'article L. 521-1 du Code de justice administrative. Le juge judiciaire reste compétent pour connaître de la régularité des aspects individuels de la procédure de licenciement, de la validité de celui-ci, ainsi que des conséquences individuelles d'une annulation contentieuse de la décision administrative de validation ou d'homologation. La contestation des accords de méthode relève également de sa compétence.

Sur l'office du juge de l'excès de pouvoir saisi d'une demande d'annulation d'une décision administrative de validation ou d'homologation, il convient de se reporter au n° **410.2.10.1.2**.

§ 3. L'INTERVENTION DU JUGE PÉNAL

22.13.3. – Il sanctionne le non-respect de la procédure. La jurisprudence est abondante en la matière. On peut citer à titre d'exemple :

– « *L'employeur qui envisage de procéder à la suppression de nombreux emplois, pour motif économique, est tenu de respecter les dispositions d'ordre public des articles L. 321-1 et suivants [devenus les articles L. 1233-3 et suivants] du Code du travail, peu important que les emplois ne soient supprimés que par la voie de départs volontaires, dans le cadre d'un accord collectif d'entreprise* » *(Cass. crim., 29 nov. 1994, n° 93-81.321, Bull. crim. n° 385 ; Cass. crim., 11 mai 1995, n° 94-81.391)*.

– « *Les dispositions du Code du travail relatives au licenciement pour motif économique sont d'ordre public et l'accord donné par le salarié ne peut exonérer de sa responsabilité pénale l'employeur qui les méconnaît* » *(Cass. crim., 20 sept. 1994, n° 93-83.930).*

§ 4. LES INCIDENCES DES IRRÉGULARITÉS DE PROCÉDURE

A. Le principe

22.13.4.1. – L'article L. 1235-12 du Code du travail dispose qu'« *en cas de non-respect par l'employeur des procédures de consultation des représentants du personnel ou d'information de l'autorité administrative, le juge accorde au salarié compris dans un licenciement collectif pour motif économique une indemnité à la charge de l'employeur calculée en fonction du préjudice subi* ». Cette indemnisation est distincte de celle allouée en l'absence de cause réelle et sérieuse de licenciement *(Cass. soc., 11 oct. 2005, n° 04-41.968, RJS 2005 n° 1191).*

La Cour de cassation avait affirmé le principe selon lequel « *seule l'absence du plan social ou la nullité de celui-ci entraîne la nullité de la procédure de licenciement* » et « *que l'irrégularité de la procédure de licenciement permet seulement d'obtenir la suspension de la procédure de licenciement, si celle-ci n'est pas terminée ou, à défaut, la réparation du préjudice subi… les irrégularités… constatées dans la consultation du comité n'entraînaient pas la nullité de la procédure de licenciement* » *(Cass. soc., 18 nov. 1998, n° 96-22.343, Bull. civ. V n° 501, RJS 1999 n° 30 ; Cass. soc., 29 avr. 1998, n° 95-44.236, Bull. civ. V n° 214 : irrégularité résultant de l'expiration du mandat des membres du comité d'entreprise ; Cass. soc., 11 janv. 2007, n° 05-10.350, Bull. civ. n° 5, RJS 2007 n° 323, JCP S n° 8, p. 31, note P. Morvan ; Cass. soc., 3 mai 2012, n° 11-20.741, Bull. civ. V n° 129, RJS 2012 n° 536 et chron. J. Pelissier p. 427).*

Dans le prolongement de la jurisprudence affirmée en 1998, la chambre sociale avait précisé que les irrégularités affectant la consultation du comité d'entreprise, lors de sa dernière réunion, ne sont pas de nature à entraîner la nullité de la procédure de licenciement pour motif économique dès lors qu'il ne s'agit pas d'un nouveau plan ; le juge, saisi en référé, peut seulement prescrire la tenue d'une nouvelle réunion aux lieux et place de la réunion irrégulière et suspendre la procédure de notification *(Cass. soc., 17 déc. 2004, n° 03-17.031, Bull. civ. V n° 344, RJS 2005 n° 263, Rapport 2004 de la Cour de cassation, p. 256).*

B. Les exceptions

22.13.4.2. – La Cour de cassation avait, toutefois, admis plusieurs exceptions à ce principe dans les cas suivants :

– lorsque le juge a été saisi avant la notification des licenciements de l'irrégularité de la consultation du comité social et économique et que l'employeur a poursuivi la procédure malgré cette irrégularité, la procédure de licenciement est nulle et de nul effet *(Cass. soc., 14 janv. 2003, n° 01-10.239, Bull. civ. V n° 5, RJS 2003 n° 334, Dr ouvrier 2003, p. 152, note M. Cohen, Dr soc 2003, p. 344, obs. L. Millet ; Cass. soc., 7 avr. 2004, n° 02-17.128, Bull. civ. V n° 108, RJS 2004 n° 672, Dr soc 2004, p. 668, obs. G. Couturier)* ;

– lorsque après l'annulation d'un premier plan de sauvegarde de l'emploi, l'employeur ne reprend pas la procédure à ses débuts *(cf. n° **410.2.10**)*.

C. Les conséquences de l'annulation d'une décision administrative de validation ou d'homologation pour un motif autre que le contenu du PSE

22.13.4.3. – Lorsque l'annulation de la décision administrative de validation ou d'homologation est fondée sur un motif autre que l'absence ou l'insuffisance de plan de sauvegarde de l'emploi, et notamment l'irrégularité de la procédure, le salarié qui le souhaite ne peut obtenir sa réintégration que sous réserve de l'accord de l'employeur ; à défaut de réintégration, une indemnité à la charge de l'employeur, au moins égale à six mois de salaire doit lui être octroyée par le juge, sans préjudice des indemnités de rupture *(C. trav., art. L. 1235-16)*. Tel est notamment le cas lorsque l'annulation de la décision de validation de l'accord collectif déterminant le contenu du PSE est motivée par l'absence de caractère majoritaire de cet accord *(Cass. soc., 13 janv. 2021, n° 19-12.522, B., RJS 2021 n° 142, RDT 2021, p. 183 note F. Géa)*. Cette indemnité ne se cumule pas avec l'indemnité de licenciement sans cause réelle et sérieuse, qui répare le même préjudice lié à la perte injustifiée d'emploi *(Cass. soc., 16 févr. 2022, n° 19-21.140, B., RDT 2022, p. 234 note J. Morin)*.

Si l'annulation résulte de la seule insuffisance de motivation de la décision administrative, il appartient à l'administration de prendre une nouvelle décision suffisamment motivée, dans un délai de 15 jours à compter de la notification du jugement, que l'employeur porte à la connaissance des salariés ; cette annulation est en outre sans incidence sur la validité du licenciement et ne donne pas lieu au versement d'une indemnité à la charge de l'employeur *(C. trav., art. L. 1235-16 al. 3 et 4)*.

D. Les sanctions pénales

22.13.4.4. – Sur le plan pénal, la violation des obligations de consultation des représentants du personnel, dans le cadre d'une procédure de licenciement économique, notamment l'absence de présentation de plan social, constitue un délit d'entrave *(ex. : pour une entrave au comité d'entreprise, Cass. crim., 3 déc. 1996, n° 95-84.647, Bull. crim. n° 441)*.

SECTION 14

Les règles générales de l'articulation entre la procédure générale et la procédure spéciale applicable aux salariés protégés

22.14. – En application de la procédure spéciale applicable en cas de licenciement pour motif économique des représentants du personnel, l'employeur doit convoquer le salarié protégé à un entretien préalable et recueillir l'avis du comité d'entreprise sur son licenciement.

Les règles relatives à ces deux étapes sont exposées aux n° **21.3** à **21.6**.

§ 1. LE CARACTÈRE OBLIGATOIRE DE L'ENTRETIEN PRÉALABLE AVEC LE SALARIÉ PROTÉGÉ DANS LE CADRE DES PROCÉDURES DE LICENCIEMENT COLLECTIF

A. Les règles applicables aux salariés ne bénéficiant pas de la protection spéciale

22.14.1.1. – L'article L. 1233-38 du Code du travail précise que l'employeur n'est dispensé de convoquer les salariés concernés à l'entretien préalable que si les deux conditions suivantes sont remplies simultanément :

– le licenciement doit concerner au moins dix salariés ;
– l'entreprise doit disposer d'un comité social et économique.

Si l'une de ces deux conditions n'est pas satisfaite, l'entretien préalable est obligatoire *(Cass. soc., 15 déc. 1999, n° 97-44.205, RJS 1999 n° 163)*.

B. La situation des salariés protégés

22.14.1.2. – Se fondant sur les seules dispositions de l'article L. 122-14 de l'ancien Code du travail, le Conseil d'État avait jugé que le salarié protégé, compris dans un licenciement collectif pour motif économique concernant dix salariés et plus, n'avait pas à être convoqué à l'entretien préalable lorsqu'existait un comité d'entreprise ou des délégués du personnel *(CE, 12 févr. 1993, n° 92.936, Mme Bielecki ; CE, 27 févr. 1995, n° 118.638, M. Laporte et syndicat CFDT des travailleurs de l'industrie chimique de la région parisienne)*.

Par un arrêt rendu le 10 mai 1999, la Cour de cassation a adopté une position contraire, se fondant sur une lecture stricte des dispositions de l'article R. 436-1 du Code du travail *(reprises à l'art. R. 2421-8)* et estimant que « *la consultation du comité d'entreprise [comité social et économique] en vue du licenciement d'un de ses membres est toujours précédée de l'entretien préalable prévu à l'article L. 122-14 » (Cass. soc., 10 mai 1999, n° 97-40.510, Chelminiak, Bull. civ. V n° 207, RJS 1999 n° 831, Dr ouvrier oct. 2000, p. 56).*

Prenant acte de cet arrêt, l'administration du travail a estimé que *« l'entretien préalable s'impose donc même en cas de licenciement de plus de dix salariés » (circulaire DRT n° 03, du 1er mars 2000 abrogée, Liaisons soc. n° 8076, 11 avr. 2000 ; repris par le guide DGT, Salariés protégés, sept. 2019, fiche n° 5).*

Le Conseil d'État s'est rallié à la position adoptée par la chambre sociale *(CE, 28 sept. 2005, n° 266.023, Sté Soinne et associés, Rec. p. 397, RJS 2005 n° 1230 ; CE, 11 juin 2007, n° 286.224, Budroni).*

L'article R. 436-1 [devenu l'article R. 2421-8] du Code du travail faisant uniquement mention de l'entretien préalable en tant que ce dernier devait précéder la consultation du comité d'entreprise effectuée en application de l'article L. 436-1 [devenu l'article L. 2421-3], se posait la question de l'application de la jurisprudence du 10 mai 1999 précitée au licenciement des salariés protégés pour lesquels le comité d'entreprise [comité social et économique] ne devait pas être légalement consulté *(cf. tableau B en annexe).*

Par un arrêt du 22 septembre 2010, la chambre sociale a étendu l'obligation de l'entretien préalable aux procédures de licenciement concernant un salarié dont le mandat n'impose pas la consultation du comité d'entreprise [comité social et économique] *(Cass. soc., n° 08-45.227, Bull. civ. V n° 190 : en l'espèce était concerné un conseiller du salarié).*

Quel que soit le mandat ou le nombre de licenciements envisagés, la procédure de l'entretien préalable doit donc être respectée, selon une interprétation stricte des dispositions des articles R. 2421-4 et R. 2421-8 du Code du travail, que l'entreprise dispose ou non d'un comité social et économique.

Les règles entourant cette étape de la procédure sont exposées aux n° **21.3** et **suivants**.

En tout état de cause, l'entretien préalable doit toujours précéder la demande d'autorisation *(Cass. soc., 4 avr. 2006, n° 04-43.498).*

§ 2. LA CONSULTATION DU COMITÉ SOCIAL ET ÉCONOMIQUE (CSE)

A. La date de la consultation

22.14.2.1. – Lorsque le salarié protégé est compris dans un licenciement de dix salariés et plus dans une même période de trente jours, en application des dispositions de l'article R. 2421-9 du Code du travail, la délibération du comité social et économique sur le projet de licenciement de l'intéressé ne peut avoir lieu avant la seconde réunion que le comité doit tenir en vertu des dispositions de l'article L. 1233-30.

B. Le comité compétent

22.14.2.2. – Alors même que la restructuration justifiant le projet de licenciement économique est de nature à appeler la consultation du comité social et économique central, c'est le CSE d'établissement auquel est rattaché le salarié protégé qui doit être consulté sur le projet de licenciement de ce dernier *(CE, 26 févr. 1996, n° 146.005, Hervé, Tables p. 1189, RJS 1996 n° 568)*.

§ 3. L'ARTICULATION ENTRE LA PROCÉDURE GÉNÉRALE DE LICENCIEMENT POUR MOTIF ÉCONOMIQUE ET L'ENTRETIEN PRÉALABLE AVEC LE REPRÉSENTANT DU PERSONNEL PRÉVU PAR LA PROCÉDURE SPÉCIALE

22.14.3. – Cette articulation soulève des questions dans les cas suivants.

A. La procédure de licenciement individuel pour motif économique

22.14.3.1. – L'article R. 5111-3 du Code du travail dispose que le CSE doit être consulté sur les projets de conventions mentionnées à l'article R. 5111-1 : « *Lorsque les conventions font partie des mesures prévues à l'occasion d'un projet de licenciement pour motif économique, elles sont soumises à l'une ou l'autre des réunions du comité social et économique prévues aux articles L. 1233-8 et L. 1233-28* ». Cependant, ces réunions sont celles prévues en cas de licenciement collectif pour motif économique.

B. La procédure de licenciement collectif pour motif économique concernant de 2 à 9 salariés

1. Dispositions générales

22.14.3.2.1. – Pour donner à la procédure de consultation des représentants du personnel toute sa portée utile, ces derniers doivent être consultés sur le projet de licenciement avant la tenue de l'entretien préalable.

Au titre de l'article R. 5111-3 du Code du travail, le CSE n'a pas à être consulté sur le projet de contrat de sécurisation professionnelle *(C. trav., art. L. 1233-65 à L. 1233-70)*, que la loi n° 2011-893 du 28 juillet 2011 a substitué au dispositif de la convention de reclassement personnalisé, prévu par la loi n° 2005-32 du 18 janvier 2005 de programmation pour la cohésion sociale *(sur le contrat de sécurisation professionnelle, cf. n° **411.7.2.2**)*.

2. *L'articulation avec la procédure spéciale*

22.14.3.2.2. – Lorsque le CSE doit statuer sur le licenciement du salarié protégé, deux réunions doivent donc être organisées :

– la première portant sur le projet d'ensemble de licenciement,
– la seconde sur la situation du représentant du personnel concerné organisée après la tenue de l'entretien préalable.

En revanche, si l'employeur envisage de conclure l'une des conventions mentionnées à l'article R. 5111-3 du Code du travail, il doit consulter le CSE lors de l'une des réunions tenues par ce dernier *(cf. n°* ***22.14.3.1****)*.

C. La procédure de licenciement collectif pour motif économique concernant 10 salariés et plus en l'absence de consultation obligatoire du CSE sur le licenciement du salarié protégé

22.14.3.3. – Les catégories de salariés protégés dont le licenciement n'est pas soumis pour avis au CSE sont précisées à l'*annexe B*.

La nécessité de donner toute sa portée utile à la procédure de consultation des représentants du personnel sur la procédure de licenciement doit conduire à organiser l'entretien préalable à l'issue de celle-ci, c'est-à-dire postérieurement aux réunions de consultation que l'employeur doit organiser.

D. La procédure de licenciement collectif pour motif économique concernant 10 salariés et plus en cas de consultation obligatoire du CSE sur le licenciement du salarié protégé

22.14.3.4. – Dans un tel cas, l'article R. 2421-9 du Code du travail interdit uniquement que la consultation du comité sur le licenciement du salarié protégé se tienne avant la dernière réunion des représentants du personnel. En outre, l'entretien préalable doit toujours précéder la réunion au cours de laquelle le comité statue sur le licenciement du salarié protégé *(C. trav., art. R. 2421-8)*.

Plusieurs solutions sont donc possibles pour assurer le respect de ces règles :

– soit l'employeur décide de solliciter l'avis du comité social et économique sur le licenciement du salarié protégé à l'issue de la procédure de consultation menée sur le projet de licenciement ; dans cette hypothèse, rien ne fait obstacle à ce que l'entretien préalable avec le représentant du personnel soit organisé après l'achèvement de cette procédure et avant que le CSE émette son avis sur le licenciement du salarié ;
– soit l'employeur décide de solliciter l'avis du comité sur le licenciement du salarié protégé lors de la dernière réunion que le comité

doit tenir dans le cadre de la procédure de consultation sur le projet de licenciement ; dans ce cas, l'entretien préalable doit être organisé avant la tenue de cette dernière réunion.

Il nous semble toutefois que les considérations exposées au n° **22.14.3.3** doivent conduire également dans ce cas à organiser l'entretien préalable postérieurement à la dernière réunion de consultation générale du CSE.

CHAPITRE III

LA PROCÉDURE DE LICENCIEMENT EN CAS DE SAUVEGARDE, DE REDRESSEMENT OU DE LIQUIDATION JUDICIAIRE

23. – Les règles relatives aux procédures de licenciement des représentants du personnel dans les entreprises concernées par une procédure de sauvegarde, de redressement ou de liquidation judiciaire résultent de la combinaison :

- des dispositions générales prévues par la loi du 25 janvier 1985, codifiées dans le Code de commerce, et qui ont été modifiées notamment par la loi n° 2005-845 du 26 juillet 2005 de sauvegarde des entreprises et l'ordonnance n° 2014-326 du 12 mars 2014 portant réforme de la prévention des difficultés des entreprises et des procédures collectives ;
- des dispositions générales prévues par le Code du travail *(art. L. 1233-58)* ;
- des dispositions particulières prévues par le Code du travail pour les représentants du personnel *(C. trav., art. L. 2411-1)* ;
- des stipulations conventionnelles : en effet, il a été jugé que l'ouverture d'une procédure de redressement judiciaire ne prive pas d'effet un engagement de garantie d'emploi pris antérieurement par l'employeur en faveur de son personnel pour une durée déterminée *(Cass. soc., 20 févr. 2006, n° 04-41.834, RJS 2006 n° 457)*.

Si l'autorité administrative n'a pas compétence pour apprécier la régularité des décisions juridictionnelles prises dans le cadre de la procédure collective *(Cass. soc., 23 mars 2016, n° 14-22.950, Bull V n° 52 ; P. Bailly : « L'autorisation de transfert du salarié investi d'un mandat protecteur », Dr soc p. 499-504)*, le juge judiciaire reste compétent pour effectuer ce contrôle, ce qui justifie que soient exposées les règles posées par le Code de commerce.

SECTION 1

Présentation générale des procédures collectives

§ 1. LES PRINCIPALES ÉTAPES DES PROCÉDURES COLLECTIVES

23.1.1. – Elles sont les suivantes :

- le « **dépôt de bilan** » *(demande d'ouverture de la procédure de sauvegarde, de redressement ou de liquidation judiciaire faite par l'employeur, un créancier ou le procureur de la République)* ;
- l'**ouverture d'une procédure** de sauvegarde, de redressement ou de liquidation par le tribunal de commerce *(le tribunal judiciaire est compétent pour les personnes morales non commerçantes)* ;
- la **période d'observation** suivant l'ouverture d'une procédure de sauvegarde *(C. com., art. L. 620-1)* ou de redressement judiciaire *(C. com., art. L. 631-1)*.

Au cours de cette période ou à son issue, le tribunal adopte un plan de sauvegarde ou de redressement ou prononce la liquidation judiciaire de l'entreprise.

§ 2. LES DIFFÉRENTS STADES PENDANT LESQUELS LES LICENCIEMENTS PEUVENT ÊTRE DÉCIDÉS

23.1.2. – Les licenciements des salariés, notamment des salariés protégés, peuvent intervenir à plusieurs stades :

- pendant la période d'observation de la procédure de sauvegarde ; ces licenciements sont soumis aux règles de procédure de droit commun ;
- pendant la période d'observation de la procédure de redressement judiciaire *(C. com., art. L. 631-17)* ;
- dans le cadre du plan de redressement *(C. com., art. L. 631-19)* ;
- en cas de mise en liquidation judiciaire *(C. com., art. L. 641-4 et L. 641-10)* ;
- dans le cadre du plan de cession de l'entreprise *(C. com., art. L. 642-5)*.

La procédure spéciale de licenciement est applicable quel que soit le moment de la procédure.

L'ensemble des procédures est présenté dans le tableau D figurant en annexe.

§ 3. LA PROCÉDURE EN CAS DE MODIFICATION DES CONTRATS DE TRAVAIL

23.1.3. – L'employeur, l'administrateur ou le liquidateur qui envisage, pour un motif économique, de modifier le contrat de travail d'un salarié, doit mettre en œuvre la procédure légale prévue par l'article L. 1222-6 du Code du travail, même dans le cadre d'un redressement ou d'une liquidation judiciaire *(Cass. soc., 28 nov. 2000, n° 98-42.852, Bull. V n° 393, RJS 2001 n° 169 : l'administrateur judiciaire « envisageait le licenciement pour motif économique des salariés qui n'auraient pas accepté la modification de leur contrat de travail » ; sur la procédure, cf. n°* ***22.9.1.****)*. Dans ce cas, le délai de réponse légal du salarié est réduit à 15 jours *(C. trav., art. L. 1222-6 préc.)*.

§ 4. LE CONTRÔLE DE LA RÉGULARITÉ DE LA PROCÉDURE

23.1.4. – S'agissant de procédures de licenciement collectif engagées depuis le 1er juillet 2013 et donnant lieu à l'établissement d'un plan de sauvegarde de l'emploi, le DREETS exerce son contrôle et valide ou homologue celui-ci.

Le contrôle du DREETS ne s'étend pas au contrôle de la régularité des décisions juridictionnelles prises dans le cadre de la procédure collective et, par suite, sont inopérants les moyens tirés de la méconnaissance des dispositions, d'une part, de l'article L. 641-1 du Code de commerce fixant les conditions que le tribunal de commerce doit respecter pour arrêter le plan de cession *(CE, 22 déc. 2017, n° 391.692 : « La réalité du motif économique du licenciement et la nécessité des suppressions de postes sont examinées par le juge de la procédure collective dans le cadre du plan de cession ; que, dès lors qu'un licenciement a été autorisé par un jugement arrêtant un plan de cession, ces éléments du motif de licenciement ne peuvent être contestés qu'en exerçant les voies de recours ouvertes contre ce jugement et ne peuvent être discutés devant l'administration »)*.

Cette autorité peut néanmoins formuler dans un courrier des observations sur la régularité de la procédure de consultation du CSE.

Pour l'étude des modalités de ce contrôle, il convient de se reporter :

- aux n° **23.3.6.1** et **23.3.6.2** (période d'observation de la procédure de redressement judiciaire) ;
- au n° **23.4.11** (mise en œuvre du plan de redressement judiciaire) ;
- au n° **23.5.8** (liquidation judiciaire).

Le juge pénal peut également être saisi de la méconnaissance, constitutive du délit d'entrave à leur fonctionnement régulier, des règles relatives à consultation des représentants du personnel dans le cadre des procédures collectives.

SECTION 2

La procédure applicable aux licenciements intervenant pendant la procédure de sauvegarde

23.2. – La procédure de sauvegarde est « *destinée à faciliter la réorganisation de l'entreprise afin de permettre la poursuite de l'activité économique, le maintien de l'emploi et l'apurement du passif* ». Elle est ouverte sur demande du débiteur qui, sans être en cessation des paiements, justifie de difficultés qu'il n'est pas en mesure de surmonter *(C. com., art. L. 620-1)*. Le jugement du tribunal de commerce ouvre une période d'observation d'une durée maximale de six mois qui peut être renouvelée une fois par décision motivée à la demande de l'administrateur, du débiteur ou du ministère public. Elle peut en outre être exceptionnellement prolongée à la demande du procureur de la République par décision motivée du tribunal pour une durée maximale de 6 mois *(C. com., art. L. 621-3 et R. 621-9)*. Durant cette période, l'administration de l'entreprise est assurée par son dirigeant, l'administrateur judiciaire ayant une mission de surveillance ou d'assistance de celui-ci pour tout ou partie des actes de gestion *(C. com., art. L. 622-1)*.

Lorsqu'il existe une possibilité sérieuse pour l'entreprise d'être sauvegardée, le tribunal arrête dans ce but un plan qui met fin à la période d'observation *(C. com., art. L. 626-1)*.

À tout moment de la période d'observation, le tribunal, à la demande du débiteur, peut ordonner la cessation partielle de l'activité. Dans les mêmes conditions, à la demande du débiteur, de l'administrateur, du mandataire judiciaire, du ministère public ou d'office, il peut convertir la procédure en un redressement judiciaire ou prononcer la liquidation judiciaire, si les conditions en sont réunies *(C. com., art. L. 622-10)*.

Dans ce dernier cas, il met fin à la période d'observation et, sous réserve des dispositions de l'article L. 641-10, à la mission de l'administrateur désigne un administrateur judiciaire pour administrer l'entreprise ; dès lors, est dépourvu de cause réelle et sérieuse le licenciement prononcé par l'administrateur désigné au titre de la procédure de sauvegarde *(Cass. soc., 15 nov. 2011, n° 10-17.015, Bull. V n° 263, RJS 2012 n° 128)*.

Le tribunal de commerce peut également, à la demande du débiteur, mettre fin à la procédure de sauvegarde lorsque les difficultés qui en ont justifié l'ouverture ont disparu *(C. com., art. L. 622-12)*.

§ 1. LE RÔLE DES REPRÉSENTANTS DU PERSONNEL PENDANT LA PROCÉDURE DE SAUVEGARDE

23.2.1. – Le tribunal de commerce ne peut statuer qu'après avoir entendu ou dûment appelé les représentants du comité social et économique sur :

– l'ouverture de la procédure de sauvegarde *(C. com., art. L. 621-1)* ;
– la décision de cession partielle d'activité *(C. com., art. L. 622-10)* ;
– le jugement arrêtant le plan de sauvegarde *(C. com., art. L. 626-9)* ;
– la modification substantielle apportée dans les objectifs et les moyens de plan de sauvegarde *(C. com., art. L. 626-26)* ; la décision de convertir la procédure de sauvegarde en procédure de redressement ou de liquidation judiciaire *(C. com., art. L. 622-10)*.

Par ailleurs, sous réserve de quelques aménagements, les règles de droit commun relatives à l'information et de consultation des représentants du personnel en cas de licenciement économique collectif sont applicables *(cf. n°* ***23.2.3****)*.

En l'absence de comité social et économique, le représentant des salariés, choisi par ces derniers *(cf. n°* ***12.7.1*** *et* ***23.3.4****)*, exerce les fonctions dévolues à cette institution au titre de la procédure collective *(C. com., art. L. 621-4)*. Toutefois, en l'absence de mise en place de celle-ci et de procès-verbal de carence, la seule intervention du représentant des salariés ne couvre pas l'irrégularité de procédure qui en résulte *(Cass. soc., 23 sept. 2008, n° 06-45.528, Bull. V n° 170, RJS 2008 n° 1178)*.

Les salariés privés de ce fait d'une possibilité de représentation et de défense de leurs intérêts peuvent prétendre à l'indemnisation de ce préjudice *(Cass. soc., 17 mai 2011, n° 10-12.852, Bull. V n° 108, RJS 2011 n° 713)*.

§ 2. LE PLAN DE SAUVEGARDE
(C. com., art. L. 626-2)

23.2.2. – Au vu du bilan économique, social et, le cas échéant, environnemental, le débiteur, avec le concours de l'administrateur, propose un plan.

Le projet de plan sur lequel statue le tribunal de commerce :
– détermine les perspectives de redressement en fonction des possibilités et des modalités d'activités, de l'état du marché et des moyens de financement disponibles ;
– recense, annexe et analyse les offres d'acquisition portant sur une ou plusieurs activités, présentées par des tiers ;
– indique la ou les activités dont sont proposés l'arrêt ou l'adjonction ;
– expose et justifie le niveau et les perspectives d'emploi ainsi que les conditions sociales envisagées pour la poursuite d'activité.

Lorsque le projet prévoit des licenciements pour motif économique, il rappelle les mesures déjà intervenues et définit les actions à entreprendre en vue de faciliter le reclassement et l'indemnisation des salariés dont l'emploi est menacé.

Le plan peut comporter la cession d'une ou plusieurs activités *(C. com., art. L. 626-1)*. Ces cessions sont soumises aux dispositions encadrant la cession opérée dans le cadre de la liquidation judiciaire *(cf. n°* ***23.5.6.2****)*. Le comité social et économique est informé et consulté sur *(C. com., art. L. 626-8)* :

– les mesures que le débiteur envisage de proposer dans le projet de plan de sauvegarde au vu des informations et offres reçues ;
– le bilan économique et social et le projet de plan, qui lui sont communiqués par l'administrateur et complétés, le cas échéant, de ses observations.

Ces documents mentionnés simultanément adressés à l'autorité administrative compétente en matière de droit du travail.

Le procès-verbal de la réunion à l'ordre du jour de laquelle a été inscrite la consultation des représentants du personnel est transmis au tribunal ainsi qu'à l'autorité administrative.

§ 3. L'APPLICATION DES RÈGLES DE DROIT COMMUN AUX LICENCIEMENTS PENDANT LA PROCÉDURE DE SAUVEGARDE

23.2.3. – L'ouverture de la procédure de sauvegarde ne constitue pas en soi une cause de rupture des contrats de travail *(C. com., art. L. 622-13-I : « Nonobstant toute disposition légale ou toute clause contractuelle, aucune indivisibilité, résiliation ou résolution d'un contrat en cours ne peut résulter du seul fait de l'ouverture d'une procédure de sauvegarde »)*.

Les règles de droit commun, et notamment les dispositions relatives à la protection des représentants du personnel *(C. trav., art. L. 2411-1 et s.)*, sont applicables.

A. Licenciements économiques pendant la période d'observation

23.2.3.1. – Ces licenciements sont soumis aux règles du droit commun. Ils ne font pas l'objet d'une autorisation du juge-commissaire – à la différence des licenciements prononcés pendant la période d'observation de la procédure de redressement judiciaire *(cf. n°* ***23.3.2****)* – et sont notifiés individuellement par l'employeur *(instruction DGEFP/DGT n° 2013-13 du 19 juillet 2013 précitée, fiche 4 actualisée ; cf. également P.-M. Le Corre, Droit et pratique des procédures collectives, 4e éd., § 432.21 ; Y. Chagny, « Observations sur un thème discret : le licenciement pour motif économique de la procédure de sauvegarde », Dr ouvrier 2008, p. 238 ; S. Vernac, « Le droit du licenciement dans la procédure de sauvegarde », RDT 2007, p. 434)*. En effet :

– le II de l'article 165 de la loi du 26 juillet 2005 a pour objet et pour effet de ne pas étendre les dispositions des anciens articles

L. 321-8 et L. 321-9 [L. 1233-58] du Code du travail à la procédure de sauvegarde ;
- le III de l'article L. 622-1 du Code de commerce précise par ailleurs que « *dans sa mission, l'administrateur est tenu au respect des obligations légales et conventionnelles incombant au chef d'entreprise* ».

B. Licenciements économiques dans le cadre du plan de sauvegarde arrêté par jugement du tribunal de commerce

23.2.3.2. – Le plan de sauvegarde peut prévoir des licenciements pour motif économique. Dans ce cas, « *il rappelle les mesures déjà intervenues et définit les actions à entreprendre en vue de faciliter le reclassement et l'indemnisation des salariés dont l'emploi est menacé* » *(C. com., art. L. 626-2)*.

1. *Plan de sauvegarde sans cession de l'entreprise*

23.2.3.2.1. – Il est fait application des règles de droit commun pour les licenciements économiques prononcés dans le cadre du plan.

Ce principe vaut notamment pour les licenciements collectifs de dix salariés et plus dans une période de trente jours dans les entreprises d'au moins cinquante salariés, à l'exception, pour les procédures engagées après le 1er juillet 2013 :
- du délai unique de huit jours à compter de la date de réception de la demande, imparti à l'autorité administrative pour la validation ou l'homologation du plan de sauvegarde de l'emploi *(C. trav., art. L. 1233-58 III ; L. n° 2013-504 relative à la sécurisation de l'emploi, complétée par l'ordonnance n° 2014-326 du 12 mars 2014 portant réforme de la prévention des difficultés des entreprises et des procédures collectives)* ;
- du délai de réexamen de la demande par l'autorité administrative après une décision de refus : après consultation, dans un délai de trois jours à compter de la notification du refus, du comité social et économique sur le projet modifié, l'autorité administrative dispose d'un délai de trois jours à compter de la réception de la nouvelle demande pour statuer *(C. trav., art. L. 1233-58 III, préc.)*.

2. *Plan de sauvegarde arrêté par jugement avec cession partielle*

23.2.3.2.2. – En cas de cession partielle prévue par le plan de sauvegarde, les règles de la procédure de licenciement économique sont celles applicables aux plans de cession dans le cadre d'une liquidation judiciaire *(C. com., art. L. 626-1 al. 2 ; cf. n°* ***23.5.6.2****)*.

Cependant, à la différence de celles-ci, l'autorité administrative saisie d'une demande de validation ou d'homologation d'un plan de sauvegarde de l'emploi dispose d'un délai de huit jours, et non de quatre jours *(C. trav., art. L. 1233-58-II ; instruction DGEFP/DGT n° 2013-13 du 19 juillet 2013 précitée, fiche n° 4 actualisée ; cf. n° **23.5.7**)*. Ce délai court à compter de la date de réception de la demande *(C. trav., art. L. 1233-58-III)*.

C. Le rôle des autorités administratives

23.2.3.3. – Il appartient à l'administration du travail, qui doit être informée de l'ouverture de la période d'observation *(cf. n° **23.2.3.3.1**)*, de contrôler la régularité de la procédure de consultation de droit commun des représentants du personnel. Deux cas de figure sont alors envisageables :

– si le projet de licenciement économique doit donner lieu à l'établissement d'un PSE, ce contrôle relève de la seule compétence du DREETS, dans le cadre de la procédure de validation ou d'homologation du plan *(cf. n° **23.2.3.3.2**)* ;
– si tel n'est pas le cas, il appartient à l'inspecteur du travail, saisi d'une demande d'autorisation de licenciement d'un salarié protégé, de procéder à cette vérification de la régularité de cette procédure de consultation.

1. L'information du DREETS

23.2.3.3.1. – Une copie du jugement d'ouverture de la période d'observation doit être transmise au DREETS *(C. trav., art. R. 1233-7)*. L'autorité administrative doit en outre recevoir par voie dématérialisée l'ensemble des informations communiquées aux représentants du personnel *(C. trav., art. D. 1233-5)*.

2. La validation ou l'homologation du plan de sauvegarde de l'emploi par le DREETS

23.2.3.3.2. – Le DREETS procède à la validation ou à l'homologation du plan de sauvegarde de l'emploi selon les règles de droit commun *(cf. n° **410.2.1**)*.

En cas de refus de validation ou d'homologation, il est procédé à une modification du projet, soumis ensuite à l'avis du comité social et économique, puis à sa transmission pour validation ou homologation au DREETS dans des conditions identiques à celles applicables aux licenciements économiques prononcés dans le cadre du plan de sauvegarde arrêté par le tribunal *(C. trav., art. L. 1233-58-III ; cf. n° **23.2.3.2.1**)*.

S'agissant de l'incidence sur les licenciements notifiés, il est également fait application des règles de droit commun :

– en cas de licenciements intervenus en l'absence de toute décision relative à la validation ou à l'homologation ou alors qu'une décision négative a été rendue *(C. trav., art. L. 1235-10 al. 1 ; cf. n° **410.2.8**)* ;

– en cas d'annulation de la décision administrative de validation ou d'homologation fondée sur un motif autre que l'absence ou l'insuffisance de plan de sauvegarde de l'emploi, et notamment l'irrégularité de la procédure *(C. trav., art. L. 1235-16 ; cf. n°* ***410.2.10****)* ;

– en cas d'annulation de la décision administrative de validation ou d'homologation fondée sur l'absence ou l'insuffisance de plan de sauvegarde de l'emploi *(C. trav., art. L. 1235-10 al. 2 ; cf. n°* ***410.2.10****)*.

S'agissant de l'office du juge saisi d'une contestation de la décision d'homologation ou de validation, il y a lieu de se reporter au n° **410.2.10.1.2**.

SECTION 3

La procédure applicable aux licenciements intervenant pendant la période d'observation de la procédure de redressement judiciaire

23.3. – La procédure de redressement judiciaire est ouverte à tout débiteur qui, dans l'impossibilité de faire face au passif exigible avec son actif disponible, est en cessation des paiements. Elle est destinée à permettre la poursuite de l'activité de l'entreprise, le maintien de l'emploi et l'apurement du passif *(C. com., art. L. 631-1)*.

La procédure comprend deux phases : une période d'observation, puis, à l'issue de cette période, l'adoption d'un plan arrêté par jugement du tribunal. Si aucun plan ne peut être arrêté, la procédure de redressement judiciaire est convertie en liquidation judiciaire.

§ 1. LE CADRE DE LA PÉRIODE D'OBSERVATION

23.3.1. – Le tribunal statue sur l'ouverture de la procédure, après avoir entendu ou dûment appelé en chambre du conseil le débiteur et les représentants du comité social et économique *(C. com., art. L. 621-1)*.

De même que la procédure de sauvegarde, la période d'observation a une durée maximale de six mois qui peut être renouvelée une fois par décision motivée à la demande de l'administrateur, du débiteur ou du ministère public. Elle peut en outre être exceptionnellement prolongée à la demande du procureur de la République par décision motivée du tribunal *(C. com., art. L. 631-7 : renvoi à l'art. L. 621-3)*.

Au plus tard au terme d'un délai de deux mois à compter du jugement d'ouverture, le tribunal ordonne la poursuite de la période d'observation s'il lui apparaît que le débiteur dispose à cette fin de capacités de financement suffisantes *(C. com., art. L. 631-15)*.

À tout moment de la période d'observation, le tribunal peut ordonner la cessation partielle de l'activité ou prononcer la liquidation judiciaire si le redressement est manifestement impossible *(C. com., art. L. 631-15).*

§ 2. L'ENCADREMENT DES LICENCIEMENTS

23.3.2. – En tant que telle « *l'ouverture du redressement judiciaire n'est pas une cause de rupture des contrats de travail* » *(Cass. soc., 5 oct. 1999, n° 96-40.746, Bull. V n° 367, RJS 1999 n° 1359 ; Cass. soc., 28 mars 2000, n° 97-43.923, RJS 2020 n° 516).*

Lorsque les licenciements présentent « *un caractère urgent, inévitable et indispensable* », le juge commissaire peut par ordonnance autoriser l'administrateur désigné par le tribunal à procéder aux licenciements *(C. com., art. L. 631-17).*

S'agissant d'un licenciement collectif, la saisine du juge-commissaire doit être précédée, en application des dispositions de l'article L. 1233-58 du Code du travail, de l'information et la consultation du comité social et économique *(cf. n°* ***23.3.3****)* ainsi que, pour les procédures de licenciement engagées après le 1er juillet 2013 et nécessitant la mise en œuvre d'un plan de sauvegarde de l'emploi, de l'obtention de la décision de validation ou d'homologation de l'autorité administrative prévue à l'article L. 1233-57-4 du Code du travail *(C. com., art. L. 631-17 ; pour la procédure de validation ou d'homologation, cf. n°* ***23.3.6.2****).*

L'administrateur peut engager la procédure avant l'autorisation du juge-commissaire mais, en tout état de cause, la lettre de licenciement ne pourra être adressée qu'après obtention de l'autorisation *(Cass. soc., 18 juin 1997, n° 96-40.279, Bull. V n° 226, Dr soc 1997, p. 983, RJS n° 964 ; Cass. soc., 18 juill. 2000, n° 98-42.929).*

Si après autorisation donnée par ordonnance du juge-commissaire, il appartient à l'administrateur judiciaire de procéder aux licenciements pour motif économique, la circonstance que le licenciement prononcé au visa de cette ordonnance ait été notifié par le débiteur au lieu de l'administrateur ne suffit pas à le priver de cause réelle et sérieuse mais ouvre droit à indemnisation pour inobservation de la procédure *(Cass. soc., 11 juin 2008, n° 07-40.352, Bull. V n° 131).* Le licenciement disciplinaire notifié par le débiteur est frappé d'inopposabilité à la procédure collective *(Cass. soc., 23 mai 2007, n° 05-42.490, RJS 2007 n° 927 ; Cass. soc., 19 sept. 2007 n° 05-45.628)* mais produira ses effets dans les rapports entre l'employeur et le salarié.

Si le licenciement a été notifié avant l'ordonnance du juge-commissaire, il est regardé comme dépourvu de cause réelle et sérieuse *(Cass. soc., 3 mai 2001, n° 99-41.813, Bull. V n° 151).*

En outre, il découle des termes de l'article L. 631-17 du Code de commerce que l'autorisation délivrée par le juge-commissaire de procéder à des licenciements qui présentent un caractère urgent, inévitable et indispensable pendant la période d'observation ne peut être prise que durant cette période. Dès lors, alors même qu'elle n'est pas compétente pour apprécier la régularité de l'autorisation donnée par le juge-commissaire *(Cass. soc., 23 mars 2016, n° 14-22.950, Bull V n° 52, RDT 2016 p. 263, obs. P. Fabre)*, l'administration ne peut légalement autoriser un licenciement demandé sur le fondement d'une autorisation délivrée par le juge-commissaire si la période d'observation a expiré à la date à laquelle l'employeur la saisit de sa demande *(CE, 12 juin 2019, n° 410.987, Sté Vitembal Tarascon, mentionné aux Tables ; AJDA 2019, p. 2217 ; P. Bailly, « L'autorisation de transfert du salarié investi d'un mandat protecteur » Dr soc. 2024, p. 499 ; C. Gailhbaud, « Le particularisme de licencier un salarié protégé dans l'entreprise en redressement ou en liquidation judiciaire », Dr soc. 2024, p, 505)*.

§ 3. LE PRINCIPE DE LA CONSULTATION DES REPRÉSENTANTS DU PERSONNEL

23.3.3. – L'administrateur réunit et consulte le comité social et économique avant de saisir le juge-commissaire de sa demande tendant à ce que soient autorisés des licenciements pendant la période d'observation *(C. com., art. L. 631-17)*. Il doit joindre à l'appui de sa demande l'avis des représentants du personnel.

Cette consultation doit être effectuée dans les conditions prévues à l'article L. 1233-58 du Code du travail *(cf. n° **23.3.5**)*.

Elle relève de la responsabilité propre de l'administrateur en vertu des dispositions des articles L. 631-12 et L. 631-17 du Code de commerce, alors même que ce dernier aurait uniquement été investi d'une mission d'assistance du dirigeant de l'entreprise *(Cass. crim., 28 nov. 1995, n° 93-85.808, Bull. crim. n° 361)*.

§ 4. LA CONSULTATION DU REPRÉSENTANT DES SALARIÉS EN L'ABSENCE DE REPRÉSENTANTS DU PERSONNEL

23.3.4. – En l'absence de comité social et économique, le représentant des salariés, choisi par ces derniers *(cf. n° **12.7.1**)*, exerce les fonctions dévolues à ces institutions pour cette procédure *(C. com., art. L. 621-4 auquel renvoie l'art L. 631-9)*. Toutefois, en l'absence de mise en place de cette institution représentative et de procès-verbal de carence, la seule intervention du représentant des salariés ne couvre pas l'irrégularité de procédure résultant du défaut de sa mise en place *(Cass. soc., 23 sept. 2008, n° 06-45.528, Bull. V n° 170, RJS 2008 n° 1178)*.

S'agissant des projets de licenciement collectif soumis à la procédure d'homologation par l'autorité administrative dans le cadre d'une procédure de redressement judiciaire, celle-ci peut cependant accorder l'homologation « *à titre exceptionnel, au vu des circonstances et des motifs justifiant le défaut d'établissement du procès-verbal de carence* » *(C. trav., art. L. 1233-58 II, modifié par l'ordonnance n° 2014-699 du 20 juin 2014 portant simplification et adaptation du droit du travail, art. 20)*. Elle doit alors indiquer dans la motivation de sa décision tout élément l'ayant conduite à statuer en ce sens *(CE, 8 déc. 2021, n° 435.919, M. F. c. / Sté Gilibert, mentionné aux Tables, RJS 2022 n° 64)*.

§ 5. LES MODALITÉS DE LA CONSULTATION

23.3.5. – Suivant le nombre de licenciements envisagés et l'effectif de l'entreprise, les dispositions applicables s'agissant de la procédure de consultation sont les suivantes *(C. trav., art. L. 1233-58)* :

Projet de licenciement	**Entreprise de moins de 50 salariés**	**Entreprise d'au moins 50 salariés**
Moins de 10 salariés	Art. L. 1233-8 *(cf. n° 22.4.2)*	Art L. 2312-39 Art. L. 1233-8 *(cf. n° 22.4.2)*
10 salariés et plus	Art. L. 1233-29 1er al.	Art. L. 2312-40 Art. L. 1233-30-I (sauf dernier alinéa) Art. L. 1233-30-II (dernier alinéa) Art. L. 1233-31 à L. 1233-34 Art. L. 1233-35, 1er al.

Les dispositions applicables en cas de projet de licenciement portant sur au moins dix salariés n'imposent pas, à la différence des règles de droit commun, la tenue de deux réunions du comité social et économique *(C. trav., art. L. 1233-58-I ; instruction DGEFP/DGT n° 2013-13 du 19 juillet 2013 préc., fiche n° 4 actualisée)*.

Toutefois, il avait été jugé que le comité d'entreprise [comité social et économique] avait la faculté de se faire assister d'un expert-comptable et, pour émettre son avis, il devait pouvoir disposer d'un délai d'examen suffisant, ce qui imposait la tenue d'une seconde réunion *(Cass. soc., 7 juill. 1998, n° 96-21.205, Bull. V n° 371, RJS 1998 n° 973)*. Appelé à se prononcer sur la validité d'une décision d'homologation d'un plan de sauvegarde de l'emploi, le Conseil d'État a adopté la même position : « *lorsque le comité d'entreprise a décidé de recourir à l'assistance d'un expert (...), il appartient à l'administration de s'assurer que l'expert a pu exercer sa mission dans des conditions permettant au comité d'entreprise (CSE) de disposer de tous les éléments utiles pour formuler ses deux avis en toute connaissance de cause. En particulier, même si, en cas de redressement et de liquidation judiciaires, une seule réunion du comité d'entreprise est en principe prévue par l'article L. 1233-58, le recours à un expert, destiné à éclairer le comité d'entreprise, justifie qu'il soit réuni une seconde fois afin de ne pas priver d'effet le recours à l'expertise, il appartient alors à l'administration de s'assurer que les deux avis du comité d'entreprise ont été recueillis après que ce dernier a été mis à même de prendre connaissance des analyses de l'expert ou, à défaut de remise du rapport de l'expert, à une date à laquelle, eu égard notamment aux délais propres à la procédure ouverte par le tribunal de commerce et aux diligences de l'employeur, l'expert a disposé d'un délai suffisant pour réaliser sa mission dans des conditions permettant au comité d'entreprise de formuler ses avis en connaissance de cause » (CE, 15 avr. 2021, n° 426.287, Confédération générale du travail de la Guadeloupe, mentionné aux Tables, RJS 2021 n° 388, RDT 2021, p. 286).*

De manière générale, les représentants du personnel doivent être en mesure de faire valoir utilement leurs observations et les dispositions nationales sont interprétées à la lumière de la directive 2002/14/CE du 11 mars 2002.

Les règles de consultation de droit commun sont applicables.

Les accords collectifs dits de méthode ne peuvent déroger aux dispositions de l'article L. 1233-58 *(C. trav., art. L. 1233-23, cf. n° **22.6.4.9**)*.

§ 6. LE RÔLE DES AUTORITÉS ADMINISTRATIVES

23.3.6. – Il appartient à l'administration du travail, qui doit être informée de l'ouverture de la période d'observation *(cf. n° **23.3.6.1**)*, de contrôler la régularité de la procédure de consultation de droit commun des représentants du personnel. Deux cas de figure sont alors envisageables :

– si le projet de licenciement économique doit donner lieu à l'établissement d'un PSE, ce contrôle relève de la seule compétence du DREETS, dans le cadre de la procédure de validation ou d'homologation du plan *(cf. n° **23.3.6.2**)* ;
– si tel n'est pas le cas, il appartient à l'inspecteur du travail, saisi d'une demande d'autorisation de licenciement d'un salarié protégé, de procéder à la vérification de la régularité de cette procédure de consultation.

A. L'information de l'autorité administrative

23.3.6.1. – Une copie du jugement d'ouverture de la période d'observation doit être transmise au DREETS *(C. trav., art. R. 1233-7)*. L'autorité administrative doit en outre recevoir l'ensemble des informations communiquées aux représentants du personnel *(C. trav., art. D. 1233-5)*.

B. La validation ou l'homologation du plan de sauvegarde de l'emploi par l'autorité administrative

23.3.6.2. – La validation ou l'homologation par l'autorité administrative, à laquelle sont soumises les procédures de licenciement engagées après le 1er juillet 2013 et nécessitant la mise en œuvre d'un plan de sauvegarde de l'emploi, intervient avant l'ordonnance du juge-commissaire autorisant les licenciements *(C. com., art. L. 631-17)*. Pour mettre en œuvre le plan de sauvegarde de l'emploi, l'employeur ou son représentant doit donc disposer également de la décision d'autorisation du juge-commissaire.

Le DREETS dispose d'un délai de huit jours pour instruire la décision de validation ou d'homologation, à compter de la date de la dernière réunion du comité social et économique, au cours de laquelle il est consulté pour avis *(C. trav., art. L. 1233-58-II)*.

L'administrateur doit communiquer au juge-commissaire la décision administrative rendue par le DREETS *(C. com., art. L. 631-17)*, ou, le cas échéant, le courrier envoyé par l'autorité administrative l'informant de la date de naissance d'une décision implicite de validation ou l'homologation du plan de sauvegarde de l'emploi.

En cas de refus de validation ou d'homologation, il est procédé à une modification du projet, soumis ensuite à l'avis du comité social et économique, puis à sa transmission pour validation ou homologation au DREETS dans des conditions identiques à celles applicables aux licenciements économiques prononcés dans le cadre du plan de sauvegarde arrêté par le tribunal *(C. trav., art. L. 1233-58-III ; cf. n°* ***23.2.3.2.1****)*.

Le principe de l'irrégularité de la procédure de licenciement collectif, prévu par l'article L. 1233-15 du Code du travail, lorsque l'entreprise, assujettie à l'obligation de mise en place du comité social et économique, n'a pas procédé à celle-ci ni établi de procès-verbal de carence *(cf. n°* ***22.8****)*, a cependant été assoupli pour les entreprises en redressement ou en liquidation judiciaire : « *à titre exceptionnel, au vu des circonstances et des motifs justifiant le défaut d'établissement du procès-verbal de carence mentionné à l'article L. 2324-8, l'autorité administrative peut prendre une décision d'homologation* » *(C. trav., art. L. 1233-58 II, modifié par l'ordonnance n° 2014-699 du 20 juin 2014 portant simplification et adaptation du droit du travail, art. 20 ; CE, 8 déc. 2021, n° 435.919, mentionné aux Tables ; application de ces dispositions aux entreprises en redressement ou liquidation judiciaire)*.

En cas de licenciements intervenus en l'absence de toute décision relative à la validation ou à l'homologation ou en cas d'annulation d'une décision ayant procédé à la validation ou à l'homologation, le juge octroie au salarié une indemnité à la charge de l'employeur qui ne peut être inférieure aux salaires des six derniers mois. Mais la sanction de nullité, prévue par l'article L. 1235-10 alinéa 2 en cas d'annulation en raison d'une absence ou d'une insuffisance de plan de sauvegarde, ou par l'article L. 1235-16 en cas d'annulation pour tout motif autre, et notamment les irrégularités de procédure, ne s'applique pas aux licenciements opérés dans le cadre d'une procédure de redressement ou de liquidation judiciaire *(C. trav., art. L. 1235-10 al. 3 et art. L. 1233-58 II ; cf. Cons. const.,*

28 mars 2013, décision n° 2013-299 QPC, RJS 2013 n° 438, déclarant conformes à la Constitution les dispositions de l'article L. 1235-10 al. 3).

§ 7. LA PROCÉDURE SPÉCIALE APPLICABLE AU LICENCIEMENT DES REPRÉSENTANTS DU PERSONNEL

A. Le principe du respect de la procédure spéciale

23.3.7.1. – Antérieurement à l'entrée en vigueur de la loi du 25 janvier 1985, le Conseil d'État avait jugé que les licenciements des représentants du personnel intervenant dans le cadre d'un règlement judiciaire devaient être autorisés par l'inspecteur du travail, y compris dans le cas d'une cessation totale d'activité *(CE, 28 mai 1986, n° 53.903, Sté Prony-Clinique).*

Sur le fondement des dispositions du Code du travail introduites par la loi du 28 octobre 1982 *(derniers alinéas des art. L. 412-18, L. 425-1 et L. 436-1)* et des dispositions de la loi du 25 janvier 1985, la nécessité d'une autorisation de l'inspecteur du travail a été confirmée.

Il en a été jugé de même, s'agissant du représentant des salariés *(Cass. soc., 5 mai 1993, n° 92.40-835, Bull. V n° 127)* ou du conseiller prud'homme *(Cass. crim., 25 mai 2004, n° 02-86.937, Bull. crim. n° 137, Dr soc 2004, p. 920, obs. F. Duquesne, Rapport 2004 de la Cour de cassation, p. 418).*

L'obligation de respecter la procédure spéciale est prévue à ce jour par l'article L. 2411-1 du Code du travail.

L'ordonnance du juge commissaire, même nominative, ne dispense pas du respect de la procédure spéciale *(Cass. soc., 5 mai 1993, n° 92-40.835, préc.).*

B. L'organisation de l'entretien préalable et de la consultation du comité social et économique sur le licenciement du salarié protégé

23.3.7.2. – L'article R. 2421-9 du Code du travail précise que la consultation du comité social et économique sur le licenciement du salarié protégé ne peut intervenir avant la réunion de consultation des représentants du personnel sur le projet de licenciement que l'administrateur doit organiser *(C. trav., art. L. 1233-58).* Ce texte ne fait donc pas obstacle à ce que l'avis du comité soit recueilli lors de cette réunion.

Cependant, les considérations suivantes nous conduisent à écarter une telle solution :

– en principe, le choix des salariés concernés ne peut intervenir que postérieurement à l'autorisation accordée par le juge-commissaire, laquelle est nécessairement postérieure à la réunion de consultation des représentants du personnel ;

– l'arrêt rendu le 10 mai 1999 par la Cour de cassation, qui paraît transposable au licenciement du salarié protégé intervenant dans le cadre d'une procédure collective, conduit à généraliser l'entretien préalable *(Cass. soc., n° 97-40.510, Bull. V n° 207, RJS 1999 n° 831, Dr ouvrier oct. 2000, p. 56* ; *cf. n°* ***22.14.1.2)*** ; or, cet entretien individuel ne saurait être organisé avant la réunion de consultation du comité social et économique prévue par l'article L. 1233-58.

L'articulation des procédures générale et spéciale conduit donc nécessairement, nous semble-t-il, à l'organisation de deux réunions :

– **la première** précédant l'autorisation du juge-commissaire et au cours de laquelle l'avis des représentants du personnel est recueilli sur le projet d'ensemble ;
– **la seconde** suivant cette autorisation et au cours de laquelle le comité est amené à émettre son avis sur le licenciement du salarié protégé.

L'entretien préalable doit être placé entre ces deux réunions.

Dans le cas où le comité social et économique décide de recourir à l'expert-comptable, un délai d'examen suffisant doit lui être laissé *(Cass. soc., 7 juill. 1998, n° 96-21.205, Bull. V n° 371, RJS 1998 n° 973)*. Une nouvelle réunion doit alors être organisée avant que le juge-commissaire statue. Dans ce cas, l'entretien préalable et la consultation du comité sur le licenciement du salarié protégé doivent intervenir après cette réunion.

§ 8. L'AUTORITÉ DE L'ORDONNANCE DU JUGE-COMMISSAIRE AUTORISANT LES LICENCIEMENTS

A. Les dispositions applicables

23.3.8.1. – L'ordonnance doit se borner à indiquer le nombre de salariés dont le licenciement est autorisé ainsi que les activités et les catégories professionnelles concernées *(C. com., art. R. 631-26)*. Elle est notifiée aux représentants du personnel ou, le cas échéant, au représentant des salariés.

Le nombre de licenciements économiques arrêtés par le juge-commissaire peut être différent de celui mentionné dans le projet de licenciement validé ou homologué par l'autorité administrative, sans être cependant supérieur à celui-ci *(instruction DGEFP/DGT n° 2013-13 du 19 juillet 2013 précitée, fiche n° 4 actualisée)*.

Le délai prévu par l'article L. 1233-15 du Code du travail pour l'envoi des lettres de licenciement n'est pas applicable en vertu de l'article L. 1233-59 afin que soient assurés les délais impartis pour la prise en charge des créances par l'AGS *(cf. n°* ***23.6.1.1)***.

La cour d'appel a le pouvoir d'ouvrir une nouvelle procédure de redressement judiciaire *(C. com., art. R. 631-6)*. Cette procédure étant alors de même nature que la procédure annulée, les licenciements économiques régulièrement autorisés dans ce cadre ne seront pas remis en cause.

L'annulation du jugement étendant la procédure de redressement à une société entraîne par voie de conséquence l'annulation de la décision du juge-commissaire autorisant les licenciements, lesquels sont regardés comme dépourvus de cause réelle et sérieuse *(Cass. soc., 24 juin 2008, n° 07-41.972, Bull. V n° 139, RJS 2008 n° 998 ; Cass. soc., 19 nov. 2008, n° 07-44.416, RJS 2009 n° 158)*. Il en va différemment si la cour d'appel, qui annule cette décision, prononce la même mesure en vertu des pouvoirs qu'elle tient de l'article R. 631-6 du Code de commerce.

B. La portée juridique de l'ordonnance : le principe

23.3.8.2. – L'autorité de l'ordonnance ne s'attache « *qu'à l'existence d'une suppression ou d'une transformation d'emploi ou d'une modification du contrat de travail consécutive à des difficultés économiques, à une mutation technologique ou à une réorganisation nécessaire pour assurer la sauvegarde de la compétitivité de l'entreprise* ».

Par suite, l'autorité de l'ordonnance ne saurait s'étendre « *ni à la question de la situation individuelle du salarié au regard de l'obligation de reclassement qui pèse sur l'employeur, ni au droit du salarié inclus dans un licenciement collectif de contester la régularité de la procédure* » *(Cass. soc., 3 mars 1998, n° 95-45.201, Bull. V n° 112, Dr soc, p. 508, RJS 1998 n° 439 ; Cass. soc., 12 janv. 1999, n° 96-41.756, Bull. V n° 11, RJS 1999 n° 186 ; Cass. soc., 10 mai 1999, n° 96-44.647, Bull. V n° 204 ; Cass. soc., 8 juin 1999, n° 96-44.811, Bull. V n° 268, RJS 1999 n° 908)*.

Appelé à se prononcer sous l'empire des dispositions de la loi du 27 juin 2013, le Conseil d'État a jugé que la mention, dans l'ordonnance du juge-commissaire, des catégories professionnelles au sein desquelles les licenciements sont autorisés n'a pas, dans le cadre de la période d'observation, pour effet de leur conférer une autorité de chose jugée dans le litige d'excès de pouvoir relatif à la décision d'homologation du PSE et ne fait pas obstacle à ce que la légalité de ces catégories professionnelles soit contestée au soutien d'un recours en excès de pouvoir dirigé contre la décision d'homologation de ce PSE *(CE, 22 mai 2019, n° 407.401, M. A., Mme M... et syndicat CGT FAPT Télécoms 13, mentionné aux Tables)*.

C. La portée juridique de l'ordonnance : l'application du principe

1. *L'ordonnance n'a pas à dresser la liste nominative des salariés licenciés*

23.3.8.3.1. – L'ordonnance n'a pas à dresser la liste nominative des salariés licenciés *(Cass. soc., 18 juin 1997, n° 96-40.279, Bull. V n° 226, Dr soc 1997, p. 983, RJS 1997 n° 964)*. Une telle liste nominative serait dépourvue d'effet *(Cass. soc., 26 juin 1991, n° 90-46.055, Bull. V n° 328,*

RJS 1991 n° 960 ; Cass. soc., 3 mars 1998, n° 95-45.201, Bull. V n° 112, RJS 1998 n° 439 ; Cass. soc., 27 oct. 1998, n° 95-42.220, Bull. V n° 452, Dr soc 1999, p. 203).

C'est à l'administrateur judiciaire qu'il incombe de désigner les salariés à licencier compte tenu des critères applicables de l'ordre des licenciements *(Cass. soc., 18 juin 1997, n° 96-40.279, Bull. V n° 226, Dr soc 1997, p. 983, RJS 1997 n° 964).*

2. *L'incidence de l'omission des précisions concernant les activités et les catégories professionnelles concernées*

23.3.8.3.2. – L'ordonnance nominative, qui ne précise pas les activités et les catégories professionnelles concernées, est dépourvue d'effet et, par voie de conséquence, les licenciements prononcés sont sans cause réelle et sérieuse *(Cass. soc., 5 oct. 2004, n° 02-42.111, Bull. V n° 244, RJS 2004 n° 1269, Rapport 2004 de la Cour de cassation, p. 258 ; Cass. soc., 12 juin 2007, n° 05-45.669, RJS 2007 n° 935, RDT 2007, p. 522, obs. P. Waquet).*

3. *L'ordonnance ne dispense pas du respect de la procédure spéciale s'agissant des salariés protégés*

23.3.8.3.3. – Il convient de se reporter au n° **23.3.7.1.**

4. *La lettre de licenciement visant l'ordonnance du juge-commissaire autorisant les licenciements est suffisamment motivée*

23.3.8.3.4. – La jurisprudence est constante *(Cass. soc., 5 mai 1998, n° 95-40.171, Bull. V n° 217, RJS 1998 n° 713 ; Cass. soc., 21 oct. 1998, n° 96-40.139, RJS 1998 n° 1460).*

À défaut du visa de l'ordonnance, la lettre de licenciement n'est pas motivée et le licenciement est sans cause réelle et sérieuse *(Cass. soc., 12 janv. 2000, n° 97-43.401, RJS 2000 n° 256).*

La jurisprudence a été maintenue par l'assemblée plénière de la Cour de cassation *(Cass. ass. plén. 24 janv. 2003, n° 00-41.741, Bull. AP n° 1, RJS 2003 n° 435, Dr ouvrier 2003, p. 198, Rapport 2003 de la Cour de cassation, p. 319 : les lettres de licenciement se bornaient à préciser que les licenciements étaient la conséquence du jugement de redressement judiciaire et n'ont pas été jugées suffisamment motivées).*

Elle a été confirmée :

– dans une affaire où la lettre de licenciement se bornait à indiquer qu'une procédure de redressement avait été ouverte *(Cass. soc., 19 mars 2003, n° 01-44.376, Bull. V n° 104)* ;
– dans un cas où le licenciement du salarié avait été nominativement autorisé par le juge-commissaire dans son ordonnance qui avait été notifiée à l'intéressé et où la lettre de licenciement faisait référence à la procédure collective en cours sans mentionner

cependant l'ordonnance *(Cass. soc., 20 mars 2007, n° 05-43.824, RJS 2007 n° 545)* ;

– dans une affaire où la lettre de licenciement ne faisait pas référence à l'ordonnance du juge commissaire *(Cass. soc., 31 mars 2004, n° 03-40.703)*.

La lettre doit mentionner la nature de l'ordonnance et sa date *(Cass. soc., 4 juin 2003, n° 01-42.100)*.

5. *Si l'ordonnance est devenue définitive, le caractère économique du licenciement ne peut plus être contesté*

23.3.8.3.5. – Il en a été jugé ainsi *(Cass. soc., 9 juill. 1996, n° 93-41.877, Bull. V n° 268, RJS 1996 n° 912 ; Cass. soc., 26 juin 2001, n° 99-43.078)*. *« Ni la suppression d'emploi, ni les difficultés économiques ne peuvent être contestées » (Cass. soc., 5 mai 1998, n° 95-40.171, Bull. V n° 217, RJS 1998 n° 713)*, sauf exercice des voies de recours contre l'ordonnance devant le juge judiciaire. De même, s'agissant d'un salarié protégé, le motif économique ne peut plus être discuté devant l'administration *(CE, 29 juin 2022, n° 443.955, Mme C. c. / Sté Sinequanone)*.

Toutefois, si le licenciement a été obtenu par fraude, le juge peut décider que le licenciement est dépourvu de cause réelle et sérieuse *(Cass. soc., 27 oct. 1998, n° 95-42.220, Bull. V n° 452, RJS 1999 n° 25, Dr soc 1999. 203 : salarié remplacé immédiatement après son licenciement ; Cass. soc., 4 juill. 2018, n° 16-27.922, B.)*.

6. *L'autorité de l'ordonnance ne fait pas obstacle à ce que le juge judiciaire se prononce sur la régularité de la procédure*

23.3.8.3.6. – La chambre sociale en a jugé ainsi *(Cass. soc. 12 janv. 1999, n° 96-41.756, Bull. V n° 11, RJS 1999 n° 186 ; Cass. soc., 3 mars 1998, n° 95-45201, Bull. V n° 112, Dr soc p. 508, RJS 1998 n° 439)*.

Le juge peut donc, sans méconnaître l'autorité de la chose jugée s'attachant à la décision du juge-commissaire, apprécier la régularité de la procédure de consultation des représentants du personnel *(Cass. soc., 19 nov. 2008, n° 07-44.416, RJS 2009 n° 158 ; pour le contrôle de l'autorité administrative sur la régularité des procédures pour les salariés protégés : cf. n°* ***47.1.2****)*.

7. *L'autorité de l'ordonnance ne s'étend pas à la question de la situation individuelle du salarié au regard de l'obligation de reclassement qui pèse sur l'employeur*

23.3.8.3.7. – La vérification du respect de cette obligation est de la compétence du juge prud'homal.

Le licenciement prononcé alors qu'aucune recherche des possibilités de reclassement n'a été effectuée est dépourvu de cause réelle et sérieuse

(Cass. soc., 3 mars 1998, n° 95-45.201, Bull. V n° 112, RJS 1998 n° 439, Dr soc 1998. 508 ; Cass. soc., 22 nov. 2000, n° 98-45.374).

8. L'autorité de l'ordonnance ne s'étend pas à la question du respect des critères de l'ordre des licenciements

23.3.8.3.8. – Les règles relatives à l'ordre des licenciements doivent être respectées *(cf. n°* ***412.5.3.5.1****)*.

Le salarié peut obtenir réparation du préjudice causé par le silence de l'administrateur à sa demande de communication des critères retenus *(Cass. soc., 2 févr. 2006, n° 03-45.443, Bull. V n° 57)*.

9. L'autorité de l'ordonnance au regard des dispositions d'ordre public de l'article L. 1224-1 du Code du travail

23.3.8.3.9. – Seuls les licenciements économiques prononcés en vertu d'une autorisation du juge commissaire peuvent légalement faire obstacle aux effets de l'article L. 1224-1 du Code du travail *(Cass. soc., 22 mars 2006, n° 04-43.334, RJS 2006 n° 695 ; Cass. soc., 12 nov. 2008, n° 07-41.870)*.

D. La portée de l'autorisation administrative

23.3.8.4. – Il avait été jugé que dès lors que l'autorité administrative a autorisé le licenciement du salarié protégé, son caractère réel et sérieux ne peut être discuté au motif pris que l'ordonnance du juge commissaire ne répondait pas aux exigences légales *(Cass. soc., 14 févr. 2007, n° 05-40.213, Bull. V n° 23, RJS 2007 n° 453, rapport P. Bailly, Dr soc 2007, p. 557 et note P.-Y. Verkindt, JCP S 2007 n° 18, p. 20, note L. Dauxerre)*.

La chambre sociale a fait évoluer sa jurisprudence : la vérification de la régularité de l'ordonnance du juge-commissaire ressortit au juge judiciaire et non à l'administration *(CE, 23 mars 2016, n° 14-22.950, Bull. V n° 52 ; RDT 2016 p. 263, obs. P. Fabre ; P. Bailly, « L'autorisation de transfert du salarié investi d'un mandat protecteur », Dr soc 2024, p. 499)*.

E. L'incidence de la reprise par le cessionnaire des salariés licenciés

23.3.8.5. – La Cour de cassation a jugé, dans un cas où le cessionnaire avait repris des salariés licenciés, que « *la cession, même partielle, par décision du tribunal de commerce, d'une entreprise en redressement judiciaire entraîne le transfert d'une entité économique autonome, dont l'activité est poursuivie par le cessionnaire et que les contrats de travail des salariés repris par le cessionnaire subsistent par le seul effet de l'article L. 122-12 alinéa 2 du Code du travail, peu important que les intéressés aient été licenciés par l'administrateur* » *(Cass. soc., 13 janv. 1999, n° 96-42.536, RJS 1999 n° 161)*.

SECTION 4

La procédure applicable aux licenciements intervenant dans le cadre du plan de redressement judiciaire

23.4. – Le jugement du tribunal de commerce arrêtant le plan de redressement met fin à la période d'observation *(C. com., art. L. 631-19 et L. 626-1).*

L'employeur retrouve la totalité de ses pouvoirs, sous réserve de ceux attribués à l'administrateur pour la mise en œuvre du plan et au commissaire à l'exécution du plan pour veiller à l'exécution de celui-ci *(Cass. soc., 13 juin 2001, n° 99-43.161, RJS 2001 n° 982 ; Cass. soc., 27 nov. 2001, n° 00-40.771, Bull. V n° 366, RJS 2002 n° 139).*

Si le jugement arrêtant le plan de cession ne fixe pas la date d'effet de cette dernière, le cessionnaire devient l'employeur dès la date d'effet de la décision de l'administrateur lui confiant la gestion de l'entreprise dans l'attente de l'accomplissement des actes nécessaires à la réalisation de la cession *(Cass. soc., 26 nov. 1996, n° 95-42.006, Bull. V n° 402, RJS 1997 n° 257).*

§ 1. L'ENCADREMENT DES LICENCIEMENTS INTERVENANT DANS LE CADRE DU PLAN DE REDRESSEMENT

A. Le principe

23.4.1.1. – La cession du fonds l'entreprise arrêtée par le tribunal de commerce entraîne, en principe, transfert de plein droit d'une entité économique autonome conservant son identité et, par voie de conséquence, la poursuite par le cessionnaire des contrats de travail des salariés attachés au fonds cédé *(A. Mazeaud, « Le transfert d'entreprise dans le cadre des procédures collectives », Dr soc 2005, p. 133 ; Cass. soc., 30 avr. 2014, n° 12-35.219, Bull. V n° 107).*

Sont sans incidence sur le transfert les décisions du cessionnaire de se séparer d'une partie des machines cédées et de ne conserver qu'une partie de l'activité de la société cédante *(Cass. soc., 1er oct. 2003, n° 01-43.685, RJS 2003 n° 1367).* Est également sans incidence le non-paiement des salaires par le cessionnaire *(Cass. soc., 8 mars 2005, n° 03-47.139, RJS 2005 n° 481).*

Le refus du cessionnaire de poursuivre le contrat de travail aux conditions antérieures peut justifier sa condamnation à réparer le préjudice subi *(Cass. soc., 20 oct. 2004, n° 02-43.057, RJS 2005 n° 17 ; Cass. soc., 12 mars 2008, n° 06-41.470, RJS 2008 n° 520).*

B. L'exception au principe du transfert des contrats de travail : les licenciements prévus par le plan de redressement

23.4.1.2. – Le plan de redressement peut prévoir des licenciements économiques *(C. com., art. L. 631-19-II)*. Il doit préciser les licenciements, lesquels doivent intervenir dans le délai d'un mois après le jugement du tribunal adoptant le plan. Celui-ci doit alors définir « *les actions à entreprendre en vue de faciliter le reclassement et l'indemnisation des salariés dont l'emploi est menacé* » *(C. com., art. L. 626-2 et L. 631-19-I et, en cas de cession, L. 642-5 ; Cass. soc., 30 avr. 2014, n° 12-35.219, Bull. V n° 107, préc.)*.

Toutefois, en l'absence d'autorisation par le tribunal ayant arrêté le plan de redressement d'une substitution de cessionnaire, les contrats de travail des salariés de l'entreprise cédée dont l'emploi est maintenu par le plan sont de plein droit transférés au cessionnaire désigné par le plan et les salariés ne peuvent se voir imposer comme employeur un repreneur qui n'a pas été retenu par le tribunal *(Cass. soc., 31 janv. 2024, n° 22-10.276, B.)*.

§ 2. LA PROCÉDURE DE CONSULTATION DES REPRÉSENTANTS DU PERSONNEL

23.4.2. – Le plan est arrêté par le tribunal après que la procédure de consultation des représentants du personnel par l'article L. 1233-58-I du Code du travail a été mise en œuvre par l'administrateur. L'avis du comité social et économique est rendu au plus tard le jour ouvré avant l'audience du tribunal qui statue sur le plan. L'absence de remise du rapport de l'expert mentionné aux articles L. 1233-34 et L. 1233-35 du Code du travail ne peut avoir pour effet de reporter ce délai *(C. com., art. L. 631-19-III, modifié par L. n° 20146856 du 31 juillet 2014)*. Les modalités de la consultation sont celles définies au n° **23.3.5**.

C'est à la date à laquelle est établi le projet de plan de cession que doit s'apprécier l'effectif de l'entreprise *(Cass. soc., 19 mai 2015, n° 13-26.669, Bull 2015 n° 5, V, n° 98, RJS 2015 n° 558)*.

Les représentants du personnel doivent être en mesure de faire valoir utilement leurs observations.

Il a été jugé qu'était irrégulière la procédure de consultation suivie par l'administrateur judiciaire qui n'avait tenu qu'une seule réunion du comité social et économique après avoir déposé son rapport portant projet de plan de continuation au greffe du tribunal de commerce, la réunion s'étant tenue la veille de l'audience du tribunal *(Cass. soc., 12 sept. 2007, n° 06-13.667, Bull. V n° 125, RJS 2007 n° 1172, obs. P.-Y. Verkindt, Dr soc 2007, p. 1328)*.

L'avis des représentants du personnel doit être joint au rapport de l'administrateur ou produit par celui-ci lors de l'audience *(C. com., art. R. 631-36)*.

Le juge peut décider de suspendre la procédure de licenciement engagée dans le cadre d'un redressement judiciaire pour défaut de convocation et de réunion régulière du comité social et économique par l'administrateur judiciaire *(TGI Rouen référé, 30 juin 1994, Mme Aijali et al. c. / Sté Blanchisserie moderne, Dr ouvrier 1994, p. 398).*

Sur les dispositions applicables encadrant la consultation, il convient de se reporter au n° **23.3.5**.

§ 3. LA CONSULTATION DU REPRÉSENTANT DES SALARIÉS EN L'ABSENCE DE REPRÉSENTANTS DU PERSONNEL

23.4.3. – En l'absence de comité social et économique, le représentant des salariés, choisi par ces derniers *(cf. n°* ***12.7.1****)*, exerce les fonctions dévolues à cette institution pour cette procédure *(C. com., art. L. 621-4).* Toutefois, en l'absence de mise en place des institutions représentatives et de procès-verbal de carence, la seule intervention du représentant des salariés ne couvre pas l'irrégularité de procédure du fait du défaut de mise en place de ces institutions *(Cass. soc., 23 sept. 2008, n° 06-45.528, Bull. V n° 170, RJS 2008 n° 1178).*

S'agissant des projets de licenciement collectif soumis à la procédure d'homologation par l'autorité administrative dans le cadre d'une procédure de redressement judiciaire, celle-ci peut cependant accorder l'homologation « *à titre exceptionnel, au vu des circonstances et des motifs justifiant le défaut d'établissement du procès-verbal de carence* » *(C. trav., art. L. 1233-58 II, modifié par l'ordonnance n° 2014-699 du 20 juin 2014 portant simplification et adaptation du droit du travail, art. 20).* Elle doit alors indiquer dans la motivation de sa décision tout élément l'ayant conduite à statuer en ce sens *(CE, 8 déc. 2021, n° 435.919, M. F. c. / Sté Gilibert, mentionné aux Tables, RJS 2022 n° 64).*

§ 4. LE JUGEMENT ARRÊTANT LE PLAN DE REDRESSEMENT

A. Les règles applicables

23.4.4.1. – Il doit « *indiquer le nombre de salariés dont le licenciement est autorisé ainsi que les activités et catégories professionnelles concernées* » *(C. com., art. R. 631-36).* Les dispositions sont identiques s'agissant du jugement arrêtant le plan de cession *(C. com., art. R. 642-3 ; CE, 21 oct. 2015, n° 382.633, publié au Recueil, syndicat CFDT santé sociaux de la Seine-Saint-Denis, la délégation unique du personnel de la clinique Vauban 2020, AJDA 2016. 1866, chron. O. Dutheillet de Lamothe et G. Odinet ; RDT 2016, p. 113, obs. C. Gilbert ; Dr soc 2024, p. 520, chron. R. Chambon).*

Seuls les licenciements économiques prononcés conformément aux prévisions du jugement arrêtant le plan de redressement peuvent :

– être légalement prononcés *(Cass. soc., 3 févr. 1998, n° 95-44.921, Bull. V n° 58, Dr soc 1998, p. 296, RJS 1998 n° 294 ; Cass. soc., 12 déc. 2001, n° 99-45.960, Bull. V n° 382 ; Cass. soc., 20 juin 2002, n° 00-42.506)* ;
– faire obstacle aux effets de l'article L. 1224-1 du Code du travail en cas de cession d'une entité économique autonome *(Cass. soc., 22 mars 2006, n° 04-43.334, RJS 2006 n° 695 ; Cass. soc., 22 mars 2007, n° 05-43.639, RJS 2007 n° 706)*.

Le tribunal qui arrête un plan de cession en omettant de préciser le nombre des licenciements autorisés, ainsi que les activités et catégories d'emploi concernées, peut réparer cette omission avant la notification des licenciements *(Cass. soc., 9 juill. 2008, n° 06-40.945, Bull. V n° 256, RJS 2008 n° 974)*.

Dès lors que les conditions légales sont respectées, l'administrateur judiciaire peut valablement procéder aux licenciements peu important la date à laquelle s'est opéré le transfert de l'entité cédée en vertu du jugement arrêtant le plan de cession *(Cass. soc., 5 nov. 2009, n° 08-44.360, RJS 2010 n° 21)*.

B. Les conséquences du non-respect des règles

23.4.4.2. – Si ces dispositions ne sont pas respectées :
– le licenciement est jugé dépourvu de cause réelle et sérieuse *(Cass. soc., 20 juin 2002, n° 00-42.506, RJS 2002 n° 1012 ; Cass. soc., 3 mars 2009, n° 08-40.091, RJS 2009 n° 421, CSB Paris 2009 n° 211, p. 158)* ;
– le licenciement ne peut être regardé comme autorisé par le tribunal et les contrats de travail doivent être regardés comme transférés en application des dispositions de l'article L. 1224-1 *(Cass. soc., 10 juill. 2001, n° 99-44.466, Bull. V n° 254, RJS n° 1118)*, alors même que le salarié aurait conclu un nouveau contrat avec le repreneur *(Cass. soc., 12 mars 2008, n° 06-41.470, RJS 2008 n° 520, note P. Waquet, RDT 2008, p. 312)*.

Il en a été jugé ainsi lorsque le jugement arrêtant le plan de cession partielle se bornait à prévoir le nombre des contrats de travail dont le maintien avait été proposé par le repreneur sans indiquer le nombre de licenciements autorisés ni les activités et catégories professionnelles concernées *(Cass. soc., 10 juill. 2001,* n° *99-44.466)* ou ne prévoyait aucun licenciement *(Cass. soc., 6 juill. 1999, n° 97-42.231, Bull. V n° 322)*.

L'administrateur judiciaire qui prononce un licenciement économique sans justifier de cette autorisation inscrite dans le jugement commet une faute pouvant engager sa responsabilité personnelle *(Cass. soc., 1er oct. 2003, n° 02-10.013, RJS 2003 n° 1369)*.

Le licenciement prononcé par un débiteur en exécution du jugement adoptant un plan de redressement, sans l'assistance de l'administrateur judiciaire ou, en l'absence de celui-ci, du commissaire à l'exécution du plan, a pour effet de rompre le contrat de travail, sans que le salarié puisse se prévaloir de cette irrégularité pour invoquer la nullité du licenciement *(Cass. soc., 7 juill. 2004, n° 02-43.798)*.

§ 5. LA PORTÉE DE LA LISTE NOMINATIVE DE SALARIÉS LICENCIÉS OU REPRIS ET DES CONDITIONS POSÉES PAR LE CESSIONNAIRE

A. La portée des listes nominatives

23.4.5.1. – La chambre sociale a jugé qu'une « *liste nominative des salariés licenciés ou repris par le cessionnaire n'a pas à être dressée et serait en toute hypothèse dépourvue d'effet* » *(Cass. soc., 16 mars 1999, n° 96-44.843, Bull. V n° 116, RJS 1999 n° 650 ; Cass. soc., 26 juin 1991, n° 90-46.055, Bull. V n° 328, RJS 1991 n° 960 ; Cass. soc., 29 avr. 2009, n° 08-41.240, RJS 2009 n° 650)*.

La chambre criminelle a également jugé que des salariés, ne figurant pas au nombre des membres du personnel repris mentionnés par le plan de cession, pouvaient prétendre au bénéfice des dispositions de l'article L. 1224-1 *(Cass. crim., 17 mars 1992, n° 91-81.360, Bull. crim. n° 117 : délit d'entrave constitué par le refus du cessionnaire de reprendre le contrat d'un salarié protégé)*.

Toutefois, le salarié peut se prévaloir du fait que son nom figure sur la liste qui a été établie *(Cass. soc., 9 oct. 2001, n° 99-42.815)*.

B. La portée des clauses figurant dans la convention de cession

23.4.5.2. – Est dépourvue d'effet la clause qui :

– subordonne la cession de l'entreprise en redressement judiciaire au maintien du contrat de travail d'un salarié nommément désigné est dépourvue d'effet à l'égard des autres salariés relevant de la même catégorie professionnelle *(Cass. soc., 29 janv. 2008, n° 06-42.712, Bull. V n° 26, RJS 2008 n° 396, obs. A. Mazeaud Dr soc 2008, p. 501, note P. Waquet, RDT 2008, p. 236)* ;
– dispense le mandataire de justice du respect des règles applicables au licenciement des accidentés du travail *(Cass. soc., 24 mars 2010, n° 09-40.444, RJS 2010 n° 494)* ;
– prive les salariés des droits acquis au titre d'un engagement unilatéral du cédant *(Cass. soc., 22 janv. 2008, n° 06-43.534, RJS n° 253)* ;
– libère le cessionnaire de l'obligation de maintenir la classification des emplois *(Cass. soc., 13 mai 2009, 07-40.094)*.

Dans tous ces cas, l'agrément donné par le tribunal de la procédure collective, résultant de l'acceptation de l'offre de reprise, est dépourvu d'effet.

§ 6. LE DÉLAI DE NOTIFICATION DES LICENCIEMENTS PRÉVUS PAR LE PLAN

23.4.6. – Les licenciements prévus par le plan doivent intervenir dans le délai d'un mois après le jugement arrêtant celui-ci *(C. com., art. L. 631-19)*.

Il a cependant été jugé que si la méconnaissance de ce délai constitue une irrégularité de forme de nature à causer un préjudice au salarié qui peut en demander réparation *(Cass. soc., 10 juill. 2002, n° 00 12.310, Bull. V n° 242, RJS 2002 n° 1220)*, elle n'est de nature ni à entraîner la nullité du licenciement *(Cass. soc., 12 juill. 2005, n° 03-43.680, RJS 2005 n° 968)*, ni à priver d'effet l'autorisation de licenciement contenue dans le jugement *(Cass. soc., 21 sept. 2005, n° 04-40.529, Bull. V n° 267, RJS 2005 n° 1096)*.

§ 7. PLAN DE CESSION ET PROTECTION DES REPRÉSENTANTS DU PERSONNEL

A. Le principe du respect de la procédure spéciale

23.4.7.1. – Le jugement par lequel le tribunal de commerce adopte le plan de cession ne peut « *avoir légalement pour objet et ne peut avoir pour effet de mettre obstacle à l'application des dispositions du Code du travail qui ont trait au licenciement des délégués du personnel* » *(CE, 21 avr. 1997, n° 157.998, Société gardoise de mécanique et de chaudronnerie, Tables p.1109, RJS 1997 n° 836)*. Par suite, ne peut être accueilli le moyen tiré de la méconnaissance du jugement du tribunal de commerce.

Il en est de même lorsqu'une liste nominative des membres du personnel repris a été jointe au plan de cession *(CE, 21 avr. 1997, n° 158.660, ministre du Travail c. / Sté Altédia communication ; Cass. soc., 29 avr. 2009, n° 08-41.240, RJS 2009 n° 650)*.

Sont constitutifs du délit d'entrave :

– le licenciement, sans autorisation de l'inspecteur du travail, d'un salarié protégé, en raison du seul fait qu'il ne figurait pas sur la liste arrêtée par le tribunal de commerce *(Cass. crim., 17 mars 1992, n° 91-81.360, Bull. crim. n° 117)* ;
– le transfert sans autorisation des représentants du personnel dans le cadre de transferts partiels prévus par le plan de cession, alors même que la pluralité des transferts partiels aboutissait à une cession de la totalité de l'entreprise *(Cass. crim., 30 janv. 1996, n° 94-83.509, Bull. crim. n° 54, RJS 1996 n° 572)*.

B. L'articulation des procédures générales et spéciale

23.4.7.2. – Cette articulation soulève les mêmes questions que celles examinées au n° **23.3.7.2**.

L'article L. 631-19 du Code de commerce a été complété pour préciser que lorsque le licenciement concerne un salarié bénéficiant d'une protection particulière en matière de licenciement, le délai d'un mois après le jugement *(cf. n°* ***23.4.6****)* est celui dans lequel l'intention de rompre doit être manifestée *(art. 83 de l'ordonnance n° 2008-1345 du 18 déc. 2008 portant réforme du droit des entreprises en difficulté).*

C. La situation du salarié en cas de refus d'autorisation

23.4.7.3. – Les contrats de travail de ces salariés se poursuivent de plein droit avec la société cessionnaire *(Cass. soc., 17 oct. 2006, n° 04-13.058, RJS 2007 n° 19).*

§ 8. L'AUTORITÉ DU JUGEMENT ARRÊTANT LE PLAN DE CESSION

23.4.8. – Le jugement qui arrête le plan en rend les dispositions applicables à tous *(C. com., art. L. 642-5).* Cette autorité ne s'attache cependant « *qu'à l'existence d'une suppression ou d'une transformation d'emploi ou d'une modification du contrat de travail consécutive à des difficultés économiques, à une mutation technologique ou à une réorganisation nécessaire pour assurer la sauvegarde de la compétitivité de l'entreprise* » *(Cass. soc., 4 juill. 2006, n° 04-43.976, note P. Waquet, RDT 2006, p. 243 ; Cass. soc., 9 juill. 2008, n° 06-40.945, Bull. V n° 156, RJS 2008 n° 974).* Elle ne saurait s'étendre :

– « *à la question de la situation individuelle du salarié au regard de l'obligation de reclassement qui pèse sur l'employeur* » *(Cass. soc., 10 mai 1999, n° 96-44.647, Bull. V n° 203, RJS 1999 n° 804)* ;
– ou au regard du respect des critères de l'ordre des licenciements *(Cass. soc., 15 mai 2002, n° 99-45.990, RJS 2002 n° 796).*

Il n'est pas dans les pouvoirs de la juridiction qui arrête le plan d'ordonner le licenciement des salariés dont le contrat de travail est suspendu à la suite d'un accident du travail *(Cass. soc., 24 mars 2010, n° 09-40.645, RJS 2010 n° 504).*

L'autorité du jugement arrêtant le plan de cession ne fait pas à elle seule obstacle à ce que le juge se prononce sur le caractère frauduleux du licenciement *(Cass. soc., 2 juin 2004, n° 02-47.257, RJS 2004 n° 899 ; Cass. soc., 8 déc. 2004, n° 02-44.045, Bull. V n° 320, RJS 2005 n° 142 : le salarié licencié avait été remplacé dans son emploi le jour même de son licenciement par un salarié engagé à cette fin ; Cass. soc., 13 févr. 2008, n° 06-44.971, RJS 2008 n° 398 : fraude imputable au seul cessionnaire).*

§ 9. LES LICENCIEMENTS AUTORISÉS PAR LE PLAN DE CESSION ET LES DISPOSITIONS DE L'ARTICLE L. 1224-1 DU CODE DU TRAVAIL

A. Le principe

23.4.9.1. – En cas de cession d'une entité économique autonome, seuls des licenciements économiques prononcés conformément aux prévisions du jugement qui arrête le plan de redressement de l'entreprise peuvent faire obstacle aux effets de l'article L. 1224-1 du Code du travail *(Cass. soc., 12 déc. 1990, n° 87-45.048 et 87-44.567, Bull. V n° 655 ; Cass. soc., 26 oct. 1994, n° 93-42.274 ; Cass. soc., 30 avr. 2014, n° 12-35.219, Bull. V n° 107)*, sous réserve que les dispositions légales soient respectées quant aux indications que doit comporter le plan *(CE, 15 nov. 2010, n° 324.323, Me Nanterme, Tables p. 1004)*.

Selon A. Mazeaud, « *Le principe de solution est le suivant : les licenciements opérés en application du plan de redressement ne sont pas remis en cause, si du moins les emplois en question sont effectivement supprimés. Toutefois, les salariés peuvent contester la cause de leur licenciement devant la juridiction prud'homale si le jugement du tribunal de commerce, qui a arrêté le plan de cession, a été obtenu par fraude (...) si le cessionnaire procède au remplacement immédiat des emplois supprimés, il viole par la même et aussi les dispositions de l'article L. 122-12 en n'assurant pas le maintien des contrats du personnel licencié* » *(« Le transfert d'entreprise dans le cadre des procédures collectives », Dr soc 2005, p. 133)*.

Il s'ensuit que dès lors que la rupture des contrats de travail se plaçait dans le cadre de licenciements autorisés par le jugement arrêtant le plan de redressement par cession, le juge n'a pas à rechercher, dès lors qu'aucune fraude n'était invoquée, si les emplois des salariés avaient effectivement été supprimés. En outre, le cessionnaire de l'entreprise n'est tenu à l'égard de ces derniers d'aucune obligation de reclassement *(Cass. soc., 4 juill. 2006, n° 04-43.976, note P. Waquet, RDT 2006, p. 243 ; CE, 3 avr. 2015, n° 373.841, Sté GMD)*.

B. Les exceptions

23.4.9.2. – Il en va différemment :

– si le jugement arrêtant le plan se borne à prévoir la reprise de 12 contrats de travail sur les 16 existants, sans indiquer le nombre de licenciements autorisés ni les activités et catégories d'emploi concernées, de sorte qu'en l'absence d'autorisation de licenciement se rapportant à la catégorie d'emploi à laquelle appartient le salarié, l'administrateur judiciaire ne disposait pas du pouvoir de notifier le licenciement et que le contrat de travail du salarié devait être poursuivi avec le cessionnaire, par application de l'article L. 1224-1 du Code du travail *(Cass. soc., 10 juill. 2001, n° 99-44.466, Bull. V n° 254 ; Cass. soc., 15 mars 2011, n° 09-70.801)* ;

- si le jugement arrêtant le plan n'autorise que le licenciement des salariés ayant refusé la modification de leur contrat et qu'aucune proposition de modification n'avait été faite au salarié licencié, le contrat de ce dernier se poursuit alors avec le cessionnaire *(Cass. soc., 22 mars 2006,* n° *04-43.335, RJS 2006 n° 695)* ;
- en cas de fraude *(Cass. soc., 30 oct. 2002, n° 00-41.920, RJS 2003 n° 13 ; Cass. soc., 3 mai 2007, n° 04-40.810, RJS 2007 n° 916 ; note J. Mouly, « Les licenciements antérieurs au transfert de l'entreprise », Dr soc 2007, p. 534 ; Cass. soc., 21 oct. 2009, n° 08-41.673 : absence de fraude le cessionnaire disposant des moyens de poursuivre l'activité ; Cass. soc., 19 mai 2016, n° 15-13.603 : fraude caractérisée par le fait que le cédant avait connaissance de la décision d'un fournisseur indispensable à la poursuite de l'activité de cesser sa collaboration ; Cass. soc., 23 nov. 2022, n° 21-11.776, B.)* ;
- en cas de transfert au cessionnaire de l'activité à laquelle était affecté un salarié, le contrat de travail de l'intéressé se poursuivant avec le cessionnaire *(Cass. soc., 16 mars 1999, n° 96-44.843, Bull. V n° 116, RJS 1999 n° 650 : salarié en arrêt de travail à la date de la cession ; Cass. soc., 5 déc. 2006, n° 05-45.697, Bull. V n° 367, RJS 2007 n° 376)* ;
- lorsque le salarié a été licencié par l'administrateur mais a continué à exercer ses fonctions au profit du nouvel employeur avec lequel avait été conclu un nouveau contrat de travail *(Cass. soc., 31 mars 1998, n° 95-44.889, Bull. V n° 185, Dr soc 1998 p. 734, RJS 1998 n° 571 ; Cass. soc., 14 déc. 1999, n° 98-41.520, Bull. V n° 483 ; Cass. soc., 3 mai 2007 n° 04-40.810, RJS 2007 n° 916)*, la clause d'essai étant nulle *(Cass. soc., 13 nov. 2001, n° 99-43.016, Bull. V n° 341, RJS 2002 n° 25)* ;
- lorsque le salarié, licencié par l'administrateur judiciaire dans le cadre du plan de cession, est repris par l'entreprise cessionnaire à l'égard de laquelle le contrat de travail se poursuit même après une suspension d'activité *(Cass. soc., 14 déc. 1999, n° 98-41.520, Bull. V n° 483, RJS 2000 n° 379 ; Cass. soc., 30 janv. 2007, n° 05-41.429)* ;
- lorsque le plan a prévu le licenciement de tous les salariés et la cession de l'entreprise, le repreneur embauchant une partie du personnel *(Cass. soc., 30 juin 1992, n° 90-44.057, Bull. V n° 427)* ;
- lorsque les salariés ont été repris « *quelques mois plus tard* » par le repreneur retenu par le plan de cession *(Cass. soc., 22 avr. 1992, n° 90-44.566, Bull. V n° 291)* ;
- lorsque l'unité de production constituant une entité économique autonome, exclue du plan de cession partielle adopté par le tribunal, a été vendue et reprise alors même que le juge-commissaire a ultérieurement autorisé la cession de cette unité et la poursuite nominative de certains contrats de travail *(Cass. soc., 24 oct. 2006, n° 04-46.022, Bull. V n° 316, RJS 2007 n° 195, JCP S 2007 n° 12, p. 34, note R. Vatinet, Dr ouvrier 2007, p. 231, note S. Daudet).*

A fortiori, l'article L. 1224-1 s'applique si la cession n'a pas été autorisée judiciairement *(Cass. soc., 23 mai 2000, n° 97-44.492, RJS 2000 n° 773)*, alors même que le contrat avait été interrompu quelques jours *(Cass. soc., 29 janv. 2003, n° 00-45.198, RJS 2003 n° 420)*.

Si le cessionnaire s'oppose à la poursuite du contrat de travail du salarié, il peut être condamné à réparer le préjudice résultant de la rupture du contrat de travail qu'il aurait dû maintenir et à supporter la charge des indemnités de rupture dont l'AGS avait fait l'avance, en raison de ce refus *(Cass. soc., 5 déc. 2006, n° 05-45.697, Bull. V n° 367, RJS 2007 n° 376)*.

C. La situation des salariés protégés

1. Le salarié ne relève pas de l'activité cédée

23.4.9.3.1. – Si tel est le cas, le salarié protégé ne peut être regardé comme passant au service du cessionnaire *(Cass. soc., 20 mars 2007, n° 05-44.592, RJS 2007 n° 703 : en l'espèce, le salarié occupait des fonctions transversales)*.

2. Le salarié relève de l'activité cédée

23.4.9.3.2. – Le représentant du personnel peut prétendre au bénéfice des dispositions de l'article L. 1224-1 alors même qu'il n'est pas au nombre des salariés repris mentionnés par le plan de redressement *(Cass. crim., 17 mars 1992, n° 91-81.360, Bull. V n° 117 : poursuites à l'égard du cessionnaire)*.

Dès lors que la cession de l'activité est intervenue et qu'est caractérisé le transfert d'une entité économique autonome, le contrat de travail du salarié protégé doit être regardé comme se poursuivant avec le cessionnaire, alors même que l'inspecteur du travail n'aurait pas été saisi d'une demande d'autorisation de transfert ; le cessionnaire ne peut se prévaloir du défaut d'autorisation pour refuser d'employer le salarié et le juge judiciaire peut le condamner pour licenciement sans cause réelle et sérieuse, alors même que le mandataire liquidateur a sollicité et obtenu ultérieurement de l'inspection du travail l'autorisation de licencier *(Cass. soc., 10 mai 2001, n° 99-41.391, Bull. V n° 162, RJS 2001 n° 1037)*.

Le licenciement du représentant du personnel prononcé par le commissaire à l'exécution du plan de cession près d'un an après l'adoption du plan a été regardé comme prononcé en méconnaissance de l'article L. 1224-1 du Code du travail et comme résultant d'un concert frauduleux entre les employeurs successifs, chacun d'eux devant supporter les conséquences dommageables de la rupture du contrat de travail *(Cass. soc., 8 déc. 2004, n° 02-44.080, RJS 2005 n° 127)*.

Dans le cas où, sur recours gracieux, l'administration accorde l'autorisation de licenciement, l'administrateur peut valablement procéder au licenciement sur le fondement du jugement adoptant le plan de cession et prévoyant le licenciement du personnel non repris *(Cass. soc., 14 mars 2007, n° 05-45.458, Bull. V n° 48, RJS 2007 n° 555, JCP S 2007 n° 20-21 p. 26 note L. Dral : en l'espèce, entre la décision initiale et son retrait, le salarié avait été repris par le cessionnaire)*.

§ 10. LA PORTÉE DES ENGAGEMENTS SOUSCRITS PAR LE REPRENEUR

23.4.10. – Le contenu de l'offre de cession détermine les engagements du cessionnaire. Dès lors, lorsque le tribunal arrête un plan de cession, tel que proposé par une société pour le compte d'une autre, et que ce plan comporte en annexe l'offre initiale comportant un engagement de maintien de l'emploi, les deux sociétés sont tenues au respect de cet engagement *(C. com., art. L. 642-9 ; Cass. soc., 14 sept. 2016, n° 15-15.633 et 15-15.335, RJS 2016 n° 762 ; Cass. soc., 14 mars 2012, n° 07-44.94, RJS 2012 n° 423)*.

Une clause de maintien de l'emploi ne peut toutefois concerner que les licenciements pour motif économique et ne peut également faire obstacle au licenciement pour motif disciplinaire *(Cass. soc., 16 mai 2007, n° 06-40.496, Bull. V n° 79, RJS 2007 n° 826)*.

§ 11. LE RÔLE DES AUTORITÉS ADMINISTRATIVES

23.4.11. – Deux cas de figure sont envisageables :

– si le projet de licenciement économique doit donner lieu à l'établissement d'un PSE, le contrôle de la régularité de la consultation de droit commun des représentants du personnel relève de la seule compétence du DREETS dans le cadre de la procédure de validation ou d'homologation du plan ;
– si tel n'est pas le cas, il appartient à l'inspecteur du travail, saisi d'une demande d'autorisation de licenciement d'un salarié protégé, de procéder au contrôle de la régularité de cette consultation.

Lorsqu'un PSE doit être élaboré, la procédure de validation ou d'homologation prévue par l'article L. 1233-58-II doit être mise en œuvre par l'administrateur dans le délai d'un mois après le jugement arrêtant le plan de redressement ou de cession *(C. com., art. L. 631-19 et L. 642-5)*. Le DREETS dispose d'un délai de huit jours pour instruire la décision de validation ou d'homologation, à compter de la date de la dernière réunion du comité social et économique, au cours de laquelle le comité est consulté pour avis *(C. trav., art. L. 1233-58-II)*. Dans le cas d'un plan de redressement avec cession, le délai dont dispose le DREETS est de quatre jours à compter de la date de la réception de la demande, qui est postérieure au jugement arrêtant le plan *(C. com., art. L. 642-5)*.

En cas de refus de validation ou d'homologation, il est procédé à une modification du projet, soumis ensuite à l'avis du comité social et économique, puis à sa transmission pour validation ou homologation au DREETS dans des conditions identiques à celles applicables aux licenciements économiques prononcés dans le cadre du plan de sauvegarde arrêté par le tribunal *(C. trav., art. L. 1233-58-III ; cf. n°* ***23.2.3.3.2****)*.

En cas de licenciements intervenus en l'absence de toute décision relative à la validation ou à l'homologation ou en cas d'annulation d'une décision ayant procédé à la validation ou à l'homologation, le juge octroie au salarié une indemnité à la charge de l'employeur qui ne peut être inférieure aux salaires des six derniers mois. Mais la sanction de nullité, prévue par l'article L. 1235- 10 alinéa 2 en cas d'annulation en raison d'une absence ou d'une insuffisance de plan de sauvegarde, ou par l'article L. 1235-16 en cas d'annulation pour tout motif autre, et notamment les irrégularités de procédure, ne s'applique pas aux licenciements opérés dans le cadre d'une procédure de redressement ou de liquidation judiciaire *(C. trav., art. L. 1235-10 al. 3 et art. L. 1233-58 II ; cf. Cons. const., 28 mars 2013, décision n° 2013-299 QPC, RJS 2013 n° 438, déclarant conformes à la Constitution les dispositions de l'article L. 1235-10 al. 3)*.

SECTION 5
La procédure applicable aux licenciements intervenant dans le cadre de la liquidation judiciaire

23.5. – L'ouverture de cette procédure, destinée à mettre fin à l'activité de l'entreprise ou à réaliser le patrimoine du débiteur par une cession globale ou séparée de ses droits et de ses biens, doit être demandée au plus tard dans les quarante-cinq jours qui suivent la cessation des paiements par le débiteur dont le redressement est manifestement impossible et s'il n'a pas demandé dans ce délai l'ouverture d'une procédure de conciliation *(C. com., art. L. 640-1 et L. 640-4)*. Elle peut également être ouverte sur requête du ministère public ou sur l'assignation d'un créancier *(C. com., art. L. 640-5)*.

Le liquidateur judiciaire désigné par le tribunal de commerce exerce pendant toute la durée de la liquidation judiciaire les droits et actions du débiteur concernant son patrimoine par suite du dessaisissement de ce dernier de l'administration et de la disposition de ses biens *(C. com., art. L. 641-9 ; Cass. soc., 23 sept. 2009, n° 08-41.929, Bull. V n° 196, RJS 2009 n° 936)*. Il procède aux licenciements en application de la décision du tribunal de commerce ouvrant ou prononçant la liquidation *(C. com., art. L. 641-4)*.

Lorsque le nombre de salariés est supérieur à vingt ou que le chiffre d'affaires dépasse trois millions d'euros, ou en cas de nécessité, le tribunal désigne également un administrateur judiciaire pour administrer l'entreprise dans l'hypothèse d'un maintien provisoire de l'activité autorisé. Durant cette période, ce dernier exerce les prérogatives conférées au liquidateur et peut procéder aux licenciements *(C. com., art. L. 641-10 et R. 641-19)*.

La procédure de liquidation judiciaire peut comporter plusieurs phases :

- la liquidation sans poursuite d'activité *(C. com., art. L. 641-2)* ;
- la liquidation avec maintien provisoire de l'activité : le maintien provisoire d'activité peut être autorisé par le tribunal pour une durée maximale de trois mois, renouvelable une fois à la demande du ministère public, si la cession totale ou partielle de l'entreprise est envisageable ou si l'intérêt public ou celui des créanciers l'exige *(C. com., art. L. 641-10 et R. 641-18)* ;
- la liquidation avec cession partielle ou totale de l'entreprise *(C. com., art. L. 641-10)*.

§ 1. L'ENCADREMENT DES LICENCIEMENTS PENDANT LA LIQUIDATION JUDICIAIRE

A. Les licenciements en application du jugement prononçant la liquidation

23.5.1.1. – Lorsque le tribunal prononce la liquidation judiciaire, il met fin à la période d'observation et, sous réserve des dispositions de l'article L. 641-10, à la mission de l'administrateur ; dès lors, le licenciement prononcé par une personne n'ayant plus ce pouvoir est dépourvu de cause réelle et sérieuse.

Toutefois, lorsque le tribunal de commerce a, pendant la période d'observation du redressement judiciaire, arrêté un plan de cession prévoyant des licenciements et ordonné qu'ils soient notifiés par l'administrateur judiciaire, il appartient à celui-ci de procéder à cette notification, peu important que, le même jour, le tribunal ait ensuite ordonné la liquidation judiciaire et mis fin à la mission de l'administrateur, cette décision n'ayant pas eu pour effet, à défaut d'une décision expresse du jugement de liquidation judiciaire, de lui retirer le pouvoir de notifier les licenciements *(Cass. soc., 12 janv. 2016, n° 14.13-414, B., RJS 2016 n° 176)*.

Le liquidateur procède aux licenciements en application de la décision prononçant la liquidation de l'entreprise ou au terme du maintien provisoire de l'activité autorisé, le cas échéant, par le tribunal *(C. com., art. L. 641-4)*. Dans ce cas, il n'y a donc pas besoin d'une ordonnance du juge-commissaire ou d'une décision du tribunal.

En revanche, en cas de maintien provisoire de l'activité, les licenciements économiques survenant au cours de cette période sont soumis à l'autorisation du juge-commissaire. Ils doivent présenter un caractère urgent, inévitable et indispensable ; pour les licenciements soumis à l'obligation d'établir un plan de sauvegarde de l'emploi, cette autorisation doit, pour les procédures de licenciement engagées après le 1er juillet 2013, être précédée de l'obtention de la validation ou de l'homologation du plan par le DIRECCTE *(C. com., art. L. 631-17 auquel renvoie l'article L. 641-10 ; cf. n°* ***23.3.6.2****)*.

Sur la procédure de validation ou d'homologation et les effets de la décision administrative, il convient de se reporter au n° **23.5.7**.

Le liquidateur doit procéder à la recherche des reclassements *(Cass. soc., 10 mai 1999, n° 96-44.647, Bull. V n° 204, RJS 1999 n° 802 ; Cass. soc. 10 mai 1999, n° 97-40.060, Bull. V n° 203 ; cf. n°* ***411.8.1.3.1****)*. À défaut, le licenciement n'a pas de cause réelle et sérieuse.

L'annulation du jugement de liquidation prive de fondement les licenciements prononcés par le liquidateur, lesquels sont regardés comme dépourvus de cause réelle et sérieuse ; il n'en va autrement que si la cour d'appel ouvre par la même décision une procédure de liquidation *(Cass. soc., 16 déc. 2008, n° 07-43.285, Bull. V n° 253, RJS 2009 n° 159 ; Cass. soc., 22 nov. 2023, n° 20-23.640, B., RJS 2024 n° 87)*.

B. Les licenciements dans le cadre du plan de cession

23.5.1.2. – Le jugement arrêtant le plan peut prévoir des licenciements. Dans ce cas, de même que pour une cession intervenant dans le cadre d'un plan de redressement *(CE, 21 oct. 2015, n° 382.633, publié au Recueil, syndicat CFDT santé-sociaux de la Seine-Saint-Denis et délégation unique du personnel de la clinique Vauban 2020, AJDA 2016, p. 1866, chron. O. Dutheillet de Lamothe et G. Odinet ; RDT 2016, p. 113, obs. C. Gilbert ; Dr soc 2024 p. 520, obs. R. Chambon ; cf. n°* ***23.4.4.1****)*, il indique le nombre de salariés dont le licenciement est autorisé ainsi que les activités et catégories professionnelles concernées *(C. com., art. R. 642-3)*, sans qu'une liste nominative des salariés licenciés ou repris par le cessionnaire, qui serait en toute hypothèse dépourvue d'effet, n'ait à être dressée *(Cass. soc., 12 mai 2021, n° 19-19.454)*.

Les licenciements doivent intervenir dans le mois suivant le jugement ; lorsqu'un plan de sauvegarde de l'emploi doit être élaboré, le liquidateur ou l'administrateur doit présenter la demande de validation ou d'homologation dans ce délai ; s'agissant des salariés bénéficiaires d'une protection, ce délai d'un mois après le jugement est celui dans lequel l'intention de rompre le contrat de travail doit être manifestée *(C. com., art. L. 642-5 ; cf. n°* ***23.5.5.2****)*.

Le liquidateur n'est pas dispensé d'établir un ordre des licenciements lorsque tous les salariés ne sont pas repris *(Cass. soc., 27 nov. 2001, n° 99-43.380, Bull. V n° 358, RJS 2002 n° 290)*.

§ 2. LA CONSULTATION DES REPRÉSENTANTS DU PERSONNEL SUR LES LICENCIEMENTS ENVISAGÉS

A. La consultation sur les licenciements en exécution du jugement prononçant la liquidation

23.5.2.1. – Elle doit intervenir dans les conditions prévues à l'article L. 1233-58 du Code du travail pour les licenciements auxquels le liquidateur procède en application de la décision prononçant la liquidation de l'entreprise, ainsi que, le cas échéant, ceux auxquels il peut procéder au terme de la période de maintien provisoire de l'activité autorisée par le juge commissaire *(C. com., art. L. 641-4)*.

L'avis du comité social et économique est rendu au plus tard dans les douze jours de la décision prononçant la liquidation, ou, si le maintien provisoire de l'activité a été autorisé par le tribunal, dans les douze jours suivant le terme de cette autorisation. L'absence de remise du rapport de l'expert mentionné aux articles L. 1233-34 et L. 1233-35 du Code du travail ne peut avoir pour effet de reporter ce délai *(C. com., art. L. 641-4)*.

Sur les dispositions applicables encadrant la consultation, il convient de se reporter au n° **23.3.5**.

En l'absence de comité social et économique, le représentant des salariés, choisi par ces derniers *(cf. n°* ***12.7.1*** *et* ***23.3.4****)*, exerce les fonctions dévolues à ces institutions *(C. com., art. L. 621-4)*. Toutefois, en l'absence de mise en place des institutions représentatives et de procès-verbal de carence, la seule intervention du représentant des salariés ne couvre pas l'irrégularité de procédure du fait du défaut de mise en place de ces institutions *(Cass. soc., 23 sept. 2008, n° 06-45.528, Bull. V n° 170, RJS 2008 n° 1178)*.

S'agissant des projets de licenciement collectif soumis à la procédure d'homologation par l'autorité administrative dans le cadre d'une procédure de liquidation judiciaire, celle-ci peut cependant accorder l'homologation *« à titre exceptionnel, au vu des circonstances et des motifs justifiant le défaut d'établissement du procès-verbal de carence » (C. trav., art. L. 1233-58 II, modifié par l'ordonnance n° 2014-699 du 20 juin 2014 portant simplification et adaptation du droit du travail, art. 20)*. Elle doit alors indiquer dans la motivation de sa décision tout élément l'ayant conduite à statuer en ce sens *(CE, 8 déc. 2021, n° 435.919, M. F. c./ Sté Gilibert, mentionné aux Tables, RJS 2022 n° 64)*.

Les dispositions de l'article L. 2325-15 du Code du travail relatives à l'élaboration de l'ordre du jour sont applicables *(cf. n°* ***21.5.3****)*.

Une réunion d'information organisée la veille de la notification des licenciements ne met pas à même les représentants du personnel en mesure de faire valoir utilement leurs observations, la procédure de consultation dans ces conditions étant irrégulière *(Cass. soc., 16 déc. 2008, n° 07-43.285 à 07-43.297, Bull. V n° 253, RJS 2009 n° 159, Dr ouvrier 2009, p. 243)*.

L'avis des représentants du personnel doit être joint au rapport de l'administrateur ou produit par celui-ci lors de l'audience *(C. com., art. R. 631-36).*

B. La consultation sur les licenciements intervenant dans le cadre du plan de cession

23.5.2.2. – Le plan de cession ne peut être adopté par le tribunal qu'après consultation des représentants du personnel dans les conditions prévues à l'article L. 1233-58-I si le plan prévoit des licenciements économiques *(C. com., art. L. 642-5).*

L'avis du comité social et économique doit être rendu au plus tard le jour ouvré avant l'audience du tribunal qui statue sur le plan. L'absence de remise du rapport de l'expert mentionné aux articles L. 1233-34, L. 1233-35 et L. 2315-92 du Code du travail ne peut avoir pour effet de reporter ce délai *(C. com., art. L. 642-5).*

Le liquidateur, ou l'administrateur lorsqu'il en a été désigné, produit à l'audience le procès-verbal des délibérations du comité d'entreprise ou des délégués du personnel ainsi que la copie de l'avis informant l'autorité administrative *(C. com., art. R. 642-3).*

Sur les dispositions applicables encadrant la consultation, il convient de se reporter au n° **23.3.5**.

§ 3. LA CONSULTATION DU REPRÉSENTANT DES SALARIÉS EN L'ABSENCE DE REPRÉSENTANTS DU PERSONNEL

23.5.3. – En l'absence de comité social et économique, le représentant des salariés, choisi par ces derniers *(cf. n° **12.7.1**)*, exerce les fonctions dévolues à cette institution pour cette procédure *(C. com., art. L. 621-4).* Toutefois, en l'absence de mise en place des institutions représentatives et de procès-verbal de carence, la seule intervention du représentant des salariés ne couvre pas l'irrégularité de procédure du fait du défaut de mise en place de ces institutions *(Cass. soc., 23 sept. 2008, n° 06-45.528, Bull. V n° 170, RJS 2008 n° 1178).*

S'agissant des projets de licenciement collectif soumis à la procédure d'homologation par l'autorité administrative dans le cadre d'une procédure de redressement judiciaire, celle-ci peut cependant accorder l'homologation « *à titre exceptionnel, au vu des circonstances et des motifs justifiant le défaut d'établissement du procès-verbal de carence* » *(C. trav., art. L. 1233-58 II, modifié par l'ordonnance n° 2014-699 du 20 juin 2014 portant simplification et adaptation du droit du travail, art. 20).*

§ 4. LA MOTIVATION DE LA LETTRE DE LICENCIEMENT

23.5.4. – La lettre de licenciement est suffisamment motivée par le visa de la décision prononçant la liquidation *(Cass. soc., 2 mars 2004,* *n° 02-41.932, Bull. V n° 67).* À défaut, le licenciement est sans cause réelle et sérieuse *(Cass. soc., 9 juill. 2003, n° 01-43.763).*

L'ordonnance n° 2017-1718 du 20 décembre 2017, complétée par le décret n° 2017-1702 du 15 décembre 2017 a créé la possibilité pour l'employeur de préciser les motifs énoncés dans la lettre de licenciement après la notification de celui-ci *(C. trav., art. L. 1232-5 ; C. trav., art. R. 1233-2-2 ; Liaisons soc. n° 17801 ; Dr soc 2018, « La motivation du licenciement », A. Fabre, p. 4).* Le juge devra donc prendre en compte les éléments éventuellement ajoutés par l'employeur après la notification, pour vérifier si la lettre de licenciement est suffisamment motivée. En outre, si le salarié n'a pas effectué de demande de précisions des motifs, l'irrégularité tirée de l'absence de motivation ne prive pas à elle seule le licenciement de cause réelle et sérieuse *(cf. n° **52.1.2**).*

§ 5. LIQUIDATION JUDICIAIRE ET PROTECTION DES REPRÉSENTANTS DU PERSONNEL

A. Le principe du respect de la procédure spéciale

23.5.5.1. – Antérieurement à l'entrée en vigueur de la loi du 25 janvier 1985, le juge judiciaire et le juge administratif avaient jugé que les licenciements des représentants du personnel intervenant dans le cadre d'une liquidation judiciaire, sans autorisation de poursuite d'activité, devaient être autorisés par l'inspecteur du travail, y compris dans le cas d'une cessation totale d'activité *(Cass. crim., 4 nov. 1982, n° 82-90.748 ; CE, 30 oct. 1985, n° 40.203, Me Garnier, syndic de la liquidation des biens de la SARL Engineering et ouvrages d'art, Rec. p. 306 ; CE, 28 mai 1986, n° 53.903, Sté Prony-clinique).*

Sur le fondement des dispositions du Code du travail introduites par la loi du 28 octobre 1982 *(derniers alinéas des art. L. 412-18, L. 425-1 et L. 436-1)* et des dispositions de la loi du 25 janvier 1985, la nécessité d'une autorisation de l'inspecteur du travail a été confirmée. « *La liquidation judiciaire... ne peut avoir légalement pour effet de faire échec à l'application des dispositions du Code du travail relatives à la protection exceptionnelle dont bénéficient certains salariés* » *(CE, 20 mars 1996, n° 135.167, SA Le comptoir du pain, Rec. p. 1193, RJS 1996 n° 573 ; CE, 21 avr. 1997, n° 157.998, Société gardoise de mécanique et de chaudronnerie, Tables p. 1109, RJS 1997 n° 836).* Il en est de même lorsque le tribunal a ordonné la liquidation des activités non reprises par le cessionnaire et que le salarié protégé ne travaille pas dans les branches d'activités cédées *(CE, 30 oct. 1995, n° 134.009, Soret, Tables p. 1064).*

La chambre criminelle de la Cour de cassation a estimé que les dispositions de l'article 227 de la loi du 25 janvier 1985, qui prévoyaient qu'en cas de redressement, le licenciement des salariés protégés est soumis à la procédure spéciale, s'appliquent à toutes les phases de la procédure, y compris aux licenciements intervenant dans le cadre de la liquidation judiciaire *(Cass. crim., 15 oct. 1991, n° 89-83.551, Bull. crim. n° 349, RJS 1992 n° 54)*. La chambre sociale avait adopté la même position *(Cass. soc., 9 oct. 1991, n° 89-44.106, Bull. n° 403, RJS 1991 n° 1220)*.

La loi n° 94-475 du 10 juin 1994 a repris la solution dégagée par la jurisprudence et modifié en conséquence les dispositions du Code du travail pour inclure la mention expresse de la procédure de liquidation judiciaire *(art. 96-V)*.

L'article L. 2411-1 du Code du travail prévoit l'application de la protection en cas de liquidation judiciaire.

L'autorisation est également requise pour le licenciement d'un conseiller prud'homme *(Cass. crim., 25 mai 2004, n° 02-86.937, Bull. crim. n° 137, obs. F. Duquesne, Dr soc 2004, p. 920)*.

En l'absence d'autorisation administrative, le licenciement est nul.

B. L'articulation des procédures générale et spéciale

23.5.5.2. – Cette articulation soulève les mêmes questions que celles examinées au n° **23.3.7.2**.

L'article L. 642-5 du Code de commerce a été complété pour préciser que lorsque le licenciement concerne un salarié bénéficiant d'une protection particulière en matière de licenciement, le délai d'un mois après le jugement *(cf. n° **23.5.1.2**)* est celui dans lequel l'intention de rompre doit être manifestée *(art. 112 de l'ordonnance n° 2008-1345 du 18 déc. 2008 portant réforme du droit des entreprises en difficulté)*.

§ 6. L'INCIDENCE DE LA CESSION SUR LA VALIDITÉ DES LICENCIEMENTS PRONONCÉS PAR LE LIQUIDATEUR : LA PORTÉE DE LA LOI DU 26 JUILLET 2005

A. La jurisprudence antérieure à la loi du 26 juillet 2005

23.5.6.1. – La Cour de cassation avait jugé que seules étaient applicables à la cession d'unités de production, intervenue après le jugement de liquidation, les dispositions de l'ancien article L. 622-17 du Code de commerce, écartant ainsi les dispositions de l'ancien article L. 621-63 relatives au plan de continuation ou de cession adoptés à l'issue de la période d'observation de la procédure de redressement *(Cass. soc., 2 oct. 2002, n° 00-42.193, RJS 2002 n° 1360 ; P. Bailly, « Le contrat de travail et le transfert des entreprises en difficulté », Gaz. Pal. 2002, p. 1359 ; P. Bailly, « Licenciement et L. 122-12 : nullité ou inefficacité », Sem. soc. Lamy 2005, n° 1211, p. 7 ; J. Mouly, « Les licenciements antérieurs au transfert de l'entreprise », Dr soc 2007, p. 534)*.

Or, selon la chambre sociale, les dispositions de l'article L. 622-17 ne pouvaient être interprétées comme dérogeant aux dispositions d'ordre public de l'article L. 122-12 [article L. 1224-1 du Code du travail] alors qu'il y a identité entre les notions d'unités de production et d'entité économique autonome *(P. Bailly, « À propos de deux applications controversées de l'article L. 122-12, al. 2, du Code du travail », RJS 2007, p. 115).*

Se fondant sur les dispositions de l'article L. 622-17 du Code de commerce, la chambre sociale avait jugé que le juge commissaire pouvait autoriser la cession globale des unités de production. « *Pour choisir l'offre qui lui paraît la plus sérieuse, le juge commissaire doit vérifier, outre que cette offre permet dans les meilleures conditions d'assurer durablement l'emploi, que l'unité de production dont la cession est envisagée correspond à un ensemble d'éléments corporels ou incorporels permettant l'exercice d'une activité économique qui poursuit un objectif propre* » *(Cass. soc., 27 avr. 2000, n° 98-40.064, Bull. V n° 156, RJS 2000 n° 635).*

Il en résultait « *que la cession entraîne de plein droit le transfert d'une entité économique autonome conservant son identité et, par voie de conséquence, la poursuite avec le cessionnaire, des contrats de travail des salariés de l'unité de production transférée* » *(Cass. soc., 27 oct. 1999, n° 97-43.194, Bull. V n° 415, Dr soc 1999, p. 1114, RJS 1999 n° 1439 ; Cass. soc., 19 avril 2005, n° 03-43.240, Bull. V n° 143, RJS 2005 n° 713 ; Cass. soc., 10 avr. 2008, n° 06-46.073, RJS 2008 n° 642).*

Avait été regardée comme constitutive du transfert d'une entité économique autonome la création, quelques jours après la liquidation judiciaire d'une société, d'une autre entreprise ayant le même objet social, exerçant dans les mêmes locaux, à l'aide de la même marque et du même logo que la première, en utilisant la même ligne téléphonique, avec la collaboration de deux anciens salariés réembauchés à cet effet et se présentant comme se substituant à la précédente société auprès de son ancienne clientèle ainsi captée *(Cass. soc., 27 janv. 2010, n° 08-44.903, RJS 2010 n° 313).*

Toutefois, si la cession autorisée portait exclusivement sur le matériel et le stock et n'emportait reprise ni du personnel ni des éléments incorporels indispensables à la poursuite de l'activité, il n'y avait pas transfert d'une entité économique autonome et les dispositions de l'article L. 122-12 du Code du travail n'étaient pas applicables *(Cass. soc., 11 juin 2008, n° 07-40.403, RJS 2008 n° 869).*

Par ailleurs, le dirigeant de la société placée en liquidation pouvait décider d'appliquer volontairement les dispositions de l'article L. 1224-1 *(Cass. soc., 10 avril 2008, n° 06-45.836, RJS 2008 n° 644).*

B. L'incidence de la cession sur la validité des licenciements prononcés par le liquidateur à compter de l'entrée en vigueur des dispositions de la loi du 26 juillet 2005

1. *Les dispositions légales*

23.5.6.2.1. – L'article L. 642-1 du Code de commerce, dans sa rédaction issue de la loi n° 2005-845 du 26 juillet 2005 applicable aux procédures ouvertes à partir du 1er janvier 2006, autorise la cession totale ou partielle. Dans ce dernier cas, la cession « *porte sur un ensemble d'éléments d'exploitation qui forment une ou plusieurs branches complètes et autonomes d'activités* ».

Après avoir appelé les représentants du personnel, « *le tribunal retient l'offre qui permet dans les meilleures conditions d'assurer le plus durablement l'emploi attaché à l'ensemble cédé (...)* ***Le plan précise notamment les licenciements qui doivent intervenir dans le délai d'un mois après le jugement*** » *(C. com., art. L. 642-5).*

2. *La portée des dispositions légales*

23.5.6.2.2. – La cession « *entraîne de plein droit le transfert d'une entité économique autonome conservant son identité et, par voie de conséquence, la poursuite avec le cessionnaire, des contrats de travail des salariés qui ne sont pas licenciés en exécution du plan* » *(A. Mazeaud, « Les cessions d'entreprise ou de parties d'entreprise depuis la loi du 26 juillet 2005 relative à la sauvegarde des entreprises », Dr soc 2006, p. 12).*

Selon le professeur P. Morvan, « *se trouve en conséquence généralisée la solution jurisprudentielle selon laquelle l'application de l'article L. 122-12, alinéa 2, du Code du travail est exclue à l'égard de salariés dont le licenciement a été autorisé par le plan de cession (...) à condition que le licenciement ait été prononcé dans le délai d'un mois à compter du jugement arrêtant le plan de cession* » *(« Le droit social dans la réforme des entreprises en difficulté », JCP E 2005, n° 42, p. 1751 ; cf. également M. Henry, « Entreprises en difficulté et sauvegarde de l'emploi », Dr ouvrier 2007, p. 170).*

La cession intervenant dans le cadre de la procédure simplifiée instituée par l'article L. 642-19 du Code de commerce relève en tout état de cause des dispositions de l'article L. 1224-1 du Code du travail pour les salariés autres que ceux qui sont licenciés.

De même, la décision du juge-commissaire d'ordonner la cession d'actifs en dehors du plan de cession et hors du champ d'application des dispositions des articles L. 642-18 et L. 642-19 du Code de commerce n'est pas de nature à faire échec à l'application de l'article L. 1224-1 du Code du travail *(Cass. soc., 14 oct. 2020, n° 18-24.311, RJS 2021 n° 23 ; Cass. soc., 20 déc. 2023, n° 21-18.146, B., RJS 2024 n° 206 ; position conforme à celle de la jurisprudence antérieure à la loi du 26 juillet 2005).*

S'agissant d'un salarié protégé, en l'absence de toute cession d'actifs de la société en liquidation judiciaire à la date à laquelle l'inspecteur a autorisé son licenciement, il appartient à la juridiction judiciaire d'apprécier si la cession ultérieure d'éléments d'actifs autorisée par le juge-commissaire ne constitue pas la cession d'un ensemble d'éléments corporels et incorporels permettant l'exercice d'une activité qui poursuit un objectif propre, emportant de plein droit le transfert des contrats de travail des salariés affectés à cette entité économique autonome, conformément à l'article L. 1224-1 du Code du travail, et rendant sans effet le licenciement prononcé ; cette contestation, qui ne concerne pas le bien-fondé de la décision administrative d'autorisation de licenciement, ne porte pas atteinte au principe de la séparation des pouvoirs *(Cass. soc., 21 avr. 2022, n° 20-17.496, B., RJS 2022 n° 365 et 384, D. 2022, p. 842 ; chron. P. Bailly, « L'autorisation de transfert du salarié investi d'un mandat protecteur », Dr soc. 2024, p. 499)*.

À défaut de substitution de cessionnaire, le salarié ne peut se voir imposer comme employeur un repreneur qui n'a pas été retenu par le tribunal ayant arrêté le plan *(Cass. soc., 31 janv. 2024, n° 22-10.276, B., RJS 2024 n° 204, D. 2024, p. 212)*.

§ 7. LE RÔLE DES AUTORITÉS ADMINISTRATIVES

23.5.7. – Une copie du jugement de liquidation judiciaire est transmise par l'employeur ou l'administrateur au DREETS *(C. trav., art. R. 1233-7)*.

S'agissant du contrôle de la régularité de la consultation de droit commun des représentants du personnel, deux cas de figure sont envisageables :

– si le projet de licenciement économique doit donner lieu à l'établissement d'un PSE, ce contrôle relève de la seule compétence du DREETS dans le cadre de la procédure de validation ou d'homologation du plan ;
– si tel n'est pas le cas, il appartient à l'inspecteur du travail, saisi d'une demande d'autorisation de licenciement d'un salarié protégé, de procéder au contrôle de la régularité de cette consultation.

Lorsqu'un PSE doit être élaboré, la procédure de validation ou d'homologation prévue par l'article L. 1233-58-II doit être mise en œuvre par l'administrateur, après que le CSE ait rendu son avis dans le délai maximal de douze jours suivant la décision du tribunal prononçant la liquidation de l'entreprise ou, si le maintien provisoire de l'activité a été autorisé, dans les douze jours suivant le terme de cette autorisation *(C. com., art. L. 641-4)*.

Le DREETS dispose d'un délai de quatre jours pour instruire la décision de validation ou d'homologation. Ce délai court :

– à compter de la date de la dernière réunion du comité social et économique *(C. trav., art. L. 1233-58-II)* :
  • pour les licenciements au cours de la période de maintien provisoire de l'activité,
  • pour les licenciements en cas de liquidation sans poursuite d'activité ;
– à compter de réception de réception de la demande par le DIRECCTE dans le cadre d'un plan de cession *(C. com., art. L. 642-5)*.

En cas d'homologation d'un PSE afférent à une liquidation judiciaire, l'administration n'a pas à contrôler la régularité de la procédure d'information et de consultation du CSE conduite dans le cadre de la procédure antérieure de redressement judiciaire *(CE, 27 déc. 2022, n° 452.898, M. Al. C. / Sté nouvelle Scala, mentionné aux Tables)*.

En cas de refus de validation ou d'homologation, il est procédé à une modification du projet, soumis ensuite à l'avis du comité social et économique, puis à sa transmission pour validation ou homologation au DIRECCTE dans des conditions identiques à celles applicables aux licenciements économiques prononcés dans le cadre du plan de sauvegarde arrêté par le tribunal *(C. trav., art. L. 1233-58-III ; cf. n°* ***23.2.3.3.2****)*.

En cas de licenciements intervenus en l'absence de toute décision relative à la validation ou à l'homologation ou en cas d'annulation d'une décision ayant procédé à la validation ou à l'homologation, le juge octroie au salarié une indemnité à la charge de l'employeur qui ne peut être inférieure aux salaires des six derniers mois. Mais la sanction de nullité, prévue par l'article L. 1235-10 alinéa 2 en cas d'annulation en raison d'une absence ou d'une insuffisance de plan de sauvegarde, ou par l'article L. 1235-16 en cas d'annulation pour tout motif autre, et notamment les irrégularités de procédure, ne s'applique pas aux licenciements opérés dans le cadre d'une procédure de redressement ou de liquidation judiciaire *(C. trav., art. L. 1235-10 al. 3 et art. L. 1233-58 II ; cf. Cons. const., 28 mars 2013, décision n° 2013-299 QPC, RJS 2013 n° 438, déclarant conformes à la Constitution les dispositions de l'article L. 1235-10, al. 3)*.

Les conséquences d'une annulation de la décision de validation ou d'homologation résultant d'une insuffisance de motivation sont examinées au n° **22.13.4.3**.

S'agissant de l'office du juge saisi d'une contestation de la décision d'homologation ou de validation, il y a lieu de se reporter au n° **74.11.4.2**.

SECTION 6

La garantie des créances par l'AGS

§ 1. LES CONDITIONS GÉNÉRALES D'APPLICATION DE LA GARANTIE

23.6.1. – Instituée par la loi n° 73-1194 du 27 décembre 1973, l'AGS *(Association pour la gestion du régime d'assurance des créances des salariés)*, financée par une cotisation spécifique à la charge des employeurs, assure les salariés contre le risque de non-paiement, en cas de redressement ou de liquidation judiciaire, des sommes qui leur sont dues en exécution du contrat de travail *(C. trav., art. L. 3253-6 et L. 3253-8)* à concurrence de plafonds fixés par les articles D. 3253-2 et D. 3253-5 du Code du travail.

Légalement subrogée dans les droits des salariés au titre des avances effectuées pour leurs créances super privilégiées dans le cadre d'une première procédure, l'AGS ne perd pas le bénéfice de cette subrogation du fait de l'ouverture d'une seconde procédure et demeure en conséquence dispensée de l'obligation de déclarer cette créance à cette occasion *(Cass. com., 3 févr. 2009, n° 07-19.631, Bull. n° 13)*.

En cas de rupture du contrat de travail postérieure au jugement d'ouverture, la garantie, telle que définie par l'article L. 3253-8 du Code du travail joue pour les créances suivantes.

A. Créances garanties et résultant de la rupture du contrat de travail notifiée après le jugement d'ouverture

23.6.1.1. – La garantie de l'AGS est acquise dès lors que la rupture du contrat de travail est notifiée :

– soit pendant la période d'observation ;
– soit dans le mois suivant le jugement qui adopte le plan de sauvegarde, de redressement ou de cession ;
– soit dans les quinze jours suivant le jugement de liquidation judiciaire ;
– soit pendant le maintien provisoire de l'activité, autorisé par le jugement de liquidation judiciaire et dans les quinze jours (ou vingt et un jours si un plan de sauvegarde de l'emploi est élaboré) suivant la fin de ce maintien d'activité.

À l'inverse, si l'une de ces conditions n'est pas remplie, la garantie de l'AGS est en principe refusée *(Cass. soc., 14 mai 2003, n° 01-40.586, RJS 2003 n° 1018)*.

La garantie de l'AGS est limitée aux créances résultant aux licenciements prononcés pendant la période d'observation et dans le mois suivant le jugement qui a arrêté le plan de sauvegarde *(Cass. soc., 10 mars 2009, n° 07-45.326, Bull V n° 65)*.

Sont également couvertes les mesures d'accompagnement résultant d'un plan de sauvegarde de l'emploi déterminé par un accord collectif majoritaire ou par un document unilatéral dès lors que la validation ou l'homologation a été accordée par l'autorité administrative avant ou après l'ouverture de la procédure de redressement ou de liquidation judiciaire *(C. trav., art. L. 3253-8)*.

En revanche, l'indemnité supra-légale de licenciement, qui ne constitue pas une telle mesure d'accompagnement, mais une somme concourant à l'indemnisation du préjudice causé par la rupture du contrat de travail, n'est pas couverte par cette garantie *(Cass. soc., 16 déc. 2020, n° 18-15.532, B., Dr soc. 2021, p. 463, étude D. Bondat)*.

L'obligation de justification de l'insuffisance des fonds disponibles pour l'obtention de cette garantie s'applique à la seule procédure de sauvegarde *(C. trav., art. L. 3253-20 ; Cass. com., 7 juill. 2023, n° 22-17.902, B., RJS 2023 n° 514, RDT 2023, p. 628, note V. Ilieva et A. Mittelette et RDT 2023, p. 452, étude S. Vernac)*.

B. Créances garanties au titre de l'exécution du contrat de travail après le jugement d'ouverture en cas de liquidation judiciaire

23.6.1.2. – En application des dispositions de l'article L. 3253-8 du Code du travail, l'AGS couvre, dans la limite d'un montant maximal correspondant à un mois et demi de travail, les sommes dues :

– au cours de la période d'observation ;
– à la date du jugement de liquidation ;
– dans le mois suivant le jugement qui adopte le plan de sauvegarde, de redressement ou de cession ;
– dans les quinze jours, ou vingt et un jours lorsqu'un plan de sauvegarde de l'emploi est élaboré suivant le jugement de liquidation ;
– au cours du mois suivant le jugement de liquidation judiciaire pour les seuls représentants des salariés ;
– pendant le maintien provisoire de l'activité autorisé par le jugement de liquidation et au cours des quinze jours (ou vingt et un jours lorsqu'un plan de sauvegarde de l'emploi a été élaboré) suivant la fin de ce maintien de l'activité.

Sont également couvertes :

– les créances nées de la rupture du contrat de travail intervenant dans le délai de quinze jours à compter du jugement de liquidation ;
– les mesures d'accompagnement du PSE validé ou homologué, avant ou après l'ouverture de la procédure de redressement ou de liquidation judiciaire *(cf. également CE, 4 oct. 2023, n° 447.057, Syndicat national du personnel navigant commercial, mentionné aux Tables).*

Saisie d'une question prioritaire de constitutionnalité sur la constitutionnalité du renvoi opéré par l'article L. 641-4 du Code de commerce aux articles L. 1233-58 et L. 1233-60 du Code du travail, imposant de ce fait au liquidateur judiciaire de procéder à la mise en place de mesures de reclassement, alors même qu'il se trouve dans le même temps soumis à l'obligation, édictée par l'article L. 3253-8 du Code du travail, de licencier les salariés dans le délai de quinze jours, la chambre sociale a décidé que cette question ne présentait pas un caractère sérieux et qu'il n'y avait pas lieu de la transmettre au Conseil constitutionnel : pour la Cour de cassation, cette règle ne contrevient pas au principe d'égalité, la différence de traitement étant justifiée par le fait que les sommes dues au titre de la rupture sont prises en charge par un régime d'assurance garantissant les créances salariales contre l'insolvabilité des employeurs et que la réduction de la période couverte par la garantie satisfait à des raisons d'intérêt général *(Cass. soc., 6 oct. 2011, n° 11-40.056 QPC, B., D. 2011, p. 2457 ; R. Chambon, « Le contrôle administratif portant sur le contenu des PSE », Dr soc 2024, p. 520).*

Lorsque l'AGS refuse, pour quelque cause que ce soit, de régler une créance figurant sur un relevé des créances résultant d'un contrat de travail, elle fait connaître son refus au mandataire judiciaire qui en informe immédiatement le représentant des salariés et le salarié concerné. Ce dernier peut saisir du litige le conseil de prud'hommes. Le mandataire judiciaire, le chef d'entreprise ou l'administrateur, lorsque ce dernier a pour mission d'assurer l'administration de l'entreprise, sont alors mis en cause. En outre, le salarié peut demander au représentant des salariés de l'assister ou de le représenter devant la juridiction prud'homale *(C. com., art. L. 625-4).*

Les litiges soumis au conseil de prud'hommes sont portés directement devant le bureau de jugement *(C. com., art. L. 625-5).* Les salariés ont seuls qualité pour engager cette action devant le conseil de prud'hommes : l'action portée par le liquidateur devant le tribunal de commerce pour faire condamner Pôle Emploi doit donc être déclarée irrecevable *(Cass. soc., 21 mars 1989, n° 87-19.377, Bull. V n° 233).*

Si la résiliation judiciaire est prononcée postérieurement au jugement d'ouverture de la procédure de liquidation judiciaire, les sommes ne sont pas garanties par l'AGS *(Cass. soc., 14 oct. 2009, n° 07-45.257, Bull. V n° 222, RJS 2009 n° 924).*

§ 2. L'APPLICATION DE LA GARANTIE AUX CRÉANCES DES SALARIÉS PROTÉGÉS

A. La garantie des créances nées de la rupture

23.6.2.1. – S'agissant des salariés protégés, les créances résultant de la rupture sont couvertes par l'assurance dès lors que l'administrateur, l'employeur ou le liquidateur, selon le cas, a manifesté, au cours des périodes mentionnées à l'article L. 3253-8 *(cf. n°* ***23.6.1.1****)*, son intention de rompre leur contrat de travail *(C. trav., art. L. 3253-9 ; Cass. soc., 6 juin 2007, n° 05-40.892, Bull. V n° 92, C. Radé, « Garantie de l'AGS et rupture des contrats de travail postérieur au jugement de liquidation », Dr soc 2007, p. 984 ; C. Gailhbaud, « Le particularisme de licencier un salarié protégé dans l'entreprise en redressement ou en liquidation judiciaire », Dr soc. 2024, p. 505).* Cette garantie est alors acquise peu important le refus de l'inspecteur du travail d'autoriser le licenciement *(Cass. soc., 13 déc. 2017, n° 16-21.773, B., RJS 2018 n° 115).*

Cette intention peut être matérialisée notamment par l'envoi :

- d'une lettre de convocation à l'entretien préalable (*Cass. soc. 23 févr. 2005, n° 03-41.466 ; Cass. soc., 8 févr. 2012, n° 10-12.906, Bull. V n° 62, D. 2012, p. 550)* ;
- de la convocation du comité social et économique ;
- de la saisine de l'inspecteur du travail ;
- d'un écrit adressé au salarié *(Cass. soc. 2 oct. 2001, n° 99-45.346, Bull. V n° 295).*

Dès lors, même si le licenciement n'est notifié qu'après la fin d'une de ces périodes, du fait des délais entraînés par la procédure protectrice, le salarié protégé bénéficie néanmoins de la garantie de paiement par l'AGS *(Cass. soc., 2 oct. 2001, n° 99-45.346, Bull. V n° 295 ; Cass. soc., 4 juill. 2006, n° 04-45.930).*

La rupture du contrat peut être caractérisée par le fait que le salarié n'a plus ni travail, ni salaire *(Cass. soc., 6 juin 2007, n° 05-40.892, Bull. V n° 92, C. Radé, « Garantie de l'AGS et rupture des contrats de travail postérieur au jugement de liquidation », Dr soc 2007, p. 984 ; Cass. soc., 19 oct. 2010, n° 09-65.560, RJS 2011 n° 42).*

En revanche, en l'absence de manifestation de l'intention de rompre le contrat dans le délai imparti, les créances ne sont pas garanties par l'AGS *(Cass. soc. 18 déc. 1991, n° 89-42.188, Bull. V n° 591, RJS 1992 n° 156 ; Cass. soc., 5 nov. 2009, 08-43.296, RJS 2010 n° 46)*, sauf cas de force majeure caractérisée *(Cass. soc., 30 sept. 2013, n° 12-12.122).*

L'indemnité allouée au salarié protégé, en cas d'annulation de l'autorisation administrative de licenciement, constitue une créance résultant de la rupture de son contrat de travail et est garantie par l'AGS lorsque les conditions prévues par le Code du travail sont réunies *(Cass. soc., 10 oct. 2007, n° 06-42.371).*

B. La garantie des autres créances

23.6.2.2. – S'agissant des salaires dus entre le jugement d'ouverture et le licenciement, il convient de distinguer la situation du représentant des salariés de celle des autres salariés protégés.

1. Règles applicables aux salariés protégés autres que les représentants des salariés

23.6.2.2.1. – Les règles de droit commun s'appliquent : sont couvertes dans la limite d'un mois et demi de travail les sommes dues au titre des quinze jours suivant le jugement de liquidation, au titre de la période d'activité provisoire et au cours des quinze jours, ou vingt et un jours lorsqu'un plan de sauvegarde de l'emploi est élaboré, suivant cette période *(C. trav., art. L. 3253-8-4°-d).*

Il s'ensuit que si le contrat de travail n'a pas été rompu par le liquidateur judiciaire dans les quinze jours suivant le jugement de liquidation judiciaire et si les sommes en cause n'étaient pas dues à la date du jugement d'ouverture de la procédure de liquidation judiciaire, elles ne sont pas couvertes par l'AGS *(Cass. soc., 14 oct. 2009, n° 07-45.257, Bull. V n° 222, RJS 2009 n° 924).*

En application des règles, ne sont pas couverts les salaires pour une période postérieure à celle du maintien de l'activité provisoire et qui ne résultent pas de la rupture du contrat de travail tels que des salaires dus avant le licenciement *(Cass. soc., 19 janv. 2010, n° 08-41.522, RJS 2010 n° 346 : en l'espèce, l'activité avait été poursuivie jusqu'au 30 décembre, l'autorisation avait été refusée par l'inspecteur du travail le 3 janvier 2006 puis accordée par le ministre : les salaires correspondant à la période du 1er janvier au prononcé du licenciement ne sont pas couvertes par l'AGS).*

2. *Règles applicables aux représentants des salariés*

23.6.2.2.2. – Sont couvertes dans la limite d'un mois et demi de travail les sommes dues au titre du mois suivant le jugement de liquidation, au titre de la période d'activité provisoire et au cours des 15 jours (21 jours si un plan de sauvegarde de l'emploi a été élaboré) suivant cette période *(C. trav., art. L. 3253-8-5°-c)*.

Le plafond mentionné au n° **23.6.1.2** est opposable également au représentant des salariés *(Cass. soc., 4 juin 2003, n° 01-40.585, RJS 2003 n° 1019)*.

TROISIÈME PARTIE

LA PROCÉDURE DE LICENCIEMENT DES SALARIÉS PROTÉGÉS : LA PROCÉDURE ADMINISTRATIVE

CHAPITRE I

L'AUTORITÉ ADMINISTRATIVE COMPÉTENTE POUR INSTRUIRE LA DEMANDE D'AUTORISATION DE LICENCIEMENT

31. – Pour déterminer l'autorité administrative compétente, il est nécessaire de répondre aux questions suivantes :

– quel est le fonctionnaire compétent ?
– quel est l'inspecteur du travail territorialement compétent ?
– quels sont les fonctionnaires habilités à intervenir en cas d'absence de l'inspecteur du travail normalement compétent ?

SECTION 1

L'autorité administrative compétente

§ 1. LE PRINCIPE

31.1.1. – L'autorité compétente pour instruire la demande d'autorisation de licenciement est le fonctionnaire ayant en charge la mission de contrôle de l'entreprise.

La répartition des compétences entre les services chargés de la mission de contrôle est précisée par les dispositions des articles R. 8111-1 et suivants du Code du travail.

À compter du 1er janvier 2009, les agents des services d'inspection du travail dans l'industrie, les commerces et services, les professions agricoles et les secteurs des transports et de la mer sont placés sous l'autorité du ministre chargé du travail *(C. trav., art. R. 8111-1, D. n° 2008-1503 du 30 déc. 2008)*.

Si l'article L. 8112-1 du Code du travail précise que les attributions des agents de contrôle de l'inspection du travail peuvent être exercées par des agents de contrôle assimilés dans des conditions fixées par voie réglementaire, force est de constater que depuis 2009, les domaines relevant du contrôle d'agents de l'inspection du travail n'appartenant pas au ministère du Travail n'ont cessé de se réduire, plusieurs transferts de compétence ayant été opérés vers l'inspection du travail de droit commun, en particulier pour ce qui concerne les industries électriques et gazières et les mines et carrières.

Les missions d'inspection du travail exercées par ces agents relevant d'autres ministères restent sous l'autorité du ministre chargé du travail. Ainsi, l'autorité compétente pour statuer sur un recours hiérarchique formé contre la décision de l'inspecteur du travail statuant sur une demande d'autorisation de licenciement est le ministre chargé du travail. La seule exception concerne les agents du ministère de la Défense dont les missions d'inspection du travail restent placées sous l'autorité du ministère de la Défense *(C. trav., art. R. 8111-12)*.

Si la décision est prise par une autorité incompétente, le juge administratif annule la décision, sans examiner le litige au fond *(cf. n° **74.7.2.4**, s'agissant des moyens d'ordre public)*.

§ 2. LES EXCEPTIONS

A. La compétence des agents des directions régionales de l'environnement, de l'aménagement et du logement (DREAL)

31.1.2.1. – Le champ de compétence des agents des DREAL s'est peu à peu réduit au profit de l'inspection du travail de droit commun.

Le décret n° 2011-1697 du 1er décembre 2011 relatif aux ouvrages des réseaux publics d'électricité et des autres réseaux d'électricité opère le transfert de compétence en matière d'exercice des missions d'inspection du travail des services des directions régionales de l'environnement, de l'aménagement et du logement (DREAL) vers les services du ministère du Travail pour les installations hydroélectriques (barrages) non concédées, ainsi que les ouvrages assurant le transport d'électricité.

Le décret n° 2021-124 du 5 février 2021 relatif à la compétence de l'inspection du travail dans les établissements et ouvrages des aménagements hydroélectriques concédés ainsi que dans les mines et carrières opère le transfert de compétence en matière d'exercice des missions d'inspection du travail des services des directions régionales de l'environnement, de l'aménagement et du logement (DREAL) vers les services du ministère du Travail au 1er juillet 2021 pour les sites suivants :

– les installations hydroélectriques (barrages) concédées,

– les carrières, à l'exception des carrières souterraines restant sous la compétence des DREAL,
– les mines exclusivement à ciel ouvert.

La compétence spécifique des agents des DREAL est maintenue pour les missions d'inspection du travail dans les mines, les forages d'hydrocarbures et de géothermie dès lors qu'ils ont des installations souterraines accessibles aux travailleurs. Ces missions sont exercées sous l'autorité du ministre chargé du travail *(C. trav., art. R. 8111-9)*.

B. La compétence des agents de l'Autorité de sûreté nucléaire (ASN)

31.1.2.2. – Dans les centrales de production d'électricité comprenant une ou plusieurs installations nucléaires de base au sens de l'article L. 593-2 du Code de l'environnement, les missions d'inspection du travail sont exercées par des agents de l'ASN, habilités à cet effet par cette dernière. Ces missions sont exercées sous l'autorité du ministre chargé du travail *(C. trav., art. R. 8111-11)*.

À ce stade, la loi n° 2024-450 du 21 mai 2024 relative à l'organisation de la gouvernance de la sûreté nucléaire et de la radioprotection pour répondre au défi de la relance de la filière nucléaire qui fusionne à compter du 1er janvier 2025 l'Autorité de sûreté nucléaire (ASN) et l'Institut de radioprotection et de sûreté nucléaire (IRSN) en une Autorité de sûreté nucléaire et de radioprotection (ASNR) ne remet pas en cause cette compétence.

C. La compétence des agents de l'inspection du travail des armées

31.1.2.3. – Pour les établissements placés sous l'autorité du ministre de la Défense et dont l'accès est réglementé et surveillé en permanence, les missions d'inspection du travail sont exercées, sous l'autorité du ministre de la défense, par les agents civils et militaires qu'il désigne *(C. trav., art. R. 8111-12)*.

De plus, les agents de l'inspection du travail des armées sont compétents pour exercer les missions d'inspection du travail dans les carrières situées sur le domaine de l'État mis à disposition du ministre de la Défense *(C. trav., art. R. 8111-9)*.

SECTION 2
Le fonctionnaire territorialement compétent pour statuer sur la demande

§ 1. LE PRINCIPE GÉNÉRAL DE RÉPARTITION DES COMPÉTENCES

A. Le principe

31.2.1.1. – Le Code du travail *(C. trav., art. L. 2421-10 et L. 2421-1)* précise que la demande d'autorisation de licenciement doit être adressée à « *l'inspecteur du travail dont dépend l'établissement* » où est employé le salarié.

L'administration et le juge administratif avaient adopté des positions différentes quant à la définition de la notion d'établissement :

– dans sa circulaire n° 93/23 du 4 octobre 1993 (abrogée), le ministre du Travail estimait que l'inspecteur du travail compétent géographiquement est « *celui du lieu de rattachement du salarié, c'est-à-dire le lieu (établissement, agence, succursale, magasin...) où le salarié exécute son contrat de travail* » ;
– le Conseil d'État avait une conception distincte de la notion d'établissement qui s'inspirait de sa jurisprudence relative à la reconnaissance du caractère d'établissement distinct pour la mise en place de comités d'établissement.

Pour le Conseil d'État, le critère pertinent pour déterminer l'inspecteur du travail géographiquement compétent n'était pas le lieu où s'effectue la prestation de travail, mais le degré d'autonomie de gestion de l'établissement qui emploie le salarié :

– si l'établissement bénéficiait d'une autonomie de gestion, l'inspecteur chargé de son contrôle était compétent pour instruire la demande de licenciement ;
– si, *a contrario*, l'établissement ne disposait pas d'autonomie, l'inspecteur du travail compétent était celui qui contrôlait l'unité où demeure l'autorité qui avait pris la décision (le siège social de l'entreprise, la direction régionale, etc.).

Par une décision en date du 24 janvier 1991 *(CE, 24 mai 1991, n° 87.733, SA SANE c. / Pinheiro)*, le Conseil d'État avait explicitement rejeté la conception défendue par le ministère du Travail. Il a réaffirmé ultérieurement à plusieurs reprises sa position *(CE, 16 juin 1995, n° 143.437, Battesti, RJS 1995 n° 1029 ; CE, 2 févr. 1996, n° 133.455,* Sté *suburbaine de canalisations et de grands travaux SA, Rec. p. 1194, RJS 1996 n° 306 ; CE, 20 mars 1996, n° 153.488, Caisse d'épargne des pays lorrains)*. Celle-ci est également applicable dans le cas où la procédure de licenciement concerne un conseiller prud'homme *(CE, 16 juin 1995, n° 143.437, Battesti, préc. ; CE, 30 juin 1997, n° 167.917, Guichard)*. Dans ses circulaires, abrogées, du 3 décembre 1996 et du 1er mars 2000, puis dans celle du 30 juillet 2012 relative aux décisions administratives en matière de rupture ou de transfert du contrat de travail des salariés protégés, le ministère du Travail s'est rallié à la position du juge administratif *(Guide DGT, Salariés protégés, sept. 2019, fiche n° 1b)*.

B. Les règles issues des ordonnances n° 2017-1386 et n° 2017-1718

31.2.1.2. – Les ordonnances n° 2017-1386 du 22 septembre 2017 et n° 2017-1718 du 20 décembre 2017 définissent la notion d'établissement nécessaire à la détermination de la compétence territoriale de l'inspecteur du travail selon qu'il est saisi d'une demande d'autorisation de licenciement fondée sur un motif personnel ou sur un motif économique.

Il ressort de ces dispositions que « *la demande d'autorisation de licenciement est adressée à l'inspecteur du travail dont dépend l'établissement dans lequel le salarié est employé. Si la demande d'autorisation de licenciement repose sur un motif personnel, l'établissement s'entend comme le lieu de travail principal du salarié. Si la demande d'autorisation de licenciement repose sur un motif économique, l'établissement s'entend comme celui doté d'un comité social et économique disposant des attributions prévues à la section 3, du chapitre II, du titre I, du livre III* » *(C. trav., art. L. 2421-3 ; cf. n°* ***31.2.2.1.1****)*.

Ces dispositions sont applicables directement ou par renvoi aux salariés détenant les mandats suivants :

Mandats	Disposition du Code du travail
Membres de la délégation du personnel du CSE Représentant de proximité	L. 2421-3
Membre du groupe spécial de négociation du comité d'entreprise européen Membre du groupe spécial de négociation du comité de la société européenne Membre du groupe spécial de négociation du comité de la société coopérative européenne Membre du groupe spécial de négociation du comité issu de la fusion transfrontalière Membre d'une commission paritaire d'hygiène, de sécurité et des conditions de travail en agriculture prévue à l'article L. 717-7 du Code rural et de la pêche maritime Représentant du personnel d'une entreprise extérieure, désigné à la commission santé, sécurité et conditions de travail d'un établissement comprenant au moins une installation classée figurant sur la liste prévue à l'article L. 515-36 du Code de l'environnement ou mentionnée à l'article L. 211-2 du Code minier	L. 2421-4

Mandats	Disposition du Code du travail
Représentant des salariés au conseil d'administration ou de surveillance d'une entreprise du secteur public, d'une société anonyme ou d'une société en commandite par action	L. 2421-5
Délégué syndical Salarié mandaté Membre du CSE interentreprises Conseiller du salarié	R. 2421-1
Membre du conseil ou administrateur de caisse de sécurité sociale ou de mutuelle Représentant des salariés dans une chambre d'agriculture Conseiller prud'homme Assesseur maritime Défenseur syndical Membre de la commission paritaire régionale interprofessionnelle	L. 2421-2 R. 2421-1

Bien qu'aucune précision relative à la détermination de l'inspecteur du travail territorialement compétent ne soit apportée pour ce qui concerne les demandeurs d'élections, les candidats et les anciens détenteurs de fonctions représentatives, il y a lieu de considérer que les mêmes règles ont vocation à s'appliquer *(Guide DGT, Salariés protégés, sept. 2019, fiche n° 1b)*.

Il résulte de ces dispositions que :

– lorsque le motif de la demande est économique, l'inspecteur compétent est celui dans le ressort territorial duquel est situé le CSE d'établissement disposant des attributions du CSE dans les entreprises d'au moins cinquante salariés ou, à défaut, de l'établissement disposant d'une autonomie de gestion suffisante ;
– lorsque le motif de la demande est personnel, l'inspecteur compétent est celui dans le ressort territorial duquel est situé le « *lieu de travail principal* » du salarié *(cf. n° **31.2.3.1**)*.

Concernant les demandes d'autorisation n'ayant pour objet ni un licenciement économique, ni un licenciement pour motif personnel (transfert, non-renouvellement du contrat à durée déterminée, fin du contrat de travail temporaire, rupture du contrat sur le fondement d'un accord collectif), les règles jurisprudentielles continuent de s'appliquer. Dès lors, la présence d'un CSE d'établissement est un élément décisif qui suffit à conférer à l'établissement en question la qualité d'établissement au sens des dispositions déterminant la compétence de l'inspecteur du travail, quelles que soient, par ailleurs, ses modalités de gestion *(CE, 12 oct.*

2006, n° 287.489, Sidel Filling Aseptic, Tables p. 1087 ; CAA Lyon, 6 avr. 2010, n° 09LY00368, SA Synergie ; cf. n° ***31.2.2.1.2****).*

À défaut de CSE d'établissement, il convient de se référer aux critères d'autonomie de gestion *(CE, 2 févr. 1996, n° 133.455, Sté suburbaine de canalisations et de grands travaux SA, Rec. p. 1194, RJS 1996 n° 306 ; cf. n°* ***31.2.2.2****).*

C. Application dans le temps

31.2.1.3. – D'une part, concernant les salariés titulaires de mandats supprimés par l'ordonnance n° 2017-1386 du 22 septembre 2017 (délégué du personnel, membre élu du comité d'entreprise ou représentant syndical à ce comité, membre du CHSCT), l'article 11 de cette ordonnance prévoit le maintien des règles de protection en vigueur pendant la période transitoire prévue à l'article 9 de cette ordonnance, y compris les anciennes règles de détermination de la compétence de l'inspecteur du travail. Ainsi les nouvelles règles de détermination de la compétence territoriale tenant au motif de saisine ne sont pas applicables lorsque le salarié bénéficie de la protection au titre de ces seuls mandats.

D'autre part, l'article 4 de l'ordonnance n° 2017-1718 du 20 décembre 2017 précise que ces règles tenant à détermination de la compétence territoriale en fonction du motif de saisine sont applicables aux demandes formées après sa date de publication. Le décret n° 2017-1819 du 29 décembre 2017 relatif au CSE modifie les articles R. 2421-1, R. 2421-10, R. 2421-18 et R. 2421-21, en intégrant un renvoi à l'article L. 2421-3 du Code du travail. Ce décret est entré en vigueur le 1er janvier 2018. Dès lors, concernant les salariés bénéficiant de la protection au titre d'au moins un mandat maintenu (délégué syndical, représentant de la section syndical, titulaire d'un mandat extérieur) ou créé (membre élu ou représentant syndical au CSE, représentant de proximité ou membre du CSE interentreprises) par l'ordonnance n° 2017-1386, ces règles sont applicables aux demandes formées à compter du 1er janvier 2018.

Si la demande d'autorisation concerne un salarié détenteur de plusieurs mandats, soumis à des règles de compétence différentes, ce sont les dispositions nouvelles qui s'appliquent.

Aux fins d'identification de la date de formation de la demande, si celle-ci a été adressée par lettre recommandée avec avis de réception, conformément aux dispositions de l'article L. 112-1 du Code des relations entre le public et l'administration, la date figurant sur le cachet de la poste fait foi. Si la demande a été adressée par voie dématérialisée, il s'agit de la date de transmission de la demande par voie électronique sur le portail dédié, cette transmission générant un accusé de réception.

§ 2. LES CRITÈRES DE DÉTERMINATION DE L'ÉTABLISSEMENT LORSQUE LA DEMANDE NE REPOSE PAS SUR UN MOTIF PERSONNEL

A. L'existence d'un CSE d'établissement disposant des attributions consultatives, critère décisif

1. Fondement légal

31.2.2.1.1. – Lorsque la demande repose sur un motif économique, les dispositions de l'article L. 2421-3 du Code du travail précisent que « *l'établissement s'entend comme celui doté d'un comité social et économique disposant des attributions prévues à la section 3, du chapitre II, du titre I, du livre III* ». Ces règles sont également applicables aux demandes d'autorisation de ruptures conventionnelles collectives, les articles R. 2421-18 et R. 2421-21 du Code du travail renvoyant à l'article L. 2421-3 du Code du travail.

L'article L. 2313-1 du Code du travail précise que le CSE est mis en place au niveau de l'entreprise et que les CSE d'établissement et un CSE central d'entreprise sont constitués dans les entreprises d'au moins cinquante salariés comportant au moins deux établissements distincts.

Un CSE d'établissement dispose des attributions consultatives dans les cas suivants :

- lorsque l'entreprise qui met en place un CSE, était dotée d'un comité d'entreprise et que son effectif atteignait 50 salariés ;
- lorsqu'en cours de mandat, l'effectif de l'entreprise augmente pour atteindre au moins 50 salariés pendant douze mois consécutifs, à l'issue de ce délai de douze mois consécutifs, le CSE disposant des attributions consultatives ponctuelles définies aux articles L. 2312-37 et suivant du Code du travail ;
- lorsque l'entreprise dépourvue d'instance représentative du personnel a atteint le seuil de 50 salariés pendant douze mois consécutifs précédent la mise en place du CSE, à l'issue d'un délai de douze mois à compter de la mise en place du CSE.

2. Fondement jurisprudentiel

31.2.2.1.2. – Lorsque la demande repose sur un autre motif non personnel tel que le transfert, le non-renouvellement du contrat à durée déterminée, la fin du contrat de travail temporaire ou la rupture du contrat sur le fondement d'un accord collectif (rupture conventionnelle collective, accord de mobilité interne, accord de performance collective), la notion d'établissement reste définie par la jurisprudence du Conseil d'État.

Dans l'arrêt rendu le 12 octobre 2006, le Conseil d'État a considéré que la reconnaissance d'établissement distinct par un accord d'entreprise instituant un comité central d'entreprise (ou au CSE central) suffisait à conférer à cet établissement la qualité d'établissement au sens des dispositions déterminant la compétence de l'inspecteur du travail, quelles que soient les modalités de sa gestion *(CE, 12 oct. 2006, n° 287.489,* Sté *Sidel Filling Aseptic c./ M. Ferreiro, Tables p. 1087, concl. Y. Struillou, RDT 2006 n° 6)*. Le critère de l'autonomie de gestion est présumé satisfait du fait même de la mise en place du CSE d'établissement dotée des attributions consultatives prévues à la section 3, du chapitre II, du titre I, du livre III.

Toutefois, l'ordonnance n° 2017-1386 du 22 septembre 2017 a modifié les modalités de mise en place des CSE d'établissement. Ainsi, le nombre et le périmètre des établissements distincts sont déterminés :

- par accord collectif *(C. trav., art. L. 2313-2 ou L. 2313-3)*,
- ou à défaut d'accord, par décision unilatérale de l'employeur, « *compte tenu de l'autonomie de gestion du responsable de l'établissement, notamment en matière de gestion du personnel* » *(C. trav., art. L. 2313-4)*,
- ou, en cas de litige portant sur la décision unilatérale de l'employeur, par décision du DREETS *(C. trav., art. L. 2313-5)*.

La loi ne fixe les critères de l'établissement distinct en se référant à l'autonomie de gestion que dans le cas de la détermination du CSE d'établissement par décision unilatérale de l'employeur et par suite, en cas de litige, lorsque l'implantation du CSE d'établissement résulte d'une décision administrative déterminant le nombre et le périmètre des établissements distincts au sein d'une entreprise *(C. trav., art. L. 2313-5, Cass. soc., 22 janv. 2020, n° 19-12.011, B. ; Cass. soc., 9 juin 2021, n° 19-23.745)*

Dès lors, si au regard de la décision du Conseil d'État du 12 octobre 2006 *(CE, 12 oct. 2006, n° 287.489, Sidel Filling Aseptic, Tables p. 1087)*, la présence d'un établissement distinct confère une présomption d'autonomie de gestion, cette position n'a pas été confirmée sur le fondement des dispositions issues de ces textes nouveaux permettant éventuellement la détermination d'un CSE d'établissement par voie d'accord sans que le critère de l'autonomie de gestion ne soit mis en œuvre.

Le ministère du Travail considère en tout état de cause que dans tous les cas de figure, la seule présence d'un CSE d'établissement disposant des attributions consultatives prévues à la section 3, du chapitre II, du titre I, du livre III est déterminante et emporte automatiquement la compétence de l'inspecteur du travail *(Guide DGT, Salariés protégés, sept. 2019, fiche n° 1b)*.

3. *Précisions concernant des cas particuliers*

31.2.2.1.3. – Dans le cas particulier d'une unité économique et sociale dotée de comités d'établissement, l'existence de ces comités d'établissement est inopérante pour la détermination de la compétence territoriale de l'inspecteur du travail, dans la mesure où l'unité économique et sociale ne peut pas se substituer aux entités juridiques qui la composent et n'a pas la personnalité morale *(cf. n°* ***32.5.2.1****)* : cette compétence territoriale s'apprécie au regard de l'entreprise employeur.

L'inspecteur du travail territorialement compétent est celui qui contrôle le lieu où l'établissement distinct est effectivement implanté. Au regard de la complexification croissante de l'organisation interne des entreprises, il s'avère fréquemment que le CSE d'établissement soit amené à couvrir un périmètre composé de plusieurs sites géographiquement distincts et que, par voie de conséquence, il ne soit pas implanté dans l'« établissement » dans lequel le salarié exécute sa prestation de travail. Ce lieu peut être défini par la volonté des partenaires sociaux, ou identifié par la décision de l'autorité administrative déterminant les établissements distincts. L'identification de ce lieu peut toutefois s'avérer difficile lorsque l'accord, la décision unilatérale de l'employeur ou la décision administrative, ne le précise pas. Pour le ministère du Travail, il appartient alors à l'inspecteur du travail saisi de la demande d'autorisation de déterminer ce lieu en se fondant sur un faisceau d'indices parmi lesquels l'adresse, mentionnée sur le formulaire administratif « cerfa », de l'établissement organisateur des élections des membres du CSE d'établissement concerné, ou, le lieu le plus fréquent des réunions de l'instance, l'implantation du local du CSE, ou l'adresse à laquelle lui est envoyée sa correspondance, sans que ces critères soient exhaustifs *(Guide DGT, Salariés protégés, sept. 2019, fiche n° 1b)*.

B. L'absence de CSE d'établissement disposant des attributions consultatives : l'examen des critères de l'autonomie de gestion

31.2.2.2. – Dans ce cas, les critères traditionnels dégagés par le Conseil d'État en matière d'autonomie de gestion restent applicables pour déterminer la compétence de l'inspecteur du travail.

Les critères d'autonomie de gestion ont été énoncés à l'occasion de la décision Suburbaine de canalisations et de grands travaux *(CE, 2 févr. 1996, n° 133.455, Suburbaine de canalisations et de grands travaux, Tables p. 1194)*. L'inspecteur du travail compétent est celui qui contrôle l'établissement disposant des prérogatives en matière de gestion du personnel, qui le plus souvent relève du siège social de l'entreprise ou de la direction régionale à laquelle est administrativement rattaché le salarié.

Le constat de l'absence d'autonomie, s'il doit conduire à attribuer la compétence à l'inspecteur du travail du siège de l'entreprise, ne saurait pour autant justifier la reconnaissance de la compétence de l'inspecteur du travail chargé du contrôle d'une société-mère, motif tiré de l'absence d'autonomie de sa filiale *(CE, 17 juill. 2013, Bryssine, concl. R. Keller, Tables p. 865)*.

1. L'étendue des compétences du directeur d'établissement

31.2.2.2.1. – Si celui-ci n'a pas compétence, par exemple, pour procéder au licenciement du personnel permanent, le Conseil d'État estime que l'établissement ne bénéficie pas d'une autonomie de gestion et que l'inspecteur du travail compétent est celui chargé du contrôle du siège social *(CE, 11 janv. 2005, n° 129.995, Comité mosellan de sauvegarde de l'enfance, de l'adolescence et des adultes, Rec. p. 20)*.

2. Le responsable ayant engagé la procédure de licenciement

31.2.2.2.2. – Si la lettre convoquant le salarié à l'entretien préalable ou la demande de licenciement sont signées par des responsables travaillant au siège de l'entreprise (directeur général, directeur du personnel), l'inspecteur compétent est celui qui contrôle le siège social *(CE, 21 déc. 1994, n° 151.756, Compagnie nationale Air-Algérie ; CE, 2 févr. 1996, n° 133.455, Sté suburbaine de canalisations et de grands travaux SA, Rec. p. 1194, RJS 1996 n° 306 ; CE, 20 mars 1996, n° 153.488, Caisse d'épargne des pays lorrains)*.

3. L'existence ou l'absence de représentation du personnel

31.2.2.2.3. – L'absence de toute représentation du personnel est de nature à confirmer que l'établissement ne dispose pas d'une autonomie suffisante *(CE, 21 déc. 1994, n° 151.756, Compagnie nationale Air-Algérie)*.

Pour autant, la désignation d'un délégué syndical dans l'établissement ne suffit pas à établir l'autonomie de gestion, dès lors que le directeur de celui-ci n'a pas compétence pour licencier le personnel permanent *(CE, 11 janv. 2005, n° 129.995, Comité mosellan de sauvegarde de l'enfance, de l'adolescence et des adultes, Rec. p. 20)*. La présence d'un délégué syndical ne constitue donc qu'un élément secondaire qui n'est pas de nature, à lui seul, à l'établir.

Il en avait été jugé ainsi en cas d'existence de délégués du personnel qui pouvaient être mis en place dans une unité ne disposant que d'une faible autonomie de gestion *(CE, 20 mars 1996, n° 153.488, Caisse d'épargne des pays lorrains)* ou, au contraire, dans un établissement disposant d'une autonomie de gestion *(CE, 19 févr. 1997, n° 162.261, Chauvet)*.

En application de ces règles, le Conseil d'État a estimé qu'un chantier de nettoyage ouvert dans une usine ne constituait pas un établissement et que l'inspecteur compétent était celui dans le ressort duquel se trouvait le siège de l'entreprise de nettoyage *(CE, 13 mars 1987, n° 64.736, Ministre des Affaires sociales c. / Société parisienne de nettoyage)*.

§ 3. LES CRITÈRES DE DÉTERMINATION DE L'ÉTABLISSEMENT LORSQUE LA DEMANDE REPOSE SUR UN MOTIF PERSONNEL

A. Le principe

31.2.3.1. – Le critère du lieu de travail principal du salarié est déterminant pour identifier l'inspecteur du travail compétent lorsque la demande d'autorisation de rupture du contrat de travail repose sur un motif personnel.

Le motif personnel s'entend d'un motif pris en considération de la personne : motif disciplinaire, inaptitude médicale, insuffisance professionnelle, trouble objectif, rupture anticipée du CDD, mise à la retraite, absences prolongées et répétées pour maladie, défaut ou perte de titre, rupture de la période d'essai.

Ces règles sont également applicables aux demandes d'autorisation de rupture conventionnelle individuelle du contrat de travail *(C. trav., art. R. 2421-18 et R. 2421-21)*.

Si le salarié n'exerce plus son activité à la date à laquelle l'inspecteur du travail est amené à procéder à l'enquête contradictoire et à se prononcer sur la demande de rupture du contrat de travail du salarié, il s'agit du dernier lieu de travail au sein duquel le salarié a exercé sa prestation.

B. Cas de figure

31.2.3.2. – Plusieurs cas de figure peuvent se présenter.

Si le salarié exécute toute sa prestation de travail ou l'essentiel de celle-ci sur un lieu de travail unique, c'est l'inspecteur du travail chargé du contrôle de ce lieu de travail qui est compétent pour se prononcer sur une telle demande, que le lieu d'exécution effective de la prestation de travail appartienne à son employeur, soit situé hors de locaux de son employeur ou au domicile du salarié.

Si le salarié est amené à travailler sur plusieurs lieux de travail, le lieu de travail principal est déterminé au regard de la quotité de travail exercée sur chaque site.

Si le salarié est itinérant ou intervient sur des chantiers (à l'exception des missions de longue durée sur un chantier), il appartient alors à l'inspecteur du travail en charge du contrôle de l'agence ou du site de rattachement du salarié d'instruire la demande d'autorisation de rupture du contrat de travail. Il sera de même lorsque le salarié exerce son activité sur plusieurs lieux de travail mais que l'identification d'un lieu principal n'est pas possible. Le site ou l'agence de rattachement s'identifie au regard d'un faisceau d'indices tels que les mentions du contrat de travail ou du bulletin de salaire, l'existence d'un lieu stable et régulier de passage quotidien du salarié, la présence d'un encadrement de proximité sans qu'il dispose nécessairement d'un pouvoir hiérarchique. Ce lieu de travail ne constitue pas nécessairement un établissement secondaire de l'entreprise et il peut s'agir par exemple d'une agence, d'un centre, d'un entrepôt.

§ 4. L'INSPECTEUR TERRITORIALEMENT COMPÉTENT

A. La règle générale

1. Le principe : la compétence de l'inspecteur du travail en charge de la section d'inspection

31.2.4.1.1. – La demande d'autorisation de licenciement doit être adressée à l'inspecteur du travail chargé de la section d'inspection dans le ressort de laquelle se trouve l'établissement, tel que défini à l'article L. 2421-3 du Code du travail, dans lequel est employé le salarié protégé *(C. trav., art. R. 2421-1 et R. 2421-10)*.

2. L'incidence de la réforme de l'organisation de l'inspection du travail

a) Les principes de la réforme

31.2.4.1.2.1. – La réforme de l'organisation de l'inspection du travail résulte de deux textes réglementaires :

– le décret n° 2013-875 du 27 septembre 2013, modifiant le décret n° 97-364 du 18 avril 1997 portant statut particulier du corps des contrôleurs du travail, qui en constitue le volet statutaire ;
– le décret n° 2014-359 du 20 mars 2014, relatif à l'organisation du système d'inspection du travail et destiné à l'adapter aux évolutions économiques et sociales.

Le premier de ces décrets place en extinction le corps des contrôleurs du travail et prévoit l'instauration d'un corps unique de contrôle composé d'inspecteurs du travail. La requalification des contrôleurs du travail, effectuée, chaque année, par voie d'examen professionnel suivie d'une période de formation.

Le décret du 20 mars 2014 redéfinit notamment les échelons du nouveau système d'inspection du travail :

– l'échelon territorial de proximité, l'unité de contrôle, composée d'une ou plusieurs sections d'inspection auxquelles sont affectés les agents de contrôle. Ces unités de contrôle qui, selon les configurations locales, peuvent être mises en place à différents niveaux (infra-départemental ou départemental, voire, pour certaines activités ou problématiques spécifiques, interdépartemental, régional ou interrégional), sont pour la plupart regroupées dans les unités territoriales de niveau départemental dirigées par le responsable d'unité départementale, qui assure la coordination des unités de contrôle ;

– l'échelon régional, le Direccte, lequel, assisté de son chef du pôle travail, a notamment en charge le pilotage stratégique de la politique régionale du travail ;
– l'échelon central, la direction générale du travail, en charge de la définition de la politique du travail.

Cette organisation a été redéfinie par le décret n° 2020-1545 du 9 décembre 2020 qui tire les conséquences, pour le champ de l'économie, de l'emploi, du travail et des solidarités, de la circulaire du Premier ministre du 12 juin 2019 relative à la mise en œuvre de la réforme de l'organisation territoriale de l'État.

Ainsi, à compter du 1er avril 2021, est créé un nouveau service déconcentré de l'État – les directions régionales de l'économie, de l'emploi, du travail et des solidarités (DREETS) – qui regroupe les missions qui étaient exercées au niveau régional par les directions régionales des entreprises, de la concurrence, de la consommation, du travail et de l'emploi (DIRECCTE) et les services déconcentrés chargés de la cohésion sociale. Sont par ailleurs intégrées au niveau départemental les « unités départementales » des DIRECCTE aux directions départementales interministérielles que sont les directions départementales de la cohésion sociale (DDCS) et les directions départementales de la cohésion sociale et de la protection des populations (DDCS-PP) afin de former de nouvelles directions départementales de l'emploi, du travail et des solidarités (DDETS) et directions départementales de l'emploi, du travail, des solidarités et de la protection des populations (DEETS-PP). Cette nouvelle organisation déconcentrée du service public de l'insertion préserve les spécificités propres aux actions de l'inspection du travail en conservant leur système hiérarchique d'organisation afin de garantir le respect des engagements pris par la France dans le cadre des conventions de l'Organisation internationale du travail.

Dans les limites de sa circonscription territoriale et dans le cadre des directives et instructions de la direction générale du travail, le DREETS décide, par arrêté publié au recueil des actes administratifs, de la localisation et de la délimitation des unités de contrôle et, dans chaque unité de contrôle, du nombre, de la localisation et de la délimitation, et le cas échéant du champ d'intervention sectoriel ou thématique, des sections d'inspection. Il nomme les responsables des unités de contrôle et affecte les agents de contrôle de l'inspection du travail dans les sections d'inspection *(C. trav., art. R. 8122-6)*. Il peut charger un responsable d'unité de contrôle d'exercer les fonctions d'inspecteur du travail dans une section relevant de son unité *(C. trav., art. R. 8122-4)*.

b) *L'incidence sur les décisions administratives en matière de salariés protégés*

31.2.4.1.2.2. – L'inspecteur du travail est seul habilité à prendre, dans la section où il exerce ses missions, les décisions qui relèvent de sa compétence exclusive en vertu de dispositions législatives ou réglementaires *(D. n° 2014- 359 du 20 mars 2014, art. 1er ; C. trav., art. R. 8122-10-IV)*.

Le décret a fixé des mesures transitoires pour l'exercice de la compétence réservée aux inspecteurs du travail en matière de décisions administratives dans les sections d'inspection où sont affectés des contrôleurs du travail *(D. n° 2014-359 du 20 mars 2014, art. 1er ; C. trav., art. R. 8122-11)*. Dans cette hypothèse, le DREETS peut :

- soit désigner un ou plusieurs inspecteurs du travail pour prendre les décisions qui relèvent de la compétence exclusive de l'inspecteur du travail, en vertu de dispositions législatives ou réglementaires ;
- soit confier le contrôle des établissements d'au moins cinquante salariés à un ou plusieurs inspecteurs du travail.

B. L'inspecteur territorialement compétent quand le salarié protégé travaille en dehors de tout établissement

31.2.4.2. – L'inspecteur compétent est celui qui contrôle l'établissement assurant la gestion administrative du salarié.

C. L'inspecteur territorialement compétent quand le salarié protégé travaille dans deux établissements

31.2.4.3. – L'inspecteur compétent est celui qui contrôle l'établissement où le salarié est employé à titre principal *(CE, 3 oct. 1994, n° 120.749, M. Tournant, Rec. p. 1215)*.

D. L'inspecteur territorialement compétent lorsque la demande d'autorisation de licenciement du salarié protégé s'inscrit dans le cadre d'une procédure de licenciement pour motif économique

31.2.4.4. – Dans le cas où l'établissement auquel est rattaché le salarié protégé bénéficie d'une autonomie au sens donné à ce terme par la jurisprudence administrative *(cf. n° **31.2.2.2**)*, la seule circonstance qu'un projet de licenciement ait été décidé au niveau central n'implique pas, selon nous, que l'inspecteur du travail compétent soit celui chargé de la section dans le ressort de laquelle se trouve le siège social de l'entreprise :

- la détermination de l'inspecteur du travail obéit aux principes exposés précédemment et le seul fait qu'un projet de licenciement soit décidé au niveau central – ce qui constitue le cas le plus fréquent dans les entreprises comportant plusieurs établissements – ne permet pas pour conclure à l'absence d'autonomie, notamment lorsqu'un CSE d'établissement existe ;

– alors même que la restructuration justifiant le projet de licenciement économique est de nature à appeler la consultation du CSE central, et à fonder, en application des dispositions de l'article L. 1233-57-8, lorsque plusieurs établissements sont concernés par un projet de licenciement nécessitant la mise en œuvre d'un plan de sauvegarde de l'emploi, la compétence de la DREETS du siège de l'entreprise *(L. n° 2013-504 du 14 juin 2013 ; instruction DGEFP/DGT n° 2013-13 du 19 juillet 2013 relative à la mise en œuvre de la procédure de licenciement économique collectif, fiche n° 2 ; cf. n°* ***22.12.3.2.1****)*, c'est le comité d'établissement auquel est rattaché le salarié protégé qui doit être consulté sur le projet de licenciement de ce dernier *(CE, 26 févr. 1996, n° 146.005, Hervé, Rec. p. 1189, RJS n° 568)*.

E. L'inspecteur territorialement compétent lorsque les salariés sont employés par des sociétés ayant leur siège à l'étranger

31.2.4.5. – Le Conseil d'État a jugé que la circonstance que la société ne dispose en France d'aucun établissement, au sens des dispositions qui déterminent l'inspecteur du travail compétent *(cf. n°* ***31.2.1****)*, ne saurait en tout état de cause priver le salarié de la protection exceptionnelle et a, en conséquence, annulé la décision du ministre par laquelle ce dernier se déclarait incompétent faute d'établissement situé en France de la société *(CE, 24 juill. 2009, n° 314.698, Sté Agio Sigaren Fabrieken NV, concl. Y. Struillou, Dr ouvrier 2009, p. 595 : en l'espèce le salarié était conseiller du salarié ; cf. n°* ***11.2.4****)*.

S'agissant de la détermination, dans ce cas de figure, de l'inspecteur du travail territorialement, le Conseil d'État a jugé, dans la même décision, « *qu'en pareil cas, la demande d'autorisation de licenciement doit être adressée à l'inspecteur du travail responsable de la section d'inspection à l'intérieur de laquelle se trouve le lieu principal d'activité de la personne disposant des prérogatives de l'employeur ; que, dans l'impossibilité de déterminer un tel lieu, il appartient au directeur général du travail de désigner l'inspecteur du travail chargé d'instruire la demande et de statuer sur cette dernière* ». La reconnaissance de cette prérogative du directeur général du travail par la Haute Assemblée découle de sa fonction d'autorité centrale de l'inspection du travail, définie à l'article R. 8121-13 du Code du travail.

Il appartient donc à l'inspecteur du travail initialement saisi d'informer les parties de la transmission effectuée.

§ 5. LA DÉCISION PRISE PAR UN INSPECTEUR TERRITORIALEMENT INCOMPÉTENT

31.2.5. – Le ministre est tenu d'annuler une décision prise par un inspecteur du travail incompétent *(CE, 2 févr. 1996, n° 133.455, Sté* *suburbaine de canalisations et de grands travaux SA, Rec. p. 1194, RJS 1996 n° 306)*. À défaut, la décision du ministre confirmant la décision de l'inspecteur du travail est elle-même illégale *(CE, 30 juin 1997, n° 167.917, Guichard)*.

Si la décision est prise par l'inspecteur du travail incompétent, le juge administratif annule la décision sans examiner le litige au fond, sauf s'il estime que l'autorité administrative avait compétence liée pour rejeter la demande d'autorisation.

L'inspecteur du travail qui, bien qu'initialement incompétent, a statué sur la demande d'autorisation dont il était saisi, est tenu de retirer, dans le délai de quatre mois, la décision qu'il a prise *(CE, 21 déc. 1994, n° 119.344, Moncet ; CE, 14 avr. 1995, n° 142.905, Ministre de l'Agriculture c. / Soudain Dufour, Rec. p. 166 ; CE, 6 nov. 2002, n° 222.966, Wacheux, Tables p. 608)*.

§ 6. L'OBLIGATION DE L'AUTORITÉ ADMINISTRATIVE SAISIE À TORT

31.2.6. – L'inspecteur du travail saisi à tort ne saurait rejeter pour ce motif la demande d'autorisation qui lui est présentée. Il doit, conformément aux dispositions de l'article L. 114-2 du Code des relations entre le public et l'administration, procéder à la transmission de la demande à l'autorité compétente et en informer les parties *(CRPA, art. L. 114-2)*. La transmission est réputée faite dès le dépôt de la demande : le délai de deux mois dont dispose l'inspecteur du travail compétent pour se prononcer court à compter de la date de la réception de la demande par l'inspecteur incompétent.

La circonstance que la demande d'autorisation de licenciement soit adressée au responsable d'unité départementale, au lieu de l'inspecteur du travail, est sans influence sur la régularité de la décision prise sur cette demande par l'autorité compétente *(CE, 27 juin 1979, n° 5.646 et 5.669,* Sté *Union industrielle et d'entreprises, Tables p. 905)*. En effet, conformément aux dispositions de l'article L. 114-3 du Code des relations entre le public et l'administration, le délai au terme duquel est susceptible d'intervenir une décision implicite de rejet court à compter de la date de réception de la demande par l'administration initialement saisie, quand bien même ne serait-elle pas compétente.

SECTION 3

Le fonctionnaire compétent en cas d'absence de l'inspecteur du travail

§ 1. LE PRINCIPE GÉNÉRAL

31.3.1. – « *Les inspecteurs du travail ont seuls compétence pour autoriser le licenciement d'un salarié protégé* » *(CE, 3 avr. 1991, n° 92.950,* Sté *CIT-Alcatel c. / Garrel, Rec. p. 663).* L'instruction des demandes d'autorisation de licenciement des représentants du personnel constitue une compétence propre de l'inspecteur du travail.

La légalité de la décision prise par l'inspecteur du travail est subordonnée à la publication de sa nomination dans le recueil des actes administratifs du département.

§ 2. L'INTÉRIM DE L'INSPECTEUR COMPÉTENT

31.3.2. – Il se peut cependant que l'inspecteur du travail compétent soit absent ou qu'aucun fonctionnaire n'ait été désigné à la tête de la section d'inspection dont relève l'établissement de l'entreprise ou son siège social. Dans ces circonstances, quel est le fonctionnaire compétent ?

– Si plusieurs inspecteurs du travail compétents se sont succédé, un inspecteur du travail assurant l'intérim peut prendre la décision après une enquête contradictoire réalisée par l'inspecteur du travail titulaire et inversement (*CE, 8 juin 2015, n° 374.303, KPMG, Tables, p. 539*). Il en est de même dans la situation inverse, ou en cas de déménagement de l'entreprise en cours de procédure ayant pour effet un changement de compétence. Si l'inspecteur du travail est temporairement absent, la demande doit être instruite par un autre inspecteur du travail du département. Le Conseil d'État a toutefois jugé « *qu'un inspecteur du travail ne peut assurer l'intérim de l'inspecteur du travail territorialement compétent pour statuer sur une demande d'autorisation de licenciement d'un salarié protégé que s'il a été désigné à cette fin par une décision du directeur départemental du travail, de l'emploi et de la formation professionnelle* », cette décision devant préciser le nom de l'inspecteur chargé d'assurer l'intérim *(CE, 22 oct. 2008, n° 294.958, Barbier-Skubiszewski, concl. Y. Struillou, pour un intérim assuré pendant une période de 17 jours de congé estival).* En l'absence de décision désignant l'inspecteur chargé de l'intérim, la décision prise est illégale *(CE, 12 mars 2010, n° 320.194, Chambon).* La décision confiant l'intérim doit être régulièrement publiée au recueil des actes administratifs *(CE, 21 déc. 2001, n° 224.363, Préfet de Seine-Maritime c. / Fanidi).*

– Dès lors que l'inspecteur du travail compétent a été promu directeur-adjoint à la direction départementale et qu'il a été remplacé à son poste, il n'a plus compétence pour statuer sur les demandes d'autorisation de licenciement alors même qu'il aurait été chargé de suivre les affaires dont il avait commencé l'instruction *(CE, 6 janv. 1995, n° 118.606, Sté Polyclinique du Parc Rambot, RJS 1995 n° 261)*. La décision doit être prise par le nouvel inspecteur du travail.
– Le responsable de l'unité départementale, ou à défaut le directeur adjoint au responsable d'unité départementale, a vocation « *tant par la place qu'il occupe dans la hiérarchie de l'administration que par le rôle qu'il assume… pour assurer d'office dans le silence des textes, la suppléance de l'inspecteur du travail empêché* » *(CE, 23 févr. 1983, n° 41.325, ministre du Travail c. / Machinet Rec. p. 78)* ; mais il n'est compétent pour statuer sur une demande d'autorisation de licenciement que si tous les inspecteurs du département se trouvent eux-mêmes absents ou empêchés *(CE, 3 avr. 1991, n° 92.950, Sté CIT-Alcatel c. / Garrel, Rec. p. 663)*.

CHAPITRE II

LA FORME ET LE CONTENU DE LA DEMANDE D'AUTORISATION DE LICENCIEMENT

32. – La demande d'autorisation de licenciement adressée à l'inspecteur du travail est accompagnée du procès-verbal de la réunion du comité social et économique (CSE) lorsque celle-ci est prévue. Dans tous les cas, la demande énonce les motifs du licenciement envisagé. Elle est transmise par voie électronique selon les modalités prévues aux articles R. 112-9 à R. 112-9-2 du Code des relations entre le public et l'administration ou par lettre recommandée avec avis de réception en deux exemplaires *(C. trav., art. R. 2421-1 et R. 2421-17, R. 2421-18 et R. 2421-21 modifiés par le décret n° 2017-1819 du 29 décembre 2017 relatif au comité social et économique)*.

SECTION 1

L'envoi de la demande d'autorisation

32.1. – La demande d'autorisation est transmise par lettre recommandée avec avis de réception ; elle peut également l'être par tout autre moyen permettant d'établir une date certaine de sa réception par l'administration *(Guide DGT, Salariés protégés, sept. 2019, fiche n° 2)*.

En l'absence de demande d'accusé de réception, afin d'éviter tout litige ultérieur, il est souhaitable que l'inspecteur du travail établisse un tel document.

Depuis l'entrée en vigueur du décret n° 2017-1819 du 29 décembre 2017 relatif au comité social et économique, la demande doit être envoyée par l'employeur en double exemplaire. Cette disposition a pour objet de faciliter l'application du principe du contradictoire en permettant une transmission rapide des pièces au salarié.

L'article L. 112-1 du Code des relations entre le public et l'administration dispose : « *Toute personne tenue de respecter une date limite ou un délai pour présenter une demande, déposer une déclaration, exécuter un paiement ou produire un document auprès d'une administration peut satisfaire à cette obligation au plus tard à la date prescrite au moyen d'un envoi de correspondance, le cachet apposé par les prestataires de services postaux autorisés au titre de l'article L. 3 du Code des postes et des communications électroniques faisant foi* ».

Concernant la transmission par voie électronique, les règles sont posées par le Code des relations entre le public et l'administration codifiant l'ordonnance n° 2005-1516, modifiée par l'ordonnance n° 2014-1330 du 6 novembre 2014 relative au droit des usagers de saisir l'administration par voie électronique. Elles ont été précisées par le décret n° 2016-1411 du 20 octobre 2016 relatif aux modalités de saisine de l'administration par voie électronique.

L'article L. 112-8 de ce code dispose : « *Toute personne, dès lors qu'elle s'est identifiée préalablement auprès d'une administration, peut* (...) *adresser à celle-ci, par voie électronique, une demande, une déclaration, un document ou une information, ou lui répondre par la même voie. Cette administration est régulièrement saisie et traite la demande, la déclaration, le document ou l'information sans lui demander la confirmation ou la répétition de son envoi sous une autre forme* ».

Il appartient à l'administration de mettre en place un ou plusieurs téléservices, dans le respect des dispositions de loi n° 78-17 du 6 janvier 1978 relative à l'informatique et aux libertés et des règles de sécurité et d'interopérabilité prévues aux chapitres IV et V de l'ordonnance n° 2005-1516 du 8 décembre 2005 relative aux échanges électroniques entre les usagers et les autorités administratives et entre les autorités administratives. Lorsqu'elle met en place un ou plusieurs téléservices, l'administration rend accessibles leurs modalités d'utilisation, notamment les modes de communication possibles. Ces modalités s'imposent au public. Lorsqu'elle a mis en place un téléservice réservé à l'accomplissement de certaines démarches administratives, une administration n'est régulièrement saisie par voie électronique que par l'usage de ce téléservice *(CRPA, art. L. 112-9)*. Le Conseil d'État a jugé que le décret n° 2016-685 du 27 mai 2016 autorisant les téléservices tendant à la mise en œuvre du droit des usagers de saisir l'administration par voie électronique « *se borne à autoriser les services de l'État et ses établissements publics administratifs à créer des téléservices destinés à la mise en œuvre du droit des usagers à les saisir par voie électronique et définit les modalités de fonctionnement de ces téléservices, n'a pas pour objet et ne saurait avoir légalement pour effet de rendre obligatoire la saisine de l'administration par voie électronique* » *(CE, 27 nov. 2019, n° 422.516, Cimade, Gisti, Ligue des droits de l'homme, mentionné aux Tables)*.

Pour exercer son droit de saisir une administration par voie électronique, toute personne s'identifie auprès de cette administration dans le respect des modalités d'utilisation des téléservices. À cet effet, elle indique dans son envoi, s'il s'agit d'une entreprise, son numéro d'inscription au répertoire des entreprises et de leurs établissements, s'il s'agit d'une association, son numéro d'inscription au répertoire national des associations et, dans les autres cas, ses nom et prénom et ses adresses postale et électronique. Les modalités peuvent également permettre l'utilisation d'un identifiant propre à la personne qui s'adresse à l'administration ou celle d'autres moyens d'identification électronique dès lors que ceux-ci sont acceptés par l'administration *(CRPA, art. R. 112-9-1)*.

Dans ces conditions, une demande d'autorisation de licenciement ne peut pas être directement envoyée sur la messagerie de l'inspecteur du travail. Pour pouvoir être prise en compte par l'administration, elle doit être présentée sur le service dédié à la saisine par voie électronique (SVE) disponible sur le site internet du ministère chargé du travail. En ce qui concerne le cas particulier de la rupture conventionnelle d'un contrat de travail à durée indéterminée, l'envoi du formulaire cerfa n° 14599*01 dûment rempli vaut demande d'autorisation.

Dans certains cas, la demande doit être présentée dans un délai fixé par le Code du travail *(cf. n° **33.1.1**)*.

SECTION 2

L'envoi du procès-verbal de la réunion du CSE et de la copie de la notification prévue à l'article L. 1233-46 du Code du travail

§ 1. LE PROCÈS-VERBAL DE LA RÉUNION DU CSE

A. La règle générale

32.2.1.1. – Cette formalité n'est exigée que si le licenciement doit être soumis pour avis au CSE *(C. trav., art. R. 2421-1, cf. tableau A en annexe)*.

La seule circonstance que le procès-verbal de la réunion ne soit pas joint à la demande d'autorisation n'est pas de nature à entacher, à elle seule, d'illégalité la procédure dès lors que le comité a bien été consulté et que l'inspecteur du travail a disposé, à la date à laquelle il a statué, du procès-verbal de la réunion *(CAA Paris, 21 sept. 1999, n° 97PA03315, M. Mvondo)*.

L'employeur peut adresser à l'inspecteur du travail l'extrait du procès-verbal relatif à la consultation et au vote du comité.

Compte tenu des délais d'approbation des procès-verbaux, l'absence d'approbation du procès-verbal avant sa communication à l'inspecteur du travail ne conditionne pas la recevabilité de la demande *(Guide DGT,*

Salariés protégés, sept. 2019, fiche n° 2 ; dans le même sens, CAA Nancy, 17 nov. 2011, n° 11NC00221).

B. La communication d'un faux extrait de procès-verbal ou d'informations erronées

32.2.1.2. – Un employeur avait communiqué à l'appui de sa demande un faux extrait du procès-verbal d'une prétendue réunion du comité. La chambre criminelle de la Cour de cassation a estimé que « *l'élément intentionnel de l'infraction se déduit en l'espèce de la production d'un document comportant des inexactitudes volontaires* » et a condamné l'employeur pour délit d'obstacle aux fonctions de l'inspecteur du travail *(Cass. crim., 26 févr. 1991, n° 90-83.517, RJS 1991 n° 611).* Cette jurisprudence est transposable au cas où l'employeur transmettrait à l'appui de sa demande des informations volontairement inexactes.

§ 2. LA COPIE DE LA NOTIFICATION PRÉVUE À L'ARTICLE L. 1233-46 DU CODE DU TRAVAIL

32.2.2. – Les articles R. 2421-13 et R. 2421-2 prévoient que l'employeur doit joindre à sa demande d'autorisation, lorsque celle-ci s'inscrit dans le cadre d'une procédure de licenciement collectif pour motif économique concernant dix salariés, la copie de la notification prévue par l'article L. 1233-46, déjà adressée par voie dématérialisée, en application des dispositions de l'article D. 1233-4 du Code du travail *(D. n° 2013-554 du 27 juin 2013)*, au directeur régional de l'économie, de l'emploi, du travail et des solidarités (DREETS).

L'absence de communication de cette pièce ne constitue cependant pas un motif d'irrecevabilité de la demande *(Guide DGT, Salariés protégés, sept. 2019, fiche n° 2 préc.).*

SECTION 3

L'énonciation des motifs du licenciement dans la demande d'autorisation

§ 1. L'IMPORTANCE DE LA MOTIVATION

32.3.1. – L'employeur ne doit pas se borner à énoncer en des termes vagues les motifs qui le conduisent à solliciter l'autorisation de licencier son salarié. La demande doit comporter toutes les informations nécessaires et préciser sur quel terrain l'employeur entend se situer pour demander l'autorisation *(motif économique, motif disciplinaire, inaptitude, insuffisance professionnelle, etc.)*.

Ces informations doivent figurer dans sa demande d'autorisation de licenciement, ou le cas échéant dans un document joint à cet effet auquel renvoie sa demande *(CE, 26 sept. 2018, n° 401.509 à 401.511, Sté Forge France, Tables p. 944, RJS 2018, n° 752, AJDA 2019, p. 83)*.

Les éléments de fait et de droit doivent être assez précis pour éviter toute confusion : en tout état de cause, même non mentionnée expressément, la nature du motif retenu par l'employeur doit pouvoir se déduire sans la moindre ambiguïté *(Guide DGT, Salariés protégés, sept. 2019, fiche n° 2)*.

Cette exigence est d'autant plus essentielle que l'inspecteur du travail n'a pas le pouvoir de modifier de son propre chef le terrain de la demande d'autorisation ; il ne peut ainsi autoriser pour :

– un motif économique une demande qui n'invoque aucun motif économique *(CE, 24 nov. 1982, n° 31.738, SA Mécanique et conceptions industrielles modernes)* ou présentée sur le terrain disciplinaire *(CE, 6 mai 1996, n° 153.102, Caisse d'épargne d'Alsace, RJS 1996 n° 807)* ;
– un motif disciplinaire s'il a été saisi sur le terrain économique, même si l'employeur aurait pu l'invoquer à bon droit *(CE, 21 déc. 2001, n° 215.185, Prieto, Tables p. 1215, RJS 2002 n° 305)* ;
– l'impossibilité de maintenir le salarié dans l'entreprise en raison d'un trouble objectif résultant d'un agissement non passible de sanction, s'il a été saisi sur le terrain disciplinaire *(CE, 19 juin 2013, n° 352.182 ; a contrario : CE, 19 oct. 2012, n° 334.588, Prieto, Tables p. 1012)*.

L'inspecteur du travail ne peut davantage :

– refuser l'autorisation au motif que les faits reprochés au salarié n'étaient pas d'une gravité suffisante alors qu'il a été saisi d'une demande motivée par la perte de confiance *(CE, 10 juin 1994, n° 105.765, SA Compagnie française du thermalisme, Rec. p. 314, RJS 1994 n° 1012)* ;
– ou, inversement, autoriser le licenciement au motif que la perte de confiance est établie alors qu'il a été saisi sur la base de motifs disciplinaires *(CE, 16 juin 1995, n° 126.960 M. Sevestre, RJS 1995 n° 911)*.

Si l'inspecteur du travail estime que le motif pour lequel l'employeur lui demande l'autorisation de rompre le contrat n'est pas fondé, il ne peut légalement accorder l'autorisation demandée en lui substituant un autre motif de rupture, alors même que cet autre motif aurait été de nature, s'il avait été présenté par l'employeur, à justifier une telle rupture *(CE, 20 mars 2017 n° 392.296, Total Petrochemicals France, Rec. p. 101, RJS 2017, n° 349, AJDA 2017, p. 601, obs. D. Poupeau)*.

Au demeurant, la Cour de cassation juge également que « *la qualification que l'employeur a donné au licenciement s'impose à lui* » *(Cass. soc., 21 mars 2007, n° 05-45.060, Bull. V n° 53)*.

§ 2. LA PLURALITÉ DE MOTIFS

32.3.2. – En principe, une même demande ne peut à la fois invoquer un motif inhérent à la personne du salarié et un motif économique dans la mesure où ces motifs « *sont contradictoires et exclusifs l'un de l'autre* » *(avis de l'avocat général, J. Duplat, RJS 2003, p. 863, « Légitimité du licenciement : coexistence de plusieurs motifs »).* Dans une telle hypothèse, la Cour de cassation a jugé qu'il appartient au juge de rechercher quel est le motif qui est la cause première et déterminante du licenciement et d'en apprécier le bien-fondé au regard de cette seule cause.

En revanche, la demande peut invoquer deux motifs inhérents à la personne dès lors qu'ils procèdent de faits distincts *(Cass. soc., 6 déc. 2007, n° 06-43.449 ; Cass. soc., 17 janv. 2024, n° 22-19.733)* et que ces motifs ne sont pas inconciliables. La Cour de cassation estime qu'il appartient alors au juge de vérifier le respect des règles de procédure applicables à chaque cause de licenciement ainsi que d'examiner le bien-fondé de chacun des motifs invoqués *(Cass. soc., 23 sept 2003, n° 01-41.478, Bull. V n° 242, RJS 2003 n° 1260, Dr soc 2003 p. 1119, avis de l'avocat général, J. Duplat, RJS 2003, p. 863, « Légitimité du licenciement : coexistence de plusieurs motifs » ; commentaire A. Cristau, Dr ouvrier 2004, p. 324, D. 2003, p. 102, obs. M.-C. Amauger-Lattès, Rapport 2003 de la Cour de cassation, p. 305 : en l'espèce, la lettre de licenciement invoquait des motifs disciplinaires et des motifs tenant à l'inaptitude du salarié).*

S'agissant d'un même fait, « *le motif disciplinaire exclut le motif non disciplinaire* » *(avis de l'avocat général, J. Duplat, RJS 2003, p. 863, « Légitimité du licenciement : coexistence de plusieurs motifs »).*

Par un arrêt du 12 juillet 2024 la Cour de cassation a jugé qu'une cour d'appel avait souverainement estimé qu'un licenciement relevait du motif disciplinaire après avoir examiné l'ensemble des griefs énoncés et constaté que la lettre de licenciement faisait état de certains faits pouvant relever d'une « *insuffisance professionnelle fautive* » *(Cass. soc., 12 juill. 2022, n° 20-21.892).*

§ 3. LE CARACTÈRE INSUFFISANT DE LA MOTIVATION DE LA DEMANDE D'AUTORISATION

32.3.3. – Plusieurs types de litiges peuvent naître si l'exigence d'énonciation des motifs dans la demande n'est pas respectée.

A. La demande d'autorisation de licenciement n'énonce aucun motif

32.3.3.1. – Si la demande d'autorisation de licenciement ne permet pas de déterminer le terrain sur lequel l'employeur entend se placer, l'inspecteur du travail est tenu de rejeter la demande. S'il autorise le licenciement, sa décision est entachée d'illégalité (*CE, 24 nov. 1982, n° 31.738, SA Mécanique et conceptions industrielles modernes*).

L'inspecteur du travail ne peut prendre une telle décision de rejet qu'après avoir mis l'employeur à même de présenter par écrit ses observations. En effet, pour relever l'éventuelle insuffisance de motivation de la demande d'autorisation de licenciement, il est nécessairement conduit à porter une appréciation sur les faits de l'espèce et ne se trouve pas en situation de compétence liée *(CE, 23 déc. 2016, n° 395.469, Casa France)*. Néanmoins, dans le cadre de ses observations, l'employeur ne pourra pas requalifier la demande, cette dernière fixant, de manière définitive, les limites du litige *(cf. Guide DGT, Salariés protégés, sept. 2019, fiche n° 2)*.

B. La demande d'autorisation de licenciement se borne à renvoyer à des documents joints

32.3.3.2. – Il avait été jugé que l'autorité administrative avait pu légalement rejeter une demande d'autorisation pour absence de motivation, cette dernière ne comportant l'énoncé d'aucun motif justifiant l'engagement de la procédure de licenciement et renvoyant à des pièces justificatives jointes, y compris au procès-verbal de la réunion au cours de laquelle le comité d'entreprise avait été consulté sur ce projet de licenciement *(CE, 20 mars 2009, n° 308.346, Sté Le Vigilant Hermès Protection, Tables p. 977, concl. Y. Struillou, Dr soc 2009, p. 711)*.

S'agissant toutefois d'une note jointe rédigée spécifiquement pour être jointe à la demande d'autorisation, celle-ci peut être regardée comme recevable. En effet, le Conseil d'État admet désormais que les motifs puissent figurer dans la demande d'autorisation de licenciement, ou le cas échéant dans un document joint à cet effet auquel renvoie la demande *(CE, 26 sept. 2018, n° 401.509 à 401.511, Sté Forge France, Tables p. 944, RJS 2018, n° 752, AJDA 2019, p. 83 ; CE, 22 août 2023, n° 456.417, Sté Prévor)*.

C. La demande d'autorisation de licenciement énonce des motifs de manière vague

32.3.3.3. – La demande doit indiquer de manière précise la nature du licenciement mais également les éléments de fait précis de nature à justifier la rupture du contrat de travail. Il importe que l'employeur satisfasse à cette exigence afin de prévenir d'éventuelles difficultés lors de l'enquête effectuée par l'administration ou, le cas échéant, lors de recours administratifs ou contentieux. En tout état de cause, il n'appartient pas à l'administration de suppléer à une insuffisance de motivation.

Les exigences quant à la motivation de la demande pouvaient être rapprochées de celles du juge judiciaire quant à la motivation de la lettre de licenciement, les dispositions étant rédigées en des termes identiques *(C. trav., art. L. 1232-6)*.

Depuis l'ordonnance n° 2017-1387 du 22 septembre 2017 relative à la prévisibilité et la sécurisation des relations de travail et le décret n° 2017-1702 du 15 décembre 2017 relatif à la procédure de précision des motifs énoncés dans la lettre de licenciement, une telle convergence entre juge judiciaire et juge administratif n'est plus possible, les exigences de motivation de la lettre de licenciement n'étant plus les mêmes *(cf. n°* ***52.1.2****)*. Cette procédure applicable aux licenciements notifiés à compter du 18 décembre 2017 n'a aucune incidence sur la légalité des décisions administratives d'autorisation de licenciement mais seulement sur les litiges portés devant le juge judiciaire.

En tout état de cause, même non mentionnée expressément, la nature du motif retenu par l'employeur doit pouvoir se déduire sans la moindre ambiguïté, notamment lorsqu'il s'agit de qualifications telles que la faute professionnelle ou l'insuffisance professionnelle non fautive, voire d'un fait constitutif d'un comportement fautif ou au contraire étranger à l'exécution du contrat de travail *(Guide DGT, Salariés protégés, sept. 2019, fiche n° 2 précitée ; dans le même sens : CE, 26 janv. 2007, n° 278.081, Sté Chabe Limousines, concl. Y. Struillou)*.

§ 4. LA MOTIVATION DE LA DEMANDE D'AUTORISATION NE REPOSANT PAS SUR UN MOTIF ÉCONOMIQUE

32.3.4. – La Cour de cassation a jugé que l'énoncé d'un motif imprécis équivaut à l'absence de motif *(Cass. soc., 29 nov. 1990, n° 88-44.308, Rogie, Bull. V n° 598, RJS 1991 n° 19, Dr soc 1991, p. 103 et analyse J. Savatier, p. 99)*.

En revanche, lorsque la lettre énonce des griefs précis et matériellement vérifiables, elle doit être regardée comme étant suffisamment motivée *(cf. J.-Y. Frouin, « Le point sur la motivation de la lettre de licenciement », RJS 1999, p. 543)* alors même que les faits ne seraient pas datés *(Cass. soc., 15 oct. 2002, n° 00-44.954, RJS 2002 n° 1377 ; Cass. soc., 11 juill. 2012, n° 10-28.798, RJS 2012 n° 871)*. Ainsi, il a été jugé qu'une erreur de date ne prive pas de la possibilité de se prévaloir des faits reprochés au salarié, dès lors qu'il s'agissait d'une erreur matérielle et que les faits étaient établis et non contestés par le salarié *(Cass. soc., 17 sept. 2014, n° 13-24.874, RJS 2014 n° 842)*.

A. La motivation jugée insuffisante

32.3.4.1. – À titre d'exemple, la Cour de cassation a estimé, s'agissant des ruptures du contrat de travail de droit commun, que n'étaient pas suffisamment motivées les lettres de licenciement se bornant à faire référence :

- à des « *difficultés relationnelles* » *(Cass. soc., 25 juin 1997, n° 95-42.451, RJS n° 1077)* ou à un « *différend d'incompréhension* » *(Cass. soc., 14 nov. 2000, n° 98-44.072, RJS 2001 n° 297)* ;
- à une faute lourde sans autre précision (*Cass. soc., 16 mars 1999, 96-45.247, RJS n° 649)* ou à des faits graves *(Cass. soc., 25 oct. 1995, n° 92-41.988, Dr soc 1996, p. 99)* ;

– « *aux problèmes* » occasionnés par le salarié *(Cass. soc., 23 mai 2000, n° 98-40.633)* ou aux problèmes de collaboration avec la hiérarchie *(Cass. soc., 23 janv. 2001, n° 98-41.992, RJS 2001 n° 440)* ;
– à des erreurs et de négligences sous forme de simples allégations *(Cass. soc., 7 déc. 1999, n° 98-41.522, RJS 2000 n° 25 ; Cass. soc., 5 juill. 2000, n° 98-42.889, RJS 2000 n° 929 : allégations de négligences dont la nature demeurait indéterminée malgré l'affirmation de leur caractère quotidien)* ;
– au « *manque de motivation* » du salarié *(Cass. soc., 23 mai 2000, n° 98-40.635, RJS 2000 n° 783)* ;
– à une « *incompatibilité d'humeur* » sans invoquer des faits précis *(Cass. soc., 17 janv. 2001, n° 98-44.354, RJS 2001 n° 297 ; Cass. soc., 11 mai 2005, n° 03-43.007, RJS 2005 n° 718)* ;
– à « *l'inadaptation au poste de travail* » *(Cass. soc., 1er mars 2000, n° 97-45.591, RJS 2000 n° 393)* ou à « *l'inadaptation à l'évolution de l'association* » *(Cass. soc., 3 déc. 2003, n° 01-45.620, RJS 2004 n° 189)* ;
– à l'inaptitude au poste occupé sans indication de la nature physique ou professionnelle de l'inaptitude *(Cass. soc., 20 févr. 2002, n° 99-40.527, RJS 2002 n° 551)* ;
– à la perte de confiance « *en l'absence d'énonciation d'éléments objectifs* » *(Cass. soc., 14 janv. 1998, n° 96-40.165, RJS 1998 n° 292, Bull. V n° 14 ; Cass. soc., 26 janv. 2000, n° 97-43.047, RJS 2000 n° 265)* ;
– à un « *comportement déloyal* » *(Cass. soc., 10 mai 2001, n° 99-40.128, RJS 2001 n° 850)* ;
– à la « *mésentente* » *(Cass. soc., 5 févr. 2002, n° 99-44383, Bull. V n° 50, RJS 2002 n° 409)* ;
– à l'inaptitude si l'impossibilité de reclassement n'est pas mentionnée *(Cass. soc., 9 avr. 2008, n° 07-40.356, Bull. V n° 83, Dr soc 2008, p. 757, obs. G. Couturier)*.

Si la demande est fondée sur le refus du salarié d'accepter une modification de son contrat, la lettre doit invoquer les motifs ayant rendu nécessaire cette modification *(Cass. soc., 24 sept. 2002 n° 00-44.007, RJS 2002 n° 1378)* et ne peut se borner à faire état du refus du salarié, lequel ne constitue pas en soi une cause de licenciement *(Cass. soc., 21 janv. 2003, n° 00-44.364, RJS 2003 n° 417 ; Cass. soc., 1er avr. 2003, n° 00-44.364 : sanction disciplinaire refusée par le salarié)*.

B. La motivation jugée suffisante

32.3.4.2. – Ont été considérées comme suffisamment motivées les lettres faisant référence :

– à l'insuffisance professionnelle, cette dernière constituant « *un motif de licenciement matériellement vérifiable* » *(Cass. soc., 23 mai*

2000, n° 98-42.064 Bull. V n° 194, RJS 2000 n° 783 ; Cass. soc., 20 nov. 1996, n° 93-45.555, RJS 1997 n° 22) ;
– à l'insuffisance des résultats *(Cass. soc., 13 déc. 1994, n° 93-43.945 RJS 1995 n° 375)* ou à « *un niveau de performances insuffisant* » *(Cass. soc., 3 déc. 2003, n° 01-45.039. RJS 2004 n° 189)* ;
– à un « *comportement improductif, une incapacité à effectuer certaines tâches, [un] refus d'accomplir certaines opérations et son manque de rigueur dans l'exécution des travaux administratifs* » *(Cass. soc., 29 mai 2002, n° 00-43.506, RJS 2002 n° 957)* ;
– au harcèlement sexuel *(Cass. soc., 3 févr. 1999, n° 97-44.558, RJS n° 490)* ;
– au refus de se soumettre aux instructions de l'employeur *(Cass. soc., 16 juill. 1998, n° 96-42.984)* ;
– à de graves anomalies de gestion *(Cass. soc., 11 mai 1999, n° 96-45.288)* ;
– à des faits de concurrence déloyale *(Cass. soc., 6 oct.1998, n° 96-42.860)* ;
– à des indélicatesses *(Cass. soc., 3 mai 1995, n° 93-45.627, RJS n° 767)* ;
– à la perturbation du personnel et de la clientèle *(Cass. soc., 2 avr. 2003, n° 01-42.294, RJS 2003 n° 719)* ;
– à « *un manque de compétence se manifestant par un manque de projet concret sur l'organisation de son service, un échec dans ses relations avec ses collaborateurs, une mise en place de documents non fiables et un mécontentement de la clientèle* » *(Cass. soc., 14 mai 1996, n° 94-45.499, RJS 1996 n° 664)* ;
– à « *l'impossibilité de reclassement dans un poste compatible avec le certificat médical dressé par le médecin du travail* », la lettre de licenciement faisant ainsi nécessairement référence à l'inaptitude physique de la salariée *(Cass. soc., 31 janv. 2006, n° 05-41.188, Bull. V n° 42)* ;
– à une baisse d'activité, sans autre précision que « *l'impossibilité de reclassement dans un poste compatible avec le certificat médical dressé par le médecin du travail* », la lettre de licenciement faisant ainsi nécessairement référence à l'inaptitude physique de la salariée *(Cass. soc., 31 janv. 2006, n° 05-41.188, Bull. V n° 42)*.

§ 5. LA MOTIVATION DE LA DEMANDE D'AUTORISATION REPOSANT SUR UN MOTIF ÉCONOMIQUE

32.3.5. – Pour la Cour de cassation, est motivée la lettre de licenciement qui énonce à la fois les raisons économiques et leur incidence sur l'emploi et/ou le contrat de travail du salarié *(J.-Y. Frouin, « Le point sur la motivation de la lettre de licenciement », RJS 1999, p. 543)*. Dès lors que sont précisés « *l'élément matériel* » du licenciement *(suppression de poste, transformation d'emploi, refus d'une modification du contrat du* *travail)* et « *l'élément causal* » du licenciement *(difficultés économiques, mutations technologiques, réorganisation pour sauvegarde de la compétitivité, cessation complète de l'activité de l'entreprise)*, la lettre est motivée *(Cass. soc. 13 juill. 1999, n° 97-42.939, RJS 1999 n° 1360 ; J.-Y. Frouin, « La légalité du licenciement pour motif économique », Sem. Soc. Lamy, 5 sept. 2005, n° 1226)*.

A. La motivation jugée insuffisante

32.3.5.1. – Le Conseil d'État a jugé que la seule référence, dans la demande d'autorisation de licenciement, à la fermeture d'un établissement, sans assortir cette indication d'aucune précision de nature à établir l'existence d'une cause sérieuse de licenciement économique, ne permettait pas de se prévaloir ultérieurement du moyen tiré de ce que les licenciements litigieux auraient été motivés par la nécessité de sauvegarder la compétitivité de l'entreprise *(CE, 4 oct. 2010, n° 318.664, Sté Medinord Santé Les hôtels de montagne)*.

Si le licenciement est fondé sur la réorganisation de l'entreprise, l'employeur doit préciser si celle-ci est justifiée par des difficultés économiques, par la nécessité de sauvegarder sa compétitivité ou encore par des mutations technologiques. Ainsi, n'a pas été considéré comme permettant à l'administration d'appréhender la cause du licenciement une demande se limitant à faire état de la réorganisation de l'entreprise et, comportant, parmi ses annexes, un document relatif à la présentation d'un projet de réorganisation par l'employeur au comité d'entreprise, dans lequel une phrase mentionnait l'intention de sauvegarder la compétitivité de l'entreprise *(CE, 26 sept. 2018, n° 401.509 à 401.511, Sté Forge France, Tables p. 944, RJS 2018, n° 752, AJDA 2019, p. 83)*.

Par ailleurs, n'ont pas été regardées par le juge judiciaire comme suffisamment motivées les lettres de licenciement faisant référence :

- à des raisons économiques, sans énonciation de leur nature *(Cass. soc., 5 oct. 1994, n° 93-41.248, RJS 1994 n° 1257, Bull. V n° 258)* ;
- à une raison économique, sans préciser son incidence sur l'emploi *(Cass. soc., 21 oct. 1998, n° 96-43.056, RJS 1998 n° 1525 : référence à une réorganisation de la structure de l'entreprise sans préciser si cette dernière a pour conséquence la suppression ou la transformation de l'emploi ou une modification du contrat de travail ; Cass. soc., 6 oct. 1998, n° 96-43.317 : référence seulement à des « difficultés économiques » ; Cass. soc., 11 juin 2002, n° 00-40.214, Dr soc 2002, p. 1022, obs. J. Savatier : la lettre faisait référence à une réduction d'effectif ; Cass. soc., 29 oct. 2008, n° 07-43.545)* ;
- à une suppression d'emploi sans indiquer la raison économique dont elle procède *(Cass. soc., 4 févr. 1997, n° 94-19.798., Bull. V n° 48 ; Cass. soc., 1er févr. 2001, n° 99-40.465, RJS 2001 n° 430)* ;

– au fait que la mesure de licenciement « *intervient pour motif économique et est la conséquence de la suppression* » du poste du salarié *(Cass. soc., 4 févr. 1998, n° 95-42.501)* ;
– à une baisse d'activité « *sans faire référence aux conséquences de cette situation sur l'emploi du salarié* » *(Cass. soc., 22 févr. 2000, n° 97-44.603, RJS 2000 n° 394 ; Cass. soc., 30 avr. 1997, n° 94-42.154, Bull. V n° 150 ; Cass. soc., 16 févr. 2011, n° 09-72.172, Bull. V n° 49)* ;
– à l'insuffisance de travail pour employer deux personnes à temps complet, sans indication de la cause économique *(Cass. soc., 24 avr. 2003, n° 00-44.653, RJS 2003 n° 864)* ;
– au refus du salarié d'une modification de son contrat de travail pour motif économique, sans précision sur la nature de ce motif *(Cass. soc., 5 oct. 1999, n° 97-41.836, RJS 1999 n° 1360)* ou au refus du salarié d'un changement de son mode de rémunération sans préciser le motif économique ayant conduit à cette modification *(Cass. soc., 8 janv. 1997, n° 95-41.013, RJS 1997 n° 254)* ;
– à une restructuration de l'entreprise, sans invoquer la suppression ou la transformation d'emploi ni le refus d'une modification du contrat de travail *(Cass. soc., 8 janv. 1997, n° 95-40.209. Dr soc 1997, p. 205, RJS 1997 n° 254)* ;
– à la seule fermeture temporaire pour travaux de l'entreprise *(Cass. soc., 22 mars 2005, n° 02-46.226. RJS 2005 n° 618)* ou à la seule fermeture d'une partie d'un bâtiment pour des raisons de sécurité *(Cass. soc., 26 nov. 2003, n° 01-41.622 RJS 2004 n° 300)* ou à la simple fermeture de l'établissement *(Cass. soc., 29 oct. 2003, n° 01-44.000, RJS 2004 n° 21)* ;
– la cessation de l'une des activités de l'entreprise *(Cass. soc., 28 nov. 2006, n° 05-40.732, RDT 2007, p. 175, obs. P. Waquet)* ;
– à la seule perte d'un marché, sans indiquer l'incidence de cette perte sur la situation économique de l'entreprise *(Cass. soc., 8 juin 2005, n° 03-41.410, RJS 2005 n° 822)* ;
– au seul fait que le salarié a demandé à bénéficier des mesures prévues par le plan social, en l'absence d'indication concernant le motif économique ou les incidences de la cause économique sur l'emploi ou le contrat de travail *(Cass. soc., 10 déc. 2003, n° 01-47.332, RJS 2004 n° 187)* ;
– au seul jugement de redressement judiciaire, la lettre de licenciement devant viser l'ordonnance du juge-commissaire autorisant les licenciements pendant la période d'observation *(Cass. ass. plén. 24 janv. 2003, n° 00-41.741, Bull. AP n° 1, RJS 2003 n° 435, Dr ouvrier 2003, p. 198, Rapport 2003 de la Cour de cassation, p. 319).*

B. La motivation jugée suffisante

32.3.5.2. – Est suffisamment motivée la lettre de licenciement faisant état :

- *« d'une suppression d'emploi consécutive à une restructuration » (Cass. soc., 2 mars 1999, n° 96-45.027, Bull. V n° 88, RJS n° 493 ; Cass. soc., 21 déc. 2006, n° 05-43.886, RJS 2007 n° 321, RDT 2007 p. 104, obs. P. Waquet)* sans qu'il soit besoin d'énoncer les motifs à l'origine de la restructuration *(Cass. soc., 17 oct. 2006, n° 04-41.083 ; Cass. soc., 16 déc. 2008, n° 07-41.953, Bull. V n° 252, RJS 2009 n° 157, Dr soc 2009, p. 116, obs. G. Couturier, RDT 2009, p. 103, note J.-Y. Frouin)* ;
- *« d'une suppression de poste intervenant dans le cadre d'un plan de réduction de l'effectif de structure afin de l'adapter à la situation économique de l'entreprise et de son environnement » (Cass. soc., 13 déc. 1995, n° 94-43.136)* ;
- du refus opposé par le salarié à des mesures salariales mises en place pour faire face aux difficultés économiques *(Cass. soc., 13 juill. 1999, n° 97-42.939, RJS 1999 n° 1360)* ;
- de la cessation définitive de l'activité de l'entreprise *(Cass. soc., 16 mars 2004, n° 02-40.633, RJS 2004 n° 529)* ;
- de la dissolution d'une association *(Cass. soc., 29 mai 2002, n° 00-41.939, RJS 2002 n° 959)* ;
- de l'ordonnance du juge commissaire autorisant le licenciement *(Cass. soc., 12 janv. 2000, n° 00-41.939. RJS 2000 n° 256 ; Cass. soc., 29 mai 2002, n° 00-41.965, RJS 2002 n° 958)* ;
- au jugement du tribunal de commerce arrêtant le plan de redressement *(Cass. soc., 10 juill. 2002, n° 00-42.340, Bull. V n° 242, RJS 2002 n° 1220)* ou au plan de cession *(Cass. soc., 29 mai 2002, n° 00-41.965, RJS 2002 n° 958 ; Cass. soc., 11 oct. 2005, n° 04-41.956, RJS 2005 n° 1191)* ; l'obligation de mentionner le fait que ce même jugement a autorisé les licenciements pour motif économique, posée en 1998 par la jurisprudence *(Cass. soc., 18 nov. 1998, n° 96-42.379, Bull. V n° 500, RJS 1999 n° 26)* paraît abandonnée ;
- du jugement de liquidation judiciaire *(Cass. soc., 2 mars 2004, n° 02-41.932, Bull. V n° 67, RJS 2004 n° 530, Rapport 2004 de la Cour de cassation, p. 258 ; Cass. soc., 8 juin 2005, n° 04-41.596. RJS 2005 n° 824).*

§ 6. LA DEMANDE D'AUTORISATION INVOQUANT DES MOTIFS N'AYANT PAS ÉTÉ PRÉSENTÉS AU COURS DE L'ENTRETIEN PRÉALABLE

32.3.6. – Dans un tel cas de figure, le principe fondamental du contradictoire, au stade de l'entretien préalable, n'a pas été respecté : quelle peut être l'incidence de cette circonstance sur la légalité de la décision ?

A. La jurisprudence judiciaire

32.3.6.1. – La Cour de cassation a jugé que l'employeur était tenu d'indiquer au salarié, au cours de l'entretien préalable, les raisons de la décision envisagée à son encontre *(Cass. soc., 14 nov. 1985, n° 82-42.582, Bull. V n° 538)*. Si l'employeur entend invoquer des faits postérieurs à l'entretien, il doit, dans ce cas, convoquer le salarié à un nouvel entretien *(Cass. soc., 30 mars 1994, n° 89-43.716 RJS 1994 n° 677)*.

Cependant, elle a estimé que le juge du fond ne pouvait pas écarter sans les examiner les griefs énoncés dans la lettre de licenciement, qu'ils aient été ou non évoqués lors de l'entretien préalable *(Cass. soc. 18 mai 1995, n° 94-40.153, RJS 1995 n° 874, Dr soc, p. 675 ; Cass. soc. 28 mai 1997, n° 94-42835, RJS 1997 n° 801)*. L'omission caractérise une simple irrégularité de forme. Le grief qui n'a pas été indiqué au salarié lors de l'entretien peut constituer une faute grave ou une cause réelle et sérieuse de licenciement *(Cass. soc. 28 juin 2000, n° 98-43070, RJS 2000 n° 927)*.

En outre, la chambre sociale a jugé que devait être pris en considération un manquement du salarié découvert postérieurement à l'entretien *(Cass. soc., 2 juill. 2003, n° 01-41.629, RJS 2003 n° 1130)* ou un fait postérieur à la convocation à l'entretien préalable et énoncé dans la lettre de licenciement *(Cass. soc., 18 févr. 2004, n° 01-47.207, RJS 2004 n° 526)*.

B. La jurisprudence administrative

1. *Les effets de l'irrégularité de l'entretien préalable sur la légalité de l'autorisation administrative*

32.3.6.2.1. – Le Conseil d'État avait été amené à se prononcer sur cette question sur le fondement des dispositions antérieures au décret du 8 juin 1983 : il avait estimé que la régularité de la décision prise par l'administration « *n'est pas affectée par les conditions dans lesquelles la législation protectrice commune à l'ensemble des salariés a pu, dans le cadre des rapports de droit privé qui unissent l'employeur au salarié, être appliquée…* » *(CE, section, 15 déc. 1978, n° 00.630, Schilles, Rec. p. 514, Dr soc 1979, p. 155-158)*. La Haute Assemblée déduisait de ce principe que la circonstance que le ministre du Travail se soit fondé sur des motifs différents des griefs avancés par l'employeur au cours de l'entretien était sans influence sur la légalité de sa décision.

À la suite de l'intervention du décret du 8 juin 1983, qui a posé le principe selon lequel l'entretien préalable du Code du travail doit précéder la présentation de la demande d'autorisation de licenciement, le Conseil d'État a modifié sa jurisprudence et étendu son contrôle, et celui de l'administration, non seulement à la vérification de l'existence de l'entretien préalable *(CE, 5 juin 1987, n° 76.589, Richter, Rec. p. 978)* mais également aux conditions de son bon déroulement *(CE, 16 janv. 1987, n° 65.315, Besnainou, Rec. p. 978 ; CE, 12 oct. 1990, n° 99.640, Démoléon, Rec. p. 1016)* et au respect effectif des droits de la défense.

Ainsi, dans sa décision du 11 juin 2014, il a jugé que l'inspecteur du travail ne peut retenir des griefs qui n'ont pas été indiqués au salarié ; il peut toutefois légalement accorder l'autorisation de licenciement demandée lorsqu'une partie seulement des griefs reprochés à l'intéressé a été évoquée au cours de l'entretien préalable, à la condition que les griefs évoqués présentent, à eux seuls, une gravité suffisante pour justifier une telle décision *(CE, 11 juin 2014, n° 365.135, Sté Transports du Val d'Oise).*

2. *Les irrégularités pouvant entraîner l'illégalité de l'autorisation*

32.3.6.2.2. – Plusieurs situations peuvent être distinguées :

- **L'employeur s'abstient lors de l'entretien préalable d'énoncer tout motif**

  Par une décision du 19 mars 2008, il a été jugé que la procédure est irrégulière lorsque l'employeur s'abstient, au cours de l'entretien, d'énoncer les motifs de la décision de licenciement envisagée à l'encontre du salarié alors que les dispositions de l'article L. 1232-3 du Code du travail précisent que l'employeur doit indiquer au salarié ces motifs *(CE, 19 mars 2008, n° 289.433, M. Coette, concl. R. Keller, Tables p. 954, Dr soc 2008, p. 995, note M.-C. Rouault et F. Duquesne).* Cette jurisprudence se fonde notamment sur « *le principe des droits de la défense qui résulte de l'article 16 de la Déclaration de 1789 [imposant] le respect d'une procédure contradictoire dans les cas de licenciement prononcé pour un motif disciplinaire* » *(Cons. const., décision n° 2006-535 DC du 30 mars 2006).* Il s'ensuit que dans un tel cas, l'autorisation qui serait accordée serait illégale.

- **L'employeur substitue un nouveau motif à celui énoncé au cours de l'entretien préalable**

  Cette situation est identique à celle ayant donné lieu à la décision du 19 mars 2008 précitée : l'employeur doit être regardé comme n'énonçant aucun motif.

- **L'employeur avance dans sa demande des motifs différents de ceux énoncés lors de l'entretien préalable**

  Il avait été jugé que l'inspecteur du travail ne pouvait autoriser le licenciement d'un salarié en raison de son inaptitude physique alors que ce motif avait été ajouté à la demande initiale par la société et que le salarié n'avait « *pas été en mesure de faire valoir, lors de l'enquête contradictoire diligentée par l'inspecteur du travail, ses arguments pour contester un licenciement fondé sur ce motif* » *(CE, 7 févr. 1992, n° 118.731, Sté Serco, RJS 1992, p. 760).*

Cette jurisprudence conduisait donc à admettre la possibilité d'ajouter de nouveaux motifs à ceux énoncés au cours de l'entretien et repris dans la demande d'autorisation à la condition que ces motifs soient débattus au cours de l'enquête contradictoire conduite par l'inspecteur du travail, ce qui revient à accepter une régularisation *a posteriori*.

Les décisions précitées du 19 mars 2008 et du 11 juin 2014 remettent clairement en cause cette jurisprudence *(cf. n°* ***32.3.6.2.1****)*.

§ 7. LA DEMANDE D'AUTORISATION INVOQUANT DES MOTIFS N'AYANT PAS ÉTÉ PRÉSENTÉS AU COURS DE LA CONSULTATION DU COMITÉ SOCIAL ET ÉCONOMIQUE

32.3.7. – Dans cette hypothèse, l'inspecteur du travail est amené à apprécier la régularité de la consultation du CSE à l'aune de la jurisprudence *Véron international (cf. n°* ***21.6.4****)* en vérifiant si l'avis du comité a été prononcé en toute connaissance de cause et émis dans des conditions n'ayant pas faussé sa consultation *(CE, 4 juill. 2018, n° 397.059, Sté Véron International ; CE, 4 juill. 2018, n° 410.904, Mr X c. / Association des Cités du secours catholique, mentionnés aux Tables ; CAA Bordeaux, 16 nov. 2020, n° 18BX01897, Sté Altran Technologies Sud-Ouest)*.

Si l'absence d'information du CSE sur les griefs reprochés au salarié est de nature à entrainer un vice substantiel de procédure pour défaut d'information, la solution n'est pas la même si le CSE a été informé par l'employeur des principaux griefs reprochés au salarié tout en omettant d'en présenter d'autres qu'il a ensuite mentionnés dans la demande d'autorisation de licenciement. Dans ces circonstances, une cour administrative d'appel a jugé la consultation régulière en indiquant qu'il ne ressortait pas des pièces du dossier « *que, s'ils avaient été informés des autres griefs, les membres du comité auraient rendu un avis différent de l'avis favorable qu'ils ont émis sur le projet de licenciement au regard des seuls griefs qui ont été portés à leur connaissance* » *(CAA Marseille, 12 juill. 2019, n° 18MA03168)*.

SECTION 4

La mention dans la demande d'autorisation de chacune des fonctions représentatives du salarié

§ 1. LA JUSTIFICATION DE LA MENTION DES FONCTIONS REPRÉSENTATIVES

32.4.1. – Bien que l'obligation faite à employeur de préciser à l'administration les mandats détenus, ainsi que les mandats anciennement détenus ou brigués par le salarié ne figure pas dans le Code du travail, elle est justifiée pour les raisons suivantes :

– seules ces informations sont de nature à permettre à l'inspecteur du travail de vérifier que le salarié dont le licenciement est demandé est bien protégé d'autant que les durées pendant lesquelles la protection est acquise au terme du mandat varient selon la nature de ce dernier ;
– les informations relatives à la nature de chacun des mandats détenus sont nécessaires pour que l'autorité administrative, saisie d'une demande d'autorisation de licenciement pour motif disciplinaire, puisse apprécier concrètement la gravité des faits ;
– ces mêmes informations sont nécessaires pour que l'inspecteur du travail puisse apprécier l'existence d'une discrimination en raison justement de l'exercice de certaines fonctions représentatives, notamment lorsqu'elles sont exercées à l'extérieur de l'entreprise comme les fonctions de conseiller prud'homme ou de conseiller du salarié ;
– les informations sont enfin indispensables pour que l'administration apprécie, au titre de son pouvoir d'appréciation de l'opportunité, si un motif d'intérêt général est de nature à justifier un refus d'autorisation, sous réserve qu'une atteinte excessive ne soit pas portée à l'un ou l'autre des intérêts en présence *(cf. n° **413 et s.**)*.

§ 2. LA JURISPRUDENCE

32.4.2. – De manière générale, il a été jugé que l'ignorance alléguée tant par l'employeur que par l'administration de la qualité de salarié protégé, ne saurait avoir pour effet de priver le salarié des garanties qu'il tient de son statut de salarié protégé *(CE, 9 mars 1983, n° 40.052, Durand, Tables p. 887)*, réserve faite des principes résultant de la décision du Conseil constitutionnel du 14 mai 2012 pour les mandats extérieurs à l'entreprise *(Cons. const., 14 mai 2012, n° 2012-242 DC, RJS 2012 n° 642, chron. Y. Struillou, p. 520 ; cf. n° **12.1.2.3**)*.

L'autorisation de licenciement est illégale si l'inspecteur du travail ne prend pas en compte tous les mandats détenus par le salarié *(CE, 4 juill. 1984, n° 23.863, Humbert, Rec. p. 257 : pour une décision de l'inspecteur du travail fondée sur la seule qualité de délégué du personnel en omettant celle de délégué syndical ; CE 22 juill. 1992, n° 109.709, Cirelli, Rec. p. 1348)*.

Toutefois, s'il apparaît dans les faits que l'administration a eu connaissance de chacun des mandats détenus par le salarié protégé, la circonstance que la demande d'autorisation de licenciement ou la décision autorisant le licenciement ne fasse pas mention de l'un de ces mandats ne suffit pas, à elle seule, à établir que l'administration n'a pas exercé son contrôle en tenant compte de chacun des mandats détenus *(CE, 15 oct. 2014, n° 370.620, Sté Geodis Logistics Nord, Tables p. 889)*.

Sur l'évolution de la jurisprudence concernant l'incidence de l'omission d'un mandat dans la demande d'autorisation ou la décision administrative : *cf.* n° **51.2.1.**

SECTION 5
La qualité pour présenter la demande d'autorisation

§ 1. LA RÈGLE GÉNÉRALE

32.5.1. – L'autorité administrative doit s'assurer qu'elle est valablement saisie par la personne compétente. Une demande d'autorisation de licenciement ne peut être régulièrement faite que par l'employeur du salarié protégé ou son représentant : « *Une décision d'autorisation de licenciement n'est légale que si la demande a été présentée par l'employeur lui-même ou par une personne ayant qualité pour agir en son nom » (CE, 16 déc. 1988, n° 74.120, Dubreuil, Tables p. 1054).*

Le juge administratif doit donc s'assurer, s'il est saisi du moyen, que l'administration a bien été saisie par l'employeur du salarié protégé *(CE, 6 nov. 1995, n° 133.558, Mme Boureau c. / Union française des centres de vacances et de loisirs (UFCV) RJS 1996 n° 41 : en l'espèce, bien que mise à disposition d'une association, la salariée, qui avait été élue déléguée du personnel de l'UFCV, restait placée sous l'autorité de cet organisme ; CE, 29 mai 1996, n° 155.144, ministre du Travail c. / Schroder, RJS 1996 n° 806).*

Si une autorisation est accordée à une personne n'ayant pas la qualité d'employeur, elle est entachée d'irrégularité *(CE, 9 avr. 2004, n° 233.630,* Sté *Endel et Me Jacques, Tables p. 897, concl. G. Bachelier).*

Pour le juge judiciaire, le licenciement prononcé par une personne qui n'a pas ce pouvoir est dépourvu de cause réelle et sérieuse *(Cass. soc. 6 juill. 2011, n° 09-71.494, RJS 2012 n° 959 ; chron. F. Duquesne, « Délégation du pouvoir de licencier dans l'entreprise : vers le statu quo ? », RJS 2011, p. 811 ; Cass. soc. 15 nov. 2011, n° 10-17.015, Bull. V n° 263, RJS 2012 n° 128).*

Il est toutefois possible de régulariser la demande d'autorisation avant que l'inspecteur du travail ne statue. En effet, par son arrêt du 3 avril 2024, le Conseil d'État précise que lorsque la demande d'autorisation de licenciement a été présentée par une personne n'ayant pas qualité pour agir au nom de l'employeur, elle peut être régularisée au cours de son instruction par la production de tout acte ou document, régulièrement établi postérieurement à la saisine de l'inspecteur du travail et avant que celui-ci ne statue, donnant pouvoir au signataire de la demande d'autorisation pour mettre en œuvre la procédure en cause *(CE, 3 avril 2024, n° 470.440, Ligue de Bretagne de football, mentionné aux Tables).*

En cas de recours hiérarchique, une telle régularisation sera possible si le ministre annule la décision de l'inspecteur du travail, jusqu'à ce que le ministre se prononce en fonction des circonstances de fait et de droit à la date de sa propre décision *(CE, 5 sept. 2008, Sté Sorelait, n° 303.992).*

§ 2. L'APPLICATION DE LA RÈGLE

A. Le salarié est employé par une société

32.5.2.1. – Compte tenu de la législation régissant les sociétés, le président du conseil d'administration ou le directeur général *(C. com., art. L. 225-51-1)*, le gérant d'une société en nom collectif *(C. com., art. L. 221-5)*, le gérant d'une SARL *(C. com., art. L. 223-18)* ou le directeur général ou le président du directoire *(C. com., art. L. 225-66)* ont, par définition, qualité pour saisir l'administration.

S'agissant des dirigeants de société, aucune disposition légale n'exige que la délégation du pouvoir de licencier soit donnée par écrit *(Cass. soc., 18 nov. 2003, n° 01-43.608, Bull. V n° 287, RJS 2004 n° 15 ; Cass. soc., 6 juill. 2004, n° 02-43.322, RJS 2004 n° 1127).* Toutefois, les statuts d'une société commerciale peuvent subordonner la validité d'une procédure de licenciement à une délibération particulière du conseil d'administration ou des associés.

Le chef du personnel a également qualité pour présenter une demande d'autorisation *(CE, 16 déc. 1988, n° 74.120, Dubreuil, Tables p. 1054).*

Il en va de même :

- du président du groupe *(Cass. soc., 6 mars 2007, n° 05-41.378, RJS 2007 n° 570)* ;
- du directeur des affaires sociales du groupe disposant d'une délégation de pouvoirs *(Cass. soc. 16 mars 2007, n° 06-40.307, RJS 2007 n° 824)* ;
- du directeur des ressources humaines de la société-mère, lequel peut recevoir mandat sans qu'une délégation de pouvoir lui soit donnée par écrit *(Cass. soc., 19 janv. 2005, n° 02-45.675, Bull. V n° 10 ; Cass. soc., 23 sept. 2009, n° 07-44.200, Bull. V n° 191, RJS 2009 n° 898, JCP E n° 49, 03.12.2009, p. 34, note Ayache-Revah et Langot ; CSB Paris 2009 n° 215, p. 268 ; Liaisons soc. Jurisp. Théma n° 203/2009, 02.10.2009 ; Cass. soc., 6 juill. 2011, n° 10-17.119, RJS 2011 n° 928, chron. F. Duquesne, RJS 2011, p. 811 ; Cass. soc., 15 déc. 2011, n° 10-21.926, RJS 2012 n° 208 ; Cass. soc., 16 janv. 2013, n° 11-26.398, RJS 2013 n° 187)* ;
- du directeur financier de la société-mère, ayant signé la lettre de licenciement par délégation du représentant légal de la filiale *(Cass. soc. 30 juin 2015, n° 13-28.146, Bull. V n° 133 ; D. 2015, p. 2301, note S. Vernac ; « L'exercice du pouvoir de licencier au sein des groupes de sociétés », G. Auzero, RDT 2015, p. 536)* ;

– du directeur général de la société mère ayant signé la lettre de licenciement d'un salarié de la filiale dont il supervisait les activités *(Cass. soc., 13 juin 2018, n° 16-23.701, Bull. V n° 792, D. actu. 19 juill. 2018, obs. Siro ; D. 2018, 1317 ; RJS 2018, n° 533 ; Jurisp. soc. Lamy 2018, n° 459-5, obs. Tissandier ; JCP S 2018.1237, obs. François ; Sem. soc. Lamy 2018, n° 1824, p. 12, obs. Caro).*

La même solution vaut pour les sociétés par actions simplifiée ; la règle selon laquelle ces sociétés sont représentées à l'égard des tiers par leur président et, si les statuts le prévoient, par un directeur général ou un directeur général délégué dont la nomination est soumise à publicité *(C. com., art. L. 227-6)* n'exclut pas la possibilité pour ces représentants légaux de déléguer le pouvoir d'effectuer des actes déterminés tel que celui d'engager ou de licencier les salariés de l'entreprise ; en outre, aucune disposition n'impose de formaliser par un écrit cette délégation de pouvoir, qui peut être tacite et découler des fonctions du salarié qui conduit la procédure de licenciement *(Cass. Ch. mixte 19 nov. 2010, n° 10-10.095 et 10-30.215, Bull. Ch. mixte n° 1, et Cass. Ch. mixte 19 nov. 2010, n° 10-30.215, Bull. Ch. mixte n° 2, RJS 2011 n° 26 ; Cass. soc., 26 janv. 2011, n° 08-43.475, Bull. V n° 34 et 09-42.642, RJS 2011 n° 288 ; Cass. soc., 7 juin 2011, n° 10-19.780, RJS 2011 n° 927 ; Cass. soc., 5 juill. 2011, n° 10-13.257, note Duquesne, Dr soc 2011, p. 998 ; Cass. soc., 5 juill. 2011, n° 10-23.091, RJS 2011 n° 872).*

Si les contrats de travail ont été transférés par application de l'article L. 1224-1 du Code du travail, le cédant n'a pas qualité pour demander, postérieurement au transfert, l'autorisation de licencier les salariés *(CE, 9 avr. 2004, n° 233.630,* Sté *Endel et Me Jacques, Tables p. 897, concl. G. Bachelier).*

Toutefois, en cas de transfert partiel d'une société, celle-ci doit être regardée comme restant l'employeur d'un salarié protégé tant que l'inspecteur du travail n'a pas délivré l'autorisation de transfert requise, et une demande d'autorisation d'un tel transfert ne peut donc être légalement rejetée au seul motif que la société n'a plus qualité pour la demander *(CE, 24 juin 2013, n° 340.128, 340.433 et 340.434, ministre de l'Écologie, du Développement durable, des Transports et du Logement c. / Sté DHL Express, Tables p. 867, concl. G. Dumortier, Dr soc 2013, p. 747).*

La chambre sociale a jugé que l'unité économique et sociale, si elle permet l'expression collective de l'intérêt des travailleurs appartenant à cette collectivité, ne se substitue pas aux entités juridiques qui la composent, de sorte qu'elle n'a pas la personnalité morale : elle ne saurait donc agir en qualité d'employeur et présenter une demande d'autorisation de licenciement *(Cass. soc., 16 déc. 2008, n° 07-43.875, Bull. V n° 255, RJS 2009 n° 254).*

B. Le salarié est employé par une association

32.5.2.2. – La question de la compétence du président ou du directeur d'une association doit être appréciée au regard des statuts de celle-ci *(cf. n°* ***74.3.2.4****)*.

La Cour de cassation a jugé qu'en l'absence de dispositions statutaires contraires attribuant la compétence pour prononcer un licenciement, il entre dans les attributions du président d'une association de mettre en œuvre la procédure de licenciement *(Cass. soc., 25 nov. 2003, n° 01-42.111, Bull. V n° 292, RJS 2004 n° 180 ; Cass. soc., 29 sept. 2004, n° 02-43.771, Bull. V n° 236, RJS 2004 n° 1255, Rapport 2004 de la Cour de cassation p. 253 ; Cass. soc., 23 mars 2022, n° 20-16.781, B.)*.

Une délégation attribuée au signataire d'une lettre de licenciement doit avoir été donnée conformément aux statuts de l'association *(Cass. soc., 12 févr. 2014, n° 02-43.771 ; Cass. soc., 16 mai 2012, n° 10-21.063, Dr soc 2012, p. 951, obs. F. Duquesne ; Cass. soc., 25 sept. 2013, n° 12-14.991, RJS 2013 n° 792)* et inclure sans ambiguïté cette compétence *(Cass. soc., 2 mars 2011, n° 08-45.422, Bull. V n° 58, RJS 2011 n° 384 ; validité et interprétation des délégations du pouvoir en matière de licenciement, N. Ferrier, RDT 2011, p. 307 ; Cass. soc., 6 janv. 2021, n° 19-16.113 ; cas d'un directeur général ayant signé la demande pour ordre du président sans que les statuts ne lui donnent le pouvoir d'engager une procédure de licenciement : CE, 3 avr. 2024, n° 440470, Ligue de football de Bretagne, mentionné aux Tables)*.

L'administrateur provisoire désigné par le président du tribunal de grande instance pour assurer la gestion d'une association doit être regardé comme *« investi de tous les pouvoirs d'administration et de gestion de l'association au lieu et place des dirigeants statutaires »* et peut valablement engager une procédure de licenciement *(Cass. soc., 18 déc. 2000, n° 99-41.145, RJS 2001 n° 277, Dr soc 2001, p. 322)*.

La chambre sociale a par ailleurs jugé que, dès lors que les statuts d'une association prévoyaient que le conseil d'administration, sur proposition du président, choisissait le directeur, il en découlait que celui-ci ne pouvait être démis de ses fonctions que sur décision du conseil d'administration et que le manquement à cette règle, insusceptible de régularisation, rendait le licenciement sans cause réelle et sérieuse *(Cass. soc., 17 mars 2015, n° 13-20.452, Bull. V n° 50)*.

C. Le salarié est employé par un CSE

32.5.2.3. – Le secrétaire du comité doit recevoir une habilitation. À défaut, il n'a pas qualité en tant que tel pour saisir l'administration d'une demande d'autorisation de licenciement *(CE, 12 févr. 1993, n° 89.733, Comité d'établissement SNECMA Evry-Corbeil, Ministre des Affaires sociales et de l'Emploi c./ M. Nachin, Tables p. 1068, RJS 1993 n° 412 ; cf. n°* ***74.3.2.5****)*.

En l'absence d'une disposition de son règlement intérieur, seule une délégation spéciale donnée par le comité peut habiliter une personne pour l'exercice du pouvoir disciplinaire à l'égard de ses salariés *(Cass. soc., 12 juill. 2006, n° 04-47.737, Bull. V n° 255 ; cette délégation peut être tacite : Cass. soc., 15 janv. 2014, n° 12-24.594, RJS 2014 n° 237)*. Le pouvoir reconnu au directeur salarié d'un CSE de représenter l'employeur dans toutes les actions liées à la gestion des ressources humaines est regardé comme emportant pouvoir de licencier au nom de ce dernier *(Cass. soc., 29 sept. 2010, n° 09-42.296, Bull. V n° 206, RJS 2010 n° 950 ; obs. B. Ines, D. 2010, p. 2371)*.

D. La qualité à agir pendant la mise en œuvre des procédures collectives

32.5.2.4. – La question de la qualité pour présenter la demande d'autorisation de licenciement est examinée au n° **23.2** (procédure de sauvegarde), n° **23.3.2** (période d'observation de la procédure de redressement judiciaire), n° **23.4.4.1** (période de mise en œuvre du plan de redressement judiciaire) et n° **23.5.1.1** (procédure de liquidation judiciaire).

Le licenciement prononcé par une personne qui n'a pas ce pouvoir est dépourvu de cause réelle et sérieuse *(Cass. soc., 15 nov. 2011, n° 10-17.015, Bull. V n° 263, RJS 2012 n° 128)*.

En cas de cession de l'entreprise intervenant dans le cadre d'une procédure collective, et dans la mesure où le tribunal de commerce a autorisé le licenciement de salariés non repris et fixé les catégories professionnelles des salariés concernés, c'est le mandataire judiciaire de la société cédée qui a qualité pour procéder aux licenciements et au besoin, pour en demander l'autorisation à l'administration, s'agissant des salariés protégés *(CE, 15 nov. 2010, n° 324.323, Nanterme, Tables p. 1004 ; cf. également concl. G. Dumortier sous l'arrêt CE, 2 juill. 2014, n° 361.502, Sté CIE Compiègne, Tables p. 890)*.

En cas de cession, le respect du délai d'un mois imparti, au liquidateur ou à l'administrateur s'il en a été désigné un dans le cadre d'une liquidation judiciaire *(C. comm., art. L. 642-5)* ou à l'administrateur judiciaire si cette cession intervient à l'occasion d'un plan de redressement *(C. comm., art. L. 631-19)*, pour procéder aux licenciements autorisés par le tribunal de commerce est apprécié, pour les salariés protégés, à la date à laquelle il a manifesté son intention de rompre le contrat de travail *(C. trav., art. L. 3253-9)*. Cette manifestation de volonté est caractérisée par l'envoi de la lettre de convocation à l'entretien préalable *(Cass. soc., 8 févr. 2012, n° 10-12.906, 10-13.405 et 10-13.521, Bull. V n° 62)*. Le non-respect de ce délai ne peut entraîner l'irrecevabilité de la demande *(Guide DGT, Salariés protégés, sept. 2019, fiche n° 2 préc. ; dans le même sens, pour les salariés non protégés : Cass. soc., 10 juill. 2002, n° 00-42.340, Bull. V n° 242 ; Cass. soc., 21 sept. 2005, n° 04-40.529, Bull. V n° 267)*.

E. La qualité à demander l'autorisation de rupture conventionnelle

32.5.2.5. – En application des dispositions des articles L. 1237-14 et L. 1237-15 du Code du travail, la partie la plus diligente, employeur ou salarié protégé, peut présenter une demande d'autorisation de rupture conventionnelle individuelle du contrat de travail à l'inspecteur du travail.

Il en est de même en cas de rupture conventionnelle collective *(C. trav., art. L. 1237-19-2)*.

SECTION 6
L'accusé de réception de la demande d'autorisation

§ 1. LES DISPOSITIONS APPLICABLES

32.6.1. – L'administration doit adresser à l'employeur, dès la réception de la demande, un accusé de réception de celle-ci *(CRPA, art. L. 112-3)*. Cet accusé de réception est adressé par voie postale ou par voie électronique si la demande a été ainsi transmise à l'administration dans le cadre d'un téléservice dédié *(CRPA, art. L. 112-9 et L. 112-11)*.

A. Accusé de réception par voie postale

32.6.1.1. – L'article R. 112-5 du Code des relations entre le public et l'administration précise le contenu de l'accusé de réception. Il doit mentionner :
– la date de la réception de la demande ;
– le fait que la demande est susceptible de donner lieu à une décision implicite de rejet ;
– la date à laquelle, à défaut d'une décision expresse, la demande est réputée rejetée ;
– la désignation, l'adresse postale ainsi que le numéro de téléphone de l'inspecteur du travail chargé du dossier ;
– les délais et voies de recours contre la décision implicite de rejet.

Les délais de recours ne sont pas opposables à l'auteur de la demande lorsque la réponse l'administration ne comporte pas ces indications *(CRPA, art. L. 112-6)*.

Toutefois, la partie à laquelle la décision fait grief ne peut exercer de recours juridictionnel au-delà d'un délai raisonnable d'un an à compter de la date à laquelle il est établi qu'elle en a eu connaissance *(CE, Assemblée, 13 juill. 2016, M. Czabaj, n° 387.763, Rec. p. 340, AJDA 2016, p. 1629, chron. L. Dutheillet de Lamothe et G. Odinet ; RFDA 2016, p. 927, concl. O. Henrard ; CE, 7 févr. 2018, n° 397.246 et 247, Metaleurop Nord,*

CE, 28 mars 2018, n° 410.552, Imprimerie Georges Frère, Tables p. 826, AJDA 2018, p. 714 ; extension aux décisions implicites de rejet : CE, 18 mars 2019, Jounda Nguegoh, n° 417.270, publié au Recueil, AJDA 2019, p. 609).

En cas de présentation de la demande à une autorité incompétente, l'accusé de réception doit être établi par l'autorité compétente à qui le dossier doit être transmis par l'autorité initialement saisie *(CRPA, art. L. 114-4).*

B. Accusé de réception par voie électronique

32.6.1.2. – Les modalités de l'accusé de réception par voie électronique sont précisées aux articles R. 112-11-1 et suivants du Code des relations entre le public et l'administration.

Cet accusé de réception électronique doit comporter des mentions identiques à celles prévues à l'article R. 112-5, à savoir :

- la date de réception de l'envoi électronique par le premier service saisi ;
- la désignation du service chargé du dossier, ainsi que son adresse électronique ou postale et son numéro de téléphone ;
- la date à laquelle, à défaut d'une décision expresse, la demande sera rejetée ;
- les délais et les voies de recours à l'encontre de la décision implicite de rejet.

L'article R. 112-11-2 du Code des relations entre le public et l'administration précise qu'un accusé d'enregistrement électronique mentionnant la date de réception de l'envoi, est instantanément envoyé à l'intéressé ou, en cas d'impossibilité, dans un délai d'un jour ouvré à compter de la réception. L'accusé de réception électronique est envoyé au plus tard dans un délai de dix jours ouvrés à compter de la réception de l'envoi de l'intéressé.

Ce délai ne s'applique qu'à compter de la saisine de l'administration compétente *(CRPA, art. L. 114-2).*

§ 2. LA DEMANDE INCOMPLÈTE

32.6.2. – Dans le cas où la demande n'est pas complète, l'administration doit indiquer à l'employeur *(CRPA, art. L. 114-5)* :

- la liste des pièces manquantes dont la production est indispensable à l'instruction de la demande et celle des pièces rédigées dans une autre langue que le français dont la traduction est requise ;
- le délai fixé pour leur production ;
- le fait que le délai de deux mois à l'issue duquel la demande est réputée rejetée en l'absence de décision expresse est suspendu pendant le délai imparti pour produire les pièces requises ;

– le fait que la production de ces pièces avant le délai fixé met fin à cette suspension.

Cette information peut être faite soit à l'occasion de l'envoi de l'accusé de réception, soit, lorsque celui-ci a déjà été délivré, par l'envoi d'une lettre au demandeur.

De la même façon, l'article R. 112-11-4 du Code des relations entre le public et l'administration précise que lorsqu'une saisine par voie électronique est incomplète, l'administration indique à l'intéressé, dans l'accusé de réception électronique ou dans un envoi complémentaire, les pièces et informations manquantes exigées par les textes législatifs et réglementaires en vigueur ainsi que le délai fixé pour la réception de celles-ci. L'administration lui indique en même temps le délai prévu, selon le cas, au deuxième ou au troisième alinéa de l'article L. 114-5, au terme duquel la demande est réputée acceptée ou rejetée.

Toutefois, en pratique, ces dispositions n'ont pas vocation à s'appliquer en matière de licenciement des salariés protégés car il n'est pas exigé de pièces conditionnant la recevabilité de la demande. En effet, les pièces mentionnées dans le Code du travail, à savoir le compte rendu de la réunion du CSE et la notification du projet de licenciement économique prévue à l'article L. 1233-46 peuvent être adressées postérieurement à la demande d'autorisation *(cf.* n° ***32.2.1*** et ***32.2.2****)*.

§ 3. LA DEMANDE ADRESSÉE À UNE AUTORITÉ ADMINISTRATIVE INCOMPÉTENTE

32.6.3. – Lorsque la demande est adressée à une autorité incompétente pour l'examiner, cette demande doit être transmise par cette autorité à l'inspecteur du travail compétent *(CRPA, art. L. 114-2)*.

L'article L. 114-3 précise que « *le délai au terme duquel est susceptible d'intervenir une décision implicite de rejet court à compter de la date de réception de la demande par l'autorité initialement saisie* ».

L'accusé de réception est délivré dans tous les cas par l'administration compétente *(CRPA, art. L. 114-4)*.

SECTION 7

Les pièces pouvant être utilement jointes à la demande d'autorisation

32.7. – Si la loi n'exige pas que les pièces suivantes soient transmises à l'inspecteur du travail, il est conseillé à l'entreprise de les faire parvenir pour faciliter l'instruction de la demande par l'administration et prévenir toute contestation ultérieure :

– la copie de la convocation du salarié à l'entretien préalable ;

- la copie de la lettre prononçant le cas échéant la mise à pied du représentant du personnel ;
- la pièce justifiant le cas échéant de la qualité du demandeur *(ex. : délibération du comité social et économique habilitant le secrétaire du comité à saisir l'inspecteur du travail d'une demande d'autorisation de licenciement d'un salarié du comité).*

S'agissant des documents rédigés en langue étrangère et fournis à l'autorité administrative à l'appui de la demande d'autorisation, généralement pour motif économique, il y a lieu de faire application des dispositions de l'article 1er de la loi n° 94-665 du 4 août 1994 relative à l'emploi de la langue française : « *Langue de la République en vertu de la Constitution, la langue française est un élément fondamental de la personnalité et du patrimoine de la France. Elle est la langue de l'enseignement, du travail, des échanges et des services publics* ».

L'article L. 111-1 du Code des relations entre le public et l'administration dispose : « *L'usage de la langue française est prescrit dans les échanges entre le public et l'administration, conformément aux dispositions de la loi n° 94-665 du 4 août 1994 relative à l'emploi de la langue française.* »

Il nous semble donc que l'administration est en droit d'exiger la traduction en français des pièces rédigées dans une langue étrangère *(CE 22 nov. 2000, Assoc. Greenpeace et a., n° 194.348, 195.511, 195.576, 195.611, 195.612, Rec. p. 15, D. 2001. 1358 : solution rendue sous l'empire de la loi de 1994 et du décret n° 83-1025 du 28 novembre 1983 alors en vigueur).*

À plusieurs reprises, dans des litiges relevant de juridictions judiciaires, la Cour de cassation a admis la possibilité pour le juge d'écarter comme élément de preuve, faute de production d'une traduction en langue française, des documents rédigés en langue étrangère *(Cass. civ. 1re, 12 juill. 2001, n° 99-15.285 ; Cass. com., 22 janv. 2002, n° 99-18.463).*

CHAPITRE III

LE DÉLAI DANS LEQUEL LA DEMANDE D'AUTORISATION DE LICENCIEMENT DOIT ÊTRE PRÉSENTÉE

33. – Le Code du travail prévoit que la demande d'autorisation de licenciement doit être présentée dans des délais particuliers. En outre, se pose la question de l'application des dispositions relatives à la prescription des faits fautifs *(cf. n° **21.2**)*. La rupture du contrat à durée déterminée du salarié protégé dont le terme vient à échéance est soumise à un délai particulier : l'employeur doit solliciter l'autorisation administrative un mois avant la date du terme du contrat *(cf. n° **16.2.5.3**)*.

SECTION 1
Les délais spécifiques à la procédure de licenciement des représentants du personnel

§ 1. PRÉSENTATION DES DÉLAIS

33.1.1. – Les délais dans lesquels l'autorité administrative doit être saisie, sont précisés par le tableau suivant :

	Procédure normale	**Procédure avec mise à pied**
Absence de consultation du CSE	Aucun délai	8 jours à compter de la date de mise à pied *(art. R. 2421-6, et R. 2421-14 du Code du travail)*

	Procédure normale	Procédure avec mise à pied
Consultation du CSE	15 jours suivant la délibération du comité *(art. R. 2421-10 du Code du travail)*	48 heures suivant la délibération du comité *(art. R. 2421-6 et R. 2421-14 du Code du travail)*

L'article L. 112-1 du Code des relations entre le public et l'administration dispose que « *toute personne tenue de respecter une date limite ou un délai pour présenter une demande (...) auprès de l'administration peut satisfaire à cette obligation au plus tard à la date prescrite au moyen d'un envoi de correspondance, le cachet apposés par les prestataires de services postaux autorisés au titre de l'article L. 3 du Code des postes et des communications électroniques faisant foi* ».

En application de ces dispositions, l'employeur qui adresse à l'autorité administrative sa demande par envoi postal le dernier jour du délai prescrit doit être regardé comme ayant respecté ce délai.

Le Code du travail ne prévoit aucun délai dans le cas où la procédure de licenciement n'est pas soumise à l'avis du CSE et où le salarié n'est pas mis à pied. Néanmoins, l'employeur n'a pas intérêt à différer la présentation de sa demande. En effet, si un délai trop long s'est écoulé entre la date de l'entretien préalable et la date à laquelle l'autorité administrative reçoit la demande d'autorisation, l'inspecteur du travail pourra prendre en compte cette circonstance pour apprécier la gravité des fautes reprochées au salarié ou l'existence d'une discrimination.

§ 2. L'INCIDENCE DU DÉPASSEMENT DES DÉLAIS

33.1.2. – Quelle est l'incidence du dépassement du délai prescrit par le Code du travail ? La jurisprudence permet de dégager les lignes directrices suivantes :

– si le dépassement est limité, il n'entache pas d'irrégularité la procédure suivie ;
– *a contrario*, si le dépassement est important, la procédure doit être regardée comme irrégulière.

Si le délai entre la mise à pied et la saisine de l'administration *(cf. n° **21.1.3.1**)* n'est pas « *prescrit à peine de nullité* », il doit être « *aussi court que possible eu égard à la gravité de la mesure de mise à pied* » *(CE, 3 oct. 1990, n° 107.898, Établissements Fabre, Rec. p. 264 ; CE, 29 juin 2016, n° 381766, Weiler, Rec. p. 263, RJS 2016 n° 712)*. Le délai commence à courir à compter de la date de mise à pied du salarié *(CE, 27 févr. 2019, n° 413.556, Sté Vacation Rental, mentionné aux Tables, RJS 2019, n° 307)*.

L'appréciation du caractère excessif du délai portée par le juge du fond est souveraine et n'est pas contrôlée par le juge de cassation *(CE, 23 août*

2006, n° 278.221, Lycée agricole privé du Tricastin, concl. Keller ; CE, 16 déc. 2009, n° 327.032, Lutmann, concl. Y. Struillou, Dr ouvrier 2010, p. 136, note L. Pécaut-Rivolier).

La circonstance que l'employeur a décidé, en raison d'un arrêt de maladie du salarié survenu au cours de la période de mise à pied, de repousser la date de l'entretien préalable au licenciement et, par suite, celle à laquelle il adresse sa demande d'autorisation de licenciement à l'administration, n'est de nature à justifier un délai de présentation de sa demande excédant le délai requis en application de l'article R. 2421-14 que si la maladie a rendu impossible la tenue de l'entretien préalable dans ces délais, ou que le report a été demandé par le salarié lui-même *(CE, 29 juin 2016, n° 381.766, Weiler, Rec. p. 263, RJS 2016 n° 712).*

Le fait que la période de mise à pied a été rémunérée ne suffit pas à écarter l'argument tiré de ce caractère excessif du délai *(CE, 13 avr. 2023, n° 451.832 M.A. c./ Eiffage route Méditerranée ; CAA Marseille, 29 oct. 2021, n° 20MA04428).*

Le tableau suivant présente les solutions jurisprudentielles.

Délai	Solution	Circonstances	Jurisprudence
48 heures suivant la consultation du CSE **art. R. 2421-6 et R. 2421-14**	Procédure régulière	Le comité a été consulté le mercredi 13 août 1986 et la demande a été présentée le lundi 18 août 1986 (le vendredi 15 août était un jour férié)	CE, 20 juill. 1990, n° 91.468, Romagne ; CE, 16 déc. 2009, n° 327.032, Lutmann
	Procédure irrégulière	Le comité a été consulté le 23 octobre 1985 et la demande a été présentée le 21 novembre 1985	CE, 13 nov. 1991, n° 82.787, Compagnie commerciale des Antilles françaises
15 jours suivant la délibération du comité **art. R. 2421-10**	Procédure régulière	Le comité a été consulté le 27 mai 1992 et la demande a été présentée le 22 juin 1992	CE, 9 juill. 1997, n° 151.844, Namoune, Rec. p. 1105, RJS 1997 n° 992

Délai	Solution	Circonstances	Jurisprudence
8 jours suivant la mise à pied	Procédure irrégulière	La mise à pied a pris effet le 1er mars 1999 et l'inspecteur n'a été saisi que le 19 mars 1999 (18 jours) La mise à pied a pris effet le 5 janvier 2015 et l'inspecteur a été saisi le 26 janvier 2015 (21 jours)	CE, 23 août 2006, n° 278.221, Lycée agricole privé du Tricastin ; CE, 27 févr. 2019, n° 413.556, Sté Vacation Rental, Tables, RJS 2019, n° 307 ;
		La mise à pied a pris effet le 22 août 2009 et l'inspecteur a été saisi le 17 septembre 2009 (25 jours) Arrêt maladie du salarié du 26 août au 8 septembre 2009	CE, 29 juin 2016, n° 381.766, Weiler, Rec. p. 263, RJS 2016 n° 711

SECTION 2

L'application des dispositions des articles L. 1332-4 et L. 1332-5 du Code du travail

33.2. – Les articles L. 1332-4 et L. 1332-5 du Code du travail instaurent deux types de prescription :

– une prescription des sanctions : « *Aucune sanction antérieure de plus de trois ans à l'engagement de poursuites disciplinaires ne peut être invoqué à l'appui d'une nouvelle sanction* » ;

– une prescription des fautes. Cette question a été examinée au n° **21.2**.

SECTION 3

La demande d'autorisation déposée après la rupture du contrat de travail du salarié protégé

33.3. – Plusieurs situations sont possibles :

– l'employeur peut avoir adressé à un représentant du personnel une lettre de licenciement sans avoir obtenu l'autorisation administrative et avoir, par la suite, « *annulé* » ce licenciement, le salarié refusant cependant de reprendre son travail en se prévalant de tous les effets attachés à son licenciement ;

- l'employeur peut avoir rompu de son fait les relations contractuelles *(CE, 15 déc. 2004, n° 252.590 et 252.743, Biheng, Tables p. 898 : absence de réintégration au bout de quatre mois postérieurement à un refus d'autorisation)* ;
- le salarié peut avoir engagé une action en résiliation judiciaire de son contrat de travail, l'employeur engageant une procédure de licenciement à son encontre avant que le juge n'ait statué *(cf. n°* ***14.5****)* ;
- le salarié peut avoir pris acte de la rupture de son contrat de travail, l'employeur engageant une procédure de licenciement à son encontre postérieurement à cette prise d'acte *(cf. n°* ***14.6****)* ;
- le contrat de travail peut avoir été transféré *(cf. n°* ***16.6****)*.

§ 1. LA DATE À LAQUELLE LE CONTRAT DE TRAVAIL DOIT ÊTRE REGARDÉ COMME ROMPU

33.3.1. – La chambre sociale de la Cour de cassation a jugé que « *la rupture du contrat de travail se situe à la date où l'employeur a manifesté sa volonté d'y mettre fin, c'est-à-dire au jour de l'envoi de la lettre recommandée avec demande d'avis de réception notifiant la rupture* » *(C. trav., art. L. 1232-6, Cass. ass. plén., 28 janv. 2005, n° 01-45.924, Bull. AP n° 1, rapport Mme Bellamy, Rapport 2005 de la Cour de cassation, p. 231 et 264, RJS 2005 n° 373, D. 2005 p. 387, obs. Chevrier ; Cass. soc., 11 mai 2005,* n° *03-40.650, Bull. V n° 159, obs. J. Mouly, Dr soc 2005, p. 920, Dalloz 2005, p. 1449, Dalloz 2006, p. 701, note Reynès ; Cass. soc., 1er déc. 2005, n° 04-42.163, Bull. V n° 350 ; Cass. soc., 26 sept. 2006, n° 05-44.670, Bull. V n° 287, Dr soc 2006, p. 1193, obs. J. Savatier ; Cass. soc., 6 mai 2009, n° 08-40.395, Bull. V n° 123)*.

Le Conseil d'État a repris la jurisprudence de la chambre sociale : la rupture du contrat de travail prend effet à compter de l'envoi du courrier recommandé avec accusé de réception notifiant cette rupture au salarié *(CE, 7 déc. 2009, n° 327.259,* Sté *CM-CIC-ASSET Management, Tables p. 900, RJS 2010 n° 204, obs. P. Bourdon, RDT 2010, p. 311)*.

Dans le cas où la lettre de licenciement est remise en main propre, le contrat de travail est rompu à cette date nonobstant le refus du salarié de prendre la lettre et de signer le reçu *(Cass. soc., 16. déc. 2009, n° 08-42.922, RJS 2010 n° 249)*.

De même, il a été jugé par le juge judiciaire que l'exercice par l'employeur de l'action en résiliation judiciaire du contrat de travail, laquelle n'est pas recevable *(cf. n°* ***14.3****)*, s'analyse en une manifestation de volonté de rompre le contrat de travail valant rupture anticipée du contrat *(Cass. soc., 4 déc. 2001, n° 99-46.364, Bull. V n° 369, Dr soc 2002, p. 409)* ou licenciement *(Cass. soc., 5 juill. 2005, n° 03-45.058, Bull. V n° 232, RJS 2005 n° 971, D. 2005, p. 2176)*. Il s'ensuit que, dès lors que l'employeur a engagé une telle action, l'administration doit regarder le contrat comme rompu et rejeter, par suite, la demande d'autorisation.

§ 2. L'IMPOSSIBILITÉ POUR L'EMPLOYEUR DE REVENIR UNILATÉRALEMENT SUR LE LICENCIEMENT

33.3.2. – La Cour de cassation a jugé que l'employeur ne peut rétracter le licenciement qu'avec l'accord du salarié *(Cass. soc., 23 oct. 1980, n° 78-41.027, Bull. V n° 769 ; Cass. soc., 24 janv. 1989, n° 86-41.289, RJS 1989 n° 249 ; Cass. soc., 19 juin 2002, n° 00-43.658, RJS 2002 n° 1123).*

« La proposition d'un employeur d'annuler un licenciement et de réintégrer le salarié concerné est sans effet si le salarié ne l'accepte pas » (Cass. soc., 10 mai 1999, n° 96-45.652, Bull. V n° 208, RJS 1999 n° 830). Il en a été jugé de même dans le cas où :

- la rétractation de l'employeur faisait suite à une intervention de l'inspecteur du travail *(Cass. soc., 11 déc. 1991, n° 90-42.270, Bull. V n° 573, Dr soc 1992, p. 194 ; Cass. soc., 23 nov. 2022, n° 20-19.961, B.)* ;
- le licenciement avait été irrégulièrement notifié *(Cass. soc., 12 mai 2004, n° 02-41.173, RJS 2004 n° 801 ; Cass. soc., 2 mars 2005, n° 02-43.980 et 03-43.030, RJS 2005 n° 512).*

La juridiction administrative a adopté la même position *(CE, 30 juill. 1997, n° 172.146,* Sté *Européenne de fabrications industrielles ; CAA Nancy, 19 avr. 2001, n° 98NC01677,* Sté *Befs Prokem).*

C'est le juge judiciaire qui est compétent pour apprécier la régularité de la rétractation *(cf. n°* **72.2.4***).*

§ 3. L'INCIDENCE DE L'ACTION EN RÉSILIATION JUDICIAIRE DU SALARIÉ

33.3.3. – Cette question est examinée au n° **14.5.1**.

§ 4. L'INCIDENCE DE LA PRISE D'ACTE DE LA RUPTURE DU CONTRAT DE TRAVAIL PAR LE SALARIÉ

33.3.4. – Cette question est examinée au n° **14.6.1.6**.

§ 5. L'INCIDENCE D'UNE MODIFICATION DU CONTRAT DE TRAVAIL IMPOSÉE AU SALARIÉ

33.3.5. – Selon la Cour de cassation, si le refus du salarié « *n'emporte pas par lui-même rupture du contrat de travail* », en revanche lorsque « *l'employeur entend poursuivre la modification et l'imposer au salarié après le refus de celui-ci, (...) cette voie de fait vaut rupture du contrat de travail* » *(Cass. soc., 28 nov. 2001, n° 00-40.260, RJS 2002 n° 144 ; Cass.*

soc., 31 mars 2004, n° 02-41.235, RJS 2004 n° 655 ; Cass. soc., 9 avr. 2008, n° 06-44.724, RJS 2008 n° 763).

Dans une telle hypothèse, le salarié peut donc se considérer comme licencié et n'est pas obligé d'accepter la proposition de l'employeur de revenir sur une rupture qui est acquise *(Cass. soc., 5 mars 1997, n° 95-42.365, Bull. V n° 95, RJS 1997 n° 376 et TA Toulouse, 15 juill. 1997)*. Il peut désormais prendre acte de la rupture de son contrat *(cf. n° **14.6.1.7.2**)*.

§ 6. LES ACTES OU LES DÉCISIONS DE L'EMPLOYEUR ASSIMILÉS À UNE RUPTURE DU CONTRAT DE TRAVAIL

33.3.6. – L'envoi de certains documents par l'employeur a été regardé par le juge judiciaire comme valant rupture du contrat de travail. Il en est ainsi de l'envoi :

– d'un imprimé ASSEDIC [Pôle Emploi] mentionnant le motif de la rupture *(Cass. ass. plén., 7 mars 1997, n° 95-40.169, Bull. AP n° 2, RJD 1997 n° 491)* ;
– d'un certificat de travail et d'un reçu pour solde de tout compte *(Cass. soc., 2 avr. 2003, n° 01-40.665, Bull. V n° 130)* ;
– d'un bulletin de paye portant la mention « *fin de contrat de travail au 1er mai 1985* » et d'un certificat de travail précisant les date du début et de la fin de période d'emploi *(Cass. soc., 14 juin 2000, n° 98-41.510)* ;
– à un salarié comptable, d'une lettre l'invitant à rendre l'ensemble des documents comptables en sa possession *(Cass. soc., 12 juin 2002, n° 00-42.496)*.

Sont regardés également comme valant rupture du contrat la suppression d'un logement de fonction *(Cass. soc., 14 nov. 2000, n° 98-43.720)* ou le placement du salarié sous le régime du congé sans solde *(Cass. soc., 13 mars 2001, n° 98-44.361, Bull. V n° 80, RJS 2001 n° 676)*.

De manière plus générale, il résulte de la jurisprudence définie par les arrêts de la chambre sociale du 25 juin 2003 que, lorsque l'employeur considère le contrat de travail comme rompu du fait du salarié et que n'a pas été mise en œuvre la procédure de licenciement, le contrat de travail est regardé comme rompu et la rupture s'analyse comme un licenciement sans cause réelle et sérieuse *(notamment Cass. soc., 25 juin 2003, n° 01-41.150, Bull. V n° 208, RJS 2003 n° 994, Rapport annuel de la Cour de cassation 2003 ; chron. J.-Y. Frouin, RJS 2003, p. 647, « Rupture du contrat de travail : prise d'acte par l'employeur ou par le salarié » ; P. Waquet, « Les ruptures du contrat de travail et le droit du licenciement », RJS 2004 p. 675)*.

Par ailleurs, le licenciement lorsqu'il est verbal, est nécessairement sans cause réelle et sérieuse et ne peut être régularisé par l'envoi postérieur d'une lettre de rupture *(Cass. soc., 12 nov. 2002, n° 00-45.676, RJS 2003 n° 175)*.

Le principe énoncé par l'article L. 1235-1 du Code du travail, selon lequel si un doute subsiste il profite au salarié, n'est applicable que si un doute subsiste sur les conditions légales du licenciement et non sur la matérialité du licenciement lui-même *(CE, 8 juin 2005, n° 263.876, Viot).*

§ 7. L'INCIDENCE SUR LA COMPÉTENCE DE L'AUTORITÉ ADMINISTRATIVE

A. L'autorité administrative doit se déclarer incompétente

33.3.7.1. – Le Conseil d'État a estimé que l'administration, saisie ultérieurement par l'employeur, a compétence liée pour se déclarer incompétente.

Si des décisions juridictionnelles ont conclu au bien-fondé du rejet de la demande par l'administration *(CE, 14 juin 1991, n° 96.326 et 97.009, Sté Baze, Rec. p. 238, RJS 1991 n° 978, Dr soc 1992 p. 52 ; CE, 20 mars 1996, n° 150.822, Sté de Travaux et d'entreprises, Rec. p. 1190, RJS 1996 n° 572 ; CE, 15 déc. 2004, n° 252.590 et 252.743, Biheng, Tables p. 898, RJS 2005 n° 293),* il est désormais jugé que l'administration doit se déclarer incompétente *(CE, 17 déc. 2008, n° 310.889, M. Hoyeau c./ Centre chirurgical des peupliers de la Croix-Rouge, Rec. p. 461, concl. Y. Struillou, Dr soc 2009, p. 268).*

Il en est ainsi alors même que l'employeur soutient qu'il ignorait la qualité de salarié protégé à la date de la notification du licenciement *(CE, 30 juill. 1997, n° 172.146, Sté Européenne des fabrications industrielles ; sur la connaissance par l'employeur de la qualité de salarié protégé au titre d'un mandat extérieur à l'entreprise, cf. n°* ***12.1.2****).*

Par conséquent, dans l'éventualité où le licenciement a été notifié avant que l'inspecteur du travail ne soit saisi, deux situations doivent être distinguées :

– soit le salarié accepte de faire revivre son contrat de travail. Dans ce cas, le licenciement irrégulier est privé de tout effet et l'administration se trouve normalement saisie ;
– soit le salarié se prévaut des effets qui s'attachent à son licenciement. Celui-ci, envers lequel la protection prévue par le Code du travail ne crée pas d'obligation, peut s'opposer à sa réintégration et ainsi mettre en échec la tentative de régularisation de son licenciement. Dans ce cas, l'inspecteur du travail doit, s'il est saisi, se déclarer incompétent et rejeter la demande.

En tout état de cause, la Cour de cassation estime que l'autorisation administrative délivrée postérieurement à la signification du licenciement est sans effet *(Cass. soc., 13 mars 2001, n° 97-41.519, RJS 1999 n° 234).*

L'administration est également tenue de rejeter la demande d'autorisation si l'employeur a rompu de son fait les relations contractuelles en s'abstenant, par exemple, de réintégrer son salarié pendant quatre mois après la notification d'une mise à pied conservatoire *(CE, 15 déc. 2004, n° 252.590 et 252.743, Biheng, Tables p. 898, RJS 2005 n° 293)*.

La contestation éventuelle de la réalité de la réintégration du salarié a été regardée par le juge administratif comme ne présentant pas un degré de sérieux tel qu'il impose le recours au mécanisme de la question préjudicielle *(CE, 18 janv. 1991, n° 81.611, Sté Mecapreci, Tables p. 1234)*.

La possibilité d'une saisine de l'administration postérieurement à l'ordonnance du juge judiciaire annulant un licenciement prononcé sans autorisation a été admise dès lors que le salarié n'a pas renoncé à son droit à réintégration *(CE, 19 juin 1996, n° 139.752, Sté Cannes Balnéaire, Rec. p. 1190, RJS 1996 n° 945)*. Si, en revanche, l'intéressé a renoncé à ce droit, le contrat doit être considéré comme ayant été rompu, ce qui fait obstacle à ce que l'administration puisse accorder l'autorisation (*sur le licenciement sans autorisation, cf. n°* ***73.1 et s.***).

S'agissant de la prise d'acte de la rupture du contrat, qui entraîne la cessation immédiate du contrat de travail, la Cour de cassation exclut la rétractation *(cf. n°* ***14.6.1.4.2****)*.

B. L'acceptation par le salarié de tenir pour nul et non avenu son licenciement

33.3.7.2. – La Cour de cassation a jugé, s'agissant de salariés ne bénéficiant pas de la protection spéciale, que les intéressés doivent être regardés comme ayant accepté de tenir leur licenciement pour nul et non avenu lorsque :

- le conseil de prud'hommes a donné acte à l'employeur de ce que celui-ci avait proposé de réintégrer le salarié et que celui-ci avait repris ses fonctions avec maintien de son ancienneté *(Cass. soc., 28 juin 2000, n° 98-42.167, Bull. V n° 256, RJS 2000 n° 936, Dr soc 2000, p. 1029)* ;
- le salarié a continué de faire parvenir à son employeur les justificatifs de ses arrêts de travail pour maladie et a reçu de son employeur les bulletins de salaire *(Cass. soc., 1er oct. 1996, n° 93-44.034, RJS 1996 n° 1161)*.

En revanche, la seule circonstance que le salarié concerné se rende à un nouvel entretien n'est pas de nature à établir qu'il aurait accepté de tenir son licenciement pour nul, alors qu'il avait saisi le conseil de prud'hommes aux fins de condamnation pour rupture abusive et qu'il avait confirmé à l'inspecteur du travail qu'il avait refusé la proposition de réintégration faite par l'employeur *(CE, 20 mars 1996, n° 150.822, Sté de Travaux et d'entreprises, Rec. p. 1190, RJS 1996 n° 572)*. De même, la seule décision unilatérale de l'employeur de verser au salarié des indemnités complémentaires de maladie ne vaut pas renonciation claire et non équivoque du salarié à se prévaloir de son licenciement *(Cass. soc., 13 nov. 2001, n° 99-43.016, Bull. V n° 341, Dr soc 2002, p. 115, obs. G. Couturier)*.

CHAPITRE IV

L'ENQUÊTE CONTRADICTOIRE

34. – Les articles R. 2421-4 et R. 2421-11 du Code du travail disposent que « *l'inspecteur du travail procède à une enquête contradictoire au cours de laquelle le salarié peut, sur sa demande, se faire assister d'un représentant de son syndicat* ».

Le Conseil d'État a précisé que l'inspecteur du travail est tenu de procéder à une enquête contradictoire « *quel que soit le motif de la demande* » *(CE, 19 juill. 2017, n° 391.402, Agence du bâtiment, Tables p. 440, concl. S.-J. Lieber, AJDA 2017, p. 2452, D. actu. 15 sept. 2017, obs. U. Ndombi)*.

L'enquête contradictoire menée par l'inspecteur du travail constitue le moment clef de la procédure. C'est, en effet, au cours de l'enquête que l'inspecteur du travail doit réunir les éléments qui lui permettront de se forger une conviction et de statuer. C'est également à ce moment que l'employeur et le salarié pourront présenter leurs arguments. Dans ces conditions, il est logique que l'enquête soit entourée d'un certain nombre de règles dont la violation peut entraîner la nullité de la procédure et, le cas échéant, l'annulation de la décision de l'inspecteur du travail.

Le décret n° 2017-1819 du 29 décembre 2017 relatif au comité social et économique a aménagé les règles relatives au contradictoire en vue de simplifier les modalités d'enquête dans des cas limitativement énumérés *(cf. n°* ***34.3.2.2.2****)*.

SECTION 1

À quel moment doit intervenir l'enquête contradictoire ?

34.1. – En principe, l'inspecteur du travail doit procéder à l'enquête dès lors qu'il a été valablement saisi par l'entreprise, c'est-à-dire après avoir reçu la demande de l'entreprise, accompagnée, le cas échéant, du procès-verbal de la réunion du comité social et économique.

Sur le fondement des dispositions antérieures à la loi du 28 octobre 1982, qui subordonnaient le licenciement des salariés élus à l'autorisation de l'administration en cas de désaccord du comité d'entreprise, le Conseil d'État avait estimé que l'inspecteur du travail devait procéder à l'enquête après avoir reçu le procès-verbal de la réunion du comité d'entreprise *(CE, 22 févr. 1984, n° 34.601, Sté Sato Paris Nord, Rec. p. 81)*. Cette solution ne nous paraît plus applicable dès lors que l'inspecteur du travail est en tout état de cause compétent pour statuer, quel que soit le sens de l'avis émis. En revanche, il nous semble que l'inspecteur du travail ne peut valablement statuer qu'après avoir pris connaissance du procès-verbal.

SECTION 2
Qui effectue l'enquête contradictoire ?

34.2. – En principe, l'enquête doit être effectuée par l'inspecteur compétent pour statuer sur la demande de licenciement *(CE, 8 juin 2015, Mme Roy c. / société KPMG, Tables p. 539)*.

S'il est empêché, l'enquête peut être effectuée par un autre inspecteur du département. Si tous les inspecteurs du travail sont empêchés, l'enquête peut être conduite par le responsable de l'unité départementale ou l'un de ses adjoints *(cf. règles de suppléance n° **31.3.2**)*.

Jusqu'à la décision du Conseil d'État du 8 juin 2015 *(CE, 8 juin 2015, préc.)*, tant le ministre chargé du travail que le juge administratif avaient retenu une interprétation fluctuante de l'obligation incombant personnellement à l'inspecteur du travail compétent.

Par un arrêt rendu le 15 février 1991, le Conseil d'État avait admis que l'inspecteur du travail puisse, en cas d'empêchement, confier au contrôleur du travail placé sous son autorité, le soin d'effectuer l'enquête contradictoire, à condition de statuer lui-même sur la demande d'autorisation de licenciement *(CE, 15 févr. 1991, n° 69.035, ministre des Affaires sociales et de la Solidarité nationale c. / Teulier, Tables p. 7619, RJS 1991 n° 486)*.

De même, dans le cas où l'inspecteur du travail compétent n'était pas celui qui avait la charge du contrôle du lieu de travail du salarié protégé, la circulaire DRT n° 03 du 1er mars 2000 (abrogée) préconisait « *une collaboration étroite entre les deux inspecteurs* ». En tout état de cause, la décision devait être prise par l'inspecteur compétent et ce dernier pouvait « *statuer le cas échéant au vu des résultats de l'enquête contradictoire qui pourra avoir été effectuée par son collègue* » *(Liaisons soc. n° 8076 du 11 avr. 2000)*.

Des décisions rendues ultérieurement par le juge administratif avaient remis en cause ces aménagements *(TA Versailles, 8 nov. 2007, n° 0504028, Sté Qualiconsult ; CAA Nantes, 30 oct. 2008, n° 08NT00909, Sté Mediapost)*.

Dès lors, l'administration avait préconisé une stricte application du principe de l'unicité entre enquêteur et décideur. Les exigences découlant du respect du principe du contradictoire et les enjeux liés à sa mise en œuvre *(cf. n°* ***34.4.1*** *et* ***34.4.2****)* ainsi que l'obligation d'entendre personnellement le salarié concerné *(cf. n°* ***34.3.2.2.1****)*, semblaient en effet avoir pour corollaire la réalisation de l'enquête contradictoire par l'auteur de la décision, qui devait se forger une conviction à ce stade de la procédure.

Dès lors, il n'était pas possible à l'inspecteur du travail saisi d'une demande de déléguer l'enquête contradictoire à laquelle il était tenu de procéder personnellement, à l'inspecteur du travail territorialement plus proche du lieu de travail du salarié *(Circ. DGT n° 2012/07 du 30 juill. 2012, fiche 1b - abrogée)*.

De même, lorsqu'un inspecteur du travail était temporairement absent il ne pouvait pas, à son retour, valablement statuer au vu de l'enquête réalisée pendant son absence par l'inspecteur du travail qui avait assuré son intérim sans avoir, à cette date, pris la décision. L'inspecteur du travail compétent devait organiser à son retour une audition des parties, en complément des éléments recueillis lors de l'enquête contradictoire réalisée durant son absence, sans que puisse toutefois être évité un allongement des délais, susceptible d'avoir des conséquences préjudiciables pour les parties en présence.

Par sa décision du 8 juin 2015, le Conseil d'État a désormais clairement assoupli l'exigence d'unicité entre enquêteur et décideur en jugeant que « *la cessation de fonctions de l'inspecteur du travail ayant conduit l'enquête contradictoire n'impose pas, par elle-même, que l'inspecteur du travail assurant son remplacement ou lui ayant succédé procède à une nouvelle enquête contradictoire avant de statuer sur la demande, même s'il lui est toujours loisible de le faire* », suivant les conclusions du rapporteur public, selon lesquelles « *la continuité du service public impose d'admettre qu'un inspecteur du travail, tout autant territorialement compétent, puisse succéder à un autre et que lorsqu'un inspecteur du travail est déchargé de ses fonctions, il ne puisse lui-même terminer les procédures commencées* » *(CE, 8 juin 2015, n° 374.303, Mme Roy, Tables p. 539, concl. M. Vialettes)*.

L'administration a par conséquent également assoupli la mise en œuvre du principe de l'unicité entre enquêteur et décideur *(Guide DGT, Salariés protégés, sept 2019, fiche n° 1b)*. Elle indique que « *même s'il en a la possibilité, l'inspecteur du travail assurant le remplacement de l'inspecteur titulaire ou lui ayant succédé n'a pas l'obligation de procéder à une nouvelle enquête contradictoire avant de statuer sur la demande. Cet aménagement du principe d'unicité s'applique également aux demandes impliquant successivement un inspecteur du travail intérimaire et l'inspecteur du travail titulaire (ou inversement)* ». Par analogie, l'administration étend la portée de cet assouplissement au cas où le déménagement de l'entreprise en cours de procédure a pour effet un changement de compétence. Elle veille à préciser que « *pour autant, en cas de succession d'inspecteurs, chaque acte d'enquête doit avoir été réalisé par l'inspecteur du travail compétent, de même, la décision doit être signée par l'inspecteur compétent* ».

SECTION 3
Les règles essentielles de l'enquête contradictoire

§ 1. LE CARACTÈRE OBLIGATOIRE DE L'ENQUÊTE CONTRADICTOIRE

34.3.1. – L'inspecteur du travail est tenu d'effectuer cette enquête. La circonstance qu'il dispose d'éléments suffisants pour se prononcer, à la suite de ses visites effectuées avant qu'il ait été saisi, ne le dispense pas d'accomplir cette formalité *(CE, 4 déc. 1987, n° 72.379, ministre du Travail c. / Sté bayonnaise de plastiques)*.

Si l'inspecteur du travail ne mène pas d'enquête contradictoire, sa décision est entachée de nullité *(CE, 9 mars 1983, n° 40.052, Durand, Tables p. 888 ; CE, 16 juin 1995, n° 133.569, Sté d'intérêt collectif agricole bétail et viande de l'Amiénois)*.

Lorsque l'absence d'enquête contradictoire est imputable au salarié, la procédure doit être regardée comme régulière. Il en est ainsi si le salarié, dûment convoqué ne se présente pas à l'entretien, sans motif valable.

Ainsi, la procédure suivie par l'administration a été regardée comme régulière si le salarié, convoqué par lettre recommandée avec accusé de réception, ne s'était rendu à l'enquête au motif qu'il était en congé de maladie alors même qu'il est établi que son état de santé l'autorisait à sortir et à aller retirer la lettre de l'administration *(CE, 29 mai 1987, n° 67.286, FDSEA de la Meuse c. / Blanc)*.

Il en a été jugé de même :

– pour un salarié, à l'appui de ses allégations selon lesquelles son état de santé ne lui permettait pas de se présenter à l'enquête, n'avait produit qu'une lettre du médecin du travail informant son médecin traitant qu'il l'avait orienté vers un praticien spécialisé et que le recours à l'arrêt-maladie pouvait se justifier *(CE, 11 juill. 2012, n° 343.866, Massol, Tables p. 938)* ;
– pour un salarié qui, régulièrement convoqué par l'inspecteur du travail dans le cadre de son enquête contradictoire, n'a pas retiré les lettres de convocations du fait d'un séjour à l'étranger, dans

la mesure où il n'établissait pas avoir informé l'administration de son changement temporaire d'adresse et avoir pris les dispositions pour que son courrier lui parvienne *(CAA Versailles, 18 oct. 2011, n° 10VE4086, RJS 2012 n° 368)* ;

– pour un salarié incarcéré qui, régulièrement convoqué par l'inspecteur du travail, n'a pas sollicité de report d'enquête, un déplacement de l'inspecteur du travail dans les locaux pénitentiaires ou une autorisation de sortie *(CAA Lyon, 23 oct. 2007, n° 05LY00086).*

§ 2. LES PRINCIPES RÉGISSANT L'ENQUÊTE CONTRADICTOIRE

A. Les parties concernées

34.3.2.1. – Cette procédure ne concerne que l'employeur et le salarié. De ce fait, s'agissant d'une demande d'autorisation de transfert, s'il est loisible à l'inspecteur du travail de recueillir, au cours de son enquête, les observations de l'entreprise destinée à devenir l'employeur du salarié protégé en cas d'autorisation, aucune disposition réglementaire ni aucun principe ne lui impose de recueillir de telles observations avant de prendre sa décision *(CE, 28 mars 2013, n° 350.436, Sté Challançin, Tables p. 868).*

B. L'audition personnelle et individuelle du salarié

1. La procédure de droit commun

34.3.2.2.1. – L'inspecteur du travail doit entendre personnellement et individuellement le salarié dont le licenciement est envisagé *(CE, 3 janv. 1968, n° 71.852, 71.853 et 71.854, Daens, Rec. p. 3 ; CE, 23 févr. 1983, n° 35.312, Sté Boussac Saint Frères).*

Il a été jugé que l'inspecteur du travail n'avait pas satisfait aux exigences légales en se bornant à entendre le salarié en présence de l'employeur *(CE, 28 avr. 1997, n° 163.971, Rouault, RJS 1997 n° 838).* Une audition personnelle et individuelle du salarié est nécessaire.

De même, par un arrêt rendu le 13 mars 2006, le Conseil d'État a annulé l'arrêt rendu le 18 novembre 2004 par la cour administrative d'appel de Bordeaux, lequel avait admis la possibilité pour un salarié protégé, lorsque plusieurs salariés sont concernés, pour des faits similaires ou commis en commun, d'être entendu simultanément avec ses collègues hors de la présence de l'employeur, dès lors qu'aucun n'avait demandé à être entendu seul *(CE, 13 mars 2006, n° 277.746, Sté Sodiparc).* Selon la Haute Assemblée, l'article R. 2421-11 du Code du travail implique, pour le salarié dont le licenciement est envisagé, le droit d'être entendu personnellement et individuellement par l'inspecteur du travail, sauf s'il s'abstient, sans motif légitime, de donner suite à la convocation. Ce droit ne saurait être exercé collectivement, même si le salarié protégé demande à être entendu en même temps qu'un autre salarié protégé faisant également l'objet d'une procédure d'autorisation administrative de licenciement *(CE, 8 nov. 2019, n° 412.566, Mme Battistelli, mentionné aux tables, concl. F. Dieu, Sem. soc. Lamy, n° 1886, p. 7)*.

Il ne peut être suppléé à l'enquête contradictoire par un simple entretien au cours duquel le salarié a été entendu *(CE, 22 févr. 1984, n° 34.601, Sté Sato Paris Nord, Rec., p. 81 ; CE, 29 déc. 1997, n° 160.604, SA Le comptoir général maritime, RJS 1998 n° 329)*, ni par un simple entretien téléphonique *(CE, 21 août 1996, n° 149.249, Génin, Tables p. 1190, RJS 1996 n° 1191)*. De même, l'inspecteur du travail ne peut se dispenser de mener l'enquête contradictoire au motif qu'il aurait recueilli des éléments suffisants lors des auditions et des visites effectuées au cours d'un conflit social *(CE, 4 déc. 1987, n° 72.379, ministre du Travail c. / Sté bayonnaise de plastiques)*.

Le salarié doit être mis en mesure de présenter sa défense. Le déroulement de l'enquête doit lui permettre de répondre aux motifs et aux arguments avancés par l'employeur à l'appui de la demande d'autorisation ou en réplique à ses propres arguments.

2. *La procédure aménagée*

34.3.2.2.2. – Le décret n° 2017-1819 du 29 décembre 2017 relatif au comité social et économique a aménagé les règles relatives au contradictoire en vue de simplifier les modalités d'enquête. S'agissant de nouvelles règles de procédure, ces dispositions ont fait l'objet d'une application immédiate le 1er janvier 2018, dès l'entrée en vigueur du décret à l'ensemble des enquêtes précédant les décisions non encore prises par les inspecteurs du travail *(CE, 13 déc. 2006, n° 287.845, Mme Lacroix, AJDA 2007, p. 358, obs. F. Lenica, F. Boucher)*.

Cet aménagement de l'enquête contradictoire n'est possible que dans des cas limitativement énumérés concernant :

- les demandes d'autorisation de licenciement pour motif économique concernant au moins 25 salariés protégés *(C. trav., art. R. 2421-4)*, l'administration ayant précisé que le seuil de 25 salariés protégés s'apprécie par demande présentée à chaque inspecteur du travail et non en totalisant le nombre de salariés sur l'ensemble des demandes formées pour une même opération *(Guide DGT, Salariés protégés, sept. 2019, fiche n° 3)* ;
- les demandes d'autorisation de transfert *(C. trav., art. R. 2421-17)* ;
- les demandes d'autorisation de rupture conventionnelle individuelle ou collective du contrat de travail *(C. trav., art. R. 2421-19, R. 2421-22)*.

Il est prévu que dans le cadre de ces demandes, l'inspecteur du travail met à même le salarié de lui présenter ses observations écrites, et sur sa demande, des observations orales. À cette occasion, le salarié peut, sur sa demande, se faire assister d'un représentant de son syndicat. En outre, l'inspecteur du travail peut procéder à une enquête contradictoire dans les conditions de droit commun.

Contrairement à ce que laissent entendre certaines critiques qui ont pu être hâtivement émises dans la doctrine *(Sur l'obligation de procéder à une enquête contradictoire, M. Boumendjel, A. Leduc, P. Massamba-Débat, Sem. soc. Lamy, 11 juin 2018, n° 1819)*, cet aménagement n'a en aucune façon pour effet de limiter les garanties dont disposent les salariés protégés. Il donne simplement la possibilité à l'inspecteur du travail de procéder à une simplification de la procédure applicable s'il le juge opportun.

Non seulement l'inspecteur du travail n'est pas tenu de recourir à cette procédure aménagée puisqu'il reste libre de fixer les modalités de l'enquête *(cf. n°* ***34.3.2.3****)*, mais en plus le salarié lui-même, informé de ses droits, peut exiger d'être entendu. Dans ce cas, que l'audition individuelle soit réalisée à l'initiative de l'inspecteur du travail ou sur demande du salarié protégé, ce dernier peut toujours se faire assister par un représentant de son choix ou par un avocat conformément à la procédure de droit commun et selon les modalités décrites aux n° **34.3.3.1. et suivants**.

C. La fixation des modalités de l'enquête contradictoire

34.3.2.3. – L'inspecteur du travail fixe librement les modalités de l'enquête. Celle-ci peut se dérouler dans les locaux de l'inspection du travail et/ou à l'intérieur de l'entreprise *(CE, 22 mars 1991, n° 84.280,* Sté *Gedial, Tables p. 1234 ; CE, 20 avr. 2005, n° 254.909,* Sté *International Metal Service, RJS 2005 n° 869)*.

L'inspecteur du travail peut décider d'organiser une confrontation entre les parties mais n'est cependant pas tenu de le faire La circonstance qu'elle n'ait pas eu lieu n'est pas de nature à entacher d'illégalité la décision prise dès lors que les parties ont été entendues individuellement *(CE, 2 nov. 1992, n° 117.836, Abert, RJS 1993 n° 56)*.

L'inspecteur du travail peut décider d'entendre, s'il le désire, des salariés de la société, soit seul, soit en présence de témoins *(article 12 de la convention internationale du travail n° 81 du 19 juillet 1947 concernant l'inspection du travail dans l'industrie et le commerce, JORF 21 mai 1951, p. 1820-1825)*. L'absence de confrontation entre le salarié et des témoins ne vicie pas l'enquête *(CE, 20 avr. 2005, n° 254.909,* Sté *International Metal Service, RJS 2005 n° 869)*.

La loi n° 2001-1266 du 16 novembre 2001 relative à la lutte contre les discriminations a renforcé les pouvoirs de l'inspecteur du travail qui peut « *se faire communiquer tout document ou tout élément d'information, quel qu'en soit le support, utile à la constatation de faits susceptibles de permettre d'établir l'existence ou l'absence d'une méconnaissance des articles L. 122-45, L. 123-1 et L. 412-2 du présent Code [articles L. 1132-1 à L. 1132-4, L. 1142-1 et L. 2141-5 nouveaux] et de l'article 225-2 du Code pénal* ». Les dispositions des articles L. 1132-1 à L. 1132-4 et L. 2141-5 sont notamment applicables en cas de licenciement en rapport avec les activités syndicales d'un salarié.

Depuis le 1er janvier 2018, dans certains cas limitativement énumérés par le Code du travail, l'inspecteur du travail peut recourir à une procédure aménagée lui permettant de recueillir les observations du salarié protégé par écrit *(cf. n° **34.3.2.2.2**)*.

S'agissant de l'adaptation par l'instruction DGT du 17 mars 2020 des modalités de mise en œuvre du contradictoire pendant la période de crise liée à l'épidémie de covid-19, il convient de se reporter à l'annexe I de la précédente (6e) édition de cet ouvrage.

§ 3. LES RÈGLES PRATIQUES DE L'ENQUÊTE CONTRADICTOIRE

A. La convocation à l'enquête contradictoire

34.3.3.1. – Le Code du travail ne précise pas quelle forme doit prendre cette convocation. Il est d'usage que l'administration adresse aux parties une convocation écrite par courrier recommandé avec accusé de réception, notamment pour éviter toute contestation ultérieure sur ce point de la procédure. Toutefois, l'inspecteur du travail n'est pas tenu d'énoncer dans le courrier adressé au salarié les griefs invoqués à son encontre *(CE, 20 nov. 2009, n° 320.179, ministre du Travail c. / Mme Sentenac)*.

B. Le délai entre la convocation et l'enquête contradictoire

34.3.3.2. – L'inspecteur du travail doit laisser un délai suffisant au salarié pour préparer ses moyens de défense. Un délai de quinze jours entre la date du dépôt de la demande et la date de l'enquête a été jugé comme suffisant *(CE, 20 févr. 1987, n° 61.509, Lefaucheux)*.

S'agissant d'un inspecteur du travail qui, saisi le 15 juin 1986, avait procédé à l'enquête contradictoire le lendemain, le délai avait été jugé insuffisant pour permettre aux salariés de se faire assister. Dès lors, la procédure était irrégulière et la décision devait être annulée *(CE, 21 avr. 1989, n° 90.549, Sté d'optique électronique et mécanique)*.

C. La possibilité pour le salarié de se faire assister par un représentant de son syndicat

34.3.3.3. – Elle est prévue par le Code du travail : le salarié doit pouvoir se faire assister, s'il le désire, d'un représentant de son syndicat *(C. trav., art. R. 2421-4 et R. 2421-11)*. Ce représentant peut appartenir ou non à l'entreprise. Dans la pratique, il est d'usage que l'administration mentionne, dans la convocation à l'enquête, la possibilité pour le salarié de se faire assister au cours de l'enquête. Cependant, ce rappel ne constitue pas une obligation et l'inspecteur du travail n'est pas tenu de rappeler au salarié protégé qu'il peut se faire assister *(CE, 22 nov. 1991, n° 102.824, Bathfield)*.

Il a en revanche été jugé qu'était irrégulière l'enquête effectuée en présence d'un salarié qui n'assistait pas le salarié concerné par la demande d'autorisation de licenciement *(CE, 13 mars 2006, n° 277.746, Pothin : en l'espèce, le salarié présent était également visé par une demande de licenciement reposant sur des motifs disciplinaires identiques à ceux invoqués à l'encontre du salarié pour lequel l'enquête a été jugée irrégulière)*. Cette jurisprudence traduit la volonté de protéger le salarié contre toute pression lors de son entretien avec l'inspecteur du travail.

La question de l'assistance du salarié par un avocat est examinée au n° **34.3.3.5**.

D. La possibilité pour l'employeur de se faire assister ou représenter

1. L'assistance de l'employeur

34.3.3.4.1. – La question de l'assistance de l'employeur par un avocat est examinée au n° **34.3.3.5**.

2. La représentation de l'employeur

34.3.3.4.2. – Dès lors que l'inspecteur du travail a régulièrement convoqué le salarié et l'employeur, le moyen tiré de ce que l'association qui employait le représentant du personnel avait été représentée par une personne, qui n'était ni membre ni salarié de l'association, est inopérant *(CE, 16 févr. 1996, n° 151.401, Molinari, Rec. p. 1190, RJS 1996 n° 424)*.

E. La possibilité pour le salarié ou l'employeur de se faire assister par un avocat

34.3.3.5. – Le Conseil d'État avait jugé que les stipulations de l'article 6 de la Convention européenne de sauvegarde des droits de l'homme et des libertés fondamentales, relatives au droit de toute personne à un procès équitable, ne pouvaient être utilement invoquées à l'appui d'un recours dirigé contre une décision administrative, prise par une autorité qui « *n'a le caractère ni d'une juridiction ni d'un tribunal au sens du 1er paragraphe de l'article 6* » *(CE, 6 nov. 2000, n° 196.407, Lefebvre)*.

Toutefois, l'article 6 de la loi n° 71-1130 du 31 décembre 1971, relative notamment à l'organisation de la profession d'avocat, permet à toute personne de se faire assister ou représenter devant les administrations publiques, sous réserve des dispositions législatives et réglementaires.

S'agissant de la portée de ces dispositions, le Conseil d'État, dans un litige relatif à une procédure disciplinaire engagée à l'encontre d'un fonctionnaire, avait considéré que celui-ci pouvait s'en prévaloir, « *à moins que cette assistance ne soit expressément exclue par les textes régissant cette procédure ou ne soit incompatible avec le fonctionnement de l'organisme en cause » (CE, 9 févr. 2004, n° 257.746, président du Sénat ; CE, 27 oct. 1999, n° 132.797, ministre de la Défense c. / Lorsery).*

Selon le ministre du Travail *(Guide DGT, Salariés protégés, sept. 2019, fiche n° 3)* :

- l'employeur comme le salarié peuvent se faire assister ou représenter par un avocat ; dans la mesure où ce dernier bénéficie d'une présomption de mandat, aucune délégation particulière n'est requise *(cf. en ce sens : Cass. soc., 29 sept. 2010, n° 09-40-515, Bull. V n° 202)* ;
- cette possibilité de se faire assister par un avocat ne saurait toutefois faire échec au pouvoir qui est reconnu à l'inspecteur du travail par l'article 12 de la Convention n° 81 de l'Organisation internationale du travail et par l'article 16 de la Convention n° 129 d'entendre ou d'interroger seul l'employeur pour les nécessités de l'enquête.

Il incombe alors à l'inspecteur du travail, qui doit conserver la maîtrise du déroulement et des débats, de concilier le respect de ce droit à assistance par un avocat, pour l'employeur et le salarié, avec l'exercice de ses prérogatives.

La cour administrative d'appel de Nantes a, dans une décision du 26 mars 2015, repris à son compte cette position. Le juge d'appel, confirmant le jugement du tribunal administratif de Rennes, a considéré « *que les dispositions précitées de l'article R. 2421-4 du Code du travail, qui impliquent, pour le salarié dont le licenciement est envisagé, le droit d'être entendu personnellement et individuellement par l'inspecteur du travail, n'édictent aucune règle excluant de manière expresse qu'un salarié protégé soit assisté par un avocat au cours de l'enquête contradictoire ; que l'assistance d'un avocat n'est pas non plus incompatible avec le caractère contradictoire de l'enquête conduite par l'inspecteur du travail* » et que de ce fait, ce dernier, qui a refusé la présence de l'avocat du salarié lors de son enquête contradictoire au motif que l'employeur s'y opposait, « *a privé l'intéressé d'une garantie* » *(CAA Nantes, 26 mars 2015, n° 13NT03326,* Sté *Technique Minérale Culture et Élevage ; cf. F. Champeaux : « L'avocat s'invite dans l'enquête contradictoire », Sem. soc. Lamy 2015 n° 1676, p. 13, RJS 2015 n° 424).*

F. La rémunération du salarié pendant l'enquête contradictoire

34.3.3.6. – La Cour de cassation a estimé que le temps passé pendant l'enquête doit être rémunéré et est imputé sur le crédit d'heures du représentant du personnel, le « *salarié protégé étant dans l'exercice de son mandat lorsqu'il répond à la convocation de l'inspecteur du travail qui procède à l'enquête consécutive à la demande d'autorisation de* *licenciement » (Cass. soc., 3 juill. 1990, n° 87-40.838, Bull. V n° 339, RJS 1990 n° 789).* Ce raisonnement nous paraît transposable au représentant du personnel, membre de l'entreprise, qui assiste son collègue pendant l'enquête contradictoire.

Si le salarié ne dispose pas de crédit d'heures (suppléant au comité social et économique par exemple), l'entreprise est néanmoins tenue de lui payer le temps passé lors de l'enquête, le représentant du personnel agissant également dans le cadre de son mandat.

La question de la prise en charge des frais de transport éventuellement engagés par le salarié pour se rendre à l'enquête contradictoire n'est pas tranchée par le Code du travail. Il nous paraît logique que l'employeur, à qui revient l'initiative de la procédure, en assume la charge, en application du principe, récemment rappelé par la Cour de cassation, selon lequel le représentant du personnel ne doit subir aucune perte de rémunération du fait de sa fonction *(Cass. soc., 3 mars 2010, n° 08-44.859, Bull. V n° 52, JCP S n° 24, p. 39, note J.-Y. Kerbourc'h).*

G. L'impossibilité matérielle pour le salarié de se rendre à l'entretien

34.3.3.7. – Dans cette hypothèse, il est conseillé à l'autorité administrative d'inviter le salarié à lui présenter par écrit ses arguments.

H. Le droit pour le salarié de se taire en matière disciplinaire

34.3.3.8. – Par deux décisions en date du 8 décembre 2023 et 26 juin 2024 rendues en matière disciplinaire, le Conseil constitutionnel a admis l'application du droit de se taire, « *non seulement aux peines prononcées par les juridictions répressives mais aussi à toute sanction ayant le caractère d'une punition* ». Ce droit qui découle de l'article 9 de la Déclaration des droits de l'homme et du citoyen de 1789 selon lequel « *nul n'est tenu de s'accuser* » concerne dès lors les sanctions relevant du champ pénal, civil, administratif ou disciplinaire. Cela implique que « *le professionnel faisant l'objet de poursuites ne puisse être entendu sur les manquements qui lui sont reprochés sans qu'il soit préalablement informé du droit de se taire* » (*Cons. const., 8 déc. 2023, décision n° 2023-1074 QPC, Information du notaire poursuivi du droit qu'il a de se taire dans le cadre d'une procédure disciplinaire ; 26 juin 2024, décision n° 2024-1097 QPC, Information du magistrat mis en cause du droit qu'il a de se taire dans le cadre d'une procédure disciplinaire, AJDA 2024 p. 1306 ; P.-O. Rigaudeau, La pénalisation de la répression administrative et l'affirmation du droit au silence, AJDA 2024 p. 1051).*

Cette extension du droit de se taire au-delà du champ strictement pénal s'inscrit dans un mouvement jurisprudentiel plus large visant à étendre les principes constitutionnels du droit répressif, et notamment ceux protégés au titre des articles 8 et 9 de la Déclaration de 1789, à l'ensemble des mesures répressives. Le raisonnement du Conseil constitutionnel est proche de celui de la Cour européenne des droits de l'homme pour qui l'identification de la matière pénale est indépendante de la qualification retenue par le législateur *(CEDH, 21 févr. 1984, Ostûrk c./ République Fédérale d'Allemagne, req. n° 8544/79)*. Dans son commentaire sur la décision n° 2023-1074, le Conseil constitutionnel précise toutefois qu'il privilégie la méthode du faisceau d'indice pour retenir la qualification de sanction ayant le caractère de punition ; parmi ces indices il indique que « *la finalité répressive est essentielle, la mesure devant tendre à empêcher la réitération des agissements qu'elle réprime* ». Dans sa décision n° 2024-1097, il ajoute que le fait pour l'intéressé d'être « *entendu ou invité à présenter ses observations peut être de nature à lui laisser croire qu'il ne dispose pas du droit de se taire* ».

Ainsi, même si la décision administrative prise en matière de licenciement des salariés protégés pour motif disciplinaire ne peut en elle-même être regardée comme une sanction ayant un caractère punitif, il nous semble que le droit de se taire est applicable à la procédure administrative dès lors que la décision d'autorisation administrative est un préalable obligatoire au licenciement prononcé par l'employeur et que l'inspecteur du travail est susceptible de recueillir des éléments déterminants auprès du salarié dans le cadre de l'enquête contradictoire qu'il mène avant de prendre sa décision, notamment la reconnaissance des faits qui lui sont reprochés. En conséquence, il semble plus prudent pour l'administration d'informer le salarié de son droit de se taire avant de recueillir ses observations.

La question de l'application de ce principe à la procédure disciplinaire menée par l'employeur se pose également, même si la Cour de cassation a jugé que les règles relatives à l'entretien préalable répondent aux exigences du droit de la défense issu de l'article 9 de la Déclaration de 1789 et que le principe du droit à un procès équitable issu de l'article 16 de cette Déclaration ne s'applique pas au stade non juridictionnel de l'entretien préalable *(cf. n°* ***21.4.7****)*.

SECTION 4

Les règles de communication des pièces et témoignages transmis à l'inspecteur du travail ou recueillis par ce dernier

§ 1. L'ÉVOLUTION DE LA JURISPRUDENCE

34.4.1. – Le Conseil d'État avait jugé que l'inspecteur du travail n'était pas tenu de communiquer à chaque partie les documents reçus de l'autre partie *(CE, 9 oct. 1987, n° 68.531, Sté Européenne de vigilance* *industrielle et privée)*. En outre, il avait jugé que l'inspecteur du travail n'était pas tenu de communiquer l'ensemble des témoignages recueillis au cours de l'enquête *(CE, 2 nov. 1992, n° 117.836, Abert, RJS 1993 n° 56 ; CE, 6 avr. 1998, n° 170.505, Sté Reprographie moderne Bessière)*.

Dans le souci de protéger les droits de la défense, la jurisprudence du Conseil d'État a nettement évolué, d'abord en matière de licenciement pour motif personnel. Cette évolution a ensuite été étendue en matière de licenciement pour motif économique.

A. En matière de licenciement pour motif personnel

34.4.1.1. – La jurisprudence a évolué en trois temps.

Dans un premier temps, par une décision du 20 avril 2005, le Conseil d'État a jugé que doivent être communiqués au salarié protégé les noms des salariés qui auraient été victimes des agissements qui lui auraient été reprochés et qui ont porté des accusations à son encontre afin que l'intéressé puisse utilement présenter sa défense *(CE, 20 avr. 2005, n° 254.066, Sté Senior et Cie, Tables p. 1123, RJS 2005 n° 869 ; CE, 12 oct. 2006, n° 286.728, Schiffli)*.

Dans un deuxième temps, la section du contentieux du Conseil d'État a jugé le 24 novembre 2006 qu'il incombe à l'inspecteur du travail *(CE, 24 nov. 2006, n° 284.208, Rodriguez, Rec. p. 481, Dr soc 2007, p. 25, concl. Y. Struillou, RJS 2007 n° 246, JCP S n° 38, 18 sept. 2007, 1700, note Kerbourc'h ; CE, 20 nov. 2009, n° 320.179 ; CE, 14 déc. 2009, n° 314.877, Sté Labatut Rhône Alpes)* :

- d'indiquer au salarié de façon circonstanciée les griefs formulés à son encontre et, à ce titre, de lui communiquer l'identité des personnes qui auraient été victimes des agissements qui lui sont reprochés ; lorsque la procédure est engagée sur un motif disciplinaire, de mettre le salarié protégé à même de prendre connaissance de l'ensemble des pièces produites par l'employeur à l'appui de sa demande d'autorisation, y compris des attestations et des témoignages. Toutefois, l'inspecteur du travail a la faculté de se borner à faire état, de façon circonstanciée, de la teneur des attestations et des témoignages lorsque l'accès à ces documents serait de nature, compte tenu des risques de pressions ou de représailles, à porter gravement préjudice à leurs auteurs *(CAA Marseille, 16 oct. 2008, n° 06MA03451)* ;
- en tout état de cause, si la procédure est fondée sur des agissements reprochés au salarié à l'égard de personnes, membres ou non de l'entreprise, de porter à la connaissance du salarié protégé « *l'identité des personnes qui s'en estiment victimes* ». Cette règle se justifie par la nécessité de respecter le principe du contradictoire : on conçoit mal que le salarié puisse se défendre utilement si l'identité de la personne qui se plaint d'avoir fait l'objet de harcèlement, moral ou sexuel, ou d'agression ne lui est pas communiquée.

Enfin, dans un troisième temps, par la décision rendue le 9 juillet 2007 *(CE, 9 juill. 2007, n° 288.295, Sangare, Tables p. 1109 Dr soc 2007 p. 1000, concl. Y. Struillou, RJS 2007 n° 1084, JCP n° 38, 18 sept. 2007, 1700, note Kerbourc'h)*, le Conseil d'État a jugé que l'inspecteur du travail, saisi d'une demande d'autorisation de licenciement fondée sur un motif disciplinaire, devait :

– mettre à même l'employeur et le salarié de prendre connaissance de l'ensemble des éléments déterminants, y compris des témoignages, et qui sont de nature à établir ou non la matérialité des faits allégués à l'appui de la demande d'autorisation ; l'appréciation par le juge du caractère déterminant des éléments recueillis par l'inspecteur du travail peut se fonder sur un faisceau d'indices, au nombre desquels le nombre d'auditions conduites et la qualité des personnes entendues *(CE, 26 nov. 2012, n° 344.525, Association l'Étincelle, n° 344.525)* ;
– se limiter à les informer de leur teneur, lorsque la communication de ces éléments serait de nature à porter gravement préjudice aux personnes qui les ont communiqués.

En l'espèce, le juge avait, pour écarter le moyen du salarié requérant relatif à un défaut de connaissance des témoignages présentés par les représentants de l'employeur, relevé que l'inspecteur du travail avait organisé une confrontation entre employeur et salarié et que, de fait, l'enquête avait été menée contradictoirement.

La décision *Sangare* a ainsi confirmé les principes retenus par la décision *Rodriguez*, tout en élargissant leur portée :

– le principe du contradictoire doit être respecté à l'égard des deux parties, employeur et salarié, et donc pas uniquement du salarié mis en cause ;
– l'obligation de communication, retenue par la décision *Rodriguez* pour l'ensemble des pièces produites par l'employeur à l'appui de sa demande, vise désormais l'ensemble des éléments déterminants, quelle que soit leur provenance, dans l'appréciation de la matérialité des faits, ce qui inclut les témoignages et éléments recueillis au cours de l'enquête contradictoire.

Dans ses conclusions sur l'affaire *Rodriguez*, le commissaire du gouvernement avait souligné la nécessité de mettre le salarié à même de consulter les documents et attestations produites par l'employeur, dans la mesure où il est plus difficile pour le salarié de prendre note des éléments de fait, parfois nombreux, lorsque ces derniers sont exposés oralement *(en ce sens : CE, 15 déc. 2010, n° 325.838, Sté Fournier, Tables p. 1005, pour l'illégalité d'une autorisation pour insuffisance professionnelle : fondée sur un constat d'huissier dressé à la demande de l'employeur, et dont seule l'existence avait été mentionnée par l'inspecteur du travail pendant son enquête sans que le salarié ait été informé de son droit d'accès aux pièces)*. Par ailleurs, l'inspecteur du travail peut omettre d'indiquer des éléments se rapportant aux témoignages produits *(leur date, la date des faits qu'ils rapportent, les circonstances)* qui peuvent ultérieurement se rappeler décisifs pour apprécier la réalité des faits. Cette exigence de respect du contradictoire, consacrée en matière disciplinaire, a été étendue par le Conseil d'État aux demandes d'autorisation de licenciement pour insuffisance professionnelle non fautive *(CE, 23 déc. 2010, n° 333.169, Mallet).*

B. En matière de licenciement pour motif économique

34.4.1.2. – S'agissant d'une demande d'autorisation de licenciement pour motif économique, le Conseil d'État avait considéré que le principe du contradictoire avait été respecté dès lors que le salarié avait été « *informé de tous les éléments concernant la demande d'autorisation de licenciement, notamment des motifs économiques invoqués par la société, des possibilités de reclassement et de la possibilité de demander des précisions ou des rectifications postérieurement à l'entretien* » *(CE, 11 juill. 2012, n° 334.502, Reverte).*

Désormais la Haute Assemblée considère que les principes régissant l'enquête contradictoire sont les mêmes, quel que soit le motif de la demande d'autorisation de licenciement *(CE, 19 juill. 2017, n° 391.402, Agence du bâtiment, Tables p. 440, concl. S.-J. Lieber, RJS 2017, n° 754, AJDA 2017, p. 2452).*

Ainsi, les règles retenues par les décisions *Rodriguez* et *Sangare* s'appliquent à tous les motifs de demandes d'autorisation de rupture du contrat de travail d'un salarié protégé, y compris le motif économique :

– le salarié doit pouvoir avoir accès à toutes les pièces jointes à la demande de l'employeur ;
– employeur et salarié doivent être à même de présenter des observations sur des éléments déterminants que l'inspecteur aura pu recueillir en cours d'enquête.

C. Concernant les délais laissés pour présenter des observations

34.4.1.3. – L'inspecteur du travail doit faire preuve de vigilance lorsqu'il accorde aux parties un délai pour présenter des observations. Le délai doit être suffisant et la décision ne doit pas être prise avant l'expiration du délai qu'il a fixé, peu important que le salarié ou l'employeur ait apporté une réponse. Il convient de préserver la possibilité de produire des observations complémentaires avant l'expiration du délai fixé *(cf. par analogie CE, 8 déc. 2023, n° 466.620, Pioger, mentionné aux Tables, concernant le contradictoire réalisé par l'autorité ministérielle avant le retrait d'une décision illégale, AJDA 2023 p. 2310 ; CE, 29 juin 2022, n° 443.955, Mme C. c. / Sté Sinéquanone).*

§ 2. LA PORTÉE DE LA JURISPRUDENCE

34.4.2. – Quel que soit le motif de la demande d'autorisation de licenciement ou de rupture du contrat de travail, l'inspecteur du travail doit en conséquence satisfaire à deux exigences cumulatives *(Guide DGT, Salariés protégés, sept. 2019, fiche n° 3)* :

- d'une part, permettre au salarié de prendre connaissance, en temps utile, de l'ensemble des pièces le concernant, jointes par son employeur à la demande d'autorisation de licenciement *(CE, 24 nov. 2006, n° 284.208, Rodriguez, précité ; CE, 23 déc. 2013, n° 361.859, Sté Air France)* ;
- d'autre part, mettre à même chaque partie, employeur comme salarié concerné, de prendre connaissance des éléments déterminants qui ont pu être recueillis en cours d'enquête et qui sont de nature à établir la réalité ou au contraire le caractère non démontré des faits allégués à l'appui de la demande *(CE, 9 juill. 2007, n° 288.295, Sangare, préc. ; CE, 2 mars 2011, n° 322.818, Dondelle, Tables p. 1183, pour un mémoire adressé à l'inspecteur du travail par le salarié et non porté à la connaissance de l'employeur)*.

La circonstance que le salarié est susceptible de connaître le contenu de certaines des pièces communiquées par l'employeur à l'appui de sa demande ne peut exonérer l'inspecteur du travail de l'obligation de cette communication, laquelle doit intervenir avant qu'il soit statué sur la demande d'autorisation, dans des conditions et délais permettant au salarié de présenter utilement sa défense *(CE, 22 févr. 2012, n° 335.200, Mariano-Robert, et n° 346.307, RJS 2012 n° 476 ; CE, 25 nov. 2019, n° 418.025, M. B.)*.

Les pièces « *sont quérables et non portables* ». L'inspecteur du travail est seulement tenu *a minima* de mettre ces documents à la disposition des parties pour qu'elles en prennent connaissance. Il n'est pas tenu de communiquer, de sa propre initiative ou dans tous les cas, l'ensemble de ces pièces et éléments *(CE, 4 déc. 2013, n° 361.667, Moreau., Tables p. 863, et n° 361.669, Bilem, RJS 2014 n° 244 ; CE, 13 déc. 2021, n° 437.134, M. D c. / Sté C et K Components)*.

Toutefois, il doit assurer au salarié la possibilité de consulter ces pièces et d'en prendre copie ou d'en obtenir une version dématérialisée. Le seul fait de présenter les pièces jointes à l'appui de la demande ne suffit pas à considérer que le contradictoire a été respecté si le salarié en a par la suite demandé copie sans l'obtenir *(CE, 19 juill. 2017, n° 389.635, GSMC Innovation, Tables p. 440, concl. S.-J. Lieber, RJS 2017, n° 754, AJDA 2017, p. 2289)*.

S'agissant de l'adaptation par l'instruction DGT du 17 mars 2020 des modalités de mise en œuvre du contradictoire pendant la période de crise liée à l'épidémie de covid-19, il convient de se reporter à l'annexe I de la précédente (6e) édition de cet ouvrage.

La possibilité pour le salarié de prendre connaissance des témoignages produits par l'employeur à l'appui de sa demande ou recueillis au cours de l'enquête ne devrait toutefois porter *(cf. concl. préc. sous la décision Sangare)* :

– ni sur des éléments de nature à porter atteinte au respect de la vie privée ou au secret de la vie privée des salariés ; à ce titre, devraient être occultées, en cas de témoignages écrits, les mentions relatives à l'adresse, au numéro de téléphone, à l'âge, à la date de naissance, à la situation matrimoniale et patrimoniale, le nom et le prénom ne faisant pas partie des éléments protégés au titre de la vie privée *(CE, section, 30 mars 1990, n° 90.237, Degorge-Boëtte, Rec. p. 85)* ;
– ni sur des faits se rapportant au comportement d'autres personnes ;
– ni sur des éléments couverts par des secrets protégés par la loi tels que le secret médical.

En outre, cette obligation de communication n'a ni pour objet ni pour effet de reconnaître le droit pour le salarié d'obtenir communication des notes prises par l'inspecteur du travail au cours de son enquête *(cf. concl. préc. sous la décision Sangare)*. Il en va de même pour l'employeur.

L'appréciation, par l'inspecteur du travail, des risques de représailles peut se fonder sur des critères tels que : les fonctions d'autorité et de contrôle et les responsabilités du salarié protégé sur d'autres salariés ; la nature des faits en cause ; le contenu lui-même des témoignages ; le contexte social dans l'entreprise. Dans ce cas, il peut alors légalement se borner à faire état de manière circonstanciée des faits relatés dans les attestations et témoignages, sans indiquer l'identité de leurs auteurs. Il appartient éventuellement au juge du fond de contrôler le bien-fondé de cette appréciation *(cf. concl. préc. sous la décision Rodriguez)*.

SECTION 5

La communication à l'inspecteur du travail de pièces couvertes par le secret

34.5. – Une attention particulière doit être portée par l'inspecteur du travail aux éléments transmis par les parties ou recueillis lors de l'enquête contradictoire de nature à porter atteinte à un secret protégé par la loi.

§ 1. LE SECRET DE L'INSTRUCTION

A. Les dispositions applicables

34.5.1.1. – En vertu de l'article 11 du Code de procédure pénale, l'enquête et l'instruction ont en commun d'être soumises au même principe du secret dit de l'instruction ; cet article dispose en effet que : « *Sauf dans le cas où la loi en dispose autrement et sans préjudice des droits de la défense, la procédure* ***au cours de l'enquête et de l'instruction*** *est secrète. / Toute personne qui concourt à cette procédure est tenue au secret professionnel dans les conditions et sous les peines des articles 226-13 et 226-14 du Code pénal. / Toutefois, afin d'éviter la propagation d'informations parcellaires ou inexactes ou pour mettre fin à un trouble à l'ordre public, le procureur de la République peut, d'office et à la demande de la juridiction d'instruction ou des parties, rendre publics des éléments objectifs tirés de la procédure ne comportant aucune appréciation sur le bien-fondé des charges retenues contre les personnes mises en cause* ».

La portée du secret est limitée aux actes d'enquête et d'instruction et à la durée des investigations correspondantes *(Cons. const., n° 2017-693 QPC, 2 mars 2018, Association de la presse judiciaire [présence des journalistes au cours d'une perquisition], D. 2018, p. 462)*.

Le secret de l'enquête et de l'instruction est opposable à toute personne concourant à la procédure. Il n'est pas opposable à la partie civile *(Cass. soc. 16 mai 2018, n° 17-81.236)*, ni au mis en cause ou en examen, ni aux témoins. Il en est de même pour les avocats *(Cass. crim., 11 janv. 2001, n° 00-80.748, Bull. crim. n° 5)*.

L'article 114 du même code encadre strictement la communication des pièces du dossier d'instruction aux parties avec limitation de la possibilité de transmission aux tiers : « (...)*Après la première comparution ou la première audition, les avocats des parties ou, si elles n'ont pas d'avocat, les parties peuvent se faire délivrer copie de tout ou partie des pièces et actes du dossier. La délivrance de cette copie doit intervenir dans le mois qui suit la demande. Si le dossier a fait l'objet d'une numérisation, cette copie est remise sous forme numérisée, le cas échéant par un moyen de télécommunication selon les modalités prévues à l'article 803-1. La délivrance de la première copie de chaque pièce ou acte du dossier est gratuite. / Lorsque la copie a été directement demandée par la partie, celle-ci doit attester par écrit avoir pris connaissance des dispositions du sixième alinéa du présent article et de l'article 114-1. Lorsque la copie a été demandée par les avocats, ceux-ci peuvent en transmettre une reproduction à leur client, à condition que celui-ci leur fournisse au préalable cette attestation. / Seules les copies des rapports d'expertise peuvent être communiquées par les parties ou leurs avocats à des tiers pour les besoins de la défense* ».

La méconnaissance de ces dispositions est sanctionnée pénalement : « *Sous réserve des dispositions du sixième alinéa de l'article 114, le fait, pour une partie à qui une reproduction des pièces ou actes d'une procédure d'instruction a été remise en application de cet article, de la diffuser auprès d'un tiers est puni de 10 000 euros d'amende (C. proc. pén., art. 114-1)* ».

En ce qui concerne les tiers, un droit spécifique d'accès aux pièces est prévu sur autorisation du procureur de la République ou du procureur général, notamment en ce qui concerne les pièces d'une enquête terminée par une décision de classement sans suite *(C. proc. pén., art. R. 156)*.

En cas de non-respect de ces dispositions, le tiers destinataire des documents peut être poursuivi pour recel *(Cass. crim., 9 juin 2015, n° 14-80.713, Bull. crim. n° 142 : pour caractériser le délit de recel d'un document provenant d'une violation du secret de l'enquête ou de l'instruction, seule est exigée la démonstration que l'auteur de la révélation fait partie des dépositaires de ce secret, et non l'identification de celui-ci ; Cass. crim., 16 mai 2018, n° 17-81.236)*. Comme le soulignent Laurence Lazerges-Cousquer et Frédéric Desportes si « *le tiers n'est bien évidemment pas tenu lui-même au secret de l'instruction puisqu'il ne concourt pas à la procédure (…), la communication des pièces se heurte à un obstacle d'une autre nature. En effet, en détenant les pièces, le tiers se rend coupable du recel du secret de l'instruction et ne peut donc, en principe, en faire licitement usage* » *(Traité de procédure pénale, Economica, 2015, § 1515 et § 1518)*.

B. La jurisprudence

34.5.1.2. – La chambre sociale a jugé qu'aucun texte n'interdit à une personne, qui s'est constituée partie civile dans une instance pénale et qui n'était pas tenue au respect du secret de l'instruction, de produire dans un procès civil ultérieur les procès-verbaux qui lui avaient été délivrés en sa qualité de partie civile et qui sont présumés avoir été obtenus régulièrement *(Cass. soc., 6 juill. 1994, n° 90-43.640, Bull. V n° 227)*. La deuxième chambre civile a jugé dans le même sens *(Cass. civ., 2e, 21 janv. 1981, n° 79-15.686, Bull. n° 13)* ainsi que la chambre criminelle *(Cass. crim., 9 oct. 1978, n° 76-92.075, Bull. crim. n° 263)*.

À compter de la clôture de l'instruction, la partie civile est en droit de communiquer la copie de pièces de la procédure pénale à un tiers pour les besoins de sa défense *(dans le cadre d'une procédure commerciale : Cass. civ., 2e, 7 janv. 2010, n° 08-14.378, Bull. civ. II n° 3)*.

S'agissant de la question de la production des pièces dans le cadre de la procédure juridictionnelle administrative, la question est traitée au n° **74.10.2.3.1**.

C. La pratique administrative

34.5.1.3. – Pour les raisons exposées *supra*, l'inspecteur du travail ne peut légalement se fonder sur des pièces produites en violation du secret de l'instruction dès lors qu'il n'ignore pas l'origine délictueuse des documents *(sur la condition tenant à la nécessaire connaissance de l'origine* *illicite de documents obtenus par des journalistes : Cass. crim., 19 juin 2001, n° 99-85.188, Bull. crim. n° 149).* Il en est notamment ainsi dans le cas où la pièce est produite par l'avocat de l'une des parties ou directement par l'une d'elles devant l'inspecteur du travail, qui a la qualité de tiers, en violation des dispositions de l'article 114-1 du Code de procédure pénale.

Telle est au demeurant la doctrine administrative.

En pratique, le respect de ces règles peut placer l'inspecteur du travail dans une situation délicate dès lors que les pièces illégalement produites peuvent contenir des éléments de fait déterminants pour apprécier la matérialité des faits reprochés au salarié et leur gravité.

Dans un tel cas de figure, il nous paraît que l'autorité administrative en charge d'instruire la demande d'autorisation devrait renvoyer les pièces en cause au procureur de la République afin de ne pas s'exposer à d'éventuelles poursuites pour recel du secret de l'instruction et pourrait utilement solliciter de cette même autorité la communication d'éléments objectifs tirés de la procédure.

§ 2. LE SECRET MÉDICAL

34.5.2. – Le secret médical a été instauré pour protéger la vie privée des malades mais également pour préserver leur confiance dans le corps médical. Il interdit à tout professionnel de santé de communiquer à des tiers des informations sur son patient. Il ne couvre pas seulement les informations relatives à des données médicales au sens strict, mais toutes les informations venues à la connaissance du professionnel de santé.

Aux termes de l'article L. 1110-4 du Code de la santé publique, « *Toute personne prise en charge par un professionnel de santé, un établissement ou service, un professionnel ou organisme concourant à la prévention ou aux soins dont les conditions d'exercice ou les activités sont régies par le présent code, le service de santé des armées, un professionnel du secteur médico-social ou social ou un établissement ou service social et médico-social mentionné au I de l'article L. 312-1 du Code de l'action sociale et des familles a droit au respect de sa vie privée et du secret des informations le [la] concernant. / Excepté dans les cas de dérogation expressément prévus par la loi, ce secret couvre l'ensemble des informations concernant la personne venues à la connaissance du professionnel, de tout membre du personnel de ces établissements, services ou organismes, et de toute autre personne en relation, de par ses activités, avec ces établissements ou organismes. Il s'impose à tous les professionnels intervenant dans le système de santé* ».

Concernant spécifiquement les médecins, le Code de déontologie médicale *(C. santé publique, art. R. 4127-4)* dispose que « *le secret professionnel, institué dans l'intérêt des patients, s'impose à tout médecin dans les conditions établies par la loi. / Le secret couvre tout ce qui est venu à la connaissance du médecin dans l'exercice de sa profession, c'est-à-dire non seulement ce qui lui a été confié, mais aussi ce qu'il a vu, entendu ou compris »*.

L'article L. 1110-4 du Code de la santé publique précise que « *le fait d'obtenir ou de tenter d'obtenir la communication de ces informations en violation du présent article est puni d'un an d'emprisonnement et de 15 000 € d'amende* ».

Seule la loi peut prévoir des dérogations et notamment des modalités strictes et limitatives concernant le partage de l'information. Ainsi, lorsque ce partage n'est pas expressément prévu, un professionnel de santé ne peut pas, sans l'accord de la personne concernée, communiquer de données médicales à un tiers, même lorsque ce dernier est également tenu au secret professionnel *(CE, 24 juin 2015, n° 367.288, Rec. p. 225 ; CE, 2 oct. 2017, n° 399.753, M. Solana, Tables p. 603)*. En cas de violation du secret médical par une personne en étant dépositaire, le tiers révélant l'information encourt des poursuites pour recel de violation du secret professionnel *(Cass. crim., 6 mars 2012, n° 11-80.801, Bull. crim. 2012, n° 61)*.

Le médecin du travail, comme tous les médecins, est soumis au secret médical. Le Code du travail précise que le dossier médical en santé au travail, constitué par le médecin du travail, retrace, dans le respect du secret médical, les informations relatives à l'état de santé du travailleur, aux expositions auxquelles il a été soumis ainsi que les avis et propositions du médecin du travail, notamment celles formulées en application des articles L. 4624-3 et L. 4624-4. Ce dossier ne peut être communiqué qu'au médecin de son choix, à la demande de l'intéressé. En cas de risque pour la santé publique ou à sa demande, le médecin du travail le transmet au médecin inspecteur du travail *(C. trav., art. L. 4624-8)*.

Il résulte de l'article L. 4624-8 du Code du travail, ensemble l'article L. 1110-4 du Code de la santé publique, que commet une faute l'employeur qui fait établir et produit en justice une attestation du médecin du travail comportant des éléments tirés du dossier médical du salarié, hormis les informations que le médecin du travail est légalement tenu de communiquer à l'employeur *(Cass. soc., 30 juin 2015, n° 13-28.201, Bull. V n° 1305 ; D. 2015.1493 ; RDT 2015.763, obs. M. Véricel)*.

Dans ces conditions, même si le secret médical ne fait pas partie du secret professionnel pénalement sanctionné qui incombe spécifiquement aux agents de contrôle de l'inspection du travail puisqu'ils n'en sont pas dépositaires dans le cadre d'une intervention au sein du système de santé, une vigilance particulière s'impose concernant les informations relatives à la santé des personnes apparaissant dans le cadre de l'instruction d'une demande d'autorisation de licenciement.

L'administration conseille aux inspecteurs du travail de « *recueillir l'autorisation écrite de la partie concernée, préalablement à la transmission de documents couverts par le secret médical* » *(cf. Guide DGT, Salariés protégés, sept. 2019, fiche n° 3)*.

S'agissant de la question de la production des pièces dans le cadre de la procédure juridictionnelle administrative, la question est traitée au n° **74.10.2.3.2**.

§ 3. LE SECRET DES AFFAIRES

34.5.3. – La loi n° 2018-670 du 30 juillet 2018 relative à la protection du secret des affaires transpose la directive (UE) 2016/943 du Parlement européen et du Conseil du 8 juin 2016 sur la protection des savoir-faire et des informations commerciales non divulgués (secrets d'affaires) contre l'obtention, l'utilisation et la divulgation illicites.

Le secret des affaires, nouvelle appellation qui remplace la notion de secret industriel et commercial, protège l'information qui répond aux trois critères suivants *(C. comm., art. L. 151-1)* :

- elle est connue par un nombre restreint de personne. Elle n'est pas, en elle-même ou dans la configuration et l'assemblage exacts de ses éléments, généralement connue ou aisément accessible pour les personnes familières de ce type d'informations en raison de leur secteur d'activité ;
- elle revêt une valeur commerciale, effective ou potentielle, du fait de son caractère secret ;
- elle fait l'objet de la part de son détenteur légitime de mesures de protection raisonnables, compte tenu des circonstances, pour en conserver le caractère secret.

Le Code de commerce précise les conditions dans lesquelles l'obtention, l'utilisation et la divulgation du secret des affaires sont illicites et peuvent engager la responsabilité civile de leur auteur *(C. comm., art. L. 152-1 et s.)*.

Sont prévues des exceptions pour les lanceurs d'alerte et les représentants du personnel *(« Le renforcement de la protection du secret des affaires : quel impact sur l'exercice des missions des représentants du personnel ? », B. Bursztein et D. Guillouet, RDT 2019, p. 13)*.

Ainsi, l'article L. 151-9 du Code de commerce dispose qu'à « *l'occasion d'une instance relative à une atteinte au secret des affaires, le secret n'est pas opposable lorsque : / 1° L'obtention du secret des affaires est intervenue dans le cadre de l'exercice du droit à l'information et à la consultation des salariés ou de leurs représentants ; / 2° La divulgation du secret des affaires par des salariés à leurs représentants est intervenue dans le cadre de l'exercice légitime par ces derniers de leurs fonctions, pour autant que cette divulgation ait été nécessaire à cet exercice. / L'information ainsi obtenue ou divulguée demeure protégée au titre du secret des affaires à l'égard des personnes autres que les salariés ou leurs représentants qui en ont eu connaissance* ».

De plus, le secret des affaires n'est pas opposable lorsque l'obtention, l'utilisation ou la divulgation du secret est requise ou autorisée par le droit de l'Union européenne, les traités ou accords internationaux en vigueur ou le droit national, notamment dans l'exercice des pouvoirs d'enquête, de contrôle, d'autorisation ou de sanction des autorités juridictionnelles ou administratives *(C. comm., art. L. 151-7)*.

Le Conseil d'État, par sa décision *Agence du Bâtiment*, a précisé que le principe du contradictoire s'applique quel que soit le motif de licenciement invoqué par l'employeur *(CE, 19 juill. 2017, n° 391.402, Agence du bâtiment, Tables p. 440, concl. S.-J. Lieber)*.

Ainsi en matière de licenciement pour motif économique, le secret des affaires ne peut être opposé à l'administration qui a, d'une part, l'obligation de transmettre au salarié protégé les données économiques fournies par l'employeur à l'appui de la demande justifiant de l'existence du motif économique invoqué et, d'autre part, l'obligation de recueillir les observations sur les éléments déterminants recueillis lors de l'enquête. À cet égard, le rapporteur public a précisé dans ses conclusions que « *le motif d'une éventuelle atteinte au secret industriel et commercial, (...) nous paraît, à vrai dire, relever d'un faux débat dans un tel cas de figure puisque l'administration doit nécessairement communiquer les motifs sur lesquels elle entend fonder sa décision : si elle entend autoriser le licenciement parce qu'elle estime, au vu des éléments produits par l'employeur, que le motif économique est justifié, elle devra nécessairement communiquer au salarié les éléments sur lesquels elle entend se fonder pour prendre sa décision* ». S'agissant de la question de la production des pièces dans le cadre de la procédure juridictionnelle administrative, la question est traitée au n° **74.10.2.3.3**.

SECTION 6

Nouvelle demande et enquête contradictoire

34.6. – Si l'inspecteur du travail refuse une première fois en raison d'une irrégularité de procédure tenant à la consultation du comité social et économique par exemple – et que l'entreprise le saisit à nouveau d'une nouvelle demande, fondée sur les mêmes faits, après avoir consulté régulièrement le comité, est-il tenu de procéder à une nouvelle enquête ?

Le Conseil d'État a estimé qu'il n'y était pas tenu dès lors qu'aucune autre modification de fait ou de droit n'était intervenue, en dehors de la consultation du comité, et que le contenu du procès-verbal de la nouvelle réunion ne comportait aucun élément de nature à justifier l'organisation d'une nouvelle enquête *(CE, 12 oct. 1990, n° 80.533, Coopérative d'élevage du Vexin)*.

La Haute Assemblée a adopté la même position dans le cas où l'employeur se borne à procéder, après un premier refus, à une nouvelle consultation du comité et saisit à nouveau l'inspecteur du travail pour les mêmes faits, sans se prévaloir du nouvel avis émis par le comité *(CE, 16 oct. 1992, n° 89.290, Fontelle, RJS 1993 n° 165).*

Toutefois, il a été jugé que, lorsqu'à la suite de l'annulation par le juge administratif d'une décision relative au licenciement d'un salarié protégé, l'inspecteur décide, nonobstant l'absence de changement dans les circonstances de droit et de fait, de procéder à une nouvelle enquête contradictoire, celle-ci doit alors être conduite dans des conditions régulières *(CE, 5 sept. 2008, n° 301.506, Sté Seroba et Ministre du Travail, des Relations sociales et de la Solidarité, Tables p. 955, RJS 2008 n° 1099, Dr soc 2008, p.1251, JCP S n° 10, 03.03.2009, 1100, note J.-Y. Kerbourc'h).*

Quatrième partie

LA PROCÉDURE DE LICENCIEMENT DES SALARIÉS PROTÉGÉS : LE CONTRÔLE DE L'AUTORITÉ ADMINISTRATIVE

CHAPITRE I

LE CONTRÔLE DE L'AUTORITÉ ADMINISTRATIVE SUR LES DEMANDES D'AUTORISATION DE LICENCIEMENT NE REPOSANT PAS SUR UN MOTIF DISCIPLINAIRE OU ÉCONOMIQUE

41. – Dans les cas où la demande d'autorisation est fondée sur l'un des motifs suivants :

- absences répétées pour maladie ;
- inaptitude médicale ;
- défaut de titre ou d'autorisation requis pour exercer une activité professionnelle ;
- insuffisance professionnelle ;
- licenciement reposant sur des éléments objectifs se rattachant au comportement du salarié (motif substitué à la perte de confiance) ;
- mise à la retraite ;
- refus de transfert au titre de l'article L. 1224-3 du Code du travail ;
- fin de chantier ou de spectacle ;
- fin du contrat à durée déterminée ou du contrat de travail temporaire ;
- transfert ;
- rupture conventionnelle.

Il convient de se reporter pour chacun des motifs, d'une part, au tableau suivant qui précise la nature du contrôle opéré par l'administration et, d'autre part, aux développements qui y ont été consacrés dans la première partie *(le numéro des paragraphes visés est précisé dans le tableau).*

Les différents types de contrôles exercés par l'administration

Nature de la demande	n° §	Nature du contrôle	Référence et jurisprudence
Faute disciplinaire	**44** **45** **46**	– respect de la procédure ; – matérialité des faits ; – gravité des faits ; – contrôle de l'absence de caractère discriminatoire – motif tiré de l'intérêt général.	CE, Assemblée, 5 mai 1976, n° 98.647 et 98.820, Safer d'Auvergne, Dr. soc 1976, p. 346, concl. P. Dondoux
Nécessité de remplacement définitif du salarié absent pour maladie	**15.9**	– respect de la procédure ; – matérialité des faits ; – importance des absences ; – gravité des perturbations apportées au fonctionnement de l'entreprise ; – respect des clauses conventionnelles de garanties d'emploi ; – contrôle de l'absence de caractère discriminatoire – motif tiré de l'intérêt général.	CE, 6 mars 1987, n° 72.341, Sté Les Terreaux de France, Rec. p. 977. CE, 13 mars 1992, n° 100.756, Association L'Hôpital Belle Isle, Rec. p. 1347, RJS 1992 n° 889. CE, 9 mars 2016, n° 378.129, Mme Legros, Tables p. 942, RJS 2016 n° 351, AJDA 2016, p. 1104
Impossibilité de reclassement du salarié inapte	**15.12**	– respect de la procédure ; – matérialité de l'inaptitude ; – l'inaptitude doit justifier le licenciement compte tenu des caractéristiques de l'emploi exercé ; – possibilités de reclassement ; – contrôle de l'absence de caractère discriminatoire – motif tiré de l'intérêt général.	CE, 11 juin 1990, n° 84.650, Sté Pornichet Distribution c./ Hervoche, RJS 1990 n° 696.
Défaut de titre ou d'autorisation requis pour exercer une activité professionnelle	**15.8**	– respect de la procédure ; – matérialité du motif ; – le défaut doit justifier le licenciement compte tenu des caractéristiques de l'emploi exercé ; – contrôle de l'absence de caractère discriminatoire – motif tiré de l'intérêt général **et, sauf dans les cas exposés *cf. n° 15.8.2.1* :** – les possibilités de reclassement.	CE, 4 déc. 1987, n° 62.715, Sté Entreprise Industrielle, Rec. p. 978.

Nature de la demande	n° §	Nature du contrôle	Référence et jurisprudence
Insuffisance professionnelle	**15.5**	– respect de la procédure ; – matérialité des faits ; – caractère justifié de l'insuffisance professionnelle compte tenu des règles applicables au contrat de travail et des mesures prises par l'employeur propres à satisfaire à son obligation d'assurer l'adaptation du salarié à son poste de travail ; – contrôle de l'absence de caractère discriminatoire.	CE, 2 déc. 2024, n° 487.954 M. Poirier c./ Sté Tours Evénements, mentionné aux Tables.
Licenciement reposant sur des éléments objectifs se rattachant au comportement du salarié (motif substitué à la perte de confiance)	**15.4**	– respect de la procédure ; – matérialité des faits ; – niveau élevé des responsabilités exercées par le salarié ; – gravités des atteintes susceptibles d'être portées au fonctionnement de l'organisme en cause ; – contrôle de l'absence de caractère discriminatoire ; – motif tiré de l'intérêt général.	CE, section, 21 déc. 2001, n° 224.605, Baumgarth, Rec., p. 669 CE, 22 mai 2002, n° 214.637, Zaugg, Tables p. 952, RJS 2002 n° 999.
Comportement étranger à l'exécution du contrat de travail	**46.1**	– respect de la procédure ; – matérialité des faits ; – analyse des faits pour déterminer si, compte tenu de leur répercussion sur le fonctionnement de l'entreprise, ils rendent impossible le maintien du salarié dans l'entreprise, eu égard à la nature de ses fonctions ; – contrôle de l'absence de caractère discriminatoire ; – motif tiré de l'intérêt général.	CE, 4 juill. 2005, Patarin, n° 272.193, Rec., p. 306, RJS 2005 n° 1121.
Mise à la retraite	**15.13**	**1) Le salarié remplit les conditions pour être mis à la retraite** : – respect de la procédure ; – respect des conditions de mise à la retraite ; – contrôle de l'absence de caractère discriminatoire ; – motif tiré de l'intérêt général.	CE, 8 fév. 1995, n° 134.963 et 135.249, ministre du Travail et Crédit Lyonnais c./ M. Durieu du Pradel, Rec. p. 63, RJS 1995 n° 266.

Nature de la demande	**n° §**	**Nature du contrôle**	**Référence et jurisprudence**
Mise à la retraite (suite)	**15.13.3.1**	**2) Le salarié ne remplit pas les conditions pour être mis à la retraite** : – respect de la procédure ; – l'âge n'est pas un motif de nature à justifier par lui-même l'autorisation de licenciement ; – contrôle de l'absence de caractère discriminatoire ; – motif tiré de l'intérêt général.	CE, 8 févr. 1995, n° 134.963 et 135.249, ministre du Travail et Crédit Lyonnais c./ M. Durieu du Pradel, Rec. p. 63, RJS 1995 n° 266.
Refus de transfert du contrat de travail vers un employeur public (C. trav., art. L. 1224-3)	**15.14**	– respect de la procédure ; – respect des conditions légales ; – contrôle de l'absence de caractère discriminatoire ; – motif tiré de l'intérêt général.	CE, 6 juill. 2018, n° 391.860, Esteoule-Excel, Rec. p. 257, RDT 2018 p. 435 concl. S-J. Lieber, Sem. soc. Lamy n° 1821.
Fin de chantier	**16.5**	– respect de la procédure ; – réalité du motif ; – contrôle de l'absence de caractère discriminatoire ; – motif tiré de l'intérêt général.	CE, 25 mars 1983, n° 36.037 Sté Générale d'entreprises pour les travaux publics, Rec. p. 143. Concl. commissaire du gouvernement, Dr soc 1983, p. 622.
Fin de spectacle	**16.5**	– respect de la procédure ; – réalité du motif ; – contrôle de l'absence de caractère discriminatoire ; – motif tiré de l'intérêt général.	CE, 25 oct. 1985, n° 35.996, Sté des Théâtres des Folies Bergères, Rec. p. 302. Concl. commissaire du gouvernement, Dr soc 1986, p. 107.
Fin de contrat à durée déterminée	**15.3**	**1) Rupture avant le terme du contrat pour faute** : – respect de la procédure ; – consultation du CSE ; – appréciation de la matérialité et de la gravité de la faute ; – contrôle de l'absence de caractère discriminatoire ; – motif tiré de l'intérêt général.	CE, 6 mai 1996, n° 146.161, ministre du Travail c./ M. Todisco, Rec. p. 1191, concl. commissaire du gouvernement G. Bachelier, Dr soc 1996, p. 943, RJS 1996 n° 811.

Nature de la demande	n° §	Nature du contrôle	Référence et jurisprudence
Fin de contrat à durée déterminée (suite)	16.2.4	**2) Non renouvellement du contrat qui comporte une clause de report du terme** : – validité de la saisine (vérification de la nature du contrat) ; – respect de la procédure ; – consultation du CSE ; – contrôle de l'absence de caractère discriminatoire ; – motif tiré de l'intérêt général.	CE, 10 juin 1992, n° 94.626, Ste nationale de radiodiffusion Radio-France, Rec. p. 1346, RJS 1992 n° 1133. CE, 25 mars 1988, n° 80.574, Association La Comédie de Touraine.
	16.2.5	**3) Arrivée du terme du contrat** : Incompétence de l'inspecteur du travail depuis la loi n° 2018-217 du 29 mars 2018.	Cass. soc., 10 juill. 2024, n° 22-21.856 B.
Fin de contrat de travail temporaire	16.3.2	**1) Rupture du contrat avant son terme** : – validité de la saisine (vérification de la nature du contrat) ; – respect de la procédure ; – réalité du motif ; – contrôle de l'absence de caractère discriminatoire ; – motif d'intérêt général.	Cass. soc., 13 fév. 2012, n° 11-21.946 QPC, Bull. civ. V n° 71, RJS 2012 n° 432.
	16.3.3	**2) Non renouvellement de la mission** : – validité de la saisine (vérification de la nature du contrat) ; – respect de la procédure ; – réalité du motif ; – contrôle de l'absence de caractère discriminatoire ; – motif d'intérêt général.	Cass. soc., 13 fév. 2012, n° 11-21.946 QPC, Bull. civ. V n° 71, RJS 2012 n° 432.
Fin de contrat de travail temporaire	16.3.4	**3) Décision de ne plus attribuer de nouvelle mission** : – validité de la saisine (vérification de la nature du contrat) ; – respect de la procédure ; – réalité du motif ; – contrôle de l'absence de caractère discriminatoire ; – motif d'intérêt général.	Cass. soc., 13 fév. 2012, n° 11-21.946 QPC, Bull. civ. V n° 71, RJS 2012 n° 432.

Nature de la demande	n° §	Nature du contrôle	Référence et jurisprudence
Transfert	**16.6**	– respect de la procédure ; – applicabilité des dispositions soit légales soit conventionnelles ; – matérialité du transfert ; – contrôle de l'absence de caractère discriminatoire.	CE, 20 mai 1988, n° 74.863, Sté Goulet-Turpin, Rec. p. 201.
Rupture conventionnelle individuelle	**17.1**	– respect de la procédure ; – respect des garanties légales et conventionnelles ; – cause entrant dans l'objet de la rupture conventionnelle ; – vérification du libre consentement ; – contrôle de l'absence de caractère discriminatoire.	
Rupture conventionnelle collective	**17.2**	– respect de la procédure légale et conventionnelle ; – existence d'une décision de validation de l'accord collectif par la DREETS ; – vérification de l'accord libre et éclairé des parties ; – contrôle de l'application des clauses de l'accord aux parties ; – contrôle de l'absence de caractère discriminatoire.	
Congé de mobilité	**17.3**	– respect de la procédure légale et conventionnelle ; – existence d'une décision de validation de l'accord collectif par la DREETS si le congé mobilité repose sur un accord de rupture conventionnelle collective ou – contrôle de la validité de l'accord si le congé mobilité repose sur un accord GPEC ; – vérification de l'accord libre et éclairé des parties ; – contrôle de l'application des clauses de l'accord aux parties ; – contrôle de l'absence de caractère discriminatoire.	

Nature de la demande	n° §	Nature du contrôle	Référence et jurisprudence
Accord de performance collective	**43.2.5.2.**	– respect de la procédure légale et conventionnelle ; – contrôle de la validité de l'accord ; – vérification de la connaissance par le salarié de l'existence et du contenu de l'accord et de son droit d'accepter ou refuser ; – respect du délai d'un mois dont dispose le salarié pour refuser la modification ; – vérification du refus par le salarié ; – contrôle du délai d'engagement de la procédure de licenciement ; – contrôle de l'application des clauses de l'accord aux parties ; – contrôle de l'absence de caractère discriminatoire.	

CHAPITRE II

LE CONTRÔLE DE L'AUTORITÉ ADMINISTRATIVE SUR LES DEMANDES D'AUTORISATION PRÉSENTÉES À LA SUITE DU REFUS OPPOSÉ PAR LE SALARIÉ À UNE MODIFICATION DE SON CONTRAT DE TRAVAIL OU À UN CHANGEMENT DE SES CONDITIONS DE TRAVAIL : CADRE D'ANALYSE ET DÉFINITION

SECTION 1

L'évolution du cadre d'analyse des juridictions judiciaires et administratives

Cour de cassation

42.1. – Le contrat de travail est un contrat par lequel un employeur et un salarié se sont accordés sur un certain nombre de clauses. Ce contrat peut évoluer : il est susceptible de modifications, le plus souvent à l'initiative de l'employeur.

§ 4. LE PRÉCÉDENT CADRE DE RAISONNEMENT

42.1.1. – Pendant longtemps, l'analyse des modifications apportées à la relation de travail, telle qu'opérée tant par le juge judiciaire que par le juge administratif, a reposé sur la distinction opposant les modifications substantielles aux modifications non substantielles : les premières affectaient de manière substantielle un des éléments essentiels du contrat, ayant revêtu un caractère déterminant lors de sa conclusion.

Ce mode de raisonnement, fondé sur une analyse subjective, qui, dans le contentieux judiciaire, avait conduit la Cour de cassation à laisser aux juges du fond le soin d'apprécier souverainement le caractère substantiel ou non des modifications *(Cass. soc., 5 nov. 1987, n° 84-43.209, Bull. V n° 620)*, a été abandonné.

§ 5. LE CHANGEMENT DE JURISPRUDENCE DE LA COUR DE CASSATION

42.1.2. – Une approche différente de la modification de la relation de travail a été consacrée par deux arrêts rendus le 10 juillet 1996 par la chambre sociale de la Cour de cassation.

Dans chacune des deux espèces, la cour d'appel avait considéré que le refus du salarié d'accepter une modification jugée non substantielle, et la cessation d'activité qui s'ensuivait, autorisaient l'employeur à prendre acte d'une rupture assimilable à une démission. La modification refusée consistait, dans le premier cas, en une rétrogradation consécutive à une insuffisance de résultats et, dans le second cas, en une scission du service dont le salarié concerné avait la charge.

La chambre sociale de la Cour de cassation a cassé ces deux décisions au motif « *que le refus par un salarié de continuer le travail ou de le reprendre après un changement de ses conditions de travail décidé par l'employeur dans l'exercice de son pouvoir de direction constitue, en principe, une faute grave qu'il appartient à l'employeur de sanctionner par un licenciement ; qu'à défaut, en l'espèce, d'un tel licenciement le contrat n'a pas été rompu, de sorte que le salarié ne peut réclamer aucune indemnité* » *(Cass. soc., 10 juill. 1996, 2 arrêts : n° 93-41.137 et 93-40.966, Bull. V n° 278, Dr soc 1996, p. 976 ; chron. P. Waquet, « La modification du contrat de travail et le changement des conditions de travail », RJS 1996, p. 791)*.

S'inscrivant dans le prolongement de la jurisprudence Raquin *(Cass. soc., 8 oct. 1987, n° 84-41.902 et 84-41.903, Bull. V n° 541)* qui avait, d'une part, écarté le principe de la « *prise d'acte* » par l'employeur de la rupture du contrat par le salarié et, d'autre part, énoncé que l'acceptation par ce dernier de la modification substantielle ne pouvait résulter de la seule poursuite du contrat, ces décisions ont marqué un revirement important sur deux points :

– en premier lieu, il a été jugé que l'existence d'une démission ne pouvait être tenue pour acquise, en l'absence d'une volonté non équivoque du salarié : le comportement fautif de celui-ci peut en revanche justifier un licenciement pour faute grave ;
– en second lieu, pour la première fois, la Haute Juridiction a substitué à la notion de modification non substantielle celle de changement des conditions de travail, décidé par l'employeur dans l'exercice de son pouvoir de direction, et dont le refus par le salarié constitue en principe une inexécution fautive du contrat de travail.

Depuis cette date, le juge judiciaire fonde son appréciation sur la distinction entre la modification du contrat de travail, que le salarié peut refuser, et le simple changement des conditions de travail, qui s'impose à lui. De son côté, le Conseil d'État a érigé en principe général du droit le principe selon lequel toute modification des termes du contrat de travail doit recueillir l'accord à la fois de l'employeur et du salarié *(CE, Assemblée, 29 juin 2001, n° 222.600, Berton, Rec. p. 296, concl. S. Boissard, Dr soc 2001, p. 948)*.

§ 6. PRÉSENTATION DU CADRE ACTUEL DE RÉFÉRENCE DU JUGE JUDICIAIRE

42.1.3. – Le juge judiciaire distingue « *les modifications concernant les éléments qui sont de l'essence du contrat de travail (et ne peuvent être modifiées qu'avec l'accord du salarié) de ce qui ne constitue qu'un simple changement des conditions de travail relevant du pouvoir de direction de l'employeur (et pouvant subir des transformations s'imposant au salarié)* » *(intervention de Gérard Gélineau-Larrivet, président de la chambre sociale de la Cour de cassation, lors du colloque chambre sociale de la Cour de cassation/AFDT/ENM/INTEFP, des 29-30 sept. 1999)*.

L'évolution jurisprudentielle procède de la volonté de revenir à une conception plus civiliste de la relation contractuelle, fondée sur le droit commun des contrats, et notamment l'application de l'article 1134 du Code civil, qui subordonne la modification ou la révocation des conventions au consentement des parties ou à des causes que la loi autorise. S'appuyant sur le principe posé par l'article L. 1221-1 du Code du travail, selon lequel « *le contrat de travail est soumis aux règles du droit commun* », le juge judiciaire voit dans la réhabilitation du contrat de travail l'instrument d'une meilleure protection du salarié, d'une part, et d'une détermination claire de la sphère d'action et du pouvoir de direction de l'employeur, d'autre part *(cf. chron. P. Waquet, « Le renouveau du contrat de travail », RJS 1999, p. 383)*.

À l'appui de cette approche civiliste, l'exigence renforcée d'un écrit, déjà prévue par le Code du travail pour l'ensemble des contrats autres que le contrat à durée indéterminée à temps complet, résulte désormais des dispositions du décret n° 2023-1004 du 30 octobre 2023 *(C. trav., art. R. 1221-34 et R. 1221-35)*, pris en application de la loi n° 2023-171 du 9 mars 2023 *(C. trav., art. L. 1221-5-1)* transposant diverses dispositions de la directive européenne n° 2019/1152 du 20 juin 2019 *(JOUE 11 juill. 2019)* relatives à des conditions de travail transparentes et prévisibles. Applicables à tous les salariés, ces dispositions font obligation aux employeurs de leur remettre par écrit les informations principales relatives à la relation de travail. En outre, s'agissant de la modification d'un des « *éléments essentiels du contrat de travail* », telle qu'elle les définissait en son article 2, la directive n° 91/533/CEE du 14 juin 1991 *(« relative à l'obligation de l'employeur d'informer le travailleur des conditions applicables au contrat de travail ou à la relation de travail »)* prévoyait déjà, en son article 5, qu'une telle modification « *doit faire l'objet d'un document écrit à remettre par l'employeur au travailleur dans les plus brefs délais, et au plus tard un mois après la date de la prise d'effet de la modification* ».

Toutefois, la disparition de toute analyse subjective peut avoir des conséquences particulièrement rigoureuses pour les salariés, dès lors que les employeurs prennent la précaution d'insérer dans le contrat des clauses de mobilité ou de flexibilité, portant sur des éléments tels que le lieu ou les horaires de travail, étendant ainsi le champ de leur pouvoir de direction. L'analyse de la jurisprudence de la Cour de cassation révèle une volonté de limiter ce pouvoir lorsque son exercice résulte non de la seule prise en compte de l'intérêt de l'entreprise par l'employeur, mais d'un abus de droit de sa part et, par ailleurs, lorsqu'un droit essentiel de la personne, tel que le libre choix du domicile personnel et familial, est en cause.

§ 7. ANALYSE DU CADRE ACTUEL DE RÉFÉRENCE DU JUGE JUDICIAIRE

A. Le droit du salarié de refuser une modification de son contrat de travail

42.1.4.1. – Une modification du contrat de travail, y compris à titre disciplinaire, ne peut pas être imposée à un salarié *(Cass. soc., 17 juin 2009, n° 07-44.570, Bull. V n° 152, RJS 2009 n° 714, Dr ouvrier 2009, p. 612)*. Confronté au refus de son salarié, l'employeur doit « *soit le rétablir dans son emploi, soit tirer les conséquences du refus en engageant la procédure de licenciement* » *(Cass. soc., 26 nov. 2002, n° 00-44.517, Bull. V n° 353, RJS 2003 n° 158)*.

Il en va de même en matière de recherche de reclassement consécutive à une inaptitude médicale, quand bien même l'employeur ne ferait que se conformer à la loi en suivant les prescriptions du médecin du travail *(Cass. soc., 29 nov. 2011, n° 10-19.435)*.

Le refus du salarié « *n'emporte pas par lui-même rupture du contrat de travail* » et ce n'est que « *si l'employeur entend poursuivre la modification et l'imposer au salarié après le refus de celui-ci que cette voie de fait vaut rupture du contrat de travail » (Cass. soc., 28 nov. 2001, n° 00-40.260, RJS 2002 n° 144 ; Cass. soc., 31 mars 2004, n° 02-41.235, RJS 2004 n° 655 ; Cass. soc., 9 avr. 2008, n° 06-44.724, RJS 2008 n° 763).*

Le refus d'une modification du contrat de travail ne constitue ni une faute *(pour un exemple : Cass. soc., 7 juin 2005, n° 03-42.080, Bull. V n° 189, RJS 2005 n° 803 ; Cass. soc., 25 nov. 2009, n° 08-42.755, Bull. V n° 267, RJS 2010 n° 163)*, ni en soi une cause de licenciement *(Cass. soc., 7 juill. 1998, n° 96-40.256 et 96-45.047, Bull. V n° 367, RJS 1998 n° 958 ; Cass. soc., 11 juill. 2018, n° 17-12.747, B. ; RJS 2018 n° 601 ; Cass. soc., 28 mai 2019, n° 17-17.929, B.)*. Il en est de même lorsque le salarié refuse une modification décidée par un employeur ayant décidé de reprendre son contrat de travail *(Cass. soc., 10 janv. 2006, n° 04-41.537, RJS 2006 n° 310)*.

L'employeur ne peut donc se fonder sur le seul refus du salarié pour justifier un licenciement. Il s'ensuit logiquement que :

- le refus d'exécuter un ordre qui constitue une modification du contrat de travail ne peut être regardé comme fautif et, par suite, le licenciement, qui présente nécessairement un caractère disciplinaire, est dépourvu de cause réelle et sérieuse *(Cass. soc., 23 janv. 2001, n° 98-44.843, 98-45.287 et 98-45.318, Bull. V n° 19, note J. Mouly, Dr soc 2001, p. 446)* ;
- l'employeur ne peut se prévaloir, sans avoir rétabli le salarié dans son emploi, d'un comportement fautif postérieur à son refus d'une modification de son contrat pour procéder à un licenciement disciplinaire pour un motif postérieur au refus de la modification du contrat *(Cass. soc., 13 juill. 2004, n° 02-43.015, Bull. V n° 206, note J. Mouly, Dr soc 2004, p. 1008)* ;
- *« le refus par les salariés de la modification de leurs contrats de travail proposée par l'employeur en exécution d'un accord collectif prévoyant le licenciement de ceux qui s'opposeraient à ladite modification n'impliquait pas de la part des intéressés la volonté de résilier leurs contrats de travail par un commun accord » (Cass. soc., 10 janv. 2006, n° 03-44.640, 03-44.641 et 03-44.642, RJS 2006 n° 328)*.

Par ailleurs, la Cour de cassation contrôle l'appréciation faite par le juge du fond sur le contenu et la modification du contrat de travail *(Cass. soc., 28 janv. 1998, n° 95-40.275, Bull. V n° 40)*.

Si le refus opposé par le salarié à une modification de son contrat ne peut justifier un licenciement, en revanche, le motif de la modification peut constituer une cause réelle et sérieuse de licenciement et il appartient au juge de rechercher si la nécessité pour l'employeur de procéder à la modification du contrat de travail était justifiée *(Cass. soc., 28 janv. 2005, n° 03-40.639, Bull. V n° 35 ; Cass. soc., 16 nov. 2005, n° 03-43.512, RJS 2006 n° 167)*.

Le consentement du salarié à la modification de son contrat de travail doit être libre et éclairé ; à défaut, l'avenant au contrat de travail signé par le salarié est nul pour vice de consentement *(Cass. soc., 2 juill. 2003, n° 01-40.564, RJS 2003 n° 1122)*. La résiliation judiciaire du contrat de travail peut en outre être demandée par le salarié *(Cass. soc., 19 mai 2009, n° 07-41.084, Liaisons soc. Jurisp. Hebdo n° 121/2009, 8 juin 2009)*.

En l'absence d'accord exprès de sa part, en dehors de l'application de la procédure prévue par l'article L. 1222-6 du Code du travail *(cf. n°* ***22.9.1.1****)*, son acceptation ne peut pas résulter de la seule exécution du contrat aux conditions modifiées *(Cass. soc., 16 févr. 1999, n° 96-45.594, Bull. V n° 72 ; Cass. soc., 5 mai 2009, n° 08-40.397, Liaisons soc. Jurisp. Théma n° 203/2009, 2 oct. 2009 ; Cass. soc., 23 oct. 2019, n° 18-13.799)*.

B. Le refus d'un changement des conditions de travail

42.1.4.2. – En principe, ce refus revêt, un caractère fautif. Il ne constitue pas à lui seul une faute grave *(Cass. soc., 9 avr. 2002, n° 99-45.155, Bull. V n° 123, RJS 2002 n° 785 ; Cass. soc., 11 mai 2005, n° 03-41.753, Bull. V n° 156, RJS 2005 n° 711 ; Cass. soc., 23 févr. 2005, n° 04-45.463, Bull. V n° 64, Dr soc 2005, p. 638 ; Cass. ass. plén., 23 oct. 2015, n° 13-25.279, B., note J. Mouly, Dr soc. 2016, p.27 ; note G. Auzero et F. Canut, Dr soc 2017, p. 11)*.

Pour apprécier la gravité du comportement fautif, le juge prend en compte la situation personnelle du salarié, et notamment :

- son ancienneté dans l'entreprise *(Cass. soc., 21 janv. 2009, n° 07-41.690)* ;
- la durée de la période pendant laquelle ses conditions de travail avaient été maintenues *(Cass. soc., 17 oct. 2000, n° 98-42.264, Bull. V n° 328)* ;
- sa situation familiale *(Cass. soc., 12 mai 2009, n° 08-40.281)* et ses charges de famille *(Cass. soc., 15 déc. 2004, n° 02-44.924, Bull. V n° 335 ; Cass. soc., 16 nov. 2016, n° 15-23.735 ; cf. également P. Waquet, Dr. soc. 2000. 1051)*.

À l'inverse, le refus d'un changement minime sans raison légitime, sauf à vouloir s'opposer, de manière systématique à une directive de l'employeur, justifie la qualification de faute grave *(Cass. ass. plén., 23 oct. 2015, n° 13-25.279, préc. ; Cass. soc., 24 oct. 2018, n° 17-22.600)*.

Cependant, le refus n'est pas regardé comme fautif en cas de :

- **détournement de pouvoir de l'employeur établi par le salarié ou légèreté blâmable** *(Cass. soc., 3 juin 1997, n° 94-43.476 ; Cass. soc., 10 juin 1997, n° 94-43.889, Bull. V n° 210 : arrêts reproduits dans RJS 1997 n° 794)*. La présomption de la conformité du changement de conditions de travail à l'intérêt de l'entreprise est admise en tant qu'élément de la bonne foi contractuelle, cette dernière étant elle-même toujours présumée, et il incombe dès lors au salarié d'apporter la preuve du contraire *(Cass. soc., 3 oct. 2007, n° 06-45.478)*.

Dans cette hypothèse, le licenciement est jugé comme dépourvu de cause réelle et sérieuse *(Cass. soc., 28 nov. 2001, n° 99-45.985)* ;

– **mise en œuvre dans des conditions exclusives de la bonne foi contractuelle.**

La Cour de cassation estime qu'une « *prérogative de l'employeur vis-à-vis de son salarié ne peut pas être mise en œuvre dans des conditions exclusives de la bonne foi contractuelle* » et que « *inhérent aux prérogatives de l'employeur, l'exercice de son pouvoir de direction est soumis à l'obligation générale de bonne foi (...)* » *(Rapport 2005 de la Cour de cassation, p. 234)*.

La bonne foi contractuelle est donc écartée non seulement quand le changement n'est pas jugé conforme à l'intérêt de l'entreprise, mais également lorsque les conditions de mise en œuvre sont jugées exclusives de la bonne foi *(cf. n° **42.2.6.2.3**)*.

§ 8. L'ADOPTION PAR LE CONSEIL D'ÉTAT DE LA GRILLE D'ANALYSE DE LA COUR DE CASSATION

A. L'application par le juge administratif de la précédente grille d'analyse

42.1.5.1. – La distinction traditionnelle entre modification substantielle et modification non substantielle a également déterminé longtemps la position du juge administratif, tant pour analyser le terrain, disciplinaire, économique ou autre sur lequel se situait la demande de l'employeur que pour apprécier le bien-fondé de celle-ci.

Une abondante jurisprudence atteste de la permanence de ce mode de raisonnement *(notamment CE, 13 sept. 1995, n° 109.975, Sales)*.

1. La faute d'une gravité suffisante en cas de refus par le salarié d'une modification non substantielle

42.1.5.1.1. – Le Conseil d'État avait jugé que le refus, par le salarié, d'une modification « non substantielle » présentait un caractère de faute d'une gravité suffisante dans les cas suivants :

– le refus d'un emploi équivalent, tant au plan de la rémunération qu'à celui des responsabilités, à l'emploi supprimé occupé antérieurement par un salarié, délégué syndical, dont le licenciement pour motif économique avait été refusé par l'autorité administrative *(CE, 10 févr. 1978, n° 95.006 et 95.041, Galy, Rec. p. 63)* ;

– le refus d'un salarié, agent de maîtrise au sein d'une société de courtage en assurance, et dont l'activité consistait en la recherche de contrats d'assurance, d'une mutation sur un poste dans lequel, tout en conservant le même statut et la même rémunération, il était chargé de proposer à la clientèle d'autres catégories de contrats d'assurance *(CE, 7 févr. 1986, n° 44.322, Sucaud)* ;

– le refus d'un salarié de prendre de nouvelles fonctions dans un emploi équivalent sur le plan des horaires, de la rémunération et des responsabilités à celui qu'il occupait précédemment, le refus étant motivé par le simple changement du circuit de livraison qui lui était imposé *(CE, 11 mai 1987, n° 72.389, Duval et syndicat CFDT, Jurisp. soc. UIMM n° 88-500, p. 107)* ;
– le refus d'une salariée, agent administratif auprès du secrétariat général de la direction, d'occuper le nouvel emploi d'agent administratif auprès du service précontentieux auquel elle avait été affectée *(CE, 19 oct. 1988, n° 88.194, Cuvillier)* ;
– le refus de deux propositions d'emploi, à responsabilité et rémunération inchangées, sur d'autres chantiers, opposé par un salarié travaillant sur un chantier sur le point de s'achever, alors que son contrat de travail comportait l'engagement de travailler sur les différents chantiers de l'entreprise *(CE, 23 nov. 1988, n° 67.860, Ramirez)* ;
– le refus d'un salarié de rejoindre le poste auquel il était nouvellement affecté et d'occuper le logement de fonction mis gratuitement à sa disposition sur place, en application d'une obligation faite à tous les chefs de centre d'habiter sur place ; un refus ayant été également opposé aux propositions ultérieures d'affectation *(CE, 2 oct. 1991, n° 105.749, ministre de l'Emploi c. / Tellez, Tables p. 1229)* ;
– le refus d'une mutation qui n'avait pas « *bouleversé les termes de son contrat de travail* » *(CE, 31 juill. 1992, n° 102.352, Collette, RJS 1992 n° 1975)* ;
– un refus de mutation, à qualification et rémunération inchangées, et compte tenu de la faible distance entre l'ancien et le nouveau lieu de travail *(CE, 1er févr. 1995, n° 140.329, Sté Friga-Bohn)* ;
– le refus d'un journaliste, précédemment chargé par une association de télévision locale de réaliser des magazines et reportages à raison d'une émission de soixante minutes tous les deux mois, de réaliser, à la suite de leur suppression, une émission de quarante-cinq minutes consacrée à une réalisation de la commune *(CE, 16 févr. 1996, n° 151.401, Molinari, Tables p. 1190, RJS 1996 n° 424)* ;
– le refus d'une proposition de modification du lieu de travail, « *compte tenu du maintien de la qualification et de la rémunération, et de la faible distance séparant Guebwiller de Colmar* [20 km] » *(CE, 6 mai 1996, n° 153.102, Caisse d'épargne d'Alsace, RJS 1996 n° 807)* ;
– le refus d'une proposition de mutation d'un salarié, ouvrier nettoyeur, sur un autre site, à durée et rémunération équivalentes, sans effet préjudiciable pour l'exercice de ses fonctions représentatives, son retrait du précédent chantier ayant été demandé par

le client à la suite d'une altercation *(CE, 15 nov. 1996, n° 161.636, Sté La rayonnante)*.

2. *L'absence de faute de gravité suffisante : en cas de modification substantielle du contrat de travail*

42.1.5.1.2. – La faute d'une gravité suffisante avait été écartée :

– pour un salarié refusant, à son retour d'un arrêt pour maladie imputable aux séquelles d'un accident du travail, une affectation constituant, nonobstant le maintien de sa rémunération, un déclassement par rapport à ses fonctions précédentes, sans que ce déclassement ait été motivé par une quelconque inaptitude à conserver lesdites fonctions et alors que l'employeur avait refusé d'envisager toute autre mesure *(CE, 5 déc. 1980, n° 12.461, CGEE Alsthom, Rec. p. 469)* ;

– pour un salarié, précédemment chargé de fonctions d'accueil au siège de la société, ayant refusé une mutation en qualité de gardien auprès d'un client de l'entreprise, même sans obligation de changement de résidence *(CE, 27 sept. 1985, n° 55.330, Sté Goron)* ;

– pour un salarié « *délégué syndical et délégué du personnel… avisé par son employeur, la société Européenne de Travaux, qu'il était muté, à compter du 20 mai 1985, sur le chantier de la centrale nucléaire de Chinon, alors que l'intéressé résidait en Gironde et exerçait ses mandats représentatifs auprès des salariés de la société travaillant sur les chantiers de cette région… dans les circonstances de l'espèce et à le supposer établi, le refus par M. G d'accepter, en l'absence de toute stipulation de son contrat de travail l'y contraignant, une mutation s'analysant comme une modification substantielle dudit contrat, n'était pas constitutif d'une faute et ne pouvait justifier la demande d'autorisation de licenciement présentée par la société précitée le 3 juin 1985* » *(CE, 22 nov. 1989, n° 81.542, Sté Européenne de Travaux ; P. Moussy, « Droit au refus d'une modification de l'emploi remettant en cause les conditions d'exercice de l'activité représentatives », Dr ouvrier 1990, p. 44)* ;

– pour une salariée refusant la modification de ses attributions aboutissant à un déclassement *(CE, 11 janv. 1995, n° 129.717, Transports Mutte)* ;

– pour un salarié refusant que son nouvel horaire de travail soit porté de 39 à 43 heures et que son nombre de jours de repos par quinzaine soit réduit de quatre à trois, sans compensation financière *(CAA Bordeaux, 8 févr. 2001, n° 97BX02028, Buisson)*.

3. *L'absence de faute de gravité suffisante : en cas de modification non substantielle*

42.1.5.1.3. – La faute d'une gravité suffisante avait été écartée pour une salariée qui, en dépit du caractère excessif de ses protestations contre les modifications de fonctions qui lui étaient imposées, n'avait pas refusé d'occuper effectivement ses nouvelles fonctions, la procédure de licenciement ayant été engagée avant la date d'effet de sa mutation *(CE, 14 oct. 1983, n° 34.554, Sté Laboratoires Servier)*.

4. La modification motivée par l'exercice du mandat

42.1.5.1.4. – En tout état de cause, le licenciement n'était pas jugé justifié si la modification proposée résultait d'un détournement de pouvoir de la part de l'employeur *(proposition de mutation s'analysant comme une modification substantielle et motivée en réalité par les mandats exercés par le salarié : CE, 22 nov. 1989, n° 81.542, Sté Européenne de Travaux)*.

B. L'adoption par le juge administratif du changement de grille d'analyse

42.1.5.2. – C'est à partir de 1997 que le Conseil d'État a fait application aux salariés protégés de la distinction initiée en 1996 par la Cour de cassation, juge de droit commun du contrat de travail.

Dans un premier arrêt *(CE, 10 mars 1997, n° 170.114, Vincent, Rec. p. 76)*, relatif à une modification limitée de lieu de travail refusée par un salarié, il a retenu l'existence d'un « *simple changement de ses conditions de travail... décidé par l'employeur dans l'exercice de son pouvoir de direction* », estimant que « *son contrat de travail n'avait fait l'objet d'aucune modification substantielle* » (en l'espèce, le salarié, animateur-responsable de quartier de la ville de Castres, refusait d'être affecté, à rémunération et charge de travail inchangées, dans un autre quartier de la ville).

La notion de modification substantielle a disparu dans deux décisions rendues peu après, en juin 1997. La première était relative au refus d'un nouveau mode de rémunération par une salariée. Dans cette décision *(CE, 18 juin 1997, n° 160.961, Union des sociétés mutualistes de Lille, Tables p. 1108)*, le Conseil d'État s'est référé à « *la modification, non des conditions, mais du contrat de travail* ». S'agissant de la seconde affaire, le juge administratif a estimé que le refus d'une mutation proposée dans la même commune, expressément prévu au contrat de travail, et de l'adjonction de quelques tâches de manutention « *constituaient, en l'espèce, non pas une modification du contrat de travail de M. Valadou que ce dernier eût été fondé à refuser sans commettre de faute grave, mais seulement une modification de ses conditions de travail décidée par l'employeur dans l'exercice de son pouvoir de direction* » *(CE, 27 juin 1997, n° 163.522, Valadou : refus d'une mutation, à conditions de rémunération, d'horaires et de qualification inchangées, le changement du lieu de travail dans la même commune [Gennevilliers] et les quelques tâches de manutention résultant du nouvel emploi constituant seulement un changement des conditions de travail)*.

Depuis cette date, exception faite de quelques décisions isolées *(notamment : CE, 10 juin 1998, n° 165.463, Sté Creeks, Rec. p. 1204 ; CAA Bordeaux, 8 févr. 2001, n° 97BX02028, Buisson, préc.)*, où la notion de modification substantielle est encore utilisée pour qualifier la mise en place d'un nouveau système de rémunération, la formulation de la distinction par le juge administratif apparaît dans des termes identiques à ceux qu'avait utilisés le juge judiciaire.

Par ailleurs, le Conseil d'État a érigé en principe général du droit le principe selon lequel toute modification des termes du contrat de travail doit recueillir l'accord à la fois de l'employeur et du salarié *(CE, Ass., 29 juin 2001, n° 222.600, Berton, Rec. p. 296, concl. S. Boissard, Dr soc 2001, p. 948)*.

§ 9. LE CADRE LÉGAL

42.1.6. – La loi du 18 janvier 2005 a substitué aux termes « *modification substantielle du contrat de travail* » les termes « *modification [...] d'un élément essentiel du contrat de travail* », insérés dans l'article L. 321-1-3 [devenu l'article L. 1233-25] relatif aux conséquences du refus par les salariés de cette modification.

SECTION 2

La définition de la notion de modification du contrat de travail

42.2. – La mise en œuvre de la grille d'analyse actuelle se heurte à de nombreuses interrogations, dans la mesure où la doctrine élaborée par la Cour de cassation n'a pas levé, loin s'en faut, toutes les incertitudes.

Son application aux différents éléments de la relation de travail nécessite donc une distinction entre :

- les éléments dont la modification, par nature, n'emporte pas modification du contrat de travail : les éléments du statut collectif ;
- les éléments par essence contractuels, et dont la modification affecte le contrat de travail : la rémunération, la qualification, le lien de subordination ;
- les éléments contractuels par la volonté des parties, et dont la modification emporte celle du contrat de travail : les éléments dits « *contractualisés* » ;
- et enfin, les éléments sur lesquels pèse l'incertitude, et qui, au cas par cas, peuvent être considérés, soit comme modification du contrat de travail, soit comme simple changement des conditions de travail : tel est notamment le cas des horaires et du lieu de travail.

Compte tenu des difficultés particulières que soulève leur analyse, la durée, les horaires et le lieu de travail feront chacun l'objet d'une analyse spécifique.

§ 1. L'ABSENCE DE MODIFICATION DU CONTRAT DE TRAVAIL RÉSULTANT DE LA MODIFICATION DU STATUT COLLECTIF

42.2.1. – Lorsqu'un employeur est lié par les clauses d'une convention ou d'un accord collectif, ces clauses s'appliquent aux contrats de travail conclus avec lui, sauf stipulations plus favorables *(C. travail, art. L. 2254-1)*. Toutefois, le statut collectif ne s'incorpore pas, en principe, au contrat de travail *(Cass. soc., 13 mars 2001, n° 99-40.678, Bull. V n° 94)*, qu'il s'agisse d'un accord collectif, d'un usage ou d'un engagement unilatéral de l'employeur.

Il n'en est autrement :

- qu'en cas de volonté des parties de le contractualiser ;
- ou que dans les situations de remise en cause d'un accord collectif, prévues par l'article L. 2222-6 du Code du travail.

A. Accord collectif et contrat de travail

1. Un accord collectif ne peut pas modifier le contrat de travail

42.2.1.1.1. – Plusieurs décisions ont rappelé ce principe *(Cass. soc., 25 févr. 1998, n° 95-45.171, Bull. V n° 104, RJS 1998 n° 497 ; Cass. soc., 14 mai 1998, n° 96-43.797, Bull. V n° 251 ; Cass. soc., 27 juin 2002, n° 00-42.646, Bull. V n° 222, RJS 2002 n° 1074 ; Cass. soc., 25 févr. 2003, n° 01-40.588, Bull. V n° 64 ; Cass. soc., 16 févr. 2022, n° 20-17.644, B.)*.

Il en est ainsi :

- **Lors de l'entrée en vigueur d'un nouveau texte conventionnel ou de la modification du texte conventionnel applicable.**

  Ainsi, il a été jugé qu'une salariée ne pouvait, nonobstant les conséquences sur sa rémunération, se prévaloir d'aucun droit acquis à sa qualification antérieure, résultant d'une grille conventionnelle de classification modifiée par avenant à l'accord collectif d'établissement *(Cass. soc., 16 nov. 1993, n° 90-43.233, Bull. V n° 273, Dr soc 1994, p. 521, RJS 1994, n° 3 ; Cass. soc., 9 févr. 1994, n° 90-45.483, RJS 1994, n° 280)*.

  De même, une convention collective ne peut modifier le salaire contractuel que dans un sens plus favorable *(Cass. soc., 27 janv. 1999, n° 96-43.342, Bull. V n° 43, Dr soc 1999, p. 308, RJS 1999 n° 364, à la suite de l'entrée en vigueur d'une nouvelle convention collective prévoyant une prime d'ancienneté ; Cass. soc., 13 nov.*

2001, n° 99-42.978, Bull. V n° 340 ; Cass. soc., 15 sept. 2021, n° 19-15.732, B., RJS 2021 n° 670, RDT 2021, p. 554).

– **Lors de la fin normale de sa période d'application** *(Cass. soc., 17 mars 1993, n° 91-45.184, Dr soc 1993, p. 464 ; Cass. soc., 30 mars 1994, n° 90-42.144, Dr soc 1994, p. 521).*

En revanche, en cas de dénonciation de l'accord collectif, à l'issue de son délai de survie (d'une durée maximale de douze mois à compter de l'expiration du préavis de dénonciation), et en l'absence d'un nouvel accord applicable à cette date, les salariés des entreprises concernées bénéficient d'une garantie de rémunération dont le montant annuel, pour une durée de travail équivalente à celle prévue par leur contrat de travail, ne peut être inférieur à la rémunération versée, en application de la convention ou de l'accord dénoncé et du contrat de travail, lors des douze derniers mois *(C. trav., art. L. 2261-13 ; note J.-F. Cesaro et A. Martinon, « Le maintien de la rémunération perçue, observations et propositions », JCP S 2017, n° 1062).* Il en va de même lorsque la remise en cause de l'accord collectif en vigueur résulte notamment d'une fusion, d'une cession, d'une scission ou d'un changement d'activité *(C. trav., art. L. 2261-14).* L'employeur qui souhaiterait remettre en cause ultérieurement cette garantie procéderait de ce fait à une modification du contrat de travail, soumise à l'accord du salarié.

De même, une convention collective ne peut pas permettre à un employeur de procéder à la modification du contrat de travail sans recueillir l'accord exprès du salarié *(Cass. soc., 10 févr. 2016, n° 14-26.147, Bull 2016, n° 844, soc. n° 877, RJS 2016 n° 277).*

Il n'en va autrement qu'en présence d'une disposition légale contraire. Tel est le cas :

– d'un accord collectif d'aménagement du temps de travail sur une période supérieure à la semaine *(C. trav., art. L. 3121-43 ; cf. n°* ***42.2.2.1****)* ;

– d'un accord de performance collective *(C. trav., art. L. 2254-2 III ; cf. n°* ***42.2.8****).*

2. *La nature du contrat de travail ne peut pas être modifiée par avenant au contrat de travail*

42.2.1.1.2. – L'interdiction de renoncer par avance au droit de se prévaloir des règles relatives au licenciement qui résulte de l'article L. 122-14-7, alinéa 3, devenu l'article L. 1231-4 du Code du travail, rend sans effet la signature d'un contrat à durée déterminée alors que le contrat à durée indéterminée est toujours en cours d'exécution *(Cass. soc., 25 mars 2009, n° 06-46.330, Bull. V n° 87, D. 2009.1580, note H.K. Gaba, JCP S 2009.1337, note F. Bousez ; Cass. soc., 18 déc. 2013, n° 12-17.925).*

3. *Le salarié ne peut pas renoncer contractuellement à des avantages conventionnels*

42.2.1.1.3. – Aucun avenant au contrat de travail ne peut modifier celui-ci dans un sens moins favorable à l'accord collectif applicable.

Il en est ainsi tant que l'accord reste en vigueur, et notamment pendant la période de survie prévue par l'article L. 2261-13 du Code du travail *(Cass. soc., 26 mai 1998, n° 96-41.053 et 96-41.054, Bull. V n° 278, Dr soc 1998, p. 886, précédé de la chron. G. Couturier, « Pot pourri autour des modifications du contrat de travail »).*

4. *Le principe de faveur doit bénéficier au salarié*

42.2.1.1.4. – En présence de deux normes conventionnelles ou de deux normes, l'une, conventionnelle, et l'autre, contractuelle, il doit être fait application de la plus favorable pour le salarié *(C. trav., art. L. 2254-1 ; cf. également Cass. ass. plén., 18 mars 1988, n° 84-40.083, Bull. AP n° 3 ; Cass. soc., 17 juill. 1996, n° 95-41.745, Bull. V n° 296 ; cf. A. Jeammaud, Dr soc 1999, p. 115).*

La comparaison doit se faire :

- collectivement, et non par individu *(Cass. soc., 25 janv. 1984, n° 81-41.609, Bull. V n° 33 ; Cass. soc., 17 janv. 1996, n° 93-20.066, Bull. V n° 15, Dr soc 1996, p. 643 ; Cass. soc., 19 févr. 1997, n° 94-45.286, Bull. V n° 70)* ;
- avantage par avantage *(Cass. soc., 27 févr. 1986, n° 84-43.444, Bull. V n° 50 ; Cass. soc., 18 janv. 2000, n° 96-44.578, Bull. V n° 27).*

Bien que consacré par une jurisprudence constante et rappelé dans l'arrêt précité du 18 janvier 2000, le principe de l'analyse avantage par avantage avait toutefois été remis en cause par deux décisions de la Cour de cassation.

La première, au demeurant controversée sur ce point, avait retenu le caractère plus favorable d'un accord collectif de révision dans lequel « *la suppression de la moitié de la prime semestrielle était compensée par une prime sur les résultats et avait en outre pour contrepartie le maintien des salariés dans leur emploi menacé, sauf à eux à opter pour un départ volontaire* » *(Cass. soc., 19 févr. 1997, n° 94-45.286, Bull. V n° 70, préc.).*

Ce mode de comparaison d'avantages différents, ainsi que l'importance du critère du maintien de l'emploi, avaient été repris dans une seconde décision, rendue le 3 novembre 1999 *(Cass. soc., 3 nov. 1999, n° 98-44.271 et 98-44.277, Bull. V n° 429).*

5. *L'accord collectif s'applique en cas de silence du contrat de travail*

42.2.1.1.5. – Il en est ainsi notamment des obligations mises à la charge du salarié, telles que celles se rapportant :

- à une clause de non-concurrence *(Cass. soc., 8 janv. 1997, n° 93-44.009, Bull. V n° 8)* ;
- à un régime d'astreintes *(Cass. soc., 16 déc. 1998, n° 96-42.102, Bull. V n° 556, RJS 1999 n° 241 : accord collectif précisant leur fréquence et leur rémunération ; Cass. soc., 13 févr. 2002, n° 00-40.387, RJS 2002 n° 570)* ;
- à une clause de mobilité, sous réserve qu'elle se suffise à elle-même et que le salarié ait été informé de l'existence de cette dernière au moment de son engagement et mis en mesure d'en prendre connaissance *(Cass. soc., 27 juin 2002, n° 00-42.646, Bull. V n° 222, RJS 2002 n° 1074)*.

6. *Par dérogation au principe, les dispositions de l'accord de performance collective se substituent de plein droit aux clauses contraires et incompatibles du contrat de travail*

42.2.1.1.6. – Cette question est examinée au n° **42.2.8**.

B. Usage, engagement unilatéral et contrat de travail

42.2.1.2. – L'avantage, résultant d'un usage ou d'un engagement unilatéral de l'employeur, n'est pas davantage incorporé au contrat de travail. L'employeur peut y mettre fin en le dénonçant régulièrement, sans que cette dénonciation emporte modification des contrats de travail *(Cass. soc., 13 févr. 1996, n° 93-42.309, Bull. V n° 53 ; Cass. soc., 3 déc. 1996, n° 94-19.466, Bull. V n° 412, Dr soc 1997, p. 102 ; Cass. soc., 10 févr. 1998, n° 95-42.543, Bull. V n° 83 ; Cass. soc., 6 juill. 2005, n° 04-45.037, Bull. V n° 239)*.

La recherche par l'employeur d'un accord avec ses salariés sur la modification d'un avantage porté par un usage n'a pas pour effet de changer la nature juridique de celui-ci, qui reste non incorporé au contrat de travail *(Cass. soc., 16 nov. 2005, n° 04-40.339, Bull. V n° 329)*.

La remise au salarié, lors de son embauche, d'un document mentionnant les usages ou les engagements unilatéraux de l'employeur, fût-il mentionné au contrat de travail à titre de renseignement sur le statut collectif de l'entreprise, n'a pas pour effet de contractualiser les avantages qui y sont décrits *(Cass. soc., 11 janv. 2000, n° 97-44.148, Bull. V n° 17 ; Cass. soc., 2 mai 2001, 2 arrêts : n° 99-41.264, Bull. V n° 143 et n° 99-41.178, RJS 2001 n° 834 ; Cass. soc., 26 sept. 2012, n° 11-10.220)*.

Il en va autrement lorsque l'usage ou l'engagement unilatéral de l'employeur a été intégré dans le contrat de travail *(Cass. soc., 7 avr. 1998, n° 95-42.992, Bull. V n° 206)*.

Le Conseil d'État a jugé que la révocation d'un usage est opposable au salarié protégé sous réserve que la dénonciation ait été régulière et que l'usage ne se soit pas incorporé au contrat de travail *(CE, 9 mars 2005, n° 257.768, Mme Goerig, Tables p. 1122, RJS 2005 n° 760)*.

§ 2. LA MODIFICATION DU CONTRAT DE TRAVAIL : LA MODIFICATION D'UN ÉLÉMENT CONTRACTUEL PAR NATURE

Plan du paragraphe

42.2.2. – Certains éléments relèvent par nature du contrat de travail, qu'il soit écrit ou non, et forment « *l'armature du contrat* » *(cf. chron. P. Waquet, « Tableau de la jurisprudence sur le contrôle de la modification du contrat de travail », Dr soc 1999, p. 566, et « Le renouveau du contrat de travail », RJS 1999 p. 383 ; cf. également chron. P.-H. Antonmattei, « Les éléments du contrat de travail », Dr soc 1999, p. 330)*.

En tout état de cause, la rémunération, la qualification et le lien de subordination relèvent de cette catégorie. La modification du contrat est caractérisée dès lors qu'elle porte sur l'un de ces éléments, quelle que soit sa nature ou son ampleur.

A. La rémunération

42.2.2.1. – « *La rémunération contractuelle du salarié constitue un élément du contrat de travail qui ne peut être modifié, même de manière minime, sans son accord* » *(Cass. soc., 19 mai 1998, n° 96-41.573, Bull. V n° 265 ; Cass. soc., 3 mars 1998, n° 95-43.274, Bull. V n° 109, RJS 1998, n° 417, Dr soc 1998, p. 529, obs. Gérard Couturier ; Cass. soc., 18 avr. 2000, n° 97-43.706, Bull. V n° 139, RJS 2000, n° 633)*. Cet accord doit être émis de manière claire et non équivoque *(Cass. soc., 14 déc. 2022, n° 21-17.171, RJS 2023, n° 129)*.

En application de cette jurisprudence, dès lors que l'employeur réduit la durée du travail du salarié, que cette dernière soit stipulée ou non au contrat, sans assurer une compensation salariale intégrale, la réduction du niveau de salaire qui en résulte entraîne une modification du contrat de travail, que le salarié n'est pas tenu d'accepter *(Cass. soc., 19 nov. 1997, n° 95-45.139 ; en l'espèce, le juge ne fait aucune référence à une clause contractuelle)*.

Il en va de même du mode de rémunération, « *peu important que l'employeur prétende que le nouveau mode serait plus avantageux* » *(Cass. soc., 28 janv. 1998, n° 95-40.275, Bull. V n° 40, Dr soc 1998, p. 528, obs. G. Couturier, RJS 1998 n° 274, pour la modification d'un système de commissionnement prévu dans le contrat de travail ; Cass. soc., 19 mai 1998, n° 96-41.573, Bull. V n° 265, préc. ; Cass. soc., 12 janv. 1999, n° 97-14.046 : passage d'une rémunération variable à une rémunération fixe ; Cass. soc., 20 janv. 1999, n° 96-42.264 : suppression d'une indemnité de trajet prévue au contrat de travail ; Cass. soc., 30 mai 2000, n° 98-44.016 et 97-45.068,*

Bull. V n° 206, RJS 2000 n° 772 ; Cass. soc., 3 juill. 2001, n° 99-42.761, Bull. V n° 242, RJS 2001 n° 1112 ; Cass. soc., 1er juill. 2008, n° 07-40.799, Bull. V n° 147, Liaisons soc. Jurisp. Hebdo n° 162/2008, 16 juill. 2008 ; Cass. soc., 5 mai 2010, n° 07-45.409, Bull. V n° 102, RJS 2010 n° 583 ; Cass. soc., 18 mai 2011, n° 09-69.175, Bull. V n° 117, RJS 2011 n° 659 ; Cass. soc., 27 sept. 2017, n° 16-23.738).

Une modification du contrat de travail ne peut pas, en revanche, résulter de la seule adoption d'une nouvelle politique commerciale ayant pour effet une baisse du chiffre d'affaires, et par conséquent de la rémunération, d'un VRP *(Cass. soc., 19 juin 2001, n° 99-42.810, RJS 2001 n° 1116)*. Cependant, la limitation de la zone géographique d'un commercial, qui est de nature à amoindrir son potentiel commercial et à influer par suite sur le montant de la partie variable de sa rémunération, est constitutive d'une modification du contrat de travail *(Cass. soc., 2 mars 2011, n° 08-44.977, Bull. V n° 55 ; Cass. soc., 16 juin 2015, n° 14-17.365)* ; ce critère tiré de l'incidence défavorable sur la rémunération variable a été repris par le Conseil d'État, s'agissant d'un salarié protégé *(CE, 12 avr. 2023, n° 449.229, Sté Orange, mentionné aux Tables, RJS 2023 n° 391)*.

Deux situations doivent dès lors être distinguées : soit la définition de la part variable de la rémunération, liée notamment au secteur de clientèle attribué est contractualisée, soit elle relève du pouvoir de l'employeur ; dans ce dernier cas, il appartient au juge d'apprécier l'incidence, défavorable ou non, du changement opéré par ce dernier sur la rémunération du salarié.

Un accord collectif, même s'il prévoit une prise en compte de toutes les heures de travail effectuées et une garantie de maintien de salaire, ne permet pas à l'employeur de diminuer le salaire contractuel horaire *(Cass. soc., 3 juill. 2001, n° 99-40.641, Bull. V n° 246, RJS 2001 n° 1113 ; Cass. soc., 3 nov. 2011, n° 10-11.765)*.

Une convention de forfait en heures, incluant des heures supplémentaires dans la rémunération et constituant de ce fait une modification de celle-ci, qu'il s'agisse d'un forfait hebdomadaire, mensuel ou, pour les catégories de salariés énumérées à l'article L. 3121-56, annuel, a un caractère contractuel et sa mise en place ne peut résulter que de l'accord écrit des deux parties *(C. trav., art. L. 3121-55)*. Il en est de même de la modification du forfait *(Cass. soc., 6 juill. 1999, n° 96-45.787, Bull. V n° 323, RJS 1999 n° 1072)*.

A également un caractère contractuel l'instauration du forfait annuel en jours pour les salariés appartenant aux catégories mentionnées à l'article L. 3121-58 du Code du travail *(C. trav., art. L. 3121-55)*, ou la modification de ce forfait.

La mise en place d'une répartition des horaires sur une période supérieure à la semaine par accord collectif ne constitue pas une modification du contrat de travail pour les salariés à temps complet *(C. trav., art. L. 3121-43, issu de la loi n° 2012-387 du 22 mars 2012)*. Elle s'impose au salarié dès lors que le contrat de travail ne comporte aucune dérogation à cette organisation collective *(Cass. soc., 2 mars 2017, n° 15-21.832 ; Cass. soc., 17 nov. 2021, B., n° 19-25.149, RJS 2022 n° 17).* Toutefois, la chambre sociale avait précédemment jugé que cette disposition de la loi du 22 mars 2012 qui, modifiant l'état du droit existant, n'avait ni caractère interprétatif, ni effet rétroactif, n'était applicable qu'aux décisions de mise en œuvre effective de la modulation du temps de travail prises après publication de ladite loi *(Cass. soc., 25 sept. 2013, n° 12-17.776 et 12-17.777, Bull. V n° 217, RJS 2013 n° 860 ; Cass. soc., 3 déc. 2014, n° 13-18.378).*

Constitue une modification du contrat de travail la définition annuelle, par note émanant de la direction commerciale, du taux et des modalités de l'intéressement au chiffre d'affaires d'un VRP, « *peu important que le contrat de travail ait pu réserver à l'employeur la possibilité d'aménager chaque année le mode de calcul des commissions* » *(Cass. soc., 20 oct. 1998, n° 96-40.908, Bull. V n° 436).* Dans deux décisions du 30 mai 2000, il est même précisé « *qu'une clause du contrat ne peut valablement permettre à l'employeur de modifier unilatéralement la rémunération contractuelle du salarié* » *(Cass. soc., 30 mai 2000, n° 98-44.016 et 97-45.068, Bull. V n° 206, RJS 2000, n° 772, préc. ; Cass. soc., 23 janv. 2001, n° 98-46.377 à 98-46.381, Bull. V n° 23 : à propos d'une clause contractuelle permettant à un employeur de modifier unilatéralement le secteur géographique d'un VRP ; Cass. soc., 27 févr. 2001, n° 99-40.219, Bull. V n° 60, RJS 2001 n° 562 ; Cass. soc., 16 juin 2004, n° 01-43.124, Bull. V n° 166, RJS 2004 n° 1000 ; Cass. soc., 6 févr. 2019, n° 17-26.562).*

De même, a été jugé comme ayant un caractère contractuel un document intitulé « *normes de rémunération* », signé par les deux parties : les modalités de calcul de la partie variable de la rémunération ne peuvent donc être modifiées sans l'accord préalable du salarié *(Cass. soc., 16 févr. 1999, n° 96-45.013, RJS 1999 n° 475 ; Cass. soc., 13 mars 2013, n° 11-27.715 pour une réorganisation du service de nature à entraîner une baisse de la partie variable de la rémunération, sans garantie du maintien du montant du salaire).*

La modification de la rémunération contractuelle peut également affecter des compléments de salaire, tels qu'un treizième mois prévu par le contrat de travail, des avantages en nature, un logement ou véhicule de fonction ou des modalités de remboursement de frais de déplacement, et être dès lors regardée constituant une modification du contrat de travail *(Cass. soc., 17 févr. 1999, n° 97-40.182 ; Cass. soc., 14 nov. 2007, n° 06-43.762 ; Cass. soc., 4 févr. 2015, n° 13-24.151 ; Cass. soc., 26 oct. 2017, n° 16-19.194, RJS 2018 n° 24 ; Cass. soc., 2 déc. 2020, n° 19-18.445).*

Le juge judiciaire considère que « *l'acceptation de la modification ne peut résulter de la seule poursuite du travail* » par le salarié ou « *de la seule absence de protestation de sa part* » *(Cass. soc., 10 nov. 1998, n° 96-41.088 ; Cass. soc., 12 janv. 1999, n° 97-14.046).*

Toutefois, ces principes jurisprudentiels ne concernent que la seule rémunération contractuelle, par opposition aux éléments de rémunération résultant d'une convention ou d'un accord collectif, d'un usage ou d'un engagement unilatéral de l'employeur *(cf. supra ; voir également chron. P. Waquet, « Tableau de la jurisprudence sur le contrôle de la modification du contrat de travail », Dr soc 1999, p. 566).*

Par ailleurs, sont admises les clauses de variation du salaire fondées sur des éléments objectifs indépendants de la volonté de l'employeur, ne correspondant pas à un risque inhérent à l'entreprise et n'ayant pas pour effet de réduire la rémunération en dessous des minima légaux et conventionnels *(Cass. soc., 2 juill. 2002, n° 00-13.111, Bull. V n° 229, RJS 2002 n° 1076 ; Cass. soc., 20 avr. 2005, n° 03-43.696, RJS 2005 n° 710, pour une clause réévaluant le salaire pour la durée d'un contrat de sous-traitance conclu avec une autre société).*

Ne constitue pas une modification du contrat de travail la suppression d'une prime variable, non contractualisée, liée à une tâche annexe ayant disparu dans la nouvelle affectation du salarié *(Cass. soc., 16 mars 2011, n° 08-42.671, Bull. V n° 76, RJS 2011 n° 394 ; Cass. soc., 30 mai 2012, n° 11-10.087, RJS 2012 n° 686 ; Cass. soc., 9 avr. 2015, n° 13-27.624, Bull. 2015, V, n° 70, note L. Bento de Carvalho, RDT 2015, p. 396 ; Cass. soc., 16 oct. 2019, n° 17-18.446, RJS 2020 n° 10).* Il en va de même de la correction d'une erreur par l'employeur *(Cass. soc., 19 juin 2019, n° 18-11.272).*

La modification de la cadence de travail, sans répercussion sur la rémunération ou le temps de travail d'un salarié, constitue un simple changement de ses conditions de travail *(Cass. soc., 20 oct. 2010, n° 08-44.594, Bull. V n° 237, RJS 2011 n° 14).*

B. La qualification

42.2.2.2. – Le salarié a un droit à se voir confier des tâches en rapport avec sa qualification. En revanche, l'employeur peut procéder à un aménagement de ses attributions dès lors que les nouvelles tâches correspondent à la qualification du salarié, ne modifiant pas, *de facto*, celle-ci, ou n'altèrent pas de manière importante le contenu de la fonction occupée. En outre, le caractère temporaire peut ne pas constituer une modification du contrat de travail.

1. La modification du contrat de travail

42.2.2.2.1. – Elle est reconnue dans les cas suivants.

a) Lorsque le salarié se voit imposer des tâches ne relevant pas de son emploi

42.2.2.2.1.1. – Il en a été jugé ainsi :

- pour la demande faite à un salarié, V.R.P., « *d'accomplissement de tâches complémentaires consistant en des études de faisabilité, des suivis et des réceptions de chantiers, lesquelles tendaient à devenir son activité principale au préjudice de sa mission de représentation commerciale* » *(Cass. soc., 8 avr. 1998, n° 95-43.442 ; Cass. soc.,*

2 févr. 1999, n° 96-44.340, Bull. V n° 51, Dr soc 1999, p. 417, RJS 1999 n° 350) ;

– pour un salarié, engagé en qualité de « rippeur », à qui il était demandé d'exercer également les fonctions de chauffeur *(Cass. soc., 26 mai 1998, n° 96-40.617)* ;

– pour un salarié, engagé en qualité de réceptionniste de nuit d'un hôtel, à qui il était demandé, en plus, de dresser les couverts pour le petit-déjeuner, cette tâche étant habituellement assurée par le service cafétéria de l'hôtel *(Cass. soc., 24 janv. 2001, n° 99-40.596, RJS 2001 n° 563)* ;

– pour un salarié engagé comme peintre, chargé d'exécuter le nettoyage de chantiers *(Cass. soc., 6 févr. 2002, n° 99-45.995)* ;

– pour un salarié, dessinateur-projeteur « DAO », à qui il avait été demandé d'accomplir des tâches administratives complémentaires de documentation technique ne relevant pas de sa qualification et étrangères à son activité *(Cass. soc., 17 janv. 2006, n° 04-40.965, RJS 2006 n° 393)* ;

– pour le responsable d'un service, affecté à un poste de comportant pas de fonction d'encadrement *(Cass. soc., 13 mars 2013, n° 12-11.622)*.

b) Lorsque le salarié se voit imposer une promotion

42.2.2.2.1.2. – Le juge judiciaire a notamment estimé que « *transformait les attributions du salarié* », carrossier-peintre, la proposition qui lui avait été faite d'accéder au poste de responsable de l'atelier de peinture avec le même salaire, au même coefficient, mais avec une clause de non-concurrence et une clause d'intéressement *(Cass. soc., 16 déc. 1998, n° 96-41.845, Bull. V n° 557, RJS 1999 n° 154)* ; l'intéressé avait été licencié à la suite de son refus.

c) Lorsque l'employeur assortit l'affectation à un nouveau poste de travail d'une période probatoire

42.2.2.2.1.3. – Si au cours de l'exécution du contrat de travail l'employeur peut assortir sa décision d'affectation d'un salarié à un nouveau poste de travail emportant modification du contrat de travail d'une période probatoire, une telle condition requiert l'accord exprès du salarié *(Cass. soc., 16 mai 2012, 2 arrêts : n° 10-24.308, Bull. V n° 148, RJS 2012 n° 609 ; n° 10-10.623, Bull. V n° 149)*. La rupture de cette période a alors pour effet de replacer la salariée dans ses fonctions antérieures *(Cass. soc., 30 mars 2008, 2 arrêts : n° 02-46.338 et 03-41.797)*. S'agissant d'un salarié protégé, cette mesure, qui constitue une modification de ses conditions de travail, ne peut lui être imposée et, en cas de refus de ce dernier, il appartient à l'employeur, le cas échéant, de saisir l'inspection du travail d'une demande d'autorisation de licenciement *(Cass. soc., 30 sept. 2010, n° 08-43.862, Bull. V n° 210, RJS 2010 n° 957 ; cf. n°* ***43.1.1.1.2****)*.

d) Lorsque le salarié se voit confier des tâches d'un niveau inférieur à sa qualification

42.2.2.2.1.4. – Tel est le cas :

– de la réduction de l'emploi d'un directeur-adjoint à des tâches secondaires *(Cass. soc., 29 janv. 1997, n° 94-40.025, Bull. V n° 38)* ;

– d'une proposition de création de poste ayant pour effet de transformer la qualification de chef de région du salarié en celle d'adjoint au chef de région *(Cass. soc., 23 janv. 2001, n° 99-40.129, Bull. V n° 18, RJS 2001 n° 563)* ;

– du retrait d'une partie des responsabilités, du bureau personnel et de l'avantage en nature constitué par l'usage d'un véhicule de fonctions *(Cass. soc., 12 juill. 1999, n° 97-41.532)* ;

– du retrait à un ingénieur de ses fonctions de responsable du service qualité, accompagné de la suspension du versement des primes techniques et de gestion *(Cass. soc., 5 janv. 1999, n° 96-45.367)* ;

– du partage entre trois personnes de la responsabilité de la formation et de l'encadrement des gestionnaires, qui incombait à la salariée, « *ce qui a eu pour conséquence de la priver de toute maîtrise dans la gestion des dossiers et avait entraîné une modification importante des responsabilités de Mme G.* » *(Cass. soc., 20 janv. 1999, n° 97-40.050)* ;

– du dessaisissement partiel, à la suite de l'instauration d'un comité éditorial et du recrutement d'un rédacteur en chef du fonctionnement, d'une salariée qui avait pleinement exercé ses responsabilités de rédactrice en chef jusqu'à l'année 1991, « *ce dont il résultait que le contrat de travail avait été modifié* » *(Cass. soc., 27 janv. 1999, n° 96-44.837)* ;

– du fait de confiner systématiquement un salarié dans des attributions secondaires de son emploi *(Cass. soc., 19 juin 1980, n° 78-41.515, Bull. V n° 543)* ;

– de la notification de nouvelles attributions de magasinier en produits alimentaires à un salarié jusqu'alors chef cuisinier, employé à remplir des barquettes de préparations froides, plus valorisantes et en relation avec ses compétences *(Cass. soc., 2 oct. 2002, n° 00-42.003, RJS 2002 n° 1351)* ;

– de la transformation des attributions et du niveau de responsabilités d'un salarié occupant des fonctions de direction, n'étant plus désormais en charge de la grande distribution mais d'enseignes privées, ses responsabilités étant ainsi ramenées à un niveau très inférieur *(Cass. soc., 28 janv. 2005, n° 03-40.639, Bull. V n° 35, RJS 2005 n° 475)* ;

– de nouvelles fonctions privant une salariée exerçant *de facto* des fonctions de direction de ses attributions de gestion *(Cass. soc., 26 mai 2010, n° 08-44.995, RJS 2010 n° 641 ; Cass. soc., 2 mars 2011, n° 09-40.547 ; Cass. soc., 30 mars 2011, n° 09-71.824 et Cass.*

soc., 25 sept. 2013, n° 12-17.605, nonobstant le maintien de la qualification et de la rémunération) ;

- pour le directeur d'une association à qui la délégation générale de signature avait été retirée *(Cass. soc., 26 oct. 2011, n° 10-19.001, Bull. V n° 241, RJS 2012 n° 9)* ;
- pour une salariée, directrice de service au sein d'une association, qui s'était vu proposer des fonctions de chargée de mission notamment pour le management de projets et la prise en charge de projets associatifs *(Cass. soc., 30 mai 2013, n° 12-16.614)* ;
- de l'« *appauvrissement de ses missions et de ses responsabilités* » imposé à un salarié à la suite de la perte de clientèle par l'entreprise, « *son poste étant vidé sa substance* », cette « *modification du contrat de travail étant imputable non à un tiers, mais à l'employeur* » *(Cass. soc., 29 janv. 2014, n° 12-19.479, Bull. V n° 34, RJS 2014 n° 297 ; Cass. soc., 23 janv. 2019, n° 17-27.200, RJS 2019 n° 205).*

2. *L'absence de modification du contrat de travail*

42.2.2.2.2. – Ces situations doivent être distinguées du simple aménagement des attributions, lequel ne constitue pas une modification du contrat de travail, mais un simple changement des conditions de travail, qui s'impose au salarié, dès lors que les nouvelles tâches correspondent à la qualification du salarié et que cette dernière n'est pas, *de facto*, modifiée.

Il en a été jugé ainsi :

- pour une salariée agricole, occupée principalement à la cueillette des citrons, et qui soutenait que sa nouvelle affectation, à l'engainage des bananes, constituait une modification de son contrat de travail *(Cass. soc., 10 mai 1999, n° 96-45.673, Bull. V n° 199)* ;
- pour un fondé de pouvoir, affecté dans un autre département, qui avait refusé ce changement au motif qu'il aurait à gérer un budget moindre et n'aurait pas à mettre en œuvre des connaissances financières aussi étendues qu'auparavant *(Cass. soc., 10 oct. 2000, n° 98-41.358, Bull. V n° 316, RJS 2000 n° 1221)* ;
- pour une femme de ménage, salariée d'un syndicat de copropriétaires et affectée au ménage des appartements de ces derniers, qui avait refusé d'effectuer désormais le nettoyage des parties communes de l'immeuble *(Cass. soc., 24 janv. 2001, n° 98-44.873, Bull. V n° 128, RJS 2001 n° 835)* ;
- pour un salarié engagé en qualité de « speaker radio », à qui il avait été demandé d'animer une autre émission, la précédente ayant été supprimée *(Cass. soc., 18 juill. 2001, n° 99-45.076, Bull. V n° 276, RJS 2001 n° 1373)* ;
- pour un directeur du développement d'une grande entreprise, qui avait fait l'objet d'une mutation dans une filiale avec des

responsabilités équivalentes et une rémunération intégralement maintenue *(Cass. soc., 4 juin 2002, n° 00-42.924, RJS 2002 n° 1073)* ;

– pour un responsable commercial ayant, en dépit de la création d'un échelon hiérarchique entre lui-même et son supérieur hiérarchique, conservé l'ensemble de ses responsabilités *(Cass. soc., 5 mai 2009, n° 07-44.898, CSB Paris 2009 n° 213 p. 219 ; Cass. soc., 21 mars 2012, n° 10-12.068, Bull. V n° 100, RJS 2012 n° 525 ; Cass. soc., 12 mai 2017, n° 16-11.126 ; a contrario : Cass. soc., 8 juill. 2015, n° 14-10.356, pour un salarié chef de projet se voyant proposer un autre poste de chef de projet comportant des missions nécessairement différentes de celles occupées et le soumettant à une nouvelle organisation et à un autre rattachement hiérarchique)* ;

– pour un chauffeur poids lourds ayant refusé un changement de circuit de livraison *(Cass. soc., 23 févr. 2005, n° 03-42.018, Bull. V n° 64)* ;

– pour un directeur technique dont les principales responsabilités étaient demeurées inchangées lors de la restructuration de la société *(Cass. soc., 24 janv. 2007, n° 05-42.980)* ;

– pour une vendeuse du stand d'un grand magasin ayant refusé de procéder aux encaissements de ses ventes *(Cass. soc., 25 mars 2009, n° 07-45.266, Liaisons soc. Jurisp. Hebdo n° 77/2009, 6 avr. 2009)* ;

– pour un attaché commercial exerçant en dernier lieu la fonction de responsable commercial de zone, la création d'un niveau hiérarchique intermédiaire entre lui-même et son supérieur hiérarchique *(Cass. soc., 5 mai 2009, n° 07-44.898, CSB Paris 2009 n° 213 p. 219 ; Cass. soc., 12 janvier 2005, n° 02-47.592 pour une mutation constituant une simple mobilité horizontale ne modifiant pas le contrat de travail, peu important l'introduction de deux échelons intermédiaires entre le salarié, fondé de pouvoir d'un établissement financier et la direction générale)* ;

– pour le barman d'un self-service ayant refusé un ajout marginal de tâches correspondant à sa qualification *(Cass. soc., 22 sept. 2009, n° 08-41.352)*.

De même, les modifications temporaires, si elles sont exceptionnelles et de courte durée, et ne s'accompagnent d'aucune réduction de la rémunération, peuvent s'imposer au salarié *(Cass. soc., 12 févr. 1981, n° 79-41.140, Bull. V n° 133)*. En l'espèce, le salarié, devenu chef de chantier, après avoir été engagé onze ans auparavant comme chauffeur de poids lourds, puis nommé chef d'équipe routier avait pris acte de la rupture de son contrat de travail après que son employeur lui a demandé d'effectuer, pendant une période prédéterminée de 18 jours, des travaux de manœuvre, en raison d'une baisse d'activité de l'entreprise. Le juge judiciaire avait, pour écarter la modification du contrat de travail, relevé que ni sa qualification de chef de chantier ni sa rémunération n'avaient été remises en cause durant cette période à caractère provisoire *(Cass. soc., 12 sept. 2018, n° 17-17.676 ; a contrario : Cass. soc., 18 mars 2020, n° 18-21.700)*.

Toutefois, ces modifications ne doivent aboutir :

– ni à une aggravation des conditions de travail *(Cass. soc., 15 déc. 1982, n° 80-41.520 : secrétaire sténo-dactylographe à qui il avait été demandé de remettre en état son bureau, endommagé par des pluies torrentielles, et d'en assurer le nettoyage pendant l'indisponibilité de la femme de service qui en était chargée)* ;

– ni à l'exécution de travaux supplémentaires dans de mauvaises conditions *(Cass. soc., 20 janv. 1983, n° 80-41.616, Bull. V n° 27 : comptable à qui il était demandé d'accomplir, en sus de son travail, celui de secrétaire facturière habituellement effectué par une autre employée en congé de maternité)*.

3. La portée d'un avenant temporaire au contrat de travail

42.2.2.2.3. – La modification des fonctions d'un salarié appelé à remplacer temporairement un autre salarié durant son absence peut-elle être qualifiée de modification du contrat de travail en dépit de son caractère provisoire ?

Saisie d'un litige concernant une salariée engagée en qualité de caissière-gondolière à temps partiel et qui, durant l'absence de la salariée chef de caisse, avait vu ses fonctions, sa rémunération et son temps de travail modifiés, aux termes d'un avenant temporaire au contrat initial, la Cour de cassation avait décidé qu'un tel avenant constituait une modification de son contrat de travail, nonobstant sa durée temporaire d'application *(Cass. soc., 11 janv. 2006, n° 03-46.698, Bull. V n° 5, RJS 2006 n° 304, chron. J. Pélissier, B. Lardy-Pélissier et B. Reynès, D. 2006 n° 29 ; Cass. soc., 5 avr. 2006, n° 04-43.180, Bull. V n° 143, D. 2006 IR p. 1252 ; Cass. soc., 8 mars 2007, n° 04-43.580)*. De ce fait, la chambre sociale, n'attachant aucune conséquence à ce caractère temporaire, avait admis la possibilité pour l'intéressée de refuser une nouvelle modification la replaçant dans la situation antérieure à cet avenant. Il en est ainsi, *a fortiori*, en cas d'affectation de longue durée, et sans avenant de modification du contrat, dans un emploi distinct de l'emploi habituel *(Cass. soc., 2 mars 1994, n° 90-40.080, RJS 1994 n° 376 ; Cass. soc., 21 juin 2023, n° 22-13.514, RJS 2023 n° 506)*.

Dans l'arrêt rendu le 31 mai 2012, la chambre sociale a toutefois jugé que le retour d'un salarié à son poste antérieur après avoir occupé, à titre temporaire, des responsabilités supplémentaires pendant l'absence d'un collègue ne constituait pas une modification du contrat dès lors qu'il avait expressément accepté par un avenant à son contrat de travail le caractère temporaire de la modification de ses attributions et la perte, à l'issue du remplacement, du complément de salaire versé *(Cass. soc.,*

31 mai 2012, n° 10-22.759, Bull. V n° 164, RJS 2012 n° 785 ; Cass. soc., 31 mars 2016, n° 14-23.308 ; Cass. soc., 30 juin 2021, n° 20-15.456, RJS 2021 n° 528). Il en va autrement si l'avenant renvoie à une décision unilatérale de l'employeur, s'agissant du retour à la situation précédente *(Cass. soc., 30 juin 2021, préc.)*.

La possibilité, résultant de la loi n° 2013-504 du 14 juin 2013 relative à la sécurisation de l'emploi, d'augmenter temporairement par voie d'avenant au contrat de travail le nombre d'heures de travail des salariés à temps partiel, est examinée au n° **42.2.4.4**.

C. Le changement d'employeur

42.2.2.3. – Le passage au service d'un nouvel employeur, hors le cas particulier du transfert par application de l'article L. 1224-1 du Code du travail *(cf. n° **16.6**)*, constitue une novation du contrat de travail, non soumise à la procédure prévue par l'article L. 1222-6, qui ne peut résulter que d'une acceptation expresse du salarié *(Cass. soc., 10 avr. 2008, n° 06-45.836, 06-45.837, 06-45.838 et 06-45.840, RJS 2008 n° 644 ; Cass. soc., 8 avr. 2009, n° 08-41.046, Bull. V n° 104, RJS 2009 n° 498 ; obs. B. Ines, D. 2009.1282 ; note A. Mazeaud, Dr soc 2009, p. 813 ; note P. Morvan, JCP S 2009 ; Cass. soc., 3 mars 2010, n° 08-41.600, Bull. V n° 51, Dr soc 2010, p. 606, obs. Y. Struillou, D. 2010.703, obs. L. Perrin ; Cass. soc., 22 juin 2011, n° 10-30.043, RJS 2011 n° 751 ; Cass. soc., 24 mai 2018, n° 16-22.465)*. Il en est ainsi, notamment en cas de transfert conventionnel du contrat *(Cass. soc., 19 mai 2016, n° 14-26.556, B., RJS 2016 n° 550 ; cf. n° **16.6.8.2.2.1**)* ou d'application volontaire par l'employeur des dispositions de l'article L. 1224-1 du Code du travail *(cf. n° **16.6.8.2.3**)*.

De même, lorsque l'application de l'article L. 1224-1 du Code du travail entraîne une modification du contrat de travail autre que le changement d'employeur, le salarié est en droit de s'y opposer et la rupture résultant du refus par le salarié d'une modification de son contrat de travail, proposée par l'employeur pour un motif non inhérent à sa personne, constitue un licenciement pour motif économique *(Cass. soc., 17 avr. 2019, n° 17-17.880, B.)*.

S'agissant du transfert partiel entrainant par lui-même une modification du contrat de travail, il convient de se reporter au n° **16.6**.

La mutation d'un salarié dans une autre société, qu'elle appartienne au même groupe ou non, constitue une modification de son contrat qui ne peut intervenir sans son accord, peu important que les sociétés aient à leur tête le même dirigeant *(Cass. soc., 5 mai 2004, n° 02-42.580, Bull. V n° 120, RJS 2004 n° 794 ; Cass. soc., 19 mai 2016, n° 14-26.556 ; sur la validité des clauses de mobilité, cf. n° **42.2.6.2.3.1**)*. En outre, dans la mesure où un salarié ne peut accepter par avance un changement d'employeur, est nulle la clause de mobilité par laquelle il s'est engagé à accepter toute mutation dans une autre société, alors même que cette société appartiendrait au même groupe *(Cass. soc., 14 déc. 2022, n° 21-18.633, RJS 2023 n° 65)*.

Lorsque l'activité d'une entité économique employant des salariés de droit privé est, par transfert de cette entité, reprise par une personne publique dans le cadre d'un service public administratif, il appartient à cette personne publique de proposer à ces salariés un contrat de droit public, à durée déterminée ou indéterminée selon la nature du contrat dont ils sont titulaires ; en cas de refus des salariés d'accepter le contrat proposé, leur contrat prend fin de plein droit et la personne publique applique les dispositions relatives aux agents licenciés prévues par le droit du travail et par leur contrat *(C. trav., art. L. 1224-3 ; cf. n° **11.1.3.1**)*.

Sous réserve de l'application de dispositions législatives ou réglementaires spéciales, lorsque l'activité d'une personne morale de droit public employant des agents non titulaires de droit public est reprise par une personne morale de droit privé ou par un organisme de droit public gérant un service public industriel et commercial, cette personne morale ou cet organisme propose à ces agents un contrat régi par le présent code. Le contrat proposé reprend les clauses substantielles du contrat dont les agents sont titulaires, en particulier celles qui concernent la rémunération. En cas de refus des agents d'accepter le contrat proposé, leur contrat prend fin de plein droit. La personne morale ou l'organisme qui reprend l'activité applique les dispositions de droit public relatives aux agents licenciés *(C. trav., art. L. 1224-3-1)*.

S'agissant de la mise à disposition ou du détachement temporaire d'un salarié sans modification des conditions contractuelles existantes, la Cour de cassation avait jugé que cette opération ne constituait pas en soi une modification du contrat de travail *(Cass. soc., 1er avr. 2003, n° 02-14.680, Bull. V n° 128, RJS 2003, n° 708 ; Cass. soc., 15 mars 2005, n° 03-41.371, Bull. V n° 88, RJS 2005 n° 601)*. Depuis la loi du 28 juillet 2011, la mise à disposition d'un salarié par son employeur à une entreprise d'accueil dans le cadre d'un prêt de main-d'œuvre à but non lucratif requiert l'accord du salarié, son refus ne pouvant faire l'objet d'aucune sanction, licenciement ou mesure discriminatoire *(C. trav., art. L. 8241-2 ; L. 2011-893 du 28 juill. 2011, art. 40)*.

Une prise de participation dans le capital d'une société, voire une prise de contrôle de celle-ci par un nouvel associé, ne peut suffire, à elle seule, à caractériser le transfert d'une entité économique, et donc à faire du nouvel actionnaire majoritaire (ou même unique) l'employeur des salariés de cette société *(Cass. soc., 2 janv. 2002, n° 00-40.787, Bull. V n° 120, RJS 2002 n° 396 ; Cass. soc., 29 oct. 2002, n° 00-45.166, Bull. V n° 321, RJS 2003 n° 11 ; Cass. soc., 21 sept. 2005, n° 05-40.224, RJS 2005 n° 1075)*.

Le dispositif de mobilité volontaire sécurisée, créé par la loi n° 2013-504 du 14 juin 2014 de sécurisation de l'emploi et applicable aux entreprises ou groupes d'entreprises d'au moins trois cents salariés et aux salariés justifiant d'une ancienneté minimale de 24 mois, consécutifs ou non, permet à ces derniers de bénéficier d'une période de mobilité volontaire sécurisée afin d'exercer une activité dans une autre entreprise, au cours de laquelle l'exécution de leur contrat de travail est suspendue *(C. trav., art. L. 1222-12)*. Les modalités de cette mobilité, et notamment le contenu de l'avenant au contrat de travail et la garantie du droit au retour dans l'entreprise, sont précisées par les articles L. 1222-13 à L. 1222-16 du Code du travail.

§ 3. LA MODIFICATION DU CONTRAT DE TRAVAIL RÉSULTANT DE LA MODIFICATION DES ÉLÉMENTS « CONTRACTUALISÉS » OU SUSCEPTIBLES DE L'ÊTRE

Plan du paragraphe

42.2.3. – Tout élément contractuel de la relation de travail, quel que soit son objet, peut être contractualisé, du fait de la volonté des parties.

A. Les éléments figurant au contrat conclu entre les parties

42.2.3.1. – D'autres éléments, qui ne relèvent pas de ceux que le juge considère comme contractuels par nature ou par essence, peuvent être « contractualisés » : leur insertion est regardée comme étant une condition de l'accord conclu entre les parties.

Tel est par exemple le cas :

- d'une indemnité de remboursement des frais de déplacement *(Cass. soc., 25 janv. 2023, n° 21-19.169, RJS 2023 n° 196)* ou de modalités de remboursement des frais professionnels *(Cass. soc., 3 nov. 2010, n° 09-42.994)* ;
- d'un préavis contractuel plus favorable que la loi ou la convention collective *(Cass. soc., 15 juill. 1998, n° 97-43.985, Bull. V n° 381, Dr soc 1998, p. 889)* ou d'une indemnité contractuelle de licenciement ; cette indemnité ayant le caractère d'une clause pénale, le juge dispose toutefois, le cas échéant, de la possibilité d'en modifier le montant ;
- d'un engagement contractuel de maintenir l'emploi pendant une certaine durée *(Cass. soc., 7 avr. 1998, n° 95-45.060)* ou la stabilité du lieu de travail *(Cass. soc., 18 nov. 1998, n° 97-43.072, Bull. V n° 494)* ;
- d'une limitation contractuelle des causes de licenciement *(Cass. soc., 8 juill. 1998, n° 96-42.118, Bull. V n° 375 : engagement de ne pas licencier en cas de cessation prématurée du détachement du salarié, sauf si cette cessation résultait d'une faute grave du salarié, ou de la volonté de ce dernier)* ;

- d'une clause contractuelle ayant pour objet l'application volontaire d'une convention collective *(Cass. soc., 2 déc. 1998, n° 96-45.187, Bull. V n° 529 ; Cass. soc., 1er juill. 1998, n° 96-41.881)* ;
- de la durée contractuelle du travail *(Cass. soc., 20 oct. 1998, n° 96-40.614, Bull. V n° 433 ; Cass. soc., 2 mai 2000, n° 97-45.355)* ;
- d'un horaire précis ou de certains horaires particuliers *(Cass. soc., 8 juill. 1998, n° 96-42.015, Bull. V n° 374 ; cf. chron. J.-E. Ray, « Changements d'horaires », Dr soc 2001, p. 7 ; cf. M. Miné, « L'horaire de travail », Dr ouvrier oct. 2000)* ;
- de l'exécution de tout ou partie de la prestation de travail par le salarié à son domicile *(Cass. soc., 13 févr. 2013, n° 11-22.360, RJS 2013 n° 263 ; Cass. soc., 12 févr. 2014, n° 12-23.051, Bull. V n° 48, RJS 2014 n° 298)*.

S'agissant du lieu de travail, la Cour de cassation a jugé que la seule mention de celui-ci dans le contrat ne suffit pas à le « contractualiser » *(cf. n° **42.2.6.1.1.1**)*. Il en est de même de la référence aux modalités de calcul de la prime d'intéressement telles que prévues par l'accord collectif *(Cass. soc., 6 mars 2019, n° 18-10.615, RDT 2019, p. 249, obs. S. Maillard-Pinon)*.

B. La volonté de l'employeur d'insérer des clauses défavorables au salarié

42.2.3.2. – De même que la remise en cause des éléments contractualisés favorables au salarié, l'insertion de clauses défavorables dans le contrat de travail constitue également une modification de celui-ci *(cf. compte rendu du colloque « Regards sur la contractualisation des relations de travail », Institut du Travail de Lyon / AFDT, 23-24 mai 1997, Dr ouvrier, déc. 1997)*.

Il en est ainsi notamment :

- d'une clause de non-concurrence *(Cass. soc., 7 juill. 1998, n° 96-40.256 et 96-45.047, Bull. V n° 36, Dr soc 1998 p. 615 ; Cass. soc., 8 juill. 1998, n° 96-41.845, Bull. V n° 557, préc.)* ;
- d'une clause de mobilité au sein du groupe auquel appartient l'entreprise *(Cass. soc., 18 mars 1997, n° 94-40.593, RJS 1997 n° 522)* ;
- d'une clause d'objectifs.

En revanche, la mention, dans le bulletin de paie, de la convention collective, si elle vaut reconnaissance de son application *(Cass. soc., 18 nov. 1998, n° 96-42.991, Bull. V n° 499, Dr soc 1999, p. 101)*, n'a pas pour effet de la contractualiser : son application volontaire résulte alors d'un engagement unilatéral de l'employeur *(Cass. soc., 4 déc. 1991, n° 88-40.454, Bull. V n° 553)*.

§ 4. LA MODIFICATION DU CONTRAT DE TRAVAIL SUSCEPTIBLE DE RÉSULTER DE LA MODIFICATION DE LA DURÉE DU TRAVAIL

Plan du paragraphe

A. Le principe

42.2.4.1. – « *La durée du travail, telle que mentionnée au contrat de travail, constitue, en principe, un élément du contrat de travail qui ne peut être modifié sans l'accord du salarié » (Cass. soc., 20 oct. 1998, n° 96-40.614, Bull. V n° 433 pour une proposition d'augmentation du temps de travail* ; *Cass. soc., 2 mai 2000, n° 97-45.355, précité).*

Il en va de même, *a fortiori*, d'une réduction de la durée du travail opérée sans compensation salariale *(Cass. soc., 19 nov. 1997, n° 95-45.139 : en l'espèce, le juge n'avait fait aucune référence expresse à une clause contractuelle, la modification affectant au premier chef la rémunération).*

Il a également été jugé que la remise en cause de la durée contractuelle (en l'espèce, 39 heures) ne saurait résulter de l'apposition de la signature du salarié sur un relevé d'horaires établi par l'employeur *(Cass. soc., 16 févr. 1999, n° 96-45.594, Bull. V n° 72, RJS 1999 n° 477).*

Une réduction du temps de travail résultant d'un accord collectif constitue un simple changement des conditions de travail dès lors qu'aucun autre élément du contrat, en particulier la rémunération, n'est affecté *(Cass. soc., 27 mars 2001, n° 99-40.068, Bull. V n° 109, RJS 2001 n° 751, Liaisons soc. Jurisp. n° 713 du 9 avr. 2001 ; a contrario : Cass. soc., 13 nov. 2002, n° 00-45.712, RJS 2003 n° 42 ; Cass. soc., 25 juin 2003, n° 01-42.025, RJS 2003 n° 1275).* Cette solution vaut pour tous les salariés, y compris les salariés protégés *(Cass. soc., 26 févr. 2003, n° 01-43.027, Bull. V n° 73, RJS 2004 n° 469).*

B. Les heures supplémentaires et les astreintes

42.2.4.2. – L'adjonction d'heures supplémentaires à l'horaire normal de travail ne constitue pas une modification du contrat de travail *(Cass. soc., 9 mars 1999, n° 96-43.718, Bull. V n° 103).* Le refus du salarié de les accomplir constitue, dans la mesure où elles sont conformes à la loi ou à la convention collective, une faute passible d'une sanction disciplinaire.

Il en va de même de la réduction ou de la suppression :

– des heures supplémentaires, hormis le cas dans lequel elles sont prévues par le contrat de travail *(Cass. soc., 10 mars 1998, n° 95-44.842, Bull. V n° 124, Dr soc 1998, p. 492, RJS 1998 n° 416 ; Cass. soc., 20 oct. 1998, n° 96-44.547, RJS 1998 n° 1446 ; Cass. soc., 10 oct. 2012, n° 11-10.455, Bull. V n° 258, RJS 2013 n° 38)* ; il en va autrement en cas d'heures supplémentaires contractualisées *(Cass. soc., 7 mars 2018, n° 17-10.870)* ;

– des astreintes, sauf engagement de l'employeur vis-à-vis du salarié à en assurer l'exécution d'un certain nombre *(Cass. soc., 13 juill. 2010, n° 08-44.092, Bull. V n° 173, RJS 2010 n° 851 ; Cass. soc., 10 oct. 2012, n° 11-10.454, Bull. V n° 258, RJS 2013 n° 35)* ; a cependant été jugée comme valant modification du contrat de travail la perte, consécutive à une mutation, de primes d'astreinte inhérentes à la fonction occupée et régulièrement perçues depuis neuf années *(Cass. soc., 19 juin 2008, n° 07-41.282, Bull. V n° 136).*

En revanche, il a été jugé que le caractère systématique du recours aux heures supplémentaires, portant la durée hebdomadaire du travail de 35 à 39 heures, constitue une modification du contrat de travail, soumise à l'accord exprès du salarié *(Cass. soc., 8 sept. 2021, n° 19-16.908, RJS 2021 n° 608, RDT 2022, p. 48 note M. Véricel ; Cass. soc., 16 mai 1991, n° 89-44.485 pour un recours systématique à des heures supplémentaires imposées à une salariée le samedi)*.

Le décret n° 2023-1004 du 30 octobre 2023 *(art. 1 ; C. trav., art. R. 1221-34 et R. 1221-35)*, pris en application de la loi n° 2023-171 du 9 mars 2023 *(art. 19 ; C. trav., art. L. 1221-5-1)*, fait obligation à l'employeur de remettre au salarié par écrit les informations relatives notamment à la durée de travail quotidienne, hebdomadaire, mensuelle ou ses modalités d'aménagement sur une autre période de référence, aux conditions dans lesquelles le salarié peut être conduit à effectuer des heures supplémentaires ou complémentaires, ainsi que, le cas échéant, à toute modalité concernant les changements d'équipe en cas d'organisation du travail en équipes successives alternantes *(cf. n° **42.1.3**)*.

C. La modification de la durée du travail en application d'un accord de performance collective

42.2.4.3. – Elle est examinée au n° **42.2.8**.

D. Le passage à temps partiel

42.2.4.4. – Le refus par un salarié à temps plein d'effectuer un travail à temps partiel ne constitue ni une faute ni un motif de licenciement *(C. trav., art. L. 3123-4)*.

Une telle transformation constitue une modification du contrat de travail, soumise à l'accord du salarié. Il n'en va pas de même s'agissant d'une modification temporaire du contrat de travail, définie par voie d'avenant conclu pour une période définie, avec un retour à la situation antérieure au terme de cette période *(Cass. soc., 31 mai 2012, n° 10-22.759, Bull. V n° 164, RJS 2012 n° 785 ; Cass. soc., 31 mars 2016, n° 14-23.308 ; cf. n°* ***42.2.2.2.3****).*

La loi n° 2013-504 du 14 juin 2013 relative à la sécurisation de l'emploi a par ailleurs ouvert la possibilité pour les entreprises d'augmenter temporairement, par avenant au contrat de travail, le nombre d'heures de travail des salariés à temps partiel *(C. trav., art. L. 3123-22).*

Cette possibilité doit être prévue par une convention ou un accord collectif de branche étendu, lequel doit déterminer notamment le nombre maximal d'avenants pouvant être conclus, dans la limite de huit par an et par salarié, en dehors des cas de remplacement d'un salarié nommément désigné.

§ 5. LA MODIFICATION DU CONTRAT DE TRAVAIL SUSCEPTIBLE DE RÉSULTER DE LA MODIFICATION DES HORAIRES DE TRAVAIL

Plan du paragraphe

A. Le principe : l'absence de modification du contrat de travail

42.2.5.1. – Le changement de l'horaire de travail, dès lors qu'il ne s'accompagne de la modification d'un élément essentiel du contrat (rémunération et durée du travail par exemple), ne constitue pas, en principe, une modification du contrat de travail, mais relève du changement des conditions de travail *(Cass. soc., 22 févr. 2000, n° 97-44.339, Bull. V n° 67, Liaisons soc. Jurisp. 6 mars 2000 ; RJS 2000 n° 374 ; Cass. soc., 21 nov. 2000, n° 98-43.377 ; Cass. soc., 27 juin 2001, n° 99-42.462, Bull. V n° 234 ; Cass. soc., 9 avr. 2002, n° 99-45.155, Bull. V n° 123, RJS 2002 n° 785, pour des horaires passant de 9 heures à 18 heures au lieu de 7 heures à 16 heures ; Cass. soc., 2 avr. 2014, n° 13-11.060, Bull. V n° 93, RJS 2014 n° 465 ; Cass. soc., 4 févr. 2015, n° 13-21.644 ; cf. également chron. P. Waquet, « Modification du contrat. Tableau de la jurisprudence de la chambre sociale sur les horaires », Sem. soc. Lamy, 12 mars 2001 n° 1019).*

La même solution vaut également dans l'hypothèse où le changement d'horaires s'accompagne d'une diminution de rémunération résultant de la perte d'une prime liée à des sujétions ayant disparu dans le cadre du nouvel horaire *(Cass. soc., 9 avr. 2015, n° 13-27.624, Bull. 2015, V, n° 70, RJS 2015 n° 387).*

De même, il a été jugé qu'« *en l'état du texte applicable à défaut d'une clause contractuelle expresse prévoyant l'horaire quotidien et le bénéfice de la pause de midi, l'employeur en changeant l'horaire et en demandant aux salariés de travailler pendant l'heure du déjeuner fait usage de son pouvoir de direction* » ; la faute grave, retenue par l'employeur, avait toutefois été écartée dans la mesure où « *le nouvel horaire imposait à la salariée d'être présente à l'heure du déjeuner dont elle pouvait disposer précédemment, ce qui lui permettait de s'occuper de ses enfants d'âge scolaire* » *(Cass. soc., 17 oct. 2000, n° 98-42.177, Bull. V n° 327, RJS 2000 n° 1222 ; Cass. soc., 9 avr. 2002, n° 99-45.155, Bull. V n° 123, RJS 2002 n° 785).*

Ce pouvoir de direction ainsi reconnu à l'employeur pour modifier les conditions de travail doit toutefois être exercé sans commettre d'abus de droit ou de légèreté blâmable.

Par ailleurs, l'instauration d'une nouvelle répartition du travail sur la journée, qui relève du pouvoir de l'employeur, ne doit pas porter une atteinte excessive au droit du salarié au respect de sa vie personnelle et familiale ou à son droit au repos, sauf à constituer une modification du contrat de travail *(Cass. soc., 3 nov. 2011, n° 10-14.702, Bull. V n° 246, RJS 2012 n° 10, JCP E n° 4, 26.01.2012, note Martinon ; Cass. soc., 23 janv. 2013, n° 11-22.364).*

La modification de la répartition de la durée du travail entre les jours de la semaine soulève toutefois des interrogations, compte tenu de décisions contradictoires rendues par la Cour de cassation.

Dans une autre décision du 17 octobre 2000, relative à l'obligation faite à une salariée, aide-comptable secrétaire, employée depuis 19 ans, de venir désormais travailler un samedi matin sur deux, la Cour de cassation a exclu l'existence d'une modification du contrat de travail, estimant qu'« *à défaut d'une clause contractuelle expresse excluant le travail du samedi, l'employeur, en demandant aux salariées de travailler ce jour ouvrable, fait usage de son pouvoir de direction* » *(Cass. soc., 17 oct. 2000, n° 98-42.264, Bull. V n° 328).*

Or, dans des situations à peu près identiques, la solution inverse a été retenue :

– pour l'obligation faite à des salariés qui travaillaient quatre jours de la semaine, de travailler un jour supplémentaire *(Cass. soc., 23 janv. 2001, n° 98-44.843, 98-45.287 et 98-45.318, Bull. V n° 19, RJS 2001 n° 411)* ;
– pour une mesure imposant à une salariée, occupant des fonctions de secrétariat, employée depuis 16 ans du lundi au vendredi, de venir travailler un samedi complet sur deux, ce qui la privait en outre du bénéfice du repos hebdomadaire de deux jours consécutifs *(Cass. soc., 22 oct. 2003, n° 01-42.651, RJS 2004 n° 5)* ;
– pour le changement de la répartition d'un horaire de travail imposant à un salarié de travailler deux dimanches sur trois, et non

plus un dimanche sur trois *(Cass. soc., 17 nov. 2004, n° 02-41.100, Bull. V n° 292, Dr soc 2005, p. 227, obs. Radé)*.

Par ailleurs, sans toutefois admettre l'existence d'une modification du contrat de travail, la Cour de cassation n'a pas retenu l'existence d'une faute grave pour le refus, fondé sur des obligations familiales impérieuses, d'une modification des horaires de travail d'une salariée à son retour de congé maternité *(Cass. soc., 14 déc. 2005, n° 03-47.721, Bull. V n° 364, RJS 2006 n° 331, D. 2006, p. 1087, note Lefranc-Hamoniaux ; Cass. soc., 1er avr. 2003, n° 00-41.873, Bull. V n° 125, RJS 2003 n° 768 ; Cass. soc., 11 mai 2005, n° 03-41.753, Bull. V n° 156, RJS 2005 n° 711)*.

B. L'exception : la modification du contrat de travail résultant de l'altération notable et permanente de l'horaire de travail

42.2.5.2. – Il appartient au juge d'apprécier si, par son ampleur, le changement d'horaire « *bouleverse l'économie du contrat* » *(cf. chron. P. Waquet, « Tableau de la jurisprudence sur le contrôle de la modification du contrat de travail », Dr soc 1999, p. 566)* et, de ce fait, constitue une modification du contrat de travail, ou si, au contraire, il ne représente qu'un simple changement des conditions de travail décidé par l'employeur dans le cadre de son pouvoir de direction. En conséquence, la chambre sociale a censuré l'arrêt de la cour d'appel qui avait estimé que la salariée était fondée à refuser un nouvel horaire de travail « *sans rechercher si le changement d'horaires comportait ou non modification du contrat de travail ou s'il s'agissait d'un changement des conditions de travail décidées par l'employeur dans le cadre de son pouvoir de direction* » *(Cass. soc., 8 juill. 1998, n° 96-42.015, Bull. V n° 374, RJS 1998 n° 1173)*.

Ont été regardés comme modifiant objectivement le contrat de travail, y compris en l'absence de clause contractuelle :

– la modification des horaires d'une salariée, caissière d'un supermarché, comportant désormais deux nocturnes jusqu'à 21 heures 30 ou 22 heures *(Cass. soc., 19 févr. 1997, n° 95-41.207, Bull. V n° 74)* ;

– le passage d'un horaire de jour à un horaire de nuit *(Cass. soc., 27 févr. 2001, n° 98-43.783, Bull. V n° 61, RJS 2001 n° 564, Liaisons soc. Jurisp. 12 mars 2000 ; Cass. soc., 22 mai 2001, n° 99-41.146, Bull. V n° 178, RJS 2001 n° 992 ; Cass. soc., 16 janv. 2019, n° 17-23.337 ; de même, pour le passage d'un horaire de nuit à un horaire de jour : Cass. soc., 5 juin 2001, 2 arrêts : n° 98-44.781 et 98-44.782, Bull. V n° 206, RJS 2001 n° 992 ; Cass. soc., 18 sept. 2013, n° 12-18.065, Dr soc 2013, p. 1053, obs. A. Fabre ; Cass. soc., 21 oct. 2020, n° 18-23.907, RJS 2020 n° 581 ; de même pour une modification significative de la proportion entre les horaires de nuit et les horaires de jour d'un salarié : Cass. soc., 14 sept. 2022, n° 21-13.015)*. Il s'agit là, en effet d'un « *véritable bouleversement des horaires* » *(chron. P. Waquet, Dr soc 1999, p. 578)*. La solution inverse a été retenue dans le cas particulier de salariés travaillant par roulement sans horaire fixe dans une station-service ouverte 24 heures sur 24 *(Cass. soc., 12 juill. 1999, n° 97-43.045, Bull. V n° 345, RJS 1999 n° 1226)* ;

– la demande, faite à des salariées travaillant en cycles de deux semaines, une semaine trois jours une semaine quatre jours, de travailler à l'avenir chaque semaine cinq jours, avec en outre un service à assurer les samedi et dimanche : ce faisant, « *l'employeur avait décidé une réorganisation complète de la répartition du travail sur la semaine et ainsi modifié les contrats de travail* » *(Cass. soc., 10 mai 1999, n° 96-45.652, Bull. V n° 208, Dr ouvrier oct. 2000)* ;

– le passage d'un horaire continu à un horaire discontinu *(Cass. soc., 18 déc. 2000, n° 98-42.885, Bull. V n° 423, RJS 2001 n° 168, Liaisons soc. Jurisp. 6 mars 2001 ; Cass. soc., 14 nov. 2000, n° 98-43.218, Bull. V n° 365 ; Cass. soc., 3 nov. 2011, n° 10-30.033, Bull. V n° 365, RJS 2012 n° 10 ; D. 2012, p. 901, obs. Lokiec et Porta ; Dr. soc. 2012, p. 147, note Dockès ; Cass. soc., 23 sept. 2014, n° 13-16.257)* ;

– le passage d'un horaire libre, au domicile de la salariée, à un horaire fixe, au siège de l'entreprise *(Cass. soc., 12 déc. 2000, n° 98-44.580, Bull. V n° 417)* ;

– le passage d'une semaine de 4 jours à une semaine de 5 jours *(Cass. soc., 23 janv. 2001, n° 98-44.843)* ;

– le passage d'un dimanche travaillé à deux dimanches sur trois *(Cass. soc., 17 nov. 2004, n° 02-46.100, Bull. V n° 292)* ;

– la proposition faite à une salariée, femme de service, en application d'une clause nouvelle de mobilité du temps et du lieu de travail, d'un horaire 7 h-15 h à un horaire 8 h-12 h 30 et 18 h-20 h 30 *(Cass. soc., 14 nov. 2000, n° 98-43.218, Bull. V n° 365)* ;

– « *un changement d'horaire* [d'une sage-femme] *consistant à ne plus travailler suivant une alternance de 4 jours et 4 nuits sur place, avec indemnisation des astreintes mais suivant un roulement de 12 heures consécutives de travail et de jours de repos, avec un moindre recours aux astreintes* », ce qui « *constitue une réorganisation complète de la répartition du travail* » *(Cass. soc., 25 avr. 2001, n° 99-41.836)* ;

– la modification d'un horaire de travail fixé avant le départ en congé sabbatique d'une salariée pour tenir compte de sa situation personnelle, et notamment de l'éloignement de son domicile lui imposant un temps de transport important alors qu'elle est mère de plusieurs enfants *(CA Versailles, 17e ch., 2 déc. 2004, RJS 2005 n° 642)* ;

– le remplacement de périodes de garde de 24 heures par des périodes deux fois plus nombreuses de douze heures avec alternance d'horaires de jour et de nuit, ce changement constituant

« une réorganisation complète de la répartition et du rythme de travail » (Cass. soc., 14 nov. 2012, n° 11-21.420) ;
- le changement de l'horaire de travail ayant pour effet de priver le salarié d'une partie du repos dominical, et l'employeur ayant de surcroît sollicité son accord pour modifier ses horaires de travail *(Cass. soc., 26 sept. 2012, n° 11-18.410)*, et peu importe qu'il dispose d'une autorisation permanente et de plein droit l'autorisant à ouvrir ses portes le dimanche et qu'aucune clause du contrat de travail n'exclut le travail du samedi ou du dimanche *(Cass. soc., 2 mars 2011, n° 09-43.223, Bull. V n° 56, RJS 2011 n° 429)* ;
- une nouvelle répartition de l'horaire de travail ayant pour effet de priver la salariée d'un repos dominical et entraînant le passage d'un horaire fixe hebdomadaire à un horaire variable par cycle *(Cass. soc., 5 juill. 2023, n° 22-12.994)*.

La modification de la répartition des heures de travail entre les jours de la semaine, et en particulier la création d'une obligation de venir travailler le samedi, a, en revanche, fait l'objet de décisions contradictoires, illustrant le caractère incertain de la jurisprudence en la matière.

Constitue également une modification du contrat de travail le fait d'imposer à une salariée des permanences et des astreintes qu'elle n'assumait pas jusqu'alors *(Cass. soc., 31 mai 2000, Sté Transports Ambry c. / Piercy, RJS 2000 n° 956)*. Il en a été jugé autrement :
- lorsque l'obligation est organisée par un accord collectif *(Cass. soc., 16 déc. 1998, n° 96-42.102, Bull. V n° 556, RJS 1999 n° 241 ; Cass. soc., 13 févr. 2002, n° 00-40.387, RJS 2002 n° 638)*, en l'absence de clause contractuelle ;
- lorsque la modification consiste en un élargissement de l'astreinte existante à la fin de la semaine, et selon un rythme régulier *(Cass. soc., 2 nov. 2005, n° 04-43.801, RJS 2005 n° 351)*.

Le changement d'horaire ne doit pas porter une atteinte excessive à la vie personnelle et familiale du salarié. Or tel est le cas pour le passage d'un horaire de nuit à un horaire de jour, même prévu contractuellement, d'un salarié (en l'espèce, agent de sécurité incendie et parent d'une enfant lourdement handicapée), ce qui caractérise une modification de son contrat de travail, et nécessite de ce fait son accord préalable ; son refus ne peut dès lors revêtir un caractère fautif *(Cass. soc., 29 mai 2024, n° 22-11.814, B.)*.

La mise en place d'une répartition des horaires sur une période supérieure à la semaine et au plus égale à l'année prévue par un accord collectif ne constitue pas une modification du contrat de travail, exception faite des salariés à temps partiel *(C. trav., art. L. 3122-6)*.

En présence d'un changement d'horaire constituant objectivement une modification du contrat de travail, est inopérante la clause contractuelle permettant à l'employeur de modifier les horaires de travail et leur répartition dans la journée ou dans la semaine selon les nécessités de l'entreprise *(Cass. soc., 5 juin 2001, 2 arrêts : n° 98-44.781 et 98-44.782, Bull. V n° 206, RJS 2001 n° 992, précités ; Cass. soc., 15 juin 2016, n° 14-27.120, RJS 2016 n° 549 ; Cass. soc., 14 nov. 2018, n° 17-11.757, B., RJS 2019 n° 10, Liaisons soc. Quot. 18.12.2018 n° 17.716, en présence de contrats de travail comprenant l'indication du montant des primes de soir ou de nuit et prévoyant que les nécessités de la production pouvaient amener l'entreprise à affecter les salariés dans les différents horaires pratiqués et que l'horaire était susceptible d'être modifié).*

Nonobstant l'absence de modification du contrat de travail, a été jugé non fautif le refus d'une salariée qui, après avoir accepté la modification initiale de ses horaires de travail liée aux fêtes de fin d'année, avait eu à plusieurs reprises ses horaires modifiés au point de devoir travailler tous les jours jusqu'à 19 heures et tous les samedis sans pouvoir bénéficier de deux jours de congé d'affilée, l'employeur ayant abusé de son pouvoir d'organisation en ne démontrant nullement la nécessité du changement d'affectation au retour du congé sabbatique ni les nombreux changements d'horaires *(Cass. soc., 15 sept. 2010, n° 09-41.526)*.

C. La contractualisation de l'horaire résultant du libre choix des parties

42.2.5.3. – Les parties peuvent décider d'insérer dans le contrat de travail le respect d'horaires précis, même s'il ne s'agit pas d'un élément contractuel par nature *(P.-H. Antonmattei, « Les éléments du contrat de travail », Dr soc 1999, p. 330)*.

Dès lors, la modification de cette disposition affecte l'équilibre du contrat *(cf. supra)* et le salarié est en droit de la refuser. Il en a été jugé ainsi pour une secrétaire, dont le contrat de travail précisait les heures de début et de fin de chaque journée de travail, les juges ayant en outre précisé que cette mention avait été insérée à sa demande expresse et acceptée par l'employeur *(Cass. soc., 11 juill. 2001, n° 99-42.710, Bull. V n° 264, RJS 2001 n° 1111 ; Cass. soc., 29 avr. 2009, n° 08-40.175, RJS 2009 n° 604 ; sur la portée d'un avenant temporaire au contrat de travail, cf. n°* ***42.2.2.2.3****)*.

D. La contractualisation de la répartition de la durée du travail imposée par la loi : le temps partiel

42.2.5.4. – Les dispositions légales encadrant le temps partiel ont pour objet et pour effet de contractualiser la répartition de la durée du travail.

L'article L. 3123-6 du Code du travail fait obligation d'insérer dans le contrat de travail du salarié à temps partiel les clauses suivantes :

– la durée du travail hebdomadaire ou, le cas échéant, mensuelle prévue ;

– sauf pour les salariés des associations d'aide à domicile, la répartition de cette durée entre les jours de la semaine ou les semaines du mois ;
– les cas dans lesquels une modification éventuelle de cette répartition peut intervenir, ainsi que la nature de cette modification, qui doit être notifiée au salarié sept jours au moins avant la date à laquelle elle doit avoir lieu (ce délai peut être abaissé jusqu'à trois jours ouvrés par un accord de branche étendu) ;
– les limites dans lesquelles peuvent être accomplies les heures complémentaires.

La demande de modification de la répartition, faite par l'employeur alors que le contrat n'a pas prévu les cas et la nature de telles modifications, ne constitue pas, en cas de refus du salarié, une faute, ni un motif de licenciement *(C. trav., art. L. 3123-12)*, mais une modification du contrat de travail soumise à l'accord du salarié *(Cass. soc., 23 nov. 1999, n° 97-41.315, Bull. V n° 449, RJS 2000 n° 127)*. Il en va de même, en cas de modification conforme aux stipulations contractuelles, si le salarié établit que cette demande de l'employeur est incompatible avec :
– des obligations familiales impérieuses ;
– le suivi d'un enseignement scolaire ou supérieur ;
– une période d'activité fixée chez un autre employeur *(cf. également en ce sens : Cass. soc., 28 sept. 2011, n° 09-70.329)* ;
– une activité professionnelle non salariée.

Si la loi impose, dans le cadre d'une durée contractuelle hebdomadaire, la mention de la répartition des heures entre les jours de la semaine, en revanche, elle n'oblige pas les employeurs à fixer contractuellement les horaires de travail. Il leur appartient seulement de fixer dans le contrat, en accord avec le salarié, les modalités selon lesquelles les horaires de travail pour chaque journée sont communiquées à ce dernier *(C. trav., art. L. 3123-6)*. De ce fait, à défaut de clause expresse contractuelle fixant un horaire de travail quotidien, le changement de l'horaire de la journée de travail d'un salarié à temps partiel relève en principe du pouvoir de direction de l'employeur *(Cass. soc., 18 juill. 2001, n° 99-45.076, Bull. V n° 276, RJS 2001 n° 1373)*.

Enfin, s'agissant des heures complémentaires, ne constitue ni une faute ni un motif de licenciement le refus du salarié d'effectuer des heures proposées au-delà des limites contractuelles ou des heures se situant à l'intérieur de celles-ci, mais dont il est informé moins de trois jours à l'avance *(C. trav., art. L. 3123-10)*.

Dans de récentes décisions, le juge judiciaire a rappelé les limites du droit de l'employeur de modifier la répartition de la durée du travail ou, lorsqu'ils sont précisés au contrat – ce qui est fréquemment le cas –, les horaires de travail d'un salarié à temps partiel.

Ainsi, il a été jugé que « *la répartition du travail à temps partiel, telle qu'elle doit être prévue, en application de l'article L. 212-4-3 [art.*

L. 3123-12], constitue un élément du contrat qui ne peut être modifié sans l'accord du salarié » et « *ensuite, qu'une clause du contrat ne peut valablement permettre à l'employeur de modifier l'horaire convenu en prévenant le salarié au moins sept jours à l'avance qu'à la double condition, d'une part, de la détermination par le contrat de la variation possible, d'autre part, de l'énonciation des cas dans lesquels cette modification pourra intervenir » (Cass. soc., 7 juill. 1998, n° 95-43.443, Bull. V n° 373, Dr soc 1998, p. 945 ; en l'espèce, le contrat de travail de la salariée, assistante de fabrication, prévoyait la possibilité de modification par l'employeur « si les circonstances le demandent »).*

Plusieurs arrêts postérieurs *(Cass. soc., 6 avr. 1999, n° 96-45.790 et 96-45.791, Bull. V n° 166 ; Cass. soc., 7 déc. 1999, n° 97-42.333, Bull. V n° 479 : dans ce dernier cas, la clause se bornait à préciser que la salariée serait informée de toute modification ultérieure éventuelle de l'horaire contractuel « qui pourra être décidée en fonction du service »)* ont repris à l'identique la motivation rappelée ci-dessus de la décision du 7 juillet 1998, établissant ainsi une jurisprudence constante, consacrée ensuite par le législateur *(art. 12 de la loi du 19 janvier 2000, modifiant notamment l'article L. 3123-24 [devenu l'article L. 3123-12] du Code du travail)*. De même, la mise en œuvre du travail à temps partiel modulé, telle que définie par les anciens articles L. 3123-25 à L. 3123-28 du Code du travail [abrogés par la loi n° 2008-789 du 20 août 2008], qui se traduisait par une modification de la répartition du travail par semaine ou sur le mois, constituait, pour le salarié déjà titulaire d'un contrat de travail à temps partiel, une modification de son contrat de travail nécessitant son accord exprès *(Cass. soc., 20 févr. 2008, n° 06-43.349, Bull. V n° 43)*. L'article L. 3122-6 du Code du travail, issu de la loi n° 2012-387 du 22 mars 2012, ne remet pas en cause ce principe, s'agissant des salariés à temps partiel.

Il en résulte que le salarié à temps partiel bénéficie, en matière de stabilité de la répartition de la durée du travail, d'une sécurité juridique renforcée par rapport au salarié à temps complet.

E. Les conditions de mise en place du travail de nuit des adultes

42.2.5.5. – La mise en place du travail de nuit ou son extension à de nouvelles catégories de salariés est subordonnée à la conclusion d'un accord de branche étendu ou d'un accord d'entreprise ou d'établissement, lequel doit notamment comporter (*C. trav., art. L. 3122-15)* :

– des contreparties (repos compensateur et, éventuellement, compensation salariale) ;
– des mesures d'amélioration des conditions de travail ;
– des mesures destinées à faciliter l'articulation de l'activité nocturne avec l'exercice de responsabilités familiales et sociales (moyens de transport…) ;

– des mesures destinées à assurer l'égalité professionnelle entre les hommes et les femmes ;
– l'organisation des temps de pause.

À défaut d'accord, l'inspecteur du travail peut autoriser l'affectation de travailleurs à des postes de nuit *(C. trav., art. L. 3122-21)* :
– à condition que l'employeur ait engagé sérieusement et loyalement des négociations tendant à la conclusion d'un accord ;
– et après vérification de l'existence des contreparties et de temps de pause.

Les articles L. 3122-2 L. 3122-15 et L. 3122-20 du Code du travail définissent le travail de nuit ; les articles L. 3122-5, L. 3122-16 et L. 3122-23 définissent le travailleur de nuit.

En cas d'incompatibilité du travail de nuit avec une obligation familiale impérieuse, telle que la garde d'un enfant ou la prise en charge d'une personne dépendante, le salarié peut refuser le changement consistant dans l'affectation du poste de nuit sans que ce refus constitue une faute ou un motif de licenciement *(C. trav., art. L. 3122-12)*.

Pour les dispositions relatives à la protection de la maternité et à l'inaptitude physique au travail de nuit, se reporter aux n° **15.11** et **15.12**.

§ 6. LA MODIFICATION DU CONTRAT DE TRAVAIL SUSCEPTIBLE DE RÉSULTER DE LA MODIFICATION DU LIEU DE TRAVAIL

Plan du paragraphe

42.2.6. – Plus que tout autre, l'élément de la relation de travail qu'est le lieu de travail illustre les hésitations actuelles de la jurisprudence sur la modification du contrat de travail.

A. Le principe

1. La position du juge judiciaire

42.2.6.1.1. – En l'absence de clause claire et précise sur le lieu de travail, et sauf cas dans lequel la nature même du travail exclut toute localisation, le juge judiciaire « *a d'abord hésité, puis implicitement admis que la notion de lieu de travail était relative et devait s'entendre sans trop de rigueur* » *(chron. P. Waquet, « Le renouveau du contrat de contrat de travail », RJS 1999, p. 383)*.

a) La valeur informative de la mention du lieu de travail dans le contrat, sauf clause claire et précise

42.2.6.1.1.1. – À l'occasion des deux arrêts rendus le 3 juin 2003, la Cour de cassation a toutefois jugé que la seule mention du lieu de travail dans le contrat ne suffisait pas à « contractualiser » celui-ci. La chambre sociale a en effet estimé que « *la mention du lieu de travail dans le contrat de travail a valeur d'information, à moins qu'il ne soit stipulé par une clause claire et précise que le salarié exécutera son travail exclusivement dans ce lieu » (Cass. soc., 3 juin 2003, 2 arrêts : 1re espèce : n° 01-40.376 ; 2e espèce : n° 01-43.573, Bull. V n° 185, JCP 2003, éd. G, II 10165, Dr soc 2003, p. 884, commentaire Savatier ; Dr ouvrier 2003, p. 527, note Moussy et Saramito, RJS 2003 n° 980 ; chron. Pélissier, « Clauses informatives et clauses contractuelles du contrat de travail », RJS 2004, p. 3 ; Cass. soc., 21 janv. 2004, n° 02-12.712, Bull. V n° 26, RJS 2004 n° 301, Dr ouvrier 2004, p. 222 ; Cass. soc., 15 mars 2006, n° 02-46.496, Bull. V n° 102, RJS 2006 n° 684 ; Cass. soc., 2 févr. 2011, n° 09-43.022).*

À défaut d'une telle clause, le changement de localisation intervenant à l'intérieur d'un même secteur géographique *(sur cette notion, cf. n°* ***42.2.6.1.1.3****)* constitue un simple changement des conditions de travail, nonobstant le fait, même établi *(2e espèce)*, que la localisation initiale ait pu être un élément déterminant du contrat.

Plus exceptionnellement, en l'absence de clause précise sur le lieu de travail, une valeur contractuelle peut être accordée à un arrangement qui s'avérerait avoir été déterminant dans la conclusion du contrat de travail *(Cass. soc., 13 avr. 2005, n° 02-47.621, Bull. V n° 137, RJS 2005 n° 600 : à l'occasion de l'obligation faite de se rendre deux fois au siège de la société, distant de 200 km, à un salarié qui avait jusque-là été autorisé à effectuer les tâches administratives de sa fonction à son domicile).*

b) Le changement du lieu de travail doit être apprécié objectivement en application du critère du secteur géographique

42.2.6.1.1.2. – Les fondements de la nouvelle jurisprudence sur l'appréciation du changement du lieu de travail ont été clairement posés par l'arrêt rendu le 4 mai 1999 par la Cour de cassation *(Cass. soc., 4 mai 1999, n° 97-40.576, Bull. V n° 186, Dr soc 1999, p. 737, RJS 1999 n° 792).*

En l'espèce, le salarié, domicilié à Élancourt, avait été embauché en 1968 comme cadre comptable et exerçait son emploi à Versailles. Par lettre du 2 février 1993, son employeur, se référant à une note de service du 21 janvier 1993, l'avait informé qu'en raison d'un transfert de ses bureaux de Versailles à Chartres, il devait se présenter à compter du 15 décembre 1993 dans les nouveaux bureaux. Estimant que ce changement de lieu constituait une modification de son contrat de travail, le salarié l'avait refusé et avait imputé à la société la rupture du contrat. Celle-ci l'avait alors licencié pour faute grave. La cour d'appel, dans un arrêt du 10 décembre 1996, avait admis le bien-fondé de ce licenciement, se fondant sur des éléments d'appréciation de la situation personnelle du salarié : les juges du fond avaient relevé que le salarié qui, n'avait jamais utilisé les transports en commun pour aller à Versailles, ne subirait qu'une augmentation de 30 minutes de son temps de trajet quotidien, effectué avec son véhicule personnel et, d'autre part, que l'augmentation du coût de ces déplacements n'apparaissait pas excessive, compte tenu du niveau de sa rémunération. Elle en avait déduit l'absence d'une modification substantielle du contrat de travail.

La Cour de cassation a censuré cet arrêt, aux motifs suivants :

– « *Le changement du lieu de travail doit être apprécié de manière objective* » au regard de la situation respective des deux lieux de travail ;
– le transfert du lieu de travail dans un secteur géographique différent constitue une modification du contrat de travail, même en l'absence d'une clause contractuelle précise.

L'ampleur du changement doit donc être appréciée à l'identique pour tous les salariés d'une même entreprise, sans tenir compte des situations personnelles et familiales (domicile, temps de trajet et moyens de transport, situation de famille) et de la position occupée dans l'entreprise (niveau de rémunération, position hiérarchique).

Cette notion de secteur géographique était déjà apparue dans un arrêt du 16 décembre 1998 *(Cass. soc., 16 déc. 1998, n° 96-40.227, Bull. V n° 558, RJS 1999 n° 157)*. L'existence d'une modification du contrat de travail n'avait pas été retenue pour l'affectation à un atelier fixe d'un salarié qui travaillait précédemment sur des chantiers situés « *dans le même secteur géographique* ».

De même, dans une décision du 20 octobre 1998, la Cour de cassation avait approuvé les juges du fond, lesquels avaient « *relevé que le déplacement de l'entreprise* [de Malakoff à Courbevoie] *avait eu lieu à l'intérieur de la région parisienne* » et « *estimé que l'employeur n'avait pas modifié le contrat de travail de la salariée* » *(Cass. soc., 20 oct. 1998, n° 96-40.747, Bull. V n° 431)*.

Une telle évolution, si elle simplifie considérablement la tâche des employeurs en les dispensant désormais d'examiner, au cas par cas, l'existence d'une modification du contrat de travail, apparaît, en revanche, sévère pour les salariés. Ces derniers, confrontés à un changement de lieu « *à l'intérieur d'un même secteur géographique* », doivent choisir entre l'acceptation d'un changement qui peut entraîner des bouleversements considérables dans leur vie personnelle et un refus qui peut les exposer au licenciement pour faute grave.

c) L'appréciation de la notion de secteur géographique relève de l'appréciation souveraine des juges du fond

42.2.6.1.1.3. – La notion de secteur géographique apparaît difficile à cerner, compte tenu de l'absence de définition précise donnée par la

Cour de cassation. La référence à cette notion non définie, plutôt qu'à des repères tels que le bassin d'emploi ou la zone d'emploi, s'explique, semble-t-il, par la volonté de redonner aux juges du fond « *l'usage de leur pouvoir d'appréciation dans un domaine où la Cour de cassation – qui n'est pas juge du fait – ne peut que s'en remettre à leur sagacité et à leur connaissance du terrain » (intervention précitée de G. Gélineau-Larrivet, président de la chambre sociale de la Cour de cassation, lors du colloque de la chambre sociale de la Cour de cassation / AFDT / ENM / INTEFP des 29-30 sept. 1999)*.

Elle n'en constitue pas moins une source de fortes incertitudes sur le plan juridique. « *D'où l'intérêt qu'il y a à la définir aussi nettement que possible. Or c'est assez difficile, car c'est une notion de fait, qui se définit moins par une identité géographique déterminée que par sa finalité (...) C'est donc le temps de déplacement d'un lieu à un autre qui définit le secteur géographique (...) À cet égard, et bien qu'il soit difficile de fixer des paramètres précis (...) on peut dire qu'un temps de trajet d'une heure entre le lieu du travail avant et le lieu du travail après constitue approximativement la limite supérieure d'un même secteur géographique ; en deçà, on est dans le même secteur géographique, au-delà, on ne l'est plus » (J.-Y. Frouin, « Inventaire », Sem. soc. Lamy, 20 oct. 2003, n° 1140 ; Y. Pagnerre, « Le secteur géographique : la fin d'un mystère ? », RDT 2017, p. 181)*.

Les juges doivent présenter les éléments objectifs les conduisant à retenir l'existence d'un même secteur géographique ou de secteurs géographiques différents *(Cass. soc., 15 déc. 2010, n° 09-42.221)*.

La réalité d'un changement de secteur géographique a été retenue :

- pour une salariée employée dans un magasin de Paris Haussmann ayant refusé sa mutation au magasin de Roissy, au regard de la desserte en moyens de transport de chacun des sites litigieux, et non compte tenu des conditions de transport de la salariée depuis son domicile *(Cass. soc., 15 juin 2004, n° 01-44.707, RJS 2004 n° 997)* ;
- compte tenu de la distance de 58 km séparant le nouveau (Amilly) et l'ancien (Blancafort) lieu de travail *(Cass. soc., 4 janv. 2000, n° 97-45.647, RJS 2000 n° 152 ; Cass. soc., 20 févr. 2019, n° 17-24.094, RJS 2019 n° 283, pour une distance de 80 km)* ;
- pour une mutation dans un nouveau lieu de travail [Roquefort la Bédoule] ne se situant pas dans le bassin d'emploi de Marseille et un temps de trajet, au moyen de transports en commun, allongé de près de 5 heures par jour en raison de l'absence de desserte suffisante *(Cass. soc., 26 janv. 2011, n° 09-40.284 ; Cass. soc., 4 mars 2020, n° 18-24.473, RJS 2020 n° 282)* ;
- pour une salariée dont la nouvelle affectation était distante de 30 kilomètres du précédent lieu de travail et reliée à celui-ci par une route dont la circulation était parfois difficile en hiver *(Cass. soc., 12 juin 2014, n° 13-15.139)* ;

– pour une mutation du nord au sud de la région parisienne, de Saint-Ouen-l'Aumône (Val d'Oise) aux Ulis (Essonne), compte tenu de la durée et des modalités du trajet en voiture ou en transports en commun *(Cass. soc., 3 févr. 2017, n° 15-21.671)* ;

– compte tenu du temps de trajet supplémentaire imposé à un salarié, lequel, d'une durée de 55 minutes à 1 heure quand les conditions de circulation sont normales, peut être sensiblement supérieur pendant toute une période de l'année comprise entre le mois de décembre et le mois de mars *(CA Poitiers, 11 déc. 2007, n° 07-1730, RJS 2008 n° 497 : ancien lieu de travail [commune de Busseau sur Creuse] et nouveau lieu de travail [commune d'Auzances] distants de 51 kilomètres, reliés par une route assez sinueuse et fortement exposée en hiver à des conditions de circulation difficiles en raison des intempéries)*.

À l'inverse, le changement de secteur géographique a été écarté :

– pour un salarié affecté dans un village voisin de celui où il travaillait précédemment *(Cass. soc., 21 mars 2000, n° 98-44.005, Dr soc 2000, p. 650)* ;

– pour un salarié se voyant proposer une affectation dans la « *couronne urbaine* » du chef-lieu de département où il était affecté *(Cass. soc., 3 mai 2006, n° 04-41.880, Bull. V n° 158, RJS 2006 n° 808 : de plus, la cour d'appel avait retenu que le contrat ne comportait aucune clause relative au lieu de travail)* ;

– compte tenu de la distance entre deux sites [25 km] et de l'existence d'une route expresse les reliant *(Cass. soc., 27 sept. 2006, n° 04-47.005)* ;

– pour un salarié se voyant proposer une affectation dans le nouvel établissement de Wissous, à moins de 5 kilomètres de l'ancien site de Rungis *(Cass. soc., 21 janv. 2009, n° 07-41.690)* ;

– pour une nouvelle affectation distante de 43 km de l'ancienne et accessible par le train ou le bus *(Cass. soc., 16 nov. 2010, n° 09-42.337)* ;

– pour une salariée affectée à l'agence de Gravigny et dont la nouvelle affectation à l'agence de Sotteville-lès-Rouen était située à 49 kilomètres de la précédente, le temps de transport moyen entre les deux affectations étant de 40 minutes *(Cass. soc., 4 juill. 2012, n° 11-14.960, RJS 2012 n° 771)* ;

– compte tenu de la distance entre le nouveau site de Roissy et l'ancien site de Mantes-la-Jolie, des moyens de transport les desservant et de la durée supplémentaire de trajet pour la salariée *(Cass. soc., 7 juill. 2016, n° 15-15.342)*.

d) La prise en compte des fonctions exercées

42.2.6.1.1.4. – Même en l'absence de clause de mobilité, la modification du contrat de travail a été écartée, compte tenu des fonctions exercées, et nonobstant le changement de secteur géographique :

– pour une salariée, chauffeur de car, dans la mesure où « *la nature même de cet emploi impliquait une certaine disponibilité géographique » (Cass. soc., 4 janv. 2000, n° 97-41.154, Bull. V n° 4, RJS 2000 n° 145)* ;

– pour une consultante à qui il avait été demandé d'effectuer une mission de deux mois en Allemagne : cette demande n'a pas été jugée comme constituant une modification du contrat de la salariée « *qui avait été embauchée en qualité de consultant cadre, compte tenu de ses connaissances en allemand* » ; or, la clause de mobilité figurant dans le contrat ne prévoyait que des séjours en province *(Cass. soc., 21 mars 2000, n° 97-44.851, Dr soc 2000 p. 651, RJS 2000 n° 501 ; Cass. soc., 31 janv 2006, n° 04-40.383, RJS 2006 n° 394 ; Cass. soc., 11 juill. 2012, n° 10-30.219, Bull. V n° 217, RJS 2012 n° 772)* ;

– pour un chef de chantier, employé dans la région toulousaine en vertu d'un contrat ne comportant pas de clause de mobilité et ayant refusé de se rendre sur un chantier éloigné pour une durée de deux mois *(Cass. soc., 22 janv. 2003, n° 00-43.826, Bull. V n° 15, RJS 2003 n° 313, Dr soc 2003 p. 433, obs. Savatier ; Cass. soc., 17 déc. 2008, n° 07-42.960)*. Saisie par la suite d'un nouveau pourvoi contre l'arrêt rendu par la cour d'appel après renvoi sur cassation, la chambre sociale a en outre jugé que le délai de deux semaines constituait un délai d'information raisonnable du salarié, et que le refus de ce dernier était constitutif d'une faute grave *(Cass. soc., 15 mars 2006, n° 04-47.368, Bull. V n° 106, RJS 2006 n° 687)* ;

– pour un salarié ayant notamment pour mission contractuelle la maintenance en France et à l'étranger et ayant pris une part prépondérante au développement d'un robot vendu à un client algérien en panne depuis plusieurs mois et ayant refusé de manière réitérée une mission de quatre jours *(Cass. soc., 24 oct. 2012, n° 11-17.543, RJS 2013 n° 8)*.

Il appartient aux juges du fond de déterminer si le déplacement refusé par le salarié s'inscrit dans le cadre habituel de son activité *(Cass. soc., 26 mai 2010, n° 09-40.422 ; Cass. soc., 2 avr. 2014, n° 12-19.573, Bull. V n° 94, RJS 2014 n° 462)*.

Toutefois, l'envoi par l'employeur d'une lettre de détachement temporaire mentionnant comme objet « un avenant à votre contrat de travail » à lui retourner signée caractérise sa reconnaissance du fait qu'il était ainsi procédé à une modification du contrat de travail *(Cass. soc., 6 mars 2019, n° 17-23.205 ; Cass. soc., 14 oct. 2020, n° 19-10.167)*.

e) L'affectation temporaire en dehors du secteur géographique

42.2.6.1.1.5. – Dans un arrêt rendu le 3 février 2010, la chambre sociale a estimé que « *si l'affectation occasionnelle d'un salarié en dehors du secteur géographique où il travaille habituellement ou des limites prévues par une clause contractuelle de mobilité géographique peut ne pas constituer une modification de son contrat de travail, il n'en est ainsi que lorsque cette affectation est motivée par l'intérêt de l'entreprise, qu'elle est justifiée par des circonstances exceptionnelles, et que le salarié est informé préalablement dans un délai raisonnable du caractère temporaire de l'affectation et de sa durée prévisible* » *(Cass. soc., 3 févr. 2010, n° 08-41.412, Bull. V n° 253, RJS 2010 n° 30, Dr soc 2010, p. 470, obs. Radé, JCP E n° 11, 18 mars 2010, p. 53 ; obs. S. Réal et A. Ferreira, JCP E n° 35, 2 sept. 2010 ; Cass. soc., 3 nov. 2016, n° 15-10.950 ; a contrario : Cass. soc., 2 avr. 2014, n° 12-19.573, préc., pour un salarié à qui la durée prévisible de la mutation n'avait pas été précisée ; Cass. soc., 17 févr. 2021, n° 19-22.013, RJS 2021 n° 258).*

2. *La position du juge administratif*

42.2.6.1.2. – Par la décision rendue le 23 décembre 2014, le Conseil d'État s'est rallié à la position définie par la chambre sociale en référence au secteur géographique à prendre en compte : pour le juge administratif, « *en l'absence de mention contractuelle du lieu de travail d'un salarié, la modification de ce lieu de travail constitue un simple changement des conditions de travail, dont le refus par le salarié est susceptible de caractériser une faute de nature à justifier son licenciement, lorsque le nouveau lieu de travail demeure à l'intérieur d'un même secteur géographique, lequel s'apprécie, eu égard à la nature de l'emploi de l'intéressé, de façon objective, en fonction de la distance entre l'ancien et le nouveau lieu de travail ainsi que des moyens de transport disponibles ; en revanche, sous réserve de la mention au contrat de travail d'une clause de mobilité, tout déplacement du lieu de travail dans un secteur géographique différent du secteur initial constitue une modification du contrat de travail* » *(CE, 23 déc. 2014, n° 364.616, M. B., Rec. p. 469, concl. R. Keller, RJS 2015 n° 201)*, sauf déplacement ponctuel ou occasionnel *(CE, 29 juin 2020, n° 428.694, Sté Le Floch Dépollution, mentionné aux Tables, RJS 2020 n° 548, concl. R. Chambon, RJS 2020 p. 789).*

Ainsi, a été regardée comme constituant un simple changement des conditions de travail d'une salariée, compte tenu de la faible distance séparant son ancien lieu de travail du site envisagé et du fait qu'elle bénéficiait d'une voiture de fonction, la proposition qui lui était faite *(CE, 21 nov. 2012, n° 334.658, Mme Ngoc Dien B.).*

B. La clause de mobilité : portée et limites

1. *Le principe*

42.2.6.2.1. – En présence d'une clause de mobilité figurant dans le contrat de travail, l'employeur peut imposer la mutation au salarié. Le refus de ce dernier de s'y soumettre constitue, en principe, un comportement fautif.

Il en a été jugé ainsi pour un salarié, engagé comme chef de rayon dans un supermarché de Limoges, puis muté à Pessac (Gironde), en application d'une clause de mobilité. Les juges, appliquant la clause de mobilité dans toute sa rigueur, avaient estimé que le refus « *délibéré et injustifié* » du salarié était constitutif d'une faute grave, relevant « *que l'employeur ne s'était pas contenté d'observer le délai de prévenance prévu à la clause mais avait avisé le salarié à l'avance pour lui permettre de s'organiser* » *(Cass. soc., 28 févr. 2001, n° 97-45.545, Bull. V n° 64, RJS 2001 n° 566 ; Cass. soc., 9 juill. 1991, n° 90-40.926 ; Cass. soc., 12 juin 1997, n° 94-45.584, RJS 1997 n° 794 ; Cass. soc., 22 janv. 2003, n° 00-42.637, Bull. V n° 14, RJS 2003 n° 316 ; Cass. ass. plén., 23 oct. 2015, n° 13-25.279, B., note J. Mouly, Dr soc 2016, p. 27 ; Cass. soc., 12 janv. 2016, n° 14-23.290, B. ; RJS 2016 n° 163 ; note S. Rohrbach, Dr ouvrier 2016, p. 583)*.

Toutefois, le refus du salarié, s'il constitue en principe un manquement à ses obligations contractuelles ne caractérise pas à lui seul une faute grave *(Cass. soc., 23 janv. 2008, n° 07-40.522, Bull. V n° 19, RJS 2008 n° 371 ; Cass. soc., 16 sept. 2009, n° 08-40.575)*. Ainsi, le juge judiciaire apprécie la gravité de la faute en tenant compte de la situation personnelle du salarié, et notamment de son ancienneté *(Cass. soc., 13 nov. 2008, n° 06-46.306 ; Cass. soc., 21 janv. 2009, n° 07-41.690)*, de ses charges de famille ou de sa situation familiale.

En procédant à un changement des conditions de travail en application d'une clause de mobilité, l'employeur ne fait qu'exercer son pouvoir de direction, et c'est à celui qui invoque un détournement de pouvoir d'en apporter la preuve *(Cass. soc., 10 juin 1997, n° 94-43.889, Bull. V n° 210 ; Cass. soc., 13 nov. 2008, n° 06-46.306)*.

En revanche, le changement de lieu de travail constitue une modification du contrat de travail si la clause de mobilité prévoit expressément l'accord des parties pour sa mise en œuvre *(Cass. soc., 10 janv. 2017, n° 14-26.186, RJS 2017 n° 185)*.

2. *Les conditions d'opposabilité de la clause de mobilité*

42.2.6.2.2. – Pour être opposable, la clause de mobilité doit toutefois résulter d'une clause du contrat de travail, dûment signé par le salarié *(Cass. soc., 2 avr. 1998, n° 95-43.541, Bull. V n° 196)*. Le fait d'apposer sa signature, lors de l'embauche, sur un règlement intérieur comportant une telle clause ne vaut pas engagement contractuel de sa part *(Cass. soc., 19 nov. 1997, n° 95-41.260, Bull. V n° 383)*.

En outre, cette clause doit définir de façon précise sa zone géographique d'application *(Cass. soc., 17 juill. 2007, n° 06-41.630 ; Cass. soc., 24 janv. 2008, n° 06-45.088, Bull. V n° 23 ; Cass. soc., 13 mai 2015, n° 14-12.698 ; Cass. soc., 10 févr. 2016, n° 14-14.325)* et elle ne peut conférer à l'employeur le pouvoir d'en étendre unilatéralement la portée *(Cass. soc., 7 juin 2006, n° 04-45.846, Bull. V n° 209, RJS 2006 n° 920 ; Cass. soc., 14 oct. 2008, n° 06-46.400 et 07-42.352, Bull. V n° 191, RJS 2008 n° 1160, Dr ouvrier 2009, p. 15 ; p. 7 : chron. Canut, « Tir groupé autour de la clause de mobilité » ; Cass. soc., 25 janv. 2011, n° 09-66.431 ; Cass. soc., 9 juill. 2014, n° 13-11.906 à 13-11.909, Bull. V n° 183, RJS 2014 n° 668. Dr soc 2014, p. 857, note J. Mouly ; Cass. soc., 2 oct. 2019, n° 18-20.353, RJS 2019 n° 684)*.

Par ailleurs, l'ajout d'une clause de mobilité au contrat de travail constitue une modification de ce contrat, et, si elle résulte d'un motif économique, requiert l'obligation de la proposer par écrit au salarié selon les modalités prévues par l'article L. 1222-6 du Code du travail *(Cass. soc., 25 janv. 2006, n° 03-46.794, RJS 2006 n° 525)*.

L'effet des clauses conventionnelles sur le contrat de travail est examiné au n° **42.2.1**. En application du principe de faveur, une clause contractuelle de mobilité peut être inapplicable en raison d'une disposition plus favorable de la convention collective *(Cass. soc., 5 mai 1998, n° 95-42.545, Bull. V n° 218, RJS 1998 n° 705)*.

Dans son arrêt du 27 juin 2002, la chambre sociale a admis l'applicabilité d'une clause de mobilité inscrite, non dans le contrat de travail, mais dans la convention collective *(Cass. soc., 27 juin 2002, n° 00-42.646, Bull. V n° 222, RJS 2002 n° 1074)*. Le Conseil d'État a adopté la même position, jugeant que le refus d'un salarié protégé d'accepter une proposition de mutation fondée sur la même clause conventionnelle que celle en cause dans l'arrêt précité du 27 juin 2002, constituait une faute d'une gravité suffisante *(CE, 7 janv. 2004, n° 247.128, Valdivielso, concl. Bachelier)*.

Cette clause doit toutefois être suffisamment précise pour se suffire à elle-même et, en outre, le salarié doit avoir été informé de son existence lors de son engagement et mis en mesure d'en prendre connaissance ; de ce fait, elle n'a pas vocation à concerner un salarié embauché antérieurement à la disposition conventionnelle l'instituant *(Cass. soc., 30 nov. 2005, n° 03-46.530, RJS 2006 n° 307)*.

3. *Les limites relatives aux conditions de mise en œuvre de la clause de mobilité*

42.2.6.2.3. – La Cour de cassation entend exercer un réel contrôle, attesté notamment par les six arrêts rendus le 14 octobre 2008, sur le contenu et les conditions de mise en œuvre des clauses de mobilité géographique *(cf. chron. Canut, « Tir groupé autour de la clause de mobilité », Dr ouvrier 2009, p. 7)*.

Ces limites sont de trois ordres.

a) La clause de mobilité n'est opposable au salarié que si elle ne porte pas atteinte à un élément par nature du contrat de travail, tel que

42.2.6.2.3.1.

– le changement d'employeur : est nulle la clause par laquelle le salarié lié par contrat de travail à une société s'est engagé à accepter toute mutation dans une autre société, alors même que cette société appartiendrait au même groupe ou à la même unité économique et sociale *(Cass. soc., 23 sept. 2009, n° 07-44.200, Bull. V n° 191, RJS 2009 n° 898, Liaisons soc. Jurisp. Quot. n° 15457, 8 oct. 2009, JCP E n° 49, 3 déc. 2009, p. 34 note Ayache-Revah et Langot ; CSB Paris 2009 n° 215, p. 268 ; Cass. soc., 14 déc. 2022, n° 21-18.633, RJS 2023 n° 65 ; cf. également n°* ***42.2.2.3****)* ;

– la rémunération *(Cass. soc., 4 janv. 1996, n° 92-40.440 et 92-40.441, Bull. V n° 2, Dr soc 1996 p. 198 : en l'espèce, la modification de secteur géographique imposée au salarié, VRP, entraînait une réduction du taux de ses commissions ; pour des faits similaires : Cass. soc., 2 févr. 1993, n° 89-43.136 ; Cass. soc., 15 déc. 2004, n° 02-44.714, Bull. V n° 336, RJS 2005 n° 122, Dr soc 2005 p. 337, obs. Mouly ; Cass. soc., 3 mai 2006, n° 04-46.141, Bull. V n° 162, RJS 2006 n° 809 ; Cass. soc., 14 oct. 2008, n° 07-41.454, RJS 2008 n° 1161, Dr ouvrier 2009, p. 14)* ;

– le passage d'un horaire de nuit à un horaire de jour ou d'un horaire de jour à un horaire de nuit *(Cass. soc., 14 oct. 2008, n° 07-40.092, Bull. V n° 190, RJS 2008 n° 1161, Dr ouvrier janv. 2009, p. 14 ; chron. Canut, Dr ouvrier 2009, p. 7, préc.).*

Par ailleurs, une clause de mobilité selon laquelle l'employeur peut muter un salarié dans un autre établissement ne permet pas d'imposer à ce dernier un partage de son temps de travail entre plusieurs établissements *(Cass. soc., 20 déc. 2006, n° 05-42.224, Bull. V n° 393).*

b) La décision ne doit pas avoir été prise pour des raisons étrangères à l'entreprise, ni être mise en œuvre dans des conditions exclusives de la bonne foi contractuelle

42.2.6.2.3.2. – La décision de mise en œuvre de cette clause doit être justifiée par l'intérêt de l'entreprise et l'employeur ne doit pas en faire un usage abusif ou déloyal *(Cass. soc., 29 janv. 2002, n° 99-44.604, Bull. V n° 39, RJS 2002 n° 392).* En outre, sa mise en œuvre ne doit pas être opérée dans des conditions exclusives de la bonne foi contractuelle.

L'abus de droit ou l'absence de bonne foi contractuelle ont été retenus notamment dans les cas suivants :

– pour l'envoi d'un télégramme enjoignant à une salariée, après 45 mois de travail dans le même poste, de rejoindre dans les 24 heures une nouvelle affectation *(Cass. soc., 16 févr. 1987, n° 84-43.047, Bull. V n° 83)* ;

- pour le fait d'imposer à un « *salarié, qui se trouvait dans une situation familiale critique* [épouse enceinte de 7 mois], *un déplacement immédiat dans un poste qui pouvait être pourvu par d'autres salariés » (Cass. soc., 18 mai 1999, n° 96-44.315, Bull. V n° 219, Dr soc 1999, p. 734)* ;
- pour le changement de lieu de travail d'une salariée, vendeuse, que ne justifiait aucun motif et qui « *révélait l'intention de l'employeur de se séparer de la salariée qui se trouvait dans l'impossibilité d'accepter cette mutation à une distance de près de 100 km sans aucun dédommagement » (Cass. soc., 18 oct. 2000, n° 98-44.738)* ;
- pour le changement de lieu imposé à une salariée, agent de propreté, qui « *se trouvait dans l'impossibilité en l'absence de transport en commun de se rendre à l'heure prévue sur le nouveau lieu de travail qui lui était imposé » (Cass. soc., 10 janv. 2001, n° 98-46.226, Bull. V n° 3, RJS 2001 n° 412, Liaisons soc. Jurisp. n° 700 du 22 janv. 2001 ; Cass. soc., 2 avr. 2014, n° 12-29.494)* ;
- pour une mutation dans un autre établissement imposée à un salarié, l'employeur, qui cherchait en outre à se séparer de lui, ayant agi avec précipitation en notifiant sa décision sans le faire bénéficier du délai contractuel de réflexion de 8 jours, ni d'un délai de prévenance suffisant pour rejoindre son nouveau lieu de travail *(Cass. soc., 18 sept. 2002, n° 99-46.136, Bull. V n° 273, RJS 2002 n° 1352)* ;
- pour la décision prise par un employeur, qui connaissait les difficultés matérielles du salarié et l'avait auparavant employé dans des lieux peu éloignés de son domicile, de l'affecter sur un site distant de plus de 150 km, sans rechercher s'il existait d'autres possibilités d'emploi et en dépit des observations de l'intéressé qui avait signalé le mauvais état de son véhicule *(Cass. soc., 2 juill. 2003, n° 01-42.046, RJS 2003 n° 1120 ; Cass. soc., 25 mars 2009, n° 07-45.281, Liaisons soc. Jurisp. Hebdo n° 83/2009, 14 avr. 2009)* ;
- pour l'information des salariés, par lettre-circulaire, du déménagement de la société dans une nouvelle localité seulement un mois avant celui-ci, alors que sa décision avait été prise plusieurs mois auparavant, et que ce bref délai n'avait pas permis au salarié de prendre sa décision dans les meilleures conditions *(Cass. soc., 4 avr. 2006, n° 04-43.506, Bull. V n° 132, RJS 2006 n° 689)* ;
- pour une affectation imposée 10 jours plus tard à une salariée, sans respect d'un délai suffisant de prévenance, compte tenu des perturbations que la mise en œuvre de la clause de mobilité entraînait pour l'intéressée et sa famille *(Cass. soc., 21 juin 2006, n° 04-44.866, RJS 2006 n° 1150 ; Cass. soc., 15 nov. 2006, n° 05-41.772, RJS 2007 n° 310, pour le non-respect du délai de 2 mois prévu par la convention collective ; Cass. soc., 14 oct. 2008, n° 07-43.071, RJS 2008 n° 1162 ; Cass. soc., 4 mars 2020, n° 18-24.329, RJS 2020 n° 283)* ;

- pour une clause de mobilité abusivement mise en œuvre en raison des problèmes relationnels de la salariée avec son supérieur hiérarchique, l'employeur ayant imposé cette mutation pour la sanctionner d'un comportement fautif alors qu'il n'était nullement avéré que celle-ci était à l'origine des difficultés relationnelles invoquées puisqu'aucune procédure disciplinaire n'avait été engagée à son encontre *(Cass. soc., 14 oct. 2008, n° 07-40.345, Dr ouvrier 2009, p. 15 ; chron. Canut, « Tir groupé autour de la clause de mobilité », Dr ouvrier janv. 2009, p. 7, préc.)* ;
- pour une mutation s'analysant comme une sanction disciplinaire, le courrier de notification de cette mesure reprochant au salarié des manœuvres et des accusations mensongères de harcèlement orchestrées pour installer une ambiance malsaine *(Cass. soc., 26 nov. 2008, n° 07-43.780 ; Cass. soc., 10 déc. 2008, n° 07-43.283 et 07-43.284, CSB Paris 2009 n° 209 p. 102)*.

De même, a agi avec une légèreté blâmable l'employeur ayant mis en œuvre une clause de mobilité alors, d'une part, qu'il savait que la salariée était la mère d'un enfant handicapé moteur dont elle devait s'occuper à l'heure du déjeuner et, d'autre part, que le poste qu'elle occupait antérieurement était libre *(Cass. soc., 6 févr. 2001, n° 98-44.190, Bull. V n° 41, RJS 2001 n° 412)*.

La bonne foi contractuelle de l'employeur est présumée : dans une décision rendue à l'occasion de la mise en œuvre d'une clause contractuelle de mobilité géographique, la Cour de cassation a estimé que « *les juges n'ont pas à rechercher si la décision de l'employeur de faire jouer une clause de mobilité stipulée dans le contrat est conforme à l'intérêt de l'entreprise* » et « *qu'il incombe au salarié de démontrer que cette décision a en réalité été prise pour des raisons étrangères à cet intérêt ou bien qu'elle a été mise en œuvre dans des conditions exclusives de la bonne foi contractuelle* » *(Cass. soc., 23 févr. 2005, 2 arrêts : n° 03-42.018 et 04-45.463, Bull. V n° 64, RJS 2005 n° 477, D. 2005 p. 25, note Kobina Gaba ; Cass. soc., n° 07-43.071, RJS 2008 n° 1162, préc.)*.

La chambre sociale s'est ainsi montrée soucieuse de ne pas méconnaître le principe posé dans l'arrêt SAT du 8 décembre 2000 *(Cass. ass. plén., 8 déc. 2000, n° 97-44.219, Bull. AP n° 11, cf. n°* ***48.6.1.5****)*, selon lequel il n'appartient pas au juge de contrôler le choix fait par l'employeur entre les solutions possibles et, ce faisant, de s'immiscer dans la gestion de l'entreprise et de présumer l'employeur de mauvaise foi dans l'exercice de son pouvoir de direction. La preuve à apporter par le salarié devra donc étayer l'existence de raisons étrangères à l'intérêt de l'entreprise, telles que l'intention de l'évincer en fait de son emploi, ou un manquement de l'employeur à la bonne foi contractuelle.

Toutefois, l'exigence d'une mise en œuvre conforme à la bonne foi contractuelle est de nature à alléger sensiblement la nature et « l'intensité » de la preuve que doit apporter le salarié pour justifier son refus d'accepter la modification. Il n'est en effet pas nécessaire qu'il démontre un abus de droit ou une légèreté blâmable de son employeur ; il suffit qu'il établisse le manquement à la bonne foi. Or cette notion permet au juge, de prendre en considération des éléments tirés de la situation individuelle de chaque salarié pour apprécier si la mise en œuvre d'une modification des conditions de travail n'est pas exclusive de la bonne foi contractuelle. Il peut en être ainsi, par exemple, en cas de mutation, même prévue par le contrat de travail, imposée à un salarié en situation de fragilité familiale ou de santé *(Rapport 2005 de la Cour de cassation).*

Cette exigence de bonne foi contractuelle peut, dans les cas de situation difficile du salarié, permettre d'écarter la légitimité du licenciement fondé sur le refus d'accepter un changement de lieu de travail dans le même secteur géographique. Ainsi, la chambre sociale a jugé qu'un employeur avait manqué à l'obligation d'exécution de bonne foi du contrat de travail en cessant de faire bénéficier une salariée de l'avantage lié à sa fonction consistant à la faire prendre à son domicile compte tenu de la spécificité de son travail et de l'horaire exceptionnel de prise de travail *(Cass. soc., 10 mai 2006, n° 05-42.210, Bull. V n° 169, RJS 2006 n° 803).*

L'évolution de la jurisprudence traduit la volonté de la chambre sociale, « *d'une part, de ne pas entraver l'exercice par l'employeur de son pouvoir de direction en lui imposant de démontrer qu'il est conforme à l'intérêt de son entreprise, d'autre part, de garantir au salarié la possibilité d'établir que la mise en œuvre de ce pouvoir n'est pas conforme à l'exigence fondamentale de bonne foi contractuelle largement entendue* » *(Rapport 2005 de la Cour de cassation).*

c) L'obligation contractuelle de mobilité ne saurait porter une atteinte injustifiée ou disproportionnée au droit du salarié à une vie personnelle et familiale

42.2.6.2.3.3. – Le juge judiciaire a progressivement étendu la portée du contrôle opéré sur la justification et de la proportionnalité de la clause de mobilité, en se fondant sur les dispositions de l'article L. 1121-1 du Code du travail.

Dans un premier temps, la Cour de cassation avait limité son contrôle aux clauses de domiciliation.

Ainsi, il avait été jugé que l'employeur ne peut pas se contenter d'invoquer, sans autre motif, le refus de changement de résidence du salarié pour justifier son licenciement *(Cass. soc., 4 févr. 1993, n° 89-45.140 ; Cass. soc., 15 mai 2007, n° 06-41.277, Bull. V n° 74, RJS 2007 n° 811, l'employeur ayant demandé au salarié de fixer sa résidence à proximité d'un nouveau lieu d'affectation, en tirant argument de l'existence d'une clause contractuelle de mobilité alors même qu'il n'avait pas mis en œuvre cette clause).*

Par ailleurs, le droit du salarié au respect de son domicile avait été clairement affirmé dans l'arrêt rendu le 12 janvier 1999 par la Cour de cassation *(Cass. soc., 12 janv. 1999, n° 96-40.755, Bull. V n° 7, Dr soc 1999, p. 287, obs. J.-E. Ray ; cf. P. Waquet, Y. Struillou, L. Pécaut-Rivolier, Pouvoirs du chef d'entreprise et libertés du salarié, Éditions Liaisons, 2014).*

Dans cette affaire, le salarié, domicilié avec sa famille en région parisienne, exerçait ses fonctions sur un secteur d'activité constitué de la région parisienne, ainsi que du nord et de l'est de la France. Son contrat de travail comportait une clause permettant de modifier la région d'activité et de demander au salarié d'être domicilié sur sa nouvelle région dans les six mois suivants. À la suite de son refus de transférer son domicile familial à Montpellier, il avait été licencié. La cour d'appel avait considéré que la mise en œuvre était licite, dès lors qu'elle était « *justifiée par la nature et le lieu des fonctions commerciales exercées par l'intéressé et par le bon fonctionnement de l'entreprise* ». Se fondant sur l'article 8 de la Convention européenne de sauvegarde des droits de l'homme et des libertés fondamentales, qui affirme notamment le droit de toute personne au respect de son domicile, ainsi que sur le libre choix du domicile personnel et familial, qui est l'un des attributs de ce droit, la Cour de cassation n'avait pas retenu l'argumentation des juges du fond : « *en statuant par ces seuls motifs qui ne justifiaient ni le caractère indispensable pour l'entreprise d'un transfert de domicile, alors que le salarié proposait d'avoir une résidence à Montpellier, ni le caractère proportionné au but recherché de cette atteinte à la liberté de choix du domicile du salarié et alors qu'elle n'explique pas en quoi les attributions de M. Spileers exigeaient une présence permanente à Montpellier, la cour d'appel n'a pas donné de base légale à sa décision* ».

Cet attachement à la protection du domicile personnel des salariés avait également conduit la Cour de cassation à considérer que le fait pour l'employeur de demander à un salarié, inspecteur d'assurances, de travailler à domicile du fait de la suppression du bureau dont il disposait dans l'entreprise, constituait une modification contractuelle que l'intéressé était en droit de refuser *(Cass. soc., 2 oct. 2001, n° 99-42.727, Bull. V n° 292, RJS 2001 n° 1399, cf. chron. Favennec-Héry, « Vie privée dans l'entreprise et à domicile », RJS 2001 p. 940).*

Les dispositions reprises à l'article L. 1121-1 du Code du travail, adoptées postérieurement aux faits précités *(loi n° 92-1446 du 31 décembre 1992)*, avaient repris la même grille d'analyse, en interdisant toute restriction aux droits des personnes et aux libertés individuelles et collectives qui ne serait pas justifiée par la nature de la tâche à accomplir ni proportionnée au but recherché.

Sur ce fondement, la Cour de cassation a réaffirmé sa position, approuvant les juges d'appel qui avaient déclaré nulle et de nul effet une clause d'obligation de résidence, dès lors que les salariés concernés étaient en mesure d'exécuter les tâches qui leur étaient confiées tout en résidant à l'extérieur des lieux de travail *(Cass. soc., 13 avr. 2005, n° 03-42.965, Bull. V n° 134, RJS 2005 n° 708 ; Cass. soc., 12 juill. 2005, n° 04-13.342, Bull. V n° 241, RJS 2005, n° 1048, Dr soc, p. 1037 [sur la même espèce : Cass., 7 févr. 2006, n° 05-12.113, Bull. n° 52, RJS 2006 n° 638], pour la clause d'un contrat de travail faisant obligation à un avocat salarié de fixer son domicile au lieu d'implantation du cabinet dans le but d'une « bonne intégration de l'avocat dans l'environnement local » ; Cass. soc., 12 nov. 2008, n° 07-42.601 ; Cass. soc., 23 sept. 2009, n° 08-40.434, Bull. n° 190, RJS 2009 n° 896, CSB Paris 2009 n° 215 p. 270 ; a contrario : Cass. soc., 13 janv. 2009, n° 07-43.282, Bull. n° 3, RJS 2009 n° 225, CSB Paris 2009 n° 210).*

Cependant, la chambre sociale a rappelé que la mutation géographique ne constitue pas en elle-même une atteinte à la liberté fondamentale du salarié quant au libre choix de son domicile ; par suite, si la mise en œuvre de la mutation dans des conditions exclusives de la bonne foi contractuelle peut priver le licenciement de cause réelle et sérieuse, elle ne saurait pour autant le frapper de nullité *(Cass. soc., 28 mars 2006, n° 04-41.016, Bull. V n° 126, RJS 2006 n° 690, chron. J. Pélissier, B. Lardy-Pélissier et B. Reynès, D. 2006 n° 29, JCP S n° 1381 p. 23, 9 mai 2006, note P. Verkindt).*

L'arrêt Milcent, rendu le 14 octobre 2008 par la Cour de cassation, a marqué une extension du champ du contrôle des clauses de mobilité opéré par le juge judiciaire, sur le même fondement de l'article L. 1121-1 du Code du travail, au-delà de la seule protection du choix du domicile.

En l'espèce, le contrat de travail prévoyait que le poste de la salariée, engagée en qualité de consultante, était fixé à Marseille avec possibilité de déplacements à Paris et à l'étranger et qu'il pourrait lui être demandé d'effectuer des missions en région parisienne pour une durée de 3 mois, justifiant l'établissement temporaire de sa résidence sur place. Licenciée à la suite d'un refus d'effectuer une mission entrant dans ce cadre, la salariée, en congé parental à temps partiel, avait été déboutée par la cour d'appel au motif que la mauvaise foi de l'employeur, qui faisait application de la clause contractuelle, n'était pas établie. La Cour de cassation a cassé cette décision, reprochant au juge d'appel de ne pas avoir recherché si, *« comme le soutenait Mme Milcent, la mise en œuvre de la clause contractuelle ne portait pas une atteinte au droit de la salariée à une vie personnelle et familiale et si une telle atteinte pouvait être justifiée par la tâche à accomplir et était proportionnée au but recherché » (Cass. soc., 14 oct. 2008, n° 07-40.523, Bull. V n° 192, RJS 2008 n° 1162 ; chron. J.-E. Ray, « D'un droit des travailleurs aux droits de la personne au travail », Dr soc 2010, p. 3 ; chron. E. Collomp, présidente de la chambre sociale de la Cour de cassation, « La vie personnelle au travail : dernières évolutions jurisprudentielles », Dr soc 2010, p. 40 ; Dr ouvrier 2009, p. 16 ; chron. Canut, « Tir groupé autour de la clause de mobilité », Dr ouvrier 2009, p. 7, préc. ; Cass. soc., 10 févr. 2016, n° 14-17.576, RJS 2016 n° 238 ; Cass. soc., 21 oct. 2020, n° 18-23.907, RJS 2020 n° 581 ; a contrario : Cass. soc., 7 juill. 2016, n° 15-15.342 ; Cass. soc., 19 janv. 2022, n° 20-14.014, B.).*

Cette évolution avait été nettement confirmée par la décision du 13 janvier 2009 dans laquelle, pour des motifs identiques, la Cour de cassation avait censuré l'arrêt de la cour d'appel, en l'absence de toute obligation de changement de domicile ou même, cette fois-ci, de résidence temporaire *(Cass. soc., 13 janv. 2009, n° 06-45.562, Bull. V n° 4, RJS 2009 n° 228, Dr soc 2009, p. 614, obs. Radé, CSB Paris 2009 n° 209, p. 102 ; Cass. soc., 23 mars 2011, n° 09-69.127).*

C. Le travail à domicile et le télétravail

1. Le principe

42.2.6.3.1. – Se fondant sur les articles 9 du Code civil (droit au respect de la vie privée) et L. 1121-1 du Code du travail, la Cour de cassation a jugé que l'employeur ne peut pas imposer à un salarié d'exercer son activité à son domicile et d'y installer ses instruments de travail *(Cass. soc., 2 oct. 2001, n° 99-42.727, Bull. V n° 292 ; Cass. soc., 11 juill. 2012, n° 10-28.847)* : l'occupation, à la demande de l'employeur, du domicile du salarié à des fins professionnelles constitue une immixtion dans la vie privée de celui-ci et n'entre pas dans l'économie générale du contrat de travail *(Cass. soc., 7 avr. 2010, n° 08-44.865, Bull. V n° 86).*

Si le salarié accède à la demande de son employeur, ce dernier doit l'indemniser de cette sujétion particulière ainsi que des frais engendrés par l'occupation à titre professionnel du domicile *(Cass. soc., 11 juill. 2012, n° 10-28.847).*

Par dérogation au principe, en cas de circonstances exceptionnelles, notamment de menace d'épidémie, ou en cas de force majeure, la mise en œuvre du télétravail peut être considérée comme un aménagement du poste de travail rendu nécessaire pour permettre la continuité de l'activité de l'entreprise et garantir la protection des salariés *(C. trav., art. L. 1222-11).*

2. La nécessité de l'accord du salarié

42.2.6.3.2. – Le télétravail est mis en place par accord collectif ou, à défaut, dans le cadre d'une charte élaborée par l'employeur après avis du comité social et économique, s'il existe ; doivent être notamment précisées les modalités d'acceptation par le salarié des conditions de mise en œuvre du télétravail. En l'absence d'accord collectif ou de charte, l'employeur et le salarié formalisent leur accord par tout moyen *(C. trav., art. L. 1222-9).*

Les stipulations et dispositions de l'accord collectif ou de la charte se substituent, s'il y a lieu, aux clauses du contrat de travail contraires ou incompatibles. Le salarié peut refuser cette substitution, en faisant connaître son refus à l'employeur dans le délai d'un mois à compter de la date à laquelle l'accord ou la charte a été communiqué dans l'entreprise *(ord. n° 2017-1387 du 22 sept. 2017, art. 40, VII).*

Le refus d'accepter un poste de télétravailleur n'est pas un motif de rupture du contrat de travail. À l'inverse, l'employeur qui refuse d'accorder le bénéfice du télétravail à un salarié qui occupe un poste éligible à un mode d'organisation en télétravail dans les conditions prévues par accord collectif ou, à défaut, par la charte, doit motiver sa réponse *(C. trav., art. L. 1222-9)*.

Constitue une modification du contrat de travail le fait d'imposer à un salarié d'exécuter son travail au siège de l'entreprise et sur la base d'un horaire fixe alors que les parties avaient convenu, dès la conclusion du contrat de travail, d'une exécution de la prestation de travail au domicile du salarié et selon un horaire libre *(Cass. soc., 12 déc. 2000, n° 98-44.580, Bull. V n° 417 ; Cass. soc., 13 avr. 2005, n° 02-47.621, Bull. V n° 137, RJS 2005 n 600 ; Cass. soc., 31 mai 2006, n° 04-43.592, Bull. V n° 196 ; Cass. soc., 13 févr. 2013, n° 11-22.360, RJS 2013 n° 263)*, peu important l'existence d'une clause de mobilité *(Cass. soc., 31 mai 2006, n° 04-43.592, Bull. V n° 196, RJS 2006 n° 919 ; Cass. soc., 12 févr. 2014, n° 12-23.051, Bull. V n° 48, RJS 2014 n° 298)*.

§ 7. LA MODIFICATION DU CONTRAT DE TRAVAIL SUSCEPTIBLE DE RÉSULTER DE LA SUSPENSION DE LA FOURNITURE DE TRAVAIL

42.2.7. – S'agissant des salariés non protégés, il a été décidé par le juge judiciaire que la mise en chômage partiel ne constituait pas une modification du contrat de travail *(Cass. soc., 18 juin 1996, n° 94-44.654 à 94-44.662, Bull. V n° 252, Dr soc 1996, p. 978)*.

À la lecture de la décision de 1996, il apparaît toutefois que cette solution est assortie de deux conditions :

- la mise en chômage partiel doit être justifiée ;
- le salarié concerné doit bénéficier du régime spécifique d'indemnisation.

Cette jurisprudence, controversée dans la mesure où il s'agit pourtant bien d'un changement affectant la rémunération, élément par essence contractuel, a été nettement confirmée par l'arrêt du 9 mars 1999 *(Cass. soc., 9 mars 1999, n° 96-43.718, Bull. V n° 103, Dr soc 1999, p. 630 ; Cass. soc., 2 févr. 1999, n° 96-42.831, Bull. V n° 47, Dr soc 1999, p. 419 ; cf. B. Silhol, Le chômage partiel, LGDJ, 1998)*.

§ 8. LA MODIFICATION DU CONTRAT DE TRAVAIL ET L'ACCORD DE PERFORMANCE COLLECTIVE

Plan du paragraphe

42.2.8. – L'ordonnance 2017-1385 du 22 septembre 2017 a introduit l'accord de performance collective, regroupant dans un accord unique des dispositions portant sur la durée du travail, la mobilité géographique ou professionnelle ou la rémunération *(Sem. soc Lamy n° 1827, 10.09.2018 ; note B. Gauriau, Dr soc 2018, p. 504).*

Il peut être conclu afin de répondre aux nécessités liées au fonctionnement de l'entreprise ou en vue de préserver, ou de développer l'emploi *(cf. convention OIT n° 158 sur le licenciement, 1982, partie 2, section A. art. 4 : « Un travailleur ne devra pas être licencié sans qu'il existe un motif valable de licenciement (...) fondé sur les nécessités du fonctionnement de l'entreprise, de l'établissement ou du service »).*

L'ordonnance n° 2017-1718 du 20 décembre 2017 a apporté des précisions quant au contenu de l'accord et au délai de deux mois d'engagement de la procédure de licenciement pour un motif spécifique constituant une cause réelle et sérieuse.

Le Conseil constitutionnel a reconnu la constitutionnalité des accords de performance collective par une décision du 21 mars 2018 *(décision Cons. const. n° 2018-761, 21 mars 2018 ; note Y. Pagnerre, Dr. soc. 2018, p. 694).* Si la décision précise « *qu'en vertu de l'article L. 2232-12 du Code du travail, l'accord, pour être adopté, doit soit être signé par des organisations syndicales représentatives majoritaires, soit être approuvé par les salariés à la majorité des suffrages exprimés, s'il n'a été signé que par des organisations syndicales représentatives minoritaires ayant recueilli plus de 30 % des voix au premier tour des dernières élections des membres titulaires du comité social et économique* », cette appréciation portant sur les conditions d'adoption de l'accord ne ressort ni de l'intention du législateur, ni du texte. Cette décision mentionne la possibilité de contester de la pertinence des motifs ayant justifié l'accord devant le juge.

Dans un rapport publié le 25 mars 2022, l'Organisation internationale du Travail s'est prononcée sur le contrôle du juge dans le cadre du licenciement faisant suite au refus d'une modification du contrat résultant d'un accord de performance collective, retenant que le juge devait pouvoir continuer à procéder à un véritable contrôle de la validité du motif de licenciement *(Liaisons soc. n° 18528).*

A. Définition et champ d'application

42.2.8.1. – Le dispositif des accords de performance collective, prévu par l'article L. 2254-2 du Code du travail, remplace, notamment, les « accords de maintien de l'emploi », et des « accords de préservation ou de développement de l'emploi » et des « accords de mobilité », lesquels ne peuvent plus être conclus depuis le 24 septembre 2017, date d'entrée en vigueur de l'ordonnance du 22 septembre 2017.

L'accord de performance collective a pour finalité soit de répondre aux nécessités de fonctionnement de l'entreprise, soit de préserver ou développer l'emploi.

Si l'accord de performance collective peut porter sur l'aménagement de la durée du travail, un dispositif d'aménagement du temps de travail sur une période supérieure à la semaine peut, indépendamment de celui-ci, être mis en place par accord collectif, en application des articles L. 3121-41 et suivants du Code du travail.

Lorsqu'il a été valablement conclu, ses stipulations se substituent de plein droit aux clauses contraires et incompatibles du contrat de travail, y compris en matière de rémunération, de durée du travail et de mobilité professionnelle ou géographique interne à l'entreprise. Les salariés concernés ont toutefois la possibilité de refuser la modification de leur contrat de travail résultant de l'application de l'accord. Dans ce cas, l'employeur peut mettre en œuvre une procédure de licenciement pour un motif spécifique non personnel. La procédure de licenciement est alors soumise aux dispositions des articles L. 1232-2 à L. 1232-5 et L. 1232-7 à L. 1232-14 du Code du travail *(C. trav., art. L. 2254-2 V)*.

B. La procédure de droit commun

1. *La négociation d'un accord collectif*

a) Le principe

42.2.8.2.1.1. – Conformément aux dispositions de l'article L. 2254-2 du Code du travail, l'accord de performance collective peut être mise en œuvre uniquement sur le fondement d'un accord collectif, et non unilatéralement par l'employeur. Les clauses de l'accord se substituent aux clauses contraires du contrat de travail. Les clauses du contrat de travail ne sont suspendues que pendant la durée de l'accord.

Les dispositions légales ne fixent pas le niveau de conclusion de l'accord. Dès lors, il peut être conclu au niveau de l'établissement, de l'entreprise ou du groupe. Toutefois, dans ce dernier cas, il ne peut organiser une mobilité intragroupe qui constituerait une modification du contrat de travail impliquant un changement d'employeur, que le salarié doit nécessairement accepter.

Quelles que soient les modalités de négociation de l'accord de performance collective, il appartient aux parties à cette négociation de déterminer la durée de l'accord. À défaut de précisions dans l'accord, cette durée est fixée à cinq ans *(C. trav., art. L. 2222-4)*. Si l'accord est à durée indéterminée, les clauses contraires du contrat de travail sont modifiées de manière permanente. C'est donc l'accord lui-même qui, par nature, fixe la durée de cette substitution *(Liaisons soc. n° 17582, 2 juin 2018, p. 1)*.

b) Les conditions de validité de l'accord

42.2.8.2.1.2. – Les conditions de validité d'un accord collectif dans les entreprises pourvues de délégués syndicaux sont prévues à l'article L. 2232-12 du Code du travail. Ainsi, l'accord doit être signé par une ou plusieurs organisations syndicales représentatives ayant recueilli plus de 50 % des suffrages exprimés en faveur des organisations syndicales représentatives au premier tour des dernières élections professionnelles. Un accord qui n'a pas été signé dans ces conditions peut néanmoins, si les organisations signataires ont obtenu plus de 30 % des suffrages exprimés au premier tour des élections professionnelles en faveur des organisations représentatives, être approuvé par référendum à la majorité des suffrages exprimés par les salariés. Le tribunal judiciaire de Paris a retenu que la déloyauté des négociations d'un accord de performance collective est caractérisée lorsqu'un syndicat est exclu de la clôture des négociations, qu'il n'est ni informé de la dernière version du texte, ni invité à présenter ses observations, ni enfin informé de sa signature *(TJ Paris, 20 juin 2023, n° 22/04785, Sem. soc. Lamy, n° 2055 ; Liaisons soc. n° 18844)*.

Dans les entreprises d'au moins 50 salariés pourvues d'un comité social et économique, ce comité peut mandater un expert-comptable afin qu'il apporte toute analyse utile aux organisations syndicales pour préparer la négociation relative à l'accord de performance collective *(C. trav., art. L. 2315-92)*.

Dans les entreprises dépourvues de délégué syndical ou de conseil d'entreprise, un accord de performance collective peut être négocié et conclu selon les modalités suivantes :

– si l'effectif habituel est inférieur à onze salariés, l'employeur peut proposer un projet d'accord et organiser une consultation du personnel *(C. trav., art. L. 2232-21)*. L'accord est valide s'il est approuvé à la majorité des deux tiers du personnel *(C. trav., art. L. 2232-22)* ;
– les conditions sont identiques si l'effectif est compris entre onze et vingt salariés, en l'absence de membre élu de la délégation du personnel du comité social et économique *(C. trav., art. L. 2232-23)* ;
– si l'effectif est compris entre onze et cinquante salariés, les accords d'entreprises sont valablement négociés soit par un ou plusieurs salariés expressément mandatés par une ou plusieurs organisations syndicales représentatives dans la branche ou, à défaut, représentatives au niveau national et interprofessionnel, et sous réserve d'approbation par les salariés à la majorité des suffrages exprimés, soit par un ou des membres titulaires de la délégation du personnel du comité social et économique représentant la majorité des suffrages exprimés en faveur des membres du comité social et économique lors des dernières élections professionnelles *(C. trav., art. L. 2232-23-1)* ;
– si l'effectif est au moins égal à cinquante salariés, l'accord peut être signé par :
  • les membres titulaires de la délégation du personnel du comité social et économique expressément mandatés à cet effet par une ou plusieurs organisations syndicales représentatives dans la branche dont relève l'entreprise ou, à défaut, par une ou plusieurs organisations syndicales de salariés représentatives au niveau national et interprofessionnel. Il doit être approuvé par les salariés à la majorité des suffrages exprimés *(C. trav., art. L. 2232-24)* ;

- les membres titulaires de la délégation du personnel du comité social et économique qui n'ont pas été expressément mandatés *(C. trav., art. L. 2232-25)*. La validité de ces accords est subordonnée à leur signature par des membres de la délégation du personnel du comité social et économique représentant la majorité des suffrages exprimés en faveur des membres du comité social et économique lors des dernières élections professionnelles ;
- un ou plusieurs salariés expressément mandatés par une ou plusieurs organisations syndicales représentatives dans la branche ou, à défaut, par une ou plusieurs organisations syndicales représentatives au niveau national et interprofessionnel *(C. trav., art. L. 2232-26)*. L'accord signé par un salarié mandaté doit avoir été approuvé par les salariés à la majorité des suffrages exprimés.

L'accord est publié dans les conditions de l'article L. 2231-5-1 du Code du travail et doit être déposé auprès des services de la DREETS en charge du contrôle de la complétude de la demande *(C. trav., art. L. 2231-6 et D. 2231-7)*.

c) Le contenu de l'accord

42.2.8.2.1.3. – Les dispositions de l'article L. 2254-2 du Code du travail fixe le contenu de l'accord.

S'il est prévu que l'accord définit ses objectifs dans son préambule, l'absence de préambule n'est pas une condition de validité de l'accord *(C. trav., art. L. 2222-3-3)*.

Des clauses facultatives peuvent être intégrées à l'accord. Elles portent sur :

- les modalités d'information des salariés sur son application et son suivi pendant toute sa durée, ainsi que, le cas échéant, l'examen de la situation des salariés au terme de l'accord ;
- les conditions dans lesquelles pendant toute sa durée d'application, les dirigeants salariés exerçant dans le périmètre de l'accord et, dans le respect des compétences des organes d'administration et de surveillance, les mandataires sociaux et les actionnaires fournissent des efforts proportionnés à ceux demandés aux salariés ;
- les modalités selon lesquelles sont conciliées la vie professionnelle et la vie personnelle et familiale des salariés ;
- les modalités d'accompagnement des salariés ainsi que l'abondement du compte personnel de formation au-delà du montant minimal défini au décret mentionné au VI du présent article.

Si l'accord porte sur l'aménagement du temps de travail sur une période de référence supérieure à la semaine, la validité de l'accord est subordonnée à la présence de clauses obligatoires mentionnées aux articles L. 3121-41, L. 3121-42, L. 3121-44 et L. 3121-47 du Code du travail. Ces clauses portent sur :

– la définition d'une période de référence conforme aux dispositions des articles L. 3121-41 et L. 3121-44 du Code du travail ;
– les conditions de prise en compte, pour la rémunération des salariés, des absences ainsi que des arrivées et des départs en cours de période de référence ;
– les conditions et délais de prévenance des changements de durée ou d'horaires de travail. Toutefois, l'absence de cette dernière clause ne rend pas l'accord illégal puisqu'il existe des dispositions supplétives *(C. trav., art. L. 3121-47)*.

De même, si l'accord met en place ou modifie un dispositif de forfait annuel, en heures ou en jours, l'ensemble des dispositions légales régissant celui-ci *(C. trav., art. L. 3121-53 à L. 3121-66)* lui sont applicables, à l'exception, dans le cas d'une simple modification du dispositif existant, de l'exigence d'une convention de forfait établie par écrit avec le salarié, prévue par l'article L. 3121-55, et de la clause conventionnelle mentionnée ci-dessous relative à la détermination des catégories de salariés susceptibles de conclure une telle convention *(C. trav., art. L. 2254-2)*. Hormis cette hypothèse, doivent donc figurer dans l'accord de performance collective les clauses portant sur :
– les catégories de salariés susceptibles de conclure une convention individuelle de forfait ;
– la période de référence du forfait ;
– le nombre d'heures ou de jours compris dans le forfait, dans la limite de deux cent dix-huit jours s'agissant du forfait en jours ;
– les conditions de prise en compte, pour la rémunération des salariés, des absences ainsi que des arrivées et départs en cours de période ;
– les caractéristiques principales des conventions individuelles, et notamment le nombre d'heures ou de jours compris dans le forfait, ainsi que, s'agissant de forfait en jours, les clauses prévues à l'article L. 3121-64 II du Code du travail (évaluation et suivi régulier de la charge de travail du salarié ; communication périodique sur cette charge de travail, sur l'articulation entre son activité professionnelle et sa vie personnelle, sur sa rémunération ainsi que sur l'organisation du travail dans l'entreprise ; exercice de son droit à la déconnexion). Toutefois, l'absence de ces dernières clauses ne rend pas l'accord illégal puisqu'il existe des dispositions supplétives *(C. trav., art. L. 3121-65)*.

2. *La procédure de licenciement*

42.2.8.2.2. – Si le salarié refuse la modification de son contrat de travail induite par la mise en œuvre de l'accord de performance collective, l'employeur peut engager une procédure de licenciement selon les modalités prévues à l'article L. 2254-2 du Code du travail.

La procédure de licenciement mise en œuvre est soumise au respect des dispositions des articles L. 1232-2 à L. 1232-5 et L. 1232-7 à L. 1232-14 du Code du travail, relatives à la tenue d'entretien préalable, selon les modalités applicables au licenciement pour motif personnel *(C. trav., art. L. 2254-2 V ; cf. n°* ***21.2*** *et* ***21.3****)*. En outre, l'accord peut prévoir des modalités complémentaires.

Lorsque le salarié refuse la modification de son contrat de travail résultant de l'application de l'accord, il dispose d'un délai d'un mois pour faire connaître son refus par écrit à l'employeur à compter de la date à laquelle ce dernier a informé les salariés, par tout moyen conférant date certaine et précise, de l'existence et du contenu de l'accord, ainsi que du droit de chacun d'eux d'accepter ou de refuser l'application à son contrat de travail de cet accord.

L'employeur dispose d'un délai de deux mois à compter de la notification du refus du salarié pour engager une procédure de licenciement.

Toutefois, si l'accord de performance collective met en place un dispositif de forfait annuel, l'absence de refus de l'accord ne vaut pas application directe au contrat de travail car il reste toujours impératif de signer une convention individuelle de forfait *(C. trav., art. L. 3121-55 ; Liaisons soc. n° 17582, 2 juin 2018)*. La signature de cette convention a nécessairement lieu postérieurement à l'entrée en vigueur de l'accord, et le refus de la signer ne peut en aucun cas être en soi une cause de licenciement.

Il en va autrement si l'accord modifie un accord collectif instaurant un forfait annuel déjà appliqué à un salarié sur la base d'une convention individuelle de forfait qu'il a valablement signée. Dans ce cas, son refus de l'application de l'accord de performance collective peut justifier le licenciement de ce dernier dans les conditions prévues à l'article L. 2254-2 du Code du travail.

3. *Le contrôle de l'application de l'accord de performance collective*

a) Le contrôle de l'accord par le juge judiciaire

42.2.8.2.3.1. – Cette question est examinée au n° **43.2.5.1**.

b) La procédure applicable aux salariés protégés

42.2.8.2.3.2. – Cette question est examinée au n° **43.2.5.2**.

CHAPITRE III

LE CONTRÔLE DE L'AUTORITÉ ADMINISTRATIVE SUR LES DEMANDES D'AUTORISATION PRÉSENTÉES À LA SUITE DU REFUS OPPOSÉ PAR LE SALARIÉ À UNE MODIFICATION DE SON CONTRAT DE TRAVAIL OU À UN CHANGEMENT DE SES CONDITIONS DE TRAVAIL : L'INTERVENTION DE L'ADMINISTRATION

SECTION 1

Le cadre d'analyse appliqué à la situation particulière des salariés protégés

§ 1. LA PORTÉE GÉNÉRALE DE LA PROCÉDURE SPÉCIALE DE LICENCIEMENT

A. L'évolution de la position du juge judiciaire

1. La jurisprudence autorisant la prise d'acte de la rupture du contrat par l'employeur

43.1.1.1.1. – Le juge judiciaire a longtemps fait application, pour les salariés protégés, du même principe de la « *prise d'acte* » de la rupture du contrat par l'employeur, qui prévalait pour l'ensemble des salariés avant l'arrêt Raquin précité *(Cass. soc., 8 oct. 1987, n° 84-41.902 et 84-41.903, Bull. V n° 541).*

L'obligation, pour l'employeur, de mettre en œuvre la procédure spéciale de licenciement était donc écartée par la Cour de cassation en l'absence de modification d'un élément essentiel du contrat et d'entrave à l'exercice du mandat, souverainement appréciée par le juge du fond : « *Attendu qu'ils* [les juges du fond] *en ont déduit que* [le salarié] *ne pouvait,* ***sans se rendre responsable de la rupture du contrat****, refuser d'accepter une mutation qui ne comportait aucune perte de salaire, et de se plier à l'horaire de son nouvel atelier* [...] *la modification des conditions de travail qui ne porte pas sur un élément essentiel de son contrat ne peut être assimilée à un licenciement que s'il en résulte une entrave effective à l'exercice* [de son] *mandat* » *(Cass. soc., 15 oct. 1981, n° 79-41.537, Bull. V n° 791 ; Cass. soc., 5 nov. 1981, n° 79-42.601, Bull. V n° 865, pour le refus d'une mutation avec transfert dans une localité voisine ; Cass. soc., 21 juill. 1986, n° 83-44.878, Bull. V n° 402).*

La procédure spéciale était applicable si, par exemple, la mutation du salarié avait pour objet *(Cass. crim., 10 déc. 1970, n° 70-91.045, Bull. crim. n° 336, « Les Grands Arrêts du droit du travail », n° 70, p. 174)* ou pour effet *(Cass. soc., 10 mars 1976, n° 74-13.083, Dr ouvrier 1977, p. 20 ; Cass. soc., 3 oct. 1989, n° 86-45.691, Bull. V n° 558)* d'entraver l'exercice des fonctions représentatives.

En l'absence d'obligation de l'employeur de mettre en œuvre la procédure spéciale, la compétence du juge des référés pour ordonner la réintégration du salarié protégé avait été écartée, le non-respect de la procédure spéciale de licenciement ne constituant pas, dans ces circonstances, un trouble manifestement illicite *(Cass. soc., 3 avr. 1984, n° 82-42.048, Bull. V n° 138 ; Cass. soc., 28 févr. 1989, n° 85-45.488, Bull. V n° 143).*

La jurisprudence laissait ainsi ouverte « *une brèche* » dans le dispositif protecteur dès lors que l'employeur pouvait être à l'origine de la rupture du contrat de travail du salarié protégé en proposant et en imposant une modification non substantielle de son contrat sans avoir à solliciter l'autorisation de licenciement à l'inspecteur du travail. Dans les faits, dès lors qu'il était peu probable que l'employeur reconnût que la modification était substantielle ou de nature à porter atteinte au mandat, le contrat était rompu sans l'intervention de l'administration, le salarié étant contraint *ex-post* de saisir le juge pour obtenir la reconnaissance de la violation du statut protecteur.

2. L'évolution jurisprudentielle

43.1.1.1.2. – La chambre sociale a voulu combler cette « *brèche* » en conciliant le pouvoir de gestion reconnu à l'employeur et le statut protecteur.

Elle a procédé en trois temps :

- une première décision, rendue le 28 janvier 1988 *(Cass. soc., 28 janv. 1988, n° 85-43.400, Bull. V n° 81)* à propos d'un salarié, employé au magasin de Montauban, qui avait refusé sa mutation à Angers, bien que son contrat comportât une clause de mobilité, a marqué une évolution : après avoir rappelé que « *la protection exceptionnelle et exorbitante du droit commun instituée par le législateur au profit de salariés investis de fonctions représentatives interdit à l'employeur de poursuivre par d'autres moyens la rupture du contrat de travail* », la Cour de cassation a énoncé « *que, par suite, la disposition conventionnelle susvisée ne pouvait priver M. Cerciat, salarié protégé, du bénéfice des mesures spéciales prévues par la loi en cas de rupture du contrat de travail résultant d'une décision de l'employeur* » ;
- dans un deuxième temps, elle a jugé par un arrêt du 12 décembre 1990 *(n° 87-43.988, Bull. V n° 667)* : « *que sauf manifestation de volonté non équivoque du salarié de donner sa démission le contrat de travail d'un salarié protégé ne peut être rompu que par un licenciement ; qu'il s'ensuit qu'il appartient à l'employeur d'engager la procédure de licenciement et par conséquent de demander l'autorisation de l'inspecteur du travail en cas de refus par un salarié protégé d'une modification de son contrat de travail, que celle-ci soit substantielle ou non* ».

  Des décisions ont confirmé cette jurisprudence *(Cass. soc., 23 sept. 1992, n° 90-45.106, Bull. V n° 477, RJS 1992 n° 1274 : « attendu cependant que les clauses d'un contrat de travail ne sauraient prévaloir sur les dispositions protectrices prévues par la loi en faveur d'un salarié protégé et qu'aucun changement de lieu ne peut être imposé à un tel salarié sans l'accord de ce dernier » : en l'espèce, était en cause l'application d'une clause de mobilité ; Cass. soc., 30 juin 1993, n° 89-45.479, Bull. V n° 192)* ;
- enfin, faisant application de sa nouvelle grille de lecture distinguant modification du contrat et changement des conditions de travail, la chambre sociale a jugé, par un arrêt du 30 avril 1997 : « *qu'aucune modification de son contrat de travail et aucun changement de ses conditions d'emploi ne peuvent être imposés à un salarié protégé et qu'il appartient à l'employeur, en cas de refus du salarié, soit de le maintenir dans ses fonctions, soit d'engager une procédure de licenciement, sauf manifestation de volonté non équivoque de l'intéressé de démissionner* » *(Cass. soc., 30 avr. 1997, n° 95-40.573, Bull. V n° 154, RJS 1997 n° 706)*.

De nombreux arrêts ont confirmé cette jurisprudence *(Cass. soc., 18 juin 1996, n° 93-44.653, Bull. V n° 248, RJS 1996 n° 944 ; Cass. soc., 25 nov. 1997, n° 94-42.727, Bull. V n° 406, RJS 1998 n° 67 ; Cass. soc., 5 mai 1998, n° 95-45.190, Bull. V n° 220, RJS 1998 n° 758 ; Cass. soc., 6 avr. 1999, n° 97-40.499, Bull. V n° 159, RJS 1999 n° 698 ; Cass. soc.,*

14 nov. 2000, n° 99-43.270, Bull. V n° 373, RJS 2001 n° 65 ; Cass. soc., 2 mai 2001, n° 98-44.624, Bull. V n° 149, RJS 2001 n° 889 ; Cass. soc., 15 févr. 2006, n° 03-42.510, Bull. V n° 74, D. 2006 IR, p. 809 ; Cass. soc., 21 nov. 2006, n° 04-47.068, Bull. V n° 350 ; Cass. soc., 30 sept. 2010, n° 08-43.862, Bull. V n° 210, RJS 2010 n° 957, pour une modification des conditions de travail du salarié à l'initiative de l'employeur pendant une période probatoire (cf. n° ***42.2.2.2.1.3****) ; Cass. soc., 18 déc. 2012, n° 11-13.813, Bull. V n° 340 ; Cass. soc., 15 févr. 2023, n° 21-20.572, B., Dr soc. 2023. 370 note P. Adam ; Cass. soc., 4 oct. 2023, n° 22-12.922, B.).*

L'accord exprès, requis du salarié protégé, ne saurait résulter de la poursuite de l'exécution du contrat de travail aux nouvelles conditions sans protestation ni réserve *(Cass. soc., 1er déc. 2010, n° 09-42.078 ; Cass. soc., 15 déc. 2021, n° 19-24.122 ; Cass. soc., 15 févr. 2023, n° 21-20.572, préc.).*

L'employeur est alors tenu non seulement de conserver le salarié, mais encore de le rémunérer jusqu'à l'obtention de l'autorisation de licenciement, la décision du ministre n'ayant aucun effet rétroactif *(Cass. soc., 15 déc. 2011, n° 10-20.093 à 10-20.096, RJS 2012 n° 270 ; Cass. soc., 13 sept. 2017, n° 15-24.397, B. RJS 2017 n° 753)*, ce qui implique le maintien de tous les éléments de la rémunération *(Cass. soc., 11 janv. 2012, n° 10-27.109, RJS 2012 n° 271 ; Cass. soc., 12 janv. 2016, n° 13-26.318, B. RJS 2016 n° 192 ; Cass. soc., 20 mai 2020, n° 18-23.444)*. Il en est ainsi *a fortiori* lorsque l'employeur laisse le salarié en situation d'attente, alors qu'il n'a saisi l'autorité administrative d'aucune demande d'autorisation de licenciement *(Cass. soc., 11 janv. 2012, n° 10-27.109).*

Le pouvoir de direction de l'employeur est ainsi en quelque sorte partiellement « *paralysé* » par le statut protecteur dès lors que le changement des conditions de travail ne peut être mis en œuvre contre la volonté du représentant du personnel. Mais le pouvoir de direction demeure : confronté à un refus du salarié, si l'employeur n'entend pas renoncer à son projet, il est fondé à engager une procédure de licenciement pour obtenir l'autorisation de l'inspecteur du travail de rompre le contrat de travail de son salarié *(Cass. soc., 14 nov. 2000, n° 99-43.270, Bull. V n° 373 ; Cass. soc., 9 févr. 2022, n° 20-13.711).*

Au demeurant, pris à la lettre, l'attendu de principe énoncé par l'arrêté précité et repris depuis lors fait seulement obstacle à ce que l'employeur mette en œuvre contre la volonté du salarié un changement des conditions de travail.

La Cour de cassation a poursuivi la construction jurisprudentielle en jugeant que la mise en œuvre du changement des conditions de travail sans l'accord du salarié :

– premièrement, est nulle et de nul effet *(Cass. soc., 30 mai 2001, n° 00-60.194, Bull. V n° 154)* ;
– deuxièmement, constitue un trouble manifestement illicite que le juge des référés peut faire cesser *(Cass. soc., 30 avril 1997, n° 95-40.573, Bull. V n° 154 ; Cass. soc., 5 mai 1998, n° 95-45.190,*

Bull. V n° 220 ; Cass. soc., 5 mars 2008, n° 07-11.123, Bull. V n° 53) ;
- enfin, constitue un délit d'entrave si l'employeur n'apporte pas la pleine justification de la mesure ainsi que de son absence de tout lien avec le mandat *(Cass. crim. 6 janv. 2004, n° 02-88.240, Bull. crim. n° 4)*.

A ainsi été comblée par la chambre sociale « *la brèche* » existante dans le statut protecteur. Cette évolution jurisprudentielle doit être replacée dans une évolution plus générale, désignée par la doctrine par l'expression « *d'exclusivisme de la procédure administrative* » *(cf. commentaires à la rubrique « Statut » dans Les Grands arrêts du droit du travail, Dalloz, 4e éd.)*.

B. L'évolution de la position du juge administratif

43.1.1.2. – Très rapidement, la nouvelle grille d'analyse de la chambre sociale a été reprise par une décision du 10 mars 1997, dans laquelle il a été jugé que « *le refus [du salarié] d'accepter le simple changement de ses conditions de travail qui avait été décidé par son employeur dans l'exercice de son pouvoir de direction a constitué une faute d'une gravité suffisante pour justifier son licenciement* » *(CE, 10 mars 1997, n° 170.114, Vincent, Rec. p. 76, concl. G. Bachelier)*. Le fichage de cette décision au recueil, qui fait explicitement référence à l'arrêt précité du 10 juillet 1996 de la chambre sociale, énonce une règle de portée générale : le refus par ce salarié d'accepter le simple changement de ces conditions de travail, qui avait été décidé par son employeur dans l'exercice de son pouvoir de direction, constitue une faute d'une gravité suffisante pour justifier son licenciement.

L'affirmation en son temps d'une telle règle était en cohérence avec la jurisprudence de la chambre sociale selon laquelle le refus d'un changement des conditions de travail constituait « *en principe une faute grave* ».

L'assemblée du contentieux du Conseil d'État a pris en compte l'orientation générale voulue par la chambre sociale : par sa décision du 29 juin 2001, elle a jugé que le principe général du droit, dont s'inspirent les dispositions des articles 1134 du Code civil et celles reprises à l'article L. 1221-1 du Code du travail selon lesquelles le contrat de travail est soumis aux règles de droit commun, « *implique que toute modification des termes d'un contrat de travail recueille l'accord à la fois de l'employeur et du salarié* » *(n° 222.600, Berton, Rec. p. 296)*.

Par la décision du 9 mars 2005, a été repris l'attendu désormais classique de la chambre sociale en jugeant que « *dans le cadre de l'exécution de son contrat de travail, le salarié investi d'un mandat représentatif ne peut se voir imposer aucune modification de ce contrat, ni de ses conditions de travail, en revanche, la révocation d'un usage lui est opposable* » *(CE, n° 257.768, Goerig, Tables p. 1122)*.

La décision du 14 novembre 2008 a engagé une évolution de la jurisprudence : le refus d'un changement des conditions de travail, toujours regardé comme fautif, n'est plus nécessairement qualifié de faute grave de nature à justifier le licenciement du salarié protégé *(CE, 14 nov. 2008, n° 306.226, Viel, Tables p. 955)*.

La décision du 7 décembre 2009, en définissant la grille de contrôle appliquée par l'autorité administrative et le juge pour apprécier la gravité du comportement fautif, a parachevé cette évolution *(CE, 7 déc. 2009, n° 301.563, Sté Autogrill Côté France, concl. Y. Struillou, Dr soc 2010, p. 306, RJS 2010 n° 446 ; cf. n° **43.1.1.4.2**)*.

C. L'obligation d'appliquer la procédure spéciale de licenciement

1. *Le principe*

43.1.1.3.1. – En tout état de cause, l'employeur ne peut donc pas, sauf à commettre un délit d'entrave, imposer au salarié protégé une modification de son contrat de travail ou un changement de ses conditions de travail, ainsi que des conditions d'exercice de son mandat. En cas de refus de ce dernier, il appartient à l'employeur, soit de le maintenir dans ses fonctions, soit de mettre en œuvre la procédure spéciale de licenciement.

« *L'acceptation par un salarié protégé d'une modification du contrat de contrat de travail ou d'un changement de ses conditions de travail ne peut résulter ni de l'absence de protestation de celui-ci, ni de la poursuite par l'intéressé de son travail* » *(Cass. soc., 13 janv. 1999, n° 97-41.519, RJS 1999 n° 234)*. Une cour d'appel ne peut donc refuser d'annuler une mutation refusée par des représentants du personnel au motif que ces derniers n'avaient pas considéré que leurs contrats de travail avaient été rompus *(Cass. soc., 2 mai 2001, n° 98-44.624, Bull. V n° 149, RJS 2001 n° 889)*.

2. *Les conséquences résultant de la mise en œuvre de la modification ou du changement refusé par le salarié*

43.1.1.3.2. – Il résulte de la position de principe adoptée par la Cour de cassation que la mise en œuvre de la modification ou du changement refusé :

1) **revêt un caractère nul** *(Cass. soc., 18 févr. 1988, n° 86-41.857, Bull. V n° 121)* ; a ainsi été regardé comme nul le rattachement d'un salarié à un établissement distinct de celui où il détenait un mandat de délégué du personnel dès lors que ce rattachement avait été refusé par l'intéressé *(Cass. soc., 30 mai 2001, n° 00-60.194, Bull. V n° 197, Dr soc 2001, p. 901, obs. J. Savatier)* ;
2) **constitue** « ***un trouble manifestement illicite*** » justifiant la compétence du juge des référés pour le faire cesser en ordonnant la réintégration du salarié et ce même si celui-ci a pu exercer son mandat *(Cass. soc., 15 févr. 1984, n° 81-42.280, Bull. V n° 71 ; Cass.*

soc., 2 oct. 1991, n° 89-44.401, en cas de modification des horaires de travail ; Cass. soc., 10 juill. 1991, n° 88-41.955, Bull. V n° 356, Dr ouvrier 1992, p. 43 ; Cass. soc., 30 avr. 1997, n° 95-40.573, Bull. V n° 154 ; Cass. soc., 5 mars 1998, n° 95-45.190, Bull. V n° 220 ; Cass. soc., 12 oct. 2000, n° 98-45.174 : retrait d'un véhicule de service dont le salarié, ouvrier-nettoyeur, bénéficiait depuis son embauchage pour accomplir des tâches de nettoyage nécessitant de sa part une grande mobilité et le transport d'un matériel conséquent ; Cass. soc., 5 mars 2008, n° 07-11.123, Bull. V n° 53, JCP S n° 22, 27 mai 2008, 1309 (note Kerbourc'h) ; il en est de même en cas de mutation disciplinaire refusée par le salarié *(Cass. soc., 25 nov. 1997, n° 94-42.727, Bull. V n° 406 ; Cass. soc., 28 juin 2006, n° 05-41.340, RJS 2006 n° 1096 : mise en disponibilité imposée au salarié, celui-ci s'étant vu interdire l'accès à l'entreprise)* ;

3) **est de nature à engager la responsabilité de l'employeur** qui a commis une faute *(Cass. soc., 24 avr. 2003, n° 01-46.969, RJS 2003 n° 911)* ;
4) **constitue un délit d'entrave** *(Cass. crim., 7 févr. 1989, n° 88-80.510, Bull. crim n° 53, RJS 1989 n° 358 ; Cass. crim., 15 févr. 1994, n° 92-84.088, Bull. crim n° 68 ; Cass. crim., 22 févr. 1995, n° 04-87.021, Bull. crim. n° 306)*, sauf si l'employeur apporte la « *pleine justification* » de cette modification ou du changement des conditions de travail *(Cass. crim., 6 janv. 2004, n° 02-88.240, Bull. crim. n° 4, Dr soc 2004, p. 435, obs. F. Duquesne, RJS 2004 n° 434, Dr ouvrier 2004, p. 343 ; Cass. crim., 12 déc. 2006, n° 05-86.601)*, ainsi que l'absence de tout lien avec le mandat détenu *(Cass. crim., 25 juin 1991 n° 90-84.070, RJS 1991 n° 1111 ; Cass. crim., 22 nov. 2005, n° 04-87.021, Bull. crim. n° 306, RJS 2006 n° 240)*.

Il a été jugé que :

– le salarié ne peut être sanctionné à la suite de son refus d'une modification de son contrat ou d'un changement de ses conditions de travail *(Cass. soc., 6 avr. 1999, n° 97-40.499, Bull. V n° 159, RJS 1999 n° 698 : mise à pied consécutive à un refus de permutation avec une autre salariée ; Cass. soc., 6 nov. 2001, n° 99-44.451)* ;
– dans la mesure où « *aucun changement de ses conditions de travail ne pouvait être imposé à un représentant du personnel, sans son accord… l'employeur, qui n'avait pas rompu le contrat de travail, devait verser à l'intéressé la partie du salaire qu'il avait perdue du fait de la mesure de chômage partiel qui avait été appliquée* » *(Cass. soc., 18 juin 1996, n° 94-44.653, Bull. V n° 248, RJS 1996 n° 944)* ;
– « *l'employeur ne peut dispenser le salarié sans son accord d'accomplir les tâches correspondant à sa qualification ; que s'il n'obtient pas l'autorisation administrative de le licencier, il doit donc le rétablir dans ses droits* » *(Cass. soc., 5 mai 1998, n° 95-45.190, Bull. V n° 220, RJS 1998 n° 758)* ;

– « *une modification de son contrat de travail ou changement de ses conditions de travail imposés à un salarié protégé en violation de son statut protecteur ouvre droit pour ce salarié à sa réintégration dans son poste ; que ce n'est qu'au cas où il existe une impossibilité absolue de réintégration dans le même poste que l'employeur peut réintégrer le salarié dans un poste équivalent* » *(Cass. soc., 16 déc. 1998, n° 97-45.921, RJS 1999 n° 235).*

Est considéré comme équivalent au poste précédemment occupé celui comportant le même niveau de rémunération, la même qualification, les mêmes perspectives de carrière et permettant l'exercice du mandat représentatif *(Cass. soc., 24 janv. 1990, n° 89-41.003, Bull. V n° 32, RJS 1990 n° 138 ; Cass. soc., 24 juin 1998, n° 95-44.388, Bull. V n° 339, RJS 1998 n° 1018).*

3. *Mise en œuvre de la modification ou du changement refusé et licenciement aux torts de l'employeur*

43.1.1.3.3. – La prise d'acte de la rupture aux torts de l'employeur *(cf. n°* ***14.6.2.1****)* ainsi que l'action en résiliation judiciaire du contrat *(cf. n°* ***14.5.3.2****)* par le salarié protégé sont admises.

S'agissant de salariés non protégés, la chambre sociale de la Cour de cassation a rappelé le principe selon lequel, tant pour la résiliation judiciaire que pour la prise d'acte de la rupture du contrat de travail, le manquement doit être suffisamment grave pour empêcher la poursuite du contrat de travail *(Cass. soc., n° 12-23.634, Bull. V n° 85, RJS 2014 n° 470 ; n° 12-21.372, Bull. V n° 86 ; n° 12-35.040, Bull. V n° 87 ; cf. n°* ***14.5.3.2*** *et* ***14.6.1.7****)*. Il en est de même pour les salariés protégés *(Cass. soc., 4 juill. 2012, n° 11-13.346, Bull. V n° 212, RJS 2012 n° 824, Dr soc 2012, p. 949-951, obs. J. Mouly ; Cass. soc., 16 juin 2016, n° 15-12.134 ; Cass. soc., 15 déc. 2021, n° 19-24.122 ; cf. n°* ***14.5.3.2*** *et* ***14.6.2.1****)*.

D. La portée de cette jurisprudence

43.1.1.4. – La jurisprudence de la Cour de cassation répond à une double préoccupation :

– en premier lieu, faire bénéficier le salarié de la procédure spéciale prévue par la loi quelle que soit la nature de la modification ou du changement envisagé, l'employeur doit, si le salarié refuse, saisir l'administration ; les effets de cette jurisprudence sont donc à l'opposé de ceux de la jurisprudence antérieure qui dispensait l'employeur de mettre en œuvre la procédure spéciale en cas de « *modification des conditions de travail ne portant pas sur un élément essentiel du contrat de travail* » ;

– en second lieu, laisser à l'administration et au juge administratif le soin d'apprécier le bien-fondé de la modification ou du changement voulu par l'employeur et de l'attitude du salarié, compte tenu des règles de droit commun mais également des nécessités découlant de l'exercice de fonctions représentatives.

Toutefois, la portée de la jurisprudence n'est pas identique selon que le salarié refuse une modification de son contrat de travail ou un changement de ses conditions de travail.

1. *Le cas de la modification du contrat de travail*

43.1.1.4.1. – En tout état de cause, comme tout salarié, le salarié protégé est en droit de refuser une modification de son contrat de travail et son refus, qui ne constitue pas une faute, ne peut justifier à lui seul une demande d'autorisation.

Par ailleurs, aucun salarié ne peut être sanctionné, licencié ou faire l'objet d'une mesure discriminatoire mentionnée à l'article L. 1132-1 du Code du travail pour avoir refusé en raison de son orientation sexuelle une mutation géographique dans un État incriminant l'homosexualité *(C. trav., art. L. 1132-3-2).*

2. *Le cas du changement des conditions de travail*

43.1.1.4.2. – La jurisprudence impose plus une obligation « *de faire* » à l'employeur qu'elle ne reconnaît au salarié un véritable droit de refus : l'employeur, qui ne peut lui imposer un changement de ses conditions de travail, doit, s'il ne renonce pas à son projet, saisir l'administration d'une demande d'autorisation de licenciement.

Cette demande doit, en principe, être présentée **sur le terrain disciplinaire** : en effet, l'employeur, en vertu de son pouvoir de direction et/ou des stipulations contractuelles, est fondé à décider un changement des conditions de travail. Le statut protecteur fait obstacle à ce qu'il mette en œuvre ce changement en présence d'un refus du salarié concerné.

De ce point de vue, le refus du changement des conditions de travail se distingue radicalement du refus d'une modification du contrat qui ne peut jamais être qualifié de faute.

Cette analyse sous-tend la décision du 7 décembre 2009 du Conseil d'État par laquelle a été censuré l'arrêt de la cour administrative d'appel de Lyon qui avait reconnu au salarié protégé le droit de refuser un changement de ses conditions de travail *(CAA, 12 déc. 2006, n° 02LY00922, Mme Unsprung, Rec. p. 614, E. Kolbert, « Licenciement des salariés protégés et réduction du temps de travail », AJDA, 2007, p. 691).*

La Haute Assemblée a jugé que : *« le refus opposé par un salarié protégé à un changement de ses conditions de travail décidé par son employeur en vertu, soit des obligations souscrites dans le contrat de travail, soit de son pouvoir de direction, constitue, en principe, une faute ; qu'en cas d'un tel refus, l'employeur, s'il ne peut directement imposer au salarié ledit changement, doit, sauf à y renoncer, saisir l'inspecteur du travail d'une demande d'autorisation de licenciement à raison de la faute qui résulterait de ce refus » (CE, 7 déc. 2009, n° 301.563, Sté Autogrill Côté France, Tables p. 979, concl. Y. Struillou, Dr soc 2010 p. 306 ; CE, 21 févr. 2011, n° 323.637, ministre du Travail, des Relations sociales, de la Famille et de la Solidarité).*

Il appartient alors à l'administration d'arbitrer le conflit, d'une part, en appréciant le caractère justifié du changement des conditions de travail envisagé et, d'autre part, en recherchant, si ce changement a pour objet et/ou pour effet de porter atteinte à l'exercice du mandat détenu par le salarié.

Pour procéder à cet « *arbitrage* », l'administration doit vérifier en tout premier lieu que la décision de l'employeur a seulement pour effet de changer les conditions de travail : si tel n'était pas le cas et si la décision en cause avait au contraire pour effet de modifier le contrat, la demande présentée sur le terrain disciplinaire ne pourrait être que rejetée, en application du principe selon lequel le refus de modification du contrat de travail n'est pas fautif. L'appréciation qui doit être ainsi portée « *en amont* » peut se révéler parfois fort délicate. En tout état de cause, elle est soumise au contrôle du juge administratif qui censurera pour erreur de droit l'appréciation erronée portée par l'autorité administrative quant aux incidences de la décision envisagée par l'employeur sur le contrat de travail du salarié *(CE, 27 juin 1997, n° 163.522, Valadou : pour un exemple de contrôle du juge administratif sur l'existence ou non d'une modification du contrat de travail ; cf. également CE, 10 oct. 2022, n° 450.849, Mme B. ; CE, 12 avr. 2023, n° 449.229, Sté Orange, mentionné aux Tables).*

§ 2. LES SITUATIONS ENVISAGEABLES

43.1.2. – Deux cas principaux peuvent être distingués :

– si l'employeur modifie le contrat de travail, le salarié est en droit de refuser, sans que ce refus constitue une faute. L'employeur pourra néanmoins engager une procédure de licenciement, la rupture lui étant imputable. Selon la nature du licenciement, la procédure à suivre est celle applicable au licenciement pour motif économique *(Cass. soc., 12 oct. 2004, n° 02-42.980, RJS 2004 n° 1248 ; Cass. soc., 9 mai 2006, n° 04-46.271, RJS 2006 n° 821 ; sur les procédures de licenciement)* ou celle applicable au motif inhérent à la personne du salarié ;
– si l'employeur veut procéder à un simple changement des conditions de travail résultant de son pouvoir de direction, il peut, en cas de refus du salarié, mettre en œuvre la procédure spéciale de licenciement pour motif disciplinaire.

Il convient de préciser les points suivants :

– qu'il s'agisse d'une modification du contrat ou d'un changement des conditions de travail, la procédure spéciale de licenciement doit s'appliquer ;

- cependant, la distinction est déterminante pour savoir sur quel terrain la demande d'autorisation de licenciement doit se fonder *(économique, disciplinaire ou autre)*.

N'a toutefois pas été regardé comme constituant un changement des conditions de travail un simple changement des outils de travail *(Cass. soc., 4 avr. 2006, n° 04-46.361 ; a contrario : Cass. soc., 13 déc. 2017, n° 15-29.116, RJS 2018 n° 199 pour un salarié devant utiliser, après un changement de poste, un nouveau logiciel de travail équipé d'un système de double écoute destiné à vérifier la qualité des interventions téléphoniques des conseillers commerciaux)*.

A. La modification du contrat de travail ou le changement des conditions de travail résultant d'une sanction disciplinaire

43.1.2.1. – Le refus par le salarié protégé d'une modification de son contrat résultant de l'application d'une sanction ne constitue pas en soi une faute susceptible de justifier son licenciement *(cf. n° **43.2.1.2.1** et **43.2.1.2.2**)*.

En revanche, le refus d'un changement des conditions de travail consécutif à une sanction disciplinaire revêt, en principe, un caractère fautif.

B. La modification du contrat de travail ou le changement des conditions de travail ayant pour objet de contrevenir au mandat

43.1.2.2. – En toute hypothèse, si la modification du contrat ou le changement des conditions de travail a pour **objet** de rendre plus difficiles les conditions d'exercice du mandat, l'autorité administrative est tenue de refuser l'autorisation, la procédure étant alors en rapport avec le mandat ou les fonctions exercées.

« Une modification importante du lieu d'exécution de la prestation de travail ou bien le changement de service, voire même une promotion peuvent en réalité cacher une volonté de l'employeur de briser le lien entre le représentant et les représentés, rendant ainsi délicat sur un plan psychologique ou sur un plan matériel (contacts plus difficiles, déplacements...) l'exercice de sa mission » (P.-Y. Verkindt, « La modification du contrat de travail du salarié protégé », dans Mélanges H. Sinay, Le droit collectif du travail, Peter Lang, 1994, p. 281).

Par sa décision du 7 décembre 2009, le Conseil d'État a rappelé « *qu'en tout état de cause, le changement des conditions de travail ne peut avoir pour objet de porter atteinte à l'exercice de ses fonctions représentatives* » *(CE, 7 déc. 2009, n° 301.563, Sté Autogrill Côté France, concl. Y. Struillou, Dr soc 2010, p. 306).*

C. La modification du contrat de travail ou le changement des conditions de travail ayant pour effet de rendre plus difficile l'exercice du mandat ou d'y mettre un terme

43.1.2.3. – Le pouvoir de gestion reconnu à l'employeur peut-il prévaloir sur la nécessité d'assurer le bon exercice du mandat lorsque le salarié est confronté à un changement de ses conditions de travail qui a pour effet et non pour objet – de rendre plus difficile, voire impossible l'exercice des fonctions représentatives ?

Le refus opposé par le salarié à un changement de ses conditions de travail décidé par l'employeur dans le cadre de son pouvoir de gestion est, en principe, regardé comme une faute.

Cependant, le salarié peut légitimement faire valoir que le changement fait obstacle à l'exercice des fonctions pour lesquelles il a été élu ou désigné.

L'évolution de la jurisprudence paraît traduire un infléchissement de la position du juge administratif quant à l'équilibre entre les obligations contractuelles et les « obligations » liées au bon exercice du mandat.

La position de principe de la juridiction a été clairement affirmée : « *La circonstance qu'un salarié soit investi d'un mandat représentatif dans l'entreprise ne saurait en effet, par elle-même, modifier ses obligations contractuelles à l'égard de l'employeur que ce soit pour les restreindre ou pour les accroître » (concl. commissaire du gouvernement sous CE, 5 déc. 1980, n° 12.461, S.A. « Compagnie générale d'entreprises électriques CGEE Alsthom », Rec. p. 469, Dr soc 1981, p. 417).*

Cependant, le Conseil d'État n'a pas retenu de faute d'une gravité suffisante à l'encontre d'un salarié, délégué du personnel et membre du comité d'entreprise, ayant refusé un déplacement immédiat dans un poste à Varsovie, bien que son contrat de travail comportât une clause de mobilité. Le juge administratif a en effet estimé que « *l'employeur, pourtant tenu d'exécuter de bonne foi le contrat de travail,* [avait] *tenté d'obliger M. Lautier à accepter ce déplacement* » et que, « *compte tenu de l'éloignement qui lui était ainsi imposé, la mutation proposée avait* ***pour effet*** *de contrevenir à l'exécution normale des mandats dont il était investi* » *(CE, 29 déc. 2000, n° 207.613, Lautier, Tables p. 1270, RJS 2001 n° 316).*

L'arrêt du 30 novembre 2004, par lequel la chambre sociale a jugé que « *l'autorisation administrative de licenciement (...) établit que le licenciement n'a eu* ***ni pour objet, ni pour effet*** *de faire échec au mandat représentatif* », fait écho à la décision précitée du Conseil d'État *(Cass. soc., 30 nov. 2004, n° 02-43.515, Bull. V n° 308, RJS 2005 n° 118, Dr soc 2005, p. 344, obs. B. Gauriau).*

Par sa décision du 7 décembre 2009, le Conseil d'État a jugé qu'« *il appartient à l'autorité administrative, sous le contrôle du juge, d'apprécier si le refus du salarié constitue une faute d'une gravité suffisante pour justifier l'autorisation sollicitée, compte tenu de la nature du changement envisagé, de ses modalités de mise en œuvre et de ses effets, tant au regard de la situation personnelle du salarié,* ***que des conditions d'exercice de son mandat*** *» (CE, 7 déc. 2009, n° 301.563, Sté Autogrill Côté France, Tables p. 979, concl. Struillou, Dr soc 2010, p. 306).*

Les incidences sur le bon exercice du mandat du changement des conditions de travail peuvent donc ôter au refus opposé par le salarié le caractère d'une faute de gravité suffisante. Se trouve ainsi confirmée l'appréciation qui avait été portée par N. Catala : « *la distinction entre modifications substantielles et modifications non substantielles des conditions de travail, jusque-là appliquée aux représentants du personnel comme aux autres salariés, se trouve rejetée au profit d'un critère plus large englobant la modification des conditions d'exercice de l'activité syndicale » (N. Catala, « Les salariés protégés face aux manifestations du pouvoir de direction et du pouvoir disciplinaire, Tendances du droit du travail français », D. 1978).*

§ 3. LE TERRAIN DE LA DEMANDE D'AUTORISATION DE LICENCIEMENT

43.1.3. – Le motif à invoquer à l'appui de la demande d'autorisation de licenciement se définit :

– en fonction du fait générateur *(sanction disciplinaire, motif économique ou autre motif)* ;

– et de son impact sur la relation de travail *(modification du contrat ou changement des conditions de travail).*

Le choix du motif par l'employeur est d'autant plus important que l'autorité administrative compétente pour statuer sur la demande n'a pas le pouvoir de se placer sur un terrain distinct de celui retenu par l'employeur. La méconnaissance de ce principe entache d'illégalité la décision administrative *(cf. n°* ***32.3.1****).*

A. En cas de refus d'une modification du contrat de travail

43.1.3.1. – En tout état de cause, dès lors que le refus par un salarié d'une modification de son contrat de travail ne constitue pas en soi une cause de licenciement *(Cass. soc., 7 juill. 1998, n° 96-40.256 et 96-45.047, Bull. V n° 367, RJS 1998 n° 958 ; Cass. soc., 21 janv. 2003, n° 00-44.364, RJS 2003 n° 417)*, l'employeur ne peut se fonder sur ce seul refus pour justifier sa demande et doit préciser les motifs qui ont rendu nécessaire la modification du contrat de travail proposée.

Il doit donc se placer sur le terrain déterminé par la nature du motif l'ayant conduit à envisager une modification du contrat de travail. Ainsi, si la modification proposée reposait sur un motif économique, c'est sur ce terrain qu'il doit présenter sa demande.

Les différentes situations sont synthétisées dans le tableau *infra*.

B. En cas de refus d'un changement des conditions de travail

1. Le changement des conditions de travail ne s'inscrivant pas dans le cadre du respect de l'obligation de reclassement

43.1.3.2.1. – Pour les raisons exposées précédemment *(cf. n° **43.1.1.2**)*, la demande doit être présentée sur le terrain disciplinaire, sous réserve de l'exception suivante.

2. Le changement des conditions de travail s'inscrivant dans le cadre du respect de l'obligation de reclassement de l'employeur en cas de licenciement pour motif économique

43.1.3.2.2. – La chambre sociale a affirmé que le salarié menacé de licenciement pour motif économique est en « *droit de refuser les mesures de reclassement qui lui sont proposées* » et peut donc refuser un reclassement sur un poste équivalent *(Cass. soc., 29 janv. 2003, n° 00-46.322 et 00-46.323, Bull. V n° 28, Dr ouvrier 2003, p. 301 : en l'espèce, l'employeur, suite aux refus des salariés concernés, avait notifié un licenciement pour faute grave ; cf. n° **411.4.1.6.4.2**)*.

Dans sa jurisprudence antérieure, le Conseil d'État se plaçait sur le terrain disciplinaire *(CE, 10 févr. 1978, n° 95.006, Galy, Rec. p. 63 ; CE, 10 avr. 1991, n° 60.658, Sté Actana, Tables p. 1232 ; CE, 21 déc. 2001, Prieto, n° 215.185, Tables p. 1215 ; cf. n° **411.4.1.6.4.1**)*.

Le Conseil d'État a fait évoluer sa jurisprudence pour la mettre en harmonie avec celle de la Cour de cassation : « *si l'examen des possibilités de reclassement, prévu par les dispositions précitées, constitue une obligation pour l'employeur, il représente, pour le salarié, une garantie ; qu'ainsi, le refus, par un salarié protégé dont le licenciement économique est envisagé, d'une offre de reclassement sur un emploi comparable à celui qu'il occupait, ne saurait être constitutif d'une faute disciplinaire, ni, par conséquent, ôter au licenciement envisagé son caractère économique* » *(CE, 7 déc. 2009, n° 314.079, Guyard, rapporteur B. Gaschet, Tables p. 979 ; concl. Y. Struillou, Dr soc 2010, p. 306, JCP E n° 5, 4 févr. 2010, p. 45, note Duquesne)*.

Dans cette hypothèse, la demande doit donc être présentée sur le terrain économique.

3. Le changement des conditions de travail s'inscrivant dans le cadre du respect de l'obligation de reclassement de l'employeur à l'égard du salarié reconnu inapte

43.1.3.2.3. – Par un arrêt du 9 avril 2002, elle a d'abord jugé qu'une faute grave ne peut se déduire du seul refus par un salarié du poste de reclassement proposé par l'employeur en application des dispositions du

Code du travail relatives au règles de reclassement du salarié reconnu inapte à l'issue d'une maladie ou d'un accident : il appartient à « *l'employeur de tirer les conséquences du refus de la salariée soit en formulant de nouvelles propositions de reclassement, soit en procédant au licenciement de l'intéressée au motif de l'impossibilité du reclassement* » *(Cass. soc., 9 avr. 2002, n° 99-44.192, Bull. V n° 122)*. Cette jurisprudence devrait donc conduire, selon nous, à ne pas retenir le terrain disciplinaire.

La modification du contrat de travail des salariés protégés

Fait générateur	**Impact sur la relation de travail**	**Chef de la demande d'autorisation**	**Observation**
Sanction disciplinaire	Changement des conditions de travail	Disciplinaire	Le salarié qui refuse un changement de ses conditions de travail de travail commet en principe une faute. « *Il appartient à l'autorité administrative, sous le contrôle du juge, d'apprécier si le refus du salarié constitue une faute d'une gravité suffisante pour justifier l'autorisation sollicitée, compte tenu de la nature du changement envisagé, de ses modalités de mise en œuvre et de ses effets, tant au regard de la situation personnelle du salarié, que des conditions d'exercice de son mandat ; en tout état de cause, le changement des conditions de travail ne peut avoir pour objet de porter atteinte à l'exercice de ses fonctions représentatives* » *(CE, 7 déc. 2009, n° 301.563, Sté Autogrill Côté France, concl. Y. Struillou, Dr soc 2010, p. 306).* L'autorité administrative doit également vérifier si les faits invoqués par l'employeur étaient de nature à justifier une sanction *(CE, 6 mai 1996, n° 151.585, Marchand, Tables p. 1193).*
	Modification du contrat de travail	Disciplinaire	Si la sanction disciplinaire décidée par l'employeur entraîne une modification du contrat de travail du salarié, ce dernier est en droit de la refuser. Face à ce refus, qui n'est pas fautif, l'employeur a la faculté, en vertu de son pouvoir disciplinaire, d'infliger une autre sanction et, par suite, de présenter une demande d'autorisation de licenciement pour motif disciplinaire. L'inspecteur du travail doit alors apprécier si les faits reprochés au salarié pour justifier la sanction disciplinaire envisagée modifiant le contrat de travail sont de nature à justifier une autorisation de licenciement.

Fait générateur	**Impact sur la relation de travail**	**Chef de la demande d'autorisation**	**Observation**
Économique	Changement des conditions de travail	Changement envisagé dans le cadre de l'obligation de reclassement Terrain économique	*« Si l'examen des possibilités de reclassement, prévu par les dispositions précitées, constitue une obligation pour l'employeur, il représente, pour le salarié, une garantie ; qu'ainsi, le refus, par un salarié protégé dont le licenciement économique est envisagé, d'une offre de reclassement sur un emploi comparable à celui qu'il occupait, ne saurait être constitutif d'une faute disciplinaire, ni, par conséquent, ôter au licenciement envisagé son caractère économique » (cf. supra, CE, 7 déc. 2009, n° 314.079, M. Guyard, Tables p. 979, concl. Y. Struillou, Dr soc 2010, p. 306 ; cf. n° **411.4.6.4.3**).*
		Autres cas Terrain disciplinaire	Le salarié qui refuse un changement de ses conditions de travail de travail commet en principe une faute. *(CE, 7 déc. 2009, n° 301.563, Sté Autogrill Côté France, concl. Y. Struillou, Dr soc 2010 p. 306).*
	Modification du contrat de travail	Économique	Le salarié est en droit de refuser une modification de son contrat de travail : son refus ne constitue pas une faute de nature à justifier son licenciement. L'employeur doit présenter une demande d'autorisation pour motif économique. Si l'employeur présente une demande de licenciement pour faute, l'inspecteur du travail, qui ne peut pas requalifier la demande, doit la rejeter.

Fait générateur	**Impact sur la relation de travail**	**Chef de la demande d'autorisation**	**Observation**
Inaptitude	Changement des conditions de travail	Inaptitude	Il appartient à « *l'employeur de tirer les conséquences du refus de la salariée soit en formulant de nouvelles propositions de reclassement, soit en procédant au licenciement de l'intéressée au motif de l'impossibilité du reclassement* » *(Cass. soc., 9 avr. 2002, n° 99-44.192, Bull. V n° 122).*
	Modification du contrat de travail	Inaptitude	Le salarié est en droit de refuser une modification de son contrat de travail : son refus ne constitue pas une faute de nature à justifier son licenciement. L'employeur doit présenter une demande d'autorisation pour inaptitude. Si l'employeur présente une demande de licenciement pour faute, l'inspecteur du travail, qui ne peut pas requalifier la demande, doit la rejeter.
Autre motif	Changement des conditions de travail	Disciplinaire	Le salarié qui refuse un changement de ses conditions de travail de travail commet en principe une faute. *(Cf. supra, CE, 7 déc. 2009, n° 301.563, Sté Autogrill Côté France, concl. Y. Struillou, Dr soc 2010 p. 306).*
	Modification du contrat de travail	Autre motif	Le refus d'une modification du contrat de travail n'est pas fautif. L'employeur doit se placer sur le même terrain que celui qui a motivé la modification du contrat (l'insuffisance professionnelle par exemple). Si l'employeur présente une demande de licenciement pour faute, l'inspecteur du travail, qui ne peut pas requalifier la demande, doit la rejeter.
Autre motif	Changement des conditions de travail	Disciplinaire	Le salarié qui refuse un changement de ses conditions de travail de travail commet en principe une faute. *(Cf. supra, CE, 7 déc. 2009, n° 301.563, Sté Autogrill Côté France, concl. Y. Struillou, Dr soc 2010).*
	Modification du contrat de travail	Autre motif	Le refus d'une modification du contrat de travail n'est pas fautif. L'employeur doit se placer sur le même terrain que celui qui a motivé la modification du contrat (l'insuffisance professionnelle par exemple). Si l'employeur présente une demande de licenciement pour faute, l'inspecteur du travail, qui ne peut pas requalifier la demande, doit la rejeter.

SECTION 2

Le contrôle de l'autorité administrative

§ 1. L'ORIGINE DE LA MODIFICATION EST D'ORDRE DISCIPLINAIRE

43.2.1. – Deux situations doivent être distinguées :
- soit l'employeur sanctionne le refus opposé par un salarié à l'exécution d'un ordre ;
- soit le salarié refuse d'appliquer une sanction qui modifie son contrat de travail ou change ses conditions de travail.

A. La sanction d'un refus opposé par le salarié à l'exécution d'un ordre

1. En cas de modification du contrat de travail

43.2.1.1.1. – Le refus d'exécuter un ordre qui constitue une modification du contrat de travail ne peut être regardé comme fautif et, par suite, le licenciement, qui présente nécessairement un caractère disciplinaire, est dépourvu de cause réelle et sérieuse *(Cass. soc., 23 janv. 2001, n° 98-44.843, 98-45.287 et 98-45.318, Bull. V n° 19, obs. J. Mouly, Dr soc 2001, p. 446).*

2. En cas de changement des conditions de travail

43.2.1.1.2. – En revanche, le refus d'exécuter un ordre qui a simplement pour effet de changer les conditions de travail du salarié est en principe fautif *(cf. n°* ***43.1.1.4.2****)*.

Il appartient à l'autorité administrative, après s'être assurée de l'absence de modification du contrat de travail, d'apprécier :
- la matérialité des faits ;
- la gravité de la faute commise en prenant en compte « *la nature du changement envisagé, ses modalités de mise en œuvre et ses effets, tant au regard de la situation personnelle du salarié, que des conditions d'exercice de son mandat* » *(CE, 7 déc. 2009, n° 301.563, Sté Autogrill Côté France, Tables p. 979, RJS 2010 n° 446, concl. Y. Struillou, Dr soc 2010, p. 306)* ;
- l'absence d'intention discriminatoire.

B. Le refus par le salarié d'une sanction disciplinaire modifiant son contrat de travail

1. La jurisprudence de la Cour de cassation

43.2.1.2.1. – Si la sanction décidée par l'employeur entraîne une modification du contrat de travail du salarié, ce dernier peut la refuser. Face à ce refus, l'employeur a la faculté, en vertu de son pouvoir disciplinaire, d'infliger une autre sanction *(Cass. soc., 16 juin 1998, n° 95-45.033, Bull. V n° 320, RJS 1998 n° 858, Dr soc 1998, p. 803 rapport P. Waquet ; J. Mouly Dr soc 2002 p. 955 ; D. 1999. 125, note Puigelier ; JCP E 1998. 2059, note M. Morand ; Cass. soc., 15 juin 2000, n° 98-43.400, Bull. V n° 233, RJS 2000 n° 948 ; Cass. soc., 1er avr. 2003, n° 01-40.389, Dr soc 2003, p. 666, obs. A. Mazeaud)*, y compris un licenciement pour faute grave *(Cass. soc. 7 juill. 2004, n° 02-44.476, Bull. V n° 193, RJS 2004 n° 1038 ; Cass. soc., 11 févr. 2009, n° 06-45.897, Bull. V n° 41, Dr soc 2009 p. 1738)* pourvu qu'elle soit proportionnée, sans que ce caractère proportionné ne se déduise mécaniquement du refus de la sanction.

L'employeur doit, lorsqu'il notifie au salarié la sanction emportant modification du contrat de travail, l'informer de sa faculté d'accepter ou de refuser cette modification *(Cass. soc., 28 avr. 2011, n° 09-70.619, Bull. V n° 97, RJS 2011 n° 610)* et lui laisser un délai de réflexion suffisant (*Cass. soc., 1er avr. 2003, n° 01-40.389, préc.)*. À défaut, la sanction mise en œuvre doit être annulée *(Cass. soc., 9 mai 2019, n° 17-20.706)* ; en outre, le salarié peut, soit prendre acte de la rupture de son contrat de travail *(Cass. soc., 22 juin 2011, n° 09-43.321, RJS 2011 n° 794)*, soit exiger la poursuite du contrat aux conditions initiales, sans être tenu d'exécuter le contrat aux conditions unilatéralement modifiées par l'employeur *(Cass. soc., 29 mai 2013, n° 12-13.437, RJS 2013 n° 604)*.

L'acceptation de la modification du contrat de travail ne peut résulter du silence du salarié et de la seule poursuite du contrat de travail aux conditions nouvelles *(Cass. soc., 9 nov. 2011, n° 09-73.040)*. En l'absence de refus ou d'acceptation de la sanction par le salarié, il appartient à l'employeur d'inviter le salarié à prendre parti dans un délai raisonnable *(Cass. soc., 1er avr. 2003, n° 01-40.389, préc.)*. Par ailleurs, accepter la modification du contrat de travail proposée par l'employeur pour sanctionner un comportement fautif n'emporte pas renonciation du droit à contester la régularité et le bien-fondé de la sanction *(Cass. soc., 14 avr. 2021, n° 19-12.180, B., RJS 2021 n° 369, Dr soc. 2021, p. 757 obs. J. Mouly, RDT 2021, p. 352, note A. Fabre et D. Baugard)*.

Il s'en suit logiquement que l'employeur, se heurtant au refus explicite du salarié, peut, dans l'exercice de son pouvoir disciplinaire, prononcer une autre sanction sans enfreindre la règle selon laquelle une faute ne peut être sanctionnée deux fois *(Cass. soc., 7 juill. 2004, n° 02-44.476, Bull. V n° 193, RJS 2004 n° 1038 ; sur l'application des règles relatives à la prescription des faits fautifs, cf. n° **21.2**)*.

La notification de la proposition de modification interrompt le délai de deux mois prévu par l'article L. 1332-4 du Code du travail, et le refus du salarié interrompt à nouveau ce délai, la convocation du salarié par l'employeur à un entretien préalable en vue d'une autre sanction disciplinaire devant donc intervenir dans les deux mois de ce refus *(Cass. soc., 28 avr. 2011, n° 10-13.979, Bull. V n° 98, RJS 2011 n° 610 ; Cass. soc.,*

15 janv. 2013, n° 11-28.109, Bull. V n° 7, RJS 2013 n° 203, obs. J. Mouly, Dr soc 2013, p. 277).

Toutefois, lorsque le salarié fait l'objet d'une mutation à titre de sanction et que son contrat comporte une clause de mobilité, le juge du fond ne peut estimer que le licenciement, consécutif au refus du salarié d'accepter sa mutation, est dépourvu de cause réelle et sérieuse au seul motif que le salarié était en droit de refuser une modification de son contrat de travail, dans la mesure où « *la mise en œuvre d'une clause de mobilité n'entraîne pas de modification du contrat de travail* » et, que « *même si le déplacement (...) a un caractère disciplinaire, il ne constitue pas un abus, dès lors que l'employeur peut invoquer une faute du salarié* » et où il incombe au juge du fond « *de vérifier si le comportement incriminé [du salarié] était fautif et s'il justifiait son déplacement » (Cass. soc., 11 juill. 2001, n° 99-41.574, Bull. V n° 265).*

S'agissant d'un changement d'affectation d'un salarié consécutif au retrait de son habilitation à la conduite de certains véhicules, la Cour de cassation a jugé, en assemblée plénière, que cette mesure ne constituait pas une sanction disciplinaire dès lors qu'elle avait pour seul objet, conformément au règlement de sécurité de l'exploitation d'un système de transport public guidé, d'assurer la sécurité des usagers, du personnel d'exploitation et des tiers, et qu'en conséquence cette mesure devait être regardée non comme une modification du contrat de travail, mais comme un changement des conditions de travail *(Cass. ass. plén., 6 janv. 2012, n° 10-14.688, Bull. A.P. n° 1, RJS 2012 n° 245).*

2. *La jurisprudence du Conseil d'État*

43.2.1.2.2. – En cohérence avec la jurisprudence de la chambre sociale antérieure à 1998, il avait été jugé que le refus par le salarié de la modification de son contrat de travail imposée par l'employeur dans l'exercice de son pouvoir disciplinaire lorsqu'il prononce la sanction de rétrogradation est fautif lorsque cette sanction était justifiée par les faits reprochés, cette faute pouvant être d'une gravité suffisante pour justifier le licenciement *(CE, 6 mai 1996, n° 151.585, Marchand, Tables p. 1194, RJS 1996 n° 812 : caractère fautif du refus d'une sanction justifiée de mutation au siège social d'un attaché commercial, décidée pour sanctionner des « manquements répétés à ses obligations professionnelles » ; CE, 6 mai 1996, n° 147.250, Perrotey, pour des faits semblables).*

Il avait été également jugé que si un arrêt de cour d'appel, devenu irrévocable à la suite du rejet du pourvoi en cassation, avait relevé que la mutation dont le salarié protégé avait fait l'objet constituait une modification de son contrat de travail s'apparentant à un licenciement déguisé, le refus de l'intéressé d'exécuter cette décision ne pouvait justifier son licenciement *(CE, 2 mars 1992, n° 81.704, Jebali, Dr ouvrier 1993, p. 344).*

La prise en compte par le Conseil d'État de la jurisprudence Hôtel le Berry de la chambre sociale *(Cass. soc., 16 juin 1998, n° 95-45.033, préc.,* *cf. n° **43.2.1.2.1**)*, l'a conduit à retenir que lorsqu'une demande d'autorisation de licenciement fait suite au refus, par le salarié protégé, d'accepter une sanction de moindre gravité au motif qu'elle entraîne une modification de son contrat de travail, il revient à l'inspecteur du travail de prendre en compte cette circonstance pour apprécier le caractère suffisamment grave des faits reprochés, y compris si l'inspecteur du travail a précédemment refusé d'autoriser le licenciement du salarié sur la base des mêmes faits *(CE, 3 juill. 2013, n° 348.099, Association des paralysés de France, Tables p. 866, Dr soc 2013, p. 925)*.

Ainsi le Conseil d'État :

– a posé le principe selon lequel le refus opposé par un salarié à une sanction emportant modification de son contrat de travail ne constitue pas en soi une faute ;
– a refusé d'admettre que la demande d'autorisation de licenciement soit fondée sur le seul motif tiré du refus opposé par le salarié à la modification de son contrat dès lors que ce refus n'est pas fautif ;
– a posé la règle selon laquelle, dans l'hypothèse où, compte tenu du refus du salarié, l'employeur décide de le sanctionner par un licenciement disciplinaire, l'autorité administrative est tenue de rechercher, à la lumière de ce refus et compte tenu de l'échelle des sanctions applicables, si les faits avancés pour justifier la sanction initialement envisagée sont de nature à justifier une autorisation de licenciement *(CE, 3 juill. 2013, n° 348.099, Association des paralysés de France, Tables p. 866, Dr soc 2013, p. 925)*.

C. Le refus par le salarié d'une sanction disciplinaire changeant ses conditions de travail

43.2.1.3. – Pour les raisons exposées ci-dessus *(cf. n° **43.1.1.4.2**)*, la demande doit être présentée sur le terrain disciplinaire.

Pour le juge judiciaire, statuant en droit commun, le refus d'un changement des conditions de travail est en principe considéré comme fautif *(Cass. soc., 11 juill. 2001, n° 99-44.574, Bull. V n° 26)*. Toutefois, en présence d'un détournement de pouvoir de la part de l'employeur ou d'un manquement à la bonne foi contractuelle, le refus du salarié ne revêt pas de caractère fautif *(Cass. soc., 26 nov. 2008, n° 07-43.780, précité ; Cass. soc., 10 déc. 2008, n° 07-43.283 et 07-43.284)*.

Par sa décision du 7 décembre 2009, le Conseil d'État a cherché à aligner son contrôle sur celui du juge judiciaire tout en prenant en compte la particularité de la situation du représentant du personnel en jugeant que : *« le refus opposé par un salarié protégé à un changement de ses conditions de travail décidé par son employeur en vertu, soit des obligations souscrites dans le contrat de travail, soit de son pouvoir de direction, constitue, en principe, une faute ; qu'en cas d'un tel refus, l'employeur, s'il ne peut directement imposer au salarié ledit changement, doit, sauf à y renoncer, saisir l'inspecteur du travail d'une demande d'autorisation de licenciement à raison de la faute qui résulterait de ce refus ; qu'après s'être assuré que la mesure envisagée ne constitue pas une modification du contrat de travail de l'intéressé, il appartient à l'autorité administrative, sous le contrôle du juge, d'apprécier si le refus du salarié constitue une faute d'une gravité suffisante pour justifier l'autorisation sollicitée, compte tenu de la nature du changement envisagé, de ses modalités de mise en œuvre et de ses effets, tant au regard de la situation personnelle du salarié, que des conditions d'exercice de son mandat ; qu'en tout état de cause, le changement des conditions de travail ne peut avoir pour objet de porter atteinte à l'exercice de ses fonctions représentatives » (CE, 7 déc. 2009, n° 301.563, Sté Autogrill Côté France, Tables p. 979, RJS 2010 n° 446, concl. Y. Struillou, Dr soc 2010, p. 306).*

En outre, s'agissant du refus d'une sanction disciplinaire, l'administration doit s'assurer que l'employeur peut invoquer à bon droit une faute du salarié à l'origine du changement refusé *(CE, 6 mai 1996, n° 151.585, Marchand, Tables p. 1193).*

Ainsi, à l'instar du contrôle exercé par le juge judiciaire pour les salariés non protégés, l'autorité administrative doit donc tenir compte des éléments suivants :

– les effets du changement envisagé au regard de la situation personnelle du salarié, et notamment son ancienneté dans l'entreprise, la durée de la période pendant laquelle ses conditions de travail antérieures avaient été maintenues, sa situation familiale et ses charges de famille ; s'agissant de la mise en œuvre des clauses contractuelles de mobilité, le contrôle doit être plus « *serré* » dès lors qu'elle peut imposer au salarié de changer de domicile et que l'atteinte au libre choix de celui-ci doit être justifié par la nature du travail à accomplir et proportionnée au but recherché ;
– les conditions dans lesquelles le changement des conditions de travail a été décidé et est susceptible d'être mis en œuvre ; l'inspecteur du travail doit s'assurer que le changement des conditions de travail, décidé par l'employeur en vertu de son pouvoir de direction, n'est pas mis en œuvre dans des conditions exclusives de la bonne foi contractuelle et n'a pas pour effet ou pour objet ou pour effet de mettre le salarié dans l'impossibilité de travailler ;
– les incidences de ce changement sur le mandat et ses conditions d'exercice ; ainsi, il a été jugé par le Conseil d'État que, même en l'absence d'intention discriminatoire, l'autorité administrative pouvait valablement refuser l'autorisation demandée, compte tenu de l'éloignement imposé au salarié par son employeur et nonobstant la clause contractuelle de mobilité *(CE, 29 déc. 2000, n° 207.613, Lautier, Tables p. 1271)* ;
– le refus par le salarié protégé d'une modification que l'autorité administrative a qualifiée de simple changement de ses conditions de travail, justifiant d'accorder à l'employeur l'autorisation de

licenciement, ne caractérise pas à lui seul une faute grave *(Cass. soc., 20 juin 2012, n° 10-28.516, Bull. V n° 194, RJS 2012 n° 825)*.

En revanche, la chambre sociale a jugé que la mise à pied disciplinaire du salarié protégé, qui n'a pas pour effet de suspendre l'exécution du mandat de représentant du personnel et n'emporte ni modification de son contrat de travail ni changement de ses conditions de travail, n'est pas subordonnée à l'accord de l'inspecteur du travail *(Cass. soc., 11 déc. 2024, n° 23-13.332, B., RJS 2025 n° 103)*.

§ 2. L'ORIGINE DE LA MODIFICATION EST D'ORDRE ÉCONOMIQUE

A. Première situation : modification du contrat de travail

1. *Le cas général*

a) Le contrôle du « terrain » sur lequel s'est placé l'employeur

43.2.2.1.1.1. – Dès lors que le refus d'une modification liée à un motif économique ne constitue pas une faute, l'employeur doit présenter une demande de licenciement pour motif économique.

Toute demande fondée sur un motif disciplinaire doit faire l'objet d'un refus de la part de l'autorité administrative, celle-ci ne pouvant pas procéder à une requalification de la demande présentée *(CE, 19 juin 1992, n° 76.455, SCARP Parfums Carven)*.

Une demande d'autorisation fondée sur une faute doit donc aboutir à un rejet. Il en a ainsi été jugé :

– en cas de déclassement *(CE, 17 févr. 1989, n° 75.279, Thomas)* ;
– en cas de refus d'exécuter un surcroît de travail de dix heures par mois alors que l'employeur n'a proposé comme compensation financière qu'une somme correspondant à la moitié du salaire horaire de l'intéressé *(CE, 21 juill. 1989, n° 79.661, Sté Rénova)* ;
– en cas de refus d'une proposition d'exercice d'une activité non salariée ou d'une mutation ou d'un changement important dans la nature de l'activité et les modalités de la rémunération du salarié *(CE, 10 avr. 1991, n° 60.658,* Sté *Actana, Tables p. 1232, RJS 1991 n° 724)* ; en cas de refus de mutation géographique *(CE, 14 janv. 1994, n° 116.747, Union des mutuelles d'Île-de-France, RJS 1994 n° 725)*.

b) Le contrôle de la procédure

43.2.2.1.1.2. – L'employeur, au préalable, doit avoir respecté la procédure prévue par l'article L. 1222-6 du Code du travail quand cette dernière doit être respectée *(cf. n° **22.9**)*. À défaut, la chambre sociale a jugé, s'agissant des salariés non protégés, qu'il ne pouvait se prévaloir ni d'un refus ni d'une acceptation du salarié et que le licenciement était alors dépourvu de cause réelle et sérieuse *(Cass. soc., 10 déc. 2003,* *n° 01-40.225, Bull. V n° 312, RJS 2005 n° 344 ; Cass. soc., 10 déc. 2003, n° 01-44.745, Bull. V n° 313 ; Cass. soc., 25 janv. 2005, n° 02-41.819, Bull. V n° 18 ; Cass. soc., 27 mai 2009, n° 06-46.293, Bull. V n° 137, RJS 2009 n° 689, Dr ouvrier 2009, p. 462, JCP E n° 36, 3 sept. 2009 p. 48, Liaisons soc. Jurisp. Quot. n° 15385, 18 juin 2009 ; Cass. soc., 29 sept. 2021, n° 19-25.016, RJS 2021 n° 642).*

Cette procédure n'est toutefois pas applicable lorsque la modification résulte d'une offre de reclassement faite dans le cadre d'un plan social *(cf. n°* ***22.9.2.3****)*.

Il a été jugé qu'en tout état de cause, en notifiant une proposition de modification conformément à l'article L. 1222-6 du Code du travail, l'employeur reconnaît que cette proposition a pour objet de modifier le contrat de travail *(Cass. soc., 12 juill. 1999, n° 97-41.738, Bull. V n° 346* ; *Cass. soc., 18 juin 2008, n° 07-43.562, CSB Paris 2008, n° 204)*.

Le silence du salarié protégé vaut-il acceptation de la modification ? Selon une jurisprudence constante de la chambre sociale, aucune modification de son contrat de travail et aucun changement de ses conditions d'emploi ne peuvent être imposés à un salarié protégé ; en outre, l'accord exprès requis ne saurait résulter de la poursuite de l'exécution du contrat aux nouvelles conditions sans protestation ni réserve *(Cass. soc., 1er déc. 2010, n° 09-42.078 ; cf. n°* ***43.1.1.1.2****)*. De son côté, la chambre criminelle considère que toute modification imposée constitue un délit d'entrave *(Cass. crim., 31 janv. 1974, n° 73-90.610, Bull. crim. n° 52)*.

Dans un arrêt rendu le 24 novembre 2014, la Cour administrative d'appel de Paris a adopté la même position *(CAA Paris, 24 nov. 2014, n° 13PA04560, Sté PRP, concl. J. Sorin, Dr soc 2015, p. 217)*, aux motifs suivants :

- les dispositions de l'article L. 1222-6, incluses dans la première partie de la partie législative du Code du travail relatives aux relations individuelles de travail, ne comportent pas de dispositions spécifiques au statut des salariés protégés, lequel relève du Livre IV de la deuxième partie (relations collectives) de la partie législative du Code ;
- eu égard à la protection exceptionnelle dont bénéficient les représentants du personnel, aucune modification du contrat de travail ni aucun changement de ses conditions de travail ne peut être imposé à un salarié protégé sans son accord exprès ;
- en cas de refus de celui-ci d'accepter la modification ou le changement litigieux, il appartient à l'employeur qui n'entend pas y renoncer d'engager la procédure de licenciement en demandant l'autorisation de l'inspecteur du travail.

Le licenciement de plusieurs salariés ayant refusé une modification de leur contrat de travail consécutive à la réorganisation de l'entreprise constitue un licenciement collectif pour motif économique et est soumis à la procédure prévue par le Code du travail pour ce type de licenciement *(cf. n°* ***22.1.2.4****)*.

c) Le contrôle du motif économique

43.2.2.1.1.3. – Dès lors que le refus opposé par le salarié à une modification de son contrat de travail ne constitue pas en tant que tel un motif de nature à justifier le licenciement, le juge judiciaire, comme le juge administratif, sont amenés à contrôler la « *cause économique* » alléguée par l'employeur.

1) Le contrôle opéré par le juge judiciaire sur la cause de la modification

43.2.2.1.1.3.1. – « *Le licenciement consécutif au refus du salarié d'accepter une modification de son contrat de travail a une nature économique lorsque cette modification a une cause économique, peu important les motifs du refus* » *(Cass. soc., 12 oct. 2004, n° 02-42.980, RJS 2004 n° 1248 ; Cass. soc., 11 déc. 2001, n° 99-42.906, Bull. V n° 376, RJS 2002 n° 265)*. De manière plus générale, la chambre sociale considère que « *la rupture résultant du refus par le salarié d'une modification de son contrat de travail, proposée par l'employeur pour un motif non inhérent à sa personne, constitue un licenciement pour motif économique* » *(Cass. soc., 9 mai 2006, n° 04-46.271, RJS 2006 n° 821 : en l'espèce, le salarié avait été informé que, du fait de la fermeture de l'agence où il était employé, le transfert de son contrat de travail ne permettait pas le maintien de sa situation et de ses attributions antérieures)*.

En effet, s'agissant des salariés non protégés, la Cour de cassation considère, selon une jurisprudence bien établie, que « *le refus du salarié d'une modification de son contrat n'est pas une cause justificative de licenciement* » et qu'il appartient au juge de préciser « *en quoi consistait la restructuration de l'entreprise... et... en quoi cette restructuration avait une incidence nécessaire sur l'emploi de nature à justifier la modification imposée par l'employeur* » *(Cass. soc., 7 oct. 1997, n° 95-42.196, Dr soc 1997, p. 1097, obs. Mazeaud, Dr ouvrier 1998, p. 162 ; Cass. soc., 2 juin 1993, n° 90-45.947, Bull. V n° 154 ; Cass. soc., 7 déc. 1993, n° 90-44.868, Dr soc 1994, p. 213)*. « *Il appartient au juge, saisi du litige, de rechercher si le motif de la modification* [mutation] *constitue ou non une cause réelle et sérieuse de licenciement* » *(Cass. soc., 10 déc. 1996, n° 94-40.300, Bull. V n° 430 : la cour d'appel, qui avait relevé que la mutation s'inscrivait dans le cadre d'une réorganisation, n'avait pas cherché si celle-ci était nécessaire pour sauvegarder la compétitivité de l'entreprise)*.

Dans tous les cas, le motif économique, cause de la proposition de modification du contrat de travail, doit être précis *(Cass. soc., 14 mai 1997, n° 94-43.712, Bull. V n° 177, Dr ouvrier 1997, p. 467, note P. Moussy, « la cour d'appel s'est bornée à retenir que la mutation imposée au salarié était nécessitée par la bonne gestion de l'entreprise sans constater qu'elle était consécutive à des difficultés économiques, à des mutations technologiques ou à une réorganisation de l'entreprise nécessaire à la sauvegarde de sa compétitivité »).*

Le juge doit s'assurer que la modification du contrat est consécutive à l'une des causes de licenciement pour motif économique prévues par l'article L. 1233-3 *(Cass. soc., 13 sept. 2017, n° 15-28.569, B., RJS 2017 n° 727, D. actu. 2 oct. 2017, obs. Siro, D. 2017. Actu. 1838, JCP S 2017, p. 1336 obs. P. Bailly)* :

– soit à des difficultés économiques ; tel n'est pas le cas lorsque l'employeur a, dans un premier temps, renoncé à poursuivre, en raison de l'amélioration de sa situation, la modification envisagée refusée par le salarié pour, dans un second temps, licencier l'intéressé en raison de ce refus : « *l'apparition de nouvelles difficultés économiques (...) ne pouvait justifier le licenciement économique (...) à raison du refus de la modification qui lui avait été faite quatorze mois plus tôt* » *(Cass. soc., 2 oct. 2001, n° 99-43.999, Bull. V n° 293, Dr soc 2001, p. 1123, obs. G. Couturier)* ;
– soit à des mutations technologiques ;
– soit à une réorganisation pour sauvegarder la compétitivité *(Cass. soc., 16 déc. 2008, n° 07-44.087, CSB Paris 2009, n° 209 ; Cass. soc., 27 janv. 2009, n° 07-41.738).*

Les propositions de modification du contrat de travail concernent souvent la rémunération (niveau et mode de calcul) :

– le juge doit « *rechercher si la modification proposée par l'employeur était justifiée par une cause économique* » *(Cass. soc., 26 nov. 1996, n° 93-44.811, Bull. V n° 406, préc.)*. Si « *la réorganisation du régime des rémunérations ne se justifiait que par la volonté de réaliser des bénéfices plus importants et non par la nécessité de sauvegarder la compétitivité de l'entreprise* », les licenciements intervenus à la suite du refus de la modification du contrat de travail sont dépourvus de cause économique *(Cass. soc., 25 juin 1997, n° 94-44.790, Dr ouvrier 1998, p. 448, note P. Moussy)* ;
– le juge doit rechercher si la « *nécessité pour l'employeur de procéder à la modification du contrat était justifiée* » *(Cass. soc., 16 nov. 2005, n° 03-43.512, RJS 2006 n° 167 : la lettre de licenciement mentionnait que la modification du mode de rémunération résultait d'un accord collectif et que le bon fonctionnement de l'entreprise s'opposait à l'existence de deux modes de rémunération)*. Pour le juge judiciaire, en l'absence de motif économique justifiant la modification proposée, le licenciement est sans cause réelle et sérieuse *(Cass. soc., 19 févr. 1997, n° 95-41.207, Bull. V n° 74).*

2) Le contrôle opéré par le juge administratif

43.2.2.1.1.3.2. – Le Conseil d'État, dans une décision relative à l'application de la loi du 3 janvier 1975, avait rappelé que le seul refus opposé par le salarié à une modification substantielle de son contrat ne suffit pas à établir la réalité du motif économique et ne dispense pas l'inspecteur du travail et le juge administratif de rechercher si les circonstances ayant conduit à la décision de modifier le contrat sont ou non constitutives d'un motif économique *(CE, 11 juin 1990, n° 79.330, Sté Comptoir Lyon Allemand Louyot c. / Mlle Bock)*.

Cette jurisprudence administrative a été confirmée *(CE, 15 déc. 1997, n° 161.186, Mme Mathieu, Dr ouvrier 1998, p. 283 ; CAA Lyon, 15 mai 2000, n° 97LY02700, Mme Mathieu, censurant la nouvelle autorisation de l'administration)*.

L'autorité administrative doit donc apprécier le caractère nécessaire, au regard de la situation économique de l'entreprise, de la modification proposée. Il en a été jugé ainsi dans les affaires suivantes :

– « *(l'employeur) a demandé l'autorisation de licencier (une salariée protégée) au motif que cette dernière avait refusé une modification, du mode de calcul de sa rémunération, rendue nécessaire par la situation économique difficile dans laquelle se trouvait l'ensemble des cabinets dentaires* », « *qu'il ne ressort pas des pièces du dossier que pour rechercher si la modification, non des conditions, mais du contrat de travail, ainsi proposée à (la salariée) était justifiée par des motifs économiques, l'inspecteur du travail se soit livré à un examen de la situation de l'ensemble des cabinets dentaires relevant de l'union et non du seul cabinet dans lequel (la salariée) exerçait ; dès lors, sa décision est entachée d'illégalité* » *(CE 18 juin 1997, n° 160.961, Union des sociétés mutualistes de Lille, Tables p. 1108)* ;
– « *l'inspecteur du travail ne pouvait autoriser le licenciement (du salarié) au motif que ce dernier refusait de travailler aux nouvelles conditions proposées par son employeur dès lors qu'il avait estimé que le motif économique avancé par ce dernier n'était pas de nature à justifier les modifications du contrat de travail proposées à l'intéressé et, par suite, son licenciement* » *(CE, 27 juin 1997, n° 167.958, Sté Regicom)* ;
– en cas de demande d'autorisation de licenciement, faisant suite au « *refus du salarié concerné d'accepter un nouveau mode de rémunération* », l'inspecteur du travail doit « *rechercher si la situation d'ensemble de l'entreprise justifie le licenciement que celle-ci lui demande d'autoriser* » *(CE, 10 juin 1998, n° 165.463, Sté Creeks, Tables p. 1204)*.

Entache son arrêt d'une erreur de droit la cour administrative d'appel qui reconnaît le caractère économique du licenciement sans vérifier que la proposition de modification du contrat, que le salarié avait refusé, était justifiée par une cause économique au sens de l'article L. 1233-3 du Code du travail *(CE, 31 janv. 2001, n° 198.352, Kheirat, RJS 2001 n° 890)*.

S'agissant d'une entreprise appartenant à un groupe, l'appréciation des difficultés économiques doit se faire au niveau des sociétés œuvrant dans le même secteur d'activité *(cf. n°* ***48.4.4.2.2****)*.

Le licenciement s'avère dépourvu de motif quand l'employeur propose au salarié protégé un nouveau mode de rémunération comportant une part fortement aléatoire et fixe un mode de rémunération au remplaçant comportant une part fixe importante. L'autorisation de licenciement est alors entachée d'illégalité *(CE, 13 sept. 1995, n° 109.975, Sales)*.

B. Seconde situation : changement des conditions de travail

1. Le changement des conditions de travail n'est pas envisagé dans le cadre de l'obligation de reclassement

43.2.2.2.1. – La demande doit être placée sur le terrain disciplinaire pour les raisons exposées au n° **43.1.1.4.2**.

Il appartient à l'autorité administrative :

– de vérifier la matérialité des faits et que le motif allégué à l'appui de la demande est bien celui invoqué au cours de la procédure interne à l'entreprise ; à défaut, l'autorisation doit être refusée *(CE, 28 juin 1996, n° 155.590, Sté Risk management, RJS 1996 n° 946 : la procédure interne avait été fondée sur « la perte de contrat de gardiennage » et demande d'autorisation invoquait le « refus du salarié d'accepter une mutation » ; la décision d'autorisation fondée sur le refus du salarié d'accepter une modification « non substantielle » a été regardée comme entachée d'illégalité)* ;

– de s'assurer que la décision envisagée ne conduit qu'à un changement des conditions de travail et non à une modification du contrat de travail *(CE, 27 juin 1997, n° 163.522, M. Valadou)*. Si tel n'était pas le cas, la demande ne pourrait être que rejetée dès lors que le refus d'une modification du contrat de travail ayant une cause économique, ne pourrait être qualifié de fautif *(CE, 14 nov. 2008, n° 307.544, Estèves ; concl. R. Keller, Dr soc 2009, p. 419)* ;

– d'apprécier la gravité de la faute commise en prenant en compte « *la nature du changement envisagé, ses modalités de mise en œuvre et ses effets, tant au regard de la situation personnelle du salarié, que des conditions d'exercice de son mandat* » *(CE, 7 déc. 2009, n° 301.563, Sté Autogrill Côté France, Tables p. 979, RJS 2010 n° 446, concl. Y. Struillou, Dr soc 2010, p. 306)* ;

– de s'assurer de l'absence d'intention discriminatoire.

2. Le changement des conditions de travail est envisagé dans le cadre de l'obligation de reclassement

43.2.2.2. – Pour les raisons exposées précédemment *(cf. n°* ***43.1.3.2.2****)*, la demande d'autorisation doit être présentée sur le terrain économique.

Il convient, s'agissant de la nature du contrôle, de se reporter au n° **43.2.2.1.1.3.2**.

§ 3. L'ORIGINE DE LA MODIFICATION EST LIÉE À L'INAPTITUDE MÉDICALE DU SALARIÉ

A. Première situation : modification du contrat de travail

43.2.3.1. – Dans ce cas, l'employeur doit avancer comme motif la cause l'ayant conduit à proposer la modification du contrat, à savoir l'inaptitude médicale du salarié. Le contrôle de l'autorité administrative s'exerce dans ce cadre *(cf. n°* ***15.12****)*.

B. Seconde situation : changement des conditions de travail

43.2.3.2. – La jurisprudence de la Cour de cassation exposée précédemment *(cf. n°* ***43.1.3.2.3****)* conduit à placer le contrôle de l'administration sur le terrain de l'inaptitude et de l'impossibilité du reclassement.

§ 4. L'ORIGINE DE LA MODIFICATION EST UN AUTRE MOTIF INHÉRENT À LA PERSONNE DU SALARIÉ (INSUFFISANCE PROFESSIONNELLE, ETC.)

A. Première situation : modification du contrat de travail

43.2.4.1. – Dans ce cas, l'employeur doit avancer comme motif la cause l'ayant conduit à proposer la modification du contrat.

Pour la Cour de cassation, il appartient au juge du fond de rechercher si la nécessité pour l'employeur de procéder à la modification du contrat de travail du salarié est justifiée *(Cass. soc., 28 janv. 2005, n° 03-40.639, Bull. V n° 35, RJS 2005 n° 475)*.

L'autorité administrative est tenue de rejeter toute demande fondée sur un motif disciplinaire, pour les raisons déjà exposées.

Par ailleurs, elle doit s'assurer du bien-fondé du motif allégué par l'employeur à l'appui de sa demande *(CE, 5 déc.1980, n° 12.461, SA Cie générale d'entreprises électriques CGEE Alsthom, Rec p. 469 : déclassement non motivé par l'inaptitude du salarié à conserver ses anciennes fonctions ; CE, 28 janv. 1991, n° 105.735, Lebental, Dr ouvrier 1991, p. 136 : insuffisance professionnelle)*.

B. Seconde situation : changement des conditions de travail

43.2.4.2. – Le refus du salarié est en principe fautif *(cf. n°* ***43.1.1.4.2****)*. Il appartient à l'autorité administrative :

– de vérifier la matérialité des faits et que le motif allégué à l'appui de la demande est bien celui invoqué au cours de la procédure interne à l'entreprise ; à défaut, l'autorisation doit être refusée *(CE, 28 juin 1996, n° 155.590, Sté Risk management, RJS 1996 n° 946)* ;

– de s'assurer que la décision envisagée ne conduit qu'à un changement des conditions de travail et non à une modification du contrat de travail *(CE, 27 juin 1997, n° 163.522, M. Valadou)*. Si tel n'était pas le cas, la demande ne pourrait être que rejetée dès lors que le refus d'une modification du contrat de travail ne pourrait être qualifié de fautif *(CE, 14 nov. 2008, n° 307.544, Estèves ; concl. R. Keller, Dr soc 2009, p. 419)* ;

– d'apprécier la gravité de la faute commise en prenant en compte « *la nature du changement envisagé, ses modalités de mise en œuvre et ses effets, tant au regard de la situation personnelle du salarié, que des conditions d'exercice de son mandat* » *(CE, 7 déc. 2009, n° 301.563, Sté Auto Grill Côté France, Tables p. 979, RJS 2010 n° 446, concl. Y. Struillou, Dr soc 2010, p. 306 ; CE, 21 févr. 2011, n° 323.637, ministre du Travail, des Relations sociales, de la Famille et de la Solidarité, précité ; CE, 21 nov. 2012, n° 334.658, Mme Ngoc Dien B.)* ;

– de s'assurer de l'absence d'intention discriminatoire.

§ 5. L'ORIGINE DE LA MODIFICATION RÉSULTE DE L'APPLICATION D'UN ACCORD DE PERFORMANCE COLLECTIVE (APC)

43.2.5. – Le cadre juridique de l'accord de performance collective est examiné au n° **42.2.8**. Son application donne lieu à un contrôle exercé par le juge judiciaire ainsi que, pour les salariés protégés, à un contrôle de l'autorité administrative.

A. Le contrôle du juge judiciaire

43.2.5.1. – Comme toute convention ou accord collectif, l'APC peut faire l'objet d'une action en nullité partielle ou totale engagée, sous peine d'irrecevabilité *(C. trav., art. L. 2262-14)* :

– soit, en application de l'article L. 2262-14 du Code du travail, dans un délai de deux mois courant à compter de la notification de l'accord d'entreprise à l'ensemble des organisations disposant d'une section syndicale dans l'entreprise ou, dans les autres cas, de la publication de l'accord sur la base de données nationale (site Legifrance) des accords, prévue par l'article L. 2231-5-1 ;

– soit par la voie de l'exception d'illégalité reconnue par le Conseil constitutionnel *(Cons. const., 21 mars 2018, n° 2018-761 DC, point 36 ; pour une application : Cass. soc., 31 janv. 2024, n° 22-11.770, B., RJS 2024 n° 227)*.

Si, comme le permet l'article L. 2231-5-1, les signataires de l'accord ont acté qu'une partie de l'accord ne ferait pas l'objet de la publication sur la base de données nationale, le délai de deux mois court, non pas à compter de cette date de publication, sauf à méconnaître le droit à un recours juridictionnel effectif, mais de celle à laquelle les autres personnes en ont eu valablement connaissance *(Cons. const., 21 mars 2018, n° 2018-761 DC)*.

Le contrôle opéré par le juge judiciaire porte tant sur le contenu de l'accord que sur son application. Toutefois, au regard de l'évolution de la jurisprudence de la Cour de cassation, il s'agit d'un contrôle restreint *(Cass. soc., 27 janv. 2015, n° 13-22.179, Bull. V n° 9)*. En outre, il appartient à celui qui conteste la légalité d'une convention ou d'un accord collectif de démontrer qu'il n'est pas conforme aux conditions légales qui le régissent *(C. trav., art. L. 2262-13)*.

B. La procédure applicable aux salariés protégés

43.2.5.2. – Comme pour tout licenciement d'un salarié protégé, l'autorisation de l'inspecteur du travail est requise préalablement à la rupture du contrat de travail *(O. Dutheillet de Lamothe, G. Bossy et H. Hassoumi : « Licenciement d'un salarié protégé : l'accord de performance collective à l'épreuve du contrôle de l'administration », Sem. soc. Lamy, 29 sept. 2019)*.

1. Les salariés protégés concernés

43.2.5.2.1. – L'autorisation de l'inspecteur du travail est requise pour la rupture du contrat de l'ensemble des salariés détenant un mandat mentionné à l'article L. 2411-1 du Code du travail, ainsi qu'à ceux ayant demandé l'organisation d'élections professionnelles, aux candidats à ces mandats ou aux anciens détenteurs de mandats *(cf. n°* ***12.2** à **12.16****)*.

2. L'exigence de l'entretien préalable

43.2.5.2.2. – La procédure de licenciement mise en œuvre étant soumise au respect des dispositions des articles L. 1232-2 à L. 1232-5 et L. 1232-7 à L. 1232-14 du Code du travail, relatives à l'entretien préalable, il convient de se reporter aux n° **21.3** et **21.4**.

3. La consultation du comité social et économique

43.2.5.2.3. – Conformément aux dispositions de l'article L. 2431-3 du Code du travail, le comité social et économique doit être consulté sur le projet de licenciement du salarié protégé, si cette consultation est requise par le ou les mandats en cause (*v. tableau A en annexe*), selon la procédure prévue par l'article R. 2421-9 du Code du travail *(cf. n°* ***21.6.3****)*.

4. La demande d'autorisation à l'inspecteur du travail

43.2.5.2.4. – La demande d'autorisation de licenciement est adressée à l'inspecteur du travail en charge du contrôle de l'établissement doté d'un comité social et économique disposant des attributions prévues à la section 3, du chapitre II, du titre I, du livre III du Code du travail *(C. trav., art. L. 2421-3).*

5. La décision de l'inspecteur du travail

43.2.5.2.5. – Comme pour tout licenciement d'un salarié protégé, l'inspecteur du travail doit procéder à une enquête contradictoire et sa décision doit être prise dans le délai de deux mois suivant la réception de la demande *(C. trav., art. R. 2421-4 et R. 2421-11) (cf. n°* ***51.4 et s.****)*.

Au-delà du contrôle du respect de la procédure interne par l'employeur – entretien préalable et consultation du CSE lorsqu'elle est requise –, la détermination de l'étendue du contrôle de l'inspecteur du travail pose deux questions :

– **L'inspecteur du travail doit-il contrôler la validité de l'APC ?**

À la différence du PSE, qu'il soit fixé par voie d'accord ou déterminé unilatéralement par l'employeur, l'APC n'est pas contrôlé par la DREETS. Dans ces conditions, dès lors que la demande d'autorisation trouve son fondement dans le refus du salarié de voir son contrat de travail modifié par l'APC, il nous semble qu'il incombe à l'inspecteur du travail de s'assurer de la validité de l'APC et, par suite, de vérifier que l'accord répond aux exigences légales quant à son contenu *(cf. n°* ***42.2.8.2.1.3****)* tel que défini par le Code du travail et quant à la qualité de ses signataires *(cf. n°* ***42.2.8.2.1.2****)*.

– **L'inspecteur du travail doit-il contrôler la pertinence des motifs retenus par l'accord lui-même, tenant aux nécessités liées au fonctionnement de l'entreprise ou en vue de préserver ou développer l'emploi ?**

Compte de tenu de la réserve faite par le Conseil constitutionnel dans sa décision du 21 mars 2018 portant sur la contestation devant le juge de la pertinence des motifs ayant justifié l'accord, se pose la question de l'autorité compétente pour procéder à un tel contrôle lorsqu'un salarié protégé a refusé de se voir appliquer les clauses d'un tel accord, et par voie de conséquence, du contrôle que doit porter l'inspecteur du travail sur la pertinence des motifs ayant justifié l'accord (*Cons. const. 21 mars 2018, n° 2018-761 DC, point 27 ; note Y. Pagnerre, Dr. soc. 2018, p. 694*). Si l'accord bénéficie d'une présomption de conformité, celle-ci ne fait pas obstacle en tout état de cause à un contrôle.

La question est de déterminer quelle est l'autorité devant effectuer ce contrôle : le juge judiciaire ou l'autorité administrative sous le contrôle du juge administratif. Le ministre du Travail a retenu la compétence du juge judiciaire *(Guide DGT, Salariés protégés, sept. 2019, fiche n° 11b)*, ce qui conduirait alors à ce que le salarié puisse contester la validité de son licenciement autorisé par l'administration devant la juridiction judiciaire. Cette position a été confirmée par la Cour administrative d'appel de Marseille *(CAA Marseille 4 oct. 2024, n° 23MA02919).* La philosophie de la protection exorbitante ainsi que l'évolution de la jurisprudence quant à la compétence de la juridiction administrative pour connaître de la légalité d'un acte de droit privé *(CE Section, 23 mars 2012, n° 331.805, Fédération SUD Santé Sociaux, Rec p. 102, RJS 2012 n° 582 ; cf. n°* ***71.1.3.1.3****)* nous paraissent néanmoins pouvoir conduire à retenir la compétence de l'inspecteur du travail pour apprécier la pertinence des motifs retenus par l'APC tenant aux nécessités liées au fonctionnement de l'entreprise ou en vue de préserver ou développer l'emploi.

En tout état de cause, l'inspecteur du travail doit vérifier que :

- le salarié a eu connaissance de l'existence et du contenu de l'accord, ainsi que de son droit d'accepter ou de refuser l'application à son contrat de travail de cet accord ;
- a été respecté le délai d'un mois dont dispose le salarié pour refuser la modification de son contrat de travail à compter de la date à laquelle l'employeur l'a informé ;
- le salarié a refusé l'application de l'accord à son contrat de travail ;
- le cas échéant, les conditions individuelles prévues par l'accord sont applicables aux salariés lorsque l'accord de performance collective porte sur la forfaitisation de la durée du travail ;
- la procédure de licenciement a été engagée dans le délai de deux mois à compter de la notification du refus du salarié.

SECTION 3

Les conséquences d'un refus opposé par l'administration

43.3. – Dès lors que l'autorisation de licenciement a été refusée, le contrat de travail doit se poursuivre aux conditions antérieures :

- « *l'autorité administrative avait refusé d'autoriser le licenciement prononcé à la suite du refus par le salarié protégé de sa mutation, ce dernier devait être maintenu dans son emploi et percevoir son salaire » (Cass. soc., 3 févr. 1993, n° 89-40.042, Bull. V n° 41, RJS 1993 n° 291)* ;
- « *à la suite de la décision administrative de licenciement… l'employeur avait… l'obligation de réintégrer le salarié à son poste de travail en lui maintenant ses conditions de travail antérieures, toute modification, substantielle ou non, de ces conditions, imposée par l'employeur et refusée par le salarié protégé, engendrant un trouble manifestement illicite auquel le juge des référés doit mettre*

fin » (Cass. soc., 10 juill. 1991, n° 88-41.955, Bull. V n° 356, Dr soc 1991, p. 739) ;

– *« considérant qu'aucun changement des conditions de travail ne peut être imposé à un représentant du personnel, sans son accord ; que dès lors, faute pour l'employeur d'obtenir l'autorisation de l'inspection du travail de licencier ce représentant du personnel la Société... doit maintenir à M. B. les conditions de travail antérieures à son élection » (CA Paris 18 déc. 1996, Dr ouvrier 1997, p. 181, note P. Moussy [pourvoi contre cette décision rejeté par la Cour de cassation : Cass. soc., 10 mars 1999, n° 97-40.706] ; Cass. soc., 30 avr. 1997, n° 95-40.573, Bull. V n° 154, RJS 1997 n° 706 ; Cass. soc., 5 mai 1998, n° 95-45.190, Bull. V n° 220 ; Cass. soc., 12 mai 1998, n° 96-40.378, Bull. V n° 248 ; Cass. soc., 15 déc. 2011, n° 10-20.093, RJS 2012 n° 270).*

Toutefois, si l'atelier dans lequel travaillait le salarié a été définitivement fermé et que cette fermeture était sans rapport avec l'exercice normal de ses mandats, le salarié, qui avait continué à percevoir son salaire, ne peut demander à être rétabli dans ses fonctions et obtenir réparation du préjudice subi *(Cass. soc., 25 nov. 2003, n° 02-41.198, Bull. V n° 297, RJS 2004 n° 232).*

CHAPITRE IV

LE CONTRÔLE DE L'AUTORITÉ ADMINISTRATIVE SUR LE LICENCIEMENT POUR MOTIF DISCIPLINAIRE : GÉNÉRALITÉS

44. – La portée du contrôle à opérer par l'autorité administrative a été définie par la jurisprudence Safer d'Auvergne *(CE, Ass., n° 98.647 et 98.820, 5 mai 1976, Safer d'Auvergne, Dr. soc 1976, p. 346, concl. P. Dondoux)*. Ce contrôle a été étendu au respect de la procédure prévue par la loi *(CE, n° 76.589, 5 juin 1987, Richter, Tables p. 978)* puis aux procédures instituées par des conventions ou accords collectifs *(CE, 21 mai 2008, M. R., n° 304.394, Rec. p. 183)*.

SECTION 1

Le contrôle du respect de la procédure

§ 1. LE CONTRÔLE DU RESPECT DE LA PROCÉDURE LÉGALE

44.1.1. – Le juge administratif estime que l'inspecteur du travail est tenu de s'assurer du respect de la procédure suivie à l'intérieur de l'entreprise ainsi que des règles relatives à la présentation de la demande.

La position de la jurisprudence administrative sur la question de la compétence de l'autorité administrative pour apprécier le respect par l'employeur des règles de procédure de droit commun – l'entretien préalable notamment – a évolué.

Dans un premier temps, le Conseil d'État, sur le fondement des dispositions antérieures au décret n° 83-470 du 8 juin 1983, avait estimé que la régularité de la décision prise par l'administration « *n'est pas affectée par les conditions dans lesquelles la législation protectrice commune à l'ensemble des salariés a pu, dans le cadre des rapports de droit privé qui unissent l'employeur au salarié, être appliquée...* » *(CE, section, 15 déc. 1978, n° 00.630, Schilles, Rec. p. 514, Dr soc 1979, p. 155-158)*. La Haute Assemblée déduisait de ce principe que la circonstance que le ministre du Travail se soit fondé sur des motifs différents des griefs avancés par l'employeur au cours de l'entretien était sans influence sur la légalité de sa décision.

Dans un second temps, à la suite de l'intervention du décret n° 83-470 du 8 juin 1983, qui a posé le principe selon lequel l'entretien préalable prévu à l'article L. 1232-2 du Code du travail doit précéder la présentation de la demande d'autorisation de licenciement, le Conseil d'État a étendu son contrôle et celui de l'administration non seulement à la vérification de l'existence de l'entretien préalable *(CE, 5 juin 1987, n° 76.589, Richter, Tables p. 978)*, mais également aux conditions de son bon déroulement *(CE, 16 janv. 1987, n° 65.315, Besnainou, Rec. p. 978 ; CE, 12 oct. 1990, n° 99.640, Demoleon, Rec. p. 1016)*.

Par conséquent, en l'état actuel de la jurisprudence, l'administration doit s'assurer du respect par l'employeur des dispositions légales qui régissent la procédure de licenciement des salariés protégés et qui ont déjà été exposées *(cf. n° **21**)*.

§ 2. LE CONTRÔLE DU RESPECT DE LA PROCÉDURE CONVENTIONNELLE OU STATUTAIRE

44.1.2. – Le Conseil d'État a reconnu la compétence de l'autorité administrative pour s'assurer du respect des clauses conventionnelles *(CE, 21 mai 2008, n° 304.394, Ministre de l'Emploi, de la Cohésion sociale et du Logement c. / M. R., Rec. p. 183, concl. Y. Struillou, Dr soc 2008, p. 851, RJS 2008 n° 916 ; JCP E n° 26, 26 juin 2008 ; Liaisons soc. Jurisp. Hebdo 30 juin 2008 n° 151/2008 ; Dr ouvrier 2008, p. 538 ; cf. n° **21.1.1.2**)* ou issues du règlement intérieur de l'entreprise. Par ailleurs, dans les entreprises dont l'effectif est au moins de vingt salariés, à défaut de règlement intérieur, aucune sanction disciplinaire autre que le licenciement ne peut être prononcée contre un salarié *(Cass. soc. 23 mars 2017, n° 15-23.090, B. ; J. Mouly, « Absence de règlement intérieur prive l'employeur de son pouvoir disciplinaire, hors la rupture du contrat », Dr soc 2017, p. 573)*.

SECTION 2

Le contrôle de la réalité des faits

§ 1. L'ÉTABLISSEMENT DE LA PREUVE

A. Les règles générales

44.2.1.1. – Le licenciement pour faute du salarié protégé ne peut légalement être autorisé que pour autant que l'employeur établit la matérialité des faits reprochés *(CE, 21 déc. 1994, n° 127.898, Sté Lyonnaise de banque, RJS 1995 n° 264)*. Celui-ci doit donc alléguer des faits précis à l'appui de sa demande d'autorisation de licenciement et ne saurait se contenter de griefs consistant en des allégations vagues et peu circonstanciées *(CE, 12 mars 1982, n° 17.666, Tatry et autres)*.

Il appartient à l'autorité administrative de vérifier la réalité des faits fautifs invoqués. Pour ce faire, l'inspecteur du travail peut procéder à toute mesure d'instruction qu'il juge utile : vérification personnelle le cas échéant sur les lieux, consultation de documents, audition de personnes. La convention n° 81 de l'Organisation internationale du travail *(art. 12)* lui reconnaît la faculté d'interroger, soit seul, soit en présence de témoins, l'employeur ou le personnel. Il est toutefois tenu de mettre à même l'employeur et le salarié de prendre connaissance des éléments déterminants qu'il a pu recueillir, y compris des témoignages, et qui sont de nature à établir ou non la matérialité des faits allégués, cette communication devant se limiter à une information suffisamment circonstanciée sur leur teneur lorsque l'accès tend à porter gravement préjudice à leurs auteurs *(CE, 24 nov. 2006, n° 284.208, Rodriguez, RJS 2007 n° 246, concl. Y. Struillou, Dr soc 2007, p. 25 ; CE, 9 juill. 2007, n° 288.295, Sangare, concl. Y. Struillou, Dr soc 2007, p. 1000 ; RJS 2007 n° 1084, JCP S n° 38, 18 sept. 2007, 1700, note Kerbourc'h ; cf. n° **34.4**)*. La primauté accordée désormais par le juge administratif au respect du contradictoire marque un net revirement par rapport à sa jurisprudence antérieure, qui n'imposait pas cette communication à l'inspecteur du travail *(cf. n° **34.4**)*.

L'employeur et le salarié peuvent fournir par tous moyens la preuve de l'existence ou de la non-existence du motif invoqué *(Cass. soc., 27 mars 2001, n° 98-44.666, Bull. V n° 108, RJS 2001 n° 732)*, sous réserve de la recevabilité du moyen de preuve *(cf. n° **44.2.1.2 et s.**)*.

La valeur des attestations produites relève de l'appréciation souveraine des juges du fond *(Cass. soc., 4 oct. 2000, n° 98-43.670 ; Cass. soc., 27 mars 2001, préc., pour une attestation établie par le conseiller du salarié ayant assisté le salarié pendant l'entretien préalable)*. S'agissant de la valeur probante d'une attestation produite par le représentant de l'entreprise, il a toutefois été jugé que celle-ci ne peut constituer à elle seule un moyen de preuve suffisant, en application selon lequel nul ne peut se constituer une preuve à lui-même *(Cass. soc., 11 mai 1999, n° 97-41.245,*

Bull. V n° 209, RJS 1999 n° 209, pour l'attestation de la directrice générale de la société).

En revanche, la réalité de violences commises par un salarié a été regardée comme établie par la concordance entre les déclarations de la victime, supérieur hiérarchique du salarié, et les constatations objectives consignées dans le certificat médical *(Cass. soc., 12 oct. 2004, n° 02-42.970).*

La production par l'employeur de témoignages émanant d'autres salariés, si elle peut être prise en considération *(CE, 29 mai 1996, n° 167.294, Leroy ; CE, 3 déc. 1999, n° 171.539, Mical ; CE, 29 mai 1996, n° 167.294, Leroy ; CE, 15 déc. 2010, n° 320.901, Association de gestion de la résidence médicale Les Sources)*, doit être appréciée en prenant en considération la situation de subordination juridique de ces derniers *(CE, 26 déc. 2012, n° 355.059, Sté Boldis)*. L'existence de cette subordination juridique ne permet pas, à elle seule, d'écarter les attestations produites par l'employeur, qui doivent toutefois faire l'objet d'une vérification attentive *(CAA Paris, 22 août 2022, n° 21PA00008, absence de pourvoi).*

Ainsi, le témoignage de plusieurs victimes suffit à prouver des actes de harcèlement sexuel *(Cass. soc., 5 déc. 2018, n° 17-24.794)* ou de harcèlement moral *(Cass. soc., 8 janv. 2020, n° 18-20.151)*. Si la matérialité des faits reprochés au salarié ne peut pas être établie uniquement ou de matière déterminante sur le seul fondement de témoignages anonymes *(Cass. soc., 4 juill. 2018, n° 17-18.241, B., Dr soc 2018, p. 95, J. Mouly, RJS 2018 n° 600, Dr ouvrier 2018, p. 663, RDT 2018, p. 766)*, des témoignages anonymisés, c'est-à-dire rendus anonymes *a posteriori* afin de protéger leurs auteurs mais dont l'identité est néanmoins connue de l'employeur, peuvent en revanche être pris en considération lorsqu'ils sont corroborés par d'autres éléments permettant d'en analyser la crédibilité et la pertinence *(Cass. soc., 19 avr. 2023, n° 21-20.308, B., RJS 2023 n° 471 ; cf. également et a contrario : CE, 5 avr. 2023, n° 463.028, mentionné aux Tables).*

S'agissant de la valeur probante de l'enquête interne conduite par l'employeur, il avait été jugé que l'objectivité de ces résultats ne pouvait être remise en cause par le seul fait qu'elle avait été menée, non par le CHSCT, mais par la direction des ressources humaines, et que l'ensemble des salariés présents dans l'open space n'ont pas été entendus *(Cass. soc., 1er juin 2022, n° 20-22.058)* ou que seules les deux salariées plaignantes ont été entendues, ensemble et non séparément, et sans audition de l'ensemble des salariés témoins ou intéressés par les faits dénoncés *(Cass. soc., 29 juin 2022, n° 21-11.437, B. ; Cass. soc., 8 janv. 2020, n° 18-20.151).*

En tout état de cause, les aveux du salarié ne dispensent pas le juge de rechercher si ces faits sont constitutifs d'une faute « *indépendamment de la qualification qu'avait pu en donner le salarié* » *(Cass. soc., 13 juin 2001, n° 99-42.674, Bull. V n° 222, obs. B. Gauriau, Dr soc 2001, p. 1011)*, et le salarié n'a pas à prouver que ces faits sont imputables à d'autres *(Cass. soc., 10 nov. 2009, n° 08-40.924).*

La force probante d'un courriel, souverainement appréciée par les juges du fond *(Cass. soc., 22 mars 2011, n° 09-43.307)*, résulte de la possibilité d'établir la preuve par tous moyens, sans que les dispositions des articles 1316-1 à 1316-4 du Code civil, requérant notamment une signature électronique, soient opposables *(Cass. soc., 25 sept. 2013, n° 11-25.884, Bull. V n° 207)*.

Sur les règles de preuve devant le juge administratif, il convient de se reporter au n° **74.10.2.1**.

B. Les conditions de recevabilité des moyens de preuve à l'encontre du salarié

44.2.1.2. – L'approche du juge civil se distingue de celle du juge pénal.

Pour la chambre criminelle de la Cour de cassation, « *aucune disposition légale ne permet aux juges répressifs d'écarter les moyens de preuve produits par les parties au motif qu'ils auraient été obtenus de façon illicite ou déloyale. Il leur appartient d'en apprécier la force probante* » *(Cass. crim., 6 avr. 1994, n° 93-82.717, Bull. crim. n° 136)*.

Il en allait autrement en droit civil, et notamment en droit social : les éléments de preuve fournis par l'employeur devaient être obtenus par des moyens licites, conformément au principe énoncé par l'article 9 du Code de procédure civile, aux termes duquel : « *Il incombe à chaque partie de prouver conformément à la loi les faits nécessaires au succès de sa prétention* » et auquel se réfère la chambre sociale *(Cass. soc., 2 oct. 2001, n° 99-42.942, Bull. V n° 291, RJS 2001 n° 1394 ; cf. également chron. Favennec-Héry, « Vie professionnelle, vie personnelle du salarié et droit probatoire », Dr soc 2004, p. 48 ; chron. J.-Y. Frouin, « La preuve en droit du travail : les modes de preuve », Sem. soc. Lamy 2006 n° 1262, p. 6 ; sur les conditions de licéité et de loyauté des moyens de preuve : cf. n°* ***44.2.1.2.1****)*.

Toutefois, la reconnaissance, par la Cour européenne des droits de l'homme (CEDH) puis par la Cour de cassation, du droit à la preuve, pensé pour le besoin d'arbitrer entre les intérêts d'ordre probatoire d'une partie et les intérêts de l'autre que le secret protège, conduit désormais, au nom du caractère équitable du procès, à ne pas rejeter par principe tout moyen de preuve illicite ou obtenu de manière déloyale, en mettant en balance les intérêts respectifs sur fond de proportionnalité, et à admettre, lorsqu'elle est indispensable, la recevabilité d'un tel moyen de preuve, justifiée par la considération de faire triompher une prétention légitime *(chron. G. Loiseau, « L'exception de recevabilité de la preuve illicite ou déloyale », RJS 3/2024 p. 7 ; cf. n°* ***44.2.1.2.2.1****)*.

1. *Les conditions de licéité et de loyauté des moyens de preuve : les principes*

44.2.1.2.1. – La licéité de la preuve, définie par l'article 9 du Code de procédure civile, se fonde sur le droit au respect de la vie privée ou de la vie personnelle ; s'y ajoute l'accomplissement des obligations légales d'information et de consultation *(cf. n° **44.2.1.2.1.1**)*. Doit en outre être respecté le principe de loyauté dans l'administration de la preuve *(cf. chron. J.-Y. Frouin, « Le droit à la preuve, sens et mode d'emploi », RJS 5/2023 p. 7)*. Le contrôle de la licéité des moyens de preuve a donné lieu à une abondante jurisprudence *(cf. n° **44.2.1.3.1. et s.**)*.

a) La licéité de la preuve

44.2.1.2.1.1. – Un élément de preuve portant atteinte, dans son mode d'obtention ou dans son contenu, à la vie personnelle du salarié constitue, en application des dispositions de l'article L. 1121-1 du Code du travail, une atteinte injustifiée ou disproportionnée aux droits des personnes et aux libertés du salarié et ne peut, en principe, de ce fait, être produit en justice. Il en a été jugé ainsi de la production de tickets de restauration contenant des informations trop détaillées sur les habitudes alimentaires du salarié *(Cass. soc., 27 mars 2019, n° 17-31.715, B.)* ou de bulletins de paie de plusieurs salariés mentionnant des données personnelles telles que l'âge, le salaire, l'adresse personnelle, la domiciliation bancaire et l'existence d'arrêts de travail pour maladie *(Cass. soc. 7 nov. 2018, n° 17-16.799, RJS 2019 n° 5)*. Il en a été jugé de même par le Conseil d'État pour des informations menées sur les comptes personnels détenus par le salarié au sein de la banque ou sur ceux du syndicat dont il était trésorier *(CE, 2 mars 2020, n° 418.640, Fédération du Crédit mutuel centre est Europe, mentionné aux Tables, RJS 2020 n° 245)*.

Ne constitue pas un traitement de données à caractère personnel un système de traitement automatisé de données ayant pour seul objet de prendre les commandes adressées directement en cuisine d'un restaurant et d'assurer la facturation ainsi que la gestion des stocks *(Cass. soc., 2 févr. 2011, n° 09-68.719)*.

Le Conseil d'État a été appelé à statuer sur la légalité d'une décision de la CNIL refusant l'autorisation de recourir à un logiciel de détection d'infractions pédopornographiques sur les postes informatiques de chacun des salariés et de constituer un fichier d'empreintes numériques correspondant à des contenus communiqués par les autorités de police, et a rejeté le recours formé contre cette décision, considérant qu'une entreprise privée n'est pas juridiquement habilitée à mettre en œuvre un traitement de données personnelles relatives à des infractions pénales *(CE, 11 mai 2015, n° 375.669, Sté Renault Trucks, Rec. p. 167)*.

Le réglement général sur la protection des données

Les principes généraux

Une autre condition de la licéité des moyens de preuve est le respect des dispositions du règlement général sur la protection des données (RGPD) *(règlement UE 2016/679 du Parlement européen et du Conseil du 27 avril 2016)*, entré en application à compter du 25 mai 2018, qui a conduit à la suppression du régime déclaratif des traitements automatisés de données personnelles auprès de la CNIL. L'employeur est désormais pleinement responsable de la protection des données qu'il traite et doit pouvoir en démontrer la mise en conformité à tout moment avec le RGPD *(M.-F. Mazars et W. El Boujemaoui, « Maîtriser le socle du droit des données pour aborder l'application du RGPD », RDT 2018, p. 298 ; M.-F Mazars et M. Körner, « La mise en œuvre du RGPD : un renfort pour les droits des salariés ? », RDT 2018, p. 498 ; M.-F. Mazars et W. El Boujemaoui, « Se préparer à la discipline du RGPD », RDT 2018, p. 506)*.

Le RGPD s'applique à toute organisation, publique et privée, qui traite pour son compte ou non des données personnelles c'est-à-dire toute information se rapportant à une personne physique identifiée ou identifiable, dès lors qu'elle est établie sur le territoire de l'Union européenne ou que son activité cible directement des résidents européens. Le RGPD concerne aussi les sous-traitants qui traitent des données personnelles pour le compte d'autres organismes.

Les obligations résultant du RGPD

L'article 35 du RGPD prévoit la conduite d'une analyse d'impact relative à la protection des données, lorsqu'un traitement de données personnelles est susceptible d'engendrer un risque élevé pour les droits et libertés des personnes concernées.

La CNIL en a défini les lignes directrices *(Délib. CNIL n° 2018-326 du 11 octobre 2018 portant adoption de lignes directrices sur les analyses d'impact relatives à la protection des données (AIPD) prévues par le règlement général sur la protection des données (RGPD))* et établi une liste des traitements entrant dans cette définition et auxquels appartiennent les traitements ayant pour finalité de surveiller de manière constante l'activité des employés concernés *(Délib. CNIL n° 2018-327 du 11 octobre 2018)*. Entrent notamment dans cette définition les dispositifs de vidéosurveillance portant sur les employés manipulant de l'argent dans cette définition vidéosurveillance d'un entrepôt stockant des biens de valeur au sein duquel travaillent des manutentionnaires ou les chronotachygraphes des véhicules de transport routier. La CNIL a établi une liste des traitements ne nécessitant pas la réalisation d'une analyse d'impact tels que les traitements mis en œuvre aux seules fins de gestion des contrôles d'accès physiques et des horaires pour le calcul du temps de travail *(Délib. CNIL n° 2019-118 du 12 septembre 2019)*.

En outre, il appartient à l'entreprise de constituer un registre de traitements de données permettant de recenser tous les fichiers. Ce registre précise pour chaque collecte de données : la finalité, les catégories de données utilisées, les personnes y ayant accès, ainsi que la durée de conservation de ces données *(RGPD, art. 30.1)*.

Une durée raisonnable de conservation doit donc être fixée en fonction de l'objet du fichier, et il ne peut plus en être fait usage au-delà de cette date à l'encontre du salarié *(CA Aix-en-Provence, 8e ch., 16 juin 2014, n° 12/06776, RJS 2014 n° 763)*. Ce registre est placé sous la responsabilité du dirigeant de l'entreprise.

La désignation d'un délégué à la protection des données (DPO) n'est obligatoire que dans les organismes publics et les structures privées dont l'activité de base l'amène à réaliser un suivi régulier et systématique des personnes à grande échelle, ou à traiter à grande échelle des données dites « sensibles » ou relatives à des condamnations pénales et infractions *(RGPD, art. 37)*.

Enfin, le dirigeant doit prendre les mesures nécessaires pour garantir au mieux la sécurité des données.

La CNIL reste l'autorité de contrôle du respect de ces dispositions. Ainsi, en application des dispositions anciennes de l'article 45 de la loi « Informatique et libertés » du 6 janvier 1978, la CNIL avait, par décision du 14 avril 2010, prononcé la suspension pour 3 mois d'un système de traitement de données.

L'article L. 1222-4 du Code du travail dispose en outre qu'aucune information concernant personnellement un salarié ne peut être collectée par un dispositif qui n'a pas été porté préalablement à sa connaissance. Toutefois, la chambre sociale a considéré qu'un rapport d'audit ayant pour objet de « *permettre à l'employeur de mieux appréhender les fonctions de la salariée et vérifier que celle-ci n'exerce pas un pouvoir qui excède ce que sa fonction lui permet* », sans information ni audition préalable de la salariée pendant l'enquête ne constitue pas un moyen de preuve illicite dans la mesure où la salariée n'avait pas été tenue à l'écart des travaux réalisés dans les locaux de l'entreprise, aux fins d'entretiens avec l'intéressée et de sondage sur des pièces comptables ou juridiques *(Cass. soc., 26 janv. 2016, n° 14-19.002, B., RJS 2016 n° 226, D. 2016, p. 807 obs. P. Lokiec et J. Porta, Gaz. Pal. 2016, p. 78 note C. Frouin ; Cass. soc., 28 févr. 2018, n° 16-19.934, RJS 2018 n° 310 ; Cass. soc., 17 mars 2021, n° 18-25.597, B., RJS 2021 n° 250, Dr soc. 2021 p. 657 note J. Mouly, RDT 2021 p. 454 note A.-L. Mazaud, pour une enquête effectuée au sein d'une entreprise à la suite de la dénonciation de faits de harcèlement moral ; RDT 2021 p. 357, chron. B. Brugues-Reix et H. Masse-Dessen)*. De même, s'agissant de faits de harcèlement, sexuel ou moral, l'employeur, tenu de prendre toutes dispositions pour les prévenir, n'est pas obligé de confier l'enquête aux représentants du personnel, en l'espèce le CHSCT [CSE ou CSSCT], ou de les saisir, et peut diligenter seul une telle investigation *(Cass. soc., 1er juin 2022, n° 20-22.058 ; Cass. soc., 29 juin 2022, n° 21-11.437, B.)*.

Dans le cadre de la mise en œuvre d'un système de traitement de données personnelles, l'employeur est tenu d'informer la personne auprès de laquelle sont recueillies des données à caractère personnel, de l'identité du responsable du traitement, des finalités poursuivies par le traitement auquel les données sont destinées, de ses droits d'opposition, d'accès, de rectification et d'effacement, ainsi que des destinataires ou catégories de destinataires de ces données *(RGPD, art. 13 et 14)*. Par conséquent, un moyen de preuve reposant sur un traitement de données personnelles ne pourra être considéré comme licite à défaut d'une information complète du salarié.

Par ailleurs, l'employeur doit informer et consulter le comité social et économique préalablement à la décision de mise en œuvre dans l'entreprise, sur les moyens ou techniques permettant un contrôle de l'activité des salariés *(C. trav., art. L. 2323-38)* y compris lorsque le dispositif de contrôle de l'activité du salarié n'est à l'origine pas exclusivement destiné à opérer un tel contrôle *(Cass. soc., 11 déc. 2019, n° 18-11.792, B.)*.

En revanche, la chambre sociale a jugé que tel n'était pas le cas d'un audit mis en œuvre pour apprécier, à un moment donné, l'organisation d'un service *(Cass. soc., 12 juill. 2010, n° 09-66.339, Bull. V n° 168, RJS 2010 n° 719)* ou, à la suite du signalement d'anomalies de facturation par des clients, les documents comptables de l'entreprise, sans contrôle spécifique de l'activité du salarié *(Cass. soc., 27 mai 2021, n° 19-23.984)*.

Sont donc écartés les moyens de preuve obtenus dans des conditions méconnaissant les règles d'information et de consultation préalables du comité social et économique prévues par l'article L. 2323-38 du Code du travail *(Cass. soc., 7 juin 2006, n° 04-43.866, Bull. V n° 206, RJS 2006 n° 1143 : en l'espèce avait été utilisé un système de surveillance vidéo de la clientèle utilisé à l'insu du comité pour surveiller les salariés ; Cass. soc., 2 nov. 2016, n° 15-20.540, RJS 2017 n° 78)*.

Une illustration de ce principe est la décision de la CNIL, datée du 7 mai 2009, relative aux conditions d'utilisation de la biométrie [en l'espèce, dispositif de reconnaissance du réseau veineux des doigts de la main] pour contrôler l'accès aux locaux sur les lieux de travail : outre la déclaration applicable aux traitements automatisés de données à caractère personnel, la commission rappelle notamment les obligations d'information et de consultation des instances représentatives du personnel et d'information préalable des salariés par la remise à chacun d'une notice explicative *(Délib. CNIL, 7 mai 2009, n° 2009-316, JORF du 21 juin 2009 ; sur le recours à la biométrie, cf. n° **44.2.1.3.14**)*.

b) Le principe de loyauté dans l'administration de la preuve

44.2.1.2.1.2. – Ce principe exclut les preuves obtenues par l'utilisation d'un procédé clandestin ou dissimulé de surveillance, d'un stratagème, ou par fraude ou moyen frauduleux. Ainsi, avait été considéré comme tel, et ne pouvait donc fonder un licenciement, un aveu extra-judiciaire obtenu à la suite d'une exploitation illicite d'images de vidéosurveillance, ce qui implique que la matérialité des faits ne peut reposer sur la seule reconnaissance des faits par le salarié si elle fait suite aux éléments recueillis sur le fondement d'un moyen de preuve illicite *(Cass. soc., 20 sept. 2018, n° 16-26.482, RJS 2018 n° 712)*.

2. L'exception de recevabilité des moyens de preuve illicites et/ou obtenus de manière déloyale

a) L'exception de recevabilité des moyens de preuve illicites

44.2.1.2.2.1. – D'abord reconnu par la Cour européenne des droits de l'homme *(CEDH, 10 oct. 2006, n° 7508/02, L. c./France, D. 2006 p. 2692 ; CEDH, 17 oct. 2019, n° 1874/1, RJS 2020 n° 164 obs. E. Lafuma)*, le droit à la preuve, qui implique l'accès à tout élément de preuve et la faculté d'en produire la teneur, a été consacré sous certaines réserves par la Cour de cassation *(Cass. soc., 9 nov. 2016, n° 15-10.203, B., RJS 2017 n° 27, note F. Champeaux, Sem. soc. Lamy 2016 n° 1746 ; RDT p.134 ; chron. G. Loiseau, « Le droit de la preuve face aux secrets », RJS 2017 p. 83 ; chron. P. Bailly, « Variations sur l'administration de la preuve dans le contentieux du travail », RJS 2022 p. 191 ; chron. G. Lardeux, « La reconnaissance de la preuve en* droit du travail » D. 2017 p. 37 ; chron. H. Barbier, RDT 2022 p. 95). Dans cet arrêt, la chambre sociale, saisie d'un litige relatif à la production en justice par un syndicat de documents nécessaires au décompte de la durée du travail, des repos compensateurs acquis et de leur prise effective pour établir le non-respect de la règle du repos dominical par l'employeur, a jugé que « le droit à la preuve peut justifier la production d'éléments portant atteinte à la vie personnelle d'un salarié à la condition que cette production soit nécessaire à l'exercice de ce droit et que l'atteinte soit proportionnée au but poursuivi » *(Cass. soc., 30 sept. 2020, n° 19-12.058, B., relatif à la production en justice d'éléments extraits d'un compte privé Facebook d'un salarié afin d'établir la divulgation d'informations confidentielles à de potentiels concurrents, RJS 2020 n° 573 ; note P. Adam, Dr soc 2021 p. 14 ; note T. Kahn dit Cohen RDT 2020 p. 753 ; note F. Champeaux, Sem. soc. Lamy 2020 n° 1924 ; note C. Golhen, D. 2020 p. 283 ; Dr ouvrier 2020 p. 733 ; note O. Leclerc, JCP S 2020 p. 3042 ; également : Cass. soc., 1er juin 2022, n° 21-15.591, RJS 2022 n° 428 ; Cass. soc., 1er juin 2023, n° 22-13.238 ; chron. J.-Y. Frouin, « Le droit à la preuve, sens et mode d'emploi » RJS 5/2023 p. 7)*.

Dans l'arrêt rendu le 25 novembre 2020, la chambre sociale a confirmé cette solution, énonçant en outre que « l'illicéité d'un moyen de preuve [...] n'entraîne pas nécessairement son rejet des débats, le juge devant apprécier si l'utilisation de cette preuve a porté atteinte au caractère équitable de la procédure dans son ensemble, en mettant en balance le droit au respect de la vie personnelle du salarié et le droit à la preuve » *(Cass. soc., 25 nov. 2020, n° 17-19.523, B., RJS 2021 n° 64, relatif à l'utilisation de fichiers de journalisation d'adresses IP non déclarés à la CNIL pour établir une usurpation d'identité ; étude N. Trassoudaine-Verger Dr soc 2021 p. 21 ; note G. Loiseau, D. 2021 p. 117 ; obs. G. Loiseau, RDT 2021 p. 119 ; Cass. soc., 29 sept. 2021, n° 19-19.074 ; également : CEDH, 5 sept. 2017, n° 61496/08, obs. A. Gardin, RJS 2017 n° 846 ; Cass. soc., 10 nov. 2021, n° 20-12.263, B., RJS 2022 n° 43, Dr soc 2022 p. 84, RDT 2022 p. 682 ; chron. B. Allix, « Le droit à la preuve et au respect de la vie privée du salarié » RJS 2021 p. 549)*.

La preuve illicite doit, pour être recevable, être indispensable à l'exercice du droit à la preuve, et il appartient à la partie qui la produit de soutenir que son irrecevabilité porterait atteinte au caractère équitable de la procédure dans son ensemble *(Cass. soc., 6 déc. 2023, n° 22-16.455)*. Dès lors, le juge doit d'abord s'interroger sur la légitimité du contrôle opéré par l'employeur et vérifier s'il existait des raisons concrètes qui justifiaient le recours à la surveillance et l'ampleur de celle-ci ; il doit ensuite rechercher si l'employeur ne pouvait pas atteindre un résultat identique en utilisant d'autres moyens plus respectueux de la vie personnelle du salarié ; enfin il doit apprécier le caractère proportionné de l'atteinte ainsi portée à la vie personnelle du salarié au regard du but poursuivi *(Cass. soc., 8 mars 2023, 3 arrêts : n° 21-17.802 et n° 20-21.848, B., et n° 21-20.798, RJS 2023 n° 235 ; Cass. soc., 4 oct. 2023, n° 21-25.452 ; chron. J.-Y. Frouin, « Le droit à la preuve, sens et mode d'emploi », préc.)*. Cette « exception de recevabilité » et l'obligation de procéder à ce contrôle de proportionnalité, ont été consacrées dans l'arrêt rendu en assemblée plénière le 22 décembre 2023 *(Cass. soc., ass. plén., 22 déc. 2023, n° 20-20.648, B., RJS 2/2024 n° 72 ; chron. G. Loiseau, « L'exception de recevabilité de la preuve illicite ou déloyale » ; note D. Ponsot et H. Fulchiron, JCP G 2024 n° 119 ; étude C. Golhen, JCP E 2024 n° 1042 ; note P. Adam, Sem. soc. Lamy 2024 n° 1075 ; pour le recours aux données issues d'un système de vidéosurveillance, jugé indispensable à l'exercice du droit à la preuve et proportionné au but poursuivi)*.

Faisant application de cette jurisprudence nouvelle, la chambre sociale a, dans un arrêt rendu le 10 juillet 2024, cassé l'arrêt rendu en appel au motif qu'il appartenait au juge d'appel de vérifier si la production par la salariée de l'enregistrement clandestin de l'entretien avec son employeur, afin d'établir la réalité des pressions exercées sur elle pour qu'elle accepte une rupture conventionnelle, était indispensable à l'exercice du droit à la preuve du harcèlement moral allégué et strictement proportionnée au but poursuivi (Cass. soc., 10 juill. 2024, n° 23-14.900, B.). Cette solution, relative à un moyen de preuve produit par une salariée, est évidemment applicable à la production de moyens de preuve par un employeur à l'encontre d'un salarié.

b) L'extension de l'exception de recevabilité à des moyens de preuve obtenus déloyalement

44.2.1.2.2.2. – La chambre sociale considérait toutefois que la preuve illicite devait avoir été obtenue loyalement *(Cass. soc., 30 sept. 2020, n° 19-12.058, B., RJS 2020 n° 573 ; note P. Adam Dr soc 2021 p. 14 ; note T. Kahn dit Cohen RDT 2020 p. 573 ; note F. Champeaux, Sem. soc. Lamy 2020 n° 1924 ; note C. Golhen, D. 2020 p. 283 ; note O. Leclerc, Dr ouvrier 2020 p. 733 ; note G. Loiseau, JCP S 2020 p. 3042)*. Dans l'arrêt rendu en assemblée plénière le 22 décembre 2023 *(Cass. ass. plén., 22 déc. 2023, n° 20-20.648, préc., cf. n° **44.2.1.2.2.1**)*, la Cour de cassation a modifié sa jurisprudence : soulignant la difficulté de tracer une frontière entre les preuves obtenues de manière déloyale et les preuves illicites et relevant le risque que la voie pénale permette de contourner le régime plus restrictif des preuves en matière civile, elle a jugé que l'illicéité ou la déloyauté dans l'obtention ou la production d'un moyen de preuve ne doit pas nécessairement conduire à l'écarter des débats, le juge devant, lorsque cela lui est demandé, apprécier si une telle preuve porte atteinte au caractère équitable de la procédure dans son ensemble, en mettant en balance le droit à la preuve et les droits antinomiques en présence. Si, en revanche, la preuve obtenue déloyalement n'est pas indispensable à l'exercice du droit à la preuve, d'autres éléments de preuve pouvant être produits, elle doit être écartée des débats *(Cass. soc., 17 janv. 2024, n° 22-17.474, B., RJS 2024 n° 138 : cette solution, qui concernait la recevabilité de moyens de preuve produits par un salarié, est également applicable à des éléments de preuve produits à son encontre)*.

3. La portée du contrôle de l'inspecteur du travail

44.2.1.2.3. – Lorsque l'inspecteur du travail procède au contrôle de la recevabilité d'un moyen de preuve, il doit observer, selon nous, la démarche suivante :

– en premier lieu, il doit vérifier, au regard des règles précitées, le caractère licite et loyal, et par suite recevable, du moyen de preuve produit ;
– en second lieu, si ce moyen de preuve est illicite et/ou a été obtenu de manière déloyale, il lui appartient d'en apprécier la recevabilité en vérifiant si ce moyen de preuve est indispensable à l'administration de la preuve et si l'atteinte aux intérêts en présence n'est pas disproportionnée.

C. La jurisprudence relative au contrôle de la licéité et de la loyauté des moyens de preuve

1. La surveillance et le contrôle interne de l'activité des salariés

44.2.1.3.1. – La simple surveillance d'un salarié faite sur les lieux de travail par son supérieur hiérarchique, même en l'absence d'information préalable du salarié, ne constitue pas un mode de preuve illicite *(Cass. soc., 26 avr. 2006, n° 04-43.582, Bull. V n° 145, RJS 2006 n° 800 ; Cass. soc., 4 juill. 2012, n° 11-22.972, RJS 2012 n° 764)*.

Tel est également le cas du contrôle interne de l'activité d'un salarié, au temps et au lieu de travail, par un service interne à l'entreprise chargé de cette mission, même en l'absence d'information préalable de l'intéressé *(Cass. soc., 5 nov. 2014, n° 13-18.427, Bull V n° 255, RJS 2015 n° 2, note D. Boulmier Dr soc. 2015 p. 81)*. Le Conseil d'État s'est prononcé dans le même sens *(CE, 13 juill. 2020, n° 417.972, RJS 2020 n° 549)*.

De même, il avait été jugé que « *le fait pour une banque de mettre en place un système d'exploitation intégrant un mode de traçage permettant d'identifier les consultants des comptes, ne peut être assimilé ni à la collecte d'une information personnelle au sens de l'article L. 121-8 [devenu L. 1221-9] du Code du travail, ni au recours à une preuve illicite, le travail effectué par l'utilisation de l'informatique ne pouvant avoir pour effet de conférer l'anonymat aux tâches effectuées par les salariés* » *(Cass. soc., 18 juill. 2000, n° 98-43.485, RJS 2000 n° 1068)*. Sur ce point, la Cour de cassation a opéré un revirement en considérant que « *constitue un moyen de preuve illicite l'enregistrement du salarié par le système d'exploitation mis en place dans un établissement de crédit, destiné au contrôle des opérations et des procédures internes et à la surveillance et la maîtrise des risques, qui est également utilisé par l'employeur pour contrôler ses salariés, sans information ni consultation préalable du comité d'entreprise* ». Par cet arrêt, la chambre sociale affirme qu'un employeur doit informer et consulter le comité social et économique de tout dispositif de contrôle de l'activité du salarié, même si, à l'origine, ce procédé n'est pas exclusivement destiné à opérer un tel contrôle *(Cass. soc., 11 déc. 2019, n° 18-11.792, B.)*.

Constitue également un moyen de preuve illicite le résultat du rapprochement de données personnelles issues d'un système de badgeage destiné au seul contrôle des accès aux locaux et aux parkings avec celles issues du logiciel de contrôle du temps de travail afin de contrôler l'activité et les horaires de travail des intéressés sans avoir procédé à une déclaration auprès du correspondant informatique et liberté au sein de l'entreprise ni informé préalablement les salariés et les institutions représentatives du personnel que les horaires d'entrée et de sortie des bâtiments étaient susceptibles d'être contrôlés *(Cass. soc., 8 mars 2023, n° 21-20.798, RJS 2023 n° 235)*.

2. *Le recours à un stratagème*

44.2.1.3.2. – L'obtention d'une preuve par le recours à un stratagème n'est pas admise par le juge judiciaire : ainsi, sont réputées effectuées de manière clandestine et déloyale les vérifications effectuées par des cadres de l'entreprise auxquels l'employeur avait demandé, en leur fournissant des photographies de l'intéressé, d'aller prendre leur repas dans l'établissement exploité par l'épouse du salarié en s'y présentant comme de simples clients, afin d'apporter la preuve que ce dernier assurait le service du restaurant en partie pendant ses heures de travail *(Cass. soc., 18 mars 2008, n° 06-45.093, Bull. V n° 64 ; Cass. soc., 4 juill. 2012, n° 11-30.266, Bull. V n° 208, RJS 2012 n° 848, pour l'utilisation de lettres piégées à l'insu du personnel à La Poste ; Cass. soc., 19 nov. 2014, n° 13-18.749, RJS 2015 n° 77, Dr soc 2015, p. 83)*.

Toutefois, revenant sur sa jurisprudence antérieure, la Cour de cassation a admis la licéité des résultats des visites effectuées par des « clients mystères » d'une société extérieure mandatée à cet effet, dès lors que les salariés, ainsi que le comité social et économique, avaient été préalablement informés de l'existence de ce dispositif d'investigation *(Cass. soc., 6 sept. 2023, n° 22-13.783, B.)*.

Pour sa part, le Conseil d'État, annulant le jugement rendu le 15 décembre 1994 par le tribunal administratif de Limoges, a estimé que le recours, par l'employeur, à un stratagème pour mettre à l'épreuve la probité d'une salariée, caissière d'un magasin, en ajoutant deux billets de cinquante francs à la recette de la veille dont l'intéressée devait faire un état quotidien, n'était pas susceptible de faire obstacle à son licenciement *(CE, 31 janv. 1997, n° 165.553, Sté Comptoirs Modernes Major-Unidis, Rec. p. 1108, RJS 1997 n° 438)*. À l'appui de cette solution, le juge administratif a estimé que, nonobstant l'absence d'information préalable sur le mode de contrôle, la salariée n'ignorait pas que sa caisse pouvait faire l'objet, à son insu, de contrôles de la part de l'entreprise et que, de ce fait, le procédé n'était pas contraire aux dispositions de l'article L. 1221-9.

Concernant les mesures d'expertise, la Cour de cassation a considéré que la réalisation d'un audit par un cabinet d'audit qui a répondu à toutes les contestations émises par la salariée dans son rapport définitif, ce dont il résultait qu'elle n'avait pas été tenue à l'écart de la mesure d'expertise destinée à contrôler son activité, ne constituait pas un élément de preuve obtenu par un moyen illicite *(Cass. soc., 28 févr. 2018, n° 16-19.934, RJS 2018 n° 310)*.

3. L'ouverture des sacs ou des armoires individuelles

44.2.1.3.3. – Pour la Cour de cassation, l'ouverture d'une armoire individuelle d'un salarié par l'employeur n'est possible « *que dans les cas et aux conditions prévues par le règlement intérieur et en présence de l'intéressé ou celui-ci prévenu* » *(Cass. soc., 11 déc. 2001, n° 99-43.030, Bull. V n° 377, Liaisons soc., Jurisp. Hebdo. n° 747 ; Cass. soc., 2 mars 2011, n° 09-68.546)*. En outre, le salarié doit être informé de l'existence de la clause du règlement intérieur sur son droit de refuser le contrôle ou d'exiger la présence d'un témoin, l'affichage de ce règlement intérieur ne pouvant suppléer un défaut d'information *(Cass. soc., 8 mars 2005, n° 02-47.123)*.

Au demeurant, et sans référer à une clause applicable d'un règlement intérieur, la Cour de cassation a retenu le principe de portée générale selon lequel l'employeur « *ne peut…, sauf circonstances exceptionnelles, ouvrir les sacs des salariés pour en vérifier le contenu qu'avec leur accord et à la condition des avoir avertis de leur droit de s'y opposer et d'exiger la présence d'un témoin* » *(Cass. soc., 11 févr. 2009, n° 07-42.068, Bull. V n° 40, RJS 2009 n° 313 ; cf. chron. E. Collomp, présidente de la chambre sociale de la Cour de cassation, « La vie personnelle au travail : dernières évolutions jurisprudentielles », Dr soc 2010, p. 40)*. Il a toutefois été jugé qu'en cas de circonstances exceptionnelles, telles que des alertes à la bombe se produisant après une série d'attentats dans la capitale, l'ouverture des sacs, exigée à titre temporaire, après consultation du comité d'entreprise et du CHSCT, était proportionnée au but recherché puisqu'elle excluait la fouille des sacs *(Cass. soc., 3 avr. 2001, n° 98-45.818, Bull. V n° 115, RJS 2001 n° 720)*.

Sont au contraire régulières :

– la vérification, effectuée hors de la présence du salarié, d'un coffre attribué à celui-ci pour le dépôt des fonds mis à sa disposition, mais réservé à un usage exclusivement professionnel *(Cass. soc., 21 oct. 2008, n° 07-41.513, Bull. V n° 193, RJS 2008 n° 1151)* ;

– la vérification limitée aux vestiaires non identifiés et revendiqués, annoncée à l'avance aux salariés et effectuée selon une procédure définie en accord avec les représentants du personnel, dans le but de procéder à une redistribution de ces vestiaires *(Cass. soc., 15 avr. 2008, n° 06-45.902, Bull. V n° 85, RJS 2008 n° 635)* ;

– la vérification, même en dehors de sa présence, d'un casier que le salarié avait nié être le sien *(Cass. soc., 31 oct. 2013, n° 12-18.993, RJS 2014 n° 4)*.

En revanche, les documents détenus par le salarié dans le bureau mis à sa disposition par l'entreprise sont, sauf lorsqu'il les identifie comme étant personnels, présumés avoir un caractère professionnel, en sorte que l'employeur peut y avoir accès en dehors de sa présence *(Cass. soc., 18 oct. 2006, n° 04-47.400, Bull. V n° 308, RJS 2007 n° 7 ; Cass. soc., 4 juill. 2012, n° 11-12.330, RJS 2012 n° 759)*.

Il en est ainsi notamment pour les dossiers et fichiers créés par le salarié grâce à l'outil informatique mis à sa disposition par l'employeur pour l'exécution de son travail *(Cass. soc., 18 oct. 2006, n° 04-48.025, Bull. V n° 308, RJS 2006 n° 1241 ; Cass. soc., 9 nov. 2022, n° 20-18.922, RJS 2023 n° 2 ; cf. n°* ***44.2.1.3.11****)*.

Pour sa part, le juge administratif a estimé qu'en dehors des opérations périodiques de nettoyage, dont les salariés intéressés doivent être prévenus à l'avance, l'employeur ne saurait faire procéder à un contrôle de l'état et du contenu des vestiaires et armoires individuels qu'en présence du salarié, sauf cas d'empêchement exceptionnel et à la condition que ce contrôle soit justifié par les nécessités de l'hygiène ou de la sécurité *(CE, 8 juill. 1988, n° 71.484, Comptoir Lyon Alemand Louyot)*. Une fouille des effets du salarié intervenue dans des conditions irrégulières, sans que l'intéressé ait été informé de ses droits de la refuser et d'exiger la présence d'un témoin, ne peut pas servir de moyen de preuve *(CAA Bordeaux, 10 juin 1999, n° 96BX00502)*. Cette position est d'ailleurs conforme à la jurisprudence du Conseil d'État en matière de contenu du règlement intérieur *(CE, 11 juill. 1990, n° 86.022, Ministre des Affaires sociales c./ syndicat CGT de la Sté Griffine-Maréchal, Rec. p. 215, RJS 1990 n° 769)*.

4. Le contrôle de l'alcoolémie et de consommation de drogue

44.2.1.3.4. – La licéité de la preuve résultant d'un contrôle d'alcoolémie par alcootest du salarié sur son lieu de travail a été admise par la Cour de cassation dès lors que, d'une part, eu égard au travail confié au salarié, un tel état d'ébriété est de nature à exposer les personnes ou les biens à un danger et que, d'autre part, les modalités de ce contrôle en permettent la contestation. Cet état d'ébriété, ainsi constaté grâce au recours à l'alcootest, peut en outre constituer une faute grave *(Cass. soc., 22 mai 2002, n° 99-45.878, Bull. V n° 176, RJS 2002 n° 1233 ; Cass. soc., 24 févr. 2004, n° 01-47.000, Bull. V n° 60, pour un contrôle par alcootest en fin de journée de travail)*. Cette modalité de contrôle ne porte pas atteinte à une liberté fondamentale, peu important qu'il s'effectue, pour des raisons techniques, hors de l'entreprise *(Cass. soc., 31 mars 2015, n° 13-25.436, Bull V n° 69, RJS 2015 n° 384)*.

Le dépistage doit toutefois, pour constituer une preuve licite, être effectué dans le respect des dispositions éventuellement prévues par le règlement intérieur *(Cass. soc., 2 juill. 2014, n° 13-13.757, RJS 2014 n° 665 ; Cass. soc., 18 févr. 2016, n° 14-23.149 ; CA Amiens, 27 janv. 2021, n° 19/04143)*.

Appelé à se prononcer sur la légalité d'un règlement intérieur, le Conseil d'État a au contraire jugé que le recours à l'alcootest doit être limité aux cas des salariés occupés à l'exécution de certains travaux ou à la conduite de certaines machines *(CE, 8 juill. 1988, n° 71.484 et 71.452, Comptoirs Lyon Alemand Louyot, Tables p. 59, Gaz. Pal. 1989)*, qu'il ne peut en outre « *avoir pour objet que de prévenir ou de faire cesser immédiatement une situation dangereuse, et non de permettre à l'employeur de faire constater par ce moyen une éventuelle faute disciplinaire* » et que, de ce fait, l'administration ne pouvait donc pas exiger que les dispositions du règlement intérieur soient « *modifiées afin que les salariés aient la possibilité de demander qu'il soit procédé à une contre-expertise au moyen d'analyses et examens médicaux, chimiques et biologiques* » *(CE, 9 oct. 1987, n° 72.220, RNUR Ets St Jean de la Ruelle ; CE, 1er juill. 1988, n° 81.445, RNUR Ets d'Hyères ; CE, 29 déc. 1989, n° 86.656, Sté Gantois ; CE, 12 nov. 1990, n° 96.721, Compagnie de signaux et d'entreprises électriques, Tables p. 1010)*.

Selon le juge administratif, un règlement intérieur ne peut pas en outre prévoir la possibilité pour l'employeur de faire soumettre les cas douteux à l'épreuve de l'alcootest *(CE, 1er févr. 1980, n° 06.361, Sté Peintures Corona, Rec. p. 59)*.

Le Conseil d'État, appelé à se prononcer sur la régularité d'une clause d'un règlement intérieur, a considéré qu'un test salivaire de détection immédiate de produits stupéfiants qui a pour seul objet de révéler, par une lecture instantanée, l'existence d'une consommation récente de substance stupéfiante ne revêt pas le caractère d'un examen de biologie médicale et que le recours à un professionnel de santé pour effectuer ce test n'est pas obligatoire. Celui-ci peut donc être pratiqué par un supérieur hiérarchique *(CE, 5 déc. 2016, n° 394.178, Rec. p. 538 ; J. Mouly, « Le dépistage des produits stupéfiants par l'employeur : le triomphe de la tentation sécuritaire ? », Dr soc 2017, p. 244 ; Sem. soc. Lamy, n° 1750 ; RJS 2017 n° 80 ; chron. Y. Pagnerre, « Contrôle de la consommation d'alcool et de stupéfiants par les salariés », RJS 2017, p. 193-199)*.

L'article R. 4228-20 du Code du travail *(modifié par le décret n° 2014-754 du 1er juillet 2014, art. 1er)* fait obligation à l'employeur de prévoir dans le règlement intérieur ou, à défaut, par note de service les mesures permettant de protéger la santé et la sécurité des travailleurs et de prévenir tout risque d'accident.

En outre, l'opposabilité de ces mesures aux salariés est subordonnée au respect, à démontrer par l'employeur, des formalités d'affichage et de dépôt au greffe du conseil de prud'hommes prévues à l'article L. 1231-4 du Code du travail *(Cass. soc., 4 nov. 2015, n° 14-18.573 et n° 14-18.574, RJS 2016 n° 27)*.

5. *Les enregistrements d'images ou de paroles*

44.2.1.3.5. – Appelée à juger l'existence d'une faute grave retenue par l'employeur en se fondant sur un enregistrement du comportement et des paroles d'une salariée, au moyen d'une caméra dissimulée dans une caisse, de manière à surveiller le comportement des salariés sans qu'ils s'en doutent, la Cour de cassation a écarté ce moyen de preuve, en se fondant sur les dispositions de l'article 9 du nouveau code de procédure civile : selon la chambre sociale, tout enregistrement, quels qu'en soient les motifs, d'images ou de paroles à l'insu des salariés, constitue un mode de preuve illicite *(Cass. soc., 20 nov. 1991, n° 88-43.120, Bull. V n° 519, Dr soc 1992 p. 28 ; dans le même sens, CA Douai, 30 sept. 2009, n° 08.3130, RJS 2010 n° 484 : production par l'employeur de vidéos, filmées par un téléphone portable et mises en ligne par leur auteur sur un site de partage de vidéos, a priori destinées à un public limité détenteur d'un code d'accès : absence de preuve par l'employeur que ces vidéos avaient été obtenues par lui avec le consentement de leur auteur ; a contrario : Cass. soc., 23 juin 2010, n° 09-41.906, RJS 2010 n° 776, pour le caractère licite de la production à l'encontre d'un salarié, animateur radio, de bandes d'émissions de radio publiques, donc non enregistrées à son insu, même en l'absence d'information préalable)*.

La mise en place d'un système de vidéo-surveillance des salariés doit être justifiée par la tâche à accomplir et proportionnée au but recherché *(P. Waquet, « Vie privée, vie professionnelle et vie personnelle », Dr soc 2010, p. 16 ; P. Waquet, Y. Struillou, L. Pécaut-Rivolier, Pouvoirs du chef d'entreprise et libertés du salarié, Éditions Liaisons, 2014)*. Ainsi la CNIL a estimé que ne répondaient pas à cette exigence :

– la mise en place d'un dispositif destiné à lutter contre le vol dans des magasins de prêt-à-porter, les caméras filmant en continu des salariés à leur poste dans des lieux où aucune marchandise n'était stockée, ainsi que dans des lieux fermés au public, tels que des couloirs, une réserve et des ateliers de création *(Délib. CNIL, 16 avr. 2009, n° 2009-201, Liaisons soc. Quot. n° 15.451 du 30 sept. 2009 ; Délib. CNIL, 22 avr. 2010, n° 2010-112)* ;

– l'installation par un syndic d'une vidéosurveillance dans l'immeuble qu'il gérait, rien n'établissant la nécessité d'un tel dispositif qui permettait de surveiller en continu les agents travaillant sur place *(Délib. CNIL, 3 janv. 2013, n° 2012-475 ; cf. chron. E. Wolton, « Vidéosurveillance : regards croisés des juridictions judiciaires et de la CNIL », RJS 2015, p. 159)*.

De même, le Conseil d'État a considéré que lorsqu'il apparaît que les salariés sont sous la surveillance constante de caméras alors qu'aucun élément ne vient étayer les préoccupations de sécurité alléguées, le système de vidéosurveillance n'est pas proportionné au but recherché, le contrôle devant être justifié par un intérêt légitime et ne pas être excessif *(CE, 18 nov. 2015, n° 371.196, Sté PS Consulting, RJS 2016 n° 94, chron. E. Wolton, « Vidéosurveillance sur les lieux de travail », RJS 2016, p. 117 ; jugé dans le même sens par la chambre sociale : Cass. soc., 23 juin 2021, n° 19-13.856, B., RJS 2021 n° 521, note P. Adam Dr soc. 2021 p. 845)*.

S'agissant du télétravail, la CNIL estime que la surveillance constante du salarié, opérée notamment au moyen de dispositifs vidéo ou audio (visioconférence tout au long de son temps de travail, partage permanent de l'écran) ou d'applications spécifiques (utilisation de *keyloggers* ; activation d'une application toutes les X minutes ; prise de photos à intervalles réguliers) pour s'assurer de sa présence derrière son écran, n'est pas compatible avec ces principes, dans la mesure où des moyens alternatifs moins intrusifs existent. Elle recommande également aux employeurs de ne pas imposer l'activation de la caméra aux salariés en télétravail qui participent à une visioconférence, une participation *via* le micro étant suffisante *(CNIL, questions-réponses sur le télétravail, 12 nov. 2020)*.

La Cour européenne des droits de l'homme reconnaît la validité d'un moyen de preuve par la mise en place d'un dispositif de vidéosurveillance, renvoyant aux réglementations nationales l'appréciation du caractère proportionné du dispositif, lequel doit prendre en compte l'information du salarié, l'ampleur de la vidéosurveillance, le degré d'intrusion dans la vie privée, la justification des mesures par des motifs légitimes, la possibilité d'utiliser un système moins intrusif, les conséquences pour le salarié et lui assurer le bénéfice de garanties adéquates *(CEDH, Grande Chambre 17 oct. 2019, n° 1874/13 et 8567/13, L. c./ Espagne, RJS 2020 p. 185, obs. E. Lafuma)*.

En revanche, le juge judiciaire a admis la réalité de la faute commise par les salariés, en retenant, non l'enregistrement du système de surveillance d'un hypermarché utilisé à l'insu des intéressés, mais les témoignages de trois agents de sécurité, témoins directs des faits *(Cass. soc.,*

8 déc. 1999, 4 arrêts : n° 98-42.785, 98-42.786, 98-42.787 et 98-42.788, RJS 2000 n° 11).

La chambre sociale a également jugé licites les preuves obtenues par caméra-vidéo à l'encontre d'un salarié dès lors que l'ensemble du personnel de l'établissement avait été avisé de la présence de caméras de vidéo-surveillance fonctionnant en permanence conformément aux prescriptions réglementaires en la matière *(Cass. soc., 2 févr. 2011, n° 10-14.263, RJS 2011 n° 290, JCP S n° 26, 28 juin 2011, n° 1313, commentaire B. Bossu ; a contrario : Cass. soc., 10 janv. 2012, n° 10-23.482, Bull. V n° 2, RJS 2012 n° 212).*

Elle a par ailleurs considéré que l'utilisation d'un enregistrement ne présente pas un caractère illicite, dans la mesure où le salarié ne pouvait ignorer que son image pouvait faire l'objet d'une captation au moyen d'un dispositif de surveillance, qui n'était ni clandestin ni déloyal *(Cass. soc., 7 nov. 2017, n° 16-26.126 : présence d'affichette informant le public).*

Ne peuvent être écartés les moyens de preuve issus d'un système de surveillance des locaux autorisés par les autorités compétentes pour des impératifs de sécurité des personnes et des biens en l'absence d'information du salarié, sans qu'il soit constaté que le système de vidéo-surveillance avait été utilisé pour contrôler le salarié dans l'exercice de ses fonctions *(Cass. soc., 11 déc. 2019, n° 17-24.179, RJS 2020 n° 71 ; Cass. soc., 22 sept. 2021, n° 20-10.843 ; Cass. soc., 22 sept. 2021, n° 20-10.856, RJS 2021 n° 634 ; a contrario : Cass. soc., 10 nov. 2021, n° 20-12.263, B., RJS 2022 n° 43, Dr soc 2022 p. 84 ; Cass. soc., 8 mars 2023, n° 21-17.802, B., RJS 2023 n° 235).*

De même, ne peuvent être invoquées les dispositions du Code du travail relatives aux conditions de mise en œuvre des moyens et techniques de contrôle de l'activité des salariés pour un système de vidéosurveillance installé pour assurer la sécurité du magasin, et non pour contrôler le salarié dans l'exercice de ses fonctions *(Cass. soc., 26 juin 2013, n° 12-16.564, RJS 2013 n° 651 ; Cass. soc., 18 nov. 2020, n° 19-15.856, RJS 2021 n° 65).*

Toutefois, il semble que cette jurisprudence pourrait être remise en cause par l'entrée en vigueur du RGPD, précisant l'ensemble des informations dont doit être destinataire la personne auprès de laquelle les données personnelles sont recueillies.

Enfin, la Cour de cassation a estimé que la validité des preuves recueillies par un système de vidéo-surveillance sur l'intrusion d'un salarié dans un entrepôt de marchandises n'était subordonnée ni à l'information et la consultation du comité social et économique, ni à l'information des salariés, dès lors que ces locaux ne comportaient pas de poste de travail déterminé *(Cass. soc., 31 janv. 2001, n° 98-44.290, Bull. V n° 28, RJS 2001 n° 405)* et, qu'au demeurant, le personnel n'y avait pas accès *(Cass. soc., 19 avr. 2005, n° 02-46.295, Bull. V n° 141, RJS 2005 n° 595).*

S'agissant du recours à une badgeuse photo, la CNIL, dans une mise en demeure adressée le 27 août 2020 à plusieurs entreprises, s'est prononcée contre la collecte obligatoire et systématique, plusieurs fois par jour, de la photographie du salarié à chacun de ses pointages.

6. *Les enregistrements de conversations téléphoniques et de SMS*

44.2.1.3.6. – Constitue un procédé déloyal, rendant irrecevable sa production à titre de preuve, l'écoute d'une communication téléphonique réalisée par une partie à l'insu de l'auteur des propos tenus *(Cass. soc., 16 déc. 2008, n° 07-43.993, RJS 2009 n° 133, CSB Paris 2009 n° 209)* ou son enregistrement *(Cass. soc., 23 mai 2007, n° 06-43.209, Bull. V n° 85, RJS 2007 n° 989 ; Cass. soc., 29 janv. 2008, n° 06-45.814 ; Cass. ass. plén., 7 janv. 2011, n° 09-14.667, Bull. AP n° 1)*.

En revanche, la Cour de cassation a admis la valeur probante, à des fins disciplinaires, de l'enregistrement des conversations téléphoniques des salariés d'une société de bourse, activité pour laquelle il est nécessaire de conserver une trace des communications avec les clients *(Cass. soc., 14 mars 2000, n° 98-42.090, Bull. V n° 101, RJS 2000 n° 386 ; cf. également l'article 313-52 du règlement général de l'Autorité des marchés financiers, qui en fixe les modalités, ainsi qu'un délai de conservation compris entre 6 mois et 5 ans ; CAA Lyon, 6 août 2020, n° 18LY04566, Mme B.)*. Cette solution a été retenue alors même que le salarié avait invoqué, en l'espèce, un détournement de la finalité de l'écoute.

De même, ne constitue pas un moyen de preuve illicite l'utilisation par le destinataire des messages écrits téléphoniquement adressés, dits SMS, dont l'auteur ne peut ignorer qu'ils sont enregistrés par l'appareil récepteur *(Cass. soc., 23 mai 2007, n° 06-43.209, Bull. V n° 85, RJS 2007 n° 989, préc.)*. Il en est de même des messages téléphoniques vocaux *(Cass. soc., 6 févr. 2013, n° 11-23.738, Bull. V n° 31, RJS 2013 n° 316)*.

Par ailleurs, les SMS envoyés ou reçus par le salarié au moyen du téléphone mis à sa disposition par l'employeur pour les besoins de son travail sont présumés avoir un caractère professionnel, en sorte que l'employeur est en droit de les consulter en dehors de la présence de l'intéressé, sauf s'ils sont identifiés comme étant personnels *(Cass. com., 10 févr. 2015, n° 13-14.779, Bull. civ. IV n° 20, RJS 2015 n° 232, RDT 2015, p. 191)*.

Outre la consultation des instances représentatives du personnel, les salariés, ainsi que leurs interlocuteurs, doivent être informés, préalablement à la mise en place du dispositif, des objectifs poursuivis, des conséquences individuelles qui pourront en résulter, des destinataires des enregistrements et des modalités d'exercice de leur droit d'accès *(fiche pratique CNIL)*.

Faisant application de sa jurisprudence nouvelle sur la recevabilité des moyens de preuve illites et/ou obtenus de manière déloyale, mais indispensables pour exerce le droit à la preuve *(cf. n° **44.2.1.2.2.1 et s.**)*, la chambre sociale a, dans un arrêt rendu le 10 juillet 2024, cassé l'arrêt rendu en appel au motif qu'il appartenait au juge d'appel de vérifier si la production par la salariée de l'enregistrement clandestin de l'entretien avec son employeur, afin d'établir la réalité des pressions exercées sur elle pour qu'elle accepte une rupture conventionnelle, était indispensable à l'exercice du droit à la preuve du harcèlement moral allégué, et proportionnée au but poursuivi *(Cass. soc., 10 juill. 2024, n° 23-14.900, B.)*. Cette solution, relative à un moyen de preuve produit par une salariée, est évidemment applicable à la production de moyens de preuve par un employeur à l'encontre d'un salarié.

7. *La vérification des relevés téléphoniques*

44.2.1.3.7. – Ne saurait être écartée, au motif qu'elle n'a pas été portée préalablement à la connaissance du salarié auquel l'employeur reproche une utilisation anormale du téléphone à des fins personnelles, la production des relevés de facturation téléphoniques établis par France Télécom pour le règlement des communications correspondant à son poste *(Cass. soc., 11 mars 1998, n° 96-40.147, RJS 1998 n° 415 ; Cass. soc., 15 mai 2001, n° 99-42.937, Bull. V n° 168, RJS 2001 n° 830)*.

Il en est de même en cas de mise en place d'un autocommutateur téléphonique directement par l'employeur *(Cass. soc., 29 janv. 2008, n° 06-45.279, RJS 2008 n° 511)*.

Compte tenu de la nécessaire préservation de la confidentialité qui s'attache à l'accomplissement de leur mission légale, les salariés protégés, au nombre desquels se trouvent les membres du conseil et les administrateurs des caisses de sécurité sociale, doivent pouvoir disposer sur leur lieu de travail d'un matériel ou procédé excluant l'interception de leurs communications téléphoniques et l'identification de leurs correspondants *(Cass. soc., 4 avr. 2012, n° 10-20.845, Bull. V n° 117)*.

8. *Les comptes rendus de surveillance ou de filature*

44.2.1.3.8. – Constituent un moyen de preuve illicite les comptes rendus de filature établis à l'insu d'un salarié que l'employeur avait fait suivre par un détective pendant ses déplacements professionnels *(Cass. soc., 22 mai 1995, n° 93-44.078, Bull. V n° 164, RJS 1995 n° 757 ; Cass. soc., 4 févr. 1998, n° 95-43.421, Bull. V n° 64, RJS 1998 n° 415 ; Cass. soc., 23 nov. 2005, n° 03-41.401, Bull. V n° 333, obs. Mouly, Dr soc 2006, p. 227 ; RJS 2006 n° 177 ; note Puigelier JCP S n° 3, 17 janv. 2006, n° 1044 ; Cass. soc., 15 mai 2001, n° 99-42.219, Bull. V n° 167, RJS 2001 n° 830, Liaisons soc. Jurisp. n° 720 du 29 mai 2001 : appel, à l'insu du personnel, à une société de surveillance extérieure à l'entreprise pour procéder au contrôle de l'utilisation par ses salariés des distributeurs de boissons et sandwichs situés dans une salle de repos et constamment forcés ; cf. également chron. Bossu, « Nouvelles technologies et surveillance du salarié », RJS 2001, p. 663 ; Cass. soc., 26 sept. 2018, n° 17-16.020 : faire suivre le salarié par une agence de détective privé pendant plusieurs heures est* *attentatoire à la vie privée du salarié et caractérise un comportement déloyal de l'employeur).*

De même, le licenciement prononcé sur la base des rapports des agents assermentés, extérieurs à l'entreprise, embarqués dans le véhicule sans révéler leur présence repose sur un procédé de preuve déloyal d'autant plus que ces rapports n'avaient pas été présentés au salarié lors de l'entretien préalable, malgré sa demande, ce dont il résultait que l'intéressé avait été mis dans l'impossibilité de se défendre *(Cass. soc., 18 oct. 2018, n° 16-16.462)*. Retenant une solution identique, l'arrêt du 26 novembre 2002 est, quant à lui, fondé sur les dispositions de l'article 8 de la Convention européenne de sauvegarde des droits de l'homme et des libertés fondamentales, et sur le constat « *qu'une filature organisée par l'employeur (...) constitue nécessairement une atteinte à la vie privée* [du salarié], *insusceptible d'être justifiée, eu égard à son caractère disproportionné, par les intérêts légitimes de l'employeur* » *(Cass. soc., 26 nov. 2002, n° 00-42.401, Bull. V n° 352, RJS 2003 n° 149, cf. avis Duplat, avocat général, « Surveillance des salariés et vie privée », RJS 2003, p. 104, obs. J. Savatier, Dr soc 2003, p. 225)*.

En revanche, l'employeur peut librement mettre en place un dispositif de surveillance d'une partie des locaux dans laquelle les salariés ne travaillent pas ; dès lors, constitue un moyen de preuve licite le constat d'un membre du service de gardiennage des locaux mis en place pour assurer la protection de l'entreprise contre les vols et les dégradations, ayant surpris un salarié alors qu'il se trouvait sur le toit d'un bâtiment dont l'accès était interdit au personnel pour des raisons de sécurité *(Cass. soc., 19 janv. 2010, n° 08-45.092, RJS 2010 n° 307)*. Cette décision reprend à l'identique la solution déjà retenue en matière de vidéo-surveillance *(cf. n° **44.2.1.3.4**)*.

9. Les constats des commissaires de justice

44.2.1.3.9. – Le Conseil d'État en a admis la valeur probante, notamment pour établir la réalité :

– d'un manquement caractérisé d'un salarié, chauffeur-livreur, aux consignes de sécurité applicables aux livraisons de matières dangereuses. La Haute Assemblée a en effet estimé que « *le constat d'huissier ne constitue pas un procédé clandestin de surveillance nécessitant l'information préalable du salarié* » *(CE, 7 juin 2000, n° 191.828, SA Roulle, Tables p. 1271, RJS 2000 n° 971)* ;

– d'agissements gravement fautifs commis à l'occasion d'un conflit collectif *(CE, 11 janv. 1995, n° 129.392, Régie Nationale des Usines Renault ; CE, 12 juill. 1995, n° 143.077, Lavina et autres)* ;

– d'une utilisation à des fins personnelles des heures de délégation d'un délégué du personnel *(CE, 15 mai 1996, n° 132.350, Sté Houot)*.

Ainsi il a été jugé que les pièces produites par le salarié (en l'espèce, témoignages et photographies des abords de l'établissement pendant une grève) n'avaient pas une force probante telle qu'elles permettaient de tenir pour inexacts les faits rapportés par l'huissier [le commissaire de justice] dans son constat, sur lequel l'administration pouvait se fonder pour autoriser le licenciement *(CE, 10 janv. 2000, n° 157.269, Chellal, RJS 2000 n° 554 ; CE, 8 déc. 2021, n° 439.631, Compagnie française d'entretien et de maintenance et Sté Aquanet services, mentionné aux Tables).*

Ce constat doit toutefois reposer sur des constatations personnelles de l'huissier ; tel n'est pas le cas d'un constat établi lors de la séquestration d'un directeur d'établissement, « *qui ne comporte pas l'identification, par l'huissier, des personnes présentes à cette occasion, mais se borne à relater l'identification qui aurait été opérée par des tiers » (CAA Bordeaux, 17 déc. 1998, n° 96BX01091, RJS 2000 n° 189 ; a contrario : CAA Nancy, 22 sept. 2011, n° 10NC01569, SAS Cemga Logistics : validité d'un constat établi par l'huissier, qui ne s'est livré à aucune provocation et qui disposait d'ailleurs lui-même d'une liste du personnel comportant les noms et photographies des salariés concernés, nonobstant la circonstance que le directeur du site lui ait fourni des indications sur l'identité des participants).*

La validité de ce moyen de preuve a été également admise par le juge judiciaire *(Cass. soc., 25 janv. 1990, n° 87-44.341 ; Cass. soc., 10 oct. 2007, n° 05-45.898, RJS 2007 n° 1242).* Dans ce dernier arrêt, la chambre sociale s'est prononcée dans des termes identiques à ceux de l'arrêt rendu le 7 juin 2000 par le Conseil d'État *(CE, 7 juin 2000, n° 191.828, SA Roulle, Tables p. 1271, RJS 2000 n° 971, préc.).*

Les constatations doivent être purement matérielles, exclusives de tout avis sur les conséquences de fait ou de droit qui peuvent en résulter *(L. n° 2010-1609 du 22 déc. 2010, art. 2).* Constitue un moyen de preuve licite le constat dressé par un huissier [commissaire de justice] qui s'est borné à effectuer des constatations purement matérielles dans un lieu ouvert au public *(Cass. soc., 19 janv. 2005, n° 02-44.082, RJS 2005 n° 356).* Il en est également ainsi nonobstant l'absence du salarié au moment de la réalisation du constat *(CA Paris, 28 mai 1997, Sté Oisan c./ Porte, RJS 1998 n° 1121).*

En revanche, un huissier [commissaire de justice] n'est pas habilité à procéder à des auditions de témoins, et il ne peut dès lors recueillir des témoignages qu'aux seules fins d'éclairer ses constatations matérielles *(Cass. soc., 29 oct. 2002, n° 00-42.918, Bull. V n° 326 ; Cass. soc., 28 avr. 2006, n° 04-13.932, Bull. V n° 153).* De même, constitue de sa part un excès de pouvoir le fait de demander aux salariés de décliner leur identité et d'enlever des véhicules, à l'occasion d'une grève *(Cass. soc., 2 mars 2004, n° 01-44.644, Bull. V n° 69).*

Le juge judiciaire a en outre écarté la valeur probante d'un constat établi alors que l'huissier [commissaire de justice] avait fait usage d'une fausse identité pour surprendre le salarié, et ainsi gravement manqué à ses obligations professionnelles *(Cass. soc., 5 juill. 1995, n° 92-40.050,*

Bull. V n° 237, RJS 1995 n° 1110). En sa qualité d'officier ministériel, il lui est interdit de recourir à un stratagème pour recueillir une preuve à l'encontre d'un salarié *(Cass. soc., 18 mars 2008, n° 06-40.852, Bull. V n° 65, RJS 2008 n° 649).*

Enfin, il a été jugé que ne pouvait être imputée avec certitude à un salarié l'utilisation à des fins personnelles du matériel informatique de l'entreprise, compte tenu des larges possibilités de manipulations de ce matériel, le constat d'huissier [commissaire de justice] ayant été établi plus de vingt-quatre heures après communication des codes d'accès par l'intéressé et en dehors de sa présence *(CA Rouen, 14 mai 1996, Sté Médical informatique c. / Dedieu, RJS 1996 n° 908).*

10. La correspondance privée reçue par le salarié sur le lieu de travail

44.2.1.3.10. – Si l'employeur ne peut, sans violer le respect de l'intimité de la vie privée du salarié, prendre connaissance d'un courrier adressé à ce dernier à titre personnel, il en est autrement lorsque le pli litigieux est arrivé sous une simple enveloppe commerciale démunie de toute mention relative à son caractère personnel. Toutefois, dans cette hypothèse, la réception par le salarié de cette correspondance sur son lieu de travail ne constitue pas un manquement à ses obligations contractuelles et l'employeur ne peut se fonder sur le contenu de cette correspondance privée pour sanctionner son destinataire *(Cass. ch. mixte, 18 mai 2007, n° 05-40.803, Bull. ch. mixte n° 3, RJS 2007 n° 810, pour la réception d'une revue échangiste, ouverte par le service du courrier ; cf. P. Waquet, Y. Struillou, L. Pécaut-Rivolier, Pouvoirs du chef d'entreprise et libertés du salarié, Éditions Liaisons, 2014).*

11. Les fichiers informatiques et les messages électroniques personnels émis ou reçus par le salarié

44.2.1.3.11. – Dans l'arrêt Nikon, rendu le 2 octobre 1991, la Cour de cassation, se fondant sur les dispositions précitées du Code civil et sur celles de l'article L. 1121-1 du Code du travail ainsi que sur les stipulations de la Convention européenne, avait réaffirmé « *que le salarié a droit, même au temps et au lieu de travail, au respect de l'intimité de sa vie privée ; que celle-ci implique en particulier le secret des correspondances* ». Pour la chambre sociale, qui assimile l'e-mail à une correspondance, « *l'employeur ne peut dès lors sans violation de cette liberté fondamentale prendre connaissance des messages personnels émis par le salarié et reçus par lui grâce à un outil informatique mis à sa disposition pour son travail et ceci même au cas où l'employeur aurait interdit une utilisation non professionnelle de l'ordinateur* ». En l'espèce, les messages consultés par l'employeur se trouvaient dans un fichier intitulé « *personnel* ». Dès lors, la consultation de ces messages ne pouvait établir l'existence de la faute grave retenue contre le salarié *(Cass. soc., 2 oct.*

2001, n° 99-42.942, Bull. V n° 291, RJS 2001 n° 1394, obs. F. Favennec-Héry, RJS 2001 p. 940 ; obs. G. Lyon-Caen, Sem. soc. Lamy, 15 oct. 2001 ; Cass. soc., 7 avr. 2016, n° 14-27.949, RJS 2016 n° 396 ; Cass. soc., 23 oct. 2019, n° 17-28.448, RJS 2020 n° 3). Une position identique avait été prise par le juge pénal, pour des faits similaires survenus dans un laboratoire de recherche scientifique *(TGI Paris, 17e ch. corr., 2 nov. 2000, Virieux et autres, RJS 2001 n° 166)*. Il avait été jugé que, nonobstant l'existence d'une charte d'utilisation du réseau imposant un usage strictement professionnel, le délit prévu par l'article 432-9 du Code pénal *(visant notamment l'ouverture, par une personne dépositaire de l'autorité publique ou chargée d'une mission de service public, de correspondances écrites ou échangées par voie de télécommunications)* était constitué dès lors que les prévenus avaient pris connaissance par surprise de certains des messages adressés à la partie civile et savaient incontestablement que les courriers qui se trouvaient dans la messagerie ne leur étaient pas adressés.

Toutefois, le respect de la vie privée ne constitue pas en lui-même un obstacle à l'application des dispositions de l'article 145 du nouveau Code de procédure civile dès lors que le juge constate que les mesures qu'il ordonne procèdent d'un motif légitime et sont nécessaires à la protection des droits de la partie qui les a sollicitées *(Cass. soc., 10 juin 2008, n° 06-19.229, Bull. V n° 129, RJS 2008 n° 866 : raisons légitimes et sérieuses de l'employeur de craindre que l'ordinateur ait été utilisé pour favoriser des actes de concurrence déloyale, justifiant la mission confiée à un huissier de justice de prendre copie, en présence du salarié ou celui-ci dûment appelé aux conditions fixées par le juge, des messages échangés avec des personnes identifiés comme étant susceptibles d'être concernés par les faits de concurrence soupçonnés ; Cass. soc., 23 mai 2007, n° 05-17.818, Bull. V n° 84, RJS 2007 n° 909)*. De même, il a été jugé qu'un courriel ne saurait être écarté des débats dès lors que la messagerie électronique de l'intéressé a été ouverte par un expert judiciaire missionné à cet effet par le Conseil de prud'hommes, en présence des parties et de leurs conseils *(CA Besançon, 21 sept. 2004, n° 03-1807, RJS 2004 n° 342)*. La chambre sociale retient que l'absence de déclaration simplifiée d'un système de messagerie électronique professionnelle non pourvu d'un contrôle individuel de l'activité des salariés, qui n'est dès lors pas susceptible de porter atteinte à la vie privée ou aux libertés au sens de l'article 24 de la loi « informatique et libertés », ne rend pas illicite la production en justice des courriels adressés par l'employeur ou par le salarié dont l'auteur ne peut ignorer qu'ils sont enregistrés et conservés par le système informatique *(Cass. soc., 1er juin 2017, n° 15-23.522, B., RJS 2017 n° 543 ; avis R. Weissmann, RJS 2017, p. 631)*. Il nous semble que cette position pourrait toutefois être reconsidérée avec l'entrée en vigueur du RGPD.

Cependant, plusieurs décisions divergentes de plusieurs juridictions d'appel engendrent des incertitudes quant à la portée et les limites de cette solution (*chron., « L'impact du numérique en entreprise », M. Dreano,*

RJS 2017, p. 794-799 ; chron., « L'impact du numérique en entreprise », D. Caire-Simonneau, RJS 2017, p. 877-883).

Ainsi, il a été jugé qu'un tel message ne peut pas être utilisé pour prouver la faute d'un salarié *(CA Bordeaux, 1er juill. 2003, n° 01-1847, RJS 2003 n° 1254 ; CA Toulouse, 6 févr. 2003, n° 02-02519, RJS 2003 n° 1254)*, et ce même si l'employeur en a pris connaissance en présence d'un huissier de justice *(CA Bordeaux, 1er juill. 2003, préc.)*.

En revanche, il a été admis que puissent être utilisés des messages électroniques portés par un des destinataires à la connaissance de l'employeur *(CA Versailles, 11 févr. 2003, n° 02-293, RJS 2003 n° 1118 ; dans le même sens : CA Limoges, 23 févr. 2009, n° 08-01112, RJS 2009 n° 680)* ou diffusés sur l'intranet de l'entreprise *(CA Versailles, 25 nov. 2003, n° 03-1537, RJS 2004 n° 648)*. Dans l'un et l'autre cas, l'employeur n'avait pas ouvert la boîte électronique de l'intéressé.

Cependant, dans une autre décision, la cour d'appel de Versailles avait refusé à un employeur la possibilité de se prévaloir du contenu de courriels portés, là encore, à sa connaissance sans que lui-même ait ouvert la messagerie électronique *(CA Versailles, 14 oct. 2004, n° 03-3262, RJS 2005 n° 342)*. Il a été jugé qu'en cas d'usage par les délégués du personnel du droit d'alerte que leur confère l'article L. 2313-2 du Code du travail, relatif à une demande de l'employeur, suite à « *un incident de sécurité* », de mesures de vérification sur tous les courriels émis et reçus par 17 salariés, le juge pouvait lui ordonner de procéder à une enquête avec les délégués du personnel sur les conditions dans lesquelles les messageries avaient été ouvertes et consultées *(Cass. soc., 17 juin 2009, n° 08-40.274, Bull. V n° 153, CSB Paris 2009 n° 213 p. 226)*.

Les fichiers créés par le salarié avec l'outil informatique mis à disposition par l'employeur ont un caractère professionnel présumé, l'employeur ayant la possibilité de les rechercher pour les identifier hors de la présence du salarié.

Il en va autrement si ce dernier les a identifiés comme personnels *(a contrario : Cass. soc., 16 mai 2013, n° 12-11.866, RJS 2013 n° 503 ; P. Waquet, Y. Struillou, L. Pécaut-Rivolier, Pouvoirs du chef d'entreprise et libertés du salarié, Éditions Liaisons, 2014 ; Cass. soc., 19 juin 2019, n° 17-28.544 ; Cass. soc., 9 sept. 2020, n° 18-20.489 ; Cass. soc., 1er juin 2022, n° 21-10.330, RJS 2022 n° 501 ; Cass. soc., 9 nov. 2022, n° 20-18.922, RJS 2023 n° 2 ; cf. également n° **44.2.1.3.3**)*. Tel n'était cependant pas le cas :

– de fichiers intitulés « *essais divers, essais divers B., essais divers restaurés* » *(Cass. soc., 15 déc. 2009, n° 07-44.264, Bull. V n° 284, RJS 2010 n° 233)* ;
– d'un sous-répertoire fonctionnel, identifié avec les initiales du salarié *(Cass. soc., 21 oct. 2009, n° 07-43.877, Bull. V n° 226, RJS 2010 n° 2)* ;

– du verrouillage de l'ordinateur par un code de sécurité connu des informaticiens de l'entreprise *(Cass. soc., 8 déc. 2009, n° 08-44.840, RJS 2010 n° 144)* ;
– de l'apposition de la mention « *personnel* » couvrant l'entier disque dur de l'ordinateur, lequel ne peut pas être en totalité personnel *(Cass. soc., 4 juill. 2012, n° 11-12.502 ; CEDH, 22 févr. 2018, Requête n° 588/13, chron. E. Lafuma RJS 2018, p. 553).*

De même, la dénomination « *Mes documents* » donnée à un fichier ne lui confère pas un caractère personnel *(Cass. soc., 10 mai 2012, n° 11-13.884, Bull. V n° 135, RJS 2012 n° 611).*

Les mêmes règles sont applicables aux courriels reçus par le salarié sur l'outil informatique mis à disposition par l'employeur pour les besoins du travail, sauf s'ils sont identifiés comme personnels *(Cass. soc., 18 oct. 2011, n° 10.26.782, Bull. V n° 135, RJS 2012 n° 3 ; Cass. soc., 26 juin 2012, n° 11.15.310, Bull. V n° 196, RJS 2012 n° 761 : le règlement intérieur peut toutefois restreindre ce pouvoir de consultation).* Ainsi, la chambre sociale considère qu'il appartient aux juges de rechercher si les courriels litigieux, qui provenaient de la messagerie électronique mise à la disposition des salariés par l'entreprise, avaient un caractère professionnel et si leur contenu relevait ou non de la vie privée des salariés avant de se prononcer sur la licéité du moyen de preuve *(Cass. soc., 3 avr. 2019, n° 17-20.953).*

Les courriels et fichiers intégrés dans le disque dur de l'ordinateur mis à la disposition du salarié ne sont pas identifiés comme personnels du seul fait qu'ils émanent de sa messagerie personnelle *(Cass. soc., 19 juin 2013, n° 12-12.138, Bull. V n° 158, RJS 2013 n° 650).*

Une clé USB étant présumée utilisée à des fins professionnelles dès lors qu'elle est connectée à un outil informatique mis à disposition du salarié par l'employeur pour l'exécution du contrat de travail, l'employeur peut avoir accès aux fichiers non identifiés comme personnels qu'elle contient, hors la présence du salarié, et son contenu peut être valablement utilisé à l'appui d'un licenciement disciplinaire s'il révèle un comportement fautif *(Cass. soc., 12 févr. 2013, n° 11-28.649, Bull. V n° 34, RJS 2013 n° 252).* Tel n'est pas le cas, en revanche, si la clé n'est pas connectée à l'ordinateur professionnel : l'employeur ne peut alors accéder à son contenu qu'en présence du salarié, sauf à commettre une atteinte à la vie privée ; toutefois, si la production du listing de fichiers tiré de l'exploitation des clés USB est indispensable à l'exercice du droit à la preuve de l'employeur et que l'atteinte à la vie privée est strictement proportionnée au but poursuivi, les pièces relatives au contenu des clés litigieuses doivent être regardées comme un moyen de preuve recevable *(Cass. soc., 25 sept. 2024, n° 23-13.992, B., Liaisons soc. Quot., 30 sept. 2024, n° 19.132 ; sur la preuve, cf. n°* ***44.2.1.2.2.1. et s.****).*

L'employeur n'a pas accès aux courriels échangés sur une adresse de messagerie personnelle, distincte de la messagerie professionnelle, même si le salarié se sert de son ordinateur professionnel pour envoyer et recevoir des messages sur cette adresse *(Cass. soc., 26 janv. 2016, n° 14-15.360, B., RJS 2016 n° 227, RDT 2016, p. 421)*.

S'il peut consulter les fichiers non identifiés comme personnels, il ne peut en revanche pas les utiliser pour sanctionner le salarié ou pour les utiliser à son encontre dans une procédure judiciaire s'ils s'avèrent relever de sa vie privée *(Cass. soc., 5 juill. 2011, n° 10-17.284, RJS 2011 n° 745 ; a contrario : Cass. soc., 1er juin 2022, n° 21-10.330, préc.)*. De même, l'ouverture des fichiers personnels identifiés comme tels sur le disque dur de l'ordinateur ne peut par contre, sauf risque ou événement particulier, être effectuée qu'en présence du salarié ou celui-ci dûment appelé *(Cass. soc., 17 mai 2005, n° 03-40.017, Bull. V n° 165, RJS 2005 n° 799)*.

Il en va cependant autrement lorsqu'un courriel, quoique privé, est transmis malencontreusement en copie à un autre salarié qui le communique à l'employeur *(Cass. soc., 2 févr. 2011, n° 09-72.313, RJS 2011 n° 289)*.

Une messagerie instantanée sur Internet est une forme de communication faisant partie de l'exercice d'une vie privée sociale et la notion de correspondance s'applique à l'envoi et à la réception de messages, même depuis l'ordinateur de l'employeur *(CEDH, 5 sept. 2017, n° 61496/08, Dr soc 2018, p. 455)*.

Selon la CNIL, les identifiants et mots de passe (session Windows, messagerie…) sont confidentiels et ne doivent pas être transmis à l'employeur. Un administrateur réseau ne doit pas communiquer de manière systématique l'ensemble des identifiants et les mots de passe des salariés de l'entreprise Toutefois, il peut en être autrement si un salarié absent détient sur son poste des informations indispensables à la poursuite de l'activité : son employeur peut exiger la communication de ses codes si l'administrateur réseau n'est pas en mesure de fournir l'accès au poste *(fiche pratique CNIL, « Les outils informatiques au travail » ; CNIL, questions-réponses du 19 juillet 2010 sur l'accès de l'employeur à l'ordinateur d'un salarié en vacances, JCP E n° 35, 2 sept. 2010)*. Est illicite, à l'exception d'impératifs forts de sécurité, et d'une information spécifique des salariés, tout procédé (outils dénommés « keyloggers » dont la vente et l'utilisation sont pénalement sanctionnées) permettant de surveiller l'activité des salariés depuis leur poste informatique, notamment par l'enregistrement de toutes les frappes effectuées par le salarié sur son clavier *(fiche pratique CNIL, 20 mars 2013)*.

12. Les connexions internet

44.2.1.3.12. – Sont présumées avoir un caractère professionnel les connexions établies par un salarié sur des sites Internet pendant son temps de travail grâce à cet outil informatique, de sorte que l'employeur peut les rechercher pour les identifier hors de sa présence *(Cass. soc., 9 juill. 2008, n° 06-45.800, Bull. V n° 150, RJS 2008 n° 1071 ; cf. chron. J.-E. Ray, « Vie professionnelle, vie personnelle et TIC », Dr soc 2010, p. 44)*.

L'inscription d'un site sur la liste des « *favoris* » de l'ordinateur ne lui confère aucun caractère personnel *(Cass. soc., 9 févr. 2010, n° 08-45.253, RJS 2010 n° 399)*.

Dans un arrêt du 12 janvier 2016, la CEDH admet que l'employeur puisse surveiller les communications internet du salarié, émises pendant son temps de travail, dès lors que cette surveillance reste raisonnable (*CEDH, 22 janv. 2016, n° 61496/08*).

13. Les réseaux sociaux

44.2.1.3.13. – Le développement de ce type de communication a amené la Cour de cassation à se prononcer sur la licéité des moyens de preuve issus des réseaux sociaux produits par l'employeur dans le cadre de l'exercice de son pouvoir disciplinaire. Ainsi, l'employeur ne peut, sans porter une atteinte disproportionnée et déloyale à la vie privée de la salariée, accéder à des informations extraites du compte Facebook de celle-ci, obtenues à partir du téléphone portable d'un autre salarié, informations réservées aux personnes autorisées *(Cass. soc., 20 déc. 2017, n° 16-19.609, note D. Boulmier, Dr ouvrier 2018, p. 396 ; RJS 2018 n° 157)*.

Le licenciement pour faute grave d'une salariée ayant dénigré son employeur sur son compte Facebook revêt un caractère injustifié dès lors que les propos litigieux tenus dans un groupe fermé, accessible uniquement à des personnes agréées et en nombre restreint (14 en l'occurrence) relèvent d'une conversation privée *(Cass. soc., 12 sept. 2018, n° 16-11.690, B., Sem. soc. Lamy, n° 1847 ; RJS 2018 n° 680 ; obs. P. Lokiec et J. Porta D. 2019 p. 963 ; obs. R. Dalmasso RDT 2019 p. 44)*. Cette solution a été réaffirmée avec netteté par la Cour de cassation en assemblée plénière dans l'arrêt rendu le 22 décembre 2023, relatif à des propos échangés lors d'une conversation privée avec une collègue au moyen de la messagerie intégrée à son compte personnel installé sur son ordinateur professionnel *(Cass. ass. plén., 22 déc. 2023, n° 21-11.330, B., RJS 2024 n° 72 ; note B. Bossu, JCP S 2024 n° 1031 ; note H. Nasom-Tissandier, Jurisp. soc. Lamy 2024 n° 577 p. 3)*.

De même, l'absence de caractère fautif a été retenue pour la définition, par le biais de la messagerie professionnelle mise à la disposition du salarié, de messages « personnels et confidentiels » contenant des propos racistes et xénophobes, restreinte à deux collègues de travail et ayant de ce fait un caractère privé, l'employeur n'en ayant pris connaissance qu'en raison d'une erreur d'envoi par l'un des destinataires *(Cass. soc., 6 mars 2024, n° 22-11.016, B.)*.

Dans l'arrêt rendu le 10 avril 2013, non par la chambre sociale, mais par la 1re chambre civile, compétente en matière d'injures publiques, la Cour de cassation avait écarté cette qualification pour des propos tenus sur des comptes ouverts sur les réseaux sociaux Facebook et MSN par une ancienne salariée à l'encontre de son employeur : la chambre civile avait constaté que ces comptes n'étaient accessibles qu'aux seules personnes agréées par l'intéressée, en nombre très restreint, et fait une distinction entre les propos tenus sur un réseau social ouvert uniquement à un cercle d'amis dûment connus, et ceux tenus sur un réseau social plus ouvert. Dans le premier cas, les propos tenus, même véhéments, diffamants et injurieux, ne peuvent pas être considérés comme constituant des injures publiques *(Cass. soc., 10 avr. 2013, n° 11-19.530, Bull. I, n° 70)*.

Ce même raisonnement a conduit la chambre sociale à retenir comme constitutive d'une faute grave la publication par un salarié, directeur artistique d'une agence de publicité, d'un message sur un site accessible à tout public, dont les termes étaient tant déloyaux que malveillants à l'égard de l'employeur *(Cass. soc., 11 avr. 2018, n° 16-18.590)*. Au contraire, reprenant les termes de l'arrêt de la chambre civile du 10 avril 2013, elle a jugé que ne caractérisaient pas une faute grave, ni même une cause réelle et sérieuse de licenciement, des propos tenus sur un site Facebook par une salariée, négociatrice immobilière, et considérés par l'employeur comme injurieux et humiliants, qui n'avaient été accessibles qu'à des personnes agréées par cette dernière et peu nombreuses, à savoir un groupe fermé composé de quatorze personnes, de sorte qu'ils relevaient d'une conversation de nature privée *(Cass. soc., 12 sept. 2018, n° 16-11.690, B.)*.

La chambre sociale a par ailleurs admis la nécessité de permettre à l'employeur d'exercer son droit à la preuve *(sur le droit à la preuve, cf. n°* ***44.2.1.2.2.1. et s.****)* en produisant en justice des éléments extraits d'un compte privé Facebook d'un salarié afin d'établir la divulgation d'informations confidentielles à de potentiels concurrents, cette production d'éléments portant atteinte à la vie privée de la salariée étant indispensable pour établir la réalité des faits reprochés et proportionnée au but poursuivi, à savoir la défense de l'intérêt légitime de l'employeur à la confidentialité de ses affaires *(Cass. soc., 30 sept. 2020, n° 19-12.058, RJS 2020 n° 573 ; note P. Adam, Dr soc 2021 p. 14 ; note T. Kahn dit Cohen, RDT 2020, p. 573 ; obs. F. Champeaux, Sem. soc. Lamy 2020 n° 1924 ; note C. Golhen, D. 2020 p. 2383 ; note O. Leclerc, Dr ouvrier 2020, p. 733 ; note G. Loiseau, JCP S 2020, p. 3042)*.

À l'examen de ces décisions, il apparaît que la Cour de cassation fonde son appréciation sur 3 critères : le degré d'accessibilité des messages, leur contenu et les destinataires *(cf. L. Pécaut-Rivolier, Y. Struillou et P. Waquet, Pouvoirs du chef d'entreprise et libertés du salarié, p. 496-501)*.

14. La biométrie

44.2.1.3.14. – Tous les dispositifs de reconnaissance biométrique sont soumis aux dispositions du RGPD (*Délib. CNIL, 10 janv. 2019, n° 2019-001, portant règlement type relatif à la mise en œuvre de dispositifs ayant pour finalité le contrôle d'accès par authentification biométrique aux locaux, aux appareils et aux applications informatiques sur les lieux de travail ; L. Gamet, « Biométrie et travail », Dr soc 2019, p. 422)*, quel que soit le procédé technique retenu. Il en est ainsi, notamment, des systèmes de reconnaissance du contour ou de la forme de la main, de la reconnaissance du réseau veineux des doigts de la main, ou de l'empreinte digitale *(Délib. CNIL, 7 mai 2009, n° 2009-316, JORF du 21 juin 2009 ; Délib. CNIL, 12 mai 2011, n° 2011-141 ; cf. fiche pratique CNIL, « La biométrie sur les lieux de travail », 17 déc. 2012).*

La biométrie ne peut pas être utilisée comme moyen de contrôle de gestion des horaires de travail *(Délib. CNIL, 22 sept. 2012, n° 2012-322, JORF du 12 octobre 2012 Délib. CNIL, 6 sept. 2018, n° 2018-009).*

15. La géolocalisation

44.2.1.3.15. – La CNIL admet la licéité de l'installation de dispositifs de géolocalisation dans des véhicules installés par des salariés pour les finalités suivantes *(cf. fiche pratique CNIL, « Géolocalisation des véhicules », 28 janv. 2013)* :

– suivre ou facturer une prestation de transport de personnes *(dans le même sens : Cass. soc., 20 déc. 2017, n° 16-12.569)* ;
– assurer la sécurité du salarié, des marchandises ou des véhicules dont il a la charge ;
– mieux allouer les moyens pour des prestations à remplir en des lieux dispersés ;
– accessoirement, suivre le temps de travail lorsque cela ne peut pas être opéré par d'autres moyens ;
– respecter une disposition légale ou réglementaire imposant ce type de dispositif.

En revanche, elle exclut l'utilisation d'un tel dispositif :

– pour contrôler le respect des limitations de vitesse ;
– pour contrôler un salarié en permanence, en particulier lorsque celui-ci dispose d'une liberté dans l'organisation de ses déplacements *(cf. également Cass. soc., 3 nov. 2011, n° 10-18.036, précité ; Cass. soc., 17 déc. 2014, n° 13-23.645, préc.)* ; l'utilisation par un employeur d'un système de géolocalisation pour assurer le contrôle de la durée du travail de ses salariés n'est pas justifiée lorsque le salarié dispose d'une liberté dans l'organisation de son travail *(Cass. soc., 19 déc. 2018, n° 17-14.631, B., RJS 2019, n° 146 ; Cass. soc., 18 janv. 2018, n° 16-20.618 ; P. Florès « La géolocalisation et le contrôle de la durée du travail : l'état des cartes », Sem. soc. Lamy n° 1527)* ;
– pour calculer le temps de travail d'un salarié alors qu'un autre dispositif est déjà en place. La Cour de cassation a confirmé que l'utilisation d'un système de géolocalisation pour assurer le contrôle de la durée du travail n'est licite que lorsque le contrôle ne peut être effectué par un autre moyen, fût-il moins efficace *(Cass. soc., 19 déc. 2018, n° 17-14.631 B., RJS 2019, n° 146 ; Cass. soc., 18 janv. 2018, n° 16-20.618 ; Cass. soc., 16 déc. 2020, n° 19-10.007, RJS 2021*

n° 134 ; Cass. soc., 22 mars 2023, n° 21-22.852 et 21-24.729, RJS 2023 n° 295 ; Cass. soc., 6 sept. 2023, n° 22-12.418 ; chron. B. Gomes, « Le véhicule du salarié : objet et outil du contrôle patronal », RJS 2022 p. 281). Le Conseil d'État a adopté la même position *(CE, 15 déc. 2017, n° 403.776, Sté Oleodis, Rec. p. 375, Sem. soc. Lamy n° 1800 ; RJS 2018 n° 158 ; note M.-C. Sarrazin, Dr ouvrier 2018, p. 702).*

Outre l'information personnelle des salariés concernés, ainsi que l'information et la consultation du comité social et économique, relevant du contrôle de l'inspecteur du travail, l'installation d'un système de géolocalisation doit répondre aux dispositions issues du RGPD.

Le salarié doit avoir accès aux données de géolocalisation le concernant *(Délib. CNIL, 22 juin 2012, n° 2012-213).*

La délibération du 4 juin 2015 *(Délib. CNIL n° 2015-165, JORF 17 juin 2015, RDT 2015, p. 544)* pose de nouvelles limites à l'utilisation de la géolocalisation, auxquelles l'employeur devra se conformer dans un délai de 12 mois :

- exclusion des temps de trajet domicile-travail du champ d'application de la géolocalisation ;
- contrôle de la seule vitesse moyenne du véhicule ;
- conservation de données pendant un délai maximum de 2 mois, sauf cas expressément prévus par la CNIL ;
- pas de géolocalisation des représentants du personnel pendant l'exercice de leur mandat ;
- pas de contrôle des kilomètres parcourus ;
- nombre restreint de destinataires pour les données collectées.

En revanche, l'employeur conserve la possibilité de contrôler les désactivations du dispositif par le salarié, et de lui demander des explications en cas de désactivations trop longues ou trop fréquentes.

16. Les pièces communiquées à l'inspecteur du travail et couvertes par le secret de l'instruction

44.2.1.3.16. – Cette question est examinée au n° **34.5.1** *(chron. G. Loiseau, « Le droit de la preuve face aux secrets », RJS 2017, p. 83-89).*

D. La recevabilité des moyens de preuve fournis par le salarié

44.2.1.4. – Elle obéit aux mêmes règles que celles énoncées aux n° **44.2.1.2. et suivants** pour la recevabilité des moyens de preuve produits à son encontre. Par ailleurs, la question de la production par le salarié de documents appartenant à l'entreprise est examinée au n° **45.2.1.2.3.**

§ 2. L'IMPUTABILITÉ DES FAITS AU SALARIÉ

44.2.2. – La faute invoquée doit également être imputable personnellement au salarié. Ce principe implique que l'imputabilité au salarié concerné soit établie et fait obstacle à ce que l'employeur puisse invoquer des faits qui ne sont pas imputables à l'intéressé.

A. La certitude de l'imputabilité au salarié

44.2.2.1. – Tel n'est pas le cas lorsque l'employeur n'apporte aucun élément permettant d'imputer au salarié en cause le fait fautif.

Il en a été jugé ainsi dans les espèces suivantes :

– disparition de documents *(CE, 17 nov. 1986, n° 54.239, SA Luchaire, Tables p. 745)* ;
– déficit aggravé, alors que le nouvel inventaire, qui l'a révélé, a été réalisé en l'absence du salarié et dans des conditions qui ne lui ont pas permis d'en contrôler le déroulement *(CE, 18 janv. 1991, n° 98.022, Centre français de restauration)* ;
– vol, alors qu'il n'était pas établi que le placard de service, où la paire de chaussure prétendument dérobée avait été retrouvée, ait été cadenassé et inaccessible à d'autres salariés de l'entreprise *(CE, 21 juill. 1989, n° 77.083, Transports Lafont)* ;
– erreur constatée sur une caisse dont l'accès n'était pas confidentiel et exclusivement réservé à la salariée mise en cause *(TA Pau, 22 juin 1995, n° 94/0339)* ;
– faux documents destinés à justifier une absence irrégulière, alors qu'il n'était pas établi que l'intéressé était à l'origine de la falsification *(CE, 10 juill. 1995, n° 147.636, Sté La Redoute catalogue)*.

Par sa décision du 3 octobre 2008, le Conseil d'État a censuré l'arrêt d'une cour administrative d'appel qui « *pour rejeter les conclusions présentées par M. A. devant le tribunal administratif* (...) *[s'était] fondée, d'une part, sur le caractère peu probable de l'hypothèse selon laquelle d'autres utilisateurs de l'ordinateur de service auraient pu être les auteurs des connexions litigieuses, d'autre part, sur ce qu'il ne ressortait pas des pièces du dossier qu'une au moins des connexions litigieuses ne pouvait lui être imputée* », le juge d'appel ne pouvant « *sans commettre d'erreur de droit, déduire de ces circonstances, qui, pour la première, revêtait un caractère hypothétique, pour la seconde, revenait à faire peser sur le salarié la charge de la preuve contraire, que les faits reprochés pouvaient être tenus pour établis » (CE, 3 oct. 2008, n° 308.046, M. A., concl. Y. Struillou, Dr ouvrier 2009, p. 143)*.

B. Les faits non imputables au salarié

44.2.2.2. – Appelée à se prononcer sur la seule qualification de faute grave, la Cour de cassation a écarté celle-ci pour des menaces et violences à l'encontre du supérieur hiérarchique d'une salariée, imputables au compagnon de celle-ci, intervenues hors du lieu de travail et à l'occasion de faits étrangers à l'exécution proprement dite du travail, l'intéressée étant par ailleurs demeurée passive *(Cass. soc., 25 avr. 1990, n° 87-45.275, Bull. V n° 188, RJS 1990 n° 478).*

Dans une espèce semblable, elle a réaffirmé le principe qu'« *un comportement fautif ne peut résulter que d'un fait imputable au salarié » (Cass. soc., 21 mars 2000, n° 98-40.130, Dr soc 2000, p. 655, RJS 2000 n° 509 : à l'occasion d'injures et de menaces proférées par la sœur de la salariée ; Cass. soc., 23 juin 2004, n° 01-43.606, RJS 2004 n° 1006).*

N'a pas été retenue comme cause réelle et sérieuse de licenciement d'une salariée la liaison que celle-ci entretenait avec un ancien salarié de l'entreprise passé au service d'une entreprise directement concurrente, l'employeur invoquant l'existence d'un risque intolérable de fuites d'informations techniques et commerciales attesté par la perte de plusieurs marchés de maintenance au profit de ce concurrent *(Cass. soc., 27 mai 1998, n° 96-41.276, Bull. V n° 283, RJS 1998 n° 1185).*

Si la non-dénonciation d'un collègue coupable de faits gravement fautifs ne peut justifier le licenciement d'un salarié protégé, en revanche, une attitude complaisante de sa part peut revêtir une gravité suffisante pour justifier le licenciement *(CE, 15 janv. 1988, n° 58.052, Saugey : conseils de discrétion prodigués à un salarié s'étant rendu coupable d'une destruction volontaire par incendie).*

§ 3. L'EXISTENCE D'UN DOUTE SUR LA RÉALITÉ OU L'IMPUTABILITÉ DES FAITS

44.2.3. – « *Si un doute subsiste, il profite au salarié » (C. trav., art. L. 1333-1 ; Cass. soc., 9 nov. 2004, n° 02-44.838, RJS 2005 n° 21 ; cf. également, A. Supiot, « Administration de la preuve : l'équitable dans la preuve », Sem. soc. Lamy 1988 n° 410 ; J.-Y. Frouin, « La preuve en droit du travail : la charge de la preuve », Sem. soc. Lamy 2006 n° 1263, p. 6).*

Il en est ainsi, par exemple, en cas de témoignages contradictoires de l'employeur et du salarié, auquel il est reproché d'avoir commis une faute et qui n'avait jamais cessé de nier les faits, le salarié et l'employeur ayant produit des attestations contradictoires *(CE, 6 févr. 1981, n° 18.019 et 21.401, Grundig électronique ; CE, 21 déc. 1994, n° 127.898, Sté Lyonnaise de Banque, Tables p. 1216).*

Le juge administratif tient compte de cette règle *(CE, 13 mars 2002, Mme Bernadac, concl. E. Mignon, Dr soc 2002, p. 627).* Par la décision du 2010, le Conseil d'État a explicitement repris le principe énoncé par le Code du travail *(CE, 22 mars 2010, n° 324.398, Sté CTP Prêt à partir, Tables p. 1004, concl. G. Dumortier ; CE, 17 juill. 2013, n° 358.654, Sté Gevelot Extrusion ; cf. n°* ***74.10.2.2.2****).*

§ 4. L'INCIDENCE D'UNE PROCÉDURE PÉNALE ÉVENTUELLE

A. Les pièces communiquées à l'inspecteur du travail et couvertes par le secret de l'instruction

44.2.4.1. – Cette question est examinée aux n° **34.5.1 et suivants**.

B. L'autorité de la chose jugée au pénal

44.2.4.2. – L'inspecteur du travail ne peut pas surseoir à statuer en attendant le jugement au pénal.

Le droit à la présomption d'innocence qui interdit de présenter publiquement une personne poursuivie pénalement comme coupable, avant condamnation, d'une infraction pénale n'a pas pour effet d'interdire à un employeur de se prévaloir de faits dont il a régulièrement eu connaissance au cours d'une procédure pénale à l'appui d'un licenciement à l'encontre d'un salarié qui n'a pas été poursuivi pénalement *(Cass. soc., 13 déc. 2017, n° 16-17.193, B. ; J. Mouly, « Le droit à la présomption d'innocence ne fait pas obstacle à l'exercice du pouvoir disciplinaire de l'employeur », Dr soc 2018, p. 299 ; RJS 2018 n° 86 ; avis R. Weissmann, « Présomption d'innocence en matière pénale et procédure disciplinaire », RJS 2018, p. 113-115 ; note C. Mathieu, RDT 2018, p. 278 ; note F. Desprez et V. Orif, RDT 2018, p. 416)*.

Seule la chose définitivement jugée au pénal, ayant statué sans équivoque sur le fond, est de nature à lier l'appréciation, quant à la seule matérialité des faits, de l'autorité administrative *(CE, 5 janv. 1945, Sté L'Union normande, Rec. p. 9 ; cf. n°* ***71.2.1.1****)*.

Tel n'est pas le cas d'un jugement frappé d'appel, et sur lequel il n'a pas encore été statué : l'autorité administrative ne peut donc pas se fonder sur une décision non encore définitive. À la différence de l'appel, le pourvoi en cassation est, quant à lui, dépourvu d'effet suspensif d'exécution.

L'autorité de la chose jugée ne s'attache qu'aux décisions de juridictions de jugement qui statuent sur le fond de l'action publique. Le classement sans suite de la plainte par le parquet constitue un acte dépourvu de l'autorité de la chose jugée *(Cass. soc., 20 nov. 2001, n° 99-45.756)*. Il en est de même de la composition pénale rendue par le président du tribunal de grande instance sur proposition du procureur de la République *(C. proc. pén., art. 41-2 ; Cass. soc., 13 janv. 2009, n° 07-44.718, Bull. V n° 1, CSB Paris 2009, n° 209)*, du rappel à la loi par ce dernier *(C. proc. pén., art. 41-1 ; Cass. soc., 21 mai 2008, n° 06-44.948, Bull. V n° 107)*, de l'ordonnance de non-lieu *(Cass. soc., 30 juin 2004, n° 02-42.016, RJS 2004 n° 1128 ; Cass. soc., 1er févr. 2011, n° 09-41.468)*, de l'arrêt de chambre d'accusation de cour d'appel et d'un jugement de relaxe au bénéfice du doute sur les faits reprochés.

En revanche, l'autorité administrative, dans son appréciation des faits, est liée par les constatations du juge répressif dans les cas suivants :

– un jugement de condamnation ayant acquis force de chose jugée pour des faits ayant motivé la présentation de la demande de licenciement : la constatation de la matérialité des faits s'impose à l'autorité administrative *(CE, 8 févr. 1980, n° 9.747, Charov, Rec. p. 76 ; CE, 26 sept. 1986, n° 52.955, La Ruche Picarde ; CE, 18 févr. 1987, n° 76.577, Champignonnières de Chantilly-Gouvieux ; CE, 17 avr. 1992, n° 89.834, Fekar, Tables p. 1348, RJS 1992 n° 894 ; CE, 29 déc. 1993, n° 112.351, Pilorget, RJS 1994 n° 727 ; CE, 18 janv. 1997, n° 160.925, Semhoun et autres, RJS 1997 n° 1112 ; CE, 27 juin 2001, n° 202.701, SARL des câbleries Lapp c. / M. Kozole, Tables p. 1215)*. Il appartient, en revanche, à celle-ci d'en apprécier la gravité au regard des règles applicables au contrat de travail *(CE, 27 juin 2001, n° 202.701, préc.)* ;
– un jugement de relaxe, ayant acquis force de chose jugée, par lequel le juge répressif considère avec certitude que les faits reprochés n'ont pas été commis *(CE, 4 mai 1979, n° 11.753, Sté Sidef, Rec. p. 846 ; CE, 11 mars 1987, n° 53.984, ONI, Rec. p. 90 ; cf. également CE, 16 octobre 1992 pour une relaxe au motif que la participation au vol du salarié n'était pas établie, qui ne lie pas l'autorité administrative. Cass. soc., 12 oct. 2016, n° 15-19.620 ; Cass. soc., 6 mars 2019, n° 17-24.701)*.

Pour le juge civil, l'issue des poursuites pénales engagées contre un salarié est indépendante de l'appréciation qui peut être portée sur la gravité des faits par rapport à la rupture du contrat de travail. Il en est ainsi notamment en cas de relaxe au motif que l'élément intentionnel de l'infraction n'est pas établi *(Cass. soc., 21 juin 1989, n° 86-43.002, Jurisp. soc UIMM n° 89-521, p. 461 ; Cass. soc., 14 nov. 1991, n° 90-44.663, Bull. V n° 497, Jurisp. soc UIMM n° 92-546, p. 60 ; Cass. soc., 18 oct. 1995, n° 94-40.735, Bull. V n° 280 ; Cass. soc., 25 mars 2020, n° 18-23.682, B., pour des faits de harcèlement sexuel)*.

Au contraire, il doit être conclu à l'absence de cause réelle et sérieuse de licenciement si le juge pénal, par une décision de relaxe, estime que la matérialité des faits n'est pas établie, soit parce que l'intéressé a été mis hors de cause *(Cass. soc., 12 juill. 1989, n° 85-45.945, Jurisp. soc UIMM n° 89-521 p. 462 : salarié licencié pour avoir détenu de la marchandise sans y être autorisé et ayant produit des factures justificatives ; Cass. soc., 3 nov. 2005, n° 03-46.839, Bull. V n° 307, RJS 2006 n° 6 : décision de relaxe, la matérialité de faits de harcèlement sexuel n'étant pas établie ; Cass. soc., 26 nov. 2008, n° 07-41.374 : décision de relaxe, la matérialité du détournement de fonds et de matériel n'étant pas établie ; Cass. soc., 9 févr. 2011, n° 09-41.227 ; Cass. soc., 12 janv. 2012, n° 10-19.611, RJS 2012 n° 321)* soit, semble-t-il, au bénéfice du doute *(Cass. soc., 6 nov. 1991, n° 89-45.026, Jurisp. soc UIMM n° 92-546, p. 60)*.

De même, à l'inverse, le juge civil ne peut méconnaître, dans ses motifs, le jugement définitif du tribunal répressif retenant la culpabilité du salarié *(Cass. soc., 19 oct. 1995, n° 94-41.397)*, ce dernier ne pouvant alors soutenir l'illicéité du mode de preuve retenu comme probant par le juge pénal *(Cass. soc., 21 sept. 2022, n° 20-16.841, B., RJS 2022 n° 630 ; note F. Guiomard, RDT 2022 p. 593)*. Il ne peut considérer que des faits reprochés au salarié n'étaient pas fautifs dès lors que les mêmes faits avaient été sanctionnés par le juge répressif *(Cass. soc., 13 juin 2001, n° 99-41.102, RJS 2001 n° 1254)*. La même solution est applicable en cas d'arrêt de la cour d'appel, même si ce dernier est intervenu sur le seul appel de la partie civile et ne peut donc, en application de l'article 497 du Code de procédure pénale, avoir d'incidence que sur les intérêts civils, et non sur l'action publique *(Cass. soc., 6 juill. 1999, n° 96-40.882, Bull. V n° 325, D. 1999 p. 204 ; obs. J. Savatier, Dr soc 1999 p. 962)*.

Nonobstant l'abrogation par la loi du 5 mars 2007 de la règle « *le criminel tient le civil en* l'état » *(loi n° 2007-291, art. 20, modifiant l'art. 4 al. 3 du Code de procédure pénale)*, il n'est pas interdit au juge prud'homal saisi d'une action en contestation du bien-fondé d'un licenciement de surseoir à statuer, en cas de saisine de la juridiction répressive, s'il estime que la décision rendue au pénal est de nature à exercer une influence sur le litige civil *(Cass. soc., 17 sept. 2008, n° 07-43.211, Bull. V n° 164 ; cf. décision rendue dans le même sens avant l'abrogation résultant de la loi du 5 mars 2007 : Cass. soc., 7 mars 2006, n° 04-41.411, RJS 2006 n° 543)*.

SECTION 3

Le caractère sanctionnable des faits

§ 1. LA NOTION DE FAUTE

44.3.1. – Un fait fautif ne peut s'entendre que d'un fait du salarié contraire à ses obligations à l'égard de l'employeur *(Cass. soc., 4 juill. 2000, n° 97-44.846 et 98-44.959, Bull. civ. V n° 263 ; CE, 15 déc. 2010, n° 316.856, Renault c. / Sté Onyx Est, Rec. p. 508 ; Cass. soc., 27 juin 2012, n° 11-10.242)* y compris celles prévues par un code de déontologie *(Cass. soc., 5 mai 2021, n° 19-25.699 B.)* ou un engagement sur l'honneur *(Cass. soc., 12 mai 2021, n° 20-14.699)*.

En principe, ne sont pas pris en compte en tant que faits pouvant être qualifiés de fautifs :

- les comportements étrangers à l'activité professionnelle *(cf. n°* ***46.1****)* ;
- les éléments de la personnalité et de la vie personnelle *(cf. n°* ***46.2****)* ;
- les comportements en lien avec l'exercice du mandat *(cf. n°* ***46.3****)*.

Toutefois, sous les conditions exposées *infra*, ces éléments ou comportements peuvent justifier légalement la rupture du contrat de travail sur le fondement de l'existence d'un trouble objectif si les faits sont de nature, compte tenu de leur répercussion sur le fonctionnement de l'entreprise, à rendre impossible le maintien du salarié dans l'entreprise, eu égard à la nature de ses fonctions et à l'ensemble des règles applicables au contrat de travail de l'intéressé *(cf. n° **46.1**)*. En outre, si ces comportements caractérisent un manquement du salarié à ses obligations contractuelles ou un abus dans l'exercice de ses mandats, ils peuvent être invoqués à l'appui d'une procédure disciplinaire *(cf. n° **46.1, 46.2** et **46.3**)*.

§ 2. LES COMPORTEMENTS OU AGISSEMENTS DANS LE CADRE DE L'EXÉCUTION DU CONTRAT DE TRAVAIL, NON PRIS EN COMPTE À L'APPUI D'UNE PROCÉDURE DISCIPLINAIRE

A. Les refus légalement non fautifs

44.3.2.1. – Ne constituent ni une faute ni un motif de licenciement, notamment :

- le refus du salarié d'être affecté à un poste de travail de nuit lorsque ce changement est incompatible avec des obligations familiales impérieuses, notamment avec la garde d'un enfant ou la prise en charge d'une personne dépendante *(C. trav., art. L. 3122-12)* ;
- le refus du salarié d'accomplir un travail à temps partiel *(C. trav., art. L. 3123-4)* ;
- le refus de travailler le dimanche pour un salarié d'une entreprise bénéficiaire d'une autorisation préfectorale obtenue en application des articles L. 3132-20 ou L. 3132-25-1 du Code du travail *(C. trav., art. L. 3132-25-4)* ;
- le refus du salarié d'être mis à disposition dans le cadre d'une opération licite de prêt de main-d'œuvre à but non lucratif *(C. trav., art. L. 8241-2)*. Toutefois, les dispositions de l'article L. 8241-2 ne font pas obstacle à la disposition d'un plan de sauvegarde de l'emploi prévoyant le licenciement pour motif économique d'un salarié ayant refusé une proposition de mise à disposition *(TA Paris, 23 mai 2014, n° 1402928/3-2, Comité d'entreprise de l'Hôtel Lutetia, RJS 2014 n° 619)* ;
- le refus d'une formation tenant à la réalisation d'un bilan de compétences demandé par l'employeur *(C. trav., art. L. 6313-4)*, d'une validation des acquis de l'expérience *(C. trav., art. L. 6421-2)*, ainsi que le refus de participer à des actions de formation du plan de développement des compétences en dehors du temps de travail *(C. trav., art. L. 6321-7)*.

B. Les conditions de l'exercice du droit de retrait par le salarié en cas de danger grave et imminent

44.3.2.2. – Instauré par la loi n° 82-1097 du 23 décembre 1982, ce droit obéit aux conditions suivantes :

Article L. 4131-1

« *Le travailleur alerte immédiatement l'employeur de toute situation de travail dont il a un motif raisonnable de penser qu'elle présente un danger grave et imminent pour sa vie ou sa santé ainsi que de toute défectuosité qu'il constate dans les systèmes de protection. Il peut se retirer d'une telle situation.*

L'employeur ne peut demander au travailleur qui a fait usage de son droit de retrait de reprendre son activité dans une situation de travail où persiste un danger grave et imminent résultant notamment d'une défectuosité du système de protection. »

Article L. 4131-3

« *Aucune sanction, aucune retenue de salaire ne peut être prise à l'encontre d'un travailleur ou d'un groupe de travailleurs qui se sont retirés d'une situation de travail dont ils avaient un motif raisonnable de penser qu'elle présentait un danger grave et imminent pour la vie ou pour la santé de chacun d'eux.* »

Article L. 4132-1

« *Le droit de retrait est exercé de telle manière qu'elle ne puisse créer pour autrui une nouvelle situation de danger grave et imminent.* »

Ce droit de retrait est évidemment justifié en cas de constat, par le juge du fond, du non-respect par l'employeur de ses obligations et d'une situation de travail dans des conditions dangereuses *(Cass. soc., 18 oct. 1989, n° 86-43.496, Bull. V n° 606, Légi soc.1990 n° 189, p. 22)*.

S'en tenant à la stricte interprétation de l'article L. 4131-1, la Cour de cassation a en outre jugé que l'application de ces dispositions reposait sur une analyse subjective de la situation par le salarié. Ainsi, l'exercice de ce droit par un salarié, refusant d'effectuer un travail sans sécurité ni protection contre un risque de chute de hauteur, a été jugé légitime dès lors que l'intéressé « *justifiait d'un motif raisonnable de penser que la situation de travail présentait un danger grave et imminent pour sa vie et sa santé et nécessitait une mesure de protection collective destinée à empêcher les chutes de personnes par application de l'article 5 du décret n° 65-48 du 8 janvier 1965* » *(Cass. soc., 9 mai 2000, n° 97-44.234, Bull. V n° 175, Dr soc 2000, p. 778, obs. G. Couturier, RJS 2000 n° 683 ; chron. Gasser, « Le droit de retrait dans le secteur privé », RJS 2006, p. 463 ; Cass. soc., 10 mai 2001, n° 00-43.437, RJS 2001 n° 872 ; CA Reims, ch.*

soc., 21 janv. 2009 : salarié, sanctionné pour manipulation dangereuse, ayant valoir légitimement son droit de retrait, l'engin de levage n'ayant ni stabilisateurs, ni crochet de sécurité, et aucun mode d'emploi de l'engin ne lui ayant été fourni ; Cass. soc., 26 nov. 1987, n° 85-43.600 : « le salarié, ne bénéficiant pas encore de l'avis de la section "hygiène et sécurité", pouvait craindre un danger grave et imminent »). En l'espèce, l'arrêt de la cour d'appel, qui a été cassé, avait relevé que « *l'exécution de ces travaux ne nécessitait la mise en place d'aucune protection particulière des salariés* ».

Il appartient donc au juge du fond de rechercher « *si le salarié justifiait d'un motif raisonnable de penser que la situation de travail présentait un danger grave et immédiat* » *(Cass. soc., 23 mars 2005, n° 03-42.412 ; CA Nancy, n° 06-1731, RJS 2009 n° 492 ; cf. chron. Gardin, « Le droit de retrait du travailleur : retour sur quelques évolutions marquantes », RJS 2009, p. 599 ; Cass. soc., 5 juill. 2011, n° 10-23.319).*

Le droit de retrait ne peut être exercé que pendant l'exécution du contrat de travail, et ne peut donc pas être invoqué par un salarié dont le contrat est suspendu pour cause de maladie *(Cass. soc., 9 oct. 2013, n° 12-22.288, Bull. V n° 227, RJS 2013 n° 783).*

Par ailleurs, hormis l'obligation d'informer immédiatement l'employeur, la mise en œuvre du droit de retrait par le salarié ne peut être subordonnée à aucune obligation particulière *(Cass. soc., 28 mai 2008, n° 07-15.744, Bull. V n° 120, RJS 2008 n° 894 : pas d'obligation de signaler par écrit)*, et notamment la mise en œuvre de la procédure d'alerte par le CHSCT, telle que définie par les articles L. 4131-2 et L. 4132-2 à L. 4132-5 du Code du travail *(Cass. soc., 10 mai 2001, n° 00-43.437, RJS 2001 n° 872)* ; cette position est identique à celle, déjà ancienne, prise par le juge administratif en matière de contentieux de décisions administratives sur les clauses de règlements intérieurs *(CE, 12 juin 1987, n° 72.388, Sté Gantois, Dr soc 1987, p. 654 ; cf. également note J. Savatier, « Le contrôle administratif du règlement intérieur », Dr soc 1987, p. 646 ; Dr ouvrier 1987, p. 412 ; CE, 9 oct. 1987 n° 69.829, 71.653, 72.220 et 72.670, ministre des Affaires sociales c. / Régie nationale des usines Renault, Tables p. 970 : « si les dispositions précitées de l'article L. 231-8 [L. 4131-1] du Code du travail obligent le salarié à signaler immédiatement à l'employeur l'existence d'une situation de travail qu'il estime dangereuse, elles ne lui imposent pas de le faire par écrit » ; CE, 29 juin 1990, n° 87.015, ministre des Affaires sociales et de l'Emploi c. / Arjomary-Prioux).*

Est nul le licenciement prononcé par l'employeur pour un motif lié à l'exercice légitime du droit de retrait de son poste de travail dans une situation de danger *(Cass. soc., 28 janv. 2009, n° 07-44.556, Bull. V n° 24, RJS 2009 n° 361, CSB Paris 2009 n° 211, p. 153, JCP E n° 25 18 juin 2009, p. 44, note Pochet).*

La référence faite par cet arrêt à l'article 8 § 4 de la directive 89/391/CEE du 12 juin 1989, qui impose de protéger le travailleur exerçant régulièrement son droit de retrait, souligne le caractère fondamental de ce droit, corollaire de l'obligation de sécurité de résultat mise à la charge de l'employeur *(C. trav., art. L. 4121-1)*.

L'employeur ne peut sanctionner un salarié au motif que celui-ci ne l'a pas averti du fait qu'il se retirait de son poste de travail et l'autorisation donnée par l'employeur de quitter son poste ne dénature pas l'exercice du droit de retrait du salarié *(Cass. soc. 25 nov. 2015, n° 14-21.272, Bull. 2016, n° 840, Soc., n° 552, RDT 2016, p. 183)*. Toutefois, la faute grave avait été retenue à l'encontre d'un salarié ayant exercé son droit de retrait sans l'avoir signalé à son supérieur hiérarchique : en l'espèce, il apparaissait que cet exercice du droit de retrait, sans justifier d'un motif raisonnable de penser que la situation présentait un danger grave et imminent pour sa vie ou sa santé, avait en outre mis un collègue dans une situation d'insécurité *(Cass. soc., 21 janv. 2009, n° 07-41.935, RJS 2009 n° 361)*. En revanche, par un arrêt du 2 mars 2010, la chambre sociale a conclu à l'absence de cause réelle et sérieuse pour un salarié, chauffeur routier, qui avait exercé son droit de retrait, sans en avertir son employeur, après avoir effectué une amplitude de travail de 21 heures et 30 minutes *(Cass. soc., 2 mars 2010, n° 08-45.086)*.

Le Conseil d'État juge que le salarié protégé utilisant de manière abusive son droit de retrait peut être licencié pour faute si l'inspecteur du travail estime que les faits sont d'une gravité suffisante *(CE, 28 mai 2024, n° 472.007, Sté Perguilhem, mentionné aux Tables)*. Le Conseil d'État établit le contrôle à opérer par l'autorité administrative saisie d'une demande d'autorisation de licenciement pour faute d'un salarié protégé au motif de l'exercice irrégulier du droit de retrait par le salarié. Ainsi, « *il lui appartient de rechercher, sous le contrôle du juge de l'excès de pouvoir, si le salarié justifiait d'un motif raisonnable de penser que la situation de travail présente un danger grave et imminent pour sa vie ou pour sa santé. Lorsque tel est le cas, l'autorité administrative ne peut pas autoriser ce licenciement. Si tel n'est pas le cas, il appartient à l'administration, sous le contrôle du juge de l'excès de pouvoir, de rechercher, si le comportement du salarié est constitutif d'une faute d'une gravité suffisante pour justifier que son licenciement soit autorisé* ».

Le devoir d'abstention prévu par le Code de l'aviation civile

L'article 3.1.3 de l'annexe I du Code de l'aviation civile prévoit que : « *tout membre de l'équipage doit s'abstenir d'exercer ses fonctions dès qu'il ressent une déficience quelconque de nature à lui faire croire qu'il ne remplit pas les conditions d'aptitude nécessaires à l'exercice* » desdites fonctions. Ce dispositif de prévention des risques, spécifique à l'aviation civile, se distingue du droit de retrait, dans la mesure où il « *ne dépend que de la seule appréciation subjective que porte le membre d'équipage sur son aptitude au vol dont il est chargé* » *(art. 3.1.3. préc.)*.

Ce principe a été rappelé par la chambre sociale de la Cour de cassation dans un arrêt rendu le 16 mars 2010 à propos d'un litige consécutif à des sanctions infligées à des hôtesses de l'air ; dans cette affaire, il était reproché aux salariées de n'avoir pas spontanément averti leur employeur de l'état de fatigue les empêchant d'effectuer le vol demandé, et d'avoir invoqué cet état pour refuser la modification de planning tout en assurant dans le même temps le vol initialement prévu comparable quant à la durée et aux sujétions à bord *(Cass. soc., 16 mars 2010, n° 08-44.564, Bull. V n° 67).* L'employeur ne peut donc contester le bien-fondé de l'exercice de ce droit, ni même les conditions dans lesquelles il est exercé.

§ 3. LES FAUTES DÉJÀ SANCTIONNÉES, EN L'ABSENCE DE GRIEF NOUVEAU ET POSTÉRIEUR

44.3.3. – En application de la règle *non bis in idem*, une faute déterminée ne peut en effet donner lieu qu'à une seule sanction *(CE, 28 avr. 1997, n° 147.625, Brasnu et Pourraz ; Cass. soc., 25 juin 1986, n° 84-41.606, Bull. V n° 333 ; Cass. soc., 31 oct. 1989, n° 86-43.734, Bull. V n° 629 ; Cass. soc., 21 mars 1991, n° 89-42.663, Bull. V n° 150 ; Cass. soc., 21 mars 2001, n° 99-40.853).* Ainsi, l'employeur qui a, à tort, imposé à un salarié l'application immédiate d'une rétrogradation, constitutive d'une modification du contrat de travail, pour motif disciplinaire a de ce fait épuisé son pouvoir disciplinaire et ne peut plus prononcer ultérieurement une nouvelle sanction pour le même fait *(Cass. soc., 17 juin 2009, n° 07-44.570, Bull. V n° 152, RJS 2009 n° 714, Dr ouvrier 2009, p. 612, JCP n° 50, 8 déc. 2009).*

Il en est de même lorsque, bien qu'informé de l'ensemble des faits reprochés à une salariée, l'employeur n'a choisi de la sanctionner par un avertissement pour certains d'entre eux : un licenciement ne peut dès lors être prononcé pour des faits antérieurs à cette date *(Cass. soc., 16 mars 2010, n° 08-43.057, Bull. V n° 65, RJS 2010 n° 513, Dr ouvrier 2010, p. 439 note M. Estevez ; Cass. soc., 22 mai 2019, n° 17-28.100).*

Le Conseil d'État adopte la même position et retient que l'employeur qui, ayant connaissance, dans une même période de temps, de divers faits commis par un salarié, non atteints par la prescription résultant de l'article L. 1332-4 du Code du travail et considérés par lui comme fautifs, choisit de n'en sanctionner qu'une partie, ne peut légalement prononcer une nouvelle mesure disciplinaire en vue de sanctionner les autres faits dont il avait connaissance à la date de l'infliction de la première sanction *(CE, 8 déc. 2023, n° 466.620, mentionné aux Tables, RJS 2024 n° 166).*

Ont notamment été considérés comme valant sanction :

- des mises en garde contenues dans un courrier, puis dans un courriel adressant des reproches à une salariée pour des faits que l'employeur estimait fautifs *(Cass. soc., 13 oct. 1993, n° 92-40.955 ; Cass. soc., 30 janvier 2013, n° 11-23.891, Bull. V n° 22, RJS 2013 n° 283 ; Cass. soc., 29 mai 2024, n° 22-19.313, RJS 2024 n° 496)* ;
- une lettre rappelant des faits fautifs et invitant le salarié de manière impérative à respecter les règles *(Cass. soc., 10 févr. 2021 n° 19-18.903, RJS 2021 n° 193) ;*

- une procédure de demandes d'explications et de réponses écrites conservées dans le dossier individuel du salarié *(Cass. soc., 30 janv. 2013, n° 11-23.891, Bull. V n° 22, RJS 2013 n° 283)* ou mise en œuvre à la suite de faits fautifs, le salarié devant répondre seul et immédiatement aux questions qui lui étaient posées, tout refus de s'exécuter intervenant après une mise en demeure constituant un grief supplémentaire et pouvant à lui seul justifier une sanction et le procès-verbal consignant les demandes formulées par l'employeur et les réponses écrites du salarié étant conservé dans le dossier individuel de celui-ci *(Cass. soc., 19 mai 2015, n° 13-26.916, B., Dr ouvrier 2015, p. 497 ; D. Boulmier, « L'émergence, devant les tribunaux, des stratégies patronales d'enquête/répression », Dr ouvrier 2015.492)* ;
- une période de mise à pied non suivie d'un licenciement pour faute grave ou lourde et cependant non payée *(Cass. soc., 18 déc. 2013, n° 12-18.548, RJS 2014 n° 226)* ;
- une période de mise à pied conservatoire lorsque la procédure de licenciement a été engagée 7 jours après sa notification sans motif de nature à justifier ce délai *(Cass. soc., 14 avr. 2021, n° 20-12.920)* ;
- un courrier portant en objet « mise en demeure de justification d'absence », ne demandant pas au salarié de justifier de son absence, mais s'employant à caractériser un manquement aux règles de discipline et l'avertissant qu'une telle attitude ne pourrait plus être tolérée *(Cass. soc., 18 mars 2015, n° 13-28.481, RJS 2015 n° 486)* ;
- une mise à pied disciplinaire *(Cass. soc. 13 févr. 2019, n° 17-21.793)* ;
- un avertissement *(Cass. soc., 16 janv. 2019, n° 17-22.557 ; Cass. soc., 22 mai 2019, n° 17-28.100)* ;
- une lettre indiquant au salarié que son attitude avait largement entamé la confiance que son employeur lui portait, cette dernière indication étant de nature à affecter la carrière du salarié après que l'employeur ait modifié, de façon générale, le mode d'indemnisation des frais de bouche de l'ensemble d'une catégorie de salariés au vu de comportements abusifs de certains d'entre eux *(Cass. soc., 3 févr. 2017, n° 15-11.433, RJS 2017 n° 388)* ;
- un compte rendu d'entretien annuel comportant des griefs précis et invitant le salarié de manière impérative et comminatoire et sans délai à un changement complet et total *(Cass. soc., 2 févr. 2022, n° 20-13.833, RJS 2022 n° 171).*

Tel n'est pas le cas :

- de lettres de l'employeur se bornant à demander au salarié de modifier son comportement *(Cass. soc., 14 sept. 2010, n° 09-66.180)* ;
- du changement d'affectation d'un salarié ayant pour seul objet d'assurer la sécurité des usagers, du personnel et des tiers *(Cass. ass. plén., 6 janv. 2012, n° 10-14.688, Bull. AP n° 1, RJS 2012 n° 245 ; chron. A. David et P. Lokiec, « L'architecture du droit disciplinaire »,*

RJS 2015 p. 211 ; Cass. soc., 8 oct. 2014, n° 13-13.673, Bull. V n° 226, note J. Mouly, « La mutation temporaire du salarié, alternative à la mise à pied conservatoire », Dr soc 2014 p. 1068) ;

- du compte rendu d'un entretien au cours duquel l'employeur a énuméré divers griefs et insuffisances qu'il imputait à la salariée, sans traduire une volonté de sa part de les sanctionner *(Cass. soc., 12 nov. 2015, n° 14-17.615, Bull. n° 839, Soc., n° 424, RJS 2016 n° 28)* ;
- de la décision de l'employeur d'exclure le salarié d'une formation sur le fondement de faits objectifs relatifs aux retards répétés du salarié sans justification alors que le programme de formation était destiné à rechercher de futurs responsables de magasin au regard des qualités de « *constance, motivation, implication, exemplarité* » *(Cass. soc., 4 juill. 2018, n° 17-16.629, Dr ouvrier, 2019, note P. Darves-Bornoz, p. 41)* ;
- d'un rappel à l'ordre qui ne caractérise pas la volonté de l'employeur de sanctionner les faits *(Cass. soc., 19 sept. 2018, n° 17-20.193)* ;
- d'une lettre de l'employeur ne contenant aucune injonction ni mise en garde *(Cass. soc., 2 févr. 2022 n° 20-17.068, RJS 2022 n° 171)* ;
- d'une lettre adressée par l'employeur à la suite de l'absence du salarié aux deux entretiens préalables auxquels il l'a convoqué, dès lors que ce document, s'il décrit les reproches que l'employeur entend sanctionner, précise qu'il est destiné à recueillir les explications de l'intéressé « *avant toute décision* », s'inscrit dans le cadre d'une procédure disciplinaire et n'a aucun caractère autonome qui permettrait de le regarder comme la sanction finale prise par l'employeur *(Cass. soc., 15 juin 2022 n° 20-20.252, RJS 2022 n° 552)* ;
- de l'interruption de la mise à pied conservatoire *(Soc., 18 mai 2022, n° 20-18.717)* ;
- un courriel adressé au salarié par lequel l'employeur, qui n'a pris aucune mesure à l'encontre de ce dernier, se borne à lui demander de faire preuve de respect à son égard, de cesser d'être agressif, de faire preuve de jugements moraux, de colporter des rumeurs et autres dénigrements auprès de la clientèle et des autres salariés, ce courriel constituant tout au plus un rappel à l'ordre n'épuisant pas le pouvoir disciplinaire de l'employeur *(Cass. soc., 20 mars 2024 n° 22-14.465, RJS 2024 n° 307)*.

Des fautes déjà sanctionnées peuvent être prises en compte pour apprécier la gravité d'un nouvel agissement fautif *(cf. n° **44.4.2.5**)*.

L'employeur épuise son pouvoir disciplinaire par la notification d'une sanction et ne peut, relativement aux faits sanctionnés, le restaurer en décidant unilatéralement d'annuler la mesure ainsi notifiée *(Cass. soc., 14 nov. 2013, n° 12-21.495, RJS 2014 n° 129)*.

En revanche, il peut prononcer une nouvelle sanction pour des faits fautifs survenus juste après l'envoi de la lettre notifiant la sanction initiale, même si celle-ci n'a pas encore été réceptionnée par l'intéressé *(Cass. soc., 12 févr. 2013, n° 12-15.330, Bull. V n° 35, RJS 2013 n° 284).*

§ 4. LES EFFETS DES PRESCRIPTIONS DES ARTICLES L. 1332-4 ET L. 1332-5 DU CODE DU TRAVAIL

44.3.4. – Ces effets sont analysés au n° **21.2.6**.

SECTION 4
Le contrôle de la gravité des faits

§ 1. LA NOTION DE FAUTE D'UNE GRAVITÉ SUFFISANTE

44.4.1. – L'autorité administrative doit rechercher si les faits reprochés au salarié, et dont la matérialité doit être établie, constituent une faute d'une gravité suffisante pour justifier son licenciement *(CE, assemblée, 5 mai 1976, n° 98.647 et 98.820, Safer d'Auvergne, Dr. soc 1976, p. 346, concl. P. Dondoux)*, compte tenu notamment « *de l'ensemble des règles applicables au contrat de travail et des exigences inhérentes à l'exécution du mandat* ».

Cette notion doit être distinguée de la faute grave, retenue par le juge judiciaire du contrat de travail. Selon le commissaire du gouvernement P. Dondoux *(concl. précitées)*, « *la théorie de la faute grave aboutirait à reporter la protection de représentant au niveau de ses actes, quels qu'ils soient. Ce serait l'idée d'un forfait, d'un bonus de fautes vénielles et donc d'une immunité partielle* ».

Toutefois, « *si l'idée de protection n'implique pas… que les faits reprochés au salarié… soient dans tous les cas objectivement graves, elle exige du moins que subjectivement ces faits soient jugés d'une gravité suffisante pour justifier le licenciement, compte tenu notamment des exigences inhérentes à l'exécution normale du mandat* ».

Si l'autorisation n'est donc pas subordonnée à l'existence d'une faute grave, au sens donné à cette qualification par le juge judiciaire, le caractère exceptionnel et exorbitant du droit commun de cette protection s'oppose toutefois à une assimilation pure et simple avec la simple cause réelle et sérieuse *(cf. concl. Arrighi de Casanova sous la décision Sevestre, CE, 16 juin 1995, n° 126.960, RJS 1995, p. 569 ; cf. également, concl. Bachelier sous les décisions Chicard et Grands moulins de Strasbourg, CE, section, 11 juin 1999, n° 195.706 et 189.219, Rec. p. 196, RJS 1999, p. 631 : « Si une faute d'une gravité suffisante est exigée, c'est bien parce que [le juge administratif n'accepte] pas de l'assimiler purement et simplement à la cause réelle et sérieuse prévue par le Code du travail »)*.

En tout état de cause, un fait qui ne peut être regardé comme constituant un motif réel et sérieux de licenciement ne saurait logiquement être considéré comme une faute d'une gravité suffisante *(Cass. soc., 25 oct. 2017, n° 16-11.173, B., RJS 2018 n° 21)*.

Toute comparaison entre les jurisprudences judiciaire et administrative ne peut donc être effectuée qu'en tenant compte de ces différences.

Le ministère du Travail considère comme fautifs les comportements ne correspondant pas à l'exécution normale de la relation contractuelle ou à l'exercice normal du mandat et résultant d'un acte positif ou d'une abstention de nature volontaire *(Circ. DRT du 15 mars 1983, paragraphe 2.2)*. Le juge administratif fait toutefois preuve de pragmatisme en prenant en compte les circonstances : tel acte reconnu d'une gravité suffisante dans une espèce ne le sera pas nécessairement dans une autre.

Dès lors que ces faits ne présentent pas le caractère d'une faute d'une gravité suffisante pour justifier le licenciement, l'autorité administrative est tenue de rejeter la demande d'autorisation formulée par l'employeur, tous les autres moyens soulevés à l'encontre de ce refus étant alors inopérants *(CE, 11 mars 1994, n° 115.999, Sté Secométal, RJS 1994 n° 729)*.

§ 2. LES CRITÈRES D'APPRÉCIATION DE LA GRAVITÉ DE LA FAUTE

44.4.2. – L'appréciation du caractère de gravité suffisante de la faute se fonde sur la prise en compte de divers critères retenus par la jurisprudence administrative et judiciaire *(Guide DGT, Salariés protégés, sept. 2019, fiche n° 6)*.

A. Les exigences du service

44.4.2.1. – Elles résultent notamment du niveau de qualité requis pour la prestation de travail. Certaines prestations, telles que les traitements médicaux ou l'encadrement des enfants, nécessitent, par nature, un niveau de qualité élevé, restreignant le droit à l'erreur ou la tolérance d'une faute *(CE, 27 juin 2013, n° 354.788, Association Les Papillons Blancs)*.

B. Le comportement de l'employeur

44.4.2.2. – L'existence d'une responsabilité de l'employeur, qui doit être prise en compte, peut se déduire, notamment, du non-respect de ses obligations *(Cass. soc., 19 déc. 2007, n° 05-45.360 ; Cass. soc., 12 déc. 2018, n° 17-17.680, B., RJS 2019 n° 103)*, d'une organisation défaillante du travail, résultant par exemple de méthodes de travail irrationnelles, d'un manque de moyens disponibles, d'une formation insuffisante du salarié *(CE, 15 juin 1987, n° 75.505, Sté Impression et publicité)*, voire de consignes imprécises ou inexistantes *(Cass. soc., 28 mai 1991, n° 88-41.410, Bull. V n° 267 ; Cass. soc., 24 janv. 2008, n° 06-42.990, Bull. V n° 152, RJS 2008 n° 380)*, ou de son attitude lors des faits examinés : passivité dans certaines situations (altercations entre salariés…), admonestation publique du salarié, connaissance et cautionnement des faits de harcèlement commis par un manager *(Cass. soc., 12 juill. 2022, n° 20-22.857, RJS 2022 n° 507)*.

Il en va de même des tolérances et usages établis *(CE, 28 févr. 2007, n° 289.390, Sté Naïve Auvidis ; Cass. soc., 20 juin 2012, n° 11-19.914 ; Cass. soc., 21 juin 2018, n° 16-25.500, RJS 2018 n° 598)* : l'employeur qui s'est parfois accommodé de comportements, critiquables ou non, de ses salariés et qui entend y mettre fin en raison d'abus ou de contraintes économiques nouvelles, ne pourra invoquer le comportement fautif du salarié que si celui-ci, préalablement mis en garde contre la poursuite de ces agissements, a néanmoins persisté *(Cass. soc., 15 janv. 2014, n° 12-26.951, RJS 2014 n° 205)*.

Ainsi, appelé à se prononcer sur l'existence d'une faute grave, le juge judiciaire a écarté celle-ci pour un comportement d'intempérance à l'alcool longtemps toléré par l'employeur, qui ne justifiait pas avoir mis en garde le salarié préalablement à son licenciement *(Cass. soc., 22 févr. 1995, n° 93-43.331 ; dans le sens contraire, Cass. soc., 18 oct. 1994, n° 93-40.562 : faute grave retenue à l'encontre d'une salariée pour un usage intempérant de l'alcool malgré deux avertissements successifs)*.

Le Conseil d'État a, pour retenir l'existence d'une faute d'une gravité suffisante, relevé que le salarié avait persisté à prélever sur son temps de travail un nombre d'heures de délégation largement supérieur à la limite légale, sans justifier ce dépassement par la survenance de circonstances exceptionnelles, et en dépit d'avertissements écrits répétés de l'employeur *(CE, 17 déc. 1993, n° 116.531, Hinfray, RJS 1994 n° 263)*. Inversement la faute d'une gravité suffisante a été écartée, alors que l'employeur, pour des faits de même nature, avait attendu une double récidive avant de licencier un salarié non protégé *(CAA Lyon, 3 juill. 2001, n° 01LY00593)*.

En outre, l'écoulement d'un délai de 4 semaines entre la date à laquelle l'employeur a acquis une connaissance exacte des faits reprochés au salarié et la date à laquelle il l'a convoqué à un entretien préalable au licenciement pour faute grave ne pouvait pas avoir pour effet de retirer à la faute son caractère de gravité, le contrat de travail de l'intéressé étant suspendu et l'intéressé étant absent de l'entreprise, la cour d'appel n'avait pas à rechercher si ce délai de 4 semaines était de nature à exclure la faute grave *(Cass. soc., 9 mars 2022 n° 20-20.872, B., RJS 2022, n° 242)*.

De même ne peuvent être prises en compte des carences du système de contrôle *(Cass. soc., 17 mars 2021 n° 19-12.586, RJS 2021 n° 305)*.

En outre, une tolérance passée de l'employeur à l'égard de faits similaires commis par le salarié ne peut suffire à l'empêcher de prononcer un licenciement dès lors que le salarié a réitéré ses agissements *(Cass. soc., 12 juin 2024, n° 23-14.292, B. : en l'espèce pour des agissements sexistes)*.

C. Le contexte social de l'entreprise

44.4.2.3. – L'existence de circonstances telles qu'un climat social tendu *(CE, 13 nov. 1987, n° 68.104, Fonderies et aciéries électriques de Feurs, Rec. p. 369 ; CE, 22 oct. 2008, n° 304145, Friquet)* ou des menaces sur l'emploi constitue un facteur d'appréciation de la gravité des faits.

Le juge judiciaire a retenu que le fait reproché demeurait isolé dans une situation de conflit difficile à maîtriser et que la salariée était une personne pondérée dont les qualités professionnelles étaient unanimement appréciées pour atténuer la gravité de la faute *(Cass. soc., 6 avr. 2016, n° 14-26.611, RJS 2016 n° 395)*.

D. La situation particulière du salarié

44.4.2.4. – On peut citer, à titre d'exemples : sa position hiérarchique *(Cass. soc., 19 janv. 2011, n° 09-42.387 ; Cass. soc., 19 juin 2013, n° 12-14.246 ; CE, 7 oct. 2022 n° 450.492, Sté Club Med, mentionné aux Tables, RJS 2022 n° 621)*, la nature de ses fonctions *(pour une assistante administrative qui a violé son obligation de confidentialité en divulguant à un salarié le montant des salaires perçus par certains de ses collègues : Cass. soc., 22 nov. 2017, n° 16-24.069, RJS 2018 n° 93)*, son ancienneté *(Cass. soc., 17 juill. 2001, n° 99-43.435 ; Cass. soc., 12 déc. 2018, n° 17-17.680, B., RJS 2019 n° 103)*, le caractère involontaire de la faute ou, à l'opposé, l'existence d'une volonté de nuire ou la recherche d'un avantage financier personnel voire l'état de santé *(pour un exemple : Cass. soc., 31 oct. 2006, n° 05-43.214)*, l'existence d'un choc émotionnel, l'ignorance plausible d'une obligation professionnelle, une volonté affichée de faire amende honorable après avoir été informé de ses droits et obligations ou après avoir retrouvé son calme, une situation familiale difficile. Toutefois, l'absence d'intention de l'auteur du harcèlement moral ne peut être utilisée pour atténuer la gravité de la faute *(Cass. soc., 9 sept. 2020, n° 19-10.364)*.

Par ailleurs, aucun salarié ne peut être sanctionné ou licencié en raison de son état de santé ou de son handicap *(C. trav., art. L. 1132-1 et L. 1132-4)*. Est donc dépourvu de cause réelle et sérieuse un licenciement prononcé pour des faits en rapport avec la maladie du salarié, l'inaptitude n'ayant pas été constatée par le médecin du travail *(Cass. soc., 28 janv. 1998, n° 95-41.491, Bull. V n° 43 ; Cass. soc., 28 mai 2014, n° 13-13.947 : dégradation de l'état de santé susceptible en outre de résulter d'une charge ou d'horaires de travail excessifs ; Cass. soc., 18 mars 2015, n° 13-26.697, RJS 2015 n° 395)*.

De même, le Conseil d'État a jugé que l'autorisation de licenciement pour motif disciplinaire ne saurait être légalement accordée si les faits reprochés sont la conséquence d'un état pathologique ou d'un handicap du salarié *(CE, 3 juill. 2013, n° 349.496, Sté Journal du Centre, Tables p. 865, RJS 2013 n° 700 : médicaments prescrits pour traiter des troubles psychiques et ayant entraîné une addiction et eu pour effet secondaire une altération de l'état de conscience et une désinhibition du comportement).* Dans le même sens, le Conseil d'État a considéré que ne revêtait pas un caractère de gravité suffisant le fait que le salarié, régulièrement suivi pour état dépressif au moment des faits, avait quitté son poste de travail après avoir demandé à sa hiérarchie l'autorisation de quitter l'entreprise de manière anticipée eu égard à son état de santé et afin d'aller consulter son médecin traitant lequel, le lendemain, lui a prescrit un arrêt de travail *(CE, 11 avr. 2014, n° 366.105)*. La Cour de cassation a retenu qu'au regard de l'absence de passé disciplinaire, de l'état de service du salarié qui avait donné satisfaction à l'employeur, les faits imputés au salarié et consistant à avoir adressé à son supérieur hiérarchique un message agressif et insultant avec plusieurs personnes en copie, commis au cours d'une période de dépression sévère, ne constituaient pas une faute grave (*Cass. soc. 19 mai 2021 n° 19-20.566, RJS 2021 n° 437*). Il en est de même lorsque l'agression verbale commise par un salarié résulte de son état pathologique, conséquence du harcèlement moral dont il a été victime *(Cass. soc., 12 mai 2021, n° 20-10.512)*.

E. Les antécédents disciplinaires et professionnels

44.4.2.5. – L'effet aggravant d'antécédents disciplinaires *(CE, 27 juin 1990, n° 98.011, Sté Castorama, RJS 1990 n° 890)* ou professionnels *(CE, 15 juin 1988, n° 78.270, Gousset : manquements répétés aux obligations professionnelles ; CE, 2 nov. 1992, n° 112.719, Transports Lefebvre)* ou au contraire l'effet atténuant de leur absence *(CE, 13 avr. 1988, n° 69.763, Dailledouze ; CE, 22 janv. 1996, n° 119.127, Mme Guilbert ; CE, 20 mai 2005, n° 264.553, Association Pyrene Plus ; CE 20 mars 2017, n° 391.226, Sté Smart France)* sont de nature à influer sur l'appréciation des faits.

Très explicitement, le Conseil d'État, en tant que juge de cassation, fait de l'existence éventuelle de reproches antérieurs un des critères pour apprécier si un vol constitue une faute d'une gravité suffisante *(CE, 30 déc. 2003, n° 230.307, SA France Printemps)*.

Le juge judiciaire prend également en compte l'existence de manquements antérieurs à la discipline pour apprécier si le fait reproché au salarié constitue ou non une faute grave *(Cass. soc., 25 oct. 2007, n° 06-41.064 ; Cass. soc., 21 janv. 2009, n° 07-41.935, RJS 2009 n° 361 ; Cass. soc., 24 juin 2009, n° 08-40.314, Liaisons soc. Jurisp. Hebdo n° 168/2009 ; Cass. soc., 16 mars 2011, n° 09-71.497)* ou, à l'inverse, l'absence de tels manquements antérieurs *(Cass. soc., 5 avr. 2005, n° 02-47.632, RJS 2005 n° 612 ; Cass. soc., 6 avr. 2011, n° 10-15.286)*. L'employeur peut valablement invoquer des avertissements antérieurs qui sanctionnaient des faits de nature différente de ceux ayant motivé principalement la rupture du contrat de travail *(Cass. soc., 3 avr. 2019, n° 16-29.102)*. Pour déterminer si la mesure prise par l'employeur caractérise ou non une sanction disciplinaire, il convient de se référer au n° **44.3.3**.

Toutefois, il n'appartient pas à l'autorité administrative, de porter une appréciation sur la validité des précédentes sanctions disciplinaires invoquées par l'employeur. Ce faisant, l'autorisation de licenciement donnée par l'administration du travail ne fait pas obstacle à ce que le juge judiciaire se prononce sur la validité de ces sanctions *(Cass. soc., 1er juin 2023, n° 21-19.649, B., RJS 2023 n° 461)*.

Toutefois, un fait isolé sans antécédent disciplinaire peut justifier le licenciement pour motif disciplinaire *(Cass. soc. 24 janv. 2018, n° 16-14.386)*.

En outre, concernant le pouvoir disciplinaire de l'employeur, la chambre sociale retient qu'une sanction disciplinaire autre que le licenciement ne peut être prononcée contre un salarié par un employeur employant habituellement au moins vingt salariés que si elle est prévue par le règlement intérieur prescrit par l'article L. 1311-2 du Code du travail *(Cass. soc., 23 mars 2017, n° 15-23090, B., RJS 2017 n° 389, Dr soc 2017, p. 573)*.

La valeur professionnelle reconnue et les résultats obtenus par le salarié peuvent constituer un facteur d'atténuation de la faute *(Cass. soc., 7 mai 1991, n° 87-44.500, Bull. V n° 224)*.

F. L'existence ou l'absence d'un préjudice plus ou moins important

44.4.2.6. – L'importance du préjudice pour l'employeur est un critère fréquemment utilisé par le juge administratif à l'appui de ses décisions *(CE, 11 févr. 1998, n° 170.969, Sté Monoprix, Rec. p. 1203, Dr soc 1998, p. 1054, RJS 1998 n° 608 : vol de faible valeur ; a contrario : CAA Bordeaux, 30 mars 2000, n° 96BX02325 : erreurs et négligences répétées entraînant un préjudice financier chiffré, ainsi que la perte d'un client important)*.

Néanmoins, la faute grave peut être retenue par les juges judiciaires sans que ne soit caractérisée l'existence d'un préjudice particulier subi par l'employeur *(manquement à l'obligation de loyauté : Cass. soc., 5 juill. 2017, n° 16-15.623, B., Dr soc 2017, p. 882)*.

En outre, en matière de harcèlement, le comportement de la victime n'affecte pas son préjudice quand bien même aurait-elle contribué à la dégradation de ses conditions de travail *(Cass. soc., 13 juin 2019, n° 18-11.115)*.

G. L'existence de clauses conventionnelles

44.3.3.7. – La validité de ces clauses a été admise par les tribunaux judiciaires *(Cass. soc., 3 févr. 1993, n° 91-42.409, Bull. V n° 33 ; Cass. soc., 7 juill. 1993, n° 89-45.148, Bull. V n° 197 ; Cass. soc., 7 nov. 1995, n° 92-40.157, Bull. V n° 289, RJS 1995, n° 1233 ; Cass. soc., 28 févr. 1996, n° 94-40.561, RJS 1996 n° 390)*. Ainsi, le juge judiciaire tient compte des dispositions du règlement intérieur et de la convention collective prévoyant une gradation précise des sanctions et restreignant les conditions dans lesquelles un licenciement peut être prononcé *(Cass. soc., 13 oct. 1993, n° 92-40.474, Bull. V n° 231 ; Cass. soc., 17 déc. 1997, n° 94-43.237, Bull. V n° 453 ; Cass. soc., 23 mars 2017, n° 15-23.090, B.).*

Le Conseil d'État ne s'est pas prononcé jusqu'à présent sur les stipulations d'une convention collective, telles que celles limitant conventionnellement les causes de licenciement, ou subordonnant la notification du licenciement pour motif professionnel à l'existence d'avertissements antérieurs.

H. L'existence de clauses du règlement intérieur

44.3.3.8. – S'agissant des clauses d'un règlement intérieur, elles constituent un élément d'appréciation, sans que l'autorité administrative ait pour autant l'obligation de s'y référer *(CE, 9 juill. 1993, n° 134.565, Berard, Tables p. 1068, RJS 1993, n° 1002 : introduction de personnes étrangères dans l'entreprise pour des motifs sans rapport avec les nécessités du service ; absence de faute d'une gravité suffisante, même si ces faits constituaient des manquements répétés aux dispositions du règlement intérieur ; CE, 29 nov. 1993, n° 110.729, Sté SGEC Armatures, Tables p. 1067, RJS 1994, n° 163).* La position du juge judiciaire est identique *(Cass. soc., 2 mai 2000, n° 97-44.091, Bull. V n° 159, Dr soc 2000 p. 787 : clauses relatives à la sanction disciplinaire).*

Ces clauses ne peuvent toutefois produire effet que si l'employeur a accompli les diligences prévues par l'article L. 1321-4 du Code du travail ; à défaut, il ne peut reprocher au salarié un manquement aux obligations édictées par ce règlement intérieur ou une note de service *(Cass. soc., 9 mai 2012, n° 11-13.687, Bull. V n° 134).*

Pour le Conseil d'État, le défaut d'incorporation d'une note de service à caractère déontologique dans le règlement intérieur ne saurait avoir pour effet de la rendre inopposable à une salariée *(CE, section, n° 195.706, 11 juin 1999, Mme Chicard, Rec. p. 198, RJS 1999 n° 1093).* Par cette décision, le juge administratif reconnaît sans ambiguïté la faculté pour l'employeur de fixer de véritables règles en dehors du règlement intérieur *(cf. commentaire Vericel, « L'employeur dispose-t-il d'un pouvoir normatif en dehors du domaine du règlement intérieur », Dr soc 2000, p. 1059).*

La Cour de cassation a jugé que l'employeur était lié par les clauses d'un règlement intérieur restreignant les conditions dans lesquelles un licenciement peut être prononcé *(Cass. soc., 17 déc. 1997, n° 94-43.237, Bull. V n° 453, Dr soc 1998, p. 284).*

CHAPITRE V

LE CONTRÔLE DE L'AUTORITÉ ADMINISTRATIVE SUR LE LICENCIEMENT POUR MOTIF DISCIPLINAIRE : LES COMPORTEMENTS FAUTIFS DANS LE CADRE DE L'EXÉCUTION DU CONTRAT DE TRAVAIL

SECTION 1

Le comportement du salarié

§ 1. LA MÉSENTENTE

A. La mésentente avec l'employeur

45.1.1.1. – Pour justifier un licenciement, la mésentente doit être fondée sur des éléments objectifs imputables au salarié *(Cass. soc., 6 avr. 2004, n° 01-47.153 ; Cass. soc., 10 mai 2006, n° 04-48.731)*.

L'absence de cause réelle et sérieuse a été retenue par la Cour de cassation lorsque la mésentente est :

– soit imputable au chef d'entreprise *(divergences du salarié, chargé de coordonner divers services, avec deux personnes du service commercial, « ce climat de discorde tenant en grande partie ses origines de l'attitude du gérant de la société, qui n'avait pas su imposer au personnel commercial le respect dû à M. Riba », Cass. soc., 21 janv. 1987, n° 83-44.546, Bull. V n° 31, Dr soc 1987, p. 361)* ;

- soit sans incidence sur la marche de l'entreprise *(Cass. soc., 19 juill. 1989, n° 85-45.586 : caractère non établi des actes d'indiscipline et d'insubordination reprochés au salarié et absence d'incidence, pour la marche du service, des différends ayant existé avec le supérieur hiérarchique ; Cass. soc., 24 sept. 2014, n° 13-15.629, RJS 2014 n° 839)*.

B. La mésentente avec les collègues de travail

45.1.1.2. – Elle peut constituer une faute d'une gravité suffisante lorsque le comportement du salarié, par ses agissements fautifs clairement imputables *(CE, 19 févr. 1997, n° 141.161, Sté Transports Testud)*, est à l'origine d'une détérioration des relations de nature à troubler le bon fonctionnement de l'entreprise ou porte atteinte à une liberté individuelle.

Il en a été jugé ainsi :

- pour une salariée employée par une association de formation professionnelle des adultes, à laquelle il était reproché d'avoir créé une situation de tension permanente avec le personnel et les enseignants, ainsi qu'avec les candidats stagiaires, incompatible avec son emploi et la mission de l'association *(CE, 9 déc. 1988, n° 69.581, Chantalou)* ;
- pour une salariée à l'origine des difficultés relationnelles aussi bien avec le personnel qu'avec la clientèle de la société *(CE, 1er juill. 1988, n° 84.821, Sté Bourguignonne de surveillance « La Ronde de Nuit » ; cf. également CE, 31 janv. 1986, n° 66.287, Sté Dinandis, Rec. p. 743)* ;
- pour une salariée, reclassée dans un emploi d'aide-soignante dans un centre médical infantile après avoir été éducatrice spécialisée, et à qui « *la dégradation du climat interne du service* » était « *largement imputable* » par son attitude et ses négligences graves *(CE, 22 mars 1996, n° 135.449, Luquet)* ;
- pour un salarié ayant mis en place, à l'insu de ses collègues de travail et sans autorisation, une caméra dans les locaux de l'administration pénitentiaire *(Cass. soc., 5 févr. 2020 n° 19-10.154, RJS 2020 n° 237)*.

En revanche, tel n'était pas le cas :

- de « *frictions ponctuelles* » survenues à plusieurs reprises entre une salariée et ses supérieurs et ses collègues de travail, « *dont il n'est pas établi qu'elle en soit la seule responsable* » et dans la mesure où « *ces interventions ne se sont accompagnées ni de violences ni d'injures et n'ont pas affecté durablement le fonctionnement de l'entreprise* » *(CE, 19 févr. 1997, n° 158.344, Sté Bouchara)* ;
- d'une salariée, surveillante générale d'une clinique, rendue responsable « *d'une profonde mésentente avec l'équipe médicale* », alors qu'elle ne pouvait « *être regardée comme ayant personnellement et*

unilatéralement désorganisé le service », ses initiatives étant au contraire « *encouragées par la direction* » et ayant « *fait l'objet de discussions au sein des instances représentatives existant dans la clinique » (CE, 28 avr. 1997, n° 155.493, La Croix-Rouge Française Clinique Saint-Henri).*

La seule incompatibilité d'humeur n'est pas au nombre des motifs pouvant justifier un licenciement *(CE, 2 juill. 1997, n° 127.724, Union des sociétés mutualistes de Nouvelle-Calédonie).*

De même, pour le juge judiciaire, la mésentente, qui doit se traduire par des manifestations extérieures susceptibles de vérification, ne peut constituer une cause de licenciement que si elle repose objectivement sur des faits imputables au salarié concerné *(Cass. soc., 9 mai 2000, n° 97-43.584 ; Cass. soc., 27 nov. 2001, n° 99-45.163, Bull. V n° 360, RJS 2002 n° 153, pour un cadre d'exploitation chargé de la gestion d'une équipe et licencié en raison de l'opposition permanente entre l'équipe et lui-même ; Cass. soc., 23 sept. 2003, n° 01-43.595, Bull. V n° 31, RJS 2003 n° 1374 ; Cass. soc., 5 mars 2014, n° 12-27.091, RJS 2014 n° 378 ; Cass. soc., 6 mars 2019, n° 17-24.605, pour un salarié qui, postérieurement à un précédent avertissement, avait fait valoir son refus de travailler avec l'autre médecin du service qu'elle avait violemment pris à partie à plusieurs reprises ; Cass. soc., 3 juill. 2024, n° 23-14.754, RJS 2024 n° 510, pour des difficultés relationnelles et de communication persistante générant des dysfonctionnements professionnels dans les échanges et un climat de tension permanente au sein des équipes).*

Il en a été jugé de même :

- pour un salarié à qui il était reproché de « *crisper* », en certaines circonstances, des cadres et des collègues de travail par son comportement *(Cass. soc., 3 oct. 1990, n° 87-42.694)* ;
- lorsque l'incompatibilité d'humeur d'une salariée, récemment embauchée, avec ses collègues de travail grévistes, qui exigeaient notamment son licenciement pour reprendre le travail, ne résultait d'aucun élément imputable à l'intéressée *(Cass. soc., 26 mai 1998, n° 95-45.561, RJS 1998 n° 832).*

Le doute sur l'imputabilité de la mésentente, lié à l'existence de versions différentes sur l'origine de la dégradation des relations, doit dès lors profiter au salarié mis en cause ; par suite, doit être regardé comme inopérant le moyen invoqué, selon lequel, en cas de mésentente entre salariés, l'employeur peut, dans le cadre de son pouvoir de direction, choisir lequel doit être congédié *(Cass. soc., 9 nov. 2004, n° 02-42.938, RJS 2005 n° 19, Dr ouvrier 2005, p. 46).*

§ 2. LA LIBERTÉ D'EXPRESSION DU SALARIÉ ET SES LIMITES

Plan du paragraphe

A. La liberté d'expression des salariés

1. Le cadre général

45.1.2.1.1. – Les salariés bénéficient d'un droit à l'expression directe et collective sur le contenu, les conditions d'exercice et l'organisation de leur travail. Sauf abus, les opinions que le salarié émet dans l'exercice de ce droit ne peuvent motiver une sanction ou un licenciement *(Cass. soc., 24 nov. 2021, n° 19-20.400 ; Cass. soc., 21 sept. 2022, n° 21-13.045, B., RJS 2022 n° 603 ; Cass. soc., 12 juin 2024, n° 22-19.929)*. L'abus est caractérisé par l'utilisation de propos injurieux, diffamatoires ou excessifs *(Cass. soc., 9 nov. 2004, n° 02-45.830 ; Cass. soc., 7 oct. 1997, n° 93-41.747)*, le dénigrement systématique caractérisant aussi un abus *(Cass. soc., 12 juin 2024, n° 22-19.929)*.

Tout salarié dispose d'une liberté d'expression, qui peut être exercée aussi bien à l'intérieur qu'à l'extérieur de l'entreprise *(cf. P. Waquet, Y. Struillou, L. Pécaut-Rivolier, Pouvoirs du chef d'entreprise et libertés du salarié, Economica, 2022 ; L. Pécaut-Rivolier, « Histoire jurisprudentielle des libertés du salarié en entreprise. Le regard du doyen Waquet », RJS 2021)*.

Se référant à l'article L. 461-1 du Code du travail (L. 2281-1 du nouveau Code), relatif à l'exercice du droit d'expression dans l'entreprise, la chambre sociale avait pour la première fois, affirmé le droit du salarié à la liberté d'expression *(Cass. soc., 28 avr. 1988, n° 87-41.804, Bull. V n° 257, obs. Couturier, Dr soc 1988, p. 428, concl. Ecoutin et note A. Jeammaud et M. Le Friant, Dr ouvrier 1988, p. 250, obs. Wagner, D.1988, p. 437 : « l'exercice du droit d'expression dans l'entreprise étant, en principe, dépourvu de sanction, il ne peut en être autrement hors de l'entreprise où il s'exerce, sauf abus, dans toute sa plénitude »)*.

Cette affirmation du droit à la liberté d'expression a été consacrée par l'arrêt rendu le 14 décembre 1999 *(Cass. soc., 14 déc. 1999, n° 97-41.995, Bull. V n° 488, Dr soc 2000, p. 165, concl. J. Duplat et note J.-E. Ray, RJS 2000 n° 192 : « Sauf abus, le salarié jouit, dans l'entreprise et en dehors de celle-ci, de sa liberté d'expression… il ne peut être apporté à celle-ci que des restrictions justifiées par la nature de la tâche à accomplir et proportionnées au but recherché »)*. Cette décision qui, à la différence de la précédente, ne se fonde pas sur l'article L. 2281-1 du Code du travail avait été rendue à propos d'un document rédigé par un directeur administratif et financier à l'attention des seuls membres du comité de direction, auquel il appartenait ; ce document contenait de vives critiques de la nouvelle organisation mise en place par l'employeur, mais « *pas de termes injurieux, diffamatoires ou excessifs » (Cass. soc., 25 janv. 2000, n° 97-45.044, RJS 2000 n° 259 ; Cass. soc., 27 févr. 2013, n° 11-26.432 : paroles prononcées au cours de l'entretien préalable ; Cass. soc., 2 mai 2001, n° 98-45.532, Bull. V n° 142, RJS 2001 n° 832, Liaisons soc. Jurisp. n° 718 du 14 mai 2001 : envoi de plusieurs courriers, adressés au seul employeur, pour répondre « à un avertissement que la salariée estimait injustifié et qui ne contenait aucun propos injurieux, diffamatoires ou excessifs » ; également à l'occasion de sanctions disciplinaires contestées, Cass. soc., 11 mai 1998, n° 95-45.522, ainsi que Cass. soc., 8 juin 1999, n° 96-43.588, pour la contestation, en termes vifs, d'une sanction ultérieurement annulée).* Ce principe a été réaffirmé récemment *(Cass. soc., 29 juin 2022, n° 20-16.060, B. ; Cass. soc., 21 sept. 2022, n° 21-13.045, B. ; RJS 2022 n° 603 ; Cass. soc., 12 juin 2024, n° 22-19.929)*, la Cour de cassation précisant que le caractère illicite du motif du licenciement prononcé, même en partie, en raison de l'exercice, par le salarié, de sa liberté d'expression, liberté fondamentale, entraîne à lui seul la nullité du licenciement *(Cass. soc., 29 juin 2022, n° 20-16.060, B. ; Cass. soc., 9 nov. 2022, 21-15.208, RJS 2023 n° 5 : comportement critique du salarié et son refus d'accepter la politique de l'entreprise basée sur le partage de la valeur « fun and pro »).*

La CEDH a récemment rappelé, d'une part, que la liberté d'expression s'étend aussi à la sphère professionnelle en général et, d'autre part, que la liberté d'expression au travail doit être prise en compte par le juge national lorsqu'il est amené à se prononcer sur la légitimité d'une sanction infligée à un salarié *(CEDH, 20 févr. 2024, Dede c. / Türkiye, n° 48340/20).* Dans cette affaire, la CEDH a examiné le licenciement d'un salarié par une banque privée pour avoir critiqué les méthodes de gestion de l'actionnaire principal dans un courriel interne. Après avoir rappelé les critères sur lesquels les juges nationaux doivent se fonder pour mener et justifier leur raisonnement : la teneur des propos, le contexte dans lequel ils ont été prononcés ou écrits, leur portée et leur impact tel que les conséquences négatives causées à l'employeur ; la gravité de la sanction prononcée, elle a conclu à la violation de l'article 10 de la Convention européenne par l'État en raison des défaillances des juridictions nationales dans le traitement de l'affaire (« *la Cour estime que les autorités nationales n'ont pas tenu compte de tous les faits et facteurs pertinents dans les circonstances de l'espèce pour arriver à leur conclusion selon laquelle l'acte litigieux du requérant était de nature à perturber la paix et la tranquillité sur le lieu de travail de l'intéressé. Elles n'ont pas cherché à évaluer notamment la capacité du courriel en cause à provoquer des conséquences dommageables sur le lieu de travail du requérant, compte tenu de sa teneur, du contexte professionnel dans lequel il s'inscrivait, ainsi que de sa portée et de son impact potentiel sur le lieu de travail (...). Dès lors, les motifs retenus en l'espèce pour justifier le licenciement du requérant ne peuvent être considérés comme pertinents et suffisants* »).

Que ce soit dans le cadre de l'exercice de son droit à l'expression directe et collective sur le contenu, les conditions d'exercice et l'organisation de leur travail ou de son droit à la liberté d'expression, la notion d'abus est appréciée de façon identique par la Cour de cassation.

2. *La jurisprudence*

45.1.2.1.2. – La Cour de cassation a jugé comme relevant d'un usage non fautif de la liberté d'expression :

- les critiques justifiées portées par un cadre supérieur en désaccord avec la politique commerciale de son entreprise *(Cass. soc., 16 mai 1991, n° 89-44.015)* ;
- l'envoi d'une lettre à un journal satirique pour critiquer le comportement du directeur à propos d'une exigence jugée excessive par le salarié *(Cass. soc., 5 mai 1993, n° 90-45.893, Dr soc 1993, p. 600)* ;
- la teneur des écrits produits devant les juridictions, qui relève de la liberté fondamentale de la défense, et ne peut connaître d'autres limites que celles fixées par l'article 41 (relatif à l'immunité de la défense) de la loi du 29 juillet 1881 sur la liberté de la presse *(Cass. soc., 28 mars 2006, n° 04-41.695, Bull. V n° 127, RJS 2006 n° 682, JCP S 9 mai 2006, note P. Verkindt : nullité d'un licenciement motivé par la production d'écrits injurieux à l'occasion d'une instance)* ;
- les termes de correspondances adressées par un cadre à ses supérieurs hiérarchiques, exprimant un ressentiment légitime au regard du véritable harcèlement dont il avait été victime durant les dernières semaines de ses fonctions *(Cass. soc., 4 juill. 2007, n° 06-41.071)* ;
- le courriel envoyé par une salariée, responsable des ressources humaines, à son supérieur hiérarchique après son entretien d'évaluation, traduisant en termes modérés ses doléances et ses inquiétudes face à son départ annoncé, ses réactions ayant celles normales d'une salariée évincée de ses fonctions et s'inquiétant de la pérennité de son emploi *(Cass. soc., 19 juin 2008, n° 07-40.939)* ;
- la rédaction et diffusion d'un tract mettant en cause, dans des termes acerbes et ironiques, des pratiques de management de l'entreprise et de sa direction et dont les termes, s'ils étaient vifs, n'étaient ni insultants ni diffamatoires, ni davantage excessifs *(Cass. soc., 23 sept. 2009, n° 08-42.201, CSB Paris 2009 n° 215, p. 275 ; ass. soc., 27 mars 2013, n° 11-19.734, Bull. V n° 95, RJS 2013 n° 453, Dr soc 2013, p. 453, obs. B. Dabosville, pour la lettre adressée par le salarié, directeur commercial, aux membres du conseil d'administration et aux dirigeants de la société mère ; Cass. soc., 24 sept. 2013, n° 12-13.537, RJS 2014 n° 11)* ;

– le message adressé par un salarié, cadre supérieur, au président du conseil d'administration et qui faisait état de l'insatisfaction du personnel à l'égard de la politique salariale de l'entreprise, en exposait les raisons, et préconisait une augmentation des salaires, en des termes ni injurieux, ni diffamatoires ni excessifs, la copie de ce message n'ayant été communiquée qu'aux membres du personnel qui lui avaient demandé d'accomplir cette démarche qui ne caractérisait pas un manquement à l'obligation de loyauté, ni à l'obligation de discrétion *(Cass. soc., 21 sept. 2010, n° 09-42.382 ; Cass. soc., 20 juin 2012, n° 11-17.362)* ;
– sauf mauvaise foi, le dépôt d'une plainte, lequel constitue l'exercice d'un droit *(Cass. soc., 28 avr. 2011, n° 10-30.107, Bull. V n° 96, RJS 2011 n° 577)* ;
– l'affichage, par un salarié membre du comité de direction de l'entreprise, d'un tract syndical faisant allusion à l'angoisse, au stress, à la méfiance et aux incertitudes des salariés face aux rumeurs et à un projet de restructuration qualifiées de sournoises autant qu'hasardeuses, ces propos ne pouvant être considérés comme injurieux, diffamatoires ou excessifs *(Cass. soc., 3 juill. 2012, n° 11-10.793, Bull. V n° 202, RJS 2012 n° 819)* ;
– le fait pour un salarié de s'interroger, dans le cadre d'une situation de conflit et par la voie d'un site internet revêtant un caractère quasiment confidentiel, sur le licenciement d'un de ses collègues, sans que les propos incriminés soient injurieux ou vexatoires *(Cass. soc., 6 mai 2015, n° 14-10.781, RJS 2015 n° 540)* ;
– le fait, pour un salarié dont les propos avaient été repris dans la presse, de reprocher à l'actionnaire majoritaire du club d'avoir demandé à un ancien joueur de le « salir » dans la presse et de vouloir, par une organisation chaotique, faire mourir le club, de sorte qu'il l'avait invité à vendre ses parts, en l'absence de propos injurieux, diffamatoires ou excessifs *(Cass. soc. 28 janv. 2016, n° 14-28.242, RJS 2016 n° 312)* ;
– des accusations de falsification des comptes par le dirigeant de la société, proférées par la salariée auprès du conseiller du président de la société mère, propos qui, s'ils sont objectivement susceptibles de nuire à son employeur, ne sont pas pour autant de nature calomnieuse puisqu'ils n'étaient l'expression que d'un ressenti à un ancien proche collaborateur, sans caractériser l'existence, par l'emploi de termes injurieux, diffamatoires ou excessifs d'un abus dans l'exercice de la liberté d'expression *(Cass. soc., 21 mars 2018, n° 16-20.516 RJS 2018 n° 400)* ;
– un comportement agressif et critique à l'égard d'autres salariés et des responsables hiérarchiques, provoquant un climat conflictuel et une ambiance délétère, sans caractériser en quoi les courriels comportaient des termes injurieux, diffamatoires ou excessifs *(Cass. soc., 15 janv. 2020 n° 18-14.177, RJS 2020 n° 123)* ;

– l'expression par le salarié de son désaccord sans qu'il ne soit exprimé dans des termes outranciers ou injurieux *(Cass. soc., 16 févr. 2022 n° 19-17.871, B., RJS 2022 n° 234)* ;
– la remise en cause par un salarié les directives qui lui étaient données par sa supérieure hiérarchique au cours d'une réunion en présence de la direction et de plusieurs collègues, tentant d'imposer au directeur général un désaveu public de cette dernière *(Cass. soc., 21 sept. 2022 n° 21-13.045, B., RJS 2022 n° 603)* ;
– une intervention de manière tranchée, excessive et injurieuse dans des discussions publiques sur les réseaux sociaux sur des sujets d'actualité controversés sans rechercher si la configuration privée du compte personnel Facebook, ouvert par le salarié sous un pseudonyme, ne conférait pas aux publications diffusées sur ce compte et aux commentaires qu'il avait publiés sous pseudonyme sur des groupes publics le caractère d'une conversation de nature privée, seules les personnes qu'il avait agréées ayant pu accéder aux publications diffusées sur son compte *(Cass. soc., 20 sept. 2023 n° 21-18.593, RJS, 2023 n° 618)* ;
– la diffusion par un directeur d'un foyer pour adultes handicapés sur sa page d'accueil Facebook, accessible à tout public, une photographie prise hors du lieu de travail et sur le temps de la vie privée le montrant dénudé et agenouillé dans une église, la photographie étant dépourvue de caractère injurieux, diffamatoire ou excessif, ne caractérisant pas un abus dans la liberté d'expression du salarié *(Cass. soc., 23 juin 2021, n° 19-21.651, RJS 2021 n° 535)* ;
– une lettre adressée par le salarié au président du directoire du groupe, pour dénoncer la gestion désastreuse de la filiale roumaine tant sur le terrain économique et financier qu'en termes d'infractions graves et renouvelées à la législation sur le droit du travail, faisait suite à l'absence de réaction de sa hiérarchie qu'il avait alertée le 2 décembre 2016 sur ces problèmes majeurs de sécurité et de corruption imputables à la gestion antérieure, les termes employés n'étant ni injurieux, ni excessifs, ni diffamatoires à l'endroit de l'employeur et du supérieur hiérarchique *(Cass. soc., 29 juin 2022, n° 20-16.060, B.)* ;
– l'expression publique d'un désaccord avec l'employeur en des termes qui n'étaient ni injurieux, diffamatoires ou excessifs *(Cass. soc., 28 sept. 2022, n° 20-21.499)* ;
– un comportement critique du salarié et son refus d'accepter la politique de l'entreprise basée sur le partage de la valeur « fun and pro » *(Cass. soc., 9 nov. 2022, n° 21-15.208, RJS 2023 n° 5)*.

Il en a été jugé de même pour :
– la signature d'une pétition portant sur une demande de personnel supplémentaire *(Cass. soc., 3 mai 2011, n° 10-14.104, Bull. V n° 104, RJS 2011 n° 609)* ;

– la rédaction d'un cahier de doléances signé par une quarantaine de salariés, et décrivant dans un style peu académique, mais en des termes non injurieux, les revendications des salariés en matière de conditions de travail et de respect de leur dignité, le document n'ayant au demeurant fait l'objet d'aucune publicité en dehors de la société *(CA Paris, 3 nov. 1997, Sté Mac Donald's France c. / Gasset, RJS 1998 n° 1130)* ;
– les critiques concernant la nouvelle organisation proposée par la direction, émises par un directeur du développement et de la stratégie, dans le cercle restreint des collaborateurs de l'entreprise et à l'occasion d'un déjeuner, en l'absence de propos injurieux, diffamatoires ou excessifs *(CA Versailles, 16 mars 2004, n° 02-2700, RJS 2005 n° 107)* ;
– une lettre adressée au siège social de l'entreprise, sans mention de destinataire qui a été lue par des membres des services administratifs, et dans laquelle la salariée imputait au dirigeant un chantage à la démission et des propos déplacés à connotation sexuelle, subis au cours d'un entretien, la publicité donnée à la lettre litigieuse n'étant pas imputable à la salariée *(Cass. soc., 7 mars 2017, n° 15-21.737, RJS 2017 n° 316)*.

La Cour de cassation a eu l'occasion de rappeler que toute personne étant tenue d'apporter son concours à la justice, le témoignage d'un salarié ne pouvait, sauf abus ou mauvaise foi de son auteur (malveillance, divulgation de secrets professionnels, relation de faits matériellement inexacts ou volontairement déformés, propos diffamants...), constituer une faute ou un motif de licenciement *(Cass. soc., 23 nov. 1994, n° 91-41.434, Bull. V n° 308, RJS 1995 n° 112 ; Cass. soc., 29 oct. 2013, n° 12-22.447, Bull. V n° 252, RJS 2014 n° 9, Dr soc 2014 p. 81 note J. Mouly ; Cass. soc., 4 avr. 2006, n° 04-44.549, Bull. V n° 135, JCP S n° 20, 16 mai 2006, note Puigelier, Cass. soc., 10 juill. 2024, n° 23-17.953)*. Ainsi, raison de l'atteinte qu'il porte à la liberté fondamentale de témoigner, garantie d'une bonne justice, le licenciement prononcé en raison du contenu d'une attestation délivrée par un salarié dans le cadre d'une instance judiciaire est atteint de nullité sauf en cas de mauvaise foi de son auteur, laquelle ne peut résulter que de la connaissance qu'il avait de la fausseté des faits relatés *(Cass. soc., 14 juin 2023 n° 22-16.977, RJS 2023 n° 500)*. Il en est de même du droit d'ester en justice *(Cass. soc., 3 févr. 2016, n° 14-18.600, Bull. soc., n° 878, RJS 2016 n° 246 ; Cass. soc., 28 sept. 2022, n° 21-11.101)*. En revanche, un abus du droit d'ester en justice est caractérisé lorsque la menace du salarié de déposer plainte auprès des services de police constitue une nouvelle illustration, dans un contexte global de menaces à l'endroit de ses collègues et supérieurs, de la logique d'intimidation dont le salarié avait déjà fait preuve par le passé, en relevant qu'il avait déjà précédemment usé de cette menace sans la mettre à exécution *(Cass. soc., 7 déc. 2022, n° 21-19.280, RJS 2023 n° 58)*. Toutefois, le seul fait qu'une action en justice exercée par le salarié soit contemporaine d'une mesure de licenciement ne fait pas présumer que celle-ci procède d'une atteinte à la liberté fondamentale d'agir en justice *(Cass. soc., 4 nov.2020 n° 19-12.367, B., RJS 2021 n° 4 ; Cass. soc., 20 déc. 2023 n° 21-20.904, B.,RJS 2024, n° 140).*

Appelée à juger du bien-fondé du licenciement de l'auteur d'un courriel critiquant l'action des dirigeants et mettant en cause l'action d'un collègue, la cour d'appel de Paris a retenu l'absence de cause réelle et sérieuse dans la mesure où « *le ton et la phraséologie employés... s'apparentent davantage à un "franc-parler", favorisé précisément par l'usage quotidien des courriels* » et où « *les auteurs (...) se sont manifestement exprimés d'une manière différente de celle qu'ils auraient très vraisemblablement employée s'ils avaient dû écrire un courrier en bonne et due forme, et le transmettre par des voies moins directes* » *(CA Paris, 18 oct. 2007, n° 06-2387, RJS 2008 n° 261).* Le juge d'appel a en outre estimé « *qu'en mettant en place un tel système de communication, quasi incontournable désormais, l'employeur doit être conscient, lorsqu'il facilite la communication directe, pour le meilleur mais aussi pour le moins bon, incitant par là même les utilisateurs d'un tel système à une certaine disparition du formalisme et des précautions qu'il induit ; ces utilisateurs ayant de manière évidente une propension à assimiler davantage le courriel à du langage parlé qu'à des propos écrits* ».

Relative au licenciement d'une salariée, ingénieur de sécurité, qui avait tenu en réunion de CHSCT, dont elle était légalement membre de droit, des propos divergents de la politique de la direction, l'arrêt rendu le 25 mars 2004 par la cour d'appel de Paris mérite d'être signalé : la légitimité de ce licenciement a été écartée, le juge se fondant sur l'ordonnance n° 2001-173 du 22 février 2001 laquelle, prise en transposition de la directive-cadre européenne du 12 juin 1989, dispose que « *les travailleurs désignés* [par l'employeur pour s'occuper des activités de protection et de prévention des risques professionnels] *ne peuvent subir de préjudice en raison de* [ces activités] » *(CA Paris, 18ᵉ ch., 25 mars 2004, Sté Radio-France c. / Naut, note M. Miné, Dr ouvrier 2004, p. 530).*

De son côté, le Conseil d'État, saisi d'un recours sur la légalité de clauses d'un règlement intérieur, a jugé que portait atteinte aux droits de la personne une clause interdisant « *les discussions politiques et religieuses et, d'une manière générale toute conversation étrangère au service* » *(CE, 25 janv. 1989, n° 64.296, Sté Industrielle teinture et apprêts).*

Le juge administratif a également estimé injustifié le licenciement d'un salarié dès lors que celui-ci, en dépit des désaccords qu'il exprimait de manière pressante sur la gestion de l'entreprise, ne refusait pas d'exécuter les tâches relevant de sa fonction *(CE, 22 mars 1985, n° 46.524, Sté Heulin c. / Lesprit).* Une réserve doit cependant être faite s'agissant des cadres de direction *(CE, section, 1er avr. 1992, n° 118.580, Sté Ladbroke Hôtel, Rec. p. 149, RJS 1992 n° 887 ; cf. n°* **15.4** *: la perte de confiance et le licenciement reposant sur des éléments objectifs se rattachant au comportement du salarié).*

B. L'usage abusif de la liberté d'expression

45.1.2.2. – Une attitude de dénigrement et de critique systématique de l'action de la direction, de nature à jeter le discrédit sur l'entreprise ou à porter atteinte à l'autorité des dirigeants, peut au contraire justifier le licenciement, compte tenu des fonctions occupées par le salarié, cadre supérieur chargé du département de la sous-traitance *(CE, 22 nov. 1985, n° 57.178, Sté System-Contact)*.

Constituent également, pour le juge administratif, une faute d'une gravité suffisante :

- la diffusion, effectuée auprès des membres du conseil d'administration, par un salarié, chargé de mission auprès du président d'un centre régional de développement culturel, d'un document critiquant de manière polémique la politique culturelle suivie par l'association *(CE, 17 oct. 1994, n° 121.794, Le Maout)* ;
- la participation d'un salarié, directeur d'une coopérative agricole, à des réunions organisées par des administrateurs de la coopérative en vue de l'éviction de son président, ainsi que son opposition manifestée à ce dernier lors de deux séances du conseil d'administration *(CE, 15 nov. 1996, n° 160.601, Coracin)* ;
- la sollicitation et la conservation d'un faux témoignage destiné à mettre en cause l'honnêteté de supérieurs hiérarchiques *(CE, 19 févr. 1997, n° 172.760, Opéra de Paris)* ;
- le dénigrement systématique, par un salarié, chef du service comptable d'un centre agréé de fiscalité et de gestion, de la gestion de son employeur auprès de salariés du centre et de personnalités extérieures, en l'absence de toute preuve à l'appui de ses allégations *(CE, 27 juill. 2005, n° 268.917, Jolly, RJS 2005 n° 1120)* ;
- le comportement professionnel d'une salariée empreint de dénigrement et d'hostilité systématiques envers la nouvelle direction de la société, tant en présence d'autres salariés que de tiers *(CE, 24 nov. 2006, n° 284.208, Rec. p. 481)*.

Au contraire, dans la mesure où il n'avait fait l'objet d'aucune diffusion à l'extérieur de l'entreprise et entraîné aucune conséquence nuisible sur le climat de l'entreprise, le courrier, rédigé en termes véhéments, qu'une salariée avait fait parvenir à la direction pour dénoncer des pressions de son employeur à son encontre ne pouvait justifier son licenciement *(CE, 17 oct. 1997, n° 173.191, SCI Château Pichon Longueville Comtesse de Lalande)*.

Constituent, selon le juge judiciaire, un abus de la liberté d'expression :

- la diffusion, tant aux administrateurs qu'à une partie du personnel, d'un document critiquant la gestion de l'entreprise et l'action du PDG *(Cass. soc., 4 févr. 1992, n° 89-43.611)* ;
- l'envoi d'une lettre adressée au président et aux membres du conseil d'administration de la société, mettant en cause la direction

et l'orientation de la société *(Cass. soc., 15 oct. 1996, n° 94-42.911, Bull. V n° 327)* ;

- la diffusion d'une note à l'ensemble du personnel pour protester contre les circonstances du départ du directeur de l'établissement et désavouer le président du conseil d'administration, avec la volonté affichée de soulever l'opinion générale contre ce dernier en dénigrant sa gestion *(Cass. soc., 20 janv. 1999, n° 96-44.944)* ;
- l'émission de critiques excessives et malveillantes à l'égard de l'employeur et de sa gestion, qui excèdent le droit d'expression reconnu aux salariés et caractérisent une faute grave *(Cass. soc., 20 janv. 1993, n° 91-43.652)* ;
- l'appréciation injurieuse émise par un salarié, dans une lettre adressée à son employeur, sur l'attitude et le comportement de son supérieur hiérarchique *(Cass. soc., 28 avr. 1994, n° 92-43.917, Bull. V n° 159, Dr soc 1994, p. 703 ; Cass. soc., 11 juill. 2012, n° 11-22.225 et 11-23.486)* ;
- la faute grave résultant de la tenue de propos calomnieux et malveillants à l'égard d'un membre de la direction, mettant en cause la constitution de son patrimoine immobilier personnel *(Cass. soc., 28 mars 2000, n° 97-42.943)* ;
- des propos agressifs et lourds de menaces tenus à l'encontre d'un supérieur hiérarchique, en présence de collègues au temps et au lieu de travail, dans le cadre d'une discussion sur les 35 heures et les heures supplémentaires à effectuer, qui ne pouvait légitimer la violence des propos et l'abus dans l'expression du désaccord en des termes outranciers *(CA Paris, 6 mai 2004, n° 02-36143, RJS 2005 n° 107)* ;
- la transmission à un client de l'employeur d'un message destiné à ce dernier et le menaçant d'une cessation du travail si son salaire du mois précédent n'était pas immédiatement payé *(Cass. soc., 5 oct. 2004, n° 02-44.487, RJS 2004, n° 1280)* ;
- la qualification en public de son directeur d'agence de « nul et incompétent » et les chargés de gestion de « bœufs » (*Cass. soc., 9 nov. 2004, n° 02-45.830)* ;
- la mise en cause en termes injurieux d'autres salariés de l'entreprise dans un article paru dans un journal hebdomadaire et mettant en cause l'entreprise *(Cass. soc., 6 juill. 2005, n° 04-46.085)* ;
- l'affirmation faite en public, devant deux clients et l'ensemble du personnel, que l'entreprise ne payait pas ses fournisseurs et que l'employeur, qui démentait ces allégations, était un « *menteur* », ces propos constituant l'imputation de faits contraires à l'honneur et à la considération *(Cass. soc., 12 juill. 2006, n° 04-45.906)* ;
- la mise en cause publique, à plusieurs reprises, de la compétence et de la légitimité des nouveaux dirigeants sociaux *(Cass. soc., 12 juin 2007, n° 05-45.433, RJS 2007 n° 912)* ;

– des dénigrements de la société et de sa direction de manière systématique et répétée par un salarié, attaché commercial, auprès de du personnel et des tiers, peu important qu'ils n'aient jamais fait l'objet de quelque rappel à l'ordre ou sanction que ce soit *(Cass. soc., 15 mai 2008, n° 06-44.877)* ;
– l'affichage, dans un lieu accessible au public, d'un document portant atteinte à la réputation de l'établissement et de sa direction *(Cass. soc., 22 janv. 2008, n° 06-40.068)* ;
– l'envoi par une salariée, chauffeur-ambulancier, en conflit avec son employeur sur ses horaires de travail, de la copie d'une lettre à son employeur à des organismes chargés de délivrer les agréments permettant le fonctionnement de l'entreprise, ce courrier dénonçant les manquements de l'employeur à ses obligations *(Cass. soc., 31 mars 2009, n° 07-44.918, CSB Paris juillet-août 2009, n° 212)* ;
– les propos d'une salariée ayant dénigré à plusieurs reprises et auprès de diverses personnes son supérieur hiérarchique en le traitant d'incompétent *(Cass. soc., 23 juin 2010, n° 09-40.825, RJS 2010 n° 721)* ;
– des courriels adressés par un salarié, responsable du service recherche et développement, à de nombreux collègues et aux dirigeants de la société mère à l'occasion d'un litige ne les concernant pas, caricaturant les méthodes de gestion du dirigeant de la filiale dans des termes excessifs et mettant en cause son honnêteté et sa loyauté, dans l'intention de lui nuire, ces faits étant susceptibles d'influer sur la carrière de ce dernier *(Cass. soc., 29 avr. 2009, n° 07-44.798, RJS 2009 n° 602)* ;
– l'apposition par une salariée sur le balcon de son domicile d'une banderole mettant en cause publiquement et nommément son employeur *(Cass. soc., 22 juin 2011, n° 10-10.856)* ;
– l'envoi d'une lettre à un ancien mandataire social en litige avec le représentant de la société, mettant en cause la moralité de ce dernier dans des actes relevant de sa vie privée, nonobstant l'absence d'injure ou d'intention malveillante démontrée *(Cass. soc., 21 sept. 2011, n° 09-72.054, Bull. V n° 191, RJS 2011 n° 858)* ;
– le fait d'adresser à son supérieur hiérarchique, et en copie à des cadres de l'entreprise, des courriels dans lesquels le salarié l'accusait, sans justification, de méthodes malhonnêtes et de violation délibérée de la loi, ces propos n'ayant pas été tenus dans un contexte spontané d'entretien oral, mais par écrit, donc de façon réfléchie, en prenant à témoin des tiers à la relation hiérarchique *(Cass. soc., 20 janv. 2016, n° 14-20.041, RJS 2016 n° 312)* ;
– le fait de proférer des propos injurieux et diffamatoires à l'égard du gérant de la société *(Cass. soc., 12 févr. 2016, n° 14-24.886, RJS 2016 n° 312)* ;
– le fait pour un salarié d'adresser des messages à son supérieur hiérarchique l'accusant de « *vol de dossier, de lâcheté et de malhonnêteté*

dans l'exercice de ses fonctions », de faire preuve de « *propos excessifs et injurieux* » qui excèdent « *l'expression de simples divergences de points de vue professionnels* », ces propos étant « *d'autant moins acceptables qu'ils avaient été envoyés en copie aux deux collaborateurs du salarié et ne pouvaient que perturber les relations de travail* » *(Cass. soc., 29 juin 2016, n° 14-28.838)* ;

– la tenue de propos inappropriés et déplacés dans son texte dont il savait qu'il serait lu lors d'une répétition réunissant les membres de la mutuelle concernés par la préparation d'une convention *(Cass. soc., 6 oct. 2016, n° 15-19.588, RJS 2016 n° 749)* ;

– la tenue, par un cadre de la société, auprès de salariés de propos diffamatoires et injurieux en imputant à l'employeur un vol concernant les jours de RTT, des propos excessifs concernant la répartition des portefeuilles clients dans le but de dresser ces salariés contre l'employeur, incitant l'un d'eux à quitter la société pour créer sa propre entreprise et constaté, ces agissements de dénigrement étant destinés à déstabiliser l'entreprise *(Cass. soc., 18 oct. 2016, n° 16-18.163)* ;

– la diffusion à des personnes extérieures à l'association des propos dénués de pondération à l'égard de l'auteur du licenciement de son épouse *(Cass. soc., 12 juin 2019, n° 17-19.299)* ;

– la prise à partie verbale de son employeur par une salarié à propos d'une situation qui ne le concernait pas et devant des clients *(Cass. soc., 12 juin 2019, n° 17-24.589)* ;

– les propos tenus dans ce cadre par une responsable des ressources humaines à l'occasion d'échanges de messages instantanés avec une collègue de travail revêtant un caractère outrancier, injurieux et dénigrant *(Cass. soc., 1er juin 2022 n° 21-10.330, RJS 2022 n° 501)* ;

– des propos ironiques tenus de manière réitérée par le salarié, et révélateurs de son insubordination face à sa hiérarchie, dans un contexte global de menaces à l'endroit de ses collègues *(Cass. soc., 7 déc. 2022, n° 21-19.280, RJS 2023 n° 58)* ;

– une attitude de dénigrement systématique de ses collègues de travail et de sa hiérarchie *(Cass. soc., 12 juin 2024, n° 22-19.929)*.

En revanche, tel n'est pas le cas :

– s'agissant d'un salarié qui n'était pas responsable de la diffusion à l'extérieur de l'entreprise de ses propos, considérés comme outrageants par le gérant et tenus lors d'une réunion syndicale *(Cass. soc., 26 janv. 2000, n° 97-45.006)* ;

– lorsque les critiques sur les capacités professionnelles du supérieur hiérarchique n'ont pas été spontanément formulées par l'intéressé, qui s'est borné à répondre avec sobriété et franchise aux questions directes de l'employeur visant, de manière tendancieuse, à lui faire porter un jugement de valeur sur son supérieur *(CA*

Aix-en-Provence, 2 déc. 1997, Sté Textiles Well c. / Teboul, RJS 1998 n° 1131) ;

– pour la diffusion par un cadre supérieur d'une lettre ouverte, en réponse à celle adressée par la direction à l'ensemble du personnel pour dénoncer les dysfonctionnements ou insuffisances de l'entreprise et mettant personnellement en cause l'intéressé, dès lors que les critiques de ce dernier n'étaient pas excessives, mais à la mesure de l'émotion suscitée par la mise en cause de ses compétences et de sa compétence professionnelle, son travail n'ayant jusqu'alors donné lieu à aucun reproche *(Cass. soc., 22 juin 2004, n° 02-42.446, Bull. V n° 175, RJS 2004 n° 1120)* ;

– de propos critiques tenus dans un message destiné à des salariés et représentants syndicaux à propos de la négociation d'un accord collectif pour défendre des droits susceptibles d'être remis en cause, le contexte dans lequel ces propos sont tenus, la publicité que leur a donné le salarié et des destinataires des messages devant être pris en compte pour apprécier la gravité de ces propos *(Cass. soc., 19 mai 2016, n° 15-12.311, RJS 2016 n° 543)*.

L'existence d'une faute grave a été retenue à l'encontre de la salariée d'une mutuelle pour des propos déplacés tenus par téléphone à un assuré souffrant de dépression nerveuse, de nature à causer, compte tenu de l'activité de l'organisme, et quelle que soit l'intention dont s'est prévalue l'intéressée, une atteinte importante à son image ou à sa réputation *(Cass. soc., 25 juin 2004, n° 12-24.627)*.

La Cour européenne des droits de l'homme, par un arrêt du 29 février 2000 *(Liaisons soc. Jurisp. n° 718 du 14 mai 2001)*, a retenu une conception très large de la liberté d'expression, se fondant sur l'article 10 de la CEDH. Ainsi elle a estimé contraire à celle-ci le licenciement d'un réalisateur d'émissions d'une télévision qui avait publiquement critiqué la gestion de divers directeurs, estimant notamment que ceux-ci utilisaient un patrimoine public au service d'intérêts privés et particuliers, qu'il y avait du gaspillage, de la corruption, de l'abus de biens sociaux et « *qu'on volait l'argent du peuple espagnol* », renouvelant ses déclarations au cours d'une interview ultérieure sur une radio *(CEDH, 29 févr. 2000, Fuentes Bobo, D. 2001 n° 7, p. 574, note Maguénaud et Mouly)*. Elle a aussi retenu que le fait pour un salarié d'utiliser les mentions « *J'aime* » sur les réseaux sociaux, portant sur un contenu formulant des critiques politiques virulentes dirigées contre les pratiques répressives alléguées des autorités, peut être considéré comme un moyen d'afficher un intérêt ou une approbation pour ce contenu et constitue bien, en tant que tel, une forme courante et populaire d'exercice de la liberté d'expression en ligne garantie par l'article 10 de la Convention européenne des droits de l'homme. Dès lors, pour déterminer si l'acte reproché au requérant est susceptible de perturber la paix et la tranquillité de son lieu de travail, il appartient aux juridictions nationales de procéder à un examen suffisamment approfondi de la teneur des contenus litigieux et du contexte dans lequel ils s'inscrivent et d'examiner l'impact potentiel de l'acte litigieux du requérant *(CEDH 15 juin 2021 n° 35786/19, M. c./ Turquie 692, RJS 2021 n° 637).*

Enfin, faisant application des dispositions de l'article 41 de la loi du 29 juillet 1981 sur la liberté de la presse, la Cour de cassation a jugé que la teneur injurieuse d'écrits produits devant les tribunaux par un salarié à l'encontre de son employeur ne pouvait donner lieu à sanction disciplinaire ; a donc été nul un licenciement prononcé en méconnaissance de ce principe, et contrevenant au respect de la liberté fondamentale de la défense *(Cass. soc., 28 mars 2006, n° 04-41.695, Bull. V n° 127, RJS 2006 n° 682).*

C. Le devoir de réserve

45.1.2.3. – Au nom de l'égalité des usagers devant le service public et du respect des principes de laïcité et de neutralité du service, le législateur a imposé aux entreprises privées, titulaires d'une délégation unilatérale ou contractuelle, de veiller à ce que leurs employés « *s'abstiennent notamment de manifester leurs opinions politiques ou religieuses, traitent de façon égale toutes les personnes et respectent leur liberté de conscience et leur dignité* » *(Loi n° 2021-1109 du 24 août 2021 confortant le respect des principes de la République).* Ainsi, les principes de laïcité et de neutralité du service public sont applicables à l'ensemble des services publics, y compris lorsque ceux-ci sont assurés par des organismes de droit privé et les salariés de ces organismes sont dès lors tenus à une obligation de réserve. La Cour de cassation a ainsi considéré qu'un salarié d'une mission locale peut être licencié pour avoir exprimé ses opinions politiques et convictions religieuses sur Facebook, le juge étant tenu de rechercher si la consultation du compte Facebook du salarié permettait son identification en qualité de conseiller d'insertion sociale et professionnelle affecté au sein de la commune, notamment par les jeunes en difficulté auprès desquels il exerçait ses fonctions, et si, au regard de la virulence des propos litigieux ainsi que de la publicité qui leur était donnée, lesdits propos étaient susceptibles de caractériser un manquement à l'obligation de réserve du salarié en dehors de l'exercice de ses fonctions en tant qu'agent du service public de l'emploi mis à la disposition d'une collectivité territoriale *(Cass. soc., 19 oct. 2022, n° 21-12.370, B., RJS 2023 n° 6, AJDA 2022. 2039).*

D. La dénonciation de faits anormaux

45.1.2.4. – La loi elle-même organise la protection des personnes qui ont dénoncé certains types de faits anormaux, tels que les faits de corruption, les agissements constitutifs de harcèlement, sexuel ou moral, ainsi que les actes de maltraitance dans les établissements sociaux ou médico-sociaux. Les conditions d'exercice de ce droit ont en outre donné lieu à une jurisprudence abondante *(cf. également, chron. P. Adam, « Sur la liberté pour le salarié de dénoncer des faits répréhensibles », RJS 2010, p. 187)*.

Aucune personne ne peut être sanctionnée ou licenciée pour avoir relaté ou témoigné, de bonne foi, soit à son employeur, soit aux autorités judiciaires ou administratives :

- de faits de corruption dont il aurait eu connaissance dans l'exercice de ses fonctions *(L. n° 2007-1598 du 13 nov. 2007, art. 9, I ; C. trav., art. L. 1161-1)* ;
- de faits relatifs à un risque grave pour la santé publique ou l'environnement *(C. santé publique, art. L. 1351-1)*, résultant notamment de la mise en œuvre ou de l'utilisation de produits ou procédés de fabrication *(L. n° 2013-316 du 16 avr. 2013, art. 8 ; C. trav., art. L. 4133-1 à L. 4133-5)*.

Le salarié a donc la possibilité de passer outre l'autorité de l'employeur, notamment lorsque le fait dénoncé est imputable à ce dernier.

Le Code du travail dispose par ailleurs qu'aucune personne ne peut être sanctionnée ou licenciée pour avoir relaté ou témoigné d'agissements de harcèlement sexuel *(C. trav., art. L. 1153-3)* ou de harcèlement moral *(C. trav., art. L. 1152-2 cf. n°* ***45.1.7.1****)*. Aux termes de l'article L. 1132-3 du Code du travail, aucun salarié ne peut être sanctionné, licencié ou faire l'objet d'une mesure discriminatoire pour avoir témoigné des agissements définis aux articles L. 1132-1 et L. 1132-2 ou pour les avoir relatés. La Cour de cassation transpose à la discrimination une solution posée en matière de harcèlement moral. Ainsi, un salarié qui relate des faits de discrimination ne peut pas être licencié pour ce motif, sauf mauvaise foi, laquelle ne peut résulter que de sa connaissance de la fausseté des faits qu'il dénonce et non de la seule circonstance que ceux-ci ne sont pas établis *(Cass. soc., 13 janv. 2021 n° 19-21.138 B., RJS 2021 n° 194)*. Lorsque la lettre de licenciement ne fait pas mention d'une dénonciation de faits de harcèlement sexuel, le juge ne peut conclure à la nullité du licenciement sans rechercher si les motifs énoncés par la lettre de licenciement pour caractériser la faute grave étaient établis par l'employeur et il ne peut se limiter à prendre en compte la concomitance entre la dénonciation du harcèlement par un salarié et son licenciement pour en déduire la nullité du dernier *(Cass. soc., 18 oct. 2023, n° 22-18.678, B., RJS 2024 n° 4)*. En matière de preuve, il appartient au salarié de démontrer que la rupture de son contrat de travail constitue une mesure de rétorsion à une plainte pour harcèlement moral ou sexuel et dans le cas contraire, il appartient à l'employeur de démontrer l'absence de lien entre la dénonciation par le salarié d'agissements de harcèlement moral ou sexuel et son licenciement.

L'article L. 313-24 du Code de l'action sociale et des familles dispose que les salariés des établissements sociaux et médico-sociaux ne peuvent être sanctionnés ou licenciés pour avoir, de bonne foi, relaté ou témoigné des mauvais traitements ou des privations infligés aux personnes accueillies dans l'établissement. En cas de licenciement, le juge peut ordonner leur réintégration s'ils le demandent *(Cass. soc., 26 sept. 2007, n° 06-40.039, Bull. V n° 136, RJS 2007 n° 1271 ; Cass. soc., 30 oct. 2007, n° 06-44.757, Bull. V n° 178, RJS 2008 n° 340)*. Toutefois, le salarié qui ne témoigne pas de mauvais traitements ou de privations infligés à un mineur pris en charge dans l'établissement où il travaille, mais dénonce les décisions de placement et d'investigation prises par le juge des enfants et les modalités du droit de visite qui y sont prévues, intervenues dans un contexte familial particulièrement difficile, ne peut se prévaloir de ces dispositions *(Cass. soc. 4 oct. 2023 n° 22-12.339 B., RJS 2023 n° 619 ; RDT 2024 p. 115, « De l'application du statut de lanceur d'alerte dans les établissements sociaux et médico-sociaux »)*.

La portée de l'initiative doit être appréciée en fonction du destinataire de l'information.

La Cour de cassation avait, pour sa part, jugé que « *le fait pour un salarié de porter à la connaissance de l'inspecteur du travail des faits concernant l'entreprise et lui paraissant anormaux, qu'ils soient ou non susceptibles de qualification pénale, ne constitue pas en soi une faute* » *(Cass. soc., 14 mars 2000, n° 97-43.268, Bull. V n° 104, Dr soc 2000, p. 555, RJS 2000 n° 388 : malversations financières de l'employeur ; Cass. soc., 12 juill. 2006, n° 04-41.075, Bull. V n° 245, RJS 2006 n° 1041 : plainte déposée par un salarié, moniteur-éducateur, après du procureur de la République pour dénoncer des agissements commis à l'encontre des résidents d'un établissement de soins)*. Il en serait autrement « *si les accusations formulées par la salariée étaient mensongères… et… si la salariée avait agi avec légèreté ou mauvaise foi* » *(Cass. soc., 14 mars 2000 et Cass. soc. 12 juill. 2006 préc. ; Cass. soc., 6 juin. 2012, n° 10-28.199, Bull. V n° 173, RJS 2012 n° 684)*.

De même, ne constitue pas une action fautive la dénonciation de bonne foi au président-directeur général de la société de propos racistes tenus par le responsable du personnel à l'encontre de candidats à l'embauche *(Cass. soc., 8 nov. 2006, n° 05-41.504, Bull. V n° 331, RJS 2007 n° 27)* ou la dénonciation auprès de la compagnie régionale des commissaires aux comptes de l'existence dans la société d'une situation de conflit d'intérêts prohibée par le code de déontologie de la profession, dont il avait préalablement avisé son employeur *(Cass. soc., 19 janv. 2022, n° 20-10.057, B., RJS 2022 n° 124, « Quelle protection pour le salarié qui dénonce le manquement de son employeur à une règle de déontologie ? », Sandrine Maillard, RDT, 2022. 106)*.

En revanche, elle avait estimé que constituait un dénigrement la démarche effectuée, non auprès d'une autorité publique qualifiée, mais d'une association qui avait organisé une campagne de presse contre l'employeur *(Cass. soc., 4 févr. 1997, n° 96-40.678, Dr soc 1997, p. 413 : participation active de salariées, techniciennes de laboratoire, à une campagne de dénigrement, qui avait entraîné la fermeture administrative du laboratoire).*

De même, la Cour européenne des droits de l'homme, dans un arrêt rendu le 19 février 2009, a estimé non contraire à l'article 10 de la Convention européenne de sauvegarde des droits de l'homme la condamnation pour dénonciation calomnieuse d'un enseignant ayant porté de graves accusations de malversations contre la directrice de son établissement dans le cadre d'un rassemblement public alors que celles-ci n'étaient suffisamment prouvées et portaient atteinte à la présomption d'innocence de l'intéressée ; selon le juge, il appartenait à l'enseignant de porter ces allégations devant le supérieur de cette directrice ou devant l'autorité compétente avant de les rendre publiques *(CEDH, 19 févr. 2009, n° 4063/04, Marchenko c./ Ukraine, RJS 2009 n° 756, chron. E. Lafuma, RJS 2009, p. 608).*

S'agissant de la dénonciation de faits délictuels par un éducateur spécialisé, ont été jugées par le Conseil d'État comme constituant une faute d'une gravité suffisante :

- la dénonciation faite à la gendarmerie par un moniteur-éducateur d'une Maison d'accueil de jeunes en difficulté à propos de faits délictuels qui auraient été commis par certains jeunes, en dépit des instructions données aux éducateurs sur l'attitude à avoir face à ces agissements délictuels *(CE, 12 avr. 1995, n° 133.800, Heniau, Tables p. 1063, Dr soc 1996, p. 150-156)* ;
- la dénonciation faite auprès des services départementaux de l'action sanitaire et sociale, autorité administrative compétente, par un salarié, comptable, de la complaisance de son employeur à l'égard de certains comportements *(faits relatifs à l'alcoolisme et aux mœurs)* sévissant, selon lui, parmi les pensionnaires de l'établissement : en l'espèce, le Conseil d'État, annulant la décision de la cour administrative d'appel, a relevé, d'une part, que l'enquête menée par l'autorité administrative n'avait pas confirmé la véracité des faits avancés, et, d'autre part, que le salarié lui-même n'avait apporté aucun commencement de preuve à l'appui de ses allégations ; pour le juge administratif, « *ces dénonciations faites ainsi avec légèreté étaient de nature à porter gravement atteinte à l'honneur des pensionnaires qu'il désigne et à la réputation de son employeur* » *(CE, 6 avr. 2001, n° 206.272, Ministre de l'Agriculture c./ Courtoux, Tables p. 1214, RJS 2001 n° 765).*

Le rapprochement entre ces deux affaires est d'autant plus intéressant qu'il s'agissait du même employeur. La position adoptée dans l'arrêt Heniau, retenant le caractère fautif d'une dénonciation effectuée sans en avoir préalablement avisé la hiérarchie, suscite une interrogation sérieuse, compte tenu, d'une part, de la conception personnelle de la responsabilité pénale, et, d'autre part, et de la nécessité, relevée par le Conseil d'État lui-même dans une étude consacrée à la protection de l'enfance, de s'opposer à une tendance trop fréquente de chaque institution à traiter seule les situations dont elle a eu connaissance, plutôt que de les signaler aux services compétents.

Dans une autre affaire, consécutive à des agissements particulièrement graves commis pendant un camp de vacances par des adolescents sur une de leurs camarades, la Haute Assemblée a retenu l'existence d'une faute d'une gravité suffisante à l'encontre d'un éducateur spécialisé qui, alléguant une volonté de ne pas pénaliser l'ensemble des enfants participant au camp, s'était abstenu de prévenir un médecin, de faire apporter à la victime l'assistance nécessaire et d'en référer immédiatement à la direction de l'association *(CE, 16 juin 1995, n° 146.009, Association vosgienne pour la sauvegarde de l'enfance et de l'adolescence)*.

De son côté, le juge judiciaire a écarté le caractère réel et sérieux du licenciement d'une salariée, enseignante d'un établissement privé, ayant dénoncé la ligne de conduite arrêtée par la direction à propos de faits d'attouchements sexuels concernant un surveillant de l'établissement *(Cass. soc., 2 mai 2000, n° 98-41.557)*.

E. Le système d'alerte professionnelle *(« whistleblowing »)*

1. La loi Sarbanes-Oxley du 31 juillet 2002

45.1.2.5.1. – La loi Sarbanes-Oxley du 31 juillet 2002 oblige, depuis 2002, les sociétés américaines, y compris leurs filiales à l'étranger, ainsi que les entreprises étrangères cotées en Bourse aux États-Unis, à instaurer des systèmes d'alerte professionnelle, qui comportent des obligations de dénonciation respectant de strictes règles de confidentialité. Des entreprises françaises ont établi une charte de conduite pour répondre à cette exigence.

Appelée à se prononcer sur la licéité d'un Code de conduite des affaires, applicable dans un groupe français, la Cour de cassation a jugé illicites les dispositions de ce document qui, outre les informations confidentielles, subordonnait à autorisation expresse de leur auteur la diffusion d'informations à usage interne (notes de service, informations envoyées aux collaborateurs, organigrammes…) dont les salariés pouvaient avoir connaissance dans le cadre de leur contrat de travail *(Cass. soc., 8 déc. 2009, n° 08-17.191, Bull. V n° 276, RJS 2010 n° 145 ; rapport M.-L. Morin, « Code d'éthique : liberté d'expression des salariés et alerte professionnelle », RJS 2010, p. 104 ; Liaisons soc. Jurisp. Quot. n° 15.503 du 11 déc. 2009 ; cf. également Circ. DGT 2008-22 du 19 nov. 2009 relative aux chartes éthiques, dispositifs d'alerte professionnelle et au règlement intérieur)*.

À l'appui de sa décision, cassant l'arrêt rendu par la cour d'appel, le juge de cassation a estimé, en premier lieu, que ces informations à usage interne dont la divulgation était soumise à autorisation ne faisaient pas l'objet d'une définition précise, de sorte qu'il était impossible de vérifier que cette restriction à la liberté d'expression était justifiée par la nature de la tâche à accomplir et proportionnée au but recherché. Par ailleurs, il a relevé qu'il ne pouvait être fait obstacle à l'exercice du droit d'expression directe et collective des salariés prévu par les articles L. 2281-1 à L. 2281-11 du Code du travail, qui pouvait impliquer l'utilisation de certaines de ces informations *(cf. également, chron. P. Waquet, « Dénonciation et alarme professionnelle, quelle légalité ? », RJS 2009, p. 186)*.

Par ordonnance rendue le 5 novembre 2009, le tribunal de grande instance de Caen, statuant en référé, avait jugé que créait un trouble manifestement illicite, de nature à porter atteinte aux droits et libertés collectives et individuelle, la mise en place d'un dispositif d'alerte professionnelle au sein du groupe américain auquel appartenait l'entreprise, permettant à toute personne de dénoncer directement des fraudes ou des malversations comptables ou financières par le biais d'une ligne d'assistance téléphonique, par l'utilisation de l'intranet de l'entreprise, ou par la voie d'un site internet mondialement accessible *(TGI Caen, référé, 5 nov. 2009, n° 09-287, RJS 2010 n° 3)*. Le juge des référés avait estimé que, par sa configuration, un tel système pouvait aisément être détourné ou utilisé pour dénoncer des faits sans rapport avec les domaines de fraudes comptables et de corruption pour lesquels il avait été *a priori* conçu.

La circulaire ministérielle du 19 novembre 2008 *(Circ. DGT 2008/22)*, relative aux chartes éthiques, dispositifs d'alerte professionnelle et au règlement intérieur, précisait que le dispositif d'alerte, ne revêtant aucun caractère obligatoire pour le salarié, ne relevait pas de la discipline et n'entrait pas dans le champ du règlement intérieur, soumis au contrôle de l'autorité administrative. Elle rappelait toutefois que pour être licite, ce dispositif devait avoir fait l'objet :

- d'une déclaration ou d'une autorisation de la CNIL ;
- d'une consultation du comité d'entreprise, au titre de l'article L. 2323-32 du Code du travail, et éventuellement du CHSCT ;
- et d'une information individuelle préalable des salariés au titre de l'article L. 1222-4 du Code du travail et en application de la loi *« Informatique et libertés »*.

La CNIL avait défini une procédure d'autorisation unique relative aux dispositifs d'alerte professionnelle couvrant les domaines suivants : financier, comptable, bancaire et lutte contre la corruption ; pratiques anticoncurrentielles ; lutte contre les discriminations et le harcèlement au travail ; santé, hygiène et sécurité au travail ; protection de l'environnement. Les dispositifs d'alerte portant sur d'autres domaines doivent faire l'objet d'une autorisation spécifique. En outre, les alertes devaient répondre à une obligation légale ou à un intérêt légitime *(fiche pratique CNIL du 24 février 2014)*. Elle posait en outre l'exigence de la transparence assortie d'une exception d'anonymat très limitée : l'émetteur devait s'identifier mais son identité était traitée de façon confidentielle par l'organisation chargée de la gestion des alertes.

Il a été jugé qu'un dispositif d'alerte faisant l'objet d'un engagement de conformité à l'autorisation accordée ne peut pas avoir d'autre finalité que celles mentionnées dans l'autorisation *(Cass. soc., 8 déc. 2009, n° 08-17.191, Bull. V n° 276, RJS 2010 n° 145, préc.).*

Par une décision du 30 juin 2016, la Chambre sociale s'est pour la première fois prononcée sur le licenciement d'un lanceur d'alerte qui avait dénoncé des faits d'escroquerie et de détournement de fonds publics et a retenu la nullité du licenciement en violation de l'article 10 de la Convention de sauvegarde des droits de l'homme et des libertés fondamentales qui protège la liberté d'expression *(Cass. soc., 30 juin 2016, n° 15-10.557, B., RJS 2016 n° 612, Sem. soc. Lamy n° 1730).*

2. La loi n° 2013-1117 du 6 décembre 2013

45.1.2.5.2. – La loi n° 2013-1117 du 6 décembre 2013 prohibe toute sanction ou mesure discriminatoire à l'égard d'une personne pour avoir relaté ou témoigné, de bonne foi, de faits constitutifs d'un délit ou d'un crime dont elle aurait eu connaissance dans l'exercice de ses fonction *(art. L. 1132-3-3 du Code du travail).*

La Cour de cassation a été amenée à se prononcer sur la nullité du licenciement dans le cadre de l'application de ces dispositions législatives et a pu retenir que :

– une cour d'appel, statuant en référé, ne saurait prononcer la nullité du licenciement d'un salarié ayant révélé, au moyen d'un enregistrement d'une conversation avec son employeur diffusée par un média, des faits d'atteinte à la liberté d'expression dans le cadre d'échanges avec un syndicat, dès lors qu'elle n'a pas constaté que les faits relatés étaient susceptibles d'être constitutifs d'un délit ou d'un crime *(Cass. soc., 4 nov. 2020 n° 18-15.669, B., RJS 2021 n° 6)* ;
– la mauvaise foi du lanceur d'alerte ne peut résulter que de sa connaissance de la fausseté des faits dénoncés et non de la seule circonstance qu'ils ne sont pas établis *(Cass. soc., 8 juill. 2020 n° 18-13.593 B., RJS 2020 n° 455)* ;
– la dénonciation de pratiques d'escroquerie et d'abus de confiance envers les clients, adressées uniquement au directeur de région en réponse à deux avertissements et rédigées en des termes qui ne sont ni injurieux, diffamatoires ou excessifs ne caractérise pas un abus de la liberté d'expression. Le fait que la plainte auprès de la gendarmerie n'ait pas donné lieu à des poursuites pénales et que le salarié ne pouvait sérieusement ignorer que cette plainte allait nécessairement déstabiliser son employeur n'est pas de nature à caractériser sa mauvaise foi *(Cass. soc., 8 juill. 2020 n° 18-13.593 B., RJS 2020 n° 455).*

Le Conseil d'État s'est, pour la première fois, prononcé sur l'articulation entre le statut protecteur des représentants du personnel et celui du salarié lanceur d'alerte prévu à l'article L. 1132-3-3 du Code du travail

(CE 27 avr. 2022 n° 437.735, publié au Recueil, RJS 2022 n° 359, Liaisons soc. n° 18556, « Contrôle du licenciement d'un salarié protégé lanceur d'alerte », AJDA 2022. 901). Dans sa décision, le Conseil d'État précise le contrôle que doit exercer l'autorité administrative en cas de demande d'autorisation de licenciement pour faute d'un salarié protégé **fondée sur un signalement de faits répréhensibles**. Dans ce cas, l'autorité administrative doit rechercher :

– si les faits dénoncés sont susceptibles de recevoir la qualification de crime ou de délit,
– si le salarié en a eu connaissance dans l'exercice de ses fonctions,
– s'il peut être regardé comme ayant agi de bonne foi.

Si ces trois conditions sont réunies, l'autorité administrative doit refuser d'autoriser le licenciement.

En outre, s'il existe un aménagement de la charge de la preuve lorsque le lanceur d'alerte conteste une mesure de rétorsion prise à son encontre – à savoir qu'il incombe à ce dernier de présenter des éléments de fait qui permettent de présumer qu'il a signalé une alerte dans le respect des prescriptions légales, puis à l'employeur de prouver que sa décision est justifiée par des éléments objectifs étrangers à la déclaration du lanceur d'alerte –, le Conseil d'État précise que cet aménagement ne s'applique pas si la mesure contestée par le salarié est, comme en l'espèce, « *expressément fondée sur ce signalement* ». Dans ce cas, le juge administratif doit former sa conviction dans les conditions de droit commun, au vu des éléments versés au dossier par les parties, le cas échéant après avoir mis en œuvre ses pouvoirs généraux d'instruction des requêtes.

Par une décision du 8 décembre 2023, le Conseil d'État, après avoir repris la grille d'analyse énoncée par sa décision du 27 avril 2022, a écarté la protection attachée à la qualité de lanceur d'alerte au motif que le salarié ne pouvait être regardé comme ayant agi de bonne foi *(CE, 8 déc. 2023, n° 435.266, mentionné aux Tables, RJS 2024 n° 104).* En l'espèce, les accusations d'une particulière gravité, proférées par le salarié dans les courriers électroniques litigieux étaient formulées en des termes généraux et outranciers, sans que l'intéressé ait été par la suite en mesure de les préciser d'aucune manière. Elles s'inscrivaient, en outre, dans le cadre d'une campagne de dénigrement dirigée contre son ancien supérieur hiérarchique direct, se traduisant par la mise en cause répétée de celui-ci pour des pratiques illégales que le salarié n'a jamais étayées par le moindre élément factuel.

3. La loi n° 2016-1691 du 9 décembre 2016 relative à la transparence, à la lutte contre la corruption et à la modernisation de la vie économique (dite loi « Sapin 2 ») et la loi n° 2017-399 du 27 mars 2017 relative au devoir de vigilance des sociétés mères et des entreprises donneuses d'ordre

45.1.2.5.3. – La loi n° 2016-1691 du 9 décembre 2016 a créé un cadre juridique général pour le signalement et établi une protection du lanceur d'alerte *(Sem. soc. Lamy n° 1862, « Le régime général de protection des lanceurs d'alerte », entretien croisé de J. Toubon et P. Lagesse)*. La loi définit le « lanceur d'alerte » et énonce les situations susceptibles d'être signalées : un lanceur d'alerte est « *une personne physique qui révèle ou signale, de manière désintéressée et de bonne foi, un crime ou un délit, une violation grave et manifeste d'un engagement international régulièrement ratifié ou approuvé par la France, d'un acte unilatéral d'une organisation internationale pris sur le fondement d'un tel engagement, de la loi ou du règlement, ou une menace ou un préjudice graves pour l'intérêt général, dont elle a eu personnellement connaissance* » (*article 6 de la loi du 9 décembre 2016*). Toute personne physique peut bénéficier de la qualité de lanceur d'alerte si elle dénonce des crimes (vol aggravé, viol, faux en écriture publique…) et délits (corruption, prise illégale d'intérêts, délit de pantouflage, trafic d'influence, usage illégal de fonds publics, harcèlement moral ou sexuel, discrimination…), la violation grave et manifeste d'un traité international, la violation grave d'une loi ou d'un règlement ou toute menace grave à l'intérêt général. Dans ce cadre, lui est garanti le caractère strictement confidentiel de la procédure, l'interdiction des mesures de représailles professionnelles et l'irresponsabilité pénale du lanceur d'alerte. Toutefois, en cas de signalement abusif, le lanceur d'alerte encourt les peines prévues par le Code pénal pour dénonciation calomnieuse et s'expose en outre à des poursuites disciplinaires.

En cas de litige relatif à l'application de ces dispositions, dès lors que le salarié présente des éléments de fait qui permettent de présumer qu'il a relaté ou témoigné de bonne foi de faits constitutifs d'un délit ou d'un crime, ou qu'il a signalé une alerte dans le respect des articles 6 à 8 de la loi n° 2016-1691 du 9 décembre 2016, il incombe à l'employeur, au vu des éléments, de prouver que sa décision est justifiée par des éléments objectifs étrangers à la déclaration ou au témoignage de l'intéressé *(Cass. soc., 1er févr.2023, n° 21-24.271, B., RJS 2023 n° 186, Dr soc. 2023, p. 357, « L'alerte en habits de référé », P. Adam, « Précisions sur l'office du juge des référés face au licenciement du lanceur d'alerte », F. Gabroy, RDT 2023. 119)*. Toutefois, une cour d'appel ne saurait prononcer la nullité du licenciement d'un salarié pour être constitutif même en partie de la dénonciation d'un fait pouvant recevoir une qualification pénale, sans constater que le salarié avait, dans le courriel litigieux, relaté ou témoigné de faits susceptibles d'être constitutifs d'un délit ou d'un crime et que l'employeur ne pouvait légitimement ignorer que, par ce message, le salarié dénonçait de tels faits *(Cass. soc., 16 juin 2023, n° 22-11.310, B., RJS 2023, n° 425, Jurisp. soc. Lamy n° 567 ; « L'alerte du salarié associé », P. Adam, Dr soc 2023 p. 736).*

D'une part, le salarié qui relate ou témoigne de faits constitutifs d'un délit ou d'un crime dont il aurait eu connaissance dans l'exercice de ses fonctions n'est pas tenu de signaler l'alerte dans les conditions prévues par l'article 8 de la loi n° 2016-1691 du 9 décembre 2016 organisant une procédure d'alerte graduée et, d'autre part, il ne peut être licencié pour ce motif, sauf mauvaise foi, laquelle ne peut résulter que de la connaissance de la fausseté des faits qu'il dénonce et non de la seule circonstance que les faits dénoncés ne sont pas établis *(Cass. soc., 15 févr. 2023, n° 21-20.342, B., RJS 2023 n° 186, Liaisons soc. n° 18882 ; Cass. soc., 13 sept. 2023, n° 21-22.301, B., RJS 2023 n° 567 ; « Le dénonciateur à but lucratif », P. Adam, Dr soc 2023, p. 925 ; Dr soc 2023, p. 360, « Protection du lanceur d'alerte : l'ancien et le nouveau », P. Adam).*

Le dispositif d'alerte mis en place dans l'entreprise doit répondre aux obligations issues du règlement général sur la protection des données, applicable à compter du 25 mai 2018 (*cf. n°* ***45.2.1.2****).*

Un mécanisme d'alerte et de recueil des signalements relatifs à l'existence ou à la réalisation des risques, établi en concertation avec les organisations syndicales représentatives a en outre été mis en place par la loi n° 2017-399 du 27 mars 2017 relative au devoir de vigilance des sociétés mères et des entreprises donneuses d'ordre.

Enfin, la directive n° 2019/1937 sur la protection des personnes qui signalent des violations du droit de l'Union a été adoptée le 7 octobre 2019. Elle est en attente de publication et impose la création de canaux sûrs permettant les signalements au sein des organisations privées d'au moins cinquante salariés ainsi que des autorités publiques. Elle instaure une protection des lanceurs d'alerte et de ceux qui les soutiennent contre les représailles et crée une obligation pour les autorités et les entreprises de réagir aux rapports des lanceurs d'alerte. Les États membres disposent d'un délai de deux ans après sa date d'entrée en vigueur pour transposer ces nouvelles règles.

4. *La loi n° 2022-401 du 21 mars 2022 visant à améliorer la protection des lanceurs d'alerte dite « Loi Waserman » et la loi organique n° 2022-400 du 21 mars 2022 visant à renforcer le rôle du Défenseur des droits en matière de signalement d'alerte*

45.1.2.5.4. – La loi n° 2022-401 du 21 mars 2022, applicable à compter du 1er septembre 2022, modifie à nouveau l'article L. 1132-3-3 du Code du travail qui concerne toujours la protection des personnes témoignant de bonne foi de faits constitutifs d'un délit ou d'un crime dont elles ont eu connaissance dans l'exercice de leurs fonctions et renvoie, pour les mesures de rétorsion interdites et le statut protecteur, au régime unifié du lanceur d'alerte *(« Le nouveau statut du lanceur d'alerte - Loi no 2022-401 et loi organique no 2022-400 du 21 mars 2022 », Liaisons soc. 29/4/22 n° 18542 ; Dr soc 2023, p. 245, « Le nouveau cadre légal de protection du salarié lanceur d'alerte : quel(s) équilibre(s) ? », M. Labarthe ; « Le nouveau cadre juridique des lanceurs d'alerte », L. Ragimbeau, AJDA 2022. 1089 ; « Controverse : La transposition de la directive européenne sur la protection des lanceurs d'alerte, rupture ou continuité ? », O. Leclerc, F. Chateauraynaud, RDT 2022. 281).*

Le lanceur d'alerte est défini comme « *une personne physique qui signale ou divulgue, sans contrepartie financière directe et de bonne foi, des informations portant sur un crime, un délit, une menace ou un préjudice pour l'intérêt général, une violation ou une tentative de dissimulation d'une violation d'un engagement international régulièrement ratifié ou approuvé par la France, d'un acte unilatéral d'une organisation internationale pris sur le fondement d'un tel engagement, du droit de l'Union européenne, de la loi ou du règlement. Lorsque les informations n'ont pas été obtenues dans le cadre des activités professionnelles mentionnées au I de l'article 8, le lanceur d'alerte doit en avoir eu personnellement connaissance* ».

Le cadre de l'alerte s'est assoupli puisque désormais, dans le cadre de son travail, le lanceur d'alerte peut signaler des faits qui lui ont été rapportés, seule l'absence de contrepartie financière directe est exigée (et non plus une démarche désintéressée), l'impératif de gravité concernant la violation de la loi ou du règlement a été supprimé tout comme le caractère manifeste de la violation. Sont exclus du régime de l'alerte les faits, informations ou documents, quels que soient leur forme ou leur support, couverts par le secret de la défense nationale, par le secret médical, par le secret des délibérations judiciaires, par le secret de l'enquête ou de l'instruction judiciaires, ou encore par le secret professionnel de l'avocat.

Par ailleurs, le lanceur d'alerte peut désormais choisir entre le signalement interne et le signalement externe à l'autorité compétente, au Défenseur des droits ou à la justice sans passer préalablement par une alerte interne.

Les entreprises employant au moins 50 salariés doivent élaborer une procédure interne de recueil et de traitement des signalements et le règlement intérieur doit indiquer la procédure applicable au lanceur d'alerte.

Le lanceur d'alerte bénéficie également de l'irresponsabilité pénale (art. 122-9 du Code pénal). De plus, la protection du lanceur d'alerte a été étendue à trois catégories de personnes qui lui sont liées : les « *facilitateurs* », entendus comme « *toute personne physique ou morale de droit privé à but non lucratif qui aide un lanceur d'alerte à effectuer un signalement ou une divulgation [...]* » résultant de faits illicites, les « *personnes physiques en lien avec un lanceur d'alerte [...] [risquant de faire l'objet de mesures de représailles] dans le cadre de leurs activités professionnelles de la part de leur employeur ou de leur client ou du destinataire de leurs services* » et les « *entités juridiques contrôlées [...] par un lanceur d'alerte*

[...] pour lesquelles il travaille ou avec lesquelles il est en lien dans un contexte professionnel ».

Il nous semble que les modifications apportées par cette loi ne remettent pas en cause la portée des décisions antérieures de la Cour de cassation ou de celle du Conseil d'État du 27 avril 2022 *(cf. n°* ***45.1.2.5.1****)*. Ainsi, il appartient à l'autorité administrative saisie d'une demande d'autorisation de licenciement d'un salarié protégé pour motif disciplinaire en raison de son signalement sur le fondement de la loi du 21 mars 2022 de vérifier si :

– le salarié peut être regardé comme ayant agi sans contrepartie financière directe et de bonne foi ;
– les faits dénoncés portent sur un crime, un délit, une menace ou un préjudice pour l'intérêt général, une violation ou une tentative de dissimulation d'une violation d'un engagement international régulièrement ratifié ou approuvé par la France, d'un acte unilatéral d'une organisation internationale pris sur le fondement d'un tel engagement, du droit de l'Union européenne, de la loi ou du règlement ;
– lorsque les informations n'ont pas été obtenues dans le cadre des activités professionnelles, le lanceur d'alerte en eu personnellement connaissance.

La loi du 21 mars 2022 vient compléter les missions du Défenseur des droits prévues par la loi organique du 9 décembre 2016. La loi du 9 décembre 2019 précisait le périmètre des missions du Défenseur des droits lequel est compétent pour orienter les lanceurs d'alerte vers les autorités compétentes, pour recevoir leur signalement et veiller à leurs droits et leurs libertés. La loi du 21 mars 2022 vient compléter ses missions en précisant que le Défenseur des droits interviendra pour informer, conseiller les lanceurs d'alerte et « défendre » leurs droits et libertés. Ces nouvelles missions seront conférées à un nouvel adjoint au Défenseur des droits chargé de l'accompagnement des lanceurs d'alerte.

Par ailleurs, le Défenseur des droits pourra recevoir directement les signalements. Il sera ainsi en charge de leur recueil et traitement. Si, toutefois, le signalement ne rentre pas dans son périmètre de compétence, le lanceur d'alerte sera orienté vers l'autorité compétente.

Par ailleurs, le Défenseur de droits est compétent pour « certifier » au moyen d'un avis la qualité de lanceur d'alerte d'une personne, soit au titre de la protection générale des lanceurs d'alerte, soit au titre d'un régime sectoriel de protection.

Le Conseil constitutionnel a conclu à la conformité de la loi visant à améliorer la protection des lanceurs d'alerte à l'exception de son article 11 et a validé la loi organique relative au Défenseur des droits, sous une réserve d'interprétation *(décis. n° 2022-839 et n° 2022-838 du 17 mars 2022, AJDA 2022. 605 ; « Protection des lanceurs d'alerte : conformité partielle de la loi » AJDA 2022. 605).*

§ 3. LES INJURES, LA DIFFAMATION, LES PROPOS RACISTES

A. Les injures

45.1.3.1. – Constitue une injure toute expression outrageante, terme de mépris ou invective qui ne renferme l'imputation d'aucun fait précis *(art. 29 de la loi du 29 juillet 1881 sur la liberté de la presse)*.

L'injure à un collègue de travail ou un supérieur hiérarchique constitue en principe une faute d'une gravité suffisante pour justifier le licenciement d'un salarié protégé.

Il en est ainsi :

– d'un salarié, conseiller juridique de la société, ayant exprimé à maintes reprises, dans le cadre de ses fonctions, des désaccords fondamentaux avec la politique suivie, en des termes injurieux à l'égard de ses supérieurs hiérarchiques *(CE, section, 15 déc. 1978, n° 00.630, Schilles, Rec. p. 514)* ;

– d'une salariée ayant notamment proféré des insultes à l'encontre d'un supérieur hiérarchique, fait constaté par le juge pénal qui avait pourtant reconnu des circonstances atténuantes *(CE, section, 9 déc. 1977, n° 03.370, Gallice, Rec. p. 499)* ;

– d'un salarié ayant proféré à plusieurs reprises des injures à l'égard du chef d'entreprise *(CE, 4 août 1982, n° 26.194 et 26.750, Menuiserie et Charpente Condomoise)* ;

– d'un salarié ayant adressé à la direction de l'établissement un courrier contenant des imputations graves et injurieuses à l'égard de deux membres de la famille du directeur *(CE, 15 nov. 1996, n° 149.916, Cortes)*.

S'agissant de propos injurieux tenus sur Facebook, plusieurs juridictions judiciaires d'appel se sont prononcées sur leur caractère fautif, notamment en fonction de leur accessibilité et de l'activation, par les intéressés, de la confidentialité de son compte sur un réseau social qui, compte tenu de sa finalité et de son organisation, doit nécessairement être regardé comme un espace public *(CA Besançon, 15 nov. 2011, n° 10/02642, Sté Casa France ; CA Lyon, ch. soc., 24 mars 2014, n° 13/03463, Sté Cafesson, RJS 2014 n° 535 ; CA Bordeaux, ch. soc., 1er avril 2014, n° 13/01992, Sté Flunch Périgueux, RJS 2014 n° 535 ; CA Rouen, 15 nov. 2011, n° 11/01827)*.

La première chambre civile de la Cour de cassation a écarté la qualification d'injure publique, passible de poursuites correctionnelles, pour des propos injurieux tenus sur une page Facebook à un groupe d'amis par une salariée sur sa patronne, ces propos n'étant « *accessibles qu'aux seules personnes agréées par l'intéressée, en nombre très restreint, formant une communauté d'intérêts* » *(Cass. 1re, 10 avr. 2013, n° 11-19.530, Bull. I n° 70, RJS 2013 n° 429 ; chron. J.-E. Ray, « Facebook, espace public plus que privé », Sem. soc. Lamy 2013, n° 1581, p. 7 ; chron. B. Allix, « Salariés et réseaux sociaux », RJS 2015, p. 443)*. De même, la chambre sociale a été amenée à considérer que le licenciement pour faute grave d'une salariée ayant dénigré son employeur sur son compte Facebook revêt un caractère injustifié dès lors que les propos litigieux tenus dans un groupe fermé, accessible uniquement à des personnes agréées et en nombre restreint (14 en l'occurrence) relèvent d'une conversation privée *(Cass. soc., 12 sept. 2018, n° 16-11.690, B., RDT 2019 p. 44 ; cf. n° **44.2.1.3.12**)*. Au-delà du caractère public des publications, la Cour de cassation prend en compte la nature des propos publiés pour déterminer le caractère fautif des faits *(Cass. soc., 30 sept. 2020 n° 19-10.123 : absence de termes injurieux, diffamatoires ou excessifs visant explicitement l'employeur)*.

Pour apprécier la gravité des injures, il est tenu compte des circonstances suivantes, aggravantes ou atténuantes.

1. *Principales circonstances aggravantes*

45.1.3.1.1. – Sont regardées comme telles :

– la présence de témoins au moment où l'injure est proférée, ce qui est de nature à constituer une atteinte à l'autorité du supérieur hiérarchique *(Cass. soc., 10 déc. 2008, n° 07-41.820, Bull. V n° 245, RJS 2009 n° 163, CSB Paris 2009 n° 209 p. 87, préc.)* ;

– le caractère public des injures *(emploi de termes injurieux adressés à d'autres salariés de l'entreprise : « putasserie », « attitudes dégueulasses et faux-cul », « collabos de classe » dans un article paru dans un hebdomadaire : Cass. soc., 6 juill. 2005, n° 04-46.085)* ;

– une réaction violente *(comportement violent et injurieux à l'encontre de supérieurs hiérarchiques et création d'incidents qui ont perturbé le fonctionnement des chantiers sur lesquels était affecté le salarié : CE, 4 déc. 1981, n° 24.165, El Kaoutari)* ;

– des injures répétées *(Cass. soc., 25 oct. 2007, n° 06-41.064)* ;

– le caractère agressif et répété *(propos tenus à l'égard de ses collègues de travail, l'employeur étant tenu d'une obligation de protection de la santé physique et mentale de ses salariés, ne pouvait prendre le risque de voir se renouveler, même pendant la durée limitée du préavis : Cass. soc., 19 janv. 2017, n° 15-24.603)*.

2. *Principales circonstances atténuantes*

45.1.3.1.2. – L'injure peut présenter un caractère banal ou résulter d'un mouvement d'humeur isolé, unique. Il en est ainsi :

– d'un salarié ayant fait irruption dans le bureau du PDG et l'ayant traité de menteur *(CE, 4 mai 1984, n° 23.258, Sté Bocama)* ;

– d'injures adressées par le salarié au responsable de l'atelier lors d'une discussion relative à son avenir professionnel ; la gravité de ces faits avait été jugée non suffisante, compte tenu des circonstances *(CE, 1er avr. 1987, n° 75.801, Sté Sicmeg)*.

L'ancienneté du salarié et l'absence de reproches sur son comportement antérieur peuvent atténuer la gravité de la faute.

Le comportement de l'employeur, insulté par le salarié, ou de l'encadrement doit être pris en compte. Il en a été jugé ainsi pour les circonstances suivantes :

- les propos incorrects tenus à un chef de service, à la suite d'une remarque injustifiée, par un salarié victime de l'animosité permanente et sans fondement de certains cadres, ne constituant pas une cause réelle et sérieuse de licenciement *(Cass. soc., 18 oct. 1994, n° 93-40.050)* ;
- la réponse du salarié à l'employeur « *en des termes vifs* » ; le caractère fautif de cette attitude est toutefois atténué par « *les circonstances dans lesquelles celui-ci a cru devoir l'admonester* [publiquement] *sur sa manière de servir* » *(CE, 27 avr. 1998, n° 171.410, Sté Transports urbains de Menton)* ;
- la carence d'un employeur qui, informé de l'état de santé du salarié, n'avait ni entrepris une procédure de licenciement pour inaptitude physique, ni même contacté le médecin du travail, laissant le salarié dans une complète incertitude sur son avenir professionnel *(Cass. soc., 24 oct. 1991, n° 90-40.968)*.

L'état de santé du salarié constitue un facteur d'atténuation. Il en va de même lorsque les rapports habituels ont un caractère familier. Ainsi, pour écarter le bien-fondé du licenciement, le juge judiciaire a pris en considération :

- les relations anciennes, la pratique du tutoiement entre les deux personnes, ainsi que la conversation vive qui avait précédé les propos incriminés, tenus par un employé à son supérieur hiérarchique *(Cass. soc., 12 févr. 1987, n° 85-44.152 et 85-44.748)* ;
- l'emploi d'un terme injurieux [« *connaud* »], ne dépassant pas les limites du langage habituellement peu châtié employé sur les chantiers, par un salarié, conducteur de travaux, à l'encontre de l'employeur, au service duquel il était depuis vingt ans et avec lequel il bénéficiait d'une réelle liberté dans ses relations *(Cass. soc., 16 févr. 1987, n° 84-41.065, Bull. V n° 79, Dr soc 1987, p. 362)* ;
- les conditions particulières de familiarité dans les cuisines d'un restaurant *(Cass. soc., 11 mai 1988, n° 85-43.804)* ;
- le doute sur le ton et la teneur de la phrase adressée à un malade par une aide-soignante d'une maison de retraite dans un contexte allégué de plaisanterie *(CA Paris, 27 nov. 1997, Espace de vie médicalisé « Le Village » c. / Heurtefeu, RJS 1998 n° 1138)* ;
- l'insuffisante gravité du qualificatif employé *(Cass. soc., 23 sept. 2009, n° 08-41.715 : qualificatif de « pitbull » employé vers une collègue, même déjà prise à partie lors d'un précédent incident qui n'avait donné lieu à aucune sanction)*.

L'animosité et le climat tendu régnant dans l'entreprise peuvent conduire l'autorité administrative à écarter l'existence d'une faute d'une gravité suffisante *(CE, 6 janv. 1992, n° 112.894, Sté Ets Lucien Bertaud : prise en compte de l'animosité existant depuis longtemps entre le salarié et son supérieur hiérarchique et ayant donné lieu à de précédents incidents)*, de même que le juge judiciaire à écarter l'existence d'une faute grave *(Cass. soc., 30 juin 1993, n° 91-45.496)*.

La présentation d'excuses par le salarié atténue la gravité de la faute *(Cass. soc., 16 févr. 1987, n° 84-41.065, Bull. V n° 79, préc.)*.

Enfin, le licenciement n'est pas apparu justifié pour des propos tenus par un salarié à son chef de centre à l'issue d'une fête organisée par le comité d'entreprise *(CE, 17 oct. 1986, n° 71.581, Maisons Phénix)*.

B. La diffamation

45.1.3.2. – Définis par la loi du 29 juillet 1881 relative à la liberté de la presse, les éléments constitutifs de la diffamation sont :

- l'allégation ou l'imputation d'un fait déterminé ;
- un fait portant atteinte à l'honneur ou à la considération ;
- la désignation de la personne individuelle ou collective contre laquelle l'imputation est dirigée et son identification possible ;
- la publicité du mode d'expression ;
- l'intention de nuire.

Les imputations diffamatoires sont réputées de droit faites avec intention de nuire et cette présomption n'est détruite que lorsque les juges du fond s'appuient sur des faits justificatifs suffisants pour faire admettre la bonne foi *(Cass. 2e, 14 janv. 1998, n° 94-19.867, Bull. II n° 11)*.

Outre les immunités prévues par la loi, certains faits justificatifs (accomplissement d'un devoir, bonne foi) ne peuvent être regardés comme des agissements fautifs.

La vérité des faits diffamatoires peut toujours être prouvée, sauf exceptions qui sont seulement applicables aux seules procédures pénales (imputation concernant la vie privée, ou se référant à des faits datant de plus de dix ans, ou constituant une infraction amnistiée ou prescrite ou qui a donné lieu à une condamnation effacée par la réhabilitation ou la révision). La vérité constitue un facteur d'atténuation de la faute. Il en va de même de circonstances telles que la provocation de la part de la victime, ou encore la rectification spontanée par l'auteur, qui atteste l'absence d'intention délictueuse.

La diffamation peut constituer une faute d'une gravité suffisante. Il en a été jugé ainsi pour un salarié ayant mis en cause à plusieurs reprises devant des tiers la conscience professionnelle de son chef de service *(CE, 25 févr. 1983, n° 24.678 et 24.822, Sté d'exploitation sanitaire de la Côte d'Émeraude)*.

De son côté, la Cour de cassation a retenu le bien-fondé du licenciement :

– à l'encontre d'un salarié ayant proféré des accusations mensongères envers l'entreprise avec l'intention de nuire pour se venger de son chef de service *(Cass. soc., 16 nov. 1993, n° 91-45.904, Bull. V n° 278, RJS 1994 n° 63)* ;
– pour l'envoi d'une lettre adressée au commissaire aux comptes, contenant des propos blessants et des allusions diffamatoires à l'encontre d'un dirigeant social *(Cass. soc., 14 janv. 2003, n° 00-43.879, Bull. V n° 7, RJS 2003 n° 372)* ;
– pour des propos excessifs et diffamatoires d'une salariée accusant de façon mensongère la direction de favoriser la fille du président du conseil d'administration dans la mise en place de mesures de chômage partiel, ces propos ayant été tenus publiquement et énoncés dans une lettre adressée aux membres de la direction et du comité d'entreprise *(Cass. soc., 21 juin 2006, n° 04-44.786)* ;
– pour des propos excessifs et diffamatoires tenus lors d'une enquête préliminaire à l'encontre de l'employeur, auquel le salarié avait attribué la commission de délits et de malversations qui s'était avérée inexacte *(Cass. soc., 20 mars 2007, n° 05-43.506)*.

À l'inverse, n'a pas été jugée diffamatoire l'attestation portée contre son employeur par un salarié, « *lequel n'avait fait que s'acquitter d'un devoir de conscience en dénonçant les pratiques déloyales du groupe Le Carillon qui avait repris la Société Specis* » *(Cass. soc., 28 juin 1990, n° 88-43.081)*.

C. Les propos racistes ou sexistes

45.1.3.3. – Constitue en principe une faute d'une gravité suffisante le fait de proférer des propos racistes *(salariée ayant tenu à l'égard de deux autres employées du cinéma des propos à caractère raciste : CE, 10 juill. 1995, n° 133.802, Sté UGC ; salarié ayant tenu des propos injurieux et racistes à l'encontre de l'administrateur de la société au cours d'une réunion d'information du personnel : CE, 31 janv. 1997, n° 162.253, Sté Gedis, RJS 1997 n° 305)* ou sexistes *(propos à connotation sexuelle, grossiers et dégradants tenus par un formateur à l'égard d'une jeune stagiaire : CE, 24 nov. 2006, n° 282.374, Sté Novitec, JCP S n° 38, 18 sept. 2007, 1700, note Kerbourc'h)*. Les propos tenus par un salarié protégé, visant systématiquement et de manière répétée des salariées ayant pour point commun d'être des femmes, supposément d'origine magrébine et de confession musulmane et qui, au surplus, se trouvent sous sa responsabilité, ne peuvent, dès lors qu'ils revêtent un caractère raciste pour certains, et sexiste pour d'autres, être réduits à des propos triviaux et constituent une faute d'une gravité suffisante de nature à justifier son licenciement *(CE, 7 oct. 2022 n° 450.492, Sté Club Med, mentionné aux Tables, RJS 2022 n° 621)*.

De même, la faute grave a été retenue par le juge judiciaire :

– à l'encontre d'un salarié, responsable d'atelier, ayant tenu envers les membres du personnel placés sous son autorité des propos racistes, agressifs et méprisants, donné des ordres sans considération des capacités physiques de certains salariés ou pour les humilier, et refusé de mettre à leur disposition, principalement lorsqu'ils étaient d'origine étrangère, des vêtements de protection *(Cass. soc., 6 avr. 2004, n° 02-41.166, RJS 2004, n° 1263)* ;
– pour l'utilisation par un salarié de sa messagerie professionnelle pour émettre un courrier antisémite, dans des conditions permettant d'identifier l'employeur *(Cass. soc., 2 juin 2004, n° 03-45.269, Bull. V n° 152)* ;
– pour des injures et insultes à caractère raciste proférées en public par un salarié à des collègues *(Cass. soc., 16 juin 2010, n° 09-40.049)* ;
– pour des propos humiliants et répétés à connotation raciste tenus par un salarié à l'encontre d'un autre salarié *(Cass. soc., 5 déc. 2018, n° 17-14.594, RJS 2019 n° 94)* ;
– pour des propos réitérés du salarié, reflétant une banalisation des violences à l'égard des femmes compte tenu de l'impact sur les intérêts commerciaux de l'employeur *(Cass. soc., 20 avr. 2022 n° 20-10.852, B., RJS 2022 n° 358, « Liberté d'expression du salarié : de l'abus à l'atteinte », Alexandre Fabre, Patrice Adam, RDT, 2022. 492)* ;
– pour des propos blessants à connotation raciste et sexiste, tenus par le salarié vis-à-vis de ses subordonnés les plus vulnérables, de nature à les impressionner et à nuire à leur santé *(Cass. soc., 8 nov. 2023, n° 22-19.049, RJS 2024 n° 17)* ;
– pour des propos répétés à connotation sexuelle, insultants et dégradants, tenus à l'égard de deux collègues, et ce, même si l'employeur avait déjà eu l'occasion de constater le comportement déplacé du salarié sans pour autant le sanctionner, et s'il avait, avant d'envisager le licenciement, projeté une sanction moindre *(Cass. soc., 12 juin 2024, n° 23-14.292, B.)*.

En tout état de cause, de tels propos ont « *nécessairement un caractère fautif* » *(Cass. soc., 2 juin 2004, n° 02-44.904, Bull. V n° 150, RJS 2004 n° 893 : tenue de propos racistes à l'encontre de subordonnés et inscription de mentions à connotation sexuelle sur les fiches d'autres membres du personnel ; Cass. soc., 16 oct. 2013, n° 12-19.670, RJS 2014 n° 10)*.

En revanche, a été jugé dépourvu de cause réelle et sérieuse le licenciement d'une salariée, chef de magasin, pour des propos désobligeants sur les mœurs sexuelles d'une subordonnée, les juges ayant estimé que ces propos s'inscrivaient dans un milieu où la familiarité et la plaisanterie facile étaient coutumières *(Cass. soc., 8 oct. 1992, n° 91-43.526)*.

§ 4. L'IVRESSE, L'INTEMPÉRANCE ET LA CONSOMMATION DE SUBSTANCES ILLICITES

45.1.4. – Dans sa décision du 12 novembre 2012, le Conseil d'État avait considéré que, en l'absence de situation particulière de danger ou de risque caractérisé, l'interdiction, par le règlement intérieur, de la consommation de boissons alcooliques dans l'entreprise, y compris dans les cafétérias, au moment des repas et pendant toute autre manifestation organisée en dehors des repas excédait, par son caractère général et absolu, les sujétions que l'employeur pouvait légalement imposer *(CE, 12 nov. 2012, n° 349.365, Sté Caterpillar France, Tables p. 1010, RJS 2013 n° 118).* Le règlement intérieur peut, lorsque la consommation de boissons alcoolisées est susceptible de porter atteinte à la sécurité et à la santé des travailleurs, prévoir des mesures, proportionnées au but recherché, limitant voire interdisant cette consommation sur le lieu de travail. En cas de danger particulièrement élevé pour les salariés ou pour les tiers, il peut également interdire toute imprégnation alcoolique des salariés concernés. S'il incombe à l'employeur qui estime devoir limiter, voire interdire la consommation d'alcool sur le lieu de travail, d'établir que cette restriction est justifiée et proportionnée, cette exigence n'implique pas, alors qu'il lui revient de mettre en œuvre les mesures nécessaires pour assurer la santé et la sécurité des salariés prévues à l'article L. 4121-1 du Code du travail sur le fondement des principes généraux de prévention fixés à l'article L. 4121-2 de ce Code, qu'il doive être en mesure de faire état de risques qui se seraient déjà réalisés *(CE 14 mars 2022 n° 434.343, Sté Renault, mentionné aux Tables, RJS 2022 n° 233).*

Le décret du 1er juillet 2014 dispose qu'aucune boisson alcoolisée autre que le vin, la bière, le cidre et le poiré n'est autorisée sur le lieu de travail. Lorsque la consommation de boissons alcoolisées, dans les conditions fixées au premier alinéa, est susceptible de porter atteinte à la sécurité et la santé physique et mentale des travailleurs, l'employeur, en application de l'article L. 4121-1 du Code du travail, prévoit dans le règlement intérieur ou, à défaut, par note de service les mesures permettant de protéger la santé et la sécurité des travailleurs et de prévenir tout risque d'accident. Ces mesures, qui peuvent notamment prendre la forme d'une limitation voire d'une interdiction de cette consommation, doivent être proportionnées au but recherché *(C. trav., art. L. 4228-20, modifié par D. n° 2014-754 du 1er juill. 2014, art. 1er).*

L'article R. 4228-21 du Code fait interdiction de laisser entrer ou séjourner sur les lieux de travail des personnes en état d'ivresse.

Pour le juge administratif, l'état alcoolique du salarié ne constitue pas nécessairement une faute suffisamment grave lorsqu'il est accidentel, à moins qu'il n'en résulte un risque grave, compte tenu de la fonction exercée. Ainsi, le fait de ne plus pouvoir conduire un car de transport d'enfants pour cause d'imprégnation alcoolique constitue une faute d'une gravité suffisante *(CE, 18 mars 1992, n° 89.103, Clappier, Jurisp. soc UIMM. n° 92-551, p. 299)*.

Toutefois, le Conseil d'État a admis que la gravité de la faute pouvait être atténuée par l'absence de fautes antérieures semblables : en l'espèce, il a été tenu compte de l'absence de semblables antécédents et d'une ancienneté importante, s'agissant d'un chauffeur en état d'ébriété à la fin d'une tournée de ramassage de lait *(CE, 6 déc. 1985, n° 54.173, Coopérative laitière Sèvre et Belle)*.

La faute grave a été retenue par le juge judiciaire à l'encontre d'un salarié travaillant sur des machines dangereuses *(Cass. soc., 21 juill. 1981, n° 79-42.077)*, du chauffeur d'un véhicule de transport en commun *(Cass. soc., 24 janv. 1991, n° 88-45.022)*, de chauffeurs-livreurs *(Cass. soc., 15 nov. 1994, n° 93-41.897 ; Cass. soc., 5 mai 1993, n° 91-42.349)*, d'un convoyeur de fonds, porteur d'une arme à feu pour l'exercice de sa mission *(Cass. soc., 14 juin 1994, n° 92-43.390)* ou de pompiers contrôlés en état d'ébriété alors qu'ils étaient affectés à la surveillance d'un site « Seveso » *(Cass. soc., 7 déc. 2016, n° 15-24.565)*, d'un salarié, personnel navigant commercial d'une compagnie aérienne, qui avait consommé des drogues dures pendant des escales entre deux vols et se trouvait sous l'influence de stupéfiants pendant l'exercice de ses fonctions *(Cass. soc., 27 mars 2012, n° 10-19.915, Bull. V n° 106, RJS 2012 n° 529, cf. n°* ***46.1.1.3****)*. Il en va différemment, en cas d'intempérance du salarié, lorsque l'employeur a fait preuve de tolérance ou ne l'a pas mis en garde *(Cass. soc., 18 oct. 1994, n° 93-40.562 ; Cass. soc., 22 mai 1995, n° 93-43.331)*. Il est également tenu compte du niveau hiérarchique *(Cass. soc., 25 janv. 1995, n° 93-41.819 : faute grave retenue à l'encontre d'un contremaître, lequel se devait de donner l'exemple, la consommation d'alcool sur les lieux de travail étant interdite dans l'entreprise ; Cass. soc., 9 févr. 2012, n° 10-19.496)*.

L'existence ou l'absence d'antécédents similaires constitue un autre élément d'appréciation. Ainsi, le licenciement n'a pas été considéré comme justifié, s'agissant d'un fait isolé pour un salarié, surpris avec ses collègues un verre de pastis à la main dans les vestiaires dix minutes avant la fin de la journée de travail de l'équipe du matin, et qui n'avait fait l'objet d'aucune remarque en 13 ans de présence *(Cass. soc., 24 févr. 2004, n° 02-40.290 ; Cass. soc., 8 juin 2011, n° 10-30.162, Bull. V n° 154 ; Cass. soc., 15 déc. 2011, n° 10-22.712 et 10-22.713, RJS 2012 n° 229 ; a contrario : Cass. soc., 6 oct. 1998, n° 96-42.290, pour l'abus de boissons alcoolisées au cours d'une réunion professionnelle entraînant un comportement agressif d'un salarié déjà sanctionné pour intempérance sur les lieux de travail ; Liaisons soc. Jurisp. Quot. n° 262/2009 du 28 déc. 2009, « Le point sur les pots alcoolisés au travail »)*.

Peuvent également être pris en considération :

– la tolérance antérieure de l'employeur *(Cass. soc., 20 juin 2012, n° 11-19.914 préc. : absence de cause réelle et sérieuse pour la consommation à une seule reprise d'une très faible quantité d'alcool avant la reprise du travail, l'employeur ayant admis à plusieurs*

reprises l'introduction et la consommation de boissons alcoolisées dans l'établissement à l'occasion de fêtes et de réunions de fin d'année ou d'anniversaires sur le temps et le lieu de travail) ;
- l'absence de répercussion sur la qualité du travail et sur le fonctionnement normal de l'entreprise *(Cass. soc., 8 juin 2011, n° 10-30.162, Bull. V n° 154, préc. ; a contrario : Cass. soc., 9 févr. 2012, n° 10-19.496, préc.)* ;
- l'ancienneté, parfois facteur d'atténuation en l'absence d'antécédents similaires, mais aussi, à l'inverse, susceptible d'être regardée comme devant conférer une conscience accrue du danger lié à l'introduction et le consommation d'alcool à raison des machines utilisées *(Cass. soc., 26 juin 2012, n° 11-12.884, 11-12.889 et 11-12.914)*.

En revanche, il ne peut être tiré de conséquences du refus de l'employeur de faire procéder à l'examen sanguin à titre de contre-expertise prévue par le règlement intérieur, motivé par le caractère tardif de la demande du salarié, l'objet de cet examen biologique étant de permettre à l'intéressé de contester les résultats du contrôle d'alcoolémie, ce qui impose que le prélèvement sanguin soit réalisé dans le plus court délai possible *(Cass. soc., 6 déc. 2023, n° 22-13.460, RJS 2024 n° 83)*.

Est constitutif d'une faute grave l'état d'ébriété d'un salarié se manifestant par des hurlements, des injures sur les lieux de travail et sa grossièreté vis-à-vis d'un fournisseur *(Cass. soc., 17 oct. 1979, n° 78-41.010, Bull. V n° 733)* ou par des violences inexcusables *(Cass. soc., 28 mars 2000, n° 78-41.010, Bull. V n° 127, pour des violences commises en dehors du temps de travail, mais dans l'entreprise ; Cass. soc., 29 avr. 2009, n° 07-42.294, RJS 2009 n° 619)*, le fait pour une caissière, se trouvant en état d'ébriété dans l'enceinte du magasin, de commettre, sous l'empire de l'alcool, plusieurs erreurs de caisse *(Cass. soc., 7 mai 2014, n° 13-10.985)* ou la consommation de plusieurs verres d'alcool avant de travailler en toiture en présence d'un autre collègue nonobstant l'ancienneté du salarié dans l'entreprise, l'état d'ébriété pouvant être établi par tout autre moyen que l'éthylotest mentionné au règlement intérieur *(CA Riom, 18 mai 2021 n° 18/01090, RJS 2021 n° 438 et 514)*.

S'agissant de la consommation de substances illicites, le juge judiciaire a retenu le bien-fondé de la qualification de faute grave à l'encontre d'un salarié ayant fumé un « joint » dans la salle de pause fumeurs de l'entreprise, nonobstant le caractère isolé du fait fautif et l'absence d'avertissement préalable *(Cass. soc., 1er juill. 2008, n° 07-40.053 et 07-40.054, Bull. V n° 144, RJS 2008 n° 995, CSB Paris 2008 n° 204)*.

§ 5. LES MENACES ET VIOLENCES

A. Les menaces

45.1.5.1. – Les comportements gravement menaçants justifient en principe le licenciement du salarié protégé, qu'ils soient dirigés contre l'employeur ou contre un autre salarié *(CE, 11 juill. 1990, n° 80.940, Boughanmi : comportement menaçant à l'aide d'un couteau au cours d'un entretien préalable).*

La Cour de cassation a jugé que constituaient une faute grave :

– les menaces de coups et blessures ou menaces de mort, proférées verbalement *(Cass. soc., 5 juill. 1978, n° 77-40.086, Bull. V n° 558 : menaces proférées contre l'employeur par un salarié connu pour son agressivité dangereuse)* ou par écrit *(Cass. soc., 11 févr. 1981, n° 79-41.532, Bull. V n° 114)* à l'encontre de son employeur *(Cass. soc., 4 juill. 2018, n° 15-19.597)* ou dirigées à l'encontre d'un client de l'entreprise *(Cass. soc., 13 juill. 2010, n° 09-42.127 ; Cass. soc., 12 déc. 2013, n° 12-21.410)* ;

– les menaces de poursuites pénales proférées par un salarié en mise à pied, pendant le temps et sur le lieu de travail, à l'encontre d'autres salariés de l'entreprise s'ils témoignaient, son attitude agressive allant jusqu'à l'intimidation de l'un d'entre eux *(Cass. soc., 21 mai 2008, n° 06-42.405).*

L'appréciation de la gravité de l'acte résulte d'un examen attentif des circonstances. Certaines d'entre elles peuvent l'atténuer, notamment le contexte professionnel particulier dans lequel l'incident s'est produit *(Cass. soc., 11 mai 1988, n° 85-43.804 ; Cass. soc., 15 juin 1989, n° 88-40.475)*, voire une provocation de la victime.

B. Les violences

45.1.5.2. – Constituent en principe des fautes d'une gravité suffisante les altercations violentes, rixes et voies de fait.

Tel est le cas à propos :

– de violences verbales commises par un salarié, garçon de salle au buffet d'une gare, envers ses collègues devant la clientèle *(CE, 19 déc. 1986, n° 51.873, Bertrand, Jurisp. soc. UIMM, n° 87-490, p. 334)* ;

– du comportement agressif et violent d'un éducateur spécialisé à l'égard d'enfants *(CE, 27 avr. 1987, n° 48.161, Association « Les Elfes » c./ Martin ; CE, 22 juin 1992, n° 117.834, Caisse régionale d'assurance maladie du Nord-Est, RJS 1992 n° 1132)* ou d'un conducteur d'engin dans le cadre de ses activités professionnelles *(CE, 27 juin 1979, n° 05.646 et 05.669, Sté Union industrielle et d'entreprise, Rec. p. 905)* ;

- d'une salariée, secrétaire de direction, ayant giflé le directeur général lors d'une cérémonie de remise des médailles du travail et ayant eu une conduite inconvenante à l'égard de membres de l'encadrement de la société *(CE, 3 oct. 1994, n° 128.260, Tessier)* ;
- d'un ouvrier d'entretien ayant frappé d'un coup de poing au visage un autre ouvrier à la sortie du travail et dans l'enceinte des bâtiments de l'entreprise *(CE, 26 sept. 1986, n° 52.955, La ruche picarde, préc. ; CE, 11 janv. 1995 n° 123.665 Lepage, préc.)* ;
- d'un salarié ayant, après une vive discussion avec le chef de chantier, déchargé le camion qu'il conduisait à l'endroit même où il était en train d'être chargé et, quittant le chantier sans autorisation, s'étant avancé brutalement avec son camion vers son supérieur hiérarchique *(CE, 29 déc. 1995, n° 133.448, Premereur)* ;
- d'un salarié ayant laissé des membres de son équipe, dont il avait la responsabilité, se livrer à des brutalités sur un de ses subordonnés et participé lui-même en le projetant violemment sur une porte, en l'attachant et en le frappant *(CE, 3 déc. 1999, n° 171.539, Mical)* ;
- d'une altercation avec un supérieur hiérarchique, provoquée par le refus du salarié de faire équipe avec la personne désignée pour faire fonctionner, le 1er mai, un service de restauration des malades d'un établissement de soins ; ni les injures alléguées du supérieur hiérarchique à son encontre, ni la dégradation du climat au sein de l'entreprise n'avaient eu pour effet d'atténuer la gravité de la faute *(CE, 9 juill. 1997, n° 151.844, Namoune, Tables p. 1105, RJS 1997 n° 992)*.

De même, les juges judiciaires ont retenu la faute grave :

- à l'encontre d'un salarié, cadre de l'entreprise, ayant donné un violent coup au visage d'un autre salarié au cours d'une réunion organisée dans les locaux de l'entreprise par le comité d'entreprise, ce comportement relevant de la vie professionnelle *(Cass. soc., 12 janv. 1999, n° 96-43.705, RJS 1999 n° 150 ; Cass. soc., 28 mars 2000, n° 97-43.823, Bull. V n° 127, RJS 2000 n° 511 : violences commises par un salarié dans l'entreprise en dehors de son horaire de travail ; Cass. soc., 6 févr. 2002, n° 99-45.418 : coups et blessures portés par un salarié à un subordonné chargé de récupérer un véhicule de l'entreprise à son domicile ; Cass. soc., 29 avr. 2009, n° 07-42.294, RJS 2009 n° 619)* ;
- à l'égard d'un salarié ayant pris à partie violemment son employeur devant des clients, de manière brutale et injustifiée *(Cass. soc., 12 juin 2019, n° 17-24.589)* ;
- à l'encontre d'un salarié ayant adopté un comportement agressif et exercé des pressions réitérées envers le personnel du service de santé de l'entreprise en vue d'obtenir la modification de l'avis

d'aptitude avec réserves pris par le médecin du travail *(CA Versailles, 10 mars 2021 n° 18/04648, RJS 2021 n° 262)* ;
- à l'encontre d'un manager ayant adopté un comportement harcelant sur fond de rivalité amoureuse et faisant état de sa capacité de nuisance à raison de sa position hiérarchique *(Cass. soc., 28 juin 2023, n° 22-12.777)* ;
- à l'encontre d'un salarié ayant adopté un mode de management de nature à impressionner et nuire à la santé des subordonnés *(Cass. soc., 8 févr. 2023, n° 21-11.535, RJS 2023 n° 201)* ou d'un directeur commercial ayant eu des paroles et attitudes humiliantes ou insultantes vis-à-vis de ses subordonnés, génératrices de risques psychosociaux *(Cass. soc., 31 mars 2021 n° 19-22.388)* ;
- à l'encontre d'un salarié ayant porté des coups sur un collègue de travail au cours d'un entretien avec un supérieur hiérarchique destiné à revenir sur une altercation survenue plus tôt dans la journée entre les deux salariés, quels que soient l'ancienneté et le comportement habituel de l'intéressé *(Cass. soc., 9 juin 2021, n° 20-14.365)*.

À l'inverse, ne reposait pas sur une cause réelle et sérieuse le licenciement d'une salariée ayant participé au bizutage d'une collègue, en l'absence de démonstration d'un caractère agressif et violent de la scène litigieuse et d'un rôle d'initiation ou de facilitation de sa part, ni d'une atteinte à la dignité d'un autre salarié ou à la sécurité de l'entreprise *(Cass. soc., 8 oct. 2014, n° 13-15.001, RJS 2014 n° 840)* ou le comportement colérique d'une salariée qui demandait des explications sur le motif de sa mise à pied disciplinaire avant d'accepter de quitter les lieux *(Cass. soc., 8 mars 2023, n° 21-20.652)*.

La gravité des faits est appréciée en tenant compte des circonstances.

1. Les facteurs aggravants

45.1.5.2.1. – Le caractère aggravant peut notamment résulter :
- du caractère public des faits *(CE, 19 déc. 1986, n° 51.873, Bertrand, Jurisp. soc UIMM. n° 87-490 p. 334, préc. ; Cass. soc., 2 juill. 2003, n° 01-43.786 ; Cass. soc., 9 juin 2004, n° 01-47.283 : faute grave retenue, nonobstant l'incertitude sur l'origine de l'incident, l'ancienneté du salarié et l'absence de reproches antérieurs)* ;
- de la responsabilité du salarié à l'origine de la dispute, puis de la rixe, par son comportement et ses propos injurieux *(CE, 16 mars 1984, n° 40.317, Sté Somavil ; CE, 28 sept. 1990, n° 85.601, Sté Tiscco ; CE, 15 nov. 1996, n° 160.962, Depraz ; Cass. soc., 22 oct. 2008, n° 07-43.551)* ;
- de la répétition d'incidents de même nature *(CE, 19 déc. 1986, n° 51.873, Bertrand, préc. ; Cass. soc., 22 oct. 2008, n° 07-43.551, préc.)* ;

– des conséquences des coups portés à la victime : gravité des blessures, arrêt de travail *(CE, 28 sept. 1990, n° 85.601, Sté Tiscco, préc. ; CE, 8 avr. 1987, n° 56.850, Sté alsacienne de supermarchés)* ;
– d'un état d'ébriété constaté *(Cass. soc., 28 mars 2000, n° 97-43.823, Bull. V n° 127 préc., RJS 2000 n° 511)*.

La faute grave a été retenue par la Cour de cassation en cas de violences graves et réciproques *(Cass. soc., 15 juin 1988, n° 85-45.807 ; Cass. soc., 14 juin 1990, n° 88-43.019 : coups violents, que ne justifiaient ni une situation de légitime défense, ni une excuse de provocation ; Cass. soc., 14 mai 1998, n° 96-41.755, Bull. V n° 250, Dr soc 1998, p. 709 : acharnement sur un adversaire à terre et âgé)*.

2. *Les facteurs de nature à ôter aux faits le caractère de gravité suffisante*

45.1.5.2.2. – Il en a été jugé ainsi par le juge administratif :
– lorsque la responsabilité du salarié dans l'origine de la dispute n'était pas établie *(CE, 16 mai 1984, n° 47.683, Sté Permali ; CE, 3 nov. 1989, n° 83.172, Sté OTP Xérox, Jurisp. soc UIMM. n° 90-524 p. 65 ; CE, 4 déc. 1995, n° 162.032, Sté Arca ; CE, 18 nov. 1996, n° 159.464, Ateliers de construction du Centre)*, et *a fortiori* lorsqu'il a été préalablement provoqué *(CE, 9 oct. 1992, n° 102.221, Sté JCM)*, à moins que la riposte n'ait été particulièrement violente ;
– lorsqu'une altercation violente avec des responsables de la sécurité du magasin n'est pas imputable au seul salarié et qu'en outre, il n'est pas établi qu'il ait proféré des injures ou des menaces ou ait eu un comportement violent *(CE, 18 nov. 1996, n° 140.531, Urios)* ;
– lorsque des violences légères ont été commises dans un climat social tendu *(cf. n°* ***46.3*** faute liée au mandat : *CE, section, 13 nov. 1987, n° 68.104, Fonderies et aciéries électriques de Feurs, Rec. p. 369 ; CE, 22 oct. 2008, n° 304.145, M. Friquet)* ;
– lorsque malgré la violence du geste par lequel l'intéressé avait délibérément blessé l'un de ses collègues, cet acte fautif étant intervenu en réponse à des provocations de la victime, dans un climat de tension et alors que le salarié n'avait, jusque-là, jamais commis d'actes analogues *(CE, 29 mai 2017, n° 395.281, M.B... / société d'Haussy Strasbourg)*.

La faute grave a cependant été retenue par le juge judiciaire, sans qu'il y ait lieu de préciser lequel des deux protagonistes était à l'origine de l'altercation, et nonobstant le caractère isolé de l'acte et l'ancienneté, à l'encontre d'un salarié ayant, à l'occasion d'une rixe intervenue avec un collègue chez un client, commis des violences physiques, des tiers ayant dû intervenir pour séparer les deux personnes *(Cass. soc., 9 juill. 2014, n° 13-17.805)*.

§ 6. LES AGISSEMENTS SEXUELS

45.1.6. – Le harcèlement sexuel est régi par les articles L. 1153-1 à L. 1153-6 du Code du travail. Tel que défini par l'article L. 1153-1 dans sa rédaction issu de la loi du 6 août 2012, il résulte de propos ou comportements à connotation sexuelle répétés qui soit portent atteinte à sa dignité en raison de leur caractère dégradant ou humiliant, soit créent à son encontre une situation intimidante, hostile ou offensante ; sont assimilés au harcèlement sexuel des faits, consistant en toute forme de pression grave, même non répétée, exercée dans le but réel ou apparent d'obtenir un acte de nature sexuelle, que celui-ci soit recherché au profit de l'auteur des faits ou au profit d'un tiers.

Ces dispositions intègrent donc la définition, plus large, du harcèlement sexuel figurant dans la directive européenne 2002/73/CE du 23 septembre 2002 *(JOCE 5-10-2002 L. 269-15)*, dont la transcription s'imposait aux États membres.

La loi du n° 2021-1018 du 2 août 2021, pour renforcer la prévention en santé au travail, harmonise la définition du harcèlement sexuel au travail avec celle retenue par l'article 222- 33 du Code pénal *(« Harcèlement sexuel : harmonisation des définitions entre Code pénal et Code du travail », Martin Abry-Durand, RDT 2022. 244)*.

Ainsi l'article L. 1153- 1 du Code du travail a été modifié : « *Aucun salarié ne doit subir des faits :*

1° Soit de harcèlement sexuel, constitué par des propos ou comportements à connotation sexuelle ou sexiste répétés qui soit portent atteinte à sa dignité en raison de leur caractère dégradant ou humiliant, soit créent à son encontre une situation intimidante, hostile ou offensante ;

Le harcèlement sexuel est également constitué :

a) Lorsqu'un même salarié subit de tels propos ou comportements venant de plusieurs personnes, de manière concertée ou à l'instigation de l'une d'elles, alors même que chacune de ces personnes n'a pas agi de façon répétée ;

b) Lorsqu'un même salarié subit de tels propos ou comportements, successivement, venant de plusieurs personnes qui, même en l'absence de concertation, savent que ces propos ou comportements caractérisent une répétition ;

2° Soit assimilés au harcèlement sexuel, consistant en toute forme de pression grave, même non répétée, exercée dans le but réel ou apparent d'obtenir un acte de nature sexuelle, que celui-ci soit recherché au profit de l'auteur des faits ou au profit d'un tiers. »

Le harcèlement sexuel fait également l'objet de sanctions pénales *(C. trav., art. L. 1155-2 et C. pén., art. 222-33, cet article, modifié par la loi du 6 août 2012, intégrant la nouvelle définition préc.)*.

Tout salarié ayant procédé à des faits de harcèlement sexuel est passible d'une sanction disciplinaire *(C. trav., art. L. 1153-6)*. La limitation de cette notion aux agissements des personnes abusant de l'autorité que leur confèrent leurs fonctions, qui figurait dans la loi du 2 novembre 1992 *(L. n° 92-1179 du 2 novembre 1992)*, avait déjà été supprimée par la loi de modernisation sociale du 17 janvier 2002 *(L. n° 2002-73 du 17 janvier 2002)*.

La valeur probante d'attestations de nature à caractériser un harcèlement sexuel ne peut être écartée sur le fondement des conditions dans lesquelles elles ont été recueillies à savoir directement en la forme d'attestations pouvant être produites en justice, après un simple entretien avec le supérieur hiérarchique sans que ne soient rapportées les circonstances dans lesquelles cet entretien s'est déroulé et la teneur des propos qui ont pu être tenus *(Cass. soc., 5 déc. 2018, n° 17-24.794, RJS 2019 n° 95)*.

Le juge administratif a jugé que revêtaient une gravité suffisante pour justifier le licenciement :

– l'attitude, contraire aux bonnes mœurs et accompagnée de menaces de sanctions, d'un salarié, dans l'exercice de ses activités professionnelles et à de nombreuses reprises, à l'encontre de plusieurs membres du personnel féminin travaillant sous ses ordres ou appartenant à d'autres services de l'entreprise *(CE, 14 janv. 1981, n° 13.908, Lefèvre : faits antérieurs à la loi du 2 novembre 1992 définissant le harcèlement sexuel)* ;

– les pressions exercées par un salarié, chef des ventes, sur deux salariées de son service en période d'essai en vue de les faire consentir à des rapports sexuels *(pour un chef des ventes ayant exercé des pressions sur deux salariées en période d'essai : CE, 2 nov. 1992, n° 117.836, Abert, RJS 1993 n° 56, sur le fondement des dispositions de l'article L. 122-46 [ancien] relatives au harcèlement sexuel dans leur rédaction antérieure à la loi de modernisation sociale de 2002)* ;

– des propos ou comportements à connotation sexuelle, répétés ou même, lorsqu'ils atteignent un certain degré de gravité, non répétés, tenus dans le cadre ou à l'occasion du service, non désirés par celui ou celle qui en est le destinataire, notamment lorsqu'ils sont le fait d'un supérieur hiérarchique ou d'une personne qu'elle pense susceptible d'avoir une influence sur ses conditions de travail ou le déroulement de sa carrière, de créer à l'encontre de la victime une situation intimidante, hostile ou offensante *(CE, 15 janv. 2014, n° 362.495, La Poste, Rec. p. 2)* ;

– des propos déplacés à connotation sexuelle ainsi qu'un comportement et les propos par lesquels le salarié sollicitait notamment le numéro de téléphone privé de plusieurs salariées, les flattait sur leur apparence physique et, parfois, leur proposait de les raccompagner avec son véhicule ou de les inviter à déjeuner, ont eu pour effet de créer à l'encontre de ces personnes une situation intimidante et offensante *(CAA Bordeaux, 18 déc. 2017, n° 15BX03083, absence de pourvoi, RJS 2018 n° 269)*.

D'autres agissements sexuels, qui ne s'inscrivent pas dans le cadre d'une relation hiérarchique, telle qu'elle était définie initialement par l'article L. 122-46 [ancien], n'en revêtent pas moins une gravité suffisante. Tel était, à l'évidence, le cas d'un salarié d'une maison d'accueil spécialisée pour handicapés physiques, auquel étaient imputés des agissements à l'égard de trois pensionnaires, tenus pour établis *(CE, 7 mai 1997, n° 159.430, Nicolai)*.

Il en a également été également jugé ainsi :

– pour le comportement indécent d'un salarié à l'égard d'une de ses collègues *(CE, 29 déc. 1995, n° 152.983, Sté Sicup Uniroyal Englebert)* ;
– pour les propos indécents et incorrects tenus par un salarié à une employée de l'entreprise chargée du nettoyage des locaux *(CE, 26 janv. 2005, n° 254.909, Sté International Metal Service)* ;
– pour « *l'attitude en profonde contradiction avec la déontologie de la profession* » d'un salarié, moniteur éducateur d'un centre d'hébergement et de réadaptation sociale, s'exprimant « *de façon grossière et grivoise et dont le comportement était constamment empreint de laisser-aller* » envers les résidentes du centre, en situation de fragilité et de précarité, et ayant entretenu avec certaines d'entre elles des relations ambiguës *(CE, 8 mars 2006, n° 270.709, Mutualité des Ardennes)*.

Pour sa part, le juge judiciaire a estimé que justifiaient le licenciement pour faute grave :

– le comportement d'un salarié qui « *avait abusé de l'autorité que lui conféraient ses fonctions et avait exercé des pressions sur une salariée, amenée quotidiennement à faire le ménage de son atelier, dans le but d'obtenir des faveurs de nature sexuelle à son profit* » *(Cass. soc., 19 avr. 2000, n° 98-40.583, RJS 2000 n° 628 ; Cass. soc., 24 sept. 2008, n° 06-46.517, Bull. V n° 177 pour l'attitude d'un cadre à l'égard de sa subordonnée mineure)* ;
– le comportement indélicat d'un salarié, chef de service, fait de questions sur leur vie privée, de commentaires sur leur physique ou leurs tenues vestimentaires, d'invitations pressantes à déjeuner et de gestes équivoques, à l'égard de quatre jeunes collaboratrices placées sous sa responsabilité et rencontrant des difficultés professionnelles *(Cass. soc., 30 sept. 2003, n° 01-43.207, RJS 2003 n° 1364 ; chron. Ray, « Vies professionnelles et vies personnelles », Dr soc 2004, p. 5)* ;
– le fait reproché à un salarié d'avoir organisé un rendez-vous avec une collaboratrice placée sous ses ordres pour un motif professionnel en dehors des heures de travail et de l'avoir entraînée à cette occasion dans une chambre d'hôtel, cet agissement devant être regardé comme rattachable à la vie professionnelle, et donc fautif

(Cass. soc., 11 janv. 2012, n° 10-12.930, Bull. V n° 9, RJS 2012 n° 218 ; sur la distinction entre vie personnelle et vie professionnelle, cf. n° ***44.3.2.2.1****)* ;

– les propos déplacés à connotation sexuelle à l'égard de plusieurs salariées et les pressions exercées à l'égard de l'une d'elle par un salarié, directeur d'agence, pour tenter d'obtenir des faveurs de nature sexuelle *(Cass. soc., 18 févr. 2014, n° 12-17.557, Bull. V n° 52, RJS 2014 n° 387 ; Cass. soc., 3 déc. 2014, n° 13-22.151, RJS 2015 n° 81).*

La chambre criminelle a considéré que la formulation verbale ou par messages électroniques (SMS), de manière insistante et répétée, en dépit du refus des salariées de céder à ses avances, de propositions explicites ou implicites de nature sexuelle, et l'adoption d'un comportement dénué d'ambiguïté consistant notamment à tenter de provoquer un contact physique constitue des faits de harcèlement sexuel ayant placé les victimes dans une situation intimidante, hostile ou offensante, et ce même si le salarié a mésestimé la portée de ses agissements *(Cass. crim., 18 nov. 2015, n° 14-17995, Bull. n° 840, Crim., n° 486, RJS 2016 n° 97).*

La faute grave a également été retenue en l'absence d'abus d'une position hiérarchique :

– pour un salarié ayant manifesté une « *attitude indécente* » et un « *comportement libertin* » à l'égard de plusieurs de ses collègues féminines *(Cass. soc., 28 nov. 1989, n° 86-41.268, Bull. V n° 684 ; Cass. soc., 12 mars 2002, n° 99-42.646, Bull. V n° 89, RJS 2002 n° 544 ; Cass. soc., 19 oct. 2011, n° 09-72.672, Bull. V n° 236, RJS 2012 n° 7, l'ensemble des faits, survenus pendant les heures de travail ou en dehors de celles-ci, devait être regardé comme rattachable à la vie professionnelle ; cf. n°* ***44.3.2.2.1****)* ;

– pour un salarié ayant choqué la pudeur de plusieurs collègues de sexe féminin et d'une stagiaire en leur tenant des propos ou leur adressant des messages électroniques inconvenants, en les invitant à regarder sur son ordinateur des films ou images à caractère pornographique et en ayant des gestes déplacés *(Cass. soc., 9 févr. 2010, n° 08-44.632)* ;

– pour le comportement d'un salarié, qui a fait parvenir à une jeune femme qui travaillait dans l'entreprise de longs courriers manuscrits, de nombreux courriels par lesquels il lui a fait des propositions et des déclarations, qui lui a exprimé le souhait de la rencontrer seule dans son bureau, lui a adressé des invitations qu'elle a toujours refusées, lui a fait parvenir des bouquets de fleurs et a reconnu sa propre insistance ou sa lourdeur, alors que leur différence d'âge, d'ancienneté dans l'entreprise et de situation professionnelle auraient dû l'inciter à plus de réserve et de respect vis-à-vis de cette salariée nouvellement embauchée *(Cass. soc., 28 janv. 2014, n° 12-20.497).*

Le juge judiciaire a au demeurant posé le principe selon lequel dès lors que les agissements du salarié étaient constitutifs de harcèlement sexuel, la faute grave était constituée *(Cass. soc., 5 mars 2002, n° 00-40.717, Bull. V n° 83, RJS 2002 n° 528)*. La Cour de cassation a affirmé que, contrairement au harcèlement moral, un acte isolé peut caractériser le harcèlement sexuel *(Cass. soc., 17 mai 2017, n° 15-19.300, B., Sem. soc. Lamy, n° 1773 ; RJS 2017 n° 547 ; Dr ouvrier, 2017, note M. Baldeck et L. Ignace, p. 670, RDT 2017, p. 556)*.

§ 7. LE HARCÈLEMENT MORAL

A. La notion de harcèlement moral

45.1.7.1. – La loi du 17 janvier 2002 de modernisation sociale a introduit dans le Code du travail les dispositions suivantes relatives au harcèlement moral *(cf. également, B. Lapérou, « La notion de harcèlement moral dans les relations de travail », RJS 2000, p. 423 ; F. Duquesne, « Harcèlement moral et subordination », Dalloz 2001 n° 35 ; chron. C. Daburon, « Loi relative au harcèlement moral : la reconnaissance tardive d'un risque inhérent à une activité professionnelle », RJS 2002, p. 719 ; J. Delga et A. Rajkumar, « Le harcèlement moral : éléments caractéristiques du harcèlement moral au regard du Code du travail et de la jurisprudence contemporaine », Dr ouvrier 2005, p. 161)* :

> *« Aucun salarié ne doit subir les agissements répétés de harcèlement moral qui ont pour objet ou pour effet une dégradation des conditions de travail susceptible de porter atteinte à ses droits et à sa dignité, d'altérer sa santé physique ou mentale ou de compromettre son avenir professionnel » (C. trav., art. L. 1152-1).*
>
> *« Aucun salarié ne peut être sanctionné, licencié ou faire l'objet d'une mesure discriminatoire, directe ou indirecte, notamment en matière de rémunération, de formation, de reclassement, d'affectation, de qualification, de classification, de promotion professionnelle, de mutation ou de renouvellement de contrat pour avoir subi ou refusé de subir des agissements répétés de harcèlement moral ou pour avoir témoigné de tels agissements ou les avoir relatés » (C. trav., art. L. 1152-2).*
>
> *« Toute rupture du contrat de travail intervenue en méconnaissance des dispositions des articles L. 1152-1 et L. 1152-2, toute disposition ou tout acte contraire est nul » (C. trav., art. L. 1152-3).*

Le Conseil constitutionnel a précisé que « *les droits* » visés par cette définition devaient être regardés comme « *les droits de la personne au travail tels qu'ils sont énoncés à l'article L. 120-2 [L. 1121-1 nouveau] du Code du travail* » *(§ 83 de la décision n° 2001-455 DC du 12 janvier 2002)*.

Le préambule de la convention OIT n° 190 reconnait : *« le droit de toute personne à un monde du travail exempt de violence et de harcèlement, y compris de violence et de harcèlement fondés sur le genre ; que la violence et le harcèlement dans le monde du travail peuvent constituer une violation des droits humains ou une atteinte à ces droits, et que la violence et le harcèlement mettent en péril l'égalité des chances et sont inacceptables et incompatibles avec le travail décent ; l'importance d'une culture du travail fondée sur le respect mutuel et la dignité de l'être humain aux fins de la prévention de la violence et du harcèlement » (Convention OIT n° 190 sur la violence et le harcèlement, 2019).*

Sauf mauvaise foi, un salarié ne peut pas être sanctionné ou licencié pour avoir dénoncé des faits de harcèlement moral *(Cass. soc., 19 oct. 2011, n° 10-16.444, Bull. V n° 234 ; Cass. soc., 14 mars 2012, n° 10-28.335, RJS 2012 n° 414 ; Cass. soc., 25 sept. 2012, n° 11-18.352)*, ni mis à la retraite d'office (*Cass. soc., 8 janv. 2020 n° 18-21.355, RJS 2020 n° 121)*. Ainsi, le licenciement d'un salarié ayant relaté des faits de harcèlement moral sans que la preuve en soit rapportée est nul de plein droit dès lors que la mauvaise foi n'est pas alléguée *(Cass. soc., 10 mars 2009, n° 07-44.092, Bull. V n° 66, RJS 2009 n° 496, JCP E n° 19, 7 mai 2009, Dr ouvrier 2009, p. 456, obs. P. Rennes, CSB Paris 2009 n° 212, Liaisons soc. Jurisp. Quot. n° 15337, 3 avr. 2009)* ou caractérisée *(Cass. soc., 15 févr. 2023, n° 21-20.811)*.

Cette mauvaise foi ne peut résulter que de la connaissance par le salarié de la fausseté des faits qu'il dénonce *(Cass. soc., 7 févr. 2012, n° 10-18.035, Bull. V n° 55, RJS 2012 n° 302 ; Cass. soc., 21 mars 2018, n° 16-24.350, RJS 2018 n° 396 ; a contrario : Cass. soc., 6 juin 2012, n° 10-28.345, RJS 2012 n° 682 pour une dénonciation mensongère de faits inexistants caractérisant la mauvaise foi)*. La seule circonstance que les faits dénoncés ne sont pas établis ne suffit pas à la caractériser *(Cass. soc., 27 oct. 2010, n° 08-44.446, RJS 2011 n° 11 ; Cass. soc., 13 févr. 2013, n° 11-28.339, RJS 2013 n° 260)*. En revanche, la Cour de cassation a retenu que la connaissance que le salarié avait de la fausseté de ses allégations de harcèlement moral se déduisait d'une part de la contradiction existant entre son souhait affiché d'obtenir des explications sur les motifs de son retrait de mission et son refus persistant de s'expliquer loyalement avec l'employeur sur lesdits motifs, d'autre part du caractère répétitif des remerciements qu'il avait adressés à l'employeur et de l'expression réitérée de sa volonté d'ouverture au dialogue, alors qu'il avait mis en réalité en échec toutes les tentatives de l'employeur de parvenir à une communication constructive en refusant d'honorer tous les rendez-vous qui lui étaient donnés au mépris de ses obligations contractuelles *(Cass. soc., 16 sept. 2020, n° 18-26.696, B., RJS 2020 n° 521)*.

En outre, concernant un salarié ayant dénoncé le traitement abject, déstabilisant et profondément injuste qu'il estimait être en train de subir, la chambre sociale avait retenu qu'il n'avait pas dénoncé des faits qualifiés par lui d'agissements de harcèlement moral, et par conséquent, a annulé la décision de la cour d'appel qui avait prononcé la nullité du licenciement *(Cass. soc., 13 sept. 2017, n° 15-23.045, B., RJS 2017 n° 724 ; note J. Jardonnet, « Protection des salariés ayant relaté des faits de harcèlement moral : mettre les (bons) mots sur les maux », Dr ouvrier 2017, p. 751)*. La Cour de cassation a opéré un revirement de jurisprudence par rapport à la position qu'elle avait adoptée dans sa décision du 13 septembre 2017 *(n° 15-23.045)* : sauf mauvaise foi, le salarié qui a dénoncé des faits de harcèlement moral, bénéficie de protection contre le licenciement quand bien même il n'aurait pas qualifié les faits de harcèlement moral lors de la dénonciation, mais à condition qu'à la lecture de l'écrit du salarié l'employeur ne puisse légitimement ignorer que celui-ci dénonçait des faits de harcèlement moral *(Cass. soc., 19 avr. 2023, n° 21-21.053, B., RJS 2023 n° 360, Sem. soc. Lamy n° 2046 ; Dr soc 2023 p. 558, « Dénonciation et harcèlement moral : changement de cap ! Par mots et par maux », P. Adam)*.

Par ailleurs, le salarié n'a pas à informer son employeur préalablement à un dépôt de plainte pour des faits de harcèlement *(Cass. soc., 2 nov. 2016, n° 15-20.916, RJS 2017 n° 6)*.

La dénonciation infondée de faits de harcèlement en vue de nuire à son employeur constitue une faute grave *(Cass. soc., 28 janv. 2015, n° 13-22.378 ; Cass. soc., 5 juill. 2018, n° 17-17.485, RJS 2018 n° 681)*.

L'article L. 1152-5 précise que : « *Tout salarié ayant procédé à des agissements de harcèlement moral est passible d'une sanction disciplinaire* » et l'article L. 1152-4 : « *L'employeur prend toutes dispositions nécessaires en vue de prévenir les agissements de harcèlement moral* ».

C'est leur conjonction et leur répétition qui sont de nature à conférer aux faits incriminés la qualification de harcèlement moral *(Cass. soc., 29 juin 2005, n° 03-44.055, Jurisp. soc UIMM 2006, p. 5 ; Cass. soc., 5 nov. 2014, n° 13-16.729 ; Cass. soc., 7 janv. 2015, n° 13-17.602, RJS 2015 n° 173 ; Cass. soc., 12 sept. 2018, n° 16-24.776)*. Toutefois, la répétition des faits n'implique pas qu'ils soient identiques ou de même nature pour revêtir la qualification de harcèlement moral *(Cass. soc., 26 juin 2019, n° 17-20.723)*.

La chambre criminelle a retenu que le harcèlement moral, au sens de l'article 222-33-2 du Code pénal dans sa rédaction antérieure à la loi n° 2014-873 du 4 août 2014, était caractérisé par des agissements répétés, commis dans un contexte professionnel, consistant notamment en une attitude d'ignorance dévalorisante de la victime, une mise à l'écart professionnelle de celle-ci et l'imputation à cette dernière de comportements attentatoires à sa dignité et à son honnêteté, et lorsque lesdits agissements, étrangers par leur nature au pouvoir de direction de l'intéressé, par la dégradation des conditions de travail en résultant, ont altéré la santé de la victime et compromis son avenir professionnel *(Cass. crim., 13 nov. 2018, 17-85.005, RJS 2019 n° 3)*.

Ainsi, il appartient aux juges de dire si, pris dans leur ensemble, les éléments matériellement établis laissaient présumer l'existence d'un harcèlement moral et non procéder à une appréciation séparée de chaque élément invoqué par le salarié *(Cass. soc., 20 mars 2019, n° 17-27.854)*.

Ces faits peuvent se dérouler sur une brève période *(Cass. soc., 26 mai 2010, n° 08-43.152, Bull. V n° 111, RJS 2010 n° 640)* ou, à l'inverse, présenter un grand espacement dans le temps *(Cass. soc., 25 sept. 2012, n° 11-17.987, RJS 2012 n° 912)*. Le délit de harcèlement moral n'est pas subordonné à l'existence d'un pouvoir hiérarchique, et le fait que la personne poursuivie soit le subordonné de la victime est indifférent à la caractérisation de l'infraction *(Cass. crim., 6 déc. 2011, n° 10-82.266, Bull. crim. n° 249, RJS 2012 n° 216)*.

Par l'arrêt rendu le 27 octobre 2004, la chambre sociale avait estimé que le juge du fond disposait d'un pouvoir souverain d'appréciation de l'existence d'un harcèlement moral et se limitait à un contrôle de sa motivation *(Cass. soc., 27 oct. 2004, n° 04-41.008, Bull. V n° 267, RJS 2005 n° 4, Dr soc 2005, p. 100, commentaire C. Roy-Loustaunau, Dr ouvrier, p. 117, commentaire L. Millet ; Cass. soc., 23 nov. 2005, n° 04-46.152, Bull. V n° 334, Dr soc 2006, p. 229, obs. Savatier ; Cass. soc., 21 nov. 2007, n° 06-43.875)*.

Plusieurs arrêts rendus le 24 septembre 2008 marquent clairement l'abandon de cette jurisprudence et la volonté de la Cour de cassation de reprendre le contrôle de cette qualification juridique.

Dès lors, il est demandé aux juges du fond de faire expressément figurer dans leurs décisions les motifs lui permettant de contrôler que le juge du fond a bien recherché si le salarié a établi la matérialité des faits et que ces faits, qui doivent être appréhendés dans leur ensemble, permettent de présumer l'existence du harcèlement allégué *(Cass. soc., 24 sept. 2008, n° 06-45.747 et 06-45.794, Bull. V n° 175, RJS 2008 n° 1070, JCP E n° 47, 20 nov. 2008, p. 54, Liaisons soc. Jurisp. Quot. n° 15208 du 30 sept. 2008 ; Cass. soc., 9 oct. 2013, n° 12-22.288, Bull. V n° 227, RJS 2013 n° 783)*.

Un autre arrêt de la chambre sociale, se fondant sur la définition du harcèlement moral figurant à l'article L. 1152-1 du Code du travail (« *peuvent constituer un harcèlement moral des agissements ayant pour objet ou pour effet…* »), a exclu la nécessité de l'existence d'un élément intentionnel et d'une atteinte à la dignité du salarié, conditions retenues par de nombreuses cours d'appel *(Cass. soc., 24 sept. 2008, n° 06-45.579, Bull. V n° 175, RJS 2008 n° 1070, JCP E n° 47, 20 nov. 2008, p. 54, Liaisons soc. Jurisp. Quot. n° 15208 du 30 sept. 2008 ; Cass. soc., 10 nov. 2009, n° 08-41.497, Bull. V n° 248, RJS 2010 n° 7 : le harcèlement moral peut être constitué « indépendamment de l'intention de son auteur » et Cass. soc., 10 nov. 2009, n° 07-45.321, Bull. V n° 247, RJS 2010 n° 8 ; Cass. soc., 23 nov. 2011, n° 10-18.195, RJS 2011 n° 103)*.

Le harcèlement moral peut ainsi résulter :

- du déclassement d'une salariée à la faveur de l'entrée en vigueur d'une nouvelle classification, ainsi que de la notification en quelques mois, outre plusieurs mises en garde, de trois avertissements irréguliers *(Cass. soc., 16 avr. 2008, n° 06-41.999, Bull. V n° 86)* ;

– du fait de laisser une salariée sans travail après son retour d'arrêt-maladie, puis de la dispenser de travail pendant plusieurs mois *(Cass. soc., 15 oct. 2008, n° 07-40.064)* ;
– du fait de soumettre un salarié à une mutation avec changement de résidence irrégulière, de l'affecter à un poste de chargé de mission au contenu resté vague et peu défini, de mettre peu à peu l'intéressé sur un poste vide de son contenu sans chercher une autre solution *(Cass. soc., 3 déc. 2008, n° 07-41.491, CSB Paris 2009 n° 209)* ;
– d'invectives de l'employeur contre la salariée ayant, par leur nature, nécessairement dégradé les conditions de travail et, par leur publicité, porté atteinte à sa dignité *(Cass. soc., 23 juin 2009, n° 08-43.526, Liaisons soc. Jurisp. Quot. n° 172/2009 du 25 août 2009)* ;
– du comportement empreint d'agressivité d'un employeur à l'égard d'une salariée, traduisant sa volonté de restreindre ses fonctions au sein de l'entreprise, sans fournir aucune explication ni lui adresser aucun reproche, la salariée ayant été soignée pour dépression *(Cass. soc., 24 juin 2009, n° 07-45.208, Liaisons soc. Jurisp. Quot. n° 172/2009 du 25 août 2009)* ;
– de l'interdiction faite à un salarié, prothésiste, de sortir du service pour assurer le suivi des patients, du dénigrement de celui-ci par son supérieur auprès des médecins et même des patients, de l'interdiction d'assister à des groupes de travail et de critiques sur son travail, ces brimades ayant plusieurs années sans que l'employeur réponde aux injonctions de l'inspection du travail à ce sujet *(Cass. soc., 30 juin 2009, n° 07-42.959, Liaisons soc. Jurisp. Quot. n° 172/2009 du 25 août 2009)* ;
– de l'envoi à un salarié en arrêt-maladie prolongé de nombreuses lettres de mise en demeure injustifiées, évoquant de manière explicite une rupture du contrat de travail et lui reprochant ses absences *(Cass. soc., 7 juill. 2009, n° 08-40.034, Liaisons soc. Jurisp. Quot. n° 172/2009 du 25 août 2009)* ;
– devant l'insistance du salarié à réclamer le respect de ses droits, d'allusions blessantes, puis d'une correspondance polémique par lettres recommandées au ton souvent ironique, voire blessant ou méprisant, marqué par des citations, jeux de mots, commentaires sarcastiques sur un ton de plus en plus acerbe, le salarié ayant par ailleurs reçu deux avertissements pour des faits injustifiés qui avaient été annulés *(Cass. soc., 23 sept. 2009, n° 08-44.062, CSB Paris 2009 n° 215, p. 273)* ;
– de l'installation d'une salariée dans un bureau aux dimensions restreintes en la laissant pour compte, et en lui confiant un travail se limitant à l'archivage et à des rectificatifs de photocopie *(Cass. soc., 10 nov. 2009, n° 07-42.849, Bull. V n° 246, RJS 2010 n° 6)* ;

– de l'exposition des salariés à une pression continuelle, des reproches incessants, des ordres et des contre-ordres dans le but de diviser l'équipe se traduisant, pour le salarié, par sa mise à l'écart, un mépris affiché à son égard, et une absence de dialogue caractérisée par une communication par l'intermédiaire d'un tableau, ce qui a entraîné un état très dépressif du salarié, ces méthodes de gestion pouvant caractériser un harcèlement moral *(Cass. soc., 10 nov. 2009, n° 07-45.321, Bull. V n° 247, RJS 2010 n° 8, préc. ; Cass. soc., 1er mars 2011, n° 09-69.616, Bull. V n° 53, RJS 2011 n° 390)* ;
– des menaces ou des propos dégradants tenus par l'employeur même au cours d'une très brève période de temps *(Cass. soc., 26 mai 2010, n° 08-43.152, Bull. V n° 111, RJS 2010 n° 640)* ;
– d'un surmenage, un épuisement professionnel, un état de dépression occasionnés à plusieurs salariées par une pression constante afin d'obtenir le maximum de travail, des appels téléphoniques à toute heure du week-end ou de la nuit, un système de contrôle des voitures, ces agissements réitérés émanant tant de la supérieure hiérarchique directe que de l'employeur lui-même à travers des instructions précises aux responsables de magasin *(Cass. soc., 23 mars 2011, n° 08-45.140)* ;
– l'attitude réitérée de l'employeur ayant entraîné la dégradation des conditions de travail de la salariée par le refus d'adapter son poste de travail et le fait de lui confier de manière habituelle une tâche dépassant ses capacités, mettant ainsi en jeu sa santé *(Cass. soc., 7 janv. 2015, n° 13-17.602, RJS 2015 n° 173)*.

Ont été également regardés comme constituant des éléments de nature à laisser présumer l'existence d'un harcèlement le fait pour l'employeur d'avoir tenté à plusieurs reprises du salarié protégé, en initiant à son encontre deux procédures de licenciement disciplinaire non menées à leur terme, ainsi que des décisions non justifiées par des éléments objectifs étrangers à tout harcèlement (problèmes rencontrés par le salarié pour obtenir le mot de passe pédagogique, indication erronée par l'employeur du nombre de jours de congé restants), l'état de santé du salarié s'étant constamment dégradé comme en attestait son psychiatre *(Cass. soc., 9 juill. 2014, n° 13-14.813, RJS 2014 n° 765)*.

En revanche, si est établie la matérialité de trois incidents ayant opposé la salariée et l'un de ses collègues, l'intéressée n'ayant aucun lien hiérarchique et aucune fonction commune avec son collègue et dans l'impossibilité d'imputer la responsabilité de ces incidents à l'un plus qu'à l'autre salarié, ces agissements ne sont pas constitutifs d'un harcèlement *(Cass. soc. 4 nov. 2015, n° 14-12.281, RJS 2016 n° 5)*.

B. Les agissements fautifs de harcèlement moral

45.1.7.2. – Les faits constitutifs de harcèlement sont de nature à engager la responsabilité personnelle du salarié, fussent-ils commis dans l'intérêt, voire même sur les ordres de l'employeur *(Cass. soc., 21 juin 2006, n° 05-43.914, Bull. V n° 223)*.

Il a été jugé que constituaient une faute grave :

– le comportement d'un responsable d'atelier ayant adopté à l'égard de ses subordonnés une « *attitude négative et menaçante* » et « *insulté et harcelé un salarié pour le pousser à la démission, d'où résultait une hostilité permanente à l'égard des salariés placés sous son autorité* » *(Cass. soc., 17 oct. 2001, n° 99-41.766, RJS 2001 n° 1393 ; Cass. soc., 6 juin 2012, n° 11-17.489)* ;

– le comportement inutilement agressif et inadapté de la directrice d'une clinique à l'égard de ses collaborateurs, caractérisé par des invectives et réprimandes gratuites et injustifiées, ainsi que des attaques personnelles ou propos méprisants, le tout conduisant à un climat délétère *(Cass. soc., 20 juin 2012, n° 11-22.122)*.

En revanche, pour la chambre criminelle, un management autoritaire ne caractérise pas des faits de harcèlement moral *(Cass. crim., 19 juin 2018, n° 17-82649)*. Néanmoins, par deux arrêts rendus le 14 février 2024, la chambre sociale rappelle qu'en nuisant à la santé des subordonnés justifie un licenciement pour faute grave, sans qu'il soit exigé que des agissements de harcèlement moral soient caractérisés *(Cass. soc., 14 févr. 2024, n° 22-14.385 et 22-23.620, RJS 2024 n° 268)*.

Appelée à se prononcer sur la qualification de harcèlement, sur le plan pénal, la chambre criminelle a retenu celle-ci à l'encontre d'un délégué syndical en raison de ses agissements répétés à l'égard de plusieurs cadres responsables *(Cass. crim., 17 mars 2015, n° 13-87.037)*.

Le Conseil d'État a été amené à considérer qu'un salarié protégé qui se rend coupable de harcèlement moral sur son lieu de travail méconnaît, y compris lorsque ces actes sont commis dans l'exercice des fonctions représentatives, son obligation de ne pas porter atteinte, dans l'enceinte de l'entreprise, à la santé et à la sécurité des autres membres du personnel, laquelle découle de son contrat de travail et que de tels faits sont ainsi, en principe, de nature à constituer le fondement d'une demande de licenciement pour motif disciplinaire. Le Conseil d'État admet toutefois la possibilité pour l'employeur de fonder sa demande d'autorisation de licenciement, sur l'existence d'un trouble objectif *(CE, 29 juin 2016, n° 387.412, Pigal, Tables p. 979 ; cf. n° **46.3**)*.

L'absence de matérialité ou de gravité des faits reprochés ne peut se déduire de la seule prise en compte des qualités et compétences professionnelles d'une salariée, attestées par des témoignages, mais dont l'objet est dépourvu de lien avec le grief de harcèlement moral *(CE, 23 juill.*

2010, n° 313.685, ministre du Travail, de la Solidarité et de la Fonction publique).

Toutefois, l'obligation faite à l'employeur de prendre toutes les dispositions nécessaires en vue de prévenir ou de faire cesser les agissements de harcèlement moral n'implique pas, pas par elle-même la rupture immédiate du contrat de salarié *(Cass. soc., 22 oct. 2014, n° 13-18.862, Bull. V n° 247, RJS 2015 n° 5).* En outre, la responsabilité du salarié n'est pas exclusive de celle de l'employeur dès lors que ce dernier est « *tenu envers ses salariés d'une obligation de sécurité de résultat en matière de protection de la santé et de la sécurité des travailleurs dans l'entreprise, notamment en matière de harcèlement moral et que l'absence de faute de sa part ne peut l'exonérer de sa responsabilité* » *(Cass. soc., 21 juin 2006, n° 05-43.914, Bull. civ V n° 223 précité, RJS 2006 n° 196, rapport L. Leblanc, RJS 2006, p. 670 ; C. Rodé, « Harcèlement moral et responsabilité dans l'entreprise : l'obscur éclaircissement », Dr soc 2006, p. 827 ; Cass. soc., 1er juill. 2009, n° 07-44.198 ; Cass. soc., 29 juin 2011, n° 09-69.444, Bull. V n° 223, RJS 2011 n° 749).*

L'attitude observée par l'employeur constitue un facteur d'appréciation de la gravité des faits, voire de la validité de la procédure de licenciement engagée à l'encontre de l'auteur du harcèlement.

Ainsi, la Cour de cassation a approuvé la cour d'appel d'avoir décidé à bon droit que « *l'employeur était directement engagé par les agissements d'un cadre titulaire d'une délégation de pouvoir et assurant sa représentation à l'égard du personnel placé sous ses ordres* » et « *ayant constaté que ce cadre avait jeté le discrédit sur la salariée qui était sa subordonnée, l'affectant personnellement et portant atteinte à son image, à sa fonction et à son autorité… a pu juger par ce seul motif que l'employeur avait manqué à ses obligations et… estimé que ces manquements présentaient une gravité suffisante pour justifier la résiliation du contrat de travail aux torts de l'employeur* » *(Cass. soc., 15 mars 2000, n° 97-45.916, RJS 2000 n° 626).* L'employeur doit également répondre des agissements des personnes qui exercent de fait une autorité sur les salariés. Ainsi, la Cour de cassation a approuvé la cour d'appel qui avait alloué « *des dommages-intérêts à la salariée (…) en réparation de son préjudice moral résultant du mauvais traitement dont elle était victime de la part de l'épouse du gérant et des insultes proférées à son égard par celle-ci* » *(Cass. soc., 10 mai 2001, n° 99-40.059, Bull. V n° 158, RJS 2001 n° 990).*

A été regardée comme engagée tardivement une procédure de licenciement, l'employeur ayant eu connaissance de l'existence éventuelle de faits de harcèlement moral et sexuel reprochés au salarié dès sa convocation devant le bureau de conciliation et s'étant borné à en dénier la réalité dans le cadre de l'instance prud'homale, en omettant d'effectuer les enquête et investigations qui lui auraient permis d'avoir, sans attendre l'issue de cette procédure l'opposant à la victime, la connaissance exacte de la réalité, de la nature et de l'ampleur des faits reprochés et de prendre les mesures appropriées *(Cass. soc., 29 juin 2011, n° 09-70.902, Bull. V n° 172 ; sur la prescription des faits, cf. n°* ***21.2 et s.****)*.

Par ailleurs, l'attitude de l'employeur qui a laissé perdurer une situation de harcèlement peut constituer un facteur d'atténuation de la faute *(Cass. soc., 12 juill. 2022 n° 20-22.857, RJS 2022 n° 500 : le comportement du salarié était le résultat d'une position managériale partagée et encouragée par l'ensemble de ses supérieurs hiérarchiques)*.

A été jugé sans cause réelle et sérieuse le licenciement d'un salarié, directeur général adjoint, qui avait aussitôt informé la direction de l'entreprise de la plainte pour harcèlement moral d'un salarié et effectué en concertation avec elle les diligences nécessaires : saisine du CHSCT, consultation d'un avocat et enquête confiée à un cabinet d'experts *(Cass. soc., 13 mars 2012, n° 11-10.355)*.

C. Le contrôle de l'inspecteur du travail

45.1.7.3. – Pour apprécier si des agissements sont constitutifs d'un harcèlement moral, l'inspecteur du travail doit tenir compte des comportements respectifs du salarié auquel il est reproché d'avoir exercé de tels agissements et du salarié susceptible d'en être victime, indépendamment du comportement de l'employeur ; en revanche, lorsqu'il estime, par cette appréciation, qu'un comportement de harcèlement moral est caractérisé, il lui appartient de prendre en compte le comportement de l'employeur pour apprécier si la faute résultant d'un tel comportement est d'une gravité suffisante pour justifier un licenciement *(CE, 10 déc. 2014, n° 362.663, Association Service-Interentreprises de Santé au Travail, RJS 2015 n° 119, Dr soc 2015, concl. G. Dumortier, p. 346)*.

Par ailleurs, l'autorité administrative méconnaît la nature de son contrôle et commet une erreur de droit en s'en tenant à la qualification de harcèlement moral retenue par l'employeur et en appréciant la matérialité des faits au regard de cette qualification, tout en s'abstenant d'examiner si les faits invoqués dans la demande étaient constitutifs d'une faute suffisamment grave pour justifier son licenciement, indépendamment de toute qualification de harcèlement moral *(CAA Lyon, 24 nov. 2011, n° 10LY00693, Mme A.)*.

§ 8. LA MALTRAITANCE

45.1.8. – Par deux décisions rendues le même jour, la Cour de cassation s'est prononcée sur deux affaires mettant en cause des comportements physiques de nature fautive envers des personnes handicapées par des salariés en ayant la responsabilité.

Dans la première affaire, elle a considéré que « *le fait pour le salarié, moniteur chargé de l'encadrement et de l'insertion de travailleurs handicapés que leur état rendait vulnérables, d'infliger à l'un d'eux, sans justification, un traitement spécifique, humiliant et dégradant, était constitutif d'une faute grave justifiant, en dépit de son ancienneté, la rupture immédiate des relations contractuelles » (Cass. soc., 18 mars 2009, n° 07-44.691, CSB Paris 2009 n° 212, p. 191 : moniteur ayant exigé d'un travailleur handicapé, appartenant au groupe qu'il était chargé d'encadrer qu'il aille, seul dans le froid, casser des pierres).*

À l'inverse, dans l'autre affaire, elle a estimé que n'était pas constitutive d'une faute grave, ni même d'une cause réelle et sérieuse la gifle infligée par une aide médico-psychologique à un jeune résident lourdement handicapé, au motif que « *le geste de Mme X... avait été provoqué par l'attitude du jeune résident qui l'avait agrippée au bras, avait refusé de la lâcher et lui avait enfoncé les ongles dans la peau, et que le comportement de la salariée, qui justifiait d'une ancienneté de treize années, avait été jusqu'alors irréprochable » (Cass. soc., 18 mars 2009, n° 08-40.384, CSB Paris 2009 n° 212, p. 191).*

La Cour de cassation a retenu une faute grave à l'encontre d'une salariée, aide-soignante, qui avait commis des actes de maltraitance à l'encontre de plusieurs résidents, portant ainsi atteinte à la dignité de personnes fragiles, dépendantes ou peu à même de se défendre *(Cass. soc., 31 mars 2021 n° 19-23.518).*

§ 9. L'ABANDON DE POSTE, LES ABSENCES INJUSTIFIÉES

A. La durée de l'absence, les conséquences sur le fonctionnement de l'entreprise

1. *Les comportements justifiant le licenciement*

45.1.9.1.1. – L'abandon de poste peut être constitutif d'une faute d'une gravité suffisante pour justifier le licenciement, en particulier lorsque l'agissement du salarié est susceptible d'avoir des conséquences sur le bon fonctionnement de l'entreprise *(CE, 1er déc. 1982, n° 33.776, Sté Elvia : responsable de la permanence téléphonique d'une société spécialisée dans l'assistance médicale d'urgence n'ayant pas assuré personnellement sa fonction et s'étant fait remplacer par un tiers sans en avertir la direction, alors que cette pratique était formellement interdite).* Malgré les dispositions de l'article L. 1237-1-1 du Code du travail issues de la loi n° 2022-1598 du 21 décembre 2022 portant mesures d'urgence relatives au fonctionnement du marché du travail en vue du plein emploi, et prévoyant que le salarié qui a abandonné volontairement son poste et ne reprend pas le travail après avoir été mis en demeure de le faire est présumé démissionnaire, l'employeur dispose toujours de la possibilité de mettre en œuvre une procédure de licenciement pour motif disciplinaire *(sur la présomption de démission cf. n° **14.1.6**).*

Les absences injustifiées peuvent constituer une faute d'une gravité suffisante à l'encontre d'un salarié protégé. Il en est ainsi, notamment :

– d'absences et de retards répétés et injustifiés *(CE, 26 sept. 1990, n° 104.710, Sté Hôtel Lancaster ; CE, 28 avr. 1997, n° 163.288, Jorf)*, en particulier lorsqu'ils ont été de nature à perturber le bon fonctionnement de l'entreprise et avaient été précédés de sanctions antérieures pour des faits similaires *(CE, 15 avr. 1996, n° 152.121, Sté Sobem-Biscoval, RJS 1996 n° 686)* ;
– d'une ou de plusieurs absences répétées d'un salarié malgré le refus de l'employeur de les autoriser *(CE, 14 oct. 1992, n° 118.599, Vereecken, Jurisp. soc UIMM n° 93-559, p. 108 ; CE, 10 juill. 1995, n° 133.802, Sté UGC)* ;
– d'absences injustifiées du salarié à son poste de travail ainsi que de la prise inopinée par celui-ci d'heures de délégation, les absences ne résultant pas de son état de santé *(CE, 30 déc. 2016, n° 383.422)*.

De même, la faute grave a été retenue par le juge judiciaire à l'encontre :
– du salarié dont l'absence injustifiée s'était perpétuée malgré une mise en demeure de l'employeur *(Cass. soc., 13 janv. 2004, n° 01-46.592, Bull. V n° 6 ; Cass. soc., 5 déc. 2007, n° 06-44.123)* ;
– du silence gardé par le salarié pendant plus de 15 jours sur son absence, nonobstant son incarcération au Maroc *(Cass. soc., 29 oct. 2008, n° 06-46.189, RJS 2009 n° 23)* ;
– de nombreux retards et absences désorganisant la bonne marche de l'entreprise *(Cass. soc., 19 mars 1987, n° 84-40.716, Bull. V n° 170)* ;
– de l'absence prolongée et injustifiée d'une salariée à son poste malgré des mises en demeure, le refus de l'employeur d'accéder à sa demande de modification d'horaire de travail formulée à l'issue de son congé de maternité résultant de l'exercice légitime de son pouvoir de direction sans porter abusivement atteinte au droit à une vie personnelle et familiale *(Cass. soc., 12 sept. 2012, n° 11-21.494)*.

Est justifié le licenciement pour cause réelle et sérieuse d'une salariée qui s'était volontairement abstenue d'informer son employeur de ce qu'elle serait absente à compter du lendemain pour subir une intervention chirurgicale programmée depuis deux mois devant entraîner un arrêt de travail prévisible de plusieurs semaines, alors qu'elle savait pertinemment qu'une telle absence était susceptible de perturber le fonctionnement du service *(Cass. soc., 21 nov. 2012, n° 11-18.686, RJS 2013 n° 105)*. De même, les retards et absences injustifiées au cours des six mois ayant précédé le licenciement en dépit de sanctions disciplinaires préalables justifient le licenciement malgré une ancienneté de vingt ans *(Cass. soc., 6 mars 2019, n° 18-11.451)*. Il en est de même d'une absence injustifiée durant six semaines d'un salarié qui rencontrait de nombreuses difficultés personnelles et de santé et avait plus de vingt ans d'ancienneté *(Cass. soc., 26 sept. 2018, n° 17-17.563)*.

2. *Les comportements ne justifiant pas le licenciement*

45.1.9.1.2. – Au contraire, le caractère de gravité suffisante n'a pas été retenu par le juge administratif dans les circonstances suivantes :

- pour un salarié auquel il était reproché de s'être absenté irrégulièrement pendant deux heures et demie *(CE, 16 nov. 1988, n° 68.080, Boucher)* ;
- pour un salarié ayant quitté l'établissement sans autorisation, les faits ne s'étant produits qu'une seule fois *(CE, 18 mai 1988, n° 67.079, Sté Hutchinson et Compagnie Fit Profiles)* ;
- pour des salariés nouvellement élus au comité d'entreprise, auxquels il était reproché d'avoir quitté leur poste de travail pour se livrer à divers jeux dans la cour de l'usine *(CE, 16 nov. 1988, n° 75.628, Anselmi et Conti)* ;
- pour un agent de surveillance s'étant absenté à trois reprises, dont deux brièvement et pour des motifs légitimes, de son poste de travail, la troisième fois constituant un « *comportement qui est demeuré isolé* » *(CE, 28 avr. 1997, n° 169.326, Sté Castorama)* ;
- d'absences ayant donné lieu de la part du salarié à des explications circonstanciées *(CE, 24 juill. 1981, n° 15.834, Sté Établissements Chollet)* ;
- pour un salarié régulièrement suivi pour un état dépressif au moment des faits, qui avait demandé à la hiérarchie, à la suite d'une altercation qu'il n'avait pas provoquée, l'autorisation de quitter l'entreprise de manière anticipée eu égard à soin état de santé et afin d'aller consulter son médecin traitant, lequel, le lendemain, lui avait prescrit un arrêt de travail *(CE, 11 avr. 2014, n° 366.105, Alamel)*.

La situation du salarié entre la fin de l'arrêt de travail et la visite de reprise et la sanction de l'absence de visite de reprise

L'examen de reprise a lieu lors de la reprise du travail et au plus tard dans un délai de huit jours *(C. trav., art. R. 4624-22)*.

a) Le salarié qui reprend son travail avant d'avoir fait l'objet de la visite médicale de reprise est soumis au pouvoir disciplinaire de l'employeur. Ce dernier peut le sanctionner notamment en cas d'abandon de poste pendant le délai de huit jours *(Cass. soc., 17 oct. 2012, n° 11-22.287, RJS 2013 n° 21)*.

b) En revanche, l'absence du salarié entre la fin de son arrêt de travail et la visite médicale de reprise n'est pas en soi fautive dans la mesure où le contrat est encore suspendu jusqu'à la visite médicale de reprise *(Cass. soc., 21 mai 2008, n° 07-41.102 ; Cass. soc., 16 juin 2009, n° 08-41.519, Bull. V n° 147 ; Cass. soc., 28 avr. 2011, n° 09-40.487, Bull. V n° 99 ; Cass. soc., 20 mars 2013, n° 12-14.779, RJS 2013 n° 360)*. S'agissant d'un arrêt consécutif à un arrêt de travail, cette absence de faute grave a pour conséquence la nullité du licenciement, en application des articles L. 1226-9 et L. 1132-4 du Code du travail *(Cass. soc., 13 juill. 2010, n° 09-40.984, Bull. V n° 175, RJS 2010 n° 752 ; Cass. soc., 15 oct. 2014, n° 13-14.969, RJS 2015 n° 22).*

c) Ne saurait justifier un licenciement le fait pour un salarié qui n'a pas été soumis à la visite de reprise de cesser de venir travailler *(Cass. soc., 25 mars 2009, n° 07-44.408, Bull. V n° 82, RJS 2009 n° 626, Liaisons soc. Jurisp. Hebdo. n° 83/2009 du 14 mars 2009 ; Cass. soc., 13 févr. 2019, n° 17-17.492, RJS 2019 n° 202 ; Cass. soc., 1er juin 2023, n° 21-24.269).*

d) A été regardé comme constituant une faute grave le refus répété et délibéré du salarié de se soumettre à une visite de reprise, sans justification d'une incapacité de se déplacer *(Cass. soc., 30 avr. 2014, n° 13-10.361).*

De même, ont été regardés par la Cour de cassation comme ne constituant pas une faute grave, ni même une cause réelle et sérieuse :

– une absence injustifiée pendant une semaine, dès lors qu'il s'agissait de l'unique manquement commis en 25 années de carrière par un salarié au comportement jusqu'alors irréprochable *(Cass. soc., 7 mars 2006, n° 04-43.782)* ;
– des retards fréquents et des absences injustifiées, dès lors que la salariée, employée à temps partiel comme réceptionniste dans un hôtel, était dans l'impossibilité de connaître son rythme de travail et ses horaires, compte tenu de l'absence de précision quant à la répartition de sa durée du travail *(Cass. soc., 13 mars 2013, n° 12-12.779).*

S'agissant d'absences inopinées de courte durée, il a été jugé que la faute ne saurait être considérée comme suffisamment grave dès lors qu'elle n'occasionne pas de préjudice notable au bon fonctionnement de l'entreprise *(absence de cause réelle et sérieuse d'un licenciement fondé sur une seule absence : Cass. soc., 24 janv. 1991, n° 89-40.749).*

La chambre sociale s'est par ailleurs fondée sur les dispositions des articles L. 1132-1 et L. 1132-2 du Code du travail pour juger que « *le fait de quitter son poste de travail en raison de son état de santé afin de consulter un médecin ne constitue pas, en soi, une faute de nature à justifier le licenciement* » *(Cass. soc., 3 juill. 2001, n° 99-41.738, Bull. V n° 244, Dr soc 2001, p. 1052).*

Selon la jurisprudence de la Cour de cassation, l'absence ou l'abandon de poste ne peut, en outre, justifier une rupture du contrat de travail s'il résulte d'un motif légitime, *a fortiori* lorsque celui-ci est connu de l'employeur.

Tel est le cas, par exemple :

– du départ anticipé d'une secrétaire installée dans un local insuffisamment chauffé, un jour où la température extérieure était particulièrement froide *(Cass. soc., 5 juin 1986, n° 83-43.214)* ;
– du départ en congé formation d'un salarié, refusé à tort par l'employeur en l'absence démontrée de conséquences préjudiciables

à la production et à la marche de l'entreprise, circonstances qui seules peuvent justifier le refus du congé formation *(Cass. soc., 7 nov. 1989, n° 87-41.219, Bull. V n° 649)* ;

– d'une absence de courte durée, après que le salarié se soit assuré de la bonne marche de son unité, de telles absences étant autorisées *(Cass. soc., 14 janv. 1992, n° 90-45.246)* ;

– du départ d'une salariée, mère de famille, à la suite d'un refus sans motif opposé par l'employeur à une demande de changement d'horaires momentané pour commencer son travail une demi-heure plus tard le matin et récupérer ce temps sur la pause de midi, dans l'attente de trouver une personne pour accompagner son enfant de 4 ans *(Cass. soc., 10 févr. 1993, n° 91-40.569)* ;

– de l'absence d'un salarié qui avait informé l'employeur de la situation résultant du décès d'un proche qui devait être inhumé au Portugal et de son intention de prendre à cette occasion une semaine de congé *(Cass. soc., 22 nov. 2000, n° 98-44.744)* ;

– de l'absence d'un salarié placé en détention provisoire, ce dont l'employeur avait été informé préalablement au licenciement, le comportement incriminé étant sans lien avec l'activité professionnelle *(Cass. soc., 22 nov. 2000, n° 98-44.744)* ;

– de l'abandon de son poste de travail par un salarié, sans qu'ait été vérifiée si cet abandon de poste n'était pas la conséquence des problèmes de santé de l'intéressé, qui établissait avoir consulté le jour même un médecin l'ayant placé en arrêt de travail *(Cass. soc., 3 juill. 2001, n° 99-41.738, Bull. V n° 244, RJS 2001 n° 1133 ; Cass. soc., 2 déc. 2009, n° 08-40.156, RJS 2010 n° 172)* ;

– du départ du salarié en congé sabbatique, en l'absence de réponse de l'employeur à sa demande dans le délai d'un mois, laquelle pouvait être regardée comme valant accord tacite *(Cass. soc., 12 mars 2008, n° 06-43.866, Bull. V n° 61)* ;

– de l'absence injustifiée à la suite d'une modification du contrat de travail que le salarié n'avait pas acceptée *(Cass. soc., 21 juin 2023, n° 22-13.514, RJS 2023 n° 506)*.

B. Le non-respect des dates de congé

45.1.9.2. – Le non-respect des dates de congé peut également constituer une faute d'une gravité suffisante. Celle-ci a notamment été retenue :

– pour un congé pris du 4 juillet au 4 août, alors que l'employeur avait donné son accord sur un congé de trois semaines du 25 juillet au 15 août *(CE, section, 20 févr. 1987, n° 72.347, Louat, Rec. p. 70)* ;

– pour une salariée partie en congé annuel sans avoir arrêté les écritures dont elle avait la charge et refusé de reprendre le travail malgré l'injonction de l'employeur, qui avait valablement modifié les dates de congé en raison de circonstances exceptionnelles résultant de la remise de comptes au tribunal de commerce dans le cadre d'une procédure d'apurement du passif *(CE, section, 11 févr. 1991, n° 68.058, Jaddi, Rec. p. 48, RJS 1991 n° 597)* ;

– pour le départ en congé d'une salariée, directeur pharmacien-biologiste d'un laboratoire d'analyses médicales, partie sans informer préalablement le gérant de la société et ayant pris cinq jours de congé, ce qui constituait une faute d'une gravité suffisante, compte tenu du niveau de ses responsabilités et des problèmes occasionnés au bon fonctionnement du laboratoire *(CE, 6 nov. 1995, n° 125.258, Moulin, RJS 1996 n° 42)* ;
– pour un départ en congé trois jours avant la date autorisée par l'employeur, puis une cure thermale d'une durée de trois semaines également sans autorisation, sans justifier d'un certificat médical la prescrivant à cette date *(CE, 6 nov. 1995, n° 154.878, Flichy)* ;
– pour un salarié, magasinier, parti en congé du 15 décembre 1991 au 22 janvier 1992, alors que la direction ne lui avait donné son accord que pour une semaine ; « *la circonstance que M. Robert aurait obtenu un accord verbal de son chef de service, à supposer que le requérant puisse s'en prévaloir, n'est pas établie* » *(CE, 19 févr. 1997, n° 156.830, Robert)* ;
– pour un salarié s'étant abstenu de réintégrer son poste au terme de son congé annuel le 9 août 1993, en motivant expressément son attitude par la suppression de sa voiture de fonctions, son absentéisme ayant perduré jusqu'au 19 mars 1994 *(CAA Paris, 22 déc. 2004, n° 97MA00350 et 96MA02023)*.

Il en va autrement lorsque les explications avancées par le salarié permettent de retenir le caractère involontaire de son retour tardif *(CE, 24 févr. 1987, n° 63.615, Lallali, Tables p. 981 : salarié n'ayant pas rejoint son poste de travail à l'issue de ses congés et d'un arrêt de maladie, en raison de sa condamnation par un tribunal marocain à une peine de prison dont la durée n'était pas connue ; CE, 20 avr. 1988, n° 71.481, Sté nouvelle du Fumelois, Jurisp. soc UIMM n° 88-509, p. 484 : problèmes familiaux entraînant un report de la date de retour, dont l'employeur avait d'ailleurs été informé)*.

Jusqu'alors, le juge judiciaire appréciait la gravité de la faute en fonction de la perturbation apportée. A ainsi été jugé sans cause réelle et sérieuse le licenciement d'un salarié parti après avoir réglé tout ce qui était nécessaire au bon fonctionnement de l'agence et sans que l'absence ait eu une incidence sur sa bonne marche *(Cass. soc., 19 déc. 1991, n° 90-46.116)*. Toutefois, plusieurs décisions récentes ont retenu l'existence d'une faute grave, nonobstant l'absence ou l'existence d'un préjudice pour l'employeur *(Cass. soc., 30 sept. 2003, n° 01-43.409, RJS 2003 n° 1407 ; Cass. soc., 23 mars 2004, n° 01-45.225, RJS 2004 n° 709)*.

De même, l'existence d'une cause réelle et sérieuse a été écartée :

– pour un refus de l'employeur, tardif et non justifié par de réelles nécessités de service, opposé à une demande de congés déposée depuis de longs mois et que la salariée, qui avait pris d'importantes dispositions pour les organiser, était fondée à croire tacitement acceptée, la décision de l'employeur ayant été prise avec une légèreté blâmable constitutive d'un abus de droit *(Cass. soc., 12 févr. 1987, n° 83-44.828, Bull. V n° 75)* ;

– pour un départ en congé sans autorisation, l'absence de réponse de l'employeur à la demande du salarié ayant laissé penser à ce dernier, de bonne foi, que sa demande était acceptée *(Cass. soc., 14 nov. 2001, n° 99-43.454)* ;

– pour le retrait tardif d'une autorisation précédemment accordée *(Cass. soc., 28 mai 2008, n° 07-41.785)* ;

– pour l'absence d'un salarié à l'issue de ses congés, après que l'accord de l'employeur sur les dates de congé ait été remis en cause par celui-ci sans motif valable *(Cass. soc., 30 mai 1990, n° 87-42.605, Bull. V n° 256)* ou lorsque la date du retour n'avait pas été fixée de manière incontestable *(Cass. soc., 28 mai 1991, n° 88-41.410, Bull. V n° 267)*.

Le juge judiciaire considère, en outre, que le non-respect par l'employeur de ses obligations légales, notamment l'affichage des dates de départ, enlève au comportement du salarié tout caractère fautif *(Cass. soc., 6 févr. 1986, n° 83-42.624 ; Cass. soc., 11 juill. 2007, n° 06-41.706)*.

§ 10. LE NON-RESPECT DE CONSIGNES

45.1.10. – Le non-respect de consignes peut constituer une faute d'une gravité suffisante, s'il nuit à l'accomplissement des tâches à effectuer ou perturbe le fonctionnement de l'entreprise *(CE, 9 juill. 1993, n° 134.565, Berard, Tables p. 1068, RJS 1993 n° 1002 ; CE, 25 mars 2009, n° 318.053, Sté normande de valorisation énergétique)*.

Il en va ainsi pour un cadre commercial qui a procédé, de son propre chef, à des rappels de salaire à son bénéfice et à une augmentation de sa rémunération sans obtenir l'accord de son employeur. Cet agissement constitue, bien que ce salarié ait été chargé de représenter la société en tout ce qui concerne les rapports avec le personnel, une faute d'une gravité suffisante. L'intéressé avait manifestement outrepassé la délégation de pouvoir qui lui avait été accordée, nonobstant la circonstance que la société ait méconnu à son égard des dispositions contractuelles relatives à la fixation de son salaire *(CE, 2 févr. 1996, n° 147.401, Duc, RJS 1996 n° 301)*.

En revanche, ne justifiaient pas le licenciement :

– le fait d'avoir introduit dans l'entreprise une personne qui y était étrangère, contrairement aux obligations du règlement intérieur et sans suivre la procédure d'entrée prévue dans une note interne *(CE, 19 nov. 1980, n° 8.564, Cailloux, Rec. p. 910)* ;

– le fait d'avoir introduit dans l'enceinte de l'entreprise un ancien salarié de cette dernière pour réparer son véhicule personnel immobilisé par une panne sans avoir au préalable sollicité personnellement l'autorisation de la direction *(CE, 22 mai 1981, n° 16.831, Barbaro)* ;

– le fait pour une salariée d'envoyer comme courrier de la Fédération qui l'employait, malgré l'interdiction de son délégué régional, des correspondances remises par son mari, lui-même ancien délégué régional, dans la mesure où l'organisme désormais dirigé par ce dernier n'était pas, compte tenu de ses activités, en situation de concurrence et où les correspondances expédiées, adressées à d'anciens stagiaires, n'étaient pas sans lien avec les fonctions qu'il avait précédemment exercées *(CE, 6 nov. 1995, n° 133.558, Boureau)* ;

– le fait pour un salarié d'organiser, pendant ses heures de travail et en compagnie de cinq autres salariés, un dîner dans un local de maintenance non affecté à cet usage méconnaissant ainsi les règles générales d'hygiène et de sécurité qui s'imposaient à lui dans la mesure où le salarié qui justifiait d'une ancienneté importante et n'avait, jusque-là, jamais fait l'objet d'une sanction disciplinaire, s'est contenté d'apporter de la nourriture sur le lieu de travail sans introduire ni consommer d'alcool *(CE 20 mars 2017, n° 391.226, Sté SMART France)*.

Un manquement grave aux règles de sécurité est de nature à entraîner le licenciement d'un salarié protégé. Ainsi, constitue une faute d'une gravité suffisante « *l'absence prolongée* [d'un salarié, chauffeur-livreur] *pendant une opération de livraison de matières inflammables, alors qu'il était tenu d'en surveiller personnellement le déroulement afin d'être à même de prendre les mesures nécessaires en cas d'incident* » *(CE, 7 juin 2000, n° 191.828, SA Roulle, Rec. p. 1271, RJS 2000 n° 971)*.

Pour sa part, la Cour de cassation a notamment retenu la qualification de faute grave dans les cas suivants : exposition d'un autre salarié à un risque d'accident, violation délibérée d'une consigne de sécurité dans une entreprise classée comme établissement dangereux de première catégorie *(Cass. soc., 29 mai 1986, n° 85-40.671)*.

Il en a été de même pour :

– un refus systématique ou répété d'un salarié de se plier aux règles de sécurité, malgré l'existence d'instructions écrites informant que de telles négligences pourraient être sanctionnées par un licenciement immédiat *(Cass. soc., 31 oct. 1989, n° 86-45.032)* ;

– le défaut d'entretien et de remplacement de pièces sur une grue par un chef d'atelier, à l'origine d'un accident mortel causé par la défaillance de cette grue *(Cass. soc., 12 mars 2002, n° 99-45.012, RJS 2002 n° 545 ; Cass. soc., 28 févr. 2002, n° 00-41.220, Bull. V n° 82, RJS 2002 n° 582)* ;

- le non-respect des consignes de chargement par un salarié, à l'origine d'un accident au cours des opérations de chargement d'une remorque, l'intéressé ayant, en outre, continué d'ignorer ces consignes en dépit des sanctions prononcées à son encontre pour des faits similaires et ayant ainsi persisté dans le même comportement fautif *(Cass. soc., 4 mars 2009, n° 08-40.967)* ;
- la violation d'une interdiction générale de fumer justifiée par la sécurité des personnes et des biens, imposée en raison du risque d'incendie par l'arrêté préfectoral d'autorisation d'installation classée et figurant au règlement intérieur, portée à la connaissance des salariés tant par l'affichage de ce règlement que par les nombreux panneaux disposés dans l'entreprise, ainsi que par une note interne de rappel mentionnant les sanctions encourues *(Cass. soc., 1er juill. 2008, n° 06-46.421, Bull. V n° 145, RJS 2008 n° 1003 et avis S. Petit, avocat général à la Cour de cassation, « Le tabagisme dans l'entreprise », RJS 2008 p. 785, JCP E n° 38, 18 sept. 2008, p. 42 ; Cass. soc., 15 janv. 2014, n° 12-20.321)* ;
- des manquements d'une particulière gravité aux règles de sécurité commis par le salarié, directeur technique, malgré des instructions précises et circonstanciées de son employeur *(Cass. soc., 30 sept. 2005, n° 04-40.625, Bull. V n° 278, Dr soc 2006, p. 102, obs. J. Savatier, D. 2005, p. 973 ; Cass. soc., 20 nov. 2013, n° 12-21.941)* ;
- le non-respect des règles de sécurité par un salarié, couvreur depuis 15 ans et ayant bénéficié d'une formation certifiée au port des équipements de protection, qui avait décroché son harnais de la ligne de vie tandis qu'il procédait en bordure de toit à un nettoyage de chantier *(Cass. soc., 31 janv. 2012, n° 10-21.742 ; Cass. soc., 19 juin 2013, n° 12-14.246 : faute commise par une salariée, par ailleurs tenue de donner l'exemple aux membres de l'équipe dont elle était responsable)* ;
- le non-respect du protocole établi par l'établissement en cas d'urgence ou d'incident grave (*Cass. soc., 18 déc. 2018, n° 17-19.400*) ;
- l'oubli, par un chef de chantier avec plus de vingt ans d'ancienneté, de vérifier les branchements électriques réalisés par ses subordonnés, compte tenu notamment de la dangerosité potentielle *(Cass. soc., 25 févr. 2023, n° 22-10.398)*.

À l'occasion de l'arrêt précité du 30 septembre 2005, la chambre sociale a rappelé l'obligation, faite à chaque salarié par l'article L. 4122-1 du Code du travail, de prendre soin, en fonction de sa formation et selon ses possibilités, de sa sécurité et de sa santé ainsi que de celles des autres personnes concernées du fait de ses actes ou de ses omissions au travail *(Cass. soc., 28 mai 2008, n° 06-40.629)* ; dès lors, alors même qu'il n'aurait pas reçu de délégation de pouvoir, il répond des fautes qu'il a commises dans l'exécution de son contrat de travail *(cf. C. trav., art. L. 4122-1 relatif à l'obligation de sécurité du salarié)*.

En revanche, le juge judiciaire n'a pas admis la validité d'un licenciement d'un salarié auquel il était reproché d'avoir introduit dans le système informatique de la société un code bloquant l'accès aux divers fichiers dans le but de se protéger contre l'employeur, s'étant aperçu à plusieurs reprises que les fichiers non protégés étaient modifiés pour créer des fautes en vue de la constitution d'un dossier de licenciement à son encontre *(CA Douai, 18 déc. 1997, Théry c. / Sté Infotab, RJS 1998 n° 1155)*.

§ 11. LE REFUS D'EXÉCUTER LES DIRECTIVES DE L'EMPLOYEUR

A. Les refus présentant un caractère fautif

45.1.11.1. – Le refus opposé par le salarié d'accomplir, sans motif valable, une tâche entrant dans ses attributions ou correspondant à sa qualification ou de se conformer à une instruction de l'employeur peut justifier en principe le licenciement.

Il en a été jugé ainsi :

– pour le refus d'exécuter une manœuvre urgente par un salarié, agent de sécurité dans une centrale nucléaire *(CE, 9 oct. 1987, n° 68.531, Sté européenne de vigilance industrielle et privée)* ;
– pour le refus par une aide-soignante d'exécuter l'ordre de transporter un malade à une salle d'examen sans vouloir s'expliquer sur les raisons de son refus tant qu'un représentant de son organisation syndicale ne serait pas présent *(CE, 6 mars 1987, n° 70.829, Martinet)* ;
– pour le refus persistant de l'intéressé de se conformer aux directives de son employeur en ne mettant pas en œuvre la nouvelle stratégie de développement commercial de l'entreprise qui mettait l'accent sur la nécessité de prospecter une nouvelle clientèle *(CE 13 juin 2016, n° 391.903, M.B... c. / S^té^ Ecus)*.

De même, la faute grave a été retenue par la Cour de cassation :

– pour un refus d'effectuer des heures supplémentaires légalement décidées pour effectuer un travail urgent *(Cass. soc., 8 déc. 1988, n° 86-44.447, Bull. V n° 649, Jurisp. soc UIMM n° 89-512, p. 49 ; Cass. soc., 26 nov. 2003, n° 01-43.140, RJS 2004 n° 213)* ;
– pour le refus d'un travail demandé, lorsque celui-ci est occasionnel ou de courte durée et ne remet pas en cause la qualification du salarié *(refus réitéré de former à sa spécialité, qu'il était seul à connaître, un collègue pour une « mise au courant » et une adaptation de courte durée : Cass. soc., 13 oct. 1982, n° 80-41.231, Bull. V n° 543)* ;
– pour le refus inopiné d'effectuer une tâche urgente *(Cass. soc., 26 juin 1985, n° 84-43.529)* ;

- pour le refus de se soumettre à une mise à pied disciplinaire en adoptant une attitude provocante, ce qui constitue la réitération d'actes d'insubordination *(Cass. soc., 25 mai 2004, n° 02-41.900, Bull. V n° 136, RJS 2004 n° 912)* ;
- pour le refus réitéré d'un salarié de se présenter pour la visite de reprise devant le médecin du travail, malgré les mises en demeure de son employeur *(Cass. soc., 29 nov. 2006, n° 04-47.302, Bull. V n° 361 ; Cass. soc., 28 oct. 2009, n° 08-42748, RJS 2010 n° 29)* ;
- pour le refus d'une salariée de former une stagiaire au rapprochement des factures, aucun élément ne permettant de corroborer son allégation selon laquelle cette tâche de formation n'entrait pas dans ses fonctions *(Cass. soc., 28 mai 2008, n° 07-40.817 ; Cass. soc., 9 janv. 2008, n° 06-44.522, RJS 2008 n° 367)* ;
- pour le refus d'un salarié de se soumettre à plusieurs reprises à une évaluation de son travail, l'employeur tenant de son pouvoir de direction né du contrat de travail le droit d'évaluer le travail de ses salariés, sous réserve de ne pas mettre en œuvre un dispositif d'évaluation qui n'a pas été porté préalablement à la connaissance de ceux-ci *(Cass. soc., 10 juill. 2002, n° 00-42.368, RJS 2002 n° 1066)* et de satisfaire à des conditions d'objectivité et de transparence *(TGI Nanterre, 5 sept. 2008, n° 08-5737, RJS 2008 n° 1069)* ; toutefois, lorsque des entretiens annuels d'évaluation sont mis en œuvre, la chambre sociale a jugé que le procédure projetée par l'employeur devait être soumise à la consultation du comité d'entreprise, en application des dispositions de l'article L. 2323-32 du Code du travail *(Cass. soc., 10 avr. 2008, n° 06-45.741, RJS 2008 n° 690, pour l'utilisation d'un « outil de pilotage commercial » comme moyen d'évaluation des salariés)*, ainsi que du CHSCT dans la mesure où « *les modalités et les enjeux de l'entretien étaient manifestement de nature à générer une pression psychologique entraînant des répercussions sur les conditions de travail* » *(Cass. soc., 28 nov. 2007, n° 06-21.964, Bull. V n° 201, RJS 2008 n° 135)* et, sous la réglementation précédente, faire l'objet d'une déclaration à la CNIL en cas de traitement automatisé de données personnelles ;
- pour le refus d'un assistant chef de chantier d'un déplacement qui s'inscrivait dans le cadre habituel de son activité *(Cass. soc., 2 avr. 2014, n° 12-19.573, Bull. V, n° 94)* ou celui d'un salariée, qui malgré l'existence d'une clause de mobilité, d'une affectation provisoire sur un autre site également situé à Paris *(Cass. soc., 24 oct. 2018, n° 17-22.600)* ;
- pour le refus délibéré et renouvelé d'un salarié d'intégrer à l'issue de sa période de détachement une agence, qui avait été choisie d'un commun accord entre les parties lors de l'engagement *(Cass. soc., 24 juin 2015, n° 13-25.522, Bull. V n° 833)* ;
- pour le refus presque systématique de se soumettre aux directives de son responsable hiérarchique, le fait d'avoir refusé de serrer

la main de son supérieur et, convoquée à son bureau, d'avoir refusé de s'asseoir, d'avoir critiqué la politique managériale et de s'être opposée, parfois de manière virulente, à son responsable ; ce comportement fonde un licenciement pour motif disciplinaire et non pour insuffisance professionnelle *(Cass. soc., 9 janv. 2019, n° 17-20.568, RJS 2019 n° 153)*. L'existence du manquement du salarié à ses obligations doit toutefois être constatée, les seules déclarations d'intention ne caractérisant pas une faute *(Cass. soc., 9 mai 2006, n° 04-46.385, CSB Paris 2006 n° 183, p. 397)* ;

- en cas de cumul d'emploi, pour le refus de régulariser sa situation ou de transmettre à son employeur les documents lui permettant de vérifier que la durée totale de travail n'excède pas les durées maximales quotidiennes et hebdomadaires *(Cass. soc., 19 avr. 2023, n° 21-24.238)* ;
- compte tenu de la spécificité de son activité au sein d'une clinique recevant des clients sur rendez-vous, le refus de respecter les jours de présence fixés dans son emploi du temps, le salarié se présentant à son poste de travail selon ses envies et le quittant sans prévenir ses collaborateurs alors même qu'une convention individuelle de forfait annuel en jours n'instaure pas au profit du salarié un droit à la libre fixation de ses horaires de travail indépendamment de toute contrainte liée à l'organisation du travail par l'employeur dans l'exercice de son pouvoir de direction *(Cass. soc., 2 févr. 2022 n° 20-15.744, RJS 2022 n° 181)* ;
- le refus d'une salariée employée en qualité de psychologue d'effectuer les heures de travail hebdomadaires contractuellement prévues, de prendre en charge certains résidents de la structure qui l'employait et de participer aux réunions d'établissement de coordination *(Cass. soc., 24 mai 2023, n° 21-19.301)*.

S'agissant de la liberté religieuse, la Cour de cassation, si elle affirme l'obligation pour l'employeur de respecter les convictions de son salarié, a cependant jugé que celles-ci n'entrent pas dans le contrat de travail et, dans la mesure où elles prohibent tel comportement ou imposent telle pratique, doivent donner lieu à une clause spéciale du contrat de travail ; à défaut, « *l'employeur ne commet aucune faute en demandant au salarié d'exécuter la tâche pour laquelle il a été embauché dès l'instant que celle-ci n'est pas contraire à une disposition d'ordre public* » *(Cass. soc., 24 mars 1998, n° 95-44.738, Bull. V n° 171, Dr soc 1998, p. 614, RJS 1998 n° 701 : salarié de religion musulmane occupant un emploi de boucher, s'étant aperçu, après plusieurs années, que son emploi l'amenait à toucher de la viande de porc et prétendant avoir le droit d'occuper un autre emploi)*. En revanche, au regard de la liberté de pensée, de conscience et de religion protégée par l'article 9 de la Convention de sauvegarde des droits de l'homme et des libertés fondamentales, ne commet aucune faute une salariée, agent de surveillance de la RATP, qui sollicite, lors de l'audience de prestation de serment, la possibilité de substituer à la formule « je le jure » celle d'un engagement solennel *(Cass. soc., 7 juill. 2021, n° 20-16.206, B.)*.

B. Les refus fondés sur un motif légitime ou ne présentant pas un caractère de gravité de nature à justifier le licenciement

45.1.11.2. – Le juge administratif a estimé qu'il n'y avait pas faute d'une gravité suffisante dans les circonstances suivantes :

– pour le refus d'exécution d'une tâche exigeant une qualification supérieure *(CE, 15 juin 1987, n° 75.505, Sté Impression et Publicité, Jurisp. soc UIMM n° 88-501, p. 142)* ;

– pour le refus d'un salarié d'appliquer une instruction, compte tenu de la tolérance habituelle de l'employeur à l'égard de certaines pratiques *(CE, 26 mars 1982, n° 19.406, Association « Œuvres des Villages d'Enfants » : refus de fournir des renseignements complets et exacts sur ses autres activités professionnelles, ayant placé l'employeur, à son insu, en situation d'infraction aux dispositions légales sur la durée maximale du travail)* ;

– pour un salarié ayant refusé d'accepter de son supérieur la copie d'une décision de mise à pied et de quitter son poste de travail tant que cette mesure ne lui serait pas notifiée par lettre recommandée *(CE, 30 janv. 1981, n° 15.452, Sté nouvelle Idéal Standard)* ;

– pour le refus d'un salarié d'assurer une permanence prévue le samedi par l'horaire de travail en vigueur, compte tenu notamment du différend existant sur les modalités de récupération des permanences du samedi matin *(CE, 12 mars 1986, n° 56.139, Ets Fabre)* ;

– pour le refus d'un chauffeur-livreur d'allonger son programme de travail par une tournée supplémentaire, qui se serait traduite pour lui, en moyenne, par un surcroît de travail de deux heures et demie par semaines effectuées en heures supplémentaires sans compensation financière d'un niveau équivalent *(CE, 21 juill. 1989, n° 79.661, Sté Renova)* ;

– pour le refus d'un salarié, représentant d'une société, de loger à l'hôtel deux fois par semaine au cours de ses tournées, au lieu de rejoindre son domicile, compte tenu de l'absence de consignes claires de la direction et de tout préjudice constaté au détriment de celle-ci *(CE, 22 janv. 1996, n° 148.110, Filali)* ;

– pour trois refus d'exécution de certains travaux, deux de ces refus pouvant s'expliquer par le fait que le salarié estimait que la sécurité des opérations n'était pas assurée, le troisième pouvant être mis au compte d'un oubli, imputable à un surcroît exceptionnel de travail *(CE, 25 mars 1988, n° 75.013, Sté Ilford ; CAA Bordeaux, 2 déc. 1997, Sté Donitian c. / Decombes, RJS 1998, n° 1110 :*

chauffeur-grutier ayant abandonné son poste de travail en raison du caractère défectueux et dangereux de l'engin et prévenu son employeur par téléphone ; CAA Nancy, 21 oct. 1997, Sté SCOP Martin c. / Michon, RJS 1998, n° 1103 : maçon ayant refusé de travailler sur un toit alors que le temps était pluvieux) ;

– pour un refus d'accomplir des tâches, nouvelles, supplémentaires et au demeurant non rémunérées, dépassant la qualification professionnelle des salariées, travailleuses familiales, et constituant une modification substantielle de leur contrat de travail, ce refus revêtant un caractère non fautif nonobstant les dispositions de la convention collective *(CAA Nantes, 6 mai 1999, n° 97NT00289, Chrétien)*.

Ne peut être considéré comme fautif le fait de ne pas se rendre à un entretien préalable à une sanction, s'agissant d'une garantie pour le salarié en cas de procédure disciplinaire *(CE, 28 avr. 1997, n° 147.625, Brasnu et Pourraz, cf. n°* ***21.4.7.1****)*.

Le seul constat du refus du salarié de se soumettre à trois sanctions disciplinaires, faisant ainsi preuve d'une insubordination persistante, sans rechercher si ces sanctions étaient justifiées, ne suffit pas à établir la gravité suffisante pour justifier le licenciement *(CE, 7 mai 2014, n° 362.759, M. B., concl. R. Keller)*.

L'existence d'une pratique constante, générale et fixe, constitutive d'un usage, peut également retirer au comportement du salarié son caractère fautif, dès lors qu'aucune dénonciation régulière de cet usage par l'employeur n'est intervenue *(cf. n°* ***46.3.1****, s'agissant des heures de délégation)*. Il en est de même en cas de refus de se soumettre à la décision de l'employeur de suspendre l'horaire variable, la dénonciation de l'engagement unilatéral de ce dernier n'étant pas intervenue après information des instances représentatives du personnel et en observation d'un délai suffisant pour permettre d'éventuelles négociations *(Cass. soc., 10 déc. 2003, n° 02-40.039, RJS 2004 n° 360)*.

Ne justifie pas davantage un licenciement, selon la Cour de cassation, le refus de se conformer à une directive restreignant la liberté individuelle du salarié et non justifiée par la nature de la tâche à accomplir, ni proportionnée au but recherché, et notamment :

– pour le refus du salarié, conducteur dans un atelier de coupe de porter une blouse blanche pendant le travail, rendu obligatoire, en application d'une consigne générale, non justifiée par la nature de la tâche à accomplir *(Cass. soc., 18 févr. 1998, n° 95-43.491, Bull. V n° 90, RJS 1998 n° 461 ; sur la tenue vestimentaire ; cf. n°* ***44.3.2.1.2****)* ;

– pour le refus d'un salarié d'obtempérer à l'ordre de laisser son téléphone portable au vestiaire pendant les heures de travail, alors que la détention de ce type de téléphone n'est interdite ni par le règlement intérieur, ni par une note de service, et que les salariés peuvent recevoir des communications téléphoniques pendant leurs heures de travail *(CA Versailles, 20 juin 2002, Sté Mécanique Gallay c. / Roy, n° 00-1796, RJS 2003 n° 114)*.

Il en a été jugé de même par le juge judiciaire pour :

– le refus de se soumettre à des consignes vexatoires de l'employeur *(CA Paris, 14 sept. 1994, Fourneaux c. / Sté Automatismes Maintenance Industrie et Bâtiment, RJS 1996, n° 195)* ;
– le refus d'être soumis à des conditions de travail différentes de celles des autres salariés *(Cass. soc., 13 févr. 1996, n° 92-45.042, Dr soc 1996, p. 532, obs. A. Jeammaud)* ;
– le refus d'obéir à un ordre illégal *(Cass. soc., 12 mars 1991, n° 89-41.941, Bull. V n° 129, Dr ouvrier janv. 1992, p. 38Cass. soc., 14 oct. 1997, n° 95-43.719, RJS 1997 n° 1211)* ;
– le refus d'utiliser, à la sortie de l'entreprise, un badge n'ayant alors fait l'objet d'aucune déclaration de traitement auprès de la Commission nationale informatique et libertés *(Cass. soc., 6 avr. 2004, n° 01-45.227, Bull. V n° 103, RJS 2004 n° 787, Dr ouvrier 2004, p. 378, note Adam)* ;
– la décision de plusieurs délégués commerciaux de quitter le séminaire organisé par l'entreprise, en raison du refus de l'employeur d'apporter la réponse immédiate qu'elles exigeaient, compte tenu des légitimes inquiétudes qu'ils pouvaient nourrir quant au contenu de ce séminaire, eu égard aux liens entre certains membres de l'entreprise et une association dont les pratiques avaient été officiellement dénoncées comme sectaires *(Cass. soc., 17 déc. 2003, n° 01-43.655)* ;
– le refus d'obéir à un ordre contraire à la probité *(Cass. soc., 7 déc. 1989, n° 87-42.724, 87-42.725 et 87-42.726)*. En l'espèce, ce refus peut, de surcroît, se justifier par la circonstance qu'il ne peut pas, semble-t-il, se prévaloir d'une irresponsabilité résultant d'un état de subordination à l'égard d'un supérieur hiérarchique, tant sur le plan pénal *(Cass. crim., 8 janv. 1991, n° 90-80.512, RJS 1991 n° 321)* qu'au regard du contrat de travail *(Cass. soc., 5 oct. 1999, n° 97-42.320, RJS 1999 n° 1448 : participation personnelle et intentionnelle du salarié préalablement retenue par le tribunal correctionnel)*. Il devrait, en revanche, en aller autrement, sur le plan disciplinaire, si les instructions viennent de l'employeur lui-même : c'est la solution adoptée par la chambre sociale dans sa décision du 8 avril 1998 *(Cass. soc., 8 avr. 1998, n° 96-40.432)*. Toutefois, une décision a retenu l'existence de la faute à l'encontre du salarié, lequel avait fait préalablement l'objet d'une condamnation pénale pour les mêmes faits *(Cass. soc., 13 juin 2001, n° 99-41.102, RJS 2001 n° 1251)* ;
– le refus dûment motivé par l'état de santé *(Cass. soc., 7 févr. 1991, n° 89-40.425, Jurisp. soc UIMM n° 91-540 p. 262)* ;

– l'expression, en termes non injurieux ni abusifs, d'un désaccord avec le supérieur hiérarchique et le refus de signer le compte rendu d'entretien annuel d'évaluation *(CA Versailles, 5e Ch., 9 oct. 2008, n° 07-3427, RJS 2009 n° 312, préc. ; cf. n°* ***45.1.2.1****)*.

La Cour de cassation a également admis la légitimité d'un refus du salarié lié au respect de ses droits, notamment dans les circonstances suivantes :

– le refus d'effectuer un déplacement professionnel par une salariée qui n'arrivait pas à obtenir d'indemnisation pour ses six déplacements précédents *(Cass. soc., 6 nov. 1980, n° 78-41.757)* ;
– le refus d'effectuer des heures supplémentaires, en raison du non-respect par l'employeur des droits à repos compensateur pour les heures déjà effectuées *(Cass. soc., 5 nov. 2003, n° 01-42.798 et 01-42.799, RJS 2004 n° 213)* ou si l'inspecteur du travail n'a pas été informé, comme le prévoit la loi, de l'utilisation du contingent annuel d'heures supplémentaires *(Cass. soc., 10 juin 2003, n° 01-42.574, RJS 2003 n° 1174)* ;
– le refus d'assister à une réunion organisée quinze minutes avant l'heure normale de travail *(Cass. soc., 5 juin 1985, n° 84-41.894)* ou de se soumettre à un nouvel horaire de travail (système d'horaires individualisés) notifié par l'employeur, dès lors que celui-ci n'a pas respecté la procédure légale de mise en place *(Cass. soc., 17 oct. 1990, n° 87-45.422, Bull. V n° 477, RJS 1990 n° 885)* ;
– le refus d'être muté dans une société succursale *(Cass. soc., 28 mars 2000, n° 97-44.410, Bull. V n° 128, RJS 2000 n° 494)* ;
– le refus d'un ambulancier de répondre (hors obligation d'astreinte) aux trois appels téléphoniques que son employeur avait passés sur son téléphone portable personnel en dehors des heures de travail *(Cass. soc., 17 févr. 2004, n° 01-45.889, Dr ouvrier 2004 p. 526)* ;
– le refus d'un salarié d'effectuer des tâches l'exposant à un agent cancérogène, mutagène ou toxique pour la reproduction, la fiche d'aptitude délivrée par le médecin du travail ne comportant aucune mention relative à l'absence de contre-indication à ces travaux *(Cass. soc., 18 déc. 2007, n° 06-43.801, Bull. V n° 212, RJS 2008 n° 294, Liaisons soc. Jurisp. Hebdo n° 105/2008, 28 avr. 2008)* ;
– le non-respect des nouveaux horaires par un salarié, l'employeur ne respectant pas lui-même les horaires fixés par l'accord d'entreprise sur l'aménagement et la réduction du temps de travail ainsi que l'horaire affiché dans l'entreprise *(Cass. soc., 19 déc. 2007, n° 05-45.360)* ;
– le refus d'un salarié de reprendre le travail tant qu'il ne serait pas payé des salaires dont il avait été privé durant une mise à pied injustifiée, ce refus étant légitimé par un manquement de l'employeur à ses obligations *(Cass. soc., 23 juin 2009, n° 07-44.844, Bull. V n° 158, RJS 2009 n° 798, JCP E n° 35, 27 août 2009, p. 38)* ;

– le refus d'un salarié de reprendre son travail sur un poste incompatible avec les préconisations du médecin du travail, à la suite d'une inaptitude physique consécutive à une maladie, l'employeur étant tenu d'une obligation de sécurité de résultat *(Cass. soc., 23 sept. 2009, n° 08-42.629, Bull. V n° 189, RJS 2009 n° 945, CSB Paris 2009 n° 215, p. 38 ; Cass. soc., 5 mars 2014, n° 12-35.371, RJS 2014 n° 393)* ;
– le refus d'un salarié de reprendre son travail à l'issue d'une période de suspension consécutive à un accident du travail, avant d'avoir été soumis à la visite médicale de reprise *(Cass. soc., 21 sept. 2011, n° 10-15.741, RJS 2011 n° 868)*.

De même, l'employeur ne peut, au nom du principe d'égalité des armes, utiliser son pouvoir de licencier afin d'imposer au salarié sa propre solution dans le litige qui les oppose relativement à l'exécution d'un jugement du conseil de prud'hommes, litige qui n'a pas été définitivement tranché *(Cass. soc., 9 oct. 2013, n° 12-17.882, Bull. V n° 226, RJS 2013 n° 788 ; P. Florès, « La soumission du pouvoir disciplinaire au principe de l'égalité des armes », Sem. soc. Lamy, 28.10.2013, n° 1603, p. 12)*.

Est également regardé comme non fautif le refus d'exécuter une tâche n'entrant pas dans les attributions et/ou ne correspondant pas à la qualification et, par exemple :
– le refus de la part d'un monteur de films d'en ramasser les déchets aux fins de récupération *(Cass. soc., 22 mai 1986, n° 83-42.332)* ;
– le refus d'assurer pendant huit jours un travail (conduite avec réglage d'une machine à plier) pour lequel la salariée n'avait pas reçu la formation nécessaire *(Cass. soc., 7 mai 1981, n° 79-41.503, Bull. V n° 393)* ;
– le refus, par une comptable, d'assurer pendant une longue période, en plus de son travail, celui d'une secrétaire facturière en congé maternité *(Cass. soc., 20 janv. 1983, n° 80-41.616, Bull. V n° 27)* ;
– le refus du salarié, embauché « *en qualité de livreur ou tout autre emploi de même niveau suivant les nécessités de l'entreprise* », d'effectuer le vernissage d'un meuble, fonction au demeurant non prévue dans la convention collective *(Cass. soc., 23 mars 2005, n° 02-46.105, Bull. V n° 100, RJS 2005 n° 611)*.

Appelée en outre à se prononcer sur l'existence d'une faute grave, la Cour de cassation a écarté celle-ci pour :
– le refus d'une salariée d'accepter les horaires proposés par l'employeur dans le cadre d'un congé parental à temps partiel, dès lors que cette proposition n'est pas compatible avec des obligations familiales impérieuses *(Cass. soc., 1er avr. 2003, n° 00-41.873, Bull. V n° 125)* ;
– le refus d'un salarié, envoyé en mission dans le département de la Réunion pour une mission d'une durée prévisionnelle d'un an renouvelable annuellement, reconduite par avenant pour une

durée minimale d'un an, puis poursuivie sans avenant contractuel, de rejoindre sa nouvelle affectation en métropole, dans la mesure où il avait été laissé dans une situation ambiguë sans que l'employeur manifeste sa volonté d'un renouvellement pour une durée prévisionnelle ou déterminée, dans le cadre des dispositions conventionnelles *(Cass. soc., 22 sept. 2010, n° 08-70.091, Bull. V n° 193, RJS 2010 n° 900)* ;
- le refus d'un salarié de rejoindre sa nouvelle affectation, l'intéressé faisant valoir son impossibilité de rejoindre celle-ci à l'heure de la prise poste par les transports en commun *(Cass. soc., 2 avr. 2014, n° 12-29.494, RJS 2014 n° 464)*.

S'agissant du travail du lundi de Pentecôte, instituée journée de solidarité, le Conseil d'État avait jugé que cette obligation, résultant de la loi n° 2004-626 du 30 juin 2004 modifiée par la loi n° 2008-351 du 16 avril 2008 *(C. trav., ancien art. L. 212-16, nouvel art. L. 3133-9)*, ne contrevenait pas à la liberté fondamentale, reconnue par l'article 4 de la Convention européenne de sauvegarde des droits de l'homme, de ne pas être astreint au travail forcé *(CE, juge des référés, 3 mai 2005, n° 279.999, CFTC, Tables p. 1034)*.

§ 12. LE REFUS D'APPLIQUER UNE CLAUSE CONTRACTUELLE

45.1.12. – Ce refus constitue en principe un comportement fautif, sauf abus de droit ou détournement de pouvoir de l'employeur, dont le salarié doit alors établir l'existence *(pour les actes de la vie personnelle caractérisant un manquement à une obligation professionnelle, cf. n° **46.1.1.2**)*.

Toutefois, s'agissant d'une clause contractuelle prévoyant, le cas échéant, l'obligation pour le salarié de changer de domicile, il a été jugé que sa légalité était soumise à une double condition : être indispensable à la protection des intérêts légitimes de l'entreprise et proportionnée, compte tenu de l'emploi occupé et du travail demandé, au but recherché *(Cass. soc., 12 janv. 1999, n° 96-40.755, Bull. V n° 7, RJS 1999 n° 151 ; cf. chron. P. Waquet, RJS 2000, p. 342 et chron. J.-Y. Frouin, CSBP n° 99, p. 123 ; CA Paris, 14 déc. 2006, 21e ch., n° 05-4586, RJS 2007 n° 800)*.

Par ailleurs, pour être valable, la clause de secret professionnel ou de confidentialité doit répondre aux critères suivants :
- être indispensable à la protection des intérêts de l'entreprise ;
- être justifiée par la nature des fonctions du salarié ;
- être proportionnée au but recherché.

Un salarié peut être licencié pour avoir méconnu une clause de confidentialité *(Cass. soc., 30 sept. 2020 n° 19-12.058, B., RJS 2020 n° 586)*.

En outre, sont dépourvues d'effet les clauses du contrat de travail qui contreviendraient, dans un sens défavorable au salarié, à des dispositions d'ordre légal, réglementaire ou conventionnel telle que notamment une clause restreignant la liberté syndicale, une clause stipulant un salaire fixé à l'issue d'une procédure d'enchères électroniques *(C. trav., art. L. 1221-4)*, une clause résolutoire, une clause d'indexation des salaires *(Cass. soc., 18 juin 2008, n° 06-45.269)*, une clause prévoyant une sanction pécuniaire *(Cass. soc., 20 oct. 2010, n° 09-42.896, Bull. V n° 238)*, une clause de responsabilité financière *(Cass. soc., 10 nov. 1992, n° 89-40.523, Bull. V, n° 538 ; Cass. soc., 23 sept. 1992, n° 89-43.035, Bull. V, n° 466)*.

Enfin les clauses du contrat de travail doivent être licites *(cf. n° **42.2.6.2**)*.

SECTION 2

Les agissements malhonnêtes ou déloyaux

§ 1. LES VOLS ET DÉTOURNEMENTS

A. L'élément matériel de la faute

45.2.1.1. – Ces agissements constituent en principe des faits d'une gravité suffisante pour justifier le licenciement.

Ainsi en a-t-il été jugé pour le détournement :

– **de marchandises ou de matières** *(CE, 19 oct. 1988, SEMU Monoprix, n° 76.159, Rec. p. 351 ; CE, 27 juin 1990, n° 104.790, Association du foyer des jeunes travailleurs « Victor Hugo », Tables p. 1017 ; CE, 18 déc. 1991, n° 84.975, Sté « AGDE Distribution Intermarché », Tables p. 1233, Jurisp. soc UIMM n° 92-549, p. 202 ; CE, 22 mai 1995, n° 144.397, Centre de rééducation fonctionnelle « Le Grand Feu » ; CE, 22 janv. 1996, n° 139.064, SEITA ; CE, 25 mars 2009, n° 318.053, Sté normande de valorisation énergétique)* ;

– **d'outils ou de matériaux** *(CE, 18 nov. 1983, n° 23.807, Robbe, Rec. p. 889 ; CE, 6 juin 1984, n° 37.358, Sté Lebon et Cie ; CE, 26 avr. 1985, n° 44.689, Guy ; CE, 18 févr. 1987, n° 76.577, Sté Champignonnières de Chantilly-Gouvieux, préc. ; CE, 16 oct. 1989, n° 75.548, SCOP Manuest)* ;

– **de fonds** *(CE, 15 nov. 1985, n° 57.747, Arnold ; CE, 6 févr. 1987, n° 70.137, Sté Tavers Distribution ; CE, 27 juin 1986, n° 61.506, Hermida, Jurisp. soc UIMM n° 87-482, p. 24 ; CE, 25 mars 1988, n° 72.017, Sté S.E.F.I., Jurisp. soc UIMM n° 88-508, p. 442 ; CE, 25 mars 1988, n° 67.285, Barbaste, Jurisp. soc UIMM n° 88-508, p. 442 ; CE, 31 janv. 1997, n° 165.553, Sté Comptoirs Major Unidis, RJS 1997 n° 438 : dissimulation de 100 F par la caissière d'un magasin, dont l'employeur avait mis à l'épreuve la probité)* ;

– **de documents** *(Cass. soc., 8 déc. 2015, n° 14-17.759, RJS 2016 n° 113 : le salarié s'étant emparé, pour en faire des copies, de bulletins de paie appartenant à l'entreprise et le concernant mais dont il n'avait plus les originaux, portant atteinte au droit de propriété)*.

La jurisprudence administrative, à l'instar de la jurisprudence de la Cour de cassation, sanctionne sévèrement les détournements dont le salarié protégé se rend coupable.

Pour apprécier la gravité du comportement fautif, sont pris en compte les éléments suivants.

1. La valeur du détournement

45.2.1.1.1. – Cette valeur est restée longtemps pour la jurisprudence comme étant sans incidence. La faute d'une gravité suffisante a ainsi été retenue dans les cas suivants :

- pour un salarié ayant emporté à son domicile sans autorisation des outils et divers petits matériaux de faible valeur et dont certains figuraient sur son carnet d'outillage (*CE, 18 nov. 1983, n° 23.807, Robbe, Rec. p. 889*) ;
- pour un salarié d'une grande surface employé en qualité de boucher surpris en train de dérober une bouteille de vin dans le magasin *(CE, 19 oct. 1988, n° 76.159, Sté SEMU Monoprix, Rec. p. 351 ; CAA Marseille, 8 déc. 1998, n° 97MA01640, pour un vol de pots de peinture sur un chantier ; CAA Bordeaux, 10 juin 1999, n° 96BX00502, pour le vol d'un balai et de trois torchons par un responsable de cuisine)*.

Toutefois, le Conseil d'État n'adopte pas une position qui le conduirait à autoriser automatiquement le licenciement du salarié ayant commis un détournement. Il apprécie les circonstances de l'espèce, et notamment l'importance du préjudice causé à l'employeur, le montant du détournement, l'ancienneté du salarié et l'absence de reproches antérieurs.

L'absence d'une faute de gravité suffisante a, en application de ces principes, été reconnue dans les affaires suivantes, qui marquent un net infléchissement de sa jurisprudence :

- la consommation d'une cannette de bière prélevée sur les réserves du magasin *(CE, 13 avr. 1988, n° 69.763, Dailledouze)* ;
- le vol d'une brioche et de deux lots d'éponges d'une valeur totale de 49,50 F, « *eu égard, notamment, au montant très limité des articles dérobés, à l'ancienneté de l'intéressée, et au fait qu'elle n'avait fait antérieurement l'objet d'aucun reproche de la part de son employeur* » *(CE, 11 févr. 1998, n° 170.969, Sté Monoprix, Rec. p. 1203, Dr soc 1998, p. 1054, RJS 1998 n° 608)* ;
- la possession d'une quantité minime de fromage en provenance des ateliers où travaillait la salariée, celle-ci n'ayant fait antérieurement l'objet d'aucun reproche de la part de l'employeur *(en l'espèce, l'intéressée avait été condamnée par le juge répressif avec dispense de peine ; CE, 22 janv. 1996, n° 119.127, Guilbert)* ;
- la consommation, par un employé du rayon de crémerie d'un magasin, de deux pots de crème dessert prélevés dans le magasin

et non payés *(CE, 29 mai 1996, n° 156.732, Sté alsacienne de supermarchés)* ;
- l'appropriation de trois batteries usagées, d'une valeur totale de 24 F, dont l'une avait été laissée à disposition par un client *(CE, 18 nov. 1996, n° 140.531, Urios)* ;
- le non-paiement d'une pellicule photo, d'une valeur de 72,10 F *(CAA Nantes, 25 avr. 2002, n° 98NT00530, AJDA p. 1399)*.

La décision rendue par le Conseil d'État le 30 décembre 2003 marque la poursuite significative de cette évolution jurisprudentielle, en écartant l'existence de la faute d'une gravité suffisante pour une salariée, vendeuse d'un grand magasin, ayant dérobé à deux reprises, et pour une valeur totale de 392 F, divers articles d'habillement : le juge administratif, confirmant la décision du juge d'appel, s'est fondé sur l'absence de tout reproche durant ses trente-trois années d'activité dans l'entreprise, et ce en dépit de la condamnation pénale prononcée pour les mêmes faits *(CE, 30 déc. 2003, n° 230.307,* Sté *France Printemps)*. Ce faisant, en tant que juge de cassation, il a posé une règle générale selon laquelle « *pour apprécier si les faits de vol reprochés à un salarié sont d'une gravité suffisante pour justifier son licenciement, il convient de prendre en compte, notamment, le montant des articles dérobés, l'ancienneté de l'intéressé, l'existence éventuelle de reproches antérieurs de la part de l'employeur, mais aussi les circonstances dans lesquelles la soustraction des objets dérobés a eu lieu* ».

Sur ce point, le juge judiciaire, particulièrement sévère, a également assoupli sa position. Il n'a, ainsi, pas retenu la faute grave à l'encontre d'un salarié ayant consommé une bouteille de limonade prélevée sans autorisation dans les rayons du magasin *(Cass. soc., 8 nov. 1990, n° 88-43.980, Jurisp. soc UIMM n° 91-535, p. 47 ; Cass. soc., 3 mars 2004, n° 02-41.583, RJS 2004 n° 515 : compte tenu de son ancienneté de 16 ans, de la satisfaction de ses supérieurs quant à la qualité de son travail, pour une salariée, employée de libre-service, ayant commis un vol modique de divers produits de maquillage ; Cass. soc., 6 avr. 2011, n° 10-15.286)*.

La Cour de cassation a en outre admis l'absence de cause réelle et sérieuse en raison du caractère dérisoire des faits :
- pour la consommation d'une prune et d'un morceau-dégustation de fromage par une salariée *(Cass. soc., 18 oct. 1990, n° 88-44.584, Jurisp. soc UIMM n° 91-535, p. 47)* ;
- pour le détournement d'un pain et de quatre galettes par un salarié ayant 23 ans d'ancienneté *(Cass. soc., 4 juin 2002, n° 00-43.479, Dr ouvrier 2003 p. 440, note Boulmier)* ;
- pour l'utilisation limitée et sporadique, par une salariée ancienne, de moyens de papeterie et de bureautique pour des courriers personnels rédigés pendant le temps de travail *(Cass. soc., 26 avr. 2006, n° 05-40.257, CSB Paris 2009 n° 18)* ;
- pour le vol d'une paire de lunettes de soleil d'une valeur marchande de 33,90 euros par un salarié ayant près de 14 ans

d'ancienneté et aucun antécédent disciplinaire *(Cass. soc., 6 mars 2007, n° 05-44.569, RJS 2007 n° 567)* ;
- pour le vol du parapluie d'une collègue de travail, dès lors que le parapluie se trouvait sur le sol du sas d'entrée de l'agence où elle travaillait et que la salariée avait cru qu'il était abandonné car en mauvais état *(Cass. soc., 13 juill. 2016, n° 15-16.170)* ;
- pour la soustraction de trois produits périssables pour une valeur dérisoire par une salariée ayant plus de six ans d'ancienneté et n'ayant jamais fait l'objet d'un avertissement antérieur pour des faits de même nature *(Cass. soc., 6 oct. 2016, n° 15-14.597)*.

L'arrêt rendu le 21 février 2006, écartant l'existence d'une cause réelle et sérieuse de licenciement pour des vols de faible importance imputés à un salarié justifiant d'une grande ancienneté, a confirmé l'abandon définitif de la jurisprudence antérieure, la chambre sociale laissant aux juges du fond l'appréciation des circonstances du vol, et notamment la modicité du vol et l'ancienneté du salarié *(Cass. soc., 21 févr. 2006, n° 03-40.293, RJS 2006 n° 542 ; a contrario, Cass. soc., 5 mai 2011, n° 09-43.338 : faute grave retenue à l'encontre d'un salarié, chauffeur-livreur, ayant à plusieurs reprises commis des vols de carburant au détriment de son employeur)*.

En revanche, la chambre sociale a admis la qualification de faute grave :
- pour le vol par un salarié de deux bouteilles d'alcool dont la vente était l'objet même de l'activité de l'entreprise, au moyen d'un procédé organisé fonctionnant avec la complicité d'un autre salarié et destiné à échapper au contrôle mis en place par la société *(Cass. soc., 12 mars 2014, n° 13-11.696, RJS 2014 n° 381)* ;
- pour le vol de carburant appartenant à l'entreprise pour remplir le réservoir de son propre véhicule ainsi que plusieurs bidons *(Cass. soc., 14 oct. 2015, n° 14-16.104)* ;
- pour le fait pour le salarié d'avoir pris et gardé par devers lui des enveloppes contenant des tickets cadeaux à destination de la clientèle sans avoir spontanément révélé cette appropriation à sa hiérarchie lors de la première interpellation du personnel par celle-ci, ce qui constituait un manquement à l'obligation de probité caractérisant une faute grave *(Cass. soc., 28 mars 2018, n° 16-12.963, RJS 2018 n° 411)*.

Elle a retenu la qualification de faute lourde :
- pour des détournements commis par un salarié au détriment de la société et de ses filiales, les falsifications destinées à les masquer, la rétention et la perte de documents essentiels à l'entreprise, la non-exécution de ses missions essentielles de directeur administratif et financier pendant plusieurs mois et la dissimulation de cette carence à la direction de la société qui n'a découvert la réalité de la situation que par la notification d'une contrainte de l'Urssaf *(Cass. soc., 8 juin 2017, n° 15-25.193)* ;

– pour le fait pour un salarié d'avoir usé de sa qualité de directeur d'usine pour s'attribuer le bénéfice d'une prime exorbitante représentant plus de 6 mois de son salaire annuel, dont il connaissait l'impact sur l'entreprise et le caractère irrégulier de la fixation *(Cass. soc., 2 juin 2017, n° 15-28.115)*.

L'ancienneté du salarié, sa progression régulière de carrière et le fait que l'employeur aurait pu mettre en œuvre un contrôle plus rigoureux des dépenses ne peuvent être retenus pour refuser de qualifier de faute grave des malversations reprochées *(Cass. soc., 10 nov. 2010, n° 09-42.077, RJS 2011 n° 25)*. Par ailleurs, la jurisprudence judiciaire est plus sévère pour les vols commis au détriment de clients : l'existence d'une faute grave est retenue, quelle que soit la valeur de l'objet dérobé *(Cass. soc., 16 janv. 2007, n° 04-47.051, Bull. V n° 8, RJS 2007 n° 418 ; Cass. soc., 7 juin 2007, n° 05-45.326, RJS 2007 n° 929 : le comportement du salarié ayant en outre été apprécié au regard de sa qualification, de sa formation, et de son attitude lors de la demande de contrôle du responsable de l'établissement client ; Cass. soc., 28 mars 2012, n° 11-11.981, RJS 2012 n° 530)*.

2. *La nature du mobile*

45.2.1.1.2. – Elle est en principe, sans incidence sur la gravité de la faute.

Le juge administratif n'apprécie pas la gravité de la faute en fonction de la nature du mobile. Ainsi, l'absence de bénéfice personnel ne constitue pas un facteur atténuant *(cf. n° **46.4** : faute liée au mandat, CE, 22 avr. 1983, n° 24.121, Duhameeuw)*.

La Cour de cassation semble, pour sa part, évoluer sur ce point : ainsi, elle n'a pas retenu le caractère fautif à l'encontre d'un salarié qui *« n'avait pris qu'un objet de faible valeur dans l'intention de rendre service au gestionnaire d'une institution cliente de l'entreprise »* (*Cass. soc., 29 janv. 2003, n° 01-40.403, Dr ouvrier 2003, p. 440, note D. Boulmier préc. ; Cass. soc., 7 mai 1991, n° 87-44.500, Bull. V n° 224 : pour une visiteuse médicale portant sur des documents afférents à ses notes de frais des dates falsifiées pour qu'elles correspondent aux dates portées sur le rapport hebdomadaire pour des raisons de commodité, et dans la mesure où il n'était pas établi que ces visites n'aient pas effectivement été faites)*.

B. L'existence d'une intention frauduleuse

45.2.1.2. – L'existence d'une intention frauduleuse doit en outre être établie pour que la qualification de vol ou de détournement puisse être retenue *(CE, 26 mai 1997, n° 164.353, Miranville)*.

1. *Cas dans lesquels l'élément intentionnel a été tenu pour établi*

45.2.1.2.1. – Il en a été jugé ainsi :

- **en cas de non-respect d'une réglementation spécifique** *(CE, 26 avr. 1985, n° 44.689, Guy : salarié utilisant des matériaux usagés, mais sans remise de bons de sortie ou de factures, justificatifs prévus au sein de la société ; CE, 27 juin 1986, n° 61.506, Hermidia, Jurisp. soc UIMM n° 87-482 p. 24 : vaguemestre d'un hospice ayant accepté une rétribution versée par un pensionnaire au mépris d'une disposition du règlement)* ;
- **en cas de dépassement d'une tolérance** *(CE, 6 juin 1984, n° 37.358, Sté Lebon et Cie : sortie de matériaux à l'insu du supérieur hiérarchique et excédant les limites tolérées par l'entreprise ; CE, 22 janv. 1996, n° 139.064, SEITA : prélèvements de cigarettes dépassant les tolérances admises par la société et remis à un autre salarié qui les revendait à l'extérieur ; a contrario : CE, 28 févr. 2007, n° 289.390, M. A.)* ;
- il en est de même lorsqu'un salarié, serveur qualifié d'un restaurant, invoque, pour se justifier, un usage permettant au personnel d'emporter des denrées alimentaires sans autorisation particulière du chef de service, la réalité de cet usage n'étant pas établie *(CE, 22 mai 1995, n° 144.397, Centre de rééducation fonctionnelle « Le Grand Feu »)* ;
- lorsque le salarié, déclaré « *coupable d'abus de confiance et de recel… a perçu indûment des sommes importantes et qu'il ne pouvait ignorer le caractère frauduleux de ces versements* [provenant d'une falsification des saisies informatiques des paies de salariés] » *(CE, 5 oct. 1998, n° 171.805, Sté Blanchisseries Robat)* ;
- a également été considéré comme justifié le licenciement d'un salarié, agent de fabrication, ayant pendant un an aidé un de ses collègues à soustraire et revendre du matériel électrique usagé ou défectueux à un récupérateur de métaux, alors qu'il n'ignorait pas que l'association destinait au moins une partie de ces matières à la revente et non au rebut *(CE, 18 nov. 1996, n° 157.574, Association Ateliers de Bretagne)* ;
- la faute grave a été retenue pour un salarié, chef d'équipe d'un atelier de réparation automobile, ayant utilisé **un procédé frauduleux** pour détourner des pièces détachées au préjudice de la société, sous couvert d'ordres de réparation qui n'apparaissaient plus dans le système informatique de l'entreprise une fois que ces pièces étaient physiquement sorties *(Cass. soc., 18 janv. 2023, n° 20-21.223)*.

2. *Cas dans lesquels l'élément intentionnel n'a pas été tenu pour établi*

45.2.1.2.2. – Il en a été jugé ainsi :

a) Dès lors que les faits étaient dus à une erreur du salarié

45.2.1.2.2.1. – Notamment dans les cas suivants :

– omission non intentionnelle d'une salariée, employée dans un magasin, n'ayant pu justifier du paiement d'un paquet de viande, alors que les divers achats qu'elle avait effectués dans le magasin où elle était employée étaient contrôlés par le service de surveillance de la société *(CE, 7 nov. 1986, n° 73.293, Afrate)* ;

– caissière ayant porté manuellement sur les tickets de caisse de certains clients des sommes pour lesquelles elle avait commis des erreurs d'enregistrement, sans soumettre ces opérations au contrôle de la surveillante ; l'intention de détournement n'a pas été regardée comme établie, notamment compte tenu du fait que l'intéressée avait été remplacée à son poste à plusieurs reprises pendant cette journée *(CE, 4 oct. 1991, n° 104.213, Sté Casino-Somaca)*.

b) Dès lors que les faits ne constituaient qu'un emprunt

45.2.1.2.2.2. – Notamment dans les cas suivants :

– le prélèvement d'un jerrycan d'essence à la pompe du foyer où était affecté, en qualité de chauffeur, le salarié pour remplir le réservoir de son véhicule personnel, ce jerrycan ayant été restitué, après toutefois que des explications lui aient été demandées ; le Conseil d'État, considérant qu'aucune intention frauduleuse n'était établie, n'a pas retenu l'existence d'une faute d'une gravité suffisante à l'encontre de l'intéressé, qui, en seize années de présence, n'avait eu aucun antécédent disciplinaire, même si, en omettant de remplir le carnet de distribution d'essence, il avait commis « *des négligences graves* » *(CE, 18 mars 1998, n° 158.709 Association « Le Clos du Nid de l'Oise »)* ;

– le fait, pour un salarié, ancien chef de fabrication à l'atelier d'armement, d'avoir photocopié des documents relatifs aux prix standard des pièces fabriquées dans cet atelier, sans qu'il soit pour autant établi qu'il ait conservé ces documents ni qu'il ait tenté de les utiliser contre les intérêts de l'entreprise *(CE, 17 nov. 1986, n° 54.239, Luchaire)* ;

– la détention à son domicile, par le salarié autorisé à y travailler, de copies de logiciels appartenant à l'entreprise qu'il avait fait illégalement reproduire par un tiers, ainsi que d'ouvrages et de disquettes de la société, le salarié ayant fait valoir sans être utilement contredit qu'il s'agissait « *d'une pratique courante des cadres de l'entreprise qui n'a pu lui être reprochée qu'à raison du conflit l'ayant opposé à la société au cours de la procédure de licenciement économique engagée à son encontre (…) et qui n'avait pu aboutir, faute d'autorisation administrative* » et qu'il n'était pas établi que « *la rétention de documents aurait gravement perturbé* » les activités de l'entreprise ou « *aurait favorisé la divulgation de données confidentielles auprès de tiers* » *(CE, 27 juin 2001, n° 202.701, SARL des Câbleries Lapp, Tables p. 1215).*

Dans ces deux dernières espèces, il apparaît que le juge administratif examine l'utilisation que le salarié entend faire de ces documents.

c) Dès lors qu'il n'y avait pas volonté d'appropriation bien que le salarié soit en possession d'un objet ou d'une somme ne lui appartenant pas

45.2.1.2.2.3. – Il en a été jugé ainsi pour un salarié empêché de verser à son employeur le montant de sa tournée, compte tenu de l'arrêt de travail consécutif à un accident et de l'éloignement de son domicile, et ayant procédé ultérieurement au reversement par un chèque tiré sur son compte personnel *(CE, 17 nov. 1986, n° 60.532, Sté Laiterie Fromagerie d'Onzain).*

De même, la chambre criminelle a considéré que le délit de vol n'était pas constitué par récupération par un salarié d'un magasin d'alimentation de denrées alimentaires périmées retirées de la vente et placées dans les poubelles du magasin dans l'attente de leur destruction, aux motifs que constitue une chose abandonnée, insusceptible d'appropriation frauduleuse, un produit impropre à la commercialisation, en raison du dépassement de la date limite de sa consommation, retiré, pour ce motif, de la vente d'un magasin et mis à la poubelle dans l'attente de sa destruction malgré le règlement intérieur de l'établissement interdisant au personnel de les appréhender *(Cass. crim., 15 déc. 2015, n° 14-84.906, Bull. crim. 2015, n° 713, RJS 2016 n° 160).*

3. La production par le salarié de documents appartenant à l'entreprise

45.2.1.2.3. – Longtemps divergentes, les juridictions judiciaires, sociale et pénale, ont harmonisé leur position sur ce point. Leur position est identique à celle retenue par le juge administratif.

a) La position de la chambre sociale s'agissant de la production par le salarié de documents appartenant à l'entreprise

45.2.1.2.3.1. – Dans sa jurisprudence antérieure, la chambre sociale de la Cour de cassation estimait que « *le salarié peut produire en justice, pour assurer sa défense dans le procès qui l'oppose à son employeur, les documents de l'entreprise dont il a connaissance à l'occasion de ses fonctions* » *(Cass. soc., 2 déc. 1998, n° 96-44.258, Bull. V n° 535, RJS 1999 n° 17 ; Cass. soc., 19 juin 1991, n° 86-45.504, Bull. V n° 311).* Il en allait autrement si les documents s'avéraient étrangers aux besoins de la procédure engagée *(Cass. soc.,*

20 juin 1990, n° 87-42.159, Bull. V n° 307). De même, elle avait écarté la qualification de faute grave, retenue pour justifier la rupture anticipée d'un contrat à durée déterminée d'une salariée, collaboratrice de direction, ayant sorti irrégulièrement des documents comptables pendant plusieurs jours : en l'espèce n'étaient démontrés ni une quelconque malveillance de l'intéressée, ni le caractère confidentiel *(Cass. soc., 1er oct. 1996, n° 93-44.102, RJS 1996 n° 1156 : en l'espèce, ni la malveillance de la salariée, ni le caractère confidentiel des documents dont la sortie irrégulière lui était reprochée n'avaient été démontrés)*.

Dans une espèce jugée le 28 avril 2000, la chambre sociale a confirmé l'arrêt par lequel une cour ayant relevé que la salariée, qui était astreinte, par l'exercice de sa profession, au secret professionnel, avait produit des documents médicaux d'une cliente de l'officine dans le cadre d'un différend disciplinaire, sans que cette production ne soit justifiée par les besoins de sa défense, avait jugé que le comportement de la salariée était de nature à rendre impossible son maintien dans l'entreprise pendant la durée du préavis et constituait une faute grave *(Cass. soc., n° 97-45.905)*.

La chambre sociale a harmonisé sa position avec celle de la chambre criminelle, reprenant à l'identique la formulation des arrêts du 11 mai 2004 *(cf. n° **45.2.1.2.3.2**)* dans sa décision du 30 juin 2004 : « *un salarié, lorsque cela est strictement nécessaire à l'exercice des droits de sa défense dans le litige l'opposant à son employeur, peut produire en justice des documents dont il a eu connaissance à l'occasion de ses fonctions* » *(Cass. soc., 30 juin 2004, n° 02-41.720, Bull. V n° 187, RJS 2004 n° 1009, obs. J. Mouly, Dr soc, p. 1042, D. 2004 p. 2326, note Kobina Gaba, Dr ouvrier 2004, p. 560, note Marié ; Cass. soc., 31 mars 2015, n° 13-24.410, Bull. civ. V n° 68, RJS 2015 n° 433)*.

Cette jurisprudence a été confirmée par un arrêt du 18 novembre 2009 précisant que « *la cour d'appel, qui a constaté que le salarié avait été contraint, pour se défendre des manquements qui lui étaient reprochés, de produire des éléments de nature à démontrer l'ampleur et la multiplicité des tâches qui lui étaient demandées, en a exactement déduit que cette production, justifiée par la défense de ses droits, était légitime* » *(Cass. soc., 18 nov. 2009, n° 08-42-498, Liaisons soc. Jurisp. Hebdo. n° 253/2009, 14 déc. 2009)*. En l'espèce, il convient de souligner qu'était invoquée la violation du secret professionnel sanctionnée pénalement et que la chambre sociale a explicitement jugé que « *la production en justice de documents couverts par le secret professionnel peut être justifiée par l'exercice des droits de la défense* ».

La jurisprudence impose au juge du fond de rechercher si « *les documents en cause n'étaient pas strictement nécessaires à l'exercice des droits de la défense de la salariée dans le litige qui l'opposait alors à son employeur* » *(Cass. soc., 21 déc. 2006, n° 05-41.180)*.

A contrario, la faute grave a été retenue nonobstant le contexte particulier de crainte d'un licenciement économique, à l'encontre d'un salarié, responsable méthodes et achats, ayant transféré à son domicile d'informations confidentielles [techniques et commerciales, sans lien avec ses fonctions] de l'entreprise sans justification professionnelle *(Cass. soc., 3 mars 2009, n° 07-43.222, CSB Paris 2009 n° 211 p. 155 ; Cass. soc., 1er févr. 2011, n° 09-67.959, RJS 2011 n° 952 ; CA Bordeaux, 27 mars 2012, n° 10-06433, Sté Epsilon Composite, RJS 2012 n° 683, pour un salarié ayant transféré de sa messagerie professionnelle sur sa messagerie personnelle un nombre important de courriels et documents contenant des informations techniques hautement confidentielles et les ayant conservées par devers lui, même sans les divulguer, sans justifier en quoi ces documents pouvaient être utiles à sa défense dans le cadre d'un contentieux prud'homal).*

La question se pose de l'application de la jurisprudence récente de la Cour de cassation sur la recevabilité des moyens de preuve illicite à la production, par le salarié, de documents appartenant à l'entreprise *(cf. n°* ***44.2.1****).*

b) La position de la chambre criminelle

45.2.1.2.3.2. – La chambre criminelle retenait la soustraction frauduleuse, constitutive du vol, quels que soient le mobile et l'utilisation. Ainsi, elle avait retenu comme fondée la condamnation d'un salarié ayant, à la suite de l'entretien préalable à son licenciement, et dans le but de dissuader son employeur de le congédier, adressé à ce dernier un courrier accompagné de divers documents de l'association auxquels il avait accès dans l'exercice de ses fonctions *(Cass. crim, 8 déc. 1998, n° 97-83.318, Bull. crim., n° 336 : « alors que, d'autre part, que cette seule interversion de possession suffisant à caractériser l'élément matériel du délit de vol quel que soit l'usage ultérieurement fait par son auteur de l'objet soustrait, la circonstance relevée par les juges du fond qu'A. n'ait pas communiqué à des tiers les documents indûment photocopiés ne saurait en aucune manière justifier la décision attaquée, déclarant non constitué le délit de vol » ; Cass. crim., 24 oct. 1990, n° 89-84.485, Bull. crim., n° 355, RJS 1990 n° 946 : salarié ayant photocopié à l'insu de son employeur des documents concernant la clientèle en vue d'une instance prud'homale ; Cass. crim., 16 oct. 2002, n° 02-80.832, pour des documents conservés par le salarié pour se défendre dans la perspective d'une mise à pied disciplinaire, puis remis aux enquêteurs dans le cadre d'une commission rogatoire).*

Revenant sur cette jurisprudence, la chambre criminelle juge désormais que le délit n'est pas constitué lorsque les documents, dont le salarié a « *eu connaissance à l'occasion de ses fonctions* », « *étaient strictement nécessaires à l'exercice des droits de sa défense dans le litige l'opposant* » à son employeur *(Cass. crim, 11 mai 2004, 2 arrêts : n° 03-80.254, Bull. crim. n° 113 et 03-85.521, Bull. crim. n° 117, RJS 2004 n° 887, Dr soc. 2004, p. 938, chron. Duquesne, Dr ouvrier 2004, p. 558, note Marié ; Cass. crim, 16 juin 2011, n° 10-85.079, Bull. crim. n° 134, RJS 2011 n° 658).*

Constitue un vol caractérisé la photocopie de documents réalisée à l'insu de l'employeur, ont été remises non pour assurer sa défense dans un litige prud'homal mais lors de son audition par les gendarmes sur la plainte pour diffamation déposée contre lui par cet employeur *(Cass. crim., 30 juin 2004, n° 08-86.843, Bull. V n° 118, RJS 2010 n° 9 ; note Desprez, Dr soc 2009, p. 1182 ; Cass. crim., 9 juin 2009, n° 08-86.843, Bull. V n° 118, RJS 2010 n° 9, Dr soc 2009, p. 1182 ; Cass. crim, 21 juin 2011, n° 10-87.671, Bull. crim. n° 149, RJS 2012 n° 109).*

c) La position du juge administratif

45.2.1.2.3.3. – Le juge administratif a écarté l'existence d'une faute d'une gravité suffisante, s'agissant de la soustraction, pour les reproduire, de documents dans le cadre d'un litige prud'homal opposant un salarié à son employeur sur la réalité de travaux informatiques pour lesquels le paiement d'une prime spéciale était réclamé *(CE, 8 janv. 1986, n° 55.722, Sté Crêperies de Loc-Maria)*.

S'agissant, en revanche, de documents appartenant à un client de l'entreprise et produits par le salarié lors d'une instance prud'homale, le juge administratif ne s'est pas prononcé nettement sur cette question, se contentant d'annuler l'arrêt de la cour administrative d'appel au motif que celle-ci n'avait pas vérifié la réalité de leur caractère confidentiel allégué par l'employeur *(CE, 2 mars 2011, n° 322.818, Dondelle, Tables p. 1183).*

§ 2. LES FRAUDES

45.2.2. – Le caractère de gravité suffisante est en principe retenu pour les fraudes commises au préjudice de l'entreprise, généralement dans le but de se procurer un avantage.

On peut citer, à titre d'exemple :

– la falsification de factures *(CE, 27 janv. 1982, n° 16.689, Russo)* ; des disques chronotachygraphes équipant le véhicule d'un chauffeur-livreur *(CE, 30 juill. 1997, n° 151.910, Armbruster ; CE, 15 janv. 2010, n° 318.699, M. A., Liaisons soc. Jurisp. Hebdo 16 févr. 2010, n° 34/2010)* ;

– l'établissement, par un visiteur médical, de rapports d'activité inexacts mentionnant des visites en réalité non effectuées, alors que la rémunération est en partie proportionnelle au nombre de visites *(CE, 14 nov. 1984, n° 40.614, Sté Laboratoire Millot)* ;

– la facturation de consommations à des clients par un caissier, responsable de la gestion d'un bar, à des prix supérieurs aux prix affichés *(CE, 25 mars 1988, n° 67.285, Barbaste, Jurisp. soc UIMM n° 88-508 p. 442)* ;

– la majoration frauduleuse de notes de frais *(CE, 11 mai 1990, n° 90.979, Crignon, Jurisp. soc UIMM n° 90-530, p. 328 : gravité suffisante compte tenu, en outre, du poste d'adjoint au chef comptable occupé par le salarié ; CE, 27 mai 1988, n° 76.880, Sté Recoules et Fils ; CE, 20 févr. 1987, n° 61.509, Lefaucheux)* ;

– la modification, par un cadre supérieur, à son avantage, d'informations contenues dans des bases de données administratives et comptables de la société *(CE, 14 mars 1990, n° 81.269, Sté Nationale Mutualiste des chirurgiens-dentistes, pharmaciens, vétérinaires et professions libérales)* ;
– l'établissement, à l'insu de ses supérieurs hiérarchiques, d'autorisations de découvert sur le compte dont le salarié était titulaire au Crédit Agricole et la réalisation de transferts de fonds entre son compte et celui d'une association cliente dont il était le trésorier *(CE, 28 juin 1996, n° 156.427, Caisse Régionale de Crédit Agricole de Vendée)* ;
– la participation du salarié à des travaux nocturnes pour le compte d'un tiers, à l'insu de la direction, dans la mesure où il « *ne pouvait ignorer leur caractère illicite* », même à supposer qu'il n'ait « *fait que participer à ce travail en se conformant aux instructions de son équipe* » *(CE, 28 juin 1996, n° 159.316, Venderotte)* ;
– l'établissement, par un contremaître chargé des travaux d'entretien, de factures relatives, soit à des travaux déjà facturés, soit à des travaux fictifs, soit à des travaux surévalués, au profit de deux entreprises sous-traitantes avec lesquelles il entretenait des liens personnels *(CE, 30 déc. 1996, n° 167.278, Le Gayic)* ;
– la mise en place, avec un collègue de travail, d'un système de faux pointages mutuels de leur temps de travail, les agissements reprochés s'étant déroulés sur plusieurs semaines et ayant revêtu un caractère organisé *(CE, 22 oct. 2008, n° 301.603, Sté Ferro Couleurs de France)*. De son côté, la Cour de cassation avait retenu précédemment l'existence d'une faute grave dans une affaire identique *(Cass. soc., 8 oct. 1986, n° 83-45.326)* ; la chambre criminelle considère que constitue le délit d'abus de confiance l'utilisation, par des salariés, de leur temps de travail à des fins autres que celles pour lesquelles ils perçoivent une rémunération de leur employeur *(Cass. crim., 3 mai 2018, n° 16-86.369, RJS 2018 n° 469 et concl. R. Salomon, p. 559-563)* ;
– l'implication d'une salariée, secrétaire chargée de la comptabilité d'une association et bénéficiant d'un degré d'autonomie important, dans un système de fausse facturation et de faux documents comptables sur lequel a reposé, pendant de nombreuses années, le fonctionnement de l'association, nonobstant sa dénonciation de faits litigieux auprès du procureur de la république *(CAA Versailles, 15 juill. 2009, n° 07VE03058, El Manani)* ;
– l'établissement par un vendeur automobile d'un faux bon de commande afin de détourner un cadeau promotionnel au profit d'un tiers, et entraînant le versement d'une commission à un garage qui n'était pas intervenu dans la vente ayant donné lieu à cette commission *(CE, 13 févr. 2013, n° 349.272, M. A., nonobstant le faible préjudice financier engendré pour l'employeur)* ;

– le refus de communiquer son contrat de travail et ses bulletins de paie, par une salariée, qui avait faussement déclaré lors de son embauche qu'elle n'était pas liée à un autre employeur, ce qui n'avait pas permis à l'employeur de vérifier que la durée hebdomadaire maximale de travail n'était pas habituellement dépassée *(Cass. soc., 20 juin 2018, n° 16-21.811, RJS 2018 n° 624)*.

À l'inverse, n'ont pas été jugés d'une gravité suffisante :

– l'inscription de chiffres inexacts sur ses feuilles journalières d'activité par un ouvrier dont la rémunération était composée de son salaire de base et d'une prime de rendement limitée à 15 %, la rémunération ne s'étant toutefois pas accrue de manière illicite du fait de ses erreurs *(CE, 27 mai 1977, n° 99.904, Barbier, Rec. p. 987)* ;
– la vente par une salariée, sur les lieux de travail, de produits contrefaits, dans la mesure où ces agissements n'ont pas eu de répercussion sur le travail de l'intéressée et n'ont pas affecté la vie de l'entreprise *(CE, 19 oct. 1988, n° 81.812, Sté Coopérative d'exploitation pharmaceutique, Rec. p. 346)* ;
– la falsification de bordereaux en 1973 et en 1974 pour des sommes minimes, conformément à la pratique qui avait été recommandée au salarié, l'autorisation de licenciement étant sollicitée en 1987 à la suite des aveux du salarié *(CE, 21 déc. 1994, n° 127.898, Sté Lyonnaise de Banque, Rec. p. 1216)* ;
– l'arrangement accepté par un salarié protégé, chef de rayon, moyennant le paiement de sommes en espèces par un fournisseur de plantes vertes lui demandant d'assurer l'arrosage de ces plantes, dès lors qu'il n'était pas établi que cet arrangement n'ait pas été négocié par son supérieur hiérarchique et qu'il ignorait que la direction n'en avait pas été informée alors que rien ne permet de conclure qu'il avait tiré de l'opération un avantage financier personnel *(CE, 5 oct. 1998, n° 172.946, Callard, Rec. p. 1203)* ;
– l'inscription par une salariée, aide-ménagère à domicile, d'heures d'intervention non effectuées sur les relevés horaires d'un usager, ayant entraîné une surfacturation, dans la mesure où des dispositions conventionnelles imposent la rémunération des heures non effectuées en raison de l'absence de l'usager *(CE, 20 mai 2005, n° 264.553, Association Pyrene Plus)* ;
– l'introduction par une salariée, agent de nettoyage, sur le lieu de travail de son conjoint, ancien salarié de l'entreprise, licencié pour inaptitude physique, qui l'a assistée dans ses tâches de nettoyage *(CAA Versailles, 21 juill. 2011, n° 10VE02612, Sté Manulav)*.

Le montant de la fraude est en principe sans incidence sur l'appréciation de la gravité des faits *(CE, 11 mai 1990, n° 90.979, Crignon, Jurisp. soc UIMM n° 90-530, p. 328)*.

§ 3. LES MANQUEMENTS À L'OBLIGATION DE LOYAUTÉ

45.2.3. – Les agissements déloyaux sont en principe de nature à justifier le licenciement. Il en est ainsi dans les cas suivants.

A. Une activité concurrentielle exercée au détriment de l'employeur

45.2.3.1. – Il peut s'agir d'une activité exercée pour le compte personnel du salarié, notamment par la création d'une activité concurrente, ou celui d'une entreprise concurrente, dans des circonstances telles que :

- la participation directe du salarié à une activité commerciale au profit d'une entreprise concurrente de celle qui l'employait, ce comportement étant de nature à nuire aux intérêts de l'employeur *(CE, 11 mai 1990, n° 71.324, Kroepfle et Lodico)* ;
- la participation directe du salarié, inspecteur dans une compagnie d'assurance, à la gestion d'un bureau de courtage, inscrit sous son propre nom au registre du commerce et en situation de concurrence directe avec son employeur, en dépit d'une clause de non-concurrence *(CE, 29 juin 1990, n° 90.541, Coco)* ;
- la création par un salarié d'une société dont l'activité est directement concurrente à celle de son employeur et sans l'en informer peu important que des actes de concurrence déloyale ou de détournement de clientèle soient ou non établis *(Cass. soc., 30 nov. 2017, n° 16-14.541)* ; la chambre criminelle considère que constitue un abus de confiance le fait, pour une personne, qui a été destinataire, en tant que salariée d'une société, d'informations relatives à la clientèle de celle-ci, de les utiliser par des procédés déloyaux dans le but d'attirer une partie de cette clientèle vers une autre société *(Cass. crim., 22 mars 2017, n° 15-85.929, RJS 2017 n° 393)* ;
- le fait pour une salariée occupant le poste de chef d'équipe et ayant une fonction de référente à l'égard de ses collègues d'exercer pendant ses congés payés des fonctions identiques à celles occupées au sein de la société AVC Intervention, pour le compte d'une société directement concurrente qui intervenait dans le même secteur d'activité et dans la même zone géographique, fournissant à cette société, par son travail, les moyens de concurrencer son employeur *(Cass. soc., 5 juill. 2017, n° 16-15623, B., RJS 2017 n° 650)* ;
- le fait d'avoir sciemment réalisé une vente à perte au bénéfice d'une société tierce qui deviendra son nouvel employeur, et de réaliser à titre personnel des opérations d'achat et de revente de produits identiques ou similaires à ceux qu'il était chargé d'acheter et de revendre pour le compte de son employeur, étant ainsi nécessairement en situation de concurrencer ce dernier pour lequel il était censé réaliser les mêmes opérations alors même que le salarié n'était pas autorisé à développer, pour son propre

compte, une activité concurrente parallèle *(Cass. soc., 17 avr. 2019, n° 17-20.733)* ;
- le fait de recourir, en violation d'une clause d'exclusivité et en concertation avec un autre salarié, à un montage juridique permettant de dissimuler la création d'une entreprise dont l'activité est concurrente à celle de son employeur et a débuté avant la rupture de leurs relations contractuelles, le salarié ayant détourné de la clientèle et débauché un salarié *(Cass. soc., 15 mai 2019, n° 17-28.943)*.

Toutefois, pour revêtir un caractère fautif, la concurrence exercée par le salarié au détriment de son employeur doit avoir un caractère effectif et ne pas constituer une simple éventualité *(CE, 4 nov. 1992, n° 82.749, Sté SET-OI : absence de faute d'une gravité suffisante, dès lors qu'aucun détournement de clientèle n'est établi ; Cass. soc., 29 sept. 2020 n° 19-15.313, B., RJS 2020 n° 525 : pour un salarié ayant immatriculé une société concurrente au cours de son préavis, l'exploitation de cette société n'ayant débuté que postérieurement à la rupture de son contrat)*. Il en va de même, *a fortiori*, du simple risque de communication de renseignements par une salariée, employée au service commercial, à son époux, ancien salarié de cette entreprise, qui exerçait une activité concurrente dans une autre société après avoir été relevé de la clause de non-concurrence qui le liait *(CE, 17 juin 1987, n° 32.805, Sté Comarfa, Rec. p. 222)*.

De même, ne constitue pas en lui-même un manquement à l'obligation de loyauté le seul fait pour un salarié :
- d'acquérir en communauté de biens avec son épouse un fonds de commerce dont l'activité est la même que celle de son employeur, alors qu'il ne résulte pas des constatations du juge d'appel qu'il a effectivement participé à l'activité de ce fonds de commerce *(Cass. soc., 20 mars 2007, n° 05-42.635)* ;
- de n'avoir pas spontanément avisé sa hiérarchie d'un risque de conflit d'intérêt né de son mariage avec une personne détenant la moitié du capital d'une société affiliée au réseau de son employeur, alors d'une part, que le seul risque de conflit d'intérêt ne peut constituer une cause réelle et sérieuse de licenciement, et alors d'autre part, qu'aucun manquement du salarié à l'obligation contractuelle de bonne foi n'était caractérisé *(Cass. soc., 21 sept. 2006, n° 05-41.155, Bull. V n° 285)*.

B. Le développement d'actions préjudiciables aux intérêts de l'employeur

45.2.3.2. – Il en est ainsi par exemple :
- de la communication à un concurrent des tarifs et circulaires d'application confidentiels de l'entreprise *(CE, 10 juin 1983, n° 33.556, Contat)* ;

– de l'action menée par un chef de secteur commercial auprès des dépositaires non-salariés de la société *(CE, 6 juill. 1984, n° 30.302, Galeries du papier peint)* ;
– de la collusion d'un salarié avec l'entreprise dont sa fille est la cogérante *(CE, 20 déc. 1995, n° 149.450, Coutant)*.

De même, l'existence d'une faute grave a été retenue par le juge judiciaire :
– pour la falsification par un salarié de documents ayant consisté dans l'établissement par ses soins au nom de l'employeur et sous la signature imitée de ses supérieurs hiérarchiques pour l'obtention d'un prêt auprès d'un organisme financier, ce fait, rattachable à la vie de l'entreprise, constituant un manquement à son obligation de loyauté *(Cass. soc., 17 avr. 2013, n° 11-20.157)* ;
– pour le courriel adressé à une personne extérieure par l'assistante du président-directeur général à partir de la messagerie de ce dernier, et contenant des informations confidentielles et des remarques de nature à déconsidérer les personnes de l'entreprise évoquées *(Cass. soc., 16 mai 2013, n° 12-13.372, RJS 2013 n° 508)* ;
– à l'encontre d'un salarié, employé comme ingénieur par la société Airbus, qui s'étant absenté de l'entreprise sans autorisation, avait participé à une réunion organisée, dans le cadre d'un appel d'offres, entre une autre société du groupe EADS et un sous-traitant de son employeur, sous une fausse identité et en se présentant comme directeur commercial au service de ce sous-traitant *(Cass. soc., 17 sept. 2014, n° 13-18.850)* ;
– à l'encontre d'un salarié ayant, alors qu'il était au service de son employeur et sans l'en informer, créé une société dont l'activité était directement concurrente de la sienne *(Cass. soc., 9 juill. 2014, n° 13-12.423, RJS 2014 n° 767)*.

En revanche, ne sauraient constituer un manquement à l'obligation de loyauté la participation d'un salarié, membre du comité de direction, à la création d'un syndicat et le grief tiré d'une information tardive de la direction sur cette création et sa participation au bureau exécutif, ces éléments laissant supposer l'existence d'une discrimination syndicale *(Cass. soc., 3 juill. 2012, n° 11-10.793, Bull. V n° 202)*.

C. Une activité parallèle portant préjudice à l'employeur

45.2.3.3. – Constituent une faute d'une gravité suffisante :
– l'exercice d'une activité parallèle au détriment de l'employeur, ce dont témoignaient les retards et absences du salarié qui avaient fait l'objet de plusieurs avertissements *(CE, 12 juin 1987, n° 71.226, Bonardi)* ;
– l'activité parallèle menée par le responsable administratif d'une société pour le compte de l'ancien PDG, à l'insu de son employeur

et dans des conditions portant préjudice à ce dernier. La gravité a été amplifiée par le niveau élevé de responsabilités exercées par l'intéressé *(CE, 20 oct. 1989, n° 81.086, SIGA)*.

En revanche, ne saurait en tout état de cause être constitutif d'un manquement à l'obligation de loyauté l'exercice par le salarié, d'une activité non concurrente de celle de son employeur *(Cass. soc., 9 mai 2006, n° 04-44.929, CSB Paris 2006 n° 183)*.

D. Un manquement à l'obligation de discrétion

45.2.3.4. – Justifie le licenciement la propagation par le salarié, directeur administratif et financier, de propos alarmistes sur la situation de l'entreprise et le dénigrement de la politique suivie par la direction, constitutifs d'un manquement à l'obligation qui s'imposait à lui en sa qualité de cadre supérieur *(CE, 6 nov. 1989, n° 81.212, Holer)*.

Il en est de même pour le fait pour une salariée d'indiquer à deux collègues que l'employeur était au bord de la faillite pour les inciter à le quitter et venir travailler pour une entreprise concurrente *(Cass. soc., 24 sept. 2013, n° 12-19.387)*.

Tel n'était pas le cas pour un salarié qui, ayant constaté que l'ordinateur de son poste de travail ne fonctionnait plus, en avait extrait le disque dur, en présence et à la demande du directeur général de la société, et ne l'avait rapporté au bureau qu'à la reprise du travail, le lendemain matin : la rétention par l'intéressé de ce matériel appartenant à l'entreprise n'avait pas perturbé les activités de celle-ci, ni favorisé la divulgation de données confidentielles auprès de tiers, et plus généralement n'avait créé aucun préjudice à la société requérante *(CE, 28 mai 2010, n° 318.479, Sté Multi-presses)*.

La fourniture de renseignements inexacts à l'embauche

La fourniture de renseignements inexacts par le salarié lors de l'embauche n'est un manquement à l'obligation de loyauté susceptible d'entraîner la nullité du contrat de travail que si elle constitue un dol ; elle ne constitue en outre une faute susceptible de justifier le licenciement que s'il est avéré que le salarié n'avait pas les compétences effectives pour exercer les fonctions pour lesquelles il a été recruté *(Cass. soc., 30 mars 1999, n° 96-42.912, Bull. V n° 102 : en l'espèce, informations inexactes concernant ses diplômes, fournies lors de son embauche par une salariée qui, à la date de son licenciement, occupait depuis trois ans les fonctions pour lesquelles elle avait été recrutée, sans que son incompétence ait été relevée)*.

§ 4. OBLIGATION DE LOYAUTÉ ET SUSPENSION DU CONTRAT DE TRAVAIL

A. Les obligations du salarié malade

45.2.4.1. – La maladie suspend le contrat de travail, et, par conséquent, exonère le salarié de son obligation de fournir sa prestation de travail. Seule subsiste l'obligation de loyauté, qui lui impose, d'une part, d'informer rapidement son employeur et de lui envoyer le certificat médical prescrivant l'arrêt et, d'autre part, de s'abstenir d'accomplir certaines activités *(cf. chron. S. Bourgeot et J.-Y. Frouin, « Maladie et inaptitude du salarié », RJS 2000, p. 3)*. Selon l'article L. 1226-9 du Code du travail, pendant la période de suspension du contrat de travail consécutive à un accident du travail ou une maladie professionnelle, l'employeur ne peut rompre ce contrat que s'il justifie d'une faute grave de l'intéressé ou d'une impossibilité de maintenir ce contrat pour un motif étranger à l'accident ou à la maladie *(pour des applications jurisprudentielles de ce principe : Cass. soc., 3 févr. 2021, n° 18-25.129, RJS 2021 n° 197)*.

1. Obligation de justification de l'arrêt

45.2.4.1.1. – Pour le juge judiciaire, le manquement à cette obligation constitue en principe une faute, dont la gravité est appréciée en fonction des circonstances de l'espèce. Il a toutefois été jugé que la cause réelle et sérieuse de licenciement n'était pas constituée :

– « *lorsque l'employeur, qui avait été régulièrement informé du motif médical de l'absence de la salariée, pouvait aisément obtenir de son époux, employé lui aussi dans l'entreprise, des informations relatives à la situation de la salariée » (Cass. soc., 27 fév 1992, n° 89-43.471)* ;
– lorsque « *le grief tiré de l'absence sans justification du salarié constituait en réalité un prétexte, la cause du licenciement étant l'inaptitude de ce dernier à occuper son emploi » (Cass. soc., 21 nov. 1995, n° 92-45.187)* ;
– lorsqu'« *il était établi que, si la salariée n'avait pas envoyé immédiatement à l'employeur son certificat médical d'arrêt de travail, elle l'avait avisé téléphoniquement du motif de son absence dès le premier jour de celle-ci » (Cass. soc., 6 mai 1998, n° 96-40.951, Bull. V n° 229)*.

S'agissant du licenciement d'un salarié pour défaut de justification d'un des arrêts de travail pour maladie, alors que l'employeur avait été informé des arrêts de travail par la remise de certificats médicaux antérieurs et postérieurs, la Cour de cassation, appelée à se prononcer sur l'existence d'une faute grave, a écarté celle-ci *(Cass. soc., 30 mai 2007, n° 06-40.290, RJS 2007 n° 938 ; Cass. soc., 17 mars 2010, n° 08-43.414, RJS 2010 n° 501)*. Dans un autre arrêt, elle a exclu l'existence d'une cause réelle et sérieuse pour la seule omission, par un salarié dont l'employeur avait connaissance de l'état de santé, de justifier d'une nouvelle prolongation de son absence à la date d'expiration d'un arrêt de travail pour maladie *(Cass. soc., 13 juill. 2004, n° 02-42.541)*.

Au demeurant, les dispositions d'une convention collective prévoyant que le manquement du salarié à son obligation d'information constitue une cause réelle et sérieuse ne peuvent lier le juge dans un sens défavorable au salarié *(Cass. soc., 26 nov. 1991, n° 88-42.050, Bull. V n° 529 ; Cass. soc., 6 mai 1998, n° 96-40.951, Bull. V n° 229, RJS 1998 n° 720, sur l'article 48 de la convention collective des maisons à succursales de vente au détail d'habillement)*.

2. *Obligation de s'abstenir d'accomplir tout acte déloyal*

45.2.4.1.2 – Les positions respectives du juge judiciaire et du juge administratif sont les suivantes.

a) La position du juge judiciaire

45.2.4.1.2.1. – Seuls sont regardés par le juge judiciaire comme constitutifs de tels manquements :

- les actes de concurrence préjudiciables à l'employeur ;
- l'accomplissement d'activités incompatibles avec l'incapacité de travail à l'origine de l'arrêt maladie.

La chambre sociale a récemment considéré que seul un manque de loyauté permet une rupture du contrat de travail pour faute grave pendant la période de suspension du contrat de travail consécutive à un accident du travail ou une maladie professionnelle *(Cass. soc., 20 févr. 2019, n° 17-18.912, B.)*.

En revanche, la seule violation des obligations du salarié vis-à-vis de la Sécurité sociale ne saurait justifier son licenciement.

Ainsi, si l'absence d'un salarié en arrêt de travail lors de la visite par un médecin-contrôleur peut entraîner la perte du droit à indemnisation complémentaire, elle ne peut, en soi, constituer une cause de licenciement *(Cass. soc., 10 nov. 1998, n° 96-42.969, Bull. V n° 486, Dr soc 1999, p. 289)*. De même, l'existence d'une cause réelle et sérieuse de licenciement n'a pas été retenue pour un salarié qui avait effectué un voyage d'agrément dans un pays lointain pendant son arrêt-maladie, « *alors, d'une part, que les obligations du salarié vis-à-vis de la Sécurité sociale ne peuvent justifier son licenciement et alors, d'autre part, que le salarié se trouvait en période de suspension de son contrat de travail, en sorte que les faits qui lui étaient reprochés ne constituaient pas un manquement aux obligations du contrat de travail dès lors qu'il n'était pas soutenu que le salarié avait commis un acte de déloyauté* » *(Cass. soc., 16 juin 1998, n° 96-41.558, Bull. V n° 323, RJS1998 n° 843)*.

En outre, l'exercice d'une activité pendant un arrêt de travail provoqué par la maladie ne constitue pas en lui-même un manquement à l'obligation de loyauté qui subsiste pendant la durée de cet arrêt *(Cass. soc.,*

1er févr. 2023, n° 21-20.526 : participation à 14 compétitions de badminton au cours de cinq arrêts de travail prescrits sur un an). Il en est de même de l'exercice d'une activité, pour le compte d'une société non concurrente de celle de l'employeur *(Cass. soc., 7 déc. 2022, n° 21-19.132, RJS 2023 n° 59).* Pour fonder un licenciement, l'acte commis par un salarié durant la suspension du contrat de travail doit causer préjudice à l'employeur ou à l'entreprise *(Cass. soc., 21 nov. 2018, n° 16-28.513, RJS 2019 n° 148).* Ce préjudice ne saurait résulter du seul paiement par l'employeur, en conséquence de l'arrêt de travail, des indemnités complémentaires aux allocations journalières *(Cass. soc., 26 févr. 2020, n° 18-10.017, B., RJS 2020 n° 229)* ou du maintien du salaire *(Cass. soc., 1er févr. 2023, n° 21-20.526, RJS 2023 n° 187).*

L'exercice d'une activité temporaire à caractère bénévole ou s'apparentant à une entraide familiale ne constitue pas davantage une atteinte à l'obligation de loyauté. Il en a été jugé ainsi :

- pour un salarié malade, vu sur un stand de brocante le dimanche matin, nonobstant l'allégation du trouble causé dans l'entreprise *(Cass. soc., 21 mars 2000, n° 97-44.370, Dr soc 2000, p. 648, RJS 2000 n° 524, Dr ouvrier 2000, p. 286)* ;
- pour un salarié malade ayant remplacé temporairement et à titre bénévole le gérant d'une station-service « *dans une activité n'impliquant aucun acte de déloyauté* » *(Cass. soc., 4 juin 2002, n° 00-40.894, Bull. V n° 191, RJS 2002 n° 963)* ;
- pour un salarié malade ayant aidé très temporairement et à titre bénévole, en dehors de ses heures de sortie autorisées, le gérant d'un bar, en sa qualité d'associée et de concubine *(Cass. soc., 11 juin 2003, n° 02-42.818, RJS 2003 n° 1002 ; Cass. soc., 4 juin 2002, n° 00-40.894, Bull. V n° 191, RJS 2002 n° 963)* ;
- pour un salarié, chauffeur, ayant travaillé pour son compte sur les marchés au stand de son épouse alors qu'il se trouvait en arrêt de travail, en dehors des heures de sortie autorisées par le certificat médical, cette activité lucrative n'étant pas concurrentielle de celle de son employeur et ne causant aucun préjudice à ce dernier *(Cass. soc., 12 oct. 2011, n° 10-16.649, Bull. V n° 231, RJS 2011 n° 964 ; Cass. soc., 16 oct. 2013, n° 12-15.638, RJS 2014 n° 30 pour un mécanicien-dépanneur en maladie professionnelle affectant ses deux mains avec divers arrêts à ce titre, ayant exercé une activité de pilote de rallye pendant ses arrêts de travail).*

Le salarié malade, dispensé de fournir sa prestation de travail, ne saurait être tenu, durant cette période, de poursuivre sa collaboration avec l'employeur *(Cass. soc., 15 juin 1999, n° 96-44.772, Bull. V n° 279, RJS 1999 n° 1049).*

En revanche, le salarié commet une faute en refusant de restituer à l'employeur qui en fait la demande, les éléments matériels qui sont détenus par lui et qui sont nécessaires à la poursuite de l'activité de l'entreprise *(Cass. soc., 6 févr. 2001, n° 98-46.345, Bull. V n° 43, RJS 2001 n° 434, Liaisons soc. 2001, n° 706, pour la remise de fichiers de clientèle ; Cass. soc., 18 déc. 2003, n° 01-41.343, RJS 2003 n° 723, pour la communication d'un mot de passe informatique)*. Cette obligation, telle que la restitution de documents, ne doit toutefois pas impliquer pour le salarié l'accomplissement d'une prestation de travail *(Cass. soc., 25 juin 2003, n° 01-43.155, RJS 2003 n° 1147)*.

N'a pas été considéré comme fautif le fait, pour un salarié en arrêt de travail à la suite d'un accident du travail, d'effectuer une réparation sur son véhicule personnel dans les locaux de l'entreprise, alors que cette réparation a eu lieu pendant les heures de sortie autorisées et avec l'autorisation de son supérieur hiérarchique direct *(Cass. soc., 14 mai 1998, n° 96-41.867, Bull. V n° 254, Dr soc 1998, p. 715)*.

Appelée par ailleurs à se prononcer sur l'existence d'une faute grave, la Cour de cassation a écarté celle-ci pour l'aide occasionnelle apportée pendant un arrêt maladie à un conjoint débitant de boissons *(Cass. soc., 8 avr. 1992, n° 90-45.669, Bull. V n° 257)*.

Il en va autrement :

- pour un salarié exécutant lui-même d'importants travaux de remise en état dans son immeuble, trompant ainsi son employeur sur son état de santé, privant indûment l'entreprise de ses services et provoquant, en raison de l'effectif réduit, une grave perturbation dans l'organisation du travail *(Cass. soc., 21 mai 1996, n° 95-40.032, RJS 1996 n° 782 ; Cass. soc., 21 juill. 1994, n° 93-40.554, Bull. V n° 250, RJS 1994 n° 974 : salarié, en congé de maladie, travaillant habituellement sur le chantier d'une maison en construction avec trois ouvriers sous ses ordres ; Cass. soc., 21 oct. 2003, n° 01-43.943, Bull. V n° 258, RJS 2003 n° 1384 : salarié, en congé de maladie, ayant entrepris la réparation d'un véhicule pour son compte en faisant appel à un autre mécanicien de la société)* ;
- pour une salariée vue dans les locaux et avec le gérant d'une société avec laquelle son employeur connaissait des difficultés relatives aux conditions du transfert du fonds de commerce *(Cass. soc., 21 nov. 2007, n° 06-44.229, RJS 2008 n° 165)* ;
- pour une salariée d'une société d'ambulances ayant démarché, pendant son arrêt maladie, des clients de l'entreprise pour la société de taxi de son époux *(Cass. soc., 23 nov. 2010, n° 09-7.249, RJS 2011 n° 121)*.

b) La position du juge administratif

45.2.4.1.2.2. – Pour sa part, le juge administratif a retenu l'existence d'une faute d'une gravité suffisante pour les fraudes à l'arrêt-maladie, et notamment la poursuite d'une activité extérieure salariée pendant la période d'arrêt.

Il en a été jugé ainsi :

– pour des travaux effectués sur un autre chantier pour un concurrent de l'employeur *(CE, 11 mai 1987, n° 77.747, Chulevitch, Jurisp. soc UIMM n° 88-500, p. 106)* ;
– pour la participation active du salarié, à plusieurs reprises, au service du débit de boissons géré par son épouse *(CE, 7 mars 1990, n° 92.503 et 92.983, Trefileries de Xertigny, Jurisp. soc UIMM, n° 90-529, p. 288)* ; dans une affaire similaire, la Cour de cassation, appelée à se prononcer sur l'existence d'une faute grave, a, dans un arrêt plus récent, écarté celle-ci ;
– pour l'enseignement rémunéré de la boxe dans un club sportif *(CE, 21 déc. 1994, n° 134.591, Colomer, Jurisp. soc UIMM n° 95-582, p. 143)*.

En revanche, n'ont pas été considérés comme revêtant un caractère déloyal :

– la participation, pendant les congés de maladie, à un stage de formation pour l'encadrement de centres de vacances, puis l'exercice bénévole de fonctions d'encadrement *(CE, 9 nov. 2005, Cacitti, n° 261.874, RJS 2006 n° 244)* ;
– l'essai effectué chez un autre employeur *(CAA Paris, 9 avr. 2015, n° 14PA01447, absence de pourvoi)*.

Même s'il y a lieu de prendre en considération les circonstances de l'espèce *(dans cette affaire, le congé de maladie avait été accordé en raison d'un état dépressif)*, il apparaît que la jurisprudence administrative, rejoignant ainsi la position du juge judiciaire, tend, en la matière, à une interprétation plus stricte de la nature et de la gravité de la faute.

B. Le maintien de l'obligation de loyauté en cas de suspension du contrat de travail pour une cause autre que la maladie

45.2.4.2. – Déjà retenu pour les salariés en congé individuel de formation *(Cass. soc., 12 oct. 2004, n° 03-43.465, RJS 2004 n° 1262)* ou en congé sabbatique *(Cass. soc., 5 juin 1996, n° 93-42.588, Bull. V n° 231)*, ce principe a été généralisé à toutes les périodes de suspension du contrat de travail *(Cass. soc., 30 mars 2005, n° 03-16.167, Bull. V n° 110, RJS 2005, n° 709)*.

SECTION 3

La mauvaise exécution de la prestation du salarié : les critères d'appréciation de la faute

45.3. – La mauvaise exécution de la prestation de travail peut en principe légitimer le licenciement. De nature disciplinaire, ce motif se distingue de celui, non fautif, de l'insuffisance professionnelle, notamment par l'existence d'une subordination, d'une « *mauvaise volonté délibérée* » et/ou d'erreurs et de négligences inexcusables, constitutifs d'un manquement fautif *(Cass. soc., 27 mars 1996, n° 92-40.448, Bull. V n° 124, RJS 1996 n° 541 ; Cass. soc., 17 févr. 2004, n° 01-45.643, RJS 2004, n° 521 ; Cass. soc., 9 janv. 2019, n° 17-20.568)* ou encore d'une abstention volontaire *(Cass. soc., 11 mars 2008, n° 07-40.184 ; Cass. soc., 8 mars 2017, n° 15-24.406, RJS 2017 n° 328 : existence d'une cause réelle et sérieuse de licenciement à l'encontre d'une responsable des ressources humaines qui a cautionné les méthodes managériales inacceptables du directeur du magasin avec lequel elle travaillait en très étroite collaboration, et en les laissant perdurer, manquant ainsi à ses obligations contractuelles et ayant mis en danger tant la santé physique que mentale des salariés ; l'argument selon lequel elle était tenue d'obéir à son supérieur hiérarchique ne saurait la disculper)*.

En pratique, la distinction, à laquelle le juge doit procéder *(Cass. soc., 26 nov. 2008, n° 07-43.633)*, est souvent malaisée ; le motif disciplinaire peut se déduire, par exemple, de griefs antérieurs relatifs à l'activité professionnelle du salarié.

Les critères essentiels d'appréciation de la gravité de la faute sont :

- les exigences propres à l'activité ;
- l'ampleur des conséquences ;
- la qualité et/ou le niveau de responsabilité du salarié fautif ;
- le caractère répété ou non des manquements aux obligations professionnelles ;
- l'intention de nuire ;
- la responsabilité au moins partielle de l'employeur.

§ 1. LES EXIGENCES PROPRES À L'ACTIVITÉ

45.3.1. – Ainsi, constituent une faute d'une gravité suffisante par exemple :

- l'injection par voie intraveineuse de chlorure de potassium non dilué, à l'origine d'un malaise très sérieux chez le malade. Le caractère de gravité suffisante a été retenu par le juge administratif bien que l'erreur commise par l'infirmière ait été isolée et favorisée par une négligence particulière du médecin prescripteur *(CE, 20 févr. 1987, n° 70.132, Aguerre)* ;
- la très grave erreur commise par une infirmière dans le dosage d'une injection d'insuline destinée à une malade diabétique « *eu égard aux obligations propres à l'activité professionnelle de l'intéressée* » *(CE, 20 juill. 1990, n° 91.468, Romagne)* ;
- le service de plats périmés à des personnes âgées *(CE, 11 juin 1991, n° 101.920, Moussu, Tables p. 1229)* ;
- le concours actif, totalement contraire à la déontologie de l'établissement d'une maison d'accueil spécialisée pour personnes

handicapées, apporté par un aide médico-psychologique à l'un des jeunes résidents placés sous sa responsabilité dans l'organisation d'un simulacre à caractère sexuel et exhibitionniste, conçu dans le but de déstabiliser l'une de ses collègues débutante, récemment intégrée au service *(CE, 27 juin 2013, n° 354.788, Association Les papillons blancs)*.

Un agissement contraire à la déontologie professionnelle et commis à l'insu de l'employeur peut fonder le licenciement d'un salarié protégé, même si l'existence d'une intention frauduleuse n'est pas retenue. Tel est notamment le cas :

– de la négociation d'un service rendu à un fournisseur, à l'insu de l'employeur, en contrepartie d'une rémunération payée en espèces et prélevée sur les fonds remis par le fournisseur *(CE, 5 oct. 1998, n° 172.946, Callard, Tables p. 1203 : en l'espèce, la persistance d'un doute sur l'imputabilité de l'agissement, sur la connaissance par l'intéressé de son caractère occulte ainsi que sur l'existence d'un quelconque avantage financier personnel ont conduit le juge administratif à écarter l'existence d'une faute d'une gravité suffisante)* ;
– de la réalisation à son profit, dans des conditions irrégulières, de prélèvements et de virements par la salariée d'un établissement bancaire à partir d'un compte, celui de son beau-frère qui s'en était plaint, pour lequel elle ne disposait d'aucune procuration *(CAA Lyon, 9 avr. 1999, n° 97LY01989)* ;
– du non-respect d'une note de service, même non incorporée au règlement intérieur, interdisant au personnel de solliciter ou d'accepter aucun cadeau des fournisseurs sans l'accord préalable et explicite de la direction *(CE, 11 juin 1999, n° 195.706, Chicard, Rec. p. 198, RJS 1999 n° 1093)* ;
– de l'établissement, en méconnaissance des règles internes, de bons de livraison au profit d'un tiers comportant des conditions anormalement avantageuses de vente, à la demande d'un collègue, par une salariée, hôtesse d'exposition, ce manquement étant de nature à faciliter les détournements de marchandises *(CAA Nantes, 27 mai 1999, n° 97NT01822)*.

De même, constituent une faute grave, pour le juge judiciaire :

– la prise de paris, avec des tiers, sur l'élection présidentielle et sur les matches de football, pendant le temps de travail et avec le matériel de l'entreprise, par le salarié d'une société de bourse *(Cass. soc., 14 mars 2000, n° 98-42.090, Bull. V n° 101, RJS 2000 n° 386)* ;
– le fait, pour un salarié employé en qualité de boucher, de remettre en vente, après réemballage et redatage, de la viande périmée, en toute connaissance de cause et de sa propre initiative *(Cass. soc., 29 nov. 1990, n° 88-40.618, Bull. V n° 599, Dr soc 1991, p. 107)* ;

- le fait, pour un chef de magasin, responsable de la fraîcheur des produits mis en vente, d'avoir laissé des produits périmés en rayon et dans une chambre froide du supermarché *(CA Paris, 28 mai 1997, Sté Oisan c. / Porte, RJS 1998 n° 1121)* ;
- le refus d'un salarié d'effectuer, à la demande de l'employeur, un remplacement ponctuel, en urgence, sur une seule journée et concernant des tâches circonscrites et définies, pour lesquelles l'intéressé a reçu une formation *(Cass. soc., 7 juill. 2016, n° 15-22.352)* ;
- le fait pour une aide-soignante, pourtant parfaitement informée, d'avoir administré de son propre chef un médicament nécessitant une prescription médicale, engageant ainsi la santé du résident en situation de faiblesse *(Cass. soc., 12 sept. 2018, n° 16-20.400)* ;
- le fait pour un chef d'agence en charge du suivi clientèle de ne pas remplir la mission de vérification qui lui incombait durant plusieurs mois, manquement révélé par la fréquence et l'ampleur de détournements de chèques commis par un salarié se trouvant sous sa responsabilité *(Cass. soc., 10 avr. 2019, n° 17-24.772)*.

§ 2. L'AMPLEUR DES CONSÉQUENCES

45.3.2. – Il peut s'agir notamment de situations dangereuses pour les personnes et/ou les biens, d'un préjudice important (financier…) pour le bon fonctionnement de l'entreprise, de la mise en cause de la responsabilité de l'employeur, d'une atteinte à l'image de marque, d'une réaction de mécontentement de la clientèle.

Le caractère de faute d'une gravité suffisante a ainsi été retenu :

- à l'encontre du chef d'exploitation d'un dépôt pour la disparition de très importantes quantités de matériaux, constatée à l'occasion des inventaires, et qui, même si elle ne peut être « *imputée personnellement à M. X.* », n'en est « *pas moins révélatrice de graves négligences commises dans l'exercice de ses fonctions par l'intéressé, qui n'a pas décelé ces disparitions et ne les a pas signalées à la direction de l'entreprise* » *(CE, 5 juill. 1989, n° 96.573, Baranton)* ;
- à l'encontre d'un salarié, moniteur-éducateur dans un centre d'accueil pour jeunes en difficulté, qui avait donné des gifles à des mineurs dont il avait la garde, sans justification pouvant résulter d'un comportement violent de ceux-ci, ni d'un contexte éducatif ; à la suite de ces actes, le juge des enfants avait décidé de ne plus placer de jeunes dans ce foyer *(CAA Bordeaux, 10 juin 1999, n° 96BX31519)* ;
- pour des négligences répétées commises par un salarié qui, à deux reprises, n'a pas procédé aux contrôles nécessaires des fils sur l'ourdisseur avant de lancer la machine, ce qui a occasionné un préjudice financier sérieux, ainsi que la perte d'un client important *(CAA Bordeaux, 30 mars 2000, n° 96BX02325)* ;

– pour un salarié, inspecteur de recouvrement, chargé du contrôle, pour le compte d'une banque, des stocks de véhicules chez les concessionnaires d'une marque automobile, qui n'a pas procédé à des contrôles qu'il avait attestés par écrit ; ces faits ont été jugés d'une gravité suffisante, « *l'intéressé ne pouvant méconnaître les obligations auxquelles il était tenu* », compte tenu de « *l'importance de sa mission* » et en l'absence « *d'un accroissement de son rythme de travail* » *(CE, 6 oct. 1997, n° 159.723, Banque Opel)* ;
– pour un salarié ayant omis, lors d'une réparation effectuée sur un véhicule, de visser deux écrous de fixation de vis du palier tenant la rotule inférieure et la barre stabilisatrice de la roue avant gauche d'un véhicule dont la réparation lui avait été confiée, causant l'affaissement de la roue et la détérioration de l'aile avant gauche dès la mise en mouvement du véhicule, ni la circonstance que la réparation ait été décidée dans l'urgence, ne fût pas en usage, ou lui ait été ordonnée sans qu'il puisse s'y opposer ne justifiait l'omission d'un geste technique élémentaire assurant la fixation d'un organe de sécurité *(CE, 8 mars 2006, Villefontaine Automobiles, n° 259.049)* ;
– pour un moniteur-éducateur d'un centre d'hébergement et de réadaptation sociale ayant entretenu des relations ambiguës avec les résidentes, cette attitude étant en profonde contradiction avec la déontologie de la profession *(CE, 8 mars 2006, n° 270.709, Mutualité des Ardennes, JCP S n° 17, 25 avr. 2006, 1334, note Kerbourc'h)* ;
– pour le directeur régional d'une entreprise de travail temporaire n'ayant pas respecté les consignes interdisant de travailler avec des clients non couverts ou en dépassement d'encours et, par ailleurs, fait l'objet d'une condamnation pour faux, usage de faux et détournements ; ces faits présentaient une gravité suffisante eu égard aux fonctions d'encadrement et aux responsabilités du salarié ainsi qu'aux conséquences importantes de ses agissements sur la situation financière de la société *(CE, 16 déc. 2009, n° 327.032, Lutmann, Tables p. 978, concl. Y. Struillou Dr ouvrier p. 136)*.

En revanche, cette faute n'était pas constituée par :
– le non-respect, pendant un court moment, de l'itinéraire imposé à un chauffeur-livreur et une contravention de police infligée à celui-ci pour stationnement interdit *(CE, 1er juin 1979, n° 11.354, Sté Cars Denis)* ;
– les négligences commises par un magasinier dans l'enregistrement de certaines entrées ou sorties de pièces et son refus, à deux reprises, de réaliser des commandes jugées prioritaires par la direction *(CE, 4 mai 1984, n° 23.258, Bocama)* ;
– des négligences n'apparaissant pas de nature à compromettre gravement la situation de l'entreprise, le chiffre d'affaires du secteur du salarié, inspecteur-promoteur de la distribution, ayant

au contraire progressé *(CE, 14 mars 1990, n° 86.936, Sté Siceront KF)* ;
– des erreurs ou irrégularités commises dans la délivrance aux voyageurs de titres de transport et ne présentant pas, à les supposer établies, un caractère de gravité suffisante *(CE, 23 mars 1990, n° 79.839, Sté Transports rapides du Gers)*.

La faute grave a été retenue par le juge judiciaire à l'encontre :
– d'une caissière-vendeuse, pour la répétition de ses erreurs de caisse, ainsi que l'énormité du déficit de caisse constaté pour une seule journée, ce qui caractérisait un manque d'attention extrême de sa part et un total désintérêt pour son travail ayant des conséquences pécuniaires très préjudiciables pour l'employeur *(Cass. soc., 28 nov. 2006, n° 06-40.013, RJS 2007 n° 204)* ;
– du gérant d'un restaurant d'entreprise, les analyses des prélèvements effectués par les services vétérinaires ayant donné des résultats insatisfaisants pour certains mets proposés à la consommation dans le restaurant géré par le salarié et la cuisine étant sale et mal tenue *(Cass. soc., 5 déc. 2006, n° 04-41.199)* ;
– d'une lingère-gouvernante d'une résidence de vacances, ayant pour mission le contrôle de la totalité des appartements gérés ainsi que de l'organisation des prestations de ménage également fournies aux vacanciers, et responsable de la désorganisation totale du système des factures, de manipulations et d'irrégularités dans la tenue des comptes *(Cass. soc., 20 déc. 2006, n° 04-47.853, Bull. V n° 396, RJS 2007 n° 319)* ;
– d'un conducteur d'une société de transport refusant d'assister à une formation en matière de sécurité routière, qui a ensuite été responsable de deux accidents de la circulation au cours d'un même mois *(Cass. soc., 27 janv. 2009, n° 07-43.955)*.

§ 3. LA QUALITÉ ET/OU LE NIVEAU DE RESPONSABILITÉ DU SALARIÉ FAUTIF

45.3.3. – Constituent une faute d'une gravité suffisante :
– l'erreur commise lors de l'utilisation d'un médicament dont la salariée, infirmière, ne pouvait ignorer le caractère dangereux *(CE, 20 févr. 1987, n° 70.132, Aguerre)* ;
– la négligence manifestée dans l'exécution de ses tâches professionnelles par un salarié, chef du service juridique d'une fédération professionnelle *(CE, 29 mai 1987, n° 67.286, FDSEA de la Meuse)* ;
– la disparition en quantité importante de matériel et de produits et la sous-évaluation des ventes de boisson, constatées par la direction lors de contrôles, qui, même si elles ne pouvaient pas être imputées personnellement à la salariée, gérante du service de restauration, n'en étaient pas moins révélatrices de graves

négligences commises par elle dans l'exercice de ses fonctions *(CE, 12 avr. 1995, n° 134.203, Association des centres de préformation méditerranéens ; également, pour des faits semblables : CE, 10 juill. 1995, n° 145.130, Fontaine)* ;

– le fait, pour un responsable de caisse d'un magasin, d'avoir accepté d'échanger, au bénéfice d'un tiers, de l'argent liquide provenant de la caisse du magasin contre des chèques dépourvus de provision et, d'autre part, émis lui-même, soit pour l'achat de marchandises, soit en échange d'espèces, des chèques sans provision *(CE, 20 mars 1996, n° 148.993, Perrier)* ;
– le non-respect, par le directeur régional d'une entreprise de travail temporaire, qui avait par ailleurs fait l'objet d'une condamnation pour faux, usage de faux et détournements, de consignes interdisant de travailler avec des clients non couverts ou en dépassement d'encours, eu égard aux fonctions d'encadrement et aux responsabilités du salarié ainsi qu'aux conséquences importantes de ses agissements sur la situation financière de la société *(CE, 16 déc. 2009, n° 327.032, Lutmann, Tables p. 978, concl. Y. Struillou, Dr ouvrier, p. 136)*.

Au contraire, il a été jugé que n'avait pas commis une telle faute, compte tenu de son faible niveau de responsabilité, un salarié ayant remis, sur l'ordre de son directeur, des marchandises à un tiers sans établir de facture ou de document justificatif *(CE, 27 avr. 1987, n° 51.910, Sté SDP But)*. La même solution a été adoptée pour une salariée, responsable de caisse, à qui il était reproché de ne pas avoir empêché le dépôt, par une autre salariée, hôtesse d'accueil, sur la banque du service location situé près de la sortie, de quatre coussins d'une valeur unitaire de 1 000 F qui ont ultérieurement disparu : l'intéressée n'avait en effet aucune autorité sur elle *(CE, 19 févr. 1997, n° 157.827, Sté La boîte à outils)*.

La faute grave a par contre a été retenue par le juge judiciaire à l'encontre :

– d'un dirigeant responsable d'une banque ayant commis un manquement fautif à sa mission générale de surveillance et de vigilance en s'abstenant de mettre en place une procédure de contrôle efficace qui aurait permis de déceler des escroqueries commises au sein de l'établissement *(Cass. soc., 3 déc. 2008, n° 07-43.927)* ;
– d'un cadre auquel il incombait d'établir les conventions de stage et les conventions d'alternance, ainsi que les plannings, comme de veiller à la bonne exécution des stages, qui avait signé des conventions comportant des omissions, dressé des plannings inexacts ne permettant pas à l'association de localiser ses stagiaires et n'avait pas contrôlé les conditions de travail d'un stagiaire en dépit de ses plaintes *(Cass. soc., 17 déc. 2008, n° 07-41.767)* ;
– d'un salarié titulaire d'une délégation de pouvoirs en vue d'appliquer et faire appliquer les prescriptions en matière d'hygiène et

de sécurité, qui s'était borné à s'enquérir du coût des réparations sans prendre aucune mesure pour prévenir un accident ni faire procéder aux réparations qui s'imposaient *(Cass. soc., 23 juin 2010, n° 09-41.607, Bull. V n° 151, RJS 2010 n° 776)*.

§ 4. LE CARACTÈRE RÉPÉTÉ OU NON DES MANQUEMENTS AUX OBLIGATIONS PROFESSIONNELLES

45.3.4. – La constatation de manquements répétés du salarié à ses obligations professionnelles peut donner aux faits fautifs un caractère de gravité suffisante. Ainsi en a-t-il été jugé dans les cas suivants :

– des manquements répétés d'un salarié, malgré de nombreux rappels à l'ordre, relatifs à la rédaction et à la transmission de documents administratifs et comptables, aux virements de fonds, ainsi qu'à la tenue de son point de vente *(CE, 12 oct. 1984, n° 35.435, Locoche)* ;

– un accident dû à un manque de maîtrise d'un chauffeur et à un excès de vitesse, cet accident, qui avait entraîné de très sérieux dégâts matériels, s'ajoutant à de nombreux autres survenus dans les mois précédents *(CE, 14 déc.1984, n° 39.788, Ets Godefroy ; CE, 2 nov. 1992, Sté Transports Lefebvre)* ;

– une fausse manœuvre effectuée par le conducteur d'une grue mobile ayant provoqué d'importants dégâts : un accident du même type était survenu deux mois auparavant à ce salarié, qui n'entretenait pas correctement le matériel qui lui avait été confié *(CE, 27 févr. 1985, n° 44.981, Sté France-Afrique)* ;

– le fait pour un salarié, d'une part, de s'être abstenu sans motif et malgré plusieurs rappels, de fournir à son employeur une note de bilan d'activité demandée en vue d'une réunion déterminante pour le renouvellement de la convention conclue avec des collectivités territoriales pour assurer le financement de l'activité de l'association et, d'autre part, d'avoir fortement tardé, de nouveau après avoir fait l'objet de rappels en ce sens, à renseigner la base de données permettant d'assurer le suivi de son activité d'éducateur *(CE, 3 nov. 2014, n° 369.038, Rossi)*.

De même, la faute grave a été retenue par le juge judiciaire pour un salarié, chauffeur poids lourd, ayant commis plusieurs excès de vitesse dans la conduite de l'ensemble poids lourd, et de ce fait persisté dans son comportement fautif, malgré de nombreux rappels à l'ordre *(Cass. soc., 24 juin 2009, n° 08-40.314, Liaisons soc. Jurisp. Hebdo n° 168/2009 du 17/18 août 2009 ; en sens contraire, Cass. soc., 3 déc. 2008, n° 07-43.489 ; Cass. soc., 30 avr. 2014, n° 13-11.047)*. *A contrario*, elle n'a pas été retenue pour un refus délibéré d'une salariée de tenir compte de la décision prise par son employeur de modifier ses jours et heures de travail, cet acte étant isolé et émanant d'une salariée ayant 16 ans d'ancienneté *(Cass. soc., 10 avr. 2013, n° 11-24.014)*.

§ 5. L'INTENTION DE NUIRE

45.3.5. – Le caractère délibéré d'une négligence, révélant une intention de nuire, constitue un facteur aggravant.

Ainsi il a été jugé :

– que la faute commise par un salarié, ayant délibérément accompli son travail (démoulage de panneaux en béton) sans aucune précaution, occasionnant ainsi des malfaçons et des pertes préjudiciables à l'entreprise, revêtait un caractère de gravité suffisante nonobstant la circonstance que ce travail ne lui était pas habituellement confié *(CE, 14 févr. 1986, n° 66.119, Sté des Établissements Tartarin)* ;

– qu'*a contrario*, une erreur isolée commise dans le montage d'un moule ne pouvait justifier le licenciement dès lors que la malveillance alléguée n'était pas établie *(CE, 20 mars 1981, n° 18.109, Roux)*. Il en va de même en cas de présentation d'explications circonstanciées par le salarié soulignant l'absence d'une attitude délibérée de sa part *(CE, 3 juill.1987, n° 48.539, Sté Carnaud)*.

La faute lourde a été retenue par le juge judiciaire pour un salarie ayant provoqué l'arrêt des machines en procédant sur la première à une manipulation qui avait faussé ses réglages et en introduisant de la confiture dans la seconde, ce comportement révélant l'intention de nuire à l'entreprise *(Cass. soc., 23 sept. 1999 , n° 08-42.913, CSB Paris 2009 n° 215 p. 276)*.

La faute lourde est caractérisée par l'intention de nuire à l'employeur, laquelle implique la volonté du salarié de lui porter préjudice dans la commission du fait fautif et ne résulte pas de la seule commission d'un acte préjudiciable à l'entreprise *(Cass. soc., 26 juin 2024, n° 22-10.709)*.

§ 6. LA RESPONSABILITÉ AU MOINS PARTIELLE DE L'EMPLOYEUR

45.3.6. – Elle atténue ou supprime le caractère fautif des faits reprochés au salarié.

Ainsi, la faute d'une gravité suffisante n'a pas été retenue dans les cas suivants :

– des retards dans la remise des dossiers par un commis-greffier, partiellement imputables aux défauts d'organisation de la circulation des dossiers au sein du greffe *(CE, 26 juill. 1982, n° 23.367, Marcillet)* ;

– le manque d'attention d'un salarié ayant facilité la mise en place d'une double billetterie à son insu dans une entreprise de transport, sa responsabilité étant toutefois atténuée par l'absence de

règles précises relatives à la tenue de la billetterie dans l'entreprise *(CE, 3 juill. 1987, n° 84.422, Compagnie générale d'entreprises automobiles)* ;
- un accident dû au mauvais arrimage d'une cargaison et résultant, au moins en partie, d'un défaut d'entretien du matériel imputable à l'entreprise, le camion utilisé par le salarié, et dont il n'était pas le conducteur habituel, n'étant pas équipé d'un nombre de sangles suffisant pour permettre le respect des consignes de sécurité *(CE, 15 mai 1991, n° 74.481, Verdier-Garrigues)* ;
- des retards reprochés au salarié, et dont la cause principale était l'approximation, voire l'incohérence des instructions qui lui étaient données *(CAA Bordeaux, 17 déc. 1998, n° 96BX00484)*.

De même, le juge judiciaire n'a pas retenu de faute :
- en cas d'erreurs commises par une salariée chargée d'accomplir « *des tâches ne relevant pas de sa qualification et étrangères à l'activité pour laquelle elle a été embauchée* [secrétaire promue secrétaire de direction, et chargée à ce titre de la paie du magasin et de la gestion administrative du personnel, sans bénéficier au demeurant de la rémunération correspondant à cette fonction] » *(Cass. soc., 2 févr. 1999 , n° 96-44.340, Bull. V n° 51, Dr soc 1999, p. 417, RJS 1999 n° 350 ; Cass. soc., 4 déc. 1991, n° 88-43.520, RJS 1992 n° 120)* ;
- à l'encontre d'un architecte naval à qui il était notamment reproché des négligences et des méthodes inefficaces, ainsi qu'un refus d'exécuter les ordres et un désaccord complet avec l'employeur, dès lors que le juge du fond avait estimé que les difficultés provenaient essentiellement de l'employeur qui, en apportant des modifications incessantes à la conception du trimaran, sans avoir pour ce faire la compétence spécifique, avait considérablement compliqué sa tâche *(CA Aix-en-Provence, 22 mai 1996, Balta c. / Sté Construction maritime de Ramatuelle, RJS 1996, n° 1129)* ;
- en cas de refus du salarié d'effectuer une tâche à l'accomplissement de laquelle il ne peut être affecté dès lors que l'employeur n'a pas exécuté les obligations mises à sa charge pour assurer la protection de la santé au travail *(Cass. soc., 18 déc. 2007, n° 06-43.801, Bull. civ. V n° 212)*.

En raison de la réduction de la durée du travail et de la tendance à l'intensification du travail qu'elle induit souvent, la question de la compatibilité entre temps et charge de travail constitue une source de contentieux appelée à se développer, notamment sur le plan disciplinaire.

La Cour de cassation a rendu deux décisions significatives sur ce point. Dans la première affaire, il était reproché au salarié, chauffeur, « *de n'avoir pas exécuté les instructions de se rendre à Rungis, de n'avoir pas prévenu son employeur en cours de tournée, d'avoir refusé d'attendre auprès du client afin qu'il puisse informer l'employeur de la situation et d'être parti de chez le client en emportant les clés du véhicule* » ; la Cour de cassation, confirmant l'arrêt de la cour d'appel, a estimé « *que le salarié n'avait pas commis de fautes, ne pouvait accomplir le travail demandé dans un temps compatible avec ses horaires et n'avait emporté les clés du camion* » *(Cass. soc., 16 nov. 1999, n° 97-43.285, Liaisons soc. Jurisp. 2000 n° 665)*. L'autre litige concernait le chef de sécurité-entretien d'un magasin, licencié en raison de plusieurs absences sans autorisation préalable ni justification. Là également, l'existence d'une cause réelle et sérieuse de licenciement a été écartée, au motif « *que selon son contrat de travail, M. Pirotte avait toute latitude pour organiser son emploi du temps suivant les nécessités de son service et la mission qui lui avait été confiée et qu'il ne pouvait être présent au magasin pendant toutes les heures d'ouverture de celui-ci comme le demandait l'employeur, sous peine d'exécuter un temps de travail excédant les limites légales* » *(Cass. soc., 12 janv. 2000, n° 97-44.015, Liaisons soc. Jurisp. 2000, n° 665)*.

SECTION 4
Le refus d'un changement des conditions de travail

45.4. – Il convient sur cette question de se reporter au n° **41** et **42**.

CHAPITRE VI

LE CONTRÔLE DE L'AUTORITÉ ADMINISTRATIVE SUR LE LICENCIEMENT POUR DES FAITS COMMIS EN DEHORS DE L'EXÉCUTION DU CONTRAT DE TRAVAIL

SECTION 1

Les comportements relevant de la vie personnelle et de l'exercice du mandat : généralités

§ 1. L'ANALYSE DU JUGE JUDICIAIRE

46.1.1. – Par un arrêt rendu le 4 juillet 2000, la chambre sociale a posé la règle selon laquelle « *un fait fautif ne peut s'entendre que d'un fait d'un salarié contraire à ses obligations à l'égard de l'employeur* ». Elle a, par suite, censuré l'arrêt de la cour d'appel qui avait admis la cause réelle et sérieuse du licenciement prononcé pour faute « *alors, d'une part, qu'un salarié agissant dans le cadre de ses fonctions de trésorier du comité d'entreprise n'est pas sous la subordination juridique de son employeur et, alors, d'autre part, que l'arrêt n'a caractérisé aucune faute commise par le salarié dans l'entreprise, la cour d'appel a violé les textes susvisés* » (*Cass. soc., 4 juill. 2000, n° 97-44.846 et 98-44.959, Bull. V n° 263, RJS 2000 n° 1066 et 1109 ; Sem. soc. Lamy, 27.11.2000 n° 1005 ; Cass. soc., 23 juin 2009, n° 07-45.256, Bull. V n° 160, RJS 2009 n° 796, JCP E n° 40, 1er oct. 1009, p. 44, Liaisons soc. jurisp. théma n° 151/2009 du 21 juill. 2009, CSB Paris 2009 n° 213 p. 213, pour un détournement de fonds commis par une salariée, trésorière d'une association liée à l'entreprise et ayant* *son siège dans les locaux de celle-ci ; Cass. soc., 30 juin 2010, n° 09-66.972 et 09-66.973, RJS 2010 n° 792 : arrivée tardive à une réunion du comité d'entreprise)*.

La chambre sociale a réaffirmé le principe selon lequel un motif tiré de la vie personnelle du salarié ne peut, en principe, justifier un licenciement disciplinaire, sauf s'il constitue un manquement de l'intéressé à une obligation découlant de son contrat de travail *(Cass. soc., 24 oct. 2018, n° 17-16.099)* ou lorsqu'il se rattache à sa vie professionnelle.

La construction jurisprudentielle repose donc sur un principe et deux exceptions :

– le principe : un fait relevant de la vie personnelle ne peut être qualifié de fautif et, par suite, ne peut justifier une sanction disciplinaire ;

– toutefois, un fait relevant de la vie personnelle peut, à titre exceptionnel justifier un licenciement disciplinaire :

  • soit parce qu'il constitue un manquement aux obligations contractuelles du salarié ;

  • soit parce qu'il est jugé comme se rattachant à la vie de professionnelle.

En outre, lorsque le fait en cause relève de la vie personnelle du salarié, s'il crée un « trouble objectif », il est de nature à justifier la rupture du contrat sans être pour autant qualifié de fautif *(« La perméabilité de la vie personnelle au droit du licenciement », G. Loiseau, RJS 10/24 p. 7)*.

Pouvoir de l'employeur et comportement du salarié relevant de sa vie personnelle	
Nature du fait relevant de la vie personnelle du salarié	**Pouvoir de l'employeur**
Fait de la vie personnelle : – qui ne constitue pas un manquement aux obligations contractuelles ; Et – qui ne se rattache pas à la vie de l'entreprise	Le salarié ne peut être sanctionné
Fait de la vie personnelle constituant un manquement aux obligations contractuelles du salarié	L'employeur peut prendre une sanction disciplinaire
Fait de la vie personnelle se rattachant à la vie de l'entreprise	L'employeur peut prendre une sanction disciplinaire si le lien avec la vie de l'entreprise est caractérisé

Pouvoir de l'employeur et comportement du salarié relevant de sa vie personnelle	
Fait de la vie personnelle constituant un trouble objectif au fonctionnement de l'entreprise	L'employeur peut décider de rompre le contrat en se plaçant sur le terrain du « trouble objectif » si celui-ci est caractérisé (terrain non disciplinaire)

Dans deux arrêts du 25 septembre 2024, la Cour de cassation fait la distinction entre intimité de la vie privée et vie personnelle, la protection de la vie privée entrainant la nullité du licenciement alors que la méconnaissance du respect de la vie personnelle entraine l'absence de cause réelle et sérieuse. Dans le premier arrêt la Cour de cassation, se fondant sur les articles 8 de la Convention de sauvegarde des droits de l'homme et des libertés fondamentales, 9 du Code civil et L. 1121-1 du Code du travail, a approuvé l'arrêt qui a prononcé la nullité du licenciement d'un salarié qui avait été licencié pour faute grave, notamment en raison de propos échangés lors d'une conversation privée avec trois personnes au moyen de la messagerie professionnelle installée sur son ordinateur professionnel, dans un cadre strictement privé sans rapport avec l'activité professionnelle, ce dont il résultait que, cette conversation de nature privée n'étant pas destinée à être rendue publique et ne constituant pas un manquement du salarié aux obligations découlant du contrat de travail, le licenciement, prononcé pour motif disciplinaire, était insusceptible d'être justifié et était atteint de nullité comme portant atteinte au droit du respect de l'intimité de la vie privée du salarié *(Cass. soc., 25 sept. 2024, n° 23-11.860, B.)*. Dans le second arrêt la Cour de cassation, se fondant sur les dispositions des articles L. 1235-1, L. 1235-2, L. 1235-3 et L. 1235-3-1 du Code du travail, a retenu que la révocation était fondée sur des faits de détention et de consommation de produits stupéfiants à bord de son véhicule, constatés par un service de police sur la voie publique, étrangers aux obligations découlant du contrat de travail, ce dont il résultait que le motif de la sanction était tiré de la vie personnelle du salarié sans toutefois relever de l'intimité de sa vie privée, de sorte que, si le licenciement était dépourvu de cause réelle et sérieuse, il n'était pas atteint de nullité en l'absence de la violation d'une liberté fondamentale *(Cass. soc., 25 sept. 2024, n° 22-20.672, B.)*.

A. Les faits de la vie personnelle qui ne traduisent aucun manquement aux obligations contractuelles du salarié et qui ne se rattachent pas à la vie professionnelle : le comportement du salarié ne peut justifier un licenciement pour motif disciplinaire

46.1.1.1. – Les arrêts suivants ont écarté l'existence d'une faute, s'agissant de faits devant être regardés comme relevant de la vie personnelle :

- pour un surveillant d'immeuble, lui-même locataire de la résidence, qui, durant un congé maladie, s'était pris de querelle avec un autre locataire pour un problème de voisinage *(Cass. soc., 14 mai 1997, n° 94-45.473, Bull. V n° 175, RJS 1997 n° 758)* ;
- pour un clerc de notaire, à la suite de la publication dans la presse locale de sa condamnation par le tribunal correctionnel pour aide à séjour irrégulier d'un travailleur étranger *(Cass. soc., 16 déc. 1997, n° 95-41.326, Bull. V n° 441, RJS 1998 n° 141)* ;
- pour une salariée ayant poursuivi une activité de voyante-tarologue jugée incompatible par son employeur avec ses fonctions de secrétaire médicale ayant accès à des dossiers confidentiels, en l'absence de manquement constaté à l'obligation contractuelle de confidentialité *(Cass. soc., 21 oct. 2003, n° 00-45.291 et 00-44.761, Bull. V n° 259)* ;
- pour un salarié ayant eu une liaison avec une de ses subordonnées, aucun élément de harcèlement n'ayant été établi à son encontre *(Cass. soc., 30 nov. 2005, n° 04-13.877, Bull. V n° 343, Dr soc 2006 p. 466, RJS 2006 n° 176 ; Cass. soc., 30 nov. 2005, n° 04-41.206, Bull. V n° 343)* ;
- pour un salarié, receveur péager d'une compagnie d'autoroute ayant participé, pendant une journée de repos, à une manifestation de protestation contre la loi de décentralisation et la réforme des retraites consistant en un blocage d'une gare de péage autoroutier, sans que soit fournie de justification à l'interdiction par l'employeur d'exercer une liberté collective en dehors du temps de travail *(Cass. soc., 23 mai 2007, n° 05-41.374, RJS 2007 n° 910)* ;
- pour un salarié ayant volé des enjoliveurs sur le véhicule d'un collègue garé à l'extérieur de l'entreprise *(Cass. soc., 19 sept. 2007, n° 05-45.294)* ;
- pour un surveillant en chef d'une résidence ayant commis, hors de son temps de travail, des violences volontaires sur une mineure logée dans cette résidence *(Cass. soc., 19 déc. 2007, n° 06-41.731, RJS 2008 n° 154)* ;
- pour une salariée, engagée en qualité de réceptionniste dans un hôtel pour une durée déterminée, qui hébergeait une personne étrangère dans sa chambre *(Cass. soc., 29 janv. 2008, n° 05-43.745, RJS 2008 n° 384)* ;

- pour un basketteur professionnel en état d'alcoolémie constaté la veille du jour de sa reprise de travail, alors qu'il était en rééducation physique dans une clinique spécialisée *(Cass. soc., 3 juin 2009, n° 07-44.513, RJS 2009 n° 712)* ;
- pour un salarié placé en garde à vue, licencié pour avoir dissimulé ce fait, et donc de la véritable cause de son absence, à son employeur, alors que ce fait, relevant de sa vie privée, ne pouvait justifier un licenciement que si un trouble caractérisé au sein de l'entreprise était résulté de ce comportement *(Cass. soc., 16 sept. 2009, n° 08-41.837, RJS 2009 n° 842)* ;
- pour un salarié, cadre, frappé d'une mesure d'interdiction de gérer ne l'empêchant pas d'exercer ses fonctions salariées, ce fait qu'il avait dissimulé relevant de sa vie personnelle et ne constituant pas une faute *(Cass. soc., 19 janv. 2010, n° 08-42.519, RJS 2010 n° 304)* ;
- pour un salarié arrivant en retard à une réunion du comité d'entreprise *(Cass. soc., 30 juin 2010, n° 09-66.972 et 09-66.973, RJS 2010 n° 792, préc.)* ;
- pour un salarié, VRP, ayant réalisé une opération unique d'achat-revente d'un tracteur de la marque commercialisée par son employeur, sans utilisation de la dénomination sociale de l'entreprise, l'opération n'ayant eu aucune répercussion sur celle-ci *(Cass. soc., 30 avr. 2014, n° 13-10.249, RJS 2014 n° 548)* ;
- pour l'absence d'information de la direction des ressources humaines de la survenue d'un accident lors d'un séminaire professionnel alors que le salarié se trouvait, lors des événements de la nuit du 28 août 2012, dans un temps ressortant de sa vie privée sans que la qualité du travail réalisé le lendemain en fut affectée par l'absence ou la fatigue des salariés *(Cass. soc., 18 oct. 2017, n° 16-15.030)* ;
- pour un salarié ayant posé une balise GPS sur le véhicule personnel d'une collègue, compte tenu de la nature des relations entre les deux collègues et de l'absence de répercussion sur l'agence *(Cass. soc., 16 déc. 2020, n° 19-14.665, RJS 2021 n° 69)* ;
- pour une salariée d'une banque qui falsifiait des chèques et les utilisait au préjudice de son ancien compagnon et qui n'avait, en outre, pas informé son employeur de l'issue de la procédure pénale engagée contre elle, comme cela lui avait pourtant été demandé, ces faits ayant été commis en dehors du temps et du lieu de travail et sans que la salariée n'utilisât les moyens mis à sa disposition par son employeur. *(Cass. soc., 9 nov. 2022, n° 20-23.172)* ;
- pour un salarié ayant commis des excès de vitesse répétés avec son véhicule de fonction durant les trajets reliant son domicile à son lieu de travail, en l'absence de dommage sur le véhicule mis à sa disposition et son comportement n'ayant pas eu d'incidence sur les obligations découlant de son contrat de travail en tant que mécanicien *(Cass. soc., 4 oct. 2023, n° 21-25.421, B.)* ;

- pour un salarié ayant remis à un collègue de travail un tract politique en dehors du temps et du lieu de travail, ce fait relevant de sa vie privée *(Cass. soc., 29 mai 2024, n° 22-14.779, RJS 2024 n° 511)* ;
- pour un salarié ayant commis des agissements de harcèlement sexuel à l'égard d'une cliente *via* Instagram, à partir de sa messagerie privée, en dehors de ses heures de travail et avec un matériel informatique qui lui appartenait à titre personnel, l'employeur ne rapportant pas la preuve que le salarié avait rencontré la victime dans un cadre professionnel et qu'il n'était dès lors pas établi que les faits avaient été commis dans la sphère professionnelle et non dans la sphère privée, d'autant plus que les faits avaient été dénoncés par la filiale étrangère auprès de laquelle le salarié avait été mis à disposition et qu'ils n'avaient pas causé de préjudice propre et distinct à la société mère *(Cass. soc., 25 sept. 2024, n° 23-11.558)*.

En outre, la seule circonstance que le salarié se trouve, lors de la commission des faits, dans le véhicule professionnel mis à sa disposition ne peut suffire à rattacher les faits à sa vie professionnelle, et ce d'autant que les faits reprochés avaient été commis en dehors du temps du travail *(Cass. soc., 20 mars 2024, 22-19.170)*.

B. Les faits de la vie personnelle caractérisent un manquement aux obligations contractuelles : le comportement du salarié peut justifier un licenciement disciplinaire

46.1.1.2. – La chambre sociale a admis que constituait une faute un fait relevant de la vie personnelle, mais caractérisant un manquement à l'obligation particulière de probité à laquelle était soumis un cadre employé dans une banque *(Cass. soc., 25 janv. 2006, n° 04-44.918, Bull. V n° 26, RJS 2006 n° 404, JCP S n° 13, 28 mars 2006, note J.-Y. Frouin)*. La Haute Cour a retenu le manquement à ses obligations contractuelles d'un salarié, personnel navigant commercial d'une compagnie aérienne, qui avait consommé des drogues dures pendant des escales entre deux vols et se trouvait sous l'influence de stupéfiants pendant l'exercice de ses fonctions *(Cass. soc., 27 mars 2012, n° 10-19.915, Bull. V n° 106, RJS 2012 n° 529)*. Il en a été de même pour un salarié de la CNAM n'ayant pas informé son employeur de sa mise en examen pour fraude en matière de sécurité sociale, à la suite d'une plainte déposée par la caisse elle-même, ce fait étant de nature à avoir une incidence sur l'exercice de ses fonctions et à caractérisé un manquement de l'intéressé à ses obligations professionnelles *(Cass. soc., 29 sept. 2014, n° 13-13.661, Bull. V n° 209, RJS 2014 n° 838)*.

Constitue une violation du code de bonne conduite l'acceptation dans la sphère privée par un salarié de cadeaux importants de la part d'un client de l'agence bancaire dont il assumait la direction *(Cass. soc., 31 mars 2021, n° 19-23.144)*.

Un manquement à l'obligation de confidentialité peut justifier un licenciement pour faute d'une salariée ayant publié la photographie du défilé de la nouvelle collection sur son compte privé Facebook comptant plus de 200 « amis » professionnels de la mode travaillant soit pour l'employeur, sans avoir eu accès au défilé confidentiel destiné aux commerciaux, soit auprès d'entreprises concurrentes, et qu'elle ne pouvait pas garantir l'absence de diffusion dans un cercle encore plus large par ces « amis », dans un secteur très concurrentiel où l'employeur justifiait d'agissements de contrefaçon, alors même que son contrat de travail comportait une clause de confidentialité *(Cass. soc., 30 sept. 2020 n° 19-12.058, B., RJS 2020 n° 586)*.

Par ailleurs, les principes de laïcité et de neutralité du service public étant applicables à l'ensemble des services publics, y compris lorsque ceux-ci sont assurés par des organismes de droit privé, la Cour de cassation a considéré qu'un salarié d'une mission locale peut être licencié pour avoir exprimé ses opinions politiques et convictions religieuses sur Facebook, le juge étant tenu de rechercher si la consultation du compte Facebook du salarié permettait son identification en qualité de conseiller d'insertion sociale et professionnelle affecté au sein de la commune, notamment par les jeunes en difficulté auprès desquels il exerçait ses fonctions, et si, au regard de la virulence des propos litigieux ainsi que de la publicité qui leur était donnée, lesdits propos étaient susceptibles de caractériser un manquement à l'obligation de réserve du salarié en dehors de l'exercice de ses fonctions en tant qu'agent du service public de l'emploi mis à la disposition d'une collectivité territoriale *(Cass. soc., 19 oct. 2022, n° 21-12.370, B., RJS 2023 n° 6)*.

En raison de l'obligation de loyauté qui constitue une obligation née du contrat de travail et dont le non-respect constitue une faute, elle a également jugé qu'un manquement à cette obligation, constitué par un acte relevant de la vie personnelle du salarié pouvait aussi constituer une faute :

– pour une salariée, employée au service contentieux d'une caisse d'allocations familiales, ayant minoré pendant plusieurs années ses déclarations de ressources afin de bénéficier de prestations sociales indues *(Cass. soc., 25 févr. 2003, n° 00-42.031, Bull. V n° 66, cf. note J.-Y. Houin, JCP S n° 13, 28 mars 2006, § 1261 ; Cass. soc., 17 sept. 2014, n° 13-18.850)* ;
– pour un salarié ayant eu des propos particulièrement insultants et injurieux consistant notamment dans le dénigrement des services et des membres du personnel de l'entreprise et entendus en dehors du bureau où ils étaient tenus *(Cass. soc., 25 juin 2002, n° 00-44.001, Bull. V n° 211, RJS 2002 n° 1094)* ;
– pour un salarié qui, s'étant rendu dans l'entreprise pendant un arrêt de travail pour protester à propos du mauvais fonctionnement

de sa voiture personnelle achetée sur place, avait été particulièrement insultant et injurieux à l'égard des services et du personnel dans l'entreprise *(Cass. soc., 29 oct. 2008, n° 07-42.561, RJS 2009 n° 31)* ;

- pour une salariée ayant apposé sur le balcon de son domicile une banderole mettant en cause publiquement son employeur *(Cass. soc., 22 juin 2011, n° 10-10.856)* ;
- pour une salariée ayant falsifié des factures au détriment de l'un des principaux clients de l'employeur, ces falsifications ayant été établies à partir de documents manipulés dans le cadre de ses fonctions, ces faits se rattachant à la vie de l'entreprise et constituant, compte tenu des fonctions assumées par les salariés, un manquement manifeste à l'obligation de loyauté *(Cass. soc., 16 janv. 2019, n° 17-15.002, RJS 2019 n° 154)* ;
- pour un salarié ayant tenu à l'encontre d'un collègue des propos blessants et humiliants, en présence de deux de ses amis afin de donner une mauvaise image de ses dirigeants et créer un malaise entre ces derniers et les membres du personnel *(Cass. soc., 15 juin 2022 n° 21-10.572, RJS 2022 n° 508)* ;
- pour un salarié ayant dissimulé une relation intime, qui était en rapport avec ses fonctions professionnelles et de nature à en affecter le bon exercice *(Cass. soc., 29 mai 2024, n° 22-16.218, B.)*.

Cette dernière hypothèse, qui marque une extension de l'obligation de loyauté, doit être distinguée de celle où le salarié commet dans sa vie privée un fait répréhensible causant un trouble caractérisé dans le fonctionnement de l'entreprise, ce fait n'entrant pas dans le champ contractuel *(chron. J. Mouly, « L'obligation de loyauté impose au salarié d'informer l'employeur de tout fait de nature à affecter l'exercice de ses activités professionnelles », Dr soc 2014, p. 957 ; sur l'obligation de loyauté, cf. n°* ***45.2.3****)*. Enfin, à l'instar du juge administratif *(CE, 15 déc. 2010, n° 316.856, M. A., Rec. p. 508, RJS 2011 n° 170 ; cf. n°* ***44.3.2.2.2****)*, la chambre sociale, opérant un revirement au regard de sa jurisprudence antérieure *(Cass. soc., 2 déc. 2003, n° 01-43.227, Bull. V n° 304, RJS 2004 n° 181 ; Cass. soc., 19 mars 2008, n° 06-45.212)*, a jugé que le fait pour un salarié qui utilise un véhicule dans l'exercice de ses fonctions de commettre, dans le cadre de sa vie personnelle, une infraction entraînant la suspension de son permis de conduire ne saurait être regardé comme une méconnaissance de ses obligations contractuelles, caractérisant un acte fautif *(Cass. soc., 3 mai 2011, n° 09-67.464, Bull. V n° 105, RJS 2011 n° 588 ; Cass. soc., 10 juill. 2013, n° 12-16.878, RJS 2013 n° 661 ; chron. F. Duquesne, « Le licenciement consécutif à l'annulation ou la suspension du permis de conduire du salarié », RJS 2013, p. 515)*. En revanche, l'impossibilité qui peut en résulter pour le salarié d'exécuter sa prestation de travail peut justifier son licenciement en raison du trouble au bon fonctionnement de l'entreprise *(Cass. soc., 1er avr. 2009, n° 08-42.071 ; Cass. soc., 28 févr. 2018, n° 17-11.334)*.

C. Les faits de la vie personnelle qui se rattachent à la vie de l'entreprise : le comportement du salarié peut justifier un licenciement disciplinaire

46.1.1.3. – L'existence d'une faute a été admise par la Cour de cassation :

– pour un salarié s'étant enivré au cours d'une réunion organisée par un client de la maison qu'il représentait, poursuivi le personnel féminin de ce client de ses assiduités et occupé le poste de la standardiste pour composer au hasard des numéros de téléphone *(Cass. soc., 21 mars 1979, n° 78-40.305, Bull. V n° 251)* ;
– pour un agent de surveillance d'une entreprise de gardiennage ayant commis, hors de son temps de travail, un vol chez un client *(Cass. soc., 20 nov. 1991, n° 89-44.605, Bull. V n° 512 ; Cass. soc., 18 mai 2011, n° 10-11.907, RJS 2011 n° 669)* ; pour des faits de vol pendant une escale dans un hôtel, partenaire commercial *(Cass. soc., 8 juill. 2020, n° 18-18.317, B., RJS 2020 n° 450)* ;
– pour un salarié ayant commis une escroquerie avec les moyens de l'entreprise *(Cass. soc., 24 juin 1998, n° 96-40.150, Bull. V n° 338, chronique Fortis, « Vie personnelle, vie professionnelle et responsabilités pénales », Dr soc 2004, p. 40)* ;
– pour un salarié, cadre de l'entreprise, ayant donné un violent coup au visage d'un autre salarié au cours d'une réunion organisée dans les locaux de l'entreprise par le comité d'entreprise, ce comportement relevant de la vie professionnelle *(Cass. soc., 12 janv. 1999, n° 96-43.705, RJS 1999 n° 150 ; Cass. soc., 28 mars 2000, n° 97-43.823, Bull. V n° 127, RJS 2000 n° 511 ; Cass. soc., 8 oct. 2014, n° 13-16.793, Bull. V n° 227, RJS 2014 n° 837 ; Cass. soc., 10 déc. 2008, n° 07-41.820, Bull. V n° 245, RJS 2009 n° 163, CSB Paris 2009 n° 209, pour des propos injurieux tenus pendant son arrêt-maladie par un salarié à l'égard de sa supérieure hiérarchique et devant trois adultes à encadrer ; sur l'obligation de loyauté du salarié malade)* ;
– pour des salariés qui, logés dans un local appartenant à l'entreprise, avaient consommé de l'alcool et laissé les lieux en désordre après y avoir déposé des graffitis obscènes, causant une perturbation aux autres utilisateurs du local *(Cass. soc., 27 juin 2001, n° 99-45.121, RJS 2001 n° 1251)* ;
– pour un salarié, chef d'équipe, ayant infligé des coups et blessures à un subordonné chargé de récupérer un véhicule de l'entreprise à son domicile, nonobstant le fait que l'événement s'était produit à l'extérieur de l'entreprise et en dehors du temps de travail *(Cass. soc., 6 févr. 2002, n° 99-45.418)* ;

– pour un salarié, cuisinier dans un hôtel-restaurant, ayant commis des violences, notamment sur la personne de son directeur, à l'occasion d'une réception organisée par lui pour son mariage dans l'hôtel où il exerçait ses fonctions *(Cass. soc., 16 mars 2004, n° 01-45.062, RJS 2004 n° 660)* ;
– pour un salarié ayant, pendant sa mise à pied, menacé d'autres salariés de l'entreprise s'ils témoignaient, allant jusqu'à l'intimidation vis-à-vis de l'un d'eux, les faits étant survenus au temps et au lieu de travail *(Cass. soc., 21 mai 2008, n° 06-42.405 ; Cass. soc., 27 nov. 2013, n° 12-21.057, RJS 2014 n° 105)* ;
– pour un salarié ayant, dans un courriel adressé à sa compagne et malencontreusement transmis par lui en copie à une salariée de l'entreprise qui l'a adressé à l'employeur, insulté sa hiérarchie et annoncé son absence à son poste de travail l'après-midi, malgré une précédente sanction disciplinaire pour absence injustifiée *(Cass. soc., 2 févr. 2011, n° 09-72.313, RJS 2011 n° 289 ; Cass. soc., 2 févr. 2011, n° 09-72.450, RJS 2011 n° 289)* ;
– pour un salarié ayant tenu des propos à caractère sexuel et ayant eu des attitudes déplacées, même en dehors du temps et du lieu de travail, à l'égard de collègues féminines avec lesquelles l'intéressé était en contact en raison de son travail *(Cass. soc., 19 oct. 2011, n° 09-72.672, Bull. V n° 236, RJS 2012 n° 7 ; Cass. soc., 11 janv. 2012, n° 10-12.930, Bull. V n° 9, RJS 2012 n° 218 ; pour des faits de harcèlement sexuel)* ;
– pour une salariée ayant, hors temps de travail, d'une part, ostensiblement violé l'interdiction de fumer imposée dans la zone non fumeur de l'établissement, et d'autre part, tenu des propos à connotation raciste à l'égard d'un membre du personnel *(Cass. soc., 16 oct. 2013, n° 12-19.670, RJS 2014 n° 10)* ;
– pour un directeur des ventes ayant menti sur son *curriculum vitae* en inventant une expérience similaire au sein d'une entreprise concurrente à celle pour laquelle il postulait, cette expérience « *imaginaire* » ayant été un élément déterminant dans son recrutement *(Cass. soc., 25 nov. 2015, n° 14-21.521)* ;
– pour des échanges entre le salarié et une employée placée sous son autorité hiérarchique, lesquels « *dénotaient de la part de celui-là une confusion entretenue entre les sphères privée et professionnelle, quand bien même ils avaient lieu sur une messagerie privée en dehors des horaires de travail, et un rapport de domination culpabilisant et humiliant envers une salariée présentant un état psychologique fragile* » *(Cass. soc., 1er déc. 2015, n° 14-17.701)* ;
– pour le fait d'avoir adressé plusieurs messages de menaces et d'injures à son collègue sur son téléphone portable professionnel pendant son temps de travail concernant un remboursement d'une somme d'argent qui aurait été prêtée à l'occasion d'un événement professionnel organisé par l'employeur, ayant eu pour effet

de perturber son destinataire dans son travail *(Cass. soc., 28 sept. 2016, n° 15-17.542)* ;

- pour une salariée ayant falsifié des factures au détriment de l'un des principaux clients de l'employeur, ces falsifications ayant été établies à partir de documents manipulés dans le cadre de ses fonctions, ces faits se rattachant à la vie de l'entreprise et constituant, compte tenu des fonctions assumées par les salariés, un manquement manifeste à l'obligation de loyauté *(Cass. soc., 16 janv. 2019, n° 17-15.002, RJS 2019 n° 154)* ;
- pour un salarié ayant eu un accident en conduisant un véhicule de fonction sous l'empire d'un état alcoolique, au retour d'un salon professionnel *(Cass. soc., 19 janv. 2022, n° 20-19.742, RJS 2022 n° 180)*.

D. Les faits de la vie personnelle créant un « trouble objectif » au fonctionnement de l'entreprise : le salarié peut être licencié si le trouble objectif est caractérisé

46.1.1.4. – Si les agissements du salarié relevant de sa vie personnelle et ne traduisant aucun manquement aux obligations contractuelles du salarié et qui ne se rattachent pas à la vie professionnelle ne peuvent justifier un licenciement disciplinaire, ils peuvent en revanche, pour le juge judiciaire, justifier un licenciement si un trouble **caractérisé** en a résulté, tenant notamment à la finalité de l'activité et aux fonctions du salarié et ayant eu des répercussions sur la bonne marche de l'entreprise.

Se fondant sur cette grille d'analyse, la Cour de cassation n'a pas admis le caractère réel et sérieux du licenciement :

- pour un cadre, employé dans une banque, ayant émis des chèques sans provision en qualité de président d'une association de radio locale *(Cass. soc., 30 juin 1992, n° 89-43.840, Bull. V n° 429, CSBP n° 42 p. 202)* ;
- à propos d'injures adressées au conjoint de l'employeur hors des heures de travail pour un motif étranger au service *(Cass. soc., 22 mars 1990, n° 88-41.385)* ;
- pour un salarié d'une banque, très endetté, s'étant vu couvrir ses prêts par son employeur en contrepartie de l'engagement de ne plus en contracter d'autres et licencié pour non-respect de celui-ci *(Cass. soc., 16 déc. 1998, n° 96-43.540, Bull. V n° 559, RJS 1999 n° 150)* ;
- pour un salarié, agent commercial, ayant commis un vol au préjudice d'une société cliente qu'il avait dans son secteur de prospection (*Cass. soc., 3 déc. 2002, n° 00-44.321, Bull. V n° 361*) ;
- pour un salarié placé en détention provisoire, en raison d'un comportement étranger à la vie professionnelle (surpris en flagrant délit d'extorsion de fonds avec arme), et dont l'incarcération n'avait

emporté aucun trouble dans l'organisation et le fonctionnement de l'entreprise *(Cass. soc., 26 févr. 2003, n° 01-40.255, Dr soc 2003, p. 630, obs. Savatier, RJS 2003 n° 582 ; Cass. soc., 16 sept. 2009, n° 08-42.816 ; sur l'incarcération, cf. n° **15.7**)* ;

– pour l'envoi d'un courriel par un salarié, de sa messagerie personnelle et en dehors du temps et du lieu de travail, à l'adresse électronique personnelle d'un collègue de travail, ce qui conférait à ce message un caractère purement privé *(Cass. soc., 26 janv. 2012, n° 11-10.189, RJS 2012 n° 319)*.

A contrario, le juge judiciaire a admis le bien-fondé d'un licenciement pour cause réelle et sérieuse :

– pour le comportement violent d'un salarié à l'égard de sa concubine, également salariée de l'entreprise, en dehors du lieu de travail et pour un motif étranger au travail, suivi de son arrestation sur le lieu de travail et de sa condamnation, ce qui avait généré un trouble objectif caractérisé, l'employeur pouvant en outre craindre la survenance de nouveaux incidents *(Cass. soc., 9 juill. 2002, n° 00-45.068, RJS 2002 n° 1212)* ;

– pour un salarié condamné pour viol sur mineure, ce qui avait créé un trouble caractérisé dans l'entreprise, l'employeur ayant été contraint d'intervenir à plusieurs reprises pour prévenir la propagation de rumeurs sur ce sujet et certains salariés, amenés à côtoyer la mère, elle-même salariée de l'entreprise et employée sur le site, ayant exprimé une forte émotion *(Cass. soc., 26 sept. 2012, n° 11-11.247, RJS 2012 n° 922)* ;

– d'un salarié déclaré coupable de faits d'agression sexuelle sur mineurs commis à l'occasion de ses activités d'entraîneur de football dans un club de la ville où il exerçait ses fonctions de vigneron, dès son retour dans l'entreprise, une quarantaine de salariés ayant manifesté son refus de travailler avec lui et, le lendemain, les salariés ayant à nouveau manifesté leur désaccord avec le retour de l'intéressé en faisant grève *(Cass. soc., 13 avril 2023, n° 22-10.476)*.

« *La grille d'analyse* » retenue par la chambre sociale doit donc conduire le juge à s'interroger sur l'existence d'un lien entre le comportement visé et l'activité professionnelle du salarié, et, pour ce faire, de fixer en quelque sorte la frontière entre activité professionnelle et non-activité professionnelle. Toutefois, pour le juge judiciaire, cette frontière ne coïncide pas nécessairement avec le strict cadre temporel ou géographique de l'exécution de la prestation de travail *(chron. A. David et P. Lokiec, « L'architecture du droit disciplinaire », RJS 2015, p. 211)*.

En tout état de cause, en l'état d'un licenciement prononcé pour motif disciplinaire, il n'appartient pas aux juges de rechercher si le comportement du salarié avait occasionné un trouble objectif au sein de l'entreprise *(Cass. soc., 24 oct. 2018, n° 17-16.099)*.

E. Faits survenus pendant l'exercice du mandat

46.1.1.5. – S'agissant de faits survenus pendant l'exercice du mandat, hormis les actes commis au cours d'une grève, appréciés au regard de la définition de la faute lourde résultant de l'article L. 2511-1 du Code du travail *(cf. n°* ***46.3.3****)*, l'évolution récente de la jurisprudence judiciaire tend à opérer une distinction entre les agissements commis dans le cadre de l'exécution du mandat, selon qu'ils relèvent ou non d'un exercice normal de celui-ci. L'existence d'un abus confère dès lors à l'acte le caractère d'un manquement du salarié à ses obligations professionnelles, passible de sanction disciplinaire. La chambre sociale retient qu'une sanction disciplinaire ne pouvant être prononcée qu'en raison de faits constituant un manquement du salarié à ses obligations professionnelles envers l'employeur, lorsque l'intervention du salarié s'inscrit dans l'exercice de son mandat représentatif, il appartient aux juges de caractériser un abus *(Cass. soc., 22 nov. 2017, n° 16-12.109)*.

Il en a été jugé ainsi :

- pour la divulgation d'informations confidentielles et données comme telles par l'employeur au comité d'entreprise, constituant « *un manquement à l'obligation de discrétion préjudiciable aux intérêts de l'entreprise* » *(Cass. soc., 6 mars 2012, n° 10-24.367, RJS 2012 n° 408 : mise à pied justifiée)* ;
- pour un comportement agressif et violent réitéré à l'encontre de la directrice des ressources humaines au cours d'une réunion du comité d'entreprise *(Cass. soc., 2 juill. 2015, n° 14-15.829 : blâme justifié)* ;
- pour un délégué syndical auquel il était reproché d'avoir provoqué un conflit avec un autre salarié alors qu'il se trouvait en heures de délégation, dans l'exercice de son mandat représentatif *(Cass. soc., 27 juin 2012, n° 11-10.242)*.

A contrario, l'abus n'est pas caractérisé pour :

- la tenue, au cours d'une réunion du comité d'entreprise, à l'encontre du DRH de propos qualifiés d'injurieux par celui-ci dans un contexte de vive tension opposant les représentants du personnel et la direction (*Cass. soc., 27 févr. 2013, n° 11-27.474, RJS 2013 n° 398 ; Cass. soc., 27 juin 2012, n° 11-10.242*) ;
- l'utilisation du véhicule de service pour l'exercice de ses fonctions de représentation syndicale alors que la société en avait connaissance depuis plusieurs années sans qu'aucune sanction ne soit jamais prononcée *(Cass. soc., 14 sept. 2016, n° 15-13.740)* ;
- l'absence d'information tenant au fait que le salarié se trouvait dans une situation de conflit d'intérêts, sa compagne ayant des fonctions représentatives au sein de l'entreprise et lui-même représentant l'employeur au sein des institutions représentatives du personnel,

le salarié n'exerçant personnellement aucun mandat représentatif au sein de l'entreprise *(Cass. soc., 1er juin 2017, n° 15-24.441).*

§ 2. L'ÉVOLUTION DE L'ANALYSE DE L'ADMINISTRATION ET DU JUGE ADMINISTRATIF

46.1.2. – S'agissant d'un vol commis à l'extérieur de l'entreprise, l'administration *(note DRT-1987)* avait considéré que cette circonstance ne pouvait fonder le licenciement d'un salarié protégé, sous trois conditions :

– si les faits sont étrangers à l'entreprise ;
– si les fonctions du salarié ne sont pas incompatibles avec l'infraction commise ;
– s'il n'en résulte aucune atteinte à la réputation de l'entreprise ni aucun préjudice financier.

Toutefois, dans un premier temps, l'administration et le juge administratif s'en étaient tenus à l'application de la grille d'analyse du motif disciplinaire.

Ainsi, l'existence d'une faute d'une gravité suffisante n'avait pas été retenue par le juge administratif :

– pour un salarié protégé *(chef de cuisine)* ayant eu un comportement agressif et déplacé dans les locaux d'une agence bancaire, lors d'une altercation avec le personnel de l'établissement, de tels faits s'étant produits en dehors de son entreprise et n'ayant aucun lien avec ses fonctions professionnelles *(CE, 7 déc. 1992, n° 133.464, Association Ogec, RJS 1993 n° 289)* ;
– pour un salarié condamné à une peine de prison pour trafic de stupéfiants, dans la mesure où « *les faits reprochés* [au salarié, portier de l'entreprise] *n'avaient pas été commis dans l'enceinte de l'entreprise et n'avaient pas eu d'incidence sur la qualité de l'exécution des tâches qui lui étaient confiées dans le cadre de son contrat de travail ni sur le fonctionnement de l'entreprise* » *(CE, section, 11 juin 1999, n° 189.219, Sté Grands moulins de Strasbourg, Rec. p. 196, RJS 1999 n° 1093 concl. G. Bachelier, Rec. p. 180)*. En l'espèce, il était soutenu que le retour du salarié dans l'entreprise avait profondément divisé le personnel et créé un climat de trouble.

A contrario, avaient été jugés comme constituant une faute d'une gravité suffisante, compte tenu de la nature des fonctions occupées :

– le vol de marchandises commis dans un supermarché par une éducatrice d'un Centre d'Aide par le Travail *(CE, 7 déc. 1990, n° 97.329, CAT Chantecler, Rec. p. 355)* ;
– les agissements de faux en écritures privées et de complicité d'escroquerie commis à l'encontre d'une Caisse primaire d'allocations familiales par un salarié, chargé de clientèle d'un établissement bancaire *(CE, 21 mai 1997, n° 146.341, Banque populaire du Quercy et de l'Agenais, RJS 1997 n° 993)* ;

– pour un salarié qui, en sa qualité de président et de trésorier d'une association sportive ouverte aux salariés de l'entreprise et subventionnée par le comité d'entreprise, s'était rendu coupable de malversations financières *(CE, 17 oct. 2003, n° 247.701, Sté Smurfit Lembacel, RJS 2004 n° 76)*.

Quoique se référant encore à la notion de faute, cette décision avait cependant marqué l'amorce d'une évolution de la juridiction administrative, qui avait fondé sa décision sur une appréciation des répercussions de la faute dans l'entreprise et la possibilité d'y maintenir le salarié, compte tenu de ses fonctions.

Par sa décision du 4 juillet 2005, le Conseil d'État, se ralliant à la position de la jurisprudence judiciaire, a modifié à son tour sa grille traditionnelle d'analyse : la notion de faute, à laquelle est substitué le terme de « *faits* », est désormais écartée.

En l'espèce, l'arrêt censuré de la cour administrative d'appel avait retenu l'existence d'une faute d'une gravité suffisante à l'encontre d'une trésorière d'un comité d'établissement en raison du refus de cette dernière, pendant un mois, de remettre aux nouveaux élus les documents comptables, qu'elle avait emportés, ainsi que l'ordinateur et les archives, en dehors de l'entreprise.

Pour le Conseil d'État, « *dans le cas où un comportement du salarié survenu en dehors de l'exécution de son contrat de travail, notamment dans le cadre de l'exercice de ses fonctions représentatives, il appartient à l'inspecteur du travail (...) de rechercher (...) si les faits en cause sont établis et de nature, compte tenu de leur répercussion sur le fonctionnement de l'entreprise, à rendre impossible le maintien du salarié dans l'entreprise, eu égard à la nature de ses fonctions et à l'ensemble des règles applicables au contrat de travail de l'intéressé* » *(CE, 4 juill. 2005, n° 272.193, Patarin, Rec. p. 306, RJS 2005 n° 1121)*.

En l'espèce, le bien-fondé du licenciement n'avait pas été admis par la Haute Assemblée, dans la mesure où, si le fonctionnement du comité d'entreprise avait été perturbé, il n'en était résulté aucune conséquence pour le fonctionnement de l'entreprise, et où, d'autre part, l'intéressée, agent de fabrication, n'exerçant pas de responsabilité d'encadrement, n'avait commis aucun détournement d'argent.

A. Faits commis dans le cadre de la vie personnelle

46.1.2.1. – Un agissement du salarié intervenu en dehors de l'exécution de son contrat de travail ne peut donc motiver un licenciement pour faute, **sauf s'il traduit la méconnaissance par l'intéressé d'une obligation découlant de ce contrat** *(CE, 5 déc. 2011, n° 337.359, Sté A.O.N. Conseil et Courtage, Tables p. 1182 ; CE, 4 juill. 2018 et 10 juill. 2019, n° 408.644, Mission locale de la Haute-Garonne : l'utilisation des outils informatiques mis à disposition par l'employeur pour s'introduire dans la messagerie professionnelle d'un autre salarié sans son accord et* *y détourner des correspondances à caractère personnel constitue un manquement à l'obligation de loyauté).*

Dès lors, il appartient au juge administratif, comme au juge judiciaire, de déterminer la frontière entre ce qui est rattachable à l'activité professionnelle et les faits qui lui sont étrangers *(sur la notion de vie personnelle, cf. P. Waquet, Y. Struillou, L. Pécaut-Rivolier, Pouvoirs du chef d'entreprise et libertés du salarié, Economica, 2022).*

Ainsi ne sauraient être regardés comme une méconnaissance de ses obligations contractuelles :

- le fait, pour un salarié recruté sur un emploi de chauffeur, de commettre, dans le cadre de sa vie privée, une infraction de nature à entraîner la suspension de son permis de conduire *(CE, 15 déc. 2010, n° 316.856, M. A., Rec. p. 508, RJS 2011 n° 170)* ;
- le fait pour un salarié protégé d'exercer une activité professionnelle auprès d'un autre employeur dès lors qu'il n'est pas établi que cette activité a porté préjudice à la société employeur *(CE, 4 févr. 2022, n 438.412, Sté Chronopost, RJS 2022 n° 198)*.

Par contre, n'ont pas été considérés comme extérieurs à l'activité professionnelle :

- les faits survenus hors du temps de travail, mais dans l'enceinte de l'entreprise *(CE, 26 sept. 1986, n° 52.955, La ruche picarde, précité ; CE, 11 janv. 1995, n° 123.665, Lepage, Tables p. 1004 : violences à l'encontre d'un autre salarié sur un parking appartenant à l'entreprise)* ;
- la production par un salarié d'un faux document comportant les mentions légales de la société dans le cadre d'un litige d'ordre privé l'opposant à la copropriété de son immeuble *(CE, 5 déc. 2011, n° 337.359, Sté A.O.N. Conseil et Courtage, préc.)*.

B. Faits commis dans le cadre de l'exercice du mandat

46.1.2.2. – Doivent être regardés comme fautifs les faits qui, bien que survenus à l'occasion de l'exercice du mandat, n'en caractérisent pas moins un abus ou un détournement de celui-ci, et constituent de ce fait un manquement aux obligations contractuelles du salarié. Tel était le cas :

- de déclarations d'heures fictives de vacation au conseil de prud'hommes reprochées à un salarié, « *visant à lui permettre de se soustraire aux obligations de présence résultant de son contrat de travail ainsi qu'un manquement à son obligation de loyauté vis-à-vis de son employeur de nature à justifier son licenciement pour faute* » *(CE, 29 janv. 2014, n° 357.287, M. A.)* ;
- de l'utilisation d'heures de délégation pour exercer une activité au sein d'une autre entreprise, ce qui méconnaissait l'obligation de loyauté découlant du contrat de travail à l'égard de l'employeur

(CE, 27 mars 2015, n° 371.174, Sté TSE Express Medical, mentionné aux Tables, RJS 2015 n° 425) ;

- d'un violent coup de tête asséné, lors d'une suspension de séance du comité d'établissement, par un représentant du personnel à un autre salarié : le Conseil d'État a jugé que « *cet acte de violence, délibérément commis sur la personne d'un collègue sur le lieu de travail, même à l'occasion des fonctions représentatives de l'intéressé, doit être regardé comme une méconnaissance par celui-ci de son contrat de travail, de ne pas porter atteinte, dans l'enceinte de l'entreprise, à la sécurité d'autres membres du personnel* » *(CE, 27 mars 2015, n° 368.855, Sté Veolia Transports, RJS 2015 n° 425 ; jugé dans le même sens par le juge judiciaire, pour un salarié non protégé : Cass. soc., 4 oct. 2011, n° 10-18.862)* ;
- du détournement, par la trésorière du comité d'entreprise, de cartes cadeaux acquises avec la caisse du comité d'entreprise, au moyen desquelles elle-même et des membres de sa famille ont procédé à divers achats, ces actes constitutifs d'un abus de confiance, alors même qu'ils ne relèvent pas d'une intention de nuire à l'employeur et ne procèdent pas de l'exécution même du contrat de travail, révélant un défaut de probité et de loyauté contraire à ses obligations contractuelles *(CAA Nantes, 29 mai 2015, n° 13NT03195, Mme B. C, absence de pourvoi)*.

La décision rendue le 15 octobre 2014 par le Conseil d'État, censurant l'arrêt de la cour administrative d'appel, sans pour autant retenir la qualification de faute disciplinaire pour des agissements répétés d'un salarié à l'encontre d'une jeune salariée de l'entreprise, (appels et nombreux courriels au contenu déplacé et insultant) ne saurait être regardée comme une remise en cause de cette jurisprudence, mais comme la conséquence de l'impossibilité pour le juge et l'administration de modifier la qualification donnée par l'employeur *(CE, 15 oct. 2014, n° 362.235, Sté Gefco, Tables p. 829, RJS 2015 n° 120)*.

Par une décision du 20 juin 2016, le Conseil d'État retient qu'un salarié protégé qui se rend coupable de harcèlement moral sur son lieu de travail méconnaît, y compris lorsque ces actes sont commis dans l'exercice des fonctions représentatives, son obligation de ne pas porter atteinte, dans l'enceinte de l'entreprise, à la santé et à la sécurité des autres membres du personnel, laquelle découle de son contrat de travail et que de tels faits sont ainsi, en principe, de nature à constituer le fondement d'une demande de licenciement pour motif disciplinaire. Toutefois, si l'employeur fonde sa demande d'autorisation de licenciement non sur un motif disciplinaire, mais sur la circonstance que le comportement du salarié est par lui-même, indépendamment de sa qualification de harcèlement, de nature à rendre impossible son maintien dans l'entreprise, il lui appartient d'établir que les répercussions effectives du comportement du salarié sur le fonctionnement de l'entreprise sont, eu égard à la nature de ses fonctions et à l'ensemble des règles applicables à son contrat de travail, de nature à justifier son licenciement *(CE, 20 juin 2016, n° 387.412, Pigal, Tables p. 979)*.

A contrario, ont été considérés comme relevant de l'exercice du mandat les griefs relatifs à des défaillances ayant conduit à la gestion déficitaire du comité d'établissement et à l'absence de prise des mesures d'assainissement requises par ce déficit, ainsi que, en l'absence du trésorier défaillant, l'imitation de sa signature pour assurer les affaires courantes de l'établissement, les chèques n'ayant cependant pas été tirés en méconnaissance de l'objet social du comité d'établissement *(CE, 25 mars 2013, n° 353.988, Sté Peugeot Citroën Automobiles)*.

SECTION 2

Les actes relevant de la vie personnelle du salarié

§ 1. PRINCIPES GÉNÉRAUX

46.2.1. – « *Aucun salarié ne peut être sanctionné ou licencié en raison de son origine, de son sexe, de ses mœurs, de sa situation de famille, de son appartenance ou de sa non-appartenance, vraie ou supposée, à une ethnie, une nation ou une race, de ses opinions politiques, de ses activités syndicales ou mutualistes, de ses convictions religieuses ou, sauf inaptitude constatée par le médecin du travail, en raison de son état de santé ou de son handicap… Toute disposition ou tout acte contraire à l'égard d'un salarié est nul de plein droit* » *(C. trav., art. L. 1132-1 à L. 1132-4)*.

La vie privée, telle que protégée par l'article 9 du Code civil et par l'article 8 de la Convention européenne de sauvegarde des droits de l'homme et des libertés fondamentales, concerne essentiellement l'intimité de la vie humaine : la liberté du domicile *(sur le droit au respect du domicile personnel du salarié, cf. n°* ***42.2.6.2.3.3****)*, le droit au secret et à l'inviolabilité des correspondances, le droit à la vie sexuelle et à une vie familiale normale. La Cour de cassation retient la notion, plus large, de vie personnelle, qui, outre l'intimité de la vie privée, englobe d'autres aspects de la vie du salarié, et notamment ses démarches publiques, ses activités associatives et politiques *(cf. chron. P. Waquet, « Les libertés dans l'entreprise », RJS 2000, p. 335 ; cf. P. Waquet, Y. Struillou, L. Pécaut-Rivolier, Pouvoirs du chef d'entreprise et libertés du salarié, Economica, 2022)*. Seules des restrictions justifiées par la nature de la tâche à accomplir et proportionnées au but recherché peuvent donc, en application de l'article L. 1121-1 du Code du travail, être apportées par l'employeur et, en cas de litige, le juge serait alors conduit à analyser cette proportionnalité, mais également la finalité poursuivie.

La construction jurisprudentielle repose donc sur un principe et deux exceptions :

– le principe : un fait relevant de la vie personnelle ne peut être qualifié de fautif et, par suite, ne peut justifier une sanction disciplinaire ;

– toutefois, un fait relevant de la vie personnelle peut, à titre exceptionnel justifier un licenciement disciplinaire :

- soit parce qu'il constitue un manquement aux obligations contractuelles du salarié ;
- soit parce qu'il est jugé comme se rattachant à la vie de professionnelle.

En outre, lorsque le fait en cause relève de la vie personnelle du salarié, s'il créée un « trouble objectif », il est de nature à justifier la rupture du contrat sans être pour autant qualifié de fautif *(« La perméabilité de la vie personnelle au droit du licenciement », G. Loiseau, RJS 10/24 p. 7).*

§ 2. LA TENUE VESTIMENTAIRE

A. Principes généraux

46.2.2.1. – Pour la Cour de cassation, si les restrictions doivent être justifiées par la nature des tâches à accomplir et proportionnées au but recherché *(Cass. soc., 13 févr. 2008, n° 06-43.784)*, *« la liberté de se vêtir à sa guise au temps et au lieu de travail n'entre pas dans la catégorie des libertés fondamentales » (Cass. soc., 28 mai 2003, n° 02-40.273, Bull. V n° 178, RJS 2003 n° 975 pour une instance en référé ; cf. également chronique Sargos, « Vie professionnelle et vie personnelle : l'homme n'est pas une île », Dr soc 2004, p. 86 ; solution identique pour la même affaire, jugée au fond : Cass. soc., 12 nov. 2008, n° 07-42.220, RJS 2009 n° 8).*

Dans cette affaire, la Cour de cassation a admis la validité du licenciement d'un salarié, agent technique des méthodes, motivé par sa persistance à porter un bermuda, cette tenue étant incompatible avec ses fonctions et ses conditions de travail qui pouvaient le mettre en contact avec la clientèle *(dans le même sens : Cass. soc., 6 nov. 2001, n° 99-43.988, Bull. V n° 337, pour le licenciement d'une secrétaire, embauchée par une agence immobilière et se trouvant en contact avec la clientèle, qui venait travailler en survêtement ; a contrario : CA Paris, 21e ch., 11 oct. 2007, n° 06-00093, Nottot c. / Sté Dr Import, RJS 2008 n° 366, pour un salarié vêtu d'un bermuda, en l'absence de contact avec la clientèle)*.

L'employeur peut imposer à ses salariés le port d'une tenue spécifique à condition que ces derniers soient en contact avec la clientèle *(a contrario : Cass. soc., 3 juin 2009, n° 08-40.346, Bull. V n° 144, RJS 2009 n° 683)*. Tel est le cas de l'obligation faite aux vendeurs d'un magasin de prêt à porter, en contact direct avec la clientèle, le port de tenues de sa marque de vêtement, fournies par lui, afin de représenter avec élégance la marque commercialisée *(CA Metz, 3 mars 2009, n° 06-2417, Sté Maurice Gladek c. / Becker, RJS 2009, n° 683)*. Toutefois, ne peuvent être considérées comme nécessairement fautives les restrictions formulées par une salariée, assistante responsable des réservations d'un hôtel, quant au port de son uniforme dès lors qu'elle se contentait de solliciter l'ajout de quelques centimètres à sa jupe ou bien l'autorisation de porter un pantalon *(Cass. soc., 13 févr. 2008, n° 06-43.874)*.

En revanche, ne portait pas une tenue vestimentaire négligée une salariée cadre qui s'était présentée chez un client en jeans et en bottes alors qu'une telle tenue n'est en elle-même, de nos jours et dans un tel contexte, en rien incongrue ni déplacée, mais demeure au contraire parfaitement correcte, y compris pour un ingénieur d'études, pour autant du moins qu'elle soit normalement soignée *(CA Paris, 21e ch., 9 oct. 2008, n° 06-13.511, Sté 3S Informatique c. / Lebas, RJS 2009 n° 488)*.

En outre, une entreprise ne peut interdire à un salarié de se présenter à l'embarquement avec des cheveux longs coiffés en tresses africaines nouées en chignon au motif que sa coiffure n'était pas conforme au référentiel relatif au personnel navigant commercial masculin alors qu'elle était autorisée par le même référentiel pour le personnel féminin *(Cass., soc., 23 nov. 2011, n° 21-14.060, B., RJS 2023 n° 55, « À la racine du mal : les tresses africaines, question de genre ou d'origine ? », Marie Mercat-Bruns, RDT 2023. 267 ; Dr soc 2023 p. 338, « Coiffure correcte exigée », N. Moizard)*.

Les décisions de plusieurs cours d'appel révèlent toutefois des divergences sensibles d'appréciation *(CA Toulouse, 11 oct. 2001, 4e ch., n° 2001-557, RJS 2002 n° 865, pour le caractère injustifié d'une interdiction faite à une serveuse de restaurant de porter un piercing, pour ne pas choquer la clientèle rurale ; dans un sens contraire, et pour des faits identiques : CA Versailles, 17e ch., 22 sept. 2006, n° 05-3726, Bertaud c. / Sté Margil, RJS 2007, n° 525)*.

B. Le cas particulier des signes religieux

1. *L'évolution de la jurisprudence nationale*

46.2.2.2.1. – Deux affaires relatives au port du foulard ou du voile islamique sur les lieux de travail ont permis à la Cour de cassation de préciser sa position en la matière *(cf. Guide pratique du fait religieux dans les entreprises privées, ministère du Travail, sept. 2017, mise à jour févr. 2018)*.

La première affaire concernait une salariée, technicienne prestations maladie, poste dépourvu de contact avec le public, licenciée par son employeur, la Caisse primaire d'assurance maladie de Seine-Saint-Denis, pour avoir porté un foulard islamique en forme de bonnet, en méconnaissance d'une note de service, complétant le règlement intérieur et interdisant « *le port de vêtements ou d'accessoires positionnant clairement un agent comme représentant un groupe, une ethnie, une religion, une obédience politique ou quelque croyance que ce soit* » et notamment « *le port d'un voile islamique, même sous forme de bonnet* ». Dans le premier des arrêts rendus le 19 mars 2013, la chambre sociale, rejetant le pourvoi de la salariée, a jugé « *que les principes de neutralité et de laïcité du service public sont applicables à l'ensemble des services publics, y compris lorsque ceux-ci sont assurés par des organismes de droit privé et que, si les dispositions du Code du travail ont vocation à s'appliquer aux agents des caisses primaires d'assurance maladie, ces derniers sont toutefois soumis à des contraintes spécifiques résultant du fait qu'ils participent à une mission de service public, lesquelles leur interdisent notamment de manifester leurs croyances religieuses par des signes extérieurs, en particulier vestimentaires* ». De ce fait, considérant que tel était le cas de la Caisse primaire de Seine-Saint-Denis, accueillant quotidiennement un nombre important d'usagers, elle a approuvé la cour d'appel, laquelle avait estimé « *que la restriction instaurée par le règlement intérieur de la caisse était nécessaire à la mise en œuvre du principe de laïcité de nature à assurer aux yeux des usagers la neutralité du service public* », « *peu important que la salariée soit ou non directement en contact avec le public* » *(Cass. soc., 19 mars 2013, n° 12-11.690, Bull. V n° 76, RJS 2013 n° 346 ; rapport « Laïcité et liberté religieuse des salariés », par J.-Y. Huglo, conseiller à la Cour de cassation, RJS 2013, p. 291 ; chronique « Laïcité et expression religieuse en entreprise », par A. Gardin, RJS 2013, p. 698 ; étude E. Dockès, Dr soc 2013, p. 388).*

A contrario, dans l'autre affaire, opposant l'association Baby Loup à une de ses salariées, licenciée pour un motif similaire, elle a, dans l'arrêt rendu le même jour, écarté l'application de ces principes en l'espèce, au motif que « *le principe de laïcité instauré par l'article 1er de la Constitution n'est pas applicable aux salariés des employeurs de droit privé qui ne gèrent pas un service public* » et « *ne peut dès lors être invoqué pour les priver de la protection que leur assurent les dispositions du Code du travail* » ; de ce fait, pour la chambre sociale, « *il résulte des articles L. 1121-1, L. 1132-1, L. 1133-1 et L. 1321-3 du Code du travail que les restrictions à la liberté religieuse doivent être justifiées par la nature de la tâche à accomplir, répondre à une exigence professionnelle essentielle et déterminante et proportionnées au but recherché* ». Ce raisonnement l'a conduite à considérer « *que la clause du règlement intérieur, instaurant une restriction générale et imprécise, ne répondait pas aux exigences de l'article L. 1321-3 du Code du travail et que le licenciement, prononcé pour un motif discriminatoire, était nul* » et à casser l'arrêt de la cour d'appel de Versailles *(Cass. soc., 19 mars 2013, n° 11-28.845, Bull. V n° 75, RJS 2013 n° 346) ; cf. P. Waquet, Y. Struillou, L. Pécaut-Rivolier, Pouvoirs du chef d'entreprise et libertés du salarié, Economica, 2022.*

Appelée à statuer au fond à la suite de cet arrêt de cassation, la cour d'appel de Paris avait débouté la salariée, cette fois-ci en considérant qu'une personne morale de droit privé assurant une mission d'intérêt général pouvait, dans certaines circonstances, constituer une entreprise de conviction et se doter de statuts et d'un règlement intérieur prévoyant une obligation de neutralité du personnel dans l'exercice de ses tâches, une telle obligation emportant notamment interdiction de porter tout signe ostentatoire de religion. Le juge d'appel avait estimé en outre que la formulation de cette obligation de neutralité dans le règlement intérieur était suffisamment précise pour qu'elle soit entendue comme étant limitée aux activités d'éveil et d'accompagnement des enfants à l'intérieur et à l'extérieur des locaux professionnels, à l'exclusion des activités sans contact avec les enfants, notamment celles destinées à l'insertion sociale et professionnelle des femmes du quartier qui se déroulent hors la présence des enfant confiés à la crèche *(CA Paris, 27 nov. 2013, n° 13/02981, RJS 2014 n° 99 ; cf. également F. Laronze, « Affaire Baby Loup : l'épuisement du droit dans sa recherche d'une vision apolitisée de la religion », Dr soc 2014, p. 100).*

À nouveau saisie d'un pourvoi, la Cour de cassation, réunie en assemblée plénière, a, d'une part, réaffirmé le principe selon lequel les restrictions à la liberté du salarié de manifester ses convictions religieuses doivent être justifiées par la nature de la tâche à accomplir et proportionnées au but recherché et, d'autre part, dénié à l'association Baby Loup la qualification d'entreprise de conviction, réservée aux seules structures ayant pour objet de promouvoir et de défendre des convictions religieuses, politiques ou philosophiques ; toutefois, elle a rejeté le pourvoi de la salariée licenciée, approuvant la juridiction d'appel d'avoir déduit, « *en appréciant de manière concrète les conditions de fonctionnement d'une association de dimension réduite, employant seulement dix-huit salariés, qui étaient ou pouvaient être en relation directe avec les enfants et leurs parents, que la restriction à la liberté de manifester sa religion édictée par le règlement intérieur ne présentait pas un caractère général, mais était suffisamment précise, justifiée par la nature des tâches accomplies par les salariés de l'association et proportionnée au but recherché* » *(Cass. ass. plén., 25 juin 2014, n° 13-28.369, Bull. AP n° 1, Rapport 2014 de la Cour de cassation, RJS 2014 n° 667).*

Ce raisonnement fondé sur une analyse concrète de l'environnement de travail avait été retenu à plusieurs reprises par des juridictions d'appel. Ainsi, avait été considérée comme « *légitime* » une restriction relative au port « *ostentatoire* » du foulard islamique par une salariée, vendeuse d'un magasin de fruits et légumes ; « *au contact des clients au sein du centre commercial de La Défense dont la conception destinée à un large public dont les convictions sont variées, impose en conséquence à ceux qui y travaillent la neutralité ou à défaut la discrétion dans l'expression des options personnelles* » : en l'espèce, cette restriction avait été jugée « *proportionnée au but recherché dès lors que l'employeur avait accepté le port discret d'un bonnet conforme aux exigences rituelles* » *(CA Paris, 16 mars 2001, Sté Hamon, RJS 2001, n° 1252 ; CA Versailles, 23 nov. 2006, n° 05-5149, Paulin c./ Sté Marquis Lanzenberg, RJS 2007, n° 697 pour une technicienne de laboratoire d'analyses médicales ; a contrario : CA Paris, 19 janv. 2003, 18e ch., n° 03-30212, RJS 2003, n° 1116 pour le port du foulard islamique par une télé-enquêtrice, cette tenue ne posant aucun problème particulier dans les contacts avec la clientèle).*

Saisie d'une question préjudicielle sur le point de savoir si le souhait d'une entreprise cliente de ne pas travailler avec une salariée voilée, ingénieur d'études, était de nature à constituer, au regard des dispositions de l'article 4 §1 de la directive 78/2000/CE du Conseil du 27 novembre 2000 portant création d'un cadre général en faveur de l'égalité de traitement en matière d'emploi et de travail, une exigence professionnelle et déterminante justifiant le licenciement de l'intéressée, la chambre sociale a décidé, par un arrêt rendu le 9 avril 2015, de renvoyer cette question à la Cour de justice de l'Union européenne *(Cass. soc., 9 avr. 2015, n° 13-19.855, Bull. n° 75, RJS 2015 n° 386).*

2. La position des juridictions européennes

46.2.2.2.2. – Par deux arrêts du 14 mars 2017, la Cour de justice de l'Union européenne, saisie par la Haute juridiction belge et la Cour de cassation s'est prononcée sur la question du port du voile dans l'entreprise.

Dans la première affaire, elle a considéré que « *L'article 2, paragraphe 2, sous a), de la directive 2000/78/CE du Conseil, du 27 novembre 2000, portant création d'un cadre général en faveur de l'égalité de traitement en matière d'emploi et de travail, doit être interprété en ce sens que l'interdiction de porter un foulard islamique, qui découle d'une règle interne d'une entreprise privée interdisant le port visible de tout signe politique, philosophique ou religieux sur le lieu de travail, ne constitue pas une discrimination directe fondée sur la religion ou sur les convictions au sens de cette directive ; qu'en revanche, une telle règle interne d'une entreprise privée est susceptible de constituer une discrimination indirecte au sens de l'article 2, paragraphe 2, sous b), de la directive 2000/78/CE s'il est établi que l'obligation en apparence neutre qu'elle prévoit entraîne, en fait, un désavantage particulier pour les personnes adhérant à une religion ou à des convictions données, à moins qu'elle ne soit objectivement justifiée par un objectif légitime, tel que la poursuite par l'employeur, dans ses relations avec ses clients, d'une politique de neutralité politique, philosophique ainsi que religieuse, et que les moyens de réaliser cet objectif ne soient appropriés et nécessaires, ce qu'il appartient à la juridiction de renvoi de vérifier* » *(CJUE, 14 mars 2017, C-157/15, G4S Secure Solutions).*

Dans la seconde affaire, elle a considéré que « *L'article 4, paragraphe 1, de la directive 2000/78/CE du Conseil, du 27 novembre 2000, portant création d'un cadre général en faveur de l'égalité de traitement en matière d'emploi et de travail, doit être interprété en ce sens que la volonté d'un employeur de tenir compte des souhaits d'un client de ne plus voir les services dudit employeur assurés par une travailleuse portant un foulard islamique ne saurait être considérée comme une exigence professionnelle essentielle et déterminante au sens de cette disposition* » *(CJUE, 14 mars 2017, C-188/15, Micopole Univers, Sem. soc. Lamy n° 1802, « L'influence des arrêts de la CJUE sur la jurisprudence française », J.-G. Huglot, Dr soc 2018, p. 323).* La Cour de justice de l'Union européenne tend à insérer une obligation de recherche de reclassement en ces termes : « *s'agissant du refus d'une salariée de renoncer au port du foulard islamique dans l'exercice de ses activités professionnelles auprès de clients de l'employeur, (...) il appartient à la juridiction nationale de vérifier si, tout en tenant compte des contraintes inhérentes à l'entreprise, et sans que celle-ci ait à subir une charge supplémentaire, il eût été possible à l'employeur, face à un tel refus, de lui proposer un poste de travail n'impliquant pas de contact visuel avec ces clients, plutôt que de procéder à son licenciement* ».

La Cour a précisé sa jurisprudence par sa décision du 15 juillet 2021 : « *une différence de traitement indirectement fondée sur la religion ou les convictions, découlant d'une règle interne d'une entreprise interdisant aux travailleurs de porter tout signe visible de convictions politiques, philosophiques ou religieuses sur le lieu de travail, est susceptible d'être justifiée par la volonté de l'employeur de poursuivre une politique de neutralité politique, philosophique et religieuse à l'égard des clients ou des usagers, pour autant, en premier lieu, que cette politique réponde à un besoin véritable de cet employeur, qu'il incombe à ce dernier d'établir en prenant notamment en considération les attentes légitimes desdits clients ou usagers ainsi que les conséquences défavorables que cet employeur subirait en l'absence d'une telle politique, compte tenu de la nature de ses activités ou du contexte dans lequel celles-ci s'inscrivent, en deuxième lieu, que cette différence de traitement soit apte à assurer la bonne application de cette politique de neutralité, ce qui suppose que cette politique soit suivie de manière cohérente et systématique, et, en troisième lieu, que cette interdiction soit limitée au strict nécessaire au regard de l'ampleur et de la gravité réelles des conséquences défavorables que l'employeur cherche à éviter par une telle interdiction* » *(CJUE 15-7-2021 aff. 804/18, IX c. / WABE eV 629, RJS 2021 n° 586).*

La Cour de justice de l'Union européenne ne remet pas en cause la jurisprudence de la Cour de cassation tenant au principe de neutralité dans les services publics *(CJUE, 22 déc. 2010, C 208-09)*. De même, la Cour européenne des droits de l'homme admet que les États peuvent invoquer les principes de laïcité et de neutralité de l'État pour justifier des restrictions au port de signes religieux par des fonctionnaires *(Ahmet Arslan et autres c. / Turquie, n° 41135/98, 23 févr. 2010 ; CEDH, 26 nov. 2015, n° 64845/11 Ebrahimian concernant le port du voile dans un hôpital français)*.

La Cour européenne des droits de l'homme a, en outre, jugé que « *méconnaît l'article 9 de la Convention européenne des droits de l'homme la juridiction nationale qui considère justifiée la sanction infligée à un agent d'escale d'une compagnie aérienne pour avoir enfreint le code vestimentaire de l'entreprise interdisant le port visible d'insignes religieux pour des raisons d'image de marque, alors que la croix portée par l'intéressée autour du cou ne modifiait pas l'apparence professionnelle et n'avait pas d'impact négatif sur la marque ou l'image de la compagnie et que cette dernière a par la suite modifié son code vestimentaire pour autoriser de tels signes religieux* ». En revanche, elle a estimé que ne portait pas atteinte aux articles 9 et 14 de la Convention le fait pour une juridiction de considérer justifiée l'interdiction faite à une infirmière d'un hôpital public de porter une croix en collier pour des motifs de santé et de sécurité des patients *(CEDH, 15 janv 2013, n° 48540/10, 59842/10, 51671/10 et 36516/10, 4e ch, affaires Eweida c./ Royaume-Uni et Chaplin c./ Royaume-Uni, RJS 2013 n° 347 ; chron. A. Gardin, « Convictions religieuses au travail : l'art de l'équilibre », RJS 2013, p. 285).*

3. *L'intégration de la jurisprudence européenne*

46.2.2.2.3. – Par une décision du 22 novembre 2017, la Cour de cassation a intégré les réponses données par la Cour de justice de l'Union européenne retenant dans un premier temps que l'employeur peut prévoir dans le règlement intérieur de l'entreprise ou dans une note de service soumise aux mêmes dispositions que le règlement intérieur, une clause de neutralité interdisant le port visible de tout signe politique, philosophique ou religieux sur le lieu de travail, dès lors que cette clause générale et indifférenciée n'est appliquée qu'aux salariés se trouvant en contact avec les clients et, dans un second temps qu'en présence du refus d'un salarié de se conformer à une telle clause dans l'exercice de ses activités professionnelles auprès des clients de l'entreprise, il appartient à l'employeur de rechercher si, tout en tenant compte des contraintes inhérentes à l'entreprise et sans que celle-ci ait à subir une charge supplémentaire, il lui est possible de lui proposer un poste de travail n'impliquant pas de contact visuel avec ces clients, plutôt que de procéder à son licenciement. Se prononçant sur le cas d'espèce, la chambre sociale a retenu qu'en l'absence de clause de neutralité l'interdiction faite à la salariée de porter le foulard islamique dans ses contacts avec les clients résultait seulement d'un ordre oral donné à une salariée et visant un signe religieux déterminé, ce dont il résultait l'existence d'une discrimination directement fondée sur les convictions religieuses *(Cass. soc., 22 nov. 2017, n° 13-19-855, B., Sem. soc. Lamy n° 1802, « Discrimination, liberté et religion : de Luxembourg à Paris : voyages aller-détour(s) », P. Adam, RJS 2018 n° 5 et avis C. Courtol Bouchard, « Liberté religieuse en entreprise : l'employeur peut-il interdire le port d'un foulard islamique ? », p. 14-18, RDT 2017 p. 797).* Ainsi, en l'absence de clause de neutralité interdisant le port visible de tout signe politique, philosophique ou religieux sur le lieu de travail dans le règlement intérieur de l'entreprise ou dans une note de service soumise aux mêmes dispositions que le règlement intérieur, l'interdiction faite à une salariée de porter un foulard islamique caractérise l'existence d'une discrimination directement fondée sur les convictions religieuses de l'intéressée et son licenciement, prononcé au motif de son refus de retirer son foulard islamique lorsqu'elle était en contact avec la clientèle, est discriminatoire *(Cass. soc., 14 avr. 2021, n° 19-24.079, B., RJS 2021 n° 293).* La Cour de cassation applique le même raisonnement concernant le port de la barbe *(Cass. soc., 8 juill. 2020 n° 18-23.743, B., RJS 2020 n° 452, « Discriminations directes liées à la religion : la barbe ! », Laurent Willocx, RDT. 2020. 620).*

Ainsi, si une entreprise prévoit une clause de neutralité dans le règlement intérieur, celle-ci doit satisfaire trois conditions cumulatives : être générale et indifférenciée, nécessaire et proportionnée à l'objectif *(Sem. soc. Lamy n° 1802 « Quelques précisions sur les clauses de neutralité dans le règlement intérieur », F. Champeaux).*

Cet arrêt s'inscrit dans la logique de l'article L. 1321-2-1 du Code du travail, issu de la loi n° 2016-1088 du 8 août 2016, qui admet les clauses de neutralité en entreprise sous réserve du principe de nécessité et de proportionnalité : « *Le règlement intérieur peut contenir des dispositions inscrivant le principe de neutralité et restreignant la manifestation des convictions des salariés si ces restrictions sont justifiées par l'exercice d'autres libertés et droits fondamentaux ou par les nécessités du bon fonctionnement de l'entreprise et si elles sont proportionnées au but recherché* ». De même, la cour d'appel de Versailles a prononcé la nullité du licenciement d'une infirmière d'un service de santé au travail qui a refusé de retirer son voile dans l'exercice de son activité professionnelle auprès d'un client de l'employeur alors que ce service ne justifiait d'aucun règlement intérieur *(CA Versailles, 21 nov. 2018, n° 17/12049, Sem. soc. Lamy, n° 1852).*

4. La position de la HALDE [Défenseur des droits]

46.2.2.2.4. – Saisie d'une demande d'avis sur la légalité de l'introduction d'un nouvel article dans le règlement intérieur des entreprises visant à réglementer le port de signes religieux et politiques de leurs salariés, la HALDE [devenue Défenseur des droits] a retenu dans une délibération du 6 avril 2009 (n° 2009-117), que :

- la liberté d'expression religieuse est la règle, mais l'employeur peut y apporter des restrictions dans le cadre de son pouvoir de direction défini par les articles L. 1121-1 et L. 1321-3 du Code du travail notamment, au regard de la jurisprudence lorsqu'elles sont justifiées soit par des impératifs de sécurité au travail, de santé ou d'hygiène, soit par la nature des tâches à accomplir, notamment lorsque la prestation de travail est en lien avec la clientèle ;
- l'employeur doit être en mesure de démontrer que ces limitations sont fondées sur des éléments objectifs étrangers à toute discrimination et qu'elles sont proportionnées ;
- le salarié ne peut invoquer des prescriptions religieuses pour refuser d'exécuter tout ou partie de ses missions contractuelles ou pour se soustraire aux obligations légales et réglementaires.

De même, saisie d'une plainte par une salariée licenciée pour avoir refusé d'ôter son voile afin de se soumettre aux règles d'hygiène imposées par son activité, la HALDE n'a pas conclu à l'existence d'une discrimination *(Délib. HALDE, 18 oct. 2010, n° 2010-166)*.

Dans un avis sollicité par une entreprise de la grande distribution au sujet d'un projet de classe de règlement intérieur visant à interdire à tous les salariés le port d'un signe religieux ou politique, la HALDE a affirmé que l'interdiction du port d'un signe religieux ou politique ne saurait être générale et absolue, et a précisé les circonstances dans lesquelles l'employeur est en droit d'apporter de telles restrictions telles que des situations où le port d'un signe religieux ou politique peut constituer un risque pour la sécurité, la santé ou l'hygiène *(Délib. HALDE, 3 mars 2008, n° 2008-32)*.

La Haute Autorité a également été saisie par une salariée dont la période d'essai a été rompue, motif pris d'un comportement agressif et provocateur, alors qu'elle avait refusé d'enlever son voile comme la direction des ressources humaines de la société lui demandait au motif que cela gênait d'autres salariés et certains clients. Elle a considéré que cette rupture n'était pas justifiée par la société par des éléments objectifs étrangers à toute discrimination conformément à l'article L. 1134-1 du Code du travail *(Délib. HALDE, 21 mars 2011, n° 2011-37)*.

Enfin, elle a rappelé le cadre juridique actuel applicable à l'expression de la liberté religieuse dans le monde du travail *(Délib. HALDE, 28 mars 2011, n° 2011-67)*.

§ 3. L'UTILISATION À DES FINS NON PROFESSIONNELLES DU MATÉRIEL INFORMATIQUE DE L'ENTREPRISE

46.2.3. – Elle est admise, sous réserve du respect de certaines règles, tant par les différentes juridictions que par la CNIL.

A. La position de la Commission nationale de l'informatique et des libertés (CNIL)

46.2.3.1. – Les outils informatiques ou bureautiques mis à disposition des salariés pour exécuter leurs tâches doivent en principe conserver une vocation professionnelle. Toutefois, une certaine tolérance est admise *(Dr ouvrier 2019, « Déconnecter les sphères personnelle et professionnelle : un leurre clinique et politique », A. Duarte, p. 128 ; « Hyperconnexion et contrat de travail : quand les sphères personnelle et professionnelle se confondent », R. Spire, p. 135 ; « Le contentieux à l'épreuve du numérique », E. Alt, p. 164)*. Ainsi, la CNIL considère que toute interdiction absolue d'utilisation à des fins non professionnelles est excessive et que doit être admis un usage raisonnable *(rapport du 28 mars 2001, cité dans l'arrêt ci-dessous de la cour d'appel de Versailles)*. Elle préconise, en outre, l'établissement, dans les entreprises, d'un « guide » ou d'une « charte » de l'utilisateur.

Cette recommandation se fonde notamment sur la jurisprudence admettant l'utilisation à des fins personnelles du téléphone dans l'entreprise, dès lors qu'elle demeure raisonnable *(CA Versailles, 27 mars 2001, Sté Cere c. / Califano, RJS 2001, n° 1256 ; dans le même sens : CA Dijon, 30 janv. 2001, Nowotny c. / Sté Pioud Lallemand ; CA Montpellier, 6 févr. 2001, Sté Les relais du Languedoc c. / Rufian ; a contrario : Cass. soc., 18 juin 2003, n° 01-43.122, RJS 2003 n° 979 : faute grave retenue à l'encontre d'une salariée en poste aux Antilles ayant téléphoné quotidiennement pendant plusieurs mois après avoir pourtant été avertie de l'augmentation anormale des consommations téléphoniques)*.

B. La position du juge judiciaire

46.2.3.2. – L'employeur ne peut pas refuser au salarié le droit de se connecter à Internet grâce à l'ordinateur portable fourni par l'entreprise, lorsqu'il se trouve à son domicile après sa journée de travail ou ses week-ends ; l'autorisation d'emporter cet ordinateur doit, en effet, être regardée comme valant reconnaissance d'un usage privé de ce matériel qui ne peut être limité sans porter atteinte à la vie privée du salarié *(CA Versailles, 18 mars 2003 n° 02-46, Gombert c. / Sté française de radiotéléphone, RJS 2003 n° 1360)*.

Par ailleurs, le principe du respect de la vie privée, et en particulier du secret des correspondances s'impose.

Toutefois, l'article L. 1121-1 du Code du travail ne fait pas obstacle à ce que certaines restrictions puissent être apportées à ces droits, notamment pour permettre à l'entreprise de se défendre contre un usage abusif de l'outil informatique.

Ainsi, la qualification de faute grave a été retenue pour une durée excessive de connexion à des fins non professionnelles *(Cass. soc., 18 mars 2009, n° 07-44.247, RJS 2004 n° 882, Liaisons soc. Jurisp. Hebdo n° 77/2009 du 06 avr. 2009, pour une durée totale d'environ 41 heures en un mois)* ou pour visiter des sites prohibés *(Cass. soc., 6 mars 2007, n° 05-41.044, Liaisons soc. Jurisp. Quot. n° 169/2009 du 19 août 2009 ; Cass. soc., 26 févr. 2013, n° 11-27.372, RJS 2013 n° 358)* dans la mesure où l'employeur démontre que les faits sont imputables au salarié *(Cass. soc., 3 oct. 2018, n° 16-23.968 : les codes d'accès aux ordinateurs de l'entreprise étaient seulement composés des initiales de leurs utilisateurs et les doubles des clés de tous les bureaux étaient accessibles à tous)*.

De même, il a été jugé « *qu'est nécessairement constitutif d'une faute grave* » l'usage par un salarié d'une messagerie mise à sa disposition par l'employeur, pour émettre, dans des conditions permettant d'identifier celui-ci et d'engager sa responsabilité, un courriel contenant des propos antisémites *(Cass. soc., 2 juin 2004, n° 03-45.269, Bull. V n° 152, RJS 2004 n° 882)*. Cette utilisation de moyens fournis par l'entreprise a rendu inopérant l'argument selon lequel l'envoi de ce courriel relevait de la vie personnelle de son auteur et n'aurait, semble-t-il, causé aucun trouble objectif dans l'entreprise. Par ailleurs, l'employeur n'avait pas pris connaissance de ce courriel par un moyen de contrôle particulier, mais par le destinataire, ce dernier levant dès lors le secret des correspondances.

En revanche, a été écartée l'existence d'une cause et réelle et sérieuse :

– pour la seule conservation par le salarié, sur son poste informatique, de trois fichiers contenant des photos à caractère pornographique sans caractère délictueux, laquelle ne constituait pas, en l'absence de constatation d'un usage abusif affectant son travail, un manquement du salarié aux obligations résultant de son contrat susceptible de justifier son licenciement *(Cass. soc., 8 déc. 2009, n° 08-42.097, RJS 2010 n° 236 ; a contrario : Cass. soc., 16 mai 2007, n° 05-43.455, pour le stockage d'un nombre important de fichiers à caractère pornographique, auquel le salarié consacrait une part importante de son temps de travail)* ;
– pour la découverte de fichiers pornographiques sur l'ordinateur du salarié, la cour d'appel ayant relevé que rien ne permettait de contredire les affirmations de l'intéressé selon lesquelles il n'avait fait que recevoir des mails accompagnés des images litigieuses, leur présence sur l'ordinateur ne démontrant pas qu'il les ait enregistrées, et plusieurs collègues ayant affirmé, sans être contredits qu'ils avaient été destinataires d'images pornographiques *(Cass. soc., 14 avr. 2010, n° 08-43.258, RJS 2010 n° 581)* ;
– pour une conversation privée avec une collègue au moyen de la messagerie intégrée au compte Facebook personnel du salarié installé sur son ordinateur professionnel, une conversation privée qui n'est pas destinée à être rendue publique ne pouvant constituer un manquement du salarié aux obligations découlant du contrat de travail *(Cass. ass., plén., 22 déc. 2023 n° 21-11.330, B., RJS 2024 n° 82)* ;
– pour avoir diffusé à des collègues des propos racistes et xénophobes par le biais de la messagerie professionnelle mise à la disposition du salarié, l'employeur en ayant eu connaissance en raison d'une erreur d'envoi par l'un des destinataires *(Cass. soc., 6 mars 2024, n° 22-11.016, B., RJS 2024 n° 257)*.

C. La position du juge pénal

46.2.3.3. – Le délit d'abus de confiance a été retenu à l'encontre d'un salarié ayant détourné de leur usage l'ordinateur et la connexion mis à sa disposition, pour visiter des sites à caractère érotique ou pornographique, stocker sur son disque dur et envoyer et recevoir des messages de même nature *(Cass. crim., 19 mai 2004, n° 03-83.953, Bull. crim. n° 126, RJS 2004 n° 882, Dr ouvrier 2005, p. 83)*.

D. La position du juge administratif

46.2.3.4. – Pour sa part, le Conseil d'État n'a pas retenu l'existence d'une faute d'une gravité suffisante pour un salarié, responsable informatique d'un lycée professionnel, consacrant une partie importante de son temps de travail à la consultation de sites Internet non professionnels et à l'utilisation de sites de conversation, dès lors que n'était pas établie la gêne occasionnée par ce comportement sur l'utilisation du matériel informatique tant par les élèves que par les enseignants *(CE, 13 oct. 2008, n° 299.420, Association Sainte-Angèle).*

§ 4. RÈGLES APPLICABLES AUX SALARIÉS DES ENTREPRISES DITES « DE TENDANCE »

46.2.4. – L'article 4§2 de la directive 2000/78/CE du Conseil du 27 novembre 2000 portant création d'un cadre général en faveur de l'égalité de traitement en matière d'emploi et de travail admet que « *les États membres peuvent maintenir dans leur législation nationale en vigueur à la date d'adoption de la présente directive ou prévoir dans une législation future reprenant des pratiques nationales existant à la date d'adoption de la présente directive des dispositions en vertu desquelles, dans le cas des activités professionnelles d'églises et d'autres organisations publiques ou privées dont l'éthique est fondée sur la religion ou les convictions, une différence de traitement fondée sur la religion ou les convictions d'une personne ne constitue pas une discrimination lorsque, par la nature de ces activités ou par le contexte dans lequel elles sont exercées, la religion ou les convictions constituent une exigence professionnelle essentielle, légitime et justifiée eu égard à l'éthique de l'organisation* » *(cf. P. Waquet, Y. Struillou, L. Pécaut-Rivolier, Pouvoirs du chef d'entreprise et libertés du salarié, Economica, 2022, p. 299-303 et 470-471).*

S'agissant d'entreprises ayant pour objet unique « *la défense ou la promotion d'une doctrine ou d'une éthique* », l'employeur peut exiger de certains salariés, compte tenu de leur fonction, un comportement ne gênant pas cette finalité, même si cela restreint leur liberté *(cf. Dr soc 1991, p. 489)* : ainsi, la Cour de cassation a jugé « *qu'il peut être procédé à un licenciement dont la cause objective est fondée sur le comportement du salarié qui, compte tenu de la nature de ses fonctions et de la finalité propre de l'entreprise, a créé un trouble caractérisé au sein de cette dernière* » *(Cass. soc., 17 avr. 1991, n° 90-42.636, Bull. V n° 201, Dr soc 1991, p. 489).*

De même, elle considère que « *l'article L. 122-45 [articles L. 1132-1 à L. 1132-4 nouveaux] … n'est pas applicable lorsque le salarié, qui a été engagé pour accomplir une tâche [professeur de théologie d'une faculté libre de théologie protestante] impliquant qu'il soit en communion de pensée et de foi avec son employeur, méconnaît les obligations résultant de cet engagement* » *(Cass. soc., 20 nov. 1986, n° 84-43.243, Bull. V n° 555, Dr soc 1987, p. 379 ; CA Toulouse, 17 août 1995, Baracassa c. / Association culturelle israélite de Toulouse, RJS 1996, n° 247 : surveillant rituel, licencié pour avoir commis un adultère).*

La Cour européenne des droits de l'homme a rendu deux arrêts, datés du 23 septembre 2010 et relatifs au licenciement par une église d'un de ses employés pour relation extra-conjugale.

Dans la première espèce, concernant un organiste et chef de chœur de l'Église catholique qui, séparé de sa femme, avait eu un nouvel enfant avec sa nouvelle compagne, elle a estimé que la décision contestée n'avait pas mis en balance les intérêts de l'église employeur avec le droit du requérant au respect de sa vie privée et familiale, garanti par l'article 8 de la Convention européenne des droits de l'homme, mais seulement avec son intérêt d'être maintenu dans son emploi, et qu'il en résultait une violation de ces dispositions. Par ailleurs, la Cour a jugé qu'en signant son contrat de travail, le requérant avait accepté un devoir de loyauté, mais que pour autant cette signature ne pouvait s'interpréter comme un engagement personnel sans équivoque de vivre dans l'abstinence en cas de séparation ou de divorce *(CEDH, 23 sept. 2010, Obst c. / Allemagne, n° 425 / 03)*.

Dans la seconde espèce, qui portait sur le licenciement du directeur pour l'Europe du département des relations publiques de l'Église mormone, la Cour a en revanche estimé que les obligations de loyauté imposées au requérant étaient acceptables en ce qu'elles avaient pour but de préserver la crédibilité de l'Église mormone ; ainsi, si tout adultère ne saurait constituer en soi un motif justifiant le licenciement d'un employé d'une église, il en allait autrement en raison de la gravité de l'adultère aux yeux de l'Église mormone et de la position importante que le requérant y occupait et qui le soumettait à des obligations de loyauté accrues *(CEDH, 23 sept. 2010, Schüth c. / Allemagne, n° 1620 / 03)*.

Saisie sur renvoi préjudiciel, dans le cadre d'un litige opposant une femme, sans confession à une institution religieuse, s'estimant victime de discrimination après avoir candidaté sans succès une offre d'emploi précisant que les candidats devaient appartenir « *à une église protestante ou à une église membre de la communauté de travail des églises chrétiennes en Allemagne* », la Cour de justice de l'Union européenne a interprété la directive 2000/78/CE portant création d'un cadre général en faveur de l'égalité de traitement en matière d'emploi et de travail, qui prohibe la discrimination en raison de la religion au travail mais qui reconnaît également l'autonomie des églises. Selon l'article 4, § 2 de cette directive, une église ou une autre organisation dont l'éthique est fondée sur la religion ou les convictions peut prévoir une exigence liée à la religion ou aux convictions si, au regard de la nature de l'activité concernée ou du contexte dans lequel celle-ci est exercée, la religion ou les convictions constituent une exigence professionnelle essentielle, légitime et justifiée eu égard à l'éthique de l'organisation. Selon la Cour, le droit à l'autonomie des églises (et d'autres organisations dont l'éthique est fondée sur la religion ou les convictions) et le droit des travailleurs à la non-discrimination en raison de la religion ou des convictions lors d'un recrutement doivent être mis en balance *« pour assurer un juste équilibre » (CJUE, 17 avr. 2018, aff. C-414/16, Egenberger)*.

S'agissant de la liberté d'opinion d'une secrétaire parlementaire, la chambre sociale a jugé qu'aucune restriction ne pouvait lui être apportée, hormis l'obligation de s'abstenir de toute position personnelle, susceptible de gêner l'engagement politique de son employeur *(Cass. soc., 28 avr. 2006, n° 03-44.527, Bull. V n° 151, RJS 2006 n° 805 : notamment le droit de se retirer d'une liste électorale en cas de désaccord ou d'exprimer ses positions personnelles lorsqu'elle est elle-même candidate)*.

SECTION 3

Les comportements fautifs en lien avec l'exercice du mandat

46.3.4 Les autres fautes commises dans l'exercice du mandat

46.3. – Se fondant sur le principe selon lequel le lien de subordination juridique du représentant du personnel à l'égard de son employeur ne s'efface pas à l'occasion d'actes accomplis dans le cadre de la fonction représentative, même s'il en résulte une atténuation certaine, indispensable à son exercice, la jurisprudence administrative a jusqu'à présent appliqué à ces faits la qualification de motif disciplinaire. Ainsi, les comportements qui, au regard de la jurisprudence du Conseil d'État, ne peuvent se rattacher à « *l'exécution normale* » du mandat, peuvent justifier le licenciement dès lors qu'ils revêtent une gravité suffisante *(CE, Assemblée, n° 98.647 et 98.820, 5 mai 1976, Safer d'Auvergne, Rec. p. 232 ; Dr soc 1976, p. 346, concl. P. Dondoux, préc.)*.

La solution retenue à l'occasion de la décision Patarin *(CE, 4 juill. 2005, n° 272.193, Rec. p. 306, RJS 2005 n° 1121, cf. n° **46.1.2**)*, concernant précisément des faits relatifs à l'exercice de fonctions représentatives par un trésorier d'un comité d'entreprise, et établissant une distinction claire entre les agissements rattachables à l'exécution du contrat de travail et les comportements étrangers à celui-ci, conduit toutefois à s'interroger désormais sur la pertinence de cette analyse traditionnelle.

En effet, si les agissements du premier type sont susceptibles de justifier l'engagement d'une procédure disciplinaire, les seconds, en revanche, survenus en dehors de l'exécution par le salarié de ses obligations à l'égard de son employeur et en l'absence de lien de subordination, ne peuvent, en tout état de cause être qualifiés de fautifs, sauf s'ils traduisent la méconnaissance d'une obligation découlant du contrat de travail *(cf. n° **46.1.2**)* ; ils peuvent cependant justifier un licenciement « *si les faits en cause sont établis et de nature, compte tenu de leur répercussion sur le fonctionnement de l'entreprise, à rendre impossible le maintien du salarié dans l'entreprise, eu égard à la nature de ses fonctions et à* *l'ensemble des règles applicables au contrat de travail de l'intéressé » (CE, 4 juill. 2005, Patarin, préc.).*

L'interrogation est d'autant plus fondée que la jurisprudence de la chambre sociale conduit, par principe, à exclure du champ disciplinaire, sauf méconnaissance d'une obligation découlant du contrat de travail, les actes accomplis par le représentant du personnel dans le cadre de son mandat pour assurer à celui-ci une complète liberté, le pouvoir disciplinaire ne devant avoir ni pour objet, ni pour effet d'entraver son exercice *(Cass. soc. 4 juill. 2000, n° 97-44.846 et 98-44.959, Bull. V n° 263, RJS 2000 n° 1066 et 1109 ; Sem. soc. Lamy, 27 nov. 2000 n° 1005 ; Cass. soc., 23 juin 2009, n° 07-45.256, Bull. V n° 160, RJS 2009 n° 796, JCP E n° 40, 1er oct. 2009, p. 44, Liaisons soc. Jurisp. théma n° 151/2009 du 21 juillet 2009, CSB Paris 2009 n° 213 p. 213, pour un détournement de fonds commis par une salariée, trésorière d'une association liée à l'entreprise et ayant son siège dans les locaux de celle-ci ; Cass. soc., 30 juin 2010, n° 09-66.792 : arrivée tardive à une réunion du comité d'entreprise).*

Comme pour les faits de vie personnelle, la ligne directrice de la jurisprudence judiciaire, reprise par le Conseil d'État, conduit donc à écarter, sauf méconnaissance d'une obligation contractuelle, le terrain disciplinaire pour retenir celui du « trouble objectif » au fonctionnement dans l'entreprise : l'autorisation ne peut être légalement accordée que si le trouble résultant du comportement en cause est tel eu égard à sa nature et à sa gravité ainsi qu'aux fonctions exercées dans l'entreprise, il rend impossible la poursuite des relations contractuelles.

Ce raisonnement ne saurait être appliqué aux agissements du salarié protégé à l'occasion d'un conflit collectif *(cf. n° **46.3.3**)*. Ceux-ci restent nécessairement soumis à la qualification de motif disciplinaire, dans la mesure où, d'une part, si le contrat est suspendu pendant la grève, le salarié reste placé sous la subordination juridique de l'employeur, et, d'autre part, la loi prévoit que le contrat de travail du salarié gréviste ne peut être rompu « *sauf faute lourde* » commise par celui-ci *(C. trav., art. L. 2511-1)*.

L'employeur ne peut utilement invoquer, à l'appui d'une demande d'autorisation de licenciement d'un salarié protégé, l'incidence que les effets du comportement de l'intéressé sur sa crédibilité dans l'exercice de ses mandats syndicaux *(CE, 9 nov. 2005, n° 261.874, Cacitti, RJS 2006 n° 244)*.

§ 1. L'UTILISATION IRRÉGULIÈRE DES HEURES DE DÉLÉGATION

Plan du paragraphe

A. La mutualisation du crédit d'heures

46.3.1.1. – Sous l'empire des dispositions antérieures à la loi n° 2015-994 du 17 août 2015, le crédit d'heures était en principe individuel. Un accord prévoyant une répartition entre représentants du personnel du crédit d'heures dont ils disposaient était donc illicite et contraire à l'ordre public *(Cass. soc., 22 oct. 1984, n° 81-42.709 et 81-42.711, Jurisp. soc UIMM n° 85-462, p. 177 ; Cass. soc., 8 juill. 1985, n° 82-40.757, Bull. V n° 408 ; Cass. crim., 20 juin 1985, n° 84-90.910, Bull. crim n° 241, Jurisp. soc UIMM n° 85-467, p. 397 ; Cass. soc., 20 oct. 1994, n° 93-41.856).*

La faculté de répartition était admise, par exception, et sous réserve d'une information du chef d'entreprise, dans deux cas :

- entre les délégués syndicaux là où, compte tenu de l'effectif de l'entreprise, il était possible de désigner plusieurs délégués par organisation syndicale *(C. trav., art. L. 2143-14 et circulaire min. du 25 oct. 1983)* ;
- entre les représentants du personnel au comité d'hygiène, de sécurité et des conditions de travail *(C. trav., art. L. 4614-5 ancien et circulaire min. du 25 oct. 1983).*

L'ordonnance n° 2017-1386 du 22 septembre 2017 ouvre cette possibilité de report et de mutualisation des heures de délégation aux membres du comité social et économique.

B. Les dépassements importants et répétés du crédit d'heures

46.3.1.2. – Le crédit d'heures est une durée maximale et non forfaitaire fixée mensuellement par la loi, l'accord collectif ou l'usage.

L'ordonnance n° 2017-1386 du 22 septembre 2017 relative à la nouvelle organisation du dialogue social et économique dans l'entreprise et favorisant l'exercice et la valorisation des responsabilités syndicales, et le décret n° 2017-1819 du 29 décembre 2017 relatif au comité social et économique prévoient :

- pour les membres titulaires de la délégation du personnel au comité social et économique, la possibilité d'utiliser cumulativement leur crédit d'heures de délégation dans la limite de 12 mois, ainsi que la possibilité de répartir entre eux et avec les membres suppléants le crédit d'heures de délégation dont ils disposent à condition d'en informer l'employeur, ces règles ne pouvant conduire un membre à disposer, dans le mois, de plus d'une fois et demie le crédit d'heures dont bénéficie un titulaire, et, d'autre part, la définition par décret des conditions d'utilisation des heures de délégation *(C. trav., art. L. 2315-9 ; C. trav., art. R. 2315-6)* ;
- pour les représentants de proximité, la possibilité de bénéficier d'heures de délégation au regard des modalités prévues par l'accord de mise en place de l'instance *(C. trav., art. L. 2313-7).*

En cas de circonstances exceptionnelles, le crédit d'heures peut être dépassé et les heures correspondantes rémunérées. Pour qu'un événement soit qualifié d'exceptionnel, il faut qu'il nécessite de la part des représentants du personnel, un surcroît de démarches et d'activités débordant le cadre de leurs tâches coutumières, mais entrant dans les compétences de l'instance. Il peut s'agir d'un événement imprévisible, *« en raison, notamment, de sa soudaineté ou de l'urgence des mesures à prendre » (Cass. crim., 3 juin 1986, Jurisp. soc UIMM n° 86-479, p. 452).* L'événement peut également être connu de longue date : ainsi, tel est le cas d'un important projet de restructuration annoncé à l'avance *(Cass. soc., 6 juill. 1994 , n° 93-41.705, Bull. V n° 228, Dr soc 1994, p. 899).*

En cas de dépassement du crédit d'heures, c'est au salarié d'établir l'existence de circonstances exceptionnelles le justifiant, eu égard aux fonctions conférées par la loi, ainsi que la conformité de l'utilisation desdites heures excédentaires avec sa mission *(Cass. soc., 25 nov. 1997, n° 95-43.412, Bull. V n° 404 ; Cass. soc., 14 oct. 2020 n° 18-24.049, RJS 2021 n° 21 ; Cass. soc., 16 déc. 2020 n° 19-19.685, RJS 2021 n° 154).*

Ont notamment été considérés par le juge judiciaire comme circonstances exceptionnelles justifiant un dépassement du crédit d'heures :

- l'action menée par les représentants du personnel pendant une grève d'une certaine importance *(Cass. soc., 26 janv. 1966, Bull. IV n° 113 ; Cass. soc., 8 juill. 1998, n° 97-42.743, RJS 1998 n° 1238)* ;
- un projet important de restructuration ou de licenciement économique collectif *(Cass. soc., 19 déc. 1991, n° 89-40.875 ; Cass. soc., 6 juill. 1994, n° 93-41.705, Bull. V n° 228, Dr soc 1994, p. 899, précité ; Cass. soc., 27 févr.2013, n° 11-26.634)*, ainsi que les démarches effectuées pour s'informer devant une aggravation de la situation économique *(Cass. soc., 26 oct. 1977, n° 76-40.058, Bull. V n° 568)* ;
- la reprise ou la réorganisation du restaurant d'entreprise *(Cass. soc., 17 mai 1979, n° 78-40.217, Bull. V n° 423 ; Cass. soc., 7 juin 1979, n° 78-40.565, Bull. V n° 488)* ;
- la mise en œuvre par un délégué du personnel de la procédure d'alerte *(Cass. soc., 29 avr. 2009, n° 07-45.480)* ;
- une procédure de licenciement collectif pour motif économique décidée à l'occasion d'un projet de réorganisation de l'entreprise, ainsi que le déclenchement d'une procédure d'alerte du comité d'entreprise *(Cass. soc., 27 févr. 2013, n° 11-26.634).*

Au contraire, n'ont pas été reconnus comme tels :

- une courte grève de trois jours n'ayant concerné qu'un seul service et une petite fraction de l'effectif *(Cass. soc., 19 févr. 1975, n° 73-40.685, Bull. V n° 79)* ;
- des démarches effectuées pendant 7 heures au cours de la même journée en faveur d'un salarié mis à pied et menacé de licenciement *(Cass. crim., 7 mai 1985, n° 84-91.492)* ;

– la préparation d'un arbre de Noël *(Cass. soc., 22 juin 1964, Bull. IV n° 307)* ;
– la surveillance de spectacles en faveur des enfants du personnel *(Cass. soc., 16 nov. 1983, n° 81-42.984, Bull. V n° 549)* ;
– l'accompagnement de retraités lors d'un voyage d'agrément *(Cass. soc., 13 nov. 1985, n° 82-41.701, Bull. IV n° 525)*.

Par ailleurs, il a été jugé que le droit au paiement d'heures de délégation pour circonstances exceptionnelles ne peut être admis qu'à partir du moment où le crédit d'heures normal a été épuisé *(Cass. soc., 6 nov. 1985, n° 82-41.496)*.

Les dépassements du crédit d'heures non justifiés par des circonstances exceptionnelles ont été regardés comme constituant un manquement aux obligations professionnelles et un exercice anormal du mandat. Répétés et importants, ils pouvaient, selon la jurisprudence antérieure à 2005, fonder une autorisation de licenciement sur le terrain disciplinaire.

Ainsi en avait-il été jugé :

– pour d'importants dépassements relevés à l'encontre d'un salarié, membre du comité d'entreprise, en dépit de plusieurs avertissements de l'employeur, et nonobstant le fait que le temps supplémentaire n'avait donné lieu à aucune rémunération *(CE, 16 avr. 1982, n° 19.530, Dupré-Verdun, Rec. p. 767)* ;
– pour d'importants retards et absences, excédant de beaucoup le crédit d'heures correspondant aux différents mandats exercés par le salarié, et pour leur répétition en dépit des observations qui lui avaient été faites *(CE, 2 juin 1993, n° 80.058, Hinfray)* ;
– pour des dépassements importants et persistants, sans justification de circonstances exceptionnelles, d'un salarié, membre du comité d'entreprise, malgré les avertissements de l'employeur ainsi que ceux du comité. Au surplus, la subvention de fonctionnement avait été utilisée pour le paiement de ces heures indues *(CE, 17 déc. 1993, n° 116.531, Duga, RJS 1994 n° 263)* ;
– pour des dépassements importants, non justifiés par des circonstances exceptionnelles, alors même qu'ils n'étaient pas payés comme temps de travail par l'entreprise, d'un représentant du personnel à qui étaient reprochées également des absences injustifiées et qui avait refusé une proposition de mutation justifiée par son comportement *(CE, 14 sept. 1994, n° 122.681, Malatrait)* ;
– pour des dépassements importants et répétés, en dépit d'un avertissement, d'un représentant du personnel, délégué syndical, ayant invoqué, pour justifier les faits, « *avoir été induit en erreur par le courrier que lui a adressé… le contrôleur du travail* », alors « *que ce courrier, qui comportait sur le nombre de salariés que comportait l'entreprise, une erreur que le requérant aurait pu rectifier de lui-même, avait pour seul objet de l'informer des droits d'un membre*

élu du comité d'entreprise représentant le personnel » (CAA Paris, 17 nov. 1998, n° 97PA00097).

Au contraire, l'existence d'une faute d'une gravité suffisante n'avait pas été retenue :

- pour le comportement d'un salarié, dont il n'était pas contesté qu'il avait dépassé le nombre d'heures dont il disposait au titre de ses mandats de représentation, mais n'avait donné lieu à aucun avertissement ou sanction de la part de son employeur *(CE, 17 févr. 1992, n° 102.397, Tetevuide, Jurisp. soc UIMM n° 92-552, p. 341)* ;
- pour des dépassements d'heures de délégation antérieurs à la signature d'un accord conclu pour mettre fin à la pratique en vigueur qui les tolérait, les dépassements constatés ultérieurement ayant été d'une importance bien moindre *(CE, 28 avr. 1997, n° 147.625, Brasnu et Pourraz)* ;
- dans le cas où existait une « *pratique constante, générale et fixe permettant d'établir la volonté non équivoque de l'employeur de s'engager vis-à-vis des salariés concernés* » à maintenir le crédit d'heures antérieur à la réduction des effectifs de la société et « *non d'une tolérance* », les courriers et notes adressés aux institutions représentatives du personnel et aux salariés ne constituant pas une dénonciation régulière de l'usage *(CE, 2 avr. 2003, n° 233.799, Sté Marcillat, RJS 2003 n° 1039)*.

L'évolution de la jurisprudence de la Cour de cassation, exposée au n° **46.1.1** avait, dans un premier temps, conduit à abandonner le terrain disciplinaire pour retenir celui du « trouble objectif » au fonctionnement de l'entreprise.

Dans un second temps, le juge judiciaire a apporté des limites à l'application de cette distinction, en considérant que relevaient de terrain disciplinaire les agissements caractérisant un abus du mandat et traduisant de ce fait une méconnaissance des obligations contractuelles *(cf. n° **46.1.1**)*.

C. L'obligation d'utilisation conforme du crédit d'heures

46.3.1.3. – L'utilisation du crédit d'heures doit être conforme à la nature de la mission reconnue par la loi à chaque mandat. Ne relèvent pas d'une utilisation conforme :

1. Les activités personnelles

46.3.1.3.1. – Notamment :

- aller à la chasse une journée entière sur les heures de délégation *(CE, 22 févr. 1989, n° 66.598 et 66.648, Sté Aliments Pieto c. / Sorel, Tables p. 966, Jurisp. soc UIMM, n° 89-519, p. 371)* ;
- fréquenter un club sportif durant ces heures *(CE, 7 mars 1994, n° 116.932, Dargniat)* ;

– effectuer des travaux dans un immeuble en réfection *(CE, 15 mai 1996, n° 132.350, Sté Houot ; Cass. soc., 27 nov. 1985, n° 84-40.255, Bull. V n° 557)* ;
– rechercher une information personnelle sans rapport avec une difficulté particulière de l'entreprise *(Cass. soc., 9 avr. 1986, n° 83-41.856, Bull. V n° 117, Jurisp. soc UIMM n° 86-481, p. 542)*.

Par ailleurs, la preuve du motif personnel de l'absence du salarié a pu être rapportée par la concomitance entre l'absence du salarié le 2 octobre 2014 justifiée ultérieurement par des heures de délégation et le courriel, adressé le même jour à la direction par son supérieur hiérarchique expliquant que le salarié avait indiqué devoir s'absenter précipitamment en raison de la fuite de son perroquet hors de la cage *(Cass. soc., 13 janv. 2021 n° 19-20.781, RJS 2021 n° 160)*.

Appelé à se prononcer sur le caractère fautif de déclarations répétées d'heures fictives de vacation au conseil de prud'hommes par un salarié, conseiller prud'homme, le Conseil d'État a considéré que cet agissement constituait un détournement par l'intéressé de son mandat visant à lui permettre de se soustraire aux obligations de présence résultant de son contrat de travail, caractérisant un manquement de loyauté vis-à-vis de son employeur de nature à justifier son licenciement pour faute *(CE, 29 janv. 2014, n° 357.287, M. A. ; CE, 27 mars 2015, n° 371.174, Sté TSE Express Medical, mentionné aux Tables ; cf. n°* ***46.1.2****)*.

2. Les activités sans rapport avec le mandat détenu

46.3.1.3.2. – Compte tenu de la fréquence des situations de cumul de mandats, dues en partie à l'affaiblissement des syndicats et des institutions représentatives du personnel, cette distinction opérée par le juge peut s'avérer difficile à respecter dans la réalité.

Ne présentent pas de rapport avec le mandat détenu :
– l'exercice, par un membre du comité d'entreprise (ou un membre du comité social et économique), des fonctions d'assesseur dans un bureau de vote pour les élections prud'homales *(Cass. soc., 21 janv. 1987, n° 83-43.483, Bull. V n° 26)* ;
– l'intervention d'un représentant du personnel, titulaire de mandats de délégué du personnel et de membre du comité d'entreprise (ou de membre du comité social et économique), dans une autre entreprise du groupe sans que soit relevé un lien direct entre ce déplacement et l'accomplissement de sa mission *(Cass. soc., 13 déc. 1988, n° 86-40.765, Bull. V n° 657, Jurisp. soc UIMM n° 89-514, p. 155)*. Toutefois, un usage d'entreprise peut valablement permettre la prise d'heures de délégation pour défendre les intérêts de travailleurs étrangers à l'entreprise *(Cass. soc., 7 mars 1989, n° 84-44.378, Bull. V n° 183)* ;
– l'exercice, par les élus, d'activités d'ordre syndical, et notamment : la distribution de tracts syndicaux *(Cass. crim., 1er févr. 1983,*

Jurisp. soc UIMM. n° 83-442, p. 262), la participation à une réunion de préparation d'une journée syndicale d'action *(Cass. soc., 8 juin 1979, n° 78-40.288, Bull. V n° 511)* ; la participation d'un délégué du personnel (ou d'un membre du comité social et économique) à une réunion tenue par les syndicats de trois établissements d'une même entreprise pour l'établissement de la liste des revendications *(Cass. soc., 5 juill. 1979, n° 78-40.100, Bull. V n° 618)* ;
- l'assistance d'un délégué du personnel (ou d'un membre du comité social et économique) à une réunion à caractère syndical à la Bourse du travail *(Cass. soc., 5 déc. 1984, n° 82-41.290)* ;
- la participation d'un élu du comité d'entreprise (ou d'un membre du comité social et économique) aux élections des organismes de sécurité sociale *(Cass. crim., 10 janv. 1989, n° 87-80.048, Bull. crim. n° 10)* ;
- le déplacement d'un délégué du personnel (ou un membre du comité social et économique) au siège social de l'entreprise afin de participer à une manifestation organisée par un délégué syndical, alors que son mandat ne concernait que son établissement *(Cass. soc., 4 juin 2014, n° 13-14.671, RJS 2014 n° 640)*.

Si la mission des délégués du personnel, des membres du comité d'entreprise et des membres du comité social et économique ne peut concerner que les problèmes intéressant directement leurs électeurs, celle des délégués syndicaux, qui consiste à représenter leur syndicat dans l'entreprise, peut, en revanche, être exercée en tous lieux dans l'intérêt des salariés de l'entreprise ou de l'établissement au titre duquel ils ont été désignés, dès lors qu'elle entre dans le cadre de l'objet, légalement défini, des syndicats professionnels. Toutefois, l'utilisation des heures de délégation des délégués syndicaux doit, pour être conforme, avoir un rapport avec l'entreprise.

Il en a été jugé ainsi :
- pour la participation d'un délégué syndical à une manifestation tenue à la Bourse du travail lors d'une visite du chef de l'État à Alès, « *cette démarche ayant trait à la défense de l'emploi dans l'entreprise* » *(Cass. soc., 23 janv. 1990, n° 86-43.817, Bull. V n° 21)* ;
- pour la visite de délégués syndicaux d'une caisse du Crédit agricole au personnel en grève de l'entreprise fabriquant les chéquiers des caisses, cette grève n'étant « *pas étrangère aux préoccupations du personnel desdites caisses* » *(Cass. soc., 10 juill. 1990, n° 86-42.819, Bull. V n° 361)* ;
- des heures de délégation prises pendant un mouvement de grève auquel le représentant du personnel ou d'un syndicat s'est associé (*Cass. soc., 13 déc. 2017, n° 16-14.132, RJS 2018 n° 119*).

En application des mêmes principes, n'ont pas été jugées conformes à l'objet du mandat de délégué syndical :

– l'assistance à une réunion avec des représentants du personnel d'une autre entreprise, en l'absence de lien avec les problèmes de leur propre entreprise *(Cass. soc., 21 janv. 1987, n° 85-41.127, Bull. V n° 51 ; Cass. soc., 13 juin 1996, n° 95-41.460, Bull. V n° 238, pour une manifestation de soutien à des salariés d'une autre entreprise dans une autre région)* ;
– l'assistance, comme scrutateur à l'élection des administrateurs de la sécurité sociale *(Cass. soc., 19 mars 1987, n° 84-43.038, Bull. V n° 174)*.

La Cour de cassation a même estimé que n'entrait pas non plus dans leur mandat la contestation en justice d'un protocole préélectoral, leur mission, « *si elle comporte la négociation d'accords avec l'employeur, n'emporte pas en elle-même pouvoir d'agir en justice pour assurer le respect de la procédure des élections professionnelles* » *(Cass. soc., 10 oct. 1990, n° 87-40.432, Bull. V n° 452)*. L'utilisation non conforme des heures de délégation était jugée, en cas d'abus grave et/ou répété, comme constituant une faute d'une gravité suffisante pour justifier le licenciement.

Ce caractère de gravité suffisante a été retenu par le juge administratif :

– pour un délégué syndical ayant utilisé, au demeurant sans l'accord de l'employeur, pour l'exercice de son mandat, des heures de délégation allouées à un délégué du personnel et non utilisées, alors même qu'il n'avait pas épuisé le crédit d'heures mensuel dont il disposait *(CE, 8 janv. 1982, n° 21.814, Établissements Petitjean, Jurisp. soc UIMM, n° 82-429, p. 198)* ;
– pour une activité de chasse *(CE, 22 févr. 1989, n° 66.598 et 66.648, société Aliments Pieto, Rec. p°, Jurisp. soc UIMM n° 89-519, p. 371, préc.)* ou la fréquentation d'un club sportif *(CE, 7 mars 1994, n° 116.932, Dargniat, préc.)* pendant les heures de délégation ;
– pour un salarié ayant procédé, en qualité d'expert-comptable rémunéré, à la vérification des comptes de comités d'entreprise pendant les heures de délégation *(CE, 21 juin 1991, n° 80.006, Chapeaud, Jurisp. soc UIMM, n° 91-544, p. 454)*.

L'usage, par les représentants du personnel, du crédit d'heures destiné à l'exercice de leurs fonctions ne saurait faire l'objet d'un contrôle préalable *(Cass. crim., 10 mars 1981, n° 80-91.570, Bull. crim. n° 88 ; Cass. soc., 13 déc. 2017, n° 16-14.132, RJS 2018 n° 120)* ; s'il peut licitement être soumis à l'emploi de bons de délégation et précédé d'un délai de prévenance, de telles modalités de son exercice, qui ne sauraient exister de plein droit, ne peuvent être mises en place qu'à l'issue d'une procédure de concertation *(Cass. crim., 12 avr. 1988, n° 87-84.148, Bull. crim. n° 155)*.

Sous réserve de ces principes, le représentant du personnel doit satisfaire à ces obligations, dont le non-respect peut l'exposer à des sanctions disciplinaires. Ainsi, l'existence d'une faute d'une gravité suffisante a été retenue pour un salarié qui, pendant plusieurs mois, s'était abstenu de manière systématique d'utiliser les badges et les bons de délégation en usage dans l'entreprise en dépit des mises en garde qui lui avaient été adressées *(CE, 8 août 2002, n° 109.749, Martinie ; cf. n°* ***46.1.2****)*.

En outre, une question prioritaire de constitutionnalité a été soumise à la Cour de cassation, un employeur soutenant que les articles L. 2123-2 et L. 2123-8 du Code général des collectivités territoriales, tels qu'interprétés par la jurisprudence de la chambre sociale de la Cour de cassation, constituaient une atteinte disproportionnée à la liberté d'entreprendre, garantie par la Constitution et la Déclaration des droits de l'homme et du citoyen. Par une décision du 18 avril 2019, la chambre sociale a considéré qu'il n'y avait pas lieu de renvoyer cette question au Conseil constitutionnel car « *la question posée ne présente pas un caractère sérieux en ce que les dispositions en cause, telles qu'interprétées par la Cour de cassation, ne portent pas une atteinte disproportionnée à la liberté d'entreprendre, dès lors qu'il en résulte seulement que si le salarié doit informer l'employeur de son absence résultant de l'application de l'article L. 2123-2 du Code général des collectivités territoriales, le manquement du salarié à son obligation d'information ou les conditions d'utilisation de son crédit d'heures, lequel n'est pas rémunéré, ne peuvent lui faire perdre le bénéfice de la protection spécifique prévue par l'article L. 2123-8 du même code et que la portée ainsi donnée aux dispositions contestées ne fait que traduire la conciliation voulue par le législateur entre la liberté d'entreprendre et l'intérêt général de la protection contre le licenciement des élus municipaux exerçant leur mandat électif* » *(Cass. soc., 18 avr. 2019, n° 19-40.004 QPC, B.)*.

3. Le temps passé par un représentant du personnel aux audiences du conseil de prud'hommes

46.3.1.3.3. – Il a été jugé que la présence d'un membre du comité d'entreprise (ou du comité social et économique) à une audience du conseil de prud'hommes, où se plaidait une affaire opposant une salariée à son employeur, ne correspondait pas à l'objet de son mandat, le litige ayant un « *caractère individuel, quels que soient les principes de droit dont dépendait sa solution* » *(Cass. soc., 12 mars 1987, n° 84-41.159, Bull. V n° 137)*. La même solution a été retenue, s'agissant d'un délégué du personnel *(Cass. soc., 21 févr. 1990, n° 86-44.111, Bull. V n° 85)*.

Le temps passé par un représentant du personnel à assurer sa propre défense en justice pour un litige lié à l'exercice de son mandat entre dans l'objet de celui-ci *(Cass. soc., 23 janv. 1990, n° 86-43.815, Bull. V n° 21 : comparution comme défendeur lors de la contestation en justice par l'employeur de l'utilisation de son crédit d'heures ; pour des affaires identiques : Cass. ass. plén., 31 oct. 1996, n° 91-44.770, Bull. AP n° 7)*. La même solution a été retenue, s'agissant d'un délégué du personnel pour le temps passé à agir en justice à l'encontre d'une discrimination illicite dont il était victime *(Cass. soc., 26 mai 1999, n° 97-40.966, Bull. V n° 238, Dr soc 1999, p. 777 et commentaire C. Radé, « Rémunération et discrimination syndicale : le droit du délégué du personnel à la légitime défense »).*

Il en va autrement, en revanche, si l'objet du litige concernant le représentant du personnel ne concerne pas son mandat *(Cass. soc., 3 févr. 1998, n° 96-42.062, Bull. V n° 63, Bull. V, n° 63 : demande en paiement d'un rappel de salaire).*

Enfin, a été considérée comme conforme à la vocation de leur mandat l'assistance de délégués syndicaux à des audiences concernant d'autres salariés de l'entreprise, pour divers faits survenus lors d'un conflit social cette démarche ayant *« pour objet de s'informer sur un litige mettant en cause d'autres représentants du personnel de l'entreprise à l'occasion d'un conflit collectif » (Cass. soc., 1er avr. 1992, n° 88-45.752, Bull. V n° 233).*

§ 2. DIFFUSION ÉLECTRONIQUE DE PUBLICATIONS ET DE TRACTS DE NATURE SYNDICALE

46.3.2. – S'agissant des communications syndicales, l'article L. 2142-6 du Code du travail *(L. n° 2004-391 du 4 mai 2004, art. 52 modifié par la loi n° 2016-1088 du 8 août 2016, art. 58)* prévoit la possibilité de définir par accord les conditions et les modalités de diffusion des informations syndicales au moyen des outils numériques disponibles dans l'entreprise. À défaut d'accord, les organisations syndicales peuvent mettre à disposition des publications et tracts sur un site syndical accessible à partir de l'intranet de l'entreprise, lorsqu'il existe. Dans ce dernier cas, cette diffusion doit être compatible avec les exigences de bon fonctionnement du réseau informatique de l'entreprise, ne pas avoir des conséquences préjudiciables à la bonne marche de l'entreprise et préserver la liberté de choix des salariés d'accepter ou de refuser un message.

L'envoi d'un tract signé de l'intersyndicale à l'adresse électronique des 35 points de vente d'un établissement bancaire, en l'absence d'accord collectif, n'a pas été considéré comme contrevenant aux règles dans la mesure où ce message, adressé depuis un ordinateur et une messagerie personnelle vers les seules boîtes électroniques des responsables d'agence, ne caractérisait pas une diffusion au sens des dispositions de l'article L. 2142-6 *(Cass. soc., 10 janv. 2012, n° 10-18.558, Bull. V n° 6).*

En revanche, il a été jugé que constitue une faute disciplinaire la diffusion d'un courriel sans rapport avec l'activité syndicale du salarié et ne répondant pas aux conditions définies par l'accord d'entreprise *(Cass. soc., 22 janv. 2008, n° 06-40.514, Bull. V n° 14, RJS 2008 n° 446).*

§ 3. LES FAUTES COMMISES AU COURS D'UNE GRÈVE

Plan du paragraphe

A. Le droit de grève : rappel du droit commun

46.3.3.1. – Le préambule de la Constitution du 4 octobre 1958, reprenant celui de la Constitution du 27 octobre 1946, reconnaît la possibilité d'exercer le droit de grève dans le cadre des lois qui le réglementent.

Sauf dispositions législatives contraires, l'employeur ne peut en aucun cas s'arroger le pouvoir de réquisitionner les salariés grévistes. Il en résulte qu'un employeur ne peut prévoir, dans le règlement intérieur de l'entreprise, la réquisition d'un salarié gréviste même pour assurer un service minimum de sécurité *(Cass. soc., 15 déc. 2009, n° 08-43.063, Bull. V n° 283, RJS 2010 n° 28 ; s'agissant des services publics, cf. n° **46.3.3.1.2.1**)*.

Cependant, à l'exception des services publics, la loi ne définit pas les modalités d'exercice du droit de grève. Les règles posées sont donc exclusivement jurisprudentielles.

1. *La définition de la grève*

46.3.3.1.1. – L'exercice du droit de grève se caractérise par une cessation collective et concertée du travail en vue d'appuyer des revendications professionnelles *(Cass. soc., 16 mai 1989, n° 85-43.359 et 85-43.365, Bull. V n° 360 ; Cass. soc., 4 nov. 1992, n° 90-41.899, Bull. V n° 529)*.

Constitue un mouvement illicite *(exécution défectueuse du contrat de travail, abandon de poste...)* tout mouvement affectant le travail et ne répondant pas à cette définition *(Cass. soc., 16 nov. 1993, n° 91-41.024, Bull. V n° 268, Dr soc 1994, p. 38. absence de revendication professionnelle ; Cass. soc., 26 janv. 2000, n° 97-15.291, Bull. V n° 38)*.

Trois conditions doivent être réunies.

a) Un arrêt de travail

46.3.3.1.1.1. – La cessation du travail doit être complète *(Cass. soc., 13 mars 1980, n° 78-41.613, Bull. V n° 251)*, ce qui exclut l'exécution délibérément anormale, et par conséquent fautive, du travail, dite « *grève perlée* » : ralentissement volontaire des cadences, exécution partielle ou défectueuse du travail *(Cass. soc., 18 févr. 1960, Bull. IV, n° 199 ; Cass. soc., 22 févr. 1978, n° 76-40.327, Bull. V n° 135 ; Cass. soc., 8 oct. 1987, n° 84-45.915, Bull. V n° 539 ; Cass. soc., 16 mars 1994, n° 91-43.349 et 91-43.350, Bull. V n° 92)* ou des agissements tels que les blocages de l'accès aux sites et du système d'information de l'entreprise, le détournement du matériel et la dégradation des locaux *(Cass. soc., 26 janv. 2000, n° 97-15.291, Bull. V n° 38)*.

Toutefois, en l'absence de revendication professionnelle précise, le droit de grève ne peut pas être invoqué pour un arrêt de travail organisé en vue de participer à une réunion syndicale d'information non autorisée par l'employeur pendant les heures de travail *(Cass. crim., 9 nov. 1971, n° 70-92.884, Bull. crim. n° 305)*, ou pour une réunion destinée à préparer une journée nationale d'action *(Cass. soc., 26 mars 1980, n° 79-40.025, Bull. V n° 297)*. Il en va autrement lorsque ces actions tendent à appuyer des revendications professionnelles *(Cass. soc., 4 juill. 1972, n° 71-40.592, Bull. V n° 482, JCP 1973, II. 17464 ; Cass. soc., 8 nov. 1988, n° 85-45.100, Bull. V n° 575, JCP 1989, Ed G II 21254)*.

b) Un arrêt collectif et concerté

46.3.3.1.1.2. – Cette condition fait l'objet d'une interprétation large.

Une grève peut être minoritaire *(Cass. soc., 3 oct. 1963, Bull. V n° 645 ; CA Nancy, 13 mai 2003, n° 01-326, RJS 2003 n° 1429)*. Dès lors que deux salariés cessent le travail, l'arrêt revêt un caractère collectif.

Peut être qualifié de grève un arrêt de travail organisé par quelques salariés (3 en l'espèce) si le litige les opposant à leur employeur ne concerne pas les autres salariés *(Cass. soc., 9 juin 1982, n° 80-40.899)*.

A contrario, un salarié ne peut pas prétendre exercer isolément le droit de grève *(Cass. soc., 29 mars 1995, n° 93-41.863, Bull. V n° 111, RJS 1995, n° 553)*, sauf s'il participe à une grève présentant un caractère national ou régional *(Cass. soc., 29 mai 1979, n° 78-40.553, Bull. V n° 464 ; Cass. soc., 27 juin 1989, n° 86-45.096, Bull. V n° 470 ; Cass. soc., 29 mars 1995, n° 93-41.863, Bull. V n° 111, préc.)* , si l'entreprise ne comporte qu'un seul salarié *(Cass. soc., 13 nov. 1996, n° 93-42.247, Bull. V n° 379, RJS 1996 n° 1312)* ou si des revendications professionnelles ont été formulées dans le cadre d'un préavis de grève déposé par une organisation syndicale représentative dans une entreprise gérant un service public *(Cass. soc., 21 avr. 2022 n° 20-18.402, B., RJS 2022 n° 399, Dr soc juin 2022, p. 565, « Une grève est-elle toujours un moyen d'action collectif ? », C. Radé)*.

Aucune initiative syndicale n'est nécessaire *(Cass. soc., 19 févr. 1981, n° 79-41.281, Bull. V n° 143)*, à l'exception des services publics visés par l'article L. 2512-1 du Code du travail.

En revanche, l'arrêt de travail ne traduisant aucune démarche des salariés ne peut être qualifié de grève *(Cass. soc., 7 juin 1995, n° 93-43.895, Bull. V n° 179 : salariés ayant quitté leur travail pour assister à une audience de référé dans une instance opposant un syndicat à leur employeur sur l'application d'une convention collective dénoncée)*.

c) Des revendications professionnelles

46.3.3.1.1.3. – La licéité de la grève suppose également l'existence de revendications professionnelles *(Cass. soc., 16 oct. 1985, n° 83-40.761 et*

83-40.763, Bull. V n° 460, Dr soc 1986, p. 614 ; Cass. soc., 17 déc. 1996, n° 95-41.858, Bull. V n° 445).

Ces revendications professionnelles peuvent concerner des problèmes intéressant l'entreprise, et notamment l'emploi *(Cass. soc., 20 mai 1992, n° 90-45.271, Bull. V n° 319, RJS 1992 n° 905 : contestation d'un plan de restructuration)*, les salaires *(Cass. soc., 17 déc. 1996, n° 94-42.964 : paiement d'heures supplémentaires)*, les conditions de travail *(Cass. soc., 18 juin 1996, n° 92-44.497, Bull. V n° 243 : fourniture d'un moyen de transport)*, l'exercice du droit syndical *(Cass. soc., 18 janv. 1995, n° 91-10.476, Bull. V n° 27 ; Cass. soc., 30 mars 1999, n° 97-41.104, Bull. V n° 140)*. Elles peuvent également concerner un champ plus large *(Cass. soc., 29 mai 1979, n° 78-40.553, Bull. V n° 464, précité : journée nationale d'action contre le « Plan Barre » ; Cass. soc., 27 juin 1989, n° 86-45.096, Bull. V n° 470 ; Cass. soc., 15 févr. 2006, n° 04-45.738, Bull. V n° 65, Dr soc 2006 p. 577, obs. Radé, RJS 2006 n° 622 : mot d'ordre national pour la défense des retraites ; pour le même motif : Cass. soc., 30 janv. 2008, n° 06-21.781, RJS 2008 n° 470 ; chron. Ph. Waquet, « La grève, les mouvements illicites et l'abus de droit », RJS 1995, p. 41 ; Cass. soc., 23 oct. 2007, n° 06-17.802, Bull. V n° 169)*. La capacité de l'employeur à satisfaire les revendications des salariés est alors sans incidence sur la légitimité de la grève *(Cass. soc., 23 oct. 2007, n° 06-17.802, Bull. V n° 169, préc.)*.

Il peut également s'agir de craintes exprimées par les salariés sur la stabilité de leur emploi, en raison d'une décision de l'employeur *(Cass. soc., 4 avr. 1990 ; Cass. soc., 12 avr. 1995, n° 93-10.968, Bull. V n° 129 ; Cass. soc., 22 nov. 1995, n° 93-44.017, Bull. V n° 307)*.

En l'absence d'abus de droit, le juge ne peut, sans porter atteinte au droit de grève, substituer son appréciation à celle des grévistes sur la légitimité ou le bien-fondé de leurs revendications, dès lors qu'elles ont un caractère professionnel *(Cass. soc., 2 juin 1992, n° 90-41.368, Bull. V n° 356, RJS 1992 n° 906 ; Cass. soc., 19 oct. 1994, n° 91-20.292, Bull. V n° 281, RJS 1994 n° 1422)*.

Au contraire, constituent des mouvements illicites :

- **les grèves « politiques »**, ainsi que les grèves « mixtes » (répondant à la fois à des revendications professionnelles et politiques) ayant un objet essentiellement politique *(Cass. soc., 10 mars 1961, Bull. IV n° 333)* ;
- **les grèves « d'autosatisfaction »**, par lesquelles les salariés usent du droit de grève à seule fin de satisfaire directement une revendication *(Cass. soc., 23 nov. 1978, n° 77-40.946, Bull. V n° 790, D. 1979, p. 304, obs. Javillier : grève le samedi, les salariés refusant de travailler ce jour-là ; Cass. soc., 21 juin 1989, n° 88-40.595, Bull. V n° 457 : cessation en fin de journée pour s'opposer à la pratique des heures supplémentaires ; Cass. soc., 2 févr. 2006, n° 04-12.336, Bull. V n° 52, RJS 2006 n° 487 : grève uniquement pendant les périodes d'astreinte ; Cass. soc., 21 oct. 2009, n° 08-14.490, Bull. V n° 225, RJS 2010 n° 82, JCP S n° 50, 8 déc.*

2009 : mouvement tendant à permettre aux salariés en horaire discontinu de refuser d'être à la disposition de leur employeur pendant des périodes de travail en continu pour l'exécution de travaux de maintenance d'installations nucléaires). L'action est licite, cependant, si elle comporte d'autres revendications que celle qu'elle permet directement de satisfaire, et sauf abus de droit *(Cass. soc., 12 avr. 1995, n° 93-10.968, Bull. V n° 129, Dr soc 1995, p. 606, observations J.-E. Ray, RJS 1995 n° 554 ; Cass. soc., 25 juin 1991, n° 89-40.029, Bull. V n° 323, Dr soc 1992, p. 60, concl. Graziani).*

S'agissant des grèves de solidarité

– *À l'intérieur de l'entreprise*

La licéité est admise lorsque la solidarité se rattache à un intérêt collectif, tel que la revendication de la stricte application d'une convention collective *(Cass. soc., 20 févr. 1991, n° 89-41.148, Bull. V n° 80, RJS 1991 n° 507)*, l'opposition à une obligation pouvant concerner tout le monde *(Cass. soc., 30 nov. 1977, n° 76-40.043, Bull. V n° 655)* ou, pour un salarié détaché dans l'entreprise, l'exercice de la mission des délégués du personnel de cette entreprise et la défense des conditions de travail, dès lors que ces revendications le concernent *(Cass. soc., 17 févr. 2003, n° 01-46.251, Bull. V n° 317, Dr soc 2004 p. 327, obs. S. Radé, RJS 2004 n° 339).*

Il en va de même en cas de protestation :

- contre une mesure manifestement abusive *(Cass. crim., 22 oct 1986, n° 85-93.481, Dr ouvrier 1987, p. 402 : grève pour s'opposer au licenciement d'une salariée et à une modification d'horaires)* ;
- contre la convocation d'un délégué syndical à un entretien préalable en vue de son licenciement, l'action menée par ce dernier pour défendre le pouvoir d'achat des salariés n'étant pas étrangère à des revendications professionnelles *(Cass. soc., 5 janv. 2011, n° 10-10.685, 10-10.688,10-10.689, 10-10.690, 10-10.691 et 10-10.692, Bull. V n° 1, RJS 2011 n° 268, Liaisons soc. Jurisp. Quot. n° 15774, 17.01.2011 ; Cass. soc., 2 juill. 2014, 13-12.542 à 13-12.573, RJS 2014 n° 730).*

A contrario, l'arrêt de travail motivé par le renvoi d'un serveur, licencié pour avoir insulté des clients, est illicite : en effet, ce licenciement « *fondé sur un motif apparemment sérieux et strictement personnel* », ne revêtait « *donc pas un caractère abusif évident pouvant légitimement entraîner une réaction de défense collective* » *(Cass. soc., 18 mars 1982, n° 80-40.576, Bull. V n° 182).* Il en est de même lorsque la cessation du travail a pour seul objet la contestation de la décision de licenciement d'un salarié *(Cass. soc., 6 avr. 2022 n° 20-21.586, RJS 2022 n° 322).*

– *À l'extérieur de l'entreprise (solidarité avec les salariés d'une autre entreprise)*

L'appui apporté à un mouvement illégal revêt automatiquement un caractère illégal. Dans le cas contraire, la licéité est appréciée en fonction du lien existant entre les revendications qui ont suscité l'action initiale et les intérêts des salariés associés au mouvement de soutien *(Cass. crim., 12 janv. 1971, n° 70-90.753, Bull. crim. n° 5, D. 1971, p. 130)*.

2. Les modalités de la grève

46.3.3.1.2. – Certaines modalités d'action peuvent donner à la grève un caractère abusif (mouvement aboutissant à désorganiser l'entreprise, par exemple). Toutefois, les grèves abusives, qui répondent à la définition légale et jurisprudentielles de la grève, doivent être distinguées des mouvements illicites : il s'agit des « *grèves qui commencent bien mais évoluent vers l'abus* » *(cf. J.-E. Ray, note sous l'arrêt Cass. soc., 16 nov. 1993, n° 91-41.024, Bull. V n° 268, Dr soc 1994, p. 35)*.

a) Déclenchement de la grève

46.3.3.1.2.1.1. – Cas général : licéité des grèves-surprise.

Les salariés peuvent choisir librement le moment du déclenchement de la grève, nonobstant la gêne sérieuse occasionnée à l'employeur *(Cass. soc., 20 janv. 1956, Bull. IV n° 71 ; Cass. soc., 13 mars 1980, n° 78-41.613, Bull. V n° 251, JCP 1980, Éd. CI, I, 8870, p. 202)*.

En outre, la grève n'a pas à être obligatoirement précédée d'un avertissement ou d'une tentative de conciliation *(Cass. soc., 26 févr. 1981, n° 79-41.359 et 79-41.376, Bull. V n° 161)*. La procédure légale de conciliation, prévue par l'article L. 2522-1 du Code du travail, ne revêt d'ailleurs qu'un caractère facultatif. Il ne peut être imposé à un salarié d'indiquer à son employeur son intention de participer à une grève avant le déclenchement de celle-ci *(Cass. ass. plén., 23 juin 2006, n° 04-40.289, Bull. AP n° 7, RJS 2006 n° 1112)*.

L'employeur doit être informé des revendications professionnelles au moins au moment de la cessation du travail, peu important les modalités de cette information *(Cass. soc., 24 mars 1988, n° 85-43.604, Dr Soc 1988, p. 649 ; Cass. soc., 19 nov. 1996, n° 94-42.631 et 94-42.635, Bull. V n° 391, RJS 1997 n° 85 ; Cass. soc., 30 juin 2015, n° 14-11.077, Bull. n° 833, Soc., n° 1243)*.

Cette condition peut notamment être satisfaite par la distribution d'un tract syndical les mentionnant et appelant à la grève *(Cass. soc., 30 mars 1999, n° 97-41.104, Bull. V n° 140, RJS 1999 n° 725)* ou par toute autre modalité *(Cass. soc., 28 févr. 2007, n° 06-40.944, Bull. V n° 33, RJS 2007 n° 651 : doléances du personnel portées à la connaissance de l'employeur par un courrier de l'inspectrice du travail et débat sur les conditions de travail lors d'une réunion du CHSCT ; Cass. soc., 22 oct. 2014, n° 13-19.858 à 13-19.860, Bull. V n° 246, RJS 2015 n° 56)*. L'arrêt de travail peut toutefois intervenir sans attendre un rejet préalable de ces revendications *(Cass. soc., 11 juill. 1989, n° 87-40.727, Bull. V n° 509 ; Cass. soc., 13 déc. 1989, n° 89-41.990 et 89-41.995, Bull. V n° 707 ; Cass. soc., 20 mai 1992, n° 90-45.271 et 90-45.278, Bull. V n° 319, RJS 1992 n° 905)*. Une grève-surprise peut cependant présenter un caractère abusif dès lors qu'elle aboutit à une désorganisation totale de l'entreprise *(déclenchement inopiné d'une grève sans préavis, en escale, par l'équipage d'un avion au cours d'un vol international : Cass. soc., 25 oct. 1979, n° 78-13.528, Bull. V n° 786 ; a contrario, Cass. ass. plén., 23 juin 2006, n° 04-40.289, Bull. AP n° 7, préc.)*.

b) Exceptions : les restrictions légales : le cas des services publics

46.3.3.1.2.1.2. – Il a été jugé par la Cour de cassation que seule la loi peut créer un délai de préavis de grève s'imposant aux salariés, une convention collective ne pouvant avoir pour effet de limiter ou réglementer l'exercice du droit de grève *(Cass. soc., 7 juin 1995, n° 93-46.448, Bull. V n° 180, RJS 1995, n° 933 ; Cass. soc., 12 mars 1996, n° 93-41.670, Bull. V n° 88 ; Dr soc, « Le droit de grève dans les services publics, un puzzle à recomposer ? », F. Petit, p. 503 ; Dr ouvrier août 2011, p. 485, « Conflits sociaux et réquisition : Finalité et modalités du contrôle exercé par le juge administratif », Y. Struillou)*.

La réglementation définie par les articles L. 2512-1 à L. 2512-3 du Code du travail concerne les personnels de l'État, des régions et des départements, ainsi que ceux des communes de plus de 10 000 habitants, mais également les personnels des entreprises, organismes et établissements, publics ou privés, chargés de la gestion d'un service public *(Cass. soc., 9 oct. 2012, n° 11-21.508, Bull. V n° 252, RJS 2012 n° 982 : peu important les modalités de rémunération de l'entreprise)*. Il en est de même lorsque l'organisme ou l'établissement est constitué sur la base de textes légaux ou réglementaires, ou a passé avec l'État une convention prévoyant un contrôle ou une tutelle de celui-ci *(Cass. soc., 6 févr. 1985, n° 82-16.446, Bull. V n° 82)*. La Cour de cassation a jugé que ces dispositions s'appliquaient tant aux services publics administratifs qu'aux services publics industriels et commerciaux *(Cass. soc., 16 juill. 1997, n° 95-22.276, Bull. V n° 269)*.

Toutefois, les dispositions relatives à l'exercice du droit de grève dans le service public ne s'appliquent au sein d'une entreprise privée gérant un service public qu'au seul personnel affecté à cette activité de service public *(Cass. soc., 8 oct. 2014, n° 13-13.792, Bull. V n° 224, RJS 2014 n° 890)*. Par exception aux règles du droit commun, il appartient à l'autorité administrative, responsable du bon fonctionnement d'un service public de fixer elle-même, sous le contrôle du juge de l'excès de pouvoir, la nature et l'étendue des limitations à l'exercice du droit de grève pour les services dont l'organisation lui incombe ; dans le cas d'un établissement public responsable de ce bon fonctionnement, ainsi que dans celui d'un organisme de droit privé responsable d'un service public, seuls leurs organes dirigeants, agissant en vertu des pouvoirs généraux d'organisation qui leur sont confiés sont, sauf dispositions contraires, compétents pour déterminer ces limitations *(CE, Ass., 12 avr. 2013, n° 329.570, Fédération CGT-FO Énergie et Mines, Rec. p. 94)*.

Le déclenchement de la grève est subordonné à plusieurs conditions préalables :

– dépôt d'un préavis de cinq jours, fixant le lieu, la date et l'heure du début, ainsi que la durée, limitée ou non, de la grève envisagée, et précisant les motifs de celle-ci ;
– droit d'initiative reconnu exclusivement aux organisations syndicales les plus représentatives sur le plan national, dans la catégorie professionnelle ou dans l'entreprise, l'organisme ou le service intéressé *(Cass. soc., 4 févr. 2004, n° 01-15.709, Bull. V n° 33, RJS 2004, n° 443 : possibilité pour plusieurs organisations syndicales représentatives de présenter chacune un préavis de grève, avec une date de cessation du travail différente ; Cass. soc., 7 juin 2006, n° 04-17.116, Bull. V n° 204, RJS 2006 n° 1111 : possibilité pour une organisation syndicale de déposer des préavis de grève successifs)* ;
– obligation pour les parties de négocier pendant la durée du préavis ;
– interdiction des grèves tournantes.

En outre, l'autorité publique, responsable du bon fonctionnement des services publics, a le droit de fixer, sous le contrôle du juge, la nature et les limitations à l'exercice du droit de grève « *en vue d'en éviter un usage abusif ou contraire aux nécessités de l'ordre public* » *(CE, Ass., 7 juill. 1950, Dehaene, Rec. p. 426, RDP 1950, 691, concl. Gazier ; CE, 1er juin 1984, Fédération nationale des travailleurs des PTT, RFDA 1988, p. 850, cf. chronique Waquet, « La grève dans les services publics », RJS 2003, p. 275 ; CE, 5 avr. 2022, n° 450.313, Syndicat CGT de la Sté Cofiroute, mentionné aux Tables, RJS 2022 n° 400 ; Cass. soc., 8 juill. 2020 n° 19-13.767, B., Changement des horaires de travail, RJS 2020 n° 496)*.

Cette jurisprudence a été étendue aux services publics industriels et commerciaux, tant par la Cour de cassation *(Cass. soc., 27 janv. 1956, Bull. V n° 103, D. 1956, p. 481)* que par le Conseil d'État *(CE, Ass., 23 oct. 1964, n° 56.194, Fédération des syndicats chrétiens de cheminots, Rec. p. 484)*. Par ailleurs, le préfet peut, sur le fondement des dispositions de l'article L. 2215-1 du Code général des collectivités territoriales, réquisitionner le personnel nécessaire au fonctionnement d'un service public, en cas d'urgence et d'atteinte au bon ordre, à la salubrité, à la tranquillité et à la sécurité publique *(pour exemple : CE, référé, 9 déc. 2003, n° 262.186, Mme Aguillon, Rec. p. 497, concl. J.-H. Stahl, Dr soc 2004, p. 172 ; TA de Lille, référé, 20 déc. 2016 ; Dr ouvrier, mai 2017, n° 826, p. 311-314)*.

Pour autant, s'il appartient aux organes dirigeants d'une entreprise gérant un service public de transports publics de garantir l'effectivité de la continuité des transports collectifs, il n'en résulte pas une obligation pour eux d'édicter à tout moment une réglementation du droit de grève *(CE, 8 mars 2006, n° 278.999, Onesto, RJS 2006 n° 882)*.

Si le préavis, pour être régulier, doit mentionner l'heure du début et de la fin de l'arrêt de travail, les salariés qui sont seuls titulaires du droit de grève ne sont pas tenus de cesser le travail pendant toute la durée indiquée par le préavis et l'employeur ne peut déduire de la constatation de l'absence de salariés grévistes que la grève est terminée, cette décision ne pouvant être prise que par le ou les syndicats représentatifs ayant déposé le préavis de grève *(Cass. soc., 4 juill. 2012, n° 11-18.404, Bull. V n° 252 ; Cass. soc., 11 févr. 2015, n° 13-14.607, Bull. V n° 25, RJS 2015 n° 360, RDT 2015, p. 441 pour l'absence de salarié gréviste au cours des trois premiers jours de la période visée par le préavis ; Cass. soc., 8 déc. 2016, n° 15-16.078, B., RJS 2017 n° 138)*.

c) La réglementation du droit de grève dans les transports terrestres réguliers de voyageurs

46.3.3.1.2.1.3. – L'article 5 II de la loi n° 2007-1224 du 21 août 2007 sur le dialogue social et la continuité du service public dans les transports terrestres réguliers de voyageurs dispose :

« *En cas de grève, les salariés relevant des catégories d'agents (indispensables à l'exécution de chacun des niveaux de service prévus dans le plan de transport adapté) informent, au plus tard quarante-huit heures avant de participer à la grève, le chef d'entreprise ou la personne désignée par lui de leur intention d'y participer. Les informations issues de ces déclarations individuelles ne peuvent être utilisées que pour l'organisation du service durant la grève. Elles sont couvertes par le secret professionnel. Leur utilisation à d'autres fins ou leur communication à toute personne autre que celles désignées par l'employeur comme étant chargées de l'organisation du service est passible des peines prévues à l'article 226-13 du Code pénal. Est passible d'une sanction disciplinaire le salarié qui n'a pas informé son employeur de son intention de participer à la grève dans les conditions prévues au premier alinéa du présent II.* » Le dépôt du préavis de grève ne peut par ailleurs intervenir qu'après une négociation préalable, dont les règles d'organisation et le déroulement sont fixées par un accord-cadre, entre l'employeur et les organisations syndicales qui envisagent de le déposer *(article 2-I de la loi précitée)*. Le non-respect de cette obligation rend le préavis irrégulier, peu important le caractère national du mouvement de grève et expose les salariés grévistes à des sanctions disciplinaires *(Cass. soc., 30 janv. 2013, n° 11-23.791, Bull. V n° 21, RJS 2013 n° 317 : caractère justifié de mises à pied prononcées, l'employeur ayant informé l'ensemble des salariés de l'entreprise du caractère illégal de la grève en raison de l'irrégularité du préavis)*.

Saisi d'un recours sur le plan de prévisibilité, daté du 7 janvier 2008, établi par la RATP, le Conseil d'État a rappelé que les dispositions légales précitées avaient « *pour objet et pour effet, ainsi que l'a jugé le Conseil constitutionnel dans sa décision du 16 août 2007 [Cons. const., n° 2007-556 DC, JORF 22 août 2007, p. 13.971, RJS 2007 n° 1110] et ainsi que le confirment d'ailleurs les travaux parlementaires, de permettre au salarié de rejoindre un mouvement de grève déjà engagé et auquel il n'avait pas initialement l'intention de participer ou auquel il aurait cessé de participer, dès lors qu'il en informe son employeur au plus tard quarante-huit heures à l'avance* » ; il a donc jugé « *que le salarié a l'obligation de déclarer son intention de participer à une grève au moins quarante-huit heures avant d'y participer lui-même, et non pas avant l'échéance fixée par le préavis ou avant le commencement effectif de la grève* », comme le prévoyait le document contesté *(CE, 19 mai 2008, n° 312.329, Syndicat Sud-RATP, Tables p. 947, RJS 2008 n° 924, confirmant l'arrêt CE, 29 déc. 2006, n° 286.294, SNCF, RJS 2007 n° 378, Rec. p. 581).*

La même solution a été retenue par la chambre sociale de la Cour de cassation à propos de grèves des agents de la SNCF en 2005, avant l'entrée en vigueur du décret précité de 2008 *(Cass. soc., 13 mai 2009, n° 07-44.952, RJS 2009 n° 659 ; Cass. soc., 8 déc. 2009, n° 08-43.489, RJS 2010 n° 286).*

Quelles sont les conséquences du non-respect de ces obligations légales ? La Cour de cassation *(Cass. soc., 5 juin 1984, n° 81-42.229 et 81-42.238, Bull. V n° 229 ; Cass. crim., 10 mai 1994, n° 93-82.603, RJS 1994 n° 1171 ; Cass. soc., 25 févr. 2003, n° 00-44.339, Bull. V n° 63, RJS 2003 n° 657 ; Cass. soc., 11 janv. 2007, n° 05-40.663, Bull. V n° 2, RJS 2007 n° 377)*, ainsi que le Conseil d'État, retiennent la faute lourde à l'encontre des salariés les ayant sciemment enfreintes *(a contrario : CE, 8 janv. 1992, n° 90.634, Ciejka et autres, Rec. p. 5 : faute non établie dans la mesure où l'attention des intéressés n'avait pas été appelée sur ce point ; CE, 4 déc. 2013, n° 361.669, Bilem, RJS 2014 n° 244).*

d) La réglementation du droit de grève dans les transports aériens de passagers

46.3.3.1.2.1.4. – La loi n° 2012-375 du 19 mars 2012 relative à l'organisation du service et à l'information des passagers dans les entreprises de transport aérien de passagers et à diverses dispositions dans le domaine des transports, encadre le droit de grève dans le transport aérien de passagers et prévoit une obligation de déclaration des salariés. En cas de déclenchement de la grève, et sous peine de sanctions disciplinaires, le salarié « *dont l'absence est de nature à affecter directement la réalisation des vols* » doit informer son employeur :

– au moins 48 heures avant de participer à la grève ;
– au moins 24 heures à l'avance lorsqu'il s'est déclaré gréviste mais renonce à participer au mouvement ou lorsqu'il reprend son service *(C. trans., art. L. 1114-3).*

Cette déclaration individuelle peut toutefois figurer sur une liste collective *(Cass. soc., 8 déc. 2016, n° 15-16.999, B., RJS 2017, n° 137).* L'employeur, agissant en vertu de son pouvoir de direction de l'entreprise, est compétent pour déterminer, afin de lui permettre d'organiser, en cas de conflit, l'activité durant la grève, les modalités pratiques de transmission de cette déclaration par les salariés *(Cass. soc., 9 juin 2021 n° 19-22.392, RJS 2021 n° 478).*

e) La forme de la grève : grèves répétées – grèves tournantes – grèves bouchons

46.3.3.1.2.2. – À l'exception des services publics, aucune disposition légale ou réglementaire ne précise ou restreint les formes que doivent revêtir les arrêts de travail pour constituer une grève *(cf. en ce sens Cass. soc., 18 avr. 1963, Bull. IV n° 316)*. Celle-ci peut toutefois dégénérer en abus de droit en cas de désorganisation de l'entreprise.

Le règlement intérieur, soumis au contrôle de l'inspecteur du travail, peut, pour des raisons de sécurité dans certaines situations, préciser les limites de l'exercice du droit de grève *(CE, 12 nov. 1990, Ministre des Affaires sociales et Sté Atochem, n° 95.823 et 95.856, Rec. p. 1012, RJS 1991 n° 174)*.

1) Grèves répétées (ou débrayages)

46.3.3.1.2.2.1. – La répétition d'interruptions de travail, chacune constituant bien une grève licite, ne peut être considérée en principe comme un abus du droit de grève *(Cass. soc., 18 avr. 1963, Bull. IV n° 316, préc. ; Cass. soc., 11 mars 1964, Bull. IV n° 234)*. Même de très courte durée, ces interruptions demeurent licites *(Cass. soc., 25 févr. 1988, n° 85-43.293, Bull. V n° 133 ; Cass. soc., 10 oct. 1990, n° 88-41.426, Bull. V n° 434 : débrayage, connu à l'avance par l'employeur, qui a lieu à fixe et pour une durée invariable ; Cass. soc., 25 janv. 2011, n° 09-69.030, Bull. V n° 28, RJS 2011 n° 363 : licéité de ces arrêts, quelque dommageables qu'ils soient pour la production)*, sauf s'ils procèdent d'une volonté de désorganiser l'entreprise *(Cass. soc., 10 juill. 1991, n° 89-43.147, Bull. V n° 349)*.

2) Grèves tournantes

46.3.3.1.2.2.2. – Les grèves tournantes (arrêts de travail de durée variable, affectant successivement les différents secteurs) constituent en principe un exercice normal du droit de grève *(Cass. soc., 14 janv. 1960, Bull. IV n° 43)*, sauf désorganisation de l'entreprise.

Il n'en va cependant pas de même dans les services publics, où cette forme d'action est prohibée *(C. trav., art. L. 2512-3)*. Cette interdiction s'applique également en cas d'organisation du travail par équipe ou par roulement *(Cass. soc., 3 févr. 1998, n° 95-21.735, Bull. V n° 55)*.

Toutefois, aucune disposition légale n'interdisant à plusieurs organisations syndicales représentatives de présenter chacune un préavis de grève dans le secteur public, chaque préavis pouvant prévoir une date de cessation du travail différente *(Cass. soc., 4 févr. 2004, n° 01-15.709, Bull. V n° 33, RJS 2004 n° 443)*.

3) Grèves bouchons

46.3.3.1.2.2.3. – Les grèves bouchons (arrêts de travail des salariés d'un atelier, d'un service ou d'une catégorie professionnelle, paralysant en tout ou partie le fonctionnement de l'entreprise) sont licites *(Cass.*

soc., 5 juin 1973, n° 72-40.570, Bull. V n° 349), sauf désorganisation de l'entreprise.

Le coût financier plus élevé pour l'entreprise d'une grève bouchon ne suffit pas à lui seul à caractériser l'abus de droit *(Cass. soc., 10 janv. 1973, n° 71-40.803, D. 1973, p. 453)*.

f) La désorganisation de l'entreprise

46.3.3.1.2.3. – La désorganisation de la production, conséquence normale de toute grève, relève d'un exercice normal du droit de grève *(Cass. soc., 14 janv. 1987, n° 84-40.945, Bull. V n° 16 ; Cass. soc., 30 mai 1989, n° 87-10.994, Bull. V n° 404 ; Cass. soc., 7 avr. 1993, n° 91-16.834, Bull. V n° 111)*.

Elle doit être distinguée de la désorganisation de l'entreprise qui, réelle ou potentielle, caractérise l'abus de droit *(Cass. soc., 5 juill. 1995, n° 93-20.402, Bull. V n° 232, Liaisons soc., n° 7338 : « ... la cour d'appel a relevé que les salariés avaient cessé leur travail en vue d'appuyer des revendications professionnelles et que leur mouvement de grève, s'il avait rendu l'exploitation des lignes très onéreuse et plus difficile, n'avait pas abouti à une désorganisation de l'entreprise ; elle a pu, dès lors, écarter tout abus du droit de grève » ; cf. également : Cass. soc., 30 mai 1989, n° 87-10.994, Bull. V n° 404 et Cass. soc., 7 avr. 1993, n° 91-16.834, Bull. V n° 111 précités ; Cass. soc., 18 janv. 1995, n° 91-10.476, Bull. V n° 27, RJS 1995, n° 289)*.

La distinction entre les deux situations – désorganisation de la production et désorganisation de l'entreprise – s'avère difficile à préciser. En pratique, la désorganisation de l'entreprise est généralement tenue pour établie en cas de perturbations graves, excédant largement le préjudice résultant normalement de l'exercice d'une grève continue ou même de débrayages contrôlés *(cf. en ce sens Cass. soc., 7 janv. 1988, n° 84-42.448, Bull. V n° 10)*.

Il pourra en être ainsi à l'occasion d'actes illicites commis par des salariés *(désorganisation de l'entreprise résultant de la fermeture des accès de l'usine et de l'obstacle à toute entrée et sortie de véhicules : Cass. soc., 30 juin 1993, n° 91-44.824, Bull. V n° 185)*. Cette qualification n'est cependant pas automatique *(Cass. soc., 4 nov. 1992, n° 90-41.899, Bull. V n° 529 ; Cass. soc., 18 janv. 1995, n° 91-10.476, Bull. V n° 27, RJS 1995 n° 289, préc.)*.

Le préjudice d'une gravité particulière peut notamment être constitué par des atteintes à l'outil de travail, une perte de clientèle *(Cass. soc., 7 avr. 1989, n° 87-10.994, Bull. V n° 404 ; Cass. soc., 7 avr. 1993, n° 91-16.834, Bull. V n° 111, précité)*, ou une baisse importante de qualité des produits. Il en va de même en cas de danger pour la sécurité ou la santé des personnes. Un service minimum de sécurité peut être exigé en fonction des caractéristiques de l'activité *(en l'espèce, absence d'atteinte à la sécurité, les grévistes ayant toujours assuré un service minimum de sécurité lors de chaque interruption de travail : Cass. soc., 1er mars 1989, n° 87-44.165, Bull. V n° 157, Jurisp. soc UIMM n° 89-515, p. 211).*

Par ailleurs, le Conseil d'État admet l'existence de restrictions à l'exercice du droit de grève dans le règlement intérieur, afin de maintenir un service minimum de sécurité dans certains secteurs particuliers *(en l'espèce, les dispositions du règlement intérieur concernaient une usine spécialisée dans la fabrication de produits chimiques réputés dangereux : CE, 12 nov. 1990, n° 95.823 et 95.856, Ministre des Affaires sociales et Sté Atochem, Rec. p. 1012, RJS 1991 n° 174).*

En revanche, le critère tiré de l'existence d'une volonté de nuire, qui a pourtant été retenu *(Cass. soc., 25 févr. 1988, n° 85-43.293, Bull. V n° 133 ; Cass. soc., 16 févr. 1989, n° 87-42.572, Bull. V n° 133 ; Cass. soc., 10 juill. 1991, n° 89-43.147, Bull. V n° 349)*, se révèle d'application délicate dans la mesure où la frontière entre le préjudice normal, conséquence de l'exercice du droit de grève, et l'intention de nuire est difficile à tracer *(sur la notion de faute lourde, cf. Cass. soc., 29 nov. 1990, n° 88-40.618, Bull. V n° 599, Dr soc 1991, p. 107, obs. G. Couturier, « La faute lourde du salarié »).*

3. *Les actes fautifs commis au cours de la grève*

46.3.3.1.3. – La commission par des salariés grévistes d'actes illicites au cours d'une grève licite ne disqualifie pas cette grève, laquelle ne saurait en conséquence être regardée comme un mouvement illicite. Toutefois, les auteurs de ces actes peuvent être sanctionnés *(Cass. soc., 4 nov. 1992, n° 90-41.899, Bull. V n° 529, préc.).*

La participation personnelle du salarié concerné à l'acte illicite doit être démontrée *(Cass. soc., 30 janv. 1991, n° 89-17.332, Bull. V n° 40).*

a) L'occupation des lieux de travail

46.3.3.1.3.1. – Cette qualification vise généralement toute occupation à caractère permanent, à la différence de l'occupation limitée aux heures normales de travail, appelée « *grève sur le tas* ».

La Cour de cassation considère que le droit de grève n'emporte pas celui de disposer arbitrairement des locaux de l'entreprise *(Cass. soc., 21 juin 1984, n° 82-16.596, Bull. V n° 263)*, mais ne retient le caractère illicite de l'occupation qu'en cas d'atteintes à la liberté du travail des non-grévistes ou d'entraves à la liberté de l'employeur, et non du seul fait de l'atteinte au droit de propriété, ce qui aurait pour effet de rendre illicite toute occupation des lieux de travail *(cf. Couturier, Droit du Travail, Tome II : « Les relations collectives de travail », p. 384).*

En outre, il est tenu compte des circonstances dans lesquelles se produit cette occupation *(Cass. soc., 9 mars 2011, n° 10-11.588, Bull. V n° 68, RJS 2011 n° 454, Dr soc 2011, p. 734, obs. B. Gauriau, Liaisons soc. Jurisp. Quot. n° 15818, 18.03.2011 : occupation de locaux survenue en réaction à la fermeture de l'établissement sans information et consultation des représentants du personnel ni explications aux salariés sur les raisons ayant justifié l'interdiction d'accès à l'entreprise et leur mise en disponibilité ; pas de trouble illicite, compte tenu des circonstances).*

La participation d'un salarié à une occupation ne constitue donc pas par elle-même une faute lourde *(Cass. soc., 16 mai 1989, n° 87-42.300, Bull. V n° 361 ; Cass. soc., 7 juin 1995, n° 93-46.448, Bull. V n° 180).* Celle-ci ne peut être retenue que si l'occupation est maintenue après qu'une décision de justice ait ordonné l'évacuation des lieux ou l'expulsion des grévistes, ou si elle porte atteinte à la liberté du travail *(Cass. soc., 30 avr. 1987, n° 84-41.871, Bull. V n° 238 ; Cass. soc., 8 oct. 2014, n° 13-18.873, Bull. V n° 223, RJS 2014 n° 890 ; Cass. soc. 3 mai 2016, n° 14-28.353, Bull. V n° 1287 ; Cass. soc., 22 nov. 2023, n° 21 21.906, RJS 2024 n° 111 : entrave à la liberté du travail et dégradation des locaux).* À l'inverse, la chambre sociale ne la retient pas dès lors « *que les juges du fond ont constaté que l'occupation n'avait eu qu'un caractère symbolique et qu'aucune entrave n'avait été apportée à la liberté du travail* » *(Cass. soc., 26 févr. 1992, n° 90-40.760, Bull. V n° 124 ; Cass. soc., 11 févr. 1960, Bull. V n° 698 ; Cass. soc., 19 déc. 1990, n° 89-14.576, Bull. V n° 698).*

La décision d'ordonner l'évacuation peut être prise par le juge des référés, saisi par l'employeur, en cas de trouble manifestement illicite *(C. trav., art. R. 1455-6 et C. proc. civ., art. 809).* En pratique, il s'agit généralement d'atteintes à la liberté du travail, à la liberté d'entreprendre *(Cass. soc., 21 juin 1984, n° 82-16.596, Bull. V n° 263, préc.)*, ou à la sécurité *(Cass. soc., 26 févr. 1992, n° 90-15.459, Bull. V n° 125 ; Cass. soc., 17 mai 1977, n° 75-11.474, Bull. V n° 327).* Toutefois, et c'est fréquemment le cas, le juge peut ordonner dans un premier temps une mesure d'instruction ou de médiation, afin de favoriser, dans la mesure du possible, l'ouverture de négociations.

La liberté de circulation des représentants du personnel et des représentants syndicaux au sein de l'entreprise est un principe d'ordre public, qui ne peut donner lieu à restrictions qu'au regard d'impératifs de santé, d'hygiène ou de sécurité ou en cas d'abus. Elle s'exerce de la même façon en cas de mouvement de grève. Des comportements des représentants participant au mouvement de grève apportant une gêne anormale au travail des salariés et à la clientèle de l'hôtel, sont abusifs et par conséquent constituent un trouble manifestement illicite. Sont ainsi justifiées et proportionnées aux abus constatés les restrictions provisoires imposées par l'employeur, consistant dans un premier temps dans l'interdiction d'accès à l'hôtel, puis, après quelques jours, dans un accès conditionné *(Cass. soc., 10 févr. 2021 n° 19-14.021, B., RJS 2021 n° 220).*

Outre le paiement éventuel d'astreintes, l'employeur peut demander l'intervention de la puissance publique pour procéder à l'évacuation des lieux. L'autorité administrative peut cependant, quitte à engager sa responsabilité, refuser de prêter son concours en cas de risques de troubles ou de violences.

b) Les piquets de grève

46.3.3.1.3.2. – Le recours aux piquets de grève (présence de salariés grévistes aux portes de l'entreprise, soit pour dissuader les non-grévistes de travailler, soit pour interdire l'accès de l'entreprise) est :

– licite s'il s'agit d'une simple force de dissuasion, en l'absence de blocage total des accès et de tout empêchement à l'entrée des non-grévistes *(Cass. soc., 3 déc. 1986, n° 85-15.376, Bull. V n° 568)* ;
– illicite en cas d'entrave à la circulation des personnes (salariés non-grévistes, clients, etc.) ou des marchandises, au besoin par la menace ou par la force *(Cass. soc., 30 janv. 1991, n° 89-17.332, Bull. V n° 40 : la faute n'était pas établie, les actes fautifs reprochés aux salariés n'ayant pas été précisés)*. Ces actes ne se rattachent pas à l'exercice normal du droit de grève *(Cass. soc., 8 déc. 1983, 2 arrêts : n° 80-14.322, Bull. V n° 602, JCP 1984, II, 20220 et n° 82-14.238, Bull. V n° 598)*.

Pour autant, la faute lourde ne peut être invoquée à l'encontre d'un salarié gréviste ayant participé à une grève au cours de laquelle un piquet de grève illicite est organisé, dès lors qu'il ne s'est rendu personnellement coupable d'aucune voie de fait et a eu un comportement passif *(Cass. soc., 10 mars 1988, n° 85-41.119, D. 1988, Somm., p. 326)*.

c) Les actes fautifs sanctionnés pénalement

46.3.3.1.3.3. – Le Code pénal prévoit des sanctions particulières pour un certain nombre d'actes fautifs commis à l'occasion d'un conflit collectif :

– l'atteinte à la liberté du travail *(C. pénal, art. 431-1)* ;

Elle est constituée par le fait d'entraver délibérément, d'une manière concertée et à l'aide de menaces, coups, violences, voies de fait, destructions ou dégradations, l'exercice de la liberté du travail ;

– la séquestration *(C. pénal, art. 224-1 à 224-4)*.

Cette infraction est commise dès lors qu'est constatée la privation de liberté, et nonobstant :

- l'absence de violences *(Cass. crim., 23 déc. 1986, n° 85-96.630, Bull. crim. n° 384)* ;
- le fait que la personne retenue contre son gré n'ait pas manifesté la volonté de passer outre, préférant attendre l'intervention de la police *(Cass. crim., 18 mars 1980, n° 79-91.228, Jurisp. soc UIMM n° 80-412, p. 435)* ;
- le refus de répondre à une réquisition émanant d'un magistrat ou d'une autorité de police judiciaire ou d'une autorité administrative compétente *(C. pénal, art. 642-1)*.

La privation de liberté doit toutefois être caractérisée, le délit de séquestration étant constitué par l'impossibilité pour les personnes d'aller et de venir à leur guise.

Ainsi, cette qualification n'a pas été retenue par la cour d'appel d'Aix-en-Provence pour l'envahissement du bureau de l'employeur par une partie du personnel lors d'une négociation prolongée, dans un climat tendu, en présence de l'inspecteur du travail, à propos d'un projet de licenciement collectif : en l'espèce, les juges ont relevé que l'employeur, qui estimait avoir été séquestré afin de l'obliger à accepter le protocole d'accord signé, n'avait pas été empêché de se déplacer à l'extérieur à différentes reprises *(CA Aix-en-Provence, 13e ch. corr., 12 mai 1989, Dr ouvrier janvier 1990, p. 23)* :

– la détérioration volontaire du matériel *(C. pénal, art. 322-1 à 322-17)* ;
– le vol *(C. pénal, art. 311-1 à 311-16)* ou le recel *(C. pénal, art. 321-1 et s.)*.

Il s'agit notamment de l'appropriation temporaire de pièces afin de paralyser l'activité ou de les soustraire à une procédure commerciale (cession, liquidation…). Toutefois, la faute lourde n'est pas automatiquement retenue.

4. Les effets de la grève sur le contrat de travail

46.3.3.1.4. – La grève ne rompt pas le contrat de travail, sauf faute lourde imputable au salarié *(C. trav., art. L. 2511-1 ; cf. nombreux arrêts sur ce point, et notamment Cass. soc., 20 févr. 2006, n° 03-47.481, Bull. V n° 53)*. Les dispositions de l'article L. 2511-1 du Code du travail s'appliquent tant au licenciement du salarié prononcé pour avoir participé à une grève qu'à tout licenciement prononcé à raison d'un fait commis au cours ou à l'occasion de l'exercice d'un droit de grève et qui ne peut être qualifié de faute lourde. La Cour de cassation applique ces dispositions à des faits antérieurs au démarrage d'une grève au salarié tentant d'inciter des collègues à participer à une grève *(Cass. soc., 23 nov. 2022, n° 21-19.722, RJS 2023 n° 102 ; Cass. soc., 1er juin 2023, n° 22-13.304)*.

En outre, l'article L. 1132-2 du Code du travail dispose qu'un salarié ne peut pas être sanctionné ni licencié en raison de l'exercice normal du droit de grève *(Cass. soc., 8 mars 2017, n° 15-26.915, note D. Holle, « Rappel à la loi : seule une faute lourde autorise l'employeur à sanctionner un gréviste », Dr ouvrier 2017, p. 603)*. Tout acte contraire à ces dispositions est nul de plein droit.

Sont exclus du champ de cette protection légale les salariés participant à des mouvements ne répondant pas à la définition jurisprudentielle de la grève, et qualifiés de mouvements illicites, selon la jurisprudence de la Cour de cassation *(Cass. soc., 16 nov. 1993, n° 91-41.024, Bull. V n° 268)*. Ces personnes ne sont donc pas considérées comme grévistes, mais comme salariés insubordonnés, exposés à des sanctions disciplinaires dans des conditions de droit commun.

a) En cas d'existence d'une faute lourde

46.3.3.1.4.1. – La faute lourde commise à l'occasion d'une grève « *est manifestement une faute caractérisée, d'une gravité particulière, qui en principe révèle l'intention de nuire, qui ne peut être excusée par les circonstances et qui doit être appréciée dans chaque cas individuel » (avis CE, 31 mars 1950, Dr soc 1950, p. 201).*

Un salarié ne peut se voir reprocher une telle faute que si sa participation personnelle et son rôle actif ont été établis *(Cass. soc., 9 mars 1989, n° 87-40.131, Bull. V n° 196 cf. également : Cass. crim., 15 déc. 1981, n° 81-90.172, Bull. V n° 330, JCP 1982, IV, 89 ; Cass. soc., 7 juin 1995, n° 93-42.789, Bull. V n° 181 ; Cass. soc., 18 sept. 2007, n° 06-41.761 ; lorsque le constat d'huissier ne fait pas mention du nom du salarié comme ayant participé personnellement au blocage d'un site de travail, les grévistes étant seulement désignés par des termes génériques sans possibilité de les identifier personnellement : Cass. soc., 18 janv. 2017, n° 15-22.428).*

La faute lourde doit être prouvée par l'employeur *(Cass. soc., 29 janv. 1960, Bull. V n° 112 : « ... il n'est pas établi que le mouvement de grève ait eu pour but une désorganisation des rendements ou une intention de nuire à la situation économique de l'entreprise... »).* À cet égard, les constatations matérielles relatées par les huissiers n'ont que la valeur de simples renseignements *(Cass. soc., 5 févr. 1992, n° 88-44.644 et 88-44.645, Bull. V n° 65).*

Peuvent être considérées comme fautes lourdes :

– la participation active à des grèves abusives aboutissant ou pouvant aboutir à la désorganisation de l'entreprise *(cf. n° **46.3.3.1.2.3** et n° **46.3.3.1.2.2** : forme de la grève)* ;

– la commission d'actes fautifs au cours de la grève *(cf. n° **46.3.3.1.3**)*, portant atteinte :

  • à la liberté du travail *(Cass. soc., 3 nov. 1994, n° 93-41.931 ; Cass. soc., 31 mars 1998, n° 95-42.086, Bull. V n° 180 ; Cass. soc., 15 mai 2001, n° 00-42.200, Bull. V n° 166, RJS 2001 n° 907 : blocage des accès d'un hôtel, empêchant les salariés non grévistes ainsi que les fournisseurs et les clients d'y accéder ; Cass. soc., 26 mai 2004, n° 00-40.395, RJS 2004 n° 953 ; Cass. soc., 27 nov. 2007, n° 06-41.272, 06-41.274 et 06-41.275 : blocage de l'entrée de l'établissement pendant plusieurs heures, empêchant l'entrée et la sortie du personnel y travaillant et des clients ; Cass. soc., 10 févr. 2009, n° 07-43.939 : blocage du départ de deux autobus par des salariés d'une entreprise de transport urbain)* ;

  • à la liberté de circulation des personnes et des biens *(Cass. soc., 1er avr. 1997, n° 95-42.246 et 95-42.264, Bull. V n° 131, RJS 2001, n° 592 et Cass. soc., 2 juill. 2014, n° 13-12.542 à 13-12.573, préc. : séquestration d'un cadre ; Cass. soc., 25 févr. 1988, n° 85-42.262, Bull. V n° 134 : blocage, pendant deux heures, de véhicules destinés à un service d'ambulance chargé du transport d'urgence de blessés ou au ramassage scolaire de handicapés physiques ; Cass. soc., 5 déc. 1989, n° 86-44.301, Bull. V n° 693 ; Cass. soc., 17 déc. 2002, n° 00-42.115 à 00-42.136, Bull. V n° 388, Dr soc 2003, p. 448, obs. Duquesne ; le salarié faisait partie du groupe de grévistes bloquant l'entrée et la sortie d'un dépôt de bus et refusant d'obtempérer à la sommation de l'huissier de justice de libérer le passage : Cass. soc., 18 janv. 2017, n° 15-19.309)* ;

- à la sécurité ou à l'intégrité des personnes *(Cass. soc., 5 juill. 1995, n° 93-46.108 : agression d'une salariée voulant se rendre au travail)* ;
- à l'outil de production.

En revanche, ne constituent pas une faute lourde :

– le fait pour des grévistes de proférer des propos insultants et injurieux, en dehors de toute violence, à l'égard d'un salarié non gréviste *(Cass. soc., 10 mai 2001, n° 99-41.438, RJS 2001 n° 907)* ;

– le fait pour des grévistes d'avoir tenté de bloquer l'entrée et la sortie du supermarché qui les emploie, dès lors qu'il n'est pas établi que cette action ait empêché le personnel non gréviste et les clients d'accéder au magasin *(Cass. soc., 17 déc. 2002, n° 00-42.670, Bull. V n° 387)* ;

– le fait d'avoir ralenti l'entrée des salariés dans l'entreprise de dix minutes, l'accès au travail n'ayant pas été bloqué et les quelques retards constatés n'ayant pas désorganisé la production ni entravé la liberté de travail des salariés non grévistes *(Cass. soc., 19 nov. 2008, n° 07-44.182)* ;

– le fait de bloquer des issues de l'entreprise, sans que l'ensemble des accès au site aient toutefois été bloqués, ce dont il résultait l'absence d'entrave à la liberté du travail ou de circulation *(Cass. soc., 13 mai 2009, n° 07-44.952 ; Cass. soc., 9 mai 2012, n° 10-26.497, 10-26.499 et 10-26.503, Bull. V n° 132, Dr soc 2012, p. 955-956, obs. B. Gauriau)* ;

– le fait de ralentir de dix minutes l'entrée des salariés dans l'entreprise dès lors que les retards constatés n'ont pas désorganisé la production ni entravé la liberté de travail des non-grévistes *(Cass. soc., 8 déc. 2009, n° 08-42.531)* ;

– le refus d'un salarié, chauffeur-livreur préparateur de commandes, à la suite d'un mouvement de grève, de restituer à son employeur le véhicule qui lui était affecté et la clé correspondante, la société ne prouvant pas qu'elle aurait pu remettre les véhicules des grévistes à d'autres personnes présentes dans l'entreprise, ni l'atteinte à la liberté du travail ni l'intention de nuire n'étant de ce fait démontrées *(Cass. soc., 8 févr. 2012, n° 10-14.083, Bull. V n° 61)*.

L'existence d'une faute lourde autorise l'employeur à mettre fin au contrat de travail du salarié sans préavis ni indemnités et, le cas échéant, à rechercher sa responsabilité contractuelle à raison du préjudice subi par l'entreprise. Jusqu'à une décision du Conseil constitutionnel du 2 mars 2016, la faute lourde privait également le salarié du droit à l'indemnité compensatrice de congés payés, sauf si cette indemnité était versée à une caisse de congés payés. Le Conseil constitutionnel, saisi d'une question prioritaire de constitutionnalité, a considéré que la différence de traitement qu'opérait le législateur entre les salariés dont les employeurs devaient adhérer à une caisse de congés payés et les autres était injustifiée et méconnaissait le principe d'égalité devant la loi *(Cons. const., 2 mars 2016, n° 2015-523 QPC).*

Le principe de l'autorité de la chose jugée, au pénal, dont il doit être fait application pour des actes fautifs commis pendant la grève, ne vaut que pour la reconnaissance de la réalité des faits *(cf. n°* ***44.2.4.2****)* : la qualification de faute lourde n'est pas automatique *(Cass. soc., 26 janv. 1994, n° 92-41.978, Bull. V n° 27, CSBP n° 58, A17).*

b) En cas d'absence de faute lourde

46.3.3.1.4.2. – Dans ce cas (absence de faute, faute légère, voire faute grave), tout licenciement prononcé contre un salarié gréviste est nul de plein droit *(C. trav., art. L. 2511-1 ; cf. également les nombreux arrêts rappelant ce principe, et notamment Cass. soc., 2 févr. 2006, n° 03-47.481, Bull. V n° 53, RJS 2006 n° 488).*

Cette nullité n'est pas limitée au cas où le licenciement est motivé par la participation du salarié à la grève : elle s'étend à tout licenciement prononcé à raison d'un fait survenu au cours de la grève et qui ne peut être qualifié de faute lourde *(Cass. soc., 22 janv. 1992, n° 90-44.249, Bull. V n° 19, RJS 1992 n° 336, Dr soc 1992, p. 271 : nullité d'un licenciement pour faute grave prononcé contre un salarié gréviste ayant introduit un salarié étranger au site auquel il était affecté, pour participer à une réunion de négociation ; Cass. soc., 9 mai 2012, n° 10-24.307, Bull. V n° 131, Dr soc 2012, p. 957, obs. B. Gauriau)*, peu important que ce fait soit distinct de la participation à la grève et puisse constituer, s'il était établi, une cause réelle et sérieuse de licenciement *(Cass. soc., 22 janv. 1992, n° 90-44.249, Bull. V n° 19, RJS 1992 n° 336 ; Cass. soc., 8 juill. 2009, n° 08-40.139, Bull. V n° 172, RJS 2009 n° 828, Liaisons soc. Jurisp. Théma n° 151/2009, 21 juill. 2009 ; Cass. soc., 8 déc. 2009, n° 08-42.923, RJS 2010 n° 288, en l'absence d'intention de nuire, pour un délit d'injure intentionnel commis par un salarié gréviste condamné pour diffusion de tracts injurieux).* Cette nullité s'applique également aux salariés licenciés pour avoir manifesté leur soutien à leurs collègues en grève, mais sans avoir eux-mêmes participé à la grève *(Cass. soc., 5 juill. 2018, n° 16-21.563).*

En outre, ce principe de nullité s'applique également à toutes les sanctions autres que le licenciement *(Cass. soc., 16 déc. 1992, n° 91-41.215, Bull. V n° 592 ; Cass. soc., 7 juin 1995, n° 93-42.789, Bull. V n° 181 : pour des mises à pied).* Cette position de la Cour de cassation aboutit à accorder aux salariés grévistes une protection plus large que celle prévue par l'article L. 1132-2 du Code du travail, lequel ne prohibe les sanctions qu'en cas d'exercice normal, exempt de comportement fautif, du droit de grève.

Le salarié gréviste irrégulièrement licencié peut saisir le juge des référés pour obtenir sa réintégration *(Cass. soc., 26 sept. 1990, n° 88-41.375, Bull. V n° 387 et Cass. soc., 10 oct. 1990, n° 88-41.426, Bull. V n° 434, Dr ouvrier 1990 p. 495 ; Cass. soc., 12 janv. 1999, n° 98-40.020, Bull. V n° 8, RJS 1999 n° 200 ; Cass. soc., 19 nov. 2008, n° 07-44.077).*

B. La situation des salariés protégés

46.3.3.2. – La jurisprudence administrative se fonde, pour les salariés protégés, sur des critères quelque peu différents de ceux retenus par la Cour de cassation, et liés aux conditions d'exercice du mandat, et notamment sur la responsabilité particulière que confère, selon elle, l'exercice de la fonction représentative.

Afin d'éviter que la protection accordée aux salariés protégés participant à une grève soit d'un niveau inférieur à celle qui est accordée par la loi à l'ensemble des autres salariés, le Conseil d'État a posé le principe que seule la faute lourde peut constituer une faute d'une gravité suffisante pour justifier le licenciement *(CE, 1er avr. 1992, n° 112.826, Moreau et Syndicat Parisien du Livre CGT, avec les concl. du commissaire du gouvernement, Rec. p. 148, Dr soc 1992, p. 689 ; CE, 22 févr. 2007, n° 282.724, Sanz et Fédération des syndicats de transports CGT).*

Par suite, le caractère de gravité suffisante de la faute doit être apprécié en tenant compte :

- d'une part, de l'ensemble des règles applicables au contrat de travail, et notamment des dispositions de l'article L. 2511-1 (nécessité de l'existence d'une faute lourde imputable au salarié pour rompre le contrat de travail) ;
- et, d'autre part, des exigences propres à l'exécution du mandat *(CE, 1er avr. 1992, n° 112.826, Moreau et Syndicat Parisien du Livre CGT, précité ; CE, 20 mai 1994, n° 145.970, Monira, RJS 1994, n° 1014 ; CE, 22 févr. 2007, n° 282.724, Sanz et Fédération des syndicats de transports CGT, préc.).*

Seuls des faits précis et individualisés peuvent caractériser un exercice anormal du mandat *(CE, 4 déc. 1987, n° 74.399, Besnainou, Dr ouvrier 1990, p. 55).*

1. Le comportement du salarié

a) La participation personnelle et active – le rôle de meneur

46.3.3.2.1.1. – La participation personnelle et active du salarié protégé à des actes constitutifs de crimes ou de délits, et *a fortiori* son rôle de meneur, est constitutive d'une faute d'une gravité suffisante. Ces agissements sont distingués de la simple participation au mouvement de grève.

Ainsi, justifient le licenciement :

– la contribution personnelle d'un salarié protégé à des actes portant atteinte à la liberté de circulation dans l'usine et à l'outil de production *(CE, 29 avr. 1983, n° 11.494, Guelmane, Rec. p. 166)* ;

– la participation personnelle et active à de graves incidents dans une usine, ainsi qu'un rôle de meneur, même si les intéressés ne se sont pas personnellement livrés aux violences commises contre des salariés non grévistes *(CE, 9 oct. 1987, n° 71.667 à 71.669 et 72.068, Ghazi, Rec. p. 309)* ;

– des agissements personnels faisant obstacle à la liberté du travail *(CE, 13 nov. 1987, n° 67.088, Sté Consortium Meyer Sansbœuf ; également CE, 1er avr. 1992, n° 112.826, Moreau et Syndicat Parisien du Livre CGT, Dr soc 1992, p. 692, préc.)* ;

– un rôle actif et dirigeant joué par des représentants du personnel à l'occasion d'agissements portant une atteinte grave à la liberté du travail, à la libre circulation des biens et des personnes et à l'outil de production, cette dernière action ayant été revendiquée par l'un des représentants du personnel en cause, déléguée du personnel titulaire, lors d'une intervention à la télévision *(CE, 26 oct. 1994, n° 146.940, Sté France Glaces Findus, préc.)* ;

– la participation personnelle du salarié au blocage des accès aux locaux de l'entreprise, empêchant les salariés non grévistes de prendre leur service, jusqu'à l'intervention de la force publique, malgré l'ordonnance rendue par le président du tribunal de grande instance *(CAA Versailles, 23 juin 2009, n° 08VE00284, Zigh)*.

Au contraire, la faute d'une gravité suffisante n'a pas été retenue :

– pour la participation d'un représentant du personnel à une grève, sans que des désordres et des violences puissent lui être personnellement imputés *(CE, 9 déc. 1983, n° 23.642, Sté France Afrique ; CE, 9 nov. 1994 n° 140.476, Arab, préc.)* ;

– pour des salariés protégés n'ayant pas eu un rôle personnel et actif dans les excès survenus au cours d'une grève *(CE, 17 janv. 1986, n° 55.625, Sté Brossette)* ;

– pour un représentant du personnel, dans la mesure où il n'est pas démontré que l'intéressé ait incité les autres salariés à des actes constitutifs de crimes ou de délits *(CE, 25 juin 1982, 3 arrêts : n° 19.590, 19.596 et 19.597, Sté Firmin-Didot, Antoine, Courtens)* ;

– pour des salariés mentionnés par un constat d'huissier, lequel avait été établi sur la base de simples témoignages, et cités à comparaître devant le juge judiciaire qui avait notifié une ordonnance d'expulsion aux salariés protégés ; leur présence sur les lieux « *ne suffit pas à établir que les intéressés auraient pris personnellement une part active à la séquestration des dirigeants de l'établissement* » *(CAA Bordeaux, 17 déc. 1998, n° 96BX01091, SNPE, RJS 2000, n° 189)*.

b) L'action modératrice

46.3.3.2.1.2. – En outre, selon une jurisprudence administrative bien établie, le représentant du personnel doit exercer une action modératrice dans le cadre de l'exercice de ses mandats.

Les fondements de cette jurisprudence ont été clairement explicités, à l'occasion de l'arrêt rendu le 27 juin 1979 par le Conseil d'État *(CE, 27 juin 1979, Manufacture Michelin, n° 13.069, Rec. p. 289, Dr soc 1979, p. 420)*, par les conclusions du commissaire du gouvernement dans cette affaire.

En l'espèce, le directeur de l'usine, quittant l'établissement, avait été intercepté et retenu dans sa voiture pendant deux heures, puis le reste de la nuit dans son bureau, par un groupe de salariés demandant une négociation immédiate sur les salaires. Après une occupation de l'usine durant la journée du lendemain, la reprise du travail avait été décidée dans la soirée, après un vote organisé par les délégués. À la suite de ces événements, la direction avait décidé d'engager une procédure de licenciement contre les trois représentants du personnel qui avaient pris part à la séquestration *(l'un d'eux démissionna entre-temps),* aucun autre salarié ne faisant l'objet de sanctions.

Le Conseil d'État, saisi par l'employeur d'un recours contre l'annulation, par le tribunal administratif, de l'autorisation accordée, sur recours hiérarchique, par le ministre du Travail, avait estimé, contrairement à l'avis du commissaire du gouvernement, que seul l'un des deux délégués, par ailleurs arrivé sur les lieux après l'interception de la voiture du directeur de l'usine, avait eu une action modératrice. Tel n'était pas, selon les juges de la Haute Assemblée, le cas de l'autre délégué qui avait en outre « *pris à cette opération... une part personnelle excédant le cadre de l'exercice normal de son mandat de représentant des salariés* ».

Selon les conclusions du commissaire du gouvernement, Mme Latournerie, les salariés légalement investis de fonctions représentatives n'ont pas, en matière de gestion des conflits collectifs du travail, « *une obligation de résultat* », mais « *une obligation de moyens qui est la conséquence logique nécessaire de leur fonction permanente de négociation avec la direction et les cadres de l'entreprise et qui est la seule justification du régime dérogatoire de droit commun dont ils bénéficient en matière de licenciement* ». Il en résulte deux conséquences :

– « *d'une part, ils ne doivent pas personnellement provoquer, à titre de moyen de pression supplémentaire pour faire aboutir les revendications de leurs mandants, le recours à des actions collectives constitutives de crimes ou de délits contre les personnes ou la propriété* » ;
– « *d'autre part, dans les hypothèses où de telles actions sont spontanément entreprises à un certain degré ou de violence ouverte du conflit, ils doivent avoir une action positive suffisamment nette dans le sens de l'apaisement des esprits qui est la condition nécessaire à l'ouverture de négociations après une épreuve de force* ».

L'exercice de cette action modératrice constitue donc pour le juge administratif un élément d'appréciation du rôle actif de l'intéressé et des fautes éventuellement commises par lui pendant le conflit collectif.

Ainsi en a-t-il été jugé, depuis l'arrêt Michelin :

– pour des salariés ayant, en certaines occasions, joué un rôle médiateur durant une grève accompagnée de désordres, d'entraves à la circulation de denrées périssables, de menaces et d'injures contre le directeur, et n'ayant pas eu, dans ces actions fautives, un rôle de meneur *(CE, 17 oct. 1979, n° 11.496 et 11.943, Lehodey et Décatheaugrue, Rec. p. 905)* ;
– pour des salariés auxquels les faits reprochés étant « *les uns matériellement inexacts, les autres insuffisamment établis ou ne présentant pas un caractère de gravité suffisante eu égard au rôle modérateur joué par les intéressés au cours du conflit collectif pour pouvoir être regardés comme excédant le cadre de l'exercice normal par les intéressés de leur mandat représentatif » (CE, 8 févr. 1980, n° 09.745 et 09.746, Lebrun et Laville, Rec. p. 75)* ;
– pour un salarié ayant participé au blocage des voies d'accès de l'usine, sans toutefois jouer un rôle de meneur, et appelé à la reprise du travail sans contrepartie dès la nomination d'un médiateur par le juge des référés *(CE, 20 mai 1994, n° 145.970, Monira, RJS 1994 n° 1014)* ;

et *a contrario* :

– pour des salariés ayant activement et personnellement participé à une action constitutive d'entrave à la liberté du travail, sans jouer de rôle modérateur *(CE, 19 févr. 1983, n° 29.049, Ascensio et Garcia ; CE, 12 juill. 1995, n° 143.077, Lavina et autres ; CE, 15 déc. 1997, n° 168.959, Laghrib, RJS 1997 n° 330 ; CAA Versailles, 23 juin 2009, n° 08VE00284, Zigh, préc.)* ;
– pour un salarié ayant participé à la séquestration de membres de la direction dans les locaux de l'entreprise pendant une trentaine d'heures, « *alors qu'il n'est pas établi qu'il ait joué un rôle modérateur » (CE, 21 nov. 1986, n° 50.628, Caussade ; cf. également : CE, 1er févr. 1989, n° 64.575 et 67.007, Boistard, Rec. p. 41 ; CE, 11 févr. 2005, n° 247.673, Marcel, RJS 2005 n° 541, pour la « part personnelle et prépondérante » prise par le salarié, sans rôle modérateur, pour des agissements semblables ; CE, 19 juill. 1991, n° 78.838, Durandet et Le Floc'h, RJS 1991 n° 1115, à propos d'une espèce identique)* ;
– pour le rôle de meneurs et l'absence d'action modératrice lors de graves incidents dans l'usine, au cours desquels des violences avaient été exercées contre des salariés non grévistes, « *alors même que les délégués ne se seraient pas personnellement livrés à ces violences et qu'ils étaient encore peu expérimentés dans leurs fonctions représentatives » (CE, 9 oct. 1987, n° 71.667 à 71.669 et 72.068, Ghazi, Rec. p. 309)* ;

– pour la participation à l'occupation de locaux administratifs, à la fermeture d'ateliers d'un centre d'aide par le travail, ainsi qu'à l'expulsion du directeur, sans jouer de rôle modérateur *(CE, 22 juin 1988, n° 59.660, Barou, Jurisp. soc UIMM n° 89-513, p. 113 ; CE, 7 févr. 1992, n° 72.637, 72.661, 72.668, 89.875 et 90.951, Brettes, Mars et autres)* ;

– pour des violences commises au cours d'une grève à l'encontre d'autres salariés de l'entreprise, ce comportement étant « *étranger à l'exercice, par... de son mandat et contraire à l'esprit de modération dont doit faire preuve tout représentant du personnel lors d'un conflit collectif du travail* » *(CAA Paris, 21 sept. 1999, n° 97PA03373 à 97PA03377, Sté Eurodisney)* ;

– pour la participation active à un dispositif de blocage de l'accès de l'établissement mis en place par les salariés grévistes, l'« *allégation* » du salarié selon laquelle, en participant au piquet de grève, « *il aurait cherché à avoir une influence modératrice sur les autres grévistes et à éviter les excès* » n'étant « *corroborée par aucun élément du dossier* » *(CE, 10 janv. 2000, n° 157.269, Chellal, RJS 2000 n° 554)*.

Ce rôle de médiation et de pacification assigné aux représentants du personnel durant les conflits collectifs n'est pas sans rappeler les objectifs qui étaient visés par nombre d'employeurs, ainsi que par les pouvoirs publics, lors de la mise en place des premières délégations ouvrières *(cf.* ***Introduction*** *§ 4)*. Ces considérations ne furent d'ailleurs pas étrangères à la mise en place, sur la proposition du patronat, de l'institution des délégués du personnel par les Accords de Matignon en juin 1936.

Cette conception, ainsi que l'appréciation qui en résulte du comportement fautif des salariés protégés à l'occasion des grèves, suscite plusieurs interrogations :

– l'examen de ce comportement lors des seuls moments particulièrement tendus du conflit peut prévaloir sur une analyse d'ensemble tant du déroulement de la grève que de la situation de l'entreprise *(l'attitude de l'employeur, les violations de dispositions du Code du travail, la nature des relations sociales habituelles dans l'entreprise)* ;

– elle les expose à un traitement plus rigoureux sur le plan disciplinaire, par rapport aux autres salariés participant aux mêmes actes. Ces derniers, qui peuvent également obtenir leur réintégration, ne sont en effet pas soumis à une obligation de modération par le juge judiciaire ;

– elle met à leur charge une obligation de moyens à laquelle ils ne peuvent que difficilement satisfaire, sauf à se désolidariser de leurs mandants dans un contexte difficile, ce qui est de nature à affaiblir leur légitimité et, par suite, leur capacité à contrôler le mouvement et ses éventuels débordements et à négocier l'issue du conflit.

Tous les comportements fautifs commis au cours des conflits collectifs ne sont pas soumis à l'appréciation du juge. En cas de conclusion d'un protocole de fin de conflit, il n'y a pas, le plus souvent, de poursuite disciplinaire engagée, alors même que des actes très graves ont pu être commis. Ce n'est donc que dans le cas où la grève a échoué que l'employeur engage des procédures de licenciement : « *le droit de grève reste avant tout un droit de l'échec de la grève » (T. Grumbach, « Citoyenneté, entreprise et contrat social », Dr ouvrier 1995, p. 249).*

À cette conception d'un délégué médiateur, pourrait être substituée celle d'un mandataire des salariés, responsable sur le plan disciplinaire de ses seuls agissements, ce qui serait d'ailleurs plus conforme aux attributions définies par la loi *(cf. J.-M. Béraud, « Le rôle des délégués en cours de grève », Dr soc 1988, p. 666 ; P. Moussy, « La perception par le juge administratif de l'exercice normal des fonctions représentatives », Dr ouvrier 1990, p. 42 ; H. Sinay, « Les méandres du droit de grève », Mélanges G. Lyon-Caen, Dalloz, 1989).*

2. *Les actes fautifs du salarié protégé*

46.3.3.2.2. – L'appréciation de la gravité des agissements du salarié s'effectue en considération des circonstances de l'espèce et notamment de leur incidence concrète, des atteintes portées aux droits des personnes et aux biens, et du caractère éventuellement violent des actions commises.

a) Les comportements agressifs et violents

46.3.3.2.2.1. – Sont constitutifs d'une faute d'une gravité suffisante :

- le fait d'avoir participé, au cours d'un débrayage, à une agression contre un cadre de direction et proféré des injures et menaces contre d'autres membres de la direction *(CE, 12 févr. 1982, n° 27.346, Trichet, Rec. p. 767)* ;
- l'agression physique commise par un salarié à l'encontre du responsable du service exploitation de la société *(CE, 1er déc. 1988, n° 73.966, Tjomb ; également : CE, 11 janv. 1995, n° 129.392, Régie Renault)* ;
- le comportement délibérément agressif et les actes de violence commis à l'encontre d'autres salariés *(CE, 16 mars 1990, n° 98.054, S.A. Consortium de maintenance et de technologie (C.O.M.A.T.E.C.), Tables p. 1015 ; CE, 8 nov. 1991, n° 91.460, Takfaoui, Souali et Djelloul ; CE, 25 févr. 1994, n° 113.903, Mancuso, RJS 1994, n° 882 ; CE, 12 juill. 1995, n° 143.089, Roques et Giordano ; CE, 6 mars 2002, n° 214.656, Mvondo, Tables p. 892, RJS 2002 n° 699 ; concl. G. Bachelier, RJS 2002, p. 517 ; cf. également : chronique M.-C. Rouault et F. Duquesne, « La répression des comportements violents dans l'entreprise en grève », Dr soc. 2009, p. 1091).*

Dans la décision du 6 mars 2002, le juge administratif a en outre considéré qu'il n'était pas besoin de rechercher si ce comportement révélait une intention de nuire à l'employeur ou à l'entreprise.

Cependant, le contexte social peut, sinon justifier, du moins atténuer le caractère de gravité de propos injurieux *(CE, 22 oct. 2008, n° 304.145, Friquet)*.

b) Les atteintes à l'outil de production

46.3.3.2.2.2. – Justifient le licenciement du salarié protégé :

– les graves désordres matériels volontaires et répétés entraînant l'interruption de la chaîne de montage de l'usine *(CE, 30 janv. 1981, n° 19.206 et 20.011, General Motors)* ;
– l'occupation d'une laiterie, qui a été accompagnée de l'arrêt de la production de vapeur et a, de ce fait, provoqué des pertes importantes de matières premières *(CE, 29 avr. 1983, n° 11.494, Guelmane, Rec. p. 166, préc.)* ;
– le fait d'avoir interdit aux ingénieurs responsables de l'usine l'accès au tableau de commande permettant la remise en marche d'un haut fourneau arrêté pour entretien, contribué activement à l'occupation de la salle des hauts fourneaux de l'usine et de s'être opposé au placement des charges d'arrêt, occasionnant ainsi des dommages importants *(CE, 18 janv. 1985, n° 57.651, Sté Solmer)* ;
– la destruction des produits destinés à un établissement de la société, après interception et détournement du camion qui les transportait *(CE, 9 oct. 1987, n° 71.788, Corning France, Rec. p. 308)* ;
– l'interruption de l'alimentation en gaz de l'usine pour y faire cesser la production et l'obstacle à la réouverture de la vanne de gaz *(CE, 26 oct. 1994, n° 146.940, Sté France Glaces Findus)*.

c) Les entraves à la liberté du travail

46.3.3.2.2.3. – La faute d'une gravité suffisante a été retenue pour :

– le débrayage de machines lors d'une grève partielle et l'opposition à leur remise en marche *(CE, 13 nov. 1987, n° 67.088, Sté Consortium Meyer Sansbœuf)* ;
– des entraves au fonctionnement d'une clinique, ayant pour effet de faire obstacle à l'admission de malades dans des conditions que leur état rendait nécessaire *(CE, 13 avr. 1988, n° 69.999 et 70.001, Vidot et Tegally)* ;
– l'arrêt d'une rotative fonctionnant grâce à des agents non grévistes, alors que la sécurité des personnels n'était pas mise en danger *(CE, 1er avr. 1992, n° 112.826, Moreau et Syndicat parisien du livre CGT, Rec. p. 148, Dr soc 1992, p. 692)* ;
– l'interdiction de l'entrée des non-grévistes dans l'établissement et l'opposition à l'exécution de l'ordonnance du Président du tribunal de grande instance enjoignant de laisser libre l'accès aux lieux de

travail *(CE, 26 oct. 1994, n° 146.940, France Glaces Findus, précité ; cf. également CE, 12 juill. 1995, n° 143.077, Lavina et autres)* ;

– le blocage à plusieurs reprises de l'accès à une cabine de commande et à un navire, empêchant de travailler des salariés de la société mais aussi des salariés d'une société partenaire, commis par un représentant du personnel qui a joué un rôle prépondérant, constant et particulièrement actif dans ces actions dont a résulté une entrave à la liberté du travail d'autres salariés, sans que ces faits ne puissent être regardés comme se rattachant à l'exécution normale de ses mandats représentatifs, alors même que ces faits n'ont pas affecté le site de production lui-même et sans qu'il faille rechercher s'ils ont porté une atteinte grave aux intérêts de la société *(CE 27 mai 2021, n° 433.078, Sté Alcatel Lucent Submarine Networks, RJS 2021 n° 462)*.

Au contraire, ne constituaient pas une faute d'une gravité suffisante :

– l'arrêt, seulement momentané, de la machine de l'atelier en vue de faire cesser le bruit et de rendre possible la discussion avec la direction et deux autres collègues sur les conditions de fonctionnement de l'atelier *(CE, 22 juin 1988, n° 67191, 67.369, 77.343 et 77.399, Cuda)* ;

– la participation à un piquet de grève ne portant pas atteinte à la liberté du travail, les salariés non grévistes conservant la possibilité de pénétrer dans l'entreprise par d'autres voies d'accès *(CE, 2 févr. 1996, n° 152.406, Sté Ets. Crocquet, RJS 1996 n° 299)*.

d) Les entraves à la liberté de circulation

46.3.3.2.2.4. – Le juge administratif a considéré comme fondé le licenciement motivé par :

– le blocage des voies d'accès à l'usine à l'aide de camions *(CE, 29 avr. 1983, n° 11.494, Guelmane, Rec. p. 166, précité ; cf. également CE, 12 févr. 1982, n° 27.347, Chevet, Rec. p. 767)* ;

– l'opposition par la force à l'entrée d'un véhicule sur les lieux de travail *(CE, 8 févr. 1980, n° 9.747, Charov, Rec. p. 76)* ;

– l'interception d'un autobus conduit par un salarié non gréviste et la reconduction au dépôt après en avoir fait descendre les voyageurs *(CE, 23 oct. 1985, n° 33.598, Chassarat et Bredignans, Rec. p. 792)* ;

– l'occupation de la voie ferrée desservant le site, bloquant ainsi la sortie d'un train frigorifique transportant des marchandises de l'entreprise *(CE, 26 oct. 1994, n° 146.940, France Glaces Findus)* ;

– le blocage d'un camion dans la cour de l'usine, empêchant ainsi la sortie d'un chargement de machines *(CE, 14 juin 1996, n° 118.413, Sté Sciacky)*.

L'absence d'une faute d'une gravité suffisante a été admise pour deux représentants du personnel qui avaient participé à un piquet de grève ayant empêché le camion d'une société cliente d'emporter des matériels lui appartenant alors que les intéressés n'avaient pas joué « *un rôle prééminent dans ces agissements ni... commis, à cette occasion, des violences ou porté atteinte à la liberté du travail des employés non-grévistes... compte tenu, en outre, du climat tendu régnant dans l'entreprise, qui, en raison de l'occupation de ses locaux, avait décidé de recourir à un lock-out* » *(CE, 2 févr. 1996, n° 149.224 et 149.225, Mme Rossignol et M. Bruley)*.

e) Les séquestrations

46.3.3.2.2.5. – Ont été regardés comme justifiant le licenciement de salariés protégés les faits suivants :

– la séquestration du directeur de l'usine toute une nuit dans son bureau *(CE, 27 juin 1979, n° 13.069, Sté Michelin, Dr soc 1979, p. 420, précité ; cf. également, pour des espèces similaires : CE, 25 juill. 1980, n° 16.005 et 16.473, Sté Poclain, Rec. p. 909 ; CE, 26 juin 1981, n° 16.293, Sté Saints-Frères ; CE, section, 27 nov. 1981, n° 22.767 et 23.119, Alloisio Rec. p. 450 ; CE, 1er févr. 1985, n° 39.385, Sté Giblin-Lavault ; CE, 23 oct. 1985, n° 48.508, Bannier Rec. p. 793 ; CE, 21 nov. 1986 n° 50.628, Caussade ; CE, 4 mars 1988 n° 73.057, Cailly ; CE, 20 juill. 1988, n° 71.451, Chrone ; CE, 26 oct. 1994, n° 146.940, Sté France Glaces Findus ; CE, 11 janv. 1995, n° 129.392, Régie Renault ; CE, 11 févr. 2005, n° 247.673, Marcel, RJS 2005 n° 541, concl. Olléon)* ;

– le fait pour un groupe de salariés d'empêcher le directeur, pendant plusieurs heures, de sortir de la salle où se tenait le comité *(CE, 25 févr. 1987, n° 61.754 et 65.214, Sté Carnaud Emballages, Rec. p. 75 ; cf. également les décisions du 1er juillet 1983 GAN, Rec. p. 889 ; CE, 19 juill. 1991, n° 73.838, Durandet et Le Floc'h, RJS 1991, n° 1115 et CE, 1er févr. 1989, n° 64.575 et 67.007, Boistard, Rec. p. 41)* ;

– la tentative de séquestration du secrétaire général de la société, n'ayant échoué que du fait de circonstances indépendantes de la volonté de ses auteurs *(CE, 20 juill. 1990, n° 96.516, Bache et Daugreilh)*.

f) L'occupation des lieux de travail et les piquets de grève

46.3.3.2.2.6. – L'occupation des lieux de travail, ainsi que la tenue de piquets de grève, ne peuvent constituer des fautes d'une gravité suffisante que s'ils donnent lieu à la commission de l'un des actes répréhensibles précités.

Ainsi en a-t-il été jugé :

– pour un piquet de grève portant atteinte à la liberté du travail *(CE, 19 janv. 1983, n° 29.049, Ascensio et Garcia, précité ; CE, 31 mai 1985, n° 30.577, SA Transports Vacher, Tables p. 792)* ;

– pour une occupation ayant occasionné une perte importante de matières premières *(CE, 29 avr. 1983, n° 11.494, Guelmane, Rec.*

p. 166, précité) ou de graves dommages sur des hauts fourneaux *(CE, 18 janv. 1985, n° 57.651, Sté Solmer, préc.).*

En revanche, la faute d'une gravité suffisante n'a pas été admise :

- pour une occupation sans violence, ni atteinte à l'outil de production, ni propos injurieux ou diffamatoire, ni exhortation à des actions répréhensibles *(CE, 25.06.82, 3 arrêts : n° 19.590, 19596, 19.597, Sté Firmin-Didot, Antoine, Courtens, préc. ; CE, 1er mars 1993, n° 133.148, Ven)* ;
- pour un piquet de grève placé durant une journée à l'entrée principale de l'entreprise alors que le personnel non gréviste gardait la possibilité de pénétrer dans l'entreprise par deux autres voies d'accès *(CE, 2 févr. 1996, n° 152.406, Sté Ets Crocquet, RJS 1996 n° 299)* ;
- pour des représentants du personnel qui, lors d'un conflit collectif, avaient procédé à une vente, au profit d'une organisation politique, au sein de l'entreprise et distribué des tracts de cette organisation, mais en l'absence de tout acte violent et compte tenu du climat tendu régnant dans l'entreprise *(CE, 2 févr. 1996, n° 149.224 et 149.225, Mme Rossignol et M. Bruley).*

§ 4. LES AUTRES FAUTES COMMISES DANS L'EXERCICE DU MANDAT

Plan du paragraphe

46.3.4. – Certains agissements répréhensibles, même commis dans le cadre de l'exécution du mandat, peuvent fonder un licenciement pour motif disciplinaire du salarié protégé dès lors qu'ils ne relèvent pas d'un exercice normal de celui-ci *(cf. n° **46.3**)*. L'appréciation de la gravité doit en conséquence tenir compte des conditions d'une exécution normale du mandat.

A. Les injures et la diffamation

46.3.4.1. – Des propos ou écrits injurieux ou diffamatoires peuvent en principe justifier un licenciement pour motif disciplinaire.

Ainsi en a-t-il été jugé :

- pour la distribution de tracts et de brochures contenant des imputations graves et injurieuses à l'égard du gérant de la société, ainsi que des affirmations visant à dénigrer celle-ci auprès de sa clientèle *(CE, 1er juin 1979, n° 9.231, Sté Soviali, Rec. p. 905)* ;

- pour l'affichage d'une note manuscrite contenant des mentions diffamatoires mettant en cause l'honnêteté de l'employeur *(CE, 16 oct. 1985, n° 42.914, Le Goff)* ;
- pour des propos injurieux tenus à l'égard de l'employeur en réunion de délégués du personnel, eu égard aux termes employés et à la nature des insinuations formulées qui, relatives à la vie privée de l'intéressée, ne pouvaient être rattachées aux conflits les ayant opposés dans l'entreprise *(CE, 28 juill. 1993, n° 140.778, Sté Transports André Izard et compagnie ; Cass. soc., 27 févr. 2013, n° 11-27.474, RJS 2013 n° 398)*.

Cependant, l'exercice de la fonction représentative suppose l'existence d'une liberté d'expression, plus étendue que celle qui est reconnue à tout salarié, en particulier au cours de réunions marquées par une vivacité, habituelle ou non, des échanges. De plus, le contexte social est pris en compte pour apprécier la gravité des faits *(CE, 13 nov. 1987, n° 68.104, Fonderies et Aciéries Électriques de Feurs, Rec. p. 369, préc.)*.

Par ailleurs, en application des dispositions de l'article L. 1121-1 du Code du travail, la Cour de cassation retient que le représentant du personnel, sauf abus, ne peut être sanctionné en raison de l'exercice de son mandat pendant son temps de travail. Dès lors, dans la mesure où la lettre que le salarié avait adressée à l'agence régionale de santé quant aux projets envisagés par la directrice de l'établissement et leur impact sur leurs conditions de travail et la qualité de l'accueil des résidents ne comportait aucun élément injurieux, abusif ou excessif et que l'association ne démontrait pas la mauvaise foi du salarié, les faits ne revêtaient pas de caractère fautif *(Cass. soc., 28 sept. 2022, n° 21-14.814)*. De même un représentant du personnel ne peut être sanctionné pour avoir tenu des propos pendant une réunion commerciale pour la défense d'une collègue sanctionnée, dans la mesure où l'employeur ne démontre pas un abus dans l'exercice de son mandat *(Cass. soc., 11 déc. 2019, n° 18-16.713, RJS 2020 n° 100)*.

Il en va de même pour les publications et tracts syndicaux, dont le contenu est librement déterminé par les organisations syndicales, sous réserve de l'application des dispositions relatives à la presse *(C. trav., art. L. 2142-5)*, et qui visent les injures, la diffamation publique, la diffusion de fausses nouvelles ou la provocation.

Pour sa part, le juge pénal, à l'occasion de plaintes déposées par les employeurs pour la diffusion de documents injurieux ou diffamatoires, a estimé à plusieurs reprises qu'une distinction devait être opérée entre :

- les propos ou écrits relevant simplement de la polémique, même particulièrement vive *(CA. Paris, 20 janv. 1994, RJS 1994 n° 433, p. 280 : critique violente de la gestion d'une mutuelle ; TGI Saverne, 22 juill. 1983, RPDS février 1984, n° 466, p. 35 : caractère non outrageant, relevant de la polémique inévitable dans les rapports sociaux, de la formule « le patron, cet affameur, cet exploiteur », inscrite dans un tract ; commentaire Dalloz, 1985, IR, p. 422, CA. Versailles, 25 févr. 1985 : à la suite de la mort d'un ouvrier, le caractère diffamatoire d'un tract affiché à la suite de la mort d'un ouvrier, comportant notamment les expressions « assassinat » et « truands du patronat » n'a pas été reconnu dans la mesure où si elles constituent « des imputations diffamatoires ou des injures, [elles] sont susceptibles de concerner un nombre de personnes tel qu'aucune ne puisse sentir un soupçon peser personnellement sur elle ou se dire personnellement victime »)* ;

– et les attaques personnelles, excédant les limites admissibles de la polémique née d'un conflit social *(Cass. crim., 23 nov. 1993, n° 90-86.396, Bull. crim. n° 351, RJS 1994 n° 161)*, ou des assertions non prouvées portant atteinte à l'honneur ou à la considération de l'entreprise et de ses dirigeants (*CA Paris, 18 nov. 1994, RJS 1995, n° 40)*.

Par ailleurs, l'absence de caractère fautif a été retenue par le juge administratif :

– pour les critiques exprimées par une salariée, tant dans ses divers courriers que lors d'une réunion du comité d'entreprise, se rapportant, d'une part, aux modifications introduites dans ses fonctions et, d'autre part, au fonctionnement et à la gestion du comité, et ne comportant aucun terme injurieux ou diffamatoire à l'encontre des membres de la direction ou du personnel *(CE, 11 janv 1995, n° 129.717, Sté des transports Mutte)* ;
– pour la dénonciation, par une salariée, auprès d'administrations et d'institutions officielles, de pratiques de détournement du label « porcelaine de Limoges ». Le caractère non fautif de cette démarche a été retenu, compte tenu de la gravité des faits dénoncés, de nature à porter atteinte aux intérêts de la profession et des salariés *(TA, 30 mars 1995, n° 93.255, Sté Limoges Castel ; confirmé par l'arrêt CE, 15 déc. 1997, n° 169.792 et 169.793, rejetant le pourvoi formé par la Sté Limoges Castel)* ;
– pour l'exercice d'une action en justice contre le directeur, au terme de laquelle ce dernier a été déclaré coupable du délit d'entrave *(CE, 1er févr. 1995, n° 138.922, URSSAF de Gironde)*.

B. Le non-respect des consignes – l'indiscipline

46.3.4.2. – Le licenciement peut en principe être justifié si la faute revêt une gravité suffisante. Tel n'est cependant pas le cas, notamment :

– d'un affichage d'autocollants syndicaux hors des panneaux réservés à cet effet *(CE, 25 juill. 1986, n° 69.499, Sté Le rapide)* ;
– de l'introduction, dans l'enceinte de l'entreprise, d'un représentant syndical étranger à celle-ci, mais bien connu d'elle *(CE, 12 juin 1981, n° 23.524, SIMO)* ;

– de la vente de billets d'une tombola syndicale pendant les heures de service *(CE, 7 mai 1993, n° 107.464, Compagnie Industrielle des Chauffe-Eau)* ;
– de l'interruption de l'activité d'un atelier pendant une vingtaine de minutes par un salarié, nouvellement nommé délégué syndical, venu haranguer ses collègues *(CE, 10 juill. 1995, n° 142.453, Sté Grands travaux de L'Océan Indien)*.

C. Les agissements malhonnêtes et déloyaux

46.3.4.3. – Se fondant sur une approche disciplinaire de ces agissements, le juge administratif appréciait la gravité de la faute selon les critères déjà retenus pour la faute non liée au mandat *(cf. n° **44.4.2**)* et notamment l'existence d'une intention délictueuse.

Avaient été considérés comme constitutifs d'une faute d'une gravité suffisante les agissements suivants :

– le fait pour un représentant du personnel d'avoir autorisé, à l'insu de la direction de la société, la répartition entre les membres de son service, d'une somme résultant de la vente de mobilier et de matériel d'un établissement dont la société avait décidé la fermeture, nonobstant l'absence de bénéfice personnel pour l'intéressé *(CE, 22 avr. 1983, n° 24.121, Duhameew)* ;
– le détournement d'une cotisation syndicale par un délégué du personnel *(CE, 25 avr. 1984, n° 39.515, Le Goff, Rec. p. 762)* ;
– des retraits opérés par le trésorier du comité d'entreprise, alors que les opérations en cause n'avaient été ni autorisées, ni validées par le comité *(CE, 23 sept. 1992, n° 80.334, Pilorget, RJS 1992 n° 1277)* ;
– la perception d'une somme de la commission sociale du comité d'entreprise, en violation des règles d'attribution des aides financières par cet organisme dont le salarié, en sa qualité de délégué du personnel et de membre du comité d'entreprise, ne pouvait ignorer ni l'existence, ni la portée, ainsi que la participation au vol de la comptabilité du comité avant la prise de fonctions des membres nouvellement élus *(CE, 18 janv. 1997, n° 160.925, Semhoun et autres, RJS 1997 n° 1112)* ;
– le fait pour un délégué du personnel d'avoir contribué de manière répétée à la mise en œuvre d'un dispositif, installé dans le local affecté à son organisation syndicale, destiné à l'écoute et à l'enregistrement des conversations tenues dans le bureau d'un des responsables de l'établissement *(CE, 10 nov. 1993, n° 112.793, Stroisch, Rec. p. 1068)* ;
– le fait pour la trésorière d'un comité d'entreprise de détourner près de 43 000 euros des fonds du comité à des fins personnelles, compte tenu de ses fonctions de contrôleur de gestion malgré le remboursement des sommes détournées et l'absence de mise en place par

la société d'une procédure de validation et de présentation des comptes du comité d'entreprise par un expert-comptable *(CAA Lyon, 28 oct. 2021, n° 20LY02763, absence de pourvoi)*.

En revanche, n'avaient pas été regardés comme constituant une faute d'une gravité suffisante :

– le fait pour un membre du comité d'entreprise d'avoir, dans le cadre de son mandat de délégué syndical, conservé pendant plusieurs mois une somme qui devait être reversée au comité pour ses œuvres sociales, mais sans intention délictueuse *(CE, 25 oct. 1985, n° 60.672, Galeries Lafayette)* ;
– des anomalies fréquentes, mais d'importance mineure, constatées dans la tenue des comptes du comité d'entreprise, qui ne dissimulaient pas des détournements de fonds, mais résultaient d'un défaut de rigueur dans la gestion. *(CE, 12 juill 1989, n° 65.780, Sté Contrôle, mesure, régulation)* ;
– des déclarations inexactes relatives à la durée des diverses réunions auquel le salarié avait participé en qualité de représentant du personnel, ces inexactitudes n'ayant pas eu pour effet « *d'accroître de manière illicite sa rémunération globale... l'intéressé ayant toujours donné suite aux demandes de rectification présentées par l'entreprise, qui ne comportait d'ailleurs aucune mise en garde quant au caractère fautif de ses déclarations inexactes, qualifiées d'erreur par la direction elle-même » (CE, 21 déc. 1994, n° 120.469, Touaty)* ;
– le refus d'un salarié, trésorier du comité d'entreprise, qui s'était abstenu de communiquer les justificatifs de certaines dépenses à son successeur en dépit des demandes réitérées du comité, puis de l'expert commis par le tribunal de grande instance, ainsi que de l'inspecteur du travail : la production d'une partie significative des justificatifs demandés devant le tribunal administratif avait permis de constater que la tardiveté et le caractère incomplet de la transmission ne dissimulait pas une volonté de détournement *(CE, 29 déc. 1997, n° 157.821, Sté Flandre Denim)* ;
– l'utilisation par le secrétaire-adjoint du comité d'entreprise, et pour son véhicule personnel, de bons d'essence et l'achat d'ordinateurs sur le compte du comité d'entreprise sans autorisation et sans contrepartie pour le comité *(CAA Bordeaux, 18 nov. 2004, Pothin, n° 03-572, RJS 2005, n° 294)*.

La définition de la faute, qui ne peut s'entendre que d'un fait d'un salarié contraire à ses obligations à l'égard de l'employeur *(cf. n° **46.1.2**)* a conduit à s'interroger sur l'application de la grille du licenciement pour faute pour ces agissements.

Tant la Cour de cassation que le Conseil d'État avaient écarté la qualification de faute pour des actes accomplis par un membre du comité d'entreprise au titre de ses fonctions de trésorier, celles-ci n'étant pas exercé sous la subordination juridique de l'employeur *(Cass. soc., 4 juill. 2000, n° 97-44.846 et 98-44.959, Bull. V n° 263, RJS 2000, n° 1066 et 1109 ; Sem. soc. Lamy, 27 nov. 2000, n° 1005 ; CE, 4 juill. 2005, n° 272.193, Patarin, Rec. p. 306, RJS 2005 n° 1121)*. Pour le Conseil d'État, « *dans le cas où un comportement du salarié survenu en dehors de l'exécution de son contrat de travail, notamment dans le cadre de l'exercice de ses fonctions représentatives, il appartient à l'inspecteur du travail (...) de rechercher (...) si les faits en cause sont établis et de nature, compte tenu de leur répercussion sur le fonctionnement de l'entreprise, à rendre impossible le maintien du salarié dans l'entreprise, eu égard à la nature de ses fonctions et à l'ensemble des règles applicables au contrat de travail de l'intéressé* » *(CE, 4 juill. 2005, n° 272.193, Patarin, Rec. p. 306, RJS 2005 n° 1121)*.

Dans ces conditions, dès lors que les faits en cause ne peuvent être rattachés à l'exécution du contrat de travail, l'autorité administrative doit appliquer non pas la grille de contrôle du licenciement disciplinaire mais celle résultant de la jurisprudence du 4 juillet 2005 précitée *(cf. instruction DGT 2007/08 du 18 juillet 2007 relative au traitement d'une demande d'autorisation du licenciement de salariés protégés à raison de faits commis dans l'exercice du mandat)*.

Il ressort toutefois des évolutions récentes des jurisprudences judiciaire et administrative que doivent être regardés comme fautifs les faits qui, bien que survenus à l'occasion de l'exercice du mandat, n'en caractérisent pas moins un abus ou un détournement de celui-ci, et constituent un manquement aux obligations contractuelles du salarié *(cf. n° **46.1.2**)*.

D. Le manquement à l'obligation de discrétion

46.3.4.4. – Les membres du comité d'entreprise et les représentants syndicaux sont tenus à une obligation de discrétion à l'égard des informations présentant réellement un caractère confidentiel et données comme confidentielles par le chef d'entreprise ou son représentant *(C. trav., art. L. 2325-5 ; CE, 2 mars 2011, n° 322.818, Dondelle, Tables p. 1183 ; CE, 12 mars 2014 QPC, n° 373.949, Sté Eurodisney, Dr soc 2015, p. 44)*. Revêtent un caractère confidentiel les informations qui sont de nature confidentielle au regard des intérêts légitimes de l'entreprise, ce qu'il appartient à l'employeur, en cas de contestation, d'établir *(Cass. soc., 15 juin 2022 n° 21-10.366, RJS 2022 n° 452)*.

Tel n'est pas le cas de la divulgation, lors d'une une réunion d'information du personnel au cours de laquelle il a fait le compte rendu de la réunion du comité d'entreprise, des informations données par l'employeur au cours de celle-ci et déclarées ensuite par lui comme confidentielles, dans la mesure où le procès-verbal de la réunion du comité d'entreprise ne le mentionnait pas *(Cass. soc., 12 juill. 2006, n° 04-47.558, Bull. V n° 256 ; CAA Lyon, 24 nov. 2011, n° 10LY02354, Sté Clinique du parc, pour l'affichage intégral de l'ordre du jour d'une réunion du comité d'entreprise)*. De même, le respect de la vie personnelle d'un salarié n'est pas en lui-même un obstacle à l'application de l'article L. 2315-15 du Code du travail, relatif au droit d'affichage syndical, nonobstant l'obligation de discrétion à laquelle sont tenus les représentants du personnel à l'égard des informations revêtant un caractère confidentiel, dès lors que l'affichage par un membre de la délégation du personnel du comité social et économique d'informations relevant de la vie personnelle d'un salarié est indispensable à la défense du droit à la protection de la santé et de la sécurité des travailleurs, lequel participe des missions du comité social et économique en application de l'article L. 2312-9 du Code du travail, et que l'atteinte ainsi portée à la vie personnelle est proportionnée au but poursuivi *(Cass. soc., 16 févr. 2022 n° 20-14.416, B., RJS 2022 n° 174 ; Dr soc 2022 p. 422, « L'atteinte portée à la vie personnelle du salarié par l'affichage du CSE », G. François)*. S'agissant d'un document qui ne s'inscrivait ni dans les informations comptables visées à l'article L. 2323-10 du Code du travail, ni dans les informations données dans le cadre de la procédure d'alerte visée à l'article L. 2323-82 du même code en l'absence de toute procédure d'alerte, le juge est tenu de vérifier si ce document avait un caractère confidentiel et si ce caractère avait été donné comme tel par le chef d'entreprise ou son représentant *(Cass. soc., 27 nov. 2019 n° 18-19.237, RJS 2020 n° 141)*.

Le non-respect de cette obligation constitue une faute passible de sanctions disciplinaires *(Cass. soc., 6 mars 2012, n° 10-24.367, RJS 2012 n° 408)*.

Ne saurait constituer une faute d'une gravité suffisante la divulgation à la presse locale d'une lettre adressée à la direction de l'établissement par une autre entreprise, dès lors que cette lettre n'avait pas été présentée comme confidentielle et avait fait l'objet d'un affichage par l'employeur dans l'entreprise *(CE, 6 mai 1991, n° 86.805, Sté Salamander Alsace-Lorraine)*.

Nonobstant le fait que l'obligation légale résultant de l'article L. 2325-5 du Code du travail ne le concerne pas, la liberté d'un syndicat de communiquer librement des informations au public sur un site internet accessible à tous, notamment aux concurrents et clients, peut également être limitée dans la mesure de ce qui est nécessaire pour éviter que la divulgation d'informations confidentielles porte atteinte aux intérêts légitimes de l'entreprise *(Cass. soc., 5 mars 2008, n° 06-18.907, Bull. V n° 53, CSB Paris 2008 n° 202)*.

CHAPITRE VII

LE CONTRÔLE DE L'AUTORITÉ ADMINISTRATIVE SUR LA RÉGULARITÉ DE LA PROCÉDURE DE LICENCIEMENT DES SALARIÉS PROTÉGÉS POUR MOTIF ÉCONOMIQUE

47. – Plusieurs juridictions et autorités administratives peuvent, selon le cas de figure, être amenées à apprécier la régularité de la procédure de licenciement pour motif économique *(cf. n° **22.12.1 et s.** et **22.13.1 et s.**)*. Le présent chapitre est consacré au contrôle que doit exercer sur cette procédure l'autorité administrative saisie d'une demande d'autorisation de licenciement d'un salarié protégé.

SECTION 1
Les principes généraux

§ 5. LE CONTRÔLE DU RESPECT DE LA PROCÉDURE : UN VOLET DU CONTRÔLE EXERCÉ PAR L'AUTORITÉ ADMINISTRATIVE

47.1.1. – Le licenciement pour motif économique du salarié ne peut être autorisé par l'autorité administrative que si plusieurs conditions sont remplies *(CE, section, 18 févr. 1977, n° 95.354, Abellan, Rec. p. 97, concl. Dondoux, Dr soc 1977, p. 166 ; Dr ouvrier 1977, p. 215)* :

– la procédure de licenciement doit avoir été respectée ;
– le motif du licenciement doit être réel et justifier la suppression du poste du salarié ;

– un effort sérieux de reclassement doit avoir été mis en œuvre ;
– le projet de licenciement ne doit pas être en lien avec le mandat ou l'appartenance syndicale ;
– l'intérêt général ne doit pas être mis en cause par le licenciement.

Le contrôle opéré par l'autorité administrative doit porter sur chacun de ces points.

En matière de licenciement pour motif économique, des différences sensibles ont pu être signalées entre la jurisprudence administrative et la jurisprudence judiciaire *(conclusions du commissaire du gouvernement Bachelier, « Licenciement de salariés protégés pour faute ou pour motif économique », RJS 1999, p. 631)*. Toutefois, le Conseil d'État s'est efforcé depuis plusieurs années de réduire ces différences en prenant en compte les évolutions de la jurisprudence judiciaire dans le but d'assurer une plus grande cohérence du droit du licenciement économique.

§ 6. LES VOLETS DU CONTRÔLE EXERCÉ PAR L'AUTORITÉ ADMINISTRATIVE

47.1.2. – Il incombe à l'inspecteur du travail et au juge administratif de vérifier que la procédure spéciale prévue en cas de licenciement d'un salarié protégé a bien été respectée.

L'autorité administrative est compétente, à l'occasion de l'instruction de la demande d'autorisation du licenciement du salarié protégé, pour vérifier le respect :
– de la procédure générale de consultation des représentants du personnel sauf en cas de PSE *(cf. n°* ***47.4****)* ;
– de la procédure spécifique de consultation prévue en cas de licenciement collectif pour motif économique ;
– des procédures conventionnelles.

Pour la Cour de cassation, le contrôle exercé ainsi par l'administration fait obstacle à ce que le salarié protégé, compris dans un licenciement collectif pour motif économique, puisse contester devant le juge judiciaire la régularité de la procédure antérieure à la saisine de l'inspecteur du travail *(Cass. soc., 27 oct. 2004, 02-46.935, Bull. civ. V n° 270, RJS 2005 n° 179)*.

Ce contrôle de la régularité de ces procédures incombe également à l'autorité administrative en cas de licenciements prononcés dans le cadre de procédures collectives, sans que soit méconnue l'autorité de la chose jugée s'attachant à la décision du juge-commissaire du tribunal de commerce *(C. Gailhbaud, « Le particularisme de licencier un salarié protégé dans l'entreprise en redressement ou en liquidation judiciaire », Dr soc 2024, p. 505 ; principe identique à celui retenu par la chambre sociale pour les salariés non protégés : cf. n°* ***23.3.8.3.6****)*.

S'agissant des licenciements collectifs donnant lieu à l'élaboration d'un plan de sauvegarde de l'emploi, en application des dispositions de la loi n° 2013-504 du 14 juin 2013 relative à la sécurisation de l'emploi, le contrôle de la régularité de la procédure générale d'information et de consultation du comité social et économique, tant au titre de ses attributions générales *(cf. n° **47.2**)* que de la procédure spécifique de consultation en cas de licenciement économique *(cf. n° **47.3**)*, incombe exclusivement au DREETS saisi de la demande de validation ou d'homologation de ce plan et l'inspecteur du travail doit seulement s'assurer de l'existence d'une décision de validation ou d'homologation *(CE, 19 juill. 2017, n° 391.849, Sté Milonga, Rec. p. 250, concl. S.-J. Lieber reproduites dans Sem. soc. Lamy n° 1802 du 12 févr. 2018, p. 32, RJS 2017 n° 686 ; chron. G. Dumortier, P. Fombeur, D. Piveteau, M. Vialettes, P. Adam, F. Canut, A. Fabre, P. Lokiec et A. Martinon : « Dialogues croisés autour de la jurisprudence du Conseil d'État 2017-2018 », Dr soc 2018, p. 901 ; cf. n° **47.4**)*.

SECTION 2

Le contrôle du respect de la procédure de consultation des représentants du personnel au titre de leurs attributions générales

§ 1. LES DONNÉES JURIDIQUES DE LA QUESTION

47.2.1. – Il a été vu aux chapitres II et III de la deuxième partie de l'ouvrage que la procédure de licenciement des salariés protégés est étroitement liée à la procédure de consultation des représentants du personnel sur le projet de licenciement collectif pour motif économique *(définie au chapitre III du titre III du livre II de la Première partie du Code)*.

Cette procédure spécifique de consultation ne peut être dissociée elle-même de la procédure générale de consultation des instances de représentation, au titre de leurs attributions générales en matière économique *(définie au chapitre III du titre II du livre III de la deuxième partie du Code ; cf. n° **22.6.1**)*.

La question se pose de savoir si l'autorité administrative, saisie d'une demande de licenciement d'un salarié protégé, doit vérifier le respect par l'employeur de cette procédure générale et quelles conséquences elle doit en tirer lorsqu'elle constate une irrégularité.

§ 2. LES DISPOSITIONS APPLICABLES

47.2.2. – L'article L. 2312-8 du Code du travail, relatif aux attributions générales du comité social et économique dans les entreprises d'au moins cinquante salariés, dispose, dans son premier alinéa :

> *« Le comité social et économique a pour mission d'assurer une expression collective des salariés permettant la prise en compte permanente*

de leurs intérêts dans les décisions relatives à la gestion et à l'évolution économique et financière de l'entreprise, à l'organisation du travail, à la formation professionnelle et aux techniques de production ».

Le deuxième alinéa dispose notamment :

« Il est informé et consulté sur les questions intéressant l'organisation, la gestion et la marche générale de l'entreprise, notamment sur :
1° les mesures de nature à affecter le volume ou la structure des effectifs ;
2° la modification de son organisation juridique ou économique ;
3° la durée du travail ou les conditions d'emploi, de travail et de formation professionnelle ».

Ces attributions sont exercées par les comités sociaux et économiques remplissant les conditions fixées par l'article L. 2312-2 du Code du travail et examinées au n° **22.2.4**.

La procédure d'information et de consultation du comité social et économique sur le projet de licenciement pour motif économique figure au nombre des informations et consultations ponctuelles, telles que définies par les articles L. 2312-37 et suivants du Code du travail.

§ 3. LA RÉPONSE APPORTÉE PAR LE CONSEIL D'ÉTAT PAR LA DÉCISION DU 3 MARS 1978

47.2.3. – La question posée a été tranchée par l'arrêt rendu le 3 mars 1978 par l'Assemblée du contentieux du Conseil d'État pour des faits survenus antérieurement à la loi n° 75-5 du 3 janvier 1975 *(CE, Ass., 3 mars 1978, 1421, n° 01.421, Soubourou, Rec. p. 114, concl. P. Dondoux, Dr soc 1978, p. 51, D. 1978, p. 609, note A. Jeammaud)*. Il est à souligner que les dispositions alors en vigueur, tout comme les dispositions actuelles, ne mettaient en place aucune « *passerelle* » entre la procédure générale de consultation des instances représentatives et la procédure spéciale de licenciement des salariés protégés. Sur ce point, l'état du droit n'a pas été modifié.

Le Conseil d'État, dans cette affaire, avait annulé la décision d'autorisation qui avait été accordée par l'administration au motif que cette dernière avait commis une erreur de droit en estimant que la consultation du comité d'entreprise, au titre de ses compétences générales, n'était pas obligatoire. En l'espèce, l'employeur avait omis de consulter le comité sur une mesure générale de réorganisation affectant les secteurs géographiques des visiteurs médicaux, le salarié protégé, membre du comité d'entreprise, ayant refusé le changement le concernant. Le comité d'entreprise s'était opposé au licenciement de l'intéressé.

Dans ses conclusions, le commissaire du gouvernement, P. Dondoux, estimait que le moyen avancé par le salarié protégé, qui contestait la légalité de la décision d'autorisation, au motif que le comité d'entreprise aurait dû être consulté non seulement au titre de la procédure spéciale mais également au titre de ses attributions générales, soulevait « *une série de questions, nouvelles et délicates, qui sont les suivantes* :

1) le juge administratif a-t-il compétence pour apprécier un tel moyen ?

2) dans l'affirmative, un texte exigeait-il la consultation préalable du comité d'entreprise ?

3) dans l'affirmative encore, quelles conséquences le juge administratif doit-il en tirer au niveau de la légalité des décisions » se rapportant au licenciement des représentants du personnel ?

Le Conseil d'État, suivant les conclusions du commissaire du gouvernement, répondit par l'affirmative aux deux premières questions.

Le commissaire estimait que le juge administratif non seulement pouvait, mais en outre devait apprécier le moyen tiré d'un défaut de consultation du comité d'entreprise, écartant ainsi la solution qui eût consisté à surseoir à statuer jusqu'à ce que l'autorité judiciaire se prononçât, pour trois types de raisons :

« a) la première tient à la nature même du litige » : pour le commissaire, le juge n'a pas « à juger le chef d'entreprise » et à s'immiscer « dans un acte de gestion privée... » mais « seulement à trancher une question de droit, celle de savoir si une condition posée par un texte législatif a été ou non respectée » ;

« b) il faut souligner, en second lieu, que cette recherche, cette appréciation, sont en réalité impliquées par [la] jurisprudence Bernette-Abellan : par ces décisions en effet, [il a] été relevé qu'il appartient à l'autorité administrative d'apprécier, sous [le] contrôle [du juge] l'ensemble des données de droit et de fait du cas qui lui est soumis. Cela implique donc d'abord que l'inspecteur du travail... [recherche] si les conditions posées par le législateur ont été remplies et notamment si les procédures légales ont été respectées, sans parler des dispositions conventionnelles incluses dans le contrat de travail ou dans une convention collective, qui doivent également être prises en compte... Il importe donc peu, finalement, qu'à propos d'une autorisation ou d'un refus d'autorisation de licenciement, se posent des questions qui touchent à un droit qui est par ailleurs soumis à d'autres juges : ces questions [le juge administratif] doit les examiner parce que l'autorité administrative qui, incidemment n'est liée par aucune question préjudicielle, doit elle-même les examiner et parce que [le Conseil d'État a] décidé de contrôler l'appréciation que cette autorité en fait » ;

« c) ... [ce contrôle] est tellement dans la logique de [la] jurisprudence Bernette et Abellan que tout récemment la Cour de cassation vient de renoncer à y procéder elle-même par une décision du 15 décembre 1977, la Chambre sociale de la Cour a, en effet, rejeté un moyen tiré de l'absence d'examen, par le comité d'entreprise, du projet de licenciement d'un délégué du personnel au motif que "le licenciement était

intervenu à la suite d'une décision administrative individuelle dont les tribunaux judiciaires ne peuvent que faire application sans pouvoir en apprécier la légalité" : c'est donc bien [au juge administratif] et [à lui seul] qu'il appartient de vérifier si les conditions posées par le législateur ont été respectées dans le cas du licenciement d'un salarié protégé ».

Poursuivant son raisonnement, le commissaire du gouvernement estimait qu'en l'espèce, le comité aurait dû être consulté et qu'il ne l'avait pas été. Il soulignait que « *la consultation du comité ne doit pas être de pure forme : non seulement la consultation doit être préalable mais encore elle ne saurait constituer une simple information : la consultation implique en effet un échange de vues* ».

En présence « *d'une irrégularité… à la fois antérieure et extérieure à la procédure du licenciement* », le commissaire concluait que « *l'omission de cette consultation [avait] en l'espèce, altéré la décision* » autorisant le licenciement, alors même que « *l'irrégularité commise ne s'inscrit pas exactement dans le cadre de la procédure administrative d'autorisation de licenciement ou encore dans celui de la procédure de licenciement proprement dit* ».

Pour le commissaire du gouvernement, sans affirmer « *que toute irrégularité commise dans la période qui a précédé l'autorisation de licenciement rejaillit nécessairement sur celle-ci et entraîne donc automatiquement son illégalité* », il serait « *assez difficile de [se] désintéresser d'une irrégularité lorsque celle-ci a été un élément important de l'appréciation à laquelle s'est livrée l'autorité administrative : dans la mesure, d'une part, où l'irrégularité se relie directement à la situation qui a justifié l'intervention de l'autorité administrative, et dans la mesure, d'autre part, où il apparaît que ladite irrégularité a été l'un des facteurs causaux de la décision administrative* ».

Le commissaire du gouvernement se déclarait parfaitement conscient que la solution proposée, que l'assemblée du contentieux avait retenue, conduisait le juge administratif « *à pénétrer chaque jour davantage dans un domaine, celui du droit du travail, qui jusqu'en 1974 relevait pour l'essentiel du juge judiciaire* ».

L'intérêt de l'arrêt rendu le 3 mars 1978 par la plus haute formation contentieuse du Conseil d'État était triple :

- était affirmée la compétence de l'autorité administrative pour vérifier la conformité de la procédure se situant en amont de la procédure spéciale de licenciement des salariés protégés ;
- était explicitement admis le caractère opérant du moyen tiré de l'existence d'une irrégularité affectant la procédure de consultation du comité d'entreprise au titre de ses attributions générales, écartant ainsi nécessairement la règle de l'indépendance des procédures, alors même qu'aucune disposition ne les relie ;

– était reconnue comme de nature à faire obstacle à une décision d'autorisation une irrégularité substantielle privant de toute portée utile la consultation des représentants du personnel.

§ 4. LA JURISPRUDENCE ULTÉRIEURE DU CONSEIL D'ÉTAT

47.2.4. – La décision du Conseil d'État du 29 octobre 1997 s'est inscrite dans le cadre de cette jurisprudence : par cet arrêt, il a été jugé que la circonstance que la procédure de consultation des délégués du personnel, qui avait été engagée postérieurement à la fermeture du dépôt où étaient affectés les salariés concernés, privant ainsi la consultation des délégués du personnel de « *toute portée utile* », entachait d'illégalité la décision d'autorisation de licenciement accordée par l'inspecteur du travail *(CE, 29 oct. 1997, n° 154.967, Ansoir, Tables p. 1108, RJS 1997 n° 1401 ; CE, 26 janv. 2011, n° 326.123, Sté Industrielle Energie, Tables p. 1181).*

Par son arrêt du 13 juillet 2004 *(Cass. soc. 27 oct. 2004, 02-46.935, Bull. V n° 270, RJS 2005 n° 179),* la Chambre sociale de la Cour de cassation a entendu prendre en compte la position adoptée par le Conseil d'État en jugeant que « *le contrôle de l'inspecteur du travail porte non seulement sur la régularité de la procédure suivie au titre du Livre III du Code du travail mais également au titre du Livre IV sur le projet de restructuration et de compression d'effectif puisque les deux procédures sont complémentaires* » *(Rapport 2004 de la Cour de cassation, p. 249).*

SECTION 3

Le contrôle du respect de la procédure spécifique de consultation des représentants du personnel en cas de licenciement pour motif économique

§ 1. LES DONNÉES JURIDIQUES DE LA QUESTION

47.3.1. – Elles ont évolué en raison des modifications successives des dispositions relatives aux procédures de licenciement pour motif économique, aux attributions générales du comité d'entreprise [comité social et économique] en matière économique et aux procédures de licenciement des représentants du personnel. Plusieurs périodes doivent être distinguées.

A. Antérieurement à l'entrée en vigueur du décret n° 83-470 du 8 juin 1983

47.3.1.1. – Aucune disposition légale ou réglementaire n'articulait la procédure de consultation des représentants du personnel sur les projets de licenciement économique avec la procédure spéciale applicable en cas de licenciement d'un salarié protégé.

B. L'intervention du décret n° 83-470 du 8 juin 1983

47.3.1.2. – Ce décret avait modifié l'article R. 436-5 du Code du travail pour préciser que « *la décision de l'inspecteur du travail est prise… en application des dispositions du Code du travail relatives tant au contrôle de l'emploi (Chapitre Ier du Titre II du Livre III) qu'aux délégués syndicaux, délégués du personnel et comité d'entreprise (Titres I, II et III du Livre IV)* », assurant ainsi une « *passerelle* » entre les deux procédures.

C. L'intervention du décret n° 87-134 du 27 février 1987

47.3.1.3. – Ce décret a modifié l'article R. 436-5, à la suite de la suppression du régime de l'autorisation administrative de licenciement ; il prévoit « *deux passerelles* » entre les deux procédures :

– l'article R. 436-2 précisait que la délibération du comité d'entreprise sur le projet de licenciement du salarié protégé ne pouvait avoir lieu avant la dernière réunion que doit tenir le comité dans le cadre de la procédure de licenciement collectif pour motif économique ; cet article a été complété par le décret n° 89-732 du 11 octobre 1989 pour prendre en compte le cas où le comité tient une troisième réunion à la suite de la décision de recourir à l'assistance d'un expert-comptable ;

– l'article R. 436-5 prévoyait que l'employeur devait joindre à sa demande d'autorisation, lorsque celle-ci s'inscrivait dans le cadre d'une procédure de licenciement collectif pour motif économique concernant dix salariés, la copie de la notification adressée au directeur du travail, de l'emploi et de la formation professionnelle compétent. Cette notification marquait le point de départ du délai dont dispose l'administration pour opérer son double contrôle : contrôle de la régularité de la procédure pouvant déboucher le cas échéant sur un avis écrit *(C. trav., art. L. 321-7, 7e alinéa)* et contrôle du contenu du plan de sauvegarde de l'emploi pouvant déboucher, le cas échéant, sur un constat de carence *(C. trav., art. L. 321-7, 3e alinéa)*.

D. Sur les litiges se rapportant à des décisions prises dans le cadre défini à compter du 1er janvier 2018

47.3.1.4. – Les dispositions de l'article R. 2421-9 reprennent, en les adaptant, celles de l'article R. 436-2 quant au **stade** auquel doit intervenir la délibération du CSE sur le projet de licenciement du salarié protégé.

Article R. 2421-9

« L'avis du comité social et économique est exprimé au scrutin secret après audition de l'intéressé.

Lorsque le salarié est inclus dans un licenciement collectif pour motif économique de dix salariés ou plus dans une même période de trente jours, la délibération du comité social et économique ne peut avoir lieu :

1° Soit avant la seconde réunion du comité prévue à l'article L. 1233-10 ;

2° Soit avant la réunion du comité prévue à l'article L. 1233-58. »

Les articles R. 2421-2 et R. 2421-13 reprennent les dispositions de l'article R. 436-5 de l'ancien code. Rédigé dans les mêmes termes, ils disposent que : « *Lorsqu'un licenciement pour motif économique de dix salariés ou plus dans une même période de trente jours concerne un ou plusieurs salariés* » mentionnés aux articles L. 2421-1 et L. 2421-3, « *l'employeur joint à la demande d'autorisation de licenciement la copie de la notification du projet de licenciement adressée à l'autorité administrative en application de l'article L. 1233-46* ».

L'article L.1233-46 dispose que : « *L'employeur notifie à l'autorité administrative tout projet de licenciement pour motif économique d'au moins dix salariés dans une même période de trente jours. / Lorsque l'entreprise est dotée de représentants du personnel, la notification est faite au plus tôt le lendemain de la date prévue pour la première prévue aux articles L. 1233-29 et L. 1233-30. / La notification est accompagnée de tout renseignement concernant la convocation, l'ordre du jour et la tenue de cette réunion. Au plus tard à cette date, elle indique, le cas échéant, l'intention de l'employeur d'ouvrir la négociation prévue à l'article L. 1233-24-1. Le seul fait d'ouvrir cette négociation avant cette date ne peut constituer une entrave au fonctionnement du comité social et économique » (sur la notification prévue par l'article L. 1233-46, cf. n°* ***22.12.3.1.1****).*

Ces dispositions ont pour objet et pour effet d'insérer la procédure de licenciement pour motif économique du salarié protégé dans la procédure globale de licenciement pour motif économique. Elles établissent ainsi deux passerelles entre ces deux procédures : la première quant à leur enchaînement et la seconde quant à l'information de l'autorité administrative portant sur le projet de licenciement pour motif économique dans lequel s'inscrit la procédure de licenciement du salarié protégé.

§ 2. LES SOLUTIONS APPORTÉES PAR LA JURISPRUDENCE

A. Sur les litiges se rapportant à des décisions intervenues antérieurement à l'entrée en vigueur du décret n° 83-470 du 8 juin 1983

47.3.2.1. – Comme il a été vu précédemment, aucune disposition n'assurait alors l'articulation entre les deux procédures.

La question du contrôle de l'inspecteur du travail sur la régularité de la procédure de consultation des représentants du personnel prévue en cas de licenciement pour motif économique n'avait pas été abordée à l'occasion de la décision de la section du contentieux du Conseil d'État Sieur Abellan du 18 février 1977 *(CE, section, n° 95.354, Rec. p. 97, concl. P. Dondoux, Dr soc 1977, p. 166 ; Dr ouvrier 1977, p. 215)*. Cependant, la solution retenue par l'arrêt du 3 mars 1978 *(CE, Ass., 3 mars 1978, n° 01.421, Soubourou, Rec. p. 114, concl. P. Dondoux ; cf. n° **47.2.3**)* conduisait logiquement à admettre ce contrôle.

Néanmoins, par une première décision du 22 février 1984, le Conseil d'État avait estimé que l'irrégularité affectant la procédure de consultation du comité d'entreprise sur le projet de licenciement était sans incidence sur la légalité de la décision de l'inspecteur du travail autorisant le licenciement du salarié protégé, les deux procédures étant donc regardées comme indépendantes *(CE, 22 févr. 1984, n° 36.906, Sté SNTD Noyon, Tables p. 762)*.

B. Sur les litiges se rapportant à des décisions intervenues entre l'entrée en vigueur du décret n° 83-470 du 8 juin 1983 et celle du décret n° 87-134 du 27 février 1987

47.3.2.2. – Les modifications introduites par le décret de 1983 ont créé une « *passerelle* » entre les deux procédures *(cf. n° **47.3.1.2**)*.

Par une décision rendue le 3 février 1989, le Conseil d'État a jugé que l'inspecteur du travail était tenu de s'assurer « *que les dispositions relatives au contrôle de l'emploi telles qu'elles découlent des articles L. 321-3, L. 321-4, L. 321-5 et L. 321-8 du Code du travail ont été respectées* » *(CE, 3 févr. 1989, n° 83.293, Sté Olida)*. Cette solution découlait de l'article R. 436-5, dans sa rédaction alors en vigueur, qui précisait que la décision de l'inspecteur devait être prise en application des dispositions spécifiques aux représentants du personnel et des dispositions générales relatives au contrôle de l'emploi, prévoyant alors une autorisation préalable de l'administration du travail avant tout licenciement pour motif économique.

La décision du 6 novembre 1991 se rapportait également à un licenciement intervenu pendant cette période *(CE, 6 nov. 1991, n° 86.307, Ministre des Affaires sociales c./ Berthier)*. En l'espèce, avait été jugé comme entachant d'illégalité l'autorisation de licenciement le fait que la procédure de consultation avait été viciée, la convocation à la réunion de consultation des délégués du personnel sur le projet de licenciement collectif n'ayant pas satisfait aux exigences prévues par le Code du travail.

C. Sur les litiges se rapportant à des décisions intervenues après l'entrée en vigueur du décret n° 87-134 du 27 février 1987

47.3.2.3. – Cette réglementation a prévu expressément deux « *passerelles* » entre les deux procédures.

Le Conseil d'État a estimé que le moyen tiré du caractère irrégulier de la procédure de licenciement était opérant et a jugé que l'autorité administrative ne pouvait accorder l'autorisation sollicitée dans les circonstances suivantes :

– s'agissant d'une procédure de licenciement visant treize salariés dans une entreprise de plus de cinquante salariés et qui n'avait donné lieu qu'à une seule réunion du comité d'entreprise *(CE, 8 janv. 1997, n° 154.728, Sté Mélitta, Tables p. 1106, RJS 1997 n° 172)*, la décision du Conseil d'État fait explicitement référence aux dispositions de l'article R. 436-2 du Code du travail, qui prévoyaient que l'avis du comité sur le licenciement du salarié protégé ne peut être sollicité avant la seconde réunion prévue par la procédure de licenciement économique *(disposition reprise à l'article R. 2421-9 de l'actuel Code du travail)* ;
– s'agissant d'une procédure qui avait été engagée postérieurement à la fermeture du dépôt où étaient affectés des salariés, privant ainsi la consultation des délégués du personnel de « *toute portée utile* » *(CE, 29 oct. 1997, n° 154.967, Ansoir, Tables p. 1108, RJS 1997 n° 1401)* ; il convient de souligner que dans le cas de figure ayant donné lieu à cette décision – licenciement affectant quatre salariés dans une entreprise occupant moins de 50 personnes – aucune disposition n'assure l'articulation entre la procédure générale et la procédure spéciale.

D. Sur les litiges se rapportant à des décisions autorisant ou refusant le licenciement de salariés protégés prises dans le cadre de procédures engagées à compter du 1er juillet 2013

47.3.2.4. – Il convient de distinguer selon que le projet de licenciement économique a donné lieu à l'élaboration d'un PSE et selon que ce dernier a donné lieu à la conclusion d'un accord collectif validé par la DREETS ou à une décision unilatérale de l'employeur homologuée par cette même autorité.

1. Procédure de licenciement ayant donné lieu à l'élaboration d'un PSE

47.3.2.4.1. – Si le Conseil d'État a jugé que le contrôle de la régularité de la procédure de consultation du CSE incombe au DREETS et non à l'inspecteur du travail *(CE, 19 juill. 2017, n° 391.849, publié au Recueil, point 4 ; CE, 22 juill. 2021, n° 427.004, publié au Recueil)*, il a posé le principe que l'annulation de la décision de validation ou d'homologation « *entraîne, par voie de conséquence, l'illégalité des autorisations de licenciement accordées, à la suite de cette validation ou de cette homologation, pour l'opération concernée* » *(même décision, cf. n°* ***47.4.2****)*. Il s'ensuit que si le juge administratif annule la décision de validation ou d'homologation au motif tiré de l'irrégularité de la procédure suivie, cette annulation entache d'illégalité la décision d'autorisation de licenciement du salarié protégé accordée par l'inspecteur du travail.

2. *Procédure de licenciement n'ayant pas donné lieu à l'élaboration d'un PSE*

47.3.2.4.2. – Il appartient à l'inspecteur du travail, comme par le passé, de procéder au contrôle de la régularité de la procédure de consultation du CSE au titre de ses attributions générales.

E. Bilan

47.3.2.5. – Les raisons qui avaient été exposées par le commissaire du gouvernement dans ses conclusions sur l'affaire Soubourou *(cf. n° **47.2.3**)* pour affirmer la compétence de l'administration, sous le contrôle du juge, pour apprécier la régularité de la procédure de consultation « *en amont* » de la procédure spéciale nous paraissent toujours aussi pertinentes. Elles justifient, à elles seules, que soit pris en compte par l'inspecteur du travail le respect par l'employeur de la procédure de consultation prévue en cas de licenciement économique. La solution contraire reviendrait à séparer artificiellement des procédures qui sont étroitement liées et à considérer qu'un représentant du personnel pourrait être légalement licencié alors même que la procédure de consultation de droit commun aurait été gravement méconnue et privée de son effet utile. Au demeurant, les dispositions du Code du travail *(art. R. 2421-9)* indiquent que la procédure spéciale ne peut être engagée que si la procédure de droit commun a été suivie.

Par ailleurs, confirmant sa jurisprudence *(Cass. soc. 15 févr. 1977, n° 76-40781, Bull. n° V n° 709)* – laquelle avait été soulignée par P. Dondoux dans ses conclusions sur l'affaire Soubourou – la chambre sociale a estimé qu'il appartenait à l'inspecteur du travail de « *vérifier la régularité de la procédure préalable à sa saisine* » dans un litige où le salarié estimait que les délégués du personnel devaient être consultés sur le projet de licenciement *(Cass. soc., 30 avr. 1997, n° 94-45.418, Dr soc 1997, p. 645, note P. Waquet)*. Très explicitement, enfin, par son arrêt du 27 octobre 2004 *(Cass. soc., 02-46.935, Bull. V n° 270, RJS 2005 n° 179)*, elle a jugé que le contrôle de l'inspecteur du travail portait sur la régularité de la procédure suivie au titre du Livre IV de l'ancien Code du travail *(Rapport 2004 de la Cour de cassation, p. 249)*. La Cour de cassation adopte donc une solution cohérente avec celle du Conseil d'État, rendant plus aisée la situation des justiciables confrontés au principe de séparation des autorités administratives et judiciaires.

Enfin, cette solution est confortée par les dispositions de la directive 98/59/CE du conseil du 20 juillet 1998 concernant le rapprochement des législations des États membres relatives aux licenciements collectifs et l'interprétation donnée par la Cour de justice de l'Union européenne dans son arrêt du 27 janvier 2005 aux dispositions de l'article 2 de cette directive *(Junk c./ Kühnel, aff. 188/03, RJS 2005 n° 792, chronique N. Moizard, RJS 2005, p. 503)* : dès lors qu'il a été jugé que les dispositions de cette directive imposaient à l'employeur d'achever la procédure de consultation avec les représentants des travailleurs avant de résilier le contrat de travail, il est logique de considérer qu'avant de saisir l'administration d'une demande ayant pour objet de prononcer la rupture du contrat d'un salarié protégé, la phase de consultation doit avoir été menée à bien et qu'il appartient à l'autorité compétente de s'en assurer lors de l'examen de cette demande.

Dès lors que le licenciement du représentant du personnel s'inscrit dans un cadre collectif, l'irrégularité qui entache substantiellement la procédure générale en amont doit donc être regardée comme viciant la procédure spéciale en aval, même si ces deux procédures sont distinctes. La compétence attribuée aux DIRECCTE [devenues DREETS] par la loi du 14 juin 2013 pour contrôler la régularité des procédures d'information et de consultation dans les projets de licenciement collectif donnant lieu à élaboration d'un plan de sauvegarde de l'emploi, si elle remet en cause la compétence de l'inspecteur du travail saisi d'une demande d'autorisation de licenciement, pour les contrôler dans le cadre de ses pouvoirs propres, ne porte pas atteinte à ce principe *(cf. n° **47.4.1 et s.**)*. Il s'ensuit d'ailleurs que l'annulation de la décision de validation ou d'homologation du PSE par le juge administratif au motif tiré d'une irrégularité de procédure est de nature à entraîner l'annulation de la décision d'autorisation de licenciement du salarié protégé *(cf. n°* **47.4***)*.

Comme le soulignait P. Dondoux, toutes les irrégularités ne sont cependant pas de nature à faire obstacle à une autorisation de licenciement : seules celles qui ont eu pour effet de priver la consultation de toute portée utile sont, à notre sens, susceptibles, de justifier légalement une décision de refus.

Les principales irrégularités pouvant affecter la procédure générale de licenciement ont été exposées précédemment *(cf. n° **22.7.1 et s**)*.

SECTION 4

L'incidence du contrôle à opérer par le DREETS au titre de la validation ou de l'homologation des plans de sauvegarde de l'emploi

§ 1. L'ARTICULATION DES DEUX COMPÉTENCES POUR LE CONTRÔLE DE LA RÉGULARITÉ DE LA PROCÉDURE GÉNÉRALE D'INFORMATION ET DE CONSULTATION DES REPRÉSENTANTS DU PERSONNEL

47.4.1. – La loi n° 2013-504 du 14 juin 2013 relative à la sécurisation de l'emploi, en attribuant au DIRECCTE [devenu DREETS] une compétence nouvelle de contrôle de la régularité de la procédure générale d'information et de consultation des représentants du personnel dans le cadre de la validation ou de l'homologation d'un projet de licenciement faisant l'objet d'un plan de sauvegarde de l'emploi, avait soulevé une interrogation quant au maintien de la compétence de l'inspecteur du travail, traditionnellement affirmée par la jurisprudence *(cf. n° **47.1.1 et s.**)* pour procéder au même contrôle lors de l'instruction d'une demande d'autorisation de licenciement d'un salarié protégé inclus dans une telle opération.

À l'appui du maintien de cette compétence de l'inspecteur du travail et de la coexistence qui pouvait en résulter entre l'exercice de leur pouvoir par les deux autorités administratives sur ce même champ, il était possible de se référer au précédent que constituait la période de mise en œuvre de la procédure d'autorisation de licenciement économique, de 1975 à 1986, durant laquelle, à l'issue de la période d'information et de consultation générale des représentants du personnel, le directeur départemental du travail et de l'emploi et l'inspecteur du travail exerçaient parallèlement leur pouvoir de contrôle, à l'égard des salariés non protégés pour le premier, et des salariés protégés pour le second. Cette solution se fondait toutefois sur les dispositions expresses de l'article R. 436-5-II de l'ancien Code du travail *(décret n° 83-470 du 4 juin 1983)*, selon lequel « *lorsqu'un licenciement économique concerne en même temps un ou des salariés bénéficiant des mesures de protection sus rappelées et un ou plusieurs autres salariés, la demande d'autorisation est adressée simultanément au directeur départemental du travail et de l'emploi et à l'inspecteur du travail. […]. Le directeur départemental se prononce sur la demande tout en réservant la situation des salariés relevant des articles L. 412-18, L. 425-1 et L. 436-1 sur laquelle il ne peut être statué que par une décision de l'inspecteur du travail […]* ».

Toutefois, si l'octroi d'une autorisation de licenciement d'un salarié protégé nécessite la vérification préalable de la procédure de droit commun applicable à tout salarié, à la différence de la période antérieure précitée, aucune disposition légale n'organise, dans le cadre de la procédure résultant de la loi du 14 juin 2013, l'articulation de ces deux compétences. En outre, c'est au seul DREETS, qui intervient au cours de la procédure avant l'inspecteur du travail, que le pouvoir de contrôler la procédure générale d'information et de consultation des représentants du personnel est reconnu par une disposition légale *(cf. note G. Duchange : « Le licenciement économique des salariés protégés après la loi de sécurisation de l'emploi », JCP S n° 46, 11.11.2014, 1433)*.

Dès lors, il semble logique de considérer que la vérification de la régularité de la procédure générale d'information et de consultation des représentants du personnel, releva désormais de la seule compétence du DIRECCTE [DREETS] et échappait au contrôle de l'inspecteur du travail, lorsque ce dernier était saisi d'une demande d'autorisation de licenciement d'un salarié protégé inclus dans cette opération. Cette solution a été retenue par le Conseil d'État à l'occasion de l'arrêt rendu le 19 juillet 2017 *(CE, n° 391.849, Sté Milonga, Rec. p. 250, concl. S.-J. Lieber reproduites dans Sem. soc. Lamy n° 1802 du 12 févr. 2018, p. 32, RJS 2017 n° 686 ; chron. G. Dumortier, P. Fombeur, D. Piveteau, M. Vialettes, P. Adam, F. Canut, A. Fabre, P. Lokiec et A. Martinon, « Dialogues croisés autour de la jurisprudence du Conseil d'État 2017-2018 », Dr soc 2018, p. 901)* :

– *« il appartient à l'inspecteur du travail saisi d'une demande d'autorisation de ce licenciement, ou au ministre chargé du travail statuant sur recours hiérarchique, de s'assurer de l'existence, à la date à laquelle il statue sur cette demande, d'une décision de validation ou d'homologation du plan de sauvegarde de l'emploi, à défaut de laquelle l'autorisation de licenciement ne peut légalement être accordée ;*

– en revanche, dans le cadre de l'examen de cette demande, il n'appartient à ces autorités, ni d'apprécier la validité du plan de sauvegarde de l'emploi ni, plus généralement, de procéder aux contrôles mentionnés aux articles L. 1233-57-2 et L. 1233-57-3 du Code du travail, qui n'incombent qu'au DIRECCTE [DREETS] complètement saisi de la demande de validation ou d'homologation du plan ».

§ 2. L'INCIDENCE D'UN REFUS DE VALIDATION OU D'HOMOLOGATION OU D'UNE ANNULATION CONTENTIEUSE DE LA DÉCISION DE VALIDATION OU D'HOMOLOGATION

47.4.2. – Dans l'arrêt d'appel rendu le 23 juin 2015 sur l'affaire Milonga *(CAA Marseille, n° 14MA020217)* puis censuré par l'arrêt précité du Conseil d'État, la cour administrative d'appel de Marseille avait écarté l'existence d'un lien entre les deux procédures et donc le principe d'une annulation **par voie de conséquence**.

Dans l'arrêt rendu le 19 juillet 2017 *(CE, n° 391.849, Sté Milonga, Rec. p. 250, concl. S.-J. Lieber reproduites dans Sem. soc. Lamy n° 1802 du 12 févr. 2018, p. 32, RJS 2017 n° 686 ; chron. G. Dumortier, P. Fombeur, D. Piveteau, M. Vialettes, P. Adam, F. Canut, A. Fabre, P. Lokiec et A. Martinon, « Dialogues croisés autour de la jurisprudence du Conseil d'État 2017-2018 », Dr soc 2018, p. 901)*, le Conseil d'État n'a pas retenu l'analyse de la cour administrative d'appel. Suivant les conclusions de son rapporteur public, il a estimé que, si l'autorisation de licenciement du salarié protégé n'était pas prise en application de la validation ou de l'homologation, qui n'en constitue pas non plus le fondement légal, l'existence de « *passerelles* » entre les deux procédures, résultant des dispositions de l'article L. 1235-10 du Code du travail et, pour les entreprises en redressement judiciaire, de celles de l'article L. 1233-58 du même Code ne pouvait pour autant être méconnue. Dès lors, il y a lieu de considérer que la décision de validation ou d'homologation est une condition préalable à la délivrance de l'autorisation de licenciement.

Ce même raisonnement conduit à considérer, en cas d'annulation contentieuse de cette décision qui disparaît de ce fait de l'ordonnancement juridique et, compte tenu des effets rétroactifs de l'annulation, est réputée ne jamais avoir existé, que la décision d'autorisation de licenciement du salarié protégé, même accordée par l'inspecteur du travail antérieurement à cette annulation, doit être elle-même annulée par voie de conséquence.

Le Conseil d'État a toutefois considéré qu'« *en revanche, le moyen tiré, par voie d'exception, de l'illégalité de la décision de validation ou d'homologation d'un plan de sauvegarde de l'emploi ne saurait être utilement soulevé au soutien d'un recours dirigé contre une autorisation de licenciement d'un salarié protégé* ». Si le salarié protégé licencié a avantage à ce que la décision de validation soit annulée, il faut donc qu'il la conteste directement, dans les délais prévus à cet effet.

Enfin, prenant en compte les corrections intégrées par la loi n° 2015-990 du 6 août 2015 dans l'article L. 1235-16 pour les entreprises *in bonis* et, pour les entreprises en redressement ou en liquidation judiciaire, dans l'article L. 1233-58-II, le Conseil d'État a estimé que l'annulation d'une décision de validation ou d'homologation prononcée à compter du 8 août 2015 pour le seul motif d'une insuffisance de motivation n'entraînait pas par elle-même l'illégalité des autorisations de licenciement accordées dans le cadre de ce licenciement collectif, sous réserve que l'administration ait pris, dans un délai de quinze jours, une nouvelle décision suffisamment motivée.

SECTION 5

Le contrôle du respect des clauses conventionnelles applicables en cas de licenciement pour motif économique

§ 1. LES CLAUSES CONVENTIONNELLES PRÉVOYANT DES DÉLAIS DIFFÉRENTS DE CEUX PRÉVUS PAR LE CODE DU TRAVAIL

47.5.1. – Le Code du travail précise explicitement qu'une convention ou un accord collectif peut prévoir, s'agissant :

– de la consultation du comité social et économique, des délais différents de ceux prévus par la loi *(C. trav., art. L. 1233-35 et L. 1233-30)* ;

– des délais d'envoi des lettres de licenciement qui courent à compter de la notification du projet à l'autorité administrative, des délais plus favorables aux salariés *(C. trav., art. L. 1233-39)*.

Ces stipulations conventionnelles sont donc un complément de la procédure légale. Il appartient à l'autorité administrative de veilleur à leur respect.

§ 2. LES CLAUSES CONVENTIONNELLES PRÉVOYANT DES RÈGLES DE PROCÉDURE

47.5.2. – La question du contrôle du respect des règles de procédure soulève la même difficulté que celle soulevée par le contrôle par l'autorité administrative des procédures conventionnelles disciplinaires *(cf. n°* ***21.1.1.2****)*. Dans ses conclusions sur l'affaire Soubourou *(CE, assemblée, 3 mars 1978, n° 01.421, Soubourou, Rec. p. 114, concl. P. Dondoux)*, le commissaire du gouvernement estimait que ces stipulations figuraient au nombre des règles que l'autorité administrative et le juge devaient prendre en compte *(cf. n°* ***47.2.3****)*.

La Cour de cassation a expressément affirmé qu'il appartient à l'autorité administrative de s'assurer de la régularité de la procédure suivie devant une commission paritaire *(Cass. soc. 13 juill. 2004, n° 01-42.943, Bull. V n° 211, RJS 2004 n° 1068 ; cf. n°* ***21.1.1.2****)*.

Elle a affirmé « *qu'en l'état de l'autorisation administrative accordée à l'employeur de licencier les salariés protégés, le principe de la séparation des pouvoirs s'oppose à ce que le juge judiciaire se prononce sur le respect par l'employeur de son obligation de reclassement légale ou conventionnelle* » *(Cass. soc., 7 juill. 2009, n° 08-40.322, RJS 2009 n° 845 ; Cass. soc., 26 oct. 2010, n° 09-42.409, Bull. V n° 244, RJS 2011 n° 62)*.

§ 3. LES CLAUSES CONVENTIONNELLES PRÉVOYANT LA SAISINE D'INSTANCES CONVENTIONNELLES

47.5.3. – Des conventions collectives de branche ont prévu la recherche de possibilités de reclassement externe en faisant appel à des instances externes *(cf. n°* ***22.11.1****)*.

Constitue un manquement à l'obligation de reclassement externe et prive, par suite, le licenciement de cause réelle et sérieuse, la méconnaissance des clauses conventionnelles imposant à l'employeur qui envisage de prononcer des licenciements pour motif économique de « *rechercher les possibilités de reclassement à l'extérieur de l'entreprise, en faisant appel à la commission territoriale de l'emploi » (Cass. soc., 28 mai 2008, n° 06-46.009, 06-46.011 et 06-46.013, Bull. V n° 116, RJS 2008 n° 877 : en l'espèce, méconnaissance de l'art. 28 de l'accord national sur l'emploi dans la métallurgie du 12 juin 1987 ; cf. également Cass. soc., 2 mai 2001, n° 98-44.945, Bull. V n° 146, RJS 2001 n° 885 : annexe à l'article 1er de la Convention collective nationale de caoutchouc ; P. Morvan, « L'obligation de reclassement "extérieur" et les commissions paritaires de l'emploi fantômes », JCP S n° 23, 2 juin 2009, 1235)*.

Dès lors, il incombe à l'employeur, en cas d'inobservation de son obligation, de justifier de ce qu'il s'était trouvé dans l'impossibilité de saisir la commission territoriale de l'emploi compétente, préalablement au licenciement *(Cass. soc., 13 sept. 2012, n° 11-22.414, RJS 2012 n° 923)*.

Méconnaît également son obligation de reclassement l'employeur qui, ayant saisi la commission dans le cadre des dispositions conventionnelles :

– n'a pas transmis à la salariée la liste des postes disponibles dont il avait été destinataire avant la date de l'entretien préalable au licenciement *(Cass. soc., 10 juill. 2013, n° 11-23.853, RJS 2013 n° 729)* ;
– ou ne les lui a pas proposées de manière écrite, précise et personnalisée, après avoir vérifié que ces offres étaient en rapport avec ses compétences et ses capacités *(Cass. soc., 18 févr. 2014, n° 12-18.029, Bull. V n° 54, RJS 2014 n° 307)*.

L'obligation de saisir la commission paritaire de l'emploi ne s'impose toutefois qu'à la condition que l'employeur relève de l'accord de branche ayant institué cette commission *(Cass. soc., 27 mai 2015, n° 13-26.968, B., RJS 2015 n° 553 ; Cass. soc., 8 sept. 2021, n° 19-18.959, B., RJS 2015 n° 553 ; RDT 2021 p. 554)*. Cette commission paritaire de l'emploi, qui doit être effectivement mise en place *(Cass. soc., 25 nov. 2015, n° 14-20.038, RJS 2016 n° 118)*, doit disposer, aux termes de la convention collective nationale applicable, d'une compétence en matière de reclassement externe *(Cass. soc., 11 juill. 2016, n° 15-12.752, B., RJS 2016 n° 626, concernant la CCN des entreprises de prévention et de sécurité ; Cass. soc., 16 nov. 2017, n° 16-14.572, RJS 2018 n° 27, concernant la CCN fabrication de l'ameublement)*.

Seul le défaut de saisine de la commission paritaire de l'emploi constitue un manquement à l'obligation préalable au licenciement et prive celui-ci de cause réelle et sérieuse : il ne saurait en effet être reproché à l'employeur, en l'absence de cette commission paritaire, de ne pas justifier de la saisine des organisations d'employeurs, conformément aux articles 14 et 15 de l'accord national interprofessionnel du 10 février 1969 sur la sécurité de l'emploi *(Cass. soc., 22 oct. 2014, n° 13-20.403, Bull. V n° 249, RJS 2015 n° 14)*. Par cette décision, la chambre sociale avait dissipé sur ce point les incertitudes nées de l'arrêt rendu le 30 septembre 2013 *(Cass. soc., 30 sept. 2013, n° 12-15.940, Bull. V n° 223, RJS 2013 n° 795)*.

En outre, s'il doit saisir la commission en temps utile au regard du déroulement de la procédure de licenciement, l'employeur n'est pas tenu d'attendre la réponse de celle-ci pour notifier le licenciement *(Cass. soc., 12 févr. 2014, n° 12-26.198, RJS 2014 n° 307)*.

De même, il avait été jugé qu'il ne pouvait être fait grief à l'employeur, dans le cadre des dispositions de l'accord du 12 juin 1987 applicable à la métallurgie, alors en vigueur, de ne pas avoir fourni à la commission territoriale de l'emploi une liste nominative des salariés dont le licenciement était envisagé ni leur profil individuel *(Cass. soc., 17 mars 2015, n° 13-24.303, Bull. V n° 52, RJS 2015 n° 398 ; Cass. soc., 27 mai 2015, n° 14-10.766 à 14-10.771, 14-10.773 et 14-10.774, Bull. V 2015 n° 5, n° 104)*.

En tout état de cause, l'article 28 de l'accord national pour l'emploi du 12 juin 1987, relatif à la saisine de la commission paritaire pour l'emploi de la métallurgie, a été abrogé et l'accord national du 23 septembre 2016 ne fait plus état de la saisine obligatoire de la commission régionale pour l'emploi dans le cadre du reclassement des salariés concernés par les licenciements économiques. De même, la saisine de la commission pour l'emploi ne s'impose pas dans la branche de la papeterie *(Cass. soc., 23 oct. 2019, n° 18-15.498, B.)*. En principe, l'examen du respect de l'employeur s'agissant du reclassement externe du salarié échappe à la compétence de l'autorité administrative *(cf. n° **411.9.3.1**)*. Mais la chambre sociale a jugé que dès lors que l'autorisation de licenciement avait été accordée, l'autorité administrative devait être regardée comme s'étant assurée du respect de ces stipulations *(Cass. soc., 3 mars 2010, n° 08-42.526, RJS 2010 n° 449, Bull. V n° 50, RDT 2010, p. 246 note E. Serverin, Dr soc 2010, p. 726, obs. Y. Struillou, obs. J.-Y. Kerbourc'h, JCP 2010 n° 29, p. 32)*. Cette solution nous paraît justifiée pour les raisons suivantes :

– la lettre et l'esprit de ces stipulations imposent que la saisine des organismes conventionnels intervienne en amont de la saisine de l'administration ; de ce point de vue, leur mise en œuvre s'inscrit dans le cadre de la procédure d'ensemble ;
– la saisine est regardée comme une garantie procédurale de fond dont la méconnaissance prive le licenciement de cause réelle et sérieuse ;

– à défaut d'une telle solution, le principe de la séparation des pouvoirs faisant obstacle à ce que le juge judiciaire apprécie le bien-fondé du licenciement autorisé par l'administration, le salarié pourrait être légalement licencié alors même que le licenciement serait « *sans cause réelle et sérieuse* » en application de la jurisprudence judiciaire.

Par la décision rendue le 4 décembre 2013, le Conseil d'État a estimé que le respect de ces dispositions entrait dans le champ du contrôle à opérer par l'inspecteur du travail *(CE, 4 déc. 2013, n° 362.142, Jamiot et autres, Tables p. 867 ; CE, 2 mars 2022, n° 442.578, ministre du Travail, de l'Emploi et de l'Insertion, RJS 2025 n° 106, RJS 2022 n° 261 ; CE, 2 déc. 2024, n° 473.678, M. A. et autres c. / Sté Yto France, mentionné aux Tables)*. En revanche, dès lors que l'inspecteur du travail a estimé, dans le cadre de son contrôle de la régularité de la procédure suivie par l'employeur, que ce dernier a dûment saisi la commission territoriale de l'emploi et de ce fait accompli les formalités qui lui incombaient, il ne lui appartient pas d'apprécier le caractère sérieux des recherches de reclassement externe opérées par l'employeur, et en particulier le caractère personnalisé des offres de reclassement *(CE, 2 mars 2022, n° 442.578, préc. ; cf. n° **411.9.3.1**)*.

§ 4. LES CLAUSES CONVENTIONNELLES INSTITUANT DES GARANTIES DE FOND

47.5.4. – Ces garanties peuvent être de nature diverse *(X. Vincent, « La théorie prétorienne des périodes de garantie d'emploi, après dix ans de jurisprudence », RJS 2009, p. 91)*.

S'agissant des garanties de fond, le caractère opérant du moyen, tiré de la violation de la clause d'une convention collective relative aux conditions pouvant justifier le licenciement de marins bénéficiaire de la stabilité de l'emploi, a été admis *(CE, 19 janv. 1998, n° 165.208, Sté nouvelle d'armement transmanche, Tables p. 1204)*.

Dans ses conclusions sur cette affaire, le commissaire du gouvernement, J. Arrighi de Casanova, précisait qu'il « *serait paradoxal, et en tout cas peu cohérent, que la prise en compte [des stipulations conventionnelles] soit exclue dans [le seul domaine des autorisations pour motif économique]. De manière générale, en effet, à la différence de l'ancien régime de droit commun de la loi de 1975, les éléments que l'administration doit prendre en compte s'agissant des représentants du personnel ne sont pas déterminés par la loi : l'inspecteur est saisi de l'ensemble du litige posé par la demande d'autorisation de licenciement. Il lui appartient en réalité de vérifier si l'employeur se prévaut d'un motif légitime de nature à justifier la rupture du contrat de travail le liant à son salarié. Pour ce faire, il est inévitable que l'inspecteur tienne compte de tous les éléments qui conditionnent la validité de l'acte de droit privé que constitue le licenciement.*

C'est ce qui conduit la Cour de cassation à estimer que, une fois l'autorisation accordée, le juge judiciaire ne peut se prononcer sur la validité du licenciement... Il reste que l'on ne saurait, pour autant, en déduire que toutes les clauses d'une convention collective peuvent être utilement invoquées devant le juge administratif. Mais dans toute la mesure où la violation d'une clause conventionnelle prive le licenciement de justification – c'est-à-dire de cause réelle et sérieuse – le moyen tiré de cette violation peut être considéré comme opérant. À défaut, la protection spéciale dont bénéficient les représentants du personnel aurait pour conséquence paradoxale de rendre licite un licenciement qui, au regard, des règles de droit commun... serait reconnu comme abusif ».

Cependant, si l'employeur engage sa responsabilité en cas de méconnaissance des engagements de maintien des effectifs souscrits dans le cadre d'un accord collectif et si les salariés peuvent obtenir réparation du préjudice subi du fait de l'inexécution de l'obligation *(Cass. soc., 10 oct. 2002, n° 00-42.906, Bull. V n° 304, RJS 2002 n° 1420, Dr soc 2002, p. 1158, obs. C. Radé)*, la rupture du contrat de travail est regardée, en l'état actuel de la jurisprudence, comme « *injustifiée* » par le juge judiciaire *(Cass. soc., 3 avr. 2002, n° 99-46.357, RJS 2002 n° 662)*. La Cour de cassation a approuvé le juge du fond qui, « *sans énoncer que le licenciement était dépourvu de cause réelle et sérieuse* » avait condamné l'employeur à verser à ses salariés des dommages-intérêts, en réparation du préjudice résultant de la méconnaissance de l'engagement souscrit, dans le cadre d'un accord collectif, de ne pas procéder à des licenciements *(Cass. soc., 1er avr. 1997, n° 95-45.284, RJS 1997 n° 653, Dr ouvrier 1998, p. 74 ; Cass. soc., 22 janv. 1998, n° 95-45.400, Bull. V n° 29, Dr ouvrier 1998, p. 321, note M. Bied-Charreton)*.

Si, néanmoins, la portée de stipulations conventionnelles a pour effet de rendre la rupture injustifiée, il n'est guère concevable, à notre sens, que l'autorité administrative délivre une autorisation en méconnaissance de ces stipulations dès lors que l'administration a pour mission de s'assurer que le motif allégué justifie la demande d'autorisation demandée.

SECTION 6

Le contrôle du respect des clauses contractuelles de garantie d'emploi

47.6. – La problématique nous paraît identique à celle posée par le contrôle du respect des clauses conventionnelles.

La chambre sociale a jugé que la violation par l'employeur de la clause de garantie d'emploi ne prive pas le licenciement de cause réelle et sérieuse *(Cass. soc., 21 déc. 2006, n° 04-40.793, RJS 2007 n° 306 ; Cass. soc., 27 oct. 2007, n° 06-42.994, Bull. V n° 172 ; Cass. soc., 13 nov. 2008, n° 07-42.640, Bull. V n° 215, RJS 2009 n° 3, avis de l'avocat général, RJS*

2009, p. 23). Le salarié peut prétendre à des dommages-intérêts déterminés en fonction des salaires perdus et à l'indemnité de préavis.

SECTION 7

L'incidence du non-respect d'un engagement de maintien de l'emploi

47.7. – Le Conseil d'État a jugé que le non-respect d'un engagement de maintien de l'emploi par le repreneur, à l'occasion d'une cession puis d'une liquidation, est en tout état de cause sans incidence sur la cause économique du licenciement et la légalité de la décision autorisant le licenciement d'un salarié protégé, et ne peut donner lieu qu'à réparation, devant le juge judiciaire, du préjudice subi *(CE, 28 mai 2007, n° 292.049, M. Xavier B. et syndicat SMVSO-CFDT des travailleurs de la métallurgie des vallées de la Seine et de l'Oise).*

SECTION 8

Le contrôle des mesures prévues par l'employeur au titre de son obligation de prévention des risques pour la santé et la sécurité des salariés

47.8. – Par jugement rendu le 8 juin 2020, le Tribunal des conflits, saisi du conflit entre les juridiction administrative et judiciaire relatif à un plan de sauvegarde de l'emploi adopté par un accord collectif majoritaire et validé par la DIRECCTE [devenue DREETS], a considéré que *« dans le cadre d'une réorganisation qui donne lieu à élaboration d'un plan de sauvegarde de l'emploi, il appartient à l'autorité administrative de vérifier le respect, par l'employeur, de ses obligations en matière de prévention des risques pour assurer la sécurité et protéger la santé physique et mentale des travailleurs ; à cette fin, elle doit contrôler, tant la régularité de l'information et de la consultation des institutions représentatives du personnel que les mesures auxquelles l'employeur est tenu en application de l'article L. 4121-1 du Code du travail au titre des modalités d'application de l'opération projetée » (TC, 8 juin 2020, n° C4189, mentionné aux Tables, RJS 2020 n° 415).* Ce contrôle lui incombe, tant dans le cadre d'une demande de validation d'un accord collectif majoritaire fixant un PSE *(CE, 21 mars 2023, n° 458.434, Fédération générale des mines et de la métallurgie CFDT, publié au Recueil)* que dans celui d'une demande d'homologation d'un document unilatéral portant PSE *(CE, 21 mars 2023, n° 450.012, ministre du Travail, du Plein Emploi et de l'Insertion et AFPA, publié au Recueil, RJS 2023 n° 250, RDT 2023 p. 476, note L. de Montvalon ; CE, 19 déc. 2023, n° 465.656, ministre du Travail, du Plein Emploi et de l'Insertion et Sté Sealants Europe, mentionné aux*

Tables). L'administration doit vérifier que l'employeur, notamment lors de la consultation des représentants du personnel, a correctement identifié et évalué les risques induits par le plan de sauvegarde de l'emploi en matière de santé et de sécurité et a défini de manière précise les mesures de prévention adéquates.

Le juge judiciaire ne peut donc être saisi, au cours de l'élaboration de ce plan, d'une demande de suspension du projet de réorganisation au motif que l'employeur n'aurait pas suffisamment évalué les risques induits pour la santé et la sécurité des salariés : ce point relève des vérifications opérées par le DREETS, dont l'appréciation pourra être remise en cause à l'occasion d'une contestation de sa décision devant le juge administratif. Il demeure en revanche seul compétent pour les litiges relatifs aux risques qui ne seraient pas en rapport avec le projet de réorganisation ou ceux qui résulteraient de la mise en œuvre du plan de sauvegarde de l'emploi, de sa mauvaise exécution ou de l'inefficacité des mesures prévues *(Liaisons soc. n° 18083, 18 juin 2020 ; Sem. soc. Lamy, 15 juin 2020, n° 1912 sur la compétence du juge judiciaire ; cf. n°* ***72.1.6.4****)*.

CHAPITRE VIII

LE CONTRÔLE DE L'AUTORITÉ ADMINISTRATIVE SUR LE MOTIF DU LICENCIEMENT ÉCONOMIQUE

48. – La vérification, par l'autorité administrative, de la réalité du motif économique avancé à l'appui de la demande d'autorisation de licenciement constitue un des éléments essentiels du contrôle opéré par l'administration sur ce type de demande.

La jurisprudence de la chambre sociale de la Cour de cassation en matière de rupture amiable pour motif économique conduit toutefois à remettre en cause, dans cette hypothèse, le principe du contrôle de la cause économique *(cf. n° 48.8)*.

SECTION 1

Aperçu historique

48.1. – La loi n° 75-5 du 3 janvier 1975, qui subordonnait tout licenciement économique à l'autorisation de l'administration, ne définissait pas la notion de motif économique. En l'absence d'une définition légale, le juge administratif, alors compétent pour connaître des recours dirigés contre les décisions concernant les salariés non protégés et contre celles relatives aux salariés protégés, avait élaboré, par sa jurisprudence, une première définition de la notion de motif économique.

Les lois n° 86-797 du 3 juillet 1986 et n° 86-1320 du 30 décembre 1986, qui avaient abrogé le régime de l'autorisation administrative de licenciement, avaient eu pour effet de « *démembrer* » le contentieux du licenciement économique entre les deux ordres de juridiction :

- le contentieux du licenciement des salariés protégés, qui restait subordonné à l'autorisation de l'administration, relevait de la compétence du juge administratif ;
- le contentieux du licenciement des salariés non protégés, qui relevait de celle du juge judiciaire.

Chaque ordre de juridiction, dans le cadre de ses compétences, a contribué depuis 1986 à préciser la notion de licenciement économique, en s'appuyant sur la définition introduite dans le Code du travail par la loi n° 89-549 du 2 août 1989 modifiant le Code du travail et relative à la prévention du licenciement économique et au droit à la conversion, laquelle a repris les acquis de la jurisprudence et les principes posés par le droit communautaire (*directive n° 75-129 CEE du 17 fév. 1975 modifiée par la directive n° 92/56 du 24 juin 1992, chronique F. Favennec-Héry, Dr soc 1993, p. 29 ; cette directive a été codifiée par la directive 98/59/CE du Conseil du 20 juill. 1998, JOCE L. 225 du 12 août 1998*).

La définition légale a donné lieu à une importante jurisprudence du juge civil (*cf. J.-Y. Frouin, « La légalité du licenciement pour motif économique », Sem. soc. Lamy, 5 sept. 1985, n° 1226 ; chron. P. Waquet, « La cause économique du licenciement », Dr soc 2000, p. 168 ; A. Philbert, « Le droit prétorien du licenciement économique », Dr soc 1998, p. 35 ; M. Henry, « La notion de motif économique », Dr soc 1995, p. 551 ; A. Philbert, « Les licenciements pour motif économique », CSB, août 1994 jurisprudence sociale n° 62, et Dr soc 1998, p. 35 ; J. Pélissier, « La cause économique du licenciement », RJS 1992, p. 527 ; J.-P. Laborde, « La cause économique du licenciement », Dr soc 1992, p. 774 ; P. Grangier et C. Sachs, Dr ouvrier 1990, p. 165 ; P. Waquet, « La cause économique du licenciement », Dr soc 2000, p. 268 ; B. Boubli, « La sauvegarde de la compétitivité de l'entreprise », Dr soc 2004, p. 1094 ; J.-Y. Frouin, « Retour sur la notion de sauvegarde de la compétitivité », RJS 2006, p. 322 ; P. Waquet, « Emploi et profit », RJS 2005, p. 351 ; G. Couturier, « Le licenciement de compétitivité », Sem. soc. Lamy, 23 janv. 2005 n° 1245*).

Cette définition, qui figure à l'article L. 1233-3 du Code du travail, a été modifiée par la loi n° 2016-1088 du 8 août 2016 qui a notamment précisé les paramètres caractérisant l'existence de difficultés économiques et intégré les causes d'origine jurisprudentielle (réorganisation pour sauvegarde de la compétitivité, cessation totale et définitive d'activité). Par ailleurs, l'ordonnance n° 2017-1387 du 22 septembre 2017 a redéfini le cadre de son examen, limitant celui-ci au territoire national, sous la réserve, introduite par la loi n° 2018-217 du 29 mars 2018, de l'absence de fraude.

SECTION 2

L'évolution de la définition par le Code du travail de la notion de licenciement pour motif économique

§ 1. LA DÉFINITION ANTÉRIEURE À LA LOI DU 17 JANVIER 2002

48.2.1. – Antérieurement à la loi n° 2002-73 du 17 janvier 2002 de modernisation sociale, l'article L. 321-1 du Code du travail disposait, dans sa rédaction issue de la loi n° 89-459 du 2 août 1989 :

« Constitue un licenciement pour motif économique le licenciement effectué par un employeur pour un ou plusieurs motifs non inhérents à la personne du salarié résultant d'une suppression ou transformation d'emploi ou d'une modification substantielle du contrat de travail, consécutives notamment à des difficultés économiques ou à des mutations technologiques. »

§ 2. L'APPORT DE LA LOI DU 17 JANVIER 2002

48.2.2. – La loi n° 2002-73 du 17 janvier 2002 de modernisation sociale avait inséré l'obligation de l'employeur de réaliser au préalable des efforts de formation et d'adaptation du salarié ; elle avait en outre consacré la construction jurisprudentielle de la cause économique du licenciement ; enfin, le législateur avait introduit une nouvelle définition du licenciement économique, censurée par le Conseil constitutionnel sur le fondement de l'atteinte manifestement excessive à la liberté d'entreprendre.

A. La condition relative à l'adaptation et au reclassement

48.2.2.1. – La loi n° 2002-73 du 17 janvier 2002 de modernisation sociale avait complété l'article L. 321-1 du Code du travail par la disposition suivante :

« Le licenciement pour motif économique d'un salarié ne peut intervenir que lorsque tous les efforts de formation et d'adaptation ont été réalisés et que le reclassement de l'intéressé sur un emploi relevant de la même catégorie que celui qu'il occupe ou sur un emploi équivalent ou, à défaut, et sous réserve de l'accord exprès du salarié, sur un emploi d'une catégorie inférieure ne peut être réalisé dans le cadre de l'entreprise ou, le cas échéant, dans les entreprises du groupe auxquelles l'entreprise appartient. Les offres de reclassement proposées au salarié doivent être écrites et précises. »

Cet ajout transposait dans le Code du travail les avancées jurisprudentielles de la chambre sociale de la Cour de cassation s'agissant :
- de la notion de cause économique du licenciement ;
- du droit au reclassement de chaque salarié ;
- du devoir d'adaptation à la charge de l'employeur à l'égard de ses salariés.

B. La consécration par la loi du 17 janvier 2002 du triptyque jurisprudentiel définissant la cause économique du licenciement

48.2.2.2. – La cause économique du licenciement est caractérisée par la réunion de trois conditions :
- une situation économique ;
- un effet sur l'emploi ;
- un reclassement impossible *(P. Waquet, « La cause économique du licenciement », Dr soc 2000, p. 268 ; Cass. soc. 17 mars 1999, n° 97-40.515, Bull. V, n° 127, RJS n° 666, « Le licenciement pour motif économique n'a une cause réelle et sérieuse que si l'employeur s'est trouvé dans l'impossibilité de reclasser le salarié » ; B. Boubli, « Réflexions sur l'obligation de reclassement en matière de licenciement pour motif économique », RJS 1996, p. 131 : « Le licenciement n'a de cause réelle et sérieuse que s'il est inévitable »).*

1. Premier volet du triptyque : la réalité et le sérieux du motif économique

48.2.2.2.1. – Dans le cadre du contrôle qu'elle exerce sur le motif économique, la chambre sociale s'était attachée à vérifier non seulement la « *réalité* » des difficultés économiques mais également leur caractère « *sérieux* », conformément au droit général du licenciement qui subordonne la validité de celui-ci à l'existence d'une « *cause réelle et sérieuse* ». Le Conseil constitutionnel, dans sa décision du 12 janvier 2002 *(décision n° 2001-455 DC)*, avait d'ailleurs admis que « *sous l'empire de l'actuelle législation* », la loi conduisait le juge « *à contrôler la cause économique des licenciements décidés par le chef d'entreprise* » *(cf. n°* ***48.4.6*** *sur l'appréciation des difficultés économiques).*

À ce titre n'étaient pas reconnues comme une cause réelle et sérieuse des difficultés conjoncturelles ou insuffisamment importantes. En outre, la chambre sociale refusait d'admettre comme cause économique le licenciement dit « *d'économie* » en l'absence de difficultés de l'entreprise : « *la Cour de cassation a condamné le licenciement d'économie. Et elle a réaffirmé à de nombreuses reprises cette prohibition du licenciement économique destiné uniquement à améliorer le profit* » *(P. Waquet, « La cause économique du licenciement », Dr soc 2000, p. 268).*

S'appuyant sur l'adverbe « *notamment* » figurant au premier alinéa de l'article L. 321-1, la chambre sociale admettait qu'une réorganisation de l'entreprise, justifiée par la nécessité de sauvegarder sa compétitivité, puisse constituer une cause économique de licenciement *(Cass. soc., 5 avr. 1995, n° 93-42.690, Sté Thomson Tubes et Displays ex-Vidéocolor, Bull. V n° 123, RJS 1995, p. 321 et n° 497, concl. avocat général Y. Chauvy ; Dr ouvrier 1995, p. 284, note A. Lyon-Caen ; Dr soc 1995, p. 487 ; cf. n°* ***48.6****)*. La notion « *de sauvegarde de la compétitivité de l'entreprise* » avait été reprise par le Conseil constitutionnel *(cf. n°* ***48.2.2.3****)*.

En revanche, la Cour de cassation refusait d'admettre comme cause économique, par exemple, la « *réorganisation du régime des rémunérations* » qui « *ne se justifiait que par la volonté de réaliser des bénéfices plus importants et non par la nécessité de sauvegarder la compétitivité de l'entreprise ou du groupe* », alors que « *ni la société... ni le groupe auquel elle appartient n'éprouvaient de difficultés économiques* » *(Cass. soc., 26 nov. 1996, n° 93-44.811, Bull. V n° 406, RJS 1997, n° 266)*. La chambre sociale avait jugé que « *ni la restructuration du capital d'une société commerciale, quel qu'en soit le motif ni la dégradation des marges de l'entreprise dont l'activité et les effectifs continuent à progresser, fût-ce faiblement, ne sauraient, ensemble ou séparément, constituer une cause économique de licenciement* » *(Cass. soc., 21 mars 2001, n° 98-46.178)*.

Le maintien du qualificatif « *substantiel* » se rapportant à la modification du contrat de travail, résultant de la décision du 12 janvier 2002 du juge constitutionnel *(cf. n°* ***48.2.2.3****)* avait pour effet de laisser subsister dans le Code du travail une notion devenue inopérante, la Cour de cassation ne procédant plus à la distinction entre la modification substantielle et non substantielle du contrat de travail *(cf. n°* ***42.1.3****)*.

2. *Deuxième volet du triptyque : le droit au reclassement de chaque salarié*

48.2.2.2.2. – L'existence d'une cause réelle et sérieuse de licenciement suppose, en outre « que l'employeur ait effectivement et activement chercher à reclasser le salarié interessé » *(P. Waquet, «Le niveau d'appréciation des conditions du licenciement économique », Dr soc 1995, p. 482)*.

Par un arrêt du 24 juin 2008, la Cour de cassation a affirmé de la manière la plus claire : « *qu'avant tout licenciement pour motif économique, l'employeur est tenu, d'une part, de rechercher toutes les possibilités de reclassement existant dans le groupe dont il relève, parmi les entreprises dont l'activité, l'organisation ou le lieu d'exploitation permettent d'effectuer des permutations de personnels, et d'autre part, de proposer ensuite aux salariés dont le licenciement est envisagé tous les emplois disponibles de la même catégorie ou, à défaut, d'une catégorie inférieure* » *(Cass. soc., 24 juin 2008, Bull. n° 138, RJS 2008 n° 968)*. Il s'ensuit que « *le licenciement pour motif économique d'un salarié ne peut être prononcé que si son reclassement dans l'entreprise, ou dans le groupe auquel elle appartient, est impossible* » *(Cass. soc., 31 mars 2009, n° 07-44.480, Bull. V n° 95)*.

3. *Troisième volet du triptyque : le devoir d'adaptation de l'employeur à l'égard des salariés*

48.2.2.2.3. – Le reclassement doit être recherché non seulement sur des emplois correspondant aux compétences du salarié, mais également sur les postes que ce dernier peut occuper grâce à une formation d'adaptation *(cf. n°* ***411.6.2****)*.

Le Conseil constitutionnel avait estimé que par la nouvelle disposition introduite par la loi de modernisation sociale : « *le législateur a entendu consacrer la jurisprudence selon laquelle l'employeur, tenu d'exécuter de bonne foi le contrat de travail, a le devoir d'assurer l'adaptation des salariés à l'évolution de leurs emplois, obligation aujourd'hui codifiée à l'article L. 932-2 du Code du travail... ; en vertu de cette obligation, l'employeur doit offrir au salarié la formation nécessaire pour occuper les emplois qu'il lui propose dans le cadre de son obligation de reclassement (...)* » *(décision n° 2001-455 DC du 12 janv. 2002, § 21)*.

C. La censure par le Conseil constitutionnel de la nouvelle définition du licenciement économique retenue par le législateur

48.2.2.3. – Le Parlement avait adopté la définition suivante du licenciement pour motif économique :

> « *Constitue un licenciement pour motif économique le licenciement effectué par un employeur pour un ou plusieurs motifs non inhérents à la personne du salarié résultant d'une suppression ou transformation d'emploi ou d'une modification du contrat de travail, consécutives à des difficultés économiques sérieuses n'ayant pu être surmontées par tout autre moyen, soit à des mutations technologiques mettant en cause la pérennité de l'entreprise, soit à des nécessités de réorganisation indispensables à la sauvegarde de l'activité de l'entreprise.* »

Pour le Conseil constitutionnel ces nouvelles dispositions faisaient peser sur la gestion de l'entreprise un « *cumul de contraintes* » *(décision n° 2001-455 DC du 12 janv. 2002)* :

- en premier lieu, elles limitaient aux trois cas énoncés les possibilités de licenciement pour motif économique « *à l'exclusion de toute autre hypothèse comme, par exemple, la cessation d'activité de l'entreprise* » ;
- en deuxième lieu, « *en ne permettant des licenciements économiques pour réorganisation de l'entreprise que si cette réorganisation est indispensable à la sauvegarde de l'activité de l'entreprise et non plus, comme c'est le cas sous l'empire de l'actuelle législation, si elle est nécessaire à la sauvegarde de la compétitivité de l'entreprise, cette définition interdit à l'entreprise d'anticiper des difficultés économiques à venir en prenant des mesures de nature à éviter des licenciements ultérieurs plus importants* » ;

– en dernier lieu, « *en subordonnant les licenciements économiques à des difficultés économiques sérieuses n'ayant pu être surmontées par tout autre moyen, la loi conduit le juge non seulement à contrôler, comme c'est le cas sous l'empire de l'actuelle législation, la cause économique des licenciements décidés par le chef d'entreprise à l'issue des procédures prévues par le Livre IV et le Livre III du Code du travail, mais encore à substituer son appréciation à celle du chef d'entreprise quant au choix entre les différentes solutions possibles* ».

Estimant que ces contraintes avaient pour effet « *de ne permettre à l'entreprise de licencier que si sa pérennité est en cause* », le Conseil constitutionnel avait estimé que « *le législateur a porté à la liberté d'entreprendre une atteinte manifestement excessive au regard de l'objectif poursuivi du maintien de l'emploi* » et a censuré la disposition *(voir X. Prétot, « Le Conseil constitutionnel et la loi de modernisation sociale », Dr soc 2002, p. 245 ; A. Lyon-Caen, « Le droit du travail et la liberté d'entreprendre », Dr soc 2002, p. 258 ; P. Waquet, « Le licenciement économique dans la loi de modernisation sociale », Dr soc 2002, p. 264 ; B. Mathieu, « La loi de modernisation sociale à l'épreuve du contrôle de constitutionnalité », Dr ouvrier 2002, p. 44).*

§ 3. LA DÉFINITION DE LA CAUSE ÉCONOMIQUE DANS L'ACTUEL CODE DU TRAVAIL

48.2.3. – La cause économique du licenciement est définie dans le Code du travail résultant de la recodification de 2008 par trois articles insérés dans une sous-section distincte au sein d'un chapitre intitulé « Licenciement pour motif économique ». Le contenu de cette définition a été largement modifié par la loi n° 2016-1088 du 8 août 2016, l'ordonnance n° 2017-1387 du 22 septembre 2017 et la loi n° 2018-217 du 29 mars 2018.

A. La justification du licenciement

48.2.3.1. – L'article L. 1233-2 du Code, inséré dans une section intitulée « Cause réelle et sérieuse », dispose :

« *Tout licenciement pour motif économique est motivé dans les conditions définies par le présent chapitre. Il est justifié par une cause réelle et sérieuse.* »

Par cette disposition, qui n'avait pas son équivalent dans l'ancien code, il est fait application au licenciement pour motif économique du principe général selon lequel tout licenciement doit être justifié par une cause réelle et sérieuse.

B. La notion de motif économique

48.2.3.2. – L'article L. 1233-3, inséré dans la sous-section « Définition du motif économique », a repris les dispositions du premier alinéa de l'article L. 321-1 de l'ancien Code du travail. Ces dispositions ont été complétées

– par la loi n° 2008-596 du 25 juin 2008 pour prendre en compte des dispositions donnant une reconnaissance légale à la rupture conventionnelle ;
– par la loi n° 2016-1088 du 8 août 2016 (dispositions entrées en vigueur le 1er décembre 2016) pour préciser les paramètres caractérisant l'existence de difficultés économiques et intégrer les causes économiques d'origine jurisprudentielle ; pour autant, avec le maintien de l'adverbe « *notamment* », la nouvelle liste des causes économiques n'est pas devenue une liste exhaustive et le législateur a laissé ouverte la possibilité pour le juge de définir d'autres causes économiques de licenciement *(cf. R. Dalmasso, « La redéfinition du licenciement économique : une "sécurisation" cosmétique aux enjeux théoriques hasardeux », Dr ouvrier 2017, p. 1 ; A. Barège et J.-P. Tricot, « Sécuriser le licenciement économique », Dr ouvrier 2017, p. 80)* ;
– par l'ordonnance n° 2017-1387 du 22 septembre 2017 et la loi n° 2018-217 du 29 mars 2018 pour définir le cadre géographique de l'examen de la cause économique invoquée et prendre en compte la reconnaissance légale des ruptures de contrat intervenant dans le cadre d'accords collectifs *(« ruptures conventionnelles collectives »)*.

Cet article dispose, s'agissant de la cause économique :

« Constitue un licenciement pour motif économique le licenciement effectué par un employeur pour un ou plusieurs motifs non inhérents à la personne du salarié résultant d'une suppression ou transformation d'emploi ou d'une modification, refusée par le salarié, d'un élément essentiel du contrat de travail, consécutives notamment :

1° À des difficultés économiques caractérisées soit par l'évolution significative d'au moins un indicateur économique tel qu'une baisse des commandes ou du chiffre d'affaires, des pertes d'exploitation ou une dégradation de la trésorerie ou de l'excédent brut d'exploitation, soit par tout autre élément de nature à justifier de ces difficultés.

Une baisse significative des commandes ou du chiffre d'affaires est constituée dès lors que la durée de cette baisse est, en comparaison avec la même période de l'année précédente, au moins égale à :

a) Un trimestre pour une entreprise de moins de onze salariés ;

b) Deux trimestres consécutifs pour une entreprise d'au moins onze salariés et de moins de cinquante salariés ;

c) Trois trimestres consécutifs pour une entreprise d'au moins cinquante salariés et de moins de trois cents salariés ;

d) Quatre trimestres consécutifs pour une entreprise de trois cents salariés et plus ;

2° À des mutations technologiques ;

3° À une réorganisation de l'entreprise nécessaire à la sauvegarde de sa compétitivité ;

4° À la cessation d'activité de l'entreprise.

[...].

Les difficultés économiques, les mutations technologiques ou la nécessité de sauvegarder la compétitivité de l'entreprise s'apprécient au niveau de cette entreprise si elle n'appartient pas à un groupe et, dans le cas contraire, au niveau du secteur d'activité commun à cette entreprise et aux entreprises du groupe auquel elle appartient, établies sur le territoire national, sauf fraude.

Pour l'application du présent article, la notion de groupe désigne le groupe formé par une entreprise appelée entreprise dominante et les entreprises qu'elle contrôle dans les conditions définies à l'article L. 233-1, aux I et II de l'article L. 233-3 et à l'article L. 233-16 du Code de commerce.

Le secteur d'activité permettant d'apprécier la cause économique du licenciement est caractérisé, notamment, par la nature des produits biens ou services délivrés, la clientèle ciblée, ainsi que les réseaux et modes de distribution, se rapportant à un même marché.

Les dispositions du présent chapitre sont applicables à toute rupture du contrat de travail résultant de l'une des causes énoncées au présent article, à l'exclusion de la rupture conventionnelle visée aux articles L. 1237-11 et suivants et de la rupture d'un commun accord dans le cadre d'un accord collectif visée aux articles L. 1237-17 et suivants. »

C. Le devoir d'adaptation

48.2.3.3. – L'article L. 1233-4, inséré dans la sous-section « Obligations d'adaptation et de reclassement », a repris les dispositions du troisième alinéa de l'article L. 321-1 de l'ancien Code du travail. Ces dispositions ont été complétées :

- par la loi n° 2010-499 du 18 mai 2010 pour insérer l'exigence d'une rémunération équivalente pour un reclassement sur un emploi équivalent ;
- par les ordonnances n° 2017-1387 du 22 septembre 2017 et n° 2017-1718 du 20 décembre 2017 pour redéfinir le contenu de l'effort de reclassement et le cadre de sa mise en œuvre.

Cet article dispose :

« Le licenciement pour motif économique d'un salarié ne peut intervenir que lorsque tous les efforts de formation et d'adaptation ont été réalisés et que le reclassement de l'intéressé ne peut être opéré sur les emplois disponibles, situés sur le territoire national dans l'entreprise

ou les autres entreprises du groupe dont l'entreprise fait partie et dont l'organisation, les activités ou le lieu d'exploitation assurent la permutation de tout ou partie du personnel.

Pour l'application du présent article, la notion de groupe désigne le groupe formé par une entreprise appelée entreprise dominante et les entreprises qu'elle contrôle dans les conditions définies à l'article L. 233-1, aux I et II de l'article L. 233-3 et à l'article L. 233-16 du Code de commerce.

Le reclassement du salarié s'effectue sur un emploi relevant de la même catégorie que celui qu'il occupe ou sur un emploi équivalent assorti d'une rémunération équivalente. À défaut, et sous réserve de l'accord exprès du salarié, le reclassement s'effectue sur un emploi d'une catégorie inférieure.

L'employeur adresse de manière personnalisée les offres de reclassement à chaque salarié ou diffuse par tout moyen une liste des postes disponibles à l'ensemble des salariés, dans des conditions précisées par décret.

Les offres de reclassement proposées au salarié sont écrites et précises. »

Par cette disposition, qui n'avait pas son équivalent dans l'ancien code, il est fait application au licenciement pour motif économique du principe général selon lequel tout licenciement doit être justifié par une cause réelle et sérieuse.

§ 4. L'ANALYSE DE LA NOTION DE LICENCIEMENT ÉCONOMIQUE

48.2.4. – Le licenciement économique se caractérise à la fois par sa nature, ses causes et ses effets :

– par sa **nature** : le motif réel ne doit pas être un fait ou une situation se rattachant à la personne du salarié *(cf. n°* ***48.3.2****)* ;
– par ses **causes** *(Cass. soc., 14 mai 1997, n° 94-43.712, Bull. V, n° 177 ; Cass. soc., 9 juill. 1997, n° 95-43.722, Bull. V, n° 261 ; Cass. soc., 16 janv. 2001, n° 98-44.647, Bull. V, n° 10, RJS 2001 n° 294, Dr soc 2001, p. 413)* : le licenciement doit être justifié par des difficultés économiques, des changements technologiques, une réorganisation de l'entreprise nécessaire à la « *sauvegarde de sa compétitivité* » ou la cessation totale et définitive de son activité ;
– par ses **effets sur l'emploi ou le contrat de travail** : le licenciement économique résulte de la suppression de l'emploi, de sa transformation ou du refus d'une modification du contrat de travail *(cf. n°* ***48.9****)*.

Certains auteurs *(J. Pélissier, « La cause économique du licenciement », RJS 1992, p. 527)* ont proposé de distinguer la « *cause qualificative* » de la « *cause justificative* » du licenciement :

– « *la cause économique qualificative* » est celle qui permet de déterminer si les licenciements concernés relèvent bien de la catégorie du licenciement pour motif économique, le licenciement pour motif personnel devant être écarté ;
– « *la cause économique justificative* » est celle qui permet de contrôler la justification du licenciement et son caractère sérieux.

Cette grille d'analyse n'a été reprise ni par le juge administratif *(concl. du commissaire du gouvernement G. Bachelier, « Licenciement de salariés protégés pour faute ou pour motif économique », RJS 1999, p. 631)*, ni par le juge judiciaire *(chron. préc. de P. Waquet, « La cause économique du licenciement », Dr soc 2000, p. 168)*.

Pour le juge, il existe non seulement un lien de causalité entre la cause du licenciement et l'effet sur l'emploi ou le contrat mais également un principe de proportionnalité qui doit être respecté entre la cause et l'effet : « *Les suppressions ou transformations d'emplois ou les modifications de contrats de travail ne peuvent être justifiées que si ces solutions sont inéluctables, si elles sont commandées impérativement par les difficultés, mutations ou réorganisations (...) Le licenciement économique n'est que l'ultime ratio, l'issue ultime, en l'absence de toute autre solution. À défaut, il ne peut être légalement causé* » *(P. Waquet, « Le licenciement économique dans la loi de modernisation sociale », Dr soc 2002, p. 264)*.

Ce lien de causalité et de proportionnalité sous-tend la jurisprudence de la Cour de cassation dès lors qu'elle impose au juge du fond « *d'apprécier le caractère sérieux du motif économique du licenciement invoqué* » en s'assurant que les difficultés économiques, dont l'employeur fait état, **justifient** ou non la suppression de l'emploi du salarié *(Cass. soc., 12 mai 1998, n° 95-44.100, Bull. V, n° 245 ; Cass. soc., 20 juin 2007 n° 06-41.437, RDT 2007, p. 585 note A. Fabre)*. Cette jurisprudence est consacrée par l'article L. 1233-2 qui énonce que le licenciement pour motif économique « *est justifié par une cause réelle et sérieuse* ».

À supposer que le licenciement soit dépourvu de cause réelle et sérieuse, il conserve cependant sa nature juridique de licenciement économique *(Cass. soc., 13 avr. 1999, n° 96-45.028, Bull. V n° 171, RJS 1999 n° 711 ; Cass. soc., 14 févr. 2007, n° 05-40.504, RJS 2007 n° 580, JCP S 2007 n° 17, p. 25, note O. Fardoux, RDT 2007, p. 242, obs. P. Waquet ; J.-Y. Frouin, « La qualification de motif économique », RDT 2009, p. 510)*. Il en est ainsi alors même qu'il serait jugé que la réorganisation n'est justifiée ni par des difficultés économiques, ni par la sauvegarde de la compétitivité de l'entreprise *(Cass. soc., 29 janv. 2003, n° 00-44933, Bull. V n° 29, RJS 2003 n° 437)* ou que l'employeur a indiqué par erreur dans la lettre de licenciement que celui-ci reposait sur un motif économique *(Cass. soc., 21 mars 2007, n° 05-45.060, Bull. V n° 53)*.

SECTION 3

Le contrôle de la cause du licenciement : le motif non inhérent à la personne du salarié

§ 1. LE PRINCIPE

48.3.1. – L'article L. 1233-3 du Code du travail précise que les motifs de nature à justifier le licenciement pour motif économique ne doivent pas être « *inhérents à la personne du salarié* ». Toutefois, la distinction entre le motif personnel et le motif économique peut être délicate.

§ 2. LE MOTIF INHÉRENT À LA PERSONNE DU SALARIÉ

48.3.2. – Ne constituent pas des licenciements pour motif économique les licenciements inhérents à la personne du salarié tels que :

– le licenciement d'un salarié en raison de son ancienneté dans l'entreprise *(Cass. soc., 3 déc. 1992, n° 91-42.374)* ;
– le licenciement trouvant sa cause dans le refus d'une mutation décidée par l'employeur à la suite d'un désaccord avec le président de la société *(Cass. soc., 2 juin 1993, n° 91-41.010, Dr soc 1993, p. 677 ; Cass. soc., 24 avr. 2003, n° 00-46.375)* ;
– aux difficultés relationnelles opposant le salarié à son supérieur hiérarchique *(Cass. soc., 28 avr. 2011, n° 10-12.181)* ;
– le licenciement de serveurs d'un restaurant traditionnel se transformant en restaurant libanais, causé en fait par l'absence de culture orientale des salariés *(Cass. soc., 11 juill. 1994, n° 93-42.386)* ;
– le licenciement d'une salariée en raison de son inaptitude physique *(Cass. soc., 29 avr. 1998, n° 96-40.582, Bull. V n° 213 ; soc., 19 mai 2004, n° 02-44.671, Bull. V n° 134)*.

De même, le juge administratif considère que, si la demande d'autorisation de licenciement repose sur un motif économique, mais qu'en réalité cette demande est motivée par des éléments inhérents à la personne du salarié, l'administration du travail doit prendre une décision de refus de licenciement *(CE, 27 juin 1997, n° 150.477, M. Embser)*.

Le Conseil d'État a également jugé que « *la volonté exprimée par (le salarié) de quitter l'entreprise* » ne peut fonder une autorisation de licenciement pour motif économique *(CE, 17 oct. 1997, n° 162.597, Banque industrielle et mobilière privée)*. Cependant, pour la Cour de cassation le fait qu'un salarié se propose d'être inclus dans un licenciement collectif à la place d'un autre salarié ne fait pas de lui l'auteur de la rupture du contrat *(Cass. soc., 18 mars 1992, n° 88-40.923, Bull. V, n° 191)*.

La circonstance que la véritable cause du licenciement soit d'ordre personnel n'a pour effet de priver le licenciement de sa nature juridique de licenciement pour motif économique *(Cass. soc., 8 juill. 1999, n° 08-42.914, RJS 2009 n° 846)* dès lors que la qualification donnée par l'employeur au licenciement s'impose au juge *(Cass. soc., 21 mars 2007, n° 05-45.060, Bull. V n° 53, RJS 2007 n° 573 ; cf. n°* ***32.3.1****).*

§ 3. INSUFFISANCE OU INAPTITUDE PROFESSIONNELLE ET LICENCIEMENT ÉCONOMIQUE

48.3.3. – Selon le juge judiciaire, plusieurs situations doivent être distinguées.

Le licenciement est fondé sur un motif inhérent au salarié dès lors que l'insuffisance est indépendante de la situation économique *(Cass. soc. 6 nov. 1991, n° 90-43.447, Dr soc 1992, p. 80 ; Cass. soc. 21 juill. 1994, n° 92-42.764).* Il en est de même lorsque l'employeur invoque l'inaptitude professionnelle des salariés pour refuser à ceux-ci la possibilité d'occuper les emplois modifiés par la mutation technologique de l'entreprise *(Cass. soc., 12 déc. 1991, n° 90-46.002, Bull. V n° 578 ; Cass. soc., 30 nov. 1994, n° 93-42.864).*

Au contraire, le licenciement est fondé sur un motif économique :

- si cette insuffisance résulte de l'évolution de la situation économique et technique de l'entreprise *(Cass. crim., 5 juill. 1983, Boursin, Jurisp. soc UIMM n° 83-446, p. 420)* ;
- si le salarié n'a pu s'adapter ni aux nouvelles exigences technologiques de son emploi, après sa transformation, ni aux autres postes qui lui ont été proposés *(Cass. soc., 15 oct. 1992, n° 91-43632, Bull. V, n° 513).*

§ 4. COEXISTENCE D'UN MOTIF INHÉRENT À LA PERSONNE DU SALARIÉ ET D'UN MOTIF ÉCONOMIQUE

48.3.4. – En cas de coexistence d'un motif inhérent à la personne du salarié et d'un motif économique, il convient de rechercher quelle a été la « *cause première et déterminante du licenciement* » *(Cass. soc., 10 oct. 1990, n° 87-45.366, Bull. V n° 442),* sans se référer aux seuls motifs énoncés dans la lettre de rupture *(Cass. soc., 10 avr. 1996, n° 93-41.755, Bull. V n° 149, RJS 1996 n° 527).* Le bien-fondé du licenciement doit être apprécié au regard de cette seule cause *(Cass. soc., 3 avr. 2002, n° 00-42.583).*

Ainsi, il a été jugé que ne constituait pas un licenciement économique le licenciement d'un artiste chorégraphique, dont le motif essentiel était l'âge de l'intéressé, et non les difficultés économiques invoquées par l'employeur *(Cass. soc., 24 avril 1990, n° 88-43.555, Bull. V, n° 181).*

La chambre sociale a clairement affirmé le principe selon lequel lorsqu'un licenciement économique est envisagé, le salarié ne peut être licencié pour un motif disciplinaire au motif qu'il s'opposerait au reclassement proposé *(Cass. soc. 29 janv. 2003, n° 00-46.322, Bull. V n° 28, RJS 2003 n° 436, Rapport 2003 de la Cour de cassation, p. 309 ; cf. n°* ***411.4.1.6.4.2****).*

En revanche, dès lors qu'un licenciement pour motif économique est lié à la cessation définitive de l'activité de l'employeur, sans qu'existent des possibilités de reclassement, le seul fait que le salarié soit devenu inapte médicalement à son emploi au jour de la rupture est sans incidence sur la cause économique de ce licenciement *(Cass. soc., 4 oct. 2017, n° 16-16.441, B., RJS 2017 n° 788 ; Cass. soc., 15 sept. 2021, n° 19-25.613, B., RJS 2021 n° 592 ; a contrario : Cass. soc., 26 oct. 2022, n° 20-17.501, RJS 2023 n° 15, RDT 2022, p. 703, note O. Guillemot).*

§ 5. LE LICENCIEMENT CONSÉCUTIF À UN REFUS D'UNE MODIFICATION DU CONTRAT DE TRAVAIL

48.3.5. – La rupture résultant du refus par le salarié d'une modification de son contrat de travail, proposée par l'employeur pour un motif non inhérent à sa personne, constitue un licenciement pour motif économique *(C. trav., art. L. 1233-3 ; également : Cass. soc., 11 déc. 2001, n° 99-42.906, Bull. V n° 376, RJS 2002 n° 365 ; Cass. soc., 24 sept. 2008, n° 07-40.694, RJS 2008 n° 1171).*

§ 6. LE LICENCIEMENT CONSÉCUTIF À UN CHANGEMENT DE RÉGLEMENTATION

48.3.6. – S'agissant de la question de la nature du licenciement consécutif à un changement de réglementation, la réponse des deux ordres de juridiction n'est pas identique *(v. Panorama Droit du travail, Dalloz 2006, p. 35)* :

- pour le Conseil d'État, le licenciement repose sur un motif économique *(CE, 2 févr. 1983, n° 25.399, Sté Price-Waterhouse, Rec. p. 38 ; CE, 15 juin 2005, n° 254.728, Elisabeth, Tables p. 1125, RJS 2005 n° 1003, Dr ouvrier 2006, p. 48)* ;
- pour la Cour de cassation, le licenciement repose sur un motif inhérent à la personne lorsque le salarié ne remplit plus les conditions réglementaires pour occuper ses fonctions *(Cass. soc. 3 juin 1998, n° 96-40.016, Bull. V, n° 295, RJS 1998 n° 1186 ; Cass. soc. 3 févr. 2004, n° 01-44.448, RJS 2004 n° 389).*

SECTION 4
Le contrôle de la cause du licenciement économique : les difficultés économiques

§ 1. L'OBLIGATION POUR L'EMPLOYEUR DE JUSTIFIER DE L'EXISTENCE DES DIFFICULTÉS ÉCONOMIQUES ALLÉGUÉES

48.4.1. – L'employeur doit énoncer dans la demande d'autorisation « *les motifs du licenciement envisagé* » *(C. trav., art. R. 2421-1 et R. 2421-10 ; cf.*

*n° **32.3.1**)*. Il doit apporter des éléments probants concernant ses difficultés économiques, leur nature et leur gravité.

Si la situation économique de l'entreprise est présentée de façon incomplète dans la demande d'autorisation, une décision d'autorisation de licenciement est illégale : « *même si la société affirme que le motif réel du licenciement a été l'arrêt des opérations menées avec la Libye intéressant M. P., elle a présenté, dans la demande d'autorisation, en ne mentionnant pas les fonctions exercées depuis lors par l'intéressé, la situation économique de l'entreprise et l'emploi de M. P. de façon incomplète* » *(CE, 13 oct. 1989, n° 64.309, Sté Peabody GCI)*.

La Cour de cassation a jugé que, dans le cas où l'employeur ne produisait aucune information sur la situation économique et financière du groupe auquel appartenait l'entreprise, l'existence de la cause économique du licenciement n'était pas établie sans que la charge de la preuve soit inversée *(Cass. soc., 14 janv. 2004, n° 01-45.020, RJS 2004 n° 298)*.

§ 2. LE PRINCIPE DU CONTRÔLE DE LA RÉALITÉ DES DIFFICULTÉS ÉCONOMIQUES

A. Dans les entreprises in bonis

48.4.2.1. – L'administration et le juge administratif, d'une part, et le juge judiciaire, d'autre part, exercent un contrôle sur la nature et la portée des difficultés économiques avancées par les employeurs à l'appui d'un licenciement.

Ce contrôle comporte un double volet ; il porte :

- en premier lieu, sur la matérialité des difficultés économiques alléguées par l'entreprise ;
- en second lieu, sur le lien entre les difficultés, d'une part, et la suppression de l'emploi, sa transformation ou la modification du contrat de travail d'autre part.

B. Dans les entreprises en difficulté

48.4.2.2. – Par exception à ce principe, lorsque l'ordonnance du juge-commissaire du tribunal de commerce autorisant des licenciements dans le cadre d'un plan de redressement judiciaire *(Cass. soc., 9 juill. 1996, n° 93-41.877, Bull. V n° 268 ; Cass. soc., 5 mars 1997, n° 95-41.230)* ou d'un plan de cession est devenue définitive, le caractère économique du licenciement ne peut plus être contesté et l'examen de la cause économique échappe dès lors au contrôle du juge du contrat de travail *(sur la portée de l'autorité de la chose jugée par le juge du tribunal de commerce, cf. n° **23.3.8.3.5**)*.

De même, l'autorité administrative, saisie dans les mêmes conditions d'une demande d'autorisation de licenciement d'un salarié protégé, n'a, pas davantage que le juge du contrat de travail pour les salariés non protégés, à contrôler l'existence d'une cause économique, qui relève du juge-commissaire du tribunal de commerce *(CE, 3 juill. 2013, n° 361.066, Sté Elixens France, Tables. p. 866, concl. G. Dumortier, RJS 2013 n° 749 ; Cass. soc., 23 mars 2016, n° 14-22.950, Bull. n° 52, D. 2016. 701, RDT 2016, p. 263, obs. A. Fabre ; chron. P. Bailly, « L'autorisation de transfert du salarié investi d'un mandat protecteur », Dr soc. 2024. p. 499 ; C. Gailhbaud, « Le particularisme de licencier un salarié protégé dans l'entreprise en redressement ou en liquidation judiciaire », Dr soc. 2024, p. 505).*

Elle doit toutefois tenir compte, à la date à laquelle elle se prononce, y compris lorsque le jugement ouvrant la liquidation judiciaire a pour effet la cessation totale et définitive de l'activité de l'entreprise sans maintien d'activité autorisé, de tous les éléments de droit ou de fait recueillis lors de son enquête qui sont susceptibles de remettre en cause le caractère total et définitif de la cessation d'activité, ainsi que de toute autre circonstance qui serait de nature à faire obstacle au licenciement envisagé, notamment celle tenant à une reprise, même partielle, de l'activité de l'entreprise impliquant un transfert du contrat de travail du salarié à un nouvel employeur en application de l'article L. 1224-1 du Code du travail *(CE, 22 mai 2015, n° 371.061, ministre du Travail, de l'Emploi, de la Formation professionnelle et du Dialogue social, Tables p. 901, concl. G. Dumortier ; sur la cessation totale et définitive d'activité, cf. n°* ***48.7.5.1****).*

§ 3. LA DATE D'APPRÉCIATION DE LA RÉALITÉ DES DIFFICULTÉS ÉCONOMIQUES

A. Pour le juge judiciaire

48.4.3.1. – La cause du licenciement, notamment la réalité et l'importance des difficultés économiques, doit être appréciée selon la chambre sociale à la date de la rupture du contrat *(Cass. soc., 26 févr. 1992, n° 90-41.247, Bull. V n° 130 ; Cass. soc., 30 mars 2010, n° 09-40.068, Bull. V n° 83, RJS 2010 n° 533 ; Cass. soc., 1er juin 2022, n° 20-19.957, B., RJS 2022 n° 439, RDT 2022, p. 384, note F. Géa).*

La seule circonstance que les difficultés soient survenues plusieurs mois avant le licenciement ne suffit pas à priver le licenciement de cause réelle et sérieuse dès lors qu'elles n'avaient pas disparu à l'époque du licenciement *(Cass. soc., 17 oct. 2006, n° 04-44.948, RJS 2006 n° 1262).*

Il en va autrement si la société employeur se redressait depuis plusieurs années *(Cass. soc., 3 mai 2011, n° 09-43.335)* ou que sa situation s'était améliorée de façon nette au moment du licenciement *(30 oct. 2013, n° 12-15.755).* Toutefois, le juge ne peut pas s'en tenir au seul constat d'une amélioration du résultat d'exploitation de l'entreprise à la fin de l'exercice comptable contemporain au licenciement par rapport à celui de l'exercice précédent, sans tenir compte d'une dégradation persistante depuis plusieurs années d'autres indicateurs économiques invoqués par l'employeur et sans vérifier si l'amélioration du résultat n'était pas liée aux mesures de réorganisation déjà mises en œuvre et à une cause conjoncturelle *(Cass. soc., 29 nov. 2023, n° 22-15.794, B., RJS 2024 n° 85 ; Cass. soc., 6 déc. 2023, n° 22-11.507)*.

Il peut par ailleurs, pour porter son appréciation, tenir compte d'éléments postérieurs à la rupture *(Cass. soc., 27 mai 1998, n° 96-41.038 ; Cass. soc., 26 mars 2002, n° 00-40.898, Bull. V n° 106, RJS 2002 n° 665 ; Cass. soc., 9 sept. 2020, n° 18-19.309, RJS 2020 n° 536)*.

B. Pour l'autorité administrative et le juge administratif

48.4.3.2. – L'autorité administrative, quant à elle, doit apprécier la matérialité des difficultés économiques et le fait que la situation de l'entreprise se soit améliorée postérieurement à la décision d'autorisation ne « *suffit pas à établir qu'à date à laquelle ils ont été opérés les licenciements n'étaient pas justifiés* » *(CE, 29 déc. 2000, n° 206.919, Sté Suturex, RJS 2001 n° 475)*.

En revanche, si, au cours de l'instruction de la demande d'autorisation de licenciement, un redressement significatif de la situation de l'entreprise ou du secteur d'activité du groupe le justifie, un nouveau contexte pourra fonder un refus d'autorisation (*CE, 21 déc. 2001, n° 215.185, Prieto et Syndicat général Force ouvrière de la région parisienne, Tables p. 1215*). Toutefois, la seule amélioration de la situation économique par l'effet de la mise en œuvre des licenciements économiques ne peut aboutir à refuser le licenciement du salarié protégé *(cf. Guide DGT, Salariés protégés, sept. 2019, fiche n° 7a)*.

Lorsque le groupe auquel appartient l'entreprise fait l'objet d'une modification importante de son périmètre, c'est nécessairement dans ce nouveau périmètre que doit s'apprécier le motif économique. L'intégration d'un groupe dans un autre peut, ainsi, affecter le motif économique et faire disparaître les difficultés économiques du groupe existant avant cette modification *(Cass. soc., 5 mai 2011, n° 10-10.686)*.

§ 4. LE CADRE D'EXAMEN DES DIFFICULTÉS ÉCONOMIQUES

Plan du paragraphe

A. Le cadre d'examen antérieur à l'ordonnance du 22 septembre 2017

48.4.4.1. – Le cadre d'examen résulte de règles fixées par le juge judiciaire et, pour les salariés protégés, par l'autorité administrative et le juge administratif.

1. *Le cadre d'examen des difficultés économiques pour le juge judiciaire*

48.4.4.1.1. – Il y a lieu de distinguer selon que l'entreprise appartient ou non à un groupe *(cf. note P. Waquet sous CA d'Angers, 19 déc. 2006, Dr ouvrier 2007, p. 141)*.

a) Si l'entreprise n'appartenait pas à un groupe

48.4.4.1.1.1. – Les difficultés économiques étaient appréciées par le juge judiciaire **au niveau de l'ensemble de l'entreprise**, et non uniquement au niveau de l'établissement *(Cass. soc., 17 juin 1992, n° 89-42.769, Bull. V n° 403, Dr soc. 1992 p. 709 ; Cass. soc., 26 juin 1992, n° 11-13.736, Bull. V n° 197 ; Cass. soc., 7 oct. 1998, n° 96-43.107, Bull. V n° 405, RJS 1998 n° 1350 ; P. Waquet, « Le niveau d'appréciation des conditions du licenciement économique », Dr soc 1995, p. 482 ; Cass. soc., 26 févr. 2013, n° 11-22.265)*.

Seules pouvaient être invoquées utilement les difficultés de l'entreprise qui emploie le salarié dont l'emploi est supprimé *(Cass. soc., 18 sept. 2007, n° 05-44.961, RJS 2007 n° 1265, RDT 2007, p. 654, note P. Waquet)*.

b) Si l'entreprise appartenait à un groupe

48.4.4.1.1.2. – Dans le cadre de sa jurisprudence relative à la légalité des autorisations administratives de licenciement pour motif économique des salariés non protégés délivrées jusqu'en 1986, le Conseil d'État avait jugé que la réalité des motifs économiques devait s'apprécier dans le cadre du groupe *(CE, section, 18 janv. 1980, n° 10.804, Fédération des cadres de la chimie et des industries annexes, Rec. p. 27, concl. P. Dondoux, Dr soc 1980, p. 323, AJDA 1980 p. 287)*. La notion de groupe n'était pas précisément définie mais n'incluait, en tout état de cause, que les entreprises ayant leur siège social en France et des établissements de ce groupe situés en France *(CE, 26 avr. 1985, n° 38.231, Sté Dragage du Nord, Rec. p. 140, AJDA 1985, p. 455)*.

Le juge judiciaire avait, dans un premier temps, repris la position adoptée par le juge administratif et considéré que le motif économique devait être apprécié au niveau de l'ensemble du groupe *(cf. notamment Cass. soc., 20 févr. 1991, n° 89-45.252)*.

Dans un deuxième temps, en 1992, la chambre sociale avait été amenée à préciser la notion de groupe : « *la réalité du motif économique d'un licenciement et la recherche des possibilités de reclassement doivent s'apprécier à l'intérieur du groupe auquel appartient l'employeur concerné, parmi les entreprises dont les activités ou l'organisation lui permettent d'effectuer la permutation de tout ou partie du personnel » (Cass. soc., 25 juin 1992, n° 90-41.244, Bull. V n° 420).* Ce « *groupe restreint… se définit par une référence implicite mais certaine à l'unité économique et sociale » (P. Waquet, « Le niveau d'appréciation des conditions du licenciement économique », Dr soc 1995, p. 486).*

Enfin, à l'occasion de deux arrêts rendus le 5 avril 1995 *(Cass. soc., 5 avr. 1995, Sté Thomson Tubes et Displays, n° 93-42.690 et Cass. soc., 5 avr. 1995, n° 93-43.866, TRW REPA c. / Mme Mabon et al., Bull. V, n° 123, Dr soc 1995, p. 487, Dr ouvrier 1995, p. 281, D. 1995 Jurisp. p. 503, note M. Keller)*, la chambre sociale de la Cour de cassation avait complété sa définition de la notion de groupe. Le cadre d'appréciation avait été limité « *au secteur d'activité du groupe auquel appartient l'entreprise concernée* » : « *… Les groupes internationaux exercent des activités de plus en plus différenciées ; un même groupe peut s'occuper du secteur alimentaire, du secteur métallurgique et du secteur communication…* » *(note P. Waquet, sous les arrêts préc. ; sur la notion de secteur d'activité, cf. n°* ***48.4.4.4****)*.

Cette position avait été confirmée par plusieurs décisions *(Cass. soc., 7 oct. 1998, n° 96-43.107, Bull. V, n° 405, RJS 1998 n° 1350 ; Cass. soc., 22 janv. 2014, n° 12-21.681, RJS 2014 n° 306)*.

Il en était ainsi, peu important que l'entreprise soit bénéficiaire *(Cass. soc., 28 nov. 2007, n° 06-40.489, Bull. V, n° 197, RJS 2008 n° 160, Dr ouvrier 2008, p. 538, JCP S. n° 14, 01.04.2008, 1207 note Kerbourc'h, Liaisons soc. Jurisp. Hebdo 02.06.2008 n° 130 / 2008)*.

En l'absence d'information sur les activités du groupe, la réalité des difficultés économiques n'était pas jugée établie *(Cass. soc., 19 mars 2002, n° 00-40.324)*. Les obligations pesant sur l'employeur de fournir les indications relatives au secteur d'activité sont examinées au n° **48.4.4.4**.

En revanche, la Cour de cassation n'entendait pas limiter le cadre d'appréciation de la situation économique au territoire national *(Cass. soc., 5 avr. 1995, n° 93-43.866, TRW REPA, Bull. V, n° 123, préc.)* : « *le cadre national est écarté* » selon P. Waquet, pour qui « *il n'était pas envisageable de cantonner le contrôle des licenciements économiques au niveau des réalités franco-françaises » (P. Waquet, Le niveau d'appréciation des conditions du licenciement économique, préc., Dr soc 1995, p. 486)*. Cette position a été confirmée *(Cass. soc., 12 juin 2001, n° 99-41.571, Bull. V n° 214, RJS 2001 n° 1001, Dr soc 2001, p. 894, obs. C. Maquefa ; Cass. soc., 23 juin 2009, n° 07-45.668, Bull. n° 161, RJS 2009 n° 772)*.

S'agissant d'une société mère et d'une filiale, il avait été jugé que « *lorsqu'un salarié est mis à la disposition d'une autre entreprise et qu'il est licencié par celle-ci, il retrouve son emploi chez son employeur initial… celui-ci ne peut alors prononcer un licenciement que pour un motif qui lui est propre et nécessairement distinct de celui ayant provoqué le premier licenciement* ». Si « *la société… se bornait à invoquer… les difficultés économiques de sa filiale… sans faire état de difficultés propres* », « *le licenciement était sans cause réelle et sérieuse » (Cass. soc., 20 juin 2000, n° 98-42.126, Bull. V, n° 236, RJS 2000 n° 919).*

La notion de groupe retenue par le juge judiciaire était fonctionnelle et ne se réduisait pas à celle définie par le Code du travail s'agissant du comité de groupe *(cf. n°* ***48.4.4.3.1****).*

En revanche, en cas d'ouverture d'une procédure collective pour cessation des paiements d'une société appartenant à un groupe, il appartenait au juge du tribunal de commerce de caractériser objectivement cet état, pour chaque société du groupe considérée individuellement, par l'impossibilité pour elle de faire face à son passif exigible avec son actif disponible *(Cass. com., 3 juill. 2012, n° 11-18.026, Bull. IV, n° 146).*

2. *Le cadre d'examen des difficultés économiques par l'autorité administrative et le juge administratif*

48.4.4.1.2. – Les difficultés économiques devaient être appréciées à plusieurs niveaux suivant la situation de l'entreprise.

a) Si l'entreprise n'appartenait pas à un groupe

48.4.4.1.2.1. – Le pouvoir de l'administration de rechercher si la situation de l'entreprise justifie le licenciement du salarié « *doit s'exercer sur l'ensemble de cette entreprise* [lorsqu'elle ne comporte qu'un seul établissement] *et non au sein de chacun des services ou des secteurs d'activité qui en font partie intégrante » (CE, 9 nov. 1979, n° 14.245, Sté Silvallac, Rec. p. 413 ; cité par G. Bachelier, « Licenciement de salariés protégés pour faute ou pour motif économique », RJS 1999, p. 631).*

Lorsqu'il y avait plusieurs établissements, une autorisation de licenciement accordée au vu uniquement de la situation économique de l'établissement où est occupé le salarié, sans que des investigations aient été portées sur la situation des autres établissements de la société, était entachée d'une erreur de droit *(CE, 5 févr. 1988, n° 54.018, Sté Maisons Phénix Lorraine ; CE, 10 déc. 1993, n° 112.947, Collin et Chetrariu, Tables p. 1064, RJS 1994 n° 277 ; CE, 24 oct. 2012, n° 352.260, M. Djilali B.).*

b) Si l'entreprise appartenait à un groupe

48.4.4.1.2.2. – L'autorité administrative devait apprécier la réalité du motif économique dans le cadre du groupe auquel appartenait l'entreprise *(CE, 26 févr. 1986, n° 56.987, Ministre du Travail c. / P. Couzin ; CE, 26 févr. 1982, n° 24.623, Bard ; CE, 25 avr. 1994, n° 98.047, Tables p. 1148, Choquet et autres, RJS 1994 n° 1016).*

Le Conseil d'État avait auparavant adopté la même position dans le cadre de sa jurisprudence relative aux autorisations administratives de licenciement pour motif économique délivrées jusqu'en 1986 pour les salariés non protégés *(CE, 18 janv. 1980, n° 10.804, Ministre du Travail c. / Fédération des cadres de la chimie et des industries annexes, Rec. p. 27, AJDA 1980, p. 247, Dr soc 1980, p. 322 ; CE, 27 janv. 1989, n° 61.209, Sté Antibes Marine Chantiers, Rec. p. 40).* Toutefois, l'autorité administrative n'était tenue de faire porter son examen que sur la situation économique des sociétés du groupe ayant leur siège social en France et des établissements de ce groupe situés en France *(CE, section, 26 avr. 1985, n° 38.231, Sté Dragage du Nord, Rec. p. 140, AJDA 1985, p. 455)*.

Puis, reprenant la position adoptée par la Cour de cassation, la Haute Assemblée avait jugé que l'administration devait limiter son examen des difficultés économiques aux sociétés « *œuvrant dans le même secteur d'activité* » *(CE, 15 juin 1998, n° 172.695, Mlle Cesbron, RJS 1998 n° 1016 ; CE, 29 déc. 2000, n° 199.320, Mme Arbaud, Rec. p. 680, RJS 2001 n° 474 ; CE, 4 juil. 2005, n° 263.434, Sté Vuclo France ; CE, 16 févr. 2007, n° 272.137, M. Coopman ; CE, 30 nov. 2015, n° 377.405, M. B. c. / Sté Mousset Logistique)*. En revanche, à la différence du juge judiciaire *(cf. n°* ***48.4.4.1.1.2****)*, en cas d'appartenance de la société à un groupe dont la société mère a son siège à l'étranger, elle estimait que l'examen ne devait porter que sur les sociétés du groupe ayant leur siège en France et des établissements de ce groupe situés en France, confirmant ainsi sa jurisprudence antérieure *(CE 15 juin 1998, n° 172.695, Cesbron, RJS 1998 n° 1016)*.

Par une décision du 8 juillet 2002, le Conseil d'État avait finalement rapproché sa jurisprudence de celle de la Cour de cassation, en considérant que l'administration était tenue « *dans le cas où la société intéressée relève d'un groupe dont la société mère a son siège à l'étranger, de faire porter son examen sur la situation économique de l'ensemble des sociétés du groupe œuvrant dans le même secteur d'activité que la société en cause sans qu'il y ait lieu de borner cet examen à celles d'entre elles ayant leur siège social en France ni aux établissements de ce groupe situés en France* » *(CE, 8 juill. 2002, n° 226.471, Kerminon, Rec. p. 266, RJS 2002 n° 1148, Dr ouvrier 2003, p. 206)*.

Est de ce fait exclue la possibilité pour une entreprise cessionnaire d'invoquer les difficultés économiques du cédant pour justifier, à l'appui d'une demande d'autorisation consécutive à son refus d'une modification de son contrat de travail, le licenciement d'un salarié transféré en application des dispositions de l'article L. 1224-1 du Code du travail *(CE, 14 juin 2021, n° 438.431, Sté René Graf, mentionné aux Tables)*.

B. Le cadre d'examen résultant des nouvelles dispositions légales

48.4.4.2. – L'article L. 1233-3 alinéa 12 du Code du travail, dans sa version résultant de l'ordonnance n° 2017-1387 du 22 septembre 2017 modifiée par la loi de ratification n° 2018-217 du 29 mars 2018, a sensiblement modifié le cadre d'appréciation des difficultés économiques :

> « *Les difficultés économiques, les mutations technologiques ou la nécessité de sauvegarder la compétitivité de l'entreprise s'apprécient au niveau de cette entreprise si elle n'appartient pas à un groupe et,*

dans le cas contraire, au niveau du secteur d'activité commun à cette entreprise et aux entreprises du groupe auquel elle appartient, établies sur le territoire national, sauf fraude. »

« Pour l'application du présent article, la notion de groupe désigne le groupe formé par une entreprise dominante et les entreprises qu'elle contrôle dans les conditions définies à l'article L. 233-1, aux I et II de l'article L. 233-3 et à l'article L. 233-16 du Code de commerce. »

Les dispositions du Code de commerce auxquelles renvoie le Code du travail

Article L. 233-1

« Lorsqu'une société possède plus de la moitié du capital d'une autre société, la seconde est considérée, pour l'application des sections 2 et 4 du présent chapitre, comme filiale de la première. »

Article L. 233-3, I et II

« I. - Toute personne, physique ou morale, est considérée, pour l'application des sections 2 et 4 du présent chapitre, comme en contrôlant une autre :

1° Lorsqu'elle détient directement ou indirectement une fraction du capital lui conférant la majorité des droits de vote dans les assemblées générales de cette société ;

2° Lorsqu'elle dispose seule de la majorité des droits de vote dans cette société en vertu d'un accord conclu avec d'autres associés ou actionnaires et qui n'est pas contraire à l'intérêt de la société ;

3° Lorsqu'elle détermine en fait, par les droits de vote dont elle dispose, les décisions dans les assemblées générales de cette société ;

4° Lorsqu'elle est associée ou actionnaire de cette société et dispose du pouvoir de nommer ou de révoquer la majorité des membres des organes d'administration, de direction ou de surveillance de cette société.

II. - Elle est présumée exercer ce contrôle lorsqu'elle dispose directement ou indirectement, d'une fraction des droits de vote supérieure à 40 % et qu'aucun autre associé ou actionnaire ne détient directement ou indirectement une fraction supérieure à la sienne. »

Article L. 233-16

« I. - Les sociétés commerciales établissent et publient chaque année à la diligence du conseil d'administration, du directoire, du ou des gérants, selon le cas, des comptes consolidés ainsi qu'un rapport sur la gestion du groupe, dès lors qu'elles contrôlent de manière exclusive ou conjointe une ou plusieurs autres entreprises, dans les conditions ci-après définies.

II. - Le contrôle exclusif par une société résulte :

1° Soit de la détention directe ou indirecte de la majorité des droits de vote dans une autre entreprise ;

2° Soit de la désignation, pendant deux exercices successifs, de la majorité des membres des organes d'administration, de direction ou de surveillance d'une autre entreprise. La société consolidante est présumée avoir effectué cette désignation lorsqu'elle a disposé au cours de cette période, directement ou indirectement, d'une fraction supérieure à 40 % des droits

> de vote, et qu'aucun autre associé ou actionnaire ne détenait, directement ou indirectement, une fraction supérieure à la sienne ;
>
> 3° Soit du droit d'exercer une influence dominante sur une entreprise en vertu d'un contrat ou de clauses statutaires, lorsque le droit applicable le permet.
>
> III. - Le contrôle conjoint est le partage du contrôle d'une entreprise exploitée en commun par un nombre limité d'associés ou d'actionnaires, de sorte que les décisions résultent de leur accord. »

Dans l'arrêt rendu le 21 juillet 2023, le Conseil d'État s'est fondé sur ces dispositions légales nouvelles, rappelées dans sa décision, pour définir la notion de groupe *(CE, 21 juill. 2023, n° 435.896, Fédération CGT des personnels du commerce, de la distribution et des services, mentionné aux Tables)*.

Pour déterminer le cadre d'examen des difficultés économiques, il y a lieu de répondre aux questions suivantes :

– l'entreprise appartient-elle à un groupe au sens des dispositions de l'article L. 1233-3 du Code du travail ?
– peut-on caractériser l'existence d'un secteur d'activité au sein du groupe ?
– les entreprises relevant de ce secteur d'activité sont-elles sur le territoire national ?

1. *Si l'entreprise n'appartient pas à un groupe*

48.4.4.2.1. – Le cadre d'appréciation défini antérieurement par les jurisprudences judiciaire et administrative *(cf. n°* ***48.4.4.1.1.1*** *et* ***48.4.4.1.2.1****)* n'est pas modifié par ces nouvelles dispositions.

Comme précédemment, le cadre d'examen est identique pour les difficultés économiques, les mutations technologiques *(cf. n°* ***48.5.1****)* et la nécessité de sauvegarder la compétitivité de l'entreprise *(cf. n°* ***48.6.4.1****)*.

De même, le principe, acté par la jurisprudence antérieure *(cf. n°* ***48.4.4.1.1.1*** *et* ***48.4.1.2.1****)*, d'un examen de la cause économique au niveau de l'ensemble de l'entreprise si celle-ci n'appartient pas à un groupe, est consacré par la nouvelle disposition légale. En effet, la notion de secteur d'activité n'est prévue par ce texte que lorsqu'il est commun à plusieurs entreprises du groupe et ne peut s'appliquer à une entreprise prise isolément et entre ses propres établissements.

Par ailleurs, la limitation au territoire national, inscrite dans la nouvelle rédaction de l'article L. 1233-3 du Code du travail, ne s'applique que lorsque la double condition d'appartenance à un groupe et, au sein de celui-ci, à un secteur commun d'activité, est remplie. Elle ne saurait donc concerner les entreprises n'appartenant pas à un groupe.

2. *Si l'entreprise appartient à un groupe*

48.4.4.2.2. – De même que précédemment, c'est l'existence d'un secteur d'activité commun à l'entreprise considérée et à d'autres entreprises au sein du groupe *(pour la nouvelle définition du groupe, cf. n°* ***48.4.4.3.2****)* qui doit être prise en compte pour déterminer un périmètre d'examen de la cause économique différent de celui de la seule entreprise.

En revanche, compte tenu de la limitation nouvelle au territoire national, ce secteur d'activité spécifique, doit, pour être pris en compte, se composer en tout en partie d'établissements situés en France.

Il résulte donc des nouvelles dispositions légales que plusieurs cas de figures doivent être envisagés :

1er cas : l'entreprise appartient à un secteur d'activité commun en France avec d'autres entreprises du groupe : le périmètre de la cause économique doit s'apprécier au sein de ce secteur d'activité sur le territoire national.

2e cas : l'entreprise appartient à un secteur d'activité commun en France et à l'étranger avec d'autres entreprises du groupe : le périmètre de la cause économique doit s'apprécier au sein de ce secteur d'activité sur le territoire national.

3e cas : l'entreprise appartient à un secteur d'activité commun uniquement avec d'autres entreprises du groupe situées à l'étranger : en l'absence de secteur d'activité commun en France, le périmètre de la cause économique nous semble devoir s'apprécier au sein de tous les établissements de l'entreprise situés sur le territoire national.

La limitation au territoire national, destinée, selon le rapport au président de la République, « *à accroître l'attractivité du territoire français pour les investissements internationaux* », remet en cause la solution jusqu'à présent admise par une jurisprudence constante *(cf. n°* ***48.4.4.1.2****)*.

Cette limitation du contrôle du motif à l'espace national n'est pas exempte de risques en permettant à des groupes de placer artificiellement leur filiale française dans une situation propre à justifier le licenciement économique de ses salariés dans le but de délocaliser ses activités à l'étranger. Au demeurant, la loi d'habilitation n° 2017-1340 du 15 septembre 2017 avait autorisé le Gouvernement à prendre « *toute disposition de nature à prévenir ou à tirer les conséquences de la création artificielle, notamment en termes de présentation comptable, de difficultés économiques à l'intérieur d'un groupe à la seule fin de procéder à des suppressions d'emplois* » *(art. 3, 2° b ; chron. G. Couturier, « Le droit du licenciement économique », Dr soc 2018, p. 17)*.

La loi de ratification n° 2018-217 du 29 mars 2018 a inséré la mention « *sauf fraude* » dans le nouvel alinéa *(cf. chron. S. Tournaux, « Droit du licenciement : les derniers ajustements issus de la loi du 29 mars 2018 », Dr soc 2018, p. 520)*. La caractérisation d'une fraude relative à la cause économique du licenciement, dont la preuve incombe toutefois au salarié, serait alors susceptible d'entraîner la nullité de l'acte frauduleux et des actes subséquents, et donc une nullité du licenciement avec obligation de réintégration sur demande du salarié, et non une simple condamnation pour défaut de cause réelle et sérieuse du licenciement *(note E. Wurtz CSB n° 305 mars 2018)*.

Les définitions des notions de groupe et de secteur d'activité sont examinées respectivement aux n° **48.4.4.3** et **48.4.4.4**.

Ces nouvelles règles sont applicables aux procédures de licenciement engagées après la date de publication de l'ordonnance, soit depuis le 24 septembre 2017.

La date d'engagement de la procédure est :

- soit la date de l'envoi de la convocation à l'entretien préalable visé à l'article L. 1233-11 du Code du travail (licenciement individuel ou licenciement collectif de moins de 10 salariés dans une même période de 30 jours) ;
- soit la date de l'envoi de la convocation à la première réunion des instances représentatives du personnel prévues aux articles L. 1233-28 à L. 1233-30 du Code du travail (licenciement collectif de 10 salariés ou plus dans une même période de 30 jours).

C. La notion de groupe pour l'examen de la cause économique

48.4.4.3. – La définition du groupe diffère selon qu'il s'agit d'apprécier la cause économique du licenciement, les recherches de reclassement *(cf. n° **411.3.3.3**)* ou les moyens mis en œuvre dans le plan de sauvegarde de l'emploi *(cf. n° **410.2.5** ; P. Bailly, « Les diverses figures du groupe dans les licenciements économiques », Sem. soc. Lamy n° 1858, 18.04.2019, p. 12)*.

La définition du groupe résultant des nouvelles dispositions légales, identique pour l'examen de la cause économique du licenciement *(C. trav., art. L. 1233-3)* et celui de l'effort de reclassement *(C. trav., art. L. 1233-4)*, est sensiblement modifiée par rapport à celle qu'avait retenue la jurisprudence antérieure.

1. *L'état du droit antérieur aux ordonnances de 2017*

48.4.4.3.1. – Pour la chambre sociale, la notion de groupe à prendre en considération pour l'examen de la cause économique était l'ensemble des entreprises unies par le contrôle ou l'influence d'une entreprise dominante dans les conditions définies à l'article L. 2331-1 du Code du travail, relatif aux conditions de constitution du comité de groupe *(Cass. soc., 16 nov. 2016, n° 14-30.063, B., RJS 2017 n° 19 ; Cass. soc., 20 mars 2019, n° 16-22.274, RJS 2019 n° 293 pour des faits antérieurs à l'entrée en vigueur des ordonnances de 2017)*. L'alinéa premier de cet article fait mention du groupe tel que prévu par les conditions définies à l'article L. 233-1, aux I et II de l'article L. 233-3 et à l'article L. 233-16 du Code de commerce. Dans ces deux décisions, l'influence dominante était identifiée en faisant référence aux éléments caractérisant le groupe, au sens de l'article L. 2331-1-II du Code du travail.

Par ailleurs, il avait été jugé que l'égalité de droits entre actionnaires ne suffisait pas à elle seule pour justifier l'exclusion d'une entreprise d'un groupe *(Cass. soc., 23 mai 2007, n° 05-45.578, RJS 2007 n° 932)*.

La chambre sociale avait également considéré que la détention indirecte par le groupe BNP Paribas d'une participation dans le capital de la société Panzani, au moment du rachat de la société Rivoire et Carret Lustucru, ne suffisait pas à créer un groupe au niveau duquel devait être apprécié le motif économique de licenciement *(Cass. soc., 3 déc. 2008, n° 07-43.684, RJS 2009 n° 153 : sur la notion de groupe pour apprécier le cadre de l'obligation de reclassement, cf. n°* ***411.3.3.3****)*

Le principe de l'application à une personne physique de la notion de contrôle qui caractérise l'existence d'un groupe, au sens des dispositions de l'article L. 233-3 du Code de commerce, pour l'appréciation de la cause économique avait également été affirmé par le Conseil d'État dans sa décision du 14 juin 2021 *(CE, 14 juin 2021, n° 417.940, Sté Papeteries de Léman, mentionné aux Tables, RJS 2021 n° 463, pour des faits antérieurs aux ordonnances de 2017 et de 2018)*.

2. *La définition légale résultant des ordonnances de 2017 et de 2018*

48.4.4.3.2. – La définition légale du groupe pour l'examen de la cause économique – comme pour l'appréciation de l'effort de reclassement – a fait l'objet de deux écritures successives, qui ont restreint son périmètre.

L'ordonnance n° 2017-1387 du 22 septembre 2017 avait défini ainsi le groupe :

> *« Pour l'application du présent article, le groupe est défini, lorsque le siège social de l'entreprise dominante est situé sur le territoire français,* **conformément au I de l'article L. 2331-1** *et, dans le cas contraire, comme constitué par l'ensemble des entreprises implantées sur le territoire français. »*

Cette définition avait pour objectif de resserrer la définition du groupe sur les seuls critères de contrôle prévus au I de l'article L. 2331-1 du Code du travail, en écartant ceux de l'influence dominante mentionnés au II de cet article *(A. Fabre, « Que reste-t-il du droit du licenciement pour motif économique ? », Sem. soc. Lamy n° 1784, 02.10.2017, p. 4 ; F. Géa, « Un nouveau droit du licenciement économique ? », RDT 2017, p. 636 ; G. Couturier, « Le droit du licenciement économique », Dr soc 2018, p. 17 ; I. Meftah, « La détermination du secteur d'activité auquel appartient l'entreprise : quels cadres ? » RJS 2022, p. 569-574)*.

Toutefois il en résultait une difficulté dans la mesure où l'article L. 2331-1 I auquel il était fait référence évoquait exclusivement le groupe formé par une entreprise dont le siège était situé sur le territoire français et les entreprises qu'elle contrôlait. Cette disposition a été modifiée par l'ordonnance n° 2017-1718 du 20 décembre 2017, qui a introduit la définition actuelle *(C. trav., art. L. 1233-3, al. 13 ; chron. « Réforme du Code du travail : analyse des nouvelles règles sur la rupture du contrat de travail », P-H. Antonmattei, V. Bardin, F. Canut, D. Chenu et G. Vachet, RJS 2018, p. 91)* :

« Pour l'application du présent article, la notion de groupe désigne le groupe formé par une entreprise appelée entreprise dominante et les entreprises qu'elle contrôle **dans les conditions définies** *à l'article L. 233-1, aux I et II de l'article L. 233-3 et à l'article L. 233-16 du Code de commerce. »*

Ces dispositions du Code de commerce figurent au n° **48.4.4.2**.

Ainsi défini en référence au Code de commerce, le contrôle exercé dans les conditions définies par ces dispositions est caractérisé notamment *(C. com., art. L. 233-1 et L. 233-3 I ; cf. également Guide DGT, Salariés protégés, sept. 2019, fiche n° 7a)* :

– par la détention de plus de la moitié du capital par une société commerciale ;
– ou par la disposition par toute personne physique ou morale de la majorité des droits de vote permettant de déterminer les décisions dans les assemblées générales et de nommer ou de révoquer la majorité des organes d'administration, de direction ou de surveillance.

L'existence de ce contrôle est également présumée en cas de détention directe ou indirecte d'une fraction des droits de vote supérieure à 40 % dès lors qu'aucun autre associé ou actionnaire ne détient directement ou indirectement une fraction supérieure *(C. com., art. L. 233-3 II)*.

Par ailleurs, l'article L. 233-16 II et III du Code de commerce *(cf. n° **48.4.4.2**)*, auquel renvoie également l'article L. 1233-3 al. 13 du Code du travail, définit le contrôle exclusif ou conjoint.

À la différence du groupe retenu pour apprécier la réalité du motif économique, le groupe à prendre en considération au titre de la recherche de reclassement, s'il correspond également à l'ensemble des entreprises, situées sur le territoire national, appartenant à un groupe formé par une entreprise appelée entreprise dominante et les entreprises qu'elle contrôle dans les conditions définies à l'article L. 233-1, aux I et II de l'article L. 233-3 et à l'article L. 233-16 du Code de commerce, se caractérise en outre par une organisation, des activités ou un lieu d'exploitation assurant la permutation de tout ou partie du personnel *(Cass. soc., 5 juill. 2023, n° 22-10.158, B. ; cf. n° **411.3.3.3.3.2**)*.

Le tableau ci-dessous récapitule ces différents cadres de référence :

<table>
<tr><td></td><td></td><td>Entreprise
in bonis</td><td>Entreprise en RJ
ou LJ</td></tr>
<tr><td colspan="2">Motif économique</td><td colspan="2">Appréciation dans le cadre du secteur d'activité commun aux entreprises du groupe
Groupe constitué par entreprise dominante + sociétés établies en France contrôlées par l'entreprise dominante dans les conditions définies par les articles L. 233-1, I et II de l'article L. 233-3 et L. 233-16 du Code de commerce</td></tr>
<tr><td colspan="2">Matérialité de la suppression de l'emploi</td><td>Niveau
de l'entreprise</td><td>Niveau
de l'entreprise</td></tr>
<tr><td rowspan="2">Reclassement</td><td>Périmètre de reclassement</td><td colspan="2">Possibilités de permutation au sein du Groupe constitué par entreprise dominante + sociétés établies en France contrôlées par l'entreprise dominante dans les conditions définies par les articles L. 233-1, I et II de l'article L. 233-3 et L. 233-16 du Code de commerce</td></tr>
<tr><td>Moyens</td><td>Moyens du groupe</td><td>Moyens de l'entreprise</td></tr>
</table>

D. La notion de secteur d'activité

1. L'origine jurisprudentielle de la définition du secteur d'activité

48.4.4.4.1. – Depuis les arrêts Thomson Tubes et TRW Repa *(Cass. soc., 5 avr. 1995, n° 93-42.690 et Cass. soc., 5 avr. 1995, n° 93-43.866, Bull. V, n° 123, Dr soc 1995, p. 487, Dr ouvrier 1995, p. 281, D. 1995 Jurisp., p. 503, note M. Keller ; cf. n°* ***48.4.4.1.1.2****)*, la chambre sociale de la Cour de cassation a limité sa définition de la notion de groupe, tant pour l'examen des difficultés économiques que pour celui de la nécessité de sauvegarde de la compétitivité, au « *secteur d'activité du groupe auquel appartient l'entreprise concernée* ».

Le Conseil d'État a adopté la même analyse *(cf. n°* ***48.4.4.1.2.2****)*.

La Cour de cassation a retenu une méthode reposant sur un faisceau d'indices relatifs « *à la nature des produits, à la clientèle auxquels ils s'adressaient et au mode de distribution mis en œuvre par l'entreprise* » *(Cass. soc., 10 févr. 2010, n° 08-41.109, RJS 2010 n° 321 ; Cass. soc., 30 sept. 2020, n° 19-12.116)*. « *Le secteur d'activité d'un groupe servant de cadre d'appréciation des difficultés économiques ne regroupe que les entreprises du groupe qui ont la même activité dominante et interviennent sur le même marché » (Cass. soc., 4 mars 2009, n° 07-42.381, Bull. V n° 57, RDT 2009, p. 306, note J.-Y. Frouin).* Le Conseil d'État s'est rallié à cette méthode d'analyse du secteur d'activité *(pour un exemple : CE, 27 juin 2022, n° 452.421, Sté Socomal).*

Selon M. Chauviré, « *relèvent d'un même secteur d'activité les entreprises dont l'activité économique a le même objet, quelles que soient les différences tenant aux modes de production des biens ou de fournitures des services comme aux caractéristiques des produits ou services » (Sem. soc. Lamy, 16 mars 2009, n° 1391).*

Le juge judiciaire considère que la délimitation du périmètre du secteur d'activité relève du pouvoir souverain d'appréciation du juge du fond *(Cass. soc., 5 avr. 2005, n° 02-45.372 ; Cass. soc., 5 mars 2008, n° 06-46.218).*

La Cour de cassation a confirmé les arrêts des cours d'appel jugeant que constituent un secteur d'activité :

– la distribution en grandes surfaces à dominante alimentaire, incluant la production, la commercialisation et la logistique *(Cass. soc., 30 avr. 1997, n° 95-41.513)* ;
– les activités d'un groupe relevant du domaine médical *(Cass. soc., 6 mars 2007, n° 05-40.156, RJS 2007 n° 568)* ;
– l'activité lubrifiant *(Cass. soc., 23 mai 2007 n° 05-45.578, RJS 2007 n° 932)* ;
– l'activité de levage et manutention *(Cass. soc., 23 mai 2007, n° 06-40.233, RJS 2007 n° 931)* ;
– le rayonnage-mobilier métallique *(Cass. soc., 9 mai 2006, n° 05-40.554)* ;
– l'activité de maintenance industrielle *(Cass. soc., 28 janv. 2008, n° 06-44.131, RJS 2008 n° 387)* ;
– « *le marché du pneumatique poids lourds constituait un secteur d'activité au sein du groupe Michelin » (Cass. soc., 7 juill. 2009, n° 08-40.321, RJS 2009 n° 774)* ;
– les activités d'équipementier électronique *(Cass. soc., 25 oct. 2007, n° 06-41.933)* ;
– la branche assurance-vie d'une compagnie d'assurance *(Cass. soc., 14 déc. 2011, n° 10-13.922, Bull. V n° 296, RJS 2012 n° 233)* ;
– la technologie numérique appliquée aussi bien à la prise de vue qu'au traitement de l'image, secteur d'activité distinct de celui de la technologie argentique *(Cass. soc., 24 oct. 2012, n° 11-23.418 à 11-23.420, RJS 2013 n° 17)* ;
– la fabrication d'emballages industriels *(Cass. soc., 17 mai 2017, n° 15-29.441, RJS 2017 n° 575)* ;
– les domaines d'activités dentaire et médical d'un groupe, fusionnés en une seule division, placée sous la responsabilité d'une seule personne, afin de mettre en place une nouvelle orientation stratégique

et de développer de nouveaux produits nécessitant une prospection ciblée du marché *(Cass. soc., 31 mars 2023, n° 19-26.054, B., RJS 2021 n° 306, RDT 2021, p. 385, note M. Kocher).*

De même, l'activité de la publicité sur internet ne pouvait être séparée du secteur d'activité de la publicité du groupe *(Cass. soc., 20 juin 2007, n° 06-41.725).*

En revanche, l'activité de sciage de bois de chêne constitue un secteur d'activité différent de celui du négoce de bois et matériaux de construction *(Cass. soc., 4 mars 2009, n° 07-42.381, Bull. V n° 57, RDT 2009, p. 306, note J.-Y. Frouin).*

Il a été jugé que « *la spécialisation d'une entreprise au sein d'un groupe ne suffit pas à exclure son rattachement à un secteur d'activité plus étendu* » *(Cass. soc., 8 juill. 2008, n° 06-45.934, RJS 2008 n° 966 ; Cass. soc., 31 mars 2021, n° 19-26.054, B., RJS 2021 n° 306 ; Cass. soc., 26 juin 2024, n° 23-15.503, B.).*

2. *Les éléments d'information relatifs au secteur d'activité*

48.4.4.4.2. – Le juge a considéré que la réalité des difficultés économiques invoquées n'était pas établie :

– soit lorsque « *les éléments produits par l'employeur, limités aux entreprises situées sur le territoire français, ne permettent pas de déterminer l'étendue du secteur d'activité du groupe dont relevait la société* » *(Cass. soc., 4 mars 2009, n° 07-42.381, Bull. V n° 57, RJS 2009 n° 418 ; rapport M. Chauviré, Sem. soc. Lamy, 16 mars 2009, n° 1391 ; JCP S 2009 n° 18, note P.-Y. Verkindt)* ;

– soit l'employeur ne fournissait aucune information sur la situation économique de ce secteur d'activité dans le groupe, à l'époque des licenciements *(Cass. soc., 19 mars 2002, n° 00-40.324 ; Cass. soc., 9 juill. 2015, n° 14-16.009, Bull. 2016, n° 834, Soc., n° 38, RJS 2015 n° 627).*

La chambre sociale a confirmé l'arrêt par lequel le juge du fond avait relevé que « *la distinction des entités composant l'ensemble du groupe dont relevait la société Simax était destinée à masquer la nature et l'importance des flux qui les relient* » et « *constaté que les éléments d'information produits par l'employeur, limités au secteur d'activité européen, ne permettaient pas de connaître l'étendue et la situation de l'ensemble du secteur d'activité sur lequel intervenait cette société* » *(Cass. soc., 10 déc. 2003, n° 01-47.332, RJS 2004 n° 187).*

Si le secteur d'activité retenu par l'employeur n'apparaît pas fondé, l'autorité administrative peut toutefois, comme le juge judiciaire (Cass. soc., 7 juill. 2009, n° 08-40.321 ; Cass. soc., 10 févr. 2010, n° 08-41.109), apprécier la réalité de cette cause dès lors que les éléments recueillis au cours de l'enquête lui permettent de déterminer le secteur pertinent *(cf.*

Guide DGT, Salariés protégés, sept. 2019, fiche n° 7a ; également jugé en ce sens : CAA Nancy, 27 déc. 2016, n° 15NC01418, Sté Le Joint Français).

3. La définition légale du secteur d'activité résultant de l'ordonnance de 2017

48.4.4.4.3. – La définition du secteur d'activité formulée par la chambre sociale dans l'arrêt rendu le 10 février 2010 *(cf. n° **48.4.4.4.1**)* a été reprise par l'ordonnance n° 2017-1387 du 22 septembre 2017 *(C. travail, art. L. 1233-3 alinéa 14)* :

> *« Le secteur d'activité permettant d'apprécier la cause économique du licenciement est caractérisé, notamment, par la nature des produits biens ou services délivrés, la clientèle ciblée, les réseaux et modes de distribution, se rapportant à un même marché. »*

Cette liste de critères ne présente pas un caractère exhaustif. En outre, la référence au marché nous semble constituer le critère déterminant *(cf. également chron. I. Meftah, n° **48.4.4.3.2**)*.

§ 5. LE CONTRÔLE DE L'EXISTENCE DES DIFFICULTÉS ÉCONOMIQUES

48.4.5. – Dans le cadre de sa jurisprudence relative aux autorisations de licenciement des salariés non protégés, le juge administratif avait déjà été conduit à examiner les difficultés économiques de nature à justifier des licenciements. Cette jurisprudence a été complétée par celle relative au licenciement des salariés protégés. Elles doivent être combinées avec la jurisprudence du juge judiciaire : pour la chambre sociale, les difficultés d'un secteur de l'entreprise ne suffisent pas à constituer une cause économique de licenciement car c'est au niveau de l'entreprise dans son ensemble ou du secteur d'activité du groupe qu'elles doivent se vérifier.

Ces difficultés internes ne peuvent donc constituer une cause économique de licenciement que si elles retentissent sur la situation de l'entreprise ou si elles rendent nécessaire une réorganisation pour assurer sa compétitivité.

A. L'appréciation des difficultés économiques par la jurisprudence

1. Les circonstances de nature à établir l'existence de difficultés économiques

a) La baisse du chiffre d'affaires et des commandes

48.4.5.1.1.1. – La réalité des difficultés économiques avait été admise dans les cas :

- d'une réduction des commandes et du chiffre d'affaires pendant deux ans *(CE, 29 juill. 1983, n° 24.607, Sté S.C.R.E.G. Île-de-France)* ;
- d'une crise conjoncturelle touchant le secteur d'activité de l'entreprise et entraînant une diminution très importante des commandes *(CE, 10 oct. 1986, n° 60.326, Cicero c. / Saez)* ;
- d'une « *baisse de commandes due à la concurrence étrangère et imposant une autre orientation* » *(Cass. soc., 3 mai 1994, n° 92-44.421)* ;
- d'une régression de l'activité ayant conduit à la mise en chômage partiel d'une partie du personnel au cours des trois premiers mois de l'année *(CE, 20 mars 1996, n° 164.070, SA L'Entreprise Industrielle)* ;
- d'une baisse sensible du chiffre d'affaires depuis plusieurs années et d'une accumulation de déficits importants *(CE, 19 févr. 1997, n° 162.261, Chauvet)* ;
- d'une baisse sensible de l'activité et des résultats depuis plusieurs années, cette situation économique faisant craindre une nouvelle dégradation du chiffre d'affaires *(CE, 11 févr. 1998, n° 169.789, SA Ficom, Tables p. 1204)* ;
- d'une situation financière et de résultats d'exploitation déficitaires, depuis plusieurs exercices, de la société qui appelaient d'urgence des mesures de redressement *(CE, section, 11 juin 1999, n° 198.144, M. Prouvost, Rec. p. 179)*.

La matérialité des difficultés économiques peut être admise alors même que la situation financière de l'entreprise n'est pas catastrophique *(Cass. soc., 9 juill. 1997, n° 95-43.722, Bull. V n° 261)*.

b) L'existence de difficultés d'ordre financier

48.4.5.1.1.2. – Constituent une cause économique :

- une baisse de production et une importante perte d'exploitation *(CE, 18 févr. 1983, n° 34.677, Sté « Big Chief », Tables p. 893)* ;
- l'abandon d'une activité connaissant de graves difficultés financières *(CE, 29 juill. 1983, n° 39.056, Villar, Tables p. 893)* ;
- des pertes d'exploitation et de graves difficultés dues à une forte réduction des commandes *(CE, 7 févr. 1986, n° 48.795, Chéron)* ;
- la suppression du département dont le salarié était le responsable technique à la suite de graves difficultés financières *(CE, 27 févr. 1987, n° 53.156, Trouin)* ;
- des pertes financières importantes, dues à de graves difficultés économiques *(CE, 31 mars 1989, n° 76.207, Ledour)* ;
- des charges financières compromettant durablement les résultats de l'entreprise et justifiant la suppression d'un poste de travail pour assurer la sauvegarde de sa compétitivité *(Cass. soc., 26 janv. 2005, n° 02-44.138, RJS 2005 n° 361)* ;
- une importante réduction de l'activité et des résultats de l'entreprise *(CE, 22 nov. 1989, n° 85.766, Forler)* ;

– un grave déficit budgétaire, un déficit d'exploitation considérable et de graves difficultés de trésorerie liées aux mauvais résultats de l'exercice précédent *(Cass. soc., 26 mars 1992, n° 89-43.961, Dr ouvrier 1993 n° 537)* ;
– la réalisation d'un projet de construction et d'exploitation d'un hôtel impliquant la suppression des emplois existants et la fermeture de l'établissement, par une société connaissant notamment de graves difficultés financières *(CE 28 juill. 1999, n° 171.316, SA Cannes Balnéaire, Palm Beach Casino)* ;
– le déficit du secteur des cabinets médicaux d'une mutuelle, alors même que la situation financière de cette dernière était excédentaire *(CE, 17 mai 2000, n° 194.962, Mutuelle Générale de l'éducation nationale)* ;
– une perte d'exploitation importante du groupe *(Cass. soc., 29 janv. 2008 n° 06-44.189, RJS 2008 n° 386)*.

c) Une réduction des subventions

48.4.5.1.1.3. – Constituent une cause économique :
– une diminution des subventions accordées à un institut de formation *(CE, 5 févr. 1982, n° 15.478, Centre inter-régional Provence-Côte d'Azur pour l'enfance et l'adolescence inadaptées – Ministre du Travail c. / Mandrille, Tables p. 768)* ;
– une forte diminution des subventions accordées par les collectivités publiques à une association chargée d'organiser des stages financés en partie par des fonds publics *(CE, 28 oct. 1985, n° 52.968, Association Unioniste du Rocheton c. / Escande)* ;
– des restrictions budgétaires dans une entreprise nationale *(Cass. soc., 22 avr. 1992, n° 90-43.101)* ;
– le refus de l'autorité de tutelle de prendre en charge les dépenses de soins dispensés aux enfants recueillis dans un établissement *(CE, 31 mars 1995, n° 135.119, Fondation Mequignon)*.

2. Les circonstances faisant obstacle à la reconnaissance de l'existence de difficultés économiques

a) Les difficultés d'origine frauduleuse ou liées à une grave irrégularité de gestion ou à une légèreté blâmable de l'employeur

48.4.5.1.2.1. – Tel était le cas :
– pour un « *employeur qui connaissait la situation obérée de l'entreprise au moment de l'engagement du salarié en vertu du contrat d'adaptation* » et qui « *a fait preuve d'une légèreté blâmable* » *(Cass. soc., 26 févr. 1992, n° 90-40.364, RJS 1992 n° 422)* ;
– pour l'arrêt des activités d'un casino consécutif à une décision ministérielle de refus de renouvellement de l'agrément, cette décision étant liée aux antécédents judiciaires du dirigeant choisi, qui

ne pouvaient être ignorés *(Cass. soc., 26 janv. 1994, n° 92-43.616, Bull. V n° 26)* ;

- pour une décision de licenciement entachée de détournement de pouvoir dans le but de permettre la promotion d'un autre salarié *(Cass. soc., 2 juin 1993, n° 92-41.282, Dr soc 1993, p. 677)* ;
- pour des difficultés financières qui « *résultaient d'une attitude intentionnelle et frauduleuse…* » de l'employeur *(Cass. soc., 13 janv. 1993, n° 91-45.894, Bull. V, n° 9, Dr soc 1993, p. 188, RJS n° 138 ; Cass. soc., 12 janv. 1994 n° 92-43.191, RJS 1994 n° 134)* ;
- pour des résultats négatifs de l'entreprise, dus aux prélèvements personnels de l'employeur, supérieurs au chiffre d'affaires *(Cass. soc., 5 oct. 1999, n° 97-42.057)* ;
- pour des difficultés résultant des agissements de l'employeur qui avait « *en connaissance de cause conduit à la liquidation forcée de la société* » *(Cass. soc., 10 juill. 2002, n° 00-41.491, RJS 2002 n° 1216)* ;
- pour une association, cessionnaire d'une activité exercée dans des locaux nécessitant une mise aux normes et qui avait engagé les salariés après avoir accepté de faire son affaire de l'agrément de la commission de sécurité compétente sans avoir sur ce point la moindre garantie, puis avait fait preuve de carence à l'égard du propriétaire s'agissant des travaux nécessaires *(Cass. soc., 10 mai 2005, n° 03-40.620)* ;
- pour la fermeture de l'unique établissement de l'entreprise, consécutive à la résiliation du bail commercial, résultant des manquements de la société, qui avait versé avec retard le loyer et refusé indûment sa majoration *(Cass. soc., 2 juin 2009, n° 08-41.747)* ;
- pour l'arrêt du subventionnement par le Conseil général d'une association, celle-ci s'étant laissé dépouiller par pure complaisance d'une partie importante de son patrimoine et ayant ainsi contribué en connaissance de cause à l'organisation de son insolvabilité *(Cass. soc., 9 oct. 1991, n° 89-41.705, Bull. V n° 402 ; Cass. soc., 15 janv. 2014, n° 12-11.648, 12-11.649 et 12-11.650)* ;
- pour les décisions, prises, directement ou indirectement, par la société-mère, dommageables pour l'entreprise, qui ne répondaient à aucune utilité pour elle et n'étaient profitables qu'à son actionnaire unique : la société-mère avait par sa faute et sa légèreté blâmable, concouru à la déconfiture de l'employeur et à la disparition des emplois qui en est résulté *(Cass. soc., 8 juill. 2014, n° 13-15.573, Bull. V, n° 180, Dr ouvrier 2015, p. 42)* ;
- pour une société ayant procédé à une remontée de dividendes de la part des sociétés filiales françaises, dans des proportions manifestement anormales compte tenu des marges d'autofinancement nécessaires à ces sociétés exerçant une activité dans un domaine par nature cyclique, et alors que certaines d'entre elles étaient déjà en situation déficitaire et que d'autres avaient des besoins

financiers pour se restructurer et s'adapter à de nouveaux marchés *(Cass. soc., 24 mai 2018, n° 17-12.560, B., RJS 2018 n° 534)*.

En revanche, « *l'erreur du chef d'entreprise dans l'appréciation du risque inhérent à tout choix de gestion ne caractérise pas à elle seule la légèreté blâmable* » *(Cass. soc., 14 déc. 2005, n° 03-44.380, Bull. V, n° 365, RJS 2006 n° 185, JCP S 2006 n° 7-8 p. 23 note P. Morvan ; Rapport 2005 de la Cour de cassation, p. 267 ; Cass. soc., 17 mars 2021, n° 19-10.237, RJS 2021 n° 307 ; RDT 2022 p. 39, chron. A. Hatchuel et S. Vernac)*.

La chambre sociale a toutefois jugé que si, en cas de fermeture définitive et totale de l'entreprise, la faute ou la légèreté blâmable ne peuvent être déduites de la seule absence de difficultés économiques ou, à l'inverse, l'absence de faute de l'existence de telles difficultés, il n'était pas interdit au juge de prendre en compte la situation économique pour apprécier le comportement de l'employeur ; en conséquence, caractérisait l'existence d'une légèreté blâmable la fermeture d'une filiale qui connaissait de bons résultats et dont la baisse d'activité était imputable à des décisions du groupe, et non à des difficultés économiques. En l'espèce, n'étant pas un distributeur indépendant, cette entreprise bénéficiait de conditions préférentielles d'achat auprès du groupe, dont elle était la filiale à 100 % à travers une société holding et la décision de fermeture avait été prise par le groupe, non pas pour sauvegarder sa compétitivité, mais afin de réaliser des économies et d'améliorer sa propre rentabilité, au détriment de la stabilité de l'emploi *(Cass. soc., 1er févr. 2011, n° 10-30.045 à 10-30.048, Bull. V, n° 42, RJS 2011 n° 305 ; chron. G. Couturier, « La fermeture d'une filiale : le recours des salariés licenciés », Dr soc 2011, p. 372 ; chron. F. Géa, « La cause fautive de licenciement (au miroir des jurisprudences judiciaire et administrative », RJS 2013, p. 427)*.

En tout état de cause, il n'appartient pas à l'autorité administrative de rechercher si la situation économique est liée à une faute ou une légèreté blâmable de l'employeur *(CE, 2 déc. 2024, n° 473.678, Sté Yto France, RJS 2025 n° 106)*. Est ainsi étendue au contrôle des difficultés économiques la solution déjà retenue par le Conseil d'État pour le contrôle du motif économique résultant de la cessation totale et définitive d'activité de l'entreprise *(CE, 8 avr. 2013, n° 348.559, Schintu, Rec. p. 59, concl. G. Dumortier, RJS 2013 n° 551 ; CE, 1er août 2013, n° 351.917, M. B. c./ Sté Eurocel – cf. n° **48.7.5.2**)*.

b) Les difficultés conjoncturelles ou insuffisamment importantes

48.4.5.1.2.2. – Il en a été jugé ainsi :

– lorsque « *la Sté Maison des Travailleurs Confédérés s'est fondée sur la situation déficitaire et sur l'absence de perspective de redressement ; il ressort des pièces du dossier que si la société requérante avait eu des résultats déficitaires au cours des années antérieures, le résultat de l'exercice 1985 est redevenu positif, même en faisant abstraction des produits exceptionnels engendrés par une importante plus-value immobilière réalisée en avril 1985 et dont l'entreprise s'est d'ailleurs abstenue de révéler l'existence dans sa demande » (CE, 12 oct. 1990, n° 98.872, Maison des Travailleurs Confédérés)* ;

– dès lors que la légère baisse d'activité a été suivie d'une amélioration de la situation au cours des trois derniers mois et de l'embauche de deux autres salariés ayant la même qualification que le salarié licencié *(Cass. soc., 26 juin 1991, n° 89-44.033)* ;

– pour un secteur connaissant un simple ralentissement des ventes *(Cass. soc., 22 févr. 1994, n° 92-41.891 ; Cass. soc., 19 mars 1997, n° 94-42.963)* ;

– dans la mesure où la faible baisse du chiffre d'affaires ne justifiait pas la suppression de l'emploi *(Cass. soc., 9 mars 1994, n° 92-41.562)* ;

– dès lors que « *le fait que les résultats nets d'exploitation de la société, qui avaient été nettement bénéficiaires au cours des exercices clos en 1989 et 1990, étaient devenus déficitaires pour la période du 1er janvier 1991 au 31 mars 1992, tenait à l'importante charge financière supportée par la société pour rénover son établissement hôtelier et à la dotation exceptionnelle aux amortissements que cette opération avait nécessité, sur le plan comptable, et qu'alors même que les travaux réalisés auraient été nécessités par les exigences du bailleur ou par l'obligation de fournir à la clientèle des prestations d'un niveau conforme à celles qui sont offertes par la concurrence, il s'agissait de circonstances conjoncturelles qui n'étaient pas susceptibles d'établir l'existence de difficultés économiques réelles, de nature à justifier le licenciement de M. B.Y.* » *(CE, 28 juill. 1999, n° 189.266, SA Hôtel Commodore)* ;

– dans la mesure où « *ni la réalisation d'un chiffre d'affaires moindre de 1992 à 1993, ni la baisse des bénéfices réalisés pendant la même période ne suffisaient à caractériser la réalité des difficultés économiques alléguées [pour l'année 1993] par l'employeur* » *(Cass. soc., 6 juill. 1999, n° 97-41.036, Bull. V, n° 327, RJS 1999 n° 1236 ; Cass. soc., 16 mai 2018, n° 16-19.085)* ;

– lorsque était avancée la seule baisse du résultat bénéficiaire par rapport à l'année précédente, le chiffre d'affaires ayant progressé *(Cass. soc., 8 nov. 2006, n° 05-40.894, RJS 2007 n° 28)* ;

– en l'absence de difficultés économiques établies pour des licenciements consécutifs à la fermeture d'un site *(Cass. soc., 8 juill. 2008, n° 06-43.802, RJS 2008 n° 973)* ;

– pour des difficultés correspondant à une simple diminution passagère du volume de travail et des variations momentanées des prestations à une clientèle qui par nature n'était pas constante *(Cass. soc., 28 janv. 2014, n° 12-23.206 ; Cass. soc., 8 déc. 2004, n° 02-46.293)*.

La perte d'un marché ne constitue pas **en soi** une cause économique de licenciement et il appartient à l'employeur de produire les éléments de nature à déterminer l'incidence de cette perte de marché sur l'équilibre économique de l'entreprise *(Cass. soc., 25 sept. 2001, n° 99-43.903 ; Cass. soc., 29 janv. 2014, n° 12-15.925).* Il en va autrement s'il s'agit de l'unique marché de l'entreprise *(Cass. soc., 19 juill. 2000, n° 98-42.506)* ou d'un marché dont la perte entraîne la cessation d'une part importante de l'activité *(Cass. soc., 28 janv. 2014, n° 12-21.233).*

c) La volonté de l'employeur d'entreprendre une activité pouvant être durablement déficitaire, les difficultés étant conformes aux anticipations faites lors de l'embauche

48.4.5.1.2.3. – Il en a été jugé ainsi dans un cas où l'évolution déficitaire des résultats était conforme aux prévisions faites lors de l'embauche, ces résultats étant en amélioration constante lors du licenciement *(Cass. soc., 26 mars 2003, n° 01-42.333, RJS 2003 n° 717).*

d) La volonté de l'employeur, dans le cadre de l'application de l'article L. 1224-1 du Code du travail, d'aligner la rémunération des salariés transférés sur celle de leurs nouveaux collègues

48.4.5.1.2.4. – Dans cette hypothèse, la chambre sociale juge que le licenciement ne repose pas sur une cause économique au sens de l'article L. 321-1, la modification n'ayant pas pour véritable motif « *les difficultés économiques* » *(Cass. soc., 21 sept. 2005, n° 03-45.548, RJS 2005 n° 1174).*

e) Les considérations environnementales

48.4.5.1.2.5. – La cause économique n'a pas été reconnue dans un cas où l'employeur ne faisait état d'aucune difficulté économique et que les licenciements étaient motivés par l'attitude de la municipalité et les résultats insuffisants de l'essai de pompage rendant impossible la production projetée, alors que le maire s'était borné à donner un avis qui ne suffisait pas à faire échec au projet industriel, lequel pêchait par une impréparation ou une insuffisance de préparation qui ne pouvaient conférer aux difficultés techniques rencontrées, y compris dans la poursuite de la fabrication antérieure, valeur de contraintes technologiques ou de difficultés économiques *(Cass. soc., 7 juill. 1998, n° 95-43.281, Bull. V n° 369).*

3. *L'incidence du recours aux heures supplémentaires, au personnel intérimaire ou au personnel recruté sous contrat à durée déterminée*

a) Règle générale

48.4.5.1.3.1. – Le recours aux heures supplémentaires ou au travail précaire, avant, pendant ou après l'engagement de la procédure de licenciement, constitue un élément que l'administration et le juge peuvent prendre en compte pour apprécier la réalité du motif économique allégué par l'employeur, mais également les efforts de reclassement *(cf. n° **411.5.8.1** et **411.5.8.2**)*.

Peuvent notamment être pris en compte :

– le volume des heures supplémentaires et des heures de travail effectuées par les salariés intérimaires ou sous contrat à durée déterminée ;
– le caractère durable du recours aux heures supplémentaires et au travail précaire.

b) Le recours ponctuel ou limité

48.4.5.1.3.2. – Pour le juge administratif, le recours exceptionnel ou limité aux heures supplémentaires et au travail précaire est sans incidence sur la légalité de la décision d'autorisation de licenciement. Il en a été jugé ainsi pour des entreprises ayant :

– augmenté, à titre exceptionnel, la durée du travail *(CE, 27 janv. 1982, n° 36.582, Marcian, Rec. p. 766)* ;
– subi une baisse de production et une importante perte d'exploitation, et ayant eu recours, dans l'année précédant la demande, à des heures supplémentaires représentant moins de 1 % du volume horaire de travail total *(CE, 18 févr. 1983, n° 34.677, Sté Big Chief, Rec. p. 893)* ;
– pour une entreprise ayant recouru à des intérimaires postérieurement au licenciement du salarié protégé pour faire face à un surcroît temporaire d'activité *(CE, 9 juill. 1997, n° 163.594, Ory)*.

c) Le recours systématique

48.4.5.1.3.3. – Pour sa part, le juge judiciaire a conclu à l'absence de cause réelle et sérieuse dès lors que :

– « *les emplois n'avaient pas été supprimés, puisque l'employeur avait seulement entendu remplacer les contrats à durée indéterminée par des contrats à durée déterminée* » *(Cass. soc., 19 oct. 1997, n° 95-41.318, Bull. V n° 320, Dr ouvrier 1998, p. 450)* ;
– « *après le licenciement des deux salariées, la société avait eu recours, de manière systématique, à des embauches de manutentionnaires sous contrats à durée déterminée* » *(Cass. soc., 12 févr. 1997, n° 95-41.694 et n° 95-41.695, Bull. V n° 58, Dr ouvrier janv. 1998)*.

B. Les indicateurs légaux de l'existence de difficultés économiques

48.4.5.2. – La loi n° 2016-1088 du 8 août 2016 *(art. 30)* a précisé la définition du motif économique, et en particulier des difficultés économiques, afin, selon l'exposé des motifs, « *de donner davantage de clarté aux règles applicables, en particulier dans les PME* ». Ces dispositions sont entrées en vigueur le 1er décembre 2016.

S'agissant des difficultés économiques, l'article L. 1233-3 du Code du travail dispose :

« Constitue un licenciement pour motif économique le licenciement […] résultant d'une suppression ou transformation d'emploi ou d'une modification, refusée par le salarié, d'un élément essentiel du contrat de travail, ***consécutives notamment*** *:*

alinéas 2 à 7 :

1° À des difficultés économiques caractérisées soit par l'évolution significative d'au moins un indicateur économique tel qu'une baisse des commandes ou du chiffre d'affaires, des pertes d'exploitation ou une dégradation de la trésorerie ou de l'excédent brut d'exploitation, soit par tout autre élément de nature à justifier de ces difficultés.

Une baisse significative des commandes ou du chiffre d'affaires est constituée dès lors que la durée de cette baisse est, en comparaison avec la même période de l'année précédente, au moins égale à :

a) Un trimestre pour une entreprise de moins de onze salariés ;

b) Deux trimestres consécutifs pour une entreprise d'au moins onze salariés et de moins de cinquante salariés ;

c) Trois trimestres consécutifs pour une entreprise d'au moins cinquante salariés et de moins de trois cents salariés ;

d) Quatre trimestres consécutifs pour une entreprise de trois cents salariés et plus. »

Le législateur s'est ainsi inspiré des indicateurs dégagés par la jurisprudence, et leur a donné une définition objective dans le but d'apporter une sécurité juridique aux entreprises.

Cette liste d'indicateurs n'est donc pas exhaustive et laisse la possibilité à l'employeur de démontrer l'existence de difficultés économiques par tout autre élément pertinent *(Cass. soc., 21 sept. 2022, n° 20-18.511, B., RJS 2022 n° 608, RDT 2022 p. 711, note F. Géa : situation caractérisée par des capitaux propres inférieurs à la moitié du capital social et un niveau élevé d'endettement)*.

Le caractère « significatif » de la baisse implique donc une appréciation portée non seulement sur sa durée, au regard des nouvelles règles pour les indicateurs concernés, mais également sur son ampleur : une baisse minime constatée sur la période définie légalement ne saurait être regardée comme constitutive de difficultés économiques.

S'agissant de la période de référence pour l'appréciation de l'évolution, la baisse significative des commandes ou du chiffre d'affaires doit s'apprécier en comparant leur niveau au cours de la période contemporaine de la rupture du contrat de travail avec celui de l'année antérieure sur la même période *(Cass. soc., 1er juin 2022, n° 20-19.957, B., RJS 2022 n° 439, RDT 2022 p. 384, note F. Géa)*.

Une dégradation de l'excédent brut d'exploitation doit, pour constituer l'indicateur d'une évolution significative caractérisant l'existence de difficultés économiques, appréciée souverainement par le juge du fond, présenter un caractère sérieux et durable, ce qui exclut la prise en considération de soldes intermédiaires de gestion négatifs sur une trop courte période *(Cass. soc., 1er févr. 2023, n° 20-19.661, préc.)*. Il en va de même pour l'évolution des pertes d'exploitation *(Cass. soc., 18 oct. 2023, n° 22-18.852, B., RJS 2024 n° 18)*.

Innovation importante introduite par ce texte, la possibilité de caractérisation des difficultés économiques à partir d'un seul indicateur économique, qui remet en cause la jurisprudence de la Cour de cassation fondée sur la recherche du faisceau d'indices à partir de plusieurs critères, est de nature à susciter des interrogations sur la validité de la démonstration des difficultés économiques *(sur cette question, cf. chron. C. Wolmark, « Les difficultés économiques à l'épreuve du droit à l'emploi », RDT 2016. 764)*.

À la lumière des arrêts rendus par la Cour de cassation *(Cass. soc., 1er juin 2022, n° 20-19.957, B., RJS 2022 n° 439, RDT 2022 p. 384 note F. Géa ; Cass. soc., 21 sept. 2022, n° 20-18.511, préc. ; Cass. soc., 1er févr. 2023, n° 20-19.661, B., RJS 2023 n° 203)*, il apparaît que, si le juge est privé de tout pouvoir d'appréciation dans le champ de la présomption légale attachée aux indicateurs relatifs au niveau des commandes ou au chiffre d'affaires, il retrouve en revanche une certaine liberté lorsque le licenciement repose sur un autre indicateur, visé ou non par l'article L. 1233-3 du Code du travail *(T. Hollande et L. Richard, « Les indicateurs comptables ont-ils effacé le pouvoir d'appréciation du juge des difficultés économiques ? », RDT 2023 p. 304)*.

§ 6. L'APPRÉCIATION DU CARACTÈRE NÉCESSAIRE DU LICENCIEMENT EN RAISON DES DIFFICULTÉS ÉCONOMIQUES ÉTABLIES

A. La jurisprudence applicable aux procédures engagées avant l'entrée en vigueur des modifications introduites par la loi du 8 août 2016 relatives à la définition du motif économique (avant le 1er décembre 2016)

48.4.6.1. – Selon cette jurisprudence, il ne suffit pas que les difficultés économiques soient établies. L'autorité administrative, sous le contrôle du juge, doit rechercher « *d'une part, si le motif économique invoqué à l'appui de la demande de licenciement était réel et, d'autre part, s'il impliquait nécessairement la perte de l'emploi occupé par le salarié protégé* » *(CE, section, 18 févr. 1977, n° 95.354, Abellan, concl. commissaire du gouvernement, Rec. p. 97, Dr soc 1977, p. 166)*. L'appréciation du motif économique ne saurait par ailleurs faire abstraction de la situation particulière des représentants du personnel et des charges résultant pour l'employeur du respect du statut protecteur ; il en a été jugé ainsi dans les affaires suivantes :

– « *la rémunération des heures de délégation dont bénéficiait M. F. au titre de ses mandats au sein de l'entreprise constitue pour celle-ci une obligation légale qui reste à sa charge, quelle que soit la répartition des mandats entre les salariés de l'entreprise, que s'agissant des fonctions exercées par M. F. à l'extérieur, les organismes auxquels il participait reversaient à l'entreprise les sommes correspondant à la rémunération des heures que leur consacrait M. F. ; qu'il suit de là que le licenciement ne procurait aucun allégement des charges salariales de l'entreprise, qu'ainsi, en refusant pour ce motif d'autoriser l'entreprise à le licencier pour motif économique, l'inspecteur du travail n'a pas commis d'erreur d'appréciation » (CE, 29 mai 1992, n° 107.525, SA Les coopérateurs de Champagne, Tables p. 1349, RJS 1992 n° 1010)* ;

– en cas de réintégration d'un salarié protégé après l'annulation d'une décision d'autorisation par le juge administratif, une nouvelle demande de licenciement ne peut résulter de la suppression de l'emploi occupé lors de la première demande et de l'absence de poste équivalent à proposer : « *un tel motif (de licenciement) ne saurait être tiré de la seule circonstance que l'emploi initialement occupé par le salarié n'est plus disponible au moment de la réintégration et qu'aucun emploi équivalent n'est vacant dans l'entreprise ; qu'il ne ressort pas des pièces du dossier que la réintégration de M. M. entraînait pour l'entreprise des difficultés économiques de nature à justifier son licenciement » (CE, 3 oct. 1990, n° 76.597, Moscovici, Rec. p. 266, RJS 1990 n° 999)*.

L'approche du juge judiciaire est identique *(Cass. soc., 26 oct. 2004, n° 02-42.996)*.

Toutefois, ayant constaté l'existence des difficultés économiques de l'entreprise, le juge n'a pas à contrôler le choix de l'employeur de supprimer une catégorie particulière de postes *(Cass. soc. 14 sept. 2010, n° 09-66.657)*.

B. La jurisprudence applicable aux procédures engagées postérieurement à l'entrée en vigueur de la loi du 8 août 2016 (à compter du 1er décembre 2016)

48.4.6.2. – La loi du 8 août 2016 a eu pour but d'objectiver les difficultés économiques de nature à établir le motif économique du licenciement en se fondant sur « *l'évolution significative d'au moins un indicateur économique* » ou « *tout autre élément de nature à justifier de ces difficultés* ». Le législateur a mentionné, au nombre des indicateurs, « *la baisse des commandes ou du chiffre d'affaires* » et a défini dans la loi ce qui doit être entendu comme étant « *une baisse significative du carnet de commandes ou du chiffre d'affaires* » selon l'effectif des salariés de l'entreprise *(C. trav., art. L. 1233-3)*. L'objectif poursuivi est de limiter l'appréciation que peut porter le juge sur le caractère justifié du licenciement en posant la règle selon laquelle « *la baisse significative des commandes ou du chiffre* *d'affaires est constituée* » dès lors que les conditions fixées par la loi sont remplies.

En tout état de cause, il y a lieu de relever que :

– s'agissant des autres indicateurs mentionnés par l'article L. 1233-3 – pertes d'exploitation, dégradation de la trésorerie ou de l'excédent brut d'exploitation – la loi exige que l'évolution soit « *significative* », ce qui laisse une marge d'appréciation ;
– s'agissant de la prise en compte d'un élément qui n'est pas au nombre des indicateurs mentionnés, cet élément doit être « *de nature à justifier* » des difficultés alléguées.

Le Conseil d'État continue dans ses décisions de rappeler que l'inspecteur du travail, saisi d'une demande d'autorisation de licenciement, doit « *rechercher, sous le contrôle du juge de l'excès de pouvoir, si la situation de l'entreprise justifie le licenciement du salarié, en tenant compte notamment de la nécessité des réductions envisagées d'effectifs (…)* » *(CE, 2 déc. 2024, n° 473.678, Sté Yto France, mentionné aux Tables, RJS 2025 n° 106)*.

§ 7. L'APPRÉCIATION DU CARACTÈRE NÉCESSAIRE DU LICENCIEMENT EN L'ABSENCE DE DIFFICULTÉS ÉCONOMIQUES ÉTABLIES

48.4.7. – Les juges judiciaire et administratif ont longtemps eu des approches différentes sur l'existence d'une cause économique fondée sur la seule volonté de l'entreprise de réaliser des économies, en l'absence de difficultés économiques.

Soucieux de prévenir une immixtion de l'administration dans le pouvoir de gestion de l'employeur, le juge administratif admet l'existence d'un motif économique lorsque le licenciement est fondé sur la volonté de l'employeur de diminuer des charges salariales d'encadrement jugées excessives *(CE, 13 nov. 1981, n° 36.679, Éts Louis Langlet ; G. Bachelier, « Licenciement de salariés protégés pour faute ou pour motif économique », RJS 1999, p. 631)*.

Pour sa part, le juge judiciaire n'a pas admis le bien-fondé du « *licenciement d'économie* ». Il en a été jugé ainsi :

– compte tenu de la seule volonté de réaliser des économies, en l'absence de difficultés économiques *(CA Versailles, 11 avr. 1995, Sté Schweppes France c. / U.L. CGT de Trappes et autres, Dr ouvrier 1995, p. 521 : « le motif de licenciement n'est ni pertinent ni admissible dès lors qu'il ne repose sur aucune difficulté budgétaire, financière ou de trésorerie constatée et établie à la date à laquelle les licenciements ont été prononcés, et dès lors ils procèdent à la fois du souci de réaliser des économies sans faire état de difficultés économiques présentes et de l'impréparation ou insuffisante préparation d'un plan industriel lié à une opération juridique et commerciale » ; pourvoi rejeté par Cass. soc., 7 juill. 1998, n° 95-43.281, Bull. V n° 369 ; Cass. soc., 7 oct. 1998, n° 96-43.107, Bull. V n° 405 ; Cass. soc., 9 déc. 2003, n° 01-46.228)* ;

- pour le licenciement motivé par le coût, même élevé, du travail d'un salarié, dès lors que la situation financière de l'entreprise lui permet d'en assurer la charge *(Cass. soc., 24 avr. 1990, n° 88-43.703, Bull. V n° 182 ; Cass. soc., 24 avr. 1990, n° 88-43.374, Bull. V n° 183 ; Cass. soc., 16 mars 1994, n° 92-43.094, Bull. V n° 95, Dr soc 1994, p. 515 ; Cass. soc., 15 déc. 1998, n° 96-44.571, RJS 1999 n° 177)* ;
- pour le licenciement « *dicté par le désir d'augmenter les profits et celui de remettre en cause une situation jugée trop favorable aux salariés* » *(Cass. soc., 30 sept. 1997, n° 94-43.733, Bull. V n° 291, Dr soc 1997, p. 1100, note G. Couturier ; Cass. soc., 30 nov. 2011, n° 09-43.183, Bull. V n° 282, RJS 2012 n° 120)*, « *répondant seulement à un souci de rentabilité* » *(Cass. soc., 5 mars 2014, n° 12-25.035 et 12-25.059, RJS 2014 n° 384)* ou mis en œuvre pour « *réaliser des bénéfices plus importants* » *(Cass. soc., 26 nov. 1996, n° 93-44.811, Bull. V n° 406)* ;
- pour le licenciement résultant de la volonté de réduire les frais fixes sur un site alors que le juge du fond avait estimé que les difficultés économiques alléguées n'étaient pas établies « *la situation financière du groupe [étant] au contraire excellente* » *(Cass. soc., 12 juin 2001, n° 99-41.571, Bull. V n° 214, RJS 2001 n° 1001)*.

« La Cour de cassation a condamné le licenciement d'économie. Et elle a réaffirmé à de nombreuses reprises cette prohibition du licenciement économique destiné uniquement à améliorer le profit » (P. Waquet, « La cause économique du licenciement », Dr soc 2000, p. 268).

Cette jurisprudence de la chambre sociale, comme celle relative à la réorganisation de l'entreprise, se rattache à sa conception institutionnelle de l'entreprise. L'évolution de la jurisprudence du Conseil d'État, reprenant le concept de « *réorganisation de l'entreprise justifiée par la sauvegarde de la compétitivité de l'entreprise* » *(cf. n°* ***48.6.2****)*, a conduit à une convergence des deux juridictions. Le législateur a, par la loi du 8 août 2016, reconnu comme étant au nombre des motifs économiques celui tiré de la « *réorganisation de l'entreprise nécessaire à la sauvegarde de sa compétitivité* » *(C. trav., art. L. 1233-3-4°)*.

Il appartient aux deux ordres de juridiction de confirmer ou non leur jurisprudence sur ce point, au regard des évolutions législatives.

SECTION 5

Les mutations technologiques justifiant un licenciement économique

§ 1. L'ÉVOLUTION DES DISPOSITIONS DU CODE DU TRAVAIL ET DE LA JURISPRUDENCE

48.5.1. – Le Conseil d'État avait déjà admis que des licenciements consécutifs à une mécanisation ou à une automatisation constituaient des licenciements économiques. Il en avait été jugé ainsi en cas de remplacement d'un standard téléphonique par un autocommutateur *(CE, 26 mai 1982, n° 38.522, Mme Alcaniz)*, d'informatisation d'un service comptable *(CE, 23 avril 1982, n° 28.988, SA Tarif Média et autres, Rec. p. 770)* ou de remplacement d'un convoyeur par un système plus moderne *(CE, 1er mars 1985, n° 25.221, Sevin)*. La loi du 2 août 1989 a repris et élargi cette jurisprudence en introduisant comme cause économique « *les mutations technologiques* » *(C. trav., art. L. 321-1 de l'ancien Code du travail, devenu l'article L. 1233-3)*. Cette disposition figure à l'alinéa 8 de l'actuel article L. 1233-3.

Le juge judiciaire en a logiquement déduit que « *l'introduction de nouvelles technologies peut constituer une cause économique de suppression ou transformation d'emploi ou d'une modification substantielle du contrat de travail* » *(Cass. soc., 2 juin 1993, n° 90-44.956, Bull. V n° 155, Dr soc 1993, p. 677 ; Cass. soc., 15 mars 2012, n° 10-25.996, RJS 2012 n° 532 ; a contrario : Cass. soc., 13 mai 2003, n° 00-46.766)*.

L'introduction d'une nouvelle technologie peut donc constituer à elle seule une cause économique si elle entraîne une transformation d'emploi à laquelle le salarié n'est pas en capacité de s'adapter *(Cass. soc., 9 juill. 1997, n° 94-43.709, Bull. V, n° 262 ; chron. L. Malfettes, « La perte d'emploi liée à l'intelligence artificielle », RDT 2023 p. 769)*, y compris en l'absence de toute menace sur la compétitivité de l'entreprise *(Cass. soc., 9 oct. 2002, n° 00-44.069, RJS 2002 n° 1373)*.

Il convient de rappeler que l'employeur doit satisfaire à son obligation légale, résultant de l'article L. 6321-1 du Code du travail, d'assurer l'adaptation des salariés à leur poste de travail et de veiller au maintien de leur capacité à occuper un emploi, au regard notamment de l'évolution des emplois, des technologies et des organisations. Le non-respect de cette obligation n'a pas d'incidence sur l'appréciation de la cause économique, mais expose l'employeur à un paiement de dommages-intérêts au salarié ayant subi de ce fait un préjudice *(Guide DGT, Salariés protégés, sept. 2019, fiche n° 7a)*.

Il lui appartient au besoin de faire bénéficier les salariés d'une formation complémentaire, mais il ne peut lui être imposé de leur assurer une formation initiale qui leur fait défaut *(Guide DGT préc. ; Cass. soc., 3 avr. 2001, n° 99-42.188 à 99-42.190, Bull. V n° 114 ; Cass. soc., 17 mai 2006, n° 04-43.022)*.

Les règles relatives à la date et au cadre d'appréciation de la réalité des mutations technologiques sont identiques à celles qui ont été exposées *supra* pour l'examen des difficultés économiques *(C. trav., art. L. 1233-3 al. 12 ; cf. n°* ***48.4.3*** *et* ***48.4.4****).*

§ 2. L'INTRODUCTION DE NOUVELLES TECHNOLOGIES RECONNUE COMME CAUSE ÉCONOMIQUE

48.5.2. – Il a été jugé que l'introduction de nouvelles technologies dans l'entreprise peut constituer une cause économique de suppression ou transformation d'emploi ou de modification du contrat de travail dans les cas suivants :

- la suppression de l'activité d'illustrateur sonore d'un salarié du fait du recours à de nouveaux moyens de reportages nécessités par la réorganisation de l'entreprise *(Cass. soc., 19 déc. 1990, n° 89-42.242, Bull. V n° 687)* ;
- la suppression d'un poste d'employé de bureau à la suite de l'informatisation du service *(Cass. soc., 30 juin 1992, n° 91-40.823)* ;
- la prise en charge de nouveaux secteurs d'activités techniques imposant la transformation de l'emploi de secrétaire dactylographe en un emploi de secrétaire de direction chargée notamment de la rédaction de devis et du suivi des chantiers *(Cass. soc., 9 juill. 1997, n° 94-43.709, Bull. V n° 262)* ;
- un changement d'exploitation du matériel informatique entraînant la mise en place de nouveaux logiciels *(Cass. soc., 17 mai 2006, n° 04-43.022, RJS 2006 n° 934)* ;
- la construction d'une nouvelle cave de production et de stockage qui ne comportait pas de logement de fonction pour des raisons de sécurité, entraînant la suppression du logement prévu au contrat de travail du maître de chai *(Cass. soc., 26 oct. 2017, n° 16-19.194, RJS 2018 n° 24)*.

En revanche, un simple changement de logiciel ou de prologiciel n'a pas été regardé comme une innovation technologique caractérisant une cause économique *(Cass. soc., 13 mai 2003, n° 00-46.766, RJS 2003 n° 1135)*.

SECTION 6

La réorganisation de l'entreprise comme motif économique

48.6. – En introduisant l'adverbe « *notamment* » dans la définition des causes du licenciement économique, le législateur avait entendu viser tous les motifs économiques, et notamment les réorganisations des entreprises, au-delà de ceux qui se rattachent à des difficultés économiques ou à des mutations technologiques *(C. trav., art. L. 1233-3 [art. L. 321-1 de l'ancien Code du travail]).*

La chambre sociale a élaboré sur le fondement de ces dispositions une jurisprudence innovante qui a été consacrée par le Conseil constitutionnel puis reprise par le Conseil d'État.

La cause économique résultant de la réorganisation de l'entreprise nécessaire à la sauvegarde de sa compétitivité a été insérée dans le Code du travail par la loi n° 2016-1088 du 8 août 2016.

§ 1. L'ÉVOLUTION DE LA JURISPRUDENCE JUDICIAIRE

A. Le principe de la liberté de gestion

48.6.1.1. – Dans l'arrêt Brinon *(Cass. soc., 31 mai 1956, n° 56-04.323, Bull. IV n° 499)*, le juge judiciaire avait affirmé que « *l'employeur qui porte la responsabilité de l'entreprise est seul juge des circonstances qui le déterminent à cesser son exploitation, et aucune disposition légale ne lui fait l'obligation de maintenir son activité à seule fin d'assurer à son personnel la stabilité de son emploi, pourvu qu'il observe, à l'égard de ceux qu'il emploie, les règles édictées par le Code du travail* ».

Il appartenait toutefois aux juges du fond de s'assurer que les décisions de l'employeur ne révélaient pas un abus de droit *(Cass. soc., 13 oct. 1977, n° 76-40.874, Bull. V n° 535, note Lyon-Caen, D. 1978, p. 350).*

B. La réorganisation décidée dans l'intérêt de l'entreprise

48.6.1.2. – À l'occasion d'un arrêt rendu en 1992, la chambre sociale a considéré que la réorganisation de l'entreprise pouvait constituer un motif économique, mais sous réserve d'être décidée dans l'intérêt de l'entreprise *(Cass. soc., 1er avr. 1992, n° 90-44.697, Bull. V n° 223, Dr soc 1992, p. 481).*

L'intérêt de l'entreprise était entendu comme celui de l'ensemble des intérêts en cause : « *l'intérêt de l'entreprise selon lequel est fondé le plan de restructuration doit s'entendre de l'ensemble des intérêts en cause dans l'entreprise, et qu'en réduisant la charge salariale pour maintenir les marges bénéficiaires, la direction de la société a privilégié l'intérêt des actionnaires au détriment de celui des salariés, sans que la situation économique de l'entreprise justifiât un tel choix* » *(CA Dijon, 4 mai 1994, Sté Compagnie Hobart, Dr ouvrier 1995, p. 351, pourvoi rejeté par Cass. soc., 19 mars 1997, n° 94-42.963, Dr ouvrier mai 1997).*

> « *L'évolution législative et jurisprudentielle s'oriente vers une conception institutionnelle de l'entreprise. Celle-ci n'est plus seulement considérée comme un bien appartenant à une personne physique ou morale. Elle est aussi le lieu d'une communauté de travailleurs, qui élisent des représentants, où les syndicats sont représentés par des sections syndicales et des délégués… Le chef d'entreprise dispose certes*

de l'autorité... Mais sa conduite ne peut être dictée uniquement par des intérêts purement personnels et égoïstes : il agit dans l'intérêt de l'entreprise. C'est uniquement dans cet intérêt qu'il peut, par exemple, réorganiser l'entreprise, cette réorganisation devant avoir pour but de sauvegarder la compétitivité de l'entreprise » (P. Waquet, « Le juge et l'entreprise », Dr soc 1996, p. 472).

Le recours à la notion « *d'intérêt de l'entreprise* » a permis au juge d'exercer un contrôle de la finalité de la décision de l'employeur. Ce dernier ne doit pas utiliser son pouvoir de gestion au seul profit d'un des intérêts en présence mais au bénéfice de l'ensemble de la communauté que constitue, selon cette conception, l'entreprise *(M.-C. Escande-Varniol, « La Cour de cassation et l'intérêt de l'entreprise », RJS 2000, p. 260 ; G. Couturier, « L'intérêt de l'entreprise », dans Mélanges J. Savatier, PUF, 1992, p. 144 ; pour une analyse critique de la conception institutionnelle de l'entreprise : G. et A. Lyon-Caen, « La "doctrine" de l'entreprise », dans Dix ans de droit de l'entreprise, Litec, 1978, p. 610 ; A. Jeammaud, M. Le Friant, A. Lyon-Caen, « L'ordonnancement des relations du travail », D. 1998, chron. p. 364).* L'intérêt de l'entreprise ne se limite pas à des considérations purement financières ; pour le juge judiciaire, il inclut également le maintien des salariés dans l'emploi. En effet, « *une attitude timide du juge social n'aurait pas été admissible en période de crise et de chômage élargi » (P. Waquet, « Le juge et l'entreprise », Dr soc 1996, p. 472).*

C. La réorganisation de l'entreprise et la sauvegarde de sa compétitivité

48.6.1.3. – La « *réserve de l'intérêt de l'entreprise avait pour but d'appeler les juges du fond à la vigilance et à ne pas admettre des réorganisations de pur confort. Mais la notion d'intérêt de l'entreprise, si elle demeure une orientation valable, ne permet pas de canaliser utilement les réorganisations, dont certaines sont désastreuses pour l'emploi. Aussi, à partir des arrêts du 5 avril 1995 la Cour de cassation a-t-elle infléchi sa jurisprudence. Désormais de deux choses l'une : ou bien la réorganisation est motivée par des difficultés économiques ou par des mutations technologiques, auquel cas elle trouve sa justification dans ces difficultés ou ces mutations ; ou bien la réorganisation intervient en dehors de toute difficulté économique et de toute mutation technologique, auquel cas elle ne peut constituer une cause économique* ***que si elle est effectuée pour sauvegarder de la compétitivité du secteur d'activité*** » *(P. Waquet, « La cause économique du licenciement », Dr soc 2000, p. 171 ; voir également, B. Boubli, « La sauvegarde de la compétitivité de l'entreprise », Dr soc 2004, p. 1094 ; J.-Y. Frouin, « La légalité du licenciement pour motif économique », Sem. soc. Lamy, 5 sept. 1985, n° 1226 ; J.-Y. Frouin, « Retour sur la notion de sauvegarde de la compétitivité », RJS 2006, p. 322).*

Dans les arrêts rendus en 1995, ce principe fut affirmé pour la première fois et appliqué au secteur d'activité du groupe auquel appartenait l'entreprise concernée *(Cass. soc., 5 avr. 1995, n° 93-42.690, Bull. V n° 123, et n° 93-43.866, conclusions de l'avocat général Y. Chauvy, RJS 1995, p. 321 et n° 497 ; Dr ouvrier 1995, p. 284, note A. Lyon-Caen ; Dr soc 1995, p. 487 ; « Les grands arrêts du droit du travail » n° 109).*

Dans son commentaire des arrêts précités du 5 avril 1995, le doyen P. Waquet soulignait que « *la sauvegarde de la compétitivité du secteur d'activité est une notion assez large pour laisser aux employeurs une grande liberté de réorganisation et de restructuration des entreprises. Elle implique, néanmoins, un contrôle pour exclure, du moins comme cause de licenciements économiques, des réorganisations de pur confort ou dictées par le seul souci d'augmenter les profits* » *(Dr soc 1995, p. 487).*

Cette nouvelle notion conduit donc à admettre la validité de licenciements opérés par des entreprises réalisant des profits mais elle subordonne cette validité à un objectif précis : la sauvegarde de la compétitivité. « *L'entreprise doit être menacée sur son marché, sa compétitivité doit avoir décliné au point de menacer sur son marché sa compétitivité* » mais « *un licenciement destiné à opérer des gains de productivité pour améliorer la rentabilité ne serait pas justifié* » *(G. Lyon-Caen, « Sur le transfert des emplois dans les groupes multinationaux », Dr soc 1995, p. 489 ; J.-Y. Frouin, « Protection de l'emploi du salarié, intérêt de l'entreprise et construction prétorienne du droit du travail », JCP S 2010 n° 9-10, p. 27).*

La jurisprudence a été reprise par de nombreuses décisions *(notamment Cass. soc., 26 juin 1996, n° 94-42.945 ; Cass. soc., 11 juin 1997, n° 94-45.175, Bull. V n° 219 ; Cass. soc., 9 juill. 1997, n° 95-43.722, Bull. V n° 261 ; Cass. soc., 23 nov. 1999, n° 97-42.979, Bull. V n° 454 ; Cass. soc., 17 déc. 2002, n° 00-45.621, Bull. V n° 392 ; Cass. soc., 11 janv. 2006, n° 04-46.201, « Pages jaunes », Bull. V n° 10 ; Cass. soc., 21 nov. 2006, n° 05-40.656, Bull. V n° 349 ; Cass. soc., 7 juill. 2009 n° 08-40.321, RJS 2009 n° 774).*

La jurisprudence de la chambre sociale a été confirmée par l'arrêt rendu le 8 décembre 2000 en assemblée plénière par la Cour de cassation *(cf. n°* ***48.6.1.5****)* et la notion de « *sauvegarde de la compétitivité de l'entreprise* » a été reprise par le Conseil constitutionnel dans sa décision du 12 janvier 2002 *(§ 48 de la décision n° 2001-455 DC du 12 janvier 2001 relative à la loi de modernisation sociale ; cf. n°* ***48.2.2.3****).*

D. Les motifs de nature à justifier la réorganisation de l'entreprise

48.6.1.4. – La nécessité de sauvegarder la compétitivité de l'entreprise ne constitue pas le seul motif de nature à justifier une réorganisation ; cette dernière peut être justifiée :

– soit par des difficultés économiques,
– soit par des mutations technologiques,

– soit par le caractère indispensable de la sauvegarde de la compétitivité *(Cass. soc., 11 juill. 2001, n° 99-43342, Bull. V n° 266 ; Cass. soc., 16 déc. 2008, n° 07-41.953, Bull. V n° 252).*

Si l'employeur allègue des éléments qui ne peuvent se rattacher à aucune de ces considérations, le licenciement est sans cause réelle et sérieuse *(Cass. soc., 12 juill. 2006, n° 04-47.724, Bull. V, n° 250, RJS 2006 n° 1201, Dr soc 2006, p. 1067, obs. G. Couturier ; Cass. soc., 27 mai 2009, n° 08-40.925, RJS 2009 n° 698).* Il en est ainsi lorsqu'est invoquée la non-conformité aux prescriptions en matière d'environnement *(Cass. soc., 7 juill. 1998, n° 95-43281, Bull. V n° 369 ; Cass. soc., 7 mars 2001 n° 98-46044).*

E. Le contrôle par le juge du caractère indispensable de la sauvegarde de la compétitivité et la liberté de gestion

48.6.1.5. – Le contrôle judiciaire étendu sur la cause du licenciement économique ne conduit pas le juge à substituer son appréciation à celle de l'employeur en matière de choix de gestion dès lors que la réorganisation est regardée comme ayant comme finalité la sauvegarde de la compétitivité de l'entreprise.

Ainsi, il a été jugé par l'assemblée plénière de la Cour de cassation que, dès lors que chacune des réorganisations envisagées par l'employeur répond bien à la condition de sauvegarde de la compétitivité, le juge ne peut, sur le terrain du motif économique, exiger de l'employeur qu'il choisisse la réorganisation la plus favorable à l'emploi des salariés *(Cass. ass. plén., 8 déc. 2000, n° 97-44.219, Bull. AP n° 11, RJS 2001 n° 180 ; A. Jeammaud et M. Le Friant, « Du silence de l'arrêt SAT sur le droit à l'emploi », Dr soc 2001, p. 417 ; commentaire G. Lyon-Caen, Sem. soc. Lamy, 8 janv. 2001, p. 7 ; P. Waquet, « Quelques réflexions sur l'arrêt SAT en particulier et sur le licenciement économique en général », RJS 2001, p. 567)* :

> *« Attendu que pour décider que les licenciements étaient dépourvus de cause économique réelle et sérieuse, la cour d'appel a retenu que la pérennité de l'entreprise et le maintien de sa compétitivité étant assurés dans les trois hypothèses envisagées de réorganisation, l'entreprise en choisissant la solution du regroupement d'activités à Montereau et de la fermeture de site de Riom n'a pas intégré dans ses calculs comme elle en avait cependant l'obligation, le concept de préservation de l'emploi et a donc excédé la mesure de ce qui était nécessaire à la sauvegarde de la compétitivité du secteur considéré de l'entreprise ; Attendu, cependant que les licenciements ont une cause économique réelle et sérieuse lorsqu'il est établi que la réorganisation de l'entreprise, qui entraîne des suppressions d'emplois, est nécessaire à la sauvegarde de la compétitivité de l'entreprise ou du secteur d'activité du groupe auquel elle appartient ; qu'en statuant comme elle a fait, alors, d'une*

part, qu'elle reconnaissait que cette condition était remplie dans les trois hypothèses de réorganisation envisagées initialement par l'employeur, alors, d'autre part, qu'il ne lui appartenait pas de contrôler le choix effectué par l'employeur entre les solutions possibles, la cour d'appel a violé les textes (…). »

Selon le doyen P. Waquet, « *Le droit à l'emploi, qui oblige le chef d'entreprise à proposer toutes mesures utiles (…) pour éviter ou limiter les licenciements et pour reclasser les salariés dont le licenciement ne peut être évité, doit se combiner avec la liberté d'entreprendre. Les choix économiques appartiennent au chef d'entreprise : il en est responsable. Il n'est contrôlé qu'indirectement sur ces choix par le canal du contrôle du plan social qui a précisément pour finalité la défense du droit à l'emploi » (« Quelques réflexions sur l'arrêt SAT en particulier et sur le licenciement économique en général », RJS 2001, p. 567).*

Ultérieurement, la chambre sociale a rappelé qu'il « *n'appartient pas au juge, dans le cadre du contrôle juridictionnel de la pertinence du plan social au regard des dispositions [du Code du travail], d'apprécier les choix économiques qui ont conduit l'employeur à engager une procédure de licenciement collectif pour motif économique » (Cass. soc., 3 oct. 2001, n° 00-15.267, note J. Porta, D. 2002, p. 771).*

Le Conseil constitutionnel a d'ailleurs censuré la définition du licenciement pour motif économique qu'entendait donner le législateur par la loi de modernisation sociale au motif que les dispositions envisagées conduisaient « *le juge non seulement à contrôler, comme c'est le cas sous l'empire de l'actuelle législation, la cause économique des licenciements décidés par le chef d'entreprise à l'issue des procédures prévues par le Livre IV et le Livre III du Code du travail, mais encore à substituer son appréciation à celle du chef d'entreprise quant au choix entre les différentes solutions possibles » (décision n° 2001-455 DC du 12 janvier 2002 ; cf. n°* ***48.2.2.3****).*

La chambre sociale a confirmé que, si en vertu de cette jurisprudence, il appartient au juge « *de vérifier l'adéquation entre la situation économique de l'entreprise et les mesures affectant l'emploi ou le contrat de travail envisagées par l'employeur, il ne peut se substituer à ce dernier quant aux choix qu'il effectue dans la mise en œuvre de la réorganisation » (Cass. soc., 8 juill. 2009 n° 08-40.046, Bull. V n° 173, RJS 2009 n° 776, RDT 2009, p. 584, note F. Géa ; Cass. soc., 24 mars 2010, n° 09-40.444, RJS 2010 n° 494).* Il ne lui appartient pas d'arbitrer entre les différentes possibilités de réorganisation d'une entreprise *(Cass. soc., 20 juin 2007, n° 05-45.924, RJS 2007 n° 1169).*

Toutefois, l'employeur ne peut se borner à alléguer un choix de gestion : il doit justifier que la réorganisation imposée par ce choix était nécessaire à la sauvegarde de la compétitivité de l'entreprise *(Cass. soc., 28 juin 2006, n° 04-40.945, RDT 2006, p. 236, note P. Waquet : réorganisation d'un atelier en raison de l'arrêt d'activité de certaines machines, l'employeur se bornant à invoquer un choix de gestion consistant à ne pas remplacer cet équipement non conforme aux normes de sécurité sans justifier que la réorganisation imposée par ce choix était nécessaire à la sauvegarde de la compétitivité de l'entreprise ; Cass. soc., 20 juin 2007, n° 05-45.924 RDT 2007, p. 585, note A. Fabre ; cf. RDT 2008, p. 218, « Quel contrôle judiciaire de la compétitivité de l'entreprise », B. Boubli « Distinguer » et P. Lokiec « Du nécessaire dialogue entre le droit du travail et le droit des sociétés »).*

§ 2. L'ÉVOLUTION DE LA JURISPRUDENCE ADMINISTRATIVE

A. La reconnaissance de la réorganisation comme motif économique

48.6.2.1. – Dans le cadre de sa jurisprudence relative aux autorisations administratives de licenciement des salariés non protégés délivrées jusqu'en 1986, le Conseil d'État avait admis qu'une réorganisation de l'entreprise puisse constituer un motif économique et justifier des licenciements *(CE, 14 janv. 1981, n° 24.229, ministre du Travail c. / Philippon, Rec. p. 947 ; CE, 8 juill. 1981, n° 32.363, Sachs, Tables p. 945 ; CE, 3 juin 1982, n° 22.100, Roth ; CE, 21 nov. 1984 n° 47.684, Sté IPEM-Hom)*. La Haute Assemblée avait adopté la même position pour les salariés protégés *(CE, 2 oct. 1981, n° 23.188, Carborandum France, Tables p. 944 ; CE, 12 mars 1986, n° 52.268, Sté Sofrancor ; CE, 8 janv. 1988, n° 75.133, Zeekaff, ministre des Affaires sociales)* et confirmé sa jurisprudence après la loi du 2 août 1989.

Le licenciement résultant de la nécessité pour une entreprise de se réorganiser constituait donc un motif économique. Il en avait été jugé ainsi pour :

- un licenciement de deux salariés ayant refusé de changer le lieu de leur résidence et qui étaient employés par une filiale d'une société allemande, laquelle, pour améliorer sa rentabilité, avait décidé de resserrer ses liens avec sa maison mère, déplacé son siège social dans l'Est de la France et exigé de ses agents commerciaux qu'ils résident à proximité du nouveau siège et parlent la langue allemande *(CE, 5 févr. 1982, n° 27.586, SARL Foto-Quelle, Tables p. 770)* ;
- un licenciement entraîné par une restructuration consécutive à l'abandon d'une activité pour se mettre en conformité avec les règles légales *(CE, 2 févr. 1983, n° 25.399, Sté Price-Waterhouse, Rec. p. 38)* ;
- le licenciement d'une aide-soignante non diplômée par une clinique qui avait été invitée par l'administration à n'employer que des aides-soignantes diplômées *(CE, 21 nov. 1986, n° 55.994, Clinique Saint-Vincent)*. Cependant, si la personne qui ne possédait pas le titre requis avait été remplacée par une autre personne

ne possédant pas non plus les qualifications exigées, le licenciement ne reposait pas sur un motif économique *(CE, 20 févr. 1987, n° 64.648, Mme Gallego)* ;

- un licenciement consécutif au refus par le salarié d'une modification substantielle de son contrat motivée par la mise en conformité de l'établissement aux dispositions de la convention collective nationale *(CE, 9 nov. 1994, n° 119.053, Association départementale de sauvegarde de l'enfance et de l'adolescence des Hautes Alpes, RJS 1995 n° 41)* ;
- un licenciement consécutif à la fermeture d'un établissement, décidée dans le cadre de la restructuration des activités de l'entreprise *(CE, 22 janv. 1996, n° 118.490, Fortin)*

Le juge administratif contrôlait le fait que la restructuration justifiait les licenciements en cause : « *Il ne ressort pas des pièces du dossier que la restructuration des services, opérée à la suite de la suppression de l'une des deux éditions du journal, justifiait le licenciement de neuf secrétaires de rédaction, alors notamment que ladite société a dû faire appel dès les mois d'août et de septembre à de nouveaux salariés pour renforcer de façon permanente son secrétariat de rédaction* » *(CE, 19 févr. 1986, n° 29.851, Sté de gestion du Figaro)*.

B. La divergence d'approche entre les deux ordres de juridiction

48.6.2.2. – Le Conseil d'État s'est longtemps refusé à recourir à la notion d'intérêt de l'entreprise ou à celle de sauvegarde de la compétitivité. Il s'en est tenu à sa conception classique, refusant « *d'étendre son contrôle à l'opportunité des modifications apportées par l'employeur à la structure de l'entreprise* » *(CE, 27 mai 1983, n° 36.612, Sté Gervais Danone France, Tables p. 894)* et estimant qu'il n'appartenait ni à l'administration ni au juge « *d'apprécier la pertinence de la gestion de l'entreprise* » *(CE, 18 mars 1992, n° 105.127, SNC Boussac, RJS 1992 n° 759 ; CE, 27 févr. 1981, n° 15.624, Sté coopérative agricole de Wavignies, Tables p. 947 ; CE, 25 nov. 1983, n° 36.511, M. Bombardier)*.

Cette divergence d'approche entre les deux ordres de juridiction n'était pas sans importance dès lors que le juge judiciaire pouvait estimer que la réorganisation ne constituait pas un motif réel et sérieux de licenciement des salariés non protégés, alors que le juge administratif admettait que cette réorganisation était de nature à établir la réalité du motif économique avancé à l'appui de la demande d'autorisation de licenciement des salariés protégés. Les effets défavorables de cette divergence pour les salariés protégés ont été illustrés dans une affaire où les salariés sans mandat ont obtenu la condamnation de l'employeur pour licenciement sans cause réelle et sérieuse : « *ni la société, ni le groupe auquel elle appartient n'éprouvaient des difficultés économiques et que la réorganisation du régime des rémunérations ne se justifiait que par la volonté de réaliser des bénéfices plus importants et non par la nécessité de sauvegarder la compétitivité de l'entreprise ou du groupe… ces licenciements n'étaient pas justifiés par une cause économique » (Cass. soc., 26 nov. 1996, n° 93-44.811, Bull. V n° 406, RJS 1997 n° 266, deuxième moyen)* ; les salariés protégés, dont le licenciement avait été autorisé par l'administration du travail, avaient été déboutés de leurs demandes de dommages-intérêts pour licenciement sans cause réelle et sérieuse *(troisième moyen) « dès lors que l'autorisation… par l'administration interdit au juge judiciaire d'apprécier la cause réelle et sérieuse du licenciement fondé sur cette autorisation »*.

C. La convergence des jurisprudences

48.6.2.3. – Le Conseil d'État n'a repris le critère tiré de la sauvegarde de la compétitivité de l'entreprise pour apprécier le caractère nécessaire de la réorganisation que par une décision du 8 mars 2006 *(CE, n° 270.857, Mme Moranzoni et association de défense des conseillers en assurance de la SMACL, Rec. p. 116, concl. R. Keller, Dr soc 2006, p. 857, RJS 2006 n° 604, note R. Keller, JCP E, mai 2006, note J.-Y. Kerbourc'h, JCP S 2006 n° 16, p. 31, note F. Saramito Dr ouvrier 2006, p. 542 ; CE, 4 oct. 2010, n° 318.664, Sté Medinord Santé – Les Hôtels de Montagne ; CE, 12 janv. 2011, n° 327.178, 327.191 à 327.195 et 327.727, Sté Pages Jaunes ; CE, 9 oct. 2020, n° 428.431, Sté SEITA, mentionné aux Tables)*.

Par cette décision, il a été jugé « *qu'est au nombre des causes sérieuses de licenciement économique la nécessité de sauvegarder la compétitivité de l'entreprise* ». Le Conseil d'État a censuré pour erreur de qualification la cour administrative d'appel qui avait jugé que le simple tassement de l'activité de l'une des branches de la société et « *la volonté d'améliorer la compétitivité* » étaient de nature à constituer un motif économique. Statuant au fond, il a considéré que la société ne faisait « *état d'aucune menace pesant sur sa compétitivité* » en invoquant pour justifier sa réorganisation « *le tassement de l'activité de la branche "personnes physiques" de cette entreprise et la volonté d'améliorer sa productivité* » et en a déduit que le licenciement du salarié « *n'est justifié ni par des difficultés économiques, ni par des mutations technologiques, ni par la nécessité de sauvegarder la compétitivité de l'entreprise* ».

Les éléments suivants expliquent la volonté du Conseil d'État de rapprocher sa démarche de celle de la Cour de cassation :

– par un arrêt du 29 septembre 2004, relatif à la réorganisation engagée par l'employeur du salarié protégé concerné par la décision du Conseil d'État précitée du 8 mars 2006, la chambre sociale avait approuvé le juge du fond qui avait estimé que cette réorganisation avait été décidée « *pour améliorer la qualité du service rendu aux sociétaires et atteindre les objectifs de développement du marché des particuliers* » et en avait légalement déduit que le licenciement n'avait pas de cause économique *(Cass. soc., 29 sept. 2004, n° 02-44.777)* ;

– par la position prise par le Conseil constitutionnel dans sa décision du 12 janvier 2002 *(décision 455-DC, § 48 ; cf. n°* ***48.2.2.3****)*.

Comme l'a précisé le commissaire du gouvernement R. Keller dans ses conclusions, il appartient à l'administration et au juge administratif de « *vérifier que la réorganisation projetée est fondée sur une réelle nécessité de sauvegarder la compétitivité de l'entreprise, et non sur la simple recherche d'une amélioration des performances* » de la même manière que le juge administratif doit vérifier « *l'existence de difficultés sérieuses pour justifier un licenciement* ». Le contrôle exercé par le juge doit « *s'inscrire entre deux limites* » :

« – *une limite "basse" : la seule recherche d'une amélioration des performances de l'entreprise n'est pas suffisante ; le licenciement doit être nécessaire à la sauvegarde d'une compétitivité réellement menacée ;*

« – *une limite "haute" : il n'est pas nécessaire que le licenciement soit "indispensable" à cette sauvegarde car le juge ne doit pas se substituer son appréciation des choix de gestion à celle de l'entrepreneur.* »

Le contrôle ainsi envisagé est finalement très proche de celui du juge judiciaire, pour lequel la notion de sauvegarde de la compétitivité a pour objet « *de n'admettre la réorganisation de l'entreprise comme cause possible de licenciement économique que pour autant qu'une menace pèse sur la compétitivité de l'entreprise qui justifie la réorganisation envisagée* » *(J.-Y. Frouin, « La légalité du licenciement pour motif économique », Sem. soc. Lamy, 5 sept. 2005 n° 1226 ; voir également P. Waquet, « Emploi et profit », RJS 2006, p. 351)*.

Pour autant, s'il appartient à l'administration de vérifier que la réorganisation, en l'espèce à l'origine d'une proposition de modification de contrat de travail refusée, est bien justifiée par le motif allégué de sauvegarde de la compétitivité, elle ne saurait se prononcer sur le caractère « *strictement nécessaire* » de cette modification *(CE, 15 nov. 2022, n° 449.317, Mme A. c. / Sté Milleis Patrimoine, mentionné aux Tables)*.

Par ailleurs, il a été jugé que si la demande d'autorisation de licenciement du salarié protégé a pour cause la réorganisation de l'entreprise, il appartient à l'employeur de préciser si cette réorganisation est justifiée par des difficultés économiques, par la nécessité de sauvegarder la compétitivité de l'entreprise ou encore par des mutations technologiques *(CE, 26 sept. 2018, n° 401.509, Sté Forge France, Tables p. 944, RJS 2018 n° 752 ; sur le contenu de la demande d'autorisation, cf. n°* ***32.3.5.1****)*.

§ 3. LA RECONNAISSANCE LÉGALE DE LA RÉORGANISATION POUR SAUVEGARDER LA COMPÉTITIVITÉ

48.6.3. – Cette cause d'origine jurisprudentielle a été intégrée dans le Code du travail par la loi n° 2016-1088 du 8 août 2016.

L'alinéa 9 de l'article L. 1233-3 du Code du travail mentionne comme cause économique la « *réorganisation de l'entreprise nécessaire à la sauvegarde de sa compétitivité* ».

§ 4. LES PARAMÈTRES DE L'APPRÉCIATION DE LA SAUVEGARDE DE LA COMPÉTITIVITÉ DE L'ENTREPRISE

A. Le cadre et la date d'appréciation

48.6.4.1. – La notion de sauvegarde de la compétitivité, telle que définie par la jurisprudence, s'appréciait au niveau :

– de l'entreprise si celle-ci n'appartenait pas un groupe : le juge doit « *rechercher si la restructuration avait été décidée pour sauvegarder la compétitivité de l'entreprise* » *(Cass. soc., 15 janv. 2003, n° 00-44.793, RJS 2004 n° 327)* ;

– du secteur d'activité du groupe si l'entreprise appartenait à un groupe comprenant plusieurs secteurs d'activité *(Cass. soc., 12 juin 2001, n° 99-41.571, Bull. V n° 214, RJS 2001 n° 1001 ; Cass. soc., 17 déc. 2002, n° 00-45.621, Bull. V n° 392, RJS 2004 n° 327 ; Cass. soc., 11 juill. 2024, n° 22-18.481 ; sur la notion de secteur d'activité : cf. n°* ***48.4.4.4****)*.

Le législateur a repris ces règles, qui, comme la date d'appréciation, sont identiques à celles qui ont été exposées *supra* pour l'examen des difficultés économiques *(C. trav., art. L. 1233-3 al. 12 ; cf. n°* ***48.4.3*** *et* ***48.4.4****)*. Comme pour l'appréciation des difficultés économiques, le législateur a restreint le périmètre d'appréciation au secteur d'activité du groupe des entreprises situées en France.

S'agissant de la détermination d'un secteur d'activité, a été reconnue comme telle une filiale assurant des services support *(back office)* destinés, de manière presque exclusive, aux salariés du groupe, sans référence à l'activité principale de celui-ci *(Cass. soc., 12 juill. 2022, n° 21-12.984, RDT 2022 p. 580, note S. Vernac)*.

B. La justification de la nécessité de la réorganisation

48.6.4.2. – Le licenciement du salarié est dépourvu de cause économique quand l'entreprise ne produit aucun élément pour justifier de la nécessité de la réorganisation afin de sauvegarder sa compétitivité *(Cass. soc., 5 oct. 1999, n° 98-41.384, Bull. V n° 366, Dr soc 2000, p. 121 note J. Mouly, RJS 1999 n° 136)* ou ne soutient pas que la réorganisation était nécessaire à cette sauvegarde sans invoquer un autre motif de nature à justifier la réorganisation *(Cass. soc., 27 mai 2009, n° 08-40.925, RJS 2009 n° 698).*

La jurisprudence impose à l'employeur de présenter des signes précis et tangibles de difficultés prévisibles justifiant qu'il prenne des mesures pour les prévenir ou les surmonter :

- *« l'employeur n'apportait aucun élément tendant à établir l'existence d'une menace qui aurait pesé »* sur le secteur d'activité *(Cass. soc., 9 mai 2006, n° 05-40.554, RJS 2006 n° 822) ;*
- *« les pièces produites ne permettaient pas d'appréhender la situation de l'établissement par rapport à la situation globale du groupe et de comprendre la raison pour laquelle la fermeture du site assurerait la sauvegarde de la compétitivité du groupe, en sorte qu'il n'était pas établi que la réorganisation en cause était destinée à sauvegarder cette compétitivité » (Cass. soc., 22 janv. 2008, n° 06-44.728, RJS 2008 n° 265) ;*
- *« l'employeur doit produire tous les éléments permettant d'établir que les mesures de réorganisation de l'entreprise sont nécessaires à la sauvegarde de sa compétitivité ; qu'appréciant souverainement les preuves qui étaient produites, la cour d'appel qui a constaté que les résultats de toutes les entreprises faisant partie, comme la société Symphonie on ligne, du groupe AGFA Healthcare enterprise solutions, avaient été communiqués à l'exception d'une société basée en Allemagne, et que cette carence ne permettait pas de connaître la situation économique réelle du groupe, en a exactement déduit que le licenciement était dépourvu de cause réelle et sérieuse » (Cass. soc., 14 janv. 2009, n° 07-42.708).*

La Cour de cassation a censuré l'arrêt par lequel une cour avait admis le caractère sérieux du motif en se bornant à relever que « *que le regroupement des activités de téléventes s'inscrit dans l'évolution normale de la politique commerciale de l'entreprise et que la suppression du poste du salarié, conséquence de cette réorganisation obéit bien à un souci de préservation de sa compétitivité* » *(Cass. soc., 4 juill. 2006, n° 04-46.261).*

Selon P. Waquet, « Le souci de l'employeur de préserver la compétitivité de l'entreprise ne suffit pas pour prononcer un licenciement économique. Encore faut-il que des signes concrets permettent de caractériser une menace réelle sur la compétitivité. Seuls des faits, des chiffres, des calculs le rendent possible de manière précise » (RDT 2006, p. 242).

Pour apprécier le respect de la condition tirée de la sauvegarde de la compétitivité de l'entreprise, le juge peut prendre en compte les évolutions de l'entreprise postérieures au licenciement *(Cass. soc., 26 mars 2002, n° 00-40.898, Bull. V n° 106).*

C. La notion de compétitivité

48.6.4.3. – La notion de compétitivité, retenue par la jurisprudence, se rapporte au marché, et se distingue de celle, souvent avancée par les entreprises, de rentabilité, qui est un critère financier. Cette distinction est abondamment illustrée dans la jurisprudence concernant la modification de la rémunération où le juge distingue le licenciement économique, lié à la sauvegarde de la compétitivité, et le licenciement d'économie, résultant de la volonté d'augmenter les bénéfices *(cf. n° **48.6.6.1**)*.

Le terme de compétitivité correspond à « *un impératif social* » : il désigne la capacité de l'entreprise à résister à la concurrence et à s'adapter aux mutations technologiques pour assurer son avenir et, par suite, celui de ses emplois. « *Il faut (...) que soient établis des faits précis permettant de conclure à l'existence d'une mise en cause de la situation existante et à la nécessité de réagir à l'avance sans attendre les conséquences néfastes* » mais « *la réorganisation qui entraîne des licenciements, ne doit pas être motivée par la recherche de profits plus importants, d'une hausse boursière en particulier (...) Pour conserver des entreprises compétitives, pour retenir en particulier des entreprises sur le territoire métropolitain et éviter des délocalisations source de lourds dommages, il faut leur permettre de s'adapter à la conjoncture en supprimant, ici, des emplois devenus inutiles, en transformant, là, des emplois pour répondre à un besoin nouveau (...) Mais la prospérité n'est pas faite pour la seule croissance du profit, pour l'enrichissement illimité des fonds de pension et ceci au moyen de licenciements économiques ! C'est le maintien de l'emploi, qui paradoxalement, commande parfois des licenciements. Sauvegarder la compétitivité des entreprises revient à conserver des emplois et, si possible, à développer des nouveaux emplois à l'avenir en améliorant les salaires* » *(cf. P. Waquet, « Emploi et profit », RJS 2006, p. 351).*

D. L'appréciation du caractère nécessaire de la réorganisation pour assurer la sauvegarde de la compétitivité

48.6.4.4. – Le juge du fond ne peut se borner à retenir que « *la réorganisation du service* » justifiait la modification du contrat de travail sans « *rechercher si la réorganisation (...) était nécessaire à la sauvegarde de la compétitivité de l'entreprise* » *(Cass. soc., 2 févr. 2006, n° 03-48.228, RJS 2006 n° 408 ; Cass. soc., 4 juill.2006, n° 04-46.261, RJS 2006 n° 1043).*

> *« Si les juges du fond ne peuvent pas arbitrer entre les différentes possibilités de réorganisation d'une entreprise, il leur appartient de vérifier que celle invoquée à l'appui des licenciements est nécessaire à la sauvegarde de sa compétitivité » (Cass. soc., 20 juin 2007, n° 05-45.924, RJS 2007 n° 1169 : en l'espèce, était en cause un transfert des activités de production).*

Par un arrêt topique du 18 septembre 2007, il a été jugé que dès lors que « *les licenciements étaient le résultat de la décision de transférer la production de Sprague France vers la société Vischay Israël en raison d'incitations financières et fiscales attractives, (...) la nécessité de sauvegarder la compétitivité du secteur d'activité du groupe, invoquée dans les lettres de licenciement, n'avait jamais existé, et que la délocalisation de France en Israël obéissait à des facteurs étrangers à ceux prévus par l'article L. 321-1 du Code du travail » (Cass. soc., 18 sept. 2007, n° 06-42.401, RJS 2007 n° 1170, RDT 2007, p. 654, note P. Waquet ; voir également : Cass. soc., 7 mars 2001, n° 98-46.044 : fermeture d'un site).*

Le juge peut estimer que la réorganisation ne justifiait pas la suppression du poste *(Cass. soc., 23 mars. 1994, n° 90-43.293, Dr soc 1994 p. 563).*

§ 5. LA RÉORGANISATION RÉPONDANT AU CRITÈRE DE LA SAUVEGARDE DE LA COMPÉTITIVITÉ DE L'ENTREPRISE

A. La prévention de difficultés économiques présentes ou à venir

48.6.5.1. – Répond au critère de la sauvegarde de la compétitivité la réorganisation décidée pour faire face à des difficultés économiques présentes à la date du licenciement ou « *à venir et leurs conséquences sur l'emploi » (Cass. soc., 11 janv. 2006, n° 04-46.201 et 05-40.977, Bull. V n° 10, RJS 2006 n° 322, Rapport 2005 de la Cour de cassation, p. 267 ; G. Couturier, « Le licenciement de compétitivité », Sem. soc. Lamy, 23 janv. 2006, n° 1245 ; J.-Y Frouin, « Retour sur la notion de sauvegarde de la compétitivité », RJS 2006, p. 187 ; J.-E. Ray, « Revirement ? Quel revirement ? Dix ans après l'arrêt Vidéocolor, les arrêts Pages Jaunes du 11 janvier 2006 », Dr soc 2006, p. 138 ; Dalloz 2006 IR, p. 250, note E. Chevrier ; note J. Pelissier, D. 2006, p. 1014 ; P. Waquet, « Emploi et profit », RJS 2005, p. 351 ; JCP S 2006 n° 4, p. 31, note F. Favennec-Héry : D. 2006, p. 2002, obs. J. Pélissier ; M.-F. Bied-Charenton, « Au nom de la liberté d'entreprendre », Dr ouvrier 2006, p. 369).*

La réorganisation de l'entreprise peut donc constituer un motif économique de licenciement en l'absence de difficultés économiques à la date du licenciement.

La chambre sociale a confirmé sa jurisprudence dans les cas de réorganisations justifiées ou marquées par :

– le regroupement d'activités de télévente s'inscrivant « *dans l'évolution normale de la politique commerciale de l'entreprise* » et « *qui obéit bien à un souci de préservation de sa compétitivité » (Cass. soc., 4 juill. 2006, n° 04-46.261, RJS 2006 n° 104)* ;
– « *l'évolution du marché des pneumatiques, la baisse des prix de ces produits et l'augmentation du coût des matières premières, [plaçant] l'entreprise dans l'impossibilité de réaliser les investissements*

qui étaient nécessaires pour remédier à la faible dimension des sites de production par rapport à ceux des concurrents et à la diversification excessive des fabrications, (...) cette situation lui imposant de se réorganiser pour pouvoir affronter la concurrence, cette nouvelle organisation procédant d'une gestion prévisionnelle des emplois destinée à prévenir des difficultés économiques à venir et leurs conséquences sur l'emploi (...) nécessaire à la sauvegarde de la compétitivité de l'entreprise et du secteur d'activité du groupe dont elle relevait » (Cass. soc., 21 nov. 2006, n° 05-40.656, Bull. V n° 349, RJS 2007 n° 305, RDT 2007, p. 105, obs. P. Waquet ; Dr soc 2007, p. 114, obs. G. Couturier ; Dr ouvrier 2007, p. 158 et A. Lyon-Caen, « Le contrôle judiciaire du motif économique et ses turbulences », Dr ouvrier 2007, p. 156 ; Rapport 2007 de la Cour de cassation) ;

– le positionnement défavorable de l'entreprise [Mutuelles du Mans] face aux autres opérateurs, et notamment aux banques, nouveaux intervenants, tant en ce qui concerne le taux de changement que des frais d'acquisition et d'administration, qui menaçait à terme sa survie *(Cass. soc., 23 mai 2007, n° 05-45.114, RDT 2007, p. 455, obs. P. Waquet)* ;
– une baisse significative de la production et une contraction importante du marché intérieur se traduisant par une baisse sensible du chiffre d'affaires, le résultat d'exploitation s'étant dégradé de 45 % et les deux autres sociétés du secteur subissant des pertes importantes *(Cass. soc., 23 mai 2007, n° 06-40.233, RJS 2007 n° 931, RDT 2007, p. 456, obs. P. Waquet)* ;
– la circonstance que « *le secteur d'activité de maintenance traditionnelle, sur lequel intervenait l'entreprise, n'était plus adapté à l'évolution du marché, que cette situation avait entraîné des pertes d'exploitation ainsi qu'une dégradation des performances financières du secteur, et que la perte de compétitivité qui en résultait imposait la mise en place d'une nouvelle organisation favorisant l'amélioration du savoir-faire et une croissance externe, afin de retrouver de nouveaux clients compensant des pertes de clientèle* » justifiant une réorganisation « *destinée à prévenir des difficultés économiques à venir et leurs conséquences sur l'emploi* » *(Cass. soc., 29 janv. 2008, n° 06-44.131, RJS 2008 n° 387)* ;
– l'importante dégradation du résultat d'exploitation pour l'exercice ainsi qu'une diminution des commandes pour l'exercice suivant *(Cass. soc., 17 déc. 2008, n° 07-41.499)* ;
– la concurrence de sociétés étrangères dont les prix de vente étaient inférieurs et la productivité supérieure *(Cass. soc., 7 juill. 2009, n° 08-40.321, RJS 2009 n° 774)* ;
– la menace sur la compétitivité résultant de l'apparition de nouveaux acteurs sur un marché hautement concurrentiel et confirmée par l'évolution ultérieure du chiffre d'affaires et des résultats, ayant conduit à la mise en œuvre des mesures de réorganisation de

la force de vente et de la modification des intéressements annuels *(Cass. soc., 2 févr. 2011, n° 09-69.520)* ;

- une réduction du marché français et européen, l'existence d'une surproduction du produit en Europe occidentale, une baisse significative du prix due à la concurrence et une concentration des grands consommateurs, ayant une baisse sensible du chiffre d'affaires, des bénéfices et du résultat net du groupe *(Cass. soc., 27 mars 2012, n° 11-14.223, Bull. V n° 108, RJS 2012 n° 533)* ;
- une baisse très sensible du volume de production et des pertes importantes enregistrées par les sociétés œuvrant dans le même secteur d'activité que l'entreprise, nonobstant le recours à des intérimaires intervenu peu après les licenciements et consécutif à une augmentation temporaire et imprévue des commandes *(Cass. soc., 28 oct. 2015, n° 14-12.590 et 14-14.337, RJS 2016 n° 17)* ;
- une baisse de la consommation en volume des produits d'hygiène et de beauté en raison, notamment, de la concurrence des produits bio et naturels, ce qui avait entraîné une baisse corrélative du chiffre d'affaires et des parts de marché et, d'autre part, l'existence d'un environnement mondial concurrentiel agressif, ce dont il résultait une tendance structurelle justifiant une réorganisation de l'entreprise, la menace sur sa compétitivité étant établie *(Cass. soc., 10 juill. 2024, n° 22-18.481)*.

De même, s'agissant d'une association, a été jugée justifiée par la nécessité de sauvegarder sa compétitivité la réorganisation consistant à réduire le temps de travail d'un salarié pour se conformer aux objectifs de la municipalité qui la subventionnait *(Cass. soc., 1er avr. 2003, n° 01-41.392)*.

B. La modification de l'organisation handicapant l'entreprise

48.6.5.2. – Répond au critère de la sauvegarde de la compétitivité la suppression d'un poste de directeur pour mettre un terme à une direction bicéphale handicapant la bonne marche de l'entreprise *(Cass. soc., 10 juill. 2002, n° 00-42.343, RJS 2002 n° 1217 ; Cass. soc., 20 juin 2007, n° 06-40.853)*.

Sur le fondement de la jurisprudence fondée sur le critère tiré de « *l'intérêt de l'entreprise* », auquel le juge judiciaire a substitué celui, plus restrictif, de la sauvegarde de la compétitivité, il avait été admis que pouvait constituer un motif économique la recherche d'un meilleur fonctionnement de l'entreprise se traduisant par une nouvelle organisation des représentants commerciaux pour assurer une alimentation régulière des ateliers *(Cass. soc., 1er avr. 1992, n° 90-44.697, Bull. V n° 223)*.

De même, répond à la nécessité de sauvegarde de la compétitivité l'évolution des emplois commerciaux impliquant une modification des contrats de travail des salariés concernés pour remédier à l'inadaptation du réseau commercial de l'entreprise et prévenir les difficultés présentes et à venir et leurs conséquences sur l'emploi *(Cass. soc., 27 janv. 2009, n° 07-41.738).*

C. Le poids de charges financières

48.6.5.3. – Dans un contexte où l'existence de charges financières compromettait durablement les résultats de l'entreprise, la suppression du poste d'un salarié a été jugée impérative pour assurer la sauvegarde de la compétitivité de l'entreprise *(Cass. soc., 26 janv. 2005, n° 02-44.138, RJS 2005 n° 361).*

D. L'harmonisation des rémunérations

48.6.5.4. – Sur le fondement du critère tiré de « *l'intérêt de l'entreprise* », la réorganisation motivée par la volonté d'harmoniser les rémunérations a été admise comme cause économique :

– pour une « *réorganisation des rémunérations* », entraînant la réduction de celles des salariés d'une usine, « *pour supprimer les différences qui existaient entre deux établissements industriels identiques et pour rendre les coûts de fabrication comparables à ceux des entreprises concurrentes* » *(Cass. soc., 26 janv. 1994 , n° 92-41.507 et 92-41.508, Bull. V n° 28, RJS 1994 n° 234 ; Cass. soc., 19 oct. 1994, n° 93-40.557, Dr ouvrier 1995, p. 215)* ;

– pour une modification du contrat de travail des démonstratrices « *afin de maintenir une égalité de rémunération entre les démonstratrices et assurer ainsi une meilleure organisation de l'entreprise* » *(Cass. soc., 21 oct. 1992, n° 89-44.667, Bull. V n° 514).*

La volonté d'égaliser les situations des salariés ne constitue plus, en elle-même, une cause économique de licenciement, depuis que le critère de l'intérêt de l'entreprise a été abandonné *(Cass. soc., 13 sept. 2006, n° 04-45.915).* Il est donc nécessaire que cet objectif (impliquant une modification des contrats de travail) soit lié à une cause économique.

E. La nécessité d'assurer un strict équilibre entre les recettes et les dépenses pour une association

48.6.5.5. – Par un arrêt du 2 avril 2008, la chambre sociale a confirmé la position adoptée par le juge d'appel qui avait estimé que « *la sauvegarde de la compétitivité d'une association se résume à assurer sa pérennité au regard du strict équilibre entre les recettes et les dépenses* » *(Cass. soc., 2 avr. 2008, n° 07-40.640, RJS 2008 n° 651 ; CA Paris, 7 juill. 2021, n° 18/04586).*

Cette position particulière concerne les entreprises qui interviennent dans les secteurs non concurrentiels, où la question ne se pose pas.

Dans le même sens, le Conseil d'État a admis la nécessité de sauvegarde de la compétitivité pour une association à but non lucratif, en l'absence de renouvellement d'un marché avec quatre bailleurs sociaux et une commune, entraînant une forte baisse du chiffre d'affaires et de l'excédent d'exploitation, et faute de perspective, pour l'association, d'obtenir d'autres marchés dans d'autres agglomérations *(CE, 3 avr. 2024, n° 471.271, Association Optima, mentionné aux Tables)*.

§ 6. LA RÉORGANISATION NE RÉPONDANT PAS AU CRITÈRE DE LA SAUVEGARDE DE LA COMPÉTITIVITÉ DE L'ENTREPRISE

48.6.6. – Si le juge estime qu'il n'est pas établi que la compétitivité soit menacée, le motif économique n'est pas établi et, par suite, le licenciement est dépourvu de cause réelle et sérieuse *(Cass. soc., 17 déc. 2002, n° 00-45621, Bull. V n° 392 ; Cass. soc., 24 juin 2003, n° 01-42.713, RJS 2003 n° 1135)*.

A. Le souci d'économie dans une entreprise saine

48.6.6.1. – Avec le critère « *de l'intérêt de l'entreprise* », puis celui de « *sauvegarde de la compétitivité de l'entreprise* », le seul souci d'économie dans une entreprise saine ne saurait donc constituer, pour le juge judiciaire, un motif économique justifiant la rupture du contrat.

Il en a été jugé ainsi lorsque :

– le licenciement est motivé par le fait que le salarié coûtait trop cher alors que l'entreprise faisait des profits « *considérables* » *(Cass. soc., 24 avr. 1990, n° 88-43.703, Bull. V n° 182, RJS 1990 n° 481)* ou par le coût élevé du travail d'un salarié alors que la situation financière de l'entreprise lui permet d'en assurer la charge *(Cass. soc., 16 mars 1994, n° 92-43.094, Bull. V n° 95)* ;
– la baisse du taux horaire des salaires n'avait pas été mise en œuvre dans l'intérêt de l'entreprise *(Cass. soc., 5 nov. 1992, n° 90-43.558, Dr soc 1992, p. 1005)* ;
– la « *réorganisation du régime des rémunérations ne se justifiait que par la volonté de réaliser des bénéfices plus importants et non par la nécessité de sauvegarder la compétitivité de l'entreprise ou du groupe* », alors que « *ni la société MHLP ni le groupe auquel elle appartient n'éprouvaient de difficultés économiques* » *(Cass. soc., 26 nov. 1996, n° 93-44.811, Bull. V n° 406, RJS 1997 n° 266, deuxième moyen)* ;
– la suppression d'emploi est décidée « *dans l'unique but d'assurer une gestion plus rationnelle de l'entreprise* » *(Cass. soc., 2 déc. 1997, n° 95-42.557 ; Cass. soc., 3 déc. 2008, n° 07-44.296 pour la suppression d'un doublon, consécutif à une fusion)* ;

– la réorganisation procède « *de la seule recherche d'une meilleure organisation* » (*Cass. soc., 30 nov. 1999, n° 97-41.008 ; Cass. soc., 31 mars 2010, n° 09-40.521, 09-40.522 et 09-40.523*) ou intervenue pour réaliser des économies dans un contexte pourtant favorable et n'obéissant qu'à une volonté de rationalisation financière de gestion *(Cass. soc., 23 juin 1999, n° 97-42.224)* ;
– la suppression des emplois permanents à laquelle l'entreprise, dont le chiffre d'affaires était en nette progression, « *s'était livrée répondait moins à une nécessité économique qu'à la volonté de l'employeur de privilégier le niveau de rentabilité de l'entreprise au détriment de la stabilité de l'emploi… la réorganisation n'avait été décidée que pour supprimer les emplois permanents de l'entreprise et non pour sauvegarder sa compétitivité* » *(Cass. soc., 1er déc. 1999, n° 98-42.746, Bull. V n° 466, RJS 2000 n° 159 ; Cass. soc., 6 mars 2007, n° 05-42.271)* ;
– la réorganisation répond à la volonté de l'employeur de remettre en cause une situation acquise jugée trop favorable aux salariés *(Cass. soc., 30 sept. 1997, n° 94-43.733, Bull. V n° 291, RJS 1997 n° 1297 ; Cass. soc., 30 nov. 2011, n° 09-43.183, Bull. V n° 282, RJS 2012 n° 120)* ou d'économiser le salaire correspondant à un poste *(Cass. soc., 7 oct. 1998, n° 96-43.107, Bull. V n° 405, RJS 1998 n° 1350 ; Cass. soc., 30 sept. 2003, n° 01-42.945)* ;
– la restructuration est opérée dans le seul but de rechercher une meilleure rentabilité et des économies *(Cass. soc., 24 oct. 2000, n° 98-40.951)* ou « *d'améliorer la rentabilité afin d'accroître ses profits* » *(Cass. soc., 9 mars 2004, n° 02-41.883)* ou d'améliorer des marges déjà positives *(Cass. soc., 13 sept. 2006, n° 05-41.665, RJS 2006 n° 1161)* ou encore « *d'augmenter les profits* » alors que la situation de l'entreprise est « *prospère* » *(Cass. soc., 22 févr. 2006, n° 04-40.041, RDT 2006, p. 27, note P. Waquet ; Cass. soc., 28 févr. 2012, n° 10-21.050 ; Cass. soc., 17 déc. 2014, n° 13-22.635)* ;
– la compétitivité de la pharmacie « *n'est mise en cause par aucun élément objectif et que la réorganisation entreprise par la société (…) avait pour seul but de réaliser des profits supplémentaires pour répondre aux exigences de la banque qui avait financé l'acquisition du fond* » *(Cass. soc., 29 mai 2001, n° 99-41.930, RJS 2001 n° 1002)* ;
– la réorganisation invoquée, qui affectait un service administratif de l'essence même de l'établissement, avait seulement pour objet de réduire les charges supportées par les praticiens *(Cass. soc., 30 avr. 2002, n° 00-41.809)* ;
– le transfert de l'activité n'était justifié que par la décision de l'employeur de se rapprocher de son principal client *(Cass. soc., 12 févr. 2003, n° 00-45.173)* ;
– est invoqué le seul « *intérêt général* » de l'entreprise sans référence à la sauvegarde de la compétitivité, « *la seule recherche d'économies*

par la centralisation des services concernés ou le fait que le directeur en charge du service informatique soit basé en Angleterre n'étant pas suffisant pour caractériser un motif économique réel et sérieux justifiant le licenciement compte tenu des possibilités de communication offertes par les systèmes d'information en vigueur quel que soit le site concerné » (Cass. soc., 13 mai 2003, n° 00-46.766, RJS 2003 n° 1135) ;

– le licenciement répond à « *un simple objectif de gestion consistant à réduire la masse salariale » (Cass. soc., 9 déc. 2003, n° 01-46.228, Dr soc 2004, p. 210, obs. P. Waquet)* ;
– le secteur d'activité concerné avait dégagé un profit sur la base des résultats courants, l'employeur n'apportant aucun élément tendant à établir l'existence d'une menace qui aurait pesé sur ce secteur *(Cass. soc., 9 mai 2006, n° 05-40.554, RJS 2006 n° 822)* ;
– la concentration du service du personnel en un seul site est justifiée par le maintien de marges d'un certain niveau alors que le groupe auquel appartient l'entreprise dégage des bénéfices *(Cass. soc., 21 mars 2006, n° 04-45.749 ; Cass. soc., 31 mai 2006, n° 04-47.376, Bull. V n° 200, RDT 2006, p. 102, note P. Waquet)* ;
– la réduction du secteur géographique du salarié résulte de la recherche par l'employeur d'une meilleure organisation privilégiant le niveau de rentabilité de l'entreprise au détriment de l'emploi *(Cass. soc., 6 mars 2007, n° 05-42271, RDT 2007 p. 312, obs. P. Waquet)* ;
– la réorganisation avait été décidée à seule fin d'améliorer la rentabilité pour permettre le remplacement d'un seul pharmacien par les deux associés *(Cass. soc., 23 janv. 2007, n° 05-43.100, RDT 2007, p. 175, obs. P. Waquet)* ;
– les licenciements sont « *le résultat de la décision de transférer la production de YE... France vers la société Vischay Israël en raison d'incitations financières et fiscales attractives, de sorte que la nécessité de sauvegarder la compétitivité du secteur d'activité du groupe, invoquée dans les lettres de licenciement, n'avait jamais existé, et que la délocalisation de YE... France en Israël obéissait à des facteurs étrangers à ceux prévus par le Code du travail » (Cass. soc., 18 sept. 2007, n° 06-42.401, RJS n° 1169)* ;
– la perte de marché alléguée n'était pas établie *(Cass. soc., 3 mars 2009, n° 07-43.240)* ;
– un chiffre d'affaires du secteur d'activité en progression, les éléments invoqués pour justifier d'une menace sur la compétitivité étant la conséquence de la réorganisation décidée par l'employeur *(Cass. soc., 29 avr. 2009, n° 07-44.116)*.

Dans le même sens, le Conseil d'État a jugé que, au regard notamment de la concurrence dans le secteur d'activité concerné, la fermeture d'un des entrepôts au titre de la réorganisation mise en œuvre pour rationaliser l'organisation de l'approvisionnement en produits alimentaires d'une région et améliorer la compétitivité n'était pas nécessaire à la sauvegarde de la compétitivité de cette entreprise *(CE, 27 janv. 2016, n° 388.210, Chaubard c. / Sté Auchan).*

B. Les licenciements justifiés par des pertes boursières

48.6.6.2. – La chambre sociale a posé la règle selon laquelle « *ni la restructuration du capital d'une société commerciale quel qu'en soit le motif, ni la dégradation des marges de l'entreprise dont l'activité et les effectifs continuent à progresser, fût-ce faiblement, ne sauraient, ensemble ou séparément, constituer une cause économique de licenciement* », refusant ainsi d'admettre les licenciements fondés sur des pertes boursières *(Cass. soc., 21 mars 2001, n° 98-46.178, commentaire P. Waquet, RJS 2001, p. 567).*

C. Une réorganisation justifiée seulement par des considérations générales

48.6.6.3. – La chambre sociale juge que des motifs d'ordre général ne peuvent caractériser la menace pesant sur la compétitivité. Pour ce motif, elle a cassé l'arrêt qui retient « *que l'activité pharmaceutique qui est celle de la société s'effectue dans un secteur fortement concurrentiel, que la forte progression de la science et des techniques oblige à une adaptation permanente et que l'évolution des politiques publiques contraint de manière spécifique en sorte que le projet de réorganisation par fusion incluait nécessairement la modification ou la suppression de postes existant dans les structures mises en place avant le processus de réorganisation* » *(Cass. soc., 21 févr. 2007, n° 04-48.794, RJS 2007 n° 569 ; Cass. soc., 31 mai 2006, n° 04-47.376, Bull. V n° 200, RDT 2006, p. 102, note Waquet).*

D. Une réorganisation justifiée uniquement par des considérations environnementales

48.6.6.4. – La cause économique n'a pas été admise dans le cas d'une fermeture d'usine qui n'avais pas mis fin aux activités du groupe, la réorganisation ayant été décidée pour cesser les nuisances causées à l'environnement et non pour sauvegarder la compétitivité du secteur d'activité du groupe qui n'était pas menacée *(Cass. soc., 13 févr. 2008, n° 06-44.358, RJS 2008 n° 388).*

E. Une réorganisation justifiée uniquement par les prescriptions d'une autorité de tutelle

48.6.6.5. – « *Une réorganisation de l'entreprise liée aux prescriptions d'une autorité de tutelle ne constitue pas, en soi, une cause économique de licenciement* » et si la réorganisation n'est justifiée ni par des difficultés économiques, ni par les nécessités de la sauvegarde de la compétitivité de l'entreprise, le licenciement est dépourvu de cause réelle et sérieuse *(Cass. soc., 17 oct. 2006, n° 04-43.201, RJS 2006 n° 1265).*

SECTION 7

La cessation d'activité comme motif autonome de licenciement économique

§ 1. UN MOTIF ÉCONOMIQUE AUTONOME

A. La jurisprudence

48.7.1.1. – La Cour de cassation, après avoir rappelé que « *l'énumération des motifs économiques de licenciement par l'article L. 321-1 du Code du travail [L. 1233-3] n'est pas limitative* », considère que « *la cessation d'activité de l'entreprise, quand elle n'est pas due à une faute de l'employeur ou à sa légèreté blâmable, constitu(e) un motif économique de licenciement* » *(Cass. soc., 16 janv. 2001, n° 98-44.647, Bull. V n° 10, RJS 2001 n° 294, commentaire J. Savatier, Dr soc 2001, p. 413 ; Cass. soc., 28 févr. 2006, n° 03-47.880, Bull. V n° 89, note P. Morvan JCP S 2006 n° 24, p. 29 ; Cass. soc., 1er févr. 2011, n° 10-30.045, Bull. V n° 42, RJS 2011 n° 305, Dr soc. 2011 p. 372, note G. Couturier, RDT 2011 p. 168, note F. Géa ; Cass. soc., 8 juill. 2020, n° 18-26.140, B., RJS 2020 n° 465 ; Cass. soc., 6 avr. 2022, n° 20-19.305, RJS 2022 n° 289 ; sur la faute de l'employeur ou sa légèreté blâmable, Cass. soc., 17 mai 2023, n° 20-21.112 ; sur la légèreté blâmable, cf. n°* ***48.4.5.2.2.1****).*

Cette jurisprudence conduit à considérer la « *cessation d'activité* » comme un motif autonome de licenciement économique, n'étant pas subordonné à l'existence de difficultés économiques, de mutations technologiques ou d'une réorganisation.

B. L'évolution des dispositions législatives

48.7.1.2. – La loi n° 2002-73 du 17 janvier 2002 de modernisation sociale, en définissant de manière limitative les causes du licenciement, remettait en cause cette jurisprudence, la cessation d'activité devant résulter de l'une des trois causes prévues par la loi. Ce point a été l'un des trois éléments sur lesquels le juge constitutionnel s'est fondé pour censurer les dispositions de la loi relatives à la définition du licenciement économique *(décision n° 2001-455 DC du 12 janvier 2002 ; cf. n°* ***48.2.2.3****).*

Les dispositions de la loi de modernisation sociale qui imposaient aux organes de direction ou de surveillance d'une société de suivre une procédure spéciale en cas de cessation d'activité d'un établissement ou d'une entité économique autonome employant plus de cent salariés et conféraient au comité d'entreprise un droit d'opposition ont été suspendues par la loi n° 2003-6 du 3 janvier 2003 puis abrogées par la loi n° 2005-32 du 18 janvier 2005.

Cause d'origine jurisprudentielle, la cessation d'activité a été intégrée dans le Code du travail par la loi n° 2016-1088 du 8 août 2016.

L'alinéa 10 de l'article L. 1233-3 du Code mentionne comme cause économique à part entière la « *cessation d'activité de l'entreprise* ».

§ 2. LES CAS DE FIGURE DANS LESQUELS LE MOTIF ÉCONOMIQUE A ÉTÉ ADMIS

48.7.2. – Constituent en tant que telle une cause économique la fermeture complète et définitive du seul établissement géré par une association *(Cass. soc., 27 mai 2008, n° 07-40.703, RJS 2008 n° 876, note E. Gayat, Dr ouvrier 2008, p. 580).*

En présence d'un licenciement pour motif économique consécutif à la dissolution de l'association employeur, le juge judiciaire ne se prononce pas sur la cause de la cessation de l'activité de l'employeur *(Cass. soc., 1er mars 2000, n° 98-40.340, Bull. V n° 81, note J. Savatier, Dr soc 2000, p. 558).*

L'appréciation des données de fait peut donner lieu à des divergences de solution par les deux ordres de juridiction compte tenu des arguments de fait invoquées devant les juridictions de fond des deux ordres *(pour un exemple : Cass. soc., 8 juill. 2009, n° 08-41.644, RJS 2009 n° 723, note P. Lejard, Dr ouvrier 2010, p. 51 et CE, 16 déc. 2009, n° 315.401, Sté Papeteries de l'Atlantique).*

§ 3. LES CAS DE FIGURE DANS LESQUELS LE MOTIF ÉCONOMIQUE N'A PAS ÉTÉ ADMIS

A. Le caractère non définitif de la cessation d'activité

48.7.3.1. – Ne constituent pas, en revanche, en tant que telle une cause économique :

- l'interruption non définitive de l'activité *(Cass. soc., 9 mars. 2004, n° 01-46.780, RJS 2004 n° 667)* ;
- la cessation d'une partie des activités de l'entreprise *(Cass. soc., 29 juin 2005, n° 03-43.664, RJS 2005 n° 964 ; Cass. soc., 10 oct. 2006, n° 04-43.453, Bull. V n° 296, RJS 2006 n° 1250 ; Cass. soc., 23 mars 2017 n° 15-21.183, B., RJS 2017 n° 403 ; Cass. soc., 4 oct. 2023, n° 22-18.046, RJS 2023 n° 636)*, peu important que la fermeture d'un établissement de l'entreprise résulte de la décision d'un tiers *(Cass. soc., 23 mars 2017, n° 15-21.183, préc.)* ou de l'entrée en vigueur d'une loi nouvelle *(Cass. soc., 9 nov. 2022, n° 21-16.041, RJS 2023 n° 14)* ;
- la fermeture temporaire de l'établissement dès lors qu'elle ne peut être regardée comme une cessation d'activité de l'entreprise *(Cass.*

soc., 15 oct. 2002, n° 01-46.240, Bull. V n° 311, obs. F. Duquesne, Dr soc 2002, p. 1156) ;
- la fermeture d'une partie du bâtiment pour des raisons de sécurité *(Cass. soc., 26 nov. 2003, n° 01-41.622)* ;
- la fermeture temporaire pour travaux *(Cass. soc., 22 mars 2005, n° 02-46.226 ; Cass. soc., 21 mars 2006, n° 03-47.824)* ;
- la fermeture d'une ligne aérienne consécutive au non-renouvellement d'une concession *(Cass. soc, 11 juin 2002, n° 00-42.233, Bull. V n° 199)* ;
- la fermeture d'une usine ne mettant pas fin aux activités du groupe ayant transféré la production sur d'autres sites et décidée pour mettre fin aux nuisances causées à l'environnement *(Cass. soc., 13 févr. 2008, n° 06-44.358, RJS 2008 n° 388)* ;
- la seule cession du fonds de commerce *(Cass. soc., 10 juill. 2002, n° 00-41.721, RJS 2002 n° 1100 ; Cass. soc., 18 nov. 2009, n° 07-45.669)* ;
- la cessation d'activité d'une société « *de manière précipitée, à la demande de son principal associé et pour satisfaire aux seules exigences du groupe (...), sans que toutes les possibilités pouvant permettre le maintien de son activité et des emplois aient été recherchées et procédant d'une légèreté blâmable, privant les licenciements alors prononcés de cause réelle et sérieuse* » *(Cass. soc., 28 oct. 2008, n° 07-41.984, RJS 2009 n° 24)* ;
- la poursuite, constitutive d'une société de fait, de leur activité par deux médecins, après la dissolution de l'association de moyens qu'ils avaient créée, à la suite de la résiliation par leur bailleur de leur bail professionnel *(Cass. soc., 2 mars 2011, n° 09-42.400, RJS 2011 n° 404)* ;
- la poursuite de l'activité par une autre société, qui avait acquis un stock très important de marchandises de l'entreprise, embauché trois salariés de sa force de vente et se prévalait de la reprise de la branche d'activité de vannerie, ce qui caractérisait le transfert d'une entité économique autonome et rendait sans effet le licenciement prononcé *(Cass. soc., 4 oct. 2011, n° 10-19.610, RJS 2011 n° 939)*.

B. L'existence d'une situation de co-emploi

48.7.3.2. – La notion de co-emploi, initialement utilisée pour caractériser des situations contractuelles spécifiques liées notamment à des mises à disposition, à des mobilités informelles de salariés au sein de groupes ou à des collaborations étroites entre employeurs distincts, avait été retenue par la chambre sociale pour reconnaître l'existence d'un nouveau périmètre de coobligés en raison de l'immixtion de la société-mère d'un groupe dans la gestion d'une filiale, sans qu'il soit nécessaire de constater l'existence d'un rapport de subordination individuel de chacun des salariés de la filiale avec la société-mère *(Cass. soc., 18 janv. 2011, n° 09-69.199, Bull. V n° 23, RJS 2011 n° 207, Dr soc. 2011, p. 372, Liaisons soc. Jurisp. Quot. n° 15.782, 27.01.2011 ; Cass. soc., 22 juin 2011, n° 09-69.021, RJS 2011 n° 742 ; Cass. soc., 15 févr. 2012, n° 10-13.897, RJS 2012 n° 410).*

Pour le juge judiciaire, le co-emploi est caractérisé par l'existence d'une triple confusion d'intérêt, d'activité et de direction, laquelle « *établit que l'employeur avec lequel le salarié a conclu un contrat de travail ne dispose en réalité d'aucune autonomie de décision et, par là, que l'autorité qu'il exerce sur son personnel est partagée avec un autre, qui lui dicte sa conduite, spécialement dans la gestion de son personnel, de sorte qu'il n'est plus possible de distinguer chacun des employeurs » (P. Bailly, « Actualité des licenciements économiques », Sem. soc. Lamy, 12 09.2011 n° 1504 ; sur le fondement et les usages du co-emploi, cf. également J.-F. Cesaro, « Le co-emploi », RJS 2013, p. 3).*

Cette confusion d'intérêt, d'activité et de direction, et l'immixtion qui en résulte dans la gestion économique et sociale de la filiale, est appréciée restrictivement par le juge : cette immixtion doit être permanente et conduire à la perte totale d'autonomie de la filiale ; elle se distingue de la « *communauté d'intérêts et d'activités résultant de l'appartenance à un même groupe* » et « *de la nécessaire coordination des actions économiques entre les sociétés appartenant à un même groupe et de l'état de domination économique que cette appartenance peut engendrer* », lesquelles ne peuvent suffire à caractériser une situation de co-emploi *(Cass. soc., 2 juill. 2014, n° 13-15.208 à 13-15.398 et 13-21.153, Bull. V n° 159, RJS 2014 n° 662, note G. Loiseau, JCP S 2014, 1311, note M. Castel, Dr ouvrier 2014, p. 654, RDT 2014 p. 625, note M. Kocher ; dans le même sens : Cass. soc., 18 déc. 2013, n° 12-25.686 à 12-25.734, Bull. V n° 312 ; Cass. soc., 24 juin 2014, n° 10-19.776, Bull. V n° 152, RJS 2014 n° 663 ; Cass. soc., 10 déc. 2015, n° 14-19.316, B., note E. Peskine, « Le co-emploi est mort, vive le co-emploi », Dr ouvrier 2016, p. 177 ; Cass. soc., 6 juill. 2016 n° 14-26.541 ; Cass. soc., 7 mars 2017, n° 15-16.865, B. ; G. Auzero « De quelques éléments insuffisants à caractériser le co-emploi », RDT 2017, p. 256, note Y. Pagnerre, JCP S 2017, 1174 ; G. Auzero, « Co-emploi : le rappel à l'ordre de la Cour de cassation », Sem. soc. Lamy 2014, 1645 ; Cass. soc., 24 mai 2018, n° 16-18.621, B., RJS 2018 n° 530 ; Cass. soc., 23 nov. 2022, n° 20-23.206, B., RJS 2023 n° 54 ; chron. Y. Pagnerre, « Co-emploi au sein d'un groupe de sociétés » RJS 2016, p. 723 ; S. Tournaux, « Chronique d'actualité du régime juridique du contrat de travail », Dr soc 2017, p. 843 ; a contrario : Cass. soc., 6 juill. 2016, n° 15-15.481, RJS 2016 n° 609 avec avis R. Weissmann, avocat général, RJS 2016, p. 667 ; Cass. soc., 25 nov. 2020, n° 18-13.769, B., RJS 2021 n° 63, Dr soc. 2021 p. 367, note D. Baugard, RDT 2020 p. 749, note M. Kocher et S. Vernac ; chron. P. Bailly et S. Ranc, « Co-emploi et responsabilité », RJS 2021, p. 91).* Il en est de même de l'intervention ponctuelle de la société-mère dans les décisions affectant le devenir de la filiale dotée de dirigeants propres *(Cass. soc., 6 juill. 2016, n° 14-27.270 à 14-27.917)*.

Hormis l'existence d'une situation de co-emploi, l'employeur n'est donc pas privé, du seul fait de son appartenance à un groupe de sociétés, de la possibilité de licencier son personnel pour motif économique lorsqu'il cesse son activité, et il ne lui est pas imposé, pour cette seule raison, de justifier d'une autre cause de licenciement *(Cass. soc., 16 nov. 2011, n° 11-40.071 QPC, Bull. V n° 268)*. De ce fait, la seule circonstance que d'autres entreprises du même groupe aient poursuivi une activité de même nature ne fait pas, par elle-même, obstacle à ce que la cessation d'activité de la société ayant prononcé les licenciements économiques soit regardée comme totale et définitive *(Cass. soc., 6 avr. 2022, n° 20-23.234 et 20-19.305, RJS 2022 n 289 ; Cass. soc., 28 sept 2022, n° 21-17.812)* et ce, nonobstant le maintien d'une activité résiduelle nécessaire à l'exploitation de certains produits avant leur cession à une autre société du groupe, qui ne caractérisaient pas une poursuite d'activité *(Cass. soc., 20 sept. 2023, n° 22-13.485, B., RJS 2023 n° 636 ; RDT 2023 p. 698, note S. Vernac)*. La chambre sociale rejoint ainsi sur ce point la position du Conseil d'État *(CE, 3 mai 2017, n° 389.547, n° 389.554, Sté Linpac Packaging Provence ; cf. n°* ***48.7.5.1****)*. En revanche, si l'existence d'une situation de co-emploi est établie, les licenciements économiques liés à la cessation d'activité doivent être justifiés par une autre cause économique – difficultés économiques ou nécessité de réorganisation pour sauvegarder la compétitivité, appréciés au niveau du secteur d'activité du groupe auquel appartient l'entreprise, ou mutations technologiques –, et non par les seuls choix stratégiques du groupe *(Cass. soc., 18 janv. 2011, n° 09-69.199, Bull. V n° 23, RJS 2011 n° 207, Dr soc. 2011, p. 372, Liaisons soc. Jurisp. Quot. n° 15.782, 27.01.2011, précité)*.

Si une situation de co-emploi ne peut pas être caractérisée, il reste toutefois possible pour les salariés licenciés pour motif économique d'engager la responsabilité extra-contractuelle de la société-mère ou de l'actionnaire principal dont les décisions ont conduit à la disparition de leur emploi *(Cass. soc., 8 juill. 2014, n° 13-15.573, Bull. V n° 180, RDT 2014 p. 672, étude A. Fabre ; Cass. soc., 24 mai 2018, n° 16-22.881 à 16-22.900, B., RJS 2018 n° 530 ; avis R. Weismann, avocat général, « Responsabilité pour faute de la société-mère envers les salariés licenciés de sa filiale », RJS 2018, p. 623)*.

§ 4. L'OBLIGATION DE RECLASSEMENT

48.7.4. – La dissolution de la société ne dispense pas l'employeur de son obligation de rechercher les possibilités de reclassement dans le groupe *(Cass. soc., 27 mai 2008, n° 07-40.703, RJS 2008 n° 876 ; Cass. soc., 17 juin 2009, n° 07-44.429, RJS 2009 n° 775)*.

§ 5. LA SITUATION DES SALARIÉS PROTÉGÉS

48.7.5. – Même en cas de cessation totale d'activité de l'entreprise, leur licenciement ne peut intervenir qu'après une décision administrative d'autorisation *(Cass. soc., 1er avr. 1992, Institut de pathologie, n° 88-42.981, Bull. V n° 234)*.

Le contrôle du motif économique par l'autorité administrative obéit alors aux principes suivants.

A. La vérification du caractère total et définitif de la cessation d'activité

48.7.5.1. – Dès lors qu'une demande d'autorisation de licenciement fondée sur la cessation d'activité de l'entreprise n'a pas à être fondée sur l'existence de mutations technologiques, de difficultés économiques ou menaces pesant sur la compétitivité de l'entreprise, s'il n'appartient pas à l'autorité administrative, pour apprécier la réalité de la cessation d'activité invoquée à l'appui d'une demande présentée par une société faisant partie d'un groupe, d'examiner la situation économique des autres entreprises de ce groupe, il lui incombe en revanche, de vérifier que la cessation de cette activité est totale et définitive *(CE, 23 sept. 2013, n° 360.077, Sté Imprimerie La loupe ; CE, 15 janv. 2014, n° 367.925 à 367.942, Sté Linpac Packaging Provence)*, cet examen ne portant que sur les activités de l'entreprise qui n'ont pas fait l'objet du transfert partiel *(CE, 27 janv. 2016, n° 386.656, société compagnie laitière de Derval, Tables p. 980)*.

Elle doit donc tenir compte, à la date à laquelle elle se prononce, de tous les éléments de droit ou de fait recueillis lors de son enquête qui sont susceptibles de remettre en cause le caractère total et définitif de la cessation d'activité, ainsi que de toute autre circonstance qui serait de nature à faire obstacle au licenciement envisagé, notamment celle tenant à une reprise, même partielle, de l'activité de l'entreprise impliquant un transfert du contrat de travail du salarié à un nouvel employeur en application de l'article L. 1224-1 du Code du travail *(CE, 22 mai 2015, n° 381.924, 375.897 et 381.926, M. A., concl. G. Dumortier, RJS 2015 n° 653 ; dans le même sens : CE, 3 mai 2017, n° 389.554, préc., cf. n°* ***48.7.3.2****)*. Dans cette hypothèse, elle doit se prononcer sur l'existence d'un ensemble organisé de personnes et d'éléments corporels et incorporels permettant l'exercice d'une activité poursuivant un objectif propre et caractériser la reprise d'éléments corporels et incorporels significatifs et nécessaires à l'exploitation de cette entité *(CE, 5 juin 2024, n° 467.109, Sté Sodi)*.

Cette vérification doit être opérée par l'autorité administrative, même lorsque le jugement ouvrant la liquidation judiciaire a pour effet la cessation totale et définitive de l'activité de l'entreprise dans le cas où le tribunal de commerce n'a pas autorisé de maintien de l'activité dans les conditions prévues à l'article L. 641-10 du même code *(CE, 22 mai 2015, n° 371.061, Ministre du Travail, de l'Emploi, de la Formation professionnelle et du Dialogue social, mentionné aux Tables, concl. G. Dumortier).*

En revanche, pour la Haute Assemblée, comme pour le juge judiciaire *(cf. n° **48.7.3.2**)*, lorsque l'entreprise appartient à un groupe, la seule circonstance que d'autres entreprises du groupe aient poursuivi une activité de même nature ne fait pas, par elle-même, obstacle à ce que la cessation d'activité de l'entreprise soit regardée comme totale et définitive *(CE, 22 mai 2015, n° 381.924, 375.897 et 381.926, précité ; CE, 13 janv. 2016, n° 386.628, Sté MG Recherches ; CE, 3 mai 2017, n° 389.554, préc., cf. n° **48.7.3.2.**).*

B. La non prise en compte par l'administration d'une faute ou d'une légèreté blâmable de l'employeur

48.7.5.2. – Il n'appartient pas à l'autorité administrative de rechercher si la cessation d'activité est due à la faute ou à la légèreté blâmable de l'employeur, sans que sa décision fasse obstacle à ce que le salarié, s'il s'y estime fondé, mette en cause devant les juridictions compétentes la responsabilité de l'employeur en demandant réparation des préjudices que lui auraient causé cette faute ou légèreté blâmable dans l'exécution de son contrat de travail, y compris le préjudice résultant de la perte d'emploi *(CE, 8 avr. 2013, n° 348.559, Schintu, Rec. p. 59, concl. G. Dumortier, RJS 2013 n° 551 ; CE, 1er août 2013, n° 351.917, M. B c. / Sté Eurocel ; CE, 3 mai 2017, n° 389.554, Sté Linpac Packaging Provence ; cf. également chron. F. Géa, « La cause fautive de licenciement au regard des jurisprudences judiciaire et administrative », RJS 2013, p. 427 ; Cass. soc., 25 nov. 2020, n° 18-13.771, B., RJS 2021 n° 102, Dr soc. 2021 p. 182, note J. Mouly ; Cass. soc., 29 juin 2022, n° 20-23.639, RJS 2022 n° 531 ; Cass. soc., 20 sept. 2023, n° 22-13.494, B., RJS 2023 n° 655)*. Un tel contrôle, de la part de l'administration, serait en effet susceptible de constituer une immixtion prohibée dans les choix de l'entreprise *(Guide DGT, Salariés protégés, sept. 2019, fiche n° 7a)*.

C. L'absence de contrôle d'une situation de co-emploi au sein du groupe

48.7.5.3. – Appelé à se prononcer sur la question du co-emploi dans le cadre du contrôle effectué par l'inspecteur du travail, le Conseil d'État a écarté comme inopérante la recherche d'une telle situation, seule l'existence d'un véritable employeur autre que celui ayant présenté la demande d'autorisation de licenciement devant conduire à un rejet automatique de celle-ci *(CE, 28 avr. 2023, n° 453.087 à 453.096, Sté Orion Engineered Carbons, publié au Recueil, RJS 2023 n° 393, AJDA 2023. 1116, chron. D. Pradines et A. Goin)*. Cette solution rejoint la position prise en 2016 par la Haute Assemblée dans une affaire relative à une décision d'homologation d'un plan de sauvegarde de l'emploi *(CE, 17 oct.*

2016, n° 386.306, Stés G Participations et Dimos, mentionné aux Tables, concl. S.-J. Lieber, RJS 2017 n° 21).

Dans l'arrêt rendu le 30 septembre 2015, la chambre sociale a admis la possibilité, pour le salarié protégé dont le licenciement avait été autorisé par une décision ministérielle devenue définitive en l'absence de recours contentieux, de saisir le juge judiciaire d'une demande relative à l'existence d'un co-employeur dès lors que l'autorité administrative ne s'était pas prononcée sur l'existence d'une situation de co-emploi, alléguée par l'intéressé dans son recours hiérarchique *(Cass. soc., 30 sept. 2015, n° 13-27.872, Bull. 2016, n° 836, Soc., n° 207 ; sur la compétence du juge judiciaire, cf. n°* ***72.1.6.2.3.1****).*

SECTION 8

L'absence de contrôle de la cause économique en cas de rupture amiable pour cause économique

48.8. – La Cour de cassation admet la licéité de la rupture d'un commun accord du contrat à durée indéterminée, sur le fondement des dispositions de l'article L. 1221-1 du Code du travail et de l'article 1134 du Code civil *(cf. n°* ***17.1****).*

Ainsi, elle avait retenu la validité de la rupture amiable :

– pour un départ volontaire dans le cadre d'un accord collectif mis en œuvre après consultation du comité d'entreprise *(Cass. soc., 2 déc. 2003, n° 01-46.540, Bull. V n° 309, cité dans le rapport annuel 2003 ; Cass. soc., 13 sept. 2005, n° 04-40.135, Bull. V n° 252 ; Cass. soc., 2 nov. 2005, n° 02-44.721, RJS 2006 n° 19)* et, pour des salariés protégés, avec l'autorisation de l'inspecteur du travail *(Cass. soc., 22 févr. 2006, n° 04-42.464 ; Cass. soc., 27 mars 2007, n° 05-45.310, Bull. V n° 58, note Kerbourc'h, JCP S n° 44, 30.10.2007)* ;
– pour une rupture amiable proposée à son employeur par un salarié concerné par un projet de licenciement pour motif économique de trois salariés, dès lors qu'il estimait y avoir intérêt *(Cass. soc., 2 déc. 2003, n° 01-46.176, Bull. V n° 309, cité dans le rapport annuel 2003).*

En revanche, elle ne l'avait pas admise :

– pour une rupture amiable intervenue hors du champ du plan de sauvegarde de l'emploi, lequel comportait un plan de départs volontaires, et alors qu'existait un différend à la date de la conclusion de la convention de rupture *(Cass. soc., 11 févr. 2009, n° 08-40.095, Bull. V n° 43, JCP E n° 13, 26.03.2009)* ;
– pour le départ volontaire d'un salarié dans le cadre d'un plan de sauvegarde de l'emploi mis en œuvre après consultation du comité d'entreprise *(Cass. soc., 25 sept. 2007, n° 05-41.725, RJS 2007 n° 1267 ; Cass. soc., 13 juill. 2010, n° 09-42.836 et 09-42.838).*

Par l'arrêt rendu le 8 février 2012, la chambre sociale a jugé que, dans le cas de résiliation d'un contrat de travail résultant de la conclusion d'un accord de rupture amiable conforme aux prévisions d'un accord collectif soumis aux représentants du personnel, la cause économique de la rupture ne pouvait, sauf fraude ou vice de consentement, être contestée *(Cass. soc., 8 févr. 2012, n° 10-27.176, Bull. V n° 64, RJS 2012 n° 316)*.

Cette solution, retenue dans le cas d'un accord de rupture amiable fondé sur les stipulations d'un accord collectif et conforme à la jurisprudence antérieure, a été étendue à la rupture amiable résultant d'un plan de sauvegarde de l'emploi soumis aux représentants du personnel *(Cass. soc., 12 févr. 2014, n° 12-24.845. RJS 2014 n° 303 ; Cass. soc., 17 déc. 2014, n° 13-19.623, RJS 2015 n° 179 pour un accord de rupture amiable intervenu dans le cadre d'un plan de sauvegarde de l'emploi par départs volontaires, qui n'envisageait aucun licenciement ; Cass. soc., 9 avr. 2015, n° 13-23.588 à 13-23.591, 13-23.630 à 13-23.633, 13-23.883 à 13-23.886, Bull. V n° 72, RJS 2015 n° 452, note G. Loiseau, CSB 2015, p. 323 : pour des accords de rupture amiable dans le cadre d'un plan de sauvegarde de l'emploi destiné à limiter les licenciements contraints en permettant aux salariés potentiellement concernés par la suppression de leur poste de se porter volontaires au départ ; cf. également n°* ***410.3****)*.

Ces départs volontaires intervenant dans le cadre d'un accord collectif ou d'un plan de sauvegarde de l'emploi ne se confondent pas avec les ruptures d'un commun accord dans le cadre d'un accord collectif portant rupture conventionnelle collective, non fondées sur un motif économique et qui excluent tout licenciement pour atteindre les objectifs assignés en termes de suppressions d'emplois *(sur la rupture conventionnelle collective, cf. n°* ***17.2*** *; note G. Loiseau, « Quelques observations sur les ruptures collectives d'un commun accord », Sem. soc. Lamy 2017 n° 1788, 30.10.2017)*.

Est donc exclu tout contrôle du juge et de l'inspecteur du travail pour les salariés protégés, sur la cause économique en cas de rupture amiable pour motif économique *(CE, 3 avr. 2024, n° 469.694, mentionné aux Tables, M. B. c. / Sté Galderma Research et Development)*.

Doit alors être contrôlée l'existence d'un accord collectif ou d'un document unilatéral établi dans le cadre d'un plan de sauvegarde de l'emploi fondant la rupture amiable pour motif économique *(cf. Guide DGT, Salariés protégés, sept. 2019, fiche n° 14)*.

En revanche, lorsque la demande d'autorisation de licenciement invoque, non pas une résiliation amiable du contrat de travail, mais un licenciement pour motif économique, il appartient à l'inspecteur du travail de se prononcer sur la réalité du motif économique invoqué par l'employeur, nonobstant la volonté exprimée par la salariée de quitter l'entreprise *(CE, 27 févr. 2017, n° 391.399, Sté Cuenod ; jugé dans le même sens par le juge judiciaire : Cass. soc., 14 sept. 2017, n° 16-20.552, 16-20.556 et 16-20.558, B.)*.

SECTION 9

Le contrôle des effets du licenciement économique

48.9. – Le motif économique peut avoir pour effet :

– soit la suppression de l'emploi ou la transformation de l'emploi occupé par le salarié ;

– soit la modification de son contrat de travail.

Le juge doit constater que la suppression de l'emploi de la salariée ou la modification du contrat est motivée par l'une des causes suivantes : des difficultés économiques ; des mutations technologiques ; une réorganisation effectuée pour sauvegarder la compétitivité de l'entreprise ou du secteur d'activité du groupe auquel elle avait été intégrée ; la cessation d'activité de l'entreprise *(C. trav., art. L. 1233-3 ; également : Cass. soc., 9 juill. 1997, n° 95-43.722, Bull. V n° 261 ; Cass. soc., 27 mai 2020, n° 18-19.605, RJS 2020 n° 346).*

Il y a suppression de poste lorsque les tâches du salarié disparaissent dans leur totalité ou sont maintenues mais affectées à d'autres salariés de l'entreprise ; la seule exception à ce principe peut résulter de la mise en œuvre des critères d'ordre des licenciements *(Cass. soc., 13 juin 1996, n° 93-43.298, Bull. V n° 237).* La modification du contrat de travail est, quant à elle, caractérisée lorsqu'elle porte sur un élément essentiel du contrat, sans entraîner pour autant la suppression du poste *(Guide DGT, Salariés protégés, sept. 2019, fiche n° 7b).*

En matière de suppression d'emploi, il convient de souligner que la notion de sureffectif n'est pas une notion scientifique. Elle dépend en particulier du choix d'organisation projetée et revêt un caractère contingent marqué *(L. Mallet et F. Teyssier, « Sureffectif et licenciement économique », Dr soc 1992, p. 348 ; R. Beaujabin, « Outils de gestion et prise de décision en matière de réduction des effectifs », Travail n° 34, été 1995, p. 59 ; P. Chevallier et D. Dure, « Quelques effets pervers des mécanismes de gestion », Gérer et comprendre, sept. 1994, n° 36).*

§ 1. LE CONTRÔLE DE LA MATÉRIALITÉ DE LA SUPPRESSION OU DE LA TRANSFORMATION D'EMPLOI

48.9.1 – Le juge administratif et le juge judiciaire exercent un contrôle rigoureux sur la matérialité de la suppression de l'emploi ou de sa transformation dans le cas où l'employeur allègue que les difficultés économiques ou tout autre motif, justifient cette suppression ou cette transformation.

Si le juge constate que la suppression ou la transformation d'emploi alléguée n'est pas réelle, il en déduit, remontant de l'effet à la cause, que le motif économique n'est pas établi et, le cas échéant, que le licenciement est en fait inhérent à la personne du salarié concerné.

L'impossibilité de maintenir le poste sur lequel le salarié a été reclassé ne constitue pas en elle-même une cause économique *(Cass. soc., 9 oct. 2002, n° 00-44.868, RJS 2002 n° 1375).*

A. La date à laquelle s'apprécie la matérialité de la suppression ou de la transformation de l'emploi

48.9.1.1. – En principe, l'autorité administrative doit l'apprécier à la date à laquelle elle statue, en fonction notamment du calendrier prévisionnel des licenciements que l'employeur est tenu de communiquer aux représentants du personnel *(C. trav., art. L. 1233-10 et L. 1233-31)* et à l'administration *(C. trav., art. L. 1233-48).*

Si la décision de supprimer le poste doit être prise à la date à laquelle l'autorité administrative statue, sa suppression effective peut intervenir postérieurement, selon le calendrier prévu.

Pour apprécier la matérialité de la suppression de poste, le juge administratif opère un examen sur les recrutements opérés par l'entreprise après le licenciement. Il déduit ainsi des embauches intervenues sur les mêmes postes que ceux occupés par les salariés, et à peine trois mois après leur licenciement, que le motif allégué n'était pas établi *(CE, 19 févr. 1986, n° 29.851, Sté de gestion du Figaro).*

Le juge judiciaire peut se fonder sur des faits postérieurs à la notification du licenciement pour apprécier la réalité de la suppression de l'emploi et le caractère réel et sérieux des motifs invoqués *(Cass. soc., 13 mai 1997, n° 94-42.539 : le service achat avait été regroupé dans les mains d'un seul salarié puis, trois mois après le licenciement, le poste avait été de nouveau scindé pour être occupé par deux personnes ; Cass. soc., 12 févr. 1997, n° 95-41.694 et 95-41.695, Bull. V n° 58 : l'employeur avait recruté après le licenciement des salariés sous contrat à durée déterminée).*

B. Le cadre d'appréciation de la suppression ou de la transformation de l'emploi

1. La jurisprudence antérieure à l'ordonnance du 22 septembre 2017

48.9.1.2.1. – Pour la Cour de cassation, « *la réalité de la suppression ou transformation d'emploi ou de la modification substantielle du contrat de travail est examinée au niveau de l'entreprise* » alors que l'appréciation des difficultés économiques s'opère au regard du secteur d'activité du groupe auquel appartient l'entreprise concernée *(Cass. soc., 5 avr. 1995, n° 93-42.690, Sté Thomson Tubes et Displays et n° 93-43.866, Sté TRW REPA, Bull. V n° 123, concl. avocat général Y. Chauvy, RJS 1995, p. 321 et n° 497 ; note A. Lyon-Caen, Dr ouvrier 1995, p. 284 ; Dr soc 1995, p. 487 ; P. Waquet « Le niveau d'appréciation des conditions du* *licenciement économique », préc., Dr soc 1995, p. 486 ; Cass. soc., 8 juill. 2008, n° 06-45.564, RJS 2008 n° 967).*

En application de ce principe, la Cour de cassation considérait que si l'entreprise délocalise son activité à l'étranger, il y a suppression des emplois sur le territoire national : « *l'activité s'exerçait depuis lors sur d'autres sites, notamment à l'étranger, dans un milieu différent, ce dont il résultait que les emplois y avaient été supprimés » (Cass. soc., 5 avr. 1995 précités ; la cour d'appel de Lyon dans cette affaire avait considéré que les emplois n'avaient pas été supprimés mais transférés, Dr ouvrier 1993, p. 221).*

Le juge judiciaire, rappelant qu'une « *suppression d'emploi s'apprécie au niveau de l'entreprise* » et « *ayant constaté qu'un autre salarié avait été affecté, immédiatement après le licenciement, aux fonctions exercées par le salarié licencié* », en déduisait « *que le poste de ce dernier n'avait pas été supprimé peu important que le salarié affecté sur le poste ait été un salarié de la société mère » (Cass. soc., 16 janv. 2001, n° 98-44.461, Bull. V n° 11, RJS 2001 n° 292, Dr soc 2001, p. 559).*

Sans que le juge administratif ait pris explicitement position sur cette question, il contrôlait la matérialité de la suppression d'emploi au niveau de l'entreprise.

2. *Les dispositions de l'ordonnance du 22 septembre 2017*

48.9.1.2.2. – L'ordonnance n° 2017-1387 du 22 septembre 2017 a repris la définition jurisprudentielle du cadre d'appréciation de la suppression ou de la transformation de l'emploi.

L'article L. 1233-3 alinéa 11 du Code du travail dispose :

> « *La matérialité de la suppression, de la transformation d'emploi ou de la modification d'un élément essentiel du contrat de travail s'apprécie au niveau de l'entreprise.* »

Il en est donc ainsi, que l'entreprise appartienne ou non à un groupe, et qu'elle comporte ou non des établissements distincts.

§ 2. TYPOLOGIE DES SITUATIONS

A. La suppression d'emploi avec disparition des tâches confiées au salarié

1. *Cas dans lesquels la suppression a été jugée établie*

48.9.2.1.1. – Tel est le cas :

– de la suppression du poste de directeur financier consécutif à la dissolution d'un groupement d'intérêt économique, du fait du retrait d'une des deux sociétés qui le composaient, le poste n'étant pas recréé dans la nouvelle société *(Cass. soc., 29 juin 1994, n° 93-40.491)* ;

– de la suppression du poste de gardien dans une société de laboratoire cinématographique *(Cass. soc., 12 janv. 1994, n° 92-41.687).*

2. *Cas dans lesquels la suppression n'a pas été jugée établie par le juge judiciaire*

48.9.2.1.2. – La suppression d'emploi n'a pas été jugée établie par le juge judiciaire :

– pour une officine de pharmacie qui avait remplacé le salarié occupant un emploi de pharmacien assistant par une autre personne moins rémunérée *(Cass. soc., 24 avr. 1990, n° 88-43.374, Bull. V n° 183, RJS 1990 n° 479)* ;
– pour une entreprise qui avait licencié deux salariés exerçant les mêmes tâches, tandis qu'un seul emploi était en réalité supprimé *(Cass. soc., 23 sept. 1992, n° 90-41.237, Bull. V n° 471, Dr ouvrier 1993, p. 114)* ;
– pour une association se prévalant de l'arrêt de la mission d'une animatrice par la commune où elle était mise à disposition, ce qui ne signifiait pas que le poste avait été supprimé au sein de l'association *(Cass. soc., 3 déc. 1992, n° 91-42.228)* ;
– dès lors que « *l'employeur ne démontrait pas que l'emploi des salariés avait été supprimé* » *(Cass. soc., 22 sept. 1993, n° 92-40.141)* ;
– lorsque peu après l'expiration du contrat de travail, l'employeur avait engagé une salariée occupant un poste similaire, sans faire état de circonstances nouvelles *(Cass. soc., 22 févr. 1995, n° 93-44.074, Bull. V n° 67)* ;
– dès lors qu'étaient employés systématiquement des manutentionnaires recrutés sous contrat à durée déterminée après le licenciement *(Cass. soc., 12 févr. 1997, n° 95-41.694 et n° 95-41.695, Bull. V n° 58)* ;
– dans le cas où l'employeur avait entendu remplacer les contrats à durée indéterminée par des contrats à durée déterminée *(Cass. soc., 16 oct. 1997, n° 95-41.318 et 95-41.319, Bull. V n° 320)* ;
– « *quand le registre du personnel de la société démontrait que deux ouvriers d'exécution, embauchés le 1er octobre 1992, étaient restés en fonction, que trois autres avaient été embauchés le 5 juillet 1993, un quatrième le 2 septembre 1993, et qu'en proposant à M. X… de rester à son service jusqu'au 14 juillet 1993 après avoir engagé la procédure de licenciement le 23 février 1993, la société avait nécessairement reconnu qu'elle pouvait le garder à son service à la date du licenciement et même après le terme du préavis* » *(Cass. soc., 17 mars 1998, n° 96-40.644, Bull. V n° 145, RJS 1998 n° 579)* ;
– lorsque les fonctions exercées par le salarié licencié ont été confiées, immédiatement après le licenciement, par un salarié employé par la société-mère *(Cass. soc., 16 janv. 2001, n° 98-44.461, Bull. V*

n° 11, Dr soc 2001, p. 559) ou par une filiale *(Cass. soc., 19 déc. 2007, n° 06-40.057)* ;
- lorsque le jour même de son licenciement, le salarié a été remplacé dans son emploi par un salarié engagé à cette fin, ce licenciement ayant été obtenu par fraude *(Cass. soc., 8 déc. 2004, n° 02-44.045, Bull. V n° 320)* ;
- lorsqu'il a été constaté qu'immédiatement après le licenciement, l'employeur avait fait appel à des salariés extérieurs pour remplir les fonctions de la salariée licenciée, ce dont il résultait que le poste n'était pas supprimé *(Cass. soc., 8 juill. 2008, n° 06-45.564, RJS 2008 n° 967)*.

3. *Cas dans lesquels la suppression n'a pas été jugée établie par le juge administratif*

48.9.2.1.3. – Pour sa part, le juge administratif a estimé que l'emploi occupé par le salarié n'avait pas été supprimé et que le licenciement ne pouvait donc pas être autorisé :
- dans la mesure où le refus du salarié d'accepter la transformation de son contrat à durée indéterminée en contrat à durée déterminée ne constituait pas un motif de nature à justifier un licenciement pour motif économique *(CE, 11 mars 1983, n° 35.278, Mme Normandin, Rec. p. 106)* ;
- dès lors que, les fonctions du salarié ayant continué à être exercées par son adjoint, le poste de travail ne pouvait être regardé comme supprimé en dépit de la circonstance que l'adjoint avait un coefficient hiérarchique et un statut différent *(CE, 12 mars 1982, n° 14.121, Laiterie coopérative de Bayeux)* ;
- dans la mesure où « *la société Giraudet, qui a repris l'exploitation de l'établissement de la Société J. Destour, a procédé aussitôt après le licenciement de M. S., au recrutement de deux salariés de qualification et de niveau hiérarchique comparables* » *(CE, 27 avril 1987, n° 20.896, M. Sconamiglio)* ;
- dans la mesure où « *Mme B a été remplacée dans le poste qu'elle occupait par une salariée embauchée, sans que les fonctions confiées à cette employée soient différentes de celles assumées par Mme B ; en retenant que le poste avait été partiellement modifié et que cette modification devait s'assimiler à une suppression, l'autorité administrative a fondé sa décision sur des faits matériellement inexacts* » *(CE, 19 octobre 1988, n° 87.278, Mme Badonnel)* ;
- dès lors qu'« *il ne ressort pas des pièces du dossier que le poste de travail de M. M. ait été supprimé, ni que le programme de réduction des effectifs employés par la RNUR dans le département 74 de l'usine de Billancourt pour l'année 1986 ait concerné l'atelier de peinture auquel M. M. était affecté ; que s'il est établi que le nombre des intérimaires appelés pour faire face au surcroît de travail lié*

au retard dans la mise en place des robots de peinture avait été réduit, il n'est pas contesté que trois employés de l'usine de Douai ont été mutés au cours de l'année 1986 sur des postes de peintres dans l'atelier de M. M. ; que ces employés supplémentaires étaient toujours présents après le licenciement de M. M.» (CE, 7 févr. 1994, Martinez, n° 105.158, Dr ouvrier 1994, p. 193) ;

– dès lors que le salarié recruté après l'autorisation accordée par l'administration exerçait les mêmes fonctions que le salarié protégé avec le même coefficient hiérarchique *(CE, 12 avr. 1995, n° 122.079, Sté Allumetière française)* ;

– dès lors que l'emploi de la salariée en congé parental n'avait pas été supprimé, « *une autre salariée avait été recrutée... pour remplacer (la salariée) pendant la période de son congé parental d'éducation, puis embauchée, de façon définitive* » *(CE, 16 févr. 1996, n° 143.808, Sté Coplair, RJS 1996 n° 423)* ;

– dès lors que « *l'abandon de l'opération de rachat projetée [avait] entraîné la disparition du motif principal sur lequel se fondait la mesure de licenciement* », à savoir « *la suppression de l'emploi du salarié entraînée par le rachat du groupe par M. M. O et E.S. qui devaient assurer eux-mêmes ses fonctions* » *(CE, 19 févr. 1997, n° 156.996, SOS Cosmas)* ;

– dans la mesure où « *la réalité de la suppression du poste de soudeur de M.A., dans la nouvelle structure n'était pas établie à la date à laquelle l'inspecteur du travail a pris sa décision* » *(CE, 21 avr. 1997, n° 157.998, Sté Gardoise de mécanique et de chaudronnerie, Tables p. 1109)* ;

– dès lors que « *parallèlement à la diminution des tâches pour lesquelles il avait été engagé, M. D. s'était vu confier pour plus de la moitié de son temps de travail, des activités étrangères au "secteur Hague" supprimé ; il n'est pas soutenu que les tâches variées et complémentaires qu'accomplissait M. D. depuis plusieurs années à ce titre aient été supprimées* » *(CE, 30 juill. 1997, n° 170.032, Sté Halfen)*.

Si l'effectif de l'entreprise a augmenté avec le recrutement de salariés de qualification et de niveau hiérarchique comparables à celui dont le licenciement est sollicité, le motif économique n'est pas établi. Tel était le cas « *alors que les effectifs de l'association s'élevaient à treize salariés lors de l'élection des délégués du personnel du 8 janvier 1989, le groupement a procédé, du 1er juin 1989 au 1er juin 1990, au recrutement de seize nouveaux salariés ; que si ces embauchages s'expliquent pour partie par les nouvelles orientations données à l'association et par le début des opérations de développement social des quartiers pour lesquels l'association a été chargée de recruter, en application d'une convention passée entre elle et la ville de Lille, ils comprennent également des animateurs et du personnel de qualification et de niveau hiérarchique comparables à ceux de M. Haribi » (CE, 31 mars 1995, n° 129.712, M. Haribi).*

L'autorisation de licenciement encourt l'annulation quand elle a été « *obtenue sur le fondement d'indications erronées* » ; en l'espèce, dans sa demande d'autorisation, l'employeur faisait « *valoir que cet établissement allait être fermé et repris par une entreprise exerçant une autre activité* » mais « *l'exploitation de ce magasin s'est poursuivie... sans que le poste... soit supprimé...* » *(CE, 6 juin 1997, n° 137.358, Sté Brunschwig).*

B. La suppression de l'emploi sans disparition des tâches confiées au salarié

48.9.2.2. – L'emploi peut être supprimé alors que les tâches du salarié continuent d'exister et qu'elles ont été réparties entre un ou plusieurs salariés demeurés dans l'entreprise *(Cass. soc., 2 juin 1993, n° 90-44.956, Bull. V n° 155 ; Cass. soc., 3 mars 2009, n° 07-43.761 ; Cass. soc., 5 avr. 2023, n° 21-10.391, B., RJS 2023 n° 307).* Le seul rattachement à un nouveau responsable ne suffit pas à caractériser l'absence de suppression de poste *(Cass. soc., 1er juin 2010, n° 09-40.421, Bull. V n° 121, obs. G. Couturier, Dr soc 2010, p. 995).*

Tel était le cas d'une salariée, secrétaire, licenciée pour motif économique, une autre salariée ayant été chargée de ses fonctions en plus de ses tâches propres *(Cass. soc., 17 mai 1994, n° 92-44.982).* Il en est de même pour la suppression du poste de chef d'atelier remplacé par celui de contremaître comportant les mêmes fonctions, mais avec une rémunération moindre *(Cass. soc., 21 juill. 1994, n° 92-44.870).*

Mais la suppression d'emploi n'est pas établie quand un ou des salariés ont été recrutés, en même temps ou avant ou après le licenciement, pour effectuer l'essentiel des tâches du salarié licencié *(Cass. soc., 4 avr. 1991, n° 89-42.005 ; Cass. soc., 22 févr. 1995, n° 93-44.074, Bull. V n° 67 ; Cass. soc., 16 oct. 1997, n° 95-41.318 et 95-41.319, Bull. V n° 320 : remplacement de contrats à durée indéterminée par des contrats à durée déterminée ; Cass. soc., 18 mai 2017, n° 16-10.045, RJS 2017 n° 574).*

A été admise la suppression d'emploi lorsque le poste a été confié à un collaborateur bénévole *(Cass. soc., 7 oct. 1992, n° 88-45.522 et 89-40.047, Bull. V n° 502)* ou à un membre de la famille de l'employeur *(Cass. soc., 20 janv. 1998, n° 94-45.094, Bull. V n° 19).*

C. La suppression d'emploi et la sous-traitance des activités

48.9.2.3. – Le fait que l'employeur confie l'exécution de certaines tâches à un cabinet comptable, dans le cadre d'une réorganisation de la gestion administrative et financière de l'entreprise, est sans incidence sur la matérialité de la suppression du poste de chef-comptable *(CE, 5 déc. 1986, n° 62.007, Sté Plassart).*

Le Conseil d'État, censurant une décision du tribunal administratif de Lyon, a estimé que le recours ultérieur par l'employeur à des sous-traitants en situation de travail illégal était sans incidence sur la légalité de la décision d'autorisation dès lors que la réalité des difficultés économiques était établie *(CE 13 nov. 1996, n° 153.833, SA Grégory, Rec. p. 452)*. Outre les effets pratiques défavorables pour les salariés que peut entraîner cette solution, elle repose sur la seule constatation de la matérialité des difficultés économiques, faisant l'économie de l'examen du caractère nécessaire des suppressions d'emploi.

De même, la chambre sociale a jugé que l'externalisation des tâches, en l'espèce celles d'un salarié employé comme consultant, par recours à une entreprise extérieure constituait une suppression de poste au sens de l'article L. 321-1, alinéa 1, devenu l'article L. 1233-3 du Code du travail *(Cass. soc., 17 déc. 2008, n° 07-43.974)*.

D. La transformation d'emploi

48.9.2.4. – Ont été reconnus comme justifiés :

- le licenciement d'un salarié d'une société qui, à la suite de pertes importantes, avait décidé de reporter son activité de ventes de produits informatiques finis à laquelle l'intéressé était affecté, vers la programmation informatique, la plaçant dans l'obligation de se séparer de l'intéressé, dont les compétences n'étaient plus adaptées à ce nouveau type d'emploi et d'embaucher des techniciens possédant une formation de base compatible avec l'exploitation et le développement de ce nouveau créneau *(Cass. soc., 16 déc. 1997, n° 95-41.816)* ;
- le licenciement d'une secrétaire-dactylographe justifié par la transformation de l'emploi en celui de secrétaire de direction chargée de la rédaction de devis et du suivi financier du chantier à la suite d'un changement d'activité de l'entreprise *(Cass. soc., 9 juill. 1997, n° 94-, 43.709, Bull. V n° 262)*.

E. La suppression d'emplois dans les entreprises en redressement ou liquidation judiciaire

48.9.2.5. – Pour la chambre sociale, lorsque l'ordonnance du juge-commissaire est devenue définitive, le caractère économique du motif du licenciement ne peut plus être contesté *(Cass. soc., 5 mars 1997, n° 93-41.877, Bull. V n° 268 et n° 95-41.230 ; cf. n°* ***48.4.2****)*. Toutefois l'autorité de l'ordonnance du juge ne s'étend pas à la question de la situation individuelle des salariés, qui continue à relever de la seule compétence du juge prud'homal *(Cass. soc., 3 oct. 1989, n° 88-42.835, Bull. V n° 559 ; Cass. soc., 3 mars 1998, n° 95-45.201, Bull. V n° 112 ; sur la portée de l'autorité de la chose jugée par le juge du tribunal de commerce, cf. n°* ***23.3.8.3.7****)*.

Il en est de même pour l'autorité administrative, saisie dans les mêmes conditions d'une demande d'autorisation de licenciement d'un salarié protégé *(CE, 3 juill. 2013, n° 361.066, Sté Elixens France, Tables. p. 866, concl. G. Dumortier, RJS 2013 n° 749 ; Cass. soc., 23 mars 2016, n° 14-22.950, Bull. n° 52, D. 2016, p. 701, RDT 2016, p. 263, obs. A. Fabre ; chron. P. Bailly, « L'autorisation de transfert du salarié investi d'un mandat protecteur », Dr soc. 2024, p. 499)*.

Celle-ci doit toutefois tenir compte, à la date à laquelle elle se prononce, y compris lorsque le jugement ouvrant la liquidation judiciaire a pour effet la cessation totale et définitive de l'activité de l'entreprise sans maintien d'activité autorisé, de tous les éléments de droit ou de fait recueillis lors de son enquête qui sont susceptibles de remettre en cause le caractère total et définitif de la cessation d'activité, ainsi que de toute autre circonstance qui serait de nature à faire obstacle au licenciement envisagé, notamment celle tenant à une reprise, même partielle, de l'activité de l'entreprise impliquant un transfert du contrat de travail du salarié à un nouvel employeur en application de l'article L. 1224-1 du Code du travail *(CE, 22 mai 2015, n° 371.061, Ministre du Travail, de l'Emploi, de la Formation professionnelle et du Dialogue social, mentionné aux Tables, concl. G. Dumortier ; sur la cessation totale et définitive d'activité, cf. n° **48.7.5.1**)*.

F. La modification du contrat de travail

48.9.2.6. – Pour la définition de la notion de modification du contrat de travail, il convient de se reporter aux n° **42.2.1 et s**.

CHAPITRE IX

LE CONTRÔLE DE L'AUTORITÉ ADMINISTRATIVE SUR LE RESPECT PAR L'EMPLOYEUR DE L'OBLIGATION DE RECLASSEMENT : LES FONDEMENTS DE L'OBLIGATION

49. – La vérification, par l'autorité administrative, du respect par l'employeur de son obligation de reclassement à l'égard du salarié constitue un des éléments essentiels du contrôle opéré par l'administration sur les demandes d'autorisation sollicitée pour motif économique pour les raisons suivantes :

– les demandes fondées sur un motif économique représentent une part importante des procédures de licenciement des salariés protégés ;
– le reclassement du salarié est de nature à permettre la poursuite des fonctions représentatives ;
– le respect par l'employeur de son obligation est un élément assurant que la procédure est sans rapport avec l'exercice des mandats.

SECTION 1

L'évolution historique

§ 1. L'AFFIRMATION PAR LE CONSEIL D'ÉTAT DE L'OBLIGATION DE RECLASSEMENT DU SALARIÉ PROTÉGÉ

49.1.1. – Par sa décision de section du 18 février 1977 *(n° 95.354, Abellan, Rec. p. 97, Dr soc 1977, p. 166 ; Dr ouvrier 1977, p. 215)*, le Conseil d'État a posé le principe qu'il incombe à l'autorité administrative de rechercher « *si la situation de l'entreprise justifie le licenciement du salarié, en tenant compte notamment de la possibilité d'assurer le reclassement du salarié dans l'entreprise...* ».

Dans ses conclusions, le commissaire du gouvernement, P. Dondoux, précisait que le licenciement du salarié protégé ne pouvait être autorisé que si un reclassement avait été « *offert – dans la mesure, bien sûr, où une telle possibilité existait – au salarié protégé* ».

L'obligation mise à la charge de l'entreprise – rechercher les possibilités du reclassement – et de l'administration – contrôler la matérialité et la portée de l'effort de reclassement consenti par l'employeur – répond à trois objectifs :

– prouver que le licenciement est sans rapport avec les fonctions représentatives : « *c'est dans la mesure où elle aura proposé au salarié un reclassement adéquat en son sein que l'entreprise prouvera que le licenciement était bien, en réalité, sans rapport aucun avec le mandat* » ;
– permettre la poursuite de l'exercice du mandat dont le salarié est investi ;
– réduire le nombre des licenciements.

« L'exigence d'un reclassement, sauf impossibilité matérielle, découle en effet de l'idée que seule une situation économique particulièrement délicate autorise le licenciement d'un représentant du personnel ; il ne suffit donc pas de constater que le poste a été supprimé, il faut encore être sûr qu'aucun autre emploi n'existe » (concl. P. Dondoux, arrêt Abellan, préc.).

§ 2. LA SPÉCIFICITÉ DU STATUT PROTECTEUR AU REGARD DU DROIT COMMUN DÉFINI PAR LA LOI DU 3 JANVIER 1975

49.1.2. – La situation des salariés protégés, en matière de reclassement telle qu'elle était définie par la jurisprudence Abellan, se distinguait en 1977, à un double titre, de la situation des autres salariés :

– l'obligation de rechercher des possibilités de reclasser le salarié protégé est générale : elle s'applique quels que soient l'effectif de l'entreprise et le nombre de salariés licenciés. Or, pour les salariés non protégés, la loi du 3 janvier 1975 imposait seulement aux employeurs occupant au moins cinquante salariés et licenciant dix salariés et plus de « *porter à la connaissance des représentants du personnel et de l'autorité administrative, les mesures envisagées* » d'une part pour éviter les licenciements ou en limiter le nombre et, d'autre part, pour faciliter le reclassement du personnel dont le licenciement ne pourrait être évité *(C. trav., ancien art. L. 321-4)* ;

– l'obligation mise à la charge de l'employeur pour les salariés protégés était plus précise que pour les autres salariés, pour lesquels l'autorité administrative était seulement tenue de vérifier « *la portée des mesures de reclassement et d'indemnisation* » *(C. trav., ancien art. L. 321.9)*.

La spécificité du statut des salariés protégés, en matière de reclassement, était par conséquent bien caractérisée sur le plan législatif.

Toutefois, elle était moins marquée au regard des stipulations conventionnelles alors applicables :

– l'accord national interprofessionnel du 10 février 1969 sur la sécurité de l'emploi précisait : « *Lorsque l'entreprise consulte le comité d'entreprise (...) sur un projet de licenciement collectif (...) elle doit (...) indiquer les dispositions qu'elle a pu prendre ou envisager de prendre pour limiter les mesures de licenciement* » *(art. 12)* ;
– l'avenant du 21 novembre 1974 stipulait : « *(La Direction) communique au comité d'entreprise le projet de plan social qu'elle devra avoir établi comportant les dispositions qu'elle envisage de prendre pour, d'une part, éviter ou limiter les mesures de licenciement et, d'autre part, faciliter au maximum le reclassement du personnel dont le licenciement ne pourrait être évité* » *(art. 12 modifié)*.

« *L'écart* » entre les salariés protégés et les autres salariés s'est, par la suite, en grande partie résorbé en raison de la double évolution du droit positif et de la jurisprudence judiciaire, au point que le statut particulier du salarié protégé a perdu une large part de sa spécificité en matière de reclassement.

§ 3. L'ÉVOLUTION DU DROIT POSITIF APRÈS L'ABROGATION DE LA LOI DU 3 JANVIER 1975

A. La loi n° 86-1320 du 30 décembre 1986

49.1.3.1. – Reprenant l'accord national interprofessionnel du 20 octobre 1986, modifiant les dispositions conventionnelles précitées *(art. 12 préc., suppression du terme « au maximum »)* et étendu par l'arrêté du 31 décembre 1986, elle a introduit dans le Code du travail le droit à la convention de conversion *[ce dispositif a cessé d'être applicable au 30 juin 2001]*.

B. La loi n° 89-549 du 2 août 1989 relative à la prévention du licenciement économique et au droit à la conversion

49.1.3.2. – Elle avait généralisé le dispositif de la convention de conversion et, surtout, reprenant les stipulations conventionnelles, introduit dans la législation la notion de « *plan social* » *(C. trav., anciens art. L. 321-4 et L. 321-4-1)*. Un plan social devait être mis en œuvre par l'employeur dans les entreprises d'au moins cinquante salariés « *lorsque le nombre des licenciements envisagés est au moins égal à dix dans une même période de trente jours* » pour :

– « *éviter les licenciements ou en limiter le nombre* » (« *Cette première partie du plan social, selon l'expression de M. l'avocat général Pierre Lyon-Caen, compte plus que le reste quand il s'agit d'apprécier le contenu du plan* », *G. Couturier, Dr soc 1999, p. 500)* ;
– à défaut, « *faciliter le reclassement du personnel dont le licenciement ne pourrait être évité* ».

C. La loi n° 93-121 du 27 janvier 1993 portant diverses mesures d'ordre social

49.1.3.3. – Elle a complété le dispositif à plusieurs titres.

1. Elle a précisé le contenu du plan social et imposé qu'« *un plan visant au reclassement de salariés* » soit intégré au plan social. « *Parmi ces mesures de reclassement, il est certain que la jurisprudence privilégie celles qui sont destinées à éviter les licenciements ou à en réduire le nombre, les mesures de reclassement interne, les aides au maintien dans l'entreprise et, plus largement, toutes celles qui sont des alternatives au licenciement* » *(G. Couturier, Dr soc 1999, p. 500).*
2. Elle a prévu que « *la procédure de licenciement est nulle et de nul effet tant qu'un plan visant au reclassement de salariés s'intégrant au plan social n'est pas présenté par l'employeur aux représentants du personnel qui doivent être réunis, informés et consultés* » *(C. trav., deuxième alinéa de l'article L. 321-4-1 de l'ancien Code ; dispositions reprises par l'article L. 1235-10).*
3. Elle avait donné le pouvoir à l'autorité administrative de constater la « *carence de plan social* » *(C. trav., art. L. 321-7 al. 3 de l'ancien Code ; dispositions reprises par l'article L. 1233-52).*

D. La directive européenne 98/59/CE du 20 juillet 1998

49.1.3.4. – La directive européenne 98/59/CE du 20 juillet 1998, modifiant les directives 92/56 du 24 juin 1992 et 75/129 du 17 février 1975 sur les licenciements collectifs a prévu que les consultations des représentants des travailleurs portent « *sur les possibilités d'éviter ou de réduire les licenciements collectifs ainsi que sur les possibilités d'en atténuer les conséquences par le recours à des mesures sociales d'accompagnement visant notamment l'aide au reclassement ou à la reconversion des travailleurs licenciés* » *(art. 2-2 al. 1).*

E. La loi n° 2002-73 du 17 janvier 2002 de modernisation sociale

49.1.3.5. – Elle a introduit de nouvelles dispositions.

A été d'abord repris dans le Code du travail le principe, affirmé en premier lieu par la Cour de cassation, selon lequel le licenciement pour motif économique d'un salarié ne peut intervenir que « *lorsque tous les efforts de formation et d'adaptation ont été réalisés et que le reclassement de l'intéressé sur un emploi relevant de la même catégorie que celui qu'il occupe ou sur un emploi équivalent ou, à défaut, et sous réserve de l'accord exprès du salarié, sur un emploi d'une catégorie inférieure ne peut être réalisé dans le cadre de l'entreprise ou, le cas échéant, dans les entreprises du groupe auxquelles l'entreprise appartient. Les offres de reclassement proposées au salarié doivent être écrites et précises* » *(C. trav., nouvel alinéa ajouté à l'article L. 321-1 de l'ancien Code ; dispositions reprises par l'article L. 1233-4).*

À compter de cette date, le plan social est désormais dénommé « *plan de sauvegarde de l'emploi* » *(PSE).*

La loi a inscrit dans le Code du travail les principes suivants dégagés par la jurisprudence de la Cour de cassation.

1. **La validité du PSE doit s'apprécier au regard des moyens dont dispose l'entreprise** : « *La validité du plan de sauvegarde de l'emploi est appréciée au regard des moyens dont dispose l'entreprise ou, le cas échéant, l'unité économique et sociale ou le groupe* » *(C. trav., art. L. 321-4-1 dernier alinéa de l'ancien Code ; dispositions reprises par l'article L. 1235-10).*
2. Lorsque le juge constate que le licenciement est intervenu alors que la procédure est nulle et de nul effet en raison de l'absence d'un PSE conforme à l'article L. 321-4-1, il « *prononce la nullité du licenciement et ordonne, à la demande du salarié, la poursuite du contrat de travail* » *(C. trav., art. L. 122-14-4 de l'ancien Code ; dispositions reprises par l'article L. 1235-11).*

Par ailleurs, la loi imposait, pour faciliter le reclassement externe des salariés, aux entreprises de mille salariés de proposer un congé de reclassement *(C. trav., art. L. 321-4-3 de l'ancien Code ; dispositions reprises par l'article L. 1233-71 ; cf. n°* ***411.7.2.3.1****)* et « *de prendre des mesures permettant la création d'activités et le développement des emplois dans le bassin d'emploi affecté par la fermeture partielle ou totale du site* » *(art. 118 de la loi ; dispositions reprises par les articles L. 1233-84 et s.).* Une convention entre l'entreprise et l'État devait être conclue à cet effet ; en l'absence de convention, l'employeur était tenu de verser une contribution à l'État.

F. La loi n° 2005-32 du 18 janvier 2005 de programmation pour la cohésion sociale

49.1.3.6. – Elle a introduit le principe d'une négociation tous les trois ans « *portant sur les modalités d'information et de consultation du comité d'entreprise sur la stratégie de l'entreprise et ses effets prévisibles sur* *l'emploi ainsi que sur les salaires. La négociation porte également sur la mise en place d'un dispositif de gestion prévisionnelle des emplois et des compétences ainsi que sur les mesures d'accompagnement susceptibles de lui être associées, en particulier en matière de formation, de validation des acquis de l'expérience, de bilan de compétences ainsi que d'accompagnement de la mobilité professionnelle et géographique des salariés » (C. trav., art. L. 320-2 de l'ancien Code ; dispositions reprises à l'art. L. 2242-20 du nouveau Code).*

La loi a consacré également la possibilité par accord d'entreprise, de groupe ou de branche de fixer « *par dérogation aux dispositions du présent livre et du livre IV, les modalités d'information et de consultation du comité d'entreprise applicables lorsque l'employeur projette de prononcer le licenciement économique d'au moins dix salariés sur une même période de trente jours » (C. trav., art. L. 320-3 de l'ancien Code ; dispositions reprises à l'art. L. 1233-21 du nouveau Code).*

La loi a aussi notamment modifié les dispositions relatives à la réintégration du salarié dans le cas où la procédure de licenciement est jugée nulle et de nul effet en raison de l'absence de plan visant au reclassement des salariés *(C. trav., art. L. 122-14-4 de l'ancien Code ; dispositions reprises à l'article L. 1235-11 ; cf. n°* ***410.2.10.1.1****)*.

Le Conseil constitutionnel a affirmé, à l'occasion de l'examen de la constitutionnalité de la loi, que le droit au reclassement des salariés licenciés découlait « *directement* » du droit de chacun d'obtenir un emploi, lequel constitue une exigence constitutionnelle pouvant justifier des limitations à la liberté d'entreprendre, sous réserve qu'il ne résulte pas de ces limitations une atteinte disproportionnée au regard de l'objectif poursuivi *(Cons. const., décision n° 204-509 DC du 13 janvier 2005, § 28, Dr soc 2005, p. 371 : X. Prétot, « De la liberté d'entreprendre au droit à un emploi ou les bases constitutionnelles du droit du licenciement » ; RJS 2005 n° 325).*

G. La recodification de 2008

49.1.3.7. – Ont été insérées au titre III, intitulé « Rupture du contrat de travail à durée indéterminée », du livre deuxième, consacré au contrat de travail, de la première partie ayant trait aux relations individuelles de travail :

– d'une part, les dispositions relatives à la procédure de licenciement : elles sont regroupées dans un chapitre III, intitulé « Licenciement pour motif économique » qui comprend les règles à l'égard des représentants du personnel, des salariés et de l'administration ainsi que les modalités d'information et d'intervention de cette dernière ;
– d'autre part, les dispositions relatives aux aspects individuels du contentieux des licenciements pour motif économique figurent à la

section III du chapitre V, consacré aux « Contestations et sanctions des irrégularités du licenciement ».

Les dispositions relatives à la négociation des accords relatifs à la mise en place d'un dispositif de gestion prévisionnelle des emplois et des compétences, qui étaient insérées dans le chapitre préliminaire du titre de l'ancien code consacré à l'emploi, figurent désormais, s'agissant des accords d'entreprise, à la section III du chapitre II du livre deuxième, intitulé « La négociation collective » du livre deuxième de la deuxième partie ayant trait aux relations collectives de travail.

H. La loi n° 2013-504 du 14 juin 2013 relative à la sécurisation de l'emploi

49.1.3.8. – L'article 18 de la loi n° 2013-504 du 14 juin 2013 relative à la sécurisation de l'emploi, transposant notamment les stipulations de l'article 20 de l'accord national interprofessionnel du 11 janvier 2013, a confié au DIRECCTE le contrôle du contenu du plan de sauvegarde de l'emploi pour les procédures de licenciement engagées à compter du 1er juillet 2013 *(C. trav., art. L. 1233-57-1 et s.)*.

La portée de ce contrôle, qui diffère selon que l'autorité administrative est saisie d'une demande de validation ou d'homologation du plan de sauvegarde de l'emploi, est examinée aux n° **410.2.2.1** et **410.2.2.2.1 et suivants**.

Le contentieux des plans de sauvegarde de l'emploi, jusqu'alors dévolu au juge judiciaire, échoit donc au juge administratif, dans le cadre du recours pour excès de pouvoir à l'encontre de la décision administrative.

I. La loi n° 2015-990 du 6 août 2015 sur la croissance, l'activité et l'égalité des chances économiques

49.1.3.9. – La loi n° 2015-990 du 6 août 2015 sur la croissance, l'activité et l'égalité des chances économiques a restreint le périmètre de la recherche de reclassement :

- d'une part, l'article 291 a prévu que, sans préjudice de la recherche, selon le cas, par l'administrateur, le liquidateur ou l'employeur, **en cas de redressement ou de liquidation judiciaire**, des moyens du groupe auquel appartient l'employeur pour l'établissement du plan de sauvegarde de l'emploi, **c'est au regard des moyens de l'entreprise, et non de l'unité sociale ou du groupe**, que doit être apprécié par l'autorité administrative le plan de reclassement intégré au PSE *(C. trav., art. L. 1233-58 modifié ; cf. n°* ***410.2.5****)* ;
- d'autre part, l'article 290 avait prévu une limitation au territoire national de l'obligation de recherche de reclassement, ainsi qu'une inversion de la charge de la démarche de recherche de reclassement à l'étranger, l'initiative revenant au salarié *(C. trav., art. L. 1233-4-1 abrogé)*.

§ 4. LES DISPOSITIONS LÉGALES RÉSULTANT DE L'ORDONNANCE N° 2017-1387 DU 22 SEPTEMBRE 2017 RELATIVE À LA PRÉVISIBILITÉ ET À LA SÉCURISATION DES RELATIONS DE TRAVAIL

49.1.4. – L'ordonnance n° 2017-1387 du 22 septembre 2017 relative à la prévisibilité et à la sécurisation des relations de travail, modifiée par l'ordonnance n° 2017-1718 du 20 décembre 2017, a pour objet, en matière de reclassement dans le cadre du licenciement pour motif économique, de *« préciser les conditions dans lesquelles l'employeur satisfait à son obligation de reclassement » (L. n° 2017-1340 d'habilitation du 15 septembre 2017, art. 3-2°-c)*.

Les modifications légales introduites dans l'article L. 1233-4 du Code du travail portent sur :

– les conditions de la recherche de reclassement dans le groupe, avec la nouvelle définition du groupe de reclassement *(cf. n° **411.3.3.3.3.1 et s.**)* ;
– la forme des propositions de reclassement, qui peuvent résulter soit de l'envoi à chaque salarié d'offres de reclassement précises et écrites de manière personnalisée, soit – nouvelle modalité – de la diffusion des postes disponibles à l'ensemble des salariés *(cf. n° **411.4**)* ;
– la fin de l'obligation de rechercher des possibilités de reclassement hors du territoire national *(cf. n° **411.3.3.3.4.2**)*.

SECTION 2

Le droit individuel au reclassement : l'évolution de la jurisprudence judiciaire et du cadre légal

49.2. – Compétent, après la suppression de l'autorisation administrative de licenciement pour motif économique intervenue en 1986, pour statuer sur le bien-fondé des licenciements économiques des salariés non protégés, le juge judiciaire s'est attaché à édifier un nouveau droit du licenciement, « *encadrant* » la liberté dont dispose désormais l'employeur de rompre le contrat de travail, de telle sorte que le licenciement ne soit admis que « *comme l'issue ultime en l'absence de toute autre solution* » *(G. Couturier, Droit du travail, 1 : Les relations individuelles de travail ; cf. également, F. Meyer et C. Sachs, « L'évolution du rapport salarial », in Mélanges H. Sinay, Le droit collectif du travail, Peter Lang, 1994, p. 369 ; A. Lyon-Caen, « Adapter et reclasser, quelques arrêts stimulants de la Cour de cassation », infra ; F. Géa, « Licenciement pour motif économique : l'obligation générale de reclassement », RJS 2000, p. 911)*.

Cet encadrement, le juge judiciaire l'a bâti en reconnaissant de façon prétorienne de nouveaux droits individuels au salarié et en étendant son contrôle juridictionnel sur les entreprises. « *Une attitude timide du juge social n'aurait pas été admissible en période de crise et de chômage élargi… Le juge ne répondrait pas à sa mission si, en ces temps troublés, il ne se montrait pas rigoureux pour admettre la légitimité de la rupture des contrats de travail » (P. Waquet, « La cause économique du licenciement », Dr soc 2000, p. 168 ; J.-Y. Frouin, « Protection de l'emploi du salarié, intérêt de l'entreprise et construction prétorienne du droit du travail », JCP S 2010 n° 9-10, p. 27).*

La loi n° 2002-73 de modernisation sociale du 17 janvier 2002 l'a consacré en droit positif.

L'ordonnance n° 2017-1387 relative à la prévisibilité et à la sécurisation des relations de travail a modifié la portée de cette obligation en offrant à l'employeur une possibilité nouvelle de satisfaire son obligation de reclassement par la diffusion d'une liste des postes disponibles à l'ensemble des salariés *(cf. n° **49.1.4** et **411.4.2**).*

§ 1. LA CONSÉCRATION DU DROIT INDIVIDUEL AU RECLASSEMENT DE TOUT SALARIÉ

A. L'affirmation d'un droit individuel au reclassement

49.2.1.1. – En réponse à un employeur, qui, se fondant sur une jurisprudence ancienne *(Cass. soc., 19 oct. 1978, n° 77-41.189, Bull. V n° 690)*, soutenait dans son pourvoi « *qu'il ne résulte d'aucun texte que l'employeur avait, eu égard à la nature du licenciement économique frappant l'employée, l'obligation de reclasser celle-ci* », la chambre sociale de la Cour de cassation fit valoir que « *le niveau hiérarchique de la salariée permettait son reclassement dans l'entreprise » (Cass. soc., 19 févr. 1992, n° 90-46.107, Bull. V n° 100)*, employant ainsi le terme de reclassement.

Puis dans un arrêt ultérieur, elle a affirmé cette obligation désormais essentielle : « *Le licenciement économique d'un salarié ne peut intervenir, en cas de suppression d'emploi, que si le reclassement de l'intéressé dans l'entreprise n'est pas possible » (Cass. soc., 8 avr. 1992, n° 89-41.548, Bull. V n° 258, JCP E 1992.II.360, note J. Savatier, CSB n° 43 ; Cass. soc., 1er avr. 1992, n° 89-43.494, Bull. V n° 228, RJS 1992 n° 598 ; cf. B. Boubli, « Réflexions sur l'obligation de reclassement en matière de licenciement pour motif économique », RJS 1996, p. 131 : « Le licenciement n'a de cause réelle et sérieuse que s'il est inévitable »).*

Ce droit au reclassement est reconnu par le juge à tout salarié, quels que soient son ancienneté, la taille de l'entreprise et le nombre de salariés dont le licenciement est envisagé *(B. Lardy-Pélissier, « L'obligation de reclassement », D. 1998 chron. p. 399 ; F. Géa, « Licenciement pour motif économique : l'obligation générale de reclassement », RJS 2000, p. 511).*

« L'obligation de reclassement reste individuelle et doit être respectée à l'égard de chaque salarié même si un plan social a été établi » (P. Waquet, « La cause économique du licenciement », Dr soc 2000, p. 168 ; Cass. soc., 1er déc. 1998, n° 96-43.857 ; Cass. soc., 16 déc. 1998, n° 96-41.989, Bull. V n° 560, Dr soc 1999, p. 196, obs. F. Gaudu ; Cass. soc., 31 mars 1998, n° 96-40.748, Bull. V n° 188 ; Cass. soc., 6 juill. 1999, n° 96-45.665, Bull. V n° 333, RJS 1999 n° 1237 ; Cass. soc., 26 mars 2002, n° 00-40.898, Bull. V n° 106, RJS 2002 n° 665 ; Cass. soc., 14 janv. 2004, n° 02-46.678, Bull. V n° 11 ; Cass. soc., 18 janv. 2005, n° 02-46.737, RJS 2005 n° 259 ; Cass. soc., 7 déc. 2005, n° 03-45.012).

Il en était ainsi même quand le juge judiciaire, alors compétent, reconnaissait la validité du plan social [plan de sauvegarde de l'emploi] *(Cass. soc., 22 févr. 1995, n° 93-43.404, Bull. V n° 66 ; Cass. soc., 31 mars 1998, n° 96-40.748, Bull. V n° 188 ; Cass. soc., 7 juill. 1998, n° 96-41.565, Bull. V n° 370 ; Cass. soc., 14 janv. 2004, n° 02-46.678, Bull. V n° 11, RJS 2004 n° 296).*

« Le plan social ressortit à la régulation des relations collectives, l'obligation de reclassement s'inscrit au plus profond de la relation individuelle de travail… Il ne suffit pas d'établir un plan social pour satisfaire à l'obligation de reclassement : même lorsqu'il a établi ce plan, l'employeur est tenu de rechercher et proposer aux salariés les postes disponibles indépendamment et au-delà de ses dispositions » (G. Couturier, « Vers un droit du reclassement », Dr soc 1999, p. 497).

L'employeur doit donc rechercher s'il existe des possibilités de reclassement, prévues ou non dans le plan de sauvegarde de l'emploi. À défaut, le licenciement peut être jugé dépourvu de cause réelle et sérieuse *(Cass. soc., 1er févr. 2011, n° 09-69.022, RJS 2011 n° 306).*

B. La reprise par la loi et le juge constitutionnel de l'évolution jurisprudentielle

49.2.1.2. – La loi n° 2002-73 du 17 janvier 2002 de modernisation sociale a consacré dans le droit positif ce droit individuel au reclassement *(cf. n° **49.1.3.5**)* : le licenciement pour motif économique ne peut intervenir que si le reclassement du salarié ne peut être réalisé. Le Conseil constitutionnel a estimé que, par cette disposition, « *le législateur a entendu consacrer la jurisprudence selon laquelle l'employeur, tenu d'exécuter de bonne foi le contrat de travail, a le devoir d'assurer l'adaptation des salariés à l'évolution de leurs emplois, obligation aujourd'hui codifiée à l'art. L. 932-2 du Code du travail ; en vertu de cette obligation, l'employeur doit offrir au salarié la formation nécessaire pour occuper les emplois qu'il lui propose dans le cadre de son obligation de reclassement* (…) » *(décision n° 2001-455 DC du 12 janvier 2002, § 21).* Il a jugé, compte tenu de l'état du droit, que « (…) *la méconnaissance de cette obligation ne pourra pas être sanctionnée par la nullité de la procédure de licenciement et l'obligation de réintégration qui en résulterait* ».

§ 2. LE CONTENU DU DROIT INDIVIDUEL AU RECLASSEMENT

A. Les règles applicables avant l'entrée en vigueur de l'ordonnance n° 2017-1387 du 22 septembre 2017

49.2.2.1. – Il comportait un triple volet.

1. L'employeur devait rechercher sérieusement et loyalement les possibilités de reclassement

49.2.2.1.1. – À ce titre, l'employeur devait :

– *« procéder à un examen individuel des possibilités de son reclassement » (cf. n°* ***411.4.1.1****)* ;
– *proposer des offres de reclassement « précises, concrètes et personnalisées » cf. (n°* ***411.4.1.4.2****).*

C'était donc à l'employeur, en tant que débiteur de l'obligation, de désigner les offres de reclassement qui répondent au profil de chacun des salariés menacés d'un licenciement *(chron. A. Fabre, « Que reste-t-il du droit du licenciement pour motif économique », Sem. soc. Lamy n° 1784, 02.10.2017).*

2. L'employeur devait prendre l'initiative de proposer des emplois disponibles

49.2.2.1.2. – L'employeur devait proposer à son salarié « *en lui assurant l'adaptation éventuellement nécessaire, des emplois disponibles de même catégorie ou, à défaut, de catégorie inférieure par voie de modification du contrat de travail » (Cass. soc., 18 févr. 1998, n° 95-45.502 et 96-43.307, Bull. V n° 88 ; cf. n°* ***411.2.8.1****).*

L'obligation pesait sur le seul employeur, y compris lorsqu'il faisait partie d'un groupe *(Cass. soc., 13 janv. 2010, n° 08-15.776, Bull. V n° 5, RJS 2010 n° 247 ; Cass. soc., 27 mai 2009, n° 07-44.022, RJS 2009 n° 700 ; cf. n°* ***411.3.3.2****).*

Il en résultait, pour la chambre sociale, que tous les postes compatibles avec la qualification du salarié et disponibles devaient lui être proposés *(Cass. soc., 19 nov. 2008, n° 07-44.416, RJS 2009 n° 158 ; Cass. soc., 17 mars 2021, n° 19-11.114, B., RJS 2021 n° 263, Dr soc. 2021 p. 660, note P. Lokiec, RDT 2021 p. 221).*

3. L'employeur pouvait, à certaines conditions, proposer un même poste à plusieurs salariés

49.2.2.1.3. – L'employeur était en droit de proposer un même poste à plusieurs salariés, dès lors que ce poste était adapté à la situation de chacun *(Cass. soc., 19 janv. 2011, n° 09-42.736, RJS 2011 n° 307 ; Cass. soc., 11 mai 2022, n° 21-15.250, RJS 2022 n° 370).*

Cette condition de personnalisation de l'offre n'était pas remplie lorsque « *la société, qui appartenait à un groupe, avait, au titre du reclassement interne, proposé en termes identiques les postes disponibles en son sein à des salariés exerçant des fonctions et jouissant d'ancienneté différentes, et elle avait également annoncé l'existence de "solutions" de reclassement dans d'autres sociétés du groupe, en se bornant à inviter les intéressés à venir consulter la liste de ces emplois » (Cass. soc., 19 janv. 2011, n° 09-42.736, préc.).*

En cas de pluralité de candidatures de salariés concernés par le licenciement, l'employeur est fondé à choisir parmi eux en se fondant sur les critères qu'il a définis pour l'ordre des licenciements *(sur les critères d'ordre des licenciements, cf. n°* ***412.5.3.1 et s.****)*. En revanche, l'obligation de reclassement n'était pas satisfaite lorsque, après que des propositions aient été faites à plusieurs salariés et que l'un d'entre eux ait accepté un de ces postes, l'employeur avait pourvu celui-ci en choisissant un salarié dont le licenciement n'était pas envisagé *(Cass. soc., 23 mars 2011, n° 10-10.039, RJS 2011 n° 509)* ou des candidats extérieurs à l'entreprise *(Cass. soc., 8 juill. 1998, n° 96-42.736)*.

B. Les modifications apportées par l'ordonnance n° 2017-1387 du 22 septembre 2017

49.2.2.2. – L'ordonnance n° 2017-1387 du 22 septembre 2017 relative à la prévisibilité et à la sécurisation des relations de travail ne remet pas en cause ces principes jurisprudentiels. Toutefois, elle en limite fortement la portée en ouvrant à l'employeur une option nouvelle.

En effet, l'article L. 1233-4 alinéa 4 du Code du travail dispose :

> *« L'employeur adresse de manière personnalisée les offres de reclassement à chaque salarié ou diffuse par tout moyen une liste des postes disponibles à l'ensemble des salariés, dans des conditions précisées par décret. »*

Les modalités de diffusion de la liste des offres de reclassement ont été précisées par le décret n° 2017-1725 du 21 décembre 2017 *(C. trav., art. D. 1233-2-1)*. Elles sont examinées au n° **411.4.2**.

L'examen individuel des possibilités de reclassement du salarié et la transmission d'offres de reclassement précises, concrètes et personnalisées ne constitue donc plus désormais une obligation pour l'employeur, qui peut opter pour la diffusion de la liste des postes disponibles à l'ensemble des salariés.

L'ordonnance du 22 septembre 2017 a ainsi rendu licite la pratique des listes, jusqu'alors rejetée par la jurisprudence de la Cour de cassation *(Cass. soc., 26 sept. 2006, n° 05-43.840, Bull. V n° 288, RDT 2006, p. 316, obs. P. Waquet ; Cass. soc., 19 janv. 2011, n° 09-43.522 ; Cass. soc., 3 févr. 2017, n° 15-27.606)*. Pour les auteurs de cette modification légale, « *les procédures utilisées présentent plusieurs écueils : la procédure actuelle représente une charge importante pour les entreprises en matière d'organisation dès lors que chaque offre doit être personnalisée ; elle insécurise les entreprises car un défaut d'information sur le reclassement peut fragiliser juridiquement les licenciements, sans gain réel pour les salariés » (étude d'impact de la loi d'habilitation n° 2017-1340 du 15 septembre 2017)* ; selon la ministre du Travail, « *le vrai plus, c'est que dorénavant, en période de reclassement, les salariés auront accès à toutes les offres d'emploi proposées en interne, de façon continue pendant toute la durée du plan, par voie intranet ou par d'autres moyens » (débats parlementaires A.N., loi de ratification, 2e séance du 23 nov. 2017 ; sur la portée de cette modification, cf. également, G. Couturier, « Le droit du licenciement économique », Dr soc 2018, p. 17).*

§ 3. LE DROIT INDIVIDUEL AU RECLASSEMENT : UNE OBLIGATION DE MOYEN RENFORCÉE POUR L'EMPLOYEUR

49.2.3. – L'obligation de reclassement qui incombe à l'employeur n'est pas une obligation de résultat, mais une obligation de moyen renforcée, dès lors qu'il lui appartient d'apporter la preuve du respect de son obligation. Toutefois l'option ouverte par l'ordonnance n° 2017-1387 du 22 septembre 2017 sur la forme des propositions de reclassement est de nature à en modifier sensiblement la portée.

A. La portée de cette obligation avant l'entrée en vigueur de l'ordonnance n° 2017-1387 du 22 septembre 2017

49.2.3.1. – L'obligation qui incombait à l'employeur « *reste, et c'est normal, une obligation de moyen. Mais elle constitue une obligation de moyen renforcée, ce qui impose à l'employeur, qui en est débiteur, de rapporter la preuve qu'il a été dans l'impossibilité de reclasser le ou les salariés concernés » (P. Waquet, « La cause économique du licenciement », Dr soc 2000, p. 168 ; sur le débat entre obligation de moyen et obligation de résultat, F. Géa, « Licenciement pour motif économique : l'obligation générale de reclassement », RJS 2000, p. 911).*

Il appartenait de ce fait à l'employeur, tenu de rechercher les possibilités de reclassement même non prévues dans le plan de sauvegarde de l'emploi, de justifier de l'exécution de son obligation de *reclassement (Cass. soc., 26 mars 2002, n° 00-40.898, Bull. V n° 106 ; Cass. soc., 15 mai 2024, n° 22-20.650, B., décision rendue en application de l'article L. 1233-4 du Code du travail, dans sa rédaction antérieure à l'ordonnance n° 2017-1387 du 22 sept. 2017)* et de l'absence d'emploi pouvant être offert au salarié dont le licenciement pour motif économique était envisagé *(Cass. soc., 15 déc. 2010, n° 09-41.025, RJS 2011 n° 218).*

Il avait ainsi été jugé que :

– dès lors que le juge du fond avait « *constaté que l'employeur, qui ne fournissait aucune information permettant de connaître la situation des effectifs de l'entreprise au jour du licenciement, ne justifiait pas de l'impossibilité de proposer au salarié d'autres postes que ceux qui lui avaient été offerts, en vue d'un reclassement »*, il a pu à bon droit juger que le licenciement était sans cause réelle et sérieuse *(Cass. soc., 29 sept. 2009, n° 08-41.055, RJS 2009 n° 910 ; a contrario, Cass. soc., 18 oct. 2023, n° 21-24.014, RJS 2024 n° 20)* ;

– *« l'employeur n'établissait pas qu'il ne disposait d'aucun poste susceptible d'être offert » (Cass. soc., 19 nov. 1992, n° 90-45.970, Bull. V n° 564, RJS 1993 n° 19) ;*
– *« il appartient à l'employeur, tenu d'une obligation de reclassement du salarié avant tout licenciement pour motif économique, d'établir que le reclassement dans l'entreprise, et le cas échéant dans le groupe auquel appartient l'entreprise, est impossible » (Cass. soc., 17 nov. 1999, n° 97-40.018 ; Cass. soc., 2 juill. 2014, n° 13-12.048 et 13-12.049, Bull. V n° 164, RJS 2014 n° 672 : justification de l'absence de poste disponible à l'époque du licenciement ; Cass. soc., 12 juill. 2018, n° 17-17.714) ;*
– *« il appartient à l'employeur d'effectuer les propositions de reclassement de nature à éviter le licenciement avant que celui-ci soit notifié et qu'il lui revient d'établir que le reclassement du salarié est impossible » (Cass. soc., 21 mars 2001, n° 99-41.823)* ;
– l'employeur doit justifier du respect de ses obligations par des offres écrites et précises proposées au salarié *(Cass. soc., 20 sept. 2006, n° 04-45.703, Bull. V n° 276 ; G. Couturier, « Les offres de reclassement », Dr soc 2006, p. 1151)*. La Cour de cassation s'est fondée sur cette obligation pour censurer l'arrêt par lequel une cour avait jugé que l'employeur peut démontrer par tous moyens qu'il a satisfait à l'obligation de reclassement préalablement au licenciement et qu'il est justifié par les attestations produites d'offres à temps partiel refusées par le salarié *(F. Héas, « Les contraintes formelles encadrant l'exécution de l'obligation patronale de reclassement en cas de licenciement pour motif économique », Dr ouvrier 2007, p. 6)* ;
– l'impossibilité de reclassement n'était pas démontrée dès lors que l'employeur avait *« eu recours de manière habituelle et en nombre à des travailleurs intérimaires, ce dont il résultait que des emplois étaient disponibles, tant au regard de l'obligation de reclassement que de la priorité de réembauchage » (Cass. soc., 11 avr. 2008, n° 06-45.804 à 06-45.811)*.

Le juge du fond appréciait souverainement si l'employeur avait rapporté des indications suffisantes quant aux recherches effectuées *(Cass. soc., 16 sept. 2003, n° 01-45.127 ; Cass. soc., 15 mai 2024, n° 22-20.650, préc.)*.

Il ne pouvait toutefois être conclu à l'insuffisance de recherche de reclassement au sein de l'entreprise ou le cas échéant du groupe sans avoir tenu compte de la taille des structures en cause *(Cass. soc., 15 avr. 2015, n° 13-28.005)*.

B. L'impact de l'ordonnance n° 2017-1387 du 22 septembre 2017 sur la portée de cette obligation

49.2.3.2. – La portée de l'obligation de moyen pour l'employeur reste la même et les principes énoncés précédemment *(cf. n° **49.2.1.1.** et **49.2.3.1**)* demeurent valables dès lors que ce dernier choisit, pour la satisfaire, d'adresser de manière personnalisée des offres de reclassement à chaque salarié.

Il en va différemment si le choix de l'employeur se porte sur la diffusion à l'ensemble des salariés de la liste des emplois disponibles. Cette diffusion, désormais admise pour satisfaire l'obligation de reclassement, a notamment pour conséquence de faire peser, en partie, l'obligation sur le salarié puisque c'est à lui qu'il revient dès lors d'identifier les emplois conformes à son niveau de qualification et à ses aptitudes *(chron. A. Fabre, « Que reste-t-il du droit du licenciement pour motif économique », Sem. soc. Lamy n° 1784, 02.10.2017)*.

§ 4. RESPECT DE L'OBLIGATION DE RECLASSEMENT ET CAUSE RÉELLE ET SÉRIEUSE DU LICENCIEMENT

49.2.4. – L'appréciation du respect ou de la méconnaissance par l'employeur de l'obligation qui lui incombe ne peut être dissociée pour le juge du débat sur la cause réelle et sérieuse du licenciement :

– le licenciement, intervenu en violation de l'obligation incombant à l'employeur de rechercher les possibilités de reclassement, est dépourvu de cause réelle et sérieuse *(Cass. soc., 1er avr. 1992, n° 89-43.494, Bull. V n° 228)* ; en revanche, il n'est pas nul en l'absence de disposition expresse le prévoyant *(Cass. soc., 26 févr. 2003, n° 01-41.030, Bull. V n° 70, RJS 2003 n° 589 ; G. Couturier, « Des limites aux nullités de l'article L. 321-4-1 du Code du travail », Dr soc 2003, p. 726)* ;

– le juge doit donc, quand la cause économique du licenciement est contestée, vérifier le respect par l'employeur de son obligation, même si la contestation ne porte pas précisément sur cet élément : « *Le moyen relatif à l'obligation de reclassement est nécessairement dans le débat portant sur la cause économique du licenciement* » *(Cass. soc., 24 oct. 2000, n° 98-41.192, Bull. V n° 344, RJS 2000 n° 1249 ; Cass. soc., 17 mars 1999, n° 97-40.515, Bull. V n° 127 ; Cass. soc., 4 déc. 2002, n° 00-44.510, RJS 2003 n° 172)*. La Cour de cassation estime que la cour d'appel « *qui s'est bornée à constater qu'aucune observation n'était formulée sur le respect par l'employeur de son obligation de reclassement, sans rechercher si la société... avait effectivement satisfait à cette obligation, n'a pas donné de base légale à sa décision* » *(Cass. soc., 10 nov. 1999, n° 97-43.280)*.

Toutefois, le salarié qui n'a contesté à aucun moment l'énonciation de la lettre de licenciement relative à l'impossibilité de son reclassement, ne peut proposer devant la Cour de cassation, un moyen incompatible avec la thèse qu'il a développée devant les juges du fond *(Cass. soc., 7 déc. 2005, n° 04-41.882, Bull. V n° 358, JCP 2006 n° 7-8, p. 39, note B. Boubli).*

En revanche, la méconnaissance par l'employeur de son obligation :

– est sans incidence sur la nature économique du licenciement : le licenciement est regardé par le juge comme de nature économique mais est dépourvu de cause réelle et sérieuse *(cf. sur la distinction entre la nature du licenciement et sa cause, P. Waquet, « La cause économique du licenciement », Dr soc 2000, p. 168)* ;
– n'est pas sanctionnée par la nullité de la procédure de licenciement et l'obligation de réintégration qui en résulterait en l'absence de disposition expresse prévoyant cette nullité *(Cass. soc., 26 févr. 2003, n° 01-41.030, Bull. V n° 70).*

§ 5. L'OBLIGATION D'ADAPTATION

49.2.5. – « *L'employeur, tenu d'exécuter de bonne foi le contrat de travail, a le devoir d'assurer l'adaptation des salariés à l'évolution de leurs emplois » (Cass. soc., 25 févr. 1992, n° 89-41.634, Bull. V n° 122, D. 1992, Somm. 294, obs. A. Lyon-Caen ; Cass. soc., 20 avr. 1988, n° 85-42.011).*

« Assurer l'adaptation, c'est prévoir les changements et offrir les moyens d'y faire face » (A. Lyon-Caen, « Le droit et la gestion des compétences », Dr soc 1992, spéc. p. 579). Le fondement de cette obligation repose, pour le juge, sur le principe énoncé par l'article 1134 du Code civil : « *Les conventions ... doivent être exécutées de bonne foi* ».

Le principe dégagé par la Cour de cassation a été repris dans le droit positif par la loi n° 2000-37 du 19 janvier 2000 relative à la réduction négociée du temps de travail *(art. 17, codifié à l'art. L. 932-2 du Code du travail)* : « *L'employeur a l'obligation d'assurer l'adaptation de ses salariés à l'évolution de leurs emplois* ».

La loi n° 2004-391 du 4 mai 2004 a modifié cette disposition : « *L'employeur a l'obligation d'assurer l'adaptation des salariés à leur poste de travail » (C. trav., ancien art. L. 930-1).*

La loi n° 2002-73 du 17 janvier 2002 de modernisation sociale a consacré également ce principe et l'avait élargi dans le cadre des dispositions définissant le licenciement pour motif économique *(cf. n° **49.1.3.5**)* : « *Le licenciement pour motif économique d'un salarié ne peut intervenir que lorsque tous les efforts de formation et d'adaptation ont été réalisés (...) » (cf. note A. Fabre, RDT 2008, p. 33).*

La loi n° 2004-391 du 4 mai 2004 relative à la formation professionnelle tout au long de la vie et au dialogue social a modifié l'article L. 931-1 pour prévoir que « *l'employeur a l'obligation d'assurer l'adaptation des salariés à leur poste de travail. Il veille au maintien de leur capacité à occuper un emploi, au regard notamment de l'évolution des emplois, des technologies et des organisations. Il peut proposer des formations qui participent au développement des compétences* ».

La loi n° 2005-32 du 18 janvier 2005 de programmation de la cohésion sociale a complété cet article par les dispositions suivantes : « *Il peut proposer des formations qui participent à la lutte contre l'illettrisme* ».

Ces dispositions ont été reprises lors de la recodification de 2008 :

- à l'article L. 1233-4 s'agissant des dispositions relatives au licenciement pour motif économique ;
- à l'article L. 6321-1, qui précise que « *l'employeur assure l'adaptation des salariés à leur poste de travail. / Il veille au maintien de leur capacité à occuper un emploi, au regard notamment de l'évolution des emplois, des technologies et des organisations/ (...) / Il peut proposer des formations qui participent au développement des compétences, y compris numériques, ainsi qu'à la lutte contre l'illettrisme* ».

Le contenu du devoir d'adaptation est examiné au n° **411.6**.

SECTION 3
L'articulation entre le statut protecteur et le droit commun en matière de reclassement

49.3. – L'évolution de la législation et de la jurisprudence judiciaire pose la délicate question de l'articulation entre les droits dont bénéficie le salarié protégé, comme tout autre salarié, et les droits spécifiques qui découlent de son statut.

Cette nécessaire articulation doit reposer, à notre sens, sur le principe suivant : le salarié protégé ne peut être moins « *protégé* » que les autres salariés.

Toutefois, la question de l'articulation entre le statut protecteur et le droit commun se pose en des termes différents selon qu'est en cause la validité du plan de sauvegarde de l'emploi (PSE) et le droit individuel au reclassement.

§ 1. L'ARTICULATION ENTRE L'OBLIGATION RELATIVE AU PSE ET LE STATUT PROTECTEUR

49.3.1. – Il s'agit de deux obligations de nature différente et qui ne se confondent pas : l'obligation pour l'employeur de présenter un plan de sauvegarde de l'emploi répondant aux exigences légales ne le dispense pas de respecter l'obligation à laquelle il est tenu en raison de l'application du statut protecteur.

Par ailleurs, compte tenu du déroulement de la procédure de licenciement des salariés protégés *(cf. n° **22.14 et s.**)*, par la force des choses, l'autorité administrative ne peut être saisie qu'en aval de la présentation du plan de sauvegarde de l'emploi aux représentants du personnel.

§ 2. L'ARTICULATION ENTRE LE DROIT INDIVIDUEL AU RECLASSEMENT RECONNU À TOUT SALARIÉ ET LE STATUT PROTECTEUR

49.3.2. – Si ces deux obligations se recoupent pour une large part, tant par leur objet que par leur contenu, elles ne se confondent pas totalement.

En effet, si le fondement juridique de ces deux obligations est désormais pour partie commun – la loi (*cf. n°* ***49.1.3.5***) – la seconde trouve sa source dans la jurisprudence du Conseil d'État relative à la portée de la protection. Si leur finalité est proche, la première obligation répond au seul souci de faire du licenciement *« l'ultime remède » (cf. n°* ***49.2****),* alors que la seconde a pour objet principal, mais non exclusif, de s'assurer que la procédure ne présente pas un caractère discriminatoire et d'assurer, ensuite, la poursuite des fonctions représentatives.

Ces deux obligations sont exposées simultanément afin de saisir plus aisément les points de convergence et de divergence entre les deux jurisprudences.

Le tableau ci-dessous présente cette articulation des différentes modalités de contrôle des obligations de reclassement :

<table>
<tr><th colspan="4">Le contrôle des obligations de reclassement</th></tr>
<tr><th colspan="2"></th><th>Salarié non protégé</th><th>Salarié protégé</th></tr>
<tr><td rowspan="2">Le « plan de reclassement » prévu par le PSE</td><td>Contenu</td><td>DREETS</td><td>DREETS</td></tr>
<tr><td>Mise en œuvre individuelle</td><td>Juge judiciaire</td><td>Inspecteur du travail :
– vérification absence de discrimination</td></tr>
<tr><td colspan="2" rowspan="2">Les clauses conventionnelles relatives au reclassement</td><td>En cas de PSE : DREETS</td><td rowspan="2">Inspecteur du travail :
– vérification absence de discrimination</td></tr>
<tr><td>Absence de PSE : Juge judiciaire</td></tr>
<tr><td colspan="2">Le droit individuel du reclassement</td><td>Juge judiciaire</td><td>Inspecteur du travail</td></tr>
</table>

CHAPITRE X

LE CONTRÔLE DE L'AUTORITÉ ADMINISTRATIVE SUR LE RESPECT PAR L'EMPLOYEUR DE CES OBLIGATIONS AU TITRE DU PLAN DE SAUVEGARDE DE L'EMPLOI (PSE)

SECTION 1

Les règles générales relatives au plan de sauvegarde de l'emploi

Plan de la section

410.1. – Le plan social, baptisé « *plan de sauvegarde de l'emploi* » (PSE) par la loi n° 2002-73 du 17 janvier 2002, n'est obligatoire que pour les entreprises occupant au moins cinquante salariés et lorsque sont envisagés au moins dix licenciements sur une même période de trente jours ; ce plan doit lui-même intégrer « *un plan visant à faciliter le reclassement des salariés dont le licenciement ne pourrait être évité* » *(C. trav., art. L. 1233-61).*

§ 1. LA CONDITION TENANT À L'EFFECTIF DE L'ENTREPRISE

410.1.1. – Pour déterminer si l'employeur a l'obligation d'élaborer ce plan, seul doit être pris en compte l'effectif de l'entreprise, et non celui :

- du groupe *(Cass. soc., 26 févr. 2003, n° 01-41.030, Bull. V n° 70, RJS 2003 n° 589, Dr soc 2003, p. 731 ; Cass. soc., 30 juin 2004, n° 02-42.672, Bull. V n° 186, RJS 2004 n° 1015)* ;
- ou de l'unité économique et sociale *(Cass. soc., 16 janv. 2008, n° 06-46.313, RJS 2008 n° 395, Bull. V n° 8, RDT 2008, p. 236, note P. Waquet)*, sauf si le licenciement s'inscrit dans le cadre d'un projet global et concerté de réduction des effectifs au niveau de celle-ci *(Cass. soc., 16 nov. 2010, n° 09-69.485 à 09-69.489, RJS 2011 n° 117 ; Cass. soc., 9 mars 2011, n° 10-11.581, Bull. V n° 70, RJS 2011 n° 408 ; Cass. soc., 8 janv. 2020, n° 18-16.945, RJS 2020 n° 133 ; CE, 29 déc. 2023, n° 463.794, Stés L'Equipe et Presse Sport Investissement, mentionné aux Tables ; cf. n°* **22.2***)* et que, sauf s'il est assorti de l'exécution provisoire, le jugement ayant reconnu son existence ne fait pas l'objet d'un appel à cette date *(Cass. soc., 28 sept. 2022, n° 21-19.092, B., RJS 2022 n° 609).*

Dans le cas d'un GIE, il appartient au juge du fond de rechercher si l'ensemble des personnes morales composant le groupement ont la qualité d'employeur *(Cass. soc., 28 janv. 2009, n° 07-45.481, RJS 2009 n° 331, obs. J. Savatier, Dr soc 2009, p. 497, note J.-Y. Frouin RDT 2009, p. 233).*

Si une société étrangère dispose de plusieurs établissements en France et en dehors du territoire national, seul doit être pris en compte l'effectif des établissements implantés en France *(Cass. soc., 23 sept. 2008, n° 07-42.862, Bull. V n° 171, RJS 2008 n° 1181 ; J.-P. Lhernould, « Le droit européen des restructurations, un droit en zig-zag », Dr soc 2008, p. 1265).*

Il a été jugé que si les moyens d'exploitation et l'activité d'une société ont été transférés à une nouvelle société, l'effectif déterminant la mise en œuvre d'un plan de sauvegarde de l'emploi doit être vérifié dans cette société *(Cass. soc., 13 juill. 2010, n° 09-65.182, RJS 2010 n° 738).*

La condition d'effectif s'apprécie à la date à laquelle la procédure de licenciement est engagée *(Cass. soc., 12 juill. 2010, n° 09-14.192, Bull. V n° 165, RJS 2010 n° 738 ; Cass. soc., 10 juin 2015, n° 14-10.031, B., RJS 2015 n° 628).*

Si l'entreprise comporte moins de cinquante salariés au jour de l'engagement de la procédure de licenciement, le PSE volontairement mis en place par l'employeur n'a pas à satisfaire aux exigences de contenu fixées par les articles L. 1233-61 et L. 1233-62 du Code du travail *(Cass. soc., 10 juin 2015, n° 14-10.031, préc.).*

§ 2. LA CONDITION TENANT AU NOMBRE DE LICENCIEMENTS SUR UNE PÉRIODE DE TRENTE JOURS

A. Les règles générales

410.1.2.1. – Le PSE doit être élaboré et présenté dès que des licenciements économiques sont envisagés.

Dès lors que la décision de licencier au moins dix salariés a été prise au niveau de l'entreprise « *dans le cadre d'une restructuration générale de ses activités et de ses services* », la condition tenant au nombre de licenciements doit être appréciée au niveau de l'entreprise et non de chacun de ses établissements *(Cass. soc., 7 mai 2003, n° 01-42.379, RJS 2003 n° 862).*

Pour apprécier la condition relative au décompte du nombre de licenciement sur une « *période de trente jours* », la chambre sociale a pris en compte la date de la consultation du comité d'entreprise sur les premiers licenciements et la date à laquelle le comité a été convoqué pour être consulté sur des licenciements ultérieurs *(Cass. soc., 19 mars 2003, n° 01-12.094, Bull. V n° 105, RJS 2003 n° 588 ; Cass. soc., 16 janv. 2008, n° 06-46.313, Bull. V n° 8, RJS 2008 n° 395 ; Cass. soc. 2 arrêts : 12 juill. 2010, n° 09-14.192, Bull. V n° 165 et 13 juill. 2010, n° 09-65.182, RJS 2010 n° 738).*

Ainsi, la Cour de cassation a considéré que l'employeur n'est pas tenu de mettre en œuvre un plan de sauvegarde de l'emploi dès lors qu'à la suite du refus de vingt et un salariés de voir modifier leur contrat de travail et d'être mutés sur un autre site, la société a modifié son projet de réorganisation pour maintenir une partie de son activité et des emplois sur un site, et a procédé à une nouvelle consultation des représentants du personnel sur un projet de licenciement collectif concernant moins de dix salariés *(Cass. soc., 24 janv. 2018, n° 16-22.940, B.).*

B. Les mises à la retraite

410.1.2.2. – S'agissant des mises à la retraite, deux cas de figure doivent être distingués :

– soit elles s'inscrivent dans le cadre d'une réduction des effectifs motivée par des raisons économiques et, dans ce cas, un PSE doit être élaboré à condition que le nombre de ruptures du contrat de travail soit au moins égal à dix *(Cass. soc., 2 nov. 2005, n° 03-46325, RJS 2006 n° 30 ; Cass. soc., 18 mars 2008, n° 07-40.269, Bull. V*

n° 63, RJS 2008 n° 532) ; il en est de même pour mises en œuvre en raison de difficultés économiques et qui entraînent la rupture du contrat de travail *(Cass. soc., 1er févr. 2011, n° 09-70.121, RJS 2011 n° 311)* ;
– soit tel n'est pas le cas et l'employeur n'est pas tenu d'établir un PSE *(Cass. soc., 6 mars 2007, n° 04-47409, RJS 2007 n° 576)*.

En tout état de cause, la mise à la retraite n'entraîne pas les effets d'un licenciement *(Cass. soc., 18 mars 2008, n° 07-40.269, obs. J. Savatier, Dr soc 2008, p. 757)*.

C. Les ruptures conventionnelles

1. *Les ruptures conventionnelles individuelles*

410.1.2.3.1. – L'article L. 1237-16 du Code du travail précise que les dispositions du Code du travail relatives à la rupture conventionnelle individuelle ne sont pas applicables aux ruptures du contrat de travail résultant des PSE *(circulaire DGT n° 2009-04 du 17 mars 2009 relative à la rupture conventionnelle d'un contrat à durée indéterminée ; circulaire DGT n° 02 du 23 mars 2010 relative à l'incidence d'un contexte économique difficile sur la rupture conventionnelle d'un contrat de travail à durée indéterminée)*.

Pour la chambre sociale, ces ruptures conventionnelles doivent être prises en compte pour déterminer si un plan de sauvegarde de l'emploi est obligatoire, dès lors que leur conclusion s'inscrit dans le cadre d'une réduction des effectifs pour un motif économique *(Cass. soc., 9 mars 2011, n° 10-11.581, Bull. V n° 70, RJS 2011 n° 408)*, et à la condition qu'elles aient été homologuées *(Cass. soc., 29 oct. 2013, n° 12-15.382, Bull. V n° 253, RJS 2014 n° 25)*.

2. *Les ruptures conventionnelles collectives*

410.1.2.3.2. – La rupture conventionnelle collective est conçue comme un dispositif de restructuration à « froid », non liée à un motif économique. Elle n'a donc pas vocation à être mise en œuvre simultanément à un PSE dans le cadre d'un même projet de restructuration et de compression des effectifs. Dans cette situation, la coexistence de départs volontaires et de licenciements contraints doit s'effectuer dans le cadre de la procédure PSE (PSE « mixte » avec phase préalable de volontariat).

La rupture conventionnelle collective, d'une part, et les plans de départ volontaire et PSE, d'autre part, obéissent à une logique différente et suivent une procédure distincte. Une entreprise peut entamer des négociations afin d'aboutir à un accord de rupture conventionnelle collective, puis connaître une évolution de sa situation qui la conduirait à décider de mettre en œuvre un plan de départs volontaires. Mais dans ce cas, l'employeur est tenu de reprendre la procédure relative au PSE au début *(Ministère du Travail, questions-réponses sur la rupture conventionnelle collective, 19 avr. 2018)*. La circonstance qu'un accord de rupture conventionnelle collective a été conclu dans une entreprise ne fait pas obstacle par elle-même à ce que celle-ci établisse et mette en œuvre un PSE, dès lors que celui-ci respecte les stipulations de l'accord précité qui lui sont applicables, l'une et l'autre de ces procédures pouvant être mises en œuvre successivement *(CAA Paris, 14 mars 2022, n° 21PA06607, Syndicat autonome des personnels d'Aéroports de Paris et Union nationales des syndicats autonomes ; dans le même sens : CAA Versailles, 14 mars 2019, n° 18VE04158, Fédération Sud activités postales et de télécommunications et autres c. / Sté Téléperformance France)*.

Sur la rupture conventionnelle collective, il convient de se reporter au n° **17.2**.

Rupture conventionnelle et contexte économique difficile

Un contexte économique difficile pour l'entreprise, voire un PSE circonscrit à d'autres emplois, ne sont pas à eux seuls suffisants pour exclure l'application de la rupture conventionnelle, réserve faite de ruptures conventionnelles présentant un caractère coordonné et organisé *(cf. circulaire DGT n° 2009-04 du 17 mars 2009 relative à la rupture conventionnelle d'un contrat à durée indéterminée)*.

L'instruction ministérielle du 23 mars 2010 rappelle que la rupture conventionnelle ne doit pas conduire à contourner les règles du licenciement pour motif économique et priver, de ce fait, les salariés des garanties attachées aux accords de GPEC et aux PSE. À la différence du texte légal, cette instruction ne vise toutefois que les licenciements collectifs. Une rupture conventionnelle peut cependant intervenir alors même que l'entreprise rencontre des difficultés qui l'amènent à se séparer de certains de ses salariés : il n'y a alors pas lieu de rechercher la motivation de l'employeur, sauf en présence d'éléments susceptibles de révéler un contournement de la procédure de licenciement collectif, lequel justifierait un refus de l'homologation *(cf. instruction DGT n° 02 du 23 mars 2010 relative à l'incidence d'un contexte difficile sur la rupture conventionnelle d'un contrat de travail à durée indéterminée)*.

Ce contournement peut, selon l'instruction ministérielle, être caractérisé par un recours massif à la rupture conventionnelle dans une entreprise ou un groupe confronté à un contexte économique difficile qui serait susceptible, à court terme, de conduire à la mise en œuvre d'un PSE.

Ainsi, sont évoqués comme indices d'évitement d'un PSE une fréquence élevée de demandes d'homologation, de même que les dépassements des seuils suivants :

– 10 demandes sur une même période de 30 jours ;

– au moins une demande sur une période de 3 mois, faisant suite à 10 demandes s'étant échelonnées sur la période de 3 mois immédiatement antérieure ;

– une demande au cours des 3 premiers mois de l'année faisant suite à plus de 18 demandes au cours de l'année civile précédente.

La combinaison de ces demandes avec des licenciements pour motif économique aboutissant aux dépassements des mêmes seuils peut également constituer un indice.

Pour sa part, le Conseil d'État a jugé qu'un accord portant rupture conventionnelle collective peut être, en principe, légalement conclu dans un contexte de difficultés économiques de l'entreprise ; toutefois, un tel accord, compte tenu de ce qu'il doit être exclusif de toute rupture du contrat de travail imposée au salarié, ne peut être validé par l'autorité administrative lorsqu'il est conclu dans le contexte d'une cessation d'activité de l'établissement ou de l'entreprise en cause conduisant de manière certaine à ce que les salariés n'ayant pas opté pour le dispositif de rupture conventionnelle fassent l'objet, à la fin de la période d'application de cet accord, d'un licenciement pour motif économique et, le cas échéant, d'un PSE *(CE, 21 mars 2023, n° 459.626, Sté Paragon Transaction, publié au Recueil)*.

§ 3. L'INCIDENCE DES PROPOSITIONS DE MODIFICATION DU CONTRAT DE TRAVAIL SUR LE NOMBRE DE LICENCIEMENTS ENVISAGÉS

A. La jurisprudence de la Cour de cassation

410.1.3.1. – La Cour de cassation avait jugé que le plan social [plan de sauvegarde de l'emploi] devait être élaboré avant que des modifications de leur contrat de travail soient proposées à dix salariés et plus *(Cass. soc., 3 déc. 1996, n° 95-17.352, Sté Framatome connectors France Bull. V n° 411, et Cass. soc., 3 déc. 1996, Sté Majorette, n° 95-20.360, Bull. V n° 411, Dr ouvrier 1997, p. 177, note M.-F. Bied-Charreton, Dr soc 1997, p. 18, rapport P. Waquet ; Cass. soc., 18 juin 2003, n° 00-46.283, RJS 2003 n° 1000 ; Cass. soc., 28 févr. 2007 n° 05-42.367, RJS 2007 n° 579)*.

Elle avait déduit de cette règle que l'établissement d'un plan social, après le refus par dix salariés des propositions de modification de leur contrat, n'avait pas pour effet de régulariser la procédure, laquelle était nulle *(Cass. soc., 25 juin 2003, n° 01-46.479, Bull. V n° 206, RJS 2003 n° 1146)*. La règle ainsi dégagée par la jurisprudence ne jouait en tout état de cause qu'en cas de proposition d'une modification du contrat de travail *(Cass. soc., 21 janv. 2004, n° 02-12.712, Bull. V n° 26, Dr soc 2004, p. 380)*.

B. La portée de la loi du 18 janvier 2005

410.1.3.2. – En introduisant par la loi n° 2005-32 du 18 janvier 2005 la règle selon laquelle « *lorsqu'au moins dix salariés ont refusé la modification d'un élément essentiel de leur contrat de travail proposé par leur employeur (…) et que leur licenciement est envisagé, celui-ci est soumis aux dispositions applicables en cas de licenciement collectif pour motif économique* » *(C. trav., ancien art. L. 321-1-3)*, le législateur a entendu faire échec à la jurisprudence de la chambre sociale. Le plan de sauvegarde de l'emploi n'est donc obligatoire que si au moins dix salariés refusent la modification de leur contrat de travail *(cf. Y. Chagny, « La jurisprudence Framatome-Majorette : les derniers feux ? », Dr soc 2005, p. 556 ; CE, 10 oct. 2018, n° 395.280, Fédération Force Ouvrière des employés et cadres et Fédération des syndicats du personnel de la banque et de l'assurance CGT, mentionné aux Tables, RJS 2018 n° 735).*

§ 4. LA NOTION DE LICENCIEMENTS ENVISAGÉS ET LA GESTION PRÉVISIONNELLE DES EMPLOIS

410.1.4. – L'employeur qui met en œuvre une politique de gestion prévisionnelle des emplois dont les mesures n'entraînent pas la rupture du contrat de travail n'est pas tenu de consulter le comité social et économique pour lui soumettre un plan social *(Cass. soc., 12 janv. 1999, n° 97-12.962, Bull. V n° 17, Dr soc 1999, p. 297, obs. F. Favennec-Héry ; cet arrêt a été rendu contre les concl. avocat général Y. Chauvy, « La consultation du comité d'entreprise sur la modification collective des contrats de travail avant licenciement économique », Dr ouvrier 1999, p. 427 ; cf. également n°* ***22.6.1.2****).*

§ 5. LE CONTENU DU PSE

A. Dispositions générales

410.1.5.1. – L'article L. 1233-61 du Code du travail dispose que le PSE *« intègre un plan de reclassement visant à faciliter le reclassement sur le territoire national des salariés dont le licenciement ne pourrait être évité, notamment celui des salariés âgés ou présentant des caractéristiques sociales ou de qualification rendant leur réinsertion professionnelle particulièrement difficile »*.

L'article L. 1233-62 du Code du travail dispose que le PSE *« prévoit des mesures telles que »* :

> *« 1° Des actions en vue du reclassement interne des salariés sur des emplois relevant de la même catégorie d'emplois ou équivalents à ceux qu'ils occupent ou, sous réserve de l'accord exprès des salariés concernés, sur des emplois de catégorie inférieure ;*
>
> *1° bis Des actions favorisant la reprise de tout ou partie des activités en vue d'éviter la fermeture d'un ou de plusieurs établissements ;*
>
> *2° Des créations d'activités nouvelles par l'entreprise ;*
>
> *3° Des actions favorisant le reclassement externe à l'entreprise, notamment par le soutien à la réactivation du bassin d'emploi ;*
>
> *4° Des actions de soutien à la création d'activités nouvelles ou à la reprise d'activités existantes par les salariés ;*

5° Des actions de formation, de validation des acquis de l'expérience ou de reconversion de nature à faciliter le reclassement interne ou externe des salariés sur des emplois équivalents ;

6° Des mesures de réduction ou d'aménagement du temps de travail ainsi que des mesures de réduction du volume des heures supplémentaires réalisées de manière régulière lorsque ce volume montre que l'organisation du travail de l'entreprise est établie sur la base d'une durée collective manifestement supérieure à trente-cinq heures hebdomadaires ou 1 600 heures par an et que sa réduction pourrait préserver tout ou partie des emplois dont la suppression est envisagée. »

L'article L. 1233-63 précise que le PSE « détermine les modalités de suivi de la mise en œuvre effective des mesures contenues dans le plan de reclassement prévu à l'article L. 1233-61 ».

Le contenu du PSE peut être :

- soit déterminé par accord collectif *(C. trav., art. L. .1233-24-1 ; cf. n° **410.1.7.2**)* ;
- soit fixé de manière unilatérale par l'employeur *(C. trav., art. L. 1233-24-4 ; cf. n° **410.1.7.1**)*.

B. Dispositions applicables en cas d'accord collectif déterminant le contenu du PSE

410.1.5.2. – Aux dispositions générales énoncées ci-dessus, s'ajoutent celles de l'article L. 1233-24-2 qui dispose que l'accord collectif peut également porter sur :

« 1° Les modalités d'information et de consultation du comité social et économique, en particulier les conditions dans lesquelles ces modalités peuvent être aménagées en cas de projet de transfert d'une ou de plusieurs entités économiques prévu à l'article L. 1233-61, nécessaire à la sauvegarde d'une partie des emplois ;

2° La pondération et le périmètre d'application des critères d'ordre des licenciements mentionnés à l'article L. 1233-5 ;

3° Le calendrier des licenciements ;

4° Le nombre de suppressions d'emploi et les catégories professionnelles concernées ;

5° Les modalités de mise en œuvre des mesures de formation, d'adaptation et de reclassement prévues à l'article L. 1233-4 ».

L'article L. 1233-24-3 énonce les dispositions auxquelles l'accord ne peut déroger :

« 1° À l'obligation d'effort de formation, d'adaptation et de reclassement incombant à l'employeur en application de l'article L. 1233-4 ;

2° Aux règles générales d'information et de consultation du comité social et économique prévues aux articles L. 2323-2, L. 2323-4 et L. 2323-5 sauf lorsque l'accord est conclu par le conseil d'entreprise ;

3° À l'obligation, pour l'employeur, de proposer aux salariés le contrat de sécurisation professionnelle prévu à l'article L. 1233-65 ou le congé de reclassement prévu à l'article L. 1233-71 ;

4° À la communication aux représentants du personnel des renseignements prévus aux articles L. 1233-31 à L. 1233-33 ;

5° Aux règles de consultation applicables lors d'un redressement ou d'une liquidation judiciaire, prévues à l'article L. 1233-58 ».

C. Dispositions applicables en cas de PSE fixé par un document unilatéral

410.1.5.3. – L'article L. 1233-24-3 dispose que le document précise « *les éléments prévus aux 1° à 5° de l'article L. 1233-24-2, dans le cadre des dispositions légales et conventionnelles en vigueur* ».

§ 6. LES SALARIÉS CONCERNÉS PAR LE PSE

410.1.6. – Le PSE s'applique à tous les salariés appartenant aux catégories professionnelles concernées par le projet de licenciement *(Cass. soc., 29 mai 2002, n° 00-41.862, RJS 2002 n° 962 : en l'espèce, le salarié, qui remplissait les conditions pour bénéficier d'une préretraite, avait été licencié en raison de son inaptitude).*

La notion de catégorie professionnelle ne se réduit pas à un emploi mais « *concerne l'ensemble des salariés qui exercent, au sein de l'entreprise, des fonctions de même nature supposant une formation professionnelle commune* » *(Cass. soc., 13 févr. 1997, n° 95-16.648 Bull. V n° 63)* sans qu'il puisse être opéré une distinction, au sein de chaque catégorie, entre les salariés exerçant à temps plein et ceux occupés à temps partiel *(Cass. soc., 3 mars 1998, n° 95-41.610, Bull. V n° 113).*

Les mesures prévues par le PSE peuvent s'appliquer à un salarié ayant remis sa démission dès lors que l'intéressé faisait partie du personnel concerné par la procédure de licenciement économique et que son départ faisait suite à une proposition de formation et d'engagement externe obtenue avant la notification du licenciement et avec le concours du « *point information conseil* » mis en place dans le cadre du PSE *(Cass. soc., 11 juin 2008 n° 07-40.414, Bull. V n° 132, RJS 2008 n° 881 ; Cass. soc., 26 juin 2001, n° 98-45.835 ; Cass. soc., 7 juill. 2004, n° 02-42.120).*

En revanche, tel n'est pas le cas, si le salarié n'appartient pas à la catégorie du personnel concerné par le dispositif de départs volontaires *(Cass. soc., 19 avr. 2005, n° 03-48.407).*

§ 7. LA NATURE JURIDIQUE DU PSE

410.1.7. – Le PSE est, en principe, un acte unilatéral de l'employeur mais il peut aussi prendre la forme d'un accord collectif.

A. Le PSE acte unilatéral de l'employeur

410.1.7.1. – Aux termes de l'article L. 1233-61 du Code du travail, c'est à l'employeur qu'il incombe d'établir et de mettre en œuvre un PSE « *pour éviter les licenciements ou en limiter le nombre* ».

B. Le PSE prenant la forme d'un accord collectif

410.1.7.2. – Aux termes de l'article 2.1 de la directive 98/59/CE du conseil du 20 juillet 1998 concernant le rapprochement des législations des États membres relatives aux licenciements collectifs « *1. Lorsqu'un employeur envisage d'effectuer des licenciements collectifs, il est tenu de procéder, en temps utile, à des consultations avec les représentants des travailleurs en vue d'aboutir à un accord* ».

Par ailleurs, les dispositions prévues par le plan « *peuvent se cumuler avec celles d'un accord collectif auquel cas ne s'appliquent que les dispositions plus favorables aux salariés » (Cass. soc., 26 janv. 2000, n° 98-42.964, 98-43.788, 98-43.792, 98-43.849 et 98-43.853, Bull. V n° 41, RJS 2000 n° 267 ; Cass. soc., 23 juin 1999, n° 98-40.158 et 98-40.165, Bull. V n° 296, RJS 1999 n° 1045).*

La loi n° 2013-504 du 14 juin 2013 relative à la sécurisation de l'emploi a donné une place importante à la négociation collective en prévoyant la possibilité de conclure un accord collectif majoritaire sur le PSE, que l'autorité administrative est appelée ensuite à valider *(art. 18 : C. trav., L. 1233-24 ; cf. n°* ***22.6.3.1 et s.****).*

§ 8. LA PORTÉE JURIDIQUE DU PSE

A. L'employeur seul débiteur de l'obligation de reclassement

410.1.8.1. – « *L'obligation de reclasser les salariés dont le licenciement est envisagé et d'établir un plan de sauvegarde de l'emploi répondant aux moyens du groupe n'incombe qu'à l'employeur » (Cass. soc., 13 janv. 2010, n° 08-15.776, Bull. V n° 5, RJS 2010 n° 247 ; F. Favennec-Héry, « L'extinction de la relation de travail dans les groupes », Dr soc 2010, p. 762).*

L'employeur étant seul débiteur de l'obligation d'établir un PSE, il s'ensuit qu'une société relevant du même groupe n'est pas, en cette seule qualité, débitrice envers les salariés qui sont au service de ce dernier d'une obligation de reclassement et qu'elle ne répond pas, à leur égard, des conséquences d'une insuffisance des mesures de reclassement prévues dans le PSE *(Cass. soc., 13 janv. 2010, n° 08-15.776, Bull. V n° 5, préc.).*

Toutefois, il a été jugé que ce principe comportait des exceptions lorsque :

– une autre société du groupe se comportait en co-employeur et se trouvait ainsi tenue de l'obligation de reclassement en cette qualité

(Cass. soc., 19 juin 2007, n° 05-42.551, Bull. V n° 109 ; Cass. soc., 12 sept. 2012, n° 11-12.343 à 11-12.350) ;
- une société s'engageait à garantir l'exécution du plan social ; les salariés licenciés étaient alors en droit de se prévaloir, sur le fondement de la responsabilité extra-contractuelle, d'une violation de cet engagement, dès lors qu'il en était résulté pour eux un préjudice *(Cass. soc., 27 nov. 2007, n° 06.42.745, note A. Fabre RDT 2008 p. 178)*.

L'accord conclu après la notification des licenciements et sans intervention de l'employeur n'a pas valeur de PSE *(Cass. soc., 13 juin 2006, n° 04-44.733, Dr ouvrier 2006, p. 549 : entreprise en liquidation judiciaire)*.

Appelé à se prononcer sur la légalité d'autorisations de licenciement économique de salariés protégés, le Conseil d'État a jugé que lorsque l'entreprise appartient à un groupe, la circonstance qu'une autre entreprise du groupe ait poursuivi une activité de même nature ne fait pas, par elle-même, obstacle à ce que la cessation d'activité de l'entreprise soit regardée comme totale et définitive ; en revanche, le licenciement ne saurait être autorisé s'il apparaît que le contrat de travail du salarié doit être regardé comme transféré à un nouvel employeur ; il en va de même s'il est établi qu'une autre entreprise est, en réalité, le véritable employeur du salarié *(CE, 28 avr. 2023, n° 453.087, Sté OEC, publié au Recueil)*.

B. Le PSE et les engagements de l'employeur

1. *Les engagements dont la méconnaissance est sans incidence sur la cause réelle et sérieuse du licenciement*

410.1.8.2.1. – Ont été jugés sans incidence sur la cause réelle et sérieuse de licenciement et donnant lieu à l'allocation de dommages-intérêts les manquements aux engagements suivants :
- le nombre maximum de licenciements pendant une période déterminée *(Cass. soc., 25 nov. 2003, n° 01-17.501, Bull. V n° 294, Rapport 2003 de la Cour de cassation, p. 310, RJS 2004 n° 196, analyse M.-F. Bied-Charreton Dr ouvrier 2005, p. 41 ; analyse J. Savatier, Dr soc 2004, p. 170 ; note O. Leclerc, D. 2004, p. 389 ; commentaire I. Omarjee, D. 2004, p. 2395)* ;
- les mesures de soutien *(Cass. soc., 12 juin 2001, n° 99-43.329, Bull. V n° 218)* ;
- les mesures visant à faciliter le reclassement externe *(Cass. soc., 20 oct. 2004, n° 02-42.645 ; Cass. soc., 21 nov. 2006, n° 05-40.656, Bull. V n° 349, RJS 2007 n° 205, obs. G. Couturier, Dr soc 2007, p. 114 ; Cass. soc., 12 févr. 2008, n° 06-45.737, RJS 2008 n° 400, note E. Gayat, Dr ouvrier 2008, p. 580)*.

Les salariés, le comité social et économique ou les organisations syndicales peuvent, en revanche, obtenir réparation du préjudice subi.

2. *Les engagements dont la méconnaissance a une incidence sur la cause réelle et sérieuse du licenciement*

410.1.8.2.2. – Le non-respect par l'employeur d'engagements souscrits dans le cadre du PSE s'agissant du plan de reclassement et/ou en faveur du maintien dans l'emploi de certaines catégories particulières prive le licenciement de cause réelle et sérieuse *(Cass. soc., 6 juin 2000, n° 98-42.860, Bull. V n° 219, obs. G. Couturier, Dr soc 2000, p. 1032 ; Cass. soc., 3 déc. 2008, 07-42.473, RJS 2009 n° 161 : en l'espèce, l'employeur s'était engagé à ne pas licencier les deux membres d'un couple de salariés).*

De même, prive le licenciement de cause réelle et sérieuse la méconnaissance du délai de réflexion prévu par le PSE qui constitue une garantie de fond *(Cass. soc., 16 mai 2007, n° 05-44.085, RJS 2007 n° 827, obs. P. Waquet, RDT 2007, p. 455 ; Cass. soc., 24 avr. 2003, n° 01-42.131).*

Il existe donc une différence essentielle entre l'incidence de la méconnaissance de ces engagements souscrits dans le cadre du PSE et des engagements résultant d'une clause du contrat de travail ou d'un engagement unilatéral de l'employeur qui est sans incidence sur la cause réelle et sérieuse *(cf. n° **47.5.4**).*

C. Le PSE et les mesures d'indemnisation

410.1.8.3. – Il a été jugé « *qu'un plan de sauvegarde de l'emploi ne peut prévoir la substitution des mesures qu'il comporte destinées à favoriser le reclassement, par une indemnisation subordonnée à la conclusion d'une transaction emportant renonciation à toute contestation ultérieure de ces mesures* » *(Cass. soc., 20 nov. 2007, n° 06-41.410, Bull. V n° 195, RJS 2008 n° 163, obs. G. Couturier, Dr soc 2008, p. 252, note A. Fabre, RDT 2008, p. 101).*

§ 9. L'INFORMATION DES SALARIÉS SUR LE PSE

410.1.9. – L'article L. 1233-49 du Code du travail prévoit que dans les entreprises sans représentants du personnel, le PSE est porté à la connaissance du personnel par tout moyen sur les lieux de travail.

Le « *manquement de l'employeur à son obligation de porter le plan social à la connaissance des salariés par voie d'affichage* » constitue une « *irrégularité* » mais n'entraîne « *pas la nullité de la procédure de licenciement* » *(Cass. soc. 9 mai 2000, n° 98-20.588, Bull. n° 172, RJS 2000 n° 655, Dr soc 2000, p. 789, obs. G. Couturier, Liaisons soc. 22 mai 2000 n° 675).*

Le PSE peut lui-même prévoir que les salariés concernés seront informés par une lettre. Le non-respect de cette disposition n'entache pas de nullité de PSE et ne peut donner lieu qu'à la suspension de la procédure, si celle-ci n'est pas terminée, ou à la réparation du préjudice subi *(Cass. soc., 25 juin 2008 n° 07-41.065, B., RJS 2008 n° 977, obs. G. Couturier, Dr soc 2009, p. 119).*

L'employeur qui, dans le cadre de la mise en œuvre d'un plan de sauvegarde de l'emploi qu'il a établi, propose aux salariés des mesures de reclassement dans une autre entreprise, doit les informer loyalement des risques que peuvent présenter les emplois proposés *(Cass. soc., 6 juin 2007, n° 06-41.001, RJS 2007 n° 936).*

§ 10. PSE ET PROCÉDURES DE REDRESSEMENT OU DE LIQUIDATION JUDICIAIRE

A. L'obligation d'établir un PSE

410.1.10.1. – Un plan de sauvegarde de l'emploi doit être établi par l'employeur, l'administrateur ou le liquidateur *(C. trav., art. L. 321-9 ancien, repris à l'art. L. 1233-58-5, qui renvoie à l'art. L. 1233-61).* Le caractère suffisant de ce plan est apprécié au regard des moyens de l'entreprise *(C. trav., art. L. 1233-58-II ; CE, 4 sept. 2019, n° 431.463, société Arjowiggins Security).*

Les règles de consultation de droit commun sont applicables *(s'agissant de l'établissement de l'ordre du jour : Cass. soc., 25 avr. 2007, n° 05-45.397 ; Cass. soc., 3 mai 2007, n° 05-45.990, RJS 2007 n° 828).*

B. Les effets de l'absence ou de l'insuffisance du PSE

410.1.10.2. – Avant la loi du 14 juin 2013, il avait été jugé que l'insuffisance du plan de sauvegarde n'entraînait pas la nullité de la procédure dès lors que l'article L. 321-9 de l'ancien Code du travail disposait que n'était pas applicable le deuxième alinéa de l'article L. 321-4-1 en vertu duquel la procédure était nulle en cas d'insuffisance du plan de sauvegarde de l'emploi *(Cass. soc., 2 févr. 2006, n° 05-40.037, Bull. V n° 58, RJS 2006 n° 412, note Morand ; JCP S 2006 n° 7-8, § 1137 ; Rapport 2006 de la Cour de cassation ; Cass. soc., 13 juin 2006, n° 04-44.733, RJS 2006 n° 938).*

L'insuffisance du plan de sauvegarde de l'emploi privait les licenciements de cause réelle et sérieuse *(Cass. soc., 2 févr. 2006, n° 05-40.037, préc. ; Cass. soc., 28 juin 2006, n° 05-41.685, note P. Waquet : PSE ne comportant que la conclusion de conventions de conversion, RDT 2006).*

Toutefois, la nullité est encourue pour la période comprise entre l'entrée en vigueur de la loi du 17 janvier 2002 et celle de la loi du 17 janvier 2003 *(J.-Y. Frouin, « La sanction de l'insuffisance du plan de sauvegarde de l'emploi établi dans le cadre d'une procédure collective », RJS 2006, p. 251).*

Le dernier alinéa de l'article L. 1235-10 du Code du travail précisait que la sanction de la nullité n'est pas applicable aux entreprises en redressement ou en liquidation judiciaire.

Les mesures d'accompagnement du PSE homologué d'une entreprise en liquidation judiciaire sont couvertes par l'assurance de garantie des salaires *(C. trav., art. L 3253-8-4° ; CE, 4 oct. 2023, n° 447.057, Syndicat national du personnel navigant commercial, mentionné aux Tables ; « Le contrôle administratif portant sur le contenu du PSE », R. Chambon, Dr soc 2024, p. 520 et C. trav., art. L. 1233-58-II ; également : Cass. soc., 25 mars 2020, n° 18-23.692, B., RJS 2020 n° 288, rendu dans le cadre d'une liquidation judiciaire)*.

Le salarié protégé dont le licenciement a été autorisé a droit à la réparation du préjudice subi *(Cass. soc., 3 mai 2007, n° 05-45.603, Bull. V n° 66, RJS 2007 n° 873, obs. G. Couturier, Dr soc 2007)*.

SECTION 2
Le contrôle de la validité du Plan de sauvegarde de l'emploi (PSE)

Plan de la section

410.2.1 Le contrôle de l'autorité administrative par le Directeur régional de l'économie, de l'emploi, du travail et des solidarités (DREETS) sur la régularité de la procédure d'élaboration du PSE

410.2.2 Le cadre général du contrôle de l'autorité administrative (DREETS) sur le contenu du PSE

410.2.3 Le contrôle de l'autorité administrative (DREETS) sur le contenu du PSE relatif aux catégories professionnelles

410.2.4 Le contrôle de l'autorité administrative (DREETS) sur le contenu du PSE relatif aux critères d'ordre des licenciements

410.2.5 Le contrôle de l'autorité administrative (DREETS) sur le contenu du PSE relatif au plan de reclassement intégré au PSE

410.2.6 Le contrôle de l'autorité administrative (DREETS) sur le contenu du PSE relatif à la prévention des risques professionnels pouvant résulter du projet de licenciement

410.2.7 Les exigences de motivation de la décision de validation ou d'homologation

410.2.8 Les conséquences d'une décision de refus de validation ou d'homologation

410.2.9 Les voies de recours contre la décision administrative

410.2.10 Les conséquences de l'annulation contentieuse d'une décision de validation ou d'homologation en raison d'une absence ou d'une insuffisance du PSE

410.2.11 Les conséquences du non-respect par l'employeur des engagements prévus par le PSE

410.2. – À compter de l'entrée en vigueur des dispositions de la loi du 14 juin 2013, le contrôle de l'élaboration et du contenu du PSE relève exclusivement de l'autorité administrative, sous le contrôle du juge administratif. S'agissant des procédures de licenciement engagées avant le 1er juillet 2013, leur contrôle ressortit de la compétence du juge judiciaire *(cf. 6e éd., 2020)*.

Le juge judiciaire reste compétent pour statuer sur la validité des licenciements prononcés malgré un refus de validation ou d'homologation ou pour tirer les conséquences des décisions d'annulation rendues par les juridictions administratives *(Cass. soc., 21 nov. 2018, n° 17-16.766 et 17-16.767, B., RJS 2019 n° 97 ; Cass. soc., 11 déc. 2019, n° 17-31.673, RJS 2020 n° 89)*.

Le déroulement de l'instruction des demandes de validation et d'homologation par l'autorité administrative est examiné au n° **22.12.3.2.3**

§ 1. LE CONTRÔLE DE L'AUTORITÉ ADMINISTRATIVE (DREETS) SUR LA RÉGULARITÉ DE LA PROCÉDURE D'ÉLABORATION DU PSE

A. Le contrôle de la régularité de la procédure dans le cadre de la validation de l'accord collectif déterminant le contenu du PSE

410.2.1.1. – Aux termes de l'article L. 1233-57-2, la DREETS valide l'accord collectif « *dès lors qu'elle s'est assurée de : 1° Sa conformité aux articles L. 1233-24-1 à L. 1233-24-3 ; 2° La régularité de la procédure d'information et de consultation du CSE (...)* ».

L'autorité administrative doit donc procéder à un double contrôle :

– un contrôle sur le respect des conditions de validité de l'accord collectif telles que définies par l'article L. 1233-24-1 ;
– un contrôle de la régularité de la procédure de consultation du CSE.

1. Le contrôle de la validité de l'accord collectif

410.2.1.1.1. – Il a été jugé que les vices affectant les conditions de négociation d'un accord collectif ne sont susceptibles d'entraîner l'illégalité de l'acte validant cet accord que s'ils sont de nature à entacher ce dernier de nullité *(CE, 7 déc. 2015, n° 383.856, UES Darty Île-de-France, Rec. p. 428, RJS 2016 n° 119)*.

Sont de nature à entacher d'illégalité l'accord collectif et, par suite, la décision de validation :

– la circonstance que le ou les organisations syndicales représentatives n'ont pas recueilli au moins 50 % des suffrages exprimés en faveur des organisations représentatives lors du premier tour des dernières élections professionnelles au sein de l'entreprise *(CE, Ass., 22 juill. 2015, n° 385.668, société Pages Jaunes, Rec. p. 265, concl. G. Dumortier, RDT 2015, p. 514 RJS 2015 n° 631)* ;

– la circonstance que le signataire de l'accord n'avait pas qualité pour engager son organisation syndicale *(CE, Ass., 22 juill. 2015, n° 385.668, société Pages Jaunes, Rec. p. 261, RJS 2015 n° 631 : le délégué syndical central n'avait pas été de nouveau désigné dans ses fonctions à l'issue des élections professionnelles)* ;
– la circonstance que la personne signataire n'avait pas compétence pour engager l'entreprise *(CE, 3 avr. 2024, n° 465.582, Fédération française de football, mentionné aux Tables)*. Toutefois, « *la signature, pour le compte de l'employeur, d'un accord collectif majoritaire portant plan de sauvegarde de l'emploi, par un mandataire, au-delà du pouvoir qui lui a été donné, peut faire l'objet d'une régularisation avec effet rétroactif par la voie d'une ratification expresse ou tacite de cet accord par l'organe habilité, y compris lorsque cette ratification intervient postérieurement à la décision de l'autorité administrative validant ce même accord, pour autant que les règles statutaires de la personne morale employeur n'y fassent pas obstacle* » *(même décision). En revanche, la régularisation n'est pas admise s'agissant de la demande d'autorisation de licenciement d'un salarié protégé postérieurement à la décision de l'inspecteur du travail (CE, 3 avr. 2024, n° 470.440, Ligue de Bretagne de Football, mentionné aux Tables, cf. n°* ***32.5.1****, RJS 2024 n° 322)* ;
– la circonstance que l'organisation signataire ne respectait pas l'un des critères légaux conditionnant la qualification de syndicat représentatif énoncés par l'article L. 2121-1 du Code du travail « *peu important que la représentativité de ce syndicat n'eût pas été contestée devant le juge judiciaire à l'occasion du contentieux des élections professionnelles* » *(CE, 6 avr. 2022, n° 444.460, société Imprimerie du Midi, mentionné aux Tables, RJS 2022 n° 291 : en l'espèce, non-respect du critère de transparence financière ; CE, 27 mars 2024, n° 463.103, société de l'hôtel Dabicam)*.

En revanche, il a été jugé que :
– l'administration n'est pas compétente pour apprécier la validité d'un accord collectif prorogeant les mandats des institutions représentatives du personnel collectif, en application de l'ordonnance du 22 septembre 2017, mais il lui appartient de tenir compte de la position de la juridiction judiciaire concluant à l'absence de validité de la prorogation *(CE, 19 juill. 2022, n° 436.401, société Novandie, mentionné aux Tables)* ;
– la circonstance que « *les délégués syndicaux qui ont négocié l'accord collectif n'ont pas disposé d'un délai suffisant pour prendre connaissance de certaines informations relatives au nombre de postes supprimés ou au contenu du plan de reclassement* » n'est pas de nature à entraîner la nullité de l'accord d'entreprise *(CE, 7 déc. 2015, n° 383.856, UES Darty Île-de-France, Rec. p. 428, RJS 2016 n° 119)* ;

– la circonstance que l'opération de restructuration à l'origine du PSE ne concernerait que certains établissements ou n'entraînerait de licenciements qu'au sein de certaines catégories professionnelles, ne fait pas obstacle à la prise en compte de l'audience électorale de tous les syndicats signataires représentatifs au niveau de l'entreprise, y compris ceux qui n'auraient pas statutairement vocation à représenter les salariés de ces établissements ou de ces catégories professionnelles particuliers *(CE, 5 mai 2017, n° 389620, société DIM, Rec.p. 158)*.

Par ailleurs, sont jugés inopérants *(sur la définition de ce type de moyen, cf. n°* ***74.7.2.7****)* les moyens tirés :

– de ce que l'administration ne pouvait valider l'accord litigieux sans se faire communiquer les documents établissant que les organisations syndicales signataires étaient dotées de la personnalité civile *(CE, 12 juin 2019, n° 420.084, société Amcor Flexibles France, mentionné aux Tables, RJS 2019, n° 568)* ;
– de ce que l'administration n'aurait pas procédé aux vérifications nécessaires pour s'assurer de la qualité du directeur général délégué de la société pour signer au nom de cette société *(même décision du 12 juin 2019)*.

2. *Le contrôle de la régularité de la procédure de consultation du CSE*

410.2.1.1.2. – L'article L. 1233-57-2 impose à la DREETS de contrôler « *la régularité de la procédure d'information et de consultation* » du CSE. Il y a lieu de préciser que l'article L. 1233-30 du Code du travail précise que les éléments du projet de licenciement collectif – nombre de suppression d'emploi, catégories professionnelles concernées, critères d'ordre et calendrier prévisionnel des licenciements ainsi que les mesures sociales d'accompagnement prévues par le PSE – ne sont pas soumis à la consultation du CSE.

Le cadre général du contrôle exercé par l'autorité administrative a été fixé par le Conseil d'État : « *il appartient à l'administration de s'assurer, sous le contrôle du juge de l'excès de pouvoir, que la procédure d'information et de consultation du comité d'entreprise [CSE] prescrite par ces dispositions a été régulière ; qu'elle ne peut ainsi légalement accorder la validation demandée que si le comité a été mis à même d'émettre régulièrement un avis, d'une part sur l'opération projetée et ses modalités d'application et, d'autre part, sur le projet de licenciement collectif et, à ce titre, sur le plan de sauvegarde de l'emploi ; que, l'employeur n'étant pas tenu de soumettre pour avis au comité d'entreprise [CSE] les éléments du projet de licenciement collectif fixés par l'accord collectif majoritaire qu'il soumet à la validation de l'administration, le moyen tiré de ce que la décision validant un tel accord serait illégale en raison d'un vice affectant la consultation du comité d'entreprise [CSE] sur ces mêmes éléments est inopérant* »

(CE, 7 déc. 2015, n° 383.856, UES Darty Île-de-France, Rec. p. 428, RJS 2016 n° 119).

Si des modalités d'information et de consultation différentes ont été fixées par un accord conclu sur le fondement de l'article L. 1233-21 ou de l'article L. 1233-24-1 du Code du travail, il appartient à l'administration de s'assurer, au regard de ses modalités, que le CSE a été mis à même de rendre ses deux avis en toute connaissance de cause dans des conditions qui ne sont pas susceptibles d'avoir faussé sa consultation *(CE, 22 mai 2019, n° 420.780, société British Airways France, mentionné aux Tables, RJS 2019 n° 425).*

Par sa décision du 31 janvier 2022, le Conseil d'État a précisé que :

– « *Si l'article L. 1233-57-5 du Code du travail n'impose pas, par lui-même, à l'administration de faire droit à toute demande tendant à ce qu'il soit enjoint à l'employeur de communiquer des pièces au comité d'entreprise ou à l'expert-comptable désigné dans le cadre de la procédure de consultation du comité d'entreprise en cas de licenciements collectifs pour motif économique, il appartient à l'administration, dans le cadre du contrôle global de la régularité de la procédure d'information et de consultation du comité d'entreprise qui lui incombe en vertu de l'article L. 1233-57-2 du Code du travail lorsque le plan de sauvegarde de l'emploi (PSE) résulte d'un accord collectif, de vérifier, sous le contrôle du juge, que le comité d'entreprise, et le cas échéant, l'expert-comptable qu'il a désigné lors de sa première réunion, ont été mis à même de rendre leurs avis en toute connaissance de cause* » ;

– « *La procédure d'information et de consultation du comité d'entreprise est régulière alors même que l'administration n'a enjoint à l'employeur de ne communiquer à l'expert-comptable mandaté par le comité d'entreprise qu'une partie des documents mentionnés par la demande d'injonction, dès lors qu'il ressortait des pièces du dossier qui lui était soumis que l'expert-comptable et le comité d'entreprise avaient été mis à même de rendre leurs avis en toute connaissance de cause* » *(CE, 31 janv. 2022, n° 435.888, UES Happychic, mentionné aux Tables).*

Pour porter leur appréciation sur la régularité de la procédure, l'autorité administrative comme le juge peuvent prendre en compte la circonstance que le CSE ou les organisations syndicales n'ont formulé aucune demande d'injonction ni aucune contestation relative à l'expertise, sans que cette circonstance ne dispense l'administration de s'assurer, sous le contrôle du juge de l'excès de pouvoir, que le CSE a effectivement disposé des informations utiles pour se prononcer sur l'opération projetée en toute connaissance de cause *(CE, 29 juin 2016, n° 386.581, société Astérion France, mentionné aux Tables).*

Il a été jugé que le moyen tiré de ce que la procédure de négociation préalable de l'accord collectif portant PSE avait été entachée de déloyauté est inopérant dès lors que les conditions de cette négociation sont, par elles-mêmes, sans incidence sur la régularité de la procédure d'information et de consultation du CSE *(CE, 22 juill. 2023, n° 435.896, société Flunch, mentionné aux Tables, RJS 2019 n° 425)*.

B. Le contrôle de la régularité de la procédure dans le cadre de l'homologation du document unilatéral déterminant le contenu du PSE

410.2.1.2. – L'article L. 1233-57-3 impose à la DREETS de contrôler « *la régularité de la procédure d'information et de consultation* » du CSE. Ce contrôle obéit à deux lignes directrices :

– celle tenant au respect des compétences du juge judiciaire ;
– celle tenant à une approche à la fois concrète et pragmatique visant *in fine* à s'assurer que les élus du CSE et, le cas échéant, l'expert auquel ils ont eu recours, ont pu exprimer leur avis en toute connaissance en cause.

1. Le respect des compétences du juge judiciaire

410.2.1.2.1. – Toutefois, dans l'exercice de ce contrôle, l'administration et le juge administratif doivent tenir compte du partage de compétences qui a été opéré par le législateur entre la juridiction judiciaire, d'une part, et l'administration et la juridiction administrative d'autre part. Dès lors que l'appréciation de la réalité et du sérieux du motif économique du licenciement des salariés ressortit à la juridiction judiciaire, le Conseil d'État a jugé que « *lorsque l'entreprise appartient à un groupe et que l'employeur est, par suite, amené à justifier son projet au regard de la situation économique du secteur d'activité dont relève l'entreprise au sein de ce groupe, les éléments d'information adressés par l'employeur au comité d'entreprise [CSE] doivent porter non seulement sur la situation économique du secteur d'activité qu'il a lui-même pris en considération, mais aussi sur les raisons qui l'ont conduit à faire reposer son analyse sur ce secteur d'activité. Toutefois, (...) la circonstance que le secteur d'activité retenu par l'employeur ne serait pas de nature à établir le bien-fondé du projet (...) ne saurait être utilement invoquée pour contester la légalité d'une décision d'homologation. En effet, l'administration n'a pas à se prononcer, lorsqu'elle statue sur une demande d'homologation (...), sur le motif économique du projet de licenciement collectif, dont il n'appartient qu'au juge du licenciement, le cas échéant ultérieurement saisi, d'apprécier le bien-fondé* » *(CE, Ass., 22 juill. 2015, n° 385.816, société H.J. Heinz France SAS, Rec. p. 261, RJS 2015 n° 630)*.

2. *Le droit des représentants du personnel d'exprimer leur avis en toute connaissance de cause*

a) Jurisprudence générale

410.2.1.2.2.1. – L'administration et le juge administratif s'assurent que la consultation du CSE a eu un effet utile. Il s'ensuit qu'il appartient « *à ce titre à l'administration de s'assurer, sous le contrôle du juge de l'excès de pouvoir, seul compétent, qu'aucune décision de cessation d'activité ou de réorganisation de la société, expresse ou révélée par un acte quelconque, n'a été prise par l'employeur avant l'achèvement de la procédure d'information et de consultation des instances représentatives du personnel et que l'employeur a adressé au comité, avec la convocation à sa première réunion, ainsi que, le cas échéant, en réponse à des demandes exprimées par le comité, tous les éléments utiles pour qu'il formule ses deux avis en toute connaissance de cause, dans des conditions qui ne sont pas susceptibles d'avoir faussé sa consultation* » *(CE, 15 nov. 2022, n° 444.480, comité central d'entreprise de la société Auchan e-commerce France, mentionné aux Tables* ; *CE, 23 mars 2016, n° 389.158, association Eclaireuses, Eclaireurs de France, mentionné aux Tables).*

Le Conseil d'État a apporté les précisions suivantes par sa décision du 22 mai 2019 *(CE, n° 420.780, société British Airways France, mentionné aux Tables, RJS 2019 n° 425)* :

- la circonstance que le CSE ait rendu ses avis au-delà des délais fixés par l'article L. 1233-30 du Code du travail est par elle-même sans incidence sur la régularité de la procédure d'information et de consultation du comité ;
- en l'absence d'avis du CSE, l'administration ne peut légalement homologuer que si, d'une part, le comité a été mis à même, avant cette transmission, de rendre ses deux avis en toute connaissance de cause dans des conditions qui ne sont pas susceptibles d'avoir faussé sa consultation et que, d'autre part, le délai prévu par l'article L. 1233-30 est échu à la date de cette transmission ;
- si des modalités d'information et de consultation différentes ont été fixées par un accord conclu sur le fondement de l'article L 1233-21 ou de l'article L 1233-24-1 du Code du travail, il appartient à l'administration de s'assurer, au regard de ses modalités, que le comité d'entreprise ou, désormais, le comité social et économique a été mis à même de rendre ses deux avis en toute connaissance de cause dans des conditions qui ne sont pas susceptibles d'avoir faussé sa consultation.

Dans le cas où le projet de licenciement collectif ne concerne qu'un seul établissement, l'employeur n'est tenu de consulter le CSE central de l'entreprise, ce dont la DREETS du siège de l'entreprise doit être informée, que lorsque le projet excède le pouvoir du chef d'établissement *(CE, 13 déc. 2022, n° 454.491, comité social et économique central de la société Janssen-Cilag France, mentionné aux Tables).*

En principe, le refus de l'employeur d'assurer le financement de l'expertise décidée par le CSE fait obstacle à ce que celui-ci soit regardé comme ayant pu valablement formuler son avis en toute connaissance de cause *(CE, 21 oct. 2015, n° 382.633, société Vauban 2020, Rec. p. 353 : en l'espèce, il a été jugé que les élus avaient pu exprimer leur avis en toute connaissance de cause, l'expert, financé par la délégation unique du personnel ayant financé l'expertise).*

En revanche, la circonstance que l'expert-comptable n'a pas eu accès à l'intégralité des documents dont il a demandé la communication n'a pas pour effet nécessairement d'entacher la régularité de la procédure de consultation du CSE : il incombe à la DREETS, sous le contrôle du juge de l'excès de pouvoir, d'apprécier si les conditions dans lesquelles l'expert a « *accompli sa mission avaient néanmoins permis au comité d'entreprise de disposer de tous les éléments utiles pour formuler ses avis en toute connaissance de cause* » *(CE, 21 oct. 2015, n° 385.683, sociale ND Vrac Pulve, mentionné aux Tables ; CE, 13 avr. 2018, n° 386.376, société Moncigale).*

La juridiction administrative a adopté une approche concrète et pragmatique comme l'illustre la décision du Conseil d'État du 29 décembre 2023 par laquelle il a jugé la procédure suivie régulière en se fondant sur les circonstances suivantes : « *Dans un premier temps, la procédure d'information et de consultation du CSE de l'UES L'Equipe s'est déroulée du 3 novembre 2020 au 3 février 2021, au cours de laquelle dix réunions du CSE se sont tenues. En particulier, les cabinets d'experts mandatés en application des dispositions de l'article L. 1233-34 du Code du travail ont présenté leur rapport, dont une partie est consacrée à l'évaluation des risques en matière de sécurité et de santé liés au projet de réorganisation, au CSE le 14 janvier 2021. Le 3 février 2021, le CSE s'est refusé à émettre un avis sur le projet de réorganisation de la société et ses conséquences. Dans un second temps, après l'intervention de l'administration et le retrait de la demande initiale d'homologation du document unilatéral portant plan de sauvegarde de l'emploi, la société L'Equipe a complété les éléments relatifs aux impacts du projet en matière de santé, de sécurité et de conditions de travail. Le CSE, auquel a été communiqué le 7 avril 2021 le document définitif portant sur l'identification et l'évaluation des conséquences de la réorganisation de l'entreprise sur la santé ou la sécurité des travailleurs et les actions envisagées par l'employeur, qui avait complété, sur certains points, le document initialement élaboré, a pu en discuter lors des réunions des 15 et 29 avril 2021. Il n'est pas contesté que l'employeur n'a pas fait obstacle à l'assistance des experts, qui n'ont pas entendu compléter leur rapport après l'élaboration de ce dernier document, et ne les a pas empêchés d'exercer utilement leur mission, aucune demande d'injonction n'ayant d'ailleurs été formulée, notamment postérieurement au retrait de la première demande d'homologation, en application de l'article L. 1233-57-5 du Code du travail. Dans ces conditions, l'administration a pu légalement estimer que, prise dans son ensemble, la procédure d'information et de consultation du CSE de l'UES L'Equipe n'était pas entachée d'irrégularité » (CE, 29 déc. 2023, n° 463.794, la société L'Equipe, mentionné aux Tables).*

Toutefois, « *s'il appartient à l'administration, dans le cadre de son contrôle global de la régularité de la procédure d'information et de consultation du comité social et économique prévu par les dispositions de l'article L. 1233-57-3 (...), de vérifier, sous le contrôle du juge (...) que l'employeur, d'une part, a étudié les suggestions et propositions formulées par le CSE, d'autre part, y a formulé, par tout moyen, une réponse motivée. Il ne lui appartient pas, en revanche, de porter une appréciation sur la pertinence de la réponse donnée par l'employeur à ces suggestions et propositions au regard de la situation de l'entreprise » (CE, 12 avr. 2024, n° 459.650, CSE de la Sté Gazel Energie Génération, mentionné aux Tables, RJS 2024 n° 315).*

b) Jurisprudence applicable lorsque l'entreprise appartient à un groupe

410.2.1.2.2.2. – « *Lorsque l'entreprise appartient à un groupe et que l'employeur est, par suite, amené à justifier son projet au regard de la situation économique du secteur d'activité dont relève l'entreprise au sein de ce groupe, les éléments d'information adressés par l'employeur aux instances représentatives du personnel doivent porter non seulement sur la situation économique du secteur d'activité qu'il a lui-même pris en considération, mais aussi sur les raisons qui l'ont conduit à faire reposer son analyse sur ce secteur d'activité. L'employeur, qui informe et consulte les représentants du personnel (...) n'est pas tenu d'adresser des éléments d'information relatifs à la situation économique d'un autre secteur d'activité que celui qu'il a retenu » (CE, 15 nov. 2022, n° 444.480, comité central d'entreprise de la société Auchan e-commerce France, mentionné aux Tables).*

C. Le contrôle de la régularité de la procédure dans le cadre de l'homologation du document unilatéral déterminant le contenu du PSE lorsque l'entreprise est placée en redressement ou liquidation judiciaire

410.2.1.3. – Par sa décision du 16 avril 2021, le Conseil d'État a jugé que « *même si, en cas de redressement et de liquidation judiciaires, une seule réunion du [CSE] est en principe prévue par l'article L. 1233-58, le recours à un expert, destiné à éclairer le comité d'entreprise [CSE], justifie qu'il soit réuni une seconde fois afin de ne pas priver d'effet le recours à l'expertise. Il appartient alors à l'administration de s'assurer que les deux avis du comité d'entreprise [CSE] ont été recueillis après que ce dernier a été mis à même de prendre connaissance des analyses de l'expert ou, à défaut de remise du rapport de l'expert, à une date à laquelle, eu égard notamment aux délais propres à la procédure ouverte par le tribunal de commerce et aux diligences de l'employeur, l'expert a disposé d'un délai* *suffisant pour réaliser sa mission dans des conditions permettant au comité d'entreprise [CSE] de formuler ses avis en connaissance de cause » (CE, 16 avr. 2021, n° 426.287, société Bois Debout, mentionné aux Tables).*

De manière générale, l'administration doit « *lorsqu'elle est saisie par un employeur d'une demande d'homologation d'un document (...) fixant le contenu d'un PSE (...) s'assurer, sous le contrôle du juge de l'excès de pouvoir, que la procédure d'information et de consultation du comité social et économique a été régulière. Elle ne peut légalement accorder l'homologation demandée que si le comité a été mis à même d'émettre régulièrement un avis, d'une part, sur l'opération projetée et ses modalités d'application et, d'autre part, sur le projet de licenciement collectif et le PSE. À ce titre, il [lui appartient] de s'assurer que l'employeur a adressé au comité tous les éléments utiles pour qu'il formule ses deux avis en toute connaissance de cause, dans des conditions qui ne sont pas susceptibles d'avoir faussé sa consultation. Lorsque l'assistance d'un expert-comptable a été demandée selon les modalités prévues par ces dispositions, l'administration doit s'assurer que celui-ci a pu exercer sa mission dans des conditions permettant au comité d'entreprise de formuler ses avis en toute connaissance de cause* » *(CE, 27 déc. 2022, n° 452.898, société Nouvelle Scala, mentionné aux Tables).* Il s'ensuit que « *lorsque la liquidation judiciaire d'une entreprise est prononcée après qu'elle a d'abord été placée en redressement judiciaire, l'administration doit procéder au contrôle mentionné au point 6 au regard des informations transmises au comité social et économique sur l'opération projetée et ses modalités d'application, ainsi que sur le projet de licenciement collectif et le plan de sauvegarde de l'emploi, tels qu'ils résultent du placement de la société en liquidation judiciaire. En revanche, dès lors que l'opération projetée et ses modalités d'une part, le projet de licenciement collectif et le plan de sauvegarde de l'emploi d'autre part, diffèrent nécessairement de ceux résultant du placement de la société en redressement judiciaire, il ne lui appartient pas de procéder au contrôle de la régularité de la procédure d'information et de consultation du comité social et économique conduite dans le cadre de la procédure collective antérieure au jugement ayant placé la société en liquidation judiciaire » (même décision).*

§ 2. LE CADRE GÉNÉRAL DU CONTRÔLE DE L'AUTORITÉ ADMINISTRATIVE (DREETS) SUR LE CONTENU DU PSE

A. L'examen du contenu PSE au titre de la validation d'un accord collectif

410.2.2.1. – L'autorité administrative doit s'assurer :

– de la conformité de l'accord aux dispositions de l'article L. 1233-24-2 et L. 1233-24-3 *(cf. n°* ***410.1.5.1****)* ;

– « *de la présence dans le plan de sauvegarde de l'emploi des mesures prévues aux articles L. 1233-61 à 1233-63* » (*C. trav., art. L. 1233-57-2-3°* ; *cf. n°* ***410.1.5***) ;

– de « *la mise en œuvre effective, le cas échéant, des obligations prévues aux articles L. 1233-57-9 à L. 1233-57-16, L. 1233-57-19 et L. 1233-57-20* » *(art. L. 1233-57-2-4°)*. Les articles L. 1233-57-9 à L. 1233-57-16 se rapportent aux obligations de l'employeur en cas de fermeture d'établissement, l'article L. 1233-57-20 à l'information du CSE quand une offre de reprise est acceptée et l'article L. 1233-57-20 à l'information du CSE sur l'absence d'offre de reprise ou le rejet des offres par l'employeur.

Le DREETS exerce un contrôle restreint sur le contenu du PSE : « *lorsque le contenu du plan de sauvegarde de l'emploi a été déterminé par un accord collectif majoritaire signé dans les conditions prévues à l'article L. 1233-24-1 du même code,* ***l'administration doit seulement s'assurer de la présence, dans ce plan, des mesures prévues aux articles L. 1233-61 et L. 1233-63*** » *(CE, 7 déc. 2015, n° 383.856, unité économique et sociale Darty Île-de-France, Rec. p. 428, RJS 2016 n° 119 ; CE, 12 juin 2019, n° 420.084,* société Amcor Flexibles France, *mentionné aux Tables, RJS 2019, n° 568 ; sur la nature de ces mesures cf. n°* ***410.1.5****)*.

Pour le ministère du Travail, la « *négociation d'un accord majoritaire traduit un équilibre dont il convient de tenir compte et qui doit conduire la DIRECCTE à présumer que le contenu du PSE est conforme aux exigences légales (proportionnalité aux moyens et à la taille de l'entreprise et du groupe auquel l'entreprise appartient, diversité et adéquation des mesures d'accompagnement social, effort d'adaptation (…) en vue d'assurer le reclassement des salariés, tant en interne qu'en externe* » *(instruction DGEFP/DGT n° 2013-13 du 19 juillet 2013 précitée, fiche n° 2))*.

B. L'examen du PSE au titre du contrôle de l'homologation d'un document unilatéral

1. Règles générales

410.2.2.2.1. – Aux termes de l'article L. 1233-57-3 du Code du travail *(L. 2013-504 du 14 juin 2013, art. 18, modifiée par L. 2014-856 du 31 juillet 2014, art. 21)*, l'autorité administrative doit « *vérifier* » :

– la conformité du contenu du PSE aux dispositions législatives et aux stipulations conventionnelles relatives aux éléments mentionnés aux 1° à 5° de l'article L. 1233-24-2 *(cf. n°* ***410.1.5.1****)* ;

– la régularité de la procédure d'information et de consultation du CSE ;

– le respect, le cas échéant, des obligations prévues aux articles L. 1233-57-9 à L. 1233-57-16, L. 1233-57-19 et L. 1233-57-20 (les articles L. 1233-57-9 à L. 1233-57-16 se rapportent aux obligations de l'employeur en cas de fermeture d'établissement, l'article L. 1233-57-20 à l'information du CSE quand une offre de reprise est acceptée et l'article L. 1233-57-20 à l'information du CSE sur l'absence d'offre de reprise ou le rejet des offres par l'employeur) ;

– le respect par le PSE des articles L. 1233-61 à L. 1233-63 (*cf. n° **410.1.5***) « *en fonction des critères suivants : 1 Les moyens dont disposent l'entreprise, l'unité économique et sociale et le groupe ; 2° Les mesures d'accompagnement prévues au regard de l'importance du projet de licenciement ; 3° Les efforts de formation et d'adaptation tels que mentionnés aux articles L. 1233-4 et L. 6321-1* ».

La DREETS doit donc, dans le cadre de la demande d'homologation, exercer un contrôle renforcé sur le projet élaboré unilatéralement par l'employeur.

Outre la régularité de la procédure d'information et de consultation du CSE *(cf. n° **410.2.1.2**)*, dont le contrôle relève exclusivement de sa compétence *(cf. n° **47.4**)*, il lui appartient de contrôler :

– la conformité du contenu du PSE aux dispositions législatives et aux stipulations conventionnelles relatives aux éléments mentionnés à l'article L. 1233-24-2 *(cf. n° **410.1.5.1**)* : conformité du contenu du PSE, pondération et périmètre d'application des critères d'ordre des licenciements *(CE, 1er févr. 2017, n° 387.886, publié au Recueil, RJS 2017 n° 264)* ; calendrier des licenciements ; nombre de suppressions d'emplois et catégories professionnelles concernées ; modalités de mise en œuvre des mesures de formation, d'adaptation et de reclassement ;

– le contenu du PSE, apprécié en fonction des moyens dont disposent l'entreprise, l'unité économique et sociale et le groupe, la portée des mesures d'accompagnement prévues au regard de l'importance du projet de licenciement, ainsi que celle des efforts de formation et d'adaptation *(sur la notion et l'obligation de moyens, cf. n° **410.2.5**)*. En effet, hors redressement ou liquidation judiciaire la validité d'un PSE s'apprécie au regard des moyens de l'entreprise et du groupe auquel elle appartient et ne peut se déduire du refus du groupe d'apporter son concours à l'élaboration du plan *(Cass. soc., 7 juin 2018, n° 16-27.981)*.

À ce titre, l'autorité administrative doit notamment s'assurer que le plan de reclassement intégré au PSE est de nature à faciliter le reclassement des salariés dont le licenciement ne pourrait être évité et que l'employeur a, à cette fin, identifié dans le plan l'ensemble des possibilités de reclassement des salariés dans l'entreprise.

Lorsqu'un accord collectif de branche prévoit des obligations en matière de reclassement externe qui s'imposent à l'employeur au stade de l'élaboration d'un PSE, l'administration doit s'assurer de la conformité des mesures qu'il contient à ces obligations conventionnelles *(CE, 13 avr. 2018, n° 404.090, société industrielle de reliure et de cartonnage, mentionné aux Tables, RJS 2018 n° 482)*.

En revanche, il n'appartient pas au DREETS de contrôler le respect par l'employeur de l'obligation individuelle de reclassement qui incombe à ce dernier concurremment avec celle relative au contenu du PSE *(cf.*

*n° **49.2.1.1**, **49.2.3.1** et **49.2.3.2**)*, même si ce plan comporte des garanties en la matière *(CE, 20 juin 2022, n° 437.767, CSE de l'UES Hop !, mentionné aux Tables, concl. R. Chambon, RJS 2022 n° 512, RDT 2022 p. 481)* : le juge administratif doit apprécier le caractère suffisant du plan collectif de reclassement et non sa mise en œuvre individuelle, qui relève de la compétence du juge judiciaire. S'agissant des salariés protégés, le contrôle du respect de l'obligation individuelle de reclassement ressortit à l'inspecteur du travail et, par suite, au ministre en cas de recours hiérarchique et au juge administratif en cas de recours contentieux *(cf. n° **411.1 et s.**)*.

2. Cas des entreprises appartenant à un groupe

410.2.2.2.2. – Lorsque l'entreprise appartient à un groupe, il doit être vérifié que l'employeur a procédé à une recherche sérieuse des postes disponibles pour un reclassement dans les autres entreprises du groupe, quelle que soit la durée des contrats susceptibles d'être proposés pour pourvoir à ces postes *(CE, 22 juill. 2021, n° 434.362, société Nouvelle France Ouest Imprim, mentionné aux Tables, RJS 2021 n° 605, RDT 2021 p. 519 note S. Norval-Grivet ; solution conforme à celle déjà retenue par la chambre sociale pour les postes en CDD : Cass. soc., 29 janv. 2002, n° 00-41.885)*, et indiqué dans le plan leur nombre, leur nature et leur localisation *(CE, Ass., 22 juill. 2015, n° 383.481, syndicat CGT de l'Union locale de Calais c./ société Calaire Chimie, Rec. p. 265, concl. G. Dumortier, RDT 2015. 514, RJS 2015 n° 632)*.

Lorsqu'il est saisi d'une demande d'autorisation de licenciement d'un salarié protégé, l'inspecteur du travail ne peut pas, si ce projet de licenciement est inclus dans un licenciement collectif requérant l'élaboration d'un PSE, remettre en cause le périmètre du groupe de reclassement déterminé par le document unilatéral, dès que celui-ci a été homologué par le DREETS *(CE, 22 juill. 2021, n° 427.004, SCP BTSG, publié au Recueil, RDT 2021 p. 519 note S. Norval-Grivet)*.

3. Cas des entreprises en redressement ou liquidation judiciaire

410.2.2.2.3. – En cas de redressement ou de liquidation judiciaire, sans préjudice de la recherche, selon le cas, par l'administrateur, le liquidateur ou l'employeur, des moyens du groupe auquel l'employeur appartient pour l'établissement du PSE, **c'est au regard des moyens de l'entreprise, et non de l'unité sociale ou du groupe**, que devra être apprécié par l'autorité administrative le respect des dispositions des articles L. 1233-61 à L. 1233-63 du Code du travail *(cf. n° **410.2.5.4**)*. Il a par suite été jugé qu'aucune disposition n'impose au liquidateur de réitérer sa demande adressée aux entreprises du groupe de participer au financement au PSE et restée sans réponse *(CE, 4 oct. 2023, n° 447.057,*

Syndicat national du personnel navigant commercial c. / Aigle Azur, mentionné aux Tables, RJS 2023 n° 640).

§ 3. LE CONTRÔLE DE L'AUTORITÉ ADMINISTRATIVE (DREETS) SUR LE CONTENU DU PSE RELATIF AUX CATÉGORIES PPROFESSIONNELLES

410.2.3. – La juridiction compétente – juridiction judiciaire puis administrative – se montre particulièrement attentive à ce que les informations contenues dans le PSE soient suffisamment précises s'agissant plus particulièrement de deux éléments clefs au regard de leurs incidences pour les salariés : ceux se rapportant aux catégories professionnelles concernées par le projet *(C. trav., art. L. 1233-24-2-4° ; cf. n°* ***410.1.5.1****)* et ceux relatifs aux critères d'ordre des licenciements *(C. trav., art. L. l233-24-2-2° et L. 1233-5)* qui conduisent à déterminer les salariés dont le licenciement est envisagé au sein de chacune de la ou des catégories professionnelles concernées.

Les dispositions de la loi du 14 juin 2013 conduisent à distinguer trois situations.

A. Les éléments se rapportant aux catégories professionnelles en cas de PSE déterminé par accord collectif

410.2.3.1. – La règle posée par le Conseil d'État est la suivante : la détermination des catégories professionnelles doit avoir pour objet de regrouper les salariés par fonctions de même nature supposant une formation professionnelle commune.

Toutefois, la circonstance que l'accord se fonde – pour déterminer les catégories professionnelles concernées par le licenciement – sur des considérations étrangères à cet objet ou ait pour but de permettre le licenciement de salariés affectés sur un emploi ou dans un service dont la suppression est recherchée, n'est pas, par elle-même, de nature faire obstacle à la validation de l'accord, sauf si les clauses de l'accord « *sont entachées de nullité, en raison notamment de ce qu'elles revêtiraient un caractère discriminatoire* » *(CE, 7 févr. 2018, n° 403.989, société Polymont IT Services, Rec. p. 31, cf. n°* ***412.5.3.5****)*.

Si l'accord ne détermine pas les catégories professionnelles, celles-ci peuvent être fixées par un document unilatéral que l'autorité administrative doit homologuer *(CE, 30 mai 2016, n° 387.798, comité central d'entreprise FNAC CODIREP, Rec. p. 185, RJS 2016 n° 562).*

B. Les éléments se rapportant aux catégories professionnelles en cas de PSE déterminé par un document unilatéral

410.2.3.2. – Par une première décision du 30 mai 2016, le Conseil d'État a jugé « *qu'il appartient à l'administration de vérifier qu'elles regroupent, chacune, l'ensemble des salariés qui exercent au sein de l'entreprise des fonctions de même nature supposant une formation professionnelle commune » (CE, 30 mai 2016, n 387.798, comité central d'entreprise FNAC CODIREP, Rec. p. 185, RJS 2016 n° 562 ; en l'espèce, il a été admis que les vendeurs qui travaillaient exclusivement ou principalement dans la filière « disques » ne pouvaient être regardés, eu égard, d'une part, à la nature de leurs fonctions et, d'autre part, à leurs formations de base, aux formations complémentaires qui leur étaient délivrées et aux compétences acquises dans leur pratique professionnelle, comme appartenant à une catégorie professionnelle différente de celle, notamment, des vendeurs de la filière « livres »).*

Postérieurement à l'entrée en vigueur de la loi du 14 juin 2013, la chambre sociale a confirmé sa jurisprudence selon laquelle les critères d'ordre de licenciement ne s'appliquent que si l'employeur doit opérer un choix parmi les salariés à licencier et que tel n'est pas le cas lorsque tous les emplois d'une même catégorie professionnelle sont supprimés *(Cass. soc., 14 oct. 2023 n° 19-16.550, RJS 2023 n° 638)*. Le Conseil d'État a adopté une solution identique dans un cas de figure où un PSE avait été homologué *(CE, 19 déc. 2023, n° 465.656, société Sealants Europe mentionné aux Tables)*.

Par des décisions du 7 février 2018, le Conseil d'État a précisé la démarche que doit suivre l'administration pour apprécier la conformité de la définition opérée par l'employeur des catégories professionnelles :

– l'autorité administrative doit, d'abord, « *s'assurer, au vu de l'ensemble des éléments qui lui sont soumis, notamment des échanges avec les représentants du personnel au cours de la procédure d'information et de consultation ainsi que des justifications qu'il appartient à l'employeur de fournir, que ces catégories regroupent, en tenant compte des acquis de l'expérience professionnelle qui excèdent l'obligation d'adaptation qui incombe à l'employeur, l'ensemble des salariés qui exercent, au sein de l'entreprise, des fonctions de même nature supposant une formation professionnelle commune* » ;

– si « *au terme de cet examen (...) il apparaît que les catégories professionnelles concernées par le licenciement ont été déterminées par l'employeur en se fondant sur des considérations, telles que l'organisation de l'entreprise ou l'ancienneté des intéressés, qui sont étrangères à celles qui permettent de regrouper, compte tenu des acquis de l'expérience professionnelle, les salariés par fonctions de même nature supposant une formation professionnelle commune, ou s'il apparaît qu'une ou plusieurs catégories ont été définies dans le but de permettre le licenciement de certains salariés pour un motif inhérent à leur personne ou en raison de leur affectation sur un emploi ou dans un service dont la suppression est recherchée »*, l'administration doit refuser d'homologuer le PSE *(CE, 7 févr. 2018, 2 arrêts : n° 403.001, comité d'établissement de Bernouville de la société Altuglas International, Rec. p. 24 ; CE, 31 oct. 2023, n° 456.332, UES TUI France, mentionné aux Tables, RJS 2024 n° 21)* ;

– par une décision du même jour, le Conseil d'État s'est fondé sur les éléments de fait suivants pour conclure que l'administration devait refuser l'homologation, les catégories professionnelles ayant été définies dans le but de permettre le licenciement de certains salariés au seul motif de leur affectation sur un emploi dont la suppression était recherchée : « *il ressort des pièces du dossier que sur les vingt-cinq catégories professionnelles fixées par le plan de sauvegarde de l'emploi de la société AEG Power Solutions qui sont concernées par les licenciements envisagés, dix-huit ne comportent qu'un seul salarié, les quatorze postes des services "RetD" et "Support R1D" faisant d'ailleurs, chacun, l'objet d'une catégorie professionnelle spécifique ; que l'employeur avait, lors d'un précédent plan de sauvegarde de l'emploi, défini pour les mêmes services et les mêmes fonctions un nombre beaucoup moins important de catégories professionnelles ; qu'eu égard à cette double circonstance, critiquée de manière argumentée par le comité d'entreprise de la société AEG Power Solutions au cours de la procédure d'information et de consultation, sans que l'employeur n'apporte, ni devant les représentants du personnel ni devant l'administration ou le juge administratif les justifications nécessaires* » *(CE, février 2018, n° 407.718, Sté AEG Power Solutions, Rec. p. 28, D. 2018, p. 813, obs. P. Lokiec et J. Porta, Dr soc 2018, p. 663, étude Y. Pagnerre et S. Dougados)* ;

– dès lors que l'employeur s'est fondé, pour définir les catégories professionnelles concernées par le projet de licenciement, sur des considérations qui, telle la formation nécessaire à l'acquisition de certaines techniques de production de plexiglas, étaient propres à regrouper les salariés exerçant des fonctions de même nature supposant une formation professionnelle commune, l'administration a pu légalement homologué le PSE *(CE, 7 févr. 2018, n° 403.001, comité d'établissement de Bernouville de la société Altuglas International, Rec. p. 24 : en l'espèce, la société utilisait deux procédés de fabrication et il a été jugé les catégories professionnelles liées à la fabrication selon l'un de ces procès n'avaient pas été définies dans le but de permettre le licenciement des salariés du seul établissement de Bernouville, alors même qu'il ressortait des pièces du dossier qui lui était soumis que cet établissement, qui devait être fermé, était le seul à utiliser ce procédé de fabrication).*

C. La situation des entreprises en redressement ou liquidation judiciaire

410.2.3.3. – Il a été jugé par le Conseil d'État que « *s'il appartient ensuite au juge-commissaire, saisi par l'employeur, d'autoriser tout ou partie des licenciements envisagés par le plan de sauvegarde de l'emploi en indiquant, conformément aux dispositions de l'article R. 631-26 du Code de commerce, celles des catégories professionnelles au sein desquelles les licenciements sont autorisés, la mention, dans l'ordonnance du juge-commissaire, des catégories professionnelles n'a pas pour effet de leur conférer une autorité de chose jugée dans le litige d'excès de pouvoir relatif à la décision d'homologation du plan et ne fait pas obstacle à ce que la légalité de ces catégories professionnelles soit contestée au soutien d'un recours en excès de pouvoir dirigé contre la décision d'homologation du plan de sauvegarde de l'emploi* » *(CE, 22 mai 2019, n° 407.401, société Avenir Télécom, mentionné aux Tables).*

D. L'absence de contrôle du DREETS sur les éléments se rapportant aux catégories professionnelles en l'absence de PSE

410.2.3.4. – Postérieurement à l'entrée en vigueur de la loi du 14 juin 2013, la chambre sociale a confirmé sa jurisprudence selon laquelle les critères d'ordre de licenciement ne s'appliquent que si l'employeur doit opérer un choix parmi les salariés à licencier et que tel n'est pas le cas lorsque tous les emplois d'une même catégorie professionnelle sont supprimés *(Cass. soc., 14 oct. 2023 n° 19-16.550, RJS 2023 n° 638)*. Le Conseil d'État a adopté une solution identique dans un cas de figure où un PSE avait été homologué *(CE, 19 déc. 2023, n° 465.656, mentionné aux Tables)*.

§ 4. LE CONTRÔLE DE L'AUTORITÉ ADMINISTRATIVE (DREETS) SUR LE CONTENU DU PSE RELATIF AUX CRITÈRES D'ORDRE DES LICENCIEMENTS

410.2.4. – L'article L. 1233-5 du Code du travail dispose que :

« Lorsque l'employeur procède à un licenciement collectif pour motif économique et en l'absence de convention ou accord collectif de travail applicable, il définit les critères retenus pour fixer l'ordre des licenciements, après consultation du comité social et économique.

Ces critères prennent notamment en compte :

1° Les charges de famille, en particulier celles des parents isolés ;

2° L'ancienneté de service dans l'établissement ou l'entreprise ;

3° La situation des salariés qui présentent des caractéristiques sociales rendant leur réinsertion professionnelle particulièrement difficile, notamment celle des personnes handicapées et des salariés âgés ;

4° Les qualités professionnelles appréciées par catégorie.

L'employeur peut privilégier un de ces critères, à condition de tenir compte de l'ensemble des autres critères prévus au présent article.

Le périmètre d'application des critères d'ordre des licenciements peut être fixé par un accord collectif.

En l'absence d'un tel accord, ce périmètre ne peut être inférieur à celui de chaque zone d'emplois dans laquelle sont situés un ou plusieurs établissements de l'entreprise concernés par les suppressions d'emplois ».

En principe les critères d'ordre des licenciements doivent être définis et mis en œuvre au niveau de l'entreprise sauf si l'accord collectif en dispose autrement.

La chambre sociale a rappelé que le contrôle de la conformité aux dispositions législatives des critères d'ordre des licenciements et de leurs règles de pondération fixés dans le PSE dont le contrôle relève de la seule compétence de la juridiction administrative (*Cass. soc., 25 mars 2020, n° 17-24.491, RJS 2020 n° 287)*.

A. Les éléments se rapportant aux critères d'ordre des licenciements en cas de PSE déterminé par accord collectif

410.2.4.1. – L'accord collectif déterminant le contenu du PSE peut porter sur « *la pondération et le périmètre d'application des critères d'ordre des licenciements* » mentionnés à l'article L. 1233-5 *(C. trav., art. L. 1233-24-2-2°)*.

Il résulte des dispositions de l'article L. 1233-5 que si les critères déterminant l'ordre des licenciements doivent en principe être mis en œuvre à l'égard de l'ensemble du personnel de l'entreprise, un accord collectif conclu au niveau de l'entreprise ou à un niveau plus élevé peut prévoir la mise en œuvre de ces critères dans des périmètres inférieurs à celui de l'entreprise tel que, notamment, celui de l'établissement *(CE, 10 juill 2017, n° 398.256, société Arjowiggins papiers couchés, mentionnés aux Tables)*.

Si les éléments relatifs aux critères d'ordre ne figurent pas dans l'accord collectif, ils doivent alors être précisés dans le document unilatéral, l'autorité administrative devant à la fois valider l'accord et homologuer le document unilatéral *(CE, 10 oct. 2018, n° 395.280, société Le Crédit Lyonnais (LCL), mentionné aux Tables)*.

B. Les éléments se rapportant aux critères d'ordre des licenciements en cas de PSE déterminé par un document unilatéral

410.2.4.2. – Dans ce cas de figure, le Conseil d'État a jugé que « *en l'absence d'accord collectif ayant prévu d'autres critères, l'employeur qui procède à un licenciement collectif pour motif économique est tenu, pour déterminer l'ordre des licenciements, de prendre en compte l'ensemble des critères qui sont énumérés à l'article L. 1233-5 (...), y compris, (...) le critère des qualités professionnelles mentionné à son 4° ; que, par suite, en l'absence d'accord collectif ayant fixé les critères d'ordre des licenciements, le document unilatéral de l'employeur fixant le PSE ne saurait légalement, ni omettre l'un de ces critères, ni affecter l'un d'entre eux de la même valeur pour tous les salariés, dès lors que l'omission d'un critère dans le PSE, ou l'interdiction de le moduler, ont pour effet d'empêcher par avance que ce critère puisse être effectivement pris en compte au stade de la détermination de l'ordre des licenciements* » et que « *l'autorité administrative ne saurait, par conséquent, homologuer un tel document, sauf s'il est établi de manière certaine, dès l'élaboration du PSE, que, dans la situation particulière de l'entreprise et au vu de l'ensemble des personnes susceptibles d'être licenciées, aucune des modulations légalement envisageables pour le critère en question ne pourra être matériellement mise en œuvre lors de la détermination de l'ordre des licenciements* » *(CE, 1er févr. 2017, n° 387.886, M. V. et autres c./ Sté Avinov, Rec. p. 28, AJDA 2017, p. 258 ; D. 2017, p. 840, obs. P. Lokiec et J. Porta)*. De manière générale, l'autorité administrative doit contrôler que « *les éléments, déterminés par l'employeur, sur la base desquels ces critères seront mis en œuvre pour déterminer l'ordre des licenciements, ne sont ni discriminatoires, ni dépourvus de rapport avec l'objet même de ces critères* », l'administration devant « *prendre en compte à cet effet l'ensemble des éléments qui lui sont soumis, notamment les échanges avec les représentants du personnel au cours de la procédure d'information et de consultation préalable à l'adoption du document unilatéral portant PSE, ainsi que les justifications objectives et vérifiables fournies par l'employeur* » *(CE, 12 avr. 2024, n° 459.650, CSE de la Sté Gazel Energie Génération, mentionné aux Tables, RJS 2024 n° 315)*.

La méconnaissance par le PSE des dispositions de l'article L. 1233-5 du Code du travail fait obstacle à l'homologation, quelles qu'en soient les conséquences concrètes pour l'entreprise *(CE, 22 déc. 2017, n° 400.649, société Avaya France)*.

1. *Précisions relatives au périmètre d'application des critères d'ordre des licenciements*

410.2.4.2.1. – Le Conseil d'État a jugé qu'il « *appartient à l'administration de vérifier que le périmètre d'application des critères d'ordre des licenciements qui y a été retenu est conforme aux dispositions légales et* *conventionnelles applicables. Lorsque le juge administratif est saisi d'une demande tendant à l'annulation d'une décision homologuant un tel document, il doit faire porter son contrôle sur le périmètre d'application des critères d'ordre arrêté par ce document, et non sur le périmètre utilisé par l'employeur lors de la mise en œuvre du plan de sauvegarde de l'emploi » (CE, 31 oct. 2023, n° 456.332, UES TUI France, mentionné aux Tables, RJS 2024 n° 21).*

Il a été jugé que les dispositions du Code du travail relatives à la définition par un document unilatéral des catégories professionnelles concernées par un PSE ne sont pas applicables aux catégories professionnelles exclusivement composées de salariés en contrat à durée déterminée dès lors que la rupture d'un contrat à durée déterminée ne peut être fondée sur un motif économique *(CE, 31 oct. 2023, n° 456.332, UES TUI France, mentionné aux Tables, RJS 2024 n° 21).*

2. *Précisions relatives à la prise en compte de l'ensemble des critères d'ordre et à leur pondération*

410.2.4.2.2. – Il a été jugé que :

– « *les critères d'ordre prévus par les dispositions de l'article L. 1233-5 du Code du travail se trouvent privés d'objet lorsque l'employeur, soit en l'absence de toute suppression d'emploi, soit après avoir procédé aux licenciements consécutifs à des suppressions d'emploi en respectant ces critères d'ordre, envisage seulement de proposer à des salariés une modification de leur contrat de travail et ne prévoit leur licenciement qu'à raison de leur refus (...) dans ce cas, la circonstance que le PSE ne comporte pas la pondération des critères d'ordre et la définition de leur périmètre d'application ne fait pas légalement obstacle à ce que l'administration homologue le document unilatéral » (CE, 10 oct. 2023, n° 395.280, société Le Crédit Lyonnais, mentionné aux Tables)* ;

– le document unilatéral de l'employeur « *ne saurait légalement fixer des critères d'ordre des licenciements qui omettraient l'un de ces quatre critères d'appréciation ou neutraliseraient ses effets* » *sauf* « *s'il est établi de manière certaine, dès l'élaboration du PSE que, dans la situation particulière de l'entreprise et pour l'ensemble des personnes susceptibles d'être licenciées, aucune des modulations légalement envisageables pour le critère d'appréciation en question ne pourra être matériellement mise en œuvre lors de la détermination de l'ordre des licenciements » (CE, 27 janv. 2020, n° 426.230, Sté GM et S Industry France et autres, RJS 2020 n° 180 ; R. Chambon, « Le contrôle administratif portant sur le contenu des PSE », Dr soc 2024, p. 520)* ;

– le document unilatéral doit recourir aux quatre critères mentionnés à l'article L. 1233-5 du Code du travail et tel n'est pas le cas s'il prévoit, pour un ou plusieurs des critères d'ordre légaux, d'affecter la même valeur pour tous les salariés, empêchant ainsi par avance que ce ou ces critères puissent être effectivement pris en compte au stade de la détermination de l'ordre des licenciements *(CE, 31 oct. 2023, n° 456.091, M. Souchon et Sté IOC Print, mentionné aux Tables, RJS 2024 n° 315)* ;

– ne répond pas aux exigences légales un PSE prévoyant, pour un ou plusieurs des critères légaux, d'affecter la même valeur pour tous les salariés, empêchant par avance que ce ou ces critères puissent être effectivement pris en compte au stade de la détermination de l'ordre des licenciements *(CE, 12 avr. 2024, n °459.650, CSE de la Sté Gazel Energie Génération, mentionné aux Tables, RJS 2024 n° 315)*.

3. Précisions relatives au critère des qualités professionnelles

410.2.4.2.3. – Il a été jugé que :

– en l'absence de tout système d'évaluation des salariés, l'existence parmi les critères d'ordre des licenciements, d'un indicateur tiré du montant des primes d'assiduité versées par l'entreprise, corrigé des variations liées aux motifs légaux d'absence, permet aux critères d'ordre fixés par le PSE de prendre en compte les qualités professionnelles des salariés *(CE, 22 mai 2019, n° 413.342, Sté Tim, mentionné aux Tables, RJS 2019 n° 426)* ;

– le seul recours au nombre d'absences injustifiées ne permet pas, en l'espèce, de prendre en compte les qualités professionnelles des salariés, l'employeur ayant mis en œuvre, depuis plusieurs années, un processus d'évaluation professionnelle de ses salariés et une version préparatoire du PSE ayant d'ailleurs prévu des critères d'ordre des licenciements prenant en compte les qualités professionnelles à partir des résultats de ces évaluations professionnelles *(CE, 22 mai 2019, n° 418.090, Association Coallia, mentionné aux Tables)* ;

– l'employeur ne peut légalement pas prendre en considération la seule ancienneté des salariés pour apprécier les « *qualités professionnelles (...) par catégories* » alors que d'autres éléments auraient pu être utilisés, comme cela avait, d'ailleurs, été envisagé dans un premier temps *(CE, 27 janv. 2020, n° 426.230, Sté GM et S Industry France)* ;

– les éléments d'appréciation « *du critère d'ordre relatif aux qualités professionnelles, (...) à la différence de ceux des autres critères d'ordre, peuvent différer selon les catégories professionnelles définies par le PSE* », l'autorité administrative devant vérifier « *que les éléments d'appréciation de ce critère, retenus par l'employeur, ne sont pas insusceptibles de permettre de prendre en compte les qualités professionnelles des salariés de la ou des catégories professionnelles afférentes et n'ont pas été définis dans le but de permettre le licenciement de certains salariés pour un motif inhérent à leur personne ou à leur affectation sur un emploi ou dans un service dont la suppression est recherchée » (CE, 31 oct. 2023, n° 456.091, M. Souchon et Sté IOC Print, mentionné aux Tables, RJS 2024 n° 315, AJDA 2024. 885, R. Chambon, « Le contrôle administratif portant sur le contenu des PSE », Dr soc 2024, p. 520)* ;

– pour apprécier les qualités professionnelles des salariés, l'employeur peut légalement décider de prendre en compte la moyenne des évaluations obtenues par les salariés lors de leurs évaluations professionnelles et d'attribuer par suite trois points aux salariés n'ayant pu faire l'objet d'une telle évaluation, une partie importante des évaluations manquantes était liée à des absences de longue durée, la proportion de salariés ayant effectivement fait l'objet d'une évaluation professionnelle étant suffisante pour que le recours, comme élément subsidiaire d'appréciation des qualités professionnelles des salariés à la moyenne des évaluations professionnelles des autres salariés ne conduise pas, en réalité, à neutraliser le critère légal d'appréciation des qualités professionnelles *(CE, 31 oct. 2023, n° 456.332, UES TUI France, mentionné aux Tables, RJS 2024 n° 21)* ;

– le document unilatéral portant PSE peut prévoir que le critère d'ordre relatif aux qualités professionnelles est apprécié, s'agissant de certaines catégories professionnelles, « *en fonction du nombre de mobilités géographiques et/ou fonctionnelles des salariés* » réalisées au sein de l'entreprise, la prise en compte de l'accomplissement d'une mobilité géographique ou professionnelle n'étant, par elle-même, pas insusceptible de rendre compte de qualités professionnelles et aucune règle ni aucun principe n'imposant que le critère d'ordre relatif aux qualités professionnelles doit être apprécié en prenant en compte au moins deux indicateurs distincts *(CE, 12 avr. 2024, n° 459.650, CSE de la Sté Gazel Energie Génération, mentionné aux Tables, RJS 2024 n° 315)*.

C. L'absence de contrôle du DREETS sur les éléments se rapportant aux critères d'ordre des licenciements en l'absence de PSE

410.2.4.3. – Il a été jugé par la chambre sociale que dès lors que l'article L. 1233-5 mentionne au nombre des critères d'ordre légaux celui « *tenant à la situation des salariés qui présentent des caractéristiques sociales rendant leur réinsertion professionnelle particulièrement difficile, notamment celle des personnes handicapées et des salariés âgés* », le juge du fond ne peut pas « *débouter le salarié de sa demande pour non-respect des dispositions relatives aux critères d'ordre des licenciements, l'arrêt retient que l'employeur n'était pas tenu de prendre en compte la situation particulière de l'intéressé alors qu'il avait été engagé dans le cadre d'un* *contrat d'insertion revenu minimum d'activité, qui ne correspond pas à une situation de handicap* » alors que « *le salarié licencié avait été engagé dans le cadre d'un contrat d'insertion revenu minimum d'activité, dispositif ayant pour objet de faciliter l'insertion sociale et professionnelle des personnes rencontrant des difficultés particulières d'accès à l'emploi, situation qui constitue l'un des critères mentionnés à l'article L. 1233-5 du Code du travail* » *(Cass. soc., 12 juill. 2022, n° 20-23.651, B.)*.

Au regard des dispositions applicables avant l'entrée en vigueur de la loi du 14 juin 2013, la chambre sociale avait déjà jugé que l'employeur ne peut être regardé comme ayant pris en compte le critère des qualités professionnelles dès lors qu'il l'avait affecté d'un nombre de points identique pour chaque salarié non-cadre *(Cass. soc., 26 févr. 2020, n° 17-18.136, B., RJS 2020 n° 238)*.

D. Le contrôle de la mise en œuvre des critères d'ordre des licenciements

410.2.4.4. – Quel que soit le cas de figure, ce contrôle est de la compétence du juge judiciaire *(Cass. soc., 20 avr. 2022, n° 20-20.567, B., RJS 2022 n° 372)*. Toutefois, les salariés « *sous le couvert de demandes tendant à obtenir des dommages-intérêts pour violation des critères d'ordre des licenciements* » ne peuvent contester la conformité aux dispositions législatives des critères d'ordre des licenciements et de leurs règles de pondération, fixés par le PSE dont le contrôle relève de la seule compétence de la juridiction administrative *(Cass. soc., 2 mars 2020, n° 17-24.491)*.

§ 5. LE CONTRÔLE DE L'AUTORITÉ ADMINISTRATIVE (DREETS) SUR LE PLAN DE RECLASSEMENT INTÉGRÉ AU PSE

410.2.5. – L'article L. 1233-61 du Code du travail dispose que le PSE « *intègre un plan de reclassement visant à faciliter le reclassement sur le territoire national des salariés dont le licenciement ne pourrait être évité, notamment celui des salariés âgés ou présentant des caractéristiques sociales ou de qualification rendant leur réinsertion professionnelle particulièrement difficile* » *(cf. n° **410.1.5**)*. Ce plan de reclassement est le « *noyau dur* » du PSE et avait fait l'objet d'une abondante jurisprudence de la chambre sociale *(cf. 6e éd. de l'ouvrage, p. 1569 pour plus de détails)*.

Dans le cadre du régime de contrôle par l'autorité administrative de la conformité du PSE aux exigences légales, il y a lieu de distinguer selon, d'une part, que le PSE est déterminé par voie d'accord collectif ou par un document unilatéral et, selon, d'autre part, que l'entreprise se trouve placée ou non en redressement ou en liquidation judiciaire.

<table>
<tr><th colspan="4">Le cadre d'appréciation de l'obligation de l'employeur au regard de ses moyens</th></tr>
<tr><th colspan="2">Situation</th><th>PSE</th><th>Cadre d'appréciation de l'obligation de l'employeur</th></tr>
<tr><td rowspan="4">Entreprise n'étant pas placée en redressement ou liquidation judiciaire</td><td rowspan="2">Entreprise n'appartenant pas à un groupe</td><td>Fixé par accord collectif</td><td>Moyens fixés par l'accord (art. L. 1233-24-1)</td></tr>
<tr><td>Fixé par l'employeur</td><td>Appréciation au regard des moyens de l'entreprise (art. L. 1233-57-3-1°)</td></tr>
<tr><td rowspan="2">Entreprise appartenant à un groupe</td><td>Fixé par accord collectif</td><td>Moyens fixés par l'accord (art. L. 1233-24-1)</td></tr>
<tr><td>Fixé par l'employeur</td><td>Appréciation au regard des moyens du groupe (art. L. 1233-57-3-1°)</td></tr>
<tr><td rowspan="4">Entreprise placée en redressement ou liquidation judiciaire</td><td rowspan="2">Entreprise n'appartenant pas à un groupe</td><td>Fixé par accord collectif</td><td>Moyens fixés par l'accord (art. L. 1233-24-1)</td></tr>
<tr><td>Fixé par l'employeur</td><td>Appréciation au regard des moyens de l'entreprise (art. L. 1233-58-II al. 2)</td></tr>
<tr><td rowspan="2">Entreprise appartenant à un groupe</td><td>Fixé par accord collectif</td><td>Moyens fixés par l'accord (art. L. 1233-24-1)</td></tr>
<tr><td>Fixé par l'employeur</td><td>Appréciation au regard des moyens de l'entreprise (art. L. 1233-58-II al. 2) "sans préjudice" de l'appel aux moyens du groupe</td></tr>
</table>

A. Le plan de reclassement fixé par voie d'accord collectif

410.2.5.1. – Par sa décision du 7 décembre 2015, le Conseil d'État a posé le principe que « *lorsque le contenu du plan de sauvegarde de l'emploi a été déterminé par un accord collectif majoritaire signé dans les conditions prévues à l'article L. 1233-24-1 du même code, l'administration doit seulement s'assurer de la présence, dans ce plan, des mesures prévues aux articles L. 1233-61 et L. 1233-63* » *(CE, 7 déc. 2015, n° 383.856, unité économique et sociale Darty Île-de-France, Rec. p. 428, RJS n° 2016 n° 119 ; CE, 12 juin 2019, n° 420.084, société Amcor Flexibles France, mentionné aux Tables, RJS 2019, n° 568)*.

Il s'ensuit que la décision de validation ne peut être utilement contestée aux motifs que le plan de reclassement prévu par l'accord collectif

– serait insuffisant au regard du nombre de postes vacants au sein de l'entreprise *(CE, 7 déc. 2015, n° 383.856, préc.)* ;
– aurait été déterminé au regard des moyens de la seule société et non au regard de ceux du groupe auquel elle appartient *(CE, 12 juin 2019, n° 420.084, préc.)*.

B. Le plan de reclassement déterminé par une décision unilatérale lorsque l'entreprise n'appartient pas à un groupe

410.2.5.2. – Il résulte des dispositions de l'article L. 1233-57-3 que l'autorité administrative doit apprécier la conformité du PSE aux dispositions des articles L. 1233-61 à L. 1233-63 du Code du travail et, par suite, à l'exigence d'un « *plan de reclassement* ». Cette appréciation doit être faite au regard des moyens dont dispose l'entreprise ou l'unité économique et sociale *(C. trav., art. 1233-57-3-1° ; cf. n°* ***410.2.2.2.1****)*.

Le plan de reclassement peut, selon les cas de figure, comporter plusieurs volets :
– le premier tient au reclassement sur des emplois au sein de l'entreprise ou de l'UES si des emplois sont disponibles ;
– le deuxième porte sur les reclassements externes lorsque le licenciement des salariés ne peut être évité ;
– le troisième volet est constitué par l'ensemble des actions que le PSE peut prévoir et mentionnées à l'article L. 1233-62 du Code du travail *(cf. n°* ***410.1.5****)*.

En tout état de cause, les reclassements doivent être recherchés sur le territoire national.

Lorsqu'un accord collectif de branche prévoit des obligations en matière de reclassement externe qui s'imposent à l'employeur au stade de l'élaboration d'un PSE, l'administration doit s'assurer de la conformité des mesures qu'il contient à ces obligations conventionnelles *(CE, 13 avr. 2018, n° 404.090, société industrielle de reliure et de cartonnage, mentionné aux Tables, RJS 2018 n° 482)*.

Le Conseil d'État a jugé que l'employeur doit avoir indiqué l'ensemble des possibilités de reclassement des salariés dans l'entreprise en précisant le nombre des postes disponibles, leur nature et leur localisation. Le PSE doit identifier l'ensemble des postes disponibles pour un reclassement interne quelle que soit la durée des contrats susceptibles d'être proposés pour pourvoir à ces postes *(CE, 22 juill. .2021, n° 434.362, société Nouvelle France Ouest Imprim (SNFOI), mentionné aux Tables, RJS 2021 n° 605)*.

C. Le plan de reclassement déterminé par une décision unilatérale lorsque l'entreprise appartient à un groupe

410.2.5.3. – Le périmètre du groupe auquel se réfère l'article L. 1233-4 du Code du travail qui définit l'obligation de reclassement est identique à celui défini par l'article L. 1233-3 pour l'appréciation du motif économique *(CE, 21 juill. 2023, n° 435.896, Fédération CGT des personnels du commerce, de la distribution et des service, société Flunch, mentionné aux Tables ; cf. n°* ***48.4.4.2****)*.

1. Le périmètre du groupe

410.2.5.3.1. – Pour l'appréciation du périmètre du groupe, le juge est fondé à prendre en compte une clause statutaire qui prévoit qu'aucun associé, quel que soit le nombre d'actions qu'il détient, ne pourra exercer plus de 39 % des droits de vote pour son compte propre à l'occasion d'une décision collective (*même décision*). Il appartient au juge, « *saisi d'un moyen tiré de ce que la décision d'homologation du PSE d'une entreprise (...) est illégale faute pour l'administration, pour apprécier le caractère suffisant du PSE en tenant compte des moyens, notamment financiers, dont dispose l'ensemble des entreprises du groupe, d'avoir correctement délimité le groupe auquel appartient l'entreprise, d'examiner si les pièces du dossier permettent de retenir que sont remplies celles des conditions prévues à l'article L. 233-1, aux I et II de l'article L. 233-3 et aux I à III de l'article L. 233-16 du Code de commerce qui sont, avec les précisions nécessaires, invoquées au soutien de ce moyen. En revanche, il ne lui appartient pas d'examiner d'office l'éventuel respect des autres dispositions de ces articles pour lesquelles la requête ne présente soit aucune argumentation soit une argumentation non assortie des précisions permettant d'en examiner le bien-fondé* » *(même décision)*.

Il est à souligner que la notion de « *secteur d'activité* » est écartée pour apprécier « *le groupe de reclassement* » : celui-ci englobe toutes les entreprises du groupe dès lors qu'elles disposent d'« *emplois disponibles, situés sur le territoire (...) et dont l'organisation, les activités ou le lieu d'exploitation assurent la permutation de tout ou partie du personnel* » *(C. trav., art. L. 1233-4 ; cf. n°* ***49.1.4****)*.

Il a été jugé que « *les moyens du groupe s'entendent ainsi qu'il est désormais prévu au treizième alinéa de l'article L. 1233-3 du Code du travail, dans sa rédaction issue de l'ordonnance n° 2017-1718 du 20 décembre 2017, des moyens, notamment financiers, dont dispose l'ensemble des entreprises placées sous le contrôle d'une même entreprise dominante dans les conditions définies à l'article L. 233-1, aux I et II de l'article L. 233-3 et à l'article L. 233-16 du Code de commerce, ainsi que de ceux dont dispose cette entreprise dominante, quel que soit le lieu d'implantation du siège de ces entreprises* » *(CE, 21 juill. 2023, n° 435.896, Fédération CGT des personnels du commerce, de la distribution et des services, mentionné aux Tables, RJS 2023 n° 579 ; P. Bailly, « Les diverses figures du groupe dans les licenciements économiques », Sem. soc. Lamy, 2 avr. 2019 n° 1858)*.

2. *Le contrôle de l'autorité administrative sur le respect par l'employeur de ses obligations*

410.2.5.3.2. – Les règles générales posées par le Conseil d'État sont les suivantes :

- *« lorsque l'entreprise appartient à un groupe, l'employeur, seul débiteur de l'obligation de reclassement, doit avoir procédé à une recherche sérieuse des postes disponibles pour un reclassement dans les autres entreprises du groupe ; que pour l'ensemble des postes de reclassement ainsi identifiés, l'employeur doit avoir indiqué dans le plan leur nombre, leur nature et leur localisation » (CE, 4 mai 2016, n° 384.094, société IPL Atlantique).* Cette recherche des postes disponibles doit être faite quelle que soit la durée des contrats susceptibles d'être proposés pour pourvoir à ces postes *(CE, 22 juill. 2021, n° 434.362, société Nouvelle France Ouest Imprim (SNFOI), mentionné aux Tables, RJS 2021 n° 605)* ;
- *« il appartient à l'administration, sous le contrôle du juge de l'excès de pouvoir, de vérifier la conformité du document unilatéral et du PSE dont il fixe le contenu aux dispositions législatives et aux stipulations conventionnelles applicables, en s'assurant notamment du respect par le PSE des dispositions des articles L. 1233-61 à L. 1233-63 (…) ; qu'à ce titre elle doit, au regard de l'importance du projet de licenciement, apprécier si les mesures contenues dans le plan sont précises et concrètes et si, à raison, pour chacune, de sa contribution aux objectifs de maintien dans l'emploi et de reclassement des salariés, elles sont, prises dans leur ensemble, propres à satisfaire à ces objectifs compte tenu, d'une part, des efforts de formation et d'adaptation déjà réalisés par l'employeur et, d'autre part, des moyens dont disposent l'entreprise et, le cas échéant, l'unité économique et sociale et le groupe » (CE, 22 juill.2015, n° 383.481, société Calaire Chimie, Rec. p. 265, RJS 2015 n° 632, concl. G. Dumortier, RDT sept. 2015).*

La jurisprudence illustre l'appréciation d'ensemble à laquelle sont tenues l'autorité administrative et la juridiction administrative :

- *« la cour n'a pas commis d'erreur de droit en prenant en compte, ainsi qu'il ressort des termes de son arrêt, pour apprécier le respect par le PSE de l'entreprise (…) des dispositions des articles L. 1233-61 à L. 1233-63 du Code du travail, des mesures qui sont de nature à contribuer, de manière directe ou indirecte, au maintien dans l'emploi ou au reclassement des salariés telles que la participation de l'entreprise aux contrats de sécurisation professionnelle, la priorité d'embauche par la société des salariés licenciés, le maintien de la contribution de l'entreprise au régime de protection sociale complémentaire des salariés licenciés ou la mise en place d'une cellule de soutien psychologique, alors même que certaines de ces mesures bénéficieraient de financements publics ; qu'en estimant que, prises dans leur ensemble, les mesures de ce plan étaient suffisantes, compte tenu des moyens de l'entreprise (...) et du groupe (...) auquel elle appartient, pour assurer le respect des dispositions des articles L. 1233-61 à L. 1233-63 du Code du travail » (CE, 22 juill.2015, n° 383.481, société Calaire Chimie, Rec. p. 265, RJS 2015 n° 632, concl. G. Dumortier, RDT sept. 2015)* ;

– ainsi, « *si le PSE n'identifie aucun poste de reclassement interne, dès lors que la recherche de reclassement interne conduite (...) auprès des cinq sociétés composant le groupe (...) était restée infructueuse à la date à laquelle la [société] a adressé le plan à l'administration en vue de son homologation, (...) cette circonstance n'est pas, à elle seule, de nature à établir l'absence de sérieux de la recherche de postes de reclassement internes au groupe. (...) En outre, (...) si un PSE doit identifier l'ensemble des postes disponibles pour un reclassement interne, peu important qu'ils soient, le cas échéant, d'une durée limitée, ni la circonstance que le plan ait limité l'identification des possibilités de reclassement interne aux besoins en personnel d'une durée d'au moins trois mois, ni celle qu'il prévoie une période d'adaptation au terme de laquelle l'employeur ou le salarié pourront décider de ne pas donner suite au reclassement, ne sont, en l'espèce, de nature à l'entacher d'insuffisance, compte tenu des autres mesures qu'il comporte tendant à favoriser le reclassement des salariés, notamment la mise en place d'une antenne emploi, les aides financières individuelles à la formation, les aides financières à la recherche d'emploi et à la mobilité géographique, les aides à la création d'entreprises. Ainsi, prises dans leur ensemble, les mesures prévues par le plan sont propres à satisfaire les objectifs de maintien dans l'emploi et de reclassement des salariés, compte tenu des moyens dont disposaient, à la date de la décision litigieuse, la [société] et le groupe auquel elle appartient » (CE, 22 juill.2021, n° 434.362, société Nouvelle France Ouest Imprim (SNFOI), mentionné aux Tables, RJS 2021 n° 605).*

Le juge administratif prend en compte les éléments suivants pour apprécier la conformité du PSE aux exigences légales :

– **L'évolution du nombre d'emplois offerts au reclassement** *(CE, 19 déc. 2023, n° 465.656, société Sealants Europe, mentionné aux Tables sur un autre point).*

– **Le montant du budget alloué au financement du PSE :**
Pour apprécier les moyens du groupe, l'administration et le juge peuvent se fonder sur un faisceau d'indices pour estimer que ces moyens étaient de nature ou non à justifier un financement plus important, par l'employeur des mesures prévues par le PSE et en déduire que les mesures de ce plan étaient ou non suffisantes au regard des moyens d'accompagnement, notamment financiers, dont disposaient l'entreprise et le groupe *(CE, 30 mai 2016, n° 384.114, société Milonga, mentionné aux Tables).*

Pour considérer que le plan de reclassement était suffisant au regard des moyens de l'entreprise et du groupe, le juge du fond a pu se fonder, par exemple, sur les éléments suivants : « *le budget total prévu pour le financement des mesures figurant dans le PSE est estimé à la somme, non contestée, de 16 883 668 euros, soit environ 82 763 euros en moyenne pour chacun des 204 postes dont la suppression est prévue par le projet de licenciement collectif. Au titre de ces mesures, et ainsi que l'a relevé la décision attaquée, le PSE comporte notamment, au titre du reclassement interne, des aides à la mobilité en cas de reclassement entraînant un éloignement entre le domicile et le nouveau lieu de travail du salarié de plus cinquante kilomètres, des garanties de maintien de salaire, le versement d'une prime de reclassement interne égale à trois mois de salaires mensuels bruts pour les salariés acceptant une offre d'emploi au niveau du groupe, la prise en charge des frais de déplacement durant la période d'adaptation, l'introduction d'une aide à la recherche de logement, le versement d'une indemnité de réinstallation dans la limite de 7 000 euros ainsi que des aides à la formation et la prise en charge de formations spécifiques sur les savoirs et compétences de base dans la limite de 3 000 euros. Il ressort également des pièces du dossier qu'au titre du reclassement externe, le PSE prévoit notamment un congé de reclassement d'une durée de 14 mois pour les salariés âgés de moins de 45 ans, d'une durée de 16 mois pour les salariés âgés de moins de 50 ans, de 18 mois pour les salariés fragilisés et de 20 mois pour les salariés reconnus travailleurs handicapés avec le versement d'une allocation mensuelle d'un montant significatif ainsi que la mise en place d'une aide à la création ou la reprise d'une entreprise d'un montant de 20 000 euros » (CE, 19 déc. 2023, n° 465.656, société Sealants Europe, mentionné aux Tables sur un autre point).*

Il a été jugé que l'obligation de prévoir, dans un PSE le recours au contrat de sécurisation professionnelle qui doit, en application de l'article L. 1233-66 du Code du travail, être proposé aux salariés dont le licenciement est envisagé, ne saurait s'appliquer lorsque le PSE prévoit, pour les mêmes salariés, le bénéfice d'un congé de reclassement *(CE, 29 juill. 2016, n° 389.278, société Belambra Clubs, publié au Rec.).*

D. Le plan de reclassement déterminé en cas de procédure de redressement ou liquidation judiciaire

410.2.5.4. – Le principe posé par la jurisprudence est identique : l'autorité administrative et le juge administratif doivent porter une appréciation d'ensemble pour se prononcer sur la conformité du PSE *(CE, 22 juill.2015, n° 383.481, société Calaire Chimie, Rec. p. 265, RJS 2015 n° 632, concl. G. Dumortier, RDT sept. 2015 : entreprise en liquidation judiciaire).*

Toutefois, alors même que l'entreprise appartient à un groupe, en tout état de cause, la conformité du PSE s'apprécie au regard « *des moyens dont dispose l'entreprise » (C. trav., art. L. 1233-58-II) « sans préjudice de la recherche des moyens du groupe »*, le Conseil d'État en a donc déduit que :

- cette obligation est une « *simple obligation de recherche* » (*R. Chambon, « Le contrôle administratif portant sur le contenu du PSE », Dr soc 2024, p. 520)* ;
- la circonstance que les entreprises du groupe n'aient pas répondu à la demande du liquidateur de la société tendant à ce que ces entreprises participent au financement du PSE est sans incidence sur la décision d'homologation, aucune disposition n'imposant au liquidateur de réitérer sa demande *(CE, 4 oct. 2023, n° 447.057, Syndicat national du personnel navigant commercial, mentionné aux Tables, RJS 2023 n° 640).* Il en est de même de l'absence de réponse de tout ou partie des entreprises du groupe à la demande du liquidateur portant sur les possibilités de reclassement *(CE, 1er juin 2022, n° 434.225, société Alliage Assurances, mentionné aux Tables).*

Il ne peut être utilement soutenu pour demander l'annulation de la décision homologuant le PSE que celui-ci n'était pas suffisant au regard des moyens de l'entreprise dès lors que l'assurance de garantie des salaires couvre notamment les mesures d'accompagnement du PSE validé ou homologué *(CE, 4 oct. 2023, n° 447.057, société Aigle Azur, mentionné aux tables sur ce point).* « *Comme l'indiquait [le rapporteur public] dans ses conclusions sur cette décision, le liquidateur n'a pas la liberté d'affecter les fonds rendus disponibles au paiement immédiat de mesures d'accompagnement du plan, de sorte que la question de savoir si les actifs sont disponibles est sans incidence pour apprécier les moyens susceptibles d'être affectés au financement du PSE* » (*R. Chambon, « Le contrôle administratif portant sur le contenu du PSE », Dr soc 2024, p. 520).*

§ 6. LE CONTRÔLE DE L'AUTORITÉ ADMINISTRATIVE SUR LE CONTENU DU PSE RELATIF À LA PRÉVENTION DES RISQUES PROFESSIONNELS POUVANT RÉSULTER DU PROJET DE LICENCIEMENT

410.2.6. – Le Tribunal des conflits a défini sur cette question la ligne de partage entre les deux ordres de juridiction en fonction des compétences dévolues à l'autorité administrative dans le cadre de la procédure de validation ou d'homologation :

- dans le cadre d'une réorganisation qui donne lieu à élaboration d'un PSE, « *il appartient à l'autorité administrative de vérifier le respect, par l'employeur, de ses obligations en matière de prévention des risques pour assurer la sécurité et protéger la santé physique et mentale des travailleurs ; à cette fin, elle doit contrôler, tant la régularité de l'information et de la consultation des institutions représentatives du personnel que les mesures auxquelles l'employeur*

est tenu en application de l'article L. 4121-1 du Code du travail au titre des modalités d'application de l'opération projetée », « *ce contrôle n'étant pas séparable* » du contrôle de la régularité de la procédure d'information et de consultation du CSE ainsi que des mesures prévues par le PSE ;
- le juge judiciaire est pour sa part compétent pour assurer le respect par l'employeur de son obligation de sécurité lorsque la situation à l'origine du litige est liée à la mise en œuvre de l'accord ou du document ou de l'opération de réorganisation *(TC, 8 juin 2020, Syndicat CGT Alstom Grid Villeurbanne c/ société SAS Grid Solution, n° C4189, T. p. 654-1033).*

La jurisprudence conduit à distinguer les cas suivants.

A. PSE déterminé par accord collectif

410.2.6.1. – Le Conseil d'État, par sa décision du 19 décembre 2023, a admis que l'accord collectif déterminant le PSE puisse comporter un volet de prévention des risques susceptibles d'être induits par le projet de réorganisation *(CE, 19 déc. 2023, n° 458.434, Société Assistance Aéronautique et Aérospatiale, mentionné aux Tables).*

Si l'accord collectif comporte de telles mesures, il incombe à l'administration :
- premièrement, de vérifier « *dans le cadre de son contrôle global de la régularité de la procédure d'information et de consultation (…) que l'employeur a adressé au CSE, avec la convocation à sa première réunion, ainsi que, le cas échéant, en réponse à des demandes exprimées par le comité ou à des observations ou des injonctions formulées par l'administration, parmi tous les éléments utiles qu'il doit lui transmettre pour qu'il formule ses deux avis en toute connaissance de cause, des éléments relatifs à l'identification et à l'évaluation des conséquences de la réorganisation de l'entreprise sur la santé ou la sécurité des travailleurs, ainsi que, en présence de telles conséquences, les actions projetées pour les prévenir et en protéger les travailleurs, de façon à assurer leur sécurité et protéger leur santé physique et mentale* » ;
- deuxièmement, de vérifier « *au vu d'abord de ces éléments d'identification et d'évaluation des risques, des débats qui se sont déroulés au sein du CSE, des échanges d'informations et des observations et injonctions éventuelles formulées lors de l'élaboration du PSE (…) dès lors qu'ils conduisent à retenir que la réorganisation présente des risques pour la santé ou la sécurité des travailleurs, si l'employeur a arrêté des actions pour y remédier et si celles-ci correspondent à des mesures précises et concrètes, au nombre de celles prévues aux articles L. 4121-1 et L. 4121-2 du Code du travail, qui, prises dans leur ensemble, sont, au regard de ces risques, propres à les prévenir et à en protéger les travailleurs. À cet égard, l'administration, pour*

apprécier si ces exigences sont satisfaites, doit accorder une importance particulière à la circonstance que de telles mesures figurent dans un accord collectif majoritaire portant plan de sauvegarde de l'emploi » (CE, 19 déc. 2023, n° 458.434, Société Assistance Aéronautique et Aérospatiale, mentionné aux Tables ; CE, 19 déc. 2023, n° 464.864, Sté Blizzard Entertainment, RJS 2022 n° 292).

B. PSE déterminé par décision unilatérale de l'employeur

410.2.6.2. – Le contrôle de l'autorité administrative sur le contenu du PSE portant sur la prévention des risques professionnels susceptibles de résulter du projet de réorganisation est double.

Le Conseil d'État a jugé le 21 mars 2023 qu'il incombe à l'administration :

– d'une part, « *dans le cadre de son contrôle global de la régularité de la procédure d'information et de consultation, de vérifier que l'employeur a adressé [au CSE], avec la convocation à sa première réunion, ainsi que, le cas échéant, en réponse à des demandes exprimées par le comité ou à des observations ou des injonctions formulées par l'administration, parmi tous les éléments utiles qu'il doit lui transmettre pour qu'il formule ses deux avis en toute connaissance de cause, des éléments relatifs à l'identification et à l'évaluation des conséquences de la réorganisation de l'entreprise sur la santé ou la sécurité des travailleurs, ainsi que, en présence de telles conséquences, les actions projetées pour les prévenir et en protéger les travailleurs, de façon à assurer leur sécurité et protéger leur santé physique et mentale. (...)* ;

– d'autre part, « *dans le cadre du contrôle du contenu du document unilatéral lui étant soumis en vue de son homologation, de vérifier, au vu de ces éléments d'identification et d'évaluation des risques, des débats qui se sont déroulés au sein [du CSE] des échanges d'informations et des observations et injonctions éventuelles formulées lors de l'élaboration du PSE (...), dès lors qu'ils conduisent à retenir que la réorganisation présente des risques pour la santé ou la sécurité des travailleurs, si l'employeur a arrêté des actions pour y remédier et si celles-ci correspondent à des mesures précises et concrètes, au nombre de celles prévues aux articles L. 4121-1 et L. 4121-2 du Code du travail, qui, prises dans leur ensemble, sont, au regard de ces risques, propres à les prévenir et à en protéger les travailleurs » (CE, 21 mars 2023, n° 450.012, Unité économique et sociale de l'Agence nationale pour la formation professionnelle des adultes (AFPA), publié au Rec.).*

Le contrôle que doit opérer l'administration est de même nature lorsque l'entreprise est en redressement ou liquidation judiciaire *(CE, 21 mars 2023, n° 460.660, société Presse Sports Investissement)*.

§ 7. LES EXIGENCES DE MOTIVATION DE LA DÉCISION DE VALIDATION OU D'HOMOLOGATION

410.2.7. – L'administration doit faire apparaître les éléments essentiels de son examen et doivent ainsi y figurer *(CE, 1er févr. 2017, n° 391.744, M. C. et autres c. / Sté TPG IT, Rec. p. 30)* :

– les éléments relatifs à la régularité de la procédure d'information et de consultation des instances représentatives du personnel ;
– les éléments tenant au caractère suffisant des mesures contenues dans le PSE au regard des moyens de l'entreprise et, le cas échéant, de l'unité économique et sociale ou du groupe ainsi que, à ce titre, ceux relatifs à la recherche, par l'employeur, des postes de reclassement ;
– et, le cas échéant, tout élément sur lequel elle aurait été, en raison des circonstances propres à l'espèce, spécifiquement amenée à porter une appréciation. Lorsque l'administration refuse l'homologation demandée, il lui incombe seulement d'énoncer les éléments de droit et de fait qui constituent le fondement de sa décision *(CE, 24 nov. 2017, n° 389.443, société Conserves du Blaisois, mentionné aux Tables)*.

S'agissant de la décision expresse d'homologation d'un PSE concernant une entreprise placée en redressement ou liquidation judiciaire et ne disposant pas d'un CSE, il a été jugé que « *la décision expresse par laquelle l'administration homologue un document fixant le contenu d'un plan de sauvegarde de l'emploi doit énoncer les éléments de droit et de fait qui en constituent le fondement, de sorte que les personnes auxquelles cette décision est notifiée puissent à sa seule lecture en connaître les motifs. Si le respect de cette règle de motivation n'implique ni que l'administration prenne explicitement parti sur tous les éléments qu'il lui incombe de contrôler, ni qu'elle retrace dans la motivation de sa décision les étapes de la procédure préalable à son édiction, il lui appartient, toutefois, d'y faire apparaître les éléments essentiels de son examen. Doivent ainsi notamment y figurer ceux relatifs à la régularité de la procédure d'information et de consultation des instances représentatives du personnel. En outre, il appartient, le cas échéant, à l'administration, d'indiquer dans la motivation de sa décision tout élément sur lequel elle aurait été, en raison des circonstances propres à l'espèce, spécifiquement amenée à porter une appréciation. Tel est notamment le cas lorsqu'en application des dispositions du troisième alinéa du II de l'article L. 1233-58 du Code du travail (…), applicables aux entreprises en redressement ou liquidation judiciaire, l'administration prend, à titre exceptionnel, une décision d'homologation, malgré l'absence de mise en place du comité social et économique et alors qu'aucun procès-verbal de carence n'a été établi* » *(CE, 8 déc. 2021, n° 435.919, société Gilibert, mentionné aux Tables en l'espèce, la décision d'homologation a été annulée ayant été jugée insuffisamment motivée, faute de comporter des mentions relatives à l'absence de CSE et au défaut d'établissement de procès-verbal de carence, ainsi qu'aux motifs de nature à justifier cette situation et aux considérations ayant conduit l'administration à retenir qu'elles ne faisaient pas, en l'espèce, obstacle à l'homologation demandée).*

En cas d'annulation de la décision pour absence ou insuffisance de motivation, l'autorité administrative prend une nouvelle décision dans un délai de 15 jours suivant la notification du jugement ou de l'arrêt à l'administration *(C. trav., art. L. 1235-16 et art. L. 1233-58-II pour les entreprises en redressement ou liquidation judiciaire)*. Cette nouvelle décision, « *qui intervient sans que l'administration procède à une nouvelle instruction de la demande, et au vu des circonstances de fait et de droit existant à la date d'édiction de la première décision, a pour seul objet de régulariser le vice d'insuffisance de motivation entachant cette précédente décision. En conséquence, les seuls moyens susceptibles d'être invoqués devant le juge administratif à l'appui d'un recours pour excès de pouvoir dirigé contre cette seconde décision sont ceux critiquant ses vices propres* » *(CE, 14 juin 2021, n° 428.459, société Aerofarm, mentionné aux Tables)*.

§ 8. LES CONSÉQUENCES D'UNE DÉCISION DE REFUS DE VALIDATION OU D'HOMOLOGATION

410.2.8. – L'employeur ne peut, à peine de nullité, procéder à la notification des licenciements *(C. trav., art. L. 1235-10 al. 1)*. La sanction de nullité ne s'applique toutefois pas aux entreprises en redressement ou en liquidation judiciaire *(C. trav., art. L. 1235-10 al. 3 ; sur les règles applicables à ces entreprises, cf. n°* ***23.3.6.2, 23.4.11*** *et* ***23.5.8****)*.

L'employeur peut présenter une nouvelle demande, après modification de l'accord collectif ou du document unilatéral prenant en compte les motifs de refus de l'administration.

Lorsque la décision est motivée par une irrégularité manifeste de procédure, l'employeur doit reprendre la procédure d'information et de consultation au moment où a eu lieu cette irrégularité.

Dans tous les cas, il doit à nouveau consulter le comité social et économique sur le projet de licenciement modifié *(C. trav., art. L. 1233-57-7 et D. 1233-14-3 ; instruction DGEFP/DGT n° 2013-13 du 19 juillet 2013 précitée, fiche 2)*.

§ 9. LES VOIES DE RECOURS CONTRE LA DÉCISION ADMINISTRATIVE DE VALIDATION OU D'HOMOLOGATION

410.2.9. – Cette question est examinée au n° **22.13.2.2**.

§ 10. LES CONSÉQUENCES DE L'ANNULATION CONTENTIEUSE D'UNE DÉCISION DE VALIDATION OU D'HOMOLOGATION EN RAISON D'UNE ABSENCE OU D'UNE INSUFFISANCE DU PSE

A. Les conséquences pour les entreprises *in bonis* et leurs salariés

1. Les droits des salariés

410.2.10.1.1. – Lorsque l'annulation de la décision administrative de validation ou d'homologation est fondée sur l'absence ou l'insuffisance de PSE, la procédure de licenciement économique collectif est nulle, ainsi que l'ensemble des licenciements notifiés *(C. trav., art. L. 1235-10 al. 2)*.

Lorsque le juge constate que le licenciement est intervenu alors que la procédure de licenciement est nulle, il peut ordonner la poursuite du contrat de travail ou prononcer la nullité du licenciement et ordonner la réintégration du salarié à la demande de ce dernier, sauf si cette réintégration est devenue impossible, notamment du fait de la fermeture de l'établissement ou du site ou de l'absence d'emploi disponible *(C. trav., art. L. 1235-11, dans sa version résultant de l'ordonnance n° 2017-1387 du 22 sept. 2017)*.

Ces dispositions reprennent les principes de la jurisprudence antérieure, laquelle précisait notamment que les salariés pouvaient demander à être réintégrés par leur employeur sur leur emploi ou, lorsque cela était impossible, sur un emploi équivalent *(Cass. soc., 30 mai 1999, n° 97-41.013, Bull V n° 144, RJS 1999 n° 654, Dr soc 1999, p. 593, G. Couturier, « Insuffisance du plan social : les actions en nullité propres au salarié »)*.

Le salarié peut prétendre au versement d'indemnités :

- si le salarié demande sa réintégration, il a droit au paiement d'une somme correspondant à la totalité du préjudice subi au cours de la période qui s'est écoulée entre son licenciement et sa réintégration dans la limite du montant des salaires dont il a été privé, déduction faite des revenus qu'il a tirés d'une autre activité et du revenu de remplacement qui lui a été servi pendant cette période *(Cass. soc., 3 juill. 2003, n° 01-44.522, Bull. V n° 34, RJS 2008 n° 404 ; Cass. soc., 12 févr. 2008, n° 07-40.413, Bull. V n° 34, RJS 2008 n° 404 ; Cass. soc., 19 janv. 2010, n° 08-43.449)* ;
- si le salarié ne demande pas sa réintégration ou lorsque la réintégration est impossible, le juge doit octroyer au salarié une indemnité à la charge de l'employeur qui ne peut être inférieure aux salaires des six derniers mois *(C. trav., art. L. 1235-11)*. Saisi d'une question prioritaire, le Conseil constitutionnel a, par une décision du 7 septembre 2018, conclu à la constitutionnalité de cette disposition, estimant que cette indemnité, auparavant au moins égale aux salaires des douze derniers mois, qui vise à assurer une

réparation minimale du préjudice subi par le salarié du fait de la nullité de son licenciement économique, ne constitue pas une sanction ayant le caractère d'une punition au sens de l'article 8 de la Déclaration de 1789 *(Cons. const., 7 sept. 2018, n° 2018-729 QPC).*

Si le salarié a moins de deux ans d'ancienneté ou s'il travaille dans une entreprise de moins de onze salariés, l'indemnité est calculée en fonction du préjudice subi *(C. trav., art. L. 1235-14)*. La différence de traitement selon l'ancienneté a été jugée conforme à la Constitution par le Conseil constitutionnel *(Cons. const., 13 avr. 2012, n° 2012-232 QPC).*

Les sommes qui ont été versées au salarié sur le fondement du PSE doivent être restituées par le salarié et viennent en compensation de sa créance indemnitaire *(Cass. soc., 28 mars 2000, n° 98-40.228, Bull. V n° 132, RJS 2000 n° 519 ; Cass. soc., 10 janv. 2010, n° 08-43.449, RJS 2010 n° 327).*

2. *L'office du juge administratif*

410.2.10.1.2. – La prise en considération de la sanction de nullité attachée exclusivement à l'irrégularité résultant de cette absence ou de cette insuffisance de PSE a conduit le Conseil d'État à préciser l'office du juge administratif saisi d'une demande d'annulation d'une décision d'homologation ou de validation en procédant par étapes : il doit commencer par contrôler le motif ayant les conséquences les plus favorables pour le salarié pour terminer par le motif ayant la moins grande portée.

Il s'ensuit que lorsque la requête soulève plusieurs moyens, le juge administratif doit :

- dans un premier temps d'abord se prononcer, s'il est soulevé devant lui, sur le moyen tiré de l'absence ou de l'insuffisance du PSE, même lorsqu'un autre moyen est de nature à fonder l'annulation de la décision administrative *(CE, 15 mars 2017, n° 387.728, Sté Bosal Le Rapide, Rec. p. 92, RJS 2017 n° 331, concl. F. Dieu, RJS 2017 p. 372)* ;
- dans un deuxième temps, examiner les autres motifs d'annulation invoqués devant lui s'il considère le PSE suffisant, en réservant l'insuffisance de motivation de la décision si ce motif est également invoqué ;
- en dernier lieu, il doit contrôler la motivation de la décision administrative si les autres moyens ne sont pas fondés, l'insuffisance de motivation pouvant être régularisée *(CE, 15 mars 2017, n° 387.728, préc. ; CE, 14 juin 2021, n° 428.459, société Aerofarm, mentionné aux Tables, concl. R. Chambon, RJS 2021 n° 539, préc. ; cf. n°* ***410.2.7****).*

Lorsque le juge fait droit à une requête tendant à l'annulation d'une décision en se fondant sur un moyen qui n'est pas, parmi ceux présentés par la requête, celui qui est susceptible d'avoir les effets les plus favorables pour le requérant, celui-ci justifie d'un intérêt pour en demander l'annulation, alors même que la décision juridictionnelle a prononcé l'annulation de la décision attaquée *(CE, 4 oct. 2023, n° 460.949, M. C. c. / Sté Tecalemit Aerospace Blois, mentionné aux Tables, RJS 2023 n° 639).*

De même, le Conseil d'État a jugé qu'il appartenait au juge de l'excès de pouvoir de se prononcer sur le bien-fondé de l'appréciation portée par l'autorité administrative sur les points en débat au vu de l'ensemble des pièces versées au dossier, et non de la seule motivation de la décision administrative : il doit donc être recherché si l'autorité administrative a effectivement vérifié le respect des conditions mises en cause et si elle a pu à bon droit considérer qu'elles étaient remplies, sans s'arrêter, sur ce dernier point, sur une erreur susceptible d'affecter, dans le détail de la motivation administrative, une étape intermédiaire de l'analyse faite par l'administration *(CE, 19 déc. 2023, n° 465.656, CSE de la Sté Sealants Europe, mentionné aux Tables, RJS 2024 n° 156).* Ce faisant, le Conseil d'État reprend, pour le contrôle de la légalité des décisions administratives d'homologation ou de validation des PSE la solution déjà retenue dans une précédente décision de 2020 en matière de contrôle du motif économique d'une demande d'autorisation de licenciement d'un salarié protégé *(CE, 29 juin 2020, n° 417.940, Sté Les Papeteries du Léman, mentionné aux Tables, concl. R. Chambon, RJS 2020 n° 550).*

S'agissant des conditions de recevabilité du recours contre une nouvelle décision prise par l'administration à la suite de l'annulation de la précédente pour défaut de motivation, cette nouvelle décision, rendue sans que l'administration procède à une nouvelle instruction de la demande de validation ou d'homologation, au vu des circonstances de fait et de droit existant à la date d'édiction de la première décision et qui a pour seul objet de régulariser l'insuffisance de motivation ne peut faire l'objet d'un recours que pour contester ses vices propres *(CE, 14 juin 2021, n° 428.459, préc.).*

B. Les conséquences pour les entreprises en difficulté et leurs salariés

410.2.10.2. – La sanction de nullité de la procédure de licenciement économique, ainsi que de l'ensemble des licenciements notifiés ne s'appliquent pas aux entreprises en redressement ou en liquidation judiciaires *(C. trav., art. L. 1235-10 al. 3 ; sur les règles applicables à ces entreprises, cf. n°* ***23.3.6.2, 23.4.11*** *et* ***23.5.8****).*

Pour les entreprises soumises à une procédure collective, le juge doit également procéder par étapes mais, dès lors que la nullité du licenciement est expressément exclue dans ce cas, il doit, si la requête soulève plusieurs moyens, se prononcer dans un premier temps sur les moyens autres que celui tiré de l'insuffisance de motivation de la décision administrative et, ensuite, si aucun de ces moyens n'est fondé, se prononcer sur le moyen tiré de l'insuffisance de motivation de la décision administrative, lorsqu'il est soulevé *(CE, 15 mars 2017, n° 387.728, Sté Bosal Le Rapide, Rec. p. 92, RJS 2017 n° 331, concl. F. Dieu, RJS 2017 p. 372 ; CE, 8 déc. 2021, n° 435.919, M. F c. / Sté Gilibert, mentionné aux Tables, RJS 2022 n° 64 ; CE, 21 mars 2023, n° 453.029, Syndicat national du personnel navigant commercial, RJS 2023 n° 374).*

Par ailleurs, les conditions de recevabilité du recours contre une nouvelle décision prise par l'administration à la suite de l'annulation de la précédente pour défaut de motivation sont les mêmes, pour les entreprises en redressement ou en liquidation judiciaire, que celles exposées précédemment *(cf. n°* ***410.2.10.1.2****)* pour les entreprises *in bonis (CE, 21 mars 2023, n° 453.029, préc.).*

§ 11. LES CONSÉQUENCES DU NON-RESPECT PAR L'EMPLOYEUR DES ENGAGEMENTS PRÉVUS DANS LE PSE

410.2.11. – Si l'employeur ne respecte pas l'engagement pris dans le cadre d'un PSE, « *pour favoriser des reclassements et limiter les licenciements* », il doit être regardé comme violant « *nécessairement l'obligation de reclassement et le licenciement du salarié, victime de cette violation, se trouve de ce fait dépourvu de cause réelle et sérieuse* » *(Cass. soc., 6 juin 2000, n° 98-42.860 et 98-42.861, Bull. V n° 219, RJS 2000 n° 786).*

Il en est ainsi lorsque l'employeur notifie le licenciement sans respecter le délai de réflexion prévu par le PSE pour que le salarié se prononce sur les propositions de reclassement, ce délai constituant une garantie de fond *(Cass. soc., 16 mai 2007, n° 05-44.085, RJS 2007 n° 827).*

Si le PSE prévoit une priorité dans l'attribution des postes de reclassement, le juge judiciaire doit vérifier si cette priorité a été respectée ; sa méconnaissance prive le licenciement de cause réelle et sérieuse *(Cass. soc., 14 janv. 2004, n° 02-46.678, Bull. V n° 11, RJS 2004 n° 296 ; cf. n°* ***72.3.9.3****).*

Sur le non-respect par l'employeur des critères d'ordre de licenciement déterminés par le PSE, il y a lieu de se reporter au n° **78.2.8.**

CHAPITRE XI

LE CONTRÔLE DE L'AUTORITÉ ADMINISTRATIVE SUR LE RESPECT PAR L'EMPLOYEUR DE L'OBLIGATION DE RECLASSEMENT : LE RESPECT DES RÈGLES PROPRES AU RECLASSEMENT DU SALARIÉ PROTÉGÉ

SECTION 1

Le double fondement de l'obligation de reclassement imposée à l'employeur

§ 1. LE DROIT AU RECLASSEMENT RECONNU AU SALARIÉ PROTÉGÉ PAR LA JURISPRUDENCE ADMINISTRATIVE

411.1.1. – Historiquement, le principe selon lequel doivent être recherchées les possibilités de reclassement du salarié a été affirmé pour la première fois par le Conseil d'État, par l'arrêt de section Abellan, du 18 février 1977 *(n° 99.534, Rec. p. 96, Dr soc 1977, p. 166, concl. P. Dondoux)* : « *Dans le cas où la demande de licenciement est fondée sur un motif de caractère économique, il appartient à l'inspecteur du travail et, le cas échéant, au ministre, de rechercher, sous le contrôle du juge de l'excès de pouvoir, si la situation de l'entreprise justifie le licenciement du salarié, en tenant compte notamment de la nécessité des réductions envisagées* *d'effectifs et de la possibilité d'assurer le reclassement du salarié dans l'entreprise.* »

Cette obligation mise à la charge de l'administration mais, en premier lieu, de l'employeur, ne concernait que les salariés bénéficiant du statut protecteur. Elle répond à aux considérations suivantes *(concl. P. Dondoux précitées)* : « *Il ne suffit pas de constater que le poste a été supprimé ; il faut encore être sûr qu'aucun emploi comparable n'existait Si donc l'entreprise reste libre de supprimer des emplois, elle ne doit que dans des circonstances exceptionnelles – assimilables en cela à la force majeure – supprimer des emplois en général et celui des salariés protégés en particulier.* »

Un licenciement économique ne peut être autorisé par l'administration, le motif étant supposé établi, que dans les cas où :

- aucune possibilité de reclassement du salarié protégé n'existe ;
- le reclassement du salarié entraînerait l'éviction d'un autre salarié de l'entreprise ;
- le salarié protégé a refusé le reclassement qui lui était proposé.

§ 2. LE DROIT AU RECLASSEMENT RECONNU À TOUT SALARIÉ PAR LA JURISPRUDENCE JUDICIAIRE

411.1.2. – Comme il a été exposé *supra*, la Cour de cassation a reconnu à tout salarié, protégé ou non, un droit au reclassement *(cf. n°* ***49.2.1.1****)*.

Les modifications du Code du travail contenues dans la loi n° 2002-73 de modernisation sociale ont consacré, dans le droit positif, ce droit individuel au reclassement *(cf. n°* ***49.1.3.5****)* figurant à l'article L. 1233-4 du Code du travail.

SECTION 2

Les principales caractéristiques du droit au reclassement

§ 1. UNE OBLIGATION DE MOYEN RENFORCÉE À LA CHARGE DE L'EMPLOYEUR

A. Une obligation de moyen renforcée

411.2.1.1. – « *Le droit au reclassement... ne vaut qu'autant qu'une possibilité de reclassement existait matériellement* » *(CE, 18 févr. 1977, n° 95.354, Abellan, Rec. p. 97, concl. P. Dondoux, Dr soc 1977, p. 166 ; Dr ouvrier 1977, p. 215)*.

L'obligation de reclassement constitue donc une obligation de moyens et ne constitue pas une obligation de résultat *(à titre d'exemple : CE, 16 janv. 1987, n° 60.421, Sté Fayat Entreprise ; CE, 27 mars 1987, n° 44.980, SARL Auzias Montage)*. Par ailleurs, l'option ouverte à l'employeur par l'ordonnance n° 2017-1387 du 22 septembre 2017 sur la forme des propositions de reclassement des salariés, protégés ou non – envoi à chaque salarié d'offres de reclassement précises et écrites de manière personnalisée ou diffusion des postes disponibles à l'ensemble des salariés – est de nature à en modifier sensiblement la portée *(cf. n° **49.2.3.2**)*.

Les offres doivent avoir un caractère ferme : ainsi, ne garantissaient pas le reclassement effectif du salarié en cas d'emploi disponible dans le groupe et ne répondaient pas aux exigences légales les offres de reclassement adressées aux salariés précisant que le recrutement devait être validé par le responsable du recrutement pour la France du groupe et le manager du département concerné *(Cass. soc., 28 janv. 2015, n° 13-23.440)*.

Il appartient à l'employeur de produire à l'administration des éléments probants attestant la matérialité des efforts et démarches entrepris et des propositions d'emplois précises formulées ou l'impossibilité de proposer des postes de reclassement à son salarié. L'administration doit vérifier que l'effort de reclassement, apprécié notamment en fonction des moyens dont dispose l'employeur, a été effectif et sérieux *(Guide DGT, Salariés protégés, sept. 2019, fiche n° 7b ; CE, 31 juill. 2012, n° 105.670, Sté française de supermarchés ; CE, 12 janv. 2011, n° 327.178, 327.191 à 327.195, 327.727, Sté Pages Jaunes)*.

B. Une obligation à la charge de l'employeur

411.2.1.2. – L'obligation pèse sur l'employeur. Ce dernier n'est pas libéré de son obligation de proposer un nombre déterminé d'offres valables d'emploi du seul fait que :

- le salarié a trouvé un autre emploi *(Cass. soc., 19 janv. 2010, n° 08-44.307, RJS 2010 n° 326)* ;
- ou que ce dernier a reçu une proposition d'emploi émanant d'une autre entreprise *(Cass. soc. 27 mai 2009, n° 07-40.022, RJS 2009 n° 700)*.

Seuls des emplois salariés peuvent être proposés dans le cadre de cette obligation *(Cass. soc., 31 mars 2009, n° 07-44.480, Bull. V n° 95, RJS n° 509)*. L'employeur ne peut, au titre de son obligation, demander au salarié de formuler des propositions d'activité *(Cass. soc., 2 avr. 2008, n° 07-40.640, RJS 2008 n° 651)*.

§ 2. LE RÉGIME DE LA PREUVE

411.2.2. – Le juge judiciaire estime que l'obligation de reclassement constitue une obligation de moyen « *renforcée* », dès lors qu'il appartient à l'employeur d'établir que le reclassement est impossible *(Cass. soc., 27 mai 2015, n° 13-18.313, RJS 2015 n° 552 ; cf. n° **49.2.3.1 et s.**)*.

Le régime de la preuve retenu par le juge administratif est différent car sa démarche est distincte : il doit contrôler l'appréciation portée par l'administration sur le respect par l'employeur de son obligation. Par conséquent, il ne doit pas faire peser sur l'employeur la charge d'établir le bien-fondé de l'appréciation portée par l'inspecteur du travail qui a autorisé le licenciement *(CE, 1er déc. 1999, n° 193.333, Sté de conditionnement de produits européens)* ou l'impossibilité de reclasser son salarié *(CE, 30 juill. 1997, n° 172.226, M. Henrion ; CE 18 mars 1998, n° 170.077, Sté des Forges de Bologne).*

Le juge attend de l'administration qu'elle présente les éléments de fait qui l'ont conduite à se prononcer sur le respect ou non par l'employeur de son obligation. Mais, logiquement, il incombe à ce dernier de produire des éléments probants attestant de la matérialité de ses efforts et démarches *(CE, 31 juill. 1992, n° 105.670, Sté française de supermarchés).*

Si le salarié doit avancer des éléments de fait à l'appui du moyen tiré de la méconnaissance par son employeur de l'obligation de reclassement, il ne lui appartient pas d'établir qu'il n'a pas été satisfait à cette obligation.

Le juge doit former sa conviction au vu de l'ensemble des éléments du dossier :

– *« la matérialité des efforts de l'entreprise pour reclasser M. O. au sein du groupe, n'est pas établie par les pièces du dossier ; la société ne peut donc être regardée comme ayant satisfait à son obligation de reclassement » (CE, 30 oct. 1995, n° 149.718, Sté Castel Frères)* ;
– *« le tribunal a exercé son contrôle des décisions de l'inspecteur du travail en tenant compte de l'ensemble des éléments recueillis au cours de l'instruction qu'il avait conduite » (CE, 18 mars 1998, n° 170.077, Sté des Forges de Bologne)* ;
– *« la matérialité des efforts de la société pour reclasser Mme C. au sein du groupe n'était pas établie par la seule production d'une fiche attestant selon l'entreprise de quatre propositions de postes soumises à l'intéressée dont deux seulement étaient sérieuses, alors que (la salariée) faisait valoir, sans être contredite que ce document ne faisait que retranscrire le résultat de ses recherches personnelles » (CE, 1er déc. 1999, n° 193.333, Sté de conditionnement de produits européens)* ;
– *« l'offre d'emplois non qualifiés et rémunérés à un niveau plus de deux fois inférieurs à celui du salaire de l'intéressé ne peut être considérée comme une modalité sérieuse de reclassement alors que la société n'établit pas en quoi les emplois de cadre qu'elle a pourvus entre la demande de licenciement et la date où elle y a procédé n'auraient pu être proposés à l'intéressé, la circonstance, d'ailleurs pas mieux établie, qu'une formation ait été nécessaire au salarié pour les occuper ne suffisant pas à les exclure du champ de l'obligation de recherche d'un reclassement qui s'imposait à l'entreprise » (CE, 28 janv. 2004, n° 257.130, SA Groupe Envergure).*

S'il ne ressort pas de l'ensemble des pièces versées au dossier par les parties que le reclassement du salarié était impossible, le juge estime que l'administration a refusé à bon droit l'autorisation au motif que l'employeur n'avait pas satisfait à son obligation *(CE, 27 avr. 1998, n° 171.187, SA Cajofe).*

§ 3. DROIT AU RECLASSEMENT ET MODIFICATION DU CONTRAT DE TRAVAIL

411.2.3. – La recherche de reclassement doit être mise en œuvre même en cas de demande consécutive à un refus par le salarié d'une modification du contrat de travail *(CE, 1er févr. 1995, n° 112.705, Mutuelle Générale des PTT ; CE, 10 juin 1998, Sté Creeks, n° 165463, Tables p. 1204, RJS 1998 n° 1017 ; CE, 17 mai 2000, n° 194.963, Mutuelle générale de l'éducation nationale).*

Le juge judiciaire a adopté la même position concernant les salariés sans mandat : « *la proposition d'une modification de son contrat de travail, que le salarié pouvait refuser, ne dispensait pas l'employeur de son obligation de reclassement* » *(Cass. soc., 30 sept. 1997, n° 94-43.898, Bull. V n° 290, Dr soc 1997, p. 1097, note G. Couturier, RJS 1997, p. 756 n° 1222 ; Cass. soc., 25 nov. 2009, n° 08-42.755, Bull. V n° 267, RJS 2010 n° 163, RDT 2010, p. 103, note A. Fabre ; Cass. soc., 28 sept. 2011, n° 10-14.691, RJS 2011 n° 954).*

Il en a été jugé ainsi y compris lorsque la proposition de modification du contrat :

- résultait de la mise en place d'un nouveau statut social dans l'entreprise, l'employeur soutenant qu'il n'existait aucun poste disponible compatible avec ce refus *(Cass. soc., 27 mai 2009, n° 07-42.227, RJS 2009 n° 699)* ;
- portait sur la suppression des heures de nuit et que les emplois disponibles dans l'entreprise étaient de jour *(Cass. soc., 29 sept. 2009, n° 08-43.085, RJS 2009 n° 911).*

La liste des postes disponibles correspondant à la qualification du salarié, que l'employeur a l'obligation de proposer constitue une offre précise et personnalisée de reclassement, même s'ils comportent la modification refusée par l'intéressé pour son propre poste *(Cass. soc., 2 mars 2011, n° 09-67.333, RJS 2011 n° 405 ; Cass. soc., 2 juill. 2015, n° 14-11.896).* L'employeur est en outre tenu de proposer au titre des recherches de reclassement le poste refusé par le salarié au titre de la modification de son contrat de travail *(Cass. soc. 3 déc. 2014, n° 13-19.697Cass. soc., 18 mai 2022, n° 20-14.998, RJS 2022 n° 563 ; Cass. soc., 10 juill. 2024, n° 22-18.481).*

§ 4. DROIT AU RECLASSEMENT ET PLAN DE SAUVEGARDE DE L'EMPLOI

411.2.4. – La présentation par l'employeur d'un plan de sauvegarde de l'emploi *(PSE)* ne saurait le dispenser de son obligation à l'égard du salarié protégé.

A. L'état du droit antérieur à la loi du 14 juin 2013

411.2.4.1. – Il avait été jugé que même si l'entreprise avait présenté un document au comité d'entreprise intitulé « *plan social* », elle ne pouvait être regardée de ce seul fait comme ayant satisfait à son obligation dès lors qu'elle n'avait pas en réalité recherché s'il existait en son sein des emplois équivalents *(CE, 24 févr. 1988, n° 57.757, Sté Électro-Chimie ; CE, 1er déc. 1999, n° 193.333, Sté de conditionnement de produits européens).*

Cette position a été réaffirmée par la jurisprudence : « *la société se borne à soutenir que, dans le cadre du plan social qui accompagne son projet de restructuration, elle a recensé et diffusé auprès de l'ensemble des membres du personnel qui faisaient l'objet de mesures de licenciement économique, les informations sur les emplois offerts tant par elle-même que par les autres sociétés du groupe ; toutefois, les actions qu'elle a ainsi menées ne la dispensaient pas de procéder à un examen particulier de la situation de M. D.* » *(CE, 20 mars 1996, n° 152.851, SAT).*

La jurisprudence judiciaire a adopté la même position que le juge administratif : la présentation d'un PSE ne dispense pas l'employeur de procéder à une recherche effective des possibilités de reclassement pour chaque salarié concerné *(cf. n°* ***49.2.1.1****).*

Sous l'empire des dispositions antérieures à la loi n° 2013-504 du 14 juin 2013 confiant au DIRECCTE le contrôle de la validité du PSE, il n'entrait pas dans la compétence de l'autorité administrative et du juge administratif de trancher, dans le cadre d'une demande d'autorisation de licenciement d'un salarié protégé, les contestations relatives au contenu du PSE *(CE, 25 févr. 2015, n° 375.590, M. B).* Il en est de même dans le cadre régime légal résultant de cette loi.

Le juge administratif prenait toutefois en compte, pour apprécier le respect par l'employeur de ses obligations de reclassement à l'égard des salariés protégés, le fait que le plan social avait été annulé par le juge judiciaire *(CE, 12 oct. 2006, n° 287.489, Sté Sidel Filling Aseptic c. / M. Ferreiro, Tables p. 1086, concl. Y. Struillou, RDT 2006, n° 6).*

B. Les dispositions de la loi du 14 juin 2013

411.2.4.2. – Dans l'arrêt Milonga, rendu le 19 juillet 2017 *(CE, n° 391.849, Sté Milonga, Rec. p. 250, concl. S.-J. Lieber reproduites dans Sem. soc. Lamy n° 1802 du 12 févr. 2018, p. 32, RJS 2017 n° 686 ; cf. n°* ***47.4.2****)*, le Conseil d'État a adopté le même raisonnement en cas d'annulation, pour insuffisance du PSE, d'une décision de validation ou d'homologation du DIRECCTE.

§ 5. L'OBLIGATION DE RECHERCHER SÉRIEUSEMENT ET LOYALEMENT LES POSSIBILITÉS DE RECLASSEMENT

A. Le sérieux de la recherche des possibilités de reclassement

411.2.5.1. – Le Conseil d'État estime que la société qui « *n'a pas sérieusement cherché à reclasser l'intéressé* » n'a pas répondu à son obligation *(CE, 23 mars 1990, n° 83.682, Sté Génie civil de l'Ouest : CE, 29 mai 1987, n° 65.151, SA Entreprise générale d'électricité)*.

Si l'employeur propose à son salarié un reclassement au sein de la société à laquelle elle cède ses activités, cette proposition ne peut être regardée comme « *sérieuse* » en l'absence d'engagement de la part de cette société *(CE, 18 nov. 1996, n° 162.142, Sté Cophoc)*.

La jurisprudence du juge judiciaire traduit la même préoccupation ; ainsi, n'est pas regardé comme ayant satisfait à son obligation l'employeur qui :

– se borne à adresser une lettre circulaire aux entreprises du groupe « *sans engager une recherche effective des postes disponibles* » *(Cass. soc., 17 oct. 2001, n° 99-42.464 ; Cass. soc., 31 mars 2009, n° 07-45.065, RJS 2009 n° 511)* ;
– ne procède pas un examen individuel des possibilités de reclassement *(Cass. soc., 26 sept. 2006, n° 05-43.840, RDT 2006, p. 316, note P. Waquet)* ;
– transfère son obligation sur la salariée, à qui il est demandé de formuler des propositions d'activités *(Cass. soc., 2 avr. 2008, n° 07-40.640, RJS 2008 n° 651)* ;
– propose au salarié un poste incompatible avec son état de santé, compte tenu de la déclaration d'inaptitude établie par le médecin du travail *(Cass. soc., 17 mai 2000, n° 98-40.595, Bull. V n° 144 ; Cass. soc., 5 déc. 2012, n° 10-24.204, Bull. V n° 321)* ;
– adresse une seule offre désignant un employeur ne répondant pas à la demande présentée par le salarié *(Cass. soc., 19 janv. 2010, n° 08-44.316, RJS 2010 n° 326)*.

En revanche, en l'absence de possibilités de reclassement plus favorables, la circonstance que l'offre de reclassement soit assortie d'une période d'essai n'est pas de nature à priver le licenciement de son caractère sérieux *(CE, 26 juin 2002, n° 223.952, Fourmont, Tables p. 952, RJS 2002 n° 1256)*.

Dès lors que l'employeur choisit de mettre en œuvre l'obligation de reclassement en diffusant, comme le permet l'ordonnance n° 2017-1387 du 22 septembre 2017 *(C. trav., art. L. 1233-4 modifié)* la liste des postes disponibles à l'ensemble des salariés *(cf. n° **411.4.2**)*, le sérieux de la démarche engagée devrait selon nous être apprécié **notamment au regard** :

- du caractère exhaustif de la recherche des postes disponibles sur l'ensemble du périmètre à prendre en compte au titre du reclassement *(sur le cadre d'examen des possibilités de reclassement, cf. n° **411.3**)* ;
- de l'actualisation constante de la liste de ces postes disponibles ;
- de la présence de toutes les mentions requises par l'article D. 1233-2-1-II du Code du travail quel que soit le mode de communication des offres (envoi personnalisé ou diffusion de la liste des postes disponibles) ;
- de l'effectivité de sa diffusion à l'ensemble des salariés ;
- de la mention des critères de départage entre salariés en cas de candidatures multiples sur un même poste ;
- du respect du délai dont dispose le salarié pour présenter sa candidature écrite, l'article D. 1233-2-1 du Code du travail prescrivant un délai minimal de quinze jours francs, réduit à quatre jours francs en cas de redressement ou de liquidation judiciaire.

La présence des mentions prévues à l'article D. 1233-2-1-II ne saurait pour autant dispenser l'employeur de fournir au salarié les précisions demandées par celui-ci afin de pouvoir se déterminer en connaissance de cause.

B. Le caractère loyal de la recherche des possibilités de reclassement

411.2.5.2. – Cette obligation découle du principe général selon lequel les parties sont tenues d'exécuter de bonne foi le contrat qui les lie *(C. civ., art. 1134)* et qui est rappelé par l'article L. 1222-1 du Code du travail.

Le juge judiciaire a posé ce principe *(Cass. soc., 27 oct. 1998, n° 96-42.843, Bull. V n° 458, RJS 1998 n° 1457 ; Cass. soc., 7 avr. 2004, n° 01-44.191, Bull. V n° 114 ; Cass. soc., 23 janv. 2007, n° 05-43.986, RDT 2007, p. 175, obs. P. Waquet)*.

Ainsi, n'est pas regardé comme ayant satisfait à son obligation l'employeur qui :

- adresse le jour de l'entretien préalable une lettre aux responsables du groupe et prend la décision de licencier sans attendre leur réponse *(Cass. soc., 23 nov. 1999, n° 97-43.964 ; Cass. soc., 21 mars 2001, n° 99-43.108, RJS 2001 n° 584)* ou n'interroge qu'une partie des filiales du groupe et leur fixe un délai de réponse de 6 jours en plein mois d'août, sans produire ensuite les réponses obtenues *(Cass. soc., 15 févr. 2023, n° 21-19.711, RJS 2023 n° 249)*. En revanche, les possibilités de reclassement s'apprécient au plus tard à la date du licenciement. Dès lors, le licenciement n'est pas dépourvu de cause réelle et sérieuse, lorsque la société a attendu l'entretien préalable à son licenciement pour remettre au salarié les propositions de reclassement *(Cass. soc. 9 mai 2018, n° 16-16.583)* ; en l'espèce, le salarié, qui avait refusé ces offres, avait disposé d'un délai de réflexion suffisant à l'issue de cet entretien ;

– propose aux salariés, dans le cadre de la mise en œuvre d'un PSE, des mesures de reclassement dans une autre entreprise sans les informer loyalement des risques que peuvent présenter les emplois proposé *(Cass. soc., 6 juin 2007, n° 06-41.001, RJS 2007 n° 936 : en l'espèce le salarié avait conclu un contrat de travail avec une entreprise ayant déposé son bilan sept jours plus tard, l'employeur n'ignorant pas la situation critique de l'entreprise)* ;
– propose à un autre salarié, à un salaire plus élevé, l'offre de reclassement refusée par un salarié *(Cass. soc., 10 mai 2012, n° 11-14.635)*.

En revanche, satisfait à son obligation l'employeur qui a pris en temps utile l'attache de l'ensemble des sociétés du groupe pour rechercher les possibilités de reclassement et attendu leur réponse négative avant de procéder au licenciement *(Cass. soc., 23 mai 2007, n° 06-40.233, RJS 2007 n° 931)*.

Le juge administratif a adopté la même approche. Il a ainsi été jugé qu'avait méconnu son obligation la société qui « *s'est bornée à envoyer des lettres circulaires aux autres sociétés du groupe, sans engager préalablement une recherche effective des postes disponibles dans l'entreprise, puis dans les entreprises du groupe auquel elle appartenait (...) et n'a, en outre, pas même attendu la réponse à la totalité de ces courriers avant de présenter la demande d'autorisation de licenciement à l'administration* » *(CE, 28 janv. 2004, n° 257.130, Sté Groupe Envergure)*.

En cas de transmission des offres de reclassement par la diffusion de la liste des postes disponibles à l'ensemble des salariés, la loyauté de la démarche engagée devrait selon nous être appréciée **notamment** au regard :

– de l'effectivité de la transmission des informations énumérées au n° **411.2.5.1** et de leur degré de précision ;
– des réponses apportées aux demandes de précision faites le cas échéant par les salariés ;
– de la détermination et des conditions de mise en œuvre des critères de départage à définir en application de l'article D. 1233-2-1 *(cf. n°* ***411.4.2.2****)*.
– de l'absence de discrimination, et notamment de celles figurant à l'article L. 1132-1 du Code du travail.

§ 6. LA PRIORITÉ AU RECLASSEMENT SUR UN EMPLOI ÉQUIVALENT

A. Le principe du reclassement sur un emploi équivalent

1. *L'approche du juge administratif*

411.2.6.1.1. – En 1977, le Conseil d'État n'avait pas reconnu au salarié protégé un droit, en tant que tel, au reclassement dans un emploi équivalent, notamment en raison du fait qu'un tel droit n'était pas reconnu aux autres salariés *(CE, sect., 18 févr. 1977, Abellan, Rec. p. 97, concl. P. Dondoux, Dr soc 1997, p. 168)*. Toutefois, la jurisprudence administrative a donné la priorité au reclassement interne : c'est en effet le reclassement interne qui permet la poursuite de l'exercice des fonctions représentatives.

Le juge administratif a adopté une attitude très pragmatique : l'entreprise doit privilégier le reclassement aux meilleures conditions possibles, tant du point de vue de l'intérêt personnel du salarié que de l'intérêt de l'ensemble du personnel qu'il représente. À ce titre, doit être privilégié le reclassement sur un emploi équivalent, si un tel emploi est disponible :

– *« en se bornant à une seule proposition, qui emportait modification substantielle du contrat de travail de Mme D. et de M. C., et alors qu'elle n'établit pas qu'elle aurait été dans l'impossibilité d'assurer leur reclassement dans de meilleures conditions, notamment, dans des emplois équivalents, la société ne peut être regardée comme ayant fait les efforts nécessaires de reclassement lui incombant » (CE, févr. 1989, n° 83.294, SA Olida)* ;

– *« il n'était pas établi que la société ait été dans l'impossibilité d'assurer le reclassement des huit salariés dont le licenciement était envisagé dans des emplois équivalents à ceux qu'ils occupaient » (CE, 18 mars 1998, n° 170.077, Sté des Forges de Bologne ; CE, 12 janv. 2011, n° 327.178, 327.191 à 327.195, 327.726 et 327.727, M. A et autres, RJS 2011 n° 351)* ;

– *« la cour administrative d'appel ne pouvait, sans commettre d'erreur de droit, déduire que la société Pages Jaunes avait satisfait à son obligation de reclassement du fait qu'il n'existait pas en son sein d'emploi équivalent à celui que M. A occupait précédemment et que des offres sérieuses de reclassement sur des emplois de catégorie inférieure lui avaient été faites, sans avoir vérifié si la société établissait l'absence d'emploi équivalent au sein du groupe auquel elle appartenait » (CE, 19 oct. 2011, n° 344.951, M. A.)*.

En application de cette règle, dès lors qu'il opte pour l'envoi personnalisé d'offres de reclassement à chaque salarié, l'employeur doit proposer un poste équivalent, si un tel poste est disponible.

« L'employeur doit fournir des précisions sur la nature du poste offert afin de permettre à l'inspecteur du travail d'apprécier le caractère suffisant de la proposition tant au regard du contrat de travail que de la

possibilité pour le salarié d'exercer son mandat représentatif » (CE 15 avr. 1996, Carle, n° 151.474, RJS 1996 n° 687 ; cf. également B. Desjardins, « Licenciement des personnes protégées », dans Droit de l'emploi, Dalloz).

L'autorité administrative doit vérifier le caractère équivalent de l'emploi de reclassement offert ; à défaut de procéder à cette vérification, la décision d'autorisation est illégale *(CE, 15 juin 2005, n° 254.728, M. Elisabeth, Tables p. 1125, RJS 2005 n° 1003).*

2. *L'approche du juge judiciaire*

411.2.6.1.2. – La Cour de cassation a précisé que l'emploi proposé devait relever *« de la même catégorie, ou, à défaut d'une catégorie inférieure » (Cass. soc., 8 avr. 1992, n° 89-41.548, Bull. V n° 258).*

3. *La consécration de la jurisprudence par le législateur*

411.2.6.1.3. – La loi n° 2002-73 du 17 janvier 2002 de modernisation sociale a consacré la jurisprudence. L'article L. 1233-4 du nouveau Code du travail, inséré dans une subdivision intitulée « Obligations d'adaptation et de reclassement », dispose que : « *Le reclassement du salarié s'effectue sur un emploi relevant de la même catégorie que celui qu'il occupe ou sur un emploi équivalent. À défaut, et sous réserve de l'accord exprès du salarié, le reclassement s'effectue sur un emploi d'une catégorie inférieure* ».

Cet article a été modifié par la loi n° 2010-499 du 18 mai 2010 : le deuxième alinéa est rédigé comme suit : « *Le reclassement du salarié s'effectue sur un emploi relevant de la même catégorie que celui qu'il occupe ou sur un emploi équivalent* ***assorti d'une rémunération équivalente****. À défaut, et sous réserve de l'accord exprès du salarié, le reclassement s'effectue sur un emploi d'une catégorie inférieure.* » La précision apportée par la loi reprend ainsi la jurisprudence judiciaire et administrative.

B. La notion d'emploi équivalent

1. *L'approche du juge administratif*

411.2.6.2.1. – Pour déterminer si l'emploi est équivalent, plusieurs éléments de comparaison sont à examiner :

- la qualification : l'offre doit porter « *sur un emploi correspondant au niveau de qualification du salarié » (cf. conclusions Dondoux, 18 févr. 1977, Abellan, préc.)* ;
- la rémunération et les responsabilités *(CE, 10 févr. 1978, n° 95.006, ministre de l'Agriculture c./ Galy, n° 95.006, Rec. p. 63, concl. Mme Latournerie)* ;
- la nature de l'emploi *(CE, 28 févr. 1992, n° 116.597, Comité d'établissement régional Paris-Nord SNCF, Tables p. 1349, RJS 1992 n° 891).* Le Conseil d'État a ainsi estimé qu'un emploi de chauffeur

ne pouvait être regardé comme équivalent à un emploi de serrurier *(CE, 6 nov. 1981, n° 24.748, Sté Électricité Travaux Techniques)* ;
- les avantages de carrière *(CE, 27 mai 1988, n° 71.690, Mlle Mestre-Mel c. / Gibert-Jeune)* ;
- la possibilité de continuer à exercer les fonctions représentatives *(CE, 28 févr. 1992, n° 116.597, Comité d'établissement régional Paris-Nord SNCF, Tables p. 1349, RJS 1992 n° 891)*.

Une offre d'emploi équivalent constitue une offre satisfaisante de reclassement.

Si l'employeur propose un emploi équivalent, le fait que le salarié aurait préféré un autre poste vacant dans l'entreprise est dépourvu d'effet *(CE, 28 févr. 1992, n° 116.597, Comité d'établissement régional Paris-Nord SNCF, Tables p. 1349, RJS 1992 n° 891)*.

Un salarié ne peut prétendre à un poste que s'il dispose des compétences requises pour y être affecté. À défaut, le juge a pu considérer que le reclassement était impossible, le salarié ne présentant pas les qualités exigées par l'emploi demeuré vacant *(CE, 26 février 1988, n° 76.547, Mehalegue ; cf. n° **411.6** sur le devoir d'adaptation)*.

2. L'approche du juge judiciaire

411.2.6.2.2. – Le juge judiciaire retient également les critères tirés de la nature de l'emploi, de l'ancienneté et de la rémunération.

Cette approche retient des critères proches de celui de la qualification mais plus larges : les compétences du salarié *(pour un exemple : Cass. soc., 17 févr. 1998, Sté Eclatec c. / Poirson, n° 95-45.261, Bull. V n° 86, RJS 1998, p. 434)* ou ses capacités *(Cass. soc., 04 avr. 1995, n° 93-45.693)* ou, simultanément ces deux critères *(Cass. soc., 24 oct. 1995, n° 94-40.203 : « le reclassement ne peut être envisagé que dans un emploi compatible avec les capacités et la compétence du salarié » ; dans le même sens : Cass. soc., 12 déc. 2013, n° 12-22.311)*.

Il convient, toutefois, de ne pas donner une portée excessive à la différence des termes employés par les juges administratif et judiciaire : le juge administratif utilise également la notion de « *capacités* » pour apprécier les possibilités de reclassement sur les emplois disponibles *(CE, 26 févr. 1988, n° 76.547, Mehalegue)* et le juge judiciaire la notion de qualification *(Cass. soc., 9 juill. 1997, n° 94-43.709, Bull. V n° 262 ; Cass. soc.,7 juill. 2009, n° 08-40.321, RJS 2009 n° 774)*.

Si des reclassements sont envisagés sur des postes ne correspondant pas à la qualification des salariés, une offre sérieuse de formation doit leur être proposée pour leur permettre de postuler utilement aux emplois offerts *(Cass. soc., 7 juill. 2004, n° 02-44.613)*.

§ 7. LA PROPOSITION DE RECLASSEMENT SUR UN EMPLOI DE CATÉGORIE SUPÉRIEURE

A. Le caractère subsidiaire de la proposition de reclassement sur un emploi de catégorie supérieure

411.2.7.1. – Le principe du reclassement sur un emploi équivalent, lorsque celui-ci est disponible, a pour conséquence que l'employeur qui se borne à proposer un emploi relevant d'une qualification supérieure, sans rechercher les possibilités de reclassement sur un emploi équivalent, ne peut pas être regardé comme ayant satisfait à ses obligations *(CE, 11 janv. 1995, n° 142.037, Eymard, RJS 1995 n° 530).*

B. L'absence de droit du salarié au reclassement sur un emploi de catégorie supérieure

411.2.7.2. – Le salarié ne peut prétendre être reclassé sur un emploi relevant d'une qualification supérieure, sauf accord de l'employeur *(CE, 31 mars 1995, n° 135.119, Fondation Mequignon).*

La position du juge judiciaire rejoint donc celle du juge administratif, dès lors que l'employeur n'a pas l'obligation, dans le cadre de son devoir d'adaptation, de donner à son salarié une formation qualifiante *(Cass. soc., 21 juin 2000, n° 98-43.742, RJS 2000 n° 923 ; cf. n°* ***411.6.3.2*** *sur les limites du devoir d'adaptation).*

§ 8. LA PROPOSITION DE RECLASSEMENT SUR UN EMPLOI DE CATÉGORIE INFÉRIEURE

A. La jurisprudence

411.2.8.1. – La proposition d'un reclassement sur un emploi de catégorie inférieure ne peut intervenir qu'après une étude sérieuse des possibilités de reclassement dans un emploi correspondant aux capacités et à l'expérience du salarié. À défaut, l'employeur méconnaît son obligation et manque de loyauté dans son exécution *(Cass. soc., 12 juill. 2006, n° 04-44.714, RJS 2006 n° 1045).*

Lorsque la recherche d'un emploi équivalent n'a pas abouti, l'employeur est-il tenu de rechercher et de proposer au salarié un emploi de catégorie inférieure disponible dans l'établissement, l'entreprise ou le groupe.

En cas d'appartenance à un groupe, le reclassement est d'abord recherché sur un poste équivalent à celui du salarié, dans l'entreprise, puis dans les autres sociétés du groupe. Ce n'est qu'à défaut d'emploi équivalent dans l'entreprise et dans le groupe que l'employeur peut proposer un reclassement sur un emploi de catégorie inférieure *(Cass. soc., 13 sept. 2006, n° 04-43.763).*

– Le juge judiciaire a répondu par l'affirmative

« Dans le cadre de son obligation de reclassement dans l'entreprise, l'employeur doit, en cas de suppression ou de transformation d'emploi, proposer aux salariés concernés des emplois disponibles de même catégorie, ou, à défaut, de catégorie inférieure, fût-ce par voie de modification substantielle des contrats de travail » (Cass. soc., 8 avr. 1992, n° 89-41.548, Bull. V n° 258 ; Cass. soc., 27 oct. 1998, n° 96-42843, Bull. V n° 458, RJS 1998 n° 1457 ; Cass. soc., 27 mai 2015, n° 13-18.313, RJS 2015 n° 552 : également rappel de l'obligation pour l'employeur d'assurer au besoin l'adaptation de ces salariés à une évolution de leur emploi).

Ainsi, doivent alors être proposés au salarié tous les emplois de catégorie inférieure en rapport avec ses compétences et ses aptitudes, sans présumer à l'avance un refus de sa part *(Cass. soc., 22 juin 2011, n° 09-73.035, RJS 2011 n° 765)*. Ce dernier n'est pas obligé d'accepter le poste de catégorie inférieure proposé.

– Le juge administratif a adopté la même position

Le reclassement, sur un emploi inférieur assorti d'une baisse de rémunération, avait déjà été admis pour un salarié responsable de la fabrication d'un matériel, eu égard au niveau de ses responsabilités, de sa rémunération et de l'importance de l'entreprise *(CE, 25 nov. 1983, n° 36.511, M. Bombardier)*.

En l'absence de toute possibilité de reclasser l'intéressé dans un emploi équivalent, à l'intérieur de l'entreprise et au sein du groupe, une offre de reclassement dans un emploi inférieur a été jugée satisfaisante dans plusieurs espèces *(CE, 10 mars 1997, n° 164.645 SAA.T.P. ; CE, 17 nov. 2000, n° 197.383, M. David, Tables p. 1270)*. L'employeur peut être regardé comme ayant satisfait à son obligation même en l'absence de maintien de la rémunération antérieure.

A fortiori, dans le cas où, en l'absence d'un emploi équivalent, l'entreprise propose un emploi qui correspond à un niveau inférieur de qualification en décidant de maintenir la rémunération du salarié, elle doit être regardée comme ayant satisfait à son obligation *(CE, 24 févr. 1978, Béghin, Rec. p. 958 ; CE, 5 févr. 1982, Centre interrégional Provence Côte d'Azur, n° 15.478 et 16.159 Rec. p. 768 ; CE 14 juin 1990, Mme Bagneris, n° 161.401 et 161.778)*.

La proposition faite au salarié d'occuper son poste à mi-temps a été jugée comme satisfaisante, en l'absence de possibilité de reclassement sur un autre emploi équivalent à temps plein *(CE, 29 déc. 1997, n° 160.838, Sté Teinture Hugo-Soie, RJS 1998 n° 331)*.

B. La consécration législative

411.2.8.2. – La loi n° 2002-73 du 17 janvier 2002 de modernisation sociale a consacré la jurisprudence *(C. trav., art. L. 1233-4)*. L'article L. 1233-4 du Code du travail *(modifié par la loi n° 2010-499 du 18 mai 2010)* inséré dans une subdivision intitulée « Obligations d'adaptation et de reclassement », dispose que : « *Le reclassement du salarié s'effectue sur un emploi relevant de la même catégorie que celui qu'il occupe ou sur un emploi équivalent assorti d'une rémunération équivalente. À défaut, et sous réserve de l'accord exprès du salarié, le reclassement s'effectue sur un emploi d'une catégorie inférieure* ».

C. La proposition de bonne foi d'un reclassement sur un emploi de catégorie inférieure

411.2.8.3. – « *L'employeur, tenu d'exécuter de bonne foi le contrat de travail, ne doit proposer au salarié, dont le licenciement pour motif économique est envisagé, un emploi disponible de catégorie inférieure qu'à défaut de possibilités de reclassement dans un emploi de même catégorie correspondant à sa qualification* » *(Cass. soc., 12 juill. 2006, n° 04-44.714, RJS 2006 n° 1045)*.

La délégation générale à l'emploi et à la formation professionnelle du ministère du travail avait précisé par voie de circulaire que « *la proposition d'une entreprise des postes au sein du groupe, dans des unités de production à l'étranger, pour des salaires très inférieurs au SMIC, ne peut être considérée comme sérieuse* » et que « *les propositions de reclassement interne (...) doivent être sérieuses pour être considérées comme ayant été faites de bonne foi* » *(circulaire DGEFP n° 2006 du 23 janv. 2006 relative à l'appréciation de propositions de reclassement à l'étranger)*.

§ 9. LE RECLASSEMENT INTERNE AUX MEILLEURES CONDITIONS POSSIBLES

A. Le principe

411.2.9.1. – L'employeur ne satisfait à son obligation en proposant un reclassement que si celui-ci offre les meilleures conditions possibles, compte tenu des postes disponibles, tant du point de vue de l'intérêt personnel du salarié que des conditions d'exercice de ses fonctions représentatives *(CE, 30 juill. 1997, n° 170.315, SA Arjowiggins, RJS 1997 n° 1113 ; CE, 28 janv. 2004, n° 257.130, Sté Groupe Envergure)*.

B. L'appréciation des meilleures conditions possibles au regard de la situation personnelle du salarié

411.2.9.2. – Il a ainsi été jugé que l'obligation de reclassement n'avait pas été respectée dans les affaires suivantes :

– « *seul un emploi d'ouvrier spécialisé a été proposé à titre de reclassement à M.O. qui occupait un emploi de contremaître alors qu'un emploi d'ouvrier qualifié était disponible » (CE, 1er mars 1985, n° 43.106, MM. Hom et Mailhes)* ;

– « *en se bornant à formuler une seule proposition, qui comportait une modification substantielle du contrat de travail de M.K., avec une réduction de salaire de l'ordre de 40 %, et alors qu'elle n'établit pas qu'elle aurait été dans l'impossibilité d'assurer le reclassement de ce dernier, eu égard à sa qualification, notamment dans les autres sociétés du groupe auquel elle appartient, la société ne peut être regardée comme ayant fait les efforts nécessaires de reclassement lui incombant » (CE, 6 janv. 1995, n° 140.592, M. Karlen)* ;

– « *la demande d'autorisation de licenciement pour motif économique était fondée sur le motif tiré de la fermeture de l'atelier dit "manuel" et sur le transfert en région parisienne de l'activité effectuée au sein dudit atelier ledit transfert n'a été que partiel, trois postes de travail étant maintenus à l'intérieur de l'atelier "manuel", et la création d'un nouvel atelier, où devait être affecté du personnel de l'établissement, avait été décidée la société qui s'est bornée à proposer une mutation, assortie de mesures d'accompagnement d'ordre financier, dans l'établissement situé en région parisienne, alors qu'il n'est pas établi qu'elle aurait été dans l'impossibilité d'assurer leur reclassement sur le site de Seclin, ne peut être regardée comme ayant fait les efforts de reclassement lui incombant » (CE, 25 oct. 1995, n° 148.033, Sté Yoshida France)* ;

– « *la société a proposé à M. K. de le reclasser comme responsable du "réseau détail"... ces fonctions ne comportaient ni les mêmes responsabilités, ni la même rémunération que l'emploi occupé elles ne pouvaient être regardées comme équivalentes alors qu'un poste de "chef des ventes" lui était proposé, les filiales du groupe recrutaient massivement de nouveaux salariés et notamment un "directeur commercial" et un "directeur national des ventes" ; ainsi, la société Flodor n'a pas satisfait à l'obligation de recherche de reclassement qui lui incombe » (TA 21 nov. 1995, n° 198.352, M. Kheirat, confirmé par le Conseil d'État, 31 janv. 2001, n° 198.352, RJS 2001 n° 890 : l'employeur n'a pas examiné les possibilités de reclassement « dans des fonctions comparables à celles » occupées par le salarié)* ;

– si la société « *a proposé à M. E, un poste de vendeur avec une formation de six mois, elle s'est bornée à cette offre qui ne correspondait pas aux compétences (du salarié) et modifiait de manière substantielle ses conditions de travail et sa rémunération ; elle ne conteste pas avoir reclassé les deux autres "fichistes" dans des emplois administratifs, et elle n'établit pas qu'un poste de même nature et de niveau équivalent n'aurait pas été disponible » (CE, 14 juin 1996, n° 148.028, Sté industrielle des automobiles de Provence)* ;

– la société « *a proposé aux trois salariés d'être reclassés, soit dans un laboratoire situé à Villejuif, exploité par une filiale de la société, sur des postes qui entraînaient une baisse de salaires et l'obligation d'effectuer des horaires nocturnes, soit dans son établissement de Chalon-sur-Saône* », mais n'a pas proposé « *sur son établissement de Marne-la-Vallée des postes disponibles équivalents* » *(CE, 30 juill. 1997, n° 172.226, M. Henrion et autres)* ;
– « *la société s'est bornée à une seule proposition pour un emploi de trieuse-emballeuse dans son établissement de Palalda (Pyrénées-Orientales) qui impliquait pour la salariée un déclassement, une baisse de rémunération et une mutation à 1 000 km de sa résidence familiale ; il ne ressort pas des pièces qu'elle aurait été dans l'impossibilité d'assurer son reclassement dans de meilleures conditions et dans un emploi équivalent dans son usine de Crèvecœur (Seine-et-Marne)* » *(CE, 30 juill. 1997, n° 170.315, SA Arjowiggins, RJS 1997 n° 1113)* ;
– « *en ne lui proposant qu'un poste comportant, outre des activités de contrôle et de suivi de commandes, du magasinage, consistant notamment à manipuler les carrelages destinés à la livraison, alors que des propositions de travail de secrétariat avaient été faites, et d'ailleurs refusées à une autre salariée, la société Dupont Sanitaire Chauffage ne peut être regardée comme ayant satisfait à l'obligation qui lui incombait de s'efforcer de reclasser Mme L. dans l'entreprise* » *(CE, 18 mars 1998, n° 168.017, Mme Lejeune)*.

En revanche, il a été jugé qu'avait satisfait à son obligation la société qui soutenait « *sans être utilement contredite, qu'elle ne pouvait assurer le reclassement de Mlle B. dans l'établissement de Cessieu dans la mesure où cela l'aurait conduite à licencier un autre salarié à la place de l'intéressée* » et qui avait proposé à l'intéressé « *une mutation avec aide à la mobilité pour un emploi dans l'établissement de la Mure, seul établissement non touché par les licenciements* » *(CE, 29 avr. 2002, n° 223.443, Sté L'unité hermétique)*.

La proposition de reclassement doit être produite par l'employeur avec des « *précisions sur la nature du poste offert permettant d'apprécier le caractère suffisant de cette proposition de reclassement, au regard du contrat de travail de l'intéressé, du montant de sa rémunération (...)* » *(CE, 15 avr. 1996, n° 151.474, M. Carle, RJS 1996 n° 687)*.

C. L'appréciation des meilleures conditions possibles au regard des conditions d'exercice des fonctions représentatives

411.2.9.3. – Sur un plan général, l'emploi proposé doit permettre au salarié, sauf impossibilité dûment établie *(CE, 3 juill. 2013, n° 342.291, Kodjovi Anani, Rec. p. 188, RJS 2013 n° 701, Dr soc 2013, p. 1004 concl.*

G. Dumortier, pour une entreprise en cessation totale d'activité), de continuer à exercer son mandat.

Ce principe a été affirmé par les décisions suivantes :

– « *après la fermeture pour cause économique de l'atelier il appartenait à la coopérative agricole de rechercher pour le sieur G. comme elle l'avait fait pour les trois autres salariés, un emploi équivalent à celui qui se trouvait supprimé et qui permette à l'intéressé de continuer à assumer les responsabilités syndicales qui lui avaient été confiées* » *(CE, 10 févr. 1978, n° 95.006, ministre de l'Agriculture et Galy, Rec. p. 63)* ;
– la société qui « *se borne à faire état de la possibilité ouverte à une vingtaine de salariés licenciés de suivre un stage de formation [et] n'a pas recherché s'il était possible de proposer à M. G., dans l'entreprise, un emploi équivalent à celui qui se trouvait supprimé, et qui lui permette de continuer à assumer ses responsabilités syndicales* » n'a pas satisfait à son obligation *(CE, 16 janv. 1985, n° 44.111, SN du Saut du Tarn, Tables p. 793)*.

L'employeur doit présenter « *les précisions sur la nature du poste offert permettant d'apprécier le caractère suffisant de cette proposition de reclassement et de la possibilité d'exercer son mandat représentatif* » pour l'intéressé *(CE, 15 avr. 1996, n° 151.474, M. Carle, RJS 1996 n° 687)*.

L'effort de reclassement doit, par conséquent, tenir compte, non seulement de la situation particulière du salarié, notamment de sa qualité de travailleur handicapé, mais également des conditions d'exercice de ses mandats. Pour autant, l'employeur ne saurait être tenu de proposer un emploi qui n'existe pas *(concl. G. Dumortier sous l'arrêt CE, 3 juill. 2013, n° 342.291, M. Kodjovi Anani, Rec. p. 188)*.

Un conflit peut, dans certains cas, se révéler entre plusieurs possibilités de reclassement :

– une offre qui permet au salarié de continuer à exercer son mandat mais qui n'est pas intéressante pour lui sur le plan professionnel ou personnel ;
– une offre intéressante sur le plan professionnel et personnel mais qui ne permet plus d'exercer le mandat de manière satisfaisante ou oblige à y renoncer.

À notre connaissance, le juge administratif n'a pas encore été amené à se prononcer sur une telle question. Dans une telle hypothèse, l'employeur devrait proposer les deux offres de « *manière loyale* ».

SECTION 3
Le cadre d'examen des possibilités de reclassement

§ 1. LES CADRES DES RECHERCHES DU RECLASSEMENT

411.3.1. – Le reclassement du salarié doit être recherché sur les emplois disponibles, situés sur le territoire national **dans l'entreprise ou les autres entreprises du groupe dont l'entreprise** fait partie et dont l'organisation, les activités ou le lieu d'exploitation assurent la permutation de tout ou partie du personnel *(C. trav., art. L. 1233-4)*.

La recherche des possibilités de reclassement doit toutefois être effectuée dans l'ordre suivant :

– en priorité, dans le cadre de l'établissement où le salarié protégé travaille ;
– dans le cadre de l'entreprise, si la recherche dans le cadre de l'établissement s'est avérée vaine ou si l'entreprise ne comporte qu'un seul établissement.

L'ordre dans lequel le reclassement interne doit être recherché – l'établissement, l'entreprise, le groupe – n'est pas indifférent : doivent en effet être privilégiés les reclassements qui assurent au salarié la poursuite de ses fonctions représentatives.

Ainsi si l'employeur a recherché et offert au salarié protégé des offres de reclassement dans un autre établissement de l'entreprise ou dans le groupe, sans avoir au préalable recherché les possibilités de reclassement au sein de l'établissement où est employé l'intéressé, il ne peut être regardé comme ayant satisfait à ses obligations *(CE, 30 déc. 1996, n° 172.637, Ministre du Travail c./ Sté Saunier Duval Électricité, Tables p. 1191, RJS 1997 n° 177)*. Il en est de même si l'employeur propose des reclassements au niveau du groupe sans avoir au préalable recherché les possibilités au sein de l'entreprise *(CE, 20 mars 1996, Sté Causse-Walon, n° 162.927, Tables p. 1193, RJS 1996 n° 570)*.

§ 2. LA HIÉRARCHIE DES CADRES DE RECHERCHE DU RECLASSEMENT

411.3.2. – Selon G. Bachelier, « *Le cadre de la recherche du reclassement se décline selon une hiérarchie bien précise : d'abord dans l'établissement, puis, à défaut, dans l'ensemble des établissements comparables de l'entreprise, puis, à défaut, et au cas où l'entreprise appartient à un groupe, dans l'ensemble des sociétés du groupe. Le reclassement interne à l'entreprise est prioritaire* » *(concl. G. Bachelier, RJS 1999, p. 631)*. Cette hiérarchie découlait du souci d'assurer la poursuite de l'exercice des fonctions représentatives.

Le reclassement dans l'entreprise prime sur le reclassement dans le groupe, qui suppose un changement d'employeur.

Il résulte toutefois la rédaction en vigueur de l'article L. 1233-4 *(cf. n° **411.3.1**)* que ce principe ne saurait fonder une démarche restrictive dans la recherche de reclassement, **l'objectif étant en tout état de cause la proposition d'un reclassement aux meilleures conditions possibles**.

Ainsi, le Conseil d'État a considéré qu'il doit être « *procédé à une recherche sérieuse des possibilités de reclassement du salarié, **tant au sein de l'entreprise que dans les entreprises du groupe auquel elle appartient*** » *(CE, 30 mai 2016, n° 387.338, Mme M. c. / Sté Broceliande-ALII, Rec. p. 189, concl. G. Dumortier ; dans le même sens : CE, 21 sept. 2016, n° 383.940, M ; Simon c. / Sté Inéos Manufacturing France, Tables p. 981, concl. S.-J. Lieber ; CE, 9 mars 2016, n° 384.175, Sté Études techniques Ruiz, Rec. p. 66)*.

A. La priorité au reclassement interne à l'entreprise pour assurer la continuité de l'exercice du mandat

411.3.2.1. – Le reclassement interne dans l'entreprise est prioritaire :

- « *si la société a présenté au comité d'entreprise le document intitulé projet de plan social et selon lequel elle devait s'efforcer de rechercher le plus grand nombre possible de reclassement, soit par mutation à l'intérieur du groupe, soit à l'extérieur de l'entreprise, il ressort des pièces du dossier que l'employeur n'a pas, en réalité, recherché s'il était possible de proposer à MM. L., C. et C. dans l'entreprise des emplois équivalents à ceux qui se trouvaient supprimés et qui leur auraient permis de continuer à assumer leurs fonctions représentatives* » *(CE, 14 févr. 1988, n° 57.757, Sté Électro-Chimie)* ;
- « *la société ne pouvait, en cherchant des possibilités de reclasser l'intéressé à l'extérieur de l'entreprise, être considérée comme ayant satisfait à ses obligations que pour autant qu'aucun emploi de reclassement interne à l'entreprise n'était envisageable* » *(CE, 29 déc. 1995, n° 109.626, Sté Compagnie européenne pour l'équipement ménager)* ;
- l'employeur qui établit avoir effectué des démarches en vue du reclassement externe de son salarié ne peut être regardé de ce seul fait comme ayant satisfait à son obligation faute « *d'avoir préalablement examiné les possibilités de reclassement de M. T. au sein même de l'entreprise* », cet examen étant « *prioritaire* » *(CE, 20 mars 1996, n° 162.927, Sté Causse-Walon, Tables p. 1193, RJS 1996 n° 570)* ;
- « *la société n'a pas essayé de reclasser l'intéressé dans l'un des autres établissements constituant l'entreprise, y compris, à défaut de proposition plus satisfaisante, dans un établissement imposant une*

mutation géographique du salarié » (CE 27 juin 1997, n° 161.026, Sté Dassault-Aviation) ;

– *« il n'est pas établi que tout reclassement de l'intéressé au sein de l'établissement auquel il était rattaché ou de l'entreprise aurait été impossible » (CE, 27 avr. 1998, n° 171.114, SNPE).*

B. À l'intérieur de l'entreprise, avec une priorité au reclassement au sein de l'établissement pour assurer la continuité de l'exercice du mandat

411.3.2.2. – Le reclassement doit être étudié au sein de l'établissement, en priorité *(CE, 30 déc. 1996, n° 172.637, Ministre du Travail c. / Sté Saunier Duval électricité, Tables p. 1191, RJS 1997 n° 177 ; CE, 8 janv. 1997, n° 171.807, Sté des grands magasins de l'Ouest, Tables p. 1029, RJS 1997 n° 175)*, ainsi que dans l'entreprise, sur les possibilités existantes au siège social et dans les autres établissements *(CE, 31 juill. 1992, n° 105.670, Sté française de supermarchés)*.

§ 3. LA RECHERCHE DES POSSIBILITÉS DE RECLASSEMENT DANS LE CADRE DU GROUPE

A. Le principe

411.3.3.1. – Le juge administratif et le juge judiciaire ont posé le principe selon lequel, lorsque l'entreprise appartient à un groupe, l'employeur est tenu de rechercher les possibilités de reclassement au sein des entreprises de ce groupe :

– les décisions du juge administratif sont nombreuses sur cette question *(CE, 23, avr. 1982, n° 33.485, SA Maisons Florilege, Tables p. 768 ; CE, 11 juin 1993, n° 139.418, SA Éts Jacquemard, Tables p. 1069, RJS 1993 n° 893 ; CE, 10 juin 1998, n° 165.463, Sté Creeks, Tables p. 1204 ; CE, 17 nov. 2000, n° 208.993, M. Bruley)*. La recherche au niveau du groupe s'impose également en cas de fermeture totale de l'entreprise : dans ce cas, l'inspecteur du travail doit vérifier « *si la possibilité d'assurer, le cas échéant, le reclassement du salarié, dans les sociétés du groupe auquel appartient la société dont la cessation totale d'activité est prononcée, a été examinée » (CE, 30 oct. 1985, n° 40.203, Garnier, syndic de la liquidation des biens de la S.A.R.L. Engineering et ouvrages d'art, Rec. p. 306)* ;

– le juge civil a estimé qu'« *en cas d'impossibilité de reclassement dans l'entreprise, si celle-ci fait partie d'un groupe, la recherche des possibilités de reclassement doit s'apprécier à l'intérieur du groupe » (Cass. soc., 25 juin 1992, n° 90-41.244, Bull. V n° 420, Dr soc 1992, p. 826 ; Cass. soc., 19 déc. 2007, n° 06-41.817, RJS 2008 n° 157)* ;

– il en va de même pour le juge administratif, selon lequel « *la circonstance que M. A n'aurait pas pu continuer à exercer ses fonctions représentatives dans une autre société du groupe ne dispensait pas la société Pages Jaunes de chercher à le reclasser sur un emploi équivalent dans les autres sociétés du groupe auquel elle appartenait* » *(CE, 12 janv. 2011, n° 327.726, Samatan).*

La dissolution de la société ne dispense pas l'employeur de son obligation de rechercher les possibilités de reclassement dans le groupe *(Cass. soc., 17 juin 2009, n° 07-44.429, RJS 2009 n° 775).*

Le principe de la recherche des possibilités de reclassement au niveau du groupe a été consacré par le droit positif *(cf. n° **49.1.3.5**).*

B. Les modalités de mise en œuvre

411.3.3.2. – L'employeur doit adresser aux entreprises du groupe des informations précises concernant les emplois des salariés visés par les licenciements *(Cass. soc., 14 juin 2005, n° 03-44.310).*

L'employeur qui interroge toutes les sociétés du groupe sur l'existence de postes vacants ou susceptibles d'être créés et qui reçoit de ces dernières une réponse négative excluant toute possibilité de reclassement a été jugé comme ayant rempli son obligation *(Cass. soc., 14 janv. 2009, n° 07-42.056, RJS 2009 n° 235).*

La chambre sociale a jugé que si plusieurs salariés d'entreprises différentes se trouvent en concurrence sur des postes de reclassement disponibles dans l'une ou l'autre entreprise du groupe, la priorité doit être donnée, à qualification comparable, aux salariés de l'entreprise au sein de laquelle des postes se trouvent disponibles *(Cass. soc., 11 déc. 2001, n° 99-44.291, Bull. V n° 379, RJS 2002 n° 155, Dr soc 2002, p. 222, obs. G. Couturier).* Cette position est logique dès lors que le reclassement du salarié doit être envisagé en premier lieu dans son entreprise.

Toutefois, l'employeur reste le seul débiteur de l'obligation de reclassement : une société relevant du même groupe que l'employeur n'est pas, en cette seule qualité, débitrice envers les salariés qui sont au service de ce dernier d'une obligation de reclassement et qu'elle ne répond pas, à leur égard, des conséquences d'une insuffisance des mesures de reclassement prévues dans le PSE *(Cass. soc., 27 mai 2009, n° 07-44.022, RJS 2009 n° 700 ; Cass. soc., 13 janv. 2010, n° 08-15.776, Bull. V n° 5, RJS 2010 n° 247).*

Il en va autrement :

– soit lorsqu'une société du groupe s'est comportée en co-employeur ou s'est immiscée dans la gestion de l'employeur en se substituant à ce dernier *(Cass. soc., 19 juin 2007, n° 05-42.551, Bull. V n° 109, RJS 2007 n° 1105)* ;
– soit lorsque la société du groupe s'est engagée à garantir en faveur du personnel l'exécution des obligations souscrites par l'employeur

dans le cadre du PSE *(Cass. soc., 27 nov. 2007, n° 06-42745, RJS 2008 n° 162).*

C. Le périmètre du groupe au sein duquel doivent être examinées les possibilités de reclassement

1. Le cadre retenu par la jurisprudence judiciaire avant les modifications légales de 2017

a) La notion de groupe pour le juge judiciaire

411.3.3.3.1.1. – Le juge judiciaire retenait une « *notion très pragmatique* » du groupe de reclassement : « *la recherche des possibilités de reclassement du salarié doivent s'apprécier à l'intérieur du groupe auquel appartient l'employeur concerné, parmi les entreprises dont les activités ou l'organisation lui permettent d'effectuer la permutation de tout ou partie du personnel* » *(Cass. soc., 25 juin 1992, n° 90-41.244, Bull. V n° 420, concl. M. Kessous, Dr soc 1992, p. 826)*, peu important qu'elles appartiennent ou non à un même secteur d'activité *(Cass. soc., 13 déc. 2011, n° 10-21.745, RJS 2012 n° 151).* Toutefois, la seule détention du capital d'une société par d'autres sociétés n'impliquait pas en soi la possibilité d'effectuer entre elles la permutation de tout ou partie de leur personnel *(Cass. soc., 22 janv. 2014, n° 12-19.099, RJS 2014 n° 306)* :

> *Cette notion a « été inspirée par la notion d'unité économique et sociale, car elle repose non pas sur une notion juridique ou capitalistique des entreprises, mais sur l'idée de permutabilité des salariés : c'est parce qu'il existe un réseau d'entreprises entre lesquelles des salariés sont de droit ou de fait permutables que le reclassement doit s'effectuer à ce niveau » (P. Waquet, « La cause économique du licenciement », Dr soc 2000, p. 168).*

Le groupe au sein duquel les possibilités de reclassement devaient être recherchées ne se confondait pas avec le groupe juridiquement défini par l'article L. 2331-1 du Code du travail relatif à la constitution du comité de groupe *(Cass. soc., 31 janv. 2001, n° 98-43.897, Dr soc 2001, p. 565 ; Cass. soc., 2 déc. 1998, n° 96-43.547).*

De cette approche tout à fait spécifique, il résultait que le groupe ne se réduisait pas au seul ensemble constitué par plusieurs sociétés ayant chacune leur existence propre et unies entre elles par des liens tels que l'une d'elle, dite « société-mère », tenait les autres sous sa dépendance, exerçait un contrôle sur l'ensemble et faisait prévaloir une unité de décision *(Mémento sociétés commerciales Francis Lefèvre 2010 n° 25 500)* ; ainsi, le juge du fond ne pouvait exonérer l'employeur de son obligation de rechercher les reclassements dans le cadre de plusieurs sociétés au seul motif qu'aucune ne pouvait être présentée comme société mère ou filiale, le moyen tiré de l'absence de lien de dépendance financière étant inopérant dès lors que la permutation du personnel était possible *(Cass.*

soc., 10 déc. 2002, n° 00-46.518, RJS 2003 n° 171 ; Cass. soc., 17 déc. 1992, n° 91-40.944, Bull. V n° 604).

Le juge ne pouvait se borner à écarter l'existence d'un groupe de reclassement par la seule démonstration de l'indépendance juridique de l'employeur par rapport aux autres sociétés *(Cass. soc., 5 oct. 1999, n° 97-41.838, Bull. V n° 368, Dr soc 1999, p. 1112, note G. Couturier, RJS 1999 n° 1356 : en l'espèce, la Cour de cassation, relevant que les stipulations du contrat de travail prévoyaient que le salarié pouvait être affecté dans les filiales, sociétés-mères ou partenaires, en a déduit l'existence d'un groupe au sein duquel devaient être recherchées les possibilités de reclassement).*

Étaient regardés comme un groupe de reclassement :

- un ensemble de sociétés même en l'absence d'une société dominante *(Cass. soc., 23 mai 1995, n° 93-46.142, Dr soc 1995, p. 678)* ;
- un groupe en cours de constitution *(Cass. soc., 23 mai 1995, n° 93-46.142, Dr soc 1995, p. 678 ; Cass. soc., 15 juin 1995, n° 94-40.963)* ;
- une société s'engageant devant le tribunal de commerce à reprendre une partie du personnel d'une autre entreprise, les deux sociétés étant des filiales d'un même groupe *(Cass. soc., 18 nov. 2003, n° 01-44671, RJS 2004 n° 18).*

L'égalité des droits des actionnaires ne suffisait pas à exclure le rattachement d'une société à un groupe *(Cass. soc., 23 mars 2007, n° 05-45.578, RJS 2007 n° 932).*

L'existence de liens suffisamment étroits entre les sociétés pour permettre la permutation du personnel constituait le critère déterminant *(Cass. soc., 10 juin 1998, n° 96-42.134 ; cf. F. Héas, « Le droit au reclassement du salarié en cas de restructuration de l'entreprise ou d'altération de la santé », Dr ouvrier 2007, p. 452 ; Cass. soc., 12 oct. 2011, n° 10-18.038, RJS 2011 n° 967).* Ainsi, l'existence d'un tel groupe d'entreprises était caractérisée lorsque le contrat de travail prévoyait que le salarié pouvait être affecté dans des filiales, sociétés mères ou partenaires de l'employeur *(Cass. soc., 5 oct. 1999, n° 97-41.838, Bull. V n° 368).*

Il n'était pas besoin pour le juge de se prononcer sur l'existence d'un groupe dès lors qu'une proposition de reclassement dans une autre société, dirigée par les mêmes personnes exerçant la direction de l'entreprise, suffisait à établir que « *des possibilités de permutation du personnel existaient entre les deux sociétés* » *(Cass. soc., 23 mai 2007, n° 05-45.541).*

L'indépendance d'associations n'excluait en soi ni la possibilité d'effectuer entre elles la permutation de tout ou partie du personnel ni, par voie de conséquence, l'existence d'un groupe au sein duquel le reclassement devait s'effectuer *(Cass. soc., 20 nov. 2002, n° 00-42.962).*

Inversement, il ne suffisait pas qu'une société détienne une partie du capital d'une autre société pour qu'un « *groupe de reclassement* » existe, « *la seule détention du capital n'impliquant pas en soi la possibilité d'effectuer entre [les sociétés] la permutation de tout ou partie du personnel » (Cass. soc., 27 oct. 1998, n° 96-40.626 et 96-40.629, Bull. V n° 459, RJS 1998 n° 1456 ; Cass. soc., 22 janv. 2014, n° 12-19.099, RJS 2014 n° 306)*, **peu important qu'elles appartiennent ou non à un même secteur d'activité** *(Cass. soc., 13 déc. 2011, n° 10-21.745, RJS 2012 n° 151).*

De même, l'adhésion d'une mutuelle de santé à une fédération nationale n'entraînait pas en soi la constitution d'un groupe au sens des dispositions de l'article L. 1233-4 du Code du travail, *(Cass. soc., 11 févr. 2015, n° 13-23.573, Bull. V n° 26, RJS 2015 n° 245 ; dans le même sens s'agissant d'un groupement d'intérêt économique : Cass. soc., 25 nov. 2015, n° 14-17.995, RJS 2016 n° 102).*

b) Illustrations de la notion de groupe selon le juge judiciaire

411.3.3.3.1.2. – Constituaient un groupe à l'intérieur duquel devait être mis en œuvre le reclassement :

– sept maisons de retraite gérées par l'employeur constituées sous la forme de sociétés indépendantes, toutes situées dans la même région et regroupées sous un même sigle, faisant état dans leur propre documentation de la notion de groupe et ayant développé des outils de communication communs, une possibilité de permutation ayant été proposée, lors de l'entretien préalable, à la salariée dans une maison de retraite similaire, ces éléments démontrant une organisation et des relations de partenariat permettant la permutation du personnel *(Cass. soc., 24 juin 2009, n° 07-45.656, Bull. V n° 163, RDT 2009, p. 581, note M. Kocher)* ;

– une association, gérant une gare routière, pouvant constituer, avec d'autres entreprises de transports, un groupe au sein duquel les possibilités de reclassement doivent être examinées *(Cass. soc., 23 mai 1995, n° 93-46.142, Dr soc 1995, p. 678)* ;

– des établissements d'enseignement privé relevant d'une même gestion diocésaine dans l'affectation des enseignants *(Cass. soc., 8 juill. 2008, n° 06-45.564, RJS 2008 n° 967)* ;

– des sociétés ayant un papier à en-tête identique, les mêmes coordonnées et le même numéro de téléphone et leur siège social au même endroit, une réunion ayant eu pour objet d'examiner les possibilités de reclassement du salarié au sein de plusieurs sociétés *(Cass. soc., 25 mars 2009 n° 07-41.708, Bull. V n° 83)* ;

– différentes associations regroupées au sein d'une fédération mettant des salariés à leur disposition, l'existence d'une permutation de salariés, établie au regard des activités, de l'organisation et de la situation géographique des différentes associations, ne se heurtant pas à des obstacles tenant notamment au lieu d'exploitation et résultant des propres affirmations de l'employeur *(Cass. soc., 25 mars 2009, n° 07-44.199)* ;

- deux centres de soins esthétiques exploités par la même personne, avec la mise en commun de leurs moyens, sous un objet social identique, et pour lesquels la possibilité d'une permutation du personnel avait été constatée, dans le cas d'une autre salariée, avec reprise de son ancienneté acquise dans le premier centre *(Cass. soc., 12 oct. 2011, n° 10-15.647, RJS 2011 n° 967)* ;
- des entreprises de commerce de gros alimentaire exploitant sous la même enseigne et ayant une activité similaire à celle de l'entreprise mise en liquidation, « *ce dont il se déduisait qu'elles constituaient un même groupe dont les activités, l'organisation et le lieu d'exploitation leur permettaient d'effectuer la permutation de tout ou partie du personnel* » *(Cass. soc., 27 nov. 2013, n° 12-18.470, RJS 2014 n° 109).*

c) Le périmètre à retenir au sein du groupe pour l'examen des possibilités de reclassement selon le juge judiciaire

411.3.3.3.1.3. – Dans le cadre du contentieux des autorisations de licenciements économiques délivrées jusqu'en 1986, le Conseil d'État avait posé le principe selon lequel l'examen des possibilités de reclassement devait être effectué au niveau du groupe *(CE, section, 18 janv. 1980, n° 10.804, Ministre du Travail c. / Fédération des cadres de la chimie et des produits annexes, Rec. p. 27, concl. P. Dondoux, Dr soc 1980, p. 323).* La Cour de cassation avait repris cette jurisprudence *(Cass. soc., 20 févr. 1991, n° 89-45.251 Bull. V n° 61).*

Puis considérant « qu'une assiette trop large » constituait «une exigence excessive qui conctribuerait à diminuer la portée réelle de l'obligation de reclassement», la chambre sociale « a infléchi sa jurisprudence, préférant choisir un niveau d'application plus réaliste et plus aisé à contrôler » *(P. Waquet, « Le licenciement économique dans la loi de modernisation sociale », Dr soc 2002, p. 264).*

La chambre sociale avait ainsi jugé que la recherche des possibilités de reclassement devait s'effectuer « ***à l'intérieur du groupe parmi les entreprises dont les activités, l'organisation ou le lieu d'exploitation leur permettent d'effectuer la permutation de tout ou partie du personnel*** » *(Cass. soc., 5 avr. 1995, TRW et Thomson préc., n° 93-43.866, Bull. V n° 123, RJS 1995 n° 497, conclusions avocat général, p. 721 ; Cass. soc., 31 mars 1998, n° 96-40.748, Bull. V n° 188, RJS 1998 n° 578 ; Cass. soc., 7 oct. 1998, n° 96-42.812, Bull. V n° 407, RJS 1998 n° 1352 ; Cass. soc., 16 nov. 2016, n° 15-15.190, B.).*

L'employeur ne pouvait donc se borner à rechercher les possibilités de reclassement dans certaines sociétés du groupe mais parmi toutes celles « *dont les activités, l'organisation ou le lieu d'exploitation permettent une permutation du personnel* » *(Cass. soc., 9 déc. 2003, n° 01-46.243, Dr soc 2004, p. 2009, obs. P. Waquet).*

Cette possibilité de permutation du personnel devait être démontrée *(Cass. soc., 11 févr. 2015, n° 13-23.573, Bull. V n° 26, RJS 2015 n° 245 ;*

Cass. soc., 20 mars 2019, n° 17-19.595, B., RJS 2019 n° 295, pour des faits antérieurs à l'ordonnance du 22 septembre 2017).

Si la preuve de l'exécution de l'obligation de reclassement incombait à l'employeur, il appartenait au juge, en cas de contestation sur l'existence ou le périmètre du groupe de reclassement, de former sa conviction au vu de l'ensemble des éléments qui lui étaient soumis par les parties *(Cass. soc., 26 mars 2002, n° 00-40.898, Bull. V n° 106 ; Cass. soc., 15 mai 2024, n° 22-20.650, B., décision rendue en application de l'article L. 1233-4 du Code du travail, dans sa rédaction antérieure à l'ordonnance n° 2017-1387 du 22 sept. 2017).* L'employeur devait donc, le cas échéant, apporter des éléments justifiant l'exclusion de certaines entreprises du groupe de la recherche de reclassement, et notamment l'absence de possibilité de permutation du personnel.

Sauf stipulations conventionnelles le prévoyant, l'obligation de reclassement ne s'étendait pas à des sociétés n'appartenant pas au groupe *(Cass. soc., 29 janv. 2008, n° 06-44.751, RJS 2008 n° 441 ; Cass. soc., 15 juin 2010, n° 08-70.391, RJS 2010 n° 651).*

2. *Le cadre retenu par la jurisprudence administrative avant les modifications légales de 2017*

a) La notion de groupe pour le juge administratif

411.3.3.3.2.1. – Le Conseil d'État s'en était initialement tenu à une définition classique de la notion de groupe reposant sur l'existence d'une société-mère. Il avait ainsi écarté toute obligation pour un employeur de rechercher les possibilités de reclassement dans une société avec laquelle l'entreprise entretenait « *des relations étroites dès lors que ces deux sociétés ne constituent pas un groupe* » *(CE, 10 mars 1997, n° 164.645, SAATP, Tables p. 1109, RJS 1997 n° 571).*

Par la décision du 5 décembre 2008, la Haute Assemblée avait fait évoluer sa jurisprudence en jugeant que « *pour se prononcer sur l'existence d'un groupe au sein duquel les possibilités de reclassement doivent être recherchées en cas de licenciement d'un salarié protégé pour motif économique, la cour n'était pas tenue de se référer expressément aux dispositions de l'article L. 439-1 du Code du travail relatives au comité de groupe* » *(CE, 5 déc. 2008, n° 299.166, Sté HGP GAT Filatures, concl. R. Keller).* Cette évolution avait été confirmée ultérieurement *(CE, 25 mars 2009, n° 318.383, Sté Del Monte Foods France).*

b) Le périmètre à retenir au sein du groupe pour l'examen des possibilités de reclassement selon le juge administratif

411.3.3.3.2.2. – Le Conseil d'État avait décidé d'adopter une position très proche : « *si, pour apprécier les possibilités de reclassement offertes au salarié, l'autorité administrative ne peut se borner à prendre en considération la seule situation de la société demanderesse, elle n'est tenue de faire porter son examen que sur les entreprises du groupe dont les activités* *ou l'organisation offrent à l'intéressé la possibilité d'exercer des fonctions comparables » (CE, 17 nov. 2000, n° 206.976, Goursolas, Rec. p. 523, RJS 2001 n° 317 ; CE, 9 mars 2016, n° 384.175, Sté Études techniques Ruiz, Rec. p. 66, concl. G. Dumortier, RJS 2016 n° 352 ; CE, 21 sept. 2016, n° 383.940, M. A. c. / Sté Inéos Manufacturing France, Tables p. 981 ; CE, 7 févr. 2018, n° 397.900, Stés Tel and Com, L'enfant d'aujourd'hui et Squadra, Rec. p. 22, pour des faits antérieurs à l'entrée en vigueur de l'ordonnance du 22 septembre 2017).*

L'administration n'était donc pas tenue de vérifier l'existence d'une possibilité de reclassement parmi toutes les sociétés du groupe : « *L'obligation de reclassement ne s'étend pas à l'ensemble des sociétés d'un groupe international qui exerce son activité dans des secteurs aussi divers que les systèmes de communication, l'énergie, les transports, l'ingénierie électrique ou les médias. Seul le secteur d'activité des entreprises du groupe comparable à celui de l'entreprise où M. B travaillait doit être retenu pour permettre au salarié d'exercer les mêmes fonctions ou des fonctions similaires » (concl. G. Bachelier sur les deux affaires précitées jugées le 17 novembre 2000).*

3. Le cadre résultant des modifications légales de 2017

a) Le contrôle des obligations de reclassement

411.3.3.3.3.1. – Le tableau ci-dessous récapitule les modalités de contrôle des différentes obligations de reclassement :

<table>
<tr><th colspan="3">Le contrôle des obligations de reclassement</th></tr>
<tr><th></th><th>Salarié non protégé</th><th>Salarié protégé</th></tr>
<tr><td>Cadre de reclassement défini par le PSE</td><td>DREETS</td><td>Le cadre fixé par le document unilatéral homologué par le DREETS s'impose à l'inspecteur du travail, en l'état de la jurisprudence</td></tr>
<tr><td>Hors PSE</td><td>Juge judiciaire</td><td>Inspecteur du travail</td></tr>
<tr><td rowspan="2">Les clauses conventionnelles relatives au reclassement</td><td>En cas de PSE : DREETS</td><td rowspan="2">Inspecteur du travail
- Vérification absence de discrimination</td></tr>
<tr><td>Absence de PSE : Juge judiciaire</td></tr>
</table>

b) Le maintien de la condition relative à l'existence de possibilités de permutation au sein du groupe

411.3.3.3.3.2. – L'ordonnance n° 2017-1387 du 22 septembre 2017 a repris la condition posée par la jurisprudence judiciaire, relative à l'existence de l'existence de possibilités de permutation au sein du groupe. L'article L. 1233-4 alinéa 1 du Code du travail, dans sa version résultant de l'ordonnance, dispose en effet :

« *Le licenciement pour motif économique d'un salarié ne peut intervenir que lorsque tous les efforts de formation et d'adaptation ont été réalisés et que le reclassement de l'intéressé ne peut être opéré sur les emplois disponibles, […] dans l'entreprise* ***ou les autres entreprises du groupe dont l'entreprise fait partie et dont l'organisation, les activités ou le lieu d'exploitation assurent la permutation de tout ou partie du personnel***. »

À la formulation jurisprudentielle « ***permettent d'effectuer la permutation*** » ont toutefois été substitués les termes « ***assurent la permutation*** ». On peut s'interroger sur l'impact de cette rédaction, s'agissant de l'appréciation des juges sur la force probante des éléments produits devant eux.

c) Une nouvelle définition légale du groupe pour l'obligation de reclassement

411.3.3.3.3.3. – En revanche, la nouvelle définition légale du groupe pour l'appréciation de l'effort de reclassement – identique à celle retenue pour l'appréciation de la cause économique du licenciement – et qui a pour conséquence de restreindre sensiblement le contenu de celui-ci, constitue l'un des deux changements importants apportés au cadre de l'obligation de reclassement *(P. Bailly, « Les diverses figures du groupe dans les licenciements économiques », Sem. soc. Lamy n° 1858, 23.10.2019)*. Cette nouvelle définition a fait l'objet de deux écritures successives.

L'article L. 1233-4 alinéa 2 du Code du travail, dans sa version résultant de l'ordonnance n° 2017-1387 du 22 septembre 2017, avait défini ainsi le groupe :

> « *Pour l'application du présent article, le groupe est défini, lorsque le siège social de l'entreprise dominante est situé sur le territoire français,* **conformément au I de l'article L. 2331-1** *et, dans le cas contraire, comme constitué par l'ensemble des entreprises implantées sur le territoire français.* »

Cette définition avait pour objectif de resserrer la définition du groupe sur les seuls critères de contrôle prévus au I de l'article L. 2331-1 du Code du travail, en écartant ceux de l'influence dominante mentionnés au II de cet article, qui pouvaient jusqu'alors revêtir diverses formes et être caractérisés par un faisceau d'indices purement factuels *(E. Wurtz, « Le périmètre du reclassement du salarié : entre continuité et rupture » CSB n° 305, mars 2018 ; A. Fabre, « Que reste-t-il du droit du licenciement pour motif économique ? », Sem. soc. Lamy n° 1784, 02.10.2017, p. 4 ; F. Géa, « Un nouveau droit du licenciement économique ? », RDT 2017, p. 636 ; G. Couturier, « Le droit du licenciement économique », Dr soc 2018, p. 17).*

Il en résultait toutefois une difficulté dans la mesure où l'article L. 2331-1 I auquel il était fait référence évoquait exclusivement le groupe formé par une entreprise dont le siège était situé sur le territoire français et les entreprises qu'elle contrôlait. La définition légale a donc été modifiée par l'ordonnance n° 2017-1718 du 20 décembre 2017, qui a introduit la définition actuelle *(C. trav., art. L. 1233-4, al. 2 ; chron. « Réforme du Code du travail : analyse des nouvelles règles sur la rupture du contrat de travail », P.-H. Antonmattei, V. Bardin, F. Canut, D. Chenu et G. Vachet, RJS 2018, p. 91 ; cf. également Cass. soc., 5 juill. 2023, n° 22-10.158, B., Sem. soc. Lamy, 10 juill. 2023, n° 2054 : la solution retenue dans cet arrêt pour un litige relatif à un licenciement pour inaptitude médicale est applicable également aux licenciements pour motif économique)* :

> *« Pour l'application du présent article, la notion de groupe désigne le groupe formé par une entreprise appelée entreprise dominante et les entreprises qu'elle contrôle* **dans les conditions définies** *à l'article L. 233-1, aux I et II de l'article L. 233-3 et à l'article L. 233-16 du Code de commerce. »*

Cette définition de la notion de groupe pour l'appréciation des efforts de reclassement est identique à celle retenue pour l'appréciation de la cause économique du licenciement *(cf. n°* ***48.4.4.3*** *pour les difficultés économiques, n°* ***48.5.1*** *pour les mutations technologiques, n°* ***48.6.4.1*** *pour la sauvegarde de la compétitivité).* En revanche, à la différence de l'appréciation de celle-ci, l'existence de secteurs d'activité au sein du groupe n'a pas à être prise en compte pour l'appréciation du périmètre du groupe de reclassement : la différence de secteurs d'activité entre les entreprises d'un groupe ne suffit pas à caractériser une impossibilité d'effectuer entre elles la permutation de tout ou partie du personnel *(Cass. soc., 8 nov. 2023, n° 22-18.784, B., RJS 2024 n° 19).*

Ainsi défini en référence au Code de commerce, le contrôle exercé dans les conditions définies par ces dispositions est caractérisé notamment *(C. com., art. L. 233-1 et L. 233-3 I ; cf. également Guide DGT, Salariés protégés, sept. 2019, fiche n° 7b)* :

- par la détention de plus de la moitié du capital par une société commerciale ;
- ou par la disposition par toute personne physique ou morale de la majorité des droits de vote permettant de déterminer les décisions dans les assemblées générales et de nommer ou de révoquer la majorité des organes d'administration, de direction ou de surveillance.

L'existence de ce contrôle est également présumée en cas de détention directe ou indirecte d'une fraction des droits de vote supérieure à 40 % dès lors qu'aucun autre associé ou actionnaire ne détient directement ou indirectement une fraction supérieure *(C. com., art. L. 233-3 II).*

D. Le cadre géographique de la recherche des possibilités de reclassement dans les sociétés du groupe

411.3.3.4. – L'autre changement important apporté par l'ordonnance n° 2017-1387 du 22 septembre 2017 au cadre de l'obligation de reclassement est la restriction de son cadre géographique par rapport aux principes définis essentiellement par les jurisprudences judiciaire et administrative et jusqu'alors mis en œuvre.

1. *Les règles applicables antérieurement à l'ordonnance du 22 septembre 2017 et leur évolution*

a) La position initiale du Conseil d'État

411.3.3.4.1.1. – Pour le Conseil d'État, la recherche de reclassement au niveau du groupe devait se limiter au territoire national : « *si pour apprécier les possibilités de reclassement, l'autorité administrative, saisie d'une demande d'autorisation de licenciement pour motif économique par une société appartenant à un groupe, ne peut se borner à prendre en considération la seule situation de la société demanderesse, elle n'est tenue, dans le cas où cette dernière relève d'un groupe dont la société-mère a son siège à l'étranger, de faire porter son examen que sur les possibilités pouvant exister dans les sociétés du groupe ayant leur siège en France et dans les établissements de ce groupe situés sur le sol national* » *(CE, 22 mai 1995, n° 157.427, Sté Rimoldi France, RJS 1995 n° 794 ; CE 15 juin 1998, n° 172.695, Cesbron, RJS 1998).*

b) La position du juge judiciaire

411.3.3.4.1.2. – En revanche, pour le juge judiciaire, dans un groupe international, la recherche de reclassement ne se limitait pas aux entreprises du groupe situées en France. Les entreprises situées à l'étranger devaient être incluses dans le périmètre de recherche de reclassement du salarié, « *dès l'instant que la législation applicable localement n'empêche pas l'emploi de salariés étrangers* » *(Cass. soc., 7 oct. 1998, n° 96-42.812, Bull. V n° 407, RJS 1998 n° 1352 ; dans le même sens : Cass. soc., 30 mars 1999, n° 97-40.304, RJS 1999 n° 644 ; Cass. soc., 12 févr. 2003 n° 01-40.342 ; Cass. soc., 15 nov. 2006, n° 05-40.935, Bull. V n° 344 ; Cass. soc., 8 juill. 2008, n° 06-45.934, RJS 2008 n° 996).*

Ainsi, la chambre sociale avait précisé qu'il appartenait à l'employeur de démontrer que la législation applicable localement aux salariés étrangers ne permettait pas le reclassement *(Cass. soc., 15 nov. 2006, n° 05-40.935, Bull. V n° 344 ; Cass. soc., 4 déc. 2007, n° 05-46.073, Bull. V n° 204, RJS 2008 n° 158, JCP S 2008 n° 13, p. 26, note P.-Y. Verkindt ; Cass. soc., 27 janv. 2009, n° 07-44.062).*

c) L'évolution de la jurisprudence administrative

411.3.3.4.1.3. – La position adoptée par le juge judiciaire avait conduit le Conseil d'État à modifier sa jurisprudence : par un arrêt du 4 février 2004, il avait jugé que l'autorité administrative était tenue, dans le cas où l'entreprise relevait d'un groupe et pour ceux des salariés qui avaient manifesté à sa demande leur intérêt de principe pour un reclassement à l'étranger, de faire porter son examen sur les possibilités de reclassement pouvant exister dans les sociétés du groupe, y compris celles ayant leur siège à l'étranger, dont les activités ou l'organisation offraient à l'intéressé, compte tenu de ses compétences et de la législation du pays d'accueil, la possibilité d'exercer des fonctions comparables *(CE, 4 févr. 2004, n° 255.956, Sté Owens Corning Fiberglass France, Rec. p. 25, RJS 2004 n° 435, concl. G. Bachelier).*

d) L'incidence de la volonté du salarié sur l'étendue géographique de l'obligation de l'employeur

411.3.3.4.1.4. – La convergence des jurisprudences était évidente. Cependant, le Conseil d'État n'imposait à l'administration d'étendre son examen des possibilités de reclassement en dehors du territoire national que si le salarié protégé, à la demande de l'employeur, avait manifesté « *son intérêt de principe pour un reclassement à l'étranger* » *(CE, 4 févr. 2004, n° 255.956, Sté Owens Corning Fiberglass France, Rec. p. 25, RJS 2004 n° 435).*

Cette réserve était justifiée par la finalité de la protection qui est de permettre au salarié de continuer à exercer son mandat. L'absence d'une telle réserve aurait ouvert « *à l'employeur à l'occasion de difficultés économiques une possibilité de se séparer de salariés qu'il juge indésirables en leur proposant des offres de reclassement dans des filiales ou des établissements situés à l'étranger ce qui rend en pratique impossible l'exercice du mandat alors surtout que [l'employeur] n'ignore pas que dans la plupart des cas le salarié refusera ces offres ou qu'il fera en sorte qu'il soit mis en situation de les refuser* » *(concl. G. Bachelier).*

La chambre sociale avait confirmé, postérieurement à la décision du Conseil d'État, sa jurisprudence selon laquelle « *l'employeur ne peut limiter ses offres en fonction de la volonté présumée des [salariés] de les refuser* » *(Cass. soc., 24 juin 2008, n° 06-45.870, Bull. V n° 138, RJS 2008 n° 968, Dr soc 2009, p. 116, obs. G. Couturier ; Cass. soc., 4 mars 2009, n° 07-42.381, Bull. n° 57, RJS 2009 n° 418 ; rapport M. Chauviré, Sem. soc. Lamy, 16 mars 2009 n° 139 : en l'espèce, l'employeur s'était borné à solliciter de ses salariés qu'ils précisent, dans un questionnaire renseigné avant toute recherche et sans qu'ils aient été préalablement instruits des possibilités de reclassement susceptibles de leur être proposées, leurs vœux de mobilité géographique en fonction desquels il avait ensuite limité ses recherches).*

L'écart entre les deux jurisprudences ne devait toutefois pas être surévalué dès lors :

– d'une part, que dans l'affaire tranchée par l'arrêt du 24 juin 2008 précité, les salariés n'avaient pas fixé de manière expresse les limites géographiques de leur reclassement ;
– d'autre part, que le Conseil d'État avait jugé que lorsqu'il s'agit d'un reclassement sur le territoire national, la volonté du salarié ne pouvait, en effet, être prise en compte qu'après que « *des propositions de reclassements concrètes, précises et personnalisées ont été effectivement exprimées et à condition que l'information du salarié soit complète et exacte* » *(CE, 13 avr. 2005, n° 258.755, Association Secours catholique, Tables p. 1125, RJS 2005 n° 868)* ;
– et enfin, que la chambre sociale admettait la possibilité pour l'employeur de prendre en compte la volonté du salarié et de limiter le cadre géographique de ses recherches après lui avoir adressé des propositions concrètes *(Cass. soc., 13 nov. 2008, n° 06-46.227, Bull. V n° 217, RJS 2009 n° 25 ; cf. n° **411.4.1.6.1.2**)*.

En tout état de cause, il appartenait à l'employeur d'établir qu'il avait sollicité la volonté du salarié sur ce point.

e) L'instruction de l'administration du 23 janvier 2006

411.3.3.4.1.5. – La délégation générale à l'emploi et à la formation professionnelle du ministère du Travail avait précisé par voie de circulaire que « *la proposition d'une entreprise des postes au sein du groupe, dans des unités de production à l'étranger, pour des salaires très inférieurs au SMIC, ne peut être considérée comme sérieuse* » *(Circulaire DGEFP n° 2006-01 du 23 janv. 2006 relative à l'appréciation de propositions de reclassement à l'étranger)*.

Par une décision du 26 février 2007, le Conseil d'État avait jugé que « *les termes de l'analyse faite de la jurisprudence par l'instruction peuvent être interprétés comme limitant aux seuls cadres supérieurs le champ des recherches qu'elles ont à accomplir dans les filiales étrangères de leur groupe pour satisfaire à leur obligation de proposition de reclassement, comme si les seules offres sérieuses de reclassement susceptibles d'être faites à tout autre catégorie de salariés ne pouvaient concerner que des postes situés en France* » et « *qu'une telle règle ne résulte ni des dispositions législatives précitées, ni, en tout état de cause, de l'interprétation qu'en a donnée l'arrêt de la Cour de cassation du 7 octobre 1998* » *(n° 96-42.812, Bull. V n° 407)* et que, par suite, « *l'instruction attaquée doit, dans cette mesure, être annulée* » *(CE, 26 févr. 2007, n° 291.625, Confédération générale du travail, RJS 2007 n° 715)*.

f) Les dispositions introduites dans le Code du travail par la loi n° 2010-499 du 18 mai 2010

411.3.3.4.1.6. – La loi n° 2010-499 du 18 mai 2010 visant à garantir de justes conditions de rémunération aux salariés concernés par une procédure de licenciement avait inséré dans le Code du travail un nouvel article *(C. trav., art. L. 1233-4-1 abrogé ; cf. également circ. DGT n° 03 du 15 mars 2011)* des dispositions relatives au reclassement hors du territoire national mettant en place un mécanisme en trois temps :

- **1er temps** : l'employeur devait demander « *au salarié, préalablement au licenciement, s'il acceptait de recevoir des offres de reclassement hors de ce territoire, dans chacune des implantations en cause, et sous quelles restrictions éventuelles quant aux caractéristiques des emplois offerts, notamment en matière de rémunération et de localisation* ».
- **2e temps** : « *Le salarié manifestait son accord, assorti le cas échéant des restrictions susmentionnées, pour recevoir de telles offres dans un délai de six jours ouvrables à compter de la réception de la proposition de l'employeur. L'absence de réponse valait refus.* »
- **3e temps** : « *Les offres de reclassement hors du territoire national, qui étaient écrites et précises, n'étaient adressées qu'au salarié ayant accepté d'en recevoir et compte tenu des restrictions qu'il avait pu exprimer.* »

Le salarié restait libre de refuser ces offres. Le salarié auquel aucune offre n'était adressée était informé de l'absence d'offres correspondant à celles qu'il avait accepté de recevoir.

L'inspecteur du travail devait contrôler l'application de ces règles aux salariés protégés.

g) Les dispositions de la loi n° 2015-990 du 6 août 2015 pour la croissance, l'activité et l'égalité des chances économiques

411.3.3.4.1.7. – La loi n° 2015-990 du 6 août 2015 pour la croissance, l'activité et l'égalité des chances économiques prévoyait en son article 290 :

- une limitation de l'obligation de recherche de reclassement « *sur les emplois disponibles, situés sur le territoire national dans l'entreprise ou les autres entreprises du groupe dont l'entreprise fait partie » (C. trav., art. L. 1233-4 al. 1 modifié ; sur le reclassement à l'étranger, cf. chronique P. Bailly, « Trois observations sur des aspects sociaux du projet Macron », Sem. soc. Lamy, 19 janv. 2015 n° 1660)* ;
- une inversion de la charge de la démarche : c'était désormais au salarié dont le licenciement était envisagé de prendre l'initiative ; il pouvait demander à l'employeur de recevoir des offres de reclassement dans les établissements de l'entreprise ou du groupe situés en dehors du territoire national, et sa demande devait préciser les

restrictions éventuelles quant aux caractéristiques des emplois offerts, notamment en matière de rémunération et de localisation (pays souhaités, emplois brigués, conditions de rémunération). L'employeur devait alors transmettre les offres correspondantes, précises et écrites, au salarié ayant manifesté son intérêt *(C. trav., art. L. 1233-4 1 ; CE, 12 avr. 2022, n° 442.338, mentionné aux Tables, RJS 2022 n° 311)*.

2. *Le cadre géographique de l'obligation de reclassement résultant de l'ordonnance n° 2017-1387 du 22 septembre 2017*

411.3.3.4.2. – L'autre modification majeure apportée par l'ordonnance n° 2017-1387 du 22 septembre 2017 au cadre d'examen des possibilités de reclassement est la limitation de celui-ci au territoire national.

Le nouvel alinéa 1 de l'article L. 1233-4 du Code du travail dispose : « *Le licenciement pour motif économique d'un salarié ne peut intervenir que lorsque tous les efforts de formation et d'adaptation ont été réalisés et que le reclassement de l'intéressé ne peut être opéré sur les emplois disponibles,* ***situés sur le territoire national*** *[...].* »

La définition du cadre géographique pour l'appréciation des efforts de reclassement est donc identique à celle retenue par le nouvel alinéa 12 de l'article L. 1233-3 du Code du travail pour l'appréciation de la cause économique du licenciement *(cf. n°* ***48.4.4.2*** *pour les difficultés économiques, n°* ***48.5.1*** *pour les mutations technologiques, n°* ***48.6.4.1*** *pour la nécessité de sauvegarder la compétitivité de l'entreprise)*.

L'obligation de recherche de reclassement hors du territoire national, dont la portée avait été sensiblement réduite par la loi n° 2015-990 du 6 août 2015, est donc supprimée. Cette nouvelle règle est applicable aux procédures de licenciement engagées après la date de publication de l'ordonnance, soit depuis le 24 septembre 2017.

SECTION 4

La mise en œuvre pratique de l'obligation de reclassement

411.4. – Avant l'entrée en vigueur des dispositions de l'ordonnance n° 2017-1387 du 22 septembre 2017, l'obligation de reclassement incombant à l'employeur **ne pouvait être satisfaite que par la proposition, sauf impossibilité démontrée, d'offres de reclassement précises, complètes et personnalisées après un examen individuel des possibilités de reclassement**.

Le juge administratif veillait de manière attentive au respect de cette obligation et confirmait les décisions de refus ou annulait les décisions d'autorisation dès lors qu'il n'était pas établi qu'il avait été procédé à cet examen *(CE, 15 nov. 1996, Sté des Tuyaux Bonna, RJS 1997 n° 16).*

La recherche des possibilités de reclassement, qui constituait une obligation générale, ne devait pas être une simple formalité : elle devait être effectuée de manière sérieuse, loyale et non discriminatoire.

Sur ce point, les exigences du juge administratif et du juge judiciaire convergeaient dès lors que ce dernier estimait que « *l'obligation de reclassement reste individuelle et doit être respectée à l'égard de chaque salarié* » (*P. Waquet, « La cause économique du licenciement », Dr soc 2000, p. 168 ; P. Waquet, RDT 2006, p. 316 note sous Cass. soc., 26 sept. 2006, n° 05-43.840, Dr soc 2006, p. 1151, note G. Couturier).*

Il avait ainsi été jugé par le juge judiciaire que méconnaissait son obligation de reclassement l'employeur qui se bornait :

- à « *communiquer à tous les salariés concernés par le projet de licenciement une même documentation regroupant l'ensemble des emplois existants et disponibles dans les trois dernières succursales qui devaient être maintenues en Allemagne* », ayant ainsi « *manqué à son obligation de soumettre à chaque salarié une offre personnalisée de reclassement, adaptée à ses compétences et capacités* » *(Cass. soc., 13 juill. 2010, n° 09-42.839, RJS 2010 n° 737)* ;
- à diffuser la liste des postes vacants annexée au plan de sauvegarde de l'emploi en l'absence de toute proposition personnalisée de reclassement *(Cass. soc., 6 juill. 1999, n° 96-45.665, Bull. V n° 333 RJS n° 1237 ; Cass. soc., 8 avr. 2009, n° 08-40.125, Bull. V n° 107)* ;
- à procéder à un simple affichage des possibilités de reclassement dans le groupe, les salariés étant invités à prendre contact avec la société mère, en l'absence de toute proposition individualisée *(Cass. soc., 12 mars 2003, n° 00-46.700, RJS n° 585)* ;
- à communiquer une liste de postes disponibles dans le groupe *(Cass. soc., 23 avr. 2013, n° 12-15.221 à 12-15.244, RJS 2013 n° 523).*

De même, pour le juge administratif, l'employeur ne pouvait être regardé comme ayant satisfait à son obligation de reclassement :

- « *en se bornant à afficher une liste d'emplois existants dans différents établissements de la société, sans avoir procédé à un examen spécifique des possibilités de reclassement de MM. M. et C. au sein de l'entreprise, la société ne peut être regardée comme ayant satisfait à l'obligation lui incombant, s'agissant de salariés protégés, d'examiner la possibilité d'assurer le reclassement des salariés intéressés dans l'entreprise* » *(CE, 6 juill. 1994, n° 139.308, Sté des tuyaux Bonna, Rec. p. 1217, RJS 1994 n° 1155)* ;
- en se limitant à « *une proposition de mutation faite à l'ensemble du personnel et qui n'était assortie d'aucune précision* » *(CE, 15 nov. 1996, n° 156.299, Sté des tuyaux Bonna, RJS 1997 n° 61)* ;
- en se bornant à la diffusion « *des listes d'emplois disponibles au sein du groupe* » *(CE, 20 mars 1996, n° 162.927 Sté Causse-Walon,*

Tables p. 1193 ; CE, 28 janv. 2004, n° 257.130, SA Groupe Envergure) ;

- en « *adressant (...) des listes d'emplois vacants dans le groupe qui étaient envoyés [au salarié] dans le cadre de diffusions générales, et dont certains ne correspondaient manifestement pas à ses compétences, et alors [que la société] n'établit pas qu'elle aurait été dans l'impossibilité d'assurer le reclassement de l'intéressé dans les entreprises du groupe France Télécom, auquel elle appartient, et dont les activités ou l'organisation offraient la possibilité d'exercer des fonctions comparables, la société Cogecom ne peut être regardée comme ayant fait les efforts nécessaires de reclassement lui incombant* » *(CE, 28 janv. 2004, n° 225.435, Sté Cogecom)* ;
- en justifiant le licenciement par le refus du salarié d'accepter la proposition de transfert sur le site d'Octeville, faite à tout le personnel du site de Dreux, dans le cadre d'un plan social accompagnant au second semestre 2001 la fermeture du site de Dreux *(CE, 12 oct. 2006, n° 287.489, Sté Sidel Filling Aseptic, Tables p. 1086, JCP S 2006 n° 50, p. 21 note J.-Y. Kerbourc'h).*

Jusqu'alors écartée par les juges judiciaire et administratif, la possibilité de satisfaire à l'obligation de reclassement en communiquant à l'ensemble des salariés une liste des postes disponibles a été introduite par l'ordonnance n° 2017-1387 du 22 septembre 2017, qui en a fait une modalité alternative nouvelle à l'envoi de propositions personnalisées à chaque salarié pour satisfaire l'obligation de reclassement.

Les nouveaux alinéas 4 et 5 de l'article L. 1233-4 du Code du travail disposent en effet :

« *L'employeur* ***adresse de manière personnalisée les offres de reclassement à chaque salarié ou diffuse par tout moyen une liste des postes disponibles à l'ensemble des salariés****, dans des conditions précisées par décret.*

Les offres de reclassement proposées au salarié sont écrites et précises. »

Pour être considérée comme répondant à l'obligation de reclassement, cette diffusion doit toutefois remplir les conditions précisées par l'article 1 du décret n° 2017-1725 du 21 décembre 2017 *(C. trav., art. D. 1233-2-1)*, pris en application de l'article L. 1233-4 du Code du travail.

Ces conditions sont examinées au n° **411.4.2**.

§ 1. LA MISE EN ŒUVRE DE L'OBLIGATION PAR L'ENVOI PERSONNALISÉ D'OFFRES DE RECLASSEMENT À CHAQUE SALARIÉ

Plan du paragraphe

A. La nécessité d'un examen particulier des possibilités de reclassement du salarié protégé

411.4.1.1. – Les conditions de cette démarche ont été définies par des jurisprudences judiciaire et administrative convergentes, dont les principes ont été repris par l'ordonnance du 22 septembre 2017.

L'examen particulier de la situation de chaque salarié protégé s'impose à l'employeur dès lors qu'il entend opter pour l'envoi de propositions personnalisées pour satisfaire à son obligation de reclassement.

À l'instar de la chambre sociale *(cf. n°* ***49.2.2.1.3****)*, le juge administratif admet toutefois que les mêmes offres puissent être proposées simultanément à plusieurs salariés *(CE, 9 avr. 2008, n° 307.807, Sté Pages Jaunes, JCP E n° 38, 18.09.2008)*, dès lors qu'elles sont adaptées à la situation de chacun, et sous réserve de l'absence de discrimination dans le choix qui est alors effectué entre les salariés concernés par le licenciement *(Guide DGT, Salariés protégés, sept. 2019, fiche n° 7b)* ; si la proposition de reclassement est acceptée par son destinataire, l'obligation de reclassement n'est cependant pas satisfaite en cas d'attribution du poste à un autre salarié dont le licenciement n'était pas envisagé *(Cass. soc., 23 mars 2011, n° 10-10.039)* ou à des candidats extérieurs à l'entreprise *(Cass. soc., 8 juill. 1998, n° 96-42.736)*.

B. Le calendrier de mise en œuvre

1. *Le principe*

411.4.1.2.1. – L'offre de reclassement doit être faite au plus tôt à compter du moment où le licenciement est envisagé et, en tout état de cause, avant que l'administration ne statue :

- les offres antérieures refusées ne sont pas prises en compte *(CE, 24 janv. 1982, n° 17.873, Sté Établissements Charles Foulon ; CE, 7 mars 1990, n° 93.853, Ministre des Affaires sociales et Sté Lambert-Industries c./ Sénécal, RJS 1990 n° 396 ; CE, 27 févr. 1998, n° 170.504, M. Omar, Tables p. 1204)* ;
- les offres postérieures à la décision de l'administration ne peuvent pas être prises en compte *(CE, 18 janv. 1996, n° 162.142, Sté Cophoc)*.

Lorsque le comité social et économique doit être consulté sur le projet de licenciement du salarié protégé, il doit disposer de tous les renseignements permettant d'apprécier « *de tous points de vue* » la nécessité du licenciement envisagé : la recherche des possibilités de reclassement doit donc intervenir avant cette consultation *(CE, 24 janv. 1982, n° 17.873, Sté Établissements Charles Foulon).*

Pour le juge judiciaire, en ce qui concerne les salariés sans mandat, « *sauf fraude, les possibilités de reclassement s'apprécient au plus tard à la date du licenciement » (Cass. soc., 1er juin 2010, n° 09-40.421, Bull. V n° 121, RJS 2010 n° 652, JCP E n° 35, 02.09.2010 p. 42).* « *Le reclassement doit être tenté avant la notification du licenciement ; les possibilités de reclassement s'apprécient antérieurement à la date du licenciement, à compter du moment où celui-ci est envisagé » (Cass. soc., 30 mars 1999, n° 97-41.265, Bull. V n° 146, Dr soc 1999, p. 635, note G. Couturier ; Cass. soc., 14 oct. 2009, n° 08-44.052, Bull. V n° 220, RJS 2009 n° 929).* « *L'obligation de reclassement est préalable au licenciement » (Cass. soc., 21 mars 2001, n° 99-43.108, RJS 2001 n° 584).* Il s'ensuit que la société qui intègre un groupe à brève échéance postérieurement au prononcé du licenciement n'est pas légalement tenue d'interroger ce dernier sur la possibilité pour celui-ci de reclasser le salarié *(Cass. soc., 1er juin 2010, n° 09-40.421, Bull. V n° 121, obs. G. Couturier, Dr soc. 2010, p. 995).*

Si l'employeur est tenu de présenter un plan de sauvegarde de l'emploi, le reclassement ne peut être tenté qu'à compter du moment où le plan a été arrêté définitivement *(Cass. soc., 20 oct. 1999, n° 97-43.112).*

S'agissant d'un salarié protégé, l'inspecteur du travail doit apprécier les possibilités de reclassement du salarié à compter du moment où le licenciement est envisagé et jusqu'à la date à laquelle il statue sur la demande de l'employeur *(CE, 13 avr. 2018, n° 401.767, M. A. c. / Sté normande d'études et de réalisation, Tables p. 946, RJS 2018 n° 490, Liaisons soc. Quot. n° 17562, 30 avr. 2018).*

Ainsi, à la suite d'un premier refus d'autorisation, il est à nouveau saisi par l'employeur d'une demande d'autorisation concernant le même salarié, il doit vérifier qu'à cette dernière date, l'employeur a recherché l'ensemble des possibilités de reclassement et, à ce titre, prendre en compte les changements de circonstances, tels qu'une modification du périmètre du groupe de reclassement, survenus postérieurement au premier refus *(CE, 23 mars 2016, n° 386.108, Sté Sotralenz Packaging, Tables p. 981, RJS 2016 n° 439).*

2. *L'absence de devoir de prévision à long terme*

411.4.1.2.2. – La chambre sociale a cassé l'arrêt déclarant le licenciement économique dépourvu de cause réelle et sérieuse au motif que, compte tenu de l'ancienneté des difficultés de la société, celle-ci aurait dû anticiper les mesures qu'elle a mises en œuvre huit mois plus tard et tenter de reclasser le salarié sur un poste de vendeur permanent pourvu en janvier 1997 ; elle a estimé que la cour d'appel avait ainsi imposé « *à l'employeur débiteur de l'obligation de reclassement, à une date antérieure à l'apparition de la cause de licenciement, un devoir de prévision à long terme qui ne résulte d'aucune disposition légale » (Cass. soc., 21 juin 2006, n° 03-43.517, RDT 2006, p. 243, note P. Waquet).*

C. La consultation des représentants du personnel sur la recherche des possibilités de reclassement du salarié protégé

411.4.1.3. – Le comité social et économique doit être informé, lors de la réunion de consultation au cours de laquelle il est procédé à l'audition du salarié protégé, des possibilités et des offres de reclassement. À défaut, l'autorisation ne peut être accordée *(Guide DGT, Salariés protégés, sept. 2019, fiche n° 5).*

Il avait été jugé par le Conseil d'État que l'absence de débat, et donc de consultation régulière du comité d'entreprise [devenu le comité social et économique] sur la possibilité de reclassement des salariés protégés, était un moyen inopérant dans la mesure où le comité avait émis un avis unanimement défavorable aux licenciements projetés *(CE, 16 juin 1989, n° 86.222, Sté Outinord, préc.).* Les arrêts rendus le 4 juillet 2018 par la Haute Assemblée *(CE, 4 juill. 2018, n° 410.904, M. X. c. / Association des cités du Secours catholique, Tables p. 945 et n° 397.059, Sté Veron international, Tables p. 945, concl. F. Dieu, RJS 2018 n° 617 ; cf. n°* ***21.6.****)* nous semblent remettre en cause ce principe de neutralisation de l'irrégularité de la procédure de consultation du fait de l'existence d'un avis unanimement défavorable du comité.

L'autorité administrative ne saurait se fonder sur la seule circonstance que le procès-verbal du comité d'entreprise ne mentionne pas expressément que le reclassement du salarié protégé a été débattu pour estimer que le comité n'a pas été mis à même de discuter du reclassement de l'intéressé lors de cette réunion *(CE, 29 oct. 2012, n° 332.666, Sté Titanobel, concl. R. Keller).* Il lui appartient alors de vérifier la réalité de cette consultation par tout autre moyen de preuve.

D. Le contenu des propositions de reclassement

1. Le principe

411.4.1.4.1. – Le principe selon lequel l'offre de reclassement doit être écrite, précise et personnalisée a été affirmé d'abord par la jurisprudence judiciaire, puis administrative et confirmé par le législateur.

Il avait ainsi été jugé par le Conseil d'État que l'offre de reclassement doit comporter des indications précises sur la nature du poste offert « *permettant d'apprécier le caractère suffisant de [la] proposition de reclassement au regard du contrat de travail de l'intéressé, du montant de sa rémunération et de la possibilité d'exercer son mandat représentatif » (CE, 15 avr. 1996, n° 151.474, M. Carle et UD CGT de l'Isère, RJS 2006 n° 687).*

La Cour de cassation avait jugé que l'obligation de reclassement imposait à l'employeur d'adresser aux salariés des offres de reclassement « *précises, concrètes et personnalisées » (Cass. soc., 9 nov. 2004, n° 03-40.422 ; Cass. soc., 24 janv. 2006, n° 04-41.340 ; Cass. soc., 5 déc. 2007, n° 06-42.300).*

La loi n° 2002-73 de modernisation sociale du 17 janvier 2002 a inscrit cette exigence dans le droit positif en posant la règle selon laquelle « *les offres de reclassement proposées au salarié doivent être écrites et précises* » *(cf. n° **49.1.3.5**)*. Cette disposition est reprise à l'article L. 1233-4 du Code.

2. *La jurisprudence judiciaire*

411.4.1.4.2. – La chambre sociale a déduit le non-respect de l'obligation de la circonstance que « *l'employeur n'avait pas adressé à chacun des salariés dont le licenciement était envisagé des offres de reclassement précises, concrètes et personnalisées » (Cass. soc., 7 juill. 2004, n° 02-42.289 RJS 2004 n° 1017 ; cf. également : Cass. soc., 7 nov. 2007, n° 06-43.108 ; Cass. soc., 8 avr. 2009, n° 08-40.125, Bull. V n° 107).*

La Cour de cassation a censuré l'arrêt de la cour d'appel qui avait jugé que l'employeur peut démontrer par tous moyens qu'il a satisfait à l'obligation de reclassement préalablement au licenciement et qui avait reconnu que l'obligation avait été remplie sans constater l'existence d'offres écrites et précises proposées au salarié *(Cass. soc., 20 sept. 2006, n° 04-45.703, Bull. V n° 276, RJS 2006 n° 1163, note P. Waquet RDT 2006, p. 315, G. Couturier, « Les offres de reclassement », Dr soc 2006, p. 1151 ; Rapport 2006 de la Cour de cassation : « La chambre sociale, prenant en considération la finalité de cette disposition, qui tend à assurer l'effectivité du droit du salarié au reclassement et la certitude de la réalité des offres de reclassement, décide que l'écrit est le seul mode de preuve admissible »).*

De même, de simples allégations des efforts réalisés ne peuvent suppléer l'absence d'offres écrites alors que des possibilités de reclassement existent *(Cass. soc., 6 mars 2007, n° 05-40.156, RJS 2007 n° 568).*

L'obligation de reclassement pesant sur l'employeur, seules peuvent être légalement prises en compte les propositions faites par ce dernier *(Cass. soc., 27 mai 2009, n° 07-44.022, RJS 2009 n° 700).*

Les offres personnalisées doivent garantir le reclassement effectif du salarié et, par conséquent, être suffisamment fermes : tel n'est pas le cas d'une offre personnalisée de reclassement faite sous réserve d'une validation ultérieure par le responsable du recrutement *(Cass. soc., 28 janv. 2015, n° 13-23.440 ; cf. Guide DGT, Salariés protégés, sept. 2019, fiche n° 18 ; a contrario : Cass. soc., 1er juill. 2020, n° 18-24.608, RJS 2020 n° 538).*

3. *La jurisprudence administrative*

411.4.1.4.3. – Les propositions de reclassement doivent être « *concrètes, précises et personnalisées* », et l'information donnée aux salariés doit être « *complète et exacte* » *(CE, 13 avr. 2005, n° 258.755, Association Secours catholique, Tables p. 1125 ; CE, 11 juill. 2012, n° 334.502, M. A., RJS 2012 n° 886 ; CE, 1er août 2013, n° 347.876, Salah, RJS 2013 n° 747).*

Pour apprécier si l'employeur a satisfait à son obligation de rechercher les possibilités de reclassement du salarié dans l'entreprise, l'autorité administrative ne peut prendre en compte que les propositions écrites de l'employeur, et dont le salarié a eu connaissance antérieurement à la date d'autorisation du licenciement *(CE, 3 juill. 2013, n° 342.477, Letavernier, Tables p. 866, concl. G. Dumortier).*

La seule proposition de transfert sur un autre site, faite à tout le personnel dans le cadre d'un plan social accompagnant ne comprenant aucune proposition de reclassement individualisée, « *ne constitue pas une proposition réelle de reclassement* » *(CE, 12 oct. 2006, n° 287.489, Sté Sidel Filling Aseptic, Tables p. 1086, JCP S 2006 n° 50, p. 21, note J.-Y. Kerbourc'h).*

4. *La nouvelle définition légale du contenu des offres de reclassement*

411.4.1.4.4. – Le décret n° 2017-1725 du 21 décembre 2017, pris pour l'application de l'article L. 1233-4, précise le contenu de ces offres « *écrites* » que l'employeur doit adresser de manière personnalisée « *par tout moyen permettant de conférer date certaine* ».

Doivent en tout état de cause être précisés : l'intitulé du poste et son descriptif ; le nom de l'employeur ; la nature du contrat de travail ; la localisation du poste ; le niveau de rémunération ; la classification du poste *(C. trav., art. D. 1232-2-1-II ; Cass. soc., 15 juin 2022, n° 21-10.676, s'agissant de l'indication du niveau de rémunération, Cass. soc., 23 oct. 2024, n° 23-19.629, B.).*

E. Le nombre de propositions de reclassement

411.4.1.4.5. – Il ne constitue pas en tant que tel pour le juge judiciaire ou administratif un critère décisif : il doit être mis en rapport avec les moyens dont dispose l'entreprise.

Ainsi, l'employeur peut être regardé comme ayant satisfait à son obligation par une seule proposition, dès lors que le juge estime qu'elle était la meilleure possible au regard des emplois disponibles et des moyens dont disposait l'entreprise *(pour deux exemples de propositions sur des emplois de catégories inférieures et jugées satisfaisantes : CE, 10 mars 1997, n° 164.645, SA A.T.P., Tables p. 1109 ; CE, 17 nov. 2000, n° 197.383, M. David Tables p. 1270).*

La disponibilité d'un poste peut être différée, par exemple dans le cas d'une création de poste, d'un départ en retraite ou d'une fin de préavis. S'il est offert en interne, il doit être proposé au reclassement *(Cass. soc., 10 mai 2012, n° 10-27.261 ; cf. Guide DGT, Salariés protégés, sept. 2019, fiche n° 7b).*

La situation de l'entreprise peut rendre impossible tout reclassement interne : il en est ainsi en cas « *de fermeture complète et définitive du seul établissement géré par [une] association en voie de dissolution entraînant la suppression de tous les postes de travail, ce dont il résultait une impossibilité de proposer un reclassement dans l'entreprise cessant son activité* » *(Cass. soc., 27 mai 2008, n° 07-40.703, RJS 2008 n° 876, RDT 2008, p. 456, note P. Waquet).*

En revanche, la Cour de cassation a confirmé la cour d'appel condamnant l'employeur pour licenciement sans cause réelle et sérieuse dès lors :

- qu'elle avait constaté « *que l'employeur n'avait proposé au salarié qu'un seul poste à l'usine de Biache, sans qu'il soit justifié d'aucune recherche au sein du groupe Rettig, alors qu'il résultait du plan de sauvegarde de l'emploi que des possibilités de reclassement existaient dans les autres sociétés, dont l'activité dans le domaine de la fabrication des radiateurs et des installations de chauffage à plancher chauffant occupait alors 4 000 salariés* » *(Cass. soc., 17 oct. 2007, n° 06-40.887)* ;
- « *qu'appréciant souverainement les éléments de fait et de preuve qui lui étaient soumis, [elle] a fait ressortir que l'unique proposition de reclassement faite à la salariée était sans rapport avec les moyens du groupe dont relevait l'employeur* » *(Cass. soc., 3 mars 2009, n° 07-42.436, RJS 2009 n° 419).*

Par ailleurs, la multiplication des offres ne saurait suffire pour que l'obligation de reclassement soit respectée. Ainsi, il a été jugé que n'avait pas satisfait à l'obligation de reclassement, l'employeur qui avait présenté trois offres *(CE, 27 mars 1995, n° 111.321 et 111.440, Ministre du Travail c. / Sté Primo)* :

- la première tendait au reclassement du salarié dans un établissement dont les dirigeants avaient manifesté leurs réserves à la perspective d'embaucher l'intéressé ;
- la deuxième, postérieure à la demande d'autorisation, impliquait une importante mutation géographique et n'a pas été formulée avec une précision suffisante ;
- la troisième est intervenue postérieurement au refus opposé à la demande par l'inspecteur du travail et ne pouvait légalement être prise en compte.

De son côté, la chambre sociale a jugé que « *l'employeur est tenu, d'une part, de rechercher toutes les possibilités de reclassement existant dans le groupe dont il relève, parmi les entreprises dont l'activité, l'organisation ou le lieu d'exploitation permettent d'effectuer des permutations de personnels, et d'autre part, de proposer ensuite aux salariés dont le licenciement est envisagé* ***tous les emplois disponibles*** *de la même catégorie ou, à défaut, d'une catégorie inférieure » (Cass. soc., 24 juin 2008, n° 06-45.870, Bull. V n° 138, RJS 2008 n° 968).*

Cette conception de l'obligation de reclassement l'a conduite à casser l'arrêt par lequel la cour d'appel avait estimé que l'employeur avait satisfait à son obligation en faisant une proposition de reclassement, qui avait été refusée, dès lors que l'intéressé était en droit de refuser cette offre et qu'il n'était pas établi que l'employeur avait recherché d'autres possibilités de reclassement dans l'entreprise *(Cass. soc., 7 févr. 2006, n° 04-40.627).*

La chambre sociale a confirmé sa jurisprudence *(Cass. soc., 29 sept. 2009, n° 08-41.055, RJS 2009 n° 910 : « l'employeur, qui ne fournissait aucune information permettant de connaître la situation des effectifs de l'entreprise au jour du licenciement, ne justifiait pas de l'impossibilité de proposer au salarié d'autres postes que ceux qui lui avaient été offerts, en vue d'un reclassement »).* Il ne peut toutefois pas être conclu à l'insuffisance de recherche de reclassement au sein du groupe sans avoir tenu compte de la taille des structures en cause *(Cass. soc., 15 avr. 2015, n° 13-28.005).*

F. La prise en compte de la volonté du salarié

1. Les lignes directrices de la jurisprudence judiciaire

411.4.1.6.1. – « *Le reclassement comporte deux phases. Dans la première, l'employeur doit rechercher les possibilités de reclassement. Dans la seconde, il lui appartient de faire au salarié des propositions précises et individualisées de reclassement. Si la première paraît relever de l'ordre public de direction dans la mesure où il s'agit d'augmenter les chances de maintien de l'activité professionnelle du salarié en élargissant le plus possible l'offre de reclassement, la seconde laisse place à une renonciation par le salarié à des possibilités de reclassement, avant même qu'elles ne lui aient été proposées, à la condition qu'elle intervienne à l'occasion d'une offre de reclassement, après que l'employeur a recherché les emplois disponibles susceptibles d'être proposés, et que l'intéressé exprime une volonté non équivoque et éclairée » (Rapport 2009 de la Cour de cassation).*

a) En l'absence de propositions concrètes de reclassement, la volonté réelle ou supposée du salarié ne dispense pas l'employeur du respect de son obligation

411.4.1.6.1.1. – Il appartient à l'employeur, sur qui pèse l'obligation de reclassement « *de proposer tous les emplois qui peuvent convenir sans se faire juge à l'avance de la position de l'intéressé » (P. Bailly, « Actualité jurisprudentielle du licenciement économique », Sem. soc. Lamy, n° 1385).*

Il en résulte que l'employeur ne peut se dispenser de rechercher et de proposer les emplois susceptibles de permettre le reclassement en se fondant sur :

– la volonté du salarié, présumée *(Cass. soc., 24 juin 2008, n° 06-45.870, Bull. V n° 138, RJS 2008 n° 968, Dr soc 2009, p. 116, obs. G. Couturier, RDT 2008 p. 598, note P.-Y. Frouin ; Cass. soc., 13 nov. 2008, n° 06-46.227, Bull. V n° 217)* ou réelle *(Cass. soc., 7 déc. 2022, n° 21-16.000, B., RJS 2023 n° 132)* ;

– le refus de principe, exprimé par le salarié avant toute proposition de reclassement, d'accepter une modification de son lieu de travail *(Cass. soc., 11 juill. 2001, n° 98-46.392 ; Cass. soc., 25 nov. 2009, n° 08-42.755, Bull. V n° 267, RJS 2010 n° 163)* ;

– le refus d'une mutation dans une autre région *(Cass. soc., 24 juin 2008, n° 06-45.870, Bull. V n° 138, RJS 2008 n° 968)* ;

– l'absence de réponse à un questionnaire de mobilité *(Cass. soc., 7 nov. 2007, n° 06-43.108, RJS 2008 n° 158)* ;

– *« la volonté de ses salariés, exprimés à sa demande et par avance, en dehors de toute proposition concrète » (Cass. soc., 4 mars 2009, n° 07-42.381, Bull. n° 57, RJS 2009 n° 418 ; rapport M. Chauviré, Sem. soc. Lamy, 16 mars 2009, n° 1391 ; JCP S 2009 n° 18, note P.-Y. Verkindt, RDT 2009, p. 306 note J.-Y. Frouin ; Rapport 2009 de la Cour de cassation)* ;

– le refus d'une modification du contrat de travail *(Cass. soc., 31 mai 2006, n° 04-43.984 ; Cass. soc., 31 oct. 2007, n° 06-42.334)* et la circonstance qu'il n'existerait aucun poste disponible compatible avec ce refus *(Cass. soc., 14 déc. 2005, n° 03-47.961 ; Cass. soc., 27 mai 2009, n° 07-42.227, RJS 2009 n° 699)*.

La question des départs volontaires est examinée au n° **410.3**.

b) La prise en compte de la volonté du salarié postérieurement à la présentation de propositions concrètes

411.4.1.6.1.2. – Ce n'est qu'après avoir adressé des propositions concrètes que l'employeur peut prendre en compte la volonté du salarié et limiter le cadre géographique de ses recherches *(Cass. soc., 13 nov. 2008, n° 06-46.227, Bull. V n° 217, RJS 2009 n° 25, RDT 2009, p. 37, D. 2009, p. 592, note E. Peskine, note J.-Y. Frouin, F. Champeaux, « L'étendue du secteur d'activité et du reclassement », Sem. soc. Lamy, 16 mars 2009 n° 1391)*.

2. *La jurisprudence administrative*

411.4.1.6.2. – La jurisprudence du Conseil d'État converge avec celle de la Cour de cassation : la volonté du salarié ne peut, en effet, être prise en compte qu'après que *« des propositions de reclassements concrètes, précises et personnalisées ont été effectivement exprimées et à condition que l'information du salarié soit complète et exacte » (CE, 13 avr. 2005,* *n° 258.755, Association Secours catholique, Tables p. 1125, RJS 2005 n° 868, Dr ouvrier 2006, p. 128 ; CE, 11 juill. 2012, n° 334.502, Reverte, RJS 2012 n° 886 ; CE, 1er août 2013, n° 347.876, Salah, RJS 2013 n° 747 ; F. Héas, « Le caractère impératif des garanties protectrices reconnues au représentant du personnel », Dr ouvrier 2006, p. 123).* La décision du 13 avril 2005 précise que la circonstance que la salariée aurait indiqué qu'elle ne souhaitait pas un reclassement sur Paris « *est sans incidence sur l'obligation qu'avait l'entreprise de lui faire une proposition de reclassement* ». Il avait déjà été jugé antérieurement que « *le fait que le salarié avait manifesté, dans les mois précédant son licenciement, l'intention de quitter l'entreprise et de chercher une reconversion avec l'aide financière de celle-ci, ne (peut) avoir pour effet de dispenser le Bureau de recherche géologiques et minières de l'obligation de rechercher s'il existait des possibilités de reclassement pour ce salarié* » *(CE, 19 févr. 1997, n° 157.772, M. Michel).*

De son côté, par son comportement, le salarié ne doit pas faire obstacle à la mise en œuvre des actions destinées à assurer son reclassement interne. L'entreprise peut ainsi légalement licencier un salarié qui a refusé sa mutation géographique, puis le passage de tests d'aptitude, justifiés par son niveau de qualification et une période probatoire en vue d'exercer un emploi différent *(CE, 27 juill. 1984, n° 43.751, Sté Canon-France).*

Dans l'hypothèse où le salarié ne répond pas à une proposition de reclassement, son silence peut être regardé comme un refus dès lors que toutes les précisions lui ont été données et qu'il ne peut ignorer l'urgence de la réponse qu'il doit apporter *(CE, 16 févr. 1983, n° 30.621, Caisse nationale de retraite des ouvriers).*

Cependant, on ne peut déduire de la seule circonstance que le salarié protégé n'aurait pas collaboré avec la structure de reconversion créée par l'employeur, en vue de faciliter le reclassement **externe** du personnel, que l'entreprise a respecté son obligation, dès lors qu'aucun examen particulier de la situation du salarié n'avait eu lieu *(CE, 21 oct. 1991, n° 97.115, Sté Renault Véhicules Industriels, Tables p. 1233).* L'employeur ne peut se borner à inviter le salarié protégé à prendre contact avec la structure mise en place.

3. Le refus d'une proposition impliquant une modification du contrat de travail

411.4.1.6.3. – Le salarié n'est pas tenu d'accepter la proposition. S'il refuse, et dès lors qu'aucun reclassement sur un poste équivalent n'était possible, l'employeur sera regardé comme ayant satisfait à son obligation *(CE, 22 janv. 1990, n° 99.147, Mme Azevedo et a.).*

La demande d'autorisation de licenciement doit invoquer un motif économique, dès lors que le refus du salarié ne peut être considéré comme fautif *(Cass. soc., 25 oct. 1995, n° 94-41.742, Dr soc 1996, p. 102).*

4. *Le refus d'une proposition de reclassement sur un emploi équivalent*

a) La position initiale du Conseil d'État

411.4.1.6.4.1. – Par la décision du 10 février 1978, ministre de l'Agriculture c./ Galy *(n° 95.006, Rec. p. 63, concl. Mme Latournerie)*, le Conseil d'État avait jugé que le refus opposé par un salarié à une proposition de reclassement sur un poste équivalent, en l'absence de toute modification du contrat de travail, constituait une faute d'une gravité suffisante de nature à justifier son licenciement. Avait très certainement pesé dans le sens de cette décision l'arrêt par lequel, dans le litige opposant le même salarié à son employeur, la chambre criminelle avait confirmé l'arrêt de relaxe du chef d'établissement poursuivi pour délit d'entrave. La cour d'appel avait constaté que le salarié, qui se trouvait en position de congé rémunéré à la suite de la suppression de son emploi, s'était vu offrir par la suite un nouvel emploi ne comportant, par rapport à l'ancien, ni diminution de ressources, ni rétrogradation, ni déclassement, ni désagrément notable, ni perte de considération et que l'employeur, qui avait prononcé la mise à pied de M. Galy en raison du refus par celui-ci d'occuper son nouvel emploi, ne pouvait se voir reprocher de ne pas l'avoir réintégré à la suite de la décision de l'inspecteur du travail s'opposant au licenciement, dès lors que, du fait de son propre refus, le salarié n'avait pas repris sa place dans l'entreprise *(Cass. crim., 27 mars 1973, n° 72-90.033, Bull. crim. n° 153)*.

La décision du 10 février 1978 était intervenue alors que le Code du travail ne reconnaissait expressément pas aux salariés un droit individuel au reclassement. L'obligation pour l'employeur de rechercher individuellement les possibilités de reclassement n'avait été instituée alors que pour les seuls salariés protégés et par la décision de section du 18 février 1977 Abellan *(n° 95.354, Rec. p. 97)*.

La jurisprudence Galy avait été confirmée :

- implicitement par la décision du 10 avril 1991, *Sté Actana (n° 60.658, Tables p. 1232)*, par laquelle il a été jugé que le refus par le salarié protégé d'accepter une proposition de reclassement emportant une modification substantielle de son contrat de travail ne révélait pas un comportement fautif ;
- expressément par la décision du 21 décembre 2001 *Prieto (n° 215.185, Tables p. 1215)* jugeant que le refus du salarié d'accepter un emploi, proposé au titre du reclassement, dans le cadre d'une procédure de licenciement pour motif économique, présentant des garanties équivalentes à celles du précédent emploi, aurait permis à l'employeur d'envisager un licenciement pour faute.

Cette position de principe était discutée par la doctrine *(cf. F. Géa, « Licenciement pour motif économique : l'obligation générale de reclassement », RJS 2000, p. 511, § 29 : « La cause du licenciement reste celle qui avait conduit l'employeur, d'une part, à envisager un licenciement et, d'autre part, à tenter le reclassement du salarié ; ce qui implique que le licenciement demeure de nature économique »).*

b) La position de la Cour de cassation

411.4.1.6.4.2. – Par un arrêt du 9 avril 2002, la chambre sociale a d'abord jugé qu'une faute grave ne peut se déduire du seul refus par un salarié du poste de reclassement proposé par l'employeur en application des dispositions du Code du travail relatives aux règles de reclassement du salarié reconnu inapte à l'issue d'une maladie ou d'un accident *(Cass. soc., 9 avr. 2002, n° 99-44.192, Bull. V n° 122).*

Elle a prolongé sa jurisprudence par un arrêt du 29 janvier 2003 par lequel elle a jugé que le salarié « *menacé de licenciement pour motif économique est en droit de refuser les mesures de reclassement qui lui sont proposées » (Cass. soc. 29 janv. 2003, n° 00-46-322, Sté Total raffinage distribution, Bull. V n° 28, RJS 2003 n° 436, JCP n° 31-35, 30 juill. 2003, commentaire P. Morvan, Dr ouvrier 2003, p. 301 : en l'espèce, l'employeur, suite aux refus des salariés concernés, avait notifié un licenciement pour faute grave).*

La position adoptée par la chambre sociale sur cette question nous paraît résulter, d'une part, de la convergence de l'évolution de la jurisprudence relative au droit au reclassement reconnu à tout salarié menacé de licenciement pour motif économique et, d'autre part, de l'évolution des dispositions du Code du travail.

L'arrêt du 29 janvier 2003 précité a été commenté dans les termes suivants dans le rapport annuel de la Cour de cassation :

> *« La chambre sociale a d'abord voulu faire respecter les frontières existantes entre le licenciement pour motif économique et celui pour motif personnel. Lorsqu'un licenciement pour motif économique est envisagé, le salarié ne peut être licencié pour un motif disciplinaire pour la raison qu'il s'opposerait au reclassement proposé. En décider autrement reviendrait à légitimer ce qui constitue en réalité un détournement, sinon un dévoiement, de toutes les garanties qui entourent le licenciement pour motif économique. Certes le refus du reclassement par le salarié peut, s'il est formulé sans motif légitime, renforcer la position de l'employeur qui pourra ainsi s'en prévaloir pour justifier du bienfondé du licenciement pour motif économique mais cela ne doit pas le conduire à substituer un licenciement pour motif disciplinaire à celui pour motif économique initialement envisagé, et en particulier pour une prétendue faute grave. (…)* ***Si le reclassement est une obligation pour l'employeur, il constitue pour le salarié un droit que celui-ci est libre d'exercer ou non.*** »

c) L'évolution de la jurisprudence du Conseil d'État

411.4.1.6.3. – Par sa décision du 7 décembre 2009, le Conseil d'État a fait converger sa jurisprudence avec celle de la Cour de cassation. Censurant l'arrêt de la cour administrative d'appel de Versailles du 22 mai 2006, qui avait jugé qu'« *en refusant d'accepter l'une de ces deux propositions de reclassement sur un emploi comparable à celui qu'il occupait précédemment, M. Guyard a commis une faute d'une gravité suffisante pour justifier son licenciement* », la Haute juridiction a posé la règle selon laquelle : « *si l'examen des possibilités de reclassement, (...) constitue une obligation pour l'employeur, il représente, pour le salarié, une garantie ; qu'ainsi, le refus, par un salarié protégé dont le licenciement économique est envisagé, d'une offre de reclassement sur un emploi comparable à celui qu'il occupait, ne saurait être constitutif d'une faute disciplinaire, ni, par conséquent, ôter au licenciement envisagé son caractère économique » (CE, 7 déc. 2009, n° 314.079, M. Guyard, Tables p. 979, concl. Y. Struillou, Dr. soc 2010, p. 306).*

G. La renonciation du salarié au reclassement proposé

411.4.1.7. – Il a été jugé que l'employeur avait satisfait à son obligation dans un cas où les conditions du reclassement avaient fait l'objet d'une négociation entre l'employeur et le salarié, en considération des exigences de ce dernier, que celui-ci avait dans un premier temps occupé l'emploi de directeur d'établissement ainsi proposé, puis qu'il y avait renoncé *(Cass. soc., 27 mai 2009, n° 08-40.104, RJS 2009 n° 701).*

De même, la décision du salarié d'adhérer à la convention de reclassement personnalisé proposée par l'employeur, après une proposition de reclassement, a été regardée comme impliquant nécessairement une renonciation de sa part à cette offre de reclassement *(Cass. soc. 28 sept. 2011, n° 10-23.703, Bull. V n° 198, RJS 2011 n° 955).*

§ 2. LA MISE EN ŒUVRE DE L'OBLIGATION PAR LA DIFFUSION DE LA LISTE DES POSTES DISPONIBLES À L'ENSEMBLE DES SALARIÉS

411.4.2. – Les modalités de mise en œuvre de l'obligation de reclassement par la diffusion de la liste des postes disponibles à l'ensemble des salariés ont été précisées par le décret n° 2017-1725 du 21 décembre 2017 *(C. trav., art. D. 1233-2-1).*

A. La communication de la liste aux salariés

411.4.2.1. – Elle doit être communiquée à chacun d'eux « *par tout moyen permettant de conférer date certaine* » *(C. trav., art. D. 1233-2-1-I).* La preuve de la réception de la liste par chaque salarié incombe donc à l'employeur. Un simple affichage ne peut donc pas satisfaire à cette exigence. Doivent être destinataires de cette liste l'ensemble des salariés concernés par le licenciement.

B. Le contenu de la liste

411.4.2.2. – La liste des offres de reclassement interne diffusée auprès des salariés doit comprendre « *les postes disponibles situés sur le territoire national dans l'entreprise et les autres entreprises du groupe dont l'entreprise fait partie* » *(C. trav., art. D. 1233-2-1-III)*.

Il y a lieu de considérer que cette liste inclut l'ensemble des postes disponibles toutes catégories professionnelles confondues dans le périmètre de reclassement. L'employeur ne saurait en effet opérer de présélection reposant sur le profil, les compétences ou la qualification des salariés concernés par le licenciement.

Le décret précise que « *l'employeur communique la liste des offres disponibles aux salariés,* ***et le cas échéant l'actualisation de celle-ci*** ».

Présentés par la ministre du Travail lors des débats parlementaires comme « *le vrai plus* » des nouvelles dispositions légales *(cf. n°* ***49.2.2.2****)*, le caractère exhaustif de la liste des postes disponibles et son actualisation constante sont un paramètre essentiel de la validité de cette mise en œuvre de l'obligation de reclassement. L'obligation d'actualiser constamment la liste nous semble en outre découler du principe général selon lequel, s'agissant des salariés protégés, les possibilités de reclassement sont appréciées par l'inspecteur du travail jusqu'à la date à laquelle il statue sur la demande d'autorisation de licenciement *(cf. n°* ***411.4.1.2.1****)*. Il n'en résulte pas pour autant que l'employeur est tenu d'accorder un nouveau délai de quinze jours (ou de quatre jours si l'opération intervient à l'occasion d'une procédure de redressement ou de liquidation judiciaire) ; un délai raisonnable doit toutefois être alors accordé au salarié pour lui permettre de se positionner sur le ou les postes susceptibles de l'intéresser.

De même que les offres adressées de manière personnalisée aux salariés, les offres figurant sur la liste diffusée doivent en tout état de cause préciser : l'intitulé du poste et son descriptif ; le nom de l'employeur ; la nature du contrat de travail ; la localisation du poste ; le niveau de rémunération ; la classification du poste *(C. trav., art. D. 1232-2-1-II)*. Appelé à se prononcer sur le degré de précision de ces offres, le Conseil d'État, annulant l'arrêt de la cour d'appel de Lyon, a jugé qu'il appartenait à l'autorité administrative de s'assurer, au titre de son contrôle de la précision des offres de reclassement, que celles-ci comportent l'ensemble des mentions prévues au II de l'article D.°1233-2-1 et, lorsqu'une liste de postes est communiquée, que ces mentions sont aisément accessibles *(CE, 2 déc. 2024, n° 488.033, Mme B. c./ Sté Debonix, mentionné aux Tables, RJS 2025 n° 106)*. La Cour de cassation a adopté la même position *(Cass. soc., 8 janv. 2023, n° 22-24.724 et suiv., B.)*.

La liste doit également préciser les critères de départage entre salariés en cas de candidatures multiples sur un même poste, ainsi que le délai dont dispose le salarié pour présenter sa candidature écrite ; ce délai ne peut être inférieur à quinze jours francs à compter de la publication de la liste, sauf lorsque l'entreprise fait l'objet d'un redressement ou d'une liquidation judiciaire *(C. trav., art. D. 1233-2-1-III ; pour les entreprises en redressement ou en liquidation judiciaire, cf. n°* ***411.8****)*. Les critères de départage doivent être mentionnés sur la liste des postes ou un document annexé à celle-ci, et être portés à la connaissance du salarié concomitamment à sa diffusion.

Dès lors que la sélection résulte de l'appréciation des compétences professionnelles, la présence des critères de départage, telle que présentée lors des débats parlementaires, constitue une garantie pour le salarié de bénéficier des informations nécessaires pour pouvoir se positionner sur des postes adaptés à sa situation et à son niveau de compétences. Il doit ainsi avoir connaissance des compétences exigées pour occuper ces postes. L'autorité administrative doit donc s'assurer que les descriptions de postes sont suffisamment précises ; si ces descriptions sont succinctes et ne font notamment pas mention des compétences requises, il y aura lieu de considérer que l'employeur n'a pas mis le salarié à même de se positionner sur les offres de reclassement dans le délai qui lui est imparti.

En revanche, dans la mesure où les textes n'encadrent pas le contenu des critères de départage, il ne saurait être exigé de l'employeur qu'il établisse d'autres critères de départage tels que l'ancienneté ou la situation familiale.

L'obligation de rechercher sérieusement et loyalement les possibilités de reclassement, notamment lorsque la communication des offres s'effectue par la diffusion de la liste des postes disponibles, est examinée aux n° **411.2.5.1** et **411.2.5.2**.

SECTION 5
Les circonstances caractérisant le manquement à l'obligation de reclassement

§ 1. L'ABSENCE D'INDICATION DES INFORMATIONS UTILES RELATIVES AUX OFFRES DE RECLASSEMENT

411.5.1. – En vertu de l'article L. 1233-4 du Code du travail, les offres de reclassement doivent être « *écrites et précises* » et, si l'employeur opte pour l'envoi personnalisé d'offres de reclassement à chaque salarié, être « *personnalisées* ».

Une entreprise ne peut être regardée comme ayant satisfait à l'obligation de reclassement qui lui incombe si les offres communiquées aux salariés, que ce soit sous la forme d'offres personnalisées ou par la diffusion de la liste des postes disponibles à l'ensemble des salariés concernés, ne comportent pas l'ensemble des précisions requises par l'article D. 1232-2-1-III du Code du travail *(sur ces précisions, cf. n°* ***411.4.1.4.4*** *et* ***411.4.2.2****)* ainsi que, lorsque l'entreprise opte pour la diffusion de la liste des postes disponibles, les critères de départage entre salariés en cas de candidatures multiples sur un même poste, ainsi que le délai dont dispose le salarié pour présenter sa candidature écrite *(cf. n°* ***411.4.2.2****)*.

Il en a été jugé de même « *quand, malgré un accord collectif qui prévoyait que tous les salariés qui seraient intéressés par un poste disponible dans tous les autres établissements de (l'entreprise) ou de ses filiales pouvaient prendre connaissance des offres d'emploi collectées auprès de ces établissements et s'y porter candidats* », les « *offres d'emploi n'ont pas fait l'objet d'une diffusion permettant à chacun des salariés de l'usine d'être informé de leur existence et de leurs caractéristiques, leur consultation ayant été laissée à la discrétion de l'encadrement* », et que par conséquent les salariés protégés « *n'ont pu avoir accès à cette information que tardivement et n'ont, de ce fait, pas été en mesure, à la différence de plusieurs centaines de leurs collègues, de se porter candidats, s'ils le souhaitaient, à l'ensemble des emplois offerts* » *(CE, 15 déc. 1997, n° 168.566, SA Renault, RJS 1998 n° 331, CE, 18 juin 1997, n° 162.600, SA RNUR)*.

Méconnaissent également leur obligation :

- l'employeur qui s'abstient d'indiquer au salarié les informations concernant ses horaires de travail, faisant obstacle à ce qu'il puisse se déterminer en connaissance de cause alors que l'intéressé avait auparavant, en réponse à une première offre de reclassement, demandé que les horaires de travail soient décalés pour lui permettre d'utiliser les transports collectifs, l'employeur devant « *proposer des postes accessibles ou rendus accessibles par des mesures d'accompagnement* » *(Cass. soc., 29 mai 2002, n° 00-40.475, RJS 2002 n° 956)* ;
- l'employeur qui s'est borné à informer la salariée qu'aucun poste de reclassement correspondant à son profil n'avait été identifié et que la liste des postes vacants en France était affichée dans le hall du site de l'établissement, sans établir que cette liste de postes comportait des indications sur les conditions d'embauche, de travail ou de rémunération, et à invoquer une recherche individualisée elle-même insuffisante *(CAA Lyon, 30 sept. 2021, n° 20LY00189)*.

§ 2. LA MÉCONNAISSANCE DE L'OBLIGATION DE MOYEN

411.5.2. – La Cour de cassation a confirmé la cour d'appel condamnant l'employeur pour licenciement sans cause réelle et sérieuse dès lors « *qu'appréciant souverainement les éléments de fait et de preuve qui lui étaient soumis, [elle] a fait ressortir que l'unique proposition de reclassement faite à la salariée était sans rapport avec les moyens du groupe dont* *relevait l'employeur » (Cass. soc., 3 mars 2009, n° 07-42.436, RJS 2009 n° 419 ; cf. n° **411.4.1.4.5**).*

§ 3. LA MÉCONNAISSANCE DE L'OBLIGATION DE RECLASSEMENT RÉSULTANT DE L'ABSENCE D'EXAMEN PARTICULIER

411.5.3. – Sous l'empire des dispositions antérieures à l'ordonnance n° 2017-1387 du 22 septembre 2017, il avait été jugé que l'entreprise n'avait pas satisfait à son obligation dans les cas suivants, qui illustraient une jurisprudence particulièrement fournie :

– dès lors qu'il n'était pas établi qu'elle ait procédé à la recherche du reclassement du salarié, ni que ce reclassement était impossible sans entraîner l'éviction d'un autre salarié *(CE, 26 juill. 1985, n° 54.933, Sté Malissard-Savarzeix ; CE, 4 mai 1988, n° 79.581, Sté Atochem)* ;

– s'il « *ne ressort pas des pièces du dossier que l'association "Maison de la Culture de Rennes" ait procédé à un examen particulier des possibilités de reclassement de Mme C. au sein de l'entreprise* » ; le juge en déduit que « *faute d'avoir entrepris une telle recherche, l'association, qui s'est bornée à présenter des offres de reclassement externe, ne peut être regardée comme ayant répondu à l'obligation lui incombant la circonstance que l'intéressée ait bénéficié, après la notification de la décision du ministre autorisant son licenciement, de l'aide prévue par la convention d'aide à la mobilité géographique conclue avec l'État, n'était pas, en tout état de cause, de nature à dispenser la direction d'examiner les possibilités de son reclassement* » *(CE, 12 juill. 1995, n° 133.113, Mme Chambrin)* ;

– « *il n'est pas établi ni même soutenu que l'examen des possibilités de reclassement de M. C… ait fait l'objet d'un examen individuel par la société* » *(CE, 15 nov. 1996, n° 156.299, Sté des tuyaux Bonna, RJS 1997 n° 61)* ;

– « *la condition légale relative aux efforts de reclassement auxquels sont soumises les entreprises qui envisagent de licencier un salarié protégé n'était pas remplie ; il n'est pas établi que la société ait satisfait à l'obligation qui lui incombait de procéder à un examen spécifique des possibilités de reclassement de Mme Z au sein de l'entreprise* » *(CE, 18 mars 1998, n° 171.756, SA Miko)* ;

– l'entreprise « *s'est bornée à diffuser, pour l'ensemble de ses salariés licenciés, une seule offre de poste de médecin généraliste ; qu'elle ne produit aucun élément de nature à établir qu'elle aurait procédé à une recherche individuelle d'emplois pour le requérant* » *(CE, 17 mai 2000, n° 194.962, MGEN)*.

Le Conseil d'État avait censuré pour erreur de droit l'arrêt par lequel une cour administrative d'appel avait estimé que l'employeur avait satisfait à l'obligation de procéder à un examen individuel des possibilités de reclassement alors qu'elle avait elle-même constaté que l'employeur s'était borné à diffuser le curriculum vitae des salariés à une entreprise du groupe *(CE, 29 juin 2009, n° 307.964, Chauvet, RJS 2009 n° 869).*

La jurisprudence judiciaire allait dans le même sens, imposant qu'il soit procédé à un examen individuel des possibilités de son reclassement pour permettre la présentation de propositions personnelles *(Cass. soc., 26 sept. 2006, n° 05-43.841, Bull. civ. V n° 288, RJS 2006 n° 116, RDT 2006, p. 316, note P. Waquet).*

Ces principes demeurent valables sauf si l'employeur opte, comme il en a désormais la possibilité, pour la communication des offres de reclassement par la diffusion de la liste des postes disponibles à l'ensemble des salariés concernés *(cf. n° **411.4.2**).*

§ 4. LA MÉCONNAISSANCE DE L'OBLIGATION DE RECLASSEMENT RÉSULTANT DE LA SEULE MISE EN ŒUVRE DE MESURES GÉNÉRALES

411.5.4. – Les actions générales destinées à favoriser le reclassement interne ou externe des salariés ne dispensent pas l'entreprise de procéder à l'examen particulier de la situation du salarié protégé et de rechercher les possibilités de le reclasser. De nombreuses décisions du juge administratif ont rappelé ce principe. Il en est de même du juge judiciaire qui reconnaît le manquement de l'employeur à ses obligations dès lors qu'il n'a fait au salarié « *aucune offre précise, concrète et personnalisée de reclassement, ni [prévu] son adaptation effective aux emplois disponibles* » *(Cass. soc., 7 déc. 2005, n° 03-45.012, RJS 2006 n° 324).*

Ces principes demeurent valables sauf si l'employeur opte, comme il en a désormais la possibilité, pour la communication des offres de reclassement par la diffusion de la liste des postes disponibles à l'ensemble des salariés concernés. Dans ce cas, cette diffusion, jusqu'alors considérée par les juges judiciaire et administratif comme ne satisfaisant pas à l'obligation de reclassement, constitue désormais une modalité valable de mise en œuvre de celle-ci dès lors que sont remplies les conditions fixées par le décret n° 2017-1725 du 21 décembre 2017 *(C. travail, art. D. 1233-2-1 ; cf. n° **411.4.2**).*

En revanche, méconnaît son obligation de reclassement l'employeur qui se borne à mettre en œuvre les mesures générales suivantes.

A. La diffusion des curriculum vitae des salariés ou de lettres type au sein du groupe

411.5.4.1. – Ne satisfait pas à son obligation de procéder à un examen individuel des possibilités de reclassement l'employeur qui se borne à diffuser le curriculum vitae des salariés à une entreprise du groupe *(CE, 29 juin 2009, n° 307.964, Chauvet, RJS 2009 n° 869).*

La même position a été retenue par le juge judiciaire :

– pour l'envoi d'une lettre type aux sociétés du groupe, sans que soient précisées les caractéristiques des emplois occupés par les salariés, ni leur qualification *(Cass. soc., 13 janv. 2010, n° 08-41.446, RJS 2010 n° 248 ; Cass. soc., 31 mars 2009, n° 07-45.065, RJS 2009 n° 511 ; a contrario : Cass. soc., 22 oct. 2014, n° 13-20.403, B., RJS 2015 n° 13)* ;
– pour l'envoi de lettres circulaires indiquant l'ensemble des postes de la société et les catégories professionnelles concernées par le PSE qui ne peut « *suffire à établir que [l'employeur] avait effectué une recherche préalable, sérieuse et active des possibilités de reclassement existant dans le groupe* » *(Cass. soc., 13 févr. 2008, n° 06-44.984, RJS 2008 n° 391 ; Cass. soc., 23 mars 2011, n° 09-71.599, RJS 2011 n° 510).*

Il ne peut cependant pas être fait grief à l'employeur de ne pas avoir apporté plus de précisions, et notamment des indications concrètes sur le profil des salariés occupant les postes supprimés, relatives notamment à leur âge, formation, expérience, qualification et ancienneté ; en l'espèce, il était indiqué que le curriculum vitae était tenu à disposition *(Cass. soc., 1er juill. 2020, n° 18-24.608, RJS 2020 n° 538).*

B. La mise en place d'une antenne de reclassement

411.5.4.2. – L'employeur ne saurait invoquer la seule mise en place d'une antenne de reclassement à laquelle peuvent s'adresser les salariés compris dans un licenciement :

– « *la création d'une entité distincte qui avait pour objet d'aider les membres du personnel dans leur orientation professionnelle et dans leur recherche d'un emploi, avec laquelle les salariés auraient refusé de collaborer, ne dispensait pas l'employeur d'examiner s'il existait des possibilités de reclassement dans l'entreprise* » *(CE, 21 oct. 1991, n° 97.115, Sté Renault Véhicules Industriels, Tables p. 1233, RJS 1992 n° 53 ; CE, 7 juin 1997, n° 161.026, Sté Dassault-Aviation)* ;
– « *la société établit certes avoir effectué des démarches en vue du reclassement externe de M. T. en dehors de l'entreprise, notamment en diffusant des listes d'emplois disponibles au sein d'un groupe auquel elle appartenait et en mettant en place une "antenne-emploi" ayant pour objet d'aider les membres du personnel dans leur orientation professionnelle et leur recherche d'emploi ; que, toutefois, il ne ressort pas des pièces du dossier que la société ait, préalablement, examiné les possibilités de reclassement de M. T. dans l'entreprise* » *(CE, 20 mars 1996, Sté Causse-Walon, n° 162.927, Tables p. 1193, RJS 1996 n° 570)* ;
– « *il n'est établi, ni même allégué, que la société aurait procédé à un examen individuel des possibilités de reclassement des intéressées dans l'établissement ou, à défaut, dans l'entreprise ; qu'ainsi*

et alors même qu'elle a présenté aux représentants du personnel un document intitulé "plan social" comportant la recherche des possibilités de reclassement dans le groupe et la mise en place d'une "cellule de reclassement locale", la société ne peut être regardée comme ayant satisfait à ses obligations » (CE, 8 janv. 1997, n° 171.807, Sté des Grands magasins de l'Ouest, Tables p. 988, RJS 1997 n° 175) ;

– *« si le plan social de l'entreprise prévoyait que les salariés bénéficieraient notamment des services d'une antenne-emploi ainsi que d'un cabinet de recrutement en faveur de leur reclassement tant interne qu'externe, la matérialité des efforts de la société pour reclasser Mme C. au sein du groupe n'est pas établie par la seule production d'une fiche attestant selon l'entreprise de quatre propositions de postes soumises à l'intéressée dont deux seraient sérieuses, alors que Mme C. fait valoir, sans être contredite, que ce document ne faisait que transcrire le résultat de ses recherches personnelles » (CE, 1er déc. 1999, n° 193.333, Sté de conditionnement de produits européens).*

C. Le recours à un cabinet de placement

411.5.4.3. – Le recours à un cabinet spécialisé est insuffisant :

– *« ni la circonstance qu'aux frais de la société M. B. a pu bénéficier des conseils d'un cabinet chargé de conseiller les candidats à un emploi, ni le fait qu'en sa qualité de délégué du personnel il a participé à la commission de reclassement instituée au sein de l'entreprise ne sont, dans les circonstances de l'espèce, de nature à démontrer que des efforts sérieux de recherche d'un emploi de reclassement aient été consenties par la société en faveur de M. B. » (CE, 11 janv. 1993, n° 98.369, Sté Paris-France, RJS 1993 n° 425 ; CE, 1er déc. 1999, n° 193.333, Sté de conditionnement de produits européens)* ;

– *« ni la proposition d'une convention de conversion, ni le recours à un cabinet de reclassement externe avec obligation de résultat de sauraient être regardés comme une proposition de reclassement » (CE, 28 janv. 2004, n° 262.650, SA Groupe Envergure).*

La jurisprudence de la chambre sociale est convergente *(Cass. soc., 26 sept. 2006, n° 05-43841, Bull. V n° 288).*

D. La mise en place d'une aide financière à la reconversion

411.5.4.4. – Le bénéfice de l'aide à la reconversion prévu par le plan de sauvegarde de l'emploi est insuffisant : *« La circonstance, alléguée par la société requérante, que MM. B., L. et S. avaient sollicité, sous réserve, d'ailleurs, de l'intervention de l'autorisation administrative de leur licenciement, le bénéfice de l'aide à la reconversion prévue par le plan social, ne la dispensait pas d'examiner les possibilités de reclassement de ces trois* *salariés protégés ; il ne résulte pas des pièces du dossier que la situation des intéressés ait fait à cet égard l'objet d'un examen particulier de la part de leur employeur » (CE, 31 mars 1995, n° 127.847, Sté Renault véhicules industriels, RJS 1995 n° 671).*

E. L'octroi de congés de recherche d'emploi

411.5.4.5. – Le fait que le salarié « *a bénéficié, dans le cadre des facilités offertes par le plan social, de congés rémunérés pour permettre la recherche d'un autre emploi à l'extérieur* » est insuffisant *(CE, 24 oct. 1990, n° 91.392, SA Ampafrance, RJS 1991 n° 217).*

F. La proposition de souscrire un contrat de sécurisation professionnelle

411.5.4.6. – Il avait été jugé que la proposition d'une convention de conversion « *ne saurait être regardée comme une proposition de reclassement* » (*CE, 31 juill. 1992, n° 105.670, Sté française de Supermarchés ; CE, 28 janv. 2004, n° 262.650, SA Groupe Envergure).*

Le juge judiciaire avait adopté la même position *(Cass. soc., 30 mars 1999, n° 97-40.814 : « Une telle proposition, peu important qu'elle soit acceptée ou non, ne dispense pas [l'employeur] de ses obligations d'adapter le salarié à l'évolution de son emploi et de rechercher son reclassement »).*

Cette position est transposable au contrat de sécurisation professionnelle prévu par les articles L. 1233-65 et suivants du Code du travail *(sur le contrat de sécurisation professionnelle, cf. n°* ***411.7.2.2****).*

G. L'attribution d'aides publiques au reclassement et au départ

411.5.4.7. – Le fait que le salarié puisse bénéficier d'une convention d'allocations spéciales du Fonds national de l'emploi (dispositif supprimé en 2011), pour partir en « *pré-retraite* » ne dispensait pas l'employeur de son obligation de recherche de reclassement interne *(CE, 4 mai 1988, n° 79.581, Sté Atochem ; CE 14 juin 1996, n° 150.900, Sté Gedis).* Il en était de même en ce qui concerne le bénéfice d'une garantie de ressources *(CE, 16 févr. 1983, n° 30.045, Sté Sobéa, Tables 888)* ou de l'aide prévue par la convention d'aide à la mobilité géographique conclue avec l'État *(CE, 12 juill. 1995, n° 133.113, Mme Chambrin).*

En revanche, le juge judiciaire avait considéré que la mesure dite de « *pré-retraite progressive* », permettant le maintien du salarié dans son emploi, constituait une proposition de reclassement *(Cass. soc., 6 juin 2000, n° 98-41.457, Bull. V n° 214, RJS 2000 n° 781).*

§ 5. L'ENGAGEMENT PRÉCIPITÉ DE LA PROCÉDURE DE LICENCIEMENT

411.5.5. – Pour le juge judiciaire, ne satisfait pas à son obligation, l'employeur qui prononce le licenciement sans attendre l'expiration du délai imparti aux salariés pour faire connaître leur acceptation ou leur refus des propositions de reclassement *(Cass. soc., 24 avr. 2003, n° 01-42.131, RJS 2003 n° 859)* ou le liquidateur qui notifie les licenciements sans attendre la réponse à une lettre-circulaire adressée aux entreprises du groupe *(Cass. soc., 10 janv. 2006, n° 04-40.607)*.

Le juge administratif a adopté la même approche. Il a ainsi été jugé qu'avait méconnu son obligation la société qui n'avait « *pas même attendu la réponse à la totalité de ces courriers avant de présenter la demande d'autorisation de licenciement à l'administration* » *(CE, 28 janv. 2004, n° 257.130, Sté Groupe Envergure)*.

§ 6. L'ABSENCE DE SUITE DONNÉE À UNE PROPOSITION DE RECLASSEMENT ACCEPTÉE PAR LE SALARIÉ

411.5.6. – L'employeur a été regardé comme n'ayant pas fait les efforts nécessaires de reclassement :

– « *en ne donnant pas suite à la proposition de reclassement présentée au salarié et acceptée par lui, et en n'établissant pas l'impossibilité d'assurer le reclassement de l'intéressé sur un emploi correspondant à sa qualification* » *(CE, 3 oct. 1994, n° 109.075, SA Dresser produits industriels)* ;
– en formulant des propositions ambiguës pouvant induire en erreur les salariés sur leur portée, puis en ayant pourvu les postes offerts aux représentants du personnel avant que ces derniers fassent part de leur acceptation *(CE, 18 juin 1997, n° 159.296, Sté Semip, Tables p. 1109)*.

§ 7. L'ABSENCE DE PROPOSITION DE RECLASSEMENT ALORS QUE D'AUTRES SALARIÉS ONT ÉTÉ RECLASSÉS

411.5.7. – Cette circonstance a été retenue par le juge administratif pour conclure à la méconnaissance par l'employeur de son obligation lorsque :

– « *la société a pu reclasser dans d'autres services ou filiales un nombre important de salariés touchés par les mesures de réduction d'effectifs elle n'établit pas avoir proposé, ni même recherché un poste de reclassement susceptible d'être offert à Mme V* » *(CE, 20 févr. 1987, n° 58.797, Sté Sonacotra)* ;
– « *certains de ces emplois ont été proposés à des salariés dont les qualifications n'étaient pas supérieures* » alors que l'employeur soutenait que le salarié protégé n'avait pas les qualifications

requises pour occuper les emplois vacants au sein de l'entreprise *(CE, 29 déc. 1995, n° 109.626, Sté Compagnie européenne pour l'équipement ménager).*

§ 8. L'ABSENCE DE PROPOSITION DE RECLASSEMENT ALORS QUE L'IMPOSSIBILITÉ DU RECLASSEMENT N'EST PAS ÉTABLIE

411.5.8. – Les jurisprudences administrative et judiciaire exposées ci-dessous conservent leur pertinence, tout en s'adaptant aux évolutions successives des périmètres de la recherche de reclassement *(cf. n° 411.3, Le cadre d'examen des possibilités de reclassement).*

A. La jurisprudence administrative

411.5.8.1. – Il en a été jugé ainsi dans les affaires suivantes :

- lorsque l'employeur s'est borné à évoquer, au cours d'un comité d'entreprise, la possibilité de reclasser quinze salariés dans un autre établissement, sans avoir proposé personnellement aux représentants du personnel l'un de ces postes *(CE, 2 févr. 1996, n° 124.370, Sté de soudage et de forgeage de Rive-de-Gier, RJS 1996 n° 305)* ;
- *« il n'est pas contesté que la société n'a fait aucune proposition de reclassement aux deux salariés et en particulier n'a pas étudié la possibilité de les affecter à l'un des cinq postes de rectifieur maintenus par la société repreneuse, alors même qu'ils avaient toutes les qualifications nécessaires et que deux de ces postes ont été confiés à des agents qui n'exerçaient pas antérieurement le métier de rectifieur » (CE, 19 févr. 1997, n° 162.165, Me Roaldes pour la Sté Vernier)* ;
- *« il n'est pas établi que la société était dans l'impossibilité de reclasser MM. H et I sur son établissement... qui comportait, au moment des faits, une vingtaine de postes disponibles » (CE 30 juill. 1997, n° 172.226, M. Henrion et autres).*

Le juge peut, pour former son appréciation, prendre en compte les embauches effectuées, y compris sous la forme de contrats à durée déterminée :

- *« le recours à du personnel intérimaire et titulaire de contrat à durée déterminée dans le secteur d'activité où Mme R. aurait pu être reclassée s'est fortement accru au moment où sa procédure de licenciement était en cours la société ne peut être regardée comme ayant fait les efforts nécessaires de reclassement lui incombant » (CE, 30 juill. 1997, n° 170.315, SA Arjo Wiggins, RJS 1997 n° 1113)* ;
- *« un mois avant la mise en œuvre de la procédure de licenciement, trois salariés avaient été embauchés sous contrat à durée indéterminée la société ne soutient pas que M. M. était dans l'incapacité*

d'exercer l'un ou l'autre des trois emplois... » (CE, 30 nov. 1998, n° 173.491, SN des Fonderies Nicolas, RJS 1999 n° 236) ;

– *« l'offre d'emplois non qualifiés et rémunérés à un niveau plus de deux fois inférieurs à celui du salaire de l'intéressé ne peut être considérée comme une modalité sérieuse de reclassement alors que la société n'établit pas en quoi les emplois de cadre qu'elle a pourvus entre la demande de licenciement et la date où elle y a procédé n'auraient pu être proposé à l'intéressé, la circonstance, d'ailleurs pas mieux établie, qu'une formation ait été nécessaire au salarié pour les occuper ne suffisant à les exclure du champ de l'obligation de recherche d'un reclassement qui s'imposait à l'entreprise » (CE, 28 janv. 2004, n° 262.650, Sté Groupe Envergure).*

B. La jurisprudence judiciaire

411.5.8.2. – La chambre sociale de la Cour de cassation a la même approche concluant au non-respect de l'obligation lorsque :

– la cour d'appel s'est abstenue de rechercher si le poste que l'employeur avait décidé de créer avant le licenciement du salarié était compatible avec ses capacités *(Cass. soc., 4 avr. 1995, n° 93-45.693)* ;

– l'employeur a procédé à plusieurs recrutements postérieurement au licenciement d'un salarié qui pouvait occuper ces postes *(Cass. soc., 26 oct. 1995, n° 94-41.269, Dr soc 1996, p. 101)* ou concomitamment au licenciement *(Cass. soc., 31 mars 1998, n° 96-40.748, Bull. V n° 188)* ; il en a été jugé de même en cas d'embauches de salariés de même niveau de responsabilité que celui du salarié licencié *(Cass. soc., 30 mars 1999, n° 97-41.265, Bull. civ. V n° 146, Dr soc 1999, p. 635 ; Cass. soc., 22 janv. 1992, n° 89-41.242, Bull. V n° 31, RJS 1992 n° 267)* ;

– l'employeur « *avant et après le licenciement, de manière systématique, avait recouru à des travailleurs intérimaires pour un nombre d'heures correspondant à l'emploi de plusieurs salariés, ce dont il résultait que des postes étaient disponibles » (Cass. soc., 1er déc. 1993, n° 92-40.760, RJS 1994 n° 13 ; Cass. soc., 1er mars 2000, n° 98-46.233 et n° 98-46.236, Bull. V n° 82, Dr soc 2000, p. 559, note J. Savatier, RJS 2000 n° 395 ; Cass. soc., 5 déc. 2006, n° 04-48.800, RJS 2007 n° 206),* peu importe qu'il s'agisse d'emplois pour assurer le maintien de l'activité de l'établissement avant sa fermeture *(Cass. soc., 4 oct. 2023, n° 21-23.071, RJS 2023 n° 637)*. La solution est identique lorsque les postes créés sont à durée déterminée *(Cass. soc., 29 janv. 2002, n° 00-41.885)* ; elle ne semble toutefois pas devoir remettre en cause la position adoptée en matière de reclassement consécutif à une inaptitude médicale par le Conseil d'État, ne retenant pas l'obligation pour l'employeur de proposer les postes pour lesquels des contrats ont été conclus pour des durées très courtes, de deux à trois jours, afin de pallier des absences ponctuelles de salariés ou de faire face à des pointes saisonnières d'activité et présentant un caractère aléatoire *(CE, 29 juill. 2022, n° 438.076, Kölliker c./ Sté Delacre, mentionné aux Tables)* ;

– l'employeur « *n'avait formulé aucune proposition concrète de reclassement (...) et que des emplois avaient été créés dans des entreprises du groupe à une période concomitante à celle du licenciement* » *(Cass. soc., 17 oct. 2001, n° 99-44.755)* ;

– l'une des sociétés du groupe, un poste, qui aurait pu être offert au salarié, avait été pourvu par un recrutement extérieur alors que le processus de licenciement était en cours *(Cass. soc., 7 avr. 2004, n° 01-44.191, Bull. V n° 114, RJS 2004 n° 666, Dr ouvrier 2004, p. 122, Dr soc 2004, p. 670, obs. G. Couturier ; Cass. soc., 8 juill. 2008, n° 06-45.564, RJS 2008 n° 967)* ;

– dans une période concomitante à la mise en œuvre de la procédure de licenciement, il avait été procédé à plusieurs recrutements sans que l'employeur puisse établir l'impossibilité de pourvoir les postes par le salarié *(Cass. soc., 24 sept.2008, n° 07-42.200, RJS 2008 n° 1176)* ; en outre, s'agissant d'un poste pourvu par un recrutement postérieur au licenciement économique du salarié et correspondant aux fonctions précédemment exercées par lui au sein de l'entreprise, il doit être vérifié si ce poste n'était pas disponible à l'époque du licenciement *(Cass. soc., 9 sept. 2020, n° 18-24.983, RJS 2020 n° 537)* ;

– un emploi était disponible *(Cass. soc., 15 nov. 2006,n° 05-43.507, Bull. V n° 346, RJS 2007 n° 82)* ;

– un licenciement intervenu plus de 18 mois après la réponse adressée par le salarié à un questionnaire et une unique proposition de reclassement, et alors que l'employeur ne justifiait pas de l'absence de poste disponible dans le groupe en rapport avec les aptitudes et les capacités du salarié *(Cass. soc., 12 mai 2021, n° 20-13.925)*.

§ 9. LA SEULE PROPOSITION DE SUIVRE UN STAGE DE FORMATION

411.5.9. – L'entreprise qui s'est bornée à faire état de la possibilité ouverte à certains salariés de suivre un stage de formation, sans rechercher s'il était possible de proposer un emploi équivalent, a méconnu son obligation *(CE, 26 janv. 1985, n° 44.111, Sté nouvelle du Saut du Tarn, Tables p. 793)*.

§ 10. LE TRAITEMENT DISCRIMINATOIRE DES REPRÉSENTANTS DU PERSONNEL

411.5.10. – Tel est le cas quand une entreprise écarte des mesures de reclassement interne, mises en œuvre avant la consultation du comité d'établissement sur le projet de licenciement, les représentants du personnel dont elle sollicite ultérieurement l'autorisation de licenciement, au motif qu'ils ne peuvent être reclassés *(CE, 30 oct. 1995, n° 127.937, Raimbault).*

La jurisprudence administrative se montre particulièrement rigoureuse quand l'entreprise n'a pas effectué de recherche sérieuse ou quand elle s'est bornée à mettre en œuvre des mesures générales sans examiner de manière particulière la situation du salarié protégé.

Le contrôle de l'administration sur l'absence de discrimination quant à la mise en œuvre des mesures des reclassements externes est examiné au n° **411.9.3.2**.

SECTION 6

Le devoir d'adaptation

§ 1. LE FONDEMENT JURISPRUDENTIEL

A. L'arrêt de principe

411.6.1.1. – *« L'employeur, tenu d'exécuter de bonne foi le contrat de travail a le devoir d'assurer l'adaptation des salariés à l'évolution de leurs emplois » (Cass. soc., 25 févr. 1992, n° 89-41.634, Bull. V n° 122, D. 1992, som. com. 294, obs. A. Lyon-Caen ; Cass. soc., 3 mars 1993, n° 90-46.089 ; Cass. soc., 6 avr. 1994, n° 92-41.075, Dr ouvrier 1994, p. 393).*

B. Les fondements du devoir d'adaptation

411.6.1.2. – *« Si aucun poste équivalent n'est disponible, deux éventualités doivent être envisagées : l'adaptation du salarié à un autre poste d'une part ; le reclassement à un poste inférieur d'autre part. Le devoir d'adaptation apparaît presque comme une évidence. Ce n'est pas, seulement lorsqu'un licenciement pour motif économique est envisagé que l'employeur doit chercher à adapter son salarié à l'évolution de son emploi, c'est tout au long de la relation de travail. Les techniques évoluant très vite, il est évident que si les salariés n'étaient pas adaptés régulièrement au nouveau matériel, au nouveau savoir-faire, il faudrait changer le personnel des entreprises en permanence. Le devoir d'adaptation est d'ailleurs réciproque : les salariés doivent accepter de se former pour répondre aux avancées technologiques. Plus précisément, dans le cadre de difficultés économiques, d'une mutation technologique ou d'une restructuration de l'entreprise, l'employeur qui n'est pas obligé de donner une formation à une autre qualification, doit cependant fournir aux salariés, les moyens de s'adapter à des emplois disponibles qui permettront de les reclasser » (P. Waquet, « La cause économique du licenciement », Dr soc 2000, p. 168).*

L'obligation d'adaptation est pour le juge la conséquence nécessaire de l'obligation qui incombe à l'employeur d'exécuter loyalement le contrat de travail, en application du principe de portée générale énoncé par l'article 1134 du Code civil.

C. La consécration législative

411.6.1.3. – Il convient de se reporter au n° **49.2.5**.

L'article L. 1233-4 du Code du travail, inséré dans une subdivision intitulée « Obligations d'adaptation et de reclassement », dispose que : « *le licenciement pour motif économique d'un salarié ne peut intervenir que lorsque tous les efforts de formation et d'adaptation ont été réalisés (...)* ».

Par ailleurs, l'article L. 6321-1 du Code du travail précise que « *L'employeur assure l'adaptation des salariés à leur poste de travail. / Il veille au maintien de leur capacité à occuper un emploi, au regard notamment de l'évolution des emplois, des technologies et des organisations / (...) / Il peut proposer des formations qui participent au développement des compétences, y compris numériques, ainsi qu'à la lutte contre l'illettrisme* ».

§ 2. LA PORTÉE DU DEVOIR D'ADAPTATION

A. L'incidence sur le contenu de l'obligation de reclassement

411.6.2.1. – L'obligation d'adaptation renforce la portée de l'obligation de reclassement à plusieurs titres :

En premier lieu, l'employeur ne doit pas seulement rechercher les postes équivalents mais également les postes que le salarié pourrait occuper grâce à une formation d'adaptation. « *L'employeur doit également proposer une formation au salarié menacé de licenciement s'il existe dans l'entreprise un emploi disponible que le salarié est, en l'état actuel de ses compétences, dans l'incapacité de tenir* » *(Précis Dalloz, 20e éd., p. 515)*. Le devoir d'adaptation ouvre un espace de reclassement au-delà de l'emploi habituellement occupé *(obs. A. Lyon-Caen, préc.)* ou du poste équivalent à cet emploi.

En deuxième lieu, l'employeur doit justifier en cas de contestation devant le juge que le reclassement sur le poste disponible était impossible même moyennant une formation d'adaptation.

En troisième lieu, le juge ne peut conclure que l'employeur a satisfait à son obligation alors qu'il constate que dans le cadre de la réorganisation de l'entreprise un poste a été créé sans rechercher « *si ce poste pouvait être proposé au salarié (...) au besoin avec une formation permettant son adaptation à cet emploi* » *(Cass. soc., 7 juill. 2009, n° 08-40.414, RJS 2009 n° 777 : le juge du fond s'était borné à constater que le salarié licencié n'exerçait pas les fonctions correspondant au poste nouvellement créé ; dans le même sens : Cass. soc., 27 mai 2015, n° 13-18.313, RJS 2015* *n° 552)*. Le juge du fond doit constater « *l'impossibilité* » d'affecter le salarié sur le nouveau poste *(Cass. soc., 28 mai 2008, n° 06-45.572, Bull. V n° 115).*

B. L'incidence sur la cause réelle et sérieuse de licenciement

411.6.2.2. – La méconnaissance de cette obligation d'adaptation a très logiquement le même effet que la violation de l'obligation de reclassement dès lors qu'elle fait obstacle à un reclassement qui était possible : elle prive le licenciement de cause réelle et sérieuse *(Cass. soc., 19 oct. 1994, n° 92-41.583, Bull. n° 279).*

C. La réparation d'un préjudice distinct

411.6.2.3. – L'évolution des dispositions *législatives (cf. n°* ***49.2.5****)* a conduit la chambre sociale à juger « *qu'au regard de l'obligation pour l'employeur d'assurer l'adaptation des salariées à leur poste de travail* ***et de veiller au maintien de leur capacité à occuper un emploi****, (...) le manquement de l'employeur dans l'exécution du contrat de travail entraînant un préjudice distinct de celui résultant de sa rupture* » *(Cass. soc., 23 oct. 2007, n° 06-40.950, Bull. V n° 171, RJS 2008 n° 3, Dr soc 2008, p. 126, obs. J. Savatier, Dr ouvrier 2008, p. 297, note B. Lardy-Pélissier, RDT 2008, p. 33, note A. Fabre, D. 2008, p. 443 note J. Pélissier).* Ainsi, le manquement, par l'employeur, à cette obligation n'a pas pour effet de priver de cause réelle et sérieuse un licenciement pour motif économique *(Cass. soc, 12 sept. 2018, n° 17-14.257).*

§ 3. LES ILLUSTRATIONS DE LA JURISPRUDENCE JUDICIAIRE

A. La méconnaissance du devoir d'adaptation

411.6.3.1. – La méconnaissance du devoir d'adaptation a été retenue par le juge judiciaire lorsque l'employeur :

– n'avait pas proposé à une personne engagée comme responsable du fichier informatique un poste de facturière *(Cass. soc., 25 févr. 1992, n° 89-41.634, Bull. V n° 122)* ;
– avait licencié une personne occupant un emploi de standardiste, hôtesse d'accueil et sténodactylographe alors qu'il avait créé un mois après un poste reprenant les mêmes tâches en ajoutant la préparation des dossiers de financement *(Cass. soc., 23 sept. 1992, n° 90-44.466, Bull. V n° 472)* ;
– n'avait pas proposé à un salarié, employé comme documentaliste, un poste d'animateur gestionnaire *(Cass. soc., 4 avr. 1995, n° 93-45.693, Dr soc 1995, p. 510)* ;

- avait refusé la « *courte formation* » qu'impliquait le reclassement d'une salariée assistante de direction et chef du secrétariat, pour occuper le poste qui lui était proposé et qu'elle n'était pas préparée à occuper immédiatement *(Cass. soc., 19 oct. 1994, n° 92-41.583, Bull. n° 279, Dr soc 1995, p. 64 ; a contrario : Cass. soc., 31 oct. 2013, n° 12-15.021)* ;
- ne justifiait pas que la salariée, secrétaire, ait été dans l'incapacité d'occuper un poste de superviseur, au besoin après une action d'adaptation *(Cass. soc., 6 févr. 1997, n° 94-43.275)* ou que le salarié, agent technique, n'ait pas eu l'aptitude au poste disponible de chef de secteur *(Cass. soc., 26 oct. 1995, n° 94-40.108)* ;
- ne s'était pas efforcé d'adapter une salariée, laquelle « *accomplissait déjà des tâches de logistique avec une compétence indiscutable* », alors qu'une personne extérieure à l'entreprise avait occupé le poste d'attaché logistique, deux jours avant la procédure de licenciement *(Cass. soc., 17 févr. 1998, n° 95-45.261, Bull. V n° 86, RJS 1998 n° 434)* ;
- n'avait pas proposé à une femme de chambre, qui occupait en dernier lieu des fonctions de gouvernante, l'emploi disponible de serveuse à mi-temps *(Cass. soc., 18 nov. 1998, n° 96-42.991, Bull. V n° 499, note J. Savatier Dr soc 1999, p. 101)* ;
- s'était abstenu de proposer une offre sérieuse de formation permettant aux salariés de postuler utilement aux emplois offerts au reclassement et qui ne correspondaient pas à leurs aptitudes professionnelles *(Cass. soc., 7 juill. 2004, n° 02-44.613, RJS 2004 n° 1017 ; Cass. soc., 6 juill. 1999, n° 96-45.665, Bull. V n° 333)* ;
- s'était borné à organiser en faveur d'un salarié présent dans l'entreprise depuis douze ans qu'un stage de formation continue de trois jours *(Cass. soc., 23 oct. 2007, n° 06-40950, Bull. V n° 171, RJS 2008 n° 3, obs. J. Savatier, Dr soc 2008, p. 126, note B. Lardy-Pélissier, Dr ouvrier 2008, p. 297)*.

La Cour de cassation a également estimé que l'employeur qui n'avait pas examiné si une formation appropriée pouvait permettre, le cas échéant, l'adaptation à un emploi équivalent, n'avait pas respecté les obligations prévues par le plan de sauvegarde de l'emploi *(Cass. soc., 3 mars 1993, n° 90-46.089)*.

De même, un employeur qui, en seize ans d'exécution du contrat de travail, n'a fait bénéficier le salarié, dans le cadre du plan de formation de l'entreprise, d'aucune formation permettant de maintenir sa capacité à occuper un emploi au regard de l'évolution des emplois, des technologies et des organisations, ne saurait se prévaloir de l'absence de demande de ce dernier *(Cass. soc., 5 juin 2013, n° 11-21.255, Bull. V n° 146, RJS 2013 n° 629 ; Cass. soc., 18 juin 2014, n° 13-14.916, Bull. V n° 148, RJS 2014 n° 718)*.

B. Les limites du devoir d'adaptation

411.6.3.2. – Lors du licenciement, l'obligation d'adaptation ne va pas jusqu'à permettre au salarié de bénéficier d'une formation qualifiante, si ses compétences initiales sont insuffisantes *(B. Boubli, « Réflexions sur l'obligation de reclassement en matière économique », RJS 1996, p. 131).* Par ailleurs, « *si l'employeur a l'obligation d'assurer l'adaptation de ses salariés à l'évolution de leur emploi, au besoin en leur assurant une formation complémentaire, il ne peut lui être imposé d'assurer la formation initiale qui leur fait défaut* » *(Cass. soc., 11 janv. 2000, n° 97-41.255 ; Cass. soc., 3 avr. 2001, n° 99-42.188, n° 99-42.189 et n° 99-42.190, Bull. V n° 114, RJS 2001 n° 731 ; Cass. soc., 2 juill. 2014, n° 13-13.876, Bull. V n° 165, RJS 2014 n° 672 ; Cass. soc., 27 mai 2015, n° 14-10.766 à 14-10.771, 14-10.773 et 14-10.774, Bull. V n° 104, RJS 2015 n° 559 ; Cass. soc., 17 mars 2021, n° 19-11.114, B., RJS 2021 n° 263, Dr soc. 2021, p. 660, note P. Lokiec, RDT 2021, p. 221).*

Les illustrations de ces limites ont été les suivantes pour :

- la salariée, comptable, qui « *même moyennant une adaptation… n'avait pas les compétences requises pour occuper l'emploi de responsable administratif et financier disponible* » *(Cass. soc., 21 juin 2000, n° 98-43.742, RJS 2000 n° 923 ; Cass. soc., 17 mai 2006, n° 04-43.022, RJS 206 n° 934, note P. Waquet, RDT 2006, p. 101)* ;
- le salarié, responsable des relations extérieures d'une association, qui « *n'était pas en mesure, même avec une formation adéquate, d'occuper rapidement des fonctions comptables pour lesquelles il n'avait aucune compétence* » *(Cass. soc., 7 juill. 1999, n° 97-42.194, RJS 1999 n° 1239)* ;
- « *le salarié, de formation artisanale traditionnelle* » qui « *ne pouvait bénéficier d'une adaptation au nouvel emploi* » résultant de la substitution d'un mode artisanal de production de pianos par une industrialisation de celle-ci *(Cass. soc., 4 févr. 1998, n° 95-41.390, RJS 1998 n° 434)* ;
- le salarié affecté à la vente de produits pharmaceutiques, l'employeur ayant transformé son activité de vente en une activité de programmation informatique *(Cass. soc., 16 déc. 1997, n° 95-41.816, RJS 1998 n° 155)* ;
- le salarié, chargé de fonctions administratives et comptables, n'ayant aucune compétence informatique, la survie de l'entreprise, en procédure de redressement judiciaire, étant conditionnée par l'informatisation de son service *(Cass. soc., 24 mars 1993, n° 89-41.284)* ;
- les salariés occupant les fonctions « *d'alimenteur* », dont les postes étaient supprimés et qui ne possédaient pas les compétences administratives pour pourvoir les postes de conditionneur, lesquels comportaient des tâches de saisie informatique *(Cass. soc., 3 avr.*

2001, n° 99-42.188, n° 99-42.189 et n° 99-42.190, Bull. V n° 114, RJS 2001 n° 731) ;
- le médecin engagé comme chef de service d'une maternité dont le reclassement comme directeur des ressources humaines d'un établissement employant plus de 400 salariés supposait une formation et une expérience professionnelle que le salarié ne possédait pas *(Cass. soc., 12 juill. 2006, n° 04-45.578, Bull. V n° 247, RJS 2006 n° 1045)* ;
- *a contrario* : la salariée recrutée en qualité d'employée commerciale dont l'employeur ne justifiait pas de l'impossibilité de l'affecter sur le marché « *long terme* » moyennant une formation permettant l'adaptation de celle-ci à ce nouvel emploi *(Cass. soc., 28 mai 2008, n° 06-45.572, Bull. V n° 115, note A.M., Dr ouvrier 2008, p. 526)*.

§ 4. LES ILLUSTRATIONS DE LA JURISPRUDENCE ADMINISTRATIVE

411.6.4. – En première analyse, elle apparaît en retrait sur celle du juge judiciaire : elle se refuse à admettre que l'autorisation de licenciement puisse être refusée au motif tiré de ce que l'employeur aurait méconnu son devoir d'adaptation au cours de la carrière du salarié : « *La circonstance qu'un employeur n'a pas mis en mesure un salarié au cours de sa carrière dans l'entreprise d'accéder à des formations qui auraient pu faciliter son reclassement est sans incidence sur les obligations de recherche d'un reclassement qui incombaient à l'entreprise lors de la procédure de licenciement et ne peut utilement être invoquée à l'encontre de la décision autorisant le licenciement* » *(CE, 3 juin 1994, n° 107.257, Sté Colmant Cuvelier, RJS 1994 n° 1154)*.

Cependant, le juge administratif considère que si le reclassement du salarié est possible, moyennant l'accomplissement préalable d'un stage de formation, l'employeur est tenu de le lui proposer : « *Il appartient le cas échéant à l'employeur de prévoir l'adaptation du salarié au poste offert après accomplissement d'un stage de reconversion. La nécessité d'une telle adaptation ne peut justifier une abstention de l'employeur à proposer un emploi disponible. Cette obligation ne va pas jusqu'à celle d'une formation* » *(concl. G. Bachelier, RJS 1999, p. 631)*.

Il a ainsi été jugé que l'obligation de reclassement de l'employeur n'avait pas été satisfaite dans les affaires suivantes :
- « *La société a connu de sérieuses difficultés économiques qui l'ont conduite à fermer son atelier de menuiserie, au sein duquel était employé M. F., il résulte de l'instruction qu'il existait dans d'autres secteurs de l'entreprise des possibilités de reclassement de ce salarié après accomplissement d'un stage, dans un emploi équivalent à celui qui était supprimé une telle possibilité ayant d'ailleurs été évoquée et acceptée par l'intéressé, la société requérante n'a pas justifié de l'impossibilité devant laquelle elle se serait trouvée de proposer à*

M. F. un stage permettant d'assurer sa reconversion dans un emploi de maçon-boiseur » et n'a donc pas satisfait à ses obligations de reclassement *(CE, 20 déc. 1985, n° 49.520, Sté d'exploitation des entreprises Gagneraud, Tables p. 794)* ;

– « *l'offre de reclassement dans des fonctions d'adjoint administratif d'un établissement de la banlieue lyonnaise aux effectifs plus limités n'était assortie d'aucune proposition de formation, notamment informatique, propre à mettre M. P. en mesure d'assurer effectivement de telles fonctions qui différaient assez nettement des tâches comptables qu'il exerçait à Nevers* » *(CE 20 mai 1994, n° 106.197, Sté LMEI Bourgogne, Tables p. 1216, RJS 1994 n° 1017)* ;

– « *un poste de magasinier, équivalent à celui exercé par le salarié, manutentionnaire, était disponible ; la seule circonstance, à la supposer établie, qu'une formation permettant au salarié de s'adapter à ses nouvelles fonctions fût nécessaire ne pouvait justifier que la société s'abstînt de le lui proposer (...)* » *(CE, 30 juill. 1997, n° 172.226, M. Henrion et autres)*.

Cette obligation d'adaptation ne va pas jusqu'à permettre au salarié de bénéficier d'une formation importante : « *il existait entre les qualifications de M. G. et le profil du poste vacant auquel il s'était porté candidat un écart tel qu'il n'aurait pu occuper ce poste sans une longue formation préalable, aux résultats incertains* » *(CE, 30 avr. 1997, n° 155.294, M. Gambier, Tables p. 1105, RJS 1997 n° 837)*.

§ 5. COMPARAISON DES JURISPRUDENCES

411.6.5. – À l'occasion de l'examen de leur situation lors d'un licenciement, les salariés, avec ou sans mandat, sont dans une situation proche, du fait de la très forte convergence des jurisprudences administrative et judiciaire. La modification du Code du travail, résultant de la transposition du principe jurisprudentiel *(cf. n° **49.2.5**)* devrait donner un fondement juridique commun à la jurisprudence des deux ordres de juridiction.

En revanche, appréciée au regard de l'ensemble de la carrière du salarié, l'obligation d'adaptation a une portée plus large pour les salariés non protégés compte tenu de la jurisprudence administrative. Toutefois, l'obligation à laquelle est tenu l'employeur à l'égard de ces derniers « *exclut qu'elle [leur] permette d'acquérir une qualification différente. La qualification contractuelle constitue, en effet, la mesure de l'obligation de formation patronale. Elle exclut également l'objectif de reconversion si le salarié n'a pas les compétences requises pour apprendre un nouveau métier. L'employeur ne peut se voir imposer une modification de la qualification contractuelle L'obligation de formation qui pèse sur l'employeur a donc une portée limitée* » *(M.-J. Gomez-Mustel, « Formation et adaptation dans la jurisprudence sociale », Dr soc 1999, p. 801)*.

§ 6. LES SUITES DE L'ÉCHEC DE LA MISE EN ŒUVRE DES ACTIONS D'ADAPTATION

411.6.6. – Quand le salarié n'a pas réussi à s'adapter, le licenciement est néanmoins regardé comme fondé sur un motif économique *(Cass. soc., 15 oct. 1992, 91-43.632, Bull. V n° 513, RJS 1992 n° 1247 ; Cass. soc., 9 juill. 1997, n° 94-43.709, Bull. V n° 262).*

SECTION 7
Le respect par l'employeur de son obligation relative au reclassement externe du salarié protégé

§ 1. LE PRINCIPE DE L'APPLICATION DES MESURES PRÉVUES EN FAVEUR DU RECLASSEMENT EXTERNE EN L'ABSENCE DE POSSIBILITÉ DE RECLASSEMENT INTERNE

411.7.1. – En cas d'impossibilité de reclassement interne, le salarié protégé doit bénéficier, comme tous les salariés, des mesures destinées à faciliter son reclassement externe.

L'administration estime d'ailleurs qu'en matière de reclassement, les salariés protégés peuvent prétendre à un traitement au moins égal à celui des autres salariés *(cf. note DRT du 2 août 1988).*

Il convient de rappeler que les actions destinées à favoriser le reclassement externe ne se substituent pas à l'obligation de rechercher dans l'entreprise les possibilités internes de reclassement dans l'établissement, l'entreprise, voire le groupe.

Il a ainsi été jugé que :

– *« la création d'une antenne de reclassement, qui avait pour objet d'aider au reclassement externe des salariés concernés par la restructuration de l'entreprise, et la circonstance que (le salarié) a refusé l'assistance ainsi proposée, ne dispensaient pas la société d'examiner s'il existait des possibilités de reclassement au sein de l'entreprise » (CE, 27 juin 1997, n° 161.026, Sté Dassault-Aviation)* ;
– *« la société établit certes avoir effectué des démarches en vue du reclassement externe de M.T. en dehors de l'entreprise (…), toutefois, il ne ressort pas que la société ait, préalablement, examiné les possibilités de reclassement de M. T. au sein même de l'entreprise ; faute d'avoir procédé à cet examen prioritaire, la société ne peut être regardée comme ayant, par les seules actions menées en vue de faciliter le reclassement de l'intéressé à l'extérieur de l'entreprise, satisfait à l'obligation qui lui incombait » (CE, 20 mars 1996, n° 162.927, Sté Causse-Wallon, Tables p. 1193)* ;
– *« la circonstance que l'entreprise ait mis en œuvre, au profit de l'ensemble des salariés licenciés, un dispositif de reclassement externe,*

n'était pas de nature à la dispenser de rechercher directement le reclassement de M. M. qui bénéficiait d'une protection exceptionnelle » (CE, 27 avr. 1998, n° 171.114, SNPE).

§ 2. L'APPLICATION DES MESURES PRÉVUES EN FAVEUR DU RECLASSEMENT EXTERNE

A. Les mesures prévues par le PSE

411.7.2.1. – Le PSE peut notamment prévoir des *« actions favorisant le reclassement externe à l'entreprise » (C. trav., art. L. 1233-62).*

Cette recherche de reclassement externe doit être d'autant plus soutenue que la réinsertion professionnelle du salarié, au niveau du marché du travail local ou de la branche d'activité, peut s'avérer difficile en raison de son âge, *« des caractéristiques sociales ou de qualification » (C. trav., art. L. 1233-61)* et de la notoriété de ses activités syndicales et représentatives.

B. La proposition d'un contrat de sécurisation professionnelle

1. Le dispositif

411.7.2.2.1. – Créé par la loi n° 2011-893 du 28 juillet 2011 pour le développement de l'alternance et la sécurisation des parcours professionnels, le contrat de sécurisation professionnelle s'adresse aux salariés dont le licenciement pour motif économique est envisagé dans une entreprise non soumise à l'obligation de proposer un congé de reclassement *(C. trav., art. L. 1233-65 à L. 1233-70 ; avenant n° 6 du 26 janvier 2015 (agréé par arrêté du 20 février 2015, JORF 7 mars 2015) modifiant la convention du 19 juillet 2011, et prise en application de l'accord national interprofessionnel du 8 décembre 2014 ; avenant n° 4 du 12 juin 2019 de prolongation jusqu'au 30 juin 2021 ; avenant n° 5 du 21 juin 2021 agréé par arrêté du 24 sept. 2021).* Ce dispositif a remplacé, à compter du 1er septembre 2011, la convention de reclassement personnalisé.

Chaque salarié susceptible de bénéficier du contrat de sécurisation professionnelle doit être informé par son employeur, individuellement et par écrit, du contenu du contrat de sécurisation professionnelle et de la possibilité qu'il a d'en bénéficier. À cet effet, l'employeur doit lui remettre, contre récépissé, un document écrit d'information. Cette remise doit avoir lieu :

– au cours de l'entretien préalable au licenciement, lorsque le licenciement pour motif économique envisagé doit être précédé d'un tel entretien, ce qui est notamment le cas pour les salariés protégés quelle que soit l'ampleur du licenciement et nonobstant l'obligation d'information et de consultation ci-après ;

– ou à l'issue de la dernière réunion des représentants élus du personnel lorsque le licenciement pour motif économique envisagé doit être soumis à la procédure d'information et de consultation des représentants du personnel en application de l'article L. 1233-28 du Code du travail ;
– ou, pour les procédures de licenciement postérieures au 1er juillet 2013, le lendemain de la notification ou de l'acquisition de la décision administrative de validation ou d'homologation du plan lorsque le licenciement pour motif économique doit donner lieu à l'élaboration d'un plan de sauvegarde de l'emploi dans les conditions prévues par les articles L. 1233-24-2 à L. 1233-24-4 du Code du travail.

Le document remis au salarié doit porter mention :
– de la date de remise de document faisant courir le délai de réflexion ;
– du délai de 21 jours imparti au salarié pour donner sa réponse ;
– de la date à partir de laquelle, en cas d'acceptation du contrat de sécurisation professionnelle, son contrat de travail est rompu.

Pour les salariés dont le licenciement est soumis à autorisation, le délai est prolongé jusqu'au lendemain de la date de notification à l'employeur de la décision de l'administration *(art. 4, § 1er, al. 3 de la convention)*.

L'absence de réponse du salarié dans le délai vaut rejet de la proposition du contrat de sécurisation professionnelle.

L'acceptation du salarié entraîne la rupture du contrat de travail *(C. trav., art. L. 1233-67)* et l'employeur ne peut ensuite y renoncer qu'avec l'accord exprès de celui-ci *(Cass. soc., 15 févr. 2023, n° 21-17.784, RJS 2023 n° 252)*. Toute contestation portant sur cette rupture ou son motif se prescrit par 12 mois à compter de l'adhésion au contrat de sécurisation professionnelle, ce délai n'étant opposable au salarié que s'il en a été fait mention dans la proposition de contrat *(C. trav., art. L. 1233-67)*. À cet égard, la remise par l'employeur au salarié, lors de la proposition du contrat de sécurisation professionnelle, d'un document d'information édité par les services de l'Unedic mentionnant ce délai de prescription en cas d'acceptation constitue une modalité d'information suffisante du salarié quant au recours *(Cass. soc., 11 déc. 2019, n° 18-23.388, RJS 2020 n° 87)*. Le délai s'applique également à la contestation portant sur l'inobservation des critères d'ordre des licenciements, laquelle est relative à la rupture du contrat de travail *(Cass. soc., 16 déc. 2020, n° 19-18.322, B., RJS 2021 n° 147 ; Cass. soc., 13 janv. 2021, n° 19-16.564, B., Dr soc. 2021 p. 373, note C. Radé)*.

Lorsque la rupture du contrat de travail résulte de l'acceptation par le salarié de la convention, l'employeur doit en énoncer le motif économique soit dans le document écrit d'information remis obligatoirement au salarié concerné par le projet de licenciement, soit dans la lettre qu'il est tenu de lui adresser lorsque le délai de réponse expire après le délai d'envoi de la lettre de licenciement imposé par les articles L. 1233-15 et L. 1233-39 du Code du travail *(Cass. soc., 17 mars 2015, n° 13-26.941, Bull. V n° 51, RJS 2015 n° 430 ; Cass. soc., 27 mai 2020, 3 arrêts : n° 18-24.531 et 18-20.153, B., et 18-20.142, RJS 2020 n° 347 ; Cass. soc., 1er juin 2022, n° 20-17.360, B., RJS 2022 n° 443 ; Cass. soc., 18 janv. 2023, n° 21-19.349, B., RJS 2023 n° 139)* ; lorsqu'il n'est pas possible à l'employeur d'envoyer cette lettre avant l'acceptation par le salarié de la proposition de convention, il suffit que le motif économique soit énoncé dans tout autre document écrit remis ou adressé à celui-ci au plus tard au moment de son acceptation *(Cass. soc., 16 nov. 2016, n° 15-12.293, B., RJS 2017 n° 106 ; Cass. soc., 13 juin 2018, n° 16-17.865, B., RJS 2018 n° 604 ; Cass. soc., 27 mai 2020, n° 18-20.153, B., RJS 2020 n° 347)*. Ce document lui être remis ou adressé personnellement *(Cass. soc., 23 nov. 2022, n° 21-17.483, RJS 2023 n° 78)*.

L'absence d'énonciation de la cause économique de la rupture par un écrit remis ou adressé lors de la procédure de licenciement et avant l'acceptation du contrat de sécurisation professionnelle prive le licenciement de cause réelle et sérieuse *(Cass. soc., 27 mai 2020, 3 arrêts précités ; Cass. soc., 18 janv. 2023, n° 21-19.349, préc.)*.

En application des dispositions de l'article 40-I de l'ordonnance n° 2017-1387 du 22 septembre 2017 *(C. trav., art. L. 1235-2 ; cf. n°* ***52.1.2.****)*, le motif économique de la rupture du contrat peut en outre être précisé par l'employeur, soit à son initiative, soit à la demande du salarié, dans le délai de 15 jours suivant l'adhésion de ce dernier au dispositif *(Cass. soc., 5 avr. 2023, n° 21-18.636, B., RJS 2023 n° 310)*.

2. *La portée de la proposition d'adhésion au contrat au regard de l'obligation de reclassement*

411.7.2.2.2. – La jurisprudence relative au dispositif antérieur à la convention de reclassement personnalisé *(« la convention de conversion »)* avait précisé que la proposition d'une convention de conversion « *ne saurait être regardée comme une proposition de reclassement* » *(CE, 31 juill. 1992, n° 105.670, Sté française de supermarchés)*. Le juge judiciaire avait adopté la même position *(Cass. soc., 30 mars 1999, n° 97-40.814)*. Cette jurisprudence nous paraît transposable au contrat de sécurisation professionnelle, de même que, précédemment, à la convention de reclassement personnalisé.

3. *Le caractère obligatoire de l'autorisation préalable de l'administration*

411.7.2.2.3. – La jurisprudence relative au dispositif antérieur à la convention de reclassement personnalisé *(« la convention de conversion »)* avait précisé que, même en cas d'adhésion la convention, l'autorisation préalable de l'inspecteur du travail était nécessaire avant toute rupture du contrat de travail *(Cass. soc., 4 avr. 1990, n° 89-42.193, Bull. V* *n° 159, RJS 1990 n° 395 ; CE, 3 mai 1993, n° 116.061, M. Di Chiaro, Tables p. 1067, RJS 1993 n° 762).* Cette jurisprudence est transposable au contrat de sécurisation professionnelle, de même que, précédemment, à la convention de reclassement personnalisé, l'économie de ces dispositifs étant très proche.

La Cour de cassation, reprenant la solution adoptée en cas d'adhésion d'un salarié à une convention de conversion *(Cass. soc., 29 janv. 1992, n° 90-43.229, Bull. V n° 52),* avait jugé que l'adhésion du salarié à la convention de reclassement personnalisé ne le privait pas du droit de contester la rupture du contrat de travail *(Cass. soc., 5 mars 2008, n° 07-41.964, Bull. V n° 47, Rapport 2008 de la Cour de cassation).*

Il avait été jugé par le Conseil d'État, s'agissant de l'adhésion du salarié à la convention de conversion, que celle-ci ne privait pas l'intéressé du droit de demander, sur recours, l'annulation de la décision autorisant son licenciement *(CE, 10, déc. 1993, Collin et Chetrariu, RJS 1994 n° 277).*

4. L'incidence de l'absence de proposition

411.7.2.2.4. – La jurisprudence relative au dispositif antérieur à la convention de reclassement personnalisé *(« la convention de conversion »)* avait précisé que *« l'absence de proposition d'une convention de conversion est sans influence sur la légalité de la décision par laquelle l'inspecteur du travail se prononce sur la demande d'autorisation de licenciement d'un salarié protégé »*, l'omission de proposition de cette mesure ne pouvait fonder un refus d'autorisation *(CE, 12, mai 1997, n° 156.913, Groupement des assureurs maladie des exploitants agricoles et des travailleurs non-salariés, Tables p. 1108, concl. J. Arrighi de Casanova, commissaire du gouvernement, RJS 1997, p. 511).* Cette position reposait sur deux considérations :

– la proposition de convention de conversion était dépourvue d'effet sur la régularité de la procédure comme sur le bien-fondé du licenciement,
– l'employeur avait toujours la faculté de la proposer postérieurement à la décision de l'inspecteur du travail.

C. La proposition d'un congé de reclassement

1. Le dispositif

411.7.2.3.1. – Introduit par la loi n° 2002-73 du 17 janvier 2002 de modernisation sociale *(C. trav., art. L. 1233-71 et s.)*, il ne concerne que :

– les entreprises d'au moins mille salariés ;
– les entreprises formant un groupe au sens des dispositions de l'article L. 2333-1 du Code du travail dès lors qu'elles emploient ensemble au moins 1 000 salariés ;
– les entreprises et les groupes d'entreprises de dimension communautaire, définies par l'article L. 2341-1.

Ce congé de reclassement doit permettre au salarié de bénéficier « *d'actions de formation et des prestations d'une cellule d'accompagnement des démarches de recherche d'emploi* » *(C. trav., art. L. 1233-71)*.

La durée de ce congé, préavis compris, ne peut dépasser douze mois. Pendant la durée du congé, le contrat de travail est suspendu.

2. Congé de reclassement et autorisation administrative

411.7.2.3.2. – Par construction, le congé de reclassement ne peut débuter que postérieurement à la signification du licenciement qui fait courir le préavis et, par suite, à l'autorisation de licenciement délivrée par l'inspecteur du travail. La seule proposition de ce congé ne saurait dispenser l'employeur de son obligation de reclassement interne.

D. La proposition d'un congé de mobilité

1. Le dispositif

411.7.2.4.1. – Créé par la loi n° 2006-1770 du 30 décembre 2006 pour le développement de la participation et de l'actionnariat salarié et portant diverses dispositions d'ordre économique et social et codifié aux articles L. 1237-18 et suivants du Code du travail, ce dispositif a pour objet « *de favoriser le retour à un emploi stable par des mesures d'accompagnement, des actions de formation et des périodes de travail* » dans les entreprises tenues de proposer un congé de reclassement *(cf. n°* ***411.7.2.3.1****)* et qui ont conclu un accord collectif relatif à la gestion prévisionnelle des emplois et des compétences.

2. Congé de mobilité et autorisation administrative

411.7.2.4.2. – Par construction, le congé de mobilité ne peut débuter que postérieurement à la signification du licenciement qui fait courir le préavis et, par suite, à l'autorisation de licenciement délivrée par l'inspecteur du travail. La seule proposition de ce congé ne saurait dispenser l'employeur de son obligation de reclassement interne.

§ 3. L'INCIDENCE DE LA MÉCONNAISSANCE DES ENGAGEMENTS SOUSCRITS DANS LE PSE

411.7.3. – Il a été jugé que « *l'obligation de reclassement qui pèse sur l'employeur afin d'éviter les licenciements ou d'en réduire le nombre, doit être mise en œuvre préalablement à ceux-ci ; qu'il en résulte que l'inobservation d'engagements pris dans un plan de sauvegarde de l'emploi pour favoriser, après leur licenciement, la reconversion professionnelle des salariés, hors de l'entreprise ou du groupe, ne constitue pas une violation de l'obligation de reclassement et n'affecte pas la cause du licenciement* »

(Cass. soc. 12 févr. 2008, n° 06-45.737, RJS 2008 n° 400 ; Cass. soc., 21 nov. 2006, n° 05-40.656, Bull. V n° 349, RJS 2007 n° 205).

§ 4. LA PORTÉE JURIDIQUE DES CLAUSES CONVENTIONNELLES RELATIVES AU RECLASSEMENT EXTERNE

411.7.4. – S'agissant du contrôle de l'autorité administrative sur le respect de ces clauses, il convient de se reporter au n° **47.5.3**.

SECTION 8

L'obligation de reclassement des entreprises en redressement ou en liquidation judiciaire

411.8. – Le juge administratif, comme le juge judiciaire, considère que la seule ouverture d'une procédure de redressement ou de liquidation judiciaire n'exonère pas l'employeur de son obligation de reclassement.

S'agissant de la procédure de sauvegarde instituée par la loi du 26 juillet 2005, elle ne comporte pas de dispositions spécifiques au regard du droit commun du licenciement économique *(cf. n° **23.2.3**).*

§ 1. LE PRINCIPE DU DROIT AU RECLASSEMENT

A. Pendant la phase d'observation du redressement judiciaire

411.8.1.1. – Dès 1986, le Conseil d'État avait affirmé que le règlement judiciaire ne dérogeait pas aux règles relatives à la protection des salariés investis de fonctions représentatives *(CE, 28 mai 1986, n° 53.903, Sté Prony-Clinique).*

Le licenciement ne peut être légalement autorisé que si le reclassement est impossible *(CE, 15 juin 1987, n° 77.126, M.M. Ondarts et Ducom ; CE, 20 mars 2009, n° 309.195, Anani RJS 2009 n° 647).*

La Cour de cassation a jugé que le licenciement prononcé alors qu'aucune recherche des possibilités de reclassement n'a été effectuée est dépourvu de cause réelle et sérieuse *(Cass. soc., 3 mars 1998, n° 95-45.201 et n° 95-45.203, Bull. civ. V n° 112, RJS 1998 n° 439, Dr soc 1998, p. 508).* Cette obligation s'étend au groupe dont relève l'employeur *(Cass. soc., 18 mars 2009, n° 07-45.216 et n° 07-45.233).*

B. Dans le cadre du plan de redressement

1. La jurisprudence judiciaire

411.8.1.2.1. – La Cour de cassation a jugé que l'autorité du jugement arrêtant le plan de cession ne s'attache « *qu'à l'existence d'une suppression ou d'une transformation d'emploi ou d'une modification du contrat de travail consécutive à des difficultés économiques, à une mutation technologique ou à une réorganisation nécessaire pour assurer la sauvegarde de la compétitivité de l'entreprise* » et ne saurait s'étendre « *à la question de la situation individuelle du salarié au regard de l'obligation de reclassement qui pèse sur l'employeur* » *(Cass. soc., 10 mai 1999, n° 96-44.647, Bull. V n° 204, RJS 1999 n° 804 ; cf. n°* ***23.1.8****)*.

L'autorité du jugement adoptant le plan de cession ne s'attache « *qu'à l'existence d'une suppression ou d'une transformation d'emploi ou d'une modification du contrat de travail consécutive à des difficultés économiques, à une mutation technologique ou à une réorganisation nécessaire pour assurer la sauvegarde de la compétitivité de l'entreprise* » *(Cass. soc., 4 juill. 2006, n° 04-43.976, RDT 2006 p. 243 note P. Waquet ; Cass. soc., 9 juill. 2008, n° 06-40.945, Bull. V n° 156, RJS 2008 n° 974)*. Elle ne saurait s'étendre :

- « *à la question de la situation individuelle du salarié au regard de l'obligation de reclassement qui pèse sur l'employeur* » *(Cass. soc., 10 mai 1999, n° 96-44.647, Bull. V n° 203, RJS 1999 n° 804 ; Cass. soc., 8 juin 1999, n° 96-44.811, Bull. V n° 268)* ;
- ou au regard du respect des critères de l'ordre des licenciements *(Cass. soc., 15 mai 2002, n° 99-45.990, RJS 2002 n° 796)*.

Il a été jugé que dès lors que le jugement arrêtant un plan de cession autorise le licenciement de salariés dont les emplois sont supprimés, le cessionnaire de l'entreprise n'est tenu à l'égard de ces derniers d'aucune obligation de reclassement *(Cass. soc., 4 juill. 2006, n° 04.43.976)*. Cette jurisprudence se fonde :

- d'une part, sur les limites de l'obligation de reclassement, qui ne pèse que sur les sociétés relevant du même groupe *(au sens qui lui est donné en matière de reclassement)*, au plus tard au jour du licenciement, ce qui n'est pas nécessairement le cas du cessionnaire d'une partie de l'entité ;
- d'autre part, sur les effets de la décision qui arrête le plan de cession, en désignant les catégories d'emplois concernées par des réductions d'effectifs, ne permettent pas d'imposer au cessionnaire de reprendre un salarié dont l'emploi serait supprimé et que désignerait l'ordre des licenciements, d'autant plus que, jusqu'au jour de la date d'effet de la cession, qui peut être postérieur au licenciement autorisé par le tribunal de commerce, le cessionnaire n'est pas à la tête de l'entreprise cédée, en sorte que l'obligation de reclassement, préalable au licenciement, ne peut s'étendre à lui.

2. *La jurisprudence administrative*

411.8.1.2.2. – Le jugement par lequel le tribunal de commerce adopte le plan de cession ne peut « *avoir légalement pour objet et ne peut avoir pour effet de faire obstacle à l'application des dispositions du Code du travail qui ont trait au licenciement des délégués du personnel » (CE, 21 avr. 1997, n° 157.998, Sté gardoise de mécanique et de chaudronnerie, Tables p. 1109, RJS 1997 n° 836 ; cf. n°* ***23.4.7.1****)*.

Il avait été jugé que l'administrateur judiciaire ne justifiait pas avoir examiné la possibilité de reclassement du salarié protégé, occupant un poste ne relevant pas des activités cédées, dans un emploi équivalent à celui qu'il occupait dans la l'entreprise cédée, au sein de la branche d'activité de celle-ci que l'entreprise cessionnaire **avait proposé de reprendre** *(CE, 30 oct. 1995, n° 134.009, Soret, Tables p. 1064)*.

Cette obligation de recherche renforcée, telle que définie par la décision précitée du Conseil d'État s'opère toutefois en amont de la cession et pèse alors sur le seul cédant : à ce stade, les activités cédées font encore partie de l'entreprise cédante, employeur du salarié dont le licenciement est envisagé *(concl. G. Dumortier sous l'arrêt CE, 2 juill. 2014, n° 361.502, Sté CIE Compiègne, Tables p. 890)*.

En revanche, l'entreprise cessionnaire, dès lors qu'elle ne fait pas partie du groupe auquel appartient la société cédée, doit être regardée comme étrangère aux obligations de l'entreprise cédante en matière de reclassement, puisqu'elle ne devient à aucun moment employeur, donc débiteur d'une quelconque obligation à l'égard du salarié *(CE, 2 juill. 2014, n° 361.502, Sté CIE Compiègne, Tables p. 890, concl. G. Dumortier)*. Par cette décision, le Conseil d'État reprend ainsi à son compte la jurisprudence de la Cour de cassation *(dans le même sens : CE, 3 avr. 2015, n° 373.841, Sté GMD)*.

L'inspecteur du travail, selon nous, doit vérifier dans le cadre de son contrôle que :

1°) le jugement arrêtant le plan de cession répond aux exigences légales *(cf. n°* ***23.4.4.1****)* : c'est en effet à cette seule condition que légalement l'administrateur a compétence pour prononcer valablement les licenciements sans que les dispositions de l'article L. 1224-1 puissent y faire obstacle *(cf. n°* ***23.4.9.1****)* ; en outre, dès lors que l'autorité administrative a autorisé le licenciement, son caractère réel et sérieux ne peut être discuté au motif pris que la décision juridictionnelle ne répondait pas aux exigences légales *(Cass. soc., 14 févr. 2007, n° 05-40.213, Bull. V n° 23, RJS 2007 n° 453, rapport P. Bailly, Dr soc 2007, p. 557 et note P.-Y. Verkindt, JCP S 2007 n° 18, p. 20, note L. Dauxerre, « Ordonnance du juge commissaire intervenue dans le cadre de la procédure d'observation »)* ;

2°) le poste de travail de l'intéressé est supprimé ou relève de l'activité cédée ;

3°) l'administrateur a procédé aux recherches en vue d'assurer le reclassement du salarié ; cet examen doit prendre en compte :
- la recherche des possibilités de reclassement au sein du groupe auquel appartient le cas échéant l'entreprise cédée *(CE, 30 oct. 1985, n° 40.203, Garnier, Syndic de la liquidation des biens de la SARL Engineering et Ouvrages d'art, Rec. p. 306 : pour une entreprise placée en liquidation, la jurisprudence étant transposable ; CE, 20 mars 2009, n° 309.195, Anani, RJS 2009 n° 647)*,
- *« les perspectives de reprise » (CE, 20 mars 1996, n° 135.167, SA Le comptoir du pain, Tables p. 1193, RJS 1996 n° 573 ; CE, 28 mars 1997, n° 146.850, Sté Filariane, RJS 1997 n° 708)*,
- l'affectation ou non du salarié protégé à l'activité cédée *(cf. n° **23.4.9.3.1** et **23.4.9.3.2**)*,
- la réalité des activités provisoirement poursuivies ainsi que celle des activités reprises par le cessionnaire à la date à la date à laquelle l'autorité administrative statue *(cf. les exemples cités au n° **23.4.8.2**)*, sans que puisse faire obstacle à cette recherche la seule circonstance que le contrat de travail du salarié protégé ne s'est pas poursuivi de plein droit avec le cessionnaire : l'autorité administrative doit être en mesure de faire échec à toute manœuvre ayant pour effet d'écarter le salarié protégé du personnel repris ;

4°) la procédure de licenciement est sans rapport avec l'exercice normal des fonctions représentatives.

C. Dans le cadre de la liquidation

1. La jurisprudence de droit commun

411.8.1.3.1. – Le jugement arrêtant le plan de cession dans le cadre de la liquidation *« en rend les dispositions applicables à tous » (C. com, art. L. 642-5)*. La Cour de cassation a jugé que :
- *« le mandataire-liquidateur doit, avant tout licenciement, procéder à une recherche de reclassement du salarié, notamment au sein du groupe dont l'organisation ou les activités permettent la permutabilité de tout ou partie du personnel » (Cass. soc., 14 févr. 2001, n° 98-43.683 ; Cass. soc., 10 janv. 2006, n° 04-40.607)* ;
- dans un cas où le PSE affirmait « *que le reclassement des salariés avait été recherché auprès de toutes les entreprises du groupe, ce dont il résultait que la permutabilité des salariés entre les sociétés du groupe était possible* » alors que « *la recherche des possibilités de reclassement par le liquidateur judiciaire n'avait consisté qu'à adresser aux sociétés du groupe une lettre circulaire accompagnée de la liste nominative du personnel, ainsi qu'un courrier au syndicat professionnel de l'imprimerie, elle a, par une décision motivée* », le juge d'appel en ayant justement déduit qu'il « *n'était pas*

justifié d'une recherche préalable, effective et sérieuse de reclassement des salariés dont les emplois étaient supprimés » (Cass. soc., 6 mars 2007, n° 05-45.752, RJS 2007 n° 646, RDT 2007, p. 313, obs. P. Waquet) ;

- *« en cas de liquidation judiciaire d'une société appartenant à un groupe, le liquidateur doit rechercher avant tout licenciement les possibilités de reclassement des salariés à l'intérieur de ce groupe, parmi les entreprises dont les activités, l'organisation ou le lieu d'organisation permettent d'effectuer la permutation de tout ou partie du personnel »* et *« les juges sont tenus de vérifier s'il est justifié d'une recherche préalable, effective et sérieuse en vue d'un tel reclassement, sans qu'il leur incombe de constater, au préalable, l'existence de possibilités de reclassement au sein du groupe » (Cass. soc. 7 juill. 2009, n° 07-45.584, RJS 2009 n° 844)* ;
- ne satisfait pas à l'obligation de reclassement l'envoi d'une lettre type aux société du groupe, sans que soient précisées les caractéristiques des emplois occupés par les salariés, ni leur qualification *(Cass. soc., 13 janv. 2010, n° 08-41.446, RJS 2010 n° 248 ; Cass. soc., 31 mars 2009, n° 07-45.065, RJS 2009 n° 511 ; a contrario : Cass. soc., 22 oct. 2014, n° 13-20.403, Bull. V n° 249, RJS 2015 n° 14 : lettre de demande de recherche suffisamment personnalisée en ce qu'elle comportait le nom des salariés, leur classification et la nature de leur emploi ; Cass. soc., 17 mars 2021, n° 19-11.114, B., RJS 2021 n° 263, Dr soc. 2021 p. 660 note P. Lokiec, RDT 2021 p. 221 ; Cass. soc., 28 oct. 2015, n° 14-17.712, B. ; CE, 14 juin 2022, n° 446.792, M. A. c. / SELARL Grave-Randoux).*

Pour apprécier le respect de l'obligation légale, il est tenu compte par le juge judiciaire des moyens dont disposait le mandataire-liquidateur et du délai de 15 jours qui lui était imparti par l'article L. 3253-8 du Code du travail pour engager la procédure de licenciement : ainsi, satisfait à l'obligation légale le mandataire-liquidateur qui, avant de notifier le licenciement, a réuni le comité d'entreprise pour examiner les possibilités de reclassement ouvertes aux salariés dont l'emploi était supprimé et consulté les dirigeants du groupe et les autorités locales pour faciliter leur reclassement *(Cass. soc., 31 oct. 2007, n° 06-43.535, RJS 2008 n° 18).*

De même, le Conseil d'État a jugé que le mandataire liquidateur n'est pas tenu d'attendre les réponses des entreprises du groupe qu'il a sollicitées pour soumettre le plan de sauvegarde de l'emploi en vue de son homologation, dès lors que les recherches de reclassement ont été sérieuses ; en outre, et contrairement aux conclusions du rapporteur public, la Haute Assemblée, retenant l'existence de circonstances particulières résultant des difficultés financières de l'autre société du groupe, a estimé que le retard du mandataire liquidateur à saisir cette autre société pour identification des postes disponibles pour le reclassement ne pouvait faire obstacle à l'homologation du plan *(CE, 1er juin 2022, n° 434.225, ministre du Travail, mentionné aux Tables, RJS 2022 n° 442, concl. F. Dieu RJS 2022 p. 697-699, RDT 2022 p. 508 note M. Kocher ; R. Chambon, « Le contrôle administratif portant sur le contenu des PSE », Dr soc 2024. 520).* Il ne peut en outre pas être reproché au mandataire-liquidateur de ne pas avoir, en l'absence de réponse des entreprises sollicitées, réitéré sa demande *(CE, 4 oct. 2023, n° 447.057, mentionné aux Tables, Syndicat national du personnel navigant commercial).*

S'agissant de l'appréciation de la proportionnalité du plan aux moyens de l'entreprise, le Conseil d'État a par ailleurs admis que, compte tenu du caractère en l'espèce très limité de ceux-ci, les mesures prévues pouvaient être regardées comme suffisantes, même si elles se bornaient à mettre en œuvre des dispositifs légaux ou financés sur fonds publics *(CE, 13 avr. 2018, n° 404.090, mentionné aux Tables, RJS 2018 n° 482 ; CE, 29 déc. 2021, n° 450.333 ; CE, 1er juin 2022, n° 434.225, préc.).* Par ailleurs, les mesures d'accompagnement du PSE validé ou homologué, avant ou après l'ouverture de la procédure de redressement ou de liquidation judiciaire, sont couvertes par l'assurance de garantie des salaires (AGS) *(C. trav., art. L. 3253-8-4° ; CE, 4 oct. 2023, n° 447.057, Syndicat national du personnel navigant commercial, mentionné aux Tables).*

Mais le respect de ce délai ne dispense pas légalement le mandataire-liquidateur de l'obligation de procéder à la recherche des reclassements, et le licenciement prononcé en l'absence de toute recherche de reclassement, est dépourvu de cause réelle et sérieuse *(Cass. soc., 10 mai 1999, n° 97-40.060, Bull. V n° 203, RJS 1999 n° 802 ; Cass. soc., 28 nov. 2006, n° 04-48044).* Le mandataire liquidateur qui a notifié les licenciements avant la fin du délai de quinze jours, sans attendre que les salariés aient reçu les propositions de reclassement qui leur avaient été adressées préalablement, méconnaît son obligation *(Cass. soc., 3 mars 2010, n° 08-42.526, Bull. V n° 50, RJS 2010 n° 449).*

Dans les circonstances suivantes, il a été jugé qu'il n'avait pas été satisfait à cette obligation :

- alors que les salariés bénéficiaient d'un délai de 15 jours pour faire connaître leur position sur les propositions de reclassement du plan, les licenciements ont été prononcés sans attendre l'expiration de ce délai, les intéressés n'ayant eu connaissance des postes à pourvoir au sein de la société elle-même qu'après la rupture de leur contrat de travail et n'ayant obtenu aucune suite aux demandes de renseignement des entreprises susceptibles de les reclasser *(Cass. soc., 17 mai 2006, n° 04-43.365, RDT 2006, p. 100, note P. Waquet)* ;
- par le seul envoi d'une lettre circulaire aux entreprises du groupe *(Cass. soc., 10 janv. 2006, n° 04-40.607 ; Cass. soc., 3 mars 2010, n° 08-42.526, RJS n° 449).*

L'article 291 de la loi n° 2015-990 du 6 août 2015 pour la croissance, l'activité et l'égalité des chances économiques prévoit toutefois que, s'agissant de la décision de validation ou d'homologation du plan de sauvegarde de l'emploi, c'est au regard des moyens de l'entreprise, et non de l'unité sociale ou du groupe que devra être apprécié par l'autorité administrative l'effort de reclassement *(C. trav., art. L. 1233-58 II)*.

2. *La jurisprudence administrative relative aux salariés protégés*

411.8.1.3.2. – « *La liquidation judiciaire ne peut avoir légalement pour effet de faire échec à l'application des dispositions du Code du travail relatives à la protection exceptionnelle dont bénéficient certains salariés il incombe à l'autorité administrative, compte tenu des perspectives de reprise, d'apprécier la réalité de la suppression des postes de travail ainsi que les possibilités de reclassement et d'examiner le caractère éventuellement discriminatoire des demandes d'autorisation de licenciement* » *(CE, 20 mars 1996, n° 135.167, SA Le comptoir du pain, Tables p. 1193, RJS 1996 n° 573 ; CE, 28 mars 1997, n° 146.850, Sté Filariane, RJS 1997 n° 708 ; CE, 20 mars 2009, n° 309.195, Anani, RJS 2009 n° 647)*.

La recherche de reclassement doit en outre être effectuée dans les sociétés du groupe auquel appartient la société mise en liquidation judiciaire *(CAA Versailles, 8 nov. 2011, n° 10VE01646, Sté LSG Gate gourmet)*. Cette obligation est satisfaite lorsque le liquidateur a interrogé toutes les sociétés du groupe sans recevoir de réponse favorable *(CE, 12 avr. 2022, n° 443.229, Sté BRM Mobilier, mentionné aux Tables)*.

Les éléments qui doivent être contrôlés par l'inspecteur du travail sont ceux énumérés au n° **411.4**.

§ 2. LES MODIFICATIONS APPORTÉES PAR LES NOUVELLES DISPOSITIONS LÉGALES POUR LES ENTREPRISES EN REDRESSEMENT OU EN LIQUIDATION JUDICIAIRE

411.8.2. – Les dispositions légales résultant des ordonnances n° 2017-1387 du 22 septembre 2017 et n° 2017-1718 du 20 décembre 2017 *(C. trav., art. L. 1233-4)*, ainsi que celles du décret n° 2017-1725 du 21 décembre 2017 *(C. trav., art. D. 1233-2-1)*, relatives à la mise en œuvre de l'obligation de reclassement en cas de licenciement pour motif économique, sont applicables aux entreprises en redressement ou en liquidation judiciaire, tant en ce qui concerne la définition du groupe de reclassement *(cf. n° **411.3.3.3.3**)* que les deux modes possibles de communication des offres de reclassement, offre personnalisée ou diffusion de la liste des postes disponibles *(cf. n° **411.4.1** et **411.4.2**)* et la définition du nouveau cadre géographique *(cf. n° **411.3.3.4.2**)*.

Seule différence, le délai minimal de quinze jours francs à compter de la publication de la liste des postes disponibles dont dispose le salarié pour présenter sa candidature écrite est réduit à quatre jours francs pour les entreprises faisant l'objet d'un redressement ou d'une liquidation judiciaire *(C. trav., art. D. 1233-2-2-1-III)*.

SECTION 9
Les vérifications devant être opérées par l'autorité administrative

§ 1. L'INCOMPÉTENCE DE L'INSPECTEUR DU TRAVAIL POUR CONTRÔLER LA VALIDITÉ DU PSE DANS LE CADRE DE LA DEMANDE D'AUTORISATION DE LICENCIEMENT D'UN SALARIÉ PROTÉGÉ

411.9.1. – Il n'appartient pas à l'inspecteur du travail d'apprécier la validité du plan de sauvegarde de l'emploi, dès lors que l'autorisation de licenciement ne fait pas obstacle à ce que le salarié puisse ultérieurement contester cette validité devant la juridiction compétente *(CE, 25 févr. 2015, n° 375.590, Salvo, mentionné aux Tables, RJS 2015 n° 351)*.

Pour les procédures de licenciement engagées après le 1er juillet 2013, cette contestation relève de la compétence du juge administratif. Cette question est examinée au n° **22.13.2.2.**

§ 2. LA VÉRIFICATION DU RESPECT PAR L'EMPLOYEUR DE L'OBLIGATION DE RECLASSEMENT INTERNE

411.9.2. – Il incombe à l'autorité administrative :

– d'une part, de se prononcer sur le respect par l'employeur de son obligation à l'égard du salarié protégé,

– d'autre part, d'apprécier si l'employeur a bien respecté ses obligations, l'autorisation de licenciement devant être refusée si tel n'est pas le cas.

A. L'obligation de se prononcer sur le respect par l'employeur de son obligation

411.9.2.1. – Le Conseil d'État rappelle de manière constante, dans toutes ses décisions concernant une demande d'autorisation de licenciement d'un salarié protégé pour motif économique, qu'« *il appartient à l'inspecteur du travail et, le cas échéant, au ministre, de rechercher si la situation de l'entreprise justifie le licenciement du salarié, en tenant compte, notamment de la possibilité d'assurer le reclassement du salarié dans l'entreprise* ».

Il en a été jugé ainsi dans les cas suivants :

– lorsque « *le ministre a omis de vérifier, avant d'autoriser lesdits licenciements, si le reclassement de ces salariés était possible ; il a ainsi méconnu l'obligation qui s'imposait à lui si la société et le ministre soutiennent que le reclassement des intéressés était impossible, ils n'apportent à l'appui de leurs allégations, aucun élément permettant d'en apprécier le bien-fondé* » *(CE, 16 juin 1989, n° 86.222, Sté Outinord)* ;

– si « *l'inspecteur du travail n'a pas procédé à un examen sérieux de la recherche par la Sté Sottrans des possibilités de reclassement de Mme B. au sein de la Sté Bonnieux alors qu'un contrat de location gérance était sur le point d'être conclu entre ces deux sociétés prévoyant la reprise de l'activité de transit par la société Bonnieux ainsi que celle d'une partie du personnel et alors surtout que Mme B. avait la qualification de chef de groupe du service transit* » *(CE, 30 juin 1995, n° 119.711, Mme Mabily, Tables p. 1063)*.

Le défaut de motivation sur la réalité des efforts de reclassement entache d'illégalité la décision d'autorisation de licenciement : « *un tel élément de l'appréciation à laquelle l'administration doit se livrer lorsqu'elle est saisie d'une demande d'autorisation de licenciement pour motif économique est au nombre des motifs qui doivent figurer dans [la] décision* » *(CE, 19 janv. 1998, n° 165.208, SA SN d'Armement Transmanche, Tables p. 1204)*.

Toutefois, le moyen tiré de la méconnaissance de l'obligation de reclassement n'est pas d'ordre public : il n'est pas soulevé d'office par le juge, mais doit être expressément invoqué par le salarié *(CAA Bordeaux, 1er mars 2001, Sté Guy Couach Plascoa, n° 98BX02159)*. En revanche, la Cour de cassation estime que, quand la cause économique du licenciement est contestée, le juge doit vérifier le respect par l'employeur de son obligation, même si la contestation ne porte pas précisément sur cet élément *(cf. n° **49.2.4**)*.

B. L'appréciation du respect par l'employeur de son obligation

411.9.2.2. – L'administration du travail doit vérifier que l'effort de reclassement a été effectif et sérieux ainsi que, le cas échéant, l'impossibilité de reclassement, et ce jusqu'à la date à laquelle il statue *(CE, 19 déc. 2018, n° 414.247, société Compagnie de gestion et de prêts)*. À défaut, la décision d'autorisation est illégale et encourt l'annulation.

Il en a été jugé ainsi, par exemple, quand « *le ministre du Travail a estimé que l'intéressé ne pouvait être reclassé dans l'entreprise ou dans le groupe dont celle-ci fait partie [alors que] la matérialité des efforts de l'entreprise pour reclasser M.O. au sein du groupe, n'est pas établie* » *(CE, 30 oct. 1995, n° 149.718, Sté Castel Frères)*.

L'inspecteur du travail doit tenir compte de l'ensemble des circonstances de fait qui lui sont soumises, notamment de ce que les recherches de reclassement conduites au sein de la société avaient débouché sur des propositions précises de reclassement, de la nature et du nombre de ces propositions, ainsi que des motifs de refus avancés par le salarié *(CE, 19 déc. 2018, n° 402.030, société Alliance Healthcare Répartition)*. Lorsque l'employeur a connaissance de ce que le salarié a la qualité de travailleur handicapé, l'autorité administrative doit en outre vérifier qu'il a été procédé, le cas échéant à la lumière des préconisations du médecin du travail, à une recherche sérieuse des postes de reclassement appropriés à la situation du salarié, au besoin par la mise en œuvre de mesures d'adaptation *(CE, 4 avr. 2023, n° 449.276, mentionné aux Tables, RJS 2023 n° 324).*

C. L'obligation pour l'autorité administrative de refuser l'autorisation en cas de manquement à l'obligation de reclassement interne

411.9.2.3. – Si l'employeur a méconnu l'obligation qui lui incombe, l'inspecteur du travail est tenu de refuser l'autorisation : il ne peut légalement autoriser le licenciement dès lors que l'une des conditions essentielles qui en conditionne, selon la loi, le bien fondé, n'est pas satisfaite.

De nombreuses décisions du juge administratif annulent des autorisations de l'administration accordées alors que l'employeur n'avait pas satisfait à son obligation de reclassement *(par exemple : CE 15 avr. 1996, n° 151.474 ; CE, 8 janv. 1997, n° 171.807, Sté des Grands magasins de l'Ouest, Tables p. 988, RJS 1997 n° 175 ; CE 30 juillet 1997, n° 170.315, SA Arjo Wiggins ; CE 27 févr. 1998, n° 170.504, M. Omar, Tables p. 1204 ; CE, 29 juin 2009, n° 307.964, Chauvet, RJS 2009 n° 869).*

§ 3. LA VÉRIFICATION DU RESPECT DE L'OBLIGATION DE RECLASSEMENT EXTERNE

A. Le principe : l'absence de contrôle

411.9.3.1. – Le contrôle administratif en matière de licenciement de salarié protégé vise, en premier lieu, à s'assurer de l'absence de discrimination et à garantir le maintien de la représentation du personnel. À défaut de possibilité de reclassement interne, le salarié protégé doit bénéficier, comme tout salarié, des mesures visant à faciliter le reclassement externe. Il ne peut être écarté de ces mesures, notamment en raison de l'exercice de fonctions représentatives.

La jurisprudence du Conseil d'État n'a pas étendu la compétence de l'autorité administrative au respect par l'employeur des obligations qui lui incombent en matière de reclassement externe : « *il n'appartient pas à l'autorité administrative de vérifier le respect par l'employeur de ses obligations de reclassement externe* » *(CE, 15 juin 1998, n° 172.695, Cesbron, RJS 1998 n° 1016 ; CE, 2 mars 2022, n° 442.578, ministre du Travail, de l'Emploi et de l'Insertion, mentionné aux Tables, RJS 2022 n° 261).*

Par une décision du 3 mai 2006, le Conseil d'État a confirmé sa jurisprudence en censurant l'arrêt par lequel une cour administrative d'appel avait annulé des autorisations de licenciement au seul motif que l'employeur n'avait pas proposé aux salariés protégés des offres de reclassement externe *(n° 277.079, SCP Becheret-Thierry, Tables p. 1092, concl. R. Keller, RJS 2006 n° 866, JCP S 4 juill. 2006, n° 27, p. 34, note*

J.-Y. Kerbourc'h). Par cette décision, il a été jugé que la vérification de la validité des efforts de reclassement externe n'entre pas dans le bloc de contrôle de l'administration. Cette solution s'imposait, nous semble-t-il, pour les raisons suivantes :

- les mesures visant au reclassement externe des salariés s'intègrent dans le plan de sauvegarde de l'emploi *(C. trav., art. L. 1233-62)* et l'appréciation de la validité de ce plan était de la seule compétence du juge judiciaire pour les procédures de licenciement économique collectif engagées avant le 1er juillet 2013 *(cf. n°* ***410.2.1.1.1****)*, et de celle du DIRECCTE (devenu DREETS), sous le contrôle du juge administratif pour les procédures engagées à compter de cette date ;
- l'obligation de rechercher loyalement et sérieusement les possibilités de reclassement interne du salarié protégé a pour objet d'assurer, par le maintien dans l'entreprise, la poursuite du mandat : dès lors que le reclassement interne est impossible, la poursuite du mandat l'est également pour les salariés investis de mandat dans l'entreprise ;
- si, à la date à laquelle l'autorité administrative se prononce, elle peut et doit nécessairement apprécier l'effort de reclassement interne ; en revanche, il est possible que les efforts de reclassement externe se poursuivent ou ne s'engagent que postérieurement à sa décision *(cf. n°* ***411.7.2.2*** *: jurisprudence sur la mise en œuvre des contrats de sécurisation professionnelle)* ;
- imposer, comme l'avait fait le juge du fond dans l'affaire précitée, que l'employeur présente des offres de reclassement externe à ses salariés conduirait à transformer une obligation de moyen en obligation de résultat dont le respect, au demeurant, serait effectivement tributaire des offres d'emplois présentés par des tiers à la relation de travail.

B. Les exceptions

411.9.3.2. – Par la décision du 3 mai 2006 *(CE, n° 277.079, SCP Becheret-Thierry, Tables p. 1092, JCP S 2006 n° 27 p. 32 note J.-Y. Kerbourc'h)*, le Conseil d'État a jugé qu'il incombe à l'autorité administrative de vérifier que le salarié concerné par la demande d'autorisation ne fait l'objet d'aucun traitement discriminatoire. Si tel était le cas, le lien avec le mandat devrait être retenu pour justifier un refus d'autorisation.

La question du contrôle du respect des stipulations des conventions collectives de branche prévoyant la recherche de possibilités de reclassement externe en faisant appel à des instances externes a été examinée au point n° **47.5.3**.

1. *Le contrôle du respect des procédures conventionnelles dont la méconnaissance prive le licenciement de cause réelle et sérieuse*

411.9.3.2.1. – Dès lors qu'il incombe à l'autorité administrative de vérifier la régularité de la procédure suivie en amont du dépôt de la demande d'autorisation, il lui appartient de s'assurer du respect par l'employeur des obligations qui lui incombent en vertu de ses stipulations, si leur méconnaissance prive le licenciement de cause réelle et sérieuse *(cf. n° **47.5.3** et **47.5.4**)*.

2. *Le contrôle de l'absence de traitement discriminatoire*

411.9.3.2.2. – Il appartient à l'administration de s'assurer que le salarié bénéficie, comme les autres salariés, des mesures de reclassement externe prévues par le plan *(CE, 3 mai 2006, n° 277.079, SCP Bechet-Thierry, Tables p. 1092, préc. ; CE, 25 févr. 2015, n° 375.590, M. D, mentionné aux Tables, RJS 2015 n° 351)*. Comme le soulignait le commissaire du gouvernement dans ses conclusions : « *ce n'est que dans l'hypothèse où la mise en œuvre du plan social – y compris les propositions de reclassement externe – révélerait des discriminations à l'encontre des salariés protégés qu'elle pourrait justifier un contrôle de l'inspecteur du travail, et, partant, du juge administratif* ».

Par ailleurs, si sa candidature du salarié sur des offres d'emplois est rejetée en raison de ses mandats, l'intéressé, et le cas échéant son organisation syndicale, peuvent engager les actions civiles et pénales prévues pour sanctionner les mesures discriminatoires *(C. trav., art. L. 1132-1 et L. 1134-2)*. L'inspection du travail a compétence pour relever par procès-verbal l'infraction.

Enfin, le salarié protégé qui entend contester la validité du PSE validé ou homologué par le DREETS, en application de la loi du 14 juin 2013, est en droit de saisir le juge administratif et pourra, si sa demande est jugée fondée, obtenir la réintégration.

§ 4. PRIORITÉ AU RECLASSEMENT INTERNE ET RECLASSEMENT PRIORITAIRE DES SALARIÉS PROTÉGÉS

A. Le droit positif

411.9.4.1. – La priorité accordée par la jurisprudence administrative au reclassement interne permet de concilier l'intérêt général – la poursuite de l'exercice des fonctions représentatives – et l'intérêt particulier du salarié dont le licenciement est ainsi évité. Elle constitue un élément fondamental de la protection. Cette priorité au reclassement interne débouche-t-elle sur un reclassement prioritaire des salariés protégés ?

Dans ses conclusions sur l'affaire Abellan, le commissaire du gouvernement précisait : « *les mesures de reclassement que l'employeur doit obligatoirement envisager et présenter au comité d'entreprise doivent s'appliquer, par priorité, nous semble-t-il, aux salariés protégés » (CE, section, 18 févr. 1977, n° 95.354, Abellan, Dr soc 1977, p. 166-173).*

Cependant, la jurisprudence du Conseil d'État n'a pas consacré une priorité de reclassement au profit des salariés protégés :

– tout d'abord, elle a constamment réaffirmé le principe selon lequel le reclassement du salarié protégé ne devait pas avoir pour effet d'entraîner l'éviction d'un autre salarié *(CE, 27 juin 1979, n° 11.121, Vincent et al., Rec. p. 288 ; CE, 29 avr. 2002, n° 223.443, Sté L'unité hermétique c. / Mme Bejuy)* ;
– dans certains cas, elle a interprété de manière restrictive la portée de l'obligation de reclassement ; ainsi, dans ses conclusions sur l'affaire Bostik, le commissaire du gouvernement concluait : « *Ce qui est demandé à l'employeur c'est de n'opérer aucune discrimination défavorable à l'encontre des salariés protégés, beaucoup plus qu'une sorte d'obligation de priorité » (CE, 9. déc. 1985, n° 49.267, Sté Bostik, Tables p. 794, Dr soc 1986, p. 469).*

L'évolution de la jurisprudence de la Cour de cassation qui a affirmé de façon prétorienne le droit au reclassement de chaque salarié, lequel a trouvé son prolongement dans l'évolution du droit positif, conduit à s'interroger sur la portée exacte de l'obligation de reclassement qui incombe à l'employeur à l'égard des salariés protégés. Se résume-t-elle finalement à l'interdiction d'opérer toute discrimination aux dépens du salarié protégé ? Ou impose-t-elle à l'employeur un effort supplémentaire, comme l'exposait le commissaire du gouvernement dans ses conclusions sur deux affaires jugées en 1995 : la « *décision Abellan du 18 février 1977 exige davantage, s'agissant notamment des efforts de reclassement, que ce que le droit commun du licenciement économique implique – ou impliquait en tout cas à l'époque – pour les salariés "ordinaires" » (CE, 16 juin 1995, n° 126.960, Sevestre et CE, 16 juin 1995, n° 153.861, Comité d'amélioration du logement Pact Arim de Seine-et-Marne, RJS 1995, p. 569-570).*

L'examen détaillé et comparé des jurisprudences administrative et judiciaire conduit à la conclusion que les garanties particulières dont bénéficient les représentants du personnel tiennent plus à la spécificité de la procédure applicable qu'à l'existence de garanties de fond qui leur seraient reconnues en tant que salariés protégés :

– comme il a été vu, l'employeur doit examiner de manière individuelle les possibilités de reclassement interne de chacun de ses salariés sur un emploi équivalent, protégés ou non : de ce point de vue, « *l'écart* » qu'avait créé la jurisprudence Abellan au profit des représentants du personnel a été comblé par le juge judiciaire ;

– sur le fond, le mouvement de convergence de la jurisprudence des deux ordres de juridiction s'est poursuivi *(notamment sur le périmètre de l'obligation de reclassement ; cf. n° **411.3**)* ;
– l'une des garanties de fond attachée au statut protecteur – le droit d'obtenir sa réintégration – a été étendue aux salariés non protégés, en cas d'annulation du plan de sauvegarde de l'emploi *(cf. n° **410.5.1**)*.

Par ailleurs, les dispositions légales relatives au cadre et aux modalités de mise en œuvre de l'obligation de reclassement s'appliquent aussi bien aux salariés protégés qu'aux autres salariés.

La spécificité du statut protecteur au regard du droit commun repose donc pour l'essentiel sur la nécessité pour l'employeur de solliciter *ex ante* strictement encadrée, reconnue à cette dernière, de la refuser pour un motif d'intérêt général.

B. Vers la reconnaissance d'une priorité de reclassement ?

411.9.4.2. – Des arguments de fait et de droit plaident pour reconnaître une priorité au reclassement des salariés protégés :

– la recommandation n° 143 de l'Organisation internationale du travail de 1971, relative à la protection des représentants des travailleurs dans l'entreprise et les facilités à leur accorder, prévoit : la « *reconnaissance d'une priorité à accorder au maintien en emploi des représentants des travailleurs en cas de réduction du personnel » (art. 6. f)*. Cette recommandation « *suggère une disposition… qui est de nature à renforcer la protection en cette matière [les licenciements économiques], soit la priorité à accorder au maintien en emploi des représentants des travailleurs en cas de réduction du personnel » (« Liberté syndicale et négociation collective »), Bureau international du travail, Conférence internationale du travail, 81e session, 1994)* ; le Comité de la liberté syndicale du Conseil d'administration du BIT a rappelé à plusieurs reprises le principe énoncé dans la recommandation *(« La liberté syndicale », Recueil des décisions et de principes, 5e édition, 2006, § 832)* ;
– l'obligation de reclassement se traduit, en pratique, par la seule interdiction de toute discrimination, on peut s'interroger sur sa réelle effectivité. En effet, la preuve de cette discrimination peut être difficile à apporter, notamment dans les cas, les plus fréquents, où le premier critère de l'ordre des licenciements est celui des compétences professionnelles appréciées uniquement par l'employeur.

Sans méconnaître la nécessité de donner toute sa portée au principe de protection lors de l'examen du sérieux des actions engagées en faveur du reclassement des salariés protégés, il apparaît toutefois que l'affirmation d'une telle priorité se heurterait à l'exigence d'égalité de traitement entre les salariés, érigé en principe par la Cour de cassation au fil de la jurisprudence qu'elle a élaborée.

Il est néanmoins de l'intérêt de l'entreprise de disposer en son sein d'interlocuteurs compétents et formés. Cet objectif ne peut être atteint si les salariés sont dissuadés d'assumer des fonctions représentatives de crainte que leur carrière professionnelle ne soit compromise tant dans leur entreprise qu'ultérieurement dans leur profession en cas de licenciement.

La négociation collective peut contribuer à définir un nouveau volet du « *statut protecteur* » qui, pour être effectif et complet, ne doit plus se limiter aux seules mesures visant à faire échec « *aux mesures de représailles* », mises en œuvre notamment en période de réorganisation mais intégrer des mesures positives de nature à assurer aux représentants du personnel un droit au reclassement et à la reconversion professionnelle.

La loi n° 2008-789 du 20 août 2008 portant rénovation de la démocratie sociale avait pour finalité d'encourager la négociation d'accords collectifs :

- prenant en compte l'expérience acquise par les représentants du personnel dans le cadre de l'exercice de mandats *(C. trav., art. 2141-5)* ;
- leur assurant un déroulement de carrière *(C. trav., art. 2242-20)*.

La loi n° 2015-994 du 17 août 2015 relative au dialogue social et à l'emploi comporte des dispositions destinées à favoriser la valorisation des parcours professionnels des élus et des titulaires d'un mandat syndical en accordant de nouveaux droits aux représentants des salariés, et en reconnaissant l'expérience acquise pendant l'exercice de leur mandat *(art. 4 ; C. trav., art. L. 2141-5)*.

CHAPITRE XII

LE CONTRÔLE DU CARACTÈRE DISCRIMINATOIRE DE LA DEMANDE D'AUTORISATION DE LICENCIEMENT – LA VÉRIFICATION DE L'ABSENCE DE LIEN AVEC LE MANDAT OU L'APPARTENANCE SYNDICALE

412. – Le contrôle opéré par l'administration doit porter sur un élément fondamental : le caractère discriminatoire éventuel du projet de licenciement ou de transfert concernant le salarié protégé. Ainsi, pour la chambre sociale de la Cour de cassation « *l'autorisation administrative de licenciement (...) établit que le licenciement n'a eu* ***ni pour objet, ni pour effet*** *de faire échec au mandat représentatif* » *(Cass. soc., 30 nov. 2004, n° 02-43.515, Bull. V n° 308, RJS 2005 n° 118, Dr soc 2005 p. 344, obs. B. Gauriau).* Lorsque l'administration vérifie si le licenciement est en rapport avec les fonctions représentatives normalement exercées ou l'appartenance syndicale de l'intéressé, elle opère ainsi un contrôle plus large que celui de l'existence d'une discrimination syndicale.

Le contrôle auquel l'autorité administrative est tenue de procéder est au cœur du statut protecteur : le salarié ne doit pas perdre son emploi en raison de l'exercice normal de ses fonctions représentatives et il ne doit pas renoncer à exercer ces fonctions en raison de la crainte qu'il pourrait avoir de le perdre *(cf. la remarquable étude de R. Spire, « Agir contre la discrimination syndicale au travail : le droit en pratique », Dr ouvrier 2006, p. 170).*

SECTION 1

Le principe de non-discrimination et sa portée

§ 1. LE PRINCIPE : LE PROJET DE LICENCIEMENT OU DE TRANSFERT NE DOIT PAS ÊTRE EN RAPPORT AVEC L'EXERCICE NORMAL DU MANDAT DU SALARIÉ

A. Le fondement jurisprudentiel

412.1.1.1. – Ce principe a été affirmé solennellement par la Cour de cassation et par le Conseil d'État.

Dans l'arrêt *Fleurence* du 10 décembre 1970, la chambre criminelle de la Cour de cassation a posé le principe selon lequel : « *toute mesure abusive de discrimination prise (...) par l'employeur contre un représentant syndical en raison de sa fonction porte atteinte au libre exercice de ladite fonction aussi qu'à la sécurité que le législateur a voulu assurer à tous ceux qui représentent les travailleurs au sein du comité d'entreprise et constitue dès lors nécessairement une entrave au fonctionnement régulier de cet organisme* » *(Cass. crim., 10 déc. 1970, n° 70-91.045, Bull. crim. n° 336 : en l'espèce était en cause la volonté de l'employeur de se « débarrasser » d'un salarié représentant syndical au comité d'entreprise).*

Le Conseil d'État a affirmé le même principe dans les décisions de principe relatives :

– d'une part, au licenciement pour motif disciplinaire *(CE, assemblée, 5 mai 1976, n° 98.647, Sté d'aménagement foncier et d'établissement rural et ministre de l'Agriculture c./ Bernette, Rec. p. 232, concl. P. Dondoux, Dr soc 1976, p. 347)* ;
– d'autre part, au motif économique *(CE, sect., 18 févr. 1977, n° 95.354, Abellan, Rec. p. 97, concl. P. Dondoux, Dr soc 1977, p. 172).*

Dans ces deux affaires, le juge administratif affirmait que le projet de « *licenciement* ***ne doit pas être en rapport avec les fonctions représentatives normalement exercées ou l'appartenance syndicale de l'intéressé*** ».

Comme le soulignait le commissaire du gouvernement, P. Dondoux, dans ses conclusions sur l'affaire *Abellan* : « *Il suffira que le dossier montre que l'appartenance syndicale ou l'exercice du mandat n'étaient pas dénués de tout lien avec la demande de l'employeur pour que l'inspecteur soit tenu de refuser le licenciement : car l'expression "en rapport" ne signifie pas que le licenciement doive avoir été motivé, de façon principale, par le mandat ; il suffit que le dossier établisse que cette motivation a existé, même de façon accessoire, et qu'elle a joué un rôle dans la demande de licenciement.* »

En ce qui concerne plus particulièrement les licenciements économiques, l'administration doit « *veiller à ce que rien dans le dossier n'établisse que l'employeur a pris prétexte de difficultés économiques pour se débarrasser d'un représentant du personnel qui le gênait », « par une sorte de détournement de pouvoir ou de fraude au statut » (concl. précitées de P. Dondoux sous Abellan).*

Le commentaire de cet arrêt dans l'AJDA précisait : « *Le licenciement pour cause économique, surtout s'il est collectif – ce qui est le cas le plus fréquent – a les apparences d'une nécessité objective pour l'entreprise : aucun grief n'est, par hypothèse même, articulé contre le salarié dont le comportement n'est théoriquement pas en cause. L'autorité administrative et le juge devront donc chercher à déceler si l'employeur ne commet pas une fraude à la loi en déguisant, sous les apparences d'un impératif économique, sa volonté de se débarrasser d'un représentant du personnel trop actif à son goût » (AJDA, mai 1977, chron. p. 249).*

La jurisprudence administrative a ultérieurement illustré de manière abondante le principe directeur posé par les arrêts de principe du Conseil d'État de 1976 et de 1977.

B. La reconnaissance du principe de non-discrimination par le Code du travail

412.1.1.2. – Ce principe a été confirmé par le décret du 8 juin 1983 :

> « *L'inspecteur du travail et, le cas échéant, le ministre compétent examinent notamment si la mesure de licenciement envisagée est en rapport avec le mandat détenu, brigué ou antérieurement exercé par l'intéressé » (C. trav., ancien art. R. 436-7).*

Il est désormais codifié aux articles R. 2421-7 et R. 2421-16 du Code du travail : « *L'inspecteur du travail et, en cas de recours hiérarchique, le ministre examinent notamment si la mesure de licenciement envisagée est en rapport avec le mandat détenu, sollicité ou antérieurement exercé par l'intéressé.* »

§ 2. LES CONSÉQUENCES DU PRINCIPE

A. L'obligation pour l'employeur de mentionner de manière exacte chacune des fonctions représentatives du salarié

412.1.2.1. – Pour opérer les contrôles auxquels elle est tenue de procéder lorsqu'elle statue sur une demande d'autorisation de licenciement, de rupture ou de transfert du contrat de travail l'autorité administrative doit prendre en compte chacune des fonctions représentatives du salarié. Ainsi, l'employeur doit veiller à mentionner dans sa demande d'autorisation chacune de ces fonctions représentatives *(CE, 15 oct. 2014, n° 370.620, Sté Geodis Logistics Nord, Tables p. 889 ; cf. n°* ***51.2.1****).*

Cette exigence découle de la conception selon laquelle l'inspecteur du travail doit apprécier le caractère discriminatoire éventuel de la procédure engagée au regard de chaque mandat détenu par le salarié.

B. La nécessité pour l'administration, avant d'accorder l'autorisation, d'examiner si le projet de licenciement ou de transfert est en rapport avec l'exercice normal du mandat par le salarié

412.1.2.2. – Cette nécessité se traduit par une double exigence :

– une exigence formelle : la décision de l'inspecteur du travail doit, en principe, faire état de chacun des mandats détenus par le salarié (sur l'incidence de l'absence de cette mention, *cf. n°* ***51.2.1***) ;

– une exigence de fond : en principe, l'inspecteur du travail doit se prononcer sur le lien entre la demande dont il est saisi et le mandat détenu.

Toutefois, lorsque l'autorité administrative considère que l'une des conditions de forme ou de fond, imposée par la loi ou la jurisprudence n'est pas respectée – absence d'entretien préalable ou motif justifiant la demande non établi – elle n'entache pas sa décision d'illégalité au seul motif qu'elle se serait abstenue de se prononcer sur le caractère discriminatoire de la procédure. Ainsi, si l'autorité administrative estime que la faute commise est d'une gravité insuffisante pour justifier le licenciement, pour ce seul motif elle peut refuser l'autorisation demandée sans être tenue à peine de nullité de statuer sur le caractère discriminatoire de la mesure *(CE, 12 mars 1986, n° 56.139, Sté des établissements Christian X.)*.

En revanche, l'administration ne peut autoriser le licenciement ou le transfert qu'après s'être assurée de l'absence de tout lien avec le mandat ou les fonctions exercés. L'inspecteur du travail, et sur recours hiérarchique, le ministre du Travail, méconnaissent l'étendue de leur compétence en ne recherchant pas si la demande d'autorisation de licenciement n'est pas en rapport avec le mandat du salarié protégé concerné. Il en est ainsi quel que soit le motif de la procédure, et notamment en cas de faute *(CE 8 janv. 1997, n° 163.071, Mme Verny, Tables p. 1107)* ou de mise à la retraite du salarié quand les conditions légales sont remplies *(CE, 8 févr. 1995, n° 134.963, ministre du Travail et Crédit Lyonnais, n° 134.963, Rec. p. 63, Dr ouvrier 1996, p. 246)*.

En outre, l'absence de motivation concernant l'éventuelle discrimination est prise en compte pour apprécier le caractère suffisamment motivé d'une décision *(CE 19 févr. 1997, n° 141.161, SA Transports Testud)*.

Après une décision du juge administratif annulant une décision de refus de licenciement, l'inspecteur du travail, de nouveau saisi pour les mêmes faits, est tenu, dès lors que le salarié exerce un nouveau mandat, d'examiner si la nouvelle demande est en rapport avec les nouvelles fonctions représentatives du salarié. À défaut, l'autorisation est entachée d'une erreur de droit *(CE, 29 oct. 1997, n° 172137, Sté Sanyo France ; cf. n°* ***74.12.3.2.2****)*.

La seule absence de condamnation, par le juge civil ou pénal, de l'employeur ne saurait dispenser l'inspecteur du travail de rechercher l'existence d'une éventuelle discrimination.

Cette absence de condamnation peut s'expliquer notamment par les difficultés des salariés protégés à saisir la justice pour faire cesser les discriminations dont ils sont victimes. À cet égard, le professeur G. Coudrais a pu relever « *d'une part la très grande difficulté pour un salarié à faire la preuve de l'atteinte portée à son emploi, hors le licenciement prononcé sans ou malgré le refus administratif de l'autoriser, et encore, à établir l'inexactitude des bonnes raisons invoquées pour justifier cette atteinte le cas échéant ; d'autre part, les pudeurs, les timidités, les hésitations de bien des délégués, élus ou désignés pour défendre un ensemble de travailleurs, à se mettre en avant pour défendre leur propre situation quand bien même celle-ci ne serait pas de nature à faire des émules* » *(« La sécurité de l'emploi des salariés protégés », Dr soc 1992, p. 459).*

Dès lors qu'un lien apparaît entre la demande de licenciement et l'exercice normal du mandat, l'autorité administrative ne peut que refuser l'autorisation sollicitée *(CE, sect., 18 févr. 1977, n° 95.354, Abellan, Rec. p. 97, concl. P. Dondoux, Dr soc 19-77.172).* Ce principe est constant dans la jurisprudence *(CE 20 mai 1994, n° 106.197, Sté LMEI Bourgogne, Rec. p. 1216 ; CE, 16 juin 1995, n° 139.337, SA Soubitez, Tables p. 1063),* sans qu'il soit besoin d'examiner les autres éléments du dossier *(CE, 8 janv. 1997, n° 161.196, M. Chaize, et CE 18 déc. 1996, n° 161.109, M. Mazier, RJS 1997 n° 174).* Toutefois, l'administration n'a pas « compétence liée » dans ce domaine, cette terminologie étant réservée aux situations dans lesquelles aucune marge d'appréciation n'est possible *(CE, 3 févr. 2016, n° 389.223, Sté St Microelectronics Grand Ouest, Tables p. 979).*

Il en est ainsi même :

– quand le motif économique est établi *(CE 20 mai 1994, n° 106.197, Sté LMEI Bourgogne, Rec. p. 1216, RJS 1994 n° 1017)* ;
– quelle que soit la gravité de la faute commise par le salarié *(CE, 16 juin 1995, n° 139.337, SA Soubitez, Tables p. 1063, RJS 1995 n° 913 ; CE, 20 mars 2019, n° 408.658, Agtit, mentionné aux Tables)* ;
– l'administration doit se prononcer sur le lien entre la procédure et le mandat sans tenir compte des faits fautifs qui sont reprochés au salarié dès lors que la demande d'autorisation ne se fonde pas sur l'exercice anormal du mandat, mais sur le comportement fautif du salarié dans le cadre de son activité professionnelle *(CE, 29 mars 2024, n° 458.309, Gautier).*

L'existence d'un lien entre la procédure de licenciement et le mandat fait obstacle à une autorisation nonobstant :

– **l'accord du salarié** *(CE, 15 déc. 1997, n° 170.134, M. Bernard ; CE, 13 sept. 2017, n° 399.972, Ets Sogal, RJS 2017 n° 75)* ;

– **l'opposition du repreneur de l'entreprise et la situation personnelle du salarié** : lorsque « *l'inspecteur du travail a estimé que la demande de licenciement était liée à la volonté (du repreneur) d'utiliser la procédure de redressement judiciaire afin de faire échec au statut légal de protection des représentants du personnel* » et « *que, cependant, il a autorisé le licenciement (du salarié protégé) dans l'unique but de permettre à celui-ci de percevoir des indemnités pour perte d'emploi, estimant que son intégration au sein de l'établissement repreneur ne pourrait aboutir qu'après une procédure longue* », le juge administratif rappelle que l'administration « *ne peut retenir un tel motif tiré de la situation personnelle du salarié protégé pour autoriser le licenciement de celui-ci* » ; par suite, elle « *ne pouvait se fonder sur une appréciation, au surplus contestable, des conséquences d'une décision de refus sur la situation financière du salarié, pour autoriser son licenciement et alors même qu'elle estimait que ce licenciement était en rapport avec le mandat syndical de l'intéressé* ». Dans un tel cas, la décision de l'inspecteur du travail « *doit être déclarée illégale* » (*TA Marseille 10 mai 1995, n° 951.024, Sanchez Gil).*

C. La présentation d'une demande de licenciement en rapport avec le mandat constitue un délit

1. La jurisprudence

412.1.2.3.1. – Le refus d'une autorisation de licenciement pour discrimination par l'inspecteur du travail peut s'accompagner du relevé de cette infraction, par procès-verbal à la charge de l'employeur, ou d'une action devant les tribunaux *(citation directe ou plainte)* du salarié ou d'une organisation syndicale, en particulier quand un lien avec le mandat a été relevé à l'occasion de plusieurs demandes de licenciement. Par ailleurs, la loi n° 2016-1547 du 18 novembre 2016 de modernisation de la justice du XXIe siècle a ouvert aux organisations syndicales la possibilité de mener des actions de groupe afin de faire cesser des discriminations dont sont victimes plusieurs salariés et obtenir la réparation des préjudices subis (*L. n° 2016-1547 du 18 nov. 2016, art. 62 et CJA, art. L. 77-10-3*).

Pour déclarer coupable un employeur du chef de délit d'entrave au fonctionnement régulier des institutions représentatives du personnel, le juge peut notamment se fonder sur le fait qu'avaient été engagées à l'encontre des représentant comité « *à plusieurs reprises des procédures de licenciement auxquelles s'est opposé l'inspecteur du travail* » *(pour un délit d'entrave concernant un comité d'entreprise : Cass. crim., 20 févr. 1996, n° 94-85.863, Bull. crim. n° 81, RJS 1996 n° 557, CSB P n° 82 A.41, p. 197).*

La circonstance que le salarié ne s'oppose pas à son licenciement ne fait pas obstacle au constat de l'infraction.

Le délit est constitué même si la discrimination n'a pas été le motif exclusif des mesures prises à l'encontre du salarié *(Cass. crim., 16 janv. 1990, n° 88-81.285, RJS 1990 n° 228 ; Cass. crim., 14 juin 2000, n° 99-81.108, Bull. crim. n° 226 ; Cass. crim., 15 janv. 2008, n° 07-82.380, RJS 2008 n° 564).*

2. *L'intervention du Défenseur des droits*

412.1.2.3.2. – Le salarié concerné peut également saisir directement le Défenseur des droits, cette instance étant compétente pour connaître des discriminations prohibées au nom desquelles figure la discrimination en raison des activités syndicales *(cf. n°* ***412.7.3*** *; voir par exemple décision cadre du Défenseur des droits MLD-2015-151 du 2 juillet 2015 relative aux dispositifs d'alerte interne de lutte contre les discriminations au regard de la protection des droits des salariés ; décision MLD-2015-196 du 31 juillet 2015 relative aux mesures de rétorsion prises à l'encontre d'un délégué syndical pour avoir relaté de bonne foi des faits de discriminations ; décision 2022-047 du 8 avril 2022 relative à un traitement discriminatoire d'une salariée en raison de son activité syndicale ; décision 2024-105 du 11 juillet 2024 relative au harcèlement sexuel et au harcèlement d'ambiance subis par une salariée ainsi qu'à l'enquête interne menée par son employeur).*

D. La présentation d'une demande de licenciement en rapport avec le mandat occasionne un préjudice

412.1.2.4. – Le salarié est fondé à demander réparation du préjudice causé par la présentation d'une demande d'autorisation en rapport avec son mandat *(Cass. soc., 16 janv. 1985, n° 81-42039, Bull. V n° 37).*

1. *L'employeur ne peut se fonder sur les effets du comportement du salarié sur sa crédibilité dans l'exercice de ses mandats*

412.1.2.5. – Il a été jugé que l'employeur ne peut utilement se prévaloir pour justifier une demande d'autorisation « *des effets du comportement d'un salarié sur sa crédibilité dans l'exercice de ses mandats syndicaux* » *(CE, 9 nov. 2005, n° 261.874, M. Cacitti, RJS 2006 n° 244).*

2. *Le moyen tiré du lien existant entre le licenciement et le mandat n'est pas d'ordre public*

412.1.2.6. – N'étant pas d'ordre public, le moyen tiré d'un lien avec le mandat doit être invoqué devant le juge *(CE, 4 févr. 2004, n° 247.128, M. Valdivielso, sur la notion de moyen d'ordre public : cf. n°* ***74.7.2.4****).*

SECTION 2

Le régime de la preuve de l'existence d'un lien entre le projet de licenciement ou de transfert et l'exercice de fonctions représentatives

§ 1. LES DONNÉES DE LA QUESTION

412.2.1. – La preuve formelle que l'exercice d'un mandat par le salarié – ou sa candidature ou son exercice antérieur – a influencé l'employeur pour demander son licenciement s'avère le plus souvent difficile à établir. Le lien avec le mandat est généralement révélé par un « ***faisceau d'indices*** » *(cf. Guide DGT, Salariés protégés, sept. 2019, fiche n° 16)*.

Il est, en effet, peu fréquent qu'un employeur reconnaisse, dans une demande d'autorisation de licenciement ou au cours de la procédure, qu'il projette de licencier un salarié parce que celui-ci est candidat, exerce ou a exercé un mandat : une telle affirmation suffirait à elle seule à justifier un refus d'autorisation et exposerait, en outre, son auteur, à des sanctions pénales et civiles en cas de discrimination *(cf. J.-M. Verdier, Traité de droit syndical ; A. Cœuret, « Entrave et discrimination », Dr ouvrier 1987, p. 447, « Droit syndical et droit pénal : regard sur une collaboration fructueuse », dans Mélanges Verdier ; « Droit syndical et droits de l'homme à l'aube du XXIe siècle », D. 2001, p. 1 ; « Droit pénal du travail », JCP 1996, fasc. 82-10)*.

L'existence de cette discrimination peut être notamment mise en évidence par l'examen du motif de licenciement allégué, l'absence ou l'insuffisance des efforts de reclassement, l'application contestable des critères de l'ordre des licenciements économiques, ou encore par la situation professionnelle du salarié et, de manière plus générale, par les conditions d'exercice du mandat et l'état des relations sociales dans l'entreprise, sans que cette liste soit exhaustive ni limitative.

Le professeur Verdier souligne que « *le licenciement est irrégulier, qu'il ait pour but d'exclure de l'entreprise un militant actif ou de nuire à l'action ou au développement d'un syndicat. Mais souvent le motif syndical de l'employeur est dissimulé sous un prétexte tiré d'un intérêt quelconque de l'entreprise* ». Les « *discriminations peuvent prendre des formes diverses, allant notamment des privations de primes ou de gratifications au blocage des carrières ou des rémunérations en passant par l'affectation à des postes isolés ou pénibles, la privation de travail avec maintien humiliant de la rémunération, les demandes multipliées de licenciement, etc., toutes mesures destinées à marginaliser certains délégués* » *(J.-M. Verdier, RJS 1999)*.

La jurisprudence illustre, de longue date, la pertinence de ces propos en censurant notamment :

– le licenciement « *ayant eu pour but de décapiter la direction syndicale CGT de la manufacture » (TA Limoges 7 déc. 1956, Gorce c. / Ministre de la Défense nationale, Dr ouvrier 1957, p. 144, Traité droit syndical II, p. 409)* ;
– le « *désir de l'employeur de se débarrasser d'un délégué syndicaliste dont l'activité lui déplaisait » (Cass. soc., 22 juin 1956, Sté des Comptoirs Lyon, Dr ouvrier 1957, p. 144).*

§ 2. LE CADRE LÉGAL DU RÉGIME DE LA PREUVE EN MATIÈRE DE DISCRIMINATION

412.2.2. – La transposition en droit interne du régime de la preuve de l'existence d'une discrimination a été réalisée par la loi n° 2001-1066 du 16 novembre 2001 relative à la lutte contre les discriminations et la loi n° 2008-496 du 27 mai 2008 portant diverses dispositions d'adaptation au droit communautaire dans le domaine de la lutte contre les discriminations *(cf. rapport annuel 2008 de la Cour de cassation, « Les discriminations dans la jurisprudence de la Cour de cassation », p. 103, § 1.1.1.5 ; M.-T. Lanquetin, « Discriminations : la loi d'adaptation au droit communautaire du 27 mai 2008 », Dr soc 2008, p. 779).*

A. La notion de discrimination

412.2.2.1. – L'article 1er de la loi n° 2008-496 du 27 mai 2008, modifié plusieurs fois par le législateur pour étendre son champ d'application, définit la discrimination comme « *tout agissement lié* » à l'un des motifs suivants : origine, sexe, situation de famille, grossesse, apparence physique, particulière vulnérabilité résultant de sa situation économique, apparente ou connue de son auteur, patronyme, lieu de résidence ou domiciliation bancaire, état de santé, perte d'autonomie, handicap, caractéristiques génétiques, mœurs, orientation sexuelle, identité de genre, âge, opinions politiques, **activités syndicales**, capacité à s'exprimer dans une langue autre que le français, appartenance ou non-appartenance, vraie ou supposée, à une ethnie, une nation, une prétendue race ou une religion déterminée. La discrimination inclut également tout agissement à connotation sexuelle, subis par une personne et ayant pour objet ou pour effet de porter atteinte à sa dignité ou de créer un environnement intimidant, hostile, dégradant, humiliant ou offensant.

1. La définition de la discrimination directe

412.2.2.1.1. – L'article 1er de la loi n° 2008-496 du 27 mai 2008 dispose :

« Constitue une discrimination directe la situation dans laquelle, sur le fondement de son origine, de son sexe, de sa situation de famille, de sa grossesse, de son apparence physique, de la particulière

vulnérabilité résultant de sa situation économique, apparente ou connue de son auteur, de son patronyme, de son lieu de résidence ou de sa domiciliation bancaire, de son état de santé, de sa perte d'autonomie, de son handicap, de ses caractéristiques génétiques, de ses mœurs, de son orientation sexuelle, de son identité de genre, de son âge, de ses opinions politiques, de ses activités syndicales, de sa capacité à s'exprimer dans une langue autre que le français, de son appartenance ou de sa non-appartenance, vraie ou supposée, à une ethnie, une nation, une prétendue race ou une religion déterminée, une personne est traitée de manière moins favorable qu'une autre ne l'est, ne l'a été ou ne l'aura été dans une situation comparable. »

Selon la chambre sociale, constitue « *une discrimination directe, la situation dans laquelle, sur le fondement notamment de ses convictions, une personne est traitée de manière moins favorable qu'une autre ne l'est, ne l'a été ou ne l'aura été dans une situation comparable* » *(Cass. soc., 24 sept. 2008, n° 06-46.179, Bull. V n° 187).*

Lorsque l'acte ou la mesure en cause est elle-même discriminatoire, aucune justification n'est possible. La discrimination est caractérisée dès lors que l'activité syndicale a été prise en compte, fût-ce pour partie. Ainsi le juge du fond ne peut, pour débouter un salarié de sa demande de dommages-intérêts pour discrimination syndicale dans son évolution de carrière et son travail, se fonder sur ce que « *l'absence de promotion individuelle et d'augmentation individuelle de salaire du salarié était due, non pas directement à son appartenance syndicale, mais à son manque d'acquisition des compétences professionnelles tout au long de sa carrière, liée, mais manifestement pour partie seulement, à son activité syndicale le rendant peu disponible vis-à-vis de sa hiérarchie* » dès lors « *qu'un employeur ne peut, fût-ce pour partie, prendre en compte les absences d'un salarié liées à ses activités syndicales pour arrêter ses décisions en ce qui concerne notamment la conduite et la répartition du travail, la formation professionnelle, l'avancement et la rémunération* » *(Cass. soc., 27 mai 2008, n° 07-40.145, RJS 2008 n° 915).*

2. *La définition de la discrimination indirecte*

412.2.2.1.2. – L'alinéa 2 de l'article 1er de la loi n° 2008-496 du 27 mai 2008 dispose : « *Constitue une discrimination indirecte une disposition, un critère ou une pratique neutre en apparence, mais susceptible d'entraîner, pour l'un des motifs mentionnés au premier alinéa, un désavantage particulier pour des personnes par rapport à d'autres personnes, à moins que cette disposition, ce critère ou cette pratique ne soit objectivement justifié par un but légitime et que les moyens pour réaliser ce but ne soient nécessaires et appropriés.* »

B. Le principe de non-discrimination posé par le Code du travail

412.2.2.2. – L'article 1132-1 du Code du travail, dans sa rédaction issue de la loi n° 2019-486 du 22 mai 2019 relative à la croissance et la transformation des entreprises, dispose :

> *« Aucune personne ne peut être écartée d'une procédure de recrutement ou de nomination ou de l'accès à un stage ou à une période de formation en entreprise, aucun salarié ne peut être sanctionné,* ***licencié*** *ou faire l'objet d'une mesure discriminatoire, directe ou indirecte, telle que définie à l'article 1er de la loi n° 2008-496 du 27 mai 2008 portant diverses dispositions d'adaptation au droit communautaire dans le domaine de la lutte contre les discriminations, notamment en matière de rémunération, au sens de l'article L. 3221-3, de mesures d'intéressement ou de distribution d'actions, de formation,* ***de reclassement****, d'affectation, de qualification, de classification, de promotion professionnelle,* ***de mutation ou de renouvellement de contrat*** *en raison de son origine, de son sexe, de ses mœurs, de son orientation sexuelle, de son identité de genre, de son âge, de sa situation de famille ou de sa grossesse, de ses caractéristiques génétiques, de la particulière vulnérabilité résultant de sa situation économique, apparente ou connue de son auteur, de son appartenance ou de sa non-appartenance, vraie ou supposée, à une ethnie, une nation ou une prétendue race,* ***de ses opinions politiques, de ses activités syndicales*** *ou mutualistes, de ses convictions religieuses, de son apparence physique, de son nom de famille de son lieu de résidence ou de sa domiciliation bancaire, ou en raison de son état de santé de sa perte d'autonomie ou de son handicap, de sa capacité à s'exprimer dans une langue autre que le français. »*

L'article L. 1132-4 prévoit que toute disposition ou tout acte pris à l'encontre à l'égard d'un salarié en méconnaissance de ces dispositions est nul.

La lecture littérale de ces dispositions pourrait conduire à distinguer selon qu'est en cause ou non l'exercice d'un mandat syndical.

Toutefois, la Cour de cassation considère que « *le fait pour un représentant du personnel d'exercer un mandat représentatif, constitue une activité syndicale, alors même qu'il n'existe pas de texte sanctionnant la discrimination à l'exercice de fonctions représentatives. C'est cette activité et non le mandat lui-même qu'elle prend en considération » (Rapport annuel 2008 de la Cour de cassation, « Les discriminations dans la jurisprudence de la Cour de cassation », p. 94)*.

Il convient de souligner qu'il a été jugé par la chambre criminelle que *« l'exercice d'une activité syndicale n'implique pas nécessairement la qualité de délégué syndical » (Cass. crim., 5 mars 1991, n° 90-82.113, Bull. crim. n° 112 ; Cass. crim., 29 oct. 1996, n° 94-85028, Bull. crim. n° 218, Dr ouvrier 1997, p. 227, obs. M. Richevaux)*.

C. Le régime de la preuve défini par le Code du travail (*C. trav., art. L. 1134-1*)

412.2.2.3. – Ce régime, applicable en cas de litige relatif au bien-fondé d'une mesure de licenciement devant le juge prud'homal, repose sur un mécanisme en trois temps :

- **premier temps** : le salarié qui s'estimerait victime d'une mesure discriminatoire en raison de ses activités syndicales, « *présente des éléments de fait laissant supposer l'existence d'une discrimination directe ou indirecte* » *(s'agissant des dispositions relatives à la charge de la preuve en matière de harcèlement moral ou sexuel au travail, rédigées en des termes identiques, le Conseil constitutionnel a précisé que la partie demanderesse doit « établir la matérialité des éléments de fait précis et concordants qu'elle présente au soutien de l'allégation selon laquelle la décision prise à son encontre constituerait une discrimination », § 89 de la décision n° 2001-455 DC du 12 janvier 2002)* ;
- **deuxième temps** : l'employeur doit « *prouver que sa décision est justifiée par des éléments objectifs étrangers à toute discrimination* » ;
- **troisième temps** : le juge « *forme sa conviction, après avoir ordonné, en cas de besoin, toutes les mesures d'instruction qu'il estime utiles* ».

Ces dispositions visent l'ensemble des discriminations mentionnées à l'article L. 1132-1 du Code du travail et, notamment les licenciements en rapport avec les activités syndicales des salariés *(pour une analyse : L. Bonnard-Plancke et P.-Y. Verkindt, « La lutte contre la discrimination syndicale, Millésime 2005 », Dr soc 2006, p. 393)*.

Ces règles qui aménagent les règles de preuve ne méconnaissant pas le principe de l'égalité des armes « *eu égard à la nécessité de protéger les droits fondamentaux de la personne concernée* » *(Cass. soc., 28 janv. 2010, n° 08-41.959, Bull. V, n° 28, RJS 2010 n° 309)*.

En outre, la loi n° 2001-1066 du 16 novembre 2001 relative à la lutte contre les discriminations renforce les moyens de contrôle de l'inspection du travail en prévoyant que « *les agents de contrôle de l'inspection du travail peuvent se faire communiquer tout document ou tout élément d'information, quel qu'en soit le support, utile à la constatation de faits susceptibles de vérifier le respect de l'application : 1° Des dispositions des articles L. 1132-1 à L. 1132-4 du Code du travail et de celles de l'article 225-2 du Code pénal, relatives aux discriminations (…)* » *(C. trav., art. L. 8113-5)*.

§ 3. LE RÉGIME DE LA PREUVE DE LA DISCRIMINATION DANS LE CADRE DU CONTENTIEUX JUDICIAIRE

A. Les règles générales de la charge de la preuve en matière civile

1. Le régime de la preuve

412.2.3.1.1. – Le régime de la preuve défini par le Code du travail et la jurisprudence de la Cour de cassation repose sur un mécanisme en trois temps :

– **premier temps** : « *il appartient au salarié syndicaliste qui se prétend lésé par une mesure discriminatoire de soumettre au juge les éléments de fait susceptibles de caractériser une atteinte au principe d'égalité de traitement » (Cass. soc., 28 mars 2000, n° 97-45.258 et n° 97-45.259, Bull. V n° 126, Dr soc 2000, p. 593 ; Cass. soc., 27 janv. 2009, n° 07-44.057)* ; le salarié peut à ce titre faire état du refus par l'inspecteur du travail d'une demande d'autorisation et de ses conclusions *(Cass. soc., 13 juill. 2004, n° 02-42.681, Bull. V n° 212).*

À ce premier stade, l'appréciation du juge du fond est souveraine *(Cass. soc., 17 oct. 1997, n° 05-44.797 ; Cass. soc., 10 avr. 2008, n° 06-45.318)* ;

– **deuxième temps** : « *il incombe à l'employeur, s'il conteste le caractère discriminatoire du traitement réservé au syndicaliste, d'établir que la disparité de situation constatée est justifiée par des éléments objectifs, étrangers à toute discrimination fondée sur l'appartenance à un syndicat » (Cass. soc., 28 mars 2000, n° 97-45.258 et n° 97-45.259, Bull. V n° 126, Dr soc 2000, p. 593 ; Cass. soc., 16 sept. 2009, n° 08-40.944 ; a contrario : Cass. soc., 29 sept. 2009, n° 08-42.123).*

À ce deuxième stade, l'appréciation par le juge du fond des justifications de l'employeur est souveraine *(Cass. soc., 10 juill. 2007, n° 06-41361)* ;

– **troisième temps** : le juge forme sa conviction ; il « *apprécie souverainement l'opportunité de recourir à des mesures d'instruction portant aussi bien sur les éléments présentés par le salarié et laissant supposer l'existence d'une discrimination que sur ceux apportés par l'employeur pour prouver que sa décision est justifiée par des éléments objectifs étrangers à toute discrimination » (Cass. soc., 4 févr. 2009, n° 07-42.697, Bull. n° 33, RJS 2009 n° 314, obs. C. Radé, Dr soc 2009, p. 613).*

La jurisprudence pose clairement les règles selon lesquelles :

– le salarié n'a pas à rapporter la preuve de la discrimination elle-même *(Cass. soc., 27 nov. 2002, n° 00-44.736 ; Cass. soc., 4 oct. 2005, n° 03-45.688, note C. Baumgarten, Dr ouvrier 2006, p. 18)* ;
– l'employeur doit justifier d'éléments objectifs étrangers à l'exercice du droit syndical qui ne peuvent, en tout état de cause, résulter du seul exercice d'un pouvoir « *discrétionnaire* » *(Cass. soc., 28 sept.*

2004, n° 03-42.624, Bull. V n° 227, RJS 2005 n° 55, obs. C. Radé, Dr soc 2004, p. 1147).

2. *Le régime de la prescription*

412.2.3.1.2. – Le délai de prescription de droit commun a été ramené de 30 à 5 ans par la loi n° 2008-561 du 17 juin 2008 *(« La réforme de la prescription en droit du travail », Sem. soc. Lamy n° 1361-1362, 15.07.2008).* L'article L. 1134-5 du Code du travail issu de la loi du 17 juin 2008 dispose :

> *« L'action en réparation du préjudice résultant d'une discrimination se prescrit par cinq ans à compter de la révélation de la discrimination. / Ce délai n'est pas susceptible d'aménagement conventionnel. / Les dommages et intérêts réparent l'entier préjudice résultant de la discrimination, pendant toute sa durée. »*

Le président Sargos interprétait ces dispositions de la manière suivante : *« Supposons une discrimination réalisée en juillet 2008 mais dont le salarié n'a eu connaissance qu'à son départ de l'entreprise en juillet 2014. Il pourra, s'il agit avant l'expiration du délai de cinq ans suivant cette dernière date, avoir réparation de son entier préjudice depuis juillet 2008. Par contre, s'il n'agit que plus de cinq ans après juillet 2014, son action sera bien prescrite et il n'aura droit à aucune réparation » (Sem. soc. Lamy n° 1361-1362, 15.07.2008).*

B. Les règles générales de la charge de la preuve en matière pénale

412.2.3.2. – Les règles exposées précédemment ne s'appliquent pas en matière pénale : les dispositions des articles 225-2 du Code pénal et L. 2141-5 du Code du travail concernant les délits de discrimination et d'entrave à l'exercice du droit syndical n'instituent aucune dérogation à la charge de la preuve en matière pénale, qui incombe à l'accusation en application du principe de la présomption d'innocence. Dans ces conditions, il ne saurait être reproché aux juges du fond statuant sur une poursuite exercée contre un employeur en application des textes précités, de ne pas s'être déterminés par référence à l'article L. 1132-1 *(Cass. crim., 3 avr. 2007, n° 06-81.784, Bull. crim. n° 105, RJS 2007 n° 870, note F. Cesaro JCP S n° 26, p. 23, obs. F. Duquesne, Dr soc 2007, p. 902 ; Cass. crim., 11 avr. 2012, n° 11-83.816, Bull. crim. n° 95, RDT 2012, p. 426).*

De manière générale, le délit de discrimination syndicale n'est caractérisé dans son élément matériel que lorsqu'il résulte des constatations des juges du fond que le chef d'entreprise a effectivement pris en considération l'appartenance ou l'activité syndicale d'un salarié, notamment pour arrêter ses décisions en ce qui concerne l'évolution de la carrière professionnelle de l'intéressé *(Cass. crim., 23 avril 1985, n° 84-91254, Bull. crim. n° 156).*

Néanmoins, la démarche du juge pénal se rapproche de celle du juge civil : ainsi, dès lors que l'employeur admet avoir modifié les conditions de travail du salarié protégé, le juge doit rechercher si « *l'employeur (...) avait apporté la pleine justification* » des mesures prises *(Cass. crim., 6 janv. 2004, n° 02-88.240, Bull. crim. n° 4, RJS 2004 n° 434, Dr ouvrier 2004, p. 343 ; Cass. crim., 12 déc. 2006, n° 05-86.601, RJS 2007 n° 453).* De manière générale, « *la décision de l'employeur affectant la carrière, la rémunération d'un salarié peut revêtir, si elle est infondée, le caractère d'une sanction au sens de l'article 225-2 3° du Code pénal relatif aux discriminations » (Cass. crim., 28 avr. 2009, n° 07-82.901, Bull. crim. n° 74, note J.-F. Cesaro JCP S 2009 n° 48, p. 30).*

Le délit peut être constitué même si la volonté de discrimination n'est pas le seul motif *(Cass. crim., 5 janv. 1977, n° 75-93.027).*

§ 4. LE RÉGIME DE LA PREUVE DE LA DISCRIMINATION DANS LE CADRE DU CONTENTIEUX ADMINISTRATIF

412.2.4. – L'article 4 de la loi n° 2008-496 du 27 mai 2008 portant diverses dispositions d'adaptation au droit communautaire dans le domaine de la lutte contre les discriminations dispose, dans sa rédaction issue de la loi n° 2017-86 du 27 janvier 2017 relative à l'égalité et à la citoyenneté :

> « *Toute personne qui s'estime victime d'une discrimination directe ou indirecte présente devant la juridiction compétente les faits qui permettent d'en présumer l'existence. Au vu de ces éléments, il appartient à la partie défenderesse de prouver que la mesure en cause est justifiée par des éléments objectifs étrangers à toute discrimination. / Le juge forme sa conviction après avoir ordonné, en cas de besoin, toutes les mesures d'instruction qu'il estime utiles. / Le fait que la victime ait seulement poursuivi l'objectif de démontrer l'existence d'un agissement ou d'une injonction discriminatoire n'exclut pas, en cas de préjudice causé à cette personne, la responsabilité de la partie défenderesse. / Le présent article ne s'applique pas devant les juridictions pénales.* »

Le juge administratif, qui dirige l'instruction, forme sa conviction au vu des éléments du dossier. Deux cas de figure doivent être distingués :

- soit l'administration a estimé que la procédure était en rapport avec le mandat et il lui appartient alors de présenter les éléments de fait qu'elle a recueillis au cours de l'enquête contradictoire et qui l'ont conduit à cette conclusion, le juge formant alors sa conviction en fonction de la force probante de ces éléments et de ceux avancés par l'employeur et le salarié ;
- soit l'administration a écarté le caractère discriminatoire et le salarié qui allègue que la procédure le concernant était en rapport avec ses fonctions doit assortir son allégation d'un commencement de justification ; si le salarié se borne à une allégation générale,

le moyen tiré du caractère discriminatoire sera écarté ; si, au contraire, le salarié présente des éléments de fait, le juge formera sa conviction au vu de l'ensemble des pièces du dossier et, notamment, de la force probante des éléments avancés par l'employeur et l'administration.

Le juge ne fait donc pas reposer sur le seul salarié la preuve de la discrimination. Il peut en outre ordonner toutes mesures d'instruction utiles *(cf. n°* ***74.10.2.1****)*.

La décision du 30 octobre 2009 de l'assemblée du contentieux du Conseil d'État a défini la démarche du juge administratif alors même que les dispositions de la loi n° 2008-496 du 27 mai 2008 n'étaient pas encore applicables :

« il appartient au juge administratif, dans la conduite de la procédure inquisitoire, de demander aux parties de lui fournir tous les éléments d'appréciation de nature à établir sa conviction ; que cette responsabilité doit, dès lors qu'il est soutenu qu'une mesure a pu être empreinte de discrimination, s'exercer en tenant compte des difficultés propres à l'administration de la preuve en ce domaine et des exigences qui s'attachent aux principes à valeur constitutionnelle des droits de la défense et de l'égalité de traitement des personnes ; que, s'il appartient au requérant qui s'estime lésé par une telle mesure de soumettre au juge des éléments de fait susceptibles de faire présumer une atteinte à ce dernier principe, il incombe au défendeur de produire tous ceux permettant d'établir que la décision attaquée repose sur des éléments objectifs étrangers à toute discrimination ; que la conviction du juge, à qui il revient d'apprécier si la décision contestée devant lui a été ou non prise pour des motifs entachés de discrimination, se détermine au vu de ces échanges contradictoires ; qu'en cas de doute, il lui appartient de compléter ces échanges en ordonnant toute mesure d'instruction utile » (CE, assemblée, 30 oct. 2009, n° 298.348, Mme Perreux, Rec. p. 407, concl. M. Guyomar, RFDA 2009, p. 1125).

Le Conseil d'État a ensuite confirmé sa jurisprudence pour des faits postérieurs à la loi n° 2008-496 du 27 mai 2008 précitée *(CE, assemblée, 10 janv. 2011, Mme Evêque, n° 325.268, Rec. p. 1 ; CE, 7 juill. 2010, n° 322.636, Mme Poliak, Tables p. 618 ; CE, 16 oct. 2017, n° 383.459, Tables p. 744, AJDA 2017, p. 2193, concl. S.-J. Lieber AJFP 2018, p. 35).*

Toutefois, l'adoption de ce mode aménagé de preuve à la place de la technique du faisceau d'indices *(cf., n°* ***412.2.1****)* n'est à ce stade pas adopté par le Conseil d'État pour vérifier si un licenciement est en lien avec le mandat exercé par le salarié protégé ou son appartenance syndicale.

La juridiction administrative s'en tient à une approche classique et considère que le juge du fond n'a commis aucune erreur de droit dans l'administration de la charge de la preuve en estimant « *qu'il ne ressortait pas des pièces du dossier qui lui était soumis que M. A... aurait été victime d'une discrimination à raison de son mandat » (CE, 28 juin 2019, n° 423.360 Borges ; pour une application explicite de l'aménagement de la preuve sur le fondement de l'article L. 1134-1 du Code du travail par une cour administrative d'appel : CAA Bordeaux, 15 mai 2018, n° 16BX01424).*

Cependant, pour apprécier l'existence d'un lien avec le mandat, le Conseil d'État a accepté que soit pris en compte le jugement ayant condamné un employeur à verser une provision au salarié protégé, le juge judiciaire concluant que les faits laissaient supposer l'existence d'une discrimination syndicale à son encontre, la Haute juridiction ayant relevé l'absence d'éléments justificatifs précis présentés en défense par l'employeur *(CE, 20 mars 2019, n° 408.658, Agtit c. / Société de Fret et de Services, mentionné aux Tables, RJS 2019 n° 368, Sem. soc. Lamy, n° 1856, note F. Champeaux, JSL n° 475).*

SECTION 3

Les indices de l'existence d'une discrimination communs aux différents motifs de licenciement et au transfert

§ 1. LES INDICES LIÉS À L'ACQUISITION D'UN MANDAT OU AU DÉBUT D'UNE ACTIVITÉ SYNDICALE

A. La concomitance entre une candidature à un mandat et une demande d'autorisation de licenciement

412.3.1.1. – La discrimination a été retenue dans les affaires suivantes :

– *« l'autorisation de licencier Mme G. a été sollicitée dix jours après que l'intéressée ait été officiellement présentée par un syndicat comme candidate aux fonctions de déléguée du personnel, quelles qu'aient pu être par ailleurs la réalité et l'importance des difficultés économiques de l'entreprise depuis plusieurs années, le projet de licenciement de Mme G. était, comme elle le soutient, en rapport direct avec son appartenance syndicale et avec la circonstance qu'elle avait fait acte de candidature aux élections professionnelles » (CE, 30 janv. 1981, n° 24.114, Mme Godefroy, Rec. p. 40, Dr soc 1981, p. 343)* ;

– *« les faits qui pourraient être retenus à l'encontre de Mme D. pour justifier son licenciement pour faute grave n'ont été relevés qu'après que l'intéressée ait posé sa candidature aux fonctions de délégué du personnel » (CE, 20 janv. 1988, n° 62.938, Sté Key Informatique)* ;

– *« les faits ainsi retenus à l'encontre de M. C. pour justifier son licenciement pour faute grave ont été relevés après qu'une organisation syndicale eut fait connaître à la Société Lalaudis, en novembre 1992, qu'elle présentait sa candidature aux fonctions de délégué du personnel dans le collège des cadres et agents de maîtrise, (...) ; ces circonstances relèvent que le projet de licenciement de M. C. a été directement en rapport avec cette candidature » (CE, 8 janv. 1997, n° 161.196, M. Chaize).*

B. La concomitance entre l'exercice récent d'un mandat ou une récente désignation comme délégué syndical et une demande d'autorisation de licenciement

412.3.1.2. – La discrimination a été retenue dans les affaires suivantes :

- la « *concomitance entre les premières demandes d'autorisation de licenciement et l'exercice par le salarié de ses premiers mandats* » *(CE, 15 nov. 1985, n° 48.415, Vanhoucke)* ;
- « *les difficultés entre M. L. et la direction de la Société Ilford sont apparues en 1983, date à laquelle il est entré au comité d'entreprise* » *(CE, 25 mars 1988, n° 75.013, Sté Ilford)* ;
- « *l'autorisation de licenciement a été sollicitée par la société dix jours après que l'intéressé a été officiellement présenté par un syndicat comme délégué syndical, quelles qu'aient pu être par ailleurs la réalité et l'importance des difficultés économiques de l'entreprise, le projet de licenciement du salarié était, comme il le soutient, en rapport direct avec les fonctions syndicales qu'il occupait* » *(CE, 18 janv. 1984, n° 34.694, Moscovici)* ;
- les agissements de l'employeur concomitants à partir de la désignation du salarié comme délégué syndical : une première tentative de mise à la retraite, l'exclusion de réunions de travail, et l'absence d'entretiens individuels d'évaluation pendant plusieurs années *(CAA Bordeaux, 23 juin 2009, n° 08BX02009 et 08BX02010, Sté Fontanie SAS).*

La chambre criminelle a confirmé l'arrêt de la cour d'appel déclarant constitué le délit de discrimination syndicale dans les affaires suivantes :

- « *à compter de la création d'une section syndicale Force-ouvrière et de la mise en place d'une délégation du personnel ayant abouti à l'élection de représentants de ce syndicat, la majorité d'entre eux a été mise en situation d'inter-contrat sur une période anormalement longue et supérieure à la moyenne ; (...) une procédure de licenciement a été engagée à l'encontre de deux d'entre eux, fondée sur des motifs discriminatoires ; (...) les rémunérations des représentants de ce syndicat étaient inférieures à celles des salariés embauchés à la même période et au même coefficient* » *(Cass. crim., 17 mars 2009, n° 08-84.518, RJS 2009 n° 552)* ;
- le salarié avait fait l'objet, peu après son élection, d'une mise à pied conservatoire qui n'avait pas été suivie d'une autorisation de

licenciement et à partir de ce moment, les attributions du salarié, qui bénéficiait d'un statut de cadre, avaient été réduites au profit d'un technicien initialement placé sous sa responsabilité, l'intéressé ne disposant plus des mêmes moyens de travail et de communications informatiques que les autres cadres de la société, ayant subi des écarts de salaires et été privé des primes versées au personnel de l'entreprise dans le but de le « *marginaliser (...) en raison de ses fonctions représentatives » (Cass. crim., 15 janv. 2008, n° 07-82.380, RJS 2008 n° 564).*

C. La concomitance entre le dépôt d'une candidature ou d'une désignation et la proposition d'une modification du contrat de travail ou d'un changement des conditions de travail défavorables au salarié

412.3.1.3. – La discrimination a été retenue dans les affaires suivantes : la concomitance entre l'acquisition d'un mandat et une proposition de mutation *(CE, 15 nov. 1996, n° 161.761, Ministre du Travail et M. Brasselet c. / Sté Guintoli, Dr ouvrier 1997, p. 105, note P.M., et CAA Marseille, 8 déc. 1998, n° 96MA01892, M. Brasselet).*

D. La concomitance entre l'acquisition d'un mandat et une mesure disciplinaire

412.3.1.4. – Il en a été jugé ainsi dans le cas d'une mesure d'avertissement « *prise douze jours après la désignation de l'intéressée en qualité de déléguée syndicale » (Cass. crim., 17 févr. 1981, n° 80-91.163, Dr ouvrier 1981, p. 359).*

E. La concomitance entre un licenciement et le début d'une activité syndicale

412.3.1.5. – A été sanctionnée pénalement la prise en considération à l'occasion de la décision de licenciement de l'appartenance syndicale et de l'activité des salariés qui avaient distribué des tracts syndicaux dans les locaux de travail *(Cass. crim., 4 avr. 1979, n° 78-90.994, Bull. crim. n° 141 : l'employeur avait déclaré aux intéressés qu'ils ne « resteraient plus longtemps » dans l'entreprise).* De même, a été jugé discriminatoire par la chambre sociale le licenciement d'une salariée ayant décidé de créer une section syndicale en vue des élections professionnelles *(Cass. soc., 23 sept. 2008, n° 07-42.394 ; Cass. soc., 3 juill. 2012, n° 11-10.793, Bull. V n° 202, RJS 2012 n° 819).*

§ 2. LA NATURE DES RELATIONS SOCIALES DANS L'ENTREPRISE

A. L'état des relations entre le syndicat, les représentants du personnel et la direction de l'entreprise

412.3.2.1. – Sont prises en compte les circonstances suivantes :

– l'« *aversion manifeste à l'égard du syndicalisme* » dont a fait preuve l'employeur, ce dernier ayant tiré « *des conséquences discriminatoires de l'appartenance de ses salariés au syndicat, en leur imposant des tracasseries, et surtout en tenant compte de cette appartenance au niveau de l'embauche et du congédiement* » *(Cass. crim., 20 févr. 1996, n° 94-85.863, Bull. crim. n° 81)* ;

– le conflit avec le comité d'entreprise [comité social et économique] *(CE, 26 mars 1982, n° 27.288, Sté Mérival-Marchal)* ;

– les « *tracasseries et brimades organisées dans différentes parties de l'usine, à l'encontre d'adhérents ou même de sympathisants du syndicat Force Ouvrière* » *(Cass. crim., 1er mars 1983, n° 82-90.794, Dr ouvrier 1984, p. 79)* ;

– le récent conflit collectif dans l'entreprise *(CE, 23 oct. 1987, n° 59.728, M. Florit)* ;

– les « *conflits qui existaient entre la direction de l'institut et le syndicat dont M. N. était le délégué* » *(CE, 4 déc. 1987, n° 81.158, C. Noël)* ;

– « *la détérioration des rapports entre les dirigeants de l'entreprise et le syndicat auquel appartenaient Mme D. et Mlle H.* » *(CE, 11 juill. 1994, n° 102.637, SA Lener-Cordier)* ;

– la « *situation d'opposition presque permanente avec la direction de l'entreprise* » du salarié *(TA Limoges, 30 mars 1995, Mme Maximilien confirmé en appel par la décision du 15 déc. 1997 du Conseil d'État, n° 169.792, Sté Limoges Castel SA)* ;

– les pressions exercées sur le personnel contre un syndicat à la suite des élections de délégués du personnel *(Cass. crim., 8 mars 1994, n° 93-81115)* ;

– le fait pour un responsable d'avoir autorisé la mission d'un cabinet spécialisé « *ayant pour objet de réduire l'influence de la CGT au profit d'un autre syndicat, puis d'avoir fait connaître cet accord au personnel d'encadrement lors de réunions organisées (...) pour "informer le personnel sur la vacuité des actions de la CGT"* » *(Cass. crim., 2 sept. 2008, n° 07-81.661, Bull. crim. n° 174, RJS 2008 n° 1208, Dr soc 2009, p. 505, obs. F Duquesne, JCP S 2009 n° 3, p. 34, obs. F. Cesaro ; Dr ouvrier 2009, p. 100, note P. Riandey ; obs. T. Grumbach et E. Serverin sous l'arrêt de la cour d'appel RDT 2007, p. 332)*.

B. Les difficultés de fonctionnement des institutions représentatives du personnel

412.3.2.2. – Ont été retenus à ce titre :

– le défaut de remise de documents ou d'informations, constitutifs de délits d'entrave au fonctionnement du comité d'entreprise [comité social et économique] *(Cass. crim., 13 janv. 1998, n° 96-81.477, Bull. n° 16 ; Cass. crim., 3 mars 1998, n° 96-85.098, Bull. n° 81, Rapport 1998 de la Cour de cassation, Dr ouvrier 1999, p. 451)* ;
– l'absence de réponse motivée aux questions *(Cass. crim. 7 oct. 1997, n° 96-82.539, Dr ouvrier 1998, p. 288, note M. Richevaux)* ;
– la carence en matière de tenue régulière des réunions ;
– le défaut d'information et de consultation ;
– les irrégularités concernant les négociations collectives *(M. Miné, « La loyauté dans le processus de négociation collective d'entreprise », Travail et Emploi, oct. 2000)* ;
– l'exercice des attributions *(CE, 16 juin 1995, n° 139.337, SA Soubitez, Tables p. 1063)* ;
– les interventions de l'inspection du travail ;
– la procédure pénale engagée ou ayant abouti à la condamnation de l'employeur pour entrave et/ou discrimination ;
– les restrictions illégales apportées par l'employeur à la libre utilisation des heures de délégation *(Cass. crim., 10 mars 1981, n° 80-91.570, Bull. crim. n° 88 ; Cass. crim., 12 avr. 1988, n° 87-84.148, Bull. crim. n° 155)* ou le non-paiement par l'employeur des heures de délégation *(CE, 20 mars 2019, n° 408.658, Agtit, mentionné aux Tables)*.

En revanche, il a été jugé que la seule contestation par l'employeur devant le juge d'une désignation irrégulière d'un délégué syndical n'est pas constitutive, à elle seule, d'une discrimination *(Cass. soc., 1er oct. 2003, n° 01-60.893, Dr ouvrier 2004, p. 27, avis de l'avocat général P. Lyon-Caen)*.

§ 3. L'ATTITUDE DE L'EMPLOYEUR À L'ÉGARD DES SALARIÉS PROTÉGÉS

A. Les prises de position de principe hostiles aux institutions représentatives du personnel et aux organisations syndicales

412.3.3.1. – La discrimination a été retenue dans les affaires suivantes :

– les propos hostiles à la représentation du personnel manifestant l'opposition déclarée de l'employeur à l'intervention des représentants du personnel dans l'entreprise *(CE, 15 juin 1990, n° 58.333, SA des établissements Jean Corboz et fils)* ;

– l'opposition à la création d'une section syndicale ou à l'élection de représentants du personnel *(Cass. crim., 5 avr. 1973, n° 71-93.278, Bull. crim. n° 178 ; Cass. soc., 13 nov. 1977, n° 76-40.859, Bull. V n° 534 ; Cass. crim., 21 avr. 1977, n° 76-90.135, Bull. crim. n° 126 ; Cass. crim., 5 mai 1976, n° 75-90.400, Bull. crim. n° 143 : note de l'employeur critiquant la constitution d'une section syndicale* ; *Cass. crim., 25 juin 2002 n° 01-85.441)* ;
– l'employeur ayant, d'une part, lors de son intervention orale, dénigré l'un des syndicats présents dans l'entreprise et, d'autre part, distribué avant les élections professionnelles le document critiquant le comportement de deux des syndicats de l'entreprise *(Cass. crim., 30 mars 1993, n° 92-83.580 ; voir également, Cass. crim., 14 janv. 1992, n° 90-84.426 ; Cass. crim., 8 mars. 1994, n° 93-81.115, RJS n° 877).*

B. Les procédures de licenciement antérieures

412.3.3.2. – La discrimination a été retenue dans les affaires suivantes :
– « *Eu égard, (…), à l'état, conflictuel depuis plusieurs années, des relations entre M. B, qui a fait l'objet, en 1988 puis en 1990, de deux demandes d'autorisation de licenciement, lesquelles ont été refusées par l'administration, au motif notamment qu'elles étaient liées aux mandats détenus par l'intéressé, et la direction de la société, (…), la demande d'autorisation de licenciement (…) était en rapport avec les fonctions représentatives et l'appartenance syndicale* » *(TA, Versailles, 19 oct. 1995, n° 94-1590 et 1591, M. Beury et UL CGT de Corbeil c. / Ministre du Travail)* ;
– l'employeur « *a engagé à plusieurs reprises, à l'encontre de membres du comité, des procédures de licenciement auxquelles s'est opposé l'inspecteur du travail* » *(Cass. crim., 20 févr. 1996, n° 94-85.863, Bull. crim. n° 81, RJS 1996 n° 557)* ;
– le licenciement prononcé sans autorisation *(Cass. crim., 30 nov. 1999, n° 99-81.885, Bull. crim. n° 284, Rapport 1999 de la Cour de cassation, Dr ouvrier 2000, p. 340)* ;
– le refus de l'employeur de réintégrer un salarié après un refus de licenciement de l'inspecteur du travail *(Cass. crim., 27 janv. 1998, n° 97-80.516, Dr ouvrier 1998, p. 424, note M. Richevaux)* ;
– le licenciement, pour « *non-respect des procédures hiérarchiques et des procédures relatives à la représentation du personnel* », d'un salarié qui, agissant en sa qualité de secrétaire de la section syndicale, avait présenté des revendications syndicales au nom de salariés de l'ensemble de l'entreprise au président de la société, alors qu'il n'était investi d'aucun mandat de délégué syndical ou de représentant élu du personnel *(Cass. crim., 29 oct. 1996, n° 94-85028, Bull. crim. n° 218, rejetant le pourvoi contre l'arrêt de condamnation pour discrimination syndicale au motif que*

« l'exercice d'une activité syndicale n'implique pas nécessairement la qualité de délégué syndical » ; voir également, Cass. crim., 5 mars 1991, n° 90-82.113, Bull. crim. n° 112).

C. Les autres indices retenus par les juges judiciaire et administratif

412.3.3.3. – La discrimination a été retenue dans les affaires suivantes :

– l'offre de « *départ négocié et transaction* » ou la démission imposée *(Cass. soc., 25 nov. 1970, n° 70-40.013, Bull. n° 653)* ;
– les propos visant à faire renoncer le salarié à son engagement syndical *(Cass. crim., 5 mai 1976, n° 75 90.400, Bull. crim. n° 143)* ;
– la réduction ou la suppression d'une gratification décidée en raison de l'exercice par des salariés d'une activité syndicale *(Cass. crim., 4 oct. 1977, n° 76-91.044, Bull. crim. n° 288)* ;
– la mise en place d'une surveillance par filature des salariés investis de fonctions représentatives *(CA Paris, ch. corr., 4 mars 1996, obs. M. Richevaux, « Du harcèlement antisyndical au délit d'entrave », Dr ouvrier 1998, p. 62)* ;
– les pressions exercées sur les salariés lors des élections professionnelles ayant entraîné l'annulation des élections *(Cass. soc., 17 nov. 1971, n° 71-60.206, Bull. V n° 661)*.

§ 4. LES INDICES LIÉS À L'ATTITUDE DE L'EMPLOYEUR À L'ÉGARD DU SALARIÉ PROTÉGÉ CONCERNÉ PAR LA PROCÉDURE DE LICENCIEMENT OU DE TRANSFERT

Plan du paragraphe

A. Le degré d'activité du salarié dans l'exercice de son mandat et le rôle dans l'animation de la vie sociale et syndicale

412.3.4.1. – Ils ont été pris en compte dans les affaires suivantes :

– « *M.A. était le militant syndical le plus actif, le seul actif en vérité, et il s'était opposé avec vigueur à la direction de la société sur le bien-fondé de sa politique commerciale* » *(CE, sect., 18 févr. 1977, n° 95.354, Abellan, Rec. p. 97, concl. P. Dondoux, Dr soc 1977, p. 172)* ;

– des salariées ayant pris une part active dans la sauvegarde des emplois de l'entreprise *(CE, 13 nov. 1987, n° 39.950, Lachaux et Formisyn)* ;

– une salariée qui « *jouait un rôle actif dans le cadre de ses fonctions représentatives* » *(CE, 15 déc. 1997, n° 169.792, Sté Limoges Castel SA)* ;

– « *il ressort des pièces du dossier, et notamment des comptes rendus des réunions tenus par le comité d'entreprise que Mme T. a joué un rôle actif au cours de la procédure de licenciement collectif pour motif économique décidé par la direction ; que, dans les circonstances de l'espèce, la procédure doit être regardée comme n'étant pas sans rapport avec les fonctions représentatives exercées par l'intéressée* » *(CE, 10 juill. 1995, n° 146.960, Sté des Textiles en Biais)* ;

– « *il ressort des pièces du dossier, et notamment de diverses correspondances adressées par le salarié à l'inspecteur du travail entre novembre 1989 et janvier 1990 pour dénoncer en particulier des entraves à l'exercice régulier du droit syndical, que la demande d'autorisation de licenciement est en rapport avec les mandats détenus par l'intéressé* » *(CE, 18 déc. 1996, n° 161.109, M. Mazier)*.

B. La situation professionnelle du salarié : l'évolution de carrière

412.3.4.2. – Constitue un indice de discrimination, la situation professionnelle défavorable que l'employeur impose au salarié, depuis son élection ou sa désignation ou en cours de mandat. À ce titre, appréciée par rapport à la situation des autres salariés l'évolution de la carrière du salarié protégé – son rythme, ses retards, son blocage – peut constituer un indice *(M. Grévy, « La discrimination dans la carrière des délégués », Dr soc 1994, p. 884 ; M. Despax, « Le déroulement de la carrière professionnelle des représentants du personnel », B.S. Lefebvre, mars 1986, p. 121 ; A. Arseguel et B. Reynes, « L'évolution de carrière des représentants du personnel », Rev. fr. de comptabilité, mai 1993, p. 56)*.

Le juge pénal a estimé, dans un cas où l'employeur avait écarté la candidature à un poste d'un militant particulièrement actif, que les « *activités* » syndicales et de représentation du personnel, « *ne sauraient, sans qu'il soit porté atteinte aux prérogatives de ces salariés* », investis dans ces missions, « *être prises en considération par le chef d'entreprise dans ses décisions relatives à leurs conditions générales de travail ou à leurs perspectives normales de carrière* » *(Cass. crim., 25 mai 1982, n° 81-93.443, Bull. crim. n° 135).*

La discrimination peut résulter du blocage ou du retard du déroulement de carrière ainsi que de la disparité de traitement imposée au salarié protégé *(Cass. crim., 18 mars 2009, n° 07-45.275).* Il en est ainsi, par exemple, quand l'employeur impose au salarié exerçant des fonctions représentatives une « *période probatoire* » plus longue que celle prévue pour ses collègues en retenant que « *son inexpérience professionnelle trouvait sa cause dans l'exercice de ses nombreux mandats électifs ou syndicaux* », les éléments constitutifs du délit de discrimination étant réunis *(Cass. crim., 25 nov. 2003, n° 03-80.721, Dr ouvrier 2004, p. 46).*

1. Le blocage du déroulement de carrière

412.3.4.2.1. – Il a été retenu dans les affaires suivantes :

– « *M. H. est au même niveau P3 depuis trente ans l'employeur ne peut justifier l'absence totale de promotion sur trente ans (...) ; depuis qu'il est passé P3 en 1989, M. C. n'a pas été promu malgré les efforts de formation qu'il a faits et sa réussite au bac F1, tandis que ses camarades de travail ont connu une évolution de carrière plus favorable (...) ; M. M. est P1 C depuis vingt ans alors qu'en principe le passage à la qualification P2 se fait au bout de cinq ans lorsque la note obtenue à l'essai P1 est suffisante, ce qui était son cas (...) ; nommé P1 le 1er janvier 1981, M. A. a attendu quinze ans pour être promu P2 après l'introduction de l'instance au Conseil de prud'hommes (...) ; sur le graphique individuel d'évolution de carrière il apparaît que M. T suit une évolution de carrière moins favorable (...) ; M. H. n'a jamais eu accès à aucune formation professionnelle absence de toute explication à la stagnation de sa carrière depuis trente ans* » *(« Affaire Peugeot », CPH Paris – juge départiteur – 4 juin 1996, confirmé par la cour d'appel de Paris (18e chambre, section C) du 29 juin 2000 et rejet du pourvoi par Cass. soc., 30 janv. 2002, n° 00-45.266)* ;

– « *Mme B. était seule parmi les salariés ayant la même qualification à ne pas avoir progressé dans les échelons, ce qui caractérisait l'existence d'une discrimination et, cette différence de traitement n'était pas imputable à l'insuffisance professionnelle de la salariée et avait débuté lors de sa désignation en qualité de déléguée syndicale en se traduisant notamment par une tentative de licenciement, des avertissements et des menaces* » *(Cass. soc., 11 oct. 2000, n° 98-43.472, RJS 2000 n° 1263).*

Sont regardés comme constituant un blocage de carrière :

– l'exclusion du salarié du bénéfice des promotions « *du jour de sa prise de responsabilité syndicale* » *(Cass. soc., 16 déc. 1985, n° 83-45.682, Dr ouvrier 1986, p. 313)* ;
– le refus de noter un salarié protégé, d'où la perte d'une chance d'être inscrit au tableau d'avancement et de bénéficier d'une promotion *(Cass. soc., 11 mars 1992, CRAM du Sud-Est c. / Kakazian, Dr soc 1992, p. 482)* ;
– la baisse de notation intervenue à compter de la nomination en qualité de délégué syndical sans que l'employeur soit en mesure de la justifier par des éléments objectifs et le refus de sa promotion comme chef de rayon sans motif légitime *(Cass. soc., 13 févr. 2001, n° 98-41.365, Dr soc 2001, p. 566)* ;
– la prise en compte de l'activité syndicale dans l'évaluation du salarié *(Cass. soc., 17 oct. 2006, n° 05-40.393, Bull. V n° 306, Dr soc 2006, p. 1186, note C. Radé)* ;
– l'absence de promotion en 12 ans d'un salarié qui demeurait le seul des traceurs à stagner au coefficient 185, tout en étant affecté à des fonctions très éloignées de sa qualification, les fiches d'évaluation annuelle au vu desquelles les augmentations individualisées étaient accordées mentionnant par ailleurs la qualité de représentant du personnel *(Cass. soc., 15 févr. 2006, n° 04-41.667)* ;
– l'absence de promotion individuelle du salarié depuis son élection comme conseiller prud'homme, les fiches d'évaluation, base des choix de promotion, faisant référence à ses activités prud'homales et syndicales et aux perturbations qu'elles engendraient dans la gestion de son emploi du temps *(Cass. soc., 1er juill. 2009, n° 08-40.988, Bull. V n° 166 ; Cass. soc., 11 janv. 2012, n° 10-16.655, Bull. V n° 8, RJS 2012 n° 266, et n° 10-16.657 pour des fiches d'évaluation faisant mention d'une disponibilité réduite du fait de l'exercice de fonctions syndicales)* ;
– l'absence d'entretien d'évaluation de 1997 à 2005, laquelle était de nature à priver l'intéressé d'une possibilité de promotion professionnelle et laissait ainsi supposer l'existence d'une discrimination liée à l'exercice de fonctions syndicales, et qui ne pouvait être justifiée par la seule absence du salarié à une réunion collective concernant la situation des salariés représentants élus ou mandatés organisée par l'employeur en septembre 2005 *(Cass. soc., 24 oct. 2012, RJS 2013 n° 54)*.

Au demeurant, sauf application d'un accord collectif visant à en assurer la neutralité ou à le valoriser, l'exercice d'activités syndicales ne peut être pris en considération dans l'évaluation professionnelle d'un salarié *(Cass. soc., 23 mars 2011, n° 09-72.733 ; Cass. soc., 18 déc. 2013, n° 12-15.149, RJS 2014 n° 239)*.

2. *Le retard dans le déroulement de carrière et la disparité de traitement*

412.3.4.2.2. – Ils ont été retenus dans les affaires suivantes :

– le « *retard important de promotion en comparaison des autres salariés de la même catégorie et de la même ancienneté » (Cass. soc., 4 juill. 2000, n° 98-43.285, Bull. V n° 264, Dr soc 2000, p. 920, note J. Mouly)* ;
– « *les absences de M. C. dues à ses activités syndicales ne pouvaient justifier son retard de carrière par rapport à ses collègues » (Cass. soc., 19 nov. 1987, n° 85-42.194)* ;
– « *depuis l'obtention de son examen, (la salariée) avait été affectée à de multiples tâches qui ne correspondaient nullement à son grade tandis que d'autres salariés qui possédaient une qualification identique à la sienne ou, même, n'étaient pas dans certains cas titulaires du brevet professionnel, avaient, dans le même temps, été promus à des postes comportant d'importantes responsabilités » (Cass. crim., 11 oct. 1989, n° 87-90.494, RJS n° 943)* ;
– la stagnation du salaire et de l'avancement subi par un délégué syndical salarié, à la différence de ses collègues, l'employeur ne justifiant pas que la disparité de situation était justifiée par des critères objectifs étrangers à toute discrimination fondée sur l'appartenance syndicale *(Cass. soc., 17 janv. 2001, n° 98-46.412 ; Cass. soc., 30 avr. 2009, n° 06-45.939, Bull. V n° 119, RJS 2000 n° 640)* ;
– le refus de l'employeur d'accorder aux salariés détachés pour exercer des fonctions syndicales la promotion obtenue par d'autres salariés placés dans la même situation *(Cass. soc., 26 avr. 2000, n° 98-42.643, Bull. V n° 151, RJS 2000 n° 685)* ;
– la non-application dans son cas des dispositions de l'accord d'entreprise prévoyant un bilan professionnel périodique et un examen particulier du cas du salarié *(Cass. soc., 4 juill. 2000, n° 97-44.846, Bull. V n° 263)* ;
– l'absence de convocation du salarié pendant plusieurs années aux entretiens de gestion de l'évolution de carrière *(Cass. soc., 15 mars 2005, n° 02-43.560, Bull. V n° 86)* ;
– le rejet de la candidature à un poste d'avancement, l'avis défavorable du supérieur hiérarchique figurant dans le dossier du salarié se fondant sur ce que les fonctions d'encadrement que l'intéressé souhaitait obtenir nécessitaient une constante disponibilité et étaient incompatibles avec son activité syndicale *(Cass. soc., 6 juill. 2005, n° 03-44.037)*.

Plus généralement, le juge du fond doit rechercher « *notamment par étude comparative à diplôme équivalent et même ancienneté, si le salarié n'avait pas subi dans l'évolution de sa carrière professionnelle (...) une discrimination présentant un lien avec ses mandats et son activité syndicale » (Cass. crim., 14 juin 2000, n° 99-81.108, Bull. crim. n° 226 ;*

Cass. crim., 9 nov. 2004, Bull. crim. n° 279, n° 04-81.397, Dr ouvrier 2005, p. 234, note E. Fortis).

À ce titre, « *pour apprécier la réalité de la discrimination alléguée par le salarié* », le juge du fond peut « *procéder à des comparaisons avec d'autres salariés engagés dans des conditions identiques de diplôme et de qualification et à une date voisine peu important que certains salariés aient bénéficié d'une promotion avant le début de la période de discrimination invoquée* » *(Cass. soc., 28 janv. 2010, n° 08-41.959, RJS 2010 n° 309 ; Cass. soc., 24 oct. 2012, n° 11-12.295, RJS 2013 n° 6)*, ce qui ne nécessite pas l'identité des tâches accomplies par les salariés mis en comparaison *(Cass. soc., 5 mai 2011, n° 09-43.175, RJS 2011 n° 575)*.

Mais l'existence d'une discrimination n'implique pas nécessairement une comparaison avec la situation d'autres salariés *(Cass. soc., 29 juin 2011, n° 10-14.067, Bull. V n° 166, RJS 2011 n° 746)*. Ainsi le juge judiciaire doit rechercher si le ralentissement de la carrière de la salariée et les difficultés auxquelles elle est confrontée, « *dès après sa participation à un mouvement de grève* » ne laisse pas supposer l'existence d'une discrimination directe ou indirecte *(Cass. soc., 10 nov. 2009, n° 07-42.849, Bull. V n° 246, Dr soc 2010, p. 111, obs. C. Radé)*. En outre, la seule circonstance que des salariés exerçant des mandats syndicaux aient pu bénéficier de mesures favorables n'est pas de nature à exclure en soi l'existence de toute discrimination à l'égard d'autres salariés *(Cass. soc., 12 juin 2013, n° 12-14.153, Bull. V n° 152)*.

Il appartient au salarié, qui invoque un retard de carrière discriminatoire, de présenter des éléments de fait laissant supposer l'existence d'une discrimination directe ou indirecte ; au nombre de ces éléments peut figurer un rapport établi par un inspecteur ou un contrôleur du travail, peu important que l'agent de contrôle soit intervenu à la demande de l'une des parties et n'ait pas relevé par un procès-verbal les infractions éventuellement constatées *(Cass. soc., 15 janv. 2014, n° 12-27.261 à 12-27.263, 12-27.266 à 12-27.268 et 12-27.283, Bull. V n° 14, RJS 2014 n° 295)*.

Le juge doit ensuite vérifier si la mesure litigieuse n'est pas justifiée par une raison objective et étrangère à toute discrimination *(Cass. soc., 28 oct. 2008, n° 07-41.856, RJS 2009 n° 7)*.

C. La situation professionnelle du salarié : l'affectation au poste de travail et le contenu des tâches confiées

412.3.4.3. – Les circonstances suivantes ont été retenues par le juge comme constitutives d'une discrimination :

– la rétrogradation soit sur le même poste de travail *(Cass. crim., 1er déc. 1981, n° 81-90.377, Dr ouvrier 1982 p. 280)*, soit sur un autre poste *(Cass. crim., 28 mai 1968, n° 67-92.037, Bull. crim. n° 181, Dr ouvrier1968 p. 428 ; Cass. soc., 10 juin 1971, n° 70-40.052, Bull. V n° 437)* ;

– le remplacement dans la fonction et le déclassement « *constituant une voie de fait pour faire échec à la protection légale » (Cass. soc., 19 févr. 1981, n° 79-16.700, Bull.V n° 154)* ;

– le refus d'intégrer à l'intérieur de l'entreprise, une travailleuse à domicile, déléguée du personnel, à la différence des autres salariés *(Cass. soc., 21 avr. 1983, n° 80-42.186, Bull. V n° 206)* ;

– l'affectation à des tâches ne relevant pas de la qualification du salarié *(Cass. crim., 11 oct. 1989, n° 87-90.494, RJS n° 943)* ;

– l'affectation à « *une besogne inutile, absurde, ridicule et fastidieuse* » ayant pour résultat de « *décourager l'intéressé mais aussi de le déconsidérer » (arrêt Fleurence, Cass. crim., 10 déc. 1970, n° 70-91.045, Bull. n° 336, JCP 1971.II.16862, Dr ouvrier 1971 p. 175)* ;

– l'affectation de la salariée, chef comptable et représentante du personnel, « *dans un bureau dont l'état de délabrement contrastait avec celui d'autres locaux dont deux portes avaient été condamnées et les vitres donnant sur le service comptable aveuglées ; les documents comptables étaient placés dans une armoire fermée à clé à laquelle (la salariée), non détentrice de la clé, ne pouvait librement accéder » (Cass. crim., 5 mai 1998, n° 96-86.692, Dr ouvrier 1998 p. 558, note M. Richevaux)* ;

– les brimades consistant à faire exécuter des travaux sans être assisté d'un autre ouvrier contrairement aux normes de travail *(Cass. crim., 6 nov. 1979, n° 78-94.345, Bull. crim. n° 307)* ;

– le déclassement et l'apparition de reproches relatifs à des fautes professionnelles peu après le début de l'exercice d'un mandat *(CE, 15 juin 1988, n° 68.057, Sté Chalvent)* ;

– le refus de confier les tâches incombant normalement au salarié, chauffeur routier, auquel n'étaient plus confiés des transports de longue distance comportant l'allocation de primes et l'utilisation de véhicules neufs *(Cass. crim., 19 mai 1987, Duval, n° 86-91.960, Dr ouvrier 1988 p. 452)* ;

– la dégradation des conditions de travail imposée à un candidat aux fonctions de délégué du personnel « *soumis à des conditions de travail différentes de celles des autres salariés, et, en particulier, (…) systématiquement chargé des travaux pénibles et fatigants, tout en étant privé de l'usage des engins motorisés de manutention dont ses collègues pouvaient disposer » (Cass. soc., 13 févr. 1996, n° 92-45.042, Dr soc 1996 p. 532, note A. Jeammaud)* ;

– la réduction de salaire et le changement de lieu de travail faisant obstacle à l'exercice normal du mandat (*Cass. crim., 25 mars 1980, n° 79-93.001, Bull. crim. n° 104*) ;

– le refus par l'employeur, contre l'avis du médecin du travail, de reprendre un salarié malade, ayant la qualité de salarié protégé, dans le cadre d'un mi-temps thérapeutique *(Cass. soc., 10 févr. 1999, n° 95-43.561, Bull. V n° 64, D. 2000, Jurisp. S.C. n° 37, obs. B. Lardy-Pélissier, RJS 1999 n° 390)* ;

- la privation de véhicule pour un chauffeur de poids lourds *(Cass. soc., 23 juin 2004, n° 02-41.011, Bull. V n° 181)* ;
- le changement unilatéral des conditions de travail se traduisant par l'affectation à des tâches ingrates sans rapport avec la qualification du salarié, le juge du fond ne pouvant prononcer la relaxe sans rechercher si l'employeur « *avait apporté la pleine justification de ces mesures ainsi que de leur absence de tout lien avec la qualité de déléguée syndicale* » *(Cass. crim., 6 janv. 2004, n° 02-88.240, Bull. crim. n° 4)* ;
- l'affectation systématique à des tâches d'entretien ingrates, la salariée, après la cessation de son mandat, ayant pu exercer de façon satisfaisante des fonctions de caissière *(Cass. crim., 23 nov. 2004, n° 03-84.389)* ;
- la mise en œuvre d'un système de répartition des affectations sur les chantiers de maintenance propre au salarié protégé et faisant ainsi de l'appartenance syndicale un critère d'application d'une organisation du travail et d'un régime de rémunération différent de celui des autres salariés *(Cass. soc., 20 mars 2007, n° 05-43.834)*.

D. La situation professionnelle du salarié : la privation de travail

412.3.4.4. – La privation de travail constitue une discrimination ; il en a été jugé ainsi dans les cas suivants :

- le refus de l'employeur de réintégrer un délégué, dont le contrat avait été suspendu pendant la durée du mandat, à l'issue de celui-ci *(Cass. soc., 14 mai 1956, Lantoine, Dr ouvrier 1956, p. 344)* ;
- le refus de fournir du travail au salarié, alors même que l'intéressé continuait à percevoir son salaire *(Cass. crim., 27 juin 2000, n° 99-86.894 ; Cass. soc., 30 mai 1979, n° 78-12.139, Bull. V n° 480 ; Cass. crim., 3 juill. 1968, n° 67-93.637, Bull. crim. n° 216)* ;
- le refus de confier une mission à un salarié intérimaire, refus équivalent à un refus d'embauche *(Cass. crim., 2 sept. 2003, n° 02-86.048, Bull. crim. n° 148, Dr ouvrier 2004, p. 194, obs. R. Marié)* ;
- la mise en chômage technique du salarié lors de son retour dans l'entreprise, après un arrêt maladie, alors que son poste n'était pas supprimé et qu'il pouvait occuper d'autres postes *(Cass. crim., 7 oct. 1980, n° 79-94.918, Dr ouvrier 1981, p. 272 ; Cass. crim., 11 juin 1992, n° 91-84309)* ;
- le « *défaut de réintégration du salarié dans son emploi après la décision administrative refusant l'autorisation de le licencier* », l'employeur ne confiant plus aucun travail, mais continuant de

rémunérer le salarié et le laissant exercer son mandat *(Cass. crim., 23 janv. 1990, n° 88-86.132, Dr ouvrier 1990, p. 455)* ;
- le retard dans la réintégration d'un délégué dans son emploi à la suite de la décision du ministre du travail, annulant la décision par laquelle l'inspecteur du travail avait autorisé le licenciement *(Cass. crim., 27 juin 2000, n° 99-86.894, préc.)* ;
- le défaut de fourniture de travail à un représentant du personnel, dont l'autorisation de licenciement avait été refusée par l'inspecteur du travail et dont le contrat avait été transféré dans le cadre d'une cession à une autre entreprise *(Cass. crim., 8 janv. 1991, n° 89-81.344, RJS n° 344)* ;
- l'absence de fourniture de travail à un salarié, ingénieur de production, pendant de longues périodes *(Cass. soc., 29 juin 2011, n° 10-14.067, Bull. V n° 166, RJS 2011 n° 746)*.

E. La situation professionnelle : les discriminations en matière de rémunération

412.3.4.5. – La différence de traitement en matière de rémunération constitue une discrimination. Ont été reconnus comme discriminatoires :
- un retard d'avancement, destiné à tenir compte de suspensions du contrat de travail lors de grèves *(Cass. soc., 9 févr. 2000, n° 97-40.724, Bull. V n° 58 ; CE, 12. nov. 1990, n° 42.875, Mahler)* ;
- l'inégalité de rémunération *(Cass. soc., 15 déc. 1998, n° 95-43.630, Bull. civ. V n° 551, Dr soc 1999 p. 187, note M. Bonnechère, Dr ouvrier 1999, p. 169, note H. Peschaud)* ;
- la privation d'une augmentation de salaire décidée en raison de l'activité syndicale *(Cass. crim., 28 avr. 1987, n° 85-96.117)* ;
- la privation d'une prime de salissure *(Cass. soc., 26 mai 1999, n° 97-40.966, Bull. V n° 238, Dr soc. 1999, p. 777, chron. C. Radé, « Rémunération et discrimination syndicale : le droit du délégué du personnel à la légitime défense »)* ou d'habillement *(Cass. soc., 14 mai 2003, n° 00-42.164)* ;
- le non-remboursement de ses frais de déplacement au délégué syndical *(Cass. soc., 18 juill. 2000, n° 98-43.629)* ;
- la répartition discriminatoire d'une prime *(Cass. soc., 9 avr. 1962, Bull. n° 373 ; Cass. soc., 5 oct. 1999, n° 97-41.590, Bull. V n° 363, Dr soc 1999, p. 1118 ; Cass. crim., 10 juin 1997, n° 95-83.892, Bull. crim. n° 231, RJS 1997 n° 1104)* ;
- le non-respect de l'engagement de maintenir le salaire en cas de mutation *(Cass. soc., 20 oct. 1976, n° 75-40.449, Bull. n° 506, p. 416)* ;
- l'exclusion des augmentations de salaire accordées aux autres employés *(Cass. soc., 27 janv. 1982, n° 80-40.166, Bull. n° 52, Dr ouvrier 1982, p. 402)* ;

– le refus de versement d'une prime dite exceptionnelle, modulée individuellement du fait du « *caractère contestataire* » des salariés protégés concernés *(Cass. soc., 7 nov. 1990, n° 87-44.292, RJS n° 994)* ;
– la réduction de la prime d'intéressement *(Cass. soc., 31 mars 2004, n° 01-43.727)* ;
– le défaut de versement d'une prime à un représentant syndical au motif qu'exerçant ses fonctions syndicales à plein temps, il n'exerçait aucun travail effectif *(Cass. soc., 8 avr. 1992, n° 89-41.642, Bull. V n° 269, RJS n° 635, Dr soc 1992 p. 631 ; Cass. soc., 24 févr. 1993, n° 89-44.826, RJS n° 418)* ;
– le refus de verser une augmentation au mérite *(Cass. soc., 28 juin 1994, n° 91-42.290, RJS n° 1283)* ;
– la baisse de notation ayant entraîné une diminution de rémunération de la salariée depuis qu'elle exerce des mandats *(Cass. crim., 11 oct. 1989, n° 87-90.494, RJS n° 943)* ;
– l'exclusion du bénéfice des primes de fin d'année et des augmentations annuelles de salaire pendant plusieurs années *(Cass. soc., 13 févr. 2001, n° 98-41.365, Dr soc 2001 p. 566)* ;
– la non-prise en compte, pour les modalités de calcul des primes variables, du temps passé par les représentants du personnel à leurs mandats électifs et syndicaux *(Cass. soc., 6 juill. 2010, n° 09-41.354, Bull. V n° 157)*.

En revanche, tel n'était pas le cas de la rémunération d'un salarié qui n'était pas inférieure à celle perçue par ses collègues de travail présentant la même qualification et la même ancienneté, le tableau de répartition de la masse salariale par catégories d'emplois sur 5 années démontrant que sa rémunération se situait normalement dans la hiérarchie des salaires *(Cass. soc., 23 oct. 2001, n° 99-43.153, Bull. V n° 330)*.

F. La mutation rendant plus difficile l'exercice du mandat

412.3.4.6. – « *Le législateur a entendu assurer à tous ceux qui représentent les travailleurs une sécurité à laquelle il ne saurait être porté atteinte ; toute mutation de poste ou de fonction imposée contre son gré à tel salarié caractérise l'élément matériel d'une entrave* » *(Cass. crim., 31 janv. 1974, n° 73-90.610, Bull. crim. n° 52, Dr ouvrier 1974, p. 162)*.

Ont été jugées discriminatoires les mutations intervenues dans les conditions suivantes :

– « *la société, en affectant un membre du comité d'entreprise à un poste de cariste de nuit, savait pertinemment qu'elle l'isolait de l'ensemble des salariés de l'entreprise ; la demande de licenciement est ainsi en rapport avec le mandat détenu par l'intéressé* » *(TA Besançon, 7 déc. 1995, Sté Bourgeois c. / DRTEFP et M. Laporte, Dr ouvrier 1996 ; p. 208)* ;

– « *non seulement la* [société] *ne justifie pas que le nouveau planning emportant changement d'affectation pour tous les soignants de nuit était nécessité par les besoins du service, mais [qu']en fait ce planning repose sur une discrimination évidente organisée à l'encontre de Mme B. et de Mme F. en raison de leur appartenance syndicale ; (…) de par leur nouvelle affectation, Mme B. et Mme F., non seulement ne pouvaient plus se rencontrer, mais se trouvaient dans leur travail, totalement isolées de l'ensemble de leurs collègues salariés et représentants du personnel* » *(CA Aix-en-Provence, 29 avr. 1997, Clinique La Lauranne c. / Mme Fremont, Mme Bruno et syndicat CGT, Dr ouvrier 1997, p. 302, note P. Moussy, pourvoi de l'employeur rejeté par Cass. soc., 19 oct. 1999, n° 97-43.088, Dr ouvrier 2000, p. 306).*

Ont également été retenus comme constitutifs d'une discrimination :

– la nouvelle affectation imposée sous la « *menace* » *(Cass. crim., 17 mars 1976, n° 75-91.132, Bull. crim. n° 100)* ;
– l'affectation du personnel syndiqué à un atelier séparé : la « *connivence de l'employeur avec la majorité de son personnel* » qu'il n'a cessé « *d'inspirer et de soutenir en sous-main* » pour s'opposer à la réintégration de salariés ayant constitué une section syndicale *(Cass. soc., 1er févr. 1979, n° 77-14.568, Bull. n° 111, Dr soc 1979, p. 424, chron. J. Savatier ; à rapprocher de Cass. crim., 13 mai 1980, n° 79-92.588, Dr ouvrier 1981, p. 236)* ;
– les nouvelles affectations imposées, après un refus d'autorisation de licenciement, ne correspondant pas au contrat de travail et comportant une réduction de salaire ainsi que l'obligation de quitter Grenoble où le salarié occupait un poste lui permettant l'exercice normal de son activité syndicale *(Cass. crim., 25 mars 1980, n° 79-93.001, Bull. n° 104 ; Cass. crim., 15 févr. 1994, n° 92-84.088, RJS 1994 n° 513)* ;
– la « *mutation brutale [ayant] entraîné sur le plan professionnel et moral, un véritable déclassement diminuant l'audience du salarié auprès du personnel* » ; la salariée, secrétaire de direction, avait été mutée et cantonnée dans des occupations subalternes *(Cass. crim., 12 janv. 1982, n° 81-90.849, Dr ouvrier 1983 p. 150)* ;
– l'affectation d'une vendeuse à un emploi de caissière *(Cass. crim., 18 janv. 1983, n° 82-92.635)* ;
– le prévenu « *avait fait précédemment l'objet de deux condamnations correctionnelles successives du chef d'entrave à l'exercice du droit syndical pour avoir, étant chef d'entreprise, en premier lieu abusivement changé d'affectation la déléguée syndicale R., puis, la seconde fois, malicieusement "organisé l'isolement" de cette même déléguée, celle-ci ayant été installée par lui, toute seule avec sa machine, dans un ancien atelier désaffecté situé à plusieurs kilomètres du lieu de travail des autres ouvriers de l'entreprise et astreinte au surplus*

à un horaire différent du leur ; qu'après ces deux condamnations et malgré une promesse faite fallacieusement par l'employeur devant le juge des référés, l'intéressée n'a pas été rétablie dans ses conditions initiales de travail, GROS ayant à nouveau "organisé son isolement" dans des conditions analogues à celles précédemment constatées, de sorte qu'elle était, cette fois encore, complètement séparée des autres ouvrières et pratiquement sans possibilité d'entrer en relation avec elles en raison de l'horaire spécial auquel elle était assujettie ; que par l'effet de cette "brimade", elle perdait une partie de son influence et son rôle statutaire se trouvait privé d'une grande partie de son efficacité » (Cass. crim., 5 déc. 1973, n° 72-93.230, Bull. crim. n° 453) ;

- l'obligation imposée à une salariée « *de céder son bureau* » et de « *s'installer dans un local isolé du service auquel elle appartenait, dépourvu de matériel nécessaire privée de secrétaire* » ; l'intéressée avait vu ses attributions « *progressivement réduites, cependant que lui étaient confiées des tâches inutiles ou ne relevant pas de sa compétence* » ; la cour d'appel « *a mis en évidence le caractère délibéré et l'objectif des brimades dont avait fait l'objet Mme A., postérieurement à sa désignation en qualité de déléguée syndicale, dans des conditions de nature à la discréditer et à saper son autorité auprès de ses mandants » (Cass. crim., 6 mai 1986, n° 85-93.277, Dr ouvrier 1987, p. 113)* ;
- les « *sujétions ayant eu pour finalité de modifier les conditions d'exercice de ses fonctions syndicales dans l'entreprise, de l'isoler de ses collègues, ainsi que de le soumettre à des mesures discriminatoires » (Cass. crim., 4 janv. 1991, n° 88-83.766, Bull. crim. n° 10, RJS 1991 n° 346 : retrait de fonctions et de responsabilités, diminution de salaire et éloignement du laboratoire où se trouvaient ses collègues)* ;
- le fait d'avoir « *sans autre motif que des absences liées à l'exercice de ses mandats, absences présentées comme préjudiciables à la continuité de son service de secrétaire de direction dans les entretiens d'évaluation, affecté la salariée à un autre poste, et [...] cette mutation a eu pour conséquence de lui interdire, malgré les appréciations élogieuses de ses supérieurs hiérarchiques, une promotion qu'elle aurait pu obtenir dans son poste précédent » (Cass. soc., 14 nov. 2013, n° 12-18.186).*

G. Le transfert discriminatoire

412.3.4.7. – La chambre sociale a confirmé le jugement du tribunal d'instance qui a fait droit à une demande en annulation d'élections des délégués du personnel ayant eu lieu dans une société, fondée sur le refus de celle-ci d'admettre la candidature d'une salariée travaillant comme caissière dans un cinéma vendu à une autre société. Il avait relevé qu'il résultait du rapport de l'expert que la venderesse, lorsqu'elle avait cédé le cinéma, avait conservé et reclassé dans ses autres salles une partie du personnel affecté à celui-ci, et notamment une autre caissière de ce cinéma, tandis qu'elle avait refusé de garder l'intéressée qui était pourtant beaucoup plus ancienne et qui le lui avait demandé pour poursuivre son activité de déléguée syndicale dans l'entreprise tout entière. Le juge du fond a estimé que si, en principe l'ensemble des salariés du cinéma vendu devait rester au service de son acquéreur en application de l'article L. 1224-1 du Code du travail, la venderesse, qui n'avait transféré à la société acquéreur qu'une partie du personnel du cinéma vendu et avait conservé l'autre, avait opéré, à cet égard, un choix discriminatoire pour lequel elle avait notamment pris en considération le mandat syndical de l'intéressée *(Cass. soc., 20 juill. 1977, n° 77-60.555, Bull. V n° 503).*

H. Le changement imposé des conditions de travail ou la modification imposée du contrat de travail

412.3.4.8. – Le Conseil d'État a rappelé que « *le changement des conditions de travail ne peut avoir pour objet de porter atteinte à l'exercice des fonctions représentatives* » *(CE, 7 déc. 2009 , n° 301.563, Sté Auto Grill Cote France, Tables p. 979, concl. Y. Struillou, Dr soc. 2010, p. 306).*

A été jugé comme constituant une discrimination syndicale le fait pour un employeur d'avoir imposé à un chauffeur routier affecté à un service en horaire de nuit, cinq jours par semaine, 170 heures 31 par mois et investi de divers mandats représentatifs lui donnant droit à 32 heures de délégation qu'il prenait en journée en supplément de son horaire de travail de nuit une réduction de sa durée de travail à 134 heures mensuelles réparties sur quatre nuits, en lui indiquant que les heures de délégation seraient comprises dans la durée normale du travail *(Cass. soc., 25 juin 2008, n° 06-46.223).*

Constitue également un comportement discriminatoire, dans la mesure où il compromet nécessairement les conditions d'exercice du mandat, le fait pour l'employeur de laisser en situation d'attente d'un poste de travail et sans rémunération le salarié qui a refusé successivement plusieurs propositions, et alors même qu'il n'a saisi l'autorité administrative d'aucune demande d'autorisation de licenciement *(Cass. soc., 25 juin 2008, n° 06-46.223, RJS 2012 n° 271).*

I. Les sanctions disciplinaires discriminatoires

412.3.4.9. – La chambre criminelle a jugé que « *le chef d'entreprise ou ses représentants ne doivent employer aucun moyen de pression en faveur ou à l'encontre d'une organisation syndicale quelconque* » et que « *la qualité de délégué syndical ne confère pas au salarié qui la possède une immunité lui permettant, en toute circonstance, d'échapper au pouvoir disciplinaire du chef d'entreprise, celui-ci ne peut user de ce pouvoir, qui* *lui est conféré seulement pour assurer la bonne marche de l'entreprise, que si le délégué abuse de ses prérogatives » (Cass. crim., 30 mars 1993, n° 92-83.580).* Toutefois, comme il a été exposé, la jurisprudence de la chambre sociale exclut du champ disciplinaire les comportements qui ne s'inscrivent pas dans le cadre de l'exécution des obligations contractuelles *(cf. n° **46.1.1.1** et **46.1.1.5**).*

Dans les affaires suivantes, le juge a considéré que les sanctions disciplinaires frappant le salarié protégé étaient discriminatoires :

– *« le véritable motif de la mise à pied tenait, non dans les retards de la salariée sur son lieu de travail, invoqués par l'employeur, mais dans sa désignation récente en qualité de déléguée syndicale » (Cass. crim., 25 janv. 2000, n° 99-82.476, Bull. crim. n° 38)* ;
– *« ayant relevé le caractère arbitraire et renouvelé des agissements hostiles de l'employeur,* (la cour d'appel) *a pu en déduire que les sanctions prises par ce dernier procédaient d'un détournement de son pouvoir disciplinaire et d'un parti pris constitutif d'une discrimination illicite » (Cass. soc., 13 févr. 1996, n° 92-45.042)* ;
– les *« avertissements n'étaient pas fondés et avaient été décidés en considération de l'activité syndicale de M. G. » (Cass. soc., 16 janv. 1985, n° 81-42.039, Bull. V n° 37)* ;
– la mise à pied motivée par l'activité syndicale d'une salariée placée dans un atelier séparé, réservé aux employés syndiqués *(Cass. soc., 11 févr. 1981, n° 79-41.552 et n° 79-41.553, Bull. V n° 113)* ;
– la mise à pied conservatoire excessive ou injustifiée *(Cass. crim., 4 janv. 1991, n° 88-83.766, Bull. crim. n° 10)* ; toutefois, il a été jugé récemment que la seule mise à pied d'un salarié protégé, qui ne suspend pas l'exécution de son mandat, ne constitue pas en soi une entrave à l'exercice, par l'intéressé, de ses fonctions représentatives *(Cass. crim., 8 avr. 2014, n° 12-85.800, Bull. crim. n° 107, RJS 2014 n° 500)* ;
– si l'employeur a le libre choix de la sanction disciplinaire, il commet toutefois un détournement de ce pouvoir quand il prononce à l'encontre de délégués syndicaux ayant participé à un mouvement collectif dans l'entreprise des sanctions plus graves *(mise à pied)* que celles infligées aux autres salariés à raison de l'action menée, alors que les délégués en cause n'ont pris part à l'organisation et à la réalisation du mouvement que dans le cadre de leur activité syndicale *(Cass. crim., 7 févr. 1989, n° 87-91.818, Bull. crim. n° 54, Dr soc 1989 p. 509, chron. J. Savatier)* ;
– les sanctions et brimades pendant le temps d'existence de la section syndicale *(Cass. crim., 16 janv. 1990, n° 88-81.285, RJS n° 228).*

J. Le comportement d'ensemble de l'employeur à l'égard du salarié protégé concerné par la procédure de licenciement ou de transfert

412.3.4.10. – Ont été considérés comme constitutifs de discrimination :

- la mise à pied de 8 jours suivie d'une rétrogradation postérieurement au rejet de la demande d'autorisation de licenciement *(Cass. crim. 1er déc. 1981, n° 81-90.377, Dr ouvrier 1982, p. 380)* ;
- la tentative par l'employeur d'obtenir par la voie judiciaire la résolution du contrat de travail du salarié protégé *(Cass. ass. plén., 28 janv. 1983, n° 80-93511, Bull. AP n° 1, et CA Amiens, 16 janv. 1984, Dr soc 1984, p. 511, chron. P. Couvrat et M. Massé)* ;
- la tentative de l'employeur d'obtenir la démission de la salariée pour se soustraire à la procédure d'ordre public *(Cass. crim., 9 mai 1979, n° 78-92.076, Bull. crim. n° 170)* ;
- l'accumulation de procédures de licenciement *(CE 15 déc. 1997, n° 169.792, Sté Limoges Castel ; également : Cass. soc., 13 févr. 1996, n° 92-45.042 ; Cass. crim., 20 févr. 1996, n° 94-85.863, Bull. crim. n° 81 ; Cass. soc., 19 mai 2009, n° 07-41.084, Liaisons soc. Jurisp. Hebdo n° 121/2009, 8 juin 2009)* ; toutefois, le juge peut écarter la discrimination nonobstant l'existence d'un précédent refus de licenciement motivé par le lien avec le mandat *(CE, 18 janv. 1991, n° 101.703, RJS n° 356)* ;
- la nouvelle demande dans le cadre d'un licenciement économique collectif, faisant suite au rejet d'une demande fondée sur un motif disciplinaire qui avait été refusée *(CE, 12 déc. 1986 n° 48.981, Sté Ceca)* ;
- la nouvelle demande présentée pour un motif disciplinaire peu après le rejet d'une demande pour motif économique : « *il ressort des pièces du dossier, et notamment du projet de licenciement pour motif économique de M. S., formé auparavant par la Société C alors qu'une autre salariée de la coopérative avait accepté de quitter l'entreprise à sa place, ainsi que des avertissements adressés à plusieurs reprises à M. S. par sa hiérarchie et de la modification des tâches qui lui étaient confiées, que la demande d'autorisation de licenciement n'était pas sans lien avec les mandats détenus par ce salarié* » *(CE 18 nov. 1996, n° 161.910, Sté Comepa, RJS 1997 n° 62)* ;
- l'attitude et les déclarations de l'employeur *(CE, 15 déc. 1978, n° 01.907, SARL Usines du Thore, Rec. p. 515, Dr soc 1979, p. 359)* ;
- les difficultés rencontrées dans l'exercice du mandat *(CE, 31 janv. 1975, n° 88.927, Sieur Fleurence, Rec. p. 76)* ;
- le comportement de l'employeur imposant au salarié « *des sujétions ayant eu pour finalité essentielle de modifier les conditions d'exercice de ses fonctions syndicales dans l'entreprise, de l'isoler de ses collègues ainsi que de le soumettre à des mesures discriminatoires,*

et que ces agissements sont imputables [au] directeur de l'usine Palport à l'époque des faits, et [au] chef du personnel investi d'une délégation de pouvoirs, qui ont personnellement contribué à la réalisation des faits, compte tenu de leurs fonctions les conduisant à prendre, selon leurs compétences respectives, des décisions concernant la répartition, l'organisation du travail, l'attribution des locaux et les modalités de paiement des salaires dans l'usine » *(Cass. crim., 4 janv. 1991, n° 88-83.766, Bull. crim. n° 10)* ;

– le changement de poste imposé à un salarié désigné délégué syndical le 6 novembre 2002 de poste qui lui avait été imposé au mois de juillet précédent et qui entraînait une modification substantielle de son contrat de travail du fait de la perte d'une prime fixe et de son remplacement par une prime d'objectif aléatoire, et qui ayant manifesté le 20 novembre 2002 sa volonté de reprendre ses précédentes attributions sans s'opposer à une éventuelle évolution de ses tâches, avait aussitôt fait l'objet d'une procédure de licenciement assortie d'une mise à pied, l'employeur, malgré un refus administratif d'autoriser le licenciement du salarié, ne l'ayant pas réintégré dans ses fonctions, mais lui attribuant des tâches mal définies et un nouveau bureau, isolé du lieu de travail des autres salariés de l'entreprise *(Cass. crim., 20 mai 2008, n° 06-86.580, obs. F. Duquesne, Dr soc 2008)* ;

– « *l'exclusion systématique* » du représentant du personnel dont les qualités professionnelles n'avaient amené jusqu'alors aucune remarque défavorable se traduisant par le retrait de l'ensemble des moyens indispensables à l'exercice normal de son activité de directeur de production ayant sous ses ordres soixante personnes et quatre chefs de service *(Cass. soc., 29 janv. 2008, n° 06-87.625, RJS 2008 n° 564)* ;

– l'absence d'évolution du coefficient du représentant du personnel, qui faisait valoir qu'il avait été pénalisé dans ses évaluations en raison de son indisponibilité liée à son mandat syndical, ayant fait personnellement l'objet de mesures de la part de son employeur en vue de sanctionner son activité syndicale « *considérée trop insistante et incisive* », notamment de plusieurs sanctions disciplinaires et d'une tentative de licenciement en raison de « *son activité syndicale soutenue au sein des institutions représentatives du personnel* » *(Cass. soc., 30 avr. 2009, n° 06-45.939, Bull. V n° 119)* ;

– les indications fallacieuses données à la salariée sur la suppression de son poste d'agent d'accueil et les pressions exercées, en raison de sa faible disponibilité pour l'entreprise qui résultait de l'exercice de ses mandats représentatifs, pour qu'elle accepte un déclassement, son évaluation faisant état de son activité réduite *(Cass. soc., 13 mai 2009, n° 07-45.637 et 07-45.690)*.

La discrimination est clairement établie par la persistance des faits au moment de la demande de licenciement ou d'éventuels jugements de condamnation de l'employeur :

« Il ressort des pièces du dossier que M. P., comptable à l'agence de Nevers de la société LMEI Bourgogne avait fait l'objet de la part de son employeur de nombreuses mesures discriminatoires dont l'existence matérielle ressort d'ailleurs de plusieurs décisions du juge du contrat de travail et dont certaines subsistaient à la date de la demande d'autorisation de licenciement » (CE, 20 mai 1994, n° 106.197, LMEI Bourgogne, RJS 1994 n° 1017 ; voir également, CE, 20 mars 2019, n° 408.658, Agtit, mentionné aux Tables, RJS 2019 n° 368, Sem. soc. Lamy, n° 1856, note F. Champeaux, JSL n° 475).

Cette jurisprudence n'est qu'indicative : elle illustre différentes discriminations dont peuvent être victimes des salariés protégés du fait de leur mandat.

SECTION 4

Les indices de l'existence d'une discrimination en cas de procédure de licenciement pour motif disciplinaire

§ 1. LES INDICES

412.4.1. – Constituent notamment des indices de discrimination, sans qu'il s'agisse d'une liste exhaustive :

- la gravité manifestement insuffisante et/ou la matérialité manifestement non établie de la ou des fautes invoquées à l'appui de la demande ;
- les griefs infondés mettant en cause l'exercice même du mandat. Il en est ainsi par exemple quand les reproches portent sur des absences ou des retards correspondant à des périodes de prise d'heures de délégation ;
- le caractère excessif ou injustifié de la mise à pied conservatoire ;
- la violation flagrante et grave de la procédure préalable au licenciement : non-respect des droits de la défense lors de l'entretien préalable ou de la consultation du CSE ;
- le délai excessif entre la saisine pour avis du CSE et l'envoi de la demande à l'inspecteur du travail, en cas de mise à pied conservatoire ;
- la précipitation à engager la procédure de licenciement, sans attendre d'avoir réuni des éléments suffisamment probants de l'éventuelle culpabilité du salarié ;

– l'enquête partiale, ne retenant que les seuls éléments à charge contre le salarié, les pressions exercées en vue d'obtenir des témoignages défavorables.

§ 2. LES DIFFÉRENCES DE TRAITEMENT FAITES PAR L'EMPLOYEUR DANS L'EXERCICE DE SON POUVOIR DISCIPLINAIRE

A. La faculté reconnue à l'employeur de sanctionner de manière différente les salariés

1. La jurisprudence judiciaire

412.4.2.1.1. – L'individualisation des mesures disciplinaires est bien évidemment nécessaire, dans le cas où les salariés ont commis des fautes de nature différente. Mais, l'employeur peut également sanctionner différemment des salariés qui ont participé à une même faute.

La Cour de cassation a ainsi jugé que « *s'il est interdit à l'employeur, à peine de nullité de la mesure, de pratiquer une discrimination, au sens (…) du Code du travail, il lui est permis, dans l'intérêt de l'entreprise et, dans l'exercice de son pouvoir d'individualisation des mesures disciplinaires,* ***de sanctionner différemment des salariés qui ont participé à une même faute*** » *(Cass. soc., 15 mai 1991, n° 89-42.270, Bull. V n° 236 ; Cass. soc., 1er févr. 1995, n° 91-44.908, Bull. V n° 45 ; Cass. soc., 21 nov. 2018, n° 17-25.761, JSL n° 467-24).*

L'individualisation est admise sous réserve du respect des conditions suivantes :

– elle doit reposer sur des éléments objectifs tels que l'ancienneté des salariés et leurs comportements respectifs lors des faits ;

– elle ne doit pas traduire un détournement du pouvoir disciplinaire de la part de l'employeur : sa décision ne doit être « *entachée d'aucune discrimination, notamment sur le plan syndical* » *(Cass. soc., 15 mai 1991, n° 89-42.270, Bull. V n° 236 ; Cass. soc., 6 juin 2012, n° 10-28.199, Bull. V n° 173, RJS 2012 n° 684).*

Dans un arrêt du 17 juin 2009, la chambre sociale a jugé que « *le fait pour un employeur de renoncer à licencier un salarié, bien qu'il ait obtenu l'autorisation administrative de le faire, ne peut constituer un comportement discriminatoire vis-à-vis d'un autre salarié également demeuré dans l'entreprise ; que la cour d'appel, qui a retenu que le seul fait de ne pas licencier le délégué syndical impliqué dans l'altercation l'ayant opposé à Mme X… ne pouvait constituer une mesure discriminatoire vis-à-vis de cette dernière a, par ce seul motif, légalement justifié sa décision* » *(Cass. soc., 17 juin 2009, n° 08-41.648, RJS 2009 n° 713).*

2. *La jurisprudence administrative*

412.4.2.1.2. – La jurisprudence du Conseil d'État oscille entre deux tendances :

– la première conduit à juger que : « *la circonstance que d'autres salariés convaincus des mêmes faits, n'aient pas fait l'objet de la même demande est sans incidence sur la légalité de la décision litigieuse* » *(CE, 25 févr. 1994, n° 113.903, M. Mancuso)* ;

– la seconde conduit à apprécier le comportement fautif du salarié et son degré de gravité *(CE, 12 avr. 1991, n° 76.331, Sté des autoroutes Paris-Rhin-Rhône ; CE 11 janv. 1995, n° 129.392, Candianides et Demandols).* L'individualisation des sanctions doit reposer sur l'appréciation du degré de gravité du comportement de chaque salarié.

B. La différence de traitement constituant ou révélant une discrimination

412.4.2.2. – Dès lors que les conditions posées par la jurisprudence ne sont pas respectées, peuvent constituer des indices de discrimination :

– les différences de traitement à l'égard des auteurs d'une même faute ou d'un même type de faute ;

– la sanction d'agissements qui étaient jusqu'alors tolérés dans l'entreprise.

Ainsi, ont été jugés discriminatoires :

– le projet de licenciement de représentants du personnel n'ayant pas eu, au cours d'une grève, une attitude différente de celle des autres salariés qui avaient cessé le travail et n'avaient fait l'objet d'aucune sanction *(TA Nantes, 3 janv. 1992, n° 89.2283, Sté Dejoie et Cie ; dans le même sens, TA Caen, 7 févr. 1978, Dr soc 1978, p. 303)* ;

– le fait, constitutif du délit d'entrave au droit syndical, de sanctionner seulement, parmi les participants à l'organisation ou à la réalisation d'une grève, ceux qui étaient, à la connaissance de la direction, délégués syndicaux ou adhérents d'une organisation syndicale déterminée *(Cass. crim., 27 nov. 1973, n° 73-90.495, Bull. crim., n° 437)* ;

– le fait de sanctionner plus sévèrement les délégués syndicaux : l'employeur avait commis un détournement de son pouvoir disciplinaire en prononçant de façon discriminatoire une mise à pied de trois jours à l'encontre des délégués syndicaux, alors que les autres participants avaient été sanctionnés par de simples avertissements *(Cass. crim., 21 nov. 1989, n° 89-81775, RJS 1990, n° 46, Dr ouvrier 1990, p. 410)* ;

– le détournement de ce pouvoir commis par l'employeur en prononçant de façon discriminatoire à l'encontre de deux représentants du personnel des sanctions sensiblement plus graves que celles infligées aux autres salariés à raison de l'action collective menée, alors que les deux délégués n'avaient participé à l'organisation et à la réalisation du mouvement que dans le cadre de leur activité syndicale *(Cass. crim., 7 févr. 1989, n° 87-91.818, Bull. crim. n° 54, D. 1989 IR 127, Dr soc 1989, p. 509, J. Savatier sur « le pouvoir disciplinaire de l'employeur »).*

SECTION 5

Les indices de l'existence d'une discrimination en cas de procédure de licenciement pour motif économique

§ 1. LES INDICES LIÉS AU BIEN-FONDÉ DU MOTIF DU LICENCIEMENT

412.5.1. – Dans les affaires suivantes, le caractère discriminatoire du projet de licenciement a été déduit par le juge de l'absence de motif économique :

– l'incohérence de la réorganisation présentée *(CE, 17 juin 1985, n° 39.310, Marconnet)* ;
– l'absence de motif économique réel *(CE, 24 nov. 1982, n° 31.738, Mécaniques et conceptions industrielles modernes)* ;
– l'absence de difficultés économiques dans l'entreprise *(CE, 23 avr. 1982, n° 11.980, Sté Nozal ; CE, 22 juin 1984, n° 42.240, SA Gurtner ; CE, 21 juin 1985, n° 47.175, Conforama Lorraine)* ;
– l'évolution du motif *(TA Limoges, 30 mars 1995, Mme Maximilien c. / Ministre du Travail et Sté Limoges Castel)* ; en appel, le Conseil d'État avait souligné que « *au cours de l'enquête de l'inspecteur du travail, l'employeur de Mme Maximilien a particulièrement insisté sur des considérations tenant essentiellement à la personne de la salariée* » *(CE, 15 déc. 1997, n° 169.792 et 169.793, Sté Limoges Castel)* ;
– la demande prématurée *(CE, 15 nov. 1996, n° 161.761 et 171.698, Ministre du Travail et M. Brasselet c. / Sté Guintoli)* ;
– la poursuite partielle d'activité, puis la reprise d'une entreprise en liquidation judiciaire *(CE, 28 mars 1997, n° 146.850, Sté Filariane).*

De même, le juge judiciaire a retenu l'existence d'un lien entre la mesure de suppression d'un service, au sein d'une association, ayant manifestement pour but principal de se « débarrasser » de trois salariés, protégés à des degrés divers, en conflit ouvert avec la direction et leur mandat ou leur statut *(Cass. soc., 15 janv. 2014, n° 12-11.648 à 12-11.650).*

D'autres indices peuvent résulter de différentes circonstances telles que le motif de la demande mal établi ou l'effet dérisoire de la suppression du poste au regard des difficultés économiques avancées par l'employeur.

§ 2. LES INDICES LIÉS À L'INSUFFISANCE DES EFFORTS DE RECLASSEMENT

412.5.2. – Le commissaire du gouvernement soulignait dans l'affaire Abellan précitée :

« C'est en effet dans la mesure où elle aura proposé au salarié un reclassement adéquat en son sein que l'entreprise prouvera que le licenciement était bien, en réalité, sans rapport aucun avec le mandat » (CE, sect., 18 févr. 1977, n° 95.354, Abellan, Rec. p. 97, concl. P. Dondoux, Dr soc 1977, p. 172).

À défaut, l'absence ou l'insuffisance d'efforts de reclassement peut constituer un indice sérieux de discrimination.

A. L'absence de recherche sérieuse des possibilités de reclassement

412.5.2.1. – Il en a été jugé ainsi dans les affaires suivantes :

- *« le défaut de proposition acceptable de reclassement de Mme L. n'est pas étranger à l'exercice par cette salariée des fonctions de membre titulaire du comité d'entreprise » (CE, 21 oct. 1991, n° 88.843, Sté RVI)* ;
- *« il n'a pas été fait de proposition de reclassement il apparaît que la demande de licenciement de Mme M. n'était pas dépourvue de lien avec ses fonctions syndicales et représentatives » (TA Limoges, 30 mars 1995, Mme Maximilien c./ Ministre du Travail et Sté Limoges Castel, confirmé en appel : CE, 15 déc. 1997, n° 169.792 et 169.793).*

B. La différence de traitement entre le salarié protégé et les autres salariés

412.5.2.2. – Selon le ministère du Travail, « *l'effort de reclassement engagé par l'employeur à l'égard des représentants du personnel doit au minimum égaler celui exercé pour des salariés non protégés » (cf. note DRT du 2 août 1988).*

1. La jurisprudence administrative

412.5.2.2.1. – La discrimination a été reconnue dans les affaires suivantes :

- le retrait d'une offre de reclassement *(CE, sect., 18 févr. 1977, n° 95.354, Abellan, Rec. p. 97, concl. P. Dondoux, Dr soc 1977, p. 172)* ;

– la recherche d'un reclassement à l'extérieur de l'entreprise sans avoir fait un effort sérieux de reclassement interne permettant au salarié de continuer d'exercer son mandat *(CE, 24 févr. 1988, n° 57.757, Sté Électro-Chimie, Dr ouvrier 1990, p. 54)* ;

– *« si l'éventualité de son reclassement a été examinée, aucune offre ne lui a été faite alors qu'au contraire neuf agents dans la même situation que la sienne se sont vu immédiatement proposer des reclassements, dans ces conditions, la demande d'autorisation de licenciement était en rapport avec l'exercice des fonctions de membre du comité d'établissement qu'il exerçait » (CE, 21 oct. 1991, n° 88.843, Sté RVI)* ;

– *« il ne ressort pas des pièces du dossier que la société ait recherché le reclassement de ce salarié protégé en lui proposant, comme elle l'a fait pour deux salariés n'ayant pas le caractère de salariés protégés, un emploi équivalent à celui qui se trouvait supprimé » (CE, 11 janv. 1993, n° 98.369, Sté Paris-France)* ;

– l'offre de reclassement dépourvue d'une proposition de formation propre à mettre le salarié en mesure d'assurer ses nouvelles fonctions *(CE 20 mai 1994, n° 106.197, Sté LMEI Bourgogne, Tables p. 1216, RJS n° 1017)* ;

– *« si la société a mis en place un plan de reconversion du personnel, qui comportait, notamment, un système d'incitation financière au départ ainsi que la création d'une cellule de reclassement des salariés licenciés, elle n'établit pas avoir été dans l'impossibilité de reclasser en son sein MM. R. et B. le fait que ces derniers ont été écartés des mesures de reclassement interne mises en œuvre par l'entreprise avant la consultation du comité d'établissement, est de nature à établir que leur licenciement n'a pas été dépourvu de tout lien avec les mandats électifs qu'ils détenaient » (CE, 30 oct. 1995, n° 127.937, M. Raimbault et M. Bernard)* ;

– *« une grande partie des postes de responsables de magasin qui avaient été proposés avant la présentation de la demande d'autorisation de licenciement ne pouvait constituer des postes de reclassement eu égard aux incertitudes pesant sur la situation économique des magasins concernés ; toutes les propositions concernaient des postes très éloignés du domicile de l'intéressé, y compris celles portant sur des postes d'opérateur, alors que des postes de cette dernière catégorie, qui étaient vacants à Nantes et à Angers, ont été pourvus sans lui avoir été offerts ladite demande d'autorisation de licenciement doit être regardée comme étant en rapport avec les fonctions représentatives du salarié auxquelles ce dernier consacrait une part significative de son temps » (CAA Nantes 11 mars 1999, n° 97NT00590, M. Cato et Sté Minit-France)*.

De manière générale, un indice de discrimination peut être relevé lorsque l'employeur n'a pas satisfait à son obligation de reclassement, notamment en dissimulant l'existence de possibilités de reclassement ou en s'abstenant de formuler des propositions précises.

2. *La jurisprudence judiciaire*

412.5.2.2.2. – Le juge judiciaire sanctionne également les discriminations dont sont victimes les salariés protégés en matière de reclassement :

- en cas de refus d'intégrer la salariée, tireuse de fil à domicile, à l'intérieur de l'entreprise, à la suite d'un licenciement collectif, alors que d'autres ouvrières à domicile sont reclassées dans l'atelier et une ouvrière embauchée « *au mépris de la priorité dont bénéficiait Mme T.* » *(Cass. soc., 21 avr. 1983, n° 80-42.186, Bull. V n° 206)* ;
- en cas de choix discriminatoire en matière de reclassement à la suite de la cession d'un établissement *(Cass. soc., 20 juill. 1977, n° 77-60.555, Bull. V n° 503).*

La chambre sociale a défini une règle de portée générale selon laquelle si « *le plan social peut contenir des mesures réservées à certains salariés, c'est à la condition que tous les salariés de l'entreprise placés dans une situation identique puissent bénéficier de l'avantage ainsi accordé et que les règles déterminant les conditions d'attribution de cet avantage soient préalablement définies et contrôlables* » *(Cass. soc., 10 juill. 2001, n° 99-40.987, Bull. V n° 255, RJS 2001 n° 1279).*

§ 3. LES INDICES LIÉS AU CHOIX DES SALARIÉS À LICENCIER : LES CRITÈRES DE L'ORDRE DES LICENCIEMENTS

A. Les règles générales

412.5.3.1. – L'article L. 1233-5 du Code du travail dispose :

« Lorsque l'employeur procède à un licenciement collectif pour motif économique et en l'absence de convention ou accord collectif de travail applicable, il définit les critères retenus pour fixer l'ordre des licenciements, après consultation du comité social et économique.

Ces critères prennent notamment en compte :

1° Les charges de famille, en particulier celles des parents isolés ;

2° L'ancienneté de service dans l'établissement ou l'entreprise ;

3° La situation des salariés qui présentent des caractéristiques sociales rendant leur réinsertion professionnelle particulièrement difficile, notamment celle des personnes handicapées et des salariés âgés ;

4° Les qualités professionnelles appréciées par catégorie ».

L'employeur peut privilégier un de ces critères, à condition de tenir compte de l'ensemble des autres critères prévus au présent article.

Le périmètre d'application des critères d'ordre des licenciements peut être fixé par un accord collectif.

En l'absence d'un tel accord, ce périmètre ne peut être inférieur à celui de chaque zone d'emplois dans laquelle sont situés un ou plusieurs établissements de l'entreprise concernés par les suppressions d'emplois.

Les conditions d'application de l'avant-dernier alinéa du présent article sont définies par décret. » (F. Saramito, « L'ordre des licenciements », Dr ouvrier 1994, p. 211 ; H. J. Legrand, « L'ordre des licenciements ou l'identification du salarié atteint par une suppression d'emploi », Dr soc 1995, p. 243 ; P.-Y. Verkindt, « L'ordre des licenciements », RJS 1997, p. 811 ; M.-F. Bied-Charreton, « L'ordre des licenciements », Dr. ouvrier 2005, p. 362).

B. L'absence de consultation du comité social et économique sur les critères de l'ordre des licenciements

412.5.3.2. – L'employeur fixe la liste des salariés qu'il envisage de licencier après avoir déterminé les critères de l'ordre des licenciements et après consultation du CSE *(C. trav., art. L. 1233-5).*

En l'absence de plan de sauvegarde de l'emploi (PSE), l'absence de consultation du CSE sur la détermination des critères servant à établir l'ordre des licenciements constitue une irrégularité substantielle faisant obstacle à ce que l'inspecteur du travail autorise le licenciement *(CAA Paris, 23 mars 1999, n° 97PA00800, Sté Seriee SA ; TA Caen, 18 déc. 2004, Sté Agracom, RJS 2005 n° 648).*

En revanche, en présence d'un PSE, l'inspecteur du travail ne contrôle pas ce point dans le cadre de l'examen de la demande d'autorisation de licenciement. Il revient en effet à la DREETS de contrôler la régularité de la procédure d'information et de consultation du CSE *(cf. n° **47.4.1**).*

C. La détermination de l'ordre des licenciements

L'entreprise peut se trouver dans deux situations différentes *(C. trav., art. L. 1233-5).*

1. Première situation : l'absence de convention ou d'accord collectif prévoyant des dispositions en matière d'ordre des licenciements

412.5.3.3.1. – Dans ce cas, les critères de l'ordre des licenciements fixés par l'employeur « *prennent notamment en compte* » :

- les charges de famille et en particulier celles de parents isolés ;
- l'ancienneté de service dans l'établissement ou l'entreprise ;
- la situation des salariés qui présentent des caractéristiques sociales rendant leur réinsertion particulièrement difficile, notamment des personnes handicapées et des salariés âgés ;
- les qualités professionnelles appréciées par catégorie.

Les trois premiers critères obéissent à une logique de protection de personnes vulnérables sur le marché du travail.

Le critère légal, tiré des qualités professionnelles, appréciées par catégorie, avait été supprimé par la loi 2002-73 du 17 janvier 2002 de modernisation sociale. Il a été rétabli par la loi n° 2005-32 du 18 janvier 2005.

La jurisprudence a posé le principe selon lequel l'employeur doit prendre en compte l'ensemble des critères légaux *(Cass. soc., 30 juin 1993, n° 91-43.426, Bull. V n° 188 ; Cass. soc., 12 janv. 1994, n° 92-42.347, Bull. V n° 3 ; Cass. soc. 11 oct. 2006, n° 04-47.168, Bull. V n° 302, JCP S 2007, p. 27, note P.-Y. Verkindt, RDT 2007, p. 32, obs., P. Waquet : non prise en compte du handicap du salarié ; Cass. soc., 19 nov. 2008, n° 07-43.484 : non prise en compte du handicap du salarié).*

L'employeur « *peut privilégier l'un des critères retenus pour déterminer l'ordre des licenciements à condition de tenir compte de chacun d'entre eux* » *(Cass. soc., 2 mars 2004, n° 01-44.084, Bull. V n° 68, RJS 2004 n° 528 ; Cass. soc., 14 janv. 1997, n° 95-44.366, Bull. V n° 16, RJS 1997 n° 131).*

Il peut ajouter d'autres critères. Sauf détournement de procédure, il peut être tenu compte des sanctions disciplinaires pour apprécier les qualités professionnelles des salariés dans la limite de la prescription prévue par l'article L. 1332-5 du Code du travail, dès lors qu'elles ne constituent pas le seul critère d'évaluation mis en œuvre par l'employeur *(Cass. soc., 19 mai 2010, n° 09-40.103, RJS 2010 n° 591)*. Mais certains critères sont interdits, notamment les suivants :

- le seul bénéfice d'un avantage vieillesse à caractère viager *(pension de retraite : C. trav., art. L. 1233-6)* ;
- les critères discriminatoires au sens de l'article L. 1132-1 du Code du travail *(Cass. soc., 8 avr. 1992, n° 90-41.276, Bull. V n° 256, D. 1992, somm. com. p. 194, obs. A. Lyon-Caen, Dr ouvrier 1992, p. 380, note M. Bonnechère, critère des charges de famille appliqué différemment suivant l'origine des salariés)* ;
- le bénéfice d'un congé parental *(Cass. soc., 7 oct. 1992, n° 89-45.503, Bull. V n° 503, Dr ouvrier 1993 p. 61)* ou d'un congé de maternité ;
- l'emploi à temps *partiel (Cass. soc. 3 mars 1998, n° 95-41.610, Bull. V n° 113, Dr soc 1998, p. 683, F. Favennec, « Travail à temps partiel et ordre des licenciements ou l'égalité dans le malheur »).*

L'employeur doit « *communiquer au juge, en cas de contestation, les éléments objectifs sur lesquels il s'est appuyé pour arrêter son choix* » *(Cass. soc., 9 déc. 2003, n° 01-46.243, Dr soc 2004, p. 209, obs. P. Waquet)*. Le juge doit lui-même vérifier le respect de l'ensemble des critères légaux et ne peut se borner à vérifier le respect du seul critère retenu par l'employeur *(Cass. soc., 1er avr. 2003, n° 01-41.774, RJS 2003 n° 863).*

2. *Seconde situation : l'existence d'une convention ou d'un accord collectif prévoyant des dispositions relatives à l'ordre des licenciements*

412.5.3.3.2. – Les critères conventionnels se substituent alors aux critères légaux. L'employeur est tenu d'arrêter et de combiner les critères dans les conditions prévues par le texte conventionnel. Les critères conventionnels ne doivent prévoir aucun critère interdit *(v. supra)*.

Les critères proposés par l'employeur doivent être adressés aux représentants du personnel avec la convocation à la première réunion de consultation.

D. La mise en œuvre de l'ordre des licenciements

1. *Règles générales*

412.5.3.4.1. – Elles sont les suivantes :

– « *Dans un licenciement pour motif économique, la sélection des personnes est une phase du processus de justification imposé à l'employeur* » *(obs. A. Lyon-Caen, sous Cass. soc., 14 janv. 1997, n° 95-44.366, Bull. V n° 16, RJS 1997 n° 131)* ;

– dès lors que, par une opération de suppression d'emplois, sont visées, non des personnes, mais des emplois, tous les salariés qui occupent les emplois concernés doivent donc être classés en fonction de la nature et de l'ordre des critères retenus. Cette exigence est indifférente au regard du nombre de salariés licenciés *(Cass. soc., 13 juill. 1993, n° 90-43.973, Dr ouvrier 1994 p. 225)*.

2. *Le cadre d'application des critères : la notion de catégorie professionnelle*

412.5.3.4.2. – La notion de catégories professionnelles, qui sert de base à l'établissement de l'ordre des licenciements, concerne l'ensemble des salariés qui exercent au sein de l'entreprise, des fonctions de même nature supposant une formation professionnelle commune *(Cass. soc., 13 févr. 1997, n° 95-16.648 Sté des grands magasins de la Samaritaine, 1re espèce-1er moyen, Bull. V n° 63)*. Il ne peut « *être opéré une distinction, au sein de chaque catégorie, entre les salariés exerçant à temps plein et ceux occupés à temps partiel* » *(Cass. soc., 3 mars 1998, n° 95-41610, Bull. V n° 113, RJS 1998 n° 548 ; Cass. soc., 23 nov. 2011, n° 10-30.768, RJS 2012 n° 125)*. Cette définition a été reprise par le Conseil d'État dans le cadre de l'examen du contenu des plans de sauvegarde de l'emploi *(cf. n°* ***412.5.3.5.2****)*.

Ne respecte pas les critères d'ordre des licenciements l'employeur qui scinde en deux catégories professionnelles un groupe de salariés exerçant, au sein de l'activité usinage, des fonctions similaires sur des machines de générations différentes, sans qu'il soit démontré que le pilotage de l'une ou l'autre de ces machines ait nécessité une formation de base spécifique ou une formation complémentaire excédant l'obligation d'adaptation *(Cass. soc., 27 mai 2015, n° 14-11.688, Bull. V, n° 103, RJS 2015 n° 557).*

La jurisprudence utilise les catégories définies par la convention collective quand celle-ci prévoit l'ordre des licenciements *(Cass. soc., 20 janv. 1993, n° 91-43.247 Bull. V n° 19 ; Cass. soc., 16 mars 2005, n° 02-45.753, Bull. V n° 93).*

3. *L'application en cas de pluralité d'établissements ou de services*

412.5.3.4.3. – La chambre sociale a jugé que les critères s'appliquent à l'ensemble du personnel, relevant de la catégorie concernée, de l'entreprise, même si le projet de licenciement ne touche que certains de ses services ou de ses établissements de l'entreprise : « *les critères relatifs à l'ordre des licenciements... s'appliquaient à l'ensemble du personnel* » *(Cass. soc., 24 mars 1993, n° 90-42.002, Bull. V n° 97, RJS 1993 n° 500).* La situation des salariés des services supprimés est alors comparée à celle des autres salariés : les premiers ne sont donc pas forcément licenciés, et ce, même en cas de fermeture d'un établissement *(Cass. soc., 7 avr. 1993, n° 89-43.847).*

Il a également été jugé que, sauf accord collectif conclu au niveau de l'entreprise ou à un niveau plus élevé, les critères déterminant l'ordre des licenciements doivent être mis en œuvre à l'égard de l'ensemble du personnel de l'entreprise *(Cass. soc., 15 mai 2013, n° 11-27.458 à 11-27.472, Bull. V n° 121, RJS 2013 n° 525 ; CAA Versailles, 22 oct. 2014, n° 14VE02579, Ministre du Travail, de l'Emploi, de la Formation professionnelle et du Dialogue social, RJS 2015 n° 90, rejetant l'appel formé contre le jugement rendu le 11 juillet 2014 par le tribunal administratif de Cergy Pontoise, cf.* infra*).* L'application des critères aux seuls salariés de l'établissement concerné ne saurait résulter d'un accord d'établissement *(Cass. soc., 10 févr. 2010, n° 08-41.109, RJS 2010 n° 321).*

En outre, la loi n° 2013-504 du 14 juin 2013 (art. 20) relative à la sécurisation de l'emploi (art. 18) a prévu, pour les entreprises soumises à l'obligation d'élaborer un plan de sauvegarde de l'emploi, la possibilité de définir, dans l'accord collectif majoritaire mentionné à l'article L. 1233-24-1 du Code du travail *(cf. n°* ***22.6.3.1 et s.****)*, outre leur pondération *(cf. n°* ***410.2.4.2.2****)*, le périmètre d'application des critères légaux d'ordre des licenciements *(cf. n°* ***410.2.4.2.1****)*.

En tout état de cause, le périmètre d'application retenu, à défaut d'accord collectif majoritaire, dans le document unilatéral établi par l'employeur et soumis à l'homologation de l'autorité administrative ne saurait aboutir à désigner *a priori* les salariés licenciés *(TA Cergy Pontoise, 11 juill. 2014, n° 140.270, Syndicat des transports CFDT d'Auvergne c./ Ministre du Travail, de l'Emploi, de la Formation professionnelle et du Dialogue social et Sté Mory-Ducros, RJS 2014 n° 674).*

La loi n° 2015-990 du 6 août 2015 pour la croissance, l'activité et l'égalité des chances économiques prévoit que, dans le cas du document unilatéral soumis à homologation par l'autorité administrative, le périmètre d'application pourra être différent de celui de l'entreprise, sans « *être inférieur à celui de chaque zone d'emploi dans laquelle sont situés un ou plusieurs établissements de l'entreprise concernés par les suppressions d'emploi » (art. 288 ; C. trav., art. L. 1233-5 modifié ; sur le périmètre d'application des critères d'ordre des licenciements, cf. chron. P. Bailly, « Trois observations sur des aspects sociaux du projet Macron », Sem. soc. Lamy, 19 janv. 2015 n° 1660).*

Cependant, « *les règles relatives à l'ordre des licenciements… ne s'appliquent que si l'employeur doit opérer un choix parmi les salariés à licencier… tel n'est pas le cas lorsque le licenciement concerne tous les salariés d'une entreprise appartenant à la même catégorie professionnelle » (Cass. soc., 27 mai 1997, n° 95-42.419, Dr soc 1997, p. 744 ; Cass. soc., 14 janv. 2003, n° 00-45.700, RJS 2003 n° 330).*

Il en va de même, s'agissant d'une modification du contrat de travail proposée à tous les salariés, dès lors que les licenciements concernaient tous ceux qui l'avaient refusée, aucun choix n'ayant à être opéré parmi ces derniers *(Cass. soc., 27 mars 2012, n° 11-14.223, Bull. V n° 108, RJS 2012 n° 533).*

4. Le critère des qualités professionnelles

412.5.3.4.4. – Cette question est examinée au n° **410.2.4.2.3**.

E. La vérification du respect de l'ordre des licenciements

1. Le principe de compétence du juge judiciaire

412.5.3.5.1. – La compétence du juge judiciaire avait été affirmée par la jurisprudence dès la mise en place du contrôle administratif des licenciements économiques des salariés non protégés *(TC, 19 avr. 1982, n° 2.222, M. Vanderstraeten et autres c. / Sté anonyme, Dr soc 1982, p. 570).*

Cette jurisprudence a été appliquée également dans le contentieux des salariés protégés *(CE, 23 juin 1982, n° 18.340, Presselin, Rec. p. 768 ; CE, 25 oct. 1985, n° 37.257, Sté des aciéries et fonderies de Decazeville, Dr ouvrier 1990, p. 53 ; CE, 15 juin 1998, n° 172.695, Mlle Cesbron ; CE, 5 oct. 1998, n° 156.268, Sté François Dufour-Kevern).*

Le contrôle du respect de l'ordre des licenciements ressortit de la compétence du juge judiciaire qui doit vérifier « *si le choix du salarié parmi les personnes licenciées n'avait pas été dicté par une discrimination » (Cass. soc., 3 févr. 1993, n° 90-41.260, Bull. V n° 32).* « *Alors même qu'une autorisation administrative a été accordée à l'employeur par l'inspecteur du Travail, il n'appartient qu'au juge judiciaire d'apprécier la mise en œuvre des critères retenus pour fixer l'ordre des licenciements » (Cass. soc.,*

11 déc. 2001, n° 99-44.994, Bull. V n° 380, RJS 2002 n° 202 ; Cass. soc., 27 oct. 2004, n° 02-46.935, Bull. V n° 270, RJS 2005 n° 179 ; CE, 9 juin 2010, n° 315.538, Bellagrouz).

Cette répartition des compétences est critiquée *(cf. « Les grands arrêts du droit du travail », § 150-156, p. 699).* Cependant, elle se justifie sur le plan juridique dès lors que la méconnaissance des règles relatives à l'ordre des licenciements est sans incidence sur la cause réelle et sérieuse du licenciement *(Cass. soc., 20 janv. 1998,* n° *96-40.930, Bull. V n° 20).* Le non-respect entraîne un préjudice qui doit être intégralement réparé par le juge du fond *(Cass. soc., 14 janv. 1997, n° 95-44.366, Bull. V n° 16).* Le fondement juridique des dommages-intérêts pour violation de l'ordre des licenciements est différent de celui pour licenciement sans cause réelle et sérieuse *(Cass. soc., 23 mars 1994, n° 91-43.735, Bull. V n° 104).*

2. La compétence du DREETS en cas de plan de sauvegarde de l'emploi (PSE)

412.5.3.5.2. – Depuis la loi n° 2013-504 du 14 juin 2013, le directeur régional de l'économie, de l'emploi, du travail et des solidarités (DREETS) est également amené à vérifier les critères d'ordre et catégories professionnelles retenues dans le cadre de la validation ou de l'homologation du plan de sauvegarde de l'emploi (PSE) *(cf. n°* ***410.2.3*** *et* ***410.2.4****).*

La jurisprudence du Conseil d'État dans ce domaine se place dans la continuité de celle de la Cour de cassation. Le Conseil d'État a ainsi défini la notion de catégorie professionnelle en retenant les mêmes critères, en précisant qu'elle « *concerne l'ensemble des salariés qui exercent des fonctions de même nature, supposant une formation professionnelle commune, et que si la caractérisation de l'appartenance à une même catégorie professionnelle doit, le cas échéant, tenir compte des acquis de l'expérience professionnelle qui excèdent l'obligation d'adaptation qui incombe à l'employeur pour apprécier l'existence d'une formation professionnelle commune* » *(CE, 30 mai 2016, n° 387.798, comité central d'entreprise de la Sté FNAC CODIREP et Mme A., Rec. p. 185, RJS 2016 n° 562 ; Cass. soc., 20 avr. 2022, n° 20-20.567 B., RJS 2022 n° 372).*

Le contrôle du DREETS diffère selon qu'il intervient dans le cadre d'une homologation d'un document unilatéral de l'employeur ou une validation d'un accord collectif.

a) Le contrôle du DREETS dans le cadre de l'homologation d'un document unilatéral

412.5.3.5.2.1. – En cas d'absence d'accord collectif de travail portant sur le PSE, il appartient au DREETS de vérifier que l'employeur a pris en compte, dans le document unilatéral, l'ensemble des critères d'ordre énumérés dans l'article L. 1233-5 du Code du travail, aucun d'eux ne pouvant être ignoré *(CE, 1er févr. 2017, n° 387.886, M. V. et autres c. / Sté Avinov, Rec. p. 28, AJDA 2017, p. 258 ; D. 2017, p. 840 obs. P. Lokiec et*

J. Porta ; CE, 27 janv. 2020, n° 426.230, Sté GM et S Industry France et autres, RJS 2020 n° 180 ; R. Chambon : « Le contrôle administratif portant sur le contenu des PSE » Dr soc 2024, p. 520). Le DREETS doit également contrôler que les éléments, déterminés par l'employeur, sur la base desquels ces critères seront mis en œuvre pour déterminer l'ordre des licenciements, ne sont ni discriminatoires, ni dépourvus de rapport avec l'objet même de ces critères y compris en cas de liquidation judiciaire avec plan de cession *(CE, 31 oct. 2023, n° 456.091, IOC Print, mentionné aux Tables, cf. n°* **410.2.4.2***)*.

Concernant un document unilatéral prévoyant que le critère d'ordre relatif aux qualités professionnelles était apprécié, s'agissant de certaines catégories professionnelles, « e*n fonction du nombre de mobilités géographiques et/ou fonctionnelles des salariés* » réalisées au sein de l'entreprise, le Conseil d'État a jugé que n'était pas caractérisée une discrimination indirecte pour les salariés titulaires d'un mandat syndical et les salariés ayant des enfants en garde partagée ou qui s'occupent d'un proche âgé dépendant qui seraient moins en mesure que les autres salariés de réaliser une mobilité géographique ou professionnelle, « *les requérants n'apportant, à l'appui de leur moyen, qui ne fait l'objet que d'une argumentation générale, aucun élément de fait, et, en particulier, aucun élément propre aux salariés de l'entreprise dont le licenciement est envisagé qui permettrait de retenir que certains de ces salariés seraient ou auraient été dans une situation faisant obstacle à la réalisation d'une mobilité* ». Par ailleurs, il indique que « *la prise en compte de l'accomplissement d'une mobilité géographique ou professionnelle n'est, par elle-même, pas insusceptible de rendre compte de qualités professionnelles* » *(CE, 12 avr. 2024, n° 459.650, société Gazel Energie Génération, mentionné aux Tables, RJS 2024 n° 315)*.

Le DREETS vérifie que la détermination des catégories professionnelles regroupe les salariés par fonctions de même nature supposant une formation professionnelle commune *(CE, 30 mai 2016, n° 387.798, comité central d'entreprise de la Sté FNAC CODIRE préc.)*. Ainsi, l'élaboration des catégories professionnelles relève d'une logique de compétences professionnelles et non d'une logique basée sur d'autres considérations telles que l'organisation de l'entreprise *(CE, 7 févr. 2018, n° 407.718, AEG Power Solutions, publié au Rec, D. 2018, p. 813, obs. P. Lokiec et J. Porta, Dr soc 2018, p. 663, étude Y. Pagnerre et S. Dougado ; CE 7 févr. 2018, n° 403.001, Altuglas, publié au Rec.)*. Le DREETS doit en outre s'assurer qu'il n'y a pas d'intention de la part de l'employeur de procéder à un ciblage des salariés ou d'un service *(CE, 7 févr. 2018, n° 399.838, société Girus, mentionné aux Tables ; CE, 31 oct. 2023, n° 456.332, UES TUI France, mentionné aux Tables)*. L'analyse doit s'effectuer de façon globale, et non pas catégorie par catégorie, en appréciant avant tout la validité de méthode utilisée par l'employeur *(CE, 7 févr. 2018 ,n° 409.978. Pentair valves et controls France, mentionné aux Tables)*. *Cf.* également n° **410.2.3.2**.

b) Le contrôle du DREETS dans le cadre de la validation d'un accord collectif

412.5.3.5.2.2. – Le contrôle du DREETS est plus restreint et consiste à vérifier l'absence de caractère discriminatoire des critères d'ordre et des catégories professionnelles déterminées par voie d'accord *(cf. n°* ***410.2.3.1****)*.

Le Conseil d'État a précisé que lorsque la détermination des catégories professionnelles résulte d'un accord collectif fixant le contenu du PSE, la vérification de l'autorité administrative doit porter sur l'absence de caractère discriminatoire de ces stipulations, la fixation des catégories professionnelles par l'accord majoritaire étant ouverte et négociée *(CE, 7 févr. 2018, n° 403.989, Sté Polymont IT Services, Rec. p. 31)*.

3. La compétence de l'inspecteur du travail dans le cadre du contrôle du lien avec le mandat

412.5.3.5.3. – Si l'inspecteur du travail n'a pas à contrôler, en tant que tel, l'ordre des licenciements, il doit faire échec à une mise en œuvre discriminatoire des critères retenus, se traduisant en pratique par leur méconnaissance, motivée par l'exercice de fonctions représentatives.

Le non-respect par l'employeur des critères d'ordre définis a été regardé comme ne suffisant pas à lui seul – en l'absence de tout autre indice de discrimination – à révéler l'existence d'un lien entre le licenciement et les mandats détenus par un salarié *(CE, 10 avr. 1991, n° 83.840, Ministre des Affaires sociales c. / SA Céramique de Decize, Rec. p. 1233, RJS 1991 n° 726)*.

Toutefois, en l'absence de toute justification de la part de l'employeur quant au choix du salarié protégé, au regard des critères de l'ordre des licenciements qui ont été retenus, la jurisprudence administrative peut retenir l'existence d'une discrimination :

– *« la société et le syndic ont fait connaître les critères généraux qui avaient été utilisés pour licencier 7 des 42 tailleurs de pierre qu'employait la société, ils n'ont fourni aucun élément de nature à justifier que l'application de ces critères conduisait à placer M. L. parmi les salariés qui devaient être licenciés » (CE, 29 mars 1989, n° 59.464, Sté Pradeau et Morin, Rec. p. 100)* ;

– *« d'une part, la société LC ne conteste ni l'assiduité, ni la productivité de Mme D. ; elle n'établit pas compte tenu de la qualification particulière de l'intéressée, son manque de polyvalence ; enfin, si elle allègue la nécessaire prise en cause de cas sociaux prioritaires, elle n'en établit pas l'existence ; d'autre part, la société LC ne conteste pas la polyvalence de Mlle H. et n'allègue pas qu'il fallait prendre en compte un cas social prioritaire ; si elle soutient que Mlle H manifestait un manque d'assiduité et de productivité, elle n'établit pas que ces défauts la plaçaient dans une position défavorable par rapport aux autres salariés qui remplissaient les mêmes fonctions ;*

ainsi la société requérante ne fournit aucun élément de nature à justifier que l'application des critères qu'elle avait elle-même définit conduisait à placer Mme D. et Mlle H. parmi les salariés qui devaient être licenciés le licenciement de ces dernières doit être regardé comme étant en rapport avec leurs fonctions représentatives et leur appartenance syndicale » (CE, 11 juill. 1994, n° 102.637, SA Lener-Cordier, RJS 1994 n° 1406 : l'employeur avait en outre allégué l'existence de cas sociaux prioritaires sans pouvoir en démontrer l'existence).

Le juge administratif, saisi d'un moyen en ce sens, vérifie s'il ne ressort pas des pièces du dossier que la place du salarié « *dans l'ordre des licenciements établi [par l'employeur] ou l'application qui lui a été faite des critères en fonction desquels cet ordre a été défini et sur la validité desquels il n'appartient pas à l'autorité administrative de se prononcer, ait été en rapport avec l'exercice du mandat » (CE, 29 déc. 2000, n° 206.919, Sté Suturex, RJS 2001 n° 475).*

L'inspecteur du travail peut demander à l'employeur de lui transmettre les éléments objectifs sur lesquels il s'est appuyé pour arrêter son choix :

« L'inspecteur du travail saisi d'une demande de licenciement d'un salarié protégé ne peut se prononcer sur la pertinence des critères choisis ; en revanche, il lui appartiendra de s'assurer que l'employeur a bien respecté les critères qui ont été préalablement définis. L'employeur doit ainsi pouvoir établir que les salariés menacés de licenciement sont également traités quant à l'ordre des licenciements. Les risques de discrimination doivent être débusqués » (J. Pélissier et al., Droit de l'emploi, Dalloz, § 2642).

L'inspecteur du travail peut contrôler si l'application individuelle des catégories professionnelles établies par l'employeur n'a pas eu pour objet de cibler un représentant du personnel. Ainsi, l'inspecteur du travail vérifie que le salarié protégé relève bien, au regard de sa qualification réelle et de sa formation, de la catégorie supprimée à laquelle il a été rattaché et non d'une catégorie qui aurait été maintenue *(CAA Bordeaux, 15 mai 2018, n° 16BX01424 définitif ; CAA Lyon, 16 déc. 2021, n° 20LY03471 définitif ; Guide DGT, Salariés protégés, sept. 2019, fiche n° 16).*

Si le choix par l'employeur des personnes à licencier est lié à l'activité représentative, l'autorisation doit être refusée :

- *« la société Svica a tenu compte de ce que, en raison des nombreuses heures de délégation dont il bénéficiait pour l'exercice de ses mandats, M. C. n'effectuait qu'un petit nombre d'heures de travail pour l'entreprise » (CE, 28 janv. 1991, n° 98.771, Collerais, RJS 1991 n° 610) ;*
- *« l'inspecteur du travail a relevé que l'application des critères retenus pour définir l'ordre des licenciements s'est faite en ne notant*

pas certains salariés relevant de la même catégorie professionnelle et en ne notant pas les salariés adhérant au plan de sauvegarde de l'emploi dans le cadre des départs volontaires aidés, ce qui est de nature à caractériser la mise en œuvre d'une application ciblée de ladite notation, la société, qui conteste seulement avoir omis de noter certains salariés du secteur administratif, ne fournit aucun élément de nature à justifier que l'application des critères qu'elle avait elle-même définis conduisait à placer Mme A parmi les salariés qui devaient être licenciés » (CAA Douai, 20 oct. 2011, n° 11DA00747, 11DA00749 et 11DA00751, Sté des Établissements Noyon et compagnie).

§ 4. LES INDICES LIÉS À LA PROPORTION DES REPRÉSENTANTS DU PERSONNEL PARMI LE PERSONNEL LICENCIÉ

A. L'absence de proportion anormale

412.5.4.1. – L'absence de proportion anormale de salariés protégés affectés par le licenciement, au regard du nombre total de salariés concernés, constitue une circonstance que le juge administratif peut prendre en compte pour apprécier le caractère non discriminatoire de la procédure *(CE, 25 mai 1994, n° 100.791, M. Pivet et autres).*

Cependant, une proportion identique de salariés protégés licenciés et de salariés sans mandat licenciés ne fait pas obstacle à ce que le juge estime que le licenciement est discriminatoire *(TA Versailles, 23 févr. 1995, n° 93.1715, Sté Travexpos Ranno-Mc Libert).*

B. L'existence d'une proportion anormale

412.5.4.2. – Une proportion élevée de salariés protégés licenciés peut constituer un indice de discrimination *(TA Paris, 20 oct. 1993, M. Boucherit).*

C. Le contrôle de l'inspecteur du travail

412.5.4.3. – L'inspecteur du travail, pour pouvoir se prononcer en toute connaissance de cause, doit examiner la proportion de salariés protégés dont le licenciement est envisagé, au regard du nombre total de salariés directement concernés par le projet de licenciement.

Un tel examen soulève une question identique à celle posée par l'utilisation de données statistiques pour établir l'existence de pratiques discriminatoires.

S'agissant des litiges relatifs à une discrimination en raison du sexe, la Cour de justice de l'Union européenne a estimé qu'une présomption de discrimination pourrait être établie « *si les données statistiques révélaient un écart moins important mais persistant et relativement constant au cours d'une longue période entre les travailleurs masculins et les travailleurs féminins* », tout en laissant « *au juge national le soin d'apprécier les conclusions à tirer de telles données statistiques* » *(CJCE, 9 févr. 1999, aff. C-167/97, D., Jurisp. 2000, p. 182 ; cité par Mme Lanquetin, « Un tournant en matière de preuve des discriminations », Dr soc. 2000, p. 589).*

Le juge judiciaire utilise également des données quantitatives en matière de discrimination *(en raison du sexe : Cass. soc., 12 févr. 1997, n° 95-41.694, Bull. V n° 58, Dr ouvrier 1998 p. 1 ; en raison de l'activité syndicale : Cass. soc., 28 janv. 2010, n° 08-41.959, Bull. V n° 28 : « pour apprécier la réalité de la discrimination alléguée par le salarié, la cour d'appel a pu procéder à des comparaisons avec d'autres salariés engagés dans des conditions identiques de diplôme et de qualification » ; Crim. 14 janv. 2014, n° 12-85.091, AJ pénal 2014, p. 195, obs. J.-B. Perrier).*

Enfin, le juge administratif a également admis que des données statistiques puissent constituer des éléments de faits susceptibles de faire présumer une discrimination *(CE, 16 oct. 2017, n° 383.459 ; T. p. 744, AJDA 2017, p. 2193, concl. S.-J. Lieber AJFP 2018, p. 35)*

Il nous semble, par conséquent, que l'inspecteur du travail confronté à une situation où apparaît une proportion « *anormalement élevée* » de représentants du personnel concernés, puisse suivre le mécanisme en trois temps présenté au n° **412.2.3.1.1** :

– cette proportion anormale doit être regardée comme un élément « *de fait laissant supposer l'existence d'une discrimination directe ou indirecte* » ;
– l'employeur doit prouver que cette proportion « *est justifiée par des éléments objectifs étrangers à toute discrimination* » ;
– l'administration doit former sa « *conviction* » au vu des explications fournies. En effet, la disproportion constatée peut tout aussi bien résulter d'éléments objectifs *(la présence importante des représentants du personnel dans les catégories professionnelles ou dans les activités concernées par les suppressions d'emploi)* que de la volonté de « *décapiter* » une section syndicale ou la représentation élue.

§ 5. LE CHOIX DU PERSONNEL LICENCIÉ DANS LE CADRE DES PROCÉDURES COLLECTIVES

412.5.5. – Le fait pour le juge *(tribunal de commerce, juge-commissaire)* d'établir une liste nominative des salariés pour lesquels il autorise le licenciement est dépourvu de base légale. Une telle liste est, en toute hypothèse, dépourvue d'effet, qu'elle soit fixée :

– par l'ordonnance du juge commissaire autorisant les licenciements pendant la période d'observation de la procédure de redressement judiciaire *(cf. n° **23.3.8.3.1**)* ;
– par le jugement arrêtant le plan de redressement *(cf., n° **23.4.4.1**)*.

Il en est de même, *a fortiori*, de la pratique de certains administrateurs judiciaires consistant à joindre à la demande de licenciement ou au projet de plan de continuation ou de cession une liste nominative des salariés à licencier (ou à conserver) et à se prévaloir de l'autorité de la chose jugée de l'ordonnance du juge-commissaire autorisant les licenciements ou le jugement du tribunal de commerce arrêtant le plan.

Le choix nominatif des personnes à licencier relève exclusivement, suivant les cas, de l'employeur, de l'administrateur ou du liquidateur. L'ordre des licenciements ne peut être modifié par les choix du repreneur *(Cass. soc., 19 oct. 1994, n° 91-41.168, Dr soc 1994, p. 981)*.

Même dans le cas où le salarié protégé est le seul à occuper l'emploi supprimé, l'inspecteur du travail n'est pas lié par le jugement du tribunal de commerce.

En cas de cession d'entreprise, le licenciement du salarié protégé, imposé par le repreneur comme condition préalable à la poursuite de l'activité, constitue un motif illégal *(CE, 13 déc. 1989, n° 59.638, Me Portailier, SA A Ressam)*.

SECTION 6

Les indices de discrimination en cas de procédure de licenciement pour inaptitude médicale

412.6. – Par jugement du 9 février 2016, le tribunal administratif de Nantes a saisi pour avis le Conseil d'État, par application des dispositions de l'article L. 113-1 du Code de justice administrative, en soumettant à son examen la question de savoir si l'inspecteur du travail, saisi d'une demande d'autorisation de licenciement pour inaptitude médicale d'un salarié protégé, doit refuser le licenciement comme étant en rapport avec les fonctions représentatives, lorsque l'inaptitude du salarié résulte d'une dégradation de son état de santé en lien direct avec les difficultés provoquées par son employeur lors de l'exercice de ses fonctions.

Par son avis du 21 septembre 2016 *(CE, avis, 21 sept. 2016, M. Plessis, n° 396.887, Rec. p. 393, AJDA 2016, p. 1777, Dr soc 2016. 785, obs. C. Radé)*, le Conseil d'État rappelle que dans le cas où la demande de licenciement est motivée par l'inaptitude du salarié, l'inspecteur du travail doit rechercher, sous le contrôle du juge, si cette inaptitude est telle qu'elle justifie le licenciement envisagé, compte tenu des caractéristiques de l'emploi exercé, des règles applicables au contrat de travail de l'intéressé, des exigences propres à l'exécution normale de son mandat et de la possibilité d'assurer son reclassement, mais il n'appartient pas à l'administration de rechercher la cause de cette inaptitude *(CE 20 nov. 2013, n° 340591, Mme Capbern, Rec. p. 298 ; AJDA 2013 p. 2344 ; D. 2014 p. 2374, obs. P. Lokiec et J. Porta ; Dr soc 2014, p. 24, obs. C. Radé, p. 25, concl. G. Dumortier, p. 129, étude J. Mouly ; cf. n°* ***15.12.1.2****)*.

Toutefois, il précise qu'« *il appartient en toutes circonstances à l'autorité administrative de faire obstacle à un licenciement en rapport avec les fonctions représentatives normalement exercées par un salarié ou avec son appartenance syndicale. […] Par suite, même lorsque le salarié est atteint d'une inaptitude susceptible de justifier son licenciement, la circonstance que le licenciement envisagé est également en rapport avec les fonctions représentatives normalement exercées par l'intéressé ou avec son appartenance syndicale fait obstacle à ce que l'administration accorde l'autorisation sollicitée. Le fait que l'inaptitude du salarié résulte d'une dégradation de son état de santé, elle-même en lien direct avec des obstacles mis par l'employeur à l'exercice de ses fonctions représentatives est à cet égard de nature à révéler l'existence d'un tel rapport* ».

Le Conseil d'État a rapidement eu l'occasion d'appliquer ces principes. Ainsi, a été considéré comme faisant obstacle à une autorisation de licenciement pour inaptitude médicale les circonstances suivantes : « *il ressort des pièces du dossier qu'au cours de l'année 2000, à la suite de la création par M. A…d'une section syndicale CGT au sein de la société H2P, plusieurs conflits l'ont opposé à sa direction ; qu'une grève et plusieurs manifestations ont, en décembre 2000, conduit les salariés de l'entreprise à manifester leur solidarité avec ce dernier ; que l'employeur a alors demandé à deux reprises à l'autorité administrative l'autorisation de le licencier, en invoquant successivement un motif disciplinaire puis un motif économique ; que ces autorisations ont été refusées par l'administration en raison, notamment, du caractère insuffisamment établi des motifs invoqués ; qu'après avoir été élu délégué du personnel en février 2001, M. A… a, dans un contexte de travail toujours plus tendu avec son employeur, connu plusieurs périodes d'arrêts de maladie ; que, le 28 août 2001, le médecin du travail compétent l'a déclaré inapte à tous postes de l'entreprise avec effet immédiat ; que l'employeur a alors demandé l'autorisation de le licencier en raison de cette inaptitude ; qu'au regard de l'ensemble de ces circonstances ainsi que du contenu des courriers échangés entre le salarié et son employeur au cours de l'année 2001, la demande d'autorisation de licenciement en litige doit être regardée comme n'étant pas sans lien avec les mandats détenus par l'intéressé ; que l'inspecteur du travail de la 3*[e] *section de l'unité territoriale des Vosges, auquel il appartenait de contrôler l'existence d'un tel lien, ne pouvait, par suite, légalement autoriser le licenciement qui lui était demandé par la société H2P* » *(CE, 29 mai 2017, n° 393.280, Sté Financière Honoré)*.

En revanche, ne suffit pas à caractériser un lien avec le mandat le fait que la dégradation de l'état de santé du salarié est en partie liée aux relations conflictuelles existant avec son employeur sans vérifier que le salarié a été empêché d'exercer normalement ses mandats, ni, le cas échéant, si d'autres circonstances permettaient d'établir que la demande de licenciement était en rapport avec les fonctions représentatives exercées *(CE, 5 juin 2024, n° 470.898, Sté Transports Bruneel)*.

À l'occasion d'une affaire ayant donné lieu à plusieurs décisions administratives entre 2012 et 2018 concernant une salariée ayant exercé plusieurs mandats différents, le Conseil d'État a considéré que c'était à juste titre que la cour administrative d'appel avait apprécié la situation au regard de l'ensemble des mandats détenus par la salariée, y compris ceux détenus après l'avis d'inaptitude, mais sans retenir l'existence d'un lien avec le mandat, les obstacles rencontrés dans l'exercice d'un mandat passé n'ayant pas persisté à la date de la décision ministérielle contestée *(CE, 2 déc. 2024, n° 470513 Mme Bernert c. / Sté Akidis, mentionné aux Tables)*.

Dans ses conclusions sous l'avis Plessis, S.-J. Lieber évoque un inconvénient au fait que le lien avec le mandat puisse faire obstacle à un licenciement pour inaptitude médicale : « *retomber dans la situation paradoxale d'un salarié inemployable et inlicenciable* ». Mais elle ajoute que « *la résiliation judiciaire ou la prise d'acte restent néanmoins des issues qui permettent de rompre le contrat sans affecter le droit à indemnisation du salarié protégé* ».

Le fait qu'un lien entre la demande d'autorisation de licenciement pour inaptitude et le mandat du salarié n'ait pas été caractérisé dans le cadre de la procédure administrative ne fait pas obstacle à une éventuelle action judiciaire en reconnaissance d'une discrimination ou d'un harcèlement à l'origine de l'inaptitude *(Cass. soc., 19 avril 2023, n° 21-21.349 B., D. 2024 p. 373, chron. S. Ala, M.-P. Lanoue, M.-A. Valéry ; Cass. soc., 2 oct. 2024, n° 23-19.326 B., D. actualité 18 oct. 2024, note S. Norval-Grivet ; cf. n°* ***15.12.1.2****)*.

SECTION 7

La discrimination sans rapport avec le mandat

§ 1. LE PRINCIPE DE NON-DISCRIMINATION

A. Les dispositions du Code du travail

412.7.1.1. – Une demande de licenciement ne doit pas méconnaître les dispositions du Code du travail *(art. L. 1132-1)* et, notamment celles interdisant toute mesure discriminatoire à l'encontre d'un salariéou d'une salariée en raison de :

– son origine ;
– son sexe sous réserve des dispositions figurant à l'article L. 1142-2 du Code du travail ;
– ses mœurs ;
– son orientation sexuelle ;
– son identité de genre ;

- son âge, sous réserve des dispositions figurant à l'article L. 1133-2 du Code du travail ;
- sa situation de famille ;
- sa grossesse ou sa maternité ;
- ses caractéristiques génétiques ;
- la particulière vulnérabilité résultant de sa situation économique apparente ou connue de son auteur ;
- son appartenance ou sa non-appartenance, vraie ou supposée, à une ethnie, une nation ou une prétendue race ;
- ses opinions politiques ;
- ses activités syndicales ;
- ses activités mutualistes ;
- son exercice d'un mandat électif ;
- ses convictions religieuses ;
- son apparence physique ;
- son nom de famille ;
- son lieu de résidence ;
- sa domiciliation bancaire ;
- son état de santé, sa perte d'autonomie ou son handicap, sous réserve des dispositions de l'article L. 1232-3 ;
- sa capacité à s'exprimer dans une langue autre que le français ;
- sa qualité de lanceur d'alerte, de facilitateur ou de personne en lien avec un lanceur d'alerte, au sens, respectivement, du I de l'article 6 et des 1° et 2° de l'article 6-1 de la loi n° 2016-1691 du 9 décembre 2016 relative à la transparence, à la lutte contre la corruption et à la modernisation de la vie économique ;
- l'exercice normal du droit de grève *(art. L. 1132-2)* ;
- du fait d'avoir témoigné ou d'avoir relaté des agissements discriminatoires *(art. L. 1132-3)* ;
- du fait d'avoir subi ou refusé de subir des agissements de harcèlement sexuel ; le fait d'avoir témoigné ou relaté ces agissements *(art. L. 1132-3)* ;
- l'exercice de ses fonctions du juré ou de citoyen assesseur *(art. L. 1132-3-1)* ;
- du refus en raison de son orientation sexuelle d'une mutation géographique dans un État incriminant l'homosexualité *(art. L. 1132-3-2)* ;
- du fait d'avoir relaté ou témoigné de faits constitutifs d'un délit ou d'un crime dont il aurait eu connaissance dans l'exercice de ses fonctions *(art. L. 1132-3-3)*.

Le licenciement fondé sur l'un des motifs précités est frappé de nullité par le Code du travail *(art. L. 1132-4)*.

B. Les dispositions du Code pénal

412.7.1.2. – L'article 225-1 du Code pénal définit la discrimination comme « *toute distinction opérée entre les personnes physiques sur le fondement de leur origine, de leur sexe, de leur situation de famille, de leur grossesse, de leur apparence physique, de la particulière vulnérabilité résultant de leur situation économique, apparente ou connue de son auteur, de leur patronyme, de leur lieu de résidence, de leur état de santé, de leur perte d'autonomie, de leur handicap, de leurs caractéristiques génétiques, de leurs mœurs, de leur orientation sexuelle, de leur identité de genre, de leur âge, de leurs opinions politiques, de leurs activités syndicales, de leur qualité de lanceur d'alerte, de facilitateur ou de personne en lien avec un lanceur d'alerte au sens, respectivement, du I de l'article 6 et des 1° et 2° de l'article 6-1 de la loi n° 2016-1691 du 9 décembre 2016 relative à la transparence, à la lutte contre la corruption et à la modernisation de la vie économique, de leur capacité à s'exprimer dans une langue autre que le français, de leur appartenance ou de leur non-appartenance, vraie ou supposée, à une ethnie, une Nation, une prétendue race ou une religion déterminée* » *(cf. A. Cœuret et R. Zannou, Chronique de droit pénal du travail, RJS 2008, p. 87).*

C. La jurisprudence

412.7.1.3. – Des décisions judiciaires de condamnation, au civil et au pénal, sont intervenues concernant des salariés, sans mandat, licenciés pour des motifs, en réalité, discriminatoires et liés à :

- à la fois à leur origine et à leur appartenance syndicale *(Cass. crim., 12 sept. 2000, n° 00-80.175, Cass. soc., 2 juin 2010, n° 08-43.277, RJS 2010 n° 68)* ;
- leur sexe *(Cass. soc., 28 nov. 2000, n° 97-43715, Bull. V n° 395, Dr ouvrier 2001, p. 116, note M. Miné, Dr soc 2001, obs. G. Couturier)* ;
- des agissements qualifiés de harcèlement sexuel dont ils auraient été victimes *(Cass. soc., 23 mai 2007 n° 06-43.209, Bull. V n° 85 ; M. Miné et F. Saramito, « Le harcèlement sexuel », Dr ouvrier févr. 1997, et jurisprudence citée)* ;
- l'exercice du droit de grève *(Cass. soc., 8 juin 2005, n° 03-42.584, Dr ouvrier 2006, p. 95 ; Cass. soc., 8 juill. 2009, n° 08-40.139, Bull. V n° 172)* ;
- l'activité syndicale *(Cass. crim., 5 mars 1991, n° 90-82.113, Bull. crim. n° 112 ; Cass. crim. 29 oct. 1996, n° 94-85.028, Bull. crim. n° 379 ; Cass. soc., 17 mars 1999, n° 97-45.555, Bull. V n° 126 ; Cass. soc., 25 janv. 2022, n° 20-15.005 B., RJS 2022 n° 146, Dr soc 2022 p.368 note F. Petit)* ;
- leur situation familiale *(Cass. soc., 1er juin 1999, n° 96-43.617, Bull. V n° 249, JCP E, 2 déc. 1999, note M. Miné)* ;
- leur maladie *(Cass. soc. 16 févr. 2005, n° 02-43.402, Bull. V n° 52)* ;

– leur origine, leur appartenance ou leur non-appartenance, vraie ou supposée, à une ethnie, une nation ou une race *(M. Miné, « La discrimination raciale au travail », Travail et Emploi, sept. 1999 ; Cass. soc., 14 déc. 2022, n° 21-19.628, RDT 2023 p. 558, note S. Latraverse, RJS 2023 n° 1228, D. 2023 p. 457, obs. J, Icard).*

D. L'incidence d'un agissement discriminatoire sur la légalité d'une décision administrative

412.7.1.4. – En ce qui concerne les salariés protégés, à ce jour, le juge administratif ne s'est pas encore prononcé, en dehors des discriminations liées aux activités syndicales, quant à l'incidence sur la légalité d'une décision administrative des dispositions précitées du Code du travail.

Cependant, on peut considérer que l'inspecteur du travail, saisi d'une demande d'autorisation de licenciement d'un ou d'une salariée protégée et relevant des indices de l'existence d'une discrimination sanctionnée par l'article L. 1132-1 du Code du travail, devrait refuser l'autorisation sollicitée et pourrait, le cas échéant, engager des poursuites pénales prévues par le Code du travail ou le Code pénal.

§ 2. L'ACTION EN NULLITÉ DU LICENCIEMENT

412.7.2. – Le salarié qui engage une action en annulation de son licenciement au motif tiré de son caractère discriminatoire peut demander et obtenir sa réintégration devant le juge des référés. Cependant la décision de référé est dépourvue de l'autorité de chose jugée. Il s'ensuit que si l'ordonnance de réintégration est annulée par le juge du fond en appel, le licenciement est regardé comme validé et l'employeur est fondé à mettre fin au contrat de travail alors même que l'intéressé aurait été élu entre temps délégué du personnel *(Cass. soc., 1er avr. 2008, n° 07-40.114, Bull. V n° 79, RJS 2008 n° 653).*

§ 3. L'INTERVENTION DU DÉFENSEUR DES DROITS

412.7.3. – La loi n° 2004-1486 du 30 décembre 2004 avait créé la Haute autorité de lutte contre les discriminations et pour l'égalité (HALDE), ouvrant la possibilité à toute « *personne qui s'estime victime de discrimination* » de saisir cette autorité *(art. 4).*

Ses prérogatives ont été transférées, le 1er mai 2011, au Défenseur des droits en application de la loi organique n° 2011-333 du 29 mars 2011, créant cette instance.

Le Défenseur des droits, autorité constitutionnelle indépendante, a également repris les prérogatives du Médiateur de la République, du Défenseur des enfants et de la Commission nationale de déontologie de la sécurité. En matière de discriminations, il est chargé « *de lutter contre les discriminations, directes ou indirectes, prohibées par la loi ou par un engagement international ratifié par la France ainsi que de promouvoir l'égalité » (art. 4).* Entrent donc dans ses compétences les plaintes faisant état de discriminations prohibées par l'article L. 1132-1 du Code du travail.

Il peut être saisi, par contact avec un de ses délégués locaux, par lettre motivée (envoyée à l'adresse suivante : Défenseur des droits, Libre réponse 71120, 75342 Paris CEDEX 07) ou par formulaire de réclamation en ligne par toute personne s'estimant victime d'une discrimination prohibée, directe ou indirecte ou par toute association régulièrement déclarée depuis au moins 5 ans à la date des faits et ayant pour objet de combattre les discriminations ou d'assister les victimes ; il peut également se saisir d'office sous réserve que la victime n'y soit pas opposée. Il dispose en outre de pouvoirs d'investigation importants puisqu'il peut recueillir sur les faits portés à sa connaissance toute information qui lui apparaît nécessaire sans que son caractère secret ou confidentiel puisse lui être opposé, sauf en matière de secret concernant la défense nationale, la sûreté de l'État ou la politique extérieure. Le secret de l'enquête et de l'instruction ne peut lui être opposé *(art. 20).*

Il peut procéder à une médiation et formuler des recommandations *(sur l'activité de l'ex-HALDE, cf. Y. Mayaud, « La Halde, une trop "Haute" autorité ? Propos hétérodoxes sur un transfert de répression », Dr soc 2007, p. 931 ; G. Loiseau, « La Halde : quelle autorité ? », Dr Soc 2009, p. 142 ; F. Burnier, « La Halde et l'entreprise, pouvoirs et enjeux », Dr soc 2008, p. 1042).* L'article 27 de la loi prévoit que le Défenseur des droits « *assiste la victime de la discrimination dans la constitution de son dossier* » et « *aide la victime à identifier les procédures adaptées à son cas* ». À ce titre, il peut présenter, en accord avec le salarié, des observations devant le conseil des prud'hommes *(art. 33).*

L'article 28-II de la loi précise que « *lorsqu'il constate des faits constitutifs d'une discrimination sanctionnée par les articles 225-2 et 432-7 du Code pénal et L. 1146-1 et L. 2146-2 du Code du travail, le Défenseur des droits peut, si ces faits n'ont pas déjà donné lieu à la mise en mouvement de l'action publique, proposer à l'auteur des faits une transaction consistant dans le versement d'une amende transactionnelle dont le montant ne peut excéder 3 000 € s'il s'agit d'une personne physique et 15 000 € s'il s'agit d'une personne morale et, s'il y a lieu, dans l'indemnisation de la victime. Le montant de l'amende est fixé en fonction de la gravité des faits ainsi que des ressources et des charges de l'auteur des faits. La transaction proposée par le Défenseur des droits et acceptée par l'auteur des faits ainsi que, s'il y a lieu, par la victime doit être homologuée par le procureur de la République (…)* ».

L'article 28-IV dispose que « *en cas de refus de la proposition de transaction ou d'inexécution d'une transaction acceptée et homologuée par le procureur de la République, le Défenseur des droits, conformément à l'article 1er du Code de procédure pénale, peut mettre en mouvement l'action publique par voie de citation directe* ».

Les rapports annuels font ressortir la répartition des réclamations. En 2024, parmi les 6 703 saisines reçues mettant en cause une discrimination, l'activité syndicale concerne 2 % des saisines.

Ainsi, sur les années 2010, 2013, 2018 et 2023, cette répartition a été la suivante :

Critère	**% des réclamations**			
	2010 (Halde)	**2013**	**2018**	**2023**
Total des réclamations	3 055	3 673	5 631	6 703
Origine	35,5 %	25 %	14,9 %	13 %
Nationalité			10,2 %	5 %
Handicap	11,2 %	10,2 %	22,8 %	21 %
Santé	13,9 %	14,9 %	10,5 %	9 %
Sexe	5,9 %	5,2 %	4,6 %	4 %
Activité syndicale	6,7 %	10,7 %	4,6 %	2 %
Âge	7,8 %	5,3 %	5 %	4 %
Convictions religieuses	2,6 %	2,2 %	3 %	3 %
Grossesse	5,9 %	9,6 %	3,6 %	3 %
Orientation sexuelle	3,3 %	2,1 %	2,1 %	1 %
Situation de famille	3,3 %	5,2 %	4,4 %	3 %
Opinion politique	1,3 %	1,2 %	0,9 %	2 %
Identité sexuelle/de genre		0,1 %	1,6 %	2 %
Apparence physique	2,6 %	1,6 %	2,6 %	2 %
Lieu de résidence			3,9 %	2 %
Vulnérabilité économique			2,1 %	3 %

Dans son 12e baromètre de la perception des discriminations dans l'emploi réalisé avec l'Organisation international du travail (édition consacrée aux discriminations syndicales de septembre 2019), le Défenseur des droits indique que « *près de la moitié (46 %) des personnes syndiquées estiment avoir déjà été discriminées au cours de leur carrière professionnelle en raison de leur activité syndicale. Pour 51 % d'entre elles, leur activité a représenté un frein à leur évolution professionnelle. Plus de quatre personnes syndiquées sur dix (43 %) estiment que les relations avec leur hiérarchie se sont dégradées en raison de leur activité syndicale. (…) Un fort investissement dans une activité syndicale visible (adhésion de longue durée, grèves, distribution de tracts, exercice d'un mandat syndical, participation à des négociations…) accroît significativement le risque de déclarer une expérience de discrimination. Les délégués et déléguées syndicales en particulier rapportent une exposition significativement plus forte aux discriminations et à la dégradation de leurs conditions de travail. (…) La plupart du temps, les discriminations syndicales rapportées par les victimes se manifestent sous la forme d'absence d'évolution ou d'avancement professionnel, de blocage dans l'évolution de la rémunération, et de dégradation du climat ou des conditions de travail. Près de huit personnes syndiquées sur dix qui estiment avoir été discriminées ont tenté de faire cesser la situation, principalement en sollicitant leur syndicat et/ou en s'adressant à leur employeur. Près de quatre fois sur dix, les personnes estiment avoir fait l'objet de mesures de rétorsion de la part de leur employeur à la suite de leurs démarches. Pour quatre personnes sur dix, la difficulté d'accès à la preuve les a dissuadées d'entreprendre des démarches pour faire valoir leurs droits ».*

CHAPITRE XIII

LE CONTRÔLE DE L'AUTORITÉ ADMINISTRATIVE SUR LE MOTIF D'INTÉRÊT GÉNÉRAL

413. – Lorsque le licenciement est justifié pour l'un des motifs précédemment analysés *(motif économique, motif inhérent à la personne du salarié ou tout autre motif)* et qu'aucun lien n'apparaît avec le mandat *(brigué ou exercé)* ou l'appartenance syndicale, l'administration a la faculté de retenir un motif d'intérêt général pour refuser l'autorisation de licenciement sollicitée :

> *« Considérant qu'en outre, pour refuser l'autorisation sollicitée, l'autorité administrative a la faculté de retenir des motifs d'intérêt général relevant de son pouvoir d'appréciation de l'opportunité, sous réserve qu'une atteinte excessive ne soit pas portée à l'un ou l'autre des intérêts en présence » (CE, assemblée, 5 mai 1976, n° 98.647, Sté d'aménagement foncier et d'établissement rural et Ministre de l'Agriculture c. / Bernette, Rec. p. 232, concl. P. Dondoux, Dr soc 1976, p. 347 et CE, section, 18 févr. 1977, n° 95.354, Abellan, Rec. p. 97, concl. P. Dondoux, Dr soc 1977, p. 172).*

Le motif d'intérêt général ne peut être utilisé que pour refuser l'autorisation. La nature du contrôle du juge sur le recours par l'administration à ce motif est examinée *infra (cf. n°* ***74.11.2.2.9****)*.

L'inspecteur du travail qui autorise sur le fondement de l'intérêt général entache sa décision d'illégalité *(CE, 9 févr. 1983, n° n° 32.404, Lataste ; CE, 4 mai 1988, n° 84.237, SA Établissements Roger Martinet).*

SECTION 1

Les cas dans lesquels le motif d'intérêt général peut être retenu

413.1. – Outre le licenciement, quel qu'en soit le motif, personnel ou économique, le motif d'intérêt général peut être retenu dans les cas suivants :

– la mise à la retraite *(CE, 8 févr. 1995, n° 134.963, Crédit Lyonnais)* ;
– la rupture, avant son terme, du contrat à durée déterminée *(CE, 6 mai 1996, n° 146.161, Todisco)* ou, par analogie, de la mission de travail temporaire ;
– le non-renouvellement du contrat à durée déterminée comportant une clause de renouvellement ou de report du terme *(CE, 10 juin 1992, n° 94.626, Radio France)* ou, par analogie, de la mission de travail temporaire.

En revanche, il ne doit pas être retenu en cas de demande d'autorisation :

– de transfert du contrat de travail *(CE, 20 mai 1988, n° 74.863, Ministre des Affaires sociales et de l'Emploi c./ Société d'exploitation commerciale Goulet-Turpin, Rec. p. 201, concl. Dr soc 1990 p. 198)* ;
– de rupture conventionnelle *(CE, 13 avr. 2023, n° 459.213, CPAM de la Côte d'Or, mentionné aux Tables)* ;
– de rupture amiable pour motif économique *(Guide DGT, Salariés protégés, sept. 2019, fiche n° 17)* ;
– de rupture du contrat de travail pendant la période d'essai *(Guide DGT, Salariés protégés, sept. 2019, fiche n° 17)*.

S'agissant de la rupture du contrat pendant la période d'essai, il convient de se reporter au n° **15.1.3.2.3**.

SECTION 2

Les finalités possibles du recours au motif d'intérêt général

Le motif d'intérêt général peut être constitué par le souci de maintenir :

– soit une représentation du personnel dans l'entreprise, voire, dans l'établissement ;
– soit la paix sociale tant à l'intérieur qu'à l'extérieur de l'entreprise.

§ 1. LE MAINTIEN D'UNE REPRÉSENTATION DU PERSONNEL DANS L'ENTREPRISE

413.2.1. – Ainsi, le motif d'intérêt général a été retenu pour éviter :
- la disparition au niveau **de l'entreprise** de l'institution représentative du personnel *(CE, 22 juin 1987, n° 74.627, Ministre des Affaires sociales et de la Solidarité nationale c. / Le Marec)* ;
- le licenciement du seul délégué syndical dans **l'établissement** « *compte tenu de la situation sociale constatée* » *(CE, section, 11 févr. 2005, n° 247.673, Marcel, Rec. p. 56, RJS 2005 n° 541, concl. L. Olléon, AJDA 2005 chron., p. 656-660)*.

Au contraire, n'ont pas suffi à fonder le motif d'intérêt général pour le juge administratif :
- la nécessité de préserver la représentation **d'une organisation syndicale dans l'entreprise** *(CE, 20 févr. 1987, n° 72.347, Ministre du Travail, de l'Emploi et de la Formation professionnelle c. / Louat, Rec. p. 70 ; CE, 10 juill. 1995, n° 145.130 Fontaine ; CE, 28 avr. 1997, n° 163.288, JORF)* ou d'y maintenir les bases d'une certaine pluralité syndicale *(CE, 8 nov. 1993, n° 120.034)* ;
- le licenciement du seul délégué du personnel titulaire, son suppléant pouvant assurer le maintien d'une représentation syndicale dans l'entreprise *(CE, 18 déc. 1991, n° 84.975, Sté Adge Distribution Intermarché, Tables p. 1233)* ;
- le risque de compromettre le fonctionnement d'une institution par une amputation importante de son effectif, dès lors qu'aucune circonstance de nature à faire obstacle au remplacement des représentants licenciés n'est invoquée *(CE, 2 juin 1989, n° 68.320, Sté Compagnie française de l'Azote, Tables p. 966, RJS 1989 n° 696)* ;
- la nécessité de maintenir dans l'entreprise, dans l'intérêt de la représentation du personnel, le salarié le plus actif dans sa fonction d'élu du personnel et/ou de mandaté syndical, dès lors que le syndicat comportait de nombreux militants et était représenté au comité par d'autres élus et qu'aucune circonstance ne faisait obstacle au remplacement du salarié dans ses fonctions *(CE, 10 févr. 1992, n° 83.456, SA Papeteries de L'Est, RJS 1992 n° 164 ; CE, 11 févr. 1998, n° 170.282, Sté Semne Val d'Yerres)*.

L'âge, l'ancienneté ou la situation personnelle du salarié licencié ne peuvent pas fonder le recours au motif d'intérêt général *(CE, 29 juill. 1983, n° 32.197, Sté Société nationale Bureau pour le développement de la production agricole)*.

La jurisprudence administrative sur la notion de motif d'intérêt général fut définie à la fin des années soixante-dix. Relativement restrictive, elle ne tenait pas en compte le recul, observé depuis cette époque, de la représentation du personnel en général et de l'implantation syndicale en particulier.

La décision de la section du contentieux du 11 février 2005 constitue un infléchissement positif en étendant de l'entreprise à l'établissement la jurisprudence admettant le recours au motif d'intérêt général quand est concerné le seul délégué syndical désigné dans l'établissement *(CE, section, 11 févr. 2005, n° 247.673, Marcel, Rec. p. 56, RJS 2005 n° 541, concl. L. Olléon, AJDA 2005 chron., p. 656-660)*.

Elle pourrait encore utilement évoluer afin que le licenciement du représentant du personnel le plus actif soit retenu comme susceptible de porter atteinte à l'intérêt général. En effet, la qualité de la vie sociale repose le plus souvent sur l'engagement d'un petit nombre de salariés motivés (et parfois d'un seul dans certaines entreprises) et leur licenciement aboutit très fréquemment au désengagement des salariés restant et à la disparition, ou à la mise en sommeil de l'institution représentative du personnel.

Une autre évolution positive serait de retenir comme motif d'intérêt général, au nom de la liberté syndicale, qui a valeur constitutionnelle, le maintien d'une organisation syndicale dans l'entreprise ou l'établissement par le biais de son délégué alors même que d'autres syndicats seraient représentés dans l'entreprise.

§ 2. LA PRÉSERVATION DE LA PAIX SOCIALE TANT À L'INTÉRIEUR QU'À L'EXTÉRIEUR DE L'ENTREPRISE

413.2.2 – Il s'agit là de considérations que peut légalement prendre en compte l'administration du travail dans le cadre du rôle pacificateur qui a toujours été le sien *(conclusions du commissaire du gouvernement dans l'affaire Corning-France, AJDA 1987 p. 729)*. Le Conseil d'État a d'ailleurs confirmé explicitement que le souci de préserver la paix sociale constituait un motif d'intérêt général *(CE, 17 juin 1991, n° 112.317 et 112.817, M. Colomer, c. / Régie nationale des usines Renault, mentionné aux Tables)*.

L'appréciation résulte évidemment des circonstances, lesquelles sont généralement peu explicitées dans les décisions juridictionnelles *(cf. notamment CE, 19 avr. 1985, n° 53.594, Sté des usines et acieries de Sambre-et-Meuse, admettant le bien-fondé du motif d'intérêt général pour des salariés protégés ayant commis des fautes d'une gravité suffisante au cours d'un mouvement de grève et d'occupation des lieux de travail)*.

Le bien-fondé de l'appréciation portée par l'autorité administrative doit s'apprécier en fonction de la situation telle qu'elle apparaissait au moment de la décision administrative, et non à la lumière de l'évolution ultérieure, quelle qu'en soit la nature.

En revanche, le motif d'intérêt général n'est pas retenu :

– si l'incidence directe d'une autorisation de licenciement n'est pas établie *(CE, 21 déc. 1994, n° 134.591, M. Colomer c. / Régie nationale des usines Renault)* ;

– lorsque le trouble à l'ordre social invoqué résulte d'une violation de la légalité *(CE, 25 févr. 1987, n° 61.754, Ministre du Travail de l'Emploi et de la Formation professionnelle c. / Sté Carnaud-Emballages, Rec. p. 75).*

SECTION 3

Les limites du recours au motif d'intérêt général : l'atteinte excessive aux intérêts de l'employeur

413.3. – La notion « *d'atteinte excessive* » est l'une des applications de la théorie du bilan élaborée par le Conseil d'État en matière de déclaration d'utilité publique *(CE, assemblée, 28 mai 1971, n° 78.825, Ministre de l'Équipement c. / Fédération de défense des personnes concernées par le projet « Ville Nouvelle Est », Rec. p. 409 ; cf. G Braibant, « Le Conseil d'État », Les transformations du droit du travail, Études offertes à G. Lyon-Caen, Dalloz, 1989).*

En application de cette théorie, le juge sanctionne le recours au motif d'intérêt général si l'atteinte portée à l'intérêt de l'entreprise est jugée excessive. L'atteinte excessive est « *celle qui, par son caractère déraisonnable ou disproportionné, expose à des sujétions anormales ou crée par elle-même un trouble tel qu'aucun intérêt général ne saurait le justifier. Les intérêts auxquels il peut ainsi être porté atteinte sont ceux, subjectifs, de l'employeur et de chacun des salariés ou groupes de salariés. Mais ce sont aussi, ceux plus objectifs, de la communauté de production et de travail que constitue l'entreprise.* » *(concl. du commissaire du gouvernement dans l'affaire Ghazi, CE, 9 oct. 1987, n° 71.667, Rec. p. 309, AJDA 1987, p. 729).*

La jurisprudence « *met en œuvre à la fois une méthode – la pesée des intérêts – et un principe : le principe de proportionnalité* » *(G. Braibant, étude préc.).*

§ 1. L'ATTEINTE EXCESSIVE AUX INTÉRÊTS DE L'ENTREPRISE S'AGISSANT D'UN MOTIF DISCIPLINAIRE

413.3.1 – La gravité particulière de la faute et, de ce fait, la volonté du juge administratif de ne pas accorder une impunité au salarié constituent des éléments d'appréciation essentiel *(cf. en particulier CE, 22 juin 1987, n° 74.627, Ministre des Affaires sociales et de la solidarité nationale c. / Le Marec ; CE, 26 oct. 1994, n° 146.940, Mme Lambillote et autres).*

Ainsi, a été regardé comme constituant une atteinte excessive le recours au motif d'intérêt général au bénéfice de salariés s'étant rendus coupables, à l'occasion de conflits collectifs :

– d'entraves à la liberté de circulation dans l'entreprise *(CE, 8 févr. 1980, n° 09.747, Charov, Rec. p. 76)* ;
– de menaces et de violences à l'encontre de non grévistes *(CE, Ghazi, 9 oct. 1987, n° 71.667, Rec. p. 309, AJDA 1987, p. 729 : en l'espèce, il avait pourtant été explicitement admis par le juge administratif que l'intéressé ne s'était pas personnellement livré aux menaces et violences invoquées)* ;
– d'entraves à la liberté du travail *(CE, 13 nov. 1987, n° 67.088, SA Consortium Meyer Sansbœuf)* ;
– de violences et de séquestration *(CE, 11 janv. 1995, n° 129.392, Régie nationale des usines Renault)*.

La même solution a été retenue :
– pour une salariée ayant affiché, après l'avoir détenue pendant plusieurs mois, la copie d'un document extrait par effraction du dossier personnel d'un ancien salarié de l'entreprise *(CE, 25 mars 1988, n° 71.378, Sté Avon)* ;
– pour un salarié ayant procédé à des ventes importantes de boissons spiritueuses en violation de la législation fiscale et des règles internes à l'entreprise en matière de règlement par chèques *(CE, 27 juill. 1990, n° 89.434, Naguib)*.

À l'inverse, le juge n'a pas retenu l'atteinte excessive aux intérêts de l'employeur pour :
– une salariée à laquelle était reprochée une insuffisance professionnelle *(à l'époque motif disciplinaire : CE, 19 nov. 1980, n° 16.508, Sté Cit-Alcatel, Rec. p. 432)* ;
– des salariés ayant commis des fautes d'une gravité suffisante au cours d'un mouvement de grève et d'occupation des lieux de travail *(CE, 19 avr. 1985, n° 53.594, SA des usines et aciéries de Sambre et Meuse ; CE, section, 11 févr. 2005, n° 247.673, Marcel, Rec. p. 56, RJS 2005 n° 541, AJDA 2005 chron., p. 656-660)* ;
– des salariés s'étant rendu coupables d'atteintes à l'outil de production au cours d'un conflit collectif *(CE, 9 oct. 1987, n° 71.788, Ministre du Travail, de l'Emploi et de la Formation professionnelle c./ Sté Corning France, Rec. p. 308, AJDA 1987, p. 729)*. En l'espèce, le juge administratif avait probablement pris en compte le caractère massif des sanctions projetées par l'employeur contre les salariés syndiqués.

§ 2. L'ATTEINTE EXCESSIVE AUX INTÉRÊTS DE L'ENTREPRISE S'AGISSANT D'UN MOTIF ÉCONOMIQUE

413.3.2. – L'atteinte est évaluée en termes de surcharge imposée à l'employeur par le maintien de salariés supplémentaires à l'effectif.

Cinquième partie

LA PROCÉDURE DE LICENCIEMENT DES SALARIÉS PROTÉGÉS : LA DÉCISION DE L'INSPECTEUR DU TRAVAIL

CHAPITRE I

LA FORME, LE CONTENU ET LES DÉLAIS DE LA DÉCISION DE L'INSPECTEUR DU TRAVAIL

SECTION 1

La forme de la décision

51.1. – La décision, et en tout état de cause l'autorisation, doit être écrite : le licenciement d'un salarié protégé ne peut être autorisé ni tacitement ni verbalement *(CE, 17 déc. 1982, n° 39.711, Vandamme, Rec. p. 766 ; CE, 7 nov. 1986, n° 77.405, Sté Méditerranée environnement ; CE, 22 févr. 1989, n° 64.186, Sté Graniroc)*. Le silence gardé par l'inspecteur du travail à l'issue du délai dont il dispose vaut décision implicite de rejet *(cf. n°* ***51.4.2.1 et s.****)*.

La décision doit faire état des éléments de droit et de fait l'ayant motivée et mentionner les délais et voies de recours. Elle doit comporter la signature manuscrite de son auteur et la mention, en caractères lisibles, du prénom, du nom et de la qualité de celui-ci *(CRPA, art. L. 212-1 ; CE, 12 déc. 1990, n° 57.510, publié au Recueil ; CE, 15 nov. 2006, n° 280.424, Devois, Tables p. 939, RJS 2007 n° 304)*.

Elle peut faire l'objet d'une signature électronique, qui n'est valablement apposée que par l'usage d'un procédé, conforme aux règles du référentiel général de sécurité mentionné au I de l'article 9 de l'ordonnance n° 2005-1516 du 8 décembre 2005 relative aux échanges électroniques entre les usagers et les autorités administratives et entre les autorités administratives, qui permette l'identification du signataire, garantisse le lien de la signature avec la décision à laquelle elle s'attache et assure l'intégrité de cette décision *(CRPA, art. L. 212-3 ; D. n° 2017-1416 du 28 sept. 2017 relatif à la signature électronique, art. 1, Guide DGT, Salariés protégés, sept. 2019, fiche n° 18)*.

Si le timbre du signataire est identifiable mais que sa signature est « illisible », laissant subsister un doute sur son identité, il peut être utilement fait référence à d'autres courriers du même auteur *(CE, 23 févr. 2017, n° 390.131, SCI de l'Ermitage)* et le cas échéant à une attestation du fonctionnaire signataire pour s'assurer de son identité *(CAA Paris, 12 avr. 2010, n° 09PA00322, Saurel)*.

Une autorisation assortie d'une condition est illégale (exemples de conditions entachant d'illégalité la décision : « *dans la mesure où [les salariés] persisteraient à refuser leur mutation » CE, mars 1984, Sté L.M.T., n° 33.369, Rec. p. 764 ; CE, 19 juin 1992, n° 107.788, Mutuelle Générale des PTT, Tables p. 1346, RJS 1992 n° 1011 : « Modalités de départ [devant tenir] compte de la situation personnelle du salarié »)*.

SECTION 2

Les visas de la décision

§ 1. LES DIFFÉRENTS VISAS

51.2.1. – Ils sont les suivants :

1. La demande présentée par l'employeur, en précisant la nature du motif invoqué

2. Les textes applicables

Il s'agit des textes qui fondent la compétence de l'administration, ainsi que de ceux qui définissent les procédures applicables *(entretien préalable ; consultation du comité social et économique, notamment en cas de procédure de licenciement économique)*.

Toutefois, l'omission du visa d'un texte ne constitue pas une irrégularité de nature à entraîner l'annulation de la décision *(CE, 5 nov. 1984, n° 50.856, Tollari)*.

De la même manière, la circonstance que la décision vise un autre texte que celui applicable, alors que c'est bien ce dernier dont il a été fait application, ne constitue qu'une erreur matérielle insusceptible d'entacher d'illégalité la décision ainsi prise *(CE, 10 janv. 1919, Arrighi de Casanova, Rec. p. 11 ; CE, 20 nov. 2000, n° 220.808, Fédération des syndicats nationaux d'employeurs des établissements et services pour personnes inadaptées et handicapées)*.

En cas de transfert, il appartient à l'autorité administrative de viser soit l'article L. 1224-1 en cas de transfert légal, soit l'accord collectif en cas de transfert conventionnel.

3. *Les mandats détenus par le salarié*

La totalité des mandats détenus par le salarié doit figurer dans la décision.

La jurisprudence a d'abord fait preuve d'une approche formaliste.

Si l'intégralité des mandats n'était mentionnée ni dans la demande d'autorisation adressée par l'employeur ni dans la décision, celle-ci encourait l'annulation *(CE, 22 juill. 1992, n° 109.709, Cirelli, Rec. p. 1348 ; CE, 4 mars 1996, n° 160.542, Sté Maf plastique ; CE, 13 déc. 2005, n° 277.748, Agence nationale pour l'insertion et la promotion des travailleurs d'outre-mer, Tables p. 1123, RJS 2006 n° 365 ; CE, 20 mars 2009, n° 309.195, Anani, concl. contraires Y. Struillou, Dr soc 2009, p. 711, RDT 2009, p. 457, note M. Grévy ; cf. n°* ***32.4.2****)*.

Dès lors que la demande d'autorisation et la décision de l'inspecteur du travail étaient entachées de la même omission ou de la même erreur quant à la nature du ou des mandats, ni l'employeur, ni l'administration ne pouvaient utilement soutenir que l'autorité administrative avait bien eu connaissance du nombre et de la nature exacte des fonctions représentatives. L'autorisation délivrée dans ces conditions était entachée d'illégalité car le salarié était regardé comme ayant été privé des garanties s'attachant au statut protecteur. Ainsi, la mention d'un mandat de délégué du personnel suppléant, alors que le salarié est délégué titulaire, n'a pas été regardée comme une erreur de plume et a entaché d'illégalité la décision dès lors que la demande d'autorisation présentée par l'employeur comportait la même inexactitude *(CE, 7 déc. 2009, n° 315.588, Grece, Tables p. 978, concl. contraires Y. Struillou, JCP S 2010 n° 9-10, p. 45, note J.-Y. Kerbourc'h)*.

C'est ensuite une approche pragmatique qui s'est imposée, se fondant sur la vérification, au-delà des termes figurant dans la demande d'autorisation et dans la décision de l'administration, que celle-ci a bien été informée de l'ensemble des mandats détenus par le salarié.

Ainsi, il a été jugé que la circonstance que la décision d'autorisation de licenciement faisait seulement référence aux « mandats » exercés par le salarié alors que celui-ci n'était investi que d'un unique mandat de représentant syndical au comité d'entreprise n'avait pas exercé d'influence sur la légalité de celle-ci dès lors que la demande d'autorisation mentionnait cette désignation et que l'autorité administrative avait bien pris en compte l'existence de ce mandat *(CE, 19 oct. 2012, n° 334.588, Prieto, RJS 2013 n° 58)*.

De même, alors que la demande d'autorisation de licenciement ne mentionnait que deux des trois mandats détenus par un représentant du personnel, le juge administratif n'a pas retenu l'illégalité de la décision, dans la mesure où les pièces auxquelles elle renvoyait faisaient état du troisième mandat et que la décision de l'inspectrice du travail visait l'une de ces pièces ; dès lors, l'inspectrice avait, selon le juge administratif, été mise à même de procéder aux contrôles qu'elle était tenue d'exercer et avait pris sa décision régulièrement, sans qu'il résulte d'aucune des mentions, ni d'aucun des motifs de la décision que la totalité des mandats n'aurait pas été prise en compte *(CE, 22 mai 2013, n° 341.390, Rui)*.

Enfin, le Conseil d'État a clairement posé le principe selon lequel : « *pour opérer les contrôles auxquels elle est tenue de procéder lorsqu'elle statue sur une demande d'autorisation de licenciement, l'autorité administrative doit prendre en compte chacune des fonctions représentatives du salarié (...) ; lorsque l'administration a eu connaissance de chacun des mandats détenus par l'intéressé, la circonstance que la demande d'autorisation de licenciement ou la décision autorisant le licenciement ne fasse pas mention de l'un de ces mandats ne suffit pas, à elle seule, à établir que l'administration n'a pas, comme elle le doit, exercé son contrôle en tenant compte de chacun des mandats détenus par le salarié protégé* » *(CE, 15 oct. 2014, n° 370.620, Sté Geodis Logistics Nord, Tables p. 889)*.

La Cour de cassation a précisé que si l'omission, dans la demande présentée par l'employeur, de l'un des mandats exercés par le salarié, dès lors qu'elle n'a pas mis l'inspecteur du travail à même de procéder aux contrôles qu'il était tenu d'exercer au regard des exigences de ce mandat, emporte annulation de la décision d'autorisation du licenciement, cette annulation n'a pas pour effet de placer le salarié dans une situation identique à celle d'un salarié licencié en l'absence d'autorisation administrative. Dans ce cas, le défaut de mention de l'un des mandats du salarié ne caractérise pas une violation du statut protecteur et ne peut entraîner la nullité du licenciement *(Cass. soc., 3 févr. 2016, n° 2014-17.886, Bull. V n° 908, Sem. soc. Lamy 10 oct. 2016, n° 1739, obs. F. Champeaux)*.

Cas dans lequel le salarié protégé a acquis des mandats postérieurement à la demande d'autorisation :

La circonstance que, postérieurement à la demande d'autorisation, le salarié devienne bénéficiaire d'une protection à un nouveau titre est sans incidence sur l'appréciation qu'il incombe à l'inspecteur du travail de porter, sauf s'il est établi que l'employeur avait connaissance, à la date de la demande, des faits à raison desquels le salarié allait bénéficier d'une nouvelle protection *(CE, 22 mai 2013, n° 340.111, Stamm, Tables p. 864, Dr soc. 2013, p. 747, concl. G. Dumortier, RJS 2013 n° 626)*.

L'autorité administrative doit néanmoins avoir connaissance de l'ensemble des mandats détenus à la date de sa décision, y compris ceux obtenus le cas échéant postérieurement à la convocation à l'entretien préalable, afin d'être mise à même d'exercer son pouvoir d'appréciation de l'opportunité du licenciement au regard d'un motif d'intérêt général *(CE, 27 mars 2015, n° 366.166, Sté Établissements Cuny, Tables p. 900)*. Sur le motif d'intérêt général, *cf.* n° **413**.

4. *Les actes de procédure (entretien préalable, consultation du comité social et économique, enquête contradictoire)*

Il est préférable que la décision vise l'avis du comité, lorsqu'il est requis. De même, l'enquête contradictoire effectuée par l'inspecteur du travail peut également être mentionnée, en indiquant le jour, le lieu et les personnes y ayant participé.

§ 2. LA PORTÉE DES VISAS

51.2.2. – Sous réserve des erreurs ou omissions relatives à la nature des fonctions représentatives exercées *(cf. n° **51.2.1**)*, en principe, le seul défaut de mention de ces actes est sans incidence sur la légalité de la décision.

SECTION 3

La motivation de la décision

Plan de la section

51.3. – La décision de l'inspecteur du travail doit être motivée *(C. trav., art. R. 2421-5 et R. 2421-12)*. Cette obligation s'impose aussi bien en cas d'autorisation qu'en cas de refus.

La motivation doit être écrite et comporter l'énoncé des considérations de droit et de fait qui constituent le fondement de la décision *(CRPA, art. L. 211-2 et L. 211-5 codifiant l'article 3 de la loi n° 79-587 du 11 juillet 1979 relative à la motivation des actes administratifs et à l'amélioration des relations entre l'administration et le public ; cf. également CE, 24 juill. 1981, n° 31.488, Belasri, Rec. p. 322, AJDA 1981, p. 473)*.

§ 1. LES RÈGLES ESSENTIELLES DE LA MOTIVATION

51.3.1. – La circulaire du 28 septembre 1987 relative à la motivation des actes administratifs recommande une motivation claire et précise, qui doit être à la fois concise, complète et adaptée aux circonstances de l'affaire. Par ailleurs, des précisions ont été apportées par la ministre du travail *(Guide DGT, Salariés protégés, sept. 2019, fiche n° 18)* et la jurisprudence administrative sur les règles essentielles à observer.

A. Les règles applicables à tout motif

51.3.1.1. – Ces règles sont applicables, quel que soit le motif de la demande (disciplinaire, économique ou autre).

1. La décision prise ne doit pas avoir requalifié ou pallié le défaut de qualification ou de motivation affectant la demande présentée par l'employeur *(CE, 20 mars 2017, n° 392.296, Sté Total Petrochimicals France, Rec. p. 101)*. Si l'employeur n'énonce pas de façon claire et non équivoque le terrain et la qualification juridique dans sa demande d'autorisation, le cas échéant dans un document joint à cet effet auquel renvoie sa demande *(CE, 26 sept. 2018, n° 401.509, Sté Forge France, Tables p. 944)*, l'inspecteur du travail doit rejeter la demande *(Guide DGT, Salariés protégés, sept. 2019, fiche n° 18)*.

2. Elle ne peut en aucun cas faire référence à l'accord exprès du salarié ou à sa volonté de quitter l'entreprise, pour fonder une autorisation de licenciement *(CE, 1er févr. 1995, n° 143.661, Sté Midica, Jurisp. soc. UIMM n° 95-585, p. 225 ; CE, 17 oct. 1997, n° 162.597, Banque industrielle et immobilière privée, RJS 1997 n° 1398 ; CE, 2 juill. 2014, n° 368.590, 368.591 et 368.592, Sté Pace Europe, Rec. p. 206, concl. G. Dumortier, RJS 2014 n° 796)*, la motivation devant être conforme au contrôle qui incombe à l'administration, quel que soit le motif. Il n'en est autrement qu'en cas de rupture conventionnelle ou de rupture amiable pour motif économique.

3. Elle doit, en principe, comporter un considérant sur l'existence ou l'absence de discrimination *(C. travail, art. R. 2421-7 et R. 2421-16)*.

Cependant, l'absence de motivation sur ce point n'entache pas d'illégalité la décision, dès lors que l'inspecteur du travail retient à juste titre un autre motif de nature à justifier un refus lui-même suffisamment étayé *(Guide DGT, Salariés protégés, sept. 2019, fiche n° 18 ; dans le même sens : CE, 12 mars 1986, n° 56.139, Sté des Établissements Christian X. ; CE, 13 oct. 2010, n° 329.459, Lauzet)*.

Lorsque l'autorité administrative retient l'existence d'une discrimination, elle doit préciser les faits ou indices qui l'ont conduite à cette conclusion et ne saurait dès lors se contenter de la relever par voie d'affirmation *(Guide DGT, Salariés protégés, sept. 2019, fiche n° 18, préc.)*.

4. Si des motifs d'intérêt général sont retenus par l'administration pour refuser l'autorisation de licenciement, ils doivent être suffisamment explicités dans la décision.

B. Les règles applicables pour un licenciement reposant sur un motif personnel

51.3.1.2. – La motivation doit permettre de connaître les éléments précis retenus par l'inspecteur du travail à l'appui de sa décision, ce qui suppose au moins un exposé sommaire des faits. Elle doit indiquer s'ils sont établis.

1. *Licenciement pour motif disciplinaire*

51.3.1.2.1. – La décision doit en outre comporter nécessairement une appréciation sur le caractère suffisamment grave de la faute, conformément à la jurisprudence Safer d'Auvergne *(CE, Ass., 5 mai 1976, n° 98.647 et 98.820, Safer d'Auvergne, Dr. soc 1976 p. 346, concl. P. Dondoux)*.

Pour le juge administratif, « *seules peuvent être regardées comme suffisamment motivées les décisions qui après avoir précisé les faits reprochés au salarié, indiquent si, compte tenu de l'ensemble des circonstances de l'espèce, et notamment s'il y a lieu, de la nature et de l'étendue des responsabilités qui lui sont confiées, ces faits sont constitutifs d'une faute suffisamment grave pour justifier le licenciement* » *(CE, 24 mars 1999, n° 189.123, Sté Ecosita, RJS 1999 n° 832)*. La jurisprudence impose donc à l'autorité administrative que sa décision « *témoigne au niveau de sa motivation* » du travail de qualification juridique auquel elle doit procéder *(cf. concl. G. Bachelier sous décision CE, 30 avr. 1997, n° 171.896, Sté LTS Love France, Tables p. 1106 ; CE, 24 mars 1999, n° 189.123, Sté Ecosita, préc.)*.

Ainsi, ont été jugés insuffisants :

– une motivation ne précisant pas la nature des faits reprochés et n'indiquant pas si ces derniers, considérés comme établis, revêtaient le caractère de fautes suffisamment graves *(CE, 29 mai 1987, n° 72.669, Benin ; dans le même sens : CE, 19 févr. 1997, n° 141.161, Sté Transports Testud, à propos d'une mésentente régnant entre le salarié et différentes autres personnes ; CE, 19 juin 2013, n° 356.483 M. B.A.)* ;

– une motivation se bornant à énoncer que « *la réalité des motifs invoqués est établie, qu'elle justifie le licenciement de M.* », sans autre précision sur ces motifs *(CE, 1er juill. 1988, n° 84.821, Sté Bourguignonne de surveillance « La Ronde de Nuit », précité ; cf. également : CE, 4 déc. 1987, n° 74.399, Besnainou, Dr ouvrier 1990, p. 55)* ;

– une motivation indiquant que les faits « *sont établis* » et « *témoignent d'un exercice anormal du mandat* » *(CE, 4 déc. 1987, n° 74.399, Besnainou, Dr ouvrier 1990, p. 55)* ou que « *les faits reprochés sont d'une gravité suffisante* » *(CE, 27 juill. 1990, n° 99.600, Sté Greys-BaviNetma)*, sans préciser la nature de ces faits *(cf. également : CE, 5 juin 1991, n° 104.743, Cie Air Gabon, Rec. p. 291, RJS 1991 n° 981 ; CE, 5 juill. 1993, n° 105.077, Sté des usines de Rosières)* ;

– une motivation se bornant « *à faire état de l'avis émis par le comité d'établissement, des dispositions de la convention collective applicable, des éléments recueillis au cours de l'enquête contradictoire et de l'absence de lien entre le licenciement envisagé et les mandats exercés par M.* » et « *ne comportant aucune indication relative à la situation de l'intéressée, ni au motif invoqué pour justifier le licenciement* » *(CE, 30 oct. 1995, n° 147.293, Lancois)* ;

– le seul constat, à l'appui d'une décision d'autorisation, de la réalité des faits fautifs, sans rechercher s'ils étaient d'une gravité suffisante et si la demande n'était pas en rapport avec le mandat exercé *(CE, 8 janv. 1997, n° 163.071, Verny, Tables p. 1107, RJS 1997 n° 306 ; CE, 30 avr. 1997, n° 171.896, Sté LTS Love France, Tables p. 1106, RJS 1997 n° 841, concl. G. Bachelier : cette dernière décision témoigne d'une plus grande exigence que celle posée par le Conseil d'État dans sa décision du 31 janvier 1986 [CE, n° 66.287, Sté Dinandis, Tables p. 743] jugeant qu'était suffisamment motivée une décision se bornant à rappeler les motifs invoqués par l'employeur pour conclure au bien-fondé de la demande)*.

Par ailleurs, en cas de procédure pénale, la décision administrative ne doit pas mentionner de qualification pénale, afin de ne pas porter atteinte à la présomption d'innocence ni au principe de séparation des pouvoirs des autorités administrative et judiciaire *(CE, 7 mai 1997, n° 159.430, Nicolai ; CAA Versailles, 15 juill. 2009, n° 07VE03058)*.

Ainsi l'autorité administrative méconnaît la nature de son contrôle et commet une erreur de droit en s'en tenant à la qualification de harcèlement moral retenue par l'employeur et en appréciant la matérialité des faits reprochés au regard de cette qualification, tout en s'abstenant d'examiner si les faits invoqués dans la demande d'autorisation de licenciement étaient d'une gravité suffisante pour justifier le licenciement, indépendamment de toute qualification de harcèlement moral *(CAA Lyon, 24 nov. 2011, n° 10LY00693, Mme A.)*.

2. *Licenciement pour des faits commis en dehors de l'exécution du contrat de travail et rendant impossible le maintien du contrat*

51.3.1.2.2. – L'inspecteur du travail doit vérifier que les faits en cause et le trouble objectif sont établis. Sa décision doit mentionner *(Guide DGT, Salariés protégés, sept. 2019, fiche n° 18, préc.)* :

– les éléments précis et vérifiables caractérisant les faits ;
– la nature et l'ampleur des répercussions de ces faits sur le fonctionnement de l'entreprise ;
– l'impossibilité de maintenir le salarié dans l'entreprise, eu égard à ses fonctions et à l'ensemble des règles applicables au contrat de travail.

3. *Licenciement pour insuffisance professionnelle*

51.3.1.2.3. – La décision de l'inspecteur du travail doit *(Guide DGT, Salariés protégés, sept. 2019, fiche n° 18, préc.)* :

– décrire les faits relevés par l'employeur et expliquer en quoi ils caractérisent ou non l'insuffisance professionnelle alléguée *(CAA Nantes, 14 juin 2007, n° 06NT01658, Sté Roblin)* ;

– s'assurer, éléments factuels à l'appui, du caractère réaliste et réalisable des objectifs fixés, ainsi que le caractère persistant et/ou durable des faits d'insuffisance constatés *(Cass. soc., 16 mai 2018, n° 16-25.689 ; Cass. soc., 9 avr. 2008, n° 06-46.159 ; Cass. soc., 22 oct. 2008, n° 07-43.194)* ;
– vérifier l'imputabilité de l'insuffisance professionnelle au salarié. À ce titre la décision doit mentionner les moyens matériels et humains mis à la disposition du salarié, ainsi que les actions de formation mises en œuvre par l'employeur dans le cadre de son obligation de veiller à l'adaptation du salarié à son poste de travail et au maintien de sa capacité à occuper l'emploi, au regard notamment de l'évolution des emplois, des technologies et des organisations *(Cass. soc., 6 mars 2019, n° 17-20.886 ; C. trav., art. L. 6321-1)* ;
– vérifier l'obligation pour l'employeur d'assurer l'adaptation du salarié au poste de travail *(CE, 2 déc. 2024, M. Poirier c. / Sté Tours Evénements, n° 487.954, mentionné aux Tables)*.

4. *Licenciement pour inaptitude médicale*

51.3.1.2.4. – La décision de l'inspecteur du travail doit *(Guide DGT, Salariés protégés, sept. 2019, fiche n° 18, préc.)* :
– prendre acte de l'existence de l'avis d'inaptitude médicale prévu par l'article R. 4624-45 du Code du travail et s'assurer de l'absence de contestation *(cf. n°* **15.12.4***)* ;
– en cas de contestation de cet avis, faire référence, le cas échéant, au jugement du conseil de prud'hommes *(C. trav., art. L. 4624-7)*, saisi en la forme des référés ;
– s'assurer de la réalité et du caractère sérieux des efforts de reclassement engagés par l'employeur, en conformité avec les préconisations émises par le médecin du travail, et préciser en quoi ces efforts ont consisté.

C. Les règles applicables pour un licenciement reposant sur un motif économique

51.3.1.3. – La motivation doit porter sur les éléments suivants :

1. *La réalité de la cause économique*

51.3.1.3.1. – Quelle que soit la cause économique alléguée, l'inspecteur du travail ne peut se contenter de constater « *la réalité du motif économique* » ou au contraire que « *la réalité du motif économique invoqué n'est pas démontrée* », mais doit étayer son affirmation par des éléments de faits précis caractérisant la cause invoquée à l'appui du licenciement dans le périmètre d'appréciation pertinent. Ainsi, lorsque l'entreprise appartient à un groupe, la décision de l'inspecteur du travail, quel que soit son sens, doit faire clairement apparaître que la cause économique alléguée a été contrôlée dans le périmètre pertinent *(Guide DGT, Salariés protégés, sept. 2019, fiche n° 18, préc. ; dans le même sens : CE, 23 déc. 2011, n° 351.175, Sté NDL International ; sur la notion de secteur d'activité, cf. n°* ***48.4.4.4****)*.

2. La réalité de la suppression du poste

51.3.1.3.2. – L'incidence de la cause économique sur le contrat de travail ou l'emploi du salarié doit également être mentionnée *(cf. pour les salariés non protégés : Cass. soc., 28 janv. 2015, n° 13-20.861, RJS 2015 n° 246)*. La décision de l'inspecteur du travail doit en outre faire apparaître que la réalité de cette suppression a bien été vérifiée au niveau de l'entreprise dans son ensemble et non du seul établissement concerné par une fermeture *(sur le périmètre de la suppression du poste, cf. n°* ***48.9.1.2****)*. En outre, l'inspecteur du travail ne doit jamais motiver la réalité de la suppression de poste du salarié ou l'absence d'une telle suppression en référence à l'application des critères d'ordre des licenciements appliqués par l'employeur, cet élément ne faisant pas partie de ceux que l'autorité administrative doit contrôler *(Guide DGT, Salariés protégés, sept. 2019, fiche n° 18, préc.)*.

3. La matérialité des efforts de reclassement

51.3.1.3.3. – Le contrôle de l'existence d'une recherche spécifique de reclassement doit faire l'objet d'une motivation explicite.

Que les efforts de reclassement engagés par l'employeur aient été ou non suffisants, la décision de l'inspecteur du travail ne saurait se contenter d'énoncer que « *le reclassement du salarié n'est pas possible* », que « *les efforts de reclassement sont suffisants* », que « *le salarié a refusé deux postes* » ou encore de viser le plan de sauvegarde de l'emploi, sans avoir précisé ni la nature des postes proposés ni en quoi lesdits efforts ont consisté et pourquoi ils étaient en l'espèce, suffisants ou insuffisants *(Guide DGT, Salariés protégés, sept. 2019, fiche n° 18, préc. ; dans le même sens : CE, 18 mars 1992, n° 82.799, Carlier et Gierszewski ; CAA Nancy, 6 déc. 2004, n° 01NC00164, Cuinet ; CAA Nantes, 30 sept. 2010, n° 09NT02600, SARL Mamm'Soazic)*.

D. Les règles applicables pour un transfert

51.3.1.4. – Un refus d'autorisation de transfert du contrat de travail ne peut pas être motivé par l'existence d'un motif d'intérêt général *(CE, 20 mai 1988, n° 74.863, Sté Goulet-Turpin)*.

Si la demande d'autorisation de transfert est fondée sur les dispositions de l'article L. 1224-1 du Code du travail, l'inspecteur du travail doit vérifier la réalité du transfert d'une entité économique autonome ; à défaut, l'autorisation doit être refusée, l'opération s'analysant alors en une modification du contrat de travail susceptible d'être refusée par le salarié.

S'agissant d'une demande d'autorisation de transfert conventionnel, l'inspecteur du travail ne doit pas motiver sa décision en référence à l'accord exprès du salarié, ou à l'absence d'accord de sa part, sur la novation du contrat de travail constituée par le changement d'employeur, ce point échappant à son contrôle *(Cass. soc., 3 mars 2010, n° 08-41.600 et 08-44.120, Bull. V n° 51).*

§ 2. LES POINTS PARTICULIERS

A. La nécessité de répondre à l'ensemble des motifs invoqués par l'employeur

51.3.2.1. – Si la demande repose sur une pluralité de motifs, l'inspecteur du travail doit, en cas de décision refusant le licenciement, examiner et faire porter son contrôle sur l'ensemble des motifs invoqués à l'appui de la demande. En cas d'autorisation, il doit faire apparaître dans sa décision l'ensemble des points de contrôle auxquels il est tenu de se livrer sur celui ou ceux des motifs personnels qu'il aura estimé de nature à fonder son licenciement, en précisant la qualification reconnue aux faits établis *(Guide DGT, Salariés protégés, sept. 2019, fiche n° 18, préc. ; cf. n° **32.3.2**).*

Sur la possibilité pour l'inspecteur du travail de se fonder sur des motifs qui n'ont pas été invoqués au cours de l'entretien préalable ou de la consultation du comité social et économique, il convient de se reporter aux n° **32.3.6** et **32.3.7**.

B. Fondement de la demande d'autorisation et fondement de la décision

51.3.2.2. – L'inspecteur du travail ne peut pas, pour justifier sa décision, se placer sur un terrain distinct de celui retenu par l'employeur à l'appui de sa demande. Il en a été jugé ainsi :

– pour une autorisation motivée par l'existence d'une faute personnelle du salarié alors que la demande de l'employeur reposait sur un motif de caractère exclusivement économique *(CE, 19 juin 1992, n° 76.455, Scarp Parfums Carven)* ;
– pour une autorisation accordée, en l'absence d'une faute d'une gravité suffisante, sur le motif tiré de la détérioration des relations du salarié et de son employeur, alors que la demande de celui-ci n'était motivée que par l'allégation d'un comportement fautif *(CE, 8 juill. 1988, n° 51.588, Sté Aubert, Jurisp. soc. UIMM n° 89-512 p. 68 ; CE, 17 févr. 1992, n° 82.366, Association Le Willerhof)* ;
– pour une autorisation fondée sur la perte de confiance, et ne comportant aucune appréciation sur la gravité de la faute, alors que seul un motif disciplinaire figurait dans la demande *(CE, 16 juin*

1995, n° 126.960, Sevestre ; également CE, 29 mai 1996, n° 161.068, Sté Grands garages de Provence : perte de confiance retenue à l'appui d'une autorisation, alors que la demande ne mentionnait qu'un motif disciplinaire jugé non établi par l'autorité administrative) ;

- pour une autorisation fondée sur un motif économique, alors que l'employeur invoquait une faute dans sa demande *(CE, 6 mai 1996, n° 153.102, Caisse d'épargne d'Alsace, RJS 1996 n° 807)* ;
- pour une autorisation accordée par l'inspecteur du travail en retenant que le comportement du salarié rendait impossible la poursuite du contrat de travail, sans se prononcer sur la gravité des faits et en se méprenant sur la nature du contrôle qu'il lui convenait d'exercer dans le cadre de la demande de licenciement pour faute qui lui était présentée *(CE, 19 juin 2013, n° 356.483, M. A., et n° 352.182 M. B. ; a contrario : CE, 19 oct. 2012, n° 334.588, Prieto, Tables p. 1012, RJS 2013 n° 58, préc.)*.

C. L'incidence de la prise en compte de motifs inexacts

51.3.2.3. – La prise en considération de motifs inexacts pour fonder la décision n'entache pas celle-ci d'illégalité dès lors que les autres motifs retenus suffisent à la justifier *(CE, 19 avr. 1968, n° 70.104, Lebrun ; CE, 12 avr. 1991, n° 77.282, Banque populaire provençale et corse)*.

D. La motivation par référence

51.3.2.4. – La motivation par simple référence est considérée dans certains cas particuliers comme suffisante. Ainsi en a-t-il été jugé :

- pour une décision motivée en faisant référence à une décision antérieure régulièrement notifiée *(CE, 14 oct. 1983, n° 22.587, Thépault)* ;
- après un jugement du tribunal administratif annulant une précédente décision de refus, pour une décision d'autorisation motivée par référence à la décision initiale, au jugement du tribunal et au motif d'annulation *(CE, 16 mars 1988, n° 65.103, Bordelongue)*.

E. L'incidence de l'existence d'un vice substantiel de procédure

51.3.2.5. – Pour le ministère du Travail *(Guide DGT, Salariés protégés, sept. 2019, fiche n° 18)*, l'inspecteur du travail doit, de préférence, s'il se prononce dans le sens d'un refus, se limiter à constater le vice substantiel qui entacherait la procédure interne suivie par l'entreprise, sans faire porter son contrôle sur les motifs invoqués à l'appui de la demande.

Cette solution nous paraît s'imposer à l'autorité administrative, dans la mesure où elle laisse à l'employeur la possibilité de présenter ensuite une nouvelle demande d'autorisation, après avoir régularisé l'irrégularité de procédure, et d'obtenir un examen au fond par l'administration du bien-fondé des motifs invoqués à l'appui de cette demande.

§ 3. LE DÉFAUT OU L'INSUFFISANCE DE LA MOTIVATION

51.3.3. – L'inspecteur du travail, auteur de la décision illégale, peut régulariser le défaut ou l'insuffisance de la motivation en procédant au retrait de cette décision à l'intérieur du délai dont il dispose à cet effet *(cf. n° **61.2**)* et lui en substituer une autre *(CE, 6 févr. 1987, n° 70.137, Sté Tavers distribution)*. Le ministre, lorsqu'il est saisi d'un recours hiérarchique, doit annuler la décision dont la motivation n'est pas suffisante, quelle que soit la position retenue sur le fond : il n'est pas possible, en effet, à ce dernier de se borner à confirmer la décision contestée en réformant sa motivation. Cette décision confirmative, qui ne peut faire disparaître rétroactivement le vice de forme initial, serait alors elle-même entachée d'illégalité *(CE, 29 mai 1987, n° 72.669, Bénin, précité ; CE, 4 déc. 1987, n° 74.399, Besnainou, Dr ouvrier 1990, p. 55)*.

Le juge administratif annule une décision dont la motivation ne satisfait pas aux exigences légales et réglementaires, sauf s'il estime que l'administration était en situation de compétence liée.

§ 4. LE CAS DES DÉCISIONS IMPLICITES DE REJET

51.3.4. – Aux termes de l'article L. 232-4 du Code des relations entre l'administration et le public (qui codifie l'article 5 de la loi n° 79-587 du 11 juillet 1979 relative à la motivation des actes administratifs et à l'amélioration des relations entre l'administration et le public) « *une décision implicite intervenue dans les cas où la décision explicite aurait dû être motivée n'est pas illégale du seul fait qu'elle n'est pas assortie de cette motivation. Toutefois, à la demande de l'intéressé, formulée dans les délais du recours contentieux, les motifs de toute décision implicite de rejet devront lui être communiqués dans le mois suivant cette demande. Dans ce cas, le délai du recours contentieux contre ladite décision est prorogé jusqu'à l'expiration de deux mois suivant le jour où les motifs lui auront été communiqués. (...)* ».

Il revient alors à l'autorité administrative de mentionner par écrit l'ensemble des éléments de fait et de droit ayant fondé sa décision implicite de rejet, le cas échéant en prenant une décision explicite de même sens se substituant à la décision implicite *(CE, 17 juin 1992, n° 107.021, Tapon, Rec. p. 236 ; CE, 28 mai 2010, Société IDL, Tables p. 605, D. 2011. 2565, obs. A. Laude)*.

Dans une affaire où l'inspecteur du travail avait procédé au retrait d'une décision implicite de rejet pour prendre une décision de sens contraire, le Conseil d'État a considéré que dès lors que la décision portant retrait de la décision implicite de rejet de la demande et autorisation de licenciement indiquait les motifs qui avaient été retenus par l'inspecteur du travail pour refuser, il avait été satisfait à l'obligation de motivation au titre de l'article 5 de la loi du 11 juillet 1979 *(CE, 10 juin 1998, n° 165.463, Sté Creeks, Tables p. 1204, RJS 1998 n° 1017).*

Contrairement au délai de recours contentieux, le délai du recours hiérarchique, qui doit, en application des dispositions de l'article R. 2422-1 du Code du travail, être formé dans le délai de deux mois à compter de la notification de la décision de l'inspecteur du travail *(cf. n° **62.1.1.1**)*, ne fait pas l'objet d'une prorogation.

En cas de silence gardé par l'administration au-delà du délai d'un mois suivant la demande de communication, la décision implicite est illégale et peut être attaquée sans condition de délai *(CE, 29 mars 1985, n° 45.311 et 46.374, Testa, Rec. p. 93 ; CE, 5 févr. 1990, n° 87.012, Sad, Rec. p. 545)*. Toutefois les règles relatives au délai raisonnable d'un an au-delà duquel le destinataire d'une décision ne peut exercer de recours juridictionnel, sont applicables à la contestation d'une décision implicite de rejet lorsqu'il est établi que le demandeur a eu connaissance de la décision *(CE, Assemblée, 13 juillet 2016, M. Czabaj, n° 387.763, Rec. p. 340, AJDA 2016, p. 1629, chron. L. Dutheillet de Lamothe et G. Odinet ; RFDA 2016, p. 927, concl. O. Henrard ; CE, 18 mars 2019, M.B., n° 417.270, publié au recueil, AJDA 2019, p. 609).*

Si l'intéressé n'a pas demandé que lui soient communiqués les motifs de la décision dans le délai de recours contentieux, il n'est pas fondé à soutenir qu'aurait été méconnue l'obligation de motivation *(CE, 30 mai 1986, n° 66.715, Finet ; CE, 6 sept. 2002, n° 200.991, Lukundu, Tables p. 767).*

SECTION 4

Les délais dont dispose l'administration pour prendre sa décision

Plan de la section

§ 1. LA SUPPRESSION DES DÉLAIS INDICATIFS FIXÉS PAR LE CODE DU TRAVAIL

51.4.1. – Dans un souci de simplification, le décret n° 2017-1819 du 29 décembre 2017 relatif au comité social et économique a supprimé les délais indicatifs de bonne administration qui étaient fixés aux articles R. 2421-4 et R. 2421-11 du Code du travail (l'inspecteur du travail devait statuer dans un délai de 15 jours, ramené à 8 jours en cas de mise à pied conservatoire, ce délai pouvant être prolongé pour nécessité de l'enquête).

L'inspecteur du travail prend sa décision dans un délai de deux mois. Ce délai court à compter de la réception de la demande d'autorisation de licenciement. Le silence gardé pendant plus de deux mois vaut décision de rejet *(cf. n° **51.4.2.3**)*.

§ 2. LE DÉLAI À L'EXPIRATION DUQUEL NAÎT UNE DÉCISION IMPLICITE DE REJET DE LA DEMANDE D'AUTORISATION

51.4.2. – La loi n° 2013-1005 du 12 novembre 2013 habilitant le Gouvernement à simplifier les relations entre l'administration et les citoyens a posé le principe selon lequel le silence gardé par l'administration vaut accord. Ces dispositions sont entrées en application à compter du 12 novembre 2014 pour les demandes adressées aux administrations de l'État et de ses établissements publics à compter de cette date. Elles ont été codifiées au sein du Code des relations entre l'administration et le public *(CRPA, art. L. 231-1 et s.)*.

L'application de cette règle selon laquelle le silence vaut acceptation ne s'applique pas aux demandes présentant le caractère d'un recours administratif *(CRPA, art. L. 231-4, 2° ; sur les recours administratifs, cf. la sixième partie de l'ouvrage, n° **61 et s.**)*.

Cette règle n'est pas davantage applicable « *dans les cas, précisés par décret en Conseil d'État, où une acceptation implicite ne serait pas compatible avec le respect des engagements internationaux et européens de la France, la protection de la sécurité nationale, la protection des libertés et **des principes à valeur constitutionnelle** et la sauvegarde de l'ordre public* » *(CRPA, art. L. 231-4, 4°)*.

Comme l'a affirmé à plusieurs reprises le Conseil constitutionnel, la protection des représentants du personnel « *découle d'exigences constitutionnelles* » et se rattache à la détermination par le législateur d'un statut de nature à permettre aux salariés, élus ou désignés, l'exercice de leurs fonctions en toute indépendance par rapport à leur employeur, et relevant de ce fait des « *garanties légales des principes constitutionnels* » *(cf. **Intro § 27**)*.

En application de ces principes, le décret modifié n° 2014-1291 du 23 octobre, pris en application de la loi du 12 novembre 2013, maintient la règle du rejet tacite en cas de silence gardé à l'expiration du délai de deux mois par l'autorité administrative pour les demandes d'autorisation présentées dans le cadre juridique de la protection instituée par les dispositions du Titre 1er du Livre IV de la deuxième Partie du Code du travail.

Le principe du rejet tacite est maintenu par le décret n° 2017-1819 du 29 décembre 2017 relatif au comité social et économique qui modifie les articles R. 2421-4 et R. 2421-11 du Code du travail en indiquant : « *L'inspecteur du travail prend sa décision dans un délai de deux mois. Ce délai court à compter de la réception de la demande d'autorisation de licenciement. Le silence gardé pendant plus de deux mois vaut décision de rejet.* »

S'agissant de l'incidence des dispositions de l'article 7 de l'ordonnance n° 2020-306 du 25 mars 2020 relative à la prorogation des délais échus pendant la période d'urgence sanitaire et de l'article 1er de l'ordonnance n° 2020-560 du 13 mai 2020 fixant les délais applicables à diverses procédures pendant la période d'urgence sanitaire (épidémie de covid-19), il convient de se reporter à l'annexe I de la précédente (6e) édition de cet ouvrage.

A. L'envoi d'une demande incomplète

51.4.2.3. – Cette question est examinée au n° **32.6.2**.

B. L'envoi de la demande à une autorité incompétente

51.4.2.5. – Cette question est examinée au n° **32.6.3**.

§ 3. LA CONFIRMATION D'UNE DÉCISION IMPLICITE DE REJET PAR UNE DÉCISION EXPRESSE

51.4.3. – L'administration peut toutefois confirmer le rejet implicite par une décision explicite. Celle-ci doit être notifiée en principe dans le délai de deux mois à compter de la date de naissance de la décision implicite *(C. just. adm., art. R. 421-2)*.

SECTION 5
La notification et l'indication des délais et voies de recours

Plan de la section

51.5.1 La notification
51.5.2 L'indication des voies et délais de recours
51.5.3 Cas des décisions implicites de rejet

51.5. – La décision doit faire l'objet d'une notification comportant l'indication des délais et voies de recours afin de rendre ceux-ci opposables.

§ 1. LA NOTIFICATION

51.5.1. – Elle doit être faite auprès de l'employeur et du salarié ainsi que, lorsqu'il s'agit d'un délégué syndical ou d'un représentant syndical au comité social et économique, auprès de l'organisation syndicale concernée, par lettre recommandée avec demande d'avis de réception *(C. trav., art. R. 2421-5 et R. 2421-12)*.

Le défaut de notification au salarié est sans influence sur la légalité de la décision *(défaut de notification d'une autorisation : CE, 16 nov. 1988, n° 80.933, Boisriou ; idem pour l'organisation syndicale : TA Lyon, 13 juin 1995, Sté Spac Industrie)*.

En revanche, les délais de recours ne peuvent, en principe, être opposés à la partie n'ayant pas reçu de notification *(CRPA, art. L.112-6 et L. 112-12, CJA, art. R. 421-5 ; CE, 9 nov. 2005, n° 257.126, Ministre des Affaires sociales et de la Solidarité c./ Sté Les Amis Verts ; CE, 3 juill. 2013, n° 349.496, Sté Journal du Centre, Tables p. 865, RJS 2013 n° 700 ; cf. n°* ***74.1.2.1****)*.

Toutefois, le principe de sécurité juridique, qui implique que ne puissent être remises en cause sans condition de délai des situations consolidées par l'effet du temps, fait obstacle à ce que puisse être contestée indéfiniment une décision administrative dont, à défaut d'une notification à son destinataire, celui-ci en a eu connaissance certaine ; dès lors, un recours de ce dernier ne saurait intervenir au-delà d'un délai raisonnable d'une année à compter de la date à laquelle il est établi qu'il en a eu connaissance *(CE, Assemblée, 13 juill. 2016, M. Czabaj, n° 387.763, Rec. p. 340, AJDA 2016, p. 1629, chron. L. Dutheillet de Lamothe et G. Odinet ; RFDA 2016, p. 927, concl. O. Henrard ; CE, 7 févr. 2018, n° 397.246 et 247, Metaleurop Nord, CE, 28 mars 2018, n° 410.552, Imprimerie Georges Frère, Tables p. 826, AJDA 2018, p. 714 ; extension aux décisions implicites de rejet : CE, 18 mars 2019, Jounda Nguegoh, n° 417.270, publié au recueil, AJDA 2019, p. 609)*. De ce fait, la décision de refus de licenciement pour motif économique d'un salarié protégé appartenant à une entreprise faisant l'objet d'un plan de cession dans le cadre d'une procédure de redressement ou de liquidation judiciaire doit être également notifiée au cessionnaire si le salarié appartient à l'activité cédée, dans la mesure où ce refus a pour effet de faire passer le salarié au service du repreneur ; il en est de même de la décision autorisant le transfert du contrat de travail d'un salarié protégé *(Guide DGT, Salariés protégés, sept. 2019, fiche n° 18, préc.)*.

§ 2. L'INDICATION DES DÉLAIS ET VOIES DE RECOURS

51.5.2. – L'absence des mentions relatives aux voies et délais de recours devant la juridiction administrative n'entache pas d'illégalité la décision mais a pour effet de rendre inopposables les délais de recours *(CRPA, art. L. 112-6 et L. 112-12, C. just. adm., art. R. 421-5 ; cf. n°* ***51.5.1****)*.

Selon le juge administratif, l'autorité compétente n'est pas tenue d'indiquer les délais et voies de recours administratifs *(gracieux et hiérarchiques)* ; elle est seulement tenue de préciser les voies et délais de recours devant la juridiction administrative *(CE, 5 mai 1986, n° 67.903, Dufour, Rec. p. 129)*. La mention de ces recours administratifs ne doit toutefois pas générer d'ambiguïtés de nature à induire en erreur les intéressés dans des conditions telles qu'ils pourraient se trouver privés du droit à un recours contentieux effectif *(CE, 4 déc. 2009, n° 324.284, Hammou, Tables p. 884)*.

L'administration n'a pas l'obligation de préciser le tribunal compétent (l'indication du tribunal administratif par exemple) à l'intérieur de la juridiction administrative, et la circonstance qu'elle se soit bornée à préciser que la juridiction administrative était compétente sans préciser le tribunal administratif compétent ne fait donc pas obstacle au déclenchement du délai *(CE, 4 nov. 1992, n° 120.283, Ben Dhiab, Rec. p. 205 ; CAA Douai, 11 déc. 2014, n° 13DA01890 QPC, Felouki)*.

Cependant, le ministre du Travail a donné pour instruction à ses agents *(Guide DGT, Salariés protégés, sept. 2019, fiche n° 18 préc.)* :

– de préciser les délais et voies de recours hiérarchique ;

– d'indiquer avec précision le tribunal administratif compétent.

Il n'y a en revanche pas lieu d'y intégrer la voie du recours gracieux *(CAA Lyon, 6 avr. 2010, n° 08LY02000, Derois)*.

L'administration ne peut pas opposer au requérant le caractère erroné de l'indication des voies de recours dans la notification de la décision *(CE, 8 janv. 1992, n° 113.114, Masses, mentionné aux Tables ; CE, 10 févr. 1993, n° 132.039, Sté Technic Auto)*.

Enfin, a été jugé tardif et donc irrecevable le recours d'un salarié alléguant l'absence d'une annexe portant ces indications, dès lors qu'il n'établissait pas avoir fait les diligences nécessaires pour connaître le contenu d'un pli qu'il prétendait incomplet *(CE, 22 juill. 1994, Collini, n° 126786, Tables p. 1104)*. Pour éviter toute contestation, il est toutefois conseillé de faire figurer les délais et voies de recours dans le corps de la décision, et non dans une annexe.

§ 3. LE CAS DES DÉCISIONS IMPLICITES DE REJET

A. L'accusé de réception de la demande

51.5.3.1. – L'indication des délais et voies de recours doit figurer dans l'accusé de réception que l'administration doit adresser, dès la réception de la demande, à l'employeur conformément aux dispositions du Code des relations entre le public et l'administration *(CRPA, art. R. 112-5 et R. 112-11-1 concernant l'accusé de réception par voie électronique, cf. n°* ***32.6.1****)*.

B. L'incidence de l'absence d'accusé de réception

51.5.3.2. – Deux cas sont à distinguer :
- soit l'administration prend une décision expresse avant l'expiration du délai de deux mois dont elle dispose et la décision mentionne les voies et délais de recours : dans ce cas, l'absence d'accusé de réception est sans incidence et les délais sont opposables ;
- soit l'administration n'a pas pris de décision expresse avant l'expiration du délai de deux mois ; dans ce cas, l'absence d'accusé de réception rend inopposable la forclusion des délais de recours. Il en est de même si l'accusé de réception ne comporte pas l'ensemble des mentions obligatoires.

Toutefois, dans le second cas, la partie à laquelle la décision implicite de rejet fait grief ne peut exercer de recours juridictionnel au-delà d'un délai raisonnable d'un an à compter de la date à laquelle il est établi qu'elle en a eu connaissance *(CE, Assemblée, 13 juill. 2016, M. Czabaj, n° 387.763, Rec. p. 340, AJDA 2016, p. 1629, chron. L. Dutheillet de Lamothe et G. Odinet ; RFDA 2016, p. 927, concl. O. Henrard ; CE, 7 févr. 2018, n° 397.246 et 247, Metaleurop Nord, CE, 28 mars 2018, n° 410.552, Imprimerie Georges Frère, Tables p. 826, AJDA 2018, p. 714)*. La preuve de cette connaissance ne peut résulter du seul écoulement du temps depuis la présentation de la demande, mais de ce qu'il est établi soit que le demandeur a été clairement informé des conditions de naissance d'une décision implicite, lors de la présentation de sa demande, soit que la décision implicite a par la suite été expressément mentionnée au cours de ses échanges avec l'administration, notamment à l'occasion d'un recours gracieux dirigé contre cette décision. Dans le premier cas, le délai raisonnable court de la date à laquelle est née la décision implicite ; dans le second cas, il court de la date de l'événement établissant qu'il a eu connaissance de la décision implicite *(CE, 18 mars 2019, Jounda Nguegoh, n° 417.270, publié au recueil, AJDA 2019, p. 609)*.

CHAPITRE II

LES EFFETS DE LA DÉCISION DE L'INSPECTEUR DU TRAVAIL

SECTION 1

En cas d'autorisation

§ 1. LE PRONONCÉ DU LICENCIEMENT

A. Les règles générales

52.1.1.1. – L'employeur peut valablement prononcer le licenciement dès réception de la décision *(Cass. soc., 8 mai 1974, n° 73-40.271, Bull. V n° 278)*, et nonobstant la présentation par le salarié d'un recours administratif ou contentieux tendant à en obtenir l'annulation, ce recours n'ayant pas d'effet suspensif.

La date de la rupture du contrat de travail est la date à laquelle l'employeur a manifesté sa volonté d'y mettre fin, c'est-à-dire au jour de l'envoi de la lettre recommandée avec demande d'avis de réception notifiant la rupture *(C. trav., art. L. 1232-6 ; Cass. ass. plén., 28 janv. 2005, n° 01-45.924, Bull. AP n° 1, Rapport 2005 de la Cour de cassation, p. 231, RJS 2005 n° 373, D. 2005, p. 387, obs. Chevrier ; Cass. soc., 11 mai 2005, n° 03-40.650 et 03-40.651, Bull. V n° 159, RJS 2005 n° 722, obs. J. Mouly, Dr soc 2005, p. 920)*.

Appelé à se prononcer sur la recevabilité d'une demande de référé suspension, le Conseil d'État, se fondant sur cette jurisprudence judiciaire, a jugé que l'autorisation de licenciement d'un salarié protégé doit être regardée comme entièrement exécutée à compter de l'envoi de la lettre de licenciement *(cf. n° **74.9.1.3**)*.

B. La personne compétente pour signer la lettre de licenciement

52.1.1.2. – Des clauses conventionnelles peuvent imposer que la lettre de licenciement soit signée par le président du conseil d'administration et un administrateur en cas de licenciement pour faute grave ; la méconnaissance de cette garantie de fond prive le licenciement de cause réelle et sérieuse *(Cass. soc., 5 avr. 2005, n° 02-47.473, Bull. V n° 119, RJS 2005 n° 608, Dr soc 2005, p. 700, obs. G. Couturier ; Cass. soc., 4 avr. 2006, n° 04-47.677, Bull. V n° 134, RJS 2006 n° 704)*.

En l'absence de dispositions statutaires contraires attribuant la compétence pour prononcer un licenciement, il entre dans les attributions du président d'une association de mettre en œuvre la procédure de licenciement *(Cass. soc., 29 sept. 2004, n° 02-43.771, Bull. V n° 236, RJS 2004 n° 1255)*. Si les statuts de l'association précisent que son président est le représentant légal auprès des tiers pour tous les actes de la vie courante, il est regardé comme ayant qualité pour mettre en œuvre la procédure de licenciement *(Cass. soc., 25 nov. 2003, n° 01-42.111, Bull. V n° 292, RJS 2004 n° 180)*. Si les dispositions statutaires réservent le pouvoir de licencier au conseil d'administration, la méconnaissance de cette clause prive le licenciement de cause réelle et sérieuse, ce manquement n'étant pas susceptible de régularisation *(Cass. soc., 4 mars 2003, n° 00-45.193, Bull. V n° 79, RJS 2003 n° 580 ; Cass. soc., 17 mars 2015, n° 13-20.452, Bull. V, n° 50 ; La délicate question du pouvoir de licencier dans les associations, S. Tournaux, RDT 2015, p. 325 ; Cass. soc., 6 janv. 2021, n° 19-16.113)*.

S'agissant des dirigeants de société, aucune disposition légale n'exige que la délégation du pouvoir de licencier soit donnée par écrit, elle peut résulter des fonctions du salarié qui met en œuvre la procédure de licenciement *(Cass. soc., 18 nov. 2003, n° 01-43.608, Bull. V n° 287, RJS 2004 n° 15 ; Cass. Ch. mixte 19 nov. 2010, n° 10-30.215, Bull. Ch. mixte n° 2, RJS 2011, n° 288 ; Cass. soc. 8 févr. 2012, n° 10-27.174)*.

En tout état de cause, **l'employeur ne peut donner mandat à une personne étrangère à l'entreprise pour notifier le licenciement** *(Cass. soc., 26 mars 2002, n° 99-43.155, Bull. V n° 105, RJS 2002 n° 669, Dr soc 2002, p. 784, obs. J. Mouly ; Cass. soc., 26 avr. 2006, n° 04-42.860, RJS 2006 n° 819 : lettre signée par le futur dirigeant de la société sans qu'il soit établi que le gérant en fonction lui ait donné mandat ; Cass. soc., 7 déc. 2011, n° 10-30.222, Bull. V, n° 289 ; obs. P. Lokiec et J. Porta, D. actu. 2012, 901 ; obs. G. Couturier, Dr soc 2012. 415 ; obs. G. Auzero, RDT 2012, p. 94 : lettre signée par le cabinet comptable de l'employeur ; Cass. soc., 21 sept. 2016, n° 14-18.593, Bull. n° 1529, RJS 2016, n° 770 : lettre signée par l'héritier du pharmacien et non par le gérant de la société exploitant la pharmacie)*.

Ainsi, la signature pour ordre de la lettre de licenciement au nom de l'employeur par une personne étrangère à l'entreprise ne peut être admise

(Cass. soc., 26 avril 2017, n° 15-25.204, Bull. V n° 690 ; RJS 2017, n° 476 ; obs. Bousez, JCP S 2017, 1203 ; J. Siro, D. actu. 11 mai 2017 ; « Qui pour conduire la procédure de licenciement ? », G. Auzero, RDT 2017, p. 409). En revanche, lorsque la lettre de licenciement a été signée par une personne appartenant à l'entreprise, pour ordre, au nom du directeur des ressources humaines et que la procédure de licenciement a été menée à terme, il en résulte que le mandat de signer la lettre de licenciement a été ratifié *(Cass. soc., 10 nov. 2009, n° 08-41.076, Bull. V n° 250, obs. Perrin, D. 2009, 2869 ; RJS 2010, n° 18 ; obs. Drai, JCP S 2009, p. 1596).*

Le travailleur temporaire n'est pas étranger à l'entreprise au sein de laquelle il effectue sa mission, lorsqu'il a pour mission l'assistance et le conseil du DRH, ainsi que son remplacement éventuel, il a le pouvoir de signer les lettres de licenciement *(Cass. soc., 2 mars 2011, n° 09-67.237 : D. actu. 17 mars 2011, obs. Perrin ; N. Ferrier, « Validité et interprétation des délégations du pouvoir en matière de licenciement », RDT 2011, p. 307 ; obs. Tourreil, JSL 2011, n° 298-6 ; obs. Guyot, JCP S 2011, p. 1213).*

Le directeur du personnel engagé par la société mère pour exercer ses fonctions au sein des filiales ne peut être regardé comme une personne étrangère à ses filiales *(Cass. soc., 19 janv. 2005, n° 02-45.675, Bull. civ. V n° 10, Dr soc 2005 p. 475, obs. J. Savatier).* Il en est de même pour le directeur financier propriétaire de 100 % des actions de la société employeur ayant signé la lettre de licenciement par délégation du représentant légal de la filiale *(Cass. soc. 30 juin 2015, n° 13-28.146, Bull. V n° 133 ; note S. Vernac, D. actu. 2015, p. 2301 ; G. Auzero, « L'exercice du pouvoir de licencier au sein des groupes de sociétés », RDT 2015, p. 536).* Cette solution a été étendue au cas du licenciement d'un salarié de la filiale par le directeur général de la société mère qui supervisait ses activités *(Cass. soc. 13 juin 2018, n° 16-23.701, Bull. n° 792, D. actu. 19 juill. 2018, obs. Siro ; D. 2018, 1317 ; RJS 2018, n° 533 ; obs. Tissandier, JSL 2018, n° 459-5 ; obs. François, JCP S 2018 1237 ; obs. Caro Sem. soc. Lamy 2018, n° 1824, p. 12).*

§ 2. LA MOTIVATION DE LA LETTRE DE LICENCIEMENT

52.1.2. – Le licenciement ne peut être prononcé que pour les faits ayant motivé l'autorisation administrative de licenciement ; à défaut, le licenciement est nul *(Cass. soc., 11 juin 2002, n° 00-41.073, Bull. V n° 198, RJS 2002 n° 1001 ; Cass. soc., 19 mai 2010, n° 08-45.386).*

En visant l'autorisation accordée par l'inspecteur du travail, l'employeur est regardé comme ayant motivé la lettre de licenciement *(Cass. soc., 30 avr. 1997, n° 94-42.155, Bull. V n° 149, RJS 1997 n° 707 ; Cass. soc., 28 oct. 2003, n° 01-46.168, Bull. V n° 264, RJS 2004 n° 77, note M. Souleau-Bertrand, D. 2004, p. 595 ; Cass. soc., 13 juill. 2004, n° 02-43.538, RJS 2004 n° 1064).*

En revanche, en l'absence de mention de l'autorisation administrative ou de la cause économique du licenciement, la lettre de licenciement n'est pas motivée et le licenciement est sans cause réelle et sérieuse *(Cass. soc., 5 avr. 2005, n° 02-47.518, Bull. V n° 120, RJS 2005 n° 649 ; Cass. soc., 5 avr. 2005, n° 03-44.994, Bull. V n° 121)*. Toutefois, la référence au jugement prononçant la liquidation judiciaire est regardée comme suffisante même en l'absence de mention de l'autorisation administrative *(Cass. soc., 25 mai 2004, n° 03-42.063, 03-42.287, 03-42.288, 03-42.289 et 03-42.290, Bull. V n° 137, RJS 2004 n° 940)*.

L'employeur doit invoquer un motif de faute grave s'il entend ne pas verser au salarié ses indemnités de rupture *(Cass. soc., 17 mars 1993, n° 90-43.909, Dr soc 1993, p. 462)*.

Le défaut de motivation de la lettre de licenciement est sans incidence sur la légalité de la décision d'autorisation *(CE, 2 juin 1993, n° 107.508, Sawadogo, Tables p. 1068)*. L'ordonnance n° 2017-1387 du 22 septembre 2017 relative à la prévisibilité et la sécurisation des relations de travail a prévu la possibilité pour l'employeur, que ce soit à l'initiative du salarié ou de sa propre initiative, de préciser les motifs de licenciement après sa notification *(C. trav., art. L. 1235-2 ; Liaisons soc. n° 17801 ; Dr soc janv. 2018, « La motivation du licenciement », A. Fabre, p. 4)*. Désormais, l'article L. 1235-2 du Code du travail autorise l'employeur, une fois la lettre de licenciement notifiée, à préciser les motifs invoqués à l'appui de la rupture, de sa propre initiative ou si le salarié lui demande des précisions *(C. trav., art. R. 1232-13)*. Toutefois, aucune disposition n'impose à l'employeur d'informer le salarié de son droit de demander que les motifs de la lettre de licenciement soient précisés *(Cass. soc., 29 juin 2022, n° 20-22.220, B., RJS 2022 n° 509)*.

En l'absence d'énonciation du motif de licenciement dans la lettre de licenciement, celui-ci est dépourvu de cause réelle et sérieuse puisque la lettre de licenciement, dont les motifs peuvent éventuellement avoir été précisés dans le respect de l'article R. 1232-13 du Code du travail, fixe les limites du litige *(C. trav., art. L. 1235-2)*. En revanche, et à l'inverse de ce que décidait jusqu'alors la jurisprudence, la seule imprécision des motifs dans la lettre ne saurait à elle seule priver le licenciement de cause réelle et sérieuse dès lors que le salarié n'a pas demandé à l'employeur, dans le cadre de la procédure prévue par l'article R. 1232-13 du Code du travail, de précisions sur la cause de la rupture de son contrat. Dans cette hypothèse, le salarié ne pourra prétendre qu'à une indemnité d'un mois de salaire maximum, sauf à ce que le motif imprécis invoqué dans la lettre ne soit pas réel et sérieux, hypothèse dans laquelle le licenciement sera donc injustifié.

§ 3. LE DÉLAI D'ENVOI DE LA LETTRE DE LICENCIEMENT

A. Le délai de notification en cas de licenciement disciplinaire

1. Règles générales

52.1.3.1.1. – L'article L. 1332-2 du Code du travail dispose que la sanction disciplinaire « *ne peut intervenir moins de deux jours ouvrables, ni plus d'un mois après le jour fixé par l'entretien* ».

a) Le délai maximal

52.1.3.1.1.1. – La Cour de cassation a jugé, s'agissant de la rupture du contrat de travail de droit commun, que le délai d'un mois était applicable aux procédures de licenciement pour faute *(Cass. soc., 16 mars 1995, n° 90-41.213, Bull. V n° 90, RJS 1995 n° 498 ; Cass. soc., 4 mai 1995, n° 93-41.440, RJS 1995 n° 630 ; Cass. soc., 5 janv. 2012, n° 11-40.080 QPC, Bull. V n° 1)*.

Pour la Cour de cassation, le licenciement notifié postérieurement à l'expiration de ce délai est dépourvu de cause réelle et sérieuse *(Cass. soc., 3 avr. 1997, n° 94-44.575, Bull. V n° 138, Dr soc 1997, p. 693, RJS 1997 n° 816 ; Cass. soc., 16 janv. 2001, n° 98-42.041, Bull. V n° 8, RJS 2001 n° 426, Dr soc 2001, p. 323)*, y compris dans le cas où le salarié ne se présente pas à l'entretien *(Cass. Soc., 6 janv. 1999, n° 96-44.064, RJS 1999 n° 201)*. Le juge du fond n'a pas à rechercher si le dépassement du délai d'un mois pouvait être justifié par des investigations utiles au salarié *(Cass. soc., 20 juin 2002, n° 00-42.839, Dr ouvrier 2003, p. 355)*.

Il en est de même lorsque le courrier ne parvient pas au salarié en raison d'erreurs imputables à l'employeur *(Cass. soc., 7 juill. 2004, n° 02-43.100, RJS 2005 n° 29 : erreur de l'employeur quant à l'adresse ; Cass. soc., 26 oct. 2004, n° 02-45.009, RJS 2005 n° 139 : erreur commise dans l'identité du salarié ayant fait obstacle à ce que celui-ci puisse retirer la lettre)*.

b) Le délai minimal

52.1.3.1.1.2. – Avant la loi n° 2012-387 du 22 mars 2012, le délai minimal de notification était d'un jour franc et non de deux jours ouvrables. Cette modification n'a pas d'autre objectif que la mise en cohérence des délais prévus dans le code du travail.

Si la méconnaissance du délai d'un mois prive le licenciement de cause réelle et sérieuse, en revanche, la notification de la sanction sans que soit observé le délai minimal constitue seulement une irrégularité de procédure ouvrant droit à réparation du préjudice en résultant *(Cass. soc., 27 nov. 2001, n° 99-44.889, Bull. V n° 361, RJS 2002 n° 162 ; Cass. soc., 5 mars 2002, n° 00-41.453, Bull. V n° 84, RJS 2002 n° 552 ; Cass. soc., 12 nov. 2003, n° 01-42.130, Bull. V n° 278, RJS 2004 n° 36 ; sur la question, voir P. Waquet, « Petite chronique du droit disciplinaire », Dr soc 2002, p. 866).*

2. *L'application des dispositions de l'article L. 1332-2 au licenciement des salariés protégés*

52.1.3.1.2. – S'agissant d'un licenciement pour motif disciplinaire, la chambre sociale a jugé que le délai d'un mois prévu par l'article L. 1332-2 court à compter du jour où l'employeur a reçu notification de l'autorisation administrative. Le non-respect de ce délai prive le licenciement de cause réelle et sérieuse *(Cass. soc., 28 oct. 2003, n° 01-42.404, Bull. V n° 262, RJS 2004 n° 78 ; Cass. soc., 18 nov. 2008, n° 07-43.924 ; Cass. soc., 16 déc. 2009, n° 09-40.132, RJS 2010 n° 278).*

En revanche, si l'employeur a bien engagé la procédure de licenciement pour faute dans les délais impartis, et que, tenu de maintenir le salarié à son poste de travail dans l'attente de l'autorisation administrative, il a notifié le licenciement dès cette autorisation obtenue, le délai écoulé entre l'engagement de la procédure et le prononcé du licenciement est sans incidence sur la qualification de la faute grave *(Cass. soc., 18 janv. 2011, n° 09-42.386).*

B. Le délai de notification en cas de licenciement ne reposant pas sur un motif disciplinaire

52.1.3.2. – La réglementation ne fixe pas de délai. L'employeur n'est pas tenu d'utiliser immédiatement l'autorisation : il ne sera pas pour autant réputé y avoir renoncé.

Il en a été jugé ainsi, sous l'empire des dispositions antérieures à la loi du 28 octobre 1982, dans le cas d'un licenciement d'un délégué du personnel approuvé par le comité d'entreprise quelques semaines avant les vacances mais dont la notification avait été différée par l'employeur dans un souci d'apaisement jusqu'au retour des congés payés *(Cass. soc., 1er févr. 1978, n° 76-40.273, JCP 1978, IV, 108).*

La Cour de cassation a cependant estimé, s'agissant d'une autorisation administrative de licenciement pour motif économique de salariés non protégés, accordée en application des dispositions abrogées en 1986, qu'à défaut d'utilisation dans les délais prévus par le programme de compression des effectifs, cette autorisation devenait caduque, dès lors que les conditions économiques s'étaient modifiées entre-temps *(Cass. soc., 28 avr. 1983, n° 81-40.548 et 81-42.752, Bull. V n° 220).* Lorsque le salarié bénéficie d'un congé de conversion, la rupture du contrat de travail intervient à l'issue de la période de suspension du contrat *(pour un exemple : Cass. soc., 5 févr. 2002, n° 99-44.558, Bull. V n° 51, obs. G. Couturier, Dr soc 2002, p. 668, D. actu. 2002, p. 863).*

Le Conseil d'État a également jugé que le report à une date postérieure de plusieurs mois à celle de l'autorisation administrative révélait qu'à la date à laquelle elle avait été accordée, elle était entachée d'une erreur manifeste d'appréciation du motif économique *(CE, 1er avr. 1987, n° 54.204 et 54.206, Morange et Laforêt, Rec. p. 117 : décision relative à la légalité d'une autorisation administrative de licenciement pour motif économique de salariés non protégés).*

Appelée à se prononcer sur le même litige pour une autorisation de licenciement pour motif économique, en l'absence de délai légal spécifique, la Cour de cassation a approuvé la cour d'appel qui « *a pu décider que l'employeur, qui n'avait pas fait usage de l'autorisation de licenciement donnée le 8 septembre 2003, ne pouvait s'en prévaloir huit mois plus tard, dès lors qu'elle constatait que les conditions de fait et de droit avaient changé* » *(Cass. soc., 27 mai 2009, n° 08-40.834).*

§ 4. L'EFFET SUR LA MISE À PIED

52.1.4. – « *Seul le licenciement fondé sur une faute grave ou lourde dispense l'employeur de son obligation de paiement du salaire afférent à la période de mise à pied* » *(Cass. soc., 3 févr. 2004, n° 01-45.989, RJS 2004 n° 409).*

Il découle de cette règle que :

- la seule autorisation accordée par l'inspecteur du travail ne suffit pas pour dispenser l'employeur de son obligation de paiement du salaire correspondant à la période de mise à pied conservatoire ; en effet, l'autorisation pour motif disciplinaire peut être accordée légalement par l'administration alors même que la faute n'est ni grave, ni lourde, sauf dans le cas où le licenciement du salarié protégé est fondé sur des fautes commises au cours d'une grève ;
- il incombe à l'employeur de qualifier la faute dans la lettre de licenciement.

Si l'employeur n'invoque ni la faute grave, ni la faute lourde et s'abstient de verser le salaire correspondant à la période de mise à pied, le juge estime alors que le salarié a été sanctionné à deux reprises pour la même faute – par la mise à pied puis par le licenciement – et que, par voie de conséquence, le licenciement est dépourvu de cause réelle et sérieuse *(Cass. soc., 3 févr. 2004, n° 01-45.989, RJS 2004 n° 409).* Cette obligation de versement des salaires s'impose, peu important que le salarié ait été placé en arrêt maladie pendant la même période *(Cass. soc., 18 févr. 2016, n° 14-22708 RJS 2016, n° 302).*

§ 5. LE DÉROULEMENT DU PRÉAVIS

A. Faute grave pendant le préavis

52.1.5.1. – En application des règles de droit commun, la survenance d'une faute grave pendant le préavis peut entraîner la rupture immédiate du délai-congé sans obliger l'employeur à engager à nouveau une procédure de licenciement *(Cass. soc., 24 oct. 1989, n° 86-45.710, Bull. V n° 611)*. L'employeur peut priver le salarié de la partie de l'indemnité compensatrice de préavis correspondant à celle de la période restant à courir jusqu'au terme du préavis *(Cass. soc., 12 déc. 2001, n° 99-45.290, RJS 2002 n° 169)*.

B. L'exercice d'une activité concurrente

52.1.5.2. – L'exercice d'une activité concurrente obéit aux principes jurisprudentiels suivants.

Le licenciement notifié au salarié produisant tous ses effets, le salarié, alors même qu'il aurait formé un recours contre la décision d'autorisation, n'est plus tenu à l'obligation prévue par son contrat de travail lui interdisant d'exercer une activité concurrente de celle de son employeur pendant la durée de son contrat. Par suite, doit être rejetée la demande d'indemnisation de la violation par le salarié de son obligation *(Cass. soc., 12 mai 1998, n° 95-44.214, Bull. V n° 247, Dr soc 1998, p. 728, RJS 1998 n° 777)*.

Une clause de non-concurrence n'est licite que si les conditions suivantes sont remplies *(Cass. soc., 10 juill. 2002, n° 00-45.135, Bull. V n° 239, RJS 2002 n° 1119, Dr ouvrier 2002, p. 533, Rapport 2002 de la Cour de cassation, p. 349 ; cf. chron. J.-Y. Kerbourch', « Clause d'interdiction de concurrence et contrepartie financière », RJS 2003, p. 3 ; Rapport 2004 de la Cour de cassation)* :

- elle doit être indispensable à la protection des intérêts légitimes de l'entreprise ;
- elle doit être limitée dans l'espace et dans le temps ; ces limites doivent tenir compte des spécificités de l'emploi occupé et ne doivent pas faire obstacle à ce que le salarié retrouve un emploi conforme à son expérience professionnelle *(Cass. soc., 18 sept. 2002, n° 99-46.136, Bull. V n° 273, RJS 2002 n° 1352)*. Si tel est le cas, le juge peut réduire le champ d'application de la clause *(Cass. soc., 18 sept. 2002, n° 00-42.904, Bull. V n° 272, RJS 2002 n° 1231)* ;
- elle doit comporter une contrepartie financière.

En l'absence de cette contrepartie, la clause de non-concurrence est nulle *(Cass. soc., 10 juill. 2002, n° 00-45.135, Bull. V n° 239, RJS 2002 n° 1119, Dr ouvrier 2002, p. 533, Rapport 2002 de la Cour de cassation, p. 349, précité ; cf. chron. J.-Y. Kerbourc'h, « Clause d'interdiction de concurrence et contrepartie financière », RJS 2003, p. 3)*. Cette nullité frappe les clauses souscrites avant ou après le principe posé par la Cour de cassation par ses arrêts du 10 juillet 2002 *(Cass. soc., 17 déc. 2004, n° 03-40.008, Bull. V n° 346, RJS 2005 n° 27, Dr ouvrier 2005, p. 149, Dr soc 2005, p. 334, obs. B. Gauriau, Rapport 2004 de la Cour de cassation, p. 213)*. Est nulle la clause qui ne prévoit de contrepartie financière qu'en cas de rupture du contrat à l'initiative de l'employeur *(Cass. soc., 31 mai 2006, n° 04-44.598, Bull. V n° 198, Dr soc 2006, p. 927, obs. J. Mouly)*. Seul le salarié peut se prévaloir de la nullité de la clause *(Cass. soc., 25 janv. 2006, n° 04-43.646, Bull. V n° 25, Dr soc 2006, p. 463, obs. J. Mouly, RJS 2006 n° 437)*.

L'absence de contrepartie financière prévue par la clause ne peut donc pas avoir pour conséquence la seule attribution de dommages-intérêts *(Cass. soc., 14 janv. 2004, n° 01-46.562)*.

Cependant, la nullité de la clause de non-concurrence ne fait pas obstacle à une action en responsabilité engagée par l'employeur contre son salarié s'il démontre que l'intéressé s'est livré à des actes de concurrence déloyale à son égard *(Cass. soc., 28 janv. 2005, n° 02-47.527, Bull. V n° 36, RJS 2005 n° 382 ; Cass. soc., 14 déc. 2005, n° 04-40.561, Bull. V n° 363, RJS 2006 n° 342)*.

Le respect par le salarié d'une clause de non-concurrence illicite lui cause nécessairement un préjudice dont il appartient au juge d'apprécier l'étendue *(Cass. soc., 11 janv. 2006, n° 03-46.933, Bull. civ. V n° 8, RJS 2006 n° 341, Dr soc 2006, p. 465, obs. J. Mouly ; Cass. soc., 18 mars 2003, n° 00-46.358, Bull. V n° 98, RJS 2003 n° 734 ; Cass. soc., 15 mars 2006, n° 03-45.031, Bull. V n° 109, RJS 2006 n° 727 ; Cass. soc., 22 mars 2006, n° 04-45.546, Bull. V n° 120, RJS 2006 n° 727)*. En revanche, lorsque le salarié a exercé, après la rupture de son contrat de travail, l'activité interdite par la clause, le juge peut décider qu'il n'a subi aucun préjudice résultant de l'illicéité de la clause de non-concurrence *(Cass. soc., 25 mai 2016, n° 14-20.578, Bull. V, n° 114, D. actu. 2016, p. 2484, Dr. soc. 2016, p. 650, note Tournaux et p. 773, obs. J. Mouly, Rev. trav. 2016, p. 557, obs. Bento de Carvalho)*.

Si le contrat ne prévoit pas de clause de renonciation, l'employeur ne peut unilatéralement renoncer à son exécution *(Cass. soc., 28 nov. 2001, n° 99-46.032, RJS 2002 n° 175)*.

§ 6. LA TRANSACTION

52.1.6. – Le licenciement ayant été autorisé et notifié, les parties peuvent conclure une transaction *(Cass. soc., 19 mai 1998, n° 96-40.461, RJS 1998 n° 882, cf. n°* ***17.6****)*.

Dès lors que la jurisprudence admet que le départ volontaire d'un salarié dans le cadre d'un accord collectif constitue une rupture amiable du contrat de travail, il a été jugé, s'agissant d'un représentant du personnel, que la rupture du contrat de travail, après l'autorisation de l'inspecteur du travail, constituait non un licenciement pour motif économique, mais une rupture amiable autorisée *(Cass. soc., 22 févr. 2006, n° 04-42.464, RJS 2006 n° 601)*.

§ 7. LA NOUVELLE DEMANDE D'AUTORISATION

52.1.7. – Dès lors que le licenciement a été prononcé et que le salarié n'a pas formé de recours, le licenciement « *produit son plein effet* » *(Cass. soc., 1er mars 2005, n° 03-43.477, Bull. V n° 73, RJS 2005 n° 761)*. Il s'ensuit que, même si l'employeur a présenté postérieurement au prononcé du licenciement une nouvelle demande et que cette dernière a été rejetée, le salarié ne peut à bon droit présenter devant le juge une demande fondée sur la violation des dispositions du statut protecteur, son licenciement ayant été autorisé.

SECTION 2
En cas de refus d'autorisation

§ 1. L'IMPOSSIBILITÉ DE ROMPRE RÉGULIÈREMENT LE CONTRAT DE TRAVAIL DU SALARIÉ PROTÉGÉ

52.2.1. – L'employeur ne peut pas procéder, dans ce cas, au licenciement du salarié protégé. Tout licenciement prononcé malgré le refus d'autorisation est nul *(Cass. soc., 4 avr. 1974, n° 73-40.223, Bull. V n° 203 ; Cass. soc., 12 févr. 1991, n° 88-41.339, Bull. V n° 64)*. Il constitue en outre une voie de fait permettant au salarié de demander sa réintégration devant le juge des référés *(Cass. soc., 26 nov. 1997, n° 95-44.578, Bull. V n° 407, RJS 1998 n° 68)*. Il constitue également un délit d'entrave alors même que l'employeur contesterait la légalité du refus opposé par l'administration *(Cass. crim., 11 mai 2004, 03-83.682, Dr soc 2004, p. 919, obs. F. Duquesne)*.

En outre, le licenciement prononcé à l'expiration de la période légale de protection ne peut être motivé par des faits invoqués devant l'autorité administrative et qui ont donné lieu à une décision de refus d'autorisation du licenciement *(cf. n° **79.2**)*.

§ 2. LE MAINTIEN OU LE RÉTABLISSEMENT DU SALARIÉ DANS SON ACTIVITÉ PROFESSIONNELLE ET SON MANDAT

52.2.2. – Le salarié doit être maintenu ou rétabli :

– **dans son activité professionnelle** dès lors qu'un représentant du personnel « *ne peut assurer complètement ses fonctions que s'il travaille effectivement dans son emploi ou à défaut dans un emploi équivalent* » *(Cass. soc., 30 mai 1979, n° 78-12.139, Bull. V n° 480)*. Si l'employeur, tout en réintégrant le salarié et en lui permettant d'exercer son mandat, lui paie son salaire en le dispensant de tout travail, il commet une voie de fait et un délit d'entrave *(Cass. crim., 3 juill. 1968, n° 67-93.637, Bull. crim. n° 216, D. 1969,* *p. 597 ; Cass. crim., 11 juin 1994, Bull. crim., p. 550 ; Cass. crim., 22 nov. 2005, n° 04-87.021, Bull. crim. n° 306, Dr soc 2006, p. 693, obs. F. Duquesne)* ;

– **dans son emploi aux conditions de travail antérieures** *(Cass. soc., 3 oct. 1989, n° 86-45.691, Bull. V n° 558)*. Toute modification de son contrat ou de ses conditions de travail, refusée par le salarié, constituerait un trouble manifestement illicite, légitimant l'intervention du juge des référés *(Cass. soc., 10 juill. 1991, n° 88-41.955, Bull. V n° 356, Dr soc 1991, p. 739 ; Cass. soc., 3 févr. 1993, n° 89-40.042, Bull. V n° 41 : « Dès lors que, comme l'avait constaté la cour d'appel, l'autorité administrative avait refusé d'autoriser le licenciement prononcé à la suite du refus par le salarié protégé de sa mutation, ce dernier devait être maintenu dans son emploi et percevoir son salaire (...) le maintien dans ces conditions de la mutation par l'employeur constituait un trouble manifestement illicite qu'il convenait de faire cesser par une mesure de remise en état »)* ;

– **dans son mandat.** En outre, la nouvelle affectation ne doit pas rendre plus difficile l'exercice des fonctions représentatives *(Cass. soc., 18 avr. 1989, n° 86-42.709)*. Pour plus de précision, il convient de se référer aux développements consacrés à la discrimination *(cf. n° **412.1 et s.**)*.

Le seul fait de présenter un recours hiérarchique ou contentieux, lesquels n'ont pas d'effet suspensif, ne dispense pas l'employeur de son obligation de conserver le salarié et de le rémunérer jusqu'à l'obtention de l'autorisation de licenciement, la décision du ministre n'ayant aucun effet rétroactif *(Cass. soc., 15 déc. 2011, n° 10-20.093 à 10-20.096, RJS 2012 n° 270)*, mais également de le rétablir dans ses fonctions représentatives. Il résulte de ce principe que le juge saisi d'une demande d'annulation des élections, à la suite du refus opposé par l'employeur aux candidatures des salariés dont le licenciement avait été refusé, ne peut déclarer surseoir à statuer sur cette demande jusqu'à ce que la juridiction administrative se soit définitivement prononcée *(Cass. soc., 23 mai 1995, n° 94-60.327)*.

Lors de la réintégration, le salarié ne peut se voir imposer contre son gré une « *mutation de poste ou de fonctions* » sans que l'employeur n'apporte la preuve de sa « *pleine justification* » *(Cass. crim., 22 nov. 2005, n° 04-87.021, Bull. crim. n° 306, Dr soc 2006, p. 693, obs. F. Duquesne ; les faits étaient intervenus postérieurement à un refus de transfert)*.

§ 3. LES EFFETS DE LA DÉCISION DE REFUS SUR LA MISE À PIED

52.2.3. – Au cas où une mise à pied conservatoire pour faute grave a été prononcée, il doit être mis fin à celle-ci avec suppression de plein droit de ses effets *(Cass. soc., 7 nov. 1990, n° 87-45.696, Bull. V n° 520, RJS 1990 n° 97 ; Cass. soc., 23 juin 1999, n° 97-42.202, Bull. V* *n° 300, RJS n° 1092 ; cf. chron. J.-Y. Kerbourc'h, « Mise à pied d'un représentant du personnel et intangibilité du mandat », RJS 2004, p. 535 ; CE, 24 mars 2023, n° 471.970, Sté Elior).*

A. Le salarié doit être réintégré dans son « emploi » *(Cass. soc., 18 nov. 1998, n° 96-43.072, Bull. V n° 498, RJS 1999 n° 71)*

52.2.3.1. – Eu égard à la portée de la décision par laquelle l'inspecteur du travail refuse le licenciement, le juge des référés du conseil de prud'hommes a rejeté à bon droit la demande présentée par l'employeur et tendant à obtenir la suspension du contrat de travail du salarié dans l'attente de l'issue du recours hiérarchique l'employeur ayant « *l'obligation de conserver le salarié protégé dans l'entreprise et de le rémunérer* » *(Cass. soc., 8 juin 1997, n° 95-43.723, Bull. V n° 225, RJS 1997 n° 998 : en l'espèce, le salarié, chauffeur de poids lourds, avait été privé de permis de conduire).*

Le salarié doit être réintégré dans son emploi « *peu important que celui-ci fût occupé par un autre salarié* » *(Cass. soc., 31 mai 1995, n° 93-46.189, Dr soc 1995, p. 683)* ou que l'employeur ait entendu supprimer le poste pour occuper lui-même les fonctions de l'intéressé *(Cass. soc., 18 nov. 1998, n° 96-43.072, Bull. V n° 498, RJS 1999 n° 71).*

L'absence de réintégration dans l'emploi constitue un trouble manifestement illicite et le salarié peut obtenir du juge des référés qu'il ordonne sa réintégration dans son emploi *(Cass., 27 mars 1979, n° 78-11.328 ; Cass. soc., 30 mai 1979, n° 78-12.139, Bull. V n° 480 : le refus de confier un travail manifestait « la volonté nonobstant le paiement des salaires de tourner la décision de refus de licencier » ; Cass. soc., 12 juin 2001, n° 00-40.480, Bull. V n° 220, RJS 2001 n° 1039, Dr ouvrier 2002 p. 125, obs. L. Millet : pour s'opposer à la réintégration du salarié dans ses fonctions, l'employeur invoquait le fait que le salarié avait délibérément contrevenu à une réglementation relative à la santé publique).*

B. Le salarié doit percevoir la rémunération de la période afférente à la mise à pied *(C. trav., art. R. 2421-6 et R. 2421-14 ; Cass. crim., 15 mai 1973, n° 72-90.078, Bull. crim. n° 223)*

52.2.3.2. – Il peut prétendre de ce fait au versement d'une indemnité de repas au titre de la période de mise à pied, dès lors que cette indemnité ne correspond pas à des frais réellement exposés mais constitue un complément de rémunération *(Cass. soc., 24 oct. 1997, n° 95-40.930, Bull. V n° 334, RJS 1997 n° 1372).* L'employeur se trouve « *de plein droit débiteur des salaires correspondant à la mise à pied* » alors même que le salarié était gréviste à la date à laquelle il a été mis à pied *(Cass. soc., 18 juill. 2000, n° 99-41.413, 99-41.415 et 99-41.646, Bull. V n° 290, RJS 2000 n° 1113, Dr* *soc 2000, p. 1154 ; Cass. soc., 17 déc. 2002, n° 00-40.633 et 00-40.784, Bull. V n° 389, RJS 2003 n° 218 ; F. Duquesne, « Régime de la mise à pied du salarié protégé gréviste », Dr soc 2003, p. 177 ; Dr ouvrier 2003, p. 303, Rapport 2002 de la Cour de cassation, p. 390 : la chambre sociale a cassé le jugement qui avait retenu l'argumentation de l'employeur selon laquelle il n'était pas débiteur du salaire correspondant à la mise à pied dès lors que le contrat de travail des salariés était suspendu en raison de leur participation à la grève).*

Si l'employeur entend prononcer une mise à pied disciplinaire, après le refus opposé par l'administration, il doit verser au salarié le salaire couvrant la période de mise à pied conservatoire, la mise à pied ayant été annulée et la mise à pied disciplinaire ne pouvant s'imputer sur la période de mise à pied conservatoire *(Cass. soc., 5 nov. 1986, n° 84-41.077, Bull. V n° 502 ; Cass. soc., 7 nov. 1990, n° 87-45.696, Bull. V n° 520, RJS 1990 n° 997).*

Le salarié peut prétendre au versement d'une prime dite de qualité pour la période de mise à pied *(Cass. soc., 7 juin 2006, n° 04-45.210).*

L'employeur peut être poursuivi pénalement pour non versement des salaires dus pour la période de mise à pied sur le fondement des dispositions des articles L. 3242-1 et R. 3246-1 du Code du travail.

C. Dès la décision de l'inspecteur du travail, le salarié recouvre le plein exercice de ses fonctions représentatives

(Cass. crim., 30 mars 1960, Bull. crim. n° 186).

52.2.3.3. – Dès lors que l'autorisation a été refusée et que, par suite, la mise à pied est annulée et ses effets supprimés de plein droit, il n'appartient pas au juge judiciaire de se prononcer sur le bien-fondé de la mise à pied *(Cass. soc., 23 juin 1999, n° 97-42.202, Bull. V n° 300, RJS n° 1092 ; cf. chron. J.-Y. Kerbourc'h, « Mise à pied d'un représentant du personnel et intangibilité du mandat », RJS 2004, p. 535).*

D. Les effets du refus de l'employeur de rétablir le salarié dans ses fonctions

52.2.3.4. – Le fait pour l'employeur de refuser de rétablir dans ses fonctions le salarié mis à pied à titre conservatoire et de le priver du salaire postérieurement à la décision de refus d'autorisation, s'analyse comme un licenciement frappé de nullité. Il s'ensuit que le salarié ne peut être débouté de ses demandes fondées sur son licenciement en méconnaissance de son statut protecteur, alors même qu'ultérieurement son licenciement a été autorisé par l'administration et prononcé par un mandataire-liquidateur *(Cass. soc., 4 févr. 2004, n° 01-44.962, Bull. V n° 34, RJS 2004 n° 437, D. 2004 IR, p. 675).*

§ 4. SUPPRESSION DU POSTE DE TRAVAIL ET RÉINTÉGRATION

52.2.4. – En cas de suppression de l'emploi antérieurement occupé, il appartient à l'employeur de proposer un emploi équivalent. En application de ce principe, la Cour de cassation a estimé que la cessation de publication de revues ne rendait pas matériellement impossible la réintégration d'un salarié protégé, directeur de publication *(Cass. soc., 8 juill. 1997, n° 94-43.351, Bull. V n° 250, RJS 1997 n° 990)*.

La chambre sociale, à l'occasion d'un contentieux relatif à une réintégration résultant de l'annulation contentieuse d'une autorisation de licenciement, a jugé que « *l'emploi équivalent, au sens de l'article L. 425-3 [art. L. 2422-1 nouveau] du Code du travail, s'entend d'un emploi situé dans le même secteur géographique que l'emploi initial, comportant le même niveau de rémunération, la même qualification et les mêmes perspectives de carrière que l'emploi initial, et permettant l'exercice du mandat représentatif* » *(Cass. soc., 13 mai 2008, n° 06-46.108)*. Cette définition de l'emploi équivalent doit également s'appliquer en cas de réintégration consécutive à une décision de refus d'autorisation de l'inspecteur du travail.

En cas de fermeture, liée aux nécessités de la restructuration économique de l'entreprise, de l'établissement au sein duquel était employé le salarié protégé, l'employeur, qui n'est pas tenu de former un recours sur les décisions de refus d'autorisation, ne manque pas à ses obligations en proposant au salarié, dans l'attente d'une solution, une dispense d'activité avec maintien de la rémunération, puis une convention de mutation et, à titre de reclassement, un nouveau contrat dans une autre société du groupe *(Cass. soc., 7 mai 2014, n° 13-14.595, RJS 2014 n° 580)*.

Revenant sur sa jurisprudence antérieure *(cf. n°* ***43.1.3.2.2*** *et* ***411.4.1.6.4.1****)*, le Conseil d'État, considérant que l'examen des possibilités de reclassement constitue une garantie et non une obligation pour le salarié, a jugé que le refus, par un salarié protégé, d'une offre de reclassement sur un emploi comparable à celui qu'il occupait, ne saurait être constitutif d'une faute disciplinaire *(CE, 7 déc. 2009, n° 314.079, M. Guyard, Tables p. 979, concl. Y. Struillou, Dr. soc 2010, p. 306)*.

La Haute Assemblée a ainsi harmonisé sa jurisprudence avec celle de la chambre sociale de la Cour de cassation, laquelle avait jugé, dans un arrêt rendu le 29 janvier 2003, qu'un salarié « *menacé de licenciement pour motif économique est en droit de refuser les mesures de reclassement qui lui sont proposées* » *(Cass. soc., 29 janv. 2003, n° 00-46-322, Société Total raffinage distribution, Bull. V n° 28, RJS 2003 n° 436, JCP n° 31-35, 30 juill. 2003, commentaire P. Morvan)*.

§ 5. ENTREPRISES EN REDRESSEMENT OU EN LIQUIDATION JUDICIAIRE

52.2.5. – Si à la date de la cession, intervenant dans le cadre du plan arrêté par le tribunal de commerce, le contrat de travail du salarié dont le licenciement **a été refusé** est toujours en cours, « *il continue de plein droit avec le nouvel employeur auquel est opposable la décision de l'autorité administrative* » et le juge judiciaire peut ordonner la réintégration du salarié au sein de la nouvelle société, alors même que le jugement arrêtant le plan de cession avait fixé la liste nominative des salariés licenciés, incluant le représentant du personnel *(Cass. soc., 26 juin 1991, n° 90-46.055, Bull. V n° 328, RJS 2001 n° 960 ; Cass. soc., 23 sept. 1992, n° 90-42.474, Dr soc 1997, p. 267 et commentaire M. Cohen, p. 263)*.

Si le salarié protégé, dont le licenciement a été refusé par l'inspecteur du travail, n'exerçait pas son activité dans l'une des branches cédées au repreneur dans le cadre d'une cession partielle prévue dans le plan adopté par le tribunal de commerce, il a été jugé que l'intéressé ne peut demander sa réintégration chez le cessionnaire, son contrat de travail ne se poursuivant pas de plein droit avec ce dernier *(Cass. soc., 23 févr. 1994, n° 92-40.613, Bull. V n° 64)*.

§ 6. LA SAISINE DU JUGE DES RÉFÉRÉS POUR OBTENIR LA RÉINTÉGRATION

52.2.6. – Si le salarié ne peut exercer son activité professionnelle, le juge judiciaire peut, pour faire cesser un trouble manifestement illicite, ordonner l'affectation du salarié dans un emploi correspondant à sa rémunération *(Cass. soc., 5 mai 1998, n° 95-45.190, Bull. V n° 220, RJS 1998 n° 758)*. La réintégration peut être ordonnée sous astreinte *(Cass. soc., 23 mai 2006, n° 05-43.343, RJS 2006 n° 973)*.

Constitue également un trouble manifestement illicite la privation de travail et de salaire, alors même que les salariés sont laissés libres d'exercer leur mandat *(Cass. soc., 17 janv. 1979, n° 77-14.012, Bull. V n° 46)*.

Dès lors que l'inspecteur du travail a refusé l'autorisation de licenciement sollicitée par l'employeur à la suite du refus par le salarié de la modification de son contrat de travail, « *le maintien par l'employeur de la modification du contrat de travail* » constitue un trouble manifestement illicite qu'il convient « *de faire cesser par une mesure de remise en état* » *(Cass. soc., 12 mai 1998, n° 96-40.378, Bull. V n° 248, RJS 1998 n° 758 ; Cass. soc., 10 juill. 1991, n° 88-41.955, Bull. V n° 356)*.

Dans le cadre limité d'une instance en référé, le juge n'a pas « *à répondre aux critiques mettant en cause le bien-fondé de la décision de refus d'autorisation* » *(Cass. soc., 11 mars 1982, n° 80-15.762, Bull. V n° 172)*.

L'hostilité du personnel à la réintégration du salarié mis à pied ne « *saurait constituer une difficulté sérieuse faisant obstacle à la réintégration demandée en référé » (Cass. soc., 9 juin 1988, n° 85-40.022 et 85-45.973, Bull. V n° 356 ; Cass. soc., 24 juin 2014, n° 12-24.623, Bull. V n° 156, RJS 2014 n° 708)* et ne peut autoriser l'employeur à se soustraire à son obligation *(Cass. soc., 7 juill. 1988, n° 85-45.967 et 85-45.990, Bull. V n° 432).*

Dès lors que le salarié a sollicité sa réintégration, le tribunal d'instance ne peut déclarer le salarié inéligible sans rechercher si « *l'intéressé s'est trouvé empêché de travailler par une voie de fait de l'employeur résultant de l'inobservation par celui-ci des règles assurant la protection des délégués du personnel* » *(Cass. soc., 31 janv. 1989, n° 88-60.387, Bull. V n° 86).*

Par ailleurs, l'employeur ou éventuellement d'autres salariés de l'entreprise peuvent être amenés à saisir le juge des référés pour s'opposer à la réintégration du salarié sur le fondement de l'article L. 521-2 du CJA. En effet, le Conseil d'État a précisé que la décision par laquelle l'inspecteur du travail refuse d'autoriser le licenciement d'un salarié protégé, qui lui est demandé à raison de faits de harcèlement moral sur ses subordonnés, peut, par ses conséquences, porter atteinte à une liberté fondamentale. Pour la mise en œuvre des dispositions de l'article L. 521-2 du Code de justice administrative, le degré de gravité que peut revêtir une mesure affectant la liberté d'entreprendre ou la liberté du travail, doit prendre en compte les limitations de portée générale apportées à ces libertés qui ont été introduites par la législation pour permettre certaines interventions jugées nécessaires de la puissance publique, notamment dans les relations du travail. Figure au nombre de ces limitations la protection dont bénéficient, dans l'intérêt de l'ensemble des travailleurs qu'ils représentent, les délégués du personnel, dont le licenciement ne peut intervenir que sur autorisation de l'inspecteur du travail. Dans les circonstances de l'espèce, le Conseil d'État a jugé que le fait pour l'autorité administrative de refuser l'autorisation de licencier un membre du CSE, nonobstant les accusations de harcèlement moral dont il est l'objet, ne peut être regardé comme constituant une atteinte manifestement illégale à aucune des libertés fondamentales invoquées tant par son employeur que par certains salariés *(CE, 24 mars 2023, n° 471.970, Sté Elior).*

§ 7. LA SANCTION PÉNALE DU REFUS OPPOSÉ PAR L'EMPLOYEUR À LA RÉINTÉGRATION

52.2.7. – L'employeur qui refuse la réintégration commet un délit d'entrave, y compris lorsqu'il a formé un recours hiérarchique devant le ministre *(Cass. crim., 5 mars 1991, n° 90-81.886, RJS 1991 n° 608)* ou un recours contentieux *(Cass. crim., 30 mars 1960, Bull. V n° 186).* Il en est de même lorsque la décision de l'inspecteur du travail est ultérieurement annulée par le juge *(Cass. crim., 5 mars 1991, n° 90-81.886, RJS 1991 n° 608).*

Le fait de dispenser de travail le salarié est également constitutif du délit d'entrave *(Cass. crim., 22 nov. 2005, n° 04-87.021, Bull. crim.*

n° 306, Dr soc 2006, p. 693, obs. F. Duquesne), y compris lorsque l'employeur laisse le salarié exercer son mandat *(Cass. soc., 17 janv. 1979, n° 77-14.012, Bull. V n° 46)*. Le refus de l'employeur de rétablir dans son emploi primitif un salarié qui avait été rétrogradé, constitue un délit qui se continue jusqu'au jour de la réintégration *(Cass. crim., 28 mai 1968, n° 67-92.037, Bull. crim. n° 161)*.

Si, postérieurement à la réintégration, le salarié se voit imposer contre son gré une « *mutation de poste ou de fonctions* » sans que l'employeur n'apporte la preuve de sa « *pleine justification* », le délit d'entrave est constitué *(Cass. crim., 22 nov. 2005, n° 04-87.021, Bull. crim. n° 306, Dr soc 2006, p. 693, obs. F. Duquesne, précité ; les faits étaient intervenus postérieurement à un refus de transfert)*.

Les salariés s'opposant à la réintégration du salarié protégé peuvent également être poursuivis pour entrave, dans la mesure où « *la loi ne fait pas de distinction selon l'auteur de l'infraction* » *(Cass. crim., 9 déc. 1986, n° 86-90.552, Bull. crim. n° 368)*. La Cour de cassation a en outre considéré comme justifiée la condamnation d'un employeur qui n'avait pas usé de son pouvoir disciplinaire afin de faire cesser une grève destinée à empêcher la réintégration *(Cass. crim., 29 nov. 1988, n° 86-95.884, Bull. crim. n° 404 ; Cass. crim., 5 mars 1991, n° 90-81.886, RJS 1991 n° 608)*.

En revanche, ont été relaxés les dirigeants de l'entreprise qui, à la suite du refus opposé par l'inspecteur du travail, avaient proposé à leur salarié, mis à pied, un poste sur un chantier différent de celui sur lequel il avait été affecté avant cette mesure, le responsable de l'entreprise utilisatrice ayant pris la décision d'interdire à l'intéressé l'accès du chantier ; la chambre criminelle a estimé que le manquement reproché était dû non « *à un fait intentionnel mais à une cause étrangère tenant au fait d'un tiers qu'ils n'avaient pu surmonter* » les juges du fond ayant expressément relevé « *qu'aucun concert frauduleux ne pouvait être reproché* » à l'employeur et au responsable de l'entreprise utilisatrice *(Cass. crim., 8 oct. 1975, n° 74-93.182, Bull. crim. n° 211)*. Au regard de l'évolution de la jurisprudence, il est possible que seul un cas de force majeure soit désormais considéré comme de nature à dispenser l'employeur de son obligation de réintégrer le salarié dans son emploi initial *(Cass. soc., 3 févr. 1993, n° 89-40.042, Bull. V n° 41, RJS 1993 n° 291 : l'employeur justifiait le maintien de la mutation que le salarié avait refusé et qui avait été invoquée comme motif de la demande d'autorisation rejetée par l'administration, par la demande qui lui avait été adressée par l'administration de ne plus affecter le salarié au SMUR où il travaillait ; la chambre sociale avait alors relevé que n'était pas invoqué devant la cour d'appel un cas de force majeure)*. Un cas de force majeure ne peut résulter de simples allégations *(Cass. crim., 5 mars 1991, n° 90-81.886, RJS 1991 n° 608)*.

Il a été jugé que le délit n'est pas constitué dans un cas où le site où travaillait le salarié avait été fermé, cette fermeture étant « *sans rapport avec l'exercice normal des mandats* » et où l'employeur versait les salaires à l'intéressé qui avait refusé le transfert de son lieu de travail *(Cass.*

soc., 25 nov. 2003, n° 02-41.198, Bull. V n° 297, obs. J. Mouly, Dr soc 2004, p. 326).

§ 8. REFUS DE RÉINTÉGRATION ET RUPTURE DU CONTRAT DE TRAVAIL

52.2.8. – Si, après la notification du refus de l'autorisation, l'employeur persiste à interdire l'accès du salarié à son poste de travail, le juge du fond considère que le contrat de travail est rompu, cette rupture constituant un licenciement. Le juge doit alors faire droit à la demande d'indemnisation du salarié fondée sur l'illégalité du licenciement, sans être tenu de surseoir à statuer en l'absence de question préjudicielle et alors même qu'un recours hiérarchique a été formé, ce recours n'ayant pas d'effet suspensif *(Cass. soc., 2 oct. 1997, n° 94-43.483, RJS 1997 n° 1261).*

Le salarié est également fondé à saisir le juge d'une demande de résiliation de son contrat aux torts de l'employeur *(cf. n° **14.5**)* ou à prendre acte de la rupture de son contrat *(cf. n° **14.6**).*

§ 9. LA POSSIBILITÉ POUR L'EMPLOYEUR DE SIGNIFIER UNE SANCTION AUTRE QUE LE LICENCIEMENT

52.2.9. – L'employeur peut retenir, dans des conditions de droit commun, une sanction autre que le licenciement, dès lors que l'autorisation de licencier a été refusée, sous réserve de l'application des dispositions protégeant le salarié gréviste *(cf. n° **46.3.3**)* et du respect des conditions suivantes :

- si aucun entretien préalable n'a précédé la sanction infligée à un salarié, le juge estime que le délai prévu par l'article L. 1332-4 du Code du travail n'a pas été interrompu et que les faits reprochés au salarié sont prescrits. Il a ainsi été jugé que l'employeur ne peut engager une nouvelle procédure de licenciement à la suite du jugement du conseil de prud'hommes prononçant l'annulation de la sanction *(Cass. soc., 18 janv. 1995, n° 90-42.087, Bull. V n° 28, Sem. soc. Lamy 1995 n° 730 ; commentaire J. Savatier, Dr soc 1995, p. 349-353)* ;
- une mise à pied conservatoire prononcée dans le cadre de la procédure de licenciement ne peut pas être transformée en mise à pied disciplinaire *(Cass. soc., 5 nov. 1986, n° 84-41.077, Bull. V n° 502)* ; si l'employeur entend prononcer une mise à pied disciplinaire, après le refus opposé par l'administration, il doit verser au salarié le salaire couvrant la période de mise à pied conservatoire, la mise à pied ayant été annulée. La mise à pied disciplinaire ne peut s'imputer sur la période de mise à pied conservatoire *(Cass. soc., 5 nov. 1986, n° 84-41.077, Bull. V n° 502, préc. ; Cass. soc., 7 nov. 1990, n° 87-45.696, Bull. V n° 520)* ;

– la sanction ne doit pas présenter un caractère abusif. Toutefois, le juge judiciaire n'est pas lié par les motifs des décisions de refus de licenciement de l'autorité administrative *(en matière discriminatoire : Cass. crim., 8 oct. 1991, n° 90-86.628, Bull. crim. n° 335, RJS 1992, n° 51 ; en matière d'entrave : Cass. crim., 12 déc. 1978, n° 77-92.926, Bull. crim. n° 353).*

Le refus de se soumettre à une sanction disciplinaire, prononcée postérieurement au refus opposé par l'administration, peut constituer une faute d'une gravité suffisante si cette sanction était justifiée *(CE, 6 mai 1996, n° 147.250, Perrotey, RJS 1996 n° 808).* La mise à pied n'est pas subordonnée à l'accord du salarié protégé *(Cass. soc., 11 déc. 2024, n° 23-13.332, B.).*

Avant le prononcé de la sanction disciplinaire, l'employeur peut, pour des motifs de sécurité, muter à titre conservatoire le salarié dans un autre service, sans que cette mesure préalable présente un caractère disciplinaire *(CE, 6 mai 1996, n° 147.250, Perrotey, préc.).*

Le principe de nullité du licenciement lié à l'exercice du droit de grève en l'absence de faute lourde, posé par l'article L. 2511-1 du Code du travail, a été étendu à toutes les sanctions autres que le licenciement *(Cass. soc., 16 déc. 1992, n° 91-41.215, Bull. V n° 592 ; cf. n°* ***46.3.3.2****).* Par conséquent, le représentant du personnel dont la demande d'autorisation de licenciement, fondée sur sa participation à une grève, a été rejetée, ne peut faire l'objet d'aucune sanction.

§ 10. LA POSSIBILITÉ POUR L'EMPLOYEUR D'ENGAGER UNE NOUVELLE PROCÉDURE DE LICENCIEMENT

52.2.10. – En droit, la décision de refus ne fait pas obstacle à ce que l'employeur engage une nouvelle procédure de licenciement pour un autre motif ou sur un autre terrain. Toutefois, il sera tenu de convoquer le salarié à un nouvel entretien préalable et au respect de la procédure interne correspondant au motif invoqué. Lorsque la décision de refus est fondée sur un vice de procédure, l'employeur dispose de la possibilité de le régulariser et de présenter une nouvelle demande auprès de l'inspecteur du travail fondée sur les mêmes faits. Seules les demandes fondées sur une même cause juridique sont irrecevables *(CE, 8 déc. 2021 n° 433.754, Café de Flore).*

§ 11. LE LICENCIEMENT À L'EXPIRATION DE LA PÉRIODE DE PROTECTION

52.2.11. – *Cf. n°* ***79****.*

SECTION 3

En cas de rejet pour incompétence de l'inspecteur du travail

52.3. – Une décision d'incompétence de l'inspecteur du travail, intervenant après la demande d'autorisation de licenciement d'un salarié protégé au motif que celui-ci n'était pas protégé, étant créatrice de droit, l'employeur est en droit de prononcer son licenciement, peu important le recours hiérarchique qui n'est pas suspensif *(Cass. soc., 16 déc. 2009, n° 08-44.246 ; Cass. soc. 19 oct. 2010, n° 09-42.798)*.

SIXIÈME PARTIE

LES VOIES DE RECOURS DEVANT L'ADMINISTRATION

CHAPITRE I

LE RECOURS GRACIEUX ET LE RETRAIT

61.1. – Retrait et recours gracieux. L'article L. 410-1 du Code des relations entre le public et l'administration rappelle que le recours gracieux est « *le recours administratif adressé à l'administration qui a pris la décision contestée* ». L'employeur, comme le représentant du personnel concerné par la demande d'autorisation de licenciement ou une organisation syndicale, peuvent présenter auprès de l'auteur de la décision un recours gracieux.

L'autorité administrative, en l'absence de tout recours gracieux, peut procéder, de sa propre initiative, au retrait de sa décision, sous réserve naturellement que ce retrait obéisse aux règles exposées ci-dessous.

Le retrait et le recours gracieux, qui peuvent aboutir à la disparition rétroactive de la décision administrative, sont exposés dans le même chapitre.

SECTION 1

Le recours gracieux

§ 1. LES CONDITIONS DE RECEVABILITÉ DU RECOURS GRACIEUX

61.1.1. – La recevabilité de ce recours administratif est subordonnée au respect de certaines conditions.

A. Le recours doit tendre à l'annulation de la décision

61.1.1.1. – Le courrier, par lequel le salarié, l'employeur ou l'organisation syndicale saisissent l'inspecteur du travail doit être un véritable recours, c'est-à-dire contenir des conclusions tendant à la disparition de la décision prise. Une simple demande d'éclaircissement ou une lettre d'observations ne sont pas, faute de conclusions dirigées contre la décision, regardées comme un recours gracieux et, par conséquent, n'ont pas pour effet d'interrompre le délai de recours contentieux.

B. Le délai pour présenter un recours gracieux

61.1.1.2. – En application de l'article L. 411-2 du Code des relations entre le public et l'administration, le recours doit être présenté « *dans le délai imparti pour l'introduction d'un recours contentieux* » afin d'interrompre le cours de ce délai.

Les délais spéciaux prévus par l'article R. 421-7 du Code de justice administrative *(cf. n° **74.1.2.3**)* ne sont pas applicables aux recours administratifs, gracieux ou hiérarchiques *(CE, 5 janv. 2000, n° 170.954, commune de Macot-la-Plagne, publié au Recueil)*.

Les règles de computation de ce délai sont identiques à celles qui sont appliquées à la présentation du recours hiérarchique *(cf. n° **62.1.1.1.2**)*.

La règle énoncée dans le Code des relations entre le public et l'administration reprend la règle générale du contentieux administratif selon laquelle « *un recours gracieux ou hiérarchique contre une décision administrative doit être exercé avant l'expiration du délai de recours contentieux pour interrompre ce délai* » *(CE, 19 sept. 2014, n° 362.568, Société Ortec Meca, Tables p. 888, concl. G. Dumortier, Dr soc 201, p. 25, RJS 2014 n° 875 ; CE, 30 janv. 2019, n° 410.603, M. Mouanfoulou, mentionné aux Tables, RJS 2019 n° 233)*.

Ainsi que le rappelle Frédéric Dieu, rapporteur public, sous la décision précitée du 30 janvier 2019, « *en principe, c'est seulement en tant qu'il vise à conserver le délai de recours contentieux que le recours administratif est soumis à une condition de délai* » *(concl. F. Dieu, sous CE, 30 janv. 2019, n° 410.603, M. Mouanfoulou RDT 2019, p. 168)*.

C. La qualité pour agir

61.1.1.3. – Les règles régissant la qualité pour agir devant l'inspecteur du travail sont identiques à celles qui définissent la qualité pour présenter un recours hiérarchique *(cf. n° **62.1.3**)*.

D. L'intérêt pour agir

61.1.1.4. – De même que pour le recours hiérarchique *(cf. n° **62.1.3.1 et s.**)*, le recours gracieux présenté par un requérant à qui l'administration a donné satisfaction n'est pas recevable.

Ainsi, si l'inspecteur du travail a refusé l'autorisation de licenciement, le salarié n'est pas regardé comme ayant un intérêt à agir. Il ne peut donc pas contester, dans ce cas, la motivation de la décision de refus par un recours gracieux.

De ce fait, il en va autrement en cas de refus d'autorisation d'une rupture conventionnelle ou d'une rupture amiable pour motif économique, les deux parties signataires de la convention, employeur et salarié, pouvant valablement former un recours contre cette décision.

De même, le salarié a intérêt à contester la décision par laquelle l'inspecteur du travail s'est déclaré incompétent pour statuer sur la demande d'autorisation de licenciement le concernant *(CE, 11 janv. 1995, n° 129.995, Comité mosellan de sauvegarde de l'enfance, de l'adolescence et des adultes, Rec. p. 20)*.

L'intérêt à agir du salarié en cas de refus d'autorisation de transfert semble également recevable, dans la mesure où une telle décision ne lui est pas en soi automatiquement favorable et où il ne peut être exclu au contraire qu'elle lui fasse grief, en le privant le cas échéant d'opportunités professionnelles.

§ 2. RECOURS GRACIEUX ET NOUVELLE DEMANDE

61.1.2. – Il est parfois difficile de distinguer un recours gracieux de l'employeur d'une nouvelle demande. Or cette distinction a des effets importants tant à l'égard de l'autorité administrative chargée de l'instruction que du demandeur :

– en présence d'un recours gracieux, l'autorité administrative opère un contrôle de la légalité de la décision contestée, et une décision de rejet, explicite ou implicite, du recours gracieux présente un caractère confirmatif *(cf. n° **61.1.3.4**)* ;
– une demande nouvelle doit, par contre, être instruite comme une demande initiale ; l'autorité administrative doit alors vérifier que l'auteur de la demande a bien repris toute la procédure préalable au dépôt de la demande *(CE, 17 mars 1989, n° 82.161, Ministre des Affaires sociales et de l'Emploi c. / Mme Delaporte, Tables p. 964, concl. Mme Laroque, Recueil Dalloz Sirey 1990, 35ᵉ Cahier ; CE, 28 avr. 1989, n° 71.095, Sté Leffer)* et respecter elle-même les formalités auxquelles elle est tenue, en particulier l'enquête contradictoire *(CE, 16 juin 1995, n° 133.569, Sté d'intérêt collectif agricole bétail et viande de l'Amiénois)*. En outre, le rejet, explicite ou implicite, de la demande, ne peut être regardé « *comme purement confirmatif* » du rejet qui avait été opposé à la première demande *(CE, 16 nov. 1983, n° 28.951, Tribier, Rec. p. 457)* et cette nouvelle décision de rejet fait donc courir le délai du recours contentieux.

A. La demande regardée comme un recours gracieux

61.1.2.1. – Il en est ainsi lorsque l'auteur du recours :

– soit se borne à reprendre les éléments de fait ou de droit déjà connus de l'autorité administrative pour lui demander de reconsidérer sa position ;

– soit invoque des éléments qui existaient déjà à la date à laquelle la décision avait été prise mais que l'autorité administrative n'avait pas pris en considération faute d'en avoir connaissance.

Dans ce cas, il n'y a pas de changement dans les circonstances mais il appartient à l'autorité administrative de vérifier si ces éléments sont de nature à remettre en cause la légalité de la décision qu'elle avait prise.

À titre d'exemple, sous l'empire de l'ancienne autorisation de licenciement pour motif économique, avaient été regardées comme recours gracieux les demandes :

– ne faisant « *état d'aucune modification des éléments qui ont servi de base à la décision de refus » (CE, 13 févr. 1981, n° 25.972, Herbert, Rec. p. 947)* ;

– se bornant « *à étayer la première demande par la fourniture de justifications complémentaires » (CE, 19 mai 1989, n° 81.166, Sté Plateformes et structures océaniques ; CE, 25 juill. 1986, n° 66.240, Sté Cauvin-Yvose).*

Ainsi, si l'inspecteur du travail autorise le licenciement d'un représentant du personnel pour motif économique et que, dans les quelques semaines qui suivent l'autorisation, ce salarié a été remplacé à son poste de travail par un nouvel employé, le salarié peut faire valoir cet élément à l'appui de son recours gracieux. De même, un élément probatoire non invoqué par l'employeur à l'appui de sa demande d'autorisation de licenciement pour motif disciplinaire peut être produit par lui lors de la présentation de ce recours.

B. La demande regardée comme une demande nouvelle

61.1.2.2. – Doit être regardée comme une nouvelle demande celle qui « *fait apparaître une modification des éléments de fait et de droit qui ont servi de base à la décision de refus » (CE, 3 mars 1989, n° 80.738, SA Rousselot ; CE, 18 janv. 1991, n° 97.524, Viguier)*. Tel est le cas, à la suite d'un premier refus motivé par des irrégularités substantielles de procédure, d'une seconde demande qui a été précédée de l'engagement d'une nouvelle procédure et invoque au surplus un fait nouveau *(CE, 22 nov. 1989, n° 91.966, Gamel)*. Au demeurant, il convient d'observer qu'en l'espèce la seule mise en œuvre d'une nouvelle procédure aurait suffi à caractériser une demande nouvelle.

Il en va de même si, postérieurement à un refus d'autorisation motivé par la circonstance que la matérialité des faits reprochés au salarié n'est pas établie, une deuxième demande est présentée après que le salarié a été reconnu coupable par le tribunal correctionnel *(CE, 17 mars 1989, n° 82.161, Ministre des Affaires sociales et de l'Emploi c. / Mme Delaporte, Rec. p. 964, concl. Mme Laroque, Recueil Dalloz Sirey 1990, 35e Cahier, préc.)*.

En tout état de cause, l'employeur est alors tenu de reprendre la procédure interne à l'entreprise et l'inspecteur du travail doit procéder, avant de prendre sa décision, à l'enquête contradictoire prévue aux articles R. 2421-4 et R. 2421-11 du Code du travail *(Guide DGT, Salariés protégés, sept. 2019, fiche n° 21 ; CE, 16 juin 1995, n° 113.569, Sté d'intérêt collectif agricole bétail et viande de l'Amiénois).*

§ 3. L'INSTRUCTION DU RECOURS GRACIEUX

A. L'accusé de réception

61.1.3.1. – Le législateur impose aujourd'hui à l'administration d'établir un accusé de réception pour toute demande qui lui est adressée et, par suite, pour tout recours gracieux *(art. 19 de la loi du 12 avr. 2000 relative aux droits des citoyens dans les relations avec les administrations, codifié à l'article L. 411-3 du Code des relations entre le public et l'administration).* Cet accusé de réception doit comporter l'ensemble des mentions prévues à l'article R. 112-5 du Code des relations entre le public et l'administration *(cf. n°* ***32.6.1****).*

Il a été jugé qu'il résulte de la combinaison des articles 18 et 19 de la loi du 12 avril 2000 [CRPA, art. L. 110-1, L. 122-3 et L. 122-6] que le délai de recours ne court à l'encontre d'une décision **implicite** rejetant un recours gracieux contre une décision **expresse** que si le recours gracieux a fait l'objet d'un accusé de réception comportant les mentions exigées par l'article 1er du décret du 6 juin 2001 *(CE, 19 févr. 2003, n° 243.427, préfet de l'Hérault c./ Houdane, Tables p. 904 ; CE, 6 juin 2007, n° 287.413, M. Hussein ; CE, 11 déc. 2008, n° 316.922, Mme Ravi-Kapoor).*

L'autorité administrative saisie du recours gracieux nous paraît devoir indiquer à tout le moins dans l'accusé de réception que :

– à compter de la date de la réception du recours gracieux, l'autorité administrative dispose d'un délai de deux mois pour y répondre et que, si dans ce délai aucune décision expresse de rejet n'est prise, le recours gracieux doit être regardé comme rejeté ;
– l'auteur du recours gracieux peut former contre la décision initiale de l'inspecteur du travail et la décision expresse ou implicite rejetant son recours gracieux, une demande devant le tribunal administratif dans le délai de deux mois suivant soit la date de la notification de la décision rejetant le recours gracieux, soit la date à laquelle le recours est regardé comme rejeté par une décision implicite.

Pour éviter que la demande d'annulation ne soit rejetée pour tardiveté par le tribunal administratif, l'auteur du recours gracieux doit, dans le délai de deux mois suivant la date de la notification de la décision expresse rejetant le recours gracieux ou la date à laquelle le recours est regardé comme rejeté par une décision implicite, saisir le tribunal administratif d'une demande tendant à l'annulation de la décision initiale de l'inspecteur du travail et de la décision expresse ou implicite rejetant son recours gracieux. Si l'auteur du recours gracieux entend préserver son droit à recours hiérarchique, il lui appartient de le former dans le délai de deux mois suivant la notification de la décision initiale de l'inspecteur du travail *(cf. n°* ***62.1.1****)* sans attendre le rejet implicite du recours gracieux.

B. La mise en œuvre d'une procédure contradictoire

61.1.3.2. – Par décision du 3 septembre 2009, le Conseil d'État a jugé que « *si, en excluant les décisions prises sur demande de l'intéressé du champ d'application de l'article 24 de la loi du 12 avril 2000, le législateur a entendu dispenser l'administration de recueillir les observations de l'auteur d'un recours gracieux ou hiérarchique, il n'a pas entendu pour autant la dispenser de recueillir les observations du tiers au profit duquel la décision contestée par ce recours a créé des droits ; qu'il suit de là, qu'il ne peut être statué sur un tel recours qu'après que le bénéficiaire de la décision créatrice de droits a été mis à même de présenter ses observations, notamment par la communication du recours* » *(CE, 3 sept. 2009, n° 301.095, Ministre de l'Emploi, de la Cohésion sociale et du Logement c./ Sté Orléans Gestion, Tables p. 978 et 3 sept. 2009, n° 310.451, Association des papillons blancs du Limousin, concl. R. Keller AJDA 2009, p. 2288 ; CE, 9 mai 2011, n° 328.024, M. Gachet et 328.025, M. Ruoso ; CE, 19 juin 2013, n° 352.182, M. Bargue ; CE, 3 juill. 2013, n° 348.099, Association des paralysés de France, Dr soc 2013, p. 925, concl. G. Dumortier, RJS 2013 n° 745)*.

Cette obligation de mettre en œuvre la procédure contradictoire lorsque l'administration est saisie d'un recours gracieux a été réaffirmée par le Conseil d'État qui a jugé qu'il « *résulte de l'article 24 de la loi n° 2000-321 du 12 avril 2000, aujourd'hui codifié aux articles L. 121-1, L. 122-1 et L. 211-2 du Code des relations entre le public et l'administration (...) qu'il appartient à l'autorité administrative compétente pour adopter une décision individuelle entrant dans leur champ de mettre elle-même la personne intéressée en mesure de présenter des observations. Il en va de même, à l'égard du bénéficiaire d'une décision, lorsque l'administration est saisie par un tiers d'un recours gracieux ou hiérarchique contre cette décision* » *(CE, 19 juill. 2017, Agence du Bâtiment, n° 391.402, Tables p. 440)*.

En l'absence de changement dans les circonstances de fait ou de droit, l'inspecteur du travail peut prendre une nouvelle décision sans procéder à nouveau à l'enquête contradictoire. Toutefois, s'il procède à une nouvelle enquête, celle-ci doit être réalisée dans des conditions régulières, notamment quant au délai laissé au salarié pour préparer sa défense *(CE, 5 sept. 2008, n° 301.506, Sté Seroba et Ministre du Travail, des Relations sociales et de la Solidarité, Tables p. 955, RJS 2008 n° 1099, Dr soc 2008, p. 1251, note Kerbourc'h JCP S. n° 10, 03.03.2009, 1100).*

En outre, si l'inspecteur du travail entend retirer sa décision initiale et prendre une décision de sens contraire, il est tenu de mettre en œuvre les dispositions de l'article L. 122-1 du Code des relations entre le public et l'administration et informer la partie intéressée des motifs de la décision défavorable en la laissant à même de présenter des observations écrites et, le cas échéant, sur sa demande, des observations orales. Le respect du caractère contradictoire de la procédure prévue par l'article L. 122-1 du Code des relations entre le public constitue une garantie pour la personne au profit de laquelle la décision dont l'administration envisage le retrait ou l'abrogation a créé des droits. Dès lors, l'autorité administrative ne peut procéder au retrait de sa décision avant l'expiration du délai qu'elle a fixé, et ce, quand bien même la partie intéressée aurait présenté ses observations avant le terme de ce délai *(CE, 8 déc. 2023, n° 466.620, mentionné aux Tables, RJS 2024 n° 166, AJDA 2023 p 2310).*

C. Le délai dont dispose l'administration pour statuer sur le recours gracieux

61.1.3.3. – L'autorité saisie d'un recours gracieux dispose d'un délai de deux mois, à compter de la date de réception du recours gracieux, pour statuer sur ce recours. **À défaut de décision expresse dans ce délai, le recours doit être regardé comme rejeté**. Les dispositions de l'article L. 231-4 du Code des relations entre le public et l'administration excluent les décisions prises sur recours administratif du principe, prévu à l'article L. 231-1 du même code selon lequel *« le silence gardé pendant deux mois par l'administration sur une demande vaut décision d'acceptation »*.

L'absence d'accusé de réception est sans incidence si l'autorité administrative statue par une décision expresse, avant l'expiration du délai dont elle dispose, et si cette décision mentionne les voies et délais de recours.

En revanche, en l'absence de décision expresse, la forclusion du délai de recours contentieux ne pourra pas être valablement opposée au requérant si l'administration n'a pas délivré un accusé de réception.

En tout état de cause, l'inspecteur du travail devra statuer sur le recours gracieux de telle sorte que le délai de retrait de quatre mois suivant la prise de sa décision initiale *(CRPA, art. L. 242-1)* ne soit pas écoulé à cette date *(cf. n° **61.2.2**).*

D. Le caractère confirmatif de la décision de rejet du recours gracieux

61.1.3.4. – La décision de rejet, explicite ou implicite, du recours gracieux présente un caractère confirmatif *(CE, section, 6 mars 1953, Dubois,* *n° 99.690, Rec. p. 121 ; CE, section, 5 juin 1953, n° 92.939 Dame veuve Meignen, Rec. p. 271 ; CE, 28 févr. 1997, n° 153.547, Julien, Tables p. 984).*

Le Conseil d'État a jugé « *qu'il est toujours loisible à la personne intéressée, sauf à ce que des dispositions spéciales en disposent autrement, de former à l'encontre d'une décision administrative un recours gracieux devant l'auteur de cet acte et de ne former un recours contentieux que lorsque le recours gracieux a été rejeté ; que l'exercice du recours gracieux n'ayant d'autre objet que d'inviter l'auteur de la décision à reconsidérer sa position, un recours contentieux consécutif au rejet d'un recours gracieux doit nécessairement être regardé comme étant dirigé, non pas tant contre le rejet du recours gracieux dont les vices propres ne peuvent être utilement contestés, que contre la décision initialement prise par l'autorité administrative ; qu'il appartient, en conséquence, au juge administratif, s'il est saisi dans le délai de recours contentieux qui a recommencé de courir à compter de la notification du rejet du recours gracieux, de conclusions dirigées formellement contre le seul rejet du recours gracieux,* ***d'interpréter les conclusions qui lui sont soumises comme étant aussi dirigées contre la décision administrative initiale*** » *(CE, 7 mars 2018, n° 404.079,404.080, Mme Bloch, Rec. p. 65, AJDA 2018, p. 535).*

En cas de recours contentieux contre la seule décision de rejet du recours gracieux, le juge administratif se considérera donc saisi non seulement de cette dernière mais également de la décision initiale.

SECTION 2

Le retrait d'office d'une décision illégale opéré par l'administration

§ 1. L'APPLICATION DE LA JURISPRUDENCE DAME CACHET

61.2.1. – L'administration pouvait, de sa propre initiative, opérer le retrait d'une décision autorisant ou refusant le licenciement d'un représentant du personnel à condition de respecter les deux conditions suivantes :

1) La décision, qui est créatrice de droits, soit au profit du salarié, soit au profit de l'employeur, devait être illégale. Peu importe que l'illégalité touchât au fond ou à la forme de la décision.
2) Le retrait devait être opéré dans le délai du recours contentieux qui est, en principe, de deux mois. Cette période était brève, afin d'assurer une sécurité juridique minimale.

Toutefois, si un recours hiérarchique avait été formé, l'inspecteur du travail avait la possibilité d'opérer le retrait de sa décision tant que la décision du ministre n'était pas intervenue pendant les deux mois suivant sa notification. Si un recours contentieux avait été formé dans le délai, l'administration conservait également la faculté de retirer sa décision tant que les juges n'avaient pas statué sur le recours *(CE, 3 nov. 1922, Dame Cachet, Rec. p. 790 ; Les grands arrêts de la jurisprudence administrative, p. 231).*

§ 2. L'ABANDON DE LA JURISPRUDENCE DAME CACHET ET LA JURISPRUDENCE TERNON POUR LES DÉCISIONS EXPLICITES CRÉATRICES DE DROIT

61.2.2. – Le souci du Conseil d'État d'assurer aux administrés une sécurité juridique plus forte l'a conduit à abandonner définitivement la jurisprudence Dame Cachet par une décision du 26 octobre 2001 *(CE, assemblée, 26 oct. 2001, n° 197.018, Ternon, Rec. p. 497, AJDA 2001, p. 1034)* : « *sous réserve de dispositions législatives ou réglementaires contraires (...) l'administration ne peut retirer une décision individuelle* ***explicite*** *créatrice de droits, si elle est illégale, que dans le délai de quatre mois suivant la prise de cette décision* » *(CE, 21 déc. 2007, n° 285.515, Sté Bretim, Rec. p. 519, concl. Y. Struillou, RFDA mai-juin 2008, p. 471, RJS 2008 n° 290, AJDA chron. 2008, p. 338 ; chron. M.-C. Rouault et F. Duquesne, RJS 200, p. 391).*

Par conséquent, alors même qu'un recours hiérarchique et/ou contentieux aurait été formé, **l'inspecteur du travail ne peut plus retirer sa décision illégale passé le délai de quatre mois courant à compter de la signature de sa décision**.

Pour apprécier si ce délai a été respecté, il convient de prendre en compte la date de la décision et non la date de sa notification *(CE, 21 déc. 2007, n° 285.515, Sté Bretim, Rec. p. 519, concl. contraires Y. Struillou, RFDA mai-juin 2008, p. 471, RJS 2008 n° 290, AJDA chron. 2008, p. 338 ; M.-C. Rouault et F. Duquesne, chron. RJS 2008, p. 391).*

La condition relative à l'illégalité de la décision faisant l'objet du retrait est maintenue.

Par ailleurs, si ce dernier procède de sa propre autorité au retrait de sa décision, il est tenu de mettre en œuvre une procédure contradictoire *(cf. n°* ***61.1.3.2.****, CRPA, art. L. 122-1 ; CE, 3 sept. 2009, n° 301.095, Ministre de l'Emploi, de la Cohésion sociale et du Logement c. / Sté Orléans Gestion, Tables p. 978 ; CE, 3 sept. 2009, n° 310.451, Association des papillons blancs du Limousin, concl. R. Keller AJDA 2009, p. 2288).*

§ 3. LE RETRAIT D'UNE DÉCISION IMPLICITE DE REJET ET LES DISPOSITIONS DU CODE DES RELATIONS ENTRE LE PUBLIC ET L'ADMINISTRATION

61.2.3. – Le régime de retrait des décisions explicites et implicites de rejet créatrices de droit est désormais unifié par les dispositions de l'article L. 242-1 qui prévoient que « *l'administration ne peut abroger ou retirer une décision créatrice de droits de sa propre initiative ou sur la* *demande d'un tiers que si elle est illégale et si l'abrogation ou le retrait intervient dans le délai de quatre mois suivant la prise de cette décision* ». Il en est de même des décisions non créatrices de droit *(CRPA, art. L. 243-2)*.

La date d'entrée en vigueur des dispositions du Code des relations entre le public et l'administration relatives à l'abrogation et au retrait des décisions administratives a été fixée au 1er juin 2016.

§ 4. LE RETRAIT D'UNE DÉCISION OBTENUE PAR FRAUDE

61.2.4. – Le Conseil d'État a jugé qu'« *un acte administratif obtenu par fraude ne crée pas de droits et, par suite, peut être retiré ou abrogé par l'autorité compétente pour le prendre, alors même que le délai de droit commun serait expiré » (CE, section, 29 nov. 2002, n° 223.027, Assistance publique-Hôpitaux de Marseille, Rec. p. 414 ; CE, 3 avr. 2006, n° 285.656, Syndicat intercommunal à vocation unique de l'Amana, Rec. p. 717)*.

Ce principe a été codifié à l'article L. 241-2 du Code des relations entre le public et l'administration, qui dispose que « (…) *un acte administratif unilatéral obtenu par fraude peut être à tout moment abrogé ou retiré* ».

La question de la recevabilité, au regard des délais de recours, d'un recours contentieux contre une décision de refus de retrait d'un acte administratif obtenu par fraude a été tranchée en 2018 par le Conseil d'État qui a jugé que :

- si, ainsi que le prévoit désormais l'article L. 241-2 du Code des relations entre le public et l'administration, la circonstance qu'un acte administratif a été obtenu par fraude permet à l'autorité administrative compétente de l'abroger ou de le retirer à tout moment, elle **ne saurait, en revanche, proroger le délai du recours contentieux** ;
- en revanche, **un tiers** justifiant d'un intérêt à agir **est recevable** à demander, dans le délai du recours contentieux, l'annulation de la décision par laquelle l'autorité administrative a refusé de faire usage de son pouvoir d'abroger ou de retirer un acte administratif obtenu par fraude, quelle que soit la date à laquelle il **l'a saisie d'une demande à cette fin**.

Dans un tel cas, il incombe au juge de l'excès de pouvoir, saisi de moyens en ce sens :

- d'une part, de **vérifier la réalité de la fraude** alléguée
- et, d'autre part, de contrôler que l'appréciation de l'administration sur l'opportunité de procéder ou non à l'abrogation ou au retrait **n'est pas entachée d'erreur manifeste**, compte tenu notamment de la gravité de la fraude et des atteintes aux divers intérêts publics ou privés en présence susceptibles de résulter soit du maintien de l'acte litigieux soit de son abrogation ou de son retrait *(CE, 5 févr. 2018, n° 407.149, 407.198, Sté Cora, Tables p. 823)*.

SECTION 3
La nouvelle décision de l'administration

§ 1. LES SITUATIONS POSSIBLES

61.3.1. – Deux situations sont possibles :

– l'inspecteur du travail confirme sa première décision ;

– l'inspecteur du travail retire sa décision initiale. Ce retrait ne peut être opéré que si la décision initiale était illégale. Cette illégalité doit s'apprécier en fonction des éléments de fait et de droit existant à la date de la décision initiale. Ces circonstances peuvent être éclairées par des informations déterminantes qui n'avaient pas été transmises à l'inspecteur du travail, soit par le salarié, soit par l'entreprise *(CE, 24 juill. 1987, n° 63.615, Lalalli, Rec. p. 980)*.

En cas de retrait de la décision initiale, l'inspecteur du travail se trouve à nouveau saisi de la demande d'autorisation présentée par l'employeur et doit se prononcer sur celle-ci en fonction des circonstances de fait et de droit existant au moment de la nouvelle décision peu important que la période de protection soit arrivée à son terme *(CE, 23 nov. 2016, n° 392.059, Thieulent, Rec. p. 517)* et même si le licenciement a été exécuté en application de la décision d'autorisation retirée.

§ 2. LA COMPÉTENCE LIÉE DE L'ADMINISTRATION POUR ANNULER SA DÉCISION INITIALE

61.3.2. – Dès lors que la décision initiale est illégale, l'inspecteur du travail a compétence liée pour retirer sa première décision.

Ainsi, si la circonstance que le salarié n'a pas été convoqué à l'entretien préalable, alors que cette formalité est exigée, est portée à la connaissance de l'inspecteur du travail après qu'il ait autorisé le licenciement, il est tenu de rapporter sa décision, l'absence d'entretien préalable constituant un vice substantiel de procédure entachant d'illégalité sa décision.

L'inspecteur du travail a également compétence liée pour retirer une décision alors qu'il n'était pas compétent géographiquement pour statuer sur la demande présentée par l'entreprise : « *à la date… à laquelle il a autorisé le licenciement, l'inspecteur du travail était, en tout état de cause, incompétent pour statuer sur la demande présentée par la société… par suite, il était tenu de rapporter, dans les délais de recours, cette décision illégale* » *(CE, 21 déc. 1994, n° 119.344 Moncet)*.

§ 3. LA MOTIVATION DE LA DÉCISION

61.3.3. – Le Code des relations entre le public et l'administration précise que l'obligation de motiver la décision dépend de l'issue donnée au recours gracieux.

L'article L. 411-5 de ce code dispose ainsi que « *La décision rejetant un recours administratif dirigé contre une décision soumise à obligation de motivation en application des articles L. 211-2 et L. 211-3 est motivée lorsque cette obligation n'a pas été satisfaite au stade de la décision initiale. / La décision faisant droit à un recours administratif est motivée si elle entre, par elle-même, dans le champ des décisions individuelles visées aux articles L. 211-2 et L. 211-3* ».

Cette disposition rejoint la jurisprudence qui rappelait que l'obligation de motivation s'impose en particulier en cas de retrait de la décision initiale, soit d'office, soit sur recours gracieux *(CE, 8 avr. 1991 n° 100.427, Sangle-Ferrière)*.

§ 4. L'INDICATION DES VOIES ET DÉLAIS DE RECOURS

61.3.4. – Par une décision du 7 décembre 2015, le Conseil d'État a jugé, après avoir rappelé que les délais de recours contre une décision administrative prise en matière d'autorisation de licenciement d'un salarié protégé ne sont opposables qu'à la condition d'avoir été mentionnés, soit dans sa notification si la décision est expresse, soit dans l'accusé de réception de la demande l'ayant fait naître si elle est implicite, « *qu'il en va ainsi, y compris lorsque la décision, prise à la suite de l'exercice d'un recours hiérarchique qui n'est pas un préalable obligatoire au recours contentieux, ne se substitue pas à la décision qui a fait l'objet de ce recours* » *(CE, 7 déc. 2015, n° 387.872, M. Félouki, Tables p. 796 ; cf. n°* ***61.1.3.1****)*.

Il y a lieu d'estimer que ce principe vaut également pour les décisions prises sur recours gracieux *(concl. O. Henrard CE, Assemblée, 13 juill. 2016, M. Czabaj, n° 387.763, Rec. p. 340, RFDA n° 5 2016, p. 927)*.

A. Le recours gracieux est rejeté

61.3.4.1. – La décision de rejet du recours gracieux a le caractère d'une décision purement confirmative. Lors de sa notification, seule la voie du recours contentieux doit donc être mentionnée *(Guide DGT, Salariés protégés, sept. 2019, fiche n° 20 ; CE, 1er août 2013, n° 366.497, commune de Gramon)*.

Il nous paraît opportun, afin de prévenir une forclusion, de préciser à l'auteur du recours que le délai de saisine du ministre dans le cadre d'un recours hiérarchique contre la décision initiale de l'inspecteur du travail n'est pas prorogé par le dépôt d'un recours gracieux. En outre, le recours hiérarchique, formé postérieurement au rejet d'un recours gracieux, n'a pas pour effet d'interrompre le délai du recours contentieux dès lors qu'il s'agit d'un second recours administratif formé contre la même décision. Toutefois, lorsque l'administration prend l'initiative d'accuser réception d'un recours gracieux ou d'un recours hiérarchique présenté par un tiers contre une décision créant des droits au profit de ses bénéficiaires, et qu'elle lui donne à cette occasion des indications de nature à l'induire en erreur sur le délai qui lui est imparti pour saisir la juridiction compétente, ces indications sont opposables à l'administration, ainsi qu'aux bénéficiaires de la décision, sous réserve que le délai de recours résultant de leur application soit raisonnable, en particulier, au regard des droits créés par la décision au profit des bénéficiaires *(CAA Paris, 5 juill. 2023, n° 22PA05563, pas de pourvoi)*.

Pour éviter que la demande d'annulation ne soit rejetée pour tardiveté par le tribunal administratif, l'auteur du recours gracieux doit, dans le délai de deux mois suivant la date de la notification de la décision expresse rejetant le recours gracieux ou la date à laquelle le recours est regardé comme rejeté par une décision implicite, saisir le tribunal administratif d'une demande tendant à l'annulation de la décision initiale de l'inspecteur du travail et de la décision expresse ou implicite rejetant son recours gracieux. Si l'auteur du recours gracieux entend préserver son droit à recours hiérarchique, il lui appartient de le former dans le délai de deux mois suivant la notification de la décision initiale de l'inspecteur du travail *(cf. n°* ***62.1.1****)* sans attendre le rejet implicite du recours gracieux.

B. Le recours gracieux conduit au retrait de la décision initiale

61.3.4.2. – La décision prise sur recours gracieux doit comporter les mentions indiquées au n° ***51.5.2***.

SECTION 4

Les effets de la décision de retrait

61.4. – Plusieurs cas doivent être distingués :

– l'inspecteur du travail peut confirmer sa décision initiale et rejeter le recours gracieux ;
– l'inspecteur du travail peut retirer sa décision et en maintenir le sens initial ;
– l'inspecteur du travail peut retirer sa décision initiale de refus et autoriser le licenciement. L'employeur est dès lors en droit de licencier le salarié protégé ;
– l'inspecteur du travail peut retirer sa décision initiale autorisant le licenciement et refuser le licenciement. Celle-ci est alors réputée n'être jamais intervenue.

Le salarié est-il en droit cependant d'exiger sa réintégration dans le troisième cas de figure ?

S'appuyant sur une lecture stricte du Code du travail – qui réserve le droit à réintégration aux cas où l'autorisation est annulée soit par le ministre, soit par le juge administratif –, la Cour de cassation avait estimé, dans un premier temps, que le salarié n'était pas en droit d'être réintégré lorsque la décision d'autorisation avait été retirée par son auteur *(Cass. soc., 12 févr. 1991, n° 88-41.475, Bull. V n° 66, RJS 1991 n° 354).*

Puis, dans un second temps, elle a modifié sa jurisprudence et jugé que le retrait produit les mêmes effets que l'annulation de l'autorisation et que le licenciement intervenu est privé de validité *(Cass. soc., 30 avr. 2002, n° 99-44.995, Bull. V n° 138, Rapport 2002 de la Cour de cassation, p. 384 ; RJS 2002 n° 848, J.-M. Verdier, « Rétractation de l'autorisation administrative du licenciement d'un salarié protégé : nouveau progrès de la logique de statut », Dr soc 2002, p. 724 ; concl. P. Lyon-Caen, avocat général, RJS 2002, p. 616, Dr ouvrier 2002 couv. n° 5 ; Cass. soc., 8 oct. 2003, n° 01-41.297, Bull. V n° 254, RJS n° 1415).*

Le changement de jurisprudence repose sur l'idée selon laquelle traiter le retrait et l'annulation – dont les effets rétroactifs sont identiques – de manière différente revient « *à faire supporter non seulement au salarié les conséquences des hésitations et des divergences de point de vue au sein de l'administration, mais (...) aussi négliger l'importance du mandat de représentation dont il est investi et qui lui donne un statut qui lui permette d'exercer sa mission d'intérêt général. Ce qui compte c'est de savoir si l'employeur pouvait ou non valablement licencier ce salarié protégé (...). La protection du mandat du salarié protégé doit primer sur toute autre considération et toute solution qui l'affaiblit et va à l'encontre de la volonté du législateur* » *(avis P. Lyon-Caen, avocat général, RJS 2002, p. 616).*

Le Conseil d'État a censuré l'arrêt par lequel la cour administrative d'appel de Lyon *(CAA Lyon, 22 mai 2001, n° 99LY01530)* avait jugé que, dès lors que l'employeur avait licencié le salarié après avoir obtenu l'autorisation de l'administration, l'inspecteur du travail ne pouvait légalement, après avoir retiré cette décision, autoriser une nouvelle fois le licenciement, faute pour le salarié d'avoir été réintégré par l'employeur et d'être employé par l'entreprise à la date de la seconde autorisation *(CE, 24 sept. 2003, n° 237.502 et 237.780, Sté Ambulances Saint-Jean et ministre de l'Emploi)* ; le Conseil d'État a jugé que, dès lors qu'il ne résultait d'aucune pièce du dossier que le salarié avait renoncé à son droit à réintégration, il ne pouvait être regardé comme déjà licencié à la date à laquelle l'inspecteur avait autorisé à nouveau son licenciement.

SECTION 5

Recours gracieux et autres recours

§ 1. RECOURS GRACIEUX ET AUTRES RECOURS ADMINISTRATIFS

61.5.1. – Le recours gracieux et le recours hiérarchique peuvent être formés simultanément ou successivement *(cf. Guide DGT, Salariés protégés, sept. 2019, fiche n° 20)*.

Il convient de rappeler qu'en principe un seul recours administratif a pour effet de proroger le délai de recours contentieux : par conséquent, en cas de rejet du recours gracieux, si le requérant souhaite introduire un recours contentieux, il doit saisir le tribunal dans les deux mois suivant la notification de la décision de rejet ou, si celui-ci est implicite, dans les deux mois qui suivent la date à laquelle la décision de rejet est née *(cf. n°* ***74.1.4.1****)*.

Lorsque le ministre est saisi d'un recours hiérarchique contre une décision de l'inspecteur du travail retirant sa précédente décision d'autorisation et refusant l'autorisation, il lui appartient de statuer d'abord, sur la légalité de la décision litigieuse en tant qu'elle retire la décision initiale. S'il l'estime illégale et en prononce l'annulation, cette annulation a pour effet de rétablir la décision d'autorisation créatrice de droits prise par l'inspecteur du travail et impose au ministre d'annuler par voie de conséquence la décision prise sur recours gracieux en tant qu'elle refuse l'autorisation demandée. En revanche, il ne pourra pas statuer sur la légalité de la décision initiale dont il n'a pas été saisi et se prononcer sur la demande d'autorisation de licenciement (*CE, 6 mai 2019, Sté Barrois Gaz, n° 409.283, mentionné aux Tables, RJS 2019 n° 512 ; AJDA 2019 p. 1974 ; RFDA 2022 p. 30*). Il en va différemment si le ministre est saisi d'un recours formé contre une décision de l'inspecteur du travail retirant une précédente décision de même sens. Dès lors que le requérant n'a intérêt à contester, dans le cadre de son recours hiérarchique, que la décision de l'inspecteur du travail qu'en tant qu'elle se prononce sur le licenciement, le ministre du Travail doit statuer sur la légalité de cette décision et soit la confirmer, soit, en cas d'illégalité de celle-ci, l'annuler et se prononcer à son tour sur la demande d'autorisation de licenciement, compte tenu des circonstances de droit et de fait à la date à laquelle il se prononce *(CE, 16 avr. 2021, n° 438.869, APF France Handicap, mentionné aux Tables, RJS 2021 n° 398, AJDA 2021 p. 1666)*.

Afin d'éviter ces difficultés, la voie du recours hiérarchique directement exercée contre la décision initiale de l'inspecteur du travail devrait être privilégiée.

§ 2. RECOURS GRACIEUX ET RECOURS CONTENTIEUX

61.5.2.

Ils peuvent être formés simultanément ou successivement *(cf. n°* ***74.1.4.1 et s.****).*

Un recours gracieux formé dans le délai du recours contentieux conserve ce délai *(CE, 4 févr. 1981, n° 19.870, Sté Compagnie cinématographique cannoise, Rec. p. 46).* Dès lors, son rejet permet à son auteur de former un recours contentieux devant le tribunal administratif. Dans le cas où l'inspecteur du travail rejette le recours gracieux par une décision explicite intervenue avant la naissance de la décision implicite de rejet, le délai du recours contentieux recommence à courir à compter de la notification de cette décision. Dans le cas où l'inspecteur du travail rejette le recours gracieux par une décision implicite, le délai du recours contentieux recommence à courir à compter de la date à laquelle cette décision implicite est née *(cf. Guide DGT, Salariés protégés, sept. 2019, fiche n° 20, CE, 19 sept. 2014, n° 362.568, Sté Ortec Meca, Tables p. 888, concl. G. Dumortier, Dr soc 2015, p. 25, RJS 2014 n° 875, cf. n°* ***61.1.1.2****).*

Les règles relatives au délai raisonnable au-delà duquel le destinataire d'une décision ne peut exercer de recours juridictionnel sont applicables à la contestation du rejet implicite d'un recours gracieux *(CE, 12 oct. 2020 n° 429.185, mentionné aux Tables ; cf. n°* ***74.1.2.1.7****).*

CHAPITRE II

LE RECOURS HIÉRARCHIQUE

SECTION 1
Les modalités du recours hiérarchique

62.1. – Les modalités du recours hiérarchique ont été fixées par le décret n° 83-470 du 8 juin 1983 dont les dispositions ont été codifiées à l'article R. 2422-1 du Code du travail.

§ 1. LE DÉLAI POUR PRÉSENTER UN RECOURS HIÉRARCHIQUE

A. Les règles générales

62.1.1.1. – Le recours hiérarchique doit être formé dans le délai de deux mois courant à compter de la date de la notification de la décision *(C. trav., art. R. 2422-1)*.

Les délais spéciaux prévus par l'article R. 421-7 du Code de justice administrative *(cf. n° **74.1.2.3**)* ne sont pas applicables aux recours administratifs, gracieux ou hiérarchiques *(CE, 5 janv. 2000, n° 170.954, commune de Macot-la-Plagne, publié au Recueil)*.

1. Le point de départ du délai

62.1.1.1.1. – Le délai commence à courir le lendemain de la notification à 0 h. Si la décision a été notifiée, par exemple, le 6 juillet, le délai commence à courir le 7 juillet à 0 h.

Lorsque le destinataire de la lettre recommandée avec avis de réception est absent de son domicile au moment du passage du préposé de La Poste, un avis de mise en instance est déposé par celui-ci, l'informant de ce que le pli recommandé est tenu à sa disposition au bureau de poste pendant un délai de quinze jours.

En cas de retrait du pli recommandé avant l'expiration du délai de mise en instance, la notification de la décision est régulièrement faite à la date de ce retrait, laquelle marque le point de départ du délai de recours contentieux *(CE, 21 nov. 1979, n° 12.799, Marcoulet, Rec. p. 833)*, et, de même, du recours administratif. À défaut de retrait du courrier dans ce délai, le délai du recours hiérarchique court à compter de la date à laquelle il a été régulièrement avisé que le pli était à sa disposition au bureau de poste *(CE, 9 avr. 2004, n° 250.079, Rec. p. 806, Ministre de l'Économie, des Finances et de l'Industrie c. / Calvao)*. Il convient dans ce cas de vérifier la réalité de cette information du destinataire du courrier, qui résulte soit de mentions précises, claires et concordantes portées sur l'enveloppe, soit, à défaut, d'une attestation du service postal ou d'autres éléments de preuve, que le préposé a, conformément à la réglementation en vigueur, déposé un avis d'instance *(cf. n°* ***74.1.2.1.1****, CE, 24 avr. 2012, n° 341.146, Ministre de l'Intérieur, Tables p. 900)*. Il en va de même en matière de vérification du délai de recours hiérarchique prévu par les dispositions de l'article R. 2422-1 du Code du travail.

Dans le cas où le destinataire n'a pas retiré le pli recommandé contenant la décision qui lui était adressé, « *il doit être regardé comme ayant reçu notification de cette décision* » *(CE, 19 janv. 2000, n° 204.925, Mekacher)*.

2. La computation du délai

62.1.1.1.2. – L'article L. 112-1 du Code des relations entre le public et l'administration dispose que « *toute personne tenue de respecter un délai pour présenter une demande… auprès d'une autorité administrative peut satisfaire à cette obligation au plus tard à la date prescrite au moyen d'un envoi de correspondance, le cachet apposé par les prestataires de services postaux autorisés au titre de l'article L. 3 du Code des postes et des communications électroniques faisant foi* ». L'article L. 110-1 du même code précise que les recours hiérarchiques sont considérés comme des demandes.

Cette disposition a été introduite pour éviter que les usagers ne soient pénalisés par les délais d'acheminement des envois postaux. En application de ces dispositions, l'employeur qui adresse à l'autorité administrative sa demande par envoi postal le dernier jour du délai prescrit doit être regardé comme ayant respecté ce délai.

Le Conseil d'État a toutefois jugé que ces dispositions sont sans incidence sur l'application des règles relatives à la recevabilité des recours contentieux et ne sauraient régir les conditions de délai dans lesquelles l'exercice d'un recours administratif, gracieux ou hiérarchique, a pour effet de conserver le délai de recours contentieux *(CE, 21 mars 2003, n° 240.511, préfet de Police c. / Mme Xiaowei Pan, Tables p. 905, concl.*

S. Austry, AJDA 2003, p. 1345). La jurisprudence avait explicitement confirmé le principe de **prise en compte de la date** à laquelle le pli contenant le recours hiérarchique est **présenté** par les services postaux au ministre chargé du travail pour vérifier le respect du délai d'exercice du recours hiérarchique *(CE, 30 janv 2019, n° 410.603, M. Mouanfoulou, mentionné aux Tables, RJS 2019 n° 233 ; cf. n° **74.1.4.1**)*.

Par une décision du 13 mai 2024, le Conseil d'État fait évoluer sa jurisprudence pour simplifier les règles de saisine d'une juridiction administrative par courrier. Jusqu'à présent, un recours contentieux envoyé par voie postale devait parvenir à la juridiction administrative avant la fin du délai de recours ce qui contraignait les justiciables qui envoient leur recours par voie postale à le poster plusieurs jours avant l'expiration de ce délai pour être sûrs que leur recours parvienne dans les temps à la juridiction. Désormais, il suffit qu'il ait été posté avant l'expiration de ce délai, le cachet de la poste faisant foi.

Avec cette décision, le Conseil d'État harmonise les règles pour les citoyens, qu'ils saisissent la justice administrative ou l'administration. En effet, la règle du cachet de la poste faisant foi est déjà celle qui s'applique chaque fois qu'une personne est tenue, à l'égard de l'administration, de respecter une date limite pour présenter une demande, déposer une déclaration, exécuter un paiement ou produire un document *(CE, 13 mai 2024, n° 466.541, Rec., AJDA 2024 p. 999 et 1381)*.

Le Conseil d'État s'était spécifiquement prononcé sur la recevabilité des recours hiérarchiques en matière de licenciement des salariés protégés en prenant en compte la date de présentation de ce recours. Cette spécificité n'a donc plus lieu d'être, même si cette jurisprudence n'a pas été formellement abandonnée par la décision du Conseil d'État du 13 mai 2024. Dorénavant, la date à prendre en compte est la date d'envoi du recours hiérarchique, cachet de la poste faisant foi.

3. *L'absence de prorogation du délai en cas de demande de communication des motifs d'une décision implicite de rejet*

62.1.1.1.3. – À la différence du délai de recours contentieux *(CRPA, art. L. 232-4)*, le délai du recours hiérarchique, fixé par l'article R. 2422-1 du Code du travail *(cf. n° **62.1.1.1**)*, n'est pas prorogé par la communication des motifs de la décision implicite de rejet de l'inspecteur du travail à la demande du requérant.

B. Le recours hiérarchique prématuré

62.1.1.2. – Si le ministre est saisi avant que l'inspecteur du travail se soit prononcé et avant l'expiration du délai au terme duquel naît une décision implicite de rejet (deux mois), il est tenu de déclarer le recours irrecevable *(CE, 22 févr. 1988, n° 73.747 et 84.414, Sté Vachette c. / Martel)*.

C. L'absence de forclusion du délai de recours

62.1.1.3. – Dans l'éventualité où la décision de l'inspecteur du travail ne mentionnait pas les délais ou les voies de recours, le recours hiérarchique est recevable sans condition de délai.

Il en va de même si les pièces du dossier n'établissent pas à quelle date la décision a été notifiée. Ainsi, le Conseil d'État a jugé qu'un recours présenté au ministre le 30 novembre 1985 et dirigé contre une décision prise le 26 septembre 1985 n'était pas tardif dès lors que « *la preuve de la notification de la décision… ne figure pas au dossier* » *(CE, 22 mars 1989, n° 86.051, Ministre des Affaires sociales et de l'Emploi c. / Pasquier)*.

Toutefois, par une décision du 13 juillet 2016, l'Assemblée du contentieux du Conseil d'État a défini un nouvel équilibre et jugé que le principe de sécurité juridique impose au destinataire d'une décision administrative d'exercer son recours juridictionnel dans un « *délai raisonnable* », y compris en cas de non-respect de l'obligation d'information des voies et les délais de recours, ou d'absence de preuve qu'une telle information a bien été fournie. Le Conseil d'État a considéré qu'en règle générale et sauf circonstances particulières dont se prévaudrait le requérant, ce délai raisonnable ne peut « *excéder un an à compter de la date à laquelle une décision expresse lui a été notifiée ou de la date à laquelle il est établi qu'il en a eu connaissance* » *(CE, Assemblée, 13 juill. 2016, n° 387.763, Czabaj, Rec. p. 340 ; AJDA 2016, p. 1629, chron. L. Dutheillet de Lamothe et G. Odinet ; RFDA 2016, p. 927, concl. O. Henrard ; RJS 2016 n° 744 ; CE, 12 oct. 2020, n° 429.185, Ministre de l'Agriculture et de l'Alimentation c. / société Château Chéri, mentionné aux Tables, AJDA 2020 p. 1938)*.

La question de l'application de ce principe au recours hiérarchique devant le ministre du Travail contre une décision de l'inspecteur du travail statuant sur une demande d'autorisation de licenciement n'est pas encore tranchée par le Conseil d'État. Au regard de l'objectif visé par la décision Czabaj tendant à éviter la mise en péril de « *la stabilité des situations juridiques et la bonne administration de la justice, en exposant les défendeurs potentiels à des recours excessivement tardifs* » il n'est donc pas exclu que la Haute Juridiction en fasse application au recours hiérarchique. Il est donc fortement conseillé, en l'absence de l'indication des voies et délais de recours, de saisir le ministre dans les meilleurs délais.

Si l'administration entend opposer la tardiveté du recours, il lui incombe d'en rapporter la preuve *(CE, 29 juin 1990, n° 85.254, SA Creusot Loire Entreprise, Rec. p. 197)*.

S'agissant du cas des décisions implicites de rejet, les règles relatives à l'opposabilité du délai sont exposées au n° **51.5.3.2**.

D. Les conséquences de l'expiration du délai de recours

62.1.1.4. – Si le ministre est saisi après l'expiration du délai de deux mois, il est tenu de rejeter le recours hiérarchique *(CE, 27 févr. 1985,* *n° 49.737, Sté Tranz Al-Quartz, Rec. p. 58 ; CE, 26 juill. 1985, n° 40.724, SA des Établissements Davoine).*

Il a été jugé qu'alors même qu'il aurait été saisi tardivement, le ministre avait toujours la faculté d'annuler la décision de l'inspecteur du travail si cette dernière avait été contestée devant le tribunal administratif dès lors qu'elle ne peut être considérée comme définitive *(CE, 2 févr. 1996, n° 152.406, Sté Établissements Crocquet, Rec. p. 1191).* La jurisprudence Ternon du 26 octobre 2001 du Conseil d'État *(cf. n°* ***61.2.2****)* et à sa suite l'article L. 242-1 du Code des relations entre le public et l'administration nous paraissent remettre en cause cette solution dès lors que cette nouvelle jurisprudence procède au « *découplage* » du retrait des décisions expresses opéré par l'administration et du recours contentieux.

§ 2. LA FORME DU RECOURS HIÉRARCHIQUE

62.1.2. – Aucun texte ne définit les conditions de forme auxquelles doit répondre le recours hiérarchique. En tout état de cause, pour être analysé comme un recours, il doit comporter des conclusions dirigées contre la décision de l'inspecteur du travail. À défaut, il n'aura pas pour effet d'interrompre le délai de recours contentieux *(CE, 8 nov. 1993, n° 105.373, Syndicat CGT du Crédit du Nord).*

Il est conseillé à l'auteur du recours de présenter clairement les raisons de droit et de fait qui justifient à ses yeux l'annulation de la décision attaquée. S'agissant des recours formés contre les décisions prises par les inspecteurs du travail et relevant de la compétence du ministre du Travail, le recours doit être envoyé à l'adresse suivante :

Madame la ministre du Travail et de l'Emploi,

Direction générale du travail
Sous-direction de l'animation territoriale
du système de l'inspection du travail
Bureau du statut protecteur
14, Avenue Duquesne
75350 Paris

En revanche les recours contre les décisions prises par les inspecteurs des armées relèvent du ministère de la Défense.

§ 3. LA QUALITÉ ET L'INTÉRÊT À AGIR DE L'AUTEUR DU RECOURS

62.1.3. – Ils s'apprécient à la date à laquelle le recours est formé *(CE, 5 mai 1993, n° 93.758, Compagnie nationale de porcelaine).*

A. L'intérêt à agir du salarié

62.1.3.1. – Le salarié dont le licenciement est autorisé par l'inspecteur du travail est évidemment recevable à saisir le ministre.

Un salarié dont le licenciement est refusé ne peut contester devant le ministre les motifs de la décision de l'inspecteur du travail *(CE, 13 mai 1992, n° 110.184, Mars et autres, Tables p. 1347, RJS 1992 n° 1128)*. En effet, à moins qu'elle soit fondée sur le constat que le salarié concerné n'a pas la qualité de salarié protégé, la décision par laquelle l'autorité administrative refuse d'autoriser le licenciement d'un salarié protégé n'apporte en principe, par elle-même, aucune modification à la situation de ce salarié. Une telle décision ne fait, dès lors, pas grief au salarié protégé qui n'est pas recevable à la contester par la voie du recours pour excès de pouvoir *(CE, 17 juin 2024, n° 468.580, Mme A. c. / Sté Moy Park, mentionné aux Tables)*.

En revanche, en cas de refus d'autorisation d'une rupture conventionnelle, le recours hiérarchique peut être présenté par la partie la plus diligente, voire de manière parallèle par les deux parties, chacune d'elles ayant incontestablement un intérêt à agir. Tel doit être également le cas pour toute rupture amiable, notamment pour motif économique.

De même, il a intérêt à contester la décision par laquelle l'inspecteur du travail s'est déclaré incompétent pour statuer sur la demande d'autorisation de licenciement le concernant *(CE, 11 janv. 1995, n° 129.995, Comité mosellan de sauvegarde de l'enfance, de l'adolescence et des adultes, Rec. p. 20)*.

L'intérêt à agir du salarié en cas de refus d'autorisation de transfert semble également recevable, dans la mesure où une telle décision ne lui est pas en soi automatiquement favorable et où il ne peut être exclu au contraire qu'elle lui fasse grief, en le privant le cas échéant d'opportunités professionnelles.

B. La qualité et l'intérêt à agir de l'employeur

1. Le principe

62.1.3.2.1. – Les dirigeants des sociétés n'ont pas à justifier de leur qualité pour agir *(cf. n° **32.5.2.1**)*.

Il en va autrement :

– pour les dirigeants des associations : leur qualité pour agir doit être appréciée en fonction des statuts de l'organisme *(cf. n° **32.5.2.3** et **74.3.2.4**)* ; le défaut de qualité pour agir de la personne ayant présenté la demande d'autorisation n'est pas régularisable pendant l'instruction du recours hiérarchique *(CE, 3 avr. 2024, n° 470.440, association Ligue de football de Bretagne, mentionné aux Tables)* ;

– pour les dirigeants des comités sociaux et économiques qui doivent être habilités par l'instance à saisir le ministre *(CE, 31 mars 1995, n° 101.461, Comité d'établissement des automobiles Peugeot, Rec. p. 1062 ; cf. n°* ***32.5.2.3*** *et* ***74.3.2.5****)*.

Le ministre doit s'assurer qu'à la date à laquelle il a été saisi, l'auteur du recours est toujours l'employeur du salarié concerné.

En cas d'autorisation de transfert du contrat de travail d'un salarié protégé, le repreneur, en sa qualité de nouvel employeur, justifie d'un intérêt à agir.

Un employeur qui a obtenu l'autorisation de licencier un salarié ne peut pas contester devant le ministre les motifs de la décision de l'inspecteur du travail. Le ministre, saisi par une entreprise d'un recours hiérarchique dirigé contre une décision qui l'a autorisé à licencier l'un de ses représentants du personnel, ne peut pas statuer sur ce recours et substituer une nouvelle décision à celle de l'inspecteur du travail *(CE, 13 mai 1992, n° 110.184, Mars et autres, Tables p. 1347, RJS 1992 n° 1128)*. En effet, le recours de la société n'est pas recevable : l'employeur n'a pas intérêt à agir, l'autorisation de licenciement lui ayant été accordée.

De même, il ne peut être regardé comme ayant intérêt à contester, quels que soient les motifs de sa contestation, une décision l'ayant autorisé à procéder à la rupture conventionnelle du contrat de travail d'un salarié protégé, dans la mesure où la décision attaquée, qui lui donne satisfaction, ne lui fait pas grief *(CAA Versailles, 16 déc. 2014, n° 12VE03269, Sté STN Groupe, RJS 2015 n° 352)*. La circonstance que postérieurement à une première décision de refus, le licenciement a été autorisé ne rend pas sans objet le recours présenté par l'employeur contre la première décision de refus dès lors que l'autorisation qui a été accordée n'est pas devenue définitive *(CAA Paris, 17 avr. 2001, n° 99PA03732, Mme Lagache)*. En revanche, dans le cas où un salarié protégé prend acte de la rupture de son contrat de travail entre la décision de l'inspecteur du travail et la décision du ministre statuant sur le recours hiérarchique formé contre cette décision et où le ministre annule la décision de l'inspecteur du travail, la demande d'autorisation de transfert du salarié protégé dont il se retrouve saisi perd son objet *(CE, 21 sept. 2020, n° 425.216, Société BM Environnement, mentionné aux Tables)*.

2. La cession dans le cadre d'une procédure collective

62.1.3.2.2. – Le mandataire judiciaire dispose, tant que le refus de l'administration n'est pas devenu définitif, d'un intérêt et d'une qualité à présenter un recours. En effet, c'est toujours au titre de l'exécution du plan de cession qu'il agit, en vertu des pouvoirs qui lui ont été confiés par le tribunal de commerce. De ce fait, la responsabilité de mener à son terme la procédure de licenciement lui incombe *(CE, 15 nov. 2010, n° 324.323, Me Nanterme, Tables p. 1004, concl. G. Dumortier)*, nonobstant le fait que le cessionnaire, face au refus de l'inspecteur du travail, soit, au moins temporairement tenu de maintenir dans son effectif le salarié dont le licenciement a été refusé dès lors que les conditions légales autorisant le flan de cession à prévoir des licenciements sont respectées, et c'est lui qui a qualité pour procéder aux licenciements *(concl. G. Dumortier sur l'arrêt CE, 2 juill. 2014, n° 361.502, Sté Cie Compiègne, Tables p. 890).*

Cependant, le cessionnaire doit maintenir le salarié à son service et le rémunérer tant que le licenciement n'est pas accordé, ou le réintégrer si, ultérieurement, l'autorisation de licenciement est annulée. Il justifie donc d'un intérêt manifeste à agir.

Il nous semble donc que le mandataire judiciaire et le cessionnaire ont tous deux qualité et intérêt à agir.

C. L'intérêt à agir des organisations syndicales

1. En cas de refus d'autorisation

62.1.3.3.1. – Un syndicat de salariés n'a pas intérêt à contester, tant par la voie du recours hiérarchique que contentieux, la décision de refus d'autorisation de licenciement, laquelle « *ne porte atteinte ni aux droits ni aux intérêts matériels et moraux des salariés concernés* » *(CE, 22 janv. 1996, n° 154.380, Syndicat national des personnels d'encadrement de l'ingénierie, RJS 1996 n° 308).*

2. En cas d'autorisation

62.1.3.3.2. – Le Conseil d'État a assoupli les conditions de recevabilité des recours présentés par les organisations syndicales devant le juge administratif. Ces règles – exposées *au n°* **74.3.1.3** – sont transposables aux recours hiérarchiques.

La jurisprudence ne fait pas de distinction selon que l'autorisation de licenciement concerne un salarié élu ou mandaté par une organisation syndicale : dans tous les cas, le syndicat, en son nom propre, a intérêt à agir contre la décision administrative.

La personne présentant le recours au nom du syndicat devra justifier de sa qualité pour agir (en produisant les statuts ou l'habilitation des organes compétents l'autorisant à agir), le cas échéant, au cours de l'instruction du recours hiérarchique.

3. En cas de rejet pour incompétence

62.1.3.3.3. – De même que le salarié et l'employeur, l'organisation syndicale a intérêt à agir.

§ 4. L'AUTORITÉ COMPÉTENTE POUR STATUER SUR LE RECOURS HIÉRARCHIQUE

62.1.4. – La décision doit être prise par l'autorité compétente : le ministre ou le fonctionnaire bénéficiant d'une délégation de signature légalement intervenue *(cf. n°* ***62.3.1****).*

SECTION 2

Les modalités d'instruction du recours hiérarchique

Plan de la section

§ 1. L'ACCUSÉ DE RÉCEPTION DU RECOURS

62.2.1. – L'article 19 de la loi du 12 avril 2000, relative aux droits des citoyens dans les relations avec les administrations *(JORF du 13 avril 2000)* a imposé à l'administration d'établir un accusé de réception pour « toute demande » qui lui est adressée *(cf. n° **32.6.1**)*.

L'obligation de délivrer un accusé de réception pour tout recours administratif est désormais codifiée aux articles L. 112-3 et L. 411-3 du Code des relations entre le public et l'administration (CRPA).

L'absence d'accusé de réception est sans incidence si le ministre statue par une décision expresse, avant l'expiration du délai dont il dispose, et si cette décision mentionne les voies et délais de recours (*CRPA, art. L. 112-6, alinéa 2 et art. L. 411-3*).

En revanche, en l'absence de décision expresse, la forclusion du délai de recours contentieux ne pourra pas être valablement opposée au requérant si l'administration n'a pas délivré un accusé de réception (*CRPA, art. L. 112-6, alinéa 1 et art. L. 411-3*).

Le Conseil d'État a jugé, après avoir rappelé que les délais de recours contre une décision administrative prise en matière d'autorisation de licenciement d'un salarié protégé ne sont opposables qu'à la condition d'avoir été mentionnés, soit dans sa notification si la décision est expresse, soit dans l'accusé de réception de la demande l'ayant fait naître si elle est implicite, *« qu'il en va ainsi, y compris lorsque la décision, prise à la suite de l'exercice d'un recours hiérarchique qui n'est pas un préalable obligatoire au recours contentieux, ne se substitue pas à la décision qui a fait l'objet de ce recours » (CE, 7 déc. 2015, n° 387.872, Felouki, Tables p. 796)*.

Dès lors que l'accusé de réception du recours hiérarchique répond aux conditions fixées par le Code des relations entre le public et l'administration, l'auteur de ce recours hiérarchique dispose, pour contester la décision de l'inspectrice du travail, d'un délai de deux mois à compter de la décision implicite de la ministre du Travail (*CE, 2 déc. 2019, n° 415.470, Sangoud, mentionné aux Tables, RJS 2020 n° 101 ; AJDA 2020 p. 866)*.

§ 2. L'INSTRUCTION DU RECOURS HIÉRARCHIQUE

A. Les modalités suivies par le ministère du Travail

62.2.2.1. – Cette instruction, dans le cas où le ministre du Travail est compétent, se déroule de la manière suivante :

- avant l'audition des parties par les services de la direction régionale de l'économie, de l'emploi, du travail et des solidarités (DREETS), l'inspecteur du travail est tenu de faire parvenir à cette autorité un rapport écrit ;
- les parties doivent être entendues par un agent de la DREETS ;
- l'autorité qui a procédé à l'audition des parties doit établir une note de synthèse et émettre un avis motivé se traduisant par une proposition de confirmation ou d'annulation de la décision attaquée ;
- l'ensemble du dossier doit être transmis à la direction générale du travail.

Le DREETS assure la responsabilité du traitement des recours hiérarchiques, qu'il organise dans sa région, et peut opter, soit pour un traitement délégué au niveau départemental compétent, soit pour un traitement entièrement régional.

Le compte rendu d'audition des parties au recours doit s'attacher à rapporter ceux des arguments développés qui paraissent essentiels à une compréhension exacte du cas d'espèce.

Les services de la direction générale du travail procèdent ensuite à une nouvelle analyse du dossier qui est transmis ultérieurement, le cas échéant, au cabinet du ministre.

Par ailleurs, il importe de vérifier, lors de l'instruction du recours hiérarchique, que les principes régissant l'enquête contradictoire ont bien été respectés par l'inspecteur du travail, et notamment lorsqu'elle est requise, l'audition personnelle et individuelle du salarié (*cf. n°* ***34.3.2.2***).

Si tel n'a pas été le cas, les irrégularités de la procédure administrative doivent donner lieu, lors de l'instruction du recours, à une régularisation qui doit intervenir lors de l'audition des parties.

B. Les exigences fixées par la jurisprudence

62.2.2.2. – Le Conseil d'État a jugé que le ministre, en l'absence de toute disposition légale, n'est pas tenu de reprendre l'instruction de l'affaire et de convoquer les parties et leurs témoins avant de prendre sa décision *(CE, 7 mars 1980, n° 10.479, Sté La téléphonie centrale)*. Cette jurisprudence a été confirmée postérieurement à l'entrée en vigueur du décret du 8 juin 1983 *(CE, 19 févr. 1993, n° 118.250, Sté Batrap ; CE, 28 avr. 1989, n° 73.068 et 73.069, Sté française des Nouvelles galeries réunies : « le ministre du Travail n'est tenu ni de procéder à une enquête contradictoire avant l'intervention de sa décision, ni de communiquer aux parties les éléments qu'il prend en compte pour rapporter sa décision » ;*

CE, 22 mai 2002, n° 214.637, Zaugg, Tables p. 952, RJS 2002 n° 999 ; CAA Lyon, 17 oct. 1997, n° 96LY02570 ; CAA Douai, 23 sept. 2010, n° 09DA01039).

Par conséquent, la circonstance que les deux parties n'aient pas été entendues n'est pas de nature à entacher d'illégalité la décision du ministre. En revanche, cette décision encourt l'annulation si le bénéficiaire de la décision contestée n'a pas été mis à même de présenter ses observations après communication du recours : « *si, en excluant les décisions prises sur demande de l'intéressé du champ d'application de l'article 24 de la loi du 12 avril 2000, le législateur a entendu dispenser l'administration de recueillir les observations de l'auteur d'un recours gracieux ou hiérarchique, il n'a pas entendu pour autant la dispenser de recueillir les observations du tiers au profit duquel la décision contestée par ce recours a créé des droits ; qu'il suit de là qu'il ne peut être statué sur un tel recours qu'après que le bénéficiaire de la décision créatrice de droits a été mis à même de présenter ses observations, notamment par la communication du recours* » *(CE, 3 sept. 2009, n° 301.095, Ministre de l'Emploi, de la Cohésion sociale et du Logement c. / Sté Orléans Gestion, Tables p. 978 ; CE, 3 sept. 2009, n° 310.451, Association des papillons blancs du Limousin, concl. R. Keller, AJDA 2009, p. 2288 ; CE, 9 mai 2011, n° 328.024 et 328.025, M. B… ; CE, 19 juin 2013, n° 352.182, M. M'A. ; CE, 3 juill. 2013, n° 348.099, Association des paralysés de France, Dr soc 2013, p. 925, concl. G. Dumortier, RJS 2013 n° 745 ; CE, 19 juill. 2017, n° 391.402, Sté l'Agence du bâtiment, Tables p. 440, RJS 2017 n° 754).*

Le législateur a érigé ce raisonnement en principe général, au sein de l'article L. 411-6 du Code des relations entre le public et l'administration, dont le premier alinéa dispose que « *Lorsque le recours administratif émane d'une personne autre que le bénéficiaire de la décision initiale et que la décision prise sur recours doit être motivée en application de l'article L. 211-2, la procédure contradictoire prévue à l'article L. 122-1 est mise en œuvre à son égard* ».

Ainsi il a été jugé que n'avait pas été mis à même de présenter ses observations le bénéficiaire de la décision créatrice de droits auquel n'ont pas été communiquées des pièces, dont certaines à charge, jointes au recours mais n'ayant pas figuré dans la demande d'autorisation et n'ayant pas été soumises à l'enquête contradictoire de l'inspecteur du travail *(CAA Lyon, 20 juill. 2010, n° 08LY01381, Union départementale Force Ouvrière de l'Ain).*

De même, sont illégales les décisions d'autorisation de licenciement de l'inspecteur du travail et du ministre fondées sur un constat d'huissier, dont seule l'existence a été mentionnée devant le salarié pendant l'enquête de l'inspecteur du travail, puis par les services instructeurs du ministre, sans que le salarié ait été informé de son droit d'accès à ces pièces *(CE, 15 déc. 2010, n° 325.838, Sté Fournier, Tables p. 1005).*

Si l'inspecteur du travail n'a pas lui-même procédé à l'enquête contradictoire ou n'en a pas respecté les obligations, le ministre, saisi d'un recours hiérarchique, est tenu de l'organiser *(CE, 23 févr. 1983, n° 35.312,*

Sté Boussac Saint Frères ; CE, 1er août 2013, n° 350.517, Lorenzato, RJS 2013 n° 748 ; CE, 19 juill. 2017, n° 391.402, Sté l'Agence du bâtiment, Tables p. 440, RJS 2017 n° 754).

§ 3. LA COMMUNICATION DES PIÈCES

A. La communication du recours

62.2.3.1. – Revenant sur sa jurisprudence antérieure *(CE, 27 juin 1990, n° 104.790, Association du foyer des jeunes travailleurs « Victor Hugo » c./ Compère, Rec. p. 1017, RJS 1990 n° 888 ; CE, 28 avr. 1989, n° 73.068 et 73.069, Sté française des Nouvelles galeries réunies ; CE, 10 mars 1997, n° 164.645, SA Applications techniques des plastiques, RJS 1997 n° 571),* le Conseil d'État a jugé qu'il incombait à l'administration de communiquer le recours au bénéficiaire de la décision, afin que celui-ci soit « *mis à même de présenter ses observations* » *(CE, 3 sept. 2009, n° 310.451, Association des papillons blancs du Limousin, précité, concl. R. Keller AJDA 2009, p. 2288, cf. n°* ***62.2.2.2****).*

B. La communication de l'ensemble des éléments sur lesquels le ministre entend fonder sa décision

62.2.3.2. – Le Conseil d'État a jugé qu'il incombe au ministre saisi sur le fondement des dispositions de l'article R. 2422-1 du Code du travail, d'un recours contre une décision autorisant ou refusant d'autoriser le licenciement d'un salarié protégé de communiquer « ***l'ensemble des éléments sur lesquels*** » il « ***entend fonder sa décision*** » *(CE, 19 juill. 2017, n° 391.402, Sté l'Agence du bâtiment, Tables p. 440, RJS 2017 n° 754).* Dans cette affaire était en cause un licenciement économique. Le ministre, statuant sur recours hiérarchique, avait annulé la décision de refus opposée par l'inspecteur du travail et autorisé le licenciement. Le Conseil d'État a approuvé la cour administrative d'appel qui avait jugé que la salariée, faute d'avoir eu accès aux données économiques jointes par l'employeur à son recours hiérarchique et qui étaient au nombre des éléments sur lesquels le ministre s'était fondé pour prendre sa décision, n'avait pu utilement discuter ces données. En outre, un délai suffisant d'observation doit être laissé à l'usager *(CE 29 juin 2022, n° 443.955, Mme C. c./ Sinéquanone)*

C. La communication des rapports

62.2.3.3. – Les parties peuvent obtenir la communication du rapport de l'inspecteur du travail et de la note de synthèse établie par la DREETS. Le Conseil d'État a modifié sur cette question sa jurisprudence. Il estimait en effet que le ministre n'était pas tenu de communiquer les rapports ayant pu être établis dans le cadre de l'instruction du recours

(CE, 23 oct. 1985, n° 33.598, Chassarat, Rec. p. 635). En 1992, il a jugé, sur le fondement des dispositions de l'article 6 de la loi du 17 juillet 1978, que ces documents devaient être communiqués à la partie qui les demandait *(CE, 14 févr. 1992, n° 111.013, Tranquille, Rec. p. 1988, RJS 1992 n° 466).*

Le fait que le ministre se soit abstenu de produire le rapport d'enquête de la direction départementale, établi dans le cadre de l'instruction du recours hiérarchique, pouvait conduire le juge du fond, compte tenu des circonstances de l'espèce, à estimer que les faits sur la base desquels le ministre avait autorisé le licenciement n'étaient pas suffisamment établis *(CAA Nancy, 25 mars 1999, n° 95NC01982, Bendaoud).*

SECTION 3

La décision du ministre

Plan de la section

§ 1. LE SIGNATAIRE DE LA DÉCISION

62.3.1. – Le Conseil d'État a jugé que le ministre était en droit de donner délégation, dans le cadre des dispositions réglementaires relatives aux délégations, pour statuer sur les recours hiérarchiques *(CE, 29 juin 1990, n° 90.541, Coco).*

Les règles relatives aux délégations de signature sont fixées par le décret n° 2005-850 du 27 juillet 2005 relatif aux délégations de signature des membres du gouvernement.

L'article 1er de ce décret a prévu l'octroi aux agents de l'administration assurant les principales fonctions d'encadrement d'un ministère d'une délégation de signature de plein droit résultant du seul acte de nomination du ministre. Le changement du ministre ne met pas fin à la délégation.

Les agents chargés d'assurer l'intérim des agents de l'administration assurant les principales fonctions d'encadrement et qui sont désignés par un acte publié au *Journal officiel* bénéficient de la même délégation dans les mêmes conditions.

§ 2. LA FORME DE LA DÉCISION DU MINISTRE

62.3.2. – En application des dispositions de l'article L. 411-5 du Code des relations entre le public et l'administration : « *La décision rejetant un recours administratif dirigé contre une décision soumise à obligation de motivation en application des articles L. 211-2 et L. 211-3 est motivée lorsque cette obligation n'a pas été satisfaite au stade de la décision initiale. La décision faisant droit à un recours administratif est motivée si elle entre, par elle-même, dans le champ des décisions individuelles visées aux articles L. 211-2 et L. 211-3* ». La motivation exigée doit comporter « *l'énoncé des considérations de droit et de fait qui constituent le fondement de la décision » (CRPA, art. L. 211-5).*

Néanmoins, lorsque le juge administratif est saisi d'un litige portant sur la légalité de la décision par laquelle l'autorité administrative a autorisé le licenciement d'un salarié protégé et qu'est contesté devant lui le bien-fondé de l'appréciation par laquelle l'autorité administrative a estimé que l'employeur avait satisfait à son obligation de recherche sérieuse de reclassement, il lui appartient de s'assurer, au vu de l'ensemble des pièces versées au dossier, que l'obligation légale de reclassement a, en l'espèce, été respectée, sans s'arrêter sur une erreur susceptible d'émailler, dans le détail de la motivation de la décision attaquée, une des étapes intermédiaires de l'analyse portée sur ce point par l'autorité administrative *(CE, 12 avr. 2022, n° 442.338, Société Avenir Télécom, mentionné aux Tables, RJS 2022 n° 311, AJDA 2022 p. 2048).*

Antérieurement à la décision lue le 29 décembre 2000, le Conseil d'État imposait au ministre, en cas d'annulation de la décision contestée, de statuer sur l'ensemble des éléments de fait et de droit qui l'avaient motivée. Il avait été ainsi jugé que si le ministre « *s'abstient d'énoncer toute considération relative au bien-fondé du motif d'intérêt général sur lequel l'inspecteur du travail s'est expressément appuyé pour refuser l'autorisation (…) la décision doit être regardée comme entachée d'une insuffisance de motivation » (CE, 20 mai 1994, n° 123.988, SA Petit Bateau Valton, Dr ouvrier 2003, p. 341, note P. Moussy).*

Par un arrêt rendu le 29 décembre 2000, le Conseil d'État a jugé que « *s'il appartenait au ministre, qui avait à apprécier si la faute reprochée… était d'une gravité suffisante pour justifier son licenciement compte tenu des règles applicable à son contrat de travail et des exigences propres à l'exécution normale de ses mandats… de motiver sur ce point sa décision, il n'est pas tenu… de mentionner préalablement les raisons pour lesquelles il estimait ne pas devoir retenir le motif sur lequel s'était fondé l'inspecteur du travail » (CE, 29 déc. 2000, n° 207.613, Lautier, Tables p. 1270, RJS 2001 n° 316 : le ministre ne s'était pas prononcé sur le lien avec le mandat ; CE, 26 juin 2002, n° 219.940, Sicup Uniroyal et CE, 26 févr. 2003, n° 249.903, Iskin, Tables p. 964, Dr ouvrier 2003, p. 340, note P. Moussy : le ministre s'était abstenu de se prononcer sur le motif d'intérêt général retenu par l'inspecteur du travail).*

Si cette jurisprudence du Conseil d'État semble résulter de la volonté de ne pas enfermer le ministre dans un formalisme excessif, il semblait de bonne administration que le ministre indiquât aux parties quelles avaient été les considérations de droit ou de fait l'ayant conduit à écarter les motifs fondant la décision de l'inspecteur du travail.

La jurisprudence « Microelectronics Grand Ouest » a eu pour effet de renforcer l'obligation de motivation qui s'impose au ministre lorsqu'il prononce l'annulation d'une décision de l'inspecteur du travail de refus d'autorisation : la Haute juridiction a en effet jugé que « *lorsqu'il est saisi par l'employeur d'un recours hiérarchique contre une décision d'un inspecteur du travail qui a refusé l'autorisation de licenciement en se fondant sur plusieurs motifs de refus faisant, chacun, légalement obstacle à ce que le licenciement soit autorisé, le ministre ne peut annuler cette décision que si elle est entachée d'illégalité externe ou si aucun des motifs retenus par l'inspecteur du travail n'est fondé » (CE, 3 févr. 2016, n° 389.223, Sté Microelectronics Grand Ouest, Tables p. 979 : cf. n°* ***62.3.4.2.1****)*.

Cette jurisprudence conduit à distinguer les cas suivants :

– Le ministre estime qu'une illégalité externe entache la décision de l'inspecteur du travail

Le ministre n'est pas tenu, lorsqu'il prononce l'annulation en raison d'une illégalité externe de celle-ci et qu'il se prononce à nouveau, après cette annulation, sur la demande d'autorisation de licenciement, d'indiquer les considérations le conduisant, le cas échéant, à retenir une appréciation contraire à celle des motifs retenus par l'inspecteur du travail *(CE, 4 oct. 2023, n° 464.094, Société JFM, mentionné aux Tables, RJS 2024, n° 45)*.

– Le ministre annule une décision de refus de l'inspecteur du travail

Il a été jugé que « *dans le cas où le ministre, ainsi saisi d'un recours hiérarchique, annule la décision par laquelle un inspecteur du travail a rejeté la demande d'autorisation de licenciement d'un salarié protégé, il est tenu de motiver l'annulation de cette décision ainsi que le prévoit l'article L. 211-2 du Code des relations entre le public et l'administration (CRPA) et en particulier, lorsqu'il estime que le ou les motifs fondant une décision de refus d'autorisation de licenciement sont illégaux, d'indiquer les considérations pour lesquelles il estime que ce motif ou, en cas de pluralité de motifs, chacun des motifs fondant la décision de l'inspecteur du travail est illégal » (CE 8 déc. 2021, n° 428.118, M. B c. / association 3ACT ARACT, mentionné aux Tables, RJS 2022 n° 81, AJDA 2022, p. 1014 et 1516)*.

– Le ministre confirme la décision de refus de l'inspecteur du travail

Si le ministre confirme la décision de refus en ne retenant qu'un seul motif ou plusieurs des motifs retenus par l'inspecteur du travail, faisant chacun obstacle à ce que l'autorisation de licenciement soit délivrée, il nous semble que la jurisprudence implique que le ministre ne motive sa décision de rejet du recours hiérarchique qu'au regard de ce ou ces motifs, celui-ci ou ceux-ci suffisant à justifier légalement le refus. Cette jurisprudence n'implique pas, à notre sens, que le ministre motive sa décision sur le ou les motifs retenus par l'inspecteur du travail et qu'il n'estime pas de nature à faire obstacle à la délivrance de l'autorisation.

À titre d'illustration, si la décision de refus de l'inspecteur du travail est motivée par trois motifs, chacun d'entre eux suffisant à lui seul à justifier le refus de licenciement et que deux d'entre eux sont erronés mais que le dernier est fondé, le ministre doit confirmer la décision de l'inspecteur du travail – tout en précisant pour des raisons de bonne pratique administrative mais sans y être tenu – les raisons pour lesquelles il estime que les deux autres motifs retenus par l'inspecteur du travail sont illégaux.

La décision doit en outre indiquer les voies et délais de recours pour rendre ceux-ci opposables *(CE, 7 déc. 2015, n° 387.872, M. Felouki, Tables p. 796)*.

Dès lors que ces indications sont portées dans la décision du ministre et que cette dernière est prise avant l'expiration du délai dont il dispose pour statuer, l'absence d'accusé de réception du recours hiérarchique ne fait pas obstacle à ce que l'administration invoque ultérieurement la tardiveté éventuelle du recours contentieux *(CRPA, art. L. 112-6 et L. 411-3)*.

§ 3. LE DÉLAI DONT DISPOSE LE MINISTRE POUR STATUER

A. La durée du délai

1. À compter du 24 juin 2001, date de l'entrée en vigueur du décret n° 2001-532 du 20 juin 2001 (JORF du 22 juin 2001)

62.3.3.1.1. – Le second alinéa de l'article 22 de la loi du 12 avril 2000 a ouvert la possibilité qu'un délai supérieur à deux mois soit fixé par décret en Conseil d'État « *lorsque la complexité ou l'urgence de la procédure le justifie* ».

Pris sur le fondement de ces dispositions, le décret n° 2001-532 du 20 juin 2001 a inséré à l'article R. 2422-1 du Code du travail un alinéa qui dispose que « *le silence gardé pendant plus de quatre mois sur ce recours vaut décision de rejet* ».

Par une décision du 28 septembre 2005 *(n° 266.023, Sté Soinne et associés, Rec. p. 397, concl. A. Roul, RJS 2005 n° 1230)*, le Conseil d'État a jugé que cette disposition devait être regardée comme dérogeant à la règle jurisprudentielle, posée par l'arrêt d'Assemblée du 26 octobre 2001 Ternon *(n° 197.018, Rec. p. 497, précité, cf. n° **61.2.2**)*, selon laquelle l'administration ne peut retirer une décision **explicite** individuelle illégale créatrice de droit que dans le délai de quatre mois suivant la prise de décision *(la décision confirme l'arrêt de la cour administrative d'appel de Douai rendu aux conclusions de J. Michel, AJDA 2004, p. 1025).*

2. *À compter de l'entrée en vigueur du Code des relations entre le public et l'administration, le 1er janvier 2016*

62.3.3.1.2. – L'article L. 242-1 du Code des relations entre le public et l'administration dispose : « *L'administration ne peut abroger ou retirer une décision créatrice de droits de sa propre initiative ou sur la demande d'un tiers que si elle est illégale et si l'abrogation ou le retrait intervient dans le délai de quatre mois suivant la prise de cette décision.* »

L'article L. 241-1 de ce code, intégré au Titre IV du même code, consacré à la sortie de vigueur des actes administratifs, précise que les règles applicables au retrait d'un acte administratif unilatéral sont fixées « *par les dispositions du présent titre* », sous réserve « *de dispositions législatives et réglementaires spéciales* ».

Il y a lieu d'estimer que le raisonnement ayant conduit à la jurisprudence « *Sté Soinne et associés* » précitée peut être transposé dans le cadre de l'application de ces dispositions du Code des relations entre le public et l'administration dès lors que les dispositions de l'article R. 2422-1 du Code du travail constituent des dispositions réglementaires spéciales au sens de l'article L. 241-1 du Code des relations entre le public et l'administration.

B. Le point de départ du délai

1. *À compter du 24 juin 2001, date de l'entrée en vigueur du décret n° 2001-532 du 20 juin 2001 (JORF du 22 juin 2001)*

62.3.3.2.1. – Selon la jurisprudence, le point de départ du délai est la date à laquelle le recours a été enregistré par le ministère compétent *(CE, Association vosgienne pour la sauvegarde de l'enfance et de l'adolescence, 16 juin 1995, n° 146.009, RJS 1995 n° 915).*

Les dispositions de la loi du 12 avril 2000 ne remettaient pas en cause cette règle. En effet, le point de départ du délai, dont dispose le ministre pour statuer, court à compter de la date de réception de ce recours (cette règle est explicitement affirmée par l'article 20 de la loi lorsque le requérant a saisi une autorité incompétente et peut donc être transposée au cas où l'autorité compétente a été saisie ; en outre, l'article R. 421-2 du Code de justice administrative précise que « *la date du dépôt de la réclamation à l'administration, constatée par tous moyens, doit être établie à l'appui de la requête* » formée devant le juge administratif).

2. *À compter de l'entrée en vigueur du Code des relations entre le public et l'administration*

62.3.3.2.2. – De même, le Code des relations entre le public et l'administration ne remet pas en cause le point de départ du délai de quatre mois dont dispose le ministre pour statuer.

C. L'appréciation du respect du délai

62.3.3.3. – Pour apprécier si ce délai a été dépassé, il avait été jugé qu'il convenait de prendre en compte, non pas la date à laquelle la décision avait été notifiée aux parties, mais la date à laquelle elle avait été prise *(CE, 27 avr. 1987, n° 48.161, Association des parents d'enfants inadaptés « Les Elfes » ; CE, 18 mars 1992, n° 105.127, SNC Boussac ; CE, Association vosgienne pour la sauvegarde de l'enfance et de l'adolescence, 16 juin 1995, n° 146.009, RJS 1995 n° 915, préc.)*. Dès lors que la décision du ministre était intervenue dans le délai imparti, et alors même qu'elle avait été notifiée postérieurement à celui-ci, elle ne pouvait être regardée comme rapportant une prétendue décision implicite de rejet résultant du silence gardé par l'administration *(CE, 29 déc. 1995, n° 133.448, Premereur, RJS 1996 n° 307 ; CE, 28 juin 1996, n° 158.762, SNPE SA)*. Le seul fait qu'une telle décision fut notifiée aux salariés postérieurement à l'expiration du délai était sans influence sur sa légalité *(CE, 30 juill. 1997, n° 171.935, Bouchet Lanat ; solution confirmée par l'arrêt CE, 21 déc. 2007, n° 285.515, Sté Bretim, Rec. p. 519, concl. contraires Y. Struillou RFDA mai-juin 2008, p. 471, RJS 2008 n° 290, AJDA 2008, p. 338 ; chron. M.-C. Rouault et F. Duquesne, RJS 2008 p. 391)*.

Cette position a été admise par la Cour de cassation qui a approuvé la cour d'appel, laquelle avait décidé que, quelle que soit la date de la notification de la décision du ministre annulant l'autorisation accordée par l'inspecteur du travail, le salarié était en droit d'obtenir sa réintégration, celle-ci ne se heurtant à aucune contestation sérieuse *(Cass. soc., 9 mai 2000, n° 99-40.056, Bull. V n° 174, RJS 2000 n° 687)*.

Une décision expresse de rejet peut valablement intervenir après l'expiration du délai dont dispose le ministre pour statuer. Si cette décision intervient dans le délai de recours contentieux (deux mois), ouvert contre la décision implicite de rejet, elle fait à nouveau courir ce délai *(C. just. adm., art. R. 421-2)*.

§ 4. LE POUVOIR DONT DISPOSE LE MINISTRE

A. Les pouvoirs généraux du ministre

62.3.4.1. – Le ministre dispose des pouvoirs suivants :

1. Le ministre peut confirmer la décision de l'inspecteur du travail

62.3.4.1.1. – :

– soit en reprenant les motifs de sa décision par une décision explicite ;
– soit en retenant d'autres motifs que ceux avancés par l'inspecteur du travail, dans la mesure où au moins l'un des motifs de refus retenus par l'inspecteur du travail n'est pas entaché d'illégalité ;
– soit en rejetant le recours hiérarchique par une décision implicite de rejet, née du silence gardé pendant le délai dont il disposait pour statuer.

La confirmation de la décision de l'inspecteur du travail par substitution de motifs nous semble en revanche devoir être écartée dans la mesure où elle présente l'inconvénient d'introduire, en cas de recours contentieux visant logiquement les deux décisions administratives, une confusion pour le juge administratif en présence de motivations différentes, voire le cas échéant divergentes. Il convient en effet de rappeler que, « *les décisions prises sur recours hiérarchique par le ministre ne se substituent pas aux décisions de refus de l'inspecteur du travail qu'elles confirment » (CE, 8 janv. 1997, n° 171.807, 171.808 et 171.809, Sté des Grands magasins de l'Ouest, RJS 1997 n° 175)*. En application de ce principe, l'annulation de la décision du ministre, par exemple pour un motif de légalité externe, ne rend pas sans objet les conclusions présentées devant le juge administratif et tendant à l'annulation de la décision de l'inspecteur du travail. La jurisprudence « Microelectronics Grand Ouest » tend à confirmer que le ministre ne peut procéder par substitution de motifs *(cf. n°* ***62.3.2****)*.

La confirmation par substitution de motifs n'est pas compatible avec l'alternative dans laquelle est placée le ministre, selon laquelle « *lorsqu'il est saisi d'un recours hiérarchique contre une décision d'un inspecteur du travail statuant sur une demande d'autorisation de licenciement d'un salarié protégé, le ministre compétent doit, soit confirmer cette décision, soit, si celle-ci est illégale, l'annuler » (CE, 5 sept. 2008, n° 303.992, Sté Sorelait, concl. contraires Y. Struillou, Rec. p. 319, Dr soc 2008, p. 1251, RJS 2008 n° 1101)*. La jurisprudence du Conseil d'État en déduit en effet que « *lorsque le ministre rejette le recours hiérarchique dont il est saisi, il appartient au juge administratif, statuant sur un recours dirigé contre ces deux décisions, d'annuler, le cas échéant, celle du ministre par voie de conséquence de l'annulation de celle de l'inspecteur du travail » (CE 11 juill. 2012, n° 343.866, Massol, Tables p. 938 ; CE, 28 déc. 2018, n° 409.259, Vergez ; CE, 1er févr. 2019, 407.122, Sté Total marketing services et la société Total raffinage France, annulant un arrêt d'une cour administrative d'appel pour avoir annulé la décision de l'inspectrice du travail sans faire droit à la demande d'annulation de la décision ministérielle de rejet du recours hiérarchique)*.

La chambre criminelle avait pour sa part jugé que la seule annulation de la décision du ministre rejetant un recours dirigé contre une décision d'autorisation ne confère pas au salarié un droit à réintégration dès lors que la décision de l'inspecteur du travail autorisant le licenciement subsiste malgré l'annulation de la décision ministérielle *(Cass. crim., 17 févr. 2004, n° 03-80.136, Bull. crim. n° 45, Rapport 2004 de la Cour de cassation, p. 418, RJS 2004 n° 569).*

2. *Le ministre peut annuler la décision de l'inspecteur du travail*

62.3.4.1.2. – La décision d'annulation du ministre, postérieure à la naissance d'une décision implicite de rejet du recours hiérarchique, doit être regardée comme ayant rapporté celle-ci *(CE, 19 févr. 1997, n° 168.427, M. Walter).*

Le ministre doit alors statuer à nouveau sur la demande d'autorisation de licenciement.

3. *Le ministre ne peut pas légalement à la fois confirmer la décision d'autorisation et de nouveau autoriser ou refuser le licenciement du salarié*

62.3.4.1.3. – Le Conseil d'État a rappelé que, lorsqu'il est saisi d'un recours hiérarchique, le ministre compétent ne peut que :

- soit confirmer cette décision mais sans statuer à son tour sur la demande d'autorisation de licenciement ;
- soit, si la décision est illégale, l'annuler, puis se prononcer de nouveau sur la demande d'autorisation de licenciement compte tenu des circonstances de droit et de fait à la date à laquelle il prend sa propre décision.

En conséquence, le ministre ne peut pas légalement, à la fois, par l'article 1er de sa décision, confirmer l'autorisation de l'inspecteur du travail et par un article 2 de cette même décision, délivrer une seconde autorisation de licenciement ou, à l'inverse, refuser à nouveau cette autorisation *(CE, 5 sept. 2008, n° 303.992, Sté Sorelait, concl. contraires Y. Struillou, Rec. p. 319, Dr soc 2008, p. 1251, RJS 2008 n° 1101).*

La décision ministérielle confirmative ne doit donc comporter qu'un seul article.

B. La nature du pouvoir hiérarchique du ministre

62.3.4.2. – La décision de l'inspecteur du travail est créatrice de droit. Le Conseil d'État a jugé qu'elle l'était, soit au profit de l'entreprise en cas d'autorisation, soit au profit du salarié en cas de refus *(CE, 26 juill. 1985, n° 40.724, Sté d'exploitation des Établissements Davoine)*, ce qui a des conséquences sur l'étendue du pouvoir du ministre.

Le ministre dispose d'un pouvoir hiérarchique de droit commun : la décision prise par l'inspecteur du travail ne peut être « *annulée ou réformée par le ministre compétent que pour des motifs de légalité, compte tenu des circonstances de fait et de droit existant à la date à laquelle s'est prononcé l'inspecteur du travail » (CE, section, 6 juill. 1990, n° 100.489 et 101.053, Ministre du Travail, de l'Emploi et de la Formation professionnelle c. / M. Mattei et Sté EDI, Rec. p. 205 ; Dr soc 1991, p. 119, AJDA 1990, p. 230-235 et chron. J.-L. Rey, « Les pouvoirs du ministre saisi d'un recours hiérarchique à l'encontre de la décision d'un inspecteur du travail : les prolongements de la jurisprudence Mattei », RJS 1997, p. 655).*

Par cette jurisprudence, le Conseil d'État a mis un terme au régime particulier applicable aux délégués du personnel et aux membres du comité d'entreprise, en vertu duquel le ministre pouvait annuler ou réformer la décision initiale tant pour des motifs de légalité que d'opportunité, en s'appuyant, le cas échéant, sur des éléments de fait ou de droit postérieurs à la décision de l'inspecteur *(CE, assemblée, 29 mars 1968, n° 64.180, Manufacture française des pneumatiques Michelin, Rec. p. 215, concl. Vught, AJDA 1968 p. 335, note Massot-Dewost).*

La portée de la règle générale dégagée par le Conseil d'État doit être précisée au regard des compétences du ministre saisi sur recours hiérarchique. En effet, le pouvoir de ce dernier ne se limite pas à l'appréciation de la légalité de la décision prise par l'inspecteur du travail : s'il l'estime illégale, il doit, d'une part, l'annuler et, d'autre part, prendre une nouvelle décision accordant ou refusant l'autorisation de licenciement. Il convient donc de distinguer ces deux temps.

1. *L'appréciation de la légalité par le ministre de la décision de l'inspecteur du travail*

62.3.4.2.1. – Depuis la décision du 6 juillet 1990 précitée, le ministre ne peut annuler ou réformer la décision attaquée que pour des motifs de légalité et ne peut pas prendre en compte des éléments de fait ou de droit survenus postérieurement à celle-ci.

Ainsi, le ministre ne peut pas annuler une décision refusant le licenciement d'un salarié protégé en raison d'une faute commise par ce dernier après le refus opposé par l'inspecteur du travail.

Cependant, le ministre peut tenir compte des informations produites après la décision initiale qui éclairent ou révèlent des faits antérieurs à la décision de l'inspecteur du travail *(CE, 18 janv. 1991, n° 85.317, Ministre du Travail, de l'Emploi et de la Formation professionnelle c. / Sté Atelier normands ; CE, 26 déc. 2012, n° 355.059, Sté Boldis, s'agissant de la possibilité pour le juge administratif de tenir compte, le cas échéant, d'éléments objectifs antérieurs à la date de la décision contestée, mais révélés postérieurement, tels que des témoignages ; cf. n°* ***74.11.1.2.1****).*

Le Conseil d'État a rappelé que l'autorité administrative ne peut légalement faire droit à une demande d'autorisation de licenciement que si l'ensemble des critères de fond pour la délivrance de l'autorisation de licenciement sont, chacun en ce qui les concerne, remplis. Il a, par suite, été déduit que « *lorsqu'il est saisi par l'employeur d'un recours hiérarchique contre une décision d'un inspecteur du travail qui a estimé que plusieurs de ces exigences n'étaient pas remplies et qui s'est, par suite, fondé sur plusieurs motifs faisant, chacun, légalement obstacle à ce que le licenciement soit autorisé, le ministre ne peut annuler cette décision que si elle est entachée d'illégalité externe ou si aucun des motifs retenus par l'inspecteur du travail n'est fondé* » *(CE, 3 févr. 2016, n° 389.223, Sté Microelectronics Grand Ouest, Tables p. 979)*.

Si le ministre prend en compte des éléments survenus après la décision de l'inspecteur du travail, il entache sa décision d'illégalité, sauf s'il est établi qu'il aurait pris la même décision s'il n'avait pris en compte que les faits en fonction desquels l'inspecteur du travail s'était prononcé *(CE, 1er avr. 1992, n° 113.324, Martin, Rec. p. 141 ; CE, 5 avr. 2006, n° 276.156, Sté Laboratoires Renaudin, RJS 2006 n° 862, JCP S 4 juill. 2006 n° 27, p. 34, note J.-Y. Kerbourc'h)*.

Si le ministre estime que la décision prise est légale, le recours hiérarchique est rejeté. S'il considère au contraire que la décision est illégale, il l'annule. Il doit, dans un second temps, statuer sur la demande d'autorisation de licenciement.

En vérifiant le bien-fondé de l'appréciation portée par l'inspecteur du travail quant à l'existence d'un éventuel motif d'intérêt général de nature à justifier une décision de refus et en appréciant l'atteinte portée aux intérêts de l'employeur par un refus fondé sur un tel motif, le ministre procède à un contrôle de légalité et non d'opportunité *(CE, 30 déc. 1996, n° 172.637, Ministre du Travail c. / Sté Saunier Duval électricité, Rec. p. 1194, RJS 1998 n° 177)*. Si le motif tiré des nécessités de l'intérêt général, invoqué par l'inspecteur du travail pour justifier son refus, ne repose pas sur une appréciation erronée, le ministre doit confirmer la décision de refus *(CE, 17 juin 1991, n° 112.317 et 112.817, Régie nationale des usines Renault et ministre du Travail c. / Six, Rec. p. 1231)*.

Si l'inspecteur du travail n'a pas fondé son refus d'autorisation sur l'existence d'un intérêt général susceptible de commander le maintien du salarié dans l'entreprise, le ministre n'est pas tenu d'énoncer une considération sur ce point *(CAA Paris, 11 juin 1997, n° 95PA03997, Mme Jacquemot et syndicat du personnel des banques et sociétés financières de la région parisienne)*.

2. *La décision par laquelle le ministre accorde ou refuse le licenciement*

62.3.4.2.2. – Le ministre, après avoir annulé, en fonction des règles précitées, la décision de l'inspecteur du travail, doit statuer sur la demande d'autorisation en fonction des éléments de droit ou de fait existant à la date à laquelle il statue, en application du principe général selon lequel la légalité d'une décision s'apprécie en fonction des circonstances qui prévalent à la date à laquelle l'autorité statue *(CE, section, 6 juill. 1990, n° 77.546, Sté Clinique les Martinets, Rec. p. 202 ; CE, 15 nov. 1996, n° 161.419, Bigay ; CE, 10 mars 1997, n° 164.645, SA Application technique des plastiques, RJS 1997 n° 571 ; CE, 28 mars 1997, n° 146.850, Sté Filariane, RJS 1997 n° 708 ; CE, 30 juin 1997, n° 169.269 et 169.417, Turlais, Rec. p. 1107, RJS 1997 n° 996).*

Si, par exemple, l'inspecteur du travail a refusé l'autorisation de licenciement au motif que le salarié n'avait pas été convoqué à l'entretien préalable alors que cette procédure n'était pas requise, le ministre doit annuler cette décision dans un premier temps. Dans un second temps, il doit statuer sur la demande de l'entreprise, en prenant en compte les éléments de droit ou de fait qui existent à la date à laquelle il statue.

Dans l'hypothèse où le ministre annule la décision d'autorisation de licenciement pour inaptitude prise par l'inspecteur du travail, si le salarié a entretemps été licencié, il n'y a lieu pour le ministre d'apprécier le sérieux de la recherche de reclassement par l'employeur que jusqu'à la date de licenciement du salarié, et non jusqu'à la date de sa décision *(CE, 21 mars 2023, n° 453.558, Mme B. c. / NATNESS, mentionné aux Tables).* Le Conseil d'État applique le même raisonnement en matière de motif économique *(cf. n° **62.3.4.3.3**).*

C. Les conséquences pratiques de la nature de droit commun du pouvoir hiérarchique du ministre

1. *L'appréciation de la qualité de salarié protégé*

62.3.4.3.1. – Il avait été jugé que le seul fait que le salarié ait perdu sa protection postérieurement à la décision de l'inspecteur du travail est sans incidence sur la légalité de cette dernière et ne prive pas le ministre de son pouvoir de contrôle de la légalité de la décision de l'inspecteur du travail *(CE, 28 sept. 1983, n° 41.008, ministre du Travail c. / M. Saurin, Rec. p. 390).*

Si, après avoir annulé la décision de l'inspecteur du travail, le ministre constatait qu'à la date à laquelle il devait se prononcer, le salarié n'était plus protégé, il était jugé que le ministre n'avait alors plus compétence pour statuer sur la demande d'autorisation *(CE, 30 juin 1997, n° 169.269 et 169.417, Turlais, Rec. p. 1107, RJS 1997 n° 996, précité ; CE, 11 déc. 2006, n° 282.699, Ministre de l'Emploi, de la Cohésion sociale et du Logement et Sté Avenance Équipement, RJS 2007 n° 358).* Il en résultait que, dans un deuxième temps, le ministre devait rejeter la demande d'autorisation au motif qu'il n'y avait plus lieu à statuer sur la demande.

Le principe selon lequel l'existence de la protection s'appréciait à la date de la décision de l'inspecteur du travail ou du ministre statuant sur la demande d'autorisation après annulation de la décision de l'inspecteur du travail a été abandonné par le Conseil d'État. Il est désormais jugé que l'autorisation par l'inspecteur du travail du licenciement des salariés légalement investis de fonctions représentatives qui bénéficient de la protection est requise « *si le salarié bénéficie de la protection attachée à son mandat à la date de l'envoi par l'employeur de sa convocation à l'entretien préalable au licenciement* » *(CE, 23 nov. 2016, n° 392.059, Thieulent, Rec. p. 517, RJS 2017 n° 129, Dr. soc. 2017, p. 65 concl. M. Vialettes, AJDA 2016 p. 2302)*. Il suit de là qu'il appartient au ministre de statuer sur le bien-fondé de la demande même si la période de protection du salarié est arrivée à son terme entre la décision de l'inspecteur du travail qu'il annule et la date à laquelle lui-même statue.

2. *L'obligation d'annuler une décision prise par un inspecteur du travail territorialement incompétent*

62.3.4.3.2. – Saisi d'un recours hiérarchique, le ministre est tenu d'annuler la décision prise par un inspecteur du travail qui n'était pas territorialement compétent *(CE, 2 févr. 1996, n° 133.455, Sté Suburbaine de canalisations et de grands travaux, Rec. p. 1191)*.

3. *L'appréciation de la situation économique et des efforts de reclassement de l'employeur*

62.3.4.3.3. – Pour apprécier ces éléments, le ministre doit se placer à la date à laquelle l'inspecteur du travail a statué *(CE, 27 avr. 1998, n° 171.187, SA Cajofe)*. Si le ministre annule la décision de l'inspecteur du travail, il doit légalement prendre en compte des éléments dont il dispose à la date à laquelle il statue *(CE, 28 mars 1997, n° 146.850, Sté Filariane, RJS 1997 n° 708)*.

Il a été jugé que le caractère infructueux des recherches de reclassement effectuées par l'employeur dans les autres entreprises du groupe postérieurement à la décision de l'inspectrice du travail peut révéler qu'aucune possibilité de reclassement n'existait, à la date de la décision de l'inspecteur du travail, au sein des autres entreprises du groupe et que le ministre a pu légalement se fonder sur ce que l'employeur n'avait pas méconnu l'obligation de recherche sérieuse des possibilités de reclassement du salarié, tant au sein de l'entreprise que dans les entreprises du groupe auquel celle-ci appartenait, qui lui incombait *(CE, 21 sept. 2016, n° 383.940, Simon, Tables p. 980)*.

Le Conseil d'État a également précisé que dans le cas où le ministre annule la décision d'autorisation de l'inspecteur du travail et où le salarié a été licencié par l'employeur avant que le ministre ne se prononce sur son recours hiérarchique, « *il n'y a lieu, pour le ministre qui a annulé la décision de l'inspecteur du travail, d'apprécier les possibilités de reclassement du salarié que jusqu'à la date de son licenciement* », étant précisé qu'à « *cette fin, le ministre doit prendre en compte l'ensemble des éléments portés à sa connaissance, y compris ceux qui, bien que postérieurs à la date du licenciement, sont de nature à éclairer l'appréciation à porter sur le sérieux de la recherche de reclassement jusqu'à cette date* » *(CE, 13 avr.*

2018 n° 401.767, Leroux, Tables p. 945, concl. F. Dieu, Sem. soc. Lamy n° 1821, RJS 2018 n° 490).

4. La nécessité pour le ministre d'annuler une décision de l'inspecteur du travail insuffisamment motivée

62.3.4.3.4. – Le ministre est tenu d'annuler la décision de l'inspecteur du travail insuffisamment motivée *(CE, 3 févr. 2016, n° 389.223, Sté Microelectronics Grand Ouest, Tables p. 979)*. À défaut, la décision par laquelle il se borne à confirmer la décision de l'inspecteur est entachée d'illégalité *(CE, 29 mai 1987, n° 72.669, Ministre du Travail, de l'Emploi et de la Formation professionnelle c. / Benin)*. Le Conseil d'État estime, en effet, que le vice de forme affectant la décision de l'inspecteur ne disparaît pas rétroactivement, même si le ministre précise la nature des faits reprochés au salarié et leur degré de gravité dans sa propre décision.

§ 5. LE RETRAIT DE LA DÉCISION DU MINISTRE

62.3.5. – Le ministre peut procéder au retrait de sa décision pour des motifs de légalité *(CE, 28 avr. 1989, n° 73.068 et 73.069, Sté française des Nouvelles galeries réunies, préc.)*.

Le ministre ne peut pas, en revanche, retirer sa décision si cette dernière était légale *(CE, 17 juin 1991, n° 112.317 et 112.817, Régie Nationale des Usines Renault et ministre du Travail c. / Six, Rec. p. 1231 ; CE, 12 juill. 1989, n° 65.780, SA Contrôle, mesure, régulation)*. Ainsi, si le ministre, par une décision implicite de rejet a confirmé une décision de refus de l'inspecteur du travail qui était légale, il ne peut retirer sa précédente décision et autoriser le licenciement du salarié.

Le régime de retrait des décisions administratives explicites et implicites de rejet, créatrices de droit ou non, est unifié par les dispositions du Code des relations entre le public et l'administration qui prévoient un délai de quatre mois suivant la prise de cette décision *(CRPA, art. 242-1 et L. 243-2 ; cf. n° **61.2.3**)*. Le ministre dispose ainsi d'un délai de quatre mois pour retirer sa décision implicite de rejet du recours hiérarchique si elle est illégale *(cf. Guide DGT, Salariés protégés, sept. 2019, fiche n° 22)*.

Préalablement au retrait de sa décision, s'il entend changer le sens de la décision initiale, le ministre doit mettre en œuvre la procédure contradictoire prévue par l'article L. 122-1 du Code des relations entre le public et l'administration. Le respect du caractère contradictoire cette procédure constitue une garantie pour la personne au profit de laquelle la décision dont l'administration envisage le retrait ou l'abrogation a créé des droits. Ainsi le Conseil d'État a jugé qu'« *en retirant sa décision, après que le salarié a présenté des observations par courriel du 12 avril 2019 mais avant l'expiration du délai qu'elle avait elle-même fixé, au titre de la procédure prévue par l'article L. 122-1 du CRPA, la ministre du Travail a entaché la procédure d'irrégularité et privé, en l'espèce, le salarié d'une garantie, dès lors qu'il ne pouvait être inféré de sa réponse qu'il ne se réservait pas la possibilité de produire des observations complémentaires avant l'expiration du délai imparti » (CE, 8 déc. 2023, n° 466.620, M. B c. / Transports Gélin, mentionné aux Tables, RJS 2024 n° 166, AJDA 2023 p. 2310).*

Par ailleurs, les services du ministère font application de l'avis du 26 juillet 2018 par lequel le Conseil d'État a précisé que « *lorsqu'une décision créatrice de droits est retirée et que ce retrait est annulé, la décision initiale est rétablie à compter de la date de lecture de la décision juridictionnelle prononçant cette annulation. Une telle annulation n'a, en revanche, pas pour effet d'ouvrir un nouveau délai de quatre mois pour retirer la décision initiale, alors même que celle-ci comporterait des irrégularités pouvant en justifier légalement le retrait* » (*avis CE, 26 juill. 2018, n° 419.204, Beaumont, Rec. p. 32 ; CE 28 déc. 2022, n° 447.875, mentionné aux Tables, AJDA 2023 p. 8).*

Dès lors, dans le cas où une décision ministérielle de retrait, ultérieurement annulée par le juge, a été prise dans le délai de deux mois de recours contentieux ouvert à l'encontre de la décision implicite de rejet, il est considéré qu'un nouveau délai de recours contentieux court à l'encontre de cette dernière décision à compter de la date de la notification du jugement d'annulation.

Dès lors que le ministre a retiré sa décision, le recours contentieux introduit contre la décision qui a été retirée est devenu sans objet *(CE, 28 avr. 1989, n° 73.068 et 73.069, Sté française des Nouvelles galeries réunies, préc.)*. Dans une affaire où le ministre avait retiré sa décision confirmant l'autorisation accordée par l'inspecteur du travail et où l'arrêt de la cour d'appel avait relaxé l'employeur poursuivi pour avoir refusé de réintégrer son salarié, il a été jugé que l'autorité de la chose jugée au pénal par l'arrêt, irrévocablement passé en force de chose jugée, faisait obstacle à l'action en réintégration engagée par le salarié devant le conseil de prud'hommes *(Cass. soc., 25 nov. 2003, n° 00-45.066, Bull. V n° 293, RJS 2004 n° 233)*.

SECTION 4

Les effets de la décision du ministre

Plan de la section

62.4.3 Cas n° 3 : Le ministre annule la décision d'autorisation de l'inspecteur du travail et refuse l'autorisation de licencier

62.4.4 Cas n° 4 : Le ministre confirme le refus d'autorisation de l'inspecteur du travail

62.4.5 Cas n° 5 : Le ministre annule la décision de refus de l'inspecteur du travail et refuse l'autorisation de licencier

62.4.6 Cas n° 6 : Le ministre annule le refus d'autorisation de l'inspecteur du travail et autorise le licenciement

62.4. – Plusieurs cas de figure sont envisageables :

Décision de l'inspecteur	**Décision du ministre**	**Conséquences**	**Cas**
Autorisation de l'inspecteur du travail	Confirmation de la décision de l'inspecteur	Le salarié reste licencié	**n° 1**
	Annulation de la décision d'autorisation de l'inspecteur + autorisation de licenciement	Le salarié reste licencié	**n° 2**
	Annulation de la décision d'autorisation de l'inspecteur + refus de licenciement	Le salarié peut demander sa réintégration	**n° 3**
Refus de l'inspecteur du travail	Confirmation de la décision de l'inspecteur	Le licenciement ne peut valablement être prononcé	**n° 4**
	Annulation de la décision de refus de l'inspecteur + refus de licenciement	Le licenciement ne peut valablement être prononcé	**n° 5**
	Annulation de la décision de refus de l'inspecteur + autorisation de licenciement	L'entreprise peut licencier le salarié	**n° 6**

§ 1. CAS N° 1 : L'AUTORISATION DE LICENCIEMENT ACCORDÉE PAR L'INSPECTEUR DU TRAVAIL EST CONFIRMÉE PAR LE MINISTRE

62.4.1. – Deux éventualités peuvent en fait être distinguées :

– soit le ministre a rejeté par une décision expresse le recours hiérarchique ;

– soit le ministre a rejeté le recours par une décision implicite de rejet.

Dans les deux cas, le salarié peut contester les deux décisions devant le tribunal administratif compétent en demandant expressément l'annulation de chacune d'elles.

Lorsque le ministre rejette le recours hiérarchique qui lui est présenté contre la décision de l'inspecteur du travail, sa décision ne se substitue pas à celle-ci *(CE, 11 juill. 2012, n° 343.866, M. Massol, Tables p. 938)*.

Dès lors que le salarié conclut à l'annulation de la décision prise sur recours hiérarchique, il doit être regardé comme demandant également l'annulation de la décision initiale autorisant le licenciement *(CE, 5 sept. 2008, n° 303.707, Sté Sapa Profiles Puget, Tables p. 956, RJS 2008 n° 1102, concl. Y. Struillou, Dr soc 2008, p. 1251, X. Magina, « Le contentieux des autorisations administratives de licenciement », Sem. soc. Lamy, 22 sept. 2008, n° 1367 ; L. Pécaut-Rivolier et Y. Struilllou, « Chronique des jurisprudences sur la représentation du personnel, 4e trimestre 2008 », Sem. soc. Lamy, 23 févr. 2009 n° 1388 ; CAA Lyon, 22 mars 2011, n° 11LY00138, Sté Le journal du Centre [pourvoi fondé sur d'autres moyens et rejeté par l'arrêt n° 349.496 rendu le 3 juillet 2013 par le Conseil d'État] ; CE, 17 avr. 2013, n° 356.631, Saillard)*.

Toutefois, la demande de réintégration consécutive à une annulation contentieuse peut alors se heurter au refus de l'employeur, la chambre criminelle de la Cour de cassation ayant au contraire jugé que ce dernier, qui refusait de le réintégrer, ne pouvait être poursuivi pour délit d'entrave dès lors que subsistait, selon elle, l'autorisation accordée par l'inspecteur *(Cass. crim., 17 févr. 2004, n° 03-80.136, Bull. crim. n° 45, Rapport 2004 de la Cour de cassation, p. 418, RJS 2004 n° 569, précité, cf. n°* ***62.3.4.1.1****)*. Il est à espérer que la chambre criminelle prenne en compte l'évolution de la jurisprudence du Conseil d'État mais également celle de la chambre sociale *(cf. n°* ***74.8.1.2****)*.

§ 2. CAS N° 2 : LE MINISTRE ANNULE LA DÉCISION D'AUTORISATION DE L'INSPECTEUR DU TRAVAIL ET AUTORISE LE LICENCIEMENT

62.4.2. – Le ministre peut également annuler pour un motif de légalité la décision de l'inspecteur, puis autoriser le licenciement.

Il peut arriver par exemple que la décision de l'inspecteur du travail ne soit pas suffisamment motivée. Le ministre l'annule mais peut autoriser le licenciement. Dans ce cas, le salarié peut attaquer devant la juridiction administrative la décision du ministre en tant qu'elle autorise son licenciement. Si le salarié a formé un recours contentieux uniquement à l'encontre de la décision de l'inspecteur du travail, la décision ministérielle ayant la même portée, le recours doit être regardé comme tendant également à l'annulation de la nouvelle décision *(CE, 15 oct. 2018, 414.375, Formentin, mentionné aux Tables, AJDA 2018 p. 1990)*.

Du fait de son caractère immédiat, la décision ministérielle annulant pour erreur de droit l'autorisation accordée par l'inspecteur du travail, puis autorisant également le licenciement n'emporte aucune obligation de reprendre la procédure et ne crée donc aucun droit à réintégration et à indemnisation pour le salarié protégé *(Cass. soc., 27 janv. 2010, n° 08-45.639, pour une mise à la retraite)*.

De surcroît, en matière disciplinaire, le délai maximal d'un mois prévu par l'article L. 1332-2 du Code du travail pour notifier la sanction court à compter du jour de la notification de la décision de l'inspecteur du travail, l'annulation ultérieure de cette décision ne remettant pas en cause le point de départ du délai *(Cass. soc., 16 déc. 2009, n° 09-40.132, RJS 2010 n° 278)*.

§ 3. CAS N° 3 : LE MINISTRE ANNULE LA DÉCISION D'AUTORISATION DE L'INSPECTEUR DU TRAVAIL ET REFUSE L'AUTORISATION DE LICENCIER

62.4.3. – L'annulation de l'autorisation accordée par l'inspecteur du travail ne laisse rien subsister de celle-ci *(Cass. soc., 2 juin 1993, n° 89-45.278, RJS 1993 n° 764)*.

En application des dispositions légales, le salarié est en droit de demander sa réintégration dans l'entreprise. Les conditions de réintégration et les droits du salarié sont exposés au n° **77**.

L'employeur peut, quant à lui, contester la décision ministérielle devant le juge administratif.

En cas de renouvellement de la procédure de licenciement après la décision du ministre saisi du recours hiérarchique, le nouveau délai de prescription des faits fautifs court à compter de la décision ministérielle, celle-ci étant immédiatement exécutoire en l'absence de demande d'exécution *(Cass. soc., 29 sept. 2014, n° 12-28.679, Bull. V n° 215, RJS 2014 n° 877)*.

§ 4. CAS N° 4 : LE MINISTRE CONFIRME LE REFUS D'AUTORISATION DE L'INSTECTEUR DU TRAVAIL

62.4.4. – Deux éventualités doivent être distinguées :

– soit le ministre a rejeté par une décision expresse le recours hiérarchique ;
– soit le ministre a rejeté le recours par une décision implicite de rejet.

L'employeur peut contester les deux décisions devant le tribunal administratif compétent.

En cas de renouvellement de la procédure de licenciement après la décision du ministre saisi du recours hiérarchique, le nouveau délai de prescription des faits fautifs court à compter de la décision ministérielle, celle-ci étant immédiatement exécutoire en l'absence de demande de suspension de l'exécution *(Cass. soc., 29 sept. 2014, n° 12-28.679, Bull. V n° 215, RJS 2014 n° 877)* y compris lorsque le ministre du Travail a refusé de délivrer l'autorisation sollicitée pour un motif de procédure, différent de celui retenu par l'inspectrice du travail *(CE, 21 mars 2023, n° 455.890, Transavia)*.

§ 5. CAS N° 5 : LE MINISTRE ANNULE LA DÉCISION DE REFUS DE L'INSPECTEUR DU TRAVAIL ET REFUSE L'AUTORISATION DE LICENCIER

62.4.5. – Le ministre peut également annuler pour un motif de légalité la décision de l'inspecteur, puis refuser le licenciement.

Ainsi, si l'inspecteur du travail s'est fondé sur la seule circonstance que l'entretien préalable n'avait pas eu lieu pour refuser le licenciement et que les éléments produits dans le cadre de l'instruction du recours hiérarchique établissent que l'entretien a bien eu lieu, le ministre doit annuler la décision initiale et peut refuser, pour un autre motif, l'autorisation de licencier.

Dans ce cas, l'employeur peut attaquer devant la juridiction administrative la décision du ministre en tant qu'elle refuse le licenciement. Si l'employeur a formé un recours contentieux uniquement à l'encontre de la décision de l'inspecteur du travail, la décision ministérielle ayant la même portée, le recours doit être regardé comme tendant également à l'annulation de la nouvelle décision *(CE, 15 oct. 2018, 414.375, Formentin, mentionné aux Tables, AJDA 2018 p. 1990)*.

En cas de renouvellement de la procédure de licenciement après la décision du ministre saisi du recours hiérarchique, le nouveau délai de prescription des faits fautifs court à compter de la décision ministérielle, celle-ci étant immédiatement exécutoire en l'absence de demande d'exécution *(Cass. soc., 29 sept. 2014, n° 12-28.679, Bull. V n° 215, RJS 2014 n° 877)*.

§ 6. CAS N° 6 : LE MINISTRE ANNULE LE REFUS D'AUTORISATION DE L'INSPECTEUR DU TRAVAIL ET AUTORISE LE LICENCIEMENT

62.4.6. – Dans cette hypothèse, l'employeur est en droit de licencier son salarié *(Cass. soc., 14 nov. 2011, n° 99-44.096)*. Celui-ci peut contester devant le juge administratif la légalité de la décision du ministre.

L'employeur peut rompre le contrat de travail, alors même que le salarié a acquis un nouveau mandat avant la décision du ministre ; l'inspecteur n'est pas compétent pour se prononcer à nouveau sur la demande d'autorisation qu'avait cru devoir présenter l'employeur dès lors que « *l'autorisation de licenciement avait été acquise à la suite de la décision ministérielle non contestée* » et le ministre est tenu d'annuler la nouvelle décision prise par l'inspecteur du travail *(CE, 15 nov. 1996, n° 157.860, Barelle)*.

SEPTIÈME PARTIE

LES VOIES DE RECOURS DEVANT LA JUSTICE

7. – La septième partie a d'abord pour objet d'exposer de manière générale les principes et les règles qui régissent les compétences respectives du juge administratif (chapitre I) et du juge judiciaire (chapitre II) compte tenu des effets s'attachant au statut protecteur.

La juridiction administrative ayant une compétence de principe pour juger de la légalité des décisions de l'autorité administrative sont exposées les règles principales régissant les recours en première instance devant les tribunaux administratifs (chapitre IV), en appel devant les cours administratives d'appel (chapitre V) et en cassation devant le Conseil d'État (chapitre V).

Pour examiner de manière précise et concrète les voies de recours ouvertes au salarié et à l'employeur, il est indispensable d'étudier l'articulation des compétences respectives du juge administratif et du juge judiciaire selon les cas de figure possibles qui sont :

- la cessation des relations contractuelles décidée par l'employeur intervenue sans autorisation administrative (chapitre III) ;
- l'annulation de l'autorisation accordée par l'autorité administrative (chapitre VII) ;
- la confirmation par la juridiction administrative de l'autorisation accordée par l'autorité administrative (chapitre VIII) ;
- le licenciement prononcé postérieurement à l'expiration de la période de protection (chapitre IX).

CHAPITRE I

LES COMPÉTENCES DU JUGE ADMINISTRATIF

71. – Un principe essentiel définit et régit la compétence du juge administratif : il lui appartient, et à lui seul, de se prononcer sur la légalité ou l'illégalité de la décision autorisant ou refusant le licenciement ou le transfert du salarié protégé, sous réserve de la compétence reconnue au juge judiciaire de reconnaître illégale une décision administrative en se fondant sur une jurisprudence établie *(cf. n°* ***72.2.2.2****)*.

La compétence du juge administratif est intrinsèquement liée à l'étendue du contrôle opéré par l'autorité administrative sur la demande dont elle est saisie : tous les éléments de fait et de droit entrant dans le champ de contrôle de l'autorité administrative sont nécessairement eux-mêmes contrôlés par le juge administratif. Il s'ensuit, réciproquement, que si une question ne relève pas de la compétence de l'autorité administrative, elle ne relève pas non plus de celle du juge administratif mais du juge judiciaire. Ainsi, dès lors qu'il a été jugé par le Conseil d'État que, en cas de demande de licenciement motivé par l'inaptitude du salarié, l'inspecteur du travail ne se prononce que sur la matérialité de l'inaptitude, le juge judiciaire est compétent pour apprécier l'origine de celle-ci et apprécier, notamment, si l'inaptitude est consécutive à un harcèlement ou, plus généralement, à une faute de l'employeur *(cf. n°* ***78.2.2.2****)*.

Le statut protecteur étant d'ordre public, les salariés investis de fonctions représentatives ne peuvent y renoncer par avance. Il s'ensuit que le protocole d'accord conclu avec l'employeur par lequel un salarié protégé s'engage à renoncer, en contrepartie du paiement d'une indemnité transactionnelle, à toute action en justice « *contre la décision du ministre du Travail ayant autorisé son licenciement* » ne fait pas obstacle à ce que l'intéressé forme un recours pour excès de pouvoir contre cette décision *(CE, 2 févr. 1996, n° 152.406, Sté Établissements Crocquet, Rec. p. 26, RJS 1996 n° 299).*

Dans l'exercice de ses compétences, le juge administratif :
- ne doit pas empiéter sur les compétences du juge judiciaire : le champ de son contrôle est défini par la nature du contrôle que l'autorité administrative doit exercer lorsqu'elle est saisie d'une demande d'autorisation de l'employeur (section 1) ;
- doit tenir compte de l'autorité de la chose jugée par le juge judiciaire, civil ou pénal (section 2).

SECTION 1

Le respect par le juge administratif des compétences propres au juge judiciaire

Plan de la section

71.1. – Le principe de séparation entre la juridiction judiciaire et la juridiction administrative impose au juge administratif :
- de ne pas statuer sur les conclusions relevant de la compétence du juge judiciaire ;
- de ne pas répondre à un moyen regardé comme inopérant devant la juridiction administrative ;
- de surseoir à statuer en cas de moyen soulevant une difficulté sérieuse.

§ 1. LES CONCLUSIONS NE RELEVANT PAS DE LA COMPÉTENCE DE LA JURIDICTION ADMINISTRATIVE

71.1.1. – La compétence du juge administratif se limite à l'appréciation de la légalité de la décision de l'administration qui est contestée devant lui. Il ne peut donc pas statuer sur des conclusions se rattachant à un litige entre des personnes privées et relevant de la compétence du juge judiciaire telles que les conclusions ayant pour objet :
- d'ordonner à l'entreprise de réintégrer le salarié protégé *(CE, 12 juill. 1995, n° 126.875, Gobber, RJS 1995 n° 1031)* ;
- de faire prononcer à l'égard de l'entreprise une astreinte pour assurer l'exécution de la décision prise par le juge administratif. Une telle conclusion doit être rejetée, le juge administratif n'étant pas compétent pour prononcer une astreinte à l'égard d'une société de droit privé qui n'est pas chargée de l'exécution d'un service public *(CE, 22 juin 1990, n° 115.142, M. Cartigny)* ;

- de condamner l'entreprise à verser au salarié des dommages-intérêts : de telles conclusions relèvent de la compétence du juge judiciaire et ne peuvent être présentées devant la juridiction administrative *(CE, 7 avr. 1993, n° 94.236, M. Ravatel ; CE, 23 juin 1995, n° 149.161, Sté CMC Mahieu, Tables p. 1063 ; CE, 19 févr. 1997, n° 168.427, Walter)* ;
- de condamner l'entreprise à verser au salarié ses indemnités de rupture *(indemnités de préavis et de licenciement)* ainsi que, le cas échéant, l'indemnité prévue en cas d'annulation de la décision autorisant le licenciement *(cf. n°* ***77.5.1 et s.****)*.

§ 2. LES MOYENS INOPÉRANTS

71.1.2. – Un moyen est jugé inopérant quand, qu'il soit fondé ou non, il est sans incidence sur la solution du litige.

Ainsi, le moyen, tiré de ce qu'existerait une situation de co-emploi est inopérant devant le juge administratif, l'administration étant tenue seulement de vérifier que le contrat de travail du salarié n'a pas été transféré à un nouvel employeur ou qu'une autre entreprise est, en réalité, le véritable employeur du salarié *(CE, 28 avr. 2023, n° 453.087, société Orion Engineered Carbons (OEC), Rec., RJS 2023 n° 393)*.

De même, dès lors qu'il n'appartient pas à l'autorité administrative statuant sur une demande d'homologation d'un document unilatéral portant plan de sauvegarde de l'emploi (PSE) de vérifier la bonne application de l'article L. 1224-1 du Code du travail, le moyen invoquant la méconnaissance de cet article est jugé inopérant *(CE, 19 déc. 2023, n° 467.283, société Sealants Europe, Tables, RJS 2024 n° 156)*.

§ 3. LES QUESTIONS PRÉJUDICIELLES

A. Les principes généraux

71.1.3.1. – L'appréciation de la légalité de la décision contestée devant le juge administratif peut être conditionnée par la réponse à des questions qui relèvent, par principe, de la compétence du juge judiciaire, comme, par exemple l'interprétation des clauses d'un accord de droit privé *(convention collective, accord d'entreprise ou contrat de travail)* ou la qualification du contrat de travail *(contrat à durée déterminée ou indéterminée : CE, 28 juin 1989, n° 64.773, Blaise)*.

Plusieurs cas de figure peuvent se présenter :

1. La réponse à la question posée ne soulève aucune difficulté

71.1.3.1.1. – Dans ce cas, le juge administratif peut lui-même répondre et, par exemple, interpréter l'accord et trancher le litige au fond *(pour un exemple quant à l'absence de contestation sérieuse de la portée d'une* *délégation de pouvoir accordée à un cadre commercial, cf. CE, 2 févr. 1996, n° 147.401, M. Duc ; pour un exemple d'interprétation d'une convention de mise à disposition d'un salarié auprès d'une organisation syndicale : CE, 19 déc. 2018, n° 414.247, Lafosse).* Dans cette situation, le juge administratif indique dans sa décision qu'il ressort « *clairement* » de l'acte en cause que ce dernier doit être interprété dans tel sens.

Le juge administratif peut ainsi valablement décider qu'il n'y a pas lieu de surseoir à statuer jusqu'à ce que le juge pénal ait statué sur des poursuites en cours dès lors qu'il estime que le motif économique *(CE, 13 nov. 1996, n° 153.833, SA Grégory, Rec. p. 452, RJS 1997 n° 63)* ou que le motif disciplinaire avancé à l'appui de la demande d'autorisation, ne sont pas de nature à justifier le licenciement ou, au contraire, sont établis *(CE, 12 avr. 1995, n° 139.785 Teboul ; CE, 27 juill. 2005, n° 268.917, Jolly).*

2. Le juge judiciaire a déjà répondu à la question posée

71.1.3.1.2. – Il n'y a pas lieu pour le juge administratif de surseoir à statuer si la question posée a déjà été tranchée par le juge judiciaire *(CE, 6 mai 1996, n° 146.161, Ministre du Travail c. / M. Todisco, Tables p. 1191, concl. G. Bachelier, Dr soc 1996, p. 943, RJS 1996 n° 811).*

3. Une jurisprudence établie permet au juge administratif de répondre à la question posée

71.1.3.1.3. – Transposant la jurisprudence du Tribunal des conflits du 17 octobre 2011 relative à la compétence du juge judiciaire pour apprécier la légalité d'un acte administratif sur la base d'une jurisprudence établie *(TC, 17 oct. 2011, Préfet de la région Bretagne SCEA du Chéneau n° 3828 et 3829, Bull. TC 2011 n° 24 ; cf.* n° **72.2.1.2**), la section du contentieux du Conseil d'État a jugé qu'« *eu égard à l'exigence de bonne administration de la justice et aux principes généraux qui gouvernent le fonctionnement des juridictions, en vertu desquels tout justiciable a droit à ce que sa demande soit jugée dans un délai raisonnable* », le juge administratif n'est pas tenu de surseoir à statuer jusqu'à ce que l'autorité judiciaire se soit prononcée sur la question préjudicielle « *s'il apparaît manifestement, au vu d'une jurisprudence établie, que la contestation peut être accueillie par le juge saisi au principal* » *(CE, Section, 23 mars 2012, n° 331.805, Fédération SUD Santé Sociaux, Rec p. 102, RJS 2012 n° 582).*

4. La question pose une difficulté sérieuse en l'absence de jurisprudence établie

71.1.3.1.4. – Le juge administratif est tenu de renvoyer à l'autorité judiciaire l'examen de la question préjudicielle *(pour un exemple d'application, censurant un arrêt de cour administrative d'appel pour n'avoir pas posé de question préjudicielle malgré des contestations relatives à un* *protocole transactionnel conclu entre l'employeur et le comité d'entreprise, qui étaient sérieuses et « qu'aucune jurisprudence établie n'était de nature à permettre de trancher », ces contestations relevant de la seule compétence du juge judiciaire et commandant la solution du litige soumis à la cour administrative d'appel : CE, 21 sept. 2015, n° 364.268, Union de groupement des achats publics).*

L'article R. 771-2 du Code de justice administrative dispose que : « *Lorsque la solution d'un litige dépend d'une question soulevant une difficulté sérieuse et relevant de la compétence de la juridiction judiciaire, la juridiction administrative initialement saisie la transmet à la juridiction judiciaire compétente. Elle sursoit à statuer jusqu'à la décision sur la question préjudicielle* ». La procédure devant le juge judiciaire est régie par les articles R. 126-14 et R. 126-15 du Code de procédure civile. La juridiction saisie statue en premier et dernier ressort, seul un pourvoi en cassation pouvant être formé dans les quinze jours à compter de la notification du jugement.

B. Les applications

1. *La nature à durée indéterminée ou déterminée du contrat de travail*

71.1.3.2.1. – Dès lors que le moyen tiré de la nature du contrat de travail commande la solution du litige et que cette appréciation soulève une question sérieuse, le juge administratif est tenu de surseoir à statuer. Il en est de même quand le salarié soutient « *que la relation contractuelle le liant à son employeur n'avait pas une durée déterminée et que dès lors l'inspecteur du travail ne pouvait se borner à vérifier s'il faisait ou non l'objet d'une mesure discriminatoire... l'appréciation du bien-fondé de ce moyen dépend de la détermination de la nature du contrat... il n'appartient qu'à l'autorité judiciaire de trancher cette question... par suite, eu égard au caractère sérieux de la contestation soulevée, il y a lieu pour le juge administratif de surseoir à statuer jusqu'à ce que la juridiction compétente se soit prononcée sur cette question préjudicielle » (CE, 28 juin 1989, n° 64.773, Blaise ; cf. également CE, 21 juin 1996, n° 153.975 Ministre du Travail c./ Ballet national de Nancy et de Lorraine ; CE, 6 mai 1996, Ministre du Travail c./ M. Todisco, n° 146.161, Tables p. 1191, concl. G. Bachelier, Dr soc 1996, p. 943, RJS 1996 n° 811).*

2. *L'interprétation d'un accord collectif*

71.1.3.2.2. – Dès lors que le moyen tiré de la méconnaissance d'un accord d'entreprise relatif au droit syndical commande la solution du litige et que la validité de certaines stipulations de l'accord soulève une question sérieuse, le juge administratif est tenu de surseoir à statuer et de renvoyer l'examen de la question au juge judiciaire *(CE, 29 mai 1992, n° 109.749, Martinie)*. Le juge judiciaire ayant estimé illégale la clause dont la méconnaissance était invoquée par l'employeur à l'appui de sa demande, le Conseil d'État a jugé que « *la méconnaissance des stipulations ainsi illégales ne pouvait servir de fondement à la décision administrative autorisant le licenciement » (CE, 24 juin 1998, n° 109.749, Martinie, RJS 1998 n° 1248).*

Il a été jugé que le juge prud'homal, compétent pour connaître de l'interprétation d'un accord collectif lorsque celle-ci est nécessaire à la solution d'un litige lié au contrat de travail d'un salarié, est également compétent pour statuer sur une question préjudicielle relative à l'interprétation d'un accord collectif posée par le juge administratif dans le cadre d'un litige individuel opposant le salarié à son employeur *(Cass. soc., 18 mars 2008, n° 07-41.813, Bull. V n° 66).*

3. L'application des dispositions de l'article L. 1224-1 du Code du travail (ancien article L. 122-12)

71.1.3.2.3. – Dans le cadre du contentieux des autorisations de licenciement pour motif économique des salariés non protégés délivrées jusqu'en 1986, le Conseil d'État avait jugé que lorsque la question de l'application de l'article L. 122-12 posait une question qui n'est pas claire, il n'appartenait qu'à l'autorité judiciaire de la trancher *(CE, 24 avril 1981, Paul, n° 29.451, Rec. p. 186 ; CE, 21 oct. 1981, n° 27.654, Tricoit, Rec. p. 381).*

Après avoir témoigné d'une certaine hésitation quant à la recevabilité du moyen tiré de la méconnaissance par l'administration de cette disposition, la jurisprudence administrative a admis que ce moyen pouvait être invoqué à l'appui d'un recours dirigé contre la décision de l'administration concernant les salariés protégés *(CE, 10 mars 1997, n° 169.830, Mme Dias, Rec. p. 77, AJDA 1997 p. 706, RJS 1997 n° 568 ; CE, 7 oct. 1998, n° 147.823, SNC Brapa).* Pour écarter l'application des dispositions de l'article L. 1224-1, le juge administratif ne peut pas se borner à constater qu'à la date à laquelle l'autorisation avait été accordée, le salarié était employé par la société ayant cédé son activité, sans rechercher si cette cession ne constituait pas le transfert d'une entité économique conservant son identité *(CE, 29 déc. 2000, n° 199.320, Mme Arbaud, Rec. p. 680, RJS 2001 n° 474).*

Naturellement si le juge judiciaire a été conduit à trancher la question de l'application de l'article L. 1224-1, le juge administratif doit prendre en compte la solution qui a été retenue *(CE, 29 mai 1996, n° 155.144, Ministre du Travail c. / Schroder et autre, RJS 1996 n° 806 ; CE, 9 avr. 2004, n° 233.630, Sté Endel et Me Jacques, Tables p. 897, concl. G. Bachelier).*

Le moyen tiré de la méconnaissance de l'article L. 1224-1 n'est pas d'ordre public *(CE, 9 avr. 2004, n° 233.630, Sté Endel et Me Jacque)* : le juge administratif ne peut s'interroger sur son applicabilité et ses effets que s'il est saisi de la question sauf si son application affecte la recevabilité de la demande contentieuse, seul l'employeur cédant justifiant d'un intérêt à agir pour demander au tribunal administratif d'annuler un refus d'autorisation *(cf. n°* ***74.3.1.1*** *; sur l'absence d'intérêt à agir du salarié en cas de refus d'autorisation de transfert : cf. également n°* ***61.1.1.4*** *et* ***62.1.3.1****)*.

Il faut souligner que le Conseil d'État a jugé qu'il n'appartient pas à l'autorité administrative statuant sur une demande d'homologation d'un document unilatéral portant plan de sauvegarde de l'emploi (PSE) de vérifier la bonne application de l'article L. 1224-1 *(CE, 19 déc. 2023, n° 467.283, société Sealants Europe, Tables, RJS 2024 n° 156)*.

4. *La prise d'acte par le salarié de la rupture de son contrat de travail*

71.1.3.2.4. – La prise d'acte par le salarié de la rupture de son contrat de travail a, selon la jurisprudence de la Cour de cassation, un effet immédiat : le contrat est rompu *(Cass. soc., 30 janv. 2008, n° 06-14.218, Bull. V n° 28)* et la prise d'acte ne peut être rétractée *(Cass. soc., 14 oct. 2009, n° 08-42.878, Bull. V n° 221 ; cf. n°* ***14.6.1.4.1****)*.

Il s'ensuit qu'à compter de cette rupture, l'autorité administrative n'a plus compétence pour autoriser le licenciement *(CE, 17 déc. 2008, n° 310.889, M. Hoyeau c./ Centre chirurgical des peupliers de la Croix-Rouge, Rec. p. 461 ; CE, 17 déc. 2008, n° 303.904, M. Jaeck, RJS 2009 n° 261 ; concl. Y. Struillou, Dr soc 2009, p. 268 ; F. Duquesne, RJS 2009, p. 259, « La prise d'acte par le salarié protégé de la rupture de son contrat de travail : une voie originale mais périlleuse » ; « Le Conseil d'État prend acte… des effets de la prise d'acte », X. Magina, Sem. soc. Lamy, 19 janv. 2009, n° 1383 ; cf. n°* ***14.6.2.2****)*.

Si la jurisprudence judiciaire est peu formaliste et n'impose pas des conditions de forme précises *(Cass. soc., 4 avr. 2007, n° 05-42847, RJS 2007 n° 710)*, on ne peut exclure que surgisse une difficulté sérieuse non pas quant aux effets juridiques de la prise d'acte, qui sont clairement fixés, mais quant à la volonté du salarié de prendre acte de la rupture de son contrat.

Le juge administratif tire, sans renvoi préjudiciel, les conséquences de la prise d'acte explicite par un salarié protégé de la rupture de son contrat de travail, dès lors qu'elle ressort **clairement** des pièces du dossier *(CE, 17 déc. 2008, n° 310.889, M. Hoyeau c./ Centre chirurgical des peupliers de la Croix-Rouge, préc. ; CE, 17 déc. 2008, n° 303.904, M. Jaeck, préc.)*. Il a été jugé que l'appréciation portée par le juge du fond sur la volonté du salarié de prendre acte de la rupture était souveraine *(mêmes décisions)*.

5. *La rupture des relations contractuelles avant la décision de l'autorité administrative*

71.1.3.2.5. – Le juge administratif tire également, sans poser de question préjudicielle, les conséquences de la rupture du contrat de travail, dès lors qu'elle ressort clairement des pièces du dossier *(CE, 15 déc. 2004,* *n° 252.590, Biheng, Tables p. 897).* Cette rupture entraîne l'incompétence de l'autorité administrative pour accorder l'autorisation de licenciement *(CE, 14 juin 1991, n° 96.326, Sté Baze et Ministre des Affaires sociales et de l'Emploi c. / Mme Rini, Rec. p. 238).*

6. La matérialité de la réintégration du salarié

71.1.3.2.6. – Le Conseil d'État a jugé que la contestation éventuelle sur la réalité de la réintégration du salarié, qui peut conditionner le fond du litige quand l'employeur a procédé au licenciement avant d'avoir sollicité ou obtenu l'autorisation requise, ne présente pas un degré de sérieux tel qu'il impose le recours à la question préjudicielle *(CE, 18 janv. 1991, n° 81.611, Sté Mecapreci, Tables p. 1234).*

SECTION 2

L'autorité de la chose jugée par le juge judiciaire

71.2. – Dans l'exercice de ses propres compétences, le juge administratif doit prendre en compte l'autorité qui s'attache à la chose jugée par le juge civil ou le juge pénal.

§ 1. L'AUTORITÉ DE LA CHOSE JUGÉE PAR LE JUGE RÉPRESSIF

A. Les principes guidant la jurisprudence administrative

71.2.1.1. – La question de la portée de l'autorité de la chose jugée par le juge pénal a été précisée par le Conseil d'État *(CE, assemblée, 8 janv. 1971, n° 77.800, ministre de l'Intérieur c. / Dame Desamis, Rec. p. 19 ; CE, assemblée, 5 mai 1976, n° 98.276, Lerquemain, Rec. p. 228).*

Le moyen tiré de la méconnaissance par l'autorité administrative de l'autorité de la chose jugée par le juge pénal doit être soulevé d'office par le juge administratif *(CE, 15 oct. 1999, n° 187.512, Sté bourguignonne de surveillance c. / Office des migrations internationales, Tables p. 964).*

La section du contentieux a jugé que ce moyen « *qui présente un caractère absolu, est d'ordre public et peut être invoqué pour la première fois devant le Conseil d'État, juge de cassation. Il en va ainsi même si le jugement pénal est intervenu postérieurement à la décision de la juridiction administrative frappée de pourvoi devant le Conseil d'État* » *(CE, Section, 16 févr. 2018, Mme Thomas, n° 395.371, Rec p. 41 avec les concl., AJDA 2018, p. 852, chron. S. Roussel et C. Nicolas, RFDA 2018. 1091, note G. Simon et C. Sourzat).*

1. *L'autorité absolue de chose jugée par le juge répressif en présence d'une décision devenue définitive d'une juridiction de jugement statuant sur l'action publique*

71.2.1.1.1. – Sont au nombre de ces décisions les jugements prononçant :

– une condamnation *(pour des exemples : CE, 18 juin 1997, n° 160.925, Semhoun et autres, RJS 1997 n° 112 ; CE, 27 juin 2001, n° 202.701, SARL des Cableries Lapp ; CE, 22 févr. 2007, n° 28.2724, Fédération nationale des syndicats de transports CGT)* ;
– la relaxe, au motif qu'il est certain que la personne poursuivie n'a pas commis les faits qui lui sont reprochés *(CE, 4 mai 1979, n° 11.753, ministre du Travail c. / Sté Sidef, Rec. p. 846)*.

En revanche, un jugement pénal qui a fait l'objet d'un appel, sur lequel il n'a pas encore été statué, est dépourvu de l'autorité absolue de chose jugée. L'autorité administrative – ou le juge – qui se fonderait sur une condamnation non encore définitive, entacherait d'illégalité sa décision *(CE, 26 mai 1997, n° 164.353, Miranville)*.

Une décision rendue en dernier ressort présente à cet égard un caractère définitif, même si elle peut encore faire l'objet d'un pourvoi en cassation ou est effectivement l'objet d'un tel pourvoi et si, par suite, elle n'est pas irrévocable *(CE, 1er nov. 1995, n° 123.665, M. Lepage, Tables p. 1004)*. Si, en règle générale, les décisions prises par le juge de cassation ne sont revêtues que de l'autorité relative de la chose jugée, il en va autrement lorsque le juge de cassation annule une décision juridictionnelle elle-même revêtue de l'autorité absolue de la chose jugée ou la confirme par d'autres motifs *(CE, 29 mai 2009, n° 319.334, commune de Ligne, Tables p. 904)*.

2. *La portée de l'autorité de chose jugée par le juge répressif*

71.2.1.1.2. – Elle s'attache aux réponses que le juge pénal a apportées à trois questions essentielles :

– le fait reproché a-t-il ou non été commis ?
– est-il punissable ?
– l'inculpé ou le prévenu s'en est-il rendu coupable ?

L'autorité de la chose jugée par le juge pénal ne s'attache qu'aux constatations de fait contenues dans ses jugements, qui sont le support nécessaire du dispositif du jugement *(CE, 27 janv. 1965, n° 57.945, Mme Pasquelin, Rec. p. 54 ; CE, 5 oct. 1998, n° 171.805, Sté Blanchisserie Robat : « Il ressort des constatations de fait qui constituent le support nécessaire du dispositif du jugement, devenu définitif… déclarant M. X coupable d'abus de confiance et de recel que celui-ci a indûment perçu des sommes importantes et qu'il ne pouvait ignorer le caractère frauduleux de ces versements… »)*.

Dès lors, le juge administratif n'est, en principe, pas lié par les qualifications que retient le juge pénal *(CE, section, 27 juill. 2005, n° 259.111, Ministre de la Santé, de la Famille et des Personnes handicapées c. / Garcia, Rec. p. 348 ; CE, 27 sept. 2024, n° 488.978, Université de Montpellier, mentionné aux Tables)*, sauf dans l'hypothèse dans laquelle la légalité d'une décision administrative est subordonnée à la condition que les faits qui servent de fondement à cette décision constituent une infraction pénale *(CE, 10 oct. 2003, n° 242.373, commune de Soisy-sous-Montmorency et Sté anonyme pour l'aide à l'accession à la propriété des locataires, Rec. p. 390 ; CE, assemblée, 12 oct. 2018, SARL Super Coiffeur, n° 408.567, Rec p. 373, concl. C. Touboul RFDA 2018. 1161)*. L'autorité de la chose jugée ne s'étend pas non plus aux motifs de la peine qui est infligée.

3. Les décisions juridictionnelles dépourvues de l'autorité de la chose jugée

71.2.1.1.3. – L'autorité de la chose jugée ne s'attache pas aux motifs d'un jugement de relaxe tiré de ce que les faits reprochés ne sont pas établis *(CE, 12 mars 1987, n° 53.984, Office national de l'immigration, Rec. p. 90 ; CE, 14 avr. 1995, n° 116.278, Centre hospitalier de Tourcoing ; CE, 16 oct.1992, n° 105.773, centre* hospitalier de Tourcoing*)* ou de ce qu'un doute subsiste sur leur réalité *(CE, 29 mai 1996, n° 167.294, Leroy, RJS 1996 n° 810 ; CE, 10 juin 1991, n° 103.107, Tiesse)*.

Dans ces cas, il appartient à l'autorité administrative et au juge administratif d'apprécier la réalité des faits.

Sont dépourvus de l'autorité absolue de la chose jugée *(cf. également, n°* ***44.2.4.2****)* :

- les décisions de classement sans suite prises par le ministère public ;
- les décisions intervenues dans le cadre de l'instruction ;
- les arrêts et ordonnances de non-lieu *(CE, 14 janv. 1983, n° 29.049, Asencio et Garcia ; CE, 20 avr. 1983, n° 29.061, Sté provençale de résines appliquées ; CE, 7 mai 1997, n° 159.430, Nicolai)* ;
- le rappel à la loi auquel procède le procureur de la République en application de l'article 41-1 du Code de procédure pénale qui n'emporte pas par lui-même preuve du fait imputé à un auteur et de sa culpabilité *(Cass. soc., 21 mai 2008, n° 06-44.948, B.)*.

B. Les principes guidant la jurisprudence judiciaire

71.2.1.2. – L'autorité de chose jugée au pénal sur le civil, qui découle de l'article 4 du Code de procédure pénale, interdit au juge civil de remettre en question ce qui a été définitivement, irrévocablement, nécessairement et certainement jugé par le juge pénal sur l'existence du fait qui forme la base commune de l'action publique et civile, sur la qualification et la culpabilité de celui auquel ce fait est imputé. Il résulte de ces conditions restrictives que l'autorité de chose jugée ne s'applique qu'aux dispositions des sentences pénales de jugement ayant statué au fond de manière irrévocable et qui ont été le soutien nécessaire de la décision sur l'action publique *(Cass. soc., 27 sept. 2006, n° 05-40.208, Bull. V n° 292).*

Il s'ensuit que les décisions des juridictions d'instruction ou de classement sans suite, qui sont des décisions essentiellement révocables ne mettant pas fin au procès pénal et ne préjugeant pas au fond, ne sont dotées d'aucune autorité de chose jugée au pénal sur le civil *(Cass. soc. 30 juin 2004, n° 02-42.016, RJS 2004 n° 1128).* Ainsi, le juge du fond ne peut se fonder :

– sur une ordonnance de non-lieu du juge d'instruction pour juger que le licenciement est fondé sur un motif inexistant et qu'il lui appartient de vérifier le comportement fautif reproché au salarié ainsi que d'apprécier le caractère réel et sérieux des motifs de licenciement invoqués par l'employeur *(Cass. soc., 30 juin 2004, n° 02-42.016)* ;
– sur une décision de classement sans suite d'une plainte par le procureur de la République *(Cass. soc., 20 nov. 2001, n° 99-45.756).*

Les décisions de la juridiction pénale ont au civil l'autorité de la chose jugée à l'égard de tous et il n'est pas permis au juge civil de méconnaître ce qui a été jugé par le tribunal répressif.

Ce principe emporte les conséquences suivantes :

1. Des faits regardés comme non établis par le juge pénal ne peuvent être retenus par le juge civil pour fonder une condamnation en dommages-intérêts *(Cass. soc., 3 nov. 2005, n° 03-46.839, Bull. V n° 307, RJS 2006 n° 6, D. 2005, p. 2826, JCP S 2006 n° 4 p. 37 note J.-F. Cesaro : en l'espèce, le juge du fond avait condamné l'employeur au paiement de dommages-intérêts pour harcèlement moral alors que le tribunal correctionnel avait prononcé la relaxe de l'employeur au motif que ni la matérialité des faits n'était pas établie et ni la culpabilité de celui auquel ils étaient imputés n'étaient établies).*
2. Si les faits ayant donné lieu à la poursuite pénale sont identiques à ceux mentionnés par la lettre de licenciement, la décision du juge répressif prononçant la relaxe, quel que soit le motif, interdit au juge civil de retenir l'intention de nuire constitutive de la faute lourde *(Cass. soc. 15 déc. 2004, n° 02-45.347, RJS 2005 n° 258)* ou de juger que le licenciement pour faute grave est justifié *(Cass. soc., 12 oct. 2016, n° 15-19.620 : les faits allégués par l'employeur à l'appui du licenciement étaient identiques à ceux portés à la connaissance du juge pénal et pour lesquels le salarié était relaxé du chef d'abus de confiance, aux motifs qu'il existait un doute quant à l'imputabilité de ces faits à son encontre ; Cass. soc., 6 mars 2019, n° 17-24.701 : décision de relaxe devenue définitive dont avait bénéficié la salariée, poursuivie pour vols, et motivée par le fait que les articles en cause, qui étaient les mêmes que ceux visés dans la lettre de licenciement, avaient été retirés de la vente et mis*

à la poubelle dans l'attente de leur destruction, car impropres à la consommation).

3. Le juge ne peut pas considérer que des faits reprochés au salarié n'étaient pas fautifs dès lors que les mêmes faits ont été sanctionnés par le juge répressif *(Cass. soc., 13 juin 2001, n° 99-41.102, RJS 2001 n° 1254).*
4. Le respect de l'autorité de la chose jugée au pénal n'interdit pas au juge prud'homal d'apprécier la gravité de la faute au regard de l'exécution du contrat de travail et le caractère réel et sérieux des motifs de licenciement. Le juge peut tenir compte de l'ancienneté du salarié, de la modicité du produit du vol, de la satisfaction des supérieurs quant à la qualité du travail *(Cass. soc. 3 mars 2004, n° 02-41.583, RJS 2004 n° 515).*
5. Dès lors que le licenciement du salarié était motivé par des faits de violences volontaires pour lesquels il avait été condamné par le tribunal de police, la cour d'appel a jugé à bon droit que l'autorité absolue de la chose jugée au pénal s'opposait à ce que l'intéressé soit admis à soutenir devant le juge prud'homal l'illicéité du mode de preuve jugé probant par le juge pénal *(Cass. soc., 21 sept. 2022, n° 20-16.841, B., RJS 2022 n° 630).*

Dans une affaire où le ministre avait retiré sa décision confirmant l'autorisation accordée par l'inspecteur du travail et où l'arrêt de la cour d'appel avait relaxé l'employeur poursuivi pour avoir refusé de réintégrer son salarié, il a été jugé que l'autorité de la chose jugée au pénal par l'arrêt, irrévocablement passé en force de chose jugée, faisait obstacle à l'action en réintégration engagée par le salarié devant le conseil de prud'hommes, mais non à ce que le juge civil recherchât si le licenciement procédait d'une cause réelle et sérieuse *(Cass. soc., 25 nov. 2003, n° 00-45.066, Bull. V n° 293, RJS 2004 n° 233).*

La caractérisation de faits de harcèlement sexuel en droit du travail, tels que définis à l'article L. 1153-1-1°, du Code du travail, ne supposant pas l'existence d'un élément intentionnel, il a été jugé que la décision du juge pénal, qui s'est borné à constater l'absence d'élément intentionnel, ne prive pas le juge civil de la possibilité de caractériser des faits de harcèlement sexuel de la part de l'employeur *(Cass. soc., 25 mars 2020, n° 18-23682, B.).*

C. Application au domaine de la protection des représentants du personnel

Il convient également de se reporter au n° **44.2.4.1**.

71.2.1.3. – Dès lors que les faits reprochés au salarié ont été considérés comme établis de manière définitive par le juge pénal, ils ne sont pas susceptibles d'être discutés devant le juge administratif. Il en est de même lorsque la constatation est postérieure à la décision attaquée *(CE,*

22 févr. 2007, n° 282.724, Fédération nationale des syndicats de transports CGT).

Le juge administratif d'appel peut s'appuyer sur les constatations opérées par le juge pénal, intervenues après le jugement du tribunal administratif, pour estimer que les faits reprochés aux salariés étaient établis *(CE, 8 févr. 1980, n° 09.747, Charov Rec. p. 76 ; CE, 17 avr. 1992, n° 89.834, Fekar, Tables p. 1348 ; CE, 29 déc. 1993, n° 80.334, Pilorget, RJS 1994 n° 727 ; CE, 22 janv. 1996, n° 139.064, SEITA ; CE, 18 nov. 1996, n° 157.574, Association Bretagne ateliers, RJS 1997 n° 64).*

Le Conseil d'État a estimé que la relaxe du salarié au bénéfice du doute ne faisait pas obstacle à ce que le tribunal administratif se prononce sur *« le bien-fondé du licenciement... tant sur l'exactitude matérielle des faits retenus que sur leur qualification juridique » (CE, 10 juin 1991, n° 103.107, Tiesse).*

Si le juge pénal a retenu des circonstances atténuantes, le juge administratif peut estimer que les faits commis constituent néanmoins une faute d'une gravité suffisante *(CE, 9 déc. 1977, n° 03.370, Sté Gallice, Rec. p. 499).* À l'inverse, les faits retenus par le juge pénal pour condamner un salarié peuvent ne pas être regardés par le juge administratif comme étant de nature à justifier un licenciement pour faute *(CE, 27 juin 2001, n° 202.701 SARL des câbleries Lapp c./ M. Kozole, Tables p. 1215 ; CE, 30 déc. 2003, n° 230.307, SA France Printemps : prise en compte de la valeur des articles dérobés et de l'ancienneté de 33 années de la salariée qui n'avait fait l'objet d'aucune sanction disciplinaire).*

§ 2. L'AUTORITÉ DE LA CHOSE JUGÉE PAR LE JUGE CIVIL

A. Les règles générales

71.2.2.1. – Une décision civile ne produit tous les effets attachés à l'autorité de chose jugée que si les conditions suivantes sont remplies :

- la décision doit être devenue définitive. Le Conseil d'État estime que l'existence d'un pourvoi en cassation dirigé contre une décision ne fait pas obstacle à ce que cette dernière soit regardée comme définitive *(cf. n°* **77.5.3***)* ;
- les parties en présence, l'objet de la demande et la cause du litige doivent être identiques *(C. civ., art. 1351).*

En principe, l'autorité de la chose jugée, qui présente un caractère relatif, ne s'impose que si ces deux conditions sont remplies. Il est rare que tel soit le cas dès lors que l'autorité administrative n'est pas partie dans l'instance devant le juge civil *(CE, 13 mars 1989, n° 71.571, Bureau d'aide sociale de Paris, Tables p. 864).*

Cependant, en matière de droit du travail, la jurisprudence admet que les décisions du juge civil s'imposent au juge administratif sans que soit réalisée la triple identité de parties, d'objet et de cause.

B. Application au domaine de la représentation du personnel

71.2.2.2. – La jurisprudence montre que le juge administratif attache une portée particulière aux décisions du juge civil :

– si la désignation du salarié protégé en tant que délégué syndical est annulée pour fraude par le tribunal d'instance, postérieurement à la décision par laquelle le ministre a autorisé son licenciement, le Conseil d'État en déduit que le licenciement ne nécessitait pas une autorisation administrative et que le ministre du Travail, en l'accordant, a fait une fausse application des dispositions du Code du travail *(CE, 15 janv. 1982, n° 18.463, Sté Allard, Rec. p. 22)* ; en revanche la Cour de cassation considère comme nul le licenciement sans autorisation d'un salarié candidat aux élections, même si la candidature est annulée ultérieurement pour fraude *(Cass. soc., 28 nov. 2000, n° 98-42.019, Bull. V n° 396, RJS 2001 n° 214 ; J.-M. Verdier, « La protection des représentants des salariés dans l'entreprise : une logique de statut », Dr. soc. 2001, p. 634 ; cf. n° **12.4.16.1**)* ;

– si la désignation comme délégué syndical a été reconnue comme régulière par le tribunal d'instance, le salarié bénéficie de la protection *(CE, 22 avr. 1992, n° 108.220, Le Denmat)* ;

– si le salarié est élu membre du comité social et économique, il ne perd sa qualité d'élu qu'à compter de la date à laquelle le tribunal d'instance a annulé les élections *(CE, 11 janv. 1995, n° 129.995, Comité mosellan de sauvegarde de l'enfance, de l'adolescence et des adultes, Rec. p. 20 ; cf. n° **13.5**)* ;

– si par un arrêt de cour d'appel, devenu irrévocable à la suite d'un pourvoi en cassation, il a été jugé que la mutation dont le salarié protégé avait fait l'objet, constituait une modification de son contrat de travail s'apparentant à un licenciement déguisé, le refus de l'intéressé d'exécuter cette décision ne pouvait justifier son licenciement *(CE, 2 mars 1992, n° 81.704, M. Jebali)*.

Le juge administratif, pour trancher les litiges qui lui sont soumis, peut tenir compte de ce qui a été jugé même en l'absence d'autorité de la chose jugée *(CE, 9 avr. 2004, n° 233.630, Sté Endel et Me Jacques, Tables p. 897, concl. G. Bachelier : prise en compte d'un arrêt de cour d'appel rendu en référé ; CE, 20 mars 2019, n° 408.658,* Agtit, *RJS 2019 n° 368, AJDA 2019. 667 : jugeant que la cour administrative d'appel de Versailles, saisie d'un moyen tiré de l'existence d'un lien entre le licenciement et les mandats exercés, a entaché son arrêt d'insuffisance de motivation faute d'avoir expressément pris position sur un arrêt par lequel la cour d'appel de Paris statuant en référé, avait condamné l'employeur au paiement de dommages et intérêts à titre provisionnel pour non-paiement des heures de délégation et pour discrimination syndicale « supposée »).*

CHAPITRE II

LES COMPÉTENCES DU JUGE JUDICIAIRE

72. – Si le juge judiciaire est « le juge naturel » des litiges relatifs à l'exécution et à la rupture du contrat de travail, le statut protecteur attaché à l'exercice de fonctions représentatives affecte nécessairement l'exercice de ses compétences. Ainsi :

– si la cessation des relations contractuelles du contrat de travail est autorisée par une décision administrative devenue définitive, le juge judiciaire, en application du principe de séparation des pouvoirs, se doit de respecter l'autorité de la chose décidée et, en cas de recours devant la juridiction administrative ayant conduit à la confirmation de l'autorisation, de l'autorité de la chose jugée par le juge administratif. Ainsi, si la décision autorisant le licenciement est définitive le juge judiciaire ne peut condamner l'employeur pour licenciement sans cause réelle et sérieuse ;

– si le licenciement ou le transfert est intervenu sans autorisation, la jurisprudence judiciaire a posé le principe que ce licenciement ou ce transfert est frappé de nullité, entraînant de plein droit le bénéfice pour le salarié d'une indemnité pour violation du statut protecteur et, en cas de licenciement, si l'intéressé ne demande pas sa réintégration, le droit au versement de l'indemnité due en l'absence de cause réelle et sérieuse ;

– si l'autorisation de transfert ou de licenciement est annulée par une décision du juge administratif devenue définitive, le Code du travail définit les règles applicables selon que le salarié demande ou non sa réintégration, l'intéressé pouvant, en cas de cessation des relations contractuelles, prétendre au versement de l'indemnité pour licenciement sans cause réelle et sérieuse selon le motif de l'annulation de la décision d'autorisation.

Après avoir exposé la portée du principe de séparation des pouvoirs imposant au juge judiciaire de respecter la compétence reconnue à l'autorité administrative et à la juridiction administrative qui est seule compétente pour contrôler son action (section 1) sont examinées la portée de ce principe s'agissant de questions transversales pouvant se poser puis la portée du principe selon les différents cas de figure (section 2).

SECTION 1

Le principe du respect par le juge judiciaire des compétences de l'autorité administrative

§ 1. LE PRINCIPE

72.1.1. – En raison de la séparation des pouvoirs entre l'administration (*pouvoir exécutif*) et la justice (*pouvoir judiciaire*), et de l'organisation des tribunaux en France (*ordre administratif et ordre judiciaire*), « *l'autorité administrative est seule compétente pour apprécier le bien-fondé du licenciement d'un représentant du personnel* » *(Cass. soc., 12 juin 2001, n° 00-40.480, Bull. V n° 220).*

Le respect de ce principe comporte plusieurs implications pour le juge judiciaire.

- En premier lieu, il doit s'interdire de statuer sur la légalité de toute décision administrative *(Cass. soc., 6 juill. 1994, n° 92-42.199)* sauf dans le cas examiné au n° **75.2** ; il en est ainsi dès lors que la décision en cause fait grief *(Cass. soc., 14 nov. 2022, n° 21-14.304, B., RJS 2023 n° 77 : courrier de l'administration adressé sur le fondement de l'article L. 1233-57-6 du Code du travail dans le cadre d'une procédure de validation ou d'homologation d'un PSE).*
- En deuxième lieu, il doit s'interdire d'interpréter une décision administrative individuelle, seules les juridictions administratives ayant cette compétence *(Cass. soc., 17 févr. 1971, n° 70-60.080, Bull. V n° 120).*
- En troisième lieu, dans l'exercice de ses compétences propres, il est de respecter l'autorité de la chose décidée par l'autorité administrative et, en cas de contentieux devant la juridiction administrative, de respecter l'autorité de la chose jugée. L'autorité de la chose décidée et celle de la chose jugée s'apprécient :
  - concrètement au regard tant du dispositif de la décision administrative ou juridictionnelle que des motifs qui en sont le support nécessaire ;
  - juridiquement au regard de l'étendue du contrôle imparti à l'autorité administrative qui a été définie par la jurisprudence selon la nature du motif avancé par l'employeur à l'appui de sa demande d'autorisation (*disciplinaire, économique, autre, etc.).*

Dès lors que la contestation portée devant le juge judiciaire met en cause l'appréciation portée par l'autorité administrative dans le cadre de son contrôle ou par le juge administratif, le juge judiciaire doit décliner sa compétence sous réserve de ce qui est exposé au n° **72.2.2.1** et **72.2.2.2.**

Il s'ensuit que le salarié peut appuyer ses demandes devant le juge judiciaire en se fondant sur les motifs de la décision du juge administratif annulant une décision administrative *(Cass., soc., 27 mai 2021, n° 18-26-744, B., RJS 2021 n° 440 : en l'espèce, le juge administratif avait annulé la décision homologuant le PSE).*

– En quatrième lieu, « *la nullité du licenciement d'un salarié protégé ne peut être prononcée par le juge judiciaire qu'en l'absence d'autorisation administrative ou en cas de refus de celle-ci* » *(Cass. soc., 19 juin 1991, n° 89-44.566).*
– En cinquième lieu, le juge judiciaire doit rejeter les demandes qui ressortissent à la compétence exclusive de l'autorité administrative *(Cass. soc., 30 sept. 2020, n° 19-13.714, B., RJS 2020 n° 588 : demandes relatives à la régularité de la procédure d'élaboration du PSE relevant de la compétence exclusive de l'autorité administrative)* ainsi que celles qui ne tendent qu'à contester le respect d'obligations dont le contrôle incombe à l'autorité administrative sous le contrôle du juge administratif *(Cass. soc., 25 mars 2020, n° 18-23692, B., RJS 2020 n° 288 et Cass. soc., 29 sept. 2021, n° 19-23.248, B., RJS 2021 n° 561 : pour deux exemples relatifs à des contestations devant le juge judiciaire du contenu PSE et qui relèvent de la compétence de la juridiction administrative).*
– En dernier lieu, en présence d'une difficulté sérieuse, à la demande d'une partie, le juge judiciaire doit saisir le juge administratif d'une question préjudicielle *(cf. n°* ***72.2.1.1 et s.****).* Une exception a été admise à ce principe : en présence d'une jurisprudence établie, le juge judiciaire peut lui-même apprécier la légalité d'une décision administrative et la déclarer illégale.

§ 2. LES AMÉNAGEMENTS DU PRINCIPE

A. Le renvoi préjudiciel

1. Le principe

72.1.2.1.1. – Lorsque dans l'exercice de ses compétences, le juge est en présence de moyens présentant une difficulté sérieuse et à la demande d'une partie, le juge judiciaire doit surseoir à statuer *(Cass. soc., 18 mars 1982, n° 80-40.198, Bull. V n° 190 ; Cass. soc., 14 mai 1987, n° 84-40212, Bull. V n° 311 ; Cass. soc., 6 juill. 1994, n° 92-42.199 ; Cass. soc., 26 nov. 1996, n° 93-44.811, Bull. V n° 406, RJS 1996 n° 266 ; Cass. soc., 14 mars 2007, n° 04-47.650, RJS 2007 n° 631 ; Cass. soc., 31 mars 2009, n° 07-44.136 ; a contrario : Cass. soc., 17 janv. 2013, n° 11-24.696 ;*

Cass. soc., 19 mai 2016, n° 14-26.662, RJS 2016 n° 576 ; Cass. soc., 21 juin 2017 n° 15-24.451, RJS 2017 n° 687). Il en est également ainsi lorsqu'est contestée la portée de la décision administrative *(Cass. soc., 5 janv. 2022, n° 20-12.471, B., RJS 2022 n° 148 : difficulté sérieuse d'interprétation de la décision de l'inspecteur du travail se prononçant sur l'absence de protection du salarié)*.

La procédure de jugement sur renvoi du juge judiciaire est régie par l'article 49 du Code de procédure civile et les articles R. 771-2-1 et R. 771-2-2 du Code de justice administrative : la juridiction judiciaire saisie transmet désormais la question à la juridiction administrative compétente et sursoit à statuer jusqu'à la décision sur la question préjudicielle. L'affaire est instruite et jugée par la juridiction administrative comme une affaire urgente. Le tribunal administratif statue en premier et dernier ressort. Le pourvoi en cassation contre les jugements statuant sur une question préjudicielle est présenté dans les quinze jours de leur notification.

Les effets de la déclaration d'illégalité d'une décision d'autorisation sont examinés au *n° **78.2.2.1***.

2. *Les cas de figure*

72.1.2.1.2. – Ils sont les suivants :

a) La réponse à la question posée ne soulève aucune difficulté

Le juge judiciaire peut y répondre.

b) Le juge judiciaire a déjà répondu à la question posée

Il n'y a pas lieu de surseoir à statuer.

c) La question posée pose une difficulté sérieuse en l'absence de jurisprudence **établie**

Il y a lieu pour le juge judiciaire de surseoir à statuer.

Lorsque la juridiction du fond n'est pas saisie d'un moyen de défense relevant de la compétence d'une autre juridiction, elle n'est pas tenue légalement de surseoir à statuer et la décision qui ordonne ou refuse de surseoir est souveraine *(Cass. soc., 13 nov. 2007, n° 06-41.800, RJS 2008 n° 5)*.

Toutefois, par un arrêt du 24 juin 2009, la chambre sociale a censuré un arrêt, estimant que le juge du fond, alors même que la légalité de la décision administrative n'était pas en cause, aurait dû surseoir à statuer et renvoyer les parties devant le juge administratif *(Cass. soc., 24 juin 2009, n° 08-40.553)*. Dans cette affaire, un salarié protégé avait été licencié après obtention, par l'employeur, d'une autorisation accordée par l'inspecteur du travail en octobre 1999. Cette autorisation avait été annulée par le ministre du Travail en mars 2000, annulation confirmée par le tribunal administratif et la cour administrative d'appel. En

2006, cependant, le Conseil d'État annulait la décision du ministre du Travail *(CE, 22 nov. 2006, n° 282.473, Sté Boldis)*. Entre-temps, le salarié avait obtenu diverses indemnités devant le conseil de prud'hommes pour licenciement illicite. Tirant les conséquences de la décision du Conseil d'État, la cour d'appel avait constaté que la décision de l'inspecteur du travail avait repris ses pleins effets et avait infirmé par suite le jugement prud'homal. Eu égard à l'enchaînement des décisions de la juridiction administrative, la chambre sociale a jugé que le salarié avait été « *empêché de contester antérieurement la décision de l'inspecteur du travail* » et que « la contestation par le salarié de la licéité de son licenciement valait contestation de la licéité de l'autorisation administrative, que cette contestation était sérieuse et qu'il appartenait dès lors à la cour d'appel de poser une question préjudicielle nécessaire à la solution du litige ». En « *sa qualité de cour suprême, la Cour de cassation a estimé qu'il lui appartenait de veiller à ce que les parties puissent bénéficier des garanties juridictionnelles dans le respect du principe de séparation des pouvoirs* » *(L. Pécaut-Rivolier et Y. Struillou, « Chronique des jurisprudences sur la représentation du personnel, 2e trim. 2009 », Sem. soc. Lamy, 2 nov. 2009 n° 1419 ; pour un autre exemple : Cass. soc., 12 juill. 2010, n° 08-44-642, Bull. V n° 170 ; cf. n°* ***72.1.6.2.4****)*.

B. La compétence du juge judiciaire pour apprécier la légalité d'une décision administrative compte tenu d'une jurisprudence établie du Conseil d'État

72.1.2.2. – Le Tribunal des conflits a jugé, pour assurer notamment le respect du droit de tout justiciable à ce que sa demande soit jugée dans une délai raisonnable, que « *si, en cas de contestation sérieuse portant sur la légalité d'un acte administratif, les tribunaux de l'ordre judiciaire statuant en matière civile doivent surseoir à statuer jusqu'à ce que la question préjudicielle de la légalité de cet acte soit tranchée par la juridiction administrative, il en va autrement lorsqu'il apparaît manifestement, au vu d'une jurisprudence établie, que la contestation peut être accueillie par le juge saisi au principal* » *(TC, 17 oct. 2011, Préfet de la région Bretagne SCEA du Chéneau n° 3828 et 3829, Bull. TC 2011 n° 24)*. Cette jurisprudence a pour objet de mettre en place un « *circuit court* » faisant l'économie de délais de procédure inhérents au renvoi préjudiciel lorsque l'illégalité de la décision administrative est manifeste au vu d'une jurisprudence établie, c'est-à-dire, d'une jurisprudence du Conseil d'État publiée ou mentionnée au Recueil de ses décisions.

Il a été fait application de cette jurisprudence par la chambre sociale dans la situation où le juge judiciaire a été saisi par des salariés protégés dont le licenciement a été autorisé à la suite de la mise en œuvre d'un plan de sauvegarde de l'emploi (PSE) validé ou homologué par une décision de l'administration ultérieurement annulée par le juge administratif *(cf. n°* ***78.2.1.2.2****)*.

SECTION 2
La portée du principe : les questions transversales

Plan de la section

§ 1. L'APPRÉCIATION DE LA QUALITÉ DE SALARIÉ PROTÉGÉ ET DU BÉNÉFICE DE LA PROTECTION

A. La portée de la décision administrative reconnaissant la qualité de salarié protégé

72.2.1.1. – L'inspecteur du travail doit, en tout premier lieu, vérifier sa propre compétence, ce qui implique qu'il apprécie, sous le contrôle du juge administratif, si le salarié faisant l'objet de la demande bénéficie ou non de la protection.

Dès lors que l'inspecteur du travail, qui a refusé l'autorisation de licencier, a estimé que le salarié bénéficiait de la protection instituée en faveur des demandeurs d'élections professionnelles, le juge du fond ne peut estimer que cette salariée ne bénéficiait pas de cette protection : la Cour de cassation a jugé « *qu'en statuant comme elle l'a fait, alors que la décision administrative s'imposait en l'état au juge judiciaire, qui ne pouvait en apprécier la légalité, fût-ce en présence d'une allégation de fraude, la cour d'appel a violé… le principe de la séparation des pouvoirs* » *(Cass. soc., 26 sept. 1989, n° 88-42.358, Bull. V n° 541, RJS 1998 n° 864).*

De même, dès lors que l'inspecteur du travail a refusé d'autoriser le licenciement d'un salarié qui avait demandé l'organisation des élections professionnelles dans son entreprise, lui reconnaissant ainsi la qualité de salarié protégé, la juridiction des référés ne peut se déclarer incompétente au motif tiré de ce que l'application des dispositions du Code du travail relatives à la protection spéciale se heurterait à une contestation sérieuse *(Cass. soc., 26 juin 2001, n° 99-41.019, Bull. V n° 230, RJS 2001 n° 1158).*

B. La portée de la décision administrative ne reconnaissant pas la qualité de salarié protégé

72.2.1.2. – Si l'autorité administrative estime que le salarié ne bénéficie pas de la protection, cette décision s'impose également au juge judiciaire *(Cass. soc., 12 juill. 2006, n° 04-45.578, Bull. V n° 247, RJS 2006 n° 1073).*

Ainsi, la lettre de l'inspecteur du travail, accusant réception de la demande d'autorisation et se déclarant incompétent, constitue une décision administrative faisant obstacle à ce que le juge judiciaire se prononce sur le licenciement et en présence d'une contestation sérieuse, il y a lieu de saisir la juridiction administrative afin que celle-ci se prononce sur le bien-fondé de cette décision administrative *(Cass. soc., 31 mars 2009, n° 07-44.136 ; Cass. soc., 4 oct. 2011, n° 10-18.023, Bull. V n° 225, RJS 2011 n° 1000 ; Cass. soc., 19 mai 2016 n° 14-26.662, RJS 2016 n° 576).* Il s'ensuit que si l'autorité administrative a pris une décision d'incompétence sur une demande d'autorisation de mise à la retraite, seule l'annulation de la décision par le juge administratif est de nature à priver d'effet la décision de l'employeur et de permettre au salarié de solliciter sa réintégration *(Cass. soc., 12 oct. 2005, n° 03-45533, Bull. V n° 288).*

Si la décision par laquelle l'inspecteur du travail s'est déclaré incompétent impose une interprétation et une appréciation des circonstances de fait, le juge judiciaire doit surseoir à statuer *(Cass. soc., 5 janv. 2022, n° 20-12.471, B, RJS 2022 n° 148).*

C. La portée de la décision du ministre se déclarant incompétent pour statuer après avoir annulé la décision de l'inspecteur du travail

72.2.1.3. – Dans le cadre de l'ancienne jurisprudence du Conseil d'État imposant au ministre de se déclarer incompétent si, après avoir annulé la décision de l'inspecteur du travail, il constatait que le salarié n'était plus protégé *(cf. n° **62.3.4.3.1**)*, il avait été jugé que le juge judiciaire pouvait, sans méconnaître le principe de la séparation des pouvoirs, apprécier le caractère réel et sérieux de licenciements prononcés après les décisions du ministre, l'employeur ayant alors recouvré le droit de licencier les intéressés sans autorisation administrative *(Cass. soc., 28 nov. 2007, n° 06-40.489, Bull. V n° 197, RJS 2008 n° 160, JCP S 2008 n° 14 p. 31 note J.-Y. Kerbourc'h ; « Représentants du personnel. Rôle respectif de l'administration et du juge judiciaire dans le contrôle des licenciements »,*

Dr ouvrier 2008 p. 120). Le Conseil d'État jugeant désormais que la fin de la période de protection pendant l'instruction du recours hiérarchique étant sans incidence sur le bénéfice de la protection *(cf. n°* ***62.3.4.3.1****)*, ce cas de figure ne devrait plus se présenter.

§ 2. L'APPRÉCIATION DE L'EXISTENCE D'UN CONTRAT DE TRAVAIL

72.2.2. – « *L'autorisation administrative de licenciement, qui établit que le licenciement n'a eu ni pour objet ni pour effet de faire échec au mandat représentatif, ne prive pas la juridiction prud'homale du pouvoir de vérifier l'existence d'un contrat de travail » (Cass. soc., 30 nov. 2004, n° 02-43.515, Bull. V n° 308, RJS 2005 n° 118, Dr soc 2005 p. 344, obs. B. Gauriau, D. 2005 p. 168).*

§ 3. L'APPRÉCIATION DE LA QUALITÉ D'EMPLOYEUR

72.2.3. – Il appartient à l'inspecteur du travail de vérifier qu'il est valablement saisi et, à ce titre, que la personne présentant la demande d'autorisation est bien l'employeur du salarié concerné par la demande.

Toutefois, le juge judiciaire reste compétent pour :

– vérifier si le contrat de travail du salarié protégé n'a pas été transféré, par l'effet de l'article L. 1224-1 du Code du travail, avant l'autorisation administrative de licenciement délivrée au cédant et ordonner la poursuite du contrat avec le cessionnaire *(Cass. soc., 14 juin 2006, Sté Siemens : en l'espèce, la cession était intervenue en 2000 et l'autorisation avait été délivrée au cédant le 26 janvier 2001 ; le juge des référés a pu légalement ordonner, à la demande du salarié, la poursuite du contrat de travail avec le cessionnaire, la Cour de cassation jugeant qu'il pouvait être « fait abstraction » de l'autorisation de licenciement)* ;

– condamner pour licenciement sans cause réelle et sérieuse un cessionnaire refusant d'employer un salarié protégé dont le contrat de travail s'est poursuivi, dès lors qu'avait été transférée une entité économique autonome, nonobstant, d'une part, l'absence d'autorisation de transfert du salarié – seul le salarié pouvant se prévaloir de cette circonstance – et, d'autre part, la délivrance ultérieure d'une autorisation de licenciement au mandataire liquidateur *(Cass. soc., 10 mai 2001, n° 99-41.391, RJS 2001 n° 1037, Bull. V n° 162).*

§ 4. L'APPRÉCIATION DE LA VALIDITÉ DE LA RÉTRACTATION DU LICENCIEMENT PRONONCÉ AVANT LA DÉCISION DE L'AUTORITÉ ADMINISTRATIVE

72.2.4. – Dès lors que l'employeur a prononcé le licenciement du salarié, l'autorité administrative est tenue de se déclarer incompétente. La rétractation du licenciement est subordonnée à l'accord du salarié *(cf. n°* ***73.1.2.2****)*.

Le juge administratif tire, sans renvoi préjudiciel, les conséquences de la prise d'acte explicite par un salarié protégé de la rupture de son contrat de travail, dès lors qu'il ressort clairement des pièces du dossier *(CE, 17 déc. 2008, n° 310.889, M. Hoyeau c. / Centre chirurgical des peupliers de la Croix-Rouge, préc. ; CE, 17 déc. 2008, n° 303.904, M. Jaeck, préc.)*.

La circonstance que le licenciement du salarié protégé a été autorisé ne fait pas légalement obstacle à ce que le juge judiciaire apprécie la validité de la rétraction du licenciement de l'intéressé intervenu avant l'autorisation, cette rétractation étant subordonnée à la preuve de l'accord clair et non équivoque du salarié, peu important que la rétractation ait été faite à la demande de l'inspecteur du travail d'annuler la procédure de licenciement engagée et de respecter le statut protecteur *(Cass. soc., 23 nov. 2022, n° 20-19.961, RJS 2023 n° 64, B.)*.

Il nous semble que pourrait être admise la compétence de l'inspecteur du travail pour autoriser la rupture conventionnelle d'un salarié protégé intervenue postérieurement à la rupture du contrat de travail dès lors, selon la chambre sociale, que « *lorsque le contrat de travail a été rompu par l'exercice par l'une ou l'autre des parties de son droit de résiliation unilatérale, la signature postérieure d'une rupture conventionnelle vaut renonciation commune à la rupture précédemment intervenue* » *(Soc., 3 mars 2015, n° 13-20.549, Bull. V n° 35)*.

§ 5. L'APPRÉCIATION DE LA RÉGULARITÉ DE LA PROCÉDURE

72.2.5. – La Cour de cassation estime que le juge judiciaire n'a pas à connaître des questions se rapportant à la régularité de la procédure de licenciement d'un salarié protégé préalable à la saisine de l'inspecteur du travail au motif que le contrôle « *de la régularité de la procédure… relève du contrôle de ce dernier* » *(Cass. soc., 30 avr. 1997, n° 94-45.418, Bull. V n° 149, Dr soc 1997, p. 645)*.

Il s'ensuit que le juge judiciaire n'est pas compétent pour apprécier la régularité :

– de la procédure de droit commun prévue par le Code du travail *(entretien préalable, régularité de la consultation du comité social et économique sur le projet de licenciement économique collectif : Cass. soc., 20 sept. 2018, n° 17-11.602, Bull. V n° 161, D. 2018. 1870 ; RJS 2018 n° 682 ; JCP S 2018. 1382, obs. J.-Y. Kerbourc'h ; Cass. soc., 4 nov. 2000, n° 19-18.178 : incompétence pour vérifier la procédure spéciale prévue par l'article L.1226-10 du Code du*

travail en cas de licenciement pour inaptitude consécutive à un accident du travail ou une maladie professionnelle) ;
- de la procédure spéciale prévue par le Code du travail pour les salariés protégés *(Cass. soc., 2 juin 2004, n° 03-40.071, Bull. V n° 159, RJS 2004 n° 904 ; Cass. soc., 30 mars 2010, n° 09-40.068, Bull. V n° 83, RJS 2010 n° 533)* ;
- de la procédure conventionnelle éventuellement applicable en cas de licenciement disciplinaire *(Cass. soc., 13 juill. 2004, n° 01-42943, RJS 2004 n° 1068)* ou pour motif économique *(Cass. soc., 4 mars 2009, n° 08-40.005, CSB Paris n° 211, p. 155 ; Cass. soc., 3 mars 2010, n° 08-42.526, RJS 2010 n° 449, Bull. V n° 50, RDT 2010 p. 246 note E. Serverin, Dr soc 2010, p. 606, obs. Y. Struillou).*

L'appréciation de la régularité de la procédure ayant conduit à l'homologation ou à la validation du PSE ressortit au Directeur régional de l'économie, de l'emploi, du travail et des solidarités (DREETS) et, en tout état de cause, ne peut être contestée que devant la juridiction administrative *(cf. n° **22.13.2.2**)*.

Le principe de séparation des pouvoirs ne fait toutefois pas obstacle à ce que le juge judiciaire apprécie la régularité de la procédure de licenciement postérieure à la notification par l'administration de son autorisation *(Cass. soc., 4 juill. 2012, n° 10-28.799, Bull. V n° 210, RJS 2012 n° 826).*

En revanche, dès lors que l'inspecteur du travail n'est pas compétent pour apprécier la régularité de l'autorisation donnée par le juge-commissaire ou le tribunal de la procédure collective pour autoriser des licenciements, la régularité de l'ordonnance du juge-commissaire ne peut être discutée que devant le juge judiciaire *(Cass. soc., 23 mars 2016, n° 14-22.950, Bull. V n° 52, RDT 2016 p. 263, obs. A Fabre).* Cette jurisprudence peut être transposée au transfert résultant de la cession de l'entreprise *(P. Bailly, « L'autorisation de transfert du salarié investi d'un mandat protecteur », Dr. soc. 2024 p. 499-504).*

§ 6. L'APPRÉCIATION DE L'APPLICABILITÉ DE L'ARTICLE L. 1224-1 DU CODE DU TRAVAIL EN CAS DE DEMANDE D'AUTORISATION DE TRANSFERT

72.2.6. – Dès lors que la question de l'applicabilité de l'article L. 1224-1 doit être contrôlée par l'inspecteur du travail *(cf. n° **16.6.7.2**)*, l'appréciation portée par celui-ci s'impose au juge judiciaire. Il a été jugé que « *lorsqu'une autorisation administrative pour le transfert du contrat de travail d'un délégué du personnel a été accordée à l'employeur, le juge judiciaire ne peut, sans violer le principe de la séparation des pouvoirs, remettre en cause la décision de l'autorité administrative ayant fait application de l'article L. 1224-1 du Code du travail » (Cass. soc., 17 juin 2009, n° 08-42.614, Bull. V n° 154, RJS 2009 n° 769 ; Cass. soc., 25 janv. 2006,* *n° 04-41.755 ; Cass. soc., 9 nov. 2006, n° 04-48.675 ; Cass. soc., 3 mars 2010, n° 08-40.895, Bull. V n° 53, RJS 2010 n° 404).* Il s'ensuit que si l'inspecteur a estimé les dispositions de cet article applicable et autorisé le transfert, le juge judiciaire doit en déduire que le changement d'employeur s'impose au salarié *(Cass. soc., 30 mars 2010, n° 08-40.895, Bull. V n° 53).*

§ 7. L'APPRÉCIATION DE LA CAUSE RÉELLE ET SÉRIEUSE DU LICENCIEMENT

72.2.7. – La question de l'appréciation de la cause réelle et sérieuse se pose de manière générale mais elle reçoit une réponse différente selon les diverses situations qui peuvent se présenter :

- le principe est qu'en présence d'une autorisation administrative, le juge judiciaire n'a pas compétence pour apprécier l'existence d'une cause réelle et sérieuse ;
- cependant, selon les circonstances, le juge judiciaire peut être amené à apprécier l'existence d'une cause réelle et sérieuse de licenciement comme l'indique le tableau suivant.

La compétence du juge judiciaire pour apprécier la cause réelle et sérieuse du licenciement

Situation	Compétence du juge judiciaire	Renvoi
Cessation des relations contractuelles sans autorisation	La cessation des relations contractuelles est intervenue en violation du statut protecteur et frappée de nullité. Le licenciement est nul *(Cass. soc., 17 mars 1993, n° 90-43.819).* Le salarié a dès lors droit au versement de l'indemnité pour licenciement sans cause réelle et sérieuse *(Cass. soc., 12 juin 2001, n° 99-41.695, Bull. V n° 219)* sans qu'il soit besoin pour le juge de rechercher si les faits invoqués éventuellement à l'appui de la demande constituaient une cause réelle et sérieuse.	**73.5.3.6**
Autorisation de licenciement contestée devant la juridiction administrative	Le juge judiciaire doit surseoir à statuer jusqu'à ce que la juridiction administrative se soit définitivement prononcée dès lors que la solution de l'instance prud'homale dépend de l'instance engagée devant la juridiction administrative *(Cass. soc., 29 juin 2005, n° 03-43.171).*	**72.1.2.1.1**

Situation	Compétence du juge judiciaire	Renvoi
Autorisation de licenciement annulée par une décision administrative ou juridictionnelle devenue définitive	En principe, le juge judiciaire est compétent pour apprécier si le licenciement repose sur une cause réelle et sérieuse *(Cass. soc., 5 févr. 2002, n° 99-43.896, Bull. V n° 53).* Toutefois, si les motifs de l'annulation sont en rapport avec le motif avancé par l'employeur à l'appui de sa demande d'autorisation ou retiennent l'existence d'un lien entre celle-ci et le mandat du salarié, le juge judiciaire ne peut juger que le licenciement repose sur une cause réelle et sérieuse *(Cass. soc., 26 sept. 2007, n° 05-42.599, Bull. V n° 140).*	**77.7.3.1**
Autorisation de licenciement déclarée illégale par la juridiction administrative sur renvoi préjudiciel	Le juge judiciaire est compétent pour apprécier si le licenciement repose sur une cause réelle et sérieuse *(Cass. soc., 26 sept. 2007, n° 05-45.665, Bull. V n° 137).*	**78.2.1.2.1 et s.**
Autorisation de licenciement devenue définitive	Le juge judiciaire est incompétent pour se prononcer sur l'existence d'une cause réelle et sérieuse, l'administration étant réputée avoir vérifier que le motif avancé par l'employeur était de nature à justifier l'autorisation de licenciement. En cas de contestation sérieuse de la légalité de la décision, le juge judiciaire doit décider de surseoir à statuer jusqu'à la solution par le juge administratif de la question préjudicielle en appréciation de la légalité de cette décision *(Cass. soc., 6 juill. 1994, n° 92-42.199).* En principe, le juge judiciaire est compétent pour apprécier si les faits en cause constituent une faute grave ou lourde privant le salarié du droit aux versements de l'indemnité compensatrice de préavis de licenciement *(Cass. soc., 1er juin 1994, n° 92-40.315).*	**78.2.1 et s.**

Situation	Compétence du juge judiciaire	Renvoi
Licenciement intervenu après l'expiration de la période de protection	Selon les motifs énoncés par l'employeur, le juge judiciaire est ou non compétent pour apprécier l'existence d'une cause réelle et sérieuse	**79**
Licenciement intervenu dans le cadre d'une procédure collective autorisé par le juge-commissaire ou le tribunal	L'inspecteur du travail ne contrôle pas le motif économique *(Cass. soc., 23 mars 2016, n° 14-22.950, Bull. V n° 52, RDT 2016 p. 263 obs. A Fabre ; P. Bailly, « L'autorisation de transfert du salarié investi d'un mandat protecteur », Dr. soc. 2024 p. 499-504).*	**23.3.2**

§ 8. L'APPRÉCIATION DU DROIT DU SALARIÉ AU VERSEMENT DES INDEMNITÉS DE RUPTURE EN CAS D'AUTORISATION ADMINISTRATIVE

72.2.8. – En cas de licenciement motivé par un motif disciplinaire, il appartient au juge prud'homal de se prononcer sur la gravité de la faute commise par le salarié au regard du droit aux indemnités de rupture. En effet, si l'autorisation administrative implique que la faute est d'une gravité suffisante pour justifier le licenciement et fait obstacle à ce qu'elle soit discutée devant les tribunaux judiciaires, en revanche, elle ne préjuge pas du droit du salarié au paiement des indemnités de préavis et de licenciement en appréciant la gravité de la faute *(Cass. soc., 17 mai 1972, n° 71-40.243, Bull. V n° 360, Dr soc 1972, p. 586, note J. Savatier, Dr ouvrier 1973 p. 207 ; Cass. soc., 18 mars 1982, n° 80-40.198, Bull. V n° 190 ; Cass. soc., 25 avr.1990, n° 87-44.069, Bull. V n° 189 ; Cass. soc., 18 mars 2009 n° 07-44.664, JCP 2009 n° 29 p. 32 ; note J.-Y. Kerbourc'h JCP S 2009 ; Cass. soc., 3 mai 2011, n° 09-71.950, Bull. V n° 106, RJS 2011 n° 631 ; a contrario : Cass. soc., 3 déc. 2008, n° 07-43.083).*

Cette appréciation de la gravité de la faute qui « *n'a aucune incidence sur la légalité de l'autorisation administrative appartient à la juridiction judiciaire* » *(Cass. soc., 2 juin 1983, n° 80-42.222)*, laquelle n'est pas liée par l'avis antérieur de l'inspecteur du travail sur le degré de gravité de la faute *(Cass. soc., 8 janv. 1985, n° 82-42.918).*

Le juge « *ne peut examiner que les fautes retenues par l'autorité administrative* » dès lors que « *seul le ou les motifs retenus par l'autorité administrative pour autoriser le licenciement disciplinaire d'un représentant du personnel peuvent justifier ce licenciement* » *(Cass. soc., 10 juill. 2001, n° 98-42.808 Bull. V n° 260, RJS 2001 n° 1159 ; Cass. soc., 8 oct. 1992, n° 91-41.548 ; Cass. soc., 26 mars 2014, n° 12-28.427, RJS 2014 n° 502).*

La position adoptée par la Cour de cassation ne méconnaît pas le principe de la séparation des pouvoirs : en effet, les notions de « *faute ayant un caractère de gravité suffisante* » et de « *faute grave* » ne se confondent pas *(cf. n°* ***44.4.1****)*. L'autorité administrative et le juge administratif peuvent estimer que la faute commise par le salarié présentait un caractère de gravité suffisant même si cette faute n'est pas considérée comme une faute grave privative des indemnités de rupture. Ainsi, la Cour de cassation a censuré l'arrêt par lequel une cour d'appel avait débouté un salarié de ses demandes d'indemnité de rupture au seul motif que le tribunal administratif avait estimé que l'intéressé avait commis une faute d'une gravité suffisante *(Cass. soc., 1er juin 1994, n° 92-40.315)*.

Cette règle souffre une exception : lorsque le licenciement a été autorisé pour une faute commise lors d'un mouvement de grève : dans ce cas, la « faute d'une gravité suffisante » est nécessairement une faute lourde privative des indemnités de rupture *(cf. n°* ***46.3.3.2****)*.

§ 9. L'APPRÉCIATION DES FAUTES COMMISES PAR UN TIERS AU CONTRAT

72.2.9. – Sur le fondement de l'article 1240 du Code civil, la chambre sociale a approuvé la cour d'appel qui avait déduit de ses constatations que deux sociétés avaient commis une faute ayant concouru à la liquidation judiciaire de la filiale et qu'elles étaient par suite « *redevables à l'endroit des salariés de dommages-intérêts, en réparation du préjudice fondé sur la perte injustifiée de leur emploi, quand bien même cette demande reposerait sur un fondement juridique différent de ceux retenus à l'endroit de l'employeur* » *(Cass. soc., 1er juin 2023, n° 21-22.857, RJS 2023 n° 462, B. ; en l'espèce, lors de l'établissement d'un précédent plan de sauvegarde de l'emploi, la société holding s'était engagée, par courrier auprès du commissaire aux comptes, à compléter la trésorerie de sa filiale, afin de couvrir les coûts du PSE pour un maximum de 5 000 000 euros, puis avait procédé à l'inscription d'une créance de 4 800 991 euros au passif exigible de celle-ci, contrairement à son engagement, portant ainsi « l'estocade à sa filiale », la « conduisant à sa déconfiture, puis à sa liquidation judiciaire »).*

§ 10. L'APPRÉCIATION DES FAUTES COMMISES PAR L'EMPLOYEUR PENDANT LA PÉRIODE ANTÉRIEURE À LA CESSATION DES RELATIONS CONTRACTUELLES

72.2.10. – Le juge judiciaire est toujours compétent pour apprécier ces fautes et condamner l'entreprise à réparer le préjudice en résultant pour le salarié y compris lorsque la cessation des relations contractuelles a été autorisée par l'administration et que cette autorisation est devenue définitive *(cf. n°* ***78.2.2****)*.

§ 11. L'APPRÉCIATION DU COMPORTEMENT DES SALARIÉS NON PROTÉGÉS

72.2.11. – La décision de l'autorité administrative, statuant sur la demande d'autorisation de licenciement de représentants du personnel, n'a d'autorité qu'en ce qui concerne ces salariés et ne s'impose pas au juge judiciaire appelé à se prononcer sur le comportement des salariés non protégés *(Cass. soc., 1er avr. 1997, n° 95-42.246, Bull. V n° 131)*.

SECTION 3
La portée du principe selon les différents cas de figure

Plan de la section

§ 1. LA COMPÉTENCE DU JUGE JUDICIAIRE EN CAS DE MODIFICATION DU CONTRAT DE TRAVAIL OU DE CHANGEMENT DES CONDITIONS DE TRAVAIL IMPOSÉ AU SALARIÉ PROTÉGÉ

72.3.1. – En cas de modification du contrat de travail ou de changement des conditions de travail refusé par le salarié *(cf. n° **43.1.1.1.2**)*, la mise en œuvre par l'employeur de cette modification ou de ce changement constitue « *un trouble manifestement illicite* » justifiant la compétence du conseil des prud'hommes en référé *(Cass. soc., 12 oct. 2000, n° 98-45.174)*.

Le salarié – confronté à une décision de son employeur lui imposant contre sa volonté une modification de son contrat de travail ou un changement de ses conditions de travail – peut, soit saisir le juge judiciaire à fin que soit prononcée la résiliation de son contrat *(cf. n° **14.5**)*, soit prendre acte de la rupture *(cf. n° **14.6**)*.

Le juge judiciaire « *ne méconnaît pas le principe de la séparation des pouvoirs en statuant sur les effets de cette rupture, antérieure à la demande d'autorisation de licenciement présentée par l'employeur, demande sur laquelle l'inspecteur du travail a dit qu'il n'avait pas à se prononcer au motif que le contrat était déjà rompu* » *(Cass. soc., 25 janv. 2006, n° 04-41.204)*.

Dans le cas où le salarié a refusé la modification de son contrat et que l'autorisation de licenciement sollicitée par l'employeur, consécutivement à ce refus, a été rejetée par l'administration, le juge judiciaire peut ordonner la réintégration du salarié dans son poste de travail, « *le maintien dans ces conditions de la mutation par l'employeur constituait un trouble manifestement illicite qu'il convenait de faire cesser par une mesure de remise en état* » *(Cass. soc., 3 févr. 1993, n° 89-40.042, Bull. V n° 41, RJS n° 291 : prise d'acte)*.

Le salarié peut obtenir la réintégration dans son emploi, l'indemnisation de sa perte de salaire et l'octroi de dommages-intérêts. Il en est de même en cas de changement des conditions de travail imposé par l'employeur.

§ 2. LA COMPÉTENCE DU JUGE JUDICIAIRE EN CAS DE LICENCIEMENT INTERVENU SANS AUTORISATION

72.3.2. – La compétence du juge judiciaire dans cette hypothèse est entière. Le juge peut :

– **Prononcer la nullité du licenciement** : « *La nullité du licenciement d'un salarié protégé ne peut être prononcée par le juge judiciaire qu'en l'absence d'autorisation administrative ou en cas de refus de celle-ci* » *(Cass. soc., 19 juin 1991, n° 89-44.566 ; Cass. soc. 17 mars 1993, n° 90-43.819)* ;

– **Ordonner la réintégration du salarié protégé** : le juge des référés est compétent pour ordonner la réintégration d'un salarié protégé, le licenciement sans autorisation constituant un trouble manifestement illicite *(Cass. soc., 26 avr. 1979, n° 78-11.327, Bull. V n° 364 ; Cass. soc., 12 juin 2001, n° 00-40.480, Bull. V n° 220)* ;

– **Condamner l'entreprise à réparer le préjudice subi** par le salarié subi du fait du licenciement intervenu sans autorisation et à lui verser les indemnités de rupture ainsi que l'indemnité prévue en cas de licenciement sans cause réelle et sérieuse.

Ces questions sont examinées de manière détaillée au chapitre III de la présente partie *(n° **73 et s.**)*.

§ 3. LA COMPÉTENCE DU JUGE JUDICIAIRE EN CAS DE LICENCIEMENT INTERVENU EN DÉPIT DU REFUS D'AUTORISATION OU EN CAS DE MISE À PIED CONSERVATOIRE

A. Principe général

72.3.3.1. – Lorsque le licenciement est intervenu en dépit du refus opposé par l'administration, le juge judiciaire ne peut « *sans violer le principe de séparation des pouvoirs, remettre en cause le bien-fondé de la décision de refus d'autorisation de licenciement* » *(Cass. soc., n° 96-44.704, 4 mars 1998, RJS 1998 n° 495).*

Le juge judiciaire peut prononcer la nullité du licenciement. Le juge des référés est compétent pour ordonner la réintégration du salarié protégé, son licenciement constituant un trouble manifestement illicite. Si le refus de l'administration intervient après le refus par le salarié d'une modification de son contrat proposée par son employeur, le juge judiciaire peut ordonner sa réintégration sur son poste de travail *(Cass. soc., 3 févr. 1993, n° 89-40.042, Bull. V n° 41, RJS n° 291).*

Si, après la notification du refus de l'autorisation, l'employeur persiste à interdire l'accès du salarié à son poste de travail, le juge du fond considère que le contrat de travail est rompu, cette rupture constituant un licenciement. Le juge doit alors faire droit à la demande d'indemnisation du salarié fondée sur l'illégalité du licenciement, sans être tenu de surseoir à statuer en l'absence de question préjudicielle, et alors même qu'un recours hiérarchique a été formé, ce recours n'ayant pas d'effet suspensif *(Cass. soc., 2 oct. 1997, n° 94-43.483, RJS 1997 n° 1261).*

S'il résulte de la décision de refus que le salarié avait été évincé de l'entreprise, le juge judiciaire doit analyser nécessairement cette éviction comme un licenciement prononcé en violation du statut protecteur *(Cass. soc., 10 mai 2006, n° 05-43.110, Bull. V n° 172, RJS 2006 n° 860, JCP S 2006 n° 28 p. 30 note J.-Y. Kerbourc'h : la cour d'appel avait jugé que le salarié n'avait pas été évincé et que son contrat n'avait pas été rompu).*

Le recours hiérarchique présenté par l'employeur contre une décision de refus n'ayant pas d'effet suspensif, le juge saisi d'une demande d'annulation des élections à la suite du refus opposé par un employeur aux candidatures des salariés, dont le licenciement avait été refusé, ne peut déclarer surseoir à statuer sur cette demande jusqu'à ce que la juridiction administrative se soit définitivement prononcée *(Cass. soc., 23 mai 1995,* n° *94-60.327).*

Le juge pénal n'est pas lié par les motifs des décisions de refus de licenciement de l'autorité administrative relatifs à la discrimination *(Cass. crim., 8 oct. 1991, n° 90-86.628, Bull. crim. n° 335, RJS 1992 n° 51)* ou à l'existence d'une entrave *(Cass. crim., 12 déc. 1978, n° 77-92.926, Bull. crim. n° 353).* La prétendue illégalité de la décision de refus n'est pas de nature à enlever au licenciement intervenu son caractère délictuel *(Cass. crim., 11 mai 2004, n° 03-83.682 Dr soc 2004 p. 919, obs. F. Duquesne).*

B. Situation du salarié mis à pied à titre conservatoire

72.3.3.2. – En cas de refus de l'autorisation de licenciement, la mise à pied du salarié protégé est annulée et ses effets supprimés de plein droit. Par suite, il n'appartient pas au juge judiciaire « *de se prononcer sur le bien-fondé de la mise à pied* » *(Cass. soc., 23 juin 1999, n° 97-42.202, Bull. V n° 300, RJS 1999 n° 1092 ; cf. n°* ***52.2.3****)*.

Le juge des référés, sans avoir à se prononcer sur la validité de la décision administrative de refus de licenciement dont il ne fait que constater l'existence, est fondé, pour faire cesser un trouble manifestement illicite, à ordonner sous astreinte la réintégration du salarié protégé dans son emploi et la poursuite de son contrat de travail *(Cass. soc., 24 oct. 1979, n° 78-15.563, Bull. V n° 781)*.

Eu égard à la portée de la décision par laquelle l'inspecteur du travail refuse le licenciement, il a été jugé que le juge des référés du conseil de prud'hommes pouvait rejeter à bon droit la demande présentée par l'employeur et tendant à obtenir la suspension du contrat de travail du salarié dans l'attente de l'issue du recours hiérarchique, l'employeur ayant « *l'obligation de conserver le salarié protégé dans l'entreprise et de le rémunérer* » *(Cass. soc., 8 juin 1997, n° 95-43.723, Bull. V n° 225, RJS 1997 n° 998)*.

La chambre criminelle a jugé que « *pour apprécier la validité, au regard du délit d'entrave, de la mise à pied prononcée contre un délégué du personnel, les juridictions correctionnelles ne sont pas liées par la décision de l'inspecteur du travail ayant ultérieurement refusé le licenciement au même délégué, alors au surplus que cette décision administrative, ayant un objet distinct, ne pouvait avoir d'influence sur la validité de la mise à pied initiale* » *(Cass. crim., 12 déc. 1978, n° 77-92.926, Bull. crim. n° 353)*. Cette jurisprudence a été remise en cause par les dispositions introduites par le décret n° 83-470 du 8 juin 1983 selon lesquelles la mesure de mise à pied est privée de tout effet lorsque le licenciement est refusé *(C. trav., art. R. 2421-6 et R. 2421-14)*.

§ 4. LA COMPÉTENCE DU JUGE JUDICIAIRE EN CAS D'AUTORISATION DE TRANSFERT

72.3.4. – Si le repreneur s'abstient de fournir du travail au salarié dont le transfert a été autorisé, cette situation constitue un trouble manifestement illicite que la juridiction des référés peut faire cesser en ordonnant la poursuite du contrat de travail sous astreinte *(Cass. soc., 7 juill. 2021, n° 19-26.126)*.

L'autorisation de transfert ne fait pas obstacle à ce que le salarié saisisse le juge pour obtenir la condamnation du cédant à lui verser des dommages-intérêts au motif tiré de la fraude aux dispositions de l'article L. 1224-1 du Code du travail sans que la demande ne remette en cause le bien-fondé de l'autorisation administrative *(Cass. soc., 23 nov. 2022, n° 21-11.776, RJS 2023 n° 69, B.).*

Toutefois, en cas de transfert exécuté non sur le fondement des dispositions de l'article L. 1224-1 du Code du travail mais en exécution de **stipulations conventionnelles** *(cf. n° **16.6.8.2.2.2**)*, l'accord du salarié échappe au contrôle de l'inspecteur du travail *(Cass. soc., 3 mars 2010, n° 08-41.600 et 08644.120, RJS 2010 n° 404, Dr soc 2010 p. 606, obs. Y. Struillou).* La solution retenue repose sur les considérations suivantes.

En premier lieu, le contenu du « bloc de contrôle » de l'autorité administrative est déterminé par les questions qui conditionnent la légalité de sa décision, à savoir la vérification :

– de l'applicabilité des stipulations conventionnelles ;
– du maintien du contrat de travail du salarié à la date du transfert ;
– de l'emploi du salarié dans l'unité transférée ;
– de l'absence de caractère discriminatoire du transfert.

En deuxième lieu, à la différence de l'autorisation de transfert accordée sur le fondement des dispositions d'ordre public de l'article L. 1224-1, la seule notification de l'autorisation ne peut légalement emporter transfert du contrat de travail au service du nouvel employeur.

Enfin, légalement, rien ne s'oppose à ce que le salarié puisse exprimer son refus après la délivrance de l'autorisation, alors même qu'il aurait exprimé son accord avant cette dernière.

Seul le juge judiciaire est compétent pour apprécier la régularité de l'autorisation donnée par le juge commissaire ou le tribunal de la procédure collective arrêtant le plan de cession dont résulte le transfert *(Cass. soc. 23 mars 2016, n° 14-22.950, Bull. V n° 52, RDT 2016 p. 263, obs. A. Fabre ; P. Bailly, L'autorisation de transfert du salarié investi d'un mandat protecteur, Dr soc. 2024, p. 499504).*

§ 5. LA COMPÉTENCE DU JUGE JUDICIAIRE EN CAS DE REFUS D'AUTORISATION DE TRANSFERT

72.3.5. – La décision de l'autorité administrative rejetant une demande d'autorisation de transfert « *n'interdit pas à la juridiction prud'homale de statuer sur la demande de requalification du contrat en contrat de travail à durée indéterminée formée par le salarié à l'égard de son employeur d'origine, qui relève de la seule compétence de la juridiction judiciaire* » *(Cass. soc., 24 janv. 2018, 16-13.589, B., RJS 2018 n° 248, D. 2018. 246, JCP S 2018. 1092, obs. Bugada, AJDA 2018, p. 884).*

§ 6. LA COMPÉTENCE DU JUGE JUDICIAIRE EN CAS D'AUTORISATION DE METTRE FIN À UN CONTRAT À DURÉE DÉTERMINÉE

72.3.6. – Le principe de séparation des pouvoirs fait obstacle à ce que le juge judiciaire :

– statue sur une demande de requalification du contrat de travail à durée déterminée en un contrat de travail à durée indéterminée *« en l'état d'une autorisation administrative de non-renouvellement d'un contrat à durée déterminée devenue définitive » (Cass. soc., 9 mai 2018, n° 16-20.423, Bull. V n° 82, RJS 2018 n° 489)* ;
– juge que la rupture du contrat s'analyse en un licenciement nul pour violation du statut protecteur en présence d'une décision administrative d'autorisation de ne pas renouveler le contrat à durée déterminée arrivé à son terme, la décision étant devenue définitive et sa légalité n'étant pas contestée par la voie de l'exception *(Cass. soc., 19 janv. 2022, n° 19-18.898, B., RJS 2022 n° 201).*

§ 7. LA COMPÉTENCE DU JUGE JUDICIAIRE EN CAS DE RECOURS HIÉRARCHIQUE OU CONTENTIEUX CONTRE UNE DÉCISION D'AUTORISATION

72.3.7. – Si la décision autorisant le licenciement fait l'objet d'un recours hiérarchique ou contentieux, le juge judiciaire doit surseoir à statuer jusqu'à ce que la juridiction administrative se soit définitivement prononcée si la solution de l'instance prud'homale dépend de la procédure engagée devant le juge administratif *(Cass. soc., 29 juin 2005, n° 03-43.171, RJS 2005 n° 1006).*

§ 8. LA COMPÉTENCE DU JUGE JUDICIAIRE EN CAS D'ANNULATION DE L'AUTORISATION PAR LE MINISTRE OU LE JUGE ADMINISTRATIF

72.3.8. – Les compétences du juge judiciaire varient selon que l'annulation est devenue ou non définitive.

A. La compétence du juge judiciaire pour ordonner la réintégration du salarié

72.3.8.1. – Lorsque le ministre annule l'autorisation et rejette la demande d'autorisation de l'employeur ou lorsque le juge administratif annule l'autorisation, le juge judiciaire est compétent pour ordonner la réintégration du salarié protégé si ce dernier la demande et si l'entreprise y fait obstacle *(cf. n°* ***77.2.8.2****).*

La réintégration est possible alors même que la décision annulant l'autorisation n'est pas devenue définitive *(Cass. soc., 14 juill. 1988, n° 86-41.907, Bull. V n° 39).*

Seule une décision de la cour administrative d'appel ordonnant le sursis à exécution du jugement du tribunal administratif annulant la décision d'autorisation peut faire obstacle au droit à réintégration. Les conditions d'octroi du sursis à l'exécution du jugement sont examinées au n° **77.2.3.3**.

B. La compétence du juge judiciaire pour condamner l'entreprise à indemniser le préjudice subi

72.3.8.2. – Cette indemnité correspond au préjudice subi pendant la période comprise entre, d'une part, la date à laquelle le licenciement a pris effet et, d'autre part, la réintégration *(cf. n° **77.6.1**)* ou, si la réintégration n'a pas été demandée, l'expiration d'un délai de deux mois, courant à compter de la notification de la décision annulant l'autorisation *(cf. n° **77.7.1**)*.

Elle n'est acquise que si l'annulation de la décision d'autorisation est devenue définitive *(C. trav., art. L. 2422-4)*.

Ce caractère définitif est acquis dans les situations présentées au n° ***77.5.3***.

C. La compétence du juge judiciaire pour apprécier la cause réelle et sérieuse de licenciement et condamner l'entreprise des dommages-intérêts

72.3.8.3. – Cette question est examiné au n° **77.7.3**.

§ 9. LES COMPÉTENCES DU JUGE JUDICIAIRE EN CAS DE LICENCIEMENT POUR MOTIF ÉCONOMIQUE PRONONCÉ DANS LE CADRE D'UN PLAN DE SAUVEGARDE DE L'EMPLOI (PSE)

A. Le licenciement du salarié protégé intervenu en l'absence de décision de validation ou d'homologation du PSE

72.3.9.1. – Dans le cas où le salarié a été licencié pour motif économique après autorisation de l'inspecteur du travail en l'absence de toute décision de validation ou d'homologation d'un PSE, la chambre sociale considère que le juge judiciaire est compétent pour connaître des demandes du salarié tenant à ce que soit réparé le préjudice résultant de l'absence de PSE dès lors que ces demandes ne « *concernaient pas le bien-fondé de la décision administrative ayant autorisé le licenciement* » *(Cass. soc., 17 mars 2021, n° 18-16.947, B., RJS 2021 n° 324 : en l'espèce, les licenciements avaient été décidés au niveau d'une unité économique et sociale dont l'existence avait été reconnue à une date antérieure au licenciement)*.

B. La portée de la décision de validation ou d'homologation du PSE

72.3.9.2. – Dans ce cas de figure, il est jugé de manière constante que « *l'accord collectif mentionné à l'article L. 1233-24-1 du Code du travail, le document élaboré par l'employeur mentionné à l'article L. 1233-24-4, le contenu du plan de sauvegarde de l'emploi, les décisions prises par l'administration au titre de l'article L. 1233-57-5 et la régularité de la procédure de licenciement collectif ne peuvent faire l'objet d'un litige distinct de celui relatif à la décision de validation ou d'homologation mentionnée à l'article L. 1233-57-4 ; que ces litiges relèvent de la compétence, en premier ressort, du tribunal administratif, à l'exclusion de tout autre recours administratif ou contentieux* » *(Cass. soc., 21 nov. 2018, n° 17-16766, B., RJS 2019 n° 97).*

Ce principe d'incompétence s'applique à :

– une demande de communication de pièces formulée à l'encontre de l'employeur par l'expert-comptable désigné dans le cadre de la procédure de consultation *(Cass. soc., 28 mars 2018, n° 15-21.372, Bull. V, n° 46)* ;
– toute demande tendant, avant la transmission de la demande de validation d'un accord collectif ou d'homologation d'un document unilatéral fixant le contenu du plan de sauvegarde de l'emploi, à ce qu'il soit enjoint à l'employeur de fournir les éléments d'information relatifs à la procédure en cours ou de se conformer à une règle de procédure prévue par les textes législatifs, est adressée à l'autorité administrative *(Cass. soc., 30 sept. 2020, n° 19-13.714, B.).*

Au demeurant, en tout état de cause, l'inspecteur du travail n'a pas compétence pour se prononcer sur la conformité du PSE aux exigences légales ni sur la régularité de la procédure de consultation du CSE *(cf. n°* ***47.4.1****).*

C. L'annulation de la décision de validation ou d'homologation du PSE par la juridiction administrative

72.3.9.3. – L'annulation, pour excès de pouvoir, d'une décision de validation ou d'homologation entraîne, par voie de conséquence, l'illégalité des autorisations de licenciement accordées, à la suite de cette validation ou de cette homologation, pour l'opération concernée *(CE, 19 juill. 2017, n° 391849, Rec. p. 250, AJDA 2017. 1531, RJS 2017 n° 686, cf. n°* ***47.4.2****).*

Sur le fondement de cette jurisprudence établie *(cf. n°* ***72. 1.2.2****)*, la chambre sociale considère que le juge judiciaire est compétent pour déclarer illégale une autorisation de licenciement d'un salarié protégé *(Cass. soc., 1er juin 2023, n° 21-22.890, B., RJS 2023 n° 462).*

Le tableau suivant présente les décisions des différents ordres de juridictions relatives aux compétences du juge judiciaire.

Question	Décision	Compétence administrative et juridictionnelle pour les salariés non protégés	Compétence administrative et juridictionnelle pour les salariés protégés
Vérification de la cause économique du licenciement	CE, Ass., 22 juill. 2015, n° 385.816, Rec., RJS 2015 n° 630	Compétence exclusive de la juridiction judiciaire pour les salariés non protégés	Compétence de l'inspecteur du travail et du juge administratif
Vérification du respect par l'employeur de son obligation s'agissant du plan de reclassement intégré au PSE	Cass. soc., 21 nov. 2018, n° 17-16.766, B. ; 11 déc. 2019, n° 17-31.673, RJS 2020 n° 89	Compétence de l'autorité administrative (directeur régional des entreprises, de la concurrence, de la consommation, du travail et de l'emploi, DREETS) et du juge administratif	– Compétence de l'autorité administrative (DREETS) et du juge administratif – Absence de compétence de l'inspecteur du travail
Vérification du respect par l'employeur de son obligation s'agissant du reclassement individuel	Cass. soc., 11 déc. 2019, n° 17-31.673, RJS 2020 n° 89	Compétence de la juridiction judiciaire	Compétence exclusive de l'inspecteur du travail et du juge administratif
Vérification du respect par l'employeur de son obligation de recherche d'un repreneur dans le cadre d'un PSE	Cass. soc., 16 janv. 2019, n° 17-20.969, B, RJS 2019 n° 25	Compétence de l'administration et du juge administratif	– Compétence de l'autorité administrative (DREETS) et du juge administratif – Absence de compétence de l'inspecteur du travail

Question	Décision	Compétence administrative et juridictionnelle pour les salariés non protégés	Compétence administrative et juridictionnelle pour les salariés protégés
Vérification du respect par l'employeur de stipulations conventionnelles dont il est soutenu qu'elles s'imposent au stade de l'élaboration du PSE	Cass. soc., 25 mars 2000, n° 18.23692, B, RJS 2020 n° 288	Compétence de l'administration et du juge administratif	– Compétence de l'autorité administrative (DREETS) et du juge administratif – Absence de compétence de l'inspecteur du travail
Vérification de la conformité des critères d'ordre des licenciements et de leurs règles de pondération aux dispositions législatives et conventionnelles	Cass. soc., 25 mars 2000, n° 17-24.491, B., RJS 2000 n° 287	Compétence de l'administration et du juge administratif	– Compétence de l'autorité administrative (DREETS) et du juge administratif – Absence de compétence de l'inspecteur du travail
Vérification de la mise en œuvre individuelles des critères d'ordre des licenciements		Compétence de la juridiction judiciaire	Compétence de principe de la juridiction judiciaire – Compétence de l'inspecteur du travail si la mise en œuvre révèle un lien entre la procédure et les fonctions de représentation
Vérification du respect par l'employeur des dispositions de l'article L. 1224-1 du Code du travail en cas de PSE	Cass. soc., 10 juin 2020, n° 18-26.229, B., RJS 2020 n° 416	Compétence de la juridiction judiciaire	Absence de compétence de l'inspecteur du travail

Question	**Décision**	**Compétence administrative et juridictionnelle pour les salariés non protégés**	**Compétence administrative et juridictionnelle pour les salariés protégés**
Vérification du respect par l'employeur de ses obligations en matière de prévention des risques professionnels **pouvant résulter de la réorganisation donnent lieu à l'élaboration d'un PSE** (contenu du PSE)	TC, 8 juin 2000, n° C4189, Tables, RJS 2000 n° 415 ; CE, 21 mars 2023, n° 450.012, Rec., RJS 2023 n° 250 (décision d'homologation d'un document unilatéral) ; CE 19 déc. 2023, n° 458.434, Rec., RJS 2024 n° 86 (décision de validation d'un accord collectif)	Compétence de l'administration et du juge administratif	– Compétence de l'autorité administrative (DREETS) et du juge administratif – Absence de compétence de l'inspecteur du travail
Vérification du respect par l'employeur de ses obligations en matière de prévention des risques professionnels **consécutifs à la mise en œuvre du projet de restructuration** donnant lieu à PSE	Cass. soc., 14 nov. 2019, n° 18-13.887, B.	Compétence de la juridiction judiciaire	Compétence de la juridiction judiciaire

CHAPITRE III

LES VOIES DE RECOURS EN CAS DE CESSATION DES RELATIONS CONTRACTUELLES PAR L'EMPLOYEUR SANS AUTORISATION

SECTION 1

Les principes généraux

Plan de la section

§ 1. LA NULLITÉ DU LICENCIEMENT, DU TRANSFERT OU DE LA MISE À LA RETRAITE SANS AUTORISATION

A. Le principe

73.1.1.1. – « *Pendant longtemps, ce fut le délit d'entrave au fonctionnement des institutions représentatives du personnel qui réprima et prévint cette violation. Certes, le délit est encore réprimé, mais ce sont aujourd'hui les sanctions civiles qui dissuadent le mieux l'employeur de commettre ces voies de fait, car le législateur les a envisagées comme un moyen de coercition qui vise à mettre fin à un trouble manifestement illicite* » *(J.-Y. Kerbourc'h, « Licenciement des salariés protégés. Les sanctions du* *licenciement sans autorisation ou dont l'autorisation est annulée », RJS 2003 p. 923).*

Le Code du travail ne prévoyant pas de dispositions propres à la situation du salarié licencié ou transféré en violation du statut protecteur, c'est la Cour de cassation qui a d'abord été amenée à fixer les règles applicables en s'inspirant de celles qui régissent la situation du salarié après annulation de la décision autorisant son licenciement *(cf. chron. J.-Y. Frouin, « L'indemnisation des salariés protégés licenciés sans autorisation », RJS 2001 p. 842 ; J. Mouly, « L'indemnisation des salariés irrégulièrement licenciés », Dr soc 2014 p. 729).*

Saisie d'une question prioritaire de constitutionnalité, la chambre sociale a jugé que la nullité d'un tel licenciement, qui « *résulte nécessairement* » des dispositions relatives à la protection des salariés investis de fonctions représentatives « *et se traduit par un droit à réintégration ou à indemnisation réparant l'intégralité du préjudice subi pendant tout le temps de la protection conférée par ces textes, ne constitue pas une sanction au sens de l'article 8 de la Déclaration de 1789 et ne porte une atteinte disproportionnée à la liberté d'entreprendre non plus qu'elle ne porte atteinte au principe de séparation des pouvoirs ou au droit à un procès équitable* » *(Cass. soc., 20 févr. 2013, n° 12-40.095 QPC, Bull. V n° 48, RJS 2013 n° 399 ; G. Dumortier, P. Florès, A. Lallet, M. Vialettes et Y. Struillou, « L'actualité des questions prioritaires de constitutionnalité (QPC) du premier semestre 2013 », Dr soc 2013 p. 968).*

L'ordonnance n° 2017-1387 du 22 septembre 2017 relative à la prévisibilité et la sécurisation des relations de travail puis, en dernier lieu, la loi n° 2018-217 du 29 mars 2018 ont modifié l'article L. 1235-3-1 du Code du travail qui énumère les cas dans lesquels les licenciements sont entachés de nullité, et, par suite, exclus du barème fixé par l'article L. 1235-1 pour l'indemnisation du licenciement prononcé pour une cause qui n'est pas réelle et sérieuse. Le 5° de cet article mentionne au nombre des nullités : « *Un licenciement d'un salarié protégé mentionné aux articles L. 2411-1 et L. 2412-1 en raison de l'exercice du mandat* ». Cette rédaction peut laisser entendre que la nullité est limitée au cas où la procédure de licenciement est en rapport avec l'exercice par le salarié de son mandat. Toutefois, le 1° de l'article L. 1235-3-1 mentionne comme nullité « *La violation d'une liberté fondamentale* » *(cf. n°* ***73.5.3.6****).* Or, le licenciement d'un représentant du personnel intervenu en méconnaissance du statut protecteur – lequel a pour finalité première de permettre aux travailleurs d'exercer leur droit constitutionnel à participer à la détermination des conditions de travail par l'intermédiaire de leurs délégués et, en cas de mandat syndical, à toute personne de défendre ses intérêts par l'action syndicale – constitue une violation d'une liberté et d'un droit fondamental. Le Conseil constitutionnel considère que la protection découle d'exigences constitutionnelles *(décision n° 88-244 DC du 20 juill. 1988, cf.* ***Introduction n° 36****).* Au demeurant, la chambre sociale a réaffirmé que la nullité du licenciement intervenu en violation du statut protecteur résulte nécessairement des dispositions législatives subordonnant le licenciement d'un salarié investi d'un mandat de représentant du personnel ou d'un syndicat à l'autorisation préalable de l'inspecteur du travail, ces dispositions législatives intervenant sur le fondement de l'exigence constitutionnelle de participation des travailleurs à la gestion des entreprises *(Cass. soc., 23 janv. 2019, n° 18-40.041 QPC, B.)*. Il nous semble donc que nonobstant les maladresses de rédaction, les dispositions de l'article L. 1235-3-1 du Code du travail ne peuvent être lues comme remettant en cause la jurisprudence constante de la Cour de cassation selon laquelle la décision de mettre un terme aux relations contractuelles d'un salarié protégé sans respect de la procédure protectrice est frappée de nullité.

B. Les cas de nullité

73.1.1.2. – Le licenciement, la mise à la retraite ou le transfert d'un salarié protégé ne peuvent intervenir que si l'autorité administrative a préalablement notifié à l'employeur une décision d'autorisation.

Sont frappés de nullité et constituent un délit, le licenciement, la mise à la retraite ou le transfert intervenus lorsque :

1) l'employeur n'a pas sollicité l'autorisation pendant la période de protection *(Cass. soc., 4 juill. 1989, n° 87-45.198, Bull. V n° 498)* ;
2) l'administration n'a pas donné son accord à la date du prononcé du licenciement ou de la mise à la retraite alors même que l'employeur obtiendrait par la suite l'autorisation *(Cass. soc., 8 nov. 2006, n° 05-41.133)* ;
3) le transfert a été opéré effectivement sans autorisation *(cf. n° **16.6.9**)* ;
4) le salarié est licencié, transféré ou mis à la retraite alors que l'administration a refusé l'autorisation demandée ;
5) l'employeur bénéficie d'une autorisation mais ne prononce le licenciement qu'après un certain délai « *les conditions de fait et de droit ayant changé* » *(Cass. soc., 27 mai 2009, n° 08-40.834)* ;
6) la décision par laquelle l'inspecteur du travail s'était déclaré incompétent est annulée par le juge administratif *(Cass. soc., 31 janv. 2001, n° 98-41.360, Bull. V n° 30)* ;
7) l'employeur notifie au salarié son licenciement pour un motif distinct de celui pris en compte par l'administration pour l'autoriser *(Cass. soc., 11 juin 2002, n° 00-41.073, Bull. V n° 198, RJS 2002 n° 1001 : en l'espèce, le licenciement avait été accordé pour un motif économique et prononcé ensuite pour faute grave)* ;
8) l'employeur impose au salarié un changement de ses conditions de travail ou une modification de son contrat *(Cass. crim., 6 janv. 2004, n° 02-88.240, Bull. crim. n° 4, obs. F. Duquesne Dr soc 2004 p. 435)* ou une « *mutation de poste ou de fonctions* » contre son gré sans que l'employeur n'apporte la preuve de sa « *pleine justification* »

(Cass. crim., 22 nov. 2005, n° 04-87.021, Bull. crim. n° 306, Dr soc 2006 p. 693, obs. F. Duquesne) ;

9) le jugement invalidant la désignation d'un salarié en qualité de délégué syndical est cassé, l'intéressé ayant été licencié sans autorisation postérieurement à ce jugement dès lors que « *les parties [sont] replacées dans l'état où elles se trouvaient avant le jugement cassé* » *(Cass. soc., 28 oct. 1996, n° 95-40.994, Bull. V n° 354 RJS 1996 n° 1286)* ;

10) l'employeur refuse de rétablir le salarié dans ses fonctions nonobstant le refus d'autorisation de l'inspecteur du travail *(Cass. soc., 4 févr. 2004, n° 01-44.962, Bull. V n° 34).*

Sont également frappés de nullité :

– la rupture par « *départ négocié* » conclue en méconnaissance du statut protecteur *(cf. n°* ***17.5 et s.*** *; Cass. soc., 11 déc. 2001, n° 99-42.476 Bull. V n° 381, RJS 2002 n° 200)* ;
– le licenciement du candidat aux élections professionnelles intervenu sans l'autorisation de l'administration, alors même que cette candidature serait annulée ultérieurement pour fraude *(Cass. soc., 28 nov. 2000, n° 98-42.019, Bull. V n° 396, RJS 2001 n° 214).*

Dans tous ces cas, le salarié est en droit d'obtenir sa réintégration et peut prétendre à l'indemnisation du préjudice subi du fait de la méconnaissance du statut protecteur.

C. Les exceptions

73.1.1.3. – N'est pas considéré comme nul le licenciement intervenu à la suite de l'autorisation délivrée par l'inspecteur du travail, lorsque cette autorisation a été annulée au motif que le salarié n'avait pas la qualité de salarié protégé *(Cass. soc., 10 déc. 1997, n° 94-45337, Bull. civ. V n° 435, RJS 1998 n° 69)* ou au motif d'un vice de procédure *(Cass. soc. 6 avr. 2016 n° 14-13.484, B., RJS 2016 n° 441).*

N'est pas davantage considéré comme nul le licenciement intervenu à la suite d'une autorisation délivrée par l'inspecteur du travail et annulée par le ministre du travail en raison de l'omission par l'employeur dans sa demande de la mention de l'un des mandats dont était titulaire le salarié *(Cass. soc., 3 févr. 2016, n° 14-17.886, B., RJS 2016, n° 270).*

§ 2. L'IMPOSSIBILITÉ DE VALIDER UN LICENCIEMENT, UN TRANSFERT OU UNE MISE À LA RETRAITE EFFECTUÉ SANS AUTORISATION

A. Le principe

73.1.2.1. – La possibilité d'une validation rétroactive, par la mise en œuvre de la procédure légale postérieurement au prononcé du licenciement du licenciement, a été clairement exclue par la Cour de cassation : « *les formalités légales protectrices édictées en faveur des salariés investis de fonctions représentatives doivent être observées par l'employeur préalablement à leur licenciement et l'accomplissement de ces formalités, postérieurement au licenciement, ne peut pas rétroactivement valider celui-ci* » *(Cass. soc., 12 févr. 1991, n° 88-41.287, RJS n° 353).* Il s'ensuit que « *l'obtention d'une autorisation administrative de licenciement du salarié est sans effet sur un licenciement d'ores et déjà prononcé et les droits de l'intéressé à l'indemnisation de son préjudice* » *(Cass. soc., 13 janv. 1999, n° 97-41.519, RJS 1999 n° 234 ; Cass. soc., 1er juin 1994, n° 92-45.175, Dr soc 1994 p. 810).*

La solution est identique en cas de transfert, même si une autorisation administrative a été postérieurement demandée et obtenue « *pour régularisation* » *(Cass. soc., 24 nov. 1992, n° 89-44.977, Bull. V n° 571, RJS 1993 n° 54).*

B. La rétractation du licenciement

73.1.2.2. – Elle est subordonnée à l'accord du salarié : l'employeur ne peut pas revenir unilatéralement sur la mesure de licenciement. Il ne peut rétracter cette mesure qu'avec l'accord du salarié *(Cass. soc., 4 mars 2015, n° 13-16.148).* Le refus par le salarié protégé de la réintégration proposée par l'employeur ne saurait de ce fait valoir renonciation de sa part à se prévaloir de la nullité de la rupture *(Cass. soc., 15 avr. 2015, n° 13-24.182, Bull. V n° 86, RJS 2015 n° 504).* S'il s'oppose à ce que son contrat de travail reprenne effet et si l'employeur sollicite ultérieurement auprès de l'administration l'autorisation de le licencier, l'autorité administrative est tenue de rejeter la demande *(CE, 14 juin 1991, n° 96.326, Sté Baze, Rec. p. 238).*

Il est permis de penser que cette règle est également applicable à la rétractation d'un transfert.

La circonstance que le licenciement du salarié protégé a été autorisé ne fait pas légalement obstacle à ce que le juge judiciaire apprécie la validité de la rétraction du licenciement de l'intéressé intervenu avant l'autorisation, cette rétractation étant subordonnée à la preuve de l'accord clair et non équivoque du salarié, peu important que la rétractation ait été faite à la demande de l'inspecteur du travail d'annuler la procédure de licenciement engagée et de respecter le statut protecteur *(Cass. soc., 23 nov. 2022, n° 20-19.961, RJS 2023 n° 64, B.).*

Il nous semble que pourrait être admise la compétence de l'inspecteur du travail pour autoriser la rupture conventionnelle d'un salarié protégé intervenue postérieurement à la rupture du contrat de travail dès lors, selon la chambre sociale, que « *lorsque le contrat de travail a été rompu par l'exercice par l'une ou l'autre des parties de son droit de résiliation unilatérale, la signature postérieure d'une rupture conventionnelle vaut renonciation commune à la rupture précédemment intervenue » (Cass. soc., 3 mars 2015, n° 13-20.549, Bull. V n° 35).*

C. L'autorisation de transfert obtenue après le transfert

73.1.2.3. – La question est examinée aux n° **16.6.9 et suivants**.

SECTION 2
Les conséquences pénales

§ 1. LA CESSATION PAR L'EMPLOYEUR DES RELATIONS CONTRACTUELLES SANS AUTORISATION

A. Le principe

73.2.1.1. – L'employeur qui met un terme aux relations contractuelles d'un salarié protégé sans être titulaire d'une décision d'autorisation délivrée par l'administration du travail, commet un délit d'entrave. La jurisprudence est constante en la matière *(cf. notamment Cass. crim., 29 janv. 1991, n° 90-81.314 ; Cass. crim., 30 janv. 1996, n° 94-83.509, Bull. crim. n° 54 : transfert sans autorisation ; Cass. crim., 19 oct. 1999, n° 98-85474).* Le délit d'entrave est constitué lorsque, bien que l'autorisation préalable de l'inspecteur soit requise, le licenciement, le transfert, la mise à la retraite ou l'arrivée à son terme du contrat à durée déterminée sont intervenus en l'absence de l'autorisation ou en cas de refus de celle-ci *(cf. n° **16.2. et s.**).*

Le délit d'entrave est également constitué lorsque l'employeur, en l'absence d'autorisation de licenciement ou de transfert, impose au salarié une mutation de poste ou de fonction contre son gré dès lors qu'il ne rapporte pas la preuve de la pleine justification de cette mutation, laquelle équivaut à un licenciement intervenu en méconnaissance des dispositions protectrices du Code du travail *(Cass. crim., 22 nov. 2005, n° 04-87.021, Bull. crim. n° 306, obs. F. Duquesne Dr soc 2006 p. 693).*

B. L'élément intentionnel

73.2.1.2. – L'élément intentionnel du délit poursuivi se déduit, non du but recherché par l'intéressé, mais du caractère volontaire des mesures qu'il a prises ou du manquement constaté *(Cass. crim., 31 janv. 1989, n° 88-81.623, Bull. crim. n° 41 ; Cass. crim., 17 mars 1992, n° 91-81.360, Bull. crim. n° 117).*

Cet élément a été notamment retenu lorsque l'employeur :

– impose, contre son gré, une mutation de poste ou de fonction *(Cass. crim., 15 févr. 1994, n° 92-84.088, Bull. crim. n° 68)* ;

– qui, après annulation de l'autorisation de licenciement, conclut avec le salarié une transaction sur un futur licenciement, le salarié protégé et l'employeur ne pouvant renoncer à la procédure particulière qui impose l'autorisation préalable de l'inspecteur du travail *(Cass. crim., 31 janv. 2006, n° 05-83.089, obs. F. Duquesne Dr soc 2006 p. 573).*

C. Les circonstances sans incidence

73.2.1.3. – Sont sans incidence sur l'infraction :

– la rétractation de l'employeur *(Cass. crim., 4 avr. 1995, n° 93-80.312 Bull. crim. n° 146 : « le repentir de l'employeur n'a pas eu pour effet de faire disparaître une infraction déjà commise »)* ;

– la prétendue illégalité de la décision de refus lorsque le licenciement est intervenu malgré la décision de refus *(Cass. crim., 11 mai 2004, n° 03-83.682, obs. F. Duquesne Dr soc 2004 p. 919 ; en l'espèce, le salarié avait été licencié alors que l'employeur avait formé un recours hiérarchique)* ;

– la circonstance que le salarié licencié s'est porté candidat aux élections dans l'entreprise dans laquelle il a été mis à disposition, compte tenu des dispositions de l'article L. 421-2 [L. 2312-8] du Code du travail *(Cass. crim., 26 mai 1994, n° 92-81.581, s'agissant d'une démonstratrice mise à la disposition d'un magasin)* ;

– les stipulations d'une convention collective *(Cass. crim., 26 nov. 1996, n° 94-86.016, Bull. crim. n° 428 : stipulations de la convention collective nationale des entreprises de nettoyage de locaux ; en l'espèce, les salariés avaient refusé leur transfert et leur employeur avait considéré qu'ils avaient rompu de leur fait leur contrat de travail)* ;

– la réintégration du salarié ;

– le fait que le salarié n'a pas sollicité sa réintégration *(Cass. crim., 15 févr. 1994, n° 92-84.088, Bull. crim. n° 68).*

D. Les sanctions encourues

73.2.1.4. – L'employeur est passible de peines correctionnelles *(un emprisonnement d'un an et une amende de 3 750 euros ou l'une de ces deux peines seulement).* Ces sanctions sont notamment prévues par les articles L. 2431-1 *(délégués syndicaux)*, L. 2432-1 *(membre élu à la délégation du personnel au comité social et économique, représentant syndical au comité social et économique)*, L. 2433-1 *(représentant de proximité)*, L. 2437-1 *(conseiller du salarié)* ou L. 2738-1 *(conseiller prud'homme)* du Code du travail.

L'infraction peut être relevée par l'inspecteur du travail. Le tribunal peut être aussi saisi par la voie de la citation directe émanant du salarié ou de son organisation syndicale *(cf. Traité de procédure pénale, F. Desportes et L. Lazerges-Cousquer, § 1204).*

E. La constitution de partie civile

1. *Par l'organisation syndicale*

73.2.1.5.1. – Le délit d'entrave à l'exercice des fonctions est générateur d'un préjudice porté à l'intérêt collectif de la profession que le syndicat représente *(Cass. crim., 25 avril 1989, n° 87-91.068 ; Cass. crim. 3 déc. 1996, n° 95-84647, Bull. crim n° 441 ; Cass. crim., 26 mai 2009, n° 08-82.979, RJS 2009 n° 809, obs. F. Duquesne Dr soc 2009 p. 1139).*

2. *Par le salarié*

73.2.1.5.2. – Le salarié peut se constituer partie civile alors même qu'il a demandé sa réintégration *(Cass. crim., 22 oct. 1991, n° 89-86.402 : « L'exercice d'une action aux fins de réintégration engagée par un salarié contre son employeur devant le conseil de prud'hommes, ne fait pas obstacle à ce que ce même salarié se constitue partie civile devant le juge correctionnel dans les poursuites intentées contre l'auteur d'une entrave, commise au sein de l'entreprise qui l'emploie, à l'exercice de ses fonctions représentatives à raison d'une modification substantielle de son contrat de travail »).*

De manière générale, l'entrave est également de nature à causer un préjudice personnel et direct au salarié en le privant de la possibilité de circuler dans l'entreprise et d'exercer ses fonctions de représentation *(Cass. crim., 30 oct. 2006, n° 05-86.380, Bull. crim. n° 260 ; F. Duquesne, « L'action civile du délégué syndical en cas d'entrave à l'exercice de sa mission », Dr soc 2007, p. 310).*

F. La situation des entreprises en difficulté

73.2.1.6. – Il a été jugé par la Cour de cassation que la responsabilité pénale du syndic, qui exerçait les fonctions dévolues avant la loi n° 85-98 du 25 janvier 1985 à l'administrateur judiciaire ou au mandataire-liquidateur, était engagée en cas de licenciement sans autorisation de l'inspecteur du travail *(Cass. crim., 30 janv. 1990, n° 88-82.656, RJS 1990 n° 232).*

L'infraction a été regardée comme établie en son élément intentionnel dès lors que « *le caractère volontaire de celle-ci résulte de l'omission par l'administrateur, à trois reprises, de rechercher la présence des salariés protégés dans l'opération de transfert envisagée, alors que ceux-ci étaient nécessairement concernés par le plan de cession intéressant l'ensemble de l'entreprise, et de l'omission répétée de solliciter en ce qui les concernent, l'avis de l'inspecteur du travail* » *(Cass. crim., 30 janv. 1996, n° 94-83.509, RJS n° 572).*

En cas de licenciement de salariés protégés par l'administrateur sans autorisation administrative, ces licenciements sont nuls et le repreneur, qui a participé à l'élaboration du plan de cession homologué par le tribunal de commerce, est également pénalement responsable de cette infraction sans pouvoir invoquer le fait que ces salariés ne figuraient pas sur la liste nominative des salariés repris, arrêtée par le jugement du tribunal de commerce homologuant le plan de cession, une telle liste étant dépourvue d'effet *(Cass. crim., 30 mai 1995, n° 94-80.355, Bull. V n° 198 ; cf. n° **23.4.4.1**)*.

§ 2. LA NON-RÉINTÉGRATION DU SALARIÉ LICENCIÉ, TRANSFÉRÉ OU MIS À LA RETRAITE SANS AUTORISATION

73.2.2. – La non-réintégration du salarié concerné par la cessation des relations contractuelles est également constitutive du délit d'entrave. Il en a été jugé ainsi notamment lorsque l'employeur :

- s'abstient d'user de son pouvoir disciplinaire à l'encontre d'une partie du personnel hostile à cette réintégration *(Cass. soc., 1er févr. 1979, n° 77-14.568, Bull. V n° 111 : salariés non protégés ; Cass. crim., 9 déc. 1986, n° 86-90.552 Bull. crim. n° 368 ; Cass. crim., 29 nov. 1988, n° 86-95.884, Bull. crim. n° 404, RJS 1989 n° 50)* ;
- invoque l'opposition à la réintégration d'une partie du personnel exprime son opposition *(Cass. soc., 9 juin 1988, n° 85-40.022, Bull. V. n° 356 ; Cass. soc., 7 juill. 1988, n° 85-45.967, Bull. V. n° 432, Dr ouvrier 1990 p. 65 ; voir toutefois l'arrêt de la chambre sociale du 1er déc. 2021, n° 19-25.715, B., RJS 2022, n° 82, cf. n° **77.2.4.8.4**)* ;
- confie au salarié l'exécution d'une tâche ne correspondant pas à sa qualification *(Cass. crim., 29 nov. 1988, n° 86-95.884, Bull. crim. n° 404, RJS 1989 n° 50)* ou, après un refus d'autorisation, ne lui donne pas de poste de travail, même en lui versant sa rémunération et en le laissant exercer son mandat *(Cass. crim., 23 janv. 1990, n° 88-86.132, RJS 1990 n° 230, Dr ouvrier 1990, p. 455)*.

SECTION 3

L'action en réintégration

Plan de la section

73.3.6 La réintégration impossible
73.3.7 Demande de réintégration et transaction
73.3.8 La demande d'autorisation de licenciement postérieure à la réintégration

§ 1. LE PRINCIPE DU DROIT À RÉINTÉGRATION

A. Le droit à réintégration

73.3.1.1. – « *D'emblée, la réintégration pose le problème des pouvoirs réciproques du chef d'entreprise, dont la légitimité est la propriété, et de l'autorité publique, c'est-à-dire du juge » (G. Lyon-Caen, « Le refus de réintégrer et l'article 1142 du Code civil », RPDS 1970, p. 104).* La reconnaissance du droit à réintégration du salarié irrégulièrement licencié s'est imposée progressivement au titre du statut du salarié protégé *(pour une présentation de cette histoire : H. Siney, « La réintégration dans l'entreprise », dans Les transformations du droit du travail, Études offertes à G. Lyon-Caen, Dalloz, 1989).*

Désormais, selon une jurisprudence constante, le licenciement prononcé sans autorisation est nul et de nul effet et le salarié concerné est en droit d'être réintégré : « *Le licenciement d'un salarié investi d'un mandat représentatif, prononcé en violation du statut protecteur, est atteint de nullité et ouvre droit, pour ce salarié, à sa réintégration, s'il l'a demandée » (Cass. soc., 17 mars 1993, n° 90-43.819, Dr soc 1993 p. 462).*

Il en est de même du transfert effectué sans autorisation *(Cass. soc., 24 nov. 1992, n° 89-44.977, Bull. V n° 571, RJS 1993 n° 54).*

Le juge ne peut débouter le salarié de sa demande de réintégration au seul motif que l'intéressé n'a pas invoqué la nullité de son licenciement : dès lors que le salarié demande à titre principal sa réintégration, il invoque par là-même la nullité de son licenciement *(Cass. soc., 18 déc. 2000, n° 98-42.320, Bull. V n° 428, Dr soc 2001 p. 450).*

B. Le caractère général du droit à réintégration

73.3.1.2. – L'employeur n'est libéré de son obligation de réintégrer le salarié uniquement qu'« *au cas où l'entreprise a disparu ou celui où il existe une impossibilité absolue de réintégration » (Cass. soc., 24 juin 1998, n° 95-44.757, Bull. V n° 340, RJS 1998 n° 1020 ; cf. G. Couturier, « L'impossibilité de réintégrer », Dr soc 2005 p. 403 ; Cass. soc., 25 juin 2008, n° 07-40.652, note J.-Y. Kerbourc'h JCP S. n° 41, 07.10.2008, 1524).*

Ne font pas obstacle au droit à réintégration :

– la circonstance que le salarié a été mis à la retraite : dès lors qu'elle est intervenue sans l'autorisation de l'administration, elle est nulle et l'intéressé ne peut être débouté de sa demande de réintégration *(Cass. soc., 23 janv. 2001, n° 99-41824 Bull. V n° 20, commentaire L. Millet Dr soc 2001 p. 451)* ;

– l'adhésion à une convention de conversion *(Cass. soc., 13 déc. 1994, n° 92-42.454, Bull. V n° 341)* ;
– l'existence du harcèlement moral à l'origine de l'inaptitude du salarié ayant conduit à la nullité du licenciement *(Cass. soc., 19 avr. 2023, B.)*.

En revanche, la prise d'acte de la rupture par un salarié en raison de faits qu'il reproche à son employeur, dans la mesure où elle entraîne la rupture immédiate du contrat de travail et ne peut être rétractée, ne permet pas au salarié de solliciter ultérieurement sa réintégration dans son emploi *(Cass. soc., 29 mai 2013, n° 12-15.974, Bull. V n° 138, et 12-11.756, RJS 2013 n° 623, Dr soc 2013 p. 647 obs. J. Mouly)*.

La chambre sociale a également confirmé l'arrêt par lequel une cour d'appel, faisant droit à la demande du salarié de résiliation judiciaire de son contrat de travail présentée à titre principal, a rejeté la demande de réintégration du salarié et fait droit à ses demandes subsidiaires d'indemnisation *(Cass. soc., 3 oct. 2018, n° 16-19.836, B., RJS 2018 n° 754)*.

C. L'absence d'obligation pour le salarié de demander sa réintégration

73.3.1.3. – La réintégration ne constitue pas une obligation : le salarié n'est donc pas tenu :
– de la demander *(Cass. soc., 4 juill. 1989, n° 87-41.053 Bull. V n° 497, RJS n° 697 ; Cass. soc., 17 oct. 1989, n° 86-45.722, Bull. V n° 595 ; Cass. soc., 10 déc. 1997, n° 94-45.532, Bull. V n° 432, RJS 1998 n° 71 ; Cass. soc., 28 mars 2000, n° 97-44.373, Bull. V n° 134, Dr soc 2000 p. 658, RJS 2000 n° 567)* ;
– de répondre favorablement à une proposition de réintégration *(CE 14 juin 1991 Sté Baze, n° 96.326, Rec. p. 238, RJS n° 978)* ou de donner suite à la rétractation du licenciement par l'employeur *(Cass. soc., 24 janv. 1989, n° 86-41.289)*.

Le refus d'une proposition de réintégration ne rend pas la rupture du contrat de travail imputable au salarié *(Cass. soc., 23 oct. 1980, n° 78-41.027, Bull. V n° 769 ; Cass. soc., 4 oct. 1984, n° 82-42.077, Bull. V n° 354 ; Cass. soc., 14 mars 1985, n° 83-41.243 Bull. V n° 176)*.

D. L'absence de délai imparti au salarié pour demander sa réintégration

73.3.1.4. – À la différence du cas d'annulation d'une autorisation *(cf. n° **77.2.3.1**)*, aucun délai n'a été fixé par le législateur pour le salarié protégé, licencié, transféré ou mis à la retraite sans autorisation, pour demander sa réintégration et l'indemnisation de son préjudice *(Cass. soc., 26 févr. 1992, n° 89-44.516 ; Dr ouvrier 1993 p. 25 ; RJS 1992 n° 467 ; Cass. soc., 11 déc. 2001, n° 99-42.476, Bull. V n° 381, RJS 2002 n° 200, D. 2002 p. 255)*.

Il a ainsi été jugé que la réintégration était de droit alors même que le salarié avait été licencié près de cinq ans auparavant *(Cass. soc., 20 mai 1992, n° 90-44.725, Bull. V n° 328, Dr soc 1992 p. 714, RJS n° 895).*

Toutefois, le fait que le salarié ait attendu plusieurs années après l'expiration de la protection pour demander sa réintégration ainsi qu'une indemnisation courant à compter de la date de son éviction de l'entreprise, sans pouvoir justifier de ce délai, est de nature à caractériser un abus dans l'exercice du droit à indemnisation *(Cass. soc., 26 mars 2013, n° 11-27.964 et 11-27.996, Bull. V n° 83, RJS 2013 n° 468 ; sur l'indemnisation, cf. n° **73.5.2.2.1 et s.**)*. Il a été jugé que qu'en cas d'abus, le salarié n'a droit qu'à la rémunération qu'il aurait perçue du jour de sa demande de réintégration à celui de sa réintégration effective *(Cass. soc. 7 nov. 2018 n° 17-14.716, B., RJS 2019 n° 38).*

Par ailleurs, si aucun délai n'est imposé au salarié pour demander sa réintégration, le salarié ne peut toutefois bénéficier de l'indemnisation prévue par la jurisprudence au titre de la violation du statut protecteur que s'il a présenté sa demande de réintégration avant l'expiration de la période de protection *(cf. n° **73.5.2.2.1**)*.

La demande de réparation du préjudice résultant du licenciement non autorisé ne vaut pas renonciation du salarié à demander ultérieurement sa réintégration *(Cass. soc., 13 juill. 1993, n° 90-41.279, RJS 1993 n° 1004 ; Cass. soc., 29 avr. 2009, n° 08-41.240, RJS 2009 n° 650).*

E. La charge de la preuve de la réintégration

73.3.1.5. – Il appartient à l'employeur, qui estime que c'est le salarié qui a refusé d'être réintégré dans son emploi bien qu'il l'ait demandé, de l'établir *(Cass. soc., 30 nov. 1999, n° 97-41.690, Bull. V n° 465, RJS 2000 n° 72).*

F. Le périmètre de la réintégration

73.3.1.6. – Le périmètre de l'obligation de réintégration ne se limite pas à l'entreprise dans les cas suivants :

- en cas de disparition de l'entreprise appartenant à un groupe, la réintégration devant alors s'effectuer dans une autre société du groupe *(Cass. soc., 14 déc. 1994, n° 92-43.984)* ;
- en cas de mise en liquidation judiciaire d'une société appartenant à une unité économique et sociale reconnue par décision de justice ; la Cour de cassation a approuvé la cour d'appel qui avait estimé que le refus de réintégration opposé par les autres sociétés appartenant à l'unité économique et sociale constituait un trouble manifestement illicite *(Cass. soc., 4 mars 1998, n° 96-44.704, RJS 1998 n° 495).*

Par son arrêt du 16 octobre 2001, la chambre sociale a posé le principe de portée générale selon lequel « *lorsqu'il existe un groupe de personnes morales ou physiques constitutif d'une seule entreprise, ce qui est le cas, en particulier, lorsqu'une unité économique et sociale est reconnue, le périmètre de réintégration d'un salarié protégé s'étend à toutes les personnes juridiques constituant ce groupe » (Cass. soc., 16 oct. 2001, n° 99-44.037, RJS 2001 n° 1446 : entreprise en liquidation judiciaire appartenant à une unité économique et sociale ; D. 2002 p. 770, obs. E. Peskine ; Cass. soc., 19 nov. 2008, n° 07-43.215).*

§ 2. L'INTERVENTION DU JUGE JUDICIAIRE

A. Le fondement de l'intervention du juge des référés

73.3.2.1. – Le licenciement, le transfert ou la mise à la retraite intervenant sans autorisation ont été qualifiés de « *voie de fait de l'employeur* » *(Cass. Ch. mixte, 25 oct. 1968, n° 66-60.054, Detœuf, Bull. Ch. mixte n° 1, 1968 p. 706)* qui justifie que soit ordonnée la remise des parties dans leur état antérieur sans examiner le fond du litige afin de faire cesser le trouble imputable à l'employeur *(Cass. soc., 14 juin 1972, n° 71-12.508, Bull. V n° 425)*.

Nécessairement, le licenciement, le transfert, la mise à la retraite ainsi que la rupture ou la cessation du contrat à durée déterminée intervenus en méconnaissance du statut protecteur présentent le caractère d'un trouble manifestement illicite.

Il en est ainsi également dans les cas :

- d'un délégué syndical dont la désignation a été contestée hors délai par l'employeur *(Cass. soc., 10 oct. 1990, n° 88-44.268, Bull. V n° 451, RJS 1990 n° 881)* ;
- d'un salarié mandaté pour conclure un accord de réduction du temps de travail *(Cass. soc., 19 févr. 2002, n° 01-40.527, Bull. V n° 71, RJS 2002 n° 593)* ;
- d'un délégué syndical alors même qu'il n'aurait plus exercé son mandat *(Cass. soc., 17 mars 1998, n° 95-42.536, Bull. V n° 144, RJS 1998 n° 612)* ;
- d'un délégué syndical dont le mandat a pris fin à la suite de la décision administrative supprimant le mandat de délégué syndical *(Cass. soc., 25 janv. 2006, n° 04-41.240, Bull. V n° 36, RJS 2006, n° 471)* ;
- d'un représentant de section syndicale, dont la désignation en cette qualité a été annulée postérieurement à la mise en œuvre de la procédure de licenciement (*Cass. soc. 2 juin 2016 n° 14-29.003, RJS 2016 n° 577)*.

Il en a été jugé également ainsi pour le transfert du contrat de travail d'une salariée membre du comité d'entreprise (CSE), intervenu sans autorisation de l'inspecteur du travail : dans ce cas, l'employeur ne peut utilement se prévaloir de la circonstance que l'inspecteur du travail a dépassé le délai de quinze jours prévu par les dispositions de l'article R. 2421-17 du Code du travail *(Cass. soc., 15 juin 2016, n° 15-13.232)*.

Sur le fondement du principe selon lequel il appartient au salarié qui se prévaut du statut protecteur lié à un mandat extérieur à l'entreprise d'établir qu'il a informé son employeur de l'existence de ce mandat au plus tard avant la notification de l'acte de rupture, ou que celui-ci en avait connaissance, il a en revanche été jugé que ne constitue pas un trouble manifestement illicite la rupture par l'employeur de la période d'essai d'un salarié protégé sans autorisation de l'inspecteur du travail dès lors que le salarié n'avait pas informé son employeur de son mandat de défenseur syndical et qu'il n'était pas établi que l'employeur en ait été informé, au jour de la notification de la rupture de la période d'essai, par les services régionaux du ministère du Travail *(Cass. soc., 16 janv. 2019, 17-27.685, B., RJS 2019 n° 169)*.

B. Les modalités de l'intervention du juge des référés

73.3.2.2. – Pour obtenir sa réintégration, le salarié a la possibilité, en cas de refus de l'employeur, de saisir la formation de référé du conseil de prud'hommes d'une demande de réintégration sur le fondement de l'article R. 1455-5 du Code du travail. Le salarié peut assortir sa demande de conclusions tendant à ce que :

- sa réintégration soit ordonnée sous astreinte ;
- son employeur soit condamné à lui verser ses salaires, l'obligation de paiement de ces derniers n'étant pas sérieusement contestable *(Cass. soc. 8 juill. 1997, n° 96-44.337 Bull. V n° 257, RJS 1997 n° 997)*.

Toutefois, le salarié peut, dans un premier temps, solliciter l'intervention de l'inspection du travail.

Le juge peut assortir son ordonnance d'une astreinte *(Cass. soc., 10 janv. 1989, n° 87-42.688, Bull. V n° 3 ; Cass. soc., 27 juill. 1997, n° 94-42.414, Bull. V n° 191 ; Cass. soc., 17 mars 1998, n° 95-42.536, Bull. V n° 144 ; Cass. soc., 11 mai 1999, n° 97-40.765, Bull. V n° 211)*.

Saisi d'une demande de liquidation de l'astreinte, le juge peut prendre en compte le fait que le salarié avait entendu différer sa réintégration jusqu'à la réalisation préalable par l'employeur de certaines conditions *(Cass. soc., 23 sept. 2008, n° 06-45.320, Bull. V n° 166, RJS 2008 n° 1213)*.

C. L'existence d'une contestation sérieuse

73.3.2.3. – Cette contestation peut résulter d'un litige :

- sur la qualité de salarié protégé *(Cass. soc., 30 mai 1990, n° 88-41.645, Bull. civ.V n° 257, RJS 1990 n° 596 ; Cass. soc., 8 juill. 1997, n° 96-44.337, Bull. V n° 257, RJS 1997 n° 997 ; Cass. soc., 11 oct. 2017, 16-11.048, B., RJS 2017 n° 809)* ;
- sur la rupture du contrat de travail *(Cass. soc., 21 avr. 1982, n° 81-10.824, Bull. V n° 251)* ;

– sur la validité d'une démission des fonctions représentatives *(Cass. soc., 10 oct. 1979, n° 78-12.899, Bull. V n° 709)*.

Le juge des référés peut estimer que la contestation n'est pas sérieuse et ordonner la réintégration *(Cass. soc., 3 déc. 1986, n° 85-45.054, Bull. V n° 570 : « Après avoir relevé que la société dans laquelle était employé un salarié titulaire de mandats représentatifs, était toujours en activité lors du licenciement de ce salarié, qu'elle avait continué celle-ci postérieurement et qu'une reprise du fonds était même envisagée, une cour d'appel décide à bon droit que n'était pas sérieuse la contestation de l'employeur opposée à la demande de réintégration en référé, présentée par le salarié, tirée du point de savoir si la fermeture définitive de l'entreprise était ou non acquise, en l'état de la décision du tribunal de commerce de fermer l'établissement définitivement, et tirée également d'une continuation irrégulière de l'exploitation »)*.

Cependant, même en présence d'une contestation sérieuse, le juge peut ordonner la réintégration ou faire cesser le trouble manifestement illicite sur le fondement des dispositions de l'article R. 1455-6 du Code du travail *(Cass. 1, 27 mars 1979, n° 78-11.328, Bull. I n° 103 ; Cass. soc., 10 janv. 1989, Sté Socochare, Bull. V n° 3 : le licenciement avait été notifié en dépit d'un refus opposé par l'administration ; Cass. soc., 23 oct. 2007, n° 06-44.438, Bull. V n° 174, RJS 2008 n° 51)*.

L'employeur ne peut faire état utilement des « *risques* » qui résulteraient de la réintégration *(Cass. soc., 13 mai 1981, n° 80-10.703, Bull. V n° 419 ; voir toutefois l'arrêt de la chambre sociale du 1er déc. 2021, n° 19-25.715, B., RJS 2022, n° 82, cf. n°* **77.2.4.8.4***)*.

D. L'obligation pour le juge de se déclarer compétent en cas de licenciement notifié en dépit du refus de l'administration

73.3.2.4. – Lorsque le licenciement est intervenu en dépit du refus opposé par l'administration, le juge des référés ne peut « *sans violer le principe de séparation des pouvoirs, remettre en cause le bien-fondé de la décision de refus d'autorisation de licenciement* (...) » et « *l'employeur avait l'obligation de réintégrer les salariés dont les contrats de travail n'avaient pas été valablement rompus de sorte que le refus opposé [par celui-ci] constituait un trouble manifestement illicite* » *(Cass. soc., 4 mars 1998, n° 96-44.704, RJS 1998 n° 495 ; Cass. soc., 16 oct. 2013, n° 12-30.101, RJS 2014 n° 59 : en l'espèce, le salarié avait demandé l'organisation d'élections et l'inspecteur du travail, en refusant l'autorisation de licenciement, avait reconnu la qualité de salarié protégé)*.

Il s'ensuit que le juge ne peut pas se déclarer incompétent pour ordonner la réintégration dès lors que le licenciement avait été refusé par l'inspecteur du travail *(Cass. soc., 26 avr. 1979, n° 78-11.327, Bull. V n° 364 ; Cass. soc., 26 juin 2001, n° 99-41.019, Bull. V n° 230, RJS 2001 n° 1158)*.

Le juge peut ordonner la réintégration sans avoir à apprécier ni le fond du litige *(Cass. soc., 27 mars 1979, n° 78-113328, Bull. I n° 103)*, ni le bien-fondé du refus opposé par l'administration *(Cass. soc., 11 mars 1982, n° 80-15.762, Bull. V n° 172)*.

E. Réintégration et autorisation délivrée postérieurement au licenciement

73.3.2.5. – La Cour de cassation a jugé que, même si l'administration autorise le licenciement, le salarié protégé est en droit d'obtenir sa réintégration dans l'entreprise « *la régularité du licenciement s'appréciant à la date à laquelle il a été notifié* » *(Cass. soc., 4 avr. 1995, n° 93-44.617, Dr soc 1995, p. 512)*.

F. L'absence de réintégration en dépit de l'intervention du juge

73.3.2.6. – Si, malgré l'intervention du juge des référés, l'employeur persiste à ne pas réintégrer le salarié, ce dernier peut prendre acte de la rupture de son contrat aux torts de l'employeur *(Cass. soc., 25 janv. 2006, n° 04-40.789, Bull. V n° 28, RJS 2006 n° 475, Rapport 2006 de la Cour de Cassation ; sur la prise d'acte, cf. n°* ***14.6.2.1****)*.

L'employeur doit établir que la réintégration a été effective et qu'il a mis « *en œuvre les conditions matérielles pour que le salarié soit en mesure d'occuper l'emploi proposé* » ; à défaut, lorsque le salarié a obtenu judiciairement sa réintégration et que l'employeur y fait obstacle en privant le salarié de travail, du matériel et de l'accès à l'entreprise, le licenciement prononcé en raison du refus du salarié de rejoindre son poste est illicite *(Cass. soc., 17 janv. 2018, n° 16-17.932, RJS 2018 n° 201)*.

§ 3. LE POSTE SUR LEQUEL LE SALARIÉ DOIT ÊTRE RÉINTÉGRÉ

A. Le principe : la réintégration sur l'emploi occupé antérieurement

73.3.3.1. – La réintégration doit avoir lieu dans le poste précédemment occupé en maintenant les conditions de travail antérieures *(Cass. soc., 10 juill. 1991, Bull. V n° 356 ; Cass. soc., 29 oct. 1998, n° 96-42.863, RJS 1998 n° 1514 ; Cass. soc., 11 déc. 2001, n° 99-42.586, Bull. V n° 378, RJS 2002 n° 198, obs. L. Millet, Dr ouvrier 2002 p. 125)*.

Le salarié doit « *être réintégré dans son emploi, peu important que celui-ci fût occupé par un autre salarié* » *(Cass. soc., 31 mai 1995, n° 93-46.189)*.

Il a été jugé que ne rendait pas la réintégration matériellement impossible le fait que l'emploi du salarié ait été modifié *(diminution de l'horaire de travail qui avait été refusée par le salarié : Cass. soc., 17 mars 1993, n° 90-43.819).*

S'agissant d'un salarié représentant du personnel placé par son employeur en « *dispense d'activité à durée indéterminée* », il a été jugé qu'il résultait des articles L. 1221-1 du Code du travail et 1134 du Code civil, dans sa rédaction antérieure à l'ordonnance n° 2016-131 du 10 février 2016, « *que la décision de justice ordonnant à l'employeur de proposer au salarié protégé un poste de travail correspondant à ses fonctions et à son statut, emporte pour le salarié le droit d'être réaffecté dans un emploi permettant l'exercice de ses mandats représentatifs* » *(Cass. soc., 7 juill. 2021, n° 20-10.832).*

Dans le cadre d'un litige concernant des salariés non protégés grévistes et licenciés en l'absence de faute lourde, la chambre sociale a jugé que l'impossibilité matérielle de les réintégrer n'était pas constituée par la circonstance que les postes des intéressés n'étaient plus vacants et que les salariés avaient retrouvé un emploi *(Cass. soc., 2 févr. 2005, n° 02-45.085, Bull. V n° 43, RJS 2005 n° 369).*

L'employeur doit justifier de la suppression du poste précédemment occupé par le salarié *(Cass. soc., 11 déc. 2001, n° 99-42.586, Bull. V n° 378, RJS 2002 n° 198, Dr ouvrier 2002 p. 125, obs. L. Millet ; Cass. soc., 25 juin 2008, n° 07-40.652, JCP S 2008 n° 41 p. 33, note J.-Y. Kerbourc'h).*

B. La réintégration après un refus d'autorisation faisant suite à une mutation

73.3.3.2. – Lorsque l'autorisation de licenciement, sollicitée en raison du refus du salarié d'accepter une mutation, a été refusée, l'employeur doit réintégrer le salarié dans son emploi initial ; le maintien par l'employeur de la mutation « *constitue un trouble manifestement illicite qu'il convenait de faire cesser par une mesure de remise en état* » ; en l'espèce, l'employeur justifiait le maintien de la mutation par la demande qui lui avait été adressée par l'administration de ne plus affecter le salarié au service mobile d'urgence et de réanimation où il était employé, la chambre sociale ayant relevé que n'était pas invoqué devant la cour d'appel un cas de force majeure *(Cass. soc., 3 févr. 1993, n° 89-40.042, Bull. V n° 41, RJS 1995 n° 291).*

C. L'exception : la réintégration sur un emploi équivalent

73.3.3.3. – À défaut de réintégration possible sur le poste de travail précédemment occupé, le juge impose à l'employeur de proposer au salarié un « *poste équivalent* » dans l'établissement où il exerçait son activité ou, à défaut, dans un autre établissement, voire, le cas échéant, dans une autre société du groupe, dans les situations suivantes :

- en cas de suppression du poste que le salarié occupait avant son licenciement *(Cass. soc., 13 juill. 1993, n° 90-41.279)* ou si l'emploi n'est pas vacant *(Cass. soc., 5 févr. 2014, n° 13-12.651)* ;
- en cas d'arrêt de l'activité à laquelle était occupé le salarié *(Cass. soc., 8 juill. 1997, n° 94-43.351, Bull. V n° 250, Dr soc 1997 p. 990 : la cessation de la publication de revues ne rend pas matériellement impossible la réintégration du directeur de publication dans un emploi équivalent)* ;
- en cas de cessation de l'activité de l'entreprise sur le site : ainsi, lorsque « *l'entreprise a pratiquement cessé son activité sur le site en cause* [où était occupé le salarié avant son licenciement irrégulier] » et qu'il n'existait aucun emploi correspondant à sa qualification : ces « *motifs… ne font pas apparaître que la réintégration était matériellement impossible* » *(Cass. soc., 13 déc. 1994, n° 92-42.454, Bull. V n° 341, et Cass. soc., 24 juin 1998 sur la même affaire sur le pourvoi formé contre l'arrêt de la cour d'appel de renvoi, RJS 1998 n° 1020)* ;
- en cas de destruction des locaux de l'entreprise par un incendie *(Cass. soc., 22 févr. 1995, n° 93-43.964)*.

Un emploi équivalent s'entend d'un emploi situé dans le même secteur géographique que l'emploi initial, comportant le même niveau de rémunération, la même qualification et les mêmes perspectives de carrière que l'emploi initial, et permettant l'exercice du mandat représentatif *(Cass. soc., 4 déc. 2013, n° 11-20.241, RJS 2014 n° 150 ; Cass. soc., 5 févr. 2014, n° 13-12.651)*.

§ 4. LA RÉINTÉGRATION EN CAS DE CHANGEMENT D'EMPLOYEUR

73.3.4.1. – En cas de transfert intervenu sans autorisation

La nullité du transfert opéré sans autorisation ouvre droit pour le salarié à sa réintégration dans son emploi aux mêmes conditions de travail et de rémunération, le contrat étant regardé comme n'ayant pas été transféré en l'absence d'autorisation *(Cass. soc., 6 avr. 2004, n° 02-41.953, RJS 2004 n° 831 ; Cass. crim., 22 nov. 2005, n° 04-87.021, Bull. crim. n° 306, Dr soc 2006, p. 693, obs. F. Duquesne)*.

Lorsque le transfert du contrat de travail est intervenu en application d'un accord collectif *(cf. n° **16.7.5.1**)*, la Cour de cassation reconnaît au salarié transféré sans autorisation le droit d'être réintégré dans son entreprise d'origine, dans son emploi « *aux mêmes conditions de travail et de rémunération* » *(Cass. soc., 20 nov. 2002, n° 00-44.498, Bull. V n° 349, RJS 2003 n° 216)*. Il en est de même lorsque seule une partie du contrat a fait l'objet du transfert sans autorisation *(Cass. soc., 28 mai 2003, n° 01-40.512, Bull. V n° 181, RJS 2003 n° 1037)*.

Le cessionnaire ne peut invoquer le défaut d'autorisation pour refuser d'employer le salarié dès lors qu'est caractérisé le transfert d'une entité économique autonome : le contrat de travail doit être regardé comme se poursuivant avec le cessionnaire même si l'inspecteur du travail n'a pas été saisi d'une demande d'autorisation de transfert. Le juge judiciaire peut condamner le cessionnaire pour licenciement sans cause réelle et sérieuse, alors même que le mandataire liquidateur a sollicité et obtenu de l'inspection du travail l'autorisation de licencier le salarié *(Cass. soc., 10 mai 2001, n° 99-41.391, Bull. V n° 162, RJS 2001 n° 1037)*.

73.3.4.2 – En cas de licenciement intervenu sans autorisation avant le changement d'employeur

En cas de changement d'employeur, la nullité du licenciement intervenu avant la cession entraîne la réintégration chez le nouvel employeur *(Cass. soc., 26 sept. 1990, n° 87-43.524, RJS 1990-842)*. Les salariés non repris par le repreneur peuvent demander à être réintégrés chez ce dernier, la décision de refus d'autorisation étant opposable à ce dernier *(Cass. soc., 14 déc. 1993, n° 91-44.080)*.

§ 5. LA SITUATION PARTICULIÈRE DES ENTREPRISES EN REDRESSEMENT OU EN LIQUIDATION JUDICIAIRE

73.3.5. – Les contrats de travail des salariés protégés dont le licenciement a été refusé par l'inspecteur du travail s'imposent de plein droit au repreneur *(Cass. soc., 28 mars 1989, n° 86-41.145 et n° 86-41.150, Bull. V n° 263)*. Il en est de même en ce qui concerne les salariés protégés dont les licenciements sont nuls pour avoir été prononcés :

– sans présentation d'une demande d'autorisation *(Cass. soc., 26 févr. 2003, n° 01-40.049, RJS 2003 n° 572 : en l'espèce, le licenciement avait été prononcé par l'administrateur judiciaire du cédant ; Cass. soc., 13 mai 2009, n° 07-44.671, RJS 2009 n° 645 ; Cass. soc., 27 mai 2009, n° 08-41.096, Bull. V n° 135, RJS 2009 n° 690 ; Cass. soc., 12 mai 2021, n° 19-19.454, RJS 2021 n° 380 : le plan de cession adopté par le tribunal de commerce ne prévoyait pas de licenciement pour motif économique et prévoyait seulement la reprise de salariés dont la liste était annexée et sur laquelle ne figurait pas le salarié protégé)* ;
– malgré un refus d'autorisation de l'inspecteur du travail *(Cass. soc., 26 juin 1991, n° 89-43.671)*.

Toutefois, il a été jugé que lorsque le salarié protégé licencié sans autorisation était affecté à une unité qui avait cessé toute activité à la suite de la liquidation judiciaire de l'entreprise, la réintégration était matériellement impossible alors même que d'autres unités de l'entreprise avaient été placées en location-gérance par le syndic chargé de la liquidation *(Cass. soc., 9 juill.1986, n° 84-44.430 et n° 84-44.446, Bull. V n° 368)*.

La disparition de l'entreprise, placée en liquidation judiciaire, peut rendre matériellement impossible la réintégration du salarié licencié sans autorisation *(Cass. soc., 20 juin 2006, n° 05-44.256, Bull. V n° 221).*

§ 6. LA RÉINTÉGRATION IMPOSSIBLE

73.3.6. – « *Le licenciement d'un salarié investi d'un mandat représentatif prononcé en violation du statut protecteur est atteint de nullité et ouvre droit, pour ce salarié, à sa réintégration, s'il l'a demandée ; que ce n'est qu'au cas où l'entreprise a disparu, ou celui où il existe une impossibilité absolue de réintégration, que l'employeur est libéré de son obligation » (Cass. soc., 24 juin 1998, n° 95-44.757, Bull. V n° 257 ; Cass. soc., 20 juin 2006, n° 05-44.256, JCP S 2006 n° 47 p. 25 note J.-Y. Kerbourc'h, Liquidation judiciaire de la société et disparition de la société).*

Le juge doit faire apparaître dans les motifs du jugement que la réintégration est matériellement impossible dans l'entreprise *(Cass. soc., 13 déc. 1994, n° 92-42.454, Bull. V n° 341 : la cour d'appel s'était bornée à relever que l'entreprise avait pratiquement cessé son activité sur le site en cause et qu'il n'existait aucun emploi correspondant à la qualification du salarié).*

La circonstance que le salarié fasse valoir ses droits à la retraite en cours d'instance a été jugée comme rendant la réintégration du salarié impossible dans le cas où le salarié, licencié en violation du statut protecteur avait saisi le juge d'une demande au titre de la nullité de son licenciement et d'une demande de réintégration. Dans ce cas, le salarié a droit au titre de la violation du statut protecteur à la rémunération qu'il aurait perçue depuis la date de son éviction jusqu'à celle de son départ à la retraite *(Cass. soc., 13 févr. 2019, n° 16-25.764 B., RJS 2019 n° 234 ; Cass. soc., 21 sept. 2022, n° 21-13.552, B., RJS 2022 n° 623).*

§ 7. DEMANDE DE RÉINTÉGRATION ET TRANSACTION

A. La transaction conclue avant la réintégration

73.3.7.1. – La jurisprudence a posé la règle selon laquelle la transaction ne peut être valablement conclue que postérieurement au prononcé du licenciement *(cf. n° **17.5**)*. Était donc soulevée la question de la validité d'une transaction conclue postérieurement à la notification du licenciement d'un salarié protégé en l'absence d'autorisation.

La chambre sociale a posé le principe que toute transaction conclue est nulle quelle que soit la date à laquelle elle est signée, y compris postérieurement à la notification du licenciement, dès lors que cette notification, faite sans autorisation, est nulle *(Cass. soc., 16 mars 2005, n° 02-45.293, Bull. V n° 98, Rapport 2005 de la Cour de cassation p. 260 : en l'espèce, la date de la conclusion de la transaction était incertaine).*

B. La transaction conclue après la réintégration

73.3.7.2. – Il a été jugé par la Cour de cassation que « *lorsque le salarié protégé, qui a fait l'objet d'un licenciement sans autorisation administrative,* ***a obtenu sa réintégration****, le contrat de travail se poursuit et il ne peut pas faire l'objet d'une résiliation amiable* » ; l'acte qualifié de transaction « *qui avait pour objet de résilier le contrat de travail* » est alors nul *(Cass. soc., 3 avr. 2001, n° 98-46.419, Bull. V n° 118, RJS 2001 n° 764)*.

Toutefois, il a été admis, dans un cas d'espèce particulier, que « *le droit à réintégration avait été définitivement éteint par la transaction conclue entre l'employeur et le salarié irrégulièrement licencié en vue de réparer tant les conséquences du licenciement lui-même que celles de son irrégularité* » *(Cass. crim., 3 mai 1994, n° 91-86.047, RJS 1994 n° 1010 et solution dans le même sens et sur la même affaire : Cass. crim., 4 févr. 1992, n° 90-82.330, Bull. crim. n° 50, RJS 1992 n° 1129 ; Cass. soc., 10 janv. 1995, n° 90-42.943, RJS 1995 n° 137)*. En l'espèce, le salarié avait été réintégré dans l'entreprise à deux reprises à la suite de l'annulation de chacune des deux décisions d'autorisation accordées à son employeur et avait conclu, postérieurement à sa seconde réintégration, une transaction avant d'accepter son licenciement, intervenant sans autorisation. Cette transaction avait été complétée par un accord transactionnel postérieur au licenciement et précédant de quelques semaines la demande de réintégration présentée devant le juge. La chambre criminelle avait jugé que « *si un tel accord n'est pas une cause justificative de la méconnaissance de dispositions d'ordre public et ne fait pas obstacle à ce que l'employeur puisse être poursuivi pour l'atteinte aux fonctions des délégués du personnel résultant de l'inobservation de la procédure de licenciement, il interdit toutefois au salarié qui a, comme en l'espèce, accepté et obtenu la réparation indemnitaire tant des conséquences du licenciement lui-même que de celles résultant de son irrégularité, de poursuivre le chef d'entreprise pour avoir refusé une demande de réintégration qui ne pouvant se cumuler avec la réparation déjà allouée, était nécessairement exclue par l'effet de l'accord* » *(Cass. crim., 4 févr. 1992, n° 90-82.330, Bull. crim. n° 50, RJS 1992 n° 1129)*.

§ 8. LA DEMANDE D'AUTORISATION DE LICENCIEMENT POSTÉRIEURE À LA RÉINTÉGRATION

A. La possibilité de présenter une demande d'autorisation

73.3.8.1. – Elle est admise dès lors que le salarié n'a pas renoncé à son droit à réintégration *(CE, 19 juin 1996, n° 139.752, Sté Cannes Balnéaire, Rec. p. 1190, RJS 1996 n° 945)*.

Si, en revanche, l'intéressé a renoncé à ce droit, le contrat doit être considéré comme ayant été rompu, ce qui fait obstacle à ce que l'administration puisse accorder l'autorisation.

Dans le cas d'une réintégration judiciaire ordonnée à tort dans le cadre d'une prise d'acte de la rupture par le salarié (la prise d'acte entraînant la rupture immédiate du contrat de travail), ne pouvant être rétractée et ne permettant pas au salarié de demander sa réintégration *(cf. n°* ***73.3.1.2****)*, la chambre sociale a confirmé l'arrêt de la cour d'appel jugeant que cette réintégration n'a pas eu pour effet de créer de nouvelles relations contractuelles entre les parties. Ainsi, l'employeur, après l'annulation de la décision judiciaire de réintégration, est fondé à considérer qu'il avait été mis fin aux fonctions de la salariée sans qu'il soit besoin d'une procédure de licenciement *(Cass. soc. 11 juill. 2016 n° 14-29.094, B., RJS 2016 n° 642)*.

B. La justification de la demande d'autorisation de licenciement pour motif économique et l'indisponibilité du poste précédemment occupé

73.3.8.2. – Le juge administratif a estimé que le fait que le poste précédemment occupé par le salarié n'était plus disponible et qu'aucun autre emploi n'était vacant, ne pouvait justifier le licenciement : « *Le fait qu'un salarié, irrégulièrement licencié, a été réintégré ne fait pas obstacle, par lui-même, à ce que l'employeur demande ultérieurement l'autorisation de le licencier pour motif économique ; qu'un tel motif ne peut, toutefois, être tiré, en l'espèce, de ce que l'emploi précédemment occupé par M. A. n'était plus disponible au moment de sa réintégration et de ce qu'il a refusé d'occuper un emploi de représentant commercial, qui n'était pas équivalent à son emploi initial ; que, si la SA Graines Gondian soutient qu'aucun autre emploi n'était vacant, elle ne justifie pas que la réintégration de M. A. était de nature à entraîner pour elle des difficultés économiques de nature à justifier un licenciement* » *(CE, 30 oct. 1995, n° 150.243, SA Graines Gondian, RJS 1996 n° 44)*.

La même position avait été retenue par la Cour de cassation *(Cass. soc., 31 mai 1995, n° 93-46.189)*.

C. Le refus opposé par le salarié d'occuper un emploi équivalent

73.3.8.3. – Le Conseil d'État a estimé que le salarié, licencié en dépit d'un refus d'autorisation puis réintégré dans l'entreprise, avait commis une faute d'une gravité suffisante en refusant d'occuper l'emploi « *équivalent… tant au plan de la rémunération qu'au plan des responsabilités* » qui lui était proposé *(CE, 10 févr. 1978, n° 95.006, Ministre de l'Agriculture et Galy, Rec. p. 63)*.

Cette jurisprudence a été abandonnée *(cf. n°* ***411.4.1.6.3****)*. En tout état de cause, dès lors que la réintégration est un droit pour le salarié et non une obligation, un éventuel refus ne pourrait avoir une incidence que sur le montant de l'indemnisation *(Cass. soc., 30 nov. 1999, n° 97-41690,*

Bull. V n° 465 : « il appartient à l'employeur, qui estime que c'est le salarié qui a refusé d'être réintégré dans son emploi bien qu'il l'ait demandé, de l'établir »).

SECTION 4

La réintégration dans les fonctions représentatives

§ 1. LES RÈGLES GÉNÉRALES

73.4.1. – Il convient de s'inspirer des règles relatives à la réintégration après une annulation d'une décision d'autorisation *(cf. n°* ***77.3.1. et s.****)*. Plusieurs situations sont à envisager dès lors que le salarié est réintégré dans l'entreprise :

– le salarié est un élu du personnel et l'institution à laquelle il appartient n'a pas été renouvelée : le salarié est alors rétabli dans ses fonctions ;
– le salarié est un élu du personnel et l'institution à laquelle il appartient a été renouvelée : par transposition de la règle prévue par l'article L. 2422-2 du Code du travail en cas d'annulation d'une autorisation, le salarié doit bénéficier, selon nous, de la protection pendant une période de six mois à compter du jour où il retrouve sa place dans l'entreprise *(cf., en cas de réintégration consécutive à l'annulation de l'autorisation, n°* ***77.3.1****)* ;
– dans le cas du délégué syndical, il a été jugé que sa réintégration n'entraînait pas de plein droit la réintégration du salarié dans son mandat *(TA Versailles, 9 oct. 1997, n° 97.161, Mme Toutain, Rec. p. 1105 ; cf., en cas de réintégration consécutive à l'annulation de l'autorisation, n°* ***77.3.2****)*.

Dès lors que le salarié est en instance de réintégration, il peut être désigné comme délégué syndical *(Cass. soc., 17 juill. 1996, n° 95-60.896, Bull. V n° 295, Dr soc 1996 p. 1107)*.

§ 2. L'ACQUISITION D'UN NOUVEAU MANDAT

73.4.2. – Dès lors que le licenciement ou la mise à la retraite sans autorisation est nul et de nul effet, le salarié peut acquérir valablement un nouveau mandat *(Cass. soc., 30 nov. 2004, n° 03-40.604, Bull. V n° 310, RJS 2005 n° 180)*.

SECTION 5

L'indemnisation du dommage subi par le salarié en cas de cessation des relations contractuelles sans autorisation

Plan de la section

§ 1. LE PRINCIPE DE L'INDEMNISATION DU PRÉJUDICE SUBI

73.5.1. – C'est par la voie jurisprudentielle que fut reconnu le droit du salarié protégé à obtenir réparation du préjudice subi en se fondant sur l'idée selon laquelle la base de calcul de l'indemnité est constituée par le montant des avantages directs et indirects que le salarié aurait reçus si l'employeur avait exécuté son obligation de fournir le travail convenu, jusqu'à l'expiration de la période de protection *(Cass. soc., 27 mai 1970, n° 69-40.070, Bull. n° 362, Dr soc 1971, p. 130 ; Cass. soc., 12 févr. 1991, n° 88-41.339, Bull. V n° 64, RJS 1991 n° 352 ; chron. J. Savatier RJS 1991 p. 67 ; Dr soc 1990 p. 794 ; cf. chron. J.-Y. Frouin, « L'indemnisation des salariés protégés licenciés sans autorisation », RJS 2001 p. 842 ; L. Millet, « Les indemnités dues aux représentants du personnel licencié sans autorisation administrative », Dr soc 2001 p. 1053 ; J. Mouly, « Quelle indemnisation pour les salariés protégés irrégulièrement licenciés », Dr. soc. 2009 p. 1204).*

Cette indemnisation peut également bénéficier, en cas de décès du salarié en cours d'instance, à ses ayants droit.

L'obtention ultérieure par l'employeur d'une autorisation administrative est sans effet sur le licenciement déjà prononcé et sur le droit du salarié à être indemnisé du préjudice subi *(Cass. soc., 1er juin 1994, n° 92-45.175, Dr soc 1994 p. 810).*

Saisie d'une question prioritaire de constitutionnalité, la chambre sociale a jugé que les dispositions relatives à la protection des salariés investis de fonctions représentatives, telles qu'interprétées, « *ont pour objet d'assurer l'effectivité du principe de participation instauré par l'alinéa 8 du préambule de la Constitution du 27 octobre 1946 en garantissant l'indemnisation du préjudice subi du fait d'un licenciement sans autorisation administrative, sans porter une atteinte disproportionnée à la liberté d'entreprendre* ». D'autre part, elle a écarté le grief tiré de la méconnaissance du principe d'égalité, selon lequel d'autres salariés bénéficiant d'une protection spécifique (les salariés victimes d'accident du travail et de maladie professionnelle) ne bénéficient pas du versement des rémunérations pendant la période de protection, en jugeant que « *le salarié investi d'un mandat représentatif du personnel n'est pas dans la même situation que le salarié dont le contrat de travail est suspendu par suite d'un accident du travail ou d'une maladie professionnelle » (Cass. soc., 22 mars 2017, n° 17-40.001 QPC, RJS 2017 n° 418).*

Les règles d'indemnisation fixées par la jurisprudence en cas de rupture ou de transfert du contrat de travail intervenus en méconnaissance du statut protecteur sont distinctes de celles applicables en cas d'annulation de la décision administrative l'ayant autorisé *(Cass. soc., 6 avr. 1994, n° 92-42.395, Bull. V n° 133, cf. n°* ***77.5.1 et s.****)*.

Plusieurs situations sont à envisager selon que le salarié a été ou non réintégré.

§ 2. L'INDEMNISATION DU SALARIÉ AYANT ÉTÉ RÉINTÉGRÉ

A. Le principe

73.5.2.1. – Le salarié réintégré doit être indemnisé du préjudice subi du fait du licenciement intervenu sans autorisation : l'employeur doit lui verser une indemnisation compensant sa perte de rémunération **entre la date de la rupture, et non celle de la fin du préavis** *(Cass. soc., 10 mai 2006, n° 04-40.901, Bull. V n° 173, RJS 2006 n° 865, JCP S 2006 n° 28 p. 32 note J.-Y. Kerbourc'h)*, **et la date de sa réintégration** *(Cass. soc., 17 oct. 1989, n° 87-41.174, Bull. V n° 596, RJS n° 947 ; Cass. soc., 4 juill. 1989, n° 87-45.198, Bull. V n° 498 ; Cass. soc., 24 sept. 2002, n° 00-44.018)*.

En outre, si le salarié ne peut prétendre aux indemnités de rupture *(Cass. soc., 28 avr. 2006, n° 03-45.912, RJS 2006 n° 864)*, il peut en revanche demander l'indemnisation de tous autres chefs de préjudice subi *(Cass. soc., 12 févr. 1991, n° 88-41.339, Bull. V n° 64)*.

B. La condition tenant au délai dans lequel doit être présentée la demande de réintégration

1. Principe

73.5.2.2.1. – Pour éviter que la durée de la période d'indemnisation ne soit prolongée du seul fait du comportement du salarié, la jurisprudence subordonne le droit à réparation **au fait que la demande de réintégration soit présentée pendant la période de protection** *(Cass. soc., 10 déc. 1997, n° 94-45.254, Bull. V n° 431, RJS 1998 n° 71 ; Cass. soc., 24 sept. 2002, n° 00-44.018 ; Cass. soc., 16 déc. 2014, n° 13-15.081, Bull. V n° 290, RJS 2015 n° 117)*.

Cette période inclut la période de protection prévue par la loi pour une durée limitée à compter de la cessation des fonctions représentatives.

Si la demande de réintégration n'est présentée qu'après l'expiration de la période de protection, le salarié ne peut alors prétendre qu'à l'indemnité correspondant au préjudice subi *(Cass. soc., 26 mars 2013, n° 11-27.964 et*

11-27.996, Bull. V n° 83, RJS 2013 n° 468, note B. Gauriau, Dr soc. 2014, p. 44, note T. Lahalle, JCP S 2013, 1254, ; chron. J. Mouly, « L'indemnisation des salariés protégés irrégulièrement licenciés », Dr soc 2014 p. 729).

2. *L'atténuation du principe*

73.5.2.2.2. – La Cour de cassation a atténué la portée de cette règle : elle admet le droit à indemnisation « *alors que la demande de réintégration est formulée par le salarié après l'expiration de la période de protection pour des raisons qui ne lui sont pas imputables » (Cass. soc., 30 nov. 1999, n° 97-41.690, Bull. V n° 465, RJS 2000 n° 72 : en l'espèce, la demande de réintégration avait été présentée après l'arrêt de la cour d'appel déclarant que le salarié bénéficiait de la qualité de salarié protégé ; Cass. soc., 11 déc. 2001, n° 99-42.476, Bull. V n° 381, RJS 2002 n° 200).*

Dans l'hypothèse où la demande de réintégration est formulée après l'expiration de la période de protection en cours pour des raisons qui ne sont pas imputables au salarié, il a été jugé que le salarié qui présente de façon abusivement tardive sa demande de réintégration, n'a droit, au titre de la violation du statut protecteur, qu'à la rémunération qu'il aurait perçue du jour de la demande de réintégration à celui de sa réintégration effective *(Cass. soc. 7 nov. 2018 n° 17-14.716, B., RJS 2019 n° 38* : jugeant que le salarié qui avait attendu quatre années après son licenciement pour solliciter sa réintégration « *avait abusivement tardé à demander sa réintégration postérieurement à l'expiration de la période de protection* », ce dont la cour d'appel aurait dû déduire « *qu'il était en droit de percevoir la rémunération dont il aurait bénéficié de la date de sa demande de réintégration jusqu'à sa réintégration effective, somme qui n'était pas contestée par l'employeur »).*

3. *La situation du conseiller du salarié*

73.5.2.2.3. – S'agissant des conseillers du salarié, il a été jugé que *« la liste des conseillers du salarié étant soumise à révision tous les trois ans, le salarié licencié sans autorisation administrative alors qu'il est inscrit sur cette liste doit, pour pouvoir prétendre au paiement d'une indemnité égale au montant des salaires dus jusqu'à sa réintégration effective, demander cette réintégration avant le terme de la période triennale en cours au jour du licenciement, ou dans les douze mois qui suivent son éviction de l'entreprise, lorsque les fonctions de conseiller du salarié ont été exercées pendant un an au moins » (Cass. soc., 19 juin 2007, n° 05-46.017, Bull. V n° 106, RJS 2007 n° 933 ; F. Duquesne, « La période triennale de mission du conseiller du salarié », RJS 2007 p. 933, note C. Verdin, Dr ouvrier 2008 p. 80).*

C. L'indemnité due au titre de la méconnaissance du statut protecteur

1. Règles générales

73.5.2.3.1. – Cette indemnité est égale à la rémunération que le salarié aurait perçue **depuis la date de son éviction jusqu'à la fin de la période de protection, quel que soit le motif du licenciement** *(Cass. soc., 21 nov. 1990, n° 89-10.124, Bull. V n° 583, RJS 1991 n° 57 ; Cass. soc., 8 juin 1999, n° 97-41.498, Bull. V n° 267).*

Dans un cas où l'employeur avait dispensé le salarié d'effectuer son préavis mais n'avait pas formé devant la juridiction judiciaire de demande de restitution de l'indemnité compensatrice de préavis, le point de départ de l'indemnité est la date du licenciement *(Cass. soc., 9 juin 2021, n° 19-15.593, B., RJS 2021 n° 472).*

2. La nature de l'indemnité

73.5.2.3.2. – L'indemnisation a pour objet de sanctionner la méconnaissance par l'employeur du statut protecteur, et non de réparer le préjudice réellement subi par le salarié protégé *(Cass. soc., 25 nov. 1997, n° 94-43.651, Bull. V n° 405, Dr soc 1998 p. 91, RJS 1998 n° 71 ; cf. J. Mouly, « Quelle indemnisation pour les salariés protégés irrégulièrement licenciés », Dr. soc. 2009 p. 1204).*

Elle a la nature d'une peine privée et présente donc un caractère forfaitaire. Il s'ensuit que :

– les salaires perdus pendant la période de protection doivent être versés, quelle que soit la gravité de la faute que le salarié a pu commettre *(Cass. soc., 10 juill. 1990, n° 86-43.699, Bull. civ.V n° 362, RJS n° 794, Dr soc p. 797 et commentaire H. Marie)* ou du motif allégué *(Cass. soc., 6 avr. 1994, n° 92-42.395, Bull. V n° 133, RJS n° 573 : insuffisance professionnelle)* ;

– l'indemnité étant indépendante de la réalité du préjudice subi, le juge du fond n'est pas tenu de rechercher la matérialité de celui-ci *(Cass. soc., 15 nov. 1994, n° 91-43.976, RJS 1994 n° 1402)* ;

– l'indemnité doit être versée pour l'ensemble de la période définie ci-dessus *(n° **73.5.2.2.1**)* alors même que le salarié aurait retrouvé un nouvel emploi pendant cette période *(Cass. soc., 25 nov. 1997, n° 94-43.651, Bull. V n° 405, obs. M. Cohen Dr soc 1998 p. 91, RJS 1998 n° 71).*

En outre, il a été jugé que l'indemnité pour violation du statut protecteur, qui n'est pas au nombre des indemnités non imposables au titre de l'impôt sur le revenu des personnes physiques limitativement énumérées par l'article 80 duodecies du Code général des impôts, est soumise aux cotisations sociales et d'assurance chômage en application de l'article L. 242-1 du Code de la sécurité sociale *(Cass. soc., 21 nov. 2018, n° 17-15.874, RJS 2019 n° 114).*

3. *Période prise en compte*

73.5.2.3.3. – L'indemnité allouée par le juge ne peut être limitée :

- ni à la durée de la période de protection du salarié *(Cass. soc., 10 déc. 1997, n° 94-45.254, Bull. V n° 431, RJS 1998 n° 71)* : alors même que le salarié a cessé d'être protégé à la date de sa réintégration, l'indemnité qui doit lui être allouée correspond au salaire qu'il aurait reçu entre son licenciement et sa réintégration ;
- ni à la durée du contrat à durée déterminée *(Cass. soc., 12 juin 2013, n° 12.-17.273, Bull. V n° 153, RJS 2013 n° 625)* ;
- ni à la période comprise entre le licenciement et la date à laquelle a été arrêtée l'exécution provisoire de l'ordonnance imposant la réintégration *(Cass. soc., 24 sept. 2002, n° 00-44.018, RJS 2002 n° 1415)* ;
- ni par le seul fait que le salarié serait susceptible de partir à la retraite pendant la période d'indemnisation *(Cass. soc., 25 sept. 2019, n° 18-15.952, RJS 2020 n° 36).*

Le salarié protégé en contrat saisonnier dont le contrat a été rompu en méconnaissance du statut protecteur et qui a été réintégré après requalification de son contrat de travail à durée indéterminée a droit, outre l'indemnité précitée, à une indemnisation au titre des périodes non travaillées entre deux saisons s'il s'est tenu à disposition de l'entreprise pour effectuer un travail *(Cass. soc., 7 juill. 2010, n° 08-40.893, RJS 2010 n° 835).*

4. *Montant de l'indemnité*

73.5.2.3.4. – Doit être retenu le montant de la rémunération avant précompte des cotisations sociales et des impositions de toute nature à la charge du salarié *(Cass. soc., 7 juin 2005, n° 03-44.969, Bull. V n° 191, RJS 2005 n° 870, D. 2005 p. 1733).* L'indemnité est soumise aux cotisations de sécurité sociale *(Cass. 2e, 12 févr. 2015, n° 14-10.886, Bull. 2015, II, n° 27).*

Dans la mesure où la rémunération que le salarié aurait perçue entre la rupture de son contrat et sa réintégration constitue la sanction de la méconnaissance du statut protecteur, il n'y a pas lieu de déduire de cette indemnisation les sommes perçues au titre :

- des salaires perçus pendant la période *(Cass. soc., 11 janvier 2007, n° 05-45.682 ; Cass. soc., 2 juin 2010, n° 08-43.277, RJS 2010 n° 685 ; Cass. soc., 9 juill. 2014, n° 13-16.434 et 13-16.805, Bull. V n° 186, RJS 2014 n° 793)* ;
- de l'assurance chômage *(Cass. soc., 9 mars 1989, n° 87-18.177, Bull. V n° 198 ; Cass. soc., 10 juill. 1990, n° 87-44. 981, Bull. V n° 362,*

RJS 1990 n° 794 ; Cass. soc., 2 juin 2010, n° 08-43.277, RJS 2010 n° 685 ; Cass. soc., 9 juill. 2014, n° 13-16.434 et 13-16.805, Bull. V n° 186, RJS 2014 n° 793) ;

- de l'assurance maladie *(Cass. soc., 3 mai 2001, n° 99-43.815)* ;
- de la retraite *(Cass. soc., 10 déc. 2003, n° 01-43.876, Bull. V n° 314, RJS 2004 n° 234)* ;
- des sommes versées par des tiers *(Cass. soc., 10 oct. 2006, n° 04-47.623, Bull. V n° 297, RJS 2006 n° 1296, JCP S 2006 n° 50 p. 21, note J.-Y. Kerbourc'h)*.

Lorsque le salarié protégé a été en arrêt de travail pour maladie pendant la période d'éviction, la rémunération à prendre en considération pour le calcul de l'indemnité due au titre de la violation du statut protecteur est le salaire moyen des douze derniers mois perçu avant l'arrêt de travail, en incluant les commissions *(Cass. soc., 1er juin 2023, n° 21-21191, B., RJS 2023 n° 430)*.

Dès lors que l'indemnisation due aux représentants du personnel licenciés en méconnaissance du statut protecteur est prévue par le Code du travail, il avait été jugé que les sommes dues au salarié sont garanties par l'AGS dans la limite de treize fois le plafond mensuel retenu pour le calcul des contributions du régime d'assurance chômage *(Cass. soc., 3 avr. 2001, n° 99-40.758, Bull. V n° 120, RJS 2001 n° 746, Dr soc 2001, p. 674)*. Les règles relatives au plafond de garantie ont été modifiées par le décret n° 2003-684 du 24 juillet 2003 *(C. trav., art. D. 3253-5)*.

5. *Droit aux congés payés*

73.5.2.3.5. – La chambre sociale jugeait que, du fait de son caractère forfaitaire, le salarié ne pouvait prétendre au paiement des congés payés afférents *(Cass. soc., 30 juin 2016, n° 15-12.984, RJS 2016 n° 712 ; Cass. soc., 21 nov. 2018, n° 17-15.874, RJS 2019 n° 114)*. Cette jurisprudence a été abandonnée *(Cass. soc., 21 sept. 2022, n° 21-13.552, B., RJS 2023 n° 623 : « la période comprise entre la date du licenciement illégal et la date de la réintégration du travailleur dans son emploi, conformément au droit national, à la suite de l'annulation de ce licenciement par une décision judiciaire, doit être assimilée à une période de travail effectif aux fins de la détermination des droits au congé annuel payé »)*. Toutefois, dans l'hypothèse où le salarié a occupé un autre emploi avant sa réintégration, il ne saurait toutefois prétendre, à l'égard de son employeur, aux droits au congé annuel correspondant à la période pendant laquelle il a occupé un autre emploi.

6. *Allocations d'assurance chômage*

73.5.2.3.6. – Dans ses rapports avec l'organisme d'assurance chômage, le salarié dont le licenciement est nul pour avoir été prononcé sans autorisation administrative ou malgré un refus d'autorisation, n'est pas fondé à cumuler les allocations de chômage avec ses rémunérations ou une indemnité équivalente à celles-ci *(Cass. soc., 19 nov. 2014, n° 13-23.643, Bull. V n° 268, Rapport 2014 de la Cour de cassation, RJS 2015 n° 122).*

§ 3. L'INDEMNISATION DU SALARIÉ N'AYANT PAS ÉTÉ RÉINTÉGRÉ

Plan du paragraphe

A. Le principe

73.5.3.1. – Le salarié protégé qui a été licencié sans autorisation et qui ne demande pas sa réintégration a le droit d'obtenir les trois indemnités suivantes :

– une indemnité au titre de la méconnaissance du statut protecteur ;
– les indemnités de rupture ;
– des dommages-intérêts prévus en cas de licenciement sans cause réelle et sérieuse *(Cass. soc., 10 juill. 1990, n° 87-44.981, Bull. V n° 362, Dr soc 1990.794, note H. Marie).*

Il en est de même du salarié qui a demandé sa réintégration et n'a pu l'obtenir *(Cass. soc., 30 nov. 1999, n° 97-41.690, Bull. V n° 465, RJS 2000 n° 72).*

Toutefois, est soumise à des règles spécifiques l'indemnisation du préjudice subi par le salarié ayant obtenu judiciairement sa réintégration mais non réintégré *(cf. n°* **73.5.3.4***).*

Les conséquences, en matière d'indemnisation, de la résiliation judiciaire du contrat de travail prononcée aux torts de l'employeur, d'une part, et de la prise d'acte justifiée de la rupture du contrat de travail, d'autre part, sont examinées respectivement aux n° **14.5.5.2** et **14.6.2.3**.

Cas de figure	**Indemnités auxquelles peut prétendre le salarié licencié sans autorisation et non réintégré**		
	Indemnité au titre de la méconnaissance du statut protecteur	**Indemnité de licenciement et de préavis**	**Dommages-intérêts pour licenciement sans cause réelle et sérieuse**
Licenciement ne reposant pas sur une cause réelle et sérieuse	OUI	OUI	OUI
Licenciement reposant sur une cause réelle et sérieuse	OUI	OUI	OUI
Licenciement justifié par une faute grave	OUI	OUI	OUI

B. L'indemnité due à raison de la méconnaissance du statut protecteur : généralités

1. *Règles générales*

73.5.3.2.1. – Cette indemnité est égale à la rémunération que le salarié aurait perçue **depuis la date de son éviction jusqu'à la fin de la période de protection, quel que soit le motif du licenciement** *(Cass. soc., 21 nov. 1990, n° 89-10.124, Bull. civ. V n° 583, RJS n° 57 ; Cass. soc., 10 mai 2006, n° 04-40.901, Bull. V n° 173, JCP S. n° 28, 11 juill. 2006, 1569, note J.-Y. Kerbourc'h).*

Le salarié qui ne demande pas sa réintégration peut prétendre :

– soit à cette indemnité forfaitaire s'il présente sa demande d'indemnisation avant la date de la fin de la période de protection *(Cass. soc., 18 sept. 2019, 18-15.765, B.)* ;

– soit à une indemnité dont le montant est fixé par le juge en fonction du préjudice subi dès lors que la demande est présentée après l'expiration de protection sans justifier de motifs qui ne lui soient pas imputables *(Cass. soc., 11 juin 2013, n° 12-12.738, Bull. V n° 150, RJS 2013 n° 622).*

2. *La nature de l'indemnité*

73.5.3.2.2. – Elle a la nature d'une peine privée et présente donc un caractère forfaitaire.

Il en résulte que :

– l'indemnité doit être versée pour l'ensemble de la période définie ci-dessus alors même que le salarié aurait retrouvé un nouvel

emploi pendant cette période *(Cass. soc., 25 nov. 1997, n° 94-43.651, Bull. V n° 405, Dr soc 1998 p. 91 obs. M. Cohen, RJS 1998 n° 71)* ;
- le juge ne peut limiter l'indemnité aux rémunérations que le salarié devait percevoir entre son éviction et la date à laquelle son employeur lui a proposé de le réintégrer « *peu important que le salarié ne soit pas resté à la disposition de son employeur* » *(Cass. soc., 23 mai 2000, n° 97-42.145, Bull. V n° 202, RJS 2000 n° 825 ; Cass. soc., 17 oct. 2006 n° 05-40.769)* ;
- le juge ne peut limiter l'indemnité aux rémunérations dues jusqu'à la date à laquelle le salarié a refusé la proposition de réintégration *(Cass. soc., 28 mars 2000, n° 97-44.373, Bull. V n° 134, Dr soc 2000 p. 658, RJS 2000 n° 567, commentaire B. Boubli, Sem. soc. Lamy n° 978, 25 avr. 2000)* alors que la solution contraire avait été retenue antérieurement *(Cass. soc., 4 juill. 1989, n° 87-41.053, Bull. V n° 497)*. Le refus de réintégration par le salarié est donc sans effet sur la durée de la période prise en compte pour l'indemnisation.

La chambre sociale jugeait que, du fait de son caractère forfaitaire, le salarié ne pouvait prétendre au paiement des congés payés afférents *(Cass. soc., 30 juin 2016, n° 15-12.984, RJS 2016 n° 712 ; Cass. soc., 21 nov. 2018, n° 17-15.874, RJS 2019 n° 114)*. Cette jurisprudence a été abandonnée *(Cass. soc., 21 sept. 2022, n° 21-13.552, B., RJS 2023 n° 623)*. Toutefois, dans l'hypothèse où le salarié a occupé un autre emploi il ne saurait prétendre, à l'égard de son employeur, aux droits au congé annuel correspondant à la période pendant laquelle il a occupé un autre emploi *(même arrêt)*.

3. Le point de départ de la période

73.5.3.2.3. – Le point de départ de la période est la date de la rupture et non la date à laquelle le préavis aurait expiré *(Cass. soc., 10 mai 2006, n° 04-40.901, Bull. V n° 173, RJS 2006 n° 865, JCP S 2006 n° 28 p. 32, note J.-Y. Kerbourc'h ; Cass. soc. 16 janv. 2019, 17-20.031, RJS 2019 n° 235)*.

4. La durée de la période d'indemnisation

73.5.3.2.4. – Est prise en compte la période de protection résultant du seul mandat en cours à la date de la rupture *(Cass. soc., 2 mai 2001, n° 98-46.319, Bull. V n° 147, Dr. soc. 2001 p. 774, obs. J. Savatier)*.

La durée de la période de protection est fixée par le Code du travail *(cf.* ***annexes A et B****)*.

La sanction de la méconnaissance du statut protecteur doit être égale au moins au montant des salaires dont le salarié a été privé depuis la date de son éviction jusqu'à la fin de la période de protection qui expire la dernière *(Cass. soc., 3 mai 2007, n° 05-43.863, Bull. V n° 67, JCP S 2007 n° 27 p. 27 note B. Gauriau)*.

La chambre sociale a toutefois entendu fixer une limite maximale : par deux arrêts du 15 avril 2015 publiés au rapport annuel 2015 de la Cour de cassation, la chambre sociale a décidé que « *le délégué du personnel qui ne demande pas la poursuite du contrat de travail illégalement rompu* » (*Cass. soc., 15 avr. 2015, 13-24.182 Bull. civ., V, n° 86, D. 2015. 1384, chron. N. Sabotier*) ou « *dont la prise d'acte produit les effets d'un licenciement nul lorsque les faits invoqués la justifiaient* » *(Cass. soc., n° 13-27.211 Bull civ., V, n° 87, RJS 2015 n° 504, D. 2015. 1384, chron. N. Sabotier)* « *a droit à une indemnité pour violation du statut protecteur égale à la rémunération qu'il aurait perçue depuis son éviction jusqu'à l'expiration de la période de protection,* ***dans la limite de deux ans, durée minimale légale de son mandat, augmentée de six mois*** ».

La chambre sociale s'est ainsi prononcée sur les conséquences de l'entrée en vigueur de la loi n° 2005-882 du 2 août 2005 en faveur des petites et moyennes entreprises, qui a porté la durée des mandats des représentants du personnel de deux à quatre ans, en se fondant sur la possibilité offerte par cette loi de maintenir par accord collectif la durée des mandats des représentants du personnel à deux ans. Selon le rapport annuel, « *lorsque la chambre sociale a élaboré sa jurisprudence aux termes de laquelle le salarié protégé illicitement licencié ne sollicitant pas sa réintégration a droit à une indemnité équivalente aux salaires dus entre son éviction de l'entreprise et l'expiration de sa protection (Soc., 27 mai 1970, n° 69-40.070, Bull. 1970, V, n° 362 ; Soc., 25 novembre 1997, n° 94-43.651, Bull. 1997, V, n° 405), la durée des mandats des représentants du personnel était de 24 mois. Aussi, l'indemnité due au titre de la violation du statut protecteur ne pouvait jamais excéder trente mois (durée du mandat augmentée de la protection complémentaire post mandat de six mois).* » Le rapport annuel indique ainsi que « *La chambre sociale confirme (…) l'entrée en vigueur de la loi n° 2005-882 du 2 août 2005 est sans incidence sur le plafond de l'indemnisation due en cas de violation du statut protecteur au représentant du personnel illicitement licencié, ce plafond demeurant fixé à trente mois de salaire.* »

Dans l'arrêt rendu le 14 octobre 2015, elle a confirmé que l'indemnité pour violation du statut protecteur due à un délégué du personnel n'ayant pas demandé la poursuite du contrat de travail illégalement rompu était égale à la rémunération qu'il aurait perçue depuis son éviction jusqu'à l'expiration de la période de protection, **dans la limite de deux ans, durée minimale légale de son mandat, augmentée de six mois, soit un total de trente mois**, et non pour la totalité de la partie du mandat de quatre ans restant à courir *(Cass. soc., 14 oct. 2015, n° 14-12.193, Bull. 2016, n° 837, Soc., n° 321, RJS 2016 n° 47).*

Cette limite maximale de trente mois a été appliquée aux membres élus du comité d'entreprise *(Cass. soc., 7 déc. 2016, 15-13894, RJS 2017 n° 211)*, ainsi qu'aux membres de la délégation unique du personnel *(Cass. soc., 2-3-2017 n° 15-29.105, RJS 2017 n° 352).*

Dans son rapport annuel de 2018 (p. 105), la Cour de cassation suggérait une modification législative pour introduire un fondement légal à cette règle des 30 mois afin qu'elle ne soit pas uniquement prétorienne.

Si le salarié détenait plusieurs mandats, il ne peut prétendre au versement d'une indemnité au titre de chacun de ses mandats *(Cass. soc., 13 nov. 2001, n° 99-45.389, RJS 2002 n° 55).*

En cas de réintégration impossible à la suite de la liquidation judiciaire de l'entreprise, le salarié a droit à une indemnité forfaitaire égale à la rémunération qu'il aurait perçue depuis la date de son éviction de l'entreprise jusqu'à l'expiration de la période de protection, laquelle commençait à courir à compter de la date du prononcé du jugement de liquidation judiciaire *(Cass. soc., 20 juin 2006, n° 05-44.256, JCP S 2006 n° 47 p. 25, note J.-Y. Kerbourc'h).*

5. *Le montant de l'indemnité*

73.5.3.2.5. – Il convient de se reporter au n° **73.5.2.3.4**.

6. *L'employeur débiteur en cas de changement d'employeur intervenu en exécution de l'article L. 1224-1 du Code du travail*

73.5.3.2.6. – Par son arrêt du 20 mars 2002, la chambre sociale a ouvert au salarié dont le licenciement a été prononcé en méconnaissance de l'article L. 1224-1 du Code du travail et est, par suite, privé d'effet, le choix entre demander au repreneur la poursuite du contrat de travail ou demander à l'auteur du licenciement la réparation du préjudice en résultant *(Cass. soc., 20 mars 2002, n° 00-41.651, Bull. V n° 94, RJS 2002 n° 656, Dr soc 2002, p. 516, note A. Mazeaud).*

Le cédant peut être ainsi condamné au paiement de dommages-intérêts :

– s'il a licencié le salarié en méconnaissance des dispositions de l'article L. 1224-1 *(Cass. soc. 4 juin 2003, n° 01-40.721, RJS 2003 n° 985)* ;
– s'il refuse de réintégrer le salarié *(Cass. soc., 13 mai 2008, n° 07.40.276, RJS 2008 n° 758 ; Cass. soc., 31 mars 2009, n° 07-45.029, RJS 2009 n° 500).*

Toutefois, en cas de collusion entre la société cédante et la société cessionnaire, le juge du fond peut condamner solidairement les deux sociétés à verser au salarié les indemnités dues *(Cass. soc., 12 avr. 2005, n° 03-41.399, RJS 2005 n° 603 : le cédant en notifiant le licenciement économique et le cessionnaire « en refusant de poursuivre le contrat de travail après le transfert de l'entité économique, avaient, par leur action commune, contribué à l'entier préjudice subi par le salarié par suite de la perte de son emploi » ; Cass. soc., 14 févr. 2007 n° 04-47.110, Bull. V n° 22, RJS 2007 n° 411).*

Le refus du cessionnaire de faire droit à la demande de réintégration du salarié entraîne le droit à réparation du préjudice subi du fait de la rupture du contrat de travail et de la violation du statut protecteur depuis la date à laquelle il est devenu son employeur *(Cass. soc., 6 mars 2001, n° 98-42.449 ; Cass. soc., 26 févr. 2003, n° 01-41.482, Bull. V n° 68, RJS 2003 n° 574).*

7. *L'employeur débiteur en cas de changement d'employeur intervenu dans le cadre d'une procédure collective*

73.5.3.2.7. – Lorsque le changement d'employeur est intervenu dans le cadre d'une procédure collective, en application de l'exception prévue par l'article L. 1224-2 du Code du travail, le salarié protégé ne peut se retourner que contre l'ancien employeur *(Cass. soc., 28 oct. 1996, n° 95-40.994, Bull. V n° 354, RJS 1996 n° 1286, commentaire M. Cohen, Dr soc 1997 p. 263 ; Cass. soc., 10 déc. 1996, n° 94-43.163, Bull. n° 431, RJS 1997 n° 8).* Le nouvel employeur n'est pas tenu, à l'égard des salariés dont les contrats de travail subsistent, des obligations qui incombaient à l'ancien employeur à la date du transfert de l'entité économique.

En application de ce principe, deux cas de figure doivent être distingués :

– si le salarié ne demande pas sa réintégration, il ne peut se retourner que contre l'ancien employeur ;
– si le salarié demande sa réintégration, le cessionnaire désigné dans le cadre de la procédure de redressement judiciaire est tenu au paiement d'une indemnité égale au montant des salaires que l'intéressé aurait perçus entre la date d'effet de la cession et celle de sa réintégration ou de sa demande de réintégration si elle est postérieure à la cession. L'arrêt du 27 mai 2009 a précisé les règles en la matière *(Cass. soc., 27 mai 2009, n° 08-41.096, Bull. V n° 135, RJS 2009 n° 690, JCP S 2009 n° 37 p. 29 note P. Morvan, D. 2009 p. 1616 note L. Perrin).*

Si le cessionnaire a fait connaître sa volonté de ne pas reprendre le salarié, le licenciement peut lui être imputé alors même qu'il a été prononcé par l'administrateur judiciaire du cédant *(Cass. soc., 26 févr. 2003, n° 01-40.049, RJS 2003 n° 572 : en l'espèce, le cessionnaire avait dressé une liste des salariés dont il souhaitait la poursuite du contrat de travail et dont étaient exclus les représentants du personnel).*

8. *L'incidence du comportement frauduleux du salarié dans la mise en œuvre de son propre licenciement*

73.5.3.2.8. – S'agissant d'un directeur du personnel, titulaire d'une délégation d'autorité lui ayant permis d'être candidat aux élections prud'homales dans le collège employeur et qui était chargé de mettre en œuvre le plan social et de solliciter l'autorisation administrative de licenciement pour les salariés protégés, il a été jugé que l'intéressé ne pouvait prétendre aux salaires de la période de protection, le juge du fond ayant fait ressortir l'existence d'un comportement frauduleux de l'intéressé dans la mise en œuvre de son propre licenciement sans autorisation *(Cass. soc., 6 avr. 2005, n° 03-42.894)*.

C. L'indemnité due à raison de la méconnaissance du statut protecteur : situations particulières

1. L'indemnité due au salarié mis à la retraite

73.5.3.3.1. – Le salarié mis à la retraite sans que l'administration l'ait autorisé a droit également au bénéfice de l'indemnité *(Cass. soc., 23 mai 2000, n° 97-45.204, Bull. V n° 200, RJS 2000 n° 826 ; Cass., soc., 13 nov. 2001, n° 99-45.389, RJS 2002 n° 55)*.

Outre la sanction de la méconnaissance du statut protecteur, le salarié, qui ne demande pas la poursuite de son contrat de travail illégalement rompu, a le droit d'obtenir, non seulement les indemnités de rupture, mais une indemnité réparant l'intégralité du préjudice résultant du caractère illicite de son licenciement, peu importcon que les conditions de mise à la retraite aient été réunies *(Cass. soc., 26 sept. 2012, n° 11-13.374 ; Cass. soc., 25 sept. 2019, n° 18-15.952, RJS 2020 n° 36)*.

S'il obtient un nouveau mandat dans la période comprise entre la notification de sa mise à la retraite sans autorisation administrative et la fin de la période de protection au titre de son mandat précédant, il a droit à une indemnisation au titre de son nouveau mandat *(Cass. soc., 30 nov. 2004, n° 03-40.604 Bull. V n° 310, RJS 2005 n° 180 ; Rapport 2004 de la Cour de cassation, p. 251)*.

En revanche, si le salarié fait valoir ses droits à la retraite, rendant ainsi impossible sa réintégration, l'indemnité due au titre de la violation du statut protecteur correspond à la rémunération qu'il aurait perçue depuis la date de son éviction jusqu'à celle de son départ à la retraite *(Cass. soc., 13 févr. 2019, n° 16-25.764, B., RJS 2019 n° 234)*.

2. L'indemnité due au salarié en cas de non-renouvellement non autorisé du contrat à durée déterminée

73.5.3.3.2. – Lorsque le non-renouvellement du contrat à durée déterminée est intervenu sans que l'inspecteur du travail ait été saisi préalablement à l'arrivée du terme du contrat, la rupture est nulle et le salarié peut prétendre à une indemnité au titre de la violation du statut protecteur *(Cass. soc., 23 oct. 2012, n° 11-19.210, Bull. V n° 270, RJS 2013 n° 59)*.

3. L'indemnité due au candidat aux élections professionnelles

75.5.3.3.3. – La période prise en compte pour l'indemnisation d'un candidat licencié avant son élection en tant que délégué du personnel ne peut être limitée à la période de protection de six mois dont bénéficient les candidats : dès lors que le salarié était protégé lors de son licenciement et que la protection se poursuivait pendant l'exercice de son mandat, la période prise en compte pour l'indemnisation doit être la période de protection accordée aux salariés élus *(Cass. soc., 30 juin 2004, n° 01-43.821, Bull. V n° 188, RJS 2004 n° 1069 ; Cass. soc., 26 mars 2014, n° 13-10.017, RJS 2014 n° 503).*

Le salarié candidat aux élections professionnelles et licencié sans autorisation a droit à une indemnité en réparation du préjudice résultant de la méconnaissance du statut protecteur, alors même que sa candidature aurait été annulée pour fraude ; la réparation doit couvrir le préjudice résultant de la perte de ce statut jusqu'à la date du jugement d'annulation *(Cass. soc., 28 nov. 2000, n° 98-42.019, Bull. V n° 396, RJS 2001 n° 214).*

4. L'indemnité due au représentant syndical au comité social et économique

73.5.3.3.4. – Sa situation est assimilée à celles des membres du comité d'entreprise *(Cass. soc. 15 mai 2002, n° 00-42.989, RJS 2002 n° 833).*

5. L'indemnité due au membre du comité d'entreprise européen

73.5.3.3.5. – Il a été jugé que le membre du comité d'entreprise européen a le droit d'obtenir « *au titre de la méconnaissance du statut protecteur, le montant de la rémunération qu'il aurait dû percevoir entre son éviction et l'expiration de la période de protection dans la limite de la protection accordée aux membres du comité d'entreprise* » *(Cass. soc., 16 mars 2005, n° 02-45.077, Bull. V n° 96, RJS 2005 n° 651).*

6. L'indemnité due au conseiller prud'homme

73.5.3.3.6. – L'application de la règle selon laquelle les salariés protégés sont en droit de bénéficier d'une indemnité, égale à la rémunération qui aurait été perçue depuis la date de l'éviction jusqu'à la fin de la période de protection, soulevait des difficultés, s'agissant du conseiller prud'homme, dont la durée des fonctions était de cinq ans, et du délégué syndical, dont la durée du mandat était indéterminée.

La Cour de cassation a précisé que le conseil prud'homme avait le droit d'obtenir « *au titre de la méconnaissance du statut protecteur, le montant de la rémunération qu'il aurait dû percevoir entre son éviction et l'expiration de la période de protection* ***dans la limite de la protection accordée aux représentants du personnel*** » *(Cass. soc., 28 mars 2000, n° 97-44.373, Bull. V n° 134, Dr soc 2000, p. 658, obs. J. Mouly, RJS 2000 n° 567, commentaire B. Boubli, Sem. soc. Lamy n° 978, 25 avr. 2000 ; Cass. soc., 12 juin 2001, n° 99-41.695, Bull. V n° 219, Dr soc 2001 p. 899, obs.*

J. Savatier, RJS 2001 n° 1053 ; Cass. soc., n° 00-45.564, 20 nov. 2002, RJS 2003 n° 70 ; Cass. soc., 26 mars 2002, n° 01-42.397, Bull. V n° 101, RJS 2000 n° 987), peu important la durée légale maximale prévue pour son contrat de travail *(Cass. soc., 12 juin 2013, n° 12-17.273, Bull. V n° 153, RJS 2013 n° 625, Dr soc 2013 p. 762, obs. J. Mouly, pour un salarié en contrat à durée déterminée ; chron. J. Mouly, « L'indemnisation des salariés protégés irrégulièrement licenciés », Dr soc 2014, p. 729)*.

Cette solution a conduit par conséquent à plafonner l'indemnité dont peuvent bénéficier les conseillers prud'hommes à **trente mois** de salaire : 24 mois de mandat et six mois après l'expiration du mandat *(Cass. soc. 10 déc. 2003, n° 01-43.876, Bull. V n° 314, RJS 2004 n° 234 ; Cass. soc. 7 juin 2005, n° 03-44.969, Bull. V n° 191, RJS 2005 n° 870 ; Cass. soc., 3 févr. 2016 n° 14-17.000, RJS 2016 n° 243)*.

L'ordonnance n° 2016-388 du 31 mars 2016 a réduit la durée du mandat de cinq à quatre ans dans le cadre de la réforme du mode de désignation des conseillers prud'hommes.

7. L'indemnité due au délégué syndical

73.5.3.3.7. – La Cour de cassation a jugé que, dans le cas où un délégué syndical a été licencié sans autorisation et où il ne demande pas sa réintégration, il a droit « *à une indemnité correspondant à la période de protection prévue par l'article L. 412-18, alinéa 4 [L. 2411-3, al. 2] du Code du travail... égale à douze mois de salaire à compter de son éviction de l'entreprise* » *(Cass. soc., 6 juin 2000, n° 98-40.387, Bull. V n° 218, RJS 2000 n° 829 ; Cass. soc., 27 oct. 2004, n° 01-45.902, Bull. V n° 275, RJS 2005 n° 58)*. La Cour a jugé que l'éviction du salarié faisait obstacle à l'exercice du mandat et que, par suite, la durée de la protection était celle applicable aux délégués syndicaux ayant cessé leur fonction, sans que pour autant soit exigé le respect de la condition relative à la durée de l'exercice du mandat syndical pendant au moins un an posée par l'article L. 2411-3 *(Cass. soc. 1er oct. 2003 n° 01-41.418, RJS 2003 n° 1416)*.

La Cour de cassation a cependant jugé que le **représentant de la section syndicale** qui ne demande pas la poursuite de son contrat de travail illégalement rompu a droit à une indemnité pour violation du statut protecteur égale à la rémunération qu'il aurait perçue depuis son éviction jusqu'à l'expiration de la période de protection, **dans la limite de trente mois**, durée minimale légale du mandat des représentants élus du personnel augmentée de six mois *(Cass. soc., 15 mai 2019, n° 18-11.036, B., RJS 2019 n° 444)*.

Dès lors que l'article L 2142-1-2 du Code du travail étend les dispositions relatives au statut protecteur du délégué syndical au représentant de la section syndicale, cet arrêt pourrait influer sur l'indemnisation due aux délégués syndicaux.

8. *L'indemnité due au conseiller du salarié*

73.5.3.3.8. – La Cour de cassation a, dans un premier temps, étendu la solution définie pour les délégués syndicaux aux conseillers du salarié alors même que ces derniers sont nommés pour une période de trois ans en application de l'article D. 1232-6 du Code du travail *(Cass. soc., 2 mai 2001, n° 98-46.055, Bull. V n° 144, Dr soc 2001 p. 774, obs. J. Savatier, RJS 2001 n° 893 ; Cass. soc., 24 mai 2006, n° 04-47.225, RJS 2006 n° 935 ; Cass. soc., 30 juin 2016, n° 15-12982).*

Puis, dans un second temps, elle a jugé que « *lorsque le salarié n'a pas demandé sa réintégration avant l'expiration de la période de protection pour des raisons qui lui sont imputables, il a droit à une indemnité pour violation du statut protecteur, égale aux salaires qu'il aurait dû percevoir jusqu'à la fin de la période triennale de révision de la liste en cours au jour de son éviction, ou pendant une durée qui ne peut être inférieure à la période de douze mois prévue par l'article L. 412-18 [L. 2411-3, al. 2] du Code du travail » (Cass. soc., 19 juin 2007, n° 05-46.017, Bull. V n° 106, RJS 2007 n° 933 ; F. Duquesne, « La période triennale de mission du conseiller du salarié », RJS 2007 p. 933, Dr ouvrier 2008 p. 80 note C. Verdin, JCP S 2007 n° 37 p. 34, note J.-Y. Kerbourc'h).*

9. *L'indemnité due à l'administrateur salarié des conseils ou conseils d'administration des caisses de sécurité sociale du régime général*

73.5.3.3.9. – La chambre sociale a jugé que l'administrateur de mutuelle, élu pour un mandat à durée déterminée, licencié sans autorisation administrative, peut prétendre à une indemnité pour violation du statut protecteur égale à la rémunération qu'il aurait perçue depuis son éviction jusqu'au terme de son mandat, dans la limite de deux ans, durée minimale légale du mandat des représentants élus du personnel, augmentée de 6 mois *(Cass. soc., 1er juin 2010, n° 09-41.507, Bull. V n° 123, RJS 2010 n° 700).*

D. Les indemnités dues en cas de refus de réintégration en dépit d'une décision de justice

73.5.3.4. – Le salarié peut prendre acte de la rupture de son contrat de travail et a droit en outre aux indemnités de rupture de son contrat de travail ainsi qu'à une indemnité pour licenciement illicite et à une indemnité compensatrice de la rémunération jusqu'à la date de cette renonciation, comme elle le serait jusqu'à la date de la réintégration effective *(Cass. soc., 25 janv. 2006, n° 04-40.789, Bull. V n° 28, RJS 2006 n° 475, Rapport 2006 de la Cour de cassation, RDT 2006 p. 41 note M. Grévy ; JCP S 2006 n° 11 p. 31, note J.-Y. Kerbourc'h ; Cass. soc., 18 déc. 2013, n° 12-23.745, RJS 2014 n° 243).*

L'indemnité pour licenciement illicite doit être, en application des dispositions de l'article L. 1235-3 du Code du travail, au moins égale à six mois de salaires *(Cass. soc., 18 déc. 2013, n° 12-23.745, préc.)*.

E. Les indemnités de rupture (indemnité compensatrice de préavis et indemnité de licenciement)

73.5.3.5. – La chambre sociale a posé le principe que le salarié victime d'un licenciement nul « *a droit* » aux indemnités de rupture sans qu'il y ait lieu pour le juge de statuer sur les motifs de la rupture ou l'aptitude du salarié à effectuer le préavis *(Cass. soc., 27 juin 2000, n° 98-43.439, Bull. V n° 250, RJS 2000 n° 937 ; Cass. soc., 5 juin 2001, n° 99-41.186, Bull. civ. V n° 211, Sem. soc. Lamy 18 juin 2001 n° 1033, RJS 2001 n° 1009 ; Cass. soc., 17 déc. 2002, n° 00-44.660, Bull. V n° 290, RJS 2003 n° 337 ; Cass. soc., 2 juin 2004, n° 02-41.045, Bull. civ. V n° 153, RJS 2004 n° 903, Dr soc 2004 p. 909, obs. G. Couturier ; Cass. soc., 16 févr. 2005, n° 02-43.182, Bull. V n° 53, RJS 2005 n° 506 ; Cass. soc., 30 mars 2005, n° 03-41.518, Bull. civ. V n° 112, RJS 2005 n° 621 ; Cass. soc., 14 déc. 2005, n° 04-40.266, RJS 2006 n° 193)*.

Cette jurisprudence a été transposée aux salariés licenciés en méconnaissance du statut protecteur, leur licenciement étant nul : ces derniers ont droit aux indemnités de rupture sans qu'il y ait lieu pour le juge de se prononcer sur les motifs de la rupture du contrat *(Cass. soc., 12 juin 2001, n° 99-41.695, Bull. V n° 219, Dr soc 2001 p. 899, obs. J. Savatier, RJS 2001 n° 1053)*.

Ainsi, l'employeur est tenu de verser l'indemnité compensatrice de préavis et ne peut opérer de réduction sur son montant *(Cass. soc., 10 mai 2006, n° 04-40.901, Bull. V n° 173, RJS 2006 n° 865, JCP S 2006 n° 28 p. 32, note J.-Y. Kerbourc'h : en l'espèce, l'employeur avait déduit les indemnités journalières « maladie »)*.

F. Les dommages-intérêts dus en cas de licenciement sans cause réelle et sérieuse

73.5.3.6. – Selon une jurisprudence constante, l'indemnisation pour défaut de cause réelle et sérieuse pouvait se cumuler avec l'indemnité examinée *supra* et destinée à sanctionner la méconnaissance du statut protecteur si le licenciement ne reposait pas sur une cause réelle et sérieuse *(Cass. soc., 10 juill. 1990, n° 87-44.981, Bull. V n° 362, RJS 1990 n° 360, Dr soc 1990 p. 796 et commentaire H. Marie ; Cass. soc., 13 juill. 1993, n° 90-43.052, RJS 1993 n° 1003 ; Cass. soc., 17 mars 1998, n° 95-42.885, Bull. V n° 156, RJS 1998 n° 607)*.

La solution dégagée par l'arrêt de la chambre sociale du 27 juin 2000 *(Cass. soc., 27 juin 2000, n° 98-43.439, Bull. V n° 362, RJS 2000 n° 937)* a remis partiellement en cause la règle posée par l'arrêt du 10 juillet 1990 dès lors que tout salarié victime d'un licenciement nul a « *droit* », en toute hypothèse, au versement des indemnités de rupture et d'une indemnité au moins égale à celle prévue par l'article L. 1235-3 du Code du travail en cas de licenciement sans cause réelle et sérieuse *(soit une indemnité au moins égale à six mois de salaire et dont le montant ne peut être réduit au motif, par exemple, de la faible durée de la relation salariale : Cass. soc., 14 déc. 2005, n° 04-40.266, RJS 2006 n° 193).*

Fort logiquement, la chambre sociale a transposé le principe posé par l'arrêt du 10 juillet 1990 à la situation des salariés protégés : le salarié protégé dont le contrat a été illégalement rompu et qui ne demande pas sa réintégration a le droit d'obtenir « *non seulement les indemnités de rupture mais une indemnité réparant l'intégralité du préjudice résultant du caractère illicite du licenciement et au moins égale à celle prévue par l'article L. 122-14 du Code du travail » (Cass. soc., 12 juin 2001, n° 99-41.695, Bull. V n° 219, Dr soc 2001 p. 899 obs. J. Savatier, RJS 2001 n° 1053 ; Cass. soc., 12 déc. 2001, n° 99-44.167 Bull. V n° 383, RJS 2002 n° 201, Dr soc 2002 p. 225 obs. G. Couturier ; Cass. soc., 22 mai 2002, n° 00-42.213 Bull. V n° 175, RJS 2002 n° 1017, Dr soc 2002 p. 917 obs. J. Mouly ; Cass. soc., 2 juin 2004, n° 02-41.045, Bull. V n° 153, RJS n° 2004 n° 903 ; Cass. soc., 23 nov. 2004, n° 02-44.262, Bull. civ. V n° 296, RJS 2005 n° 178, D. 2005, p. 13 ; Cass. soc., 29 mars.2005, n° 03-40.768 Bull. V n° 105, RJS 2005 n° 651 ; Cass. soc., 21 oct. 2009, n° 08-41.764, RJS 2010 n° 58 ; Cass. soc., 5 juill. 2011, n° 10-14.626, RJS 2011 n° 822).*

Cette dernière indemnité est donc versée au salarié protégé licencié en méconnaissance du statut protecteur sans qu'il soit besoin de rechercher si le licenciement repose ou non sur une cause réelle et sérieuse dès lors qu'il est nul.

La règle a été appliquée au cas où le salarié protégé est mis à la retraite sans autorisation *(Cass. soc., 13 nov. 2001, n° 99-45.389, RJS 2002 n° 55 ; Cass. soc., 10 déc. 2003, n° 01-43.876, Bull. V n° 314, RJS 2004 n° 234 ; Cass. soc., 27 oct. 2004, n° 01-45.902, Bull. V n° 275, RJS 2005 n° 58 ; Cass. soc., 6 avr. 2005, n° 03-43.629, Bull. V n° 125).* Il en est également ainsi lorsque le salarié décide de faire valoir ses droits à la retraite *(Cass. soc., 18 mai 2022, n° 21-10.118, B., RJS 2022 n° 460).*

Le salarié licencié à la fois sans autorisation administrative, alors que celle-ci était nécessaire, et en méconnaissance des règles applicables aux victimes d'accidents du travail, a droit à la réparation du préjudice subi résultant de l'inobservation par l'employeur des règles protectrices qui lui sont applicables à ce double titre *(Cass. soc., 19 sept. 2007, n° 06-41.227, Bull. V n° 130 ; Cass. soc. 25 oct. 2017 n° 16-16.454, RJS 2018 n° 51)* ; en revanche, il ne peut cumuler l'indemnité due en application de l'article L. 1226-15 du Code du travail et celle réparant l'intégralité du préjudice résultant du caractère illicite du licenciement, en toute hypothèse au moins égale à l'indemnité prévue par l'article L. 1234-9 du même code, et ne peut obtenir que l'indemnité la plus élevée des deux *(Cass. soc., 30 juin 2010, n° 09-40.347, Bull. V n° 154, RJS 2010 n° 795* ; *Cass. soc., 25 oct. 2017, n° 16-16.454, RJS 2018 n° 51).*

La même règle vaut en cas de licenciement effectué sans autorisation administrative et en inobservation des règles applicables au plan de sauvegarde de l'emploi, l'indemnité de licenciement illicite ne pouvant se cumuler avec l'indemnité due, en application de l'article L. 1235-11 du Code du travail, en cas d'absence ou d'insuffisance d'un tel plan *(Cass. soc., 15 oct. 2013, n° 12-21.746 et 12-21.934, Bull. V n° 233, RJS 2013 n° 836)*.

Le salarié peut également prétendre au versement de dommages-intérêts pour préjudice moral du fait de l'impossibilité d'exercer le mandat pour lequel il avait été élu et/ou désigné ou en raison des conditions vexatoires de la rupture *(Cass. soc., 23 oct. 2012, n° 11-19.210, Bull. V n° 270, RJS 2013 n° 59)*.

Depuis l'intervention de la loi n° 2018-217 du 29 mars 2018 ratifiant diverses ordonnances prises sur le fondement de la loi n° 2017-1340 du 15 septembre 2017 d'habilitation à prendre par ordonnances les mesures pour le renforcement du dialogue social, se pose la question de l'applicabilité des dispositions de l'article L. 1235-3-1 qui dispose :

> *« L'article L. 1235-3 [barème "Macron"] n'est pas applicable lorsque le juge constate que le licenciement est entaché d'une des nullités prévues au deuxième alinéa du présent article. Dans ce cas, lorsque le salarié ne demande pas la poursuite de l'exécution de son contrat de travail ou que sa réintégration est impossible, le juge lui octroie une indemnité, à la charge de l'employeur, qui ne peut être inférieure aux salaires des six derniers mois.*
>
> *Les nullités mentionnées au premier alinéa sont celles qui sont afférentes à :*
>
> *1° La violation d'une liberté fondamentale ;*
>
> *(...)*
>
> *5° Un licenciement d'un salarié protégé mentionné aux articles L. 2411-1 et L. 2412-1 en raison de l'exercice de son mandat ;*
>
> *(...). »*

La rédaction du 5° de l'article L. 1235-3-1 pourrait laisser entendre que l'exception à l'application au barème prévu par l'article L. 1235-3 du Code du travail ne joue que si le licenciement est lié à l'exercice du mandat. Or, à notre sens, cette interprétation doit être écartée, le législateur n'ayant pas entendu remettre en cause la jurisprudence antérieure de la Chambre sociale sanctionnant dans tous les cas le licenciement intervenu sans autorisation par la condamnation de l'employeur à verser à l'intéressé l'indemnité prévue en cas de licenciement sans cause réelle et sérieuse. En tout état de cause, il nous semble que le licenciement intervenu en violation du statut protecteur doit être regardé comme une violation d'une liberté fondamentale, ce statut répondant aux exigences qui découle du principe constitutionnel de participation énoncé au 8e alinéa du Préambule de 1946 *(cf. n° **73.1.1.1**)*. **Il s'ensuit que l'indemnité due**

au salarié n'entre pas dans le champ d'application du barème prévu par l'article L. 1235-2.

L'indemnité est due :

– alors même que le salarié a moins de deux ans d'ancienneté *(Cass. soc., 3 mai 2007, n° 05-43.859)* ;

– quel que soit l'effectif de l'entreprise *(Cass. soc., 21 oct. 2009, n° 08-41.764, RJS 2010 n° 58)*.

G. Le remboursement des allocations-chômage par l'employeur

73.5.3.7. – Le remboursement des indemnités de chômage ne peut être ordonné dès lors que l'article L. 1235-3-1 n'est pas au nombre des articles mentionnés par l'article L. 1235-4 du Code du travail *(Cass. soc., 12 déc. 2001, Bull. V n° 383, RJS 2002 n° 201, Dr soc 2002 p. 225, obs. G. Couturier ; Cass. soc., 24 juin 2009, n° 08-42.762, RDT 2010 p. 32, note C. Pillet ; Cass. soc., 20 mars 2013, n° 11-23.388, RJS 2013 n° 475 ; Cass. soc. 13 mai 2014, n° 13-14.537, Bull. V n° 115, RJS 2014 n° 578 ; Cass. soc., 19 oct. 2022, n° 21-15.533, B.)*.

SECTION 6

L'indemnisation du dommage subi par le salarié transféré sans autorisation

73.6. – Le salarié protégé dont le contrat a été irrégulièrement transféré doit être réintégré dans l'entreprise d'origine s'il le demande, avec versement des salaires perdus depuis son transfert jusqu'à sa réintégration.

Lorsque le transfert du contrat de travail est intervenu en application d'un accord collectif *(cf. n° **16.7.5.1**)*, le salarié transféré sans autorisation peut obtenir sa réintégration dans son entreprise d'origine et demander que cette dernière lui verse les salaires perdus depuis son transfert jusqu'à sa réintégration ; il ne peut toutefois cumuler cette somme avec les salaires que le repreneur a pu lui verser *(Cass. soc., 28 mai 2003, n° 01-40.512, Bull. V n° 181, Rapport 2003 de la Cour de cassation p. 342, RJS 2003 n° 1037)*.

Le salarié qui a exécuté la décision de transfert intervenue avant l'autorisation de l'administration et qui s'est borné à demander des dommages-intérêts, peut obtenir une indemnisation. Le juge judiciaire, écartant l'application des règles relatives à l'indemnisation du licenciement irrégulier, avait estimé que le montant de celle-ci devait être souverainement apprécié par les juges du fond *(Cass. soc., 24 nov. 1992, n° 89-44.977, Bull. V n° 571, RJS 1993 n° 54)*.

Par son arrêt du 18 juin 2014, rompant avec cette jurisprudence antérieure, la chambre sociale a jugé que, le transfert du contrat de travail étant nul, faute d'autorisation de l'inspecteur du travail, ce contrat avait été, de fait, rompu par la société cédante et que le salarié pouvait, en conséquence, prétendre, en application de l'article L. 1235-3 du Code du travail, à une indemnité au moins égale aux salaires des six derniers mois *(Cass. soc., 18 juin 2014, n° 13-10.204, Bull. V n° 150, RJS 2014 n° 709).*

SECTION 7
L'indemnisation du dommage subi par le salarié en raison d'un licenciement ou d'un transfert discriminatoire

73.7 – Indépendamment de la réparation du préjudice subi en raison de la méconnaissance du statut protecteur, le salarié peut demander à ce que soit réparé le préjudice résultant du caractère discriminatoire du licenciement ou du transfert *(Cass. soc., 6 avr. 2005, n° 03-43.629, Bull. V n° 125 ; Cass. soc., 3 mai 2007, n° 05-43.863, Bull. V n° 67, RJS 2007 n° 876, JCP S 2007 n° 27 p. 27 note B. Gauriau).*

SECTION 8
L'indemnisation du dommage subi par l'organisation syndicale

73.8 – Le syndicat a été reconnu comme ayant intérêt à agir dans l'intérêt collectif des salariés de l'entreprise pour obtenir la réparation du préjudice direct et indirect résultant du licenciement intervenu en méconnaissance des dispositions protectrices, lesquelles ont été instituées dans l'intérêt de l'ensemble des salariés *(Cass. soc., 24 sept. 2008, n° 06-42.269, Bull. V n° 184, RJS 2008 n° 1209).*

Il appartient au juge du fond d'évaluer le préjudice réel subi par l'organisation syndicale *(Cass. soc., 18 nov. 2009 n° 08-43.523, Bull. V n° 260, RJS 2010 n° 196).*

CHAPITRE IV

LE RECOURS DEVANT LE TRIBUNAL ADMINISTRATIF

SECTION 1

Les délais de recours

Plan de la section

§ 1. GÉNÉRALITÉS : LE DÉLAI DE DEUX MOIS POUR SAISIR LE JUGE ADMINISTRATIF

74.1.1. – En application des dispositions de l'article R. 421-1 du Code de justice administrative, si l'une des parties veut contester devant le tribunal administratif la décision de l'administration, elle doit saisir la juridiction administrative dans le délai de deux mois courant à compter de la date de la notification de la décision.

La date de la notification est la date de réception par le destinataire du pli postal contenant la décision.

Le délai de deux mois est un délai franc.

Pour apprécier la recevabilité du recours, la date retenue n'est plus celle de l'enregistrement par le greffe du tribunal administratif mais *« celle de l'expédition du recours, le cachet de la poste faisant foi » (CE, section, 13 mai 2024, n° 466.541, Rec., AJDA 2024 p. 999).*

§ 2. LE MODE DE CALCUL DU DÉLAI DE RECOURS CONTENTIEUX

A. Le point de départ du délai

74.1.2.1. – Le délai de recours commence à courir à compter du lendemain du jour où la décision a été notifiée.

Ex. : si l'inspecteur du travail prend une décision le 2 janvier et si cette décision parvient à l'employeur et au salarié le 4 janvier, le délai commencera à courir à compter du 5 janvier *(à zéro heure).*

Les articles R. 2421-5 et R. 2421-12 du Code du travail précisent que la décision de l'inspecteur doit être notifiée par lettre recommandée avec demande d'avis de réception. En principe, la date de notification figure sur l'avis de réception.

La remise en main propre de la décision à son destinataire permet d'apporter la preuve de la date de la notification, si cette remise a été effectuée contre signature d'une décharge.

S'agissant de l'incidence, pendant la période d'urgence sanitaire (épidémie de covid-19), des dispositions de l'article 2 de l'ordonnance n° 2020-305 du 25 mars 2020 portant adaptation des règles applicables devant les juridictions de l'ordre administratif et de l'article 1er l'ordonnance n° 2020-560 du 13 mai 2020 fixant les délais applicables à diverses procédures pendant la période d'urgence sanitaire, il convient de se reporter à l'annexe I de la 6e édition.

1. *Précisions quant au déclenchement du délai de deux mois en cas de décision expresse*

74.1.2.1.1. – Ces précisions ont été apportées par la jurisprudence du Conseil d'État :

- si la décision autorisant le licenciement d'un salarié protégé n'est pas notifiée à ce dernier, le délai de recours ne court pas à l'égard de l'intéressé, alors même que la décision a été notifiée à l'employeur et qu'une organisation syndicale aurait formé, pour son propre compte, un recours hiérarchique, sous réserve de ce qui est précisé ci-dessous au n° **74.1.2.1.7** *(CE, 5 juin 1991, n° 104.743, Compagnie Air Gabon, Rec. p. 219, RJS 1991 n° 981).* Le défaut de notification est cependant sans influence sur la légalité de la décision *(CE, 16 nov. 1988, n° 80.933, de Boisriou)* ; toutefois, le salarié doit contester la décision dans un délai raisonnable ;
- le destinataire de la notification ne peut pas faire obstacle au déclenchement du délai en refusant d'accepter le pli. La notification est réputée avoir été faite à la date du refus *(CE, 10 févr. 1975, Mlle Vivaudou, n° 90.811, Rec. p. 101)* ;
- le point de départ est la date du retrait du pli si le destinataire, qui était absent lors du passage du préposé, effectue ce retrait dans le

délai de quinze jours imparti *(CE, 2 mai 1980, n° 18.391, Ibazizène, Rec. p. 831)* ;

– si le destinataire, qui était absent de son domicile lors du passage du préposé, s'abstient de venir retirer son pli au bureau de la poste, la date de présentation au domicile est regardée comme étant celle de la notification de la décision *(CE, 21 juill. 1970, Dame Perrucot, n° 78.887, Rec. p. 536 ; CE, 9 nov. 1992, n° 132.878, préfet des Bouches-du-Rhône c. / Dogan, Tables p. 1205).*

Si l'administration entend invoquer à l'encontre d'un recours le moyen tiré de la tardiveté, il lui incombe d'en apporter la preuve *(CE, 29 juin 1990, n° 85.254, SA Creusot Loire Entreprise, Rec. p. 197).*

2. L'application des dispositions de l'article R. 421-5 du Code de justice administrative

74.1.2.1.2. – En application de ces dispositions, les délais et les voies de recours doivent être mentionnés dans la décision. À défaut, le recours doit être présenté dans les conditions indiquées au n° **74.1.2.1.7**.

3. L'application de la théorie de la connaissance acquise

74.1.2.1.3. – En application de cette théorie, jusqu'à sa décision du 13 mars 1998, le Conseil d'État estimait qu'alors même que l'autorité administrative n'avait pas porté sur la décision les voies et les délais de recours *(ou si elle n'avait pas notifié la décision)*, les délais de recours étaient opposables à l'employeur ou au salarié qui formait un recours gracieux ou hiérarchique contre la décision de l'administration, les délais courant alors à compter de la date à laquelle le recours avait été exercé.

Cette jurisprudence a été abandonnée par les décisions du 13 mars 1998 *(CE, section, n° 120.079 Mme Mauline, Rec. p. 80 et n° 175.199 et 180.306, Assistance publique-Hôpitaux de Paris, Rec. p. 81)* : dès lors que les voies et délais de recours n'ont pas été mentionnés dans la décision, le délai du recours contentieux ne peut commencer à courir et, en tout état de cause, il n'est pas déclenché par la formation d'un recours hiérarchique. Le recours devra être toutefois formé dans un délai d'un an à compter de la date à laquelle la date de la connaissance est acquise *(cf. n° **74.1.2.1.7**).*

4. Une situation particulière : la notification incomplète

74.1.2.4. – Un salarié, dont le licenciement avait été autorisé par une décision en date du 10 juin 1988, avait reçu notification de cette décision le lendemain. Cette décision précisait qu'une annexe jointe mentionnait les voies et les délais de recours. L'intéressé soutenait que cette annexe n'était pas jointe et, par suite, que son recours contentieux, enregistré le 20 novembre 1989 au greffe du tribunal, était recevable.

Le Conseil d'État a estimé que, dès lors que le salarié ne pouvait ignorer que le pli de l'administration était incomplet, son recours était tardif, faute d'avoir effectué les diligences nécessaires pour s'informer de son contenu *(CE, 22 juill. 1994, n° 126.787, Dijoux, RJS 1994 n° 1157).*

5. *Les voies de recours qui doivent être précisées par l'administration*

74.1.2.1.5. – Ce point a été examiné au n° **51.5.2**.

6. *Le déclenchement des délais de recours en cas de décision implicite de rejet*

74.1.2.1.6. – Le délai dont dispose l'inspecteur du travail pour statuer sur une demande est de deux mois *(C. trav., art. R. 2421-4 et R. 2421-11).*

Si l'inspecteur du travail ne prend aucune décision expresse dans ce délai qui court à compter de la date de réception par l'administration de la demande d'autorisation de licenciement, celle-ci doit être regardée comme rejetée. En effet, le silence gardé pendant plus de deux mois vaut décision de rejet *(C. trav., art. R. 2421-4 et R. 2421-11).*

Dans cette hypothèse, le délai de recours contentieux court à compter de la date à laquelle la décision implicite de rejet est réputée acquise. L'exercice d'un recours administratif dans le délai du recours contentieux – comme pour le cas d'une décision expresse – a pour effet de proroger le délai de deux mois pour saisir le tribunal administratif.

Ex. : l'inspecteur du travail est saisi par un courrier reçu le 1er juin. Une décision implicite de rejet naît à l'issue du délai de deux mois si l'administration ne prend aucune décision expresse. Cette décision implicite de rejet est réputée intervenue le 2 août. Le délai de recours contentieux expire le 2 octobre.

Cependant, le délai de recours contentieux ne commence à courir que si l'administration, a adressé à l'employeur un accusé de réception *(CRPA, art. L. 112-12 ; cf. n°* ***32.6.1****)*. À défaut, les délais ne sont pas opposables.

7. *Le principe dégagé par la décision « Czabaj »*

74.1.2.1.7. Les conséquences potentiellement déstabilisatrices de l'inopposabilité des délais de recours lorsque la notification ne comporte pas la mention des voies et délais de recours requises ont conduit l'Assemblée du contentieux du Conseil d'État à affirmer, par une décision du 13 juillet 2016, que « *le principe de sécurité juridique, qui implique que ne puissent être remises en cause sans condition de délai des situations consolidées par l'effet du temps, fait obstacle à ce que puisse être contestée indéfiniment une décision administrative individuelle qui a été notifiée à son destinataire, ou dont il est établi, à défaut d'une telle notification, que celui-ci a eu connaissance* ».

Ainsi, en cas de non-respect de l'obligation d'information des voies et les délais de recours, ou d'absence de preuve qu'une telle information a bien été fournie :

– il n'est pas possible d'opposer les délais de recours fixés par le Code de justice administrative ;
– en revanche, le principe de sécurité juridique impose au destinataire d'une décision administration d'exercer son recours dans un « *délai raisonnable* ». Le Conseil d'État a considéré qu'en règle générale, et sauf circonstances particulières dont se prévaudrait le requérant, ce délai raisonnable ne peut « *excéder un an à compter de la date à laquelle une décision expresse lui a été notifiée ou de la date à laquelle il est établi qu'il en a eu connaissance* » *(CE, Assemblée, 13 juill.2016, Czabaj, 387.763, Rec. p. 340 ; AJDA 2016. 1629, chron. L. Dutheillet de Lamothe et G. Odinet ; RFDA 2016. 927, concl. O. Henrard ; RJS 2016 n° 744).*

Il en résulte que qu'une décision administrative portant sur le licenciement d'un salarié protégé, qui a bien été notifiée ou portée à la connaissance de ses destinataires, employeur comme salarié, mais qui ne comporte pas la mention des voies et délais de recours :
– peut être contestée au-delà du délai de recours de deux mois prévu par le Code de justice administrative ;
– mais ne pourra être contestée après un délai raisonnable fixé en règle générale à un an.

Cette jurisprudence est applicable à la contestation du rejet implicite d'un recours gracieux *(CE, 12 oct. 2020, n° 429.185, mentionné aux Tables)*.

L'irrecevabilité d'un recours contre une décision de refus de licenciement dont son destinataire a eu connaissance, fondée sur le fait qu'il est exercé au-delà d'un délai raisonnable, ne peut être régulièrement soulevée d'office par le tribunal qu'après qu'ont été respectées les dispositions de l'article R. 611-7 du Code de justice administrative permettant aux parties de débattre contradictoirement sur ce point *(CE, 28 mars 2018, Me C..., agissant en qualité de liquidateur judiciaire de la société Imprimerie Georges Frère, n° 410.552, Tables p. 823).*

Les précisions sur la notion de « délai raisonnable » apportées par l'avis du Conseil d'État du 12 juillet 2023 publié au Recueil

– En cas de présentation, dans le délai imparti pour introduire un recours contentieux contre une décision administrative, d'un recours administratif, gracieux ou hiérarchique contre cette décision a pour effet d'interrompre le délai raisonnable.

– Lorsque le recours administratif fait l'objet d'une décision explicite de rejet, un nouveau délai de recours commence à courir à compter de la date de notification de cette décision. Si la notification de la décision de rejet du recours administratif n'est pas elle-même assortie d'une information sur les voies et délais de recours, l'intéressé dispose de nouveau, à compter de cette notification, du délai raisonnable le juge.

– En cas de silence gardé par l'administration sur le recours administratif, le délai de recours contentieux de droit commun contre la décision administrative contestée recommence à courir dès la naissance d'une décision implicite de rejet du recours administratif lorsque l'autorité administrative a accusé réception de ce dernier recours et que l'accusé de réception comporte les indications prévues à l'article R. 112-5 du Code des relations entre le public et l'administration (CRPA).

– À défaut, l'intéressé dispose, pour introduire son recours contentieux contre la décision administrative qu'il conteste, à compter du jour où il a eu connaissance de la décision implicite de rejet de son recours administratif, du délai raisonnable.

– Une demande d'aide juridictionnelle formée avant l'expiration du délai raisonnable en vue de l'exercice de ce recours a pour effet de l'interrompre. Le délai de recours contentieux recommence à courir à compter de l'expiration d'un délai de quinze jours après la notification à l'intéressé de la décision se prononçant sur sa demande d'aide juridictionnelle ou, si elle est plus tardive, à compter de la date de désignation de l'auxiliaire de justice au titre de l'aide juridictionnelle.

– En cas d'admission à l'aide juridictionnelle, le délai de recours est celui, en principe de deux mois, imparti pour contester la décision administrative. Lorsque, en revanche, le bénéfice de l'aide juridictionnelle a été refusé, l'intéressé dispose, pour introduire un recours contentieux contre la décision qu'il conteste, du délai raisonnable.

La jurisprudence « Czabaj » a été appliquée à plusieurs reprises au contentieux des décisions administratives *(CE, 10 mars 2023, n° 450.809 ; CE, 13 avr. 2018, n° 397.292).*

Il en a été ainsi, par exemple, au cas d'autorisations de licenciement délivrées pour motif économique et annulées plus de dix ans après au motif de l'absence de preuve du sérieux des recherches des possibilités de reclassement.

Par décisions en date du 3 avril 2003, l'inspecteur du travail avait autorisé le mandataire liquidateur d'une société en liquidation judiciaire à procéder au licenciement pour motif économique de plusieurs salariés protégés. Le 16 avril 2003, les salariés avaient formé un recours hiérarchique. Par décisions en date du 18 août 2003 et du 1er septembre 2003, le ministre du Travail avait confirmé les décisions de l'inspecteur du travail.

Les décisions ministérielles avaient été contestées par le tribunal administratif de Lille le 24 avril 2012. Par jugements du 2 octobre 2013, le tribunal administratif avait annulé l'ensemble de ces décisions d'autorisation de licenciement. Ce jugement avait été confirmé le 31 décembre 2015 par plusieurs arrêts de la cour administrative de Douai, qui, faute de preuve produite devant elle de la notification régulière des décisions ministérielles, n'avait pas jugé que les requêtes devaient être rejetées comme tardives.

Saisi d'un pourvoi en cassation contre ces arrêts, le Conseil d'État a appliqué la jurisprudence « Czabaj » en retenant que les salariés concernés avaient engagé, dans le courant de l'année 2005, une action indemnitaire devant le conseil de prud'hommes, en soutenant qu'ils justifiaient d'un préjudice distinct de celui résultant de son licenciement. Le Conseil d'État a jugé qu'il résultait tant de cette action contentieuse, dans laquelle les intéressés ne soulevaient pas la nullité de leurs licenciements que des énonciations non contestées des arrêts du 18 décembre 2009 de la cour d'appel de Douai, qui relèvent qu'ils avaient connaissance des décisions administratives les concernant, que les salariés devaient être regardés comme ayant eu connaissance, au plus tard dans le courant de l'année 2005, des décisions autorisant leurs licenciements et du rejet du recours hiérarchique dirigé contre ces décisions *(CE, 7 févr. 2018, n° 397246 et 397541 ; n° 397247 et 397542, RJS 2018 n° 270).*

B. L'expiration du délai de recours contentieux

74.1.2.2. – Le délai de deux mois étant un délai franc, le recours est recevable s'il est adressé par voie postale dans le délai de deux mois. La date à prendre en compte est celle de l'expédition du recours, le cachet de la poste faisant foi *(CE, section, 13 mai 2024, n° 466.541, Rec., AJDA 2024 p. 999).*

Ex. : dans le premier exemple *(cf. n°* ***74.1.2.1****)* où la décision avait été notifiée le 4 janvier, le recours est encore recevable s'il est adressé par voie postale au plus tard le 5 mars.

Si le dernier jour du délai est un samedi, un dimanche ou un jour férié, le délai est prolongé jusqu'à la fin du premier jour ouvrable suivant.

C. Les délais spéciaux

74.1.2.3. – En application des dispositions de l'article R. 421-7 du Code de justice administrative, le délai de recours contentieux de deux mois est augmenté d'un mois :

– lorsque la demande est portée devant un tribunal administratif qui a son siège en France métropolitaine ou devant le Conseil d'État statuant en premier et dernier ressort, le délai de recours de deux mois est augmenté d'un mois pour les personnes qui demeurent en Guadeloupe, en Guyane, à la Martinique, à La Réunion, à Saint-Barthélemy, à Saint-Martin, à Mayotte, à Saint-Pierre-et-Miquelon, en Polynésie française, dans les îles Wallis-et-Futuna, en Nouvelle-Calédonie et dans les Terres australes et antarctiques françaises ;

– pour les personnes qui ne demeurent pas dans la collectivité territoriale dans le ressort de laquelle le tribunal administratif a son siège, lorsque la demande est présentée devant le tribunal administratif de Guadeloupe, de Martinique, de Guyane, de La Réunion, de

Saint-Barthélemy, de Saint-Martin, de Mayotte, de Saint-Pierre-et-Miquelon, de la Polynésie française, de Wallis-et-Futuna ou de Nouvelle-Calédonie.

Il est augmenté de deux mois pour les personnes qui demeurent à l'étranger *(C. just. adm., art. R. 421-7 préc.).*

Toutefois, ne bénéficient pas des délais supplémentaires de distance les requérants qui usent de la faculté prévue par les lois spéciales de déposer leurs requêtes auprès des services du représentant de l'État ou de son délégué dans les arrondissements, les subdivisions ou les circonscriptions administratives

Par ailleurs, le délai pour saisir les tribunaux administratifs de Mayotte, de la Polynésie française, de Mata-Utu et de Nouvelle-Calédonie est de trois mois *(C. just. adm., art. R. 421-6).*

§ 3. L'INCIDENCE DU DÉPASSEMENT DU DÉLAI DE RECOURS CONTENTIEUX

74.1.3. – Passé le délai de deux mois, le recours n'est pas recevable et le juge administratif est tenu de le rejeter.

S'il est établi que le recours du salarié a été formé postérieurement à l'expiration du délai, il est irrecevable, alors même que la décision n'aurait pas été notifiée au syndicat.

§ 4. LA COMBINAISON DES RECOURS ADMINISTRATIFS ET CONTENTIEUX

A. Les principes généraux

74.1.4.1. – En application de la loi et de la jurisprudence du Conseil d'État, le délai du recours contentieux est prorogé dans trois hypothèses :

- dans le cas où une demande d'aide juridictionnelle a été présentée dans le délai de deux mois *(pour un exemple a contrario : CE, 28 févr. 1996, n° 107.094, M. Jung)* ;
- si le demandeur a saisi, dans le délai de deux mois, une juridiction incompétente ;
- si l'intéressé exerce un recours administratif, soit devant l'autorité qui a pris la décision *(recours gracieux),* soit devant le ministre *(recours hiérarchique)* dans le délai de deux mois suivant la notification de la décision *(CE, 19 oct. 2012, n° 330.651, M. et Mme B. ; CE, 19 juin 2013, n° 256.483, M. B.).*

Il convient de souligner que le Conseil d'État avait jugé que les dispositions de l'article 16 de la loi n° 2000-321 du 12 avril 2000, qui prévoient que toute personne tenue de respecter une date limite ou un délai pour présenter une demande peut satisfaire à cette obligation au plus tard à la date prescrite au moyen d'un envoi postal, le cachet de la poste faisant foi, ne régissaient pas les conditions de délai dans lesquelles l'exercice d'un recours administratif, gracieux ou hiérarchique a pour effet de conserver le délai de recours contentieux *(CE, 21 mars 2003, n° 240.511, préfet de Police c. / Mme Xiaowei Pan, Tables p. 905, concl. S. Austry, AJDA 2003, p. 1345 ; s'agissant des recours administratifs, gracieux et hiérarchique : CE, 19 sept. 2014, n° 362.568, Sté Ortec Meca, Tables p. 888, précité, concl. G. Dumortier, Dr soc 2015 p. 25, RJS 2014 n° 875)*. Toutefois, par sa décision du 13 mai 2024, le Conseil d'État est revenu sur sa jurisprudence en retenant que la règle du cachet de la poste faisant foi s'applique à chaque fois qu'une personne est tenue, à l'égard de l'administration, de respecter une date limite pour présenter une demande *(CE, section, 13 mai 2024, n° 466.541, Rec., cf. communiqué de presse)*.

B. Application pratique

74.1.4.2. – La présentation d'un recours administratif avant la saisine du juge administratif est une situation fréquente.

Il convient d'insister sur le fait qu'en principe un seul recours administratif formé dans le délai conserve le délai de recours contentieux *(CE, 14 juin 1999, n° 196.601, Comité d'établissement de la société Venilia et syndicat CGT de la société Venilia, Rec. p. 1055)*. Toutefois, il a été jugé que lorsque le demandeur a formé, dans le délai du recours contentieux un recours gracieux et un recours hiérarchique, le délai du recours contentieux, prorogé par l'exercice de ces recours administratifs, ne recommence à courir à l'égard de la décision initiale que lorsqu'ils ont été l'un et l'autre rejetés *(CE, 7 oct. 2009, n° 322.581, M. Ouahirou, Rec. p. 358, concl. Y. Struillou, AJDA 2009 p. 2234, RJS 2010 n° 201, JCP S 2010 n° 6 p. 36 note J.-Y. Kerbourc'h)*. Le législateur a consacré ce principe dans la loi. Le second alinéa de l'article L. 411-2 du Code des relations entre le public et l'administration.

Les conséquences de ces principes sont résumées par le tableau suivant :

Cas de figure	Recevabilité du recours contentieux
Recours contentieux formé dans les 2 mois suivant la notification de la décision de l'inspecteur	Recours contentieux recevable

Cas de figure	Recevabilité du recours contentieux
Recours gracieux + *recours contentieux*	**Recours contentieux recevable à deux conditions** – le recours gracieux doit avoir été adressé par l'administration dans les deux mois suivant la notification de sa décision ; **et** – le recours contentieux doit être adressé au greffe du tribunal administratif dans les deux mois qui suivent la décision prise sur recours gracieux. Ce délai court à compter, soit de la notification de la décision expresse, soit de la date à laquelle une décision implicite de rejet est née.
Recours hiérarchique + *recours contentieux*	**Recours contentieux recevable à deux conditions** – le recours hiérarchique doit avoir été adressé par l'administration dans les deux mois suivant la notification de la décision de l'inspecteur **et** – le recours contentieux doit être adressé au greffe du tribunal administratif dans les deux mois qui suivent la décision prise sur recours hiérarchique. Ce délai court à compter, soit de la notification de la décision expresse, soit de la date à laquelle une décision implicite de rejet est née.
Recours gracieux et recours hiérarchique formés tous deux dans le délai du recours contentieux + *recours contentieux*	Le délai du recours contentieux, prorogé par l'exercice de ces recours administratifs dans les deux mois suivant la notification de la décision, recommence à courir à l'égard de la décision initiale à compter du moment où l'un et l'autre des recours ont été rejetés *(CE, 7 oct. 2009, n° 322.581, M. Ouahirou, Rec. p. 358, concl. Y. Struillou, AJDA 2009 p. 2234, RJS 2010 n° 201 ; CRPA, art. L. 411-2)*. Le recours contentieux doit être adressé dans le délai de deux mois suivant la notification de la dernière décision de l'administration.
Recours gracieux *Rejet de ce recours* + *recours hiérarchique* + *recours contentieux*	Le ministre est saisi après le rejet du recours gracieux et plus de deux mois après la notification de la décision initiale. **Le recours contentieux, formé après la décision du ministre saisi sur recours hiérarchique, est tardif** car un seul recours administratif préserve le délai de deux mois pour saisir le tribunal. Si l'intéressé veut saisir le juge, il doit le faire dans les deux mois qui suivent la décision prise sur recours gracieux. Ce délai court à compter, soit de la notification de la décision expresse, soit de la date à laquelle une décision implicite de rejet est née. Les recours hiérarchique et contentieux doivent, dans cette hypothèse, être formés simultanément.

Cas de figure	Recevabilité du recours contentieux
Recours hiérarchique : le ministre confirme la décision + *recours gracieux devant le ministre* + *recours contentieux*	**Le recours contentieux dirigé contre la décision de l'inspecteur du travail et formé après la décision du ministre statuant sur recours gracieux, est tardif** car un seul recours administratif préserve le délai de deux mois pour saisir le tribunal. Ex. : l'inspecteur autorise le licenciement le 22 mars 1994 ; le salarié forme un recours hiérarchique qui est rejeté par une décision notifiée le 6 septembre 1994 ; l'intéressé présente un recours gracieux puis un recours contentieux le 21 janvier 1995 ; ce recours est tardif car présenté après l'expiration du délai de recours contentieux (6 sept. 1994 + 2 mois). L'intéressé doit, pour éviter la forclusion, simultanément saisir le tribunal administratif et le ministre dans les deux mois qui suivent la décision prise sur recours hiérarchique. Ce délai court à compter, soit de la notification de la décision expresse, soit de la date à laquelle une décision implicite de rejet est née.
Recours hiérarchique : le ministre annule la décision + *recours gracieux devant le ministre* + *recours contentieux*	**Le recours contentieux, formé contre la décision du ministre statuant sur recours gracieux, est recevable s'il est présenté dans les deux mois suivant la notification de la décision du ministre prise sur recours gracieux.** Ex. : si sur recours hiérarchique, le ministre du Travail annule la décision de refus de l'inspecteur du travail et autorise le licenciement, le salarié est en droit de former un recours gracieux auprès du ministre. Si ce dernier maintient sa décision, le salarié peut alors présenter un recours contentieux.

SECTION 2

Le tribunal compétent

§ 1. LA RÈGLE DE COMPÉTENCE

74.2.1. – Les recours dirigés contre les décisions prises par l'administration doivent être présentés devant le tribunal administratif compétent.

L'article R. 312-10 du Code de justice administrative dispose que « *les litiges relatifs aux législations régissant... la réglementation du travail, ainsi que la protection ou la représentation des salariés... relèvent, lorsque la décision attaquée n'a pas un caractère réglementaire, de la compétence du tribunal administratif dans le ressort duquel se trouve...*

l'établissement ou l'exploitation dont l'activité est à l'origine du litige, soit le lieu d'exercice de la profession ».

Selon une interprétation littérale de cette disposition, le tribunal compétent pouvait être celui dans le ressort duquel était situé l'établissement auquel était rattaché le salarié ou celui dans le ressort duquel se trouvait le lieu de travail.

Le Conseil d'État a fait prévaloir la compétence du tribunal dans le ressort duquel se trouve l'établissement auquel est rattaché le salarié protégé : le lieu d'exercice de la profession concerne les professions libérales et non les activités salariées *(CE, section, 22 mai 1981, n° 28.065, Hass, Rec.* p. *238, concl. Costa, Dr soc 1981 p. 648-649 ; CE, section, 18 déc. 1981, n° 27.249, Cotronis, Rec. p. 476 ; CE, 10 juill. 1995, n° 133.802, Union générale cinématographique).*

Par conséquent, pour déterminer quel est le tribunal administratif compétent, il convient de se référer non pas au lieu de travail mais à l'établissement auquel se trouve rattaché le salarié protégé.

Pour définir la notion d'établissement, le Conseil d'État a recours aux mêmes critères que ceux utilisés pour déterminer l'inspecteur du travail compétent *(cf. n° **31.2.1 et s.**).* Les deux notions se confondent *(CE, 21 déc. 1994, n° 119.344 Moncet ; CE, 11 janv. 1995, n° 129.995, Comité mosellan de sauvegarde de l'enfance et de l'adolescence et des adultes, Rec. p. 20 ; CE, 16 juin 1995, n° 143.437 ministre du Travail, de l'Emploi et de la Formation professionnelle c. / M. Battesti, RJS 1995 n° 1039 ; CE, 2 févr. 1996, n° 133.455, Sté Suburbaine de canalisations et de grands travaux SA, Rec. p. 1194, RJS 1996 n° 306 ; CE, 22 mai 1996, n° 147.932, SNCF).*

La modification des règles de compétence territoriale de l'inspecteur du travail, résultant de la modification de l'article L. 2421-3 du code du travail issue de l'ordonnance n° 2017-1718 du 20 décembre 2017, en particulier dans le cas des demandes d'autorisation de licenciements présentées pour un motif personnel, a eu pour conséquence d'instaurer une distinction entre le critère de compétence territoriale de l'inspecteur du travail qui est désormais celui du lieu de travail du salarié protégé et le critère de compétence territoriale du tribunal administratif qui demeure celui de l'établissement de rattachement du salarié protégé *(cf. n° **31.2.4.4**).*

Les sites de chaque tribunal administratif précisent leur ressort territorial.

§ 2. LA SAISINE D'UN TRIBUNAL INCOMPÉTENT

74.2.2 – Si le demandeur saisit un tribunal qui n'est pas compétent, le président de ce dernier, en vertu de l'article R. 351-3 du Code de justice administrative :

– soit transmet la demande à la juridiction qu'il estime compétente ;
– soit, en cas de difficultés particulières, transmet le dossier au président de la section du contentieux du Conseil d'État qui règle la

question de compétence et attribue le dossier à la juridiction qu'il estime compétente.

Le requérant n'a donc pas à renouveler son recours.

La juridiction saisie peut toutefois rejeter les conclusions entachées d'une irrecevabilité manifeste insusceptible d'être couverte en cours d'instance ou pour constater qu'il n'y a pas lieu de statuer *(C. just. adm., art. R. 351-4)*.

§ 3. TRIBUNAL INCOMPÉTENT AYANT STATUÉ

74.2.3. – L'article R. 312-2 du Code de justice administrative précise que « *lorsqu'il n'a pas été fait application de la procédure de renvoi prévue à l'article R. 351-3 et que le moyen tiré de l'incompétence territoriale du tribunal administratif n'a pas été invoqué par les parties avant la clôture de l'instruction de première instance, ce moyen ne peut plus être ultérieurement soulevé par les parties ou relevé d'office par le juge d'appel ou de cassation* » *(pour une application : CE, 16 juin 2008, n° 285.385, Garde des Sceaux, ministre de la Justice c. / Association Montjoie, Tables p. 907)*.

Si ces conditions sont remplies, le juge d'appel peut, après avoir constaté l'irrégularité du jugement, évoquer l'affaire et trancher le litige s'il a été saisi de conclusions au fond par l'une ou l'autre des parties. Dans l'éventualité où aucune conclusion au fond n'a été présentée, l'affaire doit être renvoyée au tribunal compétent territorialement.

SECTION 3
La qualité et l'intérêt pour agir

Ces deux notions, bien que souvent associées doivent être distinguées car elles ne se confondent pas : une personne peut avoir intérêt à contester une décision sans en avoir la qualité.

§ 1. L'INTÉRÊT POUR AGIR

Plan du paragraphe

74.3.1.1 L'intérêt pour agir de l'employeur
74.3.1.2 L'intérêt pour agir du salarié
74.3.1.3 L'intérêt pour agir des organisations syndicales

74.3.1. – Principe général. Le recours devant la juridiction administrative n'est recevable que si la personne physique ou morale qui le forme a intérêt à l'annulation de l'acte attaqué. L'intérêt pour agir s'apprécie à la date à laquelle le recours est introduit *(CE, section, 11 févr. 2005, n° 247.673, Marcel, Rec. p. 56, RJS 2005, p. 541, AJDA, 2005, p. 656 à 660).*

A. L'intérêt pour agir de l'employeur

74.3.1.1. – L'employeur a intérêt à attaquer la décision de l'inspecteur du travail lui refusant l'autorisation de licencier un salarié protégé ou de le transférer ou de le mettre à la retraite. En revanche, il n'a pas intérêt à attaquer une décision lui accordant une autorisation et dont il contesterait la motivation.

De même, il ne peut être regardé comme ayant intérêt à contester, quels que soient les motifs de sa contestation, une décision l'ayant autorisé à procéder à la rupture conventionnelle du contrat de travail d'un salarié protégé, dans la mesure où la décision attaquée, qui lui donne satisfaction, ne lui fait pas grief *(CAA Versailles, 16 déc. 2014, n° 12VE03269, Sté STN Groupe, RJS 2015 n° 352).*

Si l'employeur licencie le salarié protégé à l'issue de la période de protection, alors que l'administration lui avait refusé l'autorisation de licencier, il n'a plus intérêt à contester la légalité de cette décision de refus et son recours contentieux doit être rejeté.

Si à la date de l'introduction du recours, la société n'est plus l'employeur du salarié dont le licenciement a été refusé, elle n'a plus qualité pour agir.

Application :

- si à la date à laquelle l'inspecteur a statué, les activités de la société avaient déjà été cédées, à la suite de l'adoption par le tribunal de commerce d'un plan de cession, l'administrateur judiciaire désigné par le tribunal de commerce ne dispose d'aucun intérêt pour agir et n'est recevable ni à présenter un recours hiérarchique, ni à saisir le tribunal administratif *(CE, 9 nov. 2005, n° 257.126, ministre des Affaires sociales c. / Sté « Les Amis Verts », RJS 2006 n° 255)* ;
- une société A sollicite l'autorisation de licencier un représentant du personnel. L'autorisation est refusée. Son fonds, par le biais d'une convention de location-gérance, est cédé à une autre société. La société A saisit la juridiction administrative après la date de cession du fonds. Son recours est regardé comme irrecevable, la société A n'ayant plus la qualité d'employeur ;
- inversement, une société qui, du fait de l'application des dispositions de l'article L. 1224-1 du Code du travail, doit être regardée comme l'employeur du salarié protégé, a intérêt à demander l'annulation de la décision refusant le licenciement *(CE, 21 avr. 1997, n° 158.660, ministre du Travail c. / Sté Altédia Communication ; CE, 21 avr. 1997, n° 157.998, Sté gardoise de mécanique et de chaudronnerie, Rec. p. 1109, RJS 1997 n° 836).*

Toutefois, dès lors qu'à la date à laquelle il a introduit son recours contentieux tendant à l'annulation du refus d'autorisation, l'employeur a intérêt à agir, cet intérêt ne peut plus disparaître alors même que, postérieurement à l'introduction de sa demande devant le tribunal administratif, le contrat de travail du salarié a été transféré, par application de l'article L. 1224-1 du Code du travail *(ancien art. L. 122-12)* à un nouvel employeur *(CE, section, 11 févr. 2005, n° 247.673, Marcel, Rec. p. 56, RJS 2005 p. 541, AJDA 2005 p. 656 à 660).*

B. L'intérêt pour agir du salarié

74.3.1.2. – Un salarié à intérêt à contester la décision autorisant son licenciement. En revanche, il n'a pas intérêt à contester la décision refusant l'autorisation de le licencier et dont il conteste les motifs *(CE, 15 janv. 1988, n° 87.719, Laffargue ; CE, 17 juin 2024, n° 468.580, société Moy Park, mentionné aux Tables).*

Sur l'intérêt à agir en cas de refus d'autorisation d'une rupture conventionnelle, d'une rupture amiable pour motif économique ou d'un transfert, il convient de se reporter aux n° **61.1.1.4** et **62.1.3.1**.

Un salarié a intérêt à contester la décision par laquelle l'inspecteur du travail s'est déclaré incompétent pour statuer sur la demande d'autorisation de licenciement le concernant *(CE, 11 janv. 1995, n° 129.995, Comité mosellan de sauvegarde de l'enfance, de l'adolescence et des adultes, Rec. p. 20).* Il en est de même pour une décision juridictionnelle annulant pour incompétence, au motif que le salarié ne bénéficiait pas de la protection, la décision ministérielle ayant annulé la décision de refus de l'inspecteur du travail et autorisé son licenciement *(CE, 8 avr. 2013, n° 348.162, Lanteri, Tables p. 867).*

Le Conseil d'État a jugé que le protocole en vertu duquel le représentant du personnel, en contrepartie du versement d'une indemnité transactionnelle, s'engageait à renoncer à toute action en justice contre la décision du ministre ayant autorisé son licenciement, ne faisait pas obstacle à ce que le salarié puisse former un recours contentieux contre la décision du ministre dès lors que « *les salariés investis de fonctions représentatives ne peuvent renoncer par avance aux dispositions protectrices d'ordre public instituées en leur faveur* » *(CE, 2 févr. 1996, n° 152.406, Sté Établissements Crocquet, Rec. p. 26, RJS 1996 n° 299 ; CE, 11 mars 1994, n° 125.905, M. Rousselet, RJS 1994 n° 731).* Il a été admis par le juge judiciaire que, par une transaction, le salarié renonce à un recours contentieux déjà engagé *(cf. n°* ***73.3.7.2****).*

Le salarié est recevable à demander l'annulation de la décision autorisant son licenciement, alors même qu'il aurait reconnu la matérialité des faits qui lui sont reprochés *(CE, 4 déc. 1995, n° 162.032, Sté Arca).*

La seule appartenance à l'effectif de l'entreprise d'un salarié ne suffit pas à reconnaitre son intérêt à agir contre la décision de d'homologation ou de validation d'un PSE. En revanche, le salarié affecté par la mise en œuvre du PSE justifie d'un intérêt pour agir contre cette décision *(CE, Ass., 22 juill. 2015, n° 385.668, société Pages Jaunes, publié au Recueil).*

C. L'intérêt pour agir des organisations syndicales

74.3.1.3. – Le problème de la recevabilité de l'action syndicale. Une organisation syndicale a-t-elle intérêt, en l'absence de tout mandat du salarié, à attaquer une décision autorisant le licenciement de ce dernier ?

1. Autorisation de licenciement d'un délégué syndical ou d'un représentant syndical

74.3.1.3.1. – Le syndicat que ce salarié représente a, en tant que tel, intérêt à demander l'annulation de la décision d'autorisation. Il agit alors en son nom et n'a pas à justifier d'un mandat du salarié.

Cette position, suggérée par le commissaire du gouvernement en 1977 *(CE, section, 18 déc. 1977, n° 04.895, Sté Lehodey, Rec. p. 508, concl. Mme Latournerie, Dr soc 1978, p. 112),* fut adoptée par le Conseil d'État en 1983 pour les délégués syndicaux *(CE, 25 mars 1983, n° 11.124, Gaboriau).*

La recevabilité de l'action syndicale repose non pas sur l'intérêt propre que pourrait avoir l'organisation syndicale à contester la décision autorisant le licenciement de l'un de ses représentants, mais sur le fait que cette décision « *touche aux intérêts collectifs des salariés de la profession* » *(CE, 25 mars 1983, n° 11.124, Gaboriau, préc.).*

Les dispositions introduites par le décret du 8 juin 1983, selon lesquelles le ministre du travail peut annuler la décision de l'inspecteur du travail sur recours « *du syndicat que ce salarié représente* » *(C. trav., art. R. 2422-1 ; ancien art. R. 436-6),* ont conforté la position de la juridiction administrative : dès lors que le syndicat est autorisé par un texte à former un recours hiérarchique, il est également recevable à attaquer au contentieux la décision ministérielle. Le Conseil d'État a confirmé sa jurisprudence : il a admis la recevabilité des recours formés par des syndicats contre des décisions, postérieures à l'entrée en vigueur du décret du 8 juin 1983, autorisant le licenciement d'un délégué syndical *(CE, 18 janv. 1991, n° 90.594, Mlle Touzaa et Fédération générale agro-alimentaire CFDT).* La jurisprudence a été étendue en 1991 aux représentants syndicaux aux comités d'entreprise *(CE, 7 oct. 1991, n° 96.894, SA des Monoprix),* puis aux délégués syndicaux centraux *(CE, 18 mars 1998, n° 171.756, SA Miko).*

2. Autorisation de licenciement d'un membre de la délégation du personnel au comité social et économique

74.3.1.3.2. – Il a été jugé que le syndicat, constitué dans l'entreprise, a intérêt à demander l'annulation de la décision autorisant le licenciement d'un délégué du personnel *(CE, Ass., 10 avr. 1992, n° 60.419, Sté Montalev c. / Hudon, Rec. p. 171, RJS 1992 n° 893)*. Il peut donc contester la légalité d'une décision d'autorisation sans avoir à justifier d'un mandat qui lui aurait été donné à cet effet par le salarié concerné.

Dans cette affaire, qui se rapporte à une autorisation de licenciement antérieure à l'entrée en vigueur du décret du 8 juin 1983, le commissaire du gouvernement avait proposé que la recevabilité de l'action syndicale, dirigée contre une décision autorisant le licenciement d'un délégué du personnel, ne soit admise que lorsque l'autorisation portait une atteinte grave à l'intérêt collectif. La proposition du commissaire du gouvernement, qui s'appuyait sur les dispositions du décret du 8 juin 1983, aboutissait à distinguer les actions syndicales contre les décisions autorisant le licenciement des salariés mandatés par les syndicats, qui étaient recevables par principe, et celles dirigées contre les autorisations de licencier des salariés élus qui n'auraient pas été recevables, sauf exception justifiée par l'atteinte portée à l'intérêt collectif.

L'assemblée du contentieux du Conseil d'État n'a pas suivi cette proposition. En précisant que « *le syndicat avait intérêt à poursuivre l'annulation pour excès de pouvoir* » de la décision autorisant le licenciement d'un délégué du personnel, le Conseil a refusé de faire une distinction selon que l'action syndicale concernait des salariés élus ou mandatés.

Cette position de principe est transposable aux actions dirigées contre les décisions postérieures à l'entrée en vigueur du décret du 8 juin 1983. Le Conseil d'État en a d'ailleurs logiquement déduit qu'un syndicat départemental avait intérêt à présenter un recours hiérarchique contre une décision en date du 17 juillet 1987 autorisant le licenciement d'un délégué du personnel *(CE, 18 févr. 1994, 126.301, Galmiche, Tables p. 1214)*.

On peut déduire de cette jurisprudence qu'un syndicat serait également fondé à contester la décision autorisant le licenciement d'un membre du comité social et économique : le licenciement des membres de ces deux institutions touche en effet aux intérêts collectifs des salariés de la profession.

Il ne faut pas, cependant, confondre section syndicale et syndicat constitué dans une entreprise. La section syndicale n'a pas la personnalité morale : elle n'a pas qualité par conséquent pour agir en justice. En revanche, un syndicat d'entreprise, qui aurait déposé ses statuts, a intérêt, par l'intermédiaire de ses organes dirigeants compétents, à agir.

3. *Autorisation de licenciement d'un conseiller prud'homme ou d'un conseiller du salarié*

74.3.1.3.3. – Le licenciement d'un conseiller prud'homme ou d'un conseiller du salarié affectant également les intérêts collectifs des salariés de la profession, l'action d'un syndicat départemental dirigé contre les décisions de l'administration autorisant ces licenciements devrait être regardée comme recevable.

4. *Intérêt à agir des unions et fédérations de syndicats*

74.3.1.3.4. – En principe, eu égard à la portée d'une décision individuelle, selon la jurisprudence traditionnelle du Conseil d'État, une union ou une fédération était jugée comme ne justifiant pas d'un intérêt à agir lorsqu'elle exerçait un recours contre une décision qui ne concernait pas les intérêts collectifs de l'ensemble des syndicats qui la composent, dès lors qu'il appartient aux syndicats membres de l'union ou de la fédération de défendre en justice leurs intérêts propres. Il s'en suivait qu'une union ou une fédération n'était recevable à attaquer une décision qu'on l'absence en son sein d'une organisation représentant les intérêts affectés par la décision *(cf. chron. générale, AJDA 2004, p. 199)*. L'union ou la fédération ne justifiait donc d'un intérêt à agir qu'à titre subsidiaire.

La décision de l'assemblée du contentieux du 12 décembre 2003 marque une évolution de la jurisprudence *(CE, assemblée, 12 déc. 2003, n° 239.507, USPAC CGT-Syndicat CGT des Affaires culturelles, Rec. p. 508, AJDA 2004, p. 199)* : il a été admis que, eu égard à la portée de la décision par laquelle le ministre a refusé au sein d'un organisme la création d'un comité technique paritaire, l'union de syndicats, dont l'objet est de défendre les intérêts collectifs des salariés, justifie, alors même qu'existe au sein de cet organisme un syndicat membre de cette union, d'un intérêt lui donnant qualité pour demander l'annulation de cette décision. Le Conseil d'État a ultérieurement précisé qu'en application de l'article L. 2133-3 du Code du travail, l'intérêt à agir des unions de syndicats d'une part s'apprécie, sauf stipulations contraires de leurs statuts, dans les mêmes conditions que l'intérêt à agir des syndicats, lequel repose sur la loi en vertu des articles L. 2131-1 et L. 2132-3 du Code du travail, et d'autre part au regard de la portée de la décision contestée (jugeant qu'une fédération nationale n'a pas intérêt à agir contre une dérogation au repos dominical accordée à un seul établissement dont l'activité n'excède pas le cadre local) *(CE, 24 mai 2017, 392.661, Fédération des employés et cadres de la CGT - Force Ouvrière, Tables p. 722 et p. 829, Dr soc 2018. 901, obs. G. Dumortier)*.

5. *Intérêt à agir contre une décision de refus d'autorisation*

74.3.1.3.5. – Un syndicat de salariés n'a pas intérêt à contester, tant par la voie du recours hiérarchique que contentieux, la décision de refus d'autorisation de licenciement, laquelle « *ne porte atteinte ni aux droits ni aux intérêts matériels et moraux des salariés concernés* » *(CE, 22 janv. 1996, n° 154.380, Syndicat national des personnels d'encadrement de l'ingénierie, RJS 1996 n° 308)*.

§ 2. LA QUALITÉ POUR AGIR

A. Le principe général

74.3.2.1. – Il ne suffit pas d'avoir intérêt pour agir, encore faut-il que la personne physique qui représente la personne morale devant la justice ait qualité pour la représenter.

La question ne se pose pas pour le salarié dont le licenciement est autorisé et qui a intérêt à attaquer la décision de l'administration.

B. Les dirigeants de société

74.3.2.2. – Ils sont présumés avoir qualité pour agir *(cf.* ***n° 32.5.2.1****)*.

Lorsque la personne morale pour le compte de laquelle l'avocat agit est une société commerciale dont les dispositions législatives qui la régissent désignent le représentant, comme c'est le cas pour la société à responsabilité limitée, cette circonstance dispense le juge, en l'absence de circonstance particulière, de s'assurer de la qualité pour agir du représentant de cette personne morale *(CE, 26 mars 2008, n° 294.449, Société Gestion Hôtels Cahors Vitrolle, Tables p. 848 ; CE, 21 oct. 2009, n° 318.626, Société Omnium de Gestion Immobilière de l'Île de France, Tables p. 883)*.

C. Les syndics de copropriété

74.3.2.3. – Compte tenu des dispositions du décret n° 67-223 du 17 mars 1967 pris pour l'application de la loi n° 65-557 du 10 juillet 1965 fixant le statut de la copropriété des immeubles bâtis, la demande introduite devant un tribunal administratif par le syndic d'un immeuble, au nom des copropriétaires, n'est pas recevable lorsque le syndicat des copropriétaires ne leur a pas donné mandat d'agir en justice *(CE, 31 janv. 1990, n° 86.305, S.C.I. du 267 boulevard Pereire, Tables p. 914 ; CE, 6 mai 2015, n° 366.713, syndicat des copropriétaires « Arcades des Champs Élysées », Tables p. 795, AJDA 2015, p. 1893)*.

D. Les dirigeants des associations

74.3.2.4. – Le Conseil d'État a jugé qu'en l'absence dans les statuts d'une association ou d'un syndicat, de stipulation réservant expressément à un autre organe la capacité de décider de former un recours devant le juge administratif, l'action est régulièrement engagée par le président tenant de ces statuts le pouvoir de représenter en justice l'association ou le syndicat *(CE, section, 3 avr. 1998, n° 177.962, Fédération de la plasturgie, Rec. p. 127 : en l'espèce, le président, en vertu des statuts disposait « des plus larges pouvoirs de représentation de la fédération » et aucune clause ne réservait à un autre organe le pouvoir de décider une action en justice)*. Le moyen tiré de ce que l'élection du président serait intervenue dans des conditions irrégulières ne peut être utilement invoqué

(CE, section, 30 avr. 2003, n° 230.804, Syndicat professionnel des exploitants indépendants des réseaux d'eau et d'assainissement, Rec. p. 189).

En revanche, si les statuts réservent aux membres d'une instance dirigeante le droit d'ester en justice au nom de l'association ou du syndicat, le recours formé par une personne n'appartenant pas à cette instance n'est pas recevable *(CE, 26 juin 1996, n° 167.635, Boisset).*

En l'absence, dans les statuts d'une association, de stipulation réservant expressément à un organe le pouvoir de représenter en justice l'association, l'action ne peut être régulièrement engagée que par l'assemblée générale *(CE, 16 févr. 2001, n° 221.622, Association pour l'égalité aux concours et examens (APECE), Rec. p. 67 ; cf. n° **32.5.2.2**).*

Une habilitation à représenter une association dans les actes de la vie civile doit être regardée comme habilitant à la représenter en justice *(CE, 27 juin 2016, n° 388.758, syndicat régional CFDT santé sociaux de Corse, Tables p. 868).*

Le représentant de l'association doit justifier de sa qualité pour agir – en produisant les statuts et, le cas échéant, la délibération de l'organe compétent – y compris si le recours est présenté par le ministère d'un avocat *(CE, avis, n° 129.441, 29 nov. 1991, Syndicat des commerçants non sédentaires de la Savoie, Rec. p. 414).*

Le défaut de qualité pour agir n'est pas régularisable devant le tribunal administratif *(CE, 3 avr. 2024, n° 470.440, association Ligue de football, mentionné aux Tables, cf. n° **32.5.1**).*

E. Les dirigeants des comités sociaux et économiques

74.3.2.5. – Le président et le secrétaire du comité n'ont pas qualité, en tant que tels, pour former un recours. Sauf disposition du règlement intérieur ou délibération du comité *(Cass. soc., 24 mai 2006, n° 05-60.354, RJS 2006 n° 964)* les habilitant expressément à déposer un recours, le comité social et économique doit, par un vote, donner un mandat autorisant la saisine de la juridiction administrative *(CE, 31 mars 1995, n° 101.461, Comité d'établissement des Automobiles Peugeot de Sochaux, Rec. p. 964 ; cf. n° **32.5.2.3**).*

F. Les responsables des organisations syndicales

74.3.2.6. – Si une organisation syndicale poursuit en son nom propre l'annulation d'une décision autorisant le licenciement d'un salarié, son responsable doit justifier de sa qualité pour agir *(CE, assemblée, 10 avr. 1992, n° 60.419, Sté Montalev c./ Hudon, Rec. p. 171, RJS 1992 n° 893)*, en produisant les statuts et, le cas échéant, la délibération de l'organe compétent, y compris si le recours est présenté par le ministère d'un avocat.

Le Conseil d'État a jugé « *qu'en l'absence, dans les statuts (…) d'un syndicat, de stipulation réservant expressément à un autre organe la capacité de décider de former une action devant le juge administratif, celle-ci est régulièrement engagée par l'organe tenant des mêmes statuts le pouvoir de représenter (…) ce syndicat en justice* » et a précisé « *qu'une habilitation à représenter (…) un syndicat dans les actes de la vie civile doit être regardée comme habilitant à le représenter en justice* » *(CE, 27 juin 2016, n° 388.758, syndicat régional CFDT santé sociaux de Corse, Tables p. 868).*

G. Les liquidateurs

74.3.2.7. – En l'absence de dispositions expresses contraires, le liquidateur d'une société civile doit être regardé comme ayant tous pouvoirs pour agir en son nom et notamment pour poursuivre les instances judiciaires qui la concernent, même après que la société ait été radiée du registre du commerce *(CE, 20 déc. 2000, n° 211.284, Compagnie d'assurances Zurich international et autres, Rec. p. 632).*

SECTION 4
La représentation des parties

§ 1. LES RÈGLES GÉNÉRALES

74.4.1. – Le recours pour excès de pouvoir – tendant à l'annulation de la décision prise par l'administration – n'est pas soumis à l'obligation du ministère d'avocat. Le recours à celui-ci n'est qu'une faculté et non une obligation. L'employeur et le salarié peuvent donc présenter eux-mêmes un recours devant le tribunal compétent.

Il résulte des dispositions combinées des articles R. 431-1 et R. 431-2 du Code de justice administrative que les avocats ont un monopole de représentation devant les tribunaux administratifs : si une des parties veut se faire représenter par un mandataire, elle doit alors choisir un avocat.

§ 2. LA REPRÉSENTATION DE L'ÉTAT

74.4.2. – En application des dispositions du décret n° 87-1116 du 24 décembre 1987 relatif à la déconcentration de la défense de l'État dans les actions de l'inspection de la législation du travail, la représentation de l'État devant les tribunaux administratifs est assurée :

– par le directeur régional du travail et de l'emploi (Directeur régional de l'économie, de l'emploi, du travail et des solidarités) si le recours contentieux a été formé sans que le ministre ait été saisi d'un recours hiérarchique ;
– par le ministre, si celui-ci a été saisi d'un recours hiérarchique avant le recours contentieux.

En application de l'article R. 431-7 du Code de justice administrative, l'État est dispensé du ministère d'avocat « *soit en demande, soit en défense, soit en intervention* ».

SECTION 5

L'aide juridictionnelle (loi n° 91-647 du 10 juillet 1991)

74.5. – Si le salarié décide de recourir au ministère d'un avocat, il peut prétendre au bénéfice de l'aide juridictionnelle, à condition que ses ressources ne soient pas supérieures à des plafonds.

La demande doit être adressée au bureau d'aide juridictionnelle compétent. Un bureau est établi au siège de chaque tribunal de grande instance.

La demande d'aide juridictionnelle a pour effet de proroger le délai du recours contentieux si elle a été présentée dans le délai de deux mois courant à compter de la date de la notification de la décision. Celui-ci ne recommence à courir qu'à compter de la date de la notification de la décision prise par le bureau d'aide juridictionnelle. Il y a lieu de se reporter au n° **74.1.2.1.7** quant à l'examen de l'incidence de la demande d'aide juridictionnelle sur le « délai raisonnable » dont dispose une personne pour contester une décision devant le juge administratif en l'absence de mention des voies et délais de recours.

L'aide est versée dès lors que l'action envisagée n'apparaît pas, manifestement, irrecevable, dénuée de fondement ou abusive en raison notamment du nombre des demandes, de leur caractère répétitif ou systématique *(art. 7 de la loi du 10 juillet 1991)*.

La décision de refus d'octroi de l'aide peut faire l'objet d'un recours *(art. 23 de la loi du 10 juillet 1991)*.

SECTION 6

La présentation et le contenu du recours

§ 1. LES RÈGLES DE FORME

74.6.1. – La présentation matérielle de la requête doit faire l'objet d'une attention particulière du requérant.

A. Les principes généraux applicables en l'absence de transmission de la requête par voie électronique

74.6.1.1. – La requête peut être rédigée sur papier libre et doit être :

– rédigée en français ;

– de préférence, dactylographiée mais peut être également manuscrite. Dans ce cas, elle doit être lisible ;
– adressée au président du tribunal administratif ;
– comporter un certain nombre de précisions (nom, prénom, adresse du demandeur) ;
– accompagnée de la copie de la décision attaquée ;
– signée.

Une seule copie de la requête doit être jointe *(C. just. adm., art. R. 411-3)*.

Si des pièces sont jointes à l'appui du recours, le requérant doit en faire l'inventaire détaillé. Ces pièces doivent être accompagnées d'une copie.

Ces obligations sont prescrites sous peine de voir les pièces jointes écartées des débats après invitation à régulariser non suivie d'effet *(C. just. adm., art. R. 412-2)*.

B. Les cas d'obligation de transmission de la requête par voie électronique

74.6.1.2. – Le décret du 21 décembre 2012, relatif à la communication électronique devant le Conseil d'État, les cours administratives d'appel et les tribunaux administratifs, avait prévu la possibilité, lorsque la requête est présentée par un avocat, un avocat au Conseil d'État et à la Cour de cassation, une personne morale de droit public ou un organisme de droit privé chargé de la gestion d'un service public, de l'adresser à la juridiction par voie électronique au moyen d'une application informatique dédiée accessible par le réseau internet *(D. n° 2012-1437 du 21 décembre 2012, art. 6)*.

L'adresse du site est : http://www.telerecours.fr.

Depuis le 1er janvier 2017 *(D. n° 2016-1481 du 2 novembre 2016, C. just. adm., art. R. 414-1)*, cette possibilité a été transformée en une **obligation d'utiliser l'application dénommée « Télérecours »** pour :

– les avocats ;
– les personnes morales de droit public autre qu'une commune de moins de 3 500 habitants ;
– et les organismes de droit privé chargés de la gestion permanente d'un service public.

L'arrêté du 20 janvier 2017 relatif aux caractéristiques techniques de l'application permettant l'utilisation des téléprocédures devant le Conseil d'État, les cours administratives d'appel et les tribunaux administratifs précise les modalités de fonctionnement de cette application.

Si la requête est présentée par un avocat sans être introduite au moyen de cette application, le tribunal doit l'informer de son obligation et l'inviter à régulariser sa requête dans un délai qu'il fixe. À défaut de régularisation, la requête sera rejetée comme irrecevable *(C. just. adm., art. R. 414-1)*.

Cette obligation vaut également pour la production des pièces jointes à la requête. Il est fortement conseillé d'être vigilant quant aux **formalités applicables à la production de ces pièces jointes prévues** à l'article R. 414-12 du Code de justice administrative,

Les mémoires et pièces ultérieurement produits doivent être adressés à la juridiction au moyen de ce même téléservice, sous peine d'être écartés des débats à défaut de régularisation dans un délai imparti par la juridiction.

Cette obligation d'utiliser l'application « Télérecours » et ces mêmes formalités s'imposent également à la production des mémoires en défense, des mémoires en intervention et de leurs pièces jointes, présentés par les personnes mentionnées ci-dessus inscrites dans l'application *(C. just. adm., art. R. 611-8-2 et R. 632-1)*. En effet, à défaut de régularisation dans le délai imparti par la juridiction, ces mémoires et autres pièces jointes seront écartés des débats.

L'usage de l'application « Télérecours » vise à permettre :

- aux personnes qui y sont inscrites, à la fois de déposer leurs productions de façon dématérialisée **sans être tenues d'en produire les copies** *(C. just. adm., art. R. 414-3, al. 1 ; C. just. adm. art. R. 611-8-2, al. 3)* et de recevoir les écritures et pièces dématérialisées produites par les autres parties inscrites dans cette application *(C. just. adm., art. R. 611-8-2, al. 1)* ;
- aux greffes des tribunaux d'une part d'assurer la communication des écritures et pièces de la procédure aux parties inscrites dans l'application dans le cadre de la mise en œuvre de la procédure contradictoire et d'autre part de leur notifier les mesures d'instruction décidées au cours de l'instance (demande de pièce complémentaire afin de compléter l'instruction, ordonnances de clôture d'instruction notamment) *(C. just. adm., art. R. 611-8-2, al. 1)*.

C. La faculté de transmission de la requête par voie électronique

74.6.1.3. – Le décret n° 2018-251 du 6 avril 2018 ouvre aux justiciables qui ne sont pas soumis à l'obligation mentionnée ci-dessus, la faculté d'utiliser un téléservice pour communiquer par voie électronique avec les juridictions administratives de droit commun, dénommé « Télérecours citoyens » *(C. just. adm., art. R. 414-2)*.

L'adresse du site est : https://citoyens.telerecours.fr.

Lorsqu'il utilise ce téléservice, le requérant est dispensé de produire des copies de sa requête, de ses mémoires complémentaires et des pièces qui y sont jointes ainsi que de transmettre l'inventaire détaillé des pièces *(C. just. adm., art. R. 414-5)*.

§ 2. LE CONTENU DU RECOURS

74.6.2. – L'article R. 411-1 du Code de justice administrative précise que la requête « *contient l'exposé des faits et moyens, ainsi que l'énoncé des conclusions soumises au juge* ».

Le requérant doit expliquer, tant pour la juridiction que pour la partie adverse, l'objet de sa requête, sur quoi elle porte, tant en fait qu'en droit. La procédure devant la juridiction administrative étant écrite, il s'agit d'une règle essentielle, à laquelle il doit être satisfait **avant l'expiration du délai de recours contentieux** *(C. just. adm., art. R. 411-1, al. 2)*. À défaut, si le mémoire introductif ne comporte l'énoncé d'aucun moyen et si le mémoire complémentaire n'est adressé au greffe du tribunal que postérieurement à l'expiration du délai de recours, la demande sera jugée irrecevable *(CE, 2 mars 2005, n° 253.847, M. Faux et Syndicat CFDT du personnel des banques de la Gironde* ; *CE, 2 déc. 2019, n° 415.470, mentionné aux Tables, RJS 2020 n° 101)*.

Toutefois, si le requérant a demandé l'aide juridictionnelle avant l'expiration du délai de recours contentieux et a obtenu la désignation d'un avocat à ce titre, le juge ne peut rejeter la requête pour défaut de motivation sans avoir mis l'avocat désigné en demeure, dans un délai qu'il détermine, d'accomplir les diligences qui lui incombent et porté cette carence à la connaissance du requérant, afin de le mettre en mesure, le cas échéant, de choisir un autre représentant *(CE, 9 avr. 2015, n° 378.595, Tables p. 797)*.

La requête se compose en principe de trois parties :

- l'exposé des faits ;
- le développement des moyens ;
- la présentation des conclusions.

L'exposé des faits ne doit pas être négligé : le requérant doit éclairer le juge sur les circonstances précises du litige.

SECTION 7

L'exposé des moyens

§ 1. LES RÈGLES GÉNÉRALES

74.7.1. – Les moyens sont les raisons de fait et de droit que le requérant invoque à l'appui de ses conclusions. Ils constituent la motivation de la requête.

Le juge administratif se montre assez souple quant à l'appréciation du caractère motivé ou non de la requête :

- il admet que, dans une « *requête sommaire* », le requérant se borne à présenter une relation succincte des faits litigieux, à indiquer les moyens soulevés, sans les argumenter, et les conclusions. Cet exposé sommaire devra être complété par un « *mémoire complémentaire* » qui pourra être produit après l'expiration du délai de recours contentieux. Si le requérant ne produit pas ce mémoire complémentaire qu'il avait lui-même annoncé, il est regardé par le tribunal, après mise en demeure de le produire, comme s'étant désisté *(C. just. adm., art. R. 612-5)* ;
- il admet la motivation par référence. Le requérant peut se référer ainsi à l'argumentation exposée dans le cadre d'un recours hiérarchique ou gracieux. Dans ce cas, la copie du recours administratif doit être jointe à la requête *(CE, 1er févr. 1995, n° 143.769, Mme Pichancourt, RJS 1995 n° 262)*.

Cependant, si la requête ne contient l'exposé d'aucun moyen, elle ne peut être jugée comme recevable que si le requérant, **avant l'expiration du délai de recours contentieux**, dépose un mémoire exposant un ou plusieurs moyens *(C. just. adm., art. R. 411-1, al. 2)*. Si ce mémoire est adressé après l'expiration de ce délai, la requête sera jugée irrecevable *(CE, 15 avr. 1988, n° 69.498, Michelix, Rec. p. 142)*.

§ 2. LA CLASSIFICATION DES MOYENS

A. La classification générale des moyens

74.7.2.1. – On distingue de manière générale les moyens de légalité interne et les moyens de légalité externe :

Moyens de légalité interne	Moyens de légalité externe
– violation de la règle de droit – détournement de pouvoir	– compétence de l'auteur de la décision – vice de forme ou de procédure

Les moyens de légalité interne et de légalité externe constituent deux catégories distinctes. Ils sont considérés par le juge administratif comme relevant de « *causes juridiques distinctes* ». À l'intérieur d'une même catégorie, les moyens sont considérés comme se rapportant à la même cause. Ainsi le moyen tiré de l'incompétence de l'auteur de l'acte et celui tiré d'un vice de forme sont tous deux des moyens de légalité externe ; ils relèvent de la même catégorie ou procèdent de la même cause juridique. À l'inverse, le détournement de pouvoir et l'incompétence de l'autorité sont considérés par le juge administratif comme des moyens qui procèdent de causes juridiques distinctes.

Cette classification a des conséquences importantes sur le régime de la recevabilité des moyens *(cf. n°* ***74.7.2.3****)*.

B. La classification des moyens propres au contentieux des salariés protégés

74.7.2.2. – Dans le domaine du contentieux des décisions relatives aux salariés protégés, les moyens peuvent être classés comme suit :

Moyens de légalité interne	**Moyens de légalité externe**
– irrégularité de la procédure interne à l'entreprise (entretien préalable, consultation du comité d'entreprise) ; – méconnaissance du délai de huit jours fixé par l'article R. 2421-14 du Code du travail ; – contestation de la réalité du motif avancé à l'appui de la demande ; – contestation de la gravité de la faute en cas de licenciement pour motif disciplinaire ; – contestation du motif ou de la portée des efforts de reclassement en cas de licenciement pour motif économique ; – discrimination ; – existence ou non d'un motif d'intérêt général s'opposant au licenciement.	– compétence de l'auteur de la décision ; – irrégularité de l'enquête contradictoire conduite par l'inspecteur du travail ; – insuffisance de motivation de la décision.

Le Conseil d'État a jugé que le moyen tiré de l'irrégularité de la procédure interne à l'entreprise doit être regardé comme un moyen de légalité interne de la décision *(CE, 12 juill. 1995, n° 154.219, M. Dondi, Rec. p. 1061)*. Il en va de même du moyen tiré de la méconnaissance du délai de huit jours fixé par l'article R. 2421-14 du Code du travail entre la date de mise à pied du salarié et la saisine de l'inspecteur du travail, qui concerne la régularité de la procédure antérieure à cette saisine *(CE, 27 févr. 2019, n° 413.556, Société Vacation Rental, mentionné aux tables du rec., RJS 2019 n° 307, AJDA 2019, p. 1682)*.

C. La portée de la classification des moyens

74.7.2.3. – Cette classification des moyens a une portée pratique importante : après l'expiration du délai de recours contentieux, le requérant ne peut plus invoquer devant le juge administratif que des moyens se rapportant à la même cause juridique – ou à la même catégorie – que ceux soulevés dans le délai de deux mois *(CE, 20 févr. 1953, n° 9.772, Sté Intercopie, Rec. p. 88).*

La portée de ce principe est la suivante :

• **1re hypothèse**

Si le requérant n'a invoqué, dans le délai du recours contentieux, que des moyens de légalité externe de la décision attaquée, passé ce délai, il ne peut plus invoquer, ni devant les premiers juges, ni devant le juge d'appel, des moyens de légalité interne *(CE, 27 janvier 2016, n° 384.221).*

Ex. : si le requérant se borne à soulever la question de la compétence de l'inspecteur du travail et de la motivation de la décision, il ne peut plus, passé le délai du recours contentieux, invoquer des moyens tirés de l'irrégularité de la consultation du comité d'entreprise ou du lien existant entre la procédure de licenciement et le mandat ou encore de l'absence de motif de nature à justifier l'autorisation.

• **2e hypothèse**

Si le requérant n'a invoqué dans le délai de deux mois que des moyens de légalité interne de la décision attaquée, passé ce délai, il ne peut plus invoquer, ni devant les premiers juges, ni devant le juge d'appel, des moyens de légalité externe.

Ex. : si le salarié, dont le licenciement a été autorisé, se borne à contester dans le délai de recours la matérialité et la gravité des faits qui lui sont reprochés, il ne peut plus soulever, après l'expiration du délai du recours contentieux, un moyen tiré du défaut de motivation ou de l'irrégularité de l'enquête contradictoire conduite par l'inspecteur du travail.

• **3e hypothèse**

Le requérant a invoqué un moyen de légalité interne (l'absence de faute par exemple) et un moyen de légalité externe (l'insuffisance de la motivation) dans le délai de deux mois. Passé ce délai, il peut présenter un nouveau moyen, soit de légalité externe (l'absence ou l'irrégularité de l'enquête contradictoire conduite par l'inspecteur du travail), soit de légalité interne (l'irrégularité de la consultation du comité d'entreprise).

D. Les moyens d'ordre public

74.7.2.4. – Certains moyens peuvent être soulevés à tout moment par les parties et, à défaut, doivent être soulevés d'office par le juge : ces moyens sont désignés par l'expression « *moyen d'ordre public* ».

Il en est ainsi du moyen tiré de l'incompétence de l'auteur de la décision attaquée. Par conséquent, même si le requérant n'a soulevé que des moyens de légalité interne dans le délai de recours contentieux, il peut, par la suite, soulever le moyen tiré de l'incompétence de l'auteur de la décision attaquée.

En revanche, ne sont pas des moyens d'ordre public :

- le moyen tiré de ce que la personne ayant présenté la demande d'autorisation de licenciement n'était pas l'employeur et, par suite, n'avait pas qualité pour déposer cette demande *(CE, 9 avr. 2004, n° 233.630, Sté Endel et Me Facques, Tables p. 897, RJS 2004 n° 939, concl. G. Bachelier)* ;
- le moyen tiré du lien existant entre le licenciement et le mandat *(CE, 4 févr. 2004, n° 247.128, M. Valdivielso)* ;
- le moyen tiré de ce que le retrait d'une décision individuelle créatrice de droits serait entachée d'illégalité faute pour l'autorité administrative d'avoir respecté les conditions de délai ou de fond auxquelles un tel retrait est subordonné *(CE avis, 3 mai 2004, n° 262073, Tables p. 843, Dr. adm. 2004, n° 88, note Glaser ; AJDA 2004. 1530, note Hul)*.

E. La possibilité pour l'administration d'invoquer des nouveaux motifs à sa décision

74.7.2.5. – L'administration peut justifier une décision contestée devant le juge par de nouveaux motifs de droit ou de fait autres que ceux initialement indiqués *(CE, section, 6 févr. 2004, n° 240.560, Mme Hallal, Rec. p. 48, AJDA 2004, p. 436)*. Toutefois, les motifs invoqués par l'administration doivent être fondés sur la situation existant à la date de la décision. Il incombe au juge d'apprécier si ce nouveau motif est de nature à justifier la décision prise et si l'administration aurait pris la même décision si elle l'avait initialement retenu.

F. Le moyen invoquant par la voie de l'exception l'illégalité d'un acte administratif

74.7.2.6. – Le moyen tiré de l'illégalité d'un acte administratif, qu'il soit ou non réglementaire peut être utilement invoqué par voie d'exception à l'appui de conclusions dirigées contre une décision administrative ultérieure si cette dernière décision a été prise pour l'application du premier acte ou s'il en constitue la base légale. S'agissant d'un acte non réglementaire, l'exception n'est recevable que si l'acte n'est pas devenu définitif.

Il a été jugé qu'un salarié ne peut, à l'appui de ses conclusions tendant à l'annulation de l'autorisation de son licenciement pour motif économique, invoquer par la voie de l'exception l'illégalité de la décision d'homologation ou de validation du PSE dès lors que l'autorisation de licenciement ne peut être regardée comme un acte d'application de la décision d'homologation ou de validation *(CE, 19 juill. 2017, n° 391.849, société Milonga, publié au Rec.)*. Toutefois, l'annulation pour excès de pouvoir d'une décision de validation ou d'homologation PSE entraîne, par voie de conséquence, l'illégalité des autorisations de licenciement accordées, à la suite de cette validation ou de cette homologation, pour l'opération concernée (*même décision*). Il en résulte que le salarié protégé, s'il entend se prévaloir de cette jurisprudence, doit, en l'absence de recours dirigé contre la décision d'homologation ou de validation du PSE, présenter lui-même un recours contre cette dernière et un recours contre la décision autorisant son licenciement.

G. Les moyens inopérants

74.7.2.7. – Le moyen est qualifié d'inopérant lorsque, même fondé, il est, en tout état de cause sans incidence sur la légalité sur la solution du litige *(cf. n°* ***71.1.2*** *; pour des exemples s'agissant du contentieux de la validité du PSE, cf. n°* ***410.2.1.2.1****)*.

Il a été jugé que lorsque l'inspecteur du travail s'est fondé, pour refuser l'autorisation demandée, sur plusieurs motifs faisant, chacun, légalement obstacle à ce que le licenciement soit autorisé, « *le juge de l'excès de pouvoir ne peut annuler cette décision que si elle est entachée d'illégalité externe ou si aucun des motifs retenus par l'inspecteur du travail n'est fondé* » *(CE, 19 déc. 2018, n° 399.095, société Servair)*. Il s'ensuit dans ce cas de figure que :

- les moyens critiquant la légalité externe de la décision sont bien opérants et doivent être examinés par le juge du fond ;
- en revanche, dès lors que le juge du fond estime que l'un des motifs retenus par l'inspecteur est fondé, les moyens critiquant les autres motifs de légalité interne de la décision sont inopérants *(CE, 19 déc. 2018, n° 399.095, société Servair)*.

SECTION 8

L'exposé des conclusions de la requête à fin d'annulation

§ 1. LES CONCLUSIONS À FIN D'ANNULATION

A. Le cas où seule est contestée la décision initiale

74.8.1.1. – Le requérant doit préciser clairement que sa requête tend à l'annulation de la décision attaquée.

B. Le recours contentieux fait suite au rejet du recours gracieux

74.8.1.2. – Cette question est examinée au n° **61.1.3.4**.

C. Le cas où la décision initiale a été confirmée par le ministre sur recours hiérarchique

74.8.1.3. – Dans l'éventualité où le ministre, saisi sur recours hiérarchique, a confirmé la décision de l'inspecteur du travail, il est recommandé de mentionner que la requête tend à la fois à l'annulation de la décision de ce dernier et de celle du ministre, « *les décisions prises sur recours hiérarchique par le ministre ne se substituant pas aux décisions de refus de l'inspecteur du travail qu'elles confirment* » *(CE, 8 janv. 1997, n° 171.807, Sté des Grands magasins de l'Ouest, RJS 1997 n° 175)*.

Cependant, pour donner une portée utile aux conclusions, il a été admis, lorsque le requérant se bornait à conclure à l'annulation de la décision de l'inspecteur du travail, que sa demande n'était pas devenue sans objet, alors même qu'il n'avait pas attaqué la décision par laquelle le ministre avait rejeté son recours hiérarchique *(CE, 10 juill. 1995, n° 147.636, SA La Redoute catalogue)*.

Lorsque le demandeur ne contestait que la décision prise sur recours hiérarchique ayant confirmé la décision initiale, des difficultés sérieuses pouvaient en résulter. En effet, la seule annulation de la décision du ministre rejetant un recours dirigé contre une décision d'autorisation laissait subsister la décision initiale de l'inspecteur du travail. La chambre criminelle en avait déduit que, dans cette hypothèse, le salarié ne disposait pas d'un droit à être réintégré *(Cass. crim., 17 févr. 2004, n° 03-80.136, Bull. crim. n° 45, RJS 2004 n° 569 ; Rapport 2004 de la Cour de cassation, p. 418)*.

Pour prévenir ce type d'impasse juridique, les deux ordres de juridiction ont fait évoluer leur jurisprudence.

Dans un premier temps, le Conseil d'État s'est livré à un travail « *d'orthopédie juridique* », pour donner une portée utile aux conclusions, en jugeant que dès lors que le salarié concluait à l'annulation de la décision prise sur recours hiérarchique, il devait être regardé comme demandant également l'annulation de la décision initiale autorisant le licenciement *(CE, 5 sept. 2008, n° 303.707, Sté Sapa Profiles Puget, Tables p. 956, RJS 2008 n° 1102, concl. Y. Struillou, Dr soc 2008, p. 1251, X. Magina, « Le contentieux des autorisations administratives de licenciement », Sem. soc. Lamy, 22 sept. 2008, n° 1367 ; L. Pécaut-Rivolier et Y. Struilllou, Chron. des jurisprudences sur la représentation du personnel, 4ᵉ trimestre 2008, Sem. soc. Lamy, 23 févr. 2009 n° 1388)*.

Cette jurisprudence a été ensuite appliquée au cas où c'est l'employeur qui se borne à contester la décision du ministre *(CE, 7 oct. 2009, n° 322.581, M. Ouahirou, Rec. p. 358, concl. Y. Struillou, AJDA 2009 p. 2234 ; CAA Lyon, 22 mars 2011, n° 11LY00138, Sté Le Journal du Centre).*

Dans un second temps, par un arrêt du 13 novembre 2008, la chambre sociale a pris en compte la décision du Conseil d'État du 5 septembre 2008 en jugeant que l'annulation de la seule décision du ministre confirmant une décision d'autorisation emportait droit à réintégration pour le salarié concerné *(Cass. soc., 13. nov. 2008, n° 07-41.331, Bull. V n° 223, RJS 2009 n° 195 ; L. Pécaut-Rivolier et Y. Struillou, Chronique des jurisprudences sur la représentation du personnel, 4e trimestre 2008, Sem soc. Lamy 23 févr. 2009 n° 1388 ; Cass. soc., 21 sept. 2011, n° 10-16.309, RJS 2011 n° 889).*

D. Le cas où la décision initiale a été annulée par le ministre sur recours hiérarchique

74.8.1.4. – Si l'employeur saisit simultanément le ministre d'un recours hiérarchique et le tribunal administratif d'un recours contentieux tendant à l'annulation d'une décision de refus et si ultérieurement le ministre annule cette décision, le tribunal ne peut pas annuler la décision ministérielle, en l'absence de conclusions présentées par le salarié dirigées contre cette dernière ; dans une telle hypothèse, le juge doit décider que la demande de l'employeur est devenue sans objet *(CE, 4 mars 1996, n° 148.178, Sté Édouard Dubois).*

Si le ministre, sur recours hiérarchique, annule la décision initiale mais statue dans le même sens que l'inspecteur du travail, **il est très fortement recommandé de préciser que les conclusions sont dirigées contre la décision du ministre**.

Le Conseil d'État a par ailleurs jugé que « *lorsqu'une décision administrative faisant l'objet d'un recours contentieux est retirée en cours d'instance pour être remplacée par une décision ayant la même portée, le recours doit être regardé comme tendant également à l'annulation de la nouvelle décision ; que, lorsque que le retrait a acquis un caractère définitif, il n'y a plus lieu de statuer sur les conclusions dirigées contre la décision initiale, qui ont perdu leur objet ; que le juge doit, en revanche, statuer sur les conclusions dirigées contre la nouvelle décision* » *(CE, 15 oct. 2018, Formentin, n° 414.375, Tables p. 849).*

Au regard de l'intérêt de cette décision pour la préservation du droit au recours et de l'accès au juge, il n'est pas exclu que ce raisonnement soit transposé au cas où le ministre, en cours d'instance, annule la décision de l'inspecteur du travail pour reprendre une décision ayant la même portée que celle de l'inspecteur du travail.

§ 2. LES CONCLUSIONS TENDANT À LA CONDAMNATION DE L'ÉTAT AU PAIEMENT D'UNE SOMME D'ARGENT EN RÉPARATION DU DOMMAGE SUBI DU FAIT DE LA DÉCISION ADMINISTRATIVE

74.8.2. – Si de telles conclusions sont présentées, il est considéré que le requérant présente en fait deux recours : un recours pour excès de pouvoir et un recours en indemnité, ce dernier obéissant à des règles spécifiques qui sont exposées aux n° **83.1** et suivants. Les conclusions indemnitaires ne sont recevables que si elles sont présentées par le ministère d'un avocat.

§ 3. LES CONCLUSIONS TENDANT À LA CONDAMNATION DE L'UNE OU DES PARTIES À PAYER UNE SOMME AU TITRE DES FRAIS EXPOSÉS PAR LE REQUÉRANT ET NON COMPRISE DANS LES DÉPENS

74.8.3. – Sur le fondement des dispositions de l'article L. 761-1 du Code de justice administrative, le demandeur ou le défendeur peut demander au juge de condamner la ou les parties perdantes à lui payer les frais exposés et non compris dans les dépens, c'est-à-dire le plus souvent les honoraires d'avocat.

Ces conclusions peuvent être présentées tant par le requérant que par le défendeur.

La demande doit être chiffrée.

Il résulte des termes mêmes de l'article L. 761-1 que le tribunal ne peut pas condamner la partie qui gagne à payer à la partie perdante les frais exposés par cette dernière.

Le juge détermine lui-même la somme compte tenu de « *l'équité ou de la situation économique de la partie condamnée* » *(C. just. adm., art. L. 761-1)*. Le juge peut, pour les mêmes raisons, dispenser la partie perdante de toute condamnation.

§ 4. LES CONCLUSIONS TENDANT À CE QUE LE JUGE PRESCRIVE À L'ADMINISTRATION DE PRENDRE DES MESURES D'EXÉCUTION DU JUGEMENT

A. Les règles générales

74.8.4.1. – L'article L. 911-1 du Code de justice administrative dispose que :

« *Lorsque sa décision implique nécessairement qu'une personne morale de droit public… prenne une mesure d'exécution dans un sens déterminé, la juridiction, saisie de conclusions en ce sens, prescrit, par la même décision, cette mesure assortie, le cas échéant, d'un délai d'exécution* ».

L'article L. 911-2 du même Code précise que :

« *Lorsque sa décision implique nécessairement qu'une personne morale de droit public… prenne à nouveau une décision après une nouvelle instruction, la juridiction, saisie de conclusions en ce sens, prescrit par la même décision juridictionnelle que cette nouvelle décision doit intervenir dans un délai déterminé » (C. just. adm., art. L. 911-2).*

La loi n° 2019-222 du 23 mars 2019 de programmation 2018-2022 et de réforme pour la justice a introduit, au sein de ces deux articles, la faculté pour le juge de **prononcer d'office** une injonction :

- dans le cas visé à l'article L. 911-1, la juridiction peut prescrire d'office la mesure d'exécution dans un sens déterminé que sa décision implique nécessairement ;
- dans le cas visé à l'article L. 911-2, la juridiction peut prescrire d'office « *l'intervention de la nouvelle décision* ».

Il a été jugé que, ce faisant, le juge se borne à exercer son office et n'est, par suite, pas tenu de mettre les parties à même de présenter leurs observations *(CE, 5 juill. 2019, n° 413.040, Fédération française du transport de personnes, publié au Rec.)*.

B. L'application des dispositions au contentieux des salariés protégés

74.8.4.2. – L'étude de la portée de ces dispositions conduit à distinguer plusieurs hypothèses.

1. 1re hypothèse : l'autorisation de licenciement est annulée par le tribunal administratif

74.8.4.2.1. – En principe, l'autorité administrative se retrouve saisie de la demande d'autorisation *(cf. n°* ***74.12.1.2 et s.****)*.

L'annulation de l'autorisation de licenciement ouvre le droit au salarié de demander sa réintégration. Il incombe à l'employeur de réintégrer son salarié, si celui-ci le demande *(cf. n°* ***77.2.1****)*.

Le juge pourrait-il prescrire à l'autorité administrative de relever par procès-verbal l'infraction commise par l'employeur qui s'opposerait à la réintégration du salarié protégé ?

Si l'inspecteur du travail a la faculté de relever le délit qui a été commis par procès-verbal, il n'en a pas l'obligation : il jouit d'un pouvoir d'appréciation. En effet, la convention internationale du travail n° 81 du 19 juillet 1947, concernant l'inspection du travail dans l'industrie et le commerce, publiée par le décret n° 51-193 du 18 février 1951 *(JORF du 21.02.51, p. 1820-1825)*, stipule dans son article 17 : « *Il est laissé à la libre décision des inspecteurs du travail de donner des avertissements ou des conseils au lieu d'intenter ou de recommander des poursuites* ». De plus, le constat par procès-verbal ne peut être regardé comme une

« *mesure d'exécution* ». Enfin, le Conseil d'État a reconnu « *un principe général de l'indépendance de l'inspection du travail* » *(CE, 9 oct. 1996, n° 167.511, Union nationale CGT des affaires sociales et autres, Rec. p. 383 ; CE, assemblée, 28 déc. 2009, n° 316.479, Syndicat national du travail de l'emploi et de la formation SYNTEF-CFDT, Rec. p. 504).*

Ces différentes raisons devraient s'opposer à ce que le juge administratif prescrive à l'inspecteur du travail de dresser un procès-verbal.

En revanche, il semble possible que le juge demande au ministre de saisir de la question l'inspecteur du travail compétent.

2. 2e hypothèse : le refus d'autorisation de licenciement est annulé par le juge administratif

74.8.4.2.2. – Deux cas de figures doivent être distingués :

• L'inspecteur et le ministre avaient refusé l'autorisation

L'administration doit, si l'employeur confirme la demande, statuer à nouveau sur celle-ci. Le juge administratif peut, s'il a été saisi de conclusions en ce sens, ou d'office, prescrire que la demande d'autorisation soit réexaminée par l'inspecteur du travail dans un délai déterminé.

• La décision de l'inspecteur autorisant le licenciement a été annulée par le ministre qui a refusé le licenciement

La décision de l'inspecteur du travail ne revit pas *(cf. n°* ***74.12.1.3.2****).* Si le salarié a demandé et obtenu sa réintégration après la décision du ministre, l'administration doit à nouveau statuer sur la demande d'autorisation. Le juge peut prescrire au ministre de réexaminer la demande dans un délai déterminé.

C. La possibilité pour le juge de prescrire à l'administration d'autoriser le licenciement

74.8.4.3. – Le juge administratif peut-il prescrire à l'administration d'autoriser le licenciement du salarié en se fondant sur les dispositions de l'article L. 911-1 du Code de la justice administrative *(cf. P. Lointier, « Le juge administratif peut-il user de son pouvoir d'injonction ? », RJS 2004, p. 111)* ?

Les hypothèses suivantes doivent être distinguées :

1. 1re hypothèse : l'employeur présente des conclusions tendant à ce qu'il soit enjoint à l'administration d'autoriser le licenciement associées à des conclusions tendant à l'annulation de la décision de refus initiale

74.8.4.3.1. – Les dispositions du Code de justice administrative n'habilitent le juge à prescrire une mesure dans un sens déterminé que si le jugement « *implique nécessairement* » que l'administration prenne une telle mesure.

Or, le jugement annulant une décision de refus n'implique pas nécessairement que l'administration soit tenue de prendre une décision d'autorisation pour les raisons suivantes :

- si l'autorité administrative peut être tenue de refuser l'autorisation de licenciement, elle ne l'est jamais pour l'accorder, sauf exception, comme l'a précisé le Conseil d'État : « *pour l'exécution d'un jugement prononçant l'annulation d'une décision refusant d'autoriser le licenciement d'un salarié protégé, l'administration, lorsqu'elle procède à un nouvel examen de la demande, si elle ne saurait méconnaître la chose jugée par le jugement d'annulation, n'a pas pour autant compétence liée* » *(CE, 3 sept. 2009, n° 303.688, ministre de l'Emploi c. / Association Vacances Voyages Loisirs, concl. R. Keller).* En effet, l'annulation d'une décision de refus d'autorisation implique que l'autorité administrative statue de nouveau sur la demande d'autorisation et procède par suite « *à un réexamen de la demande en se plaçant à la date à laquelle il a statué, à la lumière des circonstances de droit et de fait existant à cette dernière date* », c'est-à-dire à la date à laquelle il statue pour la seconde fois *(CE, 21 sept. 1990, n° 95.026, Sté Stein-Fasel et ministre des Affaires sociales et de l'Emploi c. / Figlialepre, Rec. p. 1017)* ;
- l'administration a pu justifier sa décision de refus par des motifs tirés de l'irrégularité de la procédure, sans se prononcer sur le fond ;
- le refus a pu être justifié par une seule condition de fond *(l'absence de faute d'une gravité suffisante ou de motif économique)* sans que l'administration se soit prononcée sur les autres conditions de fond auxquelles est subordonné le licenciement *(l'absence de discrimination par exemple).*

2. 2e hypothèse : l'employeur présente des conclusions tendant à ce qu'il soit enjoint à l'administration d'autoriser le licenciement, associées à des conclusions tendant à l'annulation de la décision de refus prise par l'administration après l'annulation d'une première décision de refus

74.8.4.3.2. – À notre sens, la seule annulation de la décision de refus ne saurait justifier par elle-même qu'il soit prescrit à l'administration d'autoriser le licenciement du salarié que dans des hypothèses peu nombreuses :

- dans le cas où la décision de refus est uniquement fondée sur un motif d'intérêt général, ce motif étant censuré par le juge et l'administration ayant estimé satisfaites les autres conditions auxquelles est subordonné l'octroi de l'autorisation ;
- dans le cas où la décision de refus annulée méconnaît elle-même l'autorité de la chose jugée par le juge administratif. Le Conseil

d'État a jugé que « *l'autorité de chose jugée s'attachant au dispositif d'une décision juridictionnelle annulant un refus d'autorisation et devenu définitive ainsi qu'aux motifs qui en sont le support nécessaire fait obstacle à ce que,* ***en l'absence de modification de la situation de droit ou de fait****, l'autorisation sollicitée soit à nouveau refusée par l'autorité administrative ou que l'autorisation accordée soit annulée par le juge administratif, pour un motif identique à celui qui avait été censuré par la décision juridictionnelle devenue définitive* » *(CE, 24 oct. 2018, n° 402434, société Servair).* En raison de la portée du contrôle relatif à l'absence de rapport entre le licenciement envisagé et les fonctions représentatives normalement exercées ou l'appartenance syndicale de l'intéressé, l'injonction à délivrance ne pourra être prononcée qu'avec prudence. En effet il a été jugé « *qu'il appartient ainsi à l'inspecteur du travail et, le cas échéant, au ministre du travail,* ***d'opérer un tel contrôle au regard des circonstances de fait et de droit prévalant à la date de leur décision****, y compris lorsqu'ils se prononcent à nouveau sur une demande d'autorisation après l'annulation d'une première décision refusant d'y faire droit ;* ***qu'il en va ainsi même lorsque le refus d'autorisation qui a été annulé reposait sur l'existence d'un lien entre la demande de licenciement et les mandats du salarié et que l'annulation contentieuse se fonde sur l'absence d'un tel lien*** » *(même décision)* ;

– dans le cas où le juge se prononce, dans sa décision, sur l'ensemble des conditions requises pour la délivrance de l'autorisation et juge chacune de ses conditions satisfaites. En effet, dans cette hypothèse, si l'administration prenait une nouvelle décision, celle-ci serait de nature à méconnaître l'autorité de la chose jugée *(cf. n°* ***74.12.3.2.1****)*, sous la réserve énoncée ci-dessus s'agissant d'éléments nouveaux, postérieurs à la décision juridictionnelle revêtue de l'autorité absolue de la chose jugée, établissant l'existence d'un lien entre la demande d'autorisation de licenciement et le ou les mandats exercés par le salarié. Dans un tel cas, il est alors possible de considérer que l'annulation d'une décision implique « *normalement* » que l'administration accorde l'autorisation. Néanmoins, le juge doit procéder d'office aux mesures d'instruction nécessaires pour déterminer si, à la date de sa décision, il existe ou non des changements de circonstances tels que l'annulation de la décision de refus n'implique pas nécessairement que soit accordée l'autorisation *(cf. chron. AJDA 1997, p. 584, CE, 4 juill. 1997, n° 161.105, Leveau, Rec. p. 282 et CE 4 juill. 1997, époux Bourezak, Rec. p. 278).* L'acquisition d'un nouveau mandat par le salarié constituerait, à notre sens, un changement de circonstance de fait faisant obstacle à ce que le juge prescrive à l'administration d'autoriser le licenciement. Il en serait de même si le salarié concerné était devenu l'unique représentant du personnel, cette circonstance ouvrant la faculté pour l'administration de rejeter la demande pour un motif d'intérêt général.

Ces considérations de fait et de droit devraient conduire le juge à user de son pouvoir d'injonction avec une grande prudence.

D. Les conclusions tendant à ce que le juge administratif prononce une astreinte pour assurer l'exécution de l'injonction

74.8.4.4. – Saisi de conclusions en ce sens, le tribunal administratif peut assortir l'injonction qui a été prescrite à l'administration sur le fondement des articles L. 911-1 et L. 911-2 du Code de justice administrative précités, d'une astreinte.

Si le salarié ou le syndicat présente des conclusions tendant à ce que le juge administratif prononce **à l'égard de l'entreprise** une astreinte, ces conclusions doivent être rejetées, le juge administratif n'étant pas compétent pour prononcer une astreinte à l'égard d'une société de droit privé qui n'est pas chargée de l'exécution d'un service public *(CE, 22 juin 1990, n° 115.142, M. Cartigny)*.

Si le salarié présente des conclusions tendant à ce que le juge prononce une astreinte à l'égard de l'administration en vue d'assurer l'exécution d'un jugement annulant la décision autorisant son licenciement, le Conseil d'État a jugé que ces conclusions n'étaient pas fondées dès lors que la cour d'appel avait estimé, sur renvoi de la Cour de cassation, que sa réintégration était impossible en fait et que l'administration avait pris les mesures d'exécution qui lui incombaient, l'inspecteur du travail ayant en temps utile dressé procès-verbal *(CE, 7 avr. 1993, n° 94.236, M. Ravatel)*.

§ 5. LES CONCLUSIONS NE RELEVANT PAS DE LA COMPÉTENCE DU JUGE ADMINISTRATIF

A. La réintégration du salarié protégé

74.8.5.1. – Si le licenciement a été autorisé par l'administration, le salarié protégé ne peut pas présenter devant la juridiction administrative des conclusions tendant à ce que le juge administratif condamne son employeur à le réintégrer. En effet, de telles conclusions relèvent de la seule compétence du conseil des prud'hommes *(cf. n°* ***77.2.8.2****)*.

B. La condamnation de l'entreprise à verser au salarié des dommages-intérêts

74.8.5.2. – De telles conclusions relèvent de la compétence du juge judiciaire et ne peuvent être portées devant la juridiction administrative *(CE, 7 avr. 1993, n° 94.236, M. Ravatel)*.

L'indemnisation du préjudice subi par le salarié, qui relève de la compétence du juge judiciaire, est examinée aux n° **77.5** et suivants.

SECTION 9

Les conclusions de la requête à fin de suspension

§ 1. LE RÉFÉRÉ-SUSPENSION

Plan du paragraphe

A. Les règles générales

74.9.1.1. – Aux termes de l'article L. 4 du Code de justice administrative :

« *Sauf dispositions législatives spéciales, les requêtes n'ont pas d'effet suspensif s'il n'en est autrement ordonné par le tribunal.* »

L'article L. 521-1 du Code de justice administrative dispose que :

« *Quand une décision administrative, même de rejet, fait l'objet d'une requête en annulation ou en réformation, le juge des référés, saisi d'une demande en ce sens, peut ordonner la suspension de l'exécution de cette décision, ou de certains de ses effets, lorsque l'urgence le justifie et qu'il est fait état d'un moyen propre à créer, en l'état de l'instruction, un doute sérieux quant à la légalité de la décision* ».

Les conclusions tendant à la suspension de la décision doivent être présentées par une requête distincte *(C. just. adm., art. R. 522-1)* de celle tendant à l'annulation de la décision attaquée.

La requête et l'enveloppe qui la contient doivent porter la mention « *référé* ». Elle doit être adressée par lettre recommandée.

Plusieurs hypothèses peuvent être distinguées selon que l'autorisation a été accordée ou refusée.

B. L'autorisation de licenciement a été refusée

74.9.1.2. – Le Conseil d'État a posé le principe que le juge administratif peut ordonner qu'il soit sursis à l'exécution d'une décision de rejet d'une demande si, d'une part, l'exécution est de nature à causer un préjudice difficilement réparable et si, d'autre part, l'un au moins des moyens soulevés par le requérant est de nature non seulement à justifier l'annulation de la décision mais également à ce que le juge adresse à l'administration l'une des injonctions prévues par les dispositions des articles L. 8-2 et L. 8-3 du Code des tribunaux administratifs et des cours administratives d'appel *(reprises aux articles L. 911-1 et L. 911-2 du Code de justice administrative)*. Le prononcé du sursis à exécution doit être assorti de « *l'indication des obligations qui en découleront pour l'administration et qui peuvent consister à réexaminer la demande dans un délai déterminé ou, le cas échéant, à prendre toute mesure conservatoire utile… compte tenu de l'objet du litige, du moyen retenu et de l'urgence* » *(CE, section, 20 déc. 2000, n° 206.745, Ouatah, Rec. p. 643)*.

Deux conditions de fond doivent être satisfaites pour que le juge puisse ordonner la suspension de l'exécution de la décision attaquée :

- l'urgence doit justifier la suspension ;
- le requérant doit faire « *état d'un moyen propre à créer, en l'état de l'instruction, un doute sérieux quant à la légalité de la décision* ».

• La condition relative à l'urgence

« *Notion éminemment concrète et relative, l'urgence sera appréciée en fonction des circonstances de chaque affaire, et spécialement compte tenu de la situation particulière du demandeur auquel il appartiendra d'invoquer et d'établir les raisons pour lesquelles ces circonstances commandent la suspension de l'acte qu'il a entendu contester* » *(« La réforme des procédures d'urgence devant le juge administratif », R. Vandermeeren, AJDA sept. 2000, p. 706)*.

Pour le Conseil d'État, l'urgence justifie « *que soit prononcée la suspension d'un acte administratif lorsque l'exécution de celui-ci porte atteinte, de manière suffisamment grave et immédiate à un intérêt public, à la situation du requérant ou aux intérêts qu'il entend défendre* » ; l'urgence doit être appréciée « *objectivement et compte tenu de l'ensemble des circonstances de l'espèce* » *(CE, section, 28 févr. 2001, n° 229.562, préfet des Alpes-Maritimes et Sté Sud-Est Assainissement, Rec. p. 109)*. Le juge de l'urgence doit prendre en compte les exigences de l'intérêt général au stade de la détermination de l'urgence *(concl. du commissaire du gouvernement M. Seban)*.

L'urgence peut être admise « *alors même que [la] décision n'aurait un objet ou des répercussions que purement financiers et que, en cas d'annulation, ses effets pourraient être effacés par une réparation pécuniaire* » *(CE, section, 19 janv. 2001, n° 228.815, Confédération nationale des radios libres, Rec. p. 29)*. Les effets de la décision en cause doivent être de nature

« à caractériser une urgence justifiant que, sans attendre le jugement de la requête au fond, l'exécution de la décision soit suspendue » (décisions précitées du Conseil d'État).

Le Conseil d'État a pu admettre que la condition d'urgence pouvait être regardée comme remplie par le juge des référés du tribunal administratif dès lors que l'exécution de la décision du ministre chargé du travail refusant un licenciement signifiait la réintégration immédiate du salarié et « *pouvait ainsi, par ses incidences financières, préjudicier de manière grave et immédiate aux intérêts de cette association » (CE, 9 nov. 2015, n° 388.922, RJS 2016 n° 45).*

• La condition relative au moyen avancé par le demandeur

Il doit être de nature à faire naître, en premier examen, un doute sérieux dans l'esprit du juge « *en l'état de l'instruction* ».

Le Conseil d'État a eu l'occasion de confirmer l'ordonnance du juge des référés du tribunal administratif selon laquelle était de nature à créer un doute sérieux sur la légalité du refus d'autorisation opposé par le ministre du travail le moyen tiré de l'erreur d'appréciation commise en estimant que le comportement de la salariée, qui avait proféré des menaces et tenu des propos particulièrement violents à l'égard de son employeur, n'était pas constitutif d'une faute justifiant son licenciement *(CE, 9 nov. 2015, n° 388.922, RJS 2016 n° 45).*

À supposer que les deux conditions posées par le Code de justice administrative soient satisfaites, le juge n'est pas tenu de prononcer la suspension de la décision attaquée.

Le juge des référés ne peut prendre que des mesures qui « *présentent un caractère provisoire » (C. just. adm., art. L. 511-1).* S'il peut, après avoir ordonné la suspension de la décision de refus, enjoindre à l'administration de réexaminer la demande d'autorisation dans un délai déterminé, il ne peut décider d'accorder lui-même cette autorisation. En effet, dans une telle hypothèse, la mesure ordonnée créerait au profit du requérant une situation irréversible – l'employeur pouvant alors notifier valablement son licenciement au salarié – et ferait perdre à celui-ci le bénéfice d'un rejet au fond de la requête tendant à l'annulation de la décision de refus de l'administration.

Les décisions prises par le juge des référés sur le fondement de l'article L. 521-1 sont rendues en dernier ressort : elles ne peuvent donc faire l'objet que d'un pourvoi en cassation devant le Conseil d'État, dans les quinze jours suivant leur notification.

C. L'autorisation de licenciement a été accordée

74.9.1.3. – Le sursis à exécution ne pouvait être accordé que si la décision de l'administration n'avait pas été exécutée. En application de ce principe, dès lors que l'employeur avait notifié son licenciement au salarié, le sursis à exécution ne pouvait plus être ordonné *(CE, 16 déc. 1977,* *n° 04.895, Lehodey, Rec. p. 508, concl. Mme Latournerie, Dr soc 1978 p. 112 AJDA 1978, p. 514 et chron. AJDA 1979 juillet-août 1979).* Les conclusions tendant au sursis à exécution de la décision d'autorisation devaient être rejetées, même si le délai de préavis n'est pas expiré *(CE, 12 mars 1980, n° 09.503, Fevquenne, Rec. p. 144 ; CE, 3 déc. 1980, n° 23.669, ministre du Travail et de la Participation c. / Tafall, Rec. p. 914, AJDA 1980 p. 290).*

Le Conseil d'État a maintenu cette jurisprudence dans le cadre du « *référé-suspension* » :

- la décision d'autorisation est jugée comme entièrement exécutée dès lors que le licenciement a été prononcé et les conclusions aux fins de suspension de l'exécution de la décision sont jugées irrecevables *(CE, 2 juill. 2003, n° 244.435, Lefebvre, Tables p. 916, RJS 2003 n° 1289 ; CE, ord. juge des référés, n° 274.010, 12 nov. 2004, Mme Uluoz ; CE, 23 mars 2005, n° 270.268, Sté Sodiparc ; CE, 24 févr. 2010, n° 333.248, Sté Aigle Azur Transports Aériens)* ;
- *« La rupture du contrat de travail prend effet à compter de l'envoi du courrier recommandé avec accusé de réception notifiant cette rupture au salarié ; (...) par suite, l'autorisation de licenciement d'un salarié protégé doit être regardée comme entièrement exécutée à compter de cet envoi » (CE, 7 déc. 2009, n° 327.259, Sté CM-CIC-ASSET Management, Tables p. 900, RJS 2010 n° 204, obs. P. Bourdon RDT 2010 p. 311 ; CE, 19 déc. 2012, n° 361.271, CRCAM de la Guadeloupe, Tables p. 911, RJS 2013 n° 220, Dr soc 2013 p. 358 note R. Bonnefont)* ;
- il en est de même en présence d'une ordonnance du juge des référés du conseil de prud'hommes prononçant la suspension des effets du licenciement, dès lors que cette mesure « *qui ne pouvait qu'être provisoire et qui ne se prononçait pas sur la validité du licenciement lui-même, est restée sans conséquence sur l'entière exécution de la décision » (CE, 21 oct. 2019, Société Allianz Vie et Ministre du travail, n° 427.045, 427.074).*

La position du Conseil d'État découle de la jurisprudence de la Cour de cassation quant à la date d'effet de la rupture du contrat de travail *(Cass. ass. plén., 28 janv. 2005, n° 01-45.924, Bull. AP n° 1, rapport Mme Bellamy ; Cass. soc., 11 mai 2005,* n° *03-40.650, Bull. civ. V n° 159, obs. J. Mouly, Dr. soc. 2005 p. 920 : « la rupture d'un contrat de travail se situe à la date où l'employeur a manifesté sa volonté d'y mettre fin, c'est-à-dire au jour de l'envoi de la lettre recommandée avec demande d'avis de réception notifiant la rupture » ; Cass. soc., 1er déc. 2005, n° 04-42.163, Bull. civ. V n° 350 ; Cass. soc. 26 sept. 2006, n° 05-44.670, Bull. civ. V n° 287, Dr soc 2006 p. 1193 obs. J. Savatier ; Cass. soc. 28 nov. 2006, n° 05-42.202, RJS 2007 n° 208 ; Cass. soc., 6 mai 2009, n° 08-40.395, Bull. civ. V n° 123).* Dans le cas où la lettre de licenciement est remise en main propre, le contrat de travail est rompu à cette date nonobstant le refus du salarié de prendre la lettre et de signer le reçu *(Cass. soc., 16. déc. 2009, n° 08-42.922, RJS 2010 n° 249).*

Si la solution retenue par le Conseil d'État est conforme aux règles relatives au référé-suspension, elle n'en prive pas moins, en pratique, les salariés de toute possibilité d'obtenir de la part du juge le prononcé d'une telle mesure, dès lors que l'employeur aura prononcé le licenciement, ce cas de figure étant le plus probable *(pour un exemple où les conclusions étaient recevables : CE, 10 nov. 2006, n° 292.834, Institut rural d'Annecy-Le-Vieux).*

Le Conseil d'État a été saisi par un salarié d'une question prioritaire de constitutionnalité portant sur la conformité aux droits et libertés garantis par la Constitution de l'article L. 521-1 du Code de justice administrative et de l'article L. 1232-6 du Code du travail. Cette question était posée à l'appui de son pourvoi dirigé contre l'ordonnance du juge des référés du tribunal administratif qui avait dit n'y avoir pas lieu de statuer sur sa demande tendant à la suspension de la décision autorisant son licenciement en raison de l'envoi par son employeur, postérieurement à l'introduction de sa requête, du courrier prononçant la rupture de son contrat de travail.

Cette question a été transmise au Conseil constitutionnel par le Conseil d'État qui a jugé que le moyen tiré de ce que, « *en tant qu'elles ne prévoient pas de garanties de nature à ce que, lorsque le licenciement est subordonné à une autorisation administrative, le juge des référés puisse statuer utilement, s'il en est saisi, sur une demande de suspension de l'exécution de cette autorisation, [les dispositions de l'article L. 1232-6 du Code du travail] portent atteinte aux droits et libertés garantis par la Constitution, notamment au droit à un recours effectif, soulevait une question présentant un caractère sérieux* » *(CE, 7 mars 2019, n° 425.779, Taoufik B.).*

Le Conseil constitutionnel a admis la conformité de ces dispositions à la Constitution en considérant que le législateur a institué des garanties suffisantes visant à remédier aux conséquences, pour le salarié protégé et pour les institutions représentatives du personnel, de l'exécution de l'autorisation administrative de licenciement *(Décision n° 2019-787 QPC du 7 juin 2019, JO 8 juin 2019, RJS 2019 n° 513 ; D. 2019 p. 1290 ; Constitutions 2019 p. 306).*

D. L'autorisation de licenciement accordée par l'inspecteur du travail a été annulée par le ministre

74.9.1.4. – Sur le fondement des anciennes dispositions du Code des tribunaux administratifs et des cours administratives d'appel *(art. L. 10)*, il avait été admis que la décision par laquelle le ministre annule une décision d'autorisation accordée par l'inspecteur du travail était susceptible de faire l'objet d'un sursis à exécution *(CE, 10 mars 1997, n° 170.674, SARL Alcera Gambin, Rec. p. 1110).*

Les conditions auxquelles est subordonné le prononcé de la suspension de la décision du ministre ont été présentées ci-dessus au n° **74.9.1.2**.

E. Le transfert du salarié a été autorisé

74.9.1.5. – Il a été jugé par le Conseil d'État que, dès lors que la décision d'autorisation de transfert a été notifiée, elle doit être regardée comme entièrement exécutée et que, dans ces conditions, les conclusions tendant à ce que soit prononcée la suspension de l'exécution de la décision d'autorisation de transfert sont sans objet et doivent être rejetées *(CE, 27 juin 2005, n° 277.048, Association Établissement régional Léo Lagrange de Rhônes-Alpes Auvergne, RJS 2005 n° 1005 ; CE, 5 avril 2006, n° 286.493, Sté B&W marketing et Ministre de l'Emploi c. / Mme Petit).*

La solution adoptée par le Conseil d'État a été déterminée par les considérations suivantes :

- la volonté de fixer une position cohérente avec celle adoptée s'agissant des conclusions tendant au sursis à l'exécution d'une décision autorisant le licenciement qui sont sans objet dès lors que le licenciement a été prononcé et que la décision a été entièrement exécutée *(cf. n°* ***74.9.1.3****)* ;
- la jurisprudence de la chambre sociale selon laquelle c'est la notification de la décision d'autorisation de transfert qui entraîne automatiquement et immédiatement le transfert du contrat de travail du salarié protégé *(Cass. soc., 27 juin 2002, n° 00-44.006 Bull. civ. V n° 221, RJS 2002 n° 1257)* ;
- le souci d'éviter que ne s'engage « *une partie de ping-pong* » entre les employeurs dont le salarié serait « *la balle* ».

Toutefois, la jurisprudence du Conseil d'État ne ferme pas totalement la porte à une demande de suspension dans l'hypothèse où l'inspecteur aurait notifié sa décision avant que le transfert ne prenne effet.

F. Le transfert du salarié a été refusé

74.9.1.6. – La suspension de l'exécution de la décision refusant le transfert peut être accordée si la demande satisfait aux deux conditions présentées et examinées précédemment *(cf. n°* ***74.9.1.2****)*.

§ 2. LE RÉFÉRÉ-LIBERTÉ

A. Les règles générales

74.9.2.1. – Saisi de conclusions en ce sens, le tribunal administratif peut « *ordonner toutes mesures nécessaires à la sauvegarde d'une liberté fondamentale à laquelle une personne morale de droit public... aurait porté, dans l'exercice de ses pouvoirs, une atteinte grave et manifestement illégale. Le juge des référés se prononce dans un délai de quarante-huit heures* » *(C. just. adm., art. L. 521-2).* Les conclusions tendant à la suspension de la décision doivent être présentées par une requête distincte de celle tendant à son annulation *(C. just. adm., art. R. 522-1).* La requête et l'enveloppe qui la contient doivent porter la mention « *référé* ». Elle doit être adressée par lettre recommandée.

Les conclusions tendant à faire jouer à la fois le « *référé-suspension* » et le « *référé-liberté* » ne peuvent pas être présentées dans une même requête *(CE, section, 28 févr. 2001, n° 230.112, Philippart et Lesage, Rec. p. 111).*

B. Les conditions de la suspension

74.9.2.2. – La mise en œuvre de cette procédure est subordonnée aux conditions suivantes.

1. Un impératif d'urgence

74.9.2.2.1. – Les conclusions présentées par un salarié sur le fondement de l'article L. 521-2 ne peuvent être accueillies dès lors que le licenciement a été prononcé par l'employeur pour les raisons précédemment exposées *(CE, juge des référés, 20 juill. 2009, n° 329.657, Mme Verdier, cf. n°* ***74.9.1.3****).*

2. L'atteinte à une liberté fondamentale

74.9.2.2.2. – Au nombre de ces libertés figurent :

– **la liberté d'entreprendre** *(CE, juge des référés, 12 nov. 2001, n° 239.840, commune de Montreuil-Bellay, Recueil, p. 551 ; CE, 26 mai 2006, ord. juge des référés, n° 293.501, Société du Yacht Club International de Marina Baie-des-Anges (SYCIM), Rec. p. 265)* ;

– **la liberté du commerce et de l'industrie** *(CE, ord., 8 juin 2005, n° 281.084, commune de Houilles, mentionné aux Tables ; CE, ord. 28 oct. 2020, n° 445.455)* ;

– **la liberté d'opinion** *(CE, section, 28 févr. 2001, n° 229.163, M. Casanovas, Rec. p. 107)* ;

– **le droit de grève** *(CE, 9 déc. 2003, n° 262.186, Aguillon, Rec. p. 497, Dr ouvrier 2004 p. 184, note M. Panigel-Nennouche)* ;

– **la liberté du travail** *(CE, 4 oct. 2004, n° 264.310, Sté Mona Lisa Investissement, Rec. p. 362, commentaire, F. Renaud, « Une renaissance de la liberté du travail ? », Dr soc 2005 p. 608, commentaire F. Renaud, Dr ouvrier 2005 p. 35, commentaire H. Favier AJDA 2004 p. 2459 ; M.-C. Rouault, « Le référé-liberté et le droit du travail », Sem. soc. Lamy 25 juill. 2005, n° 1225, p. 15)* ;

– **la liberté de ne pas être astreint à un travail forcé** *(CE, 3 mai 2005, n° 279.999, Confédération française des travailleurs chrétiens, Tables p. 1034, D. 2005 p. 1465, note T. Guillemin)* ;

– **la liberté syndicale** *(CE, 25 juill. 2003, n° 258.677, ministre de la Jeunesse c./ SNUDI-FO, AJDA 2004 p. 448 ; CE, 31 mai 2007, n° 298.293, syndicat CFDT Interco 28, Rec. p. 222)* ;

– **le droit au respect de la vie et le droit à la protection de la santé** *(CE, 18 avr. 2020, n° 440.012, Fédération des travailleurs de la métallurgie CGT (FTM-CGT), mentionné aux Tables).*

L'atteinte portée à une liberté fondamentale doit être appréciée non seulement au regard de l'objet de la mesure mais également des motifs sur lesquels elle se fonde *(CE, section, 28 févr. 2001, n° 229.163, M. Casanovas, Rec. p. 107).*

Une mesure de licenciement devrait être regardée comme susceptible de porter atteinte à la liberté fondamentale que constitue la liberté syndicale dès lors que « *la liberté syndicale, par essence, est une liberté qui a vocation à s'exercer dans le cadre du travail... Le moyen le plus efficace d'entraver la liberté syndicale consiste bien à licencier tous les salariés détenteurs d'un mandat syndical et c'est pour cette raison que le Code du travail accorde une protection exceptionnelle aux représentants du personnel en cas de licenciement* » *(concl. du commissaire du gouvernement P. Fombeur, 28 févr. 2001, n° 229.163, M. Casanovas, Rec. p. 107).*

Inversement, une décision de refus d'autorisation de licenciement peut « *par ses conséquences porter atteinte à une liberté fondamentale* » ; le refus d'autorisation de licenciement concernant un salarié protégé accusé de harcèlement moral peut ainsi être de nature à « *compromettre une liberté fondamentale en lien avec le droit du travail* » *(CE, 4 oct. 2004, n° 264.310, Sté Mona Lisa Investissement, Rec. p. 362, commentaire, F. Renaud, « Une renaissance de la liberté du travail ? », Dr soc 2005 p. 608, commentaire F. Renaud, Dr ouvrier 2005 p. 35, commentaire H. Favier AJDA 2004 p. 2459 ; M.-C. Rouault, « Le référé-liberté et le droit du travail », Sem. soc. Lamy, 25 juill. 2005 n° 1225, p. 15).*

3. Le caractère grave et manifestement illégal de l'atteinte à la liberté fondamentale

74.9.2.2.3. – Le Conseil d'État a jugé que « *le degré de gravité que peut revêtir une mesure affectant la liberté d'entreprendre ou la liberté du travail doit prendre en compte les limitations de portée générale apportées à ces libertés qui ont été introduites par le législateur pour permettre certaines interventions jugées nécessaires de la puissance publique, notamment dans les relations de travail* » et « *figure au nombre de ces limitations la protection dont bénéficient dans l'intérêt de l'ensemble des travailleurs qu'ils représentent, les délégués du personnel, dont le licenciement ne peut intervenir que sur autorisation de l'inspecteur du travail* » *(CE, 4 oct. 2004, n° 264.310, Sté Mona Lisa Investissement, Rec. p. 362 : accusation de harcèlement moral à l'encontre du salarié protégé ; CE, ord. 24 mars 2023, n° 471970, société Elior Services Propreté et Santé : demande d'autorisation fondée sur le motif de harcèlement moral du salarié protégé sur ses subordonnés).*

Ainsi, ne peut être regardé comme constitutif d'une atteinte grave et manifestement illégale à une liberté fondamentale et ne saurait donc faire l'objet d'un référé-liberté un refus d'autorisation de licenciement d'un délégué du personnel motivé par l'absence d'un délai suffisant laissé au salarié protégé pour préparer sa défense entre l'entretien préalable et la réunion du comité d'établissement *(CE, 8 août 2011, n° 351.543, Sté Meubles Ikéa France).* S'il estime que l'atteinte portée à une liberté fondamentale est manifestement illégale, le juge pourra ordonner toutes mesures nécessaires à la sauvegarde des droits menacés.

Dans le cas où la décision contestée est une décision de refus, pour les raisons exposées précédemment *(cf. n°* ***74.8.4.3.2****)*, il nous semble que si le juge peut ordonner à l'administration de réexaminer la demande d'autorisation, il ne pourrait pas lui ordonner d'accorder cette autorisation à l'employeur dès lors que les mesures qu'il peut ordonner doivent présenter un caractère provisoire *(C. just. adm., art. L. 511-1).*

Dans le cas où la décision contestée est une décision d'autorisation dont il est demandé la suspension sur le fondement de l'article L. 521-2 du Code de justice administrative, le raisonnement suivi est le même que dans le cadre d'une demande de suspension sollicitée sur le fondement de l'article L. 521-1 du Code de justice administrative *(cf. n°* ***74.9.1.3****)* : ainsi, la notification du licenciement en cours d'instance rend sans objet les conclusions dirigées contre la décision d'autorisation et le juge des référés doit juger qu'il n'y a plus lieu de statuer sur la demande de suspension *(CE ord., 13 déc. 2017, n° 416.372).*

Les décisions du juge des référés, prononcées dans le cadre du « *référé-liberté* », sont susceptibles d'appel devant le Conseil d'État dans les quinze jours suivant leur notification. Toutefois, si le juge des référés du tribunal administratif estime la demande irrecevable ou mal fondée, l'ordonnance par laquelle il peut rejeter cette demande n'est susceptible que d'un pourvoi en cassation *(CE, section, 28 févr. 2001, n° 229.163, M. Casanovas, Rec. p. 107).*

SECTION 10

Le déroulement de la procédure devant le tribunal administratif

§ 1. L'INSTRUCTION

A. Les règles générales

74.10.1.1. – Devant le tribunal administratif, la procédure est écrite et contradictoire.

La requête est communiquée pour observation aux autres parties. Ainsi, si l'employeur attaque une décision de refus, sa requête est communiquée au ministère du travail et au salarié pour que ceux-ci puissent présenter leurs observations.

Les parties doivent produire leur mémoire dans un délai qui est fixé par le tribunal. Ces observations sont elles-mêmes communiquées au requérant pour qu'il présente, dans un délai déterminé, ses observations en réplique.

B. La clôture de l'instruction

74.10.1.2. – Quand le tribunal estime que l'affaire est en état d'être jugée, il peut décider d'ordonner la clôture de l'instruction. Dans ce cas, l'ordonnance doit être notifiée aux parties quinze jours au moins avant la date de clôture qu'elle a fixée *(C. just. adm., art. R. 613-1)*. Les parties ont ainsi la possibilité de présenter leurs dernières observations. En principe, les mémoires produits après la date de clôture de l'instruction ne sont plus recevables, sauf si le tribunal décide de rouvrir l'instruction *(C. just. adm., art. R. 613-4)*.

Si le tribunal ne prend pas d'ordonnance de clôture de l'instruction, celle-ci est close trois jours francs avant la date de l'audience *(C. just. adm., art. R. 613-2)*. Ce délai est computé sans qu'il y ait lieu de distinguer s'il comporte un samedi, un dimanche ou un jour férié ou s'il est précédé d'un tel jour. Ainsi, le mémoire enregistré le lundi pour une audience prévue le jeudi parvient après la clôture de l'instruction *(CE, avis, 9 avr. 1999, n° 202.344, Creton, Rec. p. 132)*.

§ 2. LE RÉGIME DE LA PREUVE

A. Les règles générales

74.10.2.1. – En principe, il appartient à chacune des parties d'apporter la preuve, par tous moyens, des faits qu'elle rapporte et des moyens qu'elle allègue. Toutefois, la rigueur de ce principe est largement compensée par :

- la circonstance que dans le « contentieux administratif, il n'existe pas, à proprement parler, de charge de la preuve *(concl. M. Guyomar, CE, Ass., 30 oct. 2009, n° 298.348, Mme Perreux, RFDA 2009 p. 1125)* ;
- le souci du juge, qui dirige l'instruction et à qui incombe, à ce titre d'assurer l'instruction des faits *(CE, Ass., 30 oct. 2009, n° 298.348, préc.)*, de ne pas aggraver le rapport d'inégalité entre l'administration et les administrés ;
- l'obligation qui pèse sur l'administration de collaborer activement et loyalement à l'instance contentieuse : elle doit mettre « *le juge à même de se prononcer en connaissance de cause* » ou « *à même d'exercer son contrôle* » ;
- la nécessité pour l'administration de présenter au juge les indications, les indices, les faits, les informations sur lesquels elle s'est fondée pour prendre la décision en cause : « *Il semble alors pour le*

moins légitime que l'administration doive participer à la preuve de ce qu'elle a voulu et décidé, et pour commencer : des faits et situations au nom et au vu desquels elle a statué » (B. Pacteau, « La preuve », Répertoire de contentieux administratif Dalloz) ;
- la circonstance que le juge forme sa conviction au vu des éléments du dossier.

Ainsi, « *il appartient au juge de l'excès de pouvoir de former sa conviction sur les points en litige au vu des éléments versés au dossier par les parties ; (...) s'il peut écarter des allégations qu'il jugerait insuffisamment étayées, il ne saurait exiger de l'auteur du recours que ce dernier apporte la preuve des faits qu'il avance ; (...) le cas échéant, il revient au juge, avant de se prononcer sur une requête assortie d'allégations sérieuses non démenties par les éléments produits par l'administration en défense, de mettre en œuvre ses pouvoirs généraux d'instruction des requêtes et de prendre toutes mesures propres à lui procurer, par les voies de droit, les éléments de nature à lui permettre de former sa conviction, en particulier en exigeant de l'administration compétente la production de tout document susceptible de permettre de vérifier les allégations du demandeur » (CE, 26 nov. 2012, n° 354.108, Mme Cordière, Rec. p. 394).*

Si, malgré une mise en demeure, le défendeur ne produit pas d'observations, il est réputé avoir acquiescé aux faits exposés dans les mémoires du requérant *(C. just. adm., art. R. 612-6).* Toutefois, cette circonstance ne dispense pas le juge administratif de vérifier que les faits allégués par le requérant ne sont pas contredits par les autres pièces du dossier *(CE, 27 mars 1995, n° 111.321, ministre du Travail et Sté STIME c. / Primo).*

B. L'application au contentieux des salariés protégés

1. Considérations communes

74.10.2.2.1. – À ces considérations générales qui font du « *régime administratif de la preuve... une réalité bigarrée où le requérant mais aussi le défendeur, et surtout le défendeur administratif, ont respectivement des charges de preuve, variables suivant les situations » (B. Pacteau, « La preuve », Répertoire de contentieux administratif, Dalloz)*, il convient d'ajouter des considérations qui tiennent à la spécificité du contentieux de la protection des représentants du personnel :
- l'administration n'intervient pas de sa propre initiative : elle doit être sollicitée par un employeur qui l'a saisie d'une demande d'autorisation, laquelle doit énoncer les motifs du licenciement envisagé *(C. trav., art. R. 2421-1 et R. 2421-10)* ;
- la réglementation et la jurisprudence imposent à l'employeur de respecter des règles de forme *(entretien préalable, consultation du comité d'entreprise, le cas échéant)* et de fond *(recherche des possibilités de reclassement en cas de licenciement pour motif économique)* ;

– le plus souvent c'est l'employeur qui détient les pièces et les justifications nécessaires à la solution du litige ;
– enfin, c'est à l'employeur qu'il appartient de justifier du respect de ces obligations, s'agissant, par exemple de la recherche loyale et sérieuse des possibilités de reclassement en cas de licenciement pour économique.

2. Considérations relatives aux licenciements disciplinaires

74.10.2.2.2. – S'agissant des licenciements disciplinaires, il serait choquant d'imposer au salarié de prouver son innocence, laquelle est par principe présumée dans tout contentieux répressif ; au demeurant, le Code du travail énonce la règle selon laquelle si, à l'occasion d'un litige porté devant le conseil de prud'hommes quant au bien-fondé d'une sanction, un doute subsiste, il doit profiter au salarié *(C. trav., art. L. 1333-1, ancien art. 122-43).*

Le juge administratif tient compte de cette règle *(CE, 21 déc. 1994, n° 127.898 Sté Lyonnaise de banque, Tables p. 1216 ; CE, 26 mai 1997, n° 164.353, Miranville).* Si « *stricto sensu l'article L. 122-14-3 n'institue pas un régime de preuve à la charge de l'employeur (...) il fait en pratique peser la charge de la preuve sur l'employeur : comme on le dit souvent en droit fiscal, l'institution, par voie légale ou jurisprudentielle, d'une charge de la preuve n'a pas d'autre objet que de désigner par avance la partie qui perdra le litige dans l'hypothèse où l'instruction (...) ne permet pas au juge de se forger une conviction. C'est aussi ce que l'on appelle parfois le risque de la preuve (...). C'est exactement la même logique qui préside au contentieux du licenciement des salariés : il est naturel que le doute profite à celle des deux parties qui est la plus fragile et c'est incontestablement le salarié » (concl. E. Mignon, Dr soc 2002 p. 627, sous CE, 13 mars. 2002, Mme Bernadac).*

Par la décision du 17 février 2010, le Conseil d'État a explicitement repris le principe énoncé par le Code du travail *(CE, 17 févr. 2010, n° 324.398, Sté CTP Prêt à partir, Tables p. 1004, concl. G. Dumortier : « en déduisant souverainement de l'ensemble des constatations auxquelles elle a procédé au terme de l'instruction qu'elle a diligentée, qu'un doute subsistait sur l'exactitude matérielle des griefs formulés contre M. Z., et que ce doute devait profiter au salarié, la cour n'a, ni commis d'erreur de droit, ni méconnu les dispositions, désormais codifiées à l'article L. 1235-1 du Code du travail », confirmé en 2013 : CE, 17 juill. 2013, n° 358.654, société Gevelot extrusion).*

3. Considérations relatives aux licenciements économiques

74.10.2.2.3. – C'est à l'employeur d'établir la matérialité du motif économique et de justifier du respect de l'obligation de reclassement. Il incombe à l'administration de fournir les éléments de fait et de droit sur lesquels elle a fondé sa décision.

Si le salarié conteste l'autorisation de licenciement, il lui appartient d'avancer des éléments de fait à l'appui de ses allégations sans que pour autant lui incombe la charge de la preuve de la réalité du motif économique ou du non respect de l'obligation de reclassement.

4. Considérations relatives à la preuve du caractère discriminatoire de la procédure

74.10.2.2.4. – Il convient de se reporter aux n° **412.2.1** et suivants. S'agissant du régime de la preuve du caractère discriminatoire ou non de la procédure de licenciement ou de transfert, il convient de distinguer deux hypothèses :

- soit l'administration a estimé que la procédure n'était pas dépourvue de tout lien avec le mandat : il lui appartient alors de présenter au juge les éléments de fait qui l'ont conduit à cette conclusion, le juge formant ensuite sa conviction en fonction de la force probante de ces éléments et de ceux avancés par l'employeur et le salarié ;
- soit l'administration a écarté le caractère discriminatoire et le salarié qui allègue que la procédure le concernant était en rapport avec ses fonctions doit assortir son allégation d'un commencement de justification ; si le salarié se borne à une allégation générale, le moyen tiré du caractère discriminatoire sera écarté ; si le salarié présente un commencement de justification, le juge formera sa conviction au vu de l'ensemble des pièces du dossier et, notamment, de la force probante des éléments avancés par l'employeur et l'administration.

Le régime de la charge de la preuve appliqué par le juge administratif est finalement très proche de celui défini par la Cour de cassation, en matière de discrimination. L'évolution du cadre légal, qui repose sur le postulat que la preuve de la discrimination n'incombe pas au salarié *(cf. n° **412.2.4.1**)*, ne peut que conforter cette démarche du juge administratif. Au demeurant, ce postulat était déjà sous-jacent à l'arrêt de l'assemblée du contentieux du Conseil d'État du 28 mai 1954 *(CE, ass., n° 28.238, Barel, Rec. p. 308, Grands arrêts de la jurisprudence administrative, p. 86 : le Conseil d'État avait estimé que le motif allégué par les requérants, qui soutenaient avoir été écartés du concours de l'École Nationale d'Administration en raison de leurs opinions politiques, était établi dès lors qu'ils s'étaient « prévalus à l'appui de leurs allégations de circonstances et de faits précis constituant des présomptions sérieuses », l'administration n'ayant pas donné suite à la demande qui lui avait été faite de produire les dossiers des candidats)*.

La construction jurisprudentielle a été complétée par la décision du Conseil d'État du 30 octobre 2009 qui précise que : « *s'il appartient au requérant qui s'estime lésé par une telle mesure de soumettre au juge des éléments de fait susceptibles de faire présumer une atteinte à ce dernier principe, il incombe au défendeur de produire tous ceux permettant d'établir que la décision attaquée repose sur des éléments objectifs étrangers à toute discrimination ; que la conviction du juge, à qui il revient d'apprécier si la décision contestée devant lui a été ou non prise pour des motifs entachés de discrimination, se détermine au vu de ces échanges contradictoires ; qu'en cas de doute, il lui appartient de compléter ces échanges en ordonnant toute mesure d'instruction utile » (CE, ass., 30 oct. 2009, n° 298.348, Mme Perreux, concl. Guyomar, RFDA 2009 p. 1125, cf. n°* ***412.2.4*** *; sur le régime de la preuve : CE, 26 nov. 2012, n° 354.108, Mme Cordière, Rec. p. 394, cf. n°* ***74.10.2.1****).*

Ce raisonnement a conduit le Conseil d'État à retenir l'existence d'un lien avec le mandat « *compte tenu de l'absence d'éléments justificatifs précis présentés en défense* » par l'employeur alors qu'il était établi que celui-ci avait refusé de payer des heures de délégation au titre des différents mandats du salarié et en présence d'une décision du juge judiciaire le condamnant, à la fois pour ce motif et à titre de dommages et intérêts en présence d'une discrimination syndicale « supposée », à verser une provision au salarié *(CE 20 mars 2019, n° 408.658, Agtit, RJS 2019 n° 368, mentionné aux Tables ; cf. n° 412.2.4).*

C. Les règles applicables aux pièces produites et couvertes par le secret

1. Les pièces couvertes par le secret protégé par la loi

74.10.2.3.1. – Il est jugé que la circonstance que l'administration produise des pièces de sa propre initiative en méconnaissance du secret médical n'est pas, par elle-même, de nature à affecter la régularité ou le bien-fondé de la décision du juge, alors même qu'elle se serait fondée sur de telles pièces. Il incombe seulement au juge, après les avoir soumises au débat contradictoire, de tenir compte de leur origine et des conditions dans lesquelles elles sont produites pour en apprécier, au terme de la discussion contradictoire devant lui, le caractère probant *(CE, 8 nov. 1999, n° 201.966, Élection cantonale de Bruz, Rec. p. 345 ; CE, 2 oct. 2017, n° 399.753, M. Solana, Tables p. 603 ; AJDA 2017 p. 1863).*

La Haute juridiction en a jugé de même dans le cadre d'un contentieux disciplinaire, à propos d'une preuve constituée par la transcription de conversations téléphoniques à l'insu d'un fonctionnaire poursuivi sur le plan disciplinaire *(CE, 21 juin 2019, n° 424.593).*

2. Le cas des pièces couvertes par le secret de l'instruction

74.10.2.3.2. – Il est de jurisprudence constante « *qu'en l'absence de disposition le prévoyant expressément, l'article 11 du Code de procédure pénale ne peut faire obstacle au pouvoir et au devoir qu'a le juge administratif de joindre au dossier, sur production spontanée d'une partie, des éléments d'information recueillis dans le cadre d'une procédure pénale et de statuer au vu de ces pièces après en avoir ordonné la communication pour* *en permettre la discussion contradictoire ; que, par suite, à supposer même que ces pièces soient couvertes par le secret de l'instruction, les conclusions tendant à ce qu'elles soient écartées du dossier doivent être rejetées* » (*CE, 25 oct. 2004, n° 251.930, Sté Francefert, Tables p. 847, confirmant CE, 26 oct. 1973, section, n° 83.550, Élections municipales de Villeneuve-sur-Lot, Rec. p. 596 et CE, 9 avr. 1975, n° 92.676, Krivine, Rousset et Weber*).

3. Les pièces couvertes par le secret des affaires

74.10.2.3.3. – La loi n° 2018-670 du 30 juillet 2018 relative à la protection du secret des affaires a introduit un nouvel article L. 611-1 du Code de justice administrative en prévoyant que « *les exigences de la contradiction mentionnées à l'article L. 5 sont adaptées à celles de la protection du secret des affaires répondant aux conditions prévues au chapitre Ier du titre V du livre Ier du Code de commerce* ». La loi n° 2019-222 du 23 mars 2019 a complété ce nouvel article en prévoyant que « *un décret en Conseil d'État précise les conditions d'application du présent article* ».

En application de ces dispositions, l'article 4 du décret n° 2019-1502 du 30 décembre 2019 a créé l'article R. 611-30 au sein du Code de justice administrative en prévoyant que « *lorsqu'une partie produit une pièce ou une information dont elle refuse la transmission aux autres parties en invoquant la protection du secret des affaires, la procédure prévue par l'article R. 412-2-1 est applicable* ».

Cette dernière procédure, créée par le décret n° 2018-251 du 6 avril 2018, permet de communiquer des pièces, dont il est estimé qu'elles sont couvertes par le secret des affaires à la juridiction, sous une double enveloppe portant la mention « *pièces soustraites au contradictoire-Article R. 412-2-1 du code de justice administrative* ». La juridiction apprécie la confidentialité des pièces ainsi transmises :

- si elle estime que ces pièces ou informations ne se rattachent pas à la catégorie de celles qui peuvent être soustraites au contradictoire, elle les renvoie à la partie qui les a produites et veille à la destruction de toute copie qui en aurait été faite ;
- si elle estime que ces pièces ou informations sont utiles à la solution du litige, la juridiction peut inviter la partie concernée à les verser dans la procédure contradictoire. Si la partie ne donne pas suite à cette invitation, la juridiction décide des conséquences à tirer de ce refus et statue sans tenir compte des éléments non soumis au contradictoire ;
- soit elle estime que les pièces ou informations se rattachent à la catégorie de celles qui peuvent être soustraites au contradictoire et statue alors par une « motivation adaptée ».

§ 3. L'AUDIENCE

74.10.3. – L'affaire doit être inscrite au rôle d'une audience par le président du tribunal. Chaque partie doit en être avertie au moins sept jours avant la date fixée pour l'audience *(ce délai peut être réduit à deux jours ; C. just. adm., art. R. 711-2).*

Les audiences sont publiques.

Après le rapport qui est fait sur chaque affaire par un membre de la formation de jugement, le président du tribunal donne la parole au rapporteur public *(anciennement commissaire du Gouvernement).* Ce dernier, qui est choisi parmi les membres du tribunal, ne représente pas l'administration ou le gouvernement : il a pour tâche d'exposer aux juges, en toute indépendance, le litige, d'analyser les arguments échangés et de proposer une solution. Les membres du tribunal sont libres de suivre ou non les conclusions du rapporteur public. Ces conclusions, qui ne sont pas couvertes par le principe du secret du délibéré, sont publiques. Le rapporteur public n'assiste pas au délibéré.

Les parties sont mises en mesure de connaître, avant la tenue de l'audience, le sens des conclusions sur l'affaire qui les concerne *(C. just. adm., art. R. 711-3).*

Les parties peuvent, après les conclusions du rapporteur public, présenter, soit en personne, soit par leur avocat des observations orales à l'appui de leurs conclusions écrites.

Le président peut également « *à titre exceptionnel demander des éclaircissements à toute personne présente dont l'une des deux parties souhaiterait l'audition* » *(C. just. adm., art. R. 732-1).* Sur le fondement de cette disposition, un salarié peut demander au président d'entendre le responsable de l'organisation syndicale qu'il représente ou à laquelle il appartient.

Les parties ne peuvent pas présenter oralement des moyens nouveaux. Les observations orales ne doivent être que le prolongement de l'instruction écrite. Postérieurement au prononcé des conclusions du rapporteur public, toute partie à l'instance peut adresser au président de la formation de jugement une note en délibéré *(C. just. adm., art. R. 731-3).* Il appartient au juge administratif d'en prendre connaissance avant la séance au cours de laquelle sera rendue la décision. Le juge a toujours la faculté, dans l'intérêt d'une bonne justice, de rouvrir l'instruction et de soumettre au débat contradictoire les éléments contenus dans la note en délibéré. Il est tenu de rouvrir l'instruction à peine d'irrégularité de sa décision que si cette note contient soit l'exposé d'une circonstance de fait dont la partie qui l'invoque n'était pas en mesure de faire état avant la clôture de l'instruction et que le juge ne pourrait ignorer sans fonder sa décision sur des faits matériellement inexacts, soit d'une circonstance de droit nouvelle ou que le juge devrait relever d'office *(CE, 12 juill. 2002, n° 236.125, M et Mme Leniau, Rec. p 278).*

L'affaire est ensuite mise en délibéré.

§ 4. LE JUGEMENT

74.10.4. – Il doit contenir les précisions suivantes *(C. just. adm., art. R. 741-2)* :

– les noms des parties ;
– l'analyse de leurs conclusions ;
– l'analyse des mémoires ;
– les visas des dispositions dont la décision fait application ;
– la mention que le rapporteur et le rapporteur public ainsi que, le cas échéant, les parties ou leurs défenseurs ont été entendus ;
– la date de l'audience ainsi que son caractère public ;
– le nom des membres de la formation de jugement ;
– les motifs du jugement ;
– son dispositif.

Il est notifié aux parties par lettre recommandée avec accusé de réception *(C. just. adm., art. R. 751-3)*.

Par dérogation à ces dispositions, il peut être notifié par le moyen de l'application informatique « Télérecours » aux administrations de l'État, aux personnes morales de droit public et aux organismes de droit privé chargés de la gestion d'un service public qui sont inscrits dans cette application. Ces parties sont réputées avoir reçu la notification à la date de première consultation de la décision, certifiée par l'accusé de réception délivré par l'application informatique ou, à défaut de consultation dans un délai de deux jours à compter de la mise à disposition de la décision dans l'application, à l'issue de ce délai ; sauf demande contraire de leur part, les parties sont alertées de la notification par un message électronique envoyé à l'adresse choisie par elles *(C. just. adm., art. R. 751-4-1 ; sur l'application « Télérecours », cf. n°* ***74.6.1.2****)*.

SECTION 11

Le contrôle exercé par le juge sur la légalité des décisions

§ 1. CONSIDÉRATIONS GÉNÉRALES

74.11.1. – Pour l'essentiel, le contrôle qu'exerce le juge administratif sur les décisions de l'administration est un contrôle « *renforcé* ». En effet, le juge contrôle non seulement l'appréciation faite par l'administration sur les faits mais également l'utilisation qu'elle peut faire de son pouvoir d'appréciation de l'opportunité, qui lui permet légalement de refuser, pour un motif d'intérêt général, le licenciement d'un salarié protégé *(cf. n°* ***413.1 et s.****)*.

Le juge doit se placer à la date à laquelle l'administration a pris sa décision pour apprécier sa validité en tenant compte des circonstances de fait et de droit à la date à laquelle elle a été prise *(CE, 31 janv. 1986, n° 46.926 Sté Sobest c./ Mlle Jean)* et ne peut retenir des faits postérieurs à cette dernière *(CE, 28 juin 1996, n° 149.912, M. Monti).*

Il lui incombe cependant de tenir compte, le cas échéant, d'éléments objectifs antérieurs à cette date mais révélés postérieurement.

Par ailleurs, l'administration peut, en première instance comme en appel, faire valoir devant le juge de l'excès de pouvoir que la décision contestée est légalement justifiée par un motif, de droit ou de fait, autre que celui initialement indiqué, mais fondé sur la situation existant à la date de la décision ; dans ce cas, il appartient au juge, après avoir mis l'auteur du recours à même de présenter ses observations sur la substitution de motifs ainsi sollicitée, de rechercher si un tel motif est de nature à fonder légalement sa décision puis d'apprécier s'il résulte de l'instruction que l'administration aurait pris la même décision si elle s'était fondée sur ce motif ; dans l'affirmative il peut procéder à la substitution demandée, sous réserve toutefois qu'elle ne prive pas le requérant d'une garantie procédurale liée au motif substitué *(CE, 6 févr. 2004, n° 240.560, Mme Hallal, Rec. p. 48).*

En outre, l'office du juge administratif saisi d'une demande d'annulation d'une décision de refus d'autorisation de licenciement a été précisé : dès lors que l'autorité administrative ne peut légalement faire droit à une demande d'autorisation de licenciement que si chacune des conditions cumulatives présidant à l'octroi d'une autorisation de licenciement est remplie, il a été jugé que « *lorsque le juge administratif est saisi par l'employeur d'une demande tendant à l'annulation d'un refus d'autorisation de licenciement qui se fonde, sans que l'administration ait été tenue de le faire, sur plusieurs motifs résultant de la méconnaissance de plusieurs de ces conditions, il ne peut annuler cette décision que si elle est entachée d'illégalité externe ou si aucun des motifs retenus n'est fondé* » *(CE, 24 oct. 2018, n° 402.434, société Servair).*

Cette grille d'analyse, initialement appliquée au contrôle du ministre statuant dans le cadre du recours hiérarchique sur la légalité de la décision de refus de l'inspecteur du travail *(CE 3 févr. 2016, n° 389223, Société ST Microélectroniques Grand Ouest, Tables p. 979 ; cf. n°* ***62.3.4.2****)* et ainsi transposée au contrôle juridictionnel, aboutit à **rendre inopérants** les moyens **de légalité interne** invoqués dès lors qu'il est établi qu'un seul des motifs retenus par l'administration fait obstacle à ce que l'autorisation puisse légalement être accordée *(CE, 24 oct. 2018, n° 402.434, société Servair,* jugeant que le motif de refus retenu par l'administration et fondé sur l'existence d'un lien avec le mandat « *faisait, à lui seul, obstacle à ce que l'inspecteur du travail et, sur recours hiérarchique, le ministre chargé du travail, puissent légalement accorder les autorisations de licenciement sollicitées* » et « *que, par suite, les autres moyens de légalité interne soulevés par la société Servair sont inopérants* » ; *CE, 22 déc. 2017, n° 391.695,* *société Imprimerie Didier Mary*, jugeant que dès lors que la cour administrative d'appel jugeait « *que l'obligation de reclassement n'avait pas été correctement satisfaite et que l'autorisation administrative de licenciement était, par suite, illégale* », la cour « *n'était pas tenue de répondre aux autres moyens des appelants relatifs à la réalité du motif économique du licenciement* »*)*.

En revanche, les moyens **de légalité externe** peuvent **toujours être utilement invoqués** *(CE, 24 oct. 2018, n° 402.434, société Servair)*.

§ 2. LE « CONTRÔLE RENFORCÉ » EXERCÉ PAR LE JUGE ADMINISTRATIF

74.11.2. – Que le motif avancé à l'appui de la demande d'autorisation soit économique ou non, le contrôle exercé par le juge administratif est un contrôle dit « *renforcé* » qui porte tant sur la légalité externe qu'interne de l'acte attaqué. Il convient de souligner que le juge administratif n'exerce son contrôle que dans la limite des moyens soulevés par les parties, exception faite des moyens dits d'ordre public qu'il doit soulever d'office *(cf. n°* ***74.7.2.3****)*.

A. Le contrôle sur la légalité externe de la décision attaquée

74.11.2.1. – À ce titre, le juge contrôle :
– la compétence de l'auteur de l'acte ;
– la régularité de la procédure suivie par l'administration ;
– la motivation de la décision.

S'agissant du contrôle de la régularité de la procédure suivie par l'administration et, notamment du respect du contradictoire au cours de l'enquête à laquelle l'inspecteur du travail est tenu et de l'accès aux documents produits par l'employeur à l'appui de sa demande *(cf. n°* ***34.4.1****)*, le Conseil d'État fait application de la jurisprudence Danthony selon laquelle « *si les actes administratifs doivent être pris selon les formes et conformément aux procédures prévues par les lois et règlements, un vice affectant le déroulement d'une procédure administrative préalable, suivie à titre obligatoire ou facultatif, n'est de nature à entacher d'illégalité la décision prise que s'il ressort des pièces du dossier qu'il a été susceptible d'exercer, en l'espèce, une influence sur le sens de la décision prise ou qu'il a privé les intéressés d'une garantie* » *(CE, Ass., 23 déc. 2011, n° 335033, Rec.)*. Il a ainsi été jugé que l'accès, dans le cadre de l'enquête contradictoire, à l'ensemble des pièces produites par l'employeur à l'appui de sa demande d'autorisation de licenciement, dans des conditions et des délais permettant de présenter utilement sa défense, constitue une garantie pour le salarié au sens de la jurisprudence Danthony *(CE, 19 juill. 2017, n° 389.635, société Subventium, mentionné aux Tables)*.

B. Le contrôle sur la légalité interne de la décision attaquée

À ce titre, le juge contrôle :

1. La régularité de la procédure interne à l'entreprise

74.11.2.2.1. – L'approche de la jurisprudence suit une ligne pragmatique pour apprécier la régularité de :

- **l'entretien préalable,** le juge doit s'assurer, s'il est saisi du moyen, que le salarié « *a été pleinement informé, en temps utile, des modalités d'assistance auxquelles il avait droit, en fonction de la situation de l'entreprise, pour son entretien préalable » (CE, 13 oct. 2023, n° 467113, mentionné aux Tables, RJS 2024 n° 23)* ;
- **la procédure légale de consultation des élus en cas de licenciement pour inaptitude** : par sa décision du 27 février 2019, le Conseil d'État a abandonné sa jurisprudence reposant sur la distinction entre formalité substantielle et non substantielle *(CE, n° 417.249, mentionné aux Tables)* pour une approche imposant à l'administration et au juge de s'assurer que les élus « *ont été mis à même, avant que soient adressées au salarié des propositions de postes de reclassement, d'émettre leur avis en toute connaissance de cause sur les postes envisagés, dans des conditions qui ne sont pas susceptibles de fausser cette consultation » (cf. n°* ***15.12.5.2****)* ;
- **la procédure conventionnelle prévue en cas de licenciement pour inaptitude**, le juge du fond doit rechercher si la circonstance que l'avis a été émis non pas par les seuls élus du collège auquel appartient le salarié mais par l'ensemble des élus « *avait, en l'espèce, empêché les délégués du personnel d'émettre leur avis en toute connaissance de cause, dans des conditions susceptibles de fausser leur consultation » (CE, 13 oct. 2023, n° 459.314, mentionné aux Tables, RJS 2024 n° 23 ; cf. n°* ***21.1.1.2****)* ;
- **la consultation du CSE** : par sa décision du 4 juillet 2018, le Conseil d'État a réorienté sa jurisprudence en imposant à l'administration et au juge de rechercher si l'irrégularité constatée – un vote à main levée – a été « *en l'espèce, compte tenu notamment du caractère unanimement défavorable de l'avis émis par le comité d'entreprise, susceptible de fausser sa consultation » (CE, n° 410.904, 4 juill. 2018, association des Cités du secours catholique, mentionné aux Tables, cf. n°* ***21.6.4****)*.

2. La matérialité des faits

74.11.2.2.2. – Si la matérialité des faits est contestée devant lui, le juge doit se prononcer sur ce point.

Devant le juge administratif, l'employeur ne peut invoquer un grief qui n'a été invoqué ni lors de la consultation du CSE, ni dans la demande d'autorisation de licenciement, ni lors de l'enquête conduite par l'inspecteur du travail *(CE, 2 févr. 1996, n° 149.224 Mme Rossignol et M. Bruley ; CE, 28 avr. 1997, n° 155.493, La Croix Rouge française, Clinique-St Henri)*.

Dans le cas d'une procédure économique, le juge doit, en cas de contestation, se prononcer sur la réalité des difficultés économiques alléguées par l'entreprise à l'appui de sa demande. Il peut se fonder sur des pièces ayant trait à la situation de droit et de fait telle qu'elle existait à la date à laquelle l'administration a statué, alors même que ces pièces ont été établies postérieurement à la décision attaquée *(CE, 17 nov. 2000, n° 197.383, M. David, Tables p. 1199, RJS 2001 n° 318)*.

De même, en cas de licenciement pour faute, la circonstance que des témoignages aient été obtenus postérieurement à la décision de l'inspecteur du travail ne fait pas obstacle à ce qu'ils soient pris en compte pour l'appréciation de la légalité de la décision litigieuse dès lors qu'ils concernent des éléments de faits antérieurs à la date à laquelle elle a été prise *(CE, 26 déc. 2012, n° 355.059, Sté Boldis)*.

3. La qualification juridique des faits opérée par l'administration

74.11.2.2.3. – Si cette qualification est contestée, les juges doivent répondre à la question suivante : les faits invoqués par l'employeur à l'appui de sa demande sont-ils ou non de nature à justifier la décision prise par l'administration ?

4. La qualification juridique des faits opérée par l'administration en cas de licenciement pour motif disciplinaire

74.11.2.2.4. – Dans le cas d'un licenciement pour faute autorisé par l'administration, le juge, s'il est saisi de ce moyen, doit se prononcer sur la question suivante : les faits commis par le salarié constituent-ils une faute et celle-ci présente-t-elle un caractère de gravité de nature à justifier l'autorisation de licenciement accordée ?

En contrôlant la qualification juridique des faits, le juge est amené nécessairement à contrôler l'adéquation de la mesure aux faits qui l'ont motivée *(concl. du commissaire du gouvernement P. Dondoux, décision du 5 mai 1976, n° 98.647, Safer d'Auvergne et ministre de l'Agriculture c./ Bernette, Rec. p. 232, Dr soc 1976 p. 347-348)*.

Dans le cas où l'administration a autorisé le licenciement pour faute sur deux motifs et que seul l'un de ceux-ci est regardé par le juge comme étant de nature à justifier l'autorisation de licenciement, le juge peut « *neutraliser* » le motif retenu à tort par l'autorité administrative et rejeter le recours présenté par le salarié, faisant application de la jurisprudence Dame Perrot *(CE, Ass., 13 janv.1968, n° 70.591, ministre de l'Économie et des Finances c./ Dame Perrot, Rec. p. 39)*. Cette jurisprudence repose sur le postulat selon lequel l'administration aurait autorisé le licenciement du salarié si elle s'était fondée sur le seul motif qui était de nature à justifier l'autorisation *(CE, 6 nov. 1995, n° 125.258, Mlle Moulin, RJS 1996 n° 42).*

Il a été également fait application de cette jurisprudence lorsque l'administration se trouvait tenue de statuer dans un sens : ainsi, si le juge estimait, contrairement à l'administration, que la faute reprochée au salarié était d'une gravité suffisante pour justifier l'autorisation de licenciement mais retenait, comme l'autorité administrative, l'existence d'un lien avec le mandat, le recours formé par l'employeur était rejeté *(CE, 21 juill. 1989, n° 78.532, M. Gardet).* L'administration n'étant plus en situation de compétence liée en présence d'un lien établi entre le licenciement envisagé et le mandat *(CE, 3 févr. 2016, n° 389.223, Société ST Microélectroniques Grand Ouest, Tables p. 622 et 980)*, le Conseil d'État privilégie désormais, en présence d'une décision de refus, le raisonnement aboutissant à admettre l'opérance des moyens de légalité externe et à écarter les autres moyens de légalité interne comme inopérants dès lors qu'il est établi que le motif retenu fait, « *à lui seul, obstacle* » à ce que l'administration puisse légalement accorder l'autorisation (*cf. n°* ***74.11*** *; CE, 24 oct. 2018, n° 402434, société Servair).* Il en a été également fait application quand le juge considère que l'une des fautes reprochées au salarié constitue à elle seule une faute d'une gravité suffisante pour justifier le licenciement *(CE, 28 sept 2005, n° 269.784, SA Carto Rhin et Me Mulhaupt, Tables p. 1124).*

5. *La qualification juridique des faits opérée par l'administration en cas de licenciement pour motif économique*

74.11.2.2.5. – Lorsque le motif de la procédure engagée par l'employeur est de nature économique et que l'autorisation a été contestée, le juge administratif, saisi de moyens en ce sens doit répondre aux deux questions suivantes :

– le motif économique allégué est-il de nature à justifier le licenciement du salarié ou est-il suffisamment sérieux ?
– l'employeur a-t-il satisfait à son obligation de reclassement ?

Par sa décision du 29 juin 2020, le Conseil d'État a infléchi sa jurisprudence quant à l'office du juge : celui-ci méconnaît son office s'il se borne, pour déclarer illégale la décision contestée, à examiner les conditions dans lesquelles l'administration a apprécié la définition du périmètre du groupe, alors qu'il lui appartient de contrôler lui-même le bien-fondé du motif économique invoqué pour justifier le licenciement par l'examen de la situation de l'ensemble des entreprises du groupe intervenant dans le même secteur d'activité *(CE, 29 juin 2020, n° 417.940, Société Papèteries du Léman, mentionné aux Tables p. 1037, concl. R. Chambon RJS 2020 p. 793, RJS 2020 n° 550 ; CE, 14 juin 2021, n° 417.940, Société Papèteries du Léman, mentionné aux Tables, RJS 2021 n° 463).*

Le Conseil d'État a confirmé sa jurisprudence dans le cas où la demande d'autorisation fait suite au refus du salarié d'accepter une modification de son contrat : il « *incombe au juge administratif, lorsqu'il est saisi d'un moyen en ce sens, de se prononcer lui-même sur le bien-fondé de l'appréciation de l'autorité administrative sur le lien entre la modification du contrat et le motif économique du licenciement projeté, sans s'arrêter à une étape intermédiaire de son analyse sur ce point* » *(CE, 15 nov. 2022, n° 449.317, mentionné aux Tables, RJS 2023 n° 26).*

La même solution quant à l'office du juge a été adoptée s'agissant de l'appréciation du respect par l'employeur de l'obligation de reclassement : le juge administratif ne peut annuler la décision d'autorisation au seul motif que celle-ci comporte dans sa motivation une inexactitude alors qu'il lui appartient « *de contrôler, au vu de l'ensemble des pièces du dossier, si l'inspecteur du travail avait pu légalement estimer, pour accorder l'autorisation de licenciement en litige, que l'employeur avait, en l'espèce, satisfait à son obligation de recherche de reclassement* » *(CE, 12 avr. 2022, n° 442.338, mentionné aux Tables, RJS 2022 n° 311).*

Seule la réponse à la première question est soumise au contrôle de cassation du Conseil d'État, l'appréciation portée par le juge du fond sur le respect par l'employeur de l'obligation de reclassement étant souveraine *(cf. n° **76.7.4.3.1**).*

6. La qualification juridique des faits opérée par l'administration en cas de licenciement pour inaptitude

74.11.2.2.6. – Transposant sa conception de l'office du juge quant à l'appréciation du motif économique, le Conseil d'État a jugé que lorsque « *le juge administratif est saisi d'un litige portant sur la légalité de la décision par laquelle l'autorité administrative a autorisé le licenciement d'un salarié protégé pour inaptitude physique et qu'il se prononce sur le moyen tiré de ce que l'administration a inexactement apprécié le sérieux des recherches de reclassement réalisées par l'employeur, il lui appartient de contrôler le bien-fondé de cette appréciation* » *(CE, 18 nov. 2020, société Papillon, n° 427.234, mentionné aux Tables, concl. R. Chambon, RJS 2021 n° 101 : en l'espèce, l'inspecteur du travail avait autorisé le licenciement alors même qu'il avait estimé que l'employeur n'avait pas respecté son obligation de reclassement, le juge du fond s'étant borné pour annuler l'autorisation à déduire l'illégalité de la décision de cette mention).*

7. La violation directe de la règle de droit

74.11.2.2.7. – Le juge doit vérifier, lorsque ce moyen est soulevé, si la décision est intervenue en violation d'une disposition législative ou réglementaire, voire conventionnelle.

Par exemple, le juge annule une autorisation de licenciement reposant sur des faits qui sont prescrits en application des dispositions de l'article L. 1332-4 *(cf. n° **21.2.1 et s.**).*

8. L'erreur de droit

74.11.2.2.8. – Il y a erreur de droit quand l'administration a commis une erreur de raisonnement juridique. Le juge, saisi de ce moyen, doit vérifier si la décision est entachée d'une erreur de droit *(cf. concl. du commissaire du gouvernement G. Bachelier se rapportant aux affaires jugées le 11 juin 1999 et présentant une synthèse du contrôle de l'erreur de droit, Rec. p. 180, RJS 1999 p. 631).*

9. Le contrôle du motif d'intérêt général invoqué par l'administration à l'appui d'une décision de refus

74.11.2.2.9. – Le contrôle exercé sur la décision de l'administration peut être qualifié de « *renforcé* » parce que le juge contrôle la faculté qu'a l'administration, au titre de son pouvoir d'appréciation de l'opportunité, de retenir un motif d'intérêt général invoqué à l'appui d'un refus. Ce contrôle vise à s'assurer :

– de la réalité du motif d'intérêt général invoqué par l'administration : le licenciement du représentant du personnel est-il de nature, par exemple, à entraîner la disparition dans l'entreprise de toute représentation du personnel ?
– *« qu'une atteinte excessive ne soit pas portée à l'un ou l'autre des intérêts en présence » (sur cette notion, cf. n° **413.3**).*

Le contrôle du juge sur le motif d'intérêt général retenu par l'administration est un contrôle normal *(CE, 17 janv. 1991, n° 112.317, Régie nationale des usines Renault, Tables p. 1233 ; cf. chron. générale de jurisprudence administrative française, AJDA, 2005 p. 656-660).*

10. Le détournement de pouvoir

74.11.2.2.10. – Le détournement de pouvoir se produit quand l'administration utilise ses pouvoirs à des fins autres que celles pour lesquelles ils lui ont été confiés.

§ 3. LE CONTRÔLE RESTREINT EXERCÉ PAR LE JUGE ADMINISTRATIF

74.11.3. – Par contrôle restreint, on entend le contrôle par lequel le juge ne sanctionne que l'erreur manifeste commise par l'administration, c'est-à-dire une erreur grossière de celle-ci dans l'appréciation des faits.

Dans le cadre du contrôle juridictionnel des décisions relatives aux salariés protégés, le juge n'exerce un contrôle restreint que dans une seule hypothèse : celle où l'administration n'a pas usé de la faculté de refuser l'autorisation pour un motif d'intérêt général *(CE, 8 avr. 1987, n° 69.681, Sté des Établissements Panaget-Herfray, Tables p. 977 ; CE, 26 févr. 2003, n° 249.903, Iskin, Tables p. 964, Dr ouvrier 2003 p. 340, note P. Moussy : absence d'erreur manifeste).*

§ 4. LE CONTRÔLE EXERCÉ PAR LE JUGE SUR LES DÉCISIONS DE VALIDATION OU D'HOMOLOGATION DU PSE

74.11.4. – Compte tenu des incidences de l'annulation de la décision de validation ou d'homologation du PSE sur la décision d'autorisation *(cf. n°* ***78.2.3****)*, il y a lieu de souligner la spécificité de l'office du juge dans le contentieux des décisions validant ou homologuant le PSE, laquelle résulte de ce que le législateur a attaché à la décision juridictionnelle annulant une décision de validation ou d'homologation des effets différents selon le motif d'annulation *(C. trav., art L. 1235-10, L. 1235-11 et L. 1235-16 ; Raphaël Chambon, « Le contrôle administratif portant sur le contenu du PSE », Dr. soc. 2024, p. 520-525 ; cf. n°* ***410.2.2.4****)*.

A. L'Office du juge lorsque l'entreprise ne fait pas l'objet d'une procédure collective

74.11.4.1. – La question est examinée au n° **410.2.10.1.2**.

B. L'Office du juge lorsque l'entreprise fait l'objet d'une procédure collective

74.11.4.2. – La question examinée au n° **410.2.10.2**.

SECTION 12

Les effets du jugement

§ 1. LES PRINCIPES GÉNÉRAUX RELATIFS AUX EFFETS DES JUGEMENTS DES TRIBUNAUX ADMINISTRATIFS

74.12.1. – Avant d'étudier séparément chaque cas de figure, il est utile de préciser les principes généraux qui régissent les effets d'un jugement d'annulation pour excès de pouvoir, eu égard à sa portée rétroactive.

A. La disparition de l'ordonnancement juridique de la décision annulée

74.12.1.1. – Cette règle résulte du principe selon lequel « *les actes annulés pour excès de pouvoir sont réputés n'être jamais intervenus* » *(cf. notamment Cass. soc., 26 janv. 2011, n° 09-42.658 à 09-42.663, Bull. V n° 38, RJS 2011 n° 378)*. Cet effet rétroactif de l'annulation n'est pas contraire à la liberté d'entreprendre et à la liberté contractuelle *(Cass. soc., 13 juill. 2012, n° 12-13.522 QPC, Bull. V n° 223, RJS 2013 n° 195, Dr soc 2013 p. 362, chron. G. Dumortier, P. Florès, A. Lallet et Y. Struillou)*.

Il convient de distinguer deux cas selon que le tribunal annule :
- une décision d'autorisation ;
- une décision de refus.

1. *L'annulation d'une décision d'autorisation par le juge administratif ne laisse rien subsister de celle-ci*

74.12.1.1.1. – Ce principe a été réaffirmé par le juge judiciaire : « *l'annulation d'une décision d'autorisation ne laisse rien subsister de celle-ci » (Cass. soc., 18 mai 1993, n° 91-44.145, RJS 1993 n° 764 ; Cass. soc., 27 nov. 2012, n° 11-19.266, Bull. V n° 306, RJS 2013 n° 145).*

Le salarié est en droit de demander sa réintégration dans l'entreprise *(cf. n° **77.2.1 et s.**).* En cas de mise à pied, le salarié peut, en référé, demander le paiement à titre de provision des salaires afférents à la mise à pied conservatoire *(Cass. soc., 16 déc. 2020, n° 19-19.082, RJS 2021 n° 161).*

2. *L'annulation d'une décision de refus ne vaut pas autorisation*

74.12.1.1.2. – Si le tribunal administratif annule une décision de refus, l'employeur ne se voit pas conférer cependant l'autorisation de licencier son salarié *(Cass. soc., 10 déc. 1997, n° 94-45.337, Bull. V n° 435, RJS 1998 n° 69 ; CAA Bordeaux, 25 oct. 2011, n° 10BX03021, Moissons nouvelles).* L'administration, qui se trouve à nouveau saisie, doit statuer sur la demande d'autorisation.

Si, dans ce cas de figure, l'employeur licencie le salarié, à la suite du jugement et sans l'autorisation de l'administration, ce licenciement doit être regardé comme nul *(Cass. soc., 20 mars 2013, n° 11-23.388, RJS 2013 n° 475 ; cf. n° **73.1.1.1**).*

B. L'autorité dont la décision est annulée se trouve, en principe, de par les effets du jugement, à nouveau saisie

74.12.1.2. – L'autorité administrative, dont la décision prise sur demande est annulée, se trouve à nouveau saisie de plein droit de cette demande, qui n'a pas à être renouvelée *(CE, 25 janv. 2005, n° 260.198, Sté Cora Belgique et Sté des Supermarchés Match, Tables p. 171).*

Néanmoins, s'agissant des décisions administratives relatives aux salariés protégés, la mise en œuvre de ce principe nécessite de s'assurer de l'existence d'un lien contractuel entre l'employeur et le salarié permettant à l'autorité administrative de se prononcer valablement *(Guide DGT, Salariés protégés, sept. 2019, fiche n° 22).*

Dès lors, il convient d'opérer les distinctions suivantes.

1. *En cas d'annulation d'une décision de refus*

74.12.1.2.1. – Si la décision de refus prise par l'administration est annulée, cette dernière doit être regardée comme étant à nouveau saisie de la demande d'autorisation, l'annulation la mettant de nouveau en présence de la demande de l'employeur, sur laquelle elle est réputée n'avoir jamais statué *(CE, 6 janv. 1989, n° 84.757, 85.033 et 85.034, Sté Automobiles Citroën, Rec. p. 5 ; CE, 27 juil. 1990, n° 104.429, Naguib)*.

L'obligation de se prononcer à nouveau sur la demande d'autorisation incombe à l'administration, que l'annulation de la décision de refus ait été prononcée en raison d'une illégalité externe (incompétence, irrégularité de l'enquête contradictoire, insuffisance ou défaut de motivation) ou d'une illégalité interne (erreur de droit ou de fait). Il n'en va autrement que si l'employeur a expressément fait connaître qu'il renonçait à sa demande d'autorisation ou si le lien contractuel a été rompu à l'occasion d'une autre procédure, par exemple en cas de prise d'acte de la rupture du contrat de travail par le salarié.

L'administration demande à ses agents d'informer l'employeur de cette saisine automatique et de s'assurer que l'employeur entend maintenir sa demande *(Guide DGT, Salariés protégés, sept. 2019, fiche n° 22)*.

Le point de départ du délai dont dispose l'autorité administrative pour statuer est la date de notification qui lui est faite de la décision du juge administratif. Cette notification est faite au ministre dont relève l'administration intéressée au litige *(C. just. adm., art. R. 751-8)*. Une copie est adressée au préfet ainsi que, s'il y a lieu, à l'autorité qui assure la défense de l'État devant la juridiction.

Dans l'hypothèse où le tribunal annule à la fois la décision de l'inspecteur du travail et celle par laquelle le ministre, saisi sur recours hiérarchique, a confirmé cette décision, c'est l'inspecteur du travail qui est à nouveau saisi, l'administration étant regardée comme n'ayant jamais statué sur la demande d'autorisation de licenciement.

Appelé à se prononcer sur la légalité d'une décision ministérielle annulant une décision d'autorisation de l'inspecteur du travail, elle-même prise après annulation contentieuse de sa précédente décision de refus implicite, le Conseil d'État a censuré celle-ci au motif que l'administration était ressaisie automatiquement par l'effet de cette annulation contentieuse et que, s'agissant d'un refus initial d'autorisation de licenciement, le délai de prescription des faits fautifs avait été régulièrement, et définitivement, interrompu par la convocation initiale à l'entretien préalable. La Haute Assemblée a donc suivi les conclusions du rapporteur public, selon lesquelles « *c'est toujours la même procédure disciplinaire qui se continue* » et qu'en conséquence, le délai de prescription des faits fautifs fixé par l'article L. 1332-4 du Code du travail ne pouvait pas être opposé à l'employeur *(CE, 8 juin 2015, n° 383.827, ministre du Travail, de l'Emploi et du Dialogue social c. / Sté Allianz Vie, Tables p. 824, concl. M. Vialettes)*.

2. *En cas d'annulation d'une décision d'autorisation*

74.12.1.2.2. – Dans ce cas, l'autorité administrative ne peut valablement de prononcer à nouveau sur la demande que dans la mesure où un lien contractuel a été renoué.

Il appartient donc à l'employeur de confirmer son intention de poursuivre la procédure de licenciement.

S'agissant du motif disciplinaire, l'employeur dispose à nouveau, après cette annulation, à compter de la réintégration du salarié, si celui-ci la demande, du délai de deux mois ouvert par l'article L. 1332-4 du Code du travail pour poursuivre la procédure disciplinaire pour les mêmes faits *(CE, 15 déc. 2010, n° 318.698, Sté Amadeus, Tables p. 1004 ; CE, 13 avr. 2011, n° 343.640, M. A. ; CE, 28 juin 2019, n° 423.360, M. Borges, RJS 2019 n° 581, sur le délai de prescription prévu par l'article L. 1332-4, cf. n°* ***21.2****)*.

Dès lors que les motifs invoqués sont identiques à ceux présentés lors de la première demande, pour laquelle la salariée avait été régulièrement convoquée, l'écoulement d'un délai de deux ans ne constitue pas à lui seul une circonstance de fait nouvelle imposant que soit organisé un nouvel entretien préalable (*CE, 19 sept. 2014, n° 362.660, Cezilly-Guichard, Tables 889, RJS 2014 n° 874, Dr soc. 2015 p. 25, concl. G. Dumortier)*. L'employeur n'est pas non plus tenu, en l'absence de changement de circonstance, d'organiser une nouvelle consultation du comité d'entreprise *[comité social et économique] (CE, 28 juin 2019, n° 423.360, M. Borges, RJS 2019 n° 581)*.

Par ailleurs, l'annulation d'une autorisation de licenciement par le juge administratif n'a pas pour effet de ressaisir l'administration notamment dans les cas suivants, où le juge a estimé que :

– le licenciement ne pouvait pas être autorisé en raison, par exemple, de son caractère discriminatoire, ou du défaut de matérialité des faits reprochés ;
– la procédure interne à l'entreprise était entachée d'irrégularité. Il appartient alors à l'employeur, avant de saisir à nouveau l'administration d'une nouvelle demande, de reprendre l'ensemble de la procédure.

Il n'y a pas matière à statuer dans ces cas.

3. *En cas d'annulation d'une décision du ministre retirant sa décision implicite de rejet du recours hiérarchique*

74.12.1.2.3. – Par son avis du 26 juillet 2018, le Conseil d'État a considéré que « *lorsqu'une décision créatrice de droits est retirée et que ce retrait est annulé, la décision initiale est rétablie à compter de la date de lecture de la décision juridictionnelle prononçant cette annulation. Une telle annulation n'a, en revanche, pas pour effet d'ouvrir un nouveau délai de quatre mois pour retirer la décision initiale, alors même que celle-ci comporterait des irrégularités pouvant en justifier légalement le retrait. Toutefois, lorsqu'une décision créatrice de droits a été retirée dans le délai de recours contentieux puis rétablie à la suite de l'annulation juridictionnelle de son retrait, le délai de recours contentieux court à nouveau à l'égard des* *tiers à compter (...) de la date de notification du jugement d'annulation » (CE, avis, 26 juill. 2018, n° 419.204, Beaumont, publié au Recueil).*

Il s'ensuit que si la juridiction administrative annule la décision par laquelle le ministre a retiré sa décision implicite de rejet du recours hiérarchique et s'est prononcé en sens inverse de la décision initiale contestée, cette décision implicite de rejet est rétablie. Le ministre ne peut plus retirer cette décision. Les parties auxquelles la décision de rejet implicite est défavorable disposent d'un délai de deux mois pour la contester courant à compter de la notification du jugement d'annulation de la décision de retrait.

Toutefois, il a été jugé que l'annulation de la décision de retrait n'ouvre pas un nouveau délai de recours contre la décision implicite de rejet lorsque celle-ci n'avait pas été contestée dans le délai de recours contentieux par la partie qui y avait intérêt et qu'elle avait été retirée par le ministre postérieurement à ce délai *(CAA Paris, 22 déc. 2023, n° 23PA03550, Sté Samsic Assistance Baglink, arrêt définitif : en l'espèce, le ministre avait retiré sa décision implicite de rejet du recours hiérarchique formé par l'employeur contre le refus de l'inspecteur du travail et autorisé le licenciement du salarié).*

C. Les effets de l'annulation par le tribunal administratif de la décision par laquelle le ministre avait annulé la décision de l'inspecteur du travail

1. La jurisprudence du Conseil d'État avant la décision du 7 janvier 2000

74.12.1.3.1. – En principe, si une décision a modifié, abrogé ou retiré certaines dispositions, ou bien leur a été substituée, l'annulation de la décision entraîne la remise en vigueur de ces dispositions *(cf. R. Chapus, Droit du contentieux administratif, 13e éd., § 1222).* En application de ce principe général, il était admis que l'annulation, par le juge, de la décision du ministre, qui avait elle-même annulé la décision de l'inspecteur du travail, avait pour effet de faire revivre cette dernière *(CE, 6 juin 1996, M. Oosterlynck, n° 162.343 ; CAA Lyon, 11 janv. 1999, n° 95LY02263, M. Deculty c. / Sté Sofratol, AJDA 1999 p. 361 et note de J. Berthoud).*

Deux cas étaient alors distingués :

- **Le ministre avait annulé une décision d'autorisation et refusé le licenciement**
  L'annulation de la décision du ministre avait pour effet, en principe, de faire revivre la décision initiale d'autorisation prise par l'inspecteur du travail. L'entreprise pouvait alors rompre le contrat de travail du salarié protégé sans solliciter à nouveau l'autorisation de l'administration.
- **Le ministre avait annulé une décision de refus et autorisé le licenciement**
  L'annulation de la décision du ministre avait pour effet, en principe, de faire revivre la décision de refus. En tout état de cause,

l'autorisation accordée par le ministre est annulée et le salarié est en droit de demander sa réintégration dans l'entreprise.

Il était également admis que la notification du jugement avait pour effet de faire courir à nouveau le délai de recours contentieux contre la décision initiale prise par l'inspecteur du travail et qui revivait, cette décision n'étant définitive qu'à l'expiration d'un délai de deux mois courant à compter de la notification du jugement du tribunal administratif *(CE, 3 juill. 1998, n° 170.390, EARL Matrey, Tables p. 676 ; CAA Lyon, 11 janv. 1999, n° 95LY02263, M. Deculty c./ Sté Sofratol, AJDA 1999 p. 361 et note J. Berthoud)*. Par suite, si l'employeur entendait présenter un nouveau recours devant le ministre contre la décision initiale de refus, ou si le salarié voulait présenter un nouveau recours hiérarchique contre la décision initiale autorisant son licenciement, le recours devait être présenté dans les deux mois suivant la notification du jugement du tribunal.

2. *L'évolution de la jurisprudence du Conseil d'État*

74.12.1.3.2. – Dans ses conclusions sur l'affaire jugée le 7 janvier 2000 *(CE, 7 janv. 2000, n° 184.565, SARL Amadeus Marketing, Tables p. 839, RJS 2000 n° 555)*, le commissaire du gouvernement estimait que la décision initiale prise par l'inspecteur du travail et annulée par le ministre ne pouvait revivre dès lors que le recours hiérarchique du ministre était de droit commun. Cette règle conduisait le commissaire, dans le cas où le ministre avait annulé l'autorisation accordée par l'inspecteur et avait refusé l'autorisation, à conclure : « *L'annulation du refus du ministre ne rendrait pas en toute hypothèse l'employeur titulaire d'une autorisation* ». Les conclusions du commissaire du gouvernement ont été suivies bien que la décision ne fasse pas apparaître clairement la solution adoptée. Il faut espérer que le Conseil d'État puisse l'affirmer de manière explicite dans une prochaine décision.

Cette jurisprudence nous parait justifiée pour deux raisons :

– en premier lieu, pour la chambre sociale, « *l'annulation de l'autorisation administrative par l'autorité hiérarchique ne laisse rien subsister de celle-ci* » *(Cass. soc., 2 juin 1993, n° 89-45278 ; Cass. soc., 27 nov. 2012, n° 11-19.266, Bull. V n° 306, RJS 2013 n° 145)* et le salarié est fondé à obtenir l'exécution de son contrat de travail. La chambre sociale a confirmé cette approche en jugeant, saisie d'une question prioritaire de constitutionnalité, que « *l'annulation par une juridiction administrative d'une décision administrative, annulant elle-même une décision d'autorisation de licenciement, ne fait pas revivre la décision d'origine autorisant le licenciement* » et « *que l'employeur, bénéficiaire de la décision juridictionnelle d'annulation de la décision administrative, peut demander au ministre dont la décision a été annulée par la juridiction administrative de statuer sur la demande d'autorisation de licenciement* » *(Cass. soc., 20 déc. 2017, n° 17-13.449, Bull. V n° 225)* ;

– en second lieu, depuis la décision du Conseil d'État du 6 juillet 1990 *(CE, section, n° 100.489 et 101.053, ministre du travail, de l'emploi et de la formation professionnelle et Sté EDI 7, Rec. p. 205)*, il est jugé que le recours hiérarchique est un recours de droit commun et que, après avoir annulé la décision de l'inspecteur du travail en ne prenant en compte que les circonstances de droit et de fait existant à la date de cette décision, le ministre, qui se trouve saisi de la demande, doit statuer sur cette dernière en tenant compte des circonstances de fait et de droit à la date à laquelle il statue. Comme le soulignait Gilles Bachelier dans ses conclusions relatives au litige tranché par la décision du 7 janvier 2000 : « *Cela prouve bien (…) que la décision de l'inspecteur ne peut revivre. Ainsi, l'annulation du refus du ministre ne rendrait pas en toute hypothèse l'employeur titulaire d'une autorisation (…).* »

Dans ces conditions, dès lors que l'employeur ne peut être regardé comme étant titulaire d'une autorisation de licenciement, il lui appartient de confirmer auprès du ministre, autorité administrative compétente pour statuer dans ce cas, qu'il maintient sa demande d'autorisation.

D. Le ministre doit-il être regardé comme restant saisi du recours hiérarchique formé contre la décision de l'inspecteur du travail ?

74.12.1.4. – Dans le cadre de la jurisprudence qui admettait que la décision initiale de l'inspecteur du travail revive à la suite de l'annulation par le juge de la décision du ministre qui l'avait annulée *(cf. n° **74.12.1.3.1**)*, il avait été jugé que l'annulation contentieuse n'avait pas pour effet de ressaisir le ministre du recours hiérarchique qui avait été formé *(CAA Lyon, 11 janv. 1999, n° 95LY02263, M. Deculty c. / Sté Sofratol, AJDA 1999, p. 361 et note J. Berthoud)*. La notification du jugement avait pour effet de faire courir à nouveau le délai de recours contentieux contre la décision initiale et, par suite, l'employeur ou le salarié avait la possibilité de former un nouveau recours devant le ministre.

Dans le cadre de la jurisprudence du Conseil d'État *(cf. n° **74.12.1.3.2**)*, selon laquelle la décision initiale de l'inspecteur du travail ne revit pas en raison de l'annulation par le juge de la décision par laquelle le ministre l'avait annulée, il appartient alors au ministre de se prononcer sur la demande d'autorisation de licenciement sous réserve qu'il y ait encore matière à statuer sur celle-ci.

E. Les voies de recours ouvertes contre la nouvelle décision de l'administration

74.12.1.5. – La décision que l'autorité administrative peut prendre à la suite du jugement d'annulation peut elle-même faire l'objet d'un recours :

– hiérarchique, si l'inspecteur du travail s'est trouvé ressaisi ;
– contentieux, si le ministre s'est retrouvé ressaisi.

F. L'incidence de la nouvelle décision prise par l'administration à la suite de l'annulation par le tribunal administratif de la décision administrative

1. Sur le contentieux administratif

74.12.1.6.1. – Les effets juridiques d'une nouvelle décision prise par l'administration en exécution du jugement du tribunal administratif soulève de délicates questions dans le cas où le juge d'appel annule le jugement *(cf. n°* ***75.4.3****)*.

Pour limiter ces difficultés, il est conseillé, en l'état de la jurisprudence, à la partie qui y a intérêt :

– de présenter devant la cour administrative d'appel des conclusions tendant à la suspension du jugement *(cf. n°* ***75.3.5.4.2****)* ;
– de contester devant le tribunal administratif la nouvelle décision de l'administration, faute de quoi l'appel contre le jugement du tribunal peut être regardé comme étant sans objet, la nouvelle décision étant devenue définitive *(CE, 15 déc. 1997, n° 150.090, M. Brun ; CE, 18 nov. 1996, n° 157.665, M. Lezin)* :

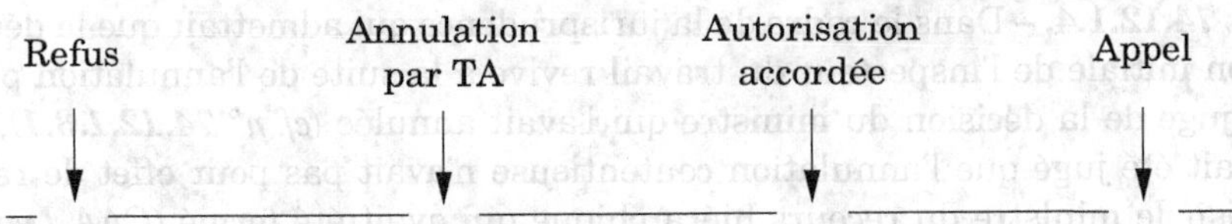

Dans cette situation, l'appel formé par le salarié contre le jugement annulant la décision de refus est devenu sans objet dès lors que la décision d'autorisation accordée consécutivement au jugement est devenue définitive.

2. Sur le droit à réintégration

74.12.1.6.2. – Postérieurement à l'annulation de l'autorisation, l'employeur peut saisir à nouveau l'administration d'une demande d'autorisation et obtenir cette dernière. Dans une telle éventualité, il a été jugé « *qu'une autorisation administrative de licencier, délivrée postérieurement à l'annulation par le juge administratif d'une précédente autorisation, ne peut avoir pour effet de régulariser a posteriori le licenciement prononcé sur la base de l'autorisation annulée et de tenir en échec le droit à réintégration que le salarié tient de l'annulation par le juge de la précédente autorisation* » *(Cass. soc., 10 déc. 1997, n° 94-45.337, Bull. V n° 435, RJS 1998 n° 69)*.

3. *Sur les actions engagées devant le juge judiciaire*

74.12.1.6.3. – Dans un cas de figure où le tribunal administratif avait annulé l'autorisation de licenciement accordée par l'inspecteur du travail, postérieurement à l'arrêt de la cour d'appel déboutant le salarié de ses demandes en paiement d'indemnités de rupture et de dommages-intérêts, la Cour de cassation a jugé que l'annulation prononcée par le tribunal n'avait aucun effet sur l'arrêt de la cour et permettait seulement au salarié d'invoquer les dispositions de l'article L. 2422-1 du Code du travail *(Cass. soc., 31 mars 1998, n° 95-41.062, Bull. V n° 187, RJS 1998 n° 611).* Dans cette affaire, la Cour de cassation a pris le soin de relever que le salarié s'était abstenu de soutenir devant la cour d'appel qu'un recours contentieux avait été formé contre la décision de l'inspecteur du travail autorisant son licenciement.

§ 2. EXAMEN DES DIFFÉRENTS CAS DE FIGURE

74.12.2. – Le tableau suivant résume les différents cas de figure possibles :

<table>
<tr><th>Décision de l'inspecteur du travail</th><th>Recours hiérarchique</th><th>Jugement du tribunal administratif</th><th>Cas</th></tr>
<tr><td rowspan="8">Refus</td><td rowspan="2">Absence de recours hiérarchique</td><td>Rejet du recours</td><td>1</td></tr>
<tr><td>Annulation</td><td>2</td></tr>
<tr><td rowspan="2">Rejet du recours</td><td>Rejet du recours</td><td>3</td></tr>
<tr><td>Annulation</td><td>4</td></tr>
<tr><td rowspan="2">Annulation et autorisation</td><td>Rejet du recours</td><td>5</td></tr>
<tr><td>Annulation</td><td>6</td></tr>
<tr><td rowspan="2">Annulation et maintien refus</td><td>Rejet du recours</td><td>7</td></tr>
<tr><td>Annulation</td><td>8</td></tr>
<tr><td rowspan="8">Autorisation</td><td rowspan="2">Absence de recours hiérarchique</td><td>Rejet du recours</td><td>9</td></tr>
<tr><td>Annulation</td><td>10</td></tr>
<tr><td rowspan="2">Rejet du recours</td><td>Rejet du recours</td><td>11</td></tr>
<tr><td>Annulation</td><td>12</td></tr>
<tr><td rowspan="2">Annulation et refus</td><td>Rejet du recours</td><td>13</td></tr>
<tr><td>Annulation</td><td>14</td></tr>
<tr><td rowspan="2">Annulation et maintien autorisation</td><td>Rejet du recours</td><td>15</td></tr>
<tr><td>Annulation</td><td>16</td></tr>
</table>

Les effets du jugement du tribunal administratif

Cas	Employeur	Salarié	Administration
1	L'employeur ne peut pas licencier son salarié.		
2	L'employeur ne peut être regardé comme étant titulaire d'une décision d'autorisation et il ne peut donc pas licencier son salarié *(cf. n°* ***74.12.1.1.2****)*. Aucun délai de prescription des faits fautifs de 2 mois courant à compter de la notification de l'annulation contentieuse ne peut être opposé à l'employeur *(CE, 8 juin 2015, n° 383.827, ministre du Travail, de l'Emploi et du Dialogue social c. / Sté Allianz Vie, Tables p. 824, cf. n°* ***74.12.1.2.1****)*.		L'inspecteur du travail se trouve à nouveau saisi de la demande initiale *(cf. n°* ***74.12.1.2.1****)*. En principe, l'employeur n'a pas à présenter de nouvelle demande. Cependant, l'autorité administrative doit s'assurer que l'employeur maintient son intention de licencier *(Guide DGT sept. 2019, fiche 22 ; n°* ***74.12.1.2.1****)*.
3	L'employeur ne peut pas licencier son salarié.		
4	L'employeur ne peut être regardé comme étant titulaire d'une décision d'autorisation et il ne peut donc pas licencier son salarié *(cf. n°* ***74.12.1.1.2****)*. Aucun délai de prescription des faits fautifs de 2 mois courant à compter de la notification de l'annulation contentieuse ne peut être opposé à l'employeur *(CE, 8 juin 2015, n° 383.827, ministre du Travail, de l'Emploi et du Dialogue social c. / Sté Allianz Vie, Tables p. 824, cf. n°* ***74.12.1.2.1****)*.		Dès lors que les deux décisions de l'inspecteur du travail et du ministre sont annulées, l'inspecteur du travail se trouve à nouveau saisi de la demande initiale *(cf. n°* ***74.12.1.2.1****)*. En principe, l'employeur n'a pas à présenter de nouvelle demande. Cependant, l'autorité administrative doit s'assurer que l'employeur maintient son intention de licencier *(Guide DGT, Salariés protégés, sept. 2019, fiche n° 22 ; cf. n°* ***74.12.1.2.1****)*.

Cas	Employeur	Salarié	Administration
5		Le licenciement du salarié protégé, autorisé par le ministre, continue de produire effet.	
6	L'appel n'étant pas suspensif, l'employeur qui conteste devant le juge d'appel le jugement du tribunal administratif ne peut, pour cette raison, s'opposer à la réintégration du salarié. Il appartient à l'employeur d'informer l'administration de la réintégration du salarié et de confirmer sa demande, d'autorisation (*cf. n°* ***74.12.1.2.2***) dans l'hypothèse où le juge a annulé la décision administrative pour un motif de légalité externe (*défaut de motivation, irrégularité entachant l'enquête contradictoire, incompétence*). Si la demande est fondée sur un motif disciplinaire, il dispose à nouveau après cette annulation, d'un délai de 2 mois à compter de la réintégration du salarié pour poursuivre la procédure disciplinaire pour les mêmes faits (*CE, 15 déc. 2010, n° 318.698, Amadeus, Tables p. 1004, cf. n°* ***74.12.1.2.2***).	En application des dispositions légales, le salarié est en droit de demander, dans le délai de 2 mois à compter de la date de notification du jugement, sa réintégration dans l'entreprise. Les modalités de la réintégration et les droits du salarié sont examinés au n° **77.1 et s.** Ce droit à réintégration souffre une seule exception : si le juge administratif d'appel, saisi de conclusions en ce sens, ordonne le sursis à exécution du jugement du tribunal administratif (*cf. n°* ***75.3.5.4***).	La décision initiale de refus ne revit pas (*CE, 7 janv. 2000, n° 184.565, SARL Amadeus Marketing, Tables p. 839, RJS 2000 n° 555, cf. n°* ***74.12.1.3.2***). Le ministre se trouve saisi de la demande initiale (*cf. n°* ***74.12.1.4***), sauf si le juge a estimé que l'administration devait refuser (*en raison par exemple de son caractère discriminatoire ou de l'existence de vices substantiels entachant la procédure interne à l'entreprise*). Le délai de 2 mois dont dispose l'administration pour statuer à nouveau court à compter de la réintégration du salarié (*cf. n°* ***74.12.1.2.2***).
7	L'employeur ne peut pas licencier son salarié		

Cas	Employeur	Salarié	Administration
8	L'employeur ne peut être regardé comme étant titulaire d'une décision d'autorisation et il ne peut donc pas licencier son salarié (*cf. n°* ***74.12.1.1.2***). Aucun délai de prescription des faits fautifs de 2 mois courant à compter de la notification de l'annulation contentieuse ne peut être opposé à l'employeur (*CE, 8 juin 2015, n° 383.827, ministre du Travail, de l'Emploi et du Dialogue social c./ Sté Allianz Vie, Tables p. 824, cf. n°* ***74.12.1.2.1***).		Le ministre se trouve saisi de la demande initiale (*cf. n°* ***74.12.1.2.1***). En principe, l'employeur n'a pas à présenter de nouvelle demande. Cependant, l'autorité administrative doit s'assurer que l'employeur maintient son intention de licencier (*Guide DGT, sept. 2019, fiche n° 22 ; cf. n°* ***74.12.1.2.1***).
9		Le licenciement autorisé par l'inspecteur du travail continue de produire effet.	
10	L'appel n'étant pas suspensif, l'employeur qui conteste devant le juge d'appel le jugement du tribunal administratif ne peut, pour cette raison, s'opposer à la réintégration du salarié. Il appartient à l'employeur d'informer l'administration de la réintégration du salarié et de confirmer sa demande, d'autorisation (*cf. n°* ***74.12.1.2.2***) dans l'hypothèse où le juge a annulé la décision administrative pour un motif de légalité externe (*défaut de motivation, irrégularité entachant l'enquête contradictoire, incompétence*). Si la demande est fondée sur un motif disciplinaire, il dispose à nouveau après cette annulation, d'un délai de 2 mois pour poursuivre la procédure disciplinaire pour les mêmes faits (*CE, 15 déc. 2010, n° 318.698, Amadeus, Tables p. 1004, cf. n°* ***74.12.1.2.2***).	En application des dispositions légales, le salarié est en droit de demander, dans le délai de 2 mois à compter de la date de notification du jugement, sa réintégration dans l'entreprise. Les modalités de la réintégration et les droits du salarié sont examinés au n° **77.1 et s.** Ce droit à réintégration souffre une seule exception : si le juge administratif d'appel, saisi de conclusions en ce sens, ordonne le sursis à exécution du jugement du tribunal administratif (*cf. n°* ***75.3.5.4***).	L'inspecteur du travail se trouve à nouveau saisi de la demande initiale (*cf. n°* ***74.12.1.2***), sauf si le juge a estimé que l'administration ne pouvait que refuser (*en raison par exemple de son caractère discriminatoire ou de l'existence de vices substantiels entachant la procédure interne à l'entreprise*). Le délai de 2 mois dont dispose l'administration pour statuer à nouveau court à compter de la réintégration du salarié (*cf. n°* ***74.12.1.2.2***).

Cas	Employeur	Salarié	Administration
11		Le licenciement autorisé par l'inspecteur du travail continue de produire effet.	
12	L'appel n'étant pas suspensif, l'employeur qui conteste devant le juge d'appel le jugement du tribunal administratif ne peut, pour cette raison, s'opposer à la réintégration du salarié. Il appartient à l'employeur d'informer l'administration de la réintégration du salarié et de confirmer sa demande, d'autorisation *(cf. n° **74.12.1.2.2**)* dans l'hypothèse où le juge a annulé la décision administrative pour un motif de légalité externe *(défaut de motivation, irrégularité entachant l'enquête contradictoire, incompétence)*. Si la demande est fondée sur un motif disciplinaire, il dispose à nouveau après cette annulation, d'un délai de 2 mois à compter de la réintégration du salarié pour poursuivre la procédure disciplinaire pour les mêmes faits *(CE, 15 déc. 2010, n° 318.698, Amadeus, Tables p. 1004, cf. n° **74.12.1.2.2**)*.	En application des dispositions légales, le salarié est en droit de demander, dans le délai de 2 mois à compter de la date de notification du jugement, sa réintégration dans l'entreprise. Les modalités de la réintégration et les droits du salarié sont examinés au n° **77.1 et s.** Ce droit à réintégration souffre une seule exception : si le juge administratif d'appel, saisi de conclusions en ce sens, ordonne le sursis à exécution du jugement du tribunal administratif *(cf. n° **75.3.5.4**)*.	Dès lors que les deux décisions de l'inspecteur du travail et du ministre sont annulées, l'inspecteur du travail se trouve à nouveau saisi de la demande initiale *(cf. n° **74.12.1.2.1**)*, sauf si le juge a estimé que l'administration ne pouvait que refuser *(en raison par exemple de son caractère discriminatoire ou de l'existence de vices substantiels entachant la procédure interne à l'entreprise)*. Le délai de 2 mois dont dispose l'administration pour statuer à nouveau court à compter de la réintégration du salarié *(cf. n° **74.12.1.2.2**)*.
13		Le salarié était en droit d'être réintégré dès la notification de la décision du ministre. S'il a été réintégré, il ne peut pas être licencié.	

Cas	Employeur	Salarié	Administration
14	La décision initiale d'autorisation ne revit pas *(CE, 7 janv. 2000, n° 184.565, SARL Amadeus Marketing, Tables p. 839, RJS 2000 n° 555)*. L'employeur ne peut être regardé comme étant titulaire d'une décision d'autorisation et il ne peut donc pas licencier son salarié *(cf. n°* ***74.12.1.3.2****)*. Aucun délai de prescription des faits fautifs de 2 mois courant à compter de la notification de l'annulation contentieuse ne peut être opposé à l'employeur *(CE, 8 juin 2015, n° 383.827, ministre du Travail, de l'Emploi et du Dialogue social c. / Sté Allianz Vie, Tables p. 824, cf. n°* ***74.12.1.2.1****)*.		Le ministre se trouve saisi de la demande initiale *(cf. n°* ***74.12.1.2****)*. En principe, l'employeur n'a pas à présenter de nouvelle demande. Cependant, l'autorité administrative doit s'assurer que l'employeur maintient son intention de licencier *(Guide DGT, sept. 2019 fiche n° 22 ; cf. n°* ***74.12.1.2.1****)*.
15		Le licenciement du salarié protégé, autorisé par le ministre, continue de produire effet.	

Cas	Employeur	Salarié	Administration
16	L'appel n'étant pas suspensif, l'employeur qui conteste devant le juge d'appel le jugement du tribunal administratif ne peut, pour cette raison, s'opposer à la réintégration du salarié. Il appartient à l'employeur d'informer l'administration de la réintégration du salarié et de confirmer sa demande, d'autorisation *(cf. n°* ***74.12.1.2.2****)* dans l'hypothèse où le juge a annulé la décision administrative pour un motif de légalité externe *(défaut de motivation, irrégularité entachant l'enquête contradictoire, incompétence)*. Si la demande est fondée sur un motif disciplinaire, il dispose à nouveau après cette annulation, d'un délai de 2 mois à compter de la réintégration du salarié pour poursuivre la procédure disciplinaire pour les mêmes faits *(CE, 15 déc. 2010, n° 318.698, Amadeus, Tables p. 1004, cf. n°* ***74.12.1.2.2****)*.	En application des dispositions légales, le salarié est en droit de demander, dans le délai de 2 mois à compter de la date de notification du jugement, sa réintégration dans l'entreprise. Les modalités de la réintégration et les droits du salarié sont examinés au n° **77.1** et suivants. Ce droit à réintégration souffre une seule exception : si le juge administratif d'appel, saisi de conclusions en ce sens, ordonne le sursis à exécution du jugement du tribunal administratif *(cf. n°* ***75.3.5.4****)*.	Le ministre se trouve saisi de la demande initiale *(cf. n°* ***74.12.1.2****)*, sauf si le juge a estimé que l'administration avait compétence liée pour rejeter la demande *(en raison par exemple de son caractère discriminatoire ou de l'existence de vices substantiels entachant la procédure interne à l'entreprise)*. Le délai de 2 mois dont dispose l'administration pour statuer à nouveau court à compter de la réintégration du salarié *(cf. n°* ***74.12.1.2.2****)*.

§ 3. LES POUVOIRS DE L'ADMINISTRATION DE NOUVEAU SAISIE PAR LES EFFETS DE L'ANNULATION DE LA DÉCISION

74.12.3. – Deux questions se posent :

– l'autorité administrative est-elle tenue de procéder à une nouvelle enquête contradictoire ?
– quelle est la portée de l'autorité de la chose jugée par le tribunal administratif ?

A. L'administration, qui se trouve à nouveau saisie à la suite de l'annulation prononcée par le juge, est-elle tenue d'effectuer une nouvelle enquête contradictoirc ?

74.12.3.1. – Si l'employeur réitère sa demande d'autorisation de licenciement en se fondant sur les mêmes faits, l'inspecteur du travail n'est pas tenu de procéder à une nouvelle enquête contradictoire à la condition qu'aucune modification des circonstances de fait et de droit ne soit intervenue *(CE, 16 mars 1988, n° 65.103, M. Bordelongue ; CE, 5 sept. 2008, n° 301.506, Sté Seroba et ministre du travail, des relations sociales et de la solidarité, Tables p. 955, RJS 2008 n° 1099, Dr soc 2008 p. 1251, JCP S. n° 10, 03.03.2009, 1100, note J.-Y. Kerbourc'h).*

Une nouvelle enquête n'est juridiquement nécessaire que dans les cas suivants :

– en cas de modification des circonstances de fait et/ou de droit entre la date de la première décision et la date de la seconde ;
– si le juge administratif a estimé que l'enquête contradictoire était entachée d'une irrégularité substantielle ;
– si la demande de confirmation d'autorisation de licenciement s'appuie sur de nouveaux éléments.

En tout état de cause, dans la mesure où l'inspecteur du travail doit se prononcer à la lumière des circonstances de droit et de fait existant à la date à laquelle il statue une seconde fois, il semble nécessaire, sur le plan pratique, qu'il procède à une nouvelle enquête, ne serait-ce que pour déterminer, si des modifications importantes de nature à influencer sa décision sont intervenues. Ce réexamen est d'autant plus indispensable que l'inspecteur du travail ne peut pas motiver sa nouvelle décision en se fondant seulement sur le jugement du tribunal administratif *(cf. n°* ***74.12.3.2 et s.****).*

Selon l'administration, il est nécessaire, quel que soit le motif de la demande, de vérifier, en cas d'acquisition d'un nouveau mandat postérieurement à la date de la décision annulée, l'existence d'un lien entre ce mandat et la confirmation de la demande, l'éventuelle consultation attachée à ce mandat, ainsi que l'existence d'un motif d'intérêt général. S'agissant d'un motif économique, le temps écoulé entre la demande d'autorisation de licenciement et le jugement d'annulation du refus implique de vérifier si la situation économique a évolué ou si d'autres possibilités de reclassement se sont dégagées *(Guide DGT, Salariés protégés, sept. 2019, fiche n° 22).*

Quelle est l'incidence de l'irrégularité entachant l'enquête contradictoire lorsque légalement l'inspecteur du travail n'était pas tenu d'y procéder de nouveau ? Telle est la question que devait trancher le Conseil d'État le 5 septembre 2008 *(CE, n° 301.506 et 301.507, Sté Seroba et ministre du Travail, Tables p. 954, X. Magina, « Le contentieux des autorisations administratives de licenciement », Sem. soc. Lamy 22 sept. 2008, n° 1367).* À la suite de l'annulation par le juge d'une décision de refus, l'inspecteur du travail avait conduit une enquête contradictoire alors même qu'il a été admis, en l'espèce, qu'il n'y était pas tenu en l'absence de modification des circonstances de fait et de droit survenues postérieurement au refus initial. Mais, au cours de l'enquête le salarié n'avait pas disposé d'un délai suffisant – entre la réception de la convocation qui lui avait été adressé pour un entretien avec l'inspecteur du travail et cet entretien – pour qu'il puisse s'y rendre et, surtout, se faire assister par un représentant de son syndicat comme le Code du travail le lui permet *(C. trav., disposition de l'ancien art. R. 436-4, reprise à l'art. R. 2421-4).* À l'issue de cette nouvelle enquête, l'autorisation fut accordée. Le Conseil d'État, confirmant la position adoptée par la cour administrative d'appel, a considéré que l'irrégularité ainsi commise rendait illégale l'autorisation accordée par l'inspecteur du travail. La Haute juridiction a fait ainsi application d'une jurisprudence plus générale selon laquelle :

- d'une part, lorsque l'administration décide de suivre une procédure de consultation facultative, elle doit suivre cette procédure de manière régulière *(CE, assemblée, 9 déc. 1966, n° 53.293, Berland, Rec. p. 561)* ;
- d'autre part, l'irrégularité commise au cours de cette procédure non obligatoire entache d'illégalité la décision prise si cette irrégularité a exercé une influence sur la décision *(CE, section, 19 mars 1976, n° 98.266, ministre de l'Économie c. / Bonnebaigt, Rec. p. 167).*

B. L'autorité administrative et l'autorité de la chose jugée

74.12.3.2 – Le principe général est le suivant : « *l'autorité de chose jugée s'attachant au dispositif d'une décision juridictionnelle annulant un refus d'autorisation et devenue définitive ainsi qu'aux motifs qui en sont le support nécessaire fait obstacle à ce que, en l'absence de modification de la situation de droit ou de fait, l'autorisation sollicitée soit à nouveau refusée par l'autorité administrative (...) pour un motif identique à celui qui avait été censuré par la décision juridictionnelle devenue définitive* » *(CE, 19 déc. 2018, n° 399.095, société Servair).*

1. Le principe du respect de l'autorité de la chose jugée

74.12.3.2.1. – Si l'employeur confirme sa demande d'autorisation en invoquant des faits identiques à ceux de la première demande, l'inspecteur du travail est « ***tenu de respecter l'autorité de la chose jugée*** » par le juge administratif *(CE, section, 6 janv. 1989, n° 84.757, Sté Automobiles Citroën c. / ministre des affaires sociales et de l'emploi, Rec. p. 5, Dr soc 1989, p. 379 ; CE, 2 juill.1990, n° 104.429, Naguib).*

2. Le principe selon lequel l'autorité administrative statue au regard des circonstances de fait et de droit à la date à laquelle elle se prononce

74.12.3.2.2. – L'exécution de la décision juridictionnelle annulant une décision de refus n'implique pas nécessairement que l'autorité administrative fasse droit à la demande qui lui avait été présentée *(CE, 5 avr. 2002, n° 219.829, Edelson, Rec. p. 887 ; CE, 3 mai 2000, n° 184.951, Benoist, Tables p. 1174 ; CE, 26 juil. 2006, n° 285.417, ministre de l'Économie, des Finances et de l'Industrie).*

L'inspecteur du travail doit procéder à un réexamen de la demande en se plaçant, non pas à la date de sa première décision, mais à la date à laquelle il statue à nouveau « *à la lumière des circonstances de droit et de fait existant à cette dernière date* » *(CE, 7 déc. 1973, n° 88.252 et 91.237, ministre de l'Agriculture et du Développement rural, Rec. p. 699 ; CE, 18 févr. 1994, n° 124.961, Syndicat des pharmaciens du Puy-de-Dôme et Conseil régional de l'Ordre des pharmaciens, Rec. p. 89 ; CE, 21 sept. 1990, n° 95.026, Sté Stein Fasel et ministre des affaires Sociales et de l'Emploi c. / M. Piglialepre, Tables p. 1017).* Il a été jugé que commet une erreur de droit l'inspecteur du travail qui s'estime tenu, au regard de l'autorité de chose jugée qui s'attache à un jugement définitif, d'accorder l'autorisation sollicitée *(CE, 29 oct. 1997, n° 172.137, Sté Sanyo France calculatrices électroniques, Tables p. 1106, RJS 1997 n° 1399).*

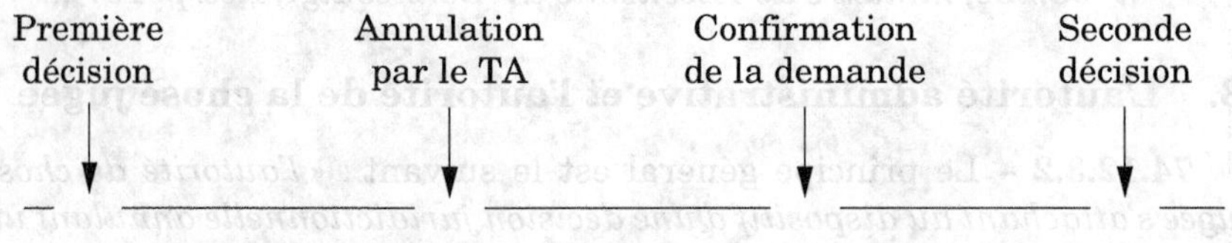

En tout état de cause, dans tous les cas, il appartient à l'administration de procéder aux contrôles suivants :

– premièrement, elle doit examiner, dans l'hypothèse où le salarié a acquis de nouvelles fonctions représentatives si la procédure de licenciement est ou non en rapport avec celles-ci *(CE, 29 oct. 1997, n° 172.137, Sté Sanyo France calculatrices électroniques, Tables p. 1106, RJS 1997 n° 1399)* ou si, indépendamment de l'acquisition de nouvelles fonctions représentatives, des circonstances nouvelles

établissent l'existence de ce rapport *(CE, 24 oct. 2018, n° 402.434, société Servair)* ;
– deuxièmement, elle doit apprécier si aucun motif d'intérêt général ne s'oppose à ce que l'autorisation soit accordée (même décision).

Ex. : à la date de la première décision, le salarié protégé, dont le licenciement avait été refusé, n'était pas le seul représentant du personnel. Bien que le tribunal administratif ait pu censurer le motif d'intérêt général invoqué à tort par l'inspecteur du travail à l'appui de sa première décision, ce dernier pourra refuser l'autorisation, en invoquant à juste titre un motif d'intérêt général tiré de la nécessité de maintenir une représentation dans l'entreprise si, à la date à laquelle il statue à nouveau, le salarié est l'unique représentant du personnel dans l'entreprise.

C'est pour l'ensemble de ces raisons que, postérieurement à l'annulation contentieuse d'une première décision d'autorisation, l'autorité administrative n'est pas en situation de compétence liée[1] pour accorder l'autorisation demandée *(CE, 5 sept. 2008, n° 301.506 et 301.507, Sté Seroba et ministre du Travail, Tables p. 954, X. Magina, « Le contentieux des autorisations administratives de licenciement », Sem. soc. Lamy, 22 sept. 2008, n° 1367).*

3. *La conciliation des principes*

74.12.3.2.3. – Le Conseil d'État a cherché à concilier le nécessaire respect de la chose jugée avec l'obligation pour l'autorité administrative, de statuer en fonction des circonstances de fait et de droit existant à la date de sa nouvelle décision :
– relèvent du **premier point** et ne peuvent, par conséquent, être rediscutées les questions de la matérialité des faits et leur caractère de faute suffisamment grave pour justifier un licenciement si ces questions ont été tranchées par le jugement annulant la décision de refus ;
– relèvent, en revanche, **du second point** les nouveaux éléments qui ont pu intervenir depuis la précédente décision, qui ont influé sur la décision de l'employeur et sont susceptibles de déterminer le sens de la décision que doit prendre à nouveau l'administration.

La jurisprudence illustre cette conciliation :
– un tribunal avait annulé une décision de refus au motif que la faute commise par le salarié était d'une gravité suffisante pour justifier son licenciement, que ce dernier était sans lien avec le mandat et que le motif d'intérêt général retenu par l'administration portait une atteinte excessive aux intérêts de l'employeur. Saisi, à la

1 L'administration est en situation dite de « *compétence liée* » lorsqu'elle est tenue de statuer dans un sens donné, aucune autre solution ne pouvant être légalement retenue.

suite du jugement, d'une nouvelle demande, l'inspecteur du travail était « *tenu* » d'accorder l'autorisation « *sans qu'il y ait lieu d'apprécier la valeur de nouvelles attestations de témoins produites* » par le salarié *(CE, 27 juill. 1990, n° 104.429, Naguib)*. En l'espèce, le Conseil d'État a pu estimer que l'autorité administrative était « *tenue d'autoriser* » car, par une autre décision lue le même jour, concernant le même salarié *(n° 89.434)*, il avait confirmé l'appréciation portée par les premiers juges, notamment sur le caractère excessif de l'atteinte portée aux intérêts de l'employeur ;

– un tribunal administratif avait censuré le motif invoqué par l'inspecteur du travail, à l'appui d'un refus, selon lequel l'absentéisme d'un salarié ne présentait pas un caractère fautif. L'inspecteur du travail a pu, sans méconnaître l'autorité de la chose jugée, refuser à nouveau l'autorisation de le licencier en prenant appui sur la circonstance que l'absentéisme de l'intéressé, postérieurement à sa première décision, avait notablement diminué *(CE, 21 sept. 1990, n° 95.026, Sté Stein Fasel et ministre des Affaires sociales et de l'Emploi c. / M. Piglialepre, Tables p. 1017)* ;

– le juge d'appel, par un arrêt devenu irrévocable, avait considéré que la procédure de licenciement était sans rapport avec les fonctions représentatives du salarié et avait annulé les refus d'autorisation ; toutefois, en raison de faits postérieurs à l'arrêt de la cour – notamment plusieurs procédures judiciaires engagées avec succès par le salarié pour que son employeur mette fin à diverses entraves à l'exercice de ses mandats – il a été jugé que l'inspecteur du travail, saisi de nouveau après l'arrêt de la cour, avait pu légalement estimer que la procédure de licenciement n'était pas sans rapport avec les mandats de l'intéressé « *sans qu'y fasse obstacle l'autorité absolue de la chose jugée par l'arrêt* » *(CE, 19 déc. 2018, n° 399.095, société Servair)*.

Si l'inspecteur du travail n'invoque aucun élément de droit ou de fait postérieur à sa première décision, l'appréciation portée par le tribunal s'impose à lui. En outre, l'inspecteur du travail ne peut pas estimer que des faits dont le juge a admis la matérialité ne sont pas établis ou, inversement, retenir des faits que le juge a écartés au motif qu'ils n'étaient pas avérés.

De manière générale, dès lors que l'inspecteur du travail doit procéder à un réexamen de la demande – en se plaçant non pas à la date de sa première décision mais à la date à laquelle il statue à nouveau, à la lumière des circonstances de droit et de fait existant à cette dernière date – il peut prendre en compte des faits intervenus entre ses deux décisions.

§ 4. LA POSSIBILITÉ POUR L'EMPLOYEUR DE REPRENDRE LA PROCÉDURE DE LICENCIEMENT À LA SUITE DU JUGEMENT ANNULANT L'AUTORISATION DE LICENCIEMENT

74.12.4. – Le tribunal administratif peut annuler l'autorisation de licenciement en raison d'une irrégularité affectant la procédure interne à l'entreprise. Dans un tel cas, l'employeur peut-il reprendre la procédure de licenciement à la suite du jugement du tribunal ?

La jurisprudence du juge judiciaire a apporté les précisions suivantes :

– si aucun entretien préalable n'a précédé la sanction infligée à un salarié, le juge estime que le délai prévu par l'article L. 1332-4 du Code du travail *(cf. n°* ***21.2****)* n'a pas été interrompu et que les faits reprochés au salarié sont prescrits. Par suite, l'employeur ne peut engager une nouvelle procédure de licenciement à la suite du jugement du conseil de prud'hommes prononçant l'annulation de la sanction *(Cass. soc., 18 janv. 1995, n° 90-42087, Bull. V n° 28, Dr soc 1995 p. 349-353, commentaire J. Savatier)* ;

– si un entretien préalable a précédé la sanction, la Cour de cassation a estimé que le délai prévu par l'article L. 1332-4 a été interrompu. Si le juge judiciaire annule cette sanction en raison de son caractère disproportionné, l'employeur peut lui substituer une nouvelle sanction, sous réserve de la notifier au salarié dans le mois suivant la notification du jugement d'annulation *(Cass. soc., 4 févr. 1993, n° 88-42.599, Bull. V n° 42 ; sur le problème de l'application de l'article L. 1332-4 aux procédures de licenciement d'un salarié protégé, cf. n°* ***21.2 et s.****)*.

Prenant en compte ces éléments, le Conseil d'État a jugé que « *les dispositions de l'article L. 1332-4 du Code du travail ne faisaient pas obstacle à ce que l'employeur (...) puisse invoquer à l'appui de sa seconde demande d'autorisation de licenciement, présentée postérieurement à l'arrêt du 17 février 1998 de la cour d'appel de Paris, des motifs invoqués à l'appui [d'une première demande] du 11 octobre 1995, dès lors que la procédure disciplinaire ayant précédé cette demande avait elle-même été engagée avant l'expiration du délai de deux mois prévu par l'article L. 122-44 (...)* » *(CE, 28 sept. 2005, n° 269.784, SA Carto Rhin et Me Mulhaupt, Tables p. 1124)*.

Il lui appartient toutefois, dans ce cas, de poursuivre la procédure disciplinaire dans le délai de deux mois ouvert par l'article L. 1332-4 du Code du travail à compter de la réintégration du salarié *(CE, 15 déc. 2010, n° 318.698, Sté Amadeus, Tables p. 1004 ; cf. n°* ***74.12.1.2.2****)*.

A contrario, on peut déduire de cette jurisprudence que si le juge administratif annule l'autorisation de licenciement pour motif disciplinaire en raison du défaut d'entretien préalable, les dispositions de l'article L. 1332-4 font obstacle à ce que l'employeur engage une nouvelle procédure fondée sur les mêmes faits.

§ 5. LA JUSTIFICATION D'UNE NOUVELLE PROCÉDURE DE LICENCIEMENT À LA SUITE DU JUGEMENT ANNULANT L'AUTORISATION DE LICENCIEMENT

74.12.5. – Le Conseil d'État a jugé que : « *Si le fait qu'un salarié protégé n'a pas été réintégré… ne fait pas obstacle, par lui-même, à ce que l'employeur demande ultérieurement l'autorisation de licencier ce salarié pour motif économique, un tel motif ne saurait être tiré de la seule circonstance que l'emploi initialement occupé par ledit salarié n'est plus disponible au moment de la réintégration et qu'aucun emploi équivalent n'est disponible dans l'entreprise* » *(CE 3 oct. 1990, ministre du Travail c./ Moscovici, n° 76.597, Rec. p. 266, RJS 1990 n° 999).*

L'employeur doit justifier que la réintégration est de nature à entraîner des difficultés économiques de nature à justifier un licenciement. Dans cette affaire, le commissaire du gouvernement, T. Tuot, précisait : « *Mais il faut un motif économique, qui ne peut être l'invocation des conséquences (le remplacement) d'un licenciement illégal : l'impossibilité pour l'entreprise d'assumer cette charge, l'absence de perspective d'évolution des emplois, la difficulté à offrir des postes comparables sinon équivalents… mais du moins peut-on exclure tout motif tiré des propres turpitudes de l'employeur. C'est, sans doute, faire peser une charge sur l'entreprise : mais c'est la sanction d'un licenciement illégal, et la seule solution ne vidant pas l'article L. 436-1 de tout effet.* »

Cette jurisprudence a été confirmée *(CE, 30 oct. 1995, n° 150.243, SA Graines Gondian, RJS 1996 n° 44 ; CE, 21 déc. 2001, n° 215.185, Prieto, Tables p. 1215, RJS 2002 n° 305 : le juge du fond commet une erreur de droit en se bornant à constater que le poste du salarié n'avait pas été recréé sans rechercher en quoi la situation économique de l'entreprise justifiait le licenciement).*

Dans sa décision précitée du 21 décembre 2001, le Conseil d'État avait en outre jugé que le refus du salarié d'accepter un emploi présentant des garanties équivalentes à celui occupé précédemment pouvait justifier un licenciement disciplinaire. De même, la Cour de cassation avait jugé, s'agissant d'un licenciement nul d'un salarié non protégé, que le comportement de l'intéressé, qui n'avait donné aucune explication à son employeur, n'avait pas répondu à son courrier l'informant de sa réintégration et ne s'était pas présenté sur son lieu de travail, constituait une faute grave *(Cass. soc., 15 janv. 2003, n° 00-46.089).*

Dans sa « nouvelle » décision Prieto du 19 octobre 2012, le Conseil d'État a considéré que le refus par le salarié d'occuper les postes équivalents proposés par l'employeur ne constitue pas, par lui-même, une faute disciplinaire, mais que, s'il est susceptible de rendre impossible la poursuite du contrat de travail, il peut constituer un motif de nature à justifier une autorisation de licenciement, s'il est invoqué par l'employeur *(CE, 19 oct. 2012, n° 334.588, Prieto, Tables p. 1012, RJS 2013 n° 58).*

CHAPITRE V

LE RECOURS EN APPEL CONTRE LES JUGEMENTS DES TRIBUNAUX ADMINISTRATIFS

SECTION 1
Les délais du recours en appel

75.1. – Les parties ont deux mois pour faire appel à compter de la date de la notification du jugement *(C. just. adm., art. R. 811-2)*.

Pour les parties demeurant dans un département d'outre-mer ou dans un territoire d'outre-mer, le délai d'appel est porté à trois mois par le délai de distance *(C. just. adm., art. R. 811-5)*. Le délai d'appel contre les jugements des tribunaux administratifs situés à Mayotte, en Polynésie française et en Nouvelle-Calédonie est porté à quatre mois par le délai de distance *(C. just. adm., art. R. 811-4 et R. 811-5)*.

Le délai d'appel est un délai franc. Ses modalités de calcul et de déclenchement sont identiques à celles du délai de recours devant le tribunal administratif *(cf. n° **74.1.2.1 et s.**)*. La demande d'aide juridictionnelle, présentée dans le délai d'appel, a pour effet de l'interrompre *(CE, 15 avr. 1996, n° 136.326, Darras)*.

SECTION 2

Le juge d'appel compétent

§ 1. LE JUGE D'APPEL DES REQUÊTES CONTRE LES JUGEMENTS DES TRIBUNAUX STATUANT SUR LES RECOURS POUR EXCÈS DE POUVOIR

75.2.1. – Les appels doivent être portés devant la cour administrative d'appel compétente géographiquement. La compétence géographique des cours administratives d'appel est précisée par le site de chaque cour. Elle est déterminée par l'application d'une règle simple : chaque cour a compétence pour connaître des jugements des tribunaux administratifs situés dans son ressort géographique de compétence.

§ 2. LE JUGE D'APPEL DES REQUÊTES CONTRE LES JUGEMENTS DES TRIBUNAUX STATUANT SUR RENVOI DES TRIBUNAUX JUDICIAIRES

75.2.2. – Avant l'entrée en vigueur du décret n° 2015-233 du 27 février 2015 relatif au Tribunal des conflits et aux questions préjudicielles, les appels contre les jugements des tribunaux administratifs rendus sur renvoi des tribunaux judiciaires, statuant sur les recours en appréciation de la légalité des décisions de l'administration formés après que le juge judiciaire ait décidé de surseoir à statuer, relevaient de la compétence du Conseil d'État *(C. just. adm., art. R. 321-1)*.

L'article 47 du décret n° 2015-233 du 27 février 2015 a prévu que désormais les jugements statuant sur une question préjudicielle ne sont plus susceptibles que d'un pourvoi en cassation, devant être introduit dans les quinze jours de leur notification *(C. just. adm., art. R. 771-2-2)*.

SECTION 3

Les règles procédurales

§ 1. LES RÈGLES DE FORME ET DE PRÉSENTATION

75.3.1. – Elles sont très proches des règles régissant la présentation des recours devant le tribunal administratif *(cf. n°* ***74.6.1 et s.****)*.

Le ministère d'avocat est devenu obligatoire *(C. just. adm., art. R. 811-7)*. Les parties peuvent également demander le bénéfice de l'aide juridictionnelle.

Sur la possibilité de transmettre la requête par voie électronique, il convient de se reporter au n° **74.6.1.2.**

§ 2. L'INTÉRÊT ET LA QUALITÉ POUR AGIR

A. Les règles générales

75.3.2.1. – Il convient de se reporter aux règles exposées aux n° **74.3.1** et suivants sous les réserves suivantes :

Si à la date à laquelle l'inspecteur a statué, les activités de la société avaient été cédées, à la suite de l'adoption par le tribunal de commerce d'un plan de cession, l'administrateur judiciaire désigné par le tribunal de commerce est jugé comme ne disposant d'aucun intérêt pour agir et n'était pas recevable à saisir le tribunal administratif ou à faire appel *(CE, 9 nov. 2005, n° 257.126, ministre des Affaires sociales c. / Sté « Les Amis Verts », RJS 2006 n° 255).*

Si une personne, physique ou morale, n'a pas été présente ou appelée dans l'instance ayant conduit le tribunal administratif à statuer, elle ne peut interjeter appel et doit saisir le tribunal d'un recours en tierce opposition *(CE, 22 janv. 1996, n° 141.570, Ribeiro de Azevedo, RJS 1996 n° 310 ; CE, 31 janv. 2001, n° 212.015, G, Tables p. 1214).*

B. L'incidence des modifications dans la situation juridique de l'employeur intervenues après le jugement du tribunal administratif

75.3.2.2. – Il convient de distinguer les situations de l'ancien et du nouvel employeur.

Dès lors que l'ancien employeur a contesté devant le tribunal administratif la légalité de la décision de refus de l'inspecteur du travail et qu'il disposait alors d'un intérêt pour agir, il a qualité pour faire appel du jugement rejetant sa demande alors même que postérieurement à son introduction devant le tribunal administratif, le contrat de travail du salarié a été transféré, par application de l'article L. 1224-1 du Code du travail à un nouvel employeur *(CE, section, 11 févr. 2005, n° 247.673, Marcel, Rec. p. 56, RJS 2005 n° 541, AJDA 2005 p. 656 à 660).*

Le nouvel employeur est réputé avoir été représenté en première instance par l'ancien employeur : il s'ensuit qu'à compter de la cession, il a qualité pour faire appel *(CE, 21 juill. 2009, n° 304.625 et 304.644, Sté Jesta Fontainebleau et Sté Noga Hôtel Cannes, Tables p. 899 ; L. Pécaut-Rivolier et Y. Struillou, « Chronique des jurisprudences sur la représentation du personnel, 3e trimestre 2009 », Sem. soc. Lamy 21 déc. 2009 n° 1426).*

C. L'appréciation de l'intérêt pour agir dans le cadre du contentieux des décisions de validation ou d'homologation du PSE

75.3.2.3. – Eu égard aux effets différents attachés par le législateur à l'annulation d'une décision d'homologation ou de validation d'un PSE selon le motif pour lequel cette annulation est prononcée et à la limitation des moyens susceptibles d'être invoqués devant le juge administratif à l'appui d'un recours dirigé contre une nouvelle décision suffisamment motivée, lorsqu'une décision juridictionnelle fait droit à une requête tendant à l'annulation d'une telle décision en se fondant sur un moyen qui n'est pas, parmi ceux présentés par la requête, celui qui est susceptible d'avoir les effets les plus favorables pour les requérants, les demandeurs justifient d'un intérêt pour en demander l'annulation, alors même que la décision juridictionnelle a prononcé l'annulation de la décision attaquée *(CE, 4 oct. 2023, n° 460.949, société Tecalemit Aerospace Blois, mentionné aux Tables ; cf. n°* ***74.11.4 et s.****)*.

§ 3. LE CONTENU DE LA REQUÊTE

75.3.3. – Le requérant doit joindre à sa requête la copie du jugement attaqué. Le mémoire, comme devant le tribunal administratif, doit comporter l'énoncé des faits et moyens et doit présenter des conclusions. À défaut, l'appel sera rejeté si le mémoire complémentaire est adressé au greffe de la cour administrative d'appel postérieurement à l'expiration du délai d'appel *(CE, 2 mars 2005, n° 253.847 M. Faux et syndicat CFDT du personnel des banques de la Gironde)*.

Le requérant ne doit pas, sous peine de voir son appel rejeté pour irrecevabilité, se borner :

- à se référer à ses demandes de première instance en les joignant à sa requête d'appel ;
- à recopier simplement les moyens invoqués devant le tribunal administratif *(CE, 25 oct. 2006, n° 281.933, Mme Thouvenel, Tables p. 1039 ; CE, 4 déc. 2009, n° 327.039, Mme Monique A.)* que l'appel émane du demandeur ou du défendeur en première instance *(CE, 18 oct. 2006, n° 280.350, ministre d'État, ministre de l'Intérieur et de l'Aménagement du territoire c. / Mme Bobo, Tables p. 1039)*.

La requête est regardée comme motivée si :

- soit elle énonce de nouveau devant le juge d'appel de manière précise les critiques adressées à la décision dont l'annulation a été demandée au tribunal administratif dès lors que le mémoire ne constitue pas la reproduction littérale d'un mémoire de première instance *(CE, 25 juin 2005, n° 259.446 Mahdi, Rec. p. 257, concl. D. Chauvaux, AJDA 2005 p. 1959)* ;
- soit si sont exposées les erreurs reprochées au juge de première instance *(CE, section, 11 juin 1999, n° 173.972, Office public d'habitations à loyer modéré de la ville de Caen, Rec. p. 178)*.

Pour éviter tout incident de procédure, il est fortement recommandé à la fois de reprendre dans le mémoire, moyen par moyen, les critiques faites à la décision en cause et d'exposer les raisons pour lesquelles la solution adoptée par les premiers juge est contestée.

Peuvent être produites en appel des pièces ayant trait à la situation de droit et de fait telle qu'elle existait à la date à laquelle l'administration a statué, alors même que ces pièces ont été établies postérieurement à la décision attaquée et que le juge de première instance n'en disposait pas *(CE, 17 nov. 2000, n° 197.383, M. David, Tables p. 1270, RJS 2001 n° 318).*

§ 4. LES MOYENS SOULEVÉS EN APPEL

A. La classification générale des moyens

75.3.4.1. – De manière générale, trois catégories de moyens peuvent être invoquées par le requérant :

- les moyens relatifs à la régularité du jugement attaqué ;
- les moyens relatifs à la légalité externe de la décision contestée *(motivation, enquête contradictoire et compétence de l'auteur de l'acte)* ;
- les moyens relatifs à la légalité interne de cette décision.

Ces différentes catégories de moyens doivent être présentées dans le délai d'appel de deux mois. À défaut, le requérant ne pourra plus les invoquer.

Les notions de moyens de légalité externe, de moyens de légalité interne et de moyens relevant de « *causes juridiques distinctes* » ont été définies au n° **74.7.2.1**.

B. La portée de la classification

75.3.4.2. – La classification a des conséquences pratiques importantes.

Sous réserve de l'existence de moyens d'ordre public *(cf. n°* ***74.7.2.4****)*, le requérant ne peut, après l'expiration du délai d'appel, invoquer un nouveau moyen que si ce dernier procède de la même cause juridique ou relève de la même catégorie que ceux qui ont été présentés dans le délai d'appel.

Ex. : passé le délai d'appel, si le requérant n'a pas invoqué un moyen tiré de l'irrégularité du jugement, il ne peut plus utilement le faire par la suite *(CE, 22 mai 1995, n°* 144.397, *Centre de rééducation fonctionnelle « Le Grand Feu » ; CE, 15 avr. 1996, n° 136.326, Darras ; CE, 15 nov. 1996, n° 160.601, M. Coracin)*. De même, s'il n'a soulevé aucun moyen de légalité externe dans le délai d'appel, il ne peut pas ultérieurement contester la motivation de la décision ou la régularité de la procédure d'enquête.

En revanche, si le requérant a invoqué un moyen de légalité interne dans le délai d'appel – par exemple, un moyen relatif à la matérialité des faits – il peut, après l'expiration de ce délai, soulever un moyen tiré de l'irrégularité de la procédure suivie dans l'entreprise tel que le défaut d'entretien préalable par exemple.

C. La possibilité de présenter de nouveaux moyens en appel

75.3.4.3. – Les parties peuvent-elles présenter de nouveaux moyens par rapport à ceux qu'elles avaient avancés devant les premiers juges ?

La réponse à cette question est fonction de la qualité de chaque partie en première instance.

1. Le demandeur en première instance

75.3.4.3.1. – Il ne peut pas présenter des moyens relevant d'une cause juridique distincte de ceux qui ont été invoqués devant le juge administratif, qu'il soit ou non l'appelant *(CE, 28 juin 1996, n° 159.316 M. Venderotte).*

Si, par exemple, le demandeur n'avait soulevé aucun moyen de légalité externe devant les premiers juges dans le délai du recours contentieux, il ne peut plus contester la légalité externe de la décision attaquée *(CE, 22 mai 1995, n° 157.427 Sté Rimoldi France, RJS 1995 n° 794).* Il en est de même si aucun moyen de légalité interne n'avait été invoqué en première instance : le demandeur ne pourra plus en appel invoque un moyen de cette nature *(CE, 31 mars 1989, n° 74.242, M. Legat).*

2. Le défendeur en première instance

75.3.4.3.2. – Il peut toujours invoquer des moyens nouveaux qui n'ont pas été présentés en première instance, qu'il soit ou non l'appelant. Toutefois, ces moyens doivent être présentés :

- soit dans le délai d'appel,
- soit, postérieurement à l'expiration de ce délai, à la condition de procéder de la même cause juridique que les moyens invoqués dans ce délai *(CE, 29 sept. 2000, n° 186.916, Société Dezellus Industrie, Rec. p. 381).*

§ 5. LES CONCLUSIONS PRÉSENTÉES EN APPEL

A. Les conclusions à fin d'annulation

75.3.5.1. – Les conclusions présentées en appel doivent tendre, en premier lieu, à l'annulation du jugement du tribunal administratif.

1. Les conclusions d'appel en cas de rejet de la demande par le tribunal administratif

75.3.5.1.1. – Dans le cas où l'employeur ou le salarié ont vu leur recours rejeté par le tribunal administratif, l'appel doit tendre également à ce que la décision attaquée soit annulée. Dans l'éventualité où la décision a été confirmée par le ministre, il est très fortement recommandé de préciser que la requête tend à l'annulation des deux décisions pour éviter toute difficulté *(cf. n°* ***74.8.1.3****)*.

2. Les conclusions d'appel en cas d'annulation par le tribunal administratif de la décision ou des décisions administratives

75.3.5.1.2. – Lorsque la décision a été annulée par le juge de première instance, soit à la demande de l'employeur, soit du salarié – la partie qui fait appel doit conclure à l'annulation du jugement et au rejet de la demande présentée devant les premiers juges. En effet, si le juge d'appel censure le ou les motifs retenus par le tribunal administratif et annule son jugement, il se trouve saisi, de par l'effet dévolutif de l'appel, de l'ensemble du litige porté devant les premiers juges.

Il en est de même si la partie qui fait appel conclut à l'annulation du jugement attaqué au motif qu'il n'a pas été régulièrement prononcé : si le juge d'appel fait droit à ses conclusions, il pourra statuer, par la voie de l'évocation, sur la demande de première instance s'il est saisi de conclusions en ce sens. Le juge d'appel n'a pas l'obligation d'évoquer l'affaire.

B. La condamnation de l'une des parties à payer les frais exposés et non compris dans les dépens

75.3.5.2. – Comme devant les premiers juges, sur le fondement des dispositions de l'article L. 761-1 du Code de justice administrative, le requérant ou l'intimé (défendeur en appel) peut demander au juge de condamner la partie perdante à lui payer les frais exposés et non compris dans les dépens, c'est-à-dire le plus souvent les honoraires d'avocat. Le requérant ou l'intimé doit présenter une demande chiffrée.

Devant le juge d'appel, les parties ne peuvent pas présenter de conclusions tendant au paiement des frais exposés en première instance si de telles conclusions n'avaient pas été présentées devant les premiers juges.

C. Les conclusions tendant à la suspension de l'exécution de la décision à l'origine du litige

75.3.5.3. – Elles peuvent être présentées également devant le juge d'appel. Elles doivent être présentées par une requête distincte.

Les conditions de recevabilité sont identiques à celles exposées au n° **74.9.1.1** et suivants.

D. Les conclusions à fin de sursis à exécution du jugement

75.3.5.4. – L'appel n'a pas d'effet suspensif. Pour suspendre l'exécution d'un jugement, il est nécessaire d'obtenir le sursis à exécution de celui-ci.

Deux situations peuvent être distinguées.

1. Le tribunal administratif a rejeté la demande

75.3.5.4.1. – En principe, les conclusions sont jugées irrecevables, le maintien du jugement n'étant pas de nature à entraîner une modification dans la situation de droit ou de fait telle qu'elle existait antérieurement *(CE, 29 janv. 1986, n° 72.001, Kodia, Rec. p. 22)*. En effet, si le juge administratif a rejeté un recours dirigé contre une décision de refus, ce jugement n'a entraîné aucune modification de cette situation. Il en est de même si le tribunal a rejeté un recours dirigé contre une décision autorisant le licenciement d'un salarié.

2. Le tribunal administratif a annulé pour excès de pouvoir la décision prise par l'administration

75.3.5.4.2. – Le juge d'appel peut ordonner le sursis à l'exécution d'un jugement si au moins un des moyens invoqués par le requérant paraît sérieux et de nature à justifier, outre l'annulation ou la réformation du jugement, le rejet des conclusions d'annulation que le tribunal administratif avait accueillies *(C. just. adm., art. R. 811-15)*.

Seul le respect de ces conditions est donc requis et l'appelant n'a donc pas à établir que l'exécution du jugement aurait des conséquences difficilement réparables *(CE, 2. nov. 1992, n° 133.802, Union générale cinématographique)*.

Il a été jugé qu'un salarié était recevable à demander le sursis à exécution du jugement prononçant l'annulation de la décision de l'inspecteur du travail refusant son licenciement *(CE, 28 avr. 1986, n° 72.636 Mme Sixto, Rec. p. 661)*.

L'ordonnance par laquelle le président de la cour administrative d'appel a rejeté la demande de sursis à exécution du jugement, et qui se borne à se référer aux « *moyens énoncés dans la requête au fond* » et « *qui ne précise pas davantage les moyens invoqués au soutien de la requête en jugeant qu'ils ne paraissent pas, en l'état de l'instruction sérieux et de nature à justifier, outre l'annulation du jugement attaqué, le rejet des conclusions accueillies par ce jugement* » est entachée d'un vice de nature à justifier son annulation *(CE, 3 mai 2000, n° 204.299, SA Champagne Pommery)*.

L'ordonnance ou l'arrêt par lequel la cour administrative d'appel a statué sur les conclusions à fin de sursis est susceptible d'un recours en cassation dans la quinzaine suivant sa notification *(C. just. adm., art. R. 811-19)*.

Dans le cas où, en exécution du jugement annulant la décision prise par l'administration, celle-ci a pris une nouvelle décision se fondant sur les motifs retenus par le tribunal, l'appelant a intérêt à présenter devant la cour des conclusions tendant à ce que soit ordonnée l'exécution de ce jugement *(CAA de Paris, 18 juin 2024, 22PA05013 ; cf. n° **75.4.3**)*.

E. Les conclusions tendant à ce que le juge d'appel prescrive à l'administration de prendre une mesure d'exécution en application des dispositions de l'article L. 911-1 du Code de justice administrative

1. Règle générale

75.3.5.5.1. – De telles conclusions peuvent être présentées tant par la partie qui fait appel que par l'intimé.

Il convient de se reporter au n° **74.8.4.1**.

2. Cas particulier : l'administration a pris pendant l'instance d'appel une décision pour assurer l'exécution du jugement annulant la décision initiale

75.3.5.5.2. – Dans cette hypothèse, l'administration doit être regardée comme ayant pris les mesures d'exécution du jugement. Il s'en suit que « *des conclusions présentées au titre des articles L. 911-1 et suivants du Code de justice administrative, tendant à ce qu'il soit enjoint à l'administration d'exécuter le jugement prononçant l'annulation de la précédente décision, ne sauraient être accueillies, alors même que le requérant allègue que cette nouvelle décision méconnaîtrait l'autorité de la chose jugée* » *(CE, 3 sept. 2009, n° 303.688, ministre de l'Emploi c./ Association Vacances Voyages Loisirs)*. Comme le soulignait dans ses conclusions R. Keller, « *la cour ne pouvait évidemment pas apprécier l'obligation d'exécuter le jugement en fonction de la légalité de la nouvelle décision qui relevait d'un litige distinct (...). L'arrêt attaqué revient à statuer sur la légalité de la nouvelle décision de refus alors que la cour était seulement saisie d'une demande d'injonction tendant à l'exécution du jugement annulant la décision précédente* ».

F. Les conclusions tendant à ce que le juge d'appel prononce une astreinte sur le fondement de l'article L. 911-3 pour assurer l'exécution de l'injonction prescrite en application des articles L. 911-1 et L. 911-2 du Code de justice administrative

75.3.5.6. – De telles conclusions peuvent être présentées tant par la partie qui fait appel que par l'intimé.

Il convient de se reporter au n° **74.8.4.4**.

§ 6. L'ARRÊT

75.3.6. – Il est régi par les mêmes règles que celles applicables au jugement du tribunal administratif *(cf. n°* ***74.10.4****)*.

Le juge doit répondre aux moyens non inopérants invoqués devant lui ; est ainsi jugé insuffisamment motivé l'arrêt de la cour qui se borne à juger que les faits reprochés au salarié étaient avérés et constitutifs d'une faute, alors qu'était soulevé un moyen tiré du caractère discriminatoire du licenciement *(CE, 2 mars 2005, n° 253.847, M. Faux et Syndicat CFDT du personnel des banques de la Gironde).*

SECTION 4

Les effets du jugement d'appel

§ 1. LES PRINCIPES GÉNÉRAUX

75.4.1. – Principes généraux

Le juge d'appel peut :

– rejeter la requête dirigée contre le jugement du tribunal administratif, soit pour des motifs tenant à la procédure contentieuse, soit pour les mêmes motifs que ceux retenus par le jugement attaqué ;
– censurer les motifs du jugement et valider son dispositif par un autre raisonnement ;
– annuler le jugement du tribunal administratif, mais statuer dans le même sens que les premiers juges ;
– annuler le jugement du tribunal administratif et adopter une solution en sens contraire.

Les effets qui s'attachent au jugement d'appel sont supérieurs à ceux d'un jugement prononcé en premier ressort : en effet, l'arrêt est une décision définitive, passée en force de chose jugée même en cas de pourvoi en cassation *(cf. n°* ***77.5.3****)*.

§ 2. EXAMEN DES CAS PARTICULIERS

A. Le juge d'appel rejette la requête

75.4.2.1. – Le juge d'appel rejette la requête dirigée contre le jugement du tribunal administratif :

– soit en reprenant le même raisonnement que celui adopté par les premiers juges ;
– soit, après avoir censuré le raisonnement du tribunal administratif, en adoptant un autre raisonnement. Le juge d'appel emploie alors l'expression suivante : le requérant « *n'est pas fondé à se plaindre...* ».

Dans ce cas, la situation des parties n'est pas modifiée par rapport à ce qu'elle était à la suite du jugement du tribunal administratif. Il convient donc de se référer au n° **74.12.2**.

Si le juge d'appel estime que les fautes reprochées au salarié étaient de nature à justifier son licenciement et confirme, par suite, le jugement du tribunal administratif annulant le refus opposé par l'administration, le ministre n'entache pas sa décision d'une erreur d'appréciation en annulant la nouvelle décision de refus prise par l'inspecteur, à la suite de la confirmation par l'employeur de sa demande après l'annulation par le tribunal du premier refus *(CE, 12 sept. 1994, n° 128.729, M. Galveias).*

B. Le juge d'appel annule le jugement du tribunal administratif mais statue dans le même sens que les premiers juges

75.4.2.2. – Dans ce cas de figure, le juge d'appel, d'une part, annule le jugement du tribunal administratif pour cause d'irrégularité et, d'autre part, lorsque la question de fond a été posée, statue au fond dans le même sens que les premiers juges.

Ex. : Les premiers juges avaient annulé les décisions de refus de l'inspecteur du travail et du ministre. Cependant, le jugement est intervenu à l'issue d'une procédure irrégulière. La cour administrative d'appel annule le jugement, puis, si elle a été saisie de conclusions en ce sens, statue au fond en annulant les décisions de refus.

Dans cette hypothèse, la situation des parties n'est pas modifiée par rapport à la situation telle qu'elle résultait du jugement *(cf. n°* ***74.12.2****).*

C. Le juge d'appel annule le jugement du tribunal administratif et adopte une solution en sens contraire à celle prise par les premiers juges

75.4.2.3. – Dans ce cas, plusieurs situations sont possibles :

Situations possibles à la suite de l'annulation par le juge d'appel du jugement du tribunal administratif

<table>
<tr><th>Décision de l'inspecteur du travail</th><th>Décision du ministre</th><th>Jugement du tribunal administratif</th><th>Arrêt de la CAA</th><th>Cas n°</th></tr>
<tr><td rowspan="8">Refus</td><td rowspan="2">Absence de recours hiérarchique</td><td>Rejet du recours</td><td rowspan="16">Le juge d'appel annule le jugement du TA et adopte sur le fond une position en sens contraire</td><td>1</td></tr>
<tr><td>Annulation</td><td>2</td></tr>
<tr><td rowspan="2">Confirmation</td><td>Rejet du recours</td><td>3</td></tr>
<tr><td>Annulation</td><td>4</td></tr>
<tr><td rowspan="2">Annulation et autorisation</td><td>Rejet du recours</td><td>5</td></tr>
<tr><td>Annulation</td><td>6</td></tr>
<tr><td rowspan="2">Annulation et maintien refus</td><td>Rejet du recours</td><td>7</td></tr>
<tr><td>Annulation</td><td>8</td></tr>
<tr><td rowspan="8">Autorisation</td><td rowspan="2">Absence de recours hiérarchique</td><td>Rejet du recours</td><td>9</td></tr>
<tr><td>Annulation</td><td>10</td></tr>
<tr><td rowspan="2">Confirmation</td><td>Rejet du recours</td><td>11</td></tr>
<tr><td>Annulation</td><td>12</td></tr>
<tr><td rowspan="2">Annulation et refus</td><td>Rejet du recours</td><td>13</td></tr>
<tr><td>Annulation</td><td>14</td></tr>
<tr><td rowspan="2">Annulation et maintien autorisation</td><td>Rejet du recours</td><td>15</td></tr>
<tr><td>Annulation</td><td>16</td></tr>
</table>

Les effets des arrêts annulant le jugement du tribunal administratif

Cas	Employeur	Salarié	Administration	Observations
1	L'employeur n'est pas titulaire d'une décision d'autorisation de licenciement et il ne peut donc pas licencier son salarié *(cf. n° **74.12.1.1.2**)* Aucun délai de prescription des faits fautifs de 2 mois courant à compter de la notification de l'annulation contentieuse ne peut être opposé à l'employeur *(CE, 8 juin 2015, n° 383.827, ministre du Travail, de l'Emploi et du Dialogue social c./ Sté Allianz Vie, Tables p. 824, cf. n° **74.12.1.2.1**)*.		L'inspecteur du travail se trouve à nouveau saisi de la demande *(cf. n° **74.12.1.2.1**)*. En principe, l'employeur n'a pas à présenter de nouvelle demande. Cependant, l'autorité administrative doit s'assurer que l'employeur maintient son intention de licencier *(Guide DGT, Salariés protégés, sept 2019, fiche n° 22)*.	
2	La décision de refus de l'inspecteur du travail « revit ».		Si une nouvelle décision a été prise par l'administration à la suite du jugement du tribunal administratif et avant que le juge ne statue, il convient de se reporter aux développements du n° **75.4.3** et s.	
3	L'employeur n'est pas titulaire d'une décision d'autorisation de licenciement et il ne peut donc pas licencier son salarié *(cf. n° **74.12.1.1.2**)*. Aucun délai de prescription des faits fautifs de 2 mois courant à compter de la notification de l'annulation contentieuse ne peut être opposé à l'employeur *(CE, 8 juin 2015, n° 383.827, ministre du Travail, de l'Emploi et du Dialogue social c./ Sté Allianz Vie, Tables p. 824, cf. n° **74.12.1.2.1**)*.		Dès lors que les deux décisions de l'inspecteur du travail et du ministre sont annulées, l'inspecteur du travail se trouve à nouveau saisi de la demande *(cf. n° **74.12.1.2.1**)*. En principe, l'employeur n'a pas à présenter de nouvelle demande. Cependant, l'autorité administrative doit s'assurer que l'employeur maintient son intention de licencier *(Guide DGT, Salariés protégés, sept 2019, fiche n° 22 ; cf. n° **74.12.1.2.1**)*.	

Cas	**Employeur**	**Salarié**	**Administration**	**Observations**
4	Les décisions de l'inspecteur du travail et du ministre refusant l'autorisation de licencier « revivent ».		Si une nouvelle décision a été prise par l'administration à la suite du jugement du tribunal administratif et avant que le juge ne statue, il convient de se reporter aux développements du n° **75.4.3** et s.	
5	La décision initiale de refus de l'inspecteur du travail ne « revit » pas *(CE, 7 janv. 2000, n° 184.565, SARL Amadeus Marketing, Tables p. 839, RJS 2000 n° 555 ; cf. n° **74.12.1.3.2**)*. Il appartient à l'employeur d'informer l'administration de la réintégration du salarié et de confirmer sa demande, d'autorisation *(cf. n° **74.12.1.2.2**)* dans l'hypothèse où le juge a annulé la décision administrative pour un motif de légalité externe *(défaut de motivation, irrégularité entachant l'enquête contradictoire, incompétence)*. Si la demande est fondée sur un motif disciplinaire, il dispose à nouveau après cette annulation, d'un délai de 2 mois pour poursuivre la procédure disciplinaire pour les mêmes faits *(CE, 15 déc. 2010, n° 318.698, Amadeus, Tables p. 1004, cf. n° **74.12.1.2.2**)*.	Le salarié est en droit de demander dans le délai de 2 mois, à compter de la date de notification de l'arrêt, sa réintégration dans l'entreprise *(cf. n° **77.2.3.4**)*.	Le ministre se trouve saisi de la demande *(cf. n° **74.12.1.2**)*, réserve faite du cas des demandes pour motif disciplinaire *(cf. colonne 1)*, sauf si le juge a estimé que l'administration est tenue de rejeter la demande *(en raison par exemple de son caractère discriminatoire ou de l'existence de vices substantiels entachant la procédure interne à l'entreprise)*. Le délai de 2 mois dont dispose l'administration pour statuer à nouveau court à compter de la réintégration du salarié *(cf. n° **74.12.1.2.2**)*.	

Cas	Employeur	Salarié	Administration	Observations
6	La décision du ministre du Travail qui autorisait le licenciement « revit » : l'entreprise peut mettre fin aux relations contractuelles.		Si une nouvelle décision a été prise par l'administration à la suite du jugement du tribunal administratif et avant que le juge ne statue, il convient de se reporter aux développements contenus dans les n° **75.4.3** et s.	Une cour d'appel est donc fondée à estimer que la rupture intervenue postérieurement à l'arrêt du Conseil d'État, qui avait annulé le jugement du tribunal administratif et déclaré valable l'autorisation ministérielle de licenciement annulée par ce tribunal, ne constituait pas un nouveau licenciement mais la simple application de l'effet rétroactif de l'arrêt *(Cass. soc., 10 janv. 1989, n° 86-40.284, Bull. civ. V n° 1)*.

Cas	Employeur	Salarié	Administration	Observations
7	L'employeur n'est pas titulaire d'une décision d'autorisation de licenciement et il ne peut donc pas licencier son salarié *(cf. n°* ***74.12.1.1.2****)*. Aucun délai de prescription des faits fautifs de 2 mois courant à compter de la notification de l'annulation contentieuse ne peut être opposé à l'employeur *(CE, 8 juin 2015, n° 383.827, ministre du Travail, de l'Emploi et du Dialogue social c./ Sté Allianz Vie, Tables p. 824, cf. n°* ***74.12.1.2.1****)*.		Le ministre se trouve saisi de la demande *(cf. n°* ***74.12.1.2****)*. En principe, l'employeur n'a pas à présenter de nouvelle demande. Cependant, l'autorité administrative doit s'assurer que l'employeur maintient son intention de licencier *(Guide DGT sept 2019, fiche 22 ; cf. n°* ***74.12.1.2.1****)*.	
8	La décision du ministre refusant l'autorisation de licencier « revit ».		Si une nouvelle décision a été prise par l'administration à la suite du jugement du tribunal administratif et avant que le juge ne statue, il convient de se reporter aux développements du n° **75.4.3** et s.	

Cas	Employeur	Salarié	Administration	Observations
9	L'autorisation de licenciement est annulée. L'employeur peut présenter une nouvelle demande auprès de l'administration dans l'hypothèse où le juge d'appel a annulé la décision de l'inspecteur du travail pour un motif de légalité externe *(défaut de motivation, irrégularité entachant l'enquête contradictoire, incompétence).* Si la demande est fondée sur un motif disciplinaire, il dispose à nouveau après cette annulation, d'un délai de 2 mois pour poursuivre la procédure disciplinaire pour les mêmes faits *(CE, 15 déc. 2010, n° 318.698, Amadeus, Tables p. 1004, cf. n°* ***74.12.1.2.2****).*	Le salarié est en droit de demander dans le délai de 2 mois à compter de la date de notification de l'arrêt sa réintégration dans l'entreprise *(cf. n°* ***77.2.3.4****).*	L'inspecteur du travail se trouve à nouveau saisi de la demande *(cf. n°* ***74.12.1.2****)*, réserve faite du cas des demandes pour motif disciplinaire *(cf. colonne 1)*, sauf si le juge a estimé que l'administration est tenue de rejeter la demande *(en raison par exemple de son caractère discriminatoire ou de l'existence de vices substantiels entachant la procédure interne à l'entreprise).* Le délai de 2 mois dont dispose l'administration pour statuer à nouveau court à compter de la réintégration du salarié *(cf. n°* ***74.12.1.2.2****).*	
10	En principe, la décision de l'inspecteur du travail « revit » et le contrat de travail est regardé comme rompu à la date du prononcé du licenciement intervenu sur le fondement de l'autorisation de l'inspecteur du travail *(Cass. soc., 20 mai 2000, n° 18-23.444, RJS 2020 n° 360 ; le pourvoi en cassation contre l'arrêt n'avait pas été admis).*		Si une nouvelle décision a été prise par l'administration à la suite du jugement du tribunal administratif et avant que le juge ne statue, il convient de se reporter aux développements contenus aux n° **75.4.3** et s.	Si le salarié a pris acte de la rupture postérieurement au jugement du tribunal administratif et avant l'arrêt de la cour administrative d'appel, cette prise d'acte est jugée sans effet dès lors que l'arrêt de la cour annulant le jugement du tribunal a pour effet de *« restituer toute sa validité à l'autorisation » (Cass. soc., 20 mai 2000, n° 18-23.444, RJS 2020 n° 360).*

Cas	Employeur	Salarié	Administration	Observations
11	L'autorisation de licenciement est annulée. L'employeur peut présenter une nouvelle demande auprès de l'administration dans l'hypothèse où le juge d'appel a annulé la décision de l'inspecteur du travail pour un motif de légalité externe (*défaut de motivation, irrégularité entachant l'enquête contradictoire, incompétence*). Si la demande est fondée sur un motif disciplinaire, il dispose à nouveau après cette annulation, d'un délai de 2 mois pour poursuivre la procédure disciplinaire pour les mêmes faits (*CE, 15 déc. 2010, n° 318.698, Amadeus, Tables p. 1004, cf. n°* **74.12.1.2.2**).	Le salarié est en droit de demander dans le délai de 2 mois à compter de la date de notification de l'arrêt sa réintégration dans l'entreprise (*cf. n°* **77.2.3.4**).	L'inspecteur du travail se trouve à nouveau saisi de la demande (*cf. n°* **74.12.1.2**), réserve faite du cas des demandes pour motif disciplinaire (*cf. colonne 1*), sauf si le juge a estimé que l'administration est tenue de rejeter la demande (*er. raison par exemple de son caractère discriminatoire ou de l'existence de vices substantiels entachant la procédure interne à l'entreprise*). Le délai de 2 mois dont dispose l'administration pour statuer à nouveau court à compter de la réintégration du salarié (*cf. n°* **74.12.1.2.2**).	
12	Les décisions d'autorisation de l'inspecteur du travail et du ministre « revivent » et le contrat de travail est regardé comme rompu à la date du prononcé du licenciement intervenu sur le fondement de l'autorisation de l'inspecteur du travail (*Cass. soc., 20 mai 2000, n° 18-23.444, RJS 2020 n° 360 ; le pourvoi en cassation contre l'arrêt n'avait pas été admis*).		Si une nouvelle décision a été prise par l'administration et avant que le juge ne statue, il convient de se reporter aux développements contenus au n° **75.4.3**.	Si le salarié a pris acte de la rupture postérieurement au jugement du tribunal administratif et avant l'arrêt de la cour administrative d'appel, cette prise d'acte est jugée sans effet dès lors que l'arrêt de la cour annulant le jugement du tribunal a pour effet de « *restituer toute sa validité à l'autorisation* » (*Cass. soc., 20 mai 2000, n° 18-23.444, RJS 2020 n° 360*).

Cas	Employeur	Salarié	Administration	Observations
13	La décision initiale de refus de l'inspecteur du travail ne « revit » pas *(CE, 7 janv. 2000, n° 184.565, SARL Amadeus Marketing, Tables p. 839, RJS 2000 n° 555 ; cf. n°* ***74.12.1.3.2****)*. L'employeur ne peut donc pas licencier son salarié *(cf. n°* ***74.12.1.1.2****)*. Aucun délai de prescription des faits fautifs de 2 mois courant à compter de la notification de l'annulation contentieuse ne peut être opposé à l'employeur *(CE, 8 juin 2015, n° 383.827, ministre du Travail, de l'Emploi et du Dialogue social c. / Sté Allianz Vie, Tables, p. 824 cf. n°* ***74.12.1.2.1****)*.		Le ministre se trouve saisi de la demande *(cf. n°* ***74.12.1.2****)*, réserve faite du cas des demandes pour motif disciplinaire *(cf. colonne 1)*, sauf si le juge a estimé que l'administration est tenue de rejeter la demande *(en raison par exemple de son caractère discriminatoire ou de l'existence de vices substantiels entachant la procédure interne à l'entreprise)*. En principe, l'employeur n'a pas à présenter de nouvelle demande. Cependant, l'autorité administrative doit s'assurer que l'employeur maintient son intention de licencier *(Guide DGT sept 2019, fiche 22 ; cf. n°* ***74.12.1.2.1****)*.	
14	La décision du ministre refusant l'autorisation de licencier « revit ».		Si une nouvelle décision a été prise par l'administration à la suite du jugement du tribunal administratif et avant que le juge ne statue, il convient de se reporter aux développements contenus aux n° **75.4.3** et s.	

Cas	Employeur	Salarié	Administration	Observations
15	L'autorisation de licenciement est annulée. L'employeur peut présenter une nouvelle demande auprès de l'administration dans l'hypothèse où le juge d'appel a annulé la décision de l'inspecteur du travail pour un motif de légalité externe *(défaut de motivation, irrégularité entachant l'enquête contradictoire, incompétence)*. Si la demande est fondée sur un motif disciplinaire, il dispose à nouveau après cette annulation, d'un délai de 2 mois pour poursuivre la procédure disciplinaire pour les mêmes faits *(CE, 15 déc. 2010, n° 318.698, Amadeus, Tables p. 1004, cf. n°* ***74.12.1.2.2****)*.	Le salarié est en droit de demander dans le délai de 2 mois à compter de la date de notification de l'arrêt sa réintégration dans l'entreprise *(cf. n°* **77.2.3.4***)*.	Le ministre se trouve saisi de la demande *(cf. n°* ***74.12.1.2****)*, réserve faite du cas des demandes pour motif disciplinaire *(cf. colonne 1)*, sauf si le juge a estimé que l'administration avait compétence liée pour rejeter la demande *(en raison par exemple de son caractère discriminatoire ou de l'existence de vices substantiels entachant la procédure interne à l'entreprise)*. Le délai de 2 mois dont dispose l'administration pour statuer à nouveau court à compter de la réintégration du salarié *(cf. n°* ***74.12.1.2.2****)*.	
16	La décision du ministre revit : l'employeur peut mettre fin aux relations contractuelles.		Si une nouvelle décision a été prise par l'administration et avant que le juge ne statue, il convient de se reporter aux développements contenus au n° **75.4.3**.	

§ 3. QUESTIONS POSÉES DANS LES CAS OÙ, À LA SUITE DU JUGEMENT DU TRIBUNAL ADMINISTRATIF ANNULANT LA DÉCISISON DE L'ADMINISTRATION CELLE-CI A PRIS UNE NOUVELLE DÉCISION SE FONDANT SUR LES MOTIFS DU JUGEMENT

75.4.3. – Lorsque le tribunal administratif a annulé la ou les décisions de l'administration et que le juge d'appel adopte une solution contraire, la situation peut être source de difficultés si l'administration a pris, entre le jugement du tribunal administratif et l'arrêt de la cour d'appel, une nouvelle décision se fondant sur les motifs d'annulation retenus par le tribunal. Il en est ainsi, à titre d'exemple, lorsque le tribunal administratif annule une décision de refus d'autorisation jugeant, contrairement à l'administration, que les faits fautifs présentent un degré de gravité suffisant pour justifier une autorisation et que le juge d'appel est d'un avis contraire. Qu'en est-il alors de la décision par laquelle l'administration, pour tenir compte du jugement du tribunal, autorise le licenciement au motif que les faits sont de nature à justifier le licenciement ?

Deux questions se posent dans ces cas de figure :

– Quel est l'effet de l'arrêt de la cour sur la légalité de la décision prise par l'administration en exécution du jugement du tribunal administratif ?

En principe, en l'absence de changement de circonstance de fait et de droit, la seconde décision de l'administration est illégale.

Dans une situation proche du cas n° 4, il a été jugé que la décision, par laquelle le juge d'appel avait annulé le jugement du tribunal administratif, avait nécessairement pour effet de rendre illégale l'autorisation accordée par l'administration postérieurement au jugement du tribunal administratif pour des faits identiques à ceux de la première demande *(CAA Marseille, 8 déc. 1998, n° 96MA01892, M. Brasselet)*.

La même solution a été adoptée dans la situation suivante *(CAA Lyon, 15 mai 2000, n° 97LY02700, Mme Mathieu)* :

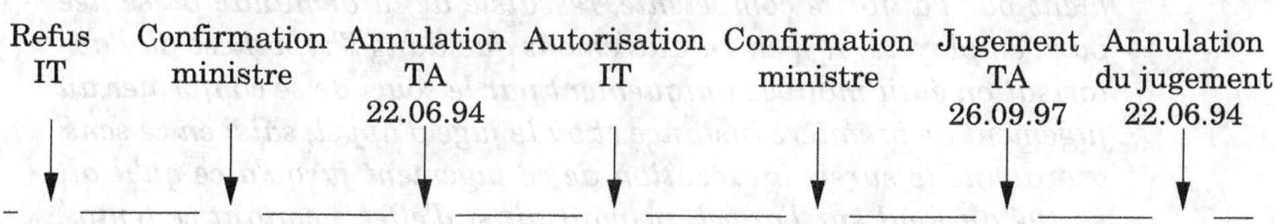

Il a été jugé dans cette affaire par la cour que la décision du 15 décembre 1997 par laquelle le Conseil d'État, statuant comme juge d'appel, avait annulé le jugement du tribunal administratif du 22 juin 1994, avait pour effet de rendre illégales les décisions de l'inspecteur du travail et du ministre autorisant le licenciement dès lors que « *l'administration ne pouvait, en l'absence de changement de circonstances de droit*

ou de fait, se fonder, ainsi qu'elle l'a fait, sur les mêmes motifs que ceux qui ont été censurés par le Conseil d'État » ; il s'ensuit que le juge d'appel, saisi par le salarié d'un requête tendant à l'annulation des décisions d'autorisation et du jugement du tribunal administratif du 26 septembre 1997, rejetant sa demande contre ces dernières, doit annuler ces décisions et le jugement du tribunal administratif.

– L'arrêt du juge d'appel annulant le jugement du tribunal administratif entraîne-t-il « *nécessairement* » la sortie de l'ordonnancement juridique de la décision administrative ?

Par des décisions anciennes et non publiées ou mentionnées au Recueil, le Conseil d'État avait jugé que dès lors que la nouvelle décision prise par l'administration n'avait pas été contestée et était devenue définitive, l'appel formé contre le jugement annulant la décision initiale était devenu sans objet *(CE, 15 déc. 1997, n° 150.090, M. Brun ; CE, 18 nov. 1996, n° 157.665, M. Lezin).*

Les évolutions jurisprudentielles ont conduit à poser la question dans de nouveaux termes : l'arrêt de la cour entraîne-t-il « *nécessairement* » la sortie de l'ordonnancement juridique de la décision administrative (option 1) ou bien cette décision doit-elle être contestée devant la juridiction administrative (option 2) ?

Dans une même affaire, les juridictions du fond ont opté pour des solutions contraires :

– le juge de première instance *(TA Paris, 27 sept. 2022, n° 2116859 et 2122087/3-3, Mutuelle générale des cheminots, concl. Jacques Dubois, AJDA n° 44/022, p. 2538-2541)* a choisi la première option en se fondant notamment sur la décision du 7 juin 2017, Société Margo Cinéma *(n° 404480, AJDA 2012 p. 1954, concl. E. Crepey)* ;
– le juge d'appel a estimé que « *l'annulation par le juge d'appel d'un jugement qui annulait une décision de refus d'autorisation de licenciement d'un salarié protégé n'entraîne pas par elle-même la sortie de vigueur de la décision d'autorisation prise à la suite de ce jugement par l'autorité compétente, ressaisie de la demande présentée par l'employeur. Il n'en va autrement que dans l'hypothèse où l'autorisation était motivée uniquement par le souci de se conformer au jugement de première instance et où le juge d'appel, saisi en ce sens, a ordonné le sursis à exécution de ce jugement jusqu'à ce qu'il ait statué au fond sur l'appel, privant ainsi d'effet, pendant ce temps, l'autorisation prise en exécution du jugement d'annulation* » *(CAA de Paris, 18 juin 2024, 22PA05013)*. Le Conseil d'État devrait donc être amené à se prononcer sur la question.

Si l'autorité administrative a la faculté d'opérer le retrait de sa décision prise en exécution du jugement, il est probable qu'à la date à laquelle la cour d'appel se prononce sur ce jugement, le délai de quatre mois pendant lequel le retrait est possible sera expiré *(cf. n° **61.2.2**)*.

§ 4. ANALYSE DES CAS DE FIGURE POSSIBLES

Plusieurs situations doivent être distinguées.

A. Cas n° 2, 4 et 14 : le tribunal administratif avait annulé le refus opposé par l'administration et le juge d'appel annule le jugement et rejette la demande dirigée contre la ou les décisions de refus

1. Cas où l'administration a pris une nouvelle décision de refus à la suite du jugement du tribunal administratif

75.4.3.1.1. – Dans les cas n° 2 et 4, l'annulation par le juge d'appel du jugement du tribunal administratif ne soulève pas de difficulté juridique particulière quant au salarié dès lors que son licenciement n'a jamais été autorisé.

Pour éviter toute discussion quant au maintien dans l'ordre juridique du second refus de l'inspecteur (*cf. ci-dessus n°* ***75.4.3***), l'employeur a intérêt à en contester la légalité et à demander au juge d'appel que les recours contre le premier et le second refus soient joints.

Cas n° 2 :

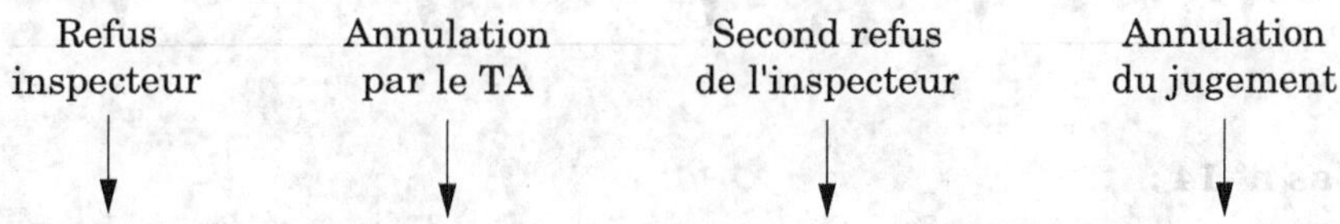

Cas n° 4 :

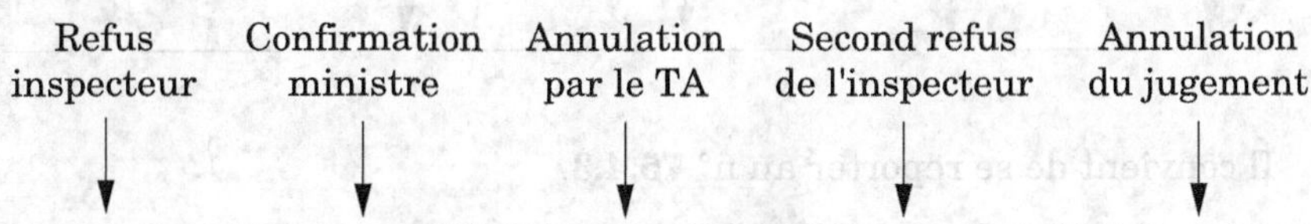

Cas n° 14 :

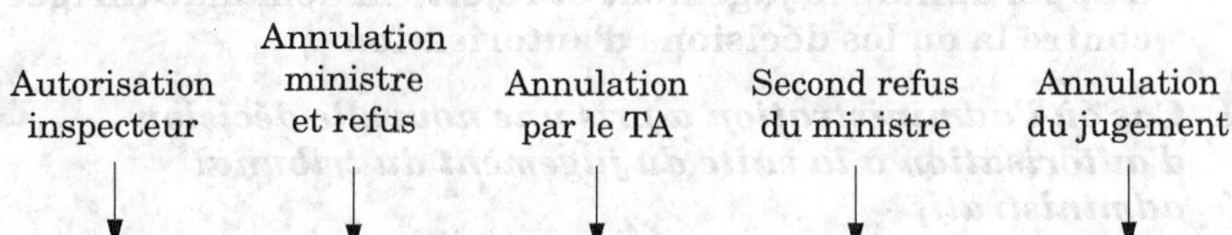

Dans le cas n° 14, l'annulation, prononcée par le tribunal administratif, de la décision du ministre n'a pas eu effet de faire revivre la décision initiale d'autorisation de l'inspecteur du travail *(CE, 7 janv. 2000, n° 184.565, SARL Amadeus Marketing, Tables p. 839, RJS 2000 n° 555, cf. n°* ***74.12.1.3.2****)*.

2. Cas où l'administration a pris une décision d'autorisation à la suite du jugement du tribunal administratif

75.4.3.1.2. –

Cas n° 2 :

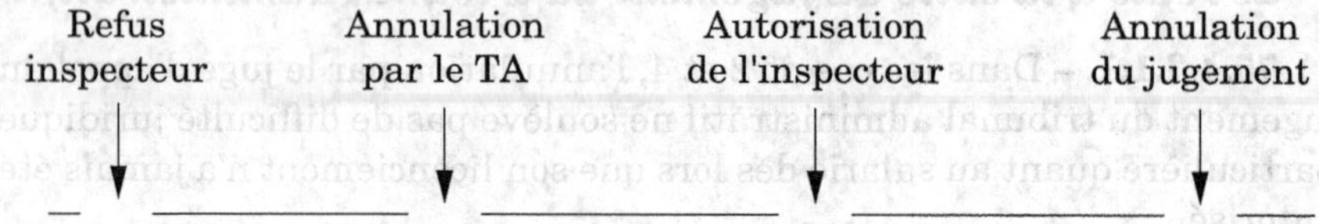

Cas n° 4 :

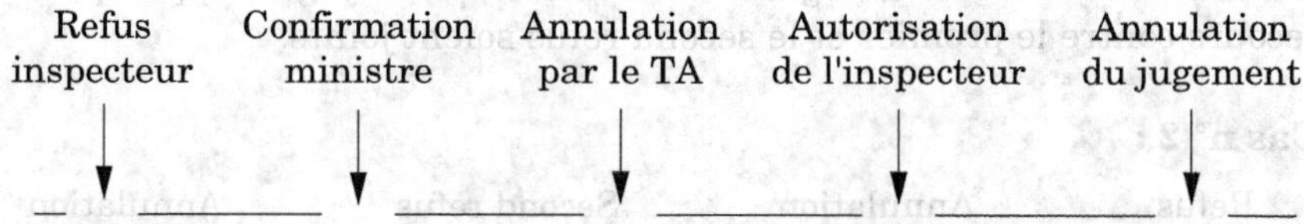

Cas n° 14 :

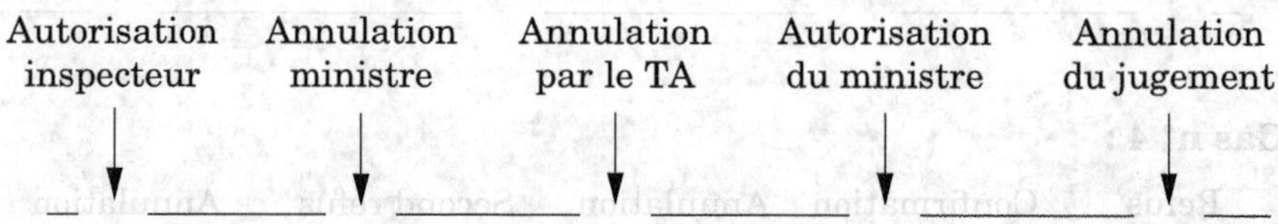

Il convient de se reporter au n° **75.4.3**.

B. Cas n° 6, 10 et 12 : le tribunal administratif avait annulé l'autorisation accordée par l'administration et le juge d'appel annule le jugement et rejette la demande dirigée contre la ou les décisions d'autorisation

1. Cas où l'administration a pris une nouvelle décision d'autorisation à la suite du jugement du tribunal administratif

75.4.3.2.1. – Dans les cas 6 et 10, si l'administration, à la suite du jugement du tribunal administratif, autorise à nouveau le licenciement, la situation du salarié n'est alors pas modifiée par l'arrêt qui annule le jugement du tribunal.

La question se pose de savoir si la requête formée par le salarié contre la seconde décision d'autorisation conserve un objet. Dans le cas de figure, retracé par le schéma suivant, le Conseil d'État a jugé que le recours, formé par le salarié contre le jugement rejetant sa demande dirigée contre la seconde décision d'autorisation, était devenu sans objet dès lors que l'employeur « *devait être regardé, en vertu de l'effet qui s'attache aux décisions d'annulation, comme étant titulaire d'une décision l'autorisant à licencier… à la date du 22 juin 1983…* » *(CE, 11 janv. 1995, n° 136.151, M. Simi).*

Autorisation inspecteur 22.06.83	Annulation par le TA 27.02.89	Seconde autorisation de l'inspecteur 11.05.89	Rejet par le TA du recours contre décision du 11.05.89	Annulation du jugement du 27.02.89	Appel contre jugement du TA du 15.04.91

2. *Cas où l'administration a pris une décision de refus à la suite du jugement du tribunal administratif*

75.4.3.2.2. –

Cas n° 6 :

Refus inspecteur	Autorisation ministre	Annulation par le TA	Refus du ministre	Annulation jugement

Cas n° 10 :

Autorisation inspecteur	Annulation par le TA	Refus de l'inspecteur	Annulation jugement

Cas n° 12 :

Autorisation inspecteur	Confirmation ministre	Annulation par le TA	Refus de l'inspecteur	Annulation jugement

Dans un tel cas de figure, l'autorisation initiale accordée par l'administration « revit ». L'incidence du refus opposé par l'administration en exécution du jugement du tribunal administratif pose la question de sa sortie de l'ordonnancement juridique, examinée au n° **75.4.3.**

C. Cas n° 1 et 3 : la cour d'appel annule le jugement rejetant les recours contre les décisions de refus de l'inspecteur du travail et/ou du ministre

75.4.3.3. – Il convient de se reporter au n° **74.12.1.2.1** et suivants.

D. Cas n° 9 et 11 : la cour d'appel annule le jugement rejetant les recours contre les décisions d'autorisations de l'inspecteur du travail et/ou du ministre et annule ces décisions

75.4.3.4. – Il convient de se reporter au n° **74.12.1.2.2** et suivants.

Cas n° 9 :

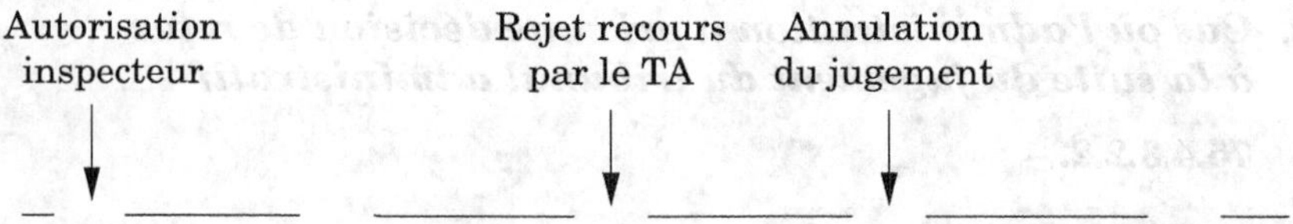

Cas n° 11 :

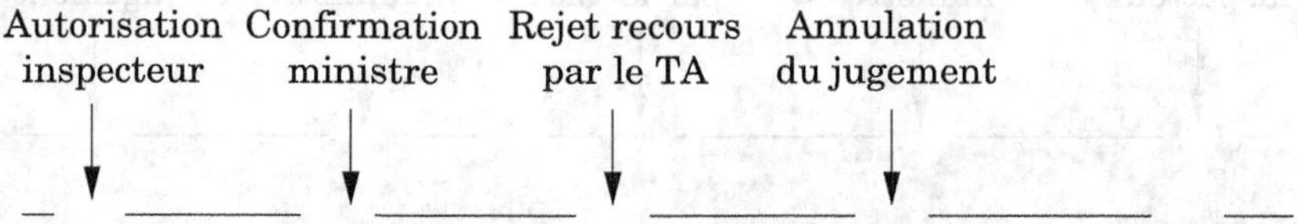

Dans une situation se rapprochant du cas n° 9, il a été jugé « *qu'une autorisation administrative de licencier, délivrée postérieurement à l'annulation par le juge administratif d'une précédente autorisation, ne peut avoir pour effet de régulariser a posteriori le licenciement prononcé sur la base de l'autorisation annulée et tenir en échec le droit à réintégration que le salarié tient de l'annulation par le juge de la précédente autorisation* » *(Cass. Soc., 10 déc. 1997, n° 94-45.337, Bull. civ. V n° 435, RJS 1997 n° 69).*

E. Cas n° 5 : la cour d'appel annule le jugement rejetant le recours contre la décision du ministre annulant le refus de l'inspecteur et autorisant le licenciement

75.4.3.5. – La jurisprudence du Conseil d'État conduit à considérer que la décision initiale de refus ne revit pas *(CE, 7 janv. 2000, n° 184.565, SARL Amadeus Marketing, Tables p. 839, RJS 2000 n° 555).*

En tout état de cause, l'annulation accordée par le ministre est annulée et le salarié peut faire valoir son droit à réintégration.

F. Cas n° 13 : la cour d'appel annule le jugement rejetant le recours contre la décision la décision du ministre annulant l'autorisation de l'inspecteur et refusant le licenciement et annule le refus du ministre

75.4.3.6. – La décision initiale d'autorisation ne revit pas *(CE, 7 janv. 2000, n° 184.565, SARL Amadeus Marketing, Tables p. 839, RJS 2000 n° 555, cf. n°* ***74.12.1.3.2****).*

Il appartient à l'employeur de confirmer sa demande d'autorisation de licenciement.

CHAPITRE VI

LE RECOURS EN CASSATION

76.8 Les effets de la cassation

76. – En matière de contentieux des décisions de l'administration relatives aux salariés protégés, jusqu'au 30 septembre 1995, le Conseil d'État ne jouait qu'un seul rôle : celui de juge d'appel.

À compter du 1er octobre 1995, les appels dirigés contre les jugements des tribunaux administratifs, statuant sur les recours pour excès de pouvoir formés contre les décisions d'autorisation ou de refus de licenciement, de transfert ou de mise à la retraite des salariés protégés, relèvent de la compétence des cours administratives d'appel. Le Conseil d'État a donc été conduit à jouer un nouveau rôle : celui de juge de cassation.

SECTION 1

Le délai pour se pourvoir en cassation

76.1. – Le pourvoi doit être formé dans un délai de deux mois courant à compter de la notification de l'arrêt de la cour administrative d'appel *(C. just. adm., art. R. 821-1).*

Le délai est ramené à quinze jours lorsque le pourvoi est dirigé, soit contre des ordonnances de référé-suspension, soit contre des arrêts ordonnant le sursis à l'exécution des jugements *(C. just. adm., respectivement art. R. 523-1 et R. 811-19).*

SECTION 2
L'intérêt à agir et la représentation des parties

76.2. – La partie dont les conclusions ont été rejetées en appel à intérêt à se pourvoir en cassation.

Il a été jugé que le cessionnaire désigné par le tribunal de commerce dans le cadre d'une procédure de liquidation judiciaire a intérêt à se pourvoir en cassation contre l'arrêt de la cour d'appel – qui avait rejeté la requête de la société cédante contre le jugement du tribunal administratif ayant annulé l'autorisation de licenciement accordée par l'inspecteur du travail – eu égard aux effets d'une annulation d'une autorisation de licenciement sur sa situation *(CE, 2 juill. 2014, n° 361.502, société Cie Compiègne, mentionné aux Tables : le cessionnaire était intervenu à l'instance en appel à l'appui des conclusions de l'administrateur judiciaire).*

Le ministère d'un avocat au Conseil d'État et à la Cour de cassation est obligatoire *(C. just. adm., art. R. 821-3)*. Les parties peuvent solliciter le bénéfice de l'aide juridictionnelle auprès du bureau institué près le Conseil d'État.

L'État, représenté par le ministre, est dispensé du ministère d'avocat.

SECTION 3
Les formalités

76.3. – Dans le délai de deux mois, la partie qui se pourvoit en cassation doit présenter une requête suffisamment motivée, contenant au moins l'exposé sommaire des faits et des moyens, ainsi que des conclusions. La requête doit être accompagnée de la copie de l'arrêt attaqué.

Sur la possibilité de transmettre la requête par voie électronique, il convient de se reporter au n° **74.6.1.2.**

SECTION 4
La procédure

76.4. – Le Code de justice administrative *(art. L. 822-1)* a prévu un mécanisme de « *filtrage* » des pourvois en cassation qui font l'objet d'une procédure préalable d'admission.

Si le pourvoi apparaît comme irrecevable ou comme ne comportant aucun moyen sérieux, le président de la sous-section de la section du contentieux, à qui a été confiée l'étude du dossier, transmet celui-ci au rapporteur public (*ancien commissaire du gouvernement*) pour son inscription au rôle *(C. just. adm., art. R. 821-3)*.

Dans le cas contraire, il est procédé à l'instruction du pourvoi dans les conditions ordinaires (*communication du pourvoi aux parties*).

SECTION 5

Les moyens invoqués à l'appui d'un pourvoi en cassation

76.5. – Seuls des moyens de droit peuvent être invoqués devant le juge de cassation. Si, en principe, les moyens de fait ne sont pas recevables, le Conseil d'État opère cependant un contrôle nuancé des faits.

§ 1. LES MOYENS TIRÉS DE L'IRRÉGULARITÉ EXTERNE DES ARRÊTS

76.5.1. – Ces moyens ont trait à la compétence de la cour administrative d'appel, au respect des règles de procédures et des règles de forme de ses décisions (*motivation insuffisante par exemple*).

§ 2. LES MOYENS RELATIFS AU BIEN-FONDÉ DE L'ARRÊT

76.5.2. – Le requérant peut soulever les moyens suivants :
- l'erreur sur la matérialité des faits ;
- la dénaturation des faits ;
- la qualification juridique erronée donnée aux faits ;
- la méconnaissance de la règle de droit.

Comme devant les juges du fond, le requérant ne peut pas changer la cause juridique de son pourvoi après l'expiration du délai de pourvoi en cassation. Si, par exemple, le requérant n'a invoqué, dans le délai de deux mois, que des moyens touchant à la légalité externe de l'arrêt attaqué, il ne peut plus invoquer d'autres moyens.

Les parties ne peuvent reprendre devant le juge de cassation que les moyens qu'elles ont fait valoir devant les juges du fond.

Les moyens qui, bien que soulevés en première instance, n'ont pas été soulevés devant le juge d'appel, ne peuvent être invoqués à l'appui du pourvoi en cassation.

SECTION 6

Les conclusions

§ 1. LES CONCLUSIONS À FIN D'ANNULATION

76.6.1. – Le juge de cassation a pour rôle de juger de la régularité et de la légalité de la solution adoptée par les juges du fond. En vertu de ce principe, les parties ne peuvent pas présenter au juge de cassation des conclusions qui n'auraient pas été présentées au juge du fond.

§ 2. LES CONCLUSIONS À FIN DE SUSPENSION DE L'EXÉCUTION DE L'ARRÊT DE LA COUR

76.6.2. – En vertu des dispositions de l'article R. 821-5 du Code de justice administrative, la suspension de l'exécution de l'arrêt de la cour peut être accordée à la demande de l'auteur du pourvoi si deux conditions sont remplies :

– si l'exécution de l'arrêt risque d'entraîner des conséquences difficilement réparables,
– si les moyens invoqués, en l'état de l'instruction, paraissent sérieux et de nature non seulement à justifier l'annulation de l'arrêt de la cour mais également l'infirmation de la solution retenue par les juges du fond.

Il a été jugé par une ordonnance du 17 décembre 2009 que la circonstance alléguée que les sommes allouées au salarié à la suite de sa réintégration ne pourraient être ultérieurement récupérées ne saurait par elle-même être à l'origine d'un préjudice difficilement réparable dès lors que le salarié, à la suite de sa réintégration, aura à exercer des fonctions au service de l'employeur *(CE, 17 déc. 2009, Ord., Pt 4e sous-section, n° 333.643, Sté Veolia-Eau-Compagnie générale des eaux).*

SECTION 7

Le contrôle exercé par le juge de cassation

§ 1. LE CONTRÔLE SUR LA MATÉRIALITÉ DES FAITS

76.7.1. – En principe, le juge du fond apprécie souverainement les faits en cause et cette appréciation ne peut pas être discutée devant le juge de cassation, sauf si l'auteur du pourvoi soutient que le juge du fond a dénaturé les faits qui lui étaient soumis. Si tel est bien le cas, le Conseil d'État censure l'arrêt attaqué *(pour des exemples : CE, 15 déc. 2004, n° 252.590, Biheng, Tables p. 897, RJS 2005 n° 293 ; CE, 29 avr. 2009, n° 315.899, M. Duclos).*

A ainsi été censurée, sur le terrain de la dénaturation, l'appréciation portée par le juge d'appel sur les écrits par lesquels le salarié informait son employeur de son intention de prendre acte de la rupture *(CE, 17 déc. 2008, n° 310.889, Hoyeau et n° 303904, Jaeck, Rec. p. 461, concl. Y. Struillou, Dr soc 2009 p. 268 ; X. Magina, « Le Conseil d'État prend acte… des effets de la prise d'acte », Sem. soc. Lamy, n° 19 janv. 2009 n° 1383).*

A également été censurée, sur le terrain de la dénaturation, l'appréciation portée par le juge d'appel sur la matérialité de menaces proférées par un salarié protégé à l'encontre du secrétaire et du trésorier du comité d'entreprise et qui constituaient les faits reprochés par l'employeur à l'appui de sa demande d'autorisation de licenciement pour motif disciplinaire *(CE, 18 juill. 2018, société C et K Components, n° 409.166).*

Le requérant peut également soutenir que le juge d'appel a fondé son arrêt sur des faits matériellement inexacts *(cf. J. Massot, J.-H. Stahl, Fouquet et M. Guyomar, Le Conseil d'État, juge de cassation, § 68, 5e éd., 2001).* L'inexactitude doit cependant ressortir des pièces du dossier. Le requérant ne peut pas, pour établir cette inexactitude, faire état, devant le Conseil d'État, d'éléments qui n'ont pas été produits devant le juge du fond.

Le Conseil d'État cependant se refuse à censurer « *l'appréciation souveraine* » des juges du fond sur la valeur des preuves produites, sauf dénaturation de celles-ci.

§ 2. LE CONTRÔLE DE LA MOTIVATION DES DÉCISIONS DE L'ADMINISTRATION

76.7.2. – L'appréciation portée par le juge du fond sur le caractère suffisamment motivé ou non de la décision prise par l'administration est souveraine *(CE, 23 mars 1998, n° 180.241, ministre de l'Équipement, des Transports et du Logement c. / Mme Chermet-Carroy, Rec. p. 361).*

§ 3. LE CONTRÔLE DE L'APPLICATION DE LA RÈGLE DE DROIT

76.7.3. – Le juge de cassation censure les erreurs de droit commises par le juge du fond. L'erreur de droit est retenue lorsque les juges du fond :

– ont statué sur la base d'un texte qui n'était pas applicable ou ont refusé d'appliquer le texte pertinent ;
– ont méconnu le contenu et la portée des textes applicables ou la signification d'un principe jurisprudentiel *(ex. : CE, 7 juin 2000, n° 191.828, SA Roulle, Tables p. 1271 : sur l'application des dispositions relatives au contrôle de l'activité des salariés ; CE, 29 déc. 2000, n° 199.320, Mme Arbaud, Rec. p. 680, RJS 2001 n° 474 : pour l'application de l'article L. 1224-1 ; CE, 31 janv. 2001, n° 198.352, Kheirat, pour l'application de l'art. L. 1233-3 du Code du travail [ancien art. L. 321-1] ; CE, 28 sept. 2005, n° 269.784, SA. Carto-Rhin et Me Mulhaupt, Tables p. 1124 : sur l'application des dispositions de l'article L. 1332-4)* ;
– ont fait une fausse interprétation de la décision déférée à leur censure.

De manière générale, le Conseil d'État s'assure, s'il est saisi du moyen, que le juge du fond a bien rempli son office tel que lui-même l'a défini en tant que juge de cassation en confirmant ou en censurant les décisions juridictionnelles qui lui sont déférées. Il a, à ce titre, infléchi sa jurisprudence dans deux directions en imposant au juge du fond :

- d'apprécier si les irrégularités constatées ont eu une incidence réelle sur les droits du salarié ou des élus du personnel *(cf. n°* ***74.11.2.2.1****)* ;
- d'apprécier si les conditions de fond imposées par la législation ont ou non été respectées *(cf. n°* ***774.11.2.2.4 et s.****)*.

§ 4. LES LIGNES DE PARTAGE ENTRE L'APPRÉCIATION SOUVERAINE DES FAITS PAR LE JUGE DU FOND ET LE CONTRÔLE PAR LE JUGE DE CASSATION DE LA QUALIFICATION JURIDIQUE DES FAITS

76.7.4. – Sous réserve de ne pas dénaturer les faits soumis à son appréciation, le juge du fond apprécie souverainement les faits ; le juge de cassation ne contrôle que leur qualification juridique.

Par ses décisions du 11 juin 1999, le Conseil d'État a tracé la limite entre, d'une part, ce qui relève de la libre appréciation du juge du fond et, d'autre part, ce qui est soumis au contrôle du juge de cassation, dans le contentieux particulier des décisions de l'administration relatives aux salariés protégés *(CE, section, 11 juin 1999, n° 189.144, M. Prouvost, n° 189.219, Sté Les grands moulins de Strasbourg, n° 195.706, Mme Chicard, Rec. p 179, RJS 1999 n° 1093, AJDA 1999, p. 789-797 841-844 ; concl. du commissaire du gouvernement G. Bachelier : Rec. p. 179, RJS 1999, p. 631, RFD adm. nov.-déc. 2000, p. 1332, AJDA p. 793 et 842)*.

A. Les questions communes à l'ensemble des demandes d'autorisation et relevant du pouvoir souverain d'appréciation du juge du fond

1. La régularité de la procédure interne à l'entreprise

76.7.4.1.1. – L'appréciation portée par le juge sur la régularité de la procédure est souveraine, sous réserve de la dénaturation des pièces du dossier et de l'erreur de droit *(CE, 31 janv. 2001, n° 212.015, M. G., Tables p. 1214 : appréciation souveraine sur le fait que le salarié, régulièrement convoqué à la réunion du comité d'entreprise au cours de laquelle il devait être entendu, s'était abstenu volontairement de s'y présenter)*.

Il en est notamment ainsi de l'appréciation de l'incidence du dépassement des délais fixés par le Code du travail pour consulter le comité social et économique ou saisir l'autorité administrative *(CE, 23 août 2006, n° 278.221, Lycée agricole Tricastin-baronnies, concl. R. Keller)* ou de l'appréciation du caractère excessif du délai dans lequel la demande d'autorisation de licenciement d'un salarié mis à pied doit être présentée à l'autorité administrative *(CE, 23 août 2006, 278.221, Lycée agricole privé du Tricastin, concl. R. Keller ; CE, 27 févr. 2019, n° 413.556, Société Vacation Rental, mentionné aux Tables, RJS 2019 n° 307, AJDA 2019, p. 1682)*.

2. La régularité de l'enquête contradictoire de l'inspecteur du travail

76.7.4.1.2. – L'appréciation portée par le juge sur la régularité de la procédure est souveraine, sous réserve de la dénaturation des pièces du dossier et de l'erreur de droit *(CE, 17 nov. 2000, n° 208.993, M. Bruley).*

3. L'appréciation des modifications apportées à un contrat de travail

76.7.4.1.3. – Cette appréciation est souveraine, le contrôle du juge de cassation se bornant à la dénaturation *(CE, 14 nov. 2008, n° 306.226, Mme Viel, Tables p. 954, concl. R. Keller).*

4. Le caractère discriminatoire ou non du licenciement

76.7.4.1.4. – Le juge de cassation n'exerce pas de contrôle sur cette appréciation souveraine du juge du fond, sous la seule réserve du cas où ce dernier aurait dénaturé les faits en cause *(CE, 17 nov. 2000, n° 197.383, M. David, Tables p. 1199, RJS 2001 n° 318).*

5. L'existence d'un doute devant profiter au salarié en application de l'article L. 1235-1 du Code du travail

76.7.4.1.5. – L'appréciation des juges du fond qui estiment qu'un doute subsiste sur l'exactitude matérielle des griefs formulés contre le salarié est souveraine, sous réserve de l'erreur de droit *(CE, 22 mars 2010, n° 324.398, Sté CTP Prêt à partir, Tables p. 933).*

B. Le contrôle de la qualification juridique opérée dans le cadre du contentieux des licenciements non économiques

1. Le contrôle s'agissant des licenciements pour faute

76.7.4.2.1. – Le Conseil d'État a jugé que l'appréciation portée par le juge du fond sur l'existence ou non d'une « *faute d'une gravité suffisante pour justifier* » le licenciement constituait une opération de qualification juridique et, à ce titre, était soumise au contrôle du juge de cassation *(CE, section, 11 juin 1999, n° 189.219, Sté Les grands moulins de Strasbourg, n° 195.706, Mme Chicard, Rec. p 179, RJS 1999 n° 1093, AJDA 1999, p. 841-844 ; concl. G. Bachelier : Rec. p. 179, RJS 1999, p. 631, RFD adm. nov.-déc. 2000, p. 1332).*

Ce choix du Conseil d'État répond à deux types de considérations :

– **des considérations d'ordre juridique** : « *Le pouvoir du juge du fond est certes conditionné par l'appréciation des faits en cause mais il n'est pas entièrement lié. Le juge doit se livrer à une opération intellectuelle distincte de l'appréciation des faits en déduisant* *de cette appréciation les conséquences juridiques adéquates, à savoir que les faits sont suffisamment graves pour entrer dans la catégorie des "fautes de nature à". C'est cette opération intellectuelle qui caractérise le travail de qualification juridique du juge du fond. C'est à ce niveau que le contrôle du juge de cassation prend tout son sens » (concl. du commissaire du gouvernement G. Bachelier, Rec. p. 184, RJS 1999, p. 631)* ;

– **des considérations de politique jurisprudentielle** tenant à la volonté du Conseil d'État de garantir « *l'unité de la jurisprudence dans un contentieux très sensible dont l'issue sera déterminante pour les parties » (concl. commissaire du gouvernement G. Bachelier préc.).*

Relève également du contrôle de qualification juridique l'appréciation portée par le juge du fond :

– sur l'existence d'un usage et la régularité de sa dénonciation par l'employeur *(CE, 2 avr. 2003, n° 233.799, Sté Marcillat, Tables p. 1017)* ;
– quant au bénéfice de l'amnistie, les lois d'amnistie excluant traditionnellement de leur champ les faits constituant des manquements à l'honneur, à la probité ou aux bonnes mœurs ;
– quant à la question de savoir si les faits reprochés au salarié relèvent d'un comportement fautif de même nature que celui dont relèvent les faits non prescrits donnant lieu à l'engagement des poursuites disciplinaires *(CE, 1er oct. 2012, n° 345.252, Tables p. 953, RDT 2012. 701, obs. F. Duquesne)* ;
– sur le point de savoir si des agissements survenus en dehors de l'exécution de ce contrat et rendant impossible le maintien de l'intéressé dans l'entreprise sont de nature à justifier le licenciement *(CE, 15 oct. 2014, n° 362.235, société Gefco, Tables p. 829, RJS 2015 n° 120).*

2. *Le contrôle s'agissant des licenciements pour un autre motif personnel*

76.7.4.2.2. – En jugeant que l'inaptitude d'un salarié est de nature à justifier son licenciement, une cour administrative d'appel se livre à une appréciation souveraine des faits de l'espèce qui n'est pas susceptible d'être discutée devant le juge de cassation *(CE, 4 juill. 2005, n° 269.173, Broyer, Tables p. 1124).*

C. Le contrôle de la qualification juridique opérée dans le cadre du contentieux des licenciements économiques

1. Le contrôle de qualification sur le motif économique de nature à justifier le licenciement

76.7.4.3.1. – Si la nature même de ce type de contentieux fait une large place à l'appréciation des faits, le Conseil d'État a opté néanmoins pour le principe d'un contrôle de qualification sur le motif économique de nature à justifier le licenciement *(CE, 11 juin 1999, n° 189.144, Prouvost, Rec. p. 179, RJS 1999 n° 1093, AJDA p. 793 et 842 ; CE, 28 juill. 1999, n° 189.266, SA Hôtel Commodore)* : le Conseil d'État s'assure que le juge du fond pouvait légalement déduire de ses propres constatations que la situation de l'entreprise justifiait ou non le licenciement du salarié *(CE, 17 mai 2000, n° 194.962, Mutuelle générale de l'éducation nationale)*.

Toutefois, relève du pouvoir souverain du juge du fond l'appréciation de la matérialité des raisons économiques avancées par l'employeur *(CE, 25 juin 2003, n° 226.904, M. Ouerfelli)*. Il en est de même de l'existence et de la définition du secteur d'activité *(CE, 16 déc. 2009, n° 315.401, Sté Papeterie de l'Atlantique)*.

Ainsi, le Conseil d'État a estimé que le juge du fond avait pu, sans erreur de droit, écarter le moyen tiré de l'absence de justification économique des licenciements en jugeant que « *la situation lourdement déficitaire de la branche* » à laquelle était rattaché le secteur d'activité où était affecté le salarié et « *les difficultés de ce secteur d'activité au sein du groupe auquel la société appartient justifiaient les licenciements auxquels il a été procédé* » *(CE, 17 nov. 2000, n° 208.993, M. Bruley)*.

Le juge du fond ne peut qualifier d'économique le licenciement intervenu à la suite du refus opposé par le salarié à une modification de son contrat sans vérifier si cette modification reposait elle-même sur un motif économique tel que défini par le Code du travail *(CE, 31 janv. 2001, n° 198.352, M. Kheirat)*.

2. L'appréciation souveraine du juge du fond sur le respect de l'obligation de reclassement

76.7.4.3.2. – Relève du pouvoir souverain d'appréciation du juge du fond la question de savoir si l'employeur a satisfait ou non à l'obligation de reclassement qui lui incombe *(CE, 1er déc. 1999, n° 193.333, Sté de conditionnement de produits européens, RJS 2000 n° 70 ; pour un exemple d'application : CE, 22 déc. 2017, n° 391.695, société Imprimerie Didier Mary)*. Ainsi ne peut être utilement contestée devant le juge de cassation l'appréciation portée par le juge du fond sur :

- l'absence d'emploi disponible dans l'entreprise ou dans le groupe *(CE, 17 nov. 2000, n° 197.383, M. David, Tables p. 1199, RJS 2001 n° 318)* ;

– la circonstance que des emplois proposés en vue d'assurer le reclassement du salarié pouvaient convenir à celui-ci *(CE, 17 nov. 2000, n° 208.993, M. Bruley)* ;
– le fait que l'employeur avait effectivement recherché les possibilités de reclasser son employé *(CE, 29 déc. 2000, n° 199.320, Mme Arbaud, Rec. p. 680, RJS 2001 n° 474)*.

Tableau de synthèse du contrôle exercé par le juge de cassation

Questions relatives aux contentieux des salariés protégés	Contrôle du juge de cassation	Jurisprudence
Motivation de la décision administrative	Souverainement appréciée par le juge du fond	CE, 23 mars 1998, n° 180.241, Ministre de l'Équipement, des Transports et du Logement c./ Mme Chermet-Carroy, Rec. p. 361
Rupture des relations contractuelles avant la décision administrative	Souverainement appréciée par le juge du fond	CE, 15 décembre 2004, n° 252.590 Biheng, Tables p. 897, RJS 2005 n° 293
Prise d'acte de la rupture par le salarié	Souverainement appréciée par le juge du fond	CE, 17 déc. 2008, n° 310.889, Hoyeau et n° 303904, Jaeck, Rec. p. 461, concl. Y. Struillou, Dr soc 2009 p. 268
Caractère excessif du délai séparant la mise à pied de la saisine de l'administration *(cf. n° **33.1.2**)*	Souverainement apprécié par le juge du fond	CE, 23 août 2006, 278.221, Lycée agricole privé du Tricastin, concl. R. Keller
Appréciation des modifications apportées au contrat de travail	Souverainement appréciées par le juge du fond	CE, 14 nov. 2008, n° 306.226, Mme Viel, Tables p. 954
Faute d'une gravité suffisante pour justifier un licenciement disciplinaire	Contrôle du juge de cassation sur la qualification juridique portée par le juge du fond	CE, 11 juin 1999, n° 189.219 et Sté Les grands moulins de Strasbourg, et n° 195.706, Mme Chicard, Rec. p. 196 et 198, RJS 1999 n° 1093

Questions relatives aux contentieux des salariés protégés	**Contrôle du juge de cassation**	**Jurisprudence**
Date à laquelle l'employeur a eu connaissance des faits reprochés au salarié *(cf. n° **21.2.4.1**)*	Souverainement appréciée par le juge du fond	CE, 9 mars 2005, n° 253.458 Sté CGEA-Onyx, Tables p. 1124, RJS 2005 n° 762
Moyen tiré de la prescription des faits Appréciation sur le point de savoir si les faits pris en compte relèvent d'un comportement fautif de même nature que celui dont relèvent les faits non prescrits donnant lieu à l'engagement des poursuites disciplinaires	Contrôle du juge de cassation sur la qualification juridique portée par le juge du fond	CE, 1er oct. 2012, n° 345252, mentionné aux Tables
Doute subsistant sur l'exactitude matérielle des griefs formulés contre le salarié (article L. 1235-1 du Code du travail)	Souverainement appréciée par le juge du fond	CE, 22 mars 2010, n° 324.398, Tables p. 933
Licenciement reposant sur des éléments objectifs se rattachant au comportement du salarié	Contrôle du juge de cassation sur la qualification juridique portée par le juge du fond	CE, 31 janv. 2001, n° 212.015, M. Gendre, CE, 11 juin 1999, n° 189.219, Sté Les grands moulins de Strasbourg, Rec. p. 196, RJS 1999 n° 1093
Cas où des agissements du salarié intervenus en dehors de l'exécution de son contrat de travail rendent impossible son maintien dans l'entreprise.	Contrôle du juge de cassation sur la qualification juridique portée par le juge du fond	CE, 15 oct. 2014, n° 362.235, mentionné aux Tables
Existence d'un usage et dénonciation régulière de celui-ci	Contrôle du juge de cassation sur la qualification juridique portée par le juge du fond	CE, 2 avr. 2003, n° 233.799, Sté Marcillat, Tables p. 1017
Existence d'une entité économique autonome au sens de l'article L. 1224-1 du Code du travail	Contrôle du juge de cassation sur la qualification juridique portée par le juge du fond	CE, 28 octobre 2022, n° 454355, société Intel Corporation, mentionné aux Tables

Questions relatives aux contentieux des salariés protégés	Contrôle du juge de cassation	Jurisprudence
Matérialité du motif économique	Souverainement appréciée par le juge du fond	CE, 25. juin 2003, n° 226.904, M. Ouerfelli : coûts de production plus élevés du site fermé
Motif de nature à justifier un licenciement économique	Contrôle du juge de cassation sur la qualification juridique portée par le juge du fond	CE, 11 juin 1999, n° 189.144, M. Prouvost, Rec. p. 179, RJS 1999 n° 1093 CE, 9 oct. 2020, n° 428431, SEITA, mentionné aux Tables : motif économique tiré de la sauvegarde de la compétitivité de l'entreprise
Définition du périmètre du groupe – Èléments de fait sur la détention du capital de filiales par une société	Souverainement appréciée par le juge du fond	CE, 27 avr. 2022, n° 441.784, société Recticel SAS
Obligation de reclassement du salarié protégé licencié pour motif économique	Souverainement appréciée par le juge du fond	CE, 11 juin 1999, n° 189.144, Prouvost, Rec. p. 179, RJS 1999 n° 1093 ; CE, 1er déc. 1999, n° 193.333, Sté de conditionnement de produits européens
Obligation de reclassement du salarié licencié en raison de l'inaptitude physique consécutive à un accident du travail	Souverainement appréciée par le juge du fond	CE, 4 juill. 2005, n° 269.173, M. Broyer ; CE, 27 juill. 2005, n° 268.956, M. Chevalier
Caractère discriminatoire de la demande	Souverainement appréciée par le juge du fond	CE, 17 nov. 2000, n° 197.383, David, Tables p. 1270, RJS 2001 n° 318

Questions relatives aux contentieux des PSE	**Contrôle du juge de cassation**	**Jurisprudence**
PSE- document unilatéral-régularité de la procédure de consultation du CSE – appréciation selon laquelle le secteur économique au regard duquel l'employeur doit justifier son projet et son motif économique est clairement identifié ; – appréciation selon laquelle les représentants du personnel ont été mis en mesure d'émettre leur avis sur la situation du secteur d'activité du groupe ; – appréciation de la possibilité pour l'expert d'accomplir normalement sa mission.	Souverainement appréciée par le juge du fond	CE, 20 juin 2022, n° 437.767, société Hop !, mentionné aux Tables CE, 7 févr. 2018, n° 403.001, société Altuglas international, Rec. CE, 15 oct. 2024, n° 488.496, société ACIAM CE, 21 oct. 2015, n° 385.683, Unité économique et sociale ND Vrac Pulve, mentionné aux Tables
PSE- accord collectif – régularité de la procédure de consultation du CS ; – régularité de la procédure de consultation du CSE- information sur les risques psychosociaux afférents au projet de réorganisation.	Souverainement appréciée par le juge du fond	CE, 31 janv.2022, n° 435.888, Union économique et sociale (UES) Happychic, mentionné aux Tables CE, 19 déc. 2023, n° 458.434, société Assistance Aéronautique et Aérospatiale, mentionné aux Tables
PSE- document unilatéral-appréciation du caractère suffisant de la motivation de la décision d'homologation – quant à la régularité de la consultation des représentants du personnel ; – quant au caractère suffisant du PSE au regard des moyens de l'entreprise	Souverainement appréciée par le juge du fond	CE, 22 mai 2019, 420.780, société British Airways France, mentionné aux Tables CE, 4 oct. 2023, n° 447.057, société Aigle Azur, mentionné aux Tables CE, 22 juill. 2015, société Calaire Chimie n° 383.481, Rec.

Questions relatives aux contentieux des PSE	Contrôle du juge de cassation	Jurisprudence
PSE-document unilatéral-caractère suffisant du PSE – appréciation selon laquelle l'administration n'a pas pris en compte les moyens du groupe pour apprécier le caractère suffisant des mesures du PSE ; – appréciation sur le caractère insuffisant du PSE tiré de ce que le plan de reclassement ne faisait état d'aucune recherche des postes disponibles pour un reclassement dans les autres entreprises du groupe et sur le fait que les six postes de reclassement qu'il prévoyait dans l'entreprise ne précisaient pas leur localisation ; – appréciation selon laquelle les mesures prises dans leur ensemble sont suffisantes et propres à satisfaire les objectifs de maintien dans l'emploi et de reclassement des salariés ; – appréciation selon laquelle les mesures n'étaient, prises dans leur ensemble, pas suffisantes au regard des moyens d'accompagnement, notamment financiers, dont disposaient l'entreprise et le groupe ; – appréciation selon laquelle l'autorité administrative a, pour contrôler le caractère suffisant du PSE, pris en compte comme périmètre du groupe l'ensemble des entreprises placées sous le contrôle de la société.	Souverainement appréciée par le juge du fond	CE, 27 oct. 2016, n° 386.664, société LFoundry Rousset CE, 7 sept. 2016, n° 394.243, société GSE CE, 29 juin 2016, n° 389.278, société Belambra Club, Rec. CE, 30 mai 2016, n° 384.114, société Milonga, Rec. CE, 21 juill. 2023, n° 435.896, société Flunch, mentionné aux Tables

Questions relatives aux contentieux des PSE	Contrôle du juge de cassation	Jurisprudence
PSE- document unilatéral- – appréciation sur le caractère suffisant du PSE au regard des moyens de l'entreprise placée en liquidation judiciaire	Souverainement appréciée par le juge du fond	CE, 13 févr. 2019, n° 404.556, société Hardy Roux développement (HRD), mentionné aux Tables
PSE- Document unilatéral -catégories professionnelles – appréciation selon laquelle ces catégories auraient ou non été déterminées sur le fondement de considérations étrangères à celles qui permettent de regrouper les salariés par fonctions de même nature ou sans tenir compte des acquis de l'expérience professionnelle qui excèdent l'obligation d'adaptation incombant à l'employeur, ni que le choix de ces catégories aurait eu pour but de permettre le licenciement de certains salariés pour un motif inhérent à leur personne ou en raison de leur affectation sur un emploi ou dans un service dont la suppression était recherchée	Souverainement appréciée par le juge du fond	CE, 20 juin 2022, n° 437.767, société Hop !, mentionné aux Tables
PSE- document unilatéral - – **contrôle de la définition des catégories professionnelles** concernées par les suppressions d'emploi	Souverainement appréciée par le juge du fond	CE, 7 févr. 2018, n° 399.838, société Girus, mentionné aux Tables, CE, 7 février 2018, n° 403001, société Altuglas International, mentionné aux Tables

Questions relatives aux contentieux des PSE	Contrôle du juge de cassation	Jurisprudence
PSE- document unilatéral - critères de l'ordre des licenciements – appréciation du respect de l'obligation de prendre en compte, pour déterminer l'ordre des licenciements, l'ensemble des critères prévus à l'article L. 1233-5 du Code du travail ; – appréciation que le document retient, au titre du critère d'ordre permettant de prendre en compte les qualités professionnelles des salariés, des éléments d'appréciation communs à toutes les catégories professionnelles ; – appréciation selon laquelle l'indicateur tiré du montant des primes d'assiduité permet aux critères d'ordre fixés par le plan de prendre en compte les qualités professionnelles des salariés ; – appréciation que le seul recours au nombre d'absences injustifiées ne permettait pas, en l'espèce, de prendre en compte les qualités professionnelles des salariés ; – appréciation selon laquelle le fait que l'administrateur judiciaire ne disposait, au moment de l'élaboration du PSE, ni de fiches de postes ni d'évaluations antérieures des salariés, ne l'empêchait pas de fixer tout de même, pour le critère des « qualifications professionnelles » , un ou plusieurs éléments de pondération susceptibles d'être ultérieurement mis en œuvre	Souverainement appréciée par le juge du fond	CE, E, 27 janv. 2020, n° 426.230, société GM et S Industry France CE, 31 oct. 2023, n° 456.091, société IOC Print, mentionné aux Tables CE, 22 mai 2019, n° 413.342, comité d'entreprise de la société TIM, mentionné aux Tables CE, 22 mai 2019, n° 418.090, Association Coallia, mentionné aux Tables CE, 1er févr. 2017, n° 387.886, société Avinov, Rec.

SECTION 8
Les effets de la cassation

76.8. – Si le juge de cassation annule l'arrêt attaqué, il a deux possibilités :

- soit il casse l'arrêt et règle l'affaire « *si l'intérêt d'une bonne administration de la justice le justifie* ». Dans ce cas, le Conseil d'État devient juge du fond ;
- soit il casse, puis prononce le renvoi de l'affaire devant une cour administrative d'appel. Le Conseil d'État peut renvoyer l'affaire devant la cour administrative d'appel dont l'arrêt a été censuré ou devant une autre cour.

À la suite de l'annulation de l'arrêt par le Conseil d'État, la juridiction de renvoi retrouve la plénitude de juridiction pour statuer sur l'affaire qui lui est renvoyée, sous réserve du respect dû à l'autorité de la chose jugée par le juge de cassation.

Si, sur la même affaire, une seconde cassation est prononcée, le Conseil d'État est tenu de régler le litige au fond.

CHAPITRE VII

LE CONTENTIEUX DE LA RÉINTÉGRATION ET DE L'INDEMNISATION EN CAS D'ANNULATION DE L'AUTORISATION ADMINISTRATIVE

SECTION 1

Les différents cas de figure

77.1 – Le principe posé par la jurisprudence est que le licenciement prononcé sur le fondement d'une autorisation ultérieurement annulée est nul ce qui emporte pour le salarié le droit à être « *réintégré dans son emploi ou dans un emploi équivalent* » *(Cass. soc., 30 juin 2004, n° 02-41.686, n° 02-41.687 et n° 02-41.688, Bull. V n° 185, RJS 2004 n° 1067, Dr ouvrier 2005 p. 72, analyse M. Grévy, Dr soc 2005 p. 277, analyse B. Gauriau ; Cass. soc., 5 déc. 2018, n° 16-19.912, B., RJS 2019 n° 112 ; Cass. soc., 1er déc. 2021, n° 19-25.715, B. ; Cass. soc., nov. 2023, n° 22-17.919, B.).*

Dans les différentes hypothèses suivantes, le salarié a donc le droit d'obtenir sa réintégration dans son emploi et la réparation des préjudices subis.

§ 1. LE RETRAIT PAR L'INSPECTEUR DU TRAVAIL DE L'AUTORISATION DE LICENCIEMENT

77.1.1. – La Cour de cassation juge que le retrait de l'autorisation par l'autorité administrative produit les mêmes effets que l'annulation de l'autorisation, privant le licenciement de validité : le salarié peut demander, dans les deux mois à compter de la notification de la décision de retrait, sa réintégration dans son emploi ou un emploi équivalent *(Cass. soc., 30 avr. 2002, n° 99-44.995, Bull. V n° 138, RJS 2002 n° 848 ; Cass. soc., 11 févr. 2003, n° 00-44.238, RJS 2003 n° 486, RJS 2003 n° 1415 ; cf. n°* ***77.2.2****)*.

En outre, si la décision de retrait est devenue définitive, le salarié peut prétendre au paiement d'une indemnité réparant le préjudice subi depuis son licenciement jusqu'à sa réintégration ou l'expiration du délai de deux mois suivant la notification de la décision de retrait. Tel n'est pas le cas, en revanche, si, par la même décision, l'inspecteur du travail accorde à nouveau l'autorisation.

§ 2. L'ANNULATION PAR LE MINISTRE DE L'AUTORISATION ACCORDÉE PAR L'INSPECTEUR DU TRAVAIL

77.1.2. – Le salarié protégé peut demander à être réintégré lorsque le ministre, saisi sur recours hiérarchique, annule l'autorisation accordée par l'inspecteur du travail et, statuant sur la demande d'autorisation de l'employeur, refuse cette dernière *(C. trav., art. L. 2422-1 ; pour une application antérieure à l'entrée en vigueur des dispositions de la loi du 28 octobre 1982 ; Cass. soc., 2 juin 1993 n° 89-45.278)*.

L'indemnisation du préjudice est subordonnée au caractère définitif de la décision annulant l'autorisation et rejetant la demande de l'employeur *(C. trav., art. L. 2422-4 ; cf. n°* ***77.5.3****)*.

Il en va autrement lorsque, par la même décision, le ministre annule l'autorisation accordée par l'inspecteur du travail et, statuant au fond, accorde à son tour cette autorisation *(cf. n°* ***62.4.2****)* : la décision administrative étant immédiatement applicable, le salarié n'est pas fondé, dans ce cas, à demander sa réintégration *(Cass. soc., 27 janv. 2010, n° 08-45.639)*.

§ 3. L'ANNULATION PAR LE JUGE ADMINISTRATIF DE LA DÉCISION ADMINISTRATIVE D'AUTORISATION

A. Le cas de figure général

77.1.3.1. – L'annulation de l'autorisation administrative par le tribunal administratif ou par la cour administrative d'appel ainsi que par le Conseil d'État, statuant comme juge d'appel après cassation, ouvre la faculté pour le salarié de demander sa réintégration *(C. trav., art. L. 2422-1)*. La réparation du préjudice subi est subordonnée au caractère définitif de la décision juridictionnelle annulant l'autorisation administrative *(C. trav., art. L. 2422-4 ; cf. n° **77.5.3**)*.

B. Les cas de figure particuliers

1. L'annulation de la décision par laquelle l'autorité administrative se déclare incompétente

77.1.3.2.1. – L'annulation de la décision par laquelle l'autorité administrative s'est estimée à tort incompétente, pour statuer sur la demande d'autorisation de licenciement, au motif que le salarié n'était pas ou plus protégé, est assimilée par le juge judiciaire, quant à ses effets, à l'annulation d'une décision d'autorisation de licenciement *(Cass. soc., 10 mars 1998, n° 94-45.573, Bull. V n° 128, RJS 1998 n° 494 ; Cass. soc., 12 oct. 2005, n° 03-45.533, Bull. V n° 288, RJS 2006 n° 64 ; Cass. soc., 21 oct. 2008, n° 07-42.021, Bull. V n° 194, RJS 2009 n° 56, JCP S 2009 n° 10 p. 59 note J.-Y. Kerbourc'h)*.

2. L'annulation de la décision de l'autorité administrative pour incompétence

77.1.3.2.2. – Le droit à réintégration joue également lorsque le juge administratif annule une décision d'autorisation du ministre au motif tiré de l'incompétence de ce dernier *(Cass. soc., 23 juin 1999, n° 97-41.825, Bull. V n° 295, RJS 1999 n° 1094 : absence de délégation régulière du signataire)*.

3. L'annulation de la seule décision du ministre confirmant l'autorisation de licenciement accordée par l'inspecteur du travail

77.1.3.2.3. – Il avait été jugé que la seule annulation de la décision du ministre, rejetant un recours dirigé contre une décision d'autorisation, ne confère pas au salarié un droit à réintégration dès lors que la décision de l'inspecteur du travail autorisant le licenciement subsiste malgré l'annulation de la décision ministérielle *(Cass. crim., 17 févr. 2004, n° 03-80.136, Bull. crim. n° 45, Rapport 2004 de la Cour de cassation, p. 418)*.

L'évolution de la jurisprudence tant du Conseil d'État que de la chambre sociale est de nature à prévenir, à l'avenir, ce type de difficultés :

– le Conseil d'État a jugé que les conclusions tendant à la seule annulation de la décision du ministre devaient être également regardées comme tendant à l'annulation de la décision de l'inspecteur du travail *(CE, 5 sept. 2008, n° 303.707, Sté Sapa Profil Puget, Tables p. 955, RJS 2009 n° 1102 ; conclusions Y. Struillou, Dr. soc 2008 p. 1251 ; X. Magina, « Le contentieux des autorisations administratives de licenciement », Sem. soc. Lamy, 22 sept. 2008, n° 1367 L. Pécaut-Rivolier et Y. Struillou, Chronique des jurisprudences sur la représentation du personnel, 3e trimestre 2008, Sem. soc. Lamy 10 nov. 2008, n° 1374)* ;

– la chambre sociale a jugé que « *si la décision du ministre qui rejette un recours hiérarchique formé contre une décision d'autorisation de licenciement donnée par l'inspecteur du travail ne se substitue pas à cette dernière, l'annulation par la juridiction administrative d'une décision du ministre qui confirme celle de l'inspecteur du travail et autorise le licenciement produit les effets prévus par l'article L. 412-19 devenu l'article L. 2422-1 du Code du travail* » *(Cass. soc., 13 nov. 2008, n° 07.41.331, Bull. V n° 223, RJS 2009 n° 195 ; L. Pécaut-Rivolier et Y. Struillou, Chronique des jurisprudences sur la représentation du personnel, 4e trimestre 2008, Sem. soc. Lamy 23 févr. 2009, n° 1388 ; JCP S 2009 n° 8-9 p. 42 note J.-Y. Kerbourc'h).*

4. L'annulation d'une autorisation de transfert

77.1.3.2.4. – Elle emporte les mêmes effets que l'annulation d'une décision d'autorisation de licenciement s'agissant du droit à réintégration dans l'emploi *(Cass. soc., 12 janv. 1999, n° 97-45.209, Bull. civ. n° 16, RJS 1999 n° 237)* et les fonctions représentatives *(Cass. soc., 13 janv. 2009, n° 06-46.364, Bull. V n° 8 ; Rapport 2009 de la Cour de Cassation : « la chambre sociale de la Cour de cassation (...) poursuit ici son œuvre prétorienne en jugeant que la protection spéciale de six mois prévue aux articles L. 425-1, alinéa 3, et L. 436-1, alinéa 3, recodifiés sous l'article L. 2422-2 du Code du travail, applicable en cas d'annulation d'une autorisation de licenciement, doit également bénéficier au salarié protégé dont l'autorisation de transfert a été annulée, ces deux situations étant en effet voisines »).*

5. L'incidence d'une nouvelle autorisation délivrée postérieurement à l'annulation d'une première autorisation

77.1.3.2.5. – La Cour de cassation a jugé qu'une autorisation de licenciement, délivrée postérieurement à l'annulation par le juge administratif d'une précédente autorisation, ne peut avoir pour effet de régulariser *a posteriori* le licenciement prononcé sur la base de l'autorisation annulée et tenir en échec le droit à réintégration que le salarié tient de l'annulation par le juge administratif de la précédente autorisation *(Cass. soc., 10 déc. 1997, n° 94-45.337, Bull. V n° 435, RJS 1997 n° 69).*

6. L'incidence de l'autorité de la chose jugée au pénal

77.1.3.2.6. – Dans une affaire où le ministre avait retiré sa décision confirmant l'autorisation accordée par l'inspecteur du travail et où l'arrêt de la cour d'appel avait relaxé l'employeur poursuivi pour avoir refusé de réintégrer son salarié, il a été jugé que l'autorité de la chose jugée au pénal par l'arrêt, irrévocablement passé en force de chose jugée, faisait obstacle à l'action en réintégration engagée par le salarié devant le conseil de prud'homme *(Cass. soc., 25 nov. 2003, n° 00-45.066, Bull. V n° 293, RJS 2004 n° 233).*

Dans ce cas, le contrat étant rompu, il appartient au juge de rechercher si le licenciement est sans cause réelle et sérieuse.

SECTION 2

La réintégration dans l'emploi

Plan de la section

§ 1. LES PRINCIPES

77.2.1. – « *Les dispositions [....], qui reconnaissent au salarié protégé, dont le licenciement a été autorisé par l'inspecteur du travail, le droit d'être réintégré dans son emploi ou dans un emploi équivalent lorsque le ministre, sur recours hiérarchique, ou le juge administratif, saisi d'un recours pour excès de pouvoir, annule cette autorisation, répondent à des exigences constitutionnelles visant à assurer l'effectivité du droit syndical et du principe de participation justifiant que les représentants du personnel bénéficient, dans l'intérêt de l'ensemble des travailleurs qu'ils représentent, d'une protection exceptionnelle dont la mise en œuvre est entourée de garanties procédurales et de fond suffisantes » (Cass. soc., 13 déc. 2011, n° 11-40.067 et 11-40.068 QPC, Bull. V n° 273, RJS 2012 n° 171 ; cf. rapport Y. Struillou, « Le droit à réintégration du salarié protégé en cas d'annulation de l'autorisation de licenciement », RJS 2012, p. 90).*

Ce sont les dispositions introduites par la loi du 28 octobre 1982 dans le Code du travail qui ont profondément modifié les règles applicables en posant le principe :

– d'un droit à réintégration du salarié en cas d'annulation de la décision d'autorisation par le ministre ou par le juge administratif de première instance ;

– d'un droit à réparation pour la période courant à compter du licenciement et non plus seulement à compter de l'annulation de la décision.

Par un arrêt du 30 juin 2004, la chambre sociale a jugé que « *le salarié protégé dont le licenciement* ***est nul*** *en raison de l'annulation de l'autorisation administrative doit être réintégré dans son emploi ou dans un emploi équivalent* » *(Cass. soc., 30 juin 2004, n° 02-41.686, n° 02-41.687 et n° 02-41.688, Bull. V n° 185, RJS 2004 n° 1067, Dr ouvrier 2005 p. 72, analyse M. Grévy, Dr soc 2005 p. 277, analyse B. Gauriau ; Cass. soc., 5 déc. 2018, n° 16-19.912, B., RJS 2019 n° 112 ; Cass. soc., 1er déc. 2021, n° 19-25.715, B. ; Cass. soc. nov. 2023, n° 22-17.919, B., RJS 2024 n° 46)*, y compris en cas d'annulation d'une autorisation de rupture convention nelle du contrat de travail *(Cass. soc., 15 mai 2019, n° 17-28.547, B.)*.

S'il n'a pas satisfait à l'obligation de réintégrer le salarié, l'employeur ne peut licencier l'intéressé une fois la période de protection expirée en raison de son refus de modification de son contrat de travail. Un tel licenciement est nul *(Cass. soc., 5 déc. 2018, n° 16-19.912, B., RJS 2019 n° 112)*.

§ 2. LES BÉNÉFICIAIRES DU DROIT À RÉINTÉGRATION

77.2.2. – Le droit à réintégration dans l'emploi, en cas d'annulation d'une autorisation de licenciement, résulte des dispositions de l'article L. 2422-1 du Code du travail aux termes duquel : « *Lorsque le ministre compétent annule, sur recours hiérarchique, la décision de l'inspecteur du travail autorisant le licenciement d'un salarié investi de l'un des mandats énumérés ci-après, ou lorsque le juge administratif annule la décision d'autorisation de l'inspecteur du travail ou du ministre compétent, le salarié concerné a le droit, s'il le demande dans un délai de deux mois à compter de la notification de la décision, d'être réintégré dans son emploi ou dans un emploi équivalent.* »

Ces dispositions s'appliquent aux salariés mentionnés à l'article L. 2411-1 du Code du travail.

Avant la modification de cet article par l'ordonnance n° 2017-1386 du 22 septembre 2017, il avait été expressément jugé que le conseiller prud'homme avait droit à la réintégration dans son emploi ou dans un emploi équivalent, en cas d'annulation de la décision d'autorisation de licenciement *(Cass. soc., 12 mai 1998, n° 95-44.214, Bull. V n° 247, Dr soc 1998 p. 728, RJS 1998 n° 777)*. Il en est de même du conseiller du salarié *(Cass. soc., 17 mai 2017, n° 16-14.979 et 16-15.005, B., RJS 2017 n° 596)*.

Le salarié bénéficie de son droit à réintégration :

– même s'il n'est plus protégé à la date à laquelle le juge statue sur la demande de réintégration *(Cass. soc., 2 juin 1993, n° 89-45.278, Dr ouvrier 1993 p. 429, RJS n° 764 ; Cass. soc., 7 févr. 1989, n° 87-42.684, Bull. V n° 93, RJS n° 250)* ;

– alors même que le licenciement aurait été notifié à l'issue de la période de protection *(Cass. soc., 1er oct. 2003, n° 01-42.299, Bull. V n° 250, RJS 2003 n° 1414, Dr soc 2003 p. 1136, note J. Savatier, D. 2004 p. 380 note J.-M. Verdier ; Cass. soc., 21 oct. 2008, n° 07-42.021, Bull. V n° 194, RJS 2009 n° 56).*

Il a été jugé que si le juge administratif avait annulé des autorisations de licenciement, le droit à réintégration dans l'emploi ne jouait pas à l'égard du salarié qui, à la suite de l'octroi de l'autorisation de le licencier, avait conclu avec son employeur un nouveau contrat et n'avait pas contesté l'autorisation le concernant *(Cass. soc., 4 déc. 1991, n° 88-43.046 : en l'espèce, l'autorisation, accordée avant l'entrée en vigueur des dispositions de la loi du 28 octobre 1982, n'avait pas été utilisée par l'employeur).*

§ 3. LA MISE EN ŒUVRE DU DROIT À RÉINTÉGRATION

A. L'absence d'automaticité de la réintégration

77.2.3.1. – La réintégration n'est pas automatique : le salarié qui souhaite en bénéficier doit la demander à son employeur dans un délai de deux mois à compter de la notification de la décision administrative ou juridictionnelle annulant la décision d'autorisation *(C. trav., art. L. 2422-1).*

B. Le droit à réintégration nonobstant la contestation de la décision annulant l'autorisation administrative

77.2.3.2. – Le salarié peut demander sa réintégration dès lors que la décision d'autorisation a été retirée par l'inspecteur du travail ou annulée par le ministre ou par le juge administratif, même si la décision d'annulation est contestée et n'est donc pas définitive *(Cass. soc., 14 janv. 1988, n° 86-41.907, Bull. V n° 39 ; Cass. soc., 10 mars 1998, n° 94-45.573, Bull. V n° 128, RJS 1998 n° 494 ; Cass. crim., 14 mars 2006, n° 05-81.805, Bull. crim. n° 72, RJS 2006 n° 751, JCP S 2006 n° 19 p. 31 note J.-Y. Kerbourc'h).*

Dans la circulaire du 25 octobre 1983 (*abrogée*), le ministre du Travail rappelait d'ailleurs que « *lors des débats parlementaires, des amendements subordonnant le droit à réintégration au caractère définitif de l'annulation ont été repoussés* » *(circulaire ministérielle point 5.1.4.1).*

C. La suspension de l'exécution de la décision ou du jugement

77.2.3.3. – Seul le prononcé de la suspension de l'exécution de la décision ministérielle, ou du jugement annulant l'autorisation de licenciement, fait obstacle à la réintégration dans l'entreprise *(Cass. soc., 17 sept. 2003, n° 02-60.029, Bull. V n° 239 ; Cass. crim., 14 mars 2006, n° 05-81.805,*

Bull. crim. n° 72, RJS 2006 n° 751 : la demande de sursis à exécution déposée par l'employeur avait été rejetée par le juge administratif).

Les conditions de mise en œuvre de ces procédures ont été examinées *supra (cf. n°* ***74.9.1.4*** *pour la suspension de l'exécution de la décision du ministre, n°* ***75.3.5.4*** *pour le sursis à exécution du jugement et n°* ***76.6.2*** *pour le sursis à exécution de l'appel).*

Le simple fait que l'employeur ait sollicité l'octroi du sursis à l'exécution du jugement ne fait pas obstacle à la réintégration : « *le droit à réintégration ne trouve exception [qu]'en cas de prononcé du sursis à exécution* » *(Cass. soc., 17 juill. 1990, n° 89-61.141, Bull. V n° 373, RJS 1990 n° 701).*

D. Le délai pour présenter la demande de réintégration

77.2.3.4. – Le ministre du Travail précise que « *le droit à réintégration est ouvert dès la notification de la décision administrative, du jugement ou de l'arrêt* » *(circulaire ministérielle précitée du 25 oct. 1983).*

Le salarié doit adresser sa demande de réintégration dans un délai de deux mois à compter de cette notification.

La demande de réintégration présentée postérieurement à l'expiration du délai de deux mois est tardive et, par suite, irrecevable *(Cass. soc., 23 juin. 1999, n° 97-41.825, Bull. V n° 295, RJS 1999 n° 1094).* Ce délai n'est susceptible d'aucun report, peu important l'existence d'un litige sur l'application de l'article L. 1224-1 du Code du travail, lequel n'est pas de nature à empêcher le salarié de solliciter sa réintégration dans le délai légal *(Cass. soc., 5 déc. 2018, n° 17-26.325, RJS 2019 n° 113).*

Les cas de figure suivants peuvent être distingués.

1. Annulation de l'autorisation par une décision administrative

77.2.3.4.1. – L'annulation de la décision d'autorisation peut résulter soit du retrait par l'inspecteur du travail de sa décision initiale, soit de l'annulation sur recours hiérarchique devant le ministre, ce dernier refusant d'accorder l'autorisation.

Le salarié doit adresser sa demande de réintégration dans un délai de deux mois à compter de la notification de la décision de l'administration.

2. Annulation de l'autorisation par un jugement du tribunal administratif

77.2.3.4.2. – Le salarié doit présenter sa demande dans le délai de deux mois courant à compter de la notification du jugement du tribunal administratif annulant la décision d'autorisation ; à défaut, il ne pourra pas obtenir de droit sa réintégration alors même qu'il présenterait cette demande dans le délai de deux mois à compter de la notification de l'arrêt de la cour administrative d'appel confirmant le jugement du tribunal administratif *(Cass. soc., 29 mars 2005, n° 03-43.573, Bull. V n° 104, RJS 2005 n° 650).*

3. Annulation de l'autorisation par un arrêt de la cour administrative d'appel annulant le jugement rejetant les conclusions aux fins d'annulation

77.2.3.4.3. – Le salarié doit présenter sa demande dans le délai de deux mois courant à compter de la notification de l'arrêt de la cour.

4. Annulation de l'autorisation par une décision du Conseil d'État

77.2.3.4.4. – Si le Conseil d'État, après avoir cassé l'arrêt de la cour administrative d'appel et annuler le jugement du tribunal administratif, annule l'autorisation, le salarié doit présenter sa demande dans le délai de deux mois courant à compter de la notification de la décision de la Haute Assemblée.

E. La forme de la demande de réintégration

77.2.3.5. – Bien que la loi n'en fasse pas mention, le ministère du Travail a recommandé au salarié d'adresser sa demande de réintégration par lettre recommandée avec accusé de réception *(circulaire du 25 octobre 1983 relative à l'application de la loi du 28 octobre 1982, abrogée).* Le respect de cette formalité est de nature à établir que la demande a bien été présentée dans le délai.

Si la demande de réintégration est formulée par une organisation syndicale, celle-ci doit justifier d'un mandat exprès du salarié *(Cass. soc., 22 mars 1995, n° 93-42.183, Bull. V n° 103, RJS n° 531).* Cette demande peut être valablement formée par une lettre de l'avocat du salarié *(Cass. soc., 25 oct. 2017, n° 16-11.092, RJS 2018 n° 50).*

La seule demande en référé d'une provision à valoir sur l'indemnité légale de licenciement ne peut être regardée comme une manifestation sans équivoque de la volonté du salarié de renoncer pour l'avenir à son droit à réintégration alors que la décision autorisant le licenciement était contestée devant le juge administratif *(Cass. soc., 1er oct. 2003, n° 01-42.299, Bull. V n° 250, RJS 2003 n° 1414, Dr soc 2003 p. 1136, note J. Savatier).*

Le salarié qui a demandé sa réintégration mais ne donne pas suite à une proposition de réintégration faite par son employeur ne peut pas être regardé comme démissionnaire *(Cass. soc., 24 avr. 2003, n° 02-41.308, RJS 2003 n° 911).*

§ 4. L'OBLIGATION DE RÉINTÉGRATION À LA CHARGE DE L'EMPLOYEUR

A. L'obligation de réintégration s'impose quel que soit le motif de l'annulation

77.2.4.1. – L'employeur ne peut s'opposer à la réintégration au motif que la décision d'autorisation a été annulée pour des raisons de procédure et non pour des raisons de fond : « *L'annulation de l'autorisation administrative ne laisse rien subsister de celle-ci, le contrat de travail des salariés protégés était toujours en cours et ne pouvait être rompu qu'à la suite de l'obtention par l'employeur d'une nouvelle autorisation administrative » (Cass. soc., 18 mai 1993, n° 91-44.145, RJS 1993 n° 764, Dr ouvrier 1993 p. 430).*

L'obligation de payer au salarié licencié en vertu d'une autorisation administrative annulée et qui demande sa réintégration, les salaires dus depuis cette demande, n'est donc pas sérieusement contestable, indépendamment de l'indemnisation prévue par l'article L. 2422-4 du Code du travail, subordonnée au caractère définitif de la décision d'annulation de l'autorisation administrative de licenciement *(Cass. soc., 6 déc. 2011, n° 10-16.445, RJS 2012 n° 272 ; sur cette indemnisation, cf. n°* **77.5***).*

Si l'employeur souhaite licencier le salarié, il lui appartient d'engager une nouvelle procédure. Toutefois, l'annulation, par une décision définitive, de la décision de refus d'autorisation de l'inspecteur du travail en raison de l'absence de statut protecteur du salarié lors de l'engagement de la procédure de licenciement autorise l'employeur à considérer qu'il avait mis fin aux fonctions du salarié, peu important que le salarié, réintégré entre-temps en raison de la décision de refus d'autorisation, ait acquis depuis lors un mandat protecteur *(Cass. soc., 5 juill. 2018, n° 17-17.485).*

B. Le périmètre de la réintégration

77.2.4.2. – Le périmètre de réintégration d'un salarié protégé, en cas d'annulation de la décision autorisant son licenciement est :

- l'entreprise ;
- l'unité économique et sociale *(Cass. soc., 19 nov. 2008, n° 07-43.215, RJS 2009 n° 194)* ;
- le groupe mais uniquement dans le cas où les personnes morales ou physiques formant ce groupe constituent une seule entreprise *(Cass. soc., 16 oct. 2001, n° 99-44.037, Bull. V n° 324, RJS 2001 n° 1446, 2002 p. 770, note E. Peskine : entreprise en liquidation judiciaire appartenant à une unité économique et sociale).*

En dehors de cette dernière hypothèse, le périmètre n'inclut pas les entreprises appartenant au groupe.

C. Les diligences à la charge de l'employeur

77.2.4.3. – L'employeur doit entreprendre, le cas échéant, les démarches administratives nécessaires pour que le salarié retrouve son emploi *(Cass. soc., 2 mai 2001, n° 98-46.342 et n° 99-43.356, Bull. V n° 148 : s'agissant d'un croupier de casino et pour lequel il avait été constaté « qu'après l'annulation de l'autorisation administrative, le non-renouvellement de l'agrément du salarié comme son maintien au fichier des exclus du jeu n'étaient dus qu'à l'inertie dont l'employeur avait fait preuve dans la transmission des informations nécessaires à la régularisation » de sa situation).*

D. La réintégration en cas d'annulation d'une décision autorisant le transfert

77.2.4.4. – Le Code du travail ne précise pas explicitement quelle est la conséquence de l'annulation de la décision autorisant le transfert du salarié. La Cour de cassation estime qu'il convient de faire application de la même règle que celle prévue en cas de refus de transfert : l'employeur qui avait sollicité l'autorisation de transfert doit, dès lors que « *la décision d'annulation par la juridiction administrative de l'autorisation administrative de transfert produisait les mêmes effets que le refus d'autorisation de transfert* », proposer au salarié « *un emploi similaire assorti d'une rémunération équivalente dans un autre établissement ou une autre partie de l'entreprise* » *(Cass. soc., 12 janv. 1999, n° 97-45.209, Bull. V n° 16, RJS 1999 n° 237).*

Le salarié protégé dont le contrat est transféré sur le fondement d'une autorisation administrative ensuite annulée doit ainsi être réintégré dans l'entreprise d'origine s'il le demande, avec versement des salaires perdus depuis son transfert jusqu'à sa réintégration, sous déduction de ceux qu'il a pu recevoir du repreneur et des revenus de remplacement perçus. Il peut demander sa réintégration après expiration du délai de deux mois, cette demande n'étant pas soumise aux dispositions de l'article L. 2422-1 qui ne visent que l'annulation de la décision d'autorisation de licenciement *(Cass. soc., 13 déc. 2017, n° 15-25.108, RJS 2018 n° 102).*

E. La réintégration en cas d'annulation d'une décision d'autorisation de licenciement antérieure au changement d'employeur

77.2.4.5. – Dès que l'annulation de l'autorisation de licenciement ne laisse rien subsister de celle-ci, le contrat de travail du salarié protégé est regardé comme ayant été transféré au nouvel employeur *(Cass. soc., 10 oct. 1990, n° 88-41.347, Bull. V n° 441).*

La demande de réintégration est également opposable au nouvel employeur, à qui le contrat de travail a été transféré en application :

- soit de l'article L. 1224-1 du Code du *(Cass. soc., 10 oct. 1990, n° 88-41.347, Bull. V n° 441* : transfert du contrat de travail opéré à la suite d'une reprise d'activité intervenue dans le cadre d'une liquidation judiciaire*)* ;
- soit d'une application volontaire des dispositions de l'article L. 1224-1 *(Cass. soc., 25 oct. 2007, n° 06-43.130, RJS 2008 n° 10, RDT 2007 p. 727, note P. Waquet)* ;
- soit de clauses conventionnelles : ainsi, le salarié protégé dont le licenciement a été autorisé pour motif économique par une décision annulée ultérieurement par le juge administratif peut demander à être réintégré au sein de l'entreprise entrante *(Cass. soc., 10 nov. 2021, n° 19-24.301, RJS 2022 n° 7)*. S'il peut prétendre à la condamnation *in solidum* des entreprises entrante et sortante à lui verser une indemnité correspondant au préjudice subi pendant la période écoulée entre son licenciement et sa réintégration, il ne peut, en revanche, prétendre au paiement d'une indemnité pour licenciement sans cause réelle et sérieuse (*même arrêt*).

Il en est également ainsi alors même que le transfert est intervenu antérieurement à l'annulation de la décision d'autorisation, le cessionnaire étant tenu de réintégrer le salarié *(Cass. soc., 26 févr. 2003, n° 01-41.482, Bull. V n° 68, RJS 2003 n° 574, Dr soc 2003 p. 776 obs. A. Mazeaud ; Cass. soc., 11 févr. 2003, n° 00-44.238, RJS 2003 n° 486)*. À défaut de réintégration, le cessionnaire est tenu au paiement des indemnités dues au salarié protégé, au titre du préjudice subi à compter du licenciement.

Si la demande de réintégration doit être formée à l'encontre du nouvel employeur, le salarié peut néanmoins, à son choix, demander au repreneur la poursuite du contrat de travail illégalement rompu ou demander à l'auteur du licenciement la réparation du préjudice en résultant *(Cass. soc., 17 nov. 2011, n° 10-10.513, RJS 2012 n° 112)*.

La circonstance que le salarié ait présenté dans le délai sa demande au cédant ne fait pas obstacle à la réintégration dans l'entreprise cessionnaire *(Cass. soc., 10 juill. 1995, n° 93-46.399, Bull. V n° 240, RJS 1995 n° 531 ; en l'espèce, le salarié n'avait été informé du transfert qu'à l'expiration du délai de deux mois)*.

F. Le cas des entreprises soumises à une procédure collective

77.2.4.6. – La demande de réintégration est opposable :

- au cessionnaire dans l'hypothèse d'une cession autorisée par le plan de cession *(Cass. soc., 18 juill. 2000, n° 98-41.025, Bull. V n° 286)* ;
- au repreneur désigné dans le cadre d'une liquidation judiciaire dès lors qu'est « *mise en évidence une continuité dans l'exploitation de*

l'entreprise » (Cass. crim., 15 oct. 1991, n° 89-83.551, Bull. crim. n° 349, RJS 1992 n° 54 ; Cass. soc., 10 oct. 1990, n° 88-41.347, Bull. V n° 441, RJS n° 843).

En cas d'opposition, le salarié peut saisir le conseil de prud'hommes pour qu'il ordonne la poursuite du contrat de travail dans la nouvelle entreprise ou pour qu'il soit jugé que la rupture du contrat de travail est imputable au cessionnaire *(Cass. soc., 26 févr. 2003, n° 01-41.482, Bull. V n° 68, RJS 2003 n° 574, Dr soc 2003 p. 776, obs. A. Mazeaud : transfert intervenu dans le cadre d'un plan de cession, les licenciements ayant été prononcés par l'administrateur judiciaire).*

G. Les circonstances jugées comme n'étant pas de nature à faire légalement obstacle à la réintégration

77.2.4.7. – Il a été jugé que « *ni l'existence d'un arrêt maladie à la date de la demande [de réintégration], ni l'âge, ni l'emploi ultérieur du salarié chez un autre employeur* » ne constituent des circonstances de nature à faire obstacle à ce qu'il soit fait droit à la demande de réintégration *(Cass. soc., 22 juin 2004, n° 02-41.689, RJS 2004 n° 1066 ; Cass. soc., 21 oct. 1992, n° 90-42.477, Dr ouvrier 1993 p. 32 : embauche chez un autre employeur).*

Il en est de même en cas d'exercice d'une nouvelle activité professionnelle non salariée *(Cass. soc., 24 avril. 2003, n° 02-41.308, RJS 2003 n° 911 : prise en location-gérance d'un bar)* ou du refus d'une partie du personnel de travailler à nouveau avec le salarié investi d'un mandat représentatif pour des motifs écartés par l'autorité administrative qui ne peut suffire à caractériser une impossibilité absolue de réintégrer celui-ci dans son poste *(Cass. soc. 24 juin 2014, n° 12-24.623, Bull. V n° 156).* De même, l'impossibilité de réintégrer un salarié n'est pas caractérisée par son remplacement par un prestataire de service *(Cass. soc., 14 sept. 2016, n° 15-15.944, B., Dr ouvrier 01/2017 note X. Médeau).*

L'indemnité allouée en réparation du préjudice subi entre le licenciement et la demande de réintégration *(cf. n°* ***77.5.1****)* ne dispense pas l'employeur de réintégrer le salarié *(Cass. soc., 2 mai 2001, n° 98-46.342 et n° 99-43.356, Bull. V n° 148, RJS 2001 n° 894).*

Ont été jugés comme faisant illégalement obstacle à la réintégration l'employeur :

– mettant à pied le salarié alors que ce dernier a obtenu du juge une décision ordonnant sa réintégration, le salarié devant être maintenu dans son emploi et percevoir son salaire *(Cass. soc., 18 déc. 1991, n° 88-43.528)* ;
– mettant en disponibilité avec versement de la rémunération le salarié pendant la période restant à courir jusqu'à l'expiration de la période de protection *(Cass. soc., 30 juin 2004, n° 02-41.686, n° 02-41.687 et n° 02-41.688, Bull. V n° 185, RJS 2004 n° 1067,*

Dr ouvrier 2005 p. 72 analyse M. Grévy, Dr soc 2004 p. 1040 obs. L. Millet, Rapport 2004 de la Cour de cassation, p. 249). En l'espèce, à l'issue de cette période, les salariés avaient été affectés dans un autre emploi entraînant une modification de leur contrat de travail ; la Cour de cassation a jugé que le licenciement prononcé en raison de ce refus était nul et non, comme l'avait jugé la cour d'appel, dépourvu de cause réelle et sérieuse, dès lors que la période de protection de six mois n'avait pu commencer à courir faute de réintégration effective ;

- engageant le jour de la réintégration une procédure de licenciement avec mise à pied conservatoire pour des faits très anciens, non établis, « *leur utilisation [...] relevant d'une manœuvre ayant pour but de s'opposer abusivement à la réintégration effective du salarié » (Cass. soc., 2 juill. 2015, n° 13-28.893)* ;
- ne mettant pas en œuvre les conditions matérielles pour que le salarié soit en mesure d'occuper l'emploi proposé *(Cass. soc., 17 janv. 2018, n° 16-17.932).*

La chambre sociale a confirmé le tribunal jugeant que « *le refus illégal d'un employeur, tenu de réintégrer un salarié protégé en application des dispositions de l'article L. 2242-1 du Code du travail, de le réintégrer et, par voie de conséquence, de lui permettre d'être électeur et éligible aux élections professionnelles, constituait une irrégularité qui avait influencé le résultat du scrutin et justifiait à elle seule l'annulation des élections » (Cass. soc., 19 janv. 2022, n° 21-10.264, B., RJS 2022 n° 203 : en raison de l'opposition de l'employeur, le salarié n'avait pu, en l'espèce, être ni électeur, ni éligible aux élections organisées postérieurement à sa demande de réintégration).*

H. Les circonstances jugées comme étant de nature à faire légalement obstacle à la réintégration : l'impossibilité de réintégrer

77.2.4.8. – Ces circonstances sont les suivantes.

1. La disparition de l'entreprise

77.2.4.8.1. – L'employeur n'est libéré de son obligation de réintégration que si l'entreprise a disparu ou s'il existe une « *impossibilité absolue de réintégration » (Cass. soc., 24 juin 1998, n° 95-44.757, Bull. V n° 340, RJS 1998 n° 1020 ; Cass. soc., 24 juin 2014, n° 12-24.623, Bull. V n° 156 ; Cass. soc., 5 déc. 2018, n° 16-19.912, B.).*

2. La mise à la retraite ou le départ à la retraite

77.2.4.8.2. – Il a été jugé que la réintégration d'un salarié protégé mis à la retraite postérieurement au licenciement était matériellement impossible *(Cass. soc., 25 juin 2003, n° 01-43.717, Bull. V n° 207, RJS*

2003 n° 1146, 2e espèce : la nullité du licenciement avait été prononcée par le juge judiciaire par voie de conséquence de celle du plan social). Dans la même affaire, s'agissant des salariés non protégés, dont la nullité du licenciement avait été prononcée par le juge judiciaire par voie de conséquence de celle du plan social, il a été jugé que la réintégration était impossible, les intéressés s'étant rendus coupables de concurrence déloyale à l'égard de leur entreprise *(Cass. soc., 25 juin 2003, n° 01-46.479, Bull. V n° 206, RJS 2003 n° 1146, 1re espèce ; Dr soc 2003, p. 1024, obs. P. Waquet, D. 2004 p. 1761, commentaire M. Julien ; Cass. soc., 26 avr. 2006, n° 04-42.681, RJS 2006 n° 828).*

La réintégration est également jugée impossible si le salarié a :

– liquidé ses droits à la retraite *(Cass. soc., 14 nov. 2018, n° 17-14.932, B., RJS 2019 n° 14)* ;
– atteint l'âge légal de mise à la retraite *(Cass. soc., 8 juill. 2020, n° 17-31.291, B., RJS 2020 n° 486 ; Cass. soc., 13 févr. 2019, n° 16-25.764, B., RJS 2019, n° 234).*

3. *La demande de résiliation judiciaire du contrat de travail*

77.2.4.8.3. – La Cour de cassation a jugé que la demande à titre principal de résiliation judiciaire du contrat de travail en raison de la violation de son statut protecteur fait obstacle à donner droit à la demande de réintégration présentée par le salarié *(Cass. soc., 3 oct. 2018, n° 16-19.836, B., Sem. soc. Lamy n° 1834, RJS 2018 n° 754)*. En effet, le salarié ne saurait demander tout à la fois la résiliation de son contrat c'est-à-dire la rupture du lien contractuel aux torts de son employeur et sa réintégration dans l'entreprise qui suppose au contraire son rétablissement.

4. *Le respect par l'employeur de son obligation de sécurité*

77.2.4.8.4. – La chambre sociale a jugé que caractérise l'impossibilité de réintégration par l'employeur la situation où, ce dernier « *tenu par son obligation de sécurité dont participe l'obligation de prévention du harcèlement moral, [il] ne pouvait pas réintégrer la salariée dès lors que celle-ci était la supérieure hiérarchique des autres salariés de l'entreprise, lesquels soutenaient avoir été victimes du harcèlement moral de cette dernière et avaient à ce propos exercé leur droit de retrait* » *(Cass. soc., 1er déc. 2021, n° 19-25.715, B., RJS 2022, n° 82).*

§ 5. L'EMPLOI SUR LEQUEL DOIT S'EFFECTUER LA RÉINTÉGRATION

77.2.5. – Il faut distinguer la réintégration faisant suite à l'annulation d'une décision autorisant le licenciement et la réintégration faisant suite à l'annulation de la décision autorisant le transfert.

A. La réintégration consécutive à l'annulation d'une autorisation de licenciement

1. *Le principe*

77.2.5.1.1. – Le principe est la réintégration sur l'emploi précédemment occupé.

Pour le ministre du Travail, « *la réintégration dans l'emploi précédemment occupé est une priorité absolue* » *(circulaire ministérielle 93 / 23 abrogée du 23 oct. 1993 p. 40).*

De même, selon la Cour de cassation, la réintégration doit avoir lieu, en principe, sur l'emploi précédemment occupé *(Cass. soc., 24 janv. 1990, 89-41.003, Bull. V n° 32, Dr soc 1990 p. 328, RJS n° 138 ; Dr ouvrier 1990 p. 494 ; Dr soc 1990 p. 328 ; Cass. crim., 17 déc. 1996, n° 95-84.938, Bull. crim. n° 472, RJS 1997 n° 432).* Lorsque l'emploi du salarié protégé n'existe plus, l'employeur a bien exécuté son obligation de réintégration en proposant un emploi équivalent à celui qu'il occupait, situé dans le même secteur géographique, comportant le même niveau de rémunération, la même qualification et les mêmes perspectives de carrière *(Cass. soc., 17 mai 2017, n° 14-29.610, B., RJS 8-9 / 17 n° 597 ; Cass. soc., 17 oct. 2018, n° 17-17.177, RJS 2019 n° 36)* et permettant l'exercice du mandat *(Cass. soc., 1-2-2017 n° 15-20.739).*

Lorsque l'emploi précédemment occupé par le salarié est confié à un autre salarié, il ne peut être regardé comme vacant *(Cass. soc., 12 mai 1998, n° 96-40.967, RJS 1998 n° 761).* Il en est de même lorsque l'employeur a entendu supprimer le poste de travail pour occuper les fonctions lui-même *(Cass. soc., 18 nov. 1998, n° 96-43.072, Bull. V n° 498).*

Dans le cadre d'un litige concernant des salariés non protégés grévistes et licenciés en l'absence de faute lourde, la chambre sociale a jugé que l'impossibilité matérielle de les réintégrer n'était pas constituée par la circonstance que les postes des intéressés n'étaient plus vacants et que les salariés avaient retrouvé un emploi *(Cass. soc., 2 févr. 2005, n° 02-45.085, Bull. V n° 43, RJS 2005 n° 369).*

Par ailleurs, lorsque le salarié a obtenu judiciairement sa réintégration et que l'employeur fait obstacle à cette réintégration en ne mettant pas en œuvre les conditions matérielles pour que le salarié soit en mesure d'occuper l'emploi proposé, le licenciement prononcé en raison du refus du salarié de rejoindre son poste est illicite *(Cass. soc., 17 janv. 2018, n° 16-17.932, RJS 2018 n° 201).*

2. *L'exception*

77.2.5.1.2. – « *Ce n'est que dans le cas où cet emploi n'existe plus ou n'est pas vacant que la réintégration peut avoir lieu dans un emploi équivalent comportant le même niveau de rémunération, la même qualification et les mêmes perspectives de carrière que l'emploi initial et permettant l'exercice du mandat représentatif* » *(Cass. soc., 24 janv. 1990, n° 89-41.003, Bull. V* *n° 32, Dr soc 1990 p. 328, RJS n° 138 ; Dr ouvrier 1990 p. 494 ; Cass. soc., 4 déc. 2013, n° 11-20.241, RJS 2014 n° 150).*

Le Conseil d'État a également admis la possibilité pour l'employeur de proposer, dans cette hypothèse, un poste équivalent au salarié qui a demandé sa réintégration *(CE, 19 oct. 2012, n° 334.588, Prieto, Tables p. 1012, RJS 2013 n° 58).*

La modification de l'assiette de calcul de la prime d'intéressement, résultant d'un changement de mission, constitue un élément de nature à établir que l'emploi proposé n'est pas un emploi équivalent, l'employeur ne justifiant pas la nécessité de déplacer le lieu de travail du salarié *(Cass. soc., 12 mai 1998, n° 95-44.214, Bull. V n° 247, Dr soc 1998 p. 728, RJS 1998 n° 777).*

En cas de litige entre le salarié et l'employeur sur le caractère équivalent de l'emploi proposé, l'inspecteur du travail peut être saisi ainsi que, le cas échéant, le conseil de prud'hommes en référé.

Si l'emploi précédent a été supprimé ou n'est pas vacant et si aucun emploi équivalent n'est disponible dans l'établissement où était occupé le salarié, l'employeur peut proposer un emploi équivalent, notamment dans un autre établissement *(Cass. soc., 26 févr. 1992, n° 89-45.456, Bull. V n° 138, RJS 1992 n° 465 ; circulaire ministérielle 93/23, précitée, p. 41 ; Cass. crim., 17 déc. 1996, n° 95-84.938, Bull. crim. n° 472, RJS 1997 n° 432)* ou dans la zone la plus proche *(Cass. soc., 19 oct. 2010, n° 09-42.798, RJS 2011 n° 61 ; Cass. soc., 4 déc. 2013, n° 11-20.241, RJS 2014 n° 150).*

Le salarié réintégré dans un tel emploi, par l'effet de la loi, ne peut pas invoquer les stipulations de son contrat de travail *(Cass. soc., 26 févr. 1992, n° 89-45.456, Bull. V n° 138, RJS 1992 n° 465 : le salarié reprochait à l'arrêt de la cour d'avoir déclaré valable sa mutation à Vesoul que lui avait proposée l'employeur, faisant valoir que son contrat de travail prévoyait expressément et exclusivement comme lieu de travail le centre éducatif à Frotey-les-Vesoul et subordonnait à certaines conditions la possibilité d'une mutation).*

La réalité de la vacance d'emploi est une question de fait qui relève de l'appréciation souveraine des juges du fond et ne peut être remise en cause devant la Cour de cassation *(Cass. soc., 26 févr. 1992, n° 89-45.456, Bull. V n° 138, RJS 1992 n° 465).*

B. La réintégration consécutive à l'annulation d'une décision de transfert

77.2.5.2. – Il convient de se reporter au n° **77.2.4.2.**

§ 6. L'INCIDENCE DU REFUS PAR LE SALARIÉ D'ÊTRE RÉINTÉGRÉ

77.2.6. – Le refus opposé par un salarié d'occuper un emploi considéré, par le juge du fond comme équivalent, son emploi initial n'existant plus, est de nature à dispenser l'employeur de l'obligation de lui verser une rémunération *(Cass. soc., 24 juin. 1998, n° 95-44.388, Bull. V n° 339, RJS 1998 n° 1018 ; Cass. soc., 19 oct. 2010, n° 09-42.798, RJS 2011 n° 61 ; Cass. soc., 17 oct. 2018, n° 17-17.177)*.

Le Conseil d'État avait antérieurement jugé que le refus du salarié d'accepter un emploi présentant des garanties équivalentes à celui occupé précédemment pouvait justifier un licenciement disciplinaire *(CE, 21 déc. 2001, n° 215.185 Prieto, Tables p. 1215, RJS 2002 n° 305)*.

Dans sa décision du 19 octobre 2012, il a considéré que ce refus ne constitue pas, par lui-même, une faute disciplinaire, mais que, s'il est susceptible de rendre impossible la poursuite du contrat de travail, il peut constituer un motif de nature à justifier une autorisation de licenciement, s'il est invoqué par l'employeur *(CE, 19 oct. 2012, n° 334.588, Prieto, Tables p. 1012, RJS 2013 n° 58)*.

La Cour de cassation a, pour sa part, jugé, s'agissant d'un licenciement nul d'un salarié non protégé, que le comportement de l'intéressé, qui n'avait donné aucune explication à son employeur, n'avait pas répondu à son courrier l'informant de sa réintégration et ne s'était pas présenté sur son lieu de travail, constituait une faute grave *(Cass. soc., 15 janv. 2003, n° 00-46.089)*.

§ 7. TRANSACTION ET RÉINTÉGRATION

77.2.7. – La transaction peut être de nature à faire obstacle à une action en réintégration si elle a pris en compte, à la date à laquelle elle a été conclue, les droits du salarié en rapport avec sa qualité de salarié protégé, notamment ses droits éventuels à être réintégré en cas d'annulation de la décision d'autorisation. À défaut, la transaction sera regardée comme nulle, faute de comporter des concessions réciproques.

La jurisprudence conduit, par suite, à distinguer plusieurs hypothèses.

A. La transaction conclue après la notification du licenciement et avant l'annulation de l'autorisation

77.2.7.1. – La Cour de cassation a jugé que la transaction conclue postérieurement à l'autorisation de licenciement et à la notification de celui-ci, dès lors qu'elle constituait une transaction parfaite par laquelle le salarié s'engageait à renoncer à toute action et à toute instance en relation avec sa qualité d'ancien salarié, faisait obstacle à ce que le salarié puisse être réintégré à la suite de l'annulation, par le juge administratif d'appel, de la décision autorisant son licenciement *(Cass. soc., 19 mai 1998, n° 96-40.461, RJS 1998 n° 862)*. L'annulation de l'autorisation administrative constituant une circonstance nouvelle, le juge ne peut toutefois opposer à une seconde demande d'annulation de la transaction, présentée après l'annulation de l'autorisation administrative, l'autorité de la chose jugée par un premier jugement devenu définitif, mais antérieur à l'annulation de l'autorisation, ayant rejeté une demande d'annulation de cette transaction *(Cass. soc., 18 févr. 2003, n° 01-40.978, Bull. V n° 59, RJS 2003 n° 635, Dr ouvrier 2003 p. 444)*.

B. La transaction conclue après l'annulation de l'autorisation

77.2.7.2. – Dans un cas de figure où, postérieurement au retrait par l'inspecteur du travail de sa décision d'autorisation, l'employeur s'était opposé à la réintégration du salarié et avait conclu une transaction avec ce dernier, la Cour de cassation a jugé que dès lors que la « *transaction ne prenait pas en considération les droits du salarié résultant de cette décision de retrait* », la transaction était nulle faute de concessions réciproques *(Cass. soc., 11 févr. 2003, n° 00-44.238, RJS 2003 n° 486)*.

Plusieurs hypothèses peuvent être distinguées.

1. La transaction est conclue postérieurement à l'annulation de la décision de licenciement et avant que le salarié ait été réintégré alors qu'il a demandé à l'être

77.2.7.2.1. – Par principe, dès lors que le salarié qui a demandé sa réintégration ne l'a pas obtenue, la transaction, ainsi portant sur un « *futur licenciement* », est nulle *(Cass. crim., 31 janv. 2006, n° 05-83.089, Dr soc 2006 p. 573, obs. F. Duquesne, JCP S 2006 n° 17 p. 28 note J.-Y. Kerbourc'h)*.

2. La transaction est conclue postérieurement à l'annulation et précise que le salarié renonce à demander sa réintégration

77.2.7.2.2. – A été admise la validité d'un accord transactionnel conclu postérieurement à l'annulation par le juge de la décision d'autorisation, par lequel le salarié renonçait à demander sa réintégration en contrepartie du versement d'une somme forfaitaire en réparation des préjudices subis *(Cass. soc., 5 févr. 2002, n° 99-45.861, Bull. V n° 54, RJS 2002 n° 457)*.

3. La transaction est conclue postérieurement à la réintégration et à la notification du licenciement sans autorisation

77.2.7.2.3. – Dans un litige particulier, où la réintégration faisait suite à l'annulation de la décision d'autorisation, la Cour de cassation a admis en 1995 la validité d'un accord « *librement consenti en vue de régler les conséquences pécuniaires de la rupture du contrat de travail* » dès lors que le licenciement avait été notifié *(Cass. soc., 10 janv. 1995, n° 90-42.943, RJS 1995 n° 137 ; Cass. crim., 4 févr. 1992, n° 90-82.330, Bull. crim. n° 50,*

RJS 1992 n° 1129 ; Cass. crim., 3 mai. 1994, n° 91-86.047, RJS 1994 n° 1010). Cette transaction a été jugée comme faisant alors obstacle à la demande de réintégration du salarié *(cf. mêmes arrêts).*

§ 8. L'OPPOSITION DE L'EMPLOYEUR À LA RÉINTÉGRATION

A. Le délit d'entrave

77.2.8.1. – Le refus de réintégrer le salarié – en l'absence d'impossibilité caractérisée *(cf. n°* ***77.2.4.7****)* – constitue en principe le délit d'entrave dès lors qu'en s'opposant à la réintégration du salarié l'employeur fait obstacle à ce que l'intéressé retrouve sa place dans l'entreprise et y exerce ses fonctions représentatives *(Cass. crim., 13 mars 1984, n° 80-94.765, Bull. crim. n° 103).*

Le délit d'entrave est également constitué lorsque le salarié n'a pas été réintégré dans ses fonctions mais s'est vu attribuer des tâches mal définies et un nouveau bureau, isolé du lieu de travail des autres salariés de l'entreprise *(Cass. crim., 20 mai 2008, n° 06-86.580, Dr soc p. 1149, obs. F. Duquesne).*

Le délit est constitué alors même que la décision du ministre annulant l'autorisation accordée par l'inspecteur du travail serait elle-même annulée par le juge administratif *(Cass. crim., 14 mars 2006, n° 05-81.805, RJS 2006 n° 751, D. 2006 p. 2011, obs. B. Lardy-Pélissier).*

En cas de cession de l'entreprise, il appartient au juge du fond de rechercher si elle a eu pour effet de transférer une entité économique conservant son identité et son activité au sens de l'article L. 1224-1 du Code du travail *(Cass. crim., 16 nov. 1999, n° 98-82.938).*

B. La saisine du juge des référés prud'homal

77.2.8.2. – Dès lors que l'employeur s'oppose à une demande de réintégration présentée dans le délai de deux mois, le salarié peut saisir le conseil de prud'hommes en référé pour obtenir, sous astreinte, qu'il soit mis un terme à ce que la jurisprudence considère comme un « *trouble manifestement illicite* » et sa réintégration *(Cass. soc., 24 janv. 1990, 89-41.003, Bull. V n° 32, Dr soc 1990 p. 328, RJS 1990 n° 138, Dr ouvrier 1990 p. 494 ; Cass. soc., 12 juin 2001, n° 00-40.480, Bull. V n° 220 ; Cass. soc., 20 avr. 2017, n° 15-25.401 à 404, RJS 7/17 n° 505).*

La Chambre sociale a en outre considéré que le fait de réintégrer un salarié à la suite de l'annulation de l'autorisation administrative, puis de le convoquer à un entretien préalable en vue de son licenciement pour faute ainsi que d'une mise à pied conservatoire pour des faits anciens et non établis relève d'une manœuvre ayant pour but de s'opposer abusivement à la réintégration effective du salarié et constitue ainsi un trouble manifestement illicite *(Cass. soc., 2 juill. 2015, n° 13-28.893).*

Le ministre du Travail préconise la même solution : « *Il doit être enfin précisé que, dans l'hypothèse où le salarié se heurterait au refus de son employeur, seul le conseil de prud'hommes statuant en référé est compétent pour ordonner sa réintégration dans l'entreprise, sous astreinte* » *(circulaire ministérielle du 25 oct. 1983, préc.).*

Pour apprécier la qualité de salarié protégé et ordonner la réintégration, le juge doit se placer au moment du prononcé du licenciement *(Cass. soc., 7 févr. 1989, n° 87-42.684, Bull. V n° 93 : la cour d'appel avait retenu à tort, pour refuser d'ordonner en référé la réintégration d'un salarié protégé, que ses mandats représentatifs avaient pris fin après son licenciement et que leur faible durée ne pouvait le faire bénéficier de la protection attachée aux anciens titulaires de ces mandats, alors que le salarié exerçait ses mandats lors du licenciement).*

L'ordonnance de référé peut être assortie de l'exécution provisoire *(pour un exemple : Cass. soc., 21 juill. 1986, n° 86-60.013, Bull. V n° 406).* Elle peut également être assortie d'une astreinte qui pourra être ultérieurement liquidée par le juge saisi d'une demande en ce sens *(Cass. soc., 23 sept. 2008, n° 06-45.320, Bull. V n° 166).*

Toutefois, la réintégration du salarié protégé en exécution d'une décision judiciaire n'a pas pour effet de créer de nouvelles relations contractuelles entre les parties. Il s'en déduit que l'employeur, après annulation de cette décision de réintégration par la Cour de cassation, est fondé à considérer qu'il avait été mis fin aux fonctions du salarié sans qu'il soit besoin d'une procédure de licenciement *(Cass. soc., 11 juill. 2016, n° 14-29.094, B.).*

§ 9. RÉINTÉGRATION ET NOUVELLE PROCÉDURE DE LICENCIEMENT

A. La possibilité d'une nouvelle procédure

77.2.9.1. – En principe, postérieurement à l'annulation de l'autorisation, si le salarié est toujours protégé, l'administration se retrouve saisie de la demande initiale sur laquelle il doit être statué *(cf. n°* ***74.12.1.2****).* Toutefois, les motifs de l'annulation peuvent s'opposer en tout état de cause à ce que l'autorisation soit de nouveau accordée *(cf. n°* ***74.12.1.2.2****).*

B. Les justifications de la demande d'autorisation

77.2.9.2. – Il convient de se reporter au n° **74.12.4**.

C. L'incidence d'une nouvelle autorisation

77.2.9.3. – Il a été jugé « *qu'une autorisation administrative de licencier, délivrée postérieurement à l'annulation par le juge administratif d'une précédente autorisation, ne peut avoir pour effet de régulariser a* *posteriori le licenciement prononcé sur la base de l'annulation annulée et tenir en échec le droit à réintégration que le salarié tient de l'annulation par le juge de la précédente autorisation » (Cass. soc, 10 déc. 1997, n° 94-45.337, Bull. V n° 435, RJS 1997 n° 69).*

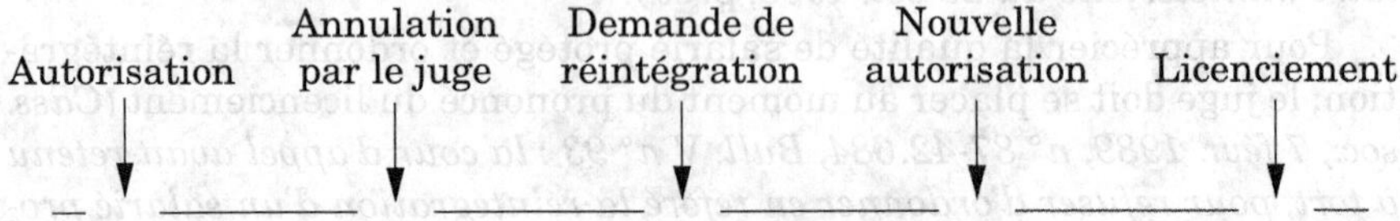

Si, dans un tel cas de figure, l'employeur ne donne pas suite à la demande de réintégration des salariés, ces derniers peuvent prétendre au versement d'une indemnité correspondant au préjudice subi pour la période comprise entre leur licenciement, intervenu sur le fondement de l'autorisation annulée, et le licenciement prononcé sur le fondement de la seconde autorisation.

§ 10. LES EFFETS DE LA RÉINTÉGRATION

77.2.10. – Le salarié réintégré *« retrouve son ancienneté » (Cass. soc., 23 juin 1999, n° 98-60.383, Bull. V n° 294)*. Par suite, le tribunal d'instance ne peut annuler sa désignation comme délégué syndical au motif qu'il n'avait pas l'ancienneté suffisante.

Dès lors que le salarié a demandé sa réintégration, et alors même qu'il ne l'a pas encore obtenue, il doit être considéré comme faisant partie du personnel de l'entreprise et, par suite, est électeur et éligible *(cf. n°* **77.4***)*.

SECTION 3

La réintégration dans le mandat et la nouvelle période de protection

77.3. – Deux situations sont possibles, en fonction de la nature du mandat brigué, détenu ou antérieurement exercé par le salarié.

§ 1. LE SALARIÉ ÉLU DU PERSONNEL

77.3.1. – Les dispositions des articles L. 2422-2 *(membres du comité social et économique, représentants de proximité, membres du comité social et économique interentreprises et par application des dispositions de l'article 11 de l'ordonnance n° 2017-1386 du 22 septembre 2017, délégués du personnel, membres du comité d'entreprise et du CHSCT (CE, 13 mai 1992, n° 114.604, Rec. p. 199)* et L. 2422-3 du Code du travail *(représentant des salariés au conseil de surveillance ou d'administration d'une entreprise du secteur public)* conduisent à distinguer deux situations :

- **soit l'institution n'a pas été renouvelée** : le salarié est alors réintégré dans son mandat ; toutefois, le salarié ne peut être réintégré dans son mandat que s'il est réintégré dans l'établissement dans lequel il avait été élu *(Cass. crim., 17 déc. 1996, n° 95-84.938, Bull. crim. n° 472, RJS 1997 n° 432)* ;
- **soit l'institution a été renouvelée** : le salarié n'est pas réintégré dans son mandat, mais bénéficie d'une période de protection de six mois à compter du jour où il retrouve sa place dans l'entreprise *(pour une application de ces dispositions : CE, 20 avr. 2005, n° 258.082, M. Fekar)*.

La période de protection de six mois est également applicable aux salariés protégés :

- titulaires d'un mandat venu à expiration *(CE, 13 avr. 1992, n° 114.604, ministre du Travail et Association « Ateliers de la Couronnerie » c./ Bourrelier, Rec., p. 199, RJS 1992 n° 1009, Dr soc 1992 p. 693)*. Ainsi, si un salarié est licencié, après autorisation de l'inspecteur du travail, moins de six mois après l'expiration de son mandat et si, sur recours hiérarchique, le ministre du Travail annule cette autorisation, le salarié est réintégré dans l'entreprise. Il bénéficie pendant six mois de la procédure spéciale en matière de licenciement. S'il fait l'objet d'une seconde procédure de licenciement au cours de ces six mois, l'inspecteur du travail doit être saisi ;
- dont l'autorisation de transfert a été annulée, la Cour de cassation ayant transposé les règles définies par le Code du travail en cas d'annulation de l'autorisation de licenciement *(Cass. soc., 13 janv. 2009, n° 06-46.364, Bull. V n° 8, RJS 2009 n° 260, D. 2009 p. 301 note L. Perrin)*. Cet arrêt parachève l'alignement des règles de la protection en cas de transfert sur celle applicable en cas de licenciement *(L. Pécaut-Rivolier et Y. Struillou, chronique des jurisprudences sur la représentation du personnel, 1er trimestre 2009, Sem. soc. Lamy 25 mai 2009, n° 1401, JCP S 2009 n° 12 p. 36, note J.-Y. Kerbourc'h ; Dr ouvrier 2009 p. 397, note L. Millet)*.

Si le salarié n'est pas effectivement réintégré dans l'emploi, sans que l'employeur ne justifie de l'impossibilité de cette réintégration *(cf. n°* ***72.2.4.7*** *et* ***72.2.4.8****)*, la période de protection de six mois ne peut commencer à courir *(Cass. soc., 30 juin. 2004, n° 02-41.686, n° 02-41.687 et n° 02-41.688, Bull. V n° 185, RJS 2004 n° 1067, Dr ouvrier 2005, p. 72, analyse M. Grévy, Dr soc. 2004, p. 1040 obs. L. Millet, Rapport 2004 de la Cour de cassation, p. 249)*.

Le délai de protection de six mois court, lorsque l'emploi n'existe plus ou n'est plus vacant, à compter du jour où l'employeur exécute son obligation de réintégration en proposant à un salarié un emploi équivalent, comportant le même niveau de rémunération, la même qualification et les mêmes perspectives de carrière *(Cass. soc., 17 mai 2017, n° 14-29.610, Bull. V n° 87, RJS 2017 n° 597 ; cf. n°* **77.2.5***)*.

Si le licenciement intervient pendant la période de protection de six mois sans autorisation de l'inspecteur du travail, il est jugé nul *(Cass. soc., 13 janv. 2009, n° 06-46.364, Bull. V n° 8, RJS 2009 n° 260)*.

§ 2. LE SALARIÉ DÉSIGNÉ PAR UNE ORGANISATION SYNDICALE

A. Les dispositions applicables aux délégués syndicaux

77.3.2. – Selon le ministre du Travail, « *le délégué syndical… n'est pas rétabli automatiquement dans ses fonctions ; il doit faire l'objet d'une nouvelle désignation par son organisation syndicale* » *(circulaire ministérielle du 25 oct. 1983 préc.)*. En effet, l'article L. 2422-1 du Code du travail ne prévoit pas que le délégué syndical réintégré retrouve son mandat. Dans la mesure où il est désigné, il appartient à son organisation syndicale de décider si elle entend le désigner à nouveau comme délégué à son retour dans l'entreprise.

La Cour de cassation a adopté une position identique : le salarié doit, pour être rétabli dans ses fonctions représentatives, faire l'objet d'une nouvelle désignation par son organisation syndicale *(Cass. soc., 24 janv. 1990, n° 89-60.004, Bull. V n° 31, RJS 1990 n° 231 ; Cass. soc., 22 janv. 2002, n° 00-60.356, Bull. V n° 28, RJS 2002 n° 458)*.

Il s'ensuit que si, postérieurement au licenciement, le salarié a été remplacé par un collègue désigné délégué syndical, le salarié licencié ne peut être regardé dès sa réintégration dans l'entreprise comme exerçant à nouveau les fonctions de délégué syndical dès lors que le syndicat n'a pas révoqué le mandat donné à son collègue *(Cass. soc., 2 oct. 2003, n° 02-60.562, RJS 2004 n° 229)*.

En l'absence de rétablissement dans l'exercice des fonctions syndicales, le salarié bénéficie de la protection pendant une durée de six mois, laquelle court à compter de sa réintégration effective *(CE, 24 janv. 2022, n° 443.356, Tables, RJS 2022 n° 199)*.

Cependant, « *si le délégué syndical, irrégulièrement licencié, qui a obtenu la réintégration dans son emploi, ne retrouve le mandat dont il était investi qu'autant qu'il est l'objet d'une nouvelle désignation de la part de l'organisation syndicale intéressée, il appartient à l'employeur qui allègue à cette occasion la disparition de la section syndicale d'en administrer la preuve* » *(Cass. soc., 7 mars 1990, n° 89-60.398, RJS n° 326)*.

Dès lors que le salarié est en instance de réintégration, il peut être désigné délégué syndical *(Cass. soc., 17 juill. 1996, n° 95-60.896, Bull. V n° 295, Dr soc 1996 p. 1107)*, alors même que le ministre du Travail aurait postérieurement à la désignation autorisé le licenciement *(Cass.*

soc., 9 juin 1999, n° 98-60.365, Bull. V n° 274 : la désignation n'a pas été jugée frauduleuse).

L'appel formé contre le jugement du tribunal administratif annulant l'autorisation de licenciement ne fait pas obstacle à la désignation *(Cass. soc., 23 avr. 1980, n° 79-61.118, Bull. V n° 344 ; Cass. soc., 11 mars 1982, n° 81-60.906, Bull. V n° 173).*

Le salarié ne peut être désigné délégué syndical dans un établissement dans lequel il n'a pas été réintégré *(Cass. crim., 17 déc. 1996, n° 95-84.938, Bull. crim. n° 472, RJS 1997 n° 432).*

Les dispositions de l'article L. 2422-2 du Code du travail, réservant aux seuls salariés élus le bénéfice de la protection complémentaire de six mois après réintégration si l'instance a été renouvelée, introduisent une distinction injustifiée entre élus et titulaires de mandats syndicaux.

De plus, les dispositions de la loi n° 2008-789 du 20 août 2008 portant rénovation de la démocratie sociale et réforme du temps de travail, dans la mesure où elles réservent aux seuls candidats aux élections professionnelles ayant recueilli au moins 10 % des suffrages exprimés au premier tour le droit d'être désigné délégué syndical *(art. 5-I ; C. trav., art. L. 2143-3 ; cf. n° **12.4.5**)*, ont pour conséquence l'impossibilité de procéder, à la suite de l'annulation de l'autorisation, à la nouvelle désignation d'un délégué syndical qui, licencié après autorisation, n'a pu être candidat aux élections professionnelles organisées dans l'entreprise postérieurement à son licenciement.

Pour remédier à cette difficulté, la chambre sociale a admis dans ce cas la validité d'une telle désignation, sans que puissent y faire obstacle les dispositions précitées de l'article L. 2143-3 du Code du travail *(Cass. soc., 14 nov. 2013, n° 13-11.301, Bull. V n °458, RJS 2014 n° 58).*

Puis, faisant application de l'article L. 2422-2 du Code du travail, elle a estimé que le délégué syndical, représentant de droit le syndicat au comité d'entreprise, réintégré dans l'entreprise après l'annulation de l'autorisation donnée en vue de son licenciement, sans avoir pu retrouver son mandat du fait de la disparition de ce comité d'entreprise, devait bénéficier de la protection complémentaire de six mois suivant sa réintégration *(Cass. soc., 16 déc. 2014, n° 13-21.203, à paraître au Bulletin, RJS 2015 n° 121, Dr soc 2015 J. Mouly p. 286).*

Dans son rapport annuel, la Cour de cassation suggère que cette solution, qui en tant que telle étend sensiblement la lettre de l'article L. 2422-2, soit consacrée par la loi, dans la mesure où, selon elle, rien ne paraît justifier dans cette hypothèse une distinction entre le délégué du personnel et le membre du comité d'entreprise d'une part, le délégué syndical d'autre part *(Rapport annuel 2014 de la Cour de cassation).*

B. Les dispositions applicables aux représentants syndicaux au comité social et économique (CSE)

77.3.3. – Selon le ministre du Travail, « *le représentant syndical au comité d'entreprise est réintégré dans ses fonctions sans qu'il soit nécessaire de procéder à une nouvelle désignation. Dans l'hypothèse où le salarié a été remplacé dans son mandat pendant la période où il était licencié de l'entreprise, celui-ci bénéficie d'une protection d'une durée de six mois à compter de sa réintégration* » *(circulaire ministérielle du 25 oct. 1983, préc.)*. Le représentant syndical réintégré à la suite de l'annulation de son autorisation de licenciement est, après désignation par son syndicat, rétabli dans le mandat qu'il exerçait avant son licenciement, peu important que son syndicat ait mal adressé la notification de sa désignation *(Cass. soc., 13 févr. 2013, n° 12-12.919)*.

SECTION 4
L'exercice de nouvelles fonctions représentatives

77.4. – Le juge judiciaire estime que, dès lors que l'autorisation de licenciement a été annulée, le salarié, qui a demandé sa réintégration dans le délai imparti, peut être candidat aux élections professionnelles ou faire l'objet d'une désignation par une organisation syndicale alors même qu'il n'aurait pas obtenu matériellement sa réintégration :

– « *il en résulte que l'intéressé, dont le contrat de travail n'a pas été rompu, fait partie du personnel de l'entreprise, et peut être désigné comme délégué syndical ou être candidat aux élections professionnelles, peu important qu'il n'ait pas obtenu sa réintégration dès lors qu'il l'a sollicitée dans le délai légal* » *(Cass. soc., 13 juill. 1993, n° 92-60.034 et n° 92-60.035, Bull. V n° 209, RJS n° 895 ; Cass. soc., 7 juill. 1983, n° 83-60.060, Bull. n° 430, Dr soc 1984 p. 141 ; Cass. soc., 31 janv. 1989, n° 88-60.387, Bull. V n° 86 ; Cass. soc., 12 déc. 1990, n° 88-60.724, Bull. V n° 663 ; Cass. soc., 17 juill. 1996, n° 95-60.896, Bull. V n° 295 ; Cass. soc., 10 déc. 1996, n° 95-60.958 ; Cass. soc., 30 avr. 2002, n° 01-60.765, Bull. V n° 139, RJS 2002 n° 848, 2e espèce : annulation de l'autorisation par retrait)* ;

– un tribunal d'instance ne peut surseoir à statuer sur la demande d'un salarié, qui ayant été réintégré après l'annulation de l'autorisation de licenciement, sollicite son inscription sur les listes électorales pour les élections professionnelles, au motif que le Conseil d'État ne s'était pas encore prononcé sur le sursis à exécution. En effet, le droit à réintégration ne trouve exception qu'en cas de prononcé effectif du sursis à exécution *(Cass. soc., 17 juill. 1990, n° 89-61.141, Bull. n° 373, RJS n° 701)*.

Est sans incidence sur le droit du salarié d'être électeur et éligible la circonstance que soit assortie de l'exécution provisoire l'ordonnance prononçant la réintégration *(Cass. soc., 21 juill. 1986, n° 86-60.013, Bull. V n° 406)*.

La chambre sociale a confirmé le tribunal jugeant que « *le refus illégal d'un employeur, tenu de réintégrer un salarié protégé en application des dispositions de l'article L. 2242-1 du Code du travail, de le réintégrer et, par voie de conséquence, de lui permettre d'être électeur et éligible aux élections professionnelles, constituait une irrégularité qui avait influencé le résultat du scrutin et justifiait à elle seule l'annulation des élections* » *(Cass. soc., 19 janv. 2022, n° 21-10.264, B., RJS 2022 n° 203 : en raison de l'opposition de l'employeur, le salarié n'avait pu, en l'espèce, être ni électeur, ni éligible aux élections organisées postérieurement à sa demande réintégration)*.

Si, postérieurement à sa réintégration, le salarié acquiert de nouveaux mandats et si la validité de ces derniers n'est pas contestée, la circonstance que l'ordonnance de réintégration soit annulée par le juge d'appel n'a pas pour effet de priver le salarié de sa qualité de salarié protégé et, par suite, son employeur lui ayant enjoint de quitter l'entreprise, il est fondé à solliciter à nouveau sa réintégration *(Cass. soc., 16 déc. 1997, n° 94-45.508, Bull. V n° 446, RJS 1998 n° 185)*.

Toutefois, l'annulation, par une décision définitive, de la décision de refus d'autorisation de l'inspecteur du travail en raison de l'absence de statut protecteur du salarié lors de l'engagement de la procédure de licenciement autorise l'employeur à considérer qu'il avait mis fin aux fonctions du salarié, peu important que le salarié, réintégré entre-temps en raison de la décision de refus d'autorisation, ait acquis depuis lors un mandat protecteur *(Cass. soc., 5 juill. 2018, n° 17-17.485)*.

SECTION 5

La réparation du préjudice subi en cas d'annulation de l'autorisation

§ 1. LES PRINCIPES

77.5.1. – « *Au contraire de la jurisprudence antérieure selon laquelle l'employeur n'avait pas à réparer les conséquences de l'annulation d'une autorisation administrative de licenciement, la loi du 28 octobre 1982 pose le principe d'une indemnisation du préjudice subi, lorsque l'annulation de la décision d'autorisation de licenciement est devenue définitive* » *(circulaire ministérielle du 25 oct. 1983 abrogée)*.

Le Code du travail dispose :

> « *Lorsque l'annulation d'une décision d'autorisation est devenue définitive, le salarié investi d'un des mandats mentionnés à l'article*

L. 2422-1 a droit au paiement d'une indemnité correspondant à la totalité du préjudice subi au cours de la période écoulée entre son licenciement et sa réintégration, s'il en a formulé la demande dans le délai de deux mois à compter de la notification de la décision. / L'indemnité correspond à la totalité du préjudice subi au cours de la période écoulée entre son licenciement et l'expiration du délai de deux mois s'il n'a pas demandé sa réintégration. / Ce paiement s'accompagne du versement des cotisations afférentes à cette indemnité qui constitue un complément de salaire » (C. trav., art. L. 2422-4).

§ 2. LES BÉNÉFICIAIRES DES DISPOSITIONS

77.5.2. – Avant l'entrée en vigueur au 1er mai 2008 du nouveau Code du travail, la chambre sociale avait étendu les règles relatives à l'indemnisation à tous les salariés bénéficiaires de la protection *(Cass. soc., 19 déc. 1990, n° 88-40.502, Bull. V n° 695, RJS 1991 n° 220, Dr ouvrier 2003 p. 445 : extension aux candidats aux fonctions de délégués du personnel dès lors qu'ils étaient au nombre des salariés mentionnés aux art. L. 425-1 et L. 425-2).*

Les bénéficiaires de ces dispositions sont mentionnés à l'article L. 2422-1 du nouveau code *(cf. n°* ***77.2.2****).*

L'application de ces dispositions a été étendue aux conseillers prud'hommes *(Cass. soc., 10 déc. 1997, n° 94-45532, Bull. V n° 432, RJS 1998 n° 71).*

§ 3. LA CONDITION TENANT AU CARACTÈRE DÉFINITIF DE LA DÉCISION ANNULANT L'AUTORISATION

77.5.3. – L'indemnisation n'est possible que lorsque la décision d'annulation de l'autorisation est **devenue définitive** *(Cass. soc., 23 nov. 2004, n° 03-46.627, Bull. V n° 294, RJS 2005 n° 176 ; Cass. soc., 4 déc. 2013, n° 11-20.241, RJS 2014 n° 150).*

Depuis le 1er octobre 1995, les cours administratives d'appel sont compétentes pour connaître des appels dirigés contre les jugements statuant sur la légalité des décisions de l'administration concernant les salariés protégés. Ce transfert de compétence pose la question de la date à laquelle peut intervenir l'indemnisation du préjudice subi par le salarié protégé, laquelle est subordonnée au fait que la décision d'annulation de l'autorisation est devenue définitive : un arrêt d'une cour administrative d'appel, qui, en dernier ressort, annule une décision d'autorisation ou rejette le recours dirigé contre un jugement de tribunal administratif annulant une autorisation, constitue-t-il une décision définitive, alors même qu'il serait frappé d'un pourvoi en cassation ?

La décision par laquelle le Conseil d'État a jugé que « *la décision d'une juridiction qui a statué en dernier ressort présente, même si elle peut faire l'objet ou est effectivement l'objet d'un pourvoi en cassation, le caractère d'une décision passée en force de chose jugée* » conduit à une réponse affirmative *(CE, assemblée, 27 oct. 1995, n° 150.703, Ministre du Logement c. / Mattio et autres, Rec. p. 359)*. Le commissaire du gouvernement, J. Arrighi de Casanova, relevait dans ses conclusions qu'« *il est bien certain que les notions de décision de justice définitive et de décision passée en force de chose jugée sont équivalentes* ».

Par conséquent, la modification de la répartition des compétences au sein de la juridiction administrative ne devrait pas avoir pour effet de retarder l'indemnisation du préjudice subi : les arrêts des cours administratives d'appel constituant des décisions définitives, la circonstance qu'un pourvoi en cassation ait été formé ne devrait pas faire obstacle à l'indemnisation du salarié.

Le caractère définitif est donc acquis dans les cas suivants :

- si la décision du ministre annulant la décision de l'inspecteur du travail n'est pas attaquée devant le tribunal administratif ;
- si le jugement du tribunal administratif annulant la décision d'autorisation n'est pas frappé d'appel ;
- si l'appel formé contre le jugement du tribunal administratif est rejeté par la cour administre d'appel ;
- lorsque le Conseil d'État, en tant que juge d'appel, a annulé la décision d'autorisation ou a rejeté l'appel dirigé contre un jugement du tribunal administratif ayant prononcé l'annulation de l'autorisation. Cette décision du Conseil d'État bénéficie de la force de chose jugée et présente un caractère irrévocable.

Le Code de justice administrative ouvre toutefois la faculté au Conseil d'État, saisi de conclusions en ce sens, d'ordonner qu'il soit sursis à l'exécution de l'arrêt de la cour administrative d'appel s'il est susceptible d'entraîner des conséquences difficilement réparables et si les moyens sont de nature non seulement à entraîner l'annulation de l'arrêt mais également l'infirmation de la solution retenue au fond par le juge du fond, c'est-à-dire le rejet des conclusions tendant à l'annulation de l'autorisation de licenciement *(C. just. adm., art. R. 821-5 ; cf. n°* ***76.6.2****)*.

Le caractère définitif de la décision administrative privant le licenciement d'un salarié protégé de validité n'a d'effet que sur l'exigibilité du paiement de l'indemnité destinée à réparer le préjudice subi par le salarié évincé de l'entreprise, qui perdure tant que la réintégration qu'il a demandée ne lui est pas accordée *(Cass. soc., 2 févr. 2006, n° 05-41.811, Bull. V n° 61, JCP S 2006 n° 11 p. 31 note J.-Y. Kerbourc'h, RJS 2006 n° 474)*.

Dès lors que la décision n'est pas définitive, le juge ne peut allouer une provision au titre du préjudice subi pour perte de salaire *(Cass. soc., 23 nov. 2004, n° 03-46.627, Bull. V n° 294, Rapport 2004 de la Cour de cassation, p. 250)*. Par suite, si un appel est formé contre le jugement du tribunal administratif annulant la décision d'autorisation, l'indemnité ne sera due que si le jugement est confirmé ultérieurement par la cour administrative d'appel.

« *Le fait qu'après l'annulation par une décision définitive de l'autorisation administrative de licenciement, l'employeur puisse reprendre la procédure de licenciement pour les mêmes faits et demander une nouvelle autorisation de licenciement est sans emport sur le caractère définitif de la décision d'annulation de la première décision d'autorisation* » et, par suite, sur le droit à indemnisation *(Cass. soc., 8 juill. 2020, n° 19-10.534, B., RJS 2020 n° 485)*. Il s'ensuit que le droit à réparation n'est pas remis en cause par la notification du licenciement prononcé en vertu d'une seconde autorisation postérieure à l'annulation contentieuse d'une première autorisation *(Cass. soc., 6 juin 1995, n° 90-45.176 et n° 90-45.245, Bull. V n° 178 : la réparation doit porter sur la période comprise entre les deux licenciements)*.

Le délai de prescription ne court qu'à compter de la date à laquelle l'annulation de l'autorisation est devenue définitive *(Cass. soc., 2 juill. 2003, n° 01-40.639 et n° 01-40.640, Bull. V n° 212, RJS 2003 n° 1193)*.

§ 4. LA MISE EN ŒUVRE

77.5.4. – L'indemnisation du préjudice matériel se traduit par le versement d'une indemnité compensatrice de la perte des salaires pour la période comprise entre le licenciement et la réintégration effective, ou la période écoulée entre le licenciement et l'expiration du délai de deux mois à compter de la notification de la décision qui emporte réintégration si celle-ci n'a pas été demandée. L'indemnité constitue un complément de salaire.

A. La période couverte par l'indemnisation

77.5.4.1. – Il convient de distinguer les hypothèses suivantes.

1. L'autorisation est annulée par le tribunal administratif qui n'est pas frappé d'appel

77.5.4.1.1. – La période d'indemnisation s'achève à l'expiration du délai de deux mois courant à compter de la notification du jugement du tribunal administratif.

2. L'autorisation est annulée par le tribunal administratif dont le jugement est confirmé par la cour administrative d'appel

77.5.4.1.2. – Dès lors que c'est le jugement du tribunal annulant l'autorisation qui ouvre droit à réintégration, sauf sursis à l'exécution de ce jugement *(cf. n° **75.3.5.4**)*, la période d'indemnisation s'achève à l'expiration du délai de deux mois courant à compter de la notification du jugement du tribunal administratif et non à compter de la notification de l'arrêt de la cour administrative d'appel rejetant l'appel formé par ce jugement *(Cass. soc., 17 sept. 2003, n° 01-41.656, Bull. V n° 238, RJS 2003 n° 1290 ; Cass. soc., 29 mars 2005, n° 03-43.573, Bull. V n° 104, RJS 2005 n° 650).*

3. L'autorisation est annulée par la cour administrative d'appel

77.5.4.1.3. – La période d'indemnisation s'achève à l'expiration du délai de deux mois courant à compter de la notification de la décision de la cour.

4. L'autorisation est annulée par le Conseil d'État

77.5.4.1.4. – La période d'indemnisation s'achève à l'expiration du délai de deux mois courant à compter de la notification de la décision du Conseil d'État.

5. L'autorisation est annulée par le tribunal administratif dont le jugement est annulé par la cour administrative d'appel mais confirmé par le Conseil d'État après annulation de l'arrêt de la cour administrative d'appel

77.5.4.1.5. – Il a été jugé que la période d'indemnisation s'achève dans ce cas à l'expiration du délai de deux mois courant à compter de la notification du jugement du tribunal administratif, aux motifs « *que la cour d'appel, ayant relevé que le tribunal administratif avait annulé l'autorisation de licenciement* ***par un jugement du 4 novembre 2004*** *notifié le même jour,* ***annulation devenue définitive après l'arrêt du Conseil d'État,*** *et ayant constaté que Mme S. n'avait pas demandé sa réintégration dans le délai de deux mois,* ***a exactement décidé que le préjudice à prendre en considération concernait la période s'achevant le 4 janvier 2005*** » *(Cass. soc., 3 mai 2016 n° 14-23.776, RJS 2016 n° 510).*

B. Les préjudices réparés

77.5.4.2. – Le préjudice indemnisé est celui réellement subi au cours de la période d'indemnisation *(Cass. ass. plén., 10 juill. 1992, n° 88-40.673, Bull. V n° 9)*. L'indemnisation comprend la réparation du préjudice matériel et du préjudice moral *(Cass. soc., 30 nov. 1994, n° 93-42.841, Bull. V n° 322, RJS 1995 n° 42).*

Elle inclut également la réparation du préjudice subi lié à la perte des avantages liés à l'emploi du salarié *(Cass. soc., 2 mars 2017, n° 15-25.273, RJS 2017 n° 351, jugeant que le salarié d'une compagnie aérienne est fondé à demander la réparation du préjudice subi du fait de la privation, pendant sa période d'éviction, des tarifs avantageux sur les prix des billets d'avion ; Cass. soc., 10 nov. 2021, n° 20-10.963, RJS 2022 n° 23 : avantage constitué par la prise en charge des frais de mutuelle lorsque cette prise en charge constitue un avantage en nature).*

L'indemnisation réparant le préjudice matériel est égale aux montants des salaires dus, diminués :

- des revenus d'activité professionnels perçus, et notamment des salaires versés par un autre employeur *(Cass. soc., 2 mai 2001, n° 98-46.342 et n° 99-43.356, Bull. V n° 148, RJS 2001 n° 894 ; Cass. soc., 13 nov. 2008, n° 07-41.331, Bull. V n° 223, RJS 2009 n° 195, JCP S 2009 n° 8-9 p. 42 note J.-Y. Kerbourc'h ; Cass. soc., 19 mai 2010 n° 08-45.321, RJS 2010 n° 609)* ;
- des indemnités journalières servies par la sécurité sociale *(Cass. soc., 19 mai 2010 n° 08-45.321, RJS 2010 n° 609)* ;
- des allocations chômage perçues *(Cass. soc., 28 oct. 2003, n° 01-40.762, Bull. V n° 263, RJS 2004 n° 91, Dr soc 2004 p. 117 obs. P.-Y. Verkindt, Rapport 2003 de la Cour de cassation, p. 339 ; Cass. soc., 19 oct. 2005, n° 02-46.173, Bull. V n° 293, RJS 2006 n° 38 ; Cass. soc., 13 nov. 2008, n° 07-41.331, Bull. V n° 223, précité).* L'action en restitution des allocations chômage relève d'une prescription de cinq ans ;
- des pensions de retraite servies *(Cass. soc., 26 sept. 2007, n° 05-42.599, Bull. V n° 140, RJS 2007 n° 130 ; Cass. soc., 27 mars 2012, n° 11-11.221, Bull. V n° 107, RJS 2012 n° 579 ; Cass. soc., 8 juill. 2020, n° 17-31.291, B., RJS 2020 n° 486 : la période d'indemnisation s'achève le jour précédant celui à compter duquel le salarié peut être mis à la retraite d'office)* ;
- des pensions d'invalidité indemnisant les pertes de gains professionnels et les incidences professionnelles de l'incapacité *(Cass. soc., 29 sept. 2014, n° 13-15.733, Bull. V n° 214, RJS 2014 n° 876).*

Eu égard à sa nature de complément de salaire, l'indemnité ouvre droit au paiement des congés payés afférents (*Cass. soc., 6 avr. 2016, n° 14-13.484, Bull. V n° 1232 ; Cass. soc., 1er déc. 2021, n° 19-25.715, B., RJS 2022, n° 82).*

L'indemnisation ne présente donc pas le caractère forfaitaire de l'indemnisation accordée au salarié dont le licenciement est intervenu sans autorisation *(Cass. soc., 24 juin 1998, n° 96-41.676, RJS 1998 n° 1019, cf. n°* ***73.5.3.2.2****)*.

Trois situations sont possibles qui sont examinées ci-après.

- le salarié est réintégré ;
- le salarié ne demande pas sa réintégration ;
- le salarié n'est pas réintégré en raison de l'opposition de l'employeur.

SECTION 6

Les indemnités dues au salarié réintégré

§ 1. LA RÉPARATION DU PRÉJUDICE SUBI PENDANT LA PÉRIODE COMPRISE ENTRE LE LICENCIEMENT ET LA RÉINTÉGRATION EFFECTIVE

77.6.1. – L'indemnisation comprend la réparation du préjudice matériel et du préjudice moral subi par le salarié au cours de la période qui s'est écoulée entre son licenciement et sa réintégration effective, s'il l'a demandée dans le délai de deux mois *(Cass. soc., 28 févr. 1989, n° 86-41.267, Bull. V n° 142 ; Cass. soc., 30 nov. 1994, n° 93-42.841, Bull. V n° 322, RJS 1995 n° 42 ; Cass. soc., 13 nov. 2008, n° 07-41.331, Bull. V n° 223 ; Cass. soc., 12 nov. 2015, n° 14-10.640, Bull. 2016, n° 839, RJS 2016 n° 46)*.

Cette indemnisation n'est pas réservée aux représentants du personnel en fonction lors de leur licenciement : elle est également applicable notamment aux salariés candidats à un mandat au moment de leur licenciement *(Cass. soc., 19 déc. 1990, n° 88-40.502, Bull. V n° 695, RJS n° 220)*.

En cas de refus de la part de l'employeur d'indemniser le salarié, il appartient à ce dernier de saisir le conseil de prud'hommes.

S'agissant des salariés dont l'emploi est soumis à la délivrance d'un agrément par l'autorité administrative *(en l'espèce, un employé de jeux croupier)*, alors même que l'annulation par le juge administratif de la décision de retrait d'agrément ne confère pas au salarié un nouvel agrément, l'employeur ne peut faire valoir cette circonstance pour s'opposer au versement de l'indemnité due jusqu'à la réintégration dès lors qu'il avait fait preuve d'inertie dans la transmission des informations nécessaires à la régularisation de la situation du salarié vis-à-vis de l'administration *(Cass. soc., 2 mai 2001, n° 98-46.342 et n° 99-43.356, Bull. V n° 148, RJS 2001 n° 894)*.

§ 2. L'INDEMNISATION ÉVENTUELLE D'AUTRES CHEFS DE PRÉJUDICE SUBIS

77.6.2. – La chambre sociale a jugé qu'était fondée la demande d'indemnisation du préjudice résultant de la perte d'une chance d'évolution de carrière, présentée par une salariée, déléguée syndicale et représentante syndicale au comité d'entreprise, qui n'avait pas été réintégrée dans un emploi de direction équivalant quant à l'étendue des responsabilités à l'emploi précédemment occupé, ce qui était de nature à affecter ses chances de promotion professionnelle *(Cass. soc., 13 nov. 2007, n° 05-45.358)*.

La chambre sociale a en revanche jugé que le salarié réintégré ne peut « *prétendre au paiement d'une indemnité pour licenciement sans cause réelle et sérieuse, en sus de l'indemnité prévue par l'article L. 2422-4 du Code du travail* » ni « *prétendre au paiement d'une indemnité équivalente à l'indemnité de licenciement* » en sus de la même indemnité *(Cass. soc., 12 nov. 2015 n° 14-10.640, Bull. 2016, n° 839, Soc., n° 463, RJS 2016 n° 46)*. Il a en outre été admis que l'employeur puisse demander le remboursement de l'indemnité de licenciement versée au salarié au moment de la rupture, si le salarié est effectivement réintégré, après l'annulation de l'autorisation de son licenciement *(Cass. soc., 1er févr. 2017 n° 15-20.739, RJS 2017 n° 277)*.

Dès lors que les dispositions fiscales frappant les revenus sont sans incidence sur les obligations des personnes responsables du dommage et le calcul de l'indemnisation de la victime, le salarié réintégré ne peut prétendre à des dommages-intérêts pour majoration d'impôt sur le revenu consécutif au versement de l'indemnité correspondant au préjudice, subi au cours de la période écoulée entre son licenciement et sa réintégration *(Cass. soc., 6 avr. 2022, n° 20-22.918, B., RJS 2022 n° 312)*.

SECTION 7

Les indemnités dues au salarié ne demandant pas sa réintégration

77.7. – Le salarié n'ayant pas demandé sa réintégration peut prétendre :

– à la réparation du préjudice subi pour la période courant à compter du prononcé du licenciement,
– le cas échéant, aux indemnités de rupture,
– le cas échéant, à des dommages-intérêts pour licenciement sans cause réelle et sérieuse.

§ 1. LA RÉPARATION DU PRÉJUDICE SUBI PENDANT LA PÉRIODE COMPRISE ENTRE LE LICENCIEMENT ET L'EXPIRATION DE LA PÉRIODE DE DEUX MOIS

77.7.1. – Cette période court à compter de la notification de la décision ou celle du jugement ou de l'arrêt annulant l'autorisation de licenciement *(cf. n° **77.5.4.1**)*.

Si le jugement du tribunal administratif annulant l'autorisation a été notifié le 12 décembre 1986, le préjudice subi s'entend de celui correspondant au temps qui s'est écoulé entre la signification du licenciement et le 12 février 1987, dès lors que le salarié n'a pas demandé sa réintégration *(Cass. soc., 15 déc. 1993, n° 89-45.530, RJS 1994 n° 54)*.

L'indemnité n'est due que si l'annulation de la décision d'autorisation est devenue définitive *(cf. n° **77.5.3**)*.

L'indemnité correspond à la totalité du préjudice subi au cours de la période qui s'est écoulée entre le licenciement et l'expiration du délai de deux mois à compter de la notification de la décision qui emporte réintégration *(Cass. soc., 24 mai 2006, n° 05-42.824 ; Cass. soc., 13 nov. 2008, n° 07-41.331, Bull. V n° 223, précité ; Cass. soc., 21 sept. 2011, n° 10-16.309, RJS 2011 n° 889 ; Cass. soc., 27 mars 2012, n° 11-11.221, Bull. V n° 107, RJS 2012 n° 579 ; Cass. soc., 11 oct. 2017, n° 16-14.529, B., RJS 2017 n° 810).* Il en est de même en cas d'annulation de la décision par laquelle l'administration s'est déclarée incompétente pour statuer sur une demande d'autorisation de mise à la retraite *(Cass. soc., 12 oct. 2005, n° 03-45.533, Bull. V n° 288, RJS 2006 n° 64).*

L'indemnité se cumule, le cas échéant avec les indemnités dues au salarié selon le droit commun en cas de licenciement, sans qu'il y ait lieu de déduire ces dernières *(Cass. soc., 5 déc. 2018 n° 17-26.325, RJS 2019 n° 113).*

Le départ à la retraite pendant la période d'indemnisation est sans incidence sur celle-ci *(Cass. soc., 26 sept. 2007, n° 05-42.599, Bull. V n° 140, RJS 2007 n° 1309).*

L'indemnité constitue une créance née de la rupture du contrat de travail et doit être garantie par l'AGS *(Cass. soc., 16 nov. 1999, n° 97-42.069, Bull. V n° 440).* Il en est de même en cas de liquidation judiciaire dès lors que le liquidateur avait manifesté l'intention de rompre le contrat de travail dans les 15 jours suivant le jugement de liquidation *(Cass. soc., 2 oct. 2002, n° 00-42.771, Dr ouvrier 2003 p. 297).*

§ 2. LES INDEMNITÉS DE RUPTURE

77.7.2. – Il convient de se reporter au n° **72.2.8**. Le juge judiciaire est en principe compétent pour apprécier si le salarié est en droit de bénéficier des indemnités de rupture.

§ 3. LES DOMMAGES-INTÉRÊTS POUR LICENCIEMENT SANS CAUSE RÉELLE ET SÉRIEUSE

A. La question de la compétence du juge judiciaire

77.7.3.1. – À la différence du salarié licencié en violation de son statut protecteur, le salarié dont l'autorisation de licenciement a été annulée n'a droit au paiement de l'indemnité prévue par l'article L. 1235-3 du Code du travail que s'il est établi que son licenciement était, au moment où il a été prononcé, dépourvu de cause réelle et sérieuse, ce qu'il appartient au juge judiciaire d'apprécier *(Cass. soc., 11 juin 2012, n° 12-40.024 QPC, Bull. V n° 174, RJS 2012 n° 724, pour un salarié licencié sur le fondement d'une autorisation administrative ultérieurement annulée pour un motif de légalité externe ; Cass. soc., 18 déc. 2013, n° 12-24.586, RJS 2014 n° 246 ; Cass. soc., 3 mai 2016, n° 14-23.776, RJS 2016 n° 510 ; Cass. soc., 3 mai 2016, n° 14-23.776, RJS 2016 n° 510 ; Cass. soc., 5 déc. 2018, n° 17-26.325, RJS 2019 n° 113).*

Cette appréciation est notamment tributaire de la cause juridique du motif d'annulation de la décision d'autorisation de licenciement *(Cass. soc., 4 juill. 2018, n° 16-26.138 et n° 16-26.860, B., RJS 2018 n° 619 ; obs. J. Mouly, « Salariés protégés et annulation de l'autorisation administrative de licenciement : précisions sur la notion de légalité externe et les pouvoirs du juge judiciaire pour apprécier la cause réelle et sérieuse », Dr. soc. 2018 p. 762)*. En effet, l'annulation de l'autorisation peut être prononcée pour un motif sans rapport avec le motif avancé par l'employeur à l'appui de sa demande *(Cass. soc., 4 juill. 2018, n° 16-26.138 et n° 16-26.860 : annulation de l'autorisation prononcée en raison de l'absence d'enquête contradictoire de l'inspecteur du travail)*.

Deux cas de figure doivent être distingués.

1. *Les motifs de l'annulation sont en rapport avec le motif avancé par l'employeur à l'appui de sa demande d'autorisation ou retiennent l'existence d'un lien entre celle-ci et le mandat du salarié*

77.7.3.1.1. – Les motifs de l'annulation – qui s'imposent au juge judiciaire en vertu de l'autorité de la chose décidée (annulation de l'autorisation par le ministère) ou de la chose jugée (annulation par la juridiction administrative) – peuvent impliquer que le licenciement soit jugé sans cause réelle et sérieuse.

Ainsi, il a été jugé que lorsque « *la décision du juge administratif se prononçant sur les faits fautifs invoqués par l'employeur ayant retenu que ces faits, soit n'étaient pas établis, soit ne justifiaient pas la mesure de licenciement, celle-ci s'oppose à ce que le juge judiciaire, appréciant les mêmes faits, décide qu'ils constituent une cause réelle et sérieuse de licenciement » (Cass. soc., 26 sept. 2007, n° 05-42.599, Bull. V n° 140, RJS 2007 n° 1309 ; cf. « Le licenciement pour motif disciplinaire des salariés protégés », L. Pécaut-Rivolier et Y. Struillou, Sem. soc. Lamy, 19 nov. 2007 n° 1329 ; JCP S 2007 n° 51-52, p. 43, note B. Bossu ; A. Morin, « La convergence des jurisprudences de la Cour de cassation et du Conseil d'État en droit du travail », Dr soc 2008, p. 546)*.

« L'arrêt [du 26 septembre 2007] rappelle que l'annulation de la décision administrative n'implique pas "en soi" l'absence de cause réelle et sérieuse de licenciement. Il juge que dans ce cas, lorsqu'il résulte de la décision du juge administratif soit que les faits ne sont pas établis, soit qu'ils ne justifiaient pas la mesure de licenciement, une telle décision s'oppose à ce que le juge judiciaire "appréciant les mêmes faits" décide qu'ils constituent une cause réelle et sérieuse. En effet le salarié protégé, eu égard aux exigences de son mandat ne peut être licencié que pour une faute d'une gravité suffisante. Si une telle faute de nature à justifier son licenciement n'existe pas de sorte qu'il ne peut être légalement autorisé, il parait difficile d'admettre que dans ce cas le juge judiciaire puisse néanmoins estimer que le licenciement repose sur une cause réelle et sérieuse eu égard

aux seules exigences du contrat de travail. Les exigences du mandat et du contrat se conjuguant nécessairement lors de l'appréciation du bien-fondé du licenciement. Cette solution permet d'assurer la cohérence du statut du salarié protégé et celle des décisions administratives et judiciaires » (Rapport 2007 de la Cour de cassation).

La même solution s'applique lorsque l'autorisation est annulée en raison du lien existant entre la procédure de licenciement et les fonctions représentatives exercées par le salarié *(Cass. soc., 30 juin 2016, n° 15-11.424, Bull. V n° 142, RJS 2016 n° 641, Dr soc 2016, p. 862, obs. J. Mouly, jugeant que « si l'absence de cause réelle et sérieuse ne résulte pas, en soi, de l'annulation de l'autorisation de licenciement, la décision du juge administratif qui annule l'autorisation en raison du lien existant entre la procédure de licenciement et les fonctions représentatives exercées par l'intéressé s'oppose à ce que le juge judiciaire considère que le licenciement repose sur une cause réelle et sérieuse »).*

De même, a été confirmé l'arrêt de la cour d'appel qui a déduit de l'irrégularité tenant à l'écoulement d'un délai excessif entre la mise à pied conservatoire et la saisine de l'administration, qui relève de la légalité interne de la décision d'autorisation, que le licenciement est dépourvu de cause réelle et sérieuse *(Cass. soc., 4 juill. 2018, n° 16-26.860, B., RJS 2018 n° 619, obs. J. Mouly, « Salariés protégés et annulation de l'autorisation administrative de licenciement : précisions sur la notion de légalité externe et les pouvoirs du juge judiciaire pour apprécier la cause réelle et sérieuse », Dr soc 2018, p. 762).*

2. *Les motifs de l'annulation sont sans rapport avec le motif avancé par l'employeur à l'appui de sa demande d'autorisation*

77.7.3.1.2. – Le juge doit alors apprécier si le licenciement repose ou non sur une cause réelle et sérieuse et ne peut conclure à l'absence de celle-ci du seul fait que l'autorisation a été annulée.

Ainsi, la chambre sociale a censuré une cour d'appel qui s'était estimée liée par la décision de la juridiction administrative annulant l'autorisation de licenciement pour condamner l'entreprise pour licenciement sans cause réelle et sérieuse « *alors que la cour administrative d'appel, qui avait seulement confirmé le jugement du tribunal administratif sur un motif de légalité externe tenant à l'absence d'enquête contradictoire par l'inspecteur du travail mais n'avait pas statué sur le motif selon lequel les faits reprochés au salarié ne comportaient pas un degré de gravité suffisant pour justifier son licenciement de sorte que ce dernier motif ne pouvait constituer le soutien nécessaire de sa décision* », d'où il suit que la cour d'appel aurait dû rechercher si le licenciement du salarié était justifié par une cause réelle et sérieuse *(Cass. soc., 4 juill. 2018, n° 16-26.138, Bull. V n° 137, RJS 2018 n° 619, obs. J. Mouly, « Salariés protégés et annulation de l'autorisation administrative de licenciement : précisions sur la notion de légalité externe et les pouvoirs du juge judiciaire pour apprécier la cause réelle et sérieuse », Dr. soc. 2018, p. 762).*

B. L'inapplicabilité du barème « Macron »

77.7.3.2. – À notre sens, le barème du montant de l'indemnité pour licenciement sans cause réelle et sérieuse instauré par l'ordonnance n° 2017-1387 du 22 septembre 2017 *(art. L. 1235-3 du Code du travail)* n'est pas applicable dès lors que :

- d'une part, le licenciement prononcé sur le fondement d'une autorisation ultérieurement annulée est jugé nul par la Cour de cassation *(cf. n°* ***77.1****)* et
- d'autre part, que l'article L. 1235-3-1 dispose que « *L'article L. 1235-3 n'est pas applicable lorsque le juge constate que le licenciement est entaché d'une des nullités prévues au deuxième alinéa du présent article. Dans ce cas, lorsque le salarié ne demande pas la poursuite de l'exécution de son contrat de travail ou que sa réintégration est impossible, le juge lui octroie une indemnité, à la charge de l'employeur, qui ne peut être inférieure aux salaires des six derniers mois* ». Au nombre des nullités mentionnée à l'article L. 1235-3-1 figure « *la violation d'une liberté fondamentale* », la notion de « *liberté fondamentale* » incluant le principe de participation reconnue par le 8e alinéa du Préambule de 1946 qui est le fondement constitutionnel du statut protecteur *(cf. n°* ***73.5.3.6****)*.

En tout état de cause, à notre sens, la mention à l'article L. 1235-3-1 comme étant au nombre des nullités du « *licenciement d'un salarié protégé (...) en raison de l'exercice de son mandat* » ne saurait être interprétée comme une volonté du législateur d'écarter le barème dans le seul cas où le licenciement serait en rapport avec le mandat du salarié, la jurisprudence administrative imposant d'ailleurs dans une telle situation à l'autorité administrative de refuser l'autorisation sollicitée *(cf. n°* ***73.5.3.6****)*.

C. Autres questions

77.7.3.3. – Il a été jugé que l'annulation de l'autorisation par le juge administratif est sans incidence sur le jugement, intervenu antérieurement, rejetant les demandes du salarié en paiement des dommages-intérêts pour licenciement sans cause réelle et sérieuse *(Cass. soc., 31 mars 1998, n° 95-41.062, Bull. V n° 187, RJS 1998 n° 611 : l'annulation de l'autorisation permet cependant au salarié de se prévaloir des dispositions prévues par la loi en cas d'annulation de l'autorisation)*.

La signature par le salarié d'un solde de tout compte, antérieurement à l'annulation de la décision autorisant son licenciement, ne fait pas obstacle à ce que l'intéressé saisisse le juge d'une demande de dommages-intérêts pour licenciement sans cause réelle et sérieuse dès lors que « *le droit invoqué n'était pas né lors de la signature de ce reçu » (Cass. soc., 29 oct. 1998, n° 96-42.964, RJS 1998 n° 1479).*

§ 4. L'EMPLOYEUR DÉBITEUR EN CAS DE TRANSFERT D'ENTREPRISE

77.7.4. – Il convient de distinguer deux hypothèses selon que le changement d'employeur est intervenu ou non dans le cadre de procédures collectives.

A. Le changement d'employeur en dehors des procédures collectives

77.7.4.1. – Aux termes de l'article L. 1224-2 du Code du travail, le nouvel employeur est « *tenu à l'égard des salariés dont les contrats de travail subsistent des obligations qui incombaient à l'ancien employeur à la date de la modification* ».

Se fondant sur ces dispositions, la chambre sociale a jugé que le salarié protégé, licencié après une autorisation administrative mais avant le changement d'employeur, pouvait réclamer réparation de l'ensemble du préjudice subi au nouvel employeur dès lors qu'à la date de l'annulation de la décision, celui-ci s'était substitué au précédent *(Cass. soc., 13 nov. 2001, n° 99-42.467)*.

B. Le changement d'employeur dans le cadre des procédures collectives

77.7.4.2. – Il est de règle générale, en application des dispositions de l'article L. 1224-2 du Code du travail, que lorsque la modification dans la situation juridique de l'employeur était intervenue dans le cadre d'une procédure collective, le nouvel employeur n'est pas tenu des obligations qui incombent à l'ancien employeur à la date du transfert *(Cass. soc., 23 sept. 2008, n° 07-41.615, RJS 2008 n° 1167)* et ne peut donc être tenu au paiement de dommages-intérêts dus au titre d'un manquement aux obligations nées du contrat de travail antérieur à cette modification *(Cass. soc., 2 févr. 2006, n° 04-40.474, Bull. V n° 54, RJS 2006 n° 532)*.

Par suite, il a été jugé que la demande en réparation devait être dirigée, en cas de reprise des actifs de la société prévue par un plan de cession arrêté dans le cadre d'une procédure de redressement judiciaire, contre l'ancien employeur et non contre la société ayant repris les actifs *(Cass. soc., 10 déc. 1996, n° 94-43.163, Bull. V n° 431, RJS 1997 n° 8)*.

L'indemnité allouée au salarié protégé, en cas d'annulation de l'autorisation administrative de licenciement, constitue une créance résultant de la rupture de son contrat de travail et est garantie par l'AGS lorsque les conditions prévues par le Code du travail sont réunies *(Cass. soc., 10 oct. 2007, n° 06-42.371)*.

SECTION 8

Les indemnités dues au salarié non réintégré en raison de l'opposition injustifiée de l'employeur

77.8. – Dans le cas d'une opposition injustifiée de l'employeur à la réintégration du salarié *(cf. n°* ***77.2.4.7*** *et* ***77.2.4.8****)*, celui-ci peut prétendre :

– à la réparation du préjudice subi pour la période courant à compter du prononcé du licenciement ;
– le cas échéant, aux indemnités de rupture ;
– le cas échéant, à des dommages-intérêts pour licenciement sans cause réelle et sérieuse.

§ 1. L'INDEMNITÉ RÉPARANT LE PRÉJUDICE SUBI À COMPTER DU PRONONCÉ DU LICENCIEMENT

77.8.1. – Les règles définies par la jurisprudence, dans les cas où le salarié a été licencié sans autorisation et plafonnant l'indemnisation compte tenu de la période de protection accordée aux représentants du personnel *(cf. n°* ***73.5.3.2.4****)*, ne s'appliquent pas *(Cass. soc., 30 nov. 2004, n° 01-44.739, Bull. V n° 309, RJS 2005 n° 177, D. 2005 p. 17, Rapport 2004 de la Cour de cassation, p. 250)*.

L'opposition de l'employeur à la réintégration, nonobstant l'ordonnance du juge des référés, fait obstacle à l'extinction du droit à réintégration du salarié et oblige l'employeur « *à réparation tant qu'il n'aura pas réintégré le salarié, c'est-à-dire, dans une situation extrême, jusqu'à l'âge de la retraite de ce salarié* » *(Rapport 2004 de la Cour de cassation, p. 251)*.

§ 2. LES INDEMNITÉS DE RUPTURE ET LES DOMMAGES-INTÉRÊTS POUR LICENCIEMENT SANS CAUSE RÉELLE ET SÉRIEUSE

77.8.2. – Il convient de se reporter au n° **72.2.7**. Toutefois, dans le cas où la non-réintégration est imputable à l'employeur, il est possible de se demander si l'absence de réintégration ne serait pas susceptible de priver, en tout état de cause, le licenciement de cause réelle et sérieuse, alors même qu'il aurait été initialement justifié, et d'ouvrir droit au salarié au versement de l'indemnité forfaitaire prévue en cas de méconnaissance du statut protecteur ainsi qu'au versement des indemnités de rupture *(commentaire B. Boubli dans Sem. soc. Lamy n° 978, 25.10.2000)*.

Si à la date de son décès, le salarié n'avait pas obtenu sa réintégration, postérieurement au jugement du tribunal administratif annulant l'autorisation, un droit à indemnisation est entré, à la date du décès, dans le patrimoine de son héritier ; la circonstance que la décision définitive du juge administratif soit intervenue postérieurement au décès a une incidence uniquement sur la date d'exigibilité du paiement de l'indemnité et non sur le droit à indemnisation *(Cass. soc., 2 févr. 2006, n° 05-41.811, Bull. V n° 61, RJS 2006 n° 474)*.

§ 3. L'EMPLOYEUR DÉBITEUR EN CAS DE CHANGEMENT D'EMPLOYEUR

77.8.3. – En cas de changement d'employeur et de refus du cessionnaire de réintégrer le salarié, ce dernier peut lui imputer la rupture du contrat de travail. Pour déterminer quel est l'employeur débiteur des indemnités, il convient de croiser plusieurs critères.

A. L'imputabilité de la rupture au cessionnaire ayant refusé de réintégrer le salarié

77.8.3.1. – En cas d'annulation de l'autorisation administrative, le licenciement est sans effet et le contrat de travail du salarié est regardé comme se poursuivant avec le cessionnaire à qui la demande de réintégration présentée par l'intéressé est opposable par l'effet de l'article L. 1224-1 du Code du travail. Dès lors, si le cessionnaire, qui est tenu de réintégrer le salarié, ne le fait pas, le salarié protégé peut lui imputer la rupture du contrat de travail *(Cass. soc., 26 févr. 2003, n° 01-41.482, Bull. V n° 68, RJS 2003, n° 574, obs. A. Mazeaud Dr soc 2003 p. 776)*. Le cessionnaire pourra donc être condamné à verser au salarié les indemnités de rupture *(indemnités de licenciement et de préavis)* et des dommages-intérêts pour licenciement sans cause réelle et sérieuse *(Cass. soc., 11 févr. 2003, n° 00-44.238, RJS 2004 n° 486)*.

B. L'indemnité correspondant au préjudice subi entre le licenciement et l'expiration du délai dans lequel doit être formée la demande de réintégration

77.8.3.2. – Elle est due par le cessionnaire dans son intégralité si le changement d'employeur est intervenu avant la date de notification du licenciement *(Cass. soc., 26 févr. 2003, n° 01-41.482, Bull. V n° 68, préc.)*.

CHAPITRE VIII

LES VOIES DE RECOURS OUVERTES AU SALARIÉ LICENCIÉ POUR LEQUEL L'AUTORISATION EST DEVENUE DÉFINITIVE

78. – Le salarié licencié sur le fondement d'une autorisation devenue définitive n'est pas dépourvu de voies de recours devant chacun des deux ordres de juridiction :

– **le juge civil** peut être saisi par le représentant du personnel licencié, en vue d'obtenir le versement des indemnités de rupture et, le cas échéant, du salaire afférant à la mise à pied.

L'attribution de dommages-intérêts pour licenciement sans cause réelle et sérieuse est en principe exclue *(cf. n°* ***78.2.1****)*. Cependant, si la contestation de la décision administrative apparaît sérieuse au juge judiciaire, ce dernier peut surseoir à statuer et transmettre la juridiction administrative une question préjudicielle *(cf. n°* ***72.1.2.1.1****)*.

Par ailleurs, le salarié peut demander au juge que soit ordonnée la remise de certains documents *(la lettre de licenciement dûment motivée, le certificat de travail, l'attestation ASSEDIC, le solde de tout compte)*.

Enfin, il peut solliciter l'octroi de dommages-intérêts pour différents chefs de préjudice, notamment en cas de non-respect de la priorité de réembauchage.

– **Le juge administratif** peut être saisi de conclusions indemnitaires tendant à ce que l'État soit condamné à réparer les préjudices subis en raison d'une autorisation de licenciement illégale. À l'appui de ses conclusions, le salarié devra, en premier lieu, invoquer des moyens de nature à établir l'illégalité de l'autorisation accordée *(cf. n°* ***82 et s.****)*.

SECTION 1
Le versement des indemnités de rupture

78.1. – Nonobstant la circonstance que l'administration, dans le cas d'un licenciement disciplinaire, a considéré que la faute était suffisamment grave pour justifier le licenciement, le juge demeure compétent pour apprécier si le salarié a droit ou non à ses indemnités de rupture *(cf. n° **72.2.8**)*.

L'employeur qui n'a pas invoqué la faute grave doit verser au salarié ses indemnités de rupture *(Cass. soc., 17 mars 1993, n° 90-43.909, Dr soc 1993 p. 462)*.

Le salarié dont le licenciement a été autorisé pour inaptitude peut demander au juge judiciaire de rechercher si celle-ci a ou non une origine professionnelle et, dans l'affirmative, obtenir le versement de l'indemnité spéciale de licenciement et d'une indemnité équivalente à l'indemnité compensatrice de préavis *(Cass. soc., 13 avr. 2023, n° 23-10.758, B., RJS n° 326)*.

Le salarié peut également obtenir le versement de différents éléments de rémunération *(salaires, heures supplémentaires, primes, etc.)* qui lui sont dus en application du contrat de travail *(Cass. soc. 17 mai 1972, n° 71-40.243, Bull. V n° 360, Dr soc 1972 p. 586 note J. Savatier, Dr ouvrier 1973 p. 207)*.

SECTION 2
Les demandes de paiement en dommages-intérêts

Plan de la section

§ 1. LES DOMMAGES-INTÉRÊTS POUR LICENCIEMENT SANS CAUSE RÉELLE ET SÉRIEUSE

78.2.1. – La chambre sociale juge de manière constante que le juge judiciaire « *ne peut, en l'état de l'autorisation administrative accordée à l'employeur de licencier ce salarié, et sans violer le principe de la séparation des pouvoirs, apprécier le caractère réel et sérieux du licenciement* ».

Toutefois, il doit vérifier que le motif du licenciement est bien celui pour lequel l'autorisation a été donnée.

A. L'incompétence du juge judiciaire pour apprécier la cause réelle et sérieuse de licenciement

1. Le principe

78.2.1.1.1. – « *Le juge judiciaire ne peut, en l'état de l'autorisation administrative accordée à l'employeur de licencier ce salarié, et sans violer le principe de la séparation des pouvoirs, apprécier le caractère réel et sérieux du licenciement* » *(Cass. soc., 25 avr. 1990, n° 87-44.069, Bull. V n° 189 ; Cass. soc., 21 sept. 1993, n° 90-46.083, Bull. V n° 219, RJS 1993 n° 1120 ; Cass. soc., 10 janv. 1995, n° 93-42.020, Bull. V n° 21, RJS 1995 n° 138, Dr soc févr. 1995 ; Cass. soc., 26 nov. 1996, n° 93-44.811, Bull. V n° 406, RJS 1996 n° 266 ; Cass. soc., 30 avr. 1997, n° 94-45.418, Bull. V n° 149, RJS 1997 n° 707 ; Cass. soc., 10 févr. 1999, n° 95-43.561, Bull. V n° 64 ; Cass. soc., 13 juill. 2004, n° 02-43.538, Bull. V n° 210, RJS 2004 n° 1068 ; Cass. soc., 7 juin 2005, n° 02-47.374 Bull. V n° 190 ; Cass. soc., 14 févr. 2007, n° 05-40.213, Bull. V n° 23, RJS 2007 n° 453 ; Cass. soc., 20 sept. 2018, n° 17-11.602, Bull. V n° 161, D. 2018. 1870 ; RJS 2018 n° 682 ; obs. J.-Y. Kerbourc'h, JCP S 2018.1382).*

Par suite, si l'autorisation de licenciement accordée par l'autorité administrative ne prive pas le salarié protégé du droit d'obtenir réparation des préjudices résultant, pour la période antérieure à son licenciement, des manquements de l'employeur à ses obligations *(cf. n°* ***78.2.2****)*, elle ne lui permet plus de contester pour ce motif la validité ou la cause de la rupture de son contrat de travail *(Cass. soc., 5 déc. 2012, n° 10-20.584, RJS 2013 n° 146)* et le juge ne peut donc pas condamner l'employeur à verser une indemnité pour licenciement sans cause réelle et sérieuse.

Toutefois, le juge judiciaire doit « *vérifier que le motif du licenciement est bien celui pour lequel l'autorisation a été donnée* » *(Cass. soc., 28 oct.*

2003, n° 01-46.168, RJS 2004 n° 77, Dr soc 2004, p. 219, obs. J. Mouly), ce qui est logique dès lors que le licenciement ne peut être prononcé que pour les faits ayant motivé l'autorisation administrative de licenciement. Si tel n'est pas le cas, le licenciement est nul et le salarié est en droit d'obtenir dès lors les dommages intérêts dus en cas de licenciement sans cause réelle et sérieuse. Si le licenciement est bien prononcé pour le motif exposé par l'employeur dans sa demande à l'autorité administrative dont l'autorisation n'avait pas été contestée, le juge judiciaire ne peut remettre en cause la validité du licenciement alors même que l'autorité administrative aurait accordé l'autorisation pour un autre motif *(Cass. soc., 27 janv. 2010, n° 08-45.355 : l'employeur avait saisi l'autorité administrative pour un motif personnel et l'inspecteur du travail avait autorisé en se fondant sur des éléments de nature économique)*.

En conséquence, si le juge est saisi d'une demande en indemnité pour licenciement sans cause réelle et sérieuse, il doit :

- soit, s'il estime que le bien-fondé de la décision est sérieusement contesté, surseoir à statuer *(Cass. soc., 14 mars 2007, n° 04-47.650, RJS 2007 n° 631)* et saisir de la question le tribunal administratif compétent *(cf. n° **72.1.2.1.1**)* ;
- soit, si la juridiction administrative a déjà été saisie, attendre sa décision. Si la juridiction administrative déclare l'autorisation illégale, il incombe alors au juge judiciaire de se prononcer sur l'existence d'une cause réelle et sérieuse de licenciement *(Cass. soc., 26 sept. 2007, n° 05-45.665, Bull. V n° 137)* ;
- soit, dans les autres cas, débouter le salarié de cette demande, en se bornant à examiner les questions relevant de sa compétence exclusive *(Cass. soc., 18 mars 1982, n° 80-40.198, Bull. V n° 190)*.

Doit être réservé le cas où le juge judiciaire peut trancher la question posée en se fondant sur une jurisprudence établie de la juridiction administrative *(cf.* n° ***72.1.2.2)***.

L'annulation de l'autorisation administrative par le juge administratif est sans incidence sur le jugement, intervenu antérieurement, rejetant les demandes du salarié en paiement des dommages-intérêts pour licenciement sans cause réelle et sérieuse *(Cass. soc., 31 mars 1998, n° 95-41.062, Bull. V n° 187, RJS 1998 n° 611 : l'annulation de l'autorisation permet cependant au salarié de se prévaloir des dispositions prévues par la loi en pareil cas)*.

2. *L'application du principe en cas de licenciement pour motif disciplinaire*

78.2.1.1.2. – L'incompétence de principe du juge judiciaire pour apprécier l'existence ou non d'une cause réelle et sérieuse tient à la circonstance qu'en cas de licenciement disciplinaire, par définition, la « *faute ayant un caractère de gravité suffisante* » constitue, pour le moins, une cause réelle et sérieuse de licenciement *(Cass. soc., 18 mars 1982, n° 80-40198, Bull.*

V n° 190 : « la cour d'appel a exactement relevé que lorsque la demande de licenciement d'un salarié protégé est motivée par un comportement fautif, l'autorisation administrative implique que la faute qui lui est reprochée est d'une gravité suffisante pour justifier son licenciement, compte tenu non seulement des exigences propres à l'exécution normale de son mandat mais aussi de l'ensemble des règles applicables à son contrat de travail, ce qui interdit que la faute soit discutée devant les tribunaux judiciaires » ; cf. également : Cass. soc., 3 oct. 1980, n° 79-40.265, Bull. V n° 707).

Toutefois, le principe selon lequel le juge judiciaire ne peut apprécier le caractère réel et sérieux du licenciement n'est pas absolu. Le salarié peut obtenir du juge le versement de dommages-intérêts pour licenciement sans cause réelle et sérieuse lorsqu'il a été mis à pied à titre conservatoire, que son employeur n'a invoqué dans la lettre de licenciement ni la faute grave, ni la faute lourde et qu'il s'est abstenu de verser le salaire correspondant à la période de mise à pied conservatoire *(Cass. soc., 3 févr. 2004, n° 01-45.989, RJS 2004 n° 409)*. Dans une telle hypothèse, le juge estime que le salarié a été sanctionné à deux reprises pour la même faute – par la mise à pied puis par le licenciement – et que, par voie de conséquence, celui-ci est dépourvu de cause réelle et sérieuse.

3. *L'application du principe en cas de licenciement pour motif économique*

78.2.1.1.3. – Un licenciement pour motif économique est dépourvu de cause réelle et sérieuse soit si le motif avancé par l'employeur ne répond pas aux conditions légales (*cf.* n° ***48.3.1 et s.***), soit si l'employeur n'a pas satisfait à son obligation de recherche de reclassement (*cf.* n° ***49.2.3***). Ces deux volets relèvent du contrôle de l'autorité administrative et, par suite, échappent à la compétence du juge judiciaire.

a) L'incompétence du juge judiciaire pour vérifier le caractère justifié du licenciement

78.2.1.1.3.1. – L'administration est regardée comme ayant apprécié la réalité du motif économique, ce qui fait obstacle à ce que le juge judiciaire vérifie à son tour la réalité et le sérieux du motif *(Cass. soc., 16 juin 1983, n° 81-40.797, Bull. V n° 338 ; Cass. soc., 26 nov. 1996, n° 93-44.811, Bull. V n° 406, RJS 1996 n° 266 ; Cass. soc., 22 janv. 2014, n° 12-22.546, Bull. V n° 32 ; Cass. soc., 20 sept. 2018, n° 17-11.602, Bull. V n° 161, D. 2018. 1870 ; RJS 2018 n° 682 ; obs. J.-Y. Kerbourc'h, JCP S 2018. 1382)*. Par suite, le juge judiciaire ne peut condamner l'employeur à verser des dommages-intérêts pour licenciement sans cause réelle et sérieuse alors même qu'il estimerait que la cessation d'activité ayant conduit au licenciement résulterait d'une légèreté blâmable de celui-ci *(Cass. soc., 20 sept. 2023, n° 22-13.494, B., RJS 2023, n° 655)*, mais il peut allouer des dommages-intérêts en raison de la faute commise le cas échéant par l'employeur *(cf. n° **78.2.7**)*.

Ainsi, le juge du contrat ne peut pas se déclarer compétent, en raison d'une fraude révélée postérieurement au licenciement, pour remettre en cause l'appréciation portée par l'inspecteur du travail sur le motif économique. Dans une telle situation, si la contestation de la décision administrative est sérieuse, il lui appartient de surseoir à statuer jusqu'à la réponse du juge administratif *(Cass. soc., 6 juill. 1994, n° 92-42.199).*

b) L'incompétence du juge judiciaire pour vérifier le respect par l'employeur de son obligation de reclassement à l'égard du salarié

78.2.1.1.3.2. – La chambre sociale a posé la règle selon laquelle le juge du fond ne peut condamner l'employeur à verser des dommages-intérêts au motif qu'il n'aurait pas satisfait à son obligation de reclassement légale ou conventionnelle, eu égard à l'impossibilité pour le juge judiciaire d'apprécier la cause réelle et sérieuse du licenciement ayant fait l'objet d'une autorisation *(Cass. soc., 25 nov. 1997, n° 94-45.185, Bull. V n° 399 ; Cass. soc., 23 juin 2009, n° 07-44.640, Bull. V n° 162, JCP 2009 n° 39 p. 29 note J.-Y. Kerbourc'h ; Cass. soc., 26 oct. 2010, n° 09-42.409, Bull. V n° 244, RJS 2011 n° 62 ; Cass. soc., 22 janv. 2014, n° 12-22.546, Bull. V n° 32, préc. ; Cass. soc., 27 mai 2015, n° 13-26.985, Bull. V n° 105, RJS 2015 n° 578).*

Il en a été jugé de même, s'agissant d'une demande relative à l'existence d'un co-employeur, dès lors que l'autorité administrative, dans sa décision d'autorisation devenue définitive, ne s'était pas prononcée sur l'existence d'une situation de co-emploi, alléguée par le salarié dans son recours hiérarchique *(Cass. soc., 30 sept. 2015, n° 13-27.872, Bull. V n° 207 ; sur le co-emploi, cf. n°* ***48.7.5.3****).*

4. *L'application du principe en cas de licenciement prononcé en période d'observation dans le cadre d'une procédure de redressement judiciaire*

78.2.1.1.4. – Le Conseil d'État a défini à la fois le champ du contrôle opéré par l'autorité administrative et, par suite, l'étendue du contrôle exercé par la juridiction administrative ainsi que la nature des moyens qui peuvent être utilement invoqués devant celle-ci *(CE, 3 juill. 2013, Société Elixens France, n° 361.066, Tables p. 866, RDT 2013. 551, concl. G. Dumortier, RJS 2013 n° 749).*

Le champ du contrôle exercé par l'autorité administrative est conditionné par les dispositions de l'article L. 631-17 du Code de commerce aux termes duquel : « *Lorsque des licenciements pour motif économique présentent un caractère urgent, inévitable et indispensable pendant la période d'observation, l'administrateur peut être autorisé par le juge-commissaire à procéder à ces licenciements (…).* » Il s'ensuit que dès lors qu'un licenciement a été autorisé par une ordonnance du juge-commissaire, « *ces éléments du motif de licenciement ne peuvent être contestés qu'en exerçant les voies de recours ouvertes contre cette ordonnance et ne peuvent être discutés devant l'administration » (CE, 3 juill. 2013, n° 361.066).*

Il en résulte que l'inspecteur du travail doit vérifier, outre le respect des exigences procédurales légales et des garanties conventionnelles, que :

- le licenciement n'est pas en lien avec le mandat du salarié ;
- la suppression du poste en cause est réelle et a été autorisée par le juge-commissaire ;
- l'employeur s'est acquitté de son obligation de reclassement ;
- aucun motif d'intérêt général ne s'oppose à ce que l'autorisation soit accordée.

La chambre sociale a déduit de cette jurisprudence que « *si, en l'état d'une autorisation administrative de licencier un salarié protégé accordée à l'employeur par l'inspecteur du travail, le juge judiciaire ne peut, sans violer le principe de la séparation des pouvoirs, se prononcer sur le caractère réel et sérieux de la cause de licenciement, il résulte de l'article L. 631-17 du Code de commerce que lorsqu'un licenciement a été autorisé par une ordonnance du juge-commissaire, le caractère économique du licenciement et la régularité de l'ordonnance du juge-commissaire ne peuvent être discutés devant l'administration. C'est dès lors à bon droit que la cour d'appel a retenu que le juge judiciaire était compétent pour apprécier la régularité de l'ordonnance du juge-commissaire » (Cass. soc., 23 mars 2016, n° 14-22.950, D. 2016. 701 ; obs. A. Fabre RDT 2016. 263 ; RJS 2016, n° 440).*

Le Conseil d'État a en outre précisé, à la suite de la décision « Société Elixens France » précitée que « *l'administration ne peut légalement autoriser le licenciement d'un salarié protégé demandé sur le fondement d'une autorisation délivrée par le juge-commissaire si la période d'observation a expiré à la date à laquelle l'employeur la saisit de sa demande » (CE, 12 juin 2019, Société Vitembal Tarascon, n° 410.987, mentionné aux Tables, RJS 2019 n° 580).*

5. *L'application en cas de licenciement autorisé en raison des incidences de la maladie*

78.2.1.1.5. – Si l'autorisation d'un licenciement d'un salarié protégé a été accordée par l'autorité administrative en raison de la nécessité de procéder à son remplacement définitif, le juge judiciaire ne peut, sans violer le principe de la séparation des pouvoirs, apprécier le caractère réel et sérieux du licenciement *(Cass. soc., 4 juill. 2007, n° 06-40.159).*

B. Les exceptions au principe

78.2.1.2. – Le juge judiciaire reste compétent pour apprécier l'existence d'une cause réelle et sérieuse et allouer en conséquence des dommages-intérêts :

- soit lorsque sur renvoi préjudiciel l'autorisation, bien que définitive, est déclarée illégale par la juridiction administrative,
- soit lorsque son illégalité doit être admise au regard d'une jurisprudence établie, rendant alors inutile « *le détour* » par la voie de la question préjudicielle.

1. La déclaration d'illégalité de l'autorisation sur renvoi préjudiciel

78.2.1.2.1. – Les dispositions de l'article L. 2422-4du Code travail relatives à la réparation du préjudice subi lorsque la décision autorisant le licenciement est annulée par une décision définitive *(cf. n° **77.5.3**)* ne sont pas applicables quand la décision administrative autorisant le licenciement, sur renvoi préjudiciel du juge judiciaire, est déclarée illégale par le juge administratif. En effet, à la différence de la décision juridictionnelle prononçant l'annulation pour excès de pouvoir d'une autorisation qui a pour effet de la faire disparaître rétroactivement, la décision d'autorisation reconnue illégale ne disparaît pas de l'ordonnancement juridique : la déclaration d'illégalité n'a aucun effet rétroactif et ne peut emporter, par elle-même, la nullité du licenciement.

Il appartient alors au juge judiciaire de :

- statuer sur la cause réelle et sérieuse de licenciement : en effet, si la déclaration d'illégalité n'est pas revêtue de l'autorité absolue de la chose jugée, qui s'attache à l'annulation pour excès de pouvoir elle s'impose au juge civil qui ne peut se fonder sur une décision reconnue illégale *(Cass. soc., 7 déc. 1993, n° 88-41.422, Bull. V n° 307)* ; par suite, la seule référence à l'autorisation de licenciement ne suffit plus à reconnaître la validité de ce dernier et le juge judiciaire retrouve donc sa pleine compétence pour statuer sur la cause réelle et sérieuse de licenciement *(Cass. soc., 26 sept. 2007, n° 05-45.665, Bull. V n° 137, RJS 2007 n° 1310 : en l'espèce, la lettre de licenciement faisait référence à la décision d'autorisation déclarée illégale et n'énonçait pas les motifs économiques du licenciement ; cf. « Le licenciement pour motif disciplinaire des salariés protégés », L. Pécaut-Rivolier et Y. Struillou, Sem. soc. Lamy, 19 nov. 2007 n° 1329 ; P. Waquet, « Représentants du personnel. Rôle respectif de l'administration et du juge judiciaire dans le contrôle des licenciements », Dr ouvrier 2008, p. 120 ; JCP S 2008 n° 3, p. 33, note J.-Y. Kerbourc'h ; Rapport 2007 de la Cour de cassation)* ;
- réparer le préjudice subi par le salarié, si l'illégalité de la décision d'autorisation est la conséquence d'une faute de l'employeur *(Cass. soc., 26 sept. 2007, n° 05-45.665, Bull. V n° 137, RJS 2007 n° 1310).*

2. *La déclaration d'illégalité par le juge judiciaire au regard d'une jurisprudence établie de la juridiction administrative*

78.2.1.2.2. – La jurisprudence du Tribunal des conflits ouvrant la faculté pour le juge judiciaire de juger illégale une décision administrative au vu d'une jurisprudence établie a été examiné au n° **72.2.1.2**.

La chambre sociale a fait application de cette jurisprudence dans la situation où le juge judiciaire a été saisi par des salariés protégés dont le licenciement a été autorisé à la suite de la mise en œuvre d'un plan de sauvegarde de l'emploi (PSE) validé ou homologué par une décision de l'administration ultérieurement annulée par le juge administratif : elle a jugé le 1er juin 2023 que « *Selon une jurisprudence constante du Conseil d'État (CE, 19 juillet 2017, n° 391849, publié au recueil Lebon) lorsque le licenciement pour motif économique d'un salarié protégé est inclus dans un licenciement collectif qui requiert l'élaboration d'un plan de sauvegarde de l'emploi, il appartient à l'inspecteur du travail saisi de la demande d'autorisation de ce licenciement, ou au ministre chargé du travail statuant sur recours hiérarchique, de s'assurer de l'existence, à la date à laquelle il statue sur cette demande, d'une décision de validation ou d'homologation du plan de sauvegarde de l'emploi, à défaut de laquelle l'autorisation de licenciement ne peut légalement être accordée. Il en résulte que l'annulation, pour excès de pouvoir, d'une décision de validation ou d'homologation d'un plan de sauvegarde de l'emploi entraîne, par voie de conséquence, l'illégalité des autorisations de licenciement accordées, à la suite de cette validation ou de cette homologation, pour l'opération concernée* » *(Cass. soc., 1er juin 2023, n° 21-22.857, B., RJS 2023 n° 462)*.

Elle en a déduit que le juge judiciaire est alors fondé à se prononcer sur la cause réelle et sérieuse de licenciement dès lors que les décisions d'autorisation de licenciement des salariés protégés étaient illégales en raison de l'annulation devenu définitive de la décision d'homologation du PSE. Dans cette situation, il appartient au juge judiciaire, après avoir statué sur la cause réelle et sérieuse de licenciement, de réparer le préjudice subi par le salarié, si l'illégalité de la décision d'autorisation est la conséquence d'une faute de l'employeur, les dispositions de l'article L. 2422-4 du Code du travail relatives à la réparation du préjudice subi par le salarié en cas d'annulation de la décision autorisant son licenciement *(cf. n°* ***77.5.1****)* n'étant pas applicables *(Cass. soc., 1er juin 2023, n° 21-22.857, B., RJS 2023 n° 462)*. Les effets quant à la réparation du préjudice subi par le salarié sont donc identiques à ceux s'attachant à la déclaration d'illégalité faite sur renvoi préjudiciel.

C. L'incompétence de principe du juge judiciaire pour apprécier la validité de la rupture conventionnelle

78.2.1.3. – Lorsque l'autorité administrative a autorisé la rupture conventionnelle du contrat de travail d'un salarié protégé, le juge judiciaire ne peut, sans violer le principe de séparation des pouvoirs, apprécier la validité de cette rupture, y compris si la contestation porte sur la validité du consentement du salarié *(Cass. soc., 26 mars 2014, n° 12-21.136, Bull. V n° 91, RJS 2014 n° 501 ; Cass. soc., 15 avr. 2015, n° 13-22.148, RJS 2015 n° 505 ; Cass. soc., 20 déc. 2017, n° 16-14.880, RJS 2018 n° 200).*

D. L'incompétence du juge judiciaire pour apprécier la validité du plan de sauvegarde de l'emploi (PSE) contesté par le salarié protégé *(pour les procédures de licenciement engagées après le 1er juillet 2013)*

78.2.1.4. – **Pour les procédures engagées avant le 1er juillet 2013**, la chambre sociale avait reconnu le droit pour le salarié protégé, dont le licenciement a été autorisé, de contester la validité du plan de sauvegarde de l'emploi devant la juridiction judiciaire « *sans que cette contestation, qui ne concerne pas le bien-fondé de la décision administrative ayant autorisé le licenciement, porte atteinte au principe de séparation des pouvoirs* » *(Cass. soc., 25 juin 2003, n° 01-43.717, Bull. V n° 207, RJS 2003 n° 1146, D. 2004, p. 179, obs. B. Reynès ; Cass. soc., 20 févr. 2014, n° 13-40.074 QPC, Bull. V n° 65).*

Pour les procédures de licenciement engagées à compter du 1er juillet 2013, le juge administratif est désormais seul compétent pour connaître les litiges relatifs à la validité du plan de sauvegarde de l'emploi *(L. n° 2013-504 du 14 juin 2013 relative à la sécurisation de l'emploi, art. 18-V ; C. trav., art. L. 1235-7-1 ; Cass. soc., 28 mars 2018, n° 15-21.372, Bull. V n° 46 ; Cass. soc., 21 nov. 2018, n° 17-16.766, B. ; Cass. soc., 25 mars 2020, n° 18-23.693, B.).*

Il a été également jugé par le Tribunal des conflits, par décision du 8 juin 2020, que seule l'administration, sous le contrôle du juge administratif, a compétence pour vérifier que l'employeur, notamment lors de la consultation des représentants du personnel dans le cadre de la consultation sur une réorganisation donnant lieu à l'élaboration d'un PSE, a correctement identifié et évalué les risques induits par le plan de sauvegarde de l'emploi en matière de santé et de sécurité et a défini de manière précise les mesures de prévention adéquates *(TC, 8 juin 2020, n° 4189, syndicat CGT Alstom Grid Villeurbanne, publié au Recueil ; cf. n° **47.8**).* Le Conseil d'État a pris en compte cette jurisprudence *(CE, 21 mars 2023, n° 450.012, Rec., RJS 2023 n° 250 : décision d'homologation d'un document unilatéral ; CE 19 déc. 2023, n° 458.434, Rec., RJS 2024 n° 86 : décision de validation d'un accord collectif).*

Le juge judiciaire demeure en revanche seul compétent pour les litiges relatifs aux risques qui ne seraient pas en rapport avec le projet de réorganisation ou ceux qui résulteraient de la mise en œuvre du plan de sauvegarde de l'emploi, de sa mauvaise exécution ou de l'inefficacité des mesures prévues *(concl. N. Polge sous le jugement du Tribunal des conflits ; Cass. soc., 14 nov. 2019, n° 18-13.887, B. ; Liaisons soc. n° 18083, 18 juin 2020 ; Sem. soc. Lamy, 15 juin 2020, n° 1912).*

§ 2. LES DOMMAGES-INTÉRÊTS POUR RÉPARER LES PRÉJUDICES RÉSULTANT DE FAUTES COMMISES PAR L'EMPLOYEUR PENDANT LA PÉRIODE ANTÉRIEURE AU LICENCIEMENT

78.2.2. – Le juge judiciaire reste compétent pour apprécier les fautes commises par l'employeur pendant la période antérieure au licenciement : « *Si le juge judiciaire ne peut, en l'état de l'autorisation administrative accordée à l'employeur de licencier un salarié protégé et, sans violer le principe de la séparation des pouvoirs, apprécier le caractère réel et sérieux du licenciement, il reste, cependant, compétent pour apprécier les fautes commises par l'employeur pendant la période antérieure au licenciement » (Cass. soc., 10 févr. 1999, n° 95-43.561 Bull. V n° 64, RJS 1999 n° 390 : en l'espèce, l'employeur avait, contre l'avis du médecin du travail, refusé de reprendre le salarié à mi-temps, et le juge du fond, qui avait constaté que ce refus était fondé sur l'état de santé du salarié et sur sa qualité de salarié protégé, avait condamné à bon droit l'employeur à payer au salarié une certaine somme à titre de dommages-intérêts en réparation du préjudice moral subi en conséquence de l'attitude discriminatoire).*

Cette jurisprudence repose sur des considérations partagées à la fois par la chambre sociale de la Cour de cassation et par le Conseil d'État :

- permettre au salarié d'obtenir réparation des préjudices subis pendant la période antérieure au licenciement sans qu'y fasse obstacle l'autorité s'attachant à la décision administrative devenue définitive ;
- éviter de créer des situations sans issue juridique si la reconnaissance par l'administration par exemple d'une discrimination syndicale dans la carrière faisait légalement et indéfiniment obstacle à une autorisation de licenciement alors que contrôle de l'administration est opéré non pas de manière générale mais sur le lien entre la procédure de licenciement elle-même et l'exercice normal des fonctions représentatives.

Les chefs de préjudice pouvant ouvrir droit à réparation sont les suivants.

A. En cas de harcèlement moral et/ou de discrimination syndicale

78.2.2.1. – Il a été jugé que « *si le juge judiciaire ne peut, en l'état de l'autorisation administrative accordée à l'employeur de licencier un salarié protégé, sans violer le principe de la séparation des pouvoirs, apprécier le caractère réel et sérieux du licenciement, il reste, cependant, compétent pour apprécier les fautes commises par l'employeur pendant la période antérieure au licenciement, et notamment l'existence d'une discrimination syndicale dans le déroulement de la carrière du salarié* » *(Cass. soc., 29 mai 2019, 17-23.028, B., RJS 2019 n° 474, obs. J. Mouly, Dr soc 2019 p. 784, obs. F. Guiomard, RDT 2019 p. 593).*

Il a été fait application de cette jurisprudence à plusieurs reprises dans les cas suivants :

– lorsque l'employeur a, contre l'avis du médecin du travail, refusé de reprendre un salarié dans le cadre d'un mi-temps thérapeutique, et que ce refus était fondé sur l'état de santé du salarié et sa qualité de salarié protégé *(Cass. soc., 10 févr. 1999, n° 95-43.561, Bull. V n° 64, D. 2000, Jurisp. S.C. n° 37, obs. B. Lardy-Pélissier)* ;

– quand « *le salarié s'était vu, deux mois après avoir été élu délégué du personnel, retirer sans justification les tâches essentielles inhérentes à l'exercice des fonctions de chef comptable qu'il occupait depuis plus de trente ans, tâches qui avaient été confiées à son adjoint, ce comportement [étant] à l'origine de la détérioration de son état de santé* » *(Cass. soc., 24 janv. 2006, n° 03-45.198 ; M. Miné, « Le droit face à la discrimination dans l'emploi », dans D. Charles, Le sida et le droit du travail, 1999, L'Atelier-VO Éd.)* ;

– si le salarié a fait l'objet de sanctions antérieures à la procédure de licenciement – l'appréciation de leur bien-fondé ne relevant pas de la compétence de l'autorité administrative –, il peut demander leur annulation et obtenir la reconnaissance d'un harcèlement moral en raison de leur caractère répété et injustifié *(Cass. soc., 1er juin 2023, n° 21-19.649, RJS 2023 n° 461).*

Si le juge estime que le salarié a été victime dans son déroulement de carrière d'une discrimination syndicale, il ne peut annuler pour ce motif le licenciement autorisé par l'administration – cette dernière étant réputée s'être assurée de l'absence de lien entre la procédure de licenciement et le mandat du salarié – il est en revanche compétent pour allouer à l'intéressé des dommages-intérêts pour réparer le préjudice subi *(Cass. soc., 17 janv. 2024, n° 22-20778, B., RJS 2024 n° 226)*. Le salarié, à ce titre, peut prétendre à un reclassement dans le coefficient de rémunération qu'il aurait atteint en l'absence de discrimination *(Cass. soc., 19 janv. 2022, n° 20-19.608, B., RJS 2022 n° 123).*

Le point de départ du délai de prescription de l'action en réparation du harcèlement moral ne peut être postérieur à la date de la cessation du contrat de travail, ce point de départ étant le jour où le salarié a connu ou aurait dû connaître les faits lui permettant d'exercer son droit de réparation *(Cass. soc., 19 avr. 2023, n° 21-24.051, B.)*.

B. En cas de licenciement pour inaptitude résultant d'un manquement de l'employeur à ses obligations

78.2.2.2. – L'administration est regardée comme ayant apprécié la réalité de l'inaptitude médicale *(TC, 17 déc. 2007, n° 3659, Collet c. / Polyclinique d'Essey-Lès-Nancy SA, RJS 2008 n° 452)* et le respect par l'employeur de son obligation de reclassement *(Cass. soc., 10 nov. 2009, n° 08-42.660, Bull. V n° 249, RJS 2010 n° 206 ; Cass. soc., 16 juin 2010, n° 09-42.354, RJS 2010 n° 794)*.

Pour éviter que le salarié dont l'inaptitude est constatée par l'administration ne se voie opposer l'autorité de la chose décidée ou jugée en cas d'autorisation, le Conseil d'État et la chambre sociale de la Cour de cassation ont ajusté leurs jurisprudences pour, s'agissant de l'inaptitude proprement dite, cantonner le contrôle de l'autorité administrative – et par voie de conséquence l'autorité de la chose décidée et celle de la chose jugée en cas de contentieux – au seul constat matériel de celle-ci de sorte que le salarié puisse obtenir devant le juge judiciaire réparation du préjudice subi si cette inaptitude est d'origine professionnelle et/ou est consécutive à une faute de l'employeur telle qu'un harcèlement.

Par suite, le juge judiciaire est compétent pour statuer, le cas échéant sur les demandes du salarié si ce dernier fait valoir les droits résultant de l'origine de l'inaptitude lorsqu'il l'attribue à un manquement de l'employeur, juger le licenciement nul et en tirer toutes les conséquences sur le plan indemnitaire *(CE, 20 nov. 2013, n° 340.591, Mme Capbern, Rec. p. 298, concl. G. Dumortier, Dr soc 2014.25, obs. C. Radé, Dr soc 2014.24 ; Cass. soc., 27 nov. 2013, n° 12-20.301, Bull. V n° 286 ; Cass. soc., 31 mars 2021, n° 19-23.306, RJS 2021 n° 323 ; Cass. soc., 15 juin 2022, n° 20-23.707, RJS 2022 n° 531 ; Cass. soc., 19 avr. 2023, n° 21-31.349, RJS 2023 n° 460, B. ; Cass. soc., 13 avr. 2023, n° 23-10.758, RJS n° 326, B. : manquement de l'employeur à son obligation de sécurité à l'origine de l'inaptitude, celle-ci ayant au moins partiellement pour origine un accident du travail justifiant la condamnation de l'employeur pour perte injustifiée de l'emploi)*.

En outre, dès lors qu'il appartient en toutes circonstances à l'autorité administrative de faire obstacle à un licenciement en rapport avec les fonctions représentatives normalement exercées par un salarié ou avec son appartenance syndicale, il a été jugé que « *même lorsque le salarié est atteint d'une inaptitude susceptible de justifier son licenciement, la circonstance que le licenciement envisagé est également en rapport avec les fonctions représentatives normalement exercées par l'intéressé ou avec son appartenance syndicale fait obstacle à ce que l'administration accorde l'autorisation sollicitée. Le fait que l'inaptitude du salarié résulte d'une dégradation de son état de santé, elle-même en lien direct avec des obstacles mis par l'employeur à l'exercice de ses fonctions représentatives est à cet égard de nature à révéler l'existence d'un tel rapport » (CE, 21 sept. 2016, n° 396.887, Plessis, Rec. p. 393, RJS 2016 n° 794, AJDA 2016, p. 1777 ; CE, 29 mai 2017, Société Financière Honoré, n° 393.280 ; CE, 8 déc. 2021, n° 428.118, RJS 2022 n° 81).* Sur cette question, il convient de se reporter au n° **15.12.1.2**.

Par ailleurs, le juge judiciaire est compétent pour apprécier si le salarié peut prétendre aux indemnités prévues par l'article L. 1226-14 du Code du travail en cas de refus d'un reclassement proposé à la suite d'un accident du travail *(Cass. soc., 20 févr. 2008, n° 06-44.867, Bull. V n° 40, RJS 2008 n° 540, F. Champeaux, « Le refus opposé par un salarié protégé aux reclassements proposés peut être jugé abusif », Sem. soc. Lamy, 3 mars 2008, n° 1343, p. 11).*

Dans un cas où il ressortait des motifs de l'autorisation administrative de licenciement que l'inaptitude du salarié était la conséquence exclusive du refus de l'employeur d'accepter dans l'entreprise une représentation du personnel et syndicale, la chambre sociale a jugé que la question de la légalité de cette décision, dont dépendait l'appréciation du bien-fondé des demandes du salarié, présentait un caractère sérieux imposant aux juges de la faire trancher par la juridiction administrative en lui posant une question préjudicielle *(Cass. soc., 12 juill. 2010, n° 08-44.642, Bull. V n° 170 : l'inspecteur du travail avait, en l'espèce, motivé sa décision en indiquant : « l'inaptitude non contestée à ce jour résulte d'une dégradation de l'état de santé du salarié, générée par le comportement hostile de la direction, induit par le refus de l'existence d'une représentation du personnel et en particulier d'une représentation syndicale…, cette hostilité à caractère discriminatoire s'est manifestée dès les premières démarches effectuées par l'intéressé en vue de doter l'entreprise d'institutions représentatives »).*

§ 3. LES DOMMAGES-INTÉRÊTS POUR NULLITÉ DU LICENCIEMENT PRONONCÉ PAR VOIE DE CONSÉQUENCE DE LA NULLITÉ DU PLAN DE SAUVEGARDE DE L'EMPLOI (PSE)

78.2.3. – En application des dispositions de la loi n° 2013-504 du 14 juin 2013, la contestation des décisions par lesquelles l'autorité administrative homologue ou valide un PSE relève du juge administratif *(cf. n° **22.13.2.2**)*. L'annulation, pour excès de pouvoir, de la décision de validation ou d'homologation du PSE entraîne, par voie de conséquence, l'illégalité des autorisations de licenciement accordées, à la suite de cette validation ou de cette homologation, pour l'opération concernée *(CE, 19 juill. 2017, n° 391.849, Rec. p. 250, AJDA 2017. 1531, RJS 2017 n° 686, cf. n° **47.4.2**)*.

Toutefois, si l'annulation de la décision de validation ou d'homologation est prononcée seulement en raison d'une insuffisance de motivation, l'autorité administrative prend une nouvelle décision suffisamment motivée dans un délai de 15 jours à compter de la notification du jugement à l'administration : dans ce cas, l'annulation pour le seul motif d'insuffisance de motivation de sa première décision est sans incidence sur la validité des licenciements *(C. trav., art. L. 1235-16)*.

§ 4. LES DOMMAGES-INTÉRÊTS DUS EN RÉPARATION DU PRÉJUDICE SUBI EN RAISON DE L'INSUFFISANCE DU PSE ÉTABLI PAR UNE ENTREPRISE SOUMISE À UNE PROCÉDURE COLLECTIVE

78.2.4. – Si le licenciement est intervenu dans le cadre d'une procédure collective, l'absence ou l'insuffisance du PSE n'entache pas de nullité le licenciement *(cf. n°* ***410.1.10.2*** *; C. trav., art. L. 1235-10, troisième alinéa)*. Dans ce cas, le salarié protégé a droit au versement d'une indemnité qui ne peut être inférieure aux salaires des six derniers mois *(C. trav., art. L.1233-58-II-7e al.)*.

§ 5. LES DOMMAGES-INTÉRÊTS EN CAS DE NON-RESPECT DES ENGAGEMENTS SOUSCRITS DANS LE CADRE DU PSE EN FAVEUR DU RECLASSEMENT EXTERNE

78.2.5. – Le non-respect de ces engagements est sans effet sur la cause réelle et sérieuse de licenciement. Le salarié peut demander réparation du préjudice subi qui en résulte et, à ce titre, mettre en cause un tiers qui s'est porté garant de l'exécution du PSE *(Cass. soc., 27 nov. 2007, n° 06-42.746, RJS 2008 n° 162)*.

§ 6. LES DOMMAGES-INTÉRÊTS EN CAS DE RUPTURE DU CONTRAT PAR LE CESSIONNAIRE

78.2.6. – Si le repreneur s'abstient de fournir du travail au salarié dont le transfert a été autorisé, cette situation constitue un trouble manifestement illicite que la juridiction des référés peut faire cesser en ordonnant la poursuite du contrat de travail sous astreinte *(Cass. soc., 7 juill. 2021, n° 19-26.126)*.

Il a été jugé que « *si le salarié licencié pour motif économique à l'occasion du transfert de l'entreprise peut demander au cédant réparation du préjudice que lui cause la perte de son emploi, c'est à la condition que le contrat de travail ne se soit pas poursuivi avec le cessionnaire* » et que « *sauf en cas de collusion frauduleuse, les modifications apportées par le cessionnaire aux contrats de travail des salariés passés à son service, à la suite du changement d'employeur, ne peuvent constituer un manquement du cédant à ses obligations* » *(Cass. soc., 13 mai 2009, n° 08-40.447, Bull V n° 127, RJS 2009 n° 612, obs. A. Mazeaud, Dr soc 2010 p. 125)*.

§ 7. LES DOMMAGES-INTÉRÊTS EN CAS DE COMPORTEMENT FRAUDULEUX DE L'EMPLOYEUR

78.2.7. – Le principe de la séparation des pouvoirs ne fait pas légalement obstacle à ce que le salarié dont le licenciement économique ou le transfert a été autorisé saisisse le juge judiciaire pour obtenir réparation des préjudices résultant du comportement frauduleux de l'employeur.

A. Les comportements frauduleux à l'origine de la cessation d'activité

78.2.7.1. – De manière générale, le juge judiciaire prend en compte des comportements fautifs de l'employeur ayant été à l'origine de la situation de l'entreprise. Ceux-ci doivent être distingués de simples erreurs dans l'appréciation du risque inhérent à tout choix de gestion *(Cass. soc., QPC, 17 mars 2021, n° 19-12.025, B., RJS 2021 n° 307 ; Cass. soc., 4 nov. 2020, n° 18-23.029, B., RJS 2021 n° 17 ; Cass. soc., 14 déc. 2005, n° 03-44.380, Bull. V n° 365, RJS 2006 n° 185)*, la chambre sociale étant « *vigilante à ce que, sous couvert d'un contrôle de la faute, les juges du fond n'exercent pas un contrôle sur les choix de gestion de l'employeur* » *(notice explicative de l'arrêt du 4 nov. 2020)*.

Est regardée comme constituant un comportement fautif de l'employeur « *une situation volontaire dans laquelle l'employeur s'était laissé dépouiller par pure complaisance d'une partie importante de son patrimoine et avait ainsi contribué en connaissance de cause à la création de la mauvaise situation financière apparue à l'époque du licenciement* » *(Cass. soc., 9 oct. 1991, pourvoi n° 89-41.705, Bull. 1991, V, n° 402)*, ou d'une fraude lorsque les difficultés ont été « *intentionnellement et artificiellement créées* » *(Soc., 12 janv. 1994, pourvoi n° 92-43.191)*.

Ont été reconnus comme à l'origine d'une cessation d'activité les comportements fautifs suivants :

- l'association agissant avec une légèreté blâmable « *cessionnaire d'une activité exercée dans des locaux nécessitant une mise aux normes* » et qui « *avait engagé les salariées après avoir accepté de faire son affaire de l'agrément de la commission de sécurité compétente sans avoir sur ce point la moindre garantie, puis avait fait preuve de carence à l'égard du propriétaire s'agissant des travaux nécessaires* » *(Cass. soc., 10 mai 2005 n° 03-40.620, RJS 2005 n° 720)* ;
- la cessation d'activité décidée « *de manière précipitée, à la demande de son principal associé et pour satisfaire aux seules exigences du groupe Crédit agricole Indosuez, sans que toutes les possibilités pouvant permettre le maintien de son activité et des emplois aient été recherchées malgré les bons résultats qu'elle avait réalisés et en dépit de la position favorable qu'elle occupait sur le marché* » *(Cass. soc., 28 oct. 2008, n° 07-41.894, RJS 2009 n° 24)* ;

– la décision de fermeture prise « *par le groupe, non pas pour sauvegarder sa compétitivité, mais afin de réaliser des économies et d'améliorer sa propre rentabilité, au détriment de la stabilité de l'emploi dans l'entreprise concernée* », laquelle « *ne connaissait pas de difficultés économiques, mais qu'elle obtenait au contraire de bons résultats* » *(Cass. soc., 1er février 2011, n° 10-30.045, Bull. V n° 42, RJS 2011 n° 305)* ;
– la carence fautive n'ayant pas permis d'obtenir les autorisations nécessaires à la poursuite de l'activité *(Cass. soc., 14 mars 2012, n° 10-28.413)*.

S'agissant de salariés non protégés, si le juge judiciaire reconnait l'existence d'une faute de l'employeur à l'origine du licenciement, les intéressés peuvent obtenir une indemnité pour licenciement sans cause réelle et sérieuse.

S'agissant des salariés protégés, « *la décision d'autorisation de licenciement prise par l'inspecteur du travail,* ***à qui il n'appartient pas de rechercher si la cessation d'activité est due à la faute de l'employeur****, ne fait pas obstacle à ce que le salarié, s'il s'y estime fondé, mette en cause devant les juridictions judiciaires compétentes la responsabilité de l'employeur en demandant réparation des préjudices que lui aurait causés une faute de l'employeur à l'origine de la cessation d'activité, y compris le préjudice résultant de la perte de son emploi* » *(Cass. soc., 25 nov. 2020, n° 18-13.771, B., RJS 2021 n° 102 : cessation d'activité d'une société placée en liquidation judiciaire ; Cass. soc., 29 juin 2022, n° 20-23.639, RJS 2022 n° 531)*.

Mais le juge judiciaire ne peut pas condamner l'employeur pour licenciement sans cause réelle et sérieuse dès lors que l'autorisation pour motif économique a été accordée par l'administration *(Cass. soc., 20 sept. 2023, B., RJS 2023, n° 655 ; cf. n°* ***48.7.5.2****)*. La position adoptée par la chambre sociale est cohérente avec celle du Conseil d'État qui juge que, en cas de cessation d'activité, il n'appartient pas à l'autorité administrative « *de rechercher si cette cessation d'activité est due à la faute ou à la légèreté blâmable de l'employeur, sans que sa décision fasse obstacle à ce que le salarié, s'il s'y estime fondé, mette en cause devant les juridictions compétentes la responsabilité de l'employeur en demandant réparation des préjudices que lui auraient causé cette faute ou légèreté blâmable dans l'exécution du contrat de travail* » *(CE, 8 avr. 2013, n° 348559, Rec., RJS 2013 n° 551 ; CE, 2 déc. 2014 , n° 473678, mentionné aux Tables)*.

B. Les comportements frauduleux en cas de transfert

78.2.7.2. – La fraude est caractérisée par :
– le recours par un artifice aux dispositions de l'article L. 1224-1 du Code du travail tel que la « *création artificielle d'une équipe de personnels spécialement affectée à l'activité cédée* » de sorte qu'il « *n'y*

avait pas eu transfert d'une entité économique autonome conservant son identité et dont l'activité avait été poursuivie sous une autre direction ce dont il résultait que les conditions d'application de l'article L. 122-12, alinéa 2, devenu l'article L. 1224-1 du Code travail, n'étaient pas réunies » *(Cass. soc., 3 mars 2009, n° 07-42647 : l'employeur s'était fondé sur ce prétendu transfert pour refuser de donner du travail à son salarié à compter de la date de la prétendue cession)* ;

– l'absence de la capacité de la société cessionnaire à poursuivre et renouveler l'activité de production *(Cass. soc., 21 oct. 2009, n° 08-41.673 : solution a contrario)* ;

– la connaissance par la société de « *tous les éléments pour apprécier le caractère irréaliste du plan de cession de l'entité économique autonome constituée par l'activité maintenance-réparation et qui, spécialement, savait dès avant la vente, que le maintien des relations contractuelles avec la société H., pourtant indispensable à la réalisation de ce plan, était définitivement compromis* », le juge du fond pouvant déduire de ces constations que « *la société avait recouru dans des conditions frauduleuses à la cession de cette activité et que les licenciements étaient nuls* », le cessionnaire ayant été placé en redressement quatorze mois après la cession puis en liquidation judiciaire ayant conduit au licenciement des salariés transférés *(Cass. soc., 19 mai 2016, n° 15-13.603)* ;

– la volonté d'une société de se séparer d'un service, « *le seul but de cette cession sans avenir [étant] d'éluder les règles relatives au licenciement économique, en sorte que la cession et les transferts des contrats de travail avaient été effectués en fraude aux droits des salariés* », les salariés étant alors fondés à saisir le juge pour obtenir la condamnation du cédant à leur verser des dommages-intérêts au motif tiré de la fraude aux dispositions de l'article L. 1224-1 sans que cette demande ne remette en cause le bien-fondé de l'autorisation administrative de transfert accordée par l'administration lors de la cession *(Cass. soc., 23 nov. 2022, n° 21-11.776, RJS 2023 n° 69, B. : en l'espèce, le cessionnaire fut placé en liquidation judiciaire, le liquidateur procédant au licenciement économique après autorisation de l'inspecteur du travail)*.

C. Les comportements frauduleux lors des procédures collectives

78.2.7.3. – La jurisprudence a également été appliquée dans les situations où des licenciements sont intervenus dans le cadre de procédures collectives dès lors que sont caractérisés des comportements jugés fautifs à l'origine des difficultés de l'entreprise *(Cass. soc., 8 juill. 2020, n° 18-26.140, B., RJS 2020 n° 465)*.

Il en a été jugé ainsi dans les situations caractérisées par :

– la « *création artificielle d'une équipe de personnels spécialement affectée à l'activité cédée* » *(Cass. soc., 3 mars 2009, n° 07-42647, cf. n°* ***78.2.7.2****)* ;
– « *une remontée de dividendes de la part des sociétés filiales françaises, dans des proportions manifestement anormales compte tenu des marges d'autofinancement nécessaires à ces sociétés exerçant une activité dans un domaine par nature cyclique, et alors que certaines d'entre elles étaient déjà en situation déficitaire et que d'autres avaient des besoins financiers pour se restructurer et s'adapter à de nouveaux marchés, (...) ces remontées importantes opérées par l'actionnaire, réduisant considérablement les fonds propres et les capacités d'autofinancement de ces sociétés filiales, [ayant] provoqué leurs difficultés financières et par voie de conséquence celles de la société K. dont l'activité était exclusivement orientée vers les filiales (...), les difficultés économiques invoquées à l'appui du licenciement [résultant] d'agissements fautifs de l'employeur, allant au-delà des seules erreurs de gestion* » *(Cass. soc., 24 mai 2018, n° 17-12.560, Bull. V n° 85, RJS 2018 n° 534).*

La caractérisation de la fraude ouvre droit à des dommages-intérêts mis à la charge du cédant alors même que le transfert des salariés a été autorisé par l'inspecteur du travail lors de la cession et que les licenciements ont été autorisés par le liquidateur et l'inspecteur du travail *(cf. n°* ***78.2.7.2*** *: Cass. soc., 23 nov. 2022, n° 21-11.776, RJS 2023 n° 69).*

S'agissant des salariés protégés, de manière générale, la Chambre sociale a posé la règle selon laquelle « *en l'absence de toute cession d'éléments d'actifs de la société en liquidation judiciaire à la date à laquelle l'inspecteur du travail a autorisé le licenciement d'un salarié protégé, il appartient à la juridiction judiciaire d'apprécier si la cession ultérieure d'éléments d'actifs autorisée par le juge-commissaire ne constitue pas la cession d'un ensemble d'éléments corporels et incorporels permettant l'exercice d'une activité qui poursuit un objectif propre, emportant de plein droit le transfert des contrats de travail des salariés affectés à cette entité économique autonome, conformément à l'article L. 1224-1 du Code du travail, et rendant sans effet le licenciement prononcé, sans que cette contestation, qui ne concerne pas le bien-fondé de la décision administrative ayant autorisé le licenciement d'un salarié protégé, porte atteinte au principe de la séparation des pouvoirs* » *(Cass. soc., 21 avr. 2022, n° 20-17.496, B.).*

§ 8. LES DOMMAGES-INTÉRÊTS POUR NON-RESPECT DE L'ORDRE DES LICENCIEMENTS

78.2.8. – Le non-respect de l'ordre des licenciements entraîne un préjudice pour le salarié protégé et celui-ci peut en obtenir réparation devant le juge judiciaire.

En effet, l'inobservation par l'employeur des règles relatives à l'ordre des licenciements « *constitue pour le salarié une illégalité qui entraîne pour celui-ci un préjudice pouvant aller jusqu'à la perte injustifiée de son emploi lequel doit être intégralement réparé, selon son étendue, par les juges du fond » (Cass. soc., 14 janv. 1997, n° 95-44.366, Bull. V n° 16 ; Rapport 1997 de la Cour de cassation, RJS 1997 n° 131, Dr ouvrier 1998 p. 357 ; Cass. soc., 25 sept 2002, n° 00-44.721 RJS 2002 n° 1383).*

Toutefois, l'inobservation des règles relatives à l'ordre des licenciements n'a pas pour effet de priver le licenciement de sa cause réelle et sérieuse *(Cass. soc. 20 janv. 1998, n° 96-40.930, Bull. V n° 20, Dr soc 1998 p. 290, obs. P. Waquet ; Cass. soc., 26 janv. 1999, n° 97-40.463, Bull. V n° 39, Dr soc 1999 p. 530 obs. J. Savatier ; Cass. soc., 12 mars 2003, n° 98-44.682, RJS 2003 n° 592).*

Le préjudice ne peut être indemnisé que si le juge est saisi d'une demande d'indemnisation à ce titre *(Cass. soc., 17 févr. 2016 n° 14-24.011, RJS 2016 n° 364).* L'existence d'un préjudice résultant de l'inobservation des règles relatives à l'ordre des licenciements et l'évaluation de celui-ci relèvent du pouvoir souverain d'appréciation des juges du fond *(Cass. soc., 26 févr. 2000, n° 17-18.138, B., RJS 2020 n° 238).*

Si le juge ne peut pas substituer son appréciation à celle portée par l'employeur sur les qualités professionnelles du salarié, en cas de litige, l'employeur doit produire les éléments objectifs sur lesquels il s'est appuyé pour arrêter son choix *(Cass. soc., 24 févr. 1993, n° 24 février 1993, 91-45.859, Bull. V n° 66, RJS 1993 n° 384 ; Cass. soc., 29 juin 1994, n° 92-44.756, Bull. V n° 217, RJS 1994 n° 973).* Le juge judiciaire doit vérifier que l'appréciation portée sur les aptitudes professionnelles du salarié ne procède pas d'une erreur manifeste ou d'un détournement de pouvoir *(Cass. soc., 24 sept. 2014, n° 12-16.991, Bull. V n° 201, RJS 2014 n° 844 : l'appréciation par l'employeur des qualités professionnelles de la salariée avait été faussée par sa volonté d'éviter le licenciement d'un salarié moins ancien, en raison du coût de ce licenciement pour l'entreprise ce qui caractérise un détournement de pouvoir ; Cass. soc., 22 sept. 2021, n° 19-23.679, B., RJS 2021 n° 650).*

Le non-respect du délai de dix jours dont dispose l'employeur pour communiquer, sur sa demande, au salarié les critères retenus est de nature à causer au salarié un préjudice que le juge doit réparer en fonction du préjudice subi *(Cass. soc., 12 déc. 2001, n° 00-41.057, RJS 2002 n° 159 ; Cass. soc., 24 juin 2003, n° 01-42.932, RJS 2003 n° 1143).* Il en est de même en cas de défaut de réponse *(Cass. soc., 24 sept. 2008, n° 07-42.200, Bull. V n° 178, RJS 2008 n° 1176, note J.-Y. Frouin RDT 2008 p. 739).*

Le cumul d'indemnités est possible.

Le salarié qui avait adhéré à une convention de conversion pouvait contester l'application qui avait été faite de l'ordre des licenciements *(Cass. soc., 17 juin 1997, n° 95-43.162, Bull. V n° 222 ; Cass. soc., 30 sept. 1997, n° 96-40.313, Bull. n° 293, Rapport 1997 de la Cour de cassation, Dr ouvrier 1998 p. 357).* Il en était de même du salarié qui avait adhéré à une « *convention de pré-retraite d'entreprise* » *(Cass. soc., 13 janv. 2008, n° 07-44.398, Bull. V n° 5, obs. G. Couturier, Dr soc 2009 p. 116).*

§ 9. LES DOMMAGES-INTÉRÊTS POUR NON-RESPECT DE LA PRIORITÉ DE RÉEMBAUCHAGE

78.2.9. – Le non-respect de la priorité de réembauchage entraîne un préjudice pour le salarié protégé et celui-ci peut en obtenir réparation devant le juge judiciaire *(Cass. soc., 23 juin 2009, n° 07-44.640, Bull. V n° 162, JCP 2009 n° 39 p. 29 note J.-Y. Kerbourc'h).* Le délai de prescription de l'action en réparation est de deux ans dès lors que cette contestation se rattache à l'exécution du contrat de travail, son point de départ étant la date à laquelle la priorité a cessé *(Cass. soc., 1er févr. 2023, n° 21-12.485, RJS 2023, n° 204, B.).*

A. La mise en œuvre de la priorité de réembauchage

78.2.9.1. – Cette priorité est prévue par le Code du travail en cas de licenciement pour motif économique *(art. L. 1233-45)* :

– l'employeur doit en faire mention dans la lettre de licenciement *(C. trav., art. L. 1233-42 : doivent être précisées la priorité elle-même et ses « conditions de mise en œuvre » : Cass. soc., 16 mai 2013, n° 11-28.83)* ;

– il avait été jugé que cette omission « *cause nécessairement* » un préjudice dont le juge doit accorder la réparation en ordonnant le versement d'une indemnité *(Cass. soc., 15 juin 2004, n° 02-40178, RJS 2004 n° 1026 : en l'espèce, la cour d'appel, censurée par la Cour de cassation, s'était fondée sur la circonstance qu'aucune embauche n'était susceptible d'intervenir pour rejeter la demande de réparation ; Cass. soc., 16 mars 2004, n° 02-40.633, RJS 2004 n° 529).* Par un arrêt du 30 janvier 2019, la chambre sociale a rompu avec cette jurisprudence en jugeant qu'il appartient au salarié de démontrer l'existence d'un préjudice distinct de celui résultant du licenciement *(Cass. soc., 30 janv. 2019, n° 17-27.796, RJS 2019 n° 211)* ;

– le salarié doit ensuite demander à bénéficier de cette priorité dans les conditions requises : la demande doit être adressée à l'employeur dans un délai d'un an à compter de la date de la rupture du contrat de travail ;

– l'employeur doit informer le salarié de tout emploi disponible et compatible avec sa qualification dès qu'il en a connaissance pendant un délai d'un an. Ce délai court à compter de la fin du préavis, que celui-ci soit exécuté ou non *(Cass. soc., 21 juill. 1993, n° 90-42.389 ; Cass. soc., 27 nov. 2001, n° 99-44.240 RJS 2002 n° 161, Dr soc 2002 p. 224 obs. J. Savatier ; Cass. soc., 28 févr. 2003, n° 03-47.860, RJS 2006 n° 710 : absence d'incidence d'une transaction ne comportant aucune référence à la priorité de réembauchage sur le point de départ).* En cas de congé de reclassement dont la durée excède celle du préavis, le délai court à compter de la fin du congé de reclassement *(Cass. soc., 11 déc. 2019, n° 18-18.653, B., RJS 2020 n° 90).*

B. La nature de l'obligation

1. *Le cadre juridique*

78.2.9.2.1. – La priorité de réembauchage s'apprécie dans le cadre de l'entreprise et ne se limite pas à l'établissement où était employé le salarié *(Cass. soc., 6 avr. 1994, n° 92-41.782, Bull. V n° 134, Dr soc 1994 p. 710).*

La priorité de réembauchage est également opposable au repreneur de l'entreprise *(Cass. soc., 26 févr. 1992, n° 88-43.891, Bull. V n° 128 RJS n° 412 ; Cass. soc., 20 juin 2002, n° 00-42.506, RJS 2002 n° 1102 ; Cass. soc., 5 févr. 2002, n° 99-46.345, Bull. V n° 52, Dr soc 2002 p. 561 obs. J. Savatier)* ou, dans le cas où le poste est commun, à l'ancien employeur et à une autre société *(Cass. soc., 10 juill. 2001, n° 99-43.024, Bull. V n° 253, RJS 2001 n° 1128).* Il en est ainsi y compris si le licenciement est antérieur à la cession et bien que la demande ait été présentée au cédant *(Cass. soc., 9 juill. 2008, n° 06-40.945, Bull. V n° 156, RJS 2008 n° 974, RDT 2008 p. 664 note P.-Y. Frouin).* Le salarié doit veiller, dans ce cas, en cas de non-respect de la priorité de réembauche par le repreneur, à demander l'indemnité prévue à l'article L. 1235-13 du Code du travail à l'encontre de ce dernier, et non à l'encontre de son ancien employeur *(Cass. soc., 16 nov. 2017, n° 16-15.205, RJS 2018 n° 113).*

2. *Le fait générateur de l'obligation*

78.2.9.2.2. – L'obligation ne joue que si l'employeur procède à des embauches : le salarié ne peut donc s'en prévaloir lorsque l'emploi a été pourvu en interne *(Cass. soc., 6 juill. 1999, n° 97-40.546, Bull. V n° 334, RJS 1999 n° 1113, Dr soc 1999 p. 996 obs. J. Savatier ; Cass. soc., 22 sept. 2009 n° 08-41.679, RJS 2010 n° 26).*

3. *La nature des recrutements*

78.2.9.2.3. – L'obligation pour l'employeur d'informer le salarié de tout emploi devenu disponible et compatible avec sa qualification ne vise pas uniquement les emplois pourvus par des contrats de travail à durée indéterminée *(Cass. soc., 26 janv. 1994, n° 92-43.839, Bull. V n° 31).* Elle n'est pas « *limitée à la création d'un emploi identique à celui occupé par le salarié au moment du licenciement* » *(Cass. soc., 6 avril 1994, n° 92-42.259, Dr soc 1994 p. 564).*

Elle doit jouer en cas de recrutements par :

– contrat à durée déterminée *(Cass. soc., 8 avr. 2009, n° 08-40.125, Bull. V n° 107, RJS 2009 n° 513)* ;

– ou par contrat d'intérim. Mais l'employeur ne peut être condamné du seul fait qu'il a réembauché son salarié par contrat d'intérim : le juge doit constater que d'autres emplois compatibles avec la qualification de la salariée étaient alors disponibles et ne lui avaient pas été proposés *(Cass. soc., 3 mars 2009, n° 07-42.434, RJS n° 419).*

Il a été jugé que l'employeur avait méconnu la priorité de réembauche en ayant :

– recouru à des stagiaires, pour un nombre d'heures correspondant à l'emploi de plusieurs salariés licenciés, en s'abstenant d'avertir les intéressés *(Cass. soc., 9 mars 2004, n° 02-41.883)* ;
– opéré deux recrutements dans l'année qui a suivi la rupture du contrat de travail de la salariée, sans l'en informer et sans justifier qu'ils n'étaient pas compatibles avec la qualification de la salariée licenciée *(Cass. soc., 12 sept. 2018, n° 17-14.257).*

Toutefois, l'employeur n'est pas tenu de proposer le remplacement temporaire de salariés en cours de congés payés *(Cass. soc., 17 juin 1992, n° 91-45.458, Bull. V n° 404)*, ni en congé maternité *(Cass. soc., 26 nov. 1997, n° 95-44.308 RJS 1998 n° 193)* ou maladie *(Cass. soc., 12 déc. 1995, n° 94-40.827, Bull. V n° 343).*

4. *La situation personnelle du salarié*

78.2.9.2.4. – La priorité demeure applicable même si le salarié a retrouvé un emploi *(Cass. soc., 26 janv. 1994, n° 92-43.839, Bull. V n° 31, RJS n° 238 ; Cass. soc., 5 mars 2002, n° 00-41.429, Bull. V n° 85, Dr soc 2002 p. 562, obs. J. Savatier).*

5. *Les emplois pour lesquels le salarié a demandé sa réintégration*

78.2.9.2.5. – L'obligation de l'employeur d'informer le salarié « *peut être limitée aux emplois pour lesquels le salarié a demandé sa réintégration* » *(Cass. soc., 29 mai 1991, n° 88-43.883, Bull. V n° 275, Dr soc 1991 p. 640).*

6. *La condition tenant à la qualification du salarié*

78.2.9.2.6. – Si le salarié a accompli les formalités exigées, l'employeur est tenu de lui proposer les emplois disponibles ou rendus vacants relevant de sa qualification. À défaut, il s'expose à être condamné dès lors « *qu'aucun problème de qualification spécifique n'aurait empêché (le salarié) d'occuper l'un des emplois qui s'étaient trouvés libres dans l'année qui a suivi son départ de l'entreprise* » *(Cass. soc., 3 juin 1981, n° 79-41.164, Bull. V n° 496 ; Cass. soc. 21 juill. 1993, n° 90-42.389, RJS n° 858).*

C. Les sanctions du non-respect de la priorité de réembauchage

78.2.9.3. – En vertu des dispositions de l'article L. 1235-13 du Code du travail, le juge condamne l'employeur qui méconnaît la priorité de réembauche à verser au salarié concerné une indemnité qui ne peut être inférieure à un mois de salaire.

Cette indemnité n'est pas due en cas de « *licenciement d'un salarié de moins de deux ans d'ancienneté dans l'entreprise* » ni en cas de « *licenciement opéré par un employeur employant habituellement moins de onze salariés* » *(C. trav., art. L. 1235-14).*

Pour rejeter la demande d'indemnisation présentée par le salarié pour non-respect de la priorité, le juge doit « *constater que ce poste n'était pas conforme à la demande du salarié ni compatible avec sa qualification* ».

La responsabilité de l'employeur a été retenue, dans la mesure où il avait connaissance de la vacance d'un poste avant le départ du salarié, bien que l'offre n'ait été diffusée qu'après l'expiration de la période d'application de la priorité *(Cass. soc., 6 avr. 1994, n° 92-42.108, RJS n° 535).*

Au-delà de l'octroi de dommages-intérêts, l'employeur pourrait, le cas échéant, être condamné, au pénal et au civil, pour discrimination à l'embauche envers un ancien représentant du personnel de son entreprise *(C. trav., art. L. 2141-5).* Le refus d'embauche, en raison des activités syndicales antérieures, pourrait également être déclaré nul sur le fondement de l'article L. 1132-1.

CHAPITRE IX

LES VOIES DE RECOURS OUVERTES AU SALARIÉ LICENCIÉ APRÈS L'EXPIRATION DE LA PÉRIODE DE PROTECTION

79. – Selon la chambre sociale le licenciement du salarié protégé peut intervenir postérieurement à l'expiration de la période de protection dans les conditions du droit commun *(pour une salariée protégée qui n'a pas été licenciée à la suite d'une décision ministérielle d'autorisation ultérieurement annulée par le juge administratif mais a été placée, avec son accord, en congé de conversion puis licenciée à l'issue de ce congé, n'étant plus alors protégée : Cass. soc., 17 mars 1993, n° 89-44.540, Bull. V n° 92 ; Cass. soc., 13 mai 2008, n° 06-42.806)*, l'employeur ayant alors recouvré le droit de licencier les intéressés sans autorisation administrative *(Cass. soc., 28 nov. 2007, n° 06-40.489, Bull. V n° 197, RJS 2008 n° 160, JCP S 2008 n° 14 p. 31, note J.-Y. Kerbourc'h ; « Représentants du personnel. Rôle respectif de l'administration et du juge judiciaire dans le contrôle des licenciements », Dr ouvrier 2008 p. 120)*.

Il y a lieu toutefois de prendre en compte les situations suivantes :

– l'absence d'incidence de l'expiration de la période de protection pendant la procédure de licenciement ;

– le licenciement intervenant pour les mêmes motifs que ceux présentés à l'appui d'une demande d'autorisation refusée par l'administration ;

– le licenciement intervenant à l'expiration de la période de protection en raison de faits commis pendant cette période et/ou à son issue ;

– le licenciement discriminatoire.

SECTION 1

L'absence d'incidence de l'expiration de la période de protection pendant la procédure de licenciement

79.1. – La chambre sociale jugeait que si la période de protection avait expiré avant que l'inspecteur ne rende sa décision : l'employeur « *retrouve le droit de licencier le salarié sans autorisation de l'autorité administrative, qui n'était plus compétente pour autoriser ou refuser* » *(Cass. soc., 13 mai 2008, n° 06-42.806 ; Cass. soc., 6 janv. 2016, n° 14-12.717, B. ; « Les licenciements prononcés à l'issue de la période de protection », obs. J. Mouly, p. 294 Dr soc 2016, RJS 2016 n° 193).* Cette jurisprudence, s'appuyant sur celle du Conseil d'État qui jugeait que l'inspecteur du travail était incompétent pour statuer sur une demande d'autorisation de licenciement si, à la date de sa décision, la période de protection avait expiré *(CE, 30 juin 1997, n° 169.269 et 169.417, Turlais, Rec. p. 1107, RJS 1997 n° 996).*

La Cour de cassation considère toutefois que l'employeur est tenu de demander l'autorisation de licenciement lorsque le salarié bénéficiait du statut protecteur à la date de l'envoi de la convocation à l'entretien préalable au licenciement, peu importe que le courrier de notification de celui-ci ait été envoyé postérieurement à l'expiration de la période de protection *(Cass. soc., 26 mars 2013, n° 11-27.964 et 11-27.996, Bull. V n° 83, RJS 2013 n° 468 ; Cass. soc., 18 déc. 2013, n° 12-23.745, RJS 2014 n° 243 ; Cass. soc., 23 oct. 2019, 18-16.057, B. ; cf. n°* ***13.1.2.3****).*

S'appuyant sur cette jurisprudence, le Conseil d'État, par une décision du 23 novembre 2016, a jugé que la qualité de salarié protégé, qui conditionne la compétence matérielle de l'administration pour se prononcer sur une demande d'autorisation de licenciement, doit être appréciée à la date d'envoi de la convocation à entretien préalable *(CE, 23 nov. 2016, n° 392.059, Thieulent, Rec. p. 517, concl. M. Vialettes Dr soc 2017 p. 65, RJS 2017 n° 129 ; cf. n°* ***13.1.2.2.1****).* Ainsi, la circonstance que la période légale de protection ait expiré à la date de la saisine de l'inspecteur du travail est sans incidence sur l'obligation de solliciter l'autorisation préalable de l'administration. De même si la période de protection expire avant que l'inspecteur du travail, ou, le cas échéant, le ministre ne se prononce sur la demande, l'employeur ne recouvre pas son pouvoir de licencier.

L'employeur est donc tenu de demander l'autorisation de licenciement lorsque le salarié bénéficie du statut protecteur à la date de l'envoi de la convocation à l'entretien préalable au licenciement et ne peut procéder au licenciement du salarié sans autorisation administrative. En revanche, si la date d'envoi de la convocation à l'entretien est postérieure à l'expiration de la période de protection, l'autorisation de l'administration n'est pas requise.

SECTION 2

Le licenciement intervenant à l'issue de la période de protection pour les mêmes motifs que ceux présentés à l'appui d'une demande d'autorisation refusée par l'administration

79.2. – La jurisprudence de la Cour de cassation a voulu éviter que l'employeur puise contourner le statut protecteur en prononçant le licenciement après l'expiration de la période de protection pour les mêmes motifs que ceux présentés à l'appui de la demande d'autorisation.

Il a ainsi été jugé que « *le licenciement, prononcé à l'expiration de la période légale de protection, ne pouvait légalement être motivé par les faits invoqués devant l'autorité administrative et qui avaient donné lieu à une décision de refus d'autorisation de licenciement* » et n'a pas de cause réelle et sérieuse *(Cass. soc., 19 déc. 1990, n° 88-43.526, Bull. V n° 685 ; Cass. soc., 26 janv. 1994, n° 92-41.978, Bull. V n° 27 ; Cass. soc., 3 juill. 2003, n° 00-44.625, Bull. V n° 213 ; Cass. soc., 9 juill. 2014, n° 13-16.434 et 13-16.805, Bull. V n° 186, RJS 2014 n° 793, Cass. soc., 23 sept 2015, n° 14-10.648, Bull. V, n° 836, obs. J. Mouly Dr soc 2015 p. 1031)*.

Était également dépourvu de cause réelle et sérieuse le licenciement d'un salarié protégé, intervenu après l'expiration de la période de protection, et reposant sur le même motif que celui invoqué à l'appui de la demande d'autorisation qui avait été rejetée par l'autorité administrative en raison de l'insuffisance des efforts de reclassement *(Cass. soc., 13 oct. 1993, n° 91-44.546, RJS n° 1118)*. En l'espèce, si l'employeur avait proposé un reclassement avant la notification du licenciement, le juge a néanmoins considéré que cette offre était tardive et portait sur un poste éloigné que la salariée ne pouvait accepter, ce que l'employeur n'ignorait pas. Cette jurisprudence a été confirmée dans un cas où l'autorité administrative avait refusé d'autoriser un licenciement économique en raison de l'insuffisance des propositions de reclassement et que l'employeur, après l'expiration de la période de protection, avait licencié le salarié sans avoir présenté de nouvelle proposition de reclassement *(Cass. soc., 11 juin 2008, n° 06-46.196 et n° 06-46.191)*.

Faisant évoluer sa jurisprudence, la Cour de cassation a retenu pour la première fois, dans son arrêt rendu le 9 juillet 2014, le principe de nullité d'un licenciement intervenu dans de telles conditions. En l'espèce, la sanction de nullité résultait, pour le juge judiciaire, du « *caractère discriminatoire du licenciement prononcé, après l'expiration de la période de protection, pour des motifs identiques à ceux qui avaient donné lieu à refus d'autorisation de l'inspecteur du travail en raison du lien entre le licenciement et le mandat détenu par le salarié* », ce qui caractérisait « *une atteinte à la liberté, garantie par la Constitution, qu'a tout homme de pouvoir défendre ses droits et ses intérêts par l'action syndicale* » *(Cass. soc., 9 juill. 2014, n° 13-16.434 et 13-16.805, Bull. V n° 186, RJS 2014 n° 793 ; Cass. soc., 26 juin 2024, n° 23-11.602 : en l'espèce, licenciement prononcé à l'expiration de la période légale de protection et motivé par un motif économique précédemment invoqué devant l'autorité administrative et qui a donné lieu à une décision de refus d'autorisation du licenciement, l'employeur « dans la lettre adressée au salarié après le refus de l'inspecteur du travail d'autoriser son licenciement, lui rappelait que la protection liée au mandat prendrait fin à l'expiration du délai de six mois et qu'alors, sous réserve de l'absence de possibilité de reclassement, elle se verrait contrainte de lui notifier son licenciement »).*

Lorsque, sur recours hiérarchique, l'autorisation de licencier un salarié protégé est refusée en raison d'une irrégularité de procédure, les motifs par lesquels l'autorité administrative porte une appréciation sur la matérialité des faits, leur gravité, et le lien entre la procédure de licenciement et les fonctions représentatives, ne sont pas le soutien nécessaire de la décision de refus. Ils ne peuvent dès lors être opposés au salarié qui conteste une nouvelle procédure de licenciement engagée à son encontre pour les mêmes faits, postérieurement à l'expiration de la période de la protection *(Cass. soc., 30 janv. 2013, n° 11-13.286, Bull. V n° 25, RJS 2013 n° 301).*

Constitue une rupture irrégulière et imputable à l'employeur l'affectation « temporaire » à la société cessionnaire d'un salarié dont le transfert a été refusé par l'autorité administrative, puis, à l'expiration de la période de protection, le transfert définitif imposé à l'intéressé *(Cass. soc., 31 mai 2011, n° 10-17.460, Bull. V n° 132, RJS 2011 n° 712).*

SECTION 3

Le licenciement intervenu à l'expiration de la période de protection en raison de faits commis pendant cette période et/ou à son issue

§ 1. L'ÉVOLUTION DE LA JURISPRUDENCE

79.3.1. – Dans un premier temps, la Cour de cassation avait entendu faire échec aux manœuvres de contournement par l'employeur de la protection en qualifiant le licenciement de *« malicieux »* ou frauduleux :

– lorsque le licenciement avait été décidé avant l'expiration de la période de protection, mais était intervenu postérieurement à celle-ci et n'avait été différé que pour faire échec aux dispositions légales (*Cass. soc., 6 déc. 1973 n° 72-40.776 Bull. V n° 635 ; Cass. soc., 14 avr. 1988, n° 85-40.563)* ;
– lorsque le licenciement avait été prononcé le jour même de la fin de la protection *(Cass. soc., 21 nov. 1962, Bull. n° 833)* ou le lendemain *(Cass. soc., 31 janv. 1962, Bull. n° 109 ; Cass. soc., 19 oct. 1990, n° 88-43.526, Bull. V n° 685, RJS n° 216).*

Dans un second temps, la Cour de cassation a posé le principe selon lequel « *le salarié protégé ne peut être licencié au terme de son mandat en raison de faits commis pendant la période de protection, qui auraient dû être soumis à l'inspecteur du travail* » *(Cass. soc., 23 nov. 2004, n° 01-46.234, Bull. V n° 295, RJS 2005 n° 172, D. 2005 p. 13 ; Cass. soc., 27 juin 2007, n° 06-40.399, RJS 2007 n° 1083 ; Cass. soc., 10 févr. 2010, n° 08-44.001, RJS 2010 n° 357 ; Cass. soc., 18 févr. 2016 n° 14-17.131, RJS 2016 n° 272)*. Par suite, le licenciement prononcé après l'expiration de la période de protection pour des faits commis pendant celle-ci, sans qu'une demande d'autorisation ait été présentée à l'inspecteur du travail, constitue une violation du statut protecteur et encourt de ce fait la nullité *(Cass. soc., 8 juin 2011, n° 10-11.933 et 10-13.663, Bull. V n° 143, RJS 2011 n° 655 ; Cass. soc., 22 sept. 2011, n° 10-14.883)* et le salarié est en droit de demander sa réintégration.

§ 2. LE LICENCIEMENT INTERVENU À L'EXPIRATION DE LA PÉRIODE DE PROTECTION EN RAISON EXCLUSIVEMENT DE FAITS COMMIS PENDANT CETTE PERIODE

79.3.2. – Dans ce cas de figure, en principe, le licenciement est nul sous réserve que l'employeur a bien eu connaissance de la réalité, de la nature et de l'ampleur du fait fautif commis pendant la période de protection avant le terme de celle-ci *(Cass. soc., 9 févr. 2012, n° 10-19.686, RJS 2012 n° 474 ; Cass. soc., 16 févr. 2022, n° 20-16.171, B., RJS 2022 n° 258 ; cf. n° **21.2.4.1**)*.

§ 3. LE LICENCIEMENT INTERVENU À L'EXPIRATION DE LA PÉRIODE DE PROTECTION EN RAISON DE FAITS COMMIS À LA FOIS PENDANT CETTE PÉRIODE ET À SON ISSUE

79.3.3. – Si le comportement fautif du salarié a persisté après l'expiration de la période de protection, le licenciement n'est pas regardé nécessairement comme intervenu en violation du statut protecteur *(Cass. soc., 16 févr. 2022, n° 20-16.171, B., RJS 2022 n° 258)*. Le licenciement peut avoir une cause réelle et sérieuse s'agissant de faits sur lesquels l'inspecteur du travail n'a pas eu à se prononcer *(Cass. soc., 25 sept. 2002, n° 00-42.544)*. Le juge judiciaire doit donc vérifier que les faits postérieurs à l'expiration de la période de protection constituent à **eux seuls** une cause réelle et sérieuse de licenciement *(Cass. soc., 3 juill. 2003, n° 00-44.625, Bull. V n° 213 ; Cass. soc., 31 janv. 2007, n° 06-41.087 ; Cass. soc., 18 févr. 2016, n° 14-17.131, RJS 2016 n° 272)*.

Il y a lieu toutefois de vérifier, si le moyen est soulevé, que la décision de licenciement n'a pas été prise avant l'expiration de la période de protection *(Cass. soc., 10 oct. 2012, n° 1-20.550 ; Cass. soc., 24 sept. 2008, n° 07-42.395, RJS 2008 n° 1210)*.

§ 4. LE LICENCIEMENT INTERVENU À L'EXPIRATION DE LA PÉRIODE DE PROTECTION EN RAISON DE FAITS COMMIS À SON ISSUE

A. Le principe

79.3.4.1. – En principe, l'employeur n'est pas tenu de solliciter l'autorisation administrative.

La jurisprudence conduit donc à distinguer les cas suivants :

Situation	Connaissance des faits	Incidence
Fait fautif commis pendant la période de protection	L'employeur en a eu une connaissance exacte pendant la période de protection	Violation du statut protecteur
	Décision de licenciement prise pendant la période de protection	
	L'employeur n'a eu une connaissance exacte que postérieurement	Absence de violation du statut protecteur
Comportement fautif pendant la période de protection et se poursuivant au-delà	-	Absence de violation si le nouveau fait constitue à lui seul une cause réelle et sérieuse de licenciement
Fait fautif survenu après l'expiration de la période de protection	-	Absence de violation du statut protecteur

B. L'application de la jurisprudence

79.3.4.2. – La jurisprudence conduit à distinguer les situations selon que le licenciement est frappé ou non de nullité.

1. Le licenciement nul

79.3.4.2.1. – Le licenciement intervenu après l'expiration de la période de protection a été regardé comme nul dans les hypothèses suivantes :

– l'employeur avait mis en disponibilité ses salariés pendant la période restant à courir jusqu'à la fin de leur période de protection, faisant ainsi échec à leur demande de réintégration, puis les avait licenciés à la suite de leur refus d'une modification de leur contrat de travail *(Cass. soc., 30 juin 2004, n° 02-41.686, Bull. V n° 185, RJS 2004 n° 1067, analyse M. Grévy Dr ouvrier 2005 p. 72)* ;

- le salarié avait été convoqué à un entretien préalable au licenciement le lendemain de l'expiration de la période de protection pour des faits d'absence prolongée datant de sa période de protection *(Cass. soc., 10 févr. 2010, n° 08-44.001 : la chambre sociale a confirmé l'arrêt de la cour d'appel ayant déclaré nul le licenciement et la transaction intervenue entre les parties à la suite)* ;
- l'employeur avait licencié le salarié sans l'autorisation de l'autorité administrative puis l'avait réintégré avant de le licencier à l'expiration de la période de protection *(Cass. soc., 13 sept. 2005, n° 02-45.184 : « l'employeur est contraint de réintégrer le salarié, licencié en violation de son statut protecteur, qui en fait la demande ; (...) le simple accomplissement de cette obligation ne fait pas disparaître le caractère illicite de la sanction prononcée qui ne peut être réitérée à l'issue de la période de protection, pour des faits commis pendant cette période dont la connaissance a été soustraite à l'inspecteur du travail »)* ;
- l'employeur avait convoqué le salarié à l'entretien préalable quelques jours après l'expiration de sa protection, puis l'avait licencié à raison de faits commis pendant cette période et dont il avait une connaissance exacte *(Cass. soc., 5 mars 2015, n° 13-26.667, RJS 2015 n° 350)* ;
- l'employeur avait convoqué le salarié à un entretien préalable au licenciement le surlendemain de l'expiration de la période de protection et pour des faits survenus uniquement durant cette dernière *(Cass. soc., 28 févr. 2018, n° 16-19.562, RJS 2018 n° 345)*.

2. *L'absence de nullité*

79.3.4.2.2. – En revanche, la nullité n'a pas été prononcée dans les cas suivants :

- le licenciement justifié par une absence intervenue après l'expiration de la période de protection *(Cass. soc., 31 janv. 2007, n° 06-41.087, note S. Béal JCP S 2006 n° 14 p. 36)* ;
- le placement du salarié, avec son accord, en congé de conversion alors même que l'autorisation de licenciement a été annulée *(Cass. soc., 17 mars 1993, n° 89-44.540, Bull. V n° 92)* ;
- les faits de falsification reprochés au salarié renouvelés à plusieurs reprises depuis l'expiration de la période de protection, sans qu'il soit établi que l'employeur avait connaissance de ce comportement avant celle-ci *(Cass. soc., 24 sept. 2008, n° 07-42.395, RJS 2008 n° 1210 ; Cass. soc., 9 févr. 2012, n° 10-19.686, RJS 2012 n° 474 : a fortiori lorsque l'employeur établit n'avoir eu une exacte connaissance des fautes commises par le salarié qu'à l'expiration de la protection)* ;

- le refus du salarié de remplir ses nouvelles fonctions s'étant poursuivi après la fin de la période de protection *(Cass. soc., 18 mars 2009, n° 08-40.378)* ;
- la persistance du salarié, après l'expiration de la période de protection, à faire preuve d'indiscipline et de résistance aux injonctions légitimes de l'employeur, ainsi qu'à le dénigrer auprès de ses adhérents alors qu'il n'était pas établi que l'employeur avait pris la décision de licencier pendant la période de protection *(Cass. soc., 10 oct. 2012, n° 11-20.550).*

SECTION 4
Le licenciement discriminatoire

79.4. – De manière plus générale, le juge civil peut faire application des dispositions de l'article L. 1132-1 du Code du travail dans le cas où le licenciement intervient postérieurement à l'expiration de la période de protection et présente un caractère discriminatoire en lien avec les activités syndicales antérieures *(cf. n°* ***412.7.1 et s.****).*

Il a été jugé que, dès lors que le salarié invoque la discrimination à raison de son activité syndicale, le juge doit appliquer l'article L. 1132-1, même s'il n'est pas spécialement invoqué et doit vérifier si la mesure litigieuse a été prise en considération de l'appartenance ou de l'activité syndicale *(Cass. soc., 4 déc. 2001, n° 99-43.231, RJS 2002 n° 197).*

Sur le fondement des dispositions de l'article L. 1132-4 du Code du travail, le juge peut prononcer la nullité du licenciement et ordonner la réintégration du salarié.

Le juge civil peut également, s'il est saisi de conclusions en ce sens, condamner l'entreprise à réparer le préjudice subi par le salarié qui aurait été victime, au cours de sa carrière professionnelle dans l'entreprise, d'une discrimination en raison de l'exercice de ses fonctions représentatives.

À ce titre, mérite d'être souligné le fait que l'une des premières décisions par laquelle la chambre sociale de la Cour de cassation a confirmé que le salarié, qui s'estime victime d'une discrimination liée à l'exercice de son mandat, n'a pas à supporter la charge de la preuve de celle-ci, ait concerné un représentant du personnel licencié à l'issue de la période de protection *(Cass. soc., 4 juill. 2000, n° 97-44.846, Bull. V n° 263, Dr soc 2000, p. 1152, RJS 2000 n° 1109).*

En outre, le non-respect des dispositions de l'article L. 2141-5 qui prohibent toute discrimination syndicale, expose l'employeur aux sanctions pénales prévues par l'article L. 2146-2. Le juge pénal peut condamner l'employeur à payer des dommages-intérêts aux parties civiles *(Cass. crim., 22 oct. 2002, n° 01-87.146, Dr ouvrier 2003 p. 446).*

Le salarié concerné peut également saisir directement le Défenseur des droits (*cf. n°* ***412.1.2.3.2.*** *et* ***412.7.3***).

Le juge judiciaire peut retenir comme élément de preuve les conclusions des investigations du Défenseur des droits *(CA Paris, 12 déc. 2007, n° 05/08756 : en l'espèce, il ressort des investigations de la HALDE que l'employeur avait fait pression sur le syndicat ayant mandaté le salarié pour que lui soit retiré son mandat, rendant ainsi possible son licenciement sans autorisation administrative).*

HUITIÈME PARTIE

LA MISE EN CAUSE DE LA RESPONSABILITÉ DE L'ÉTAT

CHAPITRE I

LA MISE EN CAUSE DE LA RESPONSABILITÉ DE L'ÉTAT PAR L'EMPLOYEUR

SECTION 1

Principes généraux

81.1. – Le Conseil d'État a reconnu la faculté pour l'employeur d'engager la responsabilité de l'État *(CE, 23 mars 1984, n° 41.064, Sté Gallice, Rec. p. 125, RFDA mai-juin 1984, p. 195).* Le juge administratif n'exige pas que l'administration ait commis une faute lourde : la responsabilité de l'administration est engagée dès lors qu'elle a commis une faute. Or, cette dernière est constituée par le seul fait que l'administration a pris une décision illégale : celle-ci est, en effet, toujours fautive *(CE, section, 26 janv. 1973, n° 84.768, Ville de Paris c./ Sieur Driancourt, Rec. p. 77 ; CE, 29 juin 1990, n° 78.088, ministre des Affaires sociales et de l'Emploi c./ Sté Groupe CERP, Rec. p. 193, AJDA, p. 844-847).* Cette responsabilité est susceptible d'être engagée quelle que soit la responsabilité encourue par l'employeur *(CE, 26 févr. 2001, Sté CPL Davoine, RJS 2001 n° 766).*

Toutefois, il ne suffit pas que la décision en cause soit illégale : il faut que l'illégalité fautive ait causé un préjudice matériellement établi.

L'examen de la mise en cause de la responsabilité de l'État par l'employeur est présenté selon qu'est en cause un refus illégal opposé par l'administration ou une autorisation de licenciement jugée illégale. Sont également étudiés le cas de partage de responsabilité et la mise en cause de la responsabilité personnelle de l'employeur.

SECTION 2
La responsabilité de l'État en raison de l'illégalité d'une décision refusant le licenciement d'un salarié protégé

81.2. – La mise en cause de la responsabilité de l'État est subordonnée au respect de plusieurs conditions.

§ 1. LA DÉCISION DE L'ADMINISTRATION DOIT ÊTRE ENTACHÉE D'ILLÉGALITÉ

81.2.1. – Dans le cas contraire, si la décision par laquelle l'administration refuse le licenciement du salarié protégé est regardée comme légale par le juge, elle n'est pas « *constitutive d'une faute susceptible d'engager la responsabilité de l'État* » *(CE, section, 6 janv. 1989, n° 84.757, Sté « Automobiles Citroën » c. / Ministre des Affaires sociales et de l'Emploi, Rec. p. 5, Dr soc 1989, p. 379-380, note Chelle et Prétot, RFDA 1989, p. 871, concl. T. Tuot ; CE, 16 juin 1995, n° 133.569, Sté d'intérêt collectif agricole bétail et viande de l'Amiénois).*

Le caractère illégal de la décision de refus peut avoir été reconnu :

– par l'administration elle-même, en procédant au retrait ou à l'annulation du refus d'autorisation ;
– par le juge administratif avant que ne soit engagée l'action en responsabilité.

Mais l'absence d'une décision administrative ou juridictionnelle d'annulation ne fait pas obstacle à une action en responsabilité ; il appartient, dans ce cas, à l'employeur d'invoquer à l'appui de ses conclusions indemnitaires des moyens mettant en cause la légalité de la décision de refus.

Si, en principe, une décision légale de refus ne saurait engager la responsabilité de l'État, une exception cependant semble possible : en cas de refus légal fondé exclusivement sur un motif d'intérêt général, l'entreprise pourrait engager la responsabilité de l'État, non pas sur le fondement de la faute, mais sur celui de la rupture de l'égalité devant les charges publiques *(CE, section, 28 oct. 1949, n° 93.433, Sté des ateliers du Cap Janet, Rec. p. 450 : entreprise s'étant vue opposer légalement un refus d'autorisation de licenciement de salariés non protégés).* Le préjudice doit être en rapport direct avec la décision prise et présenter un caractère spécial.

§ 2. L'ENTREPRISE DOIT AVOIR SUBI UN PRÉJUDICE IMPUTABLE À LA DÉCISION ILLÉGALE PRISE PAR L'ADMINISTRATION

81.2.2. – Il ne suffit pas que la décision prise par l'administration soit illégale : il faut en outre que cette décision ait créé un préjudice.

A. La matérialité du préjudice allégué

81.2.2.1. – La matérialité du préjudice doit être établie par l'employeur.

Dans le cas de figure où une décision de refus a été jugée définitivement illégale en raison d'une irrégularité de procédure, il appartient au juge de plein contentieux de « *rechercher, en forgeant sa conviction au vu de l'ensemble des pièces produites par les parties et, le cas échéant, en tenant compte du motif pour lequel le juge administratif a annulé cette décision, si la même décision aurait pu légalement être prise dans le cadre d'une procédure régulière* » *(CE, 21 juill. 2023, n° 457.196, Sté Lidl, Tables, RJS 2023, n° 590 ; CE, 4 nov. 2020, n° 428.198, mentionné aux Tables, RJS 2021 n° 100)*. Si tel est le cas, alors l'employeur ne peut alléguer avoir subi un préjudice imputable à la décision illégale dès lors que l'administration aurait pu légalement prendre une décision de refus.

Ce préjudice peut être constitué en cas de refus illégal par les salaires versés au salarié protégé, et les charges sociales y afférant, pour la période comprise entre le début du préavis, si le licenciement avait été autorisé à l'issue du délai dont disposait l'administration pour se prononcer, et le départ définitif du salarié *(CE, 29 juin 1990, n° 78.088, Ministre des Affaires sociales et de l'Emploi c. / Sté Groupe CERP, Rec. p. 193, AJDA, p. 844-847)*.

Toutefois, il a été jugé par la cour administrative d'appel de Nancy que le préjudice allégué par l'employeur, correspondant aux salaires et aux charges sociales afférentes pour la période comprise entre la date du refus illégal opposé par l'administration et la mise à la retraite du salarié, n'était pas établi « *dès lors que les sommes versées étaient la contrepartie du travail effectué par l'intéressé dans un emploi dont il n'est pas prétendu qu'il devait être supprimé* » *(CAA Nancy, 10 juill. 1990, 89NC00749, Sté française des Nouvelles Galeries réunies)*.

En revanche, constitue un préjudice le versement de salaires « *qui n'ont trouvé leur contrepartie dans aucun travail effectif* » *(CAA Bordeaux, 21 nov. 2002, n° 98BX01955, Ministre du Travail c. / Sté Sataforme)*.

B. L'appréciation du lien entre la faute commise par l'administration et le préjudice

81.2.2.2. – Le juge administratif recherche s'il existe un lien de causalité direct entre la faute commise par l'administration et la nature du préjudice invoqué par l'entreprise. En l'absence de ce lien, la responsabilité de l'État est écartée.

L'absence de lien de causalité direct entre le préjudice tiré du versement par un employeur de l'indemnité pour licenciement sans cause réelle et sérieuse et l'illégalité de l'autorisation administrative de licenciement ne peut se déduire du seul motif que la condamnation à payer cette indemnité trouve son fondement dans un jugement d'un conseil de prud'hommes constatant l'absence de cause réelle et sérieuse de ce licenciement, sans rechercher notamment si le conseil des prud'hommes a déduit cette absence de cause réelle et sérieuse des motifs de l'annulation de l'autorisation administrative par le juge administratif *(CE, 4 nov. 2020, n° 428.741, Tables p. 1038, RJS 2021 n° 100)*.

C. Le préjudice sans lien avec la faute commise par l'administration

81.2.2.3. – Le juge administratif a estimé qu'il n'y avait pas de lien direct suffisant entre la faute commise par l'administration et le préjudice subi dans les circonstances suivantes :

– lorsque l'entreprise avait licencié le salarié protégé pour une faute autre que celle qui avait motivé la demande de licenciement rejetée illégalement : les sommes versées à ce salarié, à titre de préavis et d'indemnité de licenciement, ne constituaient pas un préjudice résultant directement de la faute commise par l'administration et pouvant donner lieu à indemnisation par l'État *(CE, section, 6 janv. 1989, n° 84.757, Sté « Automobiles Citroën » c. / Ministre des Affaires sociales et de l'Emploi, Rec. p. 5, Dr soc 1989, p. 379-380)* ;

– lorsque l'entreprise licencie le salarié en dépit du refus opposé par l'administration : elle ne peut prétendre par la suite, en dépit de l'annulation de ce refus par le juge, à la réparation du préjudice subi du fait du paiement du salaire et des charges sociales y afférentes pour la période comprise entre le licenciement et sa réintégration dès lors que le préjudice subi n'était pas « *la conséquence directe de la faute commise par l'administration* » mais trouvait « *son origine dans la décision prise par la société de procéder au licenciement... malgré le refus d'autorisation* » *(CE, 23 mars 1984, n° 41.064, Sté Gallice, Rec. p. 125, RFDA mai-juin 1984 p. 195)* ;

– lorsque l'entreprise a versé une indemnité dans le cadre d'un accord transactionnel conclu avec le salarié *(CAA Bordeaux, 21 nov.2002, n° 98BX01955, Ministre du Travail c. / Sté Sataforme ; CE, 9 avr. 2010, n° 328.227, Villa ; CAA Lyon 26 juill. 2018 n° 16LY01754, SAS Zolpan Savoie c. / Ministère du Travail, RJS 2018 n° 618)*.

SECTION 3

La responsabilité de l'État en raison de l'illégalité d'une décision autorisant le licenciement d'un salarié protégé

81.3. – La mise en cause de la responsabilité de l'État par l'employeur à la suite de l'annulation d'une décision de refus jugée illégale constitue la situation la plus plausible.

Cependant, l'entreprise peut mettre en cause la responsabilité de l'administration dans le cas où une décision d'autorisation est annulée par le juge uniquement en raison d'une faute commise par l'administration *(absence d'enquête contradictoire, décision non motivée ou prise par un fonctionnaire incompétent)*. En effet, dans cette hypothèse, l'entreprise est tenue de verser une indemnité correspondant aux salaires que le salarié aurait perçus entre son licenciement et sa réintégration *(cf. n°* ***77.5 et s.****)*. Elle peut, par le mécanisme de l'action récursoire, se retourner contre l'État pour obtenir le remboursement des sommes versées à celui-ci. « *L'employeur est en droit d'obtenir la condamnation de l'État à réparer le préjudice direct et certain résultant pour lui de la décision illégale* » *(CE, 26 févr. 2001, n° 211.102, Sté CPL Davoine, Tables p. 1215, RJS 2001 n° 766)*.

Il a été jugé que :

– le versement des indemnités de préavis et de licenciement, qui résulte de l'application des dispositions légales et conventionnelles, est dépourvu de tout lien direct avec la faute commise par l'administration qui a illégalement autorisé le licenciement du salarié *(CE, 26 févr. 2001, n° 211.102, Sté CPL Davoine, Tables p. 1215, RJS 2001 n° 766)* ; il en a été jugé de même du versement, en exécution d'une condamnation prononcée par le juge judiciaire, des intérêts afférents à ces sommes et d'une somme au titre de l'article 700 du nouveau Code de procédure civile ;

– le versement au salarié d'une indemnité, en contrepartie de la renonciation par ce dernier à toutes les actions en justice entreprises à la suite de son licenciement, et notamment à sa demande de réintégration, ne trouvait pas son origine dans l'obligation légale de réparer le préjudice subi entre le licenciement et la réintégration consécutive à l'annulation contentieuse, et celle-ci ne s'opposait pas à ce que le chef d'entreprise présentât une nouvelle demande *(CAA Nancy, 17 nov. 1994, n° 93NC00284, Sté SMG, Rec. p. 1217)* ;

– le versement d'une indemnité transactionnelle accordée aux termes de celle-ci « *en réparation du préjudice subi du fait du licenciement et de sa non-réintégration* » ne constitue pas, par lui-même, un préjudice dont la réparation incombait à l'État *(CE, 26 févr. 2001, n° 211.102, Sté CPL Davoine, Tables p. 1215, RJS 2001 n° 766)* ;

– en application des principes généraux de la responsabilité de la puissance publique, il peut le cas échéant être tenu compte, pour déterminer l'étendue de la responsabilité de l'État à l'égard de l'employeur, au titre du versement par l'employeur au salarié de l'indemnité prévue par l'article L. 2422-4 du Code du travail, de la faute également commise par l'employeur en sollicitant la délivrance d'une telle autorisation mais une telle faute ne saurait néanmoins se déduire du seul fait que l'employeur avait pris acte devant le conseil des prud'hommes que l'autorisation était illégale pour un motif de fond, et qu'il n'entendait pas se pourvoir en cassation contre l'arrêt de la cour administrative d'appel *(CE, 4 nov. 2020, n° 428.741, mentionné aux Tables, RJS 2021 n° 100).*

Le juge du fond est fondé à exclure du préjudice indemnisable le montant de l'indemnité due, sur le fondement de l'article L. 2422-4 du Code du travail, au titre de la période comprise entre l'arrêt de la cour d'appel ordonnant la réintégration du salarié et la date à laquelle celui-ci a pris acte de la rupture de son contrat de travail à la suite du refus de son employeur de le réintégrer, « *cette partie du préjudice trouvait sa cause directe et exclusive dans la faute commise par l'employeur* » (*CE, 20 juin 2022, n° 438.885, mentionné aux Tables, RJS 2022 n° 530).*

SECTION 4

Le partage de responsabilité

81.4. – La faute de l'employeur est de nature à exonérer l'État de tout ou partie de sa responsabilité.

Il en a été jugé ainsi dans les cas suivants :

– l'autorisation accordée avait été annulée en raison de son caractère discriminatoire, que la faute commise par l'employeur, qui avait présenté l'autorisation de licenciement, était de nature à exonérer l'État de la moitié de sa responsabilité *(CAA Nancy, 9 oct. 1990, n° 89NC00751, SA Davoine, Tables p. 1018)* ;

– l'autorisation accordée avait été annulée au motif que le licenciement n'était pas justifié compte tenu de l'insuffisante gravité des faits reprochés à l'intéressé, que « *l'employeur a lui-même commis une faute qui, en l'espèce, est de nature à exonérer l'État de la moitié de la responsabilité encourue* » *(CAA Lyon 26 juill. 2018 n° 16LY01754, SAS Zolpan Savoie c. / Ministère du Travail, RJS 2018 n° 618)* ;

– l'autorisation avait été annulée au motif tiré de ce que la convocation à l'entretien préalable ne mentionnait pas la faculté pour le salarié de se faire assister par un conseiller du salarié, l'entreprise étant dépourvue de représentant du personnel *(CE, 20 juin 2022, n° 438.885, mentionné aux Tables, RJS 2022 n° 530).*

SECTION 5
La mise en cause de la responsabilité personnelle de l'inspecteur du travail

81.5. – L'inspecteur du travail, comme tout fonctionnaire, peut voir sa propre responsabilité engagée s'il commet une faute personnelle. En effet, un agent public, y compris dans l'exercice de ses fonctions, peut commettre des fautes qui, en raison de leur particulière gravité, révèlent un comportement personnalisé et sont qualifiées à ce titre de personnelles. Il en est ainsi si le fonctionnaire s'est livré à des excès de comportement ou a été animé, pendant son service, par des préoccupations d'ordre privé *(malveillance, volonté de nuire, partialité)* ou enfin s'il a commis une faute d'une indiscutable gravité *(a contrario décision de la section du contentieux du Conseil d'État, 6 janv. 1989, n° 84.757, Sté « Automobiles Citroën » c. / Ministre des Affaires sociales et de l'Emploi, Rec. p. 5, Dr soc 1989, p. 379-380, note D. Chelle et X. Prétot, RFDA 1989, p. 871, concl. T. Tuot).*

CHAPITRE II

LA MISE EN CAUSE DE LA RESPONSABILITÉ DE L'ÉTAT PAR LE SALARIÉ

82. – Une action en responsabilité peut être engagée par le salarié :

– à l'issue d'un recours administratif ou contentieux ayant débouché sur l'annulation de la décision d'autorisation ;

– en l'absence de décision de l'administration ou du juge de l'excès de pouvoir annulant l'autorisation de licenciement ; dans cette hypothèse, il appartient au salarié, à l'appui de ses conclusions indemnitaires, d'invoquer des moyens relatifs à l'illégalité de la décision autorisant son licenciement *(pour un exemple : CAA Paris, 30 juin 2003, n° 99PA04261, Frentzel : en l'espèce, le recours en annulation avait été rejeté comme tardif)* ;

– alors même que les recours aux fins d'annulation de la décision administrative autorisant le licenciement ont été rejetés au fond *(pour un exemple : CAA Marseille, n° 98MA00719, 17 oct. 2002, Vallar)*. Cependant, dans cette hypothèse, il est fort probable que les conclusions aux fins d'indemnisation seront rejetées.

SECTION 1

Les questions juridiques posées par la mise en cause de la responsabilité de l'État par le salarié

§ 1. LE PRINCIPE DE LA RESPONSABILITÉ DE L'ÉTAT

82.1.1. – Si un salarié protégé a été licencié à la suite d'une autorisation accordée par l'administration reconnue illégale par l'administration ou jugée illégale par le juge administratif, il a subi un préjudice et l'administration a commis une faute. La question qui se pose est celle du lien de causalité entre cette faute et le préjudice : ce lien peut-il être regardé comme suffisamment direct alors que, entre la décision administrative et la rupture du contrat de travail, s'intercale un acte de droit privé, la notification du licenciement par l'employeur ?

Dans le cadre de sa jurisprudence relative au licenciement pour motif économique des salariés non protégés, le Conseil d'État avait admis que la responsabilité de l'État pouvait être engagée par un salarié licencié, à la suite d'une d'autorisation administrative illégale *(CE, assemblée, 2 juill. 1982, n° 32.186, Encoignard, Rec. p. 265, concl. Biancarelli, Dr soc 1982, p. 767-773)*. Dans ses conclusions, le commissaire du gouvernement estimait qu'il existait « *de fait... un lien de causalité très fort entre l'autorisation administrative et la décision de l'employeur de procéder au licenciement* ». L'autorisation administrative est la cause du dommage car, au moment où elle a été prise par l'administration, « *elle portait normalement en elle le dommage* ». Par sa décision du 9 juin 1995, le Conseil d'État a transposé ce raisonnement au contentieux de la protection et a reconnu le droit au salarié protégé « *d'obtenir la condamnation de l'État à réparer le préjudice direct et certain résultant pour lui de la décision illégale* » *(CE, section, 9 juin 1995, n° 90.504, Lesprit, Rec. p. 239, RJS 1995 n° 797, concl. J. Arrighi, RJS 1995, p. 498-500)*. Le Conseil d'État a repris le raisonnement qu'il avait adopté en 1982 : il existe un lien suffisamment direct entre l'autorisation administrative et le préjudice causé au salarié par son licenciement.

À la différence, cependant, du contentieux des licenciements économiques des salariés non protégés, la responsabilité de l'État peut être engagée pour une faute simple, c'est-à-dire dès lors que la décision prise par l'administration est illégale, quel que soit le motif de la demande d'autorisation.

La décision du Conseil d'État lue le 9 juin 1995 se rapporte à une autorisation de licenciement antérieure à l'entrée en vigueur des dispositions de la loi du 28 octobre 1982, qui prévoient que, lorsque l'annulation de la décision est devenue définitive, le salarié a droit au paiement « *d'une indemnité correspondant à la totalité du préjudice subi...* » *(cf. n°* ***77.5 et s.****)*.

Ces dispositions ont-elles pour effet de remettre en cause la jurisprudence du Conseil d'État en imposant à l'employeur de réparer l'intégralité du préjudice ? Il n'en est rien : en effet, la Haute Assemblée a eu soin de préciser par sa décision du 9 juin 1995 que le salarié était en droit d'obtenir réparation de la part de l'État « *quelle que puisse être par ailleurs la responsabilité encourue par l'employeur* » à son égard. Selon le commissaire du gouvernement, la solution proposée « *devrait également prévaloir de la même manière pour les préjudices nés après l'intervention de la loi* ».

§ 2. LES DIFFÉRENTS CAS DE FIGURE

A. L'autorisation de licenciement a été jugée illégale par le juge administratif

82.1.2.1. – Dans cette hypothèse, la faute commise par l'administration a été reconnue.

B. L'autorisation de licenciement n'a pas été jugée illégale par le juge administratif

82.1.2.2. – Il incombe au salarié d'invoquer des moyens mettant en cause la légalité de la décision autorisant son licenciement *(pour un exemple : CAA Paris, 30 juin 2003, n° 99PA04261, Frentzel).*

C. L'inspecteur du travail s'est déclaré à tort incompétent

82.1.2.3. – Le Conseil d'État a jugé que « *le refus illégal de se prononcer sur une demande d'autorisation de licenciement constitue une faute de nature à engager la responsabilité de l'État à l'égard du salarié, pour autant qu'il en soit résulté pour lui un préjudice direct et certain* » *(CE, 10 oct. 2021, n° 430.899, mentionné aux Tables, RJS 2021 n° 666, concl. R. Chambon, RJS 2021, p. 965-967, G. François et C. Testard, « Le juge administratif et la décision illégale de l'inspection du travail : retour vers le passé », AJDA 2022 p. 539-543).*

§ 3. LA MATÉRIALITÉ DU PRÉJUDICE SUBI

82.1.3. – Le salarié peut, par exemple, invoquer le préjudice résultant de la perte de rémunération. Sera prise en compte la différence entre le salaire net que le salarié aurait perçu en l'absence d'autorisation et le montant des indemnités de chômage perçues *(CAA Paris, 30 juin 2003, n° 99PA04261, Frentzel, préc.).*

Le salarié peut invoquer également le préjudice moral subi et, plus généralement, les troubles occasionnés dans ses conditions d'existence. Il devra établir la matérialité du préjudice allégué.

§ 4. LE LIEN DE CAUSALITÉ ENTRE L'ILLÉGALITÉ ET LE PRÉJUDICE ALLÉGUÉ

82.1.4. – Si l'illégalité entachant la décision en cause est fautive, cette seule circonstance de droit ne suffit pas pour engager la responsabilité de l'administration, encore faut-il que le préjudice allégué résulte de cette illégalité.

Il s'ensuit que dans les cas où l'illégalité résulte d'un vice de procédure ou d'un vice d'incompétence, le juge doit rechercher si l'administration aurait pris la même décision. Le raisonnement est identique à celui tenu en cas de mise en cause de la responsabilité de l'État par l'employeur à la suite d'une décision de refus jugée illégale *(cf. n° **81.2.2.2**)*.

Dans le cas où la décision de l'autorisation administrative refusant de se prononcer sur la demande d'autorisation de licenciement est illégale, il incombe au juge « *de rechercher, en forgeant sa conviction au vu de l'ensemble des pièces produites par les parties et, le cas échéant, en tenant compte du motif pour lequel le juge administratif a annulé cette décision, si une décision d'autorisation aurait pu légalement être prise* » *(CE, 10 oct. 2021, n° 430.899, mentionné aux Tables, RJS 2021 n° 666, concl. R. Chambon, RJS 2021, p. 965-967)*. Ainsi, dans le cas où le salarié a été licencié pour inaptitude, le juge administratif doit rechercher si l'autorité administrative aurait pu légalement – si elle n'avait pas illégalement refusé de se prononcer sur la demande d'autorisation de licenciement – autoriser ou rejeter la demande d'autorisation qui lui était soumise, en vérifiant notamment si l'employeur avait sérieusement recherché si l'intéressé pouvait être reclassé, le juge ne pouvant mettre à la charge du salarié la preuve de la possibilité de reclassement.

SECTION 2

Les difficultés pratiques soulevées par la mise en cause de la responsabilité de l'État et de l'entreprise

82.2. – Si la reconnaissance du principe de la responsabilité de l'État à l'égard du salarié est conforme aux principes généraux qui régissent la responsabilité de l'administration et apparaît comme une garantie supplémentaire offerte au salarié pour obtenir la réparation du préjudice qu'il a subi, son application ne va pas sans poser de délicates questions. En effet, le principe de la responsabilité de la puissance publique doit coexister avec celui de la responsabilité de l'employeur mis en place par le législateur en 1982 : il le complète, mais ne s'y substitue pas :

– un salarié peut mettre en cause à la fois la responsabilité de l'État et celle de son employeur ;

– l'employeur ne peut s'exonérer de son obligation légale de réparer le préjudice subi, en faisant valoir que l'illégalité a été commise par l'administration et qu'il incombait au salarié de mettre en cause la responsabilité de l'État. Cependant, par le mécanisme de l'action récursoire, il a toujours la possibilité de mettre en cause la responsabilité de l'État.

§ 1. LA MISE EN CAUSE PAR LE SALARIÉ DE LA RESPONSABILITÉ DE L'ENTREPRISE, PUIS DE CELLE DE L'ADMINISTRATION

82.2.1. – Si le salarié obtient du juge judiciaire la condamnation de son employeur à réparer l'intégralité du préjudice subi – matériel et moral –, on voit mal quel est le préjudice causé directement par l'autorisation illégale qui pourrait être indemnisé par l'État, le cumul de responsabilités ne devant pas aboutir à un cumul d'indemnités. L'État ne pourrait être condamné à réparer que la partie du préjudice qui n'aurait pas été prise en compte par le juge judiciaire.

§ 2. LA MISE EN CAUSE PAR LE SALARIÉ DE LA RESPONSABILITÉ DE L'ADMINISTRATION, PUIS DE CELLE DE L'ENTREPRISE

82.2.2. – Si le salarié met en cause la responsabilité de l'État devant la juridiction administrative, sans saisir le juge judiciaire, il ne peut que, compte tenu des règles propres au droit public de la responsabilité, obtenir une indemnisation partielle du préjudice subi. En effet, le juge administratif peut toujours décider, s'il estime que l'illégalité commise est également imputable à l'entreprise, d'atténuer la responsabilité de l'État.

Ainsi, si l'entreprise présente une demande d'autorisation de licenciement reposant sur des motifs qui ne pouvaient justifier légalement le licenciement du salarié protégé, le juge administratif estime que la responsabilité de l'administration est atténuée par la faute commise par l'employeur *(CAA Nancy, 9 oct. 1990, n° 89NC00751, SA Davoine, Rec. p. 1018 : dans cette affaire, le juge a estimé que la faute de l'entreprise exonérait l'État de la moitié de la responsabilité encourue).*

L'indemnité mise à la charge de l'État peut donc être limitée par le juge administratif, dès lors que celui-ci estime que le dommage a également été causé par le comportement de l'employeur. Pour obtenir une réparation de l'intégralité de son préjudice, le salarié sera alors obligé de saisir le conseil de prud'hommes. Deux actions en justice seront, dans ce cas, nécessaires alors que la seule action devant le juge judiciaire peut aboutir au même résultat.

La solution adoptée par le Conseil d'État offre cependant une garantie au salarié dont l'entreprise aurait disparu à la date à laquelle l'autorisation de licenciement est annulée.

CHAPITRE III

LES RÈGLES CONTENTIEUSES RELATIVES À LA MISE EN CAUSE DE LA RESPONSABILITÉ DE L'ÉTAT

83. – Les conclusions mettant en cause la responsabilité de l'État peuvent être jointes à des conclusions dirigées contre la décision de l'administration ou présentées de manière séparée, par exemple postérieurement à l'annulation par le juge administratif de la décision de l'administration.

Le recours ayant pour objet la condamnation de l'État à verser une indemnité est un recours dit de pleine juridiction ou de plein contentieux soumis à des règles spécifiques.

Si le requérant associe à des conclusions indemnitaires des conclusions à fin d'annulation dirigées contre la décision de l'administration, il est regardé comme ayant formé deux recours : un recours en indemnité et un recours pour excès de pouvoir.

SECTION 1
La nécessité d'une décision administrative préalable

83.1. – Le juge administratif ne peut être saisi directement de conclusions tendant à la condamnation de l'État à verser une indemnité. Le requérant doit, au préalable, adresser une demande à l'administration. À défaut, ses conclusions doivent être rejetées.

Le principe de l'irrecevabilité des conclusions directement adressées au juge est atténué par la jurisprudence du Conseil d'État : si l'administration, dans son mémoire en défense, commence d'abord par discuter du bien-fondé des conclusions tendant à la condamnation de l'État et n'oppose qu'à titre subsidiaire le défaut de décision administrative préalable, les conclusions indemnitaires sont regardées comme recevables *(CE, Assemblée, 23 avr. 1965, n° 60.721, Dame Veuve Ducroux, Rec. p. 231).*

La règle de la demande préalable est prévue par le deuxième alinéa de l'article R. 421-1 du Code de justice administrative, introduit par le décret n° 2016-1480 du 2 novembre 2016, qui prévoit que « *lorsque la requête tend au paiement d'une somme d'argent, elle n'est recevable qu'après l'intervention de la décision prise par l'administration sur une demande préalablement formée devant elle* ».

Il a été jugé qu'il résulte de ces dispositions « *qu'en l'absence d'une décision de l'administration rejetant une demande formée devant elle par le requérant ou pour son compte, une requête tendant au versement d'une somme d'argent est irrecevable et peut être rejetée pour ce motif même si, dans son mémoire en défense, l'administration n'a pas soutenu que cette requête était irrecevable, mais seulement que les conclusions du requérant n'étaient pas fondées* ». En revanche, ces dispositions « *n'impliquent pas que la condition de recevabilité de la requête tenant à l'existence d'une décision de l'administration s'apprécie à la date de son introduction. Cette condition doit être regardée comme remplie si, à la date à laquelle le juge statue, l'administration a pris une décision, expresse ou implicite, sur une demande formée devant elle. Par suite, l'intervention d'une telle décision en cours d'instance régularise la requête, sans qu'il soit nécessaire que le requérant confirme ses conclusions et alors même que l'administration aurait auparavant opposé une fin de non-recevoir fondée sur l'absence de décision* » *(CE, section, 27 mars 2019, n° 426472, publié au Recueil, AJDA 2019, p. 662).*

SECTION 2
La pratique du règlement amiable des recours

83.2. – Les pouvoirs publics, de manière générale, *(circulaire du Premier ministre, du 6 février 1995, relative au développement du recours à la transaction pour régler amiablement les conflits, JORF du 15 févr. 1995)*, et le ministère du Travail, en particulier, *(circulaire DAGEMO n° 95-04 du 15 mars 1995 relative à la prévention des litiges de plein contentieux et à leur règlement amiable)*, se sont efforcés à partir de 1995 de prévenir les contentieux par la pratique de règlements amiables.

Face à une demande de justice en constante augmentation, dans un contexte budgétaire contraint, le législateur est plus récemment intervenu afin d'encourager fortement le règlement des litiges par la voie de la médiation : l'article 5 de la loi n° 2016-1547 du 18 novembre 2016 de modernisation de la justice du XXIe siècle, en introduisant les articles L. 213-1 à L. 213-10 du Code de justice administrative, a élargi le champ de la médiation à l'ensemble des litiges relevant de la compétence du juge administratif et encadré le recours à ce mode alternatif de règlement des litiges.

SECTION 3
Le délai de recours

83.3. – Le délai pour présenter un recours de pleine juridiction est de deux mois ; il court à compter de la date à laquelle l'administration a notifié sa décision. Depuis le 1er janvier 2017, ce délai court même si la demande préalable a été rejetée par une décision implicite en raison du silence gardé par l'administration pendant deux mois *(C. just. adm., art. R. 421-3 modifié par le décret n° 2016-1480 du 2 novembre 2016 portant modification du Code de justice administrative).*

Le principe de sécurité juridique fait cependant obstacle à ce que le demandeur, lorsqu'il est établi qu'il a eu connaissance de la décision implicite qui lui a été opposée, puisse la contester indéfiniment du seul fait que l'administration ne lui a pas délivré d'accusé de réception de sa demande ou n'a pas porté sur l'accusé de réception les mentions requises. La preuve d'une telle connaissance peut résulter de ce qu'il est établi, soit que l'intéressé a été clairement informé des conditions de naissance d'une décision implicite lors de la présentation de sa demande, soit que la décision a par la suite été expressément mentionnée au cours de ses échanges avec l'administration, notamment à l'occasion d'un recours gracieux dirigé contre cette décision. Le demandeur dispose alors, pour saisir le juge, d'un délai raisonnable qui, sauf circonstances particulières, ne saurait excéder un an et court, dans la première hypothèse, de la date de naissance de la décision implicite et, dans la seconde, de la date de l'événement établissant qu'il a eu connaissance de la décision *(CE, 3 juin 2020, n° 428.222, mentionné aux Tables).*

SECTION 4
Le ministère d'avocat

83.4. – Le ministère d'avocat est obligatoire, y compris si les conclusions indemnitaires sont jointes à des conclusions tendant à l'annulation de la décision attaquée *(C. just. adm., art. R. 431-3).*

Si le requérant présente sa requête en s'abstenant de recourir au ministère d'un avocat, il doit être invité par le juge administratif à régulariser. S'il ne donne pas suite à cette invitation, sa requête doit être rejetée *(CE, section, 27 janv. 1989, n° 68.448, M. Chrun, Rec. p. 37).*

SECTION 5
Le chiffrage des prétentions

83.5. – Le requérant doit chiffrer ses prétentions. Le montant réclamé limite le juge.

Il doit en outre présenter des demandes expresses tendant à ce que lui soient accordés les intérêts de droit et leur capitalisation.

SECTION 6
L'examen des conclusions indemnitaires

83.6. – Les conclusions à fin d'indemnité doivent être présentées au stade de la première instance, devant le tribunal administratif compétent. Si le requérant n'a pas présenté de telles conclusions devant les premiers juges, il ne peut plus le faire en appel : ces conclusions sont irrecevables.

Les intérêts des condamnations sont dus mais ne sont pas alloués d'office : le requérant doit en faire la demande.

La capitalisation des intérêts doit être également demandée. Elle ne peut porter que sur des intérêts ayant couru depuis plus d'un an.

SECTION 7
Les frais de justice

83.7. – Il a été jugé par le Conseil d'État que « *Les frais de justice exposés devant le juge administratif en conséquence directe d'une faute de l'administration sont susceptibles d'être pris en compte dans le préjudice résultant de la faute imputable à celle-ci* » *(CE, 20 juin 2022, n° 438.885, mentionné aux Tables, RJS 2022 n° 530)*. Il y a lieu de distinguer les situations suivantes :

- s'agissant de la partie qui avait la qualité de demanderesse à une instance à l'issue de laquelle le juge annule une décision administrative illégale, la part de son préjudice correspondant à des frais exposés et non compris dans les dépens est réputée intégralement réparée par la décision que prend le juge dans l'instance en cause sur le fondement de l'article L. 761-1 du Code de justice administrative ;
- s'agissant de la partie ayant la qualité de défenderesse à l'instance à l'issue de laquelle la décision est annulée ou qui relève appel du jugement prononçant l'annulation, les frais de justice utilement exposés par elle, ainsi que, le cas échéant, les frais mis à sa charge par le juge au titre de l'article L. 761-1, sont susceptibles d'être pris en compte dans le préjudice résultant de la faute imputable à l'administration.

Conclusion

QUEL BILAN DE LA PROTECTION ?

SECTION 1
Une protection relative

1. – L'efficacité du dispositif de protection doit être appréciée au regard de sa capacité à protéger efficacement des salariés « *exposés* » pour reprendre l'expression du professeur Verdier, c'est-à-dire à faire échec à une demande discriminatoire et à assurer au salarié, illégalement licencié ou dont l'autorisation de licenciement a été annulée, une réintégration effective dans l'emploi et une réparation du préjudice subi dans des délais brefs. Ces finalités sont l'essence même du statut protecteur : elles en constituent le fondement.

De ce point de vue, si le statut protecteur s'est à la fois étendu et enrichi de manière continue – sous l'action conjointe à la fois du législateur, notamment en 1982 en consacrant dans le Code du travail le droit à réintégration du salarié en cas d'annulation de l'autorisation administrative accordée à l'employeur, et de la jurisprudence de la Cour de cassation qui a défini les droits du salarié dont le contrat a été rompu en violation du statut protecteur – la situation n'est pas pleinement satisfaisante :

– si la très forte proportion des autorisations accordées (85 %) tient au fait que le plus souvent les procédures de licenciement engagées sont sans rapport avec les fonctions représentatives, il serait naïf de croire qu'il en est ainsi dans tous les cas. Il n'est pas rare en effet que l'autorisation soit délivrée par l'autorité administrative, après que cette dernière a été informée par le salarié de son souhait de quitter l'entreprise, le plus souvent dans le cadre d'un accord transactionnel ou d'une rupture conventionnelle (un tiers des décisions des inspecteurs du travail ; *cf.* n° **32**), pour mettre un terme à une situation conflictuelle trouvant son origine dans l'exercice par l'intéressé de ses fonctions représentatives ; « *revers de la médaille* », le statut protecteur devient aussi une monnaie d'échange pour les deux parties et intégrée comme telle dans la négociation ;

- le refus persistant opposé par un employeur à la réintégration du salarié licencié sans autorisation ou après annulation de l'autorisation administrative se dénoue fréquemment par la demande résignée de l'intéressé de résiliation judiciaire de son contrat ou par la prise d'acte de la rupture du contrat qui donne lieu certes au versement de l'indemnité prévue pour violation du statut protecteur mais cristallise aussi l'échec du statut protecteur ;
- si certaines juridictions administratives traitent en priorité les recours formés contre les autorisations accordées par l'administration, la « *remise en état* » peut être ordonnée plusieurs années après le licenciement alors même que l'entreprise a pu disparaître et que le salarié a pu finalement poursuivre sa carrière professionnelle dans une autre entreprise.

Appelée à se prononcer sur le caractère raisonnable du délai de jugement, au sens de l'article 6-1 de la Convention européenne de sauvegarde des droits de l'homme et des libertés fondamentales, la Cour de cassation a pu juger que « *l'imbrication des procédures civiles, pénales et administratives et des voies de recours exercées par les parties, qui relèvent du fonctionnement normal des institutions* » pouvait ainsi expliquer « *la longueur d'une procédure* » s'étalant sur onze ans *(Cass. civ. 1, 22 mars 2005, n° 03-10.355, Bull. civ. 1 n° 149).*

La Cour européenne des droits de l'homme (CEDH) a jugé que le délai raisonnable de jugement, tenant compte de la durée des procédures engagées devant les deux ordres de juridiction et de la complexité des affaires, avait pu être dépassé *(CEDH, 3e section, 4 avr. 2001, Delgado c. / France : la Cour a alloué à l'intéressé une somme globale de 250 000 F au titre du préjudice moral et matériel subi du fait de ce dépassement ; CEDH, 2e section, 9 janv. 2007, n° 28625/02, Araguas c. / France, JCP S 2007 n° 14, p. 34 note B. Gauriau : durée de neuf ans de la procédure devant la juridiction administrative).*

Par ailleurs, les divergences d'appréciation sur le fond entre les juridictions peuvent amoindrir l'efficacité de la protection *(CEDH, 2e section, 9 janv. 2007, n° 28625/02, Araguas c. / France, JCP S 2007 n° 14 p. 34 note B. Hauriau : la juridiction administrative a confirmé la légalité de l'autorisation de licenciement accordée par l'autorité administrative et la juridiction pénale a reconnu les responsables de l'entreprise coupables d'entrave à l'exercice du droit syndical, les pourvois formés contre les arrêts des cours ayant été rejetés par les cours suprêmes respectives des deux ordres de juridiction).*

Ce diagnostic conduit à s'interroger, d'une part, sur les dynamiques jurisprudentielles entre les deux ordres de juridiction et, d'autre part, sur les voies d'un renouveau d'autant plus indispensable que les dispositions introduites par la loi du 20 août 2008 sur la rénovation de la démocratie sociale et l'élargissement continu des domaines ouverts à la négociation d'entreprise démultiplient les enjeux des élections professionnelles : leurs résultats déterminent, au plan collectif, la représentativité des organisations syndicales dans l'entreprise, et par suite la faculté de désigner un délégué syndical, ainsi que leur représentativité au niveau de la branche et au niveau national et, au plan individuel, ont une incidence directe sur la pérennité des mandats syndicaux accordés par les organisations syndicales. La nouvelle hiérarchie des normes introduite par la loi du 8 août 2016 et confortée par l'ordonnance du 22 septembre 2017 relative au renforcement de la négociation collective, qui consacrent, sauf exceptions limitativement définies, la primauté de la norme négociée au niveau de l'entreprise, rendent plus nécessaire encore une meilleure efficacité de la protection des acteurs de ce dialogue social, condition nécessaire d'une négociation loyale *(P. Lokiec, « Revitaliser la représentation collective », Dr. soc. 2020, p. 29)*.

SECTION 2

Les dynamiques jurisprudentielles entre les deux ordres de juridiction

2. – Les décisions prises de 1974 à 1977 par les cours suprêmes des deux ordres de juridiction ont marqué un point de rupture : à l'abandon par le juge judiciaire de l'action en résolution du contrat de travail des salariés protégés a répondu l'affirmation par le juge administratif du renforcement de son contrôle sur les décisions de l'administration.

Dès lors, « *pointe avancée* » de l'intervention du juge administratif dans le droit du travail, la jurisprudence administrative relative à la protection des représentants du personnel ne pouvait, par souci de cohérence et d'équité, ignorer la jurisprudence du juge de droit commun du contrat de travail. Sur le « *terreau* » des décisions fondatrices de la protection de 1976 et 1977 *(CE, assemblée, 5 mai 1976, n° 98.647, Sté d'aménagement foncier et d'établissement rural et ministre de l'Agriculture c. / Bernette, Rec. p. 232, concl. P. Dondoux, Dr soc 1976, p. 347 ; CE, section, 18 févr. 1977, n° 95.354, Abellan, Rec. p. 97, concl. P. Dondoux, Dr soc 1977, p. 172 ; cf. intro, n°* ***37****)* se sont donc épanouies des constructions jurisprudentielles originales, combinant les règles du droit du travail et du droit public, s'agissant par exemple de la prise en compte de la discrimination ou du motif d'intérêt général. Par ailleurs, la circonstance que le contentieux des décisions prises par l'administration du travail en matière de licenciement économique des salariés non protégés relevait également de la compétence du juge administratif assurait une assez grande homogénéité du droit du licenciement.

À compter du début des années quatre-vingt-dix, la jurisprudence du Conseil d'État est apparue en retrait par rapport à une évolution rapide et profonde de la jurisprudence de la Cour de cassation marquée par le « *renouveau* » du contrat de travail, selon les termes employés par le doyen Philippe Waquet, et le renforcement du contrôle du sérieux du motif économique. Les dynamiques jurisprudentielles à l'œuvre à compter des années 2000 peuvent être découpées en deux séquences qui, pour partie, se chevauchent : le temps des convergences et celui de la synergie.

§ 1. LE TEMPS DES CONVERGENCES

3. – L'éclatement d'un contentieux entre deux ordres de juridiction peut engendrer deux types d'effets négatifs pour les justiciables :

– des appréciations divergentes de chacun des deux ordres sur la même question ;
– le refus de chacun des deux ordres d'examiner une question au motif que cette dernière ressortit de la compétence de l'autre ordre.

Ces effets sont d'autant plus perturbateurs que le contentieux de la protection naît d'une ou deux décisions administratives, en cas de recours hiérarchique et met en cause trois parties – le salarié, l'employeur et l'administration – auxquelles peut s'ajouter l'organisation syndicale qui justifie d'un intérêt propre et, le cas échéant, un nouvel employeur en cas de cession de l'entreprise.

Dès les arrêts fondateurs de 1976 et 1977, le Conseil d'État a été particulièrement sensible à un risque d'autant plus élevé qu'il devait, pour régler les contentieux, tenir compte de l'ensemble des dispositions applicables au contrat de travail et dont l'interprétation est de la compétence du juge judiciaire. Les conclusions des commissaires du gouvernement, devenus rapporteurs publics, témoignent de l'attention portée à la jurisprudence judiciaire pour éviter tout « *écart injustifié* ».

A. La prise en compte des évolutions jurisprudentielles relatives au contrat de travail

4. – Ont été reprises :

– la distinction fondamentale entre modification du contrat de travail et changement des conditions de travail *(CE, 18 juin 1997, n° 160.961, Union des sociétés mutualistes de Lille, Tables p. 1108 ; CE, 27 juin 1997, n° 163.522, Valadou ; cf. n°* ***42.1.5.2****)* ;
– l'obligation pour l'employeur d'exécuter de bonne foi le contrat le liant à son salarié.

De manière générale, le juge judiciaire veille à ce que l'employeur exécute de bonne foi le contrat le liant à son salarié et fait échec à tout abus de droit dans l'exercice du pouvoir de direction, notamment en cas de changement des conditions de travail *(cf. n° **42.1.4.2**)*. La conception institutionnelle de l'entreprise, sous-jacente au concept de « *l'intérêt de l'entreprise* », conduit ainsi à une finalisation de l'action de l'employeur, le juge sanctionnant « *le détournement de pouvoir* » commis par ce dernier dans l'exercice de son pouvoir de direction.

Le juge administratif s'était montré plus réservé pour se placer explicitement sur un tel terrain, en l'absence de rapport entre la procédure de licenciement et le mandat. Cette réserve était d'autant plus surprenante que peut être invoqué de longue date le moyen tiré du « *détournement de pouvoir* ». Toutefois, le Conseil d'État s'est finalement appuyé sur le principe selon lequel l'employeur est tenu d'exécuter de bonne foi le contrat *(CE, 29 déc. 2000, Lautier, Tables p. 1270, RJS 2001 n° 316)*.

B. La prise en compte des évolutions jurisprudentielles relatives au licenciement inhérent à la personne

5. – Ont été repris :

- Le principe selon lequel la perte de confiance « *(…) ne peut jamais constituer par elle-même un motif pouvant servir de base à une autorisation de licenciement* » *(CE, section, 21 déc. 2001, n° 224.605, M. Baumgarth, Rec. p. 669, concl. Mme Prada-Bordenave)*.

  Le Conseil d'État a voulu mettre un terme à une jurisprudence trop ostensiblement contraire à celle de la chambre sociale, laquelle estimait depuis 1990 que la perte de confiance ne pouvait constituer, en soi, une cause de licenciement (*cf. n°* ***15.4.1***). Cependant, dans la pratique, les jurisprudences convergeaient dans la mesure où le juge administratif exigeait que le licenciement reposât sur des éléments objectifs imputables au salarié.
- Le principe selon lequel les faits reprochés au salarié et qui sont étrangers à l'exercice de son activité professionnelle ne peuvent, en tout état de cause, être qualifiés de fautifs.

Pour le Conseil d'État, ces faits étaient susceptibles d'être qualifiés de fautes et, par suite, était appliquée la grille élaborée pour le licenciement disciplinaire *(CE, 17. oct. 2003, n° 247.701, Sté Smurfit Lembacel)*.

Cette conception reposait sur une définition de la faute qui n'était plus en harmonie avec celle adoptée par la chambre sociale. Pour cette dernière, il est erroné en droit de qualifier de fautif des comportements du salarié survenus en dehors de l'exécution du contrat de travail dès lors qu'« *un fait fautif ne peut s'entendre que d'un fait du salarié contraire à ses obligations à l'égard de l'employeur* » *(Cass. soc., 4 juill. 2000, n° 97-44.846 et 98-44.959, Bull. V n° 263, RJS 2000 n° 1066 et 1109 ; Sem. soc. Lamy, 27 nov. 2000 n° 1005, Cass. soc., 24 oct. 2018, n° 17-16.099 ; cf. n° **46.1.1 et s.**)*.

Par une décision du 4 juillet 2005, le Conseil d'État a abandonné la notion de « *faute* » et, par suite, la catégorie de licenciement disciplinaire quand est en cause un comportement du salarié étranger à l'exécution de son contrat de travail *(CE, n° 272.193, Patarin, Rec. p. 306, concl. A. Roul).*

Néanmoins, tant le Conseil d'État que la Cour de cassation ont infléchi leur position en admettant les situations dans lesquelles les faits commis en dehors de l'exécution du contrat du travail peuvent revêtir un caractère fautif s'ils traduisent un manquement à une obligation contractuelle ou constituent un abus ou un détournement du mandat *(CE, 20 juin 2016, n° 387.412, Pigal, Tables p. 979 ; cf. n° **46.1.1.2**).*

C. La prise en compte des évolutions jurisprudentielles relatives au licenciement pour motif économique

6. – Les évolutions, substantielles, de la grille d'analyse du juge administratif sont les suivantes.

1. Le cadre d'appréciation de la matérialité des difficultés économiques des entreprises appartenant à un groupe

7. – Ce cadre, qui repose sur la notion de « *secteur d'activité* » dégagée par la jurisprudence de la Cour de cassation *(Cass. soc., 5 avr. 1995, Sté Thomson Tubes et Displays, n° 93-42.690 et Cass. soc. 5 avr. 1995, n° 93-43.866, TRW REPA c. / Mme Mabon et al., Bull. V, n° 123)* a été repris rapidement dès 1998 par le Conseil d'État *(CE, 15 juin 1998, n° 172.695, Mlle Cesbron, RJS 1998 n° 1016 ; CE, 29 déc. 2000, n° 199.320, Mme Arbaud, Rec. p. 680, RJS 2001 n° 474).* Cette notion de « secteur d'activité » n'a pas été remise en cause par l'ordonnance n° 2017-1387 du 22 septembre 2017 mais a été circonscrite au secteur d'activité commun aux entreprises du groupe établies sur le territoire national *(cf. n° **48.4.4.2.2**).*

2. Le sérieux du motif économique : la réorganisation de l'entreprise comme motif de licenciement

8. – La notion essentielle de « *sauvegarde de la compétitivité de l'entreprise* » comme motif de nature à justifier une réorganisation de l'entreprise et, par suite, le licenciement, a finalement été reprise par le Conseil d'État en 2006 *(CE, 8 mars 2006, n° 270.857, Mme Moranzoni et Association de défense des conseillers en assurance de la SMACL, n° 270.857, Rec. p. 116, concl. R. Keller Dr soc 2006, p. 857, RJS 2006 n° 604, note R. Keller, JCP E, mai 2006 ; cf. n° **48.6.2.3**).*

Cette évolution jurisprudentielle est particulièrement importante. En effet, la comparaison des jurisprudences administrative et judiciaire traduisait une réserve certaine de la première par rapport à la seconde quant au contrôle du caractère « *sérieux* » du motif économique avancé par l'employeur.

Le juge judiciaire a élaboré une doctrine et un critère largement inspirés par une conception institutionnelle de l'entreprise *(cf. P. Waquet, « Le juge et l'entreprise » ; cf. n° **48.6.1.2**)* et qui rompt avec le postulat de l'employeur seul juge en matière de gestion qu'exprimait l'arrêt du 31 mai 1956 *(Cass. soc., 31 mai 1956, Ets Brinon, JCP 1956 II 9397, note Esmein).* Pour la Cour de cassation, n'importe quel motif n'est pas de nature à justifier le licenciement pour motif économique : « *À la condition d'être décidée dans l'intérêt de l'entreprise, une réorganisation de celle-ci peut constituer une cause économique de suppression ou transformation d'emploi ou d'une modification substantielle du contrat de travail* » *(Cass. soc., 1er avr. 1992, n° 90-44.697, Bull. V n° 223, Dr soc 1992, p. 481).* Si la chambre sociale a affiné la notion d'intérêt de l'entreprise en utilisant celle de « *sauvegarde de la compétitivité* », son objectif reste le même : « *la sauvegarde de la compétitivité du secteur d'activité est une notion assez large pour laisser aux employeurs une grande liberté de réorganisation et de restructuration des entreprises : exclure, du moins comme cause de licenciements économiques, des réorganisations de pur confort ou dictées par le seul souci d'augmenter les profits* » *(P. Waquet, Dr soc 1995, p. 487).*

Le Conseil d'État est resté longtemps fidèle à une conception plus libérale qui sous-tendait sa jurisprudence relative au contrôle des licenciements pour motif économique des salariés non protégés : il n'appartient pas à l'administration et, par suite, au juge, de vérifier « *les options de gestion décidées par l'employeur* » *(CE, 27 févr. 1981, n° 15.624, Sté coopérative agricole de Wavignies et ministre de l'Agriculture c. / Artisson, Rec. p. 947 ; cf. n° **48.6.2.2**).* Comme le soulignait le commissaire du gouvernement G. Bachelier dans ses conclusions : « *Le juge judiciaire estime donc que la seule logique de profit que sous-tend une telle mesure de licenciement ne peut constituer une cause économique. Nous relevons là... une divergence avec [la jurisprudence administrative] car vous avez admis la réalité de motifs économiques fondés sur le souci de l'employeur de diminuer des charges excessives (CE, 13 nov. 1981, Ets Louis Langlet, n° 36.679) ce qui nous paraît absolument conforme au principe interdisant à l'administration de s'immiscer dans les choix de gestion de l'employeur* » *(RJS 1999, p. 635).*

Cette divergence sur le contrôle du caractère « *sérieux* » du licenciement tenait autant à une conception différente de l'entreprise qu'à la situation distincte dans laquelle se trouvent placés les juges administratif et judiciaire :

- le juge administratif intervient pour contrôler les décisions de l'administration et veille à maintenir un équilibre entre le souci d'assurer la protection des représentants du personnel et sa préoccupation que l'autorité administrative ne porte pas atteinte à la liberté d'entreprendre et au pouvoir de gestion de l'employeur ;
- devant le juge judiciaire, l'administration est absente du débat ; ainsi, dans le cadre antérieur à la loi du 14 juin 2013, si elle intervenait, le juge n'accordait « *aucune valeur de décision au constat de*

carence dressé par l'administration du travail » s'agissant du plan de sauvegarde de l'emploi *(Cass. soc., 30 janv. 2007 n° 05-41.653 ; Cass. soc., 3 déc. 1996, n° 95-20.360, Bull. V n° 411)* ; de manière plus générale, l'équilibre auquel veille le juge n'est pas entre l'administration et l'entreprise mais entre les droits de l'employeur, en tant qu'il agit dans l'intérêt de l'entreprise, et les droits reconnus au salarié.

Cette divergence entre les deux jurisprudences avait débouché sur des disparités de traitement aux dépens des représentants du personnel *(pour un exemple concret : cf. n°* ***48.6.2.2****)*.

La décision du Conseil constitutionnel du 12 janvier 2002 relative à la loi de modernisation sociale, qui peut être interprétée comme un rappel de l'office du juge quant au contrôle de la cause économique des licenciements décidés par le chef d'entreprise *(n° 2001-455 DC, § 49)*, a contribué à l'évolution de la jurisprudence administrative *(cf. concl. R. Keller, décision du 8 mars 2006, n° 270.857, Mme Moranzoni et association de défense des conseillers en assurance de la SMACL ; cf. n°* ***48.6.2.3****)*. La loi du 8 août 2016 a finalement consacré la jurisprudence en mentionnant la « *réorganisation de l'entreprise nécessaire à la sauvegarde de sa compétitivité* » comme étant au nombre des motifs économiques.

3. Le cadre d'examen des possibilités de reclassement

9. – Ce cadre avait été défini par le juge administratif en tenant compte des règles définies par la chambre sociale.

Ainsi, le Conseil avait retenu dans le périmètre de reclassement les « *entreprises du groupe dont les activités ou l'organisation offrent à l'intéressé la possibilité d'exercer des fonctions comparables* » *(CE, 17 mars 2000, n° 206.976, Goursolas, Rec. p. 523, RJS 2001 n° 317 ; CE, 17 nov. 2000, n° 208.993, M. Bruley, RJS 2001 n° 317, cf. n°* ***411.3.3.3.2.2****)*. La rédaction de l'alinéa 1 de l'article L. 1233-4 du Code du travail résultant de l'ordonnance n° 2017-1387 du 22 septembre 2017 a repris ce principe en visant « *les autres entreprises du groupe dont l'entreprise fait partie et dont l'organisation, les activités ou le lieu d'exploitation assurent la permutation de tout ou partie du personnel* » *(cf. n°* ***411.3.3.3.3.1****)*.

Abandonnant sa position initiale restrictive *(CE, 22 mai 1995, n° 157.427, Sté Rimoldi France, RJS 1995 n° 794 ; CE, 15 juin 1998, RJS 1998 n° 1016)*, le Conseil d'État avait en outre, pour rapprocher sa jurisprudence de celle de la chambre sociale, admis le principe d'une obligation pour l'autorité administrative de faire porter son examen sur les possibilités de reclassement pouvant exister dans les sociétés du groupe, y compris celles ayant leur siège à l'étranger, dont les activités ou l'organisation offraient à l'intéressé, compte tenu de ses compétences et de la législation du pays d'accueil, la possibilité d'exercer des fonctions comparables *(CE, 4 févr. 2004, n° 255.956, Sté Owens Corning Fiberglass France, Rec. p. 25, RJS 2004 n° 435, concl. G. Bachelier ; cf. n°* ***411.3.3.4.1.3****)*.

Cette obligation de recherche de reclassement hors du territoire national a été supprimée par l'ordonnance n° 2017-1387 du 22 septembre 2017 : la nouvelle rédaction de l'alinéa 1 de l'article L. 1233-4 du Code du travail ne mentionne que « *les emplois disponibles, situés sur le territoire national* » *(cf. n°* ***411.3.3.4.2****)*.

4. Le cadre de l'obligation de reclassement : la notion de groupe

10. – Par la décision du 5 décembre 2008, le Conseil d'État avait fait évoluer sa jurisprudence en jugeant que « *pour se prononcer sur l'existence d'un groupe au sein duquel les possibilités de reclassement doivent être recherchées en cas de licenciement d'un salarié protégé pour motif économique, la cour n'était pas tenue de se référer expressément aux dispositions de l'article L. 439-1 du Code du travail relatives au comité de groupe* » *(CE, 5 déc. 2008, n° 299.166, Sté HGP GAT Filatures, concl. R. Keller)*. Ainsi, le juge administratif abandonnait une position fondée sur une conception purement juridique, retenant, pour l'examen des possibilités de reclassement, le groupe comme un ensemble constitué par une société dominante et des sociétés juridiquement distinctes *(cf. n°* ***411.3.3.3.2.1****)* et se rapprochait de la position plus souple du juge judiciaire, pour lequel le « *groupe de reclassement* » était constitué par un « *réseau d'entreprises* » au sein duquel la permutation des salariés était possible *(cf. n°* ***411.3.3.3.1.1*** *et* ***411.3.3.3.1.2****)*.

La nouvelle définition légale du groupe pour l'examen des possibilités de reclassement, introduite par l'ordonnance n° 2017-1718 du 20 décembre 2017 *(C. trav., art. L. 1233-4 al. 2)*, marque le retour à une définition plus restrictive : le groupe retenu est désormais celui « *formé par une entreprise appelée entreprise dominante et les entreprises qu'elle contrôle dans les conditions définies à l'article L. 233-1, aux I et II de l'article L. 233-3 et à l'article L. 233-16 du Code de commerce* » *(cf. n°* ***411.3.3.3.2****)*. En outre, le périmètre du reclassement a été restreint au territoire national, le critère jurisprudentiel de la possibilité de permutation du personnel étant repris sans qu'il y ait lieu de tenir compte du secteur d'activité (*C. trav., art. L. 1233-4*).

D. Des influences réciproques

11. – Si le Conseil d'État s'est attaché, dans un premier temps, à « combler l'écart » qui avait pu se créer en faisant évoluer ses grilles d'analyse afin d'assurer une convergence de la nature et de l'intensité du contrôle notamment sur le « *sérieux* » du motif de la rupture du contrat de travail, point « *nodal* » de la protection, il serait erroné de croire que la convergence est à sens unique et que la jurisprudence du Conseil d'État ait été sans influence sur l'évolution tant du droit positif que de la jurisprudence de la chambre sociale *(cf. D. Chelle, « Le licenciement du salarié devant la Cour de cassation et le Conseil d'État », Dr soc 1991, p. 241)*

– la décision du 1er février 1980 de la section du contentieux *ministre du Travail c. / Sté Peintures Corona* a posé le principe selon lequel l'employeur ne peut apporter de restrictions aux libertés individuelles qui ne soient justifiées et proportionnées *(n° 06.361, Rec. p. 59, concl. Bacquet, Dr soc 1980, p. 310)*. Ce principe, dégagé à l'occasion du contrôle de la légalité des décisions de l'inspecteur du travail sur les clauses du règlement intérieur, fut repris par la loi n° 82-689 du 4 août 1982 dans les dispositions du Code du travail relatives au règlement intérieur *(loi n° 82-689 du 4 août 1982)* puis, dans un second temps, généralisé par la loi n° 92-1446 du 31 décembre 1992 *(C. trav., dispositions codifiées à l'ancien art. L. 120-2 et reprises à l'art. L. 1121-1)*. Justification et proportionnalité constituent désormais deux vecteurs du contrôle judiciaire qui irradient dans toute la jurisprudence de la chambre sociale *(cf. P. Waquet, L. Pécaut-Rivolier, Y. Struillou, Pouvoirs du chef d'entreprise et libertés du salarié)* ;

– dans le domaine du contrôle du licenciement pour motif économique, la chambre sociale avait pu s'appuyer sur la jurisprudence du Conseil d'État qui avait imposé à l'employeur de rechercher les possibilités de reclassement dans l'entreprise mais également dans le cadre du groupe *(cf. n° **411.3.3.1 et s.**)* et les conclusions du commissaire du gouvernement Philippe Dondoux laissaient déjà apparaître l'idée selon laquelle le licenciement devait être « *l'ultime remède* » (*Dr soc 1977, p. 172)*.

12. – Dans le contentieux du respect du statut protecteur, la chambre sociale a fait sien le considérant de principe de la décision Bernette de 1976 en jugeant que « *les dispositions légales qui assurent une protection exceptionnelle et exorbitante du droit commun à certains salariés, en raison du mandat ou des fonctions qu'ils exercent dans l'intérêt de l'ensemble des travailleurs, s'appliquent à la rupture du contrat de travail à l'initiative de l'employeur pendant la période d'essai* » *(Cass. soc., 26 oct. 2005, n° 03-44.585, Bull. V n° 306 ; cf. n° **15.1.3.1**)*.

Ce principe n'a pas été perdu de vue par le juge judiciaire lorsqu'il a reconnu au salarié protégé la faculté d'engager une action en résiliation de son contrat de travail ou de prendre acte de la rupture de son contrat. Ces « ouvertures » ont constitué l'évolution majeure de la protection depuis les arrêts fondateurs des années 1976 et 1977 dès lors que la procédure d'autorisation administrative n'est plus la voie exclusive de rupture du contrat de travail, réserve faite de la démission. De ce point de vue, il était essentiel que ces nouvelles voies ne soient pas des « pistes » de contournement du statut protecteur mais, au contraire, puissent être utilisées par le salarié protégé pour faire sanctionner la méconnaissance des prérogatives inhérentes à ce statut. À défaut, c'est tout l'édifice législatif et jurisprudentiel qui aurait été lézardé. À cet effet, présentent un intérêt majeur :

- l'arrêt du 27 mai 2009 par lequel, s'agissant de l'action en résiliation judiciaire, la chambre sociale a posé comme règle que le juge « *saisi par un représentant du personnel d'une demande de résiliation judiciaire de son contrat de travail apprécie les manquements reprochés à l'employeur compte tenu de l'ensemble des règles applicables au contrat de travail de l'intéressé* ***et des exigences propres à l'exécution du mandat dont il est investi*** » *(Cass. soc., 27 mai 2009, n° 08-42.555, Bull. V n° 136, RJS 2009 n° 688 ; cf. n°* ***14.5.3.2****)* ;
- l'arrêt du 13 juillet 2004 précisant que le salarié protégé peut demander à voir imputer la rupture de son contrat à l'employeur en raison de la discrimination fondée sur son mandat ou son appartenance syndicale *(Cass. soc., 13 juill. 2004, n° 02-42.681, Bull. V n° 212, RJS 2004 n° 1063)*.

Plus généralement, tant le Conseil d'État que la Cour de cassation se sont attachés à tirer toutes les conséquences des décisions prises par l'autre ordre de juridiction, créant ainsi les conditions indispensables à un réel dialogue des juges. L'arrêt du 26 septembre 2007 illustre à cette préoccupation : lorsque « *la décision du juge administratif se prononçant sur les faits fautifs invoqués par l'employeur [a] retenu que ces faits, soit n'étaient pas établis, soit ne justifiaient pas la mesure de licenciement, celle-ci s'oppose à ce que le juge judiciaire, appréciant les mêmes faits, décide qu'ils constituent une cause réelle et sérieuse de licenciement* » (*Cass. soc., 26 sept. 2007, n° 05-42.599, Bull. V n° 140, RJS 2007 n° 1309*). De son côté, le Conseil d'État a pris soin de tirer toures les conséquences des décisions judiciaires relatives au bénéfice du statut protecteur (*CE, 22 avr. 1992, n° 108.220, Le Denmat*) ou à l'impact d'une mesure de l'employeur sur le contrat de travail *(CE, 2 mars 1992, n° 81.704, M. Jebali)*. Si la juridiction administrative s'en tient à son approche classique quant à la charge de la preuve entre les parties au procès, écartant ainsi les dispositions sur ce point du Code du travail en cas d'allégation de discrimination, elle a accepté de prendre en compte, pour apprécier le lien entre la demande d'autorisation et l'exercice du mandat, les décisions judiciaires ayant conclu à l'existence d'une discrimination *(CE, 20 mars 2019, n° 408.658, Agtit c./ société de Fret et de Services, mentionné aux Tables, cf. n°* ***412.2.4****)*.

C'est dans ce contexte que s'inscrivit l'initiative conjointe de la chambre sociale de la Cour de cassation et de la section du contentieux du Conseil d'État de créer en 2009 un groupe de travail permanent entre les deux juridictions pour traiter des questions liées à la protection.

§ 2. LE TEMPS DES SYNERGIES

13. – Curiosité ou malice de l'Histoire, c'est au moment où le mouvement de convergence des jurisprudences était déjà largement engagé que la loi du 14 juin 2013 est venue percuter la répartition des compétences entre les deux ordres de juridiction en transférant au Directeur régional de l'économie, de l'emploi, du travail et des solidarités (DREETS) et, par suite, au juge administratif, l'appréciation de la conformité du plan de sauvegarde de l'emploi (PSE) aux exigences légales et conventionnelles. Par ses effets, la loi du 14 juin 2013 a renforcé l'impératif de la mise en cohérence des jurisprudences et la volonté tant de la Cour de cassation que du Conseil d'État de construire conjointement une ligne de partage des compétences lisible et pertinente.

A. La mise en cohérence des jurisprudences : la question de l'applicabilité du statut protecteur

14. – Faisant application de la jurisprudence classique selon laquelle la compétence de l'autorité administrative s'apprécie en fonction des circonstances de fait et de droit à la date à laquelle elle prend sa décision, le Conseil d'État jugeait que dès lors que la période de protection était expirée à la date à laquelle l'inspecteur du travail statuait sur la demande d'autorisation, celui-ci était tenu de se déclarer incompétent. De même, si le ministre annulait la décision de l'inspecteur du travail et constatait qu'à cette date le salarié n'était plus protégé, il devait alors se déclarer incompétent pour statuer sur la demande d'autorisation dont il était saisi.

Cette construction jurisprudentielle « *orthodoxe* » était quelque peu « *orthogonale* » avec la jurisprudence affirmée par la chambre sociale selon laquelle l'applicabilité du statut protecteur devait être appréciée à la date d'envoi de la convocation du salarié à l'entretien préalable, sauf exceptions *(cf. n°* ***12.2.2.1.1 et s.****)*. Si à cette date le salarié bénéficie de la protection, elle est acquise et la rupture par l'employeur du contrat de travail sans autorisation est jugée nulle.

Conscient de l'incompatibilité théorique et pratique des deux jurisprudences, le Conseil d'État a abandonné sa position et jugé que l'applicabilité du statut protecteur doit être appréciée à la date de l'engagement de la procédure de licenciement, l'expiration de la période de protection pendant l'instruction de la demande par l'inspecteur du travail ou pendant l'instruction par le ministre du recours hiérarchique étant sans incidence *(CE, 23 nov. 2016, n° 392.059, Thieulent, Rec. p. 517, Dr. soc. 2016, p. 65, M. Vialettes, RJS 2017 n° 129, AJDA 2016, p. 2302 ; cf. n°* ***13.1.2.2.1****)*.

B. La codétermination des compétences respectives des deux ordres de juridiction

15. – Cette politique jurisprudentielle répond à plusieurs objectifs :

– éviter les pièges contentieux de nature à faire obstacle à ce que le salarié puisse faire valoir les droits reconnus par la loi à tout salarié ;

– définir et respecter une ligne de partage des compétences entre les deux ordres de juridiction à la fois conforme à la volonté du législateur et opérationnelle.

1. Éviter les pièges contentieux

16. – Ces pièges sont d'autant plus redoutables que les employeurs, les salariés et les organisations syndicales sont assez peu familiers des règles propres à la procédure juridictionnelle administrative et que les règles qui régissent l'articulation des recours administratifs et contentieux constituent une mécanique subtile.

Plusieurs décisions illustrent le travail du juge d' « *orthopédie juridique* », pour reprendre la belle expression employée par le président de la section du contentieux Raymond Odent.

Ainsi, il a été jugé que même si le salarié ne saisit le tribunal administratif que de conclusions tendant à l'annulation de la décision du ministre confirmant l'autorisation de licenciement accordée par l'inspecteur du travail, ces conclusions doivent être regardées par le juge comme tendant également à l'annulation de cette décision *(CE, 5 sept. 2008, n° 303.707, Sté Sapa Profiles Puget, Tables p. 956, RJS 2008 n° 1102, concl. Y. Struillou, Dr soc 2008, p. 1251, cf. n°* ***74.8.1.3****)*. Cette évolution est de nature à prévenir le cas où le juge n'annulant que la décision du ministre, le salarié ne peut obtenir sa réintégration, l'autorisation initiale accordée par l'inspecteur du travail, non contestée, n'ayant pas été annulée *(Cass. crim., 17. févr. 2004, n° 03-80136, Bull. crim. n° 45, Rapport 2004 de la Cour de cassation, p. 418)*.

Par un arrêt du 13 novembre 2008, la chambre sociale a pris en compte la décision du Conseil d'État du 5 septembre 2008 en jugeant que l'annulation de la seule décision du ministre confirmant une décision d'autorisation emportait droit à réintégration pour le salarié concerné *(Cass. soc., 13. nov. 2008, n° 07-41.331, Bull. V n° 223, RJS 2009 n° 195 ; L. Pécaut-Rivolier et Y. Struillou, Chronique des jurisprudences sur la représentation du personnel, 4e trimestre 2008, Sem. soc. Lamy, 23 févr. 2009, n° 1388)*. Cette jurisprudence a été ensuite appliquée par le Conseil d'État dans le cas où c'est l'employeur qui se borne à contester la décision du ministre *(CE, 7 oct. 2009, n° 322.581, M. Ouahirou, Rec. p. 358, concl. Y. Struillou, AJDA 2009, p. 2234, RJS 2010 n° 201, JCP S 2010 n° 6, p. 36, note J.-Y. Kerbourc'h, cf. n°* ***74.8.1.3****)*.

Allant plus avant, la concertation entre les deux juridictions a permis de dégager une position commune sur les modalités de la prise en compte des causes de l'inaptitude physique pour les salariés protégés *(chron. Y. Struillou, « Le dialogue des juges en matière d'inaptitude physique du salarié protégé », RJS 2014 p. 71)*. S'agissant d'une situation de harcèlement moral, il résulte des deux décisions rendues, l'une le 20 novembre 2013 par le Conseil d'État *(CE, 20 nov. 2013, n° 340.591, Mme Capbern, Rec. p. 298, concl. G. Dumortier)*, l'autre le 27 novembre 2013 par la chambre sociale *(Cass. soc., 27 nov. 2013, n° 12-20.301, Bull. V n° 286, concl. N. Sabotier, Dr soc 2014.29)*, que l'appréciation de ces causes de l'inaptitude n'entre pas dans le champ du contrôle de l'inspecteur du travail, sauf à les retenir comme indice de lien avec le mandat. Dès lors, l'autorité de la chose décidée s'attachant à l'autorisation de licenciement ne fait pas obstacle à ce que le salarié, s'il s'y estime fondé, fasse valoir devant les juridictions compétentes les droits résultant de l'origine de l'inaptitude lorsqu'il l'attribue à un manquement de l'employeur tel qu'un harcèlement ou une discrimination.

Cette solution permet de dénouer les situations où le salarié, s'estimant harcelé, demande à l'autorité administrative de faire droit à la demande d'autorisation présentée par l'employeur et d'éviter qu'un refus d'autorisation motivé par le harcèlement ne conduise à une dégradation supplémentaire de son état de santé. Les évolutions jurisprudentielles conjointes présentent le double avantage de faire cesser la situation de harcèlement subie par le salarié, répondant ainsi généralement au souhait de ce dernier et d'éviter toute disparité de traitement en sa défaveur, dès lors que celui-ci dispose ensuite de la possibilité de faire valoir, dans les conditions du droit commun devant le conseil de prud'hommes, les droits qui découlent de la nullité de son licenciement, y compris une éventuelle réintégration, et non plus un simple recours à des fins indemnitaires *(sur la question du contrôle des causes de l'inaptitude médicale, cf. n°* ***15.12.1.2*** *et* ***78.2.2.2****)*.

2. *Définir et respecter la ligne de partage des compétences en matière de licenciement économique*

17. – La ligne de partage des compétences résultant de la loi du 14 juin 2013 – qui confie au juge judiciaire l'appréciation de la validité du motif économique et du respect par l'employeur de son obligation de reclassement à l'égard de chaque salarié et au juge administratif l'appréciation de la régularité de la procédure d'élaboration du plan de sauvegarde de l'emploi (PSE) et de sa conformité aux exigences légales et conventionnelles – peut sembler, bien que curieuse dans son économie même, relativement claire.

Toutefois, elle a induit une nouvelle donne dans la répartition des compétences tant entre les autorités administratives (DREETS et inspecteur du travail) qu'entre les deux ordres de juridiction selon que le salarié bénéficie ou non du statut protecteur :

– s'agissant des salariés protégés, l'inspecteur du travail reste compétent pour apprécier la validité du motif économique et le respect de l'obligation individuelle de reclassement, l'appréciation portée par le DREETS sur le PSE s'imposant à lui, s'agissant en particulier du périmètre de reclassement ; cependant, la loi du 14 juin 2013 a eu pour effet de remettre en cause la compétence de l'inspecteur du travail pour vérifier le respect de la procédure générale de consultation de la représentation du personnel qui avait été affirmée en 1978 par l'assemblée du contentieux du Conseil d'État *(CE, assemblée, 3 mars 1978, n° 01.421, Soubourou, Rec. p. 114, concl. Dondoux Dr soc 1978, p. 51, D. 1978, p. 609 note A. Jemmaud ; cf. n°* ***47.2.1 et s.****)*.

– s'agissant des salariés non protégés, la compétence du DREETS ne s'étend pas au motif économique ni au respect de l'obligation individuelle de reclassement, ni à la mise en œuvre par l'employeur des critères d'ordre des licenciements qui ressortissent au juge judiciaire.

Cette double répartition des compétences au sein des autorités administratives du ministère du Travail et entre les juridictions peut s'avérer délicate à tracer et impose aux juridictions une grande vigilance. Ainsi, par exemple, dans le cas où l'entreprise appartient à un groupe, l'appréciation de la régularité de la procédure de consultation du CSE impose à l'administration au DREETS de s'assurer que l'employeur, justifie « *son projet au regard de la situation économique du secteur d'activité dont relève l'entreprise au sein de ce groupe* », et, a bien présenté aux élus non seulement « *les éléments d'information sur la situation économique du secteur d'activité qu'il a lui-même pris en considération, mais aussi sur les raisons qui l'ont conduit à faire reposer son analyse sur ce secteur d'activité* ». Toutefois, le Conseil d'État se refuse à connaître du débat sur la pertinence de la délimitation du secteur d'activité au regard du motif du projet de licenciement : « *la circonstance que le secteur d'activité retenu par l'employeur ne serait pas de nature à établir le bien-fondé du projet (…) ne saurait être utilement invoquée pour contester la légalité d'une décision d'homologation. En effet, l'administration n'a pas à se prononcer, lorsqu'elle statue sur une demande d'homologation (…), sur le motif économique du projet de licenciement collectif, dont il n'appartient qu'au juge du licenciement, le cas échéant ultérieurement saisi, d'apprécier le bien-fondé » (CE, Ass., 22 juill. 2015, n° 385.816, société H.J. Heinz France SAS, Rec. p. 261, RJS 2015 n° 630 ; cf. n°* ***410.2.1.2.1****)*. Par un effet ricochet, dès lors que la vérification de la pertinence du secteur d'activité ne relève pas de la compétence du DREETS, elle entre dans le champ de contrôle de l'inspecteur du travail pour les salariés protégés…

En outre, le partage des compétences n'est pas totalement hermétique : l'appréciation du bien-fondé du périmètre du groupe retenu par l'employeur qu'il incombe au DREETS d'opérer dans le cadre du processus d'homologation du PSE, en application de l'article L.1233-57-3 du Code du travail, ne peut être sans incidence sur l'appréciation portée par le juge judiciaire sur la mise en œuvre individuelle de l'obligation de reclassement. Au demeurant, le Conseil d'État a jugé que le périmètre du groupe de reclassement déterminé par le document unilatéral s'impose à l'inspecteur du travail dès lors que le PSE a été homologué (*CE, 22 juill. 2021, n° 427.004, SCP BTSG, publié au Recueil, cf. n°* ***410.2.2.2.2****)*.

18. – Dans un cadre juridique qui s'est donc singulièrement complexifié, les deux ordres de juridiction, suivant la ligne directrice définie par le Tribunal des conflits *(TC, 8 juin 2020, n° C4189, Tables, RJS 2020 n° 415)*, se sont attachés à définir le contenu de « *blocs de compétences* » lisibles pour les parties et conformes à la volonté du législateur. S'agissant, par exemple, du respect par l'employeur de ses obligations en matière de prévention des risques professionnels susceptibles d'être engendrés par le projet de licenciement économique, le partage a été opéré selon un critère chronologique : en amont de la mise en œuvre du projet, il incombe au DREETS de s'assurer, d'une part, que l'employeur a bien été informé le CSE des risques susceptibles d'être encourus en raison du projet du licenciement et des mesures envisagées pour y remédier et, d'autre part, que ces mesures sont, au regard de ces risques, propres à les prévenir et à en protéger les travailleurs *(CE, 21 mars 2023, n° 450.012, Rec., RJS 2023 n° 250 : décision d'homologation d'un document unilatéral ; CE, 19 déc. 2023, n° 458.434, Rec., RJS 2024 n° 86 : décision de validation d'un accord collectif, cf. n°* ***410.2.6 et s.****)*. Quant au juge judiciaire, il est compétent pour veiller au respect par l'employeur de ses obligations en matière de prévention lors de la mise en œuvre du projet.

Se rattachent au même objectif de respect des blocs de compétence :

– la décision selon laquelle la juridiction administrative est compétente pour connaître de la contestation de la décision de l'administration se prononçant sur le montant des honoraires prévisionnels de l'expert mandaté par le CSE, y compris en l'absence de litige relatif à la décision de validation de l'accord collectif ou d'homologation du document unilatéral portant PSE *(CE, 31 oct. 2023, n° 467.870, société Kookai, mentionné aux Tables)* ;

– la décision selon laquelle il n'appartient pas à l'autorité administrative statuant sur une demande d'homologation d'un document unilatéral portant PSE de vérifier la bonne application de l'article L. 1224-1 du Code du travail, selon lequel tous les contrats de travail en cours au jour d'une modification dans la situation juridique de l'employeur subsistent entre le nouvel employeur et le personnel de l'entreprise *(CE, 19 déc. 2023, n° 467.283, société Sealants Europe, mentionné aux Tables, RJS 2024 n° 156)*, le juge judiciaire demeurant compétent « *pour connaître de l'action exercée par les salariés licenciés aux fins de voir constater une violation des dispositions de l'article L. 1224-1 du Code du travail, de nature à priver d'effet les licenciements économiques prononcés à l'occasion du transfert d'une entité économique autonome, et de demander au repreneur la poursuite des contrats de travail illégalement rompus ou à l'auteur des licenciements illégaux la réparation du préjudice en résultant* » *(Cass. soc., 10 juin 2020, n° 18-26.229, B., RJS 2020 n° 416)*.

Les dispositions de la loi du 14 juin 2013 et ses effets induits ont nourri le dialogue entre les deux cours suprêmes et rendu ce dialogue encore plus nécessaire pour conforter le statut protecteur inséré lui-même dans un nouveau cadre juridique d'ensemble.

SECTION 3
Le statut protecteur : critiques, nécessité et renouveau

§ 1. LES REMISES EN CAUSE DU STATUT PROTECTEUR

19. – Des critiques de nature différente, et parfois contradictoires, peuvent être faites au statut protecteur aux motifs qu'il aurait tout à la fois pour effet de créer une catégorie de salariés privilégiés et perdu de sa substance en raison de l'évolution du droit commun du travail.

A. Un statut privilégié ?

20. – Le bien-fondé du statut protecteur est parfois contesté : il peut être regardé comme un « *privilège* » depuis que le licenciement pour motif économique des salariés non protégés n'est plus subordonné à l'intervention de l'administration, en dehors des cas où l'élaboration du PSE est obligatoire. En outre, la jurisprudence illustre les cas d'instrumentalisation de ce statut à des fins exclusivement personnelles et financières.

B. La perte de substance relative du statut protecteur

21. – Le caractère exorbitant du statut protecteur tient à deux éléments :

- une garantie procédurale : l'obligation faite au chef d'entreprise de solliciter *ex ante* l'autorisation de rompre le contrat de travail dès lors que la voie de la résiliation judiciaire du contrat de travail à l'initiative de l'employeur est fermée et que ce dernier ne peut prendre acte de la rupture du contrat ;
- à la faculté dont dispose l'administration de refuser le licenciement pour un motif d'intérêt général, ce pouvoir étant strictement encadré *(cf. n°* ***413****)*.

Force est de constater que le « *noyau dur* » du statut protecteur des représentants du personnel a perdu pour une part significative de sa spécificité au regard des règles de droit commun pour les raisons suivantes :

- le législateur et le juge judiciaire ont étendu les cas où la nullité du licenciement peut être prononcée par le juge, ouvrant alors le droit pour le salarié de demander sa réintégration et la chambre sociale a unifié les règles d'indemnisation du salarié obtenant sa réintégration à la suite d'un licenciement nul *(Cass. soc., 2 juin 2010, n° 08-43.277, RJS 2010 n° 68)* ;

– le droit individuel au reclassement, en cas de licenciement économique, a été étendu à tous les salariés par la Cour de cassation, puis par la loi et le contenu de ce droit impose à l'employeur, que le salarié détienne un mandat ou non, soit de présenter des offres « *précises, concrètes et personnalisées* » *(cf.* ***n° 411.4.1.1****)*, ce qui suppose dans ce cas un examen de la situation particulière de chaque salarié, soit de diffuser auprès de l'ensemble des salariés concernés la liste des postes disponibles *(cf. n°* ***411.4.2****)*.

L'importance prise par les ruptures conventionnelles modifie nécessairement la nature de l'inspecteur du travail : quel contrôle effectif peut-il opérer sur le lien entre la demande d'autorisation et l'exercice du mandat si, en tout état de cause, le salarié demande à quitter l'entreprise. L'autorisation n'est-elle alors qu'un simple enregistrement du respect des formalités requises ?

C. Une effectivité relative

22. – Le recul de la présence syndicale, notamment dans les petites et moyennes entreprises, est le fruit de multiples facteurs tels que les restructurations économiques, la précarisation des situations de travail, notamment la sous-traitance, l'évolution de l'organisation du travail et des relations de travail, l'éclatement du mouvement syndical et l'affaiblissement de l'engagement collectif des salariés. Ces évolutions ont bien évidemment pesé sur l'effectivité du statut protecteur. Les limites de celui-ci ont pu accentuer elles-mêmes l'affaiblissement de la représentation du personnel s'agissant notamment de la protection de salariés demandant l'organisation des élections *(cf. n°* ***12.2.3.1****)*. De ce point de vue, il est loin d'être certain que la disposition introduite en 2017 dispensant, dans les entreprises de 11 à 20 salariés, l'employeur d'inviter les organisations syndicales à négocier le protocole préélectoral dès lors qu'aucun salarié n'a présenté sa candidature aux élections dans le mois suivant l'information du personnel de l'organisation des élections, soit de nature à favoriser la mise en place du CSE *(C. trav., art. L. 2314-4)* : imposant au salarié de se porter candidat en amont même de la phase d'organisation des élections, elle peut le dissuader de se présenter. La limitation dans le temps du nombre de mandats peut accentuer également les difficultés pour assurer « la relève » et par suite la pérennité de la représentation du personnel dans l'entreprise *(C. trav., art. L. 2314-33)*.

Dans un contexte général n'incitant guère les salariés à assumer des fonctions représentatives qui pourraient les exposer à des mesures de rétorsion, voire les priver de leur emploi, les failles du système de protection se font d'autant plus sentir. Le licenciement du salarié jouant un rôle moteur dans la vie de la représentation du personnel entraîne souvent dans l'entreprise une longue période de « *désert* » en matière de représentation du personnel et de dialogue social.

Cette situation est préoccupante, compte tenu des enjeux de la représentation du personnel.

Selon Gérard Lyon-Caen, les salariés protégés sont des salariés « *moins protégés qu'exposés, parce qu'ils sont au contact de l'employeur et que leur mission est normalement de lui résister, de lui tenir tête, de ne pas accepter de lui qu'il leur dicte leur attitude et leur conduite, tout en restant subordonnés (...). Effectivement, la représentation du personnel ne peut fonctionner de manière satisfaisante que si ces salariés à statut spécial, jouissent d'une sorte de respect, certes limité dans le temps et ne les soustrayant pas entièrement à leurs tâches – mais revêtant un caractère consensuellement sacré... En attendant le terme de salariés "protégés" n'est guère approprié. Qui les protège ?* » *(« À la recherche des concepts de base du Livre IV du Code du travail (réalités et illusions) », dans Mélanges Verdier, Droit syndical et droits de l'homme à l'aube du XXIe siècle, Dalloz, 2001, p. 81).*

§ 2. LA NÉCESSITÉ DU STATUT PROTECTEUR

A. Un statut indispensable

23. – La suppression du statut se traduirait, compte tenu notamment de la faiblesse du syndicalisme français dans le secteur privé et de la spécificité des relations sociales en France, par la remise en cause de la représentation du personnel. Comme le rappelle la Cour de cassation dans son rapport consacré aux *Personnes vulnérables dans la jurisprudence de la Cour de cassation (2009)* : « *Les représentants élus du personnel et les représentants syndicaux sont particulièrement vulnérables aux discriminations de la part d'employeurs qui peuvent être tentés de les évincer en usant de leur pouvoir disciplinaire ou de leur pouvoir de direction. C'est pour écarter ce risque que le législateur leur a accordé un statut protecteur spécifique (...). S'il est un point de vulnérabilité du salarié titulaire d'un mandat représentatif, c'est bien le maintien de son contrat de travail. La tentation peut être forte, dans les entreprises où le fait représentatif est mal accepté, de se débarrasser d'un salarié, jugé trop revendicatif, en mettant fin à son contrat de travail pour une cause apparemment objective. C'est dans l'intérêt de l'ensemble de la collectivité de travail, que le représentant syndical ou représentant du personnel, vulnérable de par le lien de subordination que continue à exercer son employeur, doit se maintenir dans l'entreprise, et cela malgré l'antagonisme dont il peut faire l'objet.* »

La disparition de ce statut spécifique ne pourrait donc être envisagée que si l'ensemble des salariés disposait d'un droit à réintégration en cas de licenciement abusif alors qu'il a été jugé que « *la règle posée par l'article L. 1235-3 du Code du travail, subordonnant la réintégration du salarié licencié sans cause réelle et sérieuse à l'accord de l'employeur, qui, d'une part, ne porte atteinte ni au droit au respect des biens, ni au droit* *de propriété, d'autre part, opère une conciliation raisonnable entre le droit de chacun d'obtenir un emploi et la liberté d'entreprendre, à laquelle la réintégration de salariés licenciés est susceptible de porter atteinte, n'apporte aucune restriction incompatible avec les dispositions de l'article 6. 1 du Pacte international relatif aux droits économiques, sociaux et culturels du 16 décembre 1966, ni, en tout état de cause, avec celles de l'article 1*er *du protocole additionnel n° 1 de la Convention européenne de sauvegarde des droits de l'homme et des libertés fondamentales » (Cass soc., 14 avr. 2010, n° 08-45.247, Bull. n° 96, J. Mouly, « Le rejet de la réintégration du salarié injustement licencié à l'épreuve du droit à l'emploi », Dr soc 2010, p. 815).* S'agissant de l'instrumentalisation du statut à des fins exclusivement personnelles et intéressées, elle est désormais rendue plus difficile en raison des conditions auxquelles est subordonnée la désignation des délégués syndicaux *(cf. n°* ***12.4.1 et s.****)*.

B. La pertinence du contrôle administratif préalable

24. – Il pourrait être envisagé, en théorie, d'abandonner le dispositif actuel au profit d'un dispositif reposant sur la seule protection judiciaire.

Cependant, à notre sens, les considérations suivantes font obstacle à la suppression de l'autorisation administrative préalable. En effet :

– il est loin d'être établi que les conseils de prud'hommes soient en mesure de faire face à la charge de travail supplémentaire qui découlerait de la mise en place et de la généralisation du mécanisme prévu pour les administrateurs ;

– les arguments avancés par le procureur général Touffait dans ses conclusions sur les arrêts Perrier *(Ch. mixte, arrêts Perrier, 21 juin 1974, cf. Intro, n°* ***34****)* gardent toute leur pertinence :

  • *« la procédure spéciale est mieux adaptée qu'une longue procédure judiciaire pour régler à chaud des problèmes irritants »* ; la décision de l'inspecteur du travail, qui doit intervenir dans des délais plus brefs *« est définitive… et s'il y a un recours devant le ministre, celui-ci n'est pas suspensif… »* ;

  • *« la décision de l'inspecteur n'intervient qu'à la suite d'une enquête contradictoire… au cours de laquelle sont recueillies les observations des parties intéressées et qui permet au délégué de présenter sa défense… Cette enquête, prise sur le vif, a plus de crédibilité qu'une expertise judiciaire se déroulant cinq ou six mois après les événements »* ;

  • *« les inspecteurs du travail… sont rompus à l'application des lois et règlements de la législation du travail et possèdent en outre, en général, une grande autorité morale dans les entreprises qu'ils surveillent… Ils rendent un "arbitrage social", car le litige à régler est beaucoup plus un conflit social au sein d'une entreprise et qui peut mieux le régler que l'inspecteur du travail qui connaît personnellement les parties en cause et tous les rouages de l'entreprise intéressée.* »

Si le dispositif actuel est justifié dans son principe, il doit être rénové afin de lui donner toute sa portée.

§ 3. UN DISPOSITIF À RÉNOVER

25. – Si, en tout état de cause, des aménagements du cadre législatif sont indispensables compte tenu notamment des innovations introduites par la loi du 20 août 2008 et la primauté accordée à la négociation d'entreprise, une réflexion sur une réforme d'ensemble de l'économie de la protection s'impose. À tout le moins, dans le cadre actuel, la rénovation du statut protecteur passe par la conjonction des initiatives de l'ensemble des acteurs.

A. Les aménagements du cadre législatif

26. – La rénovation du statut protecteur, qui repose pour l'essentiel sur une modification du comportement des acteurs, peut s'appuyer sur certaines adaptations du cadre législatif, et notamment :

- l'extension de la protection aux salariés investis de fonctions représentatives qui en sont privés, comme certains salariés exerçant des mandats créés par voie conventionnelle, ou les membres du collège interentreprises de sécurité dans le bâtiment ;
- la redéfinition des règles relatives à la protection des salariés demandant l'organisation des élections professionnelles, ou dont la candidature ou la désignation est imminente.

Les incohérences et les limites de ces règles ont été examinées *(cf. n° **12.2.3.1** et **12.2.9.6**)*. Elles ne sont plus adaptées aux enjeux que représentent une désignation, une candidature ou la demande d'organisation d'élections, notamment dans les entreprises dépourvues de toute représentation du personnel : l'engagement d'une procédure de licenciement vise tout autant à faire échec à l'organisation des salariés sur leur lieu de travail qu'à éluder certaines règles de fond du droit du travail dont l'application est conditionnée par l'existence de représentants, telles que celles relatives à l'obligation annuelle de négocier. Les enjeux multiples que constituent désormais les élections professionnelles en raison des règles relatives à la représentativité et au droit syndical introduites par la loi du 20 août 2008 justifient qu'il soit mis fin à ces *« failles »* qui exposent les salariés peu avertis et fragilisent les processus électoraux.

L'évolution des règles relatives au régime de la preuve de pratiques discriminatoires devrait se traduire par un aménagement de la charge de la preuve de la connaissance par l'employeur du caractère imminent d'une candidature ou d'une désignation. À l'heure actuelle, cette charge incombe au salarié *(cf. n° **12.2.2.5.2**)*, ce qui contribue à priver ce mécanisme protecteur d'une grande partie de son efficacité. S'il est logique

que l'employeur ne soit pas tenu de rapporter une preuve négative, en revanche, il est envisageable de faire application des règles élaborées par la Cour de cassation quant à la preuve de l'existence d'une discrimination. Cette transposition est d'autant plus justifiée que l'engagement de la procédure de licenciement, ayant pour objet de faire échec à une désignation ou à une candidature présentée par une organisation syndicale, doit être regardé comme une mesure discriminatoire en rapport avec les activités syndicales du salarié visé.

27. – Il convient de ne pas négliger les effets négatifs que constituent la multiplicité et l'entrecroisement des voies de recours devant les deux ordres de juridiction, lesquels sont source de complexité et ont pour effet de différer dans le temps la réintégration du salarié protégé en cas de licenciement, ainsi que la réparation du préjudice subi.

À tout le moins, l'instauration de procédures plus rapides devrait permettre de réduire les délais de réintégration effective des salariés irrégulièrement licenciés ou dont l'autorisation de licenciement a été annulée. La simplification du mécanisme des renvois préjudiciels *(cf. n°* ***71.1.3.1.4*** *et* ***72.1.2.1.1***) et la faculté reconnue à chaque ordre de juridiction de trancher le litige dont il a à connaître en se fondant sur une jurisprudence établie de l'autre ordre de juridiction sont des premières avancées *(cf. n°* ***71.1.3.1.3*** *et* ***72.1.2.2****)*.

B. La convergence des initiatives des acteurs

28. – Le renouveau du statut suppose et impose une démarche d'ensemble visant à modifier les comportements des acteurs et à offrir aux représentants du personnel non seulement un cadre approprié pour l'exercice de leurs fonctions mais également pour concilier les exigences qu'imposent ces fonctions et le déroulement normal de leur carrière professionnelle.

1. Constats et évolutions

29. – L'accord conclu le 31 octobre 1995, relatif à la politique contractuelle, entre les organisations patronales et syndicales avait traduit il y a maintenant trente ans cette prise de conscience. Les partenaires sociaux avaient estimé que l'ensemble des mesures destinées « *à favoriser le développement du dialogue social et des relations contractuelles à tous les niveaux passe, pour produire sa pleine efficacité, par :*

– *la reconnaissance réciproque des interlocuteurs syndicaux et patronaux dans leur identité et leurs responsabilités respectives ;*
– *le renforcement de l'effectivité de la représentation collective du personnel dans les entreprises, notamment dans les PME (...)* ».

Alors que les partenaires sociaux admettaient eux-mêmes qu'ils « *auraient sans doute intérêt à veiller eux-mêmes à l'effectivité de l'application des accords qu'ils concluent* » *(accord national interprofessionnel du 31 oct. 1995)*, force est de constater que la « *prise de conscience* » n'a pas débouché sur des résultats significatifs : le bilan de la négociation collective impulsé par l'accord du 31 octobre 1995 s'est révélé décevant et, en tout état de cause, sans commune mesure avec les enjeux.

La reprise quasiment mot pour mot, dans la « *position commune sur les voies et moyens de l'approfondissement de la négociation collective* » du 16 juillet 2001, des stipulations précitées de l'accord du 30 octobre 1995 illustra à la fois ce constat d'échec et la volonté – au moins affichée – d'y remédier.

La réaffirmation par la « *Position commune* » du 9 avril 2008 sur la représentativité, le développement du dialogue social et le financement du syndicalisme que « *la reconnaissance des acteurs syndicaux dans leur identité et leurs responsabilités propres constitue une condition de l'existence d'un véritable dialogue social* » traduisit la constance de la prise de conscience des enjeux mais aussi les limites de ses effets.

La « *Position commune* » de 2008 a débouché à court et moyen terme sur des mesures relatives à l'exercice de fonctions syndicales ou électives dans l'entreprise :

- la loi du 20 août 2008 a prévu la possibilité de conclure des accords ayant pour objet de déterminer « *les mesures à mettre en œuvre pour concilier la vie professionnelle avec la carrière syndicale et pour prendre en compte l'expérience acquise, dans le cadre de l'exercice de mandats, par les représentants du personnel désignés ou élus dans leur évolution professionnelle* » *(C. trav., art. L. 2141-5)*. La négociation triennale portant sur la gestion prévisionnelle des emplois et la prévention des conséquences des mutations économiques a été étendue par la même loi au « *déroulement de carrière des salariés exerçant des responsabilités syndicales et l'exercice de leurs fonctions* » *(C. trav., art. L. 2242-20)*.
- La loi du 17 août 2015 relative au dialogue social et à l'emploi a introduit dans le Code du travail des dispositions destinées à assurer une garantie d'évolution minimale de la rémunération des élus et des titulaires d'un mandat syndical *(C. trav. art. L. 2141-5-1)* ainsi que la prise en compte de l'expérience acquise au cours de l'exercice du mandat dans l'évolution professionnelle du salarié, l'organisation d'un entretien en début de mandat pour aborder les modalités pratiques de son exercice et en fin de mandat pour « *procéder au recensement des compétences acquises au cours du mandat* » afin de « *préciser les modalités de valorisation* » de cette *expérience* » (*C. trav., art. L. 2141-5*) ;
- la loi du 5 septembre 2018 pour la liberté de choisir son avenir professionnel a réaffirmé le principe de la prise en compte des responsabilités syndicales dans le cadre du déroulement de carrière *(C. trav., art. L. 2242-20-6°)*.

Le nombre et la qualité des accords conclus constituent des indices de la réalité de la dynamique voulue par le législateur d'autant plus indispensable que les mandats de représentant syndicaux sont désormais remis en cause à l'occasion de chaque échéance électorale.

L'évaluation des impacts de réforme des institutions représentatives du personnel opérée par l'ordonnance 2017-1386 du 22 septembre 2017 est délicate, le comité d'évaluation mis en place soulignant « *La tension entre la centralisation des instances pour permettre une "rationalisation" de leur fonctionnement et un besoin de proximité pour prendre en compte au bon niveau les attentes des salariés est un enjeu majeur qui peut être source de tensions importantes, pour les directions comme pour les organisations syndicales. L'enjeu de simplification du fonctionnement des instances reste aussi souvent posé ou renouvelé. Dans les plus petites entreprises, alors que la réforme est encore récente et que l'appropriation a pu être fortement perturbée par la crise sanitaire, la mise en place des CSE a pour l'instant peu modifié la situation antérieure et des interrogations persistent sur la portée des modifications relatives au fonctionnement de ces instances* » *(Rapport du comité d'évaluation, déc. 2021, p. 73)*. La question de la représentation de proximité reste posée notamment pour assurer les fonctions en matière de conditions de travail comme la met en évidence la Cour de cassation : « *si un accord peut déterminer librement les critères permettant la fixation du nombre et du périmètre des établissements distincts au sein de l'entreprise* » c'est à la condition toutefois, « *eu égard au principe de participation consacré par l'alinéa 8 du préambule de la Constitution du 27 octobre 1946, qu'ils soient de nature à permettre la représentation de l'ensemble des salariés* » *(Cass. soc., 1er févr. 2023 n° 21-15.371, B.)*. Les données du ministère du Travail mettent au demeurant en évidence une diminution du nombre d'élus et une centralisation des instances consécutives à la mise en œuvre de l'ordonnance du 22 septembre 2017 *(DARES – résultats févr. 2024, n° 15)*.

2. *Les responsabilités des employeurs et de leurs organisations professionnelles*

30. – De manière synthétique, l'attitude des chefs d'entreprise à l'égard des représentants du personnel, qui est déterminante, peut être l'une des suivantes :

– l'acceptation réelle de l'existence et du rôle des représentants du personnel et la volonté de les impliquer dans les choix stratégiques de l'entreprise ;
– la tolérance d'une représentation du personnel cantonnée à un rôle plus ou moins formel ;
– l'hostilité de principe à toute forme de représentation.

L'observation de la réalité des relations sociales démontre que les deux derniers comportements ne relèvent pas de la fiction. Si effectivement des chefs d'entreprise sont attachés à la négociation et à la vie contractuelle, il est loin d'être acquis que l'ensemble du monde patronal adhère en pratique à la conception selon laquelle l'évolution et la modernisation des entreprises nécessitent une modernisation des relations sociales, sans qu'une partie n'essaie d'éliminer l'autre. Le dialogue social suppose la reconnaissance de son interlocuteur syndical et de la représentation des salariés, et « *il ne saurait y avoir d'interlocuteurs forts et responsables, suffisamment nombreux, qu'assurés de leur sécurité* » *(G. Coudrais, « La sécurité de l'emploi des salariés dits protégés : une jurisprudence en peau de chagrin », Dr soc 1992, p. 459).*

3. Les responsabilités des organisations syndicales

31. – La défense, par les syndicats, des salariés élus et mandatés est d'autant plus efficace qu'elle intervient dès que surviennent des discriminations à l'encontre de ces salariés ou des entraves à la représentation du personnel et à la vie syndicale. Cette intervention constitue un point d'appui, dont l'absence contribue à la vulnérabilité plus grande des salariés protégés non syndiqués.

La saisine, suivant les cas, de l'inspection du travail, du juge pénal ou du juge civil constitue une démarche pertinente et de nature à favoriser la pérennité de la représentation du personnel dans l'entreprise. Par ailleurs, les syndicats peuvent donner plus d'efficience aux poursuites engagées par l'inspection du travail en se constituant partie civile.

La loi accorde aux représentants du personnel un droit à la formation concernant leurs attributions et leurs prérogatives qui mériterait d'être pleinement utilisé. Cette formation, qui est indispensable, serait en outre l'occasion de rappeler qu'ils ne sont pas propriétaires de leur mandat et que la protection dont ils bénéficient a été instituée « *dans l'intérêt de l'ensemble des travailleurs qu'ils représentent* » et non pas dans leur seul intérêt.

4. Les responsabilités du système d'inspection du travail et de ses agents

32. – En supprimant l'autorisation administrative de licenciement pour motif économique, le législateur a placé en porte-à-faux l'inspecteur du travail : alors que celui-ci contrôlait l'ensemble des licenciements jusqu'en 1986, depuis cette date, il n'est saisi que pour les salariés protégés et il n'est le plus souvent en mesure de statuer qu'après le départ des autres salariés.

En outre, la pratique des « *départs négociés* » avec transaction a connu un développement incontestable au cours des dernières années renforcé par la mise en place de la rupture conventionnelle :

- de nombreux représentants du personnel indiquent lors de l'enquête de l'inspecteur qu'ils souhaitent quitter l'entreprise en raison des discriminations dont ils ont fait l'objet ou parce qu'ils estiment que leur avenir professionnel est compromis du fait de leur engagement dans l'action collective lors d'un licenciement économique ou d'un conflit ;

– des représentants du personnel « *monnayent* » le mandat qui leur a été confié par les salariés.

En tout état de cause, les enquêtes réalisées par les agents de l'inspection du travail lors de l'instruction des demandes d'autorisation constituent une charge de travail conséquente pour les services *(près de 28 000 enquêtes en 2021 selon le Bilan de l'action de l'inspection établi en novembre 2022 par la Direction générale du travail)* tout comme l'instruction des recours hiérarchiques par les services régionaux du ministère du Travail et de la Direction générale du travail *(le nombre de recours hiérarchique oscille entre 1 000 et 1 300 selon les années, le taux de recours étant de l'ordre de 5 %).*

Données sur les décisions prises par les inspecteurs du travail

En 2020, les inspecteurs du travail ont rendu 21 086 décisions en réponse à des demandes d'autorisation de rupture ou de transfert du contrat de travail de salariés protégés. 24 601 décisions ont été rendues en 2021 et 22 534 en 2022.

Les décisions en matière de rupture conventionnelle en forment plus d'un tiers, sur motif économique un cinquième, et sur motif disciplinaire 9 %. Le taux d'autorisation sur l'ensemble se situe autour de 85 %. Le taux de contestation de ces décisions sur recours hiérarchique devant le ministre est de l'ordre de 5 % ; ce taux atteste que plus de 9 décisions sur 10 prises par les inspecteurs du travail dans ce domaine (souvent assez conflictuel) sont reçues comme acceptables par les parties auxquelles elles font grief.

Source : L'inspection du travail en France en 2020, Bilans et rapports, La Documentation Française, DGT, juin 2023. L'inspection du travail en France en 2021-2022, Bilans et rapports, La Documentation Française, DGT, août 2024

Le Défenseur des droits, qui peut être saisi par les salariés en cas de discrimination syndicale, apparaît également comme un outil efficace pour lutter contre ce type de discrimination *(cf. n°* ***412.7.3****)*.

Pour autant, l'inspection du travail, garante de l'ordre public social, ne peut se satisfaire de voir son efficacité réduite par la disparition progressive de ses relais indispensables dans les entreprises que sont les salariés élus et mandatés. Son engorgement par des réclamations individuelles procède de la même cause, les salariés n'ayant plus sur leur lieu de travail de « *délégué* » pour les renseigner, les conseiller et les défendre.

L'efficacité de son intervention peut être accrue par la combinaison :

– ***Des actions préventives***

- lors de la mise en place d'une section syndicale ou d'une instance représentative, pour informer la direction et les représentants du personnel des « *règles du jeu* » des relations sociales ;

- en cas d'entrave ou de discrimination signalée, pour qu'elle cesse.

Le développement de ces actions préventives peut contribuer à conforter la représentation du personnel, en particulier dans les petites et moyennes entreprises et à limiter la pratique des départs négociés des représentants du personnel.

Les observatoires d'analyse et d'appui au dialogue social et à la négociation institués dans chaque département par l'ordonnance n° 2017-1385 du 22 septembre 2017 peuvent offrir un cadre de discussion « à froid » entre les représentants des organisations professionnelles et syndicales et les agents du ministère du Travail, notamment pour établir un bilan annuel du dialogue social dans le département *(C. trav., art. L. 2234-5)*.

L'intervention du Défenseur des droits, notamment ses recommandations, pourrait être de nature à renforcer le nombre et l'efficacité de ces actions préventives.

– ***Des actions répressives***

Selon le rapport annuel d'activité de l'inspection du travail établi pour l'année 2013, les observations relatives aux institutions représentatives du personnel représentaient 5,4 % de l'ensemble des observations faites par les corps d'inspection *(885 207)*. 1,1 % des infractions constatées ont donné lieu à des procès-verbaux.

Ce bilan, qui doit toutefois être interprété avec prudence, révèle la faiblesse de l'action pénale au regard de l'ampleur du problème posé par les faiblesses et les difficultés de la représentation du personnel.

Ce constat doit également être éclairé par la prise en compte d'un certain nombre de facteurs :

- la priorité donnée dans un premier temps au respect du Code du travail par le rappel à la loi et l'incitation à la négociation plutôt qu'à la répression, s'agissant du domaine particulier des relations professionnelles ;
- la difficulté fréquente d'établir la preuve formelle d'une discrimination *(par exemple sur la rémunération ou le déroulement de carrière)* ;
- la réticence des parquets à engager des poursuites pour entrave ou discrimination en l'absence de constitution de partie civile par les organisations syndicales.

Pour sa part, le ministère du Travail peut appuyer l'action des services de l'inspection du travail dans ce domaine par ses interventions auprès des organisations professionnelles.

L'intervention du Défenseur des droits, notamment par la possibilité qui lui est reconnue de mettre en mouvement l'action pénale, pourrait être de nature également à renforcer le nombre et l'efficacité des actions répressives.

5. *Les responsabilités des juridictions*

33. – La jurisprudence administrative, élaborée dans ses grandes lignes au milieu des années soixante-dix, pourrait mieux prendre en compte d'une part, les évolutions du monde du travail, et notamment le recul de l'implantation de la représentation du personnel dans les entreprises et, d'autre part, les apports de la jurisprudence du juge judiciaire en matière de licenciement pour motif économique (en particulier, le devoir d'adaptation par l'employeur de ses salariés).

Ainsi, la notion de « *motif d'intérêt général* », définie de manière restrictive, ne peut être utilisée pour s'opposer au licenciement d'un délégué syndical si d'autres organisations syndicales sont représentées, et alors même que le licenciement compromettrait l'existence de la section syndicale. De même, par sa définition, cette notion ne peut faire obstacle au licenciement du représentant le plus actif dont le départ se traduirait au mieux par la mise en sommeil de la représentation, au pire par sa disparition.

L'affaiblissement de la représentation mais également les dispositions introduites par la loi du 20 août 2008 rendent d'autant plus souhaitable une évolution de la jurisprudence pour permettre un recours plus large à ce motif.

Est à signaler l'heureuse initiative prise par certains tribunaux administratifs qui ont décidé de traiter rapidement les demandes tendant à l'annulation des décisions d'autorisation, la voie du référé-suspension étant inopérante dès le prononcé du licenciement *(cf. n°* ***74.9.1.3****)*.

Selon les données du ministère de la Justice, sur la période allant de 2014 à 2017, 2,5 % des personnes mises en cause l'ont été pour des infractions relatives à la représentation du personnel et à l'inspection du travail (*soit 2 610 affaires sur un total de 103 000 affaires concernant des infractions à la législation de l'emploi et du travail ; le ratio est de 10 % si ne sont prises en compte que les seules infractions à la législation du travail)* et 27 % de ces personnes ont été jugées (*source : Infostat Justice, Les infractions à la législation du travail entre 2014 et 2017 n° 173, déc. 2019*). Le constat déjà effectué en 1995 – selon lequel « *l'absence de sanction pénale est particulièrement remarquable pour les infractions de discrimination en matière d'activité syndicale, d'embauche ou de licenciement* » *(Infostat Justice, n° 40, janv. 1995)* – est hélas toujours pertinent. Or, l'action pénale – tant par ses effets dissuasifs que répressifs – constitue aussi l'assise du statut protecteur dont la violation ne peut se limiter au versement d'indemnités pour justifiées qu'elles soient pour le salarié concerné. Comme le soulignent Alain Coeuret, François Duquesne et Elisabeth Fortis, « *la fonction exemplaire du procès [pénal] n'est pas séparable de l'intensité avec laquelle le juge poursuit et sanctionne. Il n'y a pas d'exemplarité sans crédibilité de la voie pénale sauf à transformer le prétoire en théâtre* » (Droit pénal du travail).

Le respect de ce statut met en cause, en effet, non seulement l'intérêt des salariés protégés et celui des travailleurs et des organisation qu'ils représentent, mais aussi l'intérêt général qui s'attache au respect de la démocratie sociale, de la conception d'une République « *démocratique et sociale* » (*art. 2 de la Constitution du 4 octobre 1958*) et au principe énoncé par le 8e alinéa du Préambule de 1946 aux termes duquel « *Tout travailleur participe, par l'intermédiaire de ses délégués, à la détermination collective des conditions de travail ainsi qu'à la gestion des entreprises* ».

POSTFACE

Est-il encore besoin de présenter cet ouvrage qui est considéré de façon unanime comme la référence en matière de droit du licenciement des salariés protégés ? L'exhaustivité des règles et des jurisprudences exposées, la précision et la rigueur de ses analyses, l'ampleur de ses réflexions en font un outil précieux pour qui entreprend de gravir cet « Everest » du droit du travail que constitue le droit des salariés protégés.

En effet, les interventions successives de l'administration du travail dans la mise en œuvre de la protection des salariés titulaires de mandats et du juge prud'homal compétent pour en tirer les conséquences quant au contrat de travail lui-même conduisent tant le Conseil d'État que la Cour de cassation à devoir coordonner deux univers qui obéissent, en d'autres matières, à des principes et des logiques quelque peu différents. Il leur faut ainsi déterminer, parfois avec subtilité, la distance appropriée entre ces deux planètes, suffisante pour maintenir l'attraction et néanmoins mesurée pour éviter la collision. Ainsi, les deux Cours suprêmes sont mutuellement guidées par le souci d'éviter tant l'absence de contrôle qui s'apparenterait à un déni de justice, que le double contrôle du juge administratif et du juge prud'homal de nature à susciter de fâcheuses contrariétés de décisions juridictionnelles.

Cet ouvrage est une aide importante pour maintenir et parachever cette nécessaire harmonie des sphères.

Mais cette matière du droit des salariés protégés n'est pas seulement le terrain d'élection d'une réflexion intellectuelle légèrement ésotérique, elle est au cœur même de la mise en œuvre effective du droit du travail dans ses traits spécifiques qui sont ceux que le législateur a entendu lui donner ces dernières années. En privilégiant la détermination de la norme applicable par la voie de la négociation collective par les partenaires sociaux au sein de l'entreprise de façon privilégiée, et au sein de la branche professionnelle par ailleurs, les réformes récentes du droit du travail ont placé les acteurs essentiels de la négociation collective et de la présence syndicale dans l'entreprise dans une position majeure quant à la définition de la norme en droit du travail et à son application concrète dans l'entreprise. La protection qui leur est conférée, selon la formule jurisprudentielle, « non dans leur intérêt mais dans celui de l'ensemble des salariés de l'entreprise » (Soc., 10 juillet 2002, n° 00-40.031, Bull. V n° 249), trouve là une légitimité accrue.

Les décisions les plus récentes de la Cour de cassation l'illustrent sans conteste. C'est ainsi que la chambre sociale a réitéré sa jurisprudence sur la recodification à droit constant s'agissant des conseillers du salarié titulaires d'un contrat à durée déterminée, malgré la persistance de leur absence de mention à l'article L. 2412-1 du Code du travail, pour leur reconnaître une protection en cas de rupture du contrat à durée déterminée avant son terme ou de non-renouvellement du contrat comportant une clause de renouvellement (Soc., 10 juillet 2024, n° 22-21.856, publié). C'est dire combien la consultation de cet ouvrage est utile pour tous les praticiens – inspecteurs du travail, conseillers prud'hommes, magistrats des chambres sociales de cour d'appel – pour éviter le piège tendu par une recherche limitée aux textes du Code du travail.

De même, la chambre sociale de la Cour de cassation a cherché à donner des précisions quant à l'application du mécanisme de garantie d'évolution de la rémunération souhaité par le législateur pour les salariés titulaires de mandats lorsque les heures de délégation dont ils disposent dépasse plus de 30 % de la durée du travail, de manière à rendre les dispositions de l'article L. 2141-5-1 du Code du travail effectives. Elle a ainsi jugé qu'il résulte de l'article L. 2141-5-1 du Code du travail et de l'exposé des motifs de la loi n° 2015-994 du 17 août 2015 ayant créé ce texte, combinés aux articles L. 3141-24, alinéa 1, L. 3121-63, L. 2241-8, alinéa 1 et L. 2241-9 du Code du travail, qu'en l'absence d'accord collectif de branche ou d'entreprise déterminant des garanties d'évolution de la rémunération des salariés mentionnés à l'article L. 2141-5-1 du Code du travail au moins aussi favorables, la comparaison de l'évolution de leur rémunération, au sens de l'article L. 3221-3 de ce code, au moins égale aux augmentations générales et à la moyenne des augmentations individuelles perçues pendant cette période par les salariés relevant de la même catégorie professionnelle et dont l'ancienneté est comparable ou, à défaut de tels salariés, aux augmentations générales et à la moyenne des augmentations individuelles perçues dans l'entreprise, doit être effectuée annuellement (Soc., 20 décembre 2023, pourvoi n° 22-11.676, publié). Par ailleurs, elle a indiqué qu'il résulte de l'article L. 2141-5-1 du Code du travail, de l'étude d'impact relative à la loi n° 2015-994 du 17 août 2015 ayant créé ce texte, ainsi que des travaux parlementaires, que les salariés relevant de la même catégorie professionnelle et dont l'ancienneté est comparable, au sens de ce texte, sont ceux qui relèvent du même coefficient dans la classification applicable à l'entreprise pour le même type d'emploi, engagés à une date voisine ou dans la même période (même arrêt).

Ce mécanisme participe en effet de la lutte contre les discriminations syndicales qui constituent la majorité des affaires en matière de discrimination soumises à la Cour de cassation. Si la jurisprudence de la chambre sociale en la matière, tant quant à l'obtention des preuves avec le recours privilégié aux dispositions de l'article 145 du Code de procédure civile sur l'obtention par le juge des référés de mesures d'instruction *in futurum* (Soc., 22 septembre 2021, n° 19-26.144, publié) qu'en matière de détermination du point de départ de la prescription (Soc., 31 mars 2021, pourvoi n° 19-22.557, publié), bénéficie bien entendu aux salariés protégés, il reste que l'intervention de l'administration du travail, voire le cas échéant de la juridiction administrative, conduit à des déterminations de frontière parfois délicates.

C'est ainsi que la Cour de cassation a jugé récemment que le juge judiciaire ne peut, sans violer le principe de séparation des pouvoirs, en l'état d'une autorisation administrative de licenciement devenue définitive, annuler le licenciement pour motif économique du salarié sur le fondement d'une discrimination syndicale subie par ce dernier, aux motifs que, dans le cas où l'employeur sollicite l'autorisation de licencier le salarié, il appartient à l'administration de vérifier si la mesure de licenciement envisagée n'est pas en rapport avec le mandat détenu, sollicité ou antérieurement exercé par l'intéressé et que, dès lors, l'autorisation administrative de licenciement établit que le licenciement n'a eu ni pour objet ni pour effet de faire échec au mandat représentatif (Soc., 17 janvier 2024, pourvoi n° 22-20.778, publié). En revanche, si le juge judiciaire ne peut, en l'état de l'autorisation administrative accordée à l'employeur de licencier un salarié protégé, sans violer le principe de la séparation des pouvoirs, apprécier le caractère réel et sérieux du licenciement, il reste, cependant, compétent pour apprécier les fautes commises par l'employeur pendant la période antérieure au licenciement, et notamment l'existence d'une discrimination syndicale dans le déroulement de la carrière du salarié (Soc., 29 mai 2019, pourvoi n° 17-23.028, publié).

La volonté constante de la Cour de cassation, dont il ne faut pas douter qu'elle est partagée par les membres du Conseil d'État, de coordonner de façon harmonieuse la double intervention des juridictions relevant de deux ordres juridictionnels distincts s'exprime particulièrement dans le mécanisme de l'exception d'illégalité, institution procédurale permettant d'établir le nécessaire dialogue des juges.

Ainsi, la chambre sociale, après avoir rappelé la bien connue jurisprudence SCEA du Chéneau du Tribunal des conflits selon laquelle si, en cas de contestation sérieuse portant sur la légalité d'un acte administratif, les tribunaux de l'ordre judiciaire statuant en matière civile doivent surseoir à statuer jusqu'à ce que la question préjudicielle de la légalité de cet acte soit tranchée par la juridiction administrative, il en va autrement lorsqu'il apparaît manifestement, au vu d'une jurisprudence établie, que la contestation peut être accueillie par le juge saisi au principal, a jugé que tel n'était pas le cas d'une décision d'incompétence qui indique seulement que « le salarié n'exerce plus ses fonctions depuis plus d'un an, que de ce fait, les conditions requises à l'article L. 2411-3 du Code du travail pour prétendre à la protection post-mandat ne sont pas remplies, le salarié n'est donc plus protégé », ce qui rendait nécessaire, pour dire la décision erronée, une interprétation de la décision administrative et une analyse de la situation de fait du salarié, incompatible avec la notion d'illégalité manifeste (Soc., 5 janvier 2022, pourvoi n° 20-12.471, publié).

Dans un sens inverse mais relevant des mêmes principes, la chambre sociale, en s'appuyant sur la jurisprudence constante du Conseil d'État selon laquelle l'annulation, pour excès de pouvoir, d'une décision de validation ou d'homologation d'un plan de sauvegarde de l'emploi entraîne, par voie de conséquence, l'illégalité des autorisations de licenciement accordées, à la suite de cette validation ou de cette homologation, pour l'opération concernée (CE, 4e-5e chambres réunies, 19 juillet 2017, n° 291849, publié au recueil Lebon), a décidé d'approuver une cour d'appel qui, après avoir constaté que la décision de la direction régionale des entreprises, de la concurrence, de la consommation, du travail et de l'emploi (DIRECCTE) d'homologation du document unilatéral arrêtant le plan de sauvegarde de l'emploi avait été annulée par arrêt devenu définitif, ce dont il ressortait que les autorisations de licenciement des salariés protégés accordées par l'inspecteur du travail étaient illégales, en a exactement déduit qu'elle pouvait se prononcer sur la cause réelle et sérieuse de leur licenciement (Soc., 1er juin 2023, pourvoi n° 21-22.877, 21-22.878, 21-22.857, 21-22.903, 21-22.882, 21-22.861, 21-22.860, 21-22.883, 21-22.909, 21-22.887, 21-22.910, 21-22.867, 21-22.890, 21-22.873, 21-22.874, publié). Toutefois, les dispositions de l'article L. 2422-4 du Code du travail ne sont pas applicables quand la décision administrative autorisant le licenciement, sur renvoi préjudiciel du juge judiciaire, est déclarée illégale par le juge administratif ou lorsque le juge judiciaire accueille, au vu d'une jurisprudence établie, la contestation du salarié portant sur la légalité de l'autorisation de licenciement. Doivent en conséquence être censurés les arrêts de cours d'appel qui, pour chaque salarié, fixent au passif de la liquidation judiciaire une somme à titre d'indemnité d'éviction pour la période s'étendant du licenciement jusqu'à l'expiration du délai de deux mois à compter de la notification de l'arrêt, alors que l'autorisation administrative de licenciement définitive n'avait pas été annulée mais était illégale ensuite de l'annulation, par arrêt d'une cour administrative d'appel de la décision de la direction régionale des entreprises, de la concurrence, de la consommation, du travail et de l'emploi (DIRECCTE) d'homologation du plan de sauvegarde de l'emploi de la société (même arrêt).

Toutes les subtilités et les fondements juridiques de ces jurisprudences nuancées sont exposés et éclaircis par cet ouvrage exigeant. Il faut saluer la maîtrise par les différents auteurs qui ont participé à sa rédaction de ces problématiques particulièrement complexes dont le sens et la légitimité sont pleinement restitués.

Jean-Guy Huglo

Doyen de la Cour de cassation

ANNEXES

Référence	Objet
A	Liste des salariés protégés dont le licenciement est soumis à l'avis du comité social et économique
B	Liste des salariés protégés dont le licenciement n'est pas soumis à l'avis du comité social et économique (ou du comité d'entreprise pour les mandats amenés à disparaître).
C	Procédures de licenciement pour motif économique des salariés protégés.
D	Procédures de licenciement pour motif économique des salariés protégés dans le cadre des procédures de redressement et de liquidation judiciaire.
E	Liste des encadrés et des schémas

Tableau A

Liste des catégories de salariés protégés dont le licenciement est soumis à l'avis du comité social et économique

Personnes protégées	**Texte**	**Point de départ de la protection**	**Durée de la protection**
I) Membre élus et désignés du comité social et économique	Art. L. 2411-1-2° Art. L. 2411-5 du Code du travail		
1.1) Membre titulaire du comité social et économique, du comité social et économique d'établissement ou du comité social et économique central	Art. L. 2411-5 du Code du travail	Proclamation des résultats s'il s'agit de la première élection Expiration du mandat précédent dans les autres cas	4 ans sauf accord collectif fixant une durée entre 2 et 4 ans
1.2) Membre suppléant du comité social et économique, du comité social et économique d'établissement ou du comité social et économique central	Art. L. 2411-5 du Code du travail	Proclamation des résultats s'il s'agit de la première élection Expiration du mandat précédent dans les autres cas	4 ans sauf accord collectif fixant une durée entre 2 et 4 ans
1.3) Candidat au 1er et au 2e tour des élections	Art. L. 2411-7 du Code du travail	À compter de la date d'envoi des candidatures, si celles-ci sont valables	6 mois
1.4) Représentant syndical au comité économique et social	Art. L.2411-5 du code du travail	Désignation par une organisation syndicale	4 ans sauf accord collectif fixant une durée entre 2 et 4 ans
1.5) Ancien membre du comité social et économique	Art. L. 2411-5 du Code du travail	À compter de la fin du mandat ou de la disparition de l'institution	6 mois
1.6) Ancien représentant syndical au comité social et économique désigné depuis deux ans	Art. L. 2411-5 du Code du travail	À compter de la fin du mandat ou de la disparition de l'institution	6 mois

Personnes protégées	Texte	Point de départ de la protection	Durée de la protection
1.7) Salarié mandaté par une organisation syndicale pour demander la tenue des élections	Art. L. 2411-6 du Code du travail	Date d'envoi de la demande	6 mois
1.8) Premier salarié ayant demandé l'organisation des élections	Art. L. 2411-7 du Code du travail	Date d'envoi de la demande par une organisation syndicale	6 mois
II) Représentants de proximité	Art. L. 2411-1 4° Art. L. 2411-8 du Code du travail		
2.1) Représentant de proximité	Art. L. 2411-8 du Code du travail	Date de désignation par les membres du comité social et économique selon les modalités fixées par l'accord	Durée de l'exercice du mandat selon les modalités fixées par l'accord
III) Salariés membres du groupe spécial de négociation et membre du comité d'entreprise européen	Art. L. 2411-1-6° Art. L. 2411-11 Art. L. 2421-4 du Code du travail		
IV) Membre du groupe spécial de négociation et représentant au comité de la société européenne – Membre du groupe spécial de négociation et représentant au comité de la société coopérative européenne – Membre du groupe spécial de négociation et représentant au comité de la société issue de la fusion transfrontalière	Art. L. 2411-1-7° Art. L. 2411-1-7° bis Art. L. 2411-1-7° ter Art. L. 2411-12 Art. L. 2421-4 du Code du travail		

Personnes protégées	Texte	Point de départ de la protection	Durée de la protection
V) Représentant des salariés dans le cadre des procédures de redressement et de liquidation judiciaires	Art. L. 2411-16 du Code du travail Articles L. 662-4, L. 631-9 et L. 641-1 Art. R. 621-14 du Code de commerce	Date de l'élection	Durée des fonctions
VI) Délégué de bord			
6.1) Délégué de bord	Art. 19 du décret n° 2015-1674 du 15 déc. 2015	Durée de l'inscription au rôle	
6.2) Ancien délégué de bord	Art. 20 du décret n° 2015-1674 du 15 déc. 2015	Expiration du mandat ou disparition de l'institution	6 mois
VII) Membre d'une commission paritaire d'hygiène, de sécurité et des conditions de travail en agriculture	Art. L. 717-7 du Code rural Art. L. 2421-4 du Code du travail		Durée des fonctions
7.1) Ancien membre de cette commission paritaire	Art. L. 2411-15 du Code du travail	Expiration du mandat ou disparition de l'institution	6 mois
VIII) Représentant du personnel d'une entreprise extérieure désigné à la commission santé, sécurité et conditions de travail d'un établissement comportant au moins une installation classée	Art. L. 515-36 du Code de l'environnement Art. L 211-2 du Code minier Art. L. 2421-4 du Code du travail		Durée des fonctions
8.1) Ancien membre de cette commission	Art. L. 2411-13 du Code du travail	Expiration du mandat ou disparition de l'institution	6 mois
8.2) Candidat aux fonctions	Art. L. 2411-14 du Code du travail	Dépôt de la candidature	6 mois
8.3) Imminence	Art. L. 2411-14 du Code du travail	Date à laquelle l'employeur a eu connaissance de l'imminence de candidature	6 mois

Tableau B

Liste des catégories de salariés protégés dont le licenciement n'est pas soumis à l'avis du comité social et économique

Personnes protégées	**Texte**	**Point de départ de la protection**	**Durée de la protection**	**Observations**
I) Délégué syndical	Art. L. 2411-1-1° Art. L. 2411-5 du Code du travail			
1.1) Délégué syndical – délégué syndical central en fonction	Art. L. 2411-3 du Code du travail	Date de la réception de la lettre de désignation	Durée des fonctions	
1.2) Imminence de la désignation	Art. L. 2411-3 du Code du travail	Date de la réception de la lettre de désignation ; ou date à laquelle l'employeur a eu connaissance de l'imminence de la désignation	Durée des fonctions	
1.3) Ancien délégué syndical ayant exercé ses fonctions pendant un an au moins	Art. L. 2411-3 du Code du travail	Date de fin de fonctions	12 mois	
II) Représentant de la section syndicale	Art. L. 2142-1-1 Art. L. 2142-1-2 du Code du travail			
2.1) Représentant de la section syndicale en fonction	Art. L. 2142-1-2 Art. L. 2411-3 du Code du travail	Date de la réception de la lettre de désignation	Durée des fonctions	

Personnes protégées	**Texte**	**Point de départ de la protection**	**Durée de la protection**	**Observations**
2.2) Imminence de la désignation	Art. L. 2142-1-2 Art. L. 2411-3 du Code du travail	Date de la réception de la lettre de désignation ; ou date à laquelle l'employeur a eu connaissance de l'imminence de la désignation	Durée des fonctions	
2.3) Ancien représentant de la section syndicale ayant exercé ses fonctions pendant un an au moins	Art. L. 2142-1-2 Art. L. 2411-3 du Code du travail	Date de fin de fonctions	12 mois	
III) Représentant de proximité				
3.1) Candidat aux fonctions de représentant de proximité	Art. L. 2411-9 du Code du travail	À partir du dépôt de sa candidature	6 mois	
3.2) Imminence de candidature	Art. L. 2411-9 du Code du travail	Date à laquelle l'employeur a eu connaissance de l'imminence de la candidature	6 mois	
3.3) Ancien représentant de proximité	Art. L. 2411-8 du Code du travail	À compter de l'expiration du mandat ou de la disparition de l'institution	6 mois	

Personnes protégées	Texte	Point de départ de la protection	Durée de la protection	Observations
IV) Salarié mandaté	Art. L. 2142-1-1 Art. L. 2142-1-2 du Code du travail			
4.1) Sur le fondement de la loi du 12 nov. 1996	Voir accord de branche			
4.2) Sur le fondement de l'article 3 loi n° 98-461 du 13 juin 1998 (Aubry I)	Loi du 13.06.98 Article 3-III	Date à laquelle l'employeur a eu connaissance de l'imminence de la désignation	Durée de la négociation ; 12 mois après la signature de l'accord ou la fin du mandat ou la fin de négociation	
4.3) Sur le fondement de l'article 19 de la loi n° 2000-37 du 19 janv. 2000	Loi du 19 janv. 2000 article 19-VI	Date à laquelle l'employeur a eu connaissance de l'imminence de la désignation	Durée de la négociation et du suivi si celui-ci est prévu par le mandat (dans la limite de 12 mois) ; 12 mois après la fin du mandat	
4.4) Salarié mandaté sur le fondement de l'article L. 2411-1-10°	Art. L. 2411-4 du Code du travail	Date à laquelle l'employeur a eu connaissance de l'imminence de la désignation	Durée de la négociation ; 12 mois après la fin du mandat	
4.5) Sur le fondement de l'article 4 de la loi n° 2005-296 du 31 mars 2005	Article 4 de la loi n° 2005-296 du 31 mars 2005			
V) Membre du comité social et économique interentreprises	Art. L. 2411-1 5° Art. L. 2411-10 du Code du travail			

Personnes protégées	Texte	Point de départ de la protection	Durée de la protection	Observations
5.1) Membre du comité social et économique interentreprises	Art. L. 2411-10 du Code du travail	Proclamation des résultats s'il s'agit de la première élection ou expiration du mandat précédent dans les autres cas ou l'instance et mis en place par élection ou Date de la désignation	Durée du mandat prévu par l'accord	Les modalités de leur élection ou désignation sont fixées par l'accord mettant en place l'institution (art. L. 2313-9 du Code du travail)
5.2) Candidat aux fonctions de membre du comité social et économique interentreprises	Art. L. 2411-10-1 du Code du travail	À partir du dépôt de sa candidature	6 mois	
5.3) Imminence de candidature	Art. L. 2411-10-1 du Code du travail	Date à laquelle l'employeur a eu connaissance de l'imminence de la candidature	6 mois	
5.4) Ancien membre du comité social et économique interentreprises	Art. L. 2411-10 du Code du travail	À compter de l'expiration du mandat ou de la disparition de l'institution	6 mois	

Personnes protégées	Texte	Point de départ de la protection	Durée de la protection	Observations
VI) Conseiller prud'homme	Art. L. 2411-1-17° Art. L. 2411-22 du Code du travail			
6.1) Conseiller prud'homme en exercice	Art. L. 2411-22 du Code du travail	Date signature de l'arrêté de nomination	4 ans	
6.2) Ancien conseiller prud'homme		Date de fin de mandat	6 mois	
6.3) Candidat et imminence de candidature		Date à laquelle l'employeur a reçu notification de la candidature ou a eu connaissance de celle-ci	3 mois à compter de la date de nomination par l'autorité administrative	
VII) Défenseur syndical	Art. L. 2411-24 du Code du travail			
VIII) Représentant salarié élu au conseil d'administration et de surveillance	Art. L. 2411-1-12° Art. L. 2411-17 du Code du travail Loi n° 83-675 du 26 juill. 1983 Art. 29 Décret n° 83-1160 du 26.12.83 art. 65 à 72			
8.1) Représentant salarié élu au conseil d'administration et de surveillance		Date de proclamation des résultats ou date de la fin du mandat précédent	5 ans	
8.2) Ancien représentant élu		Fin du mandat	6 mois	
8.3) Candidat aux élections		Date de dépôt des candidatures	3 mois	

Personnes protégées	Texte	Point de départ de la protection	Durée de la protection	Observations
IX) Salarié administrateur de la sécurité sociale	Art. L. 2411-1-13° Art. L. 2411-18 du Code du travail articles L. 231-2 et L. 231-11 du Code de la sécurité sociale			
9.1) Membre d'un conseil d'administration des organismes du régime général de sécurité sociale		Proclamation des résultats	Durée des fonctions (6 ans)	
9.2) Ancien membre		Fin du mandat	6 mois	
9.3) Candidat aux élections		Date de publication des candidatures	3 mois	
X) Membre d'un conseil d'administration d'une mutuelle ou d'une union ou fédération de mutuelle	Art. L. 2411-1-14° Art. L. 2411-19 du Code du travail Art. L. 114-24 Code de la mutualité			
10.1) Membre en fonction		Proclamation des résultats	Durée des fonctions	
10.2) Ancien membre		Fin du mandat	6 mois	
10.3) Candidat aux élections		Date de publication des candidatures	3 mois	

Personnes protégées	Texte	Point de départ de la protection	Durée de la protection	Observations
XI) Représentant salarié aux chambres d'agriculture	Art. L. 2411-1-15° Art. L. 2411-20 du Code du travail Art. L. 515-4 et L. 515-5 du Code rural et de la pêche maritime Art. L. 2411-1-18° Art. L. 2411-23 du Code du travail (Ord. n° 2012-1218 du 2 nov. 2012, art. 3) Loi du 19 déc. 1926, art. 7			
11.1) Représentant en fonction		Proclamation des résultats	6 ans	
11.2) Ancien membre		Cessation du mandat	6 mois	
11.3) Candidat		Dépôt de liste	3 mois	
11.4) Salarié du secteur des industries agro-alimentaires désigné comme membre associé		Date de désignation	Durée des fonctions	
XII) Salarié désigné membre du conseil de direction et des conseils spécialisés des offices d'intervention du secteur agricole	L. 621-1 L. 621-10 du Code rural		Durée des fonctions	
XIII) Conseiller du salarié	Art. L. 2411-1-16° Art. L. 2411-21 du Code du travail	Date publication de la liste	Durée des fonctions (3 ans)	
13.1) Imminence de désignation	Cass. soc., 13 janv. 2021 n° 19-17.489			

Personnes protégées	Texte	Point de départ de la protection	Durée de la protection	Observations
XIV) Assesseur maritime	Art. L. 2411-1-18° Art. L. 2411-23 du Code du travail (Ord. n° 2012-1218 du 2 nov. 2012, art. 3) Loi du 19 déc. 1926, art. 7			
14.1) Assesseur en fonction		À compter de l'établissement de la liste des assesseurs maritimes	Durée des fonctions	
14.2) Candidat		À compter de la notification à l'employeur par l'autorité administrative de la candidature du salarié	6 mois	
14.3) Ancien assesseur		Fin du mandat	6 mois	
14.4) Imminence de candidature		Date à laquelle l'employeur a eu connaissance de l'imminence de la candidature	6 mois	
XV) Salarié membre d'une commission paritaire régionale interprofessionnelle				
15-1) Salarié membre en fonction d'une commission paritaire régionale interprofession-nelle	Art. L 2411-25 du Code du travail	À compter de la notification à l'employeur	Durée des fonctions	
15-2) Salarié figurant sur la propagande électorale		À compter de la notification à l'employeur	6 mois	

Personnes protégées	Texte	Point de départ de la protection	Durée de la protection	Observations
15-3) Imminence de désignation sur la propagande électorale		Date à laquelle l'employeur a eu connaissance de l'imminence de la désignation	6 mois	
15-4) Salarié ancien membre d'une commission paritaire régionale interprofessionnelle			6 mois	
XVI) Les membres des commissions paritaires	Art. L. 2234-3 du Code du travail		Durée des fonctions	
XVII) Les assesseurs des tribunaux judiciaires	Art. L. 218-7 du Code de l'organisation judiciaire		3 ans	

Tableaux C

Procédures de licenciement pour motif économique (LE) des salariés protégés - Hors procédures de redressement ou de liquidation judiciaire

Nbre de LE	Effectif de l'entreprise							
	1 à 10	11 à 49		50 salariés et plus				
				Entreprise comportant un seul établissement		Entreprise à établissements multiples		
		Sans CSE	Avec CSE	Sans CSE	Avec CSE	Sans CSE dans établissement – Sans CSE central	Sans CSE d'établissement mais avec CSE central	CSE d'établissementet CSE central
1	**1**	**1**	**2**	**1**	**3**	**1**	**3**	**3**
2 à 9	**4**	**4**	**5**	**4**	**6**	**4**	**6**	**6**
10 et +	**/**	**7**	**8**	**9**	**10**	**9**	**11**	**12**

Notes auxquelles renvoient les tableaux :

(1) La liste des salariés protégés pour lesquelles le projet de licenciement de l'intéressé impose une consultation spéciale du CSE figure au tableau A.

(2) L'article R. 5111-3 du Code du travail prévoyant la consultation du CSE sur les projets de conventions conclues avec le Fonds national de l'emploi, logiquement, cette consultation devrait intervenir avant la convocation du salarié à l'entretien préalable et, en tout état de cause au plus tard avant l'adhésion du salarié à la convention. Au titre de l'article R. 5111-3, le CSE n'a pas à être consulté sur le projet de contrat de sécurisation professionnelle (*cf.* n° 22.14.3.2.1).

(3) Le directeur régional de l'économie, de l'emploi, du travail et des solidarités (DREETS) ou par délégation le directeur départemental de l'emploi, du travail et des solidarités.

(4) Arrêts en date du 10 mai 1999 de la Cour de cassation (n° 97-40 510, Bull. V n° 207) et du 28 septembre 2005 du Conseil d'État (n° 266.023, Sté Soinne et associés, Rec. p. 397). L'entretien est obligatoire en toute hypothèse pour les salariés protégés (Cass. soc., 22 sept. 2010, n° 08-45 227, Bull. V n° 190, *cf.* n° 22.14.1.2).

(5) L'entretien préalable doit toujours précéder la réunion au cours de laquelle le comité statue sur le licenciement du salarié protégé (C. trav., art. R. 2421-8 ; *cf.* n° 22.14.3.4).

(6) À l'exception des éléments faisant l'objet de l'accord collectif (C. trav., art. L. 1233-30).

(7) Si la nature du mandat le requiert, et en l'absence de CSE d'établissement disposant des attributions consultatives prévues aux articles L. 2312-8 et suivants, le CSE central doit être consulté sur le projet de licenciement du salarié protégé (CAA Marseille, 16 mars 2017, n° 16MA00807, société Distribution Casino France).

Tableau C-1

Licenciement individuel économique
Établissement sans CSE

Convocation à l'entretien préalable

–

Entretien préalable

–

Demande d'autorisation de licenciement
du salarié protégé

Tableau C-2

Licenciement individuel économique
Entreprise avec CSE disposant d'attributions consultatives restreintes

Convocation du CSE

–

Réunion du CSE
consultation limitée à l'examen des critères d'ordre des licenciements, s'il y a lieu

–

Convocation à l'entretien préalable

–

Entretien préalable

–

Demande d'autorisation de licenciement
du salarié protégé

Avertissement : la formulation « CSE disposant d'attributions consultatives restreintes » désigne le CSE ne disposant pas des attributions consultatives prévues par les articles L. 2312-8 et suivants du Code du travail (entreprises de - de 50 salariés)

Tableau C-3

Licenciement individuel économique
Entreprise avec CSE central et/ou d'établissement
Entreprise de 50 salariés et plus

Convocation du comité
–
Réunion du comité
consultation limitée à l'examen des critères d'ordre des licenciements, s'il y a lieu
–
Convocation à l'entretien préalable
–
Entretien préalable
–
Convocation du comité social et économique
–
Réunion du comité
audition du salarié et avis du comité si le mandat le justifie (1) (7)
–
Demande d'autorisation de licenciement
du salarié protégé

Tableau C-4

Licenciement économique de 2 à 9 salariés
Entreprise sans CSE

Convocation à l'entretien préalable
–
Entretien préalable
–
Demande d'autorisation
de licenciement du salarié protégé

Tableau C-5

Licenciement économique de 2 à 9 salariés
Établissement avec CSE disposant d'attributions consultatives restreintes
(entreprises de moins de 50 salariés)

Convocation du CSE
–
Réunion du CSE
1°) Avis sur le projet de licenciement *(C. trav., art. L. 1233-8)*
2°) Avis sur les conventions mentionnées à l'article R. 5111-3 (2)
–
Convocation à l'entretien préalable
–
Entretien préalable
–
Demande d'autorisation de licenciement
du salarié protégé

Tableau C-6

Licenciement économique de 2 à 9 salariés
Entreprise d'au moins 50 salariés avec CSE central et/ou d'établissement

Convocation du CSE
–
Réunion du CSE
1°) Avis du comité sur le projet de licenciement *(C. trav., art. L. 1233-8)*
2°) Avis sur les conventions mentionnées à l'article R. 5111-3 (2)
–
Convocation à l'entretien préalable
–
Entretien préalable
–
Convocation du CSE
–
Réunion du CSE d'établissement ou en son absence du CSE central
Audition du salarié et avis du CSE si le mandat le justifie (1) (7)
–
Demande d'autorisation de licenciement
du salarié protégé

Tableau C-7

Licenciement économique de 10 salariés et plus dans une entreprise de moins de 50 salariés sans CSE

Convocation à l'entretien préalable

–

Entretien préalable

–

Notification du projet de licenciement à l'autorité administrative (3)
(C. trav., art. L. 1233-46)

–

Demande d'autorisation de licenciement
du salarié protégé

Tableau C-8

Licenciement économique de 10 salariés et plus Entreprise de moins de 50 salariés avec CSE disposant d'attributions consultatives restreintes

Convocation 1re réunion du CSE

–

1re réunion du CSE
(C. trav., art. L. 1233-29)

–

Notification du projet de licenciement à l'autorité administrative (3)
(C. trav., art. L. 1233-46)

–

Convocation 2e réunion du CSE

–

Dans un délai maximum de 14 jours à compter de la 1re réunion :
2e réunion du CSE
1°) Avis sur le projet de licenciement collectif *(C. trav., art. L. 1233-29)*
2°) Avis sur les conventions mentionnées à l'article R. 5111-3 (2)

–

Convocation à l'entretien préalable

–

Entretien préalable (4)

–

Demande d'autorisation de licenciement
du salarié protégé

Tableau C-9

Licenciement économique de 10 salariés et plus
Entreprise de 50 salariés et plus sans CSE

Convocation à l'entretien préalable

–

Entretien préalable***

–

Notification du projet de licenciement à l'autorité administrative*
(C. trav., art. L. 1233-46)
accompagnée du plan de sauvegarde de l'emploi *(C. trav., art. L. 1233-49)*

–

Envoi du document unilatéral à l'autorité administrative (3)

–

Décision d'homologation de l'autorité administrative
(si refus, envoi du document unilatéral modifié)
Demande d'autorisation de licenciement
du salarié protégé

Tableau C-10

Licenciement économique de 10 salariés et plus
Entreprise de 50 salariés et plus avec CSE

Convocation 1re réunion du comité

–

1re réunion du comité
désignation possible d'un expert

–

Notification du projet de licenciement à l'autorité administrative et information de l'ouverture des négociations (3)
(C. trav., art. L. 1233-46)

–

Convocation 2e réunion du comité
(le comité doit tenir une 2e réunion au terme d'un délai minimum de 15 jours à compter de la 1re réunion [C. trav., art. L. 1233-30])

–

Convocation à l'entretien préalable (4) (5)

–

Entretien préalable

–

Consultation du comité
1°) Avis sur l'opération projetée
et le projet de licenciement collectif (6) :
dans un délai maximal à compter de la 1re réunion
(sauf délais conventionnels différents :
2 mois si licenciement de moins de 100 salariés
3 mois si licenciement de 100 à 249 salariés
4 mois si licenciement de 250 salariés et plus)
(C. trav., art. L. 1233-30)
Remise du rapport d'expertise au moins 15 jours avant la fin du délai (C. trav., art. L. 1233-35)
2°) Avis, après audition, sur le licenciement du salarié protégé
si le mandat le justifie (1)

–

Envoi de l'accord collectif ou du document unilatéral à l'autorité administrative (3)

–

Décision de validation ou d'homologation de l'autorité administrative
(si refus : envoi d'un accord collectif modifié ou du document unilatéral modifié après consultation du CSE)
Demande d'autorisation de licenciement
du salarié protégé

Tableau C-11

Licenciement économique de 10 salariés et plus
Entreprise de 50 salariés et plus avec CSE central
Pas de CSE dans l'établissement

Convocation 1re réunion du CSE central

–

1re réunion du CSE central
désignation possible d'un expert

–

Notification du projet de licenciement à l'autorité administrative (3)
(C. trav., art. L. 1233-46)

–

Convocation 2e réunion du CSE central
(le comité central doit tenir une 2e réunion au terme d'un délai minimum de 15 jours à compter de la 1re réunion [C. trav., art. L. 1233-30 et L. 1233-36])

–

Convocation à l'entretien préalable (4) (5)

–

Entretien préalable

–

Consultation du CSE central
1°) Avis sur l'opération projetée
et le projet de licenciement collectif (6) :
dans un délai maximal à compter de la 1re réunion
(sauf délais conventionnels différents :
2 mois si licenciement de moins de 100 salariés
3 mois si licenciement de 100 à 249 salariés
4 mois si licenciement de 250 salariés et plus)
(C. trav., art. L. 1233-30)
Remise du rapport d'expertise au moins 15 jours avant la fin du délai (C. trav., art. L. 1233-35)
2°) Avis, après audition, sur le licenciement du salarié protégé
si le mandat le justifie (1) (7)

–

Envoi de l'accord collectif ou du document unilatéral à l'autorité administrative

–

Décision de validation ou d'homologation de l'autorité administrative
(si refus : envoi d'un accord collectif modifié ou du document unilatéral modifié après consultation du CSE central)
Demande d'autorisation de licenciement
du salarié protégé

Tableau C-12

Licenciement économique de 10 salariés et plus Entreprise de 50 salariés et plus avec CSE central et CSE d'établissement

Convocation 1re réunion du CSE central

–

1re réunion du CSE central

Désignation possible d'un expert

–

Notification du projet de licenciement à l'autorité administrative compétente (3) *(C. trav., art. L. 1233-46)*

–

Convocation 2e réunion du CSE central

–

2e réunion du CSE central dans un délai minimum de 15 jours (C trav., art. L. 1233-30 et L. 1233-36)

–

Convocation 1re réunion du CSE d'établissement

–

1re réunion du CSE d'établissement

–

Convocation 2e réunion du CSE d'établissement

–

Convocation à l'entretien préalable (4) (5)

–

Entretien préalable

–

2e réunion du CSE d'établissement

1°) Avis du CSE central et du CSE d'établissement sur l'opération projetée et le projet de licenciement collectif (6) dans un délai maximal de 2 mois à compter de la 1re réunion du CSE central

(3 mois si licenciement de 100 à 249 salariés 4 mois si licenciement de 250 salariés et plus) (C. trav., art. L. 1233-30)

Remise du rapport d'expertise au moins 15 jours avant la fin du délai (C. trav., art. L. 1233-35)

2°) Avis du CSE d'établissement, après audition, sur le licenciement du salarié protégé si le mandat le justifie (1)

–

Envoi de l'accord collectif ou du document unilatéral à l'autorité administrative

–

Décision de validation ou d'homologation de l'autorité administrative

(si refus : envoi d'un accord collectif modifié ou du document unilatéral modifié après consultation du CSE central)

Demande d'autorisation de licenciement

du salarié protégé

Tableaux D

Procédures de licenciement pour motif économique (LE) des salariés protégés – Dans le cadre de procédure de redressement ou de liquidation judiciaire

Nbre deLE	Entreprises de – de 50 salariés						Entreprise d'au moins 50 salariés											
	Sans CSE			Avec CSE			Sans CSE			Mono-établissement avec CSE			CSE central uniquement			CSE d'étab. + CSE central		
	PO	PR	LJ	PO	PR	LJ	PO	PR	LJ	PO	PR	LJ	PO	PR	LJ	PO	PR	LJ
1	1	4	7	2	5	8	1	4	7	3	6	9	3	6	9	3	6	9
2 à9	10	13	16	11	14	17	10	13	16	12	15	18	12	15	18	12	15	18+
10 et+	19	21	23	20	22	24	25	29	33	26	30	34	27	31	35	28	32	36

PO = Période d'observation – PR = Plan de redressement – LJ = Liquidation judiciaire

Notes auxquelles renvoient les tableaux :

(1) La liste des salariés protégés pour lesquelles le projet de licenciement de l'intéressé impose une consultation spéciale du CSE figure au tableau A.

(2) L'entretien est obligatoire en toute hypothèse pour les salariés protégés (Cass. soc., 22 sept. 2010, n° 08-45 227, Bull. V n° 190, *cf.* n° 22.14.1.2).

(3) Le directeur régional de l'économie, de l'emploi, du travail et des solidarités (DREETS) ou par délégation le directeur départemental de l'emploi, du travail et des solidarités.

(4) Le CSE a la faculté de se faire assister d'un expert-comptable ; pour émettre son avis, il doit alors pouvoir disposer d'un délai d'examen suffisant, ce qui impose la tenue d'une seconde réunion.

(5) Si la nature du mandat le requiert, et en l'absence de CSE d'établissement disposant des attributions consultatives prévues aux articles L. 2312-8 et suivants, le CSE central doit être sur le projet de licenciement du salarié protégé (CAA Marseille, 16 mars 2017, n° 16MA00807, société Distribution Casino France).

Tableau D-1

Licenciement individuel économique
pendant la période d'observation
(articles L. 621-4 et L. 631-17 du Code de commerce)

Entreprise sans CSE
Convocation du représentant des salariés
–
Information et consultation du représentant des salariés
–
Demande d'autorisation de licenciement au juge-commissaire
–
Ordonnance du juge-commissaire autorisant les licenciements
–
Convocation à l'entretien préalable
–
Entretien préalable
–
Demande d'autorisation de licenciement du salarié protégé

Tableau D-2

Licenciement individuel économique
pendant la période d'observation
(article L. 631-17 du Code de commerce)
Entreprise avec CSE disposant d'attributions consultatives restreintes (entreprise de moins de 50 salariés)

Convocation du CSE
–
Information et consultation du CSE
–
Demande d'autorisation de licenciement au juge-commissaire
–
Ordonnance du juge-commissaire autorisant les licenciements
–
Convocation à l'entretien préalable
Entretien préalable
–
Demande d'autorisation de licenciement du salarié protégé

Tableau D-3

Licenciement individuel économique
pendant la période d'observation
(article L. 631-17 du Code de commerce)
Entreprise avec CSE (CSE d'établissement et/ou CSE central)

Convocation du CSE
–
Information et consultation du CSE
–
Demande d'autorisation de licenciement au juge-commissaire
–
Ordonnance du juge-commissaire autorisant les licenciements
–
Convocation à l'entretien préalable
–
Entretien préalable
–
Convocation du CSE si le mandat le justifie (1) (5)
–
Réunion du CSE
audition du salarié et avis du comité
–
Demande d'autorisation de licenciement du salarié protégé

Tableau D-4

Licenciement individuel économique
dans le cadre du plan de redressement
(articles L. 621-4 et L. 631-19 du Code de commerce)
Entreprise sans CSE

Convocation du représentant du salarié
–
Information et consultation du représentant des salariés
sur le projet de licenciement et le rapport de l'administrateur
–
Proposition de plan de redressement déposée au tribunal de commerce
–
Jugement du tribunal de commerce
arrêtant le plan de redressement et autorisant le licenciement
après audition du représentant des salariés
–
Convocation à l'entretien préalable
–
Entretien préalable
–
Demande d'autorisation de licenciement du salarié protégé

Rappel : Procédure à respecter pour les licenciements économiques intervenant plus d'un mois après le jugement arrêtant le plan de redressement Les licenciements économiques intervenant plus d'un mois après le jugement arrêtant le plan de redressement sont soumis à la procédure de licenciement économique de droit commun *(cf. instruction DGEFP / DGT n° 2013 / 13 du 19 juillet 2013).*

Tableau D-5
Licenciement individuel économique dans le cadre du plan de redressement
(article L. 631-19 du Code de commerce)

Entreprise avec CSE disposant d'attributions consultatives restreintes (entreprise de moins de 50 salariés)

Convocation du représentant du salarié
–
Information et consultation du CSE sur le projet de licenciement et le rapport de l'administrateur
–
Proposition de plan de redressement déposée au tribunal de commerce
–
Jugement du tribunal de commerce arrêtant le plan de redressement et autorisant le licenciement après audition du CSE
–
Convocation à l'entretien préalable
–
Entretien préalable
Demande d'autorisation de licenciement du salarié protégé

Voir le rappel sous le tableau D-4.

Tableau D-6

Licenciement individuel économique dans le cadre du plan de redressement

(article L. 631-19 du Code de commerce)

Entreprise avec CSE

Convocation du CSE
–
Information et consultation du CSE sur le projet de licenciement et le rapport de l'administrateur
–
Proposition de plan de redressement déposée au tribunal de commerce
–
Jugement du tribunal de commerce arrêtant le plan de redressement et autorisant le licenciement après audition du CSE
–
Convocation à l'entretien préalable
–
Entretien préalable
–
Convocation du CSE si le mandat le justifie (1)
–
Réunion du CSE audition du salarié et avis du comité si le mandat le justifie (5)
–
Demande d'autorisation de licenciement du salarié protégé

Voir le rappel sous le tableau D-4.

Tableau D-7

Licenciement individuel économique en application du jugement de liquidation

(articles L. 621-4 et L. 641-4 du Code de commerce)

Entreprise sans CSE

Le tribunal prononce la liquidation judiciaire (après audition du représentant des salariés)
–
Convocation du représentant des salariés
–
Information et consultation du représentant des salariés sur le projet de licenciement
–
Convocation à l'entretien préalable
–
Entretien préalable
–
Demande d'autorisation de licenciement du salarié protégé

Tableau D-8

Licenciement individuel économique en application du jugement de liquidation
(article L. 641-4 du Code de commerce)
Entreprise avec CSE disposant d'attributions consultatives restreintes (entreprise de moins de 50 salariés)

Le tribunal prononce la liquidation judiciaire (après audition des représentants du personnel) – Convocation du CSE – **Information et consultation du CSE** sur le projet de licenciement – Convocation à l'entretien préalable – **Entretien préalable** – **Demande d'autorisation de licenciement du salarié protégé**

Tableau D-9

Licenciement individuel économique en application du jugement de liquidation
(article L. 641-4 du Code de commerce)
Entreprise avec CSE (CSE d'établissement et/ou CSE central)

Le tribunal prononce la liquidation judiciaire (après audition des représentants du personnel) – Convocation du CSE – **Information et consultation du CSE** sur le projet de licenciement – Convocation à l'entretien préalable – **Entretien préalable** – **Convocation du CSE si le mandat le justifie** (1) – **Réunion du CSE** (5) audition du salarié et avis du comité – **Demande d'autorisation de licenciement du salarié protégé**

Tableau D-10

Licenciement économique de 2 à 9 salariés pendant la période d'observation

(articles L. 621-4 et L. 631-17 du Code de commerce et L. 1233-58 du Code du travail)

Entreprise sans CSE

Convocation du représentant des salariés
–
Information et consultation du représentant des salariés
–
Demande d'autorisation de licenciement au juge-commissaire
–
Ordonnance du juge-commissaire
–
Convocation à l'entretien préalable
–
Entretien préalable
–
Demande d'autorisation de licenciement du salarié protégé

Tableau D-11

Licenciement économique de 2 à 9 salariés pendant la période d'observation

(articles L. 631-17 du Code de commerce et L. 1233-8 et L. 1233-58 du Code du travail)

Entreprise avec CSE disposant d'attributions consultatives restreintes (entreprise de moins de 50 salariés)

Convocation du CSE
–
Information et consultation du CSE
–
Demande d'autorisation de licenciement au juge-commissaire
–
Ordonnance du juge-commissaire
–
Convocation à l'entretien préalable
–
Entretien préalable
–
Demande d'autorisation de licenciement du salarié protégé

Tableau D-12

Licenciement économique de 2 à 9 salariés pendant la période d'observation

(articles L. 631-17 du Code de commerce et L. 1233-58 et L. 1233-8 du Code du travail)

Entreprise avec CSE (CSE d'établissement et/ou CSE central)

Convocation du CSE

–

Information et consultation du CSE

–

Demande d'autorisation de licenciement au juge-commissaire

–

Ordonnance du juge-commissaire

–

Convocation à l'entretien préalable

–

Entretien préalable

–

Convocation du CSE (1)

–

Réunion du CSE si le mandat le justifie (5)

Audition du salarié et avis du comité

–

Demande d'autorisation de licenciement du salarié protégé

Tableau D-13

Licenciement économique de 2 à 9 salariés dans le cadre du plan de redressement

(article L. 621-4 et L. 631-19 du Code de commerce et L. 1233-58 et L. 1233-8 du Code du travail)

Entreprise sans CSE

Convocation

du représentant des salariés avec tous les renseignements prévus par l'article L. 1233-10 et en joignant le rapport de l'administrateur

–

Information et consultation du représentant des salariés

sur le projet de licenciement et le rapport de l'administrateur

–

Proposition de plan de redressement déposée au tribunal de commerce

–

Jugement du tribunal de commerce

arrêtant le plan de redressement et autorisant le licenciement après audition du représentant des salariés

–

Convocation à l'entretien préalable

–

Entretien préalable

–

Demande d'autorisation de licenciement du salarié protégé

Voir le rappel sous le tableau D-4.

Tableau D-14

Licenciement économique de 2 à 9 salariés
dans le cadre du plan de redressement
(article L. 621-4 et L. 631-19 du Code de commerce
et L. 1233-58 et L. 1233-8 du Code du travail)
Entreprise avec CSE disposant d'attributions
consultatives restreintes (entreprise de moins de 50 salariés)

Convocation
du CSE avec tous les renseignements prévus par l'article L. 1233-10
et en joignant le rapport de l'administrateur

–

Information et consultation du CSE
sur le projet de licenciement et le rapport de l'administrateur

–

Proposition de plan de redressement déposée au tribunal de commerce

–

Jugement du tribunal de commerce
arrêtant le plan de redressement et autorisant le licenciement
après audition du représentant des salariés

–

Convocation à l'entretien préalable

–

Entretien préalable

–

Demande d'autorisation de licenciement du salarié protégé

Voir le rappel sous le tableau D-4.

Tableau D-15

Licenciement économique de 2 à 9 salariés dans le cadre du plan de redressement
(article L. 631-19 du Code de commerce et L. 1233-58 et L. 1233-8 du Code du travail)
Entreprise avec CSE (CSE d'établissement et/ou CSE central)

Convocation du CSE.
avec tous les renseignements prévus par l'article L. 1233-10
et en joignant le rapport de l'administrateur

–

Information et consultation du CSE
sur le projet de licenciement et le rapport de l'administrateur

–

Proposition de plan de redressement déposée au tribunal de commerce

–

Jugement du tribunal de commerce
arrêtant le plan de redressement et autorisant le licenciement
après audition du CSE

–

Convocation à l'entretien préalable

–

Entretien préalable

–

Convocation du CSE si le mandat le justifie (1)

–

Réunion du CSE (5)
Audition du salarié et avis du comité

–

Demande d'autorisation de licenciement du salarié protégé

Voir le rappel sous le tableau D-4

Tableau D-16

Licenciement économique de 2 à 9 salariés en application du jugement de liquidation

(article L. 641-4 du Code de commerce et L. 1233-58 et L. 1233-8 du Code du travail)

Entreprise sans CSE

Le tribunal prononce la liquidation judiciaire (après audition du représentant des salariés)
–
Convocation du représentant des salariés avec tous les renseignements prévus par l'article L. 1233-10
–
Information et consultation du représentant des salariés sur le projet de licenciement
–
Convocation à l'entretien préalable
–
Entretien préalable
–
Demande d'autorisation de licenciement du salarié protégé

Tableau D-17

Licenciement économique de 2 à 9 salariés en application du jugement de liquidation

(article L. 641-4 du Code de commerce et L. 1233-58 et L. 1233-8 du Code du travail)

Entreprise avec CSE disposant d'attributions consultatives restreintes (entreprise de moins de 50 salariés)

Le tribunal prononce la liquidation judiciaire (après audition des représentants du personnel)
–
Convocation du CSE avec tous les renseignements prévus par l'article L. 1233-10
–
Information et consultation du CSE sur le projet de licenciement
–
Convocation à l'entretien préalable
–
Entretien préalable
–
Demande d'autorisation de licenciement du salarié protégé

Tableau D-18

Licenciement économique de 2 à 9 salariés en application du jugement de liquidation

(article L. 641-4 du Code de commerce et L. 1233-58 et L. 1233-8 du Code du travail)

Entreprise avec CSE (CSE d'établissement et/ou CSE central)

Le tribunal prononce la liquidation judiciaire
(après audition des représentants du personnel)

–

Convocation
du CSE avec tous les renseignements prévus par l'article L. 1233-10

–

Information et consultation du CSE sur le projet de licenciement

–

Convocation à l'entretien préalable

–

Entretien préalable

–

Convocation du CSE si le mandat le justifie (1)

–

Réunion du CSE – Audition du salarié et avis du comité (5)

–

Demande d'autorisation de licenciement du salarié protégé

Tableau D-19

Licenciement économique de 10 salariés et plus pendant la période d'observation

(article L. 621-4 et L. 631-17 du Code de commerce et L. 1233-58 et L. 1233-29 du Code du travail)

Entreprise de moins de 50 salariés sans CSE

Convocation du représentant des salariés avec tous les renseignements prévus aux articles L. 1233-31 et L. 1233-32

–

Information et consultation du représentant des salariés sur le projet de licenciement

–

Demande d'autorisation de licenciement au juge-commissaire

–

Ordonnance du juge-commissaire

–

Convocation à l'entretien préalable

–

Entretien préalable

–

Demande d'autorisation de licenciement du salarié protégé

Tableau D-20

Licenciement économique de 10 salariés et plus pendant la période d'observation

(article L. 631-17 du Code de commerce et L. 1233-58 et L. 1233-29 du Code du travail)

Entreprise de moins de 50 salariés avec CSE disposant d'attributions consultatives restreintes (entreprise de moins de 50 salariés)

Convocation du CSE avec tous les renseignements prévus à l'article L. 1233-31 et L. 1233-32

–

Information et consultation du CSE sur le projet de licenciement

–

Demande d'autorisation de licenciement au juge-commissaire

–

Ordonnance du juge-commissaire

–

Convocation à l'entretien préalable

–

Entretien préalable

–

Demande d'autorisation de licenciement du salarié protégé

Tableau D-21

Licenciement économique de 10 salariés et plus dans le cadre du plan de redressement

(articles L. 621-4 et L. 631-19 du Code de commerce L. 1233-58 et L. 1233-30 du Code du travail)

Entreprise de moins de 50 salariés sans CSE

Convocation du représentant des salariés
avec tous les renseignements prévus par l'article L. 1233-31 et L. 1233-32 et en joignant le rapport de l'administrateur

–

Information et consultation du représentant des salariés
sur le projet de licenciement, le rapport de l'administrateur

–

Proposition de plan de redressement déposée au tribunal de commerce

–

Jugement du tribunal de commerce
arrêtant le plan de redressement et autorisant le licenciement après audition du représentant des salariés

–

Convocation à l'entretien préalable [(2)]

–

Entretien préalable

–

Demande d'autorisation de licenciement du salarié protégé

Voir le rappel sous le tableau D-4.

Tableau D-22

Licenciement économique de 10 salariés et plus dans le cadre du plan de redressement
(article L. 631-19 du Code de commerce L. 1233-58 et L. 1233-30 du Code du travail)
Entreprise de moins de 50 salariés avec CSE disposant d'attributions consultatives restreintes (entreprise de moins de 50 salariés)

Convocation du CSE avec tous les renseignements prévus par les articles L. 1233-31 et L. 1233-32 et en joignant le rapport de l'administrateur
–
Information et consultation du CSE sur le projet de licenciement et le rapport de l'administrateur
–
Proposition de plan de redressement déposée au tribunal de commerce
–
Jugement du tribunal de commerce arrêtant le plan de redressement et autorisant le licenciement après audition du CSE
–
Convocation à l'entretien préalable (2)
–
Entretien préalable
–
Demande d'autorisation de licenciement du salarié protégé

Voir le rappel sous le tableau D-4.

Tableau D-23

Licenciement économique de 10 salariés et plus en application du jugement de liquidation
(articles L. 621-4 et L. 641-4 du Code de commerce et L. 1233-58 et L. 1233-29 du Code du travail)
Entreprise de moins de 50 salariés sans CSE

Le tribunal prononce la liquidation judiciaire
(après audition du représentant des salariés)

—

Convocation du représentant des salariés avec tous les renseignements prévus par les articles L. 1233-31 et L. 1233-32

—

Information et consultation du représentant des salariés sur le projet de licenciement

—

Demande d'autorisation des licenciements au juge commissaire
(en cas de licenciement au cours de la période de maintien provisoire d'activité autorisé)

—

Ordonnance du juge commissaire
(en cas de licenciement au cours de la période de maintien provisoire d'activité autorisé)

—

Convocation à l'entretien préalable (2)

—

Entretien préalable

—

Demande d'autorisation de licenciement du salarié protégé

Tableau D-24

Licenciement économique de 10 salariés et plus en application du jugement de liquidation

(article L. 641-4 du Code de commerce et L. 1233-58 et L. 1233-29 du Code du travail)

Entreprise de moins de 50 salariés avec CSE disposant d'attributions consultatives restreintes (entreprise de moins de 50 salariés)

Le tribunal prononce la liquidation judiciaire *(après audition du CSE)*
–
Convocation du CSE avec tous les renseignements prévus par les articles L. 1233-31 et L. 1233-32
–
Information et consultation du CSE sur le projet de licenciement
–
Demande d'autorisation des licenciements au juge commissaire *(en cas de licenciement au cours de la période de maintien provisoire d'activité autorisé)*
–
Ordonnance du juge commissaire *(en cas de licenciement au cours de la période de maintien provisoire d'activité autorisé)*
–
Convocation à l'entretien préalable (2)
–
Entretien préalable
–
Demande d'autorisation de licenciement du salarié protégé

Tableau D-25

Licenciement économique de 10 salariés et plus pendant la période d'observation

(articles L. 621-4 et L. 631-17 du Code de commerce et L. 1233-58 et L. 1233-30 du Code du travail)

Entreprise de 50 salariés et plus sans CSE

Convocation du représentant des salariés avec tous les renseignements prévus à l'article L. 1233-31 et notamment sur le **plan de sauvegarde de l'emploi**

—

Information et consultation du représentant des salariés sur le projet de licenciement et sur le plan de sauvegarde de l'emploi

—

Demande de validation de l'accord collectif ou d'homologation du document unilatéral à l'autorité administrative compétente (3)

—

Décision de validation ou d'homologation de l'autorité administrative
(si refus : envoi de l'accord collectif modifié ou du document unilatéral modifié)

—

Demande d'autorisation des licenciements au juge-commissaire

—

Ordonnance du juge-commissaire

—

Convocation à l'entretien préalable (2)

—

Entretien préalable

—

Demande d'autorisation de licenciement du salarié protégé

Tableau D-26

Licenciement économique de 10 salariés et plus pendant la période d'observation

(article L. 631-17 du Code de commerce et L. 1233-58 et L. 1233-30 du Code du travail)

Entreprise de 50 salariés et plus avec CSE

Convocation du CSE
avec tous les renseignements prévus à l'article L. 1233-31 et notamment sur le **plan de sauvegarde de l'emploi**

–

Information et consultation du CSE (4)

–

Demande de validation de l'accord collectif ou d'homologation du document unilatéral à l'autorité administrative compétente (3)

–

Décision de validation ou d'homologation de l'autorité administrative
(si refus : envoi de l'accord collectif modifié ou du document unilatéral modifié après consultation du CSE)

–

Demande d'autorisation des licenciements au juge-commissaire

–

Ordonnance du juge-commissaire

–

Convocation à l'entretien préalable

Entretien préalable (2)

Convocation du CSE si le mandat le justifie (1)

Réunion du CSE
audition du salarié et avis du comité

Demande d'autorisation de licenciement du salarié protégé

Tableau D-27

Licenciement économique de 10 salariés et plus pendant la période d'observation
(article L. 631-17 du Code de commerce et L. 1233-58 et L. 1233-30 du Code du travail)
Entreprise de 50 salariés et plus avec CSE central et sans CSE d'établissement

Convocation du CSE central
avec tous les renseignements prévus à l'article L. 1233-31 et notamment sur le **plan de sauvegarde de l'emploi**

–

Information et consultation du CSE central (4)

–

Demande de validation de l'accord collectif ou d'homologation du document unilatéral à l'autorité administrative compétente

–

Décision de validation ou d'homologation de l'autorité administrative (3)
(si refus : envoi de l'accord collectif modifié ou du document unilatéral modifié après consultation du CSE central)

–

Demande d'autorisation des licenciements au juge-commissaire

–

Ordonnance du juge-commissaire

–

Convocation à l'entretien préalable

–

Entretien préalable (2)

–

Convocation du CSE central si le mandat le justifie (1)

–

Réunion du CSE central (5)
audition du salarié et avis du comité

–

Demande d'autorisation de licenciement du salarié protégé

Tableau D-28

Licenciement économique de 10 salariés et plus pendant la période d'observation

(article L. 631-17 du Code de commerce et L. 1233-58 et L. 1233-30 du Code du travail)

Entreprise de 50 salariés et plus avec CSE central et CSE d'établissement

Convocation du CSE central
avec tous les renseignements prévus à l'article L. 1233-31 et notamment sur le **plan de sauvegarde de l'emploi**

–

Information et consultation du CSE central (4)

–

Convocation du CSE d'établissement
avec tous les renseignements prévus à l'article L. 1233-31 et notamment sur le **plan de sauvegarde de l'emploi**

–

Information et consultation du CSE d'établissement

–

Demande de validation de l'accord collectif ou d'homologation du document unilatéral à l'autorité administrative compétente (3)

–

Décision de validation ou d'homologation de l'autorité administrative
(si refus : envoi de l'accord collectif modifié ou du document unilatéral modifié après consultation du CSE central)

–

Demande d'autorisation des licenciements au juge-commissaire

–

Ordonnance du juge-commissaire

–

Convocation à l'entretien préalable

–

Entretien préalable (2)

–

Convocation du CSE d'établissement si le mandat le justifie (1)

–

Réunion du CSE d'établissement
audition du salarié et avis du comité

–

Demande d'autorisation de licenciement du salarié protégé

Tableau D-29

Licenciement économique de 10 salariés et plus dans le cadre du plan de redressement
(articles L. 621-4 et L. 631-19 du Code de commerce L. 1233-58 et L. 1233-30 du Code du travail)
Entreprise de 50 salariés et plus sans CSE

Convocation du représentant des salariés avec tous les renseignements prévus par l'article L. 1233-31 et en joignant le rapport de l'administrateur

Information et consultation du représentant des salariés
sur le projet de licenciement, le rapport de l'administrateur
et **le plan de sauvegarde de l'emploi**

–

Proposition de plan de redressement déposée au tribunal de commerce

Jugement du tribunal de commerce
arrêtant le plan de redressement et autorisant le licenciement
après audition du représentant des salariés

–

Demande de validation de l'accord collectif ou d'homologation du document unilatéral à l'autorité administrative compétente (3)

–

Décision de validation ou d'homologation de l'autorité administrative
(si refus : envoi de l'accord collectif modifié ou du document unilatéral modifié)

–

Convocation à l'entretien préalable (2)

–

Entretien préalable

–

Demande d'autorisation de licenciement du salarié protégé

Tableau D-30

Licenciement économique de 10 salariés et plus dans le cadre du plan de redressement

(article L. 631-19 du Code de commerce et L. 1233-58 et L. 1233-30 du Code du travail)

Entreprise de 50 salariés et plus avec CSE

Convocation du CSE avec tous les renseignements prévus par l'article L. 1233-31 et en joignant le rapport de l'administrateur et le plan de sauvegarde de l'emploi – **Information et consultation du CSE** sur le projet de licenciement, **le plan de sauvegarde de l'emploi** (4) et le rapport de l'administrateur – **Proposition de plan de redressement déposée au tribunal de commerce** – **Jugement du tribunal de commerce** arrêtant le plan de redressement et autorisant le licenciement après audition du CSE. – **Demande de validation de l'accord collectif ou d'homologation du document unilatéral à l'autorité administrative compétente** (3) – **Décision de validation ou d'homologation de l'autorité administrative** *(si refus : envoi de l'accord collectif modifié ou du document unilatéral modifié après consultation du CSE)* – Convocation à l'entretien préalable (2) – **Entretien préalable** – **Convocation du CSE si le mandat le justifie** (1) – **Réunion du CSE** audition du salarié et avis du comité si le mandat le justifie – **Demande d'autorisation de licenciement du salarié protégé**

Voir le rappel sous le tableau D-4.

Tableau D-31

Licenciement économique de 10 salariés et plus dans le cadre du plan de redressement
(article L. 631-19 du Code de commerce et L. 1233-58 et L. 1233-30 du Code du travail)
Entreprise de 50 salariés et avec CSE central et sans CSE d'établissement

Convocation du CSE central avec tous les renseignements prévus par l'article L. 1233-31 et en joignant le rapport de l'administrateur et **le plan de sauvegarde de l'emploi**
–
Information et consultation du CSE central (4) sur le projet de licenciement, **le plan de sauvegarde de l'emploi** et le rapport de l'administrateur
–
Proposition de plan de redressement déposée au tribunal de commerce
–
Jugement du tribunal de commerce arrêtant le plan de redressement et autorisant le licenciement après audition du CSE central
–
Demande de validation de l'accord collectif ou d'homologation du document unilatéral à l'autorité administrative compétente (3)
–
Décision de validation ou d'homologation de l'autorité administrative *(si refus : envoi de l'accord collectif modifié ou du document unilatéral modifié après consultation du CSE central)*
–
Convocation à l'entretien préalable (2)
–
Entretien préalable
–
Convocation du CSE central (5) **si le mandat le justifie** (1)
–
Réunion du CSE central (5) audition du salarié et avis du comité
–
Demande d'autorisation de licenciement du salarié protégé

Voir le rappel sous le tableau D-4.

Tableau D-32

Licenciement économique de 10 salariés et plus dans le cadre du plan de redressement
(article L. 631-19 du Code de commerce et L. 1233-58 et L. 1233-30 du Code du travail)
Entreprise de 50 salariés et avec CSE central et CSE d'établissement

Convocation du CSE central
avec tous les renseignements prévus par l'article L. 1233-31
et en joignant le rapport de l'administrateur et **le plan de sauvegarde de l'emploi**

–

Information et consultation du CSE central (4) sur le projet
de licenciement, **le plan de sauvegarde de l'emploi** et le rapport
de l'administrateur

–

Convocation du CSE d'établissement
avec tous les renseignements prévus à l'article L. 1233-31
et notamment sur le **plan de sauvegarde de l'emploi**

–

Information et consultation du CSE d'établissement

–

Proposition de plan de redressement déposée au tribunal de commerce

–

Jugement du tribunal de commerce
arrêtant le plan de redressement et autorisant le licenciement
après audition du CSE central

–

Demande de validation de l'accord collectif ou d'homologation du document unilatéral à l'autorité administrative compétente (3)

–

Décision de validation ou d'homologation de l'autorité administrative
(si refus : envoi de l'accord collectif modifié ou du document unilatéral modifié après consultation du CSE central)

–

Convocation à l'entretien préalable (2)

–

Entretien préalable

–

Convocation du CSE d'établissement si le mandat le justifie (1)

–

Réunion du CSE d'établissement
audition du salarié et avis du comité

–

Demande d'autorisation de licenciement du salarié protégé

Voir le rappel sous le tableau D-4.

Tableau D-33

Licenciement économique de 10 salariés et plus en application du jugement de liquidation
(article L. 621-4 et L. 641-4 du Code de commerce et L. 1233-58 et L. 1233-30 du Code du travail)
Entreprise de 50 salariés et plus sans CSE

Le tribunal prononce la liquidation judiciaire
(après audition du représentant des salariés)

—

Convocation du représentant des salariés
avec tous les renseignements prévus par l'article L. 1233-31
et en joignant **le plan de sauvegarde de l'emploi**

—

Information et consultation du représentant des salariés
sur le projet de licenciement et
le plan de sauvegarde de l'emploi

—

Demande de validation de l'accord collectif ou d'homologation du document unilatéral à l'autorité administrative compétente (3)

—

Décision de validation ou d'homologation de l'autorité administrative
(si refus : envoi de l'accord collectif modifié ou du document unilatéral modifié)

—

Demande d'autorisation des licenciements au juge commissaire
(en cas de licenciement au cours de la période de maintien provisoire d'activité autorisé)

—

Ordonnance du juge commissaire
(en cas de licenciement au cours de la période de maintien provisoire d'activité autorisé)

—

Convocation à l'entretien préalable (2)

—

Entretien préalable

—

Demande d'autorisation de licenciement du salarié protégé

Tableau D-34

Licenciement économique de 10 salariés et plus en application du jugement de liquidation
(article L. 641-4 du Code de commerce et L. 1233-58, L. 1233-30 du Code du travail)
Entreprise de 50 salariés et plus avec CSE

Le tribunal prononce la liquidation judiciaire
(après audition des représentants du personnel)

—

Convocation du CSE
avec tous les renseignements prévus par l'article L. 1233-31
et en joignant **le plan de sauvegarde de l'emploi**

—

Information et consultation du CSE sur le projet de licenciement
et **le plan de sauvegarde de l'emploi** (4)

—

Demande de validation de l'accord collectif ou d'homologation du document unilatéral à l'autorité administrative compétente (3)

—

Décision de validation ou d'homologation de l'autorité administrative
(si refus : envoi de l'accord collectif modifié ou du document unilatéral modifié après consultation du CSE)

—

Demande d'autorisation des licenciements au juge commissaire
(en cas de licenciement au cours de la période de maintien provisoire d'activité autorisé)

—

Ordonnance du juge commissaire
(en cas de licenciement au cours de la période de maintien provisoire d'activité autorisé)

—

Convocation à l'entretien préalable (2)

—

Entretien préalable

—

Convocation du CSE si le mandat le justifie (1)

Réunion du CSE
audition du salarié et avis du comité

—

Demande d'autorisation de licenciement du salarié protégé

Tableau D-35

Licenciement économique de 10 salariés et plus en application du jugement de liquidation

(article L. 641-4 du Code de commerce et L. 1233-58, L. 1233-30 du Code du travail)

Entreprise de 50 salariés et plus avec CSE central et sans CSE d'établissement

Le tribunal prononce la liquidation judiciaire
(après audition des représentants du personnel)

–

Convocation du CSE central
avec tous les renseignements prévus par l'article L. 1233-31
et en joignant **le plan de sauvegarde de l'emploi**

Information et consultation du CSE central sur le projet de licenciement et **le plan de sauvegarde de l'emploi** (4)

–

Demande de validation de l'accord collectif ou d'homologation du document unilatéral à l'autorité administrative compétente (3)

–

Décision de validation ou d'homologation de l'autorité administrative
(si refus : envoi de l'accord collectif modifié ou du document unilatéral modifié après consultation du CSE central)

Demande d'autorisation des licenciements au juge commissaire
(en cas de licenciement au cours de la période de maintien provisoire d'activité autorisé)

–

Ordonnance du juge commissaire
(en cas de licenciement au cours de la période de maintien provisoire d'activité autorisé)

–

Convocation à l'entretien préalable (2)

–

Entretien préalable

–

Convocation du CSE central (5) **si le mandat le justifie** (1)

–

Réunion du CSE central
audition du salarié et avis du comité

–

Demande d'autorisation de licenciement du salarié protégé

Tableau D-36

Licenciement économique de 10 salariés et plus en application du jugement de liquidation

(article L. 641-4 du Code de commerce et L. 1233-58, L. 1233-30 du Code du travail)

Entreprise de 50 salariés et plus avec CSE central et CSE d'établissement

Le tribunal prononce la liquidation judiciaire
(après audition des représentants du personnel)

–

Convocation du CSE central
avec tous les renseignements prévus par l'article L. 1233-31 et en joignant **le plan de sauvegarde de l'emploi**

–

Information et consultation du CSE central sur le projet de licenciement et **le plan de sauvegarde de l'emploi** (4)

–

Convocation du CSE d'établissement avec tous les renseignements prévus à l'article L. 1233-31 et notamment sur le **plan de sauvegarde de l'emploi**

–

Information et consultation du CSE d'établissement

–

Demande de validation de l'accord collectif ou d'homologation du document unilatéral à l'autorité administrative compétente (3)

–

Décision de validation ou d'homologation de l'autorité administrative
(si refus : envoi de l'accord collectif modifié ou du document unilatéral modifié après consultation du CSE central)

–

Demande d'autorisation des licenciements au juge commissaire
(en cas de licenciement au cours de la période de maintien provisoire d'activité autorisé)

–

Ordonnance du juge commissaire *(en cas de licenciement au cours de la période de maintien provisoire d'activité autorisé)*

–

Convocation à l'entretien préalable (2)

–

Entretien préalable

–

Convocation du CSE d'établissement si le mandat le justifie (1)

–

Réunion du CSE d'établissement
audition du salarié et avis du comité

–

Demande d'autorisation de licenciement du salarié protégé

Annexe E

Liste des encadrés et des schémas

ABRÉVIATIONS

AJ	Action Juridique
AJDA	Actualité Juridique de Droit Administratif
Ass.	Assemblée du contentieux du Conseil d'État
Bull.	Bulletin des arrêts de la Cour de cassation
Bull. V	Bulletin des arrêts de la chambre sociale de la Cour de cassation
Bull. crim.	Bulletin des arrêts de la chambre criminelle de la Cour de cassation
C.	Code
Cass. soc.	chambre sociale de la Cour de cassation
C. com.	Code de commerce
CSE	Comité social et économique
C. trav.	Code du travail
CRPA	Code des relations entre le public et l'administration
CSB	Cahiers Sociaux du Barreau de Paris
D.	Dalloz
D. actu.	Dalloz actualités
Dr ouvrier	Droit ouvrier
Dr soc	Droit social
DREETS	Direction régionale de l'économie, de l'emploi, du travail et des solidarités
DDETS	Direction départementale de l'emploi, du travail et des solidarités
DDETSPP	Direction départementale de l'emploi, du travail, des solidarités et de la protection des populations
Gaz. Pal.	Gazette du Palais
JCP	Jurisclasseur Périodique (Semaine juridique-général)
JCP E	Jurisclasseur Périodique (Semaine juridique-entreprise et affaires)
JCP S	Jurisclasseur Périodique (Semaine juridique-social)
JORF	Journal officiel de la République Française
JOCE	Journal officiel des Communautés Européennes
Juri-soc. :	Juri-social

Jurisp. soc UIMM	Jurisprudence sociale de l'UIMM
Jurisp. soc. Lamy	Jurisprudence sociale Lamy
Liaisons soc.	Liaisons sociales
OIT	Organisation Internationale du Travail
PSE	Plan de sauvegarde de l'emploi
QPC	Question prioritaire de constitutionnalité
Rec.	Recueil des Arrêts du Conseil d'État (Lebon)
RDT	Revue de Droit du Travail
RFDA	Revue Française de Droit Administratif
RJS	Revue de Jurisprudence Sociale
Sem. soc. Lamy	Semaine Sociale Lamy
Tables	Tables du Recueil des arrêts du Conseil d'État (Lebon)
TC	Tribunal des conflits
UES	Unité économique et sociale

ÉLÉMENTS BIBLIOGRAPHIQUES

Antonmattei P-H., *Droit du travail*, Paris, LGDJ, Précis Domat, 4e édition, 2024.

Auzero G., Baugard D., Dockès E., *Droit du travail, 2024-2025*, Paris, Précis Dalloz, 37e édition, 2023.

Avignon H., Ramackers P., Terrier J.-P., *Le système d'inspection du travail en France*, Paris, Liaisons, 3e édition 2019.

Bélier G., Legrand H.-J., Cormier-Legoff A., *Le nouveau droit de la négociation collective*, Paris, Liaisons, 5e édition, 2017.

Bonnet B, *La pratique du contentieux administratif*, LexisNexis, 14e édition, 2024.

Borga N., Jacquemont A., Mastrullo T., *Droit des entreprises en difficulté*, LexisNexis, 12e édition 2022.

Bureau International du Travail, « Liberté syndicale et négociation collective », Conférence internationale du travail, 81e session, Genève, 1994.

Catala N., *L'entreprise*, tome IV du *Traité de droit du travail*, publié sous la direction de G. M. Camerlynck, Paris, Dalloz, 1980.

Coeuret A., Duquesne F., Fortis E., *Droit pénal du travail*, Paris, LexisNexis, 7e édition, 2022.

Cohen M., *Le droit des comités sociaux et économiques et des comités de groupe*, Paris, LGDJ, 15e édition, 2024.

Défenseur des droits, *12e baromètre de la perception des discriminations dans l'emploi, édition consacrée aux discriminations syndicales*, sept. 2019.

Desportes F., Lazerges-Cousquer L., *Traité de procédure pénale*, Economica, 4e édition, 2015.

Direction générale du travail, *Guide relatif aux décisions administratives en matière de rupture ou de transfert du contrat de travail des salariés protégés*, sept. 2019.

Dumortier G., Loiseau G., Lokiec P., Pécaut-Rivolier L., *Droit de la négociation collective*, Paris, Dalloz Action, 2024.

Horderne F., *Naissance d'une institution : du contrôle ouvrier aux délégués du personnel*, Cahiers (n° 1) de l'Institut Régional du Travail, Université Aix-Marseille II.

Lamy-Liaison, *La protection des représentants du personnel*, Paris, Les Thématiques, n° 119, 2024.

Le Corre P.-M., Fin-Langer L., Gailhbaud C., Vecchioni-Ben Cheikh L, *Droit social appliqué aux procédures collectives*, Paris, Lefebvre-Dalloz, 2024.

Le Crom J.-P., « La naissance des comités d'entreprise : une révolution par la loi ? », *Travail et Emploi* n° 63, févr. 1995, ministère du Travail.

Le Crom J.-P., *Deux siècles de droit du travail, l'histoire par les lois*, Ivry Sur Seine, Les Éditions de l'Atelier, 1998.

Le Goff J., *Droit du travail et société*, t. II, *Les relations collectives de travail*, Presses Universitaires de Rennes, 2002.

Le Goff J., *Du silence à la parole,* Presses Universitaires de Rennes, 4e édition, 2019.

Loiseau G., Lokiec P., Pecaut-Rivolier L., Verkindt P.-Y. Struillou Y., *Droit de la représentation du personnel*, Paris, Dalloz Action, 2e édition, 2023.

Lokiec P., *Droit du travail*, Paris, PUF, coll. Thémis, 3e édition, 2022.

Mélanges en l'honneur de J.-M. Verdier, Droit syndical et droits de l'homme à l'aube du XXIe siècle, Dalloz, 2000.

Miné M., *Le grand livre du droit du travail en pratique*, Eyrolles Organisation, 31e édition, 2021.

Ministère du Travail, *La négociation collective en 2022*, rapport annuel, 2023.

Pélissier P., Lyon-Caen A., Jeammaud A. et Dockès E., *Les grands arrêts du droit du travail*, Paris, Dalloz, 4e édition, 2008.

Peskine E., Wolmar. C, *Droit du travail 2025,* Paris, Dalloz, 18e édition, 2024.

Ray J.-E., *Droit du travail, droit vivant 2025*, Paris, Éditions Liaisons, 33e édition, 2024.

Revue Fiduciaire, *Dictionnaire pratique Social*, Paris, Revue Fiduciaire, 43e édition, 2024.

Salomon R, Martinet A., *Droit pénal social – Droit pénal du travail et de la sécurité sociale*, Paris, Economica, 7e édition, 2023.

Sinay H., Javillier J.-C., *La grève*, tome VI du *Traité de droit du travail*, publié sous la direction de G.-H. Camerlynck, Paris, Dalloz, 1984.

Supiot A., *Critique du droit du travail*, Paris, PUF, 3e édition, 2015.

Teyssié B., *Droit du travail. Les relations collectives*, Paris, LexisNexis, 13e édition 2023.

Verdier J.-M., *Syndicats et droit syndical,* (vol. I : *Liberté, structure, action* ; vol. II : *Le droit syndical dans l'entreprise*), tome V du *Traité de droit du travail*, publié sous la direction de G.-H. Camerlynck, Dalloz, 1987 et 1984.

Waquet Ph., Pecaut-Rivolier L., Struillou Y., *Pouvoirs du chef d'entreprise et libertés du salarié*, Paris, Economica, 2022.

INDEX THÉMATIQUE

Les chiffres renvoient aux numéros et non aux pages

B

C

E

L

M

N

O

P

Q

R

S

T

U

V

W

TABLE ANALYTIQUE DES MATIÈRES

DEUXIÈME PARTIE
LA PROCÉDURE DE LICENCIEMENT DES SALARIÉS PROTÉGÉS : LA PROCÉDURE INTERNE À L'ENTREPRISE

TROISIÈME PARTIE
LA PROCÉDURE DE LICENCIEMENT DES SALARIÉS PROTÉGÉS : LA PROCÉDURE ADMINISTRATIVE

QUATRIÈME PARTIE
LA PROCÉDURE DE LICENCIEMENT DES SALARIÉS PROTÉGÉS : LE CONTRÔLE DE L'AUTORITÉ ADMINISTRATIVE

CINQUIÈME PARTIE
LA PROCÉDURE DE LICENCIEMENT DES SALARIÉS PROTÉGÉS : LA DÉCISION DE L'INSPECTEUR DU TRAVAIL

SIXIÈME PARTIE
LES VOIES DE RECOURS DEVANT L'ADMINISTRATION

SEPTIÈME PARTIE
LES VOIES DE RECOURS DEVANT LA JUSTICE

HUITIÈME PARTIE
LA MISE EN CAUSE DE LA RESPONSABILITÉ DE L'ÉTAT

CONCLUSION
QUEL BILAN DE LA PROTECTION ?

Cet ouvrage a été achevé d'imprimer en avril 2025
dans les ateliers de Normandie Roto Impression s.a.s.
61250 Lonrai
N° d'impression : 2501556
Dépôt légal : mai 2025

Imprimé en France